中国大百科全书

（第二版简明版）

7

中国大百科全书出版社

实洋 discounted price 图书价值计量的称谓。见码洋。

实业救国论 saving the nation by developing industry and commerce, theory of 中国民族资产阶级一些代表人物所宣扬的、以发展资本主义工商业作为救国救民主要途径的议论。

实业救国论在19世纪末已开始出现，到了辛亥革命前后成了一种颇为流行的论调。中日甲午战争后，陈炽宣称：今后中国的存亡兴废，“皆以劝工一言为旋转乾坤之枢纽”，这可说是中国近代实业救国论的滥觞。张謇是中国近代实业救国论的最有影响的代表人物，实业救国论经他提倡而在资产阶级上层人物中风行一时。

实业救国论风行于20世纪初，当时中国的资本主义生产获得了初步发展，同时帝国主义国家在清朝廷卖国政策帮助下，疯狂掠夺中国的资源并侵犯中国的主权。帝国主义的殖民掠夺，激起广大人民爱国救亡的义愤，资产阶级也感到自己的生存和发展受到更加致命的威胁。在这种情况下，以发展本国资本主义工商业，抵制帝国主义侵略、掠夺为号召的实业救国论，成了一个反映民族资产阶级的利益和愿望的有广泛影响的议论。

20世纪初，宣扬实业救国论的主要是民族资产阶级上层的代表人物。在国内以张謇、汤震等为代表，在国外以康有为、梁启超等为代表。他们宣扬实业救国论，都具有对抗资产阶级革命的目的。实业救国论还被一些资产阶级人物作为加强对工人剥削的理论根据。资产阶级革命派中的一部分人，对实业救国论曾有过批评。孙中山认识到在清朝反动政权下，是不可能靠振兴实业来救国的，必须用革命手段推翻清朝，才能为振兴实业创造必要的政治前提。

五四运动后，资产阶级代表人物仍时有鼓吹实业救国论者，其中一部分人是以此反对无产阶级领导的中国革命，但多数则是表现了民族资产阶级企图在半殖民地半封建社会条件下发展资本主义生产的幻想。

实蝇 Tephritidae; fruit fly 双翅目实蝇科昆虫的统称。全球性分布，以热带、亚热带地区的种类最为丰富。已知近5 000种，中国有550余种。成虫体长2～25毫米。头部圆球形，复眼甚大，无鬃，额部相当宽阔，具侧额鬃；触角3节。中胸发达。翅透明，具花斑。足着生于胸部腹面的中部两侧，两基节极为接近，爪间突毛状。腹部雄性可见5个腹节，雌性可见6个腹节。幼虫蛆状。蛹为围蛹。

分布于温带或亚热带的种类，通常一年发生1代。而分布于热带和南亚热带地区的种类，一般为多化性，一年发生3～13代不等，且普遍存在世代重叠现象。

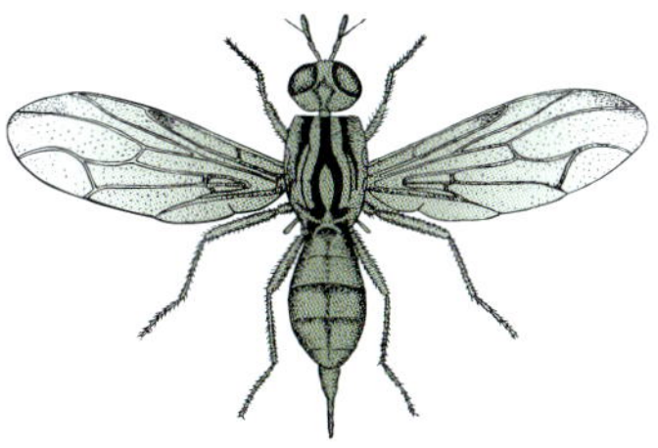
柑橘实蝇

实蝇具有重要的经济意义，其幼虫均为植食性。其中，小条实蝇属、果实蝇属、寡鬃实蝇属、按实蝇属和绕实蝇属包含许多水果和瓜类作物的危险性蛀果害虫，不仅造成流行区内果蔬类作物的大幅度减产，而且能够随人为因素的传带而进行远距离传播。一旦随寄主传入适生条件优越的非疫区后，就有随时暴发成灾的可能，以至于酿成重大经济损失和带来难以根治的恶果。因此实蝇已被许多国家和地区列入严防传入的检疫性有害生物名单中。此外，一些潜食菊科植物花头的实蝇种类可明显抑制其寄主的生长和繁殖，已被引种应用于恶性杂草的生物控制。

实用主义 pragmatism 19世纪末产生于美国的一个属于经验论哲学的派别。又称实效主义、实验主义。发端于1871～1874年间的哈佛大学建立的“形而上学俱乐部”。创始人为C.S.皮尔士，主要代表有W.詹姆斯、J.杜威、G.H.米德、C.I.刘易斯、S.胡克、F.C.S.席勒等。这些代表人物的观点虽各有特点，诸如关注观念和命题的意义，推崇真理的效用性，强调思维的工具作用等等，但他们都把哲学局限于经验范围，并注重“行动”、“生活”、“效果”，把知识当作适应环境的工具，把真理等同于“有用”。实用主义较为突出地反映了美国资产阶级急功近利的思维方式和生活方式，从而成为美国20世纪以来影响最大的哲学派别之一。20世纪40年代后，实用主义在美国哲学中的主导地位逐渐被一些从欧洲传入的后起哲学流派所取代。实用主义也流传到西方其他国家，对中国20世纪50年代以前的思想文化界发生过很大影响。

实在论 realism 中世纪欧洲经院哲学的正统派。又称“唯实论”。实在论断言共相本身具有客观实在性，共相是先于事物而独立存在的精神实体，共相是个别事物的本质。实在论认为一般是实在的，一般先于个别而存在，决定个别。以香浦的威廉和安瑟尔谟为代表的极端的实在论者，以柏拉图的理念论为根据，主张一般脱离个别而存在。断言共相具有客观实在性，共相是独立于个别事物的第一实体，共相是个别事物的本质或原始形式。个别事物只是共相这第一实体派生出来的个别情况和偶然现象，所以共相先于事物。以托马斯·阿奎那为代表的温和的实在论者也断言共相是独立存在的精神实体，但又强调共相这一客观实在，既独立存在于事物之前，又存在于事物之中和事物之后。实在论把一般、普遍性、共性绝对化为独立的精神本体，当成第一性的，这是客观唯心主义。它代表着欧洲中世纪的唯心主义哲学路线。实在论是论证基督教正统教义的理论基础，为其提供了哲学的解释，然而它在和唯名论的争论中，强调一般的实在性，这便对人类理解一般与个别的关系具有启发作用。

实证主义 positivism 强调感觉经验、排斥“形而上学”传统的西方哲学派别。又称实证哲学。产生于19世纪30～40年代的法国和英国，创始人为法国哲学家、社会学始祖A.孔德，主要代表有英国的J.S.密尔和H.斯宾塞。其形成标志为1830年开始陆续出版的孔德的6卷本《实证哲学教程》。以孔德为代表的实证主义称为老实证主义，20世纪盛极一时的逻辑实证主义称为新实证主义。实证主义的基本特征是：将哲学的任务归结为现象研究，以现象论观点为出发点，拒绝通过理性把握感觉材料，认为通过对现象的归纳就可以得到科学定律。它把处理哲学与科学的关系作为其理论的中心问题，并力图将哲学溶解于科学之中。实证主义不仅对哲学而且对整个社会科学均发生了深刻影响，孔德所创立的实证主义社会学，在其后的一个半世纪是西方社会学的主流。

A.孔德

《拾穗者》 *The Gleaners* 19世纪法国写实主义画家J.-F.米勒的作品。描绘农村夏收劳动的场面。原题《八月》，表现欢乐的夏收场面，但经朋友建议最后前景只剩下三个拾穗的农妇形象，而热烈繁忙的夏收场面却被推到背景的最远处。米勒的农村

《拾穗者》（卢浮宫博物馆藏）

风景画深刻挖掘了当时的社会现实，并且把写实主义的理想同其个人的艺术气质结合起来。《拾穗者》令普通的劳动者形象获得升华，而这种处理方式在以往的艺术中只用以描绘英雄和神祇。

《拾遗记》 *Memoir on Neglected Stories* 中国志怪小说集。又名《拾遗录》、《王子年拾遗记》。作者东晋王嘉，字子年，陇西安阳（今甘肃渭源）人。《晋书》第95卷有传。今传本经过南朝梁宗室萧绮的整理。

据萧绮序，王嘉原帙凡19卷，220篇，至萧梁时已残缺，经萧绮重订为10卷。前9卷记自上古庖牺氏、神农氏至东晋各代的历史异闻，其中关于古史的部分很多是荒唐怪诞的神话，汉魏以下也有许多道听途说的传闻，为正史所不载。末卷则记昆仑等9座仙山。

《拾遗记》的主要内容是杂录和志怪。书中尤着重宣传神仙方术，多荒诞不经。但其中某些幻想表现出丰富的想象力。文字绮丽，所叙之事类皆情节曲折，辞采可观。后人多引为故实。如第六卷记刘向校书于天禄阁，夜有老人燃藜授学；贾逵年5岁，隔篱闻邻人读书后遂能暗诵六经。这两则传说即很有名。

现存最早的刻本是明嘉靖十三年（1534）世德堂翻宋本。另有《稗海》本，文字与世德堂本出入较大。今人齐治平有校注《拾遗记》（1981，中华书局），附佚文、传记资料、历代著录及评论。

食虫虻 Asilidae; robber fly 双翅目食虫虻科昆虫的统称。又称盗虻。已知约7 000种，中国已知250余种。成虫体长3～50毫米，灰黑色、淡黄或淡红色，有的具蓝绿色金属光泽，体粗壮，密被毛和鬃，有时细长而光裸。头部具细小的颈，可活动。复眼大而分离。单眼3个，着生于瘤突上，中单眼扩大。头顶明显凹陷。额发达，中部隆突，其上有较密的鬃和毛。触角3节。唇基退化，凹陷或平。下颚须1～2节。口器较长而坚硬，适于刺吸猎物。胸部发达而拱起。足粗壮多鬃，适于抱握和捕捉，爪垫大，爪间突刚毛状。翅狭长。雌性腹部具尾须1节，受精囊3个。幼虫长筒形，分12节。头部较尖，胸部3节各有1对腹侧鬃。

生活史较长，需1～3年完成一个世代。卵产于树木枝干的缝隙、地表的浅坑中或杂草叶片上，有时成一大团，上面盖以白色粉状物。幼虫捕食性，有5～8个龄期，生活在土中、枯枝落叶或朽木中，可取食各虫态的多种软体昆虫，如蛴螬、蝗卵等。蛹一般在土中，羽化前移至地表。成虫多生活于开阔的林区，可捕食各种昆虫，包括蝇类、蝗虫、蜂象、蛾类、甲虫、蜂类等，通常把食虫虻视为有益的天敌昆虫；但在养蜂地区，也捕食蜜蜂，对蜂场造成一定的危害。

食虫目 Insectivora 哺乳纲真兽亚纲的一目。因多数种类为食虫性得名。现生7科66属428种，其中2/3为鼩鼱科种类，仅麝鼩1属就有近150种。此目兽类除澳大利亚、南美大部、南极和一些大洋岛屿外，遍布全世界。中国有猬科、鼹科和鼩鼱科，共25属72种。体长3～45厘米；吻部尖长；蹠行；足具5趾，有爪，拇指不能对握；耳、眼均小；覆毛单一，毛被细软，部分种类具棘刺；牙齿结构原始；脑颅低扁而狭长。陆栖居多，也有的营地下或半水栖生活。以蠕虫、贝类、甲壳类或昆虫等小动物为食，有的兼食植物。自卫能力差，主要靠夜行、逃遁、躲藏或棘刺防御敌害。少数种类危害农作物。

过去认为食虫类可分为两大类群：一类称双褶齿猬类，包括除树鼩类以外的全部现代食虫类和大多数新生代后期和少数新生代早期的食虫类，如刺猬、鼩鼱、鼹鼠等。中国已发现属于这一大类的化石有山西晚始新世的莱氏鼬鼩，北京周口店地区更新世的韩氏刺猬，内蒙古、四川中更新世的水鼩属，内蒙古、北京晚更新世的麝掘鼹等。第二大类称原真兽类，包括晚白垩世到新生代早期的小古猬、大古猬、重褶齿猬及树鼩类。树鼩类有很多特点似灵长类，因此许多学者把它看作是原始的灵长类动物。重褶齿猬产于蒙古上白垩统，是一类很原始的食虫类。头骨低，臼齿三楔式。另外远藤兽也属于这一类。远藤兽产于中国辽宁阜新下白垩统。臼齿锥形兼切割式，一般性质与重褶齿猬接近。远藤兽可能是最原始的原真兽类。

按照新的分支系统学的分析，原真兽类已不再归于食虫目。系统学概念内的食虫目只包括鼩形和猬形两个亚目。更有人将树鼩类和象鼩类也另建独立的新目。

食管 esophagus 咽和胃之间的消化管。食管收缩时，可将食物推入胃内。某些脊椎动物的食管还可贮存食物。如鸟类胃前部食管膨大而成的嗉囊，就是暂时贮存食物的器官。有些鸟类还用嗉囊携带食物回巢，哺喂幼鸟。反刍动物四个胃中瘤胃、网胃和瓣胃均由食管衍化而来。

食管可分为颈段、胸段和腹段。脊椎动物食管的颈段位于气管背后和脊柱前端，胸段位于左、右肺之间的纵膈内，胸段通过膈孔与腹腔内腹相连，腹段很短与胃相连。哺乳类的食管结构上由内向外分4层：黏膜层、黏膜下层、肌层和外膜。

食团吞咽后由咽腔进入食管上端，食管肌肉即发生波形蠕动，使食团沿食管下行至胃。食管上括约肌是食团进入食管的第一个关口，它有两个功能：①防止吸气时空气进入食管，并使呼吸的无效腔（即死腔)减至最低程度。②防止食物反流入咽腔，以免误入气管。食管下括约肌处的内压较胃内压高，可防止胃内容物反流入食管。吞咽时，食团尚未到达食管下括约肌之前，此括约肌松弛，内压下降，并可持续10～12秒钟，直到食团通过为止。如果反复吞咽，食管下括约肌将持续松弛；如果提高腹内压，食管下括约肌的内压也随之提高，且提高的程度为胃内压的2～4倍，故胃内容物不能反流入口腔。

食管上部的横纹肌受舌咽神经和迷走神经的支配，这些运动神经元末梢以运动终极形式进入骨骼肌。迷走神经还支配食管其余部分的平滑肌，其节前纤维末梢与食管壁内神经丛的节细胞发生突触联系，再发出节后纤维支配平滑肌细胞。节前和节后纤维都是兴奋性的胆碱能纤维。在吞咽时，吞咽中枢兴奋通过上述运动神经元

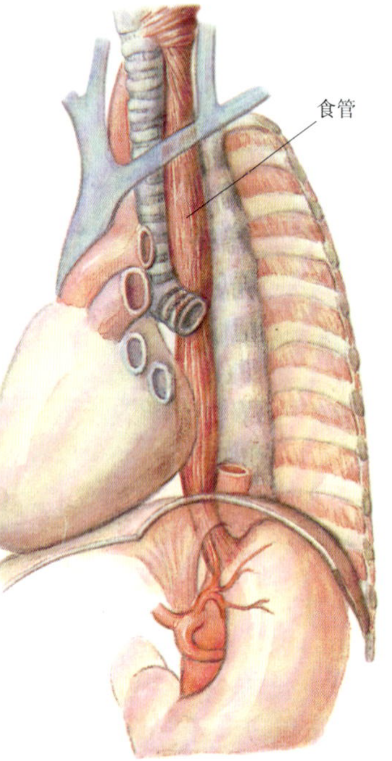

脊椎动物的食管

和迷走神经传出纤维，引起食管各段的肌肉发生蠕动。食管壁内神经丛可以不依赖外来神经来控制食管蠕动。

食管癌 esophageal, cancer 发生于食管部位的一组恶性肿瘤。表现为吞咽困难。中医名称为“噎膈”。是严重威胁生命的疾病。世界每年死于食管癌者约20万人。中国为食管癌高发国家，每年死于食管癌者约占中国恶性肿瘤死亡人数的1/5，仅次于胃癌。

病因 一般认为是环境中致癌因素，如亚硝胺类化合物和霉菌毒素引起。食物中某些微量元素如钼、铁、锌、氟缺乏可间接促使癌症产生。吸烟、饮酒在某些国家可能为主要病因，在中国则不占重要地

位。某些食品（如酸菜含有霉菌）、过热食物等，营养不良、蛋白质摄入不足，维生素A、B_2、C缺乏均与发病有关。

食管癌多发生于食管中段，下段次之，上段最少（见图）。根据组织学特点可分为

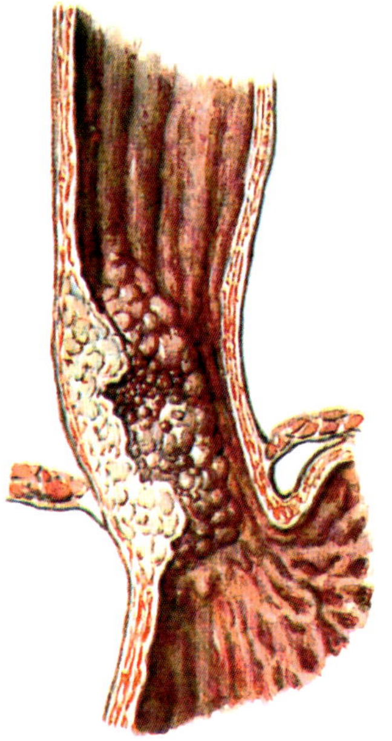

食管癌多发于食管中、下段

5种：鳞状细胞癌（占90%左右）、腺癌（占7%左右）、腺棘皮癌、未分化癌和癌肉瘤。后3种少见。病变范围与预后无明显关系，而病变浸润越深预后越差。

临床表现 症状包括吞咽食物时的哽噎感、吞咽疼痛、胸骨后疼痛、咽喉干燥和紧缩感、食管内异物感、胸骨后闷胀不适、剑突下或上腹部疼痛以及食物通过缓慢或停滞感等，约5%的患者无任何感觉。中、晚期食管癌因肿瘤造成机械性梗阻，进干硬食物、大口进食或吞咽过快时均发生堵噎，但用汤或水可将食物送下。发展至晚期则只能进软食甚至流食。最后滴水难进。

早期食管癌的病程至少在3年以上，而晚期食管癌从出现吞咽困难至死亡多在一年以内。

诊断 包括以下方法：①拉网法采取食管上皮细胞作涂片，进行细胞学检查，诊断正确率为87%～96%。②X射线钡餐造影，诊断正确率可达96%左右。③食管镜检查可以直接观察食管黏膜。食管镜检查结合活体组织检查，对食管癌尤其是早期癌的诊断和定位最可靠。

治疗 早期患者应首选手术治疗。对中、晚期癌除作手术治疗外，可采用放射治疗、化学治疗、中医治疗等。激光治疗也有较好效果。

预防 包括以下措施：①防止粮食和食品霉变，减少霉菌毒素的污染。②防止和消除食物及饮水中的亚硝胺污染。③推广钼酸铵肥料，改善土壤缺钼状态。④改善不良饮食习惯，避免过粗、过硬及过热的饮食。

食管炎 esophagitis 发生于食管部位的一种炎性病变。表现为吞咽时胸骨后疼痛，也可引起食管痉挛，导致一时性**吞咽困难**。病因和种类很多，如反流性食管炎、念珠菌性食管炎、疱疹性食管炎及放射性食管炎等，最主要的是反流性食管炎。反流性食管炎指胃及十二指肠内容物反流至食管引起食管下段黏膜的炎症。食管下端的下食管括约肌，功能障碍（压力降低或松弛）时，胃内容物可反流至食管。反流的盐酸、胃蛋白酶、胆盐可损伤食管黏膜导致食管炎。临床上本病可单独存在，亦可以与食管裂孔疝并存。胸骨后烧灼感为最常见症状，多在夜间平卧时出现，坐起则缓解。有时可出现胸痛、出血及咽下困难。内镜检查可见食管黏膜充血、糜烂，甚至溃疡。慢性反复的损害可引起食管纤维化，造成狭窄。治疗包括抬高床头、戒烟（吸烟能明显降低下食管括约肌压力）、应用降低胃内酸度的药物及促胃动力药，狭窄者可做扩张术，无效时可考虑手术。

食货志 record of ancient China financial economy history 中国纪传体史书中专述财政经济史的篇名。语出《尚书·洪范》“八政：一曰食、二曰货……”。《史记·平准书》开食货志先河，《汉书》始称食货志。以后各史食货志篇章渐多，如《宋史》、《明史》食货志有二十余种子目。历代食货志分别记述了田制、户口、赋役、漕运、仓库、钱法、盐法、杂税、市籴、会计（国家预算）等制度，为了解历代政府的经济政策和当时社会经济状况提供了重要史料。

食积证 dyspepsia syndrome 因食物停滞胃肠而不能及时消化、吸收所引起的中医学证候。多见于**胃脘痛**、宿食、**泄泻**等疾病。食积证多因脾胃素虚，饮食不节或暴饮暴食、恣食生冷、饮食不洁、过食难以消化之物而损伤脾胃，胃失受纳、腐熟之功，脾失运化，食物停积而成。临床表现为脘腹胀闷、疼痛拒按，嗳气有腐臭味，呕吐酸水，吐后或排气后胀痛减轻，厌食，大便溏泄、泄下物酸腐臭秽，舌苔厚腻，脉滑等。治疗以消食导滞为法，方用保和丸，并可根据病证寒热虚实之不同予以加减。

食疗 dietetic therapy 中医学中根据不同的病证，选择具有不同作用的食物，或以食物为主适当配伍其他药物，经烹调加工制成各种饮食以治疗疾病的医疗方法。

中医有药食同源、寓医于食的说法，许多食物本身就是中药，但食疗与药物疗法则有所区别，人们乐于接受，可以长期制食。

辨证施食的原则是寒者热之，热者寒之，虚者补之，实者泻之。阳证、热证患者宜食寒凉性食物，阴证、寒证患者宜食温热性食物，对于虚证患者应给予补养的食物。《内经》说“形不足者，温之以气，精不足者，补之以味”，在食疗时要辨清气、血、阴、阳之虚而补之。①**气虚证**常选用党参、白术、山药、莲米、白扁豆、赤小豆、薏苡仁、大枣、猪肉、猪肚等。②**血虚证**常选用当归、何首乌、枸杞子、桂圆肉、红枣、动物肝脏、鸡肉、蛋类、奶类、菠菜、胡萝卜等。③阴虚证常选用麦冬、百合、玉竹、冬虫夏草、蜂蜜、银耳、雪梨、甘蔗、鸭肉、甲鱼等。④阳虚证常选用核桃肉、杜仲、韭菜、干姜、羊肉、狗肉、麻雀肉、狗鞭、海马、海虾、鳝鱼等。对于实证患者，则要辨别是哪种实邪。若暴饮暴食、食滞不化，可选用山楂神曲粥、槟榔粥、莱菔粥等；痰湿阻肺、肺失宣降，可选用橘红汤、橘皮粥、冬瓜苡仁粥等。若水湿为患、水液潴留，可选用冬瓜皮蚕豆汤、赤小豆炖鲤鱼，薏米粥等；肝火犯肺咳嗽、咳血选用桑皮茅根鲜藕汤、杏仁桑皮炖猪肺、鲜藕柏叶汁等。对表证患者、外感风寒，可选用葱白饮、姜糖苏叶饮、葱豉黄酒汤等；外感风热可选用桑菊薄荷饮、薄荷芦根饮、菊花茶等。

辨证施食对于不同的脏腑病证，采用不同的食疗方法，如《灵枢·五味》指出：“脾病者宜食粳米饭、牛肉、枣葵，心病者宜食麦、羊肉、杏、薤白，肾病者宜食大豆、黄卷、猪肉、粟、藿，肝病者宜食麻、犬肉、李、韭，肺病者宜食黄黍、鸡肉、桃、葱。”在进行食疗配膳时，采用虚则补其母、实则泻其子的方法。如肺气虚弱患者，补益肺气的同时常益气健脾，以培土生金，使疾渐愈。

“同病异食”、“异病同食”也是辨证施食的重要内容。如胃脘痛、饮食所伤，宜食山楂糕、莱菔粥；寒伤胃阳，宜食高良姜粥、豆蔻；肝气犯胃、宜食玫瑰花茶、佛手酒；脾胃虚寒，宜食干姜粥、姜汁鳝鱼；胃阴不足，宜食沙参麦冬饮、甘蔗粥，是同病异食。又如久泻、脱肛、崩漏、子宫下垂等可出现相同的中气下陷证，都可选用参芪粥、归芪炖鸡等，此为异病同食。

食疗还可用于急性病的辅助治疗。如茵陈粥用于治疗黄疸病，枳椇粥用于治疗酗酒醉卧不醒等，对于某些慢性病，食疗是比较理想的治疗方法。人体患病之后，生理机能减退，胃肠薄弱，消化力降低，此时以米粥调理最为妥当。选用蔗浆粥、芦根粥，石斛粥等。中医食疗十分重视保养脾胃，一般说来，在疾病过程中，胃肠功能减弱，应适当控制食量，切忌进食过多，加重脾胃负担。

以炸、烤、煎、爆等方法烹调的膳食不易被消化吸收，所以，食疗膳食应采取蒸、炖、煮或煲汤等方法烹调制作，另外，在

疾病过程中，还要注意饮食禁忌，一般指温燥、生冷、油腻、荤腥之物以及烟酒等。

食毛目 Mallophaga; bird lice 昆虫纲的一目。小型寄生性*有翅昆虫*。俗称羽虱、鸟虱。全世界已知近3 000种。中国已记载有900余种。寄生于多种哺乳动物和各种鸟类的羽毛间，以宿主的羽毛、皮肤分泌物为食。体小，扁平，长0.5～10毫米。头大而扁，能活动。口器为特化的咀嚼式。有1对骨化很强的上颚；颚上有齿，用以刮取宿主羽毛和皮肤产物，并起固着在宿主羽毛上的作用。复眼小或已退化，无单眼。触角短小。翅退化。雌虫产卵器不发达，雄虫的阳茎结构复杂，变化多样。渐变态。卵单产，黏附于宿主的鸟羽、兽毛的基部，2～4天孵化。常1年多代，且世代重叠。

食毛目昆虫终生栖息于宿主体上，脱离宿主2～3小时或至多2～3天即死亡。其传播一般是通过宿主间的接触，偶有附着在虱蝇等寄生性昆虫上来完成。一般对宿主均为专一性。

食毛目昆虫是寄生于鸟兽体外的害虫，尤以鸟类受害最重，常造成养禽业的经济损失。一般采用沙浴法防治，将细沙和烟草粉混合，放入鸡舍附近有阳光处的木箱内，鸡在箱内沙浴，可驱杀羽毛间的鸟虱。用鱼藤粉、除虫菊粉或氟化钠粉等撒在宿主羽毛间，也很有效。在鸡舍内用石灰硫磺合剂消毒，也是有效的预防措施。

食品保藏 food preservation 为避免食品受微生物、酶、老鼠、昆虫等危害和作用，防止食品变质，延长保存期而采用的各种加工处理方法。食品工业的重要内容之一。主要有罐藏、干藏、冷藏、冻藏、辐照保藏、腌渍保藏、烟熏保藏、化学保藏等。

食品罐藏 将食品密封在容器中，经杀菌处理，或先杀菌再密封（无菌包装），将绝大部分微生物杀灭，同时防止外界微生物再次侵入容器内污染内容物，达到商业无菌要求，从而使食品在室温下能长期储存。见*罐头*。

食品干藏 利用自然条件或在人工控制的条件下将食品干燥到不易腐败变质的程度。自然干燥是借助阳光或流动空气将食品晒干或晾干；人工干燥又称脱水，是应用机械化生产线在较短时间内完成干燥过程。食品的种类繁多，成分各异，必须根据产品的特性，选用适当的干燥方法和工艺设备。常用的方法有晾晒、对流干燥、传导干燥（包括滚筒干燥、真空干燥和升华干燥）、微波干燥等。

食品冷藏冻藏 将食品预冷后在略高于冰点的温度下储藏，称为冷藏；将食品快速冻结并保持在-18℃以下冻结状态储藏，称为冻藏。

冷藏能延缓食品变质速度并保持新鲜度，但保藏时间较短。冷藏条件：①温度。水果、蔬菜、带壳蛋的冷藏温度一般以接近冰点为佳。②湿度。空气湿度过高，易使食品表面产生冷凝水，可能引起果蔬霉烂、肉禽发黏长霉；湿度过低则水分蒸发快，造成食品表面干缩。③通风。冷库中应强制通风，带走果蔬的呼吸热，并使冷库内温度均匀一致。

冻藏按冷冻介质和食品接触的方法，分为直接接触法和间接接触法。直接接触法应用较广，包括静置法、强制通风法、喷淋法等。保藏期较长，一般可保存一年以上。

食品辐照保藏 利用γ、X、β射线的辐照能量对食品进行辐射处理，达到杀菌、杀虫、抑制蔬菜发芽、延迟果实成熟等目的。保藏期长短根据辐照吸收剂量（每单位质量吸收的能量，单位是戈瑞。1戈瑞＝1焦/千克）而定。

食品烟熏保藏 利用木材不完全燃烧时产生的熏烟及干燥、加热等作用，使食品能较长时间保藏，并具有特殊的风味和色泽。烟熏食品以动物性食品为主，主要有水产类、肉类、禽类、蛋白（熏蛋）、乳品（干酪）、熏豆干等。烟熏方法有冷熏法、温熏法、热熏法、电熏法和液熏法等。

食品腌渍保藏 将食盐或食糖渗入新鲜食物的组织内，提高其渗透压，降低其水分活度，抑制某些微生物的繁殖，从而防止食品的腐败。加食盐的称腌制，如腌菜、腌肉；盐用量较少，使发酵产酸的称酸渍，如泡菜；加食糖的称糖渍。糖渍的果蔬称蜜饯，经干燥后称果脯。腌制有干法腌制、湿法腌制和混合腌制。糖渍有一次煮制法、分次煮制法、冷浸热煮法和真空煮制法。

食品化学保藏 在食品中添加化学制品如化学防腐剂、生物代谢物、抗氧剂等，能在室温条件下延缓食品腐败变质。食品化学保藏只能在有限时间内保持食品原来的品质，属于暂时性的保藏。*食品防腐剂*的用量愈大，延缓食品腐败变质的时间愈长，但是其使用必须按照相关标准执行，不允许超量和超出标准使用范围。

食品防腐剂 food preservative 能防止由微生物引起的腐败变质、延长食品保藏期的*食品添加剂*。因兼有防止微生物繁殖引起食物中毒的作用，又称抗微生物剂。按作用分为杀菌剂和抑菌剂。按性质可分为有机化学防腐剂和无机化学防腐剂，以及经微生物发酵制成的防腐剂。此外，还包括一些用于果蔬防腐、保鲜的防腐剂，如仲丁胺等。世界各国所用的食品防腐剂约50种，中国许可使用的防腐剂（不包括亚硫酸盐及亚硝酸盐）为35种。①有机化学防腐剂。主要包括苯甲酸及其盐类、山梨酸及其盐类等。以上两类均通过未离解的分子起抗菌作用，故称酸型防腐剂。对霉菌、酵母及细菌都有一定的抑菌能力，常用于果汁、饮料、罐头、酱油、醋等的防腐。②无机化学防腐剂。主要包括二氧化硫、亚硫酸盐及亚硝酸盐等。亚硫酸盐能抑制肉毒梭状芽孢杆菌，防止肉毒中毒，但主要作为发色剂用。亚硝酸盐可抑制某些微生物活动所需的酶，并具有酸型防腐剂的特性，但主要作为漂白剂用。③经微生物发酵制成的防腐剂。如乳酸链球菌素是由乳链球菌产生的、含34个氨基酸的多肽，安全性高，能抑制或杀死革兰氏阳性菌，降低食品灭菌的温度和缩短灭菌时间，使食品较好地保持原有的成分、色泽、风味和延长储存时间。

食品添加剂 food additives 为改善食品品质和色、香、味，以及为防腐和加工工艺的需要而加入食品中的物质。通常不作为食品消费，不是食品的典型成分，也不包括污染物或者为提高食品营养价值而加入食品中的物质。但在中国，食品营养强化剂属于天然营养素范围的食品添加剂。

分类 按来源分为天然和人工合成两大类。天然品主要从动植物提制，也有一些来自微生物的代谢产物。合成品通过化学合成方法制得。联合国粮农组织（FAO）/世界卫生组织（WHO）联合食品添加剂和污染物法规委员会（CCFAC）根据安全评价资料把食品添加剂分成A、B、C三类。A类是FAO/WHO联合食品添加剂专家委员会（JECFA）已制定ADI值（每人每日容许摄入量）和暂定ADI值者，B类是JECFA曾进行安全评价但未建立ADI值或未进行评价者，C类是JECFA认为在食品中使用不安全或应严格控制制作某些食品的特殊使用者。

使用原则及管理要求 ①必须经过适当的毒性试验和卫生评价，并且符合规定的安全、卫生标准。②应有利于食品的生产、加工和储存等过程，在用量较低时有明显效果且不破坏食品的营养成分。③不得用来掩盖食品的腐败变质或进行伪造、掺假。④专供婴儿的主、辅食品除按规定可加入食品营养强化剂外，不得添加人工甜味剂、色素、香精及其他不适宜的食品添加剂。⑤由两种或两种以上的食品添加剂配合而成的复合添加剂中，各单一品种必须符合各有关规定。⑥生产、使用新的食品添加剂或需要扩大使用范围、使用量者，应事先提出卫生评价资料和实际使用依据，逐级审议后经有关部门批准。

食品卫生 food hygiene 为防止食品污染和有害因素危害人体健康而采取的综合措施。世界卫生组织对食品卫生的定义是：在食品的培育、生产、制造直至被人摄食为止的各个阶段中，为保证其安全性、有益性和完好性而采取的全部措施。食品卫生是公共卫生的组成部分，也是食品科学的内容之一。食品卫生研究的内容包括：食品污染源的来龙去脉、有害物质的性质分类；为防止污染，保证食品的卫生质量，食品生产、消费的全过程所应采取的相应措施。

食人鱼 *Serrasalmus nattereri*; piranha 脂鲤目脂鲤科锯齿鲤属的一种。又称纳氏锯齿鲤、食人鲳。原产巴西亚马孙河流域，也分布于委内瑞拉、圭亚那淡水水域。体长10～20厘米，大者可达30多厘米。体圆

食人鱼标本

形或盘状，侧扁。头中大。吻圆钝。口大，亚上位。下颌突出，长于上颌。上、下颌均有一列锐利如剃刀的三角形强牙，咬合时相互镶嵌如锯齿状。体被小圆鳞。背鳍位于体中部背方。其后具1脂鳍。头、体浅青色。鳃盖下方、颏部、胸部、胸鳍及臀鳍前半部红色。背鳍浅灰色，尾鳍、臀鳍后缘灰黑色。肉食性。喜成群活动，性情残暴，嗅觉灵敏。适宜水温22～28℃，水温低于10℃时出现休克乃至死亡。卵生，怀卵量2 000～4 000粒，一年可繁殖多次。幼鱼经16～18个月后达性成熟。鱼肉鲜美，在产地供食用。为观赏鱼类之一。

食肉动物 Carnivora; carnivore 哺乳纲食肉目动物的统称。俗称猛兽或食肉兽。牙齿尖锐而有力，具食肉齿（裂齿），即上颌最后1枚前臼齿和下颌最前1枚臼齿。上裂齿两个大齿尖和下裂齿外侧的两大齿尖在咬合时似铡刀，可将韧带、软骨切断。犬齿异常粗大、长而尖、颇锋利，起穿刺作用。

食肉目有8科89属250种，包括犬科、熊科、浣熊科、大熊猫科、鼬科、灵猫科、猫科和鬣狗科。其中，大熊猫科只有1属1种，即大熊猫，仅分布于中国西部3省；灵猫科只分布于旧大陆；浣熊科几乎集中分布于新大陆；其余各科的分布均较广泛，除大洋洲外，可见于世界各地。食肉目动物反应迅速，动作灵敏、准确、强而有力，具发达的大脑和感觉器官，嗅觉、视觉和听觉均较发达。食肉类体型矫健，肌肉发达，四肢的趾端具锐爪。生活方式为掠食性，多昼伏夜出，猎物多为有蹄类、各种鼠类、鸟类以及某些大型昆虫等。捕杀方式多种多样，或隐伏要路等待，或嗅迹跟踪、潜伏靠近，凭借利齿和锐爪进行突然袭击。另一种攻击方式是长距离的追逐捕杀。狼和豺等动物更发展出类似集体分工的围猎方式。猫类和鼬类是以肉为主食的典型食肉兽；犬类和灵猫类次之，除肉类外亦食部分植物果实；熊类和浣熊类进食植物性食物的比重增大，近于杂食；鬣狗类取食尸体或腐肉，缟鬣狗则以蚂蚁为主食；基本素食者为大熊猫，以嫩竹和竹笋为主食。绝大多数食肉动物单独生活，每个成体往往占据一定面积的活动区域，作为独自寻食的游猎区，并竭力守卫自己的“领地”。不少种类均具较为发达的分泌腺，既是自卫的武器，又是通信联络和标记领域的手段。

中国有7科24属56种，仅鬣狗科无分布。犬科有6种，熊科有3种，浣熊科有1种，大熊猫独占1科，鼬科最多达21种，灵猫科11种和猫科13种。中国特产大熊猫、貉、花面狸、漠猫和雪豹均属重要保护动物。虎、豹、棕熊、紫貂和水獭日益稀少，虽被列为国家保护动物，但仍有濒临灭绝的危险。

食物链 food chain 物质和能量以食物形式依次从一个生物体传递到另一个生物体的途径。因为多数生物能消费一种以上的动物、植物或微生物，所以一个局部地区的食物链相互缠结而形成食物网或食物环。植物通过光合作用把太阳能转变为食物，是初级食物来源。在捕食链中，植食性动物被肉食性动物所食。在寄生链中，较小的生物体消耗较大的宿主的身体部分，本身又可能被更小的生物体所寄生。在腐生链中，微生物以死的有机物质为生。由于能量以热的形式在每个阶段中都有损失，因此食物链一般不超过4或5个营养级。在人口密度过大的地区，人们一般通过去掉食物链中某一营养级以增加总的食物供应量。食物链缩短，可供最终消费者使用的总能量增加。

食物中毒 food poisoning 因食入有毒食物引起的急性病变。有毒物质可能是细菌性、毒素性、化学性等可引起急性中毒的物质。

食物中毒多数潜伏期较短，短时间内同时或相继有数人发病；所有患者均有类似的临床症状，并有胃肠炎症状；发病与某种食品有关，患者均食过同一种食物。人与人之间不直接传播，未食用同种食物者，即使同屋居住，同餐桌进食也不发病。

预防细菌性食物中毒的原则：①防止污染。不食用病、死畜肉。②控制细菌繁殖，食品应低温储存。③杀灭病原菌。肉、禽、蛋等食品彻底加热烹调。④食品厂、食堂、其他食品经营者注意食品卫生。

化学性食物中毒多由污染、误服等引起，须注意加强管理。有毒动植物中毒及霉变食品中毒，主要由于知识不足而致，应加强宣传教育，增加卫生知识，以防中毒。

食蚜蝇 Syrphidae; hover fly 双翅目食蚜蝇科昆虫的统称。全世界已知6 000余种，中国已知300余种。成虫小至大型，体宽或纤细，光滑或具毛，体色鲜艳明亮，具黄、蓝、绿、铜等色彩的斑纹，外观似蜂。头部大，通常雄性为接眼式，雌性为离眼式，也有两性均为离眼式。触角3节。一般喙短，少数种类喙特别细长，几与体长相等。胸部一般无刚毛。翅有伪脉，极少数种类阙如。足简单或特化。腹部狭长、扁宽或棍棒状，至少可见4节，一般可见5～6节，末端数节形成尾器，雄性中一般不对称，扭转、背面不易见。

卵一般产在蚜群中。幼虫11节，无头。由于生活习性的不同，外形也不同。捕食性或腐生性。一般以幼虫或蛹在土中、石下、枯枝落叶下越冬，少数以成虫越冬。华北地区年发生4～5代，南方地区年发生5～7代，也有一年发生1～2代的。

食蚜蝇大部分种类的幼虫是蚜科、蚧科等同翅目害虫的有效天敌，成虫在取食花蜜、花粉的同时传播花粉，对农业有益。

食盐 edible salt 以氯化钠为主要成分，供人们食用的盐。中国食盐标准由国家规定。感官指标为色白、味咸、无异味、无明显的与盐无关的外来异物，理化指标符合要求。

食盐主要分为精制盐、粉碎洗涤盐和日晒盐。①精制盐。一种是真空精制盐，包括井矿盐的真空盐和海盐、湖盐溶解后再结晶的真空盐；另一种是粉洗精盐，由海盐、湖盐经粉碎、洗涤、离心脱水、干燥制得。②粉碎洗涤盐。以海盐、湖盐为原料，经粉碎、洗涤、脱水而成。需控制适当的粒度，以保持一定的溶解速度。主要用于腌制鱼、肉、菜等。③日晒盐。以海水为原料，经过卤水澄清处理及人工控制盐的结晶粒度，生产出的色泽白、粒度细的食盐。主要用于食品加工。此外，食盐还有以普通食盐为载体，按一定比例添加食品营养强化剂如钙、硒、锌、铁、核黄素、氟和螺旋藻等的营养盐、保健盐；以普通食盐加入氯化钾、硫酸镁等而成的低钠盐；以普通食盐添加各种风味的调味品而成的调味盐等。

中国从1995年开始对食盐实行全面加碘，以消除碘缺乏病。

食蚁兽 Myrmecophagidae; anteater 贫齿目食蚁兽科动物的统称。共3属4种。大食蚁兽分布在中、南美洲，体长1～1.3米，

喉部、肩部具黑色楔形条纹，其边缘镶以白色；斑颈食蚁兽产于墨西哥、巴拉圭和秘鲁，体长0.5～0.6米，尾可卷缠，喉部和肩部黑斑在颈部成项圈状；小食蚁兽见于墨西哥、特立尼达、巴西和秘鲁，体型最小，体长仅15～18厘米，尾亦具缠绕性。吻部尖长，嘴管形；舌可伸缩，并富有黏液，适于舐食昆虫；耳小而圆；前肢力强，第3指具特别发达并呈镰刀状的钩爪，后肢4～5趾亦具爪。头骨细长而脆弱，无齿。

大食蚁兽

食蚁兽习性各异。大食蚁兽主要栖于潮湿的森林和沼泽地带，白天或晚上活动，善游泳；斑颈食蚁兽栖在树上，也常下地；小食蚁兽树栖。后两种日间多隐蔽在密林或躲在树洞里，夜间出来觅食，常用前肢爪捣毁蚁巢，以蚂蚁、白蚁及其他昆虫为食。大食蚁兽的舌能伸出口外0.5米多进行舐食。因肉可食用，且易于捕捉，数量大减，为世界性保护动物。

食用菌 edible fungi 供人类食用的**真菌**。狭义的食用菌专指大型真菌中可供食用的蘑菇，通称食用蘑菇。有毒而不可食用的大型真菌称毒蘑菇。广义的食用菌还包括利用其发酵作用来进行食品加工的真菌。

食用菌大部分属担子菌纲。全世界估计可供食用的约500种。中国在320～350种之间，然而人工栽培的不过20种左右。例如：白蘑菇（双孢蘑菇）、大肥菇、香菇、单菇、金针菇、木耳类等。此外，尚有可供驯化的种类如土壤腐生菌中的花脸蘑、口蘑、羊肚菌、竹荪，木腐菌中的元蘑、牛舌菌，寄生菌中的蜜环菌，共生菌根菌中的松茸、美味牛肝菌、鸡坳菌和块菌等。

与其他真菌相比，食用菌子实体一般较大，高约3～18厘米，宽约4～20厘米，故称大型真菌。形态不一，以伞状为多。一般由菌丝体、菌柄、菌盖3部分组成。食用菌的生活史，就是由孢子萌发为初生菌丝体，再融后成次生菌丝体到长成子实体，又产生孢子的循环过程。

栽培技术主要包括两个步骤。一是制种（菌种分离培养）。二是子实体培育，因所用培育料的不同可分为木腐菌培育和粪草腐生菌培育两种培育方法。食用菌在菌丝生长阶段并不严格要求潮湿条件，但在出菇或出耳时，环境中的相对湿度则需在85%以上，而且要求适合的温度和光照。

食用菌不仅味美，而且营养丰富，常被人们称作健康食品，如香菇不仅含有人体必需的各种氨基酸，还具有降低血液中的胆固醇、治疗高血压的作用。银耳、木耳、猴头菌、假蜜环菌等，还有特定的滋补、医疗用途。

竹荪

风尾菇

草菇

香菇

猴头菇

平菇

常见食用菌

食用色素 food colour 使食品着色和改善食品色泽的**食品添加剂**。有天然和合成之分。食用合成色素是通过化学合成制得的有机色素。按化学结构可分为偶氮色素和非偶氮色素。按溶解性可分为油溶性色素和水溶性色素。油溶性色素毒性较大，现在基本不用。食用天然色素绝大部分来自植物组织，特别是水果和蔬菜，安全性高，有的还兼具营养作用（如β-胡萝卜素）。按来源可分为植物色素、动物色素和微生物色素。此外，还包括某些无机色素。

世界各国许可使用的食用色素基本一致。合成色素主要是苋菜红、赤藓红、柠檬黄、日落黄、亮蓝、靛蓝等，共十余种。天然色素使用的品种较多，日本列为许可使用的共约102种，中国已批准使用的有甜菜红、辣椒红等47种。

食用合成色素一般色泽鲜艳，着色力强，稳定性好，无臭无味，品质均一，易于溶解和拼色，且成本低廉，广泛用于食品着色。食用天然色素一般着色力和稳定性等不如食用合成色素，且成本较高，但一般认为安全性较高并有其特点。

食用香精 food flavour 由各种食用香料和许可使用的附加物调和而成，用于使食品增香的**食品添加剂**。附加物包括载体、溶剂和其他食品添加剂。载体有蔗糖、糊精等。食用香精主要模仿天然瓜果、食品的香和味，注重香气和味觉的仿真性。食用香料在食用香精中所占比例很小，但须经过一定的安全、卫生评价，符合有关法规的要求后方可使用。

食用香精按剂型分为液体香精和固体香精。液体香精又可分为水溶性、油溶性和乳化香精三类。此外，也可按香型和用途分类。固体香精，如微胶囊香精是将香料与包裹剂（如改性淀粉等）通过乳化、喷雾干燥制成，主要用于固体饮料、调味料等的加香。水溶性香精是用蒸馏水或乙醇等作稀释剂，与食用香料调和而成，主要用于软饮料等的加香。油溶性香精则是用丙二醇等与食用香料调和所得，主要用于糖果、饼干等的加香。乳化香精是由食用香料、比重调节剂、抗氧化剂、防腐剂等油相和由乳化剂、着色剂、防腐剂、增稠剂、酸味剂和蒸馏水等组成的水相，经乳化、高压均质制成，主要用于软饮料和冷饮品等的加香、增味、着色或使之混浊。

鲥鱼 *Macrura reevesii*; Reeves' shad 鲱形目鲱科鲥属的一种。又称时鱼、三来、三黎。分布于黄海南部、东海、南海和菲律宾。体长40厘米，最大64厘米，体重2.5～3千克以上。体侧扁，略呈斜方形。头中等，吻尖；口较小，端位、斜形，无牙。眼小，体被圆鳞。无侧线，腹部具棱鳞，尾鳍深分叉。体背和头部呈灰黑色，上侧略带蓝绿色的光泽，下侧和腹部银白色，腹、臀鳍灰白色，尾鳍边缘和背鳍基部淡黑色。

为溯河洄游产卵鱼类，平时生活于海中，4～6月间入江河中下游产卵繁殖。初入江的鲥鱼丰腴肥硕、肉味鲜美，为名贵鱼类。

《史晨碑》 *Stele of Shi Chen* 中国东汉纪事碑刻。立于汉灵帝建宁二年（169）三月。又称《史晨前后碑》。原在山东曲阜孔庙同文门下，1978年移入孔庙东庑。碑身高174厘米，宽85厘米。碑阳隶书17行，每行36字；碑阴隶书14行，前8行每行36字，自第9行起每行35字。无题额。碑阴有唐人楷书题记4行。碑阳所刻为鲁相史晨请求祭祀孔子的奏本，全称《鲁相史晨祀孔子奏铭》，又称《史晨前碑》；碑阴为记述史晨祭祀孔子的礼乐盛况及修治与孔子有关的遗迹之事，全称《鲁相史晨飨孔子庙碑》，又称《史晨后碑》。因碑阴有记述史晨"建宁元年四月十一日戊子到官"之语，故有人认为碑阴刻于建宁元年（168）。

《史晨碑》拓片（局部，168～169，山东曲阜孔庙藏）

此碑书法点画沉稳细致，结体疏密均衡，风格端正典雅，气势恢弘，是汉代隶书碑刻中法度严谨的代表作品。碑阴后半部字形虽比前半稍大，但从技巧特征和整体风格来看，全碑应为一人所书。明清以来，论隶书者多以汉碑为正宗，此碑遂作为临习范本广泛流传、影印。现存最早拓本为明拓本。

史楚金 Shchukin, Boris Vasilyevich (1894-04-17～1939-10-07) 苏联演员。生于莫斯科，卒于莫斯科。1920年入莫斯科艺术剧院戏剧实验所，1926年为瓦赫坦戈夫剧院的主要演员之一，也是瓦赫坦戈夫演剧流派的代表性人物。他有极强的形象捕捉能力，表演中能将深刻的体验与鲜明的体现结合在一起。他对喜剧、悲剧、正剧角色均擅长。1932年成功地扮演了M.高尔基的《耶戈尔·布雷乔夫及其他》中的布雷乔夫。史楚金是第一个V.I.列宁形象的塑造者，同时在戏剧《带枪的人》（1937）和电影《列宁在十月》（1937）、《列宁在1918》（1939）中成功地塑造了列宁的形象。

史达祖 Shi Dazu 中国南宋词人。字邦卿，号梅溪。祖籍汴（今河南开封），寓居杭州。生卒年不可考，约1207年前后尚在世。早年屡试不第，漂泊在扬州与荆楚一带。曾在韩侂胄府任职，得韩倚重。开禧三年（1207）侂胄被诛，史亦被黥面流放。

史达祖以词名世，有《梅溪词》1卷。咏物词尤工，其〔绮罗香〕《咏春雨》、〔双双燕〕《咏燕》，皆能使"所咏了然在目，且不留滞于物"（张炎《词源》），亦即"不写形而写神，不取事而取意"（卓人月《词统》），每为后人激赏。其感怀身世之作如〔满江红〕《书怀》、〔秋霁〕"江水苍苍"、〔湘江静〕"暮草堆青云漫浦"之类，或嗟老叹贫，或暗伤漂泊，颇能写出贫困知识分子的情绪。其他如悼念亡妻及追怀旧欢之词，皆一往情深，真切动人。史达祖使金前后，曾写有〔龙吟曲〕《陪节欲行，留别社友》、〔满江红〕《九月二十一日出京怀古》、〔齐天乐〕《中秋宿真定驿》等一系列词章，故国之思、家国之恨与复国之志尽入笔端，是《梅溪词》中的重要篇什。其词风格以瑰奇清秀为主，遣词造句，俊语联翩，谋篇构思，又往往出人意表。从宋末周密、王沂孙、张炎诸家之词作中，可以窥见受史词影响的痕迹。清代浙西派词人对史词也甚为推崇，朱彝尊有最爱姜、史之语。

《梅溪词》收入汲古阁《宋六十名家词》、《四印斋所刻词》中。1988年上海古籍出版社出版有雷履平等校注本。

史迪威 Stilwell, Joseph Warren (1883-03-19～1946-10-12) 美国陆军上将。生于佛罗里达州帕拉特卡，卒于旧金山。1904年毕业于西点军校。第一次世界大战期间参加美国赴欧洲远征军。战后在中国攻读汉语。1925～1929年在驻中国天津美海军中服役。

1935～1939年为美驻华使馆武官。太平洋战争爆发后，美国陆军部委任他担任中国-缅甸-印度战区陆军司令、中国战区参谋长等职，于1942年3月来华。1945年领导建成了用以援华的缅甸-列多战略公路，全长769千米，被称为"史迪威公路"。在昆明、桂林及印度兰伽设立了3个训练中心，对国民党军进行训练，为中国人民的抗日事业作出贡献。

主张联合中国共产党积极抗日，反对美国海军情报系统与国民党军统局设立的"中美合作所"。在蒋介石的反复要求下，美国总统F.D.罗斯福于1944年10月19日将他召回。1945年6月史迪威任美国第10军军长，指挥冲绳战役。1945年8月在琉球群岛接受十10多万日军的投降。1946年3月，任美军第6军军长。

史迪威事件 Stilwell Incident 1944年10月美国总统F.D.罗斯福应蒋介石要求召回中国战区参谋长J.W.史迪威的事件。1942年3月，罗斯福鉴于联合作战的需要，派史迪威来华担任中国战区参谋长，兼中国-缅甸-印度战区陆军司令。罗斯福坚持由史迪威分配监理美国援华租借物资，引起蒋介石不满。史迪威建议改革中国军队，主张按能力和功过而不是亲疏关系任用军官，遭到蒋介石的反对。蒋介石支持陈纳德依靠空军战胜日军的空战计划，战略方针也与史迪威发生矛盾。史迪威对重庆国民政府的政治腐败极为不满，对国民党以重兵封锁中共陕北抗日根据地更是反感，要求蒋介石将这些军队和部分中共军队调往抗日前线，进而引起蒋介石的怨恨。1944年夏，国民党军队在豫湘桂战役中大溃败，罗斯福要求蒋介石授权史迪威统帅、指挥中美一切军队。蒋介石初采敷衍态度，后则要求罗斯福召回史迪威，史蒋矛盾发展到极点。10月19日，罗斯福不得已宣布召回史迪威，并任命魏德迈为中国战区参谋长和驻华美军司令，索尔登为印缅战区美军陆军司令。21日，史迪威飞离重庆。

史东山 Shi Dongshan (1902-12-29～1955-02-23) 中国电影导演、编剧。浙江杭州人。卒于北京。原名匡韶。1925年编导处女作《杨花恨》。其后导演了《同居之爱》、《王氏四侠》、《银汉双星》等唯美主义影片。九一八事变后，作品有《共赴国难》、《奋斗》、《女人》、《人之初》、《长恨歌》、《青年进行曲》。抗日战争时期编导了《保卫我们的土地》、《胜利进行曲》、《还我故乡》等影片，以及舞台剧《蜕变》、《秋收》。抗战胜利后拍摄了《八千里路云和月》和《新闺怨》。前者为"战后中国电影艺术奠下了一个基石"。中华人民共和国建立后，担任文化部电影局技术委员会主任。1951年编导的《新儿女英雄传》获得当年卡罗维发利国际电影节特别荣誉奖的导演奖。有理论著作《电影艺术在表现形式上的几个特点》。

《史集》 *Compendium of Chronicles*; *Jāmi 'al-Tawārīkh* 14世纪初用波斯文写成的世界通史性的巨著。伊利汗国宰相拉施都丁（约1247～1317）奉伊利汗合赞和合儿班答之命，主持编纂，历时10年编成。全书原分为三部：第一部为《蒙古史》，第二部为《世界史》，第三部为《世界地志》。但留传至今的只有前两部和一个残缺不全的附编。该书第一部《蒙古史》具有很高史料价值，是研究14世纪初以前的蒙古族史的最重要的基本史料之一，也是研究古代游牧部族社会制度、族源、民族学的重要资料。第二部《世界史》的史料价值不如第一部。留传至今的该书波斯文抄本十余种分散在英、法、德、奥、伊朗、土耳其等国，其中最古老、最好的为伊斯坦布尔1317年抄本。100多年来世界各国学者一再对各部分进行校勘、翻译、注释和研究。

《史记》 *Records of the Grand Historian* 中国第一部纪传体通史。汉**司马迁**撰。初名《太史公书》，又称《太史公记》、《太史记》。元封三年（前108），司马迁继任父职，在太初元年（前104）参加制定《太初历》后，开始撰写《史记》。经10余年努力，终于成书。

《史记》记事起于传说中的黄帝，讫于汉武帝，历时三千余年。所述史事，详于战国、秦、汉。据《太史公自序》记载，全书130篇，包括12本纪、10表、8书、30世家、70列传，共526 500字。

《史记》的宗旨是"究天人之际，通古今之变，成一家之言"，就是探索天道和人事之间的关系，研究历史的发展和变化，作者提出了"忠"—"敬"—"文"这一朝代更替的周而复始的固定公式。此书取材丰富，对《**左传**》、《**国语**》、《**世本**》、《**战国策**》、《楚汉春秋》及诸子百家多所采摘，又利用了国家收藏的档案、民间保存的古文书传，并增添了亲身采访和实地调查的材料。作者在广泛取材的同时，又注意鉴别和选择材料，淘汰无稽之谈，力求实事求是。在中国史学发展史上，《史记》堪称第一部规模宏大、体制完备的中国通史。由它开端的史书纪传体影响深远，后来历代的"正史"都采用了这一体裁。它的大部分文字生动精炼，写人叙事形象鲜明，对中国后世的散文和传记文学有良好的影响。

司马迁死后，了解《史记》的人并不很多。汉宣帝时，司马迁的外孙杨恽祖述其书，公布于世，从此开始流传。《史记》现存早期的版本之一南宋黄善夫家塾刻本，

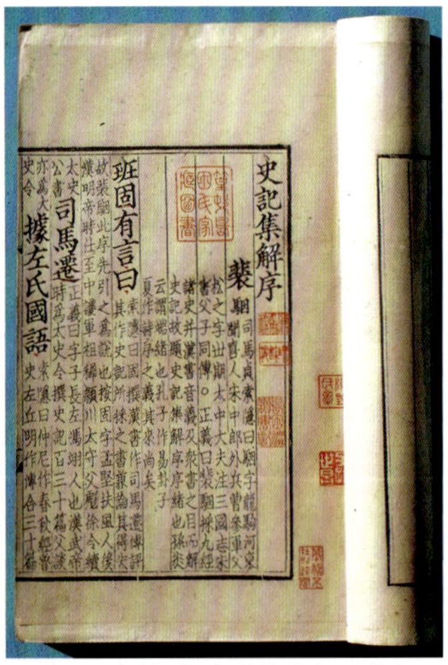

《史记》（南宋黄善夫家塾刻本）

被公认为善本，经商务印书馆影印收入百衲本《二十四史》。1959年中华书局出版标点校勘本《史记》，便于阅读，所据底本即金陵书局刻本。

史济湘 Shi Jixiang (1921-12-10～2007-09-13) 中国烧伤外科专家，大面积深度烧伤治疗技术的创始人之一。生于上海，卒于上海。1947年毕业于震旦大学医学院。

先后任该校附属广慈医院（今瑞金医院）外科住院医生、外科住院总医师、主治医师、讲师、外科和麻醉科副主任。1958年成功抢救烧伤总面积89%、三度烧伤面积23%的患者，打破"烧伤面积超过80%无法治愈"的定论。1961年广慈医院成立烧伤科后，历任副主任、主任、烧伤研究室主任。1974年任外科学教授。1988年上海市烧伤研究所成立，任所长。与同事提出烧伤休克期补液公式与冬眠疗法；早期分期分批切除焦痂，大张异体皮或异种皮打洞嵌植自体小皮片覆盖创面，头皮作为主要供皮区等治疗技术，使中国烧伤治疗跃居世界先进水平。1988年获美国烧伤学会伊文思奖，1989年获意大利惠特克国际烧伤奖。烧伤方面的著作甚丰。

史久镛 Shi Jiuyong (1926-10-09～) 中国国际法学家。浙江宁波人。1948年毕业于上海圣约翰大学政治系。1951年获美国哥伦比亚大学国际法硕士学位。20世纪50年代中期回国，先后任中华人民共和国外交部法律顾问、中英联合联络小组（关于香港问题）中方代表处法律顾问、中国法律咨询中心法律顾问等职。1987年当选为联合国国际法委员会委员，1990年当选为联合国国际法委员会主席；1994年2月当选为联合国国际法院法官，2000年2月当选为国际法院副院长，2003年2月当选为国际法院院长。著有《国际经济法概论与范围》、《香港与关贸总协定》、《私人国外投资保护法律问题》（英文）、《公平解决第三世界债务问题》（英文）、《裁军与国际法》（英文）、《香港特别行政区之自治》（英文）等。

史可法 Shi Kefa (1602～1645) 中国明末大臣。字宪之，号道邻。顺天大兴（今北京）籍。河南祥符（今河南开封）人，卒于扬州。崇祯元年（1628）进士。因其与农民军作战有功，崇祯十年升**都察院**右佥都御史，巡抚安庆、庐州（今安徽合肥）、太平、池州四府。十四年冬，起为户部侍郎、总督漕运，巡抚凤阳等处。崇祯十六年七月，升南京兵部尚书，参赞机务。十七年三月李自成攻占北京，**马士英**等拥立福王于南京，授史可法礼部尚书兼东阁大学士。时议设江北四镇，以史可法为兵部尚书，督师扬州。六月初，史可法上疏请遣使北行，主张联合清军共讨农民军。顺治元年（1644）十一月，清兵分三路南下，史可法知事态严重，他由扬州至白洋河，部署诸镇图巩固河防。总兵许定国诱杀高杰，率部渡河北降清。大河以南大乱，史可法退保扬州。

顺治二年四月十九日，清大军渐集城郊，诸军无赴援者。仅刘肇基等少数兵至，防守力单。史可法知城终不可保，自守地势卑下易受攻击之西门，决以身殉。二十五日城破被俘，慷慨就义。史可法殁后十二日，义子史德威回城觅尸不可辨。次年，史德威奉可法衣冠葬于扬州天宁门外之梅花岭。南明隆武帝予谥忠靖。乾隆中，追谥忠正。遗著由玄孙史开纯集为《史忠正公集》，康熙间张纯修辑刻有《史道邻先生遗稿》。1937年，罗振常以遗稿为主，而以各本参校增补，成《史可法集》及《史可法别传》，两种汇为一册，上海古籍出版社于1984年印行。

史良 Shi Liang (1900-03-27～1985-09-06) 中国爱国民主战士、政治活动家、法学家，妇女运动领袖之一，全国人大常委会副委员长，全国政协副主席。江苏常州人。卒于北京。1927年毕业于上海法科大学。1931年执律师业16年，曾任上海律师公会执行委员。

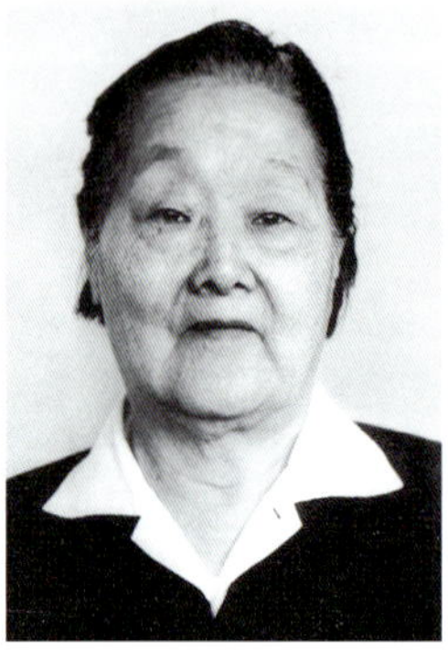

她主持正义，积极参加营救共产党员的辩护工作，并为受压迫的妇女办理婚姻案件。1935年参加上海妇女救国会及上海文化界救国会，曾任全国各界救国联合会常务委员。1936年与沈钧儒、章乃器、邹韬奋、李公朴、沙千里、王造时一起，因参加和组织抗日救亡活动被国民党政府逮捕，时称"七君子事件"。1942年参加中国民主政团同盟（1944年改名为**中国民主同盟**），1945年当选为民盟中央常务委员。1947年民盟被国民党政府下令解散，史良留在上海坚持地下工作，为民盟上海区执行部负责人之一。

中华人民共和国建立后，史良任第一任司法部部长，长期担任全国妇女联合会副主席，并任中国人民政治协商会议第一次全体会议代表、全国政协委员，全国政协第二、三、四、五届常务委员，全国政协第五届副

主席，第一届全国人民代表大会代表，第二、三、四届全国人大常务委员会委员，第五、六届全国人大常委会副委员长等职务以及民盟第四、五届中央主席。

史量才 Shi Liangcai (1880-01-02～1934-11-13) 中国报业家。名家修。江苏江宁人。生于江苏松江（今属上海），卒于沪杭间翁家埠。早年从事教育。1905年同黄炎培等人发起成立江苏教育总会。1908年任《时报》主笔。先后购得《申报》产权（1912）、《时事新报》部分股权（1927）、《新闻报》大部股权（1929），成为当时国内最大的报业资本家。

1931年九一八事变后，主张团结抗日，反对国民党独裁统治。1932年，对《申报》进行了一系列改革，邀请爱国进步人士黄炎培等进报馆；宣传中国民权保障同盟的活动；发表鲁迅、茅盾等进步作家的作品。后又创办申报流通图书馆、申报妇女补习学校，出版《申报月刊》等。1934年在沪杭公路上的翁家埠遭国民党特务暗杀。

史弥远 Shi Miyuan (1164～1233) 中国南宋权臣。字同叔。明州鄞县（今属浙江）人。淳熙十四年（1187）进士及第。开禧三年（1207）杀韩侂胄，函其首送金请和。史弥远因此升任右丞相兼枢密使，独相宋宁宗17年。嘉定十四年（1221），皇弟沂王之子贵和立为皇子，改名竑。竑不满史弥远权势熏灼，史弥远即谋废立。从越州求得宗室子赵与莒，赐名贵诚，立为沂王，亟力扶植。十七年八月，宋宁宗死，弥远矫诏拥立贵诚，改名昀，是为理宗；封皇子竑为济王，出居湖州。宝庆元年（1225）正月，史弥远派人逼竑自缢，诡称病死。自此又独相宋理宗赵昀9年。史弥远两朝擅权26年，权倾内外。史弥远等人对金一贯采取屈服妥协的政策，对南宋人民则疯狂掠夺。他招权纳贿，货赂公行。他还大量印造新会子（南宋的一种纸币），不再以金、银、铜钱兑换，而只以新会子兑换旧会子，并且把旧会子折价一半，以致民不聊生。史弥远一直得到宋宁宗、理宗的信用，封官加爵不已，绍定六年（1233）病死。

史密森学会 Smithsonian Institution 美国博物馆系统和研究机构。位于华盛顿。于1846年由英国科学家J.史密森（1765～1829）捐款建立。美国政府资助。董事会由美国最高法院首席大法官、副总统、参议员和众议员各3名、非官方人士6名组成。拥有19个博物馆、9个研究中心和1个国立动物园，例如美国艺术档案馆、弗里尔艺术馆、赫什霍恩博物馆、国家航天和航空博物馆、国立历史和技术博物馆、国立自然历史博物馆、放射生物学实验室、史密森天体物理台、史密森热带研究所、威尔逊国际学者中心等。还出版史密森学会月刊。

史密斯 Smith, Erwin Frin (1854-01-21～1927-04-06) 美国植物病理学家，植物病原细菌学奠基人。生于纽约，卒于华盛顿。1886年在密歇根大学毕业后，受聘于美国农业部。曾先后担任美国植物形态学和生理学学会主席、美国细菌学家协会主席、美国科学发展协会G分部主席、美国植物学会主席、美国植物病理学会主席和美国癌症研究协会主席，并当选美国文艺科学院研究员和美国国家科学院院士。从1892年起开始从事细菌病害的研究。1895年首次发表了关于瓜类萎蔫病的研究论文。1903年出版世界上第一本关于植物细菌病害的专著《细菌与植物病害的关系》第1卷。1913年他的著作《植物的癌症》获得美国医学协会授予的荣誉奖。国际细菌学分类和命名委员会以他的名字作为植物病原周毛杆菌属的命名，即欧文氏杆菌属。

史密斯 Smith, Vernon Lomax (1927-01-01～) 美国经济学家，实验经济学的奠基人。生于堪萨斯州威奇塔。1955年获哈佛大学经济学博士学位。1955～1967年先后任普渡大学助理教授、副教授和教授。1961～1962年在斯坦福大学做客座副教授。1967年任布朗大学教授。1968～1975年任马萨诸塞大学教授。1974～1975年任加州理工学院客座教授。1975年任亚利桑那大学雷金特讲座经济学教授。2001年至今，任乔治·梅森大学经济学和法学教授、经济学跨学科研究中心和墨卡特斯中心研究员。曾担任公共选择学会、经济科学学会和西部经济学会等学会的会长。2002年与D.卡尼曼共获诺贝尔经济学奖。

史密斯的主要贡献是为创立实验经济学研究领域奠定了基础，他发展了一系列实验研究方法，为通过实验室实验进行可靠的经济学研究确定了标准。他利用实验展示了选择性市场机制的重要性，揭示了替代性研究机构的作用。史密斯是“风洞实验”理论研究的先驱。他率先采用“风洞测试”的新方法研究选择性市场设计。

史密斯的许多实验被奉为实验经济学的典范。著有《投资与生产》、《自然与环境经济学的经济学》、《实验经济学论文集》、《实验经济学研究》等。

史密斯 Smith, William (1769-03-23～1839-08-28) 英国地质学家，生物地层学奠基人。生于牛津郡，卒于北安普敦。1787年起成为测量员学徒。1793～1799年参加了开凿运河的测量与调查工作。在长期的野外测量和地质调查中，发现地层含有其特殊的生物化石，岩层的年代可由其中生物化石来加以判定。1799年编绘出第一张着色地层图。1804年开始从事化石收集和绘制地质图的工作。1813～1815年编绘出第一张英格兰和威尔士彩色地质图，并于1816年完成此图说明书的撰写，提出了生物地层学的早期概念。1819～1824年间编制了20多个县级的250幅地质图和地质剖面图。是世界上第一个根据沉积岩层中的生物化石来确定地层顺序的人。1831年获伦敦地质学会的沃拉斯顿奖章。1832年获“大英协会”的金质奖章。1835年获爱尔兰都柏林的特林尼蒂学院法学博士学位。主要著作有《用生物化石鉴定地层》、《生物化石的地层系统》、《英国地层表》、《英国和威尔士新地质图册》和《英格兰、威尔士和苏格兰部分地区的地层概述》等。

史末资 Smuts, Jan Christian (1870-05-24～1950-09-11) 南非政治家，元帅，南非联邦政府总理（1919～1924，1939～1948）。生于斯瓦特兰德一个布尔农场主家庭，卒于艾琳。毕业于英国剑桥大学。回到南非后从事政治活动，被任命为德兰士瓦共和国司法部长。英布战争后期，他率布尔人游击队活动于开普殖民地，骚扰英军后方，战功卓著。1902年他力主同英国媾和结束英布战争。1910年南非联邦成立后，史末资参加内阁，主张对英奉行和解政策，努力改善英布关系。1941年晋升为英国陆军元帅。在对待南非黑人的态度上，史末资认为超过肤色界线的社会平等是不可想象的，他反对给

予黑人选举权。史末资两度任南非总理。在他主持或参加下，南非白人政府制定了许多歧视黑人的法令。

史末资对筹建国际联盟起了重要作用，并被认为是委任统治制度的制定者；他曾参与起草《联合国宪章》。

史沫特莱 Smedley, Agenes (1892-02-23～1950-05-06) 美国记者、作家。生于密苏里奥斯古德，卒于英国牛津。9岁以后辍学做杂工、女佣。1918年到社会党的《召唤报》工作。1929年初以德国《法兰克福报》记者身份来华，与宋庆龄、鲁迅等人建立了亲密友谊和合作关系。30年代初曾协助“左联”开展活动。1936年西安事变时及时报道事变真相。1937年1月赴延安，广泛访问了中国共产党和中国工农红军的领袖人物。七七事变后赴山西作战地采访。1938年成为中国红十字会志愿人员，动员并组织了白求恩、柯棣华等来华支援中国抗战。同时活跃在抗日战场和敌后根据地，写了不少报道。1941年9月返回美国后写作、演讲、募捐，继续支援中国抗战。1949年2月被美国当局指控为“苏联间谍”而遭受迫害。1949年秋流亡英国，后病逝于牛津。按照她的遗愿，骨灰安葬在北京八宝山革命公墓，朱德亲笔题写墓碑。著述甚多，主要有《大地的女儿》(1929)、《中国红军在前进》(1934)等。

抗日战争时期史沫特莱与朱德、康克清合影

史念海 Shi Nianhai (1912-06-24～2001-03-27) 中国历史学家，中国历史地理学的主要创建人之一。字筱苏。山西平陆人。卒于西安。毕业于辅仁大学历史系，历任国立编译馆副编审，兰州大学副教授，西北大学教授，陕西师范大学教授和历史系主任、副校长、唐史研究所所长，中国历史地理研究所所长，中国地理学会历史地理专业委员会副主任，中国唐史学会副会长，中国古都学会会长。史念海在辅仁大学读书期间，受顾颉刚引导，致力于沿革地理研究，1937年即与顾颉刚共同署名出版《中国疆域沿革史》。此后着力探讨突破传统的沿革地理的研究范畴，使其转变成为现代学科意义上的历史地理学。20世纪50年代，《中国历史地理纲要》书成，标志着中国历史地理学的学科体系的基本建立。论著涉及中国历史地理学的所有分支领域，兼及方志学、地名学、古都学、地理学史和古籍整理等，均卓有建树。其中对于黄土高原自然环境变迁及其影响的研究最为引人注目。其主要著作还有《中国的运河》、《河山集》(共7集)、《中国古都和文化》、《唐代历史地理》、《黄河流域诸河流的演变与治理》等。史念海大力倡导历史文献与野外实地考察相结合的研究方法，主张从现实问题出发切入研究课题，所研究的问题要有益于解决社会实际问题。

史迁普金 Shchepkin, Mikhail Semyonovich (1788-11-06～1863-08-11) 俄国演员。俄国现实主义表演艺术奠基人。生于克拉斯诺耶。早年在外省剧团当演员，1824年后转入莫斯科小剧院并成为首席演员。史迁普金在艺术上主张从生活出发，在自然中寻求范本。他成功地扮演过的角色有法穆索夫（《智慧的痛苦》）、夏洛克（《威尼斯商人》）、市长（《钦差大臣》）等。著有自传《演员史迁普金回忆录》。

史前考古学 prehistoric archaeology 考古学重要分支。又称史前学或史前史。以文字记载以前时代的考古资料为研究对象，与以文献记载时代为研究对象的历史考古学相对。二者均以人类的遗迹、遗物为研究对象，但后者可用文献记载来互证，而前者完全不可能，因此研究内容和方法均有质的差异。史前考古学主要研究当时的文化面貌、经济形态、社会生活和分期断代，同时结合地质学、古生物学、古人类学和民族学等学科的研究方法，以复原自然环境的变迁、人类体质的发展和社会组织的变化，并通过现代科学技术的应用，为分期断代提供更具体的论据。史前人类的发展，从低级到高级，一直到文字出现，至少经历了二三百万年的历程。因历史发展不平衡，史前时期的下限颇不一致，早的如美索不达米亚和埃及，在公元前3000年就进入历史时期，晚的如大洋洲到18世纪中叶才进入历史时期。史前考古学主要分为旧石器时代考古和新石器时代考古。

史前艺术 prehistoric art 人类有文字记载的历史之前的远古时期的艺术。作为史前艺术的物质遗存，主要是石器、陶器、雕塑、壁画等造型艺术。史前艺术主要开始出现于旧石器时代晚期，在新石器时代普遍繁荣。

欧洲地区 欧洲旧石器时代晚期的造型艺术分为两大类：一类是岩壁艺术，即以岩壁为物质载体的形象，包括洞窟壁画与露天崖凹上的岩刻、岩画；一类是可移动艺术，以可以被移动的物质材料为载体的刻画或雕刻。

欧洲旧石器时代洞窟壁画可以分为三个发展阶段。①属于旧石器时代中期的莫斯特文化时期。在洞窟壁面上有一些形象不明的刻画符号，被视为洞窟壁画之滥觞。②属于旧石器时代晚期较早阶段的奥瑞纳文化、佩里戈尔文化时期。其壁画主要是一些率意勾画的线条、动物的外轮廓线和潦草的男、女人物形象。③至马格德林文化中期，已能够比较自如地描绘动物的外部轮廓，到了后期，各种技法往往综合用在对同一个对象的刻画上，并特别注重对动物立体感的表现。多技法、多色彩，使这一时期的壁画呈现出完整而成熟的特征，这也代表着史前洞窟壁画的鼎盛时期。主要有西班牙阿尔塔米拉洞窟壁画，法国尼奥洞窟壁画等。欧洲旧石器洞窟壁画以红、黑、褐、黄等色彩的矿物颜料为主，用动物脂肪或植物汁调成液状来描绘；描绘工具用兽毛、羽毛或手指；刻画图像的工具是用燧石制成的石器；基本表现手法是勾线和平涂，但晕染和涂擦也较流行。壁画以动物形象为主，偶尔也可以见到鱼、鸟及人物形象；图像以写实为主，也有一些抽象图形。

崖凹是指崖壁下面凹进部分或比较浅的岩窟。崖凹艺术主要是浮雕。其遗址主要在法国的西南部。年代最早的浮雕属于佩里戈尔后期，在法国洛赛尔发现的几个裸妇浮雕即属于这个时期，其中最完整的是“持角杯的维纳斯”。

欧洲史前的可移动艺术主要有用独立形态的石、骨等制成的圆雕，和在石、骨等上面彩绘、线刻或浮雕的各种形象。可移动艺术的分布以西欧为中心，向东一直扩展到中欧、东欧乃至西伯利亚。在可移动艺术中，最为引人注目的是圆雕人像，这其中包括女性裸像、女性人头像和抽象的人体雕像等。女性圆雕属于奥瑞纳文化中期，风格写实而技法稍显稚拙。可移动

图1 洞窟壁画《马》(约公元前15000～前10000，法国多尔多涅拉斯科岩洞)

艺术中的线刻动物形象主要刻在石块以及像指挥棒、投枪器那样的骨角器上。马格德林文化时期是线刻动物的全盛时期。

整个欧洲的史前艺术大体分为猎人艺术、农耕民艺术和渔猎民艺术三种艺术体系。欧洲旧石器时代的洞窟艺术是由猎人创造的。在中石器时代艺术中，西班牙东部地区的列文特岩画是较发达的狩猎经济人类族群的作品。在北欧，中石器文化与新石器文化相交的时候，产生了一种狩猎、采集、渔捞相结合的综合性渔猎经济。这一人类群体创作的岩画分布在挪威、瑞典、芬兰以及俄罗斯北部奥涅加湖和白海周围，一般被称为北欧史前艺术。它以岩刻居多，而岩画较少。岩画中的形象是用一根线条连续不断地刻出其轮廓，这种技法被有的学者称为“一线雕”。北欧渔猎民岩画主要刻画鲸、鲑、比目鱼、海豹的形象，岩画风格较为写实。比渔猎民岩画稍晚一些，还有一种基于农耕和畜牧经济的岩画作品，其风格是样式化的。从地域上看，渔猎民岩画主要分布在斯堪的纳维亚半岛的北部，农耕畜牧民岩画主要在南部。在北欧史前艺术的晚期，还出现了一种抽象图形的岩画，其作者也是农耕民，这种抽象图形有的已经进入了青铜时代。

亚洲地区 中国在旧石器时代晚期文化遗址（如北京山顶洞人遗址）中就已发现各种石、骨、贝壳装饰物。在中国各地发现的**新石器时代**文化遗址多达七八千处，史前艺术遗品以陶器、陶塑、石雕、玉器、岩画为主。最早的中国彩陶出现在西北的泾水、渭水流域，约与西亚耶莫文化的彩陶同时（距今8 000多年)。山东大汶口文化、山东龙山文化的素陶（黑陶和白陶）器形新奇，工艺精美。仰韶文化的带流人头壶和人头形器口彩陶瓶以少女形象居多。东北红山文化晚期的陶塑裸体女像和女神头像造型已相当成熟。长江中下游的河姆渡文化遗址既有猪纹黑陶钵等刻纹陶器，又有玉璜、玉玦、玉管、玉珠等玉器。玉器在长江流域的良渚文化中形成高峰，以玉琮、玉璧、玉钺等礼器为代表。红山文化的玉龙和猪龙形玉雕是龙的形象的滥觞。中国岩画分布地域很广，主要有内蒙古阴山岩画、宁夏贺兰山岩画、新疆岩画、广西花山岩画、云南沧源岩画和东南沿海岩画，从**旧石器时代**延续到近代，属于广义的原始艺术。

图2 兽面纹壶(新石器时代，陕西临潼出土)

西亚新石器时代（约前8000～前6000）文化遗址重要的有巴勒斯坦耶利哥遗址，叙利亚穆赖拜特遗址，土耳其恰塔尔休于遗址，美索不达米亚哈苏纳、萨迈拉和耶莫遗址等。在穆赖拜特遗址发现了最早的陶器（约前8000)。在耶利哥和恰塔尔休于遗址出现了最早的城镇。耶利哥神庙出土的石膏塑像有些是在死者头盖骨上用石膏复原塑造。

南亚印度次大陆已发现大量岩画，集中于印度中央邦比姆贝特卡一带，年代约从前5500年至公元后若干世纪。有些岩画以X射线透视方式画出动物体内的器官和小动物。在印度河流域产生的哈拉帕文化（印度河文明）已属于发达的城市文明，但有时也归于史前范畴。哈拉帕彩陶纹样与西亚类似，赤陶母神、瘤牛塑像可能是生殖崇拜的偶像。

非洲地区 由于历史发展的不平衡性，史前时期的结束时间在世界各地并不同一。即如非洲而言，埃及早在前3000年就进入历史时期，而其大部分地区，这一时间则要晚到殖民主义者入侵之前。非洲的史前艺术主要有两种形式：一是史前岩画，一是具有史前生活方式的近代民族的原始风格的雕刻。

根据图像学研究，北非岩画大体可以分为三个历史时期，即大野牛时期、公牛时期、马和骆驼时期。①大野牛时期。大约在9 000年前，大野牛的形象开始出现在北非岩画中，直到6 000年前左右还被描绘着。这时期岩画上的动物形象还有犀牛、大象、鸵鸟、野驴、河马和羚羊等。这一时期也正是非洲史前史中的“狩猎时期”。此时期的岩画都是写实的，图像一般都很大。②公牛时期。北非岩画中，公牛的形象出现在6 000年前，在4 000年前也还可

图3 文身人物(大野牛时期，阿尔及利亚)

见。岩画主要集中在古苏尔和阿穆尔山区、费赞和塔西里等地，以阿杰尔高原最为集中。此一时期的岩画中，最为常见的是写实的公牛和人物形象。岩画的色彩较为丰富，以赭石、黑、白为主色调，间或有橄榄绿、土黄等色。③马和骆驼时期。马及马拉战车的形象最早出现在前1600年的**撒哈拉岩画**中。前500年左右，北非岩画进入骆驼时期。此时期的岩画分布范围比以往任何时期都要广泛。

大洋洲地区 澳大利亚土著民的岩画和岩刻几乎分布在澳大利亚全境。北部地区多描绘雨神翁基那，也有一些动物如袋鼠、蜥蜴、鱼的形象，在风格上是写实的。而南部地区则大多是圆、涡卷、波状线等几何纹样。无论南北，岩画都绘、刻在洞口或崖凹处。阿纳姆地是澳大利亚岩画分布比较集中的地区，这里的岩画主要有阴绘手形、各种动物形象以及“X线绘画”所描绘的动物或精灵等。

澳大利亚树皮画的表现题材有二：一是动物和人，一是以菱形为主的几何形构图。前者多分布在北部地区，后者在南部地区。在澳大利亚以外，如美拉尼西亚和波利尼西亚也有树皮画。

大洋洲土著民的日常生活也充满巫术氛围，建筑和日用器物上也雕刻各种具有巫术意味的纹样，反映了部族神话、宗教仪式、祖先崇拜等主题。

美洲地区 在古代美洲，墨西哥、中美洲和安第斯地带居住着从事农业生产的部族，是当时的文化先进地区；在农业文化带以外，由于气候寒冷，不具备种植起源于热带、温带农作物的条件，其文化形态就以狩猎经济为主。

与因纽特人擅长在动物牙、角、骨上进行线刻不同，印第安人因地域不同也具有不同的文化形态和艺术品形式。在西北海岸地区，高大的图腾柱最为引人注目，一般的日用器具上也都施以雕刻，成为在图腾柱之外的又一木雕作品群。这里的木雕强调对称与均衡、规整与和谐，同一造

型元素往往在同一作品中反复出现，同时又能保持被描绘对象的本质特征；木雕的表面都施以颜色，海达人和特林吉特人的彩绘木雕最为著名。

从前2000年开始，以玉米农耕为主要经济形式的农业村落出现在墨西哥、中美洲的广大地区，逐步形成以墨西哥韦拉克鲁斯州和塔瓦斯科州为中心的奥尔梅克文化。前800～前400年，在圣洛伦索和拉本塔一带出现了以大小石雕为中心构成的圣域，共有16个用整块的玄武岩雕刻的巨大人头像。放置这些巨大人头像的地方被推测为奥尔梅克文化的祭祀中心。

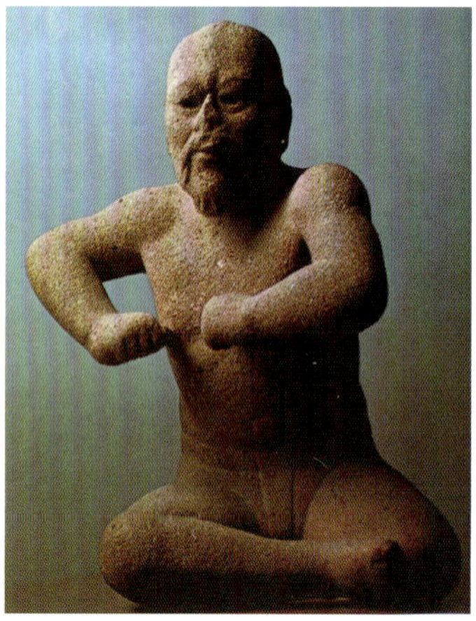

图4 奥尔梅克"大力士"石像
（墨西哥韦拉克鲁斯出土）

在南美洲，起源于中央安第斯和北安第斯的山岳地区的查文文化，从前900年前后一直延续到前200年。查文文化的神殿内外有很多圆柱和石像上雕刻的主题是美洲豹和半人半豹的怪兽像。查文陶器器型主要有纤细的长颈壶、平底或圆底的钵及马镫型注口壶等。在器物的外表往往用线雕、浮雕、贴塑等做成各种纹样，有时器物本身就是某种动物的造型。查文文化后期，在南美洲各地兴起了许多地方文化，它们一方面继承了查文文化的某些传统，另一方面又发展起自身的特征。

史墙盘 中国西周中期青铜器。为共王时史官墙所作的礼器。1976年出土于陕西扶风。高16.2厘米，口径47.3厘米，深8.6厘米。圆形，浅腹，双附耳，圈足。腹饰长尾鸟纹，圈足饰窃曲纹。内底铸有铭文18行284字，工整秀丽。铭文前半部分颂扬西周文、武、成、康、昭、穆诸王的重要政绩，后半部分记述墙所属的微氏家族的家史，与文献记载可相印证，是研究西周

历史的重要史料。现藏于陕西周原博物馆。

史绍熙 Shi Shaoxi（1916-08-19～2000-09-16） 中国工程热物理学家和内燃机专家。曾用名史绍华。生于江苏宜兴，卒于天津。1939年毕业于北洋大学机械系并留校任助教。1945年公费留学英国，1949年获曼彻斯特大学博士学位。毕业后在威尔士大学斯王西学院任研究员。1951年回国，任天津大学教授，筹建

内燃机专业和工程热物理专业，创建天津内燃机研究所、热能工程研究所、内燃机燃烧学国家重点实验室，并任所长及主任。历任天津大学系主任、校长，天津市科协主席，中国内燃机学会理事长等。1980年当选为中国科学院学部委员（院士）。

长期从事内燃机热能科学的教育和研究工作，在流体力学、燃油雾化与蒸发、混合气形成及燃烧过程等研究领域取得了突出成就。他所发明的复合式燃烧系统，开辟了研究燃烧过程的新途径，获1978年全国科学大会奖和1982年国家发明奖二等奖。他的《直接喷射式柴油机燃烧室中空气运动的研究》，发展了柴油机热混合理论。成功地研究开发了中国第一台转速为3 000转/分以上的柴油机和第一台两级自由活塞式发动机-压气机。

是中国燃烧科学技术领域的首席科学家，中国高校内燃机专业的创建者，1987年获得英国威尔士大学斯王西学院荣誉院士称号，1988年获世界文化协会"爱因斯坦"科学奖，1990年被中国科学院授予荣誉奖章。

史诗 epic 古代描写某一部族或民族形成和发展过程中的英雄人物和历史事件的长篇叙事诗。如古希腊荷马的《伊利昂纪》、《奥德修纪》，印度的《摩诃婆罗多》、《罗摩衍那》，古日耳曼人的《希尔德布兰特之歌》，中国古代汉族的《公刘》、《生民》，蒙古族的《江格尔》，藏族的《格萨尔王传》等。史诗具有民族历史的性质，往往规模宏大，风格庄严，内容崇高雄伟，表现形式和手法富于夸张性，善于运用比喻写人状物。同时还包含丰富的知识，富于教诲意义，常常作为某部族或民族的历史和生活教科书。此外，现代人们还常把那些规模宏大、全面再现一定历史时代的社会面貌的长篇巨制称为史诗或史诗式作品。

史思明 Shi Siming（703～761） 中国唐朝安史之乱的祸首之一。营州宁夷州突厥族中的杂胡。本名窣干。与安禄山同乡相善。天宝初，累立战功，官至将军、知平卢（今辽宁朝阳）军事。曾到长安奏事，唐玄宗很赏识他，赐名思明。迁大将军、北平太守。天宝十一载（752），安禄山荐他为平卢兵马使。安禄山叛乱后，令他经略河北。天宝十五载，史思明攻陷常山（今河北正定），执太守颜杲卿。后李光弼、郭子仪军至河北，屡败思明。此时，潼关（今陕西潼关东北）被安军攻下，不久肃宗在灵武（今宁夏吴忠北）即位，郭、李引军赴灵武，河北十三郡复尽陷于思明。安禄山任思明为范阳（今北京）节度使。至德二载（757），思明率兵10万围李光弼于太原（今山西太原西南）。安禄山被其子安庆绪杀死后，思明归守范阳。同年冬，安庆绪败退邺郡（今河南安阳），因契丹、同罗等族组成的精兵大部归思明，遂遣使赴范阳征召精兵，并谋除思明。思明遂以所领十三郡及兵八万降唐，受封为归义王、范阳节度使。半年后，复叛，并与安庆绪遥相呼应。乾元二年（759）三月，思明率军增援安庆绪，于邺郡大败唐九节度使之军，随即杀安庆绪，还范阳。四月，自称大燕皇帝，改元顺天。上元二年（761）二月，败李光弼军于洛阳西北的邙山，唐廷震恐，于陕州（今河南三门峡西）屯兵备御。思明素爱少子史朝清，欲立之为太子。遂命长子史朝义攻陕州，不克。三月，为史朝义与部将谋杀。

史天泽 Shi Tianze（1202～1275） 中国元初丞相。字润甫。燕京永清（今属河北）人。世为当地豪族。中统元年（1260）元世祖忽必烈即位，任天泽为河南等路宣抚使，不久又兼江淮诸翼军马经略使。次年五月，出任中书右丞相。至元十一年（1274），忽必烈决心大举进攻江南，诏以天泽和伯颜领大军从襄阳水陆并进。天泽至郢州患病，回到真定，不久去世。史天泽及其家族是蒙古时期最大的一支地方势力，他也是元代唯一的官至右丞相高位的汉族地主。

《史通》 *All about Historiography* 中国古代第一部系统的史学评论著作。20卷。刘知幾撰。成书于唐中宗景龙四年（710）。刘知幾于武则天长安二年（702）开始担任史官，因不满于当时史馆制度混乱和监修贵臣对修史的横加干涉，退而私撰《史通》。《史通》包括内篇39篇、外篇13篇，全书今存49篇。内篇为全书的主体，着重讲史书的体裁体例、史料采集、表述要点和作史原则，而以评论史书体裁为主；外篇论述史官制度、史籍源流并杂评史家得失。该书对纪传体史书的各部分体例，作了全面而详尽的分析，对编写史书的方法和技巧也多有论述，这在中国史学史上还是第一次。《史通》对史学工作也有一些论述。刘知幾

第一次提出了史学家必须具备史才、史学、史识“三长”的论点，对后世有很大影响。《史通》是中国史学史上最早的从理论上和方法上着重阐述史书编纂体裁体例的专书，是对中国唐初以前的史学编纂的概括和总结，是中国史学家从撰述历史发展到评论史家、史书和史学工作的开创性著作。《史通》之宋刻本已不可见，流传至今的最早本子系明刻宋本。1978年，上海古籍出版社排印王煦华校点《史通通释》，有详细校勘，并改正许多引书上的错误是为目前之通行本。

史瓦西父子 Schwarzschild, Karl and his son Martin　K.史瓦西（1873－10－09～1916－05－11）德国天文学家、物理学家。生于法兰克福，卒于波茨坦。他16岁时写出关于三体问题周期解的论文。曾在维也纳天文台和慕尼黑天文台工作；曾任格丁根大学教授和大学天文台台长；波茨坦天体物理台台长；柏林大学教授。并当选为柏林科学院院士。

K.史瓦西

K.史瓦西在天文学的几个领域中都有贡献。在实测方面，在格丁根大学工作期间，他发现了照相底片变黑定律，发明了焦外照相法大体测光，奠定了照相测光的基础。在理论方面，他于1906年将辐射平衡的概念引入天体物理学，最先清楚认识到辐射过程在恒星大气热转移中的重要作用，并提出处理这种过程的数学方法。1907年，他把近代统计方法应用于天文研究，发现了以他名字命名的恒星速度椭球分布。

在理论物理方面，他是玻尔原子光谱理论的先驱者之一。他和A.J.W.索末菲彼此独立地提出了一般的“量子化定则”，得出斯塔克效应的完整理论。1916年，他找到了广义相对论球对称引力场的严格解，即史瓦西解。这个解描述了球形天体附近的光线和粒子的运动行为，在现代相对论天体物理，特别是黑洞物理中，起着关键性的作用。他还首先提出，在离致密天体或大质量天体的中心某一距离处，逃逸速度等于光速，即在此距离以内的任何物质和辐射都不能溢出。后人将此距离称为史瓦西半径，并把上述天体周围史瓦西半径处的想象中的球面，称为视界。

M.史瓦西

M.史瓦西（1912－05－31～1997－04－10）K.史瓦西之子。天文学家。生于波茨坦，卒于美国宾夕法尼亚州兰霍恩。1935年在格丁根大学获博士学位。1937年移居美国，先在哈佛大学天文台任职，曾在哥伦比亚大学天文台工作。后就职于普林斯顿大学任教授。美国国家科学院院士。曾任美国天文学会会长。他早期的工作是研究脉动变星、恒星动力学结构，稳定恒星的质量上限，太阳氦丰度演化等。1950年后研究红巨星模型，结果都包括在1958年所写的《恒星的结构和演化》一书中。

矢部长克 Yabe Hisakatsu（1878－02－03～1969－06－23）日本地质古生物学家。生于东京，卒于东京。1901年毕业于日本东京帝国大学地质学系。1907～1912年留学德国。曾任日本东北大学教授，学士院会员，日本地质学会、日本古生物学会会长。1953年曾获日本政府颁发的文化勋章奖。1920年首先确立了北海道石狩煤田的白垩系和新生界的化石层序。对白垩系和第三系的界线、上新世和更新世的气候变迁和冰河演替，以及海底地形变动等方面，作过多次论述。1918年，发现了几乎呈南北向贯穿日本中部的大断层，命名为系鱼川－静冈构造线，并对此构造线的性质和形成机制作了深入研究，发表了《西南日本中央构造线》等文。1930年后，从事珊瑚、层孔虫和有孔虫类化石的研究。晚年又对志留系和泥盆系以往的研究结论作了补充修正。主要著作有《北海道白垩纪头足类化石》、《第三纪以来九州的地史概要》等。

豕尊 Pig-shaped Bronze Zun　中国商代晚期青铜器。1981年出土于湖南省湘潭县。通高40厘米，全长72厘米，湖南省博物馆藏。器口开于背部，椭圆形，有盖，盖上有华冠立鸟。器身有使用中多次修复痕迹，器身前、后肘部各有直径1.4厘米的圆管，横穿器身，推测可能为贯穿绳索，以便扛抬之用。器物造型为站立的猪形，整体比例关系与细部结构较准确，面长，有獠牙外露，在商代鸟兽形青铜器中是写实性较强的作品。周身纹饰结合躯体结构选用不同纹样：头部施云纹；四肢施倒立的夔纹，以云雷纹为地；颈部、腹部施以较大面积的鳞甲纹，既保持造型的整体感，又富于变化。其装饰手法与湖南出土的四羊尊等有共同的风格特色。

使馆 diplomatic mission　一国派驻另一国行使外交事务的外交机关。使馆的设立和等级通过派遣国和接受国之间的协议确定。一般分为三级，即大使馆、公使馆和代办处。大使馆是最高级的外交代表机关，由大使领导。公使馆是第二级的代表机关，由公使领导。代办处是最低级的外交代表机关，由代办领导。使馆的构成人数也须经过协议确定，如果没有协议，派遣国可以酌量根据本国环境和情况及特定使馆的需要加以决定，但接受国可以要求使馆的构成人数不超过一个合理和正常的限度。工作人员包括：①具有外交官级位的外交职员，参赞，一、二、三等秘书，陆、海、空军武官，新闻专员，使馆随员等；有的使馆内设公使，作为大使的主要助手。②行政和技术人员，如会计、翻译、文书、电报员、打字员等。③事务人员，如传达、信差、司机、清洁工等。公使馆和代办处的工作人员也包括外交职员、行政技术人员和事务人员三类。使馆的职务包括：①在接受国中代表派遣国。②在接受国中按照国际法保护派遣国及其国民的利益。③与接受国政府办理交涉。④以一切合法手段调查接受国的状况并向派遣国汇报。⑤促进派遣国与接受国的友好关系，发展两国间的经济、文化和科学关系等。使馆在派遣国和接受国之间发生战争或断绝外交关系时关闭，也可以由于某种原因而长期或暂时撤退。

始新世 Eocene Epoch　古近纪第二个世。始新世一名最早由英国科学家C.莱伊尔于1933年依巴黎盆地第三系各层位中所含软体动物现生种属百分比的研究提出，并作为第三系下部一个层位的时代。1874年W.P.夏姆珀提出古新世一名，作为新生代开始的第一个地质时期，从莱伊尔命名的始新世中分出。据同位素和磁性地层年代学的研究，它持续了将近2 000余万年的历史，始于距今5 500万年直至3 370万年，大致相当于磁性年代学的极性时24r～12r

和生物地层有孔虫化石带P6～P17，钙质超微化石带NP10～NP22。始新世时期形成的地层称始新统。

无论从生物界还是古地理环境看，始新世与古新世相比有了较大的区别。陆上动物，尤其是哺乳动物的面貌在始新世早期在亚洲与欧洲和北美有较大的一致性。哺乳动物群中最显著的特点是古新世兴盛的古老和土著类型大量减少，甚至绝灭；而现代动物目一级分类的啮齿类、食肉类等，它们的繁衍和进化主要始于始新世；奇蹄类和偶蹄类、高等灵长类开始有了迅速的发展。始新世发现的哺乳类比古新世的约增加了一半。所以，可以这样认为，古新世如果是哺乳动物的征服时代，那么始新世就是哺乳动物的巩固时期。海生生物中的底栖大型有孔虫货币虫、浮游有孔虫抱球虫和圆辐虫在始新世仍然是海域中分布很广的种类；淡水的无脊椎动物如腹足类、介形类以及昆虫有了进一步的发展。同时植物界被子植物的木本植物很繁盛，在景观上比中生代和古新世更具多样性，常绿植物分布的北界可远达北纬45°以北的地区。气候，尤其是始新世中晚期，趋向温暖湿润。

始新世是地球岩石圈和构造演化发生的重要变动时期，尤其是晚期，原南大陆印度板块经长期漂移与古亚洲板块对接碰撞，**特提斯海**逐渐消失；印度板块继续向北俯冲，导致青藏高原开始抬升，为世界屋脊的形成奠定了基础。

始祖鸟 *Archaeopteryx* 古鸟类化石。发现于德国巴伐利亚州的佐尔恩霍芬附近的印板石石灰岩中。第一件标本于1861年发现，保存在英国自然博物馆。1877年又发现第二件标本，保存在柏林自然博物馆。今共已发现6件始祖鸟标本。始祖鸟大小如鸽，有牙齿；掌骨和蹠骨彼此分离而未愈合，三指末有爪，并有多节尾椎组成的长尾，这些是爬行动物的特征，但它已有羽毛，则是鸟的特征。从骨骼构造看，不具高超的飞翔能力，也许只能作低空、短距离滑翔。生存时代为距今14 000万年前的晚侏罗纪。拉丁名直译为印板石古翼鸟，中译名始祖鸟，意为鸟类最早的始祖。1989年，中国辽宁朝阳地区也发现晚侏罗纪的鸟类化石，保存在北京自然博物馆，称为三塔中国鸟。

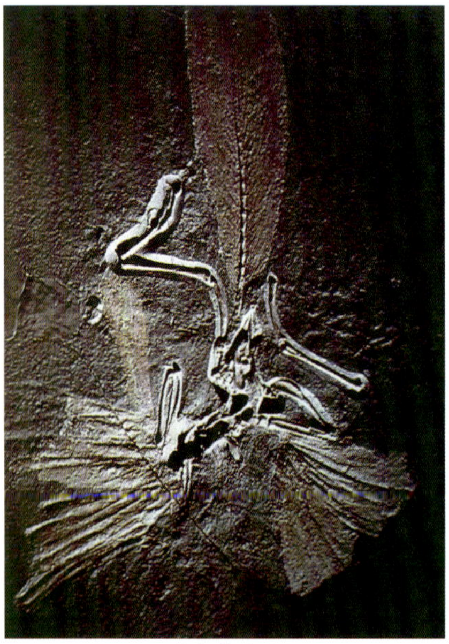

始祖鸟化石

屎壳郎 Scarabaeidae; dung beetle 鞘翅目**金龟科**昆虫的俗称。

士 literati; scholar-officials; social elites 中国古代社会中具有一定身份地位的特定社会阶层，后演变为对知识分子的泛称。原来可能指原始社会末期与氏族部落首领和显贵同族的武士，进入阶级社会后，他们成为统治阶级的一部分。因古代学在官府，只有士以上的贵胄子弟才有文化知识，故士又成了有一定知识和技能之人的称呼。

春秋时代，各国之间征战不休，步卒作用增加，车战及武士的作用减小，士的地位也出现了上升或下降的变化。有些卿大夫为扩大影响，巩固地位，设法招徕士众以张声势，很多士便投靠到他们那里。还有部分士为解决经济困难去为人办丧事，当赞礼，或经营工商业；也有人从事私人讲学，传授文化知识，从此中国历史上又出现了一批专门从事文化活动的士。他们游学各国，思想活跃，为中国古代学术领域百家争鸣局面的出现、促进文化科学的发展作出了很大贡献。战国时代，争霸和兼并战争更为剧烈，于是朝秦暮楚的游说之士应运而生。他们穿梭于各国间，充当说客，纵横家便是其代表。这时各国封君权贵的养士之风也很盛行。秦汉时期，士的内涵发生了进一步的变化。士，称为士大夫时，可以指军队中的将士，也常常是在中央政权和州郡县供职的官吏的泛称；称为士人时，则一般特指具有较高封建文化素养、从事精神文化活动的知识分子。汉代，士人特重“士名”(即人格名望、风骨气节及学识才能)，一旦成为名士，功利官位会接踵而至，故士人或着意正心、修身、齐家、治国、平天下，恪守封建纲常名教；或浮华交游，广结朋党，相互吹嘘，以沽名钓誉。东汉后期，在士人中间清议品题人物之风极盛。这种人物品题属于民间范围。魏晋时期，**九品中正制**确立，品评士人之权收归政府。凡由中正品评者，皆据其德行才能、家族阀阅而给予不同品第（乡品），然后授予各种官职。未经中正品评者，不得仕为品官。于是，士人遂具有了某种特定阶层的含义。士庶对立，渐露端倪。凡九品以上官吏及得到中正品第者，皆为士，否则为庶。士人中，又出现凭借父祖官爵得以入仕清显并累世居官的家族，是为士族。士族在东晋时达到极盛，至南北朝始衰。隋唐以后，士族逐渐退出历史舞台，但士作为一特定阶层的观念仍然保留。宋以后，士或士人一词逐渐成为一般读书人的泛称，不再特指品官。

氏族 clan 原始社会以共同血缘关系结合而成的一种血族团体。成员出自一个共同的祖先。在氏族社会早、中期为母系氏族，即由一个女性祖先和她的子女以及她的女性子孙的后代组成，子孙属于母亲氏族，世系按女性传递。随着男子在生产中占居主导地位，并掌握了社会财富，世系逐步变为由男性传递，氏族便由一个男性祖先和他的子女以及他的男性子孙的后代构成，子孙皆归入父系氏族，从而母系氏族便被父系氏族所取代。

氏族产生于蒙昧时代的中级阶段，约相当于旧石器中、晚期。当时，生产力提高，婚姻也产生了一定的规例，继排斥长辈与晚辈间的通婚关系之后，又进一步排斥了兄弟姐妹间的婚配。在一个集团内，禁婚范围逐步扩大，直到禁止与母方最远的旁系亲属婚配。最终促成母系氏族产生。氏族常以某种动、植物作为本氏族共同的图腾标记。氏族经过分裂发展便成为**胞族**。氏族是社会的基本经济单位，实行生产资料公有，集体劳动，平均分配，没有剥削和阶级。公共事务由选举产生的氏族长管理，重大事情由氏族成员会议决定。氏族成员都处于自由、平等的地位。到原始社会末期，产生了贫富分化，出现了阶级，氏族制度便开始解体，一夫一妻制的小家庭成为社会的基本单位。氏族的血缘联系也为地缘联系所代替，但氏族的残余仍长期保留在一些民族的阶级社会中。

世阿弥 Zeami (1363?～1443?) 日本室町时代的能剧演员、作者和理论家。本名元清，又称秦元清。世阿弥是其艺名世阿弥陀佛的简称。卒于京都。父亲观阿弥是大和猿乐结崎座的主持人。世阿弥自幼随父亲登台演出。52岁后脱离舞台，专事理论著述，其间曾被流放数年。

世阿弥的表演在继承大和猿乐的基础上，吸收近江猿乐的歌舞成分和地方民歌、宫廷雅乐等，创造了观世流的独特风格。他注重戏剧的文学性，提出“种、作、书”三道，即题材、结构、语言并重的编剧理论，并以“序、破、急”作为结构原则。代表作有《高砂》、《实盛》等。他关于能剧的理论著作现已确定的就有23部，其中最重要的是《**花传书**》、《能作书》等。他的能剧理论主要围绕“花”和“幽玄”这两个概念展开。花指很高的艺术境界，也指演出效果。“幽玄”是以宫廷贵族的优雅风度为表，以武士、僧禅的朴素、刚健气质为里来塑造人物形象；也指全剧风格的幽深玄妙。世阿弥的能剧理论，被视为日本艺术论的高峰。

《世本》 *Book of Lineages* 中国战国时期赵国史书。为避唐太宗李世民讳，唐代改称《系本》或《代本》。记载黄帝以来的史事，原15篇。《汉书》谓下迄春秋，但有的本子记事至秦末，当为后人续补。现存佚文称赵王迁为今王，说明是赵国的著作。赵王迁在位8年，相当于秦王政十二年至十九年（前235～前228），续补的本子应成于这段期间。此外，有的本子还记有汉高祖，当为汉人补入。该书对纪传体的创立有所影响，司马迁作《史记》曾以该书为据。东汉末以来，宋衷、宋均、孙检、王氏等皆有注。宋代目录书不著录该书，高似孙《史略》说他曾有辑本，说明当时即已失传。清钱大昭、王谟、孙冯翼等皆有辑本，1957年商务印书馆汇印为《世本八种》。

世兵制 中国古代强制部分乡民世代当兵的制度。又称军户制、士家制。世兵制最早出现于春秋时期。齐国管仲辅佐齐桓公曾将国都分为士农15乡和工商6乡，其中士农之乡民平时务农习武，战时充当士兵出征，世代相传，可视为世兵制的萌芽。三国时期，魏国曾实行世兵制，男丁终身为兵，父死子承，兄终弟及。魏晋以后，世兵制几起几落，直至清朝还沿袭“世兵制”，当时的八旗兵以旗人（军户）世代充任，凡族人男丁“人尽为兵”，“三丁抽一”，留家者为余丁；绿营兵一人当兵，全家编入军籍，父在子为余丁，父死由子替补，世代以当兵为业。军籍由兵部统管，不入民册。1840年鸦片战争后，八旗兵、绿营兵制衰败，招募士兵不再世袭。至此，世兵制在中国兵役制度中消失。

世代交替 alternation of generations 在生物体的生活史中，有性生殖和无性生殖有规律地交替出现的现象。在植物中为产生孢子的孢子体世代（无性世代）与产生配子的配子体世代（有性世代）的交替出现。常见于藻类、苔藓蕨类及种子植物中，其中以蕨类植物比较明显。二倍体的孢子体进行无性生殖时，孢子母细胞经过减数分裂产生单倍体（n）的孢子，孢子萌发长成小型的能独立生活的配子体，称为原叶体。原叶体在进行有性生殖时，分化出雌雄性器官，即颈卵器与精子器，并分别产生卵和精子。这两种配子结合形成了二倍体（$2n$）的合子。合子又长成下一代新的孢子体（见图）。在无脊椎动物中世代交替为不同形态和不同生殖方式的个体轮番出现。如刺胞

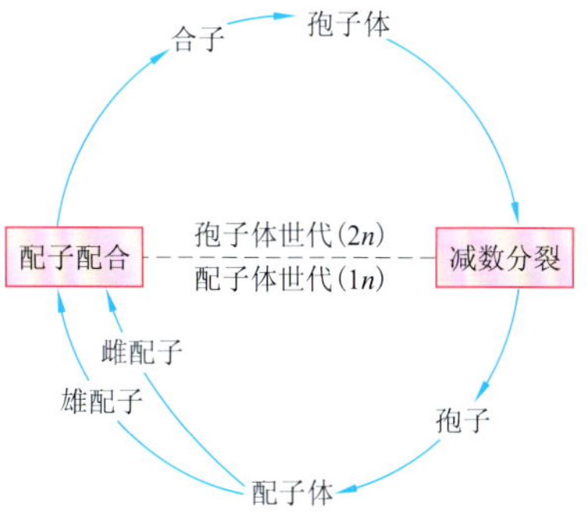

植物世代交替简解图

动物营固着生活的水螅体世代（无性世代）与营自由生活的水母体世代（有性世代）的交替。

《世界版权公约》 *Universal Copyright Convention* 联合国教育、科学及文化组织在维护文学、艺术、科学技术等类作品的作者权益方面的世界性公约。1952年在日内瓦通过，1955年生效，1971年在巴黎修订。

《公约》规定，缔约国应对文学、科学、艺术作品（包括文字、音乐、戏剧和电影作品以及绘画、雕刻和雕塑）的作者及其他版权所有者的权利提供充分有效的保护。缔约国给予其本国国民的作品的保护必须同等地给予其他任何缔约国国民的作品。标有著作权标志、作者姓名和初版年份的缔约国国民的作品，无须履行任何登记手续，便可在其他缔约国自动受到保护。受《公约》保护的作品，其保护期限不得少于作者有生之年及其死后的25年，翻译版权是7年，但为了考虑发展中国家的特殊情况，修改后的《公约》对发展中国家用于教学、学术和研究目的的翻译、复制、公开演出和广播放宽了年限要求。

《世界报》 *Le Monde* 法国在国外发行量最大的法文小型日报。法国唯一的同人报纸。在巴黎出版。1944年在当时法国临时政府总理C.戴高乐授意下由H.伯夫－梅里联合一批青年记者合股创办，社长由选举产生。原拟作为半官方日报，但自创刊起即同政府保持距离。股份均为创始人、社长、编辑、记者和职工所掌握。1951年成立的编辑人员协会，1985年持有40%的股份，以保证报纸编辑上的自主。报道追求客观、公正，以批评著称。照片较少，版面严肃，新闻翔实。在38个国家派有常驻记者。读者主要为知识分子和中、高级职员。20世纪末的日发行量37万份，国外销量占其总销量的12.4%。

世界杯足球赛 FIFA World Cup 国际足球联合会统一领导和组织的世界性的足球比赛。全称为国际足球联合会世界杯比赛。是世界上规模与影响最大、水平最高的足球比赛。1885年英国首创足球职业俱乐部。从1900年开始，奥林匹克运动会上设足球比赛，但只限业余运动员参加。1928年国际足联决定，以后每4年举行一届世界足球锦标赛，参赛队员不受职业和非职业选手的限制。1930年，首届世界杯足球赛在乌拉圭举行。奖杯是为冠军获得者特制的流动杯，一个国家若先后3次夺得冠军，则可永久占有此杯。第一只奖杯是用1 800克纯金铸造的。1970年第9届世界杯足球赛上，巴西队第3次夺得冠军，永久占有了这只奖杯。第二只奖杯是用18K黄金铸造的，重5

历届世界杯足球赛前3名名次

届别	举办时间	举办地点	冠军	亚军	第3名
第1届	1930	乌拉圭	乌拉圭	阿根廷	南斯拉夫
第2届	1934	意大利	意大利	捷克斯洛伐克	德国
第3届	1938	法国	意大利	匈牙利	巴西
第4届	1950	巴西	乌拉圭	巴西	瑞典
第5届	1954	瑞士	联邦德国	匈牙利	奥地利
第6届	1958	瑞典	巴西	瑞典	法国
第7届	1962	智利	巴西	捷克斯洛伐克	智利
第8届	1966	英国	英国	联邦德国	葡萄牙
第9届	1970	墨西哥	巴西	意大利	联邦德国
第10届	1974	联邦德国	联邦德国	荷兰	波兰
第11届	1978	阿根廷	阿根廷	荷兰	巴西
第12届	1982	西班牙	意大利	联邦德国	波兰
第13届	1986	墨西哥	阿根廷	联邦德国	法国
第14届	1990	意大利	联邦德国	阿根廷	意大利
第15届	1994	美国	巴西	意大利	瑞典
第16届	1998	法国	法国	巴西	克罗地亚
第17届	2002	韩国和日本	巴西	德国	土耳其
第18届	2006	德国	意大利	法国	德国
第19届	2010	南非	西班牙	荷兰	德国

千克，奖杯被定名为“国际足联世界杯”，并规定此杯为永久性流动杯。世界杯足球赛截至2010年已举行过19届（见附表）。随着参加比赛的队伍越来越多，规模也越来越大。国际足联对比赛规程和比赛地方等也都做了相应调整。到了第17届世界杯时，国际足联通过决议由日本和韩国两个国家共同举办，这也是第一次在亚洲举行世界杯足球赛。在这之前，都是由一个国家独立承办。中国国家足球队自参加世界杯比赛以来，在此届赛事中首次进入决赛阶段的比赛。

世界大学生运动会 World University Games 国际大学生体育联合会主办的世界综合性运动会。由会员国承办，只限年龄为17～28岁在校大学生和毕业不超过两年的大学生参加。有“小奥林匹克”之称。其比赛规模、运动水平，均小于和低于奥林匹克运动会。前身为国际大学生运动会，于1923年在法国多尔首次举行。1959年在意大利都灵正式举行了第1届世界大学生运动会，每两年一届，到2009年，共举行了25届（详见附表）。世界大学生运动会规定的比赛项目只有田径、游泳、体操、击剑、网球、篮球和排球，但东道国有权再增加1项。1975年，中国被接纳为国际大学生体育联合会正式会员。自1977年始，中国派队参加了此后的历届大学生运动会。1979年，中国女子跳水选手陈肖霞在跳台跳水赛中为中国夺得首枚大学生运动会金牌。在此后的比赛中，中国队在女子排球、田径、跳水、体操等项目中屡屡夺金。2001年中国北京承办了第21届大学生运动会。中国共获得54枚金牌，25枚银牌，24枚铜牌，金牌数与奖牌总数均居各队之首，这也是中国在大学生运动会上取得成绩最好的一次。第22、24届大运会，中国队的金牌总数均为第一。

历届世界大学生运动会

届别	举办时间	举办地点	参加国家（地区）数	运动员数
第1届	1959	都灵（意大利）	45	985
第2届	1961	索非亚（保加利亚）	32	1 270
第3届	1963	阿雷格里港（巴西）	27	713
第4届	1965	布达佩斯（匈牙利）	32	1 729
第5届	1967	东京（日本）	30	937
第6届	1970	都灵（意大利）	58	2 080
第7届	1973	莫斯科（苏联）	64	2 765
第8届	1975	罗马（意大利）	40	712
第9届	1977	索非亚（保加利亚）	85	3 232
第10届	1979	墨西哥城（墨西哥）	85	3 500
第11届	1981	布加勒斯特（罗马尼亚）	87	2 915
第12届	1983	埃德蒙顿（加拿大）	69	2 402
第13届	1985	神户（日本）	106	3 949
第14届	1987	萨格勒布（南斯拉夫）	121	3 904
第15届	1989	杜伊斯堡（联邦德国）	90	3 000
第16届	1991	设菲尔德（英国）	101	3 346
第17届	1993	布法罗（美国）	130	6 000
第18届	1995	福冈（日本）	163	6 000
第19届	1997	卡塔尼亚（意大利）	160	6 000
第20届	1999	帕尔玛（西班牙）	114	5 776
第21届	2001	北京（中国）	116	6 757
第22届	2003	大邱（韩国）	174	6 636
第23届	2005	伊兹密尔（土耳其）	170	10 000
第24届	2007	曼谷（泰国）	158	12 000
第25届	2009	贝尔格莱德（塞尔维亚）	118	10 939

世界大战 world war 对立的国家集团之间在世界范围进行的大规模战争。交战双方最大限度地运用军事手段，并以经济、政治、文化、外交等斗争形式相配合。战争波及世界广大国家和地区，对人类社会的发展进程产生极为重大的影响。20世纪前半期，帝国主义为争夺世界霸权、重新瓜分势力范围，曾进行过两次世界大战。第一次是1914～1918年，在德国和奥匈帝国等同盟国与英国、法国、俄国等协约国之间展开。战火遍及欧、亚、非三洲，有33个国家和15亿人口被卷入战争。战争以同盟国集团失败而告终。1939～1945年又爆发了第二次世界大战。大战始于德、意、日等法西斯轴心国挑起的非正义的掠夺战争，战火遍及世界大部分地区，有60多个国家和地区及20亿以上的人口卷入了战争，给人类造成了空前的灾难。最后以中国、苏联、美国、英国、法国等同盟国反法西斯正义战争的胜利宣告结束。

第一次世界大战中，西部战线的协约国士兵在战壕中准备发起进攻

世界格局 world system 国际社会中的主要政治经济力量之间在一定历史时期内相互联系、相互作用而形成的一种结构状态。包括国际政治格局和世界经济格局。经济格局居于基础地位，对政治格局具有决定作用。国际政治格局具有相对独立性，对世界经济格局产生重大影响。

第二次世界大战以后，世界格局的发展演变经历了若干不同阶段。20世纪40年代末到60年代末，世界格局表现为以美国为首的西方阵营和以苏联为首的社会主义阵营之间的对峙。70年代以后，世界格局出现了向多极化方向发展的趋势。在经济格局方面，欧洲和日本成为世界经济中的重要力量，美国的经济实力地位相对下降；政治上出现了“五大力量中心”，即美国、苏联、欧共体、日本、中国。一些学者将这种状况称为两极－多元格局，即军事上美苏两极，政治上美－苏－中大三角，经济上美、欧、日三大中心。

90年代，随着苏联的解体和东欧的剧变，冷战结束，两极终结、美国独大，不仅在政治和军事领域，而且在经济领域都表现突出，但世界其他多种力量的发展也在加速。世界经济格局多极化的主要表现是欧洲经济一体化的基本实现、北美自由贸易区的建立和美洲自由贸易区的启动、亚太经合组织以及在东亚范围内区域经济合作的加强，原来的美－欧－日三大世界经济中心已经被涉及更多国家的三大区域经济板块（美洲、欧洲、东亚）结构所取代。由于经济全球化和国家间经济相互依赖关系的加深以及区域经济合作的发展，人们强调世界的多样性和多元化；强调国际事务应由联合国和国际多边协商，而不是由一个超级大国主宰。

世界观 world outlook 人对世界总体的看法，包括人对自身在世界整体中的地位和作用的看法。又称宇宙观。它在自然观、社会历史观、伦理观、审美观、科学观等部门哲学中处于核心地位。世界观是马克思主义理论常用的术语，相当于西方哲学中的本体论。

精神和物质、思维和存在的关系问题是世界观的基本问题（见哲学基本问题）。世界观可以划分为唯心主义和唯物主义两种根本对立的类型。

世界观是社会实践的产物和对社会存在的反映。一定社会中占统治地位的世界观总是统治阶级的世界观。任何世界观的形成和确立都要利用先前遗留下来的现成的思想材料，新世界观和旧世界观之间存在着某种历史的继承关系。

人们认识世界和改造世界所持的态度和采用的方法最终是由世界观决定的。正确的世界观可以为人们认识世界和改造世界的活动提供正确的方法，错误的世界观会给人们的活动带来方法上的失误。

世界环境日 World Environmental Day 每年6月5日被定为世界环境日。1972年6月5～16日在瑞典斯德哥尔摩举行的**联合国人类环境会议**建议联合国大会将联合国人类环境会议的开幕日定为世界环境日。同年，第27届联合国大会接受并通过这项建议。世界环境日的意义在于提醒全世界注意全球环境状况和人类活动对环境的危害，要求联合国系统和各国政府在这一天开展各种活动来强调保护和改善人类环境的重要性。联合国环境规划署在每年世界环境日发表环境现状的年度报告书，并提出这一年度的世界环境日的主题，选定在某一国家举行世界环境日纪念大会暨“全球500佳”颁奖仪式。1985年，中国第一次在全国开展“6·5”世界环境日纪念活动，此后每年举行一次。

世界货币 world currency 在国际商品流通中发挥一般等价物作用的**货币**。世界货币是随着商品生产和交换的发展而产生和发展的。当商品交换超出国家界限而发展为**国际贸易**时，**商品**在世界范围内普遍展开自己的价值，作为它的价值表现形态的货币，也就成为世界范围的商品的一般等价物，即世界货币。世界货币在前资本主义社会虽已产生，但没有获得很大发展。只有到了资本主义时代，随着世界市场的形成与发展，国际贸易包括了世界各个国家，世界货币的各种职能才获得充分的发展，真正成为全世界的货币。

世界货币的职能 世界货币除作为价值尺度之外，还是国际支付手段、国际购买手段和财富的国际转移手段。

国际支付手段 世界货币最主要的职能是作为支付手段，平衡贸易差额。**对外贸易**带有双重的性质，即每个国家既输出商品也输入商品，而且主要以信用方式进行，因此，国与国之间就发生了相互的债务关系。这些债务关系的结算可以利用信用工具（如**汇票**、**支票**等），通过相互抵消来进行。对于抵消后的差额，即利用真实的货币作为最终的结算手段来偿付。这时，世界货币就执行着国际支付手段的职能。

国际购买手段 当货币直接被用来向国外购买商品时，它就发挥着国际购买手段的职能。这时，与在国内流通中作为商品交换的中介不同，它是作为货币商品同其他商品相交换的。这种情况主要发生在由于意外事件（如战争、灾荒等）使不同国家之间的正常商品交换受到突然干扰，平衡遭到破坏，因而一国不得不大量购买别国的商品的场合；或者发生在一个国家单方面向另一个国家购买商品，买与卖彼此分离的场合。

财富的国际转移手段 当把**财富**从一个国家转移到另一个国家，由于各种原因，不能或不适于以商品形式实现，而要以货币形式进行时，货币就充当社会财富的化身，借以实现财富的国际转移。如战败国向战胜国支付货币赔款，一国向其他国家提供货币贷款，或资本家将货币资本从国内转移到国外等，均属此类。

金本位制下的世界货币 19世纪，金、银都曾是世界货币。以后，随着金本位制的普遍建立，黄金遂取得了主导地位。

黄金充当国际货币 在金本位制下，黄金既在**国民经济**中发挥国内货币的作用，也在国际关系中发挥世界货币的作用。**国际收支**的差额用黄金来抵补，构成国际储备货币的也只有黄金。黄金可以自由输出输入，而且一个国家的货币可以按固定比价自由与黄金兑换。

货币的国际流通与国内流通不同。在国际流通中，货币以其原始形态，即黄金条块的形态出现。在国内流通中**铸币**是按其名义价值流通的。已磨损的铸币（在规定的限度内）可与价值十足的铸币同样使用。在世界市场上其名义价值完全失去意义，而须以黄金条块的形态按其实际重量和成色来计算、使用。至于不能兑现的纸币，本身没有价值，在世界市场上无效。

黄金的兑换与汇率 由于黄金充当了世界货币，就产生了货币的兑换与**汇率**以及黄金的国际流通问题。货币兑换成了国际贸易中的必要因素。为了在对外贸易中进行支付，就要将本币与外币相兑换，或用各种货币同充当世界货币的黄金相交换。由于货币作为世界货币时失去其地方性，都归结为一定的黄金量，因而一国的货币可以用另一国的货币来表现。各国货币以它们相互的黄金含量之比为基础，形成一定的兑换比例，即货币汇率。一国货币对黄金以及其他国家货币兑换比率的稳定，是国际贸易正常发展的重要条件之一。为此要求各国货币对世界货币维持一个稳定的比价，而且可以自由兑换，即本币能够随时兑换一定数量的黄金。

黄金的国际流通 世界货币在国与国之间进行支付，引起了黄金的国际流通。它随着各国国际收支与汇价的变动而不断地从一个国家转到另一个国家。这种流动是自发的，取决于国际政治、经济领域的状况和各个国家对外政治、经济联系的状况。前者是后者的反映，又受后者影响。但黄金作为世界货币在国际上的流通同它作为商品在国家之间的移动性质不同。

为了实现黄金的国际流通，每个国家必须保有一定的**黄金储备**。一个国家的黄金储备既是它的世界货币的**准备金**，又是国内流通和银行券兑现的准备金。当资本主义国家停止黄金在国内流通之后，黄金储备就只执行世界货币准备金的机能。

黄金调节汇价和经济的机制 在金本位制下，黄金作为世界货币而输出输入，对汇价起着自发调节的作用。这种机制使汇价的波动被限制在一定幅度之内。由于本币可以按固定比价自由兑换黄金，并可将黄金自由输出输入，当汇价上涨到一定程度，以致购买**外汇**所付费用超过输出黄金的费用（等于金价加运费），人们就会直接输出黄金对外支付，而不再购买外汇；反之，汇价下跌也不会过低。因此，汇价虽有波动，但能保持相对稳定。

黄金的输出输入，也会对国内经济和对外经济联系产生影响。黄金储备是整个货币信用制度的支柱，当黄金输出使国内的黄金储备减少到一定限度时，为阻止黄金的继续流失，货币当局就要提高**利率**，收缩信贷，从而使经济增长减缓甚至下降，使商品输入和对外支付减少；反之，黄金的流入和黄金储备增加，就会促使利率下降，信贷扩大。

金本位制崩溃后的变化 垄断资本主义时代金本位制趋于崩溃，黄金从国内流通中退出，在国内流通的完全是不兑现的信用货币。在此情况下的变化是：

黄金作为世界货币的作用发生了变化 首先，各国的不兑现的信用货币是没有价值的，其流通只能以国内为限。因此，国内货币与世界货币就互相分离，黄金不再像金本位制下那样，既是国内货币，又是世界货币。其次，在黄金继续发挥世界货币作用的同时，有一些特定的信用货币

美国最大的金库——诺克斯堡金库

(如英镑、美元)，作为黄金的补充，充当国际支付手段与储备货币。

一国的信用货币成为国际支付手段和储备货币的条件　必须具备的条件是：①发行这种信用货币的国家要有强大的经济实力，在国际经济领域中占有重要的或统治的地位。只有当一个国家在世界范围的商品输出与资本输出中占有重要地位，同各国有着广泛的贸易、金融联系时，它的信用货币才会在国际间被广泛使用，并顺利地被接受。②这种信用货币必须具有相当大的稳定性。而由于任何信用货币本身都是没有价值的，要保持其稳定性，就必须与黄金发生联系，即能在一定条件下按照一定的汇价兑换成黄金。因此，有关国家必须具有足够的黄金储备，才能保证其信用货币的稳定性。③某个国家的货币虽然可以在彼此经济联系密切的国家之间充当支付手段，但要在世界范围内正式取得储备货币的资格，还要得到所有国家的确认，这就必须通过国际协议来实现。如果上述条件发生变化，它就不能再当作世界货币来发挥作用。

货币集团和货币区的出现　第一次世界大战结束后，绝大部分货币黄金落入了美国和英国手中。而其他国家则缺乏必要的黄金以进口所需的物资。为了使资本主义世界经济的机制重新运转起来，1922年在意大利热那亚国际经济会议上确定：以可同黄金兑换的英镑、美元与黄金一起构成各国的国际储备，并在此基础上建立金汇兑本位。但不久在1929～1933年资本主义世界经济危机的冲击下，各种类型的金本位制便宣告瓦解，继而出现了各种货币集团和货币区，如英镑区、美元区、法郎区等。这些货币集团是由各资本主义国家建立并受它们控制的，在货币集团中居统治地位的资本主义国家的货币成为集团内各国的储备货币和相互结算的工具。

以美元为中心的国际货币制度　1944年的布雷顿森林会议协议，确定以美元作为各国货币定值的标准和储备货币，而美国则承担义务，将各国中央银行持有的美元按官价兑换黄金。这样，掌握了资本主义世界70%以上黄金储备的美元，取得了“等同黄金”的地位，成为主要的国际结算工具。这就是战后以美元为中心的国际货币制度。但是，这种制度是不稳固的。因为：①这种制度包含着一个深刻的矛盾，即一方面各国的储备货币的来源要依靠美国国际收支的逆差，另一方面为保证储备货币的稳定却要求美国国际收支有顺差。②实际上美元并未排除黄金的世界货币的职能。黄金仍然是国际结算的最终手段和国际储备的重要构成因素。而且，就是美元本身的地位也有赖于黄金的支持。

特别提款权　西方国家设想的扩大信用货币国际流通的另一种形式是发行世界性的信用货币。这类计划早已存在，但过去并未付诸实施。1970年国际货币基金组织开始发行特别提款权，可看作是一个初步的试验。国际货币基金组织的成员国已经同意使特别提款权在未来的国际货币制度中逐步取代黄金与美元，成为各国货币的定值标准和主要的国际储备资产。但要使特别提款权成为真正的世界性信用货币，却殊非易事。因为，要做到这一步还有许多问题要解决，如特别提款权稳定性的保证、它的发行与分配、国际收支的调节等。

对黄金最终发挥世界货币作用的不同观点　由此可见，在国际流通中，虽然在一定条件下有可能以一种特殊的信用货币(一国的信用货币或世界性的信用货币)来充当国际支付手段和储备货币，但是黄金作为国际结算中最终的清偿手段和最可靠的储备资产的作用，仍然不是任何信用货币所能取代的。所以，黄金最终仍然在发挥世界货币的作用。

世界货币成为资本主义国家进行掠夺的工具　世界货币是实现国际经济贸易联系的工具，它促进了国际经济联系的扩大与发展，从而也促进了资本主义的发展。随着资本主义世界市场的发展，世界各地区在经济上逐渐联结起来。但这一过程包含着深刻的矛盾。它不是通过各个国家的相互合作来实现的，而是通过资本主义国家间的激烈斗争、经济发达国家对经济不发达国家的剥削与掠夺来进行的。为了扩大商品输出、夺取销售市场和进行国际不等价交换，资本主义国家力图扩大本国货币在国际经济周转中的使用范围，操纵外汇行市，并使其他国家、特别是殖民地附属国的货币依附于本国的货币。世界货币的职能也广泛服务于资本输出，成为资本主义国家奴役掠夺殖民地附属国的有力工具。

世界经济　world economy　在社会经济一定发展阶段上形成的、超越民族与国家疆界的、全球规模的经济体系，或者说是一个世界性的经济有机体。

形成和发展　世界经济是在国际分工基础上形成的，并随着国际分工的发展而发展。19世纪70年代到20世纪上半叶，发生了第二次科学技术革命，资本主义进入了垄断阶段，各国加强了对外扩张和资本输出，展开了争夺世界市场和瓜分殖民地的斗争，世界领土被瓜分完毕，形成了垂直型的国际分工体系。这样，交换关系国际化空前发展，生产过程也国际化了，各国国民经济相互依存和紧密联系，形成一个世界范围的经济体系，表明世界经济已最终形成。

第二次世界大战后，新技术革命极大地推动了生产力的发展，原殖民地、半殖民地附属国纷纷获得独立，成为发展中国家，国际分工也开始从垂直分工转变为水平分工。20世纪后期，随着信息技术的广泛运用和东西方冷战的结束，整个世界经济相互联系和相互依赖程度已达到相当高的水平，世界经济又进入一个新阶段。

特点　世界经济具有以下特点：①统一性。由为数众多的国家组成，各个国家都处于统一的世界市场之中。②广阔性。是一个庞大的有机体，地域广阔，市场容量和资本流动空间大。再生产各环节囊括的范围很宽。③多元性。世界上的国家在经济结构、经济体制、经济模式等方面，存在着极大的差异，这就决定了世界经济的多元性。④发展的不平衡性。表现为发达国家之间的不平衡、发展中国家之间的不平衡以及发达国家和发展中国家之间的不平衡。

主体　世界经济的行为主体是多元的，主要包括：①主权国家。世界经济最重要的行为主体。因为现代国家作为社会的上层建筑，发挥政治职能的作用，同时还发挥重要的经济职能。特别是在第二次世界大战后，资本主义进入到国家垄断资本主义阶段，国家直接掌握大量生产资料，以其一定的经济实体和经济行为主体，参与国际经济事务。②国际经济组织(如国际复兴开发银行、国际货币基金组织、世界贸易组织)。重要的行为主体。是主权国家为共同协调国际经济关系和管理经济活动而建立的机构。③区域经济一体化组织。为协调其成员之间的利益和对外代表各成员国的利益而建立的经济组织。④跨国公司。它作为企业，尽管其规模和实力巨大，也只是世界经济的微观主体。

联结纽带　世界经济是由各民族国家(地区)经济联结起来的有机整体，把这一庞大机体联结起来的纽带是资本和劳动力的流动。资本在再生产过程中，表现为货币资本、生产资本和商品资本等不同形态，商品资本的国际流动衍化为国际贸易，货币资本的国际流动衍化为国际金融，生产资本的国际流动衍化为国际投资，世界经济就是通过国际贸易、国际金融和国际投资等联结纽带，把全世界各个国家(地区)的经济活动联结成有机整体，不断地运动和发展。

运行机制　当今世界经济体系中，资本主义市场经济的运行机制居于主导地位，所以，世界经济的运行方式是一种资本主义市场机制主导的、多种市场经济并存的方式。

市场机制是客观的，它在世界经济运行中带有自发性和盲目性。为了弥补世界市场机制的不足，便产生了国际经济协调机制。国际经济协调是通过一定的组织形式来实行的，从19世纪初到20世纪末，先后出现广义的国际经济组织不下3 000个，其中官方组织500余个。它们在世界经济运行中相互协调其成员的经济政策，共同对国际经济问题进行干预和调节。

发展趋势　面向21世纪，世界经济的发展存在几大趋势：①经济信息化。世界经济的信息化趋势，主要表现在信息成为重要的经济增长源泉，信息产业成为国民经济的主导产业，现代信息技术、信息设施和信息网络已广泛运用。②经济全球化。经济全球化的浪潮表现在贸易的全球化、金融的全球化、投资的全球化和企业经营全球化的空前发展。③经济一体化。伴随经济全球化，客观上要求世界各国在契约上和组织上把全球化固定下来，因而产生了经济一体化趋势。包括全球一体化和区域一体化（或区域集团化），前者是一体化的最终目标，后者是通向未来目标的必经阶段。④经济多极化。伴随区域经济集团化的发展，各种力量重新分化和组合，在世界经济统一体中，形成多种经济力量共处的格局。经济多极化和集团化是密切相关的两大趋势，区域经济集团化推动了世界经济多极化，反过来，集团化又由于多极化而得到了加强。在21世纪的前期，世界经济仍将维持“一超多强”的多极格局。

世界经济论坛　World Economic Forum; WEF　独立的非官方机构。世界最重要的国际经济论坛。由瑞士日内瓦大学教授K.施瓦布倡议创建。论坛成员包括：公司会员主要是跨国公司；个人成员，包括产业领导人、名人、专家、媒体领导人、文化领导人和地区及城市领导人。核心成员由世界高层政治和经济界领导人、企业首脑以及著名专家组成。创建于1971年。总部设在瑞士日内瓦。在美国纽约和中国北京设有两个办事处。

宗旨与战略　宗旨是致力于改善全球状况，研究和探讨世界经济领域存在的问题，促进国际经济合作与交流。①为世界领导人提供一个研讨全球问题的合作体制。②创立谋求全球公共利益的企业家形象。③保持无帮派和独立自主的立场。战略是：在鉴别战略问题方面充当领袖，并为决策者达到积极变革目的提供讲坛；促进企业家、政治家、知识界和其他领袖就全球、区域、企业和行业的重要问题展开对话；从基本战略角度审视全球发展，力促讨论与对话；支持其成员和伙伴与各类资金保管者、公共或私人合作伙伴合作。论坛的使命和洞察力的基本所在是能为讨论全球大事提供中立场所。资金来源于全球1 000多家顶级公司缴纳的会费。工作对象是学术界、政府代表、国际组织、劳工领导、媒体、非政府组织和宗教界领袖。

组织结构　①结构层。一是会员。从影响未来全球经济发展的顶级公司中挑选而来。他们向论坛缴纳会费，同时享有论坛独特的内部网络和前沿科技。二是合作伙伴。从与论坛合作紧密，对论坛贡献大，受益也大的企业中精选而来。三是战略伙伴。为最高层的世界经济发展和社会进步贡献专门知识和财力、物力的公司。②管理层。一是理事会。负责日常管理和监督资源的有效利用，由4位总干事组成。二是国际商务委员会。咨询机构，充当智力服务员。三是管理委员会。理事会的执行机构。四是机构开发与资源交流中心。负责智力管理、内部交流和保证论坛资金运行。

2005年在瑞士达沃斯举行的世界经济研讨会会场

主要活动　①达沃斯年会与中国企业高峰会、东亚经济高峰会、欧洲经济高峰会、印度经济高峰会、南美经济高峰会、南非经济高峰会和美国会议7个区域高峰会。每年初在瑞士的达沃斯举行世界经济研讨会，又称“达沃斯世界经济讨论会”。随着论坛影响的不断扩大及与会者层次的提高，达沃斯论坛已被认为是“非官方的国际经济最高级会谈”，是世界政要、企业界人士以及民间和社会团体领导人研讨世界经济问题最重要的非官方聚会场所之一。②与一个长期合作的工作小组一起关注和探讨全球面临的重大挑战。③每年发表全球竞争力报告。这一报告已成为联合国确定各国经济发展的重要指标。

世界经济危机　world crisis of economy　资本主义世界范围内爆发的生产过剩的危机。根据危机的广度，可分为局部性危机和普遍性危机两种基本形式。局部性危机是世界范围资本主义经济的某一部分发生的危机，可以是一国或数国的全面危机。普遍性危机是世界范围资本主义经济的主要部分，如主要国家、主要部门以及主要交易品所发生的危机。由于世界经济趋向一体化，资本主义世界经济的各个部分是相互联结、相互影响的，因此，局部性危机实际上是普遍性危机的中间危机。

统一的世界资本再生产运动的形成，使资本主义商品和货币关系在世界范围展开，为世界经济危机的爆发提供了可能性。世界经济危机产生的基础，与一般经济危机产生的基础一样，是资本主义基本矛盾，即生产社会化与生产资料资本主义私人占有形式之间的矛盾的激化。在统一的世界资本再生产过程中，每一个国家的社会资本再生产过程都是其有机的组成部分，但又具有相对的独立性。因而，这里所说的资本主义基本矛盾具有两层含义：①各主要资本主义国家经济内部的资本主义基本矛盾，它的激化导致局部性经济危机的大爆发。②资本主义世界经济范围内的资本主义基本矛盾，它的激化导致普遍性经济危机的爆发。从第二次世界大战后到20世纪末，共发生了3次局部性危机（1948～1954、1969～1971、1990～1994）和3次普遍性危机（1957～1958、1973～1975、1979～1982）。

20世纪80年代以后，世界经济危机呈现出一些新的特点：①经济扩张的持续时间较长。②经济增长速度偏低。③财政赤字日益严重。④失业率进一步上升。⑤金融领域混乱加剧。

见经济危机。

世界粮食计划署　World Food Program; WFP　由联合国和联合国粮食及农业组织共同举办的、负责多边粮食援助的机构。简称粮食计划署。1963年正式办公。总部设在意大利首都罗马。

其宗旨是向发展中国家及因灾害导致粮食极度匮乏的国家无偿提供粮食援助，并使其达到粮农生产自救和粮食自给。以粮食援助支持受援国的经济与社会发展。援助方式分紧急救济、快速开发项目和正常开发项目3种。

组织结构包括：①执行局（原称粮食援助政策与计划委员会，1996年1月起改称现名）。领导机构。由42名联合国和粮农组织成员组成（各21名），任期3年，每年改选1/3。每年召开3次例会。②秘书处。

世界粮食计划署派出的援助难民食物的车队

日常办事机构。

其资金来源为两年一度的各国政府自愿捐赠的粮食、物资、现金和劳务。

世界粮食理事会 World Food Council; WFC 联合国为推动各国解决世界粮食问题而设立的部长级国际组织。隶属**联合国粮食及农业组织**。1975年成立。总部设在意大利首都**罗马**，驻纽约办事处设在联合国总部。

其宗旨是促进和协调执行联合国大会有关粮食问题决议所需的政治行动，监测和评估世界粮食形势，提出解决世界粮食问题的战略和措施，协调各国的粮食和农业政策，帮助人们与饥饿和贫困作斗争，向遭受自然和人为灾害的人民提供迅速有效的资助，帮助家庭和团体走向自力更生，促进经济和社会发展。

世界粮食理事会是联合国处理粮食问题的最高机构。36个理事国由**联合国经济及社会理事会**提名，联合国大会按地区选举决定，任期3年，可以连任，每年改选1/3。设主席1人，副主席4人，任期2年，主持日常工作。通常每年6月举行一次由理事国部长级人员出席的会议，还举行特别会议。

世界旅游日 World Tourism Day 由世界旅游组织确定的在全球范围内宣传**旅游**的节日。1971年，世界旅游组织的前身——国际官方旅游组织联盟根据非洲国家官方旅游组织的建议，提出了创立世界旅游日的设想。1979年世界旅游组织第3次代表大会通过决议，确定每年9月27日为世界旅游日。创立世界旅游日的宗旨是给世界各国宣传旅游提供一个机会，引起国际社会对旅游的重视，发展国际和国内旅游，促进各国经济、贸易、文化、科学、技术交流，增进各国人民的相互了解和交往，推动社会繁荣和进步。从1980年开始，按照世界旅游组织的安排和要求，各有关国家和地区每年都组织一系列活动欢庆世界旅游日的来临，如开辟新的旅游景点、推出新的旅游路线、发行纪念邮票、降低旅游收费、提高旅游服务质量等。世界旅游组织每年还为世界旅游日提出一个宣传口号。从1985年开始，中国每年都确定以一个省、自治区或直辖市作为主会场，展开一系列宣传庆祝活动，欢庆世界旅游日的到来。

世界贸易中心大厦 World Trade Center 位于美国纽约曼哈顿岛西南端，西临哈得孙河。由两座并立的塔式摩天楼、4幢7层办公楼和1幢22层的旅馆组成，建于1962～1976年（见图）。设计人是美籍日裔建筑师山崎实（1912～1986）。两座塔楼在地面以上均为110层，高411米。塔楼的地下第一层是纽约最大的综合商场，贯通整个建筑群和广场。塔楼的地下第二层是火车站。地下另外的四层是车库，可以停放汽车2 000辆。塔楼平面为正方形，边长63米，采用钢框架套筒体系。每座塔楼设电梯108部。第107层是眺望厅，游客可登临远眺。从107层可以通过两部自动扶梯上达110层塔顶。

世界贸易中心大厦昔日景观

2001年9月11日，受恐怖分子劫持的两架大型民航客机撞击了世界贸易中心的塔式摩天大楼，两幢大楼分别于撞击后一个多小时倒塌。见**9·11事件**。

世界贸易组织 World Trade Organization; WTO 政府间国际经济贸易组织。简称世贸组织。与**国际货币基金组织**、**国际复兴开发银行**合为世界经济体制的“三大支柱”。具有法人资格，在法律上与**联合国**等国际组织处于平等地位。前身为**关税及贸易总协定**。根据1994年4月15日举行的关贸总协定“**乌拉圭回合**”部长会议关于《马拉喀什建立世界贸易组织协定》，于1995年1月1日开始运作，1996年1月1日正式取代关贸总协定。具有法人地位。总部设在瑞士**日内瓦**。至2008年7月，有成员153个。

2001年11月11日，在卡塔尔首都多哈举行了中国加入世界贸易组织签字仪式

宗旨 促进经济和贸易发展，提高生活水平，保证充分就业，稳定而大幅度地增加实际收入和有效需求，按照可持续发展的目的，最优化世界贸易资源，保护和维护环境；以不同经济发展水平下各自需要的方式，加强采取各种相应的措施，积极努力确保发展中国家尤其是最不发达国家在国际贸易增长中的份额与其经济发展需要相适应。

主要职能 ①负责多边贸易协议的实施、管理和运作，促进世贸组织目标的实现，同时为诸边贸易协议的实施、管理和运作提供框架。②为各成员就多边贸易关系进行谈判和贸易部长会议提供场所，并提供实施谈判结果的框架。③通过争端解决机制，解决成员间可能产生的贸易争端。④运用贸易政策审议机制，定期审议成员的贸易政策及其对多边贸易体制运行所产生的影响。⑤通过与其他国际经济组织的合作和政策协调，实现全球经济决策的更大一致性。⑥对发展中国家和最不发达国家提供技术援助和培训。

组织机构 ①部长级会议。最高决策机构。全权履行世贸组织的职能，并可为此采取任何必要措施。由所有成员方的代表组成，至少每2年召开一次会议。②总理事会。负责世贸组织的日常事务，由全体成员方的代表组成。在部长级会议休会期间，执行部长级会议的各项职能。③委员会（5个）部长级会议下设机构。包括贸易与发展委员会、国际收支限制委员会、预算财务与行政委员会、区域贸易协议委员会和贸易与环境委员会。④诸边贸易协议委员会（2个）。即民用航空器委员会和政府采购委员会2个。⑤理事会。总理事会下设机构。有货物贸易理事会、服务贸易理事会和知识产权理事会3个。⑥专门委员会。理事会下属机构。⑦秘书处。总干事领导。⑧其他机构。一些临时性机构，通常被称为工作组。

主要活动 自1995年成立至2009年，世贸组织先后举行过7次部长级会议。此外，世贸组织还不定期举行非正式小型部长会议。

世界末日 end of the world, the 基督教教义之一。现存世界终结之日。认为在末日到来之时，上帝将把魔鬼投入燃烧着硫磺的火湖，所有活人和死人都将接受上帝的最后审判。得救者将升入天堂享永福，不得救者则下地狱受永刑。在此之后将出现新天新地。《圣经》中的《启示录》详细描述了世界末日前后的情景。

世界乒乓球锦标赛 World Table Tennis Championships 国际乒乓球联合会举办的一项水平最高、最权威的标志性比赛。简称世乒赛。此项赛事项目最全，参赛选手最多，任何会员协会均可派队或选手参加任何项目的比赛。首届世乒赛于1926年举行，1928年举办第2届，以后每年1届。1940～1946年因第二次世界大战暂停，

世界乒乓球锦标赛各项比赛冠军奖杯

a 男子团体斯韦思林杯 b 女子团体考比伦杯 c 女子双打波普杯 d 男子双打伊朗杯 e 男子单打圣-勃莱德杯 f 女子单打吉-盖斯特杯 g 混合双打赫杜塞克杯

1957年第24届后改为每两年举办1届，至2009年已举办过50届。

世乒赛设男女团体、男女单打、男女双打、混合双打等7个比赛项目，每个比赛项目均有一个被命名的冠军奖杯（见图）为流动奖杯，杯体上刻有每届获奖选手的姓名。中国选手从1953年起，参加过24届世乒赛。**容国团**于1959年（第25届）为中国夺得世乒赛第一个冠军（男子单打），截至2009年，中国选手总共获得120.5个世乒赛冠军，其中1981年（第36届）、1995年（第43届）、2001年（第46届）　和2005～2006年（第48届）、2007年（第49届）　和2009年（第50届，除女子团体外），中国选手均囊括了全部7个比赛项目的冠军，开历史先河。**庄则栋**由于连续3届（26～28届）获男子单打冠军，荣获永远保存的男子单打冠军奖杯的复制品；王楠也因连获3届（45～47届）女子单打冠军，而得女子单打冠军奖杯复制品永远保存。

每届世乒赛举办期间都要召开国际乒联代表大会，讨论各协会和国际乒联各工作机构提出的提案，进行国际乒联机构的选举和调整。

世乒赛男女团体赛的竞赛办法一直在演变中，其基本模式为第一阶段为小组循环赛的两阶段比赛。变动的主要内容为第一阶段循环赛的分组办法，第二阶段的比赛办法，以及在两阶段之间可能有的过渡阶段的比赛办法。变动的目的是寻找一个既能保持团体赛各阶段比赛均能精彩（实力接近的队之间的比赛才能精彩），又要使如此众多的参赛队在一届世乒赛中，至少从理论上讲都有夺冠可能性的最佳结合点。男女团体赛每一场比赛的选手上场办法同样有过不少变化。世乒赛（21分制时）曾采用过9场5胜制和多种5场3胜制。第46届世乒赛男女团体赛（11分制）均采用3人5场3胜制。世乒赛各单项比赛均采用有预选赛的淘汰赛比赛办法。

世界七大奇观 Seven Wonders of the World　古希腊罗马时代地中海附近的7处杰出建筑和雕像。

①胡夫金字塔。古埃及第4王朝法老胡夫的陵墓。约始建于公元前2560年，历时20多年建成。塔体为由约200万块各重达2吨多的石块堆砌的方锥体。原始高度为146米（现高137米），在其后的4 000多年中一直是世界最高建筑。底部边长230米（现长227米），各边间的最大误差只有20多厘米。整体气势雄伟，显示了令人惊叹的建筑技艺。见金字塔。

②空中花园。巴比伦王国都城中的建筑。新巴比伦王国尼布甲尼撒二世（前605～前562)在幼发拉底河边为其王妃建造。花园主体是一高25米的平台，层叠高耸，有复杂的引水设施，种植奇花异卉，远望如在空中。2世纪后成为废墟。

③阿尔忒弥斯神庙。前550年古希腊吕底亚国王克劳索斯在以弗所（今土耳其境内）为月亮女神阿尔忒弥斯修建的神庙。建于长130米、宽80米的高台上，为大理石筑成，周围有高约20米的圆柱127根，立有青铜雕像，均出自名家之手。401年被毁，现存遗址。

④奥林匹亚宙斯巨像。前5世纪下半叶竖立于奥林匹亚宙斯神庙内的宙斯巨型坐像。由雅典雕塑家菲迪亚斯完成。基座高6.5米，像高13米，内为木骨架，外以黄金等金属片和象牙片镶嵌（见图)，462年毁于大火。

复原后的宙斯像

⑤摩索拉斯陵墓。波斯帝国自治王国加里亚国王摩索拉斯（前377～前353年在位）的陵墓，位于王国首都哈利卡纳苏斯（今土耳其境内)。建成于前350年左右。陵墓长40米、宽30米，下为高约20米的阶梯状基座，其上放置以黄金装饰的石棺。石棺周围环以12米高的圆柱，支撑7米高的金字塔状顶，塔顶为6米高的四驾马车雕像。初在地震中受损，至1522年被人为彻底破坏。

⑥罗得岛巨像。竖立于古希腊罗得岛港口边的太阳神阿波罗青铜巨像。经12年建造，完成于前280年。高约33米。前226年毁于地震。据记载，其残片被用900峰骆驼运至叙利亚。

⑦法罗斯灯塔。位于埃及亚历山大城海岸的法罗斯岛上。约始建于前290年，总高度117米（一说130米），顶部有反光镜，白天反射阳光，夜晚聚光火炬引航，数十千米外可见。14世纪毁于地震，没入海中。

《世界人权宣言》 *Universal Declaration of Human Rights*　1948年12月10日由**联合国**第三届大会以48票赞成、8票弃权通过的人权宣言。1948年12月10日，联合国大会通过《世界人权宣言》。宣言并非是须承担国际义务的条约，对联合国的会员国不具有法律上的约束力。《世界人权宣言》共30条，明确规定了人权的主体，体现了平等的原则。宣言更加广泛地对权利进行了规定，内容包罗了人们社会实践、社会生活和社会关系的各个方面。宣言表明，“人人生而自由，在尊严和权利上一律平等”。“人人有资格享受本宣言所载的一切权利和自由，不应有任何区别”。宣言包含了两种基本权利，一种属于公民权和政治权利，另一种属于经济、社会和文化权利。宣言把权利和义务联系了起来，否定了没有义务不受限制的权利。《世界人权宣言》是世界上第一个系统地提出尊重和保护人权具体内容的专门性国际文书，是人类争取自由与尊严的斗争中一件具有里程碑意义的事件，反映了第二次世界大战后世界人民对和平、民主和人权的普遍要求。宣言为联合国开展人权工作提供了理论依据，为国际人权领域的实践奠定了基础，对后来世界人民争取、维护、改善和发展自己的人权产生了深远影响。1950年联合国大会将《世界人权宣言》诞生日每年12月10日定

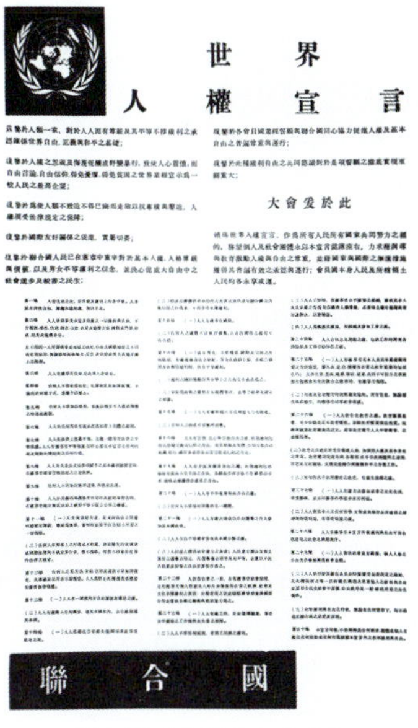
世界人權宣言

大會宣於此

聯合國

联合国《世界人权宣言》

为“人权日”。

《世界日报》 *World Daily* 中华民国时期华北地区的民营报纸。1925年2月10日在北京创刊。创办人成舍我，总编辑先后有龚德柏、张恨水、黄少谷、张友鸾等。内容以军事、政治新闻为主兼重教育新闻。注意新闻时效，讲究经营管理。最高发行量达1.5万份。1937年8月停刊。1945年11月20日复刊，依附南京国民党政府。1949年2月25日停刊。

世界时 universal time; UT 相对于格林尼治本初子午线的平太阳时。简称UT。见时间测量。

世界市场 world market 有广义和狭义之分。狭义指世界上各国之间商品交换关系的总体，即通过国际间的买卖而使各国国内市场得以联系起来的交换领域。广义指物品、劳务、外汇、借贷资本等市场，即包括狭义的世界市场和国际劳务、国际金融市场。这是抽象意义的世界市场。具体意义上的世界市场，位于一国之内，既是各国的国内市场，又是各商品的世界市场，如各种交易所。

世界市场是国际分工的表现，国际分工是世界市场的基础。国际分工的发展决定着世界市场的发展，世界市场的发展反过来又促进国际分工的发展。世界市场的形成是同资本主义生产方式的产生和发展紧密联系的。对外贸易和世界市场既是资本主义生产方式产生的前提，又是它的结果。世界市场在其形成、发展和扩大过程中，把世界上所有国家的生产、交换、分配和消费的各个环节在不同程度上联系起来，把国际流通领域连成一体，成为世界市场的内容。

世界市场通行的是国际价值规律。统一性是世界市场的一个重要特征，它集中表现在商品、货币、资本、劳动力和技术知识科学的可流动性，以及利润、利息和价格的趋同性上。第二次世界大战以后，在新科学技术革命和生产力高度发展的条件下，生产和资本国际化的趋势加强，进一步扩大了世界市场。

世界书局 World Publishing House 中国民营出版发行企业。1917年在上海创办。创办人沈知方同时任总经理。1921年扩大经营，改为股份公司，设编辑所、发行所和规模较大的印刷厂。书局创办初期，出版不少以探案、武侠为内容的小说。从1924年起，编辑出版中小学教科书，同时出版了一些有价值的介绍各科知识的文库、丛书。此外还编绘出版了《三国志》、《西游记》、《水浒》、《封神传》、《火烧红莲寺》等连环图画，持续畅销多年。19世纪末叶，这种画册在上海就时有出版，称“回回图”。从世界书局开始，称连环图画。

1934年李石曾等入股，沈知方退职。抗日战争时期，林汉达主编的英文文学读本颇负盛名。1950年宣告停业。

世界天气监视网 World Weather Watch; WWW 由世界气象组织主持的全球性天气监视业务体系计划。1963年第四次世界气象大会讨论并通过世界天气监视网计划。1967年第五次世界气象大会正式通过1968～1971年期间的世界天气监视网计划。今天世界天气监视网协调处理标准的气象和海洋资料的收集、处理和分发，这些资料来自10 000多个陆地站、1 000多个高空站、7 300余只船舶、300多个系留站、600多个浮标站以及每天超过3 000架次飞机和众多极轨和静止气象卫星。世界天气监视网的三个世界气象中心、34个区域专门气象中心和188个国家和地区气象中心组成网络协调工作，在全世界范围内每天实时收集、处理和传输1 500万个以上数据字符和2 000张天气图，全年不间断地为世界上每一个国家和地区服务。

世界天气监视网在组织结构上由三个紧密联系的核心系统构成：①全球观测系统(GOS)。依靠全球各地和来自外层空间的观测站网提供描述大气和海洋表面状况的高质量和标准化的观测资料。②全球电信系统(GTS)。连接气象通信中心的综合通信网络，可以快速收集和分发气象资料。GTS的三个主干电信网路分别位于墨尔本、莫斯科和华盛顿。北京是GTS的15个区域气象电信网之一。③全球资料处理系统(GDPS)。通过世界气象中心、区域气象中心和国家气象中心向世界气象组织成员提供高效益的气象分析和预报产品，并为相关的科学项目服务。此外，世界天气监视网的资料管理机构(WWWDM)负责管理整个系统三个部分获得的资料。快速反应行动组(ERA)负责当严重自然灾害或战争，尤其是核战争等突发事件发生时帮助各国气象水文机构采取有效的减少人员和财产损失的措施。

世界田径锦标赛 Word Championships in Athletics 国际田径联合会主办的大型世界性田径比赛。于1978年10月在波多黎各召开的第31次代表大会上通过决议决定举办。1983年8月在芬兰赫尔辛基举办了第1届世界田径锦标赛。自此以后，分别在罗马、东京、斯图加特、哥德堡和雅典等地举办了12届。

世界田径锦标赛原规定每4年举办1次，1991年第3届以后，国际田联决定改为每两年举办1次。世界田径锦标赛参赛的方法是以各国或地区田径协会为单位参加。参赛运动员必须达到国际田联在赛前一年公布的报名标准，即每个国家或地区、每个项目最多可报3名达到A、B级标准的运动员参加比赛，但达到B级标准的只能报1名。

世界田径锦标赛是除奥运会田径比赛之外规模最大的世界性田径赛事，受到各国的高度重视。中国从1983年第1届世界田径锦标赛起就一直派运动员参加比赛，并在各届锦标赛中均获得过名次。其中朱建华在第1届获得男子跳高的铜牌；黄志红、徐德妹在第3届获得女子铅球、标枪的金牌；刘冬、曲云霞、王军霞、黄志红等在第4届获得女子1 500米、3 000米、10 000米和铅球的金牌；刘宏宇在第7届获得女子20公里竞走的金牌；在110米栏比赛中，刘翔在第10届获银牌、第11届获金牌。

世界卫生组织 World Health Organization; WHO 国际性的卫生专门机构。其宗旨是“使所有国家的健康都达到尽可能高的水平”。不隶属于联合国，是一个特殊的独立机构。有193个会员国。

任务 世界卫生组织的任务包括：①促进消灭流行病、地方病和其他疾病。②促进改善营养、住房、卫生设施、工作条件以及环境卫生等其他方面。③鼓励对卫生事业作出贡献的科学和专业团体间的合作。④提出卫生方面的国际公约和协议。⑤推进和指导卫生领域中的研究。⑥制定食品、生物制品和药品的国际标准。⑦鼓励从事卫生事业的人们踊跃提出意见。

组织机构 世界卫生组织总部在日内瓦，下设三个主要机构：世界卫生大会、执行委员会、秘书处。世界卫生大会的会期通常是每年5月，地点为日内瓦。出席者为各会员国的代表团，以及有关的国际机构和非政府组织的代表。执行委员会由32名具有卫生专家资格的人士组成，由世界卫生大会选出的会员国决定具体人选后任命。秘书处由卫生及其他领域的3 800个专家组成，由总干事领导，包括六个区域办事处和驻各会员国的代表处。

总部负责建立技术的及行政的政策和程序。地区办事处负责制定具有地区特征的政策和监督该地区的活动。地区主任是地区的技术和行政领导，由这一区域内的会员国产生。大多数会员国设有世界卫生组织代表处，常驻代表领导代表处的工作，作为高级官员负责世界卫生组织在这个国家中的活动，支持该国家卫生项目的计划和实施；协助该国准备和执行人人享有基本卫生保健的策略，并将该国的具体卫生问题通报世界卫生组织。世界卫生组织只指导和协调国际卫生活动，不是具有超越所在国行政权力的超国家“卫生部”。世界卫生组织驻中国的代表处设在北京。

世界卫生组织的经费由各会员国根据国力分担，也接受政府和民间的捐助。

世界卫生组织出版的期刊有《世界卫

生论坛》、《世界卫生》月刊、《世界卫生组织月报》、《国际卫生立法文摘》、《世界卫生组织药物信息》、《疫情周报》等，分别用英文、中文、法文、阿拉伯文、西班牙文及俄文等文字出版。世界卫生组织有自己的出版社和发行渠道，出版物免费或出售给需要的部门和个人。

世界无线电航行警告系统 world-wide radio navigation warning system 由国际分工协作，用无线电及时向船舶播发有关危及船舶航行安全的情况和通告（统称航行警告）的世界性系统。1977年国际航道测量组织和国际海事组织正式通过建立世界无线电航行警告系统。系统将全球划分成16个航行警告区，中国沿海划在第Ⅺ区。系统分3类：①区域警告。每个航行警告区的有关国家和地区共同协商确定一个区域协调人，负责收集、核对、整理和播发整个辖区的远程航行警告。②沿海警告。每个沿海国家确定一个国家协调人负责播发。中国的国家协调人是中华人民共和国海事局。③地方警告。由地区的海事局向辖区播发。

航行警告必须是航海通告未发布的新情报，包括灯标、雾号和浮标的损坏；新近遇难能危及航行安全的沉船和它的标志；大型助航设施的重大改变；通航繁忙的水域中，失控的大型作业船；漂流的水雷；正在进行搜救和防污作业的区域；新发现的岩石、浅滩、暗礁及其标志；现有航道的意外改变或停止使用；海底电缆或管道敷设活动或其他水下作业；影响海运安全的特殊活动，如海军演习、发射导弹、太空飞行活动和核试验等。

世界武搏运动会 Sportaccord Combat Games 由世界体育总会主办，以武术和格斗类运动为比赛项目的新式世界综合性运动会。简称武搏会。每4年举办1届。比赛项目包括武术、合气道、拳击、柔道、柔术、空手道、剑道、自由搏击、泰拳、桑搏、相扑、跆拳道、摔跤共计13个。武搏会旨在推动武术、搏击运动在全世界范围内的发展，展示武术、搏击运动和艺术之美，加深公众对武搏运动的了解，传播武搏运动的社会价值。

首届武搏会于2010年8月28日至9月4日在中国北京举行，共有来自106个国家和地区的1 025名运动员参赛。世界体育总会主席、武博会的创意者H.维尔布鲁根等出席了开幕式。中国代表团以15金、3银、13铜的成绩在奖牌榜上位居第二，俄罗斯17金、11银、10铜位居第一，乌克兰7金、5银、11铜位居第三。

世界伊斯兰大会 Muslim World Congress; Mu' tamar al- ʻĀlam al-Islāmī 伊斯兰国际组织。又称世界穆斯林大会。1926年在麦加成立。当时，由沙特阿拉伯国王伊本·沙特主持召开国际性伊斯兰会议，讨论1924年土耳其废除哈里发制度后，重建伊斯兰世界领导中心和团结问题。1931年在耶路撒冷召开第二次会议，成立执行委员会和秘书处。第二次世界大战爆发后，该组织陷于瘫痪状态。1949年在卡拉奇举行第三次大会，决定将总部设在卡拉奇，并正式定名为世界伊斯兰大会。宗旨是在世界各地传播伊斯兰教，维护和增进穆斯林国家的团结和合作，抵制西方世俗化的影响。大会在50多个国家设有分支机构，在一些地方设有通讯员。每年召开一次执行委员会会议。除召开代表大会外，还召开特别会议和区域性会议。1965年起被联合国接纳为非政府性咨询机构。出版刊物有《穆斯林世界周刊》、《世界伊斯兰各国概况》、《各国穆斯林少数概况》等。

世界遗产 world heritage 被联合国教科文组织世界遗产委员会列入《世界遗产名

中国的世界遗产

名　称	性　质	所在地	列入时间
长城	文化遗产	北京、甘肃等	1987
北京、沈阳的明清故宫	文化遗产	北京、辽宁	1987,2006
敦煌莫高窟	文化遗产	甘肃	1987
秦始皇陵及兵马俑	文化遗产	陕西	1987
周口店“北京人遗址”	文化遗产	北京	1987
泰山	文化与自然遗产	山东	1987
黄山	文化与自然遗产	安徽	1990
武陵源	自然遗产	湖南	1992
九寨沟	自然遗产	四川	1992
黄龙	自然遗产	四川	1992
承德避暑山庄及周围寺庙	文化遗产	河北	1994
曲阜孔庙、孔府、孔林	文化遗产	山东	1994
武当山古建筑群	文化遗产	湖北	1994
拉萨的布达拉宫（含大昭寺、罗布林卡）	文化遗产	西藏	1994,2000,2001
峨眉山－乐山大佛风景区	文化与自然遗产	四川	1996
庐山	文化遗产	江西	1996
丽江古城	文化遗产	云南	1997
平遥古城	文化遗产	山西	1997
苏州古典园林	文化遗产	江苏	1997,2000
颐和园	文化遗产	北京	1998
天坛	文化遗产	北京	1998
武夷山	文化与自然遗产	福建	1999
大足石刻	文化遗产	重庆	1999
青城山－都江堰	文化遗产	四川	2000
安徽古村落	文化遗产	安徽	2000
龙门石窟	文化遗产	河南	2000
明清皇家陵寝	文化遗产	江苏、辽宁、北京	2000,2003,2004
云冈石窟	文化遗产	山西	2001
三江并流保护区	自然遗产	云南	2003
高句丽王城、王陵	文化遗产	辽宁、吉林	2004
澳门历史中心	文化遗产	澳门	2005
四川大熊猫栖息地	自然遗产	四川	2006
殷墟	文化遗产	河南	2006
开平碉楼与村落	文化遗产	广东	2007
中国南方喀斯特地貌	自然遗产	云南、贵州、广西等	2007
福建土楼	文化遗产	福建	2008
三清山	自然遗产	江西	2008
五台山	文化遗产	山西	2009
登封“天地之中”历史建筑群	文化遗产	河南	2010
中国丹霞	自然遗产	福建、湖南、广东等	2010
杭州西湖文化景观	文化遗产	浙江	2011

录》的文化和自然遗产。1972年11月16日，联合国教科文组织第十七届会议在巴黎通过《保护世界文化和自然遗产公约》。根据这个公约，联合国教科文组织世界遗产委员会将世界范围内具有突出的普遍价值的文化和自然遗产列入《世界遗产名录》，公布为世界遗产，以保护这些罕见且无法替代的珍贵财富免遭自然和人为的破坏。文化遗产包括：在历史、艺术或科学等方面具有突出的普遍价值的文物，如建筑物、碑刻、洞窟及其联合体等；从历史、艺术或科学角度看，在建筑形式、布局或与环境景观结合等方面具有突出的普遍价值的单体建筑或建筑群；从历史、艺术、科学或人类学角度看，具有突出的普遍价值的与人类活动有关的遗址等。自然遗产包括：具有突出的普遍价值的由物质和生物结构或这类结构群组成的自然面貌；具有突出的普遍价值的地质、自然地理结构；具有突出的普遍价值的天然名胜或范围明确的自然区域；最具价值的自然和物种多样性的栖息地，包括有珍贵的濒危物种等。

截至2011年6月，全世界加入《保护世界文化和自然遗产公约》的国家有187个，列入《世界遗产名录》的遗产共936处（其中文化遗产725处，自然遗产183处，文化与自然双重遗产28处）。拥有世界遗产较多的国家有意大利、西班牙、中国。中国的41处世界遗产中，有文化遗产29处、自然遗产8处、文化与自然双重遗产4处（见表）。

世界银行 World Bank 联合国下属的一个专门机构。国际复兴开发银行的通称。

世界邮政日 World Post Day 万国邮政联盟确定的世界性邮政纪念日。1969年万国邮联东京大会通过决议，将每年的10月9日确定为万国邮联日，以纪念万国邮政联盟创立日（1874年10月9日）。1984年汉堡大会通过决议，将万国邮联日更名为世界邮政日。设立世界邮政日的目的是宣传邮政在各国文化、经济和社会发展中的重要作用，促进邮政业务在全世界的发展。

世界语 Esperanto 一种国际辅助语。由波兰医生L.L.柴门霍夫创制。1887年他以Esperanto（怀着希望的人）的笔名发表了国际语新方案。以后人们即以Esperanto为语言名。现在全世界懂得世界语的人数超过1 000万。使用世界语的人称为世界语者。

世界语的基础语法有16条规则。词序在世界语句法中不起决定作用。世界语广泛运用转化、复合、派生等构词手段，词缀都能自由构词。初创时确定的900多个词素，大部分取自罗曼语族，一部分取自日耳曼语族，少数取自斯拉夫语族，有些系人工构拟。世界语的读音和拼写是有规则的，做到了“一音一符”、“一符一音”。世界语共有28个音位，相应地用28个字母表示。单词重音永远落在倒数第二个音节上。每个世界语学者都有平等的权利按基础语法自由地创造所需要的词语和引进国际通用词，但无权修改基础语法。

世界园艺博览会 World Horti-Expo 世界博览会中的专业性博览会的一种。世界博览会是由一个国家的政府主办，有许多国家或国际组织参加以展现人类在各领域成就的国际性大型展示会。按照国际展览局的规定，世界博览会分两种：一种为注册类（综合性）博览会，如2010年在中国上海举办的世界博览会；一种为认可类（专业性）博览会，如1999年在中国昆明举办的“’99世界园艺博览会”。在每两届综合性博览会之间举办一次专业性世博会。专业性博览会分为A_1、A_2、B_1、B_2四个级别，A_1级级别最高，“’99世界园艺博览会”即为A_1级。

1999年昆明世界园艺博览会中国馆

世界政策 Weltpolitik 19世纪90年代后期起德意志帝国的外交政策。政策的主要舞台已由欧洲大陆扩大到世界各地，具有强烈的扩张与争霸世界的性质。制订和推行世界政策的代表人物是德皇威廉二世、帝国宰相B.H.M.K.von比洛和海军上将A.von蒂尔皮茨。

世界政策的主要目标是东亚、非洲和中东。德国在这一政策指导下，于1897年强占中国的胶州湾；在非洲支持南非布尔人共和国（见英布战争），同英国争夺南非势力范围，在摩洛哥同法国展开争夺；在中东，力图独占土耳其，并通过巴格达铁路的建造，把势力一直伸延到波斯湾。通过1898～1921年的舰队法案，德国海军迅速发展成为英国海上霸权的最大威胁。世界政策使英德矛盾变成帝国主义矛盾中的主要矛盾，并导致第一次世界大战的爆发。

世界知识产权组织 World Intellectual Property Organization 政府间国际组织。1893年“国际保护工业产权联盟”（巴黎联盟）国际局和“国际保护文学艺术作品联盟”（伯尔尼联盟）国际局合并，成立保护知识产权联合国际局。1967年7月14日此二联盟在瑞典的斯德哥尔摩共同缔结《建立世界知识产权组织公约》，根据公约建立世界知识产权组织。1974年12月，成为联合国系统下的第14个专门机构。到2007年有184个成员国（中国于1980年6月3日参加），总部设在瑞士日内瓦。其主要职能是负责通过国家间的合作促进对全世界知识产权的保护，管理建立在多边条约基础上的关于专利、商标和版权方面的23个联盟的行政工作，并办理知识产权法律与行政事宜。

世界知识产权组织日内瓦总部办公大楼

《世界自然资源保护纲要》 *World Conservation Strategy* 由有关国际组织共同审定，并向全球发布的以保护世界生物资源为主的纲领性文件。在1975年由国际自然与自然资源保护同盟起草，提交联合国粮食及农业组织、联合国教育科学及文化组织、联合国环境规划署、世界野生生物基金会共同审定后，于1980年3月5日在世界大多数国家的首都同时公布。基本内容包括三个部分。第一部分提出了保护自然资源的目标，主要有三个：①保护基本的生态过程和生命维持系统。②保存遗传的多样性。③保证物种和生态系统的永续利用。同时，为实现这些目标提出了必要的条件。第二部分是建议各国政府采取行动，要点是：要求必须把对自然资源的开发和保护紧密结合起来，改善两者相脱节的做法，并提出开发的目的是为取得社会和经济福利，保护的目的是保证地球资源和生物生存能力能够永续开发利用；要制定能促进资源再循环利用的环境政策和保证资源永续利用的自然保护政策。第三部分是要求采取国际行动，要点是：许多生物资源是共有的，保护这些生物资源是有关国家或世界各国共同的事，只有通过国际合作，才能实施有效的保护。

世贸组织 World Trade Organization; WTO 政府间国际经济贸易组织。全称世界贸易组织。

世亲 Vasubandhu 古印度大乘佛教瑜伽行派理论的创始人之一。音译婆薮槃豆。活动于公元4、5世纪。生于北印度犍陀罗布路沙城（意译丈夫城），婆罗门种姓。无著之弟。初习小乘说一切有部教义，对阿毗达磨很有研究，著《阿毗达磨俱舍论》，名声大振。他博学多闻，遍通小乘十八部教义，其兄无著惜其才能，劝其改宗大乘，遂从兄转入大乘瑜伽行派，共扬唯识论于世。他依据《摄大乘论》和《瑜伽师地论》将复杂的唯识说简洁地加以组织，归纳于《唯识三十颂》的颂文中；在所著《唯识二十论》中，从唯识说的立场，批判说一切有部和经量部的学说，在理论上阐明唯识无境。以上二部书和无著的《摄大乘论》为确立唯识说的代表作。世亲所著甚多，与龙树并称“千部论主”。除上述外，还有《大乘成业论》、《三自性论》、《大乘百法明门论》、《大乘五蕴论》、《止观门论颂》、《佛性论》、《十地经论》等。另外，对大乘诸经典《华严经》、《涅槃经》、《法华经》、《般若经》、《维摩经》、《胜鬘经》等进行解释，并广释无著的论著，如《释摄大乘论》。

《世说新语》 *New Account of Tales of the World* 中国志人小说集。南朝宋宗室临川王刘义庆（403～444）撰，南朝梁刘峻（字孝标）注。该书原名《世说》，又名《世说新书》，以与汉代刘向《世说》（已亡佚）相别。全书原8卷，刘孝标注本分为10卷，今传本皆作3卷，分为德行、言语等36门，记述自汉末到南朝宋时名士贵族的遗闻轶事，主要为有关人物评论、清谈玄言和机智应对的故事。文字质朴而意味隽永，记事记言均言简意赅、生动传神，对后世笔记文学有较大影响。该书所记个别事实虽然不尽确切，但反映门阀世族的思想风貌，保存社会、政治、思想、文学、语言等方面史料，价值很高。刘义庆门下聚集不少文人学士，他们根据前人类似著述如裴启的《语林》等，编成该书。该书的注，是刘孝标采用裴松之注《三国志》的办法，进行补缺和纠谬的工作。引书400余种，保存了大量古籍佚文。后人注释该书的，有余嘉锡《世说新语笺疏》、徐震堮《世说新语校笺》、杨勇《世说新语校笺》。日本德川时代的学者著有几种《世说新语》注，还有马瑞志的英文译本、目加田诚等的多种日文译本和法文译本。

市 market 中国古代进行商品交易的固定场所。秦汉时，在京都、郡、国乃至大县城内，多有官府在指定地区设立并由官府管理的市，与居民所住的里或坊严格分开。市周围有垣墙，交易者只能由市门出入，以此限制市外交易。市门按时开闭。市中有市楼，又称亭、旗亭或市亭，管理市的官署即设于此。为了便于经营管理，市内店铺、摊贩按经营商品种类分别排列，称为列肆、市肆或市列。列肆之间的通道称为隧。列肆之后还有存放货物的仓库，称为店。在市中营业的除私商外，政府也派人来出售官营手工业产品及政府所掌握的其他物资。主管市的官吏，长安东西市为市令，其他城市为市长。关于市中交易和官吏的职责，秦、汉法律中的《金布律》、《关市律》等有详细规定。汉代在边境关隘还设有关市，亦称胡市，从事对边疆少数民族的贸易。驻军之处有时亦立军市。在小县、县以下的邑和农村中，有不具垣墙楼屋的定期集市，以赶集方式进行交易活动。这种市集是农村之间以至城乡之间物资交换的会合点，在中国长期存在。

市舶司 Maritime Trade Commission 中国古代管理对外贸易的机关。唐玄宗开元间，广州即设有市舶使，一般由宦官担任，是为市舶司前身。

北宋开宝四年（971）设市舶司于广州，以后随着海外贸易的发展，陆续于杭州、明州（今浙江宁波）、泉州、密州（今山东诸城）设立市舶司。北宋中期以前，各处市舶机构皆称为市舶司。北宋末大观元年（1107）始将各处管理外贸的机构改称提举市舶司，而将各港口的市舶司改称市舶务。宋代市舶官制变化十分频繁。北宋前期，市舶司由所在地的行政长官和负责地方财政的转运使共同领导，而由中央政府派人管理具体事务。元丰三年（1080），免除地方行政长官的市舶兼职，而由转运使直接负责市舶司事务。后又专设提举官。市舶收入是宋王朝财政收入的重要来源，在一定程度上支撑着财政。宋政府还通过出卖一部分舶物增加收入。宋代的造船技术十分发达，所造海舶载重量可达5 000石（300吨）。北宋后期，指南针已广泛应用于航海，还出现了记载海路的专书——《针经》。与宋王朝有海上贸易的达五六十国，进出口货物在400种以上。

元代至元十四年（1277），元朝政府在攻取浙、闽等地后，立即在泉州、庆元（今浙江宁波）、上海、澉浦（今属浙江海盐）4处港口设立市舶司。后来又陆续添设广州、温州、杭州3处。经过裁并，到13世纪末，只在庆元、泉州、广州3处港口设置。市舶司初建时，一般均沿用南宋制度，日久弊生，严重影响市舶收入。至元三十年，元政府制订了整治市舶司勾当的法则22条。延祐元年（1314），又修订颁布了新的市舶法则22条。这两个法则，对市舶司的职责范围作了明确的规定，其目的是为了加强政府对海外贸易的控制，增加更多的收入。元代见于记载的与中国建立海道贸易关系的国家和地区在100个以上，海外贸易的开展，有助于中外经济、文化的交流。

明代沿袭前朝之制，市舶司管理海外诸国朝贡和贸易事务。市舶司隶属于布政司。因此税收大权完全掌握在布政司等长官手中。直至明末，采取了定额的包税制，才改由提举负责征收。

市场 market 进行商品与服务交易的场所和活动。

内涵　市场是商品生产和商品交换的产物，是产品或服务进入消费领域之前必须经过的流通过程，是社会再生产中生产和消费环节的中介。市场的实质内容是商品等价物的交换关系，是市场主体对其拥有的商品和服务权利进行让渡过程中反映出的人的经济行为，是商品所有者全部相互关系的总和，是与商品生产相对立的商品流通领域的总和。在商品生产从简单商品生产发展到资本主义商品生产后，市场也发生了量和质的区别，发展成为一个由多门类、多层次、多功能的特殊市场构成的具有内在联系的，商品流通、资本的流通的运动过程。

分类　市场的存在形式多种多样，不同的划分方式，就有不同的市场类型。

①按部门划分：一是商品市场。按其使用方向，分别表现为生产资料市场和生活资料市场。二是货币市场。即金融市场，包括货币资本的借贷和融通、证券的买卖等。三是劳动市场。即劳动力市场，就是买卖劳动力要素的市场。此外，还有技术市场、产权市场、房地产市场、信息市场、服务市场、汽车市场等。

②按地区划分：一是国内市场。一国国内所有市场和交易关系的总和。一般指交易者所在国的市场。二是国际市场。又称世界市场。是国与国之间交换关系的总和，由各国市场构成。

结构　从不同的角度考察市场，表现为不同的市场结构：①市场的主体结构。进入市场的主体的经济身份和状况，如市场主体的所有制结构、市场主体的规模结构、市场主体的竞争力结构等。②市场的客体结构。实际就是进入市场的商品结构，即商品供给的比例关系。③市场的行为结构。不同市场竞争性或垄断性的差别，依此将市场划分为充分竞争性市场、垄断竞争性市场、垄断性市场（寡头市场）。④市场的状态结构。不同市场供求状况的差别，依此将市场相对划分为供求基本平衡的市场、供过于求的市场、供不应求的市场。⑤市场的时间结构。市场的供给和需求随着季节变化而发生周期性变化的情况，如动植物商品、防暑或防寒的商品等。⑥市场的空间结构。市场的空间分布状况，包括市场范围的大小和布局。这里最有意义的是国内市场的布局以及国内市场与国际市场的关系。

作用　对于现代市场经济来说，市场起着非常重要的作用。作为流通领域的作用，最重要的是产品的实现，包括价值的实现和使用价值的实现。这无论对于生产者还是对于消费者，都是至关重要的。对于一般商品生产者来说，市场的作用主要是市场作为商品流通领域的作用。但是，从现代市场经济的角度看问题，市场机制也是市场的重要作用之一。市场机制是通过商品和价值形式交换劳动，通过供求关系、市场竞争、价格运动调节资源配置和利益关系，实现效率、协调和公平的内在架构和机理。市场的作用也和商品生产、市场经济的作用一样，都是历史的，不能离开一定的生产力和生产方式谈论市场的积极作用和消极作用。

市场调查　marketing survey　以市场及其相关因素为对象，用科学方法系统地搜集、整理商品从生产领域到消费领域的有关信息资料，并予以分析、研究的过程。

市场调查的内容有：①环境调查，包括社会环境、经济环境和文化环境等。②技术发展调查，包括新技术、新工艺、新材料、新能源、新产品等的现状、先进水平、发展速度和趋势等。③需求容量调查，包括市场现有和潜在的需要量，本企业和竞争企业的同类产品在市场上的占有率等。④消费者和消费行为调查，包括消费者的年龄、性别、职业、民族、居住地区、消费水平、消费习惯等。⑤产品调查，包括消费者对产品的评价、意见和要求等。⑥价格调查，包括产品最适宜的售价、新产品的定价、老产品的价格调整等。⑦销售渠道调查，包括企业直接销售、通过中间商销售的情况等。⑧销售方式和售后服务情况的调查，包括促销方式和售后服务的范围和要求。⑨竞争对手情况的调查，包括竞争对手的优势和劣势、产品的替代性和技术水平。

调查的方法有抽样调查法、观察法、实验法、询问法等。

市场调查有利于研制和生产适销对路的产品，提高产品的市场占有率；有利于定出合适的产品价格，提高产品的竞争能力；有利于制订合理的营销方案，激发消费者的购买欲望；有利于正确选择销售渠道，减少流通环节，降低销售成本；有利于综合运用各种营销技术和方法，制定正确的营销策略，提高营销效益。

市场份额　market share　一定时期内企业的商品销售量（销售额）占市场上同类商品销售量（销售额）的比率，用百分比表示。又称市场占有率。

市场管理　market control　国家通过其授权的各职能机关，按照客观经济规律的要求，运用法律、经济、行政的方法对市场经济活动进行的监督、协调和干预活动。

主体　市场管理是一种政府行为，是政府各职能部门按照严格的分工来实现的。国家对市场的管理是通过众多的部门从多方面进行的，但各职能机关代表国家实施管理的权力均是国家所赋予的，管理的范围、任务由国家划定。

2004年夏季，山西太原工商局的工作人员先后查获了数万元的假商标食品和饮料，规范了市场秩序

对市场经济活动进行管理的主要目标包括：①维护正常的市场经济秩序，制止、打击各种违章、违法行为，确保市场交易建立在自愿让渡、等价有偿的基础之上。②促进市场主体展开竞争，保证竞争的公平性、合法性。③制止一切损害消费者权益的行为发生，维护消费者的合法权益。

对象　包括被管理者和被管理的事物：①市场经济活动的主体，即参与市场经济活动的商品生产者、经营者和消费者，主要是监督他们参与市场经济活动的资格。②市场经济活动中的各种商品，包括以实物形态存在的有形商品，也包括非实物形态的无形商品（服务）。③市场经济活动中各种主体的购买行为、销售行为及竞争行为，保护合法的市场行为，制止非法的市场行为。

依据　以国家的有关法律、法规以及各种规范性文件为依据。在具体的管理活动中一定要严格依法办事，做到有法可依、有法必依。

机构　在整个国家机关体系中，绝大多数都对市场管理负有责任。在中国，国务院及其各部委直接履行市场管理职责，是市场管理的主要机关。除坚决执行最高权力机关颁布的法律，将这些法律付诸实施外，还有权在权限范围内，颁布具体的市场管理法规，给具体的管理机关提供管理规范、原则。执行市场管理职能的各个机关，有着严格的分工。按其在管理市场活动中采用的方法，可分为两大类型：①经济行政管理部门。包括财政部门、中央银行及金融监管部门、税务部门、物价部门。②经济监督管理部门。包括审计部门、工商行政管理部门、技术监督部门、卫生行政部门。

方法　主要有经济方法、行政方法、法律方法，这3种方法在市场管理中相互补充、共同作用。经济方法是指国家利用价格、税率、利率等经济杠杆影响商品生产经营者的经济利益，以保证市场活动顺利进行。行政方法是指各类行政管理机构，通过行政命令对市场经济活动进行直接干预和控制的管理方法。法律方法是指通过制定与实施法律，及具有法律效力的规范，对经济活动进行管理的方法。

市场机制　market mechanism　市场经济活动的各个组成部分和各个环节，互相结合与制约而构成的有机整体。实际就是指价格、供求、竞争等要素之间互为因果、互相制约的联系和作用。它包括供求机制、价格机制、竞争机制等。市场机制在调节社会经济生活和社会资源配置方面的作用是：①最大限度地调动社会经济活动中的微观经济单位（企业和消费者）的活力。②通过市场竞争，促进国民经济整体运行和配置效率提高。③其运行状况可以反映国民经济整体态势，为宏观经济决策提供有针对性的信息。④长期地看，具有通过价格、供求、竞争等具体机制实现产品结构和经济结构趋于平衡的内在自平衡机制。

市场机制的内在缺陷在于：①市场机制下的经济主体只从自身利益出发行事，往往会导致企业利益与社会利益的矛盾，乃至危害社会利益。②很难实现对经济活动全面、长期的调节，特别是难以协调市场经济运行的周期波动。③具有滞后性，并伴有大量的社会生产力浪费现象。④通过市场机制形成的分配关系往往是不均等的，会导致两极分化现象。⑤对于公共物品的生产，市场机制也出现“失灵”状态。

市场机制充分发挥作用需要具备一定的客观环境和条件：①市场主体的完善。②总供给略大于总需求的经济环境。③市场信息能灵敏及时反映市场供求状况。④公平竞争的市场环境。⑤完善的市场体系。

市场价格　market price　价格形式之一，指经营者自主制定，通过市场竞争形成的价格。又称市场调节价格。定价主体是经营者，形成途径是市场竞争。中国在21世纪初，除“中央定价目录”和“地方定价目录”规定的实行政府指导价和政府定价的商品和服务以外的其他商品和服务，均实行市场价格。至2000年底，基本上建成了国家宏观调控下主要由市场形成价格的机制。

市场经济　market economy　以具有独立经济利益的商品生产者和所有者为主体，由市场机制调节经济运行，由市场对资源配置起基础性作用的经济形式。它不属于基本经济制度的范畴。

产生　市场是商品交换的场所，是随着社会分工和商品生产的产生和发展而产生和发展的。商品生产者和所有者在市场上围绕市场价格展开竞争，对商品的供求和生产，以至整个社会生产起调节作用，从而形成市场机制，调节经济运行和进行资源配置。它与自然经济、计划经济的不同之处是：①以社会分工为前提，随着生产社会化而发展。生产走向专业化，生产规模更加扩大。主体的产品通过市场出售，需要的生产资料和消费资料、劳动力从市场获得，整个经济活动通过市场这个纽带联结起来。②主体是具有独立经济利益的商品生产者和所有者。不同的所有者根据市场供求的变化以及市场价格的波动，决定生产什么，生产多少，买进多少，卖出多少。③通过市场机制，也就是通过市场的供求变化、价格信号和竞争功能来调节经济运行，和通过国家行政手段制定和下达指令性指标来调节经济运行的计划经济有本质区别。市场机制能比较及时准确地反映供求变化的实际，能及时有效地调节生产和供求的矛盾，使社会经济保持大致平衡，社会生产能够正常运行，推动生产扩大、质量提高和优化结构。

特点　①产品、劳动力、生产要素都是通过市场进行交换，即社会资源配置的主要形式是市场调节。②经济活动的主体是企业和个人。③基本规律是价值规律。④形成全国统一的市场。⑤是法制经济。

作用　主要表现为：①促进资源合理配置，调节供给和需求，推动社会生产正常进行。②促进技术进步，提高产品质量。③调节经济利益，实现优胜劣汰。

市场经济的作用也有局限性和消极的一面。由于市场主体的活动主要是从自身局部利益出发的，行为就往往带有一定的局限性和盲目性；市场信息本身也往往有表面性、滞后性、局部性，甚至有时会反映假象；市场调节的功能在力度和范围上也有局限性，作用有自发性，因此会产生经济的波动；市场机制带来的两极分化和贫富差别，也会带来社会的矛盾和不安定因素。因此，实行市场经济离不开国家宏观调控，越是发展市场经济，越要加强法制，规范市场法规，维护市场秩序，以保证市场经济健康发展。

中国经济改革的目标是建立社会主义市场经济体制。社会主义市场经济是同社会主义基本制度相结合的，它的运行机制、调节手段与资本主义市场经济是相同的，但又具有自己的特点。

市场疲软　weak market　对一国市场上比较普遍的商品滞销状况的通俗描述。从供给方面看，厂商采取压价让利等促销手段，极力推销产品；从市场需求方面看，消费者持币观望，希望进一步降低价格，市场销售出现不景气现象。

长期的市场疲软会损害经济增长，原因在于：①由于商品销售困难，厂商生产经营活动中的价值补偿和实物替换难以实现，资本三种职能形态在运行过程中所需要的空间并存性和时间继起性发生障碍，资本的循环和周转过程难以顺畅进行。厂商经济效益下滑，亏损面和亏损额增加，严重影响以税收为主的国家财政收入的增长。②由于从商品到货币转化困难，引发厂商减产、停产和破产，导致大量职工非自愿性的停岗、下岗和失业，物质资源和人力资源的闲置和浪费情况严重，不利于形成较为宽松和谐的经济和社会环境。③市场疲软加剧卖方之间竞争，为争夺客户和扩大市场份额，赊购赊销等商业信贷形式成为市场竞争的主要手段，容易产生错综复杂的三角或多角债务链，导致经济秩序紊乱。

辩证地看，由于市场疲软加剧卖方之间的竞争，迫使厂商进行技术创新、管理创新，从而提高国民经济整体技术水平，促进经济增长方式由粗放型向集约型转变。

市场失灵　market failure　市场机制的某种障碍造成资源配置不当或生产要素浪费使用而没有达到帕雷托最优的状况。古典经济学认为，自由竞争的市场经济在价格机制的调节下能够实现资源的最佳配置。但是20世纪20年代末世界性的经济危机对古典经济学的上述观点提出了质疑。从30年代开始，经济学家们开始研究市场机制的缺陷。

一般认为，市场失灵产生的原因主要有：①外部性的存在。即在相互作用的不同经济主体之间，一个经济主体的行为对其他的经济主体造成了好的或坏的经济影响，但是前者却不能根据这种影响获得报酬或付出成本。②公共产品的存在。公共产品（又称公共物品、公共品）是一种具有非竞争性和非排他性的产品，也即一个人享有公共产品的好处时并不会减少其他人对它们的享有，同时一个人享有公共产品的好处时也不会排除其他人享有它们的好处。③不完全竞争的市场结构和不完全信息的存在。④市场机制本身不能够解决社会目标问题。由此，一些经济学家认为，既然经济中存在着市场失灵的现象，而且市场机制本身也无法解决社会目标问题，那么，在这些场合只有依靠国家的力量来弥补市场的缺陷，以实现资源的最优配置。

市场营销　marketing　企业在变化的市场环境中，围绕满足消费者需求、实现自身经营发展目标而进行的商务活动过程。包括市场调查与市场预测、选择目标市场、产品开发、产品定价、渠道选择、产品促销、产品储存和运输、产品销售、提供服务等一系列经营管理活动。

西方经济发达国家的企业市场营销观念，以1950年为线，可划分为传统营销观念和现代营销观念两个阶段。传统营销观念包括：①企业以生产为中心，生产什么就卖什么。②只要商品质量好、价格合理，顾客就会自动找上门来。③只要努力推销什么产品，消费者就会更多地购买什么产品。现代营销观念包括：①以消费者为中心，根据消费者需要组织经营活动，消费者需要什么商品，企业就生产或销售什么商品。②营销活动中必须兼顾企业利润、消费者需求和社会利益，强调社会的整体和长远利益。

传统的营销观念都是“以产定销”的。从20世纪50年代起，买方市场取代卖方市场，市场竞争日趋激烈，企业的营销观念遂由“以产定销”的传统观念转变为“以销定产”的现代观念，但也导致了一些损害社会公益的问题，如社会财富的浪费、不健康消费的发展、生态环境的破坏等，于是才有了强调社会利益的社会营销观念的产生。

市场预测　market forecasting　在市场调查的基础上，运用科学的手段和方法，对影响市场供求变化的各种因素进行分析研究，以预见和测算未来一定时期市场供求关系及其趋势的活动。

广义市场预测指宏观市场形势的预测，主要是从国民经济管理的角度进行的；狭义市场预测指某类商品的供求预测，主要是从企业制定发展战略与竞争战略的角度进行的。但无论广义狭义，皆可从以下3个方面进行：①市场需求预测，即通过对过去、现在的商品销售状况和影响商品需求的各种因素进行分析和判断，预测未来商品需求量及需求结构的发展变化趋势。②市场供给预测，即分析影响商品供给的各种因素，预测商品的生产能力、产量及升级换代的趋势。③市场供求状况预测，考察未来商品供给与商品需求的适应程度。

市场占有率　market share　一定时期内企业的商品销售量（销售额）占市场上同类商品销售量（销售额）的比率，用百分比表示。又称市场份额。其计算公式为：

$$市场占有率=\frac{本企业商品销售量}{市场上同类商品销售量}\times 100\%$$

市场占有率表示一个企业在某种商品市场上所占有份额的大小，并表明这个企业市场地位的高低，是衡量企业营销状况、市场竞争能力的综合指标。一般而言，市场占有率高表明企业营销状况好、竞争能力强，在市场上占据有利地位；市场占有率低表明企业营销状况差、竞争能力弱，在市场上处于不利地位。因此，通过降低成本和价格、改善商品和服务质量、扩大宣传、提高知名度、促进销售来占领市场并提高市场占有率，已成为现代企业的基本竞争战略之一。

市场准入 market access 一国（或地区）允许他国（或地区）的货物、服务进入其市场的程度。影响市场准入的因素很多，在货物贸易方面，主要有：①关税约束的程度及范围大小。②非关税壁垒的实施情况。③国家政策、法规、行政命令等的透明度大小。④对进口产品实行国民待遇的情况。在服务贸易方面，主要体现在为服务与服务供应商进入提供什么样的渠道，设置哪些障碍。市场准入与世界贸易组织的最惠国待遇原则及国民待遇原则有着密切联系。不断扩大市场准入程度是世贸组织追逐的目标之一。世贸组织一系列协定或协议都要求成员方分阶段逐步实行贸易自由化，以此扩大市场准入水平，从而实现国际市场的合理竞争和适度保护的平衡。

市场准入制度 market access system 国家允许、限制或禁止公民、法人或者其他组织进入特定市场，从事经济活动的制度，即国家对市场主体进行资格管理的制度。是市场管理法的重要组成部分。为了弥补市场缺陷，维护市场交易和竞争秩序，保障市场信用，保护消费者利益和社会公共利益，许多国家建立了市场准入制度。

内容 主要由以下法律规范构成：①市场主体资格内容的规范。主要规定市场主体的权利能力和行为能力，具体表现为取得特定市场主体资格的积极条件（必备条件）和消极条件（不得有条件）。②市场主体资格取得的规范。主要规定取得特定市场主体资格的方式和程序。③市场主体资格变更、终止的规范。主要规定特定市场主体资格变更、终止的原因、程序和后果。④市场准入体制的规范。主要规定市场准入机关的组织体系和职责。中国的市场准入体制主要由工商行政管理部门和有关行政部门所构成。上述法律规范主要见诸工商行政管理法、行政许可法、企业（公司）法、商业银行法、证券法、保险法等部门立法中。

分类 分为一般市场准入制度和特殊市场准入制度。①一般市场准入制度。如企业登记制度、个体工商户登记制度等。②特殊市场准入制度。一是以特定地域为主的市场准入制度。二是以特定行业为主的市场准入制度，如金融市场、建筑市场、劳动力市场、技术市场等特殊市场的准入制度。

模式 世界各国关于市场准入的模式主要有：①许可主义，又称核准主义、审批主义。②准则主义，又称登记主义。③特许主义。依据特别法、专门法规或行政命令而取得市场主体资格的制度，主要是针对一些特殊的企业。

WTO的市场准入制度 WTO是世界贸易组织的英文缩写。它要求WTO成员国尽可能取消不必要的贸易障碍，开放市场，降低外国商品和服务进入东道国市场的“门槛”，为商品和服务在国际间的流动提供便利。这就需要通过谈判，使WTO成员国提高贸易政策透明度、实质性削减关税、拆除非关税贸易壁垒、放松政府管制等。

市籍 market register 中国秦汉时在特定的商业区内营业的商贾的户籍。特定的商业区称为“市”，故名市籍。凡在籍的商人均应向政府交纳一定的市租。在重农抑商政策之下，编入市籍的人受到许多歧视性待遇，如征发有市籍的人及其子弟从事重大劳役或远征；须承担更重的赋税。以后又规定商贾出门不得坐车，不得携带武器，不得穿丝绸衣服；子孙不得做官等。

市区 city proper 城市法定边界（行政区划）内的地域或城市辖区内地理景观具有城市特征的地域。在中国，几乎全部的城市都是市区范围大于城市建成区。中国直辖市和地级市的市区是指不包括辖县在内的城市行政管辖区。

市盈率 price-earning ratio 表示一只股票的市场价格与每股收益的比率。又称价格-收益比率、市场盈利率、股价-收益比率和本益比。计算公式为：

$$市盈率=\frac{股票市价}{平均每股税后利润额}\times 100\%$$

这个模型是股票投资分析的重要参考指标之一，市盈率与股价成正比，与净利润成反比。通过此项指标可以看出在考察期股票价格的相对高低以及在此价格上交易的相对风险。市盈率越高，表明其股价下跌风险越大；反之亦反。但这个模型并不指出市盈率指标越低越好，也不指出此项指标的最佳数值。在发达国家的股市中，市场的平均市盈率指标通常在10～25倍之间，而在一个新兴的股票市场中或当经济形势较好时，市盈率指标较高，也属正常。

市政厅 city hall 在许多国家中作为城市管理机构办公和市民活动之用的公共建筑。它不仅有供市政管理机构办公和开会用的部分，而且还有供市民活动的部分。

市政厅建筑出现于中世纪的欧洲。著名的有意大利佛罗伦萨史诺拉广场上的市政厅和意大利西也纳城凯波广场上的市政厅。15～16世纪在威尼斯城市广场上兴建的一些

加拿大多伦多市政府大厦（1963～1968）

市政厅多是二层建筑，底层有券廊，作为市民集会之用。到市政厅办事的市民可在廊内休息，每逢集市商人可在廊内摆货摊。

市政厅宜面向市民，又是城市市容的代表性建筑，因而一般都建在城市的中心广场周围，如瑞典斯德哥尔摩市政厅。市政厅在建筑布局上力求使市民易于接近，一般采取窗口开敞，色调明亮的外观，表现出开朗、亲切的气氛。例如加拿大多伦多市政府大厦，是两座平面呈新月形的曲面板式高层建筑，环抱着一座扁圆形建筑，前面有一排透空的长廊，与高层建筑的大面积玻璃窗，构成体态活泼、明快的建筑风貌。

市制 Chinese system of weights and measures 一种计量制度。以公制为基础，结合中国民间习用的计量名称制定。又称市用制。1929年2月中国公布《度量衡法》，采用公制为标准制，暂设辅制称为市制。1959年6月国务院规定以公制为中国基本计量制度，同时保留市制。1984年2月国务院公布中国法定计量单位名称及其符号，并决定自1991年1月起一般不允许再使用市制单位。市制的主要单位与公制的换算关系为：1（市）尺=1/3米，1（市）斤=1/2千克（公斤），1（市）升=1升。

势能 potential energy 物体在万有引力（含重力）、弹性力等势场中，因所在的位置不同而具有的能量。又称位能。据势场的性质分为引力势能、重力势能和弹性势能。静电场也是个势场，电荷因在静电场中位置不同而具有的能量称电势能。势场都属保守力场，物体在其中受的力都为保守力，保守力对物体或电荷做功的大小只和物体或电荷的始点和终点的位置有关而和所循的途径无关。当始、终点固定时，循直线或循很复杂的曲线，保守力所作的功相同；循任意曲线回旋一周，保守力做功为零，物体或电荷恢

复原来的能量状态，机械能守恒。用势能的变化可描述保守力做功的大小。非保守力也称耗散力，如摩擦力和黏性力等，其做功大小不仅和始、终点有关，也和所循途径有关，循曲线回旋一周，不能恢复原来的能量状态，即机械能有所损失或有所增加，存在机械能和其他能量的转换。

事实婚 de facto marriage 广义为形式婚（要式婚）的对称。在实行宗教婚的国家里未举行宗教仪式的婚姻，中国古代六礼不备的婚姻，都是事实婚。狭义为法律婚的对称，指未履行结婚的法定程序，便以夫妻关系共同生活的婚姻。事实婚与姘居不同，姘居是不以夫妻关系相对待的非法同居。在许多国家中，事实婚不具有法律效力。也有一些国家在法律上承认事实婚，或承认事实婚具有部分法律效力。

2001年修订的《中华人民共和国婚姻法》规定，要求结婚的男女双方必须亲自到婚姻登记机关进行结婚登记。可见，办理结婚登记是婚姻成立的必经程序。未办结婚登记即以夫妻名义同居生活的，其婚姻关系无效，不受法律保护。

饰物 accouterments 一是指器物上的装饰品，二是指首饰。前者如花边、流苏，后者包括发饰（簪、发卡、发带），耳饰（耳环、耳钉），颈饰（长命锁、项链、项圈），腕饰（手镯、手链、脚链）和指饰（戒指）等。

人类佩带和使用饰物至少有几万年的历史。最初的佩饰多用石头，动物的骨、角、齿及金、银、铜等材料制作，表达驱邪保安、祈祷祝福的含义。现代饰物品种繁多、风格各异，使用材料有天然的，也有人工合成的。佩带和使用饰物因个人爱好而异，但宜注意几个原则：①饰物应为点缀，少而精，不可滥用。②饰物与主体的搭配主要从色彩和款式两方面考虑，有“和谐统一”与“对比统一”两种效果。和谐，是饰品的色彩、风格与主体相一致，如粉红色衣裙配红宝石项链，牛仔服配粗犷的首饰；对比，指饰品的色彩、风格与主体相对立，但要求总体上给人以和谐的美感。③某些饰物有约定俗成的含义，如戒指戴在不同的手指上表达不同的寓意。

试飞员 test pilot 专门担任飞机飞行试验任务的飞机驾驶员。早期的试飞员通常是飞机设计者。现代飞机尽管有了先进的机载测试设备和地面试验设备，但试飞员的作用仍然十分重要。在试飞中，试飞员除按要求安全地完成飞行动作外，还要从理论上解释各种飞行现象，准确报告飞行情况，提出改进建议。在试飞中遇到异常现象时，应能准确判断和及时妥善处置，因此试飞员必须具有熟练的驾驶技术、较高的理论水平和献身精神。试飞员一般从有经验的飞行员、航空院校毕业生和工程技术人员中挑选，年龄一般在30岁以下，须经过专门的严格的培训。内容包括基础理论、试飞理论和技术、地面飞行模拟器操作和空中飞行训练。

试管苗 test tube seedling 在装有人工培养基的容器中，用植物离体组织（器官或细胞）培养成的完整苗株。因开始应用的培养容器多是试管得名。又称组织培养苗。

试管苗的组织培养技术始于20世纪40年代。法国学者在1944年进行了葡萄茎尖离体培养试验。70年代以来，试管苗已广泛应用于蔬菜、果树、花卉、林木、甘蔗、甘薯、马铃薯等快速繁殖和育种实践。试管苗在科研和生产实践中的主要用于：①快速繁殖无性系。②培养无病毒植株。③改良植物品种。④植物器官分化、形态建成、物质代谢以及细胞遗传等方面的研究。

试管苗的培养，需经过培养基的筛选、培养容器的选择、无菌条件下接种、繁殖培养、生根培养、带土移植于田间等多道程序。

试婚制 trial marriage 未正式结婚前试行同居的婚姻形式，是文明史上的传统婚姻方式之一。中国西南少数民族，如佤族、怒族、布朗族、景颇族等都曾有过不同的试婚制度。有些民族的试婚阶段往往要经过一段未婚青年自愿同居“公房”的试婚过程。现代西方国家也有实行试婚制的，即当事人在婚前先同居一段，相互观察彼此在生活、生理、心理和性等各个方面能否相互协调，然后决定是否履行法律手续正式结婚。

试金石 touchstone; Lydian stone 用来鉴定金的成色的岩石。利用不同成色的金件在这种岩石上的划痕颜色不同，来鉴别金件的成色。这种岩石的矿物学名称为碧玄岩，又称燧石板岩。希腊人称为利底亚石。致密坚硬，呈黑色；含碳、褐铁矿或孔雀石时，可呈灰色、褐色或绿色。主要化学成分为二氧化硅。中国北京、四川、云南等地均产试金石。通常先制备出已知成分的标准牌（中国金融界称为对金牌）各一组，以作比较的标准。测试时，先将被测金件在试金石上划出条痕，再用和被测金件色泽相近的对牌在其两侧划出长宽相同的条痕。如颜色一致，则成色相同，被测金件的成色即可确定。试金石不但可以相当精确地试金，还可用于试银。

试验设计 experimental design 数理统计学的一个重要分支。它研究如何设计试验和科学分析试验数据的理论和方法。其思想和方法被广泛应用于农业、工业、医药、工程、社会和心理等所有实验科学领域。做试验有目的，单因子试验可能是比较其各个水平（又称处理）的效应，例如某个农业试验要比较某农作物的几个品种的优劣；多因子试验可能是找最优水平组合搭配（又称处理），例如某个化学试验要找催化剂用量多少、反应温度高低、反应时间长短的最好搭配，达到产品产量最高质量最好。试验的载体称为试验单元，如农业试验的地块，医药试验的动物或人。由于试验单元存在着差异及试验中的各种干扰，试验结果（又称响应）是随机的，除包含处理效应外同时含有干扰和误差。试验设计的任务是科学地安排试验，使得既节省试验次数又有利于数据分析以有效分离或消除试验中可能出现的干扰或偏差，获得最多的有用信息。

为达到上述目的，正交、重复、随机化和分区组是试验中尽量使用的原则方法。分区组指将齐性单元分到同组。按照试验的对象、目的、内容、条件和要求的不同，可分许多不同类型的试验设计。下面是常用的几种。

区组设计 设有t个处理，要在b个区组进行试验比较，其中每个区组中有k个试验单元。如何实施好的比较，就是区组设计问题。最简单的情形是$t=2$。例如，比较两种医疗方法，这时如有成对的齐性单元为区组（如双胞胎、一对眼睛），最好用配对比较试验，即将两个处理随机分配到成对单元，通过合理数据分析则可得到好的比较。当$t=k$时，可在每个区组内安排全部处理，称为完全区组设计。当$t>k$时，要用不完全区组设计，这时常用平衡不完全区组设计（简记BIB设计）。

拉丁方设计 拉丁方是指由若干个不同的符号组成的方阵，其中每个符号在每行出现一次，在每列也出现一次。符号个数为拉丁方的阶。试验中用拉丁方中的不同符号安排因子的不同水平，行和列分别安排两组区组。如果有两个同阶拉丁方叠置到一起，使得所有可能的符号对出现一次，则称这两个拉丁方正交。正交拉丁方叠在一起称为希腊拉丁方，用两组不同的符号对应两个因子的不同处理，就得到希腊拉丁方设计。

因析设计 研究多因子试验的设计和分析问题的，用得最多。构造因析设计就是构造行列设计表，通常以列表示可以安排的试验因子，以行表示因子的水平组合。因析设计若按实施水平组合多少可分为完全因析设计和部分因析设计。完全因析设计是指对因子的所有水平组合都做试验的设计。对于一个完全设计，利用试验结果能估计各个因子的主效应和因子之间的各阶交互效应。所谓因子主效应是指该因子各水平平均效应的差异，两因子交互效应是指其中一个因子各水平下另一因子条件主效应的差异。完全试验的缺点是试验次数多，常因费用和时间所限在实际中不能实行。因此，常用部分因析设计，即取完全设计中的部分水平组合或从一个饱和设计表中选取部分列的设计。因析设计若按设计表性质可分为正交设计和非正交设计，其中正交设计又分为组合正交和代数正交两类。所谓组合正交，即指设计表的任何两列，所有可能水平组合出现的次数相同，这种表称为正交表。正交表是因析设计中最常用最重要的一类。其按各因子的水平数是否相同可分为对称正交表和非对称（又称混合水平）正交表，按构成的数学结构可分为正规正交表和非正规正交表，还有同时考虑最优分区组的正交表等。如何判定和构造各类最优设计是试验设计的重要研究课题。这方面已有大量成果，并得到许多优良设计表可供实际工作者使用。

稳健参数设计　20世纪80年代初由日本质量工程学家田口玄一旨在从设计上提高产品质量而提出的试验设计思想。其基本思想是将影响产品特征的因子分为可控因子和噪声因子两类，通过选取适当的可控因子水平组合使得产品的质量特性达到目标值并对噪声变化的影响不敏感，从而达到产品质量稳健可靠的目的。30年来在此思想基础上发展了许多理论和方法，并在产品质量设计和改进中获得广泛应用。

视差　parallax　在两个不同点观测同一目标时产生的方向差异。天文学上指观测者在两个不同位置看到同一天体的方向之差。视差可用观测者的两个不同位置之间的距离（又称基线）在天体处的张角来表示。天体的视差与天体到观测者的距离之间存在着简单的三角关系。测出天体的视差，就可确定天体的距离，称为三角视差法。由于天体的距离都很遥远，它们的视差很小，为精确测定它们的视差，必须尽可能地把基线拉长。在测定太阳系内一些天体的视差时，以地球的半径作为基线，所测定的视差称为周日视差。测定恒星的视差时，以地球和太阳之间的平均距离作为基线，所测定的视差称为周年视差。观测者位于赤道时，天体的周日地平视差具有最大值，称为赤道地平视差。太阳在空间运动所产生的视差称为长期视差，也称视差动。它取太阳在一年里所走过的距离为基线。

视唱练耳　sight-singing and training-ear　视唱，指对音乐作品不经过预习就能视谱即唱或视谱即奏的技能。练耳，即听觉训练，目的在于培养并发展对音乐的听辨能力和记忆能力，从而丰富和提高其内在听觉，加深对乐谱的实际理解和音响效果的想象力。视唱练耳是学习音乐和提高音乐能力的基本训练手段之一。视唱训练的方法，一般用发声的元音或唱名来唱音阶、音程、旋律等。视唱练习教程一般都包括音程、和弦、节奏、调式、调性、各种谱表、移调、旋律与多声部训练等，并与练耳配合进行。练耳的训练方法有：①听唱（模唱）。②节奏敲击。③听觉分析。④听写等。这几方面的训练必须与乐理、和声、复调、曲式等音乐基本理论知识结合进行，以达到对音乐的音程、节奏、曲调、调式、调性、节拍、和弦连接、多声部织体、乐曲结构等的正确判断和记写。练耳可与视唱同时结合进行，也可各自单独进行。

视功能检查　visual function, examination of　通过仪器、表图，对视觉多项功能的检查。包括视觉心理物理学检查（如视力、视野、色觉、暗适应、立体视觉、对比敏感度）及视觉电生理检查两大类。检查仪器设备有视力表、色盲检查本、视野计、暗适应计、立体镜等。各种检查对眼均无损害。

中心视力　又称视敏度。反映眼底黄斑部中心凹的功能。分远视力（5米或5米以外的视力）及近视力（阅读30厘米距离视力表的视力）。正常视力为6/6〔用英制的国家为20/20（20英尺＝6米），中国采用5米距离查视力，并用小数形式记录，正常视力为1.0(5/5)〕。

色觉　眼对颜色的感觉。即区别不同颜色的能力，如形象感觉由视锥细胞介导。在波长390～780纳米（紫～红）的可见光谱中，正常人能辨别120～180种不同波长的色调。检查色觉，常用石原忍氏或斯蒂林氏假同色图。

视野　单眼注视某一目标所能看到的范围。视网膜、视神经和视路的功能可由检查周边及中心视野所查出。颅内疾患亦可引起视野改变，因此检查视野可有助于颅内疾患的诊断和定位。

在有些情况下，还需要检查暗适应、立体视觉、对比敏感度及视觉电生理检查（视网膜电图、眼电图和视诱发电位）。

视觉　vision　眼睛辨别外界物体明暗、颜色和形状等特性的感觉。视觉适宜波长380～780纳米(nm)的电磁辐射刺激，即光波刺激。

眼睛是视觉的感受器。眼球的最外一层为巩膜，它前面透明的部分为角膜，外界光线从角膜射入眼内。脉络膜紧贴巩膜，其前房形成虹膜，虹膜中央的开口便是瞳孔。瞳孔在强光照射时缩小、弱光照射时扩大，从而控制进入眼内的光量。虹膜的后面为水晶体，它在睫状肌的控制下可以改变曲度，使远近不同的物体的像都能聚焦在视网膜上。

眼睛的视网膜由视觉神经细胞组成，

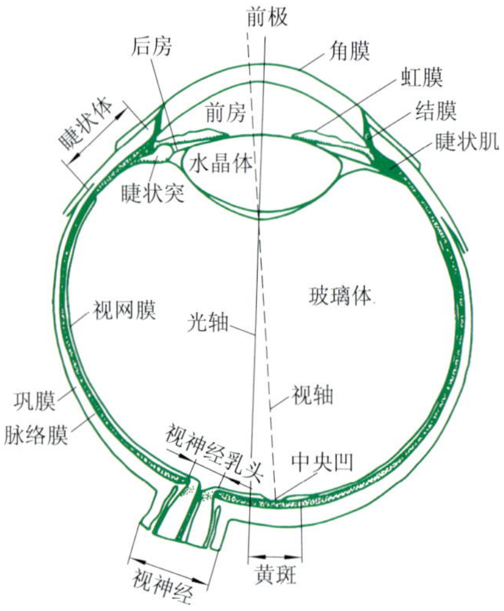

人眼球解剖示意图

分三层，即神经节细胞、双极细胞和感光细胞层。在感光细胞层上有两种视觉细胞：视杆细胞和视锥细胞。视锥细胞呈锥状，黄色，称黄斑。黄斑中央有一个小凹，称中央凹，是视锥细胞最密集的地方。它在强光（约0.01瓦特以上）下起作用，能分辨物体的细节和颜色，是明视器官。视杆细胞呈杆状，集中在黄斑以外，离中央凹20°处密度最大。它在弱光下起作用，只能分辨明暗和物体的轮廓，不能分辨物体的细节和颜色，是暗视器官。

视网膜的视锥细胞和视杆细胞通过与其相连接的神经纤维穿过视网膜会聚在一起，形成视神经，它将神经冲动传到大脑皮层的枕叶，在这里对视觉信息进行复杂的加工，最后产生视觉映象。

视觉分辨物体细节的能力称视敏度，医学上称视力。相距5米能分辨出1分视角时的视力为1，这是正常视力的标准；当视力低于0.05时，法律上判定为盲人。在能见度良好的条件下，人眼能觉察出千米以外1/4烛光的光源。

视觉因光辐射的特点的不同而具有不同的属性。当光辐射的强度变化时，视觉能分辨出光的不同明度；当光辐射的波长变化时，视觉则能分辨出不同的颜色。从长波到短波所引起的颜色视觉依次为红、橙、黄、绿、蓝、紫等颜色。不同波长的光波同时作用于眼睛，会使眼睛看到的颜色发生变化，称为颜色混合。

光刺激持续作用于眼睛一定时间后，所引起的视觉感受性的变化称视觉适应。最常见的有光适应和暗适应。人从亮处到暗处，由于瞳孔扩大进入眼内的光线增加，以及视紫红质的恢复，使视觉感受性逐渐增高的过程为暗适应。完全的暗适应约需30～40分钟。从暗处到强光下视觉感受性降低的过程称光适应。对光的适应大约1分钟就能完成。

在视觉刺激停止作用后暂时保留的视

觉映象称视觉后象。与原来刺激性质相同的视觉映象为正后象；与原来刺激相反的视觉映象为负后象。彩色的负后象是原来注视颜色的补色。

视野中相邻的明度或色调不同的颜色相互影响，使对象的明度或色调感觉发生变化的现象称为对比。前者为明度对比，后者为色调对比。

视力障碍 defective vision 中心视力减低或丧失的病理现象。眼球的任何组织和视路发生病变，均可引起不同程度的视力障碍。中心视力减退的程度和快慢，与病变的部位和轻重直接相关。例如，角膜、晶状体、眼底黄斑部、视神经等的病变，对视力影响较大。造成视力障碍的原因很多，只有经过详细询问病史，系统的眼部检查，才能确定诊断，进行治疗。

视乳头水肿 papilledema 视乳头的非炎性阻塞性水肿。又称瘀血乳头。多数由全身疾病如恶性高血压、贫血、白血病、心力衰竭所致，也可由颅内占位性病变、炎症（如脑炎、脑膜炎、蛛网膜炎）、脑外伤、脑部发育异常、脑积水等引起。眼底镜检查显示视盘边缘模糊，毛细血管扩张充血，视盘周围视网膜神经层模糊不清，表面向前隆起，边缘可见火焰状出血，久之视乳头生理性凹陷状态消失。

早期视乳头水肿患者可视力正常，瞳孔反应和色觉均正常。长期视乳头水肿可引起视神经萎缩，视力减退甚至丧失，色觉和瞳孔反应均受影响。周边视野正常，中心视野可显示生理盲点扩大。颅内压增高可致头痛、头昏、恶心、呕吐和复视。颅内病变可引起双眼同侧视野或双颞侧视野缺损。

视乳头水肿为某些全身性疾病的一种征象，应尽早找出病因及时进行治疗，如尽早摘除颅内肿瘤，高渗脱水剂的对症治疗等，以免造成视神经萎缩而丧失视力。

视网膜病 retina, disease of 各种原因所致的眼视网膜部位病变。常见的视网膜疾病有视网膜动脉、静脉阻塞；血管炎症；发育性血管性疾病；营养不良性退行性病；继发于脉络膜疾病的病变，如中心性浆液性脉络膜视网膜病变等；由全身血循环障碍和代谢障碍如动脉硬化、高血压、肾炎、糖尿病、妊娠高血压综合征、白血病等所致的视网膜病。

视网膜中央动脉阻塞 系眼科急症。病因多为血管痉挛，视网膜血管多无器质性病变，这在年轻人多见，视网膜血管原有器质性病变者见于患高血压和肾脏病的老年人，及动脉内膜炎，动脉硬化、栓塞，心内膜炎，心瓣膜手术后、动脉粥样栓子脱离的患者。临床表现为视力突然减退至光感全无，瞳孔散大。眼底见视盘色浅淡，视网膜动脉细窄，视网膜静脉亦细，色暗，血柱呈串珠状。视网膜水肿，乳白色，后极部更为明显。黄斑中心呈樱桃红点，因该处视网膜菲薄，血液供应全赖脉络膜毛细血管丛。治疗应及时，需尽快扩张血管，解除血管痉挛，使栓子随血流移至远端较小分支，缩小视网膜受累范围。

视网膜中央静脉阻塞 较动脉阻塞常见。临床表现为视力减退至仅识别手指。眼底见视盘色红，边界模糊，整个眼底满布浅层和深层视网膜出血、水肿和渗出，视网膜静脉怒张、迂曲、颜色紫暗，可呈腊肠状；动脉因反射性收缩而狭窄，分非缺血型和缺血型两类。当阻塞只侵犯某分支时，称视网膜静脉分支阻塞，眼底改变仅出现于该支静脉的引流区。因黄斑水肿，日久发生囊变甚至裂孔，致视力永久损害。治疗要针对病因，需注意心血管系统、血液情况和感染病灶，以预防阻塞进一步发展或另一眼发病。有炎症者需抗炎治疗，可短期用皮质类固醇。用低分子右旋糖酐或柠檬酸钠以降低血液黏稠度，还可用活血化瘀中药、维生素B_1、维生素C、维生素B_{12}、碘剂和钙剂等，抗凝治疗或溶纤疗法经大量病例统计均未能肯定其明显的疗效。激光凝固用于新生血管增殖和慢性黄斑水肿的病例。

原发性视网膜色素变性 明显遗传倾向的慢性、进行性视网膜变性疾病。可为常染色体显性或隐性遗传，亦有散发病例。于儿童期发病，至青春期加重，多双眼偶为单侧发病。有的病例伴发于全身内分泌障碍，如生殖器发育低下，肥胖，多指（趾）和智力迟钝，称“劳伦斯-穆恩-巴尔代-比德尔四氏综合征”，也可伴发其他先天性畸形。临床表现为夜盲和视野逐渐向心性缩小，至晚期呈管状视野，中心视力保持至晚期才受害。眼底检查可见视盘呈蜡黄色、境界清楚，视网膜血管显著细窄，视网膜散布疏密不等的蜘蛛样或骨细胞样色素。位于视网膜血管上下，偶见极少甚至无色素的病例，但眼底仍呈青灰色，色素不匀，有的可透见硬化的脉络膜血管。视网膜电图b波降低甚至无可记录。发病年龄愈小病情愈重，至中年几乎失明。目前此病无特殊治疗，可长期用血管扩张药和维生素类药支持治疗。

糖尿病性视网膜病变 糖尿病最重要的眼部并发症。为致盲的原因之一，适宜的代谢控制和光凝治疗可以延迟或防治糖尿病视网膜病变引起的失明。

糖尿病患者中约半数患视网膜病变，其发病与糖尿病病程长短和控制效果有关。眼底改变分单纯性（又称背景性或非增殖期）和增殖期两类。单纯性糖尿病性视网膜病变在后极部及黄斑颞侧首先出现小红色斑点，即微动脉瘤和（或）出血斑，继而出现黄色边界清晰的硬性“渗出”，以后因毛细血管闭锁而表现出边界模糊的棉絮状白斑，视网膜动脉可有硬化，静脉不规则扩张，甚至扭曲成环套。病变进展，动脉小分支细窄，甚至呈白线状；动脉小分支闭锁，所供应区内大片毛细血管无灌注，组织严重缺血缺氧，不久即发展为增殖期。在增殖期糖尿病性视网膜病变，新生血管首先在视网膜平面，后长入玻璃体内，视盘上可有新生血管。新生血管脆弱易致出血和机化膜增殖。玻璃体视网膜机化膜收缩可引起牵拉性视网膜脱离。新生血管增殖还可侵犯虹膜与前房角。当前房角关闭，眼压升高即并发新生血管性青光眼，最终导致完全失明，在单纯性糖尿病性视网膜病变，黄斑部水肿亦可使视力减低。眼底荧光素血管造影显示的微血管瘤比眼底镜下所见为多，并能发现多处毛细血管闭锁及早期新生血管增殖，应作为糖尿患者检查眼底的常规项目之一，及时记录病变的程度并可作为治疗的重要依据。治疗需在饮食和药物两方面控制糖尿病。氩激光凝固可直接封闭渗漏的微血管瘤或小的新生血管区。当病变广泛尤其是大片毛细血管无灌注，宜作广泛面积的播散性激光凝固，又称全视膜光凝（PRP），以减少促新生血管生成因子的产生，有利于已有新生血管的萎缩。可防治新生血管性青光眼。对玻璃体反复出血、机化膜形成、经电生理检查证明视网膜功能尚好者，作玻璃体切割术。

视网膜脱离 retinal detachment 视网膜内神经上皮层与色素上皮层之间的一种病理性分离的现象。与高度近视、眼外伤、视网膜脉络膜炎等有关。它不是指视网膜与脉络膜的分离。

孔源性视网膜脱离 多见于中年或老年人，男性患者较多，可双眼先后发病，左右眼发病率无明显差别，双眼罹病率约15%，多数患者为近视眼。发病的关键是视网膜裂孔，尤其是马蹄形视网膜裂孔。视网膜周边部格子样和囊样变性，玻璃体液化、萎缩和收缩引起玻璃体后脱离。常先有闪光亮点与黑影飘浮等玻璃体脱离的症状，以后视网膜发生脱离。相应视野中出现黑幕状暗影，随着视网膜脱离的发展而扩大。亦有的患者直到黄斑受累时因中心视力下降才有自觉症状。此病进展快慢不一。自然痊愈者极少，若无手术封闭裂孔，终将引起视网膜全脱离，玻璃体混浊也渐加重，导致虹膜睫状体炎，瞳孔闭锁，并发性白内障，继发性青光眼或眼球萎缩。周边部脱离经治疗后预后较好，黄斑受累在2～3个月以上者，视力恢复较差。约90%的孔源性视网膜脱离能一次手术成功复位。手术治疗的关键是寻找并封闭全部裂孔。

非孔源性视网膜脱离 视网膜神经上皮与色素上皮之间因渗出性液体、炎症反应或占位性病变而分离。其特点为无视网膜裂孔、视网膜下浆液易移动，视网膜隆起表面平滑，无波纹状。眼底检查可见视网膜或脉络膜疾病，包括炎症、肿瘤，以及全身性疾病如严重高血压、妊娠高血压综合征、慢性肾炎。单纯玻璃体牵拉而无视网膜裂孔者亦有发生非孔源性视网膜脱离者，多见于增殖性糖尿病性视网膜病变，也可发生于视网膜血管病所致眼底出血而有增殖性玻璃体牵拉的眼底。发生非孔源性视网膜脱离后首先应找病因进行针对性治疗。因牵拉所致者则需手术解除或缓解，如作巩膜缩短、环扎术或玻璃体切割术。

柿 *Diospyros kaki*; persimmon 柿科柿属的一种。高大落叶乔木。原产中国。栽培历史在2 500年以上。中国北自辽宁，南至广东都有栽培。柿在日本为主要果树和观赏植物之一，印度、菲律宾和澳大利亚等也有栽培。中国柿品种约在800个以上。根据在树上软熟前能否自然脱涩分为涩柿和甜柿两大类。涩柿类果实采收后须经人工脱涩才能食用。中国绝大部分品种属此类，主要有磨盘柿、镜面柿、水晶柿、扁花柿、恭城水柿等。甜柿类果实在树上能自然脱涩。

柿树皮浅灰色成片状剥落。小枝被有褐色柔毛，叶片椭圆形至倒卵形，全缘，叶面光亮无毛，背面有短柔毛。花钟状，黄白色，单性和两性花。浆果黄色至橘红色。果形有卵球形、圆球形、扁圆形、圆锥形、方形等。性喜温暖和阳光充足。对土壤要求不苛刻。一般品种仅生雌花，能单性结实。少数品种需授粉才能丰产。

柿果除鲜食外可加工制成柿饼、果酒或醋。鲜柿和柿饼以及柿的果蒂、柿霜、叶和根等均可入药。柿树材质致密，纹理美观，可制贵重器具。树形优美，果色红艳，有观赏价值。

柿本人麻吕 Kakinomotono Hitomaro (655?～708?) 日本大和时代和歌诗人。又作柿本人麿。据史料记载，柿本氏以古代豪族和迩氏为本宗，系第五代天皇孝昭天皇之子天押带日子命的后代。

作品主要保存在《万叶集》中。除明确写有“柿本人麻吕作歌”(简称“作歌”)的作品外，还有一些注明出自《柿本人麻吕歌集》(已散佚）的作品（简称“歌集歌”)。

最早的“作歌”是作于持统三年（689）的《日并皇子尊殡宫挽歌》，最晚的是文武四年（700）的《明日香皇女殡宫挽歌》。柿本人麻吕的作品题材丰富，结构宏大，气势磅礴，修辞华丽，具有强烈的感染力。为悼念平定壬申之乱的功臣、天武天皇的皇子高市而作的《高市皇子殡宫挽歌》中的长歌部分长达149句，是《万叶集》中最长的长歌，也是挽歌的代表作。此外，《近江荒都歌》、《吉野赞歌》以及浪漫主义名篇《自石见国别妻晋京歌》等都是令后人仰慕的高峰之作。

“歌集歌”以短歌为主，其中最早的作品是作于天武九年（680）的《七夕歌》。

柿本人麻吕不仅是万叶第二期的代表歌人，也是《万叶集》的代表歌人。在他手中，作为万叶和歌特征的“五七调”被确定，枕词、序词等传统修辞方法得到了最大的发挥，长歌这一古老的歌体登上了顶峰。柿本人麻吕被誉为“歌圣”，是日本诗歌史上屈指可数的巨人之一。

峙峪文化 Shiyu Culture 中国旧石器时代晚期文化。因发现于山西朔州峙峪村而得名。1963年发现并发掘。文化遗物包括1.5万余件石制品、1件骨制尖状器、一些有刻

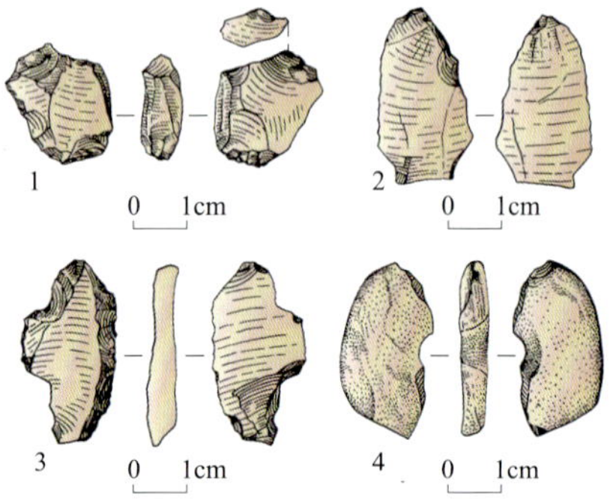

1 扇形小石核 2 石镞 3 斧形小石刀 4 钻孔装饰品

峙峪文化遗物

划痕迹的骨片和1件穿孔石墨装饰品等，还发现晚期智人枕骨和大量动物化石。石制品以细小为主要特征，石器主要有刮削器、尖状器、雕刻器等。已掌握以间接打击法生产小石叶的先进技术，显示出细石器工艺的因素。一些石器具有鲜明的进步性质：水晶制成的斧形小石刀可能是加柄的复合工具，石镞是出现狩猎工具弓箭的物证。当时狩猎经济取得明显发展，已知根据兽类的活动，较集中地猎获野马、野驴等大动物。当时处于比较干燥、夹杂有灌木林的草原型环境，年平均气温较现在为低。碳-14测年为距今2.8万年左右。此文化被认为是华北地区典型细石器工艺的先驱。

适度消费 appropriate consumption 适应于国情国力、生产力水平、收入状况和自然资源的介于低消费与高消费之间的一种消费状态。又称合理消费或科学消费。适度消费的客观标准是消费主体的经济力量与消费支出之间的适应关系。消费要遵循量力而行的原则。从收入出发，弄清收入与消费的关系，就可以回答消费是否适度。在微观上，消费、收入、储蓄三者大体同步增长，或者说它们之间的比例关系保持常数，这种状态的消费可称为适度的。在宏观上，某个国家的消费是否适度，要以这个国家的国民生产总值与消费规模之间的对比关系及其增长速度来衡量。人均国民生产总值与人均消费额（又称消费水平）大体同步增长，这时的消费可视为适度消费。开源与节流是达到适度消费的途径。发展生产，增加收入是根本措施。

室利佛逝 Śrivijaya 7世纪中叶在苏门答腊东南部兴起的信奉大乘佛教的海上强国。梵文名Sri vijaya，意为光荣胜利。中国唐代史籍一般称它为室利佛逝，有时简称佛逝或佛齐。宋代以后，中国史籍改称为三佛齐。该国前期的政治中心可能在今巨港附近。

室利佛逝初为末罗游（位于占卑地区）属国，后独立。于7世纪后期先征服末罗游和海峡对岸的邦加岛，接着又试图征服控制巽达海峡的多罗摩古国。775年，室利佛逝进一步扩张至马来半岛的六坤地区，控制马六甲海峡，后控制水陆咽喉——克拉地峡。9世纪中叶从中爪哇败退的夏连特拉家族（见夏连特拉王朝）成为室利佛逝的统治者。1017年，室利佛逝遭到注辇（即南印度朱罗国）的袭击。1025年，注辇大举进犯室利佛逝本土及其在苏门答腊和马来半岛的各属邦，室利佛逝的国力从此大受削弱。后由于东爪哇新柯沙里王国，特别是麻喏巴歇的崛起，各属邦的分崩离析，马来半岛北部各港口为新崛起的素可泰王朝所侵夺，1377年以后室利佛逝逐渐消亡。

室利佛逝是当时传播大乘佛教的中心。印度的佛学大师夏基阿基尔蒂曾在此讲学；671年中国唐代高僧义净取海道前往印度学习佛法，曾在此学习梵语和佛教理论，从印度取经回来后，继续留此从事翻译和著述多年。

室内空气质量 indoor air quality; IAQ 室内空气对室内人员的健康、舒适影响的程度。包括空气的温度、湿度、洁净度、新鲜度等。最初人们把室内空气质量几乎完全等价为室内空气中一系列污染物的浓度指标。近20年来，人们认识到这种纯客观的定义并不能涵盖室内空气质量的全部内容，需要引入人的主观评价，即人们对室内空气状况的满意程度。

室内空气中的污染物主要来自室内装饰装修、家具材料（包括油漆和胶黏剂）挥发的有机化学物和散发的粉尘，在室内活动的人排出的二氧化碳气体和散发的气味，室内生活（如抽烟、炊事等）和生产活动散发的烟气、气味和有害气体，以及室内孳生的霉菌等微生物。有些建筑场地会产生有放射性的气体氡。当室内空气中的污染

物超过一定的浓度就会引起人的不适，影响人的健康，因此必须加以限制。采取的措施有：选用“绿色材料”，即无化学气体和粉尘挥发、无放射性、无毒无害的材料；限制抽烟；改进生产工艺等。

室内空气中的污染物可以随被污染的空气的排除而排除，也可被新鲜空气的引入而稀释。因此，在建筑设计时要考虑自然通风，在有空调的房间中应有足够的新风补给，在高污染情况下设置机械通风。

室内设计 interior design 在建筑内部以满足人的使用与审美需求进行的环境设计。是建筑设计的组成部分，以创造实用、舒适、美观、愉悦的室内物理与视觉环境为主旨。

梵蒂冈圣彼得大教堂内景

具有完整意义的室内设计始于20世纪后半期，但满足人类视觉需求的空间装饰甚至早于建筑。石构造建筑以墙体作为装饰的载体，从而发展出西方建筑以**柱式**与**拱券**为基础要素的装饰体系；木构造建筑以框架作为装饰的载体，从而发展出东方建筑以梁枋变化为内容的装饰体系，形成天花、藻井、隔扇、罩、架、格等特殊的装饰构件。20世纪下半叶以来，室内设计逐渐形成**建筑设计**中的一个分支，成为相对独立的专业系统。空间规划、构造装修、陈设装饰是室内设计的主要内容，通过建筑平面设计与空间组织，建筑构造与人工环境系统的专业协调，构件造型与界面（如地面、墙面、顶棚等）的处理，光照色彩配置与材料选择，器物选型布置与装饰设置来实现其主要意图。

室内乐 chamber music 由少数人演奏、演唱的合演性乐曲。广义室内乐也可包括独奏曲、独唱曲和重唱曲以及小型管弦乐合奏等。17世纪初始于意大利。原指在皇宫内室和贵族家庭演奏、演唱的世俗音乐，以区别于教堂音乐及剧场音乐。

室内乐每一声部由1人演奏（或演唱），按声部或人数的多寡，可分为二重奏、三重奏至九重奏等多种形式。近代室内乐通常用奏鸣曲套曲形式，有4个乐章（亦有少于或多于此数者）。古典室内乐多为主调和声风格，同时又具有丰富的复调因素，声部织体缜密精细，富于个性。

室内装饰 interior decoration 对建筑物（包括车、船、飞机）内部空间的围护表面进行涂饰、绘画、雕刻等装饰，如中国古建筑的雕梁画栋、天花藻井、沥粉彩画等。欧洲17世纪巴罗克样式和18世纪洛可可样式的室内装饰繁复华美，是室内装饰的典型代表。艺术家们在建筑内部空间的围护表面（如天花板、墙壁）设计较多的附加装饰，如卷草、花卉等彩绘纹样和浮雕装饰，以美化室内环境。随着近代工业化大生产的发展以及混凝土建筑的出现，传统意义上的室内装饰开始演变，逐步发展为更有计划性和理论性的**室内设计**。在学术上，室内装饰与室内设计的概念存在着本质区别。室内装饰着重在表面的装饰打扮，室内设计是对室内空间的整体设计。但是，中国20世纪80年代后兴起的室内装饰业实际涵盖室内设计的主要内容。因此，习惯上把室内设计及室内装饰装修施工统称为室内装饰，这也是可行的。

室女座 Virgo 黄道带的第六个**星座**。也是其中最大的星座。室女座有一颗明亮白色的α星（Spica拉丁语为“麦穗”之意），中文名称作**角宿一**。室女座是全天第二大星座，但这个星座中只有角宿一是0.98等星，还有四颗3等星，其余都是暗于4等的星。角宿一是全天第十六亮星，它和大角及**狮子座**β星构成一个等边三角形，称为“春季大三角”。

室女座星系团 Virgo cluster 室女座方向离**银河系**最近的巨大不规则星系团。处于本超星系团中心。距离约5 500万**光年**，直径约900万光年。在天空张角12°。由于方向接近后发座，有时又称为后发－室女团，但不要与空间距离远得多的后发团相混。室女团约含2 500个**星系**，约75%是旋涡星系和矮星系。总质量约 $(2\sim5)\times10^{14}M_{\odot}$。四个最亮的成员M49、M87、M60和M86都是椭圆星系，也是X射线源。其中，M87与射电源Virgo A和X射线源Virgo X－1成协。

室女座星系团中心区

室韦 Shiwei Tribe 中国古代民族。又作失韦、失围。东胡后裔。5～10世纪主要活动在今嫩江、绰尔河、额尔古纳河、黑龙江流域。北魏时，室韦各部开始与中原王朝通贡。后臣服突厥。隋代分为五大部：南室韦、北室韦、钵室韦、深末怛室韦、大室韦。南室韦有粗放农耕和畜养；北室韦以渔猎为主，曾向隋朝贡。唐代，部落衍生，各部不断向唐朝贡，接受官封。中唐以后，文献中曾将室韦称作**鞑靼**。840年，黠戛斯驱逐**回鹘**西迁，室韦－鞑靼人成批进入漠北，使这片原是操突厥语诸族游牧的地域逐渐蒙古化。8～9世纪，望建河（今额尔古纳河）畔有蒙兀室韦。“蒙兀”是蒙古一称在历史文献中的最早记载。**契丹**建辽后，室韦被征服。辽、金称室韦－鞑靼为阻卜。有学者认为室韦是蒙古族的先民。

释迦牟尼 Śākyamuni 佛教创始人。此名为尊称，意为释迦族的圣人。本名为悉达多，姓乔答摩。释迦为部族名称，又常被称为佛陀（觉者）、释尊、世尊等。

出身 生于迦毗罗卫国（在今尼泊尔境内）王宫中。其父净饭王，属刹帝利种姓。其母为摩河摩耶。出生年代颇多争论。有公元前624、前565、前563、前489年等诸说。1996年2月，尼泊尔政府称，由尼泊尔、印度、巴基斯坦、斯里兰卡和日本等国专家组成的考古小组发现，释迦牟尼于公元前623年生于尼泊尔南部的兰毗尼园。对其在80岁时入灭则无异议。

依据神话传说，摩耶夫人曾梦白象而怀孕。释梦的婆罗门认为这预示了一位觉者或转轮王将会应世。10个月后，悉达多于兰毗尼出生。宫廷婆罗门师解说婴孩身上的吉瑞之相，先是大喜，既而忧伤。他告诉净饭王，世间将有前所未见的觉者，而他自己是看不到这一天了。他与国王都下跪礼拜了婴孩。5天之后，又有108位婆罗门来探视。其中只有憍陈如坚持说，这就是将来的觉者。他以后成了悉达多的首批弟子，即五比丘之一。悉达多在7岁时，无人指导自己结跏趺坐而入定，人们无不惊异，净饭王再次礼拜他的儿子。为留住这位王子不使出家，国王满足他的所有愿望，使他生活得优裕快乐。16岁时，悉达多娶了表妹耶输陀罗公主。

出家 悉达多对于人生意义问题是敏感的。一次偶然机会，他目睹了辛劳的农夫和老人、病人及死人。人生的悲惨现实使他心中的焦虑最终爆发出来。在遇见一位安详而喜悦的弃世修行者之后，他决定离开王宫追寻正道。

悉达多南行过了恒河，来到摩揭陀国。频毗娑罗王接见了他，并表示愿与他分享自己的国土，但他执意实现自己的精神追求。他先后师从**数论派**两个修行者阿罗罗和郁罗迦，但觉得并未获得人生解脱的究竟真理而离去。有6年的时间，他在王舍城外修苦行和禅定，甚至日服一麻一米。最终他意识到这些并不能导致菩提，便放弃绝食苦行。在尼连禅河沐浴之后，接受了牧女供献的乳糜。体力稍事恢复，来到菩提伽耶的一棵毕波罗树下坐禅，立下誓言：不成正觉不起座。经历7个昼夜（一说49天）的精神奋斗，他成就了觉悟。

传教　佛陀曾经犹豫是否要将他觉悟所得晓示世人，神话中有梵天劝请他说法的故事。当他决定传布自己的思想时，阿罗罗与郁罗迦已经去世。他便在**鹿野苑**向憍陈如等5人宣说**四谛**、**十二因缘**、三十七菩提分、**五蕴**与四禅的教义。5人皈依了佛陀，成为五比丘。这便是初转法轮。之后的45年中，佛陀在中印度恒河流域奔走，传播他的学说，度化了一批批的弟子。他经常停留说法的地方是拘萨罗国都舍卫城的祇园精舍和摩揭陀国王舍城的竹林精舍。佛陀最后的日子是在吠舍离城到拘尸那迦城这一区域弘教而度过的。最终卒于希拉尼耶伐底河（拘尸那迦城外）边的两株娑罗树间。终年80岁。遗体火化后，骨殖舍利为摩揭陀的阿阇世王等八国君主分去，造塔供养。佛陀的逝世称为**涅槃**。

影响　即令去掉神话传说色彩，佛陀的伟大人格仍然是极其感人的。他所遗留的教说，由于弟子们的弘传，最终形成了世界性的宗教，远播到印度次大陆之外。

释迦牟尼石雕像（5世纪后期，印度鹿野苑博物馆藏）

佛陀遗教分为经藏和律藏两个部分。这是在他入灭后，弟子迦叶主持的首次结集整理的。佛陀还遗留了重要的僧团组织和制度——僧伽及其羯磨法。佛教之所以从公元前5世纪左右印度的众多思想运动之一发展成为后来**孔雀王朝**的帝国宗教，并进而成为古代东南亚的印度文化传播媒介，成为东亚社会最广泛流行的宗教和最强有力的思想形式，都同佛教僧伽的延续、发展及其创造活动密不可分。佛陀是人类历史上影响最为深远的少数思想家之一。

谥号　posthumous title　中国古代帝王、后妃、贵族、大臣、士大夫死后，根据其生前事迹给予的一个称号。谥号始行于周朝初年。谥号有褒贬。如周文王、周武王中的“文”、“武”之谥，均是褒奖他们建有功业。而夏桀、商纣则是追谥的，均是贬斥他们为恶悖义、残暴不仁。秦始皇称帝后，不准许臣僚议论皇帝，于是废去谥号。西汉代秦复用谥号，此后历代相因，直至清朝灭亡。谥号没有定制，可以随帝王旨意添改。一般而言，帝王之谥，先由礼部议上，然后由继立的皇帝批准；臣下之谥，由朝廷赐予，报呈皇帝。综观中国古代的谥法，美谥占据绝大多数，恶谥为数极少，且由唐宋以后越来越少，甚至基本取消。一般而言，唐代以前谥号多为一字，也间有用两字者。唐代诸帝的谥号，经三次加封，由高祖至玄宗皆为7字，其后多少不齐，宣宗最多为18字。宋代皇帝的谥号，一般16个字，只有神宗为20个字。明清两代，谥号一增再增。如明太祖死后“谥曰高皇帝”，永乐时增加至16个字，嘉靖年间又增加4个字，同时又对褒美之词作了重大更换，“谥为开天行道肇纪立极大圣至神仁文义武俊德成功高皇帝”。此外，也有以**徽号**为谥号的，如慈禧太后，“慈禧”本是徽号，也变成了谥号。

嗜铬细胞瘤　pheochromocytoma　来源于肾上腺髓质嗜铬细胞和肾上腺外交感神经节残余嗜铬组织的肿瘤。患者因血中儿茶酚胺过多，引起严重的**高血压**症状。嗜铬细胞瘤90%发生在肾上腺髓质，10%发生在肾上腺外的交感神经节的残余嗜铬组织中。从颈部的颈动脉体、胸腔的主动脉体到盆腔膀胱壁的交感神经组织，甚至睾丸均可发生，但95%的嗜铬细胞瘤好发于腹部。多为良性，恶性者不到10%。瘤体大小不一，从不足1克到数千克，但多数在100克以下，多为单个，也可呈双侧多发，后者在成年人中所占比例不到10%，且常与多内分泌腺瘤病Ⅱ型（MEN-Ⅱ）合并存在，但占儿童嗜铬细胞瘤的1/3。这种病可发生于任何年龄，但以20～50岁多见，儿童约占20%。嗜铬细胞瘤可分泌大量儿茶酚胺，包括肾上腺素和去甲肾上腺素，通过其受体发挥作用，引起各式各样的临床表现：①高血压。可为阵发性或持续性的，血压急剧升高时，可伴剧烈头痛、心率增快、面色苍白、大汗淋漓、视物模糊、紧张焦虑，儿童可有惊厥和腹痛，甚至出现高血压休克或高血压-低血压交替发作的嗜铬细胞瘤危象症状。嗜铬细胞瘤引起的高血压用一般降压药物疗效不佳。②代谢紊乱。嗜铬细胞瘤患者可有高热、糖耐量低减或糖尿病，由于脂肪代谢旺盛，患者多消瘦。③其他表现。如心律紊乱、心肌梗死，恶心、呕吐、腹部包块、便秘，肿瘤位于膀胱者可于排尿时出现高血压发作，部分患者可有无痛性血尿。实验室检查，高血压发作时可发现血及尿的儿茶酚胺水平增高，24小时尿中代谢产物3-甲氧基4-羟基苦杏仁酸、甲氧基肾上腺素及甲氧基去甲肾上腺素水平明显升高，酚妥拉明抑制试验以及酪胺或胰高血糖素刺激试验阳性。嗜铬细胞瘤一经确诊应及早手术，术前用口服酚苄明进行准备，并用B型超声、CT、MRI或^{131}I-间碘苄基胍（^{131}I-MIBG）闪烁定位等方法准确发现肿瘤的位置，有助于手术的成功。对于恶性肿瘤或不能手术切除者，可长期使用酚苄明、酪氨酸羟化酶抑制剂a甲基酪氨酸或治疗。

嗜人按蚊　*Anopheles anthropophagus*　**双翅目**蚊科昆虫的一种。仅发现于中国，主要分布于北纬34°以南地区

嗜人按蚊与中华按蚊非常近似，主要区别在于前者翅前缘脉基部通常一致黑色，膊横脉无鳞；腹部侧膜无T形暗斑；雄蚊抱肢基节背面无淡色鳞。后者翅前缘有明显白斑，膊横脉常有少数鳞片；腹部侧膜上一般有T形暗斑；雄蚊抱肢基节背面有很多淡色鳞。两者的幼虫无明显区分。前者卵两端较尖，甲板很窄，约占卵宽的1/10，这是与中华按蚊的明显区别。后者卵的甲板宽，约占卵宽的1/3以上。雌蚊偏好人血，吸血后多数留栖室内，并且多数见于住屋。在长江中下游以卵越冬。幼虫滋生于稻田，但更趋向缓流、渗出水、灌溉沟渠等水质比较清凉的水体。它是北纬34°以南低山丘陵地区疟疾与马来丝虫病的主要媒介。

嗜酸性粒细胞增多症　eosinophilia　外周血中嗜酸粒细胞超过0.4×10^9个/升的现象。由多种原因引起，如感染、过敏性疾病、药物反应、皮肤病、肿瘤、免疫性疾病等。

病因　①寄生虫病，如蛔虫、钩虫和血吸虫等感染。②过敏性疾病，如支气管哮喘和荨麻疹等。③皮肤疾病，如银屑病、湿疹和剥脱性皮炎等。④血液病及肿瘤，如淋巴瘤、嗜酸性粒细胞白血病、慢性粒细胞性白血病、转移癌等。⑤系统性红斑性狼疮等自身免疫疾病。⑥某些肺源性嗜酸

性粒细胞增多症。⑦某些药物，如青霉素、链霉素，磺胺类；⑧其他，如嗜酸细胞性胃肠炎和心内膜炎及淋巴肉芽肿等。

诊断　多次嗜酸性粒细胞直接计数检查，嗜酸性粒细胞计数在0.4×10^9～1.5×10^9个/升为轻度增多，在1.5×10^9～5.0×10^9个/升为中度增多，超过5.0×10^9个/升为重度增多。确立嗜酸性粒细胞增多后应进一步作出病因学诊断。皮内试验、血清对流免疫电泳、酶标记免疫吸附试验等免疫学检查对诊断各种蠕虫病也有帮助。若有皮下结节或包块，可考虑作活组织检查，以确诊旋毛虫病等。怀疑为过敏反应或免疫性疾病引起的嗜酸性粒细胞增多，应仔细询问过敏史，用药史，有无发热、关节痛、皮疹、咳嗽、哮喘等症状，痰液的多少和性状，大便情况等。必要时进行肺部X射线检查，了解肺部有无浸润性病变。相应的免疫学检查可帮助诊断免疫性疾病。许多实体肿瘤可有嗜酸性粒细胞增多。在某些肿瘤，当出现嗜酸性粒细胞增多时，提示肿瘤转移、坏死或病情进展。若嗜酸性粒细胞高于1.5×10^9个/升并持续6个月以上，同时伴有多种脏器浸润的症状和体征，又无明显的病因，应考虑特发性高嗜酸性粒细胞综合征。患者常有乏力、消瘦、恶心、咳嗽、腹痛、腹泻、发热伴盗汗、神经精神症状等，可出现皮疹、水肿、肝脾肿大、心脏杂音等体征。预后较差，心脏病变是致死的主要原因。

治疗　应针对不同的病因进行治疗，如采用驱虫药治疗蠕虫病。对高嗜酸性粒细胞综合征，可试用糖皮质激素治疗等。

噬菌体　bacteriophage　以原核生物（包括真细菌和古细菌）为宿主的病毒。又称细菌病毒。细菌病毒可分为有尾、等轴、丝状和多形性4种形态。大多数噬菌体具有头和尾结构的复合形态。

噬菌体遇到敏感的宿主细菌后，在适宜的条件下即发生感染。具有收缩尾的噬菌体通过尾丝附着于细胞，细胞壁被位于尾尖的噬菌体酶降解，然后这些尾丝收缩，尾核与原生质膜相互作用，形成一个小孔。尾鞘收缩，噬菌体DNA通过尾丝顶的一小孔进入细胞，大部分外壳留在细胞外面。

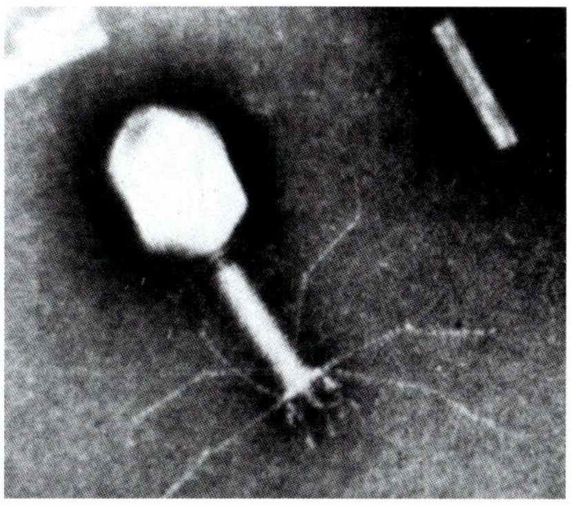

感染后，正常的细菌合成酶被关闭或修饰，噬菌体核酸利用宿主和（或）噬菌体RNA聚合酶转录成mRNA。感染6分钟后，病毒DNA复制开始。再过几分钟，复制的DNA分子库和结构蛋白已积累，新的噬菌体装配成熟。噬菌体的组分自发装配或借特殊酶帮助，大多数噬菌体核酸进入一个预先形成的衣壳；而另一些噬菌体衣壳围绕核酸构成。有尾噬菌体装配过程是一个高度调节的过程，头和尾合成途径分开，最后连接在一起。噬菌体在细胞内增殖的最后阶段是经宿主细胞裂解、挤压或出芽释放出来。

噬菌体在分子生物学发展过程中起重要作用。许多生命科学的基本知识是从噬菌体研究中首先得到或受到启发的，分子生物学和分子遗传学起源于噬菌体研究。

噬人鲨　*Carcharodon carcharias*; white shark/man-eater shark　鼠鲨目鼠鲨科噬人鲨属的一种。广泛分布于各热带、亚热带和温带海区，在大洋洲海域最为常见。大者长达12米，普通者长6～8米。纺锤形，躯干粗大。背鳍2个，无硬棘。腹鳍中大，位于背鳍间隔中央后方。胸鳍大呈镰形。尾椎轴上翘，尾鳍短宽叉形。尾柄平扁具一侧突，尾基上、下方各具一凹洼。吻中长钝尖。眼小圆形，瞳孔竖直无瞬膜。牙呈三角形侧扁，边缘具细锯齿。喷水孔很小，有时消失。鳃孔5个且宽大，最后一个恰位于胸鳍基底前方。背侧呈暗褐色、青灰色，或近黑色；腹侧呈淡白色；胸鳍、背鳍和尾鳍后部呈暗色。

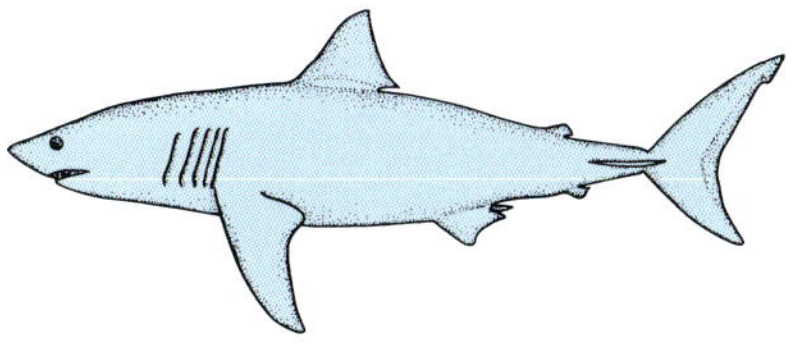

噬人鲨栖息于各大洋，活泼健游，常活动于浅水表层，有时也下降至700～1 300米深处，或到近海浅水区。习性凶猛，有袭击渔船和噬人的记录。捕食各种大型动物，也吞食大量小型鱼类和头足类。

收复失地运动　Reconquista　8～15世纪西班牙人反对阿拉伯人占领，收复失地的运动。又称雷康吉斯达运动。

711年阿拉伯人侵入伊比利亚半岛，原住在伊比利亚半岛的西哥特人逃到半岛的北部。以后在北部地区建立了阿斯图里亚斯、纳瓦尔、阿拉贡和卡斯蒂利亚等王国。718年，阿斯图里亚斯王国国王佩拉约在科瓦东加与入侵的阿拉伯人发生战斗。收复失地运动开始。在伊比利亚半岛东部的纳瓦尔、阿拉贡和加泰罗尼亚王国也进行了收复失地的斗争。1479年**卡斯蒂利亚王国**和**阿拉贡王国**合并，共同开展了驱逐阿拉伯人占领的斗争。1492年1月2日，阿拉伯人在西班牙建立的最后一个王国被打败，国王穆罕默德十一世（即西班牙称博阿布迪尔，1482～1492年在位）投降，西班牙统一，收复失地运动胜利结束。

收回汉口九江英租界　Chinese Recovery of British Concessions in Hankou and Jiujiang　1927年3月，中国武汉国民政府依靠民众力量，成功收回汉口、九江英租界的事件。1926年10月**国民革命军**攻占武汉后，汉口各界民众强烈要求收回英租界。1927年1月3日，参加庆祝北伐胜利和国民政府迁都武汉活动的各界民众，在汉口英租界附近遭到租界当局的武力驱赶，发生流血惨案。4～5日，武汉各界民众举行大规模抗议集会和游行示威，英租界巡捕、公务员逃避

汉口“一三”惨案发生时，英水兵武力驱赶群众的场面

一空，治安失控，政务停顿。武汉国民党中央党政临时联席会议决定建立“汉口英租界临时管理委员会”，接管英租界。与此同时，江西九江英租界也因英人逞凶，被愤怒的九江民众所占，并由武汉临时联席会议派人组成“九江英租界临时管理委员会”接管。12日，英方交涉代表抵汉，要求国民政府退还汉口、九江英租界，遭到拒绝。2月19～20日，代理外长陈友仁利用民气，经过艰苦谈判，迫使英方签署汉口、九江“英租界协定”。3月15日，宣告正式收回汉口、九江英租界，为武汉国民政府取得一大外交成果。

收回路矿权运动　Railway and Mining Rights Recovery Movement　清末中国人民反抗帝国主义列强掠夺铁路建筑权和矿山开采权的爱国运动。19世纪末，帝国主义在中国划分势力范围后，掠夺铁路建筑权和矿山开采权成为其对华侵略的主要内容。清政府无力保持国家的主权，中国的路权和矿权大量落入列强手中。20世纪初，随着国内民族资本主义的发展，一些地主、商人纷纷向路矿投资，收回路矿运动的物

质力量也有了加强，收回路矿运动就逐步发展起来。

收回路权的斗争 1904年，湖南、湖北、广东三省人民要求废除清政府与美国合兴公司签订的出卖粤汉铁路主权合同。经过斗争，到1905年8月，终于同美国订立《收回粤汉铁路美国合兴公司售让合同》，将粤汉铁路赎回自办。次年，广东人民争废广（州）九（龙）路约；四川、云南、吉林等地先后成立保路会，要求自办铁路；山东、河北、江苏三省人民要求废除同英国汇丰银行、德国德华银行签订的《津镇铁路草合同》，将路权收回自办。1907年，浙江、江苏两省人民要求收回苏杭甬铁路，收回路权运动达到高潮。

收回矿权的斗争 1905年后，收回矿权的斗争也渐次高涨。其中最激烈的是山西人民收回英国福公司掠夺矿权的斗争。山西矿产资源（特别是煤矿）极为丰富，久为帝国主义列强所垂涎。1898年5月21日，清廷同英国福公司签订了《山西开矿制铁以及转运各色矿产章程》，但因山西对外运输困难，福公司夺得开矿权后，一直未曾着手开采。

1905年2月9日，山西绅商组成山西同济矿务公司，准备先开采煤矿，次第举办五金煤油各矿，并特别强调“不招外洋股份”。这时，福公司也派人到平定州、盂县勘察，发现当地正在自行开挖煤井，竟向清政府要求禁止中国人在以上各地办矿，激起山西人民的愤怒。1908年，福公司不得不同山西省商务局订立《赎回商福公司开矿合同》，同意将所有矿权由山西绅民赎回自办。在此前后，黑龙江从沙俄收回呼兰府汤源县都鲁河砂金矿、呼伦贝尔境内（今属内蒙古）吉拉林河砂金矿，山东从德国收回枣庄煤矿，安徽从英、日两国收回铜官山矿权，四川从英国收回北江厅矿权，云南从法国收回澂江等七府矿权等一系列斗争，也都取得了不同程度的胜利。

清末波及全国的收回路权矿权运动，一般由资产阶级倡导，得到广大人民的支持，并取得一部分官吏的赞同，在一定程度上保护了中国的权利，有利于民族资本主义的发展。

收入效应 income effect 消费者实际收入水平的变化所引起的对某种商品需求量的变化。在西方经济学中，与替代效应相对应的一个概念。例如，假定消费者用既定的货币收入购买X和Y两种商品，X商品的价格下降使得现有的名义货币收入的购买力增强了，即消费者的实际收入水平提高了。消费者的实际收入水平的这种变化，一般会使消费者增加对商品的需求量，或者说，消费者会增加对X商品的需求量，这就是收入效应。相反，当一种商品的价格上升时，消费者的实际收入水平就会下降，于是，收入效应往往会表现为该商品需求量的减少。在图形中，收入效应往往表现为两条斜率相同的预算线分别与两条不同效用水平的无差异曲线相切。

商品可分为正常品和低档品。正常品指随着收入的增加，人们对它的需求量也相应增加的商品。低档品指随着收入的增加，人们对它的需求量反而减少的商品。对于正常品而言，收入效应所导致的需求量与价格成反方向变动。对于低档品而言，收入效应所导致的需求量与价格成同方向变动。一种商品价格变化所导致的这种商品需求量变化的总效应等于替代效应和收入效应之和。

收养 adoption 根据法律规定领养他人子女为自己子女，从而建立拟制亲子关系的行为。收养人称养父、养母，被收养人称养子、养女。双方之间的父母子女关系由收养的法律效力而确定。收养制度在父系氏族社会中就已为习惯所确认，后又为阶级社会的成文法律所肯定。

在中国古代的宗法制度下，立嗣是收养的一种特殊形式，民间俗称过继。择立嗣子目的在于继承宗祧。只有男子无子才能立嗣，也只有同宗辈分相当的男性成员才能被立为嗣子。被继承人生前可以立嗣，死后，其妻或其父母等尊长也可代其立嗣。嗣子取得嫡子身份和继承家产的权利，地位远较其他养子为高。中国早期的封建法律严禁收养异姓男子，唐律始规定可以收养3岁以下被遗弃的异姓小儿，但异姓养子不得立为嗣子。

1991年通过、1998年修订的《中华人民共和国收养法》规定，下列不满14周岁的未成年人可以被收养：①丧失父母的孤儿。②查找不到生父母的弃婴和儿童。③生父母有特殊困难无力抚养的子女。下列公民、组织可以作为送养人：①孤儿的监护人。②社会福利机构。③有特殊困难无力抚养子女的生父母。收养人应当同时具备下列条件：①无子女。②有抚养教育被收养人的能力。③未患有在医学上认为不应当收养子女的疾病。④年满30周岁。收养应当向县级以上人民政府民政部门登记。收养关系自登记之日起成立。自收养关系成立之日起，养父母与养子女间的权利义务关系，适用法律关于父母子女关系的规定；养子女与养父母的近亲属间的权利义务关系，适用法律关于子女与父母的近亲属关系的规定。养子女与生父母及其他近亲属间的权利义务关系，因收养关系的成立而消除。收养关系得依法协议解除或经由诉讼程序解除。收养关系解除后，养子女与养父母及其他近亲属间的权利义务关系即行消除，与生父母及其他近亲属间的权利义务关系自行恢复，但成年养子女与生父母及其他近亲属间的权利义务关系是否恢复，可以协商确定。

收音机 radio set 声音广播系统的接收设备。它把天线接收到的高频信号还原为音频信号，加到扬声器上，重放出声音。

收音机的类别很多。按接收的广播制式分为调幅收音机、调频收音机、调频调幅收音机；按所用元器件分为电子管收音机、晶体管收音机、集成电路收音机；按接收的波段分为中波收音机、中短波收音机、中波超短波收音机、长中短波收音机、全波段收音机；按体积分为微型收音机、袖珍收音机、卡片式收音机、便携式收音机、台式收音机、落地式收音机；按使用的电源分为交流收音机、直流收音机、太阳能收音机、交直流两用收音机；按功能分为汽车收音机、立体声收音机、钟控收音机、电唱收音两用机、收录机和其他多用机等；按原理分为直放式收音机和超外差式收音机，前者在检波前不改变原来的接收频率，后者不论所选收的电台频率大小，先把它变成一个较固定的中间载频（中频），然后再对它进行放大、检波。常用的收音机是超外差式收音机，主要有调幅收音机、调频收音机和调频立体声收音机三类。

《收租院》 *Rent Collection Courtyard* 中国现代大型泥塑群像。创作于1965年6月至10月，陈列于四川省大邑县刘文彩庄园。作者是当时四川美术学院雕塑系教师赵树桐、王官乙，学生李绍瑞、龙绪理、廖德虎、张绍熙、范德高及校外雕塑工作者李奇生、张富纶、任义伯、唐顺安和民间艺人姜全贵。四川美术学院雕塑系教师伍明万、龙德辉带领一年级学生隆太成、黄守江、李美述、马赫土格（彝族）、洛加泽仁（藏族）参加了后期的创作。《收租院》根据当年地主收租情况，在现场构思创作，共塑7组群像：交租、验租、风谷、过斗、算账、逼租、反抗。它们以情节连续形式展示出地主剥削农民的主要手段——收租的全过程，共塑造114个真人大小的人物。雕塑家将西洋

泥塑群《收租院》（局部）

雕塑技巧与中国民间传统泥塑的技巧融而为一，生动、逼真地塑造出不同身份、年龄和个性的形象。群像与收租环境浑然一体，收租情节与人物心理刻画动人心魄。

手 hand 人体上肢前端的抓握器官。包括腕、掌与指三部分，以腕前横纹与前臂分界。腕掌部分的前面两侧隆起，中间略凹，总称为掌。后面（背面）稍凸，称为手背。五指分别为拇指、示指（又名食指）、中指、无名指、小指。人的手和动物的爪最大的区别在于人的拇指和小指都有对掌功能。

手骨包括8块腕骨、5块掌骨和14块指骨。只有拇指是2块指骨，其余4指都有3块指骨。手的关节包括桡腕关节、腕骨间关节、腕掌关节、掌骨间关节、掌指关节和手指间关节。手的固有肌位于手的掌侧，全是短小的肌肉，其作用为运动手指。人的手指灵巧，除可作屈、伸、收展外，还能作对掌运动。

手风琴 accordion 自由簧气鸣乐器。广泛流行于世界各地的一种轻便键盘乐器。其构造包括：右手操纵的键盘机构、变音器（音栓），左手操纵的低音钮键部分（称

倍司）、风箱、音屉、簧片（自由簧）、外壳等。手风琴的大小，通常以左手弹奏的低音按钮多少来区分。供专业演奏使用的规格有48、60、80、96及120倍司各种，右手键盘音域随倍司的多寡而定。

钮键式手风琴在欧美许多国家均流行。在俄罗斯称为“巴扬”，左右手全为钮键，右手钮键按半音阶排列。阿根廷的一种手风琴“班多尼昂”，也全为钮键，左手钮键只是单音而无和弦，如奏和弦则需同时按数键。此外，尚有合奏手风琴、低音手风琴以及专供儿童使用的小型无低音钮键手风琴和六角手风琴等。

欧洲早期手风琴的创制人是德国的F.布施曼，他于1821年制作了用口吹的“奥拉琴”，后在此琴基础上加按钮键盘及手压风箱。1829年，奥地利的C.代米安改进了布施曼的琴，增加了伴奏和弦钮键，并正式取名手风琴。1830年以后，在欧洲，特别在法国、比利时，手风琴已广泛流行。钢琴键式手风琴是19世纪50年代出现的，于20世纪30年代流行于世界各地。

手扶拖拉机 walking tractor 由驾驶员手扶操纵的单轴两轮式小型拖拉机。可用于水田、小块旱地和梯田、坡地、果园、菜园、苗圃等的耕作；还可用于田间和短途运输，以及作为固定动力用于抽水、脱粒等作业。在欧美各国主要用于小型园圃地作业，故又称园圃拖拉机。按其作业类型分为牵引

手扶拖拉机在犁耕

型、驱动型和兼用型三类。牵引型只能进行犁耕、中耕等牵引作业；驱动型只能进行旋耕作业；兼用型既可用于牵引，又可用于旋耕作业。

手扶拖拉机多采用单缸柴油机，其功率为2.2～13千瓦。操纵机构设置在扶手架上，用以控制油门、变速、转向、制动和动力输出。其配套农具主要有旋耕机、铧式犁、水田耙、推土铲、开沟机、播种机、水稻插秧机、喷雾机、中耕机、施肥机、小型收割机、挂车等。发展趋势是采用小型多缸柴油机代替单缸柴油机，以减轻机器的振动和噪声；改进机器的形态和结构，更好地适应多种不同作业的需要。

手工业 handicraft industry 依靠手工劳动，使用简单手工工具从事小规模生产劳动的工业。最初与农业密切联系，属于农民副业性质的家庭手工业。经过第二次社会大分工，手工业脱离农业，形成独立的个体手工业。其特点是一家一户为单位，用私有生产资料分散经营。主要类型有：自产自销的手工业，直接为消费者服务的流通手工业和为买主或工厂进行加工的手工业。以后发展为资本主义简单协作的手工业作坊和工场手工业。

中国手工业历史久、行业多、分布广，在国民经济中占有重要地位。1949年以后，手工业者走上了社会主义合作化道路，并逐步纳入了现代化的轨道，手工业得到了振兴，机械化水平不断提高，民族优良传统得到发扬，并有所创新。发展手工业对生产日用消费品，创作艺术珍品，满足人民的物质、文化生活需要，增加就业机会，促进国民经济发展起着重要的作用。改革开放以后，中国手工业有很大发展，手工业品不仅能在国内市场上畅销，而且在国际市场上受到欢迎，为国家创造外汇，增加积累发挥一定的作用。

手工艺 arts and crafts 以手工劳动制作工艺品的工艺美术。按历史范畴分，有原始社会手工艺、传统手工艺、现代手工艺等；按社会属性关系分，有宫廷手工艺（后称特种手工艺）、民间手工艺、少数民族手工艺等；按产品分，有雕塑手工艺、印染手工艺、织锦手工艺、陶瓷手工艺、刺绣手工艺等。

中国手工艺历史悠久，品类繁多，具有以下主要特色：①在材料上，以木、竹、藤、草、泥土、石、皮革等天然材料和以天然材料制成的织物为主，大多就地取材，充分利用天然材料的质地美和纹理美等特性。②手工艺的劳动是创作设计和生产操作的统一，脑力劳动和体力劳动的统一，艺术创作和工艺技术的统一。③产品以实用为主，注重功能，并把实用和美观完美地结合起来。④手工艺，特别是民间手工艺和少数民族手工艺，充分反映劳动人民追求美好生活的愿望和健康的思想感情，反映人们的风俗习惯、生活方式和宗教信仰等。⑤具有独特的地方艺术风格。一般较为简洁，具有装饰趣味，淳朴而清新。有些民间手工艺和少数民族手工艺风格粗犷豪放，色彩对比强烈。宫廷手工艺则富丽华贵，但有的盲目追求精雕细刻，图案过于繁缛。

手厥阴心包络经 Jueyin Pericardium Channel of Hand; Jueyin Pericardium Meridian of Hand 中医学中十二经脉之一。简称心包经。起于胸中，出属心包络，向下穿过膈肌，依次络于上、中、下三焦。它的支脉从胸中分出，沿胁肋到达腋下3寸处（天池穴）向上至腋窝下，沿上肢内侧中线入肘，过腕部，入掌中（劳宫穴），沿中指桡侧，出中端桡侧端（中冲穴）。另一分支从掌中分出，沿无名指出其尺侧端（关冲穴），交于手少阳三焦经（见图）。

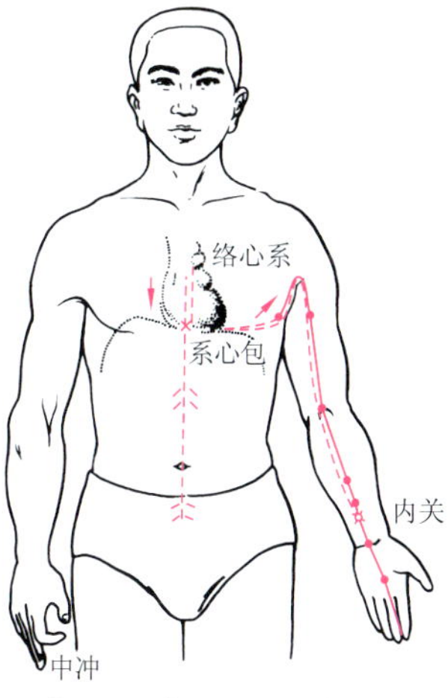

手厥阴心包络经循行线路图

该经脉腧穴为天池、天泉、曲泽、郄门、间使、内关、大陵、劳宫、中冲，共9穴，左右合18穴。

手枪 pistol; handgun 便于单手握持发射的短枪。口径多为5.45～11.43毫米，枪长200毫米左右，质量多在1千克内，有效射程约50米。主要用于自卫和近战，可随身携带使用。按用途可分为军用、民用和特种用途手枪。军用手枪指列入军队装备的手枪，包括大威力战斗手枪和低威力自卫手枪。民用手枪主要指发射低威力手枪弹的自卫手枪，主要供警察和保安人员使用。特种用途手枪有信号手枪、射击比赛手枪、各种隐形手枪（钢笔手枪、匕首手枪、手套手枪等）及微声手枪等。现代军用和民用

中国自行设计的第一种手枪——64式7.62毫米手枪

手枪按结构形式可分为转轮手枪和自动手枪。各国军队普遍装备半自动手枪（习惯上常称为自动手枪）。

手球 team handball 球类运动之一。综合篮球和足球的特点，用手打球，以球攻入对方球门得分。手球运动分7人制和11人制两种，现世界各国开展的大部分是7人制手球。20世纪初，手球运动作为游戏流行于欧洲。1926年由德国发起，并首次举行了11人制国际手球比赛。1936年第11届奥林匹克运动会上，11人制手球被列为正式比赛项目。到1966年止，共举行了7届世界11人制手球锦标赛。60年代后期11人制手球被淘汰，为7人制手球取代。到2005年，共举行了19届男子手球锦标赛。自1972年第20届奥运会开始，7人制男子手球列为正式比赛项目。7人制手球比赛，双方各上场7人，其中1人为守门员。双方相互攻守，力争将球射入对方球门，每射入1球得1分。男女队比赛时间均为60分钟，分上、下两个半时，中间休息10分钟，以得分多的队为优胜。女子手球开展较晚，1949～1960年共举行了3届世界女子11人制手球锦标赛。世界女子7人制手球锦标赛于1957年在南斯拉夫首次举行。到2005年举行了17届比赛。从1976年起，女子7人制手球也被列为奥运会正式比赛项目。手球的重大国际比赛除奥运会比赛外，还有世界手球锦标赛、世界大学生手

女子手球比赛场面

球比赛等。手球比赛时，可以随时换人，不必通知裁判员。规则还规定，队员持球不能超过3秒钟。

中国在1949年以前，手球仅在一些大专院校作为介绍性学习项目出现过。1960年以前，中国开展的是11人制手球，共举行了4届全国性的比赛。后来推行7人制手球运动。自1974年开始，每年都举办全国性的手球比赛。中国男子手球队曾于1982年获第9届亚运会男子手球比赛冠军，中国女子手球队于1984年第23届奥运会获女子手球比赛第3名。

手少阳三焦经 Shaoyang Sanjiao Channel of Hand; Shaoyang Sanjiao Meridian of Hand 中医学中十二经脉之一。简称三焦经。起于无名指尺侧端（关冲穴），向上沿无名指尺侧至手腕背面，上行尺骨、桡骨之间，通过肘尖，沿上臂外侧向上至肩部，向前行入缺盆，布于胸中，散络心包，穿过膈肌，依次属上、中、下三焦。

分支是从胸中分出，上行出缺盆，至

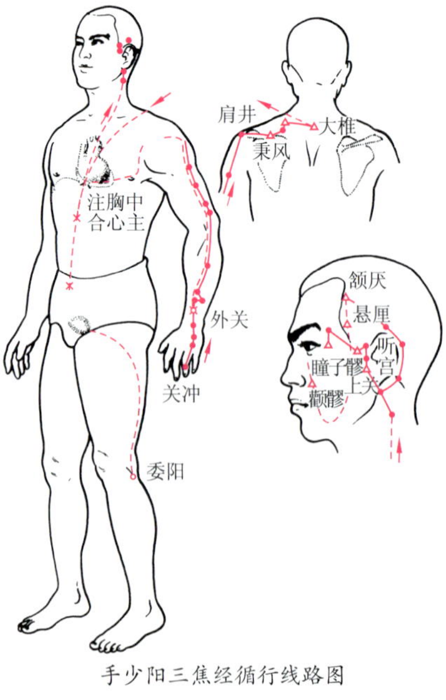

手少阳三焦经循行线路图

肩部，左右交会于大椎，上行到项，沿耳后（翳风穴），直上出耳上角，然后屈曲向下经面颊部至目眶下。

分支是从耳后分出，进入耳中，出走耳前，经上关穴前，在面颊部与前一分支相交，至目外眦（瞳子髎穴），交于足少阳胆经（见图）。

该经脉腧穴有关冲、液门、中渚、阳池、外关、支沟、会宗、三阳络、四渎、天井、清冷渊、消泺、臑会、肩髎、天髎、天牖、翳风、瘈脉、颅息、角孙、耳门、和髎、丝竹空，共23穴，左右合46穴。

手少阴心经 Shaoyin Heart Channel of Hand;Shaoyin Heart Meridian of Hand 中医学中十二经脉之一。简称心经。起于心中，走出后属心系，向下穿过膈肌，络小肠。分支是从心系分出，沿食道两旁，挟咽喉上行，连于目系。直行者是从心系出来，退回上行经过肺，横出腋下（极泉穴）沿上肢内侧后下行过肘中，经掌后锐骨端，进入掌中，沿小指桡侧，出小指桡侧端（少冲穴），交于手太阳小肠经（见图）。

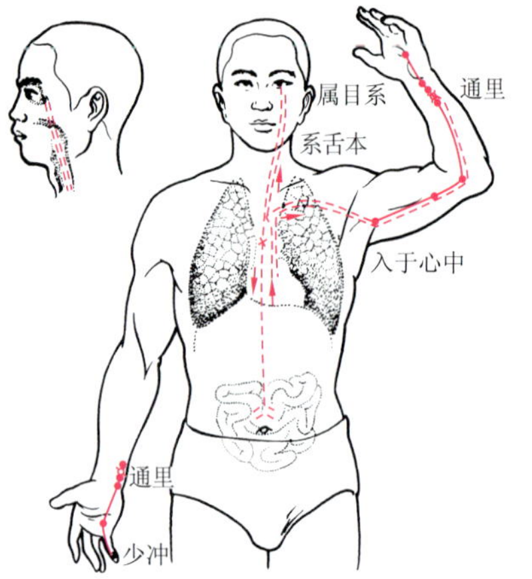

手少阴心经循行线路图

该经脉腧穴有极泉、青灵、少海、灵道、通里、阴郄、神门、少府、少冲，共9穴，左右合18穴。

手术 operation 以刀、剪、针等器械在机体局部进行的医疗救治操作。外科的主要治疗方法，俗称开刀。目的是诊断或医治疾病，如去除病变组织、修复损伤、移植器官、改善机体的功能和形态等。

分类 按学科分类 可分为普通外科手术、骨科手术、泌尿系手术、胸科手术、心血管手术、脑神经手术、妇产科手术、眼科手术、耳鼻喉科手术及整形外科手术等。

按病情的急缓分类 ①择期手术。施行手术的迟早不致影响手术效果。如十二指肠溃疡经内科治疗无效，而需行胃大部切除的病例。②限期手术。施行手术时间虽可选择，但不宜延迟的手术。例如胃癌、乳腺癌等各种癌的根治术，或十二指肠溃疡并发幽门梗阻准备行胃大部切除术。③急

症手术。需在最短的时间内迅速施行的手术。如肝或脾破裂出血、绞窄性肠梗阻、硬膜外血肿、开放性骨折等。准备手术的时间应尽量缩短。

按手术次数分类 ①一期手术。即一次完成的手术，绝大多数手术均属此类。②分期手术。由于各种条件的限制，需间隔一定时期分次完成的手术。

按手术目的分类 ①诊断性手术。为明确诊断而做的手术。如活体组织检查、开腹探查术等。②根治性手术。一般指肿瘤而言。良性肿瘤完整切除即可，恶性肿瘤根治手术则要求将原发灶与相应区域淋巴结一并整块切除。③姑息性手术。目的是减轻症状。用于因条件限制而不能行根治性手术时。如晚期胃窦癌作胃空肠吻合术，以解除幽门梗阻症状，但肿瘤未能切除。

按污染情况分类 ①无菌手术。不受细菌沾染的手术。如甲状腺切除、疝修补、截骨术。切口多愈合良好，瘢痕小，创口一期愈合。②污染手术。操作中受到细菌沾染的手术。如胃肠道手术，肠腔内细菌会污染手术区域。③感染手术。在已感染的部位进行操作的手术。如脓肿切开引流等。感染伤口要通过肉芽组织增生达到愈合，这称为二期愈合，又称瘢痕愈合。

按手术方法分类 ①切开术。切开组织或器官，以引流病变，取出异物或置入医疗用具，以治疗疾病的方法。例如脓肿切开引流。②切除术。多数为直接切除病变组织。如各种肿瘤切除、慢性溃疡切除等。少数手术不直接切除病变组织，而起间接性的作用，如胃泌素瘤时将作为靶器官的胃切除，十二指肠溃病时行胃大部切除或将迷走神经切断等。③吻合术。建立管腔器官通道的重建手术。包括各种胃肠道或血管的吻合，如胃空肠吻合、胆囊空肠吻合、结肠直肠吻合等。④分流术。另建管道改善循环的手术。比较典型的是肝硬化门静脉高压时，为降低压力而应用的门静脉和体腔静脉系统间的分流手术，如门腔静脉分流术、脾肾静脉分流术等。⑤修复术。又称修复重建术。使创伤或疾病引起的组织器官缺损、结构异常或形态不良等恢复或接近正常的手术方法。实属整形外科范畴，例如唇裂、腭裂、鞍鼻、并指畸形的修复和乳房再造等。⑥移植术。将健康的器官或组织移入另一部位或另一体内使之迅速恢复功能，以代偿受者器官组织丧失的功能的手术。⑦再植术。主要指断肢再植，即将断肢重新接回原处的手术。以缝接吻合动静脉为主，也包括骨关节的整复或内固定、神经、肌肉、肌腱、皮肤等修复。⑧置换术。用人工制造的器官组织来代替被疾病破坏的器官组织。如心脏瓣膜置换、人工血管置换术等。常用的是关节置换。

手术适应证 又称手术指征。适合做某种手术的病痛和机体的条件。如胃大部切除术适合于治疗胃十二指肠溃疡和胃癌。

手术禁忌证 不宜做某种手术的情况。例如疝部位皮肤的感染病变，是疝修补术的禁忌证。

手术并发症 由于手术会造成损伤、出血等，术后可出现各种并发症。一般并发症如下述。

心血管意外 多见于原有心脏病或动脉硬化代偿功能较差的患者。手术打击、输血或输液过快过多均可引起**心律失常**、**心力衰竭**。表现为心慌、气憋及心电改变等。宜加强心脏监测，控制输液速度，必要时给予血管扩张药或强心药。

肺膨胀不全和肺部感染 多见于老年和有慢性呼吸道感染史者。在胸或腹部大手术后，呼吸活动受影响，排痰不畅，呼吸道堵塞造成肺膨胀不全（又称肺不张）。主要表现为术后早期烦躁不安，呼吸和心率加快，白细胞计数升高等。可经X射线摄片证实。

胃肠道并发症 甚为常见。如：①腹胀。术后胃肠的蠕动减弱或消失。表现为肠麻痹或胃扩张。应及时放置胃肠减压管，持续负压吸引，直至胃肠的蠕动能力恢复，可闻肠鸣音或自肛门排气，一般约需3～4日。②应激性溃疡。又称急性胃黏膜损害、出血性胃炎、糜烂性胃炎等。

泌尿系并发症 主要有：①肾功能衰竭（急性）。见于大手术、失血、休克或严重感染后，平均每小时尿量不足20毫升。②尿潴留。表现为术后下腹胀满，不能排尿或少量溢尿。治疗可用暗示法（流水声），站立排尿或放置导尿管。

切口并发症 除因止血不完善及有死腔造成血肿和积液外，还有切口感染、切口裂开等。

手术计划 术前应充分了解病情、病史、诊断和检查结果，亲自体检，全面考虑，订出手术计划。疑难病例要会诊，订出周密方案。内容包括术式选择，手术步骤安排，可能发生的情况及应变措施等。

术前准备 做好患者和家属的解说工作，使医护、患者和家属能更好地理解与配合。但最重要的是提高患者对手术的耐受力。包括下面两种。

一般准备 测定出凝血时间，检查心、肺、肝、肾功能，测定血型和配血。让患者进行适应手术和术后变化的锻炼，术前12小时禁食、术前4小时禁止饮水，以防麻醉后呕吐，引起误吸或窒息。

特殊准备 有营养不良、高血压、糖尿病或心、肺、肝、肾功能不良的患者，应根据不同情况进行治疗，达到耐受手术标准后，方能进行手术。

手术记录 应由手术者写手术记录。注明手术日期、术前诊断、术后诊断、手术名称、手术者、麻醉师姓名和麻醉方法等基本项目。记录包括：①患者体位、皮肤准备及其切口。②探查有关脏器、组织及主要病理所见。③决定所施手术方法的原因。④手术的重要步骤，包括缝合方式、所用缝线、有无引流或固定等。最好能绘图说明。⑤手术时及术终时患者情况，术中用药和输血、输液等治疗，麻醉效果等。⑥病变标本肉眼所见，是否送病理科检查等。

伤口处理 ①清洁伤口（未受细菌沾染的伤口，多为无菌手术切口）经过正确缝合处理，都可达到一期愈合。②污染伤口（沾有细菌，但尚未发生感染的伤口）可清创缝合。③感染伤口（由于组织损伤，细菌侵入并繁殖，引起急性炎症、坏死或化脓的伤口）一般放置引流物，暂不缝合。

术后处理 手术完毕到患者基本恢复健康的期间，称为手术后期。此时应采取各种必要措施，减轻患者痛苦，预防和及时处理术后并发症，使患者顺利恢复健康。对一般中型手术而言，手术后期约需7～14天。

术后最常见的反应有疼痛、发热、恶心、呕吐、呃逆等。①疼痛。麻醉作用消失后，患者开始感觉切口疼痛，24小时内最剧烈，2～3日后明显减轻，故中、大型手术后24小时内，可常规肌肉注射哌替啶（杜冷丁）等镇痛药。②发热。术后开始阶段为组织分解期，特点为轻度发热，一般在38℃以下，3～5日恢复正常。若发热持续一周以上或不断升高，应考虑并发感染。③恶心、呕吐。常见病因是麻醉反应，待麻醉药物作用消失后即可缓解。若无其他原因，不作特殊处理，但要防止误吸。若伴有严重腹胀，则可应用持续性胃肠减压。④呃逆。可能是神经中枢或膈肌直接受刺激引起，可采用胃肠减压、给予镇静药或针刺等。

营养 非腹部手术，全身反应小的，术后即可逐渐恢复饮食；大手术，反应较明显者，需待1～2日方可进食。腹部手术尤其是胃肠道手术后，一般需禁食2～3日，待胃肠道功能恢复后，开始逐渐从少量流食，到6～8日恢复普通饮食。禁食及进少量饮食期间，均需从静脉供给水、电解质和营养。

换药 又称更换敷料。多用于感染伤口，目的是观察伤口，清除异物，引流脓液，控制感染，促进伤口愈合。换药要遵守外科无菌操作规则，全部用消毒器械与敷料，防止交叉感染。换药间隔时间要依伤口的具体情况而定。缝合清洁伤口一般在术后3天或拆线时检查；浅层感染轻的伤口，可2～3天更换敷料一次；脓液较多的伤口，要每日更换一次，湿透敷料时可随时更换。

手太阳小肠经 Taiyang Small Intestine Channel of Hand; Taiyang Small Intestine Meridian of Hand 中医学中**十二经脉**之一。简

称小肠经。起于小指外侧端（少泽穴），沿手背、上肢外侧后缘，过肘部，到肩关节后面，绕肩胛部，交肩上（大椎穴）前行入缺盆，络心，沿食道，穿过膈肌，到达胃部，下行，属小肠。本经脉一分支是从缺盆出来，沿颈部上行到面颊，至目外眦后，退行进入耳中（听宫穴）。另一分支是从面颊部分出，向上行于眼下，至目内眦（睛明穴）交于**足太阳膀胱经**（见图）。

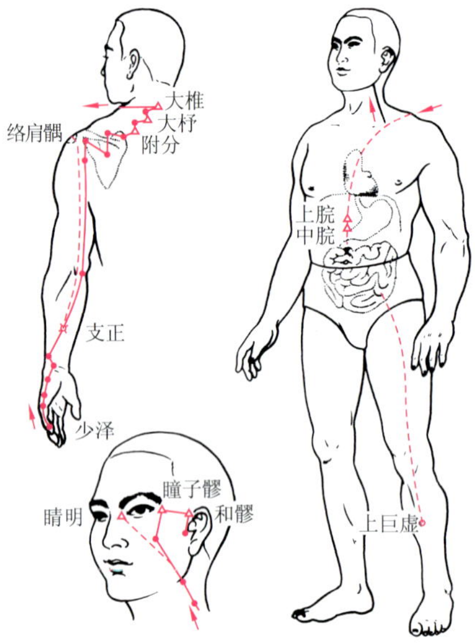

手太阳小肠经循行线路图

该经脉腧穴有少泽、前谷、后溪、腕骨、阳谷、养老、支正、小海、肩贞、臑俞、天宗、秉风、曲垣、肩外俞、肩中俞、天窗、天容、颧髎、听宫，共19穴，左右合38穴。

手太阴肺经 Taiyin Lung Channel of Hand; Taiyin Lung Meridian of Hand 中医学中**十二经脉**之一。简称肺经。起于中焦，下络大肠，还循沿胃口（下口幽门，上口贲门）上行，通过膈肌，属肺，至喉部处，横行至胸部外上方（中府穴），出腋下，沿上肢内侧前缘下行，过肘至腕入寸口上鱼际，沿鱼际边缘，直出拇指之端（少商穴）。分

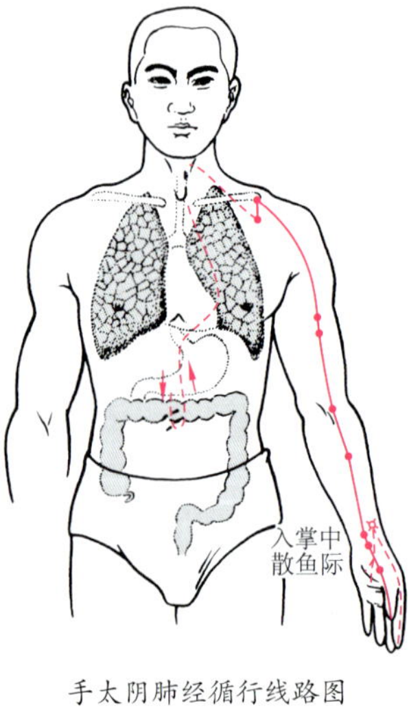

手太阴肺经循行线路图

支是从手腕的后方（列缺穴）分出，沿掌背侧走向食指桡侧端（商阳穴），交于**手阳明大肠经**（见图）。

该经脉腧穴是中府、云门、天府、侠白、尺泽、孔最、列缺、经渠、太渊、鱼际、少商，共11穴，左右合22穴。

手相术 palmistry 通过解释手形与掌纹断定人的性格和未来的方法。可能在距今1 500年前古印度雅利安人所作的《吠陀经》出现以前就兴起于印度，后传到波斯、美索不达米亚、埃及与中国西藏等地。古希腊也曾一度盛行。中国的手相术产生于西汉以前，开始为相肢，后为相掌，再发展为相指、相纹等，掺杂了一些中医的手诊等合理成分。相术家认为，人手是执持取舍的器官、身体的肢干，观之可察贤愚、贵贱、寿夭，故根据神秘学说将手掌分为三才、八卦、五行等不同部位，且与天象、人事相应。还认为，掌纹对于人，犹如木纹对于树，察之可测知材质优劣，手相可推断性格与命运。相法中各类掌纹名目十分复杂，是手相术推论福祸吉凶的主要依据。手相术至今仍广泛流传于各地民间。虽然人手可以显示人的健康状况、职业特征或个人习惯，但一般认为，这种以观看手掌的生理特点预言命运吉凶的说法还缺乏科学依据。

手性 chirality 物体与其镜像不相重合的几何属性。以正常人的左右手的关系作象征。又称手征性。若物体与其镜像等同重合，则称为“非手性”。20世纪60年代中期，

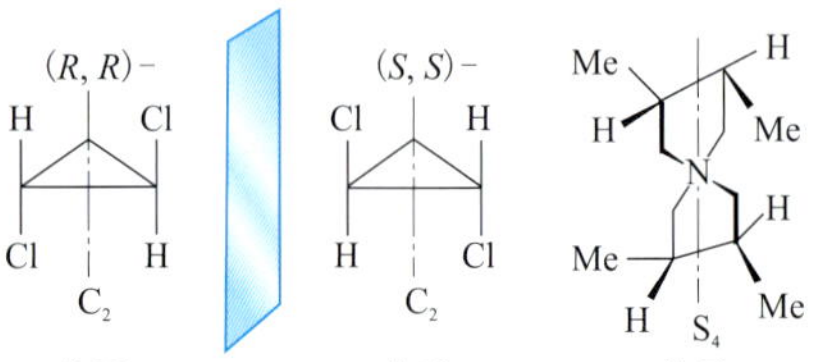

分子1 分子2 分子3

“手性”的术语引入有机**立体化学**，通常指一个给定**构型**和**构象**的分子模型，**分子**具有“手性”是存在**对映体**的充分和必要条件。分子是否是手性的，还可以从其分子模型本身的对称因素来判断。不具有对称因素的分子是手性分子。除了不对称分子外，还存在含有对称轴的手性分子，如反式-1,2-二氯环丙烷（分子1和分子2），一对对映体本身均含有C_2对称轴。含C_2对称轴的分子相当普遍，如右旋和左旋的**酒石酸**。凡是具有旋转反映轴的分子（包括对称面或对称中心等对称因素，称第二类对称因素）是非手性分子。具有对称中心和对称面的分子较易识别，含有旋转反映轴的分子并不多见。如分子3就具有旋转反映轴，经过对称动作后，分子回复到原来的分子模型。

常见的手性分子含有手性中心，即一个不对称碳原子连接四个不同的原子或基团。

“手性”和“不对称”不是等义词汇，过去用“不对称的”分子来描述存在对映体的关系不确切。立体化学中“手性”是应用于整个分子结构的特征，也就是应用于化学物质，不适合修饰任何操作术语。

手性不对称合成 chiral asymmetric synthesis 在反应物分子整个体系中的一个非手性单元被一个反应试剂转化成为一个手性单元，而产生不等量的立体异构体产物的有机合成。即将潜手性单元转化为手性单元并使之产生不等量立体异构体产物的过程。这里所说的“反应试剂”可以是化学试剂、溶剂、催化剂或物理因素（如圆偏振光）。可以看出，手性不对称合成是根据其反应过程所具有的不对称性这一特征而定义的。可分为4种方法（见图）。

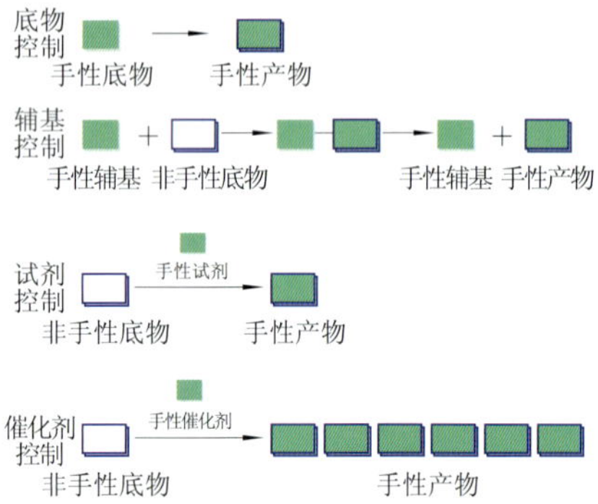

手性不对称合成的4种方法

底物控制法 第一代手性不对称合成。其特征是利用底物分子中的不对称因素来诱导新的手性碳原子的构型。

辅基控制法 又称第二代手性不对称合成。这一方法与第一代在不对称诱导方式上相似，手性控制仍然是利用底物中已经存在的手性基团，通过分子内传递而实现的，其不同点是手性控制基团（即“辅基”）是有意识引入的，以便对反应进行控制，完成任务后可以被容易地除去。

试剂控制法 被认为是第三代手性不对称合成，该方法使用手性试剂，使非手性底物直接转化为手性产物。这里**立体化学**的控制是通过手性试剂与底物分子间的作用而实现的。

催化剂控制法 第四代手性不对称合成。通过手性催化剂诱导非手性底物与非手性试剂的反应，直接生成手性产物。这里的立体化学控制也是通过分子间的作用而实现的。利用手性催化剂而实现的不对称合成，是实现手性增殖的最有效的方法，因为手性催化剂在反应过程中不被消耗，一个高效率的催化剂分子可以产生成百上千，乃至上百万个光学活性产物分子，是最有工业应用前景的手性合成技术。

手阳明大肠经 Yangming Large Intestine Channel of Hand; Yangming Large Intestine Meridian of Hand 中医学中十二经脉之一。简称大肠经。起于食指桡侧端（商阳穴）经过手背行于上肢伸侧前缘，上肩，至肩关节前缘，向后到第七颈椎棘突下（大椎穴），再向前下行入锁骨上窝（缺盆），进入胸腔络肺，向下通过膈肌下行，属大肠。分支是从锁骨上窝上行，经颈部至两颊，入下齿中，回出挟口两旁，左右交叉于人中，至对侧鼻翼旁（迎香穴），交于足阳明胃经（见图）。

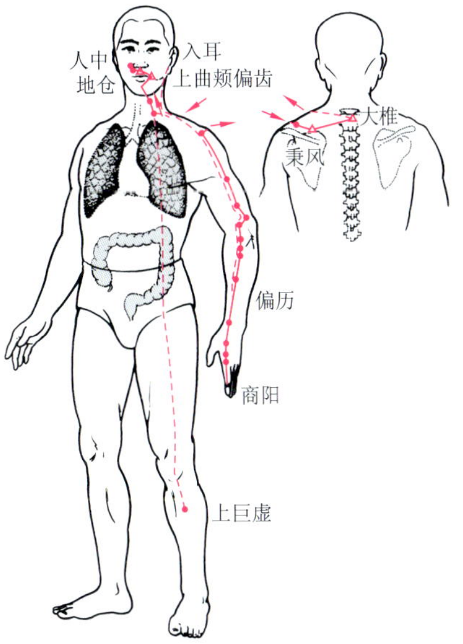

手阳明大肠经循行线路图

该经脉腧穴有商阳、二间、三间、合谷、阳溪、偏历、温溜、下廉、上廉、手三里、曲池、肘髎、手五里、臂臑、肩髃、巨骨、天鼎、扶突、禾髎、迎香，共20穴，左右合40穴。

手影戏 hand shadow play 中国原始的影戏之一，民间流传的游戏、杂技项目。以人的十指借光弄影，模拟表演各种人物、花草鱼虫、飞禽走兽，有的还能表演简单的寓言故事。起源古老，至宋代已成为“瓦舍众伎”之一种。南宋灌园耐得翁《都城纪胜》就有“手影戏”记载。洪迈所著《夷坚志·夷坚三志》辛卷第三“普照明颠”条描写过宋代“手影戏”演出情况：“华亭县普照寺僧惠明者……尝遇手影戏者，人请之占颂，即把笔书云：‘三尺生绡作戏台，全凭十指逞诙谐。有时明月灯窗下，一笑还从掌握来’。”1933年铅印本《沧县志》记载河北省沧县的民间文艺有“手影”条：“闺中妇女，尝以手指、拳伸缩之变化，映烛照壁，作人、马、兔、豕各影，以引儿童之笑乐，有极生动逼肖者。”当代杂技舞台上仍有手影节目表演，常以口技配合，为杂戏中的一种。

手影表演示意图

手语 sign language 以手指的动作表达语言意义的符号系统。主要为聋哑人而设计。用单手或双手手指的不同姿势代表字母，按一定的规则打出符号来拼成词句，以收到模仿自然语言的效果。世界上有各种手语方案，“美国手语”具有代表性。汉字无法自动体现标准音，中国聋哑人使用“汉语拼音手指字母”来表示汉语（见图）。

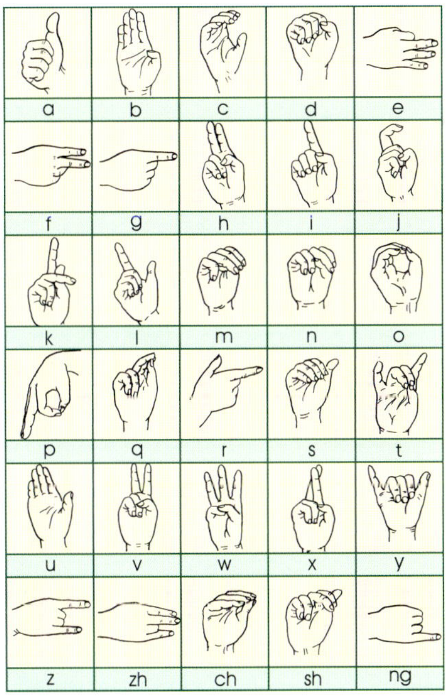

汉语拼音手指字母表

手–足–口病 hand-foot-mouth disease 以手、足及口腔内发生小水疱为特征的一种病毒性传染病。较常见。病原体为库克萨基病毒。全身症状轻微。主要发生于学龄前儿童，尤以1～2岁婴幼儿为多，但成人亦可发生。多在夏秋季流行。有时可在托儿所、幼儿园中流行。整个病程约1周，很少复发。一般为对症治疗，应注意休息，多饮水，保持口腔卫生和适当隔离。

手、足癣 tinea manuum et pedis 由皮肤癣菌在手、足，特别是在掌、跖部引起的感染。表现为小水疱、糜烂、脱屑、结痂、角化等损害。痒感明显。主要致病菌为红色毛癣菌、须癣毛癣菌趾间变种等。治疗可外用克霉唑软膏，环吡酮、萘替芬、特比萘芬等软膏；也可中草药熏洗。顽固难治者，可口服抗真菌药物。

首都剧场 Capital Theatre 中国话剧剧场。1956年建成于北京，为北京人民艺术剧院的剧场。建筑总面积15 000平方米，观众厅的容量为1 227人。剧场前厅中央为方形大厅，大厅上部设有宴会厅，兼做实验小剧场。观众厅平面为矩形。有一层挑台的楼座，厅内音响效果清晰。舞台台口宽13.3米，高8.5米。舞台的主台宽26.7米，深19.5米，高18.5米。有电动活动台口及电动大幕。两侧有附台。主台中央有转台，直径16米。乐池可容纳80人。

首尔 Seoul 韩国首都，特别市。世界特大城市之一。位于朝鲜半岛中部，汉江下游，西距黄海30千米。面积605.77平方千米。人口约1 046.4万（2009），占全国总人口的21.3%。

地处广州山脉余脉低山环绕的盆地内，北高南低，背山依水。汉江下游由东向西迂回市区，江面宽1～2千米。有清溪川、汉川等支流汇入。因河谷坡降减缓，致使上游泥沙在此沉积，形成汝矣岛、蚕室岛等江心洲。属温带季风气候，夏季炎热，冬季严寒，年平均气温11.5℃。平均年降水量1 250毫米，70%～80%集中于夏季。

始建于公元前18年，曾称慰礼城，后称汉城。11世纪高丽王朝在此建夏宫，后改称南京（汉阳府）并筑城。此后商业渐兴。1392年李氏王朝取代高丽王朝后，于1394年将都城从开城迁移至此，更名汉城府，乃“首都”之意。除1398年发生王子战乱曾临时迁都开城外，汉城一直是朝鲜王朝的都城。1910年日本吞并朝鲜后易名为京城。1945年复称汉城。1949年8月15日大韩民国成立时定都汉城，并定为特别市，同时扩大行政区域。朝鲜战争爆发后曾一度迁都釜山。2005年1月，韩国政府宣布把汉城市的中文名称改为“首尔”。

20世纪60年代以来，工业有较大发展，是京仁工业地带的核心，全国最大的工业中心。占国内生产总值的1/4以上，拥有全国60%的工业企业和40%的产值、80%以上的高新技术产业和约70%的高科技开发与研究中心机构。服务业和金融保险已占较大比重。主要工业有机械、石油化工、食品、纺织等，特别是造纸和印刷业均分别占全国该行业产值的80%。城郊农业以种植蔬菜、水果为主。农产品主要靠输入。

首尔是全国的交通枢纽，对外联系便捷。铁路主干线有京釜、京仁、京原、京春、

图1　首尔市中心区（中为首尔象征南大门，已于2008年2月焚毁）

京义等。高速公路以首尔为中心伸向釜山、仁川、光州、原州、晋州和江陵等地。市区交通四通八达，有8条地铁干线和1条地上铁路，形成周密的铁路网，且与卫星城连接。城市西部有韩国最大的金浦国际航空港和国内航空网中心；西南45千米的仁川港，是首尔的出海门户。

文化古迹等人文景观是首尔的重要旅游资源，其中以四大故宫即景福宫、昌德宫、昌庆宫（苑）和德寿宫最为著名。景福宫是朝鲜王朝的正宫，建于1395年，后战乱被焚，1867年重建。宫内存有建春门、敬天寺10层古塔、光华门以及法泉寺智光国师玄妙塔等国宝级文化遗产。昌德宫是现今保存最好的朝鲜王朝宫廷之一，建于1405年。保存有最古老的楼门敦化门、仁政殿、大造殿、宣政殿、秘苑等。昌庆宫和德寿宫建于1419年。此外还有独立门、南大门（2008年2月被焚毁）、定界碑等名胜古迹。市区多公园，有首尔大公园（667万平方米）、北汉山国立公园、奥林匹克公园等。

首尔是文化教育中心，设有国家美术院、国家科学院以及所有的国家级学术团体和国立中央图书馆、中央博物馆、国立美术馆、国家歌剧院、世宗文化会馆、国立古典音乐研究所等。有报社、电视台、广播电台。体育运动设施完备，其中首尔综合运动场是为1986年亚运会和1988年奥运会而兴建的现代化场馆。设有国立首尔大学、高丽大学、延世大学和梨花女子大学等高等学校近40所，集中了全国1/3的高校和2/3的大学生。

20世纪70年代以来，在城市周边兴起了多座卫星城市，现已形成包括首尔、仁川、富川、水原、安养、城南等18个城市在内的首都城市圈，集中了全国人口的45%。

首饰 jewelry　佩戴在人身上的装饰品。本义仅指戴于头上的装饰品，现泛指以贵重金属、宝石等加工而成的耳环、项链、戒指、手镯等。一般用以装饰人体，具有表现社会地位、显示财富等意义。

沿革　在2万年前的欧洲洞穴壁画中，已有佩戴装饰品的人物形象。约公元前2500年，古巴比伦已有运用黄金铸造工艺和錾花工艺制成的金冠、项链、耳环和手镯。古埃及的中王国时代有黄金和红玉、绿松石镶嵌的首饰以及珐琅和掐丝珐琅首饰，品种有胸甲、手镯、脚镯、戒指和耳坠等。在克里特-迈锡尼文化（前2000～前1200）的遗物中，有錾花的黄金饰针等。古希腊的首饰主要运用珐琅工艺和花丝工艺，还有宝石镶嵌的别针和胸饰等。古罗马在圆形或椭圆形的宝石表面雕刻肖像或神话故事，作为配饰或坠饰。中世纪的拜占廷时期和哥特时期的首饰，以金叶片錾花、彩色掐丝珐琅和珍珠宝石串饰为特色，主要用于教堂中的圣像装饰。哥特时期后期，一般贵族也佩戴具有宗教意义的饰针、项链、戒指等。文艺复兴时期，佩戴首饰成为社会时尚。品种除项链、耳环、手镯外，还有纽扣、帽徽、发簪、香盒和锁等。17～18世纪，欧洲的首饰由黄金和珐琅工艺转向宝石工艺，切割方法日臻精巧。19世纪，法国成为欧洲著名的首饰设计中心。工业革命后，机械制造工艺、电镀工艺、人造宝石合成工艺被用于制造首饰。20世纪初，首饰设计出现抽象的几何形式样。第二次世界大战后，许多美术家如P.毕加索、J.勃拉克和S.达利也参与首饰设计，他们的作品具有现代艺术的风格。伦敦、巴黎和纽约是当今世界主要的首饰生产中心。

图2　景福宫

除西方国家外，世界许多国家的首饰也都有发达的技艺和鲜明的特色。如印度运用宝石镶嵌和花丝工艺制作的项饰、腰饰、耳环、鼻饰、手镯和脚镯，非洲加纳的金首饰，拉丁美洲的秘鲁和墨西哥的运用黄金錾花、浇铸和花丝等工艺制作的首饰都很著名。

中国首饰以与整体服饰协调配合为特点。在北京周口店山顶洞人的遗物中，有用石珠、兽牙、蛤壳、骨管等缀成的串饰。公元前5000年的仰韶文化和公元前3000年的龙山文化时期有骨笄和骨梳。商代和周代有“古之君子必佩玉”的礼仪。玉珮有半环形的珩、弧形的璜等规定的样式，还有各种鸟、蚕、蝉、龟、鱼等形象。商代，有用白玉、碧玉和陶珠缀成的串饰。周代的遗物中有多达577颗鸡血石珠和21件管形石饰件组成的串饰。商周时期，还出现用黄金压出花纹的金叶。春秋战国时期，有人形对舞玉珮，以及以绿松石珠和白石珠组成的串饰。束衣用的**带钩**是当时的重要服饰。汉代，金银首饰有所发展，品种有簪、带坠饰的项链、嵌绿松石的金银戒指以及兽形金带钩等。六朝时期，出现许多钗、簪、镯、环等。唐代是中国首饰的繁荣时期，其中金银首饰尤为突出。步摇是盛唐妇女的装束，是用金银珠翠錾花镶嵌，做成鸟禽、蝴蝶、花卉等形状，下垂穗状物，插在发髻上，行走时摇曳生姿。宋代的首饰以玉珮最为著名。利用玉石自然的巧色雕琢成鹤、孔雀、羊、鹅或花卉等形象。明代，许多首饰综合运用花丝、錾花、镶嵌等工艺。清代，金银首饰工艺更为精巧。贵妇的凤冠装饰题材除龙凤外，还有神仙、花草、蝴蝶、昆虫等，极为华丽。此外，官吏朝冠上的顶珠和佩挂的朝珠是品位的标志，是清代特有的首饰品种。19世纪末至20世纪初，在苏州、扬州、上海、广州和北京等地出现民间首饰作坊和银楼，并逐渐形成北京花丝镶嵌，上海金银镶嵌和钻石首饰，苏州、广州珠宝镶嵌等具有地方特色的品种。中国首饰还包括民间首饰和少数民族首饰。民间首饰与时令习俗有关。汉族的香包，苗族、侗族的银首饰，苗族、黎族、台湾少数民族的梳子，崩龙族的绒球和藤腰圈等，都是有特色的民族首饰，它们往往带有象征吉祥和爱情的寓意。

品类　按装饰部位分为发饰、颈饰、**耳饰**、手饰、面饰、冠饰、带饰和佩饰八类。各类中又包括若干品种，常见的有：①项链。一般由链条、搭扣和坠子组成。坠子式样有多种，多数为心形，俗称鸡心；有的做成可开启的小盒，内藏香料、微型肖像等。中国传统习俗中，常给儿童戴下悬锁形坠子的项链，称长命锁，有祝福长寿的寓意。

有的项链不加饰坠子。②戒指。又称指环。套于手指上的小圈，多用金银制成。样式有素戒指和嵌宝石戒指两种。前者没有宝石装饰，后者在戒指面上镶嵌各种宝石。③耳环。穿在耳垂上的耳饰。一般用金银制成，也有的镶嵌珠玉或悬挂珠玉镶成的坠饰。现代还流行以塑料或大理石、陶瓷等材料制成的耳饰。④手镯。戴在手腕上的圆圈形手饰。有链状或环状式样。用金银、象牙或玉石制成，有的镶嵌宝石。现代也有以塑料等材料制成的手镯。

材料　主要有三大类：①金属类。以黄金、白金（铂）、银等贵重金属为主。其中以白金最为贵重。纯白金很软，一般混入少量铱、铜或锌形成合金。黄金使用广泛，纯金很软，一般混入适量银、铜或锌形成合金。黄金的纯度单位为K。纯金为24K；18份金加上6份其他金属称18K金，其含金量为75%；14份金加上10份其他金属称14K金，其含金量为58.5%。②珠宝类。国际上把宝石分成正宝石和半宝石两种。正宝石有钻石、刚玉（蓝色称蓝宝石，红色称红宝石）、黄晶（黄玉、黄宝石）、绿宝石（翠玉、祖母绿）、金绿宝石（猫儿眼）等。半宝石有水晶、玉髓、玛瑙、碧玉、孔雀石、绿松石、玉（包括硬玉、软玉，绿色硬玉称翡翠）等。除以上宝石外，还有四种非矿物类宝石，即珍珠、珊瑚、琥珀和煤精。优质天然珍珠与正宝石同列，其他三种一般列入半宝石。宝石中最珍贵的是钻石，又称金刚钻。它是硬度最高的矿石，一般无色、透明，也有呈黄、红、橙、蓝、褐、紫等颜色。珠宝类首饰以色度、净度、重量和琢磨技艺四项标准来衡量其价值。宝石的重量单位为克拉。1克拉为200毫克。③人造材料类。如各种仿金合金（亚金、稀金等）、人造钻石、人造宝石和人造翡翠等。

工艺　传统首饰都是手工制造，其工艺可分为三类：①花丝工艺。以金银丝堆垒、编织等技法制作。②镶嵌工艺。运用齿镶（用四根金丝固定珠宝）、包边（用薄金边将珠宝周围包住）、硬嵌（在金块表面铲挖出四个小桩，将小桩向中心挤压，挤住珠宝）等技法，将珠宝镶嵌在金属底子上。③素坯工艺。运用浇铸（将金属熔化后浇在模子里成型）、打凿（使用锤、钳、凿、锤等工具直接将金银錾出花纹和形状）等技术制作。此外，现代首饰也有用机器批量生产的，运用冲压、挤轧机械成型。

流派　当今国际首饰流派基本分为三种：①高档艺术首饰。式样从19世纪欧洲首饰传统风格开始，发展到20世纪初的"新艺术运动"风格、"国际式样"风格、抽象主义风格等，用料高贵，制作精良。一般为单件，是国际艺术品市场的高档商品和收藏品。②时装首饰。式样随时装而变化，风格多样。用料有黄金、白金和各种宝石，也有其他仿制材料。③时尚首饰。多为在当前艺术和时尚潮流影响下设计制作的首饰。主要用于显示佩戴者的个性。用材不拘一格，除金属材料外，还有木料、贝壳、矿石和其他石料，各种纤维、塑料、纸料，一般流行周期较短。

首陀罗迦　Sudraka（约2～3世纪）　古印度梵语戏剧家。剧本《小泥车》的作者。生平事迹不详，约活动于公元2～3世纪。据《小泥车》序幕介绍，他是一位国王，学问渊博，武艺高强，100岁时自焚而死。但首陀罗迦只是印度古代传说中的一位国王，迄今未被历史证实。因此，可能是《小泥车》作者为便于自己作品流传而假托首陀罗迦的名字。这个名字与低级种姓称谓首陀罗有关，也可能暗示作者本人是个出身低微的人。《小泥车》是10幕剧，展示了古代印度中下层人民的生活。这部戏剧人物众多，情节复杂曲折，洋溢着诗情画意和幽默情趣。归在首陀罗迦名下的，还有一部独幕讽刺剧《莲花礼物》。有些学者认为多幕剧《琵琶和仙赐》(现存前8幕）也是首陀罗迦的作品。

寿春　Shouchun　中国魏晋南北朝时期的淮南军事重镇。即今安徽寿县。战国楚在今县西南置寿春邑，公元前241年，楚考烈王从陈（今河南淮阳）迁都于此，命名"郢"。秦置寿春县。东晋孝武帝为避太后郑阿春名讳，改为寿阳。南朝宋大明六年（462），复名寿春；八年，又改睢阳。北魏仍名寿春。明初废县入寿州。辛亥革命后废州为县。先后为秦汉九江郡、九江国、淮南国，魏晋南北朝扬州、豫州、南豫州及淮南郡、梁郡，隋唐寿州，宋元安丰军和安丰路治所。

寿春北滨长淮，沿淮诸山列布。涡、颍二水自北而来，分别于其东、西两侧流入淮河；淝水自南而来，经其西北流入淮河。在古代黄淮平原上的鸿沟水利系统尚未破坏以前，从中原南下，可沿狼汤渠折入涡、颍二水抵淮，再由淮水出淝水、巢湖和濡须水（今安徽运漕河）直达长江；或由寿春登岸，直指合肥和历阳（今安徽和县）。因此，寿春可谓北扼涡、颍，南通淝、巢，加上寿春西南有中国古代淮河流域最大的水利工程芍陂，这为当地的农业发展创造了良好条件。魏晋南北朝各代都在这里绥集流散，广开屯田，积聚军粮，作为守淮的经济基础。由于以上地理特点，寿春进可以北伐中原，退可以固守淮南，被称为"建康之肩髀，淮西之本源"(《读史方舆纪要》)，地位十分重要。在历史上，寿春战事最多是在南北分疆以淮河为界的魏晋南北朝，其中最著名的是淝水之战，为中国历史上以少胜多的典型战例。而当南朝宋泰始三年（467）失淮西和淮北地后，寿春的边关地位更加突出。梁天监十三年（514）和陈太始五年（573），为阻止北魏和北齐军南下，两次堰淮水、淝水灌寿春，淮河上游两岸皆成泽国。南北朝以后，由于统一局面的形成，寿春的军事地位不再重要。

寿带属　*Terpsiphone*; paradise flycatchers　鸟类雀形目王鹟科的一属。共有13种，主要分布于亚洲和非洲。中国仅有寿带和紫寿带2种。尾较翅长或等长，头有羽冠。嘴大而

寿带鸟

扁平，上嘴具棱脊，嘴须粗长。寿带鸟上体呈栗色，下体呈白色，胸部呈苍灰色。雄鸟除头部呈蓝黑色外，体羽全部为白色。栖息于山区或丘陵地带的树丛中。主要以昆虫为食，兼食少量植物。繁殖期5～7月。巢呈侧圆锥形，位于离地2～6米的树杈上，以草茎、树叶、树皮等物构成，外敷以苔藓、地衣并缠以蛛丝。每窝产卵3～4枚。卵呈乳白色且具少许红褐色斑点。紫寿带鸟头、颈、胸呈黑色，具羽冠，余部呈暗褐并具金属光泽；下胸呈灰色，至腹部逐渐呈白色；尾呈黑色。

寿光市　Shouguang City　中国山东省辖县级市。位于省境中部偏北，渤海莱州湾畔。面积2 180平方千米。人口约114万（2010）。秦为剧县、益县，属齐郡。西汉景帝中元二年（前148）置寿光县，南朝宋废寿光县，隋开皇六年（586）复置寿光县。1993年撤县设市。由潍坊市代管。矿产有地下卤水、石油、天然气、煤等。特产小清河银鱼、莱州湾梭子蟹、东方对虾。是国家确定的粮食、蔬菜、果品、棉花、水产、畜牧综合商品基地市，是中国最大的蔬菜生产基地，被国家命名为唯一的"中国蔬菜之乡"。工业有海洋化工、农副产品加工、机械、工艺品、建材等。有胶济铁路、206国道、济青高速公路等过境。古迹有春秋纪城遗址等。

寿山石　larderite; Shoushan stone　隐晶质块状矿物集合体。因产于福建省福州市寿山

而得名。由于石质细腻，又称为冻石。其主要矿物组成为层状结构的硅酸盐矿物迪开石（或珍珠石）或**叶蜡石**，还可能有少量的石英、绿帘石、红柱石、黄铁矿等。由于矿物组分的差异、色素离子铁等的存在，可呈现白、黄、紫、红、褐、黑等颜色。半透明至不透明。蜡状光泽。莫氏硬度2～3。密度2.5～2.7克/厘米^3。侏罗纪火山岩经后期热液蚀变的产物。其原生矿石在地下水面以上者称山坑石，浸泡于地下水中者称水坑石，而经过流水搬运的次生砂矿称田坑石。田坑石质量最好。根据产状、质地、颜色等还可细分为上百品种，如著名的黄色品种田黄石、田黄冻，与之同属田坑石的还有银裹金（皮白内黄）、红田石、白田石、黑田石等。优质寿山石具有细、清、润、腻、温、凝等特色。为制印、工艺雕刻的传统中国名石。

寿县 Shouxian County 中国安徽省六安市辖县。位于皖中腹地，淮河中游南岸。面积2 986平方千米。人口约101万（2010）。秦置寿春县，南北朝时改称寿阳县。隋初复名寿春县，明初并寿春、安丰二县入寿州。1912年废寿州设寿县。地形以平原为主。属亚热带半湿润季风气候。经济以农业为主，是中国商品粮基地。主产小麦、水稻、高粱、黄花菜、中药材、茶叶等。传统名品有八公山豆腐、八公山酥梨、银鱼、瓦虾、淮王鱼等。矿产资源有石灰岩、钾长石、大理石、矿泉水等。工业有木材加工、水产加工、粮油加工等。交通以公路运输和淮河航运为主。为国家历史文化名城。寿县是楚文化的故乡，传说是豆腐的发源地，**淝水之战**的古战场。历史上的蔡国、楚国、西汉淮南国都曾建都于此。古迹有安丰塘、宋代古城墙、报恩寺等，还有八公山、通淝、靖淮门、古城广场公园等景点。

寿县古城东门城楼与城墙

寿衣 grave clothes 死者的殓服。曾称襚服。中国古代重视丧葬礼仪，先小殓（换上寿衣），后大殓（入棺埋葬）。通常身份越高，小殓衣衾越多、越贵重。春秋战国时期就出现缀玉面罩、缀玉衣服等特殊寿衣。汉代皇帝和贵族的**玉衣**由此而来，并分为金、银、铜缕玉衣3个等级。玉衣制度在魏文帝曹丕颁《薄葬诏》后，于黄初三年（222）废除。近代汉族寿衣沿用清代冬衣配法，有衣5件（白布衬衫、衬裤、棉袍、袄或褂、裤各1件）、帽1顶、鞋1双，另有衾枕。外衣以绸为面料。大多绣五蝠捧寿图案。比较考究的寿衣，男穿长袍马褂，女穿袄袍，都绣金花、寿字。寿衣颜色，一般为蓝、褐色，年轻妇女用红、粉或葱白色。此外，还配以被褥，通常铺黄、盖白（意为铺金盖银），被面常绣“八仙”。现在少数乡村还沿用这类寿衣。多数农村和城市移风易俗，办丧事一般给死者穿整齐干净的日常生活服装，习惯上仍称寿衣。

受戒 taking oaths as monk or nun, system of 佛教制度。凡皈依佛教的人都应受持戒律，以便更好修行。因不同教派对教义的不同理解，产生了不同的戒条。分为五戒、八戒、十戒、具足戒等，或小乘戒、大乘戒、居士戒、比丘戒、比丘尼戒等。出家者受持戒法后即成为正式僧尼。沙弥和沙弥尼必须受持十戒，即不杀生、不偷盗、不淫欲、不妄语、不饮酒、不涂饰香鬘，不歌舞观听，不坐高广大床、不非时食、不蓄金银宝物。上座系佛教比丘有227戒，比丘尼有331戒。汉地佛教依昙无德部《四分律》比丘守250戒，比丘尼守348戒。藏传佛教实行说一切有部律，比丘为258戒。信奉大乘的汉地佛教僧尼还须受菩萨戒。凡受戒者不许破戒，但允许声明舍戒还俗。破戒者要受到惩罚。如果遇特殊情况，也可以暂时破例开戒。

受精（动物） fertilization (animal) 单倍体的精子和卵子相互结合和融合而形成双倍体合子的过程。为有性生殖生物个体发育的起点。它一方面保证了双亲的遗传作用，另一方面恢复了染色体双倍体数目。哺乳动物受精包括精子获能，精卵之间的识别、结合、融合、激活、皮质颗粒外排、雌雄原核形成和遗传物质混合等多个步骤。

受精方式 分为体内受精和体外受精，自体受精和异体受精及单精受精和多精受精。

体内受精和体外受精 凡在雌、雄亲体交配时，精子从雄体传递到雌体的生殖道，逐渐抵达受精地点（如输卵管壶腹部或子宫），在那里精卵相互结合，称体内受精。凡精子和卵子同时排除体外，在雌体产孔附近或在水中受精，则称体外受精。

自体受精和异体受精 多数动物是雌、雄异体的，但有些动物是雌、雄同体的，即同一个体既能产生卵子，也能产生精子。在雌雄同体动物中，有些是自体受精的，即同一个体的精子和卵子结合，如绦虫；有些是异体受精，即两个不同个体的精子和卵子相结合，如**蚯蚓**。

单精受精和多精受精 只有一个精子进入卵子内完成受精，称单精受精，如刺胞动物、棘皮动物、环节动物、硬骨鱼、无尾两栖类和胎盘类哺乳动物。昆虫、软体动物、软骨鱼、有尾两栖类和鸟类，在正常生理条件下，受精过程中可有多个精子入卵，卵子中形成多个雄原核，但最终只有一个雄原核与雌原核结合，完成正常的胚胎发育，而其他雄原核在发育中途退化，称多精受精，又称生理性多精受精。

受精过程 包括精子获能和顶体反应、精卵识别、精卵融合3个步骤。

精子获能和顶体反应 哺乳动物的精子刚射出时没有受精能力，只有在雌性生殖道内停留一段时间后，才获得受精能力，称为精子获能。到达受精部位后的精子与卵子表面接触后，顶体膜发生囊泡化，释放顶体内容物，称为顶体反应。

精卵识别 哺乳动物的卵子周围包有一层称为透明带（ZP）的非细胞成分。精卵之间的初级作用发生在卵子透明带表面。与精子结合的卵子表面成分，称为精子受体。与卵子结合的精子表面成分，称为卵子结合蛋白。大多数情况下，精卵之间的相互作用具有种属特异性，透明带是阻止种属间受精的主要障碍。

精卵融合 精子穿过透明带以后，很快到达卵质膜表面，与卵质膜结合并融合，整个精子进入卵子。精卵融合需一定的温度、pH和离子条件。精卵融合很少发生在卵子第二次减数分裂器存在的无微绒毛区域。在非哺乳类动物和非真兽类哺乳动物，精子的顶体内膜与卵子质膜融合；而在真兽类（胎盘类）哺乳动物，精子赤道段的质膜参与融合。没有发生顶体反应的精子不能与卵质膜融合。精卵膜融合不似精子与卵子透明带作用时具有严格的种特异性。但是，这不等于哺乳动物的精卵融合完全没有种属特异性。根据动物种属不同，多精受精或主要发生在透明带水平上，或主要发生在卵质膜水平上，或二者兼有。

受迫振动 forced vibration 振动系统在简谐外力作用下的**振动**。又称强迫振动。设有一外力或强迫力$F_a\cos(\omega t)$作用于一有阻尼的弹簧质量系统上，此时质量块位移有两项：第一项称为瞬态振动，它描述振子的自由振动，此项与系统的初始条件有关，只在振动的开始阶段起作用。第二项称为稳态振动，它描述振子在外力作用下所作的受迫振动，它比瞬态振动重要得多。稳态振动质量块位移ξ为：

$$\xi=\xi_a\cos(\omega t-\theta)$$

式中$\xi_a=F_a/(\omega|Z_m|)$，$Z_m=R_m+jX_m$为振子的力阻抗。频率给定后，ξ_a就为常数，不随时

间变化，所以是一种等幅简谐运动，振动圆频率就是外力的圆频率ω。在$\omega=\omega_0$（系统固有频率）附近质量块位移振幅可以很大，这一现象称为位移共振。强烈的共振会造成机器失灵，甚至招致建筑物毁坏。但超声学和水声学常采用单频声波，此时应使工作频率接近换能器振子的共振频率，以提高其灵敏度和增强抗干扰能力。

受降城 Shouxiang cheng　中国西汉时意欲接受匈奴降人而修筑的边防城。在今内蒙古乌拉特中旗东阴山北。武帝太初元年（公元前104）因闻匈奴左大都尉欲杀单于降汉，遣因杅（匈奴地名）将军公孙敖修筑。置受降都尉驻守。后并未接受匈奴，而成为防匈奴边城。唐时用此名，置有三受降城。唐初，原在北边设置朔方军与突厥以河套黄河为界，河北有拂云祠，突厥欲南侵必先诣祠祭祀以求福。《旧唐书·张仁愿传》载：景龙二年（708）朔方道大总管张仁愿乘突厥西击突骑施之机，出兵夺取漠南之地，为防突厥南侵，在河北筑三受降城，首尾呼应，以绝突厥南侵之路。中受降城在今内蒙古包头市西、黄河北岸，曾为安北都护府治（714～749），管兵六千人，马二千匹；东受降城在今托克托县南，黄河北大黑河东岸，西去中受降城三百里，管兵七千人，马一千七百匹；西受降城在今杭锦后旗北乌加河北岸，狼山口南，东去中受降城三百八十里，亦曾为安北都护府治（708～714），管兵七千人，马一千七百匹。东、西受降城均曾河水泛溢所毁，城址有迁移。三受降城受朔方节度使统辖。

狩野派 Kanō school　日本绘画史上最大的画派。从15世纪后期开创后，曾为幕府御用，一直持续到19世纪末。倡导者为狩野景信。其子狩野正信则将各种技法与通俗的题材相结合，使绘画完全适应于日本障屏画形式。正信之子狩野元信作为幕府的御用画师，将画工们组织成工房进行制作。元信的孙子狩野永德的气魄豪迈的作品，使当时日本的统治者为之倾倒。永德死后，弟子狩野山乐给狩野画风带进了丰富的抒情性，使桃山障屏画有了新的发展。随着德川幕府体制的成立，永德之孙狩野探幽等奠定了江户狩野画派的基础。探幽之后，因袭守旧风气抬头，狩野派创造性逐渐削弱。狩野派最后两位代表是狩野芳崖和桥本雅邦，他们以西方画法进行改革，使其融入近代日本画并成为主要成分。

狩野永德的作品《柏树》（局部）

授时 time service　为社会提供标准时间、精确时刻和频率标准的系列化工作。见时间服务。

兽类 mammals　脊椎动物亚门哺乳纲动物的总称。一般指大型哺乳动物。

兽医学 veterinary science　研究预防和治疗动物疾病的科学。各种家畜、家禽、小动物和鱼类的保健与疾病防治均属兽医学范畴，现已扩大到人畜共患病、公共与食品卫生、环境保护、医药等领域，并形成了分子病毒学等许多新的边缘学科。

学科体系　兽医学的主要基础理论与应用学科有：家畜解剖学、组织学、胚胎学、生理学、生物化学、病理学、药理学、寄生虫与寄生虫病学、传染病学、内科学、外科学、产科学、兽医微生物学及中国传统兽医学等。20世纪以来，又相继建立了禽病、野生经济动物病、家畜中毒病、人畜共患病、动物营养代谢病、兽医真菌、兽医病毒、兽医免疫、兽医公共卫生、预防兽医、兽医毒理、动物显微外科、兽医生物制品、动物环境病理、小动物兽医学及实验动物医学等新学科，形成了完整的学科体系。

研究内容　主要有：①畜禽群发性病防治。重点研究畜禽疾病特别是集约化养畜养禽的传染病、寄生虫病、中毒病与营养代谢病等的全群性防治技术。通过研究明确其病因病原，加强对环境卫生管理、免疫与免疫程序的制定、饲料添加剂的配制、诊断与免疫水平的监测等，以预防群发病特别是传染病的发生，达到控制、净化进而消灭畜禽疾病的目的。②观赏、伴随等小动物的诊治。伴随、观赏与实验动物等小动物的种类繁多、病因病原复杂、研究试验条件要求高。加强其预防诊治研究，以便在免疫、代谢和药理等方面得出准确的结论。③动物检疫。④兽医公共卫生。健康的动物、卫生的肉品与健康消费是兽医卫生工作的宗旨。肉类产品质量包括对人畜共患食源性病原微生物与有害残留物如二噁英、盐酸克伦特罗等的检验检测，目前国际上普遍推行的是HACCP制度。中国依据《动物防疫法》和《肉品卫生检验规程》等法规，对动物性食品生产前后各环节进行卫生监督检验，以防病原扩散与有害残留物危害人民健康。⑤医学模拟试验。许多人类疾病能以极其相似的机理和形式在某种动物身上表现，这种疾病被称为人病模型，用于如肿瘤、外科手术等各种人病研究及药物筛选。因此预防医学、比较医学已成为兽医学与医学共同发展的学科，在防止生物战、化学战和原子战及宇航医学等方面具有重要意义。⑥兽医生物制品。研究制备畜禽疾病预防、诊疗用生物制品。内容包括：生物制品的分类、国际标准化和生产质量管理规范（GMP）；病原微生物变异原理与诱变方法；工业化生产的细菌与病毒培养，原材料的选择；提高疫苗免疫力的佐剂及冻干工艺等。⑦动物环境病理。用病理学方法研究地球环境变化与动物疾病间的关系。根据机体形态结构、机能活动和物质代谢等的变化，揭示疾病本质。内容包括：物理、化学、生物和地理以及水土、气候因素，动物饲养方式改变，人类社会活动以及环境污染等所致的各种动物疾病。

20世纪50年代以来，随着社会工业化和城市化进程的加速，大量废气、废水、废弃物等造成环境污染，一些有毒有害物质最终都集中在食物链中，危害动物和人类健康与生命。在中国现已发现如高氟、高硒、黄曲霉毒素等家畜中毒病160余种，随着工农业生产的发展，动物环境疾病呈日趋增多与复杂化趋势。加强研究，提出防治措施，对环境保护、生态建设、保障养殖业生产与人类健康均具重要意义。

兽用药物 veterinary drug　调节畜禽机体功能、防治畜禽疾病的药物。包括植物、动物、矿物等天然药物和人工合成的药物、免疫制剂两大类。有的饲料添加剂等也属兽用药物的范畴之内。

药物作用机理　可从药物的构效关系、量效关系，以及药物在畜禽体内的转运、转化等加以说明。

构效关系　药物的作用（效应）基本上是药物分子与受体的相互作用。与药物的理化性质、化学结构有密切关系。药物被机体吸收后，只有与细胞膜上，或细胞质内的受体相适应的药物才能产生作用。作用的大小与受体结合的药量成正比。

量效关系　指在一定范围内，药物的效应随剂量或浓度的增加而相应增加。影响药效的因素很多，如药物的剂量、剂型、给药方式，以及复合用药时药效的增强或减弱等。动物的种类、品种、年龄、性别、体重、个体差异、机能状况等也能使药效产生差别，以至相反的结果。

药物的转运　药物在动物体内转运要通过生物膜，膜上有接受药物作用及运送物质的酶，以及运送小分子物质的孔道。药物的转运包括吸收、分布和排泄过程。药物内服后在胃肠道主要通过简单扩散吸收。内服或直肠给药吸收缓慢且不规则，静脉注射直接把药物引进血液循环，可迅速产生药效。肌肉和皮下注射须经毛细血管壁，药物的吸收是按被动转运方式进行，比较迅速而完全。药物主要通过肾脏排泄。有些药物可从胆汁排入肠腔，其中一部分随粪排出，一部分由肠黏膜吸收，形成肠肝循环，使血药浓度增加，延长药效。此外，药物还可从肺、汗液、唾液和乳汁排出，有些药物则在组织内贮存。

药物的生物转化　即药物在生物体内发生的化学结构改变。又称药物代谢。经转化的药物大多失去活性，增加水溶性和极性，从而降低肾小管的重吸收，使之易于排出体外。肝脏是药物转化的重要器官。肝细胞的内质网上存在微粒体药物代谢酶系；其他部位如肾、胎盘、肠黏膜的线粒体、细胞质可溶部分和血浆中的多种酶系则称非微粒体药物代谢酶系。前者主要进行脂溶性药物转化，后者进行水溶性高的药物代谢。

药物在体内的转运和转化是随时间不断变化的动态过程，它与血液直接有关。通过血药浓度的测定，采用房室模型推算药物及其代谢物在体内吸收、分布、消除的各项参数，可借此设计出包括剂量、给药间隔与途径、剂型等给药方案。

药物治疗　兽医常用的药物大体上分为如下几类。

中枢神经系统药物　这类药物对中枢神经系统——脑和脊髓发生作用，有的属抑制性，有的属兴奋性。可分为全身麻醉药、局部麻醉药、镇静药、镇痛药、中枢兴奋药、解热镇痛药和抗风湿药。

植物性神经系统药物　主要通过影响体内的化学传递过程而发挥作用。其中直接作用于受体而与之结合的药物有拟胆碱药和拟肾上腺素药。此外，还有通过影响递质代谢而间接地呈现拟胆碱药效应的药物，如胆碱酯酶药。

消化系统药物　消化系统常用药有健胃药、反刍促进药、制酵药、泻药和止泻药等。

呼吸系统药物　主要有祛痰药，促进气管与支气管分泌，稀释黏痰，使易于排出。镇咳药能降低延髓咳嗽中枢兴奋性，起止咳作用。

循环系统药物　有强心药、抗贫血药、止血药、抗凝血药和血溶量扩充剂等。

泌尿系统药物　作用于肾脏，促使尿液排出，并能消除水肿。

生殖系统药物　常用的子宫收缩药有垂体后叶素和催产素和麦角新碱等。

影响组织代谢药物　肾上腺皮质激素中主要影响糖代谢的有可的松、氢化可的松、泼尼松、氢化泼尼松、地塞米松等。维生素是一群有机化合物，在能量转化和代谢功能中占有重要地位，维生素缺乏常导致幼畜生长缓慢、健康不良。

兽用解毒药物　如亚甲蓝用于亚硝酸盐和氰化物的解毒，二巯基丙醇等巯基解毒剂及依地酸钙钠等强力络合剂用于金属及类金属解毒，阿托品或胆碱酯酶复活剂如碘磷定（PAM）用于有机磷解毒等。

瘦金书　slender gold style of calligraphy　中国宋徽宗赵佶自成一体的楷书风格。赵佶精于艺事，尤其是在书法绘画上具有极深造诣和广泛影响。其楷书学唐代薛稷和宋代黄庭坚，在薛、黄二人特点的基础上又融入工笔画的钩线技巧，形成了一种点画瘦劲，起止尖锐，用笔轻落重收，坚挺犀利，转折处顿按夸张，法度谨严，一丝不苟的独特风格，后人将这一风格称为“瘦金书”或“瘦金体”。或谓原名应作“瘦筋”，是指其点画尖细而有弹性，因赵佶位居至尊，故易“筋”为“金”。“瘦金书”作为徽宗“御书”的特有面目，在当时广受赞扬，当时的钱币如“大观通宝”、“宣和通宝”上题字亦皆为“瘦金体”。赵佶还喜欢用这种字体在绘画作品上题写诗句和落款，由此形成了书画相得益彰的搭配模式。后来的工笔画家多学习瘦金书用以题画。

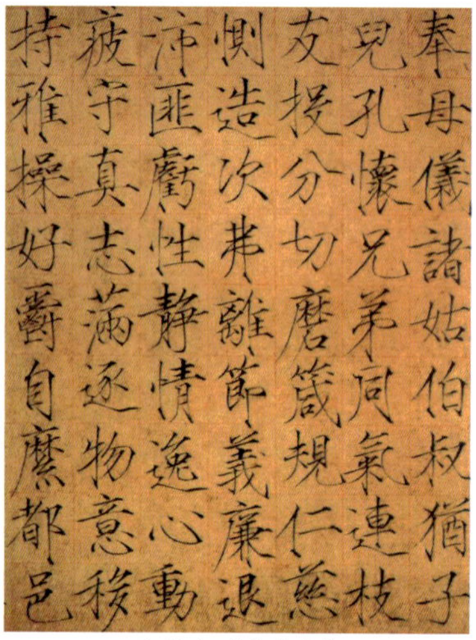

赵佶书《千字文》

瘦西湖　Slender West Lake　中国名园。位于江苏扬州西郊。原为护城河，名保障河、炮山河。又称长春湖。瘦西湖名称始于清乾隆年间，水源是汇集扬州西北部山冈的降水于蜀冈南麓。历代的造园匠师（特别是清代的）利用30里流程长河，相形度势来点缀园林，沿湖各园选址和建造各具特色。各园之间互为对景、借景突破了空间上的局限，在布局上呈现出融为一体的效果。瘦西湖造园的成就突出表现在山水经营匠心独运，景观序列连续紧凑，俨然水墨山水长卷。

由吹台两圆门观五亭桥和白塔

瘦西湖有二十四景，按性质大体可分为六类：御苑园林、寺庙园林、祠堂园林、书院园林、酒楼茶肆园林和宅园。20世纪50年代初，瘦西湖的名园胜景已残存不多，经逐步整理修复，现在水面游程4.3千米，其精华部分包括长堤春柳、徐园、小金山、四桥烟雨、吹台、五亭桥和白塔等游览区和风景点，基本恢复了“一路楼台直到山”的景观。

书牍文　epistolary writing　常用的应用文体。又称书简、书札、书信、尺牍。其突出特点是具有实用性和内容的广泛性。书信作为人与人之间的交际手段，最具有日常应用性，其所涉及的内容又几乎无所限定。作者在书信中可以称心而言，意到笔随，或抒怀抱，或诉衷情，或发议论，还可以骋才华、托风采，故书信亦成为文章一体，而出现不少名篇。如汉代司马迁的《报任安书》，唐代韩愈的《答李翊书》、白居易的《与元九书》，宋代王安石的《答司马谏议书》等，都是既有政治、学术价值，又十分真切感人的书牍作品。在现代作家中，亦不乏采用书信体而创作的名文，如冰心的《寄小读者》等。

《书断》　*Judgements on Calligraphers*　中国唐代品鉴、评论书法家和书法的著作。作者张怀瓘，书画理论家。海陵（今江苏泰州）人。曾官鄂州司马，开元初年（713～714）任翰林院供奉。工书，擅长真、行、小篆、八分。著有《书议》1卷，品评真、行、章、草四体及各家等第，并兼论各种书体作法；《书估》1卷，评价书法的价值；《书断》3卷。此外尚著有《文字论》、《六体书论》、《论用笔十法》、《玉堂禁经》、《评书药石论》等，均为书法理论著作。所著《画断》，是评论绘画的著作，已佚。《书断》上卷叙述古文、大篆、籀文、小篆、八分、隶书、章草、行书、飞白、草书等10种书体的源流和发展概况，每体都有一编赞，比较系统地论述字体的发展变化历史。中卷和下卷分神、妙、能三品，每品又各以书体分论。各品前列姓名，后为小传，传中又附录38人。诸小传以时代为序，全书最后有《总评》

一篇，创稿于开元甲子（724），脱稿于丁卯（727）。诸传征引繁博，资料丰富，自谓“不虚美，不隐恶，近乎马迁（司马迁）之书也”。唐张彦远编辑《法书要录》，辑录此书全文。

书法 calligraphy 特指以毛笔书写汉字的艺术。书法既有语言文字所具有的实用价值，也具有欣赏性的艺术价值。它是中华民族优秀传统文化之一。公元元年前后流传到日本等国，至今不衰。

表现手段 作为一门艺术，与通常写字有一定的区别，书法必须具备用笔、结构、章法、墨法等艺术表现手段。

图1 秦《泰山刻石》拓本

用笔 毛笔是书法的最主要工具。中国毛笔起源很早，原始社会就有具弹性的毛笔，能在陶器上画出粗细不同、流畅美观的各种线条。用毛笔书写文字，逐渐演变成书法用笔的艺术技巧，从而构成书法艺术的要素。书法的用笔，主要包括笔法、笔力、笔势、笔意等艺术技巧。①笔法。指用笔的方法。主要有：起笔、收笔、圆笔、方笔、中锋、侧锋、露锋、藏锋、提按、转折等。②笔力。指笔画的内在力量。无论是刚健或柔软的笔画线条，用笔都要表现出内在的力量感。③笔势。指用笔时所形成的气势。笔势讲求笔断而气势不断，点画形状虽各不相同，但其势则浑然一体。④笔意。即笔画线条所表现的感情、意趣等。这种意趣往往是作者的感情在书法中的流露和表现。

结构 又称结字、结体或间架。书法的结构往往就文字的结构规律和作者的审美情趣作合适的艺术安排。这些艺术规律有疏密、虚实、欹侧、匀称、和谐、聚散、呼应等。书法的结构是根据这些规律和技巧表现文字的形式美，给观者以丰富的美感、情趣，借以引起无穷的意境和趣味。书法艺术的结构，很早就引起书法家的研究和探索，隋代僧人智果的《心成颂》和传为唐代欧阳询的《结体三十六法》，都是研究书法艺术结构的著名著作。

章法 字与字、行与行之间的整体关系和安排。这种安排除了疏密、均衡等关系外，一幅书法还必须字字上下顾盼、左右相映，行行相互联系、气脉连贯，使之成为一个既完美和谐又有变化的整体。特别是草书和行书，常以笔画的牵丝、引带，彼此呼应，使整幅书法作品具有一种音乐般的韵律以及节奏感。

墨法 书法的用具除笔外，还有墨和纸。笔、墨、纸三者相互产生变化不同的效果，因此，墨法也常为书法家所重视。用墨的方法有：浓墨、淡墨、干墨、渴墨、湿墨、枯墨、涨墨等。淡墨，古人作书多不采用，明董其昌爱用淡墨，及至近代被大量采用，一字之中，浓淡互用，笔画之间，彼此渗透产生丰富的意趣。

书体 书法字体主要有篆、隶、草、楷、行等，这些字体一直为古今书法家所采用。各种字体的形成，彼此有不可分割的关系，但又有各自的体貌和特点，因此书写的方法也有所不同。

篆书 篆书通常包括商周时代的甲骨文、金文、战国篆书和秦代小篆。①甲骨文。又称卜辞。商周时代刻（一般是先书写后刻成）在龟甲、兽骨上的文字。甲骨文已出现书法艺术的要素和不同的艺术风格。②金文。又称钟鼎文。铸或刻在青铜器上的铭文。金文起源于商代，盛行于周代，金文比甲骨文更趋规范化，形体也较甲骨文方正整齐，笔画的分布更求均匀对称，用笔技巧丰富多样。商末周初用笔比较方折，到西周中晚期，线条渐趋圆浑，变化更为丰富。③战国篆书。又称六国文字。战国时期书法艺术呈现丰富多彩的局面。遗存至今的文字，除铜器铭文外，还有简牍书、帛书、载书、石刻、陶文、玺文等。这时也出现新体字，如有浓重装饰趣味的鸟篆，粗头细尾的蝌蚪文。最能代表这时书法艺术水平的是石鼓文。④小篆。秦始皇统一中国后，经过整理规范后推行全国的文字。小篆在大篆（籀文）基础上简化形成，结体圆长，笔画粗细匀称，藏头护尾，不露锋芒，线条圆润，非常美观。作品以相传为秦李斯所书的《泰山刻石》、《琅邪台刻石》为代表。

图2 汉曹全碑拓本

隶书 又名佐书、史书。产生于战国，盛行于汉代。隶书打破篆书曲屈圆转的形体结构，为便于书写，隶书变小篆的纵势为横势，形体宽扁，左右舒展，笔画讲求波磔，横画具有蚕头燕尾的形状，是具有浓重装饰趣味的字体。隶书艺术以两汉成就最高，汉代隶书遗存有碑刻和简牍书。汉碑隶书，体势、风格变化多端。其著名碑刻保留到今天有百余种之多。简牍隶书，用笔多直率随意，不假修饰，有一种自然、活泼的意趣。魏晋以后隶书被楷书取代，隶书则用于匾额和部分碑石，但隶书书家代不乏人。

楷书 又称正书、真书。楷书是隶书的变体在汉代已见雏形。魏晋南北朝是楷书的发展时期，唐代是楷书巅峰阶段。楷书形体方正，笔画有严格法度，点画、钩戈、撇捺构成长短正斜、俯仰照应，比篆隶更富于多姿多变。南北朝碑刻是现存楷书的宝库，北朝碑刻特别是魏碑书法，魄力雄强，气象浑穆，体态多变。历代著名楷书书法家曹魏有钟繇，东晋有王羲之、王献之。初唐虞世南、欧阳询、褚遂良、薛稷并称初唐四大书法家。中唐颜真卿开创新书体，结体以拙为巧，风格雍容大度、宽博雄伟，称为颜体。唐代后期有柳公权，书法学颜真卿，瘦硬挺拔，结体遒媚，自成一家。两人并称“颜筋柳骨”。宋代著名书法家有蔡襄、苏轼、黄庭坚、米芾，他们都曾受过颜真卿的影响。元代楷书大家赵孟頫用笔圆转秀劲，风神妍媚，一变宋代书法风尚，后世称为赵体。

图3 唐颜真卿书法拓本

草书 草书起源很早，但形成独立的书体是在汉代。依发展时序，可分为章草、今草和狂草3个阶段。①章草。笔画带有隶书波磔的草书。产生于隶书盛行的汉代，由隶书简率的写法演化而成。结体简约，一字之中笔画有牵引连接，横画和捺笔保持隶的波磔，但字字独立不相连接，章法取直行纵势。历代著名章草书法家，汉代有张芝、史游，西晋有索靖、陆机。陆机传世墨迹有《平复帖》。②今草。又称小草。今草是楷书产生后，在章草基础上，采用楷书的体势、笔意发展而成。今草删除章草书的波磔，加强用笔的使转变化形成快速写法。今草上下字的笔势往往牵连引带，偏旁相互假借，笔势连绵不断，因此今草比章草更为流便婉转而富有韵律感。今草到东晋臻于成熟。王献之在其父王羲之的草书基础上，用笔更为放纵，上下引带更加强烈，创造了今草的新风格，流传至今。王羲之的草书以《十七帖》为代表，王献之的草书有《鸭头丸帖》墨迹传世。③狂草。又称大草。狂草是比今草更为狂放的草书，始于唐代。狂草用笔连绵不断，大起大落如风驰电掣，一气呵成。著名书家为唐代张旭和怀素，传世怀素的《自叙帖》为狂草的典型作品。

行书　又称行押书。介乎楷书和草书之间的一种书写简易、流畅的书体。行书产生于汉代，发展成熟于三国两晋南北朝。行书的点画常常强调游丝引带，而笔锋使转遒丽明快，活泼自然，如行云流水。行书经过东晋王羲之、王献之父子的革新，变魏晋淳朴的书风为妍美流便的新风格，达到非常完美的境界。王羲之的行书最能表现雄逸流动的特色，代表作品有《兰亭序》。王献之的行书笔迹流泽，风格婉转妍媚，富有姿致。唐代行书大家有李邕，用笔沉厚，体势欹侧，风格雄浑遒丽，代表作品有《岳麓寺碑》和《李思训碑》。宋代四大家蔡襄、苏轼、黄庭坚、米芾都擅长行书，他们的行书往往流露自己感情和意趣，形成宋代尚意书风。元代赵孟𫖯也是行书大家，用笔圆畅遒丽，风格温润尔雅。

书法是书法家文化修养、个性、思想感情的体现，它通过特有的艺术手段，给人以艺术美的享受。

《书概》 *Outline of Calligraphy*　中国清代书法理论著作。刘熙载著。《书概》为其论艺汇抄《艺概》中的一部分。其他部分还有《文概》、《诗概》、《赋概》、《词曲概》和《经义概》。《书概》作于同治十二年（1873），由245条组成。所论涉及方面十分广泛，语言简括，颇能抓住要害，对后世影响甚大。作者在许多问题上都提出独到的见解，或较好地发挥了古人的看法。如论书强调书如其人。又如论气韵，他认为以士气为上，高韵深情、坚质浩气，缺一不可以为书。他提出书重用笔，认为凡书之所以传者，必以笔法之奇，不以托体之古也。关于书体，他指出书凡两种，篆、分、正为一种，皆详而静者也；行、草为一种，皆简而动者也。他认为行书法多于意，草书意多于法。观人于书，莫如观其行草。另外，他对许多书家的造诣和得失也都提出了自己的看法。

书画鉴定　calligraphy and painting, appraisal of　对书画的真伪、年代、作者以及作品优劣、价值，通过一定手段和方法进行鉴别、认定的专门学科。

书画鉴定在中国有悠久的历史，自从书画作为收藏对象以后，书画鉴定已经出现。据文献记载，至少在隋唐之际，书画品收藏及复制兴起，书画鉴定随之萌生。此后历代官私收藏长盛不衰，书画鉴定也随之发达起来。宋代开始，书画鉴定成为专门学问，赵希鹄著《洞天清禄集》，一卷，分古琴辨、古砚辨、古钟鼎彝器辨、怪石辨、砚屏辨、笔格辨、水滴辨、古翰墨真迹辨、古今石刻辨及古画辨等十门，是第一部专门的文物书画鉴定专著。历史上很多书画家，同时也是著名的收藏家和鉴定家。

书画鉴定以书画品收藏以及书画作伪现象的存在为前提，其主要依据是作品的时代特征和书画家的个人风格。此外，落款、印章、题跋、著录、纸绢、装裱等也是鉴定依据中重要的旁证因素。

鉴定书画要求鉴定者必须具备必要的知识和艺术判定能力：①较充分的社会历史知识和书画史学知识。②对于书画纸绢、墨、毛笔等工具、材料的科学认识和应用知识，以及书画装裱的技术和历史知识。③相应的语言文学史知识、建筑等科技史知识。④具有一定的艺术鉴赏能力。书画作品的艺术价值是书画作品得以世代流传的关键因素。⑤鉴定者还有必要深入了解书画作伪的方法和地方特点，这既是书画鉴定者应具备的基本知识，同时也是提高鉴别能力的重要途径和手段。

书画鉴定的主要方法有直观法、考证法、调查法和现代科学测定法。除中国书画鉴定之外，其他各门类绘画与雕塑艺术，各种文物均有鉴定之学。

书画同源　calligraphy and painting coming from the same origin　中国传统书画理论中的一个重要观点。包括两方面的含义：①中国文字与绘画在起源上有相通之处。②书法与绘画在表现形式方面，尤其是在笔墨运用上具有共同的规律性。后者曾经成为文人画兴起的重要理论根据之一。

商周时代的甲骨文和金文中保存有大量图画文字，这些字包括象形与指事两种功能。文字的形成与发展反映出人对自身和客观事物的观察能力、思维能力和表现能力的发展，同时也反映了人的绘画意识的发展。随着图画文字由图案化的形象符号逐渐演变为由线条构成的文字，人们也提高了对于线的表现力的认识，并逐渐发展用毛笔的技巧，形成了独立的书法艺术。运用毛笔的线条来描绘图像，也正是中国传统绘画的重要特点之一。在这一意义上，书法与绘画正是在同一出发点上发展起来的。

唐代张彦远在《历代名画记》卷一“叙画之源流”中，第一次从理论上阐述了书画同源的问题。他认为：在造字之时，书画同体而未分。书（文字）、画的区分来自目的的不同。

宋元以后，文人画家由于对于笔墨的重视，又从新的角度强调了书画同源的观点，其用意在于强调绘画用笔本身独立的形式趣味和审美意义。元代书画家赵孟𫖯在题《枯木竹石图》中说：“石如飞白木如籀，写竹还应八分通，若还有人能会此，须知书画本来同。”明代王世贞在《艺苑卮言》一书中从两个方面分析了书画同源：一方面在用笔的技巧上，例如画竹，干如篆，枝如草，叶如真，节如隶，郭熙、唐棣画的树、文同画的竹、温日观画的葡萄，都是由草书中得来的；另一方面从书体所体现的审美理想上，如龙跳虎卧、戏海游天、美女仙人、霞收月上等境界，更是书画相通的。现代画家黄宾虹也曾说：“书画同源，贵在笔法，士夫隶体，有殊庸工。”（《古画微》）这些论述主要强调了绘画用笔与书法用笔的相通之处，并以此说明文人画家和书法家需具备广博的修养和丰富的艺术想象。

书画同源的观点在当代中国书画创作中仍然具有重要的影响，成为中国民族美术形式的重要审美标准之一。

书会才人　一说认为书会才人是中国宋元时代书会中编演话本、说唱和戏曲脚本的文人，一说认为他们是世代累积型集体创作的编著写定者。迄无定论。顾名思义，书会最早应是说话人的行会，发展到后来，成为戏曲、曲艺编演者的行会。书会才人一般是下层文人和粗通笔墨的艺人。他们在书会里有的偏重说话，有的偏重唱戏曲，也可以一身二任而有所偏重；他们还可以集演员、作者为一身，或以编写为主，不一定上场演出。

书会才人在宋金时代实际已经产生。进入元代以后，由于科举考试长时期停开，即使在照常举行时名额也大为减少，因此文人大批沦落为书会才人，把原来的民间艺人挤开，自己成为书会的主流。明代初期文人的地位有所改观，他们又恢复了原来的身份。

中国古代戏曲作品大都经历了长期的、不止一人之手的改编写定，才能从简单的素材发展成为比较完善的作品。其间，书会才人起了重要的作用。如王实甫《西厢记》本于传奇小说《莺莺传》和董解元《西厢记诸宫调》，关汉卿《窦娥冤》杂剧与东海孝妇的故事有关系，白朴的《墙头马上》杂剧依据白居易诗《井底引银瓶》创作，高明《琵琶记》是在《赵贞女蔡二郎》、《蔡伯喈》基础上的再创作，都是不争的事实。《录鬼簿》李时中名下所说“元贞书会李时中、马致远、花李郎、红字公，四高贤合捻黄粱梦”，《永乐大典》本《小孙屠》所署“古杭书会编撰”，《宦门子弟错立身》所署“古杭才人新编”，《张协状元》所署“九山（温州）书会”等，都记录了书会才人对中国戏曲发展作出的可贵贡献。

书籍装帧艺术 bookbinding and layout, art of 对一部文字的或图片的书稿，经过书籍装帧艺术家的艺术构思，运用形象、图案、色彩等艺术手法和艺术造型，再通过一系列的工艺生产制作过程，制作成具有审美情趣的书籍的一门综合性的特殊艺术。

被列为整体设计项目的有开本、封面、护封、书脊、版式、环衬、扉页、插图、插页、封底、版权页、书函、装订方法、使用材料等。其中封面设计是装帧艺术中至关重要的一环。在封面设计中，要运用美学原理对书的内容进行分析、理解和研究，对主题加以概括，通过构思创作并表现在封面上。对不同种类、不同学科的书籍要有不同的设计要求，同时也要考虑不同层次的读者对象的文化修养、审美观念、欣赏水平。版面设计是书籍装帧设计艺术中的重要部分。版心要与它周围的白边保持适当的比例关系，文字的排列，字号、字体的选用，行宽、行距的安排等，对活泼版面关系重大。不同的字体适用于各类不同的书籍。把书稿正文与标题按结构的层次，分别用不同字体、字号、占行、位置、高低等加以编排设计，使全书章节分明，

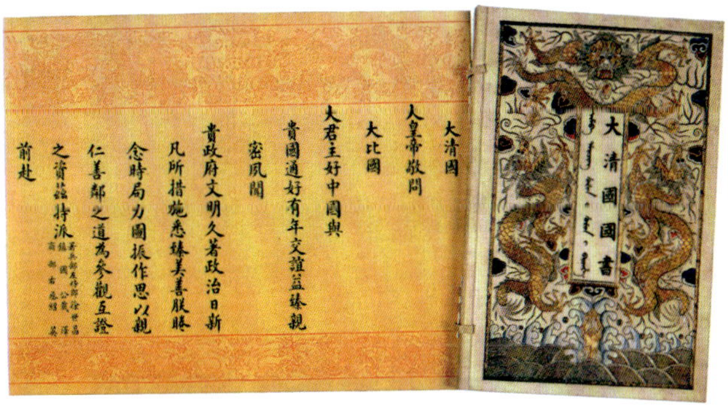

《大清国国书》封面及内文（致比利时国国书）

层次清楚，和谐统一，能给人以节奏感。印刷工艺是书籍装帧艺术不可分割的因素之一。设计者要考虑到印刷厂、装订厂机器的性能，使用材料的特性，工人的技术水平，以及工人对所设计的装帧意图的理解程度与配合程度等各个方面。

书论 calligraphy, theory of 中国关于书法的理论或著述。自汉代以来，书论在中国有突出发展。中国将书法作为艺术予以评价，始于东汉。赵壹的《非草书》批评当时的草书流行，为书论早期作品。西晋卫恒代表书家的《四体书势》讨论书体笔势起源、逸事，引用东汉蔡邕的《篆势》、崔瑗的《草势》、三国魏钟繇的《隶势》(一说蔡邕作)。南朝也有大量书论讨论笔势。东晋王羲之的《自论书》是后人从尺牍中精选出的书论。南朝宋虞龢《论书表》，根据敕命就内府所藏书迹，叙述其品第、鉴赏、收藏等。此外，南朝还有王僧虔《论书》、庾肩吾《书品》等。唐代有孙过庭《书谱》、张怀瓘《书断》等优秀书论。张彦远编集从汉至唐的书论，著有《法书要录》。宋代的朱长文《墨池编》、陈思《书苑菁华》，明代的王世贞《王氏书画苑》、《王氏法书苑》，清代的康熙敕撰《佩文斋书画谱》等，是对古代书论分类编纂的丛书。另外，宋代以后题跋获得发展，出现了大量相关的集成和考证的著录。清代金石学的发展和碑学派的勃兴，使书论有了新的表现形式。

书品 grading of calligraphers 中国古代对书法家及其作品作出品评的著作。它或分品论述而第其高下，或不分品第而评其优劣，是早期书论中的一种体裁。作者见解多只通过品评书法家及作品来表达，虽时或摘录书家小传、逸事，但着重于阐发或说明其艺术特点、人品风貌，而不同于书史之偏重记载生平事迹。这种体裁是受魏晋时期士族阶层对人物进行识鉴、品藻的习尚影响而产生的，盛于六朝、隋、唐，元明之后著述渐少。南梁袁昂奉敕撰《古今书评》，凡列25人，各以简括语句评其风格，是为书品之发端。庾肩吾撰《书品》，载汉至齐、梁能书者123人，体例严谨。南朝有齐王僧虔《论书》等著作。唐李嗣真撰《书后品》，加逸品一等，载80余人，文辞绮错，条理井然。张怀瓘《书断》，3卷，评百余书家，前记小传，后为评鉴，扬榷古今，论辨精当，皆为前载所不及。其他如北宋米芾《海岳名言》，为平日论书语录，则别为一体，虽于古人多所贬议，却不乏精审独到之见地。随书法理论发展的深入，其后论书之著作多不拘泥于品评一体，而渐融于内容更为广泛、繁富的书论之中。

《书品》 *Grading of Calligraphers* 中国南朝梁书法评论著作。庾肩吾撰。庾肩吾工书法，擅诗赋，原有文集，已佚，明人辑有《庾度支集》。唐张怀瓘《书断》列其隶、草书为能品。《书品》1卷，列自汉至齐、梁擅长正、草书的书法家123人，效《汉书·古今人表》之例，分上、中、下三等，每等各分三品，共九品。前有总序，每品各有论。总序论述文字的起源与造字的规律，各种书体的特点和使用。上之上列张芝、钟繇、王羲之3人，上之中列崔瑗等5人，上之下列索靖等9人；中之上列张超等15人，中之中列魏武帝（曹操）等15人，中之下列罗晖等18人；下之上列姜诩等20人，下之中列杨经等15人，下之下列卫宣等23人。

《书谱》 中国唐代孙过庭文稿墨迹。写于武则天垂拱三年（687），台北“故宫博物院”藏。原迹为纸本横卷，高27.2厘米，长892.2厘米，草书，共351行。原文共3 700余字，

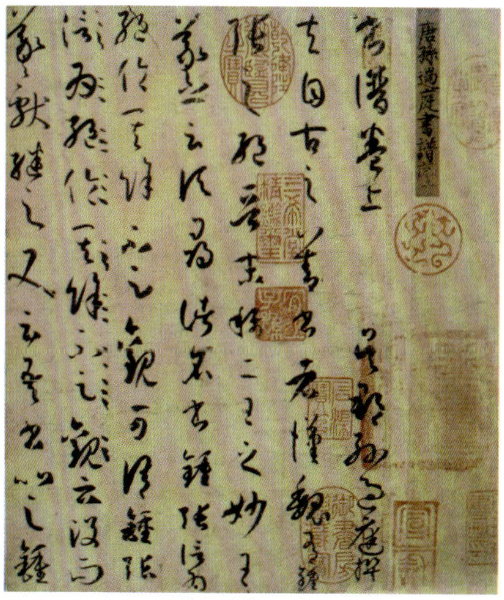

《书谱》局部

今原迹中断缺两处，共失去196字。《书谱》是孙过庭撰写的书法理论著作，用草书写成，内容精辟，书法优美，为中国古代书法名品。因原迹标题为“书谱卷上”，而且结尾处又有“撰为六篇，分成两卷”之语，致使后人解释不一，聚讼纷纭。多数人认为现存卷上仅为序文，原著正文当为卷下，今已佚失或本未写成；也有人认为现存者即为全篇，只是因原迹中间有残损断缺，故上下分卷处已经无法分辨。

《书谱》自宋代以来影响甚大，不仅其中议论深受书家重视，书法亦极精湛，其用笔峻峭挺拔，神采飞动，结体缤纷烂漫而姿态横生，章法参差错落而流贯天成，为“二王”一派草书正脉，是学习草书的绝佳范本。他提出的一些书法理论观点更是充满辩证思想，常为后人一再引述。除墨迹外，由宋至清多有刻石拓本流传，许多著名书家都有临本存世。

《书史》 中国北宋书法著作。米芾著。

《书苑菁华》 中国南宋书法理论总集。陈思编。陈思，临安（今浙江杭州）人。曾官国史实录院秘书省搜访，另著有《书小史》、《宝刻丛编》等。《书苑菁华》29卷，收宋以前书法理论文160篇，分32类，保存了大批珍贵资料。但分类繁杂，未加考证，真伪混杂。

书院 academy of classical learning 中国古代特有的一种教育组织和学术研究机构。一般为著名学者私人创建或主持的高等学府。

东林书院

书院的名称始于唐代，最初是官方修书、校书和藏书的场所。此外，唐代有些私人读书讲学之所，也称为书院。唐末五代时期，官学废弛，教育事业多赖私人讲学维持，私人书院遂得以进一步发展。书院盛于宋初。宋初最著名的书院，除**白鹿洞书院**、**岳麓书院**、**应天府书院**（睢阳书院）、**嵩阳书院**之外，还有茅山书院、石鼓书院等。这些书院一般是从私人隐居读书发展到置田建屋，聚书收徒，从事讲学活动。北宋时期书院曾一度衰落。南宋时期兴办书院之风再起。南宋书院发达同**理学**的盛行有密切关系。书院成为研究和传播理学的重要基地。**朱熹**对南宋书院的复兴起了重要的作用，并对后世书院的发展有深刻的影响。元朝的书院，据称“几遍天下”，但受官方控制甚严，缺乏论辩争鸣的气氛。几乎与官学无大区别，这是书院官学化的开端。

延至明正德、嘉靖之际，书院讲学论辩之风才又兴盛起来。**王守仁**、湛若水和他们的弟子对明朝书院发展有重要的影响。这时的书院把学术研究和讲学活动更紧密地结合起来，而且不同学派各标其宗旨，各讲其主张，发展成为规模相当大的地区性的学术活动，形成独具特色的书院“讲会”制度。东林书院是明末影响最大、特点最为突出的书院（见**东林党**）。清初统治者鉴于明末书院“群聚党徒”、“摇撼朝廷”的教训，极力对书院采取抑制政策。直至雍正十一年（1733）才允许在政府严密控制下创建书院。清朝书院数量甚大，但除少数仍保留着书院讲学的传统外，多数同官学无大差别。光绪二十七年（1901）谕令各省所有书院，于省城均改设大学堂，各府厅直隶州均改设中学堂，各州县均改设小学堂。

书院在中国历史上存在了近千年，对古代教育、学术的发展和人才的培养，都产生过重要影响。

书证 documentary evidence 以文字、符号、图形等记载的内容和表达的思想来证明案件事实的书面文件和其他物品。诉讼**证据**的一种。书证的文字、符号、图画等可以记载在纸张上，也可以记载在金属、石块、竹木、布帛或其他物质材料上。书证的制作，可以是手书、印刷、打印、雕刻等。书证的种类繁多。刑事诉讼中常见的书证有证件、文件、信件、标语、图纸、账册、单据、计划书等。民事诉讼的书证有合同书、信函、电报、电传、图纸、图表等。书证与**物证**的区别在于：书证是以其记载的内容和表达的思想起证明作用的，物证则是以其外部特征、存在场所和物质属性起证明作用的。

书证作为诉讼证据，早为**罗马法**所确认。英美证据法中，关于书证的界定范围较宽，分为文件证据、书面陈述和证言笔录。文件证据的采用，适用“最佳证据规则”。大陆法系国家在民事法律和行政法规中，对一些重要的契约和单方法律行为，以及有关的行政行为，往往规定必须采取书面形式，有的还必须经过**公证**证明，才能成立。经过公证的书证，被赋予很强的证明力。大陆法系国家一般承认书证的原本优于副本，但副本经查证属实，可以起同样的证明作用。

中国证据法理论中，书证因制作主体不同，分为公文书证与非公文书证。公文书证由国家职能部门和单位的工作人员依职权制作；非公文书证由公民个人或行使一定职权的机关或单位在其职权范围以外制作。书证因制作方法不同，分为原本、正本、副本、节录本、影印本及译本。

中国刑事诉讼中，书证主要由公安、检察机关收集。民事诉讼中，书证应当由当事人向法院提供，但在当事人因客观原因无法自行收集书证或者人民法院出于审理案件的需要认为有必要调查取证时，法院应当调查收集书证。收集、调取的书证应当是原件。只有在取得原件确有困难时，才可以是副本或者复制件。书证的副本、复制件，只有经与原件核实无误或者经鉴定证明是真实的，才具有与原件同等的证明力。人民法院对于经过法定程序公证证明的法律行为、法律事实和文书，应当作为认定事实的根据。但有相关证据足以推翻公证证明的除外。对涉及国家秘密、商业秘密和个人隐私的书证应当保密。对于书证，应当进行审查判断，经查证属实，才能作为认定事实或定案的根据。

《抒情歌谣集》 *Lyrical Ballads* 英国浪漫派诗集。**W.华兹华斯**与**S.T.柯尔律治**创作。1798年首版。其中有柯尔律治诗4首，包括《古舟子咏》，其余19首属华兹华斯名下，包括脍炙人口的《丁登寺》。虽全称为《抒情歌谣集，以及几首其他的诗》，但歌谣是少数。诗集开创了以发掘人的内心世界为主的现代诗风。1800年再版时，华兹华斯以个人名义将原集扩展为两卷，第二卷收集他在1798～1799年的诗作。在序言中阐述了诗应发乎情，用日常语言加以描绘的观点。1802年第三版时，华兹华斯对“序言”作了重要补充，成为浪漫主义文学的重要理论文献。

抒情诗 lyric poetry 诗歌的主要体类。其特点是以抒写诗人的主观感受为主，或直抒胸臆，或触景生情，或借物咏怀。诗人往往就是抒情主人公。抒情诗是最为个性化的艺术之一。见**诗歌**。

枢密使 palace secretary 中国唐代后期由宦官充任的要职，五代至宋改用朝臣，成为与宰相分权的执政大臣。唐代宗永泰间，始用宦官掌枢密。宪宗时，置左右枢密使。枢密使的职务本来只是接受表奏，上呈皇帝，又将皇帝意图传达给中书门下（宰相）起上传下达的作用。但枢密使既接近皇帝，预闻机密，皇帝意旨又由他传达，就易于弄权用事。唐代后期，两神策军中尉与两枢密使并称四贵，他们拥立皇帝、任免宰相、处理军国要务，有时成为实际上的最高决策者。大致自懿宗咸通年间起，皇帝在延英殿和宰相议事，枢密使例得参预。议定之后，又往往假托皇帝的意旨，多有改变。这种“惯例”，直到昭宗天复元年（901）始下诏革除。三年，朱全忠尽诛宦官，始以心腹蒋玄晖为枢密使，此为用朝臣任此职之始。后唐时枢密使权重，势压宰相。后晋初，一度以宰相兼枢密使。天福四年（939）废，枢密院印也移交给中书门下，不久复置。五代时战争频繁，军事机密处于最重要的地位，枢密使也常任用武官，逐渐形成枢密专掌军事的倾向。到了宋代中书门下与枢密院对掌文武二柄，合称“二府”或“两地”。

枢密院 Palace Secretariat 中国五代至元的最高军事机构。唐代宗永泰中始设**枢密使**，掌文书，以宦者任之。五代后梁设崇政院，改用士人，掌军国大政。后唐改称枢密院，枢密使辅佐宰相，分掌军政。宋设枢密院与中书门下分掌军、政大权，号称“二府”。中书门下称东府，枢密院称西府。

枢密院的长官为枢密使或知枢密院事，北宋除熙宁初年外，不同时并置，副长官为枢密副使或同知枢密院事，资历浅的称签书枢密院事、同签书枢密院事。元丰改制，以知枢密院事与同知枢密院事为正副长官，其他一概废罢。元祐三年（1088）复置签书枢密院事。北宋末一度以位高者领枢密院事。南宋初年复设枢密使、副使、同签书枢密院事，枢密使位在知枢密院事之上。枢密院长官通常由文官担任，“以文驭武”。

北宋初及庆历年间，宰相曾兼枢密使。南宋前期宰相多兼枢密使（知枢密院事），后期则例兼枢密使，另设专职的枢密使。南宋枢密院的副长官与参知政事互兼。

辽太宗耶律德光于会同元年（938）进攻后晋时，依晋制在汉地设枢密院，以降臣李崧任枢密使，掌管汉地军政事务（契丹枢密院设立后，汉地枢密院又称南枢密院或汉人枢密院）。辽世宗大同元年（947），设契丹枢密院（北面官），因其牙帐处大内南北，故又称南院、北院。契丹南院掌民政，北院掌军政。

金天辅七年（1123）占领燕云地区后，设枢密院统辖汉地军务。太宗天会三年（1125）侵宋时，设都元帅府总辖军政。海陵王改都元帅府为枢密院，以枢密使掌武备机密之事。章宗泰和六年（1206），改称都元帅府。八年，仍称枢密院。金末，各地设行枢密院分掌地方军务。

元中统四年（1263），设枢密院，掌朝廷军机大政，为中央最高军事机构。枢密使由皇太子兼任，为虚职，实际主事者为知枢密院事。战时设行枢密院或枢密分院。元末，明太祖朱元璋下集庆，即设行枢密院以统诸军。至正二十一年（1361），罢枢密院，改设大都督府掌军务。

叔本华 Schopenhauer, Arthur（1788-01-22～1860-09-21） 德国哲学家，唯意志论的创始人。祖籍荷兰。生于但泽（今波兰革但斯克）一个银行家家庭，卒于美因河畔法兰克福。早年在法国受教，后随父母游历英国、瑞士和澳大利亚，1809年进入格丁根大学学医，后改学哲学。1811年转柏林大学，1814年获耶拿大学博士学位。1822年被聘为柏林大学讲师，后因与G.W.F.黑格尔竞争惨败而离开讲坛，靠父亲遗产过离群索居的生活。他的主要著作有《作为意志和表象的世界》、《论自然意志》、《伦理学的两个根本问题》等。

哲学思想 叔本华的唯意志论形成于黑格尔活动时代的后期，他抛弃德国古典哲学的思辨传统，力图从非理性方面寻求新的出路。他从I.康德的理论出发，认为康德所说的“物自体”就是意志，整个现象世界不过是意志的表象。在他看来，万物的存在和运动的根源就是求生意志，这种意志是人的生命的基础。叔本华指出，康德分裂现象与物自体是错误的，因为现象同物自体的关系，就是表象同意志的关系。意志之所以表现为世上形形色色的具体现象，是由于各类事物的意志强弱程度不同和表现途径不同。叔本华把理性看作是意志的奴仆和工具。他列举了意志先于理性，理性服役于意志的12个论据，断言依靠理性或逻辑思维不能认识世界的本质（即意志），只有直觉才是认识世界的唯一的途径。

叔本华研究过印度哲学，他吸取了佛学思想，认为科学和哲学在意志领域已达到了极限，只有依靠神秘的洞察，才能领悟意志的本性；只有以禁欲为起点，尔后忘我，最后忘掉一切，进入空幻境界，才能超脱生存意志及其一切烦恼。

伦理思想 叔本华从其“求生意志”的哲学前提出发，认为人的本质是求生意志，是不可遏止的盲目冲动和欲求；人的一切行为都是由这种非理性的、盲目的求生意志支配的。但是人的欲海难填，欲望不能满足，就会产生痛苦，所欲愈大痛苦愈烈；不仅有欲望得不到满足的痛苦，而且满足欲望之后的空虚和随之而来的欲求，仍然是痛苦的。

他反对一切理想观念和普遍义务，强调同情心是道德行为的最坚实和最可靠的保证，是最重要的德行基础，并且只有发扬同情心才能遏制私欲和相互残杀，解脱人类的痛苦和不幸。叔本华认为哲学和艺术的精神解脱还只是暂时的、消极的；而最根本的、积极的解脱则是否定个体意志，弃世绝欲，达到佛教的涅槃境界，使没有价值的个体复归于宇宙的绝对意志，实现道德的最高理想。

叔本华的唯意志论和非理性主义伦理思想体系，对F.W.尼采的权力意志论产生了直接影响，并成为现代西方生命哲学、存在主义思潮的重要思想渊源。

美学思想 叔本华深受柏拉图、康德和佛教的影响，企图把三者的思想融合起来。他认为康德所说的“物自体”就是意志，人受盲目的求生意志的支配，不断追求，始终得不到满足因而产生苦恼和烦闷。解脱之道，一是佛教的涅槃，二是哲学和道德，三是艺术。因此，艺术在叔本华的哲学中占有突出的地位。

叔本华认为科学研究是为了满足需要和欲望，而艺术则是一种观照。在这种观照中，对象不是现实生活中的个别事物，而是柏拉图式的理念，主体也不再是某一个别的人，而是不受意志奴役、没有痛苦、没有时间意识的纯主体。纯主体通过直观与审美对象达到物我两忘的状态，就从现实的苦海中解脱出来。美不美的关键在于有没有审美的态度，一切审美态度都是无利害感的。科学只研究现象界的规律，艺术则直指现象界后面的物自体，因此艺术高于科学。在各种艺术中，叔本华又认为音乐比其他艺术效果强烈得多，深入得多，因为其他艺术只是理念的表现，而音乐却是意志的直接客体化和写照。他也非常重视悲剧，这是因为悲剧所写的是人生的可怕方面。悲剧的目的不在于改变人生的不幸，而在于把人生的不幸揭示出来，使人认识到人生是一场噩梦，无可留恋，因而断念。断念是对于生存意志的拒绝或否定。这反映了叔本华美学的悲观主义倾向。

叔孙通 Shusun Tong（?～约前194） 中国秦末汉初儒生。旧鲁地薛（今山东枣庄薛城北）人。初为秦待诏博士，后被秦二世封为博士。见秦将要灭亡，逃回薛地归附项梁。项梁败死定陶（今山东西南部，万福河上游）后，通跟随楚怀王。怀王为义帝，迁至长沙，通留下侍项羽。汉高祖二年（前205），刘邦率领诸侯军队攻取彭城（今江苏徐州），通转投汉军，并举荐勇武之士为汉争取天下。汉王拜其为博士，号稷嗣君。汉王统一天下后，叔孙通自荐为汉王制定朝仪，简明易行，适应了加强皇权的需要。他因功拜奉常，其弟子也都进封为郎。九年，为太子太傅。十二年，高祖欲废太子刘盈，通以不合礼仪劝阻，高祖听从了他的意见。惠帝即位后，使制定宗庙仪法及其他多种仪法。司马迁尊其为汉家儒宗。

舒伯特 Schubert, Franz（1797-01-31～1828-11-19） 奥地利作曲家。生于维也纳，卒于维也纳。童年时从父亲学小提琴、从哥哥学钢琴，11岁入神学寄宿学校，开始显示音乐创作才能，歌曲《夏甲的悲叹》就是这时创作的。1814年他在父亲的学校里当助理教员，同时从事创作。1816年起专事作曲，但稿酬菲薄，生活清贫。他十分崇敬L.van贝多芬，曾将所作4首法国歌曲主题钢琴变奏曲献给贝多芬，并在贝多芬病危时两次探望贝多芬，亲举火炬参加贝多芬的葬礼。

舒伯特在短短31年的生命中，创作了600多首歌曲，18部歌剧、歌唱剧和配剧

音乐，10部交响曲，19首弦乐四重奏，22首钢琴奏鸣曲，4首小提琴奏鸣曲以及许多其他作品。他为不少诗人如J.W.von歌德、J.C.F.von席勒、H.海涅、米勒等的作品写了大量歌曲，把音乐与诗歌紧密结合在一起。他的歌曲中既有抒情曲、叙事曲、充满战斗性的爱国歌曲，也有源于民间音乐的歌曲，其中重要的有《魔王》、《鳟鱼》、《菩提树》、《野玫瑰》、《流浪者》(2首)、《普罗米修斯》、《致音乐》、《迷娘之歌》、《纺车旁的格雷欣》、《牧童的哀歌》、《战斗中的祈祷》、《剑之歌》、《战士之歌》等，主要歌曲汇有3部歌曲集：《美丽的磨坊女》、《冬日的旅行》和《天鹅之歌》。他的交响曲中较重要的有第四、第五、第八、第九交响曲，其中《第八交响曲》是一部浪漫主义抒情交响曲，因只写了两个乐章而被称为《未完成交响曲》；《第九交响曲》气势磅礴，充满英勇豪迈的气概，被称为《大交响曲》。他的作品还有d小调弦乐四重奏《死与少女》，钢琴五重奏《鳟鱼》，C大调弦乐五重奏，钢琴曲《流浪者幻想曲》、《音乐的瞬间》、降E大调即兴曲、A大调奏鸣曲和配剧音乐《罗莎蒙德》等。

舒茨 Schutz, Alfred (1899-04-13～1959-05-20) 美国哲学家、社会学家，现象学社会学的主要创始人之一。生于奥地利维也纳，卒于美国纽约。第一次世界大战期间，

曾在奥匈帝国军队服役，后在维也纳大学学习。他的思想深受M.韦伯和现象学创始人E.胡塞尔的影响。1938年为躲避纳粹迫害逃亡巴黎，次年来到美国纽约。在美国期间，他的思想受到哲学家J.杜威和G.H.米德的影响。著有《舒茨文选》(3卷)、《生活世界的结构》等。

舒茨反对实证主义社会学把“社会世界”与“自然世界”等同和按照自然科学模式研究社会现象及其过程的做法。他关注社会学研究中的主观因素，认为社会学研究的出发点不是实证主义所说的“社会事实”，而是社会事实的“意义”。他主张社会学应置身于生活世界中，对互为主体性的人们的微观互动过程进行研究，认识社会的结构、变化和性质。故他也把自己的现象学社会学称为“生活世界构成的现象学”。

舒茨的思想反映了人们对当代西方社会学中自然主义和实证主义方法肤浅、独断的不满，要求关注人们的精神世界，在对传统社会学进行彻底理论反思基础上建立起与研究人的行为相适应的方法。他的观点对P.L.伯格、T.卢克曼等的民俗学方法论具有重要影响。

舒尔茨 Schultz, Theodore William (1902-04-30～1998-02-26) 美国经济学家，以农业经济学家著称。生于南达科他州阿灵顿郡，卒于伊利诺伊州埃文斯顿。1926年

获南达科他州立学院理学学士学位。1928、1930年先后获威斯康星大学理学硕士和哲学博士学位。1930～1943年任教于艾奥瓦州立学院经济系，1934～1943年任经济与社会学系主任。1943～1952年任芝加哥大学经济学教授，1946～1961年任经济系主任，1952～1972年担任查尔斯·哈奇森杰出服务教授。1972年退休后，被聘为芝加哥大学名誉教授。1979年与W.A.刘易斯共获诺贝尔经济学奖。

舒尔茨不仅对经济增长理论作出重要贡献，而且为如何运用简单的数学模型来观察经济现象的本质以及运用实际统计数据来进行验证作出了经典性的范例。他对经济学的主要贡献表现在农业经济学领域与教育经济学和人力资本理论两个方面。他运用非均衡方法分析农业发展潜力，并系统分析教育投资如何影响农业生产率和整个经济。舒尔茨在20世纪50年代末提出了人力资本的概念，说明人力资源质量的改进对高速经济增长的作用，分析投资决策和学校教育投资对经济增长的贡献。他强调学校教育在经济发展中的地位和作用，并认为只要有技术创新，教育就会对生产率产生巨大影响，农业也可以成为发展的原动力。舒尔茨提出的有关人力资本的理论观点日益受到学术界的重视。主要著作有《不稳定经济下的农业》、《农业生产与福利》、《不发达国家经济发展的衡量》(合著)、《教育的经济价值》、《改造传统农业》、《经济增长与农业》、《人力资本投资：教育和研究的作用》、《农业刺激的扭曲》、《恢复经济均衡：经济现代化中的人力资本》、《穷人经济学》等。

舒筋活络 relieving rigidity of muscles and activating collaterals 中医临床治疗经络气血运行不畅、筋脉失养的方法。舒筋活络法主要用于治疗经络闭阻，气血运行不畅所致的肌肉、筋骨、关节的疼痛、麻木、屈伸不利等症。常用的药物有独活、桑寄生、薏苡仁、桂枝、木瓜、制南星、全蝎、白芍、川芎、桃仁等。代表方剂如独活寄生汤、舒筋汤，能通经活络，祛除经络气血运行障碍所致的各种病证。

临床上各种出血病证无瘀血表现者，忌用舒筋活络法。

舒克里 Shukrī, Muhammad (1935-07-15～2003-11-15) 摩洛哥作家。生于北方伯尼·萨基尔村，卒于丹吉尔。少年离家出走，在各大城市中流浪。20岁时才开始接受正规文化教育。1980年发表长篇小说《光面包》，真实地记录了1935～1956年作者的亲身经历，向人民揭示了丹吉尔市的社会中充满欺诈、暴力、贫困，毫无同情之心，为获得面包，人们可以丧失一切。这部作品不仅具有文学价值，而且具有珍贵的历史价值，堪称“纪实文学”的范例。其他主要作品还有短篇小说集《酷爱玫瑰的人》(1979)、《相反的城市》，长篇小说《内部市场》(1986)、《乞丐》，戏剧《伟大的阿斯特纳科斯，或天才之死》等。

舒莱金 Shulejkin, Vasily Vladimirovich (1895-01-13/01～1979-04-25) 苏联海洋物理学家。生于莫斯科。1916年莫斯科高等技术学校毕业，1918～1929年在该校任教。

1929年成为苏联科学院通讯院士。1929～1943年先后组建苏联科学院黑海水文物理工作站、海洋水文物理实验室和莫斯科大学海洋物理教研室。1946年成为苏联科学院院士。1947～1950年任苏联水文气象管理局局长。1948～1957年任由他组建的乌克兰科学院海洋水文物理所所长。是苏联海洋物理学的奠基人之一。提出了海洋热量平衡理论，预言科拉海深层热流的存在，提出了海洋-大气-陆地相互作用的理论，研究了该系统的振动现象和风吹过岛屿尖角的增速效应，以新的实验数据推动了海浪理论研究，研究出从厚水层射出光的光谱曲线理论公式等。代表性著作是《海洋物理学》、《海浪理论》。曾获斯大林奖金、列宁勋章等。

舒兰市 Shulan City 中国吉林省辖县级市。位于省境中北部，邻接黑龙江省。面积4 554平方千米。人口65万(2010)，有汉、朝鲜、满、回等13个民族。清宣统二年(1910)建舒兰县。1992年撤县设市。由吉林市代管。矿产主要有褐煤、白黏土、花岗岩、泥炭、硅石、石英石、石英砂等。盛产水稻、玉米、大豆等。水稻、玉米产量居吉林省第二位，为省商品粮基地。主

要树种有杨、桦、松、胡桃楸、水曲柳等。森林覆盖率68%。工业以机械、建材、制药、木器、塑料、服装、采矿、食品等为主。名胜古迹有亮甲山水库、九顶莲花山、凤凰山、完颜希尹家族墓地等。

舒马赫 Schumacher, Michael (1969-01-03～) 德国一级方程式(F1)赛车运动员。生于赫斯-赫默尔海姆。少时以练习卡丁车起步,成年后多次参加比赛。1987年获德国和欧洲卡丁车比赛冠军，1990年获德国三级方程式赛车锦标赛冠军。1994、1995年连续两年夺得世界冠军。1996年加盟法拉利车队。此后，一直都是车队优秀的F1赛车手，直至2006年10月告别其职业赛车生涯。先后获得7次世界一级方程式锦标赛年度车手总冠军（1994、1995、2000～2004年)，91次分站赛冠军。另外的F1赛车成绩还包括：154次登上领奖台，比赛最快圈速次数为75次，F1赛车生涯总积分为1 354分。其他成绩如2002赛季在各个分站赛中全部进入前三名，2004赛季获最多分站赛冠军的次数为13次等，均保持世界第一的位置。擅长雨天驾车，在一级方程式赛车车坛被称为“雨人”。

2002年，联合国教科文组织授予舒马赫“运动之王”荣誉称号，以嘉奖他多年来热心投入慈善事业。自1995年成为教科文组织友好大使。2006年9月退役，2009年12月宣布复出。

舒曼 Schumann, Robert (1810-06-08～1856-07-29) 德国作曲家、音乐评论家。生于茨维考城，卒于波恩附近的恩德尼希。7岁学习钢琴，12岁开始尝试创作。中学时代特别喜爱G.G.拜伦、J.保尔、E.T.A.霍夫曼等人的作品。1828年舒曼遵母命进莱比锡大学攻法律，但不久便放弃。1830年从F.维克学习钢琴，向H.L.E.多恩学习作曲。后由于手指受伤，放弃钢琴转向作曲。1830～1840年间，舒曼创作了大量钢琴作品。从1834年创办《新音乐杂志》至1844年间，他撰写了大量评论文章，对德国的音乐批评事业作出重要贡献。舒曼同F.维克的女儿、钢琴家克拉拉的恋爱遭到维克的强烈反对，这使舒曼精神上遭受很大痛苦，二人直到1840年才结婚。这一年他写了大量艺术歌曲。1843年F.门德尔松创建莱比锡音乐学院，舒曼应邀在学院任教。次年随克拉拉去俄国旅行演出，回国后迁居德累斯顿。1850年任杜塞尔多夫市管弦乐团指挥，但是由于神经疾病，1853年辞职。1854年2月病情加重，两年后逝世。

舒曼19世纪30年代的创作主要是钢琴音乐。其中富于幻想性的浪漫主义气质体现得最为鲜明。在由12首乐曲组成的钢琴套曲《蝴蝶》中，舒曼用小蝴蝶来比喻自己在幻想中自由翱翔的乐思。《狂欢节》由21首各具标题的乐曲组成，用一个核心性的音乐动机，将狂欢节上出现的各种人物的形象和情景贯穿起来。舒曼这个时期的许多钢琴作品，内容都与弗洛雷斯坦和奥伊泽比乌斯的形象有关。由18首乐曲构成的《大卫盟员舞曲》中，这两个形象得到了充分的发挥。钢琴套曲《克莱斯勒偶记》，在一定程度上表达了舒曼面对庸俗、浅薄、空洞的德国音乐创作现状产生的精神苦闷和不满。1840年舒曼的创作主要集中在艺术歌曲上，其中包括用H.海涅的诗谱写的《歌曲集》(共9首）和声乐套曲《诗人之恋》(共16首)，用A.von沙米索的诗谱写的声乐套曲《妇女的爱情与生活》(共8首)，用J.W.von歌德、拜伦等人的诗谱写的《桃金娘歌曲集》(共26首）以及用海涅的诗谱写的叙事歌曲《两个掷弹兵》等。声乐套曲《妇女的爱情与生活》具有一种抒情性的悲剧色彩，它表现了一个女主人公从少女、恋爱、结婚，直到丈夫悲惨死去的人生历程。

舒曼40年代创作的重点则是大型器乐曲和大型声乐曲。他的4部交响曲中有3部写于这个时期。降B大调《第一交响曲》的标题是《春天》，各乐章曾分别称为《春天的来临》、《夜晚》、《欢欣的娱乐》、《春天的告别》。同年创作的d小调《第四交响曲》具有比较浓厚的抒情色彩。《a小调钢琴协奏曲》是舒曼唯一的钢琴协奏曲。这个时期比较重要的室内乐作品有《弦乐四重奏三首》(a小调、F大调、A大调,)、《降E大调钢琴四重奏》、《d小调钢琴三重奏》和《F大调钢琴三重奏》等。其中最优秀的是《降E大调钢琴五重奏》。在大型声乐体裁方面作有清唱剧《天堂与谪仙》。1848～1849年为拜伦的诗剧《曼弗雷德》写了配乐（共16曲)，以其中的序曲《曼弗雷德》最为出色。在这期间舒曼还创作了他唯一的一部歌剧《格诺菲娃》。50年代舒曼的创作力趋于衰竭。作品数量虽然不少，但质量远不及30～40年代，其中比较重要的作品有1850年创作的降E大调《第三交响曲》。

舒巧 Shu Qiao (1933-04～) 中国舞蹈表演艺术家、编导。浙江慈溪人，生于上海。任演员期间主演《小刀会》、《宝莲灯》、《牛郎织女》等舞剧。与人合作创作表演的《弓舞》和《剑舞》分别获世界青年学生和平友谊联欢节舞蹈比赛的金奖和铜奖。与人共同创作《小刀会》、《南海长城》、《苗岭风雷》、《奔月》、《岳飞》、《玉卿嫂》、《黄土地》、《胭脂扣》等几十部舞剧，对中国舞剧的改革与创新作出重要贡献。曾任香港舞蹈团艺术总监，中国舞蹈家协会副主席、上海分会副主席，中国文学艺术界联合会委员，上海歌剧院艺术指导等职。

舒三和 Shu Sanhe (1900～1975-05-19) 中国长沙弹词艺人。湖南长沙人。18岁正式拜鞠树林为师学习长沙弹词。1927年与张得月、周寿云等同行改变了传统沿街卖唱的行艺方式，自主搭建固定书场，开始“坐棚”演出。其间先后担任渔鼓弹词艺人的行会组织“永定八仙会”和“长沙市渔鼓弹词业职业工会”的值年总管。抗日战争时期，积极参与和组织曲艺艺人成立“长沙市杂剧抗敌宣传队”。抗战胜利后自设“潇湘书馆”等场所行艺。中华人民共和国建立后，先后编演了《女英雄郭俊卿》、《共产党员刘胡兰》、《贺庆莲》等短篇节目；整理改编了《鲁提辖拳打镇关西》、《野猪林》、《武松打虎》等短段和中篇节目《宝钏记》、长篇节目《十五贯》等。他吸收湘剧弹腔南路的一些唱腔曲调发展而成的大悲腔，对丰富长沙弹词的艺术表现力很有助益，人称其为“益阳弦子长沙腔”。

舒婷 Shu Ting (1952-05-30～) 中国诗人。原名龚佩瑜。生于福建石码镇，长于厦门。1969年到闽西农村插队，1972年返回厦门当工人，做过多种临时工。1969年开始写诗。1978年在非正式文学刊物《今天》上发表诗作《致橡树》，次年被《诗刊》正式发表。1980年调至福建省文联工作，从事专业写作。后当选为中国作家协会理事、福建省文联副主席、中国作家协会主席团委员。舒婷是“文化大革命”结束后新时期文坛朦胧诗的代表诗人之一，她的诗以主观性、

意象性和象征性见长，多表现个人内心世界与女性自我意识，反映一代青年在爱情与人生追求中失落、奋起的心灵历程。她的诗作语言典雅，意象清丽，形成温婉中有忧伤，深情中藏冷峻的抒情风格。主要作品有诗集《双桅船》(1982)、《舒婷顾城抒情诗选》(1982)、《会唱歌的鸢尾花》(1986)、《五人诗选》(1986，与人合作)、《始祖鸟》(1992)、《最后的挽歌》(1997)等；散文集《心烟》(1986)、《硬骨凌霄》(1994)等。1997年江苏文艺出版社出版有《舒婷文集》。作品被翻译成二十多国文字，境外出版个人诗集英、德、日、法、韩等文译本9种。

舒巷城 Shu Xiangcheng (1921-09-12～1999-04-15) 中国香港作家。本名王深泉，笔名王烙、秦西宁、方维、邱江海等。原籍广东惠阳县（今惠州市惠阳区）。生于香港，卒于香港。少时就读于香港英文书院，并开始创作。他在筲箕湾一带长大，从小接触到“水上人”、拳师、说书人、街边摆档人等下层港人，这使他对于香港底层社会的风俗人情相当熟悉。太平洋战争爆发后，他漂泊于大陆的昆明等地，至1948年返港。主要从事商行等方面的工作，业余时间坚持写作。

早在抗日战争时期，舒巷城就以本名在《立报·言林》、《申报·自由谈》等刊物上发表习作。他的文名始于20世纪50年代初，后来被反复抄袭的短篇小说《鲤鱼门的雾》便发表于1950年。发表于50年代末、60年代初的长篇小说《太阳下山了》(后在大陆出版时更名为《港岛大街的背后》)是他最有成就的作品。这部小说生动细致地表现了处于过渡时期的香港乡土社会的特征，被视为香港文学本土性确立的标志。此外，他还出版过小说《白兰花》、《巴黎两岸》，诗集《都市诗抄》等作品。他的作品具有浓郁的生活气息和本土色彩。

舒新城 Shu Xincheng (1893-07-05～1960-11-28) 中国出版家、辞书编纂家。生于湖南溆浦，卒于上海。1917年毕业于湖南高等师范学校。1928年，继徐之诰主编《辞海》。任事之后，即组织力量从事编纂，同时又为全书订立编辑计划，规定内容体例及排列方法。1930年任中华书局编辑所长兼图书馆长。1936年《辞海》正式出版，内容新颖、考证精当，在当时的文化教育界颇有影响。次年，任中华书局代总经理。中华人民共和国建立后，当选为全国人民代表大会代表，并任中国人民政治协商会议上海市委员会副主席。1957年秋，他提议重新修订《辞海》，得到毛泽东的支持。1959年成立辞海编辑委员会，任主任委员。主要著有《现代教育方法》、《近代中国教育思想史》等。

舒绣文 Shu Xiuwen (1915-05～1969-03-17) 中国话剧、电影演员。生于安徽安庆，卒于北京。1931年开始艺术生涯。1933～1937年，主演了《中国海的怒潮》、《压岁钱》等影片，还成功塑造了《梅萝香》、《原野》和《大雷雨》中的女主人公形象。抗日战争开始后从事救亡演出活动，相继拍摄了《保卫我们的土地》、《塞上风云》、《血溅樱花》等影片。她戏路宽广，所扮《天国春秋》中的洪宣娇、《棠棣之花》中的聂荌、《蜕变》中的丁大夫，都获得较高评价。抗战胜利后回到上海，参加话剧《清宫外史》等剧的演出，拍摄影片《一江春水向东流》。1957年到北京人民艺术剧院，在话剧舞台上先后塑造了《关汉卿》中的朱帘秀、《伊索》中的克丽娅等人物形象。其中，《骆驼祥子》中的虎妞形象标志着她的表演艺术达到了最佳境界。曾任中国戏剧家协会理事、中国电影家协会理事、全国政协委员、全国人大代表。

疏肝解郁 dispersing stagnated liver qi for relieving qi stagnation 中医临床治疗肝气郁结证的治法。适用于肝气郁滞所致的胸胁胀满，胁肋疼痛，疝气腹痛，妇女月经不调、痛经、乳房胀痛，脉弦等病症。见行气。

疏浚 dredging 为疏通、扩宽或挖深河湖或其他水域，用人力或机械进行水下土石方开挖的工程。疏浚工程广泛应用于：①开挖新的航道、港口和运河。②浚深、加宽和清理现有航道和港口。③疏通河道、渠道，水库清淤。④开挖码头、船坞、船闸及其他水工建筑物基坑。⑤结合进行吹填工程。⑥清除水下障碍物，开挖或清理系船浮筒的沉坠坑等。

生产能力为200米³/时的绞吸式挖泥船

机械设备 疏浚机械设备主要包括：①挖泥船。按工作原理和土料输送方式，分机械式和水力式。机械式挖泥船以挖斗或铲直接从水下挖取和提升土料，有链斗式、抓斗式、铲斗式、斗轮式等。水力式挖泥船用高压水冲泥或用绞刀、耙头切泥，然后用泥浆泵抽吸泥浆，经管道输送排放，又称吸扬式挖泥船，有绞吸式、耙吸式、无绞刀式、气动式等。挖泥船又分自航式和非自航式，非自航式需拖轮拖运。②水上作业船。如测量船、起重船、钻爆船、锚艇等。③辅助船舶，包括拖轮、油驳和淡水驳等供应船、泥驳、趸船及生活船等。④浮筒、管道以及其他配套设备。

排泥及吹填 疏浚工程包括挖泥、运泥和卸泥等工序。泥土的处理方法因挖泥船的类型而异。绞吸式挖泥船自挖自吹，利用排泥管道将挖起的泥土直接输送到指定地点。自航耙吸式挖泥船，具有自挖、自装、自运、自卸的能力，可将挖起的泥土运至卸泥区自行卸泥。机械疏浚的排泥方式有水下排泥和陆上排泥两类。水下排泥区宜选择在深海或江河湖泊的深水潭区以及废弃的河汊、港湾内流速小、容量大、有足够水深，并且不影响航道、码头作业和泄洪的地段。陆上排泥区需在挖泥船或吹泥船设计许可排距和相应排高的范围内，充分利用坑洼、荒地、河汊等处。要尽量结合排泥进行吹填，吹填排泥区一般需合理布置和构筑围堰，布置排水设施和排水道，使积水易于排走，以加速淤土固结。

疏勒 Kashgar 古代西域国名，中国唐代安西四镇之一。又称沙勒、粟特。元、明、清三代分别用汉文写作可失哈耳、哈实哈儿、喀什噶尔等，今称喀什。古代居民属印欧种。自9、10世纪，人种和语言逐渐回鹘化。疏勒位于塔里木盆地西部，为丝绸之路南北两道交接点，又当向西翻越葱岭的丝路干线要冲，地理位置十分重要。东北、东南与龟兹、于阗相通，盛时辖境包括今新疆喀什、疏勒、疏附、伽师、英吉沙、岳普河、阿图什、乌恰、阿克陶、塔什库尔干等县市。都疏勒城，唐称迦师城（今地不明）。

西汉时，国力不强。东汉明帝永平十六年（公元73），龟兹王建依仗匈奴的威势，攻杀疏勒王成，立龟兹左侯兜题为疏勒王。后为班超所擒。安帝初元年间，臣磐（一作槃）立为疏勒王。延光四年（125），疏勒曾随汉西域长史班勇击破车师后王国。

南道大国莎车背叛于阗，归属疏勒，疏勒又以汉和贵霜（中亚古代王朝）为后援，势力强大起来。顺帝永建二年（127），臣磐遣使向汉进贡，被封为汉大都尉。灵帝建宁元年（168）臣磐被叔父和德杀死，和德自立为王。三国时，疏勒势力极盛。西晋时与龟兹、于阗、焉耆、鄯善并为西域大国。

6世纪中叶以后，被突厥控制。隋末唐初，曾遣使向中原王朝进贡，但仍服属于西突厥。高宗显庆三年（658），唐平定西突厥阿史那贺鲁之乱，以疏勒为安西四镇之一，隶属安西都护府。此后吐蕃攻占疏勒。唐终于在咸亨元年（670）放弃安西四镇。上元年间，唐恢复四镇，设疏勒都督府。仪凤年间，吐蕃又攻破疏勒。唐在调露元年（679）一度重立四镇，但在吐蕃强大的攻势下，不得不在武则天垂拱二年（686）再次放弃四镇。长寿元年（692），唐夺回西域控制权，重设四镇，并派汉兵镇守，设置屯田，疏勒总有七屯，唐在疏勒的统治得以加强。安史之乱后，疏勒民众和唐军在国王裴冷冷和唐镇守使鲁阳等的率领下，坚持到德宗贞元四年（788），一度为吐蕃所占领。宋以后，疏勒主要处在西迁的突厥族葛逻禄部和以后到来的一部分回鹘部的控制之下。

到10世纪下半叶，它们联合当地其他部众，共同创立了黑汗王朝，并且成为中国历史上第一个皈依伊斯兰教的王国，开始了新疆伊斯兰化的进程。大约自1041年起，黑汗王朝正式分裂成东西两汗国。东部汗国都喀什噶尔，领有七河流域、东部费尔干纳（今中亚地区）和于阗、龟兹等地，喀什噶尔成为当时塔里木盆地西部政治和文化中心。自1130年，黑汗王朝臣属于西辽。13世纪初，东黑汗王朝终结。不久，蒙古打败篡夺西辽政权的屈出律，占有喀什噶尔。清乾隆二十四年（1759）占领此地后，设参赞大臣一员，总理南疆八城事务。光绪三年（1877）以后，新疆设省，喀什噶尔才重新成为重要的政治文化中心。疏勒以农牧业为主，种稻、粟、麻、麦，瓜果最盛。有纺织技术。在2世纪贵霜王迦腻色迦大力传播佛教的时候，疏勒王臣磐从贵霜归国，佛教似应在此时传入疏勒。黑汗王朝时期，喀什噶尔是伊斯兰文化的中心。因近代的盗掘等破坏，疏勒佛教遗迹所剩无几。伊斯兰建筑以艾提卡尔清真寺最有名。

疏勒河 Shule River 中国甘肃省河西走廊内流河。古名籍端水、冥水。源于祁连山脉托来南山与疏勒南山之间的沙果林那穆吉木岭，西北流经肃北蒙古族自治县的高山草地，穿大雪山—托来南山间峡谷，过昌马盆地。昌马峡以上为上游（昌马堡至玉门镇段，当地称昌马大河）。昌马峡至走廊平地为中游。至扇缘接纳诸泉水河后分为东、西两支流，东支汇部分泉水河又分南、北两支，名南石河和北石河，向东流入花海盆地的终端湖。西支为主流，又称布隆吉河。至安西双塔堡水库以下为下游，由于灌溉、蒸发、下渗使水量骤减。由发源地至近期终端湖哈拉湖，长不过600千米，安西以下无地表径流，仅存干河道遗迹。昌马冲积扇以西主要支流有榆林河和党河，以东主要支流有石油河和白杨河，均源出祁连山西段。疏勒河水系的径流中雨水补给减少，高山冰雪融水显著加大，出山口多年平均年径流量18.30亿立方米。上游祁连山区降水较丰，冰川面积850平方千米，多高山草地，为良好牧场。中、下游地势低平，玉门镇、安西、敦煌和赤金－花海诸绿洲的灌溉农业发展迅速。

输电 electric power transmission 电能的传输。它和变电、配电、用电一起，构成电力系统的整体功能。通过输电，把相距甚远的（可达数千千米）发电厂和负荷中心联系起来，使电能的开发和利用超越地域限制。输电还可以将不同地点的发电厂连接起来，实行峰谷调节。

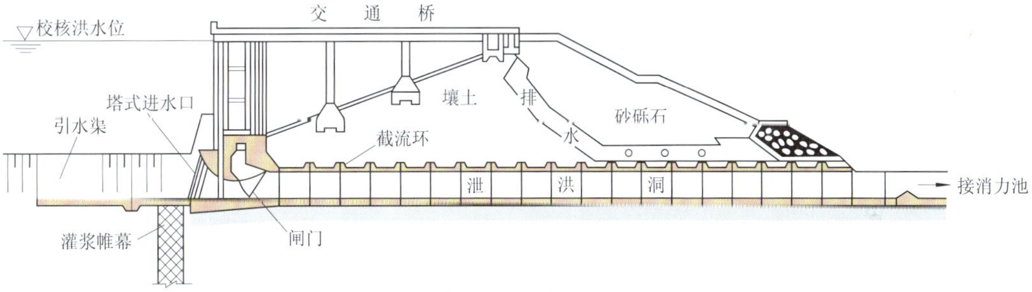

输水管道坝下埋管纵剖面图

输电线路按结构形式可分为架空输电线路和地下输电线路。前者由线路杆塔、导线、绝缘子等构成，架设在地面上；后者主要用电缆，敷设在地下（或水下）。输电按所送电流性质可分为直流输电和交流输电。

常用输电电压有220千伏及以下的高压输电，330～765千伏的超高压输电，1 000千伏及以上的特高压输电。

输气管道 natural gas pipeline 将天然气从开采地或处理厂输送到城市配气中心或工业企业用户的管道。又称天然气管道。长距离输气管道一般由干线输气管段、首站、压气站（又称压缩机站）、中间气体接收站、中间气体分输站、末站、清管站、干线截断阀室、线路上各种障碍的穿跨越段等部分组成。

通常还要与输气管道同步建设通信系统与仪表自动化系统，对管道的运行过程进行实时监测、控制和远动操作，从而保证管道安全、可靠、高效、经济地运行。

为了使干线输气管道能够适应用气量随时间的波动，通常要配套建设与之相联的储气库或地面储配站，通过调节进、出储气库或储配站的天然气流量来达到天然气供需的动态平衡。

干线截断阀室是为了及时进行事故抢修、防止事故扩大而设置的。对于管道的穿跨越段，还应在其两端设置干线截断阀。

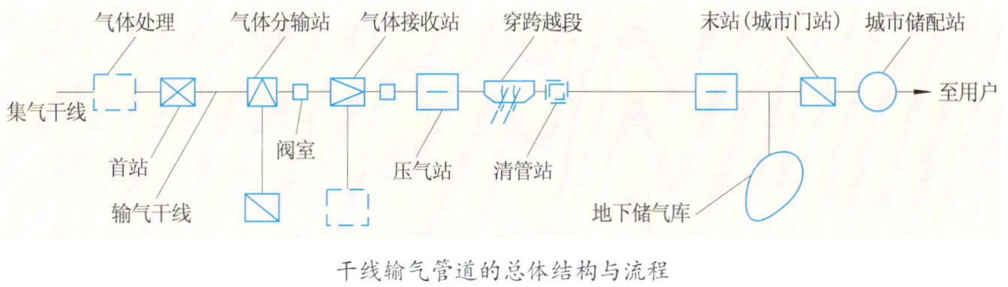

干线输气管道的总体结构与流程

输水管道 conduit 从水库、调压室、前池向水轮机或由水泵向高处送水，以及埋设在土石坝坝体底部、地面下或露天设置的过水管道。其中，向水轮机或向高处送水的管道，因其承受较大的内水压力，故称压力水管；埋设在土石坝底部的管道，称为坝下埋管；埋在地下的管道，称为暗管或暗渠。

坝下埋管由进口段（进水口）、管身和出口段三部分组成。管内水流可以是具有自由水面的无压流，也可是充满水管的有压流。无压埋管常用圆拱直墙式，由混凝土或浆砌石建造；有压埋管多为圆形钢筋混凝土管。埋管的断面尺寸取决于运用要求和水流形态。埋设在地下的暗渠与开敞式的明渠相比，具有占地少、渗漏与蒸发损失小、减少污染、管理养护工作量小等优点，但所用建筑材料多，施工技术复杂，造价高，适用于人多地少、水源不足、渠线通过城市或地面不宜为明渠占用的地区。

输送机 conveyor 在一定的线路上连续输送人员、物料的搬运机械。可组成水平、倾斜、垂直和空间输送线路。具有多种型式，可实现连续输送并在输送过程中完成若干工艺操作。

中国古代汲水的筒车和水车是提升机和刮板输送机的雏形。17世纪中叶至19世纪中叶，各种现代结构的输送机相继在欧美出现。以后，输送机逐步由完成车间内部的输送发展到完成企业内部、企业之间甚至城市之间的物料搬运，成为物料搬运机械化系统中的重要组成部分。

输送机一般按有无牵引件来进行分类：①利用牵引件传递动力。主要类型有带式、板式、小车式、刮板式、埋刮板式、斗式、悬挂式和自动扶梯、自动人行道、架空索道等。②不用牵引件来传递动力。这类输送

内蒙古自治区元宝山露天煤矿内的煤炭传送带

机又分为两种：一种是利用机械构件的旋转或往复运动来传递动力，如辊子输送机、螺旋输送机和振动输送机等。另一种是利用管道中流动介质传递动力，如各种气力输送机、容器式管道输送机和水利输送装置等。

主要性能参数有：①输送能力。单位时间内输送的物料量。②输送速度。单位时间内物料的运行距离，一般以每秒运行多少米计算。③结构尺寸。结构尺寸因输送机的型式而定，一般为牵引件的尺寸、板条或料槽的宽度、料斗或容器的容积、管道直径等。④输送长度。输送机组成的输送线路的长度。⑤输送倾角。在单位水平长度内提升物料的能力。埋刮板输送机、斗式提升机、悬挂输送机以及气力输送机等，具有垂直输送物料的能力。

输血 blood transfusion 给机体输入血液的支持、代偿治疗方法。输血有补充血容量、改善循环、提高携氧能力、增加血浆蛋白质等功用，但也可产生不良反应，故应严格掌握适应证，按操作规程审慎使用。

适应证 急性失血 失血量500～1 000毫升。输入平衡液后，应输入全血或血浆增量剂。

贫血 或低蛋白血症。可输血或血浆蛋白。

出血性疾病 如血友病、血小板减少性紫癜等。可输入针对病因的血液相关成分。如纤维蛋白原、抗血友病球蛋白、血小板等。

严重感染 可少量多次输新鲜血或输注粒细胞。

类型 同种异体输血 主要的输血形式。输血时应输同型血或者O型血，但除紧急情况外，一般不给非O型血者输O型血。输血前应进行交叉配血试验。输血途径以静脉输血为主，通常用来输液的浅表静脉均可应用。

自体输血 采取患者自身血液，在需要时输还给自己。例如手术患者可在术前分次采血库存，在手术中输还本人。

成分输血 又称血液成分疗法。根据患者血中缺什么补什么的原则，将浓度高和纯度好的血液成分输入患者体内。常用的有浓缩红细胞、浓缩白细胞、浓缩血小板和血浆成分——血浆白蛋白、免疫球蛋白和各种凝血因子等。

并发症及防治 溶血反应 原因是误输血型不合的血，使红细胞大量破坏。典型症状是休克、寒战、高热、呼吸困难、腰背酸痛和血红蛋白尿等。

细菌污染反应 多数是革兰氏染色阴性细菌污染，细菌可在4～6℃的冷藏温度中滋生。若发现血袋内血浆混浊，有絮状物或有溶血现象，则应疑有污染而废弃不用。症状为输入10～20毫升血液后，即有寒战、高热、呼吸困难、血压下降等感染性休克的表现。

发热反应 多发生在输血后两个小时内。表现为发冷、寒战，继以高热、头痛，但血压无变化。症状持续1～2小时后缓解。可由器皿不洁和体内抗人类白细胞抗体引起。此时可减慢或暂停输血，或应用皮质激素。

变态反应 表现为皮肤红斑、荨麻疹和瘙痒。常常原因不明，可给抗组胺药处理。

过敏反应 因输入高过敏者抗体或致敏抗原引起。表现为支气管痉挛、喘鸣、呼吸困难，进而神志不清、休克。应立即停止输血，静脉注入皮质激素。

大量快速输血可引起心力衰竭、出血倾向和酸碱平衡失调、高钾血症等，需采取减慢输血速度等相应措施。输血还可传播肝炎、疟疾和艾滋病等，要严格选择输血员，注意采血前检查，以防止传播疾病。

输液 transfusion 将用于治疗、抢救和营养的液体输入体内的医疗措施。输入途径有静脉滴入和皮下滴入。静脉滴入包括静脉注射点滴、静脉切开点滴和静脉穿刺置入并保留导管点滴。静脉注射点滴的常用部位是肘部和腕部静脉和踝部大隐静脉，小儿常用头皮静脉及手或足背浅静脉。静脉切开点滴时通常切开踝部大隐静脉。静脉穿刺留置导管输液常用锁骨下静脉，或由大隐静脉根部置入导管到髂静脉再行点滴。皮下点滴常在大腿前侧或外侧进行，输入量一般不宜超过1 000毫升，且宜用半等渗液如2.5%葡萄糖；此法不常用，仅适用于静脉输液无法使用时。

适应证：①纠正水和电解质失调。如频繁呕吐、大量腹泻、出汗过度（如中暑）等所致的脱水、酸中毒，因胃十二指肠引流、消化道瘘、糖尿病和肾上腺皮质功能不全所致的脱水、酸中毒。②严重感染需静脉给抗生素，需静脉给升压药和抗心力衰竭药时。③补充急性血容量不足。如失血性休克，面积大的烧伤等。④补充高营养。如用于重病消耗、营养不良、肠梗阻、长期昏迷的患者。⑤各种中毒时需促进体内有毒物质排除。如用于农药和杀虫剂中毒、巴比妥等安眠药中毒、其他药物中毒、毒蕈中毒、河豚中毒、毒蛇咬伤中毒等。

输液反应：①发热反应。出现寒战、高热，应停止输液。高热时可用物理或药物降温。②心力衰竭、肺水肿。呼吸困难、紫绀、肺部听到湿性啰音、口鼻咳出白沫痰时应停止输液，正压给氧，吸入抗泡沫药（如酒精）。

输油管道 oil pipeline 输送原油和成品油的管道。又称油品管道。分为两大类：①企业内部的输油管道，如油田内部的集输管道，炼油厂及油库内部的输送管道等。②长距离输油管道，如将油田的合格原油输送至炼油厂、码头或铁路转运站的管道。其管径一般较大，有各种辅助配套工程，是独立经营的系统。长距离输油管道可长达数千千米，原油管道最大直径达1 220毫米。

长距离输油管道由输油站与线路两大部分组成。为了克服长距离输油管道中的流动阻力，必须在油流沿程（包括坡度举升）提供所需的能量，在管道沿线需设若干个泵站，给油流加压。当原油管道采用加热输送时，沿线还设有加热站（或与泵站合一）加热油流。在管道沿线每隔一定距离还要设中间截断阀，以便发生事故或检修时关断。管道的自动化程度很高，沿线各站场可以做到无人值守、全线集中控制。

成品油管道多采用在同一管道里分批连续地输送多种油品的顺序输送方法。油品输送顺序的排列原则是相邻油品的基本物理化学性质要相近，以减少混油量。在管道的沿途和终点站，根据销售需要，向各交油站点或分支线输油；也有沿途接收

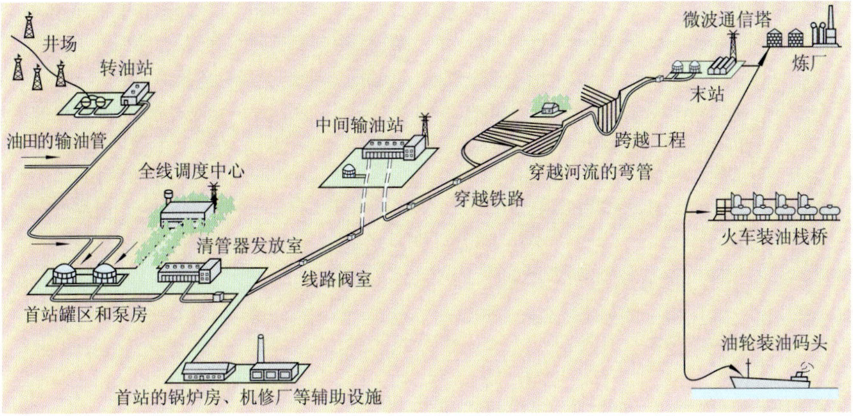

长距离输油管道流程概况图

进油支线的站点。

蔬菜 vcgctable 以柔嫩多汁器官或整个植株供食用的草本植物。有些木本植物的嫩茎、嫩芽以及某些食用菌类、藻类等也常作蔬菜用。可熟食，也可生食，还可加工成腌渍品、干制品和罐头食品等。

重要性 蔬菜的营养成分因种类而异。总的说来，蔬菜是人体所需维生素，包括维生素C（抗坏血酸）、维生素A原（胡萝卜素）和维生素B等的主要来源；所提供的钙、磷、铁等多种矿物元素，对补充人体结构物质和调节生理活动有重要作用；含有的碱性矿质化合物，能中和人体消化食物过程中所产生的酸性化合物，有利于保持体内酸碱平衡和对蛋白质的吸收、利用；所含粗纤维能使肠胃内食物保持膨松状态，有利于肠壁蠕动和促进消化；某些蔬菜，如豆类还是植物性蛋白质和脂肪的重要来源，葱、姜、大蒜等则是具有特殊风味的调味佳品。此外，不少蔬菜还具有一定的药用价值。

种类 现今世界上作为蔬菜食用的不下数百种，栽培的约100多种，普遍栽培的有50～60种，中国栽培的蔬菜种数大体相同。其分类方法主要有：①植物学分类法。即按蔬菜在植物分类学上的地位，分为十字花科、豆科、茄科、葫芦科、伞形科、菊科、藜科、百合科和禾本科蔬菜等。②食用器官分类法。可分为根菜类、茎菜类、叶菜类、花菜类和果菜类等。③农业生物学分类法。即以蔬菜生长发育对环境条件及栽培技术的要求作为分类的依据。可分为11类（见表），同类蔬菜不仅食用器官相同，栽培技术亦多相似。这种分类法对蔬菜生产有较大指导意义，应用较广。除上述3种分类外，还可按蔬菜对温度、水分、光照的要求以及对土壤酸度的要求等进行分类。

蔬菜的农业生物学分类

类别	主要种类
根菜类	萝卜、胡萝卜、根用芥菜、根菾菜、芜菁甘蓝、美洲防风、牛蒡、婆罗门参、辣根、根芹菜
白菜类	白菜（结球白菜、不结球白菜、菜心等）、芥菜（叶用芥菜、茎用芥菜）、甘蓝（结球甘蓝、花椰菜、球茎甘蓝、抱子甘蓝等）
绿叶菜类	莴苣、芹菜、菠菜、茼蒿、苋菜、蕹菜、芫荽、叶菾菜、冬寒菜、落葵、番杏
葱蒜类	洋葱、大蒜、葱、韭菜、韭葱、薤（藠头）
茄果类	番茄、辣椒、茄子
瓜类	黄瓜、冬瓜、西瓜、甜瓜、南瓜、丝瓜、苦瓜、瓠瓜、蛇瓜、佛手瓜
豆类	菜豆、豇豆、毛豆（菜用大豆）、蚕豆、豌豆、扁豆、刀豆、四棱豆
薯芋类	马铃薯、芋、姜、山药、菊芋、豆薯、草石蚕、土圞儿、魔芋、葛
水生蔬菜	莲藕、茭白、荸荠、慈姑、水芹、菱、豆瓣菜、芡实、莼菜、蒲菜
多年生蔬菜	竹笋、黄花菜、石刁柏、香椿、百合、枸杞、朝鲜蓟、花椒
食用菌类	蘑菇、香菇、草菇、平菇、木耳（黑木耳）、银耳、猴头

生产经营方式 早期出现的是自给性的家庭蔬菜园艺。随着商品经济的发展以及人口向城市、集镇集中，在城镇近郊出现了以供应城镇居民为目的的商品性蔬菜生产，即“近郊蔬菜园艺”。主要的方式有：常年性蔬菜生产、季节性蔬菜生产、特产蔬菜生产、加工用蔬菜生产。蔬菜生产的技术特点为技术密集、种植方式多样、育苗移栽、保护地栽培、采后处理等。

赎买政策 redemption, policy of 无产阶级夺取政权以后，对资产阶级的生产资料采取有偿获取的办法以实行社会主义国有化的政策。中华人民共和国建立后，中国共产党和人民政府根据民族资产阶级的两面性和民族资本主义经济的两重作用，决定在对资本主义工商业进行社会主义改造的过程中，对民族资产阶级实行赎买政策。赎买不同于购买，赎买的总金额不取决于资本家占有的生产资料的数量，而取决于社会主义改造的发展进程和需要。在全行业公私合营以前，赎买采取利润分配的形式，资本家所得被限制在企业盈利的1/4左右。在全行业公私合营以后，赎买采取给资本家定息和安排资本家工作的办法。实行定息后，资本家的剥削与企业盈利多少无关。1956年核定全国公私合营企业的私股股额为241 864万元，年息为5%。定息原定7年，后又延长3年，1966年取消定息。同时，国家对资方从业人员采取“量材使用，适当照顾”的办法予以妥善安置，并保留他们较高的薪金。实行赎买政策，在一定程度上减轻了资产阶级对社会主义改造的抗拒和破坏，调动了民族资产阶级的积极因素，在整个生产资料所有制的变革中，不仅生产力没遭到破坏，而且推动了生产的发展，促进了资本家的政治思想改造。

赎罪日 Day of Atonement; Yom Kippur 犹太教宗教节日。时间为每年犹太民历的7月10日。赎罪日的宗教目的是通过个人的与集体的宗教活动，祈求上帝宽恕犹太人违背宗教诫条而犯下的罪行。赎罪日的主要内容，一是停止娱乐、工作、战争等世俗行为，二是个人斋戒、祈祷，三是在犹太会堂等宗教场所举行赎罪仪式，仪式的主要内容是献牛、羊、鸡等祭品。赎罪日的设置大约始于公元前6世纪到公元前5世纪。今天的以色列人仍过赎罪日，但已不完全拘泥于古人的规定。

暑邪 summer-heat pathogen 中医病因学概念。暑邪致病，纯属外因。暑本指夏季炎热的气候或环境状态，为夏季的主气，属六气之一。但这种气候或环境状态能使正气虚弱的人发生疾病，对这些人来说，暑便成为致病因素，属六淫之一。暑性炎热升散，易使人耗气伤津。

暑邪致病，具有高热多汗、神疲乏力和挟湿的特点。因暑性炎热升散，故伤人后可出现高热烦躁、汗出口渴、小便短赤、脉洪等症状。在大量出汗而伤津的同时，往往气亦随汗出而外泄，导致气虚，出现头晕气短、神疲乏力，甚至突然昏倒、不省人事、四肢厥冷、大汗淋漓等症状。夏季往往多雨，环境潮湿闷热，所以暑湿常相兼致病。

临床常以起病缓急和病情轻重将暑病分为伤暑和中暑两种，兼有湿邪致病的称为暑湿。治疗以清暑益气为主。对病情危重的中暑病人，应针刺人中穴等急救，并加用清心开窍或熄风定痉的方法；兼湿者，则必须清暑化湿。

黍稷 *Panicum miliaceum*; broomcorn millet 禾本科黍属的一种。一年生草本植物。起源于中国的最古老的作物之一。黍稷是中国的习称，自古有之。实际上，黍有粳糯两类：粳类古称稷，现称糜子；糯类古称黍，现称黍子、黏糜子。主产国为俄罗斯和中国。中国主要分布在西北、华北、东北地区，南方只有零星种植。

根与茎的输导组织发达。叶长披针形，茎叶被茸毛。圆锥花序，有绿色和紫色两类。穗形有多种。小穗有二朵小花，其中仅一朵结实。子粒为带壳颖果，呈红、黄、白、褐、灰等色，而以白色种子的出米率较高。黍稷为喜温、喜光、耐旱、短日性作物。生育前期可耐42℃高温，生育后期遇－2℃低温即易受冻害。出苗至成熟需50～130天。对光照反应敏感。苗期和花期怕阴雨。除低洼易涝地外，能适应多种土壤。播种时间因栽培地区而异，有晚春播、夏初播和麦茬播之分。播种是否适时对产量影响很大。忌连作，否则易遭黑穗病和野糜为害。苗期生长缓慢，应防杂草。在水、肥充足条件下，适当稀植、蹲苗，防徒长、倒伏。

用子粒加工而成的炒米，是蒙古族人民喜爱的食品。东欧一些国家常用以制作稷片粥和糕饼。黍米是中国北方的主要糯食，磨成粉可制作各种糕饼，也是酿造黄酒的原料。黍稷子粒还是家禽的精饲料。秸秆可供饲用。

属国 dependent domains 中国秦汉时期管理内属游牧及半农半牧少数民族的军政建置。秦代称为属邦，秦兵器铭文和云梦睡虎地秦简都有属邦记载，汉代避刘邦讳改为属国。中央一级称为典属国，西汉时秩中二千石，高于郡守，属官有九译令。典属国也统领军队。成帝河平元年（前28）并入大鸿胪。设在地方的称为属国。属国部众保持原有的部落组织和风俗习惯，在规定的区域内，平时从事农牧生产，协助朝廷保卫边塞，战时奉调出征。行政上归政府任命的都尉统辖，属于郡，称为属国都尉。都尉秩比二千石，次于郡守，下设丞。都尉、丞大都由汉人担任，还有候官、左骑、千人、司马等官；部族官号按本民族习俗有大且渠、王等。都尉、丞以下一般由各级部落酋长充当，属国所统民族有匈奴、义渠、湟中月氏胡、卢水胡、羌等，东汉还有乌丸、鲜卑。

属国有时又是泛称，与义从胡、归义胡相似，如《后汉书·西羌传》记载的属国湟中月氏胡，又号为义从胡。属国有时也是将帅的官号，如东汉初，控制河西地区的窦融被朝廷封为“行河西五郡大将军事、张掖属国都尉”。

由于属国统辖的都是游牧或半游牧民族，善于骑战，成为朝廷军队的重要战斗力量，两汉时远征大宛和对匈奴、西羌等战争中，都有“属国胡骑”参加。属国军士又称为玄甲（《汉书·霍去病传》），因穿黑色铠甲得名。

蜀 Shu 中国东汉后鼎足而立的魏、蜀、吴三国之一。又称蜀汉。汉昭烈帝刘备所建。都成都。据有秦岭至于南中（今四川大渡河以南和云南、贵州，因在巴、蜀之南，故名）之地。

蜀锦 Sichuan brocade 中国织锦品种。主要产于成都，因成都古来即属蜀地而得名。成都织锦始于汉，三国时期成为蜀国经济的重要支柱。隋唐，成都是最重要的贡锦

方方锦

之地。两宋，成都每年上供大批锦绮纨罗。从元丰六年（1083）起，官府在成都专设锦院。元至清初，蜀锦织造曾经衰落，清晚期再度繁荣。

现代蜀锦主要有方方锦（于彩色方格内织小团花）、月华锦（以彩色经线由浅入深排列，其上再织花纹）、浣花锦（图案为在水波中漂浮的花朵）、铺地锦（在细巧地纹上织出大朵花）、民族锦（在缎地上织出团龙、万字、金寿字等，主要销往少数民族地区）等品类。

《蜀锦谱》 记述中国宋代官办丝织业和蜀锦情况的专著。元代费著撰。作者为至正年间进士，生卒年及成书年代均不详。《蜀锦谱》记述宋代设于四川的官办丝织手工业机构，规模，产品原料、品种和数量等，并记述蜀锦的历史、品名、色彩和图案。全书分概述和名色两个部分。概述部分扼要阐明蜀锦的历史。到宋代蜀锦发展到鼎盛时期。名色部分阐述蜀锦的品名。北宋有八答晕锦、盘毬锦、大窠狮子锦等12种；南宋有粗、细两种，其中大百花孔雀锦、青绿如意牡丹锦、真红穿花凤锦等细色织锦出现写生折枝花鸟等新的图案，对元、明、清的织锦有着深远的影响。

蜀葵 *Althaea rosea*; hollyhock 锦葵科蜀葵属的一种。又称熟季花。原产中国，世界各地广泛栽培。二年生草本。单叶，互生，近圆心形，边缘有齿；叶柄长6～15厘米；托叶卵形，顶端有3尖。花大，两性花，直径6～9厘米；副萼6～9，基部合生；萼钟状，5齿裂；花瓣5，倒卵状三角形，有红、紫、白、黄及黑紫各色，有时重瓣，基部具爪；雄蕊多数，花丝结合成柱状，称单体雄蕊；心皮多数，合生，子房上位，中轴胎座，多室。果熟时分裂成分果瓣。为观赏植物。茎皮纤维可代麻用；种子可榨油；花和种子可入药，能利尿通便。

蜀洛朔党争 Disputes among Shu, Luo and Shuo Cliques 中国宋哲宗元祐年间反变法派在击逐变法派的同时，内部发生的具有地方色彩的派别斗争。反变法派由多种政治力量结合而成，其中蜀党为苏轼、苏辙、吕陶等人，均为四川人；洛党为程颐及其门人贾易、朱光庭等人，为洛阳人。程颐任崇政殿说书，以师道自居，对宋哲宗正色训诫，又主张一切都用古礼。中书舍人苏轼认为程颐不近人情，每加讥讽。朱光庭、贾易等则攻击苏轼诬蔑宋仁宗赵祯不如汉文帝刘恒、宋神宗赵顼不如汉宣帝刘询，应予治罪。蜀人吕陶、上官均不肯坐视苏轼所受攻击，上章论列朱光庭借机为程颐泄私忿。无所偏袒的范纯仁也觉得朱光庭的奏章太过分；而朔党的王岩叟则支持程颐。洛党和蜀党互相排击的结果，苏轼离开了政府，程颐也罢崇政殿说书。两党两败俱伤，以刘挚、梁焘等北方人为首的朔党控制了政府，成为司马光保守派的真正继承者。随后，朔党又同吕大防发生矛盾。权势之争，愈演愈烈，而一些投机分子如杨畏之流又交斗其间，政治局面更加混乱，最后经受不起以章惇为首的变法派打击，完全垮台。

蜀绣 Sichuan embroidery 中国刺绣品种。近现代中国四大名绣之一。以成都市为生产中心。西汉时，蜀绣已见于史籍。晋代，《华阳国志》将蜀锦、蜀绣并称为“蜀中之宝”。清道光年间，成都出现专营刺绣的作坊。宣统年间，成都的刺绣产品行销西北、西南各省。1915年，蜀绣在美国旧金山巴拿马博览会上获奖。20世纪80年代以来，蜀绣又创双面异色、异形绣等新工艺。蜀绣的特点是丝线粗、细兼用，运针自如，针迹平齐，结构严谨，一丝不苟。传统针法有平金绣、打子绣、缠针绣、锁绣、包绣、编绣等类，约有晕针、铺针、牵针、掺针、

蜀绣"公鸡和鸡冠花"

织金等几十种。蜀绣日用品以软缎被面为主，观赏品的传统品种则以"芙蓉、鲤鱼"和"公鸡和鸡冠花"为代表。

鼠害 rodent pest 鼠类对人类健康和工农业生产及其产品造成的危害。鼠类属哺乳纲啮齿目动物，分布极广，除南极大陆外，世界各地均有鼠类。共有1 600多种。常见害鼠有大家鼠、小家鼠、社鼠、黄毛鼠、黑线仓鼠、大仓鼠、黑线姬鼠等。

鼠类适应性很强，地面、地下、树上、水中都能生存，平原、高山、森林、草原以至沙漠地区都有其踪迹，常对工农业生产酿成巨大灾害。鼠类为杂食性动物。多在晨昏活动。繁殖次数多，孕期短，产仔率高，性成熟快。

鼠害主要在3个方面：①农业上。农作物从种到收直到农产品及其加工品（食品、纺织品等）贮存的全过程都可能遭受其害。②林业上。主要是食害树种，啃咬成树、幼树苗，伤害苗木的根系，从而影响固沙植树、森林更新和绿化环境。③牧业上。主要是大量啃食牧草，造成草场退化、草场面积缩小、载畜量下降。此外，鼠类还是鼠疫等流行性传染病的潜在宿主和传播者，直接威胁着人畜健康。

防治方法主要有：①生物防治。保护和利用鼠类天敌。也可利用对人畜无害而仅对鼠类有致命危险的微生物病原体。②化学防治。主要是使有毒物质进入害鼠体内，破坏鼠体的正常生理机能而使其中毒死亡。③物理防治。主要利用器械灭鼠。多用于仓库、畜舍、野外动物调查等方面。④生态防治。主要是采用田间措施破坏和改变鼠类的适生环境，使之不利于鼠类的栖息和繁殖，并增加其死亡率。此外，不孕剂和动物外激素以及超声波驱鼠等灭鼠方法也在不断推广应用。利用鼠类外激素如尿液等作为性引诱剂，与毒饵或其他捕鼠工具相配合进行灭鼠效果良好。

鼠李糖 rhamnose 六碳单糖，分子式$C_6H_{12}O_5$。又称甲基戊糖。为甘露糖6位的一个羟基被氢取代的衍生物，即6-脱氧-L-甘露糖。鼠李糖在自然界大多是L型，广泛存在于植物的多糖、糖苷、植物胶和细菌多糖中。它可由槲皮苷水解制备。鼠李吡喃糖的结构式如下：

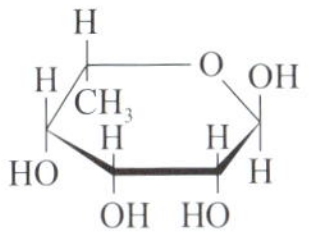

α-L-鼠李吡喃糖

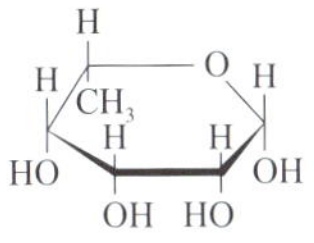

β-L-鼠李吡喃糖

在通常的条件下得α-L-鼠李糖一水合物结晶，熔点82～92℃，比旋光度$[\alpha]_D^{20}$－7.7 → +8.9。在无水丙酮溶液中，如果加入β-L-鼠李糖的种晶，则得到β-L-鼠李糖（无水），熔点122～126℃，$[\alpha]_D^{20}$+31.5 → +8.9。将含一结晶水的鼠李糖熔融后结晶，也可制得无水β-L-鼠李糖。

鼠鸟 Coliiformes; mousebird 鸟纲的鼠鸟目鸟类的统称。有2属6种。只分布于非洲撒哈拉沙漠以南的广大地区。体型如麻雀，但尾羽特长，约达体长的2倍，整体外观似鼠；体羽松软；头顶具羽冠；嘴短而曲；脚强，趾长，第1趾能前后转动；爪长而锐利。雌雄同色。仅有一科，即鼠鸟科。平时在矮树或灌木丛间贴着枝干跳动，好结群，常几只挤在一起憩息。主要取食叶芽、花和果实。巢呈浅杯状，置于灌木丛间或树枝上，每窝产卵3～7枚。该目种类有的有社会性繁殖习性，由2只以上雌鸟向同一巢内产卵，多只鸟参与孵卵及育雏。雌雄轮流孵卵。雏为晚成性。代表种是蓝枕鼠鸟。

鼠鲨目 Lamniformes; mackerel shark 软骨鱼纲一目。又称鲭鲨目。有8科20属48种。鳃孔5对。背鳍2个，无棘，具臀鳍。眼无瞬膜或瞬褶。椎体具辐射状钙化区，4个不钙化区无钙化辐条侵入。颌舌接型，上颌仅以韧带连于头骨。共有8科：①铲吻鲨科。只有铲吻鲨1种。产于日本。②锥齿鲨科。仅1属约6种。体长一般2～3米，大者6米。卵胎生。分布于西大西洋、北大西洋、地中海、西南大西洋和印度洋。中国产2种，性凶猛。③鼠鲨科。有3属5种。噬人鲨属仅1种，广布各热带和亚热带海区，中国见于南海和东海；鼠鲨属有2种，广布于寒带和温带海区，中国尚无记录；鲭鲨属有2种，中国只1种，分布于南海、太平洋和印度洋。④姥鲨科。1属1种。体庞大，可达15米。鳃弓具密列细长鳃耙，滤食浮游动物和小鱼。广泛分布于世界各海区。⑤长尾鲨科，只1属3种。广布于热带和温带各海区。中国有3种。⑥须鲨科。约有11属28种。广布于热带和亚热带海区，在澳大利亚、印度尼西亚和菲律宾海区尤为繁盛。中国现有5属约9种，都是小型鲨鱼，浅海种类，体具斑纹保护色。⑦橙黄鲨科。有1属3种。分布于菲律宾、日本和南海。⑧鲸鲨科。只1种。体庞大，长可达20米。广布于各热带和温带海区，中国各海区夏、秋季节均见。

鼠兔 *Ochotona*; mouse-hares 兔形目鼠兔科鼠兔属动物的统称。又称声鼠、石兔。因外形略似鼠类，耳短而圆，尾仅留残迹，隐于毛被内，牙齿结构（如具两对上门齿）、摄食方式和行为等与兔相像得名。约25种，主要分布于亚洲，欧洲和北美也产。体型小，体长10.5～28.5厘米，耳长1.6～3.8厘米；后肢比前肢略长或接近等长；头骨上面无眶上突；上颚每侧只有2枚臼齿。雄性无阴囊，雌兽有乳头2～3对；全身毛被浓密柔软、底绒丰厚；毛被呈沙黄、灰褐、茶褐、浅红、红棕和棕褐色，夏季毛色比冬季毛色鲜艳或深暗。栖息于各种草原、山地林缘和裸崖。挖洞或利用天然石隙群栖。白天活动，常发出尖叫声，以短距离跳跃的方式跑动。不冬眠，多数有储备食物的习惯。繁殖期4～9月（或延至10月），每年产仔1～3窝，每胎2～11仔。栖息于草原上的鼠兔，如达乌尔鼠兔和黑唇鼠兔，除吃掉大量牧草外，密集的洞穴和跑道严重地破坏大片牧场，并造成水土流失。同时，它们也是猛禽和各种食肉兽类的捕食对象，在自然生态系统中起着一

定的积极作用。

鼠咬热 rat-bite fever 人被家鼠（或其他啮齿动物）咬伤所致的急性传染病。包括两种不同病原体（小螺菌及念珠状链杆菌）引起的两种鼠咬热。此病散发于世界各地，但病例较少，中国仅见小螺菌引起的报道。小螺菌鼠咬热潜伏期通常为14～28天，主要临床表现有回归型高热、咬伤部位硬结性溃疡及区域性淋巴结炎、皮疹，多数患者梅毒血清反应呈假阳性。念珠状链杆菌鼠咬热潜伏期一般为2～4天，主要表现为发热、皮疹和多关节炎。根据上列特点及病原学检查即可明确诊断及鉴别诊断。除及时对症治疗、伤口处理外，青霉素G、红霉素、四环素等抗菌药均有效。预防措施主要是防鼠、灭鼠。

鼠疫 plague 鼠疫杆菌引起的一种烈性自然疫源性传染病。腺鼠疫患者临终时，因严重呼吸困难及缺氧，全身皮肤高度青紫，鼠疫又称黑死病。世界卫生组织规定的实施国际卫生检疫的三种传染病之一。一般鼠疫先流行于鼠类及其他野生啮齿动物（黄鼠、旱獭等）之间，借助鼠蚤叮咬传给人，造成人间鼠疫。鼠类和其他野生啮齿动物是主要传染源。肺鼠疫患者痰中含大量病菌，患者亦为重要传染源，此时病原体可借飞沫传播，也可通过直接接触受染动物或被病兽咬伤而感染。人普遍易感，病后可获持久免疫。临床表现为高热、严重毒血症状以及淋巴结肿痛（腺型），咳嗽，咯鲜红色泡沫状血痰，呼吸困难（肺型）或皮肤、黏膜、腔道出血（败血症型）。未治病例病死率可超过50%。根据流行学资料和临床表现，一般即可作出诊断，但确诊有赖于细菌学检查。当怀疑鼠疫时，可采取血、痰、淋巴结穿刺液等相应标本作涂片及培养，涂片染色后镜检，可见到两极浓染的革兰氏阴性球杆菌，对可疑菌落作涂片、噬菌体裂解试验和动物接种等确诊。血清免疫学试验用于流行学调查和回顾性诊断。治疗可用链霉素、四环素和氯霉素。发现疑似或确诊患者时立即向卫生防疫机构报告，同时将患者严密隔离，接触者应予检疫，封锁疫区，广泛开展灭鼠、灭蚤工作，疫区人群普遍接种鼠疫菌苗并加强个人防护。

数来宝 中国曲艺曲种。俗称“顺口溜”、“流口辙”、“练子嘴”等。流行全国各地。相传元代即已形成。最初为艺人走街串巷或在店铺门前乞讨索钱的手段，由于唱词常常要把听客和老板及其营生即兴夸赞一番，意寓一经艺人“数唱”即可“招财进宝”，因名“数来宝”。清末民初渐有曹德奎、刘麻子和霍麻子等专业艺人。表演形式通常为一至二人左手持两块相串的大板儿，右手持五块叫作节子板儿的小竹板儿进行韵诵。诵唱中还可插入一些话白，包括过口白与夹白等。其中两个人的合作表演吸收了对口相声的表现方法，称作“对口数来宝”。唱词为“三三七”词格，即“上六下七”句式的上下对句，每两句或者多句一押韵，换韵频繁灵活，俗称“花辙”。传统的代表性节目有《十字坡》和《杨志卖刀》等。抗日战争及解放战争时期根据地的数来宝艺人栾少山编演了抨击敌人鼓舞士气的《大臭虫》和《算算账》等。中华人民共和国建立后，数来宝以其独特的艺术形式在部队的文艺活动中普遍流行。

薯蓣 *Dioscorea opposita*; common yam 薯蓣科薯蓣属的一种。又称山药。分布全中国。朝鲜半岛、日本也有分布。草质缠绕藤本，有圆形块茎，垂直生长，长1米，茎藤右旋

生，无毛。单叶互生，中部以上的叶对生，稀3叶轮生，叶腋有珠芽，叶三角卵形、广卵形或呈耳状的3浅裂或深裂，中裂片椭圆形或披针形，两侧裂片矩圆形或圆耳形。雄花序穗状，2～4个腋生，花轴曲折形，花小，花被片背面有毛及褐色腺点，雄蕊6，生花托边缘。蒴果翅半月形，表面有白色粉状物，果翅长约等于宽，约1.5厘米，顶端及基部近圆形，种子生果实每室中央，四周有翅（见图）。习生山坡林缘或灌丛中。块茎食用时别具风味，在中国为大众化滋补品；入药为“淮山药”，是滋养强壮药，健脾、补肺、固肾、益精。

曙暮光 twilight 太阳位于地平以下时，阳光仍可照射到大气的高层，由于高层大气分子对日光的散射（见大气散射）而使地面有一定的照度。在日出前称为曙光，日落后称为暮光。曙光和暮光统称曙暮光，又称晨昏蒙影。

日落后，随着太阳在地平以下角度（α）的增大，能受到太阳照射的大气层越来越高，而大气分子数随高度按指数规律递减，所以天空散射光的强度越来越弱，使地面照度越来越小。反之，在日出前，天空散射光的强度逐渐增强，地面照度也逐渐加大。由于曙光开始和暮光终了的时间标准不同，有民用曙暮光、航海曙暮光和天文曙暮光之分。当大气散射光使地面照度减

曙光

弱到不用人工照明就难以在户外正常活动（如难以辨认印刷品的特大号字体，交通运行发生困难等）时，就是民用曙光的开始或暮光的终了。晴天时，这相当于太阳降到地平以下α为6°～8°处。航海人员用沿岸目标物在海上确定方向，可以在光亮程度比民用曙暮光更弱的情况下进行，但当α为约12°时，不用信号灯已不能辨别方向，这就是航海曙光的开始或暮光的终了。当α为约18°时，这种散射光已极其微弱，天空相当黑暗，可以看到所有肉眼能看到的恒星，即六等星以下的恒星，这就是天文曙光的开始或暮光的终了。日落与暮光终了之间的时间为暮光的持续时间，曙光开始与日出之间的时间为曙光的持续时间。曙暮光的持续时间在赤道最短，随纬度增高而逐渐增加。在高纬地区当暮光的终了与曙光的开始相衔接时，就出现了“白夜”现象。

树袋熊 *Phascolarctos cinereus*; koala 树袋熊科树袋熊属的一种。又称考拉（音译）。产于澳大利亚东海岸。树栖。体肥硕，体长60～85厘米，无尾。毛色浅灰或浅黄色。

鼻大且圆。眼睛小，呈黄色。耳生有绒毛。爪强健，前足最里面两趾和后足最里面的一趾能与其他足趾对握。择食性专一，以桉树叶为食。与其他树栖动物不同，树袋熊的育儿袋开口向后。每次产仔一只，幼仔在育儿袋中生活长达7个月。断奶前伏在母体背上生活到1岁，然后依靠母体的粪便断奶。树袋熊寿命约20年。由于人类对其栖息地的侵占及其生存环境的退化，野生树袋熊的数量在逐年减少。

树蜂 Siricidae; horntail/wood wasp 膜翅目树蜂科昆虫的统称。全世界已知约200种，大多分布于全北界和东洋界。中国已知54种。体中至大型，圆筒形。体壁坚实。触角鬃状，17～30节。颈短。前胸背板后缘深凹，腹端有明显角状突起。产卵管突出。幼虫白色，胸足仅余痕迹。幼虫在木质部营钻蛀生

烟角树蜂

活。成虫在5～9月出现，但大多出现于7～9月。一般在晴天飞翔。雌虫数量常多于雄虫。雄虫常去树顶或高地，以待交尾。中国最常见的种有危害针叶树的蓝黑树蜂和大树蜂，危害阔叶树的烟角树蜂。

树胶 gum 来自植物和微生物能在水中生成溶液或分散体的多糖及其衍生物。原指由树木伤裂处分泌的胶黏液干涸而成的无定形物质，主要成分为多糖醛酸的钙、镁、钾盐。后来扩展到许多从陆生和海生植物（包括种子）中分离出来的多糖。随着工业的发展，又扩展到许多本来在水中不能分散的多糖经加工而成的能溶于水的多糖衍生物。树胶的水分散体具有悬浮、分散、乳化等特性，常用作凝固剂、胶黏剂或成膜物质。按来源可分：①植物分泌物，如阿拉伯树胶、桃胶；②植物的水浸提物，如落叶松阿拉伯半乳聚糖；③种子胶，如瓜尔胶、角豆豆胶；④海藻胶，如琼胶、褐藻胶；⑤制备树胶，如生物合成树胶等。树胶用途广泛，常用作凝固剂、胶黏剂、润滑剂或成膜物质。

树懒 Bradypodidae; sloth 贫齿目树懒科动物的统称。共2属5种，中、南美洲特产。毛被蓬松长厚；头短圆，耳小并隐于毛内；尾短；前肢2～3指，后肢3趾，均具可屈曲的锐爪，前肢长于后肢；上颚有齿5对，下颚4对，共18枚；胃分数室；颈椎6～9节；全身毛色灰褐，因身上毛被附着有藻类植物，外表呈现绿色。

终年栖居树上，用爪钩住树枝倒挂身躯，并在树上移行，可防备食肉兽的袭击，天敌为蟒蛇和猛禽。嗅觉灵敏，视觉和听觉不很发达。夜行性，以树叶、果实为食，但三趾树懒专吃桑科植物叶子。能忍饥一个月。多数种类春季繁殖，妊娠期随种类而异，4～6个月或9个月。每胎1仔。某些种的寿命达11年。

树莓 *Rubus spp.*; bramble/raspberry 蔷薇科悬钩子属一类植物。落叶半灌木。又称木莓。全世界有450种以上，主要分布在北半球的寒带和温带。中国约有210种，南北各地野生，仅东北地区栽培。枝条有刺，叶互生，羽状复叶，3～5小叶。花两性，腋生，白色。浆果圆形，色红、黄、黑、紫不一。栽培种主要有：红莓类群、黑莓类群、露莓类群。树莓易生萌蘖，多用分株法繁殖，根插也易成苗，也可用顶端压条繁殖。枝条寿命仅两年，每年从茎基部的根状茎抽生新枝，或由根的不定芽发生萌蘖枝。当年可形成花芽，第二年开花结果。聚合果柔软多汁，色泽鲜艳，味酸甜而富芳香。适于鲜食，而大量产品主要用于加工制作果酱、果酒、蜜饯和果汁等。

树木 tree 具有直立主干，树冠广阔，成熟植株在3米以上的多年生木本植物。又称乔木。

树鼩科 Tupaiidae; tree shrew 树鼩目一科。共5属19种。分布于亚洲东南部热带与亚热带丛林。中国只有树鼩1属1种，分布于华南、西南各地，包括海南省。吻尖细，齿分化不明显。笔尾树鼩吻部不长，尾部近乎裸露无毛。体型细长，体长10～22厘米，尾长9～22.5厘米，体重不超过500克。毛被与食虫目其余各科不同，除底绒外，另具针毛。部分种类肩部乃至脸部有浅色斑纹。头骨有闭锁的眼眶，脑颅较发达。昼行性，半树栖，以昆虫、野果等为食。终年繁殖，孕期约50天，每胎产1～4仔。

树蛙 *Rhacophorus*; tree frog 树蛙科树蛙属动物的统称。因指、趾吸盘吸附力很强，可攀爬树木得名。有70多种。分布于亚洲东部和南部亚热带和热带地区。中国有24种，分布于秦岭以南各省区，以热带和亚热带种类较多。体型大小因种而异，一般雄蛙体长50毫米，雌蛙60毫米左右。体扁平，多窄长，头部扁平，吻端斜尖；体背皮肤一般平滑，少数种满布细痣粒或呈白刺粒（如峨眉树蛙）。四肢细长，指、趾间一般有蹼，末端有吸盘，其边缘有马蹄形腹缘沟；末端两指、趾骨间具介间软骨体腹面一般有扁平疣。体背面颜色差异甚大，多数种呈绿色或黄褐色，其上有棕色或褐灰色斑纹等；腹面多呈肉色或黄白色，有的散有或深或浅的斑纹。

一般生活于海拔2 500米以下的山区或丘陵区森林地带，少数种分布在3 200米左右的沼泽地内。白天多栖息于树上叶片间或隐伏于水塘边泥窝、草丛中，夜晚出外活动，捕食多种昆虫。繁殖季节多在夏季。卵产在树上叶片间或水塘边泥窝内或草丛中，卵被卵泡包裹。卵数因种而异，少者百余粒，多

黑蹼树蛙

者达4 000粒左右，卵乳白色。蝌蚪全长多为28～52毫米；上唇缺唇乳突，两口角及下唇缘均有乳突，出水孔位于体左侧；在静水中生活，3个月左右即可变态成幼蛙。

树葬 tree burial 丧葬习俗。风葬的一种。葬法颇多，有的在树杈上以树枝架成鸟巢状或在几个树杈上搭放横木，将死者陈放其上；有的在树上建造窝棚状小屋，将死者置其内；有的将死者悬挂或捆于树上。曾流行于印度的安达曼群岛、澳大利亚、北美、北亚及中国东北和西南的某些民族中。20世纪中叶以前，赫哲族猎人行猎而死，同伴就地取树干制成棺敛尸，在4棵位置成方形的大树树杈上架横木，上铺树枝，置棺其上。鄂伦春族过去将棺置于离地面

四川甘孜藏族自治州白玉县的树葬

约2米高的树桩上。对树葬习俗的产生，或认为同游猎有关，或认为是远古人类巢居生活在葬俗上的反映。

树枝状高分子 dendritic polymer; dendrimer 高度支化的、具有树形分支结构的

聚合物。这种大分子从分子中心向外，分支数以几何级数增加，被认为是继线型、交联型及支化型高分子之后，第四类结构的高分子。树枝状高分子的研究始于1978年F.弗格特勒的研究工作，D.A.托马利亚在1985年首先提出树枝状高分子的概念。树枝状高分子的典型结构（见图），其中包

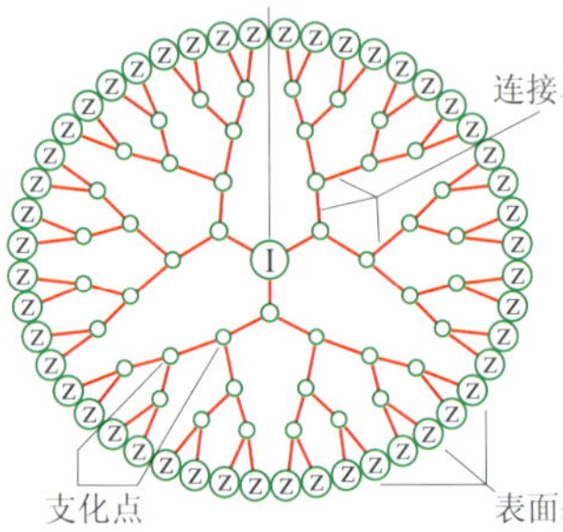

典型的树枝状高分子结构示意图

括一个中心、多个连接点（支化点）、连接单元和表面基团。其主要的结构特点有：表面堆积致密，含有很多官能团，内部有空隙；有很好的几何对称性，分子体积和形状可以得到精确控制。这类分子表现出低黏度、高溶解性、高反应性等特殊的性质，成为20世纪90年代以来有机化学和高分子科学领域中重要的研究方向之一。可以作为蛋白质、酶等的合成载体，在很多与生物和医学相关的领域得到应用，包括药物载体、基因载体、DNA生物传感器、核磁共振造影剂、免疫制剂等。此外，在光化学、电化学以及催化剂领域也有着较为广泛的应用。通过发散合成法及收敛合成法合成。

树脂 resin 高分子量有机聚合物。天然树脂和合成树脂的总称。天然树脂主要来源于植物渗（泌）出物的黏稠液体或固体有机物。合成树脂则是用人工合成的聚合物。树脂受热时变软，可熔化，在应力作用下有流动倾向，一般不溶于水而溶于醇、醚、酮类有机溶剂。来源于植物的树脂主要有松香、大漆、琥珀和达玛树脂；来源于动物者主要是虫胶，它是紫胶虫的分泌物。天然树脂主要用作涂料，也可用于造纸、绝缘材料、胶黏剂、医药、香料等生产过程；有些可作装饰工艺品原料（如琥珀）。加拿大胶的折光指数与普通玻璃类似，故作为显微镜等光学仪器的透明胶黏剂。合成树脂是制造塑料、合成纤维、涂料、胶黏剂的基础材料。

竖笛 recorder 哨嘴气鸣乐器。管体呈上粗下细的圆锥形，传统为木制，现代多用塑料制作，有6～9个指孔，标准者为8孔(前7后1)。笛尾开放，呈小喇叭口，笛头有吹嘴，只要含住哨嘴吹气，即可使气流激励空气振动发音。声音柔和，音量较弱，音色单一，音域狭窄，不能吹奏完全半音阶。竖笛在中世纪已定型，到16世纪时已经形成完整的一族，有最高音、高音、中音、次中音、低音及最低音6种。总音域自c～d^3，每种的音域均近两个八度。

竖笛在文艺复兴时期的音乐中担任重要角色。巴罗克音乐时期仍用作管弦乐队或铜管乐队中的最高音乐器。1750年以后，竖笛逐渐被淘汰。在现代这一声部已改用短笛演奏。

竖琴 harp 拨奏弦鸣乐器。现代交响乐队中的大型拨弦乐器，琴架呈三角框形，框架弯曲的顶部称为琴颈，垂直竖立的部分称作琴柱。现代竖琴大约2.07米高，演奏时将共鸣箱背面斜靠在演奏者的右肩上，用大拇指和其他手指拨奏，右手主要演奏高音弦，左手演奏低音弦。共有46根弦，总音域6个半八度，几乎同钢琴的音域相同。琴弦以降C大调定弦。为了能演奏音阶以外的音，在乐器的下面设置了7个踏板，左脚3个控制B、C、D弦，右脚4个控制E、F、G、A弦，例如，将A踏板向下推一格，所有的A弦稍微减短，使它们升高一个半音（即还原A代替降A）。因为每个踏板有两个这样的格，所以此乐器称作双动装置的竖琴。尽管用踏板可以奏出所有音，但不能同时弹奏。例如，一个包含升C和还原C的和弦是不能弹奏的，因为C踏板同时不能在两个不同的位置。竖琴从古代就已存在，近代竖琴的前身之一包括一种威尔士竖琴，它有3排琴弦，外面两排按同度或八度调音，演奏自然音阶，里面一排演奏半音，可用里弦进行转调。现代的三角竖琴首次出现在欧洲大约是在12世纪。它是用于独奏和伴奏的一件重要的乐器。由于没有踏板，对于更加复杂的

图1 三角形竖琴

图2 古代埃及壁画中的竖琴

文艺复兴时期的音乐，一种调音的竖琴是不够用的。现代竖琴直到19世纪早期才定型。竖琴音色轻柔飘逸，其音响如行云流水，华丽而富于幻想，演奏旋律和和声都具有很好的效果。尽管竖琴主要在乐队中使用，但作为独奏乐器也吸引了许多作曲家为之创作了许多作品，如G.F.亨德尔的《F大调竖琴协奏曲》和《降B大调竖琴协奏曲》，W.A.莫扎特的《长笛竖琴协奏曲》，C.圣－桑为竖琴和乐队所作的《音乐会小品》，C.德彪西的《长笛、中提琴和竖琴奏鸣曲》，R.M.格利埃尔的《竖琴与乐队协奏曲》，P.欣德米特的《竖琴与乐队协奏曲》等。

腧穴 point; acupoint 中医学中脏腑经络之气输注于体表的部位，也是针灸、推拿等疗法主要的施术部位。又称孔穴、穴位等。

分类 分布于人体的腧穴很多，大体可分为3类：①经穴。又称十四经穴。分布于十二经脉和任、督二脉上的腧穴，是全身腧穴的主要部分。②奇穴。又称经外奇穴。凡有一定的穴名，又有明确的部位及治疗作用，但尚未归入十四经脉系统的腧穴，称为奇穴。③阿是穴。又称压痛点。它既无具体的名称，又无固定的位置，是以压痛点或其他反应点作为腧穴用以治疗的。腧穴虽有分类，但它们之间又相互联系，构成了腧穴体系。

定位 人体腧穴各有自己的位置。腧穴定位的准确与否，可直接影响治疗效果。现代临床常用的腧穴定位与取穴法有骨度折量法、体表标志法和手指比量法。骨度折量法是将人体的各个部位分成若干等分折量取穴的方法，每一等分作为一寸。体表标志法是以人体各种体表解剖标志作为取穴的依据。如两眉之间取印堂穴，两乳之间的中点取膻中穴等。手指比量法是以手指的宽度为标准，作为取穴的尺寸。如中指中节两端横纹头之间为1寸，称中指同身寸。拇指指关节的横度为1寸，称拇指同身寸。将食指、中指、无名指和小指并拢，以中指中节横纹处为3寸，称一夫法。

命名 腧穴的名称往往有部位和主治

作用等特定含义，大多数腧穴的名称是根据解剖部位，或生理功能，或经络归属而来的，此外，还有根据腧穴部位与相应事物比拟的方法命名的。

作用　腧穴的主要生理功能是输注脏腑经络气血，沟通体表与体内脏腑的联系。临床上腧穴有诊断疾病和治疗疾病的作用。由于腧穴有沟通表里的作用，内在脏腑气血的病理变化可以反应于体表腧穴，相应的腧穴会出现压痛、酸楚、麻木、结节、肿胀、变色、丘疹、凹陷等反应。因此，利用腧穴的这些病理反应可以帮助诊断疾病。腧穴更重要的作用是治疗疾病，通过针灸、推拿等刺激相应腧穴，可以疏通经络，调节脏腑气血，达到治病的目的。腧穴不仅能治疗该穴所在部位及邻近组织、器官的局部病证，而且能治疗本经循行所及的远隔部位的组织、器官、脏腑的病证。此外，某些腧穴还有特殊的治疗作用，可专治某病。如至阴穴可矫正胎位，治疗胎位不正。

数　number　人类认识、分析和描述世界的基本手段之一。与“形”同为数学研究的对象。最早出现的是由计量事物多少的需要形成的**自然数**，其产生当在史前时期，可能历经几万年之久，详情已难于追索。数的抽象是数学的开端，由此就能离开实在对象处理数量关系，进行各种运算。人类的实践活动和数学发展的内在需要，是推动数概念发展的基本因素。

数的原始记法　形成若干单个数的观念后，必然会寻求表示和记录数的方法。中国《周易·系辞下》中说：“上古结绳而治，后世圣人易之以书契。”书契就是在木片或竹片上刻画符号。这表明早期非文字记数有两种基本方法，即结绳和刻痕。中国甲骨文中“数”这个字的象形即来自结绳。结绳记法曾普及世界各地，中国至迟在新石器时代早期已普遍使用，印加帝国到16世纪时还在广泛使用。绳易损毁，现在已不可能找到上古记数的绳。刻痕的实物比较广泛，可以是石头、木片、骨片、竹片等。带有记数刻痕的骨片和石块在考古发掘中已有发现。见**记数法**。

数的表示　结绳和刻痕都按数目进行，数较大时自然有困难，从而导致寻求较好的数的表示方法。数的表示的形成过程漫长而复杂，能确定描述的只是以文字或符号表示的最后阶段。

数的表示的基本原则是进位，即用一些符号表示某些特定的数（称为基数），别的数则通过某种算法由基数得到。基数选择各有不同。古代巴比伦人较多用60进制，有时也用十进制。埃及赖因德古本（约前1650）用的是十进分级符号制。中国在原始社会后期已建立十进制，到商代（前16～前11世纪）已有比较完整的十进制系统，并有固定的大数名称十、百、千、万，最大数目到三万。12世纪盛行于欧洲，至今某些场合还在使用的罗马数字是五进制的。

记数用位值制最方便简捷。这种表示法中每个数字的值依赖于它在表示中所处的位置，为此必须有零的记号。中国古代采用算筹，至迟到秦汉时期（前200年前后），筹算方法已经形成。置筹时纵横相间，遇有零数则空位不置筹。到13世纪，中国已用圆圈表示空位。印度人最早也用空位表示零，至迟到876年，出现在十进制中以小圈表示零，并把零看作一个数。不迟于5世纪产生的印度数字，经阿拉伯人从10世纪起传入欧洲，即现今通用的印度－阿拉伯数字0，1，2，3，4，5，6，7，8，9。位值记数制就是取定一个大于1的自然数q作为基数，每个**自然数**a可唯一地表示为：

$$a=a_nq^n+a_{n-1}q^{n-1}+\cdots+a_1q+a_0$$

（式中a_0，a_1，⋯，a_n等于0，1，2，⋯，$q-1$之一，$a_n\neq0$），记作$a_na_{n-1}\cdots a_1a_0$。$q=10$对应十进制，$q=2$对应二进制。

数的扩充　对某个量进行均等划分以及测量的需要产生作为自然数之比的分数。分数概念形成很早，它是最先出现的数的扩充。负数概念出现较晚，而且被接受相当困难。中国最早出现负数的《**九章算术**》（至迟1世纪）里已有正负数不同表示法、正负数加减法则以及正负数乘法运算。印度人用负数表示欠债，婆罗摩笈多于628年前后使用负数并提出负数四则运算。可是欧洲大多数数学家直到十六七世纪仍不承认负数是数，后来出现了把正数负数作为相反方向线段的几何解释，情况才开始改变。有了负数，加上分数，自然数集就扩充为整数集、有理数集。数学的发展（如求解三次、四次方程）要求进一步把**有理数**扩充到**实数**和**复数**，其间困难和曲折更多。在扩充给定数系时，原来的运算规律应当保持，但可增添新的运算和性质。从自然数系到整数系，从整数系到有理数系，从有理数系到实数系，情形都是如此。也不排除扩张时损失某些基本性质。实数系扩张到复数系，就不再有满足通常规律的序关系。再要扩张复数系，必须损失某些基本性质，如损失乘法交换律，扩张为**四元数系**。

数的理论　现代数学通过公理严格定义数。由皮亚诺公理可建立自然数系。然后考虑自然数序偶。如果(a_1,b_1)，(a_2,b_2)满足$a_1+b_2=a_2+b_1$，则称这两序偶等价。等价的序偶归为一类，称为等价类。一切这样的等价类构成的集定义为整数集。(a,a)所在的类相当于零，$a>b$时(a,b)所在的类相当于自然数，$a<b$时(a,b)所在的类即负数。整数集上可定义加法、乘法和序关系≤，并证明其性质。进而考虑第二元不等于零的整数序偶(p,q)，如果(p_1,q_1)，(p_2,q_2)满足$p_1q_2=p_2q_1$则称这两序偶等价。同理，等价的序偶归为一类，称为等价类。一切这样的等价类构成的集定义为有理数集。$(p,1)$所在的等价类相当于整数p。有理数集上也可定义加法、乘法和序关系≤，并证明其性质。通过有理数划分或有理数基本序列等价类，可把有理数系扩张为实数系。最后，可以定义实数序偶(x,y)为复数，它相当于通常写法的$x+iy$。关于复数的表示及其运算，见**复数**。数的理论是数学的一个庞大分支——**分析学**的基础。

数据广播　data broadcasting　点到多点的单向数据传输。继声音广播、图像广播之后的一种新兴的广播方式。它能够将数字化的信息，如文字、数字、图形，甚至声音和图像，以**广播**形式直接传递给接收者。

实现数据广播的手段主要有：①调频多工数据广播。发展最早，技术最成熟，是在调频立体声基带频谱以上的可用频谱部分插入一个副信道。②电视多工数据广播。利用场逆程回扫时隙（VBI）传输数据。英国在20世纪70年代末开播的WST制图文电视最具有代表性。多工数据广播都是在传统的模拟广播中，在传送正常的声音或图像节目的同时进行的附加业务，共同特点是充分利用现有的频谱资源，无须申请新的频谱，直接使用现有的有线或无线发射网络。

现今有线电视宽带网和卫星宽带网在传输标准上均充分考虑数据广播的技术要求。DVB（数字视频广播），DAB（数字音频广播）为数据广播提供高达数Mbps以至数十Mbps的数据传输能力，并建立了SA（有条件接收），方便了广播运营商收费管理VSAT数据广播系统多媒体信息。

数据库系统　database system　储存、管理、处理、分析和维护数据的软件系统。由数据库、数据库管理员（DBA）和有关软件组成。软件包括数据库管理系统（DBMS）、访问接口、开发环境和实用工具。DBMS用于建立、使用和维护数据库，访问接口是访问数据库的标准与协议，开发环境是支持数据库应用的开发软件，实用工具是用于数据库系统运行和分析的辅助软件。数据库是长期储存在计算机中有组织的、大量的、可共享的数据集合。数据库管理员负责创建、监控和维护数据库。

数据库由DBMS统一管理，数据库的建立、使用和维护均通过DBMS进行。建立数据库时，DBMS将数据定义语言（DDL）描述的数据库模式翻译成内部表示，数据库的逻辑结构、完整性约束和物理结构保存在数据字典中；使用数据库是通过DBMS提供的数据操纵语言（DML）或查询语言进行（程序方式或交互方式）；维护数据库功能包括数据的安全性、完整性，数据库恢复和数据库重组。

数据库管理员具有很高的数据库用户特权，是负责全面管理数据库系统的人员，具体职责为：①建立与维护数据库结构。②定义数据库的安全性要求和完整性约束条件。③选择数据库的存储结构和存取路径。④监督和控制数据库的使用和运行。⑤数据库备份与灾难恢复。

数控机床 numerically controlled machine tool 用数字代码形式的信息（程序指令）控制按给定工作程序、运动速度和轨迹进行自动加工的机床。加工性能比一般自动机床高，可以精确加工复杂型面，适合于加工中小批量、改型频繁、精度要求高、形状较复杂的工件。主要有车床、铣床、镗床、钻床、磨床、齿轮加工机床和电加工机床。还有能自动换刀、进行多工序加工的加工中心（图1）。

图1 数控落地镗铣床

数控机床通常由以下四部分组成（图2）。

①信息载体。又称输入介质、控制介质。信息载体上存储着加工零件所需要的全部指令信息，包括加工过程所需的各种操作。由编程人员编制成规定的加工程序，通过信息载体送入数控装置。

②数控装置。数控机床的核心。通常由输入装置、控制器、运算器和输出装置4部分组成。

③伺服机构。数控机床执行机构的驱动部件。作用是把来自数控装置的脉冲信号转换为机床相应部件的机械运动。由伺服电动机和进给传动装置组成。对于闭环控制系统，还包括工作台等机床运动部件的位移检测装置。加工过程中，伺服机构严格按照指令信息的要求，驱动机床部件以确定的速度、方向和位移量运动，实现刀具对工件的精确定位或实现某种规定的轨迹运动，进行加工。

④主机。数控机床的主体，包括床身、立柱、主轴、进给机构等机械部件。

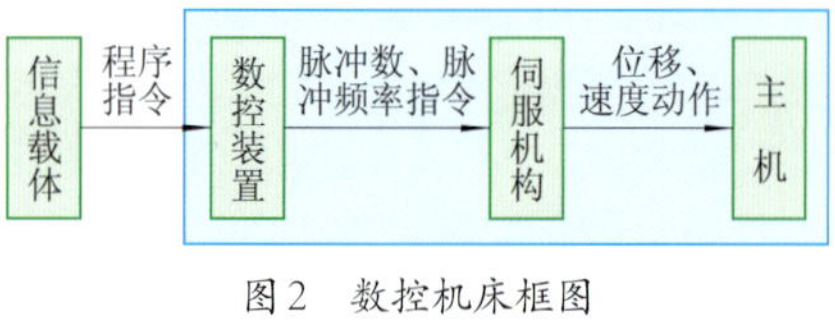

图2 数控机床框图

数控系统 digital control system 用代表加工顺序、方式和参数的数字码作为控制指令的数字控制系统。见数字程序控制系统。

数理逻辑 mathematical logic 用数学的方法研究逻辑推理和数学计算，将推理论证、数学计算的过程符号化、形式化、公理化的学科。数学的分支。又称符号逻辑、数学逻辑。相对于2 000多年前已建立的古典形式逻辑而言，又称现代逻辑。

17世纪中叶，德国数学家G.W.莱布尼茨设想建立一种用符号语言表示，能像数学证明一样进行的思维演算。直到19世纪初，英国数学家G.布尔成功地构造一种能够反映逻辑运算的代数结构——布尔代数，初步实现莱布尼茨的设想。代数方法和传统逻辑结合产生了命题演算。

早在公元前3世纪，希腊数学家欧几里得编写的《几何原本》就采用5条不加证明的命题作公理和公设，其他所有定理都是用这5条公理公设推理得到。历史上不少数学家试图用这5条中的其他公理公设来证明欧几里得第五公设，历经一千多年没有成功。19世纪中叶，俄国数学家N.I.罗巴切夫斯基不用欧几里得第五公设，而假定三角形内角和小于180°，得到第一个非欧几里得几何，称为罗巴切夫斯基几何（见非欧几里得几何学）。德国数学家B.黎曼假定三角形内角和大于180°，得到另一种非欧几里得几何，称为黎曼几何。19世纪末，德国数学家D.希尔伯特给出简单而完全的由20条公理组成的公理化的欧几里得几何系统，并用实数算术理论为它建立了一个模型。几何公理化的同时，分析学和代数学也都走向公理化。

19世纪末，德国数学家G.弗雷格把数学中的函数概念、量词和约束变元引进逻辑系统，建立第一个公理化的谓词演算系统。20世纪初，英国数学家B.A.W.罗素和A.N.怀特海合著的《数学原理》出版，标志数理逻辑的基础——命题演算和谓词演算的发展已经相当完善。

19世纪70年代，德国数学家G.康托尔研究了超穷基数和序数的性质，用一一对应方法对无穷集合进行分类，并在此基础上建立了集合论。康托尔的集合论受到数学家赞誉，称为数学的基础。1901年，年轻的罗素依据康托尔定义集合的方法给出“一切不属于自己的集合组成的集合”的集合定义，用符号表示为$A=\{X: X\notin X\}$。然而这个集合引起逻辑矛盾：$A\in A$当且仅当$A\notin A$。这一矛盾动摇了集合论的整个基础，也动摇了整个数学的基础。为了挽救这一危机，数学家和逻辑学家做了大量工作，展开了激烈辩论，逐步形成三个主要学派。

以罗素为代表的逻辑主义学派，认为数学的基础是逻辑，主张用逻辑推演出全部数学。为了避免悖论，罗素提出“分支类型论”，把集合分成不同层次，每个集合属于一个层次，集合内部的元素属于较低的层次。这样每个集合都不能是自己的元素。但逻辑主义把数学变得非常复杂，没有给出完备的公理体系，终未能为大多数数学家接受。

以荷兰数学家L.E.J.布劳威尔为代表的直觉主义学派，主张数学的对象及真理应当能够通过数学的理性或直觉的活动而直接得到。排斥一切非构造性的证明，不承认排中律。布劳威尔及其追随者以复杂的构造为代价，重建了大部分数学。直觉主义数学构造非常复杂，不容易得到认可，但他们的构造性证明，在计算机科学中有相当重要的意义。

以希尔伯特为代表的形式构造学派，主张把数学严格形式化，构造各式各样的形式体系，每个体系各自构成特有的逻辑和数学内容。希尔伯特制定了一整套方案用来证明形式系统的不矛盾性。他捍卫排中律，但只允许用有穷长的证明。他承认潜无穷，但涉及潜无穷时不使用排中律。

20世纪初数学基础的研究，极大地推动了数理逻辑的发展。1931年K.哥德尔的不完全性定理的出现，使希尔伯特寻找形式系统一致性证明的方案归于失败。正是哥德尔的工作，使现代逻辑发生革命性的变化。哥德尔开创了数理逻辑迅速发展的新时期。

哥德尔的不完全性定理发表以来，数理逻辑出现四大分支：公理集合论、模型论、递归论和证明论，构成数理逻辑的主要内容，它们都已发展成为数学中独立的分支。数理逻辑也因此成为数学的逻辑。除此之外，由于各种应用而产生的非经典逻辑层出不穷，如模态逻辑、时态逻辑、概率逻辑等，它们都被认为是数理逻辑的组成部分。

数理逻辑已经成为计算机科学的基础，计算机线路设计、计算机程序设计、编译系统、计算机算法及其复杂性、数据库、计算机控制、人工智能等都离不开数理逻辑。与计算机有关的逻辑系统也层出不穷。另外，数理逻辑在其他数学分支中的应用也越来越多，如解决了希尔伯特第1问题和第10问题，以及代数学、拓扑学、分析学中的不少难题。

数理统计学 mathematical statistics 研究关于有效地收集、整理和分析带随机性（偶然性）误差的数据的方法和理论。数学的分支学科。凡用实证方法研究问题，都得收集有关的数据，以其分析结果作为下结论的依据。结论可以是纯推断性的。如依对某一新的物理常数多次测定的结果，对其值作一估计；根据观察数据对某一假说的可信程度作出判断等。数据分析的结果也常作为决定采取何种行动的重要依据。如通过对特定试验所收集的数据的分析，显示在工艺上作某种改变，可能有助于提高产品质量。但是否采取行动，还必须结合可行性、经济效益和环保等方面的考虑。

随着科技的进步，人类收集和分析数据的能力与日俱增。由于对精确性要求的提高（由定性深入到定量），数理统计方法的应用领域日见拓广。但它仍只是实体科学的一个辅助工具，并不能取代这些学科。它关心的只是在人类一切活动中所碰到的，在或大或小范围内有共同性的数据收集分析中的数学问题，而并不介入各种专业问题的专门研究。这一点把数理统计与种种实体科学分别开，且构成它作为一个数学分支的理由。这个特点也决定了它在意识形态上的中立性：它只是一种数学方法，本身不主张什么，也不构成统计学（包括社会经济统计学）中的一个学派。

简史 数理统计学的发展大致可分为三个时期。

19世纪末以前 在这个时期，数理统计方法主要应用于人口统计、天文测地、社会统计与生物统计几个方面，且有了不少发展。但数理统计学尚未成长为一个公认的数学分支，其主要标志是它缺乏一个统一的理论框架，且不存在专职的数理统计学家。当时，对发展数理统计方法有贡献的人，其主业是其他领域（如天文学、遗传学等），因工作需要而涉及数据处理的统计方法。

20世纪上半叶 由于前期发展的积累及在英国出现了一批大师级的学者，这一时期数理统计学有了快速的发展，其结果不仅建立了统一的数学框架，使数理统计学成为一门严整的数学学科，而且发明了一系列有广泛用途的数理统计方法，大大开拓了数理统计方法的应用领域。许多现今常用的统计方法都是这个时期的产物。

20世纪下半叶至今 在前期奠定的基础上，数理统计学进入一个大发展的时期。概率论和数学的进步为数理统计学的深入发展提供了工具。现实的需要提供了数理统计方法创新的动力。计算机的广泛应用，不但使不少以往因计算手段的局限而无法实施的统计方法有了实现的可能，而且本身已成为理论和方法研究的有力工具。

这个时期的数理统计研究工作中，纯数学的、与实用无关的成分有比较显著的增加。这与本学科发展早期的实用取向有些背离。这引起一些学者的关注，并引发了关于数理统计学未来发展道路的讨论。与此相对的是数理统计学方法更深入地介入一些学科中，形成一些交叉学科，如生物统计、金融统计等。这些都是数理统计方法研究的热点。

主要内容 有如下几个主要部分：

总体、样本和抽样 总体指与所研究问题有关的个体的全部，又称母体。如要调查全国在读大学生的健康状况，则国内全部在读大学生是总体，其中的每一员是个体。如调查范围限于某地区，则总体相应缩小。个体的含义也与研究目的有关。如研究目的是弄清某地区农户的收入构成，则该地区的每一农户为个体，而不是指每个农民。在作社会经济方面的调查研究时，总体多是由有限数目的有形个体构成。在科学实验中，总体的形态与此有异。如研究在一定原材料和工艺条件下的产品质量，则总体是“在该原材料和工艺条件下已产出或未来可能产出的全部产品”。在这一例子中，理论上讲总体数目无限，其中有的个体只是想象中存在，而非“看得见、摸得着”的实体。

样本是按一定的方式从总体中抽出的一些个体。“样本”一词既指所抽出的个体的全部，也可指其中的一部分。样本中所含个体的总数称为样本量。通常，研究者关注的是个体的一个或多个指标，如人的身高、体重、视力等。这样针对一个特定问题，数理统计学就用一些特定指标值取代个体，而总体也就由这些指标值（数值）构成。这使总体和样本脱去其生物或物理属性，而纯粹表现为一种数量形态。这是数理统计方法成为一种数学方法的根本原因。

抽样是从总体中抽取个体（以形成样本）的行动。它有3种主要类型。

①有限总体抽样。指从数目有限的总体（如某地区的全部中、小型企业）中抽取一部分。抽取的原则主要在于保证总体中每一个体有同等机会被抽出（某些情况下，可赋予某些个体以更大或更小的被抽取机会），同时要兼顾到操作上的方便。如何实现这些目标的研究，构成数理统计学中的一个分支——抽样调查（见抽样）。

②通过试验获取数据。农业上通过种试验田以选择优良的种子品种，为确定一组最好的工艺参数而试制一些产品是属这种类型的抽样的例子。数理统计学关注试验中涉及的一般性的安排问题，目的是节省试验次数，并使所得数据有一个适合于统计分析的结构，从而达到高效并体现试验的目的。如何实现这些目标的研究，构成数理统计学的另一个分支——试验的设计与分析（见试验设计）。

③（被动式的）观察。“被动”的含义是观察者不干扰被观察对象。例如为研究吸烟与健康的关系，要观察一些吸烟者的吸烟状况及其健康状况，以与不吸烟者作对比。在这里一般只能进行被动的观察，而不能要求某人因为这项研究而吸烟。

这种数据由于不是在控制条件下的试验所获得的，其随机性误差一般较大，而这必然会影响结论的可靠性和精确度。例如媒体中常报道的关于人的某种生活习惯与健康的关系的统计分析结果，往往有不一致以至矛盾之处。这种不一致或矛盾的产生就与统计结论是基于这类随机误差较大的数据有关。要想得到较可靠精确的结论，对数据的代表性、数据的量及所用统计方法的适当性应给予高度的注意。

数据的整理、简约和描述统计 原始数据往往是一大堆杂乱无章的数字，从中难于直接解读出有用的信息。数据整理的目的，是通过适当形式（如图、表）表达数据中包含的有用信息，使之凸显出来。这一点也可通过计算某些特征数字实现。如为调查某行业工人的收入，抽样调查了1万人。这1万个人的数据可记成一厚本，不易看出有用的信息。经过数据整理，列成一个表，指明月收入500元以下的占多大比率，月收入500～1 000元、1 000～2 000元、2 000～3 000元和3 000元以上的各占多大比率，则可对这1万人的收入分布情况有清楚的印象。这种分布情况也可用图醒目地表示。如作一个圆，分成不同颜色、不同大小的扇形，以标示各部分所占比率。

由样本计算出的特征数字，在数理统计学中叫统计量。依所关心的问题方面的不同，去构造各种不同的统计量，是数理统计学的一项重要研究内容。常用的统计量有：①算术平均值。又称样本均值。它是把样本中的一切数值相加再除以样本量所得（见算术平均数）。如上述例子中1万工人的平均收入，它反映一个总的水平。②样本中位数。指样本中的数值按大小顺序排列位居正中的那一个数。如样本量为偶数，则指正中那两个数的平均值。这两种统计量都是反映样本中数值的平均水平的数字特征。另一类重要的数字特征是刻画样本中数值的分散程度的，即大部分数值是集结在其平均值不远处，还是分散在较大的范围内的问题。这类统计量中最重要的是样本方差和样本标准差。

描述统计之得名，在于其任务只是对样本进行“描述”。它的深一层的含义是：

它只涉及手头已有的样本（如抽样调查了1万名工人的工资，则描述统计只涉及这1万个数据），而不试图把结论引出数据之外。

统计推断 依据样本，对样本所来自的总体某方面（研究者感兴趣的方面）的性状，作出一定的推断。如在上述工人收入的例子中，研究者主要关心的是通过所抽出的1万人的调查资料，去推断该行业全部工人（可能数以百万计）的收入情况。这是它与描述统计的区别所在。在很大的程度上可以说，所谓数理统计方法，就是指统计推断方法。

依推断形式和所讨论问题的不同，统计推断形成很多学科分支，如参数估计、假设检验、非参数统计、回归分析、多元统计分析和时间序列分析等。

统计决策 基于统计分析和其他考虑而采取一种决策或行动。它与统计推断相比，有两大特点：一是重在落实到决策或行动，而统计推断可以只反映一种认识，不一定有后续行动。二是引入“损失”的概念反映行动的后果，这后果（损失）必须数量化即落实为经济上的损失。如考虑环境的代价，须将这种代价量化为经济损失。决策的准则是“损失在某种意义下最小化”。它之所以与数理统计学有关（因而称为统计决策），是因为决策的依据是对样本所作的统计分析，而样本有随机性，适用数理统计学方法（见统计决策理论）。

应用 数理统计方法在工农业生产、自然科学和技术科学以及社会经济领域中都有广泛的应用。

在农业中应用的一个主要方面，是对田间试验进行适当的设计和统计分析。另一方面是数量遗传学的方法。如培育高产品种的研究中的数据分析使用了多种统计方法。

数理统计方法在工业中的应用，有两个主要方面：一是在工业生产中，常有试制新产品和改进老产品、改革工艺流程、使用代用原材料和寻求适当的配方等问题。正交设计、回归设计与回归分析、方差分析、多元分析等统计方法，是处理这类问题的有用工具。二是现代工业生产多有大批量和要求高可靠的特点，为保证产品质量，需要在连续的生产过程中进行工序控制，制定成批产品的抽样验收方案，对大批生产的元件进行寿命试验，以估计元件的可靠性及包含大量各种元件的系统的可靠性。为解决这些问题发展了一些统计方法，如种种形式的质量控制图、抽样检验、可靠性统计分析等，它们构成统计质量管理的内容。

医学是较早使用数理统计方法的领域之一。在防治一种疾病时，需要找出导致这种疾病的种种因素。统计方法在发现和检验这种因素上，是一个重要工具。另一方面的应用是，通过临床试验，用统计分析确定一种药物对治疗某种疾病是否有用，用处多大，以及比较几种药物或治疗方法的效力；对比试验、列联表、回归分析等是这方面的常用工具。

数理统计方法在自然科学和技术科学中的应用，有以下几个方面：在基础理论研究中，常常从一种观点出发，根据初步观察结果而提出一种学说或假说。它们是否正确，或在多大程度上正确，要诉诸大规模的实验验证，这里面就有实验的设计和数据的统计分析问题。有时，是通过统计分析发现某种规律性，然后在理论上去寻求解释。在应用性的研究中，常常因为对所研究的现象的规律性认识不充分，而不能不主要依靠对实验和观察数据的分析，去提出解决问题的办法。如统计方法用于地震、气象和水文方面的预报，都有一定的效果。一般地说，无论是自然科学和技术科学，都离不开实验观察，都有处理数据的问题，因此也就有统计方法用武之地。

统计方法在社会领域中应用的一个重要方面是抽样调查，在人力、物力、时间不允许进行全面调查时，使用抽样调查可以做到节省、快速，并获得满意的结果。另一方面，对社会现象的研究有向定量化发展的趋势。在经济科学中，定量化的趋势比其他社会科学部门更早且程度更深，如早在20世纪二三十年代，时间序列分析方法就曾用于市场预测。现在已建立一门边缘性质的学科——数量经济学，从简单的回归分析方法到艰深的随机过程统计方法，都在其中找到了应用。

数理学派 mathematical school 用数学语言、概念、方法表述和研究经济理论的经济学派别。形成于19世纪中叶，在20世纪40年代之后获得长足进展。这个学派主张以数学为分析工具来研究人类的经济行为，用数学形式来表示经济范畴和经济规律；试图寻找一组与经济理论内容相吻合的特殊公理结构，探索经济理论体系在逻辑上的一致性，揭示经济学原理中隐含的经济变量间的函数关系，并提出规范性的原则或定理，然后通过推导得出精确的结论。

形成和发展 数理经济学形成于1838年，法国数学家、哲学家和经济学家A.A.古诺最早提出表示价格（P）与需求（D）之间的需求函数$D=f(P)$。古诺被看作是边际分析的先驱者之一，数理学派的先驱者。数理经济学的真正兴起是在1870年边际革命之后。W.S.杰文斯和L.瓦尔拉斯在他们的著作中，大量使用数学方法尤其是微积分学的基本原理，因而直接构成数理经济学的基础。“数理经济学”名称即是首次出现在帕雷托1911年发表的一篇重要论文中。

到20世纪20年代，数学家J.冯·诺伊曼对数理经济学产生了深刻的影响。他在1928年发表的关于对策论的论文中利用对策论编制经济和社会现象模型，这是他对经济学最有创见的贡献之一；他在1937年发表的关于经济增长的论文中提出了一个扩张经济模型和一个较复杂的不动点定理，被认为是开创了一个完整的当代增长理论新纪元。

作为新数理学派的代表人物，L.V.坎托罗维奇于1938年首次提出求解线性规划问题的方法——解乘数法。坎托罗维奇通过建立资源最优利用的线性数学模型，应用解乘数法求解出各种乘数，这些乘数就是衡量资源稀缺程度的尺度，就是企业在采用不同资源，选择不同生产时比较劳动消耗大小的计量标准。

坎托罗维奇指出，解乘数法的提出，为求解线性规划问题，为科学地组织和计划生产开辟了现实的前景。

从1874年瓦尔拉斯提出一般均衡模型开始，到1954年K.J.阿罗和G.德布鲁共同建立私有制经济的一般均衡模型，并首次利用不动点定理证明模型中均衡价格的存在性，到1994年瑞典皇家科学院将诺贝尔经济学奖授予美籍匈牙利裔经济学家J.C.哈萨尼、美国数学家J.F.纳什和德国经济学家R.泽尔滕，以奖励他们在非合作博弈论中的均衡分析方面所做的先驱工作，都可以说明数理经济学家们在经济学领域中所取得的每一个进步，几乎全部可以概括为他们逐步改善对模型的选择，从而使模型更加符合真实经济世界的过程。

方法论特点与主要观点 在方法论上，数理学派主张用数学符号和方法来表述、研究和论证经济现象及其相互依存关系，并认为数学方法是研究经济学的主要方法，甚至是唯一方法；用函数概念表达经济现象之间的相互依赖关系，用微积分的语言刻画经济规律，用联立方程组来构造整个经济体系的一般均衡模型。

数理经济学家的研究兴趣十分广泛，几乎涉猎了经济学的所有领域。在数理经济学发展的第一阶段，即以微积分为基础的边际分析阶段（1838～1947），古诺（1838）、J.R.希克斯（1939）、M.阿莱（1943）、P.A.萨缪尔森（1947）等一大批经济学家运用微积分学和线性代数来分析经济现象，特别是对商品、价格等基本经济概念进行分析。

在数理经济学发展的第二阶段（1948～1960），冯·诺伊曼和O.莫根施特恩（1947）、T.C.库普曼斯（1951）、R.多夫曼、萨缪尔森和R.M.索洛（1958）以及德布鲁（1959）等经济学家用集合论和线性模型代替微积分。集合论方法的运用使竞争均衡的存在得到严格证明，并导致竞争均衡的最优结果。经济学家还利用线性规划对偶定理和拓扑学的多值映射不动点定理证明了一般均衡的存在，并出现了对“大道定理”的相关研究。

在数理经济学发展的第三阶段（1961年后），数理学派经济学家使用**微积分**、集合论和线性模型，使用各种各样的现代数学的概念和成果。由于对均衡集合的研究提供了合适的工具，微分拓扑学和大范围分析在现代数理经济学中发挥重要的作用。

数理学派以交换作为应用数学方法的出发点，把生产、分配、消费都看成是交换的不同形态。它将一切经济问题都归结为交换问题，又把交换归结为人们的主观心理活动，并且都能够用数学方式加以表示。数理经济学的发展极为迅速，已经统治了当代西方经济学和经济学教科书。

数量地理学 quantitative geography 应用数学方法进行地理学研究的科学。又称计量地理学。是**地理学**的一个分支。它通过构建地理计量模型等方式来定量分析与表达地理学中各种过程和格局问题。

数量地理学发端于20世纪20～30年代。1963年I.伯顿提出地理计量革命，此后一些新的计算技术和方法引入到地理学研究中，使一些比较复杂的地理问题得到解决。1964年在国际地理联合会（IGU）中设立了地理计量方法委员会。20世纪90年代高性能计算机的广泛使用，使地理海量数据的收集与处理成为现实，数量地理学能够解决以非线性为主要特征的地理空间、时间以及时空耦合问题。

数量地理学的研究对象是空间格局与过程及其相互关系。在空间格局方面，研究内容包括空间形态、空间动态、空间相关性、空间异质性等；在地理过程方面，研究内容包括判断过程的性态是平稳还是非平稳，预测过程的演变趋势是确定性的还是随机性的抑或是混沌的，以及分析多个过程的相关关系等。与传统地理学基于归纳法的研究范式不同，数量地理学是通过假设—模型—检验—解释等步骤来完成。假设阶段就是对已感知的地理事物和现象归纳分析，分清主次，找出因果关系；建立模型阶段首先对真实地理格局与过程进行简化，建立起描述地理系统各要素之间时间和空间关系的数学模型或概念模型；地理模型建立后要进行检验，测试它的准确性、敏感性、稳定性、可靠性以及可泛化性。如果模型通过检验，就可以用来评价、模拟和预测地理现象与事物。

数量经济学 quantitative economics 利用数学方法、计算机技术研究经济事物与经济活动数量关系及其变化规律性的经济学科。

20世纪50年代末60年代初，中国一些经济学家和自然科学家在引进西方计量经济学和苏联经济数学方法的同时，开始研究经济数学方法。1979年，中国学者将经济数学方法改称为数量经济学。

数量经济学的研究对象与经济学的研究对象是相同的，只是在现阶段更强调数量技术和数量关系，随着学科发展，数量经济学将完全融入经济学中。但需要注意的是：①数量经济学是研究国民经济各部门和所有问题的数量关系的经济学。②数量经济学是包括所有含有定量分析学科在内的经济学。③数量经济学是理论经济学。④数量经济学既包括**宏观经济学**，也包括**微观经济学**，还包括中观（地区或产业）经济学。

具体内容包括：①数理经济学。用**经济数学模型**和函数关系描述经济范畴、过程和变化规律，包括**政治经济学**和生产力经济学的定量化，对**西方经济学**基本概念、基本函数、基本原理的分析。②经济计量学。包括经济计量模型和经济计量分析，也包括数理统计学在社会经济领域的应用。③经济统计学和经济计划学。④经济优化理论和方法。包括**线性规划模型**、**费用效益分析**、经济对策论、最优控制方法等。⑤经济预测学。⑥**投入产出分析**。⑦经济管理学。⑧经济模拟。⑨其他与经济学有关的数学方法和计算机技术，也包括经济系统论、**经济控制论**、经济信息论等与经济学有关的现代科学理论。⑩**经济混沌**、规制理论、**协整理论**等现代经济学理论。

数量经济学的方法主要是经济数学模型方法，即各种经济数学模型的建立和运用。它与技术经济学在内容和方法上有相互交叉、重叠的部分，二者相辅相成，其区别在于研究的范围和侧重面不同：数量经济学在微观研究的基础上侧重宏观问题的研究，技术经济学从宏观角度来研究微观和中观问题；后者着重研究生产力方面的数量关系问题，前者还研究生产关系方面的数量关系问题。

重要的研究领域包括：①经济周期的计量研究问题。②经济增长因素分析。③经济预测理论、方法及其应用。④一般均衡理论的运用及非均衡理论的研究。⑤社会主义市场经济运行机制研究。⑥**对策论**、**非线性科学**及其在经济学中的应用。

数论 number, theory of 研究整数性质的数学分支。**自然数**和最简单的几何图形一样是最重要、最基本的数学概念，对它们的认识和研究与人类文明有着同样悠久的历史。例如，中国的商高（约前1100）和古希腊的**毕达哥拉斯**（约前6世纪）学派对方程$x^2+y^2=z^2$的正整数解的发现与研究（见**不定方程**），以及毕达哥拉斯学派对多角数（见**堆垒数论**）、**完全数**及**亲和数**的研究等。整数的这些令人惊叹的奇妙关系深深地吸引了人们的好奇心和兴趣，在不断地发现、提出和寻求解决有关整数之间关系的各种问题的过程中，形成了数论这一分支，并不断推动它和整个数学科学的发展。

数论问题的一个显著特点是它的表述大多是算术的，十分初等，简单明了，但是要解决它却异常困难，绝大多数问题用初等方法根本无法讨论。**欧几里得**（约前300）的名著《**几何原本**》总结了前人和他自己关于整数性质的研究成果，是数论学科的一个导引。从欧几里得到C.F.**高斯**，在这两千多年的时间里，数论的研究方法都是初等的，逐步积累了大量零散的概念、方法、结论和未解决的问题（见**初等数论**）。高斯于1801年发表的名著《算术研究》是数论发展史上的里程碑。他创立了同余理论，并在此基础上把以前孤立的内容予以严格系统的整理，建立了完整的初等数论理论，使数论真正成为数学的一个独立分支，并向几个重要方向发展，开创了现代数论的新时期。

算术函数又称数论函数，是用来刻画整数某方面性质的。它本身是数论研究的对象，也是研究数论的重要工具。基本的重要算术函数有：除数函数$\tau(n)$——n的不同的正除数的个数；除数和函数$\sigma(n)$——n的不同的正除数的和；欧拉函数$\varphi(m)$（见**同余**）；勒让德符号；狄利克雷特征$\chi(n)$（见**解析数论**）；麦比乌斯函数$\mu(n)$——$\mu(1)=1$，$\mu(p_1p_2\cdots p_r)=(-1)^r$，式中$p_1$，$p_2$，…，$p_r$是两两不同的素数，在其他情形$\mu(n)=0$；曼格尔德特函数$\Lambda(n)$：$\Lambda(n)=\ln p$，当$n=p^r$，$(r\geqslant1)$，在其他情形$\Lambda(n)=0$。许多著名数论问题可以用相关的算术函数来表述，有的使问题更便于研究。例如，证明首项a与公差q互素的算术级数中有无限多个素数就要利用狄利克雷特征$\chi(n)$。素数定理就分别等价于：当x趋于无穷时，$\psi(x)=\sum\limits_{n\leqslant x}\Lambda(n)\sim x$，及$\frac{1}{x}\sum\limits_{n\leqslant x}\mu(n)$趋于零。

在探索应用各种数学方法研究各种问题的过程中，数论形成了以下分支：①以研究方法或对象为中心的各个分支，如初等数论、代数数论、解析数论、几何数论、超越数论，以概率方法为研究工具的分支概率数论和计算数论等；②以研究问题为中心的各个分支，如素数分布、不定方程、堆垒数论及丢番图逼近等。这些分支各自形成了自己的理论体系。应该指出的是：历史上对整数的研究常常综合应用几何、代数及分析方法，在近代数论的发展中更体现了这一趋向，**费马大定理**的证明就是最好的例证。推动数论发展的著名问题有：

①素数定理，孪生素数。②二元二次型表整数，平方和问题，华林问题及哥德巴赫猜想。③不定方程，椭圆曲线及一般代数曲线上的有理点，特别是费马大定理。④圆内整点问题（又称高斯圆问题）：设$C(x)$是半径为x的圆内坐标为整数的点的个数，要证明，对任给的正数ε，一定存在正常数$A_1(\varepsilon)$使得：

$$|C(x)-\pi x^2| < A_1(\varepsilon)x^{1/4+\varepsilon}$$

及狄利克雷除数问题：要证明，对任给的正数ε，一定存在正常数$A_2(\varepsilon)$使得：

$$\left|\sum_{n\leqslant x}\tau(n)-x(\ln x+2\gamma-1)\right| < A_2(\varepsilon)x^{1/4+\varepsilon}$$

式中γ是欧拉常数。这两个问题仍未解决。

解析数论是数论中以分析方法为研究工具的一个分支。这首先是从研究素数分布问题开始的。最早作出重要贡献的是L.欧拉；而P.G.L.狄利克雷的两个重要工作为这一分支奠定了基础；B.黎曼的著名论文《论不大于一个给定值的素数个数》则是解析数论形成为一个独立分支的标志。这一分支主要是在素数定理、哥德巴赫猜想、华林问题、圆内整点问题和狄利克雷除数问题等的研究中不断发展，并取得重大进展，形成了这一分支特有的研究方法（复变积分法、圆法、筛法、指数和方法、特征和方法、密率等），以及与此有密切关系的模形式理论。1896年，J.阿达马与C.-J.de la 瓦莱－普桑独立证明了素数定理。I.M.维诺格拉多夫于1937年基本上证明了关于奇数的哥德巴赫猜想：每个充分大的奇数是三个奇素数之和。应该指出的是，关于偶数的哥德巴赫猜想及黎曼猜想，是当今数学中未解决的最著名、最重要的问题。

高斯在证明了二次互反律之后，继续探讨两个4次同余方程$x^4\equiv q\pmod p$和$x^4\equiv p\pmod q$的解之间是否有内在联系（式中p，q是奇素数），即"四次互反律"。他发现这一问题在普通整数范围内根本无法讨论，必须引进新的"整数"——复整数$a+bi$（a，b为普通整数，又称高斯整数），建立复整数的整除理论后才能研究。他还研究了二元二次型及其分类、分圆方程以及三次互反律。这是用现代代数方法研究数论问题的开端，同时数论也从研究普通整数的性质扩展到了研究代数整数的性质，从而开始形成数论中的一个新分支——代数数论。推动代数数论的发展主要是对费马大定理的研究。首先作出重要贡献的是E.E.库默尔；J.W.R.戴德金为代数数论奠定了基础；1897年D.希尔伯特的著名报告巧妙地系统总结了这一领域到当时为止的所有工作，是代数数论这一分支形成的标志。类域论是代数数论的重要研究课题。20世纪90年代，A.维尔斯最终证明了费马大定理，这是20世纪数学最光辉的成就之一。高斯关于有无穷多个实二次型（实二次域）的类数等于1的猜想，是尚未解决的著名难题。

研究代数数、超越数及实数的算术性质是数论的重要内容，逐步形成了丢番图逼近、超越数论分支。早在5世纪时，中国的何承天与祖冲之就曾分别建议用22/7与355/113来近似表示圆周率π。这两个数都是π的连分数的渐近分数。1842年P.G.L.狄利克雷首先证明了实数有理逼近定理，以及1955年K.F.罗特对实代数数，证明了更深刻的结论。C.埃尔米特（1873）和F.von林德曼（1882）分别证明了e和π的超越性。20世纪30年代，A.O.盖尔丰德和施奈德独立地解决了希尔伯特第7问题。欧拉常数及e＋π是否是超越数则仍未解决。

几何数论则是起源于17～18世纪J.-L.拉格朗日和高斯等以几何观点研究二次型的算术性质的工作，最终于19世纪末叶由于H.闵可夫斯基的奠基性工作而创立。

有的数论问题可以用高等方法来解决，但是寻求一个初等的算术解法或较初等的分析、代数解法，仍是数论中十分重要的事。一个著名的例子就是寻找素数定理的初等证明，这是由A.塞尔伯格与爱尔特希得出的。另一例子是卡坦朗猜想。

各个数学分支的方法用于研究数论问题，推动了数论的发展。反之，数论中形成的研究思想、方法和理论也被成功地应用于其他数学分支，以及物理学，生物学等。随着近代计算机及数学中离散化方法的发展和应用，数论更凸显其重要性。它在计算机科学、信息科学、组合分析、密码学、计算数学、管理科学等领域获得广泛应用，也给数论提出新的课题。数论的发展史表明：数论问题的研究是推进数学发展的重要动力；数论与数学中的各个分支联系十分紧密，其互相运用、互相渗透创立了新的数论分支。这正是当代数论的主要特点和趋向。数论既是最古老的数学分支，又是始终活跃着的数学研究领域。

数论不仅在中国古代有着悠久光辉的研究历史和成就，也是中国近代数学最早开拓并取得瞩目成就的数学研究领域之一。杨武之将近代数论引入中国。引导这一领域研究的是华罗庚、柯召和闵嗣鹤等，他们及他们为新中国培养的以陈景润为代表的优秀数论学家推动了数论在中国的发展。特别是华罗庚、陈景润等在解析数论、堆垒数论方面取得了卓越成就。

数论派 Samkhya school 印度古代哲学派别，婆罗门教六派哲学之一。中国古代音译为"僧佉"。对此派名称的含义有多种解释。一种说法认为，此派制定了一定数目的基本学说范畴（谛或实在），因而得名。

数论派的思想渊源最早可追溯到吠陀和奥义书。相传此派的创始人为迦毗罗。之后，此派又有几代传人，如阿修利、般尸诃等，最后传至此派在古代最重要的理论家自在黑（约4世纪人）。

现存数论派最早的系统经典是自在黑的《数论颂》。《数论颂》被认为是古典数论派的代表性经典。《数论颂》之后，古典数论派的主要著作是对《数论颂》的注释。目前保存的较重要的注释有5个：《金七十论》(6世纪由真谛译为汉文，作者不详)、《道理之光》(约6世纪出现，作者不详)、《乔荼波陀注》(约7～8世纪出现)、《摩特罗评注》(约略晚于《乔荼波陀注》)、《明谛论》(9世纪时婆察斯巴蒂·弥尸罗作)。

后期数论派的主要经典是《数论经》。古典数论派的哲学体系的出发点是"因中有果论"，即主张任何结果仅仅是原因的转变，在原因中本来就已包含了结果，原因和结果是同一物的隐蔽状态和显现状态，二者在本质上是相同的。由此，数论派提出了"二元二十五谛"的转变说理论体系，认为世界作为结果总要有一最初的根本原因，这个根本因就是"自性"。除自性之外，数论派还认为存在一个独立的精神性实体"神我"。

在认识论方面，数论派主张有三种"量"：现量（感觉）、比量（推理）、圣言量（可靠之人或圣书的意见）。

数论派也持轮回与解脱之说。此派把轮回的状态分为天道、兽道和人道（三界）。解脱的途径是认识或体验数论派的二元二十五谛理论，获得"非我"、"非我所"等绝对认识。

数论派哲学对印度近代的思想界也有一定影响。

数码摄影 digital photography 采用现代电子与计算机技术，将光影信号转化为电子数码信号，形成单幅静止的数码影像，并进行处理、存储、传输的摄影过程，包括从数码影像转换为传统影像的内容。

图1 用像素构成的数码影像

正如传统的摄影与传统影视、绘画的关系一样，在涉及数码图形与图像的领域中，利用相应设备获取与处理的连续动态数码影像属于数码电视或数码电影的范畴，利用计算机软件人工绘图的过程则称为计算机绘图。

像素是组成数码影像的最基本的元素，每个像素内的颜色（色相、饱和度与亮度）都相同（图1），用一组数字表示某像素在图像中的位置和颜色，则图像中所有像素数据的集合就组成一幅数码影像。为了便于用计算机处理，数码影像的数据都采用二进制计数系统，并按严格规则排列成一定的数据文件。数码摄影所涉及的影像像素都呈正方形，并用直角坐标系表示像素的位置，这种数码影像的结构称为位图。

数码影像的精度常用每英寸排列的像素数表示，单位是ppi（像素/英寸）或dpi（像素点/英寸）。影像的层次用影像中可表达的颜色最大数量的二进制位数表示，称为色彩深度。人眼的平均极限分辨率约为300ppi，色彩分辨能力小于24位的色彩深度，即小于$2^{24}\approx$1 677万种颜色。因此，数码摄影得到的数码影像若能以这样的精度还原为传统的影像，其效果将达到甚至超过传统影像的水平。

通常用数码相机或扫描仪从实际景物或传统照片中采集数码影像，在计算机上用各种图像处理软件加工处理数码影像，用计算机系统常用的各种存储器存储数码影像。数码影像可以经网络或其他各种有线或无线的通信系统迅速传输，还可以经监视器、打印机、数码扩印机、数码放大机或胶片输出仪使影像再现（图2）。

数码影像具有一系列超越传统影像的优点：①能在获取影像后立即在屏幕上回放所采集的影像，稍有不足，立即重拍，可以提高影像采集的质量与效率。②数码影像的便于修改，可编辑进行再创作，充分发挥作者的创作意图、个人风格与个性。③数码影像易于复制，在复制中没有任何失真或损失。④易于传输、保存与检索。⑤既减少了资源浪费又有利于环保。

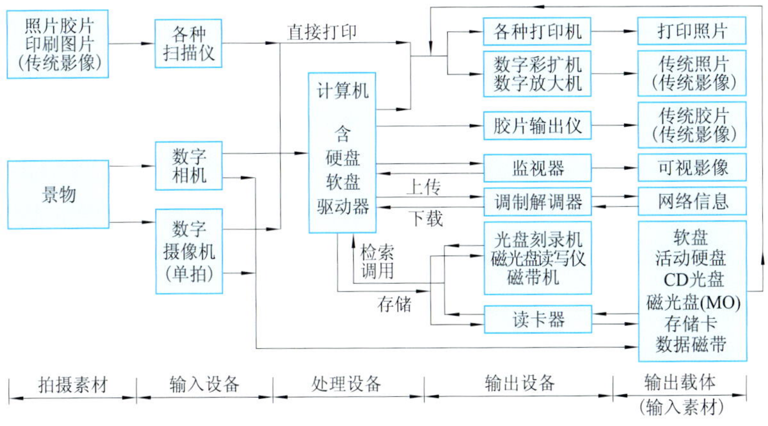

图2 数码摄影的常用设备与工艺流程

数码相机 digital camera 使用影像传感器记录影像，输出单幅静态数码影像的照相机。又称数字相机。

数码相机由排列成线阵或面阵的光电元件组成影像传感器，每一个光电元件相当于数码影像中的一个像素。常用的光电元件有CCD（电荷耦合器）或CMOS（金属氧化物半导体），它们在光照下都能将接受的光能量转化为相应的电荷。曝光时，影像传感器的光电元件采集镜头所成的影像，相机逐一读出每个元件微弱的电信号，将其放大，转化为二进制的数据，即获得了影像最原始的数据。为了使影像传感器能识别景物的颜色，多数数码相机还按一定的规律在光电元件阵列前放置原色或补色的微型滤色片阵列。相机的计算机系统将每个元件的数据与周围采用不同颜色滤镜元件的数据加以计算，可得到这个元件所代表的像素的色彩值。此后相机还要将这些数据按一定的格式排列，有时还要压缩（化简），最后将这些数据组成的文件传送到相机内置或外置的存储器中，一幅数码影像的拍摄才告完成（图1）。

数码相机与传统相机最大的区别在于：①影像采集的方式不同。数码相机用影像

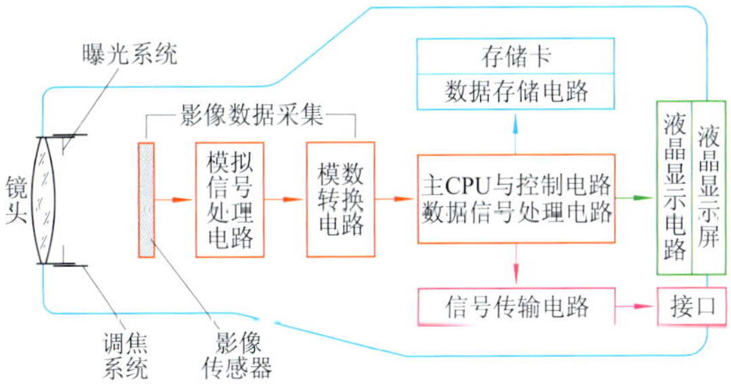

图1 数码相机原理图

传感器的光电变换代替了传统相机胶片的光化学变化。②影像生成的方法不同。数码相机是在拍摄后通过模（拟）数（码）转换与计算机运算即时成像，传统的胶片需经过化学的冲洗工艺才可以显影。③影像的载体不同。数码相机所拍摄的影像用固态存储器存储，多数可以反复擦写。传统相机则用一次性的胶片存储。

数码相机影像传感器实际参加成像的像素数量是影响所摄影像清晰度的重要因素，称为相机的有效分辨率。多数数码相机影像传感器尺寸小于135的画幅，因此镜头焦距也更短，为便于用户掌握镜头的特性，说明书中常用文码说明其镜头焦距相当于传统135相机的某种焦距及其成像特性（图2）。数码相机还可以截取部分画面，由

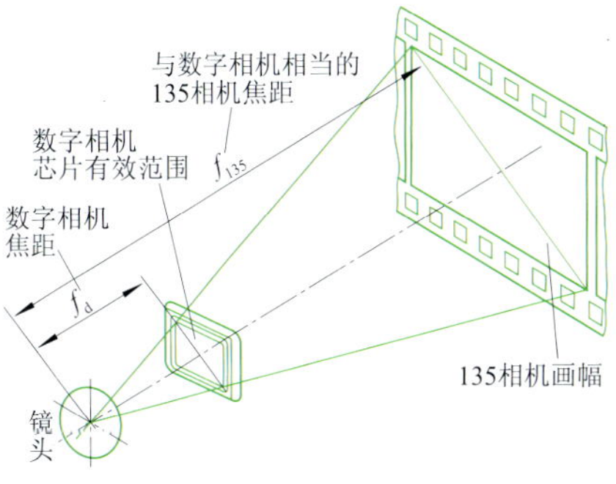

图2 数码相机与135相机镜头焦距转换图

相机利用插值法增加像素，得到长焦镜头拍摄效果，称为数码变焦。数码相机常用的影像格式有TIFF（无损压缩）、RAW（原始数据包）、JPEG（有损压缩）等格式。数码相机主要用各种存储卡存储数码影像。高分辨率的数码相机还使用微型硬盘。数码相机可以通过自动或手动选择的方式，根据光源的色温或色彩特性处理影像数据，以便正确还原景物的颜色，这个功能称为相机的白平衡。

数码相机除了能实现传统相机中的各种调控功能外，大部分数码相机都可以随时回放、浏览、删除、锁定已经拍摄的影像，可以录音、拍摄动画。中高档的数码相机还可以改变所拍摄影像的色彩、色彩饱和度、反差、锐度。为了实施如此复杂的控制，数码相机都使用菜单调控相机的工作状态。数码相机上有向计算机传输数据的接口，能够拍摄动画与录音的数码相机还有传送音频、视频信号的插口。

数码相机是数码摄影中主要的输入设备，具有数码摄影的一系列优点，尤其是及时检视拍摄结果、无成本拍摄、便于传输与后期制作等优点。

数学 mathematics 研究现实世界中数量关系和空间形式乃至更一般的抽象形式及关系的科学。

数学mathematics英文一词来自希腊文μαθηματιχη，其字根μαθημα，原意为知识、科学。从历史上看，数学这一知识领域常用其某个方面来称呼。如中国古代用“算学”一词来称呼数学，以强调其计算技术的侧面。西方长时期用“几何学”一词来表示数学，显示欧几里得的《几何原本》，以强

调主要是几何学理论，但实际上它也包括数论及量（比例）的理论内容。随着时间的流逝，数学的内容不断地扩大和更新。一方面，原来被包括在数学领域内的许多学科和分支独立出去，如早期的天文学、大地测量学以及稍后的力学和几何光学；另一方面，在数学各学科的边缘又不断创造及繁衍出一系列新的学科。这些新学科共同形成现代庞大的数学学科领域。

数学概念与理论大多源于一些具体的数学问题。数学问题主要有两个来源：来自数学外部与来自数学本身。自古以来，数学问题主要来自日常生活、商务活动和生产实践的需要。特别是由此产生计数、测量、计算、绘图等实用数学技术，形成实用数学。在数学基础学科形成以后，数学问题仍源源不断。许多问题仍然来自实际，但主要是各学科经过提炼的问题，大量数学物理方程求解就属此类。随着数学日益成熟，数学本身的问题越来越多，其中的著名问题和猜想如黎曼假设、哥德巴赫猜想，以及希尔伯特问题等，成为数学不断发展的内在动力。

数学的研究对象与目标　各门学科因其研究对象和研究方法不同而相互区别。数学最原始的研究对象是数与形，即使是如此简单、直观的对象也是抽象的。在初始阶段，像三角形和圆这种基本图形还是十分直观的对象，因此往往把研究形的理论——几何学看成自然科学。但人们由现实世界感知的圆和用圆规画的圆都不是数学研究的理想的圆。理想的圆的圆心和圆周上的点都没有长度宽度，而这在现实世界是无法实现的。直线就更加有问题，不仅不能把拉直的绳子和由小孔射出的光线当成直线，而且直尺是不是“直”也是大有问题的。由此可见，即使像圆和直线这种最基本的几何概念也是抽象的结果。更进一步，如果把几何学局限于人们看得见、摸得着的三维空间中的图形，也许几何学还勉强可看成自然科学。可是从19世纪中叶起，随着非欧几里得几何学的出现，特别是黎曼对于几何观念的巨大革新，现代几何学所研究的已是更加抽象的对象了。如非欧空间、高维空间、直线几何、流形、拓扑空间、纤维丛等，它们已变得只能通过抽象的数学方法来进行研究了。

如果说形的概念比较直观，有些定理还可以借助于经验方法来验证（如法国科学家B.帕斯卡就曾经把三角形的三个角拼接起来，看看是否是180°），那么数的概念就更为抽象。自然数是人们得到的第一个抽象概念。这个概念形成的过程是极为漫长的，至少有几千年的历史。但是，数学的抽象不止于此，它可由自然数再抽象出更一般的数的概念乃至更为抽象的其他数学概念。在西方，人们长期不接受负数和虚数的概念。数学中如群、环、域、格等概念乃至更为抽象的学科，如同调代数学、代数K理论等，则是更难于理解和接受的。

有了数和形乃至更抽象的数学对象之后，数学的首要目标就是研究这些对象的性质和对象之间的关系，最终形成系统的理论。在这方面，数学家的主要任务是证明定理，并在比较理想的情况下，形成公理化的理论。在这方面，欧几里得的《几何原本》树立了一个榜样。尽管欧几里得的体系后来几经批判和修正，但这种方法——公理演绎法，两千多年来一直是许多数学家遵循的工作方式。

数学的主要问题一开始就离不开四则运算，应用问题也主要仰赖于计算。计算的核心问题是建立算法，也就是按照一定的规则，通过一定步骤，由已知求得未知的方法。设计算法是一个极为困难的问题，数学的许多进展来源于此。经典代数学的主要问题是求解代数方程与代数方程组。虽然人们很早就会解一次、二次代数方程，但直到16世纪才会解三次、四次代数方程。可是五次代数方程的求解问题经过许多科学家三百多年的努力都没有解决。这就促使数学家开始研究有关的理论问题，如存在性问题。这一问题包括：①有没有解；②如果有解，有多少解；③解的表示形式；④有特殊形式解的条件。对于代数方程，C.F.高斯证明：其根一定存在，且n次方程一定有n个根，条件是代数方程的系数和根都属于复数域。一次、二次、三次、四次方程的根都可以由系数经过加、减、乘、除和开方表示出来，这样的代数方程的根或解称为根式解。但不是所有五次方程都具有根式解，这是挪威数学家N.H.阿贝尔从理论上证明的。法国数学家E.伽罗瓦进一步发展了置换群理论，解决了通过方程的群判定哪些五次方程有根式解的问题，建立了伽罗瓦理论。后来一些数学家又证明，所有五次方程的解都可以用椭圆模函数的值来表示。这样，五次代数方程的求解问题获得圆满解决。更高次代数方程的求解问题更为复杂，往往只能给出近似解，特别是数值解。这也是设计算法问题。设计算法同样有理论问题，如精密度好不好，逼近其确值的速度快不快等。这些问题构成数值分析这一数学分支的内容。

一开始，经典代数与古典分析都是以设计算法为主的。即使原来以理论为主的学科，如数论和几何学，同样也存在大量操作性问题，特别是计算问题。在数论中，许多问题归结为不定方程（通常称丢番图方程）的求解问题。在几何学中，一开始就有许多几何作图问题，其中著名的三大作图问题，直到19世纪才从理论上解决。几何学另一大类问题是度量问题，如求长度、面积和体积等。它们都是计算性问题。由此可见，数学中的操作与计算问题和证明定理的理论问题经常是互相关联，很难截然分开的。在这种情形下，建立理论和证明定理逐步成为数学研究的主要目标。

数学的历史　数学作为人类最古老的知识，无疑来自社会生活及生产的需要。任何民族在或长或短的时期，总会发展出“数”的观念，学会用手指计数或实物记数，并逐步过渡到进位制，特别是十进制表示大数，以及学会简单的计算方法。这些应该是算术的起源。古代各民族对形有着更直观的认识，但它成为数学对象，更应由工具的制作与测量、绘图的要求促成。英文geometry（几何）源于大地测量，就反映出这点。中国在1900年曾把“几何”正确地译为“形学”，更是恰当地表达这分支的内容。中国古代夏禹治水时已有规、矩、准、绳等测量工具。《墨经》中对一系列几何概念有抽象的概括，给出了定义。《周髀算经》已经有用矩观天测地的一般方法与具体公式。巴比伦人在公元前3世纪把圆周分为360°，沿用至今。古代埃及、古代巴比伦、古代印度同古代中国一样都有一些计算面积和体积的近似公式，这些构成了几何学的初步知识。前5世纪之前，数学处于前史时期。

从公元前5世纪到公元16世纪，数学成为一门独立科学。到16世纪末，初等数学的五个分支——算术、代数、数论、几何、三角基本形成，为后来的发展奠定了基础。值得注意的是，这个时期各地数学发展不平衡，每个民族、每种文化各有自己的优势和特点。古代希腊的数学以欧几里得《几何原本》为代表，完全脱离实用的、经验的路线，专注于理论的探讨，建立了用定义、公设、公理、定理构成的演绎体系，成为近现代数学发展的楷模。古希腊的数学侧重于研究数与形的性质以及各种性质之间的相互关系，甚至对一些抽象概念（不可通约性、无理数、无穷）进行探讨。这种学理式的研究有着明显的弱点，即代数学的薄弱。希腊人没有位值制、没有好的计算方法，甚至没有高次幂，也没有负数概念，这些都在相当长时期内妨碍数学进一步发展。在这方面，中国古代数学恰巧具有优势。至迟在秦汉之际，已经出现十进位值制，这与筹算相结合，大大改善了中国数学的计算能力。在《九章算术》中，已有负数概念和分数四则运算，开平方、开立方的算法，解联立线性方程组方法乃至二次方程的解法。到宋、元时期已经引入“天元”（未知数）的明确观念，出现了求高次方程数值解，甚至高次代数联立方程组的方法。特别是中国魏晋数学家刘徽早在3世纪就提出用十进小数表示“无理数”的奇零部分。这构成了一个完整的代数学算法体系，使得中国代数方法通行无阻，具有实用性的特点。中国以代数为主的数学具有明显的构造性、计算性、程序化和机械化的特色，但因此也有一些不足之处，如基本概念的缺乏导致一些领域的缺失，特别是没有角度的概念导致没有三角法。另外，算法的建立最终仍需要理论指导，缺少严密性和精确性的要求也使实用数学发展受到局限。

17世纪伴随科学革命而产生的近代数学正是几何与代数这两种思潮结合的结果。由中国、印度传到阿拉伯再传到西欧的算术及代数，大大改善了欧洲人的计算能力。其后符号代数的完善化，由代数与几何交叉形成的解析几何，对数的发明，特别是把有限的计算推广到无穷，最终导致微积分的产生，为整个数学开辟了无限广阔的前景。西方近代数学成为一个完美且开放的知识体系。到19世纪末，经典数学的四大分支——数论、代数学、几何学、分析学完全形成。正如在1900年的希尔伯特问题中显示的，经典数学有大量问题有待解决，这无疑推动了20世纪数学向纵深发展。结果不仅造就数学新的辉煌，大量经典问题获得完满解决，如费马大定理、华林问题、类域论与互反律、代数曲面及高维代数簇的黎曼-罗赫定理等，而且开辟了许多全新的数学领域。它们在理论和应用上都具有极为重要的意义。

20世纪的数学　20世纪的数学的主要特征是数学领域的扩大，各数学分支的交叉以及整个数学向纵深发展。

19世纪对数学基础的探索导致集合论、符号逻辑、公理理论以及实数与自然数理论的发展。19世纪末到20世纪初，集合论悖论的发现，再一次引导数学家正视基础问题，其中最突出的是集合论的公理化以及希尔伯特纲领的提出。D.希尔伯特希望把整个数学一劳永逸地建立在一个协调的公理系统之上的想法，由于1931年K.哥德尔的不完全性定理的证明而归于失败。这导致数理逻辑作为一个数学领域的产生。它应被更恰当地称为元数学，其中包括公理集合论、证明论、递归论、模型论四大分支，探讨数学的基本问题，如算法和可计算性的基本问题。这直接导致电子计算机的产生与发展。

在集合论的基础上产生了一个更重要的数学领域——数学结构理论的研究。虽然19世纪已对特殊的结构，如置换群、阿贝尔群（交换群）、四元数及其推广、布尔代数乃至李群、李代数等有一些研究，但这远没有达到抽象和系统的程度。19世纪末20世纪初，抽象的、建立在公理基础上的结构理论陆续形成。按照布尔巴基学派的观点，原始的结构有三大类，对它们的研究分别形成结构理论的各主要分支：①代数结构。主要是群、环、域、模等，以它们为对象的数学分支就是群论、环论、域论、模论等。在历史上它们被通称为近世代数学或抽象代数学，现在则是代数学的核心部分。②序结构。主要有偏序集、全序集和格。它们形成序集理论和格论等。格论及其分支布尔代数往往也列入代数学的范围。③拓扑结构。主要是拓扑空间、复合形、流形等，它们成为拓扑学的研究对象。

抽象结构有两个来源：一是从具体的研究对象加以抽象化和公理化产生出来。例如从代数方程的研究产生置换群的概念，置换群概念抽象化和公理化就产生抽象群的概念。二是从已有的抽象结构衍生出新的抽象结构，主要的途径有：增加或减少公理、结构的交叉和复合等。如果把各种结构适当地结合起来，会产生许多新的结构，也会产生既有理论意义也有实际应用的学科。抽象结构正是通过各种方式不断繁衍，成为远远超出数与形的数学的全新研究对象。

研究抽象结构的主要目标是搞清楚数学系统的结构并且在同构之下加以分类。任何研究数学结构的分支的主要问题大致可分为相互关联的四类问题：①表示问题；②结构问题；③分类问题；④实现问题。以群论为例，有限群的结构由单群构成。有限单群的分类已经基本完成，这是20世纪数学的一项巨大成就。

除了抽象代数学之外，拓扑学也是19世纪末到20世纪初的新兴学科。拓扑学在20世纪数学中起核心作用。拓扑学的分支如同调论、上同调、同伦论、纤维丛、示性类等理论和方法已深入到许多数学领域，成为必不可少的工具。20世纪50年代以后，数学的重大成就都和拓扑学密不可分，主要成就有：微分流形的粗分类、微分映射的奇点理论、广义庞加莱猜想的获证和阿蒂亚-辛格指标公式、黎曼几何学和整体微分几何学的产生等。拓扑学不仅在数学中重要，而且与数学物理学，如规范场理论、超弦理论以及20世纪末的M理论的发展密不可分，这表明抽象的拓扑学的确反映出物理世界的深刻内涵。

抽象代数学和拓扑学给经典数学带来了巨大的冲击和活力，表现在许多经典数学分支由于数学结构理论的引入而抽象化和严格化，以及新方法的引入导致许多经典问题的解决。19世纪产生的代数数论、代数几何学、李群及李代数理论等大都扩展为抽象的分支，如类域论及其推广、算术代数几何等。1974年P.德利涅成功地证明韦伊猜想，1983年G.法尔廷斯证明莫德尔猜想，1994年A.维尔斯证明费马大定理，这些都是同抽象理论和方法密不可分的。抽象方法也渗透到古典分析中，形成了测度和积分理论、广义函数论、泛函分析、算子代数等重要理论，同时对偏微分方程理论产生不可忽视的影响。

20世纪中期起，由于数学得到广泛应用以及计算机的问世，产生了两大新兴领域：随机数学和离散数学。

随机数学的前身是概率论。概率论至少已有350年历史，它同微积分几乎同时产生。长期以来，它一直从属于代数或分析。随着20世纪对不确定现象研究的加强和概率论基础的奠定，概率论成为一个独立的领域。一般认为，1933年A.N.科尔莫戈罗夫将概率论建立在测度论基础上并将其公理化是概率论成熟的标志。另外，从20世纪初开始，随机过程成为概率论研究的中心课题。特别是1906年A.A.马尔可夫对马尔可夫链、1923年N.维纳对布朗运动、1937年P.莱维对可加过程的研究以及稍后鞅理论的建立，使得随机过程理论成为概率论研究的核心。20世纪40年代到50年代发现概率论与位势理论的关系，显示出概率论的独立特征。1942年伊藤清开创另一个方向——随机分析，使随机数学成为一个像微积分和微分方程那样的有效工具，对金融数学等产生了几乎不可思议的应用价值。

离散数学原是相对于连续数学而言的。从17世纪微积分产生起，数学的中心课题是处理连续对象。计算机的发明和数学的实际应用要求处理离散问题，甚至是有限的问题，因而以组合数学和图论为代表的离散数学应运而生。20世纪统计数学的发展导致组合设计的产生与发展。20世纪后期，组合数学与抽象代数学结合形成代数组合学，不仅在理论上大大提高，而且有不少实际应用。与组合问题稍有不同，图论问题与几何和拓扑关系更密切。它的许多问题从实际抽象而来，典型的是G.R.基尔霍夫的电路理论以及A.凯莱对化学中同分异构体的研究。著名的四色问题在1976年获得解决，且在1994年再次得到确认。组合数学和图论也有许多推广，特别是拟阵理论、超图理论和拉姆齐理论等。

20世纪数学在两大技术性领域的发展更是不同寻常。一是计算数学领域，二是统计数学领域。计算是数学的固有任务。从古至今已经有了许多算法，如近代数学中的牛顿解高次方程的迭代法，牛顿、欧拉、拉格朗日一般插值方法与差分方法，A.-M.勒让德和高斯的最小二乘法，线性代数的高斯消去法与各种迭代法等。这些方法到20世纪均有不同程度的发展。第二次世界大战以后，电子计算机的使用大大改变了计算数学的面貌。首先是传统方法的改进与新方法的创新。重要的算法有单纯形法、快速傅里叶变换、有限元方法、蒙特卡罗方法等。大规模的运算出现许多理论问题。对算法的误差、收敛性、稳定性等进行理论分析，产生数值分析这一分支；对计算量、存储量等的研究产生计算复杂性的理论。计算机科学、计算数学与各门学科相结合产生一系列交叉学科，如计算流体力学、计算物理学、计算化学等。这使理论、实验和计算成为发展科学互相补充、互相促进的三大手段和工具。

统计数学也是20世纪的产物。它是从总体中随机抽出的样本里所获得的信息来推断总体的性质。20世纪初期发展了大样本统计与小样本统计，其后发展了点估计理论与实验设计方法，建立假设检验理论，最后创立统计决策理论。第二次世界大战后的重要发展有贝叶斯统计及J.W.图基创立的数据分析，其本质是在大量数据中找到其中隐藏的模式。

此外，在现代数学的基础上，还出现了四个独立的领域。它们的许多分支被认为是数学，其研究对象与方法也类似数学，即不像自然科学那样以观测和实验为基础来建立和验证理论。它们是理论计算机科学、信息科学、运筹学及管理科学、系统与控制科学。它们的理论性很强，也很难说成是应用数学。这些领域的许多典型的分支有：冯·诺伊曼的对策论、N.维纳的控制论、卡尔曼滤波理论、复杂性理论等。其中大量问题已成为数学的研究对象，如信息论、编码理论、密码学、数学规划理论。

数学是一个广阔而开放的领域，有上百个甚至更多的分支学科。它们之间有着不同程度的联系，粗略可划分为纯粹数学与应用数学，也往往分为经典数学与现代数学。通常把19世纪末之前的数学称为经典数学，一般分为数论、几何学、代数学与分析学四大领域，其内容在20世纪也有许多变化。另外，20世纪也形成许多新的分支学科，它们一起可归并为如下十大领域：数论、几何学、代数学、分析学、拓扑学、离散数学、数理逻辑、随机数学、计算数学和数理统计学。

数学与其他学科的交叉　从17世纪到19世纪，数学与力学、天文学、物理学、大地测量学、航海术就密不可分，互相促进地平行发展着。对于机械工程、建筑工程设计、电机工程等技术领域的发展，数学也起着决定性的作用。20世纪数学科学的巨大发展，比以往任何时代都更加令人信服地确立了数学作为整个科学技术的基础地位。数学物理学、数学化学、数学生物学、数理经济学、数理地质学、数理语言学、数值天气预报、数学考古等一系列边缘学科的出现，表明数学的应用已突破传统的范围而向人类一切知识领域渗透。数学的应用具有以下特点：

①纯粹数学几乎所有的分支都获得应用。在20世纪60年代，像拓扑学这样的抽象数学分支离实际应用似乎还很遥远，而今拓扑学（特别是纽结理论）已成为生物学中了解DNA结构的有效工具。在物理学中，拓扑不变量正在成为物理的量，正如一些群的不变量已经是物理的量一样。数论也曾被认为是最纯粹、最缺乏应用的数学分支，但如今数论方法在计算机科学、密码技术、卫星信号传输、p进量子场论等许多方面发挥着重要的有时甚至是关键的作用，并通过与数值分析相结合开辟着更广的应用途径。事实上，仅就在理论物理中的应用而言，涉及的数学除了经典的分支与方法（如数学物理方程、傅里叶分析、无穷维空间论、群论、概率统计等），还包括微分拓扑、微分几何、大范围分析、代数几何、李群与李代数、算子代数、代数数论、非交换数学、非线性数学、计算数学等，几乎覆盖了核心数学的整个领域。

②几乎所有的科技领域都在应用数学，并越来越多地应用更高深的数学。数学在力学、物理学中的应用是经受了历史考验的，而当今数学的应用则早已突破这一传统的范围，正在向包括从粒子物理到生命科学，从航空技术到地质勘探在内的一切科技领域进军。除了自然科学，在经济学和过去认为不适用数学的社会学、历史学等社会科学领域，数学方法也崭露头角。随机分析应用于金融决策而引起的经济学理论的进展，提供了令人鼓舞的例证。与以往时代不同的是，现在数学在向外渗透过程中越来越多地与其他领域相结合而形成交叉学科。与数学有关的词大量出现在各门学科之前后。如“数学的”、“数理的”、“计量的”、“统计的”、“计算的”以及“……数学”、“……统计学”等。学科成熟的社会标志是学会、协会的建立，期刊与连续出版物的问世，以及课程的设置，专业会议的召开等。例如《数学化学杂志》于20世纪80年代创刊，《数理经济学杂志》于20世纪70年代创刊，生物数学的期刊出现更早。次级学科如“数学分类学”的著作早在20世纪80年代就已问世。值得注意的是，纯粹数学中的一些前沿领域与其他科学的许多前沿领域，如当代理论物理学某些前沿领域（如超弦理论、超引力理论领域）的快速结合，反映出科技领域中数学渗透的空前深度。事实上，仅像弦理论这样的物理学热门分支用到的数学，就涉及微分拓扑学、代数几何学、微分几何、群论与无穷维代数、复分析与黎曼曲面的模理论等。凝聚态物理中分类晶体结构中的“缺陷”以及液晶理论，都用到某些齐性空间中同伦群的计算。这即使对代数拓扑学家来说，也是极难的问题。数理经济学中一般均衡理论的建立、发展，也用到微分拓扑学的基本定理与彻底的公理化方法，如经济学家G.德布鲁因这方面的工作获得诺贝尔经济学奖。

③数学在生产技术中的应用变得日趋直接。以往虽然也有数学直接用于生产技术的例子，但数学与生产技术的关系基本上是间接的：常常是先应用于其他科学，再由这些科学提供技术进步的基础。近半个世纪来，数学与生产技术的相互作用方式正在悄悄地改变，数学提供的工具直接影响和推动技术进步的频率正在加大，并在许多情况下产生巨大的经济效益。例如，以计算流体力学为基础的数值模拟已成为飞行器设计的有效工具，类似的数值模拟方法正被应用于许多技术部门以替代耗资巨大的试验；以调和分析为基础发展起来的小波分析直接应用于通信与石油勘探等广泛的技术领域；现代医学扫描技术（CT扫描、核磁共振成像等）主要也是建立在拉东积分理论的基础上。此外，现代大规模生产的管理决策、产品质量控制也密切依赖于数学中的线性规划算法（单纯形法与新兴的内点法）及统计方法。近年来，以数学建模为核心的工业数学成为一个蓬勃发展的应用数学领域也绝不是偶然的，产业部门的工程技术人员与数学工作者携手合作，解决影响甚至决定生产过程的形形色色的数学问题，反之，许多挑战性问题也刺激纯数学的发展。

④数学在学科发展中所占的份额及力度越来越大。一些数学家认为，数学是一种关键的、普遍适用的、赋予人能力的技术。从某种意义上讲，“高技术本质上是一种数学技术”。对此，一般人还只在科学计算的层面来理解。实际上，数学方法是不同于实验方法、理论方法和计算方法的第四种普遍适用的方法和技术。这种情况从20世纪70年代以来已初露端倪，在21世纪数学方法将成为科学研究的重要组成部分，而且也许是最富创造性的部分。这特别表现在形成概念和理论框架方面。实际上，当前的动力系统的研究，分岔（bifurcation）、吸引子、孤立子、混沌等概念和理论已成为许多领域的通用语言和工具，而更艰深的数学将在未来更为普及。

数学模型　**mathematical model**　描述系统动态特性，系统输入输出之间或事物之间、因素之间关系的一种数学框架。可以用数学解析式表示，也可以用图表、图像、框图或计算机程序来表示。

数学模型可分成很多种类。①静态模型和动态模型。静态模型指要描述的系统各量之间的关系不随时间变化，一般用代数方程表达。动态模型指描述系统各量之间随时间变化规律的数学表达式，一般用微分方程或差分方程表示。②分布参数模型和集中参数模型。分布参数模型是用偏微分方程描述系统的动态特性，集中参数模型是用常微分方程描述系统的动态特性。③确定性模型和不确定性模型。确定性模型中变量关系是确定的。不确定性模型又可分为随机模型和模糊数学模型。随机模型把系统中的变量当作随机变量或随机过程。模糊数学模型中变量是模糊变量，由隶属度函数给定。④参数模型和非参数模型。用含有已知参数或未知参数的方程或传递函数描述的模型称为参数模型。非参数模型是直接或间接地从实际系统的实际分析中得到的响应，如通过实验记录到的系统脉冲响应或阶跃响应。⑤线性模型和非线性模型。线性模型中各量之间的关系是线性的，可以应用叠加原理，即几个不同的输入量同时作用于系统的响应，等于几个输入量单独作用的响应之和。线性模型简单，应用广泛。非线性模型中各量之间的关系不是线性的，不满足叠加原理。

数学期望 mathematical expectation 随机变量按概率的加权平均，表征其概率分布的中心位置。又称期望或均值。是概率论早期发展中就已产生的概念。其初始形式早在1657年，即由荷兰数学家C.惠更斯明确提出。它是简单算术平均的一种推广。

设X为离散型随机变量，它取值$x_1, x_2, \cdots$的概率分别为$p_1, p_2, \cdots$，则当级数

$$\sum_{k \geqslant 1} |x_k| p_k < \infty$$

时，定义它的期望为：$\mathrm{E}X = \sum_{k \geqslant 1} x_k p_k$。这里之所以要求级数绝对收敛，是因为作为期望的这种平均，不应依赖于求和的次序。若X为连续型随机变量，其密度函数为$p(x)$，则当积分$\int_{-\infty}^{\infty} |x| p(x) \mathrm{d}x < \infty$时，定义它的期望为$\mathrm{E}X = \int_{-\infty}^{\infty} x p(x) \mathrm{d}x$。在一般场合，设$X$是概率空间$(\Omega, \mathscr{F}, P)$上的随机变量，其分布函数为$F(x)$，则当$\int_{-\infty}^{\infty} |x| \mathrm{d}F(x) < \infty$时，定义$X$的期望为：

$$\mathrm{E}X = \int_{-\infty}^{\infty} x \mathrm{d}F(x) = \int_{\Omega} X(\omega) \mathrm{d}P(\omega) = \int_{\Omega} X \mathrm{d}P$$

式中$\int_{-\infty}^{\infty} x \mathrm{d}F(x)$是斯蒂尔杰斯积分；$\int_{\Omega} X(\omega) \mathrm{d}P(\omega)$或$\int_{\Omega} X \mathrm{d}P$是随机变量$X$在$\Omega$上对概率测度$P$的积分。然而，并非所有的随机变量都具有期望。

《数学原理》 *Principia Mathematica* A.N.怀特海和B.A.W.罗素合著的关于数理逻辑和数学基础的著作。全书分3卷，第一卷于1910年、第二卷于1912年、第三卷于1913年先后由剑桥大学出版社出版。1925年出第一卷的第二版，增加了第二版导论和A、B、C3个附录，共65页。1927年出了第二卷和第三卷的第二版。此书是逻辑发展史上一个重要里程碑，它全面地、系统地总结了自G.W.莱布尼茨以来在数理逻辑研究方面取得的重大成果，奠定了20世纪逻辑发展的基础。此书主要目的是要说明纯粹数学是从逻辑前提推导出来的，并尝试只使用逻辑概念定义数学概念，同时尽量找出逻辑本身的所有原理。此书从逻辑演算出发，在逻辑公理之外增加了以后引起争论的3条公理，即无穷性公理、乘法公理和可化归性公理，同时还推导出集合论和一部分数学。

数值天气预报 numerical weather prediction 根据大气运动的不同情况以及预报空间和时间的要求，在一定的初值和边值条件下，通过数值计算，求解描写大气运动和状态演变的方程组，对未来大气作出预测的方法。由于大气运动状况的差异或预报要求的差异，描写大气运动和状态演变的方程组可以有不同的简化模型，这就是大气模式。常用的大气模式有正压模式、斜压多层模式、准地转模式、平衡模式和原始方程模式等。就计算方式而言，有差分模式和谱模式等。

数值天气预报是一种定量的和客观的预报，除要求预报模式能较好地反映大气实际状况外，还应有较正确的计算方法、较协调的资料处理、较精确的客观分析和快速的计算机系统。

数字程序控制系统 numerical control system 用代表加工顺序、方式和参数的数字码作为控制指令的数字控制系统。简称数控系统。通常配有专用计算机，事先将加工要求、工艺和参数编成程序，记录在穿孔带、穿孔卡、磁带或磁盘上。工作时，读数机构依次将数字代码送入计算机并转换成相应形式的电脉冲，每个脉冲代表一个位移增量，控制机械按照加工的顺序、工艺和要求完成加工。如果采用步进电机作为驱动机械，数控系统多采用开环控制。对于精密机床，采用闭环控制方式，以伺服系统为驱动系统。数控系统按运动轨迹分为点位控制、直线控制和轮廓控制。点位控制只控制加工点的定位，用于数控钻床、冲床等。直线控制按直线插补方式加工，用于简易数控车床。轮廓控制能加工曲线、曲面、凸轮和锥面等复杂形状的零件。数控系统采用微型计算机，称为计算机数值控制（CNC）。采用一台计算机直接管理和控制一群数控设备，称为群控或直接数控。数控系统的精度和效率较高，广泛应用于机械加工、工具制造、汽车制造和造船工业。

数字地球 digital earth 在信息技术支持下，对真实地球及其相关现象统一的数字化描述和表达。实质是建立在海量数据库与全球互联网络基础之上的超巨型地球信息系统。1998年，美国副总统A.戈尔首次提出数字地球概念。数字地球是虚拟的信息化的地球，是以地理坐标（经纬网）为基础构建的地理空间描述体系。

数字地球的研究对象主要是地球表层自然的或人工的物体和现象及其变化过程的信息。研究空间范围包括从地下莫霍界面到高空电离层等多个地球圈层，其地域范围大到覆盖全球表面，小到一个城市、一个社区。内容包括自然、经济、人文现象的多种数据。上述各种信息，经过数据采集和编辑后，按地理坐标从局部到整体、从区域到全球，组织为全球数据库。

数字地球的关键技术包括海量数据的采集与存储、宽带网络和数据标准、地理信息系统技术、虚拟现实技术等，这些技术将地球的基本信息集成并构建出多维的虚拟地球。

对于地球科学来说，数字地球是一场新的技术革命，使人们获取、存储、处理和显示信息的方式发生天翻地覆的变化，亦使人们对所在的星球以及周围环境、文化现象等空前海量数据的处理成为可能。数字地球为地球系统研究提供了科学计算环境与科学实验条件，不仅可对时间和空间尺度跨度大并已经发生的地质、地理、大气或海洋过程进行实验，而且还为解决复杂自然现象和过程的预测预报问题提供了可能性。

数字地图 digital map 以数字形式记录和存储的地图。即把地图（或影像地图）上所有内容经过数字化转换成所有点的X、Y平面坐标和Z特征值（高程或其他属性特征），用磁带、磁盘或光盘记录储存，形成由数值组成的地图模型，并同计算机连接，随时进行显示、分析、处理和应用。数字地图是一种不显示图形的地图，但如果需要，也可随时显示和输出图形。随着计算机制图、信息技术与互联网通信技术及数字地球的迅速发展，数字地图的应用越来越广泛。

数字电视 digital television 在电视信号的产生、处理、传送、接收、记录、存储的过程中使用二进制的数字信号来表示。它作为一个新兴的科学技术而成为广播电视技术发展的方向。

数字电视系统大致包括编码、信道和解码三部分，如图所示。

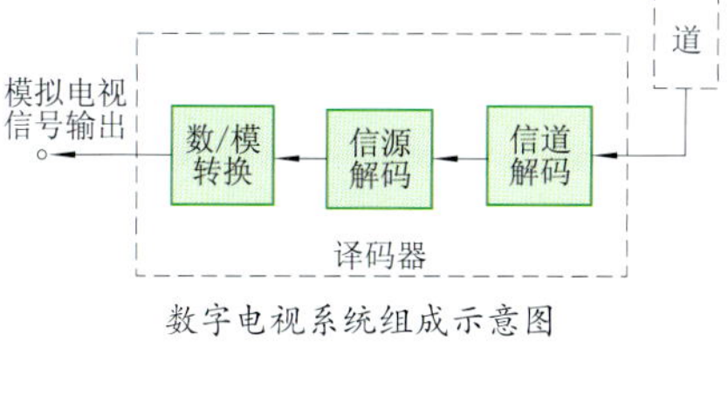

数字电视系统组成示意图

数字电视与模拟电视相比，优点是：①信号质量高，抗干扰能力强。②便于大规模集成化，数字电路工作稳定、寿命长、价格低。③便于多工传输、采用时分复用技术，可以同时传送图像、文字、语言和数据等。只要是数字信号均可以在同一数字通道内传输，故信道通融性强，有利于实现多媒体化与信息化。

数字电影 digital film 采用数字摄像机(DV)拍摄的电影。又称数码电影。1997年，第一款DV在日本问世。最初是用来拍摄家庭影像的。后随着机身性能的改进与完善，以及电脑设备的研制与开发，DV已成为当前专业影像工作者的首选。丹麦导演拉斯·冯·蒂尔用DV拍摄的数字电影《黑暗中的舞者》荣获2000年第53届戛纳电影节金棕榈奖。DV的影像格式为数字，特点是性价比高，画面达到500线以上，相当于过去的BETA摄像机。同时，通过数字信号的传输，可方便地进行电脑后期影像编辑，亦便于在互联网上收看。使用DV拍摄数字电影，打破了100多年来影像制作的常规模式，为个人拍电影提供了可能。

数字化部队 digitized force 装备数字化信息系统，具有实时感知、高效协同、精确行动等作战能力的部队。数字化部队的概念由美国陆军于20世纪90年代初首先提出，并于21世纪初完成数字化师的组建，

英军数字化部队

美陆军第4师是世界上第一个数字化师。数字化部队通过数字化信息系统，提高信息的获取、传递、处理、显示和控制能力，使其各种作战力量的组织结构和作战运用等发生变化，从而提高战斗力。编制特点是规模小型化，指挥体制扁平化，保障一体化，编组模块化。

数字化战场 digitized battlefield 全面应用信息技术，及时获取、交换并使用数字化信息的战场。又称信息化战场或战场数字化。以数字技术和计算机信息处理技术为基础，把战场的有关声音、文字、数据、符号、图形、图像等各类信息变为二进制编码的数字信息进行传输，通过数字通信网络，把覆盖整个战场空间的通信系统、指挥控制系统、侦察情报系统、计算机工

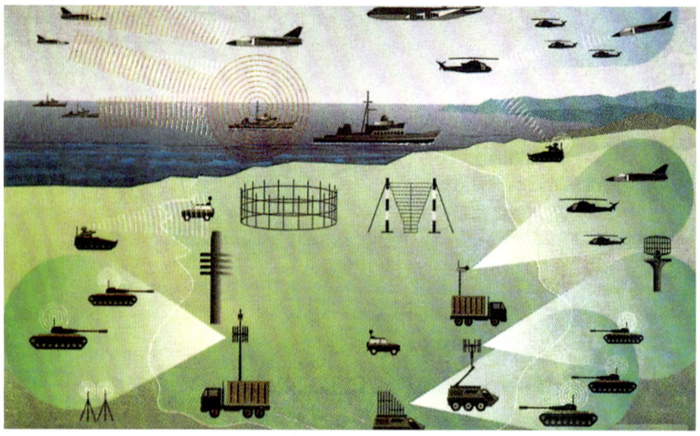

数字化战场构想图

作站、各级数据库和各用户终端连为一体，使战场各级指挥机构、各种作战力量和作战支援保障力量、各种武器系统乃至单兵形成有机整体，达到近实时的信息交换和最大程度的战场信息资源共享，实现战场指挥、控制、通信、情报一体化，从而提高战场控制能力及部队的战斗力、生存能力和协同作战能力。

主要特征是：①信息传输数字化。②战场透明化。能实现战场战况变化与战场信息报知同步。③战场网络化。④战场一体化。战场上所有作战单元形成一个有机的整体，最大程度地发挥整体作战能力。⑤信息对抗激烈。战场的核心从火力对抗转向信息对抗，**制信息权**成为影响作战进程和结局的关键因素。

数字计算机 digital computer 对用离散符号表示的数据或信息自动进行处理的电子装置。全称电子数字计算机。这类电子计算机已经普遍应用于人类社会活动中，人们习惯简称它为**计算机**。

数字经济 digital economy **信息经济**的另一种称谓。旨在突出支撑信息经济的信息技术二进制的数字特征。是一种互联网经济。正如美国复合技术联盟主席D.塔帕斯科特所说明的那样，信息技术的数字革命，使数字经济成了基于人类智力联网的新经济。1998年4月15日，美国商务部公布了以《浮现中的数字经济》命名的第一份研究报告，着重分析信息这一核心资源对宏观经济和微观经济的决定性作用。嗣后，这样的研究报告又按年连续出了多本。这些报告均以分析**信息产业**、**电子商务**、**网络经济**等有关信息经济的发展为内容。数字经济的概念被越来越多的人士所接受。数字经济的发展是同信息技术尤其是互联网技术的广泛应用分不开的，也是同传统经济的逐步数字化、网络化、智能化发展分不开的。

数字控制系统 digital control system 采用数字技术实现各种控制功能的**自动控制系统**。特点是系统中一处或几处的信号具有数字代码的形式。数字控制系统的优点是控制程序容易变更，以适合不同的控制功能要求，具有逻辑功能可用来满足其他要求，对同一个硬件配以不同的软件，可以形成数字控制系统的系列产品。

数字控制系统的一种组成见图。这是一种**反馈控制系统**，在数字控制系统中，由连续信号转换为离散信号的过程称采样，每隔T秒给出一个采样值，T称为采样周期。由离散信号转换为数码信号的过程称为量化，A/D转换器的输出信号既是离散的又是量化的，称为数字信号。D/A转换器作用是把数字信号在时间上和量值上连续化。为使数字控制系统

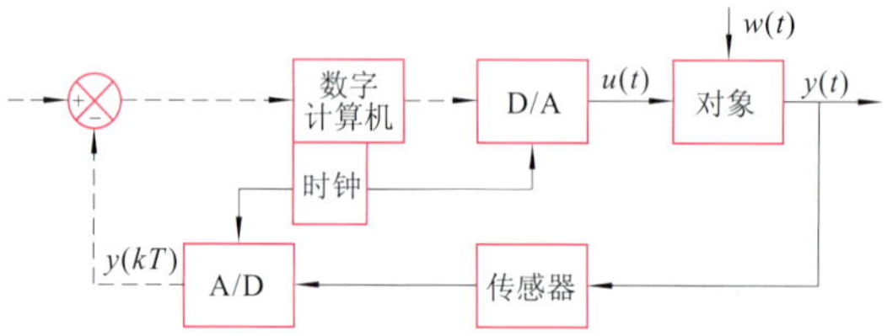

数字控制系统框图

协调地工作，作为计算机逻辑的一部分设置有一个时钟，作用是产生时钟脉冲或称中断信号，A/D转换器在接到中断信号后向计算机给出一个数。图中，虚线代表系统中的离散信号，实线代表系统中的连续信号。如果一个控制系统既有连续信号又有离散信号，但不包含量化和反量化的过程，就称为采样数据系统或采样系统。

数字摄影 digital photography 采用现代电子和计算机技术进行摄影的过程。**数码摄影**的又称。

数字通信 digital communication 用数字信号传输信息的一种通信方式。包括数字电话、数字电视、数字传真等。在数字通信中，发送端的原始模拟信号经过模拟－数字转换成数字信号，再**调制**成适合信道传输的信号发送出去。接收端对接收到的信号解调后得到的仍是数字信号，必须经过数字－模拟转换后才能够恢复成原始模拟信号。如果发送端发送的是数字信号，可省略模数转换。数字通信中包含码间同步和帧同步技术、网同步技术、信号波形设计和均衡技术、差错控制技术，以及调制和信道复用技术等。数字通信具有通信质量好，通信距离远，抗干扰能力强、保密性好等优点。数字通信的发展方向是全光化，实现全光数字通信网。

数字图书馆 digital library 以数字化资源为馆藏，以先进的信息处理技术与计算机设备为手段，以互联网为服务平台，以信息收集、开发、管理、存储并提供利用为目的的分布式巨型数字空间。是采用现代高新技术所支持的数字信息资源系统。

1988年美国国家科学基金会（NSF）的W.伍尔夫正式提出了数字图书馆的概念。1994年10月，美国国会图书馆推出了数字化项目。中国的数字图书馆建设起源于图书馆自动化建设，最初阶段的图书馆计算机管理集成系统在各图书馆的广泛应用，一方面使图书馆的工作走上了自动化和规范化的道路，另一方面也开始了数字化的信息服务与数字化信息资源建设的先河，为后来的数字图书馆建设奠定了基础。

数字图书馆建设水平与国家的经济和社会发展水平息息相关，并受到国家发展战略和文化建设水平的影响。数字图书馆不同于传统意义上的图书馆，主要表现在资源的数字化存储、信息组织的网状化、信息检索的智能化、信息传播的网络化以及服务模式的以用户为中心等方面。数字图书馆具有5大功能，分别是：数字化信息的采集、数字化信息的存储与管理、数字化信息的访问与查询、数字化信息的传送与发布以及数字化信息的权限管理。

数字图书馆的服务系统是一个以数字化知识资源为基础、以用户需求为中心、以先进的信息技术为手段的一体化服务平台。数字图书馆建设的最终目的是为读者和用户提供卓有成效的知识服务，同时为图书馆员等知识服务人员提供卓有成效的知识服务平台。

数字相机 digital camera 使用影像传感器记录影像，输出单幅静态数码影像的照相机。又称数码相机。

数字信号处理 digital signal processing 用数学方法对信号进行分析、变换、滤波、检测、调制、解调以及快速算法的技术学科。主要研究数字滤波技术、离散变换快速算法和谱分析方法。数字滤波器分为有限冲激响应型和无限冲激响应型两类，可用硬件和软件两种方式实现。硬件实现方式是由加法器、乘法器等单元组成，与电阻器、电感器和电容器所构成的模拟滤波器完全不同。软件实现方法是借助通用数字计算机按滤波器的设计算法编出程序进行数字滤波计算。在离散信号处理中，将傅里叶变换的积分形式改为求和形式，把积分区间化为求和区间，并考虑到时域和频域上均为有限，即得到离散傅里叶变换的快速算法是1965年J.W.库利和J.W.图基首先提出的，简称快速傅里叶变换（FFT）。使离散傅里叶变换的运算次数大为减少，数字信号处理的实现成为可能。谱分析是在频域中描述信号特性的一种分析方法，不仅可以用于确定性信号，也可用于随机性信号。数字信号处理的应用领域十分广泛，有通信信号处理、雷达信号处理、遥感信号处理、控制信号处理、生物医学信号处理、地球物理信号处理、振动信号处理等。若以所处理信号的特点来讲，又可分为语言信号处理、图像信号处理、一维信号处理和多维信号处理等。

数字印刷 digital printing 通过数字静电照相、喷墨打印、磁记录、电凝聚等数字成像技术，将数字页面直接转换成为印刷品的印刷方法。又称无压印刷和无版印刷。因为无版，数字印刷生产的每张印刷品都可以完全不一样，能实现可变信息印刷，是提供个性化印刷、按需印刷的关键技术。数字印刷于20世纪90年代初开始进入产业化应用，成为一种全新的印刷方法。

数字X射线摄影术 digitalized radiography 以数字化方式采集、显示和存储的人体X射线摄影术。广义的数字X射线摄影术包括目前所有的数字X射线摄影方式，即计算机X射线摄影（CR）、数字X射线摄影（DR）、数字减影血管造影（DSA），且计算机X射线体层成像（CT）也属此范畴。狭义的数字X射线摄影术仅指前两者。

CR在20世纪80年代初出现，现已几度换代。最早开发的DR系统是基于数字减影血管造影的原理，使用“影像增强管－电视链”，首先使透射过人体的X射线信号转换为视频信号，再由视频密度仪把视频信号转换为数字信号的信息数字化方式。DR系统下一步将可以代替影像增强管－电视链制成DSA的信息采集设备；用平板检测器代替CT检测器制作的CT系统已有样机试用。

DR由于自身的特点，主要用于和传统的X射线机匹配，实现平片信息的数字化；它可用于作X射线平片显示，也可以实施胃肠系统、其他系统及血管的造影检查，但因其不能和多台X射线机匹配，故在相当长的时间内，CR与DR是取代常规X射线摄影的互补的成像方式。

CR与DR的共同优点是具有比常规X射线摄影设备大得多的敏感性和动态范围，因而均可较大幅度地降低检查中的X射线剂量，这对于X射线敏感的人群，如孕妇、儿童及实施X射线普查很有意义。

数罪并罚 joinder of punishments for plural crimes 对一人犯两个以上罪行，就其所犯罪行分别定罪量刑后，按法定原则决定执行的刑罚。

《中华人民共和国刑法》规定，判决宣告以前犯几个罪均已发现的是数罪，但判决宣告以后、刑罚执行完毕以前又犯新罪的或发现漏罪的，也是数罪，应按数罪并罚的规定处罚。对数罪并罚，分别采取吸收、并科、限制加重等不同的处罚原则：如数罪中有判处死刑或者无期徒刑的，采用吸收原则，即只执行死刑或者无期徒刑，排除其他轻刑；对判处几个有期徒刑、拘役等刑罚的，采用限制加重原则，即在总和刑期以下、几个刑中最高刑期以上，决定执行的刑期，并不得超过一定期限；对判处有期徒刑又判处罚金等刑罚，采用并科原则，合并执行。

中国《刑法》将数罪并罚分为三种不同情况：①判决宣告以前一人犯数罪的，除判处死刑和无期徒刑的以外，应当在总和刑期以下、数刑中最高刑期以上，酌情决定执行的刑期，但是管制最高不能超过3年，拘役最高不能超过1年，有期徒刑最高不能超过20年。数罪中有判处附加刑的，附加刑仍须执行。②判决宣告以后，刑罚执行完毕以前，发现被判刑的犯罪分子在判决宣告以前还有其他罪没有判决的，应当对新发现的罪作出判决，把前后两个判决所判处的刑罚，依照并罚原则，决定执行的刑罚。已经执行的刑期，应当计算在新判决决定的刑期以内。③判决宣告以后、刑罚执行完毕以前，被判刑的犯罪分子又犯罪的，应当对新犯的罪作出判决，把前罪没有执行的刑罚和后罪所判处的刑罚，依照并罚原则，决定执行的刑罚。

耍花盘 耍弄类杂技项目。又称衡碟子、耍盘子、转碟。演员用一根或多根长约一米、粗如手指的竹竿顶在瓷盘底部，不停地摇动竹竿，调整盘子重心平衡，使盘子在竿顶旋转不坠，同时做弯腰、倒立、推车、骗马等形体技巧表演。中国早在汉代已出现不同形式的耍弄盘子的技艺，如四川成都扬子山汉墓画像石中刻画的转碟表演已接近现代的耍弄方式。耍花盘可以分为软竿转盘、活弄盘子、桌上转盘、衡碟子式转碟四类。其中衡碟子式转碟是最吃功的一种。技巧高超者双手可以同时举着10至14副花盘，做形体技巧表演。有的演员甚

《耍花盘·转碟》演出照

至可以站到高低不平的板凳上，手舞花盘，反身弯腰衔起花瓶中的鲜花；有的演员则能做出双手持盘头顶站人、头对头的倒立、金鸡独立脚上站人等高难技巧动作。

衰变纲图 decay scheme　用以综合反映某核素放射性衰变主要特征和数据的示意图。由一种核素向另一种核素的自发转变，称作原子核的衰变，简称核衰变。衰变过程通常都伴随着射线的发射，所以不稳定核素的衰变也叫作放射性衰变。衰变前的原子核称为母核，衰变后的原子核称为子核。

典型的衰变纲图，通常包括以下三方面内容：①衰变时发射出的粒子（或射线）的种类及其能量和强度；②γ跃迁的多极性；③从对衰变过程的研究中获得的关于母核和子核结构的知识，即衰变所涉及的各能级的能量、自旋和宇称。

衰变纲图中一般以横线表示核能级，最上的粗横线表示母核的基态，最下的粗横线表示子核的基态，中间的横线表示子核的激发态，以向左斜的箭头表示α衰变（见图）；以竖直的箭头表示从子核较高的激发态到较低的激发态或子核基态的γ跃迁。把能量、半衰期、γ跃迁的多极性、自旋、宇称等数据记在相应的位置。α衰变纲图的例子见图，图中用向左斜的箭头表示α衰

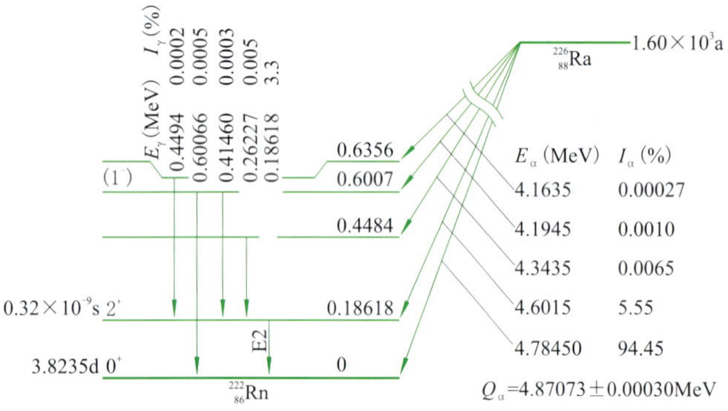

α衰变纲图的例子

变，右侧的E_α及I_α是所发射的α粒子的动能和强度（%）。Q_α为母核基态和子核基态之间的能量差，是母核基态衰变到子核基态的α粒子动能和子核反冲能量之和。

衰变规律 decay law　放射性衰变遵从的指数衰变规律。放射性核是一个量子体系，核衰变是一个量子跃迁过程，遵从量子力学的统计规律，也就是说，对于任何一个放射性核，发生衰变的时刻完全是偶然的，不能预料，而大量放射性核的集合作为一个整体，衰变规律是十分确定的。设$t=0$时刻的放射性核数为N_0，t时刻放射性核数为N，则指数衰变规律为$N=N_0e^{-\lambda t}$，式中λ称为衰变常数，表示单位时间内放射性核的衰变概率，它反映了放射性核衰变的快慢。λ值越大，衰变越快；反之则相反。实际常用半衰期$T_{1/2}$或平均寿命τ来反映衰变的快慢。半衰期是放射性核衰变掉一半所需的时间；平均寿命是指不同核衰变有早有晚，完全是偶然事件，对于全部核的寿命取平均得平均寿命。根据指数衰变规律有

$$T_{1/2} \approx \frac{\ln 2}{\lambda} = \frac{0.693}{\lambda} = 0.693\tau$$

通常在核物理学中习惯采用半衰期$T_{1/2}$描述核衰变快慢，而在粒子物理学中常用平均寿命描述粒子的稳定性。不同放射性核素的半衰期有很大的差别，从10^{-9}秒到10^9年。

衰老 aging　生命发展的后一阶段。主要指有机体性成熟后所发生的与时间有关的各种改变。在此阶段中形态结构出现衰退现象，伴随着功能的下降，有机体对环境的应激能力也相应减弱。有关衰老的学说可归纳为程序衰老说、自由基说、大分子交联说、免疫机能退化说和神经内分泌学说5类。机体衰老从宏观到微观都有一定的变化，并随年龄增加而渐趋明显。

整体水平　老年人身高下降，脊柱弯曲，皮肤失去弹性，颜面皱褶增多，局部皮肤，特别是脸、手等处，可见色素沉着，呈大小不等的褐色斑点，称作老年斑。汗腺、皮脂腺分泌减少使皮肤干燥，缺乏光泽。须发灰白，脱发甚至秃顶，眼睑下垂，角膜外周往往出现整环或半环白色狭带，称作老年环（或老年弓），是脂质沉积所致。牙齿脱落，但时间迟早因人而异。在行为方面，老年人反应迟钝，步履缓慢，面部表情渐趋呆滞，记忆力减退，注意力不集中，语言常喜重复。视力减退，趋于远视。听力也易退化。

组织与器官水平　整体所见的衰老变化有其组织与器官衰老变化的依据。如老年人真皮乳头变低，使表皮与真皮界面变平，表皮变薄，真皮网状纤维减少，弹性纤维渐失弹性且易断裂，胶原纤维更新变慢，老纤维居多，胶原蛋白交联增加使胶原纤维网的弹性降低。皮肤松弛，不再紧附于皮下结构，真皮含水量降低，皮下脂肪减少，汗腺、皮脂腺萎缩，由于局部黑素细胞增生而出现老年斑。

细胞水平　在体内表现衰老的细胞主要为固定分裂后细胞，此类细胞出生后不久即停止分裂，死后也不能补充，如神经细胞、心肌细胞等。机体衰老时，此类细胞在结构与组成上都有程度不同的改变，如细胞数量减少、线粒体嵴与基质减少、体积膨胀，甚至破坏消失。比较突出的老年变化是脂褐质的堆积。

分子水平　器官与细胞的衰老终归与分子水平的衰老有关。就细胞外的分子来说，充塞于全身的胞外结缔组织及上皮下方的基底膜均有特异的衰老变化。结缔组织富含胶原蛋白及弹性蛋白。随年龄增长胶原蛋白分子之间产生交联键，随着交联的增多胶原纤维吸水性下降，失去韧性，趋于僵硬，不利于组织的活动。弹性蛋白在衰老中也会进行交联，纤维断裂、脆化，外观黄色加深。

摔跤 wrestling　两人徒手较量，力求把对方摔倒的一项竞技体育运动。产生于原始社会。当时人们为求生存，在狩猎时或部落间的冲突中，广泛利用徒手搏斗，逐

蒙古式摔跤场面

渐形成摔跤动作，以后演变成为一项人们喜爱的体育运动。中国古代称“角抵”，或“角力”。在埃及的古墓壁画浮雕中，也有大量完整的摔跤比赛图像。第一次职业摔跤比赛于公元前284年在罗马举行。现在世界各地区、各民族流行着各种各样的摔跤活动，其形式大致可分为6类：①不许抓握下肢，不许用腿使绊的站立摔跤，摔倒就停止。②可用腿使绊，但不许抓握下肢的站立摔跤。③可抓握下肢，也可用腿使绊的站立摔跤。④不许抓握下肢，不许用腿使绊的站立和跪撑摔跤，倒下后继续翻滚角斗。⑤可抓握下肢，也可用腿使绊的站立和跪撑摔跤。⑥可抓握下肢，可用腿使绊、可逼迫关节、可勒绞颈部使对方窒息的站立和跪撑摔跤。1896年第1届奥林匹克运动会即列有摔跤比赛，为古典式和自由式摔跤。1913年，国际业余摔跤联合会在瑞士成立。它组织管理的比赛有奥运会摔跤比赛、世界摔跤锦标赛、世界青年摔跤锦标赛及世界杯摔跤赛等。2004年第28届奥运会首次设女子摔跤项目。1953年，中国摔跤协会成立。此后，中国摔跤运动员在亚洲运动会、奥运会的摔跤比赛中，均取得优异的成绩。

甩发功 hair swinging skill in Chinese opera　中国戏曲表演基本功之一。生、净、丑等脚色在头顶上扎束一绺长发，称“甩发”；旦脚在“大头”右边分出一绺头发，称作“发绺”。甩发分“通梢”、“倒栽”两种。“通梢”的发梢是尖的，“倒栽”的发梢是齐的。

河北梆子《云罗山》中的甩发功

一般长度以垂至腰间为宜，丑和穷生略短。演员可以通过舞动甩发或发绺来表现人物的激动心情。男角色的甩发又称“梢子”，故又称“梢子功”。甩发功一般包括甩、扬、带、闪、盘、旋、冲等多种甩法，方向又有左、右、前、后和绕圆圈的不同。如《煤山恨》崇祯帝的甩发，先在左右盘绕，然后直冲顶上，披落下来散为伞状，遮住面部，堪称绝技。

栓塞 embolism 血液循环中，异常物质随血流移动所致堵塞血管的现象。该异常物质称为栓子。栓子可以是固体（如血管壁脱落的血栓）、液体（如骨折时的脂滴）或气体（如静脉外伤时进入血流的空气）。最常见的是血栓性栓子引起的栓塞，如肺动脉、脑动脉的栓塞。栓塞对机体的影响取决于栓塞的部位、血管的解剖特点和局部血液循环状态、栓塞后能否建立充分的侧支循环，以及栓子的种类及来源。常见的栓塞类型有血栓栓塞、脂肪栓塞、气体栓塞、羊水栓塞、肿瘤细胞栓塞、寄生虫栓塞和感染性栓塞。

双边贸易 bilateral trade 两国通过签订贸易协定或贸易与支付协定，在进出口平衡和双边结算的基础上所进行的贸易。1929～1933年资本主义世界经济危机以后，市场问题日益严重，货币信用危机不断加深，资本主义各国普遍设置贸易壁垒，实行外汇管制，致使各国间商品的自由流转受到阻碍。为化解贸易障碍，继续维持和扩大贸易活动，以贸易协定为基础的双边贸易随之兴起。第二次世界大战以后，各国逐渐放宽外汇管制，双边贸易也随之逐渐减少，现汇贸易又居于主要地位。

双层经营体制 two-tier management system 中国农村中以土地公有为基础的乡村集体经济组织实行的集体统一经营与农户家庭分散经营相结合的体制。是中国农村一项长期实行的基本制度。不同于传统集体经济组织的主要特点是：既使农户有了经营自主权，又坚持了土地公有和必要的统一经营；既能发挥个人的积极性，又能发挥集体的优越性。

集体统一经营的主要内容是：①管理集体资产，如管理集体土地以及水利设施、农业机械等。②协调利益关系，如落实土地承包合同，在发包土地、转包土地等方面协调集体与农户之间、农户与农户之间的利益关系。③为农户提供服务，如组织植物保护、畜禽防疫，推广农业科学技术，为产前、产中、产后提供信息以及代销产品等多方面服务。④从事集体资源开发，如组织农田基本建设、农业综合开发、兴办工业和其他非农产业等。中国地域辽阔，各地社会经济条件大不相同，统一经营的内容也存在较大差异，一般情况是社会经济条件好的，统一经营的内容多，反之则少。家庭分散经营的主要内容是：农户承包集体经济组织的公有土地，以市场为导向从事农业和其他项目的生产，自主经营，自负盈亏，并按照与集体签订的合同履行其应尽的义务。

双城市 Shuangcheng City 中国黑龙江省辖县级市。位于省境南部，松花江南岸。邻接吉林省。面积3 112平方千米。人口83万(2010)。古为肃慎属地，清嘉庆十九年(1814)设城建治，咸丰元年(1851)设双城厅，宣统元年(1909)升为双城府。1913年改府设双城县。1988年撤县设市，由哈尔滨市代管。属中温带半湿润大陆性季风气候。矿产有石油、碱和砂石等。工业以食品、建材、乳制品、机械、化工、皮革、饲料、造纸、纺织、陶瓷等为主。农业盛产玉米、水稻、高粱、大豆、亚麻、甜菜、烤烟等。名胜古迹有承旭门、双城堡文化遗址等。

双翅目 Diptera 昆虫纲一目。中、小型有翅昆虫。包括蚊、蝇、蠓、蚋、虻。为昆虫纲中仅次于鳞翅目、鞘翅目、膜翅目的第四大目。世界已知约12万种，全球分布。中国已知约5 000种。

体长极少超过25毫米，短宽或纤细，圆筒形或近球形。头部一般与体轴垂直，活动自如，下口式。复眼大，常占头的大部；单眼2个、3个或阙如。触角形状不一，差异很大。口器刺吸式、舐吸式或刮舐式，下唇端部膨大成1对唇瓣，某些种类口器退化。中胸发达，前、后胸退化。中胸具翅1对，膜质，某些类群具毛或鳞片，后翅退化成平衡棒（很少阙如），极少数种为短翅、无翅或翅退化。一般为两性生殖，多数系卵生，也有伪胎生（如某些寄蝇）和胎生（如蛹蝇类）。此外，也有孤雌生殖和少数的幼体生殖现象。幼虫体分节，头有或无，口器不显著，眼常阙如，无真正分节的足；根据头部发达或退化情况，大致有全头型、半头型和无头型3种类型。发育所需生活周期的长短因各自的食性、环境以及气候等因素而异。

双翅目昆虫习性复杂，适应力极强，陆生或水生，一般系昼间活动，少数种类黄昏或夜间活动。成虫吸食花蜜、树液以及其他腐殖质，如食蚜蝇、蜂虻、花蝇、寄蝇等；某些类群则系捕食性，捕食昆虫或其他小动物；也有一些类群的幼虫和成虫均系捕食性，如鹬虻科、食虫虻科、长足虻科等。蚊科、蠓科、蚋科、虻科的部分种类吸血，但多属雌性吸血，雄性大多数系非吸血性，而以植物液汁为营养；但家蝇类的吸血种类雌雄性均吸血。蛹生类多在温血动物的体外寄生，吸食寄主血液，如蛛蝇科、蝠蝇科寄生于蝙蝠，虱蝇科寄生于鸟类和家畜；此外，如螯蝇亚科某些种类营自由生活而吸血。双翅目昆虫极善飞翔，是昆虫中飞行最敏捷的类群之一。也有一些种类的翅与足均特化而适于游泳。幼虫大部系陆栖，但长角亚目的大部、短角亚目的虻科和水虻科、环裂亚目的水蝇科等幼虫多系水栖，大多数生活于淡水中，也有栖息于海水或盐水中的。幼虫食性广而杂，大致分成植食性、腐食性或粪食性、捕食性和寄生性。

双翅目中不少种类是传播细菌、寄生虫、病毒、立克次氏体等病原体的媒介昆虫。例如，蚊子传播疟疾、丝虫病、黄热病、登革热等；虻传播丝虫病、炭疽病、锥虫病以及马的传染性贫血。某些类群如种蝇、叶潜蝇、果实蝇、麦瘿蚊等的幼虫，都是农业的重要害虫。在综合防治中，捕食性和寄生性双翅目起着控制和消灭害虫的强大作用。此外，尚有一些药用双翅目，如大头金蝇的干燥幼虫，有清热解毒、消积滞功能；双斑黄虻等的干燥雌虫，有通经破血、消症软坚的功能。

双重国籍 dual nationality 一个人同时具有两个国家的国籍，国际法上称之为“国籍的积极冲突”。具有双重国籍的人称“双重国籍人”，而外交用语中有时称之为“混合公民”。由于各国国籍法关于国籍取得和丧失的立法原则不同，因而在出生、婚姻、收养、认领、入籍等方面规定的冲突，均可产生双重国籍的现象。例如，甲国法律规定，凡甲国人所生的子女（不问其出生于何地）均取得甲国国籍，即采取血统主义原则；乙国法律规定，凡在乙国出生的人(不论其父母为何国籍)均取得乙国国籍，即采取出生地主义原则；而甲国人在乙国所生的子女，则具有双重国籍。双重国籍对有关的个人和国家会带来一些不便和困难。许多国家在立法和国际条约中作了消除和防止双重国籍的规定。中国国籍法不

1955年4月22日，周恩来在万隆签署《中国和印度尼西亚关于双重国籍问题条约》

承认中国国民具有双重国籍，规定凡在外国定居的中国公民，自愿加入或取得外国国籍的，则自动丧失中国国籍。

双酚A bisphenol A 分子式$C_{15}H_{16}O$，即

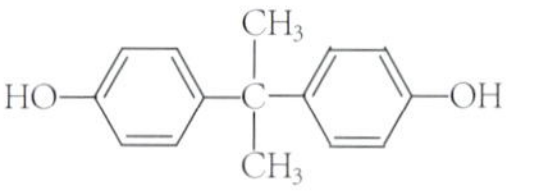

2,2－双（对羟基苯基）丙烷，简称二酚基丙烷。具有苯酚气味的片状固体。熔点150～155℃，沸点220℃（4毫米汞柱）。溶于乙醇、乙醚、丙酮和碱水溶液，微溶于四氯化碳。由丙酮与苯酚在酸作用下反应生成。主要用于制备环氧树脂和聚碳酸酯。其钾盐或钠盐是生产聚砜的原料。少量用作橡胶防老剂、杀霉菌剂。

双杠 parallel bars 男子竞技体操项目之一。双杠由两根平行的木杠及其固定的支架组成，正式比赛的器械有一定规格，并可调节杠子的高低和宽度。双杠起源于非洲，最初作为鞍马的辅助练习。1811年，德国体操家F.L.杨首先将其作为独立的项目进行练习。正式比赛时，成套动作由各种支撑、挂臂撑悬垂摆动形成的摆越、腾越、屈伸、回环、空翻、倒立及各种静止

中国体操运动员李小鹏的双杠动作

姿势组成。20世纪初，双杠静力性动作较多。60年代技术有所突破，出现了前摆转体180°成手倒立，后空翻成手倒立，前摆经单臂支撑转体360°成手倒立。90年代创造了大回环，使双杠进入了新的发展阶段，出现了空翻两周挂臂等高难动作。中国运动员李月久在1980年世界杯体操赛上首次获得金牌。之后，楼云、许志强、李敬、黄力平、张京津、李小鹏都曾获此项目的冠军。

双厚坪 Shuang Houping（?～1926） 中国评书艺人。本名不传，艺名初为双文兴，又作双文星，后在书馆演出时用名双厚坪，并以此名驰誉书坛。满族，北京人。师承张君义，通文理，谙世情，知识渊博，书路宽阔，会说书目甚多，尤擅《隋唐》、《水浒》、《济公传》、《施公案》、《封神榜》和《精忠传》等，听众赠以“双记书铺”的美誉。他说书细致深透，描摹人物形象生动，并善于在书中穿插机锋，嘲讽时事，使听者折服，现场抓哏，常令人捧腹。由于他见多识广，技艺精湛，在清末的北京被誉为“评书大王”，与“京剧大王”谭鑫培、“鼓界大王”刘宝全并称“艺坛三绝”。

双簧管 oboe 双簧气鸣乐器。是管弦乐队基本木管乐器之一。圆锥形，管长约60～70厘米。吹嘴为一双芦竹片对合而成的双簧哨片，插入木管的顶端；中部有6个指孔和许多键子，下部是稍微打开的喇叭口。音域为b^b～g^3。音色富于田园风味，具有民间牧笛或芦笛的特色。音响穿透力强，渐强与渐弱易于控制，演奏的持续性胜过其他木管乐器。双簧管的现代形式是16世纪50年代在法国路易十四的宫廷里发明的。1700年以后，它作为主要的高音木管乐器在所有的管弦乐队和军乐队中使用，常担任独奏。19世纪在指键和指法等方面进行了改进。

双极型集成电路 bipolar integrated circuit 以通常的NPN或PNP型双极型晶体管为基础的单片集成电路。双极型集成电路主要以硅材料为衬底，在平面工艺基础上采用埋层工艺和隔离技术，以双极型晶体管为基础元件。按功能可分为数字集成电路和模拟集成电路两类。典型的双极型数字集成电路主要有晶体管－晶体管逻辑电路（TTL），发射极耦合逻辑电路（ECL），集成注入逻辑电路（I^2L）。TTL电路形式发展较早，工艺比较成熟。ECL电路速度快，但功耗大。I^2L电路速度较慢，但集成密度高。

同金属－氧化物－半导体集成电路相比，双极型集成电路速度快，广泛应用于模拟集成电路和数字集成电路。

双辽市 Shuangliao City 中国吉林省辖县级市。位于省境西南部，东、西辽河下游，吉、辽、内蒙古3省（区）交界处。面积3 121平方千米。人口42万（2010），有汉、蒙古、回、朝鲜、锡伯、达斡尔、壮等11个民族。清光绪二十八年（1902）设立辽源州，1913年撤州改辽源县。1914年置双山县。1940年双山、辽源2县合并为双辽县。1996年撤县设市。由四平市代管。矿产主要有硅砂、建筑沙、建筑石材等。盛产玉米、高粱、大豆、水稻、小麦、糜子、葵花子、甜菜等。工业以建材、纺织和机械等行业为骨干。

双名法 binomial nomenclature 用属名加种本名组合在一起为物种命名的表现方法。见分类学。

双歧杆菌 bifidobacteria 一种革兰氏阳性细菌。人和动物肠道的正常菌群。细胞形态呈不规则杆状，常为弯曲、棒状或分支状，偶呈膨大的球杆状。细胞成单个、成对或“V”字形排列，有时排列成链状、平行排列成栅栏状或玫瑰花结状。细胞不运动，专性厌氧生长，化能有机营养，发酵的主要产物是乙酸和乳酸，不产生二氧化碳、丁酸和丙酸。主要分离于温血脊椎动物和昆虫的肠道及垃圾中，通常为非致病菌。

双歧杆菌作为肠道内的优势菌群，是人体健康的重要标志。主要作用为：①维持肠道菌群平衡，形成生物屏障。双歧杆菌通过磷壁酸与肠道上皮细菌形成紧密接触，通过繁殖和其代谢产物抑制并排斥致病菌的入侵。②增强人体营养，促进机体代谢。双歧杆菌在代谢过程中合成多种人体必需维生素；产生大量的酸促进人体对维生素D及铁和钙离子的吸收；具有磷蛋白磷酸酶活性，能分解α－酪蛋白，促进人体对蛋白质的消化和吸收。③增强免疫功能，抑制肿瘤增生。双歧杆菌在人体肠道内的代谢产物可激活体内自然杀伤细胞（NK）和巨噬细胞的生理活性，增强机体特异性和非特异性免疫反应，提高全身抗感染和防御能力。④改善肠道功能。双歧杆菌在人体内的不断增殖，可明显地增加血液中超氧化物歧化酶（SOD）的活性和含量，进而减少自由基参与的氧化反应。

双壳纲 Bivalvia 软体动物门一纲。因有两片贝壳得名。由于头部退化，足呈斧状，体躯两侧各有一对瓣状鳃，所以又称无头类、斧足类或瓣鳃类。分为古列齿亚纲、隐齿亚纲、翼形亚纲、古异齿亚纲、异齿亚纲、异韧带亚纲等。体侧扁且左右对称，具2片外套膜和贝壳。足与腹足纲类似，是

身体腹面的1个肌肉突起。双壳纲的神经系统有3对区分明显的神经节，即脑神经节、足神经节和脏神经节。口位于前端，两侧各有1对三角形唇瓣，口内无齿舌和腺体。食道短，直接通胃。肠细长。循环系统为开放式，由心脏（1个心室、2个心耳）、血管和血窦3部分组成。肾1对。生殖腺由滤泡、生殖管和生殖输送管3部分组成，生殖管开口在肾管内或肾管附近。双壳纲动物虽有雌雄异体和同体之分，但有不少种有性变现象。

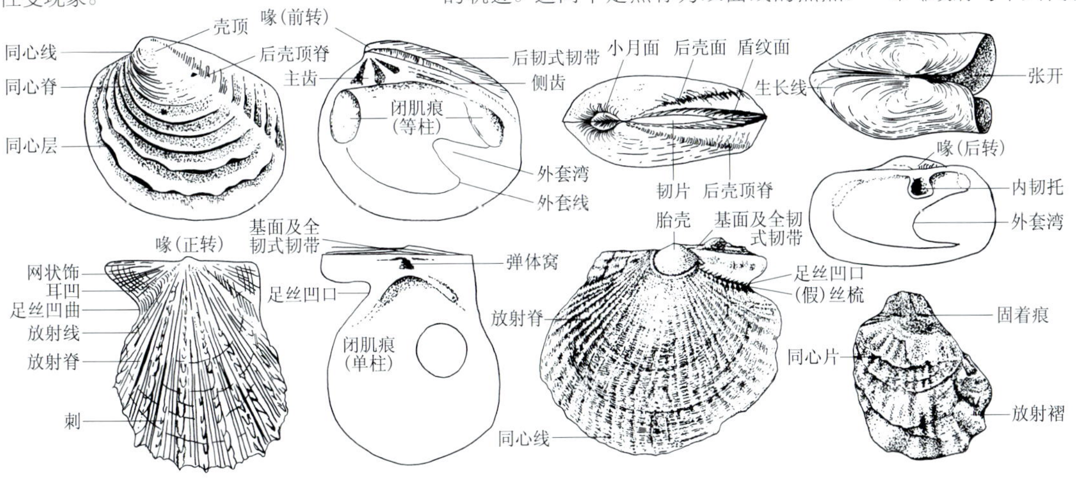

双壳纲动物壳的基本构造

双壳纲的种类均营水生生活，多数栖息在海洋中，少数在淡水湖泊和江河中，从热带至南北两极的辽阔水域都有分布。除极少数肉食性种类外，皆以硅藻、有机碎屑、原生动物和鞭毛藻为食。双壳纲全部种类皆可食用。许多种还可用于药材、工艺及装饰品等。

双曲函数 hyperbolic function 一种特定的初等函数，在双曲几何中有广泛应用。

双曲函数与三角函数有某种对应关系。在三角函数中有正弦、余弦、正切、余切等函数，而在双曲函数中则有双曲正弦、双曲余弦、双曲正切、双曲余切等函数。双曲正弦函数的定义为：$\sinh x=(e^{x}-e^{-x})/2$，而双曲余弦函数的定义是$\cosh x=(e^{x}+e^{-x})/2$。双曲正切函数定义为$\tanh x=\sinh x/\cosh x$，而双曲余切函数定义为$\coth x=\cosh x/\sinh x$。

双曲函数之间有下列关系式：

$$\cosh^2 x-\sinh^2 x=1$$

$$1-\tanh^2 x=1/\cosh^2 x$$

双曲函数的导数公式为：

$$(\sinh x)'=\cosh x$$

$$(\cosh x)'=\sinh x$$

$$(\tanh x)'=1/\cosh^2 x$$

$$(\coth x)'=1/\sinh^2 x$$

双曲线 hyperbola 一种圆锥曲线。对直圆锥面，用不经过顶点、且与两条相交的直母线平行的平面去截，所截得的曲线就是双曲线。双曲线还可以看作在平面上到

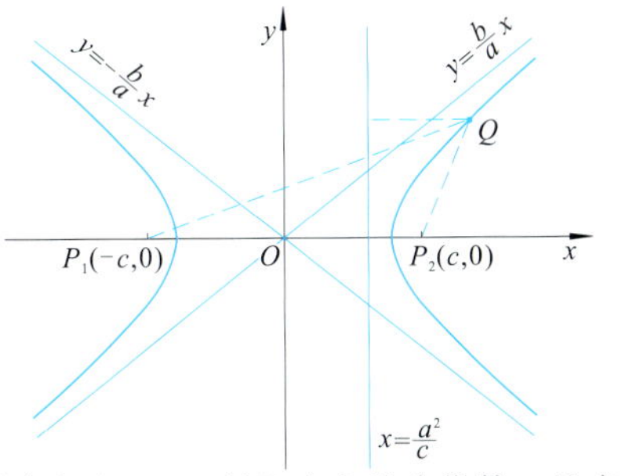

两个定点P_1、P_2的距离之差为常数$2r$的点的轨迹。这两个定点称为双曲线的焦点。双曲线由互相分离的两部分组成。

如图，取平面直角坐标系Oxy，使原点O是P_1P_2的中点，且P_1P_2落在x轴上，则双曲线方程为$\frac{x^2}{a^2}-\frac{y^2}{b^2}=1$，式中$a=r$，$b=\sqrt{c^2-a^2}$，$c=\frac{|P_1P_2|}{2}$。

双曲线上的点到焦点$(c,0)$的距离与它到直线$x=\frac{a^2}{c}$的距离之比是常数$e=\frac{c}{a}=\frac{\sqrt{a^2+b^2}}{a}>1$，称为双曲线的离心率。若取双曲线的焦点$P_1$为极点，$P_1P_2$落在极轴上，则双曲线的一支的极坐标方程为：$\rho=\frac{p}{1-e\cos\theta}$，式中$p=\frac{b^2}{a}$，$e>1$。双曲线$\frac{x^2}{a^2}-\frac{y^2}{b^2}=1$，以两条相交的直线$\frac{x}{a}\pm\frac{y}{b}=0$为它的渐近线。同时，以这两条相交直线为渐近线的双曲线还有$\frac{x^2}{a^2}-\frac{y^2}{b^2}=-1$。这一对双曲线与原来的一对双曲线$\frac{x^2}{a^2}-\frac{y^2}{b^2}=1$称为彼此共轭的。

双燃料发动机 dual-fuel engine 两种燃料同时参与工作的内燃机。一般特指同时使用柴油和气体燃料的发动机。属于压缩点火式发动机。工作原理为：以气体燃料为主要燃料，少量柴油为引燃燃油，通过压燃引燃燃油将主要燃料点燃。气体燃料可以是天然气，也可以是液化石油气或其他可燃气体。双燃料发动机有两套燃料供应系统。供应柴油的系统构成与柴油机相同，供应天然气或液化石油气的系统构成与天然气发动机相似。双燃料发动机具备以单一柴油为燃料工作的功能。

《双十协定》 *October Tenth Agreement* 1945年10月10日中国国民党政府和中国共产党代表团举行重庆谈判时签订的会谈纪要。即《政府与中共代表会谈纪要》。1945年8月，毛泽东、周恩来、王若飞应蒋介石邀请从延安到重庆同国民党谈判。10月10日，中共代表周恩来、王若飞和国民党政府代表王世杰、张群、张治中、邵力子签订了《政府与中共代表会谈纪要》，共12条，记载了双方在各项问题上的原则性意见。在这个纪要中，国民党表面上承认了中国共产党提出的和平、民主、团结、统一的方针和避免内战、合作建国的主张；承认了各党派平等合法地位和人民的某些民主权利；并承诺迅速结束国民党的训政，召开政治协商会议。在此前提下，中国共产党表示承认蒋介石的领导地位。但是，在解放区的政权和军队等根本问题上，国民党拒绝中国共产党提出的“应承认解放区各级民选政府的合法地位”和“公平合理地整编全国军队”的原则，企图在“统一军令”、“统一政令”的借口下，根本取消中国共产党领导的人民军队和解放区，以致双方在这些问题上没有达成协议。《双十协定》公布后不久，蒋介石便公开撕毁，向解放区发动了大规模军事进攻。

双受精 double fertilization 被子植物的雄配子体形成的两个精子，一个与雌配子体

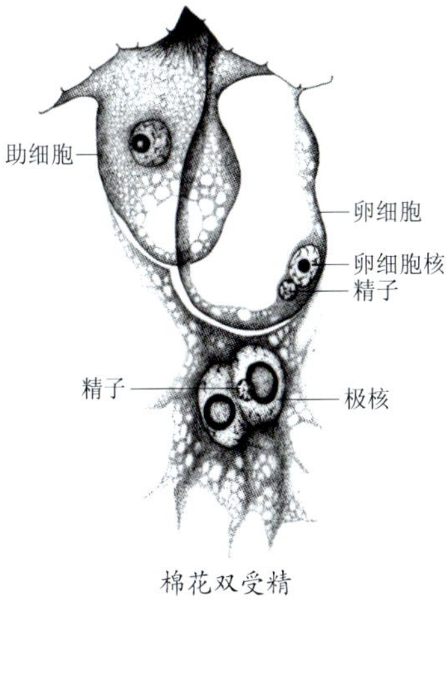

棉花双受精

的卵细胞融合形成二倍体的合子，另一个与二倍体的中央细胞的两个极核融合形成初生胚乳核的现象。双受精后由合子发育成胚，初生胚乳核发育成胚乳。有人认为双受精是被子植物繁盛的一个重要原因。

双糖 disaccharide 单糖分子中半缩醛的羟基和另一个单糖分子的羟基共失一分子水而形成的糖类（碳水化合物）。失水的方式有两种：①一个单糖的半缩醛的羟基和另一分子单糖的半缩醛的羟基失水，如蔗糖的两个单糖的羰基都构成缩醛（或缩酮），不能直接发生羰基的反应，称为非还原糖；②一分子单糖的半缩醛的羟基和另一分子的醇羟基失水，仍然保留它的半缩醛（酮）的羟基，因此能发生醛（或酮）的反应，称为还原糖，如麦芽糖。两个分子单糖以糖苷键相互连接成双糖的结构多种多样。具有实际意义和生物学意义的双糖不多，最重要的有蔗糖、麦芽糖和乳糖。

双尾目 Diplura 昆虫纲一目。无翅昆虫。也有学者主张将此类群作为纲（双尾纲）。腹末通常有一对尾须或尾铗，无中尾丝，统称双尾虫或铗尾虫。棒亚目和钳亚目。分布较广，全世界已知种类达800种以上，中国记载有28种。体形细长而扁平，体长一般在20毫米以内，外骨骼多不发达，多数白色、黄色或褐色，有毛或刺毛，少数种类有鳞片。头大，前口式。无眼。触角丝状，多节。口器咀嚼式。陷入头内，上颚和下颚包在头壳内。胸部构造原始，侧板不发达；3对足的差别不大，跗节1节，有2爪，常有1小形中爪。腹部前面数节的腹面常有成对的刺突和可翻出的泡囊。无变态。多生活在砖石、枯枝、落叶的下面或蚂蚁或白蚁的穴中，以活的或腐败的植物、微小动物或菌类为食。经济价值不大。

双星 binary star 在空间中视位置比较靠近的两颗星。由于彼此引力作用而围绕共同质心互相环绕的两颗星，称为物理双星。看似彼此很靠近，实际上在空间相距很远，并无物理联系的两颗星，称为光学双星。下文叙述仅指物理双星。组成双星的两颗星均称为双星的子星。天狼、南门二、五车二、南河三、角宿一、心宿二、北河二、北斗一和参宿三等著名亮星都是双星。

主要分为七大类：①目视双星。指通过望远镜，人眼可直接分辨开子星的双星，已发现的目视双星将近8万对。②分光双星。指由谱线位移的规律性而判知的双星。测得两颗子星谱线的称为双谱分光双星（或双线分光双星），只测到一颗子星谱线的称为单谱分光双星（或单线分光双星），已发现的分光双星约5 000对。③食双星。指子星彼此掩食造成亮度规则变化的双星，又称食变星。它们常载入变星表，已知有4 000多对。④天体测量双星。一般指通过天体测量方法发现其自行行迹为曲线并可用存在某伴星来解释其行迹而发现的双星。⑤光谱双星。指由连续光谱能量分布而判知的双星，这种双星往往是轨道面与视向接近垂直，而且两子星的光谱型相差悬殊。⑥掩食双星。指由掩星（如月掩星）观测分析而略知的双星。⑦椭球双星（或椭球变星）。指由两颗椭球状子星组成，其合成亮度随位相（轨道上的相对地位）按一定规律变化而被发现的双星，但并不是食双星。

研究双星特别重要的原因是：①除太阳外，恒星之中唯有对某些双星观测，才能够从轨道运动直接和可靠地定出恒星质量，而恒星的质量是决定恒星一生和演化的第一位的要素。②许多天文过程和现象仅发生在双星系统中，特别是恒星一生中某些时间相互作用的状态，双星可以说是引力“实验室”。③当恒星是双星的部分时，可能轨道稳定且可围绕恒星居住行星。双星还提供了认识恒星之间各种相互作用的条件，如引力相互作用、辐射相互作用、物质相互作用等。

双鸭山市 Shuangyashan City 中国黑龙江省辖地级市。位于省境东北部，东隔乌苏里江与俄罗斯相望。辖尖山、岭东、宝山、四方台4区和集贤、友谊、宝清、饶河4县。面积26 483平方千米。人口146万（2010），有汉、满、蒙古、朝鲜、赫哲、锡伯等20多个民族。1928年先后建立了富安矿、富桦矿、兴安矿，1943年三矿合一成立富锦矿业所，1947年建立双鸭山矿务局，1954年设双鸭山矿区。1956年设立双鸭山市。属寒温带大陆性季风气候。矿产主要有煤、铁、石墨、大理石、黄金、锰、红绿宝石等。煤炭远景储量100多亿吨，储量大，质量好，分布集中，是黑龙江省最大的煤城。铁矿石储量居全省之首，为省内铁矿主要开采基地。工业有煤炭、电力、机械、冶金、建材、食品、制药、粮食加工等。农业主产大豆、玉米、水稻、小麦、烤烟、甜菜、白瓜、葵花子、蔬菜等。发展有黑熊、狐、貂、貉、黑蜂等特种养殖。山区森林茂密，多樟子松、云杉、大青杨、白桦、黄菠萝等林木资源，产人参、五味子、黑木耳、蘑菇和各种山野菜等。名胜古迹有七星峰、珍宝岛、国家级黑蜂自然保护区、饶河口岸四排赫哲族渔村、凤林古城遗址等，革命纪念地有十二烈士山。

双因素理论 two-factor theory 美国心理学家F.赫兹伯格1959年提出的一种工作动机理论。又称激励-保健理论。赫兹伯格将影响工作积极性的因素分为两类：①激励因素。如成就、认可、工作乐趣、责任感和发展等，它们一般都与工作内容有关，即都存在于工作内部。激励因素的满足导致了工作满意。②保健因素。如公司的政策和行政管理、监督、工资、人际关系和工作条件等，它们一般与工作环境有关。保健因素的满足能减少工作的不满意感。赫茨伯格认为，工作满意和不满意不是同一个维度的两个极端，而是两类不同的因素。激励因素的满足虽然能导致工作满意，但缺乏激励因素也不会产生不满意；缺乏保健因素虽然会导致工作不满意，但保健因素的满足却不会增加职工对工作的满意。

双因素理论对管理心理学有着重大影响。首先，它为职务设计奠定了基础，而这种设计可以提供更有兴趣、更吸引人的工作。其次，双因素理论也激起了人们对内在动机的兴趣。

双语教学 bilingual teaching 以两种以上语言作为教学媒介的教学，其中一种语言并不一定是学生的母语。其目标是让学生充分地、平衡地掌握两种语言，或者促使学生学习和使用第二种语言。双语教学的出现有着多重社会文化背景：①多民族国家一方面要有统一的官方语言，另一方面又要保持少数民族语言和文化；②殖民国家在殖民地推行宗主国语言的同时，保存土著居民的语言和文化；③第二次世界大战后，许多新独立国家在改造旧的殖民教育体系，提倡本民族语言的同时，仍沿用原来的宗主国语言，以确保官方语言的统一性，并借此加强与外部世界的联系；④一些国家为使移民尽快适应当地社会环境，实施双语教学；⑤为了国际交流，把双语教学作为外语教学的手段，多见于发达国家。在中国，除指为国际交流实行的外语教学手段外，还指同时使用少数民族语言文字和汉族语言文字进行的教学。有两种情况：①以少数民族语文教学为主，加设汉语文课；②以汉语文教学为主，加设少数民族语文课。

双折射 birefringence 光波射入各向异性晶体后，在晶体内产生两束折射光的现象。1669年由丹麦医生、数学教授E.巴托林在方解石中发现。两束折射光中，一束光的波速与传播方向无关（相应的折射率为常量），遵守通常的折射定律，称为寻常光，简称o光；另一束光的波速随传播方向而变（相应的折射率随方向而变），一般不遵守折射定律，即折射光线一般不在入射面内，入射角与折射角的正弦之比一般不是常数，称为非常光，简称e光。晶体内存在一特殊方向，寻常光和非常光沿此方向传播时具有相同的波速，因而不发生双折射，此特殊方向称为晶体的光轴。有的晶体只有一个光轴，称单轴晶体，如方解石、石英、红宝石和冰等；另一些晶体有两个光轴，称双轴晶体，如云母、蓝宝石、橄榄石和结晶硫等。双轴晶体中的两束折射光一般都是非常光。晶体内包含o光光线和光轴的平面称为o光的主平面，包含e光光线和光轴的平面称e光的主平面。实验表明，o光和e光均是严格的线偏振光，o光电矢量的振动方向与o光的主平面垂直，e光电矢量的振动方向与e光主平面平行。

双折射现象是晶体各向异性的具体表现。最初C.惠更斯曾利用由他提出的惠更斯原理借助于几何作图法解释了双折射现象，光的电磁理论发展后，可从理论上证明晶体中o光和e光的波速（及折射率）的不同，以及e光波速（及折射率）随方向而变的规律，从而透彻地解释了双折射现象。

各种偏振器件，如偏振片、偏振棱镜、波片和补偿器等都是利用了晶体的双折射性质制造的，双折射性质也为鉴别和分析各种矿物晶体提供了依据。人工双折射在光测弹性、光波调制、高速光开关等技术领域更有着广泛应用。

有些物质（如玻璃、塑料、环氧树脂）通常是不发生双折射的，但当它们内部有应力时就会出现双折射现象。还有些不发生双折射的物质（如硝基苯、钛酸钡），在电场的作用下会出现双折射现象。

双子叶植物纲 Dicotyledoneae; dicotyledon 被子植物门一纲。种子的胚具两枚子叶，胚根一般伸长成主根，亦有成须根者。草本或木本。地上茎分枝，多叶，或地上茎极短，叶沿地面簇生，叶大多数分化成叶片、叶柄，往往有托叶，叶脉成网状。茎的各维管束成分排列成一圆筒或一轮。具形成层。花叶由不定数到2、3、4以至5数，花被由辐射对称至两侧对称，子房由上位至下位，果实有开裂或不开裂的各种类型，成熟的种子由有胚乳至无胚乳。

双子叶植物常分为离瓣花类（又称古生花被类）和合瓣花类（又称后生花被类）两类。但A.L.塔赫塔江在1980年的被子植物系统及A.克朗奎斯特在1981年的有花植物分类系统中将双子叶植物纲改称木兰纲，均不称离瓣花类与合瓣花类。中国的吴征镒、汤彦承、路安民、陈之端等建立的新系统（1998），取消了双子叶植物纲连同原单子叶植物纲，代之以8个纲：①木兰纲，含17个科；②樟纲，含9个科；③胡椒纲，含4个科；④石竹纲，含15个科；⑤百合纲，含传统的单子叶植物各科；⑥毛茛纲，含17个科；⑦金缕梅纲，含7个科；⑧蔷薇纲，含科较多。

双子座 Gemini 黄道十二星座之一。座内目视星等亮于6等的星有96颗，其中亮于4等的星有19颗。α、β、γ和μ（中名北河二、北河三、井宿三和井宿一）排列成“门”形，象征一对孪生兄弟。α和β分别是兄和弟的头。座内有一流星群，每年12月11日前后出现，13日最盛，辐射点在α附近。

双足蜥科 Dibamidae 蜥蜴亚目一科。无前肢。有无鞘蜥属和双足蜥属2属，前者分布于墨西哥中部，后者有11种，广泛分布于东南亚大陆。中国有2种，其中香港双足蜥仅见于香港，为中国特有种。体小型，呈蚯蚓状。全长225毫米以下。雄性无前肢，仅具一对短而扁平的鳍状后肢。雌性前后肢均无。周身被以覆瓦状圆鳞。头背鳞片少，眼退化，隐于眼鳞之下。无耳孔。舌短而分叉，舌面被横褶襞。齿尖而细小，具钩曲。无颞弓。肩胛骨、喙骨和胸骨均仅有残迹。腰带退化为一条长形髂骨，并与趾骨、坐骨紧密愈合成髋臼。股骨已缩入体内，后肢保留已愈合的胫骨与腓骨，跗骨仅有残迹。有肛前孔。尾短而钝。营穴居生活，有时到地面活动，常躲藏在朽木下。以昆虫为食。卵生。

霜 frost 地面或地物表面因散热而降温至0℃以下时，附近空气中的水汽达到饱和而凝华在其表面上的白色晶体。大气水分在冷却的光滑面上凝华而结成霜的最高温度，称为霜点。

霜一般是六方晶系冰的集合体，呈鳞状、针状、羽状或扇状，但也有无定形的。按其形成的原因，可分为辐射霜、平流辐射霜和洼地霜三种。霜的出现，除必须满足一定的气象条件外，还与地物的热导率、比热等性质有关。

入秋后，最早出现的一次霜称为初霜；入春后，最末出现的一次霜称为终霜。霜冻是气温降到0℃以下，引起植物冻害的现象。

霜冻 frost action 日平均气温在0℃以上，夜间由于辐射降温或寒潮爆发等多种原因，使植被表面或地面的温度降至0℃或0℃以下，导致植物损伤甚至死亡的农业气象灾害。霜冻可以有霜，也可以无霜，有霜者称为白霜，无霜者称为黑霜。

温带地区，不同植物忍耐低温的能力不同，由于霜冻而引起的冻害的指标温度也不同。如大豆在苗期−4℃时开始受害；棉花的幼苗在−2℃时出现冻害；甘薯的冻害温度则是0℃；生长在热带和亚热带的一些喜温作物（如柑橘和橡胶），当叶面温度降至5℃以下时就发生冻害现象。同一作物，在不同的生长期其抗冻害的温度也不一样。如冬小麦，拔节后1～5天的冻害温度是−7～8℃；拔节后15～20天的冻害温度是−2～3℃；到了开花期，叶面温度降至0℃就可导致不育。

防止霜冻危害的方法很多，除选择适宜的种植区、品种和调整播种期外，霜冻发生前夕的熏烟、覆盖、灌水和喷水等均是行之有效的方法。

水 water 氢和氧的化合物，化学式H_2O。在自然界，纯水是罕见的，水通常多是酸、碱、盐等物质的溶液。纯水是无色、无味、无臭的液体，用铂或石英器皿经过几次蒸馏取得。水在不同条件下以气、液、固3种状态存在。由于氢有3种同位素^1H、^2H（D，氘）和^3H（T，氚），氧有6种同位素$^{14\sim19}O$，所以天然水中有36种同位素水。其中最重要的3种同位素水是H_2O、HDO和D_2O，后2种水即所谓重水。不同地域的天然水中的D/H含量比变化在1:5 600到1:9 000之间。

发现和存在 18世纪末以前，水一直被认为是一种元素。1766～1783年经过H.卡文迪什和A.-L.拉瓦锡做的氢和氧合成水以及水蒸气通过炽热的铁管分解生成氢和氧的实验，才确认水是由2体积氢和1体积氧化合生成的化合物。水普遍地存在于地球上的江河湖海、冰山和大气之中，进入矿物、山岩和泥土的组成中，存在于动植物体内。大气中的水汽能拦阻地球辐射量的60%，保护地球不致冷却。海洋和陆地水体在夏季能吸收和积累热量，使气温不致过高，在冬季能缓慢地释放热量，使气温不致过低。水侵蚀岩石土壤，冲淤河道，搬运泥沙，营造平原，改变地表形态。水使地球产生生命，生物借助于体内占体重50%以上的溶液（血液、消化液）作为生物生理活动的介质。人类社会依赖水而生存发展。古代，人类对水取利避害，适应水而生存；近代，人类对水兴利除害，兴建工程，开发水利，控制水害；现代，随着社会和生产的发展，地球上可资利用的水日趋短缺，水体受到污染，严重影响人类生存的环境，人类逐渐认识到水是一种重要资源和环境因素，从而在更高的水平上开始对水开展了新的兴利避害活动。

物理性质 单个水分子是由2个氢原子和1个氧原子构成V形结构，其中2个O—H键互成104.5°的角，键长95.72皮米。键上的共用电子对偏向电负性强的氧原子，从而氧原子一端带负电荷，氢原子一端带正电荷，使水分子呈现极性。水中的水分子之间的氢键是比范德瓦耳斯力更强的分子间作用力，它导致水的黏度和表面张力较大，也使得水的熔点和沸点比其同系化合物H_2S、H_2Se、H_2Te都要高。水的液态、气态和固态之间的转化决定于温度和压力（见图）。水的密度（25℃）0.997 05克/厘米^3。在1大气压（1.0×10^5帕）下，水的冰点为0℃，沸点为100℃。水、冰和水蒸气在6.1×10^2帕和0.010 0℃时处于三相平衡存在的状态（三相点O）。当水汽的温度高于374.15K时，不论施加多大的压力，都不能使气态水转变为液态水，这个温度称为水的临界温度。水的比热为4.18焦/(克·K)，摩尔热容为6千焦/(摩·K)，水的蒸发热为40.691千焦/摩(沸点)。冰的熔解热为6.012千焦/摩(熔点)，冰的升华热为50.953千焦/摩。在所有液态物质中，水的比热最大，因此占地球表面3/4面积的海洋可以大量吸收和储存太阳的辐射能，起着调节地面温度的作用。水的热稳定性很高，表现为水的热离解度很小：0.000 03(1 000K)，0.006 81(1 400K)，0.199 (1 800K)，1.42 (2 200K)。水的介电常数很大，它和极性水分子的定向有关。水的红外振动光谱显示水的吸收光谱带位于3 000～3 600厘米$^{-1}$，用相当于这种波长的红外光源辐照含水物质，辐射能大部分被物质内部的水分子吸收，使水分子运动加快而蒸发掉，而物质整体吸收辐射很少，温度并未明显升高，从而达到低温高效脱水的目的。红外干燥可用于干燥谷物、食品，烘烤漆膜。

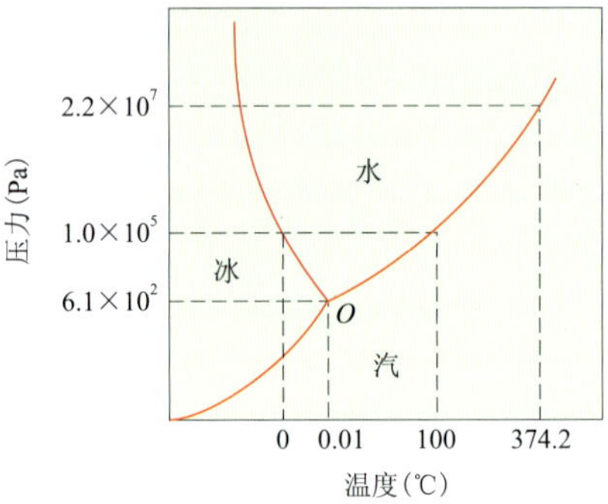

水的三相图

化学性质　水是酸、碱、盐类的良好**溶剂**，一些能和水反应的气体(CO_2、Cl_2、NH_3、SO_2等)和一些极性有机化合物(醇、羧酸、胺类等)也易溶于水。因此天然水中都含有杂质。海水中含有的许多元素的可溶性盐类达2.6%。纯水微弱地电离生成H^+和OH^-，水中的H^+离子和OH^-离子浓度相等，$[H^+]=[OH^-]=10^{-7}$摩/升(22℃)，水的离子积常数$K_w=1.008\times10^{-14}$(25℃)。水经过电解产生氢气和氧气，分解电压1.23伏。水的化学反应能力很强。常温下水可以和许多碱金属、碱土金属反应，产生氢气和相应的氢氧化物；在加热的情况下，水也可以和铝、铁、镁发生反应，产生氢气。水汽和炽热的炭反应，可以生成氢和一氧化碳的混合气，这是工业上生产水煤气的方法。在加热和催化剂的作用下，水汽也可以和CO及CH_4反应：

$$H_2O+CO \xrightarrow[\text{铁催化剂}]{450℃} CO_2+H_2$$

$$H_2O+CH_4 \xrightarrow[\text{镍和钴催化剂}]{700\sim800℃} CO+3H_2$$

这是工业上制备氢气的方法。

水的净化　自然界中的水都会含有或多或少的杂质，例如海水中含有大量的盐类，江河湖泊等地表水中含有泥沙悬浮物及钙、镁等可溶性盐，雨水中常会有尘埃和溶解有CO_2、SO_2等酸性物质。根据不同用途，需要对源水加以净化，净化成**软水**、脱盐水、去离子水、**蒸馏水**和高纯水等。

水对于人类的生存和社会的发展是十分重要的。地球上水的总量估计约为1.4×10^{18}米^3，但其中97%是咸水，包括江河和冰川在内的淡水只占2.7%，而淡水中可饮用的水又只有0.27%，即1×10^{14}米^3。随着人口的增加、工农业的发展，人类社会需求水量日益增大，许多地区都已发生水资源短缺的问题。解决淡水资源供应的问题的基本措施是：①保护自然生态环境，绿化土地，兴修**水利**，疏浚河湖，增强防洪、蓄水能力；②加强废水污水处理，有效管理和保护水源；③注意节约用水；④研发和应用经济、有效的**海水淡化**技术。

水泵站　pumping station　将水由低处抽提至高处的机电设备和建筑设施的综合体。机电设备主要为水泵和动力机(通常为电动机和柴油机)，辅助设备包括充水、供水、排水、通风、压缩空气、供油、起重、照明和防火等设备。建筑设施包括进水建筑物、泵房、出水建筑物、变电站和管理用房等；水泵站按用途分为灌溉泵站、排水泵站、排灌结合泵站、供水泵站、加压泵站、多功能泵站等；按能源分为电力泵站、内燃机泵站、水力泵站、太阳能泵站、风力泵站等。按能否移动分为固定式泵站、半固定式泵站和移动式泵站(即泵车、泵船)；按主泵类型分为离心泵站、轴流泵站和混流泵站等；按设计总流量或受益面积分为大、中、小型泵站。

水彩画　watercolour　以水调和水彩颜料绘成的画。技法有干画法、湿画法、浸接法、点彩法、渲染法和洗涤法等。水彩画借助水来表现色调浓淡和透明度，利用白纸和颜料的掩映渗融作用，体现明丽、透明、轻盈、滋润、淋漓等特有艺术效果。

水彩画约产生于15世纪末的欧洲，18世纪以后在英国形成独立画种，20世纪初传入中国。英国著名的水彩画家有J.M.W.**泰纳**、J.**康斯特布尔**。中国著名的水彩画家有李毅士、关广志、李剑晨、倪贻德、潘思同、**古元**等。

潘思同作《苏州河斜阳》

水产业　fishery　以水域为依托，利用水生动植物机体本身的生命力和繁衍生长的生物资源，通过采集、捕捞与人工养殖、增殖获得水产品的产业，即通常所说的渔业。广义的水产业还包括为渔业生产产前、产中、产后服务的多种基础设施，如**渔港**、**码头**和**船舶**、网具、渔用仪器设备等的建造、供应，水产品的保鲜、储藏、加工、运销和综合利用，以及水产科研、教育、推广、管理等服务体系的建设。

水产品被公认为高蛋白、低脂肪的营养食品和健康食品，是人类食物构成中蛋白质的重要来源之一。鱼、虾、蟹、贝等水产品的蛋白质和廿二碳六烯酸(DHA)含量高，而且蛋白质中又富含人体必需的8种氨基酸，因而食用水产品健脑强身。水产品除直接供人类食用外，还可作为畜牧和水产养殖业的饲料；经加工和综合利用所获得的各种产品，是医药、食品、机械制造、化工、纺织、工艺美术等行业的重要原料。

产业特点　①水产资源具有再生性。既可开发水产自然资源，还可将自然资源通过人工增殖增加资源量。②生产具有不同程度的不稳定性和风险性。在水产捕捞(特别是远洋捕捞)和水产养殖生产过程中，都会受到气象、水文等自然条件因素的制约。③水产业生产的时间性和地域性较明显。④有的水产资源栖息于公海，或具有洄游习性，跨几个国家管辖水域。因此，有关水产品生产和管理方面需要国际合作和协商。⑤水产品生产可在不同水层捕捞或养殖不同的水生动植物，可形成水域的立体使用模式，充分利用水体资源。

产业分类　水产业主要包括水产捕捞、水产养殖、水产增殖、水产品保藏加工等。

①水产捕捞。使用**渔船**、**渔具**获取水域经济生物的生产事业。按作业水域划分包括内陆捕捞、沿岸捕捞、近海捕捞、外海捕捞、远洋捕捞；按作业工具可分为拖网渔业、定置渔业、流刺渔业、围网渔业、钓渔业等。

②水产养殖。利用天然水域或人工建造的水体饲养和繁殖水产经济动植物的活动，包括海水养殖和内陆水产养殖。

③水产增殖。利用人工和自然的措施

使水域内经济生物种群资源数量得到恢复、补充和增加的过程，分为自然增殖和人工增殖。

④水产品保藏加工。为延长水产动物、植物的保藏时间和提高利用价值，采用物理、化学或微生物方法处理的过程。包括防止腐败变质的加工、半成品加工、调味加工、下脚料加工等。

水产经营体制　主要取决于一个国家或地区的水产业资源状况、产业发展规模和水平、水产技术经济条件、社会经济制度以及历史传统等，在不同类型的国家和地区之间存在着明显的差异。

经济发达的主要水产生产国家一般都有较完整的经营体制，如日本水产生产经营方式有个体经营、中小资本经营和大资本经营三种。水产品销区市场分中央和地方两类，产地也设专业市场经营鲜品和部分冷冻、腌干制品。

中国水产经营包括全民所有制企业、集体渔业企业、多种形式的渔业联合企业和个体渔业等形式。其中，集体渔业企业是集体所有制，多是由原渔业大队、渔业生产队改制而成，20世纪80年代前曾是中国渔业的主体。90年代后多数集体渔业渐由渔业股份合作制向个体渔业转化。个体养殖业在坚持水面、滩涂等所有权归国家和集体所有不变的前提下，全面推行承包经营制。承包形式以组为单位承包逐步过渡到以户或以家庭为单位承包，最终确立了以家庭承包经营为主体、统分结合的双层经营体制。

其他发展中国家，由于经济、工业和科学技术基础薄弱，水产生产的规模较小，以个体分散经营为主，大多缺乏现代水产企业经营所需要的大中型渔船、渔机、渔具等产前服务以及冷冻、冷藏、制冰和加工、运输、营销等产后服务设施。

发展趋势　世界水产业发展的趋势是，海洋水产业进入全面科学管理时代，水产生物资源的保护和增殖逐步加强，水产业水域特别是浅海、滩涂、湖泊、水库和低洼盐碱地等养殖资源的开发利用进一步发展，水域生态环境的保护受到高度重视。

水稻土　paddy soil　因长期种植水稻改变了起源土壤的整体性状而形成的具有独特剖面形态与理化性状的一类耕作土壤。长期植稻引起土壤有机质含量增加，有机质组成趋于简单；饱和土壤中盐基淋溶，不饱和土壤发生复盐基作用；铁、锰元素在土壤中移动，耕作层含量较低，淀积层较高，潜育层最低；黏粒矿物发生分解和合成。随着水稻土形成作用的发展，出现水稻土特有的发生层：耕作层、犁底层、淀积或斑纹层、漂洗层、潜育层。水稻土分布极广，凡气候适宜又有水源灌溉的土壤均可经种植水稻而形成。主要分布在北纬35°至南纬23°之间，以亚洲最多。中国集中在长江下游平原、四川盆地、珠江三角洲和台湾西部平原。

水电站　hydropower station　利用水能发电的**水力发电站**的简称。

水貂　mink　鼬科鼬属两种鼬形动物的统称。即北美水貂和欧洲水貂。除美国西南部干旱地区外，北美水貂分布于整个北美洲；欧亚水貂分布于欧亚大陆，但不见于欧洲西部大部分地区。北美水貂比欧洲水貂稍大，体长约30～50厘米，尾长13～23厘米，体重约1.6千克。两种均腿短，颈长，头宽，耳短圆。毛皮色浓艳，深褐色，有的腹部有白色斑点，浓密柔软的绒毛上覆一层色深而有光泽的几乎是硬挺的保护性硬毛。由于杂交产生许多毛色变异。夜行性，半水栖，捕食鱼和各种动物。妊娠期39～76天，每窝最多10仔。因毛皮珍贵而被诱捕和饲养。

水动力学　hydrodynamics　研究水和其他液体的运动规律及其与边界相互作用的学科。又称液体动力学。液体动力学和气体动力学组成流体动力学。液体运动主要受液体本身的特性和约束液体运动的边界特性的影响。液体动力学的主要研究内容如下。①理想液体运动。可忽略黏性的液体称为理想液体，边界层外的液体可视为理想液体，其运动符合理想流体运动规律。②黏性液体运动。分析大黏度液体（如润滑油）的流动状态、水流的能量损失、船舶的摩擦阻力、边界层和尾迹等都须考虑液体黏性。③空泡流。液体流经压强足够低的区域时，内部气化形成空泡，除空泡溃灭产生冲击，造成边壁材料剥蚀破坏外，还会形成空泡绕流现象。④多相流动。挟有固体颗粒、掺有气泡等物质的液体流动，如含沙水流、掺气水流等。⑤非牛顿流体流动。剪应力和剪切变形速率不成线性关系的液体（如加入高分子聚合物的水）的流动。⑥自由表面流动。流动液体的部分边界是液体和气体的分界面，其上的压力接近常数，明渠流、液体自由表面波、物体从空气进入水中时带入空气而形成的空泡流动等均属这种流动。⑦分层流。两层或多层密度不同的液体可形成分层流，密度差可由不同液体产生，也可由含盐、含沙量不同或温度不同所引起。⑧水弹性问题。在某些条件下，流过固壁的液体可引起边壁振动，这种振动又反过来改变流动特性；研究液体与弹性体相互作用的理论称为水弹性力学。水动力学既是一门基础理论学科，又是一门应用学科，主要用于水利水电工程、造船工程、海洋工程、近代水中武器、化工、环保工程、石油开采等领域。

水洞沟文化　Shuidonggou Culture　中国华北地区**旧石器时代**晚期文化。20世纪20年代初发现于宁夏灵武水洞沟附近，60年代起至本世纪初多次调查、发掘。这是一处有多个地点、分布区域广、文化内涵丰富的大型古人类旷野遗址。地质时代为晚更新世。古人类在遗址的生存年代为距今3万～2万年之间。文化遗物以石制品为大宗，其中有一定数量的带有勒瓦娄哇技术风格的石核，具有明显的预制石核与修理台面的特点，存在大量规范的石叶（长石片），以及用石叶加工而成的精致石器，构成该遗址石制品组合在华北旧石器时代文化体系中的独特特点，显示与西伯利亚和欧洲旧石器时代中晚期文化的相似性。石器类型有端刮器、尖状器和凹缺刮器。骨器有骨锥等。其他还有用鸵鸟蛋皮做成带穿孔的环状装饰品。此外，遗址里还发现用火痕迹。

2003年从第2地点出土的石器

水痘　chickenpox　水痘-带状疱疹病毒引起的急性**传染病**。儿童初次感染时发生水痘，对此病毒有免疫力的成人感染时则发生带状疱疹。患病后常终身免疫。水痘患儿是主要传染源。自出疹前1～2日至皮疹全部干燥结痂期间均有传染性。主要通过空气飞沫经呼吸道或直接接触传播，因病毒对外界抵抗力弱，间接传播者少。水痘主要表现发热，皮肤及黏膜分批出现疱疹。潜伏期10～23日。先有畏寒、发热，1～2天内出现皮疹，初为红色斑疹，后变为丘疹及疱疹，疱疹呈单房性，周围有红晕，常伴瘙痒。皮疹呈向心性分布，多见于躯干，其次为面部及四肢。皮疹分批出现，同一部位皮肤可见不同期皮疹。部分患儿口腔黏膜可出现疱疹。约1周后疱疹干燥结痂，1～3周后脱痂，无继发感染者不留瘢痕。体弱儿童及有免疫功能缺陷者可发生重症水痘，病情重，病死率较高。并发症有肺炎、脑炎、肝炎、肾炎、心肌炎及皮疹继发感染。诊断根据为水痘患者接触史和典型临床表现。确诊可作血清学检查，可检测特异性

IgM抗体。也可作病毒分离。应加强对症和支持治疗，防止继发感染。重症水痘和全身性带状疱疹可试用无环鸟苷或阿糖腺苷静滴。继发细菌感染者可用抗菌药治疗。预防应隔离患者至疱疹全部结痂。对体弱儿童及有免疫功能缺陷的接触者，应肌注水痘-带状疱疹高价特异性免疫球蛋白。

水法 water law 国家调整在水的开发、利用、管理、保护、防止水害过程中发生的各种社会经济关系的法律规范的总称。

水是重要的自然资源，随着人类社会的发展、科学的进步，水的供需矛盾越来越突出，水污染日益严重，洪涝灾害更加频繁。为此，许多国家通过立法加强对水资源的利用和保护。中国水资源丰富，但洪涝灾害也十分严重。因此，历代王朝都把治水列入重要公务活动，进行了大量的关于治水的立法。

1988年1月21日中华人民共和国第六届全国人大常务委员会通过、2002年8月修订的《中华人民共和国水法》共8章82条，主要规定了水资源的所有权和使用权，水管理的基本原则，水资源规划，水资源开发利用，水资源、水域和水工程的保护，水资源配置和节约使用，水事纠纷处理与执法监督检查及法律责任。

国际水法作为国际法的一个分支，用来调整跨越两国或数国的河流、湖泊、地下水的利用与保护关系。随着生产与国际交往的发展，国际水法更加受到各国重视。

水粉画 gouache 以水调和粉质颜料绘成的画。现多用经过调配制成的锡管装或瓶装的水粉画颜料，画在纸、布或经过处理的板材及墙壁上。粉质颜料不透明，具有较强的覆盖力，能做大面积的涂绘和局部的精细刻画。水分的渗透溶化性能和白粉的调色作用，又可以取得色彩的厚薄浓淡的丰富变化。因此，水粉画兼有油画和水彩画的某些特长，具有较强的表现力。水粉画是掌握色彩造型能力的最常用的表现

林风眠作《萬兰》(1961)

形式，同时被广泛地应用于宣传画、年画、装饰画、商业广告、舞台美术和工艺美术等方面。

水粉画的技法分为湿画法和干画法。湿画法用水较多，色彩较薄，趁湿作画，可取得细腻、柔和的绘画肌理；干画法用水较少，通过色彩叠加可表现出丰富的色彩层次、物象的质感和立体感。两种画法在创作中是交互参用的。掌握了水分的渗化性能，可以表现出水彩画的滋润清新和中国写意画的浓郁酣畅的艺术效果。水和粉的运用是掌握水粉画技巧的关键。

水粉画在造型观念上原本属于西画体系，但在发展过程中，也有一些画家将其与中国传统绘画的表现手法与审美理想结合起来，形成了水粉与笔墨融为一体的艺术风格。

水工建筑物 hydraulic structure 控制和调节水流、防治水害、开发利用水资源的建筑物。水工建筑物是实现除害兴利的各项水利工程的重要组成部分。直接为防洪、灌溉和排水、水力发电、航道与港口、工农业与城镇供水、水土保持和环境保护等服务。

水工建筑物历史悠久。在中国，从春秋时期开始，就在黄河下游沿岸修建堤防，经历代整修加固，形成长约1 500千米的黄河大堤。前256～前251年兴建并沿用至今的都江堰工程，是引水灌溉工程的典范。从春秋时期开始兴建至1293年全线通航的京杭运河是世界上最长的运河。

分类 水工建筑物可按使用期限和功能进行分类。按使用期限可分为永久性水工建筑物和临时性水工建筑物，后者是指在施工期短时间内发挥作用的建筑物，如围堰、导流隧洞、导流明渠等。按功能可分为一般性水工建筑物和专门性水工建筑物两大类。

一般性水工建筑物 主要有：①挡水建筑物。如各种坝、水闸、堤和海塘。②泄水建筑物。如各种溢流坝、溢洪道、泄水隧洞、分洪闸。③进水建筑物。又称取水建筑物，如进水闸、深式进水口、泵站。④输水建筑物。如引（供）水隧洞、渡槽、输水管道、渠道。⑤河道整治建筑物。如丁坝、顺坝、潜坝、护岸、导流堤。

专门性水工建筑物 主要有：①水电站建筑物。如前池、调压室、压力水管、水电站厂房。②渠系建筑物。如节制闸、分水闸、渡槽、沉沙池、冲沙闸。③通航水工建筑物。如防波堤、码头、船坞、船台和滑道。④过坝建筑物。如船闸、升船机、放木道、筏道及鱼道等。

特点 水工建筑物的主要特点有：

受自然条件制约多 地形、地质、水文、气象等自然因素对工程选址，建筑物选型、设计、施工，枢组布置和工程投资等影响很大，特别是水文和地质条件更为突出。

工作条件复杂 水和建筑物的相互作用是水工建筑物工作条件复杂化的基本因素，也是水工建筑物有别于一般土木结构的重要特点。

施工难度大 在江河中兴建水利工程，需要妥善解决施工导流、截流和施工期度汛问题。降雨、冰冻、高温等气候条件都对土方工程和混凝土工程施工有不同程度的影响。大体积混凝土温度控制、复杂地基的处理以及地下工程、水下工程等的施工技术都较复杂。在深山峡谷地区建筑材料的运输比较困难。

设计和研究内容 水工建筑物设计包括：①选址。即坝址、闸址、洞线、渠线等的选择。②选型。即选定建筑物的结构形式。③枢组布置。即确定枢组中各个建筑物之间的合理位置。④水力计算。即校核过流能力，计算水面曲线或压坡线等。⑤结构计算。即计算建筑物的强度、稳定和刚度等。⑥进行工程细部设计，确定地基处理方案和观测设计等。对大中型工程还应有水力模型试验和结构试验配合验证。

为使水工建筑物的安全度与其重要性和工程造价相协调，即在保证一定安全度的前提下，做到经济合理，需要对枢组中的各个建筑物按其作用和重要性进行分级。在中国，水工建筑物分为五级。

水工建筑物涉及许多学科领域，工作条件各有不同，不少问题需要通过科学研究和生产实践逐步完善和提高，如：①在一定的自然环境和给定的建筑目标、材料、施工等条件下，如何选择结构简单、工程量小、便于运行管理和造型美观的结构形式和体形。②建筑物与地基的相互作用及软弱地基的处理和建筑物设计的相应改进。③结构超过弹性阶段后的工作性态。④新型消能工和在高速及高含沙条件下抗磨和减蚀的研究。⑤峡谷地区高坝大泄量枢组的布置。⑥水工建筑物的抗震研究。⑦新型材料的利用。⑧筑坝施工新技术研究。⑨小型水工建筑物的标准化和装配化。⑩水库及河道冲淤以及治河建筑物的研究等。

设计和研究方法 归纳起来有以下几种。

理论分析 运用力学等方面的知识，通过分析计算，设计和研究水工建筑物，是基本的也是最主要的方法。

试验研究 建立物理模型（水力模型和结构模型），通过试验，研究整个枢组、建筑物整体或局部在各种不同条件下的工作状况。

原型观测 由于理论分析和试验研究都不能做到与实际情况完全一致，为了验

证上述两种方法的研究成果，并指导今后的实践，可对建造中或建成使用中的水工建筑物埋设各种观测仪器，通过对原型进行观测和分析研究，找出一般规律。

工程类比　参照与本工程条件相近、运用情况良好的已建工程选定有关尺寸和参数，也是较常采用的一种方法。

水工模型试验　hydraulic model test　在水工建筑物模型中重演（或预演）与原型相似的水流现象以观测分析研究水流运动规律，用以验证设计和计算的结果，为工程设计和运行提供科学依据的研究手段。一般指水利工程中各类建筑物水力学问题的模型试验，宽广水域如河道、水库和港湾中的水利工程设施的模型试验，则称之为河工模型试验、港工模型试验。

模型试验中，水流被缩小（或放大）了若干倍，而其几何形态、运动现象、主要动力特性，却仍应与原型相似。同一模型中不同物理量（如深度、流速、压强等）的缩小倍数（即比尺）并不相同，但它们之间必须保持一定的比例关系，这关系必须服从由基本物理方程或因次分析所导出的相似准则。如果想使模型达到严格相似，往往要求遵循数个相似准则，但难以做到，只能根据水流特性、研究目的和试验条件而选定最主要的准则，以保持主要方面的相似，并使次要方面的影响限制在可容许的范围之内。这些都是模型相似理论所探讨的内容。

长江三峡水利枢纽总体布置模型

进行模型试验，需有专门的试验设施，如循环系统、试验水槽、水洞、生波器、减压箱等，还要配置各种量测仪表以及记录和数据处理设备。现代的计算手段，可代替一部分简单的水流模型试验，但模型试验仍是不可缺少的研究手段之一。

水龟虫　Hydrophilidae; water scavenger beetle　鞘翅目水龟虫科昆虫的统称。原称牙甲。全世界已知2 803种。中国记载约80种。体小至大型，长卵形，色暗。下颚须长超过触角。背面极隆起，腹部较平。多数种类胸部腹面有粗而直的针刺。一般水生。

完全变态。卵藏在一个附着于水生植物的壶状卵囊中。幼虫长棒状，上颚尖利，

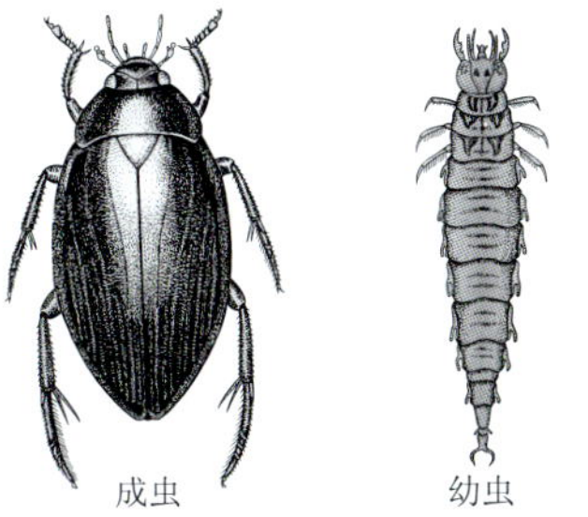

尖突水龟虫

成熟后在水边的土壤中化蛹。成虫吃水生小植物和小动物，主要取食螺蛳。能飞，偶尔飞趋灯光。幼虫以肉食为主，捕食水中小动物，包括各种螺蛳。但是生活在鱼池中的却捕食鱼苗，成为塘鱼的害虫。大型水龟虫可作为药材，治儿童遗尿。

水和电解质平衡　water and electrolyte balance　每日人体内水和电解质摄入量和排出量的动态平衡。水和电解质广泛分布于机体内，参与体内重要的生理和代谢活动，是机体必不可少的组成部分。

正常成年男性的体液总量约占体重的60%，其中细胞内液占体重的40%；细胞外液占体重的20%。细胞外液主要指血浆和细胞间液，其中血浆约占体重5%，其余15%为细胞间液，细胞间液又称组织间液，包括淋巴液在内。细胞外液的另外一小部分称为透细胞液，包括脑脊髓液，胸膜腔、腹膜腔和滑膜腔的液体等。

体液量的多少与年龄和身体脂肪含量的多少有关。年龄愈小，体液占体重的百分比愈大。由于脂肪组织含水量仅为15%～30%，而肌肉组织含水量达75%～80%，因此，女性和肥胖者体液占体重的百分比较小。

细胞内液和细胞外液电解质成分有很大的差异。细胞外液的组织间液和血浆除蛋白质含量不同外，电解质的性质和数量大致相同。细胞外液的阳离子主要是Na^+，占总数的90%以上，其次是K^+、Ca^{2+}、Mg^{2+}等；阴离子主要是Cl^-，其次是HCO_3^-、HPO_4^{2-}/H_2PO^-、SO_4^{2-}、有机酸和蛋白质。细胞内液的主要阳离子是K^+，其次是Na^+、Ca^{2+}、Mg^{2+}；主要阴离子是HPO_4^{2-}/H_2PO^-和蛋白质，其次是HCO_3^-、Cl^-等。在正常情况下，细胞内、外总的渗透压相等，且阳离子所带正电荷与阴离子所带负电荷的总量也相等，因而体液呈电中性。

各部分体液间水和电解质的交换主要是指血浆与细胞间液之间的交换和细胞间液与细胞内液的交换。

血浆与细胞间液之间的交换主要通过以下方式进行：①扩散。水和无机盐交换的主要方式。②吞饮。血浆蛋白质可通过毛细血管内皮细胞的双向性吞饮作用在血浆与细胞间液之间进行交换。但吞饮所能运送的物质很少，速度也较慢。③滤过和重吸收。在毛细血管的动脉端，有效滤过压为正值，血浆中除蛋白质以外的其他物质包括水、无机盐等均可通过毛细血管壁滤出而生成细胞间液；在毛细血管的静脉端，有效滤过压为负值，由此形成的细胞间液约90%被重吸收。另外10%进入毛细淋巴管而随淋巴液回流。

细胞间液与细胞内液之间经过细胞膜而进行物质交换。细胞膜允许H_2O、CO_2、O_2等自由透过，Cl^-、HCO_3^-、葡萄糖、氨基酸等也有较高通透性，但Na^+、K^+、Ca^{2+}、Mg^{2+}等阳离子不容易透过，蛋白质通透性最差。由于细胞膜上钠－钾－ATP酶的作用，保持着细胞内外K^+和Na^+的悬殊的浓度差。由于水可以自由透过细胞膜，细胞内K^+和细胞外Na^+等所产生的晶体渗透压决定着跨膜水流的方向。当细胞外液中Na^+浓度增高从而使晶体渗透压升高时，水就从细胞内流向细胞外；反之，水则从细胞外流向细胞内，直至细胞内外晶体渗透压重又取得平衡为止。

水、电解质平衡的调节主要包括渴感的调节、抗利尿激素的调节、醛固酮的调节和心房钠尿肽的调节。

①渴感的调节。口渴是一种主观感受，渴感的生理刺激是体液的有效渗透浓度增高和血容量减少，渴感渗透压感受器与调节抗利尿激素的渗透压感受器部位极为相近。

②抗利尿激素（ADH）调节。抗利尿激素是下丘脑视上核和室旁核的神经元分泌的一种激素。ADH能提高远曲小管和集合管对水的通透性，从而使水的重吸收增加。促使ADH释放的主要刺激是血浆晶体渗透压的增高和循环血量的减少。

③醛固酮的调节。醛固酮是肾上腺皮质球状带分泌的一种激素，可促进肾远曲小管和集合管对Na^+的主动重吸收，同时促进K^+和H^+的排出，因此醛固酮具有保Na^+排K^+的作用。醛固酮除受血管紧张素调节外，还受血浆K^+和Na^+浓度的影响。

④心房钠尿肽（ANP）的调节。心房钠尿肽是由心房肌细胞合成的激素，具有明显的促进NaCl和水排出的作用。

《水浒传》　*Outlaws of the Marsh*　中国明代长篇小说。又题为《忠义水浒传》，通行本简称《水浒》。一般认为是施耐庵著。

《水浒传》是民间无名作者同文人作家集体创作的成果，其成书经历了一个漫长的流传演变过程。《水浒传》描写的以宋江为首的农民起义发生在宋徽宗宣和年间（1119～1126），因声势极盛，在民间产生许多奇闻异说，流传中不断得到无名作者的加工增饰。施耐庵就是在长期民间传说、民间说话艺术和元杂剧水浒戏的基础上加

工写定成书的。

《水浒传》在中国文学史上第一次大规模地、直接地描写封建社会的主要矛盾——农民阶级和地主阶级的矛盾，描写了一次轰轰烈烈的农民革命斗争，展示了宏伟壮丽、波澜壮阔的斗争生活场面。小说揭露了封建社会的黑暗和统治阶级的罪恶，写出了“官逼民反”、“乱由上作”的历史真实，揭示出农民起义的社会根源在于残酷的封建压迫和剥削，肯定和歌颂了农民革命斗争的正义性。小说描写从高俅到郑屠之流上上下下各色统治阶级的代表人物，由他们组成了一个黑暗统治网，给劳动人民带来深重的灾难。农民革命就是在这样的社会背景之下产生的。小说塑造了李逵、鲁智深、武松、林冲等一系列光彩照人的英雄形象，歌颂农民起义英雄的反抗精神，表现了他们的优秀品质、英雄气概、斗争意志和伟大力量。《水浒传》描写了一支农民起义队伍从无到有、由小到大、由弱到强、由分散而汇合、由盲目行动而变为有明确的行动纲领，以及最后受招安、彻底失败的全过程。这是一部在特定历史条件下农民革命斗争的兴亡史。《水浒传》在真实地反映农民革命斗争生活的过程中，也形象生动地概括了一些军事斗争和政治斗争的经验，尤其是农民革命战争战略战术的运用和斗争策略方面的经验。《水浒传》中关于招安的描写，反映了比较复杂的社会历史内容。农民阶级“只反贪官，不反皇帝”，是历史形成的思想局限。作为统治阶级思想的忠君观念也对《水浒传》的作者产生影响。书中“赵官家”作为汉族政权的象征，显然同小说成书过程中民族斗争的历史背景有关。统治阶级对农民起义实行的招安政策，无疑也对招安的描写产生影响。因而招安的描写，既反映了特定历史条件下的社会矛盾，也反映了作者复杂的思想矛盾。

图1 《英雄谱》插图——智深拳打镇关西（明代崇祯刻本）

图2 《水浒传》插图——囚车解草寇（清初刻本）

《水浒传》在艺术上取得了杰出的成就。人物形象的塑造能写出复杂的性格内容，人物性格的形成有环境的依据，同时随生活环境的变化而发展。人物形象带有理想色彩，同时又深深地扎根于生活的土壤之中。《水浒传》不单以情节的生动紧张取胜，还有较丰富真实的细节描写。小说在民间口语的基础上创造出一种通俗、简练、生动、富于表现力的文学语言。与内容相适应，前70回连环套式的艺术结构也独具特色。

《水浒传》是中国古代最优秀的长篇小说之一，流传极广，对后世影响很大。其版本有简本、繁本两个系统。明清以来流传的版本较多，各本差异较明显，较流行的是70回、100回、120回3种繁本。

水华 Shui Hua（1916-11-23～1995-12-16） 中国电影导演。原名张水华。祖籍湖北。生于南京，卒于北京。高中时接触进步文艺。抗日战争后在重庆育才学校戏剧组任教。1940年在鲁迅艺术学院实验剧团任导演。第一部影片是与王滨合导的《白毛女》。此片在1951年第6届卡罗维发利国际电影节上获特别荣誉奖。在北京电影制片厂导演的最初两部影片是《土地》和《林家铺子》。《林家铺子》以独特的艺术风貌出现于影坛，成为水华的代表作。他在小说和剧本的基础上，用电影手段进行再创造，场景朴实，色调变化丰富，细节也很讲究，导演处理上注意了整体性，具有浓郁的生活气息。1986年，香港22位影评人在第200期《电影》上选出中国电影史上10部大影片，《林家铺子》名列第五。他还导演了《革命家庭》和《烈火中永生》。1981年导演了《伤逝》。曾任北京电影制片厂艺术委员会主任、中国电影家协会常务理事。

水华 water bloom; water flower 通常指淡水水体受到污染并达到富营养化状态时，在一定的温度等条件下，某些藻类爆发性地繁殖，水面形成一层绿色浮沫的现象。又称水花。水华现象是淡水水体污染的一个典型表征。主要是水体中的营养物质过量，以氮、磷而言，现行的标准是达到总氮0.2毫克/升和总磷0.02毫克/升时即为富营养化水平。高于这个水平即可视为严重富营养化状态。但达到富营养化状态时也不一定会发生水华现象，还要看其他的因素，如氮磷的比值、温度、某些微量元素的含量、水的流动性及水量大小。形成水华的生物为藻类，其中最主要和最多的为蓝藻门（蓝绿藻、蓝细菌）的种类，如微囊藻、鱼腥藻、颤藻、平裂藻、束丝藻等。此外，裸藻门的裸藻、绿藻门的衣藻等也是常见的水华藻类。

水华带来了一系列的水环境问题。首先，造成水体严重缺氧，许多水生动物会因缺氧窒息死亡。有些水华藻类还产生毒素，对于水生动物和人、畜都有毒害。其次破坏水生生态系统，使水生生物多样性减少。此外，在景观上危害也很大。如果是饮用水源水发生水华，将给公众生活带来很大影响。

水货 smuggled goods 对违反海关法规，逃避关税私运入境，没有通过正规渠道上市或私下销售的国外产品的统称。与“水货”相对的是“行货”，即通过正规渠道进口并上市销售的国外产品。水货主要出现在照相机、录像机、手机等小型消费类电子产品中。水货无法享有原厂家提供的或符合原厂家技术标准的保修、维修及其他售后服务。在销售商家倒闭的情况下，原厂家也不承担产品的质量责任。水货损害了进口国的利益（偷逃关税），也损害了消费者利益（无法享受售后服务和其他保障），是各国明令禁止销售使用的商品。

水碱 thermonatrite 含水碳酸盐矿物，化学组成为$Na_2[CO_3]\cdot H_2O$，晶体属正交（斜方）晶系。晶体呈板状。常呈粉末状和皮壳状集合体。白色或被杂质染成黄色、灰色。玻璃光泽。莫氏硬度1～1.5。密度2.25～2.55克/厘米^3。解理不完全。在常压和温度超过35.5℃的条件下，能从纯碱溶液中析出，其结晶温度将随其他可溶性盐的存在而降低。多数产于碱湖区的表面或碱湖区附近地表风化土壤里，呈粉末状或皮壳状。中国新疆哈密县的黄芦岗碱矿、青海都兰县的宗家巴隆碱矿、内蒙古额济纳旗的古尔乃碱矿等地有大量水碱产出。常与泡碱、天然碱伴生。也产于一些干旱区土壤和火山喷气升华物中。

水窖 water cellar 雨水集蓄利用中存储雨水的蓄水建筑物。由进水首部、水窖和出水口组成。在中国的黄土地区多用按设计好的形体开挖衬砌而成的水窖，在土层较薄的沙土地区开挖后用混凝土做成水箱或带盖的水池，在城市则用钢筋混凝土或不锈钢制成的水箱。

水窖首部设有拦污栅和沉沙池。土层内修建的水窖均坐落在地下，考虑集雨和用水方便，选址在土层厚实、无裂缝、无滑坡处。水窖的形状多为圆柱形或上大下小的倒圆锥形等，由窖身、窖口和窖盖组成。直径3～4米，高度5～7米，容积为10～40立方米。水窖内壁多用水泥砂浆抹面或混凝土衬砌，水窖顶拱多采用混凝土或砂浆砌砖。窖口直径为0.6～0.8米。

水解 hydrolysis 化合物与水发生的复分解反应。通常指盐类的水解。强酸与弱碱，强碱与弱酸、弱酸与弱碱所形成的盐类遇水都会水解，强酸与强碱形成的盐类不会发生水解。强碱弱酸盐水解，溶液呈碱性，如乙酸钠的水解：

$$CH_3COO^- + H_2O \rightleftharpoons CH_3COOH + OH^-$$

强酸弱碱盐水解，溶液呈酸性，如氯化铵水解：

$$NH_4^+ + H_2O \rightleftharpoons NH_3 \cdot H_2O + H^+$$

弱酸（或碱）的酸（或碱）性愈弱，水解倾向愈强。金属盐类水解生成氢氧化物（或碱式盐）沉淀，是湿法冶金的分离方法之一，常用于提取有色金属（或除去杂质元素）。

大多数有机化合物的水解需要在酸性或碱性条件下进行。主要有卤代烃、胺、氰、酰胺、酯、糖类等的水解。如油脂经过碱水解制得高碳脂肪酸钠（肥皂）和甘油，此过程又称皂化。工业上主要应用有机物的水解生产醇和酚。

高分子的水解反应和小分子的水解有很多相似之处，它们都能被酸、碱或酶所催化。工业上用酯的水解制备那些不能直接由相应单体合成的聚合物，如聚乙酸乙烯酯水解制聚乙烯醇。

《水经注》 *Commentary on the Waterways Classic* 郦道元为《水经》所作注文而成的地理名著。

水晶 rock crystal 石英矿物的单晶，成分为SiO_2，三方晶系。无色，或因含微量色素离子，具有色心而呈紫、粉红、黄、褐、黑等色。玻璃光泽，断口油脂光泽。透明，但浓重的颜色或较多的包体会影响透明度。密度2.65克/厘米^3。莫氏硬度7。断口贝壳状。常含气液或固态包体。细小的显微气液包体，可以分散或密集分布呈云雾状、絮状或呈环带分布，肉眼可见在晶体中流动的较大液态包体俗称水胆。固态包体的种类很多，常见的如金红石、电气石、阳起石等常呈细小的针状、纤维状，含这种

图1 紫水晶

包体的水晶被称为发晶或鬃晶。此外还可能有方解石、云母、赤铁矿、针铁矿、自然金等多种矿物包体。定向色体还可使水晶显示猫眼效应或星光效应。

根据色泽水晶可分为如下主要品种：①无色透明的水晶。②紫水晶（图1）。含微量色素离子铁（Fe）。呈浅紫至深紫，或带有褐、红、蓝等不同色调的紫色。颜色常作不均匀分布，可形成团块、色带或虎纹。高温下可失色。③黄水晶。含微量Fe^{2+}。呈不同色调的黄色。自然界产出黄水晶较少，市场上流行的黄水晶有些是由紫晶加热处理而成。④烟晶。成分中有微量的Al^{3+}代Si^{4+}。呈烟色、深棕至黑色，因而有烟晶、茶晶、墨晶（图2）之称。颜色有时分布均匀，加热可失色。透明、半透明至不透明。⑤蔷薇水晶（芙蓉石）。含微量Mn和Ti。呈淡红至蔷薇红色。

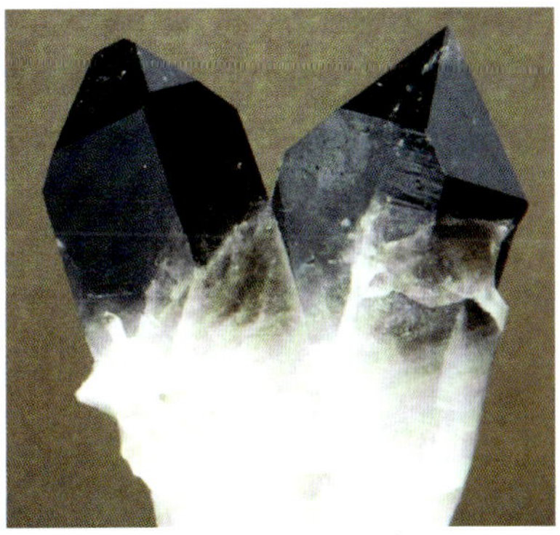

图2 烟晶（墨晶）

水晶主要产于伟晶岩脉或晶洞中。著名的产出国有巴西、俄罗斯、美国等，它们以产出紫晶、烟晶著称。中国水晶的著名产地有江苏、海南、新疆、四川、广东、内蒙古等。

水井 well 在地层中凿孔或埋设井管汲取地下水的建筑物。开采地下水最主要的形式。根据孔径的大小及井的结构形式可分管井、筒井、筒管井、大口井、辐射井等。如果水井开凿在承压含水层中且承压水头高出地面，则称之为承压井或自流井。

管井 农田灌溉中应用最广的水井形式是管井。它不仅适用于开采深层承压水，也适用于开采浅层地下水。管井穿透整个含水层时称为完整井，穿透部分含水层时称非完整井。由于管井出水量较大，需用机械提水，因此又称为机井。

筒井 这是一种古老的水井结构形式，主要靠人工开凿，因而井径较大（约1.0～1.5米），井深较浅。筒井井壁多用砖石砌筑，也有用混凝土管的。由于井深小，只能开采浅层地下水，出水量不大。为了充分挖掘原有筒井的潜力，在水文地质条件合适的地方，在筒井井底钻深孔，装设井管，形成筒管井，可以增加出水量。在地下水含水层埋深较浅，且厚度不大，但透水性良好、地下水补给来源丰富的山间盆地或山前平原，有时采用口径较大的筒井，井径可达2～8米，井深20米左右，又称大口井（图1）。大口井若井壁和井底同时进水，

图1 大口井——直径约2～8m的筒井

则井底部分应有反滤设置。

辐射井 在地下水补给来源丰富但含水砂层厚度很薄或在富水性差的粉细砂含水层、黄土含水层或黏土裂隙含水层，采用管井得不到足够的单井出水量时，常采用辐射井的结构形式（图2）。辐射井由垂直的集水井（主井）和沿集水井辐射状分布的水平集水管（辐射管）组成。如集取河流侧渗或河床潜流，辐射管应集中布置在补给源的一侧或在该侧加长辐射管的长度。在含水层为均质、地下水坡度平缓的地区，辐射管可均匀布设（一般6～8根）。在含水

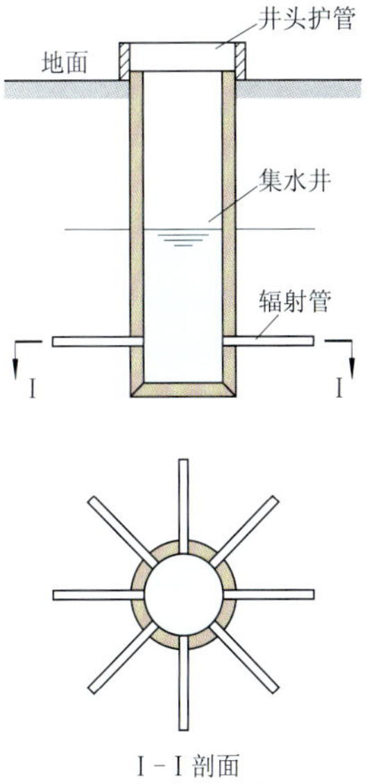

图2 辐射井示意图

层厚度大但富水性较差的地区可设多层辐射管。

水库 reservoir 用坝、堤、水闸、堰等工程，于河道、山谷或低洼地区形成的人工水域。用于径流调节，改变自然水资源分配过程，以满足防洪、发电、灌溉、航运、供水、改善环境、养殖等需要。

类型 根据位置与形态，水库可分为山谷水库、平原水库和地下水库。①山谷水库。用拦河坝横断河谷，拦截天然河道径流，抬高水位而成。②平原水库。系在平原地区的河道、湖泊、洼淀的出口处修建闸、坝，抬高水位而成。③地下水库。在干旱地区的透水地层，建筑地下截水墙，截蓄地下水或潜流而成。可与地面水库联合运用，形成完整的供水系统。

规模 世界上已建成很多高坝大库。至20世纪末，世界上已建库容在1 000亿立方米以上的水库有6座。其中，俄罗斯的布拉茨克水库，库容1 694亿立方米；埃及的阿斯旺高坝形成的水库，库容1 689亿立方米；中国目前库容最大的是三峡水利枢纽水库，库容393亿立方米。此外还有龙羊峡水电站水库，库容247亿立方米；新安江水电站水库，库容220亿立方米；丹江口水利枢纽水库，库容208.9亿立方米（大坝加高后将达339亿立方米）。到2009年，中国已有水库87 151座。

兴建水库也会带来一系列自然情势的变化，如水库淤积、水库水量损失、对水库诱发地震、水库塌岸、水库浸没、水库水质变化和水库对当地气候的影响等。

水库渗漏 seepage of reservoir 库水沿透水岩体、土带向库外低地渗漏的现象。分为坝区渗漏和库区渗漏。

坝区渗漏 大坝建成后，库水在坝上下游水位差作用下，经坝基和坝肩岩、土体中的裂隙、孔隙、破碎带或喀斯特通道向坝下游渗漏的现象。由于坝基和坝肩一带岩体、土体中地下水比其他地区的渗透途径短、坡降大，所以渗透量要比库区的大。同时，库水沿坝基和坝肩岩体中的裂隙或破碎带渗漏时，会产生渗透压力，这对坝基、坝肩以及下游的边坡稳定都不利。坝区渗漏可软化坝区岩体中的软弱夹层、断层破碎带，或产生潜蚀（管涌）等现象，而降低坝基或坝肩岩体的承载力和抗滑力。坝区渗漏还可能浸没坝下游的耕地或居民点。

为减小坝区岩体中的渗漏，需采取防渗措施。对坚硬的裂隙岩体采用灌浆帷幕措施，对喀斯特化岩体采用铺盖、封堵和建截水墙防渗，对松散岩体宜采用防渗材料的垂直防渗或水平防渗铺盖。当坝基表层为弱透水层、下部为强透水层时，宜在坝下游埋设排水减压井、排水槽等以减小渗透压力。

库区渗漏 包括库水的渗透损失和渗漏损失。由于饱和库岸和库底岩、土体而引起的库水损失，称渗透损失，这种渗漏现象称暂时性渗漏。库水沿透水层、溶洞、断裂破碎带、裂隙节理带等连贯性通道外渗而引起的损失，称渗漏损失，这种渗漏现象称经常性渗漏或永久性渗漏。通常，库区渗漏指永久性渗漏。库区渗漏可在邻谷区引起新的滑坡，或使古滑坡复活，造成农田浸没、盐渍化、沼泽化，危及农业生产及村舍安全。

库区渗漏量的大小由构成库岸和分水岭的岩层的渗透性质、地质结构以及地貌条件所决定（图1）。未胶结的沙砾石层是透水性

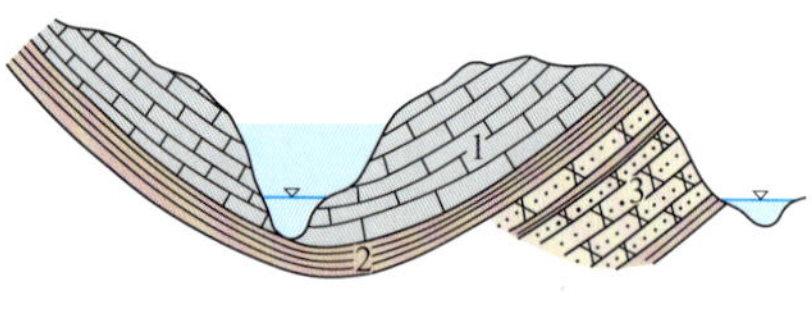

1 灰岩 2 页岩 3 砂岩

图1 库区喀斯特化岩层因分水岭存在隔水岩层（页岩）而不致渗漏

极强的渗漏通道。当库水位超出此类堆积层时，即产生严重的渗漏。坚硬岩层的巨厚风化壳亦可能形成渗漏。喀斯特洞穴、地下河通道是形成库区集中渗漏的主要危险。有些背斜构造的河谷有形成库区渗漏的条件，库水极易沿透水岩层向邻谷渗漏（图2）。库区与邻谷间的地下分水岭高于库水位时，即使具备其他渗漏条件也不会发生渗漏。邻谷切割深，并且水位低于库水位时，在上述诸条件配合下会形成大渗漏量的渗漏。渗漏量还与沟谷间分水岭的厚薄有关。

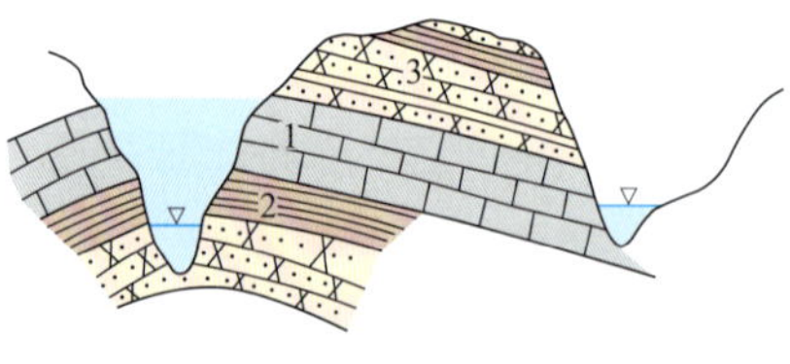

1 灰岩 2 页岩 3 砂岩

图2 库水通过灰岩层向邻谷渗漏

为保证水库不渗漏或少渗漏，必须在查明库区和周围地区的地质、水文地质情况的基础上，因地制宜地采取相应的防渗措施。如对古河道砂砾石透水层采用黏土铺盖，建混凝土截水墙，用水泥或水泥黏土灌浆；对大断裂破碎带和溶蚀裂隙，可喷混凝土或水泥砂浆进行堵塞；可用混凝土或砂浆砌块石堵塞喀斯特管道的咽喉要道；修建围堤、围井，将岸坡、库内的落水洞与库水隔离开。水库防渗处理有时必须通过蓄水后的观测资料分几次处理方能达到目的。

水库诱发地震 reservoir induced earthquake 高坝大型水库蓄水后出现的水库地震活动。见诱发地震。

水雷 sea mine 布设在水中，当目标与其碰撞或进入其引信作用范围，自动或由人工控制而起爆的水中武器。用于毁伤敌方舰船或阻碍其行动，也可破坏桥梁和水工建筑物。具有隐蔽性好、威胁时间长、布设简便、扫除困难、用途广、造价低廉等特点。按水中状态分为锚雷、沉底雷和漂雷；按引信类型分为触发水雷、非触发水雷和控制水雷；按装药量分为大型水雷、中型水雷和小型水雷；按布雷平台分为舰布水雷、潜布水雷、空投水雷和通用水雷。锚雷由雷体、雷索和雷锚组成。沉底雷通常由雷体、引信和布雷附件组成，具有较大的负浮力，布设后沉于水底。中国在明嘉靖二十八年（1549）前，为打击倭寇侵扰，首先发明和使用人工操纵的视发水雷“水底雷”。现代水雷采用了高能炸药，改进了雷体结构，扩大了使用水域。采用了新型电子元器件，提高了区分目标、抗扫和抗干扰的逻辑鉴别功能，改进了利用磁场、声场和水压场的引信功能，出现了装有动力装置的自动上浮水雷和自动跟踪水雷。

水力发电 hydroelectric power 将自然界的水所蕴藏的能量转换成电能的一种生产过程。一般来说，利用水能发电的都可叫水力发电，如河川发电、抽水蓄能发电、潮汐发电等。其中以河川发电最多。水力发电建设是将一次能源开发和二次能源生产同时完成的电力建设，在运行中不消耗燃料，运行管理费和发电成本远比燃煤电站低。水力发电在水能转化为电能的过程中不发生化学变化，不排泄有害物质，对环境影响较小，是一种清洁的能源。

水力发电不同于其他电源的特点在于：①河流来水的多变性。水力发电站的可发电量是随着时间变化的。②水力发电的动力特性。水力发电机组启停方便，增减出力快，运行灵活。机组从静止状态到并网满载运行一般只需1～2分钟，故在电力系统中是调峰和事故备用的理想电源。③水

云南石龙坝水电站

可开发容量在1亿千瓦以上的国家水能情况

国家	可开发容量（亿kW）	可开发年发电量（亿kW·h）	每平方千米可开发容量（kW/km²）	每平方千米可开发的年发电量（万kW·h）
中国	3.78	19 233	39.4	20
俄罗斯	2.69	10 950	12	4.9
巴西	2.13	12 000	25	14.1
美国	1.78	7 015	17.9	7.5
加拿大	1.53	5 352	15.3	5.4
刚果（金）	1.32	6 600	56.1	28.1

力发电的经营成本较低。从经济和保护环境的观点，应优先发展水力发电。

沿革　1878年法国建成世界第一座水电站。美洲第一座水电站建于美国威斯康星州阿普尔顿的福克斯河上，由一台水车带动两台直流发电机组成，装机容量25千瓦，于1882年9月30日发电。欧洲第一座商业性水电站是意大利的特沃利水电站，于1885年建成，装机65千瓦。19世纪90年代起，水力发电在北美、欧洲许多国家受到重视，利用山区湍急河流、跌水、瀑布等优良地形位置，修建了一批数十至数千千瓦的水电站。1895年在美国与加拿大边境的尼亚加拉瀑布处，建造了一座大型水轮机驱动的3 750千瓦水电站。进入20世纪以后，由于长距离输电技术的发展，边远地区的水力资源逐步得到开发利用，并向城市及用电中心供电。世界上已建最大水电站为中国的长江三峡水电站，装机容量2 250万千瓦。世界上单机容量最大的水轮发电机组已达70万千瓦，安装在美国的**大古力水电站**、巴西和巴拉圭的**伊泰普水电站**以及中国的**三峡水利枢纽**。

据统计，全世界技术可开发资源约为理论蕴藏量的44%，而经济可开发资源约为理论蕴藏量的22%。但在中国却约为32%，这说明中国确有较优的水能开发条件。全世界河流可能开发水能资源的总装机容量约为22.61亿千瓦，年发电总量为98 000亿千瓦·时。中国可能开发的水力发电总装机容量为3.78亿千瓦，占全世界的16.7%，年发电量可达19 233亿千瓦·时，占全世界19.6%。可开发容量在1亿千瓦以上的国家水能情况如表：中国地形高差大，因此河流的水能资源跃居首位。1912年在云南省螳螂川上建成装机容量为480千瓦的石龙坝水电站（见图）。到1949年前，全国共有水电站42座，总装机容量为26万千瓦（不包括中国台湾，以下同）。中华人民共和国建立后，中国水电建设取得了巨大的成绩。到2009年，全国水电装机容量1.96亿千瓦，成为世界上水电装机规模最大的国家。

规划　水力发电是水资源综合开发、治理、利用配置、节约、保护系统的一个组成部分。因此，在进行水电工程规划时要从水资源的充分利用和河流的全面规划综合考虑各方面的需要，统筹兼顾，取得最大的国民经济效益。水力资源又属于电力能源之一，进行电力规划时，也要根据能源条件统一规划。在水力资源比较充沛的地区，宜优先开发水电，充分利用再生性能源，以节约宝贵的煤炭、石油等资源。水力发电由于开机、停机比较灵活，宜于承担电力系统的负荷变动部分，包括尖峰负荷及事故备用等。水力发电亦适宜为电力系统担任调频和调相等任务。

运行管理　水电站运行除自身条件如水道参数、水库特性外，与电网调度有密切联系，应尽量使水电站水库保持较高水位，减少弃水，使水电站的发电量最大或电力系统燃料消耗最少，以求得电网经济效益最高为目标。对有防洪或其他用水任务的水电站水库，还应进行防洪调度及按时供水等，合理安排防洪和兴利库容，综合满足有关部门的基本要求，建立水库最优运行方式。当电网中有一群水库时，要充分考虑水库群的相互补偿效益。

效益评价　水力发电向电网及用户供电所取得的财务收入为其直接经济效益，但还有非财务收入的间接效益和社会效益。水力发电除发出电能外还能承担电网的调峰、调频、调相、事故（旋转）备用，带来整个电网运行的经济效益；水电站水库除提供发电用水外，并发挥综合利用效益。

展望　水力发电是世界上可再生能源中开发技术最成熟、利用效率最高、经济效益较好的一种能源生产方式，因此世界各国都把开发水能资源放在能源发展战略的优先地位。在一些水力资源比较丰富而开发程度较低的国家包括中国在内，今后在电力建设中将因地制宜地优先发展水电。在水力资源开发利用程度已较高或水力资源贫乏的国家和地区，已有水电站的扩建和改造势在必行，配合核电站建设兴建的抽水蓄能电站将会增多。在中国除了有重点地建设大型骨干电站外，中小型水电站由于建设周期短、见效快、对环境影响小，将会进一步受到重视。发展远距离、超高压、超导材料等输电技术，将有利于加速中国西部丰富的水力资源开发，并向东部沿海地区送电。为了发展水电，中国规划了12个大的水电基地，可开发的总装机容量为22 131.5万千瓦，约占全国可开发量的58.5%。

水力发电站　hydropower station　为利用水能发电而建设的建筑物及机电设备的总称，简称水电站。又称水电厂。世界上已建的绝大多数水电站都属于利用河川天然落差和流量而修建的常规水电站。这些建筑物的综合体称水电站枢纽或**水利枢纽**。

建筑物　水电站建筑物包括：为形成水库需要的挡水建筑物，如**坝**、**水闸**等；排泄多余水量的泄水建筑物，如**溢洪道**、溢流坝、泄水孔等；为发电取水的进水口；由进水口至水轮机的水电站引水建筑物；为稳定引水建筑物的流量和压力变化而设置的平水建筑物（如调压室、前池），以及水电站厂房（见图）、尾水道、水电站升压开关站等。

刘家峡水电站厂房内景

设备　水力发电是以水为原动力的，开发这一能源需要有工程措施以集中水能的两个要素：水头和流量。还需要将水能转换成机械能的**水轮机**，水轮机还需与发电机相连形成水轮发电机组。水轮机调速器，可通过调整导水机构改变水轮机的过水流量以达到稳定其转速的目的，调速器还具有启停机、紧急停机等功能。所以水轮机、水轮发电机、调速器是水力发电机组的主要部分。为保证安全经济运行，在厂房内还配置有相应的机械、电气设备，如油压装置、励磁设备、低压开关、自动化操作和保护系统等。在水电站升压开关站内主要设升压变压器、高压配电开关装置、互感器、避雷器等以传导和分配电能。通过输电线路及降压变电站将电能最终送至用户。

分类　按照水电站利用水源的方式，可分为三类：①常规水电站。利用天然河流、湖泊等水源发电。②**抽水蓄能电站**。利用电网中负荷低谷时多余的电力，将低处下水库的水抽到高处上水库存蓄，待电网负荷高峰时放水发电，尾水至下水库，从而满足电网调峰等电力负荷的需要。③**潮汐电站**。利用海潮涨落所形成的潮汐能发电。

按照水电站是否建有水库对水量进行调节，可以分为两类：①径流式水电站。没有水库或水库库容很小，对天然水量无调节能力或调节能力很小的水电站。②蓄水式水电站。设有一定库容的水库，对天然水流具有不同调节能力的水电站。

按水电站集中水头的手段和水电站的工程布置，可分为三种基本类型：①坝式水电站。在河流中建拦河坝抬高水位，大容量的水电站一般都是采用此种开发方式。按厂房与坝的相互关系，坝式水电站又可分为河床式与坝后式两类。河床式水电站的厂房与坝布置在一条线上，厂房本身也承受挡水任务，所以只适合低水头开发，一般建于河流的中下游，用于发电的流量也较大。坝后式水电站指的是建高坝蓄水，厂房置于坝后，多建于河流中上游的高山峡谷中。因受地形限制，发电厂房有多种布置形式，有的布置在坝的下游，有的紧接于坝后。洪水下泄时越过厂房顶的叫挑越式水电站，如贵州乌江渡水电站。有的厂房顶兼作溢洪道，如浙江新安江水电站。还可将厂房置于坝体空腹内，如江西上犹江水电站和湖南凤滩水电站。坝后式水电站多是高坝大库，工程风险大，安全要求高。②引水式水电站。用较长的引水道集中水头，常设于坡降大而流量小的河流，可采用截取河流弯道或跨流域引水，一般多为高水头水电站。根据引水道中的水流是有压还是明流，又可分为有压引水式水电站及无压引水式水电站。这类水电站已建成最高者为奥地利莱塞克水电站，其水头高达1 767米；中国广西天湖水电站最大静水头为1 074米，为中国之最。

按水电站利用水头的大小，可分为高水头、中水头和低水头水电站。世界上对水头的具体划分没有统一的规定。中国通常称水头大于70米为高水头水电站，低于30米为低水头水电站，30～70米为中水头水电站。

按水电站装机容量的大小，可分为大型、中型和小型水电站。中国根据《水利水电枢纽工程等级划分及设计标准》，称电站总装机容量30万千瓦以上者为大型水电站，5万～30万千瓦者为中型水电站，小于5万千瓦者为小型水电站。中国已建成三峡水利枢纽、乌江渡、白山、龙羊峡和以礼河梯级等各类常规水电站，建成了潘家口等大型抽水蓄能电站（见潘家口水利枢纽）和试验性的江厦潮汐电站。

水力学 hydraulics 研究以水为代表的液体运动规律及其在生产实践中的应用的学科。力学的分支。其中心问题是研究水流与边界的相互作用，分析在各种条件下形成的水流状态和边界上的作用力。水力学除广泛应用于水利水电建设外，还应用于城乡建设、环境保护、机械制造、石油开采、金属冶炼及化学工业等领域。

阿基米德原理是水力学最早的记载。中国古代水利工程都江堰和灵渠的修建和用的刻漏计时，表明对明渠水流和孔口泄流的原理已有所认识。16世纪后，帕斯卡定律、牛顿流体内摩擦定律、伯努利定理使水力学初步形成为一门学科。其后沿着古典流体力学和实验水力学两个方向发展。古典流体力学用严密的数学分析进行研究，奠定了流体力学的理论基础，但难以解决实际问题。实验水力学得到许多实用的经验公式，但理论指导不足，也难以解决复杂问题。19世纪末至20世纪以来，对层流和湍流的研究，特别是L.普朗特创立了边界层理论，使流体力学的发展进入一个新阶段。水力学也吸取了流体力学的基本理论。同时，现代实验技术和建立在相似理论与量纲分析基础上的实验理论的发展，使原相互脱节的古典流体力学和实验水力学相结合，形成现代流体力学和现代水力学。

传统水力学包括水静力学和水动力学。前者研究静止液体的静压强分布规律和物体表面上的液体静总压力的计算方法。后者主要研究液体流动规律，包括基本理论和实际应用。基本理论主要涉及质量、动量和能量三大守恒定律的连续性方程、动量方程和能量方程，以及水流阻力和机械能损失。实际应用为应用基本理论解决各种实际流动问题。按不同类型水流运动的特点，实际问题主要包括有压管流、明槽流、孔流、堰流、波浪、水力机械中的流动、挟沙水流以及渗流等。水力学也形成了若干分支，如水工水力学、河流水力学等。随着高坝和巨型电站的修建、海洋的开发、环境污染的防治等。新问题的提出，又有更多新理论介入，现代先进量测技术的引用和计算机的应用，使一批新的学科分支崛起，有计算水力学、随机水力学、环境水力学、高速水力学和工业水力学等。

水利 water conservancy 水利是中国的传统用词，泛指人类一切以水为对象的除害兴利活动，它的内涵随着社会经济和科学技术的发展而不断演进。

水利一词最早见于战国末期问世的《吕氏春秋》。约公元前104～前91年，《史记》中的《河渠书》是中国第一部水利通史，记述了从禹治水到汉武帝在黄河瓠子堵口这一时期内治河防洪、开渠通航和引水灌溉的重大史实。从此，水利一词具有防洪、灌溉、航运等除害兴利的综合性含义。随着社会经济和科学技术的发展，进入20世纪中后期，水利又增加了水土保持、水资源保护、环境水利和水利渔业等内容。20世纪90年代以后，对水利更注入了可持续发展和人与自然和谐发展、维护生态和环境安全的思想。到21世纪初，水利的涵义可概括为：人类社会为了生存和可持续发展的需要，采取各种措施，适应、保护、调配和改变自然界的水和水域的时空分布，以求在与自然和谐发展、维护生态和环境安全的前提下，合理开发利用水资源，并防治洪、涝、干旱、污染等各种灾害。研究这类活动及其对象的技术和理论知识体系称为水利科学，为达到这些目的而修建的工程称为水利工程，从事与水利发展有关的各种活动总称为水利事业。

世界水利 地球上水的总储量为13.86亿立方千米（13.86×10^9立方米），但绝大部分是海水，淡水储量只占2.53%，而淡水绝大部分储于高山冰川、两极冰盖和深层地下水层中。主要支撑包括人类在内的全球陆上生态系统的淡水，是参与全球水循环的动态水量，每年约577万亿立方米。其中在陆地上以径流为主要形式的水量，平均每年约有47万亿立方米，是人类开发利用的主要对象。然而这部分水量中多数又以暴雨和洪水形式出现，不仅难以大量利用，还在许多地方造成灾害。世界各地因自然地理和气候条件的不同，降水和径流量有很大差异，因而产生不同的水利问题。

水利促进了古文明的发展，尼罗河水利孕育了古埃及文化，幼发拉底和底格里斯河流域的水利产生了古巴比伦文化，印度和中国的古代水利促进了东方文化。苏伊士运河和巴拿马运河大大缩短了大西洋、太平洋和印度洋的海运航程，为全球文明的沟通发挥了作用。到20世纪末，全世界修建的水库总库容约6万亿立方米；灌溉面积约2.4亿公顷，占耕地总面积的17%，其粮食产量约占全世界总产量的40%；水电装机6.7亿千瓦，约占世界可开发水能资源总量的32%。在筑坝技术方面，据国际大坝委员会2003年统计，坝高15米以上的大坝约4.96万座，其中坝高在150米以上的有155座。与此同时，在水利发展中，如何防止对生态与环境的负面影响，积极维护、修复和改善生态与环境，也越来越引起人们的重视。

中国水利 中国位于亚洲东部，地势西高东低，季风气候明显。降水季节集中，年际变化很大，地区分布不均。中国雨热同步的气候条件、江河的水资源及其中下游的广大冲积平原，都给中华民族的繁衍发展带来了有利条件，但降水在时间和空间上的不均匀分布以及人口不断增长的压力也给水利工作造成很大困难。

中国传说中的大禹治水，大约出现在公元前21世纪。有关水利的文献记载始于商代（前1600～前1100年）的井田制时期，井田中就有灌排沟洫。至春秋战国时期，中国已先后建成一些较大规模的水利工程，其中最具代表性的是前256年兴建的自岷江引水灌溉成都平原的都江堰工程。秦朝以后，中国在秦汉、唐宋和元明清三次分别长达数百年的统一时期，水利成就尤为显著，建设了江河湖海的大量堤防，开发了江河的冲积平原，发展了全国各地各种形式的农田灌溉，并建成了贯通长江、淮河、黄河、海河的南北大运河。

清末与中华民国时期，内忧外患频繁，水利处于衰落时期。河防失修、灌区萎缩、京杭运河中断，水旱灾害日益严重，成为社会经济发展中的突出问题。但是海禁渐开，西方的一些科学技术传入中国，1915年设立河海工程专门学校，开始培养水利技术人才。在全国范围内，陆续设立雨量站、水文站、水工试验所等，研究编制了一些河流规划，也修建了一些中型工程。

中华人民共和国建立后，水利进入飞跃发展时期。经过半个多世纪的努力，对全国河流进行了不同程度的整治和开发利用。据2009年水利统计公报，全国堤防总长29.14万千米，水库总数87 151座，总库容7 064亿立方米，有效灌溉面积5 926万公顷，全年总供水量5 933亿立方米，其中生活用水750亿立方米，生产用水5 075亿立方米，生态环境补水108亿立方米。中国以占世界10%的耕地，基本解决了占世界22%的人口的温饱问题。全国水电装机到2009年底已达19 686万千瓦。水利建设的科技水平相应提高，在修建高坝大库与大型灌区、整治多沙河流、综合治理农田旱涝盐碱和开发水电等方面已接近或达到世界先进水平。

科学研究与学科分支　水利科学是人类社会适应、利用和改变自然的科学，涉及范围较广，需要研究的课题很多，主要有两方面：①研究自然界中水的运动规律及与自然环境、社会环境之间的相互关系。②研究和开发应用于水利事业的先进技术、经济规律和管理方式。水利科学需在不断创新中求发展。

水利科学的研究方法主要有：①总结实践经验。②理论分析。③原型观测、物理模型试验及数值模拟计算。

水利科学涉及自然科学、技术科学和社会科学许多门类的知识，包括一些基础学科和大量专业学科，随着科学技术和水利事业的发展，涉及范围不断扩大。现代水利科学中所包含的分支学科，按性质可分为四类。

基础学科，包括水文学、水力学、河流动力学、固体力学、土力学、岩石力学等。

专业学科，包括防洪、灌溉和排水、水力发电、航道和港口、水土保持、城镇供水与排水、水污染防治等。

按工作程序划分的学科，包括水利勘测、水利规划、水工建筑物（设计）、水利工程施工、水利管理等。

综合性分支学科，包括水利史、水利经济学、水利生态学、水资源学等。

水利调度　water project operation　为适应国民经济各部门的需要，运用水利工程在时间、空间上对天然径流进行重新分配或调节江河湖泊水位。在保证工程安全的前提下，实现水资源综合利用，要局部效益服从于整体效益，并根据各自的任务和工程组成等具体情况，拟定相应的调度原则。

①防洪系统调度原则。对河道堤防和水库组成的防洪系统，一般应发挥河道行洪能力，并视水库入库流量和下游区间洪水遭遇的可能组合情况，控制水库泄量，进行补偿调节，充分发挥系统的防洪效益。若防洪系统中有分洪工程配合，一般在水库防洪库容蓄到一定程度或已蓄满的情况下，根据洪水情势选择适当时机投入使用，但要尽量减少分洪机遇以减轻淹没损失。

②排涝系统调度原则。汛期中，当外河水位较低时，利用排水闸自流抢排，尽量降低排水渠系及蓄涝区水位。在外河水位较高、排水闸关闭期间，先利用蓄涝区及排水渠系蓄存涝水，内水位达到一定高度后，如外河水位仍高于内水位不能自排时，即开动排水泵排水，尽可能使蓄涝区水位维持在允许限度内。当外河水位降至低于闸内水位时，即开闸排水。沿海地区挡潮闸，在高潮时关闭，利用渠系蓄存涝水，潮位降低后，即开闸抢排，使内河水位降低。

③灌溉系统调度原则。根据农田高程分布情况，合理划分各种工程的灌溉范围，分别由水库库内引水、提水，或河道引水灌溉。骨干水库与灌区内的中小水库及塘堰，要合理配合运用。

④水力发电系统调度原则。应在满足电力系统总要求的前提下，使水电站合理运用。一般调度原则为：径流式水电站由来水量决定出力，再由有调节能力的水电站根据系统要求，进行补偿调度；当电力系统日调节所需调峰容量不足时，则由抽水蓄能电站利用日负荷低谷时的多余电力抽水蓄能，在日负荷高峰时发电以满足系统需要。

⑤综合利用水利系统调度原则。兼有防洪、灌溉、发电、航运、排涝、渔业、供水、环境保护、旅游等多种用途的综合利用水利系统，应根据其承担任务的主次关系及相互结合情况，拟定调度原则，处理好防洪与兴利的关系、各兴利部门之间的关系及调水与调沙的关系等，以整体综合效益最优进行统一调度。

水利工程　water project　为了防治水旱灾害并合理地开发利用水资源，以满足人类生活、社会生产和生态与环境建设的需要而修建的工程，又称水工程。

分类　按目的或服务对象可分为：防止洪水灾害的防洪工程；防止旱、涝、渍灾，为农业生产服务的农田水利工程，又称灌溉和排水（见农田排水）工程；将水能转化为电能的水力发电工程；改善和创建航运条件的航道和港口工程；为工业和生活用水服务，并处理、排除污水和雨水的城镇供水和排水工程；防止水土流失和水质污染，保护生态与环境的水土保持工程和环境水利工程；防御海潮、涌浪对海岸上城乡土地、建筑的侵袭的海塘工程；围海造田，满足工农业生产或交通运输需要的海涂围垦工程等。一项水利工程往往同时为多种目标服务，称为综合性水利工程。

水利工程也可按其对水的作用关系分为：蓄水工程、排水工程、取水工程、输水工程、提水工程、水处理工程等。

组成　水利工程的基本组成是各种水工建筑物，包括：①挡水建筑物，主要有堤防、海塘和各种类型的挡水坝等。②取水或泄水建筑物，主要有各种水闸等。③输水建筑物，主要有人工河道、渠道、水工隧洞、渡槽、涵管和倒虹吸管等。④河道整治建筑物，主要有丁坝、顺坝、导流堤、护岸等。⑤水力发电建筑物，主要有压力前池、压力管道、调压室、水电站厂房等。⑥通航建筑物，主要有船闸、升船机、码头、防波堤、船坞等。⑦为扬水服务的泵房和进出口流道等。⑧为城镇供排水服务的过滤池、配水管网、污水处理厂等。⑨为过鱼服务的鱼闸、鱼道等。⑩为过木服务的筏道等。

特点　水利工程的特点包括：①有很强的系统性和综合性。兴建水利工程必须按照全面规划、统筹兼顾、综合利用的原则进行建设管理。②对环境有很大影响。规划设计时必须对这种影响进行充分估计，消除其消极影响。③工作条件复杂。④一般规模大，技术复杂，工期较长，投资多，兴建时必须按照基本建设程序和有关标准审慎进行。

展望　水利工程的发展趋势主要是：①水资源和水利工程的统一管理、统一调度将逐步加强。②防洪治河工程标准将日益提高，防治水灾的工程措施与非工程措施进一步结合，非工程措施越来越占重要地位。③水利工程要更多地为保护和改善环境服务。④大区域、大范围的水资源调配工程，如跨流域引水工程将在不少地区兴建。⑤水土保持将在更大范围内进行。⑥复杂地基上的和高水头水工建筑物将随之得到发展，当地材料将得到更广泛的应用，水工建筑物的造价将会进一步降低。⑦供水、灌溉等水利工程将着重提高水的利用效率，采取节约用水措施。

水利规划　water conservancy planning　为防治水旱灾害、合理开发利用水土资源而制定的总体安排。其基本任务是：根据国家规定的建设方针和水利规划基本目标，并考虑各方面对水利的要求，研究水利现状、特点，探索自然规律和经济规律，提出治理开发方向、任务、主要措施和分期实施步骤，安排水利建设全面、长远计划，并指导水利工程设计和管理。

沿革　水利规划的初始概念可追溯至最早出现的水利工程。埃及在美尼斯王朝时修建的尼罗河引洪淤灌工程，中国在春秋战国时期兴建的芍陂、都江堰等工程，都各具特色并取得良好效果。中国秦代统一了黄河下游各段堤防，形成较完整的堤防体系，体现了全面规划原则。秦、汉以后，由于客观上要求扩大生产基地，原先开发较少的丘陵区和沿江沿湖沼泽地带逐渐成为人们集中活动的新领域，也由于治水实践中一些新问题的出现，进一步促使人们从更大范围更多方面进行规划研究，并更加重视了规划的全面性与综合性。北宋时期郏亶关于治理太湖水网地区的设想，明代潘季驯、清代靳辅关于治黄的主张，都注意到水旱兼治、洪涝兼治、水沙并重，并注意对上下游采取综合措施。起源于春秋时期，到元代开通的京杭运河，在线路选择、防洪、防淤处理和水源安排上都有创造。

水利规划作为水利科学的一个独立分支随近代水利技术的发展于19世纪末叶逐步形成。先是开展有关基本资料的观测、勘察和调查。20世纪30年代前后，开始编制较大范围的水利规划和较大规模的工程规划。大体至40年代末已初步形成了包括调查方法、设计技术、规划方案论证与评价准则等较完整的近代水利规划的理论体系。50年代后，随着各国的实践，规划工作不断取得新的进展。中国在吸取一些国家的理论和经验的基础上，通过编制黄河、长江等各大江河流域规划和一些其他水利规划，积累了丰富经验，形成了适合中国情况的规划途径和方法。如今，许多国家对水利规划的目标要求大都由以往单一的国家经济发展目标逐步转移到更广泛的社会需求方面，从而提出了包括社会、环境在内的多目标水利规划。

类型　单目标或多目标水利规划按治理开发任务均可分为：①综合利用水利规划，即统筹考虑两项以上任务的水利规划。②专业水利规划，即着重考虑某一任务的水利规划。按研究对象又可分为：①流域规划。②地区水利规划。③水利工程规划。

规划的原则和内容　编制各类水利规划的基本原则是：①从实际出发，一切通过调查研究。调查的基本内容，一般应包括治理开发的对象、条件和要求。②从整体出发，按照规划范围内存在问题和具体条件，统筹兼顾，统一安排。要处理好水利建设与方方面面的关系。③综合治理，综合利用。④因时、因地制宜，从多方面研究选择切实有效的措施。既考虑必要的水利措施，也考虑农业、林业等非水利措施，既采用工程措施，也采用管理、立法等必要的非工程措施。

编制水利规划，一般都分阶段进行，由粗到细，逐步深入。不同类型规划的内容各有侧重，但大都可概括为：问题识别、方案拟定、影响评价、方案论证等四个步骤。

规划管理与实施　水利规划涉及范围广泛，不是仅某一部门、某些学科技术人员所能完成的。许多国家大都采取多学科规划方法，由决策机构授权某一单位组成有多学科人员参加的统一规划班子负责编制。由国家或地方委托水行政主管部门或某事业主管部门组织编制，并在下达的规划任务书中明确规划原则和分工要求，经各有关地区、部门分别工作，再由编制单位综合研究，提出正式成果。

规划报告一经审定，即应具有一定的法律约束性，以保证水利建设按既定规划要求有步骤地实施。

水利枢纽　water control project　为实现除害兴利的目标，由多座不同类型的水工建筑物共同构成的建筑物综合体。水利枢纽工程通常是水利工程体系中最重要的组成部分。水利枢纽可按其形式和作用分类：修建在河道上的拦截水流、抬高水位形成自流引水条件的低水头取水枢纽；修建在河道上形成较大库容的水库，能对河流来水起调蓄作用的中高水头的蓄水枢纽；修建在河道上为防洪治河服务或修建在人工渠道上为节制和分配流量服务的闸枢纽。

水利枢纽还可按承担任务的不同，分为防洪枢纽、灌溉（或供水）枢纽、水力发电枢纽和航运枢纽等。多数水利枢纽承担多项任务，称为综合性水利枢纽。水利枢纽常按其规模、效益和对经济、社会影响的大小进行分等，并将枢纽中的建筑物按其重要性进行分级。

水利枢纽由挡水建筑物、泄水建筑物、取水建筑物和专门建筑物组成。挡水建筑物是拦河坝，分溢流坝和非溢流坝两类，前者兼做泄水建筑物。泄水建筑物是为宣泄洪水或放空水库而建，包括溢洪道、溢流坝、溢流闸、泄洪洞、坝身泄洪孔等。取水建筑物是为灌溉、发电、供水和其他用途的取水而建，包括进水闸、引水隧洞等。专门建筑物包括发电厂房、船闸、升船机、鱼道、筏道等。

水量平衡　water balance　在给定尺度的时域空间中，水的运动（包括相变）在数量上保持平衡。是水循环的数量表示。水量平衡是水文现象和水文过程分析的基础，也是水资源数量和质量计算与评价的依据。水量平衡可与能量平衡结合起来进行研究，即水热平衡的研究。它是现代自然地理学物质与能量交换研究的主要内容之一。人类活动或气候变化改变了水量平衡，则导致许多环境问题的出现，研究水量平衡对地球的生态环境保护有重要意义。

水疗　water therapy　用不同温度、压力、成分的水，以不同形式和方法（浸、冲、擦、淋洗）作用于人体进行疾病防治的物理疗法。

机理　水疗法起治疗作用的基础因素有：

温度刺激　对寒冷刺激的反应迅速、激烈；而对温热刺激的反应则较为缓慢，不强烈。

机械刺激　水疗中包含多种机械刺激。①静水压力刺激。②水流的冲击刺激。③浮力作用。

化学刺激　淡水浴所用水中包含微量矿物质。若往水中加入少量矿物盐类、药物和气体，这些化学性物质的刺激可加强水疗的作用并使机体获得特殊的治疗作用。

适应证和禁忌证　水疗适应证比较广泛，如高血压病、血管神经症、胃肠功能紊乱、风湿和类风湿性关节炎、痛风和神经痛、神经炎和慢性湿疹、瘙痒症、银屑病、大面积瘢痕挛缩、关节强直、外伤后功能障碍等。水疗的禁忌证为心肾功能代偿不全、活动性肺结核、恶性肿瘤和恶病质，身体极度衰弱和各种出血倾向者。若出现面色改变，头晕、头重、耳鸣、眼花等症状则应暂停水疗。

方法　药物浴　在淡水中溶解无机盐类、芳香药类、有刺激性的药物、中草药再进行水浴，可替代天然矿泉水浴，亦可根据需要调节水中成分。包括盐水浴、松脂浴、碱水浴、中药浴。

气水浴　往淡水中溶一定浓度的气体。包括二氧化碳浴、硫化氢浴、氡浴。

水中运动　适用于肢体运动功能障碍、关节萎缩、肌张力增高的患者，借助于水的浮力，患者在水中可以进行主动运动，如体操、游泳、单杠、双杠、水球等，也可进行肢体和关节被动运动和进行水中按摩等。

水下洗肠浴　一种浸浴和连续洗肠同时进行的治疗方法。须有特别的进行连续性洗肠的装置。患者在浴盆浸浴并洗肠。适用于肠道功能紊乱、慢性肠炎、慢性胆囊炎、肥胖症、幽门痉挛、荨麻疹等。禁忌证为消化道溃疡、肠狭窄、腹腔粘连、痔核、肾炎、心功能不全、肿瘤、结核及发热等。

水龙骨　*Polypodium nipponicum*; Japanese polypody　蕨类植物门水龙骨科多足蕨属的一种。多年生草本植物，高15～40厘米。广布于中国长江以南各地，日本也有分布。根状茎长而横走，黑褐色，通常光秃，有白粉，顶端有鳞片。叶远生，薄纸质，两面密生灰白色短柔毛；叶柄长5～20厘米，与根状茎有关节相连；叶片长10～20厘米，宽4～8厘米，长圆状披针形，深羽裂几达叶轴。叶脉网状。孢子囊群圆形、无囊群盖，生于裂片主脉两侧各排列成一行。附生于岩石上。可药用，消肿、消毒和治跌打损伤。

水陆法会 water and land service 佛教仪式。全称为法界圣凡水陆普度大斋胜会，又称水陆道场、水陆大会、水陆会、水陆斋、水陆斋仪、悲济会。在诸佛事仪则中，属于较为隆重盛大的一种。时间少则7天，多则49天，参加的僧人有几十至上百。举行法事时，要诵经设斋，礼佛拜忏，追念亡灵。供品以饮食为主，为超度水陆一切鬼，普济六道四生。据《佛祖统记》卷三十三叙，最初是南朝梁武帝梦中得僧启示，后又受宝禅师指教，遂披阅大藏撰成仪文，于天监四年（505）在金山寺修建水陆法会。至唐高宗咸亨年间，西京法海寺神英禅师于大觉寺吴僧义济处得梁武帝所撰水陆仪文，依照修斋，遂流行于世。水陆法会的盛行始于宋代，北宋杨锷撰有《水陆仪》3卷，苏轼为亡妻宋氏设水陆道场，撰《水陆法赞》16篇，称为眉山水陆。南宋史浩曾施田与四明东湖月坡山修设水陆大斋，并撰仪文4卷。南宋末，志磐又续成《新仪》6卷，称为南水陆，而金山仪文称为北水陆。宋、元、明、清水陆法会盛行。明袾宏取志磐仪轨重订成《水陆修斋仪轨》6卷。清道光间仪润又依之重订成《水陆大斋仪轨会本》6卷，即现通行本。

现行的水陆法会分设内坛、外坛。内坛依照仪文行事；外坛修《梁皇忏》及诵诸经；内坛悬挂毗卢、释迦、弥陀等像，陈设香花灯烛种种供品；外坛的“施食坛”从第一日起每夜放焰口（对饿鬼施食的经咒仪轨活动）一台，至第六日夜，内坛水陆法师及各坛僧众共放五方焰口。

水陆攻战纹鉴 Bronze Jian with Design of Water and Land Battle Scenes 中国战国早期青铜器。1935年出土于河南汲县（今卫辉市）山彪镇一号墓。共两件，形制、纹饰相同。现存台湾历史语言研究所。一件高29.6厘米、口径54.6厘米，重20千克；另一件高30.1厘米、口径54.5厘米，重18.75千克。横截面均作圆形，大口束颈，口沿平折，有肩，深腹，颈与上腹部对生四兽耳衔环。外壁饰水陆攻战纹3层，层间以宽带为界，带上饰斜角云纹。纹饰为预先铸好凹槽，再以红铜镶嵌。图像题材有战争和宴饮，而以水、陆战争为主。共有人物286个，采用侧影表现，简写动作姿势。图像以多层次排列，场景相互穿插，接续展开，气势宏大，场面激烈。当时尚未掌握透视绘画技法，图像平摆侧置，缺乏立体景深，类似剪影，显得风格古拙。

水陆两用飞机 amphibian 能在陆上机场起飞和降落的水上飞机。又称两栖飞机。水陆两用飞机的船身或浮筒上装有供陆上起飞、着陆用的起落架，可收放，在水上起飞、降落时处于收上状态。由于在水面和陆地机场都可起降，水陆两用飞机的适应性比水上飞机更强。适用于海上巡逻、反潜、救援和森林灭火。现代水陆两用飞机在森林或城市灭火方面有独特的作用，如加拿大的水陆两用飞机CL-215A可以反复来往于湖泊（江河）与火场之间，利用巨大的船身作为水箱在空中洒水灭火。缺点是构造复杂、飞行阻力大、结构笨重、有效载重小。

水路运输 water transportation 以船舶、筏作为工具，在水域沿航线载运旅客和货物的运输方式。按照航行区域可分为远洋运输、沿海运输和内河运输三大类。

人类在古代已经使用天然水道从事运输。最早的水上运输工具是独木舟和筏，后来制造出木板船和利用风力驱动的帆船。19世纪初利用蒸汽机驱动的船舶出现，水上运输得到巨大发展。19世纪中叶，铁路运输的发展和尔后公路运输、航空运输、管道运输的相继出现，打破了水运一统天下的局面。但水路运输仍以其自身的优势，在综合运输体系中发挥着重要的作用。特别是国际贸易货物的远洋运输更有其他运输方式不可替代的地位。

中国是世界上水路运输发展较早的国家。公元前2500年已经制造舟楫从事水运，商代就出现了帆船运输。在利用天然水道航行的同时，开凿运河以沟通各水系。春秋时代的吴国开凿了世界上第一条运河——胥溪，秦始皇33年开凿了连接长江和珠江水系的灵渠。举世闻名的大运河则沟通了钱塘江、长江、淮河、黄河、海河五大水系，全长近1 800千米。唐代的“海上丝绸之路”直达波斯湾和红海之滨。明代的航海家郑和率船队七下西洋，经历亚洲、非洲30多个国家和地区。中国2 000年水运货运周转量占全社会货运周转量的53.4%。

开展水上运输的基本设施包括运载工具——船舶、接卸枢纽——港口和通道——内河航道及海上航线。

水路运输利用天然或人工河道以及海洋水域，不需占用土地修建运输线路；以水托舟，利用水而不消耗水。水运的优势在于运输能力大、能耗低、投资省、节约土地和不污染环境等，符合可持续发展的战略要求。欧美一些国家内河运输经过现代化改造，其单位运输成本为铁路的1/8～1/4，全员劳动生产率比铁路高50%以上，推船的油耗为铁路机车的60%左右。海上运输的各项指标更好。中国水路运输，尤其是海洋运输的运输能力、成本、生产率、能耗和投资等各项技术、经济指标均优于其他运输方式。但水路运输也有其弱点，运输速度慢，环节多，受自然条件影响大，机动灵活性差等。

中国丰富的水运资源是发展水上运输的先天条件和基础。2008年中国大陆拥有民用运输船舶18.4万艘，12 416.9万载重吨，100.9万客位。

水轮机 hydraulic turbine 把水流的能量（动能、位能和压力能）转换为旋转机械能的动力机械。属于流体机械的透平机械。早在公元前100年，中国就出现了水轮机的雏形——水轮，用于提灌和驱动粮食加工器械。现代水轮机大多安装在水电站内驱动发电机发电，并与发电机组成水轮发电机组。在水电站中，上游水库中的水经引水管引向水轮机，推动水轮机转轮旋转，带动发电机发电，作完功的水则通过尾水管道排向下游。20世纪50年代以来，抽水蓄能电站发展很快，出现了既可作水泵用又可作水轮机用的可逆式水泵水轮机。

水轮机按工作原理可分为冲击式和反击式两大类。

冲击式水轮机 转轮受到水流的冲击而旋转，工作过程中水流的压力不变，主要是动能的转换。应用较广的有：①水斗式水轮机。1898年美国工程师L.A.佩尔顿发明，故又称佩尔顿水轮机。②斜击式水轮机。一般使用水头范围在20～300米之间。③双击式水轮机。一般使用水头范围在50～150米之间。

反击式水轮机 转轮在水中受到水流的反作用力而旋转，工作过程中水流的压力能和动能均有变化，但主要是压力能的转换。应用较广的有：①混流式水轮机（见图）。使用最广泛的一种水轮机，由美国人J.B.弗朗西斯于1849年发明，又称弗朗西

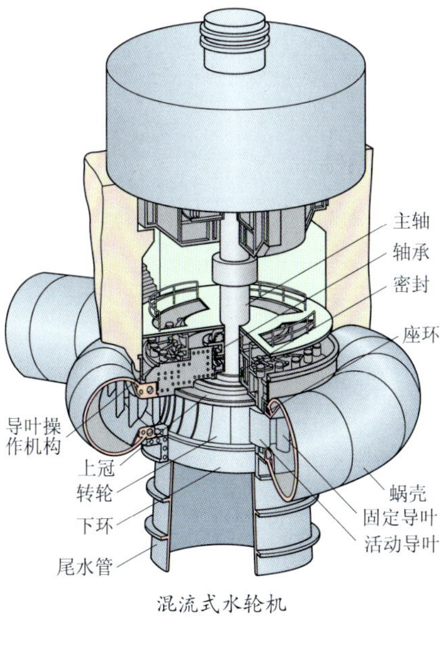

混流式水轮机

斯水轮机。使用水头范围很宽，为5～700米，采用最多的是40～400米。②轴流式水轮机。奥地利工程师V.卡普兰在1920年发明的，又称卡普兰水轮机。世界上尺寸最大的转桨式水轮机是由中国东方电机厂制造的，安装在长江的葛洲坝电站，单机功率170兆瓦，于1981年投运。③斜流式水轮机。瑞士工程师P.德里亚于1956年发明，又称德里亚水轮机。④贯流式水轮机。过流能力大，特别适用于水头为3～25米的低水头电站。这种水轮机装在潮汐电站内也可以实现双向发电。

水泵水轮机 水泵水轮机是可逆的。单个水泵水轮机用于与发电电动机直接连轴的抽水蓄能机组。世界上400米以上的高水头蓄能电站发展极快。中国的北京十三陵抽水蓄能电站、广州抽水蓄能电站、天荒坪抽水蓄能电站等均为此类电站。

水煤浆 coal water slurry 细颗粒煤粉与水制成的悬浮浆状物。含约70%的煤、30%的水和少量添加剂。最大粒径不超过300微米，小于75微米的粉所占比例应大于75%。可以用泵输送，雾化燃烧代替燃料油。水煤浆是在20世纪70年代发展的一种煤代油燃料，2吨左右的水煤浆可以代替1吨燃料油。由于水煤浆可在管道中输送，为远距离煤的运输提供一项重要的新技术。水煤浆的燃烧效率比直接燃煤高，易于减小污染。中国水煤浆燃尽率达98%以上，锅炉效率达90%，比燃烧煤粉的燃烧效率70%～80%大幅度提高。随着石油价格上涨，使用水煤浆代替重燃料油有更大的潜在能力。

水镁石 brucite 化学成分为$Mg(OH)_2$，晶体属三方晶系的氢氧化物矿物。又称氢氧镁石。自然界含镁量（含MgO 69.12%）最高的一种矿物。用作镁质耐火材料和提炼镁的重要矿物原料，也是替代石棉的一种环保材料。成分中的镁，可部分被铁、锰、锌等类质同象替代，形成锰水镁石、铁水镁石、锌水镁石等变种。晶体呈板状或叶片状，通常呈板状、片状、致密块状集合体产出。纤维状的称纤维水镁石，其纤维可剥离，并具有弹性。水镁石纯净者呈白色，含杂质者呈灰白色、浅黄绿色、绿色、黄色、褐红色等。玻璃光泽。解理极完全。解理面上呈珍珠光泽，纤维水镁石呈丝绢光泽。莫氏硬度2.5。薄片具有挠性。密度2.4～2.5克/厘米^3。具热电性。由富镁硅酸盐和碳酸盐矿物经变质而成，有变质碳酸岩和变质超基性岩两种主要类型。世界水镁石矿床多属于变质碳酸盐型，最著名的是俄罗斯哈巴罗夫斯克欣甘特大型矿床。中国陕西汉中市黑木林纤维水镁石矿，是世界罕见的产于变质超基性岩中的特大型矿床。

水门事件 Watergate Affair 美国共和党政府在1972年总统竞选活动中的非法活动暴露后的政治丑闻。1972年6月17日，以R.M.尼克松竞选班子成员J.M.麦科德为首的5个人，在潜入华盛顿水门大厦民主党总部安装窃听器时被捕。开始几个月，在策划者的多方掩盖下，被告一直否认有其他任何人参与此事。尼克松在同年11月以压倒优势再次当选。1973年3月23日，受理此案的华盛顿地区法院J.西里卡法官公布了面临重刑威胁的麦科德给他的信。麦科德说自己和其他被告是在政治压力下认罪并保持沉默的，实际上白宫和争取总统连任委员会都卷入了水门事件。4月30日，尼克松被迫宣布以E.理查森取代原司法部长，并同意他应参议院请求任命A.考克斯为特别检察官，负责处理此案。在此期间，民主党人占多数的国会参议院于2月7日成立了以民主党人S.欧文为首的水门事件委员会。5月17日起，该委员会举行一系列听证会，揭露出尼克松政府就任以来的许多非法活动。7月16日前白宫工作人员揭露，在总统办公室的谈话均有录音。7月23日，欧文委员会和考克斯要求尼克松交出9盘录音带，尼克松援引"行政特权"予以拒绝。在考克斯坚持下，西里卡法官和哥伦比亚特区上诉法院分别下令尼克松照办。10月，尼克松要求理查森解除考克斯职务。理查森愤而辞职。后来考克斯虽被解职，但立即引起全国愤怒，许多人要求国会考虑弹劾总统。随着案情的发展，全国要求总统辞职和弹劾呼声愈来愈高。

1974年初，尼克松在交出新任特别检察官L.贾沃斯基传调的少数录音带后拒绝合作。5月15日起，众院司法委员会也陆续传调各种白宫文件和105盘录音带，尼克松仍然抗拒。7月24日，联邦最高法院宣布支持贾沃斯基传调64盘录音带的要求。其中一盘录有1972年6月23日总统与白宫办公厅主任H.R.霍尔德曼谈话，证实尼克松曾指示后者让中央情报局制止联邦调查局参与水门事件的调查。这就说明尼克松不仅参与掩盖活动，还滥用职权，妨碍司法工作，可以受到弹劾。7月30日，众院司法委员会根据收集到的证据，向众院呈送3项弹劾条款，其中第一、二两条指控尼克松妨碍司法工作和滥用职权，得到两党支持。

当尼克松的律师和国务卿A.M.黑格听了1972年6月23日谈话录音带后，也感到震惊，认为总统除辞职外别无办法。尼克松在了解到失去所有的支持后于8月8日发表辞职演说，翌日中午辞职生效，水门事件告一段落。

水墨画 water-ink painting 以材质划分的中国画种类，指纯以水墨材料所作的中国画。

属于传统中国画范畴的水墨画，根源于文人画的出现。唐代王维画法创水晕墨章，是文人绘画解放笔墨的开端，被后世推为水墨画的鼻祖。唐张彦远《历代名画记》曾有"墨分五色"的论说，为水墨画的兴盛奠定理论基础。五代两宋间，南北山水画派的出现进一步促进水墨画的盛行。元代以后，文人画昌盛，水墨画亦随之成为中国画的主流。

李可染作《茂林清暑图》（1982）

20世纪80年代中后期兴起"现代水墨画"的绘画类型，与传统水墨画属于不同的绘画概念。它在使用水、墨、纸、笔等工具材料方面与中国画水墨画基本一致，但在绘画观念、样式、技法等方面，二者没有必然联系，甚至其出现本身就是对传统中国画水墨画的一次反叛，亦有不少画家在传统水墨画与现代化水墨画之间寻求契合，成为现代中国画之新体。

水母 Medusozoa; medusa/jellyfish 海洋浮游生物的重要类群之一，刺胞动物在浮游生物中的主要代表。种类多、数量大，而且分布很广，遍及世界各海洋，约1 000种，中国已记载浮游水母约360种。绝大多数海产且都是浮游的。除终生浮游的种类以外，大多数水母具有两种基本体型，即水螅型和水母型，有世代交替现象。水母系有性世代（除出芽生殖的水母外），统称为水母，分散在刺胞动物门的不同纲中，即直育水母纲、水螅水母纲、钵水母纲和方水母纲。水母的身体柔软，透明，体重轻和体含水分高等特点，是适应浮游生活的一种机制。所有水母的发育均经过浮浪幼虫时期，大多数浮浪幼虫在水中漂浮一段时间后进入附着生活，变态或水螅体，然后以无性生殖产生水母，或拟水母体或水螅体。有的浮浪幼虫经过拟辐射幼虫直接发育浮游水母体，或发育成浮游水螅群

银币水母

体。水母大多是肉食性动物，饵料主要是各类浮游动物（包括甲壳动物、软体动物、浮游幼虫、原生动物以及仔、稚鱼等）。

有些钵水母是渔业捕捞对象，如海蜇、黄斑海蜇等。有些可作为指示生物，如北极霞水母仅分布于北冰洋，可作为寒流的指示生物；贝氏拟线水母仅分布于河口，可作为河口冲淡水的指示种。有些方水母具有极毒刺胞毒素，对水下活动的人有生命威胁。许多水母类大量捕食经济鱼、虾、贝类的幼体，破坏水产资源。

水泥 cement　粉状水硬性无机胶凝材料。加水搅拌后成浆体，能在空气中或水中硬化，并能把砂、石等材料牢固地胶结在一起。水泥是重要的建筑材料，用水泥制成的砂浆或混凝土，坚固耐久，广泛应用于土木建筑、水利、国防等工程。

cement一词由拉丁文caementum演化而来，是碎石及片石的意思。水泥的历史可追溯到古罗马人在建筑工程中使用的石灰和火山灰的混合物。1796年英国人J.帕克用泥灰岩烧制出一种棕色水泥，称罗马水泥或天然水泥。1824年英国人J.阿斯普丁用石灰石和黏土烧制成水泥，硬化后的颜色与英格兰岛上波特兰地方用于建筑的石头相似，被命名为波特兰水泥，并取得了专利权。20世纪初，随着人民生活水平的提高，对建筑工程的要求日益提高，在不断改进波特兰水泥的同时，研制成功一批适用于特殊建筑工程的水泥，如高铝水泥、特种水泥等。水泥品种已发展到100多种。

水泥的生产工艺，以石灰石和黏土为主要原料，经破碎、配料、磨细制成生料，喂入水泥窑中煅烧成熟料，加入适量石膏（有时还掺加混合材料或外加剂）磨细而成。按用途及性能水泥分为三大类：①通用水泥。用于一般土木建筑工程，如硅酸盐水泥（以硅酸钙为主要矿物组成的水泥的统称，国际上统称为波特兰水泥，包括普通硅酸盐水泥、矿渣、火山灰质、粉煤灰、混合硅酸盐水泥等）。②专用水泥。用于某种专用工程，如油井水泥、型砂水泥等。③特种水泥。用于对混凝土某些性能有特殊要求的工程，如快硬水泥、水工水泥、抗硫酸盐水泥、膨胀水泥、自应力水泥等。水泥的性能必须符合国家标准规定的细度、凝结时间、安定性、强度、比重、水化热、抗渗性、抗冻性、胀缩性、耐热性和耐蚀性等指标。

水牛 buffaloes　哺乳纲牛亚科亚洲水牛属、非洲水牛属和倭水牛属三属水牛的统称。草食反刍动物。汗腺极不发达，性喜水，热时常在池塘中浸泡、打滚，借以散热，故名。包括亚洲水牛属的亚洲水牛（又称印度水牛），倭水牛属的菲律宾的塔马腊沃水牛（又称小水牛）和印度尼西亚的安诺亚水牛（又称西里伯斯水牛），非洲水牛属的非洲水牛（又称好望角水牛）。

根据外貌和习性不同，家养的亚洲水牛分为沼泽型和河流型两大类型：①沼泽型水牛。分布于中国、尼泊尔、斯里兰卡和东南亚国家。毛深灰色或瓦灰色，有颈纹胸纹，肢下部四蹄呈灰白色，头短，额平，脸短。嘴和鼻镜宽阔。角呈半月状。尾短不超过臀部。体躯粗重矮壮，身短腹大。性成熟期较晚，公牛2.5～3.5岁、母牛2.5～3岁开始配种。发情持续期25～26小时，妊娠期平均330天。习惯上均以国家或地方名称命名，如中国水牛、泰国水牛和菲律宾水牛等。②河流型水牛。主要分布于印度、巴基斯坦等地。通常被毛黑色，前额、颜面有时出现小块白毛，尾帚白色。头、脸较长，额稍隆起，角向上形成螺旋形弯曲。尾长过臀部，尾帚发达。体躯较长，体型略呈楔形。公牛2～2.5岁、母牛2.5～3岁可配种。母牛乳房发达，静脉明显。妊娠期平均315天。乳用品种已有近20个，重要的有摩拉水牛和尼里－拉菲水牛等。

水牛能采食大量粗料，饲养较粗放。高产乳水牛则需多喂精料。役力强，行步稳重，特别适宜于水田耕作，还可拉车。乳用水牛一个泌乳期产量可达1 800～2 000千克。水牛肉，特别是小水牛肉味香、鲜嫩，且脂肪含量少。水牛角可制工艺装饰品。斗水牛是中国侗族人民的一种特殊娱乐，每年农历8月逢亥日举行斗牛节。

水球 water polo　在水中进行的一种球类运动。运动员在水中互相配合，以投进长方形球场两端球门内球的多寡判胜负。水球运动起源于英国。由于它与足球有联系，故最早称为“水中足球”。1877年，英格兰伯顿俱乐部聘请W.威尔森拟定了水球比赛规则，后成为国际水球比赛规则的基础。1879年出现了有球门的水球比赛。1890年在伦敦举行了第一次国际性比赛。后传入美国、德国、奥地利、匈牙利，盛行于欧洲。1900年第2届**奥林匹克运动会**把水球列为正式比赛项目。从1973年开始增加了世界锦标赛，1979年又开始了世界杯水球赛。女子水球在20世纪60～70年代逐步发展起来。1980年在马耳他举办了第一次国际女子水球比赛。20世纪20年代中期传入中国，中华人民共和国建立后，得到迅速发展。中国男子水球队在1978年第8届亚运会上获得冠军，而后逐渐跻身世界强队行列。正式水球比赛场地应在人工游泳池中设置，长30米，宽20米，水深在1.80米以上。女子比赛场地长不得超过25米，宽不得超过17米。比赛时间为28分钟，分4节进行，每节7分钟，两节之间休息2分钟，同时交换场地。上场比赛队员7人，有前锋、后卫，守门员1人。球的整体进入球门内，即得1分。射中后双方队员回到本方半场，由失分一方的队员在中线中点开球，继续进行比赛。

水球比赛场面

水曲柳 *Fraxinus mandshurica*; manchurian ash　木犀科白蜡树属的一种。分布于中国自东北至华北。朝鲜半岛、日本和俄罗斯西伯利亚东部也有分布。落叶乔木，高可达30米，小枝梢呈四棱形，有皮孔。奇数羽状复叶，对生，小叶7～11枚。近无柄，卵状矩圆形或椭圆披针形，长16厘米，宽5厘米。圆锥花序生去年小枝上，花序轴有狭翅，花单性，雌雄异株，无花冠，雄蕊2。翅果扭曲，矩圆披针形，长3～4厘米。花期5～6月，果期8～9月。生于山区森林中或河谷湿润地带。木材优质，坚硬而有弹力，抗水湿性高，供建筑、船舶、家具等用。水曲柳为东北地方名，与普通杨柳科的柳树完全不同。

水圈 hydrosphere　地球表层水体的总称。水体包括海洋、河流（含运河）、湖泊（含水库）、沼泽、冰川、积雪、地下水、土壤水和大气圈中的水等。水圈同**大气圈**、**岩石层**和**生物圈**共同组成地球外壳最基本的自然圈层。水圈中全部水体的总体积约为13.86亿立方千米，其中咸水约占97.47%，淡水仅占2.53%；淡水中约68.5%储存在两极地带冰盖和山区冰川中，约有31.0%蓄于地下含水层和潜水中，而包括土壤水在内的地表水不及0.5%。

水圈各水体中的水互相交换，不断更新（见**水循环**）。海洋是水圈中最大的水体。大陆冰盖、冰川和永久积雪是水圈中最大的淡水水体。地球上常年被冰雪覆盖的范围称为冰圈。河流和大气圈中的水是水圈中水分交换最活跃、更新最快的水体。

水热平衡 water-heat balance 研究地表水分与热量的相互联系，以及这种相互联系在自然地理过程和地理综合体形成演变中的作用。它是**自然地理学**的一个研究方向，基本任务是揭示**地球表层**系统的物理过程。水热平衡及其在地理环境中作用的理论是自然地理学重要的基本理论。

水杉 *Metasequoia glyptostroboides*; dawn redwood 杉科水杉属的一种。落叶大乔木。中国特有树种。树高可达40～50米，胸径达2米以上。树皮剥落成薄片。侧生小枝对生。叶线形，柔软，羽状。雌雄同株。雄球花对生于分支的节上，集生于枝端。雌球花单生于小枝顶上。球果当年成熟。种子扁平、倒卵形，周围具翅。水杉喜光，须土层深厚、疏松、肥沃，尤喜湿润，对土壤水分不足的反应非常敏感。水杉属植物在上白垩纪广布于北美、西欧、俄罗斯西伯利亚、日本北部及中国东北地区。第三纪时分布区扩大，已知有10多种。经第四纪冰川后，全部灭绝，仅存本种，被誉

为"活化石"。产于四川万县及石柱，湖北利川和湖南龙山及桑植。现中外多引种栽培。为速生造林绿化树种。水杉质地轻软，可供建筑、制器具及造纸等。

水上飞机 seaplane 能在水面上起飞、降落和停泊的飞机。简称水机。船身式水机设计特殊形状的机身，称为船身；浮筒式水机则把陆上飞机的起落架换成浮筒。水机在军事上用于海上侦察、反潜和救援活动。在民用方面适合用于湖泊、河网、港口和岛屿等地区。水机不能适应高速飞行，

浮筒式水上飞机

机身结构、质量较大，维修不便和制造成本较高。

水机采用上单翼布局，发动机装在机翼上面，防止滑行中激起的水花冲坏襟翼和螺旋桨或海水进入发动机。船身和浮筒要求密封，机上所有部分和设备都应经过防腐蚀处理。

水上勉 Minakami Tsutomi (1919-03-08～2004-09-08) 日本小说家。生于福井，卒于长野。木匠之子。因家贫，9岁入相国寺为徒，5年后逃离寺院。1937年考入立命馆大学国文专业，翌年退学。从事过30余种职业。1948年出版处女作"私小说"《平底锅之歌》。10年后，以《雾与影》(1959)奠定社会派推理作家地位。

嗣后发表的《雁寺》(1961)，根据童年的寺中经历，揭露僧侣的糜烂生活。1962年完成长篇推理小说《饥饿海峡》，表明不合理的社会制度是穷人犯罪的根源。后转向女性题材的创作，《越前竹偶》(1963)描写底层妇女不幸与悲哀。这一时期亦从事剧本创作，表现出多方面的才能。中国出版有《水上勉选集》。

水上运动 aquatic sports 在水环境中，凭借人自身肢体的动作或借助于器物所进行的体育运动。分为水上竞技项目、船类竞技项目、滑水运动、潜水运动。水上竞技项目包括游泳、跳水、水球和花样游泳4项。船类竞技项目包括划船运动、赛艇运动、皮划艇运动、帆板运动、摩托艇运动。滑水运动包括水橇、滑水板和冲浪。潜水运动是运动员借助于轻便的潜水装具（如呼吸管、呼吸器、脚蹼），在水下进行的竞赛和体育活动。潜水运动在游泳池中进行的有竞速潜泳、水下橄榄球、水下曲棍球等；在自然水域中进行的有长距离蹼泳、水下定向、水中狩猎、水下摄影等。为了追求新的带有刺激性和冒险性的运动，人们把许多陆上的运动项目移植到水中进行，创造出水下、水上形形色色的新项目。

水生花卉 aquatic plant 具观赏价值的水生草本植物。多数为宿根和球根花卉。其根、茎、叶中多有相互贯穿的通气组织，以利于在水生环境下满足植株对氧的需要。除某些沼生植物可在潮湿地生长外，大多要求水深相对稳定的水体条件。水底要求富含有机质的黏质土壤。多用分株繁殖，一般于春季开始萌芽时进行。主要类别有：沼生类、挺水类、浮水类、沉水类、漂浮类。水生花卉是布置水景园的重要材料。

水松 *Glyptostrobus pensilis*; Chinese Swamp cypress 杉科水松属的一种，落叶或半落叶乔木。此属仅此一种，世界孑遗植物，中国特有树种，主要分布于广东珠江三角洲和福建中部及闽江下游海拔1 000米以下地区；四川、广西、湖北、江苏等地有栽培。木质轻软，耐水湿和耐腐，可供建筑、家具和桥梁用材；根部木质轻松，浮力大，可供制作救生圈、建筑的隔热材料；球果、树皮供制栲胶；抗风力强，是护堤防浪林和农田防护林的优良树种；树姿优美，可作庭园观赏树。树高可达40米。叶异形，或线状而扁平，或针状而稍弯，或为鳞片状。花单性同株，或雌雄花同生于一枝上，或生于邻接的枝上。球果直立、顶生，卵形或长椭圆形，种鳞木质，上下不等。种子椭圆形，褐色，有翅。水松喜光、喜温暖、潮湿环境，雨量越充沛对其生长越有利，极耐水湿，多生于河流两岸。对土壤的适应性较强，能耐盐碱土；在中性或微碱性(pH7～8)、水分充足、有机质含量高的冲积土上生长最好。育苗一般采用旱播水育法，即冬季作床播种，待苗高20～25厘米，移植于水田平床。忌死水育苗。种植2～3年内应注意保护幼树主干顶芽和除草松土。

水塔 water tower 储水和配水的高耸结构，用来保持和调节给水管网中的水量和水压。水塔主要由水柜、基础和连接两者的支筒或支架组成。

按建筑材料分为钢筋混凝土水塔、钢水塔、砖石支筒与钢筋混凝土水柜组合的水塔。水柜也可用钢丝网水泥、玻璃钢和不锈钢等材料建造。欧洲曾建造过一些具有城堡式外形的水塔。多功能的水塔在最高处设置水柜，中部为办公用房，底层是商场。亦有烟囱和水塔合建在一起的双功能构筑物。最常见的水柜形式为圆柱壳式和倒锥壳式（见图），此外还有球形、箱形、碗形和水珠形等多种。支筒一般用钢筋混凝土或砖石做成圆筒形。支架多数用钢筋混凝土刚架或钢构架。水塔基础有钢筋混凝土圆板基础、环板基础、单个锥壳与组合锥壳基础和桩基础。钢水塔应注意定期

倒锥壳式水塔

测量避雷针接地电阻。在空旷地区，较高的水塔顶端应安装航空识别的标志。

水獭 *Lutra*; otters 食肉目鼬科水獭属种类的统称。世界上共8种，广泛分布在欧亚大陆、非洲和南、北美洲的水域或湿地。体长0.5～1米，体重3～20千克；全身毛被褐色，体毛短而致密，富有光泽。鼻孔和耳道口均生有小圆瓣，潜水时能关闭以防水侵入。眼也具特殊结构，以适应光线在水中的折射。尾粗长，一般超过体长的1/2；趾间均具蹼。游泳能力强，游速快，惯于在水中追捕鱼群。栖息在河流、湖泊岸边、海岸及附近岛屿，从不远离水域。多穴居，繁殖期的洞穴多在岸边岩石缝或树根下。一般有两个洞口，其中一个开口在水下。活动范围较大，常在水质清澈或杂物少的水面觅食，以鱼蟹、蛙等为主，也吃小型爬行动物、蚌、水禽和小型哺乳动物。全年繁殖，怀孕期2～3个月，每胎产2仔。水獭毛绒丰密，常用做装饰，因此常遭滥捕，导致数量锐减，现被中国列为国家二级保护动物。

水体自净 water body, self-purification of 广义的指受污染的水体在物理、化学、生物等作用下，污染物浓度逐渐降低，经一段时间后恢复到受污染前的状态；狭义的指水体中微生物氧化分解有机污染物而使水质净化的作用。水体自净的机理包括稀释、扩散、挥发、沉淀等物理过程，氧化、还原、吸附、凝聚、中和等化学和物理化学过程以及生物化学过程。①物理净化过程。污水或污染物排入水体后，可沉性固体逐渐沉至水底形成污泥。悬浮体、胶体和溶解性污染物则因混合稀释而逐渐降低浓度。②化学净化过程。化学净化过程中化学反应的产生和进行取决于污水和水体的具体状况。如在一定条件下，水体中难溶性硫化物可氧化为易溶性的硫酸盐；可溶的二价铁、锰的化合物可转化为几乎不溶解的三价铁、四价锰的氢氧化物而沉淀下来。③生物净化过程。悬浮和溶解于水体中的有机污染物，在有溶解氧时会因需氧微生物的作用，氧化分解为简单的、稳定的无机物，如二氧化碳、水、硝酸盐和磷酸盐等，使水体得到净化。在此过程中，要消耗一定量的溶解氧。溶解氧的变化状况反映水体中有机污染物净化的过程。但在无氧的情况下，水中有机物因厌氧微生物的作用进行厌氧分解，产生硫化氢、甲烷等，水体非但不能净化，反而变坏，腐化发臭。

水土保持 water and soil conservation 防治水土流失，保护、改良与合理利用山区、丘陵区和风沙区水土资源，维护和提高土地生产力，以利于充分发挥水土资源的经济效益和社会效益，建立良好生态与环境的综合性科学技术。

沿革 在古代，人类早已结合农业生产开始水土保持工作，中国商代已创造了防止坡地水土流失的区田法。此法颇似当今干旱地区采用的掏种法和坑田法。公元前6世纪楚国令尹已在今淮河流域建成历史上有名的陂塘。战国末期（前3世纪），中国农民根据当时耕地向山区、丘陵区扩展的客观需要，创造了不少坡地保水抗旱栽培经验，如圳田法、高低畦种植法等。在西汉时坡地上已出现雏形梯田。战国魏文侯和魏襄王时邺令曾引漳灌邺（治今临漳西南20千米的邺镇），引洪淤灌并改良大片盐碱滩地，使之能生长稻粱。清代已开始打坝淤地，并对黄土高原的水土流失起汰沙澄源的作用。在水土保持造林种草方面中国也有着悠久的历史。西周已采用封山育林方法在山区大面积恢复植被，保持水土。东汉时期已十分重视在水土流失较为严重的荒山、荒坡造林，防止水土流失。历代有不少学者或官吏提出许多重要的水土保持理论。西周《吕刑》一书中就有“平治水土”的记载。涉及水土保持理论的文献最早见于东周的《国语》。古代有不毁坏山陵，不垫高沼泽，不在河流修堤防，不进行沼泽排水的说法，对保护森林和保持水土起了一定的作用。东汉王充在《论衡》一书中总结了合理利用山地及荒山、荒坡造林的经验。1743年御史胡定提出在山西和陕西的溪涧筑坝淤地，保持水土以治黄河，但未能实行。此外，至今对水土保持工作仍有重要意义的古代水土保持理论还有：“森林抑流固沙”、“沟洫治黄”、“人人治田，则人人治河”、“治水先治源”等。

世界其他国家水土保持工作的发展特点与各国自然条件及社会经济密切相关。欧洲文艺复兴以后，滥伐森林而引起山地荒废。为此，阿尔卑斯山区各国实施了森林恢复工程，取得了一定的成效。奥地利1884年制定了世界上第一部《荒溪治理法》，总结出一套完整的防治荒溪侵蚀的森林措施和工程措施体系。1886年，日本明治维新以后，以日本关东山洪及泥石流灾害为契机，在原有治水在于治山的传统思想基础上，创立了具有日本特色的防沙工程学，相当于水土保持工程学。另外，随着土壤科学及山地农业开发利用技术的发展，形成土壤侵蚀及其防治学。20世纪30年代，美国农学教授H.H.贝内特创立了以保护、改良与合理利用耕作土壤为中心的土壤保持学。美国水土保持事业的发展与大面积开垦天然草原和原始森林而引起严重水土流失有密切的关系。1935年美国国会通过《水土保持法案》。苏联学者在1917年以后，继承了V.V.多库恰耶夫、P.A.科斯特切夫和B.P.威廉斯等人景观学说的思想体系，创立了农地森林改良气候土壤学、水利改良土壤学及农业改良土壤学，体现了采用综合措施改良土壤，维护与提高土地生产力的观点。这些理论在40年代以后指导了苏联种植护田林带、实施草田轮作、建造池塘和水库，以保证苏联欧洲部分草原地区和森林草原区农业稳定丰产计划的实施。

中华人民共和国建立后，1952年政务院发出《关于发动群众继续开展防旱、抗旱运动并大力推行水土保持工作的指示》。1956年成立了国务院水土保持委员会。1957年国务院发布了《中华人民共和国水土保持暂行纲要》。1964年国务院制定了《关于黄河中游地区水土保持工作的决定》。1965年成立黄河中游水土保持委员会。1982年国务院批准发布了《中华人民共和国水土保持工作条例》。1991年颁布了《中华人民共和国水土保持法》，使中国水土保持步入了依法防治的轨道。1998～2000年国务院先后批准实施了《全国生态环境建设规划》、《全国生态环境保护纲要》，对21世纪初期的水土保持生态建设作出了全面部署，并将水土保持生态建设作为中国实施可持续发展战略和西部大开发战略的重要组成部分。近年来，在长江上游、黄河中游以及环北京等水土流失严重地区，实施了水土保持重点建设工程、退耕还林工程、防沙治沙工程等。同时，注重安排生态用水，在塔里木河及黑河流域下游和扎龙湿地成功地实施了调水，对于改善生态与环境，恢复沙漠绿洲，遏制沙漠化起到了积极作用。至2009年，全国累计治理水土流失面积104.5万平方千米。黄河中游地区经过多年的连续治理，每年减少入黄河泥沙3亿吨。基本解决了水土流失治理区群众的温饱问题，生态效益、经济效益和社会效益都十分显著。

水土保持事业的发展推动了科学研究工作的发展。早在20世纪初期，在西方现代科学技术的影响下，中国也开始水土保持的科学研究工作。30年代，许多土壤工作者结合土壤调查，曾对全国各地的土壤侵蚀现象和防治方法进行了研究。1940年黄河水利委员会的科技人员针对治黄工作，提出了防治泥沙问题，并成立了林垦设计委员会，推动水土保持林营造工作。同年8月林垦设计委员会改名为水土保持委员会。在甘肃平凉、清水等地设立了林草种苗繁殖场。1941年以后，先后在甘肃天水、陕西长安、福建河田等地建立了水土保持实验区，有的农林院校设置了水土保持系。1943年、1945年又先后在黄河中上游和西南各省进行水土保持考察。这些水土保持机构曾引种了一些国内外的优良树种与草种，并应用现代化科学方法对水土流失规律、水土保持措施及其效益进行试验研究，取得了一些成果。在人才培训方面，北京林学院（今北京林业大学）于1958年成立了水土保持专业，1980年成立水土保持系，1992年成立水土保持学院。1983年以后，西北林学院、江西水利高等专科学校、内蒙古林学院等院校也相继建立了水土保持系或专业。

研究内容　主要有：①水土流失的形式、分布与危害。②水土流失规律与水土保持原理。③水土资源评价方法及水土保持规划。④水土保持措施。⑤水土保持效益。包括生态效益、经济效益。⑥水土保持法规及管理。

治理原则　各项技术措施规划与设计应当遵循的原则有：①把调节地表径流、减小坡地径流损失放在首位。②提高土壤的抗蚀性。③增加植被覆盖度，提高植被的防护作用。④对于已受侵蚀的土地，除防止进一步侵蚀外，要辅以土壤物理化学性质改良措施，提高土壤肥力，把土地的保护与改良结合起来。⑤开展小流域综合治理。⑥因地制宜进行水土流失综合治理措施体系的规划和设计。⑦优化选用生态经济效益优良的方案。

展望　防止水土流失，保护、改良与合理利用现有的水土资源。要在发展山丘区和风沙区经济的过程中，特别注意防止新的水土流失，采用农业集约经营措施，防止现有耕地退化。水土保持在建立人工生态系统，维持生态平衡方面，也发挥日益重要的作用。在小流域综合治理中，对水土资源保护、改良与合理利用，与其他自然资源的保护与合理利用更紧密地结合起来。在水土流失综合治理实践中，要求更多地引进新技术。

水土流失　water and soil loss　在水力、风力、重力等外营力作用下，山丘区及风沙区水土资源和土地生产力的破坏和损失。包括土地表层侵蚀及水的损失，又称水土损失。土地表层侵蚀指在水力、风力、冻融、重力以及其他地质营力作用下，土壤、土壤母质及其他地面组成物质如岩屑损坏、剥蚀、转运和沉积的全部过程。水的损失一般是指植物截留损失、地面及水面蒸发损失、植物蒸腾损失、深层渗漏损失、坡地径流损失。在中国水土流失概念中水的损失主要指坡地径流损失。

水的损失过程与土壤侵蚀过程之间，既有紧密的联系，又有一定的区别。水的保持与土壤保持具有同等重要的意义。

水土流失的形式　包括水的损失及土体损失（又称土壤侵蚀）。土体损失又可分为水力侵蚀、重力侵蚀、混合侵蚀、风力侵蚀及化学侵蚀等形式。

影响因素　有自然因素和人为因素。

自然因素　包括降水、地形、土壤、地质、植被、风等方面。①降水。包括降雨和降雪。降水对水土流失的作用主要取决于年降水量、降水量的年内分布、降雨强度及一次降雨量。②地形。地形坡度越陡，地表径流愈多，流速愈大，水土流失也愈严重。此外，阳坡光照强，蒸发量大，土壤水分少，植物生长不良，土壤流失严重；阴坡一般蒸发量小，土壤含水量大，植被覆盖好，不易发生水土流失。③土壤。土壤抗蚀力取决于土壤种类和土壤结构。④地质。成土母质的性状影响水土流失。基岩的岩性及其风化程度等对水土流失均有影响。在冷热变化条件下，岩石容易崩解，造成水土流失。此外，在岩层倾斜、土层又薄的条件下，容易发生滑坡。⑤植被。植被覆盖率越高，水土流失越轻微。⑥风。风蚀与水蚀不同，虽也受地貌条件的影响，但不以分水线为界。风蚀的强弱，取决于风速和土壤表面的粗糙度、土壤质地、水分和其他物质的影响。

人为因素　主要表现在以下几个方面：①乱砍滥伐，毁林毁草。②滥垦滥牧，陡坡开荒种地。③不合理的耕作技术，例如顺坡耕种、顺坡开垄。④开矿、筑路、修水利、建水电站以及其他基本建设，因破坏地表植被、随意倾倒废土矿渣，不采取相应的水土保持措施。⑤挖掘根用药材如人参、当归、地黄、大黄、甘草等，且不回填土坑。⑥农村掏矿、开石、挖瓷土等副业生产，挖后不填坑，缺少必要的水土保持措施。⑦在坡地全面整地造林和烧山整地造林或幼林、经济林林地管理不善。⑧铲草皮积肥或作燃料。

分布与危害　目前全世界土壤侵蚀面积已达2 500万平方千米，占全球陆地总面积的18.5%。全球年土壤侵蚀总量约600亿吨，其中由河川输移入海的泥沙约200亿吨。全世界每年因土壤侵蚀而退化的土地为5万～7万平方千米。根据2000年公布的全国第二次遥感调查结果，中国水土流失面积达356万平方千米，占国土面积的37%。其中水力侵蚀面积165万平方千米，风力侵蚀面积191万平方千米，在水蚀和风蚀面积中，水蚀风蚀交错区面积26万平方千米。每年流失的土壤总量达50亿吨。长江流域年土壤流失总量24亿吨，其中上游地区达15.6亿吨；黄河流域黄土高原区每年进入黄河的泥沙多达16亿吨。中国水土流失面积分布很广，主要有四个地区：①西北黄土地区。这个地区位于太行山以西，日月山以东，陕北长城以南，秦岭以北，称为黄土高原。它的面积约58万平方千米，其中水土流失面积43万平方千米。这不仅给黄土高原的农、林、牧业生产造成很大损失，也给黄河的开发利用带来很大困难。黄土高原按照水土流失类型和侵蚀地貌特征等因素，又可分为黄土丘陵沟壑区、黄土高原沟壑区、黄土阶地区、土石山区、风沙区等。②南方红壤丘陵山区。主要分布在南方12省、自治区，水系为长江流域和珠江流域，即热带、亚热带地区。植被较好，有亚热带常绿阔叶林、热带季雨林和雨林。土壤主要为红黄壤。这个地区人多、耕地少，山大坡陡，雨量充沛，多暴雨，植被一旦破坏，在高雨量的冲击下，就会产生严重的水土流失，土壤肥力下降，大幅度减产。红黄壤丘陵山区又可按母质侵蚀程度分为花岗岩侵蚀区及紫色页岩侵蚀区。③东北黑土漫岗丘陵地区。分布在黑龙江流域和松花江流域。黑土土质肥沃，宜于作物生长。但是由于不合理的人为活动，水土流失也十分严重。④华北土石山区。包括北方的土石山区，如太行山、五台山、燕山、沂蒙山等，水系为海河及淮河流域。海河流域山区面积约占流域面积的53.2%，丘陵山区大都是光山秃岭，植被稀少，尤其以永定河流域植被为最少。加之山高坡陡，降雨集中，降雨强度大，水土流失较严重。海河水系每年平均总输沙量约1.6亿吨，官厅水库至今已淤积库容的25%。

水团　water mass　源地和形成机制相近，具有相对均匀的物理性质、化学性质和生物特征，且有大体一致的变化趋势，而与周围海水存在明显差异的宏大水体。海洋中绝大多数的水团都是先在表层获得初始特征，然后逐步发展形成的。

在中纬度海区，沿铅直方向可将海洋

分成表层、次表层、中层、深层和底层5个基本水层。每个基本水层在各大洋的不同海域，可再分成几个不同的水团。中纬度海域的表层水团具有很大的季节变化。次表层厚度一般为200～300米，其中的水团可分成中央水团、亚南极水团和亚北极水团3类。中层水团分布于次表层之下深达1 000～1 500米的水层之内。深层水团位于中层水团之下至4 000米深的范围内。大洋底层水团主要是在南极大陆架海区形成的南极底层水团散布的结果。在浅海区域，水团变性特别强烈。

水豚 *Hydrochoerus hydrochaeris*; capybara 啮齿目水豚科的唯一种。因体形似猪且水性好得名。仅分布于美洲巴拿马运河以南地区。躯体巨大，长1～1.3米，肩高0.5米左右，体重27～50千克；体背从红褐到暗灰色，腹黄褐色，面部、四肢外缘与臀部有黑毛。体粗笨，头大，颈短，尾短，耳小而圆，眼的位置较接近顶部，鼻吻部异常膨大，末端粗钝。雄性成体的鼻吻部有一高起的裸露部位，内有肥大的脂肪腺体。上唇肥大，中裂为两瓣；前肢4趾，后肢3趾，呈放射状排列，趾间具半蹼，适于划水，趾端具近似蹄状的爪；雌兽有4对乳头。

常栖息于植物繁茂的沼泽地中。多以家族集群，每群不超过20头。喜晨昏活动，但由于人类的猎杀，多转为夜间活动。不挖洞穴。主要以野生植物为食，有时混在家畜群中吃牧草，偶尔也吃水稻、甘蔗、各种瓜类或啃咬小树嫩皮。常站在齐腰深的水中吃水生植物。性喜静，不爱戏耍。行动迟缓，但遇到危险则迅速跳进水中逃避。善游泳和潜水，游泳时仅鼻孔、眼、耳露出水面；在水下能潜游较远距离，或将鼻孔露出水面，长时间隐匿在水生植物中不动。

每年繁殖1次，妊娠期100～120天，产2～8仔，初生仔重约1千克。寿命8～10年，人工饲养可活12年。主要天敌为美洲豹和鳄。肉可食用，皮下脂肪含碘量较高，可做药用。

水位 water level 水体在某一地点及某一时刻的水面离标准基面的高度。标准基面有两类：一为绝对基面。指国家规定的、作为高程零点的某一海平面，其他地点的高程均以此为起点。中国规定黄海基面为绝对基面。另一种为假定基面。指为计算水文测站水位或高程而暂时假定的水准基面。常采用河床最低点以下一定距离处作为本站的高程起点。常在测站附近没有国家水准点，或者在一时不具备条件的情况下使用。水位可用各式水尺或自记水位计观测、记录。水位资料直接应用于水利工程建设，还应用于水文预报和水面比降的研究。

水文测站 hydrometric station 经常收集和提供固定地点一项或多项水文资料的工作单元，也是进行水文观测的基层单位。

分类 按照测验工作内容，可以将测站主要分为5类：①水文站。观测水位、流量，或兼测泥沙、水质、蒸发等其他项目。②水位站。只观测水位，或兼测降水量。③雨量站。只观测降水量。④实验站。有实验研究任务的站。⑤地下水观测井。主要观测地下水相关水文要素。

中国基本水文测站情况

站类	水文站	水位站	雨量站	水质站	地下水观测井	实验站
站数	2 951	1 244	14 602	5 668	12 683	51

另外按测站性质分为基本站和专用站。基本站组成基本水文站网（简称基本站网）。在中国，水文站网主要指基本站网。专用站网是为某项工程或某专门目的而设立的，不具备或不完全具备基本站的特点。

现状 世界流量站网以欧洲站网最密，平均密度为8.6千米^2/站；中北美洲次之，为1 491千米^2/站；非洲最小，为6 207千米^2/站；美国流量站达16 500处，密度为570千米^2/站，英国流量站达1 200处，密度为187千米^2/站；日本流量站达2 000处，密度为185千米^2/站。世界雨量站网，密度也以欧洲最大，平均达122千米^2/站；西南太平洋次之，平均为613千米^2/站；非洲最稀，平均为1 600千米^2/站。站网的发展水平、站网的密度大小在一定程度上反映了各大洲及一个国家的经济发展状况。

中国在战国时代在都江堰立石人观察水面高低，为最早的水位站。至1937年，有水文站403处（缺台湾省数字，下同），其后受战争影响大部破坏。中华人民共和国建立后，站网迅速发展。1956年进行了全国水文站网规划，除边远地区外，所规划的站网于1959年基本建成，设有水文站2 995处。截至2008年年底中国基本水文测站情况见表。

水文地理学 hydrogeography 研究地球表面各类水体性质、形态特征、变化和时程分配以及地域分异规律的学科。是地理学，也是水文学的分支学科。

水文地理学的研究对象分为陆地水和海洋两个方面。陆地水文是研究陆地上各种水体及其在具体地区的综合特征和时空分布规律，以及人类活动对水文情势的影响或水文效应。海洋水文地理从事海洋水文气象情势、海洋分区等研究。水文地理学的传统研究手段是查勘和制图，现已经广泛应用遥感方法、地理信息系统、全球定位系统技术，进行各种水体及环境条件方面的水文地理查勘。数理方法和计算机数值模拟技术的应用，使水文地理研究的精度大大提高。水文地理研究资料除了取自水册或水文年鉴外，现已广泛应用水文实验观察方法来加强水文地理规律性的研究。综合气候、地质、地貌、土壤、植被等自然地理要素，对水文地理现象作全面的分析的水文地理综合法，是一种新的研究途径。全球变化和人类活动对水循环的影响，导致水文地理学研究内容的拓宽和深入。对水资源的需求促进了水文地理学的研究发展。现在世界各国陆地水体已明显地受到人类活动的影响，如污染、大型水利设施、城市化等对水循环过程的影响，都是水文地理研究所面临的新挑战。可以预见，对水、生态、环境与人的关系的研究和水资源合理开发利用的综合研究，将是未来水文地理学研究的两个重要任务。

水文地质学 hydrogeology 研究地下水的形成及其在岩石圈、水圈、大气圈、生物圈和人类活动的相互作用下，水量和水质随空间和时间变化的规律以及合理开发利用等问题的学科。

水文地质学是从寻找和利用地下水源开始发展的，围绕实际应用逐渐开展了理论研究。已形成一系列分支，主要有：①地下水动力学。研究在天然条件下和人为因素影响下地下水的运动规律，以及定量评价地下水的水量和水质的计算方法；研究在各种条件下的数学模型及其解法、水文地质参数的确定和室内试验等。②水文地球化学。研究地下水化学成分的组成和变化规律，地下水污染形成机制和污染物在地下水中的迁移和变化，地下水与矿产形成和分布的关系。③区域水文地质学。研究地下水区域性分布和形成规律，以指导进一步的水文地质勘查研究，为解决国民经济区划中开发利用各种类型地下水资源提供水文地质依据。④环境水文地质学。研究在天然条件和人为活动影响下地下水水质、水量的变化，与人类的生活和生产发展的相互影响与相互制约的关系，以达到改善环境、消除负面效应的目的。⑤矿床水文地质学。研究矿床开采中有关的水文地质问题，查明矿坑水的涌水途径和来源，预测矿坑涌水量，提出防治措施。⑥农业水文地质学。研究为农田灌溉寻找地下水源，以及为防治土壤盐碱化和沼泽化进行水文地质论证。⑦供水水文地质学。研究和寻找地下水供水水源地，查明含水层分布及埋藏条件，进行水质和水量评价，合理开发利用并保护地下水资源，按含水系统进行科学管理。⑧古水文地质学。研究地质历史时期地下水的形成、埋藏分布、循环和化学成分的演化等，据此分析古地下水的起源与形成机制，阐明与地下水有关的各种矿产的形成、保存与破坏条件等问题。⑨水文地质普查勘探。为查明一个地区的水文地质条件和地下水的开发利用及有关地质问题，运用各种技术手段进行的水文地质调查工作。

地下水的形成和分布与地质环境有密切联系，所以水文地质学和岩石学、构造地质学、地史学、地理学、地貌学、第四纪地质学、地球化学等关系密切。由于地下水参与**水循环**，一个地区水循环的强度与频率，决定着地下水的循环补给状况，所以水文地质学与水文学、气象学、气候学也有着密切关系。地下水运动的研究是以水力学、流体力学理论为基础，水文学的许多方法可用于水文地质学。水文地质学的发展与环境科学、新技术科学的关系越来越紧密。

水文学 hydrology 研究地球上水的时空分布、运动规律并应用于水资源开发利用与保护的科学。地球表面以各种形态存在的水体共同形成了**水圈**，与**大气圈**、**岩石层**和**生物圈**密切相连，相互作用，因而水文学是地球科学的一部分。地表各种水体均通过蒸发、水汽输送、降水、**径流**等水文要素的紧密联系，相互转化，并渗透到地球的各个自然圈层，水循环是水文学研究的核心内容。水文规律是水资源的开发利用与保护的主要依据，水文学和水资源学研究内容上互相交叉，同属于水利科学。

分类 作为地球科学的一部分，水文学可分为陆地水文学与海洋水文学两大部分，通常所称的水文学指陆地水文学。传统的水文科学按所研究的水体划分分支学科，如河流水文学、湖泊水文学、沼泽水文学、冰川水文学、雪水文学和地下水文学。对一些特殊自然条件还建有特殊的分支，如森林水文学、小岛水文学等。此外，研究水在特定的地理环境中的作用时，水文科学与自然地理学交叉形成了区域水文学，如山坡水文学、干旱区水文学、岩溶水文学，以及区域类比研究的比较水文学等分支学科。作为应用科学，水文学又分：工程水文学、生态水文学、农业水文学、土壤水文学、森林水文学、都市水文学等。随着现代科学技术的发展，边缘学科向水文学科领域的渗透，相关水文分支学科也正在逐步形成。如随机水文学、模糊水文学、灰色系统水文学、环境水文学等。

研究方法 水文测验是水文学研究的基础，其目的是获得水文资料。水文资料主要包括降雨量、降雪量、蒸发量、河流的水位、流量、含沙量、污染物质、湖泊与水库的水位、水质、淤积量等。获取水文资料的手段，一种是设立经常或临时的水文站，用水文仪器进行定点观测；另一种是应用现代信息技术，如卫星和航空遥感技术等。

传统的水文学研究方法主要有成因分析法、数理统计法和地理综合法三种。近几十年来，雷达测雨、中子测土壤含水、放射性示踪测流、卫星遥感传递资料等现代技术已经融入水文学的综合研究中，为水文及水文过程环境信息的采集与处理提供了新型手段，有力地促进了现代水文学的发展。

水文规律 常分为物理规律与统计规律。水文现象的物理规律包括地球上各种水文循环与水平衡，流域上的产流、产沙、汇流过程以及人类活动对水环境的影响等。实验方法与模拟方法是研究物理规律的主要手段。水文现象的统计规律包括各种水文特征值的统计特性。主要的水文特征值有平均降水、特大暴雨、特旱雨情、平均径流、特大洪水的流量与水位、特枯季节的流量与水位等，主要的统计特性有均值，出现某特征值的概率以及概率的分布等。在水利工程的规划、设计与管理工作中，水文特征值的统计特性是决策的重要依据。

物理规律与统计规律是不可分割的，水文现象表现在因果关系方面遵循物理规律，表现在数量概率方面形成统计规律。且水文学是地球科学，无论是物理的或统计的规律都与地理条件有关，湿润地区与干旱地区不同，山地与平原不同。在水文学的研究中，有许多区域规律的内容。

在水利科学中的作用 作为水利科学的基础科学，水文学要解决水资源利用中一系列的水文问题，主要有：①水资源评价。为水的开发利用提供依据。②水文计算。为水利枢纽和水工建筑物设计提供水文标准与控制条件。③水文预报。④水资源规划与保护。为合理开发利用水资源，防止水土流失、水源污染提出水文数据。

水文预报 hydrological forecast 对未来水文情况作出科学预测并发布预报的技术与作业。属应用水文学的一个分支，直接为防洪减灾、水资源合理利用与保护、水利工程建设与管理以及工农业生产服务。

预报分类 水文预报按其预报的项目分为：①洪水预报。主要预报暴雨洪水、融雪洪水的洪峰水位（或流量）、洪峰出现时间、洪水涨落过程和洪水总量等。②枯季径流预报。主要预报枯季径流量、最低水位及其出现时间等。③墒情预报。预报农作物生长所需的墒情。④地下水位预报。预报地下水蓄量及水位升降等。⑤冰情预报。主要预报流凌、封冻、解冻、冰厚、冰坝、开河等多种冰情的发生发展过程。⑥融雪径流预报。预报融雪产生的总水量及洪水变化过程。⑦沙情预报。是根据河流的水沙相关关系，结合流域下垫面因素，预报年、月和一次洪水的沙量及其过程。⑧台风暴潮预报。包括风暴潮增水及最高潮位变化等。⑨水质预报。包括水质状况及稀释自净能力的分析计算和预测等。

预见期 水文预报按预见期的长短，分为短、中、长期预报。预见期就是指预报发布时刻与预报要素出现时刻之间的时距。预见期随水文预报方法不同而异。习惯上，把主要根据水文要素作出的预报称为短期预报，把包括气象预报性质在内的水文预报称为中长期预报。通常根据河段洪水波运动原理所作的短期水文预报，精度一般较高，而长期水文预报，精度相对较低。

技术方法 短期水文预报多应用有一定理论基础的经验性方法。如河道洪水预报是根据描述天然河道洪水波运动原理的圣维南方程，加以简化求解，或建立经验相关，预报下游河道的水情。暴雨径流预报是根据暴雨径流形成原理，通过经验统计关系分析或水文预报模型计算其产流和汇流过程，对暴雨形成的洪水过程进行预报，在产流方面常用降雨径流相关图（见图）。冰情预报是根据热力学和水力学原理，研究大气与水之间热交换作用，探求指标或建立经验相关图进行流凌、封冻、冰厚、解冻等预报。台风暴潮预报是根据气象学、天文学、海洋学、海流动力学理论，分析建立经验方程或模型预报最高潮位等。中长期预报方法除水文学方法外，另外还有大气学方法和统计学方法。近年除继续研究各类水文预报模型及其参数优化方法外，

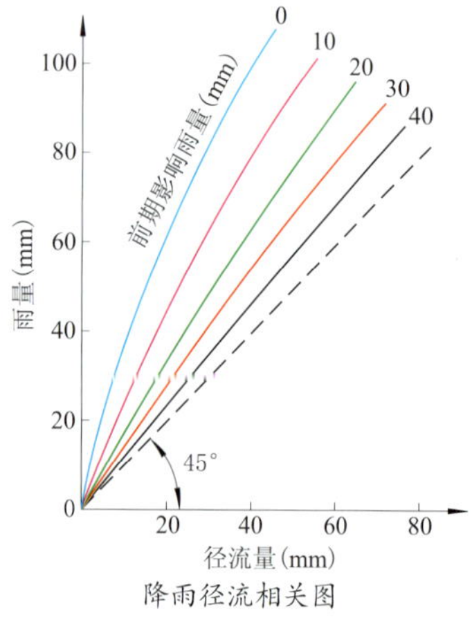

降雨径流相关图

还在研究发展功能齐全、通用性好、自动化程度高、使用方便的水文预报系统。

水污染 water pollution 由于人类活动或自然因素的原因，使水的感官性状（即色、嗅、味、浊度）、物理化学性质、化学成分、生物组成以及底泥（沉积物）等发生异常变化。根据污染物的不同分为以下三大类。

化学性污染 化学物品造成的水体污染。造成水体化学性污染的具体污染杂质可分为六类：①无机污染物质。酸、碱和一些无机盐类。②无机有毒物质。主要是重金属等。③有机有毒物质。主要是各种有机农药、多环芳烃、芳香烃等。④需氧污染物质。生活污水和某些工业废水中所含的碳水化合物、蛋白质、脂肪和酚、醇等有机物质可在微生物的作用下进行分解，分解过程中需要大量氧气。⑤植物营养物质。主要是生活与工业污水中含氮、磷等的植物营养物质，以及农田排水中残余的氮和磷。⑥油类污染物质。主要指石油对水体的污染，尤以海洋采油和油轮事故污染最甚。

物理性污染 包括：①悬浮物质污染。悬浮物质指水中含有的不溶性物质，包括固体物质和泡沫塑料等。②热污染。来自各种工业过程的冷却水，未经处理直接排入水体，引起水温升高、溶解氧含量降低、水中存在的某些有毒物质的毒性增加等现象。③放射性污染。由于原子能工业的发展、放射性矿藏的开采、核试验和核电站的建立，以及同位素在医学、工业、研究等领域的应用，使放射性废水、废物显著增加，造成放射性污染。

生物性污染 主要指生活污水，医院污水，屠宰、制革、洗毛、生物制品等工业废水污染水体后，往往带入一些病原微生物。某些原来存在于人畜肠道中的病原细菌，都可通过人畜粪便等进入水体，随水流动而传播；一些病毒也常在污染水中出现；某些寄生虫病也可通过水进行传播。

水螅虫纲 Hydrozoa 刺胞动物门一纲。一般分为6个目：水螅虫目、多孔螅目、柱星螅目、硬水母目、管水母目和辐螅目。约有3 000种。分布广泛，从赤道到两极、从潮间带到8 300米的深海底均可见。大部分为海生，如筒螅属、薮枝螅属、多孔螅属和僧帽水母属等；少数栖于淡水，如水螅属、桃花水母属等。水螅虫纲大都有世代交替现象，少数种类只有水螅型时期或水母型时期。水螅型时期一般为群体，少数是单体，营底栖固着生活。典型的水螅体可分为三部分：附着的基底，通常称为水螅根；基底上的柄，称为水螅茎；水螅茎上端延长扩大的部分，称为芽体或水螅花，其顶端有口，周围有触手。以出芽的方式进行无性生殖，并常借以形成群体。水母型小而透明，呈伞形，营漂浮生活，伞径多数在几厘米以下。大多数水母体是雌雄异体，生殖腺在辐管下面或垂管上。在很多情况下，水母型个体并不脱离水螅型亲体，仍能产生有性生殖的个体。

水系 drainage network 流域内具有同一归宿的水体所构成的水网系统。组成水系的水体有河流、湖泊、水库、沼泽等。河流是水系的主体，单一由河流组成的网络系统又称河系。以海洋为归宿的水系称外流水系；没有出海口的水系称内陆水系，多注入湖泊、沼泽或消失于沙漠。外流水系一般按干流名称命名，如长江水系；内陆水系则多以地域名称命名，如中国新疆的塔里木水系。一般认定河道最长、水量最大的河流为干流。支流则分多级：直接注入干流的河流为一级支流，流入一级支流的河流为二级支流，依此类推。水系按形状分为树枝状水系、辐合状水系、放射状水系、平行状水系、格子状水系和网状水系等。

水下考古 underwater archaeology 考古学分支学科。对淹没于江河湖海的古代遗迹和遗物进行调查、勘测和发掘，是田野考古向水域的延伸。历史上，由于地震、火山

考古队员进行水下绘图作业

喷发、海啸等自然灾变，一些位于水边的居址、港口、墓葬等沉没于水中；在一些古代航线下，遗存大量古代沉船和文物，这些都是水下考古的研究对象。水下考古除发掘水下的古代遗址、打捞沉船和水下文物外，还研究古代造船术、航海术、海上交通和贸易等。水下考古需要海洋勘探技术、潜水工程技术等相关学科的技术支持。

19世纪中叶，随着瑞士湖上居址的确认并进行水下古代遗迹的科学调查和发掘，标志着水下考古学的确立。但直到1943年法国海军发明水中呼吸器，才具备进行水下考古的基本条件。中国的水下考古工作于20世纪80年代中期起步。近年，在渤海、黄海、东海、南海四大海域进行多项水下沉船遗址及其他水下文物遗迹的调查、发掘工作。

水下摄影 underwater photography 摄影类型的一种。使用专用的水下照相机、摄像机在水下进行拍摄。又称潜水摄影、水中

托尼·弗里赛尔的作品《水下模特》

摄影。水下摄影使人们可以通过高质量的水底摄影图片，欣赏到独特的水底光影效果和水底世界之美。水下摄影还可以为海洋资源的开发，收集第一手的照片资料，供学者、专家研究，同时也是水下工程、沉船打捞时不可缺少的辅助手段。

最早开始尝试水下摄影的是英国摄影师W.汤普森。他发明了最早的水中拍摄装备，1856年曾试图在水下为一艘潜艇拍照，但未成功。第二次有记录的海底拍摄是1866年法国摄影家巴辛拍摄的沉船资料。直到1893年法国的动物学教授L.布顿才开始对潜水摄影进行深入研究。布顿发明了水下闪光灯，1895年用其拍摄到一批游鱼的照片。

水下摄影取得重大发展是在1913年，美国人J.E.威廉逊研制出大型金属管及耐压球体，人与器材全可进入，滴水不入，气压正常，可长时间工作。威廉逊利用这一设备拍了《海底两万里》。此后，水下摄影设备日臻完善。1953～1954年，美英开始在水下大规模拍制全本彩色电影。1955年完成的电影《静寂的世界》，使得数以百万的观众可以从影片看到海底的奇景。

近年来，由于数码照相机和数码摄像技术的发展，涌现出各种不同的深海、浅海数字照相和摄像系统，有相当高的自动化程度和图像存储、传输能力，配置于各种有缆水下潜器或无缆水下潜器。水下摄像已成为水下潜器的基本配置，用以获取海中生物、水产、地质海洋工程或深海热液图像信息的主要手段之一。

水下实验室 underwater laboratory 设于海底供科学工作者、潜水员休息、居住和工作的活动基地。又称水下居住舱。通常由水面补给系统、人员运载舱和工作室三部分组成。外部一般附有高压气瓶、压载水舱和固体压载等。通过压载水舱注水或排水使实验室下潜或上浮。实验室的电力、呼吸气体、淡水和食物，都由陆上、补给船或补给浮标等补给站通过“脐带”供应。

水下实验室的设想是20世纪20年代提出的。1962年，美国的“海中人-1”号和法国的“大陆架-1”号水下实验室率先在

地中海试验。到1977年1月，苏联的“底栖生物-300”号水下实验室，作业深度已达300米，自持力14天，可容纳12名乘员。当代水下实验室的下潜深度可超过300米，在没有补给的情况下，作业期限通常为两周，最长可达百余天。

水仙 *Narcissus* 石蒜科水仙属植物的统称。多年生球根花卉。狭义的水仙仅指中国水仙。全属约30余种。原产北非、中欧和地中海沿岸，而以地中海沿岸为分布中心。中国水仙系从地中海区域传入，漳州水仙和崇明水仙驰名中外。

水仙属植物地下部分具肥大的鳞茎，多为卵圆形或球形，并有明显的颈部，外被不同深浅的褐色膜质鳞片。叶茎生，直立而扁平，阔线形。花单生或顶生伞形花序，具芳香。花黄色、白色或晕红色，侧向或下垂开放。习见的栽培种类主要有中国水仙（水仙花）、喇叭水仙（洋水仙）、丁香水仙（黄水仙）、仙客来水仙。

性喜温暖湿润阳光充足的环境。多数种类较耐寒，在中国华北地区稍加保护可露地越冬。对土壤适应性较强，除重黏土及砂砾地之外，均可生长。以分生繁殖为主。

水仙适宜在室内案头、窗台点缀，且是很好的地被花卉，也可布置于早春花坛、花境。中国水仙鳞茎可入药，花朵可提取香精。

水相有机反应 aqueous organic reaction 以水或含水有机溶剂为介质的有机反应。水相有机反应的研究是绿色合成化学的重要组成部分。水是人类生命存在的基础，对环境是最友好的。水相有机反应有许多优点，如操作简便，通过简单的相分离即可得到产物；水作为反应介质还具有安全（没有有机溶剂的易燃、易爆等问题）、资源丰富、成本低廉等优点。在有机合成方面，以水为反应介质，可以省略许多诸如官能团的保护和脱保护等反应步骤。

许多有机金属试剂和路易斯酸对潮气很敏感，遇水易分解，在进行相关的有机反应时需要严格地除水和隔绝空气的操作。随着水相反应研究的深入，发现某些有机金属化合物和路易斯酸催化剂在水中是稳定的，并能保持催化反应的功能。已见报道的水相有机反应类型很多，包括水相的狄尔斯-阿尔德反应、亲核取代、加成反应、氧化还原反应、不对称反应等。水相有机反应在药物合成、精细化学品合成、石油化学品和农业化学品的合成，以及高聚物和塑料的合成等方面都有广阔的应用前景，已有数个水相反应实现了工业化。

水星 Mercury 太阳系八行星之一。距太阳最近。中国古代称辰星，西汉之后始称水星。最亮时的亮度可达-1.9视星等（见星等）。水星与太阳之间平均距离为0.387 1天文单位（AU）。水星的轨道偏心率e较大，为0.21。与太阳距离的变化幅度是：近日距接近0.31AU，远日距接近0.47AU。由于离太阳的距离近，与太阳的角距离最大也不超过28°（见图）。它的反照率只有0.06，在四个类地行星（水星、金星、地球和火星）中是最小的。水星是内行星，用望远镜观测可见到有如类似月球的相位变化。

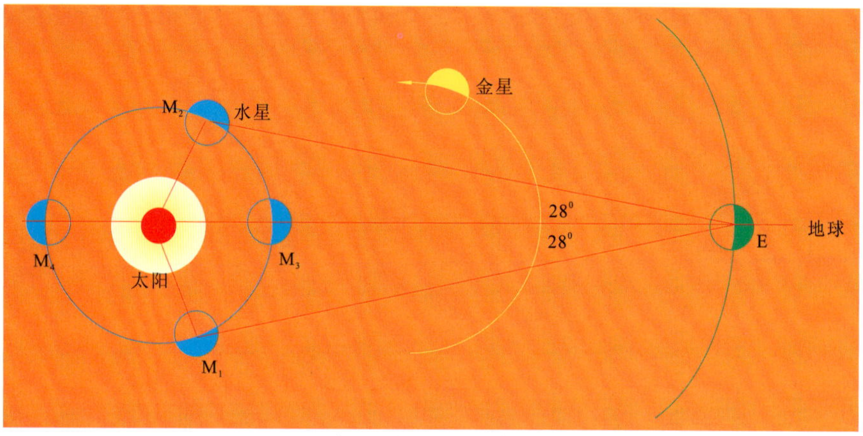

水星和太阳之间的角距

公转和自转 水星公转轨道面与黄道面的交角为7.00°，是太阳系八行星中轨道夹角最大的。水星公转运动的平均轨道速度是47.6千米/秒，近日点处为56.6千米/秒，远日点处为38.7千米/秒，在八行星中运动速度是最大的。公转周期是87.969个地球日，在八行星中是最短的。水星赤道和公转轨道的倾角等于0.1°，在八行星中最小，所以水星上没有季节之分。每当水星运行到太阳和地球的轨道之间，即上合方位，且三者又处于同一视线方向附近时，在望远镜中可见呈小黑圆点状的水星在太阳圆面前自东往西通过，此天象称为水星凌日。每100年平均出现13次，最近的一次水星凌日发生于2003年5月7日。水星轨道近日点有进动现象，这后来成为爱因斯坦广义相对论的三大天文验证之一。水星的自转周期和公转周期二者的长度比恰好是2∶3，即自转3周才是1昼夜，历时约176个地球日。与此同时，公转了2周。因此，可以说水星上从日出到下个日出的1个水星日等于2个水星年。对于水星自转和公转的周期长度比为2∶3的现象，迄今尚无令人满意的理论解释。

理化状况 水星大气极端稀薄，原子的数密度为10^5/厘米^3。含有氦、氢、氧、碳、氩、氖、氙等元素。水星的气压只有地球的$1/10^{12}$，由于没有足以隔热的大气，在近日点时的赤道上的最高温度约为725K，夜间温度又会下降到90K，这在太阳系的行星和卫星上是已知的最大温差。

每当水星运行到太阳和地球的轨道之间，即上合方位，且三者又处于同一视线方向附近时，在望远镜中可见呈小黑圆点状的水星在太阳圆面前自东往西通过，此天象称为水星凌日。每100年平均出现13次，最近的一次水星凌日发生于2003年5月7日。水星轨道近日点有进动现象，这后来成为爱因斯坦广义相对论的三大天文验证之一。

水星赤道半径为2 440千米，约为地球的38%。质量约为地球的5.5%。体积约为地球的5.6%。水星的椭率为0.0，即赤道半径和极半径的长度相等。平均密度5.43克/厘米^3，比地球的略小。赤道表面的重力加速度为3.70米/秒^2，因此逃逸速度也很小，为4.4千米/秒。水星是一个类地行星，它的内部结构很特别，铁成分所占的比例是行星和卫星中最大的。如果铁质物质都集中在内核，则铁核应占水星直径的75%，并占水星体积的42%，而硅质地幔和地表的厚度仅有600千米。与其比较，地球的铁核占地球直径的54%，只占地球体积的16%。

水星没有卫星。

空间探测 到20世纪末，只进行过一次空间探测。“水手”10号行星际探测器于1973年11月3日升空，1974年2月5日飞掠金星，随后3次与水星会合。“水手”10号配置有两台卡塞格林式望远镜和电视摄像机，共发送回3 700幅几个不同波段的水星地貌图像，最高分辨率为134米，还利用观测资料汇编出第一部水星照相地貌图。空间探测的最大成就是发现水星表面遍布由陨击坑组成的环形山，与月貌甚为相似。美国国家航空航天局于2004年8月3日发射了“信使”号水星探测器，于2008年飞临水星，并将于2011年开始为期一个地球年的环绕水星飞行考察。

“水星”号飞船 Mercury spacecraft 美国第一个载人飞船系列。从1961年5月到1963年5月共发射6艘。前两艘飞船作绕地球不到一圈的亚轨道载人飞行，后4艘飞船是载人轨道飞行。主要目的是试验飞船各种工程系统的性能，考察失重环境对人体的影

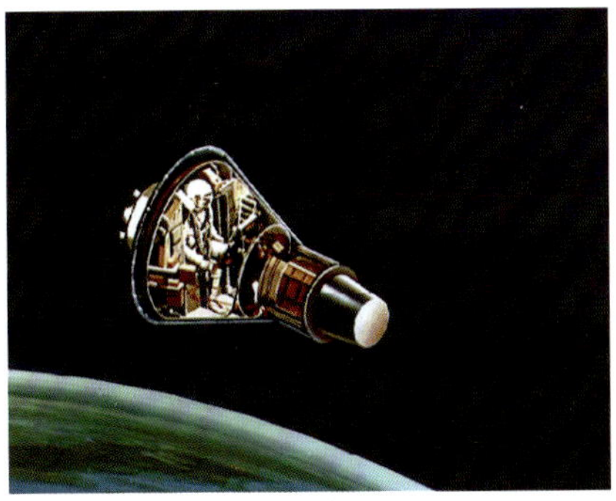

“水星”号载人飞船

响，人在失重环境中的工作能力以及对发射和返回过程中遇到超重的忍耐力等。

飞船总长约2.9米，最大直径1.8米，起飞质量1.3～1.8吨。由圆台形座舱和圆柱形伞舱组成。发射时，飞船的顶端还有一个高约5米的救生塔。座舱内可乘坐1名航天员，设计的最长飞行时间为2天。航天员躺在特制的座椅上，通过飞船舷窗、潜望镜和显示器可观测地球表面。飞船返回前点燃制动火箭，使飞船由运行轨道转入返回轨道，然后抛弃制动火箭组合件，再入稠密大气层。下降到低空时打开降落伞，航天员与飞船一起溅落在海上，由直升机和打捞船回收。

水星近日点进动问题 advance of Mercury’s perihelion, problem of 根据牛顿万有引力定律计算的水星近日点进动值与观测值的分歧。1859年，法国天文学家U.-J.-J.勒威耶发现水星近日点进动的观测值，比根据牛顿定律算得的理论值每世纪快38″，并猜测这可能是一个比水星更靠近太阳的水内行星吸引所致。可是经过多年的辛勤搜索，这颗猜测中的行星始终毫无踪影。S.纽康测定这个值为每世纪43″。他提出，这可能是那些发出黄道光的弥漫物质的阻尼所造成的。但是，这种假设又不能解释其他几颗行星的运动。众多学者试图用电磁理论来解释水星近日点的进动问题，均未能得出满意的结果。

1915年，A.爱因斯坦发表广义相对论，他计算的值与牛顿万有引力定律所得的差值为每世纪43.03″。这与观测值十分接近，成为天文学对广义相对论的最有力的验证之一。

但是，岁差常数的任何微小变动，如有万分之一的变动，都会直接影响到对广义相对论的验证，而这种变化是完全可能的。其次，影响水星近日点进动的因素很多，任何一个微小的因素，例如太阳的扁率，对它都有直接影响。因此，这个问题尚需继续研究。

水性印刷 water based printing 使用低量有机溶剂的水性油墨进行的印刷。凹版印刷业使用含有80%有机溶剂的油性油墨，在印刷生产过程中会排放污染大气的有机溶剂气体。使用水性印刷技术后，仅含20%有机溶剂的水性油墨对环境的污染较小。由于水性油墨不易干燥且对承印材料的润湿性较差，因此要求印版的深度浅、网点小和提高印刷密度，并使用双轴取向聚丙烯薄膜作承印材料。在复合工程技术上要求以水性油墨+超层合技术的组合取代油性油墨+一般层合技术。超层合技术是采用黏合性极高的烯烃挤塑树脂，可以不在承印材料上涂加工底层，适于对聚丙烯、聚乙烯对苯二酸酯、铝箔等进行层合时使用。

水袖功 long sleeves skill in Chinese opera 中国戏曲表演基本功之一。戏曲服装中的蟒袍、官衣、褶子、帔等多在袖口上缝有一段白绸，称水袖。演员可以利用水袖的舞动表现人物的思想感情和增加形象的美感，有时也用作对乐队的示意和交代。水袖技巧的基本要领在于肩、臂、肘、腕、指等各个部位的协调配合，只有熟练地掌握水袖的性能和动作的要领，运用时才能得心应手。有经验的演员在水袖的运用技巧上各有创造，如程砚秋曾将水袖的基本动作归纳成勾、挑、撑、冲、拨、扬、掸、甩、

豫剧《大祭桩》中的水袖功

打、抖10种，经过精心的设计和组合，可以表现出多种感情。有些地方剧种的水袖，或长约3尺，或长仅遮手，各有特色。

水循环 water cycle 地球上的水连续不断地变换地理位置和物理形态（相变）的运动过程。又称水分循环或水文循环。地球上的水包括海洋中的水、大陆上的水、大气中的水及地下水等，以气态、液态和固态形式存在。水循环过程为：在太阳辐射能的作用下，从海陆表面蒸发的水分，上升到大气中；随着大气的运动和在一定的热力条件下，水汽凝结为液态水降落至地球表面；一部分降水可被植被拦截或被植物散发，降落到地面的水可以形成地表径流；渗入地下的水一部分以表层壤中流和地下径流形式进入河道，成为河川径流的一部分，另一部分补充地下水；贮于地下的水，一部分上升至地表供蒸发，一部分向深层

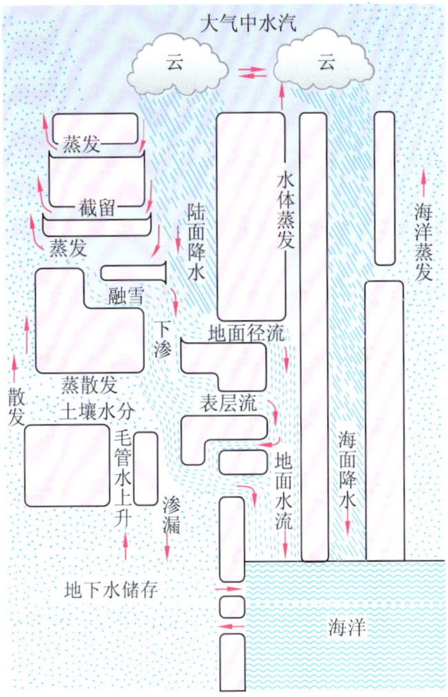

水循环示意图

渗透，在一定的条件下溢出成为不同形式的泉水；地表水和返回地面的地下水，最终都流入海洋或蒸发到大气中（见图）。水循环系统是多环节的庞大动态系统，自然界中的水是通过多种路线实现其循环和相变的。范围可由地表向上伸展至大气对流层顶以上，地表向下可及的深度平均约1 000米。全球性的水循环称为大循环，按其发生的空间可分为海洋水循环、陆地水循环（包括内陆水循环）。因此，水循环的尺度大至全球，小至局部地区。从时间上划分，可以是长时期的平均，也可以是短时段的状况。水循环使地球上各种形式的水以不同的周期或速度更新。水循环是地球表层最活跃的运动之一。它不仅决定了人类赖以生存的水资源的时空分布，而且决定着森林、草原、沙漠、绿洲等自然景观的分布。研究水循环对于合理开发水资源，管理水资源，并进而协调人与自然的关系具有深远的意义。

水压机 hydraulic forging press 以水基液体为工质传递压强以产生巨大工作力的锻压机械。工作行程大，在全行程中都能对工件施加最大工作力，能有效地锻透大断面锻件，特别适用于锻压大型和难变形的工件。1795年，英国的J.布拉默应用帕斯卡原理发明了水压机。至19世纪中期，水压机逐步取代了超大型蒸汽锻锤。根据用途可分为：①自由锻造水压机。用上、下锻砧和简单工具进行自由锻，主要用于单件、小批生产。②模锻水压机。主要用于模锻飞机、航天器的铝、铝合金和镁合金

锻件，以及不锈钢、特种合金钢、钛合金等各种高温、高强度合金锻件。③冲压水压机。用于厚板料在热态或冷态下的冲裁、拉深、折弯等工艺。④挤压水压机。用于型材和零件的挤压。

水杨酸 salicylic acid 邻羟基苯甲酸，分子式2-HOC_6H_4COOH。游离的水杨酸仅有少量存在于植物中；水杨酸甲酯在许多植物油中含量丰富，例如在冬青油中含量在90%以上。无色晶体；熔点159℃，在211℃（20毫米汞柱）升华，相对密度1.443（20/4℃）；易溶于乙醇、乙醚，微溶于水。水杨酸兼有芳香酸和酚的性质，与氢氧化钠作用，羧基和羟基均被中和，形成双钠盐。水杨酸遇三氯化铁水溶液产生蓝紫色反应，所以在制备水杨酸时不能使用铁器和含铁盐的水。工业上用苯酚钠在5～6大气压、120～170℃与二氧化碳反应生产水杨酸。水杨酸主要用于制造乙酰水杨酸，它是常用的退热止痛药，药名为阿司匹林。水杨酸是一种外用杀菌消毒剂，还可作橡胶防老剂和用于制造染料。水杨酸甲酯可作食用香精、防腐剂和治疗风湿痛的外擦药。水杨酸苯酯又称萨罗，是尿道消毒剂和聚乙烯塑料的稳定剂。水杨酸钠是治疗风湿病的药物；铅盐可用于油漆，也可作聚乙烯的稳定剂和紫外线的吸收剂。

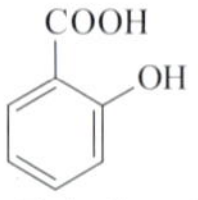

水翼船 hydrofoil craft 船底部装有浸在水中的水翼，航行时靠水翼产生的升力使船体全部或部分升离水面而高速航行的船。有浮航和翼航两种状态。由浮航状态进入翼航状态，需在短时间内增大主机功率，达到设计的翼航速度。1919年电话发明家A.G.贝尔制造了世界上第一艘水翼船。船重5吨，航速61.6节。20世纪中叶，随着轻型大功率动力机的出现，水翼船得到快速发展。水翼船有浅浸式、V形割划式、梯式及深浸式。以深浸式性能最优良，航行中受波浪影响小，耐波性好，适用于有汹涛的海况下营运。但深浸水翼不具备自稳作用，需要通过自动控制系统改变水翼冲角来调整升力大小，因而技术复杂，造价高。水翼船航速一般为35～45节。一种由双体船和水翼船技术结合的双体水翼船研制已获成功，可望成为有发展前途的新船型。

水银 mercury 液态似银金属汞的俗称。

水俣病 minamata disease 摄入富集在鱼、贝中的甲基汞所致的公害病。一种环境污染引起的地区性疾病。20世纪50年代，日本熊本县水俣湾地区居民出现一批患者，表现为严重的中枢神经系统损伤，轻症患者以感觉障碍最常见。几乎100%的病例都有向心性视野缩小与感觉障碍，听力减退、言语障碍、共济失调等症状的发生率占80%～90%，震颤及精神障碍占70%左右；63%的患者脑电图异常，血汞一般增高，还有表现为严重的智力障碍、脑性瘫痪及小脑症状的先天性病例出现。调查证明这些患者曾长期食用被甲基汞污染的鱼、贝。该病预后不良，急性或亚急性发病者多在发病后2周至1个半月死亡。慢性病例长期遗留中枢神经受损的残疾。水俣病与1972年伊拉克甲基汞污染种粮引起的上万例中毒事件成为20世纪环境灾害与污染事件的典型案例。

水语 Sui language 中国水族使用的语言。属汉藏语系壮侗语族侗水语支。水语声母复杂，如三洞土语多数地点的声母有70个左右，韵母由单元音（长元音）或带韵尾的长短元音构成。有6个舒声调，两个促声调。以虚词和词序为表达语法意义的主要手段。名词的修饰语除量词或数量词组在名词前外，其他修饰语一般在后。水族曾使用过一种古老文字——水书。有象形字、会意字和采用汉字，或改变汉字笔画采取倒写、反写等形式，又称“反书”。这种文字主要用于占卜、择日、召神、看风水等民间宗教活动，一般群众不能识读。水族地区通用汉文。

水源地保护 watershed, conservation of 为保证饮用水质量对水源区实施的法律与技术措施。水源地一般是指生活饮用水供水水源地。广义的水源地还包括河流源头地区。根据供水的水体类型，可分为地表水水源地和地下水水源地。中国于1984年颁布法规，对饮用水水源保护区的划定划分作了原则性规定。水源地保护的重点在于划定饮用水水源保护区的范围。水源周边岩石、土壤、植物等对水中污染物的过滤、净化能力，是划定水源保护区的科学依据。中国对地表水水源要求：①取水点周围半径不小于100米的水域内，不得停放船只、进行游泳和水上运动等活动。②取水点上游1 000米至下游100米水域内不得排入工业废水和生活污水，沿岸不得堆放废渣和垃圾，不得进行污水灌溉，不得施用剧毒农药等。③水厂生产区或处理构筑物外围10米范围内不得设立生活居住区、修建禽畜饲养场和厕所、铺设污水渠道，不得堆放垃圾和废渣，并要进行充分绿化，种植水源涵养林和水源防护林。对地下水水源地要求：①取水点防护范围应根据当地水文和水文地质条件确定，其防护措施按上述地面水水厂生产区要求执行。②在取水井影响半径范围内不得使用污水灌溉、施用剧毒农药、修建厕所、堆放废渣、铺设污水渠道，更不得从事破坏深层土层的活动。③在水厂生产区范围内应按地面水水厂生产区要求执行。另外，对分散取水点水源保护区、地面水水源取水点上游1 000米以外地区，均应满足不污染水源，排放污水时满足污水、废水排放标准，回灌地下水时满足人工回灌水质要求等，并要求对水源保护区周围地区经常进行水源保护的监督和监测，及时采取防止污染的措施。

水运仪象台 Water-driven Astronomical Clock Tower 中国北宋哲宗元祐三年（1088）苏颂、韩公廉等人制成的水力天文装置。高约12米，宽约7米。它既能演示或观测天象，又能计时或报时。水运仪象台利用铜壶滴漏的恒定水流作动力来推动枢轮，每天转400周。枢轮又带动浑象和浑仪两个齿轮系，由顶部的杠杆装置（即天衡）控制枢轮作恒速转动。天衡使受水壶达到恒定水位后便自动脱离受水位置而下降，起自动调节器的作用。水运仪象台装有自动机构，在每个时辰初、正和每刻相应地有木人摇铃、

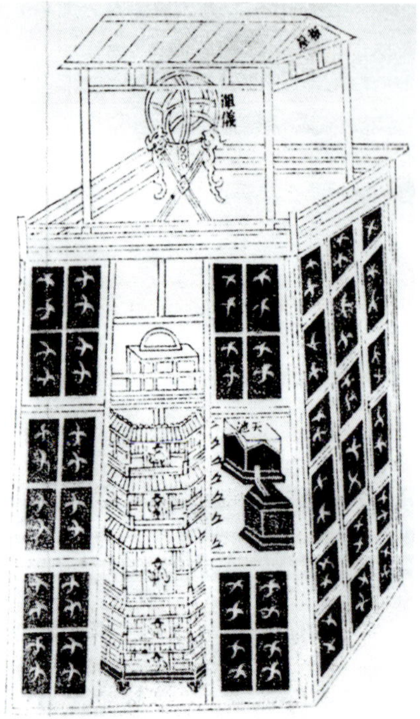

《新仪象法要》中的水运仪象台图

打钟和击鼓。当代的欧洲科技史学家认为，苏颂等人创制的水运仪象台是欧洲天文钟的先驱，早于西方数百年。

水灾 flood damage 洪水泛滥、暴雨积水、海潮侵袭和土壤水分过多对人类社会造成的灾害。可分为洪灾、涝灾、渍灾和潮灾。①洪灾。暴雨、融冰、融雪，或水库、堤坝决口引起地面水漫流和土地淹没造成的灾害。②涝灾。长期降雨或暴雨不能及时排入河道沟渠形成地表积水造成的灾害。③渍灾。土壤中水分过多，不能及时排出，影响农作物生长造成的灾害。④潮灾。由潮汐和台风、温带气旋等强烈天气系统形成超常潮水引起的灾害。一般所指的水灾，以洪涝灾害为主。水灾威胁人民生命安全，造成巨大财产损失，并对社会经济发展产生深远的不良影响。

对不同类型的水灾，采取不同的防治原则和措施。防治洪涝灾害多采取控制调蓄和疏导排泄相结合的措施，如修建蓄洪、滞洪工程，疏浚整治河道和修建堤防等；防治渍灾以排水降低地下水位为主要措施；对于潮灾主要采取防御措施，如修建海堤和修建水闸防止潮水倒灌等。防治水灾除采取工程措施外，还采取非工程措施，如加强对经常受灾区的管理，建立水情预报、预警系统，修建安全设施等以减轻灾害损失。

世界各国随着人口增加和经济发展，越来越重视水灾防治工作，从主要依靠工程措施，逐步向工程措施与非工程措施密切结合的方向发展。同时更注意综合措施的作用，如水利工程与农业、林业和城市建设的合理规划布局密切结合，以减少水灾带来的损失。

水葬 water burial 葬式之一。曾流行于大洋洲和亚洲的喜马拉雅山区。大洋洲一些土著居民所行水葬大多将尸体置于独木舟中，任其漂流沉没。20世纪中叶以前，中国藏族、门巴族部分民众采用水葬。西藏地区的藏族人多数实行**天葬**，唯凶亡者和传染病亡者被贬用水葬；四川甘孜及一些草原地区的藏族因地处草原，缺乏燃料，除农奴主行**火葬**、天葬外，一般也行水葬。水葬有固定场地，多设在江河急流处。人死后，请喇嘛念经，由司水葬者或近亲将尸体屈肢捆扎，背至水葬场，在其前胸缚一巨石沉水。死者生前的穿戴用物归司葬者所有，其余财产半数交地方政权，半数交寺庙。治丧待客花费大，许多人因此负债，甚至破产。

水闸 sluice 主要利用闸门挡水和泄水的中低水头水工建筑物。关闭闸门，可以拦洪、挡潮、蓄水，抬高上游水位，以满足上游取水或通航的需要；开启闸门，可以泄洪、

图1 荷兰东斯海尔德挡潮闸，是世界最高、规模最大的水中装配式水闸，1986年竣工

排涝、冲沙、取水或根据下游用水的需要调节流量。

沿革 中国修建水闸的历史悠久，可追溯到公元前6世纪的春秋时代。据《水经注》记载，前598～前591年，楚令尹孙叔敖在今安徽省寿县**芍陂**灌区时，就已设5个闸门引水。以后随建闸技术的提高和建筑材料新品种的出现，水闸建设也日益增多。1949年后大规模现代化水闸的建设，在中国普遍兴起，并积累了丰富的经验。1988年建成的长江**葛洲坝水利枢纽**的二江泄洪闸，共27孔，闸高33米，最大泄量84 000米^3/秒，位居中国首位。国际上修建水闸的技术也在不断发展和创新。如荷兰兴建的东斯海尔德挡潮闸，共63孔，闸高53米，闸身净长3 000米，被誉为海上长城（图1）。

类型 按所承担的主要任务，可分为节制闸、进水闸、冲沙闸、分洪闸、挡潮闸、排水闸等。按闸室的结构形式，可分为开敞式、胸墙式和涵洞式水闸。开敞式水闸当闸门全开时过闸水流通畅，适用于有泄洪、排冰、过木或排漂浮物等任务要求的水闸。节制闸、分洪闸常用这种形式。胸墙式水闸和涵洞式水闸，适用于闸上水位变幅较大或挡水位高于闸孔设计水位，即闸的孔径按低水位通过设计流量进行设计的情况。胸墙式的闸室结构与开敞式基本相同，为了减少闸门和工作桥的高度或为控制下泄单宽流量而设胸墙代替部分闸门挡水，挡潮闸、进水闸、泄水闸常用这种形式。涵洞式水闸多用于穿堤引（排）水，闸室结构为封闭的涵洞，在进口或出口设闸门，洞顶填土与闸两侧堤顶平接即可作为路基而不需另设交通桥，排水闸多用这种形式。

组成与设计 水闸一般由闸室、上游连接段和下游连接段组成（图2）。闸室是水闸的主体，设有底板、**闸门**、启闭机、闸墩、胸墙、边墩（岸墙）、工作桥、交通桥等。闸门用来挡水和控制过闸流量，闸墩用以分隔闸孔和支承闸门、胸墙、工作桥、交通桥等。底板是闸室的基础，作用是将闸室上部结构的重量及荷载向地基传递，兼有防渗和防冲的作用。工作桥和交通桥用来安装启闭设备、操作闸门和联系两岸交通。水闸设计的主要内容有：闸址和闸槛高程的选择、水力设计、水闸的防渗长度与渗流计算、防渗排水设计和结构设计。

水政 water administration 国家各级水行政主管部门对水行使的行政管理工作。主要包括：根据水法制定水政策，确定水管理体制和机构，协调和处理水事纠纷，制定和实施水工程建设的规划和计划，监督和检查水工程建设和水工程管理运行等。世界各国的水政根据水事的不同情况，有的设有水行政主管部门，有的由农业、建设、资源等行政主管部门行使管理。

中国历代政府多设置水官，主管水政。隋唐以后，历代一般设有水部（司），属工部，为行政职能，负责政务；另设都水监负责堤防、运河施工和工程管理。宋以后又多指令沿河地方官员兼管河务。这种水政体制沿袭到明清两代。民国时代也设有水政部门。中华人民共和国建立后，在各

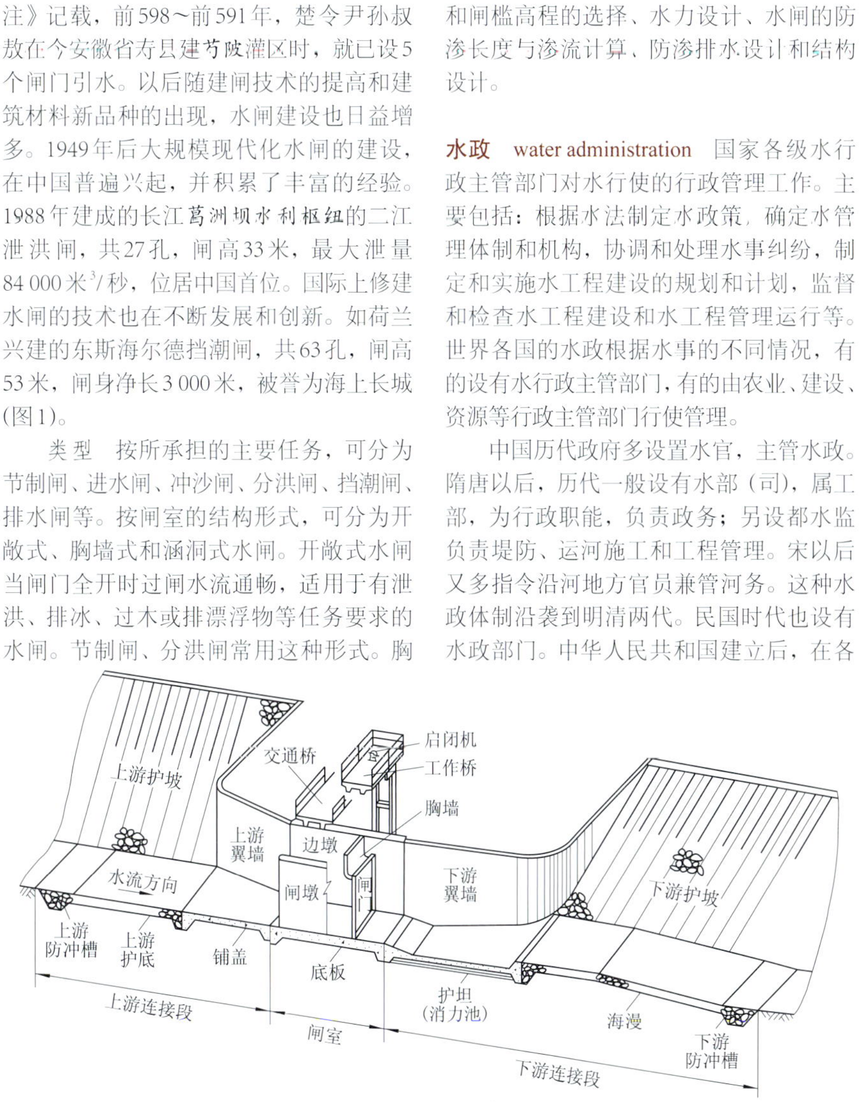

图2 水闸的组成部分

级政府机构中都设有主管水政的部门，行使水行政管理的职责。中央管理水政的主要部门是水利部，另有交通部主管水运工作，建设部主管城镇供排水工作。

水中能见度 visibility in water 水中视程。将水中目标从背景中区别出来的最大视程。水中能见度比大气中的能见度低得多。海水中的水平视程通常为大气中视程的千分之一左右。水中目标的图像在海水中经过长距离传输很难获得清晰图像，即使有足够光能量被水下观测系统所接收，也难以接收到高质量的图像。主要原因是光在海水中的衰减和散射比在大气中强烈得多，这种强烈散射掩盖了目标的图像。这种现象甚至在最清澈的海水中也会发生。清洁大洋水，水中视程约20～50米；混浊近岸水，水中视程约2～10米。

水肿 edema 皮下组织积聚组织间液过多的现象。原因是钠水潴留、毛细血管滤过压升高或通透性增加、血浆胶体渗透压降低及淋巴回流障碍等因素造成组织间液滤出增加或（和）回流减少。全身性水肿包括心源性、肾源性、肝源性、内分泌源性、营养不良及药物源性水肿；局限性水肿常是局部炎症、静脉或淋巴回流受阻及过敏反应的表现。较常见的是心源性水肿，这是心力衰竭时较晚出现的体征，主要特点是首先出现在身体下垂部位的水肿，形成较缓慢，常伴有心力衰竭的其他表现，并随着心力衰竭的缓解或加重而变化。首先查明病因，积极治疗原发病。针对水肿本身，可选用利尿药；适当限制钠盐摄入；对局部水肿应设法帮助回流，如将患肢抬高。

水准测量 leveling 依据几何原理用水准仪和水准标尺测定地面两点间高差的方法。高程测量的主要方法。用于建立国家水准网和地区高程控制网，监测地壳垂直运动，研究平均海水面变化，以及为地形测图和各种工程建设提供高程控制。

水准测量是用沿水准路线逐点向前推进的方式实施（见图）。将水准标尺R_1竖立在水准点A上，R_2竖立在一定距离的B点上，在A、B之间安置水准仪。依据水准仪的水平视线，在标尺上分别读数，两标尺读数差就是A、B两点间的高差h_{AB}。第一站测完后，R_2保持不动，R_1移至C点，水准仪移至BC的中间，测得B、C两点间高差h_{BC}，如此继续推进至P点，A、P两点间的高差$h_{AP}=h_{AB}+h_{BC}+\cdots$。

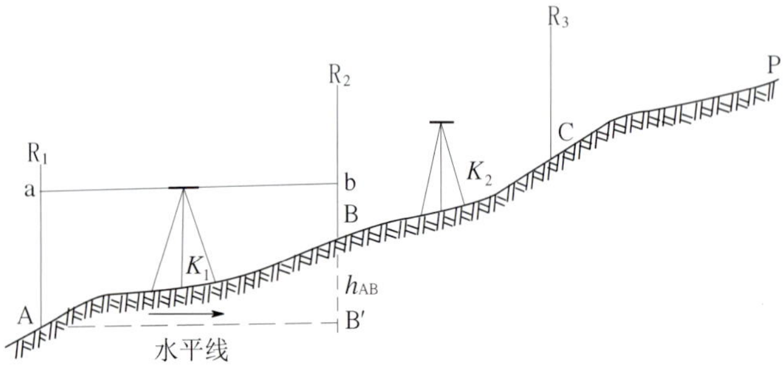

水准测量原理示意图

水准测量首先是选定水准路线和埋设水准标石。水准路线应选在坡度小的交通线上，水准点位置应选在能保证标石稳定，长期保存并便于观测的地点。中国国家水准点上的标石分为3种：基岩水准标石埋设在一等水准路线上，大约每隔500千米一座，作为研究地壳垂直运动的依据；基本水准标石埋设在一、二等水准路线上，每隔60千米左右一座，用于长期保存水准测量成果和研究地壳垂直运动；普通水准标石埋设在各等水准路线上，每隔2～6千米一座，直接为地形测图和各种工程建设提供高程控制。

精密水准测量必须用带测微器的精密水准仪和膨胀系数小的因瓦水准标尺。仪器至标尺的距离约在35～60米，且距前后标尺的距离基本相等，同时采用完善的观测程序，以削减水准仪残余的微小倾斜带来的影响和大气折光影响。水准测量结果须按所采用的高程系统加入必要的改正，以求出精确的高程。

水资源 water resources 广义的水资源是指地球上各种形态的（气态、液态或固态）天然水。狭义的水资源是指可供人类直接利用，并能够不断更新的天然淡水，主要是指陆地上的地表水和地下水。水资源一词最早出现于1894年，当年美国地质调查局（USGS）设立了水资源处（WRD）并一直延续至今。

地球表面各种水体中水的储量很大，总量达到13.86×10^9亿立方米，但97.5%是咸水，储存在海洋及其他水体中，只有2.5%是淡水。而这些淡水中将近70%冻结在南极和格陵兰冰盖中，其余大部分是土壤水或者是不易开采利用的深层地下水。因此可供人类利用的淡水资源与其他资源一样，在数量上具有限性和稀缺性，不足世界淡水储量的1%。中国多年平均地表水资源量为26 377亿立方米，地下水资源量8 122亿立方米，扣除二者之间相互转化的重复计算量，水资源总量为27 434亿立方米（2008）。

水循环 陆地上的各种水体都处于全球水循环当中，不断得到大气降水的补给，并通过径流和蒸发进行排泄，在长时期内保持水量的收支平衡。因此，水资源与其他资源不同，它可以通过水循环而不断得到更新。多年平均降水量就是某一地区社会经济系统和生态环境系统可利用水资源的总量。

基本属性 水资源同时具有自然属性、社会属性、经济属性和生态属性。自然属性是指水资源在流域水循环过程中的形成机理和演化规律，包括水资源的可再生性、时空分布不均性等。社会属性具有三方面的涵义：①水资源是人类社会生存和发展的必需品，因此流域内各地区的人群对流域水资源都应享有基本的使用权。②区别于其他不同的社会需要，生存用水权应当优先于发展用水权得到保证。③水资源开发利用应充分体现公平和可持续原则，包括代际公平、城乡公平、上下游公平和部门公平。经济属性体现在两方面：①由于水资源存在可供利用的经济价值以及可能引发的自然和人为灾害，水资源在经济上呈现出明显的利害两重性。②水资源为全社会所有，其所有权向具体使用者转让，或者水资源使用权向其他使用者转让，均要有一定的经济量度，加上水资源开发、利用和保护等措施的投入，共同赋予了水资源的内在和外部价值，由此形成了不同类型用水的水价。

开发利用 水在人类生活中占有特殊重要的地位。为了使有限水资源得以充分发挥效益，世界各国都十分重视水资源的调查、评价和合理开发利用。为了提高水资源的利用率，水资源的开发利用已由单一目标发展到多目标综合利用，由地表水或地下水单一水源的开发发展到地表水和地下水等多种水源的联合开发，由水量控制发展到水质控制，由单纯经济观点发展到经济、社会、环境、生态等多因素的综合分析。水资源的供需体系已成了一个复杂的系统，必须用系统分析的方法，综合分析这些复杂的因素，为水资源的统一规划、管理和重大决策提供科学依据。

水族 Sui 中国少数民族。主要分布在贵州、广西、云南等省区的部分地区。人口406 902（2000）。使用水语，属汉藏语系壮侗语族侗水语支。曾有象形文字，称“水书”，多在宗教活动中使用。通用汉文。源于古代百越族系，由秦汉时西瓯中的一支演变而来，唐宋时与壮侗语族诸民族统称“僚”，明清时称“水家”、“水”等。主要从事农业，种植水稻、小麦、

水族女子

棉花。流传各种形式的诗歌、故事、传说、寓言以及剪纸、刺绣、印染等工艺美术。民间舞蹈有铜鼓舞、芦笙舞、斗角舞等。衣服多为青、蓝两色。男子穿大襟长、短衫，用青布包头。妇女穿蓝色大襟无领半长衣，青布长裤，衣裤四周镶花边，系青色绿花围腰。以大米和糯米为主食，九阡糯米酒为佳酿。住房原为干栏式建筑，现为砖木结构的平房。家庭为一夫一妻制，有不落夫家习俗。人死后行土葬。农历八月底到十月初的4个亥日都是“端”节，是最隆重的节日。过去信仰多神，相信万物有灵。1957年在贵州建立三都水族自治县，并在贵州、云南两省6个县先后建立了18个民族乡。

税法 tax law 调整税收关系的法律规范的总称。税法是最古老的法律之一，由于税收对国家的重要性，当代许多国家将依法纳税写入宪法。税法的立法方式主要有两类：一类是把各种税种集中规定在一个法规中，如美国的《国内岁入法》；一类是每个税种都制定单行法规，如德国。中国的税收立法制定了税收征收管理法，规定了征收与纳税的管理制度，同时又以单行法规的形式规定每一税种的具体规范，形成较为完整的税收立法体系。

中国税法的主要内容包括：①流转税法。根据商品或非商品的流转额为征税对象的税收法律。现行的流转税法律有：《中华人民共和国增值税暂行条例》、《中华人民共和国消费税暂行条例》、《中华人民共和国营业税暂行条例》、《中华人民共和国进出口关税条例》。②收益税法。以纳税人的纯收益为征税对象的税收法律。现行的收益税法律有：《中华人民共和国企业所得税暂行条例》、《外商投资企业和外国企业所得税法》、《中华人民共和国个人所得税法》、《农业税条例》。③财产税法。以法定财产的价值额或租价额为征税对象的税收法律。主要法规有：《房产税暂行条例》、《契税暂行条例》。④行为税法。以特定行为的发生，依据法定计税单位和标准，对行为人加以征收的一类税的法律。主要法规有：《车船使用税暂行条例》、《固定资产投资方向调节税暂行条例》、《屠宰税暂行条例》、《建筑税暂行条例》。⑤资源税法。对在中国境内从事国有资源开发，就资源和开发条件的差异而形成的级差收入为征税对象的税收法律。主要法规是《资源税条例》。《中华人民共和国税收征收管理法》是中国税收管理的基本法律，主要内容包括税务管理、税款征收、税务检查、法律责任。

税负转嫁 tax shifting 纳税人在纳税之后，将其税收负担通过经济交易转移给其他经济组织或个人负担的过程。转嫁的结果，只是改变了税负归宿，国家的税收收入并无损失。

税负转嫁主要有以下各种情况：①前转（顺转）。纳税人将其所纳税负向前转移给他人负担。其方法是将税负加在商品价格之上，随商品的销售，最终将税负转嫁给消费者。

②后转（逆转）。纳税人所纳的税负不能向前转移给消费者，而向后转嫁给销售者，如批发商纳税之后，因商品价格下跌，不能前转，就向后转嫁给销售的生产厂商负担。还有税收资本化，又称资本还原，也属于税负后转的一种形式。它是在商品出售时，买方将今后应纳的税款从所购商品的价值中预先扣除。以后之课税，名义上虽由买方缴纳，实际上是由卖方负担。

③消转。纳税人将税负不前转也不后转，而是从商品生产与流通的增加利益中抵消。抵消后仍可保持原有的利润水平。消转含义不清，有人主张改称“转化”，并认为转化与转嫁不同。转嫁是纳税人将税负转移给他人承担，而转化条件下的纳税人即负税人。

税率 tax rate 据以计算应纳税额的比率。在与实际税率相比时，又称名义税率。税收要素之一。体现征税的深度，是衡量税收负担轻重的重要标志。在一定限度内，征税对象和税目不变的情况下，税率与税额的增减成正比。国家在运用税收取得财政收入时，经常通过变动税率来调整收入规模；在运用税收调节经济时，也经常通过变动税率来鼓励或限制某种经济的发展。

税率的类型较多。按税率与税基的关系划分，通常有比例税率、累进税率和定额税率3类。比例税率不随税基变化而变化；累进税率随税基增加而累进提高；定额税率是以定额形式表示的单位实物量的税率。

税收 taxation 国家凭借政治上的权力，按照法律规定标准取得财政收入的一种方式。任何税收都是由纳税人、课税对象和税率等基本要素构成的。它体现了以国家为主体，在国家与纳税人之间形成的特定分配关系。

在中国，税收起源可以上溯到夏、商、周时期。税收一直是历代王朝财政收入的主要来源。在外国，随着商品经济的发展，税收种类逐渐增多，税收收入规模也逐渐扩大。税收具有3个基本特征：①无偿性。不付报酬，无偿征收，不再把已征税款偿还给原来的纳税人。②强制性。国家的税收是以法律形式规定的，纳税人必须依照国家税收法令缴纳税款。③固定性。即课税对象、税目、税率、应纳税额、纳税期限等都由法律规定，并有一个比较稳定的适用期间。

税收按课税对象，可以分为货物和劳务税、所得税、财产税和其他税；按税收的管理和支配权限，可以分为中央税、地方税和共享税；按收入的形态，可以分为货币税、实物税；按征税的计算标准，可以分为从价税、从量税和复合税；按在税制中所处的地位，可以分为主体税和辅助税；按税负的转嫁和归宿，可以分为直接税和间接税。

税收乘数 tax multiplier 经济学中用来表示税收的变动引起国民收入成倍变动的系数，它等于总收入变动量对税收变动量的比率。又称赋税乘数。在这里，税收变动的影响仅指税收绝对量变动对总收入的影响，即仅指与总收入和税率无关的自主性定量税收对总收入的影响作用。

自主性定量税收的变动对总需求和总收入的变动具有放大效应，其原因在于：当政府降低税收时，个人的可支配收入增加，人们将因此增加消费，从而使总收入增加，并且与投资乘数的原理相似，消费需求的这种初始增加又会进一步引起总需求和总收入的一系列增加；相反，当政府增加税收时，个人的可支配收入减少，人们将因此减少消费，并引起总需求和总收入的一系列减少。由于税收与收入的变动是反向的，所以税收乘数本身是负数。

税收所具有的乘数作用使税收也成为了一种可利用的财政政策工具。特别是当经济出现衰退和失业时，政府可以通过减少税收来刺激私人的消费需求，从而使总收入增加，以达到充分就业。与政府支出乘数相比，税收乘数的绝对值要小一些，这意味着减税对经济的刺激作用比增加政府支出来得小。

见乘数原理、投资乘数、政府支出乘数。

税收抵免 tax credit 一国政府在对本国居民源于境外的所得征税时，允许其在全部应纳税款中依法抵扣其在境外已纳的税款，从而全部或部分地免除其境外所得在本国的纳税义务的一种避免重复征税的方法。

避免重复征税是税法中的一个重要问题，而税收抵免是解决重复征税的最为重要的法律方法。税收抵免依其适用的主体，可分为直接抵免和间接抵免。前者适用于同一经济实体的纳税人的税收抵免，如总公司与分公司因其属于同一经济实体，因而可以进行直接抵免；后者主要适用于在经济上存在紧密联系而在法律上又各自独立的经济实体之间的税收抵免，如母公司与子公司之间的税收抵免。

税收抵免依其准予扣税的数额，可分为全额抵免和限额抵免。限额抵免要求纳税人的抵免额不得超过其在外国所得依据本国税法规定计算的应纳税额。由于限额抵免有助于保护本国的税收利益，因而其适用更为普遍。在本国税率与外国税率相同的情况下，限额抵免的效果与全额抵免的效果相同。

睡虎地秦简 Bamboo Slips of Qin Dynasty at Shuihudi 中国湖北省云梦县睡虎地11号秦墓出土的竹简。见云梦秦简。

睡莲科 Nymphaeaceae; waterlily family 双子叶植物纲木兰亚纲的科。有9属约70种，在各大洲广泛分布。中国有5属约15种。多年生水生草本，具根状茎，稀1年生（芡实）。叶常两型：漂浮叶或出水叶，心形至盾形，沉水叶细弱，有时细裂。花两性，辐射对称，单生花梗顶端。萼片常4～6，绿色或花瓣状；花瓣3或多数，或渐变成雄蕊，分生，稀下部合生成筒；雄蕊3至多数；心皮3至多数，分生或合生，子房上位、半下位或下位。坚果或浆果。花美丽，有香气，靠昆虫（主要是甲虫）传粉，萍蓬草不发育的花瓣背面分泌蜜腺，王莲的花在水下行闭花受精。睡莲、王莲等的果实在水中成熟，成熟后果实落到水底，外面包有黏液的种子则漂浮到水面，可引诱鸟类吞食。睡莲科植物具单沟的花粉，分生的心皮，有时具3基数的花，根据这些特征，有的学者认为单子叶植物可能起源于睡莲类植物。

《睡美人》 *The Sleeping Beauty* 三幕四场芭蕾舞剧。俄国古典芭蕾代表作。1890年1月16日由圣彼得堡马林斯基剧院芭蕾舞团首演。编剧I.符谢沃洛日斯基和M.佩蒂帕，作曲P.I.柴科夫斯基，编导佩蒂帕，布景、服装设计G.莱沃、I.安德列耶夫、I.符谢沃洛日斯基等，主要演员有C.布里安扎、P.盖尔德特、玛利娅·佩蒂帕、E.切凯蒂、V.妮基蒂娜。取材于17世纪法国民间童话，讲述襁褓中的奥罗拉公主在洗礼仪式受到魔法，沉睡了百年。百年后，

《睡美人》剧照

王子德西雷的神奇一吻使奥罗拉公主醒来，也使她的王国得到复兴。舞剧以撼人心魄的音乐、恢弘的舞蹈场面、华丽的服装及铺张的布景创造了剧场舞蹈奇观，其中，《玫瑰慢板》、《婚礼双人舞》、《蓝鸟双人舞》、《花环华尔兹》等成为古典芭蕾的经典舞段。

睡眠 sleep 周期性可逆的自发的对外界刺激反应性降低或低效状态，表现为肌肉松弛和意识的暂时中断。其功能是帮助大脑能量代谢的恢复、增强大脑的可塑性和记忆。睡眠是一个主动和被动机制连续作用、相互补充的过程。根据脑电活动情况，睡眠可分为快速眼动睡眠（REM）和非快速眼动睡眠（NREM）。

REM和NREM对于人类都是必需的。剥夺睡眠实验证明，缺乏哪个阶段的睡眠，在其后的睡眠中都要有相应的补偿。人类不同时期需要的睡眠时间和方式不同：新生儿每天间断地睡16小时，2岁婴儿睡9～12小时，成人一般6～9小时。从小到大，由若干短觉到一个不间断的长觉。老年恢复到儿时状态，睡的次数多，每次时间不长。动物的睡眠时间和方式也有差异。冷血动物只有NREM。象、马等的睡眠时间很少。对猫、狗等动物的实验发现，脑干的网状结构、中缝核、蓝斑等与睡眠有密切关系。在这些脑区给予电流或局部损毁，可以促进或破坏睡眠。此外，有些化学物质可导致睡眠。把睡眠中的小鼠血液中分离出来的小分子物质（SPS），注射进其他小鼠体内可使其睡眠；把被剥夺睡眠的山羊脊髓液注射进小鼠体内，也可使之睡眠。

睡眠呼吸暂停综合征 sleep apnea syndrome 睡眠时反复上气道阻塞，导致反复呼吸暂停或低通气现象。有阻塞性、中枢性和睡眠低通气综合征等。前者多见，成年人患病率为2%～4%。睡眠呼吸暂停指睡眠过程中口鼻呼吸气流均停止10秒以上；低通气指睡眠过程中呼吸气流强度（幅度）较基础水平降低50%以上并伴有血氧饱和度较基础水平下降大于或等于4%。每夜7小时睡眠中呼吸暂停及低通气反复发作在30次以上或平均每小时大于或等于5次即可确诊。夜间睡眠中打鼾、反复呼吸暂停及觉醒、夜尿增多、晨起头痛、白天明显嗜睡、记忆力下降是主要的症状。患者多伴有肥胖、体重超过标准体重20%或以上。有的患者存在上气道异常，如鼻中隔偏曲、鼻息肉、扁桃体明显增大、软腭松弛等。可利用血氧饱和度监测或口鼻气流加血氧饱和度监测作初筛诊断，多导睡眠图整夜监测是确诊的主要根据。治疗有减肥、戒烟、戒酒等方法。利用特定的通气机进行持续气道正压通气，使上气道得到一个生理性压力支撑是主要治疗措施。部分上气道口咽部阻塞者可进行手术治疗。

睡眠障碍 sleep disorder 睡眠的量和质不正常，以及睡眠中出现异常行为的表现，包括非器质性和器质性的。在精神疾病的分类诊断标准中，睡眠障碍主要是非器质性的，常见的有：①失眠症。睡眠的质和/或量差，而且持续的时间相当长。最常见的表现是入睡困难，其次是易醒和早醒。②嗜睡症。白昼睡眠过度及睡眠发作（并非由于睡眠量的不足），或醒来时达到完全觉醒状态的过渡时间延长。嗜睡症在白天发作的次数较少，但夜间睡眠通常延长，醒转时困难。发作性睡病是一种不可抗拒的发作性的睡眠，不分时间、地点和场合。③睡眠-觉醒节律障碍。睡眠-觉醒节律与环境所允许的睡眠-觉醒节律之间不同步。患者在主要的睡眠时段失眠，而在应该清醒的时段出现嗜睡。④睡行症。也称夜游症，患者在夜间睡眠的前1/3阶段起床活动，有时会离开卧室甚至走出家门。在大多数情况下，患者会自行或在他人引导下安静上床入睡。⑤睡惊症。也称夜惊症，患者通常在睡眠的前1/3阶段惊叫着坐起或下床，常常冲向门口，似乎要夺路而逃。醒后多不能详尽回忆。⑥梦魇。常出现内容焦虑或恐惧的梦境，醒后多能详细回忆。与睡惊症不同，它一般没有明显的语言和躯体运动，可有植物神经系统兴奋症状。

器质性睡眠障碍包括克莱因-莱文综合征、发作性睡病及猝倒、睡眠呼吸暂停综合征和夜间肌阵挛等，以及儿童和少年期原发性夜间遗尿症。

睡鼠科 Gliridae; dormice 啮齿目一科。共7属15种。分布较广，西起英国，东到日本，北自瑞典，南到非洲南部和印度。因有冬眠习性得名。体型小，外形颇似鼠科动物，多数种类的尾极似松鼠科的林栖种类。身体被覆厚而密的软毛；尾长，多被以长毛；头骨的听泡膨大，内部被骨质膜分隔成几室；具20枚牙齿，臼齿的咀嚼面具几列横向的珐琅质齿脊；没有盲肠。

中国有2属2种：即睡鼠和四川毛尾睡鼠。睡鼠又称林睡鼠，体长8.5～12厘米；耳壳略短圆；尾长7.5～11.5厘米，尾轴覆以鼠灰或深灰褐色密毛，尾侧毛较长，向两侧生长；头部两侧从耳基部经眼到鼻各有一条黑色毛斑，体背和头顶的毛从黄褐色、赤褐色至暗褐色，体侧毛色略灰，腹部毛色乳黄。分布很广，从意大利、瑞士向东一直分布到中国新疆北部和蒙古国西部山地。栖居于阔叶林、针阔混交林和山地沟谷灌丛。夜间和晨昏活动，善攀缘，可在树枝上奔跑。在枝杈间营巢。食物有果实、树子、嫩枝的皮和芽、草本植物的

茎叶以及部分昆虫，有时也吃鸟卵。每年繁殖1～2次，每胎产3～4仔，最多达6～7仔。数量很少，经济意义不大。

四川毛尾睡鼠为1985年报道的在中国四川平武县王朗自然保护区发现的一个新种。

顺德区 Shunde District 中国广东省佛山市辖区。位于珠江三角洲中部，北临广州，毗邻香港、澳门。面积806平方千米。人口246万（2010）。原为南海、新会县地，明景泰三年（1452）析两县地设顺德县。1992年撤县建顺德市。2003年撤市设区。经济发达，是全国最大的淡水养殖基地、全国最大的花卉种植和销售基地之一。盛产塘鱼、甘蔗、桑蚕茧、家禽、水果等。形成了以优质水产和名贵花卉种养业为龙头、规模经营和社会化服务相配套的现代化农业体系。工业有家用电器、电子电信、机械、纺织服装、精细化工、医药保健、包装印刷、家具等。名胜有清晖园、旧寨塔、顺峰山等。

顺丁烯二酸酐 maleic anhydride 丁烯二酸分子内失去一分子水而形成的环状酸酐，分子式$C_4H_2O_3$。又称马来酸酐、失水苹果酸酐，简称顺酐。无色晶体；熔点60℃，沸点197～199℃，密度1.314克/厘米^3（60℃）；易溶于乙醇、丙酮、氯仿、1,4-二氧六环等有机溶剂。能与醇、胺、金属有机试剂发生亲核加成；在适当反应条件下也可发生一般烯烃的亲电加成反应。顺丁烯二酸酐是重要的亲双烯试剂，它能与共轭双烯发生反应，形成环己烯衍生物。若进一步与烯烃共聚合，即可合成多种树脂。顺丁烯二酸酐在高温下与水反应，生成外消旋苹果酸。工业上是在五氧化二钒催化下用空气氧化苯制得顺丁烯二酸酐，甲苯、二甲苯或环烷烃也可作该法的原料。顺丁烯二酸酐主要用于与乙二醇缩聚制造不饱和聚酯树脂，广泛用于制造烘漆、清漆和油墨等。也是制造反丁烯二酸、丁二酸、酒石酸的原料。与亚硫酸氢钠加成生成的磺基丁二酸，可用于制造润湿剂。还可用于制造农药、医药、染料、石油添加剂和润滑剂。

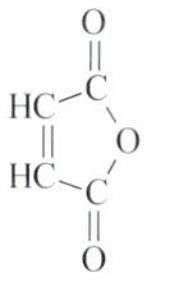

顺化 Hue 越南古都，承天-顺化省首府。位于中部地区香江沿岸，距海8千米。人口约31.92万（2003）。地处长山山脉山麓平原。气候宜人，7月平均气温28.8℃，12月20℃，年降水量2 600～2 900毫米，为越南雨量较多的地区之一，9月至翌年4月为雨季。17世纪后半期，曾作为封建王朝的都城。工业有碾米、水泥、机械、纺织、木材加工等。手工业较发达，牙雕工艺闻名全国。附近盛产稻米和荷莲，为中部地区的稻米集散

顺化明命陵

地。有公路和铁路在此通过。东南部建有英拜机场。香江西岸的顺化皇城分内城和外城两部分，内城是古安南王起居的地方，称为顺化古宫，是具有历史价值的文化遗产；外城每边长10多千米，每边有2座城门和数座城垒，有孔庙、安南王陵墓和其他古迹。东南岸则为新城区，有顺化大学。城市依山傍水，风景秀丽，登上距顺化4千米的御平山，可远眺大海，顺安口附近有海水浴场。市郊有6座古代皇陵，还有天坛等名胜古迹。

《顺化条约》 *Treaties of Hue* 法国变越南为其殖民地的条约。在顺化签订，故名。第1次于1883年8月25日签订，越南称《癸未和约》。主要内容有：①越南承认并接受法国的保护权，越南的外交事务，包括与中国的关系，由法国掌管。②平顺省并入南圻法国直辖殖民地。③法军永久占领横山山脉和顺安海口。④法派驻扎官（越南称"公使"）驻北圻各省，监察越吏。⑤广南的岘港和富安的春台开放为各国通商口岸。第2次于1884年6月6日签订，又称《巴德诺和约》，越南称《甲申和约》。共19款，主要内容有：①越南承认并接受法国的保护权，法国是越南对外关系的代表。②法国永久占领顺安沿岸所有炮台与军事工事。③法国设置统监（越南称"钦使"），统监及其卫队驻扎顺化，以确保法国的保护权及掌管越南的对外事务，统监有权亲自觐见越南国王。④越南国王，除因本条约而产生的限制外，将继续和过去一样，管理其国家的内政。⑤如有需要，法国可在北圻各省设驻扎官或副驻扎官，归统监指挥。⑥整个越南王国的关税，经重新改革后，将由法国管理。⑦法国为确保保护权的实施，要在中圻和北圻的战略要地实行军事占领。条约的签订，使整个越南成为法国的殖民地，因而遭到越南人民及朝廷内以尊室说为首的主战派的反对。次年爆发"勤王运动"。

顺世论 Lokayata 印度古代哲学派别。中国古代音译为"路迦耶多"或"路迦耶陀"。另外，亦常用顺世论在古代的一个代表人物"斫婆迦"的名字来称呼此派。此派名称的含义是"在世间流行的"或"在人民中流行的"。

顺世论的思想至少在奥义书时期就有表现，甚至能追溯到印度河文明时期。在公元前6世纪左右的沙门思潮中，此派的代表人物阿耆多翅舍钦婆罗已是在当时有重要影响的思想家。但关于顺世论的创始人和具体历史发展情况，详情不是很清楚。了解此派的学说内容主要依靠古代印度其他派别著作中对其思想的转述。

顺世论关于世界基础的论述是一种元素理论。它认为，世界最终是由地、水、火、风四大元素组成的。除了这四大元素之外，其他的东西是不存在的。印度古代流行的宗教与哲学派别一般都设想有一种超自然的东西作为创造世间万有的因，这种因或是神，或是"梵"，等等。顺世论与印度古代流行的哲学观点不同，坚持认为世界上根本不存在什么主宰者或创造者。一切事物都是自然而有的。顺世论认为，人的意识与人的身体是不能分开的，身体存在，意识才存在，身体毁灭了，意识也就消失了。人的身体是由"四大"结合生成的，因此，意识归根结底来源于物质元素。顺世论特别重视人的感觉，认为人认识的源泉是由感官所获得的感觉。根据大多数记述顺世论思想的材料，顺世论认为感觉是人的正确认识的唯一源泉，除感觉外，其他的任何认识方式都是靠不住的。在社会伦理思想方面，顺世论也与一般的印度哲学传统观念不同。它反对禁欲主义，肯定人在现实世界中的幸福生活。顺世论在印度是一个与历代主流思想体系明显对立的派别，因此它几千年来一直受到压制，印度历史上许多派别都对它的观念进行攻击。此派相对于印度哲学中其他主要流派，在印度古代思想史上的影响不是很大。

顺通蒲 Sunthon Phu（1786-06-26～1855）泰国诗人。生于曼谷王朝一世王时期。自幼随母入宫，做过文书。因与宫女箨恋爱被治罪，与箨结婚后不久离异。他的诗作大多寄托着对箨的怀念。曼谷王朝二世王时，顺通蒲在朝廷任职，深受国王宠信。三世王即位后，以旧日嫌隙，削除了他的官职，顺通蒲愤而出家。还俗之后，生活潦倒。四世王时又受到重用，再次为官6年，直至逝世。作品有纪行诗、诗剧、社帕（以律诗撰写的说唱词）、长篇叙事诗、格言诗、摇篮曲等。代表作长篇故事诗《帕阿派玛尼》

（写于1828年之前）结构宏大，人物众多，故事情节曲折复杂，是泰国古典文学名著之一。

顺通蒲的诗博采口语，通俗易懂，语句凝练，音韵和谐，想象丰富。在表现手法上也颇有创新。他是泰国第一个用格仑诗体撰写长篇故事的诗人，并首先赋予格仑以内韵，使之更加优美动听，因此文学史家把他称为“格仑之父”。

顺义区 Shunyi District 中国北京市辖区。主要农业生产基地。位于市境东北郊。面积1 021平方千米。人口88万（2010），除汉族外，有回、满、蒙古等15个少数民族。西汉设狐奴、安乐2县。唐末置顺州。明洪武二年（1369）置顺义县。1928年隶属河北省，1958年划入北京市。1998年撤县设区。主要农作物有小麦、玉米、水稻、棉花、大豆、烟草、西瓜、蔬菜等。粮食产量居北京市第一位。也是北京市肉蛋禽和蔬菜供应基地之一。工业有服装、汽车、制造、食品、酿酒等。北京汽车制造业以顺义为中心，包括昌平和怀柔的部分地区形成一个新的生产基地。有著名的焦庄户地道战遗址。有现代的乡村国际高尔夫球场、北京国际高尔夫球场、乡村国际跑马道、大龙世界水上公园及张镇神女峰旅游区等。

顺治帝 Emperor Shunzhi of Qing Dynasty （1638-03-15～1661-02-05） 中国清朝入关后的第一代皇帝。见清世祖福临。

舜 Shun 中国历史上传说中的古帝王之一。从《楚辞·天问》的神话看，舜应为商代的始祖神，与商代卜辞高祖夒相当。《礼记·祭法》中商的始祖神改成喾。《帝系》中喾声名显赫地一身兼为挚、尧、商、周四族共祖，舜则降成与喾并立的颛顼世系中的一个裔孙。但在儒、墨两家学说里，尧、舜、禹却成了三代以前道德勋业最盛的前后禅让的3个圣王。尤其儒家把他们标榜为万世楷模的典型圣王，尧未能做到的举用八元、八恺，放逐四凶，及任命禹治水等盛业，都由舜来完成。人们称他为虞帝，号有虞氏，姓姚。传说舜从小受父、弟迫害，历尽磨难。后受尧识拔，摄行政务，终至膺受历数为天子，最后又南巡而身死，葬于苍梧之野。自汉以后，传说他所到之处几乎遍及华夏各地。舜原是黄河下游东夷部落一个有名的军事首长。作为商的远祖，他处的时代与禹相同；作为东方夷族的代表，他和尧都与西方黄帝之后的夏族有过长期的交往。当时在黄河中游地区结成部落联盟，他和尧、禹先后更迭担任军事首长，这就是历史上所称的尧舜禹“三圣传授”的时代。通过他们，父系家长制氏族部落联盟完成了解体的过程。

说鼓子 中国曲艺曲种。又名“唱鼓子”。流行于湖北荆州地区的石首、松滋、公安、监利等市县和湖南的常德、临澧、石门、津市、澧县、汉寿、慈利、安乡、岳阳、华容等市县。约形成于清代中叶。相传早期艺人都是戏班中文武场面的伴奏者，在不能演出时，往往三五相聚，靠清唱来卖艺维生。后发展为一至二人使用小扁鼓和唢呐以及单钹、醒木等伴奏，用流行地域的方音进行韵诵式的说唱表演。其中一个人的单口表演为演员同时使用扁鼓和唢呐自行伴奏说唱；二人的对口表演以一个人为主击鼓说唱，另一人用唢呐伴奏并插话搭腔辅助配合；也有一人击鼓说唱而由两个人用唢呐伴奏的情形。但以二人的对口式表演最为常见。醒木和单钹等乐器只在坐馆表演时使用。

说鼓子表演的一个鲜明特点，是每番诵说的末句后三个字有一个拖腔性的演唱并使用唢呐接腔伴奏，称为“唱煞”。唱词通俗易懂，生动风趣，诙谐幽默，富于乡土气息。唱腔除“主腔”、“花腔”和“哭腔”三类外，还有用于表演前闹台的“闹台曲”等唢呐吹奏曲牌。传统节目多取材于长篇的演义小说和传奇故事，长中短篇均有。

说话 中国唐宋时代的曲艺说书类型。现有资料表明，唐代的说话活动已很普遍。唐元稹《酬翰林白学士代书一百韵》有“翰墨题名尽，光阴听话移”的诗句，原注云：“乐天每与予游从，无不书名屋壁。又尝于新昌宅说《一枝花》话，自寅至巳犹未毕词也。”两宋是说话艺术的繁盛期。《东京梦华录》和《武林旧事》中对说话艺人及其活动场所有所述及。苏轼《东坡志林》记载：“涂巷中小儿薄劣，其家所厌苦，辄与钱，令聚坐听说古话。至说三国事，闻刘玄德败，颦蹙有出涕者；闻曹操败，即喜唱快。”表明说话表演在当时十分深入人心。

南宋吴自牧《梦粱录》曾提出“说话四家”之说，但理解各有不同。在宋人著述中，耐得翁《都城纪胜》的记载比较明确：“说话有四家。一者小说，谓之银字儿，如烟粉、灵怪、传奇；说公案，皆是搏刀赶棒（朴刀杆棒）及发迹变泰之事；说铁骑儿，谓士马金鼓之事；说经，谓演说佛书；说参请，谓宾主参禅悟道等事；讲史书，讲说前代书史文传、兴废争战之事。”《西湖老人繁胜录》“瓦市”条则分为小说、说经、说史书三类。清代翟灏《通俗编》引耐得翁《古杭梦游录》之说，分为银字儿、铁骑儿、说经、讲史四家。

宋元时期的说话虽有“四家”之别，在艺术上最有成就、对后世影响最大的，还是讲史和小说。元代以后，讲史别称“平话”，主要讲说历史故事，形式为徒口散说，与清代以后的评话和评书相同。《都城纪胜》说：“最畏小说人，盖小说者能以一朝一代故事，顷刻间提破。”提破，《梦粱录》做“捏合”。提破和捏合，是指小说家可以不受书史文传的局限，能够集中地描写一个故事，人物刻画也显得生动活泼。

说话对后世的说书艺术乃至白话小说的发展都有深远的影响。明代文人创作的小说，采取拟话本的形式，进一步推动了白话章回体长篇小说的出现。宋、元说话的故事，还为宋元的戏文和北杂剧提供了丰富的题材。戏曲中的自报家门、下场诗、插科打诨、以叙述来描绘战争场面、描绘人物和景色时使用骈俪文体、剧尾的题目正名等，都是受说话影响的痕迹。

《说诗晬语》 中国清代诗论著作。沈德潜著。全书分上下两卷。沈德潜论诗以儒家诗教为本，倡格调说，古体宗汉魏，近体崇盛唐，强调温柔敦厚为诗之“极则”。从总体倾向上看，沈德潜是一位复古主义者，其理论有一定的保守性。但《说诗晬语》一书内容相当丰富，对从《诗经》到明末的历代重要诗人和作品都有论评，在艺术上有不少独到的见解，眼界十分开阔。有人民文学出版社出版的《中国古典文学理论批评专著选辑》丛书本。

《说文解字》 *Analytical Dictionary of Characters* 中国第一部字典。东汉许慎编著。书成于和帝永元十二年（100）。安帝建光元年（121），作者令其子许冲进献给朝廷。

书中所收文字包括篆文（即小篆）、古文（主要来自孔子旧宅壁中书）、籀文。“文”指的是整体象形表意的字，“字”指的是结体有表形表声的合体字，所以他以《说文解字》为书名，后代简称为《说文》。

全书以小篆为主体，分析字形结构，根据不同的偏旁，分立540部，始于“一”部，终于“亥”部。凡字形偏旁或笔画接近的字都归于一部。部与部排列的顺序大体以部首的笔画和形体结构是否相近为准

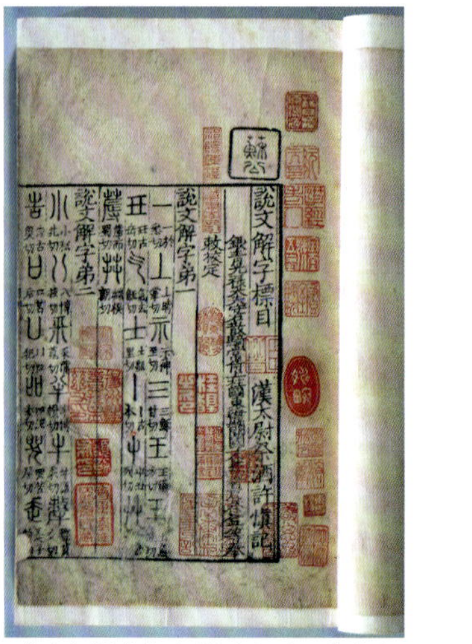

《说文解字》书影（宋刻元修本）

则，笔画结构相近的列在一起。

许书分为14篇，另叙目1篇。每部文字的排列本着三个原则：①文字的意思属于好的、善的列在前面，属于贬义的、不好的列在后面。②一部之内，专有名词列在前面，普通事物名词列在后面。③义类相近的字相邻，以便检索。

每一篆文之下先言义，后言形体结构，最后有时用“读若某”来标明读音。小篆之外，如有籀文、古文异体，则列其下，名为“重文”。全书共收篆文9 353字，重文1 163字。古书中所使用的文字大体具备，其中既有先秦所有的字，也有汉代新产生的字，为后代考察汉字发展的历史提供了极宝贵的材料。

许慎分析字形，根据“六书说”(见六书)。象形、指事由字形以见义。会意、形声则分别其组合成分。凡言“从某从某”或言“从某某”，都是会意字；凡言“从某某声”的都是形声字。书中也有会意兼形声的，也有言“从某某省声”的。许慎的分析，有助于理解篆书的结构。《说文》中的训释，或因形以说义，或取书传中的古训。后代的字书都援引《说文》训释，以为典要。

说一切有部 Sarvāstivāda 小乘佛教部派。该部形成于部派佛教早期，约当阿育王时代及稍后时期。略称有部。有部从上座系化地部分出。对心性染净看法与上座部迥异。有部主张心性并非本净，烦恼与心相应。心分为杂染心与离染心。解脱是去掉杂染心，实现离染心。有部著名的命题是“三世实有”和“法体恒有”。有部对存在本性的探究对佛教哲学贡献极大。它肯定事物所以有相互区别，就在于它们各自包含有自性。自性是概念实体，是事物存在的依据。但自性并不能直接转变为具体事物，它要依据众缘力，即依赖一定的因缘条件。所以有部的实在论立场又是基于“有因”说的。因此，有部又称说因部。三世实有与一切法有是以因缘为根据的。有部构造了六因四缘说。六因，谓相应因、俱有因、同类因、遍行因、异熟因和能作因。四缘，指作为亲缘的前5种因和作为疏缘的能作因。有部的另一特色是对一切法的分析有一套系统说法。在肯定有为诸法刹那生灭的前提下，它将一切法归入名色二类。《品类足类》提出了有部的五事分类法。五事，即色法、心法、心所有法（相应行)、心不相应法、无为法五者。有部的禅法也是极有代表性的。对中国佛教影响也很大，最初安世高所谓的僧伽罗刹《修行道地经》和后来鸠摩罗什译编的《坐禅三昧经》都是有部禅法，其特点是以观察五蕴的阿毗达磨说为禅定的基本内容。

有部的基本理论典籍是《阿毗昙八犍度论》，玄奘著有《法蕴足论》等六足论加以注释。经藏有《杂阿含经》、《中阿含经》，律藏有《十诵律》等。

《说岳全传》 *Whole Story of Yue Fei* 中国清代小说。全称《精忠演义说本岳王全传》。20卷80回。作者钱彩、金丰，生卒年代均不详。此书成书前就有不少写岳飞故事的小说流传，一种是脱离正史的虚构，一种是一一对照正史的复述。《说岳全传》虚实兼而有之，它吸收了许多民间传说，汲取了过去岳传中的精华，其成就和影响都超过了前两种小说，这也是它能广为流传的原因。岳飞是一个不顾个人安危、以国家民族利益为重、有胆有识的军事统帅，是一位民族英雄。他广收各地起义的绿林好汉，训练了一支纪律森严、武艺高强的队伍，为民族的兴亡与敌人作殊死的斗争。《说岳全传》实际上描写的是在岳飞率领之下的人民抗战，这是它不同于其他写岳飞的书的明显区别和主要特点。但作者在小说中对岳飞形象赋予过多的封建伦理色彩，为要表现他的忠孝仁义，有时竟违背常情。另外，将岳飞与秦桧的矛盾说成是前世冤孽所致，忽视了历史悲剧的社会原因。小说粗线条描写多，常用口语，情节描写也多有重复，明显地保留着民间话本的痕迹。

朔 syzygy 月球与太阳的地心黄经相同的时刻。见朔望。

朔望 syzygy 朔是指月球与太阳的地心黄经相同的时刻。这时月球处于太阳与地球之间，几乎和太阳同起同落，朝向地球的一面因为照不到太阳光，所以从地球上是看不见的。望是指月球与太阳的地心黄经相差180°的时刻。这时地球处于太阳与月球之间。月球朝向地球的一面照满太阳光，所以从地球上看来，月球呈光亮的圆形，称满月或望月。从朔到下一次朔或者从望到下一次望的时间间隔，称为一朔望月，约为29.530 59日。这只是一个平均数，因为月球绕地球和地球绕太阳的轨道运动都是不均匀的，二者之间也没有简单的关系。因此，每两次朔之间的时间是不相等的，最长与最短之间约差13小时。在中国古代历法中，把包含朔时刻的那一天称朔日，把有望时刻的那一天称望日；并以朔日作为一个朔望月的开始。在历日的安排中，通常为大小月相间，经过15～17个月，接连有两个大月。

东汉以前的历法中，都是把月行的速度当作不变的常数，以朔望月的周期来算朔，算出的朔后来称平朔。东汉前后发现了月亮运动的不均匀性，此后人们设法对平朔进行修正，以求出真正的朔，称定朔。

朔州市 Shuozhou City 中国山西省辖地级市。位于省境北部，邻接内蒙古自治区。辖朔城区、平鲁区和山阴、应县、右玉、怀仁4县。面积10 662平方千米。人口171万(2010)。秦置马邑县。北齐称北朔州，又置招远县。隋以后改为鄯阳县。明并入朔州。1912年改为朔县。1988年撤销朔县，与平鲁县合设朔州市。市境西、北、南三面环山，中部开阔，历代为屯兵之地，古代白登之围和马邑之战即发生于此。煤炭资源丰富，埋藏浅。平朔露天煤矿是中美合资开发的第一个煤炭企业。有机械、建材、化工等工业。农作物以玉米、谷子、高粱、小麦为主，山区多种莜麦和胡麻。神头村的神头海，由玉龙泉、黄道泉、金龙泉、三泉湾、玉花泉、莲花池等组成，为雁北第一名泉。利用此泉建成华北最大的坑口电站——神头发电厂。同蒲铁路电气化复线和大运二级公路纵贯境内，神朔、朔黄铁路交会于朔州，交通便捷。名胜古迹有崇福寺、汉墓群、神头泉、广武城、应县木塔、净土寺、峙峪旧石器时代遗址等。

硕蚧 Margarodidae; margarodid scale 同翅目硕蚧科昆虫的统称。全世界已知约307种，世界广布，在寒带或温带适宜的纬度上有些种类猖獗为害。中国已知约26种，分布于北方各地。

雌成虫大小变化多样，大多数种类体型较大，也有体长仅几毫米的小型种类。通常体节明显；触角发达；足正常或退化。腹气门2～8对。腹气门的存在是本类蚧虫的重要分类识别特征，但也有少数种类腹气门退化。通常具腹裂1～6个。背腹两面常具圆盘状腺，构造多样；无管状腺。虫体具许多刺或发达的毛。雄成虫具单眼和复眼，有的种缺复眼。翅1对，平衡棒具各种形状；有的种翅和平衡棒皆退化。大多数种类在腹部倒数第2节具有成群或成列的管状腺，生活着的雄成虫由此腺体分泌出一束或数束白色蜡质尾丝。硕蚧有一部分生活在地下，寄生于植物根部。若虫期分泌蜡质物结成包囊，包囊常具色彩，酷似珍珠，故有珠蚧之称。多数种类生活在地上。有些种类若虫期生活在地下，成虫期出土，到地面上活动。

硕士 master’s degree 大多数国家学位制度中的第二级学位，通常要在获得学士学位后，再经过1～3年的学习后方可获得。见学位。

搠思吉斡节儿 Chos-kyi hod-zer 中国元代蒙古语文学家、翻译家。约13世纪下半叶至14世纪上半叶在世，生卒年不可考。原名达麦多吉(Bdag-med rdo-rje，意为“无我金刚”)，法名搠思吉斡节儿（Chos-kyi hod-zer，意为“法光”）。曾拜喇嘛教萨迦派第五代祖师八思巴为师。仁宗朝为国师。所著《蒙文启蒙》(直译为“心耳”）一书，奠定了回鹘式蒙古文规范的基础，原书已亡佚。据清代雍正年间成书的《蒙文启蒙诠释》记载，搠思吉斡节儿把回鹘式蒙古文字母区分为元音、辅音两大类。他认识到元音和谐律的存在，进一步把元音字母分成阳性（紧）、阴性（松）、中性（或紧或松）3组，列举了123个开音节和可以出现在闭音节末尾的11个辅音。在语法方面，他对8种格的形式和所表示的主要意义以及各种助词的用法都一一举例说明。因此，《蒙文启蒙》既有理论意义又有实用价值。搠思吉斡节儿除用蒙古语翻译过《五守护经》、《十二因缘经》等佛经外，还把印度学者寂天的哲学著作《入菩提行论》译成蒙古文，并著《入菩提行论疏》。

司法机关 judicial branch 行使国家权力中司法权的国家机关。狭义仅指法院，广义还包括检察机关。在三权分立的体制下，司法机关与立法机关、行政机关互不从属；在议行合一体制下，司法机关从属于国家权力机关而相对独立于其他国家机关。

法院行使司法权，主要审理民事案件、刑事案件、行政案件和选举案件等。有些国家的法院还处理一些非诉讼性的事务，有的还拥有司法审查权。各国的审级制度有所不同，有三级三审制、四级三审制等。中华人民共和国实行四级二审制。

各国法官的产生，或是由国家元首或大法官任命；或是由立法机关、法官委员会、选民选举。

检察机关的职责是代表国家对刑事案件提起公诉，追究被告人的刑事责任，并监督审判活动等。但是有的国家不独立设置检察机关，而是将检察官附属在法院系统内，或归属司法行政机关领导。中国的检察机关是从属于国家权力机关而独立于其他国家机关的法律监督机关，与法院平行。检察人员由各级国家权力机关任免，检察长的任免报上级国家权力机关批准。

司法鉴定 forensic authentication 在司法活动中，法定鉴定机构中的专业鉴定人员根据办案单位或其他机构的委托，对案件中某些专门性事物进行检验，并就委托单位提出的专门问题作出鉴定结论的一种特殊科学活动。

鉴定的种类 可分为：①痕迹鉴定，即运用痕迹学知识，对指纹、足迹、工具痕迹、枪弹痕迹、牙齿痕迹等所作的鉴定。②文书鉴定，即运用文书检验知识，对以语言、文字、符号、图案、声像为其综合表现形式的各类资料所作的鉴定。包括笔迹鉴定、文书鉴定、声纹鉴定、人体外貌鉴定、司法会计鉴定等。③司法理化鉴定，即运用物理学、化学或者生物学的专业知识和技术方法对各种物质所作的鉴定，具体包括司法物理学鉴定、司法化学鉴定与司法生物学鉴定。④法医学鉴定，即运用医学专业知识，对与尸体、活体及其分泌物、排泄物有关问题所作的鉴定，还可细分为法医病理学鉴定、法医临床学鉴定、法医物证学鉴定、法医毒物学鉴定等。⑤司法精神病鉴定，即运用临床精神病学专业知识，对涉及法律事件的有关人员的精神状态以及责任能力、行为能力作出判断。

南京司法所的工作人员正在为一少年进行司法鉴定，以判断其听力是否下降

鉴定的主体 在中国，鉴定由有授权的特定机构进行。这些鉴定机构共有三种组织形式：①各级鉴定委员会。②国家有关部门鉴定机构。③民间鉴定机构。

鉴定人的权利和义务 鉴定人作为独立的诉讼参与人，依法享有一定的诉讼权利并承担相应的诉讼义务。诉讼权利包括：①查阅或查验鉴定所需的案件材料和证据，并在必要时要求委托单位补充鉴定材料或者亲自参加勘验和检查。②要求委托单位明确鉴定目的和要求，并可在具备正当理由时拒绝进行鉴定。③在不受外界干扰和影响的情况下独立进行鉴定。④使用本民族的语言文字参与诉讼活动。⑤要求有关单位补偿其合理鉴定开支并收取合理的报酬。诉讼义务包括：①根据委托单位的要求按时作出鉴定结论，并且在盖有鉴定机构鉴定专用章的鉴定书上签名。②客观公正地进行鉴定，不得弄虚作假和徇私舞弊。③妥善保管委托单位送检的鉴定材料，不得损毁或遗失。④在接到法院的通知后，按时出庭作证，并且实事求是地回答和解释有关人员就鉴定事项所提出的问题。

鉴定的程序 一般经过三个环节：①委托。决定鉴定是拥有鉴定决定权的司法机关的专门职权，在刑事案件中分别由公、检、法机关决定鉴定，在民事案件、行政案件中则由人民法院决定鉴定。司法实践中，律师事务所、单位内保部门也可以委托鉴定。有关单位在决定鉴定后，应依照鉴定管辖范围和业务范围选择鉴定机关，必要时指聘合适的鉴定人，随后办理委托手续。②受理。接到委托时，鉴定人认为可以解决委托单位所要求解决的问题，即可受理，否则可不予受理；认为可以受理但应补充样本材料或其他与鉴定有关的材料的，可要求委托单位补送。③实施。受理鉴定后，鉴定人即可进行检验。实施鉴定必须严格遵守各种检验的技术要求和操作规程，认真作好检验记录，妥善保管送检的物品和材料。最后作出鉴定结论。

司法解释 judicial interpretation 司法机关对宪法和法律进行的阐述或说明。有的国家的最高法院有解释宪法的权力，如美国。

在中国，司法解释一般指最高国家司法机关对全国人民代表大会及其常务委员会通过的法律的具体应用问题所作的解释。凡关于法律条文本身需要进一步明确界限的，由全国人大常委会进行解释；凡属于法院审判工作中具体应用法律的问题，由最高人民法院进行解释；凡属于检察院检察工作中具体应用法律的问题，由最高人民检察院进行解释。最高人民法院和最高人民检察院的解释如果有原则性的分歧，报请全国人大常委会解释或决定。根据2000年《中华人民共和国立法法》的规定，法律解释权属于全国人大常委会。法律有以下情况之一的，由全国人大常委会解释：①法律的规定需要进一步明确具体含义的。②法律制定后出现新的情况，需要明确适用法律依据的。最高人民法院和最高人民检察院可以向全国人大常委会提出法律解释要求。

司法精神病鉴定 forensic psychiatric expertise 应用现代精神病学技术，以国家法律和有关法规为准则，协助公安机关和司法机关解决案件审理中有关精神病的问题，为审判提供证据。

鉴定单位和鉴定人 1996年中国刑法和刑事诉讼法重新修订，规定对精神病的医学鉴定由省级人民政府指定的医院进行。卫生部下达的《精神病院审评标准（草案)》规定，二级以上的精神病院都应该具有开展精神疾病司法鉴定、医学鉴定及精神病人劳动能力鉴定的能力。充当司法精神病鉴定人的精神科专业医师，应具备法定的专业资格，经过规定的推荐手续及专业考试，并获得政府授权。根据法律规定，鉴定人有义务出庭作证，宣读鉴定结论，并答复法庭质疑；鉴定结论所依据的事实必须清楚，经过审查核实才能作为定案的根据。

精神病人的刑事责任能力 精神病人不具有承受刑事处罚的能力，不具有刑事责任能力。间歇性精神病人在精神正常时犯罪，应负刑事责任。犯罪人是否精神病人，需要依法进行司法精神病鉴定。一个患有精神病的人，会对外界产生错误的认识和判断，实施种种危害社会行为而缺乏正常的犯罪故意或过失。《中华人民共和国刑法》第18条规定："精神病人在不能辨认或者不能控制自己行为的时候造成危害结果，经法定程序鉴定确认的，不负刑事责任。"决定精神病人有无刑事责任能力的条件是，患病人实施危害行为时是否因为精神病而丧失了辨认或控制自己行为的能力。辨认与控制受损均可导致刑事责任能力丧失，但是只有在辨认能力完整的前提条件下，才可以考虑控制能力有无受损。判断辨认能力有无障碍的常用标准是：①行为人能否认识或回忆自己的行为。②能否了解自己行为的是非对错和违法性。判断控制能力障碍的依据是行为人不能以其辨认而为行为。

精神病人的民事行为能力 《中华人民共和国民法通则》规定："不能辨认自己行为的精神病人是无民事行为能力人，由他的法定代理人代理民事活动"；"不能完全辨认自己行为的精神病人是限制民事行为能力人，可以进行与他的精神健康状况相适应的民事活动；其他民事活动由他的法定代理人代理，或者征得他的法定代理人的同意"。

民法中精神病概念的内涵与刑法略有不同，除各种精神疾病外，还包括某些严重影响社会的人格障碍，如反社会人格、病理说谎者、严重挥霍浪费者等。精神病人无民事行为能力或限制民事行为能力的宣告，是法院判决的结果，未经法院判决，不能视之为无民事行为能力人或限制民事行为能力人。精神病人对自己行为的辨认，一是是否知道自己的所作所为及其后果；二是是否知道自己的行为所产生的法律关系，以及由此引起的权利和义务。法律行为既然产生于意思表示，那么意思是否真实，表示是否合理有效，预期是否现实可达，行为能否达到预期效果，都应该是司法精神病鉴定工作中考察精神病人有无民事行为能力的标准。对于精神发育迟滞者或脑器质性痴呆者，则可根据其智力年龄和社会心理功能的实际水平，适用法律规定的有关标准进行评定。司法精神病鉴定中有关民事能力的项目众多，常见的包括：婚姻能力、子女抚养或收养能力、财产继承能力、签订合同能力、立遗嘱能力、民事诉讼能力、性行为能力等。每项行为能力所要求的具体条件各有不同，评定标准也有所区别。

精神病人的受审能力 中国法律赋予刑事被告人一系列诉讼权利，如果被告人在诉讼过程中不能理解和行使这些权利，便是判定受审能力受损的重要指标。精神病是影响受审能力的主要原因，所以被告人一旦被认定不具有受审能力，诉讼程序即应中止。

造成受审能力损害的主要原因既然是精神病，那么在司法精神病鉴定实践中，首先就要确定被告人是否患有精神病，进而还要再从下列方面考察被告人的受审能力是否有障碍：①被告人对诉讼过程能否正确认识，有没有因精神病或低能的影响而发生显著改变；是否知道和理解自己受到控告，在法庭上处于被告地位；是否知道在法庭上谁是法官、原告和律师，他们与自己的关系是什么，他们之间的关系是什么。②被告人能否与自己的辩护人彼此了解、合作，能否与律师讨论案情、接受律师的劝告、给律师提供建议，对律师有没有病态的妄想或猜疑。③在法庭上能否与律师很好配合、按律师提示准确回忆案情和回答问题，能否很好听取原告及其证人的控告或证词，对其不符合实际情况的地方能否直接反驳或告诉律师，对法庭提出的问题能否按自己的记忆给予准确回答。④被告人能否对自己的犯罪情节进行系统的回忆和辩护，对实施犯罪时的精神状态和心理活动能否正确陈述。

司法决斗 judicial combat 双方当事人以决斗的胜负来判定有罪、无罪或陈述的真伪。欧洲封建时代早期的法律规定。由消极证言制度（单凭被告和证人的宣誓而否认对方的控诉）产生。无论刑事案件还是民事案件，只要被告及其证人通过誓言声称原告撒谎，法官便命令双方决斗。贵族有权拒绝和农奴决斗。在法国，司法决斗非常流行，甚至出现了专门从事代别人决斗的职业斗士。决斗不仅适用于原告和被告之间，还适用于当事人与证人之间，以及当事人与法官之间。司法决斗代替了全部诉讼程序，其中也包括上诉程序，因为当事人向法官的决斗，也就是对法官裁决的上诉。

司法协助 judicial assistance 不同国家的司法机关之间，为了实施本国刑事或民事法律的需要，根据本国缔结或参加的多边或双边国际条约，或者按照互惠原则，相互请求、相互协助，代为进行某些诉讼行为的活动。刑事司法协助的主体，一般应当是主权国家的司法机关，某些具有独立司法权的地区也可以成为司法协助的主体，如中国香港特别行政区和澳门特别行政区具有独立的司法权和终审权，它们的司法机关也是刑事司法协助的独立主体。但香港和澳门与外国的刑事司法协助是国际性的刑事司法协助，而与国内的刑事司法协助则属于区际司法协助。《中华人民共和国刑事诉讼法》规定："根据中华人民共和国缔结或者参加的国际条约，或者按照互惠原则，中国司法机关和外国司法机关可以相互请求刑事司法协助。"《中华人民共和国民事诉讼法》也有类似规定。

2004年4月16日，在中美两国执法机关的密切合作下，涉嫌贪污挪用巨额公款潜逃美国的原中国银行广东省开平支行行长余振东被美国警方押送回中国。图为中国警方向余振东宣读逮捕令

司法协助的范围一般包括：①调查取证。包括代为听取当事人、嫌疑人的陈述，询问证人、被害人和鉴定人，进行鉴定、勘验、检查、搜查和扣押等。②送达诉讼文书。③通报诉讼结果。④移送证据、赃款、赃物或扣押物品等。⑤相互承认和执行生效判决等。⑥引渡。

司各特 Scott, Walter (1771-08-15～1832-09-21) 英国小说家、诗人。生于爱丁堡，卒于阿伯茨福德。1789年入爱丁堡大学读法律。1792年成为律师。曾任副郡长、法庭庭长等职。写作了大量诗歌、小说、评论等。诗歌方面，继搜集整理的3卷本《苏格兰边区歌谣集》(1802～1803)出版后，陆续出版了《最末一个行吟诗人之歌》(1805)、《玛密恩》(1808)和《湖上夫人》(1810)等8部长诗。以历史或民间传说为题材，表达了对苏格兰风光的热爱和对古代骑士理想的向往。

1814年，司各特开始创作历史小说，匿名发表了《威弗利》。它以18世纪苏格兰詹姆斯党人起义为题材，歌颂高地人民的英勇。司各特一生共写了27部历史小说，其中《清教徒》(1816)、《罗布·罗伊》(1817)、《米德洛西恩的监狱》(1818)均以苏格兰历史为题材。《艾凡赫》(1819)、《昆丁·达沃德》(1823)则取材于英格兰和欧洲历史。司各特的历史小说对19世纪欧美的许多作家都产生过重要影响。

司空图 Sikong Tu (837～908) 中国唐代诗人、诗论家。字表圣，自号知非子、耐辱居士，泗州（今江苏盱眙西北）人，寓居河中虞乡（今山西永济西）。咸通十年(869)

登进士第，官至中书舍人、户部侍郎。因见政局混乱，为求退隐，先居华阴，后归居中条山王官谷别墅中。游吟于泉石林亭间，曾作《休休亭记》以示放达。

司空图论诗提倡“咸酸之外”的“味外之旨”和“近而不浮，远而不尽”的“韵外之致”(《与李生论诗书》)；讲究作诗应能写出“象外之象，景外之景”(《与极浦书》)。他推崇王维、韦应物“澄澹精致”(《与李生论诗书》)、“趣味澄敻”的诗歌，而批评元稹、白居易所作“力勍而气孱”(《与王驾评诗书》)。他也赞美韩愈的诗歌“驱驾气势，若掀雷抉电，撑抉于天地之间”，称道柳宗元的诗歌“探搜之致，亦深远矣”(《题柳柳州集后序》)，并不专主一格。他存世诗歌以五言、七言绝句居多，如《秋思》、《喜王驾小仪重阳相访》、《狂题》、《偶书》、《河湟有感》等，流露了他忧怀时事的内心。

司空图诗论影响深远。严羽《沧浪诗话》提倡“兴趣”、“妙语”，与司空图主张的“味外之旨”、“韵外之致”也有联系。清代王士禛标举“神韵”之说，更奉司空图、严羽的论说为准则。

《二十四诗品》一书，旧题司空图作，今人考订其说有误。

司空图自编诗文为《一鸣集》30卷，其中10卷为诗，已失传。今传《司空表圣文集》10卷，有上海古籍出版社1994年影印宋蜀刻本。

司寇 minister of justice 中国古代主刑狱之官。商代和西周初年铜器铭文和卜辞中均未见此官名。据《尚书》、《左传》等文献记载，在周武王、周公时，司寇已是王朝的高官。周恭王、懿王时的铜器铭文中，已可见到有关司寇的记载。据《左传》和铜器铭文所记，春秋时，周王室和鲁、宋、晋、齐、郑、卫、虞等国都置有司寇之官。其职责是驱捕盗贼和据法诛戮大臣等等。楚名司寇为司败，战国时不少国家仍名刑官为司寇。云梦秦律中将有的刑徒称为司寇，则是一种较为特殊的现象。

司隶校尉 metropolitan commandant 中国汉至魏晋监督京师和地方的监察官。始置于汉武帝征和四年（前89），成帝元延四年（前9）曾省去，哀帝时复置，省去校尉而称司隶。东汉时复称司隶校尉。司隶校尉秩为二千石，东汉时改为比二千石。属官有从事、假佐等。又率领有由1 200名中都官徒隶所组成的武装队伍，司隶校尉因此而得名。

汉武帝刘彻为了加强京城的治安而置司隶校尉。初持节，有权劾奏公卿贵戚。除监督朝中百官外，还负责督察三辅（京兆、左冯翊、右扶风）和河东、河南、河内、弘农七郡的京师地区，职能与刺史相同，地位则高于刺史。东汉初年，司隶校尉权势加大，朝会时和尚书令、御史中丞一起设有专席，有“三独坐”之称。因经常劾奏三公等尊官，故为百僚所畏惮；对京师地区的督察也有所加强，京师七郡成为司隶校尉辖区称司隶校尉部，又称司隶部，成为十三州之一。在外戚与宦官的斗争中，一方常借重司隶校尉的力量挫败对方。

司隶校尉在曹魏、西晋时职务与两汉基本相同，至东晋罢废。

司马承祯 Sima Chengzhen（647～735） 中国唐代道士。字子微，自号白云子、天台白云子、白云道士、中岩道士、赤城居士。法号道隐。河内温（今河南温县西）人，出生官宦世家。自幼好学，精通诗书，喜方外之游。后拜潘师正为师，出家于嵩山。深得其师赏异，成为上清派第四代传主。后隐居于浙江天台山紫霄峰。则天武后召至京师，与陈子昂、卢藏用、宋之问、王适、毕构、李白、孟浩然、王维、贺知章交往甚密，时人称为仙宗十友。历睿宗、玄宗朝，颇受赏识，深谙音律，谐调八音，制道曲传于世。工冶炼，煅制镜剑。通药物学倡导以符水草药辅佐辟谷服气修炼法。其道教哲学思想以“道”为万物之源以“气”为宇宙之本，以形神互卫的修习宗旨，同时兼收佛教止观禅定的学说，主张去物欲、断诸缘、除弊病、简尘事的渐进修行法。又以敬信、断缘、收心、简事、真观、泰定、得道为修道七阶，从而达到“内不觉一身，外不知宇宙，与道冥一，万虑皆遣”的道教最高境界，对北宋理学的形成有较大的影响。卒谥贞一先生。玄宗赠封银青光禄大夫。宋政和年间封为丹元真人。著有《修真秘旨》、《修真精义论》、《服气精义论》、《坐忘论》、《上清天宫地府图经》、《上清含象剑鉴图》、《洞玄灵室五岳名山朝仪经》等。

司马光 Sima Guang（1019～1086） 中国北宋大臣、史学家。字君实，号迂叟，世称“涑水先生”。陕西夏县（今属山西）涑水乡人。宋仁宗赵祯宝元元年（1038）举进士甲科，屡迁天章阁待制兼侍讲、知谏院等，遇事敢言，力持正论。当嘉祐（1056～1063）、治平（1064～1067）之世，襄助韩琦，辅立英宗，调停两宫。英宗治平三年，撰《通志》8卷奏呈，颇为英宗重视，命设局续修。宋神宗赵顼即位，擢翰林学士，名其书曰《资治通鉴》，并亲自作序，俾日进读。王安石当政，推行新法，司马光极力反对，以意见不被采取，乃求外任。熙宁三年（1070），以端明殿学士知永兴军（今陕西西安）。次年，改判西京（今河南洛阳）御史台。从此居洛阳15年，六任闲职，皆以书局自随，专意编纂《资治通鉴》。元丰七年（1084）书成。哲宗即位，太皇太后高氏听政，召司马光为门下侍郎，进尚书左仆射，成为元祐更化的领袖人物。他任相不到一年，新法罢废殆尽。元祐元年（1086）病死。赠太师、温国公，谥文正。司马光学识渊博，史学之外，音乐、律历、天文、书数无所不通，但不喜释、老之学。生平著作甚多，主要有史学巨著《资治通鉴》以及《温国文正司马公文集》、《稽古录》、《涑水记闻》、《潜虚》、《书仪》、《家范》等。

司马金龙墓 Tomb of Sima Jinlong 中国北魏琅邪王司马金龙夫妻的合葬墓。位于山西大同。1965～1966年发掘。司马金龙是降附于北魏的东晋皇族，太和八年（484）卒，其妻死于延兴四年（474）。墓为砖砌，由甬道、前室、东耳室和后室构成，加上墓道全长超过45米。前后室均为四角攒尖顶。墓门券顶上部出土碑形石墓表。墓早年被盗，尚存陶俑及驮粮的马匹、骆驼等动物模型约400件，其中半数以上是步兵和骑兵俑。另有石砚、陶壶、青瓷唾壶、漆槅、铁剪和马镫等物。后室有一张雕饰精美的石棺床和一具漆屏风，是少见的北魏书、画和石雕艺术珍品。漆屏风屏面彩绘列女等题材的图像，与传世的顾恺之画迹摹本近似，填补了北魏前期绘画资料的空白；所附漆书榜题，字体圆润俊秀，展示了汉隶向唐楷演变中魏书的发展面貌。此墓的形制、室内布置和随葬品反映了当时中国南北各地文化上的联系。

司马迁 Sima Qian 中国西汉史学家、文学家。字子长。左冯翊夏阳（今陕西韩城西南）人。生年说法不一，有人认为生于汉景帝中元五年（前145），也有人认为生于汉武帝建元六年（前135），卒年不可考。司马迁10岁开始学习古文书传。约在汉武帝元光、元朔期间，向今文家董仲舒学《公羊春秋》，又向古文家孔安国学《古文尚书》。20岁从京师长安南下漫游，遍及江淮流域和中原一带。后不久，仕郎中，成为汉武帝的侍卫和扈从，多次随驾西巡，并奉命出使巴蜀。元封三年（前108），司马迁继承其父司马谈之职，官太史令，职掌天时星历，管理皇家图籍。

太初元年（前104），与唐都、落下闳等共同制定《太初历》，以代替由秦沿袭下来的《颛顼历》。所制新历较旧历恰当，适应了社会生活和生产的需要。此后，司马迁开始撰写《史记》。天汉二年（前99），李陵率5 000步兵出击匈奴，与数万匈奴骑兵苦战多日，力竭投降。司马迁为李陵辩护，触怒汉武帝，下狱受腐刑。后获赦出狱，为中书令，发愤著书，最后完成了《史记》的撰写和润饰。《史记》是中国第一部纪传体通史和传记文学巨著。除《史记》外，司马迁作赋八篇，均已散佚，唯《艺文类聚》卷三十引征《悲士不遇赋》片段。又撰《报任安书》，记述了他下狱受刑的经过和修史的抱负。

司马相如 Sima Xiangru（前179～前118） 中国西汉辞赋家。字长卿。蜀郡成都（今四川成都）人。景帝时任武骑常侍。景帝不好辞赋，他称病免官，来到梁国，与梁孝王的文学侍从枚乘、邹阳等同游，作《子虚赋》。汉武帝即位后见到《子虚赋》，深为赞赏，司马相如被召见，又为武帝作《上林赋》，武帝遂拜司马相如为中郎将。后奉命出使西南，对促进汉与西南边疆地区民族之间的融合起了积极作用。

司马相如的文学成就主要是辞赋。《汉书·艺文志》著录"司马相如赋29篇"，今仅存《子虚赋》、《上林赋》、《大人赋》、《长门赋》、《美人赋》、《哀秦二世赋》6篇。其代表作《子虚赋》、《上林赋》，内容上前后相接，故司马迁的《史记》将它们视为一篇，称为《天子游猎赋》。作品的主旨在于歌颂大一统王朝的声威和气魄，同时对统治者的过分奢侈也作了委婉劝诫。在艺术表现方面，两赋结体宏大，描写场面雄伟壮观，富有气魄。但不免过分夸奇炫博，内容比较空洞。其赋重铺排，重夸饰，极富于文采美和音乐美。其文学创作活动，丰富了汉赋的题材和描写方法。明代张溥辑有《司马文园集》，收入《汉魏六朝百三家集》。

司马炎 Sima Yan（236～290） 中国晋朝的开国皇帝。见晋武帝司马炎。

司马义·艾买提 Ismayil Ähmäd（1935－09～ ） 中华人民共和国全国人民代表大会常务委员会副委员长。维吾尔族。新疆策勒人。大专学历。1953年加入中国共产党。

1952年入新疆和田地区土改训练班学习，在策勒县搞减租反霸和土改工作。1954年任新疆策勒县四区团工委书记、团县工委书记。1956年任新疆策勒县委副书记、县长。1960～1962年在中央高级党校新疆班学习。1963年后任新疆维吾尔自治区和田地委宣传部副部长、自治区党委文教政治部副主任。1969年任自治区革委会文教卫生组组长。1972年后任新疆维吾尔自治区党委书记、自治区革委会副主任、自治区党委组织部部长、自治区人民政府主席。1986年任国家民族事务委员会主任。1988年当选为全国政协第七届副主席。1993年任国务委员兼国家民委主任。2003年当选为十届全国人大副委员长。是中共十至十六届中央委员。

司马义·铁力瓦尔地 Ismayil Tiliwaldi（1944－11～ ） 中华人民共和国全国人民代表大会常务委员会副委员长、党组成员。维吾尔族。新疆喀什人。大学学历。1973年5月加入中国共产党。1962～1967年在新疆大学数学系数学专业学习。1967～1968年留校待分配。

1968～1969年在新疆维吾尔自治区疏附县站敏公社接受再教育。1969～1973年在疏附县拖拉机站、塔什米力克公社任翻译。1973～1976年任中共疏附县委组织部干部。1976～1980年任中共喀什地委组织部干部。1980～1983年任新疆维吾尔自治区喀什地区行署人事处副处长、处长（其间1982年3～7月在中共新疆维吾尔自治区党委党校学习）。1983～1990年任新疆维吾尔自治区喀什地区行署副专员（其间1987～1988年在中共中央党校一年制中青年干部培训班学习）。1990～1993年任中共喀什地委副书记、喀什行署专员。1993～1995年任新疆维吾尔自治区政府秘书长。1995～1998年任中共新疆生产建设兵团党委常委，兵团副政委（1995～1996年在中共中央党校一年制中青年干部培训班学习）。1998～2000年任中共新疆维吾尔自治区党委常委、政法委副书记。2000～2003年任中共新疆维吾尔自治区党委副书记。2003～2007年任中共新疆维吾尔自治区党委副书记，自治区政府主席。2008年任十一届全国人大常委会副委员长、党组成员。是中共十六届中央候补委员，十七届中央委员。

司马懿 Sima Yi（179～251） 中国三国时期魏国权臣。字仲达。河内温县（今河南温县西）人。曹操封魏王，曹丕为魏国太子，司马懿任魏王太子中庶子，每参大议，常有奇策异谋，为曹丕所信重。曹丕代汉建魏后，累迁尚书右仆射、抚军大将军。明帝立，受遗诏与曹真、陈群一起辅政。督率诸军击败孙权的进攻，迁骠骑将军，加督荆、豫二州诸军事，率所部镇宛（今河南南阳）。太和五年（231），魏明帝调司马懿都督雍、凉二州诸军事，西镇长安，指挥对蜀汉的战争，功迁太尉。景初三年（239），受明帝遗诏，司马懿与曹爽一起辅齐王芳，加侍中，都督中外诸军，录尚书事，后转为太傅。爽、懿争权夺利，矛盾日益尖锐。司马懿佯称病重，暗中周密布置。嘉平元年（249），发动兵变，诛曹爽兄弟及其党羽，独揽朝廷大权。三年，拥魏势力都督扬州诸军事王凌起兵反抗，被他迅速击败。司马氏代魏的基础从此基本奠定。晋武帝司马炎即位后，追谥司马懿为宣帝。

司马昭 Sima Zhao（211～265） 中国三国时期魏大臣。字子上。河内温县（今河南温县西）人。司马懿次子。西晋奠基者之一。曾任新城乡侯、洛阳典农中郎将、散骑常侍。司马昭有卓越军事才能，屡立战功。曾从大将军曹爽伐蜀，以功拜议郎。曹爽被诛后，司马昭率众护卫二宫。又二度率兵抵御蜀将姜维之进攻。后转安东将军，镇守许昌。及曹髦称帝，参与制定政策，进封高都侯。司马师死后，拜卫将军，辅政。奉太子及皇太后命东征，平息镇东大将军诸葛诞的叛乱。甘露五年（260），魏帝曹髦因司马昭把持朝政，密谋杀之，事情泄露，被太子舍人成济杀死，另立曹奂为帝。景元四年（263），发兵灭蜀。魏帝为表彰其功德，封为晋公，享太原、上党等10郡之地，后为晋王，又增封10郡。死后数月，其子司马炎代魏称帝，建立晋朝，追尊为文帝。庙号太祖。

司母戊鼎 Simuwu Ding 中国商代晚期青铜器。因腹内壁铸有"司母戊"三字而得名。1939年出土于河南安阳殷墟王陵区商代大墓。为现知中国古代最大的青铜礼器。现藏中国国家博物馆。鼎通高133厘米，器口长110厘米、宽78厘米，重875千克。长方形腹，双立耳，四圆柱形足，折沿，方唇。器腹四边角、每面正中和足上端均有扉棱。鼎上的纹饰主要由兽面、夔龙和牛、虎等形象组成。两耳外侧各饰双虎噬人形象。鼎的造型高大厚重，雄浑庄严，具有神秘、威慑之感。鼎身与足为浑铸，耳后铸接。合金成分为：铜84.77%，锡11.84%，铅2.76%，配比已相当进步。此鼎反映出商代青铜铸造工艺的高超水平，是当时青铜器艺术最重要的代表作之一。器内铸"司母戊"三字，其中"母戊"为商王武丁或武乙配偶的庙号。也有学者释为"后母戊"、"姤（后）

戊”，“后”即商王配偶之称。关于鼎的铸造年代，主要有祖庚、祖甲之时或文丁之世二说。

司瑞轩 Si Ruixuan 单弦牌子曲的创始人。艺名“随缘乐”。

司徒慧敏 Situ Huimin（1910-02-16～1987-04-04） 中国电影技术专家、导演。生于广东开平，卒于北京。1927年参加广州起义。次年去日本东京上野美术学院学习，参加“左翼艺术家同盟”。1933年与堂兄司徒逸民研制成功的三友式电影光学录音机是中国最早制造的电影录音机之一。1934年成立电通股份有限公司，执导了《自由神》，并为《姊妹花》等多部影片录音。抗战时导演了粤语片《血溅宝山城》、《游击进行曲》等。1946年赴美国哥伦比亚大学学习电影课程。次年导演了舞蹈纪录片《中国民族舞蹈》。该片获1948年英国爱丁堡纪录影片电影节优秀奖。1952年回国后，先后担任中国电影科学技术研究所所长、文化部副部长等职。

司徒雷登 Stuart, John Leighton（1876-06-24～1962-09-19） 美国传教士、教育家、驻华大使。生于中国杭州，卒于华盛顿。父母皆为美国在华传教士。1887年回国读书。1904年11月，奉派回中国杭州传教。1908年调南京金陵神学院任拉丁、希腊文教授。1919年在北京创办燕京大学并任校长，颇受美国政府及基督教会重视。1930年被美国普林斯顿大学授予名誉文学博士。1933年受F.D.罗斯福召见，回国陈述“中国时局”。七七事变后，严守美国“中立”政策，一度充当日蒋政治掮客。1941年12月遭日军逮捕，长期幽禁于北平协和医院院长霍顿住宅，直至日本宣布投降后始获释。1946年7月出任美国驻华大使，积极支持蒋介石发动反共内战，并代表美国政府与蒋签订《中美友好通商航海条约》。1949年2月国民政府迁往广州后，继续留在南京谋求与中共建立新关系，但遭到美国政府的否定。8月2日返美，从此脱离政坛。主要著作有《启示录注释》、《在华五十年——司徒雷登回忆录》等。

司徒美堂 Situ Meitang（1868～1955-05-08） 中国社会活动家，爱国华侨领袖。原名羡意，字基赞。广东开平人。卒于北京。1880年赴美国圣弗朗西斯科（旧金山）。1883年加入洪门致公堂，曾追随孙中山进行革命，后在美国负责致公堂、安良堂等侨胞团体。1937年后，发动美洲华侨捐款支援祖国抗战。1945年被选为美洲洪门致公堂主席。1948年，又发动美国华侨支援祖国解放战争。1949年8月回国，历任中央人民政府委员、第一届全国人民代表大会常务委员会委员，第一、二届中国人民政治协商会议全国委员会委员、华侨事务委员会委员等职。

丝虫病 filariasis 由丝虫引起的寄生虫病。由吸血昆虫传播。脊椎动物为其终宿主，节肢动物为中间宿主。寄生人体的丝虫共8种。主要寄生在淋巴系统（称为淋巴丝虫）、皮下组织内和体腔内。

丝虫成虫细长如丝线，乳白色，表面光滑。雌雄虫互相缠绕，定居于大淋巴管及淋巴结内。幼虫为卵胎生，雌虫交配后产生出微丝蚴。蚊吸血时将患者血中微丝蚴吸入其胃内，脱鞘膜后穿过胃壁，经体腔进入胸肌，发育为腊肠期幼虫，并进一步发育为感染期幼虫，然后离开胸肌经血腔而达喙部，于蚊吸血时从叮刺伤口进入人体。经小淋巴管移行至较深部位的淋巴管和淋巴结，并发育为成虫，引起淋巴系统的炎症和淋巴结肿大。成虫以淋巴液为食，寿命可达12年。微丝蚴多数白天聚集在肺部微血管，傍晚出现于外周血液，晚10时至次日凌晨2时为高峰。主要病变是成虫对淋巴系统的损害，长期慢性炎症可使淋巴管狭窄，淋巴循环受阻，管壁破裂，组织间隙淋巴液潴留，刺激皮下纤维组织增生，皮肤变厚，形成象皮肿。若主动脉前淋巴结或肠淋巴干受阻，则小肠吸收的乳糜经腰淋巴干反流入肾，出现乳糜尿。本病诊断的主要依据从血液中查到微丝蚴。乙胺嗪（海群生）为治疗本病的首选药物。

丝绸之路 Silk Road 中国古代经中亚通往南亚、西亚以及欧洲、北非的陆上贸易通道。因大量中国丝和丝织品多经此路西运，故称丝绸之路，简称丝路。丝绸之路这一名称是由德国地理学家F.von李希霍芬在1877年出版的《中国》一书中首先提出的。原指两汉时期中国与中亚河中地区以及印度之间，以丝绸贸易为主的交通路线。其后，德国历史学家A.赫尔曼把丝路延伸到地中海西岸和小亚细亚，确定了丝路的基本内涵。

沿革 丝绸之路很早就已存在。在古代世界，只有中国是种桑、养蚕、生产丝织品的国家。考古资料已充分证明，自商、周至战国时期，丝绸的生产技术已发展到相当高的水平。那时中国丝绸经西北各民族之手少量地辗转贩运到中亚、印度。公元前60年汉置西域都护，屯田于乌垒城（今新疆轮台东），以保西域通道。早自张骞西使乌孙结盟后，汉使者、商人便接踵西行。至此丝绸之路益加畅通，大量丝帛锦绣沿此路不断西运，同时西域各国的珍奇异物也输入中国。魏晋时，东西商业往来不断，位于丝路咽喉重地的敦煌，就是胡商的聚集地之一。5～6世纪时，南北朝分立，但沿丝路的东西交往却进一步繁荣。北魏建国后不久就派使者前往西域，以后中亚各国的贡使、商人常集于平城（北魏前期都城，今山西大同东北）。迁都洛阳后，洛阳更成为各国商人荟萃之地，北齐的都城中也聚集着不少商胡。隋炀帝杨广曾派黄门侍郎裴矩到张掖招徕西域商人，说明当时丝路的兴旺。唐朝西部的疆域超过汉代，在伊州、西州、庭州设立了同于内地的州县。在龟兹、于阗、疏勒、碎叶设立安西四镇（后以焉耆代碎叶）驻兵防守，由安西都护府管辖。以后又置北庭都护府，统辖天山北路的羁縻州府，这为丝路的畅通提供了更可靠的保证。因此唐代长安、洛阳以及其他重要都市都有大量商胡，呈现出国际都会的风貌。从9世纪末到11世纪，由于中国政治、经济、文化中心向东南沿海转移，以及阿拉伯世界的兴起，东西海上往来逐渐频繁起来；同时，中国西北地区各民族政权的分裂、对立，使丝路上的安全难以保障，这就降低了这条陆上通道的重要性。在蒙元时期，由于蒙古的西征和对中亚、西亚广大地区的直接统治，使东西驿路通畅，许多欧洲使者、教士和商人，都沿此路东来中国，丝路又繁荣一时。明朝建立后，采取闭关政策，虽然出嘉峪关经哈密去中亚的道路未断，但陆上丝路作为中西交通路线已远不如海路重要了。

走向 丝绸之路的基本走向奠定于两

丝绸之路上出土的绯色绢 （新疆民丰出土）

汉时期。大致东起汉长安，西行上陇坂，通过河西走廊的武威、张掖、酒泉、敦煌四郡，出玉门关或阳关，穿过白龙堆，先到楼兰。楼兰在古盐泽（蒲昌海，今罗布泊西北部）。汉代西域有南北两道，楼兰是两道的分岔点。北道自此向西，沿孔雀河至渠犁（今新疆库尔勒）、乌垒、轮台，再西经龟兹（今新疆库车）、姑墨（今新疆阿克苏）至疏勒（今新疆喀什）。南道自鄯善的扜泥城，西南沿今车尔臣河，经且末、扜弥、于阗（今新疆和田）、皮山、莎车至疏勒。由于千余年戈壁沙漠向南移徙，致使南道东段逐渐沙漠化，伊循、扜泥诸古城均为沙漠所湮，所以今日的南道东段已远在古南道之南。永平十六年（公元73）汉明帝北攻匈奴取得伊吾卢（今新疆哈密）地，置宜禾都尉屯田，以阻截北匈奴之南侵西域。此后“新北道”，改由敦煌向北到伊吾，然后西经柳中、高昌壁、车师前部交河城（均在今吐鲁番盆地）、越天山经焉耆至龟兹，再循汉北道西行抵疏勒。南北朝时期，南朝与西域的往来，主要是从益州（今四川成都）北上龙涸（今四川松潘），经青海湖旁吐谷浑都城，向西经柴达木盆地，北上敦煌，或更向西越阿尔金山口进入西域鄯善地区。隋唐时期，又开辟了从瓜州北玉门关经伊州、北庭、轮台，越伊犁河至碎叶进入中亚的道路，即北新道。在上述丝路干线外，还有许多支路，而且随着时代变迁，政治、宗教形势的演变，各条路线在不同时期的重要性不同，而且不断有新的道路开辟。一些学者更扩大了丝绸之路的概念，认为上述道路只是通过沙漠绿洲的道路，因称之为绿洲道。又将通过中国北方游牧民族地区的道路称为草原道，经中国南方海上西行的道路称为“海上丝绸之路”或“南海道”等等。这些提法虽然对研究东西交通有意义，但已非原来意义上的丝路了。

历史意义　丝绸之路不仅是东西商业贸易之路，而且是中国和亚欧各国间政治往来、文化交流的通道。西方的音乐、舞蹈、绘画、雕塑、建筑等艺术，天文、历算、医药等科技知识，佛教、袄教、摩尼教、景教、伊斯兰教等宗教，通过此路先后传来中国，并在中国产生了很大影响。中国的纺织、造纸、印刷、火药、指南针、制瓷等工艺技术，绘画等艺术手法，儒家、道教思想，也通过此路传向西方，产生了影响。丝绸之路是东西交往的友好象征。

丝瓜　*Luffa cylindrica*; dishcloth gourd　葫芦科丝瓜属的一种，一年生攀缘草本植物。以嫩果供食用。包括普通丝瓜和有棱丝瓜两种。原产东南亚。普通丝瓜分布在中国各地。根系强大。茎蔓性，五棱，绿色，茎节具分枝卷须。叶掌状或心脏形，被茸毛。雌雄异花同株，花冠黄色。雄花为总状花序，雌花单生。瓠果。普通丝瓜的果实短圆柱形或长棒形，长可达20～100厘米或以上，横径3～10厘米，无棱，表面粗糙。有棱丝瓜的果实棒形，长25～60厘米，横径5～7厘米，表皮绿色有皱纹。喜高温多湿的生长环境。对土壤的适应性广，耐涝力在瓜类蔬菜中居首位。嫩果作蔬菜食用。成熟果实的维管束纤维化，成为丝瓜络，可入中药，功能祛风湿，通经络；还可用于洗刷器皿，以及作造纸及人造纤维的原料。

《丝路花雨》　*Rain of Flowers on the Silk Road*　中国民族舞剧。全剧6场。甘肃省歌舞团创作组编剧，赵之洵执笔；刘少雄、张强等编导；韩中才、呼延等作曲；主要演员贺燕云等。舞剧通过在丝绸之路上唐代画工神笔张、女儿英娘、波斯商人伊奴思之间的故事，反映了唐王朝经济文化的繁荣，以及中外人民在经济文化交流中结下的深厚友谊。舞蹈设计采用了敦煌壁画中的舞蹈动作和整体风格，具有较高的审美价值。剧中的反弹琵琶舞、刺绣舞、马铃舞、柘枝舞、凭栏仙女舞、美音鸟舞、盘中舞、印度舞、霓裳羽衣舞等绚丽多姿。该剧在国庆30周年献礼演出中获创作、表演两个一等奖。1982年由西安电影制片厂拍摄成彩色宽银幕艺术片。1994年被定为“中华民族20世纪舞蹈经典作品”。

丝毯　silk rug　以桑蚕丝线、柞蚕丝线栽绒绾结编织成的手工栽绒地毯。属高级地毯，具有富丽华美的艺术效果，是高档的装饰工艺品和收藏珍品。

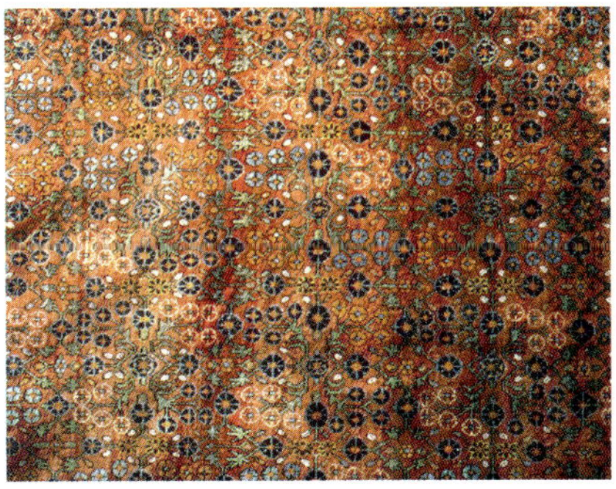

华美的丝毯

中国唐代已有丝毯的记载。白居易在诗歌《红线毯》中写道，“一丈毯，千两丝”，记述了当时宣州（今安徽宣城）上贡朝廷的红线丝毯的华美。中国丝毯主要产于河北、江苏、四川、浙江等地。江南地区的丝毯多采用风格写实的大花图案，或采用西北民间地毯的传统图案。世界丝毯生产以伊朗、土耳其为主，产品极为精致。伊朗古称波斯，所产的波斯丝毯闻名于世，著名产区有伊斯法罕、卡香、先纳等，有30多种类型图案，花色品种极多。伊朗和土耳其的丝毯图案大多由浩繁如星的细密几何纹和变形花卉组成，充分显示出丝毯栽绒绾结、编织工艺的精巧。

丝毯的生产工艺与羊毛栽绒地毯大致相同，仅是原料准备和后处理不同。蚕丝

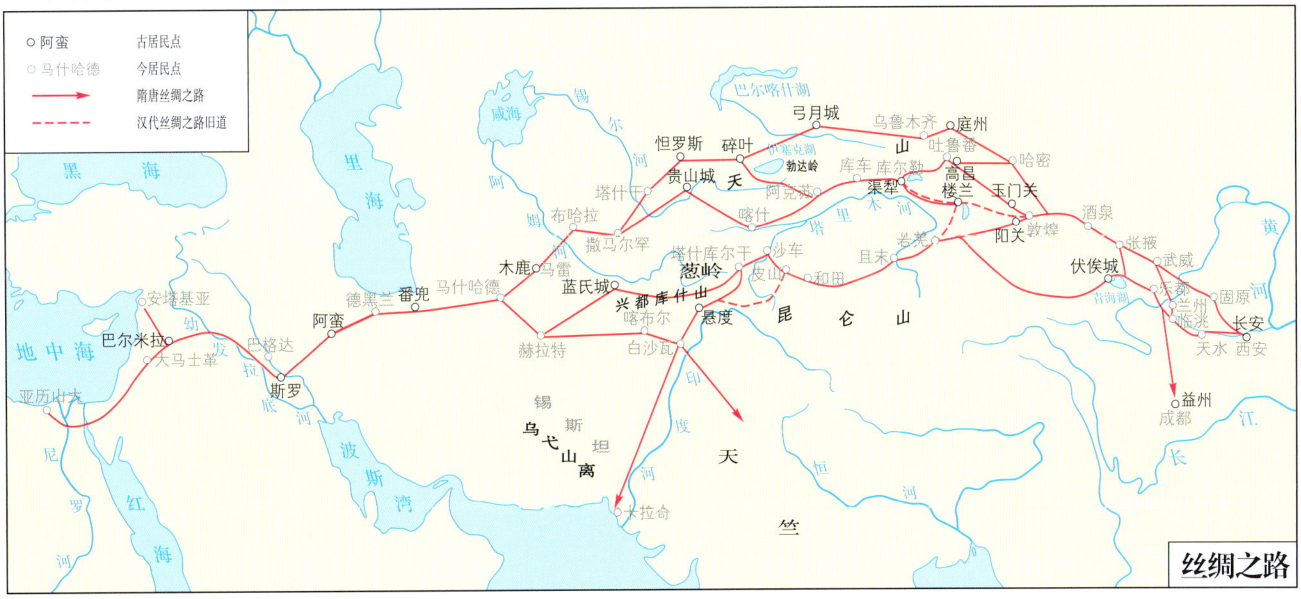

丝绸之路

先要经过练丝，即把生丝浸在碱溶液中，去除丝纤维外表的胶质，成为熟丝。一般将27根熟丝捻成一股丝线，经过碱性颜料染色，成为栽绒原料。丝毯的中档产品采用细棉纱线作经纬线，而高档产品必须以丝线作经纬线。丝毯的后处理采用机器平整和洗毯。洗毯要用中性洗涤剂，不必用强氧化剂作丝光处理。中国仿古丝毯必须剪片以整理装饰图案，而高档丝毯一般不用剪片。

《丝绣笔记》 *Notes of Silk Embroidery* 研究中国传统丝织物的著作。作者朱启钤，是研究中国丝绸史和建筑史的倡导人之一。全书分两卷，上卷"记闻"，下卷"辨物"。"记闻"从历代中外文献中广泛收集丝织物资料，如起源、产地、技术、价格、代表作品、官匠制度等，并加以整理；"辨物"以织成、锦绫、缂丝、刺绣等中国传统高级丝织品为对象，从工艺美术角度进行研究。对中国丝绸史研究具有重要参考价值。

丝烟 smoking tobacco 将烟草切成不同规格的烟丝、颗粒或碎片的烟制品。用于烟斗、旱烟及手卷烟。国际上主要分为斗烟丝和自卷烟丝，中国分为以下五种：①旱烟丝。用烟袋燃吸。有生切和熟切之分。熟切是将晒制的烟叶去梗，加水和植物油拌匀后，用切丝机切成细丝，或以木板挤压成块，用木刨子推刨成细烟丝；生切是将采下的鲜烟叶经堆积变黄后切丝，然后晒干。②水烟丝。供盛水的烟壶、烟筒燃吸用。原料为黄花烟、烤烟等。切丝方法同旱烟丝。③斗烟丝。主要用于烟斗燃吸。以烤烟、晾晒烟配制，其中加有很多香料。烟叶切成不松散的较宽丝片，或切成颗粒，切后压成板块，用时掰开捏碎，俗称板烟丝。④自卷烟丝。专供消费者自卷自吸用。又称细切烟。除有配制成的品牌烟丝外，也可由消费者按个人爱好自行配方、加香料。⑤莫合烟。一种地方特色烟制品。以黄花烟的茎秆为主要原料，压碎、去皮髓，切成小粒炒制，掺入适量烟叶细片而成。用纸卷或烟斗燃吸。其产区和市场主要在中国新疆。

丝织物 silk fabric 利用蚕丝、人造丝、合成纤维丝等原料织制成的各种织物。柔软滑爽，光泽明亮，具有独特的"丝鸣"感。有织锦缎、塔夫绢、乔其纱绡和丝绒等。用于服装、装饰以及工业、国防、医疗等方面。中国利用蚕丝织造已有6 000余年历史，利用柞蚕丝也有3 000余年的历史。汉唐时期，中国丝绸已通过世界闻名的丝绸之路远销中亚、欧、非各国。中国丝绸的分类命名很早，在《周礼》、《诗经》等古籍中已记载早期丝织物的品名，在以后各时期的史书中也记载当时的主要品种。近代化学纤维长丝的发展，尤其是差别化纤维的发展，使丝织物花色品种更加丰富多彩。利用化学纤维的高强、高弹、高收缩、高吸湿等性能，可以织制出性能优良的丝绸。除蚕丝以长丝织制丝绸外，还可用短纤维绢丝生产绢丝织物。中国自1960年以来把丝绸分为纱、罗、绫、绢、纺、绡、绉、锦、缎、绨、葛、呢、绒、绸14大类。

私法 private law 西方法学界使用的法律分类用语。公法的对称。一般把调整公民之间关系的民法、商法、婚姻法等归入私法。见公法。

私小说 self-fiction; watakushi shōsetsu 日本20世纪初产生的一种特有的小说形式。日语中的"私"即自我。私小说中的生活细节、心理情感或整个精神世界，与作家的日常真实保持同一。私小说也不等同于自传体文学或西方文学意义上的心理小说，是自然主义文学与日本传统文学或民族文化精神结合而成的小说样式。在私小说开山之作《棉被》(1907) 问世之后的整个日本现代文学中，私小说一直是极其重要的文坛现象。作家伊藤整和评论家平野谦，将私小说区分为"破灭型"与"调和型"两种类型。亦即私小说作家必备的条件之一，就是必须面对强烈的生存危机（贫困、疾病或死亡）。"破灭型"意味着此类作家和作品中的人物，始终无法从前述强烈的危机中解脱出来，唯有在危机之中趋于毁灭；相反，"调和型"则是一种相对温和的作家类型，他们有望从紧迫的危机之中获得解脱。

日本典型的私小说作家及代表作品有志贺直哉及其《在城崎》(1917)、葛西善藏及其《湖畔日记》(1924)、林芙美子及其《放浪记》(1930)、德田秋声及其《假面人物》(1935) 和《缩图》(1941)、尾崎一雄及其《小虫种种》(1948)、泷井孝作及其《松岛秋色》(1952) 等。当代作家中对私小说情有独钟者，则有日野启三和日籍韩裔女作家柳美里。

私学 private school 中国古代私人办理的学校。与官学相对。历时2 000余年，在中国教育史上占有重要的地位。

私学产生于春秋时期，以孔子私学规模最大、影响最深。原来东周的官吏到各诸侯国去谋出路，各诸侯国甚至各卿大夫的私门争相养士，于是出现了"士"阶层。士的培养也就成为迫切的要求，私学便应运而生。士阶层中出现了各种学派，其中影响较大的是儒、墨、道、法四家，这四家均有私学。到了战国时期，养士的风气有增无已，私学更加盛行。

秦朝统一全国，宣布"禁私学"、"焚诗书"。汉武帝时虽宣布"罢黜百家，独尊儒术"，但并没有禁止私学。私学内多传授古文经学。至东汉末年，私学力量日益增强，已有压倒官学之势。汉代太学生可以向校外的著名经学专家学习，经师大儒往往自立"精舍"、"精庐"，开门授徒。私学对儒家经学及其以外的各家的发展是有贡献的。两晋私学颇发达，名儒聚徒讲学，生徒常有几百或几千人。南朝的官学时兴时废，教育多赖私学维持。北魏曾一度禁止私学。整个北朝为了促进汉化，官学比较发达，但私学也颇盛。隋唐官学极盛，私学亦盛。隋朝王通是一个大儒家，弟子遍及全国，唐初众卿相多出其门下。

唐末出现进行教学活动的书院，是私学的一个重要办学形式。初为私立，后来才由政府控制了一部分。聚徒讲学的书院开始于五代，宋初最著名的有白鹿洞书院、石鼓书院、应天府书院、岳麓书院。后来书院超过了州学、县学。南宋书院尤多。

小学阶段的教育，中国古代由私学办理。汉代的蒙学，一般称"书馆"或"学馆"，教师称"书师"，教材是"字书"。汉代已开始创设"义学"。宋元明清各代，皆有此类初级阶段的私学设置，有乡校、小学、冬学、村塾等名称，统称为"蒙学"。为年龄较大、程度较高的学生而设的私学，则有"经馆"和"书院"等名称。私学也订有学规，注重教学程序。元代程端礼著《程氏家塾读书分年日程》即是一部著名的家塾教学计划。私学对科学技术的发展也很有关系。很多伟大的科学家都是自学成才、家学相传、师傅传授或朋友共同研究，如张衡、祖冲之、李时珍、宋应星、黄道婆等。

私营经济 private sector of the economy 由私人投资兴办，生产资料归私人所有，以雇工劳动为主、存在雇佣劳动关系的经济形式。在社会主义条件下，它同占优势的公有制经济相联系，并受公有制经济的影响和制约，是社会主义公有制经济有益和必要的补充。有些私营经济为了适应外部环境，还采取了工人入股、劳动分红、民主管理和提留公共积累等方式。国家对私营经济采取允许存在、加强管理、兴利抑弊、逐步引导的方针。私营经济一定程度的发展，有利于实现资金、技术、劳力的结合，尽快形成社会生产力；有利于促进生产的发展，活跃市场，扩大就业，对满足人民多方面的生活需求有一定的作用。

中国的政策是利用其积极因素，限制其消极因素，进一步制定和完善有关对私营经济监督管理的法律、法规，保护其合法权益，使其更好地为社会主义经济服务。

私营企业 private enterprise 由自然人投资设立或由自然人控股，企业财产属于私人所有，以雇佣劳动（在中国限定为雇工8人以上）为基础的营利性经济组织。是资本主义国家最为普遍的企业形式。主要分为独资企业、合伙企业和有限责任公司3种。

私有化 privatization 公有财产或国有财产全部或基本部分转变为私有财产。西方国家理解的私有化可分为广义和狭义两类，广义指使企业或经济转向私有制方向的任何行为，使国营企业行为更加类似于私人企业的倾向。狭义指国家将国有企业、土地或其他资产出售或所有权的直接转让。

中国在经济体制改革的过程中，所有制的结构随着改革的进展在不断变更以适应生产力发展的水平。在这个条件下提出分清以公有制为主体、多种所有制经济共同发展同私有化的区别，使私有化概念有了新的含义。在中国，私有化一般不是指单个或部分企业或局部范围的生产资料所有权的改变，如果这种改变是适应生产力发展要求的，能进一步解放生产力和推动生产力以更快速度发展的，那么这种所有权的转变属于经济改革范畴，不能称作私有化。私有化指社会范围所有权变化而言，指国有经济的全部或基本部分出售或无偿量化给私人，导致国有经济实力和主导作用的削弱或丧失，造成整体所有制关系的根本改变，实际上是社会主义制度向资本主义制度的蜕变。

思辨哲学 speculative philosophy 西方哲学史上主张从概念世界推衍出客观世界，将客观世界隶属于概念世界，力图将世界的发展变化纳入思维构造出来的法则之中的哲学思潮。典型的代表人物是德国古典哲学家G.W.F.黑格尔。

思茅市 Simao City 中国云南普洱市的旧称。

思孟学派 Zisi-Mencius school 中国战国时代以子思和孟子为代表的儒家学派。《荀子·非十二子》把子思和孟子列为一派加以评述。《韩非子·显学》说孔子死后，“有子思之儒”、“有孟氏之儒”，认为思孟是儒家八派中的两派。孟子曾学于子思的门人，与子思有师承关系。传说子思作《中庸》，认为人性是天赋的，循性而行便是道。孟子说人只要扩充本心，存养善性，就可“知天”。《中庸》认为，“诚”是天之道，而实现“诚”是人之道。孟子亦以诚为天道，而以“思诚”为人道。北宋时期哲学家程颐、程颢认为思孟是“传孔子之道者”，而南宋哲学家朱熹更认为孔子思想由曾子而子思而孟子一脉相承，并对思孟倍加赞扬。

思南县 Sinan County 中国贵州省铜仁地区辖县。位于省境东北部，乌江中下游。面积2 231平方千米。人口50万（2010），有汉、土家、苗、仡佬等民族。元末置思南道宣慰司。明置思南府。1914年置思南县。属中亚热带湿润性季风型气候。年平均气温17.2℃，平均年降水量1 166.4毫米。矿产资源以煤、雄黄、硫磺、铁矿等较丰富。农业主产水稻、玉米、小麦和油菜子、烤烟、花生、茶叶、蚕丝等。山区产油桐、乌桕等。工业以粮食与饲料加工、肉类加工、油脂加工、煤炭、电力、制药、建材、化工、机械、酿造等为主。名胜古迹有四野屯石人峰、府文庙、麻池洞、仙壶石、贵州楠木王等。

思维 thinking 以感觉和知觉为基础的高级认识过程。它运用分析和综合、抽象和概括等智力操作对感觉信息进行加工，以存储于记忆中的知识为媒介，反映事物的本质和内部联系。思维以概念、判断和推理的形式进行，带有间接和概括的特性，使人们能认识那些没有直接作用于感觉器官的事物。

思维活动可由外部事物引起，也可由记忆中的事物引起。由一定的问题引起的并指向问题的解决的思维活动称为目的指向性思维。它受意识的控制，是人的主导性思维活动。没有明确目的的思维活动很少受意识控制，带有自发联想的性质，称为联想性思维。

思维与语言 语言是正常人进行思维的工具。概念是思维的基本元素，而概念是由词来表示的。巴甫洛夫学说将思维视为以词为信号刺激的第二信号系统的活动。词的抽象概括特性和语法规则都使语言适于充任思维的工具，从而使人的思维活动变得更有效。有一些学者如B.L.沃尔夫等强调语言对思维的决定性作用。他们认为语言的结构决定思维的过程和内容，不同民族的语言带有该民族思维的特点。这种观点称为语言相对作用原理或沃尔夫假设。

思维与言语 行为主义心理学的代表J.B.华生将思维与言语活动完全等同起来。他把思维看成是微弱的喉头运动。1947年S.M.史密斯在实验中接受箭毒注射，使全身的骨骼肌麻痹（包括整个言语发音器官在内），靠人工呼吸装置及其他医疗设备来维持生命。在麻痹消失、功能恢复正常以后，史密斯报告说，在他全身麻痹期间，意识没有受到干扰，思维活动仍能照常进行，他能理解向他提出的问题，这些问题事后还能回忆出来。这表明思维与言语不能等同，言语不是思维的必要因素。

具体思维和抽象思维 以动作或形象来进行的思维活动称为具体思维；以概念来进行的思维活动称为抽象思维。

高等动物特别是灵长类动物也具有一定的思维能力。实验表明，类人猿能够解决一些比较复杂的问题，如类人猿能用树枝插入白蚁穴取得白蚁；如果树枝过长，还能将树枝折短并将侧枝捋掉。但类人猿的思维能力极为有限，可视为思维的萌芽。这种思维活动是借助动作来进行的，称为动作思维。

动作思维在人类幼儿身上也存在。如幼儿可以将一根木棍当马骑，将小椅子、小板凳当火车或汽车，或者进行有一定内容的主题游戏。游戏显示幼儿可以借助于动作和表象来把握事物之间和人与人之间的某些关系。幼儿的思维主要是以表象来进行的，称为形象思维。儿童的形象思维有很大的局限性，他们所把握的事物受其经验的限制。形象思维和动作思维都属于具体思维或直观思维。

抽象思维是运用概念进行判断、推理的思维活动。这种思维需要遵循逻辑规律，故又称逻辑思维，它是人类所特有的高度发达的思维。抽象思维是从儿童时期逐渐发展起来的，语言的掌握和知识的扩充，对抽象思维的发展有极大的影响。抽象思维在人们认识事物的本质和规律的过程中，起着特别重要的作用。成人也应用动作思维和形象思维，但成人是在抽象思维达到高度发展水平的条件下运用动作思维和形象思维的，因此后二者也具有高度的概括性。人的这几种思维是密切联系、互相渗透的，人在解决问题的过程中经常需要运用各种思维。由于职业的需要，人们在进行思维活动时可能有所偏重，如文学家偏重形象思维、数学家偏重抽象思维等。但不论偏重哪种思维，从事任何职业的人都可以达到思维发展的高级水平。

思维研究的新趋向 心理学对思维活动的研究主要集中在以下方面：概念和分类、推理、问题解决、类比、决策和思维发展等。思维领域的研究趋向存在两个主要的转变：一是从实验室导向的研究范式，转向研究真实生活的认知活动；二是从领域通用的假设，转向探讨领域通用和领域特异之间的关系，或者说是从关心抽象逻辑推理，转向关心抽象逻辑推理和具体的领域特异推理之间的关系。

思维障碍 thinking disorder 因人脑的正常活动规律受到干扰、损害而对客观现实的反映发生歪曲的异常心理现象。

思维障碍表现在思维内容上即为各种妄想。患者具有歪曲的或错误的信念、判断和推理，却坚信不疑、难以纠正。主要有关系妄想、迫害妄想、影响妄想、嫉妒妄想、夸大妄想、钟情妄想、罪恶妄想和疑病妄想等。

思维障碍也可表现在思维形式方面，它包括：①抽象概括过程障碍，如抽象概括水平下降和抽象概括过程歪曲。②思维逻辑进程或逻辑结构障碍。患者违反正常的思维习惯和逻辑规律，缺乏应有的逻辑依据，在思维进程和思维结构上表现出严重的异常，如破裂性思维和被称为“语词新作”的症状。③思维联想过程障碍。患者在进行联想活动时，联想过程的速度异常迅速或迟缓；还会出现违反常人逻辑的、杂乱无章的无法使人理解的联想。

《思想者》 *The Thinker* 19世纪法国写实主义雕塑家A.罗丹的作品。为罗丹构思的《地狱之门》群雕门饰的一部分，是门顶上一尊雕像的放大作品（比原作放大三倍，

《思想者》(1880，巴黎罗丹艺术馆藏)

约六七英尺高)。作于1880～1882年。《思想者》塑造了一个强壮有力的男子。他低头沉思，在为人类的一切烦恼冥想。这个“思想者”以深沉的目光以及拳头触及嘴唇的姿势，表现出极度痛苦的心情。这是诗人但丁悲剧形象的化身，也是艺术家个人思想的寄托。《思想者》已经成为人类创造力的一种象征，其形象广泛流传在现代传媒的各种形式之中。

斯巴达 Sparti 希腊历史古城，拉科尼亚州首府。位于伯罗奔尼撒半岛南部，埃夫洛塔斯河西岸。史称拉塞达伊蒙。人口约1.75万(2001)。公元前1100年为多利亚人移居地。前9世纪斯巴达城邦崛起。前5世纪一度成为古希腊军事实力最强的城邦。后被罗马帝国征服。该城于公元396年为哥特人所毁。继而拜占廷人侵入。1204年被法兰克人占领。1259年后的2个世纪里，成为伯罗奔尼撒繁荣的都城。1460～1829年被奥斯曼帝国统治。新城（当地称新斯巴达）于1834年在古城遗址上建立，为周围农业地区的小型商业中心，以柑橘、橄榄油贸易为主。伊西翁自古是该城的外港。从古城废墟发掘出神殿、公共建筑与古罗马剧院的遗址。

斯巴达城邦 Sparta 古代希腊的重要城邦。史称拉塞达伊蒙（曾译拉西底梦）。位于今伯罗奔尼撒半岛南部的拉科尼亚。

前9世纪，斯巴达人建立起一个基本统一了拉科尼亚的城邦。约前735～前715年，斯巴达初步征服了西邻美塞尼亚；继而于前7世纪末将该地区完全占领。前9～前7世纪，斯巴达原始公社逐渐解体，并逐步形成一整套有特色的社会制度和政治制度，创立斯巴达国家。

斯巴达社会分为三个等级：①斯巴达人，城邦中的全权公民，最盛时约有9 000户。②边民（一译庇里阿西），被征服的边区城市的居民，约有3万户。为自由民，在本地有自治权，但是没有斯巴达城邦的公民权。③黑劳士，属于斯巴达城邦所有的农业奴隶（见黑劳士制度）。

斯巴达城邦规定了严格的公民军事训练制度。公民的孩子出生后，经体格检查合格才许收养。男孩7岁就要离开家庭，编入儿童连队，受初步的组织纪律训练；12岁以后要受严格的军事和体育训练。男子成年结婚以后，平时必须生活在军营中，参加聚餐和操练，直到60岁才可退伍。

公元前6世纪中叶起，斯巴达逐步与伯罗奔尼撒半岛大多数城邦组成伯罗奔尼撒同盟，成为希腊一个城邦集团的领袖。前404年，在波斯的帮助下，斯巴达打败雅典，成为延续27年的伯罗奔尼撒战争的胜利者和全希腊的霸主。前4～前3世纪与雅典、忒拜、科林斯长期角逐，渐失优势。罗马帝国征服伯罗奔尼撒半岛后，公元396年斯巴达城为哥特人所毁。继而拜占廷居民移入，以荷马史诗中的拉塞达伊蒙称此地。

《斯巴达克》 *Spartacus* 苏联现代交响芭蕾代表作。全剧四幕九场。1956年12月27日由列宁格勒的基洛夫剧院芭蕾舞团首演。1968年4月9日莫斯科大剧院芭蕾舞团再次推出新版本，这个史诗题材的芭蕾舞剧才得以保存。新版本编导Yu.N.格里戈罗维奇，布景与服装设计S.维尔萨拉泽，主要演员有V.瓦西里耶夫、Ye.S.马克西莫娃、M.利耶帕和N.季莫菲耶娃。舞剧主要取材于古希腊作家普鲁塔克的同名小说。讲述公元前73年的古罗马共和国，奴隶们为

《斯巴达克》剧照（莫斯科大剧院芭蕾舞团演出）

改变命运，在斯巴达克的率领下同罗马军团展开的殊死的斗争和全军覆没的结局。格里戈罗维奇将戏剧与芭蕾融会贯通，既有起伏跌宕的戏剧冲突，又有神采飞扬的舞蹈。剧中《斯巴达克的独舞》技巧高难，充满阳刚之气，成功地塑造出英雄形象。《斯巴达克与弗里吉雅的双人舞》极大丰富了古典芭蕾双人舞的托举技巧。第一幕40位奴隶的《男子大群舞》的规模宏大、气势蓬勃，为改变芭蕾舞台上的阴盛阳衰的现象作出卓越贡献。格里戈罗维奇的版本自1969年在伦敦公演后取得前所未有的成功，造成世界影响。1970年获列宁奖金。

斯巴达克起义 Spartacus' Uprising（前73～前71） 古代罗马共和末期由斯巴达克领导的大规模奴隶起义。斯巴达克是色雷斯人，被罗马军队俘虏沦为角斗士。公元前73年，他在卡普亚角斗士训练学校密谋暴动事泄，遂偕同70多名角斗士逃往维苏威山。逃亡奴隶纷纷来归，起义队伍迅速扩大，曾发展到12万人以上。屡败罗马军，活动范围几乎遍及意大利南部。前72年罗马执政官率军镇压。此时，以克里克苏斯为首的一支队伍单独行动，在阿普利亚境内被消灭。斯巴达克率军北上，频频取胜。但他并未翻越阿尔卑斯山，而是率12万义军再次南下，进抵意大利半岛南端，计划借助海盗船只渡海到西西里，因受海盗欺骗未获成功。前71年，奉命镇压起义的克拉苏·迪弗斯在布鲁提乌姆挖掘了横过整个地峡的壕沟，加以围困。起义军突破封锁线，向布鲁提伊进发，受阻，被迫折回迎战克拉苏，同年在阿普利亚决战中，克拉苏得到从伊比利亚半岛归来的庞培的增援，起义军遭到惨败，斯巴达克牺牲。

斯巴克 Spaak, Paul-Henri（1899-01-25～1972-07-31） 比利时首相，欧洲合作的主要倡导者。生于布鲁塞尔附近的斯哈尔贝克镇，卒于布鲁塞尔。1938～1939年成为第一个社会党人首相。1939～1945年再任外交大臣。1945年参与起草《联合国宪章》，1946年任第一届联合国大会主席。1947～1949年第二次担任首相。1948年签署《布鲁塞尔条约》，建立英法比荷卢防御同盟。次年又促使这些国家与美国结盟，创立北大西洋公约组织。1949～1951年任欧洲委员会协商会议主席。1952～1954年任欧洲煤钢共同体主席。为荷比卢经济联盟的建立作出过贡献。主张建设一个强大的欧洲，极力促进欧洲一体化进程。1957年领导签订《建立欧洲经济共同体条约》和《建立欧洲原子能共同体条约》(通称《罗

马条约》)。1957～1961年担任北大西洋公约组织秘书长。1961～1966年在T.勒菲弗尔联合政府中任副首相和外交大臣。1966年退出比利时社会党。

斯本格勒 Spengler, Oswald (1880-05-29～1936-05-08) 德国历史哲学家，文化形态学奠基人。生于布兰肯堡，卒于慕尼黑。先后就读于慕尼黑大学、哈雷大学、柏林大学。1904年获博士学位。后担任小学校长，直到1911年迁居慕尼黑。所著的《西方的没落》(2卷，1918～1922)一书，曾风行一时。他的著作还有《普鲁士主义和社会主义》(1920)、《人与技术》(1931)、《决定的时刻》(1934)等。

斯本格勒的理论被称为历史形态学、比较形态学或体相形态学。世界历史在他那里被看作是若干独立的文化单元，如：埃及、印度、中国、希腊－罗马、拜占廷、阿拉伯、古印第安、西方。每种文化都经历大致相同的生命周期，即发生（前文化）、发达（文化）和衰落（文明）的生长阶段或形态。第二次世界大战后，英国A.J.汤因比等人继承和发展了斯本格勒的理论，被称为“新斯本格勒派”。在第二次世界大战期间，斯本格勒的历史形态学理论曾被移植到中国，成为当时西南联合大学的雷海宗、贺麟为首的战国策派的历史理论基础。

斯宾诺莎 Spinoza, Baruch (1632-11-24～1677-02-20) 荷兰哲学家。西方近代唯物论、无神论和唯理论的主要代表。

生平与著述 生于阿姆斯特丹一个犹太商人家庭，卒于海牙。早年就读于法国古典语学者安顿办的学校，既提高了拉丁文水平，又学习了希腊语，在这所学校里他还接触到法国的唯理论哲学家R.笛卡尔的著作，并且受到安顿的自由主义思想影响。

斯宾诺莎通过对宗教典籍、犹太思想家和笛卡尔著作的研究，逐渐与正统神学发生分歧。1656年7月犹太人公会给他以最高处分，永远革除教籍，并且报告市政当局。斯宾诺莎只得搬到阿姆斯特丹南边的一个村庄暂住，靠磨制光学镜片维持生活。1660年，从阿姆斯特丹迁到离莱顿不远的莱因斯堡村。在这里，写了《简论神·人和人的幸福》、《理智改进论》、《笛卡尔哲学原理》的大部分和《伦理学》的第一卷。1663年6月，移居靠近海牙的伏尔堡。在这里，除了继续撰写《伦理学》，还撰写了《神学政治论》，于1670年化名出版，在社会上引起极大的震动。1670年5月，移居海牙。在这里，开始写《希伯来语法》，并于1675年完成《伦理学》。《伦理学》尚未出版，社会上就已经出现流言飞语，不得不放弃出版的计划。接着，又开始写《政治论》，这是一部未完成的著作。他的朋友于他去世当年在阿姆斯特丹用拉丁文出版了他的《遗著集》，其中包括《伦理学》、《政治论》、《理智改进论》、书信和《希伯来语法》。同年译为荷兰文。最早的《斯宾诺莎全集》于1802～1803年在耶拿由保卢斯编辑出版。1924年在海德堡出版了由格布哈特校订的《斯宾诺莎著作集》的拉丁文本4卷集。

哲学思想 斯宾诺莎探讨了当时哲学的各种问题，建立了一个完整的哲学体系，其中包括实体、属性和样式的学说，唯理论的认识论和方法论、无神论，政治学说和伦理学等。

实体、属性和样式的学说 斯宾诺莎把实体定义为“存在于自身内并通过自身而被认识的东西”，它按照自己本性的必然性而行动，因而是自由的。实体是唯一的、绝对无限的，对它不能有任何限制，因为限制就是否定。斯宾诺莎把实体称为神。但他所说的神不是宗教所信奉的神。他把神等同于自然，是一位泛神论者。但他所说的作为实体的自然，也不直接就是人们通常所感知的五光十色的自然界。认为，作为实体的自然是不可分的、不变化的，只是人的理智的对象。把自然区分为“被自然产生的自然”和“产生自然的自然”。只把后者称为神。

斯宾诺莎认为实体有无限多的属性。把属性理解为由知性看来是构成实体的本质的东西，认为在无限多的属性中，人们只知道两个，即思维和广延，二者是同一的。但他又认为，一个属性不能产生另一个属性，每一个属性必须通过自身来认识。实体和属性要通过具体事物来表现。斯宾诺莎把具体事物称为样式。把样式定义为：实体的特殊状态，亦即在别的事物内并通过别的事物而被认识的东西。样式有两样：无限样式和有限样式。他认为，每一个有形体的事物的观念就是它的灵魂，因此一切个体事物都是有生命的。这是斯宾诺莎的物活论思想倾向。

斯宾诺莎哲学中含有较丰富的辩证法思想。他关于“实体即是自因”的基本原理，要求从自然界事物自身的相互作用去说明自然界，反对孤立地观察事物，反对在自然界之外去寻求原因。

认识论和方法论 斯宾诺莎给认识规定的任务和目的是取得真观念，最后达到使心灵与整个自然联系起来的统一知识。所谓真观念就是必定符合对象的观念。认识达到的最后目的不仅仅是认识自然，而且是一种幸福的境界。

他把知识分为3类：第一类是通过感官和记号得来的，被称为意见或想象；第二类是通过推理得来的，被称为理性；第三类是直接从认识到一个事物的本质得来的，被称为直观知识。他认为，第一类知识是错误的原因，第二类和第三类知识必然是真的。这突出地反映了他的唯理论特点。同时，他特别强调演绎法，甚至用几何学的方法来写他的《伦理学》。认为真理的标准就是真理自身。把真观念必定符合它的对象只当成真理的外在标志，更重视内在标志，即清楚、明白和确定性。这是他的唯理论的又一突出表现。

无神论 斯宾诺莎根本否认有人格神、超自然神的存在，集中批判了神学目的论、拟人观和天意说，要求从自然界本身来说明自然。开创了用理性主义观点和历史的方法系统地批判《圣经》的历史，考察了宗教的起源、本质和历史作用，从而建立了近代西方无神论史上一个较早和较系统的体系。

斯宾诺莎认为，人由于不能用现成的规则控制环境，常常陷入困境，因而产生一种恐惧感，误认为这一切都是由上帝造成的。这样，在一定程度上揭示了产生宗教迷信的认识论根源。还明确指出，宗教迫使人们把帝王敬为神明，是封建专制制度欺骗人民的工具。

斯宾诺莎的无神论是不彻底的。他是一位泛神论者，而且并不主张彻底消灭宗教。

政治学说 斯宾诺莎的政治学说和T.霍布斯的一样，也是从资产阶级的人性论出发，用“自然权利”和“社会契约”的观点，说明国家的产生和本质。他认为，建立在法律和自我保存的力量上面的社会就是国家。国家的职能是竭力使人抑制不合理的欲求而受理性的指导，以达到安全和舒适的目的。因此，他和霍布斯一样，也主张建立强有力的国家政权。

斯宾诺莎是欧洲提倡资产阶级平等和自由的先行者，他考察了3种类型的国家，即民主制的、贵族制的和君主制的。他是民主政体的拥护者。在他看来，民主制可以使人人平等，人们可以享有宗教信仰、思想和言论的自由。

伦理思想 斯宾诺莎认为追求个人利益是人的最高自然权利，也是人性的普遍规律和道德的唯一基础。善与恶以是否有利于人的自我保存为标准。人在认识到个人利益的同时，就必须为公共利益而努力，关心他人和人类的利益，只有利他才能利己。认为痛苦、愉快和欲望是人的3种基本情感，这些情感本质上是道德的。但是，当情感与模糊观念联系在一起时便产生被动情感，被迫去作恶事。所以，只有理性控制情感，人才能成为情感的主人，实现道德幸福的生活。

斯宾诺莎批判了把财富、荣誉和感官享乐看作是最高幸福的观点，认为它们会扰乱人的心灵，使人沉沦和毁灭。他一方面强调认识自然的过程就是理性控制情感的过程，是道德完善的过程；另一方面又认为至善是对神（即自然）的理智的爱，与人的道德实践活动无关。

斯宾诺莎在伦理学中是个决定论者。认为人的身心变化都是自然引起的，遵循自然的必然性。但是并不否定人在道德领域中的自由。按照理性指导生活就是“自由人”。因此，自由是按照人的自然本质去求得自我保存和个人利益。社会和政府应当保证人的这种自由，这是政治的真正目的。斯宾诺莎伦理思想具有鲜明的反封建性质，遭到当时封建势力的攻击和歪曲，也受到同时代及18、19世纪西欧各国资产阶级伦理思想家的肯定和赞赏。

影响 在斯宾诺莎逝世后的一个时期内，他的著作继续受到不同宗教派别的谴责，而没有受到哲学家和进步思想家的重视。到17世纪末，法国的P.贝勒在《历史批判辞典》中，肯定斯宾诺莎的哲学是一个无神论体系。此后，斯宾诺莎的哲学逐渐受到重视。他的无神论影响了18世纪法国的战斗无神论者。与此同时，他的唯物主义也为法国的唯物主义者所继承，尽管他们对它有所保留。D.狄德罗曾经称法国的唯物主义为“新的斯宾诺莎主义”。在德国18世纪末至19世纪初的启蒙运动中，斯宾诺莎的哲学经过G.E.莱辛、J.G.赫尔德、J.W.von歌德等人的努力宣扬，才为人所重视，他的泛神论也深深地影响了德国的启蒙思想家。J.G.费希特和F.W.J.von谢林都把它视为自己哲学的出发点。他的实体是G.W.F.黑格尔哲学体系中的一个重要因素。L.费尔巴哈曾称“斯宾诺莎是现代无神论者和唯物主义者的摩西”。马克思十分重视斯宾诺莎的唯物主义哲学，把他坚持从世界本身说明世界称为近代哲学的最高荣誉，并把他视为17世纪辩证法的卓越代表之一。

斯宾塞 Spenser, Edmund (1552/1553～1599-01-13) 英国诗人。生于伦敦，卒于伦敦。1569年入剑桥大学，1573年获学士学位，三年后获硕士学位。1578年任主教秘书，后跟随伯爵、总督，并任市委会秘书等职。

最早的诗作《牧人月历》被誉为英国文艺复兴的第一部作品。凡12歌，每歌以一个月份为标题。大部分以爱情为主题，有的则涉及教会。《仙后》(1～3章1590；4～6章1596；第7章局部1609）原定写12章，只完成了前6章和第7章的一部分，将近35 000行。以亚瑟追求仙后格罗丽亚娜为引子，写仙后每年在宫中举行12天宴会，每天派出一名骑士去解除灾难，每一名骑士具有一种美德，亚瑟身兼12种美德，得到仙后的爱。《仙后》首创适用于长诗的格律形式——九行诗节，被称为“斯宾塞诗节”。其他主要作品还有挽歌《爱星者》、牧歌《柯林·克劳特回来了》(1595)、十四行诗集《爱情小诗》(1595)等。

斯宾塞 Spencer, Herbert (1820-04-27～1903-12-08) 英国社会学家，哲学家。社会进化论和社会有机体论的代表人物。生于英国德比郡的教师家庭，卒于苏塞克斯郡。幼时体弱辍学，由父亲施教，未受正规学校教育。1837～1848年担任铁路工程师。1848年任伦敦《经济学家》杂志助理编辑。1850年发表第一部著作《社会静力学》。1852年发表论文《进化的假说》，首次提出社会进化论思想。1853年斯宾塞获得大笔遗产，从此潜心著书立说。

斯宾塞的社会学理论的突出特点是将社会与生物有机体进行类比，他的社会进化论和社会有机体论都是从这种类比出发和展开的。他在C.R.达尔文《物种起源》(1859）发表前7年就提出了社会进化思想，认为进化是一个普遍规律，但仍受达尔文生物进化论的影响，并将生存竞争、自然选择的原则移植到社会理论中。认为社会的进化过程同生物进化过程一样，也是优胜劣败，适者生存。进而认为进化是一种自然过程，应遵循其自身的规律，而不应人为地干涉，反对社会福利和国家计划，也反对社会改良和社会革命。斯宾塞的社会有机体论集中反映在他的《社会学原理》第一卷中，他将社会与生物有机体进行了6项类比，得出了3个结论：①社会是一个体系，一个由相互联系的各个部分构成的紧密整体。②这个体系只能从其结构运转的意义上去理解。③体系要存在下去，它的需求就必须得到满足。这些观点开启了结构功能理论的先河。斯宾塞的思想对社会学、人类学、哲学的发展都产生了深远的影响。著有《心理学原理》、《第一原理》、《生物学原理》、《社会学研究》、《社会学原理》、《伦理学原理》。

斯大林 Stalin, Joseph (1879-12-21～1953-03-05) 苏联共产党和苏联政府领导人，国际共产主义运动活动家。生于俄国南高加索梯弗里斯（1936年改名第比利斯）州哥里城的一个鞋匠家庭，卒于莫斯科。原名约瑟夫·维萨里昂诺维奇·朱加施维里。格鲁吉亚人。1898年加入俄国社会民主工党。在南高加索从事革命活动。1902～1913年间，7次被捕，6次被流放。1912年在党的布拉格代表会议后，被补选为中央委员。

1917年流放回来，参与组织和领导彼得格勒十月武装起义。革命胜利后，担任民族事务人民委员（1917～1922）、国家监察部人民委员（1919～1922，1920年改称工农检查人民委员）等职。1918～1920年国内战争期间，担任工农国防委员会委员，共和国革命军事委员会委员，西方战线、南方战线以及西南战线革命军事委员会委员等职，参与领导组织保卫察里津、彼得格勒战斗，以及粉碎A.I.邓尼金军队的斗争。1919年11月获红旗勋章。1924年5月在俄共（布）第13次代表大会上，斯大林当选为总书记。他担任这一职务直到1934年2月联共（布）第17次代表大会。

列宁逝世后，联共（布）党内围绕一国能否建成社会主义，以及如何进行社会主义建设等问题展开激烈的争论。斯大林先后击败L.D.托洛茨基、G.Ye.季诺维也夫、加米涅夫以及N.I.布哈林、A.I.李可夫等人的反对。他采用计划命令和惩治手段，开展工业化和农业集体化运动，把苏联建成为工业化强国。1936年，主持制定苏联宪法，宣告社会主义在苏联建成。所创建的高度集中的政治经济体制是建设社会主义社会的第一个定型模式，也是苏联特殊历史条件的产物。它没有解决社会主义民主政治建设和经济运行的一系列根本问题。

20世纪30年代，对斯大林的个人崇拜盛行，党的民主集中制和国家法制遭破坏，大清洗运动（见**苏联大清洗运动**）使大批无辜的干部和群众遭迫害被处死，暴露了斯大林模式的严重问题。

1941～1953年，出任人民委员会主席（1946年起改称部长会议主席）。苏联卫国战争期间，担任国防委员会主席、武装力量最高统帅，领导人民打败法西斯德国的入侵，使苏联成为世界第一流强国。1945年获苏联大元帅军衔。在对外事务中，他坚决同帝国主义展开斗争，但忽视全球化发展趋势，过分强调两种制度的对立性。还犯有大党主义和大国主义的错误。

1953年3月5日，因患脑出血在莫斯科逝世。著有《论列宁主义基础》、《苏联社会主义经济问题》等。

斯大林格勒会战 Stalingrad, Battle of 苏德战争期间，苏军为保卫斯大林格勒（今伏尔加格勒）并消灭顿河与伏尔加河之间德军重兵集团于1942年7月至1943年2月进行的一系列战略性攻防战役。

德军在莫斯科会战失败后，被迫放弃全面进攻，改向战场南翼实施重点进攻，企图夺取斯大林格勒和高加索，切断苏军战略补给线。

防御阶段（1942-07-17～11-18） 7月17、31日，德军第6集团军和第4装甲集团军先后从西面、西南面发起进攻。苏军凭借预先构筑的防御地带大量消耗德军突击集团，粉碎德军从行进间夺取斯大林格勒的企图。9月13日，德军攻入市区。双方展开激烈巷战，其中对火车站的争夺易手达13次之多。在苏军顽强抗击下，德军始终未能占领整个城市。

反攻阶段（1942-11-19～1943-02-02） 11月19日起，苏军三个方面军发起反攻，合围德军第6集团军全部和第4装甲集团军一部，共22个师约33万人。1943年1月10日，苏军开始歼灭被围德军，其炮兵首次以徐进弹幕射击支援步兵和坦克冲击，至26日将被围德军分割成南北两部分，2月2日迫使其全部投降。

此战是苏德战争乃至整个第二次世界大战的转折点。德军及其仆从国军队共有5个集团军被消灭，损失近150万人。苏军从此夺得战略主动权。

斯大林格勒战役英雄纪念碑综合体 Memorial Complex Devoted to the Heroes of the Stalingrad Battle 苏联最大的纪念碑综合体。坐落在伏尔加格勒（1961年前名斯大林格勒）马马耶夫高地上，1967年落成。由雕塑家Ye.V.武切季奇设计，另有7位建筑师及雕塑家参加创作。纪念碑综合体建有3个广场、3座水池、多座组雕和浮雕，呈阶梯式的结构，是苏联纪念碑综合体中的典型形式。主雕《祖国——母亲》，建在高地顶端，雕像高52米，连同举过头顶的宝剑共85米，加上底座全高101米，是目前世界上最大的

《祖国——母亲》主雕

圆雕。

斯戴里亚戏剧中心 Sterijino Pozorje 塞尔维亚最有影响的戏剧团体。1956年为纪念塞尔维亚戏剧奠基人J.S.波波维奇诞辰150周年在诺维萨德成立。主要任务是促进和繁荣现代戏剧的创作和演出。每年4月中旬，戏剧中心从全国演出的剧目中选出6～10个最好的戏，举行为期一星期左右的戏剧会演。会演结束后，选出最优秀的剧作家、导演、演员、舞美家等，授予“斯戴里亚奖”。

斯丹达尔 Stendhal（1783-01-23～1842-03-23） 法国小说家。曾译司汤达。原名亨利·贝尔。生于格勒诺布尔，卒于巴黎。1796～1799年在当地中心学校上学。1799年到巴黎投身军界，1800年随拿破仑大军到意大利米兰。1814年波旁王朝复辟，侨居米兰从事写作，1817年发表《意大利绘画史》。

1821年回到巴黎后继续写作，1827年发表第一部小说《阿芒斯》。代表作《红与黑》1830年问世。1838年创作的《巴马修道院》反映了1796～1830年意大利北部地区争取民族独立和人民自由的正义斗争。其他主要作品还有长篇小说《吕西安·娄凡》（1901）、自传《昂利·勃吕拉传》（1909）、中、短篇小说集《意大利遗事》（1855）等。

斯丹达尔是19世纪法国现实主义文学的先驱。

斯德哥尔摩 Stockholm 瑞典首都和最大城市。位于波罗的海西岸、梅拉伦湖入海处，坐落在约20个岛屿和一个半岛上。通过梅拉伦湖沟通广大内地，地理位置非常重要。城市面积211.3平方千米（内陆水面占12.7%），市区人口82.9万（2010）。包括周围19个市政区的大斯德哥尔摩，面积6 494平方千米，人口约191.81万（2006）。

城市被誉为“北方的威尼斯”。气候温和湿润，因纬度较高，6月下旬的仲夏节前后几乎通宵不夜，是旅游旺季。

斯德哥尔摩意为“木头岛”。13世纪初建于梅拉伦湖入海口处的一个小岛（斯塔斯岛）上，城堡由巨木建成，因而得名。1436年成为首都。1637年，城市规模日渐扩大。18世纪间，大部毁于火灾，后以石质建筑物代替旧时的木结构。19世纪末叶以后，城市进一步扩大。1961年人口达81万，为历史最高水平。后人口有下降趋势，近年有所增加。

19世纪以来一直是国内最大的工业中心，商业贸易地位更为突出，全国各大企

斯德哥尔摩皇宫

业和银行、公司的总部大半设此。工业进口原料、出口成品，技术先进，主要生产电机、电器、机械、车辆和船舶，印刷、服装、化学、制药等产业在国内也占重要地位。重要的商品零售中心。为仅次于哥德堡的全国第二大港口。

瑞典的文化教育中心，设有皇家剧院、音乐协会、皇家科学院、皇家工程科学院、国际和平研究所、皇家图书馆等；各种博物馆有40多座，包括世界上第一座露天博物馆——斯坎森露天博物馆。诺贝尔奖颁奖典礼在被誉为20世纪欧洲最美的建筑物之一的市政厅举行（和平奖的授奖仪式在挪威奥斯陆举行）。1912年奥运会在此举行。

《斯德哥尔摩公约》 *Stockholm Convention* 全称《关于持久性有机污染物的斯德哥尔摩公约》。2001年5月22日由联合国环境规划署和瑞典政府联合主持召开《斯德哥尔摩公约》的全权代表会议，通过这一公约。23日，127个国家签署公约，决定在全世界范围内禁用或严格限用12种有机污染物。中国政府在这项公约上签了字。根据这项公约，各缔约国将采取一致行动，首先消除12种对人类健康和自然环境特别有害的持久性有机污染物，它们是艾氏剂、氯丹、狄氏剂、异狄氏剂、七氯、灭蚁灵、毒杀芬、滴滴涕、六氯代苯、多氯联苯、二噁英和呋喃。

其中，艾氏剂、氯丹、狄氏剂、异狄氏剂、七氯、灭蚁灵和毒杀芬等7种杀虫剂被禁止生产和使用；滴滴涕由于仍是一些国家所使用的唯一有效的杀虫剂，被严格限制使用并将尽快用其他杀虫剂取代；多氯联苯因仍须用于变压器、电容器等工业设备上，将在2025年之前被禁用；六氯代苯、二噁英和呋喃等三种工业有机污染物是在燃烧和工业生产过程中产生的副产品，各国须采取措施将其数量尽可能限制在最低范围之内。公约还规定，所要控制的有机污染物清单是开放性的，将来可以随时根据公约规定的筛选程序和标准对清单进行修改。

斯德哥尔摩学派 Stockholm school 19世纪末至20世纪30年代，在瑞典、挪威、丹麦等北欧国家形成的经济学派。又称瑞典学派、北欧学派。

斯蒂芬森 Stephenson, George (1781-06-09～1848-08-12) 英国工程师，铁路蒸汽机车发明家。生于诺森伯兰郡，卒于切斯特菲尔德。出身于煤矿蒸汽机技工的家庭。

1812年担任基灵沃斯煤矿蒸汽机工长。1814年试制成功矿用蒸汽机车。这种蒸汽机车能牵引8节矿车以每小时4英里的速度将30吨煤从矿中拉出。斯托克顿—达灵顿铁路建成后，1825年9月27日，由斯蒂芬森设计的“动力”1号蒸汽机车，从达灵顿出发，以每小时24千米（15英里）的速度驶向斯托克顿，这是人类历史上第一列用铁路蒸汽机车牵引的旅客列车。后来，斯蒂芬森又负责修建了从利物浦到曼彻斯特的64千米（40英里）铁路，于1830年9月15日竣工。这条铁路使用斯蒂芬森和他的儿子R.斯蒂芬森共同设计的新机车“火箭”号为牵引机车，速度达每小时47千米。斯蒂芬森对法国、德国第一条铁路的建设和机车车辆的设计制造也作出了卓越的贡献。此外，他在1815年还试制成功煤矿用的矿灯。

斯蒂文森 Stevenson, Robert Louis (1850-11-13～1894-12-03) 英国作家。生于爱丁堡，卒于萨摩亚瓦伊利马。1867年入爱丁堡大学学习。1875年成为律师。小说《金银岛》(1883) 叙述少年吉姆一行人去海上荒岛寻找海盗埋藏的财宝的经过。中篇小说《化身博士》(1886) 探讨人性善恶的问题。其他主要作品还有小说《绑架》(1886) 及其续篇《卡特林娜》(1893)，小说《巴伦特雷的少爷》(1889)，短篇小说集《岛上夜谭》(1893) 等。斯蒂文森的文笔细腻流畅，故事新奇浪漫，是19世纪末新浪漫主义的代表。

斯蒂文斯 Stevens, Wallace (1879-10-02～1955-08-02) 美国诗人。生于雷丁，卒于哈特福德。毕业于哈佛大学与纽约大学法学院。长期担任一家保险公司的副董事长，同时在业余时间进行诗歌创作。斯蒂文斯的诗深奥隐晦，读者不多，但在诗歌创作界和评论界有很高声望。

主要诗集是《关于秩序的思想》(1935)、《猫头鹰的三叶草》(1936)、《携蓝色吉他的人》(1937) 等。他的诗细腻精巧，富于哲理，强调想象力能使混乱的世界获得秩序。他毕生的创作都贯穿“想象与现实”这一主题，诗中充满光线、音响和颜色的交错。他的诗中常常隐藏着一种不满的情绪，这在他晚年的创作中尤为突出，但这种情绪是含混不清的。

他的诗歌理论著作有《必要的天使》(1951)，其中反复说明他的关于想象与现实的关系的观点，指出想象可以改造和丰富现实。

斯多阿学派 Stoicism 公元前4世纪由芝诺（基底恩的）于雅典创立的一个学派。一译画廊派、斯多亚学派、斯多葛学派。因其讲学的场所在一彩色画廊而得名（希腊文Stoa，意为画廊）。斯多阿学派思想的传播和影响，在希腊、罗马持续了约5个世纪。它的发展分3个时期：①早期，约前3～前2世纪，主要代表是芝诺、克雷安泰、克吕西波；②中期，约前2～前1世纪，主要代表是巴内修和波西东尼；③晚期，存在于1～2世纪，主要代表是塞内加、奥勒留。

斯多阿学派的研究重心是伦理德行学。他们强调人生应该追求的目的不是快乐而是德行，即“顺从自然”。在他们看来，宇宙是一个统一的整体，存在着一种支配万物的普遍法则，即“自然法”，亦称“逻各斯”、“世界理性”，或称“上帝”、“命运”。这种普遍法则，即自然的必然性，支配着宇宙间的一切。人类是宇宙的一部分，同样要受普遍法则的支配，这是不可抗拒的。人只有抑制个人的一切情感和欲望，俯首帖耳地服从命运，“按照自然而生活”，才能达到德行的境界，实现人生的目的。

在政治思想上，斯多阿学派最早系统地论述了自然法。他们认为自然法就是理性，是至高无上、普遍存在的，是宇宙一切事物，包括国家和个人所必须遵循的法则。国家制定的法律必须符合自然法。他们认为人们共同生活在社会统一体中是自然法的要求。在这里，自然法赋予每个人的理性是相同的。不论希腊人或是蛮族人，也不论自由民或奴隶，均具有同样的理性，都是平等的，本无高低贵贱之分，人为地划分不同的等级和国家，是违反自然法的。应该废除国家的界限，消除等级的差异，组成一个共同的社会，即“世界国家”。

斯多阿学派关于自然法、世界主义、人类平等和安于现状、顺从命运等观点，对罗马政治思想以及基督教教义的形成，都产生了重大影响。

斯法克斯 Sfax 突尼斯第二大城和港口，斯法克斯省首府。在地中海加贝斯湾北岸。人口26.51万 (2004)。建于9世纪，曾是游牧民族贸易中心，古代著名商港。12世纪被西西里诺曼人短期占领。16世纪又被西班牙人占领。1881年被法国占领。第二次世界大战中曾是轴心国的基地，城市遭受破坏。现代港口建于1895年。现为交通枢纽，加夫萨地区磷酸盐市场，中部和南部地区的主要出口口岸。目前港口有3个港池，共有泊位15个，岸线总长2 649米。港口设施完善。主要输出磷酸盐、石油、阿尔法草、海绵、橄榄油等。亦是全国最大渔港。有大型磷肥厂和榨油、纺织、鱼罐头等工业。地毯织造、皮革加工等手工业颇盛。城内有10世纪的清真寺和古堡。铁路通苏塞、突尼斯城、加贝斯、鲁代伊夫等地。

斯基克达 Skikda 阿尔及利亚东北部港口城市，斯基克达省首府。曾称菲利普维尔。在地中海斯图拉湾南岸、塞夫萨夫河口西岸，西距阿尔及尔约330千米。人口约17.87万 (2005)。公元4世纪时，罗马帝国在此建鲁西格达城。斯基克达建于1838年，时为君士坦丁的外港，建于古城鲁西格达旧址。1970年输油管道开始启用后，成为重要石油、天然气输出港。有大口径输油管和输气管分别通哈西迈斯欧德油田和哈西鲁迈勒气田。原油和天然气供应充分，由此发展成新兴工业中心，有炼油、石油化工、天然气液化厂，年炼油能力1 600多万吨，占全国的2/3以上。还有酿酒、罐头、制革等工业。与其外港斯托拉都是沙丁鱼捕捞和加工中心。铁路东通安纳巴港和邻国突尼斯，西连首都阿尔及尔，南通君士坦丁、比斯克拉、图古尔特等城市。港区分外港和内港，有码头、泊位18个，可停泊5万吨级海轮。输出原油、石油制品、液化天然气、铁矿石、水产品等。阿尔及利亚东部的进口货物经此港输入。市内有全国最大的古罗马剧场遗址。

斯金纳 Skinner, Burrhus Frederick (1904-03-20～1990-08-18) 美国心理学家、新行为主义心理学的主要代表。生于宾夕法尼亚萨斯奎汉纳，卒于密西西比剑桥。1931年获哈佛大学哲学博士学位。

斯金纳提倡“彻底的行为主义”，主张心理学应该坚持描摹环境和有机体行为之间可观察的函数关系，心理活动实质上都是有机体的反应，都具有物理的维度。他认为欲使个体行为形成，强化必须依随反应而发生。斯金纳揭示了操作条件反射的规律，设计的实验装置斯金纳箱被心理学家和生物学家广泛采用；根据对强化作用的研究发明了“教学机器”、设计了“程序教学”方案。他还是行为矫正技术的创始人之一。1958年获美国心理学会杰出科学贡献奖；1968年美国政府授予他最高科学奖励——国家科学奖章；1971年美国心理学基金会赠给他金质奖章；1990年8月10日美国心理学年会授予他心理学毕生贡献奖。主要著作有：《有机体的行为》(1938)、《科学和人类行为》(1953)、《言语行为》(1957)、《教学技术》(1968)、《关于行为主义》(1974)等。

斯金纳箱 Skinner box 用来进行操作条件反射的仪器。由美国行为主义心理学家B.F.斯金纳发明，通常是一个能够容纳单个动物在其中走动的、长方形的、四周隔音的有机玻璃箱。内部装置通常包括：可以按压的杠杆，可以投放食物或者水的食槽，

B.F.斯金纳利用斯金纳箱训练棕鼠的学习能力

信号灯，以及可以发出电击的电栅栏。动物（多为大鼠或鸽子）可以通过按压杠杆得到食物或水，该装置也可以通过电栅栏对动物实施惩罚。计算机技术发展以后，整套装置有了自动记录功能，记录动物按压杠杆的次数、信号灯的闪亮次数、食物投放的次数，以及两者之间的联系。利用这些信息，研究者可以分析动物的行为规律。

斯卡格拉克海峡 Skagerrak 北海的一个矩形海域。位于丹麦日德兰半岛与挪威南部和瑞典西南部之间，呈东北—西南走向，长240千米，宽110～145千米。最狭窄处在日德兰半岛北端的格雷嫩角与对岸瑞典的马斯特兰德岛之间，宽仅65千米，是北海与波罗的海的分界线。海峡南浅北深，最深处位于环绕挪威南海岸的斯卡格拉克海槽中，深725米。斯卡格拉克海槽处在一条东西向的大断裂带上，北岸至今仍在继续沉降，并形成了一系列深凹的峡湾（如奥斯陆峡湾）和海底溺谷；南岸是宽阔的沙滩、潟湖和沼泽地，岸线平缓。海峡内海流较微弱，其北侧为西流，南侧为东流，来自波罗的海的海流从海峡表层流向北海。多大风，航行常受影响。秋末冬初有大量夜光虫。

斯卡拉蒂 Scarlatti, Alessandro (1660-05-02～1725-10-22) 意大利作曲家。生于巴勒莫，卒于那不勒斯。出身音乐世家。1672年到罗马，后任瑞典女王私人剧院的指挥。1684～1702年任那不勒斯总督的宫廷乐长。1703～1708年任罗马圣玛丽亚大教堂乐长。

1709年又返那不勒斯任原职。是那不勒斯乐派歌剧的创始人，一生创作歌剧100余部，重要的有《无知的过错》(1679)、《真诚的爱情》(1680)、《庞培大将》(1683)、《皮罗和黛梅特廖》(1694)、《十人团的垮台》(1697)、《蒂格拉内》(1715)和《光荣的胜利》(1718)等。他的歌剧强调音乐表现，确立了具有丰富旋律的咏叹调的中心地位，发展并确立了序曲、反始咏叹调、配伴奏的朗诵调等形式。他还作有700首康塔塔，以及大量清唱剧、弥撒曲、经文歌等，音乐具有鲜明的巴罗克风格。他的儿子亦为作曲家和哈普西科德演奏家，曾与G.F.亨德尔比赛键盘乐器演奏，而在哈普西科德演奏上占优。

斯卡拉歌剧院 La Scala 意大利音乐表演场所，世界著名歌剧院。1778年，在意大利米兰以斯卡拉王后的名字命名。同年8月31日演出A.萨列里的歌剧《欧罗巴》得到承认。许多作曲家都为该歌剧院写过作品，如G.罗西尼的《试金石》、《土耳其人在意大利》，G.多尼采蒂的《卢克雷齐亚·博尔贾》，V.贝利尼的《诺尔玛》，G.威尔第的《纳布科》、《奥赛罗》以及G.普契尼的《蝴蝶夫人》等。1898～1903年、1921～1929年，曾由著名指挥家A.托斯卡尼尼担任指挥，造就了歌剧院的全盛时期。歌剧院一年四季上演一流节目，许多世界著名歌唱家都在此演出。2002年歌剧院进行全面修复，2004年12月7日举行修复后的首场演出。

斯卡拉歌剧院演出盛况

斯堪的纳维亚半岛 Scandinavian Peninsula 欧洲最大半岛。位于北欧巴伦支海、挪威海、北海同波罗的海之间，东北部与大陆相连。南北长1 850千米，东西宽400～700千米，面积约75万平方千米，包括挪威、瑞典两国以及芬兰北端一小部分。半岛地质古老，中西部纵贯地形的主轴斯堪的纳维亚山脉。半岛上冰川地形非常普遍，多冰斗和冰川槽谷、冰川湖泊。挪威沿海有一系列狭长幽深的典型峡湾，宽一至数千米，长度往往超过100千米。两岸多为高峻的山崖，是良好船泊地。半岛位于高纬度地区，一般属寒温带气候。冬季气温显著高于同纬度的其他地区，最北部1月平均气温仅-15℃左右；降水也较丰沛，西部迎风坡年降水量可达3 000毫米，而背风的东坡只有450～750毫米。全区森林茂密，平均覆盖率达50%。半岛上河网稠密，河流均短小流急，水量丰沛。半岛金属矿藏丰富，尤以铁矿驰名。瑞典、挪威均为铁矿砂出口国，在世界海运业中一直占有举足轻重的地位。挪威捕鱼量居世界前列。林业、水力发电、铁矿开采、渔业、造船业和航运业，均为半岛富有传统特色的经济部门。

斯堪的纳维亚山脉 Scandinavian Mountains 北欧纵贯斯堪的纳维亚半岛中西部

的山脉。又称舍伦山脉，旧译基阿连山脉。长1 700千米、宽200～600千米，构成半岛地形的主轴。山脉西坡陡峻，直临挪威海岸。东坡较平缓。山脉海拔1 000米左右，最高峰是挪威境内的格利特峰，海拔2 470米。第四纪冰期时，为欧洲冰川的主要发源地，冰厚曾约达2 000米。山区森林茂密，其中云杉、松树等针叶树占5/6，仅南部长有白桦、栎、山毛榉等阔叶树，构成混交林。

斯坎德培 Skanderbeg（约1405～1468-01-17） 阿尔巴尼亚民族解放斗争的英雄和领袖。原名乔治·卡斯特里奥蒂。1423年，作为人质被送往君士坦丁堡，在那里接受了伊斯兰教和教名斯坎德，后进近卫军军事学校学习。因作战有功，被授予军衔培(beg)，斯坎德培由此得名。1443年11月初回国。11月3日，领导阿尔巴尼亚人民举行总起义，11月28日，宣告阿尔巴尼亚公国的光复。1444年3月，联合各地公爵建立阿尔巴尼亚联盟，决定组建一支以斯坎德培为统帅的统一的军队。1450年以后屡次挫败土耳其军队的进攻。1468年1月17日，斯坎德培因患疟疾，在莱什逝世。

斯科菲尔德 Scofield, Paul（1922-01-21～2008-03-19） 英国演员。生于萨塞克斯，卒于萨塞克斯。14岁登台表演，1945年在W.莎士比亚名剧《约翰王》中出色地扮演国王的异母兄弟菲利普成名。1948和1955年曾两次主演《哈姆雷特》，他塑造的丹麦王子赢得了评论界的赞誉。1970年，他还出色地扮演了俄国剧作家A.P.契诃夫的名剧《万尼亚舅舅》中的同名主角。斯科菲尔德重视直觉探索，努力将人的天性的各个方面呈现在观众面前。曾获奥斯卡金像奖最佳男演员奖。

斯科帕斯 Scopas（活动于前4世纪） 希腊雕塑家、建筑师。生于帕罗斯岛。他的作品有一种剧烈动势和激动情绪。据记载他曾参加阿尔忒弥斯神庙的重建，还参加了摩索拉斯陵墓的建造。这一陵墓东侧浮雕饰带《希腊人和亚马孙人之战》，一般认为系出自斯科帕斯之手。浮雕中搏斗的人和马均有猛烈的动态和激奋的表情。在雅典娜·阿丽亚神庙遗址，发掘出一些山墙雕刻的残件，据考证为斯科帕斯所作。这是几个男性的头部，双目深陷，颈脖扭曲，仿佛充满着愤怒和痛苦。另有一残损的女性雕像，称为《发狂的美德勒》，据传是他的代表作。

摩索拉斯陵墓浮雕

斯科普里 Skopje; Skoplje 马其顿首都，全国经济、文化和交通中心。位于国土西北部瓦尔达尔河畔，人口约51万(2009)。古代伊利西亚部落中心。518年全城在地震中变为废墟。后逐渐兴起。1189年受塞尔维亚控制。1392年后被土耳其占领达5个世纪之久，并为奥斯曼帝国著名的贸易中心之一。1913年并入塞尔维亚。1946年为南斯拉夫马其顿人民共和国首府。1963年为南斯拉夫马其顿社会主义共和国首府。1991年成为独立的马其顿共和国首都。历史上屡遭破坏，1689年毁于霍乱和大火，1963年大地震毁坏全城80%建筑。后建抗震的新城。主要工业部门有机械制造、冶金、化学、玻璃、食品、皮革、制鞋和金银手工艺品等。市内有斯科普里大学、马其顿科学和艺术院，以及博物馆、图书馆等文化设施。多名胜古迹，主要有内雷济隐修院、各种建筑风格的教堂、市场、修道院、土耳其浴池等。

斯克里亚宾 Skryabin,Aleksander Nikolayevich（1872-01-06～1915-04-27） 俄国作曲家、钢琴家。生于莫斯科的一个贵族家庭，卒于莫斯科。1888～1892年入莫斯科音乐学院学习。1898～1903年在莫斯科音乐学院教钢琴，同时从事创作。1903年起旅居瑞士、巴黎、布鲁塞尔等地。1910年返莫斯科。

早期创作深受F.F.肖邦影响，音乐富于浪漫色彩和幻想性，也不乏戏剧性的激情，尤擅长于写抒情性的钢琴小品。早期作品均系钢琴曲，除1部钢琴协奏曲之外，还有10首马祖卡、12首练习曲、24首前奏曲、2首即兴曲等。1900年起主要创作交响音乐，有《第一交响曲》，终乐章有歌颂艺术的合唱，自作歌词；《第二交响曲》，采用贯穿性主题，气势趋于宏伟；《第三交响曲》(1903，称《神圣之诗》)，由“斗争”、“喜悦”、“圣游”3个乐章组成，体现人同敌对力量斗争中的艰辛、愉悦和欢乐，气势宏伟磅礴。1903年起，逐步形成其独特的和声体系。和弦结构常由三度改为四度叠置，如基于5个四度（C、♯F、♭B、E、A、D）的“神秘和弦”。晚年他抱着艺术能“通神”的思想，醉心于表现神秘主义的哲学命题。晚期作品亦试图使音乐综合其他艺术，如管弦乐《狂喜之诗》、交响诗《普罗米修斯》(又名《火之诗》)，他的10首钢琴奏鸣曲中，自第六首起放弃调号，调性模糊，属晚期代表作。

斯克里亚宾 Skryabin, Konstantin Ivanovich（1878-12-07～1972-10-07） 苏联蠕虫学家、苏联蠕虫学研究的奠基人。生于彼得堡，卒于莫斯科。1905年毕业于尤里耶夫（塔尔图）兽医学院。历任新切尔卡斯克市顿河兽医学院、莫斯科兽医学院教授，热带研究所蠕虫学部主任，苏联科学院蠕虫学实验室负责人，苏联科学院吉尔吉斯分院主席团主席，全苏列宁农业科学院副院长。他是苏联科学院、全苏列宁农业科学院和医学科学院院士。他的研究涉及蠕虫的形态、分类、生态和流行病等许多领域；主持或直接参与过300多次有关人体、家畜和野生动物蠕虫病的调查。由他提出的蠕虫病防治法则和病原灭绝原则，是诊治人畜、动物蠕虫病的科学基础。被授予社会主义劳动英雄称号，又是苏联国家奖、列宁奖和列宁勋章的获得者。著有《普通蠕虫学》(1940)、《苏联蠕虫学的创建和实践》(125卷，1962～1969)、《我的科学生涯》(1969)等。

斯克利布 Scribe, Eugène（1791-12-24～1861-02-20） 法国通俗喜剧作家。生于巴黎，卒于巴黎。早年丧父。写有喜剧、闹剧、悲喜剧、历史剧、歌剧、喜歌剧等350部（其中有与他人合写者）。他的剧作不着重刻画性格，以情节简洁、结构紧凑取胜，有“佳构剧”之称。他的历史剧没有崇高的激情、宏伟的场面，注重于偶然的事件、机缘的凑合，阐发他“重大的事故，都由细小的原因促成”的观点。主要剧作有《贝尔特朗和拉东》(1833)、《一杯水》(1840)、《锁链》(1841)和《妇人之战》(1851)等，反映法国复辟时期和七月王朝资产阶级的兴趣和愿望。

斯库台 Scutari; Shkodër 阿尔巴尼亚西北部城市，斯库台区首府。在斯库台湖东南岸。人口8.25万(2001)。历史重镇。最古老的城墙建自公元前1000年。1916～1918年被奥地利占领，后被协约国接收。1921年重归阿尔巴尼亚。该国西北部公路枢纽。有机场。工业有炼铜、纺织、造纸、水泥、木材加工等。城东南德林河上有防洪大坝和水电站。设有高等学校。市郊山丘最高点上有罗扎法特城堡遗址，还有大教堂、隐修院、方济各会等。

斯拉法 Sraffa, Piero (1898-08-05～1983-09-03) 英籍意裔经济学家。生于意大利都灵。在都灵读大学预科。由于征兵服役中断学习。1924年开始学术生涯。曾任佩鲁贾大学和卡利亚里大学教授。1927年转居英国，在剑桥大学任研究员。

斯拉法在研究方法上复兴了古典学派的思想，常被称为新李嘉图主义者。他试图找到“不变的价值尺度”，提出“标准合成商品”以分析商品的价值或价格，并确定工资和利润的比例。他的理论同20世纪以来西方正统的经济学理论相对立，被认为在资本理论、劳动价值理论、生产价格理论以及工资与利润分割模式上都有独到的见解，在西方经济学界产生了重大影响。有的西方经济学家甚至认为，他的理论解释了马克思的商品价值转化为生产价格的图式，根据他的理论可以建立“没有劳动价值论的剥削论”。编有《李嘉图著作和通信集》(11卷)，著有《成本与产量之间的关系》、《竞争条件下的收益规律》、《用商品生产商品：经济理论批判绪论》等。

斯拉夫–保加利亚王国 Slav-Bulgaria, Kingdom of 巴尔干半岛东北部斯拉夫人和古保加利亚人的早期封建国家。史称第一保加利亚王国。680年以阿斯帕鲁赫为首的古保加利亚人与7个斯拉夫部落组成的七部落联盟联合，建立斯拉夫–保加利亚国家，定都普利斯卡。9世纪初克鲁姆大公在位时(802～814)，王国版图包括今保加利亚全境以及罗马尼亚和匈牙利的一部分。西美昂大帝统治时期(893～927)，王国成为巴尔干半岛上的大国。西美昂死后，王国陷于分裂割据状态。1018年斯拉夫–保加利亚王国告终。

斯拉夫人 Slavs 使用斯拉夫诸语言的居民。约3亿人(2001)。主要分布在中欧、东欧和东南欧，还有少数分布在世界各地。属欧罗巴人种东欧类型和巴尔干类型。分为三大支系：西斯拉夫人，包括波兰人、卢日支人、捷克人和斯洛伐克人；东斯拉夫人，包括俄罗斯人、乌克兰人和白俄罗斯人；南部斯拉夫人，包括保加利亚人、塞尔维亚人、克罗地亚人、斯洛文尼亚人、马其顿人和黑山人。现代斯拉夫人的语言文字、风俗习惯、宗教信仰和体质特征都很相近，他们都是古代斯拉夫人的后裔。斯拉夫语属于印欧语系，自成一个语族。9世纪后半期，借鉴希腊字母，创造了斯拉夫文字。后来，一部分斯拉夫人在古斯拉夫字母的基础上创制了本民族的文字，如俄罗斯文、乌克兰文、白俄罗斯文、保加利亚文、塞尔维亚文和马其顿文。而另一部分斯拉夫语言的文字则采用拉丁字母，如波兰文、捷克文、斯洛伐克文、克罗地亚文、斯洛文尼亚文和卢日支文。多信奉东正教，波兰人、捷克人、斯洛伐克人、克罗地亚人信仰天主教。

据考证，维内德人即古代斯拉夫人，1～2世纪曾分布在西起奥得河、东抵第聂伯河、南至喀尔巴阡山、北濒波罗的海的广大地区。今波兰境内的维斯瓦河河谷，被认为是斯拉夫人的故乡。4～6世纪，斯拉夫人中开始出现部落联盟。由于民族大迁徙的冲击，逐渐分化为三大支系：西支称维内德人，东支称安特人，南支称斯拉文人。自6世纪起，斯拉夫人便开始侵袭拜占廷帝国的巴尔干属地；至7世纪，南部斯拉夫人已在巴尔干半岛定居。7～12世纪，斯拉夫各族先后开始建立国家。西斯拉夫人地区623年建立萨摩公国；830年兴起大摩拉维亚国；10世纪初建立捷克公国；波兰王国则诞生于965年。东斯拉夫人于9世纪末建立了强大的基辅罗斯。南部斯拉夫人于680年建立了斯拉夫–保加利亚王国。斯拉夫人吸收了罗马和拜占廷帝国的文化传统，并继承了被他们同化的古代民族的丰富遗产。为了维护自己的生存，先后同日耳曼人、拜占廷人、蒙古鞑靼人以及奥斯曼土耳其人进行了长期的斗争，保持了自己的语言和民族属性，捍卫了自由和独立。到19世纪后半期，随着资本主义的发展和民族解放运动的兴起，在绝大多数斯拉夫国家里都形成了现代民族。

斯拉夫语族 Slavic group; Slavonic group 印欧语系的一个大语族。主要分布于俄罗斯，中、东欧和亚洲一些国家和地区。使用人口约3亿。斯拉夫语族各语言源于原始共同斯拉夫语，分三大语支：东部语支，包括俄语、乌克兰语、白俄罗斯语；西部语支，包括捷克语、斯洛伐克语、波兰语、卢萨提亚语(分上卢萨提亚语和下卢萨提亚语)；南部语支，包括保加利亚语、马其顿语、塞尔维亚–克罗地亚语和斯洛文尼亚语等。

斯拉夫语族诸语言比较相近。在共同斯拉夫语时期，词重音不固定。斯拉夫语中只有塞尔维亚–克罗地亚语有乐重音：在重读音节上有升调和降调，用以区别不同词或不同的词形。在形态上，除保加利亚语和马其顿语外，斯拉夫语言的名词和代词都有格的变化。古代斯拉夫语言原有双数范畴，现仅存于斯洛文尼亚语和卢萨提亚语中。东部语支的三种语言以及保加利亚语、塞尔维亚语、马其顿语使用西里尔字母，西部语支的各种语言及克罗地亚语、斯洛文尼亚语使用拉丁字母。

斯拉维伊科夫 Slaveykov, Pencho Petkov (1866-04-27～1912-05-28) 保加利亚诗人、文学批评家、政论家。生于特里亚夫纳，卒于意大利。曾在莱比锡攻读哲学和文学。回国后任国立图书馆馆长和剧院经理等职。因抨击君主制而遭当局迫害，晚年侨居国外。

斯拉维伊科夫主张“纯艺术”，但他大部分作品却反映了时代的各种矛盾和人民悲惨的命运。在《叙事诗集》(2卷，1896～1898)、《响彻云天》(1893)、《真理之斧》(1910)等诗中作者歌颂苦难的祖国和人民，揭露统治者的腐败，矛头直接指向斐迪南国王。叙事诗《血之歌》(1911～1912)描写了1876年“四月起义”，塑造了众多英雄形象。按照民歌风格写成的长诗《拉利查》(1893)和《波伊科》(1897)反映了宗法制农村的生活。另有抒情诗《形影不离的人》(1895)、《勇敢的好汉》(1898)等，以及多种有关西欧文学和俄国文学的论文。

斯莱塞 Slessor, Kenneth (1901-03-27～1971-07-31) 澳大利亚诗人、记者。生于奥兰治，卒于悉尼。做过记者、编辑、主编、报刊撰稿人等。曾与人合办《幻影》杂志，产生了重大的影响。1926年出版第一部诗集《大地的来访者》。以诗《滩头葬地》享有盛名。他的诗集有《五个铃铛——诗20首》(1939)、《诗集》(1957)等，以及《面包与酒：散文选集》(1970)。他的创作在许多方面保持了传统的格律。他最早以城市为题材写诗，而以写悉尼和海湾的诗尤多。

斯里巴加湾市 Seri Begawan, Bandar 文莱首都。位于西部国土的东北端，距文莱河口14.5千米。面积15.8平方千米。人口约6万。原名文莱。1970年10月4日改为现名。古代为一商港。16世纪手工业兴起，以纺织纱笼和金银饰品名闻遐迩。第二次世界大战期间，城市遭受严重破坏。1984年文莱独立，城市建设才迅速发展。城区建在河岸的浅滩和略有起伏的海滨平原上。原来的水上居民房屋现已改成新型的水上公寓。旅游资源丰富。市内有金碧辉煌的王宫、宏伟的博物馆和体育馆，以及规模宏大的赛福鼎清真寺，在市郊还出土了许多中国唐、宋、明代的瓷片、铜钱以及印度、阿拉伯琉璃珠、坠子等。港区有2座码头，公路可通往东北端的麻拉港。郊区有现代化国际机场。公路通南海沿岸的卢穆特、诗里亚、白拉奕等城市。

斯里兰卡 Sri Lanka 亚洲南部岛国。原称锡兰。位于南亚次大陆东南侧印度洋上，西隔仅宽29千米的保克海峡与印度半岛相望，南近赤道。主岛呈梨形，南北最长435千米，东西最宽224千米，面积65 610平方千米。人口约2 045万（2009）。民族构成以僧伽罗族为主，占人口的74.5%，余为泰米尔族、摩尔族等。居民中76.7%信奉佛教，余为印度教、伊斯兰教和基督教等。僧伽罗语和泰米尔语同为官方语言。上层社会通用英语。首都科伦坡。地当印度洋北部东西航路要冲，有“东方十字路口”称号。

地理 以平原为主，约占全国面积80%，中南部是一略呈三角形的中央高地，山丛拥立，通常称为“内地”，最高峰皮杜鲁塔拉格勒山，海拔2 524米。西南海岸是一列平行山脊。北端为贾夫纳半岛。主要矿藏有钛铁、石墨、锆石、宝石、云母、磷灰石。其中以石墨和宝石（红宝石、蓝宝石、猫儿眼等）最著名。森林在逐渐减少，覆盖率仅30%左右。多热带常绿林，动物以大象最为著名。渔业和水力资源丰富。马纳尔湾沿岸海域盛产珍珠。

斯里兰卡康提的“佛牙节”情景

大部属热带季风气候，仅西南一隅为赤道雨林气候。终年如夏，雨量充沛，湿度很高。年平均气温28℃。各地年降水量1 283～3 321毫米。山区可达5 000毫米。

河流以中央高地为中心，呈辐射状分布，一般短小、多瀑布，不利航行，但水势湍急，水量丰盈，富水力资源。主要有马哈韦利河（长335千米，东北流入海）、阿鲁维河（长166千米，西北流入海）。

重视自然保护，建立了5个国家公园（维勒珀图国家公园、瓦斯戈穆沃国家公园、马杜鲁国家公园、加尔河国家公园、亚拉国家公园），其他保护区3个（辛哈拉加森林保护区、马杜罗德自然保护区、高峰自然保护区）。面积合计将近国土的1/10。

历史 历史悠久的文明古国。早在公元前即有维达人居住，继而僧伽罗人和泰米尔人自南亚次大陆先后移入。5～16世纪，两族在不同地区建立王国（王朝），发生多次征战和分合。16世纪初起，先后被葡萄牙（至17世纪中）和荷兰人统治（17世纪中至18世纪末），均主要是沿海地带，1815年沦为英国殖民地。1948年2月4日取得独立，成为英联邦的一个自治领。1972年5月22日将锡兰更名为斯里兰卡，宣布成立斯里兰卡共和国。1978年8月16日改称为斯里兰卡民主社会主义共和国。独立后不久，僧伽罗和泰米尔两大民族的矛盾日益凸显且难以调和。20世纪70年代初，泰米尔人正式提出建立独立的“伊拉姆国”的主张。一些激进分子组成泰米尔伊拉姆猛虎解放组织（简称“猛虎”组织），进行暴力活动，领导人V.普拉巴卡兰。2009年5月18日，斯政府军宣布歼灭“猛虎”组织，内战结束。

政治 实行总统制。议会实行一院制。任期6年。议席225个。主要政党有统一国民党、斯里兰卡自由党、人民解放阵线。

经济 种植业以茶叶、橡胶、椰子和水稻为主。1977年，开始推行自由化经济政策，吸收外国投资，设立大科伦坡出口工业区，发展私人资本，增加建设投资等，经济得到较快发展。2009年国内生产总值为419.78亿美元。可耕地面积400万公顷。2009年农业产值占国内生产总值的12.0%。茶叶、橡胶和椰子号称斯里兰卡的“三宝”，构成国家经济的主要支柱，种植面积合占全国耕地面积60%以上，占出口总值的1/4。茶叶和橡胶主要在种植园大面积生产。茶叶产量仅次于印度和中国，居世界第三位，是世界主要茶叶输出国之一。橡胶产量居世界第四位，几乎全部出口。椰子以农家经营为主，所产椰油、椰干除自用一部分外，均供出口。粮食生产以水稻为主，基本自给。还种植小米、玉米、高粱、棉花等。工业以农产品加工业为主，还有采矿、炼油、化肥、纺织、造纸、服装、皮革、饮料、烟草、木材、化工、石油加工、橡胶、水泥、陶瓷、塑料和金属加工及机器装配等，大多集中于科伦坡及其周围地区。炼油业利用从中东进口的原油进行生产。除满足国内需要，部分出口，成为外汇收入的一项重要来源。2009年工业产值占国内生产总值的28.6%。干燥带沿海年产盐13万吨。畜牧业养牛、羊。淡水养鱼有很大发展潜力。

旅游业是经济的重要组成部分。旅客主要来自德国、英国等西欧国家和印度。内战曾一度影响旅游业。拥有大量的名胜古迹。不少已经列入联合国教科文组织的《世界遗产名录》，计有圣城阿努拉德普勒、圣城康提、加勒古城及其堡垒、波隆纳鲁沃古城、锡吉里耶古城和丹布勒金寺。

对外贸易实行自由外贸政策，除政府控制石油外，其他商品均可自由进口。近年来，出口贸易结构发生根本变化，由过去的农产品为主转变为以工业产品为主。主要出口商品有纺织品、服装（以上占出口总值50%），茶叶、橡胶、椰子（以上占出口总值25%）和石油产品。主要出口对象是美国、德国、英国、比利时、日本等，主要进口对象是日本、印度、中国香港、韩国等。2009年进出口总额172.92亿美元，出口额70.85亿美元，进口额102.07亿美元。

斯里兰卡为受援国，提供援助的国家和国际组织主要有日本、德国、美国、英国、挪威、加拿大、荷兰及世界银行和亚洲开发银行等。

全国有铁路1 200千米，公路2.8万千米，40%敷沥青路面。从马纳尔到印度的班本岛有轮渡联系。科伦坡和东岸的亭可马里、南岸的加勒是主要海港。全国有各类机场13座，科伦坡有国际机场，亭可马里、贾夫纳和拜蒂克洛等地有国内机场。

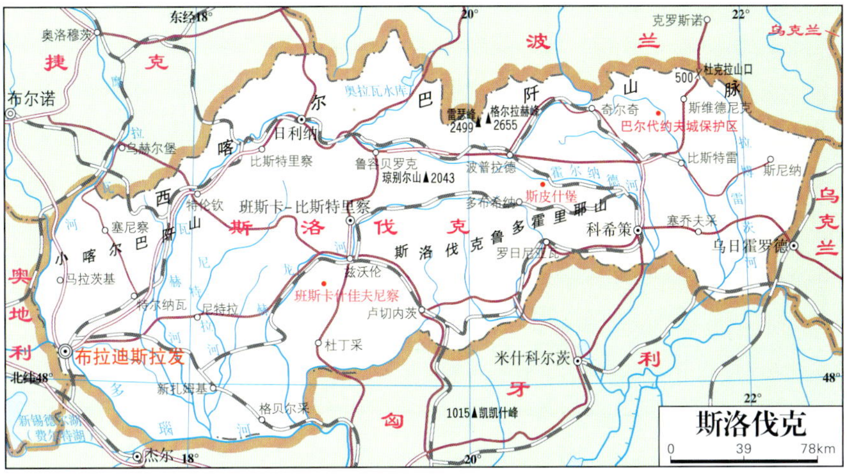

文化 全国有报刊200余种，4个报业系统，各出版多种不同文字的报刊。其中《每日新闻》是国内最大的英文日报，《每日太阳报》是最大的僧伽罗文日报，《雄狮报》是英、僧文日报。其他主要传播媒介有兰卡通讯社（半官方）、斯里兰卡广播公司和斯里兰卡电视台（均系国营）。

对外关系 奉行独立和不结盟的外交政策，支持和平共处五项原则，维护斯里兰卡独立、主权和领土完整。关心国际和地区安全，主张全面彻底裁军。坚决反对国际恐怖主义，1998年1月，签署了联合国反爆炸恐怖主义公约，成为该公约的第一个签字国。积极推动南亚区域合作。外交重点是在解决国内民族问题上寻求国际社会的理解和支持。在联合国和南盟等组织内呼吁加强国际反恐合作。2006年已同130多个国家建立了外交关系。1957年2月7日与中国建交。

斯洛伐克 Slovakia; Slovensko 欧洲中部内陆国家。北邻波兰，南界匈牙利，西与捷克、奥地利相连，东与乌克兰接壤。面积49 037平方千米。人口54.25万（2009）。斯洛伐克族占总人口的85.8%，少数民族占14.2%，主要有匈牙利人、罗姆人、捷克人、乌克兰人和茨冈人。官方语言是斯洛伐克语。少数民族使用各自民族的语言。居民主要信奉罗马天主教，少数人信仰新教、希腊天主教和犹太教。首都布拉迪斯拉发。

地理 境内多山，海拔1 000～1 500米。斯洛伐克山地又称西喀尔巴阡山地，横亘中部和北部，格尔拉赫峰海拔2 655米，为全国最高峰。南部是多瑙河中游平原，又称斯洛伐克平原。主要河流有摩拉瓦河、瓦赫河和霍尔纳德河。多瑙河流经国境西南部，在境内长172千米，大小湖泊有160多个。全境属海洋性向大陆性气候过渡的温带气候。

矿产资源主要是铁矿，此外还有褐煤、硬煤和铅、锌、铜、镁等有色金属矿。森林覆盖率40%。

历史 5～6世纪，西斯拉夫人在此定居。9世纪并入大摩拉维亚国。10世纪初并入匈牙利王国。后为奥匈帝国的一部分。1918年10月与捷克共同组成捷克斯洛伐克共和国。1939年3月被纳粹德国占领。1945年5月在苏军帮助下获得解放。1948年成立捷克斯洛伐克人民民主共和国。1960年7月改国名为捷克斯洛伐克社会主义共和国。1989年11月政局发生剧变，1990年4月又改国名为捷克和斯洛伐克联邦共和国。1992年12月联邦解体。1993年1月1日，斯洛伐克共和国成为独立的主权国家。

政治 实行三权分立的多党议会政治体制。总统是国家元首和共和国武装部队最高统帅，由民族议会选举产生，任期5年，最多连续担任两届。民族议会为共和国立法机构，实行一院制。政府是最高行政机关。政党有110余个，主要有斯洛伐克民主基督教同盟－民主党、匈牙利联盟党、基督教民主运动、争取民主斯洛伐克运动党－人民党等。

经济 中等发达水平的工农业国家。其经济支柱为重工业以及军事工业。1989年后，经济体制由计划经济向市场经济过渡。联邦政府推行以全面私有化为核心的经济改革政策，斯洛伐克的经济受到严重冲击。1999年后宏观经济环境有所改善。2009年国内生产总值907亿美元，人均国内生产总值1.67万美元。

2008年工业产值占国内生产总值的28.1%。主要工业部门为机械制造、电气电子、冶金、化工制药和纺织服装等。1989年以前，斯洛伐克的军工产值占捷克斯洛伐克军工产值的80%，但随着冷战结束，军工生产下降而汽车、造船、医疗器械、家用电器等行业得到迅速发展。机械制造业主要分布在布拉迪斯拉发、科希策、瓦赫河畔城镇等地。冶金行业产值占工业总产值的16%。科希策附近的东斯洛伐克钢铁厂是国内最大的冶金企业之一。化工行业产值约占工业总产值的20%。

农业在国民经济中占有重要地位。2008年可耕地面积134.9万公顷。主要耕作地区在多瑙河低地和喀尔巴阡山山间盆地。主要农作物有玉米、小麦、大麦、甜菜、亚麻等，畜牧业以养猪、牛为主，山区养羊业发达。

交通运输以公路和铁路为主。2008年公路总长17 907万千米。铁路总长3 623千米，多瑙河是主要水运航道，河港有布拉迪斯拉发、科马尔诺等。布拉迪斯拉发和科希策分别有1个机场。

2009年外贸总额1 113.4亿美元，其中出口565.1亿美元，进口548.3亿美元。主要出口钢材、机械产品、化工产品、消费品等，进口石油机械设备、原材料、食品、化工产品、各种日用消费品。主要贸易伙伴为德国、捷克、俄罗斯、意大利、奥地利、波兰、法国、英国等。

布拉迪斯拉发古城堡

文化 实行十年制义务教育，国家免收学费并对学生食宿给予补贴。全国有33所高等院校，著名高校有布拉迪斯拉发考门斯基大学、P.J.沙发利克大学、艺术学院等。

2008年全国发行报刊1 400余种。主要日报有《真理报》、《劳动报》、《存在报》、《经济报》、《经济日报》等。斯洛伐克通讯社为国家商业性通讯社。有斯洛伐克广播电台和斯洛伐克电视台。

对外关系 奉行亲西方的政策，领导人频访西方大国和西欧国家，已被列为北约东扩对象，2004年5月加入欧盟。2006年，致力于发展与美洲、欧洲国家关系，大力推动地区合作，保持和深化与邻国的关系，尤其是经贸领域的合作。是2006～2007年度联合国安理会非常任理事国。1993年1月1日与中国建交。

斯洛伐克人 Slovaks 欧洲中部民族之一。人口超过700万。主要分布在斯洛伐克共和国。部分分布在匈牙利、捷克、罗马尼亚、塞尔维亚及法国、英国、美国、加拿大。属

斯洛伐克青年

欧罗巴人种阿尔卑斯类型。使用斯洛伐克语，属印欧语系斯拉夫语族。有以拉丁字母为基础的文字。宗教徒多信天主教，少数信基督教新教。5世纪有西斯拉夫人进入该地区居住。7世纪上半叶，斯洛伐克、摩拉维亚和波希米亚地区的西斯拉夫人建立萨摩公国。9世纪初，大摩拉维亚国兴起。10世纪初，大摩拉维亚国崩溃，斯洛伐克地区大部隶属于马扎尔人的匈牙利王国。从15世纪开始，斯洛伐克地区从事农耕的斯拉夫人始被称为斯洛伐克人。18世纪末，农奴制废除，斯洛伐克人开始向已经匈牙利化的城镇移居。随着社会发展，现代斯洛伐克民族逐步形成。斯洛伐克人现代工业以机械制造、化工、木材加工等为主。农业主要种植玉米、小麦、大麦、甜菜、亚麻等。畜牧业饲养猪、牛、羊。

斯洛伐克苏维埃共和国 Soviet Republic of Slovakia 捷克斯洛伐克劳动人民第一次建立的苏维埃国家。在俄国十月社会主义革命胜利的影响下，1919年6月16日，斯洛伐克劳动人民在普雷肖夫召开大会，宣布成立斯洛伐克苏维埃共和国。6月20日，革命执行委员会在科息斯召开首次会议，组成以捷克革命家A.雅努舍克为首的革命政府。革命政府公布了关于工厂、企业、银行、大农场、森林实行社会化，废除捐税和小农债务，实行8小时工作制，男女平等，提高工资和养老金、抚恤金等法令。斯洛伐克苏维埃共和国于7月7日被捷克斯洛伐克资产阶级政权扼杀，仅存在21天。

斯洛伐克语 Slovak language 斯洛伐克的官方语言。属印欧语系斯拉夫语族西支。有三组方言，各组方言间可以互通。西部斯洛伐克各方言和捷克语中的摩拉维亚方言很接近，中部斯洛伐克各方言含有斯拉夫语南支语言的一些特点，东部斯洛伐克各方言则与波兰语和乌克兰语有共同点。斯洛伐克语与捷克语相近，可以互通。到19世纪中叶，由于一批学者用中部方言写作，文学语言的地位才得到确认，并最终发展成为标准语。语音的特点是辅音多，特别是擦音和塞擦音多。属综合型语言，使用词缀、元音交替、辅音交替表示语法意义，广泛使用添加前、后缀的方法构成新词。词汇中保留着源自斯拉夫语、波罗的语诸语言的常用词。文艺复兴时期以后，吸收了来自西欧的各种语言，特别是德语和法语的借词。语序为主－动－宾型，但有较大自由。文字以拉丁字母为基础，并有少量附加符号，词的拼写与发音一致。

斯洛文尼亚 Slovenia; Slovenija 欧洲中南部国家。位于南欧巴尔干半岛西北部。西接意大利，北邻奥地利和匈牙利，东部和南部与克罗地亚接壤；西南濒临亚得里亚海。面积20 273平方千米。人口205万(2009)。居民主要为斯洛文尼亚族，占总人口83%；余为克罗地亚族、塞尔维亚

族、匈牙利族、意大利族等。官方语言为斯洛文尼亚语。居民主要信奉罗马天主教，少数信奉东正教和伊斯兰教。首都卢布尔雅那。

境内遍布山地高原。西部和北部是东阿尔卑斯山余脉，其中最高峰特里格拉夫峰海拔2 863米。中部为山间盆地。南部为石灰岩高原。主要河流有萨瓦河、德拉瓦河。大部分地区属温带大陆性（山地）气候，亚得里亚海滨地区为地中海气候。森林覆盖率高达60%。有煤、铅、锌、汞、钠、天然气等矿，但储量不大。

6世纪末斯拉夫人迁入。7世纪先后建立萨莫公国和卡林西亚公国。788年起受法兰克王国统治。9世纪起德意志人和匈牙利人向该地殖民。13世纪后期成为奥地利哈布斯堡王室的世袭领地。直到1918年并入塞尔维亚－克罗地亚－斯洛文尼亚王国(1929年改称南斯拉夫王国)。1941年德、意法西斯入侵。1945年成立南斯拉夫联邦人民共和国（1963年改称南斯拉夫社会主义联邦共和国），斯洛文尼亚为其共和国之一。1991年6月25日，宣布成为独立主权国家。

1991年通过新宪法，1997和2000年两次修宪，规定实行多党议会制，立法、行政、司法三权分立。议会实行一院制：国民议会。国民议会为国家最高立法机构。进入国民议会的主要政党有斯洛文尼亚民主党、自由民主党、社会民主人士、新斯洛文尼亚党、斯洛文尼亚人民党等。总统为国家元首和武装力量最高统帅，由直接普选产生，可连任两届。政府是国家权力执行机构，对国民议会负责。2004年5月正式加入欧盟；同时致力于睦邻友好和同世界大国保持友好关系。独立后加入多个国际组织。截至2007年底，已与167个国家建立外交关系。1992年5月12日与中国建交。

属中等发达国家，原南斯拉夫经济发展水平最高的地区。独立后经济转轨顺利，是中东欧地区经济最活跃、发展最快的国家之一。2009年国内生产总值349亿欧元。工业生产总值71.9亿欧元，工业部门主要有汽车、机械设备、电机、化工、电力、冶金、金属加工、家用电器、电子、食品、木材加工、造纸、纺织等。农业规模不大，农业用地占国土总面积的11.5%。以畜牧业为主，主要饲养牛、猪、羊、家禽；耕地较少，种植小麦、玉米、马铃薯、甜菜、葡萄等。2008年农业生产总值11.06亿欧元，农牧产品尚不能满足本国需求。第三产业是国民经济稳定发展的重要支柱，其中旅游业较发达，有亚得里亚海滨、特里格拉夫山自然风景区、布莱德湖、波斯托伊纳溶洞等著名游览胜地。2008年，铁路长1 228千米，公路38 872千米，铺面公路。有多条国际铁路和公路在斯洛文尼亚过境。

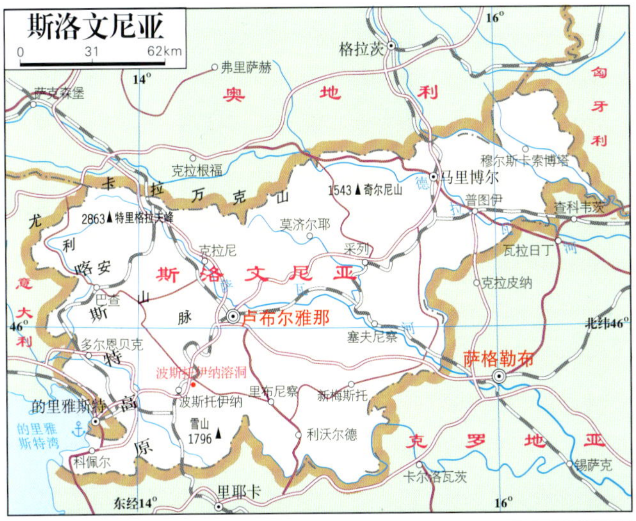

斯洛文尼亚村落

拥有科佩尔、伊佐拉、皮兰湾三个港口，有国际机场。境内还设有2 526千米天然气管道。外向型经济，2008年对外贸易进出口总额为427.21亿欧元，其中出口额197.77亿欧元。主要贸易伙伴是德国、意大利、法国、奥地利、克罗地亚等国。国家财政收入基本平衡。外国直接投资主要来自奥地利、德国、法国、意大利、美国等。货币名称托拉尔。

文化教育程度较高，全国无文盲。2008年全国有小学449所，中学140所，4所综合性大学。还有51个博物馆、40多个美术馆和902个图书馆。发行量最大的报纸有《劳动报》、《斯洛文尼亚新闻》、《晚报》等，期刊有《星期天报》、《雅娜》、《家庭》等。有斯洛文尼亚通讯社。2007年有82家广播电台。国家电视台为斯洛文尼亚广播电视台。

斯洛文尼亚人 Slovenians 欧洲巴尔干半岛的民族之一。居住在斯洛文尼亚共和国

斯洛文尼亚男子

的约170万人。部分散居美国、意大利、奥地利、匈牙利等国。属欧罗巴人种巴尔干类型。使用**斯洛文尼亚语**，属印欧语系斯拉夫语族南支，分为众多方言。有拉丁字母拼写的文字。信教者多为天主教徒，部分人信东正教。分为4个支系。不同地区的居民形成各自的地区文化类型。其中的别洛克兰人是一独特群体，稳定地保持了民族特点。沿海地区居民自古以来就同意大利人交往，文化带有明显的“地中海”特征。科鲁什卡南部和什塔耶尔斯卡的居民曾受德国和奥地利的影响。地处东南部别洛克拉伊纳地区的斯洛文尼亚人是在土耳其统治时期逃亡到此的塞尔维亚人的后代。

斯洛文尼亚语 Slovenian language 斯洛文尼亚的官方语言。属印欧语系**斯拉夫语族**南支。分布于斯洛文尼亚，以及匈牙利、奥地利和意大利三国与斯洛文尼亚接壤的地区，使用人口200余万。源自**古斯拉夫语**。最早的文献见于10世纪。方言变异较多，差别明显。19世纪初叶，在以**卢布尔雅那**市为中心的中央方言基础上，形成统一的现代斯洛文尼亚标准语。有5个元音，20个辅音，采用25个拉丁字母作为相应的表音符号。标准语言有三种形式的词重音：长扬重音、长抑重音、短重音。斯洛文尼亚语是屈折型语言。名词有7个格：主格、属格、与格、宾格、呼格、工具格、前置格；分单数、双数、复数。动词有过去时、过去先行时、现在时和将来时。语序在主句中为主-动-宾，在从句中为倒装形式。

斯美塔纳 Smetana, Bedrich(1824-03-02～1884-05-12) 捷克作曲家。生于东波希米亚东部利托米什尔，卒于**布拉格**。6岁公开演出。1843年赴布拉格学习音乐。1848～1856年创办布拉格音乐学校并任该校负责人。斯美塔纳的早期创作主要是一些波尔卡。40年代与激进青年交往，成为布拉格大学生组织“同心社”的一员。1848年革命时，他创作了合唱曲《自由之歌》，管弦乐曲《欢呼序曲》、《学生兵团进行曲》，钢琴曲《革命进行曲》等作品。革命失败后，于1856年离开祖国去瑞典的哥德堡任交响乐团指挥，其间受**F.李斯特**的标题交响诗的影响，创作了3首交响诗：《理查三世》、《华伦斯坦营地》和《哈孔·雅尔》。1861年回国后投入捷克民族歌剧的创作。他的《在波希米亚的勃兰登堡人》，是以13世纪捷克人民反抗勃兰登堡封建主的统治为内容的历史剧。《被出卖的新嫁娘》是表现捷克人民固有的习俗和乐观精神的喜剧，是斯美塔纳最受欢迎的歌剧。1867年创作的《达利波》是一部正歌剧，在音乐风格上有**R.瓦格纳**的影响。另一部重要歌剧《李布舍》展示了历史上辈出的民族英雄的形象。

在交响音乐创作方面的代表作，是6首交响诗组成的大型交响诗套曲《我的祖国》，它是在作曲家失去听觉后写成的。套曲中的每一首交响诗都能独立成章，联结起来又有形象和主题上的联系，成为展示捷克民族历史和风土人情的画卷。他的弦乐四重奏《我的生活》是作曲家的自传，亦是他的佳作之一。1878年作的小提琴曲《我的故乡》，则是一幅深情的对家乡风土人情的素描。斯美塔纳于1878年写的4首钢琴波尔卡和1879年写的10首捷克舞曲，在钢琴写法与民族风格方面达到了炉火纯青的境地。

斯莫尔 Small, Albion Woodbury(1854-05-11～1926-03-24) 美国社会学家，美国社会学创始人之一。生于缅因州牛津县，卒于芝加哥。1876年毕业于科尔比学院。1879～1881年先后在德国柏林大学、莱比锡大学学习。1889年获博士学位。1889～1892年任科尔比学院校长，并在该校开设社会学课程。1892年转到芝加哥大学，并创建世界第一个社会学系，任系主任；建立一支阵容强大的社会学师资队伍，芝加哥学派就是在这个基础上形成的；与G.E.文森特合著《社会研究导论》，是世界上第一部社会学教科书；1895年创办美国第一个社会学刊物《美国社会学杂志》，并任该刊主编。是美国社会

学会的主要创立者之一，曾任该会主席。著有《社会学通论》、《亚当·斯密和现代社会学》、《美国社会学五十年（1865～1915）》等。斯莫尔最初认为社会学是对其他各门社会科学的总汇；晚年认为社会学只是提供了一种方法和角度，需要与其他学科合作去认识社会。人类的“基本利益”是斯莫尔的研究重点。他把人类的基本利益分为6种：生理需要、财产、社交、知识、审美、正义。在政治上，他还提出国家仲裁说，在《从资本主义到民主制度的时代》一文中引用马克思等人观点，批判资本主义。

斯诺 Snow, Edgar(1905-07-19～1972-02-15) 美国记者、作家。生于密苏里堪萨斯，卒于瑞士埃辛斯。当过农民、铁路工人和印刷学徒。1928年毕业于密苏里大学。同年到中国，在上海多家英文报刊任编辑、记者。1933～1935年在燕京大学新闻系任教。1936年6月，进入陕北革命根据地采访，次年出版了《西行漫记》（又译《红星照耀中国》），向世界介绍中国共产党领导的革命运动和工农红军长征。1941年回到美国后任《星期六晚邮报》副主编，以战地记者名义赴苏、美、法、德等国采访，并到过非洲、中东和远东。1951年任哈佛大学亚洲问题研究特别顾问。1959年受麦卡锡主义迫害，侨居瑞士。1960、1964、1970年分别作为美国《展望》杂志、法国《新直言》周刊记者三次访问中国，受到毛泽东、周恩来、宋庆龄等多次接见。写了大量反映中华人民共和国成就的报道，并自费摄制纪录片《四分之一的人类》。著有：《远东前线》（1933）、《大河彼岸：今日红色中国》（1962）等。根据他的遗愿，骨灰分别葬于北京大学的未名湖畔和美国纽约州境内哈得孙河畔。

斯诺 Snow, John(1813-03-15～1856-06-16) 英国麻醉学家、流行学家。生于约克，卒于伦敦。1827年当外科医生的学徒。1836年起，在伦敦威斯敏斯特医院学习。1843年获伦敦大学学士学位，次年获博士学位。1846年，乙醚作为一种麻醉剂引入时，他发明了相应的装置，临床演示成功后得到推广应用。1847年J.Y.辛普森建议应用氯仿作为麻醉药后，斯诺为其使用研制了新设备。1854年，伦敦霍乱流行，他认为霍乱由一种能繁殖的、由水传播的活细胞所致，证明霍乱由被粪便污染的水传播，并提出一系列实用的预防措施。代表著作有《论乙醚》、《论氯仿》、《论霍乱的传染方式》等。

斯帕克 Spark, Muriel(1918-02-01～2006-04-13) 英国作家。生于爱丁堡，卒于意大利佛罗伦萨。9岁开始写诗。曾在中部非洲生活。1944年回英国在外交部工作。后任《诗歌评论》编辑。晚年定居意大利。主要创作了长篇小说《安慰者》（1957）、《公众形象》（1968）、《克鲁的女修道院长》（1974）、《并非闲逛》（1981）、《座谈会》（1990）等。其小说机智幽默，多有宗教寓意，一方面揭示人物的弱点和人性的阴暗面，同时又是对社会的辛辣讽刺和评议。

斯皮尔伯格 Spielberg, Steven (1947-12-18～) 美国电影导演。出生于俄亥俄州辛辛那提。毕业于加利福尼亚州立学院电影系。毕业前制作的短片《安布林》（1969）获威尼斯电影节奖。1974年拍摄了自己编剧的第一部故事片《苏格兰快车》。1975年执导的《大白鲨》是好莱坞第一部票房超过1亿美元的影片。1977年编导科幻片《第三类接触》。1981年执导的《夺宝奇兵1：法柜奇兵》（一名《印第安那·琼斯》）获第54届奥斯卡金像奖4项奖。1982年执导《外星人》（又名《E.T.》、《E.T.外星人》）。80年代后期，拍摄了《紫色》（1985）和《太阳帝国》（1987）等。1993年拍摄的《侏罗纪公园》，再次刷新票房纪录。1993年作为制片人和导演拍摄《辛德勒的名单》，获1994年第66届奥斯卡金像奖最佳影片和最佳导演奖。1999年导演《拯救大兵瑞恩》。21世纪以来，又执导完成了《人工智能》（2001）、《猫鼠游戏》（2002）等多部影片。

斯匹次卑尔根群岛 Spitsbergen 北冰洋上的群岛，挪威领土。见斯瓦尔巴群岛。

斯琴高娃 Siqin Gaowa (1949-01-20～) 瑞士籍华裔影视演员。中国内蒙古自治区昭乌达盟宁城（今属赤峰市）人。蒙古族。1965年任内蒙古自治区歌舞团舞蹈演员、报幕员。1980年参加中国人民解放军，后任八一电影制片厂演员。《骆驼祥子》是其代表作品，获1983年第6届《大众电影》百花奖最佳女演员奖和第3届中国电影金鸡奖最佳女主角奖。1984年，她成功地出演香港导演严浩执导的《似水流年》中的女主角，获香港第4届金像奖最佳女主角奖。1986年起侨居法国。1992年在《香魂女》中饰演既开放又传统、被金钱异化的农村妇女香二嫂，受到好评。出演的其他作品有《归心似箭》（1979）、《许茂和他的女儿们》（1981）、《成吉思汗》（1986）等影片和《党员二愣妈》（1998）、《大宅门》（2001）等电视剧。

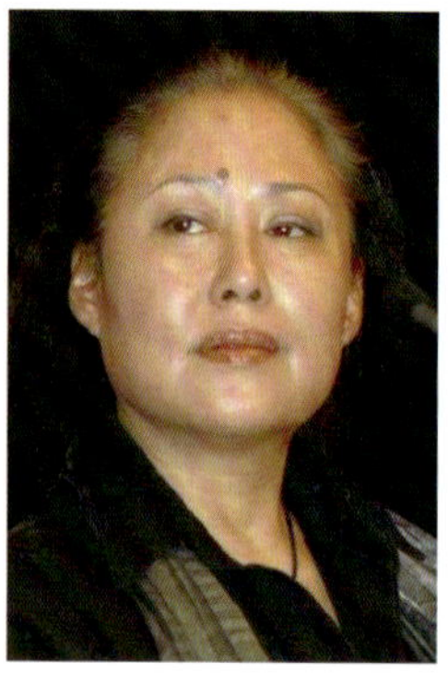

斯塔尔夫人 Staël, Madame de (1766-04-22～1817-04-13) 法国作家。原名热尔曼娜·内克。生于巴黎，卒于巴黎。少女时代即以才智见称。20岁与瑞典驻法国大使斯塔尔-霍尔斯坦男爵结婚。后到欧洲各国游历。在巴黎建立文学沙龙，接待文坛名流。

斯塔尔夫人的著作有《论文学与社会建制的关系》（简称《论文学》，1800）和《论德国》（1810）以及小说《黛尔菲娜》（1802）和《柯丽娜》（1807）。《论文学与社会建制的关系》评论了从古希腊直到18世纪的西欧文学，把西欧文学分为古典文学与浪漫文学，并表示对浪漫文学的偏爱。《论德国》的全称是《论德国与德国人的风俗》，其第一章指出德国人是理想主义者，重感情，富有艺术才能。德国人的严肃态度和法国人的轻率、机巧的气质形成对比。第二章专论文学艺术，详细介绍了德国诗歌、小说、戏剧、美术和史学著作，同时介绍包括G.E.莱辛、J.W.von歌德、J.C.F.von席勒在内的若干著名德国作家。第三章评论德国的哲学与伦理学，指出德国人比较喜爱抽象探索，而不喜欢实验哲学，并阐明18世纪德国哲学对德国文学艺术的影响。最后一章论述宗教与热情，表明德国人倾向于“神秘感”和热情，颂扬了热情的积极作用。这部作品对19世纪初期法国浪漫主义文学的发展起了促进作用。

斯塔尔夫人的小说塑造了热情奔放的妇女形象，叙述了她们的曲折爱情和悲惨经历。指出她们的悲剧是不合理的婚姻制度造成的。她的两部小说都带有自传的成分。

斯塔夫里阿诺斯 Stavrianos, Leften Stavros (1913～2004-03-23) 美国历史学家。生于加拿大温哥华，卒于美国拉霍亚。1933年毕业于不列颠哥伦比亚大学。后在美国克拉克大学研读巴尔干史，先后获得硕士、博士学位。1946年起，历任史密斯学院、西北大学、加利福尼亚大学圣迭戈分校等校教授。1970～1971年问世的《全球通史：1500年以来的世界》，较系统地阐释了他的全球历史观，这种新的、有益的探索，在国际史坛引起广泛关注。他认为，世界史研究的特点在于关注的是整个人类，而不是局限在西方或非西方人。其他重要著作还有《全球通史：人类的过去和现在》、《人类的全球史》等。

斯塔克 Stark, Johannes (1874-04-15～1957-06-21) 德国实验物理学家。生于希肯奥夫的上帕拉蒂那特，卒于上巴伐利亚。1897年获慕尼黑大学博士学位。1900年任格丁根大学讲师。不久转到格丁根物理研究所工作。1909年在亚琛技术学院任教授。1920年在维尔茨堡成为W.维恩的继任者。主要研究气体导电。1906年发现极隧射线（阳极射线）谱线位置的移动，即在地球上的光源中检验出多普勒效应。1913年斯塔克在极隧射线管上加上强电场，对氢和氦的谱线进行研究，发现在氢光谱蓝线位置上出现了几条谱线。这表明在电场中氢原子光谱线出现劈裂，这一现象后被称为斯塔克效应。由于这一成就和发现极隧射线中多普勒效应，斯塔克获得1919年诺贝尔物理学奖。

斯塔克是一个反犹太的种族主义者，也是希特勒的支持者。1933～1939年被希特勒委任为物理技术研究协会主席。他追随希特勒，挑起反对近代理论物理的论争，诽谤M.von劳厄和A.J.W.索末菲等人。1947年反纳粹法庭判处他在劳动营服苦役4年。

斯塔克效应 Stark effect 原子或分子在外电场作用下能级和光谱发生分裂的现象。为1913年J.斯塔克发现。原子或分子存在固有电偶极矩，在外电场作用下引起附加能量，造成能级分裂，裂距与电场强度成正比，称为一级斯塔克效应；不存在固有电偶极矩的原子或分子受电场作用，产生感生电矩，在电场中引起能级分裂，与电场强度二次方成正比，称为二级斯塔克效应，一般二级效应比一级效应小得多。斯塔克分裂的谱线是偏振的。对斯塔克效应的圆满解释是早期量子力学的重大胜利。斯塔克效应应用于原子分子结构的研究。斯塔克效应是谱线增宽的原因之一，当气体放电电流密度较大时，产生大量带电离子，它们对发光原子产生较强的内部电场，引起谱线斯塔克分裂；离子与发光原子的距离不同，谱线分裂的大小不同，叠加的结果导致谱线增宽。等离子谱线的斯塔克增宽可用于内部电场强度和带电粒子密度的测定。

斯塔林 Starling, Ernest Henry(1866-04-17～1927-05-02) 英国生理学家。生于伦敦，卒于牙买加金斯敦。1899年在伦敦大学学院任生理学特约教授。1922年在英国皇家学会任研究教授。

斯塔林提出毛细血管内压和渗透压之间的平衡（斯塔林平衡）。1902年他和贝利斯共同发现促胰激素。1905年，他首次提出激素一词，指出机体的功能不但受神经控制而且受激素控制。宣布促胰激素是第一个被发现的激素，并预言将有更多其他的激素问世。自此，在医学和生理学中形成了机体功能受神经和体液两种调节的基本概念。1914年，他提出心脏收缩力是收缩前心肌纤维长度的函数。后世称之为斯塔林心脏定律或斯塔林效应，它是近代循环理论中的基本概念。著有《对心脏病病理学某些论题的阿里斯和盖尔讲演》、《论身体功能的化学相互作用》、《关于心脏定律的林纳克演讲》等。1912年著的《人体生理学原理》一直用作国际性的标准教材，多次修订再版。他还是一名教育家，1918年后发表《教育中的科学》等多篇论述教育的文章。

斯塔林是内分泌学奠基人之一，同时也是一位具有卓越贡献的消化生理、循环生理学家。他1899年被选为英国皇家学会会员、生理学会终身会员，荣获过西欧及美国许多科学机构的名誉会员称号。

斯泰伦 Styron, William (1925-06-11～2006-11-01) 美国小说家。生于纽波特纽斯，卒于马萨诸塞玛塔葡萄园。曾在海军陆战队服役，当过编辑。1953年起任《巴黎评论》的顾问编辑。第一部长篇小说《在黑暗中躺下》(1951) 叙写一弗吉尼亚女子的不幸身世和经历。《奈特·特纳的忏悔》(1967) 以自述的形式，写美国著名黑奴领袖N.特纳对自己领导的1831年奴隶起义的反思。出版后争议很大，尤其受到黑人读者的严厉批评。1979年推出长篇小说《索菲的选择》，写一个年轻作家与一个奥斯威辛纳粹集中营中幸存的波兰姑娘索菲之间的感情经历。其他主要作品还有《长途行军》(1956)、《把这房子烧掉》(1961) 等。

斯坦贝克 Steinbeck, John (1902-02-27～1968-12-20) 美国小说家。生于蒙特雷，卒于纽约。1920～1925年，曾在斯坦福大学选修课程，并从事各种体力劳动谋生，同时开始写作，1929年发表第一部长篇小说《金杯》。长篇小说《愤怒的葡萄》(1939) 是美国30年代大萧条时期的一部史诗。小说写俄克拉何马州佃农乔德一家在大企业的压迫下，离开家乡，长途跋涉前往西部谋生。他们历尽艰辛，到达加利福尼亚州，却又陷入果园主剥削与压迫的罗网。

其他主要作品还有：《托蒂亚平地》(1935)、《胜负未决的战斗》(1936)、《鼠与人》(1937)、《任性的公共汽车》(1947)、《珍珠》(1947)、《伊甸园以东》(1952) 和《我们的不满的冬天》(1961) 等。1962年获诺贝尔文学奖。

斯坦福大学 Stanford University 美国私立研究型大学。全名小利兰·斯坦福大学，设于加利福尼亚州圣弗朗西斯科附近，有“美国西部哈佛”之称。1891年参议员斯坦福夫妇为纪念夭折的爱子小利兰·斯坦福而捐资创办。

有文理、医、法、教育、工、商、地球科学等学院。研究院最好的学科是电子工程、环境工程、计算机工程和会计。有包括斯坦福直线加速器中心在内的30个研究所、中心和实验室。胡佛战争、革命与和平研究所收藏有100余万件论述20世纪国际关系的印刷品和手稿，该研究所曾是里根总统所依靠的主要思想库之一。胡佛研究所的东方图书馆有许多德国纳粹文件和苏联的文献资料，被认为是苏联之外最完备的苏联档案馆。工学院因推动硅谷的创立和发展，带动美国计算机工业的起飞而著称于世。斯坦福大学在法国、意大利、德国、奥地利都设有分校。大学有十几人获得诺贝尔奖。

斯坦利·库布里克 Stanley Kubrick (1928-07-26～1999-03-07) 美国电影导演。生于美国纽约，卒于英国赫特福德郡。23岁时拍摄了第一部短片《拳击一日》，同年拍摄了《飞翔的牧师》。1957年的《光荣之路》讲述了第一次世界大战时期法国和德国的一次战役。影片受到C.戴高乐和W.丘吉尔的赞扬，也使他跃入大师级地位。1959年拍摄了《斯巴达克》。1963年创作的《怪癖博士》以黑色幽默和科幻的方式，表达了他对人类未来的悲观情绪。1971年以黑色

片和科幻片结合的方式，将英国著名作家A.伯吉斯的小说搬上银幕，通过影片《发条橘子》主人公的升华与堕落，透视出库布里克对人性的否定。1975年又根据英国作家W.M.萨克雷的小说创作了一部同名电影作品《巴里·林登》。1980年拍摄恐怖片《闪灵》。1987年反映越战的影片《全金属外壳》问世。1999年拍摄了最后一部影片《紧闭双眼》。影片以梦幻的方式，探讨了美国中产阶级家庭的婚姻危机。

斯坦尼斯拉夫斯基 Stanislavsky, Konstantin Sergeyevich (1863-01-05～1938-08-07) 苏联演员、导演、戏剧教育家和理论家。原姓阿列克谢耶夫。生在莫斯科，卒于莫斯科。1877年在家庭业余剧团舞台开始演员生涯。1885年取艺名斯坦尼斯拉夫斯基。1888年与莫斯科一些文艺界名流创办艺术文学协会及附属剧团，逐渐完成了从业余演员向专业演员的过渡。1897年6月斯坦尼斯拉夫斯基同V.I.聂米罗维奇-丹钦科举行了历史性的会见，决定创建新型的剧院——莫斯科艺术剧院。1898年他们联合执导的A.P.契诃夫名剧《海鸥》获得轰动性成功，成为莫斯科艺术剧院诞生的标志。《海鸥》之后，斯坦尼斯拉夫斯基又和丹钦科共同执导了契诃夫的《万尼亚舅舅》(1899)、《三姊妹》(1901)、《樱桃园》(1904)。同时，把M.高尔基最初的两部剧作《小市民》(1901)、《底层》(1902)推上了舞台。在这个时期，斯坦尼斯拉夫斯基不仅担任导演而且也在自己导演的剧目中担任重要角色，塑造了一系列舞台形象。十月革命后斯坦尼斯拉夫斯基的艺术风格有了新的变化。在导演A.N.奥斯特洛夫斯基的《炽热的心》和V.V.伊凡诺夫的《铁甲列车14-69》时，给舞台演出充实了新的时代精神。

他在1922～1924年率剧团在美国巡回演出时，写作了自传《我的艺术生活》，首次对自己的戏剧体系作了理论与实践相结合的研讨。1928年后，全力投入戏剧实验教学与理论总结工作，写出了《演员自我修养》，并以"形体动作方法"丰富了以内心体验为核心的戏剧体系，最终成为世界一大戏剧体系的奠基人。以"体验基础上的再体现"为基本内容的斯坦尼斯拉夫斯基体系是俄国现实主义戏剧体系的主要代表，这一体系对包括现代中国戏剧艺术在内的20世纪世界现实主义戏剧运动产生了很大的影响。

斯坦尼斯拉夫斯基演剧体系 Stanislavsky's acting system 包括表演、导演、戏剧教学和方法等系统专业知识的演剧体系。见K.S.斯坦尼斯拉夫斯基。

斯坦因 Stein, Aurel (1862-11-26～1943-10-26) 英国考古学家。生于匈牙利布达佩斯，卒于阿富汗喀布尔。1904年加入英国国籍。早年学习古代语言、印度古代史等，后留学于牛津大学和伦敦大学，1883年获博士学位。1889年起任拉合尔（今属巴基斯坦）东方学院院长、旁遮普督学、印度西北边境省总督学和考古调查员等职。1900～1916年三次进入中国新疆、甘肃地区。在英属印度政府支持下，进行大规模的地理测量和考古调查。考察了约特干、丹丹乌里克、米兰、楼兰、敦煌石窟、敦煌汉代烽燧遗址、居延烽燧遗址、黑城遗址、高昌古城遗址和墓地，以及唐北庭都护府城址等。发掘一些古代遗址，并掠走大量珍贵文物，其中包括敦煌莫高窟藏经洞的大批写经和幡画。第四次因中国学术界反对未成行。晚年在西亚探察亚历山大大帝东征路线和古罗马长城遗址。所掠文物现分藏于伦敦不列颠博物馆、不列颠图书馆、印度事务部图书馆、新德里国立博物馆等处。著述甚多，包括《克什米尔古代地理》、《古代于阗》、《西域》、《亚洲腹地》、《斯坦因西域考古记》等。

斯特恩 Stern, Isaac (1920-07-21～2001-09-22) 俄国出生的美籍小提琴家。生于克列梅涅茨，卒于美国纽约。5岁从母亲学钢琴，8岁学小提琴。1936年在旧金山交响乐团音乐会上，成功地演奏了J.勃拉姆斯的《D大调小提琴协奏曲》。1937年去纽约从L.珀辛格进修。1943年在纽约卡内基大厅举行音乐会，获得很高评价。以后每年都被邀请到各地与乐团合作，足迹遍及南北美、欧、亚及大洋洲的许多国家。他的演奏曲目丰富，几乎为所有重要的古典及现代小提琴乐曲录了音，并首演了不少新作品。他的演技精湛，音色温暖，音量洪大，表情深邃，以力度变化恰到好处著称。1979年6月他访问中国，在北京、上海、广州演出及讲学，纪录影片《从毛泽东到莫扎特》(1980年获奥斯卡最佳纪录片奖）记录了他在中国的活动。他还是美国艺术家协会创办人之一，曾任纽约卡内基音乐厅协会主席。

斯特恩荣获北极音乐奖

斯特恩 Stern, Otto (1888-02-17～1969-08-17) 德国实验物理学家。生于德国索劳（今属波兰），卒于美国加利福尼亚州伯克利。1912年获布雷斯劳大学哲学博士学位。同年他到布拉格当A.爱因斯坦的助手。历任法兰克福大学理论物理学讲师，罗斯托克大学教授，德国汉堡大学教授。1933年因A.希特勒上台而辞职，并移居美国，任匹兹堡卡内基理工学院教授，1945年退休。开始研究统计热力学和量子理论，后来兴趣转到分子束方法。1920年用原子束实验最先直接验证麦克斯韦速度分布律。1921年，他与W.革拉赫合作运用分子束方法首先证明原子磁矩的存在，即在实验上证实原子在磁场中的取向是空间量子化的。该实验被称为斯特恩-革拉赫实验。1933年，与O.弗里施合作测定了氢分子中质子的磁矩，发现它的实际值约为理论值的2.5倍。由于在发展分子（原子）束方法和测量质子磁矩方面所作的贡献，获1943年诺贝尔物理学奖。

斯特凡大公 Stephan the Great (1435～1504-07-02) 摩尔多瓦公国大公（1457～1504），罗马尼亚民族英雄。即斯特凡三世。1457年即位后实行政治、经济、军事改革，依靠中小贵族、自由农和商人，加强中央集权，壮大军事力量。于1465年夺回匈牙利占领的摩尔多瓦南部重镇基利亚，1467年击败匈牙利的入侵。1474年，土耳其苏丹穆罕默德二世派遣苏里曼帕夏率军12万进攻摩尔多瓦。次年1月，斯特凡率领4万人在瓦斯卢伊的高桥之战中大败土军，扬名于欧洲。1476年夏，穆罕默德二世亲率十几万军队卷土重来。同年7月，斯特凡率军在白谷战役中再次重创土军。但因力量悬殊和波兰、匈牙利的军事威胁，斯特凡被迫于1489年签订和约，向土耳其称臣纳贡。斯特凡在其晚年，与匈牙利保持友好关系，与波兰经常发生冲突，1497年在科斯旺森林打败波军。

斯特凡·杜尚 Stefan Dušan (1308～1355－12－20) 塞尔维亚王国国王 (1331～1346)，塞尔维亚帝国皇帝 (1346～1355)。又称斯特凡·乌罗什四世。1331年，在塞尔维亚贵族的支持下，罢黜其父，登上了王位。从1334年开始，夺取了马其顿、阿尔巴尼亚和希腊的大部分土地。1346年，建立了塞尔维亚帝国。不久，他又自称"塞尔维亚人、希腊人、保加利亚人和阿尔巴尼亚人的皇帝"。1349年，他在拜占廷法律和塞尔维亚习惯法的基础上，制定了一部比较完整的法典，即著名的《杜尚法典》。杜尚在位期间，塞尔维亚成为巴尔干半岛上最强大的国家。1355年斯特凡·杜尚死后，塞尔维亚帝国即告分裂，1389年被奥斯曼帝国征服。

斯特拉波 Strabo(约公元前64/63～约公元23) 古罗马地理学家、历史学家。曾译斯特拉博。生于本都阿马西亚，后移居罗马，游历意大利、希腊、小亚细亚、埃及和埃塞俄比亚等地，曾在亚历山大城图书馆任职。著有《历史学》(43卷) 和《地理学》(17卷)。《历史学》叙述从罗马征服希腊开始，至奥古斯都大帝开始执政的历史，现仅存少数残页。《地理学》除第7卷外全部保存下来。该书讨论了以天文学和几何学为基础的数理地理；分论当时欧洲人已知的世界各地区，内容包括自然特征、物产、城市、居民及其生活方式和风俗习惯等。对已知世界进行了区划和分类，成为区域地理研究的代表；第一个描述非洲沙漠中的绿洲，正确解释了尼罗河的泛滥。

斯特拉迪瓦里 Stradivari, Antonio (1644～1737－12－18) 意大利提琴制作师。据称生于克雷莫纳，卒于克雷莫纳。14岁从N.阿马蒂学艺，22岁制成第一把完美的小提琴，琴上标名Stradivarius ("斯特拉迪瓦柳斯")，是他姓氏的拉丁化变体，后世简称"斯特拉迪"。1684年阿马蒂去世，他承继业师的工具与模具，另立作坊。1690年创立新琴式，增加琴身长度，上部略小，下部略宽，腰部弯度稍深，琴面弧度较平，琴音丰满厚实，传送力强，被称为"长型琴"。1700～1725年是他制琴的黄金时代，传世名琴主要出于此时。1737年所制琴世称"天鹅号"，琴内标签上加注有"93岁作"，为后世音乐会上使用的名琴。一生从事制琴工艺近80年，成品有1 100余把（小提琴约950把，中提琴、大提琴约150把）。传至今日有线索可查者约500～800把。各琴皆有别号，价值连城。除制作提琴外，还制作过琉特、吉他、曼多林等。

斯特拉霍夫 Strakhov, Nikolay Mikhaylovich (1900－04－15～1978－07－13) 苏联地质学家。生于俄罗斯奥尔洛夫，卒于莫斯科。1928年毕业于莫斯科大学。1934年起在苏联科学院地质研究所工作。1953年当选为苏联科学院院士。曾获斯大林奖金、列宁勋章、劳动红旗勋章。沉积学创始人之一。应用比较岩石学方法来解释古老沉积岩的形成机制。论证了四种成岩类型，阐明了它们在地史发展过程中的演化。创建了成岩作用、成盐作用和温湿带成矿作用的理论，在发展沉积地球化学方面作出了贡献。研究了铁、锰、磷、钒等元素在现代河流、海洋及古代水体内的迁移形式和分布规律，查明了流域和水体内不同的自然地理条件的相互作用对沉积物形成过程中元素分布的影响。1962年在《地球历史上地壳外圈和沉积成岩过程的发展阶段》一书中，将地史划分为四大阶段：原始阶段，太古宙阶段，元古宙－里菲阶段，新地阶段。主要著作有《地史学原理》(2卷)、《论沉积岩成因理论基础》(3卷) 和《现代海洋沉积岩成因及地球化学问题》等。

斯特拉斯堡 Strasbourg 法国东北边境重镇，阿尔萨斯大区首府和下莱茵省首府。邻近莱茵河法德边界，位于伊尔河畔，莱茵－马恩运河和莱茵－罗讷运河的起点。面积约78平方千米。市区人口27.61万 (2007)，包括郊区约70万 (2007)。地处内陆，1月平均气温1℃，7月19℃。平均年降水量610毫米。早期为罗马要塞。5世纪被法兰克人占领。中世纪成为神圣罗马帝国的自由市。1681年并入法国版图。1870～1871年为德意志帝国阿尔萨斯－洛林省行政中心。第一次世界大战后归还法国。第二次世界大战期间再度被德国并吞，战后重归法国。

经济发达，工业密集，主要有汽车、机械、电子、电器、炼油、石油化工、医药、食品等部门。为历史文化名城，多名胜古迹，旅游业兴盛。旧城和许多著名建筑位于伊尔河分流形成的格兰德岛（大岛）上。建有斯特拉斯堡哥特式大教堂、罗昂别墅、圣母院建筑博物馆、阿尔萨斯博物馆等景点。斯特拉斯堡以音乐、戏剧著称，是巴黎以外唯一拥有国家剧院的法国城市。科学技术和文化教育发达。设有科学院、大学等。水陆空交通枢纽。为欧洲委员会、欧洲议会、欧洲人权法院等国际组织所在地。

斯特拉文斯基 Stravinsky, Igor Fyodorovich (1882－06－17～1971－04－06) 美籍俄国作曲家。20世纪最有影响的作曲家之一。1934年入法国籍，1945年入美国籍。生于俄国圣彼得堡附近的奥拉宁鲍姆，卒于纽约。9岁开始学习钢琴，中学毕业后进入圣彼得堡大学法律系学习，1905年毕业。1903～1906年间从作曲家N.A.里姆斯基－科萨科夫学习。

斯特拉文斯基的创作经历复杂，音乐风格多变，不同时期的作品显示出现代各个音乐流派的不同特征。最初的作品如交响诗《烟火》等，带有印象主义色彩。1910年，受俄罗斯舞蹈团主持人S.P.佳吉列夫的委托，根据俄罗斯童话题材写了舞剧音乐《火鸟》，同年在巴黎上演获得成功。接着又写了表现俄国民间生活的舞剧《彼得鲁什卡》和反映俄罗斯原始民族祭献仪式的舞剧《春之祭》。第一次世界大战期间，他在瑞士度过。为适应战时的演出条件，他创作了乐队编制不大、音乐风格较轻巧的作品，如表现俄国农村风俗舞蹈的康塔塔《婚礼》，根据俄国民间故事为朗诵、舞蹈和小乐队而写的《士兵的故事》等。这个时期，他对爵士乐发生兴趣，成为最早采用爵士乐语言进行创作的作曲家之一。

1920年迁往法国。这时，他的创作发生了很大变化。他脱离祖国，放弃了早期的俄罗斯风格，转向所谓"新古典主义音乐"。最早的新古典主义音乐作品如舞剧《普尔钦奈拉》，引用了意大利18世纪作曲家G.B.佩戈莱西的音乐主题。新古典主义的代表作还有舞剧《缪斯的主宰阿波罗》(采用17世纪法国作曲家J.-B.吕利等人的音乐主题)、歌剧－清唱剧《俄狄浦斯王》、《圣诗交响曲》、《C大调交响曲》(表示作曲家对J.海顿和W.A.莫扎特的敬意) 等。他的最后一部新古典主义作品是歌剧《浪子的历程》，作品汲取了W.A.莫扎特和G.F.亨德尔的音乐材料。

1939年，斯特拉文斯基应哈佛大学邀

请，赴美国举行有关音乐艺术的讲演。因第二次世界大战爆发，遂定居美国。50年代中期，他的创作越来越受奥地利作曲家A.von威伯恩等人的影响，接受了十二音体系的作曲方法。从舞剧《阿贡》开始，创作了一系列无调性的序列音乐作品，如合唱《哀歌》、《追思圣歌》等。他的著作有《我的生活年谱》、《音乐诗学》、《同斯特拉文斯基的谈话》(与R.克拉夫特合著）等。

斯特朗 Strong, Anna Louise (1885-11-24～1970-03-29) 美国记者、作家。生于内布拉斯加弗伦德，卒于北京。1908年毕业于芝加哥大学，获哲学博士学位。早年投身社会进步活动。1921年访苏，旅居苏联20余年。1930年协助创办苏联第一家英文报纸《莫斯科新闻》，向美国和世界广泛介绍苏联的革命成就。1949年，被苏联政府指控为“间谍”遭拘捕，并被驱逐出境。1955年苏联政府为她平反。斯特朗是中国人民的忠实朋友，先后6次来华访问。报道中国人民反抗反动统治及抗日战争的实况，写了《千千万万中国人民》(1928)、《人类的五分之一》(1938) 等书。1958年第6次来华并定居北京。她走访了中国许多地方，编写大量《中国通讯》，出版了《西藏农奴站起来》(1960) 等书。一生著述颇丰，共写了上千篇报道文章和30多部著作。

斯特雷勒 Strehler, Giorgio (1921-08-14～1997-12-24) 意大利导演。生于巴尔科拉，卒于瑞士卢加诺。第二次世界大战期间在瑞典创立假面剧院。返回意大利后，担任巡回剧团的导演。1947年和P.格拉西共同创立并领导米兰小剧院。1968年另行创立“行动剧院”。1972年重返米兰小剧院，任院长兼总导演。1983～1990年，任位于巴黎的欧洲剧院院长。

他一共导演过200余部戏，主要导演了W.莎士比亚的《李尔王》等古典戏剧，C.哥尔多尼的《一仆二主》等喜剧，J.热内的《阳台》等现代派戏剧作品。他致力于叙事剧艺术风格的探索；还用20世纪的观点对意大利传统戏剧进行批判性的再创造，倡导诉诸直觉的抒情现实主义风格，并把几近销声匿迹的意大利自然主义戏剧重新推上舞台；后把这两种风格融为一体，形成理性与抒情并重的艺术风格。

斯特林堡 Strindberg, Johan August (1849-01-22～1912-05-14) 瑞典戏剧家、小说家。生于斯德哥尔摩，卒于斯德哥尔摩。曾入乌普萨拉大学学习，因家境拮据而辍学。早期剧作有《在罗马》(1870)、《奥洛夫老师》(1872)。由于小说《红房间》(1879) 的出版而引起纠纷，不得不于1883年携家出国。1889年在哥本哈根成立一座试验剧院，演出他的《朱丽小姐》(1888)。1907年在斯德哥尔摩建立实验剧院，两年时间创作了10部剧本。晚年生活孤独，精神一度失常。

一生共写有60多部剧作、大量的小说、诗歌和关于语言研究的著作。早期创作有以宗教改革为背景的《奥洛夫老师》及11部独幕剧等。《朱丽小姐》写一个任性的伯爵女儿爱上了男仆，而终为男仆所欺骗的悲剧。稍后写出了一些象征主义作品，如《到大马士革去》三部曲 (1898～1901)。晚期他写了一大批历史剧，如《古斯塔夫·瓦萨》(1899)、《厄里克十四》(1899) 等。其间还创作了《梦剧》(1902) 和《鬼魂奏鸣曲》(1907)。前者通过一个仙女下凡，看到人间处处是不幸和痛苦；后者借助一个青年学生的所见所闻，发现人间是一座群魔乱舞的地狱，充满了恶行和罪孽。

思想敏锐，作品构思新颖，笔锋犀利。在不同时期受到不同思想影响，在作品中运用了各种不同的表现手段，从批判现实主义、自然主义、象征主义、表现主义直到超现实主义、存在主义。他的创作方法对欧洲戏剧和文学产生了深刻影响。

斯特鲁维家族 Struve family 天文世家。祖孙4代6人，在天文实测方面作出出色的贡献。

V.Y.斯特鲁维 (Vasilij Yakovlevich Struve, 1793-04-15～1864-11-23) 俄国天文学家。生于德国汉堡附近的阿尔托纳，卒于俄罗斯圣彼得堡。1810年爱沙尼亚塔尔图大学毕业，后任该校天文数学教授。圣彼得堡科学院院士。参加组织和兴建普尔科沃天文台，任首任台长。他是俄罗斯天体测量学和恒星天文学的奠基人，发现和测量了大量的双星和聚星。1837年他向科学院报告了对织女一视差的测定结果为0.125"±0.065"。这是全世界第一个恒星视差测定结果，数值与今值很接近。1847年提出星际消光及太阳不在银河系中心说。

O.V.斯特鲁维 (Otto Vasilyevich Struve, 1819～1905) V.Y.斯特鲁维之子。曾任普尔科沃天文台台长。1895年移居德国。曾用37.5厘米折射望远镜发现了500多对双星，测量了若干恒星的视差。还发现天王星的卫星，计算海王星的质量，对土星内光环进行详细观测和研究，提出恒星产生于星云的主张。

G.斯特鲁维 (German Struve, 1854～1920) 和L.O.斯特鲁维 (Lyudvig Ottovich Struve, 1858～1920) V.Y.斯特鲁维之孙。长者曾在普尔科沃天文台任职。1895年随父亲O.V.斯特鲁维迁居德国，1904年主持柏林天文台。幼者曾在塔尔图天文台工作。1897年起任哈尔科夫大学教授，兼校天文台台长。两人均长于对双星的观测与研究。

G.斯特鲁维 (George Struve, 1886～1933) 格尔曼·斯特鲁维之子，德国天文学家。1895年随祖父去德国，主要工作是对土星和土星卫星以及土星光环的观测。

O.斯特鲁维 (Otto Struve, 1897-08-12～1963-04-06) 俄裔美国天文学家。L.O.斯特鲁维之子，生于俄国哈尔科夫，卒于美国伯克利。1919年毕业于哈尔科夫大学。1921年移居美国，历任叶凯士天文台、麦克唐纳天文台、勒施奈天文台和国立射电天文台台长。美国国家科学院院士。历任美国《天体物理学杂志》主编，国际天文学联合会主席。早年致力于分光双星研究，测定了几百颗双星的质量和轨道参数。通过光谱分析，发现超巨星大气中的大尺度湍动现象。1925年，他分析早型星光谱的H、K线无位移现象，指出钙吸收起源于集聚在银道面附近的钙云。1928年证实了星际离子的存在。1929年与沙因共同揭示恒星自转现象，根据谱线轮廓测量了许多恒星的自转速度，而且发现自转速度与光谱型的相关性。O.斯特鲁维是研究密近双星方面的权威，对渐台二、御夫座ε、仙王座VV等特殊双星以及大熊座W型食双星和大犬座

β型变星的研究作出成绩。1938年发现星际氢云的存在。发表过700篇文章。主要著作有《恒星演化》、《宇宙》、《二十世纪天文学》(与V.泽伯格斯合著)等。

斯通 Stone,Sir Richard(1913-08-30～1991-12-06) 英国经济学家。应用经济计量学的代表人物。生于伦敦，卒于剑桥郡剑桥。1938年获剑桥大学硕士学位。1957年获剑桥大学博士学位。在第二次世界大战中曾先后在经济作战部和中央统计局任高级统计师。1945年，剑桥大学成立应用经济学系，任第一届系主任。以后还曾任剑桥大学君王学院研究员、会计审计协会名誉会长、美国科学院研究员。1955～1980年，任剑桥大学财务和会计学教授。1978年被封为爵士，并当选为英国皇家经济学会主席。1984年获诺贝尔经济学奖。

斯通在经济学许多领域，包括计量经济学、消费经济学都有建树。他最重要的贡献是首创国民收入账户体系。1940年，把会计学的平衡原理和复式记账法引入国民收入与支出的统计工作当中。1941年，他与J.E.米德合著《国民收入与支出》，成为这方面的标准教科书。1945年他领导了一个国民账户研究小组，研究各国通用的国民收入账户原则。1950年，他建议把投入-产出表与国民账户结合起来。1953年，他领导一批专家制订了《国民账户体系及辅助表》，1968年他又主持为联合国制定了新的《国民账户体系》。著有《国民收入与支出》、《1920～1938年联合王国消费者支出及行为的计量》、《社会科学中的数学和其他论文》、《国民经济数学模型及其他论文集》、《人口统计和模型的建立》等。

斯通亨奇 Stonehenge 英国巨石建筑遗迹。位于索尔兹伯里城以北约11千米。约建造于公元前2500～前1500年，这时当地古代民族正处于新石器时代末期至青铜时代中期。此处最早的列石工程是在平原上挖筑直径达87.8米的环形壕沟，沟旁建土墙，壕沟范围内挖56个深1米的圆坑，并在东北出入口外竖一高4.9米、重35吨的标石。第二阶段的工程约于数百年后，在原来的壕沟范围内构筑两圈同心环状列石，共用巨石82块，每块平均重约6吨，均产自约

斯通亨奇环状列石

符腾堡王宫

200千米外的威尔士的普里塞利山区。至青铜时代中期，上述环状列石被废置，另筑规模更大的石环，原料来自北距斯通亨奇30千米的莫尔伯勒山，此即现存的巨石遗迹。石环直径30.4米，在竖立的30块长石上架有横梁石块，使整个圆圈联为一体，形同栅栏。石圈内竖有5个形如门框的“三石塔”，系在两块长石上架一横石构成，其中最高大的一个三石塔，长石高达9.1米，重约50吨，为欧洲巨石建筑遗迹中最宏伟者。

斯通亨奇具有测算历法的作用。学者们观测到，每年夏至时，在石圈中心到出口处的标石的连线上，可看到太阳正好在标石上方升起。还利用电子计算机测算发现，这一环状列石的一些关键结构的连线与一年中太阳、月亮的运行路线相合处达24次之多。另有大批学者认为环石为一种祭祀遗迹，与宗教崇拜有关。1986年斯通亨奇作为文化遗产被列入《世界遗产名录》。

斯图加特 Stuttgart 德国巴登-符腾堡州首府。位于内卡尔河中游的河谷盆地中。面积207平方千米。人口58.1万(2010)。950年施瓦本公爵在此建养马场(德语中斯图加特意即雌马养殖场)，城市因此得名。1286年设市。1482年起为符腾堡公国首都。1922年内卡尔河通航能力提高及机场兴建，促进城市迅速发展。第二次世界大战中市区被毁，战后迅速恢复。工业产值占全市国内生产总值一半以上，以汽车、电子电器、机械、仪表、纺织、食品等为主。葡萄酒酿造居全国之冠。附近建有“硅谷”。奔驰汽车、保时捷汽车、博施电器公司总部设于此。德国西南部的重要交通枢纽，有多条国际铁路和高速公路经过。有哲学家黑格尔故居。市内有18个宫堡、14个教堂、12个博物馆、25个矿泉浴场、高等学校、符腾堡国家图书馆和符腾堡王宫。州立画廊现代美术藏品丰富。每年举办“啤酒节”。

斯图奇卡 Stuchka, Piotr Ivanovich (1865-07-26～1932-01-25) 苏联政治家、法学家。1888年毕业于彼得堡大学法律系。1895年加入拉脱维亚社会民主党，1903年加入布尔什维克党，在俄共(布)第7、9次代表大会上当选为候补中央委员，第8次代表大会上当选为中央委员。自1917年起历任俄罗斯联邦司法人民委员、外交人民委员部委员会委员、俄罗斯联邦最高法院院长、全俄中央执行委员会委员、苏联中央执行委员会委员和苏维埃法学研究所所长等职。主要著作有《法和国家的革命作用》(1921)、《苏维埃民法教程》(1927～1931)、《为革命化的法律理论而斗争的十三年》(1931)、《苏维埃法的革命作用》(1931)、《马克思列宁主义法学理论选集》(1964)等。主编《国家和法百科全书》。

同Ye.B.帕舒卡尼斯不同，斯图奇卡肯定社会主义法的存在及其作用。在**经济法**方面，他认为在社会主义条件下调整经济关系的法应分为私人经济法及行政经济法。前者或称**民法**，主要调整私有财产者各种财产关系和各种经济成分间的部分关系，以自由竞争的无政府性为其基础；后者或简称经济法，调整社会主义成分的各种经济关系，以计划性为其基础。他还认为这两种法相互之间存在着斗争。

斯图亚特 Steuart, James Denham (1712-10-21～1780-11-26) 18世纪英国**重商主义**后期经济学家。生于苏格兰爱丁堡的司法名门，卒于爱丁堡。在爱丁堡大学学习法学、历史学。1745年参加了C.E.斯图亚特在苏格兰的复辟活动，失败后，1746年逃亡欧洲大陆，1763年才回到英国。1771年末获得赦免，恢复了公民权。

认为在商品的价格中存在着两个完全

不同的东西，即商品的实在价值和让渡利润。关于实在价值，他说决定于劳动时间，但同时却又加上工资和原料。关于“让渡利润”，斯图亚特指出它是超过实在价值的部分。他将“让渡利润”基本上区分为：从商品的让渡和贩卖中所获得的利润与从“勤劳”中产生的利润。他把由后者产生的利润称作“积极的利润”，是社会财富的扩大和增加。

十分重视货币机能的作用，强调有效需求和为政者的干预，并且从流通主义的角度，对近代资本主义社会生产过程作出了批判性的结构分析，指责了近代社会的内在危机。

斯图亚特王朝 Stuart, House of 斯图亚特家族在苏格兰和英国建立的王朝。斯图亚特家族起源于法国的布列塔尼。12世纪初迁居英国后，该家族的一个成员被苏格兰国王任命为宫廷总管斯图亚特，该家族世代继承这个职务，即渐成为其姓。苏格兰国王詹姆斯六世在1603年继承英国王位，是为英王詹姆斯一世（1603～1625年在位）。斯图亚特王朝开始统治英国（1603～1649，1660～1714）。詹姆斯一世的儿子查理一世（大不列颠）统治时期，爆发英国资产阶级革命。革命推翻查理一世。1660年，斯图亚特王朝复辟。1668年“光荣革命”中再次被推翻。1714年安妮女王去世，亦无嗣。王位传给斯图亚特家族的远亲汉诺威的乔治，即为乔治一世。斯图亚特王朝为汉诺威王朝所代替。1807年，斯图亚特家族的最后一个男性后裔红衣主教约克公爵亨利去世，无嗣。斯图亚特家族的世系至此断绝。

斯托科夫斯基 Stokowski, Leopold (1882-04-18～1977-09-13) 美国指挥家。生于伦敦，卒于英国下瓦洛普。其父为波兰人，母亲为爱尔兰人。曾在牛津皇后学院和伦敦皇家音乐学院学习，在伦敦、纽约的教堂任管风琴师。1915年入美国籍。1909～1912年任辛辛那提交响乐团音乐指导与指挥。1912～1936年任费城交响乐团音乐指导与指挥，使该乐团演奏水平有了极大的提高。20世纪40年代后，在美国青年管弦乐团等乐团任指挥。1962～1972年主持创办了美国交响乐团，并担任音乐指导与指挥。1973年回伦敦。其指挥曲目范围广泛，富于激情，以音响丰满、色彩鲜艳而引人入胜。他曾将J.S.巴赫的管风琴曲等改编为管弦乐曲，并在电影《幻想曲》等多部音乐影片中担任指挥。

斯托克顿—达灵顿铁路 Stockton-Darlington Railway 世界第一条采用蒸汽机车牵引，并同时办理客运和货运业务的铁路。自英国斯托克顿至达灵顿，长32千米。于1821年筹建，由G.斯蒂芬森任工程师负责主持修建。1825年9月27日斯蒂芬森驾驶自己设计的“动力”1号蒸汽机车，满载550名乘客从达灵顿出发，以24千米/小时速度到达斯托克顿。这条铁路的诞生开创了陆上运输新纪元。

斯托克斯 Stokes, Sir George Gabriel (1819-08-13～1903-02-01) 英国物理学家和数学家。生于爱尔兰斯莱戈郡，卒于剑桥。1841年毕业于剑桥大学，历任该大学教授，英国皇家学会会员、秘书和会长。他和法国的C.-L.-M.-H.纳维分别独立地导出流体力学中的纳维-斯托克斯方程和小球在黏滞流体中运动的斯托克斯公式。他提出过光行差理论，光衍射和晶体双折射的动力理论，研究与命名了荧光现象并发现了其中的斯托克斯效应（发光的波长总是大于激发光的波长），提倡用来对有机体作光谱分析。他在大地重力测量和数学物理方法方面亦作出过贡献，如著名的斯托克斯积分定理。

斯托雷平土地改革 Stolypin's Land Reform 俄国首相P.A.斯托雷平（1906～1911年在任）于1906～1911年推行的旨在摧毁村社制度、扶植富农经济的土地改革。1906年11月22日（俄历9日），公布了《关于对农民土地占有和土地使用现行法若干补充规定》的法令，准许农民退出村社。这个法令于1910年6月27日（俄历14日）由沙皇签署，成为正式法律。1911年6月11日，他又公布《土地规划条例》，规定份地不论是否预先确定为私产，凡是实行土地规划的地方都自动变为私产。1906～1915年期间，有200余万户农民退出村社。其中大多数退社贫苦农民由于缺乏农具和资金，不得不把土地以低价出卖给富农。斯托雷平还广泛实行移民政策，把300多万农民迁往西西伯利亚、远东和突厥斯坦草原等边远地区。

斯托雷平的土地改革破坏了传统的村社土地公有制，加速了农民的分化，在一定程度上促进了农村资本主义的发展。但是，农奴制残余依然存在，农村阶级矛盾更加激化。

斯托默 Størmer, Fredrik Carl Mülertz (1874-09-03～1957-08-13) 挪威数学家和空间物理学家。又译史笃默、斯托末。生于希恩，卒于奥斯陆。毕业于奥斯陆大学，后任该校数学教授。1903年后开始从事对带电粒子在偶极磁场中运动轨迹的计算工作，他的工作为研究宇宙线粒子在地球附近的运动以及地球辐射带的发现打下了理论基础。他在挪威组织了观测极光与特殊类型云图的观测台站网，并成功地利用一种照相方法来确定极光的高度和位置。他在级数、数论和函数等方面，也有一定贡献。著有《极区极光》。

斯托帕德 Stoppard, Tom (1937-07-03～) 英国剧作家。生于捷克斯洛伐克兹林。原姓斯特劳斯莱。幼年丧父，母亲改嫁一名英国军人，一起到英国。中学毕业后从事新闻工作。1967年他的诗剧《罗森克兰茨和吉尔吉斯顿死了》在伦敦公演，一举成名。《家丑》(1976)讽刺了英国某些国会议员，揭露了他们卑劣而下流的私生活。《黑夜与白昼》(1978)揭露英国新闻界内幕以及西方老牌殖民主义者在非洲争夺势力范围的丑行。1982年，他的浪漫主义喜剧《真情》运用戏中戏的艺术方法，在英美演出轰动一时。1998年电影剧本《莎士比亚情史》获第71届奥斯卡最佳影片奖与最佳改编奖。其他主要作品还有《追随玛格莱特》(1970)、《跳跃者》(1972)、《怪诞的效仿》(1975)、《世外桃源》(1993)等。

斯瓦尔巴群岛 Svalbard 北冰洋上的群岛，挪威领土。又称斯匹次卑尔根群岛。地处北纬74°～81°，东经10°～35°。南北介于斯堪的纳维亚半岛和北极之间，东西介于巴伦支海和格陵兰海之间。由西斯匹次卑尔根岛、东北地岛、埃季岛、巴伦支岛、查尔斯王子岛，以及东面的白岛、卡尔王地群岛、希望岛和南面的熊岛等岛屿组成。总面积61 200平方千米，其中西斯匹次卑尔根岛

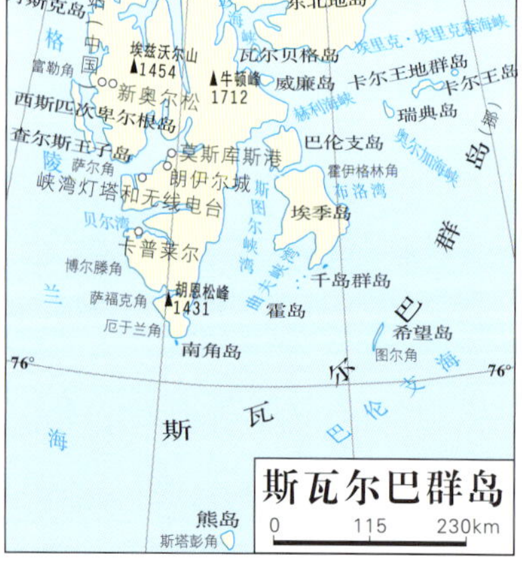

斯瓦尔巴群岛

面积最大，为3.9万平方千米。首府朗伊尔城位于该岛西岸。群岛多山地，最高点为西斯匹次卑尔根岛的牛顿峰，海拔1 712米。沿岸多峡湾。地处北极圈内，气候寒冷，60%以上土地为冰层覆盖，冰原面积达3.5万平方千米，永冻层广布。冬夏各有100多天的极夜、极昼。矿藏有煤、磷灰石、铁、石油和天然气等。植被有苔藓、地衣、矮桦等。主要动物有北极熊、北极狐、驯鹿、海豹、海象、鲸、红鲑鱼和多种鸟类。1194年为北欧海盗最早发现，之后逐渐被人们遗忘，直到1596年荷兰极地航海家威廉·巴伦支寻找由北方通往中国和印度的“东方航线”时被重新发现。取名斯匹次卑尔根，意为“尖峭的山地”。1920年，《斯匹次卑尔根条约》在巴黎签订，并于1925年8月14日起正式生效，共有包括中国在内的39个缔约国。条约规定挪威对斯瓦尔巴群岛“拥有完全和绝对的主权”，缔约国享有在该群岛进行工业、商业活动和科学考察等方面的权利。

斯瓦尔巴群岛人口季节波动很大，2007年7月人口约2 200人，夏季有大量的旅游者和各国科学考察人员进入该群岛。斯瓦尔巴群岛为北极探险、科学考察的基地，有9个国家建立了十多个考察站，其中有**中国北极黄河站**。

斯瓦希里人 Swahili 非洲东部地区跨界民族。近400万人（2002）。主要分布在坦桑尼亚、肯尼亚东部、莫桑比克北部沿海地区、科摩罗以及附近岛屿，另有一些支系或群体散居在索马里南部沿海一些城市、乌干达、布隆迪、卢旺达、马拉维、赞比亚和民主刚果。其构成十分复杂，属埃塞俄比亚人种，即**尼格罗人**与欧罗巴人的混合类型。使用斯瓦希里语，属尼日尔-科尔多凡语系尼日尔-刚果语族贝努埃-刚果语支东班图语言群，约有20种方言。10世纪始用阿拉伯字体文字，19世纪后逐渐改用拉丁文字。多信**伊斯兰教**，属逊尼派。

曾于中世纪与其他民族共同创造了阿扎尼亚文明。他们又是东非沿海诸城邦国家（基尔瓦、帕塔、蒙巴萨、马林迪等）的主要居民。斯瓦希里族体为非、亚经济文化交流的产物，除受阿拉伯文化影响外，还汲取印度尼西亚和亚洲其他国家文化的成分，形成了自己的文化。主要从事农业和渔业，不少人居住在城市和港口，经商或从事各种手工业。住宅多为有双斜面屋顶的正方形草舍，有前庭，室内陈设多为阿拉伯式样。妇女身着缠身布。

斯瓦希里语 Swahili language 坦桑尼亚的官方语言之一，也是非洲东部和中部的通用语言，是非洲地区使用最广泛的本土语言。又称基-斯瓦希里语。除坦桑尼亚和肯尼亚外，还使用于乌干达、赞比亚、卢旺达、布隆迪、马拉维、莫桑比克、索马里等国和东非沿海一些岛屿。属**尼日尔-科尔多凡语系**尼日尔-刚果语族贝努埃-刚果语支，是这个语系中使用人口最多的语言。斯瓦希里语约有20种方言，主要有姆维塔方言（流行于肯尼亚蒙巴萨地区）、阿穆方言（流行于肯尼亚拉穆岛地区）、恩格瓦纳方言（流行于民主刚果东部基伍省）、恩加齐加方言（流行于科摩罗群岛）和翁古贾方言（流行于桑给巴尔诸岛），但不影响其为共同交际语。

斯瓦希里语有5个元音、26个辅音。音节一般为元音结尾的开音节，单词重音落在倒数第二个音节上。语法方面，名词分为8类，单、复数的变化在词首而不在词尾；指示代词、物主代词、形容词等都随名词的类别和单、复数而变化；动词变化较复杂。斯瓦希里语中的阿拉伯语语词约占30%，均按斯瓦希里语的规律变化。近百年来，还借用有关现代文化内容的印欧语系语词。斯瓦希里语最早的文献见于12世纪。原来用阿拉伯字母拼写，19世纪中叶以后，逐渐转用拉丁字母。语序基本为主-动-宾型。

斯威夫特 Swift, Jonathan (1667-11-30～1745-10-19) 英国作家。生于爱尔兰都柏林，卒于都柏林。1686年获都柏林三一学院学士学位，1692年获牛津大学硕士学位，

1701年获三一学院神学博士学位。1699～1710年任爱尔兰大法官的私人牧师。1710年任托利党刊物《考察者》主编。1713年任都柏林圣帕特里克大教堂主持牧师。1742年大病后瘫痪，晚景凄凉。

在伦敦的几年生活对斯威夫特很重要。他将在伦敦的生活和见闻写信给在爱尔兰的女友，因亲切自然成为英国书札文学中的珍品，后被辑为《给斯特拉的信》发表。

斯威夫特写了《书战》(1697)、《一只澡盆的故事》(1704)、《盟国的行为》(1712)、《布商的信》(1724)等一系列政论文章，表现出他机智、诙谐、尖锐的讽刺才能。最著名的作品是寓言小说《格列佛游记》(1726)，以格列佛的口气叙述周游四国的情景（见**《格列佛游记》**）。

斯威士兰 Swaziland 非洲东南部内陆国家。北、西、南三面为南非所环抱，东与莫桑比克为邻。面积17 363平方千米。人口约119万(2009)。首都**姆巴巴内**。斯威士兰人占90%，**祖鲁人**和通加人占6%，白人占2%，另有少数欧洲混血人种。主要城市有姆巴巴内、曼齐尼等。约60%的居民信奉基督新教和天主教，其余信奉原始宗教。官方语言为英语和斯瓦蒂语。

地处南非高原东南边缘德拉肯斯山脉的东坡。地势从西往东呈阶梯状逐级降低：西部草原海拔1 050～1 200米，中部草原450～600米，东部草原150～300米。河网较密，主要河流有因科马蒂河、乌苏图河等，自西向东流，富水力资源，并有灌溉之利。属亚热带湿润气候，夏季1月平均气温15～25℃，冬季7月6～19℃，西部气温低于东部；年降水量西部1 150～1 900毫米，东部500～750毫米，夏雨冬干。主要矿藏有石棉、煤、铁、金、金刚石、高岭土等。森林面积达7万公顷，约占全国面积的4%，主要为人造林，是非洲最大的人造林。

斯威士人祖先是班图人中恩古尼人的一支，15世纪后期从中非地区随班图人向南迁移。16世纪中期，他们在今斯威士兰南部定居，19世纪初建立斯威士兰王国。40年代起，南非布尔人和英国殖民者先后

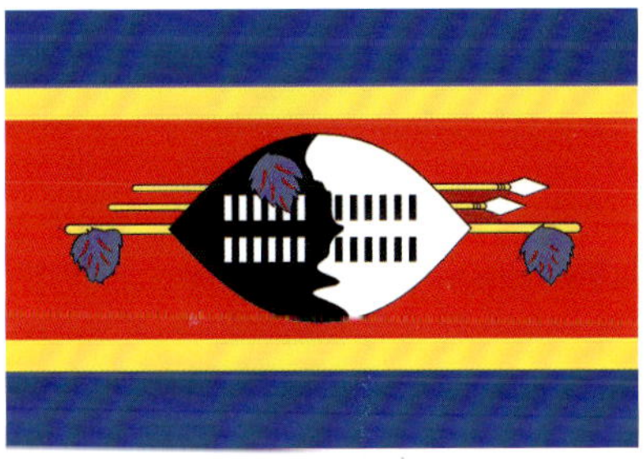

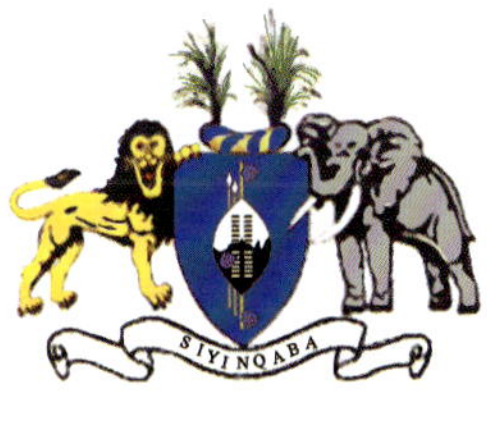

斯威士兰少女在芦苇舞节（少女节）上表演节目

入侵。1894年斯威士兰成为南非德兰士瓦共和国的保护国。1903年英国接管斯威士兰。1907年斯威士兰成为英国的保护地。1963年11月英国制定斯威士兰宪法，规定斯威士兰由英国专员进行统治。1968年9月6日宣布独立，成立斯威士兰王国，索布扎二世任国王，仍留在英联邦内。

斯威士兰是一个君主制国家，实行传统的部落制度。现行宪法于1978年10月制定。宪法规定，斯威士兰是一个没有种族歧视、不分肤色信仰、人人平等地享有自由和公正的国家；私有财产不可侵犯；禁止一切政党活动；国王为权力至高无上的国家元首，其行政权通过由首相主持的内阁行使。立法机构议会的职能仅限于辩论政府提案并向国王提供咨询。议会由参、众两院组成。参议院由国王指定的20名议员和10名选举议员组成。众议院议员65名，其中10名由国王指定，55名由选举产生。2001年，多党民主的呼声再度高涨。政府奉行不结盟和睦邻友好对外政策。重视发展同非洲国家的友好合作关系，其中与南非政治经济关系最为密切，同美国和欧盟国家的关系也较为密切。

20世纪80年代末以来，经济发展较快，90年代国内生产总值年均增长率为6.5%；近年逐步回落，2009年国内生产总值29.83亿美元。经济严重依赖南非，贸易往来密切。全国75.1%的人口为农业人口，可耕地面积约占国土总面积的14.3%，主要农作物有玉米、高粱、甘蔗、柑橘、棉花等，粮食不能自给；牧场广阔，以饲养牛、羊为主。工业在国民经济中占首要位置，2007年，工业产值占国内生产总值的49.4%，主体是轻工业部门，如制糖、木材加工、纸浆、纺织和服装、食品和饮料等。矿业以开采煤、金刚石和石棉为主，在国民经济中的地位逐步下降。旅游业较发达，以博彩业和丰富多彩的礼仪文化吸引国外游客，成为主要创汇产业之一。境内有铁路370千米，通往莫桑比克的马普托和南非的德班，是外贸货运的主要通道；公路总长3 800千米，其中1 500千米为沥青路面；曼齐尼国际机场有定期航班通往南部非洲和东非诸国。外贸在国民经济中占重要地位，主要出口蔗糖、纸浆、水果和水果罐头、矿产品和纺织品等，进口食品、石油化工产品、电力、仪器、机械、运输设备等。南非是斯威士兰最大的贸易伙伴，其次是英国、美国、日本等国。货币名称里兰吉尼，复数称埃马兰吉尼。

政府重视教育事业，实行小学义务教育制。教育经费历年居政府预算的首位。2003年有小学541所，中学182所。斯威士兰大学是全国唯一综合性高等学府。另有5所师范和职业培训学校。主要报刊有《斯威士兰时报》、《斯威士兰观察家》、《斯威士兰新闻》等。斯威士兰新闻广播电台建于1966年，用英语和斯瓦蒂语广播。斯威士兰国际广播电台建于1974年，用29种语言对东非、中非、南部非洲及远东国家广播。斯威士兰电视台建于1978年，为国立英语台。

斯威士人 Swazi 南部非洲跨界民族。又称阿马斯威士人。主要分布在斯威士兰和南非德兰士瓦省，共218万人（2002）。属**尼格罗人种**班图类型。在语言和文化上为恩古尼人的一支。使用斯威士语，属尼日尔－科尔多凡语系东南班图语群。有用拉丁字母拼写的新创文字。信奉基督教或拜物教。恩科西－德拉比尼部落于15世纪从中非迁往德拉瓜湾，近200年后越过卢邦博山脉，在今斯威士兰西南的洛班巴建都。19世纪20年代以后，通过征服和联姻，统一了伊夏塞尔韦尼地区各部落，促成了斯威士民族的诞生，并脱离祖鲁联盟，建立王国。从19世纪中期起，遭受布尔人的入侵，丧失大片领土。主要从事传统的农牧混合经济。社会以父权制大家族为单位，并保存氏族和部落组织。男女从新婚开始即须负责抚养孩子，孩子通常从近亲过继，亲生父母对孩子仍保留着权利和义务。丈夫去世，妻子要守丧两年，丧满可以再嫁，但只能嫁给前夫的兄弟或好友。

斯韦尔德鲁普 Sverdrup, Harald Ulrik (1888－11－15～1957－08－21) 挪威海洋学家、气象学家，现代海洋科学奠基人。生于松达尔，卒于奥斯陆。1914年毕业于克里斯蒂安尼亚大学（今奥斯陆大学），1917年获博士学位。历任卑尔根地球物理研究所教授，美国华盛顿卡内基研究所副研究员、加利福尼亚大学海洋学教授和斯克里普斯海洋研究所所长。1948年组建奥斯陆北极研究所，首任所长；1949年兼任奥斯陆大学地球物理学教授。还曾任国际物理海洋学协会（IAPO）主席、国际极地气象学会（ICPM）主席、国际海洋考察理事会（ICES）主席等职。

1917～1925年两次参加“莫德”号北冰洋漂流探险调查，在地球物理特别是海洋气象观测方面取得重要成果，出版了主要由他执笔的5卷探险报告。1931年，参加“鹦鹉螺”号北冰洋潜水探险，任科学考察学术主任。1949年出任由挪威、英国、瑞典三国学者组成的南极探险队队长。他在研究水声问题、海浪预报和海流图的绘制等方面取得辉煌的成果，并协助W.H.**蒙克**提出海浪预报方法。发表论文200多篇，包括海流推算的密度计算法、海水蒸发、涌升流、波浪和海流等方面的研究。主要著作有《气象学家的海洋学》、《波浪与激浪》、《海洋》（与M.W.约翰森、R.H.弗莱明合著）。《海洋》在海洋科学发展史上起了划时代的作用。

斯维尔德洛夫 Sverdlov, Yakov Mikhailovich (1885－06－03～1919－03－16) 俄共（布）和苏维埃俄国领导人。生于下诺夫哥罗德，卒于莫斯科。1901年加入俄国社会民主工党。

1905年成为乌拉尔地区的工人领袖和党的领导者。1912年被选为党中央委员。十月革命前曾14次被捕，在监狱和流放地度过了12年。**俄国二月革命**后，主持党中央书记处工作。是彼得格勒武装起义的领导人之一。1918年1月被选为全俄中央执行委员会主席。在1918年7月第5次全俄苏维埃代表大会上，主持制定苏维埃国家第一部宪法。

斯文·海定 Sven Anders Hedin (1865－02－19～1952－11－26) 瑞典探险家。又译斯文·赫定。生于斯德哥尔摩，卒于斯德哥尔摩。1889年在柏林大学进修地理学。1892年获哈雷大学哲学博士学位。1905年被选入瑞典科学院，1913年成为该院18个主要成员之一。一生多次旅行探险。1885年到波斯和美索不达米亚旅游考察。1890年从波斯经帕米尔高原到中国新疆喀什考察。1894～1897年，从奥伦堡出发，越过乌拉尔山脉和帕米尔高原，穿过塔克拉玛干沙漠到罗布泊地区，再越过昆仑山脉到西藏北部考察，后

经内蒙古到北京。1899～1902年，再次到中国新疆、西藏和内蒙古等地考察，对塔里木河改道和罗布泊迁徙的遗迹进行了观测，发现楼兰古迹。1906～1908年，从波斯出发，经阿富汗进入中国西藏和印度，探测了印度河、雅鲁藏布江等河源，最早考察冈底斯山，并绘制了地图。1923年环游世界。1927～1935年，与中国学术团体合作组成西北科学考察团，徐炳昶和斯文·海定分任中瑞双方团长。到内蒙古、甘肃西部、青海西北部和新疆考察，搜集了大量资料。1934年考察丝绸之路的部分地段。主要著作有《穿越亚洲》、《中亚考察报告》、《冈底斯山》、《西藏南部》、《戈壁沙漠横渡记》、《无定的湖泊》和《丝路》等。

斯沃博达 Svoboda, Josef (1920-05-10～2002-04-08) 捷克舞台美术家。生于卡斯拉夫，卒于布拉格。1950年毕业于布拉格美术与实用艺术学院。他创造了“多屏幕”、“幻灯”等舞台设计中的重要手段。是布拉格国家剧院首席设计兼技术指导、布拉格美术与实用艺术学院建筑学教授。他以运用投影、多屏幕以及多媒介综合而著称。在舞台设计理论上，斯沃博达提出了“心理造型空间”的概念，主张舞台设计要创造能随着戏剧动作的发展和角色心理的变化而不断变化的空间，以达到空间、时间、动作的高度综合。流动的光和投影、可变的屏幕、活动的建筑性布景和舞台机械，使他的舞台设计创造出“活动与光的戏剧”。著名舞台设计有《八月的一个星期日》、《大雷雨》、《士兵》、《海鸥》、《哈姆雷特》、《罗密欧与朱丽叶》等。在国际舞台美术界享有崇高威望。

斯沃瓦茨基 Słowacki, Juliusz (1809-09-04～1849-04-04) 波兰诗人、剧作家。生于克热米耶涅茨（今属白俄罗斯），卒于法国巴黎。1824～1828年在维尔诺大学法律系学习。1829年到华沙。1830年华沙起义失败后流亡国外。

1838年定居巴黎。曾抱病回国参加1848年的波兹南起义。诗剧《科尔迪安》描写秘密组织领导人科尔迪安，在华沙行刺沙皇时胆怯动摇，遭到失败。它把幻想和现实、抒情和叙事糅合在一起，主题曲折隐晦。诗剧《巴拉丁娜》、剧本《里拉·维涅德》都是取材于波兰古代传说的作品。其他主要作品还有长诗《胡果》(1829)、《贝尼奥夫斯基》等。

斯霞 Si Xia (1910-12-06～2004-01-12) 中国现代小学教育家。生于浙江诸暨。卒于南京。南京师范大学附属小学特级教师。

1927年毕业于杭州女子师范学校。先后任教于浙江省第五中学附属小学等小学。1995年退休后任教育部中小学教材审定委员会委员、全国中小学幼儿教师奖励基金会理事。

于20世纪50年代创造出“字不离词，词不离句，句不离文”的小学随课文分散识字教学法，并提出了“在语言环境中识字”，“以语言训练为中心，把识字、阅读、写话三者结合起来”的语文教学法。1958～1963年，接受江苏省教育厅学制改革试点任务，用5年时间完成了小学6年的教学任务。她曾被评为全国三八红旗手、全国劳动模范，江苏省特级教师、江苏省劳动英雄，先后当选为第三、五、六、七届全国人大代表。著有《我的教学生涯》、《斯霞教育文集》等。

斯行健 Si Xingjian (1901-03-11～1964-07-19) 中国古植物学家。生于浙江诸暨，卒于南京。1926年毕业于北京大学地质系。1928年赴德国留学，1931年获柏林大学博士学位；1932年去瑞典国家博物院继续深造。1933年回国，先后在北京大学、清华大学任教。1937年起任中央研究院地质研究所研究员。1943～1945年在重庆北碚中央地质调查所从事研究工作。

1947～1948年在美国考察访问并在美国地质调查所从事部分研究工作。1948年回国后历任中国科学院南京地质古生物研究所研究员、所长，南京大学教授等职。1955年当选为中国科学院学部委员（院士）。斯行健是中国古植物学的主要奠基人，毕生从事中国各地质时期植物化石的研究，共发表过119篇论文，出版了16册论著。主要有《中国中生代植物》、《中国上泥盆纪植物化石》和《陕北中生代延长层植物群》等。

锶 strontium 化学元素，元素符号Sr，原子序数38，原子量87.62，属周期系ⅡA族，碱土金属。1808年H.戴维电解氧化汞和氧化锶的混合物得到锶汞齐，蒸除汞后首次得到金属锶，为纪念其矿物发现地苏格兰的斯特朗申（Strontian），把锶的英文名称定为strontium。锶在地壳中主要矿物为天青石$SrSO_4$和菱锶矿$SrCO_3$。自然界存在四种稳定同位素。锶-90来自核裂变产物，是锶最重要的放射性同位素。锶是银白色金属，密度2.64克/厘米^3，莫氏硬度1.8，熔点777℃，沸点1 382℃。氧化态+2。活泼性稍大于钙，必须保存于煤油、液态石蜡中。锶接触空气即生成氧化物，与冷水剧烈反应，放出氢气，生成氢氧化锶。加热下锶与卤素、硫、氧反应生成SrX_2、SrS和SrO，在高压氧作用下生成SrO_2。与氮、碳或氢在加热条件下直接化合生成Sr_2N_3、SrC_2和SrH_2。工业上从天青石矿提取锶盐。常用铝热法还原氧化锶制备金属锶，或电解熔融的氯化锶和氯化钾制备金属锶。金属锶实际用途较少。锶-90是价格低廉的β辐射源，在工业上用于测厚仪、料位计；在医学上可利用其衰变子体钇-90的β放射性治疗角膜溃疡、黑色素瘤、皮肤癌和神经性皮炎等。锶-90还可制造放射性核素电池。硝酸锶大量用于制造红色焰火和曳光弹。锶-90属高毒性核素，主要积累在骨骼内并很难排出。

死谷 Death Valley 西半球陆地的最低点。位于美国加利福尼亚州东南部，近内华达州边界。为一南北向构造洼地，长225千米，宽8～24千米，低于海平面的面积1 408平方千米，最低处海拔-86米。系第三纪中期地壳断裂陷落而成。东、西两壁断层崖分别构成阿马戈萨山和帕纳明特山。更新世冰期谷内曾有一深达180米的湖泊，后因气候趋于干热、强烈蒸发而干涸。现为北美洲最干热之地。夏季气温常在40℃以上，1913年7月10日曾记录到56.7℃的绝对最高气温；年降水量仅42毫米，年蒸发量几乎是年降水量的100倍。荒漠景观，仅有盐草、灯芯草等耐盐碱生物。野生动物有野兔、沙漠林鼠、狐、山狼和沙漠大角羊等。谷内蕴藏硼砂矿，附近地区有铜、金、银、铅等矿。1933年被辟为死谷国家公园。

死海 Dead Sea 世界著名大盐湖。位于西亚裂谷中段，分属巴勒斯坦、以色列与约旦。水中除细菌外，水生植物和鱼类不能生存。故名死海。南北长约75千米，东西宽5～16千米，面积1 045平方千米，平均深300米，中部最深398米，湖面比海平面低415米，是地球陆面的最低点。东岸有利桑半岛突入湖中，将湖分为大小悬殊的北、南两部分。由于以色列和约旦竞相截取约旦河水用于农业灌溉，水源日益减少，湖面日益下降，面积日益萎缩，尤以南半部为甚。南部的面积已由260平方千米缩小到75平方千米，最深不足8米。湖区气温高，蒸发性强，基本靠约旦河的来水补给，进水量与蒸发量约略相等。湖水含盐度高达230～250，为一般海水盐度的6～7倍。富含氯化物，以钾盐和溴最有价值。各类矿物质总计超过450亿吨（氯化镁220亿吨，氯化钠136亿吨，氯化钙64亿吨，氯化钾20亿吨，溴化镁10亿吨），底部还有大约400米厚的盐类沉积层。盐的

死海风光

蕴藏量足供世界65亿人食用1 500年。沿岸岩石也裹有厚厚盐层。湖水因含有各种矿物质而有很大浮力，人可仰卧其上而不沉。死海的天然资源正在进行开发。利桑半岛建有钾盐厂，南岸塞多姆有化工厂及盐场。

死海古卷 Dead Sea Scrolls 1947年以来陆续在死海西岸库兰地区洞穴中发现的大量犹太教古代书卷。其发现弥补了历史研究中重要的史料缺失，对犹太教和基督教历史研究意义重大。古卷多达600余种，均系公元前2世纪中叶至公元2世纪中叶的文献，分别用古希伯来文、圣经希伯来文、亚兰文、纳巴提文、希腊文、拉丁文等写于皮革、纸草或金属片上。按内容大致可分为5类：①库兰社团法规。这是古卷中最主要的组成部分。②希伯来文圣经抄本。《旧约圣经》39卷中，除《以斯帖记》外，都有全部或部分抄本。③次经、伪经和经外书。④《圣经》注释。⑤感恩诗篇及其他。除以上5类外，还有两卷特殊的古卷：一是《铜古卷》，记述圣殿宝藏的埋藏之地；二是《圣殿古卷》，记述重建耶路撒冷圣殿的细则。古卷的发现对研究晚期犹太教、艾赛尼教派（与《福音书》中常提到的法利赛教派和撒督该教派并列的犹太教派）、库兰社团和基督教的起源有重大价值。死海古卷中译本由王神荫从英译本转译，1995年于北京出版。

死缓 death sentence with a reprieve 判处死刑同时宣告缓期两年执行，实行劳动改造。死刑缓期执行的简称。适用于应当判处死刑，但又不是必须立即执行的犯罪分子。是中国在刑罚制度上的一种独创。见死刑。

《死魂灵》 *Dead Souls; Myortvye dushi* 俄国作家N.V.果戈理的长篇小说。在作家的原始构思中，《死魂灵》共3部。因不满意第二部而焚毁手稿。未写第三部。第一部共11章。作品主人公乞乞科夫是一个善于投机钻营的从贵族地主向新兴资产阶级过渡的人物形象。他为了发一笔横财，到地主农庄收购“死魂灵”（死去的农奴——当时俄国每10年进行一次人口登记，两次登记之间死去的农奴在法律上仍视为活人，地主们即以此做抵押品向国家银行贷款）。故事围绕乞乞科夫探访一个个地主展开，揭示出一个又一个面目可憎的农奴主的形象，并通过这一系列丑恶的形象，以辛辣的讽刺手法揭露了他们动物式的贪婪、精神的空虚和道德的堕落。作家针砭社会各种弊端，批判了农奴主寄生、腐朽的实质。《死魂灵》为果戈理带来极高的声誉。

死胎 fetal death 妊娠20周以后胎儿在子宫腔内自然死亡的现象。死亡胎儿如果未能及时排出，在宫腔内滞留过久，可引起母体凝血功能障碍。相当一部分死胎原因不明。常见的原因有胎盘功能不全、脐带病变（如脐带绕颈、脐带过短）、胎盘病变（如前置胎盘）、胎儿畸形等。

胎儿死亡后，孕妇首先感到胎动停止，检查时发现子宫不继续增大，乳房缩小。若胎儿死亡时间较长，孕妇会感觉全身疲乏、食欲不振、腹部下坠。约80%死胎于胎儿死亡后2～3周内自然排出。如果死胎未能及时排出，胎盘发生退行性变，可引起凝血功能障碍如弥漫性血管内凝血。胎死时间越长，引起的凝血功能障碍越严重，常导致分娩时大出血。根据孕妇自觉胎动停止，客观检查胎心音消失，子宫不再继续增大就可诊断死胎，超声检查发现胎心搏动消失以致胎头塌陷，显像不清，均有助于诊断。有时需严密随访，才能确定诊断。死胎确诊后，应立即终止妊娠。产后应仔细检查胎儿、脐带和胎盘，尽可能明确死胎发生原因。

死亡 death 生命的终结。即活生物丧失生命的过程。个体的死亡是一个过程。在人类通常可以心脏或大脑停止功能活动，作为个体生命不可逆地走向死亡的标志（见脑死亡）。但是，此时身体其余的器官、组织还可以在相当长的时间内继续存活，有些细胞可以继续存活达120小时之久。在医学上，可以将死亡分为两个阶段：即临床死亡（或称相对死亡）和这以后的生物学死亡（或称真死亡）。在临床死亡阶段，呼吸和心脏活动虽已停止，但组织细胞还没有停止生命活动，有时可以采用积极的急救方法，恢复机体的基本生命功能，即所谓的“起死回生”。

《死亡诗社》 *Dead Poets Society* 美国故事片。1989年塔奇斯通影片公司摄制。编剧T.汤姆·舒尔曼，导演P.威廉，摄影J.西尔，主演R.威廉斯、R.S.伦纳德、E.霍克。1959年韦尔顿学校预科班来了一位新的英语老师约翰·基廷。在基廷带领下，学生们热血沸腾地撕书、踢球、朗诵惠特曼的诗句。尼尔、托德两名学生在学校旧年鉴上发现，基廷在读书时，曾主持过一个秘密团体“死亡诗社”。学生们暗自重组“死亡诗社”，对生活、对自己都有了崭新的认识。一天，一个学生将两个小姑娘带到诗社聚会场所，为大家引来许多麻烦。尼尔的父亲不理解儿子对戏剧的爱好，逼他转到军事院校学习，导致尼尔的自杀。为了掩盖这两件丑闻，学校和家长都把基廷当作替罪羊。基廷被迫辞职。该片获1990年第62届奥斯卡金像奖最佳原著剧本奖、第43届英国电影学院最佳影片等3项奖。

死刑 death penalty 剥夺犯罪人生命的最为严厉的刑罚。又称生命刑、极刑。

死刑的存废 18世纪后半叶资产阶级启蒙运动思想家C.贝卡里亚率先提出了废除死刑的主张，从此死刑的存废之争持续了两个多世纪，至今仍未休止。主存论与

图1 古印度执行死刑的方式之一——用大象踩死犯人

主废论争论的焦点集中在4个方面：①死刑是否符合伦理正义和人道的要求。②死刑对于犯罪人和潜在的犯罪人是否具有威慑力。③死刑是否与罪刑相适应原则（见罪责刑相适应原则）相悖。④死刑是否存在误判难纠的问题。

由于主废论观点的出现和宣扬，废除死刑在一些国家和地区已实现。在中国，极少有人公开主张完全废除死刑，刑法理论界的共识是减少死刑而不是废除死刑。《中华人民共和国刑法》在保留死刑的前提下对死刑的适用作了种种严格的限制：①死刑只适用于罪行极其严重的犯罪分子。②犯罪的时候不满18周岁的人和审判的时候怀孕的妇女，不适用死刑。③死刑除依法由最高人民法院判决的以外，都应当报请最高人民法院核准。④对于应当判处死刑的犯罪分子，如果不是必须立即执行的，可以判处死刑同时宣告缓期两年执行。这就是死刑缓期执行制度，它使判处死刑实际剥夺生命的现象得以减少。

死刑缓期执行　简称死缓，中国《刑法》的独创。死缓的适用需要具备以下条件：①适用的对象必须是应当判处死刑的犯罪分子。②不是必须立即执行的。一般是指有下列情形之一的：犯罪后自首、立功或者有其他法定从轻情节的；在共同犯罪中罪行不是最严重的或者与其他同样或同类案件相比较罪行不是最严重的；因被害人的过错而导致犯罪人激愤犯罪的；犯罪人有令人怜悯的情节的；有其他应当留有余地情况的。

图2　杀害林祥谦烈士的刽子手被判处死刑（1951）

对于被判处死缓的犯罪人，根据其在死缓期间的不同表现，分别予以处理：如果没有故意犯罪，2年期满以后，减为无期徒刑；如果确有重大立功表现，2年期满以后，减为15年以上20年以下有期徒刑；如果故意犯罪，查证属实的，由最高人民法院核准，执行死刑。死刑缓期执行的期间，从判决确定之日起计算。死刑缓期执行减为有期徒刑的刑期，从死刑缓期执行期满之日起计算。

死刑复核程序　death sentence, procedure for judical review of　对于没有死刑决定权的法院所判处的死刑判决和裁定，由具有死刑决定权的法院进行复审核准的一种特殊审判程序。中国刑事诉讼中特有的审判程序，是为了确保死刑适用的公正和慎重而设置的一种法院系统内部的特殊审核程序。包括死刑立即执行案件的复核程序和死刑缓期执行案件的复核程序。该程序体现了中国“保留死刑，严格控制和慎重适用死刑”的刑事政策。

1979年中国第一部《刑法》和1997年修订的《刑法》都规定：“死刑除依法由最高人民法院判决的以外，都应当报请最高人民法院核准。死刑缓期执行的，可以由高级人民法院判决或者核准。”1979年制定的《刑事诉讼法》和1996年修正后的《刑事诉讼法》也有类似规定。其间，1983年修改《中华人民共和国人民法院组织法》时，对最高人民法院的死刑核准权作出了一些变通规定。最高人民法院据此曾将杀人、强奸、抢劫、爆炸以及其他严重危害公共安全和社会治安判处死刑的案件的核准权，授权省、自治区和直辖市的高级人民法院行使。2006年10月修改的《中华人民共和国人民法院组织法》取消了对死刑核准权的变通规定，从2007年1月1日起，死刑的核准权一律收归最高人民法院统一行使，以确保死刑只适用于极少数罪行极其严重的犯罪分子。

死刑复核程序的主要内容是：中级人民法院第一审判处死刑的案件，没有上诉、抗诉的，都应当报请高级人民法院复核。高级人民法院复核同意判处死刑的，报请最高人民法院核准；高级人民法院不同意判处死刑的，可以提审或者发回重新审判。对中级人民法院的死刑判决依法提出上诉、抗诉的，高级人民法院必须开庭进行第二审审判，其中维持一审死刑判决的，必须报请最高人民法院核准。最高人民法院对报请复核的死刑案件，依据审理情况，分别作出核准的判决、裁定，或者作出不予核准的裁定。无论核准或者不予核准的裁判文书，除引用相关的法律和司法解释条文外，都必须说明理由。

中级人民法院第一审判处死刑缓期执行的判决，没有上诉、抗诉的案件，必须报请高级人民法院核准；依法提出上诉、抗诉的案件，由高级人民法院按第二审程序开庭审理后作出确定的判决或裁定，其中因抗诉而改判死刑立即执行的案件，必须报请最高人民法院依法核准。判处死刑缓期二年执行的罪犯，依法必须改判死刑立即执行的，由高级人民法院报请最高人民法院核准。复核死刑案件，由审判员三人组成合议庭进行。

《四百下》　*The Four Hundred Blows*　法国故事片。1959年法国卡罗斯影片公司、法国SEDIF公司联合出品。编导F.特吕弗，主演让-皮埃尔·莱奥。巴黎学生安托万对学校填鸭式的教育很反感，课上做小动作又被罚，于是他干脆与好友雷内逃学逛大街。父母知悉后把他狠揍一顿，他只好离家出走。母亲改变了态度使他回到家中，但他因抄袭作文再次受罚。他躲进雷内家，又偷了继父单位的打字机。继父把他扭送警察局，后又进了少管所。安托万乘人不备逃了出去。他穿过树林，越过田野，直跑到茫茫大海边。此片是F.特吕弗的自传体处女作，影片不着意渲染戏剧冲突，而是通过纪实性的日常生活铺陈来揭示造成主人公产生叛逆乃至犯罪心理的社会因素。影片追求真实，大量采用天然实景拍摄并有意识地运用长镜头以提升事件的可信度。这些美学追求使此片成为法国“新浪潮”电影的代表作。获1959年第12届戛纳电影节最佳导演奖。

四不像　*Elaphurus davidianus*; David' s deer　偶蹄目鹿科麋鹿属的一种。麋鹿的俗称。

《四部医典》　*The Four Medical Tantras*　藏医学主要经典著作。4卷。宇陀·宁玛元丹贡布著于8世纪末。藏文名《据悉》。该书系作者根据前人所编《医学大典》、《无畏的武器》及《月王药诊》等书，结合个人经验编著而成。第一卷为根本医典，叙述藏医学缘起、病理生理、诊断、治则等；第二卷为论说医典，论述人体生理解剖、胚胎发育、病理及治则；第三卷为秘诀医典，分叙临床各科数十种病证的辨证论治法；第四卷为后续医典，详细论述脉诊、尿诊及一些外治法。全书系以药王佛陀的化身明智仙人及心生仙人问答的形式写成，对藏医学的理论及实践都有原则性的叙述，为后世学习藏医学的必修课本。原书著成后，历经各代医家注疏、增补，直至11世纪左右，由宇陀·萨玛元丹贡布最后修订定型，成为今本《四部医典》的蓝本。明代五世达赖时期摄政王弟司·桑吉嘉措所纂之注本《四部医典蓝琉璃》系后代的标准注释本。藏文《四部医典》刻本甚多，其中以1546年扎塘刻本为最早也最通行，称为《扎塘据悉》。

四川保路运动　Sichuan Railways Protection Movement　中国清末四川人民反对清政府出卖铁路主权的爱国运动。1911年5月（宣统三年四月），清政府将已经由民办的川汉铁路强行收归“国有”，随后又将筑路权出卖给英、法、德、美四国银行团，激起四川人民强烈反对。6月17日，川汉铁路股东在成都组织保路同志会，推立宪党人蒲殿俊、罗纶为正副会长，各府州县相继建立分会，入会者达数十万人。至8月下旬发展为罢市、罢课和抗粮抗捐的群众斗争。同盟会员龙鸣剑、王天杰等乘势联络会党，组织保路同志军。9月7日，四川总督赵尔丰诱捕保路同志会代表，封闭铁路公司，命军警开枪打死请愿群众数百人。次日下令解散各处保路同志会。民众奋起反抗，保路同志军在各县发动武装起义。9月25日，同盟会员吴玉章、王天杰宣布荣县独立，建立了辛亥革命时期第一个县级革命政权，进而在四川全省发展为反清大起义，成为武昌起义的前奏。11月27日，成都宣布独立，成立大汉四川军政府，清王朝在四川的统治彻底覆灭。

四川菜 Sichuan cuisine 中国八大菜系之一。简称川菜。始于秦汉，在宋代形成流派，当时影响已达中原。主要流行于长江上游。除四川、重庆外，还旁及云南、贵州和湖南、

麻婆豆腐

湖北等省。原料多选山珍、江鲜、野蔬和畜禽。善用小炒、干煸、干烧和泡、烩等烹调法。善用"味"，味型较多，富于变化，以鱼香、红油、怪味、麻辣较为突出。著名的菜肴有干烧岩鲤、宫保鸡丁、樟茶鸭子、鱼香肉丝、清蒸江团、麻婆豆腐、毛肚火锅、开水白菜等。其菜品风格朴实而又清新，具有浓厚的乡土气息。有"一菜一格，百菜百味"之誉。

四川大学 Sichuan University 中国综合性大学。属教育部。校址在成都。由原四川大学、成都科技大学、华西医科大学三所国家重点大学于1993年和2000年两次合并组建而成。四川大学始于1896年创办的四川中西学堂，成都科技大学由1954年全国院系调整时建立的成都工学院发展而来；华西医科大学的前身是1910年由美国、英国、加拿大的5个基督教会组织在成都创办的私立华西协合大学。设有经济、法学、文学与新闻、外国语、艺术、数学、物理科学与技术、化学、生命科学、电子信息、电气信息、计算机、软件、化学工程、基础医学与法医、公共管理、工商管理、政治、体育等约30个学院。有培养学士、硕士和博士的教学体系；有国家级重点学科和国家重点实验室等。

四川金钱板 中国曲艺曲种。流行于四川和重庆城乡以及云南和贵州临近四川的部分地区。约在清代中叶形成。早期艺人的演出方式都是"跑乡场"和"扯地圈"，清末民初进入茶馆书场，开始走上高台。表演形式为一人手持金钱板击节说唱。金钱板的形制为三片九寸长的楠竹片，其中一个竹片上端嵌有铜制钱，故名。唱词基本上为七字句或十字句，每两句一联，可根据表达需要适当伸缩变化。唱腔为比较简朴的吟诵曲调，每个唱段的末句后半句略有拖腔。传统节目有《三国》、《水浒》、《游江南》等长篇幅的"长条书"和取材于民间寓言故事和笑话的短段"诗头子"。其中最能吸引听众的节目俗称"买米书"，如《武松赶会》、《武松闹庙》、《武松打店》等。长期的发展过程中形成了所谓"清派"、"花派"和"杂派"等艺术流派，其中"清派"较为清雅，"花派"活泼通俗，"杂派"两者兼顾。

四川盆地 Sichuan Basin 中国四大盆地之一。中国各大盆地中形态最典型、纬度最南、海拔最低的盆地。包括四川省东部、重庆市大部，在长江上游。东西长380～450千米，南北宽310～330千米，面积约20万平方千米。西依青藏高原和横断山地，北靠秦岭与黄土高原相望，东接湘鄂西山地，南连云贵高原。

地质与地貌 地质属扬子准地台四川台坳。在距今1.4亿年以前，还是内陆湖盆。距今6 600万年时，盆地边缘山地迅速隆升，长江中上游水系开始沟通，盆地内湖水东泻，奠定了现今之地貌形态。

盆地边缘多低山和中山，山势陡峻，发源盆地边缘山地的河流大多为"V"形谷，岭谷高差500～1 000米，地表崎岖，故历史上有"蜀道难，难于上青天"之说。山脊海拔多在2 000～3 000米，西北部与西部可超过3 000米甚至4 000米。由石灰岩、玄武岩、花岗岩等组成的峨眉山及由砂泥岩、砾岩组成的青城山，素有"峨眉天下秀"、"青城天下幽"之称，为中国著名游览胜地。

盆地底部海拔多数在250～700米，地势向东南倾斜，盆地内各河流均由边缘山地汇聚盆地底部的长江干流，形成向心状水系。地表为大面积的中生代紫红色砂岩与泥岩所覆盖，故称红层盆地，是中国中生代陆相红层分布最集中地区。四川盆地为丘陵性盆地，底部以丘陵为主，次为低山和平原。

气候与水文 盆地地形闭塞，气温高于同纬度其他地区。最冷月平均气温5～8℃，最热月平均气温26～29℃，盆地东南部极端最高温往往超过40℃，重庆、彭水曾出现44℃。盆地气温东高西低、南高北低、盆底高而边缘低，等温线分布呈现同心圆状。盆地边缘山地气温具有垂直分布特点。年降水量1 000～1 300毫米，盆地边缘山地降水十分充沛。盆地区雾大湿重，云低阴天多。峨眉山、金佛山是中国雾日最多地区，年相对湿度之高也为中国之冠。

自然资源 盆地中植物近万种，古老而特有种之多为中国其他地区所不及。在盆地边缘山地及盆东平行岭谷尚可见水杉、银杉、鹅掌楸、檫木、三尖杉、珙桐、水青树、连香树、领春木、金钱槭、蜡梅、杜仲等珍稀孑遗植物和特有种。在湿热河谷可见桫椤、小羽桫椤、乌毛蕨、华南紫萁、里白等古热带孑遗植物。建有银杉自然保护区和缙云山自然保护区。盆地东南缘的酉阳还有世界上最高大的白花泡桐，最高者44米。四川盆地是中国动物种类最多、最齐全的地区之一。盆地西缘山地是中国特有而古老动物保存最好、最集中的

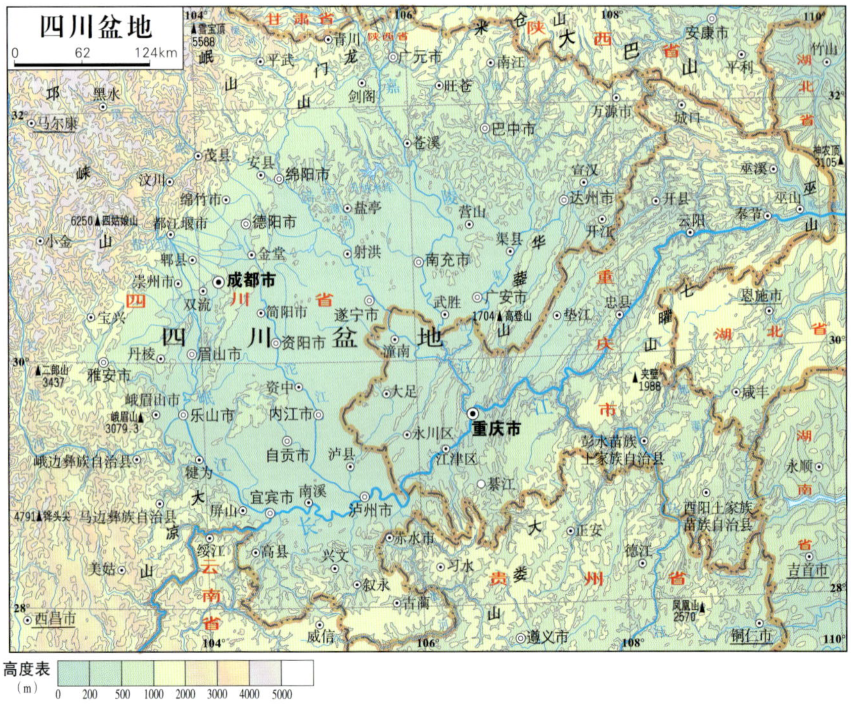

地区，属于一级保护动物的有大熊猫、金丝猴、扭角羚、灰金丝猴、白唇鹿等。还有珍贵特有动物小熊猫、雪豹、鬣羚、短尾猴、猕猴、毛冠鹿、水獭及鸳鸯、血雉、红腹角雉、绿尾虹雉、白腹锦鸡、红腹锦鸡等。

盆地有煤、铁、天然气、石油、盐、芒硝、石膏、磷、铝、硫及铜、锰、金、石墨、汞等矿产，其中天然气、芒硝为中国之冠，并有中国重要的锶矿。川中盐岩矿储量2亿～3亿吨。盆地区水力资源蕴藏量近0.5亿千瓦。工业集中，主要工业城市有重庆、成都、自贡、宜宾、内江、南充、泸州等。

经济概况　中国最大的水稻、油菜子产区。蚕桑、柑橘、油桐、白蜡、五倍子、银耳、黄连等产量均居中国第一。盆地边缘山地是多种经济林木和用材林基地。

四川评书　中国曲艺曲种。以四川方言徒口说演。流行于四川城乡及语音相近的云南、贵州两省。因表演风格和表现手法的不同，有所谓“清棚”和“雷棚”之分。清棚以说演烟粉、传奇之类的风情故事为主，重在文说，讲究谈吐风雅，以情动人。雷棚以说演历史故事和金戈铁马一类的节目为主，重在武讲，讲究模拟形容。此外，还有熔“清棚”和“雷棚”于一炉，文武兼备的一派。20世纪中叶，还出现了一种“韵文评书”的形式，特点是全用韵文来叙述表演故事。传统节目有“墨书”与“条书”之分。墨书即根据演义和小说改编的节目，有《三国》、《水浒》、《隋唐》等。条书即艺人创造的书目，有《王三槐反达州》、《金鸡芙蓉图》、《铁侠记》等。中华人民共和国建立后，出现了不少根据小说改编的新书目。

四川清音　中国曲艺曲种。原名“唱琵琶”或“唱月琴”。流行于四川城乡和重庆的部分地区，用四川方音表演。由明清时期的俗曲演唱发展演变而来，约在清代中叶最后定型。早期通常为一至二人怀抱月琴或琵琶自行伴奏坐唱，20世纪上半叶走上高台演出后，发展为一人左手持筒板节拍，右手执筷子敲击竹鼓站唱，另有人分持琵琶和月琴等坐着伴奏。唱腔既有板腔体式，也有曲牌连缀体式，还有单曲体式。曲调有“大调”和“小调”之分。传统节目多为历史故事和民间传说题材，如《思凡》、《断桥》、《昭君出塞》等，新编演的有《江姐上华蓥》、《送公粮》、《布谷鸟儿咕咕叫》等。艺人和演员历来以女性最受欢迎。

四川省　Sichuan Province　简称川或蜀。位于中国西南部、长江上游。自古以来，就以富饶的物产、秀美的山川享有“天府之国”美誉。西为青藏高原，东有长江三峡，北有秦岭巴山，南为云贵高原，与渝、黔、滇、藏、青、甘、陕等省（市、区）相邻，是连接中国西南、西北和华中的天然纽带。辖18个地级市、3个自治州和43个市辖区、14个县级市、120个县、4个自治县（见表）。面积约49万平方千米。人口8 042万（2010）。有汉、彝、藏、羌、苗、回、土家、傈僳、纳西、蒙古、满、布依、白、傣、壮等53个民族。省会成都市。

建制沿革　四川是中国开发较早的省区之一。距今4 500年左右，在四川广汉地区就有人类活动出现（见三星堆遗址）。商周时期，四川东部已为巴、蜀两大氐族活动地区，并由渔猎转向农耕。其后，蜀族在川西一带以成都为中心建立了蜀国。公元前316年，蜀国为秦归并，改置蜀郡。故简称蜀。元至元二十三年（1286）正式建置四川行省，是为四川建省之始，省治成都。明称四川布政使司。今四川省境除西部高原一部分为吐蕃（藏族先民）聚居外，均入四川行省版图。1937年抗日战争全面爆发后，国民政府迁都重庆，并在四川西部建立西康省，实行川、康分治。中华人民共和国建立后，为适应国民经济的恢复和发展，曾将四川省东部划分为川西、川东、川北、川南4行署区。1953年恢复四川省建制，省会设成都市。1955年撤销西康省，将所辖金沙江以东各县划归四川省。1997年原重庆市和万县市、涪陵市、黔江地区等地划出，设重庆直辖市。

自然条件　四川自然条件以过渡性、多样性、差异性和自然资源丰富为特征。①过渡性。在生物、气候上，为中国东部亚热带湿性常绿阔叶林向西部亚热带干性常绿阔叶林与半湿润半干旱森林草原的过渡地带，以及中国南部亚热带向北部温带的过渡地带。②多样性。地貌上，全省平原（坝子）、台地、丘陵（包括浅丘、深丘）、山地（包括低山、中山、高山、极高山）、高原和山原等兼备；气候上，南亚热带、中亚热带、北亚热带、暖温带、温带、寒温带等兼有；全省动植物种类丰富多样。③差异性。省境东部地势相对较低，西部地势高峻；耕地面积东部约占全省的88.2%，而西部仅占11.8%；森林和草场资

四川省行政区划表(2010)

成都市	蓬安县　仪陇县	古蔺县	芦山县　宝兴县
青羊区　锦江区	西充县	**宜宾市**	**阿坝藏族羌族自治州**
金牛区　武侯区	**广安市**	翠屏区　宜宾县	马尔康县　汶川县
成华区　龙泉驿区	广安区　华蓥市	南溪县　江安县	理县　茂县
青白江区　新都区	岳池县　武胜县	长宁县　高县	松潘县　九寨沟县
温江区　都江堰市	邻水县	筠连县　珙县	金川县　小金县
彭州市　邛崃市	**遂宁市**	兴文县　屏山县	黑水县　壤塘县
崇州市　金堂县	船山区　安居区	**攀枝花市**	阿坝县　若尔盖县
双流县　郫县	蓬溪县　射洪县	东区　西区	红原县
大邑县　蒲江县	大英县	仁和区　米易县	**甘孜藏族自治州**
新津县	**内江市**	盐边县	康定县　泸定县
广元市	市中区　东兴区	**巴中市**	丹巴县　九龙县
利州区　元坝区	威远县　资中县	巴州区　通江县	雅江县　道孚县
朝天区　旺苍县	隆昌县	南江县　平昌县	炉霍县　甘孜县
青川县　剑阁县	**乐山市**	**达州市**	新龙县　德格县
苍溪县	市中区　沙湾区	通川区　万源市	白玉县　石渠县
绵阳市	五通桥区　金口河区	达县　宣汉县	色达县　理塘县
涪城区　游仙区	峨眉山市　犍为县	开江县　大竹县	巴塘县　乡城县
江油市　三台县	井研县　夹江县	渠县	稻城县　得荣县
盐亭县　安县	沐川县	**资阳市**	**凉山彝族自治州**
梓潼县　平武县	峨边彝族自治县	雁江区　简阳市	西昌市　盐源县
北川羌族自治县	马边彝族自治县	乐至县　安岳县	德昌县　会理县
德阳市	**自贡市**	**眉山市**	会东县　宁南县
旌阳区　什邡市	自流井区　大安区	东坡区　仁寿县	普格县　布拖县
广汉市　绵竹市	贡井区　沿滩区	彭山县　洪雅县	金阳县　昭觉县
罗江县　中江县	荣县　富顺县	丹棱县　青神县	喜德县　冕宁县
南充市	**泸州市**	**雅安市**	越西县　甘洛县
顺庆区　高坪区	江阳区　纳溪区	雨城区　名山县	美姑县　雷波县
嘉陵区　阆中市	龙马潭区　泸县	荥经县　汉源县	木里藏族自治县
南部县　营山县	合江县　叙永县	石棉县　天全县	

源则主要分布于西部。④自然资源丰富。四川河流水系发育，河川径流和水能资源均甚丰富，是进行梯级开发建设大型电站的理想地区。全省植物种类占全国总数的30%以上。已利用和已知可利用的野生经济植物资源超过5 500种，为中国资源植物丰富的省区之一。据第六次全国森林资源清查资料，全省森林面积达1 464.34万公顷，活立木总蓄积量15.8亿立方米，在全国均名列前茅。动物资源种类繁多，其中脊椎动物1 240种，占全国总数的40%以上。全省有国家重点保护的珍稀动物139种。四川矿种多、储量大，已发现的矿种达132种。

省境东部**四川盆地**属相对稳定地台区，地质历史时期经多次海水进退，故以沉积矿床为主，并多非金属矿，是四川主要的煤、天然气、岩盐（卤）、芒硝、磷、硫铁矿产地。川西南的凉山和攀枝花地区，地质构造上属古老的康滇地轴，为四川铁、铜、铅、锌、锡等有色金属产区。川西及川西北为强烈活动的地槽区，是四川贵金属、稀有金属的主要产区。

四川是中国多山省份之一。山地、高原和丘陵约占全省土地总面积的90.16%。全省除四川盆地底部的平原和丘陵外，大部分地区岭谷高差均在500米以上。

四川气候具有冬暖、春早、夏长，年均温高，东部暖，西部冷，地区差异大，垂直分异明显等特点。四川盆地最高温25～29℃，极端最高温大于40℃，为中国夏季高温地区之一。年平均气温16～20℃。四川深受东南太平洋季风和西南印度洋季风影响，除少数地区外，年降水量600～1 000毫米，以多夜雨为特色。

四川河流众多，达1 000多条，分属于长江和黄河两大水系，其中长江流域面积占全省流域面积的96%。全省多年平均年天然河川径流总量4 869.75亿立方米。

古老特有植物异常丰富，仅被子植物即达8 450种。现有国家珍稀濒危保护植物82种，其中被称为活化石的桫椤、银杉、水杉、秃杉和珙桐等种类约占全国保护植物总数的21.8%。川西山地高原的多种高山栎、多种杜鹃、多种箭竹及冷杉、云杉也为中国西南地区所特有。

动物区系上，四川正处于古北界的青藏区和东洋界的西南区、华中区交接处，为中国南北动物互相渗透最频繁地区，动物种类极为多样，属于国家重点保护的珍稀动物就有139种。属一级保护的有**大熊猫**、扭角羚、金丝猴、白唇鹿、梅花鹿、野驴、野牦牛、华南虎和黑颈鹤等30种。属于二、三级珍贵特有动物的有小熊猫、雪豹、藏羚、盘羊、毛冠鹿、猕猴、短尾猴等。

在中国综合自然区划中，四川省分属中亚热带四川盆地常绿阔叶林区、中亚热带云南高原常绿阔叶林区、藏东川西切割山地针叶林及高山草甸区、北亚热带秦岭大巴山混交林区4个自然地理区。

经济概况　资源丰富，经济发展基础较好，是中国西部经济大省。农业是四川的主要部门，耕地面积居全国前列，水田亦居全国前列，是中国主要农区之一。粮食作物以水稻、小麦、玉米、薯类为主。经济作物以油、棉、蔗、麻、烟等为主。园艺作物以蚕桑、茶叶、柑橘等为代表。牧业发达。西部地区特别是川西高原有广阔草场，是中国5大牧区之一。全国重要生猪产区，以内江猪、成华猪、雅南猪、凉山猪等优良品种著称。

经过数十年的开发建设，全省工业发展已形成了电子、信息、机械、冶金、医药、化工、饮料、食品和水电等支柱产业，重点建设了能源、电子、化工、食品、新材料、国防科技装备等工业基地，基本建成了工业门类较为齐全，布局日趋合理的综合性工业体系，成为中国西部工业最发达的省区和中国新兴综合性工业基地之一。其中，冶金工业综合生产能力居全国前列；机械工业发展较快、门类较齐全、布局较合理，具有一定优势和特色；医药化学工业近年迅速发展，主要由化学制药工业、中成药工业、药用包装材料和医疗器械工业等组成；电子工业增长速度较快、经济效益较好，在全国具的科技优势和生产优势；食品饮料工业比较发达，主要以粮油、肉类、制盐、酿造、制糖、饮料、卷烟等工业为主，宜宾五粮液、泸州老窖特曲、绵竹剑南春等名酒畅销全国；四川省能源资源，特别是水能、天然气资源尤为丰富。

四川卧龙大熊猫研究中心

历史上因交通闭塞，故有“蜀道难，难于上青天”之说。经过几十年的开发建设，全省已基本形成了以成都为枢纽，以纵横交错、交织成网的铁路干线，国道、省道公路和高速公路，长江水运和航空线、管道运输等为骨架的包括各种运输方式组成的交通网络体系。四川是中国公路运输较发达省份之一，也是中国内河航运便利的省份之一。重要港口有宜宾、泸州等。成都双流国际机场是中国西南地区最大的国际机场。

文化教育　四川省独特的地理环境、区位条件和发展历史形成了别具一格的蜀文化（见**巴蜀文化**）。同时，还有藏、彝、羌等民族独特的民俗风情及奇特的、保存至今的摩梭母系文化等。普通高校主要有**四川大学**、电子科技大学、**西南交通大学**、西南财经大学、四川农业大学等。

名胜古迹　四川省自然风光独特，历史文化遗产丰富，名胜古迹众多。主要有九寨沟、黄龙、峨眉山－乐山大佛、青城山－都江堰、四川大熊猫栖息地5处世界遗产，青城山－都江堰、蜀南竹海、剑门蜀道、贡嘎山、四姑娘山、西岭雪山6个国家重点风景名胜区，以及九峰山、朝阳山、自流井－恐龙、天台山、华蓥山等57个省级风景名胜区。同时，还拥有九寨沟、瓦屋山、海螺沟等11个国家森林公园和九寨沟、卧龙、王朗、唐家河等11个国家级自然保护区。此外，还有三星堆遗址、**杜甫草堂**、**武侯祠**、李白故里等文物古迹。有成都、自贡、宜宾、泸州、乐山、都江堰、阆中7座国家历史文化名城。

四川相书　中国**曲艺**曲种。流行于四川成都和重庆等地。在传统口技模仿表演市声人物的“隔壁戏”类节目的基础上逐渐发展而成。用四川方音表演，传统形式为一人在高约5尺、宽约2尺见方的布帐里，凭着一张口，借助简单的道具如扇子、铜铃、盆碗、木瓢等，描绘环境，陈述故事，表现人物。特点是运用谐音、语误、吟诗、作对、说诨话、作打油诗、用歇后语、开玩笑等手法来取得喜剧效果，且善于运用细小的生活片段，真实地反映社会生活。最有影响的艺人是曾炳昆（1900～1952），代表作为描绘20世纪40年代成都人民苦难生活的《霉登堂》。弟子有刘玉清、曾小昆和罗俊林等，以罗俊林（1920～1978）较为出色。据不完全统计，四川相书的传统节目在30年代有40余段，比较优秀的有《骗总爷》、《写对杀猪》等10余段。

四川扬琴　中国**曲艺**曲种。主要流行于四川成都和重庆等大中城市。传统的表演形式为多人采用四川方音，分持扬琴、京胡、三弦、碗碗琴和鼓板，围坐一起，分行当说唱（俗称“五方人”），以唱为主，唱中夹说或者对白。唱腔分为大调和越调两大类，其中的大调属**板式变化体**结构，应用较广；

越调属曲牌联套体结构，抒情性较强。约形成于清代中期，至清末比较兴盛，并形成“南会”和“北会”两个流派。20世纪30年代，创办了盲人学唱班，培养了一批有成就的艺人，人称“堂派”。之后，又相继出现了李德才（艺名“德娃子”）、易德全等名家。传统节目分为“大本”与“单折”两类。另有文人创作的一些节目，如清末黄吉安写的四川扬琴曲本，尤为观众所喜爱，人称“黄本”。中华人民共和国建立后，四川扬琴得到了较大发展，吸收培养了女演员，出现了表演唱和一人多角的自打自唱等形式。

四川竹琴 中国曲艺曲种。流布于四川和重庆，采用四川方音说唱表演，以唱为主，间有说白。由清光绪年间茶楼酒肆中说唱表演的道情发展而来。后因其主要伴奏乐器为一根长约三尺、直径约二寸的竹筒，遂俗称为“竹琴”。民国初年曾举行艺人聚会竞技的竹琴大会。20世纪30年代前后进入城市，职业艺人不断涌现。有“扬琴调”和“中河调”两大艺术流派。扬琴调又称“成都派”，创始人贾树三吸收了四川扬琴曲调，丰富了唱腔，说唱委婉细致、韵味醇厚；中河调的代表人物是重庆的吴玉堂，唱腔运用朴素深沉，粗犷而有气势。四川竹琴的代表性节目，有长篇的《三国》、《列国》和中短篇的《琵琶记》、《铡美案》等。中华人民共和国建立后，曾对四川竹琴的传统节目进行搜集和整理，出版有《贾树三竹琴演唱选集》等曲本。

四大部洲 佛教名词。源于古印度神话中的宇宙观。佛教接受过来，以为是人类所居地方。又称“四天下”，分列于须弥山的四周。东是胜身洲，人身殊胜，形容美好。西有牛货洲，以牛为币易货，故名。地形如满月，人面亦然。南有赡部洲，又称阎浮提，洲以树得名，人面亦然。北有俱卢洲，意为“胜处”，以其地胜于以上三洲故。地形正方，人面亦然。

四大菜系 four schools of Chinese cuisine 中国八大菜系中的山东菜、四川菜、江苏菜和广东菜。

四大臣辅政 Four Executive Ministers Assisting Imperial Power 中国清朝康熙初年，内大臣索尼、苏克萨哈、遏必隆、鳌拜受顾命奉幼帝玄烨嗣承大统，为辅政大臣，史称“四辅政时期”。至康熙八年（1669）五月，玄烨正式亲政，凡8年零5个月。清廷汲取顺治初年多尔衮摄政时给统治阶级带来混乱的教训，不复以亲贵摄政，而以索尼等异姓勋戚功臣辅政。

四大臣执政初始，尚能齐心合力，基本上遵照福临制定的方针，继续完成统一中国的战争。多年的战争给社会生产造成了极大破坏，经济凋敝，民生涂炭。四辅臣面对百废待兴的局势，大力恢复和发展生产，安插流民，奖励垦荒，施行赈济蠲免政策，以苏民生。同时，他们依世祖遗诏精神，将顺治年间改设的内阁和翰林院撤销，重新恢复内三院名称，并加强对官吏的管理，裁汰了十三衙门，扩建了内务府，并注重督抚的楷模作用。几年间，经济发展，年谷屡登，社会秩序趋向安定。

从康熙五年始，四大臣之间的争斗日益激化。其中鳌拜与苏克萨哈矛盾尖锐。鳌拜凭其战功卓著，盛气凌人，同苏克萨哈论事多有龃龉，积以成仇。四朝老臣索尼无力排解，屡次呈请圣祖亲政。遏必隆与鳌拜同旗结党，凡事皆附和鳌拜。而苏克萨哈威望浅薄、势单力孤。康熙六年六月，索尼谢世。班行章奏，鳌拜均列首位。七月，苏克萨哈乞请守护福临陵寝。鳌拜借机罗织24大罪状，杀苏克萨哈，为其擅权专政扫清了道路。

鳌拜操持国柄，结党营私，以控制国家中枢。鳌拜所为严重地威胁着皇权。康熙八年玄烨亲政后，智擒鳌拜下狱，将其永远拘禁，遏必隆也被革职锁拿，同时清洗了鳌拜党羽。四大臣辅政时期结束。

四大发明 four great inventions of ancient China 中国古代所发明的指南针、造纸术、印刷术和火药。为中国古代文明的标志性成就，是中华民族对世界文明所作的伟大贡献，深刻地影响了中国和世界文明的进程。

指南针 利用磁铁针在地球磁场中具有的南北指极性能以辨别方向的仪器。汉代中国人已将天然磁石磨制成勺状的司南（图1），行指示方向的功能。9世纪制造出世界上最早的指南针。11世纪末至12世纪

图1 司南

初用于航海，极大地促进了世界海上交通的发展和世界各国经济、文化的交流。

造纸术 在纸发明和传播之前，古埃及人曾用纸草，古印度人曾用贝树叶，古巴比伦人曾用泥砖，古欧洲人曾用山羊皮等作为记事材料。在中国，商周时期用甲骨、青铜器等，春秋战国时期则用竹简、木牍、丝帛等材料书写。上述材料有的笨重，有的昂

图2 东汉造纸工艺示意图

贵，有的来源很少，中国发明的造纸术，解决了这一世界性难题。

东汉蔡伦于105年发明造纸术。20世纪30年代以来中国考古发现一些西汉纸，包括居延金关纸、扶风中颜纸、新疆罗布淖尔纸等原始纸。蔡伦总结前人的经验对造纸技术进行重大革新，发明造纸工艺，使纸的质量和产量都有大幅度提高（图2）。以后，历经魏晋南北朝，纸替代了简、帛。中国造纸术为世界文明的进步作出重要贡献。

印刷术 1974年西安唐墓出土的梵文《陀罗尼经》（图3），印刷于7世纪，是现

图3 1974年出土的梵文《陀罗尼经》（残片）

知中国和世界最早的雕版印刷品。雕版印刷由春秋战国时期的拓石（即拓片）和印章盖印两种方法的结合并演变而成。唐咸通九年（868）四月十五日印制的《金刚经》是世界最早的有明确日期的印刷实物。1966年于韩国庆州佛国寺佛塔内发现的雕版印刷品《无垢净光大陀罗尼经》，是武周后期（约702）洛阳或长安的印刷品。1041～1048年，宋代技工毕昇发明胶泥制成的活字版印刷技术，为近代印刷术的开端。以后，中国人相继发明瓷活字、木活字、锡活字、铜活字等活字版印刷方法。中国

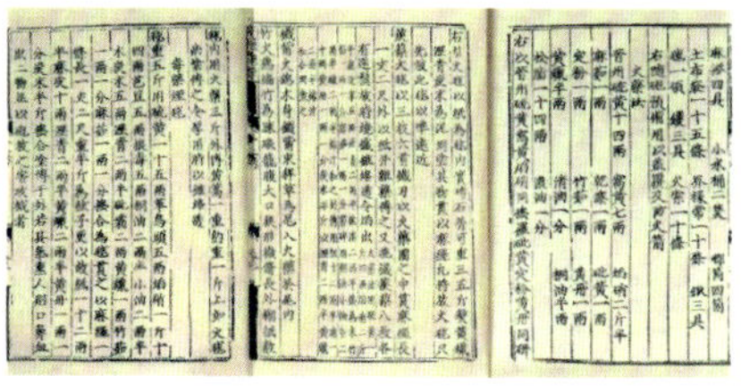

图4 1044年曾公亮主编的《武经总要》中介绍的三种火药配方

印刷术的发明和传播，极大地促进了人类文明的传播和发展。

火药 指黑火药的制造。起自中国古代的炼丹术。在唐元和三年(808)之前，中国已发明火药。北宋1044年曾公亮主编的《武经总要》介绍了三种火药配方(图4)，是现知世界上最早的火药配方。宋、元、明各代，已制造出火箭、火毬(火炮)、火铳等各种火器。

四大徽班 Four Big Huiban Opera Troupes 中国清代乾隆至嘉庆时陆续进入北京剧坛的四个徽班三庆、四喜、和春、春台的合称。徽班是以安徽籍(特别是安庆地区)艺人为主，兼唱二黄、昆曲、梆子、罗罗等腔的戏曲班社。开始多活动于皖、赣、江、浙诸省，在扬州地区，更以"安庆色艺最优"(《扬州画舫录》)。乾隆五十五年(1790)，为给高宗弘历祝寿，征调了以高朗亭为台柱的"三庆"徽班入京，此后又有四喜、启秀、霓翠、和春、春台等徽班相继进京。当时高腔(时称京腔)、秦腔等已先行流入北京。各徽班在原来兼唱多种声腔戏的基础上，又合京、秦二腔，逐渐形成各自的艺术风格，出现了"四徽班各擅胜场"的局面(据《梦华琐簿》)。嘉庆、道光年间，汉调(又称楚调)艺人进京，参加徽班演出，兼习楚调之长，形成"班曰徽班，调曰汉调"的新局面，为京剧的形成奠定了基础。因此"四大徽班"进京，被视为京剧诞生的前奏。

四大皆空 佛教教义。大是Mahābhūta，相当于基本元素义。四大，指地、水、火、风。印度古代哲学大都承认其为世界构成的基础。佛教说一切有部也接受这一观念，但其所着眼的是这四大元素的坚湿暖动性质。四大有二义：假有和实有。实在而有的四大即四大界，是世界的物质基础。具体为：一地大，其性坚，支持万物；二水大，其性湿，收摄万物；三火大，其性暖，调熟万物；四风大，其性动，生长万物。四大是能造之色，称能造四大。通常所说的四大只是假有四大，即四大所成之地、水、火、风。换言之，不能实际把握四大，只能从坚湿暖动四者来猜度有四大。因此世间说有四大，只是假说。此四大是地、水、火、风和色、声、香、味、触相合而成的感觉或假和合。既然是和合而成的，当然无真实性，故说是"空"。一切有形有质的东西，都是四大所造，都是空幻。所谓"四大皆空"，意谓无论有情识的我还是无情识的外物，都是假色和合，并无实在性，无须执著其有。四大皆空，是对主观世界和客观世界的真实性之否定。

四大名旦 Four Famous Dans 中国四位京剧旦脚表演艺术家梅兰芳、程砚秋、荀慧生、尚小云的合称。1927年6月20日，北京《顺天时报》发起京剧"五大名伶新剧夺魁投票"评选活动。同年7月23日，评选结果揭晓，梅兰芳以《太真外传》、尚小云以《摩登伽女》、程砚秋以《红拂传》、荀慧生以《丹青引》、徐碧云以《绿珠》当选。后来徐碧云因故较早离开舞台，在观众中就有了"四大名旦"的说法。1931年，《戏剧月刊》又举办了一次"四大名旦"评比活动，分两个表格内容评分。表一内容包括天资、嗓音、字眼、腔调、台容、身段、台步、表情、武艺、新戏、旧戏、昆戏、品德等项，按上上、上、中评分；表二内容包括扮相、嗓音、表情、身段、唱工、新戏6项，按百分制打分。结果二表得分自高至低都是梅、程、荀、尚。1932年，长城唱片公司发行梅、程、荀、尚4人灌制的《四五花洞》唱片，其中每人各唱一句西皮慢板。由于这张唱片风靡一时，更使"四大名旦"这一美称广为流传。

四大天王 Four Deva-Kings 佛教守护佛法的四大天神。又称"四天王"、"护世四天王"，俗称"四大金刚"。传说在世界中心须弥山的山腰，有一山名叫犍陀罗山，在山的四峰之上，各有一天王，各护一天下。四天王所居之天为四天王天。四大天王分别是：东方持国天王，其塑像身白色，手持琵琶，能护持国土；南方增长天王，塑像身青色，手持宝剑，能令他人善根增长；西方广目天王，身红色，手中缠绕一龙；北方多闻天王，身绿色，右手持伞，左手持银鼠。

四等人制 中国元朝的民族等级制度。元代，蒙古贵族成为全国的统治者，为保持自己的特权地位和维护对人口远远超过本族的汉族及其他少数民族的统治，推行民族压迫和民族分化政策，根据民族和被征服的先后，分人为蒙古、色目、汉人、南人四等。第一等蒙古人为国族。第二等为色目人，指除蒙古以外西北各族、西域以至欧洲各族。第三等汉人(又称汉儿)，指淮河以北原金朝境内的汉族和契丹、女真等族，及云南、四川两省人。第四等南人(又称蛮子、囊加歹、新附人)，指最后为元征服的原南宋境内(元江浙、江西、湖广三行省和河南行省南部)各族。汉人、南人绝大部分都是汉族。元廷规定四等人的地位、待遇是不平等的，表现在：①任用官吏方面。从中央到地方各级官署的实权多数操在蒙古人、色目人手中。元统治者尤严防汉人掌握军机重务，定制汉人不得阅军数，故掌兵权之枢密院长官(知院)终元一代除少数色目人外皆为蒙古大臣，无一汉人。仁宗延祐元年(1314)恢复科举取士，但在名额分配上表现极大的不平等。考试程式，蒙古、色目人考二场，汉人、南人需考三场；考题难易也有差别。②法律地位上的不平等。元统治者曾下令：蒙古人因争执殴打汉人，汉人不得还手，只许向官府申诉，违者治罪。四等人犯同样的罪，而量刑的轻重不同。③对汉人、南人进行严密的军事防制。严禁汉人、南人执把弓箭和其他兵器。元政府甚至禁止汉人、南人畜鹰、犬为猎，违者没入家资。

元代统治者实行四等人制，旨在利用民族分化手段以维护其本身的特权统治。四等人制的实行，使元朝的社会矛盾更加复杂、尖锐，从而加速了元朝的灭亡。

四谛 catursatya 佛教教义。又称"四圣谛"、"四正谛"等。即苦、集、灭、道四谛。这是佛陀证悟了并晓示世人的关于人生真实状况的价值判断及其解脱道路的真理。谛，即真理义。所谓四谛：①苦谛。说人生存在的本质为苦，这包括肉体的精神的痛苦，和生命中永远无法满足的企望、追求，必然遭受的挫折，以及关于生存的焦虑。佛教总结有三苦、四苦、八苦等说法。②集谛，又称习谛。具体指业与惑，它们是人世痛苦的根源。在如何说明这种苦因的作用过程中引出佛教的十二因缘论。烦恼及烦恼增上所生业可以说是有情众生在生死中流转的原动力。简言之，烦恼及业是生存于痛苦现状中的根本因。③灭谛。揭示世间诸苦可以断灭，因而造成生死轮回的十二因缘的锁链是可以打破的。灭谛可以导向一条清净的超越性的存在，称为涅槃。④道谛。它揭示出断灭惑业及烦恼，趣向涅槃解脱的清净行，这就是八正道。八正道是唯一可以超脱世间因果而出世间的途径，它自身就包含了知苦、断集、证灭、修道的全过程。

《四典要会》 中国伊斯兰教著作。马德新编撰。4卷。全书由四部分内容组成，故称"四典"，1858年(清咸丰八年)"编为一帙"而成书。卷一"信源六箴"阐明伊斯兰教的基本信仰为"道之命脉"；卷二"礼功精义"阐述礼拜真主的道理和意义，"以立修道之本"；卷三"幽明释义"叙述今世、后世的区别，"以见万有之归"；卷四"正异考述"详析教内异端的由来和谬误，"以正天下向往之道"。有1859年(咸丰九年)刻本和1923年北京铅印本。

四渡赤水 Four Crossings of Chishui River 中国土地革命战争时期，中央红军在长征中为争取战略主动在贵州、四川、云南三省交界的赤水河流域进行的高度灵活机动的运动战战役。

1935年1月，中央红军长征到达贵州遵义地区。这时，蒋介石调集重兵向遵义进逼，企图阻止中央红军北进与红四方面军会师或东出与红2、红6军团会师，围歼中央红军于乌江西北的川黔边境地区。

中共中央和中央革命军事委员会决定中央红军由遵义地区北上，北渡长江，进至四西北部建立新的苏区。1月19日，中央红军第1、第3、第5、第9军团分三路向赤水方向急进。

1月29日，中央红军第一次西渡赤水河，向古蔺、叙永地区前进。国民党军一路追截，中革军委决定暂缓渡江，改向川滇边的扎西（今威信）地区集中。

红军进入川滇边境后，蒋介石重新调整部署，调集多路大军，企图围歼中央红军于长江以南、横江以东、叙永以西地区。

2月9日，中央红军在扎西地区集结完毕。为迅速脱离川、滇军之侧击，毛泽东等决定东渡赤水河（第二次），向国民党军兵力薄弱的黔北地区进攻。18～21日，中央红军在太平渡、二郎滩二渡赤水河，迅速占领桐梓县城。25日攻占要隘娄山关，28日重占遵义城，并击溃和歼灭国民党军2个师又8个团，取得中央红军长征以来最大的一次胜利。

遵义战役后，蒋介石改以堡垒主义和重点进攻相结合的战法实行南北夹击，企图围歼中央红军于遵义、鸭溪地区。

3月5日以后，中央红军主力向鲁班场、三元洞地带之国民党军发起进攻，因其3个师猬集在一起，攻击未能奏效，红军遂转兵西进，于16日在茅台及其附近地区第三次渡过赤水河，向古蔺、叙永方向前进。

红军再次进入川南，蒋介石判断红军又要北渡长江，急令部队向川南进击，企图聚歼红军于古蔺地区。毛泽东当机立断，决定乘敌尚未合围之机折而向东，在赤水河东岸寻机歼敌。红军主力由镇龙山以东地区，突然折向东北，于3月21日晚分别经二郎滩、九溪口、太平渡第四次渡过赤水河。31日经江口、大塘、梯子岩等处南渡乌江，把蒋介石的几十万军队甩在乌江以北。之后，中央红军绕过贵阳，进军云南，接着转兵向北，于5月9日渡过金沙江。

四渡赤水之战中，毛泽东等根据情况的变化，指挥中央红军巧妙地穿插于国民党军重兵集团之间，创造战机，各个歼敌，取得了战略转移中有决定意义的胜利。这是红军战争史上以少胜多、变被动为主动的著名战例。

四端 four innate virtues 中国战国中期孟子的哲学术语。语出《孟子·公孙丑上》。孟子认为，人人都有恻隐之心、羞恶之心、辞让之心和是非之心。恻隐之心是仁之端，羞恶之心是义之端，辞让之心是礼之端，是非之心是智之端。他说，人人有这样的“四端”就像人人有四肢一样自然而然。端有开端、萌芽的意义。恻隐之心等四心是仁义礼智四德的开端，因此四端也称善端。孟子认为，人之所以异于禽兽，就在于有四端。四端给人们只是提供了一个向善成圣的可能。有的人能够扩充四端，努力培养自身的品德，有的人则自暴自弃，不去充分发挥本性，因而形成了人们品德的优劣和人格的高下。四端说既是孟子性善论的理论基础，也是其修养思想的出发点。

《四分律》 *Dharmagupta-vinaya* 佛教戒律书。又称《昙无德律》。昙无德，“法藏部”的梵文音译。60卷。姚秦佛陀耶舍所译。全书内容分：序分、正宗（含比丘、比丘尼两部戒及二十犍度）和流通。此律初译出时被判为大乘律。北魏时便有法聪等弘传。唐道宣据此创律宗。唐代以后，汉地各宗派僧尼皆奉持《四分律》。现存重要的注疏有唐法砺《四分律疏》；道宣《四分律删繁补阙行事钞》、《四分律含注戒本疏》；怀素《四分律开宗记》等。

四氟乙烯 tetrafluoroethylene 最重要的含氟烯烃，分子式为$CF_2{=}CF_2$。无色、无臭、低毒气体；熔点-142.5℃，沸点-76.3℃，密度1.519千克/米^3（-76.3℃）。临界温度33.3℃，临界压力3.92兆帕。它是最重要的含氟单体，可用自由基引发剂引发聚合成化学稳定性很高的聚四氟乙烯，或与其他单体共聚合为多种含氟高分子绝缘材料、纤维等。四氟乙烯容易与亲核试剂反应，例如：

$$CF_2{=}CF_2+B^- \longrightarrow [BCF_2CF_2]^- \longrightarrow BCF_2CF_2H$$

B为$N(C_2H_5)_3$、$OC(CH_3)_3$、SC_6H_5等。四氟乙烯受热歧化成碳和四氟甲烷，释放的热量与等量的黑色火药爆炸相似。四氟乙烯被氧引发，可发生暴聚，在储存和运输时一般需添加稳定剂如萜烯、三正丁胺等，并在无氧、低温下储存于钢瓶中。

工业上由二氟氯甲烷或三氟甲烷热解制四氟乙烯。此外，四氟二氯乙烷经三氟化铝催化脱氯也可制备四氟乙烯。

四姑娘山 Siguniang Mountain 中国邛崃山主峰。四川省第二高峰。藏语名为“石骨拉柔达”，意为大神山。位于四川省的汶川县、小金县和理县之间。由于在方圆3.5千米内接连有海拔为5 672、5 700、6 250和5 664米的4座山峰挺立，故当地称之为四姑娘山。山脉附近为现代冰川覆盖的山峰20余座。四姑娘山地处四川盆地向青藏高原过渡地带，山体东陡西缓，东西自然景观差异巨大，东坡多雨湿润，基带为亚热带常绿阔叶林；西坡少雨干燥，属温带干旱河谷灌丛。东坡垂直生物气候带明显，热、温、寒三带皆备，动植物丰富多彩。东南麓有四川省最大的卧龙自然保护区。

四国岛 Shikoku 日本第四大岛。位于本州岛西南，北临濑户内海，南濒太平洋，东隔鸣门海峡和纪伊水道同本州岛的近畿地方相望，西隔速吸濑户（丰予海峡）和丰后水道同九州岛相对。主岛面积18 256平方千米，连同附近471个附属岛屿在内面积共18 795平方千米，人口420多万。古时岛上曾建有阿波、赞岐、伊予和土佐4个小国，故有“四国”之称。原与本州岛相连，第四纪初因陆地沉降，其间形成濑户内海，而同本州岛分离。境内山地约占80%。最高点为石锤山的天狗岳，海拔1 982米。平原狭小，零散分布于各河下游和沿海。气候温暖，北部干燥，南部湿润。年平均气温为16℃，1月5.2℃，8月26.3℃。平均年降水量北部不足1 500毫米，南部2 000～3 000毫米。多雨季节在6～7月的梅雨期和秋初的台风期，南部风涝灾害较多。河流短小，中上游水势湍急，富水力。有铜、金、银、锌等矿藏。森林密布，占全境7/10以上，亚热带植物繁茂。主要种植水稻、麦类、蔬菜和果树栽培等，林、渔业也较重要。工业发展低于全国平均水平，主要有化学、机械、有色金属等。北部濑户内海沿岸是新兴的临海工业区。对外联系主要靠海上交通和航空运输。1988年4月填海造陆建成南自香川县坂出市，北至九州岛冈山县儿岛町的跨海大桥濑户大桥，全长37.3千米，是世界上最长的铁路、公路两用跨海大桥。有濑户内海国立公园（1934）等。

濑户大桥

四国同盟 Quadruple Alliance 英、俄、奥、普四国为保证1815年《巴黎条约》的实施而缔结的同盟。第7次反法联盟打败拿破仑一世军队后，同盟国同战败的法国于1815年11月20日签订《巴黎条约》。与此同时，又签订了《四国同盟条约》。主要内容是：①拥护1815年《巴黎条约》。②如任何一方受法国攻击，盟国各出兵6万相助。③缔约国定期举行会议，协商各国的共同利益和维持欧洲和平的方法。条约有效期为20年。法国遵守1815年《巴黎条约》规定，按期偿付赔款。1818年，盟国同意撤出在法国的驻军，法国也加入同盟，并于11月15日发表共同宣言，声明5强维持欧洲和平，即按欧洲各大国统治者的利益和目的，处理欧洲事务。随着欧洲革命运动蓬勃发展，四国同盟内部矛盾重重，在许多问题上已不能一致行动。

四合院 quadrangle 中国传统院落住宅形式。由四面房屋合围成院，故名。广义上四合式住宅都称四合院，流行于全国各地。通常专指流行于华北地区、以北京民居为代表的四合院。迄今所知最早的完整四合院见于陕西岐山凤雏建筑遗迹，距今已有约3 000年。

华北四合院多建在地势平坦地区，讲究中轴对称。通常分内、外院，之间设垂花门（又称二门）。外院周边有围墙，南墙设倒座（与坐北朝南的正房相对的南屋）；内院设大庭院、正房、耳房和东西厢房，房屋间有廊相接；内院之后一般还附设小院，建后罩房一排。中型宅院在纵深方向设三进院或四进院，大型住宅则朝横向发展。屋顶有硬山、单坡、平顶等式样。房屋结构一般采用抬梁式，墙体较厚。建筑用材主要是青砖和木、石。大门、垂花门、影壁和屋脊多作砖雕灰塑，或施彩画，正房前檐常用精美木雕，是装饰的重点部位。

四合院是以家庭为独立单位的私人住宅，功能分区明确。小四合院只有一个院落，正房多为长辈居住，厢房晚辈居住，

北京克勤郡王府，是保存比较好的四合院之一

倒座常作客房、书房，有的为佣房及杂物间。在典型三进院中，中院是户主和家人作息主要场所。前、后院供佣人居住和劳务，厨房在后院的后罩房，厕所一般在前院西南角。四合院多平房，院内各房间距较大，外墙极少开窗，冬季保暖，夏季通风，利于日照、采光、抗震、防风、避沙。北京四合院依风水之说不把大门开在中轴线上，避免与宫殿、庙宇相同。位于路北的住宅大门一般开在东南隅，取“坎宅巽门”吉利之意，路南住宅大门则开在西北隅。大门入口内设影壁以辟邪。在中国传统社会，四合院的规模和细部装饰体现居住者的社会地位，具有浓厚的等级意味。如北京四合院除贵族府第外，不得使用琉璃瓦、朱红门墙和金色装饰，一般四合院色彩以墙面和屋顶的青灰色为主。20世纪80年代以后，随着城市现代化的进展，北京的老式四合院民居大量被淘汰，部分作为传统文化遗产保留下来。

四胡 sihu 中国擦奏弦鸣乐器。流行于汉族、壮族和蒙古族中。汉族、壮族称四弦

胡，蒙古族称四弦、侉勒或胡尔。清《律吕正义后编》称为提琴。结构与二胡大致相同。有用铜板制成的圆形和用红木、硬杂木制成的八角形两种。琴筒上，汉族多蒙以蟒皮，蒙古族多蒙以蛇皮或牛、羊皮。琴杆较二胡略长而粗，张4根丝弦或金属弦。第一与第三、第二与第四弦发同音。弓子的马尾也分为两股，分别夹置于1、2及3、4弦之间。演奏时两根弦同时发音，音量增大，像两件乐器同时演奏。四胡分大、小两种规格。小四胡定弦为d^1、a^1，音域$d^1 \sim d^3$，多用于独奏和民间器乐合奏；大四胡定弦为g、d^1，音域$g \sim g^2$，多用于说唱音乐的伴奏。用四胡伴奏的民间音乐有京韵大鼓、冀东皮影戏、唐剧、蒙古族说唱乌力格尔与好来宝、湖北小曲、壮族民歌等。

四环素类抗生素 tetracyclines 从链霉菌属不同菌株发酵后提取的抗生素。包括金霉素、土霉素、四环素和去甲基金霉素。多西环素（强力霉素）和米诺环素等均为半合成四环素类抗生素。

四环素类抗生素为口服广谱抗生素，

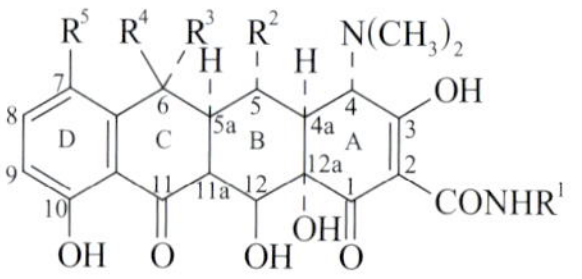

四环素类抗生素的基本结构

早期广泛应用，后因细菌对其耐药严重，且不良反应较明显，临床已为其他抗生素代替，应用已较少。

不良反应包括：①胃肠道反应。②促使核黄素自肾脏排泄增多。造成维生素B_2缺乏，导致口、咽糜烂及溃疡，黑毛苔，肛门周围疼痛及腹泻等。③引起肝肾功能损害。④应用过期失效四环素可出现类范可尼氏综合征。⑤去甲基金霉素能诱导肾性尿崩症及肾功能衰竭。⑥可引起二重感染。⑦影响牙齿和骨骼发育（如四环素着色牙）。⑧变态反应（又称超敏反应）。如药疹、药物热、哮喘、血管性水肿、过敏性休克、光敏性皮炎（去甲基金霉素多见）及诱发红斑狼疮等。

四会市 Sihui City 中国广东省辖县级市。位于省境中部偏西。面积1 258平方千米。人口54万（2010）。秦始置四会县。1993年撤县设市。由肇庆市代管。农业主产水稻、甘蔗、花生、柑橘、茶叶、药材、禽畜、淡水鱼等。特产会纸、茶油鸡、濑粉、白沙竹笋和无笃石螺等。矿产有石膏、石灰岩、高岭土、花岗岩、钨、金、铁、煤等。工业有建材、机电、制鞋、玉器加工等。名胜古迹有野狸岗古人类遗址、宝林寺等。

四脚蛇 Sauria; lizard 爬行纲蜥蜴亚目动物的统称。又称蜥蜴。

《四库全书》 *Complete Library of Four Treasuries* 中国清代官修大型手写本综合性丛书。自乾隆三十七年（1772）起，先后动用近4 000人，历时10年，于乾隆四十六年十二月（1782年1月）修成。按经、史、子、集四部分类，故名。共收书3 503种，79 337卷，约9.97亿字，装订成3.6万册，6 700余函。

《四库全书》基本上将乾隆中期以前，特别是元代以前的重要著作包括在内，在一定程度上起了保存、整理和传播中国古代文献的作用。但其编纂宗旨在于维护清王朝的专制统治，凡被认为不利于其统治的图书，则加以抽毁、窜改，或斥之不录，禁毁书达3 000余种，在中国文化史上造成难以弥补的损失。

《四库全书总目》 *Catalogue of Complete Collection of Four Treasuries* 中国清代官修书目。又称《四库全书总目提要》、《四库提要》。清乾隆年间纪昀、陆锡熊、孙士毅等奉敕编纂。总目共收各省献呈书籍

10 254种，收入《四库全书》的“应抄”书籍3 461种，“存目”(只存书名，不列内容)书籍6 793种，包含了先秦至清初尚传世的重要书籍。按经、史、子、集44类编排（经部10类、史部15类、子部14类、集部5类)。共200卷。乾隆五十四年(1789)由武英殿刊行。

《四库全书总目》在目录编撰体例、文献分类、提要撰写和文献考订等方面均有建树，在中国目录学史上占有重要地位。

《四郎探母》 *Yang Silang Visits His Mother* 中国京剧作品。作者未详。清道光二十五年（1845）刊刻的《都门纪略》已记载余三胜、张二奎、陈鸾仙（凤林）等演员都擅长此剧。此剧取材于杨家将故事，但与《杨家将演义》的情节有所不同。剧写辽、宋战争中，宋将杨四郎（延辉）被俘，改名木易，与辽国铁镜公主成婚。15年后，杨母佘太君率军来到雁门关。四郎得铁镜公主

梅兰芳在京剧《四郎探母》中饰铁镜公主

诓来的令箭，私往宋营探母，又连夜赶回辽邦，被辽主萧太后擒拿问斩，经铁镜公主求情，方获宽宥。全剧用成套西皮唱腔，脚色行当除无花脸外，老生、青衣、小生、小丑均能发挥所长。除京剧外，秦腔、眉户、同州梆子、晋剧、上党梆子、川剧、河北梆子、祁剧等均有同名剧目。

四灵体 中国南宋中期一种学习晚唐诗的诗歌流派及其作品的风格体制。当时，永嘉（今浙江温州）诗人徐玑（号灵渊)、徐照（字灵晖)、翁卷（字灵舒)、赵师秀（号灵秀）互相唱和，因他们的字或号都带有“灵”字，故称永嘉四灵。他们鄙视欧阳修、梅尧臣以来包括江西派在内的诗，而偏爱林逋、潘阆、魏野等承袭晚唐风气的诗；口头上提倡唐诗，实则排斥杜甫，尊尚晚唐。以贾岛、姚合为“二妙”，经过叶適等人的揄扬，四灵体名噪一时。“四灵”中徐照和翁卷是布衣，徐玑和赵师秀做过小官。他们的人生态度是“爱闲”，“安贫”，“有口不须谈世事，无机惟合卧山林”(翁卷《行药作》)。其诗题材局限于流连山水；轻古体而重近体，尤重五律；刻意求工，忌用典，尚白描，追求野逸清瘦的情趣。“四灵”的兴起是为矫正江西诗派之弊，而其弊实甚于江西诗派，当时就引起人们的不满。《四库全书总目·唐诗品汇》提要说四灵体“猥杂细碎，诗以大弊”。

四六文 four-six style parallel prose 骈文的别称。骈文的主要特点是要求全篇以对偶句组成，并讲求声律、辞采。而所用句式则多以四字句、六字句为常。唐代柳宗元在《乞巧文》中形容以四、六句为主的骈体文是“骈四俪六，锦心绣口”。李商隐则称自己的骈文集为“樊南四六”，故骈文又有了“四六文”的名称。宋代，凡官府文牍章、表、制、策等皆用此体，且四、六句的格式更严，更趋于定型化，一些关于骈文的专著也每以“四六”为名，如宋代王铚的《四六话》、谢伋的《四六谈麈》等，从而“四六文”的名称也就通行起来。

四氯化碳 carbon tetrachloride 甲烷分子中4个氢原子被氯取代而生成的卤代烃，分子式CCl_4。又称四氯甲烷。为无色液体，有令人愉快的气味，能起麻醉作用，有毒；熔点－23℃，沸点76.8℃，密度1.586 7克/厘米^3（20℃)。微溶于水，可溶于乙醇、乙醚、氯仿等有机溶剂。它本身又是一种良好的溶剂，能溶解脂肪、油类、树脂、油漆以及无机碘等。化学性质不活泼，不助燃，与酸、碱不起作用，但对某些金属（如铝、铁）有明显的腐蚀作用。以三氯化铁做催化剂，可用氯气与二硫化碳在加热下制取四氯化碳。主要用作溶剂和灭火剂，也用于生产氟利昂。

四氯乙烷 tetrachloroethane 乙烷分子中4个氢原子被氯取代而生成的卤代烃。有均四氯乙烷$Cl_2CHCHCl_2$和不对称四氯乙烷$ClCH_2CCl_3$两种同分异构体。前者较为重要，为无色液体；有甜香味；熔点－36℃，沸点146.2℃，相对密度1.595 3（20/4℃)；难溶于水，溶于乙醇、乙醚等。在避光和隔绝空气的条件下，在高温也很稳定，但暴露于日光和空气中可分解，产生剧毒的光气；极易与碱作用，与弱碱反应时生成三氯乙烯，与强碱共热则生成易爆炸的二氯乙炔。均四氯乙烷可由乙炔与氯气在三氯化铁催化下反应得到。可用作溶剂、萃取剂、杀虫剂和除草剂。在液体氯代烃中，它的毒性最大，急性中毒可导致死亡和永久性麻痹等症，经皮肤吸收可引起慢性中毒。

《四民月令》 *Monthly Ordinances for the Four Classes of People* 中国东汉晚期崔寔仿照古代月令形式撰写的、叙述大地主田庄例行农事活动的专著。反映出当时盛行的大田庄基本上是农业与手工业相结合的自给自足的自然经济单位。该书以农事活动为重点，记述了各种作物的种植时间、与种植相关的农事安排及纺织、酿造、制药等手工业和副业。对大田庄中的人际关系也有所反映，最突出的是以血缘关系为纽带的宗族关系。原著在宋、元之际已佚失，现存部分是根据北魏贾思勰的《齐民要术》和北周末年杜台卿撰集的《玉烛宝典》等书的著录整理而成。有清代佟兆麟、王谟、严可均及近代人唐鸿学四种辑佚本。

《四溟诗话》 *Poetry Comments of Siming* 中国明代诗歌论著。谢榛著。共4卷。作者的基本观点是从格调出发，推尊盛唐14家的诗作，主张应“选李杜十四家之最佳者，熟读之以夺神气，歌咏之以求声调，玩味之以裒精华”，然后自出于14家之外，“及乎成家，如蜂采百花为蜜，其味自别，使人莫之辨也”。在此基础上，作者进一步强调诗歌创作中的“天机”和“妙悟”，认为“诗有天机，待时而发，触物而成；虽幽寻苦索，不易得也”。这就为他反对模拟，强调创作中的真情和提倡创新提供了理论依据。但是由于谢榛过分地提倡所谓的“天机”和“妙悟”，也使他把注意力太多地集中在带有神来之笔性质的警句上，主张“凡做诗先得警句，以为发兴之端，全章之主。格由主定，意从客生”。使其理论仍未走出形式主义的樊笼。常见的版本有人民文学出版社版的《中国古典文学理论批评专著选辑》本和中华书局版的《历代诗话续编》本。

四平市 Siping City 中国吉林省辖地级市。位于省境西南部，邻辽宁省。辖铁西、铁东2区和梨树县、伊通满族自治县，代管双辽市、公主岭市。面积14 323平方千米。人口339万（2010)，有汉、回、满、朝鲜、蒙古等30个民族。汉魏为扶余地，辽属东京道通州，清属内蒙古哲里木盟，民国为梨树县第二区。1937年伪满设四平街市。1941年四平街市改称四平市。矿产主要有硅灰石、膨润土、硅砂、金、银等。盛产玉米、大豆、高粱等，有粮仓之称，是全国主要商品粮基地之一。葡萄、红果、人参、鹿茸也享有盛名。工业以机械、电子、食品、纺织、化工、汽车、医药、建材等为骨干。京哈、平齐、四梅铁路在市区交会，是东北铁路较大编组站和客运站之一。又为哈大公路和集锡公路的交叉点。名胜古迹有大青山文化遗址、叶赫古城遗址等。

四七社 Gruppe 47 德国文学团体。因成立于1947年而得名。第二次世界大战后恢复和促进德国文学的繁荣，发现和帮助青年作家成长，在H.W.里希特等9位作家倡议下成立。决定创办相应的杂志（后被封），设立奖项，定期集会。会上主要朗诵新作，同时发表评论。四七社成立以后，推出了不少力作，相继有G.艾希、H.伯尔等10位作家获奖。后因内部出现矛盾和分化，于1968年举行最后一次年会，1977年宣布解散。

四气五味 four natures and five flavours of drugs 中药药性理论的基本内容之一。四气指药物有寒、热、温、凉四种不同的药性，又称四性；五味指药物因功效不同而具有酸、苦、甘、辛、咸五种不同的药味。四气五味理论最早见于《神农本草经》。

四气 寒凉与温热是两种对立的药性，温热属阳，寒凉属阴，其间又有程度上的差别，即温次于热、凉次于寒。另外还有平性，即药性平和，是指其寒热偏性不甚明显，但实际上也有偏凉偏温的不同，称其性平是相对而言的，仍未超出四性的范围，故仍称四气（四性）。一般寒凉药分别具有清热降火、凉血解毒、泻热通便、清热利水、清化热痰、清心开窍、凉肝熄风等作用，主治实热烦渴、温毒发斑、血热吐衄、火毒疮疡、热结便秘、热淋涩痛、黄疸水肿、痰火咳嗽、高热神昏、热极生风等阳热证；温热药分别具有温中散寒、温肺化饮、暖肝散寒、补火助阳、温阳利水、温通经络、引火归原、回阳救逆等作用，主治中寒腹痛、肺寒喘咳、寒疝作痛、阳痿早泄、宫冷不孕、阴寒水肿、风寒痹痛、血寒经闭、虚阳上越、亡阳厥脱等阴寒证。

五味 本义指酸、苦、甘、辛、咸五种口尝可直接感知的真实滋味。药性理论中的五味既是药物作用规律的高度概括，又是部分药物真实滋味的具体表示。五味所代表的药物作用及主治病证：①辛味。能散能行，有发散解表、行气行血的作用。一般解表药、行气药、活血药多具辛味，故辛味药多用治外感表证及气滞血瘀等病证。②甘味。能补能和能缓，有滋补和中、调和药性及缓急止痛的作用。一般滋养补虚、调和药性及制止疼痛的药物多具甘味，故甘味药多用治正气虚弱、身体诸痛及调和药性、中毒解救等。③酸味。能收能涩，有收敛固涩的作用。一般固表止汗、敛肺止咳、涩肠止泻、固精缩尿、固崩止带的药物多具酸味，故酸味药多用治体虚多汗、肺虚久咳、久泻久痢、遗精滑精、遗尿尿频、月经过多、白带不止等病证。④苦味。能泄能燥能坚，有清泄火热、泄降逆气、通泄大便、燥湿坚阴（泻火存阴）等作用，一般清热泻火、降气平喘、止呕止呃、通利大便、清热燥湿、祛寒燥湿、泻火坚阴的药物多具苦味，故苦味药多用治热证、火证、气逆喘咳、呕吐呃逆、大便秘结、湿热蕴结、寒湿滞留等病证。⑤咸味。能下能软，有泻下通便、软坚散结的作用。一般泻下或润下通便及软化坚硬、消散结块的药物多具咸味，故咸味药多用治大便燥结、瘰疬瘿瘤、癥瘕痞块等病证。咸味药多入肾经，有较强的补肾作用，用治肾虚证。还有些咸味药走血分，有清热凉血作用，主治热入营血的病证。

五味之外，还有淡味及涩味。淡味能渗能利，有渗湿利小便的作用，一些利水渗湿药多具有淡味。淡味药多用治水肿、脚气、小便不利等病证。涩味与酸味药作用相似，也有收敛固涩的作用。五味也有阴阳的分属，即辛、甘、淡属阳，酸、苦、咸属阴。五味对五脏各部位有一定的选择性，其作用是辛味药以散肺气之郁，甘味药以补脾气之虚，苦味药以泻心火，酸味药以敛肝阴，咸味药以补肾虚。

临床用药既要熟悉四气、五味的一般规律，也要了解每种药物气味的特殊治疗作用，以及气味配合的变化规律。

四氢大麻酚 tetrahydrocannabinol 酚类有毒化合物，分子式$C_{21}H_{30}O_2$。为印度大麻类植物的主要有毒成分。印度大麻类植物分泌的有毒胶状物含多种酚类化合物，都具有3,4-苯并香豆素骨架。其中四氢大麻酚生理活性最强，大麻酚和大麻二酚均无生理作用，大麻在储存过程中，四氢酚类衍生物被空气氧化，生物活性降低。四氢大麻酚对中枢神经有兴奋作用，使人产生幻觉和愉快的感受，对可怕的事情没有恐惧，最后导致中毒及深度睡眠，是成瘾毒物。

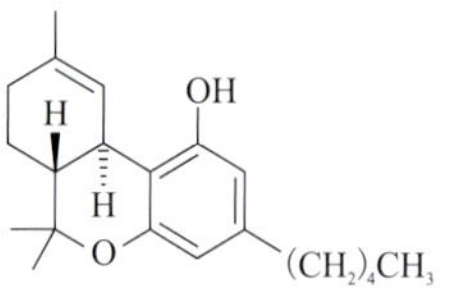

“四清”运动 Four Clean-ups Movement 中国1963～1966年在部分农村和少数城市基层开展的社会主义教育运动。因清理内容主要有4个方面而称为四清运动。在1962年召开的中共八届十中全会上，毛泽东提出要开展社会主义教育运动。会后，中共中央决定在城乡发动一次普遍的社会主义教育运动，开展大规模的阶级斗争。在部分农村，针对基层干部中存在的一些多吃多占等经济问题，清理账目、清理仓库、清理财务、清理工分，被称为“小四清”运动；在少数城市试点，进行反对贪污盗窃、投机倒把、铺张浪费、分散主义、官僚主义的运动，被称为城市“五反”运动。1963年5月，中共中央发出《关于目前农村工作中若干问题的决定（草案）》(简称“前十条”)，其中要求干部深入调查、参加劳动等规定，虽然起到了防止干部脱离群众和腐败的一定作用，但是也过于严重地认为，有些地方领导权已经落到了“阶级敌人”的手中。9月，中共中央又发出《关于农村社会主义教育运动中一些具体政策的规定（草案）》(简称“后十条”）等文件，明确提出“以阶级斗争为纲”，要求整顿农村党的基层组织，认为问题“在上面大体都有根子”。到1964年6月，这种错误认识甚至发展到得出国家有1/3的权力不在中国共产党手里的严重错误判断。在这种阶级斗争扩大化指导思想的影响下，随着运动的开展，各种问题都被说成是阶级斗争的性质而混淆夸大，采取了过火的打击方式。1965年1月，中共中央发出《农村社会主义教育运动中目前提出的一些问题》(简称“二十三条”)，部分地纠正了过去的一些极左做法，但是又提出运动的重点是“整党内那些走资本主义道路的当权派”，使许多基层干部受到严重冲击。“四清”的内容变为清政治、清经济、清组织、清思想。到1966年春天，全国大约有三分之一的县和社开展了四清运动。1966年夏季“文化大革命”开始后，“四清”运动逐步被纳入“文化大革命”的轨道而中止。

1964年9月天津小站公社召开的社会主义教育运动宣判处理大会

四色问题 four colour problem 图论中的问题。又称四色猜想。由F.格思里于1852年提出。猜想是这样叙述的：对平面上或球面上的地图着色，至多用4种颜色可以使两两相邻的国家或地区的颜色不同。如果颜色增加至5种，对应的问题称为五色问题。1890年，A.B.肯普和P.D.希伍德证明了五色问题。

对于平面上的任意地图，若用点表示区域，用两点间的连线表示两区域相邻，可以得到一个对应的平面图。这样，四色问题转化为任意平面图的点色数不超过4的问题。对于这个问题的证明，已有的思路是：①利用极大平面图。如果连接一个平面图G中不相连的点后就不是平面图了，那么称G为极大平面图。

如果能证明所有极大平面图的点色数不超过4，那么所有平面图的点色数就不超过4。因此，总假定平面图是具有足够多点数的极大平面图。当点数小于96时，可以用推理的方法直接证明四色猜想。②利用可约构形。首先，若一个平面图的每个有界面的边界是三角形，则称平面图为构形。对于任意的极大平面图G，如果G中包含构形F，并且存在G的一个子图G'，使得G的色数等于G'的色数，那么称构形F是可约的。20世纪30年代，H.希施试图用计算机在可约构形中找出一个不可免完备集。1976年K.I.阿佩尔和W.哈肯改进了希施的算法，用计算机找到了一个由1936个可约构形组成的不可免完备集，后来减少到1834个。他们在美国数学会通报上宣布证明了四色猜想。

四色问题对图的着色理论、平面图论、代数拓扑图论、极图图论及有限射影几何的发展都起了推动作用。

四僧 Four Monks 中国清初四个僧人画家：弘仁（渐江）、髡残（石谿）、朱耷（八大山人）、原济（石涛）。朱耷与原济皆为明王室后裔，弘仁为明末生员。明亡以后，相继出家。弘仁、髡残、原济主要从事山水

朱耷作《石菖蒲图》

画创作，朱耷除山水画外，擅画水墨花卉禽鸟。他们的画风具有鲜明的艺术个性，与同时期正统派画风不同，对后世影响很大。

四声 four tones of Chinese pronunciation 汉语平、上、去、入4个声调的总称。指上古四声、中古四声和现代汉语普通话四声，每种四声的内容各不相同。

①上古四声。通常称古四声，指中国先秦两汉时期汉语的声调。清代段玉裁最先使用这一术语。最早研究古四声的是明代陈第，他通过《诗经》押韵字发现，先秦韵文押韵不一定是同声调的字，有时不同声调的字也可以在一起押韵。清代江永把陈氏的看法概括为《诗经》押韵“四声不拘”，揭开了研究古四声的序幕。清代顾炎武提出“四声一贯”说，核心是，在先秦两汉时期，平、上、去、入四声可以相互转变，即所谓“四声一贯”。江永认为古四声是客观存在。以上各家基本上都认为古有四声。段玉裁提出“古有三声”，他认为先秦两汉时期只有平、上、入三声，没有去声，去声产生于魏晋以后，是从入声中分化出来的。孔广森也主张“古有三声”，认为“古无入声”。王念孙与江有诰赞成江永等古有四声的看法，认为只是个别字的声调调类发生变化。当代学者对古四声的认识也不相同。

②中古四声。南朝齐梁时代发现四声是从作诗讲究声律开始的。《南史·陆厥传》：“汝南周颙善制声韵，为文皆用宫商，以平、上、去、入为四声。”又《周颙传》：“颙始著《四声切韵》，行于时。”中古四声对汉字声调的分类，完整地保存在《切韵》系统韵书里。有一种观点认为，中古是“四声八调”，平、上、去、入每种声调又按声母的清浊分为阴阳两调，即阴平、阳平、阴上、阳上、阴去、阳去、阴入、阳入。至于中古四声的调值，由于材料的缺乏，现在还没有确切的研究成果。但由于部分现代汉语方言中保留有入声，所以对于入声的调值认识得比较清楚。

③现代汉语普通话四声。由中古四声发展变化而来，分阴平、阳平、上声、去声，简称阴、阳、上、去。从中古四声到现代汉语普通话四声，其变化规律大致是：中古平声分化成今天的阴平和阳平，分化的条件是清声母变阴平，浊声母变阳平；中古上声清声母和鼻音、半元音声母今天仍读上声，全浊声母变成去声；中古去声今天仍读去声；中古入声韵的塞音尾全部消失，变成相应的阴声韵，浊声母变成阳平和去声，清声母阴、阳、上、去四声都有。

四圣六凡 four kinds of sages and six kinds of unenlightened beings 佛教术语。又称十界，即已经超出三界脱离生死轮回的佛等四圣者和仍处于三界之中的六种凡夫众生。四圣为：①佛陀，亦即觉者，如释迦牟尼佛、阿弥陀佛等。②菩萨，意为觉有情，如观世音、普贤、文殊等菩萨。佛与菩萨为大乘圣者。③缘觉，又称独觉或辟支佛。他们生当无佛之世，完全依赖自己的利根悟道。④声闻，听佛言教而成悟。六凡为：①天道，即天界众生。②人道，即人类众生。③阿修罗道，即非天或人的较高级鬼神。④畜生道，即非人的一切有生之属，牛马鸡犬虫鱼等。⑤饿鬼道，即不得其所，饮食不得之鬼。⑥地狱道，即恶业未尽在地狱受煎熬之鬼属。六凡中前三道为善道；后三道为恶道。

四圣书 al-Kutub al-Arba‘ah 伊斯兰教什叶派四部圣训集的总称。又称“四大圣训经”。在什叶派穆斯林中的地位仅次于《古兰经》，为什叶派立法渊源之一。成书于10～11世纪。汇编者均为波斯籍什叶派圣训学家。先知穆罕默德和阿里等12位伊玛目的言行汇集。分别是：①《宗教学大全》，一译《卡菲》。穆罕默德·库莱尼（？～941）集录。有圣训16 000余条。②《教法学家不予光顾的人》，又译《教法自通》。伊本·巴布叶·库米（918～991）汇编。辑有圣训6 000余条。③《教法修正》，又译《法令修正篇》。艾布·贾法尔·图西（995～1067）汇编。收录圣训13 590条。④《圣训辨异》，一译《伊斯提布赛》图西汇编。共收5 511条圣训。

《四十二章经》 *Sutra of Forty-two Chapters* 现存最早的汉文佛教经籍。由四十二个短小的佛经组成，故名。实际上，它并不是一部独立的佛经，而是撮抄小乘佛教基本经典《阿含经》而成。《四十二章经》文字简短，叙述生动，常用比喻，颇具说服力。其内容包含早期的佛经基本教义，尤其强调人生无常及受爱欲之蔽。认为人生苦短，世间一切变幻无常，提出抓紧修道，早得解脱。它强调要抛弃各种欲望，才能得阿罗汉果。现在流传的《四十二章经》可以分成三种不同本子。①《高丽藏》藏本，它源出于北宋初年的《开宝藏》；②北宋真宗的注释本，收在明《永乐南藏》中；③南宋守遂的注释本，流传较广，有明时智旭、了童和清初之续法等人所作之疏。

四时调摄 health maintenance in four seasons 中医学有关一年四季昼夜四时等不同季节、不同时间的调摄养生方法。它是中医学顺应“天人相应”、“天人合一”思想的重要体现，如《黄帝内经》“春夏养阳，秋冬养阴”等论述，指出气候变化能够导致疾病，以及抗御方法、保养原则等，现存著作有《养生月览》、《四时宜忌》、《居家宜忌》、《四气摄生图》等。

四季正常气候是春温、夏热、长夏湿、秋燥、冬寒，生物生长规律则是春生、夏长、长夏化、秋收、冬藏。春夏季人体气血趋向体表，皮肤充盈润泽，毛孔开张多汗，脉象浮大；秋冬季皮肤致密，毛孔闭塞，少汗多尿，脉象沉小。季节变化也影响着疾病的发生和发展。四季均与固定的脏腑相关，如春应肝、夏应心、长夏应脾，秋应肺、冬应肾，当其季节，常令主脏受病，故乘春则肝先受之，故春病多在肝，余同。

白昼阳气主事，入夜阴气主事。人亦相同，白昼阳气在外，人表现精神爽朗、活泼好动，入夜阴气主事，人表现精神萎靡、困倦思睡，近代称之为生物钟现象。白昼卫气在表故人体防病能力亦强，夜半卫气入里，防卫能力减弱，易为邪侵害，病人也存在着“旦慧昼安、夕加夜甚”的现象。

四季养生方法包括：①春季养生。春三月，此谓发陈。夜卧早起，广步于庭，被发缓形，以使志生，居室上流通空气，行动上宜畅不宜郁、宜升不宜滞，衣着注意春捂秋冻。饮食应多选清淡偏凉食品，以升发疏泄阳气而不致助火动痰，药养服清凉、疏解之品，宿疾发动者，辨证求源。春日行针，刺经而已，可练嘘字功以舒肝调气去病，春日阳和，郊游能条达肝之郁气。②夏季养生。夏三月，此谓蕃秀。应夜卧早起，以应生机，情绪平和外向，多沐浴宣通腠理，不可贪凉太过，冬寒夏热可以锻炼肌肤、坚固正气，衣着应求宽松透气，夏渴多饮，少加咸味以助阴气，食物以清淡、营养丰富为好，生冷不可太过，老人可服补肾药，痼疾冬发咳嗽等服扶正培本药，逐渐制止疾病的发作，针刺刺孙络，可行呵字功，能平心、去火、安神。夏秋之间，属长夏季节，湿气重、热度高，故贪凉过饮可生内湿，天暑地湿易受外湿，注意不令湿蓄于脾酿生百病。③秋季养生。秋三月，天气肃杀，早卧早起，情志安定平和，胸怀舒畅，衣着根据体质、状态、气候、时间灵活增减，饮食上量不太过、味不过厚，可酌用滋润药品，行针浅刺勿深，可行呬字功，清肺、化痰、止咳嗽。④冬季养生。冬三月，天寒地冰，居处宜保暖，老年人宜着厚底鞋，易患头痛者应护前额，咳嗽者保住胸背，避免因寒诱发，冬令为进补佳期，饮食药物，阴阳气血，五脏六腑，应补者补之。行针可深。可行吹字功以固肾气。

四书 Four Books 中国儒家经典籍。《大学》、《中庸》、《论语》、《孟子》的合称。这些书记载了中国古代的典章文物、历史资料等，论述了儒家的哲学观点、政治思想、伦理观念和教育原理。

南宋朱熹把这4种书加以注释，称《四书章句集注》，简称《四书集注》，“四书”之名从此确定下来。《四书集注》出版以后，南宋末年，许多学校开始用为课本。到了元朝延祐初年，科举考试规定：蒙古人、色目人和汉人、南人（见四等人制）的第一场考试须在《大学》、《中庸》、《论语》、《孟子》中依照朱熹章句集注出题。明清科举考试，都首重“四书”，以朱熹的注解为唯一标准。自此，《四书集注》遂成为从中央到地方、官办和私办的一切学校的最基本课本。

《四体书势》 *Calligraphy Postures of Four Styles* 中国西晋书法家卫恒的书法理论著作。

四王 Four Wangs 中国明末清初并称画坛的四位王姓画家，即王时敏、王鉴、王翚、王原祁。他们均擅长山水画，在师承、崇尚、画风等方面十分接近，影响广泛，又都受到皇帝的赏识，遂成为左右画坛风气的山水画派，被看做正统派。王时敏、王鉴是第一代，与明末画家董其昌交善，绘画上受其影响很深，入清隐居不仕。第二代为王鉴的学生王翚。王原祁是王时敏之孙，艺术上直接继承他的祖父。他们一致的艺术倾向是：致力摹古，崇拜元四家，注重笔墨，追求平淡清闲的情调，以能灵活地运用古人的笔墨技法为绘画艺术的最高境界。他们在总结、运用前人笔墨方面达到一定的深度，尤其是在发展干笔渴墨、层层积染的技法方面，丰富了文人山水画的表现力。但由于一味崇古，忽视体察自然，缺乏真切的生活感受。

四王也有各自侧重的艺术追求。王时敏刻意追踪黄公望，摹古功夫深，笔墨上讲求法度，风格苍劲浑厚，开创了娄东派。王鉴师承不拘黄公望一家，崇仰董源、巨然，亦力主仿古，然笔墨功力深厚，技法亦较全面，水墨画运笔沉着，皴染细密，墨色浓润，层次丰富。设色画作青绿重色，墨彩相融，艳不伤雅。王翚得二王指授，从临古着手，能兼学诸体，主张集古人之大成。还注意观察自然，摄取真景。作品技法精熟，面貌多样，能脱古化新，具有一定的自然天趣。其追随者很多，形成虞山派。王原祁受王时敏影响，亦崇尚黄公望，但着重发展干笔积墨法，山石反复皴染，层层加量，由淡及浓，由疏而密，成为娄东派首领。娄东派、虞山派在康熙以后得到进一步发展，几乎统治了清代整个山水画坛。此外，还有小四王（王昱、王愫、王宸、王玖）和后四王（王三锡、王廷元、王廷周、王鸣韶）诸家。小四王活动于雍、乾（1723～1795）年间，后四王活动于乾隆后期。他们虽名噪一时，但均未脱出四王窠臼。

图1 王原祁作《华山秋色》（台北“故宫博物院”藏）

图2 王翚作《寒汀宿雁》（台北“故宫博物院”藏）

四维时空 four dimensional space-time 三维空间加一维时间构成的统一体。在经典物理学中，时间坐标和空间坐标之间划出了一条鲜明的界线，时间坐标总是在其本身中变换，这是因为经典力学中时间间隔被看成是不变的、绝对的。洛伦兹变换表明时间坐标和空间坐标总是合在一起实行变换的，因此在狭义相对论中，时间和空间不再是绝对的和彼此孤立的东西，而是紧密联系在一起而不可分割了。1907年H.闵可夫斯基在形式上发展了狭义相对论，采用空间坐标x、y、z和时间坐标ict（其中i为虚数，c为真空光速）的虚时四维时空，洛伦兹变换相当于四维时空中的旋转，相对论的协变性质表达得更为明晰，物理定律的形式更为简洁，许多问题的求解也更为简便。在广义相对论中，用四维形式表示物理定律更是必需的，但不是用闵可夫斯基的虚时四维时空。

四五年派 Angkatan'45 印度尼西亚八月革命期间（1945～1949）出现的以诗人凯里尔·安哇尔为首的文艺流派。1946年11月，凯里尔与一些年轻诗人和画家创立文艺组织文坛社，创作方法和艺术风格一改第二次世界大战前“新作家”田园式的浪漫主义气氛。凯里尔首先采用表现主义的手法写诗，他那新颖独特的诗歌形式，凝练紧凑的诗句，开创了印度尼西亚诗歌的新风格，在青年诗人中引起巨大反响。文坛社成立初期，对民族独立斗争持积极态度，后受“普遍人道主义”、世界主义等思潮的影响，日益脱离现实斗争，表现出“为艺术而艺术”的倾向。凯里尔去世后不久，有人第一次把“文坛社派”改称为“四五年派”，并把八月革命期间涌现的青年作家也包括在内。

四五运动 April Fifth Movement 1976年4月清明节前后，中国各地发生的人民群众悼念周恩来、反对“四人帮”、支持邓小平的大规模抗议活动。1976年1月8日，周恩来逝世。人民群众以各种方式寄托自己的哀思，“四人帮”却竭力限制群众的悼念活动，加紧对邓小平的攻击。人民的不满情绪日益高涨。从3月下旬起，北京、南京、杭州、郑州、西安、太原等城市的群众借清明节之机，广泛举行悼念周恩来的活动，敬献花圈、花篮，张贴传单，朗诵诗词，发表演说，抒发对周恩来的悼念之情，痛斥“四人帮”的倒行逆施。4月4日清明节，北京天安门广场群众声讨“四人帮”和悼念周恩来的活动达到高潮。当晚，华国锋召集部分在京政治局委员开会，在江青等人的左右下，决定当晚开始清理天安门广场的花圈和标语。毛远新将会议的情况写成书面报告，毛泽东圈阅了这份报告。4月5日，广大群众继续涌向天安门广场，要求“还我花圈”、“还我战友”，同一部分民兵、警察和战士发生了严重冲突。根据中央政治局会议的决定，当晚，中共北京市委第一书记吴德发表广播讲话，声言“在天安门广场有坏人”“进行反革命破坏活动”；命令群众立即离开广场。一万多民兵和警察进入广场，驱赶、殴打和逮捕滞留在广场的群众。4月7日，根据毛泽东的建议，中央政治局会议决定撤销邓小平的一切职务。以后，全国开始对邓小平公开点名批判，并追查所谓“政治谣言”，清查天安门事件和其他类似事件的积极参与者和“幕后策划者”。许多人被拘捕或判刑。悼

天安门广场人民英雄纪念碑下放满了人民群众自发献给周恩来的花圈

念周恩来、反对“四人帮”的全国四五运动，为后来中共中央政治局作出粉碎江青反革命集团的决策奠定了广泛的群众基础。1978年12月，中共中央宣布，为天安门事件及同时期的其他抗议“四人帮”活动彻底平反。

四项基本原则 four cardinal principles 坚持社会主义道路，坚持人民民主专政，坚持中国共产党的领导，坚持马克思列宁主义和毛泽东思想这四项原则是中华人民共和国的立国之本，回答和解决了国家走什么道路，实行何种国体，由谁领导，用什么思想作为理论基础等立国治国的根本问题，指明了中国革命和建设的正确方向，是各族人民团结前进的政治基础，是实现社会主义现代化的根本前提和保证。

坚持四项基本原则，是邓小平1979年3月30日在党的理论工作务虚会上所作讲话中首次提出的，其核心是共产党的领导和社会主义道路。1981年6月中共十一届六中全会通过的《关于建国以来党的若干历史问题的决议》明确规定：四项基本原则是全党团结和全国各族人民团结的共同的政治基础，也是社会主义现代化建设事业顺利进行的根本保证。

坚持社会主义道路，是直接关系到中国现代化建设发展方向的根本问题。坚持人民民主专政，即坚持中国的国体。坚持中国共产党的领导，是中国革命和建设事业取得胜利的根本保证。坚持马克思列宁主义、毛泽东思想，即坚持指导我们进行社会主义建设的理论基础。四项基本原则发展了科学社会主义理论并成为它的重要组成部分。它集中反映了中国各族人民的根本利益和共同意愿。四项基本原则的核心是中国共产党的领导，没有中国共产党的领导，也就不可能坚持社会主义道路，不可能坚持人民民主专政。四项基本原则是一个互相联系的、不可分割的整体，任何一项都不能动摇。

四言诗 four-character verse 中国古代诗歌体裁。“四言”指四字组成的诗句。四言诗指通篇都是或基本是四字句写成的诗歌。在上古歌谣及《周易》韵语中，已有所见。中国第一部诗歌总集《诗经》中，虽杂有三、五、七、八、九言之句，但基本上是四言体，所以四言体盛行于西周。战国时期，除楚辞外，其他诗作出现不多。西汉一朝虽也有五言体兴起于民间歌谣，但文士之作，大体还是用四言体，韦孟的《讽谏诗》可为代表，刘勰曾誉之为“继轨周人”之作。但东汉之后，五言诗很快取代了四言诗的地位。比较能继承《诗经》遗风，称得上四言正体的，是曹操《步出夏门行》、《短歌行》与陶渊明《停云》诸作。此外，嵇康的《幽愤诗》，以至韩愈的《元和圣德诗》、柳宗元的《平淮夷雅》也有一定成就。

四羊尊 Bronze Square Zun Decorated with Four Rams 中国商代晚期青铜器。又称四羊方尊。1938年发现于湖南宁乡月山铺。现藏中国国家博物馆。尊体瘦长，口、颈、腹、足的横截面均为方形。大口外侈，高圈足。通高58.3厘米、口边长52.4厘米，重约34.5千克。分块陶范合范浇铸而成。器身四隅各铸一凸起的羊形。立雕的羊头高耸于肩部四隅，双角大而卷曲，面目清晰，鼻口宽大，栩栩如生。尊腹四隅为羊的前胸，四羊相合

形成尊腹，圈足四隅两侧置羊腿。尊四周肩上浮雕4条盘绕的龙，龙头立雕突出于肩中央。全器上下以细云雷纹为地。此尊造型雄奇秀美，线条精丽刚劲，铸造精良，是中国古代青铜器中的精品，具有很高的艺术价值。

四一二政变 April 12 Coup 1927年4月12日，蒋介石在上海发动的“清党”反共、残杀革命民众的事件。

1927年春天，北伐战争扩大到长江下游，上海工人取得了第三次武装起义的胜利。惊恐万状的帝国主义列强一面积极准备以武力保卫侵华权益，一面竭力争取从内部攻破国民革命阵营，诱迫蒋介石和其他国民党“温和派”公开反共。而随着国民革命阵营内部斗争的激化，以蒋介石为代表的国民党右派也加快了反共政变的步伐。

3月26日，蒋介石到达上海。第二天就与国民党二届中央监察委员吴稚晖、李石曾、蔡元培等人达成“清党”反共的一

四一二政变时的国民党行刑队

致意见。随后，他以保证列强在华权益为交换条件，取得了列强的谅解和支持。又通过任命陈光甫、虞洽卿等金融、实业家为江苏兼上海财政委员会委员等办法，赢得了江浙资本家800万元的经费支持。与此同时，还一面指使黄金荣、杜月笙、张啸林等上海帮会头目组织中华共进会，供其驱使；一面将与上海工人关系较为融洽的国民革命军第1军第1、2师调离上海，代之以刚刚脱离北洋军阀营垒的第26军周凤岐部，并成立以白崇禧、周凤岐为正、副司令的淞沪戒严司令部，发布战时戒严条例，禁止罢工、集会和游行。至4月9日，蒋介石的反共政变部署已万事俱备，只等恰当的发动时机了。

但是，在共产国际和斯大林的影响下，中共总书记陈独秀对此却放松了警惕，不但没有采取切实有效的预防措施，反而于4月5日与汪精卫发表《联合宣言》，宣称国民党领袖将驱逐共产党和压迫工会及纠察队等传闻均系谣言，帮助蒋介石解除共产党人和革命民众的思想武装。

4月11日，蒋介石密令东南各省"一致实行清党"。同日夜，杜月笙以商议"机密大事"为名，诱捕并杀害了上海市总工会委员长汪寿华。12日晨，大批中华共进会成员冒充工人自租界冲出，分别在闸北、江湾等14个地区袭击工人纠察队。26军周凤岐部紧随其后，借口"调解工人内讧"，将2 700名工人纠察队员全部解除武装，占领了上海总工会。但闸北5万多工人随即举行示威游行，又夺回了总工会会所。13日，上海总工会在闸北召开工人群众大会，10万余人到会。会后举行游行请愿，要求立即释放被捕工友，发还枪械。行至宝山路时，遭到26军机枪扫射，死伤百余人。与此同时，南市游行工人也遭袭击。接着，市总工会、市临时政府均被查封，市妇联、市学联等革命民众团体也被接收，大批工人和共产党员被捕杀。据不完全统计，3天之中，被杀300余人，被捕1 000余人，失踪5 000人以上。18日，蒋介石在共产党人和工农革命民众的血泊中建立了南京国民政府。

四一二政变，标志着第一次国共合作的结束，中国革命从此进入一个由中国共产党独立领导的新阶段。

四乙铅 tetraethyl lead 分子式$Pb(C_2H_5)_4$。四乙基铅的简称。无色油状液体；熔点-100℃，沸点78℃（10毫米汞柱）。工业制法是利用氯乙烷与铅钠合金反应，然后通过水蒸气蒸馏，分出挥发性、不溶于水的四乙铅。直馏汽油中添加0.13%四乙铅，其辛烷值可提高20～30单位。为了防止汽缸中积铅，汽油中还须添加1,2-二溴乙烷和1,2-二氯乙烷等导出剂。过去主要用作抗爆剂。但因会造成环境污染，许多国家已禁用。四乙铅有毒，可通过胃肠道、呼吸系统，甚至皮肤渗透进入人体。空气中含量超过75×10^{-6}克/米^{3}时，长时间接触可引起累积性中毒。慢性铅中毒可服解毒剂排除，大剂量可致死。

四因 four causes 古希腊哲学家亚里士多德所说的事物形成发展的四种原因。即质料因，构成事物的材料；形式因，决定事物的"样式"；动力因，变化的动力；目的因，为事物追求的目的。其中，形式因也可视为动力因、目的因。因此，四因便成二因：质料和形式。形式因是能动的，质料因是被动的。

《四友斋书画论》 *Siyouzhai Studio's Comment on Calligraphy and Painting* 中国明代书画史论杂著。原名《四友斋丛说》。何良俊撰。何良俊，字元朗，号柘湖居士。华亭（今上海松江）人。嘉靖中以岁贡生入国学，授南京翰林院孔目。弃官归家后，移居苏州，与张之象、文徵明父子交游，论书画颇受文氏影响。他博学多闻，爱好书画，富于收藏，亦能鉴别，另著有《何翰林集》、《书画铭心录》。《四友斋丛说》初刻于隆庆三年（1569），38卷。为笔记杂著体，内容遍涉各个领域。其中卷二十七为书论，卷二十八、二十九为画论。黄宾虹、邓实编《美术丛书》，从原书析出，分别标以《四友斋书论》、《四友斋画论》。

其书画论各50条，大都采自前人著述，附以自己的见闻和议论，兼收并蓄，巨细无遗，较少发明。书论杂论书体源流，书风流变，历代名家名作；持论崇尚王羲之、赵孟頫，以为王羲之之后，仅赵孟頫一人集其大成，实是明代普遍看法；但指出宋元以后石刻不佳，尚有见地。画论亦多采摘前人论述，并论及各代名家，当代画苑；持论亦较尊奉文人画，非常赞成昔人主张"一须人品高，二须师法古"。值得指出的是，他能注意到出土画迹。如论汉人车螯上所画，"其画法甚拙"。他对明代画院体画家及"其不在画院者"画家均有所记载。

四御 Four Celestial Sovereigns 中国道教神系中四位天帝的统称。即昊天金阙至尊玉皇大帝、中天紫微北极大帝、勾陈上宫南极天皇大帝、承天效法后土皇地祇。在道教神系中，三清象征一气化生、造化人神万类，是最高的精神主宰；"四御"辅佐"三清"，御天统极，是最高神权的象征。

四御神的来历不一，其中玉皇大帝是四御神形成的中心。紫微北极大帝和勾陈南极大帝都来源于古代的星宿崇拜。北极大帝是北极星的神化，又有所援涉秦汉之际的太一信仰；南极大帝是勾陈星的神化，与北极大帝对举而为四御之一。后土皇地祇是主宰大地的神，来源于古代的"皇天后土"之说，唐宋时演变为女神，即民间所谓"后土娘娘"。玉皇大帝等四神合称为四御是在北宋时形成的，宋徽宗为四神分别加封尊号，此后四御辅佐三清渐成为道教最高神系的定式。

四御塑像

四元数 quaternion 复数的一种推广。1843年英国数学家W.R.哈密顿为解决建立三维复数空间的问题，把复数$x+iy$作为一对有序偶的实数来研究，并定义了一套运算规则，使虚数i在复数运算中有了明确的意义。为此，他创立了有4个分量的新数，即$t+xi+yj+zk$，他把这个数称之为四元数。其中t为四元数的数量部分，也称纯量部分，$xi+yj+zk$为向量部分，式中i、j、k满足：

$i^2=j^2=k^2=-1$，$ij=k$，$ji=-k$，$ki=j$，$ik=-j$，$jk=i$，$kj=-i$。

四元数的建立为向量代数和向量分析奠定了基础，四元数系又构成了以实数域为系数域的有限维可除代数，从而促进了代数学的发展。

四折一楔子 中国北杂剧剧本体制的结构形式。以四折为一本，用一个套曲，全剧用四套曲子，由正末或正旦一人唱到底。其他脚色一般有白无唱，若唱则只限于楔子中。楔子即杂剧四折之外的过场戏，通常加在第一折前头或折与折之间，也有不用的，还有个别剧本用两个楔子，以第一种情况最为常见。楔子的本义是插在木器榫子里使木器接榫处不活动的小木片，在杂剧中主要起开场或过场的作用，多为介绍戏剧情节和剧中人物，或加强情节之间的联系，以使全剧结构严密。关汉卿的《窦娥冤》是标准的四折一楔子的杂剧：楔子置于剧首，由窦天章唱一支〔仙吕·赏花时〕，以下四折全由正旦窦娥一人独唱。

四诊 four diagnostic methods 中医诊察疾病的4种基本方法。即望诊、闻诊、问诊和切诊。又称诊法。四诊是医生在临床上通过视、听、嗅、触等以及有目的地询问病人（或知情者），全面系统了解疾病的各种相关信息，以探求致病原因、病变部位、病势转归和病证特点，从而指导治疗的方法。四诊各有其独特作用，不能相互取代，在临床上必须综合运用，才能全面而系统地了解病情，对病证作出正确的判断。这就是四诊合参的原则。

寺院 monastery; temple 佛教僧众供佛和聚居修行的处所。又称“寺”、“佛寺”。与古印度所称“僧伽蓝”同义。东汉明帝敕立于洛阳西雍门外的白马寺，相传是中国最早的寺院。南京的建初寺是江南最早的寺院。

似动 apparent movement 把静止的物体看成是运动的，或把不连续的位移看成是连续运动的现象。霓虹灯和景观灯光的设计，影视、广告的特技画面，很多都是根据似动原理制作的。

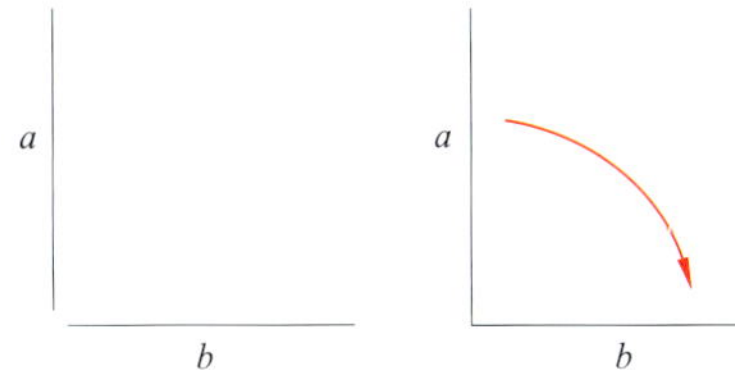

似动现象实验示意

20世纪20年代，德国心理学家M.韦特海默用实验方法研究似动现象。他相继呈现一条垂直（a）和一条水平（b）的发亮线段（见图），结果发现，当两条线段的时距约为60毫秒时，会看到线段从a向b运动，他把这种现象称为φ现象。

1833年J.A.F.普拉托制造了第一个动景器：在一个圆盘分成的各个扇形平面上，依次画上各不相同但又相互联系的舞姿，当圆盘旋转时，即可看到连续运动的舞蹈动作，即动景运动。后来的电影就是根据动景运动的原理制作的。在黑暗中注视一个细小的光点，会看到它来回飘动，称为自主运动。在皓月当空的夜晚，看到月亮在“静止”的云朵后徐徐移动，这是由实际飘动的云朵诱发产生的，因而称为诱发运动。注视倾泻而下的瀑布以后，再将目光转向周围的田野，会觉得田野上的景物都在向上飞升，此即运动后效。在这些场合看到的都不是物体的真正位移，所以都属于似动现象。

《似水流年》 *Homecoming* 中国香港故事片。香港青鸟电影制片有限公司、泰极电影有限公司1984年联合摄制。编剧孔良，导演严浩，主演斯琴高娃、顾美华、谢伟松。影片通过香港少妇姗姗回到阔别多年的潮汕乡下的探亲遭遇，以及她与两位已结成夫妻的童年好友阿珍和孝松之间的微妙关系，探讨了大陆与香港之间物质生活、文化意识等方面的差距。影片通过行云流水般的散文结构、虚实相间的表现手法举重若轻地传达了被政治压制了多年的华侨探亲的沉重主题，抒发了普通人耐人寻味的内心感情。表演风格清新自然，电影语言朴实无华，乡土气味古朴浓郁，因而获1985年香港电影金像奖最佳影片、最佳导演、最佳编剧、最佳女主角、最佳新人、最佳美术指导6项奖。

兕觥 中国商周青铜器造型。系盛酒器，故有的器物出土时腹内置酌酒勺。主要流行于商后期到西周中期。造型多追求华丽效

折觥（西周早期，陕西省周原博物馆藏）

果，遍体布满纹饰，少数作品朴素无华。基本造型特征为器盖做立体动物形，腹椭圆，有流及鋬，前昂后低，圈足或三四足。器身纹饰有的与盖上的头部相连，使整个器物构成完整的鸟、兽形体；有的上下不相联属，器腹单独以兽面或鸟形为饰。兕觥名称屡见于先秦古籍，但实物均无自铭。

西周时期兕觥数量较少，已发现的重要器物有西周早期的折觥、西周中期的日己觥等，均沿袭商代华丽的造型而又有所变化。两器器身部分方形，造型似方彝。折觥有铭文40个字，有重要历史价值。

饲料 feedstuff 饲喂动物的天然或经加工的食料。能被动物采食、消化、利用，并对动物无毒无害的物质，皆可作为动物饲料。饲料中凡能被动物用以维持生命、生产产品的物质，称为营养物质，简称养分。

分类 按来源可分为植物性、动物性、矿物质和化学合成4大类。植物性饲料来自野生和栽培的草本和木本植物，包括某些水生植物。动物性饲料主要来自加工副产品，如鱼粉、肉骨粉和羽毛粉等。矿物质饲料大多取自矿石，部分来自动物产品，如骨粉、蛋壳粉或贝壳粉等。化学合成饲料分为无机化合物、维生素和氨基酸以及添加剂等。

按中国和国际饲料分类依据原则，将饲料分为8类：①粗饲料。其自然水分含量小于45%，包括枯干牧草、干草、秸秆和秕壳类等，其粗纤维占干物质的18%以上。②青绿饲料。其自然水分含量大于或等于45%，包括水生植物等。③青贮饲料。指青绿饲料经无氧发酵制作的能长期在密闭条件下贮存的饲料。④能量饲料。即干物质中粗纤维在18%以下、粗蛋白质在20%以下的碳水化合物饲料。⑤蛋白质饲料。即粗纤维含量低于18%、粗蛋白质在20%以上的精料。⑥矿物质饲料。如碳酸钙、磷酸氢钙等。⑦维生素饲料。⑧饲料添加剂。

营养成分 饲料营养成分主要包括水分、粗蛋白质、粗纤维、粗灰分或矿物质、粗脂肪、无氮浸出物6类。饲料含水量差别悬殊，有高达95%的，也有低至5%的。粗蛋白质为饲料中含氮成分的总称，其在血粉、肉粉和饼粕类等中的含量较丰富。粗纤维不易为动物消化吸收，饲料中粗纤维含量越多，其营养价值越低。灰分实质上指矿物质，如钙、磷等养分。含脂肪多的饲料主要是油料子实类。谷实类饲料富含无氮浸出物，特别适用于育肥家畜。

饲料加工 饲料加工方法可归纳为下列4大类：①物理方法。主要包括热处理和机械处理。②化学方法。主要包括碱化和酸贮。③微生物学方法。包括青饲料的青贮、高能饲料的发酵和菌体蛋白的培养等。④工业化加工。通过饲料加工工艺和设备，生产不同类型和规格饲料产品的方法。

饲料的毒害与污染 有些植物性饲料含有一定的有害成分。如豆科作物饲料特别是大豆含有抑制蛋白酶因子，有些植物含有动情素，有些十字花科的植物含有硫代葡萄糖等，对某些种类家畜有害。还有的植物可从土壤吸收硒、钼或硅，如积聚过量，可造成地方性放牧中毒。饲料工业生产中过量掺入矿物质、微量元素添加剂，也可造成饲料污染。遭霉菌病等病害的作物，或贮存过程中发霉变质的饲料都不能用以喂饲。

饲料工业 feed industry 随着动物营养科学和饲料业的发展兴起的跨行业工业。包括饲料原料、饲料添加剂研制和生产、饲料加工机械三大部分。饲料工业的最终产品是配合饲料，即按照各种动物生长、生产所需的多种营养物质（包括饲料原料和饲料添加剂），通过科学的配方设计，由饲料加工厂配制生产的具有全面营养价值的饲料，可以用来满足各种畜禽、鱼类等生长发育及生产的需要，从而达到用最少的饲料投入获得最佳经济效益的目的。饲料

添加剂是配合饲料工业不可缺少的一个组成部分，有多种饲料添加剂参与才能满足各种动物适宜的生长、生产需要。

饲料添加剂 feed additive 为了补充营养物质，提高饲料利用率，保证或改善饲料品质，而掺入饲料中的少量或微量营养性及非营养性物质的总称。

理想的饲料添加剂应符合下列要求：①必须具有确实的经济和生产效果。②长期使用或使用期间，不会对动物产生急性或慢性毒害和不良影响，对种用动物不会导致生殖生理改变，不影响胎儿健康。③选用的原料中所含有的有毒有害物质不超过允许限量。④在饲料与消化道中有较好的稳定性。⑤不降低饲料的适口性。⑥在畜产品中的残留量不超过规定标准，不影响畜产品质量和消费者健康。

中国农业部2008年第1126号公告附件规定允许使用的饲料添加剂共13类计261种；农牧发[2001]20号文件规定允许作为饲料药物添加剂的兽药品种共2类计57种。具体可分为营养性添加剂、一般性添加剂、药物添加剂三类。饲料添加剂在配合饲料中通常所占比例很低，浓度以毫克/千克或克/吨计。饲料添加剂的安全性和对生态平衡的维持性能将被置于重要位置。

泗河 Sihe River 中国山东省中部河流。又称泗水。发源于鲁中山地新泰市南部太平顶西麓，西南流入泗水县境后改向西行，至曲阜市和兖州市边境复折西南，于济宁市东南鲁桥镇入京杭运河。干流长159千米，流域面积2 366平方千米。泗河为山洪性河流，多年平均年径流量约3.8亿立方米，径流年际变化很大。河水主要由雨水补给，汛期洪水集中，常形成洪涝灾害。1949年后，为根治水患开发水利，先后修建了贺庄、华村、龙湾套和尼山等120多座大小水库及其他治山治坡工程，下流河道也进行了疏浚，基本上解除了水害。流域内煤炭资源丰富，兖州煤田即坐落其中。泗河流域主要种植小麦、玉米、大豆、花生和棉花，山丘区林果业也较重要。

泗水 Surabaya 印度尼西亚第二大城市，东爪哇省首府。又译苏腊巴亚。面积300平方千米，人口259.98万。城市位于爪哇岛东北岸布兰塔斯河支流马斯河口内侧的沿海平原，隔泗水海峡与马都拉岛相望。气候湿热，年平均气温27℃。平均年降水量1 524毫米。中世纪即为贸易港口。20世纪70年代以来又有迅速发展，为全国重要的商业港埠，现代工业中心。工业门类众多，包括制糖、食品加工、纺织、化工、玻璃、冶金、机械制造、铁路机车、造船和石油提炼等。全国最大的金属加工中心。南郊沃诺克罗莫有1890年建立的全国第一座炼油厂。附近地区农产品丰富，畜牧业与渔业发达。主要甘蔗产区之一，其他有咖啡、烟叶、橡胶、香料、玉米、木薯、可可、稻米、豆类、水果和蔬菜。西部是全国最大的柚木林生产基地和放牧牛羊的草场；沿海及马都拉岛产燕窝。也是农林产品加工集散的中心。泗水港分布于马斯河口东西两岸，东岸乌戎是军港，西岸丹戎卑腊是商港。乌戎有印度尼西亚最大的舰船修造厂。商港水深5.4～9米，是国内最大和最优良的船坞。印尼东西部地区海空交通以及欧洲与澳大利亚之间海洋航线上的重要中继站。东爪哇的铁路和主要公路在此交会。南部有国际机场。市内有艾尔朗加大学、理工学院、海军学院和历史博物馆，还有建于1868年的大清真寺及动物园、水族馆等。

松巴岛 Sumba 印度尼西亚东努沙登加拉省岛屿。东临萨武海，北隔松巴海峡与松巴哇岛和弗洛勒斯岛相望，南滨印度洋。东西长约220千米，南北宽80千米，面积11 153平方千米，人口约52.86万。大部分地区海拔600～1 000米，最高点松巴峰1 226米。1977年8月19日岛西端曾发生7.7级强烈地震。河流短促，海滨平原狭窄。平均年降雨量1 625毫米，但变率大，常有严重干旱。植被稀疏，大部分是草地。17～19世纪以盛产檀香木与肉桂等热带林产而享有“檀香岛”之称，现仅内地有少量残余。产玉米、稻米、咖啡、烟草、水果、椰子和蔬菜。东部地区普遍饲养良种马匹和昂戈拉牛，以图案设计和工艺精良的“松巴布”享誉全国市场。出口椰干、牛皮、鹿茸及燕窝。

松巴海峡 Sumba, Selat 印度尼西亚弗洛勒斯岛与松巴岛之间的海峡。南北宽48～88千米。连接萨武海与印度洋的通道之一。历史上松巴岛（“檀香岛”）盛产的檀香木经此出口，故曾有“檀香海峡”之称。

松本清张 Matsumoto Seichō (1909-12-21～1992-08-04) 日本小说家。生于小仓，卒于东京。自学成才。揭露官吏贪赃枉法的《点与线》(1957) 被誉为世界十大推理小说之一。作品强调题材的现实性、犯罪动机的社会性，具有强烈的批判精神，成为社会派推理小说的鼻祖。《零的焦点》(1958～1960)、《球形的荒野》(1960)、《砂器》(1960) 等，均为其重要作品。1960年的《日本的黑雾》由12个短篇构成，以缜密的逻辑推理，揭露美军占领时期一系列政治冤狱的真相。20世纪70年代，题材更为多样，有描写安宅产业倒闭的《空城》(1978)、科幻作品《神与兽的日子》(1963)等。《点与线》等已有中译本。

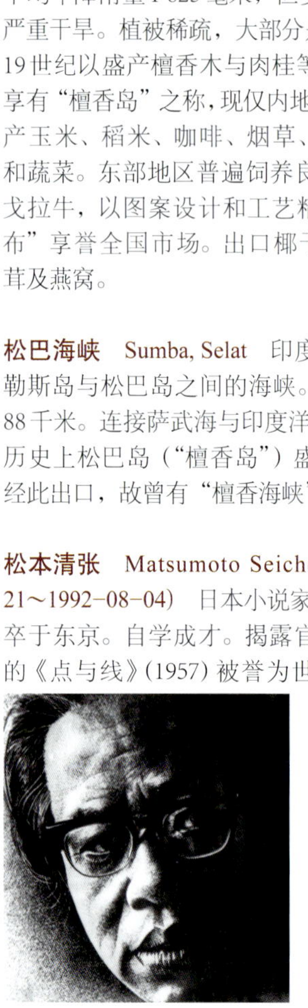

松本亦太郎 Matataro Matsumoto (1865-09-15～1943-12-24) 日本近代心理学创建者之一。生于群马县高崎市，卒于东京。1896年在美国耶鲁大学、1898年在德国莱比锡大学学习心理学，获耶鲁大学博士学位。1899年获日本东京帝国大学文学博士学位。1913年任东京帝国大学心理学教授。1927年日本心理学会成立，任会长直至去世，被授予帝国学士院会员及国家勋章。

松本亦太郎在东京帝国大学建成日本最早的心理学实验室，后又在京都帝国大学建立了心理学实验室。他将欧美实验心理学的理论与技术引进日本，不仅致力于研究实验心理学、心理学体系与历史以及心理发展，还重视职业选择和工业心理学等应用研究。松本亦太郎主张意识的因素论与完形论相结合，认为知觉是对观念的理解，观念乃感觉的结合，个体意识比社会意识更起制约的作用。主要著作有《实验心理学十讲》(1914)、《心理学讲话》(1923)、《智能心理学》(1925)、《绘画鉴赏的心理》(1926)、《心理学史》(1937)。

《松迪亚塔》 *Soundiata* 黑非洲长篇英雄史诗。歌颂13世纪西非马里帝国的“国父”松迪亚塔一生的业绩。史诗由世袭的史官、民间艺人“格里奥”口头说唱流传下来，几内亚文学家、历史学家吉布里尔·塔姆西尔·尼亚奈用法文记录整理，1960年出版，全称为《松迪亚塔，或曼丁戈人的史诗》。

史诗分18章。以几内亚杰利巴科罗村的民间艺人之口讲述古代坎加巴国的继承人松迪亚塔的故事。松迪亚塔在国王去世、太后篡权、外敌入侵的情况下，联合邻国和部族举兵进击，消灭敌人，收复国土建立了强盛帝国。史诗塑造了理想的民族英雄形象，描述了非洲人民光辉的历史传统，反映出13世纪西非的社会面貌和风土人情，具有文献意义，兼有神话色彩，语言生动隽永。

松果腺 pineal gland 人和所有哺乳动物的接近大脑中心部位（前后脑的中间）且呈白色的腺体。因形如松球得名，又称松果体、脑上腺。

位于间脑顶端后背部，缰联合与后联合之间，正中线上的一个突起。松果腺早期与第三脑室相联，随着胚胎的发育，松果腺腔逐渐变小，并因细胞的增生而成为实质性的内分泌器官。各种动物松果腺的解剖特征差异甚大。有的动物无松果腺。

松果腺是一个神经-内分泌转换站，它把外界光照引起的周期性神经活动转变为内分泌信息，并释放分泌激素进入血液，对性腺起调节作用。松果腺与脑垂体前叶、甲状腺等纯内分泌腺有区别，而与肾上腺髓质、下丘脑的神经分泌细胞相类似。松果腺并不是一个退化器官，从幼年时期到老年时期，松果腺都能合成褪黑素。松果腺内含有多种物质，其中有激素、酶、氨基酸、脂肪、糖原，并呈昼夜性变化。松果腺的激素积极地影响生殖、内分泌腺和中枢神经系统的活动。

松花江 Songhua River 中国黑龙江的最大支流。流经中国东北地区北部。上源一为嫩江，源于伊勒呼里山南麓；另一为松花江正源（曾称第二松花江），源于长白山主峰白头山天池。两江于三岔河汇合后折向东北，即松花江干流，于同江市东北汇入黑龙江。自天池至松花江河口全长1 897千米。流域面积55.68万平方千米，仅次于长江和黄河，居全国第3位。流域包括黑龙江、吉林两省大部和内蒙古自治区部分。山地、丘陵占流域面积的71.8%，平原占27.4%，余为沼泽、湿地。

干支流概况 嫩江干流长1 397千米，流域面积22.2万平方千米，两侧支流众多，分别发源于大、小兴安岭，右岸支流多于左岸。干流在嫩江县以上，穿流于山地中，多为石质河底，坡陡流急，具有山溪性特征。嫩江县以下，河流多弯曲、浅滩，河宽400～1 000米，洪水时可至数千米，水深约1米。沿岸有沼泽地，并有牛轭湖，西南部多沙丘。松花江正源长约790千米，流域面积7.34万平方千米，众多支流源于长白山地，多从左岸汇入。

松花江干流867千米，干流河道河槽深广，坡度较缓，大体可分3段：三岔河至哈尔滨，河道蜿蜒于草原湿地，河宽370～850米，水浅流缓；哈尔滨至佳木斯，两岸为台地和低山丘陵，河宽200～1 000米；佳木斯以下，地势平坦，河道宽浅，一般宽1.5～3千米，流速缓慢，受黑龙江水顶托，回水可上溯80余千米，直达富锦。

松花江景色

气候与水文 松花江流域属温带大陆性季风气候。冬季漫长，严寒干燥，夏季温暖湿润。流域内降水分布不匀，长白山地年降水量700～800毫米，向西、向北递减。松花江径流中雨水补给占75%～80%，融雪水补给占15%～20%，地下水补给占5%～8%。冰雪融化始于4月，形成春汛；5～6月夏汛开始，如雨季提早，春汛和夏汛间无明显低水段。7～8月降雨量占全年总量的一半，水位较枯水期高4～5米，径流量占全年的30%～40%。

人文概况 松花江是中国东北境内航运价值较大的河流，干流哈尔滨以下丰水期可通航1 000吨级以下江轮。松花江正源在吉林市以下江段，洪水期可通航200吨级以下驳船。嫩江自大安以下有客轮通航。

松花江渔业资源丰富，嫩江下游为东北地区重要淡水鱼产地，主要经济鱼类有鲤鱼、草鱼、白鲢、长春鳊、大白鱼、鲫鱼、鳌花等。松花江流域是中国重要的商品粮生产基地和木材、矿产产地。

松鸡 *Tetrao*; capercaillie 鸡形目松鸡科松鸡属鸟类的统称。世界有4种。中国有黑嘴松鸡和普通松鸡2种。黑嘴松鸡分布于中国东北地区，普通松鸡只见于新疆喀纳斯湖。

雄鸟全身几呈纯黑色，头和颈部具蓝紫色金属辉亮，肩和尾具白斑；雌鸟呈棕褐色且具黑色横斑。雌鸟身长约600毫米，雄鸟身长约900毫米。跗跖被羽，趾裸露；尾圆，尾羽18枚；外侧飞羽不呈镰刀状。

栖息于高山林带落叶松林、红松林和冷杉林中，特别喜栖于稠密的白桦林中。以植物为食，尤嗜松、杉、桦树的嫩枝、叶和芽苞，有时也吃红松种子，夏季还吃浆果和少量昆虫，秋季吃各种草子。

每年3月下旬开始发情，5月营巢繁殖，一直延续至6月。发情期的求偶炫耀很特殊，有“跑圈”的习性。如果有其他雄鸟闯入它的巢区，会立即发生激烈的格斗。松鸡是1雄多雌，也有1雄配1雌的。5月下旬产卵，每窝6～10枚。卵呈淡灰至淡褐灰色，散有黄褐色斑。由雌鸟孵卵，孵化期为24天。雏鸟出壳后2～3小时即能离巢奔跑，10天后出飞。黑嘴松鸡为中国国家一级保护动物。

松江鲈 *Trachidermus fasciatus*; roughskin sculpin 鲉形目杜父鱼科松江鲈属的一种。又称四鳃鲈。因鳃盖膜具橙红色带纹似鳃，四鳃俱红，故名。以上海松江区所产者最为著名，与黄河鲤鱼、兴凯湖白鱼、松花江鳜鱼被列为中国四大淡水名鱼。分布于中国、日本、朝鲜半岛和菲律宾等地。

体延长，前部平扁，尾部稍侧扁。头宽大，棘和棱为皮膜所覆盖。前鳃盖骨具4棘。体无鳞，被粒状皮突。背鳍鳍棘部和鳍条部连续，胸鳍宽大。体褐黄色，体侧具5～6暗色横纹，鳃盖膜和臀鳍基底橙红色。

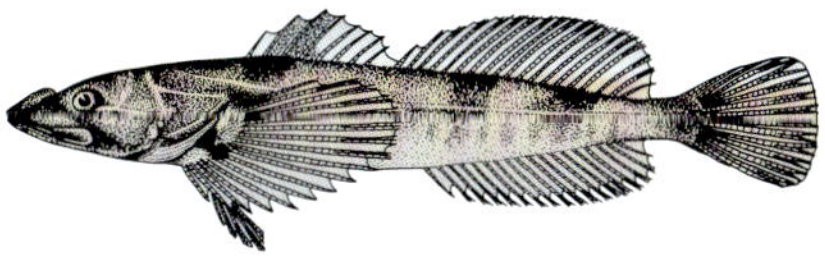

为降海产卵小型鱼类，每年4～6月幼鱼由海溯河生长肥育，栖息于清澈流水的底层。日间潜伏，夜晚活动。幼鱼主要摄食浮游动物，成鱼捕食虾类和小鱼。中国松江鲈已处于濒危状态，需加以保护。

松江区 Songjiang District 中国上海市辖区。位于市境西南部，距市区中心40千米。面积605平方千米。人口158万（2010）。南朝梁为昆山县境。唐天宝十载（751）置华亭县，治今松江镇，属吴郡。元至元十四年（1277）置华亭府，次年改名松江府，因境内吴淞江，昔多水灾，去水从松，故名。1952年为江苏省松江专区行政公署驻地。1958年划归上海市。1998年撤县设区。主导产业为电子信息业、现代装备、精细化工、生物医学和新材料，是上海市工业卫星城之一。松江新城东部建有松江工业区和国家级出口加工区及上海影视乐园，北部建有佘山国家级旅游度假区，南部的现代农业园区成为都市绿色食品基地和观光生态农业基地。建有高等教育园区——松江大学城。境内有唐、宋、元、明、清历代古建筑50余处，其中元代清真寺是中国沿海著名伊斯兰建筑之一，为全国重点文物保护单位；唐代陀罗尼经幢是上海市最古老的浮雕建筑；宋代兴圣教寺塔（方塔）是江南最秀美的古塔；明代大型砖雕照壁为国内罕见；清代醉白池则为上海四大著名古园林之一。始建于1899年的佘山天文台，是中国天文研究的重要基地。

松节油 turpentine 松树含油树脂加工时逸出的挥发成分经冷凝所得的油状透明液体。按原料和制取方式分为4种：脂松节油、木松节油、硫酸盐松节油和干馏松节油。

松节油是萜烯的混合物，其组成因树种、加工方法等而异。易挥发，有松树香气，味辛，微苦，无色或淡黄色至红褐色，不溶于水，易溶于醇、醚等溶剂。20℃时的黏度为1.46毫帕·秒，闪点（开杯式）35℃。在空气中易氧化，颜色变深，能放出臭氧杀灭细菌。

松节油可用作油漆的溶剂、稀释剂和催干剂，油膏和胶黏剂的溶剂，化学合成工业的原料，还可用于医药工业和香料工业胶黏剂生产。对皮肤和黏膜有刺激作用，可制成搽剂，对治疗肌肉疼痛、风湿性关节炎及周围神经炎均有疗效。

松科 Pinaceae; pine family 裸子植物门中种类最多的一科。约占全部裸子植物的1/3。常绿或落叶乔木。共10属约230种，主产北半球。中国是松科属种最多的国家，10属均产，种数占整个松科植物的1/2，分布几遍全中国，其中银杉和水松为著名活化石植物，油杉属也主产于中国。树干端直，枝不规则互生或轮生；小枝互生或对生（稀轮生），或兼有生长缓慢的距状短枝，或有极度退化而不明显的短枝。叶、芽鳞、雄蕊、苞鳞、珠鳞和种鳞均螺旋状排列。叶条形或针形；条形叶扁平，稀四棱形，在长枝上散生，在短枝上簇生；针形叶2～5针成一束，着生于退化的短枝顶端。花单性，雌雄同株。球果直立或下垂，当年成熟或翌年（稀第三年）成熟；种鳞扁平，木质，稀近革质，苞鳞生于种鳞的背面，彼此离生，仅基部合生，种子具膜质长翅，稀无翅或近无翅。

松科为森林的主要树种，如松属、云杉属、落叶松属、冷杉属、铁杉属和黄杉属。在高纬度与高海拔山地几乎都是松科植物所组成的单纯林或混交林，森林资源丰富。松科植物多为高大的乔木，生长通常较快，木材蓄积量多，为建筑用材和工业用材的主要来源，故许多树种是发展林业的主要造林树种。有些树种为著名的园林绿化与观赏植物，如金钱松、雪松等。

松毛虫 *Dendrolimus*; pine caterpillar 鳞翅目枯叶蛾科松毛虫属昆虫的统称。又称毛虫、火毛虫，古称松蚕。食害松科、柏科植物。松毛虫是中国森林中发生量大、为害面广的主要森林害虫。到2001年止，全世界有记载的松毛虫为30种，中国除欧洲松毛虫、巴基斯坦松毛虫外，其他28种都有发现，包括台湾省的两个特有种。其中造成严重灾害的有马尾松毛虫、落叶松毛虫、赤松毛虫、油松毛虫、云南松毛虫、思茅松毛虫6种，尤以马尾松毛虫为害最烈。

形态特征 松毛虫成虫为大、中型蛾子。雄蛾触角近羽状，雌蛾短栉状。口须向前伸过颜面，覆有鳞片和毛。雄蛾腹部细狭，末端尖，雌蛾腹部肥胖，末端圆。中后足胫节有端距。前翅较狭长，翅顶稍圆，

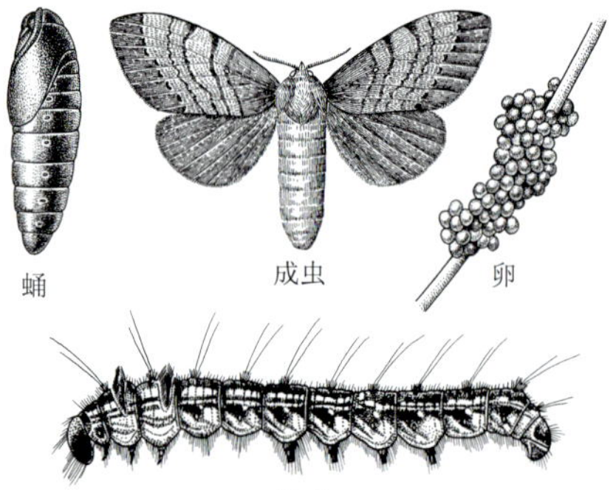

马尾松毛虫

后翅宽。前缘过中点后逐渐弯曲，外缘相当弯曲，前缘比较直。

生活习性 松毛虫每年发生的世代，因种类和气候条件不同而有很大差异。如落叶松毛虫在东北2年或1年完成1代；在新疆阿尔泰林区完成1代跨3个年头，幼虫越冬2次，幼虫期长达22个月。云南松毛虫在高海拔地区1年1代，低海拔地区1年2代。幼虫以最后一个龄期取食量最大，占整个幼虫总食量的70%～80%。老熟幼虫在树枝上、针叶丛中或地被灌木上结茧化蛹，体上及茧上均有毒毛。成虫多在傍晚羽化，交尾、产卵均在夜间进行，趋向生长好的松林产卵。成虫飞迁是扩散的主要方式。

发生规律 松毛虫发生区一般可划分为常灾区、偶灾区、无灾区。常灾区多分布于大面积纯林地带。马尾松毛虫成灾，多在海拔500米以下的低山丘陵地区。云南松毛虫、德昌松毛虫则猖獗发生于500～1 000米的山区。文山松毛虫的成灾区可高达1 200米。落叶松毛虫灾害面积较广，在天然林区，成灾区高度可达2 000米。在自然生态环境下，几种主要松毛虫都具有周期性猖獗成灾的规律。猖獗周期的长短，与地理分布、世代多少、天敌资源、地形地势、森林类型、食料数量和质量、植被情况及林区气候条件有密切关系。

防治方法 做好虫情监测和预测预报工作，可采用航天卫星TM数据和航空录像监测大范围松毛虫的灾害点，实地可采用地面调查或性信息素进行虫口密度的监测。实行以营林技术措施为基础的综合防治。具体措施包括：①营林技术措施。②生物防治。③化学防治。④物理及人工防治。

松崎君代 Matsuzaki Kimiyo (1938～) 日本女子乒乓球运动员。生于四国岛香川。她上小学时即对乒乓球产生了浓厚兴趣，不久在日本乒坛崭露头角。1962年第4届亚洲运动会乒乓球比赛获女子单打和混合双打两枚金牌。1959～1963年第25～27届世界乒乓球锦标赛，日本队连续3次获得女子团体冠军，松崎是主力队员，并获得两次女子单打冠军（25届、27届），一次女子双打冠军（27届，与关正子合作），一次混合双打冠军（26届，与荻村伊智朗合作）。此后退役，为日本女子乒乓球队教练。周恩来总理非常欣赏松崎在赛场上顽强拼搏的精神和端正的比赛作风。她多次访问中国，成为周恩来夫妇的座上宾，在中国享有殊荣，被人们称为“周恩来的客人”。1997年入选国际乒乓球联合会名人堂。

松山自然保护区 Songshan Nature Reserve 中国国家级自然保护区。1985年建立。1986年列为国家级自然保护区。位于北京市延庆县境内。面积4 660公顷。属于森林生态保护类型，主要保护对象是温带森林和野生动植物。是华北地区森林生态和野生动植物保持得比较完好的山地生态类型之一。松山几乎沟沟有水，水流常年不断，清澈照人。塘子沟温泉泉口水温常年保持41℃。泉水中含有多种矿物质，对皮肤病、关节炎、类风湿等症有较好疗效。野生动植物资源丰富，有脊椎动物184种，列为国家重点保护的有15种。有野生植物713种（变种），其中乔木以油松、杨、桦、栎、槭、核桃楸为主。有林地面积1 822公顷，森林覆盖率为76.1%，天然油松林有50多公顷。

松鼠科 Sciuridae; squirrel 啮齿目的一科。此科的部分种类统称为松鼠。全世界35属212种，中国有11属24种，其中岩松鼠和侧纹岩松鼠是中国特有动物。

狭义的松鼠为松鼠科中一种常见动物，体形细长，体长17～26厘米，尾长15～21厘米，体重300～400克。分布于俄罗斯亚洲部分、蒙古人民共和国、朝鲜半岛、日本，中国东北、内蒙古东北部、河北北部和新疆。毛色有灰色（冬）、暗褐色（夏）型和蓝灰色（冬）、红棕色（夏）型。不冬眠。喜栖于寒温带或亚寒带的针叶林或针阔混交林中，多在山坡、河谷两岸林中觅食。白天活动，清晨最为活跃，善于在树上攀爬和跳跃，行动敏捷。平时多1～2只活动，但

岩松鼠

在食物极端贫乏之时，有结群迁移现象。在树上筑巢或利用树洞栖居，巢以树的干枝条及杂物构成，直径约50厘米。以坚硬的种子或针叶树的嫩叶、芽为食，也吃蘑菇、浆果等，有时吃昆虫的幼虫、蚂蚁卵等。有贮备食物越冬的习性。每年春、秋季换毛。年产仔2～3次，一般在4、6月产仔较多，每次产仔4～6只。因森林面积减少，数量显著降低。

松树 *Pinus*; pine 松科松属植物的统称。主要产于北半球，各地都组成大面积森林，也是人工造林与栽培观赏的重要树种。

形态特征 绝大多数是常绿高大乔木。最高可达75米。极少数灌木状。初生叶1～3年后出现针叶。针叶通常2、3、5枚成束，着生于短枝的顶端。球花单性，雌雄同株。球果由多数种鳞组成，成熟后木质化，除少数树种外种鳞开张，种子脱落。

种类及地理分布 根据针叶中维管束的数目分为单维管束亚属（针叶内具一条维管束）和双维管束亚属（叶内具两条维管束）。全世界松属植物约有100种，广泛分布于北半球，北至北极地区，南至北非、中非、中南半球至苏门答腊赤道以南，多数种类生于亚热带及温带地区，少数种类生于寒带及热带地区。中国有22种、10个变种，分属于两亚属的四组：①五针松组。包括红松（图1）、新疆五针松、偃松、华山松、大别山五针松、海南五针松、台湾五针松、乔松、华南五针松和毛枝五针松。②白皮松组。包括白皮松（图2）和西藏白皮松。③长叶松组。包括西藏长叶松。④油松组。包括赤松、兴凯湖松、巴山松、樟子松、高山松、长白松、油松、马尾松、南亚松、黄山松、云南松和思茅松等。

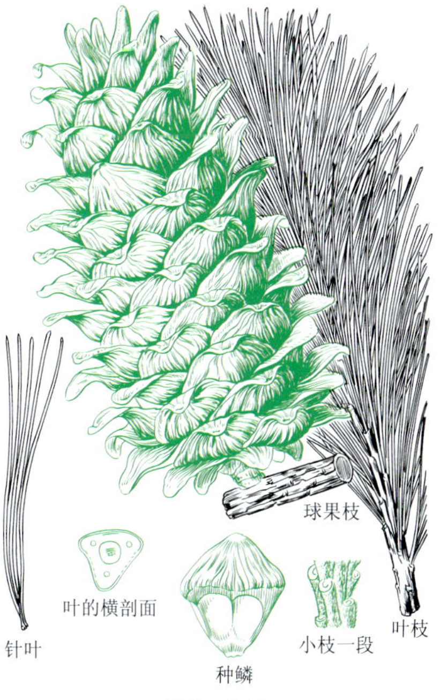

图1 红松

图2 白皮松

生物学特性 ①对气候条件的要求。由北向南，对热量和湿度的要求逐步增高。②对土壤的要求。松树可以生长在各种不同的土壤上，但以在疏松肥沃土壤上的生产力高。③耐阴性。大多数松树尤其是二针松是喜光树种，耐阴性弱。④抗旱性。抗旱性强，过多的土壤水分对松树生长不利。⑤开花结实。松树有些种类结实较早，5～6年即可有少量结实，15～20年时显著增多，随着球果成熟，它的颜色由绿、紫色逐渐变成黄色、浅褐色或暗褐色。⑥生长发育。松树的生长过程因树种而异。油松、马尾松、云南松5～20年为生长极盛期。红松在天然林中，50～100年为胸径生长旺期；树高生长旺期在100年左右，材积数量成熟龄则在300年左右。⑦林木变异性。松树是异花授粉植物，广泛存在着个体之间、林分之间和种源（产地）之间的变异。

栽培造林 松树是非常重要的造林树种，在针叶树中居首位。现代松树造林主要包括采种、育苗、造林、病虫害等环节。

利用 ①木材。松树木材可供建筑、矿柱、桥梁等用。还是造纸工业的重要原料之一。松树也可用作薪炭材。②副产品。从树干割取松脂以提取松香和松节油。松树种子富含蛋白质和油脂，其中有20种松树如红松、偃松等的油有食用价值。红松种子还可入药，名为海松子，是滋养强壮剂。树皮、种皮富含单宁，可制取栲胶。树皮粉碎后，与其他原料混合、加压可制成硬纤维板。松树针叶可加工成饲料添加剂，也可提取松针挥发油。利用松枝、松根在窑内进行不完全燃烧，可制松烟，用于制造油墨和黑色涂料。松枝和松根还是培养名贵药材茯苓的原料。③观赏和造林。松树是重要的用材树种和水土保持树种，常用于人工造林。由于树姿雄伟、苍劲，树体高大、长寿，具有重要的观赏价值，是中国风景区的主要景观成分。

松尾芭蕉 Matsuo Bashō（1644～1694-10-12） 日本江户时代的俳谐诗人。本名松尾宗房，俳号桃青。生于伊贺上野（今三重县上野），卒于大阪。自幼为藤原良忠（俳号蝉吟）的侍童。1667年良忠去世，松尾芭蕉到京都、江户等地。师承贞门俳谐（松永贞德派），同时又受到谈林派（西山宗因革新派）的影响，1672年在江户出版了俳谐起句集《贝覆》。自此松尾芭蕉作为俳谐师的声望愈来愈高，开始设帐授徒。37岁时，他迁居到深川的一个草庵，专心致力于俳谐，把描写对象从人与社会转移到大自然，逐渐摆脱了自由奔放的谈林风格，树立起以闲寂、余情、纤细为理念的“蕉风”。1682年，草庵毁于大火，他迁居甲州。客居生活引发了他云游四海的念头，从此开始了浪迹天涯的游子生涯。《笈中小札》、《更科纪行》、《奥州小路》等游记佳品均创作在旅途中。代表作《奥州小路》文与句交相辉映，达到了人与自然的高度融合和以自然象征人生的深远境界。《猿蓑》（1691）被视为芭蕉的圆满纯熟之作，达到了高悟归俗的境界。主要句作收录在《俳谐七部集》（《冬日》、《春日》、《旷野》、《葫芦》、《猿蓑》、《炭袋》、《续猿蓑》）中。

松下电器公司 Panasonic Corporation 日本最大的电子电器制造公司。总部设在大阪市。21世纪初在世界40多个国家开展经营活动。2007年拥有员工总数305 828人。

1918年，23岁的松下幸之助和夫人及内弟井植岁男在大阪市福岛区大关町创办了松下电器器具制作所，并开始生产灯泡插座以及双灯泡用的旋转式插座。1935年进行重组，实现了股份制。1939年在中国上海成立了电池公司，这是松下公司的第一个海外公司。1959年成立美国松下电器公司。1962年在欧洲成立第一个销售公司。1965年开始实行一周五天工作制。1985年在美国成立财务公司。1987年在中国成立第二次世界大战后的第一个合资公司。公司业务范围包括生产照明、信息设备、家用电器、住宅设施建材、电子材料、控制设备等6万余种。

松香 rosin 松树的含油树脂经加工除去松节油后的热熔物。常温下为固体。主要成分为树脂酸，呈淡黄色至黄红色，性硬脆，断面有光泽。

天然松香分为脂松香、木松香、浮油松香。通过歧化等反应，得到改性松香和松香衍生物。松香约含90%树脂酸，其余为脂肪酸和不皂化物。松香溶于乙醇、乙醚、丙酮、苯和松节油中，不溶于水。密度

1.070～1.085克/厘米^3，软化点68～82℃。雾状粉尘的着火点130℃，与空气混合爆炸下限12.6克/米^3，易自动氧化，氧化后产生氧化树脂酸使松香颜色变深。

具有防潮、绝缘、乳化、黏合、防腐等作用，广泛用于造纸、涂料、胶黏剂、医药等工业部门。

松香酸 abietic acid 三环二萜，分子式为$C_{20}H_{30}O_2$。最重要的树脂酸之一。由松香加热或用酸处理得到。单晶片状结晶（很难结晶）；熔点173～174℃，比旋光度$[\alpha]_D$ －106（绝对酒精）；不溶于水，溶于一般有机溶剂和稀氢氧化钠溶液。工业用的松香酸是黄色玻璃状固体，熔点有时可低至85℃。松香酸可从脱氢松香酸合成，脱氢松香酸从2-异丙基萘合成。松香酸的甘油酯称酯胶，可用于油漆。松香酸用于发酵工业，并且可用作肥皂和造纸工业的填料。

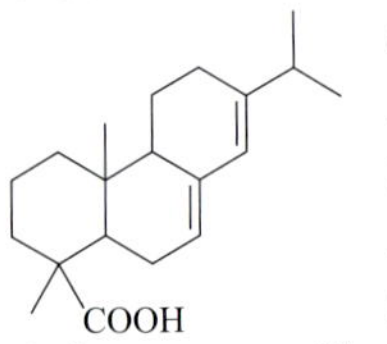

松叶蕨 *Psilotum nudum*; nude fern/whish fern 蕨类植物门松叶蕨科松叶蕨属的一种。又称松叶兰。附生草本植物。分布于中国台湾、广东、广西、贵州、云南、四川、江苏、浙江等地，在亚洲热带的其他地区也有分布。具有地下二叉状分枝的匍匐茎，其上生有假根。地上茎直立或下垂，高15～80厘米，绿色，向上多次二叉状分枝。叶极小，鳞片状，三角形或针形，无气孔。孢子叶也极小，二叉状。孢子囊三个聚生。孢子同型。附生于树干或生长在石缝中。可供观赏，也可入药，全株用酒浸泡服用，可治跌打损伤、内伤吐血和风湿麻木。

松原市 Songyuan City 中国吉林省地级市。位于省境西北部，邻接黑龙江省。辖宁江区、扶余县、长岭县、乾安县、前郭尔罗斯蒙古族自治县。面积20 159平方千米。人口288万（2010），有汉、蒙古、回、满等10个民族。清光绪三十二年（1906）置新城府。1913年废府置新城县，1914年改称扶余县。1987年撤县改置扶余市。1992年改设松原市（地级）。矿产主要有石油、天然气、油母页岩、烧碱和硝等。是中国陆上石油最有潜力的地区之一，扶余油田位于此。盛产玉米、高粱、大豆、水稻、葵花子、甜菜等，为国家商品粮基地、油料基地。扶余“四颗粒”花生属稀有品种，畅销国内外。畜牧业以发展肉牛、细毛羊、肉羊、肉兔、蛋鸡、肉鹅等为重点。工业有石油、化工、医药、能源、建材、食品等。名胜古迹有《大金得胜陀颂碑》、塔虎城遗址，以及国家自然保护区——腰井子羊草甸，有松原森林公园。

松赞干布 Srong-btsan Sgam-po（？～649/650） 藏族吐蕃王国的创建者。穷哇达则（今西藏山南地区琼结）人。据敦煌所出藏文写卷吐蕃大事系年，松赞干布卒于649年（汉籍作唐高宗永徽元年，650），在赞普位20余年。629年，松赞干布继位为赞普，迁都逻些（今西藏拉萨），削平内乱，降服苏毗、羊同等部，统一青藏高原，在大臣禄东赞协助下正式建立奴隶主统治的吐蕃王国。他发展农牧业生产，推广灌溉，命人制定文字，颁行治理吐蕃之“大法令”，以处理赞普王室与世家贵族、诸小邦及社会各阶层的关系，创设行政制度和军事制度，设置官职品阶，颁布律令，统一度量衡和课税制度，从中原及泥婆罗（今尼泊尔）、天竺等地引进文化、技术，使吐蕃社会有了迅速发展。他先娶泥婆罗王女尺尊公主。641年，松赞干布至柏海（今青海扎陵湖、鄂陵湖）迎娶唐宗室女文成公主，结成和亲关系。唐封他为驸马都尉、西海郡王。松赞干布又遣贵族子弟至长安入国学，学习诗书，请中原文士掌管其表疏。后又请蚕种及造酒、碾硙、纸墨工匠，促进了汉藏文化的交流。

布达拉宫法王洞内的松赞干布塑像

松脂 pine oleoresin 开割松树树体后流出来的含油树脂。树木生理活动的产物，主要由萜类化合物组成。是制造松香和松节油的原料。

松脂主要由树脂酸、萜烃和少量杂质及水分组成。其含量因树种、产地、采脂方法和储存期不同而异。树脂酸有两类：枞酸型酸、海松酸型酸。松脂中的萜烃主要是α-蒎烯和β-蒎烯。此外还有β-水芹烯、莰烯等。

开割松树树干，收集泌出松脂简称采脂。一般在松树胸径达20厘米以上开始采割。按割期长短分长期（10年以上）、中期（6～9年）和短期采脂（3～5年）；按采割特征分常规法（下降式采脂与上升式采脂）、化学法（用化学药品刺激松树）和强度法（加大割面负荷、增开割面、缩短间隔期等）。中国以下降式采脂法为主。

采脂季节据气候条件而定。中国一般以日平均气温在12℃以上为宜。刮皮在冬季或早春进行，这时树液流动量少，不易伤及内皮。夏季是最好的采脂季节。松脂质量按颜色、含油量、杂质和水分等划分等级。采得的松脂经深加工即为成品。加工方法主要有蒸气法和直接火法。

松中昭一 Matsunaka Shōji（1927-09-08～ ） 日本农药学家、杂草学家。生于三重县津市。1947～1949年在三重农林学校农产制造专业学习。1952年大阪大学工学系毕业。1961年获东京大学博士学位。1978年任神户大学农学系教授。1983年任日本农药学会及国际杂草学会会长。从事除草剂的基础研究以及各地药害问题处理和大气污染物质对高等植物影响的研究。著有《杂草防除大要》、《植物毒理入门》等，发表关于稻作杂草防除的论文多篇。

菘蓝 *Isatis indigotica*; indigo woad 十字花科菘蓝属的一种。原产欧洲，世界各地广泛栽培。中国主产地在河北安国、江苏南通和如皋、陕西、安徽等地。二年生草本。主根圆柱形，外皮灰黄色。单叶，互生，基生叶长圆状椭圆形，茎生叶矩圆状披针形，全缘。复总状花序；花两性，辐射对称；萼片4；花瓣4，黄色，呈十字形；雄蕊6，4长2短，成四强雄蕊；心皮2，合生，子房上位，1室。短角果长圆形，扁平翅状，具中肋，种子1，椭圆形，长3毫米，褐色；花果期4～6月。根可药用，称板蓝根，叶称大青叶，能清热解毒；种子含油约30%，可榨油供工业用；叶可提取蓝色染料。

崧泽文化 Songze Culture 中国新石器时代晚期文化。以上海青浦崧泽遗址而命名。主要分布在太湖地区。年代约为公元前4000～前3300年。经济生活以稻作农业为主。石器有斧、锛、凿等。晚期出现石犁形器，表明生产力有了提高。家畜有猪、狗等。渔猎为经济的补充。陶器有鼎、豆、壶、罐等，装饰压划图案、镂孔和彩绘。流行玉璜、环、玦等饰物。青浦崧泽和吴县草鞋山两处墓地各分为南北两区，可能分属于两个氏族。墓地中多单人葬，死者一般随葬工具和陶器，有少数墓还随葬作为财富标志的猪下颌骨。晚期阶段出现成年男女合葬墓，透露出当时已产生一夫一妻制的个体家庭。该文化上承马家浜文化，后继是良渚文化。

淞沪会战 Shanghai-Wusong, Battle of 1937年8月13日至11月12日，中国军队抗击侵华日军进攻上海的战役。又称八一三上海抗战。1937年七七事变后，日军企图进一步侵占上海、南京。8月13日凌晨，驻上海日军以冲入虹桥机场的水兵被击毙为借口，由第3舰队司令官长谷川清指挥，突然向驻八字桥一带的中国守军进攻；同时，日本军舰也开始炮轰上海市区。14日拂晓，张治中指挥第87、88师予以还击；同时出动空军轰炸日军陆战队及其司令部，炸伤旗舰"出云"号。同日，国民政府发表《自卫抗战声明书》。15日，国民政府下达总动员令。任蒋介石为最高统帅，将全国划分为5个战区。上海方面属第三战区，冯玉祥为司令长官，顾祝同为副司令长官，陈诚任第三战区前敌总指挥，集中了30万兵力作战。在中国军队的猛烈反击下，日军凭借坚固工事，死守待援。8月23日，会战进入第二阶段。日本上海派遣军司令官松井石根率2个师团及炮兵、航空兵一部，在长江南岸张华浜及川沙口强行登陆，与中国军队展开激战。9月21日，蒋介石自兼第三战区总司令长官，并重新调整部署，兵力增至40余万。日军此时也已增至10万人，实施陆海空军联合攻击。但中国守军仍坚守北站、江湾、庙行、罗店一线。10月26日，大场失守，苏州河以北守军腹背受敌，中国军队开始撤退，会战转入第三阶段。次日晚，中国守军第88师第524团团副谢晋元奉令率部800名官兵坚守四行仓库，掩护主力撤退。谢晋元率孤军沉着应战，坚持4昼夜后奉命突围撤退至租界。11月初，中国守军后方受到日军威胁，被迫全线撤退。11月12日，日军占领上海，淞沪会战结束。淞沪会战是八年抗战中最为剧烈的战役，历时3个月，日军参战兵力达9个师22万余人，死伤9万余人；中国军队参战兵力共70余万人，伤亡达25万余人。中国军民浴血苦战，粉碎了日本"三个月灭亡中国"的狂妄计划，并争取了时间，从上海等地迁出大批厂矿机器及战略物资，为坚持长期抗战起了重大作用。

淞沪铁路 Shanghai-Wusong Railway 中国的第一条营业铁路。自上海经江湾至吴淞，长14.5千米。1875年英商的吴淞道路公司以怡和洋行为代理私自筑路。1876年7月上海至江湾段通车，轨距为762毫米，轨重13千克/米，以"先导"号机车牵引。江湾一带居民数百人反对列车通行，并捣毁"公司"江湾办事处。8月列车压死一名行人，群情激愤，列车被迫停驶。1876年10月清政府与英公使签订《收买吴淞铁路条款》，但英方继续筑路，并于12月全线通车。1877年9月清政府出银28.5万两赎回这条铁路，将其拆除迁至台湾。1897年2月清政府重修吴淞铁路，采用标准轨距1 435毫米和32千克/米钢轨。1904年并入沪宁线，改名为淞沪支线。1997年上海修建城市轻轨明珠线时将其拆除。

嵩山 Songshan Mountain 中国五岳之一。位于河南省登封市西北。春秋前称太室山，战国称嵩高山，一名外方山。西汉确定为五岳之一，称为中岳。属褶曲作用形成的块状山，东北—西南走向，绵延100余千米，海拔400～700米，为颍河和伊河、洛河的分水岭。山峰海拔1 491.7米，矗立于低山丘陵之间，气势磅礴，寺庙林立，是历代封建帝王经常游览禅祭场所。山上有古建筑群18处，尤以少林寺、中岳庙、嵩阳书院、塔林、观星台、嵩岳寺塔、嵩山三阙（太室阙、少室阙、启母阙）等著名。少林寺创建于北魏太和十九年（495），以其少林拳闻名于世。中岳庙始建于秦，占地10万余平方米，庙房400余间，为五岳中现存规模最大、最完整的古代建筑群。嵩阳书院为历史悠久、规模宏敞的官办书院，是中国古代四大书院之一。塔林为历代僧人葬地，佛塔矗立如林。观星台是中国现存最古的天文台，在天文史上和建筑史上均具较高价值。山上辟有嵩山国家森林公园。2004年被联合国教科文组织评为世界地质公园。

嵩阳书院 Songyang College 中国古代书院之一。原名嵩阳寺。在河南省登封市城北嵩山脚下，创建于北魏太和八年（484），隋大业年间（605～618）更名为嵩阳观。五代后唐清泰元年至三年（934～936）进士庞士曾在嵩阳观聚徒讲学，后周时改名太乙书院，宋至道年间（995～997）赐名"太室书院"，并赐九经子史，置校官，生徒数百人。宋景祐二年（1035）赐名嵩阳书院，并设院长掌理院务，拨学田百亩以供开支。与应天府书院、白鹿洞书院、岳麓书院列为宋初四大书院。名儒司马光、范仲淹、程颐、程颢等相继在此讲学。金大定年间（1161～1189）书院更名承天宫。明代知县侯泰重修之后，复改为嵩阳书院。明末书院毁于兵火，清康熙十三年（1674），知县叶封重修。康熙十六年登封名儒耿介继叶封未成之事，三年乃成。嵩阳书院至此又复兴。耿介、张壎、汤斌等儒学大师先后在此讲学。到清朝末年，学堂兴，书院废。

嵩岳寺塔 Pagoda in Songyue Temple 中国现存年代最早的密檐砖塔（见塔）。在河南省登封市西北约6千米的嵩山南麓，建于北魏正光四年（523）。平面为十二边形，是中国现存古塔中的孤例。塔身稳重，高40米，比例匀称，外形刚健秀丽。特别是采用砖壁空心筒体结构，在中国建筑史上占有重要地位。1961年定为全国重点文物保护单位。

登封嵩岳寺塔

嵩岳寺原为北魏宣武帝的一处离宫，孝明帝正光元年舍为佛寺，名闲居寺。隋仁寿二年（602），改名为嵩岳寺。现除砖塔仍巍然屹立外，只剩下清代建造的简陋的山门和几座殿宇。

宋 Song 中国先秦时期子姓诸侯国。西周初，周公东征平定武庚叛乱后，另立归顺周王朝的纣王庶兄微子启建立宋国，都商丘，统治原商都周围的殷商遗民。宋保存殷商文化传统最多，被看作古代礼制的典范，受到诸侯尊重。春秋时，宋襄公企图继承齐桓公霸业，却受到楚成王玩弄。终春秋之世，宋常为晋、楚争夺中心，饱受战祸，故成为春秋后期以弭兵为口号的和平运动的发起国，对维持中原各国间的相对稳定局面起过一些作用。其后宋君权衰弱，贵族大臣掌握国政。到战国中期，辟公（宋桓侯）被司城子罕所取代。新建的宋国是仅次于七雄的二等强国。后宋君偃于十一年（前318）自立为王，即宋康王。康王北灭滕伐薛，南败楚取淮北之地300里，东破齐取5城，西胜魏。但齐、楚等大国则深忌之。康王晚年，太子出奔，大臣争权，齐湣王乘机于康王四十三年（前286）灭宋，康王被杀。

宋 Song Dynasty 中国南朝第一个王朝。刘裕创建。都建康。宋初疆域北以秦岭、黄河与北魏为界，西至今四川，西南至今云南，南至今越南横山，东和东南直抵海滨，是东晋南朝时期疆域最大的王朝。历8帝，共59年。

刘裕，京口人，寒门出身。早年曾为北府兵将领刘牢之参军。桓玄篡晋后，刘裕联合部分北府旧人举兵攻灭桓玄，从此掌握晋室军政实权。元熙二年（420），刘裕代

宋世系表

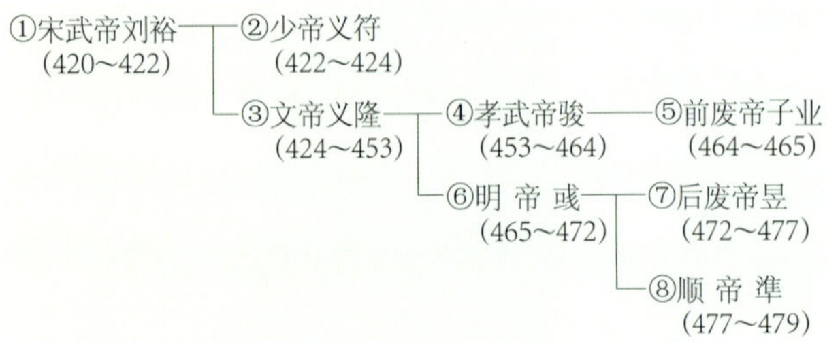

晋称帝，改元永初，国号宋，历史上又称刘宋（见宋武帝刘裕）。

刘裕鉴于东晋门阀专政、王权弱小、方镇割据的积弊，在中央任用寒人掌典机要，地方则多由宗室出任方镇，以求加强专制皇权。刘裕还采取了一系列抑制豪强兼并，减轻人民负担和恢复农业生产的措施，使人民的境遇有所改善。

永初三年（422）刘裕死，长子刘义符即位。两年后，大臣徐羡之等废杀义符，立其三弟刘义隆为帝。宋文帝刘义隆继续执行刘裕的政策，人民得以休养生息，社会生产有所发展，经济文化日趋繁荣。宋文帝元嘉之世（424～453）是东晋南朝国力最强盛的时期，史称“元嘉之治”。

刘宋时，黄河以北的北魏日益强大。元嘉二十七年（450）冬，拓跋焘率兵号称百万，南下直抵瓜步（今南京市六合区东南瓜埠），准备渡江进攻建康。由于江淮人民坚壁清野，魏军抄掠无所获，人马饥乏；加之宋军在沿江数百里内建立起坚固的防线，魏军只得北撤。魏军这次南侵，对江、淮、青、济广大地区进行了前所未有的野蛮破坏，所至之处，一片焦土，宋朝国力从此大为削弱。

元嘉三十年，太子刘劭杀文帝自立。同年，文帝第三子江州刺史武陵王刘骏起兵诛劭，即帝位，是为孝武帝。他为了加强对地方军政的控制，无论“长王临藩”或“素族（指皇族以外的士族）出镇”，都派典签分掌实权，严加监视。诸王和镇将因遭疑忌，先后起兵作乱，于是皇室内部君臣之间相互残杀，愈演愈烈。被疑忌的文臣武将，有的被杀，有的叛国投敌。刘宋失去了淮河以北大片土地，南朝疆域再次缩小。

元嘉以后，宋王朝对人民的剥削日益加重，阶级矛盾十分尖锐，小规模的农民起义不断发生。泰豫元年（472）明帝死，子刘昱（后废帝）继位，内乱更加炽热。这时实权已落入中领军萧道成手中（见齐高帝萧道成）。元徽五年（477）萧道成杀刘昱，立昱弟刘準为帝（即顺帝）。昇明三年（479），萧道成废刘準，称帝建齐朝，宋亡。

宋朝 Song Dynasty 中国继五代十国之后赵氏建立的中原王朝（960～1279）。960年在开封（今属河南）建国，史称北宋。1127年，被金朝灭亡。同年，在南京应天府（今河南商丘西南）重建，后建都临安（今浙江杭州），史称南宋。1279年，被元朝灭亡。

两宋的兴亡 960年，后周殿前都点检赵匡胤在陈桥驿（今河南封丘东南陈桥镇）发动兵变，夺取皇权，建立宋朝（见陈桥兵变）。宋太祖赵匡胤和宋太宗赵炅依据“先南后北”的战略方针，陆续消灭各割据势力，中原政权重归统一。参照唐制，初步建立起中央决策体制；改革中央和地方政治体制，集中兵权、财权、司法权和官员任免权，确立了中央集权制度。社会经济也有所发展。但对辽战争屡次失利，宋真宗赵恒与辽订立“澶渊之盟”。随后，伪造“天书”，东封泰山，西祀汾阴，试图重振“天威”，耗费了大量人力和财赋（见三司使）。

宋仁宗赵祯和英宗赵曙统治时期，社会经济进一步发展，科技和文化教育事业取得显著成绩，各项制度也日趋严密。但宋初以来实行的重文轻武、强干弱枝、守内虚外的政策和措施，导致“冗兵”、“冗官”和“冗费”与日俱增，政府财政陷入困境。宋仁宗一度起用范仲淹等人进行改革，史称“庆历新政”。但随范仲淹等人的离朝，大部分改革措施被废罢。

宋神宗赵顼奋发有为，重用王安石等人实施新法，如均输法、青苗法、免役法、市易法等，旨在富国强兵和培育人才，取得一定成效。但因执行中出现偏差，又侵犯贵族和官僚的利益，引起激烈反对。神宗改革中央决策系统和职官制度，并主动对西夏发动两次进攻，皆遭失败，抑郁而死（见王安石变法）。

宋哲宗赵煦少年即位，由英宗的高皇后（太皇太后）处理军国大事，支持宰相司马光等人废罢新法。哲宗亲政后，起用章惇等人，逐步恢复新法，并稍作改进。但改革派大臣互相倾轧，又削弱了自己的力量。

宋徽宗赵佶重用蔡京、童贯等人，借推行新法之名，行聚敛之实，使新法完全变质。蔡京等人屡次改变茶法和盐法；设西城括田所，强占民田；设应奉局和造作局，大兴花石纲，建造艮岳和延福宫；发动对西夏和青唐的战争，开拓疆土。这时城市经济虽较繁荣，但社会生产日益受到破坏，众多农民倾家荡产，终于爆发各地民众的武装反抗。宣和二年（1120），宋、金订立“海上盟约”，夹击辽朝。金军灭辽后，南下攻宋，徽宗急忙传位太子赵桓（宋钦宗）。靖康元年（1126）闰十一月，金军围攻开封，宋徽宗和宋钦宗决定投降。次年四月，金军俘虏徽、钦二帝等北去，北宋灭亡。

宋高宗赵构逃至南方，先后重用黄潜善、汪伯彦、秦桧为宰相，排斥李纲、宗泽、岳飞等人，推行对金委屈求和的政策。绍兴十一年（1141），在岳飞等军屡战屡胜的形势下，迫令退兵，向金朝称臣，签订屈辱的“绍兴和议”，杀害岳飞父子，排斥和打击主张抗战的臣僚，加紧对百姓的压榨。

宋孝宗赵昚和光宗赵惇统治期间，社会较为安定，经济也稍有发展。孝宗初年，曾派枢密使张浚部署北伐金朝，但宋军先胜后败，被迫再度与金议和，史称“隆兴

宋朝世系表

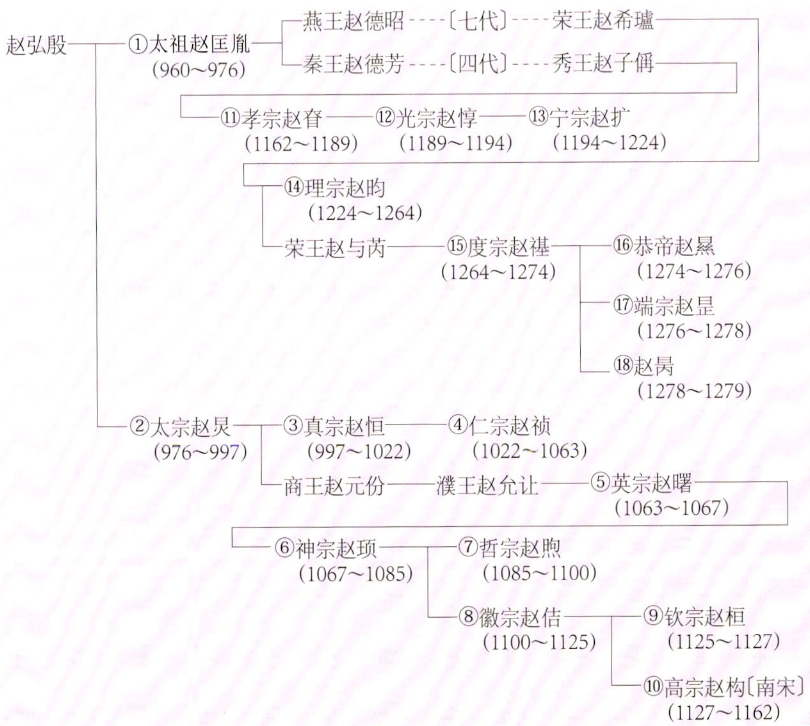

和议”。此后，与金长期处于相持局面。

宋宁宗赵扩由宗室赵汝愚和外戚韩侂胄拥立，接替身患精神病的光宗。自1196年始，韩侂胄排斥赵汝愚，并将曾支持赵的朱熹等理学家及同情者定为“逆党”，将理学定为“伪学”，予以打击，史称“庆元党禁”。开禧二年（1206），韩侂胄贸然发动北伐，宋军先胜后败，金军主力也撤回淮北。礼部侍郎史弥远等勾结杨皇后，杀死韩侂胄。嘉定元年（1208），遵照金朝要求，宋与金重订和约，除增岁币外，赔付“犒军银”300万两。数年后，金朝遭到蒙古军的南侵，迁都南京（今河南开封），图谋向江南扩地立国，与宋军战斗互有胜负。

宋理宗赵昀和度宗赵禥统治时期，史弥远、贾似道等权相把持朝政，破坏中央决策体制，政局混乱。统治阶级愈加腐败，民穷财匮，阶级矛盾愈益尖锐。绍定七年（1234），宋蒙联军攻灭金朝后，蒙古军乘机南下攻宋。开庆元年（1259），蒙哥汗战死，蒙古军北撤。咸淳四年（1268），忽必烈率领蒙古军主力围攻襄阳府和樊城（今湖北襄阳）。九年，元军攻破樊城，襄阳守将吕文焕降元。次年，度宗病死，贾似道拥立度宗次子赵㬎为帝（恭帝）。元丞相伯颜统率大军沿汉水和长江东下，德祐元年（1275）与宋军在鲁港（今安徽芜湖西南）、丁家洲（今安徽铜陵东北长江中）一带决战，宋军溃败。翌年，元军攻至临安城下，宋理宗谢后和度宗全皇后携宋恭帝出城向元军投降。文天祥、陆秀夫、张世杰等人拥立度宗长子赵昰和幼子赵昺，先后在江西、福建、广东一带继续抗元。赵昰（端宗）在福州即帝位，不久病死。文天祥在赣州（今属江西）战败，转战至海丰北的五坡岭被俘。陆秀夫和张世杰拥立赵昺为帝，退至南海中崖山（今广东江门市新会区南海中）。1279年，元军水师猛攻崖山，宋军战败，陆秀夫携帝昺投海而死，张世杰也殉难于大海，南宋灭亡。

图1　晋祠宋铸铁人

政治制度　宋代统治者为防止藩镇割据和大臣、外戚、女后、宗室、宦官的擅权，镇压劳动人民的反抗，以及防御辽、夏等侵扰，把政治、军事、财政大权最大限度地集中到朝廷，建立起一整套专制主义中央集权的政治制度。

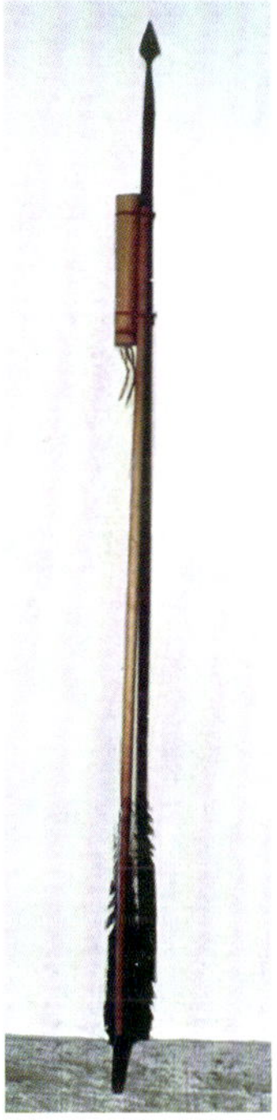

图2　火箭（模型，将火药筒缚在箭支的前部，利用火药燃烧喷射时产生的推力带动箭支前进，宋代军队配备的火药武器之一）

官制　宋代最高权力机构为政事堂，长官在北宋前期称同中书门下平章事。为分散宰相的事权，增设参知政事，作为副宰相。宋神宗赵顼将政事堂职权分归门下、中书、尚书三省。宋设置枢密院，作为主管全国军政的最高机构。其长官称枢密使。主管财政的最高机构，北宋前期称三司，即盐铁、度支、户部三部。其长官称三司使。宋神宗撤销三司，将三司的大部分职权归户部和工部。北宋前期，宰相主管民政，枢密使主管军政，三司使主管财政。宋神宗官制改革后，宰相实际兼管财政。南宋时，宰相又兼任枢密使，兼管军政。这样，宰相再次握有民政、财政和军政的大权。专管监察的机构是御史台，其长官称御史中丞。专管规谏讽谕的机构是谏院。为皇帝起草文书的机构是翰林学士院，翰林学士等还侍奉皇帝，充当顾问。宋初的最高司法机构是大理寺和刑部。宋神宗改革官制，三省六部才行使相应的职权。宋代的地方政府机构实行州、县二级制。宋初沿袭唐制，将全国划分为道。宋太宗时改道为路。

军制　赵匡胤任用文臣主持枢密院，统管军政。还设三衙，掌禁兵和厢兵，但无权调遣。枢密院和三衙分掌发兵之权和握兵之重，互相牵制。北宋还有乡兵、蕃兵、土兵和弓手。宋代实行募兵制，经常采取灾年招兵的办法，将天下失职犷悍之徒招收为兵，但在兵源缺乏的情况下，也抓夫充军。罪犯也是宋军军士的重要来源。此外，还鼓励营伍子弟接替父兄从军。北宋和南宋之交，禁军大部溃散，南宋重新编组正规军，称屯驻大军。宋军以步兵为主，弓弩是主要兵器。骑兵往往作为步兵的附庸。宋代已进入冷、热兵器并用时期，特别到南宋中、后期，成批生产火药武器。

科举制　宋太祖至宋真宗朝，在革除唐代科举制弊病的基础上，建立起一套相当完整、严密的科举制，成为封建专制主义中央集权制的重要组成部分。宋代士人及第即可释褐入官，因而能够吸引广大知识分子参加科举。

法律　宋初，以后周《显德刑统》为蓝本，经过修改和补充，编成《重详定刑统》30卷，是宋代的第一部法典。自宋孝宗赵昚时开始，编纂条法事类。宋代法令繁多，超越前代，因而法网严密，内容极为广泛，涉及政治、经济、日常生活等各个方面。

经济　在漫长的中国封建时代，宋代是经济发展迅猛的时期，无论在农业、手工业、商业等方面，都取得了突出的成就，而且完成了经济重心的南移。

农业　由于人口的增加，垦田面积的扩大，铁制工具制作进步，耕作技术的提高，产量倍增，以及经济作物的扩大，多种经营的展开，从而取得了前所未有的全面发展。北宋国土小于汉唐，但人口则多于汉唐，人口增长速度和人口分布密度都高于汉唐，这是宋代农业生产远远超过汉唐的一个重要条件。南宋初，东南一带遭受严重的兵燹破坏，但是，由于北方劳动人民大批南迁，和南方农民共同辛勤劳动，使南宋的农业生产，较快地得到恢复和发展。宋时农具制作不但数量大、质量好，而且品种多。农民对精耕细作更加注意。由越南传入的占城稻，宋真宗时推广到江南、两浙以及淮南诸路。宋代的经济作物，特别是在南方，有相当大的发展。南方各地普遍栽种茶树。川蜀、两广、两浙、福建是著名的甘蔗种植区。宋代的纺织纤维生产仍以丝和麻为主，而棉花的栽培区逐渐扩大，产量逐渐提高。

手工业　宋代手工业在原料采集、生产过程和产品种类、数量方面，都有显著的进展。两浙、江西、荆湖、陕西等地，都已成为造船业的中心。造船业的发达，促使远洋航行技术不断进步。宋代采矿冶炼业的发展为农业、手工业、商业的发展提供了雄厚的物质基础，已大量开采石炭（煤）。宋代在军事和医药上都已利用石油。北宋时，两浙、川蜀地区的丝织业最为发达。麻布产量比唐代增加很多。棉织品在全部纺织品中的比重有所上升。随着雕版印刷业的兴盛，纸张的需要量激增，促使民间造纸业迅速发展。宋代造纸技术比前代大有提高。宋代制瓷窑户几乎遍布全国各地。定州（今属河北）定窑、汝州（今河南临汝）汝窑、颍昌府阳翟（今河南禹州）的钧瓷、饶州（今江西鄱阳）景德镇窑各有特色。

商业　宋代商业的发展，超过了前代，大城市和小市镇兴旺发达，纸币出现并广泛使用，海外贸易盛况空前。宋代拥有一批人口在10万以上的大城市。开封是北宋最大的城市。大城市逐渐突破了坊和市的

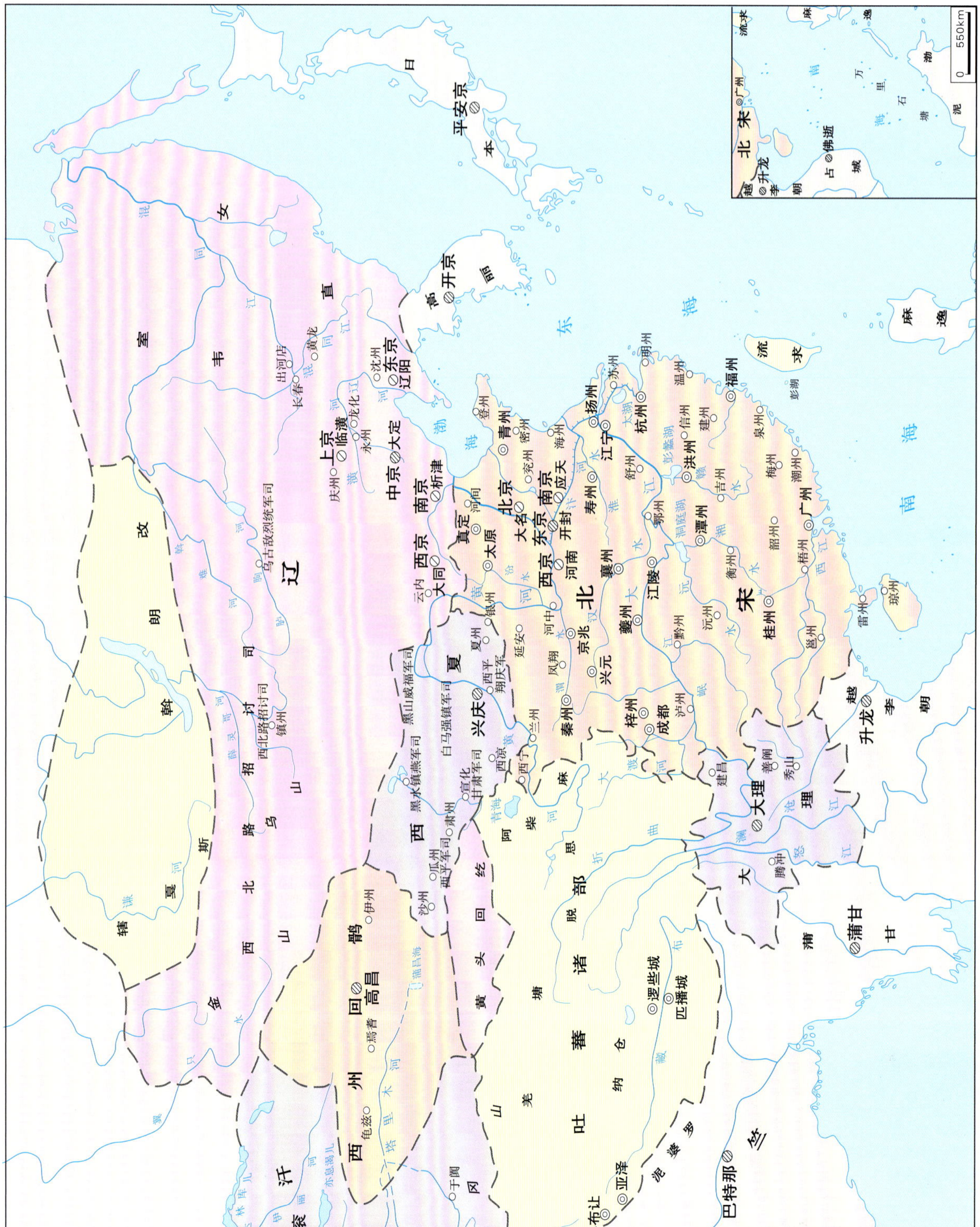

辽 北宋时期形势图

辽天庆元年，北宋政和元年（1111）

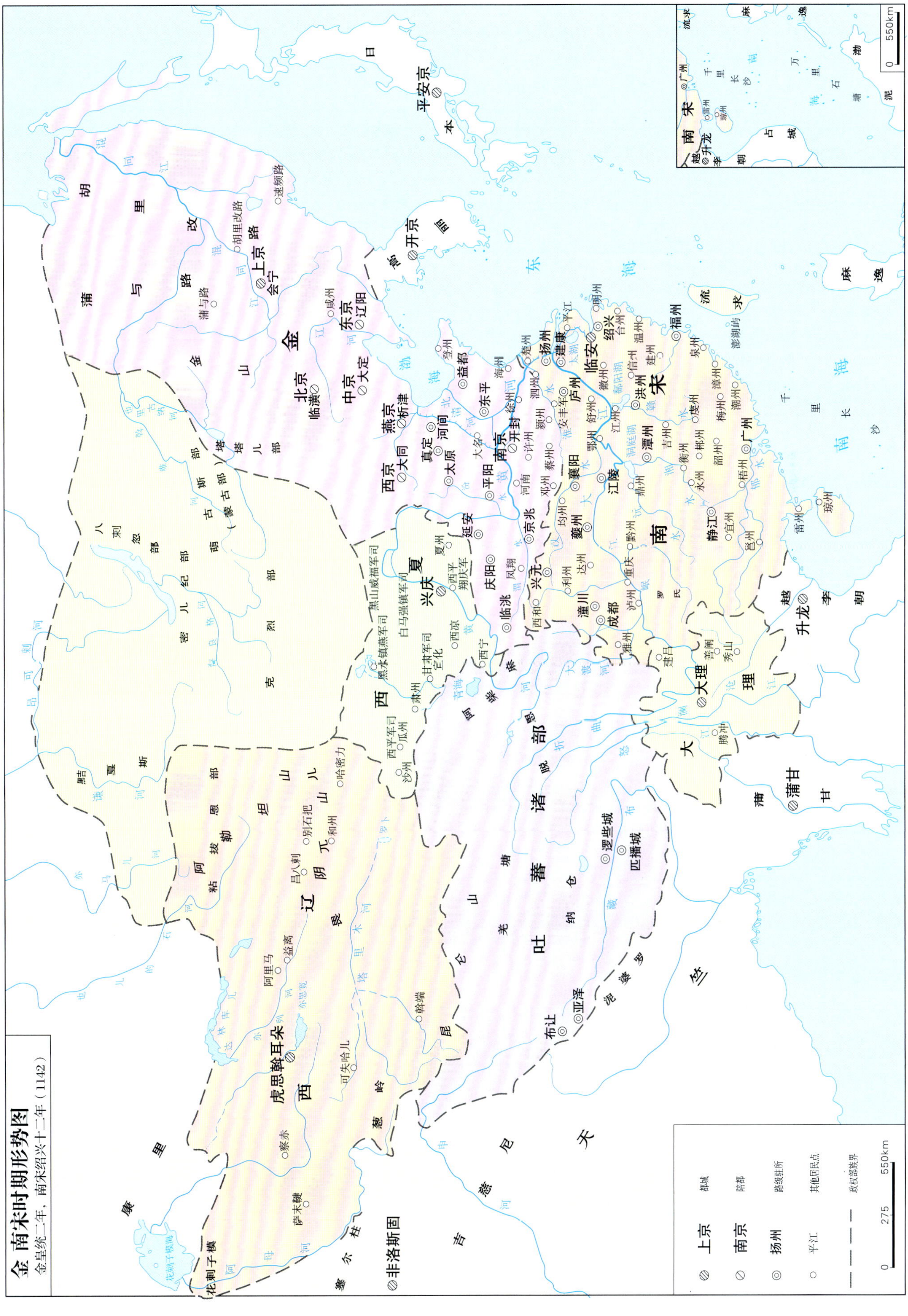

金 南宋时期形势图

金皇统二年，南宋绍兴十二年（1142）

界限，工商与居民杂处。临安府作为南宋的行在所，也是最大的商业城市。建康府（今江苏南京）、鄂州（今湖北武汉武昌）、成都府城和泉州都是重要的商业城市。北宋货币以铜钱为主，铁钱为辅。商业中的赊，即信用关系，孕育了世界上最早的纸币交子。南宋除了铸造铁钱外，纸币逐渐成为主要的货币。宋与辽、西夏、金在某些交界地点设置榷场，进行官方许可的贸易。民间的走私贸易，不论在陆地和沿海，都相当兴盛。宋是当时世界上重要的海上贸易国。宋时有从广州和泉州通往越南、印尼乃至阿拉伯、东北非洲等地的海上交通线，还有从明州或杭州通往日本和高丽，由登州（今山东蓬莱）或密州板桥镇（今山东胶州）通往高丽的海上交通线。宋朝与中南半岛、南洋群岛、阿拉伯半岛以至东北非洲等几十个国家都有贸易关系。北宋在主要港口广州、明州、杭州、泉州、密州、秀州（今浙江嘉兴）、温州、江阴军（今江苏江阴）等地相继设立市舶司，主管舶商进出手续，并征收舶税，抽买舶货。

交通运输、邮递　宋代交通运输业也相当发达。内河运输以大江（长江）、汴河和运河为主动脉。宋代除广泛的海外贸易外，国内沿海运输业也有较大规模，两者都以民间运输为主。宋时的通信系统是遍布各地的驿站网，除官府文书外，还可邮寄私人信件。

社会经济发展的同时，也造成了生态环境的一定破坏。从宋初起，黄河中、下游两岸森林植被继续被破坏，水土流失严重，造成黄河在宋朝平均每年出现一次决口或改道的水灾。

文化　宋代是文化高度繁荣的时期，无论在科学技术、哲学思想、教育、文学、艺术、史学等方面，都取得了长足的进步。

科学技术　宋代是中国古代科学技术发展的高峰期，沈括是最重要的代表人物。指南针、印刷术和火药是闻名于世的三大发明，到宋代又有了划时代的发展。天文、数学、医药、农艺、建筑等各个领域的成就，不仅超越前代，而且在当时的世界上处于领先地位。指南针在宋代又有重大进展，北宋末已有使用指南针于航海的记载。南宋时，海船上普遍装有针盘，即原始的罗盘导航。这是世界海运史上空前的进步。唐、五代时开始应用雕版印刷术印书，北宋时有了很大发展。开封府、杭州、西川、福建是当时印书的中心。南宋临安府是印书业最发达的地方。宋仁宗庆历年间，毕昇发明活字印刷术。宋廷设有火药武器的作坊。宋神宗时，边防军已大量配备火药箭。北宋时进行了多次较全面的恒星观测。景德三年（1006）关于客星的记载，是世界上著名超新星中的最早记录。元祐年间，苏颂、韩公廉等人创造了水运仪象台。宋代的历法经过多次改进，庆元五年（1199）实行的《统天历》，和现行公历的一年长度完全一样，但比公历颁行早383年。北宋中期贾宪的开方作法本源图，世称贾宪三角形，比西欧相同的帕斯卡三角形早约600年；他的增乘开方法，与霍纳的方法大致相同，但早约770年。宋代医药学比唐代有较大的发展。元丰五年（1082），唐慎微撰《经史证类备急本草》，所收药物种类为《唐本草》的一倍。宋徽宗时审定的《和济局方》，是中国由国家颁布的第一部配方手册。王惟一著《铜人腧穴针灸图经》3卷，标志着针灸学的重大进步。太医局将产科、眼科等单独设科，是医学史上的重大进步。北宋钱乙《小儿药证直诀》，是理论与实践结合的名著。南宋《洗冤集录》十五卷，是世界上最早的法医学专著。北宋末陈旉在南宋初撰成《农书》，是综合性的农学著作。皇祐元年（1049），陈翥撰写的《桐谱》，嘉祐四年（1059），蔡襄著《荔枝谱》，淳熙五年（1178），韩彦直著《橘录》，都是传世最早的有关经济作物的专著。庆历元年（1041），喻皓在开封建成砖塔，其建筑方法成为以后北方通用的砖塔建筑方法。今河北定州城内的开元寺塔，于至和二年（1055）建成，又称瞭敌塔，高84米，是中国现存最高的砖塔。

哲学思想　汉学转变成了新的宋学，理学和其他儒家学派先后出现。宋代理学是以儒家经学为基础，兼收佛、道思想形成的新儒学，基本上可分为两派：一派是以程颢、程颐及朱熹为代表的程朱理学；一派是以南宋陆九渊为首的心学。程颢、程颐，世称二程，是理学的奠基者。大致到南宋孝宗时，程颐的四传弟子朱熹集理学之大成，理学才大为兴盛，成为更精致、更系统、更富哲理的新儒家学派，世称程朱理学或程朱学派。宋理宗时，程朱理学成为官方哲学。到元、明、清时期，在思想文化界更居于统治地位。除理学外，宋代还有一些儒家学派，主要有王安石的新学，陈亮的永康学派和叶适的永嘉学派等。

教育　宋初沿旧制，设国子监为最高学府。宋仁宗庆历时设太学。国子监是中央教育管理机关。地方教育有州县学和书院。由于印刷术普及等原因，宋代教育的发达远远超过前代。不少地区利用农闲举办冬学，由穷书生教农家子弟识字。宋初著名的四大书院是白鹿洞（今江西庐山）、岳麓（今湖南长沙岳麓山）、应天（今河南商丘）、嵩阳（今河南登封）或石鼓（今湖南衡阳石鼓山）书院；此外，茅山（今江苏句容三茅山）书院，亦颇有名。北宋中期以后，书院逐渐衰落。南宋时，朱熹首先于淳熙六年（1179）兴复白鹿洞书院。绍熙五年（1194），朱熹恢复并扩建岳麓书院。另外，陆九渊的象山书院、吕祖谦的丽泽书院也先后建立。

文学艺术　宋代文学艺术继唐代之后，有了进一步的发展，而且更加丰富多彩。宋初骈体文占统治地位。宋仁宗时，欧阳修成为北宋古文运动的领袖。王安石、苏轼、曾巩、苏洵、苏辙等名家辈出，古文运动终于取得全胜。他们的文章大多风格清新，自然流畅。欧阳、曾、王、三苏与唐代的韩愈、柳宗元，后世合称为唐宋八大家。宋诗继承唐诗而有所创新。宋初王禹偁首倡继承杜甫、白居易诗风，但不久即出现西昆诗体，崇尚词藻华丽，风靡一时。欧阳修以及梅尧臣、苏舜钦等相继而起，诗作大多平淡清晰，间或粗犷奔放，诗风始为之一变。才华丰茂的苏轼，诗备众格，洒脱豪放。王安石主张以适用为本。黄庭坚提倡以故为新，其后便形成了江西诗派。杨万里、范成大、陆游、尤袤，号称中兴四大家。文天祥的诗，很少雕饰。宋代是词的全盛时期。北宋前期以晏殊、张先、欧阳修为代表的婉约派，词尚婉丽。柳永精通音律，开始创作慢曲长调新体裁，情景交融。高才逸气的苏轼，清新豪放，开创了豪放派。南宋词人辛弃疾，气势磅礴。婉约派词人有苏轼门人秦观，他善于以长调抒写柔情，语工而入律。北宋末年的周邦彦，词调方面有创新。著名女词人李清照独树一帜，实为古代最有成就之女作家。南宋后期的姜夔，长于音律，讲究技巧。

绘画，李成、范宽、关仝形成北方山水画的三个主要流派。宋神宗时的郭熙，与李成齐名，世称李郭。南唐入宋的南方山水画派名家巨然，学习董源水墨风，并称董巨。南宋初，李唐以画牛著称，创大斧劈皴法，并为刘松年、马远、夏圭所师法。他们合称南宋四家。黄筌子居寀等入北宋画院，为院画体的标准画格。宋徽宗绘画造诣很深，尤工花鸟，画风工整，神形俱妙。北宋中期的李公麟，以画马驰名，又是宋代最有影响的宗教人物画家。北宋末张择端的《清明上河图》，是风俗画的代表作，具有极大的史料价值。文人画代表作者为苏轼、米芾、米友仁等。宋代书法家以苏轼、黄庭坚、米芾和蔡襄最为著名。宋徽宗创瘦金体，亦善狂草。南宋陆游、张孝祥、文天祥等，书法造诣也很高。北宋元祐时塑造的太原晋祠的42尊侍女彩塑，富丽浓艳，各具神态，栩栩如生。四川大足石刻，多数是宋代作品。话本对后世的长、短篇小说和戏剧很有影响。宋神宗时的诸宫调，对宋杂剧、南戏、金院本和元杂剧都有较大影响。

史学　宋代是中国封建时期史学的鼎盛期。宋初，薛居正等仿《三国志》体例，编成《五代史》（即《旧五代史》）。宋仁宗时，欧阳修成《新唐书》，以别于五代后晋刘昫

《唐书》(即《旧唐书》)。欧阳修不满薛居正《五代史》，重撰《五代史记》(即《新五代史》)。宋代编修的前代史还有多种，传世的有《唐会要》、《五代会要》、《西汉会要》、《东汉会要》以及《九国志》、《南唐书》等。司马光主编的《资治通鉴》，是中国第一部编年体通史。这种编年史体，称为《通鉴》体，成为后来编年史的通用体裁。南宋袁枢撰成《通鉴纪事本末》，开创了纪事本末体。南宋李焘编撰《续资治通鉴长编》，是《通鉴》之后第一部出色的当代编年通史，亦是中国古代卷帙最庞大的私修编年史。宋人编撰的当代史，还有《三朝北盟会编》和《建炎以来系年要录》。两宋之际郑樵修撰纪传体通史《通志》，宋元之际马端临修撰《文献通考》，《通考》与《通典》、《通志》，并称三通。宋代方志的著述达到了前所未有的水平，如《太平寰宇记》、《元丰九域志》、《东京梦华录》、《武林旧事》、《梦粱录》等。金石学是中国考古学的前身，是宋代史学领域新开辟的园地。北宋欧阳修《集古录》，是现存最早研究石刻文字的专书。南宋洪适《隶释》和《隶续》，为传世最早的集录汉魏石刻文字专书。宋代金石学诸书为研究五代以前，尤其是研究商周秦汉史，提供了宝贵的参考资料。

历史地位 宋代是当时的世界大国，并且是经济文化高度发展的封建帝国。其经济文化多方面的成就，不仅在当时世界上居于领先地位，并且对人类文明作出了重大贡献，产生深远的影响。就举世闻名的中国四大发明而言，其中印刷术、火药、指南针3项，开发应用的主要阶段都在宋代。宋代在世界上最早发行纸币，又是海上贸易大国之一，输入品大多是原料，而输出品大多是手工业制成品，这也反映了宋代在世界上的经济地位。宋代社会生产有迅猛发展，其农业、手工业、商业等的发展水平，成为战国秦汉以后，中国经济发展的又一高峰期。中国经济重心的南移，也完成于宋代。在长江下游和太湖流域一带的浙西平原，成为当时世界上的最发达地区。唐诗与宋词的主要取向与境界，全不相同，难以断言其间的高低优劣，但宋代的词和在文学艺术方面的全面发展，则非唐代之所能及；而从科学技术、哲学思想、教育、史学等方面作综合比较，宋代无疑也都超越了唐代，成为中国封建文化发展的鼎盛期。但从另一方面看，宋代是中国历史上统治地区最小的中原王朝。在与北方辽的抗衡中，宋处于劣势，后被新兴的金占夺了北方半壁山河，最后又被北方的元灭亡。

宋词 Song Dynasty ci-poetry 中国宋代文学样式。萌于唐而大盛于宋。词在唐代兴起之时，未能与诗抗衡，入宋以后，却以崭新的面目发展成为一代之盛。这不仅是宋代特定的社会历史环境所造成的，而且也是文学自身发展演化的结果。宋代城市经济和市民阶层有很大发展，而宋王朝为了巩固自身的统治，公开鼓励武将“多积金，市田宅以遗子孙，歌儿舞女以终天年”(《宋史·石守信传》)，这就为“新声巧笑于柳陌花衢，按管调弦于茶坊酒肆”(孟元老《东京梦华录序》)提供了条件。词源于民间，长于言情，在宋代很快成为文人析酲解愠、娱宾遣兴的工具。在宋代，上自皇帝，下至庶民都普遍喜好这种新兴歌词，新创了很多词调。

宋词的发展大约经历了南北宋两个时期，词自北宋而始大，至南宋而极其工。细分之，南北宋可各分为3个时期。北宋初期以承袭晚唐五代词风为主，受冯延巳词的影响较大，崇尚浮靡，内容多写花前月下，形式多小令，风格多香软。代表作家为晏殊、张先、柳永、欧阳修等。北宋中期是宋词成为一代文学的关键时期，代表作家是苏轼，他从根本上改造了词的体制，提高了词的地位，开拓了词的内容，创立了豪放词，冲破婉约词的一统天下，给词注入了新的生命。北宋后期只有一小部分人继承苏轼词风，如黄庭坚的一小部分词，多数词家仍沿婉约词风发展，包括苏轼的门人秦观在内。这一时期最重要的词人为周邦彦，较之以前的婉约词，制作更精，韵律更严，艺术成就更高。南宋初期的词人多由北宋而来，他们在北宋末年多写艳丽之作，南渡后多抒发乡关之思、亡国之痛以及抗敌御侮之情。代表词人有李清照、张元干、张孝祥、朱敦儒等。南宋中期是宋词的繁盛期，代表词人为辛弃疾、陆游、陈亮、刘过。特别是辛弃疾，其词不仅数量多，而且质量高，他的词作足以使豪放词成为宋词中的一大流派，使词真正成为“无事不可言，无意不可入”(刘熙载《艺概》卷四)的文学形式。这一时期以姜夔为代表的婉约词也取得了巨大成就，他长于音律，精通乐理，“音节文采，并冠绝一时”(《四库全书总目》)，使词与音乐结合得十分完美。南宋后期的词坛纷纭繁杂，“词至宋季而始极其变”(朱彝尊《词综·发凡》)，一方面辛弃疾的继起者刘克庄、刘辰翁、文天祥等豪放派词，内容上多写抗敌斗争和亡国之恨，风格上更为沉郁悲壮；另一方面姜夔的继起者吴文英、王沂孙、张炎等婉约派词，内容上多抒发凄凉哀怨之情，风格更重骚雅、空灵与音律。

宋代词派众多，有“柳永体”、“东坡体”、“易安体”、“朱希真体”、“吴蔡体”、“稼轩体”、“介庵体”、“白石体”等，但从总体上看，不出婉约、豪放两派。婉约是婉转含蓄的意思，内容多写儿女风情，结构缜密，音律谐婉，语言圆润，风格清新绮丽。代表作家为晏殊、欧阳修、柳永、秦观、周邦彦、李清照及南宋的众多词家。豪放是豪迈放纵、气象恢弘的意思，第一个用“豪放”评词的是苏轼(《答陈季常书》)，并写出了〔念奴娇〕《赤壁怀古》之类的豪放词，打破了传统词风，开创了与柳词相抗衡的另一词派。南宋辛弃疾继起，成为词史上著名的苏辛词派。豪放派的特点是视野开阔，气象恢弘雄放，喜用诗文的手法、句法和字法写词，用典较多，不受音律限制，时有粗疏平直之弊。除苏辛外，北宋的黄庭坚、晁补之、贺铸，南宋的陈与义、叶梦得、朱敦儒、张孝祥、张元干、陈亮、刘过等都是豪放词的代表人物。

宋慈 Song Ci (1186～1249) 中国古代法医学家。字惠父。福建建阳人。南宋宁宗朝进士，曾任广东、江西、湖南诸路提点刑狱公事，广东经略安抚使。他在处理狱讼时特别重视现场勘检，并根据自己丰富的实践经验，写成世界上最早的法医学专著——《洗冤集录》。

宋高宗赵构 Emperor Gaozong of Song Dynasty (1107～1187) 中国南宋皇帝。1127～1162年在位。年号先后为建炎、绍兴。宋徽宗赵佶第9子，宣和三年(1121)封为康王。钦宗靖康元年(1126)冬，金兵南侵，奉命出使金营求和，在河北磁州(今属河北)被守臣宗泽劝阻留下。不久，受命为河北大元帅。宋徽宗和钦宗为金兵俘虏北去后，于靖康二年五月在南京应天府(今河南商丘西南)即位，改元建炎。

高宗即位后，重用汪伯彦、黄潜善等人，放弃中原，逃到扬州，再逃至杭州，并建行都于此。他在金兵的一再打击下，东奔西逃，但仍专意向金求和，任用秦桧为相，解除抗金名将韩世忠、岳飞等人兵权，并杀害岳飞，终于在绍兴十一年(1141)以割地、称臣、纳贡的条件与金国订立和议，史称“绍兴和议”。秦桧死后，又重用其党万俟卨等人，继续执行对金和议条款，每年除纳贡银25万两、绢25万匹外，送给金统治者贺正旦、生辰等的礼物也“以巨万计”。

绍兴三十一年秋，面对金海陵王完颜亮大举南侵，又想再次逃离临安府。金海陵王渡江失败，被部下所杀，遣使贺金世宗完颜雍即位，准备再次对金和议。在当了36年皇帝以后，宋高宗于绍兴三十二年六月以“倦勤”为由，传位给养子赵昚(见宋孝宗赵昚)，自称太上皇帝。

宋鸿钊 Song Hongzhao (1915-08-13～2000-02-17) 中国妇产科专家。生于江苏苏州，卒于北京。1943年毕业于北平市协和医学院，获美国纽约州立大学医学博士学位。曾任中国协和医科大学教授，中国医学科学院研究员，北京协和医院妇产科主任医师，中华妇产科学会主席，《中华妇产科》杂志主编。1994年当选中国工程院院士。在妇科肿瘤研究方面成绩卓越。使用6-巯基嘌呤、5-氟尿嘧啶等药物治疗恶性妊娠性滋养细胞肿瘤（绒毛膜癌），成为首个依靠化学治疗得到根治的实体性肿瘤。创建大剂量化疗治疗绒癌取得突破性成就，提出的绒癌临床分期方法成为国际统一分期标准。被选为美国防癌协会名誉会员，国际第4届滋养细胞肿瘤学会主席。

宋徽宗赵佶 Emperor Huizong of Song Dynasty (1082～1135) 中国北宋皇帝。1100～1125年在位。年号先后为建中靖国、崇宁、大观、政和、重和、宣和。宋神宗赵顼之子，哲宗赵煦之弟。徽宗赵佶重用蔡京、王黼、童贯、高俅、朱勔、梁师成、杨戬、李彦等人，横征暴敛，骄奢淫逸，是北宋最荒淫腐朽的皇帝。置造作局，专门制造供皇室享用的奢侈品。又设苏杭应奉局，搜括民间奇花异石，用大量船只一批批运至开封，称为花石纲。在开封用人工筑成一座周围十余里的艮岳，在山上兴建亭馆楼台，耗费巨万。设西城括田所，以没收荒地及户绝田为名，霸占大量民田。他迷信道教，极力抬高道教的地位，设道官阶26等，和政府官吏同样领取俸禄。

徽宗的腐朽统治，激起了方腊、宋江等农民起义（见方腊起义）。宣和二年（1120），派人与金朝订立盟约，相约夹击辽朝。在对辽作战中，更加暴露了宋朝政治的腐败与军事的无能。宣和七年金兵灭辽后即乘胜南下攻宋。徽宗慌忙传位给太子赵桓（钦宗），自称太上皇。靖康二年（1127）与钦宗同为金兵所掳，押解北上。后死于金五国城（今黑龙江依兰）。徽宗在艺术上有多方面的成就，能书善画，书法称“瘦金体”。

宋健 Song Jian (1931-12-29～) 中国控制论、系统工程和航天技术专家，全国政协副主席。生于山东荣成。1960年毕业于莫斯科鲍曼工学院研究生院，获副博士学位，后又获科学博士学位。1960年回国后，历任国防部第五研究院二分院总体设计室主任，第二研究院副院长，航天部副部长兼总工程师，国家科学技术委员会主任，国务委员，国务院环境保护委员会主任，国家科技领导小组副组长，国务院学位委员会副主任。1991年当选中国科学院学部委员（院士），1994年当选中国工程院院士。提出线性系统最速控制理论，建立有穷维控制器和无穷维受控对象耦合的分布参数系统控制理论，提出点观测点控制的分布参数控制理论。提出人口控制模型，发现和证明人口生育双向极限定律。主持设计地空导弹控制系统，担任潜地弹道导弹副总设计师，主管试验通信卫星的研制和发射。获国家科学大会奖，国家自然科学奖二等奖，国家科技进步奖一等奖、二等奖，国际数学建模学会艾伯特·爱因斯坦奖，意大利莱奥纳多·达·芬奇奖，何梁何利基金科技成就奖等。是全国政协第九届副主席，中国共产党第十二届至十五届中央委员会候补委员、委员，《中国大百科全书》第二版总编辑委员会副主任。

宋教仁 Song Jiaoren (1882-04-05～1913-03-22) 中国近代民主革命家。字遯初，号渔父。湖南桃源人。1904年春同黄兴等在长沙创立华兴会。同年11月，参与华兴会策划武装起义，事泄逃亡日本。1905年8月加入中国同盟会。1911年1月任上海《民立报》主笔。7月同谭人凤、陈其美等在上海组织同盟会中部总会。武昌起义爆发后到武汉协助湖北军政府办理外交，拟定《鄂州临时约法》。1912年1月任南京临时政府法制局局长。3月任唐绍仪内阁农林总长。同年8月，在孙中山、黄兴等人支持下，将同盟会、统一共和党、国民共进会等合并为国民党，任代理理事长。1913年初，经湖南、湖北、安徽、江苏到达上海，沿途发表演说，反对袁世凯专权，主张成立责任内阁，制定民主宪法。3月20日，在沪宁路上海站被袁世凯所派刺客以枪击伤，22日逝世。遗著编为《宋教仁集》。

宋金杂剧 poetic drama in Song and Jin Dynasties 中国宋金时代盛行于开封（北宋首都东京、金朝首都南京）与临安（今杭州，南宋首都）的戏曲艺术。宋杂剧是继承唐代参军戏传统，并广泛吸收当时诸多表演、歌唱、舞蹈伎艺，进一步综合形成的中国最早的戏曲形式。金杂剧又称院本（见金院本），与宋杂剧名异而实同，但在艺术上对宋杂剧有所发展，是宋杂剧向元杂剧过渡的重要戏曲形式。

宋杂剧绢画《眼药酸》

宋杂剧的演出一般由艳段、正杂剧两段、杂扮组成。据《都城纪胜·瓦舍众伎》记载，宋杂剧的脚色一般有末泥、引戏、副净、副末四色，有时添一色，名装孤。南宋周密《武林旧事》卷十载“官本杂剧段数”280种，几乎是宋杂剧迄今仅有的存目。据元代陶宗仪《南村辍耕录》卷二十五《院本名目》，载院本剧目700余种，是现存唯一的金杂剧剧目单，剧目也与官本形式相似。并且，院本和杂剧脚色基本相同（只是杂剧的“装孤”在院本中名为“孤装”）。因为由5个脚色出场，所以又称“五花爨弄”。

宋杂剧与金杂剧的差异主要有三点：一是宋杂剧中冠以大曲、法曲、词调等名目的节目在金杂剧中大为减少，不题乐曲名者为多。二是宋杂剧的艳段形式在金杂剧中被丰富了。如“诸杂院爨”之外，又有“冲撞引首”、“拴搐艳段”、“打略拴搐”等形式。三是剧目，金杂剧有宋杂剧所无的“院幺”一个类别。不少学者认为，“院幺”就是元杂剧的前身。

宋金杂剧的分流，约在1127年金人攻克开封，在燕山（今北京）建都，宋室南迁之后。1214年金人迁都于开封（改名为南京）。这两次迁移，特别是后一次迁至开封，使开封成为北方杂剧发展的一个中心，有利于金杂剧继承北宋杂剧的诸多样式，逐渐形成院本，为元杂剧的产生奠定了基础。

宋锦 Song Dynasty brocade 中国清代以来苏州织造的具有宋代装饰特色的织锦。又称仿宋锦、宋式锦。中国丝绸品种。配色和谐，讲究退晕，图案严谨，花纹优雅。

根据工艺精粗、材料优劣、织物厚薄和用途差异，宋锦有重锦、细锦和匣锦之分。其中重锦最名贵，它厚重精致，常加织金线，色彩丰富，可织为图案形象自然的大幅，多作为宫廷巨幅挂轴和各种铺垫及陈设品用料。细锦丝线较细，织造略疏，厚薄适中，花形以中型居多，题材丰富，布局多样，

清中期缠枝四季三多纹宋锦

可用为珍品书画裱首、经卷裱封以及帐幔、被面、垫面、衣料。匣锦又称小锦，织造较粗，质地软薄，图案多为配色素雅的小型几何填花或自然形小花，专供装裱一般书画囊匣之用。与重锦比，其他宋锦品类保留了更多的宋代特色。

宋璟 Song Jing (663～737) 中国唐朝玄宗开元初名相。邢州南和（今属河北）人。弱冠举进士，累迁凤阁舍人（即中书舍人），转左台御史中丞，以刚正为武则天所重。中宗朝，宋璟为黄门侍郎。时武三思用事，宋璟不受三思请托，又保护告发三思罪行的人，因此被排挤，出为贝州刺史。睿宗景云元年（710）自洛州长史入为吏部尚书、同中书门下三品，掌铨选。宋璟取舍平允，为时所称。与姚崇奏请令太平公主出居东都洛阳，被贬为楚州刺史。开元四年（716）召入为刑部尚书，不久代姚崇为相。宋璟居相位，以择人为务，随才授任，使百官各称其职。他刑赏无私，敢犯颜直谏，为玄宗所敬惮。宋璟与姚崇并称贤相，号"姚宋"。八年，以压制犯法官僚的申诉，又严禁恶钱流通，颇招人怨，遂被授开府仪同三司，罢相。十七年，拜尚书右丞相。二十一年，以年老致仕，退居洛阳。

宋克 Song Ke (1327～1387) 中国明代书法家。字仲温，号南宫生。长洲（今江苏苏州）人。少时任侠好客。善画竹石小景。

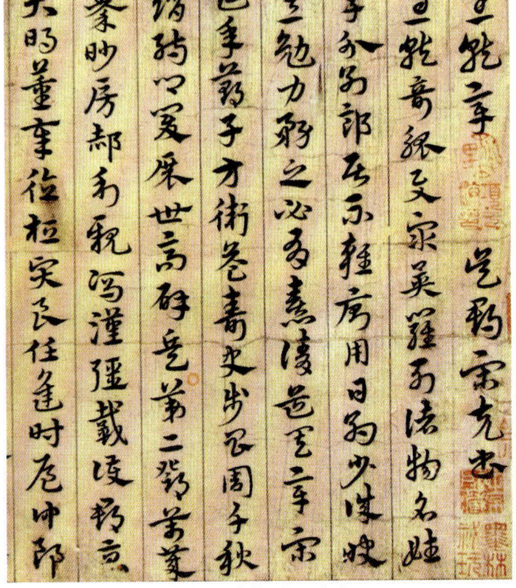
《急就章》(局部)

工诗文。洪武初官凤翔同知，卒于任。他擅长楷、行、草和章草诸体，笔精墨妙。除楷、行书外，尤以章草著名，体势开张趋长，笔画瘦劲挺拔，一洗古章草的旧貌，形成挺健秀丽的新章草风格。传世作品有《急就章》、《刘桢公燕诗》、《临急就章》等。《进学解》风骨遒劲，但有弩张峭拔之势。《唐宋人诗》潇洒流便，圆转劲利。《刘桢公燕诗》纵横自如，表现出娴熟的书写技巧。

宋理宗赵昀 Emperor Lizong of Song Dynasty (1205～1264) 中国南宋皇帝。1224～1264年在位。年号先后为宝庆、绍定、端平、嘉熙、淳祐、宝祐、开庆、景定。宋太祖赵匡胤十世孙。嘉定十七年（1224）宋宁宗赵扩病死，宰相史弥远废皇位继承人赵竑，拥立赵昀，掌握朝政。绍定六年（1233）史弥远死，宋理宗亲政。次年，宋与蒙古联合灭金。在蒙古严重的军事威胁面前，理宗沉湎声色，尊崇理学，听信阎妃，重用权奸马天骥、丁大全和宦官董宋臣，致使国家政治腐败，财政经济濒于崩溃，晚年朝政又为权相贾似道把持，败亡之势已成，只因蒙古统治集团内部争夺王位，南宋才得以苟延残喘。

宋濂 Song Lian (1310～1381) 中国明初大臣、学者。字景濂，号潜溪。其先人为浙江金华潜溪人，至宋濂始迁浦江。受业于著名理学家吴莱、柳贯、黄溍。元至正年间，荐授翰林院编修，固辞不就，避入龙门山著书。至正十八年（1358），朱元璋取婺州，召见濂，开郡学，以其为五经师。二十年三月，经李善长推荐，与刘基等被朱元璋聘入应天（今江苏南京）礼贤馆，任江南儒学提举，命授太子经，寻改起居注。恒侍朱元璋左右，备顾问。曾召讲《尚书》、《左传》。明洪武二年（1369），朱元璋诏修《元史》，濂充总裁官。书成，授翰林学士。受命与詹同、乐韶凤修日历，又与吴伯宗等修宝训。宋濂久操制作之柄，一代礼乐典章，宋濂所裁定者居多，为开国文臣之首。他博通经史百氏，文章雄丽温雅，享负盛名，四方学者皆以太史公相称。濂久为太子师，对其言行皆以礼法讽劝，因此一度深受朱元璋宠信。十年，致仕还乡。十三年，因长孙宋慎坐胡惟庸案，太祖欲置濂死，赖皇后、太子力救乃免，遂远戍茂州（今四川茂县）。次年中途死于夔州（今四川奉节）。著有《宋学士全集》42卷传世。日本、高丽、安南使者曾以重金购其文集。

《宋六十名家词》 *Sixty Famous Ci-Poets of Song Dynasty* 中国宋词总集。原名《宋名家词》。明毛晋编。毛晋（1599～1659），原名凤苞，字子晋。江苏常熟人。家有汲古阁，藏书极富。所刻书籍，流布甚广。此书所录分为6集，自晏殊《珠玉词》至卢炳《哄堂词》，共61家，每家之后各附跋语。次序先后，以得词付雕为准，并未按时代为序。而且随得随雕，未有去取，故王安石《半山老人词》、张先《子野词》、贺铸《东山寓声》、范成大《石湖词》、杨万里《诚斋乐府》、王沂孙《碧山乐府》、张炎《玉田词》之类，均未载入。此书流传很广，而校勘疏略，错误甚多。此书有明崇祯毛氏汲古阁刻本、商务印书馆影印本、《四部备要》本。

宋明理学 Neo-Confucianism from Song to Ming Dynasties 中国宋元明时期以讨论理气、心性等问题为中心的儒学思潮。见理学。

宋平 Song Ping (1917-04-24～) 中国共产党中央政治局常务委员会委员。山东莒县人。1937年12月加入中国共产党，1936年春参加革命工作。1934～1937年在北平大学农学院、清华大学、西南联合大学学习。1938～1947年任延安中共中央党校干事，延安马列学院组织科科长、教育处处长，中共中央党务研究室秘书，中共中央南方局学习秘书，重庆新华日报社编辑部资料室主任、秘书处主任、编辑部秘书长，新华社重庆、南京总分社负责人，周恩来政治秘书。1947～1952年任中共哈尔滨市顾乡屯区委副书记、警备大队政治委员，哈尔滨总工会公营企业部部长，东北总工会宣传部部长、秘书长、副主席。1952～1972年任国家计划委员会委员、国家计委劳动工资计划局局长兼劳动部副部长，国家计委副主任，中共中央西北局委员、西北局计委主任、西北局三线建设委员会副主任，兰州军区国防工办副主任。1972～1981年任中共甘肃省委书记（当时设有第一书记）、甘肃省革委会副主任，中共甘肃省委第一书记、甘肃省革委会主任。1981年起任国家计委副主任、党组副书记，国家计委主任、党组书记，国务委员，中共中央组织部部长，中共中央政治局委员。1989～1992年任中共中央政治局常委。是中共第十一至十三届中央委员，十三届中央政治局委员，十三届中央政治局常委。

宋祁 Song Qi (998～1062) 中国宋代史学家、文学家。字子京。雍丘（今河南杞县）人。天圣元年（1023）进士，曾官尚书工部员外郎、翰林学士、史馆修撰。与欧阳修等合修《新唐书》，为列传150卷。卒谥景文。

宋祁的文章兼有骈体和散体，其中有好奇之癖、佶屈聱牙之句，也有博奥典雅之长。如《题司空图诗卷末》，笔墨淋漓酣畅，感情充沛丰满。诗歌也有特色，如《侨居》、《送范希文》等，寓意深刻，耐人吟味。词作虽不多，但语言工丽，描写生动，如"红杏枝头春意闹"(〔玉楼春〕)即为写景佳句。今存《宋景文集》。近人赵万里辑词集《宋景文公长短句》1卷。

宋庆龄 Soong Chingling (1893-01-27～1981-05-29) 中华人民共和国的缔造者之一，杰出的国际政治活动家，卓越的国家领导人。广东文昌（今属海南省）人。生于上海，卒于北京。1913年毕业于美国佐治亚州梅肯威斯理女子大学。1915年和孙中山结婚。1925年孙中山逝世后继续坚持联俄、联共、扶助农工三大政策。1927和1929年被国际反帝国主义同盟大会选为名誉主席，成为世界反法西斯委员会主要领导人之一。1931年回国，从事社会福利工作，参加抗日救国活动，批评国民党政府对日妥协投降、对内反共压迫人民的政策。1932年底组织了"中国民权保障同盟"，营救争取民主权利的革命者。1933年当选为远东反帝反战同盟中国分会主席。后联合爱国人士发表《中国人民对日作战基本纲领》，成立中华民族武装自卫委员会，积极支持全国的抗日救亡运动。中国抗日战争爆发后在香港发起组织"保卫中国同盟"，募集医药物资支援中国人民抗日斗争。1945年9月中国抗日战争胜利后，她呼吁美国人民制止美国政府支持蒋介石打内战。又创办"中国福利基金会"，从事妇幼福利事业。

中华人民共和国建立后当选为中央人民政府副主席，后历任国家副主席、全国人民代表大会常务委员会副委员长、全国政协副主席、全国妇联名誉主席和中国人民保卫儿童全国委员会主席。1950年当选为世界和平理事会理事，1951年获"加强国际和平"斯大林奖金。1952年当选为亚洲和太平洋区域和平联络委员会主席。1981年5月15日，加入中国共产党，16日，第五届全国人大常委会决定授予她中华人民共和国名誉主席称号。主要著作收入《为新中国奋斗》、《宋庆龄选集》、《永远和党在一起》。

宋仁宗赵祯 Emperor Renzong of Song Dynasty (1010～1063) 中国北宋皇帝。1022～1063年在位。年号先后为天圣、明道、景祐、宝元、康定、庆历、皇祐、至和、嘉祐。宋真宗赵恒之子。天圣、明道十余年间，由章献太后垂帘听政。仁宗在位期间，科学文化有一定发展，但各种社会矛盾也进一步尖锐。土地兼并日趋严重。皇祐元年（1049）全国军队总数增至140万，达到北宋养兵的高峰。军费开支占财政收入的十之七八。官员数目也超过真宗时约一倍。康定、庆历年间，西夏几次大举进犯，宋军都大败，后与西夏订立和议，每年给西夏大量银、绢、茶。对辽也屈辱求和，增纳岁币。农民起义、兵变、少数民族反抗斗争，一年多如一年。为了解决统治危机，仁宗曾于庆历年间任用范仲淹、韩琦、富弼等人充执政，企图对吏治作一些整顿，史称庆历新政，但很快就取消了。仁宗懦弱无能，在位40多年，却无所作为。

宋任穷 Song Renqiong (1909-07-11～2005-01-08) 中国无产阶级革命家，中国共产党政治工作领导人，全国政协副主席。湖南浏阳人。卒于北京。1926年加入中国共青团，同年转入中国共产党。任共青团区特支书记、中共区委委员、区农民协会委员长、浏阳工农义勇队中队党代表。1927年参加湘赣边界秋收起义，任工农革命军连支书、营文书、营士兵委员会主席，红4军32团连党代表，参加创建井冈山革命根据地。1929年红4军向赣南出击途中，同部队失去联系。后到国民党军队从事兵运工作。1930年率部分士兵起义参加红军，历任红军12军团政治委员，红5军团师政治委员等职。参加了历次反"围剿"作战。1934年参加中国工农红军长征。任军委第一野战纵队第四梯队政治委员兼红军干部团政治委员，参加强渡大渡河等战斗。到达陕北后，任红28军政治委员、军长。率部参加东征、西征。抗日战争时期，任八路军第129师政治部副主任、主任，赴晋东南对日军作战。1938年任东进纵队政治委员，冀南军区司令员兼政治委员。1942年任中共冀南区委书记、冀南行政署主任，参与领导开辟冀南抗日根据地。1944年后任中共中央冀鲁豫分局（又称平原分局）组织部部长、代理书记。1945年当选为中共第七届中央候补委员。抗日战争胜利后，任晋冀鲁豫野战军第2纵队政治委员、中共晋冀鲁豫中央局组织部部长。1948年任中共中央豫皖苏分局书记兼豫皖苏军区政治委员、华东野战军第三副政治委员，参加了淮海战役、渡江战役的组织工作。后任中共安徽省委书记、南京市委副书记。中华人民共和国建立后，任解放军第四兵团政治委员，中共云南省委书记兼云南军区政治委员。1952年任中共中央西南局第一副书记，西南军政委员会副主席，西南军区副政治委员。1955年任中共中央副秘书长、解放军总干部部副部长。同年被授予上将军衔。1956年在中共八大上当选为中央委员。后任第三、第二机械工业部部长。参加了中国核工业的创建和原子弹研制的组织领导工作。当选为第一至三届国防委员会委员。1960年任中共中央东北局第一书记兼沈阳军区第一政治委员。1964年底当选为全国政协第四届副主席。1966年在中共八届十一中全会上增选为中央政治局候补委员。1977年恢复工作，任第七机械工业部部长。1978年当选为全国政协第五届副主席。在中共十一届三中全会上增补为中央委员，任中共中央组织部部长。参加了平反大批冤假错案的工作。1980年当选为中共中央书记处书记。1982年当选为中共十二届中央委员、中央政治局委员。1985、1987年被选为中央顾问委员会副主任。著有《宋任穷回忆录》。

宋神宗赵顼 Emperor Shenzong of Song Dynasty (1048～1085) 中国北宋皇帝。1067～1085年在位。年号为熙宁、元丰。宋英宗之子。继位后，即向元老重臣富弼征询致国盛强之道，试图有一番作为，但富弼要他20年不谈兵。神宗赵顼将革新的重任寄托于王安石。王安石自熙宁二年（1069）开展变法运动，使国家财政根本好转，封建统治力量加强，社会经济显著发展。由于在抑制豪强、调节社会矛盾的问题上出现分歧，王安石两次罢相，神宗亲自主持变法。在神宗主持下，对职官制度也进行了改革（见元丰改制）。元丰四年（1081），神宗还凭借几年来积蓄的军事力量，对西夏发动了强大的攻势。宋军虽然损失惨重，但据有了兰州，切断西夏同河西走廊的联系，为环攻西夏造成有利态势。为保持这一战果，神宗于元丰五年八月下令修筑永乐城（今陕西米脂西北）。主持永乐城修筑和防御任务的是志大才疏不懂军事的徐禧，遂陷于西夏军重重包围之中。城陷，徐禧、李舜举和李稷以下数万宋军民大全部死难。自此，神宗郁闷于怀，元丰八年春病死。随后，北宋政局发生重大变化。

《宋诗别裁集》 *Classified Collection of Song Poetry* 中国宋诗总集。清代张景星、姚培谦、王永祺编选。主要编选者张景星，字二铭。娄县（今属上海松江）人，约为雍正、乾隆间在世，候补主事。此书原名《宋诗百一钞》。张景星等编选此书，意在“尝鼎一脔，窥豹一斑”，以见宋诗宗派（傅王露《序》）。此书选录137名作者的诗，共计645首，包括了西崑体、江西诗派、江湖派。大家如苏轼，选63首；陆游，选54首。编选实践与意图大体一致。强调“比兴深婉”，“宫商协畅”（傅王露《序》），以致不少思想性、艺术性皆佳的作品未能入选。朱熹不甚以诗称，入选之诗竟20首。而负有盛名的黄庭坚，入选仅11首。有乾隆二十六年（1761）诵芬楼原刊本，1975、1981年中华书局缩印诵芬楼本，1978年上海古籍出版社点校本。

《宋诗钞》 *Copy Collection of Song Poetry* 中国宋诗总集。明代吕留良、吴之振、吴自牧编，管庭芬、蒋光煦补。明前、后七子尊唐黜宋，以为宋无诗。为使“天下黜宋者得见宋之为宋”，故编此书。每集之首，系以小传，并加品评考证。取材务求广泛，以便窥见宋诗全貌，显示“宋诗之长”。所选各家代表诗作颇多，并有不少反映两宋社会现实的优秀诗篇。此书流传甚广，但阙文断句，错漏互出；取舍评骘，亦有欠当之处，不甚周密。原拟收100家，有16家有目无诗，实未编完，一面编，一面刊行，故所传之本，往往多寡不同。有康熙刻本。1914年经李宣龚校补，由商务印书馆涵芬楼出版；接着又刊管庭芬等的《宋诗钞补》，以补原阙16家，并补选了其他各家诗，使原书更为完善，有1935年商务印书馆排印本。1984年中华书局把这两部书合编为一书，统称《宋诗钞》，于1986年出版，是最易得最完整的《宋诗钞》版本。

《宋史》 *History of Song Dynasty* 记载中国宋代史事的纪传体史书。全书共496卷，包括本纪47卷，志162卷，表32卷，列传世家255卷，是二十四史中最庞大的一部官修史书。元顺帝至正三年（1343）三月，下令修辽、金、宋三史，到五年十月，历时仅两年半，即修成《宋史》。《宋史》由总裁与史官30人集体编撰。宋朝的官修史书，如编年体的日历、实录，纪传体的国史之类，极为繁富。南宋灭亡后，元朝将宋的各种史籍文书5 000多册，运至大都国史院，成为元人纂修《宋史》的资料依据。《宋史》为研究辽、宋、金代历史的基本史籍之一。在现存的宋代重要史料中，唯有《宋史》贯通北宋与南宋，保存了大量历史记录，很多史实都是其他书中所不载的。由于元朝史官史识低下，《宋史》存在一些缺点：如详略不一，删除了宋元战争史实及否定王安石变法等。《宋史》的主要版本有：至正六年杭州路刻印的至正本；明成化十六年（1480）的成化本；明嘉靖南京国子监本（南监本）；明万历北京国子监本（北监本）；清乾隆四年（1739）武英殿本（殿本）；清光绪元年（1875）浙江书局本（局本）；1934年上海商务印书馆百衲本。1977年中华书局出版《宋史》标点校勘本，是以百衲本为工作本，同时吸收叶渭清《元椠宋史校记》和张元济《宋史校勘记》稿本的成果，参校了殿本和局本，是目前较好的版本。但中华书局校点本中亦有不少错误，故百衲本仍不可废。

《宋书》 *History of Liu Song Dynasty* 记述中国南朝刘宋历史的纪传体史书。梁沈约撰。沈约（441～513）字休文，吴兴武康（今浙江德清西）人。南齐永明中兼著作郎，奉诏撰《宋书》。他以刘宋何承天、苏宝生、徐爰等撰《宋书》为本，增补宋末十几年史事，一年就完成纪10卷、传60卷。后又续修8志30卷，共100卷。今本个别传文有残缺，有后人用唐高峻《小史》、《南史》所补之处。《宋书》对诏令奏议、书札文章所收较多。诸志往往上溯魏晋，可补《三国志》等前史之阙。但其中特设符瑞志，从远古叙起，既乖体例又荒诞不经；缺食货与艺文两志，是这册书的缺点。

宋太宗赵炅 Emperor Taizong of Song Dynasty（939～997） 中国北宋皇帝。976～997年在位。年号为太平兴国、雍熙、端拱、淳化、至道。宋太祖赵匡胤同母弟，初名匡义，太祖时改名光义，称帝后又改名炅。他采用宫廷政变的方式，取得政权。即位后使用政治压力，迫使吴越王钱俶和割据漳、泉二州的陈洪进于太平兴国三年（978）纳土归附。次年亲征太原，灭北汉，结束了五代十国的分裂割据局面。为进一步加强中央集权，太平兴国二年下令取消所有节度使所领支郡，各州均直属中央；陆续将各地节度使调至开封，解除兵权，使节度使成为一种虚衔。他大大扩充科举取士名额，每科录取人数由太祖时的数十人猛增至数百人，甚至上千人。太平兴国四年和雍熙三年（986），两次攻辽，企图收复燕云十六州，都遭到失败，从此对辽采取守势。他曾用政治和军事手段企图消灭夏州（今陕西靖边北）党项拓跋部势力，也没有成功。在位后期，镇压了四川王小波、李顺领导的农民起义（见王小波李顺起义）。

宋太祖赵匡胤 Emperor Taizu of Song Dynasty（927～976） 中国宋代开国皇帝。960～976年在位。年号先后为建隆、乾德、开宝。涿郡（今河北涿州）人。后周时任殿前都点检，统率禁军。959年，后周世宗柴荣病逝，继位的恭帝柴宗训只有7岁。960年正月，赵匡胤通过陈桥兵变夺取后周政权，建国号宋，仍都开封（东京）。宋太祖继续进行周世宗开始的统一事业。先后灭荆南、后蜀、南汉和南唐。至开宝八年，除吴越、北汉和漳、泉二州外，五代十国时的各个割据政权全被消灭。宋太祖即位不久，就以优厚的俸禄为条件，解除了曾帮助他夺取政权的禁军高级将领石守信、王审琦、高怀德等人的兵权。提拔一些资历较浅、容易驾驭的人充当禁军将领。接着取消禁军最高统帅殿前都点检、副都点检的职务，由殿前都指挥使司、侍卫马军都指挥使司、侍卫步军都指挥使司分别统领禁军，各不相属。由枢密院掌管全国军队的军政。三衙统率禁军，但无发兵权，枢密院虽有发兵权，但不统率军队，两者互相牵制，皆听命于皇帝。宋太祖把约一半禁军部署在开封及近畿，另一半屯驻外地，使内外相维，互相制约。经常调换军队的将领，并实行更戍法，定期换防，不使将领与士兵之间、军队与某一地方之间发生深厚的关系。为了防止君弱臣强，他削弱了宰相的职权。宰相经常不止一人，在宰相之下还设参知政事若干人。另外又设置枢密使，以分取宰相的军政大权；设置三司使，以分取宰相的财政大权。为了避免再现藩镇跋扈的局面，他取消节度使兼领附近数州（支郡）的制度，从平定荆南、湖南开始，每消灭一个割据政权，规定所属各州都归中央管辖，然后逐步将节度使从地方调到开封担任没有实职的闲官，由中央派遣文臣任知州、知府。为了选拔合格的官员，他沿袭隋唐以来的科举制。乾德三年，他下令各州，赋税收入除留一小部分作必要开支外，其余全部上缴中央政府，调运到开封或指定地点。他还派遣使者到各地选择身强力壮、能征善战者收补禁军，使州郡兵力不能与中央抗衡。宋太祖对辽的目标是收回被后晋石敬瑭割让的燕云16州（见幽蓟十六州），争取用金帛赎买，在位期间与辽没有发生大的冲突。对割据夏州（今内蒙古乌审旗南白城子）的党项拓跋氏，持优容态度。宋太祖的一系列措施，基本上结束了唐安史之乱以来持续200年的藩镇割据局面，巩固了赵宋王朝的统治。但是，他用“分化事权”的办法防止大臣专擅，结果形成叠床架屋的官僚机构；他用兵无常帅、将从中驭的办法防止军队叛变，结果削弱了军队的战斗力；他把主要精力集中于防制内患上，必然采取守内虚外的方针，给后世造成一系列弊政。

宋琬 Song Wan（1614～1674） 中国清代诗人。字玉叔，号荔裳。莱阳（今属山东）人。顺治四年（1647）进士，授户部主事，累迁吏部郎中，出为陇西道。顺治十八年擢浙江按察使，因山东文登于七农民起义，仇家告他有牵连，因此系禁3年，几死狱中。

获释后，长期流寓吴、越。康熙十一年(1672)起用，授四川按察使。次年入京觐见，适逢吴三桂举兵占领成都，因家属留蜀，长期惊悸忧愁去世。宋琬诗在清初颇有名，王士禛《池北偶谈》说："康熙以来诗人，无出南施北宋之右，宣城施闰章愚山，莱阳宋琬荔裳是也。"沈德潜《清诗别裁集》说："宋以雄健磊落胜。"他的诗作大多抒写个人的穷愁、哀伤，也有一些暗寓故国之思的作品。尤擅长七言，《狱中对月》、《晨星叹》、《埋忧》、《听钟鸣》、《悲落叶》等是其佳篇。著有《安雅堂全集》20卷、《安雅堂未刻稿》、《入蜀集》、《二乡亭词》、《永平府志》、乐府《祭皋陶》等。

宋文帝刘义隆 Emperor Wendi of Liu Song Dynasty (407～453) 中国南朝宋皇帝。小字车儿。原籍彭城(今江苏徐州)。生于京口。宋武帝刘裕第三子。在位30年。义隆博涉经史，善隶书，深沉有谋略，但体弱多病，好猜忌。永初元年(420)封宜都王。刘裕病死后，太子义符即位(即宋少帝)，不亲政事，辅政的司空徐羡之、中书令傅亮、领军将军谢晦于景平二年(424)五月废黜刘义符，迎立当时任荆州刺史的刘义隆为帝，改元元嘉。义隆不能容忍大臣擅行废立，元嘉三年(426)杀徐羡之、傅亮、谢晦，政由己出。六年，因病由其弟彭城王义康执政。义康专总朝权，势倾天下，危及文帝的地位。十七年，义隆采取断然措施，收杀拥戴义康的领军将军刘湛等人，出义康为江州刺史，后废杀之。元嘉二十七年，魏太武帝拓跋焘调动60万大军进攻江南，在宋军抵抗下撤退。三十年，义隆为太子刘劭所杀。

文帝重视文教和农业生产，曾多次减免百姓的逋租宿债；注意整顿吏治，清理户口。在其统治的大部分时间内，江左相对安定，社会经济发展到新的水平，史称"元嘉之治"。但经历元嘉末年的兵燹，邑里萧条，版籍大坏，所谓"元嘉之治"从此结束。

宋武帝刘裕 Emperor Wudi of Liu Song Dynasty (363～422) 中国南朝宋王朝建立者。字德舆，小名寄奴。原籍彭城(今江苏徐州)。在位3年。刘裕少贫困，以樵渔及贩履为生。隆安三年(399)任前将军刘牢之参军，随从镇压孙恩起义，累官建武将军，下邳太守。时长江上游方镇大将桓玄谋夺朝政，自立为楚王。元兴三年(404)，刘裕与刘毅、何无忌、檀凭之等27人自京口起兵，杀镇京口的桓修，随后击溃桓玄，迎安帝回建康复位。刘裕以功加侍中，进号车骑将军、开府仪同三司，镇京口。义熙四年(408)，以扬州刺史、录尚书事入京辅政，独揽朝权。

五年二月，南燕慕容超大掠淮北，刘裕兴兵北伐。七年，回兵平定卢循起义军。八年，铲除势力日大的刘毅以及潜在对手诸葛长民、晋宗室司马休之等，进一步控制朝廷军政大权。九年，又西攻谯纵，收复巴蜀。十二年，后秦主姚兴病卒，子弟争权残杀，关中扰乱，刘裕乘机率大军北伐，翌年进克洛阳、长安，灭后秦。此时留守朝廷的刘裕心腹、尚书左仆射刘穆之病故，为免大权旁落，刘裕乃留大将王修、王镇恶等辅助次子刘义真镇守长安，自己仓促返回建康。

刘裕南返后，加相国宋公九锡之命。安帝死，恭帝即位，征其入辅，封为宋王。恭帝元熙二年(420)刘裕代晋称帝，国号宋，改元永初。他在称帝前后，注意节俭，整顿东晋朝纲弛紊的局面，抑制豪强。同时，废除一部分屯田池塞以赈百姓，禁止豪强封固山泽，并依界土断，精简了侨州郡县。还减轻刑罚，兴学校，策试诸州郡秀才。经过刘裕的治理，江淮地区的社会经济得到恢复和发展，为元嘉年间(424～453)的繁盛奠定了基础。

宋襄公 Duke Xiang of Song State (?～前637) 中国春秋时期宋国国君。即子兹甫。公元前650～前637年在位。曾追随齐桓公，参与葵丘(今河南兰考东)之盟。桓公死，齐国内乱。他出兵干涉，企图代霸。不听公子目夷劝谏，在盂(今山西阳曲东北)大会诸侯，为楚成王所掳，旋放还。襄公十三年(前638)，举兵伐郑，楚伐宋救郑。襄公与楚成王在泓水(今河南柘城东北)会战。目夷劝其乘楚军渡河及尚未列阵之前发兵突袭，皆不从。他讲求仁义，拘守不鼓不成列、不以阻隘的陈旧观念，贻误战机，为楚军击败，自己身受重伤，次年卒。宋襄公成为中国古代战争史上因思想保守而招致失败的典型。

宋孝宗赵昚 Emperor Xiaozong of Song Dynasty (1127～1194) 中国南宋皇帝。宋太祖赵匡胤七世孙。宋高宗赵构无子，立赵昚为太子，1162年高宗退位为太上皇，即位为帝。1162～1189年在位。年号先后为隆兴、乾道、淳熙。即位后为岳飞平反，起用张浚为枢密使，命他部署北伐。宋军虽克复宿州治所符离(今安徽宿县北)，但随即溃败。隆兴二年(1164)与金订立和议。此后训练军队，整顿财政，与金处于相持状态。宋孝宗是南宋较有作为的皇帝，统治期间政治比较稳定，经济也有一定发展。淳熙十六年(1189)传位于太子赵惇(宋光宗)，称寿皇圣帝。

宋学 Song learning 中国北宋时期兴起的以阐发儒家义理之学为其核心内容的学术思潮。"宋学"一词可追溯到《四库全书总目》："自汉兴以后……要其归宿，则不过汉学、宋学两家。"广义指宋代理学思潮，狭义指宋代经学的简称，相对于治经专重文字训诂考证的汉学。主要内容和特点是虽以先秦孔孟经典为依据，但又喜对经典提出怀疑，标新立异，训释尤其注重义理，援引天理、性命为说，并杂佛道以解经，探究宇宙本原，维护宗法社会纲常，在学术思想流变过程中形成了众多派别(见理学、新儒学)。

宋尹学派 Song Xing and Yin Wen, school of 中国战国时期的哲学派别，其主要代表人物为宋钘、尹文。二人都是齐国稷下学士，在当时齐名(见稷下学宫)。《汉书·艺文志》著录《宋子》18篇，《尹文子》1篇，二书皆已亡佚。今存《尹文子》系后人伪作。也有学者认为，《管子》书中的《心术上》、《心术下》、《白心》、《内业》等篇是宋尹的遗著。现在研究宋尹学派的思想，最可靠的资料散见于《庄子》、《荀子》、《韩非子》、《吕氏春秋》等书中。《庄子·天下》论述宋尹思想，谓其"不累于俗，不饰于物，不苟于人，不忮于众，愿天下之安宁以活民命，人我之养，毕足而止，以此白心"。宋尹学派提倡素朴，强调不为世俗之物欲所累，体现了老子所倡导的"见素抱朴，少私寡欲"的精神追求。所以荀子批评他们"有见于少，无见于多"，又说"宋子蔽于欲而不知得"，即只知人欲寡，而不知人贪得，对人本性的认识不正确。这也表明宋尹学派思想的主导方面是道家。

宋应星 Song Yingxing (1587～约1666) 中国明末科学家。字长庚。江西奉新人。万历四十三年(1615)中举。崇祯七年(1634)任江西分宜教谕，十一年为福建汀州推官，十四年为安徽亳州知州。明亡后弃官归里，终老于乡。他在江西分宜教谕任内著成《天工开物》一书。该书6.2万字，插图123幅，分上中下3卷，共18章，是作者行程数十万里，深入考察全国各地田间、作坊写成。它涉及30个不同生产部门的技术，先农副业各章，次手工业各章，最后珠玉一章。是中国古代科技史上一部里程碑式的著作，也是世界古代科技史上的名著。宋应星的著作还有《观象》、《乐律》、《原耗》、《杂色文》、《画音归正》、《卮言十种》等，均已佚失。现仅存科技类《论气》和《谈天》中"日论"6章、政论类《野议》和《思怜诗》。

宋影 Sung Young (1903～1979) 朝鲜剧作家、小说家。本名宋武铉。生于汉城(今首尔)。曾在培材高等普通学校就读，后因家贫辍学，当勤杂工、职员和工人。20年代初开始革命活动，同时从事戏剧创作。作品有《拒绝一切会面》(1929)、《新任理事长》(1930)、《黄金山》(1937)、《金笠》(1938)、《金山郡守》(1949)、《爱国者》(1956)、《不死鸟》(1959)、《愤怒的火山爆发》(1960)等。这些剧作大都有很强的现实性和政治意图，主旨在于抨击旧秩序，为建立新世界而教育、鼓舞民众。

宋玉 Song Yu(约前319～约前262) 中国战国后期楚国辞赋家。关于宋玉的生平事迹，史料极少且甚分散，除司马迁《史记·屈原贾生列传》曾附及数语外，自汉迄唐的一些著作中仅偶有片段的记述。从中可知宋玉大致生平情况如下：

宋玉，楚国鄢都（今湖北宜城东南）人。生卒年已不能确考。早年曾师事屈原，与唐勒、景差同辈。他出身低微，有才学而不能从俗。屈原遭谗被逐，宋玉曾企图靠同学朋友出仕，顷襄王仅以为“小臣”。晚年受奸佞谗害，离开宫廷，生活困顿。他忠君爱国之心不改，始终系念君国的安危，渴求得到楚王的信任，但君门九重，关梁不通，忠悃难伸，回归无望。约卒于顷襄王末年至考烈王初年（前262）前后。

现可见署名宋玉的作品，王逸《楚辞章句》载《九辩》和《招魂》两篇，萧统《文选》载《风赋》、《高唐赋》、《神女赋》、《登徒子好色赋》、《对楚王问》以及《九辩》(5章)和《招魂》。无名氏《古文苑》载《笛赋》、《大言赋》、《小言赋》、《讽赋》、《钓赋》、《舞赋》6篇。另外，清严可均所辑《全上古三代秦汉三国六朝文》又增辑《高唐对》一篇。

不过对上述作品的真伪问题，古今一直有所争论。关于《招魂》一篇，现在比较公认当依司马迁《屈原贾生列传》所著录，为屈原作品。今人认为楚辞体作品《九辩》和赋体作品《风赋》、《高唐赋》和《神女赋》等应为宋玉可靠而重要的作品。

宋玉是紧踵伟大诗人屈原之后享有盛名美誉的作家。由于他的辞赋创作承袭屈原而又独具成就，有着不可泯灭的地位，故历史上每以“屈宋”联骈并称。

宋元南戏 southern drama of Song and Yuan Dynasties 12世纪至13世纪末在中国南方流行的戏曲艺术。又称戏文、南曲和南曲戏文。据明叶子奇《草木子》卷四、祝允明《猥谈》、徐渭《南词叙录》记载，最早的南戏剧本和演出来自浙江温州（治所在永嘉），故南戏又有温州杂剧或永嘉杂剧之称。近年来有学者对此提出异议，认为温州不曾存在过独有的地方声腔，南戏与温州的关系固然重要，但南戏与杭州（及附近地区）有关系的记载也不少，而温州只是南戏产生的地区之一。明王朝建立后，南戏一方面发展而为传奇戏曲，一方面仍在继续流行。

宋元南戏的形成及发展　南戏萌芽于南方民间的“村坊小曲”、“里巷歌谣”，初为歌舞小戏，因“畸农、市女，顺口可歌”而蓬勃发展，蔚为大观。其产生时间，前人主要有两种说法：一是出于宣和（1119～1125）之后，南渡（1127）之际的北宋末年（祝允明《猥谈》）；一是始于宋光宗朝（1190～1194），永嘉人所作《赵贞女》、《王魁》两种。

据《武林旧事·瓦子勾栏》记载，南宋都城杭州的游艺场所远较北宋首都汴梁（今开封）为盛，又有各处流动演出的“路歧”（专业演员）及从汴京来的北方各种伎艺。这为各种表演艺术提供了争胜与交流的机会，为南戏广泛吸收北方伎艺的成就创造了有利条件。元灭宋后，许多北杂剧作家和演员来到临安，北杂剧南下，促进了南戏的发展。

南戏在杭州、温州、福州、泉州、潮州乃至远到北方大都市的流布，为南戏各种声腔的形成创造了有利条件。海盐腔是南戏最早出现的声腔，在流传过程中吸收各地声腔之所长，逐渐成为公认的南戏主要声腔。同时余姚腔、弋阳腔、昆山腔及闽南多种声腔仍在自己的发源地继续各自的演变过程。温州艺人及杭州艺人在南戏发展的早期阶段作出了较大贡献，随后南戏在苏州（包括昆山、太仓）、南京、余姚、弋阳、徽州以至潮州、泉州前后兴起。苏州后来取代温、杭而成为全国的中心。传奇戏曲兴起之后，它的创作和流传在民间都仍在继续。直到现在，广东的正字戏、白字戏、潮州戏、莆仙戏、梨园戏、九江高腔、婺剧等剧种仍以许多古老的南戏作为保留剧目。

宋元南戏的剧本　从现存南戏剧本可知，其基本性质可以归结为民间戏曲，出于书会才人及民间艺人之手，在长期的流传过程中得到丰富和提高，有时因演出、编导和地区的差异而出现不同系统的版本；它没有单一的作者，除《琵琶记》外，南戏的绝大多数剧本并未经过文人的认真加工。宋元南戏主要是民间创作，刊刻付印的机会不多；更由于封建统治者的禁毁和传统观念的歧视，认为它文辞俚鄙，格律粗疏，任其散佚。加之宋元之际战乱频仍，遗存的剧本很少。据各种文献辑录到238个宋元南戏剧目，这些剧目的存佚情况大致如下：①流传者。在238本南戏中，流传者不到1/10。流传者又可分为3类：一是基本保持戏文自然形态的南戏典型样本，计有《永乐大典》所载《张协状元》、《宦门子弟错立身》、《小孙屠》及明成化本《白兔记》、宣德写本《刘希必荆钗记》5种。二是经后人修改而未最终写定的，有《拜月亭记》、《杀狗记》、《赵氏孤儿》、《东窗记》、《破窑记》、《苏秦》、《黄孝子》、《三元记》、《牧羊记》、《寻亲记》、《胭脂记》11种。三是经文人改编写定的，如高明的《琵琶记》。南戏是民间艺人世代相传的作品，许多无名作者在不同的年代分别参与了同一作品的修改、提高。②失传者。南戏剧本失传者又可分为两类：一是有佚曲可辑录者，凡134本；二是完全失传和存佚情况尚待查考者，凡86本。南戏存有残曲或仅存剧目的作品，大都能从各种笔记、话本、元杂剧、明清传奇和清代地方戏中考查出其故事情节。

宋元南戏的艺术特征　民间戏曲这一基本性质，赋予南戏作品原始质朴的艺术风格。如果以历史人物为主角，则往往置历史事实于不顾，而以长期的民间传说为依据。如《琵琶记》中的蔡伯喈是东汉著名学者，《荆钗记》中的王十朋是南宋名臣，但他们在剧中的形象与历史真实大不相同。由于各本南戏在未成型前同时在民间流传，又导致了南戏情节结构的雷同和因袭，与话本小说发展的情况十分相似。曲文彼此蹈袭的现象虽不及某些韵语频繁，但也不乏完全雷同的例子。就格律而言，南戏无论套曲和协韵都偏于宽松。在体制上，南戏根据剧情发展的需要，比较自由灵活地采取了以出分场的形式。出数可多可少，不像北杂剧的固定。歌唱、念白、科介是南戏剧本构成的三大要素，与北杂剧相同而又有所差别。其中最大的不同是北杂剧由一人（末或旦）主唱，而南戏的各类脚色都可以唱；北杂剧一折只用一个宫调，而南戏每出可用两套以上曲子，曲牌也不固定。两相比较，南戏比北杂剧在演唱上更为灵活自如，更有利于舞台演出。

南戏的音乐最初取材于当地村坊小曲和宋代流行的词体歌曲，也有大曲、诸宫调、唱赚等传统音乐成分，后逐渐丰富为以五声音阶的南曲为主，有别于北杂剧的七声音阶。后来南戏又吸收了北杂剧的音乐，出现南北合套的表现形式。

南戏在继承民间小戏与宋杂剧传统的基础上，脚色行当有了新的发展。南戏脚色行当共有7种：生、旦、净、丑、外、末、贴。净和丑是一对喜剧脚色，和生、旦的正剧脚色形成鲜明对比，并形成以生、旦为主的脚色表演体制。南戏表演艺术具有民间歌舞小戏的表演特色，同时吸收了宋杂剧插科打诨的滑稽表演等传统表演形式。在南戏的演出中，唱、念、科介等表现手段彼此配合，相互补充，表明一种综合的戏曲表演艺术已经形成。

宋云 Song Yun 中国北魏时西行求法者。生卒年不详。敦煌人。北魏明帝神龟元年(518)十一月，受胡太后之命，与崇立寺沙门惠生（又作慧生）、法力等出访天竺，礼佛迹，献礼品，求佛经。一行从洛阳出发，入吐谷浑，取道今青海省入西域，经鄯善、左末（今新疆且末）、捍麼（媲摩，

Phema）、于阗等地入钵和国（Wakhan，今阿富汗瓦罕走廊），至嚈哒国境。宋云等谒见嚈哒王之后，于神龟二年入乌场国（乌苌或乌仗那，今巴基斯坦印度河上游及斯瓦特河流域）。此后，宋云、惠生在天竺广礼佛迹，访问乾陀罗（犍陀罗，Gāndhāra，今印度白沙瓦）等地。正光三年（522），携大乘经论170部返回洛阳。《旧唐书·经籍志》地理类、《新唐书·艺文志》地理类均著录有宋云撰《魏国以西十一国事》一卷，当是宋云西行之见闻录，惜此书与《惠生行传》一卷均已亡佚。今赖547年前后成书的《洛阳伽蓝记》引述的宋云《家纪》、惠生《行记》和《道荣传》等，得知宋云等人的西行梗概。

宋哲元 Song Zheyuan（1885-10-30～1940-04-05） 中国国民党军高级将领。字明轩。山东乐陵人。卒于四川绵阳。光绪三十三年（1907）入北洋陆军随营武备学堂。毕业后服役于冯玉祥部，参加过第一次、第二次直奉战争。1924年参加北京政变，升国民军第1军第11师师长。1926年任国民军北路总指挥、西路总司令。同年9月五原誓师后，参加北伐战争，任国民军联军北路军总司令兼暂编第1师师长、国民革命军第2集团军第4方面军总指挥。1927年11月任陕西省政府主席。1930年蒋冯阎战争中，任冯玉祥军第4路总指挥，战败后所部被蒋介石收编，任国民党军第29军军长。1933年率部参加长城抗战，获喜峰口大捷。1935年被授为陆军二级上将，任平津卫戍司令、冀察绥靖主任和冀察政务委员会委员长兼河北省政府主席。1937年“七七”卢沟桥抗战爆发时，幻想和平解决，缺乏作战准备，导致平、津很快陷落。10月任第1集团军总司令。1938年2月任第一战区副司令长官，后因病辞职。病逝后被国民政府追赠为陆军一级上将。

宋真宗赵恒 Emperor Zhenzong of Song Dynasty（968～1022） 中国北宋皇帝。997～1022年在位。年号先后为咸平、景德、大中祥符、天禧、乾兴。宋太宗赵炅之子。真宗赵恒统治时期，宋代政治制度如职官、科举等日趋完备，社会经济也有发展。景德元年（1004），辽兵大举攻宋，真宗在宰相寇准推动下，勉强北上亲征，至前线重镇澶州（今河南濮阳县），与辽订立澶渊之盟，每年给辽大批银绢，结为兄弟之国。为掩盖澶渊之盟的“屈辱”，真宗与宰相王钦若合谋，于大中祥符元年（1008）伪造“天书”下降，东封泰山，西祀汾阴，建玉清昭应宫等，耗费大量人力财力。

宋之的 Song Zhidi（1914-04-06～1956-04-17） 中国剧作家、戏剧活动家。原名汝昭。生于河北丰润，卒于北京。1930年入北平大学法学院，与于伶发起组织苞莉芭剧社。1932年参加中国左翼戏剧家联盟北平分盟，主编《戏剧新闻》。抗日战争前后，辗转上海、香港等地，领导抗日救亡演剧队第一队、作家战地访问团，组织旅港剧人协会、中国艺术剧社等，为推动进步话剧运动作出了贡献。1949年后任《解放军文艺》主编。

宋之的一生创作剧本40部。抗战时期的话剧《雾重庆》（1940）通过一群流亡学生的沉浮，深刻揭露了国民党统治区罪恶的社会现实。《保卫和平》（1955）从一个侧面真实反映了抗美援朝战争。其他主要作品还有话剧《刑》、《祖国在召唤》、《春寒》、《群猴》，京剧《九件衣》，小说《赐儿集》，散文《长子风景线》，报告文学《1936年春在太原》等。出版有《宋之的剧作选》（1958）。

宋之问 Song Zhiwen（约656～712） 中国唐代诗人。一名少连，字延清。汾州（今山西汾阳）人，一说虢州弘农（今河南灵宝）人。高宗上元进士。武后时以诗受宠，官至左奉宸内供奉。因谄事张易之兄弟，中宗时被贬泷州。又累迁至考功员外郎，后因贪贿被贬。睿宗时被贬钦州，赐死。其诗与沈佺期齐名，并称沈宋。为近体律诗定型的代表诗人。尤善五言排律。诗多歌颂应制之作，格律严整，文辞靡丽。流放途中所作较佳。如《题大庾岭北驿》、《渡汉江》等诗，感情真实，形象生动，含蓄凝练。明人辑有《宋之问集》。

宋子文 Song Ziwen（1894-12-04～1971-04-25） 中国南京国民政府高级行政官员。原籍广东文昌（今属海南）。生于上海，卒于美国旧金山。1912年赴美留学。1917年毕业回国。1923年步入政坛。先在广州投身国民革命，为巩固广东革命根据地和出师北伐提供财政保障。1927年3月，任武汉国民政府常委等要职。四一二政变后，力促蒋介石、汪精卫合流。次年2月投入蒋介石阵营，出任南京国民政府财政部长、中央银行总裁等职。1933年初，日军进犯热河，主张联合欧美，武装抗日，成为国民党对日强硬派的代表。10月，因不满于蒋介石的对日妥协及财政方针而宣布辞职。1936年12月，与各方共同促成西安事变的和平解决和国共再度合作。1940～1943年，先后以蒋介石私人代表、外交部长身份长驻美国，为蒋谋得数额可观的财政、物质援助。1945年5月当选为国民党六届中执会常务委员，任行政院院长兼外交部长，政治生涯达到顶峰。次年8月，在与斯大林《中苏友好同盟条约》会谈结束后断然辞去外长兼职，再次赴美为蒋争取财政、军事支持。1947年3月，由于经济局势恶化及财政预算难以平衡，不得不辞去行政院长。9月改任广东省政府委员兼主席。1949年6月赴美定居。

《颂》 *Odes* 《诗经》的组成部分。包括《周颂》31篇、《鲁颂》4篇、《商颂》5篇，共40篇，合称“三颂”。

关于《颂》的解释，最早见于《诗·大序》：“颂者，美盛德之形容，以其成功告于神明者也。”“颂”即“容”，就是舞容，也就是舞蹈的样子。“美盛德之形容”，就是赞美“盛德”的舞蹈动作。所以，“颂”就是祭神、祭祖时带有舞蹈的乐曲。《颂》诗就是配有这种乐曲的诗歌。

《周颂》绝大部分是中国西周初期的作品，作者已不可考。《鲁颂》和《商颂》都是春秋时期的作品。《鲁颂》中的《駉》可确定为鲁国史官太史克作。《商颂》基本可确定为宋大夫赞美宋襄公之作。

《颂》主要是周王和诸侯用于祭祀或其他重大典礼的乐歌，内容多为宣扬天命观念，赞颂祖先功德，祈求神灵保佑，具有明显的宗教功利性质。《周颂》中祭祀祖先多于祭祀山河日月，在祖先中，祭祀文王和武王又多于其他祖先，这固然是缅怀他们的丰功伟绩，更重要的是通过祭祀他们来肯定和强化天命观念，肯定和强化以周代商的现实，以巩固新王朝的统治。

《颂》诗中也有一些反映当时农、牧、渔业生产情况的作品。如《周颂》中的《臣工》、《噫嘻》、《丰年》、《载芟》、《良耜》等一些春夏祈谷，秋冬报赛的祭歌，对西周农业生产的情况和规模都有具体的描述。

另外，《商颂》中的《长发》、《玄鸟》保存了关于殷商的神话、史实，是研究中国历史和神话传说的重要资料。

《颂》诗多空洞抽象的说教，缺乏形象性和韵律美，也极少运用比兴手法。其中，《周颂》时代较早，语言典雅庄重而欠活泼，叶韵也不甚规则；但一些描写农业生产的诗，如《载芟》、《良耜》用白描、比喻、夸张等手法，把耕耘、收获、祭事祈福等描述得颇为生动具体。《鲁颂》的时代较《周颂》为晚，创作上受《风》、《雅》的影响，如《泮水》、《閟宫》的风格便很像《雅》；而《駉》、《有駜》采用了复沓的章法，反复咏叹，其韵味又很像《风》。可能因时代较晚，《商颂》一般篇幅较长，文字简练，叙事具体，韵律也较和谐。其中《那》、《烈祖》、《玄鸟》均双句，不分章，结构近于《周颂》；《长发》、《殷武》篇幅更长，且分章，其风格近《雅》。

颂壶 Bronze Hu of Lord Song 中国西周后期青铜器。为传世品。现存两件：一藏台北"故宫博物院"，通盖高63厘米，在器盖口外四周和器腹内有相同的铭文，各151字，记贵族颂受周王册命和赏赐。另一件藏中国国家博物馆，失盖，高51.7厘米，造型相同。

颂壶造型为西周后期流行的方壶类型，有盖，重心在器腹下部。颈部两侧有兽耳、套环。盖与圈足分别饰仰复莲瓣纹（垂鳞纹），起棱，上下呼应。盖沿饰窃曲纹。壶腹部四面主体纹饰为浮雕蛟龙纹。一首双身，突起于器表，其断面呈半圆形，辅以阴线刻纹，不施地纹。在蛟龙躯体上和纹饰空白部位，穿插以C形纹、夔纹。蛟尾在器腹转折处成龙首而与侧面蛟龙纹躯体相衔接。正、侧面纹饰结构严谨而又富于变化。壶颈部为波状纹（环带纹），其结构似为腹部蛟龙纹的抽象表现形式。上下曲线波谷与波峰相反相成，造成统一中的变化。整个壶体纹饰线条流畅活泼，为前所不曾见，表现了青铜器艺术发展到西周后期审美倾向的新变化。

《搜神记》 *Anecdotes About Spirits and Immortals* 中国志怪小说集。撰者东晋干宝。《晋书·干宝传》说他有感于生死之事，"遂撰集古今神祇灵异人物变化，名为《搜神记》"。

《搜神记》所记多为神怪灵异，但也保存了不少民间传说。如《韩凭夫妇》、《李寄》、《干将莫邪》等篇，暴露统治阶级的残酷本质，歌颂反抗者的优秀品德，描写也比较细致，历来被推许为名篇。卷十三记汉代孝妇周青遭诬陷被杀，行刑时颈血逆流飞上旗杆，死后当地大旱3年，强烈地抨击了凶恶昏庸的官吏滥杀无辜的罪行，成为后来《窦娥冤》等戏曲故事的蓝本。由于本书篇幅较大，所收内容庞杂，且多有价值的名篇，所以在六朝志怪小说中占有重要地位，被当时人刘惔称为"鬼之董狐"。

据《晋书·干宝传》所记，此书原为30卷，传至宋代已经散佚。今存20卷本，可能为明代胡应麟等人重辑。最初刊行于《秘册汇函》中，后收入《津逮秘书》和《学津讨原》。

《搜书院》 *Search the Academy* 中国粤剧作品。1956年，杨子静、莫汝诚、林仙根对琼剧旧本作了较大增益、加工，改编成粤剧。故事出自清雍正、乾隆年间海南琼台书院掌教谢宝的传说。剧本收入《中国地方戏曲集成·广东省卷》(1959)。剧写海南镇台的女儿飘失风筝，为琼台书院学生张逸民拾得。张逸民题词于风筝之上，并交前来寻找风筝的镇台府侍婢翠莲携回。镇台夫妇发现题词，疑翠莲行为不轨，拷打后锁入柴房。翠莲女扮男装，月夜潜逃，路遇琼台书院掌教谢宝，随归书院，得会张逸民。镇台闻讯，带兵围搜书院。谢宝智挫镇台，救翠莲脱险。张逸民、翠莲终成眷属。全剧结构严密，语言具有较高的文学性。1956年，广东粤剧团首演，由马师曾、红线女分饰谢宝、翠莲。同年摄制成彩色戏曲艺术片。

粤剧《搜书院》剧照（马师曾饰谢宝，红线女饰翠莲）

搜索论 search theory 研究寻找目标的过程中合理地使用搜索能力（如人力、物力、资金、时间等）以取得最优搜索效果（如发现目标所需的平均时间最小，或在给定的搜索力耗费下发现目标的概率最大）的理论和方法。运筹学的一个分支。在第二次世界大战中，英国为了使用飞机和军舰来有效地搜索潜艇的迫切需要，开始研究搜索理论。这些理论战后被推广应用到工程技术和经济管理等领域，如资源勘探、故障定位、情报检索、打捞、捕鱼等。搜索问题实质上是确定需要获取的信息量的问题。在一般情况下，搜索的面越广，需要获得的信息量就越大。信息过少会导致观察上的错误或由于取样不足而引起失误，这些错误所造成的损失可能超过更广泛搜索所需要的费用。搜索论研究如何用最少的代价获取必要的信息量。实际的搜索问题往往是很复杂的，涉及搜索者、搜索目标和搜索环境等问题。搜索者（人、机器或人机系统）有固定的和移动的。搜索目标有隐蔽的和暴露的、集中的和分散的、静止的和运动的（包括距离、方位、大小、移动方向和速度等）。搜索环境更复杂，包括地形、气候、光照、无线电干扰、假目标等。由于搜索问题比较复杂，搜索论尚难建立统一的通用模型。搜索论主要应用在军事领域、资源勘探和巡警搜捕等方面，着重研究提高对某一区域内的目标进行侦察搜索的效果，即单位时间内通过巡逻、侦察或探测等手段发现目标的概率或数学期望。对静止目标和给定搜索力分配条件下的搜索效果问题可用数学方法描述，特定搜索问题可建立数学模型，但许多可以实际应用搜索论的领域仍处于空白状态。

《苏报》案 Case of *Su Bao Newspaper* 中国清末反清政治事件。《苏报》于1896年（光绪二十二年）在上海创刊。胡璋主办，由其妻日本人生驹悦出面注册，邹弢任主笔，内容多载市井琐事。1900年归陈范接办后，昌言变法。1902年，上海南洋公学发生退学风潮，中国教育会和爱国学社同陈范联系，在《苏报》上增辟《学界风潮》专栏，支持进步师生。1903年5月27日，章行严（士钊）任《苏报》主笔，于6月1日起实行"大改革"，连续刊出《康有为》、《哀哉无国之民》、《客民篇》、《论中国当道者皆革命党》等倾向革命的文章。还介绍首先公开提出建立共和国主张的邹容所著《革命军》。6月29日，摘登章炳麟《驳康有为论革命书》，以《康有为与觉罗君之关系》为题，并有"载湉小丑，未辨菽麦"等语。次日，清政府与上海租界当局勾结，逮捕章炳麟；7月1日，邹容自动投案，《苏报》案发生。7月7日《苏报》被封。7月15日，会审公廨指责《苏报》"仇视今上，痛恨政府"，"心怀叵测，谋为不轨"，准备将章、邹"引渡"给清方。后受社会舆论抨击，清政府阴谋被阻。1904年5月，章炳麟被判刑3年，邹容被判刑2年。邹容在监禁期满前两月"因病死于狱中"。章炳麟在1906年6月出狱后被孙中山派人接往日本，主编《民报》。

苏必利尔湖 Superior Lake 世界面积最大的淡水湖，北美洲**五大湖**之一。美国和加拿大界湖，东西长563千米，南北最宽处257千米，面积8.21万平方千米，美、加两国分

苏必利尔湖一角

别占65%和35%。湖岸线长3 000千米。平均深147米，最深处406米，蓄水量12 234立方千米，占五大湖总蓄水量的一半以上。湖面海拔183米。湖区气候冬寒夏凉，多雾，风力强盛，湖面多波浪。冬季水位较低，夏季较高，水位季节变幅为40～60厘米。水温较低，夏季中部水面温度一般不超过4℃。冬季湖岸带封冰，全年通航期约8个月。湖中最大岛屿为罗亚尔岛，已辟为美国国家公园。北岸岸线曲折，多湖湾和高峻的悬崖岩壁；南岸多沙滩。接纳约200条小支流，多从北岸和西岸注入，较大的有尼皮贡河、圣路易斯河等，流域面积（不包括湖面积）12.77万平方千米。湖水经圣玛丽斯河倾注休伦湖，两湖落差约7米，水流湍急。建有**苏圣玛丽运河**。湖区森林茂密。矿产资源丰富，主要有铁、银、镍、铜等。主要湖港有美国的德卢斯和加拿大的桑德贝等。

苏秉琦 Su Bingqi（1909-10-04～1997-06-30） 中国考古学家。河北高阳人。卒于北京。1934年北平师范大学历史系毕业后任北平研究院史学研究所副研究员。1956

年起任中国科学院考古研究所研究员。1952～1982年任北京大学考古专业教授，兼考古教研室主任。1979年后先后当选为中国考古学会副理事长、理事长。1983年被任命为文化部国家文物委员会委员。1991年被推选为中国科技考古学会名誉理事长。

1934年起苏秉琦曾在陕西关中进行考古调查，发掘宝鸡斗鸡台墓地。50年代后参加河南辉县发掘，并先后主持洛阳中州路，邯郸涧沟、龟台，洛阳王湾，陕西泉护村、元君庙的考古发掘。他在中国第一个考古专业北京大学考古专业主持工作30年，制定了一套完整的教学计划。是中国较早注意类型学的运用，并在这方面作出突出贡献的学者。他对中国新石器时代文化的区域分布的格局、系统等问题提出创见，并对此赋予研究方法的意义；20世纪80年代后又提出“古文化古城古国”，在考古学界有广泛影响。晚年积极推动考古学普及化。著有《瓦鬲之研究》、《斗鸡台沟东区墓葬》、《中国文明起源初探》、《苏秉琦考古学论述选集》等。

苏步青 Su Buqing（1902-09-23～2003-03-17） 中国数学家，全国政协副主席。生于浙江平阳，卒于上海。中学毕业后去日本求学，1931年获东北帝国大学理学博士，同年回国。历任浙江大学教授、数学系主任、教务长。1952年后，历任复旦大学教授、教务长、数学研究所所长、研究生部主任、副校长、校长和名誉校长等职。1955年当选中国科学院学部委员（院士）。曾是第五、六届全国人大常委会委员和第六届全国人大常委会科学、教育、文化、卫生委员会副主任，全国政协第七、八届副主席。

他的主要研究领域为**微分几何学**。早期对仿射微分几何学和射影微分几何学作出了突出贡献。建立了独到的方法，用几何构图来表现曲线和曲面的不变量和协变图形，取得了丰富的成果。20世纪40～50年代开始研究一般空间微分几何学，特别是一般面积度量的二次变分的计算和K展空间。60年代研究高维空间共轭网理论，获得系统而深入的成果。70年代以来，把微分几何运用于工程中的几何外型设计，在中国开创了新的研究方向——计算几何学。

苏步青是中国数学会的发起人之一，曾担任中国数学会学报（旧刊）的主编。中华人民共和国建立后，参与筹建中国科学院数学研究所，后又创办复旦大学数学研究所，创办《数学年刊》杂志并任主编。曾任中国数学会副理事长、名誉理事长。

他和**陈建功**教授共同把浙江大学和复旦大学的数学系建成一个具有相当高水平的教学和科学研究的基地，为国家培养出许多优秀的数学人才。

共发表论文约168篇，1983年出版了《苏步青论文选集》。主要著作有《射影曲线概论》、《射影曲面论》、《一般空间微分几何学》、《计算几何》等。

苏菜 Su cuisine 中国**江苏菜**的简称。

苏绰 Su Chuo（498～546） 中国西魏政治家、散文家。字令绰。武功（今属陕西）人。早年因从兄苏让荐举，被宇文泰任命为行台郎中，后任大行台左丞、大行台度支尚书领著作兼司农卿等职。西魏文帝大统十年（544）（《北史·苏绰传》作十一年），奉宇文泰之命，作《六条诏书》及《大诰》，欲革晋代以来文章浮华之弊。这两篇文章纯属散体，质朴无文，一反当时公文多用骈体的风尚。因此后来的一些文学史家常常把他看作唐代“古文运动”的先驱者之一。

对苏绰的主张，当时就有柳虯作《文质论》，表示不甚赞同。后来，《周书·王褒庾信传论》，亦以为“矫枉非适时之用，故莫能常行焉”。西魏恭帝元年（554）左右，**庾信**、**王褒**相继自南方来到长安，西魏、北周的文人争相仿效他们的骈俪文风；而苏绰一味仿古的文体，实际上是行不通的。

苏打 soda 化学式Na_2CO_3。**碳酸钠**的俗称。

苏丹 Sudan; As Sūdān 非洲东北部国家。北与埃及为邻，西与利比亚、乍得和中非共和国相连，南与刚果（金）、乌干达和肯尼亚交界，东与埃塞俄比亚和厄立特里亚接壤，东北濒临红海。海岸线长约720千米。面积250万平方千米，居非洲各国首位。人口约3 915万（2009）。首都**喀土穆**。全国有

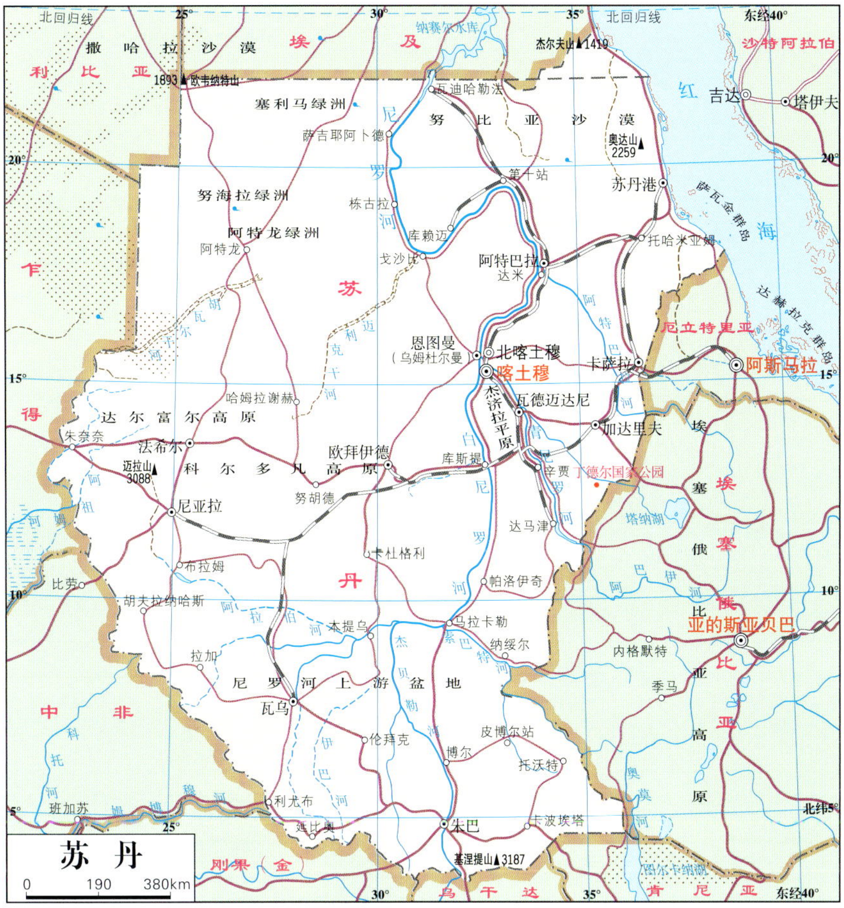

19个部族，597个部落，分属苏丹阿拉伯人和非洲黑人两大血统。中部和北部主要是苏丹阿拉伯人，约占总人口的39%；南部主要是黑人，约占总人口的52%。还有西部的富尔人、东北部的贝扎人、中部的努巴人以及中北部的努比亚人等。70%以上居民信奉伊斯兰教，多属逊尼派，主要居住在北方；5%的人信奉基督教；其余信奉原始宗教。官方语言为阿拉伯语，通用英语。

地理 地形主要部分大致为一由南向北倾斜的大盆地，即苏丹盆地。东、西、南三面为丘陵、高原和山地，**尼罗河**纵贯中部，形成一系列盆地和低地。最南面为尼罗河上游盆地，海拔400米左右。青、白尼罗河间冲积而成杰济拉平原，地势平坦，土地肥沃，是全国最重要的农业基地。喀土穆以北，尼罗河流入北部沙漠地带，形成尼罗河中游盆地，河网稀疏多急流、瀑布，水力资源丰富。北部沙漠是撒哈拉沙漠的东延，地势起伏较小，尼罗河以西称利比亚沙漠，是椰枣的重要产地；以东为努比亚沙漠，石质丘陵与沙丘相间分布。苏丹盆地以东为红海山脉，山势西低东高，在红海沿岸高达2 000米左右，山地东侧急坡陡降，形成平直海岸。沿海分布有许多礁岛，狭窄的沿海平原最宽处仅50余千米；苏丹盆地西是科尔多凡高原和达尔富尔高原，前者居东，海拔一般500～800米，只有泰马丁山高达1 460米；后者居西，为一片广阔的熔岩台地，海拔600～1 000米，高原中心的迈拉山海拔达3 088米，是全国第二高峰。国境南部为尼罗河和刚果河水系的分水岭，平均海拔1 000米以上，基涅提山高达3 187米，为全国最高峰。

地处热带，自北向南由干热气候过渡到湿热气候，跨越荒漠、草原、森林等自然带，地带性明显。其中热带草原带分布最广。终年高温，年平均气温21℃，常出现40℃以上高温，气温年较差较小。年降水量一般从北向南显著增加，从东到西稍有减少。北部瓦迪哈勒法的平均年降水量仅3毫米，喀土穆167毫米，尼罗河上游盆地的马拉卡勒增至783毫米，南部的卡盖卢高达2 260毫米。南部雨季始于3月，长8～10个月；北部始于7月，长仅3个月。雨季是植物生长和农牧业生产的黄金季节。旱季，中、北部多沙暴风，往往造成灾害。

苏丹境内的游牧民族

尼罗河在苏丹境内长3 300千米。尼罗河流域是全国人口最密集、经济最发达的地区。

历史 公元前3000年，努比亚人（库施人）即定居在北部尼罗河流域。前2000年前后，在纳巴塔和麦罗维一带建立了**库施王国**。公元6世纪，基督教从拜占廷传入，库施王国衰落后兴起的几个王国均接受了基督教。7世纪，阿拉伯人从埃及进入并传入伊斯兰教。到15世纪，境内建立了丰吉苏丹国等几个王国，长期陷于分裂局面。19世纪初，埃及侵占苏丹。19世纪70年代，英国势力从埃及向境内扩张。1881年苏丹宗教领袖穆罕默德·艾哈迈德领导人民发动武装起义，反抗英、埃军队入侵（见**马赫迪起义**）。1885年建立马赫迪国家。1896年英国再次入侵苏丹，1899年起利用英、埃“共管”名义使苏丹沦为其殖民地。1953年废除“共管”，1954年1月苏丹自治政府成立，1955年11月英、埃军队撤出苏丹。1956年1月1日宣布独立，成立苏丹共和国。独立后政局曾出现动荡。1983年苏丹南部爆发内战。1989年6月以巴希尔将军为首的军人发动政变后，于1992年1月成立全国过渡委员会，行使立法和监督权。1993年10月组成政府，巴希尔任总统。2005年1月苏丹政府和南部反政府武装苏丹人民解放运动在内罗毕签署全面和平协议，结束了长达22年的内战。2005年7月，巴希尔总统签署了成立民族团结政府的过渡期宪法，苏丹进入了为期6年的过渡期，过渡期内由北南双方联合执政。2011年南苏丹举行投票，2月7日投票结果公布，苏丹南部近99%的民众同意脱离苏丹共和国。苏丹总统承认和接受这一结果。

此外，在苏丹西部的达富达尔地区也不断发生反政府武装冲突。2006年5月，苏丹政府与达富达尔主要反政府武装“苏丹解放运动”签署《达富达尔和平协议》。

1998年颁布的宪法规定：苏丹是多种族、多文化、多宗教国，国家实行建立在联邦制基础上的非中央集权制；总统是国家主权的最高代表，军队最高统帅，拥有立法、司法、行政最高裁决权，由全民选举产生，任期5年，可连选连任一届；议会为立法机构；司法独立；宗教信仰自由等。2002年4月，全国大会党协商会议就修宪问题作出决定，取消总统任期两届的规定，可连选连任。2005年7月，通过了过渡期宪法。

全国登记政党29个。主要政党为全国大会党。此外，其他的政党还有乌玛党、民主联盟党、苏丹人民解放运动。

经济 经济以农牧业为主，基础薄弱，对自然及外援依赖性强。1993和1996年发布新经济法规，实行市场经济，鼓励外国投资发展农业，促进出口，推进私有化。2006年，经济借助高油价的拉动，继续保持快速增长，成为非洲经济发展最快的国家之一。2009年人均国内生产总值1 387美元。货币名称为第纳尔。

矿产资源有石油、天然气、铁、银、铬、铜、锰、金、铝、铅、铀、锌、石棉、石膏、云母、滑石等。石油储量约20亿吨。森林面积6 400万公顷，占全国面积的23.3%。阿拉伯树胶占重要地位。水力资源丰富。有200万公顷淡水水域。

农业是经济的主要支柱。农业人口占全国总人口的80%。经济作物产品占出口额的66%。不少农产品在非洲和世界占有重要地位。长绒棉产量仅次于埃及，居世界第二位；花生产量居阿拉伯国家之首，在世界上仅次于美国、印度和阿根廷；芝麻产量在阿拉伯和非洲各国中占第一位，出口量占世界的一半左右；阿拉伯树胶占世界总产量的60%～80%。粮食作物以高粱和谷子为主，还有小麦、玉米、稻谷等。粮食可以自给，丰收年有出口。牲畜存栏数居阿拉伯国家之首，在非洲国家名列第二。主要饲养牛、羊和骆驼。

工业基础薄弱，主要工业有纺织、制糖、制革、食品加工、制麻、烟草、炼油、水泥、塑料、印刷等。1999年后石油工业发展很快，成为石油出口国，2008年产原油1.68亿桶。工业集中分布在喀土穆、瓦德迈达尼、阿特巴拉、苏丹港、库斯提等较大城市。

铁路是交通运输网的主干，总长5 978千米。其中阿特巴拉—苏丹港线是唯一的出海通道。阿特巴拉、喀土穆、森纳尔是主要铁路枢纽。全国公路总长3.7万千米。内河航线总长5 310千米。苏丹港为主要商业海港，年吞吐能力800万吨，承担90%的进出口运输任务。全国共有民航机场100多个，喀土穆、苏丹港、卡萨拉、朱巴、朱奈纳等为国际机场。苏丹港至喀土穆建有输油管道，全长815千米。1999年，中南部油田经喀土穆至苏丹港长1 640千米的输油管道开始投入使用。

由于内战，旅游业受到严重影响。主要名胜有恩图曼城的马赫迪陵，通常称马赫迪宫，是民族英雄穆罕默德·艾哈迈德的陵墓；喀土穆自然博物馆收藏有自公元前4000年起的珍贵文物，包括从努比亚地区转移来的古神庙、陵墓、壁画、铭刻等；丁德尔国家公园，占地6 475平方千米，有众多狮子、羚羊、长颈鹿、雕、鹤等飞禽走兽和奇花异树，雨旱季交替时成群飞鸟的大迁徙为一大奇观。2003年博尔戈尔山和纳巴塔遗址被联合国教科文组织列入《世界遗产名录》。

2008年，苏丹对外贸易总额为214.87亿美元，顺差28.09亿美元。主要贸易对象是沙特阿拉伯、日本、韩国、德国、英国、法国、中国等。

文化 实行小学免费教育。有6所综合大学，23所专科院校。喀土穆大学建于1902年，是苏丹最早建立的高等学府。恩图曼伊斯兰大学建于1912年。

主要报刊有《今日新闻报》、《新闻报》和《舆论报》，均为阿拉伯文日报。《新地平线》为英文报，《今日苏丹》为英文月刊。苏丹通讯社是官方通讯社，1971年5月成立。苏丹国家广播电台，建于1940年，用阿拉伯、英、法、索马里等语言对国内外播音。苏丹国家电视台，建于1963年，每天用阿拉伯语、英语播送节目约8小时。

对外关系 对外奉行具有伊斯兰特色的独立自主、反对西方霸权主义的外交政策，主张加强阿拉伯国家的团结，加强同非洲国家的合作。目前同近100个国家建有外交关系。苏丹与中国1959年2月4日建交。

苏丹 Sultan 伊斯兰国家世袭君主的称号。又称素丹。阿拉伯语的音译，意为“权威”。在《古兰经》中原指道德或宗教权威人士，后指世俗政治权力。伽色尼王朝的统治者马赫穆德（998～1030年在位）是第一位称苏丹的穆斯林统治者。11世纪后，泛指伊斯兰国家的世俗统治者。1055年塞尔柱突厥人占领巴格达，哈里发噶伊木任命塞尔柱军事首领突格里勒贝格为摄政王，并赐予苏丹称号。塞尔柱苏丹成为阿拔斯王朝的真正统治者，哈里发失去一切世俗权力，只保有宗教领袖的地位。1194年花剌子模沙王朝的统治者帖基什驱逐了塞尔柱人，继续以苏丹的名义独揽巴格达的世俗大权。奥斯曼帝国的统治者亦称苏丹，并兼有哈里发称号，既是帝国的君主，又是整个伊斯兰世界的宗教领袖。土耳其凯末尔革命胜利后，1922年11月安卡拉的大国民议会通过决议，废除苏丹制。阿曼、文莱等国至今仍用此称号。

苏丹草 *Sorghum sudanense*; Sudan grass 禾本科高粱属的一种。一年生草本植物。因原产苏丹而得名。20世纪40年代引入中国。植株高2～3米，茎圆柱状，直立。叶片狭披针形。圆锥花序。种子倒卵圆形，淡黄、棕黄至红黑色。性喜热，耐旱。对土壤要求不严，最适于排水良好的壤土。春季播种前宜耕翻、施基肥。通常一年收获两茬，在抽穗初期进行，用以饲喂草食家畜。也可在株高达80～120厘米时刈割，作为草食性鱼类饵料。干物质中平均含粗蛋白质9.80%，粗脂肪2.03%，粗纤维31.83%，无氮浸出物47.47%，粗灰分8.8%。

苏丹港 Port Sudan; Būr Sūdān 苏丹主要港口城市，红海省首府。有“国家门户”之称。位于东北部红海西岸，扼红海通往地中海的航运要冲。人口50.49万（2005）。建于1906～1909年。深水良港，可停靠3.5万吨级油轮。港区拥有现代化的仓库、码头和装卸设备，年吞吐能力800万吨，承担全国90%的进出口运输任务。输出棉花、阿拉伯树胶、剑麻、花生、芝麻、皮毛和牲畜；进口主要为工业品和日用杂货。城市工业以炼油为主，还有船舶修理、汽车装配、电力、轧花、食品等。附近盛产池盐。有铁路、公路与阿特巴拉、喀土穆、卡萨拉、瓦迪哈勒法、欧拜伊德等重要城市相连。有高速公路和输油管通往首都喀土穆。

苏丹尼格罗人 Sudan-Negroes 非洲民族集团。尼格罗人种的古老支系。简称苏丹人。主要分布在非洲撒哈拉沙漠以南呈长方形的两河一湖（尼日尔河—乍得湖—尼罗河中上游）地区。北界约为北纬17°，西起塞内加尔河河口，东至埃塞俄比亚高原西侧；南界约为北纬4°，西起比夫拉湾，东至肯尼亚与索马里交界处。约有2.86亿人（2002），分属西非和中非20个国家，约占非洲总人口的37%。按地域可分为西苏丹、中苏丹和东苏丹3个类型，在体质特征上各有特色。西苏丹人身材高大，长头直鼻；中苏丹人多为短头；东苏丹人主要为尼罗特人，成人男子平均身高180～182厘米，肤黑如漆。在语言上分属3大语系，即尼日尔-科尔多凡语系、尼罗-撒哈拉语系和阿非罗-亚细亚语系。

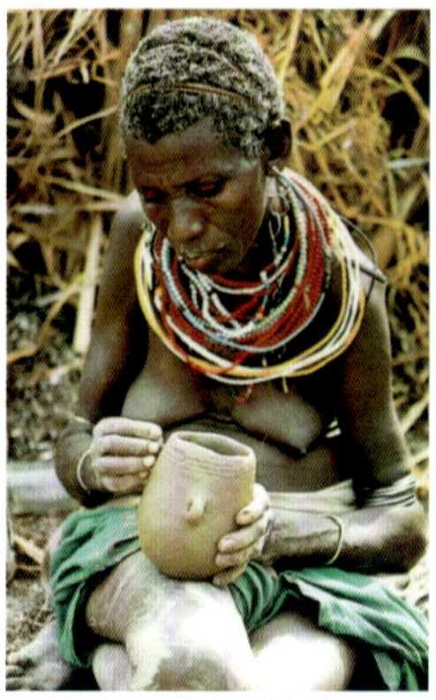
苏丹尼格罗女子

东苏丹尼罗特人的发祥地在尼罗河中上游，西苏丹和中苏丹各族的发祥地则在尼日尔河、乍得湖以及撒哈拉中部地区。尼罗特人曾参加古埃及文明的创建；西、中苏丹人创立了苏丹农耕文化，并开发了西非热带森林地区。公元前5世纪和前1世纪，在西苏丹北部的毛里塔尼亚和塔克达（今尼日尔北部）分别出现了铜器。前5世纪左右，东苏丹的麦罗埃人掌握了炼铁技术。前5世纪后期，西苏丹的诺克和乔斯高原出现了铁器和赤陶。公元1世纪，乍得湖西南的达伊马居民也掌握了炼铁技术。7世纪后，受伊斯兰教文化影响，出现了一系列国家。

传统社会多行一夫多妻制。男女行割礼。中苏丹和东苏丹举行成年仪式时，有摘除下门牙的习俗。除阿肯人和拉贡部落外，多按父系续谱、居住和继承财产，有的按双系。主要从事锄耕农业，种植粟类或薯芋类；萨赫勒地区以畜牧业为主。手工业、渔业和狩猎在不同地区亦占一定地位。西苏丹和中苏丹地区历来贸易发达。

《苏德互不侵犯条约》 *Treaty of Non-Aggression Between Soviet Union and Germany* 1939年8月23日苏联和德国在莫斯科签订的条约。20世纪30年代，法西斯德国不断向外侵略扩张。英法推行绥靖政策，于1938年9月同德国签订出卖捷克斯洛伐克主权的《慕尼黑协定》。但德国并不满足，于1939年3月进而吞并整个捷克斯洛伐克。战争威胁迫在眉睫。苏、英、法三国开始商谈联合抗德之事。与此同时，苏联也采取措施调整同德国的关系。而德国此时已决定进攻波兰，更是主动改善同苏联的关系，以使苏联在未来战争中保持中立。

1939年8月23日，J.von里宾特洛甫抵达莫斯科，随即与J.斯大林、V.M.莫洛托夫举行会谈。当晚，莫洛托夫和里宾特洛甫分别代表两国政府签订《苏德互不侵犯条约》。该条约有效期10年，规定：缔约双方彼此互不使用武力，任何一方将不参加直接或间接反对他方的国家集团；当一方受到第三国进攻时，另一方不给予第三国任何支持；就彼此有关问题，密切接触，交换情报；和平解决相互间的一切争端。

《苏德互不侵犯条约》还附有《秘密附属议定书》，它划定双方在东欧的势力范围：在属于波罗的海国家（芬兰、爱沙尼亚、拉脱维亚、立陶宛）的地区如发生领土和政治变动时，立陶宛的北部疆界将成为德国和苏联势力范围的界限；属于波兰国家的地区如发生领土和政治变动时，德国和苏联的势力范围将大体上以纳雷夫河、维斯杜拉河和桑河一线为界。此外，在东南欧方面，苏联关心它在比萨拉比亚的利益，德国则宣布它对该地区在政治上完全没有利害关系。

该条约的签订使苏联得以暂时置身于战火之外。但也使德国得以按既定计划发动侵略波兰的战争，挑起第二次世界大战，

1939年8月《苏德互不侵犯条约》在莫斯科签字

并在初期避免了两线作战。在秘密议定书中，苏、德划分各自势力范围，宰割东欧弱小国家。

苏德隆 Su Delong（1906-07-09～1985-04-03） 中国流行病学家。生于南京，卒于上海。1935年毕业于国立上海医学院，获医学博士学位后，留校任助教兼上海县颛桥乡卫生所医师。1937年抗日战争全面爆发后，担任卫生署医疗队防疫大队长。1943年任上海医学院（重庆）副教授。1944年留学美国，获公共卫生硕士学位。1945年进英国牛津大学病理研究院，获哲学博士学位。1948年后历任上海医学院教授、流行病学教研室主任、公共卫生系主任、副院长、预防医学研究所所长，中国血吸虫病研究委员会副主任委员，中华医学会流行病学会主任委员，国际流行病学会名誉会员。

他阐明了钉螺分布规律，提出血吸虫病的地域性防治对策。1972年发现上海近郊皮炎流行与桑毛虫有关，首先提出“桑毛虫皮炎”。编著专业书籍7本，发表论文171篇。

苏定方 Su Dingfang（592～667） 中国唐初大将。名烈，字定方，以字行。冀州武邑（今属河北）人。隋末随父起兵。父死，代领其众。后从窦建德、刘黑闼，累建战功。黑闼败后，定方归乡里。唐贞观初，为匡道府折冲都尉。四年（630），为李靖前锋，击败东突厥颉利可汗，授左武侯中郎将。显庆元年（656）任前军总管，从程知节征西突厥。次年，败西突厥鼠尼施等部。次年，定方为伊丽道行军大总管西征，击破可汗阿史那贺鲁的主力，追至石国苏咄城，俘获贺鲁，西突厥亡。定方因功迁左骁卫大将军，封邢国公。四年冬，铁勒思结部首领都曼胁所部及疏勒等叛，唐以定方为安抚大使，再次西征，至叶水，围马保城，都曼降，葱岭以西悉定。定方累功迁为左武卫大将军。五年，又为神丘道大总管，攻百济，擒其王。后任凉州安集大使，防御吐蕃。

苏定强 Su Dingqiang（1936-06-15～ ） 中国天文学家、光学工程专家。生于上海。1959年毕业于南京大学天文系。曾在中国科学院国家天文台南京天文光学技术研究所（原南京天文仪器厂）工作，先后任副总工程师、研究员。1991年当选中国科学院学部委员（院士）。2003年起，任南京大学天文系教授。

在大望远镜光学系统的研究中，苏定强提出一系列新的折轴系统（1966、1972）和透棱镜改正器（1986）。他和王亚男共同建立的光学系统优化程序（1974），成为中国天文光学系统设计和研究用的主要程序。领导研制成中国第一个Lyot双折射滤光器（1968），中国第一个主动光学实验系统（1993）。他和王绶琯共同提出了大天区面积多目标光纤光谱望远镜的初步方案（1994）。后又提出应用主动光学产生按传统概念不能实现的面形变化的光学系统的思想（1986）。参与中国2.16米望远镜等多项天文仪器的研制。

1993年和1998年分别获得国家自然科学奖二等奖与国家科技进步奖一等奖。曾当选国际天文学联合会天文仪器与技术委员会主席（2000～2003）。2002年任中国天文学会理事长。

苏东坡 Su Dongpo（1037～1101） 中国宋代文学家、画家。名轼，字子瞻，一字和仲，号东坡居士。见苏轼。

苏俄国内战争 Russian Civil War 苏维埃俄国各族人民粉碎国内反革命叛乱和外国武装干涉的战争。

十月革命胜利后，苏维埃政权遭到国内外敌人的武装反对。1918年春，德国军队利用《布列斯特-立陶夫斯克和约》，占领乌克兰、白俄罗斯和波罗的海沿岸地区。英、法、日、美等国则以防止德国入侵为借口，出兵占领了摩尔曼斯克、海参崴（符拉迪沃斯托克）、高加索和里海以东的地区。1918年5～6月，由战俘组成的捷克斯洛伐克军团在伏尔加河中游、乌拉尔和西伯利亚一带掀起叛乱。更大的威胁来自社会革命党和孟什维克。苏维埃共和国处于危急之中，它所控制的地区只有全国土地的1/4。为了战胜敌人，全俄苏维埃中央执行委员会于1918年9月2日宣布全国为军营，并成立共和国革命军事委员会，负责领导军事机关和各条战线。委员会主席是L.D.托洛茨基，总司令是I.I.瓦采季斯。11月30日成立以V.I.列宁为首的工农国防委员会，统一领导全国军事、政治和经济。随即实行了战时共产主义政策。

1919年3月，高尔察克军队全线出击，向西推进100多千米。4月底，东线司令S.S.加米涅夫指挥红军发起反攻，把敌人赶

回乌拉尔地区。年底，红军解放了西伯利亚大部地区，彻底击败高尔察克叛军。

1919年夏，A.I.邓尼金15万军队成为新的白军主力。他们从北高加索出发，侵占察里津（今伏尔加格勒）和乌克兰的广大地区。10月中旬，南线司令A.I.叶戈罗夫和军事委员J.**斯大林**指挥红军转入反攻，解放奥廖尔、顿巴斯和乌克兰大部地区。M.N.图哈切夫斯基指挥东南战线（后改称高加索战线）红军攻入北高加索，消灭了邓尼金主力。进攻彼得格勒的白军西北军总司令N.N.尤登尼奇军队也在1919年底被击溃。

波兰在法国支持下于1920年4月25日对苏俄发动进攻，企图恢复其旧有的边界。5月初占领基辅。5月中旬，红军反攻，取得胜利。7月，图哈切夫斯基指挥的西线红军逼近华沙，叶戈罗夫指挥的西南战线红军打到利沃夫城郊。10月，双方停战。1921年3月签订《里加条约》，确定两国边界。1920年11月，M.V.伏龙芝指挥红军攻进克里木半岛，歼灭白军南俄总司令P.N.弗兰格尔叛军。国内战争基本结束。1922年10月，红军开进符拉迪沃斯托克，把最后一批干涉军赶出国门。

苏尔达斯 Surdas (1478～1581) 印度印地语诗人。生于民间说唱艺人家庭，本人也是说唱者。他双目失明，传说是天生的，但他诗中描写的景物不是天生盲人所能描述。早年出家，对宗教和大神，特别对毗湿奴大神的化身黑天十分虔诚。他歌颂黑天的生平，被认为是“有形派”崇拜黑天的虔诚诗人的代表。

《苏尔诗海》是他的诗歌总集，收诗约5 000首。以《薄伽梵往世书》为蓝本，系由他吟唱别人记录而成。《苏尔诗海》中有的诗颂扬大神的威力，叙述大神化身下凡的目的，宣传宗教教义；有的诗表达善战胜恶或有志者事竟成的思想。其中占全诗绝大部分篇幅的第十篇叙述**黑天**的故事。《苏尔诗海》中的诗长短不一，最短的几行，最长的有300多行，一般在10行上下。每首诗都配有曲调，几百年来始终受到印度人民的喜爱和传唱。

苏尔瓦兰 Zurbarán, Francisco de (1598-11-07～1664-08-27) 西班牙画家。生于丰塔-德坎托斯，卒于马德里。最早跟一位染木雕的艺术家学画。1628年到塞维利亚，1629年获得画师称号。他接受卡拉瓦乔主义的影响，把自己的创作活动与现实生活结合起来。其宗教题材绘画，没有宗教禁欲主义的味道，充满生活的情趣。笔下的人物，无论是僧侣还是圣徒，都很朴实、恬静、自然。他是欧洲17世纪少见的优秀静物画家，其肖像画也很出色。代表作有以圣彼得·诺拉斯科和圣博纳文图雷的生平事迹为题材的组画及《圣阿隆索·罗德里格斯显圣》(1630)、《圣马格里达》(1634～1635)等。肖像画代表作有《依·别列斯肖像》(1629～1633)、《萨拉曼卡大学的法学博士像》(约1635)等。静物画代表作有《有四个器皿的静物》(约1632～1634)、《有橘子和柠檬的静物》(1633)等。

《有四个器皿的静物》(布拉多国立美术馆藏)

苏尔王朝 Sūr Dynasty 由阿富汗人舍尔沙建立的统治北印度的封建王朝。舍尔沙原称法里德汗，是南比哈尔的阿富汗酋长，在对抗莫卧儿皇帝胡马雍的斗争中取胜，1540年据有德里以后，自称舍尔沙，苏尔王朝开始。舍尔沙对印度教徒实行宽容的宗教政策，改革田赋制度，实行高度集权的官僚政治体制。1545年5月舍尔沙死于对**拉杰普特**的征战中。此后，相继即位的有：伊斯拉姆沙、菲鲁兹沙、阿迪尔沙。王朝在阿富汗军事贵族争夺王位的内战中陷于瓦解。1555年胡马雍重征印度平原，击败苏尔王朝的旁遮普省长阿马德汗，占领拉合尔、德里和阿格拉，苏尔王朝灭亡，**莫卧儿王朝**继续统治印度。

苏发努冯 Souphanouvong (1909-07-13～1995-01-09) 老挝人民民主共和国主席(1975～1986)，老挝人民革命党中央政治局委员，老挝三亲王之一。生于王都琅勃拉邦，卒于万象。曾在法国学土木工程。1938～1945年在越南修筑桥梁和道路，并娶一越南女子为妻。第二次世界大战后，反对法国继续殖民统治，在万象参加民族临时政府，任国防大臣。1947～1948年曾任自由寮流亡政府外交大臣。此后离开流亡政府，1950年7月当选为寮国自由民族统一阵线主席兼寮国抗战政府（即巴特寮）总理。1962年参加新成立的联合政府。1964年联合政府解体，前往巴特寮和老挝爱国战线所控制的北部省份。1974年回到万象，任民族政治联合委员会主席。1975年共和国成立，出任国家主席、最高人民议会主席。1979年老挝爱国战线改为建国战线，再次当选为主席。1986年11月因健康原因辞去国家主席、最高人民议会主席职务。

1991年3月在老挝人民革命党“五大”上，当选为党中央执行委员会顾问。曾多次访华。

苏非主义 Sufism 伊斯兰教的神秘主义。“苏非”一词的阿拉伯语词根原意为羊毛，因信奉者身穿羊毛褐衫而得名。最初源自《古兰经》的某些经文和穆罕默德的神秘体验。伊斯兰教内的虔信者以此规范自身的宗教生活。倭马亚王朝时，禁欲主义成为一种反奢华的势力，其成员穿羊毛粗衣而被称为苏非。至8世纪下半叶，苏非把苦行禁欲作为修行方法，目的是认识、喜爱、接近**真主**，最后达到与真主合一。他们力求以神秘的爱和沉思冥想，消除个人意识，包括忘却来世的厚赏，达到无我而消融于真主之中。神秘的爱是苏非主义的基础。9世纪末，苏非将经过精神修炼获得的对真主的认识，称为神智。这是神秘的直觉或内心的体验，属真主的赐予，其核心是真主精神之光对人的心灵的照明，从而使先天已有的神智再次萌发。为获得神智并与真主合一，内心的净化或精神修炼需经历一系列不同的阶段和状态，而其出发点则是神秘的爱。苏非主义的发展曾受许多外来因素的影响，但其始终坚持以经、训阐发自己的主张，追求内在的真理和道路，漠视外在的礼仪和教法规定，从而招致正统派的猜疑和敌视。哈拉智因“我是真理”的言论被指控视自身为真主的肉体化身，于922年身处磔刑，使这种冲突达到顶点。此后，苏非们开始与正统教义相协调。最后由**安萨里**排除其极端倾向后引入正统信仰，使神秘主义为教义体系服务。苏非主义在被纳入正统信仰后，并未丧失其独立存在的特点。思辨神秘主义的体系化，以苏赫拉瓦尔迪的照明哲学和**伊本·阿拉比**的存在单一论为代表。这不仅为正在普遍建立的教团组织奉行神秘主义实践提供理论框架，也对伊斯兰教后期的哲学思辨和教义发展产生重大影响。苏非主义文学，特别是其诗歌，给阿拉伯、波斯、突厥、乌尔都等语言带来文学的繁荣。在12～18世纪，苏非主义是伊斯兰世界精神生活的统治思想。18世纪中叶，瓦哈比派从外部对苏非主义予以抨击，苏非派内部产生一批坚持正统教义、批判苏非传统的改革派，其主张称新苏非主义。近代以后，苏非主义的影响日趋衰落，但在伊斯兰世界，特别是民间和边远地区，仍不容忽视。

苏菲·玛索 Sophie Marceau(1966-11-17～) 法国电影演员。生于巴黎。1980

年首次在青春电影《初吻》中担任主角。这部电影让苏菲·玛索一夜成名，成为在法国和很多欧洲国家炙手可热的青春偶像。1983年获得恺撒奖"最具前途女艺人"荣誉。1982年与J.-P.贝尔蒙多合作出演电影《第一次接触》的续集，再次提高了名气。同年在电影《萨卡纳要塞》中与影星G.德帕迪约和卡特琳娜·德纳芙合作。苏菲·玛索长期和导演安德瑞兹·祖劳斯基合作，合作的著名影片包括《狂野的爱》(1985)，《我的夜晚比你的白天更美》(1989)，《蓝色乐章》(1991)、《情欲写真》(2000)。这些影片奠定了苏菲实力派影星的位置。1995年苏菲·玛索在好莱坞影星梅尔·吉布森的电影《勇敢的心》中成功饰演勒伊莎贝尔公主一角，开始成为一名国际性巨星。1997年出演安娜·卡列尼娜一角，被评论界认为是电影史上对这一人物最杰出的塑造。在此之后，她又陆续参演《仲夏夜之梦》和007系列电影《黑日危机》。2001年出版半自传体小说《谎言》，开始尝试做导演。执导的处女作《当爱变成习惯》获得2002年蒙特利尔国际电影节"最佳导演"奖。

苏芬战争 Soviet-Finnish War　苏联和芬兰之间的战争。1939年11月28日，苏联单方面废除《苏芬互不侵犯条约》，次日中断了两国外交关系。11月30日，苏军向芬兰发起全线进攻。芬军利用严寒和沼泽森林的有利地形，展开反击，苏军在卡累利阿地峡和拉多加湖一带伤亡较大，对芬军主阵地久攻不克。1940年1月苏军重新组织攻势，突破曼纳海姆防线，芬军于2月26日退守维堡一线。3月13日两国签订了和平协定。

1941年6月22日希特勒德国进攻苏联后，芬军于6月28日发动总攻，12月6日芬兰宣布收复在上次战争中的一切失地。1944年苏军在德苏战场上取得决定性胜利后，6月9日挥师向芬军阵地猛攻，8月芬兰被迫求和。9月19日同苏签订停战协定和临时和约，并对德宣战。1947年2月10日，苏联等盟国与芬兰在巴黎签订和约。芬苏两次战争中，苏联从芬兰共割取45840平方千米的土地，将卡累利阿地区苏芬边界线向北推移了150千米。

苏格拉底 Socrates（前469～前399）　古希腊哲学家。

生平　生于雅典一个普通公民的家庭。早年继承父业，从事雕刻石像的工作，后来研究哲学。他在雅典和当时的许多智者辩论哲学问题，主要是关于伦理道德以及教育、政治方面的问题。被认为是当时最有智慧的人。作为公民，曾三次参军作战，在战争中表现得顽强勇敢。此外，还曾在

雅典公民大会中担任过陪审官。在雅典恢复奴隶主民主制后，苏格拉底被控，以藐视传统宗教、引进新神、败坏青年和反对民主等罪名被判处死刑。他拒绝了朋友和学生要他乞求赦免和外出逃亡的建议，饮鸩而死。在欧洲文化史上，他一直被看作是为追求真理而死的圣人，几乎与孔子在中国历史上所占的地位相同。

苏格拉底本人没有写过什么著作。他的行为和学说，主要是通过他的学生柏拉图和克塞诺芬尼著作中的记载流传下来。关于苏格拉底的生平和学说，由于从古代以来就有各种不同的记载和说法，一直是学术界讨论最多的一个问题。

哲学思想　苏格拉底的哲学思想主要体现在以下几个方面：

心灵的转向　从智者开始，古希腊哲学由注重对自然本身的研究转变到注重对社会伦理和人的研究。但他们只停留在感性的阶段，只能得出相对主义的结论。到苏格拉底才根本改变了这种状况。苏格拉底要求作"心灵的转向"，把哲学从研究自然转向研究自我，即后来人们所常说的，将哲学从天上拉回到人间。他认为对于自然的真理的追求是无穷无尽的；感觉世界常变，因而得来的知识也是不确定的。苏格拉底要追求一种不变的、确定的、永恒的真理，这就不能求诸自然外界，而要返求于己，研究自我。从苏格拉底开始，自我和自然明显地区别开来；人不再仅仅是自然的一部分，而是和自然不同的另一种独特的实体。

灵魂不灭说　苏格拉底关于灵魂的学说，进一步使精神和物质的分化明朗起来。苏格拉底以前的哲学家，早已有灵魂不灭的说法，已经有唯心主义和唯物主义对立的萌芽。但在他以前的哲学家对于灵魂的

苏格拉底和他的两个弟子（绘画）

看法还比较模糊，有的还将灵魂看成是最精细的物质，因而，唯心主义和唯物主义的界限还不明确。到苏格拉底才明确地将灵魂看成是与物质有本质不同的精神实体。在苏格拉底看来，事物的产生与灭亡，不过是某种东西的聚合和分散。他将精神和物质这样明确对立起来，成为西方哲学史上唯心主义哲学的奠基人。

寻求事物的普遍定义　据亚里士多德记载，苏格拉底放弃了对自然世界的研究，想在伦理问题上求得普遍真理，开始为事物寻求定义。他反对智者们的相对主义，认为"意见"可以有各种各样，"真理"却只能有一个；"意见"可以随各人以及其他条件而变化，"真理"却是永恒的，不变的。在柏拉图早期对话中，讨论的主题几乎都是如何为伦理道德下定义的问题。苏格拉底所追求的，是要求认识"美自身"、"正义自身"，这是美和正义的普遍定义，是真正的知识，也就是柏拉图所说的"美的理念"、"正义的理念"。这是西方哲学史上"理念论"的最初形式。苏格拉底还进一步指出，自然界的因果系列是无穷无尽的，如果哲学只去寻求这种因果，就不可能认识事物的最终原因。他认为事物的最终原因是"善"，这就是事物的目的性。他以目的论代替了对事物因果关系的研究，为以后的唯心主义哲学开辟了道路。

助产术和揭露矛盾的辩证法　苏格拉底承认他自己本来没有知识，而又要教授别人知识。这个矛盾，他是这样解决的：这些知识并不是由他灌输给人的，而是人们原来已经具有的；人们已在心上怀了"胎"，不过自己还不知道，苏格拉底像一个"助产婆"，帮助别人产生知识。苏格拉底的助产术，集中表现在他经常采用的"诘问式"的形式中，以提问的方式揭露对方提出的各种命题、学说中的矛盾，以动摇对方论证的基础，指明对方的无知；在诘问中，苏格拉底自己并不给予正面的、积极的回答，因为他承认自己无知。这种方式一般被称为"苏格拉底的讽刺"。苏格拉底的这种方法是由爱利亚学派的逻辑推论和芝诺（爱利亚的）的反证法发展而来的。在苏格拉底的讽刺的消极形式中存在着揭露矛盾的辩证思维的积极成果。苏格拉底的这种方法，在西方哲学史上，是最早的辩证法的形式。

伦理学说　苏格拉底建立了一种知识即道德的伦理思想体系，其中心是探讨人生的目的和善德。强调人们应该认识社会生活的普遍法则和"认识自己"，认为人们在现实生活中获得的各种有益的或有害的目的和道德规范都是相对的，只有探求普遍的、绝对的善的概念，把握概念的真知识，才是人们最高的生活目的和至善的美德。苏格拉底认为，一个人要有道德就必须有

道德的知识，一切不道德的行为都是无知的结果。人们只有摆脱物欲的诱惑和后天经验的局限，获得概念的知识，才会有智慧、勇敢、节制和正义等美德。他认为道德只能凭心灵和神的安排，道德教育就是使人认识心灵和神，听从神灵的训示。这种禁欲主义和神秘主义伦理思想，后来被安提斯泰尼继承和发展，形成以强调禁欲为特征的犬儒学派；而苏格拉底伦理思想中所包含的快乐论思想，则被亚里斯提卜继承和发展，形成主张享乐的居勒尼学派。柏拉图全面继承了苏格拉底的伦理思想体系，并进一步系统化、理论化。苏格拉底强调知识的重要性，认为伦理道德要由理智来决定，这种理性主义的思想，在以后西方哲学思想的发展中，起了积极作用。

从哲学思想的发展看，苏格拉底提出精神实体和物质实体的区分，使唯心主义和唯物主义的对立脱离了早期哲学的朴素状态，进入更加成熟的阶段；将早期希腊哲学家们格言式的伦理思想提到了哲学的高度；以逻辑辩论的方式启发思想、揭露矛盾，以辩证思维的方法深入到事物的本质。这一切对哲学思维的发展都有贡献。但是，他作为西方哲学史上第一个系统的唯心主义哲学家，开始了夸大主体和理性、夸大抽象思维，以哲学唯心主义的神话代替宗教神话的时代。

苏格兰 Scotland 英国领土的一部分。位于大不列颠岛北部，南界英格兰，北、东、西三面临大西洋、北海和爱尔兰海。海上有设德兰、奥克尼、赫布里底3组群岛，以及一些小岛。面积7.88万平方千米。人口519.4万(2009)，主要为苏格兰人。首府爱丁堡。中部为低地，南北均为山丘高地，是大不列颠岛最崎岖部分。北部格兰扁山的本

爱丁堡城市鸟瞰

内维斯山海拔1 344米，为英国最高峰。北海沿岸有狭窄的低平原。西部多湖泊、峡湾。气候冬温夏凉，泰河、克莱德河为主要河流。原为苏格兰王国，1707年并入英国。农业占较重要地位，有3/4的土地用于农业。耕作业中小麦、燕麦和马铃薯为主要作物。畜牧业发达，山地和岛屿多养羊、牛，中部以饲养乳牛和猪为主。沿海渔业重要，阿伯丁、彼得黑德为主要渔港，盛产鲱、鳕、鲽等。英国最大的石油工业区。还有钢铁、造船、纺织、炼油、石油机械、汽车、飞机、电子等部门。阿伯丁为北海油田的开发基地。

苏格兰短裙 kilt 苏格兰高地男子穿着的褶裙。长至膝盖，用苏格兰格子花呢制成，前身为平面，两侧及后身有褶饰。曾作为苏格兰高地居民以及军人的正式服装，现在一些隆重仪式场合仍作为礼服着用，英国军队中苏格兰兵团也使用为戎装。苏格兰格子花呢通常用羊毛制成，由特定宽度的色条以直角交错，是苏格兰高地民族及家族的象征性服饰。不论制成何种宽度，格子色条的比例要始终保持一定，颜色可有深浅变化。传统上，为表明等级，还可加一些特定线条。早期的格子花呢中线条的宽度都有严格规定。起源于13世纪，当时苏格兰高地人穿的仅是一块大的长方形布，按长度方向对折，用带系在腰间，下部自然垂落形成大褶，有时缝合；上部披绕在肩上，并用针固定。在严冬时能作为斗篷，露宿时又可作为毛毯。现已被分为上衣和下身的短裙。

身着苏格兰短裙的男子

苏格兰盖尔语 Scottish Gaelic; Scots Gaelic 英国苏格兰地区凯尔特人（斯科特人）的语言，属印欧语系凯尔特语族海岛凯尔特语北支。16世纪时，苏格兰操盖尔语的人口占本地人口的50%，到20世纪只占1.5%。据20世纪60年代的调查，仅有8万多人还懂得这种语言。

苏格兰盖尔语的许多特点和爱尔兰语相似。元音分长短，辅音有软腭音质和硬腭音质的对立。有系统的“头音交替”现象。盖尔语的词形变化很复杂，名词和形容词也不例外。句法上的一个特点是动词位于句首。盖尔语采用拉丁字母，拼写形式复杂。

苏格兰人 Scot; Scotch 西欧大不列颠及北爱尔兰联合王国民族之一。有520余万人(2001)。主要聚居在不列颠岛北部的苏格兰，占当地人口的90%以上；有20多万人

吹奏风笛的苏格兰人

散居在英国各地。属欧罗巴人种大西洋波罗的海类型。讲英语的苏格兰方言，属印欧语系日耳曼语族。有文字。多信基督教的长老会教派，少数信天主教。苏格兰人主要由皮克特人和斯科特人结合而成，并吸收不列颠人和盎格鲁-撒克逊人的成分。多数学者认为，皮克特人系最早来到不列颠的凯尔特部落。斯科特人于公元5世纪末、6世纪初大批进入苏格兰，并于9世纪击败皮克特人，建立统一的苏格兰王国，二者结合为苏格兰人。1018年东部沿海一带和洛西恩平原并入苏格兰版图，当地的盎格鲁-撒克逊人亦加入形成苏格兰人的诸民族的行列。1066年诺曼底人征服英格兰后，又有许多盎格鲁-撒克逊人逃入苏格兰。苏格兰地区工业发达，有钢铁、造船、纺织、汽车和飞机制造等部门。农业以畜牧业为主，多养羊；农作物有小麦、燕麦、大麦等；沿海居民从事渔业。在传统文化与习俗上，与爱尔兰人相近，较多地保留了凯尔特人特点。传统的男子服装是方格短裙。

苏哈托 Suharto (1921-06-08～2008-01-27) 印度尼西亚共和国总统(1968～1998)。生于中爪洼日惹附近克穆苏村农民家庭，卒于雅加达。先后在日惹和梭罗的宗教学校及中爪哇皇家荷印陆军学校学习。1940年加入荷印殖民军。日本占领时期任乡土防卫义勇军连长。1945年印度尼西亚八月革命时期，历任印尼国民军陆军营长、团长、旅长等职。

20世纪60年代初升任陆军战略后备司令部司令兼警戒区司令部副司令。1963年5月，任驻扎雅加达的陆军战略后备司令部少将司令。1965年“九三〇”事件发生后，出兵镇压政变力量和印度尼西亚共产党，乘机掌握军政大权，并逐步剥夺苏加诺总统的权力。1968年起正式就任总统，

后6次连任。执政期间，一面加强军人专政，限制民主自由，建立家族独裁统治，推行所谓“新秩序”；另一方面注意发展经济，促进对外贸易，并继续声称支持不结盟运动，参加东南亚国家联盟的区域互助，加强与东盟国家、日本、印度和欧美国家的关系。1998年5月印尼发生政治动乱和排华暴行，苏哈托被迫下台。

苏汉臣 Su Hanchen 中国北宋末南宋初画家。开封人，一说钱塘（今浙江杭州）人。曾为北宋宣和（1119～1125）画院待诏，后补承信郎。善于描绘释道、仕女等，尤以表

《秋庭戏婴图》（台北“故宫博物院”藏）

现儿童形象及游戏时天真活泼的情态著称，平生作婴戏图甚多。传世作品《秋庭戏婴图》表现幼童嬉戏情态，用笔简洁劲利，色彩明丽典雅。苏汉臣的仕女画重在表现闺阁人物的意态，而不重施朱傅粉、镂金佩玉的妆饰。另有传为他所画的《五瑞图》、《婴戏图》等传世。

苏霍姆林斯基 Sukhomlynsky, Vasily Aleksandrovich (1918-09-28～1970-09-02) 苏联教育家。苏联教育科学院院士。1938年毕业于波尔塔瓦师范学院，1955年获教育科学副博士学位。1948年至去世一直任帕夫雷什中学校长。

苏霍姆林斯基教育思想主要体现在：①提倡全面和谐的教育。认为没有和谐的教育工作就不能达到理想个性的和谐发展。所谓和谐发展，就是各方面互为条件、相互促进、相辅相成地发展。所谓和谐的教育，就是德育、智育、体育、美育和劳动教育等，既相对独立，又相互渗透、相互促进。他反对妨碍学生全面和谐发展的重智轻体、重才轻德的倾向。②重视学生的精神生活和精神需要，认为丰富多彩、文明幸福的学校精神生活，是使儿童获得全面和谐发展的最好途径。③认为德育在全面发展的教育中是起决定作用的、主导的成分。要求自然科学知识传授与道德教育同时并重。④终身致力于教育与生产劳动相结合。其主要论著收入《苏霍姆林斯基著作选集》（5卷本）和《苏霍姆林斯基文选》（3卷本）。他的许多教育专著都有中译本。

苏纪兰 Su Jilan (1935-12-31～) 中国物理海洋学家。湖南攸县人。1957年毕业于台湾大学土木工程系。后留学美国，先后获弗吉尼亚理工学院硕士学位、加利福尼亚大学伯克利分校博士学位。曾任职于纽约州立大学布法罗分校、夏威夷地球物理研究所海啸中心，1977年获佛罗里达大西洋大学海洋工程系终身教授。1979年回国，在国家海洋局第二海洋研究所工作，先后任研究员、所长。1991年当选中国科学院学部委员（院士）。1993年当选联合国政府间海洋学委员会副主席，1999年当选主席。80年代起致力于中国近海河口的水文环流特性系统研究。首先发现并成功模拟潮流不对称对长江口最大混浊带形成的重要作用；提出长江冲淡水次级锋面概念及其对杭州湾悬移质输送的重要影响。系统研究了中国近海环流，提出偏北风是冬季黄渤海暖流形成的主要动力机制；提出黑潮南海分支是黑潮诱生环流一部分，且与周期性中尺度涡密切相关的新见解；还论证了南海暖流与台湾暖流的关系。率先系统提出浙闽沿岸上升流机制及其与沿岸锋之间的关系。还率先从理论上获得多港池湾共振频率，提出模拟潮致底质冲淤的有效办法，系统提出中国近海陆架波的特性。

1996年因中日黑潮综合研究中方成果获国家科技进步奖二等奖。撰有《东中国海陆架环流的单层模式》（合著）、《南海环流的一个两层模式》等论文90余篇，著有《中国海洋生态系统动力学研究》，主编《海洋科学和海洋工程技术》、《中国近海水文》等。

苏加诺 Sukarno (1901-06-06～1970-06-21) 印度尼西亚民族主义运动领袖。共和国第一任总统（1945～1967）。生于东爪哇勿里洞，卒于雅加达。1925年毕业于万隆工学院，获工学学士学位。1927年创建印度尼西亚民族主义联盟，任主席。1929年荷兰殖民当局逮捕苏加诺，次年判处他4年徒刑。1933年7月再次被捕，先后被流放至弗洛勒斯（1934）和明古鲁（1938）。1942年3月被日本占领当局释放后返回爪哇。日本占领时期，历任民众总力结集运动委员长、爪哇奉公会中央本部长、中央参议会议长、印度尼西亚独立准备委员会委员长等职。与日本合作的同时，利用合法身份开展争取印尼统一和独立的宣传。1945年8月日本投降后，印尼掀起争取民族独立的八月革命。8月17日，宣布成立印度尼西亚共和国，并就任共和国首任总统。领导人民反抗荷兰殖民统治的斗争。1950年8月17日任统一的印度尼西亚共和国的总统。1955年为亚非会议的发起人之一。他还是不结盟运动的倡导人之一。1963年5月，收复西伊里安（今伊里安查亚）。1965年“九三〇”事件后，其总统权力被苏哈托军人集团逐步剥夺。1967年被撤销总统职务，并被软禁。

苏卡乔夫 Sukachiov, Vladimir Nikolayevich (1880-05-26～1967-11-09) 苏联植物学家、林学家和地理学家。生物地理群落学创始人。生于哈尔科夫，卒于莫斯科。1902年毕业于彼得堡林学院。1943年当选为苏联科学院院士，1946年起任全苏植物学会主席，1964年后任该会名誉主席。他探讨了植物群落的特性，群落和环境的相互关系及其结构、演替和分类，丰富了森林学的内容。在研究地植物学的基础上，提出研究植物群落不能忽略动物区系，从而创立了生物地理群落学。还首次提出用育种办法改善森林组成。著有《生物地理群落学的理论基础》（1947）、《林型研究方法指南》（1957）等。发表学术论文250余篇。

苏克雷 Sucre 玻利维亚法定首都，最高法院所在地，丘基萨卡省首府。位于东科迪勒拉山山麓的卡奇马约河谷地。人口约29万（2005）。海拔2 790米。年平均气温12℃，平均年降水量700毫米。。原为查尔卡斯族印第安人村落。1538年建城。玻利维亚独立后于1839年定为共和国首都。翌

年，为纪念玻利维亚独立战争名将A.J.de苏克雷元帅，更名苏克雷。1898年成为法定首都。苏克雷盆地农牧产品的集散地和加

苏克雷大主教教堂局部

工中心。主要工业有石油提炼、冶金、纺织、水泥、卷烟、水果罐头等。有铁路通波托西，公路通科恰班巴，输油管道通卡米里油田。市中心殖民地时期的建筑物一律为白色，有“美洲白城”之誉。名胜古迹甚多，有许多殖民地时期的教堂，17世纪的大主教教堂尤为著名。有南美最古老大学之一的圣弗朗西斯科·哈维尔大学（1624），以及独立战争纪念碑、博物馆、独立宫等。

苏克雷 Sucre, Antonio José de（1795-02-03～1830-06-04） 南美洲独立战争军事将领，玻利维亚共和国首任总统（1826～1828）。生于委内瑞拉库马纳城土生白人地主兼商人家庭，卒于帕斯托。1811年加入F.de米兰达领导的爱国军。1813年投到S.玻利瓦尔麾下，成了他的忠实战友和杰出将领。1824年8月6日参加玻利瓦尔指挥的胡宁战役，重创殖民军主力。12月9日指挥阿亚库乔战役，俘获殖民总督，大获全胜。1825年2月挥师东进，解放上秘鲁（今玻利维亚）。8月6日宣布上秘鲁独立，成立玻利维亚共和国。1826年2月被玻利维亚议会推选为共和国总统。1828年7月辞职，返回哥伦比亚共和国。任南部地区（今厄瓜多尔）驻军司令、行政长官。1830年1月当选为哥伦比亚共和国国会主席。同年6月4日前往基多途中遭政敌暗杀。

苏拉 Sulla, Lucius Cornelius（前138～前78） 古代罗马政治家，军事家。出身破落贵族。卒于那不勒斯附近。早年为马略部将，曾随之参加征讨努米底亚国王朱古达的战争。公元前88年当选为执政官。同年因与马略争夺对本都王国米特拉达梯六世的战争指挥权，率军进攻罗马，搜杀马略追随者，废除民主派法律，后率军东征。

苏拉战胜米特拉达梯六世后于公元前83年率4万大军回师意大利，击败民主派的抵抗，于公元前82年占领罗马城。次年迫使公民大会选举他为无任期限制的独裁官，集立宪、立法、司法和军事大权于一身。开创了罗马历史上军事独裁的先例。公元前79年突然宣布辞职，隐居普泰奥利乡间。次年病死。

苏拉威西岛 Sulawesi 印度尼西亚中部岛屿。旧名西里伯斯。本岛面积17.9万平方千米，包括附近小岛，总面积181 671平方千米，人口约1 494.65万。地当巽他与太平洋岛弧的汇合带，构造运动活跃，多火山与地震。岛形奇特，由四个半岛向北、东北、东南和南方伸出。多高山深谷，少平原，北部有10多座火山，山峰高达3 000米以上，西南半岛中部的兰特孔博拉山海拔3 455米，为全岛最高峰。河网稠密，流程短促，多峡谷、瀑布和地堑湖，富水力资源。海岸陡峭曲折，海湾深邃，沿海满布珊瑚礁，海滨平原狭窄。矿藏种类多，有铁、金、煤、石油、硫磺、金刚石等，以镍矿最丰富。位于赤道雨林气候区，平均年降水量2 500毫米以上。受地形影响，山地凉爽宜人；波尼湾头沿岸，受焚风影响，年降水量530毫米，是印尼最干燥的地方。森林覆盖率53%。地处亚、澳两大陆的过渡带，生物区系含有来自两大陆的成分，如鹿、小野牛、鹦鹉和鳄鱼等。农产品有稻米、木薯、芋类、籼谷、咖啡、香料、烟叶、椰子；牧养牛马，捕捞珍珠、龟蛋、海参、海藻。林产有铁木、乌木、藤条和树脂。工业有纺织、锯木、造船及金银工艺。纵贯全岛的公路网总长2 500千米。主要城市和港口有比通、万鸦老、望加锡等。

苏拉威西海 Sulawesi Sea 东南亚东部海域，属太平洋。界于棉兰老、婆罗洲与苏拉威西三大岛之间，北面穿过苏禄群岛通苏禄海，东面穿过桑义赫群岛通马鲁古海，西南穿过望加锡海峡通爪哇海及弗洛勒斯海。南北最长675千米，东西最宽837千米，面积43.5万平方千米。苏拉威西海盆为断层形成的地堑谷，岸边陡峭，底部大致平坦。海域水深多在2 000～4 000米，最深6 220米，在棉兰老岛西南方。盐度31～34。太平洋海流从棉兰老岛以南进入，由望加锡海峡向西南流出。渔产丰富。沿岸港口有三宝颜、斗湖、打拉根及万鸦老。岛屿之间贸易兴盛。

苏莱马诺吕 Suleymanoğlü, Naim（1967-01-23～ ） 土耳其举重运动员。生于保加利亚。11岁开始举重训练，15岁代表保加利亚参赛，即获得成年组世界冠军。16岁创56公斤级总成绩（285公斤）世界纪录。可举起超出自己体重3倍的杠铃。有“举重神童”美称。1986年11月在世界举重锦标赛、12月在世界杯举重赛均获60公斤级冠军，并7次破世界纪录。赛后离保加利亚去土耳其。一年后正式代表土耳其队参赛。多次在奥林匹克运动会举重比赛中获得冠军：1988年第24届获60公斤级金牌，并6破该级世界纪录；1992年第25届获64公斤级金牌；1996年第26届再获该级别金牌，抓举147.5公斤、挺举187.5公斤、总成绩335公斤，均破世界纪录，是世界举重史上唯一连续三届获奥运会冠军的运动员。1986～1996年数十次破世界纪录，并包揽世界大赛自己参赛所属级别的全部冠军。1999年被国际体育记者协会评为20世纪最佳运动员。

苏莱曼一世 Süleyman I（1494/1495～1566-09-05） 奥斯曼帝国苏丹（1520～1566年在位）。生地不详，卒于匈牙利锡盖特堡附近。谢利姆一世之子。在位期间，帝国处于鼎盛时期。对内颁布《苏莱曼苏丹法典》，改革行政制度，因而被称为卡努尼（立法者）。对外大事扩张疆土，曾13次亲征。1529年围攻维也纳，不克。1533～1555年，苏莱曼数次远征伊朗。1538年土耳其海军在地中海战败威尼斯与西班牙的联合舰队，遂取得地中海的制海权，进而占领北非沿海的黎波里、突尼斯和阿尔及利亚等地，兵锋逼近直布罗陀海峡。1535年苏莱曼与法国国王法兰西斯一世结盟，反对神圣罗马帝国皇帝查理五世，并给与法国商人贸易特权。1566年9月在最后一次远征匈牙利时病逝。

苏黎世 Zürich 瑞士最大城市，苏黎世州首府，欧洲仅次于伦敦的重要金融中心。位于瑞士中北部苏黎世湖西北岸，地处流入苏黎世湖的利马特河河口。海拔408米。面积92平方千米，人口36.51万（2009），居民主要讲德语。公元前15年罗马人在此设税所。929年建城，1218年成为自由城市。

苏黎世老城区街景

1351年加入瑞士联邦。16世纪时是瑞士宗教改革中心。

工业产值占全国1/4，以机械制造为主，还有化工、纺织、食品、出版等。第三产业发达，职工占全部从业人员的77%。银行、保险业发达，是当代世界最负盛名的资本市场之一，金融保险业务量居欧洲及世界城市前列。重要的交通枢纽和国际铁路及高速公路中心之一。有国际机场。

文化中心。市内有苏黎世大学和联邦高等工业学院。还有国家博物馆、音乐厅、歌剧院、话剧院等。享有美食城的美称。

老城区有许多历史性建筑，有双塔罗马式大教堂、欧洲最大钟盘的圣彼得教堂、彩画玻璃的圣母教堂等。

苏黎世三人团 Züricher Dreigestirn 德国社会民主党内右倾机会主义集团。由于K.马克思讥称E.伯恩施坦等3人为“苏黎世的三人星座”而得名。1878年10月《社会党人法》颁布后，移居瑞士苏黎世负责编辑党报《社会民主党人报》的K.赫希贝格、K.A.施拉姆、伯恩施坦3人于1879年7月以三颗星为署名，在《社会科学和社会政治年鉴》上发表题为《德国社会主义运动的回顾》的文章，指责党的《社会党人法》中的观点和理论。马克思、F.恩格斯在9月中旬《给奥·倍倍尔、威·李卜克内西、威·白拉克等人的通告》中，尖锐地批评了伯恩施坦等人的文章，指出它主张改变党的阶级性质，并建议把他们开除出党，以保持党的纯洁，帮助党的领导人克服《社会党人法》实施后在德国社会民主党队伍中造成的理论上的混乱。1880年8月，在苏黎世州维登召开的德国社会民主党秘密代表会议上，撤销文章主要作者赫希贝格、施拉姆《社会民主党人报》编辑职务。

苏里科夫 Surikov, Vasily Ivanovich (1848-01-12～1916-03-06) 俄国画家，巡回展览画派盛期的代表。生于西伯利亚的克拉斯诺亚尔斯克，卒于莫斯科。1868年冬从西伯利亚到圣彼得堡报考皇家美术学院。毕业时获得一级艺术家称号。接着他参加了莫斯科基督救世主教堂壁画的绘制工作。1878年，他在莫斯科开始历史画《近卫军临刑的早晨》的创作。作品以彼得大帝时代的政治事件——1698年近卫军反对彼得世俗改革的史实为题材，刻画俄罗斯民族的悲剧。画面上以近卫军和亲人们的诀别场面为中心，对彼得及他身旁的外国公使作了符合史实的描绘。同时通过群众场面的刻画，影射当时正在发生的沙皇政府镇压群众的现实。接着，苏里科夫画了《缅希科夫在别廖佐夫》(1883)。这幅画与前一幅作品在构思上有密切的联系，对缅希科夫的心理描写和形象的塑造，给观众留下了难忘的印象。《女贵族莫洛卓娃》的题材取自俄国17世纪历史上的宗教改革运动，刻画了分裂派的狂热教徒、女贵族莫洛卓娃的形象。

从1891年起，画家选择了以人民作为统一力量的历史事件为内容，代表作有1895年完成的《叶尔马克征服西伯利亚》，1899年展出的《苏沃洛夫越过阿尔卑斯山》等。

《近卫军临刑的早晨》(特列恰科夫美术馆藏)

《斯捷潘·拉辛》(1901～1910)（圣彼得堡俄罗斯博物馆藏）是苏里科夫的最后一幅大型历史画。由于艺术观点上的分歧和其他原因，苏里科夫在1907年脱离了巡回展览画派。60岁以后，创作进入了衰退期。

苏里南 Suriname 拉丁美洲国家。位于南美洲东北部。北濒大西洋，东临法属圭亚那，南界巴西，西接圭亚那。海岸线长386千米。面积163 820平方千米（包括同圭亚那有争议的1.7万平方千米）。人口51.7万（2008）。其中黑白混血种人占35%，印度斯坦人占33%，印度尼西亚人占16%，丛林黑人占10%，印第安人占3%，华人、白人及其他人占3%。居民信奉基督教、印度教及伊斯兰教。官方语言为荷兰语，通用苏里南语。首都帕拉马里博。

地势南高北低。北部是沿海平原，为主要农业区；中部是草原；南部为山地高原。威廉敏娜山的朱丽安娜峰海拔1 230米，为全国最高峰。主要河流有尼克里河、

塔帕纳霍尼河、科兰太因河、苏里南河等。大部分地区属热带雨林气候。年平均气温23～27℃。矿藏主要是铝矾土，其次有石油、铁、锰、铜、镍、铂、黄金等。水力资源丰富。森林面积占全国面积的95%，树木品种2 000多个。

最早为印第安人居住地。15世纪末，西班牙人在此登陆。1816年沦为荷兰殖民地，始称荷属圭亚那。1948年改称苏里南。1954年实行“内部自治”。1975年独立，成立苏里南共和国。

总统为国家元首、政府首脑、国务委员会主席、武装部队总司令。国民议会为一院制，任期5年。主要政党有：民主与发展新阵线，由苏里南民族党、进步改革党、苏里南工党组成；民族民主党等。

独立后，政府奉行发展民族经济和加强国家对重要经济部门参与的政策，鼓励发展本国私营工商业等。但荷兰、美国资

本在苏里南经济中仍占有主导地位。20世纪80年代，国际市场铝土价格下跌，国内政局动荡，国民经济持续滑坡。1988年后政府实行一系列经济调整政策，经济开始有所好转，但仍不稳定。经济主要依靠农、矿业初级产品的加工和出口。工业以铝土开采和加工为主，另有粮食加工及蔗糖、香烟、饮料、服装、家具、化工等产品的生产。主要农作物为水稻、甘蔗、水果、棕榈、咖啡、可可等。铝土、石油、大米等为重要经济支柱。捕虾也是重要的创汇业。出口产品主要为铝矾土、铝锭、氧化铝、大米、虾、木材和水果等。主要进口燃料、工业原材料和半制成品、机械、交通工具和生活用品等。主要贸易对象为美国、挪威、荷兰、特立尼达和多巴哥、英国等。2009年国内生产总值29.62亿美元。货币名称为苏里南元。

交通运输以公路为主。公路总长8 837千米，内河航道约1 500千米。铁路225千米，仅供运输木材和铝土。帕拉马里博为主要港口。有1个国际机场和4条国际航线。

基本沿用荷兰的教育体制。公立学校和教会学校全部免费，对6～12岁儿童实行义务教育。全国有1所大学——苏里南大学。主要报纸有《真理时报》、《西方晚报》等。苏里南通讯社为官方新闻机构。有12家广播电台和4家电视台。

奉行不结盟的外交政策，维护国家主权、民族自决和不干涉内政等原则。保持与荷兰之间长期存在的特殊关系。与圭亚那和法属圭亚那均有领土争议。与约100个国家建立外交关系。1976年5月28日与中国建交。

苏利-普吕多姆 Sully-Prudhomme (1839-03-16～1907-09-06) 法国诗人。本名勒内·弗朗索瓦·阿芒·普吕多姆。生于巴黎，卒于沙特奈。早年从事过法律工作，后致力于创作。曾参加主张“为艺术而艺术”的帕尔纳斯派，《诗章与诗篇》(1865)中的《碎瓶》等被视为经典之作。以后他逐渐摆脱“无个性诗歌”倾向，诗集《孤独》(1869)、《徒然的柔情》(1875)写精神的孤寂、失意的爱情，充满忧郁的情调。苏利-普吕多姆参加过1870年的普法战争，经受了饥饿、寒冷和疲惫的折磨，由此写出了一系列富有哲理性的诗集《战时印象》(1872)、《命运》(1872)、《正义》(1878)、《幸福》(1888)，主要探讨人类意识与现代社会的冲突。还写过美学、哲学和文学等方面的评论。1901年获诺贝尔文学奖，是这项文学奖创立以来第一个获奖者。

苏联 Soviet Union 1922年12月30日至1991年12月26日存在的联邦制多民族国家。位于欧洲东部和亚洲北部。全称苏维埃社会主义共和国联盟。面积2240万平方千米，为世界上领土面积最大的国家。人口2.901亿(1990)。有100多个民族。官方语言为俄语。有200多种民族语言和方言。主要宗教为俄罗斯东正教，其他为基督教、犹太教、伊斯兰教等。首都莫斯科。

苏联包括俄罗斯、乌克兰、白俄罗斯、乌兹别克、哈萨克、格鲁吉亚、阿塞拜疆、吉尔吉斯、塔吉克、土库曼、亚美尼亚、摩尔多瓦、立陶宛、爱沙尼亚、拉脱维亚15个社会主义加盟共和国，巴什基尔、布里亚特、达格斯坦、卡巴尔达-巴尔卡尔，卡尔梅茨达、卡累利阿、科米、马里、莫尔多瓦、北奥塞梯、鞑靼、图瓦、乌德穆尔特、切切诺-印古什、楚瓦什、雅库特、阿布哈兹、阿扎尔、卡拉卡尔帕克、纳希切凡20个自治共和国，8个自治州，10个自治区和129个边疆区或州。

1922年12月30日，俄罗斯、乌克兰、白俄罗斯和南高加索等4个苏维埃社会主义共和国结成联盟，成立苏维埃社会主义共和国联盟，以后联盟逐渐扩大。1924年1月21日V.I.列宁逝世，J.斯大林成为领导人。同月31日通过苏联第一部宪法，正式确立了苏联国家体制及政治制度(见苏联宪法)。1991年八一九事件后，各加盟共和国纷纷宣布独立。同年12月8日，俄罗斯、白俄罗斯和乌克兰3个共和国签署《独立国家联合体协议》。12月21日，俄罗斯等11个苏联加盟共和国签署《阿拉木图宣言》和《独立国家联合体协议议定书》，宣布苏联不复存在。12月25日，M.S.戈尔巴乔夫宣布辞去苏联总统职务。次日，苏联最高苏维埃共和国院宣布苏联停止存在。

苏联大清洗运动 Great Purge in Soviet Union 苏联20世纪30年代开展的大规模镇压“人民敌人”的运动。

20世纪20年代，苏联推行工业化和农业集体化运动遇到巨大困难，产生众多问题。苏联党政领导决定用揭露和打击“敌人破坏”的手段来战胜矛盾。

1934年12月1日，党中央政治局委员、列宁格勒州委书记S.M.基洛夫被暗杀。此后，开始大规模的清洗运动。1935年1月和7月，审讯“莫斯科总部”案和“克里姆林宫案”，以伪造材料为依据，判处G.Ye.季诺维也夫和L.B.加米涅夫徒刑。

1936年8月，苏联最高法院军事法庭对“托洛茨基-季诺维也夫反苏联合总部”案进行公开审讯，判处季诺维也夫、加米涅夫等16人死刑。1937年1月，又对“托洛茨基反苏平行总部”案进行公开审讯，判处Yu.L.皮达可夫等13人死刑。1937年6月，秘密审讯“托洛茨基反苏军事组织”案，判处副国防人民委员M.N.图哈切夫斯基等8人死刑。1938年3月，公开审讯“右派和托派同盟”案，判处N.I.布哈林、A.I.李可夫等19人死刑。

大清洗的案件基本都是人为制造的冤假案件。这场运动牵涉范围之广、人数之多、手段之恶劣达到骇人听闻地步。遭迫害的有党政军领导人、老布尔什维克、科学家、知识分子、文艺人士、基层干部和普通群众，以及外国共产党领导人。据苏联档案资料，1937～1938年被判刑的有1 344 923人，其中681 692人被判死刑。实际上，被迫害、遭镇压的远远超过此数。

1938年末，大规模的逮捕处死浪潮逐渐平息。这场大清洗给苏联社会主义事业和国际共产主义运动造成难以估量的损失。

苏联共产党 Communist Party of the Soviet Union 苏联政党。前身为1898年3月成立的俄国社会民主工党。1917年8月起称俄国社会民主工党(布尔什维克)。1918年3月改为俄国共产党(布尔什维克)。1925年12月称全联盟共产党(布尔什维克)，简称联共(布)。1952年改称苏联共产党。

俄国十月社会主义革命胜利后，苏共领导工农群众和红军战胜了外国武装干涉者和国内反动势力，巩固了苏维埃政权。1919年3月党的“八大”通过了第二个党纲，提出从资本主义向社会主义过渡的任务。1921年3月党的“十大”决定从战时共产主义转向实行新经济政策，用粮食税代替余粮收集制，容许私人贸易和私人办小企业，把个别企业租让给外国资本家经营等。大会还通过关于党统一的决议，禁止党内任何派别活动。1922年4月党的第十一届中央委员会选举J.斯大林任中央委员会总书记。1924年1月21日，V.I.列宁逝世。第14次代表大会通过决议改称全联盟共产党(布尔什维克)，简称联共(布)。1936年全苏苏维埃第八次非常代表大会通过苏联宪法，宣布社会主义在苏联已经取得了胜利。1941～1945年领导苏联人民进行反对法西斯的伟大卫国战争并取得胜利。1953年3月斯大林逝世。同年9月苏共中央全会选举N.S.赫鲁晓夫任中央第一书记。1956年2月举行“二十大”，赫鲁晓夫作《关于个人崇拜及其后果》的秘密报告，批评斯大林滥用权力、破坏法制、鼓励个人崇拜、违背集体领导原则等错误。秘密报告未能对斯大林的功过作出历史的全面评价，未能找出错误的根源并得出应汲取的教训。1961年“二十二大”通过第三个党纲，宣布苏联作为无产阶级专政的国家已变成全民的国家，苏共已变成全体人民的党。1964年10月中央全会解除赫鲁晓夫的第一书记职务，选举L.I.勃列日涅夫为第一书记(1966年起改称总书记)。1971年党的“二十四大”宣布苏联建成了发达的社会主义社会。1982年11月10日勃列日涅夫逝世，12日苏共中央非常全会选举Yu.V.安德罗波夫任总书记。1984年2月9日，安德罗波夫逝世，13日苏共中央非常全会选举K.U.契尔年科任总书记。1985年3月10日，契尔年科逝世，11日苏共中央非常全会选举M.S.戈尔巴乔夫任总书记。1986年召开“二十七大”，通过苏共第三个党纲的修订本，提出苏共当前的任务是在加快苏联社会经济发展的基础上有计划地和全面地完善社会主义，使苏联社会继续向共产主义迈进。1990年7月苏共“二十八大”通过《走向人道的、民主的社会主义》的纲领性声明。

1991年八一九事件后，戈尔巴乔夫发表声明，建议苏共中央委员会自行解散。这以后，各地苏共组织或自行解散，或改换名称。有1 900多万党员的苏联共产党彻底瓦解。

苏共的机关报为《真理报》，党刊有《共产党人》和《党的生活》。

苏联红军 Soviet Red Army 1918～1946年苏联陆军和空军的正式名称。又称苏联工农红军。其历史沿革可分为3个时期。

内战和外国武装干涉时期（1918～1920） 1917年俄国十月社会主义革命胜利后，1918年1月28日，苏维埃人民委员会颁发建立工农红军的法令。2月23日，苏俄人民为抗击德国军队入侵，踊跃参加红军。这一天后来被定为红军建军节。随着内战规模的不断扩大，红军经历了不断扩充和正规化过程，先后由志愿兵役制改行义务兵役制，由指挥员选举制改行委任制，并建立政治委员制，编制上正式组建师、军、集团军和方面军。到1920年底，总兵力达550万人，打败白卫军和外国干涉军，捍卫了十月革命胜利成果。

和平建军时期（1920～1941） 内战结束后，只保留一支50余万人的精干红军，并建立严格的兵员补充制度；实行一长制，同时加强政治机关和各级党组织；军事干部的培养由短训制改为院校训练制。1934年起，由于战争威胁日趋严重，苏联开始有计划地扩充红军，并于1935、1940年先后实行军衔制和将官军衔制，各兵种机械化和摩托化程度显著提高。到1941年6月，红军总人数达到470余万。

卫国战争时期（1941～1945） 苏德战争伊始，红军紧急征召530万人入伍，但

苏德战争中苏联红军部队向德军发起进攻

半个月内有89个步兵师和20个坦克师被歼，至11月损失约700万人，其中被俘300余万人。红军及时新建400多个师，同时加强组织领导，恢复政治委员制，在年底前成功地阻止了德军对莫斯科和列宁格勒（今圣彼得堡）的进攻。到1942年夏，总兵力达1 000余万人（其中作战部队550余万人），在武器装备方面也逐渐取得对德军的优势。1943年经斯大林格勒会战和库尔斯克会战，夺取战略主动权，使战争发生根本转折，尔后展开战略反攻与进攻。至1945年初，红军已拥有作战部队940万人。4月发起柏林战役，彻底捣毁A.希特勒老巢。尔后挥师东向，于1945年8月9日对日作战，在中国东北抗日联军和外蒙古（今蒙古国）军队协同下，歼灭日本关东军。战争期间，共有1.1万余人荣获苏联英雄称号。从1946年起正式改称苏联武装力量，简称苏军。

苏联解体和东欧剧变 Breakdown of the Soviet Union and Drastic Changes in Eastern Europe 20世纪80年代末、90年代初苏联和东欧地区的原社会主义国家在国体和政体等方面所发生的重大变化。

苏联解体 1985年3月M.S.戈尔巴乔夫当选为苏共中央总书记；4月提出“加速发展战略”方针。1987年11月戈尔巴乔夫发表《改革与新思维》，全面阐述改革的思想根源和哲学思考，其核心是“放弃旧的思想”，改革“旧的障碍机制”，提出“全人类具有共同利益”的新思维。1988年6月，在苏联共产党第19次全国代表会议上，苏共领导要求把改革的中心从经济领域转向政治领域，提出更加“民主化”、“公开性”的口号。1990年7月苏共第28次代表大会把“人道的、民主的社会主义”作为苏共总路线，主要内容是：在政治方面，认为过去的社会是集权的官僚体制，把建立“人道的、民主的社会主义”作为奋斗目标；表示苏共将坚决舍弃在政治和意识形态方面的垄断地位，从执政党转变为议会党；苏联公民有权结成政党、社会团体，确认多党制；改变苏共对其所领导的工会等社会组织和群众运动的从属关系，变为对话、伙伴关系；在党内生活和政权组织原则中取消民主集中制，实行立法、行政和司法三权分立。在经济方面，否定社会主义公有制，认为“国家所有制是有罪的”，主张把国家财产“非国有化”和“私有化”；基本思路是尽快实行国家经济的“自由化、私有化”，建立以私有制为基础的市场经济。在对外政策方面，认为帝国主义的侵略本性开始发生变化；提出“全人类利益高于阶级利益”、“人权优先于主权”等新思维，淡化在国际社会中的阶级对立和阶级斗争，淡化资本主义国家和社会主义国家的意识形态分歧。在民族关系方面，主张建立革新的主权共和国联盟，加强各加盟共和国的主权。

苏共放弃领导地位导致人民群众思想的混乱和政治、经济、社会、民族矛盾不可遏制的爆发。急速的私有化经济改革方案破坏了原有的国家经济基础。经济陷入混乱和出现负增长，通货膨胀愈演愈烈。许多地区长期积累的民族矛盾日趋尖锐。1989～1990年发生的规模较大的民族冲突事件达几十次之多。民族冲突和动乱导致数千人死亡，近万人受伤，几十万难民无家可归。苏联面临解体威胁。1991年8月19日，国内一部分政治力量试图挽救联盟国家面临的生存危机。但由于缺乏群众支持，加上俄罗斯联邦总统B.N.叶利钦等“激进民主派”的坚决反对和西方国家的强大压力和干预，八一九事件宣告失败。8月23日叶利钦签署俄罗斯联邦总统令，宣布停止俄共的活动。8月24日戈尔巴乔夫宣布辞去苏共中央总书记职务，要求苏共中央自行解散，导致苏共各地基层组织迅速瓦解，各加盟共和国分裂主义情绪爆发。叶利钦发布了一系列接管联盟中央权力的命令。12月25日22时，戈尔巴乔夫向苏联全国发表告人民书，辞去苏联总统职务。19时32分，克里姆林宫上空的苏联国旗被降下。19时45分，俄罗斯联邦的三色旗升上了克里姆林宫上空。12月26日上午，苏联最高苏维埃共和国院举行最后一次会议，代表们以举手表决方式宣布苏联停止存在。

东欧剧变 指1989年以来，东欧原社会主义各国局势发生激烈的动荡，各国执政的共产党和工人党在很短的时间内相继丧失政权，社会制度随之发生根本性变化。

戈尔巴乔夫上台后提出的外交“新思维”改变了苏联对东欧国家的政策。1988年12月，波兰统一工人党召开十届十中全会，通过“政治多元化”的决议。1989年2月承认团结工会合法地位，实行总统制和议会两院制，采用三权分立原则。8月，团结工会在选举中获胜并组阁。1990年1月27日，波兰统一工人党举行第11次代表大会，决定停止党的活动。1989年10～11月，戈尔巴乔夫访问民主德国，对其领导人施加压力。12月1日民主德国人民议院通过决议，取消宪法中关于“工人阶级及其政党领导国家”的条款。德国统一社会党更名为德国民主社会主义党。1990年3月18日举行建国以来的第一次自由选举，民主社会主义党沦为在野党。1988年9月匈牙利成立最大政治反对派“民主论坛”，要求实行多党制和议会民主制。1989年2月匈牙利社会主义工人党召开中央全会，正式宣布实行多党制。在1990年3～4月大选中，社会主义工人党失败，沦为在野党。与此同时，在东欧其他国家也发生类似变化。保加利亚、捷克斯洛伐克、罗马尼亚、南

斯拉夫等国共产党和阿尔巴尼亚劳动党相继下台，沦为在野党。1991年7月，华沙条约组织宣告解散。

苏联解体和东欧剧变是20世纪末期国际形势发生的最重大变化，它标志着维系战后世界格局的雅尔塔体系的终结，两极世界对抗的结束，对国际局势和国际关系的变化，对世界社会主义运动的发展，都具有极大的影响。

苏联农业集体化 agricultural collectivization in the Soviet Union 1929～1933年苏联大规模开展的把个体小农经济联合为大集体经济的运动。随着新经济政策的实施，农村逐渐恢复发展，农民问题日渐突出。1928年初，发生粮食收购危机。联共（布）和政府决定采取同新经济政策相违背的非常措施，强迫富裕农民把多余的粮食按固定价格卖给国家。农村形势立即紧张起来。1930年1月5日，联共（布）中央根据斯大林的要求，通过《关于集体化和国家帮助集体农庄建设的办法》的决议，要求北高加索和伏尔加河流域等主要产粮区在1931年春，非主要产粮区在1932年春完成集体化任务。决议指出农业集体化的基本形式是享有土地使用权和主要生产资料公有的劳动组合，即集体农庄。

1930年2月1日，政府决定废除以前颁布的有关土地租佃和劳动雇佣的法律，没收富农的财产，把它转交给集体农庄。对富农本身分为3类处置：对进行反苏活动的富农，采取逮捕镇压政策；对大富农，把他们迁徙到西伯利亚等边远地区，从事伐木、采矿、开荒等劳动；对其他富农，则安置在本地区的边缘地带。在全盘集体化时期，有140万～150万户富农被消灭。

在联共（布）的号召下，在消灭富农运动的推动下，农业集体化运动在1930年春迅速开展起来，集体化比例从1929年12月的20%，猛增为1930年3月的58%。在惊人大发展的同时，出现了严重偏差。各基层领导人在上级严令催促下，公然采用行政和惩罚手段强迫农民加入农庄，直接侵犯了农民的利益。面对农村形势动荡不安的严重情况，斯大林于1930年3月2日发表了《胜利冲昏头脑》的文章，4日联共（布）中央又公布《反对歪曲我党集体农庄运动路线》的决议，批评各种过火行为和错误做法。此后，运动中的一些极端做法得到了纠正。1933年1月，联共（布）中央宣布："把分散的个体小农经济纳入社会主义大农业的轨道的历史任务已经完成。"1937年，加入农庄的农户达到1 850万户，占农户总数的93%，其播种面积占总播种面积的99.1%。集体化的任务全面完成。

在农业实现集体化的基础上，苏联建立起农业的集中计划管理体制。从1933年开始，国家统一制定农业的发展计划，实行义务交售制。1935年制定新的集体农庄示范章程，规定土地由国家交给农庄永久使用，技术服务由国营的机器拖拉机站提供。

农业集体化运动使苏联农村发生巨大变化。富农阶级被消灭，亿万个体农民变成集体农庄庄员，分散的小生产变成集中的大生产，农业成为直接听从党政机关指挥的部门。农业集体化是苏联社会主义建设事业的重要组成部分，它为工业化的实现奠定了基础。没有它就没有单一的计划经济，也难以建立高度集中的政治体制。

农业集体化运动存在着严重的问题和错误。这使得工农关系、城乡关系问题重重，农民生产积极性低下，农牧业生产长期停滞落后，严重阻碍了苏联经济的发展和政治的进步。

苏联集体农庄庄员使用拖拉机耕地

《苏联社会主义经济问题》 *Issue about Soviet Socialist Economy* J.斯大林1952年对苏联30多年社会主义经济建设进行理论概括的重要经济著作。主要内容有：

①社会主义制度下经济规律的客观性质。斯大林认为社会主义的经济规律是不以人们的意志为转移的客观经济发展过程。人们不能"消灭"、"制定"、"创造"或"改造"经济规律。但是，人们能发现这些规律，认识它们、依靠它们、利用它们，以利于社会。

②社会主义制度下的商品生产。斯大林论证了在社会主义经济制度建立起来以后，仍然需要保留商品生产。但是，斯大林否认在全民所有制内部也存在商品生产的必要性，他只承认消费资料是真正的商品，认为生产资料不是真正的商品，只具有商品的外壳。

③社会主义制度下的价值规律。斯大林论证了在社会主义制度下，价值规律仍然作为客观规律在起作用。但是，斯大林只承认价值规律对社会主义流通有调节作用，而否认它对社会主义生产也有调节作用。

④社会主义基本经济规律。社会主义基本经济规律可以大致表述如下：用在高度技术基础上使社会主义生产不断增长和不断完善的办法，来保证最大限度地满足整个社会经常增长的物质和文化的需要。

⑤社会主义制度下生产力和生产关系的相互关系。斯大林指出，社会主义生产同样具有两个方面即生产力和生产关系，是它们的辩证统一；生产关系和生产力之间仍然存在着矛盾，但是，社会主义制度下生产关系和生产力之间的矛盾不具有对抗性质；生产关系一定要适合生产力性质。

苏联卫国战争 Great Patriotic War 1941～1945年，苏联人民为反对法西斯德国及其欧洲、亚洲盟国侵略而进行的战争。1939年9月，第二次世界大战全面爆发。1940年6月法国投降。同年7月21日A.希特勒下令秘密制定进攻苏联的《巴巴洛萨计划》，其主要内容以闪电战战略为基础，包括进攻、占领和肢解苏联的一切计划和细节。

1941年6月22日凌晨4时，德军190个师的兵力分北、中、南3个集团军群，向苏联发动了大规模的进攻。苏联卫国战争开始。

战争初期，苏军连连失利，西部国土大片沦丧。9月8日德军开始从陆上封锁列宁格勒（今圣彼得堡），列宁格勒军民开始了长达900天的保卫战。在乌克兰战线，德军于9月19日占领基辅。以后，德军向乌克兰东部和克里木半岛推进。在中部，德国于9月30日向莫斯科发动代号为台风的大规模进攻，11月27日德军突击部队离莫斯科只有24千米。

12月6日，苏军从莫斯科城郊开始反攻，到1942年1月初把敌人赶离莫斯科100到250千米。从1月8日到4月中、下旬为止，苏军在各条战线上将德军击退150到400千米，解除了对莫斯科的威胁，改善了列宁格勒的处境，夺回了60多个城市。

1942年6月28日，南线德军发动进攻，7月17日进抵顿河河曲，揭开了斯大林格勒会战的序幕。在持续200天的整个战役中，德、意、罗、匈等国法西斯军队在顿河、伏尔加河和斯大林格勒地区损失大约150万人和大批武器装备。斯大林格勒战役是苏联卫国战争的转折点，从根本上改变了战局。1943年7月5日希特勒又在库尔斯克附近集中约90万人的兵力，发动重点进攻。在一个多月的激战中，双方投入的兵力达400万人，结果苏军取得了胜利。希特勒企图扭转败局的希望破灭。

1943年8～11月，苏军在南线彻底肃清高加索地区的敌人，解放顿巴斯；在乌克兰，解放第聂伯罗彼得罗夫斯克和基辅；在中线解放斯摩棱斯克。1944年，苏军连续发动10次重大的战略性战役，历史上称为斯大林式的10次打击。解放了本国的全部领土，进入波、罗、保、南等国作战，到年底共消灭德军约200万人。

1945年初，在苏德战场上，苏军在兵力和武器方面占有绝对优势。苏军的战略目标是：消灭波、捷、匈境内的德军，并在西方盟军的协同配合下，两面夹击，在德国本土上消灭敌人，迫使德国无条件投降。

1945年春天，苏军在东欧各国军队和人民的配合下，通过匈牙利战役、维斯瓦河－奥得河战役、西里西亚战役、东波莫瑞战役，消灭大量德军有生力量，解放波兰、匈牙利、奥地利东部及维也纳，占领捷克斯洛伐克一部分和德国东部。为攻克柏林创造了条件。

1945年4月16日，苏军从奥得河、尼斯河同时向柏林发动进攻，激战16个昼夜，至5月2日下午3时，德军停止抵抗，柏林战役结束。1945年5月8日24时，德国无条件投降仪式在柏林正式举行。德国投降书于1945年5月9日零时生效。欧洲战争到此结束。

根据苏、美、英三国首脑的雅尔塔会议决定，在德国投降和欧洲战争结束后2个月或3个月内，苏联将参加同盟国方面对日本作战。1945年8月9日凌晨，在苏联远东军总司令A.M.华西列夫斯基元帅的指挥下，苏军157万多人在太平洋舰队和红旗黑龙江分舰队的协同配合下，对日本关东军发起全线总攻击。同时，对朝鲜北部的日军发动进攻。

苏军在中国的八路军、东北抗日联军以及金日成将军领导的朝鲜人民武装的配合下，进展神速。到8月30日为止，在中国东北和朝鲜北部的关东军各部队全被解除武装。此外，苏军还攻占南库页岛和千岛群岛的各岛屿。苏联蒙古联军攻占承德和张北。9月2日，日本无条件投降。苏联卫国战争胜利结束。

苏联宪法 Constitution of the Soviet Union 确认和规定苏联社会制度和国家制度基本原则的根本法。俄国十月社会主义革命胜利后，先后于1918、1924、1936和1977年颁布了4部宪法。其中1918年7月10日第五次全俄苏维埃代表大会通过的《俄罗斯苏维埃联邦社会主义共和国宪法（根本法）》是世界上第一部社会主义类型的宪法。1988年12月，苏联第11届最高苏维埃第12次非常会议通过宪法修正案，对有关最高国家权力机关的条文作了重大修改和补充。1990年3月，苏联人民代表大会通过了修改宪法的决定，主要有：①取消了苏联共产党领导地位的规定，宣布给予一切政党平等参与国家事务的机会；②把苏联经济制度的基础改为苏联公民所有制、集体所有制和国家所有制为基础。③设立苏联总统。同年12月26日，苏联人民代表大会再

苏维埃第一部宪法（1918-07-10）

次修改宪法，扩大了总统的权限，成立内阁并设立苏联副总统。1991年8月以后，各加盟共和国先后独立，同年底苏联解体，宪法随之失效。

苏禄国 Sulu State 菲律宾古国。位于今苏禄群岛，由400多个岛屿组成。苏禄建国始于何时不详。14世纪伊斯兰教开始传入。15世纪中叶，来自苏门答腊的阿布·巴克尔在苏禄创立苏丹国，实行政教合一的伊斯兰政治制度。1578年，西班牙殖民者侵略苏禄。1899年8月，美国迫使苏禄苏丹签订巴特斯协定。苏丹承认美国的主权，美国表示尊重苏丹的地位与权力，不干涉苏禄宗教事务。1903年菲美战争后，美国违反协议，建立摩洛省，对苏禄等地实行军事统治。1915年苏禄苏丹基朗二世与美国驻菲律宾摩洛省总督F.卡彭特签订协定，苏丹放弃在苏禄的世俗统治权，但保留宗教领袖地位。自此，苏禄就成为菲律宾的一部分。

中国与苏禄的关系最早可上溯至7世纪。明清两代，关系有了进一步发展。1417年苏禄东王、西王和峒王率团访华，受到明王朝友好接待。东王巴都葛叭答剌在返国途中殁于德州，明王朝命有司营葬，建墓立碑。东王次子和三子留居守墓，其子孙分别以安、温两姓留居中国德州繁衍。

苏禄海 Sulu Sea 菲律宾西南部海洋。被民都洛岛、班乃岛、内格罗斯岛、棉兰老岛、苏禄群岛和巴拉望岛所包围。南北长790千米，东西宽600千米。面积26万平方千米。东南部最深处5 580米。渔产十分丰富，盛产珍珠、鲨鱼、海龟和龟卵等。

苏禄王墓 Tomb of the King of Sulu State 苏禄国东王巴都葛叭答剌之墓。位于中国山东德州北郊北营村。明永乐十五年（1417）修建。古苏禄国在今菲律宾国苏禄群岛上。永乐十五年，苏禄东王与西王、峒王率眷属、使者340多人，到中国来朝京师，在北京受到明政府盛情接待。归国途中，东王病逝德州，明成祖朱棣赐谥为“恭定王”，以王礼厚葬。苏禄王墓是中菲友谊的见证。1988年国务院公布为全国重点文物保护单位。

墓坐北朝南，平面呈圆形，攒尖顶，坐落在石砌的高台上。墓前立永乐十五年墓碑，上刻“苏禄国恭定王墓”。碑前设石供桌、条几、香炉等。墓前有祠庙。墓道两侧依次排列石翁仲、石兽、石马、华表；南端立牌坊一座。墓道南端东侧有“御制苏禄国东王碑”碑亭，碑立于永乐十六年，由成祖亲撰碑文；西侧有明代所建清真寺。墓东南侧为国王偏妃及次子、三子墓。

苏曼殊 Su Manshu（1884-09-28～1918-05-03） 中国近代作家。原名戬，字子谷，后改名玄瑛，法号曼殊。原籍广东香山沥溪村（今属珠海）。出生于日本横滨。父亲为旅日华商，母亲是日本人。早年因家庭矛盾出家为僧，但因不能忘怀民族危难，多次参加革命团体。时僧时俗。苏曼殊与章太炎、柳亚子等人交游，为南社社员。其诗、文、小说、翻译、绘画均有成就。现存诗约百首，大多为七绝。主要写个人身世，尤多写爱情和女子，以清丽绵缈的风格，表现出幽怨凄婉的感情。还有一部分风景诗，表达出诗人对生活的热爱。他的诗成就最高，在当时、后世都影响较大。从1912年起，苏曼殊陆续发表了6种文言小说：《断鸿零雁记》、《绛纱记》、《焚剑记》、《碎簪记》、《非梦记》。小说从争取婚姻自由方面接触到反封建主题。译作有V.雨果的《悲惨世界》和《拜伦诗选》。

苏曼殊著作由柳亚子及其子柳无忌编为《苏曼殊全集》，1928～1929年由北新书局出版。1991年花城出版社（广州）出版《苏曼殊文集》，柳无忌校订，马以君编注。

苏梅 Su Shunqin and Mei Yaochen 中国北宋诗人苏舜钦与梅尧臣的并称。最先将这两位诗人并提的，是他们的诗友欧阳修。

苏梅 Sumy 乌克兰东北部城市，苏梅州首府。位于第聂伯河中游支流普肖尔河畔。人口29.31万（2001）。公元8～9世纪已有人定居。1652年建为要塞，1780年成为城

镇。铁路要站。工业以机械制造、化学、食品、轻工业为主。生产建筑机械、电子显微镜、抽水机、化肥、化学药品、橡胶制品、甜菜糖、服装、鞋和家具等。有契诃夫故居和18世纪教堂。

苏美尔语 Sumerian language 最古老的书面语言。已消亡。至今系属不明。其历史可追溯至约公元前3100年的美索不达米亚南部。约公元前3000年是其全盛时期。前2000年，苏美尔语作为一种口头语言被阿卡德语（亚述-巴比伦语）所取代。但其书面形式却继续使用，到公元纪元开始前后。苏美尔语在文化史上占有重要地位。它影响到美索不达米亚和其他古代文明各个时期的发展。

苏(俄)美限制战略武器会谈 Strategic Arms Limitation Talks between Soviet Union(Russia) and United States; SALT 从20世纪60年代开始，苏美两个超级大国在谋求约束对方，同时又不损害自身战略地位的前提下，就一定范围内有限度地控制战略武器竞赛所进行的“马拉松”式谈判。1969年10月25日双方达成协议，于同年11月17日在赫尔辛基开始会谈。

第一阶段谈判（1969年11月17日至1972年5月26日） 此阶段谈判的中心内容是“冻结”苏美战略武器数量。1972年5月26日，美苏两国首脑在莫斯科签署《美苏关于限制反弹道导弹系统条约》、《关于限制进攻型战略武器的某些措施的临时协定》和一个补充议定书。1972年10月3日开始生效。《条约》规定：在以各自首都为中心，半径150千米内，双方可以部署不超过100枚反弹道导弹导弹及6部反弹道导弹雷达；在一个半径为150千米的洲际导弹基地附近，可部署不超过100枚反弹道导弹导弹、2部大型反弹道导弹雷达和18部较小的雷达；《条约》为无限期有效。《临时协定》规定：双方陆基导弹的数目冻结在1972年7月1日的水平上，即苏联为1 618枚，美国为1 054枚；潜艇发射的弹道导弹和导弹核潜艇冻结在1972年5月26日实有和正在建造的水平上，即苏联为950枚、62艘，美国为710枚、44艘。《临时协定》有效期为5年。

第二阶段谈判（1972年11月21日至1979年6月14日） 中心内容是拟定一项限制进攻型战略武器的“永久性条约”，以取代1977年10月到期的《临时协定》。1979年6月14日，双方代表完成限制战略核武器条约文字的起草工作，并在日内瓦草签。同年6月18日，苏美首脑在维也纳正式签署该条约。第二阶段协议包括一项有效期为5年的苏美《关于限制战略性进攻型武器条约》和一些附件等。《条约》规定：每一方拥有进攻型战略武器运载工具的数量限制为2 400件，到1981年底减至2 250件；其中分导式多弹头运载工具的限额为1 320件。议定书规定：双方在限期内不部署和不试验机动导弹、反巡航导弹等新式导弹。第二阶段限制战略武器条约也是只限数量不限质量。第二阶段会谈达成协议后，苏美双方宣布将继续进行第三阶段谈判。但由于各种原因，这一阶段的条约美国国会没有通过批准。1982年5月，美国建议同苏联重开谈判，但目标不再是限制，而是削减战略武器。1991年7月31日，美苏在莫斯科正式签署《第一阶段削减战略武器条约》。根据《条约》，双方在7年内将把进攻型战略武器削减约30%。届时每一方所拥有的陆基洲际弹道导弹、潜艇发射弹道导弹、重型轰炸机的总数不得超过1 600件，其所携带的核弹头不得超过6 000枚。1993年1月3日，美俄在莫斯科签署了《第二阶段削减战略武器条约》。2002年6月13日美国政府宣布废止《美苏关于限制反弹道导弹系统条约》，俄罗斯次日即宣布退出《第二阶段削减战略武器条约》，从而导致这一条约未能正式生效。

苏美英法分区占领德国 Soviet Union, United Stated, United Kingdom and France Respective Occupation Zones in Germany 第二次世界大战结束后，苏、美、英、法四国处置德国的一种形式。为了防止德国军国主义再起，美国在第二次世界大战期间力主分割德国。1943年12月1日，F.D.罗斯福在德黑兰会议上正式提出这一设想，即把德国分割成五个部分，每个地区都成为一个独立国家。鲁尔和萨尔地区由国际共管。J.斯大林为了严惩德国法西斯，赞同美国方案。W.丘吉尔虽有保留，但也表示支持。随着欧洲反法西斯战争临近结束，美、英与苏联在战后安排问题上分歧增多。美、英认为扶植一个强大的德国，有利于在战后抗衡苏联。苏联为了适应形势变化，也开始强调德国统一。出于上述考虑，美、英、苏三国虽在1945年2月雅尔塔会议上达成分割德国的原则协议，实际上均已放弃分割德国的主张。分区占领德国便从权宜之计变为正式方案。为了进一步增强西方在欧洲及德国的实力，英国主张法国参加对德占领。美国经过考虑，罗斯福在2月5日的雅尔塔会议上正式建议，从美、英两个占领区各划一部分组成法国占领区。丘吉尔、斯大林表示同意。1945年6月5日，四国驻德占领军总司令在柏林正式声明把德国分成四个部分，东区归苏占领，西北区归英，西南区归美，西区归法。“大柏林”区由四国共同占领。声明还规定由四国总司令正式组成盟国管制委员会。7月中旬起，四大国在德国和柏林按划定区域实行占领和管制。在7月底召开的波茨坦会议上，四国又通过对德管制的政治经济原则。至此，苏、美、英、法四国分区占领德国的局面正式形成。1949年9月20日德意志联邦共和国成立。同年10月7日，德意志民主共和国成立。东、西德国成为主权基本独立的国家，但苏、美、英、法仍保留了在各自占领区的驻军。1990年9月12日，苏、美、英、法与民主德国、联邦德国在莫斯科达成《最终解决德国问题的条约》，从国际法上结束了对德国的分区占领。

苏门答腊岛 Sumatra; Sumatera, Pulau 印度尼西亚最大岛屿，世界第六大岛。东北隔马六甲海峡与马来半岛相望，西临印度洋，东滨南海和爪哇海，东南与爪哇岛遥接。南北长约1 790千米，东西最宽435千米，面积43.4万平方千米。包括邻近属岛在内，总面积48.084 7万平方千米，占全国土地面积的1/4。人口约4 330.97万。西南部的巴里桑山脉，呈西北—东南走向，绵延1 600多千米，断层、火山和地震活动频繁，共有火山90余座，其中活火山12座，最高峰葛林芝火山，海拔3 805米。山脉西坡陡峻，沿海平原狭窄而不连续；山脉东坡和缓，山麓地带轻微褶皱的沉积岩系含优质石油、天然气和煤，自北向南，有三大油田带。东北部为广大冲积平原，宽约100多千米；沿海地区沼泽广布，南北绵延约1 000千米，河流众多，主要河流穆西河、哈里河、关坦河、甘巴河、罗干河等皆能通航，与西北—东南走向的铁路和公路衔接成重要通道。阿萨汉河建有全国最大的水电工程，装机容量52万千瓦。

赤道横贯中部，高温多雨，各地温差不大。由于地理位置与地形影响，各地降雨有明显差异，西海岸大于东海岸，南北降水稍少，山区降水颇丰。森林覆盖率60%，多为热带雨林。矿藏和农产品种类繁多，其中石油、橡胶、棕油、锡、胡椒、椰干、剑麻的产量和出口量均占全国首位，还有

苏门答腊岛上的河流和农田

煤、金、钻石、稻米、咖啡、茶叶、木材等。工业有炼油、采矿、机械、化工、食品加工等。主要港口和城市有棉兰、巨港、巴东、楠榜港等。

苏门四学士 Four Disciples of Su Shi 中国北宋文学家黄庭坚、秦观、晁补之和张耒的并称。苏轼是继欧阳修之后北宋文坛的领袖人物，在当时的作家中享有巨大的声誉，一时与之交游或接受他的指导者甚多，黄、秦、晁、张四人都曾得到他的培养、奖掖和荐拔。在苏轼的众多门生和崇拜者中，他最欣赏和重视这四个人。苏轼在《答李方叔》中说："比年于稠人中，骤得张、秦、黄、晁及方叔（李廌）、履常（陈师道）辈。"故又有苏门六君子之称。不过无论"苏门四学士"还是"苏门六君子"只是表明他们得到过苏轼的垂青和指导，受过他的影响，并不意味着他们可以统称为一个文学流派。实际上四学士、六君子造诣各异，文学风格也大不相同。

苏秦 Su Qin 中国战国时纵横家。纵横家兴于战国后期。当时称纵横之说为长短说，长说、短说和一纵一横含义相同，都是说纵横之士从不同角度用不同观点去说服对方的一种方法。到战国晚期，因秦强六国弱已成为定局，故凡联合关东各国抗秦者即为合纵，而秦设法破坏合纵就是连横。有关苏秦的事迹见于《战国策》和《史记》等书。《史记》说他是东周洛阳人。曾到齐国受业于鬼谷先生，后出游数岁，一无所获而归，遭到家人的讥笑。于是他发愤用功。他先去游说周显王、秦惠王和赵肃侯，但都未成功。接着又到燕国去见燕文侯，文侯接受了他的合纵主张，并资助他去游说。六国经过他的劝说而联合起来，苏秦成为纵约长。他因得罪燕易王而亡齐，齐大夫嫉恨苏秦而使人刺之。司马迁在写《苏秦传》时，发现不少有关苏秦的记载不可信，有张冠李戴之误。但他在处理苏秦的事迹时，特别在年代方面仍有不少错误。经过不少学者的考订，明确了苏秦应在燕昭王、齐湣王之世活跃于六国间，苏秦先仕于燕，其主要活动是，离间齐、赵关系，以减轻齐对燕的压力。又和赵李兑共同联合五国以攻秦，后来他又离燕至齐，受到湣王的重用，但苏秦仍忠于燕，暗中为燕效劳。他所采取的策略是劝齐攻宋，以转移齐对燕的注意力。于是燕昭王派乐毅攻齐，齐因措手不及而败于燕。苏秦阴与燕谋齐的活动至此而败露，齐处以车裂之刑，这在战国晚期是轰动一时的事件。《汉书·艺文志》纵横家类有《苏子》31篇，当是苏秦作品或后人所记有关他的事迹的汇集。汉以后该书已亡佚。长沙马王堆汉墓出土的帛书本《纵横家书》，其中有11篇苏秦上燕王或赵王书，不见于《战国策》、《史记》等传世的古籍，另有两篇其部分内容见于《战国策》，这13篇是现在了解苏秦事迹的重要新材料。

苏区戏剧 opera of soviet area 1927年冬至1935年底，以江西苏区为主的革命根据地开展的戏剧运动。又称"红色戏剧"。

1927年秋收起义后建立的红4军和井冈山革命根据地，首先组成了文艺宣传队，运用活报剧的形式编演了《打土豪》、《毛委员的空山计》等剧目。独幕话剧《收谷》（1928）及大型话剧《二七惨案》、《年关斗争》，都是萌芽时期红色戏剧的代表作。

1931年，在中央苏区演出的反映大革命失败后继续团结战斗的《明天》和表现苏联红军为保卫苏维埃而斗争的《骑兵歌》，反响很大。在湘鄂西苏区，战斗剧社、火线剧社、猛进剧社、战士剧社，分属各军团，先后编演了《庐山之雪》、《八一南昌起义》、《广州暴动》等剧。1932年9月成立的专业演剧团体工农剧社总社到各地巡回演出。这一时期"红色戏剧"的创作与演出日趋成熟，主要有7场话剧《我——红军》，3幕话剧《战斗的夏天》，《松鼠》。

战士剧社小演员在排练

1934年10月，红军主力部队退出苏区开始长征，苏区戏剧队伍一部分随军长征，一部分留在闽赣边、粤赣边地区参加游击战争，继续在艰苦环境中进行宣传演出活动。主要有歌颂红军抢渡金沙江胜利的话剧《破草鞋》和对宣传党的政策和扩大红军队伍起了积极作用的话剧《我当红军去》等。1936年10月长征结束。苏区的文艺战士又将"红色戏剧"的火种带到了各部队和各抗日民主根据地。

苏萨古城 Susa 伊朗铜石并用时代至早期铁器时代古城。又名苏桑，现名舒什。遗址位于扎格罗斯山下，距迪兹富勒约20千米。遗址面积约2平方千米，由4个土丘组成。约公元前第4千纪前半期，苏萨出现最早的居址，属于铜石并用时期。陶器器表呈淡黄色，上面用黑褐色颜料绘出几何形纹饰及几何化的动物、人物纹。这种陶器同欧贝德文化有较深联系。前第3千纪中叶，陶器器形、纹饰同苏美尔乌鲁克晚期文化、杰姆代特奈斯尔文化均有密切联系。还发现亚麻布、石印章、铜器等物。前第3千纪末，

纳拉姆辛战胜碑

苏萨成为埃兰首都，经常同美索不达米亚各国发生战争。前12世纪，埃兰人入侵巴比伦尼亚，把纳拉姆辛战胜碑、汉穆拉比法典碑等珍贵文物劫运到苏萨。前5世纪，波斯兼并埃兰。阿契美尼德王朝的波斯国王大流士一世以苏萨为国都，修筑城墙，建造王宫。王宫位于苏萨城的北面，宫墙表面装饰上釉的砖，上有狮子、卫兵、公牛等彩色浮雕。由房子、廊柱建筑和庭院构成的宫殿把埃及、美索不达米亚和伊朗的建筑风格融为一体。前331年，亚历山大大帝占领苏萨，苏萨处于希腊文化的影响之下。萨珊帝国时期，国王沙普尔二世因苏萨城是基督教中心而进行大规模破坏。此后，苏萨逐渐荒废。

苏圣玛丽运河 Sault Sainte Marie Canals 北美洲苏必利尔湖与休伦湖之间的重要航道。简称苏运河。位于美国和加拿大两国边境附近，两湖间天然水道圣玛丽斯河的南、北两侧。该天然水道总落差7米，有一段1.2千米长的急流瀑布带，航行受阻，苏圣玛丽运河即为此而建，以贯通五大湖-圣劳伦斯航道。北侧运河在加拿大安大略省境内，1798年初建，后毁于战争，1895年重建。长2.3千米，宽18米，有一座船闸，大型货船难以通过。南侧运河在美国密歇根州境内，有2条平行运河，长度均为2.6千米，宽度分别为30米和24米，建于1896年和1919年，每条运河上又先后各兴建2座大型船闸，可供大型货船通过。大宗货运以铁矿石、谷物（东运）和煤、石油（西运）等为主。每年1～4月河道封冻。1987年北侧运河因船闸损坏而关闭，所有货运改经美国境内的南侧运河。1998年船闸修复，作为加拿大苏圣玛丽运河国家历史遗址向游客开放，停止货运。美、加两国各有一座名为苏圣玛丽的城市，居圣玛丽斯河南、北两岸。

苏轼 Su Shi (1036～1101) 中国北宋文学家、书画家。唐宋八大家之一。字子瞻，

一字和仲，号东坡居士，苏洵子、苏辙兄。眉州眉山（今属四川）人。卒于常州。

生平与思想 仁宗嘉祐二年（1057），与弟苏辙同科进士及第。六年，应制科试，入三等，除大理评事、签书凤翔府判官。治平二年（1065）正月还朝，判登闻鼓院，二月召试秘阁，直史馆。三年四月，苏洵卒，返蜀居丧。熙宁二年（1069）还朝，任殿中丞、直史馆、判官告院。四年，因与王安石政见不合，出通判杭州，继知密、徐、湖三州。元丰二年（1079）七月以乌台诗案入狱，数月后获释，责授黄州团练副使。七年，诏移汝州团练副使。元丰八年，神宗去世后，起知登州。到官五日，被召还朝。元祐中，由起居舍人迁中书舍人、翰林学士知制诰、兵部尚书、礼部尚书。因遭新旧两党夹击，其间曾出知杭州、颍州、扬州、定州。绍圣元年（1094），坐讥刺神宗责贬惠州、儋州。徽宗即位，遇赦北归，于建中靖国元年（1101）卒于常州。

他深受佛老思想影响，但其思想主流仍然是儒家思想。他既反对守旧派的因循守旧，又反对王安石的激进变法，提出他自认为符合中庸之道的革新主张。他既具有超旷达观的襟怀，超然物外，无往而不乐；又用老庄“万物齐一”和佛教“万物皆幻”的思想安慰麻醉自己，以忘记和解脱现实的痛苦。在文学上，他好以禅说诗，认为诗法与佛法相通；其作品笔力纵横，富有庄子的浪漫主义精神，有些作品也含有虚无消极的色彩。

文学艺术成就 苏轼具有多方面的文学艺术才能，在诗、词、散文等各个领域都富有创造性，取得了独到的成就。

文艺理论 苏轼没有系统的文艺理论专著，但他的许多诗文、笔记、书信、序跋包含着丰富深刻的文艺思想，构成了完整的文艺思想体系。他主张文章应“有意而言”（《策论·总叙》），诗文当“有为而作”，“言必中当世之过”，如五谷可以疗饥，药石可以治病（《凫绎先生文集叙》引苏洵语）。他反对为文造情，无病呻吟，主张“诗从肺腑出，出辄愁肺腑”（《读孟郊诗二首·其二》），提倡“不能自已而作”（《南行前集叙》）。他不满足于形似，推崇在形似基础上的神似。他十分重视文艺自身的特点和规律，对创作过程有完整的论述，提出了“胸有成竹”、“得心应手”、“营度经岁”、“须臾而成”等理论（《书蒲永昇画后》、《文与可画筼筜谷偃竹记》）。他反对艰涩雕琢的文风，提倡平易自然，辞理精确，“常行于所当行，常止于所不可不止，文理自然，姿态横生”（《答谢民师书》）。苏轼的自成体系、充满生气的文艺思想，为北宋乃至整个宋代的文艺理论增添了光辉。

诗 苏轼诗存2 700余首。苏诗具有杜甫诗的现实主义精神，写有不少“悲歌为

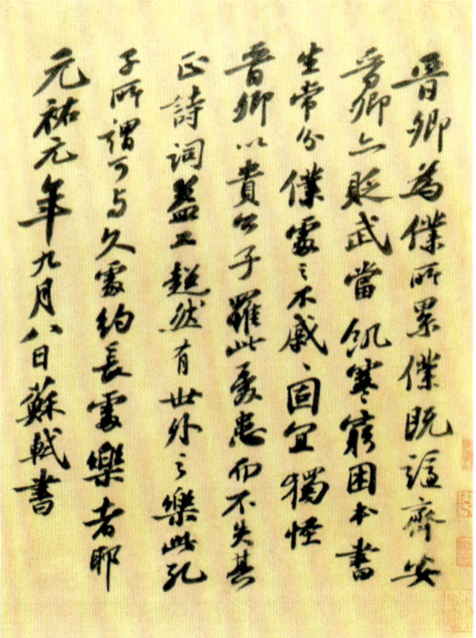

苏轼书题王诜诗跋页

黎元”（《正月十八日蔡州道上遇雪次子由韵》）的诗篇，洋溢着强烈的爱国主义热情。其诗境界开阔，内容广泛，几乎无所不包。苏诗以明快直露为特征，接近于李白的浪漫主义风格，气势磅礴，感情奔放，想象丰富，奇趣横生。苏诗受韩愈影响，喜以文为诗，以议论为诗，笔力雄健，纵横驰骋，议论英发，见解独到，耐人寻味。苏轼博学，长于用典使事，博观约取，信手拈来，自然贴切，不露痕迹。苏诗尤长于比喻，新颖诙谐，出奇制胜，达到炉火纯青的境界，其《石鼓歌》、《百步洪》、《读孟郊诗二首》，都以博喻见长。苏诗各体兼备，尤长于古体和七言歌行。苏轼主张“少小时须令气象峥嵘，彩色绚烂，渐老渐熟，乃造平淡。其实不是平淡，绚烂之极也”（《与二郎侄书》）。苏诗的创作道路，恰好经历了一个由“峥嵘”到“平淡”的发展过程。他晚年的和陶诗，具有陶诗质而实绮、癯而实腴、意度高远、气韵清新、语言净洁的特点。

词 苏轼词今存约360首，他是豪放派的代表人物，黄州所作〔念奴娇〕《赤壁怀古》，怀古伤今，苍凉悲壮，慷慨激昂，是豪放词的千古名篇。他还发展了婉约词，扩大了婉约词的题材，提高了婉约词的格调，以清旷明净、造意深远为特色，与传统婉约派词的浓艳细腻异趣。他的多数言情词往往用淳朴无华的语言，抒写真挚热烈的爱情，如〔蝶恋花〕“花褪残红青杏小”、〔洞仙歌〕“冰肌玉骨”等。他的〔浣溪沙〕五首，描写农村生产和生活，刻画黄童、白叟、采桑姑、缫丝娘、卖瓜人等农村人物形象，是词史上最早描写农村题材的作品。正如刘熙载所云：“东坡词颇似老杜诗，以其无意不可入，无事不可言。”（《艺概·词曲概》）苏词冲破了所谓“诗庄词媚”、“诗述志、词言情”的藩篱，使词摆脱了附属于音乐的地位，把词发展成为独立的抒情诗。他精通词律，但又敢于不受词律约束，正如陆游所说：“公非不能歌，但豪放，不喜剪裁以就声律耳。”（《老学庵笔记》卷五）

文 苏文今存4 000余篇，代表了北宋古文运动的最高成就，标志着从西魏发端，历经唐、宋的古文运动的胜利。他的文章往往信笔书意，自然圆畅，挥洒自如，有意而言，意尽言止，毫无斧凿之痕；思路开阔，文如泉涌，千变万化，姿态横生；气势磅礴，雄健奔放，纵横恣肆，一泻千里；状景摹物，无不毕肖，观察缜密，文笔细腻。他兼擅众体，现存赋20余篇，其《赤壁赋》、《后赤壁赋》以散代骈，句式参差，用典较少，与欧阳修《秋声赋》同为文赋的代表作。他的议论文富有文采，说理透辟，气势雄浑，洋洋洒洒，翻新出奇，雄辩无碍，“有孟轲之风”和纵横家之气。他写有大量游记，在苏文中最有文学价值，每寓旷观达识、至理深情，描写、记叙、议论、抒情错综并用，尤以好发议论为特色，如《超然台记》、《凌虚台记》、《思堂记》、《石钟山记》等。他所作碑传文甚少，但《方山子传》、《潮州韩文公庙碑》却是碑传文的杰作。小品文是苏文中最具情韵的部分，包括书简、序跋、随笔、杂记等，或抒人生感慨，或叙身边琐事，或谈艺术见解，或记遗闻轶事，或述风土人情，不矜持，不造作，幽默风趣，看似毫不经意，而艺术造诣极高，最能体现苏轼狂放不羁的性格。

书画及学术著作 苏轼是一个具有多方面才能的艺术家。在宋代四大书法家“苏（轼）、黄（庭坚）、米（芾）、蔡（一说蔡襄，一说蔡京）”中，他名列第一。他大力提倡文人写意画，善画古木丛竹，与文同齐名，同为湖州画派代表。他的学术著作，以《苏氏易传》、《书传》为代表。《易传》乃续苏洵未成之作，推阐理势，言简意赅。主旨近于王弼，而弼唯畅玄风，轼则多切人事。他以自己的义利观、人情说与当时正在形成的兴天理、灭人欲的理学相对立，在北宋理学之外另树一帜。

20世纪70年代以后笺注苏词成风，注本颇多。中华书局1982年出版的《苏轼诗集》和1986年出版的《苏轼文集》是目前收集苏诗、苏文最全也最易得的版本。

苏舜钦 Su Shunqin（1008～1048） 中国北宋诗人。字子美。祖籍梓州铜山（今四川中江），自曾祖时移居开封。景祐元年（1034）进士，曾任大理评事，范仲淹荐为集贤殿校理、监进奏院。苏舜钦积极参与范仲淹、杜衍（舜钦之岳父）的庆历新政，遭反对派之忌，故以细故被贬，于苏州修建沧浪亭，隐居不仕。

苏舜钦是北宋诗文革新运动中的重要作家，与欧阳修、梅尧臣友善并齐名，时称“欧苏”或“苏梅”。其创作分前后两期。前期诗文内容多与政治活动相关，如他的许多上皇帝书和上执政大臣书，打破

了骈文的束缚，文笔犀利，议论激烈，针砭时政，颇具战斗性。诗歌也大多是反映人民疾苦，揭露官场腐败，抨击丧权辱国的朝政等，如《感兴》第三首，《庆州败》、《己卯冬大寒有感》、《吴越大旱》等，反映了天灾人祸交加，对广大人民的苦难倾注了同情。后期作品反映社会问题的内容减少，隐居的生活使他寄情山水的作品增加。散文《沧浪亭记》描写的是幽美的风景和冲旷自得的生活情趣。另如《初晴游沧浪亭》、《淮中晚泊犊头》等小诗，也清新恬淡。苏诗的总体风格是雄健豪放，慷慨激昂。欧阳修评其诗"笔力豪隽"、"超迈横绝"（《六一诗话》）。诗文集有《苏舜钦集》16卷，《四部丛刊》本。1981年上海古籍出版社出版《苏舜钦集》。

苏颂 Su Song (1020～1101) 中国北宋科学家。字子容，泉州南安（今属福建）人。仁宗庆历二年（1043）进士及第。他的博学和才能曾得到欧阳修、杜衍等人赞赏、举荐，哲宗朝官至宰相。治学主张"探源综妙"，"验之实事"。曾经参与校正医书，对于整理医学典籍和推动医学的发展有所贡献。元祐元年（1086），提举建造"浑仪"，选用通晓算术、有巧思的吏部令史韩公廉，修造了水运仪象台，后来又据此制成表演天体运行的仪器，即所谓的"假天仪"。他所撰著的《新仪象法要》，在天文学史上有着重要地位。有《苏魏公集》传世。

苏铁 *Cycas revoluta*, sago cycas 裸子植物门苏铁科苏铁属一种。又称铁树。常绿乔木。分布于中国福建、广东、台湾；各地均有栽培。树干圆柱形，高约2米或更高。树干表面有螺旋状排列的菱形叶柄残痕。叶大型羽状，革质，坚硬，生于茎的顶部，倒卵状披针形。雌雄异株。雄球花圆柱状，多枚楔形的小孢子叶螺旋状着生于花轴上。雌花由多枚大孢子叶组成，密生淡黄色或淡灰黄色绒毛，上部羽状分裂。种子倒卵圆形或卵圆形，稍扁，成熟时红褐色或橘红色。苏铁喜暖热湿润的环境，不耐寒冷，生长慢，寿命长，可达200年。在中国南方10龄以上的苏铁几乎每年均可开花结子，但长江流域和北方各地栽培的苏铁常终生不开花或偶有开花。苏铁树形优美，为著名观赏树种。茎内含淀粉；种子含油和丰富的淀粉，微有毒，可食用和药用，有治痢疾、止咳和止血之功效。

苏铁类植物 cycadophytes 裸子植物的一类。包括本内苏铁目（又称拟苏铁目）和苏铁目。

苏铁类植物可能起源于古生代的种子蕨。个别种属始现于晚古生代（中石炭世），中生代三叠纪大量出现，至中晚侏罗世达到极盛期，与银杏类、松柏类一起使中生代成为裸子植物时代。至晚白垩世苏铁类植物开始衰颓，本内苏铁目绝灭；苏铁目的大部分种属也告绝灭，当今仅剩下约10个属、100余种，分布仅限于中美、南非、澳大利亚和东亚等热带、亚热带地区，如苏铁等。

常绿木本植物。树干圆柱形，通常不分叉。茎干上部常残留有叶基；叶、小孢子叶、大孢子叶均螺旋状排列。叶有鳞叶及营养叶二型。雌雄异株。小孢子叶球单生茎干顶端；大孢子叶自茎干顶端的鳞叶腋部生出，多数聚集成球状。

苏铁类植物因树形美观、四季常绿，是人们所喜爱的庭园或盆栽观赏植物。由于其自然分布区逐渐减缩，苏铁科的所有属种均被列入野生动植物种国际贸易公约的附录中。

苏通长江大桥 Sutong Yangtze River Bridge 世界第一跨度斜拉桥。位于中国江苏省东南部长江口南通河段。跨长江连接苏州和南通。主要由南、北接线工程和跨江大桥组成，总长32.4千米。其中南、北接线长24.3千米，跨江大桥长8 146米，由引桥、主桥和辅桥组成。引桥为30米、50米跨径现浇预应力混凝土连续梁桥和75米跨径预制悬拼连续梁桥，辅桥为三跨连续刚构桥。主桥为七跨双塔双索面钢箱梁斜拉桥，主跨1 088米，主通航孔高62米，能满足5万吨级集装箱货轮和4.8万吨级船队通行。塔高300.4米，为世界最高桥塔。此外，苏通大桥还有最深基础、最长拉索等世界第一纪录。工程于2003年6月27日开工，2008年6月30日正式通车。

苏瓦 Suva 斐济群岛首都。位于维提岛东南海岸的一个小半岛上。人口11.2万（2007）。居民有斐济人、印度人、华人等。1882年成为斐济首都。斐济群岛的政治、经济、文化中心和最重要的港口。南太平洋论坛的常设机构——南太平洋经济合作局设立于此。市区商业服务业发达，独特的多民族文化景观使之成为重要的旅游地。有小型的卷烟、榨油、制皂、建材等工厂。出口干椰子肉、黄金和热带水果。1967年在此建立南太平洋大学。市内有博物馆和植物园。报刊和广播分别使用斐济语、印地语和英语3种语言。苏瓦港坐落在有珊瑚环礁护卫的深水海湾内，为一天然良港，太平洋3大岛群中最重要的国际性港口之一。

苏瓦城一角

苏威 Su Wei (542～623) 中国隋代宰相。字无畏，京兆武功（今陕西武功）人。父苏绰，西魏名臣。苏威袭爵美阳县公。隋朝建立，任太子少保，兼纳言、民部尚书。他建议减轻赋役，被采纳。后又兼任大理卿、京兆尹、御史大夫。苏威与高颎参掌朝政，齐心协力辅佐隋文帝。政刑大小均参与筹划。文帝修订隋代典制，律令格式多为苏威所定。开皇九年（589）被任为尚书右仆射。十二年，有人告发他和礼部尚书、吏部尚书等官员结为朋党，任用私人，遂被免除官爵。此后，屡次起用，屡被免官。大业元年（605），为左仆射，三年，因事罢免，后又以太常卿、纳言参掌朝政，加开府仪同三司，颇受尊重，不久又被罢免。他对隋炀帝暴政不敢直言进谏，遇事多承望风旨。宇文化及杀炀帝，以苏威为光禄大夫。化及败，苏威降李密；李密败，又归王世充。世充称帝，署为太师。唐平王世充后，苏威求见秦王李世民和唐高祖李渊，均遭拒绝。武德六年（623）病死于长安。

苏维埃 soviet 俄文совет的音译，意为代表会议或会议。俄国十月革命以后成为国家政权的组织形式。1905年3月，乌拉尔阿拉伯耶夫斯克工厂的工人创建领导罢工的工人代表苏维埃。随着革命形势的发展，苏维埃由领导罢工的机关转变为领导武装起义的机关，继巴黎公社之后，成为革命政权的萌芽形式。1917年俄国二月革命时期，资产阶级临时政府和工兵代表苏维埃两个政权并存，V.I.列宁提出“全部政权归苏维埃”的口号。十月革命胜利后，苏维埃成为俄国无产阶级的政权组织。苏维埃作为政权组织实行议行合一的原则。1918年苏维埃宪法规定，全俄苏维埃代表大会为国家最高权力机关。1922年底苏联建立后，苏联苏维埃代表大会为国家最高权力机关。1936年苏联宪法规定，由联盟院和民族院组成的苏联最高苏维埃为最高国家权力机关。1977年苏联宪法规定，苏联最高苏维埃是苏联最高国家权力机关，也是唯一的立法机关。苏联的各级人民代表苏维埃是地方国家权力机关。

中国第二次国内革命战争时期，中国共产党在各革命根据地建立的政权机关也曾称为苏维埃政权，其性质是无产阶级领导的工农民主专政。1931年11月曾成立中华苏维埃共和国临时中央政府。苏维埃政权控制的地区称苏维埃区域，简称苏区。临时中央政府直接控制的地区称中央苏区。

苏味道 Su Weidao (648～705) 中国唐代诗人。赵州栾城（今属河北）人。少有才华，20岁举进士，累迁咸阳尉。武后时居相位数年，苟合取容，处事依违两可，时称“苏模棱”。因阿附张易之，中宗时贬郿州刺史，死于任所。与杜审言、崔融、李峤并称为文章四友，与李峤并称苏李。对唐代律诗发展有推动作用。诗多应制之作，浮艳雍容。但《正月十五夜》(一作《上元》）咏长安元宵夜花灯盛况，为传世之作。原有集，今佚。《全唐诗》录其诗16首。

苏沃洛夫 Suvorov, Aleksandr Vasilyevich (1730-11-24～1800-05-18) 俄国将领、大元帅。生于莫斯科，卒于圣彼得堡。1748年服役。曾在P.A.鲁缅采夫麾下任职。1763年任苏兹达尔步兵团长，编写《苏兹达尔团条令》。1768年晋准将，1770年晋少将。1773年率部参加俄土战争，屡建战功。1776～1783年率部完成俄国对克里木的兼并。1786年晋上将。1787～1791年俄土战争中，先后参加金布恩防御战、奥恰科夫围攻战和伊兹梅尔要塞攻坚战，并在勒姆尼克河之战中击败土军主力，受封勒姆尼克伯爵。1794年晋元帅。1797年6月，因抵制沙皇保罗一世推行普鲁士军制被革职。1799年2月重被起用，任欧洲第二次反法联盟意大利北部战场俄奥联军总司令，率部远征意大利，击败法军，一度扭转战局。随后率军翻越阿尔卑斯山天险，在瑞士境内突破法军包围。俄奥联盟破裂后，奉命回师俄国。同年10月获大元帅称号。不久再遭贬谪，抑郁而死。他一生指挥过60余次会战和战斗，熟谙俄国和欧洲战史，注意吸收西方先进的科学知识。他摒弃警戒线战略和线式战术；主张集中兵力于主要方向，歼灭敌有生力量；强调快速机动，积极进攻；提出观察、快速和猛攻三项战术原则；提倡严格治军，从实战需要训练部队。著有《制胜的科学》。

苏武 Su Wu（前140～前60） 中国西汉大臣。字子卿。杜陵（今陕西西安东南）人。以尽忠守节而闻名。父建，曾数度随大将军卫青出击匈奴，后为代郡太守。苏武早年以父任为郎。逐渐升迁为栘中厩监。武帝天汉元年（公元前100）以中郎将的身份出使匈奴。当时，匈奴缑王图谋劫持单于母阏氏归汉，副使张胜卷入这一活动。事发后，苏武受到牵连，不愿投降匈奴，引佩刀自刺负伤。匈奴单于佩服苏武的气节，为迫使他投降，先将他幽闭于大窖中，苏武以雪和旃毛为饮食，不为屈服。单于又将他远徙到荒无人烟的北海（今贝加尔湖）牧羝（公羊），声称直到羝生仔产乳才放他归汉。苏武杖汉节牧羊，卧起操持，节旄尽落。没有食粮，苏武甚至掘取野鼠所藏草实充饥。昭帝即位（前87）后，汉与匈奴和亲，要求匈奴遣返苏武等汉使，单于诡称苏武已死。后汉使复至匈奴，探知苏武下落，遂扬言汉天子于上林苑中射得大雁，雁足系有帛书，写明苏武在某泽中。单于不得已，交还苏武等9人。苏武在匈奴前后19年，昭帝始元六年（前81）还抵长安，被拜为典属国。次年，上官桀、上官安父子与桑弘羊被指控谋反（见霍光）。苏武与上官父子、桑弘羊原有旧交，其子又参与其事，因而被罢官。昭帝死后，苏武以参与谋立宣帝，赐爵关内侯。后复为右曹典属国。

陈子和作《苏武牧羊图》(明)

苏星 Su Xing (1926-02-15～2008-04-12) 中国经济学家。山东莱阳人。生于热河省建平县（今内蒙古敖汉旗），卒于北京。1948年毕业于华北联合大学政治系。1950～1958年在中国人民大学经济系任教。1959年起历任中共北京市委《前线》杂志编辑部副主任，《红旗》杂志副总编辑，中共中央党校副校长兼《求是》杂志总编辑。曾当选为全国政协常务委员，第一、二届中国城市住宅问题研究会副理事长，中国价格学会常务理事。他还担任《中国大百科全书·经济学》编辑委员会委员和《中国大百科全书》第二版经济学科副主编。苏星长期从事社会主义经济和中华人民共和国经济史的研究，对中国的农业社会主义改造、社会主义再生产理论、国有制企业改革、商品生产和价值规律，尤其是对中国的城市住宅问题和住房制度的改革，提出了独到的理论创见。主要著作有《我国农业的社会主义改造》、《社会主义再生产的理论与实践》、《我国城市住宅问题》、《苏星选集》、《论社会主义市场经济》、《新中国经济史》。

苏绣 Suzhou embroidery 以中国江苏省苏州市为生产中心的地域性刺绣品种。近现代中国四大名绣之一。清丁佩《绣谱》中以“齐、光、直、匀、薄、顺、密”准确概括了苏绣的主要特点。苏州刺绣传统悠久。西汉的实物已在苏州附近发现。明代，朝廷设苏州织染局，其下专有绣作。20世纪初，苏绣名家沈寿创制仿真绣，使刺绣能够表现西方油画的透视与光影效果。30年代，江苏丹阳杨守玉借鉴西洋绘画，首

苏绣台屏“双猫”

创乱针绣，使苏绣的表现能力进一步加强。

苏绣以绣工精湛、图形优美著称。按技法分，有平绣、乱针绣、精微绣和双面绣。50年代以来，双面绣已成为苏绣代表。它在绣地的正、反两面同时绣出针法和色彩完全相同的图案，可供两面观赏，常见的题材有小猫、金鱼等。苏绣的针法约有9大类40余种，齐针、套针、抢针、乱针、打子、刻鳞等针法采用较多。作品可分为两大类：日用品有被面、靠垫、衣、裙、鞋及佩饰小品等，观赏品包括屏风、台屏、挂屏、册页等。

苏洵 Su Xun (1009～1066) 中国北宋散文家。字明允，号老泉。眉山（今属四川）人。嘉祐年间，其文得欧阳修举荐，一时公卿士大夫争相传诵，文名因而大盛。与其子苏轼、苏辙合称三苏，均列入唐宋八大家。

苏洵的文章多为政论和军事论著。如《衡论》、《上皇帝书》等文，以古鉴今，明确提出治国兴邦的政治革新主张；在《审敌》、《御将》、《兵制》、《上韩枢密书》、《项籍》以及《六国论》中，认为六国破灭，弊在贿秦。实为借古讽今，指责宋王朝的屈辱政策。同时提出改革兵制，信用将才等主张。所作抒情散文不多，但也不乏优秀之作。

苏洵的散文在艺术上颇具特色。欧阳修称赞他“博辩宏伟”，具有论点鲜明，论据有力，语言犀利，纵横恣肆的特点。艺术风格以雄奇为主，又富于变化，纡徐宛转，古朴简劲，铺陈排比，妙喻隽永。他的诗作不多，擅写五古，质朴苍劲，精深有味，如《欧阳永叔白兔》、《忆山送人》等。有《嘉祐集》15卷，《四部丛刊》影宋钞本。

苏伊士 Suez; Suweis, El 埃及港口城市，苏伊士省首府。在苏伊士湾顶端、苏伊士运河南端，西距开罗约130千米。由新城、旧城易卜拉欣港和陶菲克港三部分组成。人口约50万（2006）。古代贸易站场。去麦加朝觐的起点站。原为希腊城镇克利斯马所在地。公元7世纪为穆斯林的克尔苏姆镇，是连接尼罗河和红海的运河航运终点。奥斯曼帝国统治时期，曾是重要的商业、海运中心和军港。1869年苏伊士运河开通后，发展为重要的转口港，并成为海军基地和贸易中心。港口由承担一般货运和客运的易卜拉欣港，供油轮和牲畜船停泊的新港以及以客运为主的陶菲克港组成。有泊位24个，最大水深11.58米。进口麻、咖啡、小麦、皮张、糖、茶、烟草等。出口石油、豆类、沥青、锰砂、水泥等。以附近采油工业为基础，建有大型炼油厂和氮肥厂，成为一座化学城。还建有水泥、船舶、纺织、制药、造纸等工业。铺有长120千米的输油管通开罗。20世纪70年代后期，又修建了长320千米、管径1 067毫米的苏伊士—地中海复线输油管，是非洲最大输油管。波斯湾国家部分原油通过此管输往地中海，转运其他国家。有铁路和高速公路通开罗。

苏伊士运河 Suez Canal 位于埃及东北部的国际运河。贯通苏伊士地峡，连接地中海塞得港与红海的陶菲克港，是欧、亚、非三大洲海上国际贸易的通道。运河通航后，从大西洋沿岸到印度洋诸港之间的航程，比绕行非洲好望角缩短5 500～8 000千米。苏伊士运河的年货物通过量在国际运河中居首位。

沿革 公元前1887～前1849年，古埃及第12王朝的法老塞索斯特里斯三世当政时期，就从尼罗河支流上的扎加济格附近经大苦湖、小苦湖到苏伊士开凿了一条间接沟通地中海与红海的古苏伊士运河，后因泥沙淤积失修而废弃。约在前6世纪，古埃及第21王朝尼科二世曾开始开凿连接地中海和红海的运河，但直到前250年前后才完成。由于泥沙淤积，运河需要经常疏浚且时通时断，到775年加利夫时期予以废弃。

19世纪开始着手研究直接连通地中海和红海的运河方案。鉴于运河两端水位差不大，因此采用了不设船闸的海平面运河方案。1854年法国工程师F.de莱塞帕斯获得了开凿运河的特许权。1856年他参加的苏伊士运河公司取得运河建成后使用99年的权利。运河于1859年4月动工。1869年11月竣工通航。1882年后由英国控制。1956年埃及政府将运河收归国有。1967年6月由于中东战争，运河关闭。1975年6月运河重开。此后埃及对运河进行了扩建。

1869年苏伊士运河通航

运河状况 苏伊士运河全长173千米，其中24%是利用曼宰莱湖、提姆萨湖、大苦湖和小苦湖挖深作为航道，其余部分则是开挖陆地而成的。运河基本上是单行航道，只在巴拉（距塞得港55千米）、卡布里特（在小苦湖附近）和大苦湖中有3处航道加宽段为双航道。船舶通过运河的时间平均为15小时。运河通航以来，它的过水断面曾数次扩展。1975年复航时运河水深15米，11米深度处的宽度89米，过水断面面积1 800平方米，可通航吃水11.58米、满载6万吨、空载25万吨的船舶。

扩建 1980年12月完成运河第一期扩建工程。由于塞得港和陶菲克港的进港航道向外延伸，运河全长增为193.5千米。运河水深增至19.5米，11米深处宽160～170米，过水断面面积3 000～3 600平方米，可通航吃水16.15米、满载15万吨、空载37万吨的油船。允许船舶通过运河的最大航速为每小时14千米。第一期扩建工程挖泥约7亿立方米，工程造价12.7亿美元。

1994年运河第二期扩建工程将航道水深增至23.5米，水深11米处的宽度增至240米，过水断面面积为5 000平方米，可通航载重26万吨、空载70万吨的油船。

苏云金杆菌 bacillus thuringiensis; Bt 一种细菌杀虫剂。因该菌在德国图林根（Thüringien）发现，故名。利用此菌制成的产品称为生物杀虫剂或B.T.杀虫剂，产品约有20多种。

20世纪初，科学家发现并证实了苏云金杆菌能危害家蚕。40年代，美国农业部首先登记了这种生物杀虫剂，即细菌杀虫剂。在当今的生物（真菌、细菌和病毒）杀虫剂中，细菌杀虫剂占了绝大部分。

苏云金杆菌能产生特殊的蛋白δ-内毒素和外毒素，能毒杀多种昆虫，其中主要有鳞翅目、双翅目和鞘翅目等，如毛虫、螟虫、蚊和蝇的幼虫、马铃薯甲虫、舞毒蛾幼虫等。有人发现，对线虫防治亦十分有效。已广泛用于烟草、大豆、棉花、水稻、玉米、番茄和马铃薯等作物害虫防治。

苏云金杆菌对家蚕有害，应减少或停止在桑园附近使用。在某些作物上使用时，有害昆虫也会产生抗性，大大减弱杀虫效能。为进一步发挥生物杀虫剂的有益功能，许多国家已开始将苏云金杆菌产生内毒素的基因转移至不同作物，使其本身具有抗虫性。

苏兆征 Su Zhaozheng (1885-11-11～1929-02-25) 中国共产党早期工人运动领导人。广东香山（今珠海）人。卒于上海。1903年到香港当海员。1908年加入同盟会。

1921年3月，受俄国十月革命影响，成立“中华海员工业联合总会”。次年1月参加领导香港海员大罢工。1925年春加入共产党。五卅惨案后，领导省港大罢工，任罢工委员会委员长兼财政委员长。1926年5月当选为中华全国总工会执行委员会委员长。1927年3月任武汉国民政府劳工部长。4月当选为中共中央委员、政治局候补委员。7月对汪精卫的反共叛卖行为进行了坚决揭露和斗争。随后，出席中共八七会议，当选为临时中央政治局常务委员；赴上海参与制订广州起义计划，被选为广州苏维埃政府主席。1928年赴莫斯科出席赤色职工国际四大、共产国际六大及中共六大，当选为赤色职工国际、共产国际执行委员及中共中央政治局常委。

苏辙 Su Zhe (1039～1112) 中国北宋散文家。字子由，自号颍滨遗老。眉山（今属四川）人。嘉祐二年（1057）进士。官至尚书右丞，门下侍郎，执掌朝政。晚年隐居著述。与其父苏洵、其兄苏轼合称三苏，均在唐宋八大家之列。

苏辙在古文写作上有自己的主张。他在《上枢密韩太尉书》中提出了“文气”说，所谓“文者，气之所形”，并论及“养气”之法。他擅长政论和史论。在政论中纵谈天下大事，如《新论》、《上皇帝书》、《六国论》、《三国论》等，皆能以古鉴今，针砭时弊，在革新政事上颇有见地。此外，赋也写得相当出色，如《墨竹赋》，描摹竹子的情态细致逼真，富于诗意。其文风格汪洋澹泊，也有秀杰深醇之气，如《黄州快哉亭记》，融写景、叙事、抒情、议论为一体，鲜明地体现了苏辙散文的风格。

苏辙写诗力图追步苏轼，今存诗作为数也不少，但较之苏轼，思想和才力均显逊色。早年诗多写生活琐事，晚年隐居之作，内容反映现实较深刻。如《秋稼》、《南斋竹》等，意境闲澹，情趣悠远。著有《栾城集》84卷，《四部丛刊》影宋钞本。

苏振华 Su Zhenhua (1912-06-02～1979-02-07) 中国共产党中央政治局委员，中国人民解放军上将。原名苏七生。生于湖南平江，卒于北京。1928年参加平江起义。1929年加入中国共青团。1930年参加红军，同年转为中共党员。历任红军排长、连政委、团政委。参加了长征。抗日战争时期，历任抗日军政大学大队长，

八路军第5纵队团长、115师旅政委，鲁西军区政委和军政委员会主席，冀鲁豫党政军委员会书记、军区政委，中共中央平原分局党校校长。解放战争时期，任晋冀鲁豫野战军第1纵队政委、二野第5兵团政委、中共晋冀鲁豫中央局委员。中华人民共和国建立后，历任中共贵州省委书记、贵州军区政委，中共中央西南局委员，解放军海军副政委兼政治部主任、政委，中共中央军委副秘书长。1973年后任海军第一政委、中共上海市委第一书记、市革命委员会主任。是第一至第三届国防委员会委员，中共第八届候补中央委员、第十届中央政治局候补委员、第十一届中央政治局委员。1955年被授予上将军衔。

苏州大学 Soochow University 中国综合性大学。校址在苏州。前身为创建于1900年的东吴大学。1952年东吴大学与苏南文教学院、江南大学数理系合并组建江苏师范学院。1982年改现名。1995年后苏州蚕桑专科学校、苏州丝绸工学院、苏州医学院相继并入，发展成为地方综合性大学。设有文学、社会、外国语、数学科学、物理科学与技术、化学化工、法学、商学、电子信息、艺术、医学、生命科学等20多个学院。有培养学士、硕士和博士的教学体系；有国家级重点学科和国家人才培养基地等。学校各类在校生近5万人，教职工4 000余人。现有5个校区，建筑面积近120万平方米。馆藏图书388万册。出版物有《苏州大学学报》。

苏州工业园区 Suzhou Industrial Park 中国与新加坡两国政府合作在中国江苏省苏州市设立的高科技工业园区。1994年5月12日，正式开发建设。

苏州工业园区设在苏州东郊的金鸡湖畔。园区行政辖区面积253平方千米，其中中新合作区规划面积70平方千米。

苏州工业园区的显著特点是：①中、新双方建立两国政府的联合协调理事会、双边工作委员会、具体联络机构3个层面的领导和工作机构。②拥有世界一流的城市设计和规划体系，其规划突出强调“以人为本”理念。③可以自主地、有选择地借鉴新加坡在城市规划建设、经济发展和公共行政管理方面的成功经验。

苏州河 Suzhou River 中国黄浦江支流。见吴淞江。

苏州名园 Suzhou, famous gardens of 中国古典园林中最具有代表性的一批杰作。苏州园林的发展，要比中原略迟。有关皇家苑囿的记载，苏州园林中以春秋吴王夫差的姑苏台为最早；有关私家园林的记载，以东晋吴郡顾辟疆园为最早。唐宋时期，苏州园林的兴建日益增多，宋代有苏舜钦的沧浪亭、范成大的石湖等。明清时期，建园之风甚盛，造园艺术也达到空前的水平。

20世纪60年代初，苏州市遗存的园林庭院，尚有186处之多，名园十余处，其中

环秀山庄湖石假山

拙政园、留园、网师园、环秀山庄、沧浪亭、狮子林、退思园、耦园、艺圃等9座园林于1997年和2000年作为苏州古典园林的组成部分列入《世界遗产名录》。

苏州评话 中国曲艺曲种。采用以苏州话为代表的吴语方言徒口讲说表演。流行于江苏南部和浙江北部包括上海大部的吴语地区，同苏州弹词合称“苏州评弹”。在当地，苏州评话俗称“大书”，苏州弹词俗称“小书”，总称“说书”。苏州评话至迟在明末清初已经形成，于清代中叶进入鼎盛时期，成立有行会组织光裕社。表演以第三人称即说书人的口吻统领叙述，中间插入第一人称即摹学故事中人物的语言举止，称作“起脚色”。第三人称的说演称“表”，第一人称的说演称“白”，表和白以散文为主，也有用作念诵表演的部分韵文。风格流派有说演严谨的“方口”，善于即兴发挥的“活口”，说表语如联珠的“快口”等。节目形态多属长篇故事，分回逐日连说。传统节目约有50多部。有讲史性的“长靠书”，又称“着甲书”，如《西汉》、《东汉》、《三国》等，有侠义性的“短打书”，如《水浒》、《七侠五义》等，还有神怪故事和公案书如《封神榜》、《施公案》等。中华人民共和国建立后，编演了一批新书目，还出现了一些中短篇节目。

苏州市 Suzhou City 中国江苏省辖地级市。位于省境东南部，西濒太湖，北临长江。邻接上海市、浙江省。辖平江、沧浪、金阊、虎丘、吴中、相城6区，代管常熟、张家港、太仓、昆山、吴江5市。面积6 267平方千米。人口1 047万（2010），有汉、回、蒙古、维吾尔等民族。春秋属吴，秦置吴县，东汉置吴郡，南朝梁改为吴州。隋开皇九年（589）因境内姑苏山改名苏州。1949年置苏州市。境内河流纵横、湖荡棋布。矿产有铁、高岭土、花岗石、石英砂岩等。主要农作物有水稻、麦类、棉花、油菜等。渔业和桑蚕、生猪、湖羊饲养业发达，有“鱼米、丝绸之乡”美誉，是全国商品粮和油料生产基地。特产碧螺春茶、洞庭红橘、白沙枇杷、太湖莼菜、银鱼、阳澄湖大闸蟹和长江鲥鱼等。工业有电子信息、精密机械、生物医药、汽车零部件等新兴主导产业。是全国三大丝绸产地之一。苏州刺绣和常熟花边、檀香扇、

苏州环古城运河鸟瞰

红木雕刻等手工艺品久负盛名。高等院校有苏州大学等。以古典园林著称，为园林风景城市（见**苏州名园**）。名胜有拙政园、留园、网师园、退思园、虎丘塔、寒山寺、狮子林、沧浪亭、环秀山庄等。苏州是国家历史文化名城。

苏州弹词　中国曲艺曲种。发源并流行于以苏州为中心的江苏东南部、浙江北部和上海的吴语方言区。用苏州方言表演。一般认为，是明末以来流行的“弹唱词话”或“诌弹说词”或“弹唱说词”等“**弹词**”形式在苏州地区经过长期衍变，与吴语方言相结合发展而成。苏州弹词与**苏州评话**同属说书行业，拥有共同的行会组织，民间统称其为“苏州评弹”。苏州评话因属徒口讲说表演且多表现朝代更替与行侠争战，俗称“大书”；苏州弹词因属说唱表演且擅长表现家长里短与儿女情长，俗称“小书”。

苏州弹词的表演通常以说为主，说中夹唱。唱时多用三弦或琵琶伴奏，说时也有采用醒木作为道具击节拢神的情形。演唱采用的音乐曲调为板腔体的“说书调”即“书调”。早期演出多为一个男艺人弹拨三弦“单档”说唱，后来出现了两个人搭档的“双档”和三人搭档的“三个档”表演。已知最早的苏州弹词名家为清代乾隆年间的**王周士**。20世纪30年代，随着广播电台的兴起，苏州弹词进入鼎盛期。其艺术流派众多，除有所谓“活（滑）口”与“方口”、“火功”与“阴功”、“慢口”与“快口”等的不同外，还有陈（遇乾）调、俞（秀山）调、马（如飞）调等十多种。

苏州弹词的节目以长篇为主，传统的表演方式为分回连续说唱。演出开头常常加演与“正书”有关或无关的“开篇”，后来逐渐有了相对独立的地位。传统的代表性节目有《三笑》、《倭袍传》、《珍珠塔》等几十部。中华人民共和国建立后，苏州弹词从艺术本体到整个事业都有了大的飞跃。

酥油茶　butter tea　中国**藏族**传统饮料。将酥油、茶和食盐搅拌后制成。藏语称恰苏玛，意为搅动的茶。主要流行于西藏、青海、云南等地藏区，是藏族僧俗民众日常饮用、待客和祭祀时不可缺少的物品。传说由文成公主创制。制法：在水中放入适量砖茶或沱茶后烧开，用小火慢熬至茶水呈深褐色，但须入口不苦。再将滤去茶叶的浓茶倒入酥油茶桶，加酥油和适量食盐，用搅拌器使劲搅打，使三者充分融合即成。在熬成的浓茶里放少许食盐制成咸茶，在碗里放一片酥油，用咸茶将之溶化，也可做成简易的酥油茶。酥油茶味芳香，既解渴，又能产生较多的热量御寒。茶里含有多种维生素和微量元素，有助于消化，可部分维持人体营养均衡。以酥油茶待客，主人须恭敬地将茶捧到客人面前，客人不能轻易拒绝，至少要连喝三碗，以示对主人的尊重。一般是边喝边添，每次不一定喝完，但客人的茶杯总要添满。客人若不想再喝，可等告辞时再一饮而尽。

窣利文　Sogdian language　古代窣利人使用的一种拼音文字。用以记录当时流行于中亚及中国西北部的商业语言——窣利语，也有人用这种文字书写宗教文献，其中尤以佛经为多。又称粟特文。一般认为窣利文字母来源于叙利亚的阿拉米字母。阿拉米字母有22个，窣利文借用了其中17个。这套字母只表示辅音，不表示元音，有3种变体：①萨秣建体，随窣利移民传入许多地区；②佛经体，6世纪前后出现；③草体，最晚在7世纪前已出现。行款有从右向左横写和自上而下竖写两种。传世文献有摩尼教、基督教，佛教经典和商业书信等。13世纪蒙古族进入中亚后窣利文遂废弃。

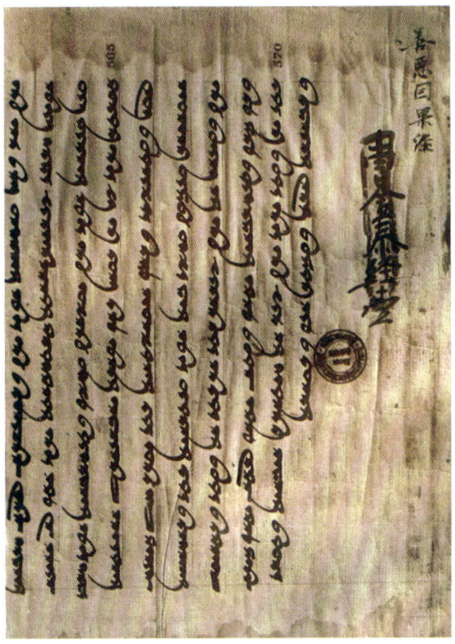

窣利文《佛说善恶因果经》

诉讼　law suit　司法机关在当事人和其他诉讼参与人的参加下，按照法定程序，解决争诉案件的全部过程。俗称打官司。有刑事诉讼、民事诉讼、行政诉讼之分。刑事诉讼是指依据刑事法律，解决犯罪嫌疑人、被告人是否犯罪、犯何种罪、是否处刑和如何处刑问题而进行的诉讼。民事诉讼是指依据民事法律，解决民事纠纷而进行的诉讼。**行政诉讼**是指依据行政法律，解决因国家行政机关的违法或不当行为引起的行政纠纷而进行的诉讼。一般经过起诉、审判、执行三个阶段，刑事诉讼还包括侦查阶段。在诉讼中，司法机关居于主导地位，当事人及其他诉讼参与人依法行使诉讼权利，承担诉讼义务。

诉讼保全　litigation conservatory, measures in　法院在民事诉讼中，对可能由于当事人的行为或者某种客观原因使以后判决不能执行或难以执行的案件，在判决前作出裁定，采取限制当事人处分或者转移财物的措施。中华民国时期和有些国家的民事诉讼法称之为假扣押、假处分，前者是对金钱请求或可以变为金钱请求的案件所采取的措施；后者是对金钱以外的权利**标的物**所采取的措施，包括**物权**、债权和其他**财产权**。《中华人民共和国民事诉讼法》规定的诉讼保全称为**财产保全**，分为诉前财产保全和诉讼财产保全两种。

诉讼标的　litigation, object of　当事人之间因民事权益发生争议，要求法院作出裁判的法律关系。当事人之间对某种法律关系虽然有争议，但未进行**诉讼**，没有要求法院作出裁判的，就只是有争议的法律关系，不是诉讼标的。

原告要求法院作出什么内容的裁判，决定诉的性质。不同的诉，有各自不同的诉讼标的。在给付之诉中，原告要求法院作出判决，以确认其实体法上的请求权，责令被告履行给付的义务，因此给付之诉的诉讼标的，是原被告之间发生争议的法律关系及原告有要求被告履行义务的请求权。在确认之诉中，原告要求法院作出判决，以确认某种法律关系存在或不存在，原告要求确认的那个法律关系，就是当事人之间有争议的法律关系，这种有争议的特定法律关系，就是确认之诉的诉讼标的。在变更之诉中，原告请求法院作出判决，以变更现存的某种法律关系，原告主张变更或消灭现存的法律关系，被告主张维护现存的法律关系，这一有争议的特定法律关系，就是变更之诉的诉讼标的。

确定诉讼标的的意义在于有利于确定

诉讼管辖，明确受诉法院对具体案件审理的内容和判决对象，便于处理诉的合并与分离，正确适用诉讼程序。

诉讼代理人 agent ad litem 根据法律规定或当事人的委托，代当事人进行民事诉讼活动的人。在诉讼中，诉讼代理人代当事人进行民事诉讼活动的权限，被称为诉讼代理权。代当事人实施的诉讼行为，被称为诉讼代理行为。

诉讼代理人在庭审中展示有关证据

中国民事诉讼法规定的诉讼代理人分为两类：①法定诉讼代理人。指根据法律规定，代理无诉讼行为能力的当事人进行民事活动的人。被代理人限于无民事行为能力人或限制民事行为能力人。法定诉讼代理人可以代理被代理人实施所有诉讼行为。②委托诉讼代理人。指根据当事人、法定代表人或法定代理人的委托，代为进行诉讼活动的人。包括律师、当事人的近亲属、社会团体和当事人所在单位推荐的人，以及经人民法院许可的其他公民。委托诉讼代理人只能在被代理人授权的范围内实施诉讼行为。

诉讼法 procedure, law of 为保障实体法规定的法律关系主体权利、义务的实现而制定的有关程序方面的法律。又称程序法。有刑事诉讼法、民事诉讼法和行政诉讼法之分。诉讼法一般规定诉讼活动的基本原则、任务和制度、司法机关和诉讼参与人的权利义务及其相互关系，以及管辖权、证据、起诉、上诉、裁判的执行、纠正错误的方法等内容。

诉讼时效 litigation, prescription in 权利于一定期间不行使，即丧失请求法院依诉讼程序强制义务人履行义务的权利。又称消灭时效。设立诉讼时效的目的是督促权利人及时行使权利，保证权利义务关系的确定，有利于法院及时处理民事纠纷。诉讼时效的性质是消灭时效。以适用范围为标准，诉讼时效分为两类：①普通诉讼时效。指如无法律特别规定排斥其适用，得普遍适用于请求权的消灭时效制度。《中华人民共和国民法通则》第135条规定："向人民法院请求保护民事权利的诉讼时效期间为两年，法律另有规定的除外。"②特别诉讼时效。指法律特别规定只适用于指定情形下请求权的诸种消灭时效的总称。常见的有1年期和4年期诉讼时效。前者适用于《民法通则》第136条所指定的身体受到伤害要求赔偿、出售质量不合格商品未声明、延付或拒付租金和寄存财物被丢失或损毁等4种情形。后者适用《中华人民共和国合同法》第129条规定的国际货物买卖合同和技术进出口合同。

时效中断 指在诉讼时效进行中，因有与作为时效基础的相反的事实发生，从而使已经过的时效期间无效。所谓相反的事实是权利人已有行使权利的行为外观，或者权利被相对人尊重。前者包括权利人起诉；与起诉有同一效力的事项，如仲裁；权利人为诉讼外请求。后者指义务人承认或同意履行债务。发生上述事实，表明时效期间继续进行就会与诉讼时效的设定法律目的相左，因而已经过的期间应当统归无效。《民法通则》第140条规定："诉讼时效因提起诉讼、当事人一方提出要求或者同意履行义务而中断。从中断时起，诉讼时效期间重新计算。"

时效中止 指在诉讼时效进行中，因一定事实的发生，使时效暂停进行。《民法通则》第139条规定："在诉讼时效期间的最后6个月内，因不可抗力或者其他障碍不能行使请求权的，诉讼时效中止。从中止时效的原因消除之日起，诉讼时效期间继续计算。"时效中止的原因事实不是权利不行使，而是权利人于期间届满前6个月陷入权利行使的客观不能状态，如战争敌对状态、社会动乱、地震等自然灾害、法定代理人的缺位等。原因与权利行使的客观不能之间须具有相当的因果关系。诉讼中止的法律效果只是时效期间暂时停止进行，以前所经过的期间仍然有效，待妨碍时效完成的原因消除，时效期间恢复进行，故时效中止又称时效停止或不完成。此外，《民法通则》还规定，有特殊情况的，人民法院可以延长诉讼时效期间。

诉讼中止 litigation, suspension of 民事诉讼程序开始后，出现了使案件审理活动难以继续进行的情形，受诉法院裁定暂停诉讼程序的进行。诉讼程序开始后，会连续进行下去，直至作出判决。只有在出现法律规定的特殊情形时，才能中止诉讼。《中华人民共和国民事诉讼法》规定有下列情形之一的，法院应当中止诉讼：①一方当事人死亡，需要等待继承人表明是否参加诉讼的。②一方当事人丧失诉讼行为能力，尚未确定法定代理人的。③作为一方当事人的法人或其他组织终止，尚未确定权利义务承受人的。④一方当事人因不可抗拒的事由，不能参加诉讼的。⑤本案必须以另一案的审理结果为依据，而另一案尚未审结的。⑥其他应当中止诉讼的情形。

中止诉讼的情形消除后，法院应恢复诉讼，诉讼程序继续进行，当事人和法院中止前实施的诉讼行为继续有效。

诉讼终结 litigation, termination of 民事诉讼进行过程中，由于作为诉讼主体的一方当事人死亡，致使诉讼程序无法继续进行或没有必要继续进行时，受诉法院依法裁定结束本案的诉讼程序。《中华人民共和国民事诉讼法》规定，有下列情形之一的，人民法院应当终结诉讼：①原告死亡，没有继承人，或者继承人放弃诉讼权利的。②被告死亡，没有遗产，也没有承担义务的人的。③离婚案件一方当事人死亡的。④追索赡养费、扶养费、抚育费以及解除收养关系案件的一方当事人死亡的。当存在上述情形时，受诉法院应当依职权裁定终结诉讼。裁定一经作出，立即产生法律效力。对该裁定，当事人不得提起上诉，也不得申请复议。

诉愿权 administrative appeal, right of 公民因行政机关之违法或不当的行政处分致使其权利或利益受损害时，在一定时限内请求有关管辖机关依据一定程序，审查处分的妥当性并加以解决的权利。诉愿权的目的在于当国家机关的行政处分行为给利害关系人的权利和利益造成损害时，公民可以依据此权利请求救济。诉愿权的行使一般应符合下列条件：①诉愿权的主体应该是具有国民身份，因行政处分而受损害，并认为该行政处分系越权行为或不当处分的公民、法人或非法人团体。②诉愿权必须是针对行政机关行使。③诉愿权应针对违法或不当的行政处分提起。④诉愿必须向法定的有管辖权的行政机关提起。⑤诉愿受理机关必须作出一定的决定。许多国家的宪法都有关于诉愿权的规定。中国是通过专门的法律对诉愿权加以保护的。在中国的法律中，诉愿权实际上就是公民提起行政复议的权利。

肃北蒙古族自治县 Subei Mongol Autonomous County 中国甘肃省酒泉市辖自治县。位于省境西北部，河西走廊西端。因玉门市、瓜州县境相隔，县境分为南部祁连山区和北部马鬃山区两部分。面积55 000平方千米。人口1万（2010），其中蒙古族占37.5%，还有汉、回、藏等民族。1937年设立马鬃山设治局（县级），次年改为肃北设治局。1950年改为肃北自治区。1953年更名为肃北蒙古族自治区。1955年改为肃北蒙古族自治县。年平均气温南山区6.3℃，北山区3.9℃；平均年降水量南山区154毫米，北山区85.2毫米。矿产资源主要有铜、铬、钨、金、铅、锌、硫磺、煤等。祁连山区珍稀野生动物有野马、野骆驼、白唇鹿、野牦牛、野驴、雪豹、盘羊、藏原羚、白臀鹿、金猫、天鹅、丹顶鹤、雪鸡等。工业以冶金、电力、煤炭、建材等为重点。农业主产小麦、蚕豆及胡麻。古迹有五个庙石窟壁画、大黑沟岩画、石包城遗址、党城湾遗址。

肃南裕固族自治县 Sunan Yugur Autonomous County 中国甘肃省张掖市辖自治县。位于省境西北部，河西走廊中段，祁连山区。南邻青海省。面积20 456平方千米。人口3万（2010），有汉、裕固（占25%）、藏（占22%）、回、蒙古等民族。1954年置肃南裕固族自治区（县级），1955年改称肃南裕固族自治县。矿产主要有煤、铁、锰、铬、石棉、钨、金等。工业以采矿、皮毛、地毯、乳品加工等为主。农业主产小麦、青稞、蚕豆。古迹有马蹄寺、文殊山石窟群，汉代榆木山黑石头沟岩画、上深沟堡墓群等。纪念地有红石窟革命纪念地等。

肃清反革命运动 Movement of Eliminating Counterrevolutionaries 中国20世纪50年代中期进行的肃清暗藏在党政军机关和企业内部的反革命分子的运动。简称"肃反"运动。1955年处理"潘汉年杨帆反革命集团案"和"胡风反革命集团案"后，毛泽东提出了"提高警惕，肃清一切特务分子；防止偏差，不要冤枉一个好人"的肃反方针。7月1日，中共中央发出《关于展开斗争肃清暗藏的反革命分子的指示》，在全国开展了肃清反革命分子运动。运动在党政军机关和企业内部进行，主要是通过学习宣传消除右倾麻痹思想，发动群众，坦白交代自己的问题，并揭发检举暗藏的反革命分子。运动历时近两年后结束，清查出一批有现行和历史反革命活动的人，对一批干部进行了审查，对他们的历史作出了组织结论。在运动中，也出现了扩大化和采用"逼供信"手段的现象。1957年2月，毛泽东在最高国务会议上总结这次运动时指出，成绩是主要的，但也有错误。我们的方针是"有反必肃，有错必纠"。

肃慎 Sushen Tribe 中国先秦时期游猎于东北地区的部族。其名又写作息慎、稷慎，汉以后名挹娄、勿吉、靺鞨等称呼。兴起于长白山一带，活动在松花江、黑龙江广大地域内。早在商周时期就与中原王朝有交往，周武王灭商和成王平定东夷之乱后都曾前来致贺，并纳贡臣服（《史记·周本纪》），故周王朝认为"肃慎、燕、亳，吾北土也"。（《左传·昭公九年》）战国时期三晋兵器中的相邦阳安君剑、蔺相如戈在延边地区出土，反映出肃慎在先秦时期与中原地区一直有联系。

素菜 vegetable dish 菜肴流派之一。通常指用植物油、蔬菜、豆制品、面筋、竹笋、

罗汉斋

菌类和干鲜果品等植物性原料烹制的菜肴。素菜是相对荤菜而言的，"素"字本义是指白色的生绢，后来引申为"无酒肉之食"。"荤"字原义指葱、韭、姜、蒜等辛辣菜蔬，到唐宋，才引申为指鱼肉类菜肴。

素菜所用原料，不同宗教流派有不同说法。如佛教、道教的寺观素菜，有些除不用动物性原料外，还有佛家所称的五辛（大蒜、小蒜、阿魏、慈葱、茖葱）与道家所称的五荤（韭、薤、蒜、芸薹、胡荽）等，都在禁用之列。道家的先天道流派，将鸡蛋列入荤菜，部分佛教徒却认为鸡蛋、牛奶、奶油、乳酪等都是素菜原料。天主教认为凡冷血动物，也是素菜原料。

素菜以其食用对象分为寺院素菜、宫廷素菜和民间素菜。寺院素菜又称释菜，僧厨则称香积厨。中国历朝宫廷均设有专司饮食的机构，清代御膳房下的素局是专门烹制素菜的，主要供帝王在斋戒时食用。特点是制作精致，配菜典式有一定规格。清末以后，御厨流落民间，宫廷素菜的用料和制法也流传开来。民间素菜主要以素菜馆为代表。

素可泰王朝 Sukhothai Dynasty 泰人在13世纪中叶于今泰国北部建立的王朝。又译速古台王朝。泰语中"素可泰"意为"幸福自由"。中国史籍称之为暹罗国。

素可泰王朝建立以前，湄南河流域的泰人处于真腊王国的统治之下。泰族部落首领膺它沙罗铁联合周围其他部落，于1238年取得独立，并自立为王。第三代国王兰甘亨统治时期，素可泰王朝达到极盛。其统治势力南达马来半岛的六坤，北至琅勃拉邦，东濒湄公河沿岸，西及缅甸的勃固，成为湄南河中、上游的强国。素可泰王朝从兰甘亨卒后开始由盛转衰。1378年臣服阿瑜陀耶王朝，1438年被阿瑜陀耶吞并。

素可泰王朝的经济以农业为主，稻米是主要的栽培作物。手工业主要是制陶业。产品远销印度和东南亚各国。素可泰时期的文化很发达。兰甘亨于1283年创制了泰文字母，一直沿用至今。寺庙是重要的文化教育场所，由知识渊博的僧侣担任教师，教授巴利文和泰文。素可泰王朝与中国元朝建立了友好关系，先后12次遣使访问中国。

素描 sketch 以线为主要描绘方式的单色画。作为研究和再现物象的一种方式，素描通常被视为造型艺术的基础，同时是训练造型能力的基本手段。各美术品类依其传统和特征，对素描有不同的要求。创作意义上的素描作品则具有独立的审美价值。素描的题材有肖像、静物、风景、人物及非具象的点、线、面的组合等。

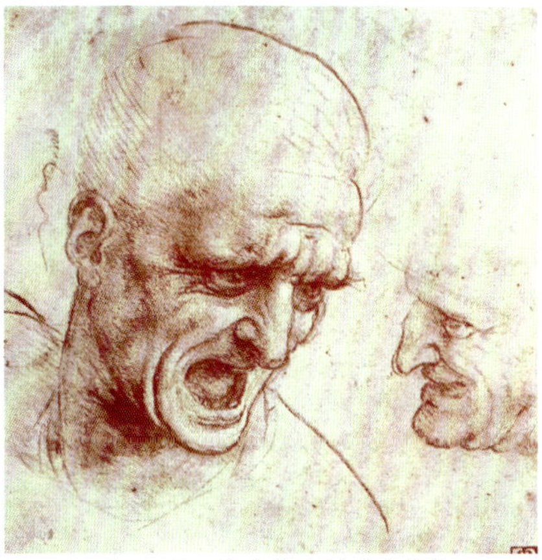

图1 达·芬奇作素描《头部》

素描的概念虽源于西方绘画体系，但从单色画的角度而论，中国画的白描、水墨画亦可看作素描的一种形式。

素描是人类造型艺术活动中最早的、最基本的形式。原始人的岩洞壁画就其造型功能远胜于色彩功能这一点来说，即是一种广义的素描。在西方，直至中世纪以前，素描基本上是以草图的形式出现，处于从属壁画等画种的地位。

素描成为独立的艺术形式始于14世纪末。起初在意大利以习作、临摹作品、速写的形式出现，逐步体现出画家的个性。到15世纪，阿尔卑斯山以北的国家产生了严密、细部精确的素描风格。而文艺复兴时代的北意大利画家则注重速写和习作，作品具有描绘比较自由和概括的特征，中意大利画家则更多地用肯定的线条勾描轮廓，此时素描开始成为工场授徒的教学手段。达·芬奇、拉斐尔、米开朗琪罗是意大利文艺复兴时代卓有成就的素描大师。16

图2 徐悲鸿作素描《持棍男人体》

世纪H.荷尔拜因严谨、扎实的素描风格影响了德国、英国、法国、荷兰等国的画家。17世纪卡拉奇兄弟创办的美术学院将风景素描推到高峰。从18世纪末到19世纪初，线的重要性重新得到强调，J.-A.-D.安格尔严谨的铅笔素描成为新古典主义素描的典范作品。印象主义画家如E.德加等人的素描对光、运动和人物动作的韵律有深入的研究。到了20世纪，西方素描的草图功能大大减弱，而逐渐成为完全独立的画种，线条自身的意义被提到很高的地位。

在中国，具有独立意义的单色画是在白描、水墨画产生之后才确立并发展起来的。早期中国绘画强调线的作用，战国帛画《龙凤人物》堪称典型的线描单色绘画，直到魏晋南北朝、隋唐时代大量出现具有典型中国特征的卷轴画，白描的素描形式自此逐步成熟。顾恺之、吴道子属于一代大师，李公麟确立了白描的形式，影响深远；水墨画形式相传始于唐，成于宋，盛于元，而后得以持续发展。

约20世纪初，西方的素描开始传入中国，从而推进了中国近现代美术的发展。徐悲鸿、王式廓在素描上有突出成就。50年代以来，由苏联引进契斯恰可夫素描教学体系，对中国素描教学产生重大影响。80年代之后，素描艺术语言趋于多样。

素三彩 plain tricolour 中国明清彩绘瓷品种。产于景德镇窑。以黄、绿、白等素色为主，也有以紫代白色的。因不用红色，故称素三彩。做法是在坯体上刻划图案，入窑，烧成无釉素瓷，再施以做地的色釉，然后于刻划出图案的部位施以所需色彩，最后以低温二次烧成。素三彩明永乐年间（1403～1424）御器厂已经萌芽，到正德年间（1506～1521）大量烧制。清康熙年间（1662～1722）官窑和民窑均大量烧制。官窑器皿有花果纹盘、碗、凤纹文具盒及镂空香熏等；民窑器有攒盘、笔筒、盒、炉、瓶、观音塑像及三足蟾等，其中攒盘式样最为繁多。

虎皮三彩多穆壶（清，西藏博物馆藏）

素数 prime number 不等于0和±1，且没有非显然因数（见整除）的整数。又称质数。通常把素数总是看作正的，如2,3,5,7,11等。大约在公元前300年，欧几里得在其《几何原本》中就给出了素数有无穷多个的证明，这被认为是数学证明的典范。全体正整数由1、素数和合数这三类数组成，每个大于1的合数可表示为素数的乘积。素数p的本质属性是：若p整除ab，那么，p至少整除a,b中的一个。这可以作为素数的定义，并可把素数的概念推广至代数整数环。素数的这两种定义在通常整数中是等价的，但在代数整数环中是两个不同的概念。寻找素数的方法是古老的埃拉托斯特尼筛法：例如，为了找出不超过100（或N）的素数，先求出不超过其平方根10（或$N^{1/2}$）的素数2,3,5,7（或全部不超过$N^{1/2}$的素数p），然后，依次把$11,\cdots,100$（或$[N^{1/2}]+1,\cdots,N$）中被2，被3，被5，及被7（或被每个不超过$N^{1/2}$的素数p）整除的数删去，这样，剩下的就是$11,\cdots,100$（或$[N^{1/2}]+1,\cdots,N$）中的素数。素数表实质上就是用这方法编制的。找大素数和判定一个数是否是素数一直是被关注的重要问题。素数在正整数中的分布是研究素数的中心课题。关于素数有许多未解决的著名问题，例如：①孪生素数猜想，存在无穷多个素数p，使得$p+2$也是素数。②关于偶数的哥德巴赫猜想，每个大于4的偶数都是两个奇素数之和。③对每个正整数n，n^2和$(n+1)^2$之间必有一个素数。④存在无穷多个形如n^2+1的素数。

速不台 Sübegetei (1176～1248) 蒙古国开国功臣。又作雪不台、速别额台。蒙古兀良合部人。早年跟随成吉思汗，以勇猛善战闻名，与折里麦、哲别、虎必来并称“四狗”（dörben-noqas）。从成吉思汗灭克烈、并乃蛮，统一漠北诸部，战功卓著。成吉思汗建立大蒙古国后，封他为千户长。1211～1215年，从攻金。1219年，从成吉思汗西征。次年奉命与哲别率领三万精兵追击花剌子模国王摩诃末，渡过阿姆河进入呼罗珊境。1222年春，破谷儿只（今格鲁吉亚）军，越过太和岭（今高加索山），攻入阿速、钦察国。1223年5月，在阿里吉河击溃斡罗思诸侯和钦察人的联军，进而攻掠斡罗思南部地。同年底，转兵东向，攻打亦的勒河（今伏尔加河）上的不里阿耳国，在钦察草原东部与术赤所部军队会合，然后东返蒙古。1226年，从成吉思汗征西夏。窝阔台即位后，命速不台攻略金陕西地。次年，从拖雷假道宋境攻河南。1232年初，在三峰山之战中击溃金朝重兵。1233年，金元帅崔立献汴京城投降，移军攻克蔡州。1235年，从诸王拔都、贵由、蒙哥等西征不里阿耳、钦察、斡罗思诸国，为先锋。1241年，随拔都统兵攻入马札儿（匈牙利），出奇计败马札儿军于漷宁河（匈牙利东部索约河）上，复率先锋军驰至秃纳河（多瑙河），取马茶城（今匈牙利布达佩斯）。1242年东还，后回到秃剌河（今蒙古土拉河）自己的营地。

速度 velocity 描述动点运动方向及快慢的物理量。它是矢量，常以$\boldsymbol{v}$表示。速度矢量$\boldsymbol{v}$的方向沿运动方向，大小表示运动的快慢。国际单位制中速度的单位是米/秒，常用的速度单位还有千米/时。如图所示，

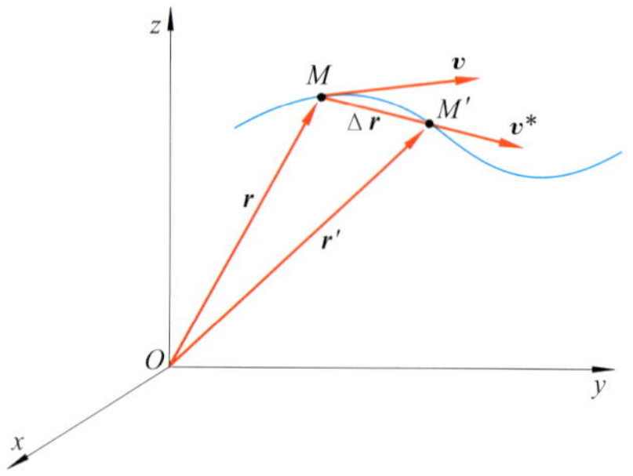

平均速度与瞬时速度

曲线运动中动点M从瞬时t至瞬时$t+\Delta t$的位移为$\Delta\boldsymbol{r}$（点M矢径$\boldsymbol{r}$的增量），则比值$\boldsymbol{v}^*=\Delta\boldsymbol{r}/\Delta t$称为点$M$在时间间隔$\Delta t$中的平均速度。当$\Delta t\to 0$时，$\boldsymbol{v}^*$的极限$\boldsymbol{v}$称为点$M$在瞬时$t$的瞬时速度，简称速度。

$$\boldsymbol{v}=\lim_{\Delta t\to 0}\frac{\Delta\boldsymbol{r}}{\Delta t}=\frac{\mathrm{d}\boldsymbol{r}}{\mathrm{d}t}=\dot{\boldsymbol{r}}$$

速度是矢径$\boldsymbol{r}(t)$对时间的导数，方向沿轨迹的切线。

速度滑冰 speed skating 在规定的距离内，以冰刀为用具在冰上进行的一种竞速运动。10世纪出现骨制冰刀，1250年荷兰人发明铁制冰刀。17世纪发明管式冰刀，使速滑运动有了新的发展。19世纪末始有国际性速度滑冰比赛。1892年国际滑冰联盟成立。1893年在荷兰的阿姆斯特丹举行了第1届男子速滑锦标赛。1936年第1届女子速滑锦标赛举行。1924年和1936年冬季奥林匹克运动会分别始设男、女速度滑冰比赛。中国的滑冰活动历史更久，宋代称“冰嬉”，元代以后盛行，清朝达鼎盛。19世纪末滑冰运动从欧洲传入中国。1949年中华人民共和国建立后，速滑运动迅速开展起来，先后涌现出一大批优秀速滑运动员。在1963年世界速滑锦标赛中，罗致焕获得1 500米世界冠军，这是中国的第一个速滑世界冠军；王淑媛获1 000米第2名。1990年王秀丽获世界速滑锦标赛1 500米金牌，这是中国第一个女子速滑世界冠军。叶乔波在1991～1993年间多次蝉联500、1 000米和短距离全能的世锦赛冠军。在1992年第16届冬季奥林匹克运动会上，叶乔波又获2块银牌，实现了中国在冬奥会上奖牌“零”的突破。进入21世纪，中国选手王曼丽、杨扬、李佳军、王濛等都曾在奥运会、世界锦标赛及世界杯等世界大赛中夺冠。

速度滑冰比赛分单项、短距离全能和全能比赛。速度滑冰竞赛标准跑道最大周长为400米，最小为333.33米，内弯道半径

不能小于25米或大于26米，每条跑道宽5米。速滑运动员身着紧身连体服，按逆时针方向滑跑。冰刀触及终点线，方为到达终点。

速记 stenography 与文字相辅而行的一种代用书写系统。快速记录语言的手段，广泛用于会议、访谈和口授场合。古希腊时产生，以词为书写单位，每个词有一个专用符号。通用的速记符号系统分为3种。①草书式速记。从古罗马M.T.太罗的拉丁文速记系统开始，在欧洲出现过许多方案；较近一个方案是德国人F.X.戈贝尔斯伯格1834年创造的。②几何式速记。方案繁多，应用广泛，是速记的主流。其中又分为正圆（弧线）体系和椭圆（弧线）体系两派。前者的代表为几何式开创者、英国人T.布赖特1588年设计的英文速记，及英国人I.皮特曼（又译毕德门）1837年发表的速记法。后者的代表为爱尔兰人J.R.格雷格1888年的方案。中国语音速记的创始人是蔡锡勇，他的方案属于正圆体系。而后出现多种方案。③拉丁字母的简化写法和简单笔画混合使用的速记体系。20世纪以来兴起于欧美，是为非专职速记人员而设计的低速速记术。

速示器 tachistoscope 短时呈现视觉刺激的心理学实验仪器。在心理学中，对知觉、记忆和学习等的实验研究，经常要按规定的时间把刺激呈现给被试，以记录他们的反应。问世一百多年来，速示器经历了多次重大改进，由初期的“落体式”速示器发展为“快门式”速示器，继后又出现电子控制的速示器。随着认知心理学的迅速发展，20世纪80年代出现了多视野速示器。速示器还可与计算机及反应时系统联机使用。

速写 sketch 传统上指迅速描绘对象的临场习作。一般指在短时间内用简练的绘画语言，扼要、概括、生动地描绘对象的形体、动势和神态特征的画法，可视为写生的一种。速写与作为写生的素描难以区别，但素描只强调以单色造型，对于完成的时间长短并无限制；而速写主要强调快速，对是否使用色彩并不限制。另外，素描常作为创作，而速写则属于习作，其目的一般是记录形象，为创作收集素材，同时培养敏锐的观察力和迅速、准确、生动和高度概括的造型能力。速写作为一种绘画术语，确立于文艺复兴时代，18世纪后开始获得新的含义，即有的速写并不仅是甚至根本不是写生和习作，而可以视为完美的艺术作品。意大利的达·芬奇，德国的A.丢勒，俄国的I.Ye.列宾，中国的叶浅予、黄胄都是擅长速写的画家。

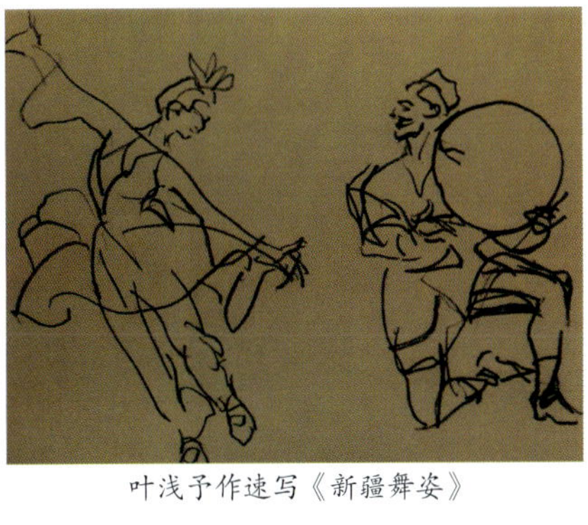

叶浅予作速写《新疆舞姿》

宿白 Su Bai（1922-08-03～ ）中国考古学家。辽宁沈阳人。1948年北京大学文科研究所研究生肄业后长期在该校任教授。1979年兼任中国社会科学院考古研究所学术委员，同年被选为中国考古学会常务理事。1983年任北京大学考古系主任，兼该校学术委员。同年任文化部国家文物委员会委员。50年代曾主持河南禹县（今禹州市）白沙水库墓群、河北邯郸涧沟齐村龙山-商周遗址的发掘，参加对西藏文物的调查。又曾多次主持北京大学石窟寺遗迹的考古实习，对响堂山石窟、敦煌石窟、龙门石窟和新疆拜城克孜尔石窟都作过测绘或部分测绘、记录和研究。他运用类型学方法，对魏晋南北朝隋唐墓葬作过全面的分区分期研究，对宋元考古作过若干专题研究，还用考古学的方法来研究中国石窟寺遗迹。主要著作有《白沙宋墓》、《中国石窟寺研究》、《北魏洛阳城与北邙陵墓》、《云冈石窟分期试论》、《唐宋时期的雕版印刷》等。

宿根花卉 perennial flower 植株地下部分宿存越冬而不形成肥大的球状或块状根，次春仍能萌蘖开花并延续多年的花卉。

宿根花卉多属寒冷地区生态型。分较耐寒和较不耐寒两大类。前者可露地种植，后者需温室栽培。以分株繁殖为主，一般均在休眠期进行。新芽少的种类可用扦插、嫁接等法繁殖。播种繁殖则多用于培育新品种，栽种前深翻土壤并施足有机肥。栽植不宜过深。生长期间追施液肥，春季发芽前可在植株四周挖沟施以堆肥、油粕等。主要栽培种类有石竹类、漏斗菜类、荷包牡丹、蜀葵、天蓝绣球、铃兰、玉簪类、射干、鸢尾类等。宿根花卉种类繁多，花色丰富艳丽，适应性强，一次栽植，可供多年观赏，是园林布置的重要材料。

宿迁市 Suqian City 中国江苏省辖地级市。位于省境西北部，骆马湖东南。邻接安徽省。辖宿城、宿豫2区和沭阳、泗阳、泗洪3县。面积8 341平方千米。人口472万（2010），有汉、回等民族。春秋战国时是厹犹、钟吾两国地。秦属下相、凌县2县地。东晋义熙元年（405）置宿预县。唐宝应元年（762）为避代宗李豫讳改宿迁县。1987年撤县建市。石英砂资源丰富，储量约5亿吨。蓝晶石储量居全国之首。农作物以水稻、麦类、玉米为主，盛产棉花、桑蚕、油菜子、花生、芝麻、药材等。特产银鱼、金针菜、螃蟹和水晶山楂糕。工业有酿酒、化肥、纺织、缫丝、建材、玻璃、制药、造纸等。名胜有马陵公园、项王故里、安澜龙王庙，纪念地有宿北大战烈士纪念碑、朱家岗烈士陵园等。

宿务 Cebu 菲律宾中南部宿务岛港口城市。位于该岛中部东岸狭窄的滨海平原。面积281平方千米。人口约71.88万。年平均气温27.1℃，平均年降水量1 530毫米。1511年3月，西班牙航海家麦哲伦至此。1565年建城，西班牙殖民者修建炮台和教堂。1860年辟为外贸港口。1936年成为特

宿务独立广场一角

别市。市内有亚洲最大的椰油厂，产量占全国1/3以上。有大型啤酒厂。其他工业有肥皂、制糖，沿海地区制盐业较发达。为附近岛屿的椰干、椰油、蕉麻、烟草和木材的集散地。中南部地区的海、空航运中心。与对面的麦克坦岛有铁桥相连。港口水深6～12米，平均潮差约1米，可同时停泊多艘万吨轮船。市区中部为商业区。市内有菲律宾最古老的圣卡洛斯大学（1565），还有1567年重建的奥古斯丁教堂和全国最古老的圣彼得罗炮台。麦克坦岛上有民族英雄拉普拉普纪念碑和麦哲伦纪念碑。

宿务语 Cebuano language 菲律宾的主要语言之一。主要分布于内格罗岛、宿务、保和（务忽）米沙鄢，以及棉兰老岛的部分地区。分宿务方言和保和拉诺方言。属南

岛语系印度尼西亚语族。宿务语与希利盖农语和萨马兰语有近亲关系。宿务语受西班牙语影响很大，约有1/4的词语来自西班牙语。采用拉丁字母书写。

宿州市 Suzhou City 中国安徽省辖地级市。位于省境最北部，邻江苏、山东、河南省。辖埇桥区和砀山县、萧县、灵璧县、泗县。面积9 787平方千米。人口535万（2010）。唐宪宗元和四年（809）置宿州。1912年改名为宿县。1949年置宿县专区，1971年改宿县地区。1998年撤销宿县地区和县级宿州市，设地级宿州市。属暖温带半湿润季风气候。粮食作物主要有小麦、玉米等。经济作物主要有棉花、油菜、花生、水果、蔬菜等。矿产有石油、煤、煤层气、白云石、大理石、高岭土、金刚石等。名优特产有砀山酥梨、萧县葡萄、符离集烧鸡、夹沟香稻米、灵璧石和钟馗画、泗县孟仁寿八宝眼药、药物布鞋、宿州乐石砚等。工业有纺织、煤炭、化工、食品、建材、农副产品加工等。名胜有大泽乡涉故台、皇藏峪、垓下古战场、虞姬墓、五柳旅游风景区，纪念地有淮海战役总前委指挥部旧址等。

粟 *Setaria italica*; foxtail millet 禾本科狗尾草属的一种。一年生草本植物。又称谷子、小米。古农书称粟为粱，糯性粟为秫。主要为粮食作物，兼作饲草。世界上有70多个国家种植，面积较大的有印度、尼日利亚、中国。

茎秆圆柱形，须根系，茎基部的节还可生出气生根支持茎秆。穗状圆锥花序。子粒为颖果，直径1～3毫米，千粒重2～4克。成熟后稃壳呈白、黄、红、杏黄、褐黄或黑色。包在内外稃中的子实俗称谷子，子粒去稃壳后称为小米，有黄、白、青等色。以耐干旱和瘠薄著称。发育前期需水少，中期需水最多，以小花原基分化到花粉母细胞四分体时期对水分最敏感，灌浆期也需一定水分，以后则需水较少。喜温，生育期短。是短日照作物，对光照反应很敏感，尤以生长点分化前后反应最为强烈。富于短光波的日间光和适当缩短日照可促进发育。春播或夏播，生育期60～150天。忌连作。种子细小，出苗后须及时间苗。

小米蛋白质含量7.25%～17.5%，其中平均赖氨酸含量2.17%，蛋氨酸含量3%以上，并含维生素A、B_1、B_2、E等。子粒可蒸饭、熬粥或磨粉制饼，糯性小米可制作糕点和酿酒。中医学上小米还可入药。粟粒为家禽和笼鸟的优质饲料，粟糠可喂养鸡、猪。茎叶蛋白质含量较高，柔软易消化，为大牲畜的重要饲料。

粟特 Sogdiana 中亚古国名。即索格狄亚那。位于阿姆河、锡尔河之间，以泽拉夫尚河、卡什卡河流域为中心的地区（今塔吉克斯坦与乌兹别克斯坦境内）。隋唐时代所谓昭武九姓大多在这一地区。

约在公元前1000～前500年粟特地区就有居民定居。公元前6～前4世纪粟特是波斯帝国的一部分。公元前329～前328年，粟特人奋起反抗马其顿亚历山大大帝的征服。其后，塞琉西王国、希腊巴克特里亚王国、大月氏、贵霜帝国、萨珊王朝以哌哒人曾先后征服或控制过粟特地区。6世纪60年代，粟特归突厥。7世纪中叶，唐灭西突厥，遂于粟特设置羁縻府州。7世纪下半叶到8世纪上半叶，粟特逐步被阿拉伯人所征服。10～11世纪，粟特地区的文化优势终被突厥－伊斯兰文化所取代。

绿洲地区有发达的灌溉农业，多出良马、驼、羊等；另有葡萄、金桃等水果，盛产葡萄酒。粟特矿产有黄金、五色盐。手工业产品有兵器、水晶杯、玛瑙瓶及各种珠宝制品，毛、棉、丝织品与丝棉混合纺织品。中国造纸术西传后，撒马尔罕纸很有名。粟特地处欧亚陆上交通枢纽，粟特人利用这一有利条件，积极从事贸易活动。

粟特绘画的主题是多样化的，有史诗故事、民间传说、宴饮场面等。画面色彩鲜明，线条优雅。粟特人能歌善舞，乐器以琵琶为著名。

粟特地区多种宗教并存。其中最有影响的当推拜火教（袄教）。佛教与其他印度宗教在粟特人生活中亦有影响。基督教聂斯脱利派（景教）、摩尼教也同时存在。

粟特文 Sogdian writing 古代粟特人使用的一种拼音文字。见窣利文。

粟裕 Su Yu（1907－08－10～1984－02－05） 中国无产阶级革命家、军事家，中国共产党和军队的领导人，全国人大常委会副委员长。湖南会同人。卒于北京。1926年加入

中国共产主义青年团。1927年5月参加叶挺为师长的国民革命军第24师，任教导队班长。同年6月转入中国共产党。参加了南昌起义和湘南起义。曾任中国工农红军第1军团的连长、营长、支队长、师长、军参谋长，第7军团参谋长等职，参加创建中央革命根据地的斗争和历次反“围剿”。1934年7月起，参与指挥红军北上抗日先遣队，转战闽浙皖赣边，任挺进师师长、闽浙军区司令员，在国民党统治的腹心地区开辟浙南游击根据地，挫败了国民党军多次“围剿”，在与中共中央失去联系的情况下，坚持了极其艰苦的3年游击战争。抗日战争爆发后，任新四军第2支队副司令员，先遣支队司令员，新四军江南指挥部、苏北指挥部副指挥。协助陈毅开辟江南、苏北抗日根据地，参与指挥黄桥等战役战斗。皖南事变后，任新四军第1师师长（后兼政治委员）、苏中军区司令员兼政治委员、苏中区党委书记，领导苏中军民挫败日伪军频繁的“扫荡”、“清乡”，坚持和巩固了苏中抗日民主根据地。1944年底任苏浙军区司令员兼政治委员、苏浙区党委书记。日本投降后，任华中军区副司令员、华中野战军司令员。1946年，同谭震林一起指挥了苏中战役。山东、华中野战军会师后，参与指挥宿北、鲁南战役。1947年1月，任华东野战军副司令员，在陈毅领导下，负责战役指挥，进行了莱芜、孟良崮等战役。后和陈毅指挥华东野战军外线兵团，与刘（伯承）邓（小平）、陈（赓）谢（富治）大军密切协同，挺进中原。陈毅到中原局和中原军区工作期间，他任华东野战军代司令员、代政治委员，指挥了豫东战役。同年9月，组织指挥济南战役。11月起，任中共淮海前线总前委成员，参与指挥淮海战役，直接指挥华东野战军作战。1949年1月，任第三野战军副司令员，参与指挥渡江战役，组织指挥上海战役。南京、上海解放后，兼任华东军政委员会副主席。中华人民共和国建立后，任华东军区暨第三野战军副司令员、人民解放军副总参谋长、总参谋长，国防部副部长，军事科学院副院长、第一政治委员，中共中央军委常务委员。1955年被授予大将军衔和一级八一勋章、一级独立自由勋章、一级解放勋章。他是中共第七届中央候补委员，第八届至第十一届中央委员。1982年被选为中共中央顾问委员会常务委员。还当选为第五届全国人大常委会副委员长。主要军事著述有《战时参谋工作》、《对未来反侵略战争初期作战方法几个问题的探讨》。

粟宗华 Su Zonghua（1904－11－21～1970－08－14） 中国精神病学家。生于湖南邵阳，卒于上海。1924年入湖南长沙湘雅医学专门学校，后转学国立上海医学院，1932年毕业，到私立北平协和医学院工作。1935年赴美国约翰斯·霍普金斯大学及哈佛大学医学院进修。主攻神经精神病学。1938年回国任上海医学院神经精神

科教师及临床科主任。1951年，编写出版第一本采用中国的材料撰写的《精神病学概论》。1954年出任上海市精神病医院医务主任，1956年任院长。1958年，任新组建的上海市精神病防治院院长。

嗉囊 crop 鸟类食道中部或下部膨大形成的囊形结构。用以暂时储藏食物。食鱼鸟类和食种子鸟类的嗉囊发达，食虫鸟类和猛禽的嗉囊较小。食种子鸟类一次取食尽可能多的种子，能储藏在嗉囊内1天以上，在黏液的作用下，使植物种子充分膨胀和软化，然后再经食道进入胃内研磨、消化，既能减少往返取食的频次以节省能量，也缩短了进食时间，减少了被天敌发现和猎杀的机会。许多鸟类，如企鹅、鹰、鹳、鹦鹉、斑鸠等，在繁殖季节将嗉囊内经过软化的食物反吐，用以哺育幼雏。鸠鸽类的嗉囊内具有分泌嗉囊乳的腺体，在繁殖期以之育雏。嗉囊乳的化学成分与牛乳十分相似：脂肪含量6.9%～12.7%，蛋白质13.3%～18.6%，灰分1.5%，水65%～81%。与牛乳不同的是缺乏碳水化合物和钙质。

塑料 plastic 以合成树脂或天然树脂为基础原料，或加入各种助剂、增强材料和填充剂，在一定温度、压力下加工塑制成型或交联固化成型而得的固体材料或制品。已工业生产的塑料有300多种。通常按树脂的固化特点分为热塑性塑料和热固性塑料。热塑性塑料可反复加热软化、冷却固化。热固性塑料在热压下交联固化成型后即成为不溶不熔的物质。按用途分为通用塑料和工程塑料。通用塑料用途广，产量大，价格低，如聚乙烯、聚丙烯、聚氯乙烯、聚苯乙烯、聚氨酯、酚醛塑料等；工程塑料机械强度和耐热性较好，适用于工程结构、机械部件和化工设备等，如聚碳酸酯、聚甲醛、聚酰胺、ABS树脂、聚苯醚、聚酯等。塑料具有质轻、比强度高、耐腐蚀、生产效率高、能耗低等特点，在机械制造、建筑、电子、电器等部门成为必需材料之一。采用不同的原料和不同的加工方法，可制得坚韧、刚硬、柔软、轻盈、透明的各种制品，广泛用于日常生活、包装材料和农用薄膜、管件和零配件，在航空、航天和军事尖端工业中具有其他材料不能取代的作用。塑料加工方法主要有挤出、注射成型、压延、吹塑、模压、层压、浇铸等。

塑料大棚 plastic shelter 以塑料薄膜为覆盖材料，能部分控制温度、湿度、光照等环境条件的一种简易温室。主要用于蔬菜、花卉、苗木、水稻秧苗和食用菌等的栽培。在畜牧和水产养殖业中也有应用。

塑料大棚使用的覆盖材料主要有聚乙烯、聚氯乙烯、醋酸乙烯、聚乙烯乙醇等薄膜。塑料大棚按其骨架结构分为竹木结构大棚、钢筋焊接拱架大棚、镀锌钢管大棚。其中镀锌钢管大棚是世界各国应用最广的一种大棚。

塑料机械 plastic machinery 用于塑料加工和成型的机械设备。按工艺流程分为五大类。

加工准备设备 用于原料的预混和均质。主要有捏合机、炼塑机和各种混合机等。

成型设备 使塑料形成预定形状制品的设备，主要有注塑机、挤出机、中空机、压延成型机、泡沫塑料成型机、塑料人造革成型机、铸塑成型机、聚四氟乙烯成型机和滴塑成型机等。其中注塑机、挤出机和中空机是塑料机械中的三大支柱设备。

①注塑机。借助柱塞或螺杆向机筒内的聚合物熔体施加压力，使之通过机筒前面的喷嘴和模具的流送系统射入闭合的低温模腔中，经冷却定型得到制品。

②挤出机。通常称为主机。将固态塑料和各种添加剂均化加热至黏流状，以一定的压力，通过机头连续挤出、冷却后得到相应的制品。配上相应辅机可以成型薄膜、管材、异型材、棒材、丝、带、网和电线电缆。

③中空机。主要用于成型饮料瓶、药瓶和各种包装容器、汽车油箱、保险杠、仪表盘及各种管件、办公用品、家具等。

二次加工设备 对半成品进行深加工的机械。主要包括热成型机、各种复合设备、塑料圆织机、植绒机、薄膜分切机、印刷机、扩管机、焊接机等。

加工辅助设备 主要包括干燥设备、温控设备、加热设备和机械手等。

废旧料回收设备 包括回收、粉碎、清洗、烘干、造粒、再生利用等设备。

塑性波 plastic wave 当外界作用引起的应力和应变在弹塑性介质中传播时，质点间的相互作用力超过弹性极限时的一种应力波。特点是：①传播速度与当时该处的应力大小有关，且随应力的增加而减小，即较大的变形以较小的速度传播。②通过处有残余变形出现。③在应力σ和应变ε的关系式$\sigma=\sigma(\varepsilon)$满足不等式$(d\sigma/d\varepsilon)>0$和$(d^2\sigma/d\varepsilon^2)<0$时，波速总小于弹性波波速。④波形在传播过程中会发生变化。L.H.唐奈首先发现了塑性波。第二次世界大战期间进一步研究，并形成了卡门－泰勒－拉赫马图林理论。他们研究了加载与卸载过程塑性波传播的一系列问题。在加载过程，应力应变关系是单一的；若有卸载发生，则材料遵循不同的规律，且在不同部位材料的应力应变关系不同。这就需要在相平面（x，t）上划分出加卸载分界线，称为卸载边界，它以一定速度传播，故又称卸载波。

塑性动力学 dynamic plasticity 研究弹塑性材料在短时强载荷作用下的应力、变形和运动规律的学科。塑性力学的一个分支。塑性动力学的主要特征表现为固体材料在高应变率条件下特有的力学行为。

塑性动力学的主要研究内容：①动态本构关系。从材料动力实验中发现，高应变率条件下固体材料有一系列特性，包括屈服滞后、屈服极限的提高、强化以及应变率效应等。其中最主要的是应变率效应，即瞬间应力随应变率而提高。②塑性动力响应。一般不是周期运动。结构物的塑性动力响应的特点是物体中的弹塑性交界随时间变化以及残余变形随时间而发展和传播。③塑性波的传播。应力超过弹性极限以后，应力波的传播速度不再是常数。若后行塑性波的波速总小于先行塑性波的波速，就总有连续塑性波传播。否则，后行波就会赶上先行波而形成塑性激波。

塑性动力学在防护工程、地震工程、航天工程、穿甲和侵彻、高速成型、超高速撞击、爆炸工程等方面都有重要的应用。

塑性力学 plasticity 研究外力作用时固体材料内部的应力超过弹性极限后，产生永久变形和作用力之间关系的学科。力学的分支。

塑性变形规律及描述 塑性变形规律主要由实验确定。将所获得的实验结果进行归纳并进行合理简化，确定当应力超出弹性极限后材料的应力和应变关系，即材料的物理关系。材料的简单拉伸实验和静水压力实验是塑性力学的基本实验。塑性力学中常用的简化物理关系的模型有理想弹塑性模型、线性强化弹塑性模型、理想刚塑性模型、幂强化模型和刚塑性模型。在复杂应力状态下，屈服条件和发生屈服后的塑性应力应变关系的确定是塑性力学研究的主要内容。屈服条件是判断材料处于弹性状态还是处于塑性状态的判据。对于金属材料，最常用的有最大剪应力屈服条件（又称特雷斯卡条件）和最大弹性形变比能屈服条件（又称米泽斯塑性条件）。两个屈服条件数值相近，都近似反映材料的实验结果。

应力应变关系 塑性变形应考虑变形历史，因而塑性物理关系应用增量形式表示。应力和应变的增量关系与屈服条件有关。以应力和应变增量关系为物理关系的理论称塑性增量理论，又称塑性流动理论。这一理论中弹塑性材料本构关系与应变和应力的历史有关，因而应力与应变之间没有一一对应的关系。将本构关系用增量形式给出，能反映变形的历史。变形过程中若不考虑弹性应变增量，即材料在屈服后便发生塑性流动，这时的理论称莱维－米泽斯本构理论。当弹性应变增量和塑性应变相比不可忽略时，则应将弹性应变增量和塑性应变增量同时考虑，这样的理论称为普朗特-罗伊斯理论。普朗特-罗伊斯理论在金属结构的有限元分析中得到广泛应用；但在某些工程领域中塑性变形比弹性变形大得多，经常略去弹性变形，故莱维-米泽斯理论也用得很多。为了计算方便，塑性力学发展了全量物理关系，但它不能反映复杂的加载历史，在应用上有局限性。1951年D.C.德鲁克提出一个塑性力学公设，可表述为：变形过程中弹塑性材料附加应力所做的功大于零或等于零，即当材料由某应力状态σ^0开始，缓慢地加上一组附加应力，然后卸除，而回到初始应力状态σ^0。在整个循环过程中附加应力所做的功恒为非负值。应用这一公设可证明：屈服曲面必须是外凸的而且塑性应变增量的矢量必须与屈服面的外法线方向重合。

解法　在求解塑性力学问题时，所使用的平衡方程、几何方程以及应力和位移边界条件都和**弹性力学**所使用的一样，但物理关系则应使用塑性增量或全量塑性应力应变关系。由于塑性力学的本构关系是非线性的，在求解问题时会遇到困难，因此发展了一系列有效的求解问题的方法。只用平衡方程和屈服条件就可找出解答的问题称为简单问题，如梁的弯曲、柱体的扭转、厚壁筒和厚壁球、旋转圆盘等都属于这类问题。只采用平衡方程、屈服条件以及力的边界条件所求得的解是下限解，只采用位移的边界条件和内、外力功相等的条件所求得的解是上限解。当上限解和下限解相等时，这时的解满足塑性力学的全部条件，则这样的解称为完全解。上、下限法在研究结构塑性极限分析和金属塑性成型理论中获得了广泛的应用。此外，还发展了滑移线法。这些方法未直接使用非线性的塑性本构关系，因而容易得到解析解。塑性力学在充分发挥材料潜力及合理制订塑性材料加工工艺等工程问题上具有重要应用。

狻猊　lion　即狮子。古印度语suangi的音译。又称金猊、灵猊。传为龙的九子之一。最早见于《尔雅·释兽》："狻猊，如猫，食虎豹"。"狮子"一词译自吐火罗语。东汉前，"狻猊"之称从印度、"狮子"之称从西域先后传到中国。东汉时，或因佛经的译介，或因狮子的入贡，"狮子"取代"狻猊"成为最普遍的叫法。

狮子为兽中之王，代表勇猛、威严，在中国文化中有特殊含义，以想象和风格化了的狮子形象为题材的艺术样式丰富多彩。在传统建筑中，狮子是常见的装饰内容，宫殿、陵墓、寺庙、祠堂，以至桥梁的护栏、牌楼的基座等都有狮子的形象。作为镇守家宅、驱邪祈福的象征，狮子成对地立于

故宫乾清门前的铜狮子

大户人家门外。其固定形式是，雄狮爪下按一绣球居左，母狮抱一幼狮居右，意味着达官福禄、子孙满堂。民间有舞狮（见**狮舞**）习俗，变其凶猛为可爱，舞狮具有送祥瑞的意义，是中国民俗活动中不可缺少的吉祥物。

世界许多地方都有对狮子的崇拜，以狮子为造型的古建筑和有关狮子的传说也很多，如著名的埃及狮身人面的斯芬克斯、希腊神话中的狮身人面兽、巴厘神话中的狮形守护神、印度神话中狮身象鼻象牙的怪物等。

酸　acid　一类在水溶液中能电离产生H_3O^+的化合物的总称。盐酸HCl、硫酸H_2SO_4、硝酸HNO_3、磷酸H_3PO_4在水溶液中电离时，产生的阴离子（酸根）虽然各不相同，但产生的阳离子H_3O^+却是相同的，因此它们在性质上有共同的地方，例如其**水溶液**具有酸味、能使蓝色石蕊试纸变红，与**碱**作用生成**盐**、与某些金属反应放出氢气等，这些性质实际上就是H_3O^+的性质。根据酸在水溶液中电离度的大小，有强酸和弱酸之分，一般认为，强酸在水溶液中完全电离，如盐酸、硝酸；弱酸在水溶液中部分电离，如乙酸、碳酸。根据酸中所含的可电离的氢离子数目的多少，可分为一元酸（如HCl、CH_3COOH）、二元酸（如H_2CO_3、$H_2C_2O_4$）、三元酸（如H_3PO_4）。根据酸中是否含氧，可分为无氧酸和含氧酸。无氧酸都称为氢某酸，如氢硫酸H_2S、氢溴酸HBr、氢碘酸HI、氢氟酸HF、氢氰酸HCN等。含氧酸的种类比较多，如次氯酸HClO、亚氯酸$HClO_2$、氯酸$HClO_3$、高氯酸$HClO_4$。酸的用途很广，几乎重要的工业都要使用各种酸。酸对于人体的生理活动也至关重要，人的体液必须保持一定酸度。

酸沉降　acid deposition　酸性**污染物**通过降水、干沉降或其他方式（如雪、雾等）达到地表。引起的环境效应往往是干、湿沉降综合作用的结果，但主要形式是酸性降雨，故习惯上统称为酸雨。降水pH值降至5.0以下，呈酸性，则可认为这一地区的降水受到人类活动的影响。

20世纪50年代以前，少数工业区曾降酸雨。60年代起，随着矿物燃料消耗的增多，空气状况急剧恶化，越来越多的地区降水的pH值降到5.0以下，形成欧洲、北美和东亚三大酸雨区。

成因　酸雨形成是一个十分复杂的过程。从天然源和人为源排放出的硫氧化物、氮氧化物和挥发性碳氢化物在大气输送过程中，在太阳光的照射下，发生复杂的化学反应，物质的存在形式不断从低氧化态转化为高氧化态，大气的氧化性逐渐增强，硫氧化物转化为硫酸，氮氧化物转化为硝酸，挥发性碳氢化物转化为有机酸，从而导致酸性降水。

根据酸性物质形成的途径和降水的形式，可将酸雨的成因分为云中致酸和云下致酸。云中致酸指在云的形成过程中大气污染物（酸性物质和氧化剂）进入云水，并在云水中不断反应生成酸性物质，从而使云水酸化；云下致酸则指雨水离开云基后冲刷近地层大气，吸附大气污染物，并在雨滴内不断反应生成酸性物质而使雨水酸化。与此同时，大气中存在的碱性物质（碱性气体和碱性颗粒物）也会进入降水，对降水的酸性起一定的中和作用。

危害　主要表现在：①对土壤的危害。在酸沉降的情况下，土壤中的钙、镁、钾和钠等营养元素被淋溶，导致土壤日益酸化、贫瘠化。酸化的土壤影响微生物的活性，进而抑制土壤中有机物的分解和氮的固定。②对水生生态的危害。酸雨可使湖泊、河流等地表水酸化，污染饮用水源。水质变酸还会引起水生生态结构上的变化，鱼类会减少甚至绝迹。③对植物的危害。受到酸雨侵蚀的叶子中叶绿素含量降低，光合作用受阻，致使农作物产量降低，森林生长速度降低。④对材料和文物古迹的危害。酸雨加速许多用于建筑结构、桥梁、水坝、工业装备、供水管网及通信电缆等的材料的腐蚀，还严重损害文物古迹、历史建筑以及其他重要文化设施。

酸酐　acid anhydride　酸脱水后生成的化合物。包括两种：①无机酸酐（见**酸性氧化物**）；②有机酸酐，为**羧酸**的分子间或分子内失去一分子水所形成的衍生物。含有两个相同酰基（R=R′）的酸酐称为单酐，

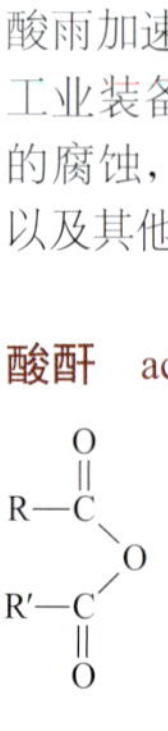

如乙酸酐；含有两个不同酰基的酸酐称为混酐，如乙丙酐。自然界存在的酸酐极少。某些羧酸与磷酸形成的混酐则是生物体代谢中的重要物质。甲酸酐尚未分离得到。其他低级酸酐为无色液体，具有不愉快的刺激性气味。高级的酸酐和芳酐为无味的固体。酸酐的沸点比相应的羧酸高；不溶于水，易溶于醚及其他一般有机溶剂。低级的酸酐遇水即缓慢水解成羧酸。酸酐与酰卤类似，能发生水解、醇解和氨解等反应，但活性比酰卤稍差。羧酸均可失水形成酸酐，特别适用于合成环状酸酐。芳烃的氧化可以制备一些工业上重要的酸酐，如顺丁烯二酸酐和邻苯二甲酸酐等。酸酐是应用广泛的酰化剂，可用来合成各种酯和酰胺。乙酸酐用于制造纤维素乙酸酯，也用于染料、制药和香料工业。丁烯二酸酐是高分子化合物的重要单体，可与玻璃纤维一起制成玻璃钢。邻苯二甲酸酐可制增塑剂、醇酸树脂、三苯甲烷染料等。

酸碱理论 acid-base theory 阐明酸、碱本质的理论。阿伦尼乌斯电离理论所述的酸碱观点在建立酸碱理论过程中是一个重大的进展，但他的理论不能解释某些不含氢氧根离子的物质是一种碱；也不能包含非水体系中的酸碱反应。后来又有下列几种酸碱理论。

酸碱质子理论　1923年丹麦J.N.布仑斯惕和英国T.M.劳里同时提出。定义是：凡是能够释放出质子（H^+）的物质，无论它是分子、原子或离子，都是酸；凡是能够接受质子的物质，无论它是分子、原子或离子，都是碱。酸和碱之间存在以下关系：

$$酸 \rightleftharpoons H^+ + 碱$$

上式表明酸和碱是相互依赖的。在以下反应中：

$$HCl + H_2O \rightleftharpoons H_3O^+ + Cl^-$$

HCl和H_3O^+都能够释放出质子，都是酸：

$$HCl \rightleftharpoons H^+ + Cl^-$$

$$H_3O^+ \rightleftharpoons H^+ + H_2O$$

H_2O和Cl^-都能够接受质子，都是碱：

$$H_2O + H^+ \rightleftharpoons H_3O^+$$

$$Cl^- + H^+ \rightleftharpoons HCl$$

上述反应称为质子传递反应，可表示为：

$$酸_1 + 碱_2 \rightleftharpoons 酸_2 + 碱_1$$

当一种分子或离子失去质子起着酸的作用的同时，一定有另一种分子或离子接受质子起着碱的作用。酸1和碱1或酸2和碱2称为共轭酸对。

酸碱质子理论的优点是：①扩大了酸的范围。只要能够释放出质子的物质，不论它是在水溶液中，或是非水溶剂，或是气相反应，或是熔融状态，它们都是酸，例如NH_4^+、HCO_3^-、HSO_4^-、HS^-、$H_2PO_4^-$、HPO_4^{2-}、H_2O。②扩大了碱的范围。NH_3和Na_2CO_3都能接受质子，全是碱；F^-、Cl^-、Br^-、I^-、HSO_4^-、SO_4^{2-}等也都可算是碱。③一种物质是酸还是碱，是由它在酸碱反应中的作用而定。HCO_3^-与NaOH反应时放出质子，此时它是一种酸；HCO_3^-与HCl反应时，它又接受质子，则是一种碱。由此可见，酸和碱的概念具有相对性。

酸碱质子理论也有解释不了的问题，如无法说明下列反应是酸碱反应：

$$CaO + SO_3 \longrightarrow CaSO_4$$

在这个反应中SO_3显然是酸，但它并未释放质子；CaO显然是碱，但它并未接受质子。又如实验证明了许多不含氢的化合物（它们不能释放质子）如$AlCl_3$、BCl_3、$SnCl_4$都可以与碱发生反应，但酸碱质子理论无法解释它们是酸。

路易斯酸碱理论　1923年美国G.N.路易斯为酸碱下定义：碱是具有孤对电子的物质，这对电子可以用来使别的原子形成稳定的电子层结构。酸则是能接受电子对的物质，它利用碱所具有的孤对电子使其本身的原子达到稳定的电子层结构。这一理论很好地解释了一些不能释放出质子的物质也是酸，一些没有接受质子的物质也是碱。如CaO与SO_3的反应可解释如下：

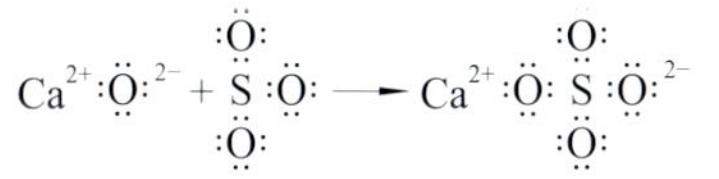

在这一反应中，CaO具有孤对电子，这对电子可以用来使SO_3中的硫原子达到稳定的8电子层结构，所以CaO是碱。SO_3在反应中虽然没有释放质子，但其中的硫原子能够接受CaO中氧原子的孤对电子而达到稳定的8电子层结构，所以SO_3是一种酸。

路易斯酸碱理论解释了许多有机反应也是酸碱反应，例如CH_3^+、$C_2H_5^+$、CH_3CO^+都是酸，分别与碱H^+、OH^-、$C_2H_5O^-$结合成加合物CH_4、C_2H_5OH、CH_3CO-OC_2H_5。

其他酸碱理论　①溶剂体系理论。H.卡迪和H.P.埃尔西提出：凡是能增加溶剂中特征阳离子浓度的物质是酸，如酸的水溶液、液氨中的铵盐等；凡能增加溶剂中特征阴离子浓度的物质是碱，如氢氧化钠的水溶液、液氨中的氨基化钠$NaNH_2$等。

②乌沙诺维奇理论，又称正负理论。1939年M.I.乌沙诺维奇提出：凡能与碱反应，给出阳离子，接受阴离子或电子的物质是酸；凡能与酸反应，与阳离子结合，给出阴离子或电子的物质是碱。

③勒克斯-弗勒德理论。1939年H.勒克斯提出，1947年经H.弗勒德发展的以O^{2-}离子来定义酸碱的理论：氧离子给予体是碱，氧离子接受体是酸。

④软硬酸碱理论。1963年R.G.皮尔孙提出：根据路易斯酸（电子接受体）和路易斯碱（电子给予体）的电性以及形成酸碱加合物稳定性的差别，把酸和碱各分为软、硬两类。能提供电子对的物质是碱，分享电子对的物质是酸。体积小、极化性低和电荷高的阳离子或分子是硬酸，体积大、电荷低和易被极化的阳离子或分子是软酸。具有高的电负性和低极化性的阴离子或分子可归为硬碱，而具有低的电负性和高极化性的阴离子或分子归为软碱。硬酸优先与硬碱结合，软酸优先与软碱结合。

酸碱平衡 acid-base balance 机体体液的酸碱度维持相对稳定的状态。维持内环境稳态的重要组成部分之一。机体体液环境必须具有适宜的酸碱度且相对恒定，才能维持正常的代谢和生理功能。人体内酸碱度的相对稳定是依靠体内各种缓冲系统，以及肺和肾的调节功能来实现的。人体血浆酸碱度用动脉血pH表示，平均值为7.4。体液中的酸性或碱性物质主要是细胞内物质在分解代谢过程中产生的，少量来自食物。在普通膳食条件下，酸性物质的产生量远远超过碱性物质。

机体对酸碱平衡的调节作用　机体对体液酸碱度的调节作用主要有：①体液缓冲系统的作用。②肺在酸碱平衡中的调节作用。③肾脏在酸碱平衡中的调节作用。④组织细胞对酸碱平衡的调节作用。机体大量组织细胞内液也是酸碱平衡的缓冲剂，细胞的缓冲作用主要是通过离子交换进行的。

体内的酸碱平衡是依靠多种调节因素而共同维持的，但各种调节在作用时间及程度上又各有特点，相互配合与补充，以保持$NaHCO_3$与H_2CO_3的比值为20:1。

体内产生和积聚的酸性或碱性物质超过了机体的缓冲和调节能力，就可能发生酸碱平衡的紊乱，导致酸中毒或碱中毒。

酸中毒　由于体内酸增多或碱丢失，使血浆pH<7.35的状态。主要有两种类型：

代谢性酸中毒　常见于高热、休克、饥饿及急性肾功能衰竭等体内酸性物质产生和积累过多时，属于阴离子间隙增大的病因；其次见于肠瘘、胆瘘、胰瘘等碱性体液丢失过多时，属于阴离子间隙正常的病因，在外科多见。代谢性酸中毒突出的症状是呼吸深而快，呼气中带有酮味。患者面部潮红、眩晕、头痛、嗜睡，甚至昏迷。

呼吸性酸中毒　由于呼吸功能不全，体内CO_2积聚过多引起，常见于呼吸道梗阻、肺气肿、肺炎等病。临床表现为呼吸困难、缺氧、乏力、头痛、胸闷等。血中CO_2升高。治疗主要解决通气问题，解除呼吸道梗阻的因素，必要时作气管插管或切开，使用呼吸机并适当供氧。

碱中毒　体内酸丢失或碱积聚，使血浆pH>7.45的状态。有两种类型：

代谢性碱中毒　常见于幽门梗阻，长期胃肠减压，或过多应用碱性药物及利尿药的作用。临床表现呼吸慢且浅，可伴有低钾血症。又因在碱性环境中钙的离子化程度低，血清Ca^{2+}降低而出现手足搐搦。尿多呈碱性，pH和HCO^-_3明显增高。治疗通常只需补给等渗盐水或葡萄糖盐水就可以纠正。

呼吸性碱中毒 为通气过度，血中CO_2排出过多，浓度降低而引起的低碳酸血症，见于发烧、颅脑损伤、感染、白血病和肝功能衰竭等。临床表现为呼吸不规则，手足及面部麻木感，以及肌肉震颤，手足抽搐，心跳加速，血液pH增高、CO_2下降。治疗应首先处理原发疾病，纠正通气过度，控制颅内病变。轻症者常随着原发病因消除而自行恢复；危重患者发生急性呼吸性碱中毒，常提示将发生急性呼吸窘迫综合征（ARDS），预后不良。

酸式盐 acid salt 含有可电离的氢离子的盐。命名时用“氢”表示，氢的数目用一、二、三表示（“一”可省略），如磷酸二氢钾KH_2PO_4。一般酸式盐的溶解度大于相应的正盐，但也有例外。例如，碳酸氢钠的溶解度就小于碳酸钠。

酸式盐中酸根给出氢离子的倾向强于接受氢离子的倾向，其水溶液显酸性，如磷酸二氢钠；如果酸式根接受氢离子的倾向强，则酸式盐溶液显碱性，如碳酸氢钠和磷酸（一）氢钠。某些一元酸也能形成酸式盐，典型的有酸式碘酸钾$KH(IO_3)_2$。

许多非金属元素含氧酸的酸式盐，加热脱水生成相应的多酸盐：

$$2KHSO_4 \longrightarrow K_2S_2O_7 + H_2O$$
$$2K_2HPO_4 \longrightarrow K_4P_2O_7 + H_2O$$

酸性氧化物 acidic oxide 能与碱反应生成盐和水的氧化物。酸性氧化物包括非金属氧化物如三氧化硫、二氧化碳、二氧化硅和高氧化数的金属氧化物如三氧化铬、七氧化二锰等。

简单含氧酸完全脱水生成的酸性氧化物称为酸酐，如硫酸脱水生成的三氧化硫称硫酐，硝酸脱水生成的五氧化二氮称硝酐。而有些酸酐（如二氧化硅）则不溶于水，但可以和碱反应生成金属的含氧酸盐。例如：

$$SiO_2 + 2NaOH \longrightarrow Na_2SiO_3 + H_2O$$

某些高氧化数酸性氧化物，如七氧化二锰、五氧化二氮、七氧化二氯都是强氧化剂，受热剧烈分解，甚至发生爆炸。

酸雨 acid rain 酸沉降的习惯统称。

蒜 *Allium sativum*; garlic 百合科葱属的一种。一年生或二年生草本植物。又称大蒜。原产中亚。中国栽培大蒜当始于公元前1世纪左右。

蒜株高60厘米以上，茎为叶鞘组成的假茎，鳞茎（蒜头）生长于地下，由多数小鳞茎（蒜瓣）合生于短缩茎盘上而成。春夏间抽生肉质圆柱状花莛（蒜薹），顶端着生伞状花序，位于总苞内。花淡红色，一般不孕，而形成珠芽（蒜珠或气生鳞茎）。一般依鳞茎皮色分为紫皮蒜和白皮蒜，依蒜瓣大小分为大瓣蒜和小瓣蒜，依蒜瓣数分为独头蒜、四瓣蒜、六瓣蒜、八瓣蒜等类型，按是否抽薹则可分为有薹种和无薹种。蒜性耐寒，属长日照植物。如在黑暗条件下栽培，可长成黄色蒜苗，通称蒜黄。除鲜食外，鳞茎还可醋渍或糖渍、酱渍，也可干制成蒜粉和加工成脱水片。由于富含大蒜素，有调味及增进食欲之效。还有强烈的杀菌作用，可用以预防和治疗多种疾病。

算法 algorithm 在有限步骤内求解某一问题的一组含义明确的可以完全机械执行的规则。以一个或一组数据作为输入，并产生一个或一组数据作为输出，也可以看作一系列将输入转换为输出的计算步骤。

算法是计算机科学的核心研究领域，被广泛地用来描述编程实现的解决问题的具体过程，并独立于编程的语言。算法具有5个重要的特征：①有穷性。必须保证在执行有限步之后结束。②确切性。算法的每一步骤必须是明确定义的。③输入。有零个或多个输入。④输出。有一个或多个输出。⑤可行性。能够精确地运行。

算法可分成数值算法和非数值算法。数值算法主要包括多项式计算、矩阵计算、数论计算、微分方程数值解法等。非数值算法主要包括排序搜索、组合优化、几何问题的计算、离散结构的计算、模式匹配等。另外，算法可分成串行算法和并行算法。近似算法和概率算法也有大的发展。算法研究主要包括设计算法与分析算法。

《算经十书》 *Ten Mathematical Classics* 中国汉唐《周髀算经》、《九章算术》、《海岛算经》、《孙子算经》、《夏侯阳算经》、《张丘建算经》、《缀术》、《五曹算经》、《五经算术》、《缉古算经》等十部算经的总集。《周髀算经》是以数学方法阐明盖天说和四分历法的数理天文学著作。其“类以合类”的思想，是当时数学的总结，也规范了后来中国传统数学的特点。《九章算术》总结了先秦至公元前1世纪中国的数学成就，是中国传统数学奠基性著作。该书的刘徽注奠定了中国传统数学的理论基础，并在世界数学史上首次引入极限思想和无穷小分割方法。《海岛算经》，263年魏刘徽撰，使用重差术测算可望而不可即的目标。《孙子算经》是一部启蒙读物，其“物不知数”问是世界上最早的同余方程组问题。《张丘建算经》，北魏张丘建撰，其“百鸡术”是闻名世界的不定方程问题。《缀术》一作《缀述》，祖冲之撰，一作祖暅撰。因隋唐算学馆学官“莫能究其深奥”（《隋书·律历志》）而失传。将圆周率近似值精确到8位有效数字，提出密率$\frac{355}{113}$及负系数二次、三次方程的解法是现今所知道的成就。《五曹算经》、《五经算术》均为北周甄鸾著，前者是供地方官员使用的浅显算书，后者解释儒家经典中的数学问题。《缉古算经》，唐王孝通撰，主要用开方术解决体积和勾股问题。唐李淳风等奉诏整理十部算经，显庆元年（656）完成，是算学馆主要教材。

十部算经在唐中叶就有不同的抄本流传。北宋元丰七年（1084）秘书省刊刻，是数学著作在世界上的首次印刷。时《夏侯阳算经》、《缀术》已佚。后者付之阙如。前者因唐中叶一部实用算书开头有“夏侯阳曰”被误认为《夏侯阳算经》而刻入，该书开乘除捷算法之先河。13世纪初南宋鲍澣之翻刻秘书省刻本，又刊刻东汉末徐岳所著的《数术记遗》，是世界上现存最早的印刷本数学著作。十部算经在元明称为“十经”或“十书”。明永乐六年（1408）编成《永乐大典》，取十部算经的另一抄本分类抄入“算”字条，今只存卷一万六千三百四十三、卷一万六千三百四十四，是关于“异乘同除”和“少广”的内容。明朝数学落后，十部算经除《周髀算经》和《数术记遗》仍有刊刻外，其他算经或藏于深宫，或流入藏书家的书阁，或失传。到明末清初，南宋本只有《周髀算经》、《孙子算经》、《张丘建算经》、《五曹算经》、《缉古算经》、《数术记遗》、赝本《夏侯阳算经》，以及《九章算术》的前5卷的孤本。清康熙二十三年（1684），汲古阁主人毛扆影抄了此7部半南宋本，世称汲古阁本。后传入清宫，藏天禄琳琅阁，1932年，北平故宫博物院将其影印，收入《天禄琳琅丛书》。原本现存台北“故宫博物院”。南宋本《缉古算经》和《夏侯阳算经》在清朝失传，其他各本今分藏于上海图书馆和北京大学图书馆，1980年文物出版社将其影印，收入《宋刻算经六种》。

清乾隆三十九年（1774），戴震从《永乐大典》辑录出《周髀算经》、《九章算术》、《海岛算经》、《孙子算经》、《五曹算经》、《五经算术》、赝本《夏侯阳算经》等7部算经，加以校勘（其中《周髀算经》系以明刻本为底本），先排印入《武英殿聚珍版丛书》，后抄入《四库全书》。然而戴震的辑录工作相当粗疏，其校勘固然有若干正确的，但错校亦不少，尤其是改动了大量的不误原文。1776年，戴震借到汲古阁本，以此为底本，并以《永乐大典》的辑录本参校，交孔继涵刻入《微波榭丛书》，以《周髀算经》、《九章算术》等9部为正文，以《数术记遗》为附录，始有《算经十书》之名。微波榭本除沿袭戴震的辑录粗疏、正确的校勘和大量错校外，又作了若干修辞加工。1963年，中华书局出版钱宝琮校点的《算经十书》，以《周髀算经》、《九章算术》等8部为正文，以《数术记遗》、赝本《夏侯阳算经》为附录，纠正了戴震等人的许多错校。然而它以微波榭本为底本，也沿袭了后者的不少失误。1998年，辽宁教育出版社出版郭书春等点校的《算经十书》，其构成同钱校本，其《周髀算经》(与刘钝合作)、《孙子算经》、《张丘建算经》、《五曹算经》、《数术记遗》及《九章算术》的前5卷以南宋本为底本，《九章算术》后4卷及刘徽序以杨辉本为底本，《缉古算经》、赝本《夏侯阳算经》以汲古阁本为底本，《海岛算经》、《五经算术》以《永乐大典》的戴震辑录本为底本，进一步纠正前人的错校。后又加修订，2001年由台北九章出版社出版。

算命 fortune-telling　迷信的一种。将人出生的年、月、日、时，按天干、地支依次排列成八个字，称为八字，然后找出其所属五行，再以相生相克之说来推断其祸福、寿夭。源于原始社会万物有灵的信仰。先秦诸子把这种超自然的力量归结为一个“命”字。东汉时期的王充把先秦诸子的人命观发展成为命理理论，认为人的吉凶运气是命中注定的。这些均为算命奠定了思想基础。汉代首先将阴阳、五行用于相术，而后逐渐衍化出算命术。唐代的李虚中被认为是算命术与命理学的开山鼻祖，他根据人出生时年、月、日的天干地支来推定一生的贵贱寿夭、吉凶祸福。宋代的徐子平将算命术进一步发展为年、月、日、时的四柱推算方法，又称子平算命、子平术。元明清时，出现了大量的命理著作，算命之风也极其盛行。现代社会中，随着科学普及，大多数人对算命之说已不再相信。

算盘 abacus　中国传统计算工具。以珠串连排列构成计算之盘，故名。产生于汉代以前，由筹算演变而来，是中国古代的一项重要发明。算盘由长方型木框中上、下两排算珠组成，算珠内贯直柱，俗称“档”，一般为9档、11档或15档。档中横以梁，梁上一般有2珠，每珠为5，梁下5珠，每珠为1。运算时按规定的方法拨动算珠，可进行加减乘除等运算。明清时，算盘的应用已很广泛。中国常用的算盘有两种：一是圆形七珠（上二下五）的大算盘，一是菱形六珠（上一下五）的小算盘。当代还出现五粒菱形珠（上一下四）的小算盘以及介于大、小算盘之间集中了两者优点的碟珠中型算盘。算盘在明代中期传入朝鲜、日本。第二次世界大战后，美国从日本引进算盘。算盘设计合理，构造简单，使用方便，在计算机普及以前，是中国财务、银行和商家必备的计算工具。

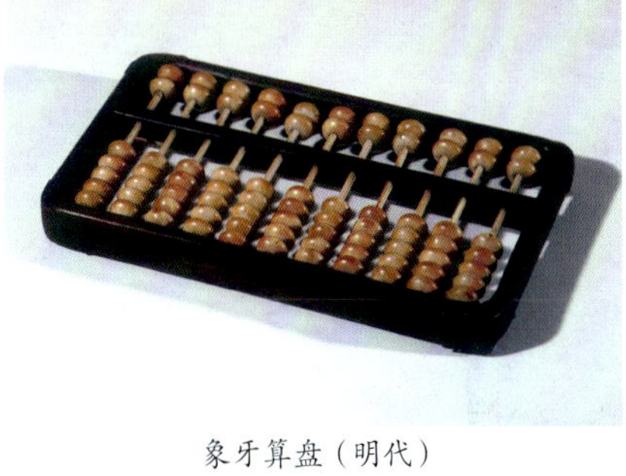

象牙算盘（明代）

算术 arithmetic　最古老、最基本的数学分支。通常算术仅讨论自然数、正分数、正无理数的性质及四则运算，其他的数在代数中讨论。

自然数的公理刻画　自然数在数学中一直被当作最基础的概念，没有定义。直到19世纪，在数学的公理化思想的影响下，数学家们开始思考什么是自然数，自然数可以用什么样的最基本概念来定义，哪些是自然数的基本性质。G.W.莱布尼茨在关于等式2×2=4的证明中首先涉及这些问题。由于自然数有两种功能，一个用来回答“多少个”，一个用来回答“第几个”，因此产生了基数和序数两种理论。这两种理论分别由德国数学家G.康托尔和意大利数学家G.皮亚诺完成。

分数　符号m/n被称为（正）分数，式中m,n为自然数$(n\neq0)$。$m_1/n_1=m_2/n_2$当且仅当$m_1\times n_2=m_2\times n_1$。分母是1的分数$m/1$与自然数$m$相同。如果$m_1/n_1\neq m_2/n_2$，当$m_1\times n_2>m_2\times n_1$时，$m_1/n_1>m_2/n_2$；当$m_1\times n_2<m_2\times n_1$时，$m_1/n_1<m_2/n_2$。$m_1/n_1+m_2/n_2=(m_1\times n_2+m_2\times n_1)/n_1\times n_2$，$(m_1/n_1)\times(m_2/n_2)=m_1m_2/n_1n_2$。分数的加法、乘法符合交换律、结合律和分配律。任意两个分数a,b，要么$a=b$，要么$a>b$，要么$a<b$。由以上的定义可以推出人们熟悉的分数的性质。

无理数　虽然无理数的概念起源于古希腊，但直到17世纪后，随着数学分析的发展，实数理论才成为主要的研究对象。19世纪70年代，J.W.R.戴德金、G.康托尔和K.外尔斯特拉斯分别独立地通过不同的途径完善了实数理论。

算术平均数 arithmetic average　对全部数据的算术平均，是所观察数据的一个代表性数值。在统计学中平均数具有重要的地位，它是进行统计分析和统计推断的基础。从统计思想上看，均值是一组数据的重心所在，是数据误差相互抵消后的必然性结果。比如人们对同一事物进行多次测量，若所得结果不一致，可能是由于测量误差所致，利用均值作为其代表值，则可以使误差相互抵消，反映出事物必然性的数量特征。

算术平均数可根据总体数据计算，也可根据样本数据计算。设第一项数据为x_1，第二项数据为x_2，依次类推，x_i表示第i项数值。若该组数据为总体数据，共有N项数值，则总体均值用希腊字母μ表示，计算公式为：

$$\mu=\frac{x_1+x_2+\cdots+x_N}{N}=\frac{\sum_{i=1}^{N}x_i}{N}$$

若为样本数据，样本容量（样本数据的个数）为n，则样本均值用$\bar{x}$表示，计算公式为：

$$\bar{x}=\frac{x_1+x_2+\cdots+x_n}{n}=\frac{\sum_{i=1}^{n}x_i}{n}$$

《算数书》 *Writings on Reckoning*　中国现存最早的数学著作。1983年底、1984年初在湖北张家山247号汉墓中出土的一批数学竹简，有200余支完好，因其中一枚有“算数书”而得名。学术界经过考证，认为绝大多数内容是先秦或秦的。《算数书》不分篇章，现存69条标题、100余条抽象程度不同的术文、80余道应用问题及其解法。它有世界上最早的分数四则运算法则、盈不足算法和正负数运算，还有比例与比例分配、面积、体积问题的解法。它是了解秦与先秦数学及其表达方式的极其宝贵的资料。书中内容有不少重复，也有矛盾和不能自洽的地方，因而不是一部系统编纂的著作，而是多年间从若干已有的著作中撷编的。它有一小部分内容与《九章算术》相同。这一部分与《九章算术》有血缘关系或同源，然而大部分并不相同，因而《算数书》不是《九章算术》的前身。然而它已经具备中国传统数学著作的某些特点。

睢景臣 Sui Jingchen　中国元代散曲作家。一作睢舜臣，字景贤。扬州人。生卒年及生平事迹不详，约1302年前后在世。睢景臣的〔般涉调·哨遍〕《高祖还乡》散套，是元代散曲中的名篇。套曲取材于汉刘邦称帝后“威加海内返故乡”的史实，通过一个与刘邦有过瓜葛的乡民，揭露了刘邦过去强秤麻、暗偷豆的行为；并以贫贱与显贵的对比描写，寥寥数笔，勾画出他昔日虽然喂牛切草，拽坝扶锄，如今却“觑得人如无物”的变化。同时，作品还对那些趋炎附势的乡绅们忙着接驾时装模作样的丑态，进行无情的讽刺。在一定程度上影射了元代社会的现实。这一套曲，构思巧妙，利用乡民的口吻，嬉笑怒骂，讽刺幽默。作品结构紧凑而有层次，形象鲜明，语言本色生动，有较高的艺术成就。另撰有《屈原投江》、《牡丹记》、《千里投人》3种杂剧，《嘉庆扬州府志》还曾著录《睢景臣词》1卷，均不传，今仅存套曲3首。

睢阳书院 Suiyang College　中国古代书院之一。见应天府书院。

绥芬河市 Suifenhe City 中国黑龙江省辖县级市。边境口岸城市。位于省境东南长白山北端，绥芬河上游，东与俄罗斯接壤。面积427平方千米。人口13万(2010)，有汉、满、回、朝鲜等民族。市名因河名而得，“绥芬”系满语“锥子”之意。原为荒坡野甸，1903年中东铁路修建后划为铁路附属地，1923年成为重要口岸城镇，1948年为东宁县府驻地。1951年成立绥芬河军政委员会，直属东北局所辖。1975年设市。由牡丹江市代管。矿产有红土、黄岗岩、青石等。工业以食品、饮料、冶金、纺织、建材、交通设备、化工等为主。建有绥芬河中俄互市贸易区，是全国重要的进口木材集散地。铁路口岸开通了中、俄、日国际集装箱联运线。市内建筑具有东欧建筑艺术特色，景色宜人，环境幽雅。

绥化市 Suihua City 中国黑龙江省辖地级市。辖北林区和望奎、兰西、青冈、庆安、明水、绥棱6县，代管安达、肇东、海伦3市。面积35 211平方千米。人口542万(2010)，有汉、蒙古、回、满、朝鲜、达斡尔、锡伯等民族。1958年设绥化专署。1967年改为绥化地区。1999年撤销绥化地区和县级绥化市，设立地级绥化市。矿产有石油、天然气、铁、煤、大理石、石灰岩、石英石、矿泉水等。工业以食品、化工、医药、纺织、机械、电子、冶金、建材、塑料、卷烟、木材综合加工等为主。盛产玉米、水稻、大豆、亚麻、甜菜、烟叶、向日葵、蔬菜等，是黑龙江省重要的商品粮基地。名胜有金代八里城遗址、郝家城子遗址、四方台遗址等。

绥靖政策 policy of appeasement 一种对侵略不加抵制、姑息纵容、退让屈服，以牺牲别国为代价，同侵略者勾结和妥协的政策。又称姑息政策。第一次世界大战后，各国人民革命的兴起及社会主义苏联的出现，引起帝国主义的恐惧和仇视。20世纪30年代前，绥靖政策主要表现为扶植战败的德国、支持日本充当防范苏联的屏障和镇压人民革命的打手。到30年代，以英国首相N.张伯伦为代表的英、法、美等国的绥靖主义者，为了维护既得利益，求得一时苟安，不惜以牺牲别国利益为代价，谋求同侵略者妥协，妄图将祸水引向苏联，坐收渔利。1931年九一八事变后，它们容忍日本侵略中国东北；1935年3月容忍A.希特勒重整军备；1935年10月容忍意大利侵略埃塞俄比亚；1936年3月放任希特勒武装进占莱茵区；1937年7月纵容日本发动全面侵华战争；1938年3月默许希特勒兼并奥地利，这些都是绥靖政策的例证。最典型的体现则是1938年9月的慕尼黑会议和《慕尼黑协定》。目的是推动德国进攻苏联。历史证明，绥靖政策是一种纵容战争、扩大战争的政策。它无法满足法西斯国家的侵略野心，却鼓励侵略者冒险，加速了第二次世界大战的爆发。

绥拉菲莫维奇 Serafimovich, Aleksander Serafimovich (1863-01-07～1949-01-19) 苏联作家。生于顿河州，卒于莫斯科。曾就读于圣彼得堡大学数理系，1887年因参加反对沙皇统治活动被开除并被流放。1890年获释后从事新闻工作。十月革命后曾主持教育部文学处、文学杂志《十月》等工作。在流放期间开始文学创作活动，1901年第一部短篇小说集出版。长篇小说《铁流》(1924)描写国内战争时期一支散乱的达曼部队，突破敌人重围，历尽艰险，终于找到红军主力的故事，被公认为早期苏联社会主义文学的优秀作品之一。其他主要作品还有短篇小说《在冰块上》、《送葬曲》，中篇小说《耗子王国》(1912)，长篇小说《草原上的城市》(1912)等。

绥远抗战 Suiyuan Campaign 1936年绥远省主席兼国民党军35军军长傅作义领导晋绥军队在绥远省(今内蒙古中部)东、北地区抗击日伪军进攻的战役。1936年春，日本关东军侵占察哈尔省(今划入河北、内蒙古)北部6县。为吞并绥远，策动德穆楚克栋鲁普(即德王)成立伪蒙古军和伪蒙古军政府，指使汉奸王英成立“大汉义军”，并于6月、8月两次唆使伪军犯绥，未逞。11月初，日军驻嘉卜寺(今化德)特务机关长田中隆吉指挥伪蒙古军和王英军总兵力1.7万人，在日军数架飞机支援下，分4路企图攻占绥远。傅作义先后调集部队约3万余人，以小部兵力和当地民众武装坚守要点，主力首先歼击进犯绥东的红格尔图伪军。18日，取得红格尔图保卫战的胜利，毙敌1 000余人。24日又挥师北上收复百灵庙(今达尔罕茂明安联合旗)，摧毁日伪军在绥北的基地。12月10日，收复锡拉木伦庙，毙日军顾问20余人，“大汉义军”彻底覆灭。此役挫败了日军西侵绥远的阴谋，极大地鼓舞了全国人民的抗战爱国热情。

在百灵庙大捷中歼灭日伪军的中国骑兵部队

隋朝 Sui Dynasty 中国历史上继南北朝之后的统一王朝(581～618)。创建者杨坚，袭封隋国公，故称隋。建都大兴城(今陕西西安)，隋炀帝时以洛阳为东京。历文帝杨坚、炀帝杨广、恭帝杨侑三帝，共38年。大业五年(609)时有郡(州)190个，县1 255个。是时隋朝疆域，东、南皆至海，西至且末，北至五原。

隋朝世系表

①文帝杨坚	——	②炀帝杨广	——	③恭帝杨侑
(581～604)		(604～618)		(617～618)

隋朝的建立 北周大成二年(580)，周宣帝宇文赟死，静帝年幼，杨坚掌握军政大权，迅速平定了反抗他的相州(今河南安阳南)总管尉迟迥、郧州(今湖北安陆)总管司马消难、益州(今四川成都)总管王谦。同时，杨坚还屠戮了北周宇文氏诸王。在消灭内外政敌以后，他自左大丞相迁大丞相，并于周大定元年(581)二月代周称帝，国号隋，改元开皇，是为隋文帝。

统一南北 隋初，北方突厥的势力强盛。文帝开皇二年(582)，隋军挫败入掠河西的突厥军。三年，突厥分裂为东、西两汗国。五年，东突厥沙钵略可汗归附。八年二月，隋文帝下诏伐陈，大举南进。次年，隋大将韩擒虎俘后主陈叔宝。陈亡后，隋又迁陈朝皇家和百官家属入关中。岭南方面，在高凉(今广东阳江西)太守冯宝妻冼夫人(少数族人)的协助下也迅即安定。北迁的江南豪强认为统一损害了他们的利益。开皇十年冬，遍及陈朝旧境的反隋暴动爆发。隋派遣杨素领兵镇压。大约次年即告平定。北朝后期，鲜卑贵族的门阀化，尤其是各族人民共同的生产斗争和阶级斗争，促进了民族大融合；汉族杨氏代周以后，象征民族矛盾的鲜卑政权亦告消亡，南北统一的条件已经成熟。

图1 青瓷武士俑(湖北武汉周家大湾出土)

政治制度的改革 在文帝统治时期和炀帝统治的前期，隋先后进行了一系列有利于完成和巩固统一、强化中央集权的改革。①改革行政制度。开皇初年，基本形

图2 隋五铢钱

成以尚书、内史（即中书）、门下三省为行政中枢的制度。这一制度后来为唐代继承和发展。开皇三年，文帝下诏废罢境内500余郡，改州、郡、县三级为州、县两级。州置刺史，将州府和军府合一。凡军事上较重要的州设置总管，兼任刺史。大业元年（605），炀帝下诏废除诸州总管府，进一步加强中央集权。②改革选举制度。开皇末年实行六品以下官吏全部由尚书省吏部铨举之制，地方各级机构的属官从此由朝廷委任，彻底废除了传统的辟举制。保证门阀世袭的**九品中正制**也在隋代废除。但是由于隋代门阀贵族的子弟仍可以门荫出身，所以门阀世袭制在隋代选举中仍居优势。一般地主的入仕道路主要是通过吏职和军功。隋代出现了两种新的科举科目——进士与明经，对后世有很大的影响。③改革**府兵制**。早在大象二年（580）杨坚为北周大丞相时，即下令西魏时受赐鲜卑姓的汉族府兵一律恢复汉姓，具有破除鲜卑人当兵、汉人务农的意义。开皇十年文帝下诏，府兵全家一律归入州县户籍，只本人作为兵士由军府统领。这一措施清除了胡汉分治的遗迹，适应了民族融合的时代要求，有利于统一。④制订《开皇律》。开皇元年和开皇三年，制订和修改了隋律，即《开皇律》。隋代法律对后世有很大的影响。隋初较重要的改革还有铸造新五铢钱，统一当时混乱的货币，以及统一度量衡。

社会经济的发展　开皇二年（582），隋重颁均田令，受田百姓承担国家赋役。开皇三年，隋文帝下令，将受田并承担赋役的成丁年龄提高。力役从每年一个月减至20天，未被役的丁男纳绢代替，称为庸；户调绢从一匹（四丈）减为二丈。仁寿四年（604），炀帝即位后，免除了妇人、奴婢、部曲之课。大业五年（609）进行了一次大规模的户口检查。同年，再次下诏均田。检查户口与均田相结合，目的都是为了扩大赋役对象。文帝统治时期，一些水利灌溉工程在各地兴建，有利于产量的增长和耕地面积的扩大。为便于征集物的集中和搬运，隋代沿着漕运水道在今陕西、河南境内设置了广通（在今陕西华阴）、常平（在今河南三门峡市东南）、河阳（在今河南孟县南、黄河北岸）、黎阳（在今河南浚县）、含嘉（在今河南洛阳）、洛口（即兴洛仓，在今河南巩义东北）、回洛（在今河南洛阳）诸仓。开皇五年，文帝令诸州以社为单位，设置义仓，以备水旱赈济。

隋代手工业在前代的基础上有所发展。成都和魏郡（今河南安阳）都以制造精美的雕刻物著称。东南传统的造船业仍继续发展。隋代商业也获得发展。汴州城外和北齐故都邺城的郊郭居住着许多商贾、工匠。成都是西南最大的都市，历来以手工业、商业繁盛著称。丝绸之路仍然是对外贸易的通道。陆道以张掖为中心，聚集着国内西北各族和外国商人。南海（今广东广州）是最大的贸易港口，输出丝绸，输入象牙珠宝传统商品。长安和洛阳是全国政治中心，也是国际的贸易中心。为了控制地方，扩大南北漕运，隋开皇四年曾开凿由长安新城——大兴城到潼关的漕运渠道，称为广通渠，又名富民渠。炀帝继位后，又先后开凿疏浚了通济渠、邗沟、江南河、永济渠，相衔接为大运河，不仅加强了隋王朝对南方地区的政治、军事控制，便利了江南财物向洛阳、长安的转输，而且大大加强了中国南方和北方的经济、文化联系，对以后的历史发展也具有深远的影响。

隋与国内少数民族的关系　早在文帝开皇四年，东突厥沙钵略可汗就已与隋和好。十九年，隋朝扶助启民可汗为突厥主。他对隋非常尊重。大业七年，西突厥处罗可汗来朝。大业前期是隋极盛的时期。为了管理西域事务，大业五年，隋设置了西域校尉。当年六月，在燕支山下，炀帝张设盛大宴会，款待来朝的各族首领30多人。在岭南地区，原高凉太守冯宝妻谯国夫人冼氏，自平陈后，即协助隋派来的将吏安抚当地俚僚诸族。滇南地区在开皇二十年亦获安定。台湾自孙吴以来，和大陆的关系日益密切。隋代称之为流求。大陆商人经常到流求进行贸易。此后，台湾海峡两岸间的经济、文化交流进一步加强了。

隋和外国的关系　大业三年，炀帝遣使者从海道出使赤土（大致在今马来半岛）和日本，大约在同时，由陆道遣使到今印度、伊朗及中亚地区。大业年间，许多国家遣使来隋。中国文化进一步在亚洲各国间广为传播。在朝鲜半岛，三国中除了高句丽曾和隋发生战争外，百济、新罗都和隋朝有友好关系。日本自东汉以来，以倭国的名号为中国所知。隋时，日本圣德太子几次遣使来隋，随行的学生和僧徒长期留居中国，多数直到唐初才返国。通过他们，隋唐的礼制、政令在日本传播。东南亚各国和隋通使的有10余国。那时在中亚阿姆河与锡尔河流域的有所谓昭武九姓国，都在大业中遣使来隋。

隋的覆亡　导致人民反抗的直接原因是漫无止境的劳役征发。炀帝营建东京、修长城、开运河，虽有一定的积极意义，但却滥用了民力。从炀帝即位开始，几乎每年都有重役。炀帝统治期间，几乎每年出去巡游，沿路供需都由所经地方承办。这笔费用最后都落在人民的头上。东晋时，高句丽入据辽东。炀帝即位后，便决心大举东征。大业八年二月，炀帝和大军渡过辽水，围攻辽东城（今辽宁辽阳）。因东征本来不得人心，高句丽又顽强抵抗，七月，炀帝被迫退兵。九年四月，炀帝再渡辽水，攻围辽东城。六月，杨玄感起兵攻东都（东京改称）。炀帝只好退兵。大业十年二月，炀帝发动了第三次东征。这次战争是在义军遍地的形势下发动的，炀帝感到无法把战争进行下去，只好因高句丽请和，乘势收兵。炀帝三次东征，社会生产力遭到严重的破坏，人民受到无边的苦难。最早见于记载的是大业七年邹平县民王薄于长白山（在今山东邹平南）起义。各支起义队伍经过分并离合，最后大致形成三大起义力量：一是据有河南的李密领导的瓦岗军；二是雄踞河北的窦建德领导的夏军；三是自淮南转移到江南由杜伏威领导的吴军。农民起义军的发展，促使统治阶级内部分化，尤其是大业九年杨玄感的起兵，对隋的崩溃有很大影响。隋太原留守**李渊**于大业十三年十一月攻占长安，立炀帝孙代王侑为帝，改元义宁，尊炀帝为太上皇，自为大丞相，掌握大权。次年五月，李渊代隋称帝，国号唐，改元武德。

大业九年以后，隋军只能据守一些城镇，已不能控制广大农村。大业十二年炀帝第三次到江都。那时炀帝所能控制的地域已非常狭小，江都粮食供应越发感到困难，炀帝便在十三年下令修筑丹阳宫，准备渡江。十四年三月，征辽军队发动兵变，杀死炀帝，立炀帝侄孙秦王浩为帝。而东都群臣则立炀帝的又一个孙儿越王侗为帝，改元皇泰，史称皇泰主。同年**宇文化及**杀秦王浩，称帝，国号许。唐武德元年（618）九月，李密降唐。王世充于次年四月，废皇泰主，称帝，国号郑，改元开明。到此，三个象征性的隋政权残余全部灭亡。

隋的文化　隋王朝时期表现在哲学、文学、语言学、音乐、美术等方面的南北

图3　赵州桥龙纹石栏板

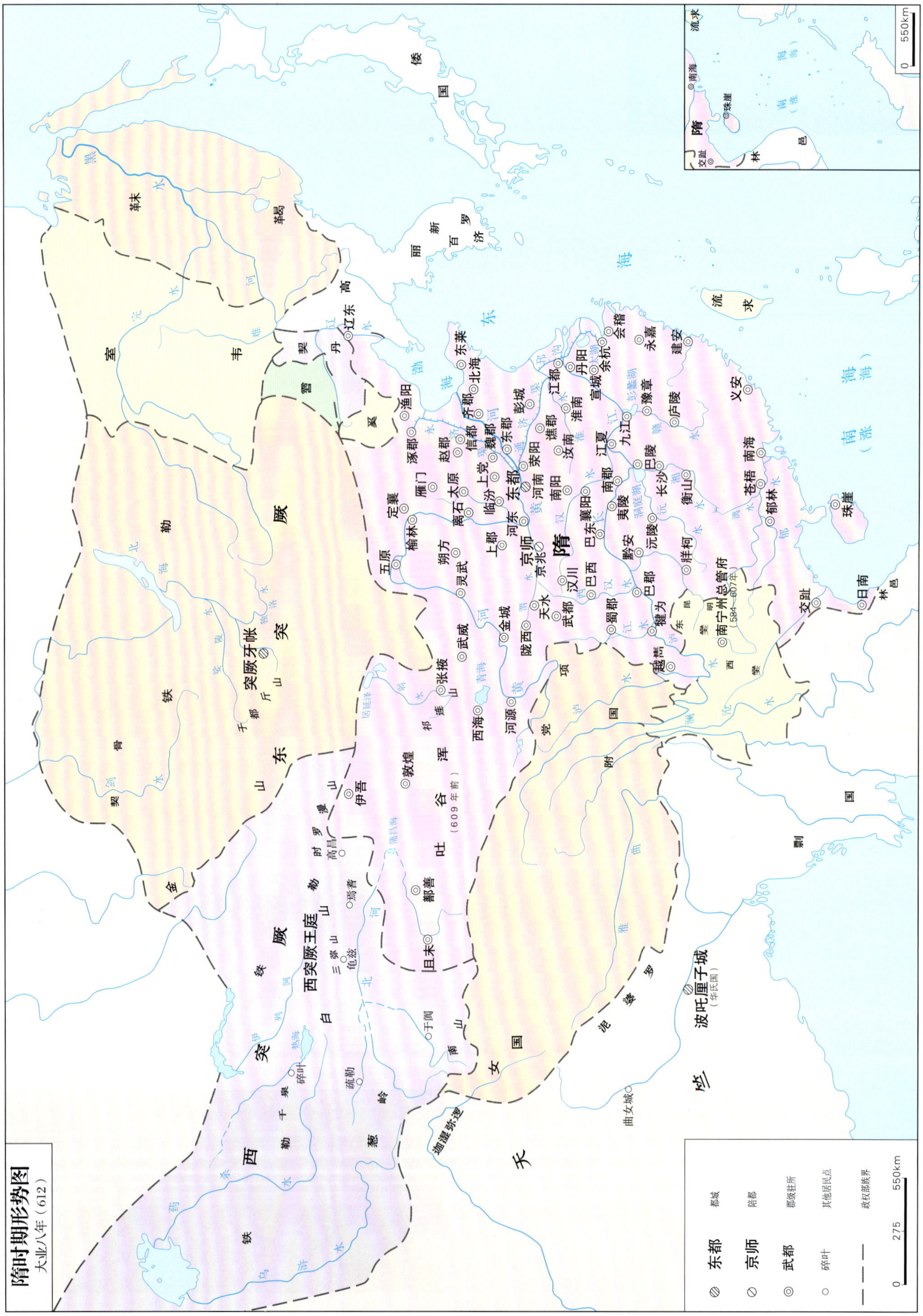

隋时期形势图
大业八年（612）
东都 都城
京师 陪都
武都 郡级驻所
碎叶 其他居民点
政权部族界
0 275 550km
隋
东都
京师
突厥牙帐
西突厥王庭
东突厥
西突厥
吐谷浑
（609年前）
室韦
靺鞨
高丽
新罗
百济
倭国
流求
东海
南海
南宁州总管府
（584—607年）
附国
党项
女国
泥婆罗
天竺
波吒厘子城
（华氏国）
林邑
交趾
日南
珠崖

交融，是显著的。陈、隋之际，智𫖮创立天台宗，体现了南北佛教学风和各种学派的交流和统一，适应了统一王朝的需要。隋代最显赫的经学大师刘焯、刘炫被称为“学通南北、博极今古”。经学由南北交流走向统一。南、北文风过去也不相同。南朝讲究声律词藻；北方质朴，宜于实用。炀帝尊重南方文化，南方文学遂成为正统。在书法艺术上，南方流行的是以王羲之、王献之父子为首的新书体（行草书），秀逸流移；北方上承汉魏隶法，方正遒劲。隋代书法艺术综合南北，为唐代书法的统一奠定了基础。南北朝时期文学创作的需要，还推动了音韵学的研究。开皇初年，颜之推、萧该、陆法言等8人，对当时语音详加校正。陆法言又于仁寿元年撰成《切韵》5卷。《切韵》是一部集南北音韵研究之大成的巨著，为唐宋时期音韵学的更大发展奠定了基础。北方、江南、西域以及外国音乐，在隋代也得到交融发展。北齐、北周时期西域乐，后来为隋继承。开皇九年（589），隋平陈，获得宋、齐音乐和梁、陈乐人。大业六年（610），炀帝命各地检括西魏、北齐、北周、陈的乐人子弟，集中于太常寺。大业年间定九部乐。隋九部乐后来沿用至唐，又有了新的发展。科学技术在隋代取得了新的成就。经学家刘焯又是杰出的天文学家。他使用定朔计算法取代过去的平朔法，创制了当时先进的历法——《皇极历》。定朔法的采用是中国天文史上的一项重大改革。巢元方是隋朝最著名的医学家。他撰写的《诸病源候论》50卷，开辟了后世病因学和病理学的研究途径。隋代地理学，特别是地图的编绘技术有了显著进步。大业六年，炀帝又命臣下依据图经撰成《区宇图志》129卷，是一部地理学的巨著。炀帝时的著名地理学家裴矩，撰成《西域图记》3卷，是一部地理学名著。隋朝工匠李春在赵州（今河北赵县）城南洨水上所建的安济桥，即赵州桥，是中国现存最古老的大石桥。它比欧洲同类空腔式桥梁的出现要早700多年。

隋末农民起义 Peasants' Uprising in Late Sui Dynasty 中国7世纪初推翻隋朝统治的农民大起义。隋朝末年，隋炀帝滥用民力，大兴土木，穷兵黩武，用暴力迫使农民与土地分离，严重摧毁了生产力，社会生产被破坏，阶级矛盾迅速激化，贫苦农民纷纷起义反抗。大业八年（612），见诸史籍记载的起义军达21支。起义的地区重点在河北、山东。起义的群众基础大多数是贫苦农民，也有牧子（身份不自由的牧民）和下层僧侣。到大业十二年，先后在全国各地兴起的起义军大小不下百余支，义众达数百万。逐步形成了瓦岗军、河北夏军和江淮吴军三支主力。

瓦岗军的创始人是翟让。大业十二年，曾参预杨玄感反隋的贵族李密也来参加瓦岗军。大业十三年二月，瓦岗军攻破兴洛（后改洛口）仓，开仓赈济饥民。瓦岗军先击溃了刘长恭所率的2.5万步骑，不久又招降了裴仁基。翟让推李密为瓦岗军首领，号魏公。赵魏以南（今河北中部及南部）、江淮以北的各路起义军皆归瓦岗军，众至数十万，几乎控制了河南全境。瓦岗军成为河北、山东各路起义军的盟主。四月，瓦岗军围迫东都，将20余万隋军困于孤城。在河北地区，大业十二年，张金称、高士达先后被隋军镇压，窦建德收合两部余众，军势复振，很快发展到10余万人。次年正月，窦建德在乐寿县（今河北献县）郊建立政权，自称长乐王，署置百官，改元丁丑。在江淮一带，起义军攻破高邮（今江苏高邮北），占历阳（今安徽和县），杜伏威自称总管，以辅公祏，对隋王朝进行了摧毁性的打击。八月，河北、山东、河南和江淮流域都被起义军占领，形势对瓦岗军非常有利。但由于瓦岗军内部矛盾日益加深，李密始终不肯改变在洛阳城下与隋军主力长期鏖战的错误战略，所以没有取得决定性胜利。大业十三年五月，隋太原留守李渊也从太原起兵，七月，趁隋军与瓦岗军大战之机，进入关中。十一月，攻克长安。大业十四年三月，在江都的隋禁军将领利用关中士兵思归的情绪，推宇文化及为主，发动兵变，杀死隋炀帝，领兵西归。五月，李渊在长安即皇帝位，建立唐朝。留守东都的隋越王侗也在洛阳即皇帝位，改元皇泰，史称皇泰主。

炀帝死后，阶级关系发生很大变化。杜伏威上表于洛阳小朝廷，皇泰主拜伏威为东道大总管，封楚王。李密向皇泰主称臣。李密大破宇文化及的军队，但自己的兵力损失也很大，于九月被实际控制东都的王世充乘虚打败，投降李渊。只有窦建德的夏政权在河北仍保持独立。武德四年（621）三月，唐兵进攻洛阳王世充，窦建德亲自统兵10余万援助王世充，和唐军相持于虎牢（今河南荥阳西北）一带。五月初，李世民袭击得手，夏军溃散，建德被俘。七月，窦建德于长安被杀。夏亡。杜伏威于武德二年降唐。六年，这支义军又在辅公祏领导下起义反唐，次年三月被消灭。

瓦岗军开仓散粮（油画）

《隋书》 *History of Sui Dynasty* 记载中国隋代历史的纪传体史书。85卷，内帝纪5卷，志30卷，列传50卷。纪、传主要记载隋文帝开皇元年（581）至恭帝义宁二年（618）的历史。《隋书》是唐初设史馆制度后的官修史书。纪、传和志由不同作者先后撰成。唐太宗贞观三年（629）颜师古、孔颖达、许敬宗等人奉敕编撰《隋书》纪传，魏徵监修，贞观十年完成。志10篇由于志宁、李淳风、李延寿、颜师古等人分修，令狐德棻监修。唐高宗永徽三年（652），改由长孙无忌监修，显庆元年（656）修成。长孙无忌领衔表进，但他并没有参预编撰。天文、律历、五行三篇志由李淳风执笔，地理志由颜师古撰写，其他志已不知撰人。《隋书》最早刻于北宋天圣二年（1024），已失传。另有南宋嘉定间刻本残卷65卷及南宋另一刻本残存5卷传世。元朝大德年间饶州路刻本是比较好的版本，涵芬楼百衲本《隋书》即据此影印。清乾隆年间武英殿刊本是较为流行的版本。1973年中华书局影印的校点本即依据以上数种版本校勘整理而成，是很好的通行本。

《隋唐演义》 *Romance of Sui and Tang Dynasties* 中国清初长篇小说。20卷100回。褚人获著。褚人获，字稼轩，又字学稼，号石农。长洲（今江苏苏州）人。约1681年前后在世。能诗文，布衣不仕，著有《读史随笔》、《退佳琐录》、《圣贤群辅录》等，尤以《坚瓠集》76卷著称于世。

隋唐之际，变乱迭起，史事尤多，故唐、宋以来，即有大量稗史传奇流传于世，明代则有演为小说者，而在民间说唱文学中也有大量讲述隋末群雄的故事。《隋唐演义》即据史书及这些材料编写而成。它起自隋文帝起兵伐陈，而迄于唐明皇还都而死。全书的基本结构线索为隋炀帝、朱贵儿及唐明皇、杨玉环的“两世姻缘”，作者序言得之于袁于令所藏《逸史》，而以隋末群雄并起，瓦岗寨英雄聚义，花木兰代父从军、唐太宗武功文治、武则天改元称帝等事穿插其间。作品暴露了帝王后妃的骄奢淫逸，颂扬了草泽英雄的侠义勇武。《隋唐演义》在排比史事，穿插点染方面，受《三国志演义》影响较多，而在塑造草泽英雄形象时，又心仪《水浒传》。写瓦岗寨诸英雄，都各有特色，比较鲜明生动。这部书题材过于芜杂而剪裁不当，细节描写与大段铺衍不够均匀协调，情节转换较生硬，常常插入一些毫无必要的英雄美人故事，显得结构松散，而且每一回前必有一段忠孝节义的枯燥说教，都使它在艺术上减色不少。上海古典文学出版社曾于1956年据清初四雪草堂本整理出版此书。

隋文帝杨坚 Emperor Wendi of Sui Dynasty (541～604) 中国隋朝开国皇帝。弘农华阴（今陕西华阴东）人。父杨忠，西魏时为十二大将军之一，赐姓普六茹氏，北周时官至柱国大将军，封隋国公。杨坚15岁时被授官散骑常侍、车骑大将军、仪同三司，封成纪县公。周武帝时杨坚进位大将军，袭爵隋国公。长女为周宣帝皇后，杨坚以皇后之父拜为上柱国、大司马。大象二年（580）五月，周宣帝死，子静帝宇文阐年方8岁。内史上大夫郑译、御正大夫刘昉假传遗诏，召杨坚入宫辅政，都督中外诸军事。坚自为左大丞相，总揽军政大权。杨坚辅政后，为防止分封在外的北周诸王变乱，托故召武帝弟赵、陈、越、代、滕五王入长安。相州（今河南安阳南）总管尉迟迥、郧州（今湖北安陆）总管司马消难、益州（今四川成都）总管王谦相继起兵反叛。杨坚先后平定了三方叛乱，诛杀周室诸王，于大定元年（581）二月代周称帝，国号隋，改元开皇，是为隋文帝。

隋文帝进行了一系列的改革。开皇元年（581），他首先废除北周六官制，基本上确立了三省六部制，以利于加强中央集权；改南北朝以来的州郡县为州县两级体制。开皇元年，文帝命高颎等人参考魏晋旧律，制订刑律颁行。三年又命苏威、牛弘修改新律，删除苛酷条文，除死罪81条，流罪154条，徒杖等千余条。采取许多经济措施以巩固其统治。开皇元年春即位时，分官牛五千头给贫人，助其生产。二年，颁布关于均田和租调的新令（见均田制、租庸调）。十分重视仓廪的建置和漕路的开通。开皇三年，下诏在黄河中游十三州募丁运米，向国都大兴城递次转输关东、汾晋的粟谷。四年，命宇文恺主持开凿大兴城至潼关的漕渠，都城太仓的储粮得以充实。五年，诏各州设置义仓（即社仓），以备灾年赈济之用。文帝创置的义仓制度是封建国家保障社会生产力的一项措施，以后沿用到清代。

开皇初年，突厥骑兵经常扰掠隋朝北方地区。隋文帝采取积极防御策略，于开皇三年派重兵分八道出击，打败突厥。五年，在西突厥攻逼下，沙钵略请和于隋；后来突利之子染干（即启民可汗）亦归降，隋文帝将其部落分别安置在白道川（今内蒙古呼和浩特西北）和五原地区，北方暂得安宁。

隋文帝开皇前期的一系列政治、经济和军事措施取得了显著成效，为南下灭陈统一全国准备了条件。开皇九年正月隋军渡过长江，攻占陈都建康，俘陈后主陈叔宝，陈朝灭亡。西晋末年以来延续近300年的南北分裂局面宣告结束。开皇十年，隋文帝对府兵制进行改革。这一措施取消了兵民异籍制度，清除了胡汉分治的遗迹，适应了民族融合的时代要求，有利于统一和社会生产发展的要求。隋文帝统治的后期，国家富足强盛，编户大增，仓储的丰实为历史所仅见。隋文帝在开皇年间重视儒学对于思想统治的作用。但晚年崇信佛教，“不悦儒术”。他勤于政务，自奉甚俭，在封建帝王中颇不多见。仁寿四年（604）七月，病中的隋文帝在杨广、杨素控制下猝然死去。

隋炀帝杨广 Emperor Yangdi of Sui Dynasty (569～618) 中国隋朝皇帝。隋文帝杨坚次子。一名英。开皇元年（581）封晋王。八年冬，为行军元帅统兵伐陈。灭陈后，进位太尉。与杨素等人阴谋夺取太子位。开皇二十年十一月立为太子。仁寿四年（604）七月文帝死，相传为杨广暗害。杨广即皇帝位。炀帝即位后，确立了三省体制，发展科举制，设置进士科。下令进行貌阅、括户，扩大了国家的赋役对象。大业五年（609），隋炀帝亲征，平定吐谷浑。隋炀帝仗恃国力富强，骄奢淫逸，是历史上有名的暴君。即位后几乎每年征发重役。他为营建东都洛阳、开发运河、修筑长城，10余年间调发扰动不下1 000万人次，造成天下死于役的惨象。隋炀帝年年远出巡游，每次出游都大肆营造离宫，扰掠地方，浪掷人力物力财力，社会生产受到严重破坏。炀帝亲征吐谷浑后，又下诏征天下兵进攻高句丽。大业八年至十年，曾3次向高句丽出兵，由于当时农民起义已遍及全国，隋王朝岌岌可危，最后只好议和收兵。大业七年，王薄率领民众在长白山（今山东章丘东北）起义，隋末农民战争终于爆发（见隋末农民起义）。十二年七月，隋炀帝从东都去江都。十四年（618）三月，右屯卫将军宇文化及、虎贲郎将司马德戡等，煽动军士进入宫中，缢杀炀帝。

隋炀帝文学造诣很高，《隋书·经籍志》著录《炀帝集》55卷，《全隋诗》录存其诗40多首。

随机变量 random variable 随机试验结果的量的表示。掷一颗骰子出现的点数，电话交换台在一定时间内收到的呼叫次数，随机抽查的一个人的身高，悬浮在液体中的微粒沿某一方向的位移等，都是随机变量的实例。

一个随机试验的可能结果（称为基本事件）的全体组成一个基本空间Ω。随机变量X是定义在Ω上的函数，即对每一基本事件$\omega\in\Omega$，有一数值$X(\omega)$与之对应。

在研究随机变量的性质时，确定和计算它取某个数值或落入某个数值区间内的概率是特别重要的。因此，随机变量取某个数值或落入某个数值区间这样的基本事件的集合，应当属于所考虑的事件域。根据这样的直观想法，利用概率论公理化的语言，取实数值的随机变量的数学定义可确切地表述如下：概率空间$(\Omega,\mathscr{F},P)$（见概率）上的随机变量X是定义于Ω上的实值可测函数，即对任意$\omega\in\Omega$，$X(\omega)$为实数，且对任意实数x，使$X(\omega)\leqslant x$的一切ω组成的Ω的子集$\{\omega: X(\omega)\leqslant x\}$是事件，也即是$\mathscr{F}$中的元素。事件$\{\omega: X(\omega)\leqslant x\}$常简记作$\{X\leqslant x\}$。

随机过程 stochastic process 随时间推进的随机现象的数学抽象。例如，某地第n年的降水量X_n由于受许多随机因素的影响，它本身具有随机性，因此$\{X_n, n=1, 2\cdots\}$便是一个随机过程。类似地，森林中动物的数量，液体中受分子碰撞而作布朗运动的粒子的位置，百货公司每天的顾客人数等，都随时间而变化形成随机过程。严格地说，现实中的大多数过程都具有程度不同的随机性。

随机过程的数学定义如下：设$(\Omega,\mathscr{F},P)$为概率空间，T为指标t的集合（通常视t为时间），如果对于每个$t\in T$，有定义在Ω上的随机变量$X(t)$与之对应，就称随机变量族$X=\{X(t), t\in T\}$为一随机过程（简称为过程）。过程X实际是两个变元(t,ω)（$t\in T$，$\omega\in\Omega$）的函数，当t固定时，它是一个随机变量；当ω固定时，它为t的函数，称此函数为随机过程（对应于ω）的轨道或样本函数。

一些特殊的随机过程早已引起人们注意，例如1907年前后，A.A.马尔可夫研究过一列有特定相依性的随机变量，后人称之为马尔可夫链；又如1923年N.维纳给出了布朗运动的数学定义（后人也称数学上的布朗运动为维纳过程），这种过程至今仍是重要的研究对象。虽然如此，随机过程的一般理论的研究通常认为始于20世纪30年代。30年代初，A.N.科尔莫戈罗夫发表的《概率论的解析方法》和A.Ya.辛钦发表的《平稳过程的相关理论》为马尔可夫过程和平稳过程奠定了理论基础。稍后，P.莱维出版了有关布朗运动和可加过程的两本书，其中蕴含了丰富的概率思想。1953年J.L.杜布的名著《随机过程论》问世，系统而又全面地叙述了随机过程的基本理论。1951年伊藤清建立了关于布朗运动的随机微分方程的理论，为马尔可夫过程的研究开辟了新的道路。60年代，法国学派基于马尔可夫过程和位势理论中的一些思想与结果，在相当大的程度上发展了随机过程的一般理论。中国学者在平稳过程、马尔可夫过程、鞅论、极限定理、随机微分方程等方面也做出了较好的工作。

随机过程的研究方法是多样的，主要可分为两大类：①概率方法，其中用到轨道性质、停时、随机微分方程等。②分析方法，工具是测度论、**微分方程**、半群理论、函数论、**希尔伯特空间**等。但许多重要结果往往是两种方法并用的。主要研究课题有：多指标过程、流形上的随机过程与随机微分方程、无穷质点马尔可夫过程、概率与位势、各种特殊过程的专题讨论等。

随机控制 stochastic control 使随机系统实现期望性能的一类控制。把随机过程理论与最优控制理论结合起来研究随机系统的理论称为随机控制理论。随机系统指含有内部随机参数、外部随机干扰和观测噪声等随机变量的系统。随机变量不能用已知的函数描述，只能了解它的某些特性。**自动控制系统**分为可以通过观测来确定系统状态的确定性系统，以及系统状态带有随机性的不确定性系统两类。随机系统是不确定性系统的一种，其不确定性由随机性引起。对随机系统，按确定性理论设计的控制系统的行为会偏离预定的设计要求，产生随机偏差量。飞机或导弹在飞行中遇到的阵风，在空间环境中卫星姿态和轨道测量系统中的测量噪声，各种电子装置中的噪声，生产过程中的种种随机波动等，都是随机干扰和随机变量的典型例子。随机控制系统的应用涉及航天、航空、航海、军事上的火力控制系统，工业过程控制，经济模型的控制，乃至生物医学等。研究的课题包括随机系统的结构特性和运动特性（如动态特性、能控性、能观测性、稳定性）的分析、随机系统状态的估计，以及随机控制系统的综合。随机控制理论的研究需要使用随机过程的基本概念和概率统计方法。

随机振动 random vibration 无法用确定性函数而须用概率统计方法定量描述其运动规律的**振动**。例如，车辆在高低不平路面上行驶、高层建筑在阵风或地震作用下发生的振动等。随机振动的单次试验结果有不确定性、不可预估性和不重复性，但相同条件下的多次试验结果却有内在的统计规律。将每次试验结果$y_j(t)$（$j=1, 2, \cdots, n$）都看作一个样本，则它们全体（又称集合）$Y[t]=\{y_1(t), y_2(t), \cdots, y_n(t)\}$构成一个随机过程，用以表示随机振动的响应。对一个随机过程，在任意时刻t_i的各样本上取值是随机的，称$Y(t_i)$为随机变量。随机变量定义在样本空间，其取值有一定的概率，用概率统计方法可得到各种信息。例如，用数学期望表示随机变量的平均值，用均方值表示随机变量平方的平均值，用标准差表示随机变量偏离数学期望的程度，用概率密度函数或概率分布函数表示随机变量在不同范围取值的概率。用积分变换（如拉普拉斯变换、傅里叶变换等）方法可得到随机过程的频率域或其他域的信息，从而可全面描述随机振动的激励和响应。随机振动的问题包括：①响应预测。已知激励和系统的物理参数，求响应，例如飞机振动是否会引起零部件损坏或人体不适。②系统识别。已知激励和响应，求系统的动态特性，例如易损物品的包装设计、坦克和汽车的悬挂设计等都须弄清系统的动态特性。③环境调查。已知响应和系统的动态特性，求激励，例如公路路面检验、地震谱测试等。

随想曲 capriccio 音乐体裁样式之一。一种幻想气质的器乐作品的总称，不同历史时期有不同的含义。16～17世纪是一种形式自由的赋格式的**幻想曲**，有时以特定主题为基础，如G.弗雷斯科巴尔第的《基于杜鹃啼声的随想曲》和《基于六个唱名的随想曲》。18世纪是一种生动活泼的自由幻想曲。J.S.**巴赫**的《离别随想曲》则是标题性的哈普西科德套曲，其中包含赋格乐章。19世纪的随想曲是一种即兴性的器乐曲，如F.**门德尔松**和J.**勃拉姆斯**作品中的随想曲。有些随想曲则是由一系列特定主题组合而成的幻想曲，如P.I.**柴科夫斯基**的《意大利随想曲》等。N.**帕格尼尼**的小提琴《24首随想曲》则具有练习曲的性质。

《随园诗话》 *Suiyuan Studio's Comments on Poetry* 中国清代诗论著作。袁枚撰。全书10卷。袁枚既是乾嘉诗坛的著名诗人，也是一位重要的诗论家。其理论的核心是提倡**性灵说**，对**沈德潜**的**格调说**和**翁方纲**的**肌理说**有所批评。他认为所谓“性灵”，就是自然风趣地反映诗人一时的感受，而不必一定讲求境界的大小，格调的高下。他主张诗写性灵，反对动辄以“盛唐”、“杜、韩”为宗的摹古倾向，说：“自三百篇至今日，凡诗之传者，都是性灵，不关堆垛。”在具体阐发的过程中，他把“性灵”和“学识”结合起来，以性情、天分和学力为创作之根本，以真、新、活为创作的追求，形成了自己的一套完整的理论。除阐明其性灵说的理论外，此书对历代的诗人作品、流派沿革和清代中、前期诗坛也多有评述，颇值得参考。有人民文学出版社版《中国古典文学理论批评专著选辑》丛书本。

随缘乐 Suiyuanle 中国单弦牌子曲创始人。本名司徒瑞轩，字靖辕，世人以司瑞轩称之，随缘乐为其艺名。生卒年不详。约生活于清道光、咸丰年间。满族，北京人。早年为八角鼓票友，因故改为自己一个人自弹三弦坐唱，号称“随缘乐一人单弦八角鼓”，后又发展为一人敲击八角鼓站唱，另有一人用三弦进行专职伴奏，单弦牌子曲的表演形式从此逐渐定型。他的单弦牌子曲演唱，在音乐曲调上改革利用了当时流行京城的南城调、云苏调、金钱莲花落以及时调小曲中的栽秧歌、“北板梅花调”即早期“**梅花大鼓**”中的绣麒麟以及石韵等。他编演的单弦牌子曲节目，代表性的以长篇《十粒金丹》，中篇《武十回》、《翠屏山》等，短篇《挑帘裁衣》、《武松开吊》等。

随州市 Suizhou City 中国湖北省辖地级市。位于省境北部，北邻河南省。辖曾都区和随县，代管**广水市**。面积9 636平方千米。人口216万（2010）。周为随侯国。战国末楚灭随国置随县。西魏大统元年（535）置随州。1912年复置随县。1979年析随县置随州市（县级）。1983年随县并入随州市。2000年升地级随州市。工业以汽车、轻纺、医药化工、机械、建材、采矿等为支柱产业。农业以水稻、小麦和棉花、油菜、花生、芝麻、烟草、蔬菜、银杏、香菇种植及生猪、家禽、水产养殖等为主。香菇、银杏产量在全国名列前茅。名胜有擂鼓墩战国早期古墓群、曾侯乙墓、神农纪念馆、神农洞、厉山炎帝神农纪念馆，还有大洪山风景名胜区和封江旅游度假区、白云湖风景区等。随州为国家历史文化名城。

髓 marrow 人体骨髓、脊髓和脑髓的总称。中医学认为髓由肾的精气与饮食精微所化生，有充养骨骼、补脑等作用。属**奇恒之腑**。

髓与肾的关系密切，肾精充足，则髓的生化有源。髓居骨中，滋养骨骼，使骨成长并坚固有力。脊髓又直接上通于脑，脑得髓的补益，能使人耳聪目明、身体健强、精力充沛。如果有先天性肾精不足，则髓的生化之源匮乏，难以营养骨骼，骨骼就会脆弱无力或发育不良，也会影响智力的发育，如临床所见的小儿囟门迟闭、骨软无力或智力低下等。如果后天肾为邪气所伤或房事过度，导致肾精亏虚，髓亦因之受损，会出现腰膝酸软无力甚至足痿不能行动等。若因病丧失大量津液，髓中的津液也会减少，出现肢体屈伸不利、胫酸脚软、耳鸣目昏等。一般说来，髓的病变多属亏虚之证，治疗上往往从补肾着手。

岁差和章动 precession and nutation 在地球和月球的摄动下，地球自转轴在空间并不保持固定方向，而是不断发生变化。地轴的长期运动称为岁差，而其周期运动则称为章动。对地球赤道隆起部分的摄动，使地球自转轴绕黄道面的垂直轴（黄道轴）

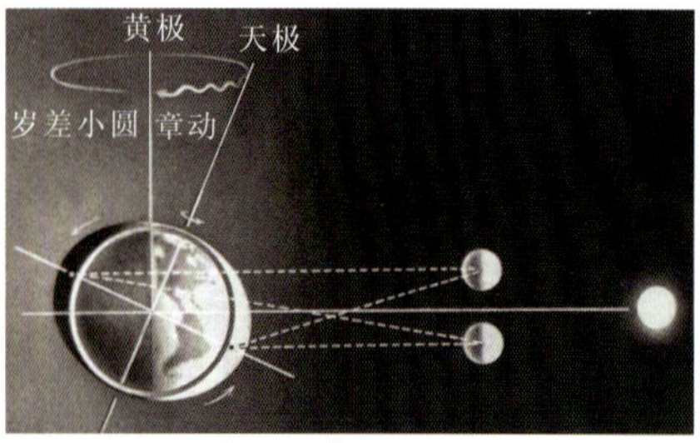

岁差和章动示意图

旋转，在空间描绘出一个半径约为黄赤交角的圆锥面，周期约为26 000年，相应引起春分点沿黄道的位移，这样的长期运动称为日月岁差。地球自转轴在空间绕黄道轴转动的同时，还伴随有许多短周期的微小变化。如月球轨道面位置的变化使白道的升交点沿黄道向西运动，约18.6年绕行一周，因而月球对地球的引力作用也有相同周期的变化。同样，太阳对地球的引力也具有周期性变化。在天球上引起的真天极绕其平位置（平天极）所作的周期相同的运动统称为章动。日月岁差和章动的共同影响使真天极绕黄极在天球上给出一条波状的曲线。此外，地球还受到**太阳系**内其他行星的吸引，从而引起黄道面的不断变化，这不仅使黄赤交角改变，而且还使春分点沿赤道产生一个微小的位移（其方向与日月引起的移动相反），这种长期运动称为行星岁差。日月岁差与行星岁差之和称为总岁差。

《岁寒堂诗话》 *Suihantang Studio's Comments on Poetry* 中国宋代诗歌理论著作。南宋张戒撰。张戒，字定甫（一作定复），正平（今山西新绛）人。生卒年不详，约于1135年前后在世。宣和六年（1124）进士。绍兴中官至监察御史、殿中侍御史。所著《岁寒堂诗话》2卷，上卷以探讨诗歌理论为主，兼论历代诗人诗作，下卷为杜诗品评。全书着重阐明自己的诗歌见解，不涉杂事，是一部理论性较强的诗话。他论诗以言志为本，强调韵味，强调含蓄蕴藉："句中若无意味，譬之山无烟云，春无草树，岂复可观？阮嗣宗诗，专以意胜；陶渊明诗，专以味胜；曹子建诗，专以韵胜；杜子美诗，专以气胜。然意可学也，味亦可学也，若夫韵有高下，气有强弱，则不可强也。"唐宋诗人，他最推崇**杜甫**，反对苏（轼）、黄（庭坚）诗中滥用典故、补缀奇字、以议论为诗、以押韵为诗的倾向，以为是"诗人中一害"："自汉、魏以来，诗妙于子建，成于李、杜，而坏于苏、黄。"虽不免偏颇，但他能在苏、黄诗风笼罩文坛之际说这样的话，是需要眼光和胆识的。这正是《岁寒堂诗话》的最大贡献和特色。此书有《四库全书》本、《武英殿聚珍版丛书》本、《**历代诗话**》续编本、《丛书集成初编》本，1983年中华书局出版有校点本。

《岁时广记》 中国古代岁时民俗资料的汇编。南宋陈元靓（生卒年不详）撰。元靓约生活在南宋后期，自称广寒仙裔。全书40卷，前4卷记录四时概况，后36卷按岁时节日顺序记述节日资料。辑录与记述的内容广泛，包括岁时生产、社交、饮食、婚姻、禁忌、信仰、娱乐等。书中引用的南宋以前的文献资料今多已亡佚，因此是一部重要的研究南宋以前岁时民俗的参考文献。有清代《十万楼丛书》本、《学海类编》本以及民国《丛书集成本》。

岁实和朔策 length of the tropical year and length of the synodic month 中国清代的历法称以日为单位的回归年长度为岁实，朔望月长度为朔策。在近代历法史研究中也大都沿用这些名称。但这两个名称的涵义有一个演变过程。唐《崇玄历》中开始用岁实、朔实等名称和数值，但这些数值还必须除以分母通法，才得到以日为单位的回归年长度和朔望月长度。宋代历法中开始有朔策的名称，意义也和朔望月一致。金代的《大明历》中的岁实的意义和《崇玄历》相同，而另一名称岁策则是指回归年长度。直到清代才将朔望月长度定名为朔策，将回归年长度定名为岁实。

岁星纪年 Jupiter cycle 以**木星**所在星次来纪年的方法。中国古代很早就认识到木星约12年运行一周天。人们把周天分为十二分，称为十二次，木星每年行经一次，就用木星所在星次来纪年。因此，木星被称为岁星，这种纪年法被称为岁星纪年法。此法的起源年代还不清楚，但在春秋、战国之交很盛行。因为当时诸侯割据，各国都用本国年号纪年，岁星纪年可以避免混乱和便于人民交往。《左传》、《国语》中所载"岁在星纪"、"岁在析木"等大量记录，就是用的岁星纪年法。

除了十二次之外，天上又有十二辰的分划（用子、丑、寅、卯、辰、巳、午、未、申、酉、戌、亥十二地支来称呼）。它的计量方向和岁星运行的方向相反，即自东向西。由于十二地支的顺序为当时人们所熟知，因此，人们又设想有个天体，它的运行速度也是12年一周天，但运行方向是循十二辰的方向。这个假想的天体称为太岁。当岁星和太岁的初始位置关系规定后，就可以从任何一年岁星的位置推出太岁所在的辰，因而就能以十二辰的顺序来纪年，称为太岁纪年法。

岁星实际约11.86年运行一周。过80多年，岁星实际位置将超过理想计算位置一次。岁星纪年法用久之后，就与实际天象不符。于是，必须改革历法，调整岁星和太岁的位置。东汉改用《四分历》时，废止了岁星纪年法与太岁纪年法，开始使用干支纪年法。

遂宁市 Suining City 中国四川省辖地级市。位于省境东部，四川盆地中部，涪江中游。辖船山区、安居区和蓬溪、射洪、大英3县。面积5 326平方千米。人口325

灵泉寺

万（2010），以汉族为主。东晋永和三年（347）置遂宁郡，唐为遂州州治，宋为遂宁府治，元为遂宁州治，明降州置遂宁县。遂宁历来是川中著名的政治、经济、文化中心，素有"川中巨邑"、"小成都"之称。1985年建立地级市。工业有食品、机械、纺织、饮料、电力、造纸、医药、化工、建材、农副产品加工等。农业主产粮食、油料、棉花、麻类、蔬菜、海椒、水果、蚕桑及生猪、家禽和淡水鱼等，建有粮食、棉花、蚕茧、生猪、蔬菜、花卉、香山大蒜等商品生产基地。名胜有广德寺、灵泉寺、金华山陈子昂读书台、赤城湖、平安森林公园等。

碎叶 Tokmak 中国唐代设在西北地区的军镇。碎叶城，地傍碎叶水，其地在今吉尔吉斯斯坦伊塞克湖（热海）以西，托克马克西南8千米处之阿克别希姆废墟。唐以前为各族商人杂居的城郭小国，受西突厥控制。

唐高宗显庆三年（658），在平定阿史那贺鲁叛乱之后，唐政府在西突厥境广置羁縻州，碎叶在这时可能置为羁縻州，安车鼻施曾任刺史。

调露元年（679），唐平定匐延都督阿史那都支的反叛，于碎叶设镇置军。安西都护王方翼费时五旬，重筑了碎叶镇城，城立十二门，迂回曲折，易于防守，碎叶镇从此成为**安西四镇**之一，并设镇守使驻守，见于史籍的如延载元年（694）碎叶镇守使韩思忠和景龙四年（710）以北庭都护兼任碎叶镇守使的吕休璟。唐曾在此设保大军并屯驻过瀚海军和天山军，内地政令也在此推行，武周时和内地诸州一样，置有大云寺。开元七年（719），唐应允了西突厥十姓可汗提出的移居碎叶城的请求，乃以焉耆代碎叶为安西四镇之一。此后，碎叶地区相继为突骑施、葛逻禄所居。

隧道 tunnel 修筑在地下，两端有出入口，供车辆、行人、水流及管线等通过的通道。用以穿越障碍、缩短线路，并具有不占用地面空间和可兼作防空空间等优点。

隧道按用途可分为：交通隧道，如铁路隧道、公路隧道、人行隧道、运河隧道及供几种运输形式共用的混合隧道等；水工隧洞，如供水力发电及农田水利用的引水隧洞、排灌隧洞等；市政隧道，如供设置城市地下管网及给水和排水隧道；军事或国防上需要的特殊隧道。按所处位置又可分为山岭隧道、水底隧道及城市地铁区间隧道。

隧道二极管 tunnel diode 基于重掺杂PN结隧道效应而制成的半导体两端器件。这种二极管是以发明者江崎玲於奈的姓氏命名的，称为江崎二极管。由于物理机制是由量子力学的隧道效应决定的，所以又称隧道二极管。它的主要特点是正向电流-电压特性具有负阻。这种负阻是基于电子的量子力学隧道效应，所以开关速度达皮秒量级，工作频率高达100吉赫。隧道二极管还具有小功耗和低噪声等特点。可用于微波混频、检波（这时应适当减轻掺杂，制成反向二极管）、低噪声放大、振荡等。由于它的功耗小，所以适用于卫星微波设备。还可用于超高速开关逻辑电路、触发器和存储电路等。

隧道效应 tunnel effect 由微观粒子波动性所确定的量子效应。又称势垒贯穿。考虑粒子运动遇到一个高于粒子能量的势垒，按照经典力学，粒子是不可能越过势垒的；按照量子力学可以解出除了在势垒处的反射外，还有透过势垒的波函数，这表明在势垒的另一边，出现粒子具有一定的概率，粒子贯穿势垒。理论计算表明，对于能量为几电子伏的电子，方势垒的能量也是几电子伏，当势垒宽度为10纳米时，粒子的透射概率达零点几；而当势垒宽度为100纳米时，粒子透射概率减小到10^{-10}，已微乎其微。可见隧道效应是一种微观世界的量子效应，对于宏观现象，实际上不可能发生。

隧道效应是理解许多自然现象的基础。例如α放射性、金属的冷发射（场致发射）、半导体（或绝缘体）中的电子迁移现象都是隧道效应的结果。人们已经利用隧道效应制造出用于电子线路的隧道二极管、场效应管和用于研究物质表面结构的隧道电子显微镜。

燧人氏 Suirenshi 中国古代传说中人工取火的发明者。相传远古人茹毛饮血，他钻木取火，教人熟食。关于燧人的传说反映了中国原始时代从利用自然火进化到人工取火的情况。

燧石 chert 化学成分为SiO_2，晶体属于三方晶系的一种隐晶质石英异种。灰色至黑色。质地致密、坚硬、性脆。化学性能稳定，抗腐蚀性强。在地质体中，呈结核状者，称核燧石；呈层状者，称层燧石；因含碳质而呈黑色者，称黑燧石。常用砾状燧石替代钢球研磨物料，用于陶瓷和颜料等部门。燧石质砾石还用作筑路和混凝土的骨料。

孙本文 Sun Benwen（1891～1979-02-21）中国社会学家、社会心理学家。原名彬甫，曾用名孙共，号时哲。生于江苏吴江，卒于南京。1918年毕业于北京大学。1921～1926年留学美国，获纽约大学哲学博士学位。1926～1928年在复旦大学任教。1929～1949年任中央大学（今南京大学）教授，兼任社会学系主任。1929年与吴泽霖、吴景超等发起成立东南社会学会。1930年发起成立中国社会学社，任正理事，并主编《社会学刊》。中华人民共和国建立后，长期在南京大学任教。曾任江苏省哲学社会科学联合会理事，南京市经济学会理事、副会长等职。

孙本文是将西方社会学系统介绍到中国的主要学者，是中国第一代理论社会学家的代表。其研究领域还包括经济学、人口学等学科，曾提出8亿人口是中国“适度人口”的主张。著有《社会学上之文化论》、《社会变迁》、《社会学原理》、《现代中国社会问题》、《社会思想》、《社会心理学》、《近代社会学发展史》、《当代中国社会学》等。

孙膑 Sun Bin 中国战国时期军事家。生卒年不详，约活动于公元前4世纪下半叶。孙武后裔。齐国阿（今山东阳谷东北）、鄄（今山东鄄城北）一带人。传与庞涓同时师从鬼谷子习兵法。庞涓为魏惠王将军，因嫉孙膑之才而将其骗至魏国，施以膑刑（割去膝盖骨），故称孙膑。后为齐国使者秘密带回齐国，经将军田忌举荐，被齐威王重用为军师。在齐、魏争雄具有重要意义的桂陵之战、马陵之战中，孙膑与田忌指挥齐军两次击败魏军，迫庞涓自杀，使齐国成为强国。他在作战中运用避实击虚、攻其必救的原则，创造了著名的“围魏救赵”战法，为古今兵家所效法。孙膑及其弟子所撰《孙膑兵法》继承了孙武的军事思想，总结战国中期以前的战争经验，给后世留下了宝贵的军事理论遗产。

《孙膑兵法》 *Sun Bin's Art of War* 中国古代兵书。又称《齐孙子》。战国中期孙膑及其弟子撰。汉以后《孙膑兵法》失传。1972年4月，山东临沂银雀山汉墓出土其残简，经专家整理、编纂、出版，分上、下编，各15篇，共收364简，1.1万余字。后整理为16篇，共222简，近5 000字，编入文物出版社1985年出版的《银雀山汉墓竹简（壹）》。此书在总结战国中期及其以前的战争经验的基础上，提出了一些新的有价值的观点和原则。它在继承了前人的重战、慎战、备战思想的同时，还根据战国中期诸侯割据、混战的现实，主张用战争手段实现国家的统一。在建军思想上发展了前人富国强兵的理论，主张变法革新。把提高人的素质视为强兵的关键，对将帅提出德、信、忠、敬四条要求，要求士兵“素听”、“素信”，并要按照“五教法”进行系统教育训练。在作战指导上，提出以“道”制胜的命题，并遵循这一思想，提出了“赞师”、“让威”、“必攻不守”等一系列作战指导原则，对后世颇有借鉴意义。

孙策 Sun Ce（175～200） 中国东汉末军阀，三国时期吴国的奠基者。吴大帝孙权之兄。字伯符。吴郡富春（今浙江富阳）人。兴平元年（194）至寿春从袁术，不得志。二年，乃托辞率其父孙坚所遗千余兵南渡江，进攻扬州刺史刘繇、会稽太守王朗诸部。孙策善于用人，军纪严明，得到周瑜及其他豪族支持，先后攻占吴（今江苏苏州）、会稽（今浙江绍兴）等郡。建安二年（197）袁术称帝，策与之决裂并接受汉朝讨袁诏令，以明汉将军领会稽太守。三年，拜讨逆将军，封吴侯。四年，袁术死。孙策率军攻庐江太守刘勋，得袁术、刘勋残部3万余人，占领庐江郡（今安徽庐江西南），后得豫章郡（今江西南昌），于是统一江南，为孙氏割据江东奠定基础。此时北方袁绍势力正强，曹操对他极力拉拢。正当孙策欲渡江北进之时，被仇家刺死，弟孙权继承其业。

孙承宗 Sun Chengzong（1563～1638） 中国明末大臣，抗清将领。字稚绳，别号恺阳。北直隶高阳（今属河北）人。万历三十二年（1604）进士。天启二年（1622），后金进占广宁，明兵退至山海关，他被任命为兵部尚书兼东阁大学士。寻命以阁臣掌部务，督理蓟辽、天津、登、莱诸处军务。孙承宗到职后，整顿营伍，严明将吏职守，禁馈遗，绝宴会，罢供帐，省参谒。又立东营，建水师，练火兵，改革马政。天启三年，他出巡宁远等地，考察关外数百里内的人情与地形，主张在此建城，练兵屯田，扼守关外，先后恢复辽河以西疆土400余里。天启五年，因总兵官马世龙进攻柳河失败，孙承宗被魏忠贤党排挤去职。崇祯二年（1629），后金汗皇太极进逼北京，他再次被任命为原官兼兵部尚书守通州（今北京通县），后移镇山海关，指挥各地援军将清军赶出关外，以功累加太傅、太保。四年，又因总兵官吴襄、宋伟援大凌河失败而罢职归里。十一年，清军深入内地，进攻高阳，孙承宗率家人守城御敌，城破被俘，不屈而死。南明福王时，追赠太师。著作收入《高阳集》。

孙传芳 Sun Chuanfang（1885－04－17～1935－11－13） 中华民国时期直系军阀首领之一。字馨远。山东历城人。1908年毕业于日本陆军士官学校。其间加入中国同盟会。1909年回国。历任北洋陆军第2师旅长、长江上游警备总司令等职，驻防湖北。1923年率部入闽，任福建军务督理。1924年9月江浙战争爆发，奉命夹击皖系卢永祥，占据浙江，任闽浙巡阅使兼浙江军务督理。1925年10月起兵驱逐苏皖等地奉系势力，11月在南京宣布成立浙、闽、苏、皖、赣五省联军，自任联军总司令兼江苏总司令，成为直系后期最有实力的军阀。1926年9月赴九江督战，阻挡北伐军东进，继任安国军副司令，兼五省联军总司令。1927年2月参与镇压上海工人第二次起义。8月率残部与蒋、桂军激战于南京龙潭一带兵败。1928年春，被张作霖任命为鲁西前线总指挥，与蒋介石、冯玉祥部作战，失败后逃回济南。6月初张作霖被炸死，孙的残部退至冀东滦州一带，被晋军收编。孙退居沈阳。后在天津居士林被仇家刺死。

孙绰 Sun Chuo（314～371） 中国东晋诗人、辞赋家。字兴公。太原中都（今山西平遥西南）人。少以文才著称，历太学博士、大著作、散骑常侍。累官至廷尉卿，领著作。为东晋名士，与许询均以文义冠世，世称“孙许”。诗、赋、诔、碑皆擅，当时王公大臣如温峤、庾亮诸人之薨，非孙绰为文，则不刻石。早年作《遂初赋》，有名于时。又作《天台赋》，自诩掷地有金石声。江左盛玄谈，诗歌亦流为玄言，孙绰、许询既是玄言家，又是玄言诗人。《世说新语·文学》认为许询、孙绰并为一时文宗，说明孙、许对玄言诗风的提倡和影响。钟嵘《诗品·序》说：“孙绰、许询、桓、庾诸公诗，皆平典似《道德论》，建安风力尽矣。”对孙、许玄言诗风提出批评，故将孙绰置于下品。不过孙绰亦有好诗，如《秋日》：“疏林积凉风，虚岫结凝霄。湛露洒庭林，密叶辞荣条”等句，写景生动新巧，风格清丽。《隋书·经籍志》著录有集15卷，注称梁有25卷，佚。明张溥《汉魏六朝百三家集》有辑本。

孙道临 Sun Daolin（1921－12－18～2007－12－28） 中国电影演员、导演。原籍浙江嘉善。生于北京，卒于上海。1938年考入燕京大学哲学系。1943年参加中国旅行剧团、上海国华剧社等演剧团体演出。1948年步入影坛，在《大团圆》中扮演角色。1949年后进入上海电影制片厂，在近20部影片中担任主角或重要角色。他在电影表演创作中，善于从生活出发，体验角色的情绪感受，着力于人物性格的刻画，追求平易质朴、深沉内在、真实自然的艺术风格。1984年改编、导演了《雷雨》，并饰演男主角。1986年编、导并主演了《非常大总统》。2001年执导的《詹天佑》，荣获当年华表奖最佳故事片奖。此外，他还在20多部译制片中配音。

孙德和 Sun Dehe（1911－09－14～1981－07－21） 中国钢铁冶金专家。原籍安徽桐城，生于北京，卒于北京。1934年毕业于清华大学化学系。1935年留学德国柏林工科大学和亚琛工科大学，学习冶金，1942年获博士学位，被授予博尔歇斯奖。1946年回国，历任上海同济大学教授、上海钢铁公司副经理、北京钢铁研究设计总院副总工程师。1955年当选中国科学院学部委员（院士）。他主要从事钢中含氢的研究。所创造的真空和保护气体下取样的新方法和设备对后来钢的真空处理有直接的启发作用。主持中国自建的第一个特殊钢厂——大冶钢厂的总体设计。参加和指导氧气顶吹转炉、连续铸钢和钢水真空处理的设计和实验工作。

孙孚凌 Sun Fuling（1921－09～ ） 中国人民政治协商会议全国委员会副主席。浙江绍兴人。1938～1940年在燕京大学物理系、西南联合大学数学系学习。1940年任滇缅公路局昆明西站职员。1941～1945年在成都光华大学政治经济系、成都华西大学经济系学习，华西大学经济系毕业。1945年后任重庆天府煤矿营运处办事员，行政院善后救济总署冀热平津分署办事员、科员、专员。1948年后任淮南煤矿矿路公司下关煤厂课员，北京福兴面粉厂经理、厂长。1958年后，任中华全国青年联合会副秘书长、北京市青联副主席，北京市服务事业管理局局长，北京市对外贸易局副局长，北京市工商联主任委员，中国民主建国会北京市委副主任委员、第三届中央常委，北京市副市长，北京市政协副主席。1993～2003年任全国政协第八、九届副主席。是中华全国工商联第四届执委会常委，第五、六届副主席，第七、八届名誉副主席。

孙福有 Sun Fuyou（1883～1945－02） 中国马戏事业家。河北吴桥人。自幼习艺，1902年去俄国演出。1920年回国，1921年组建“孙家班”，先后到武汉、长沙及江浙一带演出。随着收入的增加，他一方面壮大班底，演员增至40多人，一方面添置道具和交通工具，制作了一个能容纳1 000名观众的大盖棚。1928年率团到香港、澳门、广东等地演出。在广州，他结识了广东精武体育会会长卢韦昌。广东精武体育会抽出20人的铜管乐队和10余人的国术队，同“孙家班”联合组成中华国术马戏团。这时，该团已拥有演职员80多名，大象、马匹、老虎、狮子、熊、豹等动物近20头，以及可容纳3 000名观众的特大型盖棚。1930年春，中华国术马戏团前往东南亚一带演出。此间，孙福有发明了“安全保险绳”，现已为国内外马戏高空作业广泛采用。作为当时国际上规模宏大、技艺精湛的大马戏团的创始人，孙福有被誉为“中国现代马戏之父”。1935年夏末，中华国术马戏团从缅甸回国到上海，后又到江西、广东、湖南、贵州等地演出。1939年4月到桂林，改名为华侨马戏团。孙福有病逝后，中华国术马戏团也于1948年解散。

孙过庭 Sun Guoting (646～691) 中国唐代书法家、书法理论家。字虔礼。吴郡富阳（今浙江富阳）人，一作陈留（今河南开封）人。卒于洛阳。好古博雅，工文辞。曾任率府录事参军等职。他擅长楷、行、草三种书体，以草书为优。尤以书法理论著称于世。传世墨迹《书谱》笔势坚劲。《书谱序》一名《运笔论》，撰于垂拱三年（687），他的书法理论精华集中于此书之中，在古代书法理论史上占有重要地位。其中许多论点，如学书三阶段、创作中的五乖五合等，至今仍为学书者所引用和称道。

孙家栋 Sun Jiadong (1929-04-07～) 中国运载火箭与卫星技术专家。辽宁复县（今瓦房店市）人。1958年毕业于苏联莫斯科茹科夫斯基空军工程学院，获金质奖章。

同年回国。历任国防部五院一分院总体设计部室主任、部副主任，中国空间技术研究院总体设计部副主任、主任、副院长、院长，七机部总工程师，航天部科技委副主任、副部长，航空航天部副部长、科技委主任。1991年当选中国科学院学部委员（院士）。国际宇航科学院院士。

孙家栋参与中国第一枚自行设计的中近程战略导弹与中程战略导弹的总体设计和研制试验工作。先后担任“东方红”1号、“实践”1号、返回式遥感卫星的技术总负责人，主持制订卫星总体技术方案。参加并领导“东方红”2号试验通信卫星的研制试验工作。担任大容量通信卫星工程、“风云”2号气象卫星工程和“资源”1号卫星工程的总设计师。1985年获两项国家科学技术进步奖特等奖，1999年获中共中央、国务院、中央军委“两弹一星功勋奖章”。2009年获国家最高科学技术奖。

孙家正 Sun Jiazheng (1944-03～) 中国人民政治协商会议全国委员会副主席。江苏泗阳人。1966年加入中国共产党。大学学历。

1963～1968年在南京大学中文系汉语言文学专业学习。1968～1971年在江苏省六合县农村“五七”干校劳动。1971～1975年任江苏省六合县樊集公社人民武装部副部长，六合县革委会办事组副组长，共青团六合县委书记，马鞍公社党委书记。1975～1978年任江苏省六合县委常委、县革委会副主任。1978～1983年任共青团江苏省南京市委书记，共青团江苏省委副书记、书记。1983～1984年任中共江苏省委常委、秘书长，省直机关党委书记（其间：1983～1984年在中央党校省部级干部进修班学习）。1984～1985年任中共徐州市委书记。1984～1986年任中共江苏省委常委。1985～1989年任中共江苏省委宣传部部长。1986～1994年任中共江苏省委副书记。1994～1998年任广播电影电视部部长、党组书记。1998～2007年任文化部部长、党组书记（其间：2003年3～5月在中共中央党校省部级干部进修班学习）。2006～2008年任中国文学艺术界联合会主席。2007～2008年任文化部部长、党组成员。2008年任全国政协十一届副主席、党组成员。是中共第十二届、十三届、十四届中央候补委员，十五届、十六届中央委员，全国政协十一届副主席。

孙坚 Sun Jian (155～191) 中国东汉末将领。吴大帝孙权之父。字文台。吴郡富春（今浙江富阳）人。少为吴郡司马，参与平定会稽地区以许昌为首的暴动。中平元年（184）黄巾起义爆发，孙坚率1 000余人，追随右中郎将朱俊至河南镇压，任佐军司马。汝、颍黄巾军退守宛城（今河南南阳），汉军合围，孙坚率众先登，城破。后升议郎、长沙太守，积军功封乌程侯。董卓专权，孙坚兼并荆州刺史和南阳太守两支势力，与袁术合军。术推荐孙坚行破虏将军，领豫州刺史屯于鲁阳（今河南鲁山）。坚率军讨伐董卓，多次取胜，为卓所惧。董卓欲与孙坚和亲，并许任孙坚子弟为刺史、郡守等，遭拒绝。初平元年（190），董卓胁迫汉献帝仓促徙都长安，并焚烧洛阳。次年，孙坚于洛阳城外战败董卓，攻克洛阳，击走吕布，得汉帝所遗传国玺。同年奉袁术命，率军征荆州刘表，为表部将黄祖兵士射死。

孙敬修 Sun Jingxiu (1901-10-17～1990-03-05) 中国儿童教育家。北京人。1921年毕业于京兆师范学校。曾任北京汇文第一小学教师。中华人民共和国建立后，任北京市少年宫辅导员。1987年获全国热爱儿童荣誉奖。他长期悉心钻研儿童心理及儿童语言，在学校、中央人民广播电台给少年儿童讲故事，被孩

子们称作“故事爷爷”。他讲的故事充满了浓郁的生活气息和儿童情趣。他认为应当把儿童当做自己的知心朋友，让孩子们在听故事的欢声笑语中得到知识和教益。著有《怎样给孩子讲故事》、《故事爷爷讲的故事》、《孙敬修演讲故事大全》等。

孙菊仙 Sun Juxian (1841-01-23～1931-07-29) 中国京剧演员。工老生。名濂，又名学年，号宝臣。生于天津，卒于天津。武秀才出身。早年常出入票房，曾以票友身份贴名“孙处”在上海演出，闻名沪上。1876年拜程长庚为师，成为专业演员。1886年被选入昇平署外学。与谭鑫培、汪桂芬齐名，并称“老生新三杰”、“新三鼎甲”。擅唱功，行腔不求花巧，重吞吐口劲，抑扬顿挫，风格独特。念白沉着明快，表演逼真自然。热心赈灾等公益事业，乐于提携后进，冯子和、尚小云等都受过他的培植。其晚年被天津观众称为“老乡亲”。代表剧目有《三娘教子》、《四进士》、《逍遥津》、《鱼肠剑》、《完璧归赵》等。

孙楷第 Sun Kaidi (1898-01-12～1986-06-23) 中国古典文学研究家。字子书。河北沧县人。1922年考进北京高等师范（今北京师范大学）国文系，1928年毕业后留校任教。1931年任北平图书馆编辑，兼任几所大学的中文系讲师，并着手对中国古典小说、戏曲的研究。抗日战争期间留居北平，弃职闲居。抗战胜利后，任北京大学、燕京大学教授。1953年，任北京大学文学研究所（后历属中国科学院、中国社会科学院）研究员，长期从事古典文学研究直至逝世。孙楷第治学承接清代乾嘉学派，研究涉及敦煌学、史学等领域，对古典小说和戏曲的研究成绩尤为学界所推重。主要著作有《中国通俗小说书目》、《日本东京所见小说书目》、《大连图书馆所见小说书目》、《戏曲小说书录题解》、《元曲家考略》、《也是园古今杂剧考》、《傀儡戏考原》、《沧州集》、《沧州后集》等多种。

孙科 Sun Ke (1891-10-20～1973-09-13) 中国南京国民政府副主席，立法院、行政院院长。字哲生。孙中山之子。生于广东香山（今中山市），卒于台北。1916年毕业于加利福尼亚大学。1917年在哥伦比亚大学读经济学硕士。次年回国任广州大元帅府秘书。1923年10月参加筹备国民党改组事宜，任国民党临时中央执行委员会委员，负责起草党纲章程。1925年任广州国民政府委员。1926年当选国民党二大中央执行委员。1927年3月任武汉国民政府常务委员等职，8月任南京政府财政部部长、建设部部长。1928年任考试院副院长兼铁道部部长。1931年任南京国民政府行政院院长，

不久即因财政危机，被迫辞职下台。1932年起任立法院院长（1932～1948）。1936年成立“中苏文化协会”，任首届会长。1937～1938年，以蒋介石特使身份赴莫斯科谈判，同苏联签订《中苏互不侵犯条约》和《中苏商务条约》。1945年出任国民政府副主席兼立法院院长、国民党中央常务委员。1948年与李宗仁竞选副总统失败，同年11月再度任行政院院长。1949年3月辞职，旅居法、美等国。1952年担任“中（台）美文化教育基金会”董事长。1965年10月在台湾受聘为“总统府资政”。1966年任“考试院”院长。著作有《中国的前途》、《宪政要议》等。

孙犁 Sun Li（1913-04-06～2002-07-11） 中国作家。河北安平人。12岁在安国县上小学，开始接触五四新文学。14岁考入保定育德中学。高中毕业以后，一度到北平谋生。1936年到白洋淀附近的安新县同镇小学教书。抗日战争爆发后，在冀中、冀西抗日根据地从事抗日文化宣传工作。1944年去延安，在鲁迅艺术学院工作和学习。1945年在《解放日报》上发表《荷花淀》、《芦花荡》等作品，以清新而细腻的风格引起文艺界的注意。抗日战争胜利后，回到冀中农村从事写作。1949年1月到《天津日报》负责文艺副刊。这段时期先后出版短篇小说集《芦花荡》、《荷花淀》、《嘱咐》、《采蒲台》，中篇小说《村歌》。1958年出版的小说散文集《白洋淀纪事》，包括了他自1939～1950年间绝大部分作品，充分反映出作家的创作风格。50年代初开始写作1963年出版的三集长篇小说《风云初记》，反映了抗日战争时期的冀中人民在艰苦环境中的斗争和成长，在同类题材中别开生面。1956年发表的中篇小说《铁木前传》，描写老一代农民患难与共的友谊和少年男女亲密无间的友情，显示出作家透视生活的独特性。1977年后，主要写作评论、散文、杂文和回忆录，结集出版的有《晚华集》、《秀露集》、《耕堂杂录》、《澹定集》等，在恬淡、苍劲的文字中，流动着激情的潜流，形成新的艺术风格。

孙犁对冀中的农民有一种特别挚爱和眷恋之情，作品常常洋溢着浓郁的诗意。在中国现代文学中形成以他为主要代表的“荷花淀派”的风格流派。

孙隆 Sun Long 中国明代画家。一作孙龙，字从吉，号都痴。毗陵（今江苏常州）人。宣德（1426～1435）年间在宫廷供职，官至侍御。善画花鸟，所作翎毛、草虫、瓜果以及山野田园中的白菜、紫茄、山鼠、蝗虫、山雀、白鸽等，多具有野逸之趣。以彩色渲染为主，也擅长水墨淡着色的花鸟画。存世作品不多。《花鸟草虫图》用没骨画法，以色入墨，简略传神；《雪禽梅竹图》为水墨淡色画，点、线、面并用，细节刻画工致；《芙蓉鹅图》工写结合，相映生辉。

《芙蓉鹅图》（故宫博物院藏）

孙起孟 Sun Qimeng（1911-03-02～2010-03-02） 中国教育家和社会活动家，全国人大常委会副委员长，中国民主建国会中央主席。安徽休宁人。卒于北京。1927年入苏州东吴大学政治学系学习。毕业后历任苏州女子师范学校、苏州中学教员，贵州省立师范学校校长，贵州省教育厅秘书。1935年后任上海《申报》周刊编辑，广州《星粤日报》副总编辑，中华职业教育社四川、云南办事处主任。1945年参与组织中国民主建国会，任常务理事。1946年后任中华职业教育社副总干事，长期致力于职业教育。1949年参加中国人民政治协商会议第一届全体会议，任筹委会副秘书长。中华人民共和国建立后，任政务院副秘书长兼人事局长，中央人民政府人事部副部长。1950年加入中国共产党。1953年后任中央财经委员会第六办公室副主任，国务院第八办公室副主任，第二届全国人大常委会副秘书长，全国政协第四届副秘书长，民建中央副主任、副主席，全国工商联副主任、副主席，中华全国职业教育社总干事、理事长。1987年后任民建第四、五、六届中央主席，第七、八届全国人大常委会副委员长。

孙权 Sun Quan（182～252） 中国三国时期吴国的创建者。见吴大帝孙权。

孙尚清 Sun Shangqing（1930-08-26～1996-04-29） 中国经济学家。生于吉林洮南，卒于北京。1954年毕业于中国人民大学马列研究班政治经济学分班。1956年考入中国科学院经济研究所攻读副博士学位。1958年起历任经济研究所助理研究员、研究室副主任、所学术秘书、副研究员、研究员、副所长。其间曾任孙冶方助手，并于1973～1978年同于光远参与国家计委经济研究所组建工作。1982年被任命为中国社会科学院副秘书长。1985年任国务院经济技术社会发展研究中心副主任。1993年任国务院发展研究中心主任。曾当选为全国人大财经委员会委员。自20世纪60年代起，在生产力经济学、经济结构分析、经济发展战略、宏观调控、产业政策、旅游经济学以及政策科学等领域和学科建设方面有过重要建树，并多次荣获孙冶方经济科学奖。主要著作有《经济与管理》、《中国经济的新路》、《前进中的中国经济》、《中国的产业结构》、《孙尚清选集》。主编有《中国经济结构问题研究》（合编）、《论经济结构对策》、《长江经济研究》、《2000年的中国经济》、《中国经济形势与展望》。

孙叔敖 Sunshu Ao 中国春秋时楚国令尹。姓蒍，名敖，字孙叔。一生政绩颇多，而以治水最为人所称道。在淮河流域淝水修建芍陂灌溉工程。

孙思邈 Sun Simiao（约581～682） 中国唐代医学家。京兆华原（今陕西铜川市耀州区）人。孙思邈在数十年临床实践中编著成《千金要方》和《千金翼方》，反映了唐初医学的发展水平。

孙思邈将《伤寒论》内容较完整地收集在《千金要方》中。他认为张仲景的《伤寒论》要旨“不过三种，一则桂枝，二则麻黄，三则青龙……”，并以此三方为纲要，将张仲景的六经辨证法改为按方剂主治及临床表现特点相结合的分类法。他总结妇、儿科成就，提出应各独立设科，对后世妇、儿科形成专科有促进作用。他提出的妇女孕期前后的注意事项与现代围产医学的内容有不少相符之处。他对婴儿生长的观察及护理方法亦富科学内容。在对疾病认识上，如对附骨疽（骨关节结核）的好发部位，消渴（糖尿病）与痈疽的关系，有关麻风、脚气、夜盲、甲状腺肿的描述和治疗等都有创见。还倡行葱管导尿术、食道异物剔除术以及自体血、脓接种以防治疖病的免疫法等。在养生延年方面，提倡按摩、导引、散步、轻微劳动及食治、讲求卫生等，为老年病防治留下了宝贵经验。

因孙思邈对医药的巨大贡献，后人尊称他为“药王”。

孙维世 Sun Weishi（1921～1968－10－14） 中国话剧导演。原籍四川南溪。革命烈士孙炳文之女。1935年参加上海业余剧人协会和东方剧社的进步演剧活动。抗日战争爆发后加入上海救亡演剧队。后入中国人民抗日军事政治大学学习。1939年赴苏联，先后就读于莫斯科东方大学和国立戏剧学院。1946年回到延安后参加华北联合大学文工团。1950年起担任中国青年艺术剧院导演，先后执导了《保尔·柯察金》、《钦差大臣》、《万尼亚舅舅》等。曾参与中国儿

与周恩来、邓颖超合影

童艺术剧院的建院工作。1956年与欧阳予倩合作组建中央实验话剧院，任副院长兼总导演。1964年创作并导演以大庆人演大庆人的话剧《初升的太阳》，是中华人民共和国话剧史上专家与群众相结合的一次成功的创作。自50年代起，曾任全国政协委员、中国戏剧家协会理事。“文化大革命”中被迫害致死。

孙位 Sun Wei 中国唐代画家。后改名遇，号会稽山人。会稽（今浙江绍兴）人。主要生活于唐代末年。性情疏野狂放，好饮酒，常与禅僧道士相往还，豪贵召请稍有怠慢，则纵赠千金难留一笔。有道术，以画艺驰名。《德隅斋画品》记其所画《春龙起蛰图》，描绘山临大江，二龙自山下腾空而出，波涛震骇，涧谷弥漫，云烟雨气，溢于画面，聚观之老小居民俱现惊畏之状，笔势趋轶不同凡响。孙位作画笔力狂怪，不以傅彩为工。传世作品有《高逸图》，画高士4人在庭园中席地而坐，卷中人物躯干伟岸，颇能传达魏晋名士的风度神采。线描细劲圆润，湖石补景简括而有皴染，反映了晚唐绘画艺术的风格。

孙雯 Sun Wen（1973－04－06～ ） 中国女子足球运动员。生于福建，生活在上海。1991年入选国家女子足球队。在1990、1994、1998年的第11～13届亚洲运动会和1993、1997、1999年的第9、11、12届亚洲女足锦标赛上，中国女子足球队6次夺冠，其中孙雯5次作为主力队员参赛。其间还与队友一起获1993年世界大学生运动会女足比赛冠军，1995年中国女足为世界杯女足四强之一。获1996年第26届奥林匹克运动会女子足球比赛亚军，1999年第3届世界杯女子足球赛亚军，孙雯并获本届赛会金球奖、金靴奖，被评为最佳运动员。2001年和2002年分别获第13届亚洲女子足球锦标赛季军、第14届亚运会女子足球比赛亚军。1994年获中国足球金靴奖。2000年国际足球联合会授予“20世纪最佳女子足球运动员”称号。

孙武 Sun Wu 中国古代大军事学家、古代军事理论奠基者、春秋末期吴国将军。又称孙子。字长卿。齐国乐安（今山东惠民，一说博兴，或说广饶）人。为齐国田氏（即陈氏）后裔，祖父田书伐莒（今莒县）有功，被齐景公赐姓孙氏。后齐国内乱，孙武出奔吴国。经吴国重臣伍子胥推荐，向阖闾进呈所著兵法13篇，被重用为将。吴、楚争夺霸权，长期战于江淮。孙武与伍子胥等辅助阖闾制定并实施自强其力、待机而动、分兵轮番袭楚的方略。周敬王十四年（前506），阖闾采纳孙武等建议，乘楚国兵疲松懈之机，率军从楚守备薄弱的东北部实施迂回奇袭，一举攻入楚都郢（今湖北荆州纪南城），楚国因此丧失了争霸力量。产生于战争频繁、社会大变革时代的《孙子兵法》，集中反映了孙武丰富而深邃的军事思想。在中国和世界军事史上，孙武率先论述战争全局问题，最早揭示出“知彼知己，百战不殆”等指导战争的普遍规律，深刻总结出“攻其无备，出其不意”等一系列至今仍有科学价值的作战指导原则。

孙晓村 Sun Xiaocun（1906－11－11～1992－05－04） 中国人民政治协商会议全国委员会副主席。浙江余杭人。卒于北京。1929年毕业于北平中法大学服尔德学院文学史地系。1933年后任中国农村经济研究会理事、国民政府行政院农村复兴委员会专员。1935年后投身抗日民主运动，为南京救国会负责人之一。1936年参与发起成立全国各界救国联合会，任常务理事。同年因救“七君子”案被捕入狱。次年出狱。1938年后任军事委员会第三战区经济委员会专员、粮食管理处副处长、军粮巡回督察团主任、省际贸易联合办事处总经理。抗日战争胜利后，任上海法政学院教授，上海兴华制茶公司副总经理。1945年参加中国民主同盟。1949年参加民主建国会，任上海市工商联筹委会秘书长，出席中国人民政治协商会议第一届全体会议。中华人民共和国建立后，历任政务院财经委员会委员、计划局副局长，北京农业大学校长，全国政协副秘书长、文史资料委员会主任，中央社会主义学院院长，中国工商经济开发公司副董事长，中华全国工商联执委会常委。1988～1991年任全国政协副主席。是民建第一、二届中央常委、秘书长，第三届中央副主任，第四届中央副主席，第五届中央咨议委员会主任。

孙冶方 Sun Yefang（1908－10－24～1983－02－22） 中国经济学家。原名薛萼果。生于江苏无锡，卒于北京。1930年后在上海从事工人运动和左翼文化运动，1933年与陈翰笙等发起组织中国农村经济研究会，从事农村调查和编辑《中国农村》杂志。中华人民共和国建立后，历任上海军事管制委员会重工业处处长、上海财经学院院长、国家统计局副局长、中国科学院经济研究所所长、全国政协第五届委员、中共中央顾问委员会委员、国务院学位委员会评议组成员等。20世纪50年代起，对社会主义建设中的重大理论和实际问题进行了创造性的研究。他主张在理论上把价值范畴贯穿于政治经济学各篇章，以最小劳动消耗取得最大有用效果为社会主义政治经济学的红线。他最早提出对中国经济管理体制进行改革，要求提高利润指标在经济管理中的地位，用平均利润率来考核企业绩效。以生产价格为基础制订计划价格，缩小工农产品的剪刀差；提高固定资产折旧率，缩短折旧年限。加强统计工作，实现统计独立等。

主要著作有《中国社会性质的若干理论问题》、《社会主义经济的若干理论问题》、《社会主义经济的若干理论问题·续集》、《孙冶方选集》、《社会主义经济论稿》。

孙瑜 Sun Yu（1900-03-21～1990-07-11） 中国电影编剧、导演。原籍四川自贡。生于重庆，卒于上海。原名孙成玙。1923年清华学校毕业后，公费到美国留学。是中国最早在国外经过专门学习的电影工作者。1926年回国，编导了影片《渔叉怪侠》（1928）和《风流剑客》（1929）。1930年导演了《故都春梦》和《野草闲花》。1932年进入创作的新时期。在一·二八炮火中拍摄了《野玫瑰》、《火山情血》、《天明》、《小玩意》等，并与**蔡楚生**、**史东山**等合作编导了《共赴国难》。1934年创作《大路》。抗日战争后，为中央电影摄影场和中国电影制片厂编导了《万里长空》和《火的洗礼》。中华人民共和国建立后，创作了《武训传》、《鲁班的传说》等影片。著有《孙瑜电影剧本选集》和《银海泛舟》等。

孙毓棠 Sun Yutang（1911-04-09～1985-09-05） 中国历史学家。江苏无锡人。生于天津，卒于北京。1933年8月毕业于清华大学历史系。之后在天津河北省立女子师范学院任史地系讲师。1935～1937年留学日本东京帝国大学。归国后历任昆明西南联合大学师范学院副教授、国立清华大学历史系教授。1945年后，出任牛津大学皇后学院客座研究员、中国出席联合国代表团社经理事会专门助理、美国哈佛大学客座研究员。1948年8月归国，仍任清华大学历史系教授。1952年8月起任中国科学院经济研究所研究员。1959年1月起转入中国科学院历史研究所（后改为中国社会科学院历史研究所）至去世。其间（1981～1982）曾先后兼任美国得克萨斯州立大学和美国华盛顿威尔逊研究中心客座研究员。

自20世纪30年代起，孙毓棠长期从事历史教育研究。最重要的贡献在中国经济史，特别是近代经济史方面。编辑的《中国近代工业史资料》（第一辑）是中国近代经济史资料中出版较早、影响很大的一种。20世纪40年代出版的《中国古代社会经济论丛》一书，以及此后陆续发表的《汉代的财政》、《战国秦汉时代的纺织业》、《关于北宋赋役制度的几个问题》、《清代的丁口记录及其调查制度》等论文，反映了他在中国古代经济史方面的深厚造诣。1978年以后，筹建并领导了中国社会科学院历史研究所中外关系史研究室（任室主任）和全国性的学术团体——中外关系史学会（任理事长），为推动中外关系史学科发展作出了努力。1980年以后，任中国大百科全书总编辑委员会委员，主持《中国大百科全书·中国历史》的全面工作，并亲任秦汉史编写组主编。

孙毓棠酷爱戏剧和文学，一度致力于新诗创作，在诗歌艺术方面多有探索和追求。代表作短诗集《海盗船》和唱片史诗《宝马》在中国新文学史上也占有一席之地。其各类论著有《孙毓棠学术论文集》、《宝马与渔夫》等。

孙越崎 Sun Yueqi（1893-10-16～1995-12-09） 中国能源工业的奠基人和早期领导人。生于浙江绍兴，卒于北京。1916年入天津北洋大学矿冶科。1919年转至北京大学，1921年毕业。1929年留学美国，先后在斯坦福大学和哥伦比亚大学研究生院攻读矿冶科学。1932年任国防设计委员会（资源委员会前身）专员、矿室主任。1933～1934年任陕北油矿勘探处处长。1934年10月任河南焦作中福煤矿公司总工程师及总经理，同时兼任焦作工学院校董事会董事长。1937年主持焦作工学院内迁，组建西北工学院。1938年5月至1945年11月与四川当地合办天府、嘉阳、威远、石燕桥四个煤矿，任总经理。1940年1月至1945年12月兼任资源委员会甘肃油矿局（玉门油矿）总经理，开发了中国第一个油田。1946～1948年任南京国民政府资源委员会副委员长、委员长，1949年任经济部长。1949年后，任中央财经委员会计划局副局长，1952年任河北唐山开滦煤矿总管理处副主任，1981年任煤炭工业部顾问。百岁诞辰之际，成立了孙越崎科技教育基金。

孙云球 Sun Yunqiu（约1630～约1662） 中国明末清初光学仪器制造家。字文玉，又字泗滨。吴江（今属江苏）人，后寓居苏州虎丘。父早丧，初以卖药、后以制造眼镜供养老母。其时，玻璃眼镜为舶来品，物稀价昂。孙云球手工磨制水晶远视眼镜和近视眼镜，且随目对镜，不爽毫厘，患者称心。在他的制作中，有千里镜（望远镜）、存目镜（单式显微镜或放大镜）、察微镜（复式显微镜）、万花镜（万花筒）、鸳镜（无腿眼镜或两目深浅不同的近视镜）、半镜（半平圆形老花镜）、夕阳镜（太阳镜）、多面镜（多棱多面球形镜）、幻容镜（哈哈镜、柱面镜）、放光镜（幻灯）、夜明镜（探照灯）等几十种。此外，他还创制自然晷，著《镜史》（已佚）一书。

孙云铸 Sun Yunzhu（1895-11-17～1979-01-06） 中国地质学家、古生物学家。字铁仙。生于江苏高邮，卒于北京。1920年毕业于北京大学地质学系，1927年获德国哈勒大学博士学位。曾任北京大学地质学系主任、西南联合大学地质地理气象系主任、中国地质工作计划指导委员会委员、地质部地质科学研究院副院长。1955年当选中国科学院学部委员（院士）。是中国地质学会的创立会员、中国古生物学会的创建人之一，曾任中国地质学会和中国古生物学会的理事长。1948年当选为国际古生物协会副主席。1924年起著有《中国古生物志》中的《三叶虫》（3册）、《笔石》（2册）、《珊瑚》（1册）等著作。1943年提出中国古生代地层对比的3个原则。1945年论述了中缅地槽在早古生代的发育。1948年提出太平洋为生物扩散中心的概念，其后多次从生物群的混合性质论证地层界线问题。1963年概括讨论了中国古生代海水进退与生物群分区的关系。主要著作有《中国北部寒武纪动物化石》、《就中国古生代地层论划分地史时代之原则》、《海侵的基本概念和问题（着重讨论中国古生代各纪动物群及其分区）》、《中国南部石炭系下界》等。

孙中山 Sun Yat-Sen（1866-11-12～1925-03-12） 中国近代民主革命的伟大先行者。名文，字德明，号日新，后改逸仙；在日本从事革命活动时曾化名中山樵。广东香山（今中山市）翠亨村人。出生于农民家庭。青少年时代受到广东人民斗争传统的影响，向往太平天国的革命事业。

投身民主革命　1879年（光绪五年），孙中山随母赴檀香山。他的长兄孙眉资助孙中山先后在檀香山、广州、香港等地比

较系统地接受西方式的近代教育。1883～1885年的**中法战争**中，孙中山目睹清政府的卖国、专制和腐败，开始产生反清和以资产阶级政治方案改造中国的思想，经常发表反清言论，同时与早期的改良主义者何启、**郑观应**等有所交往。1892年，孙中山毕业于香港西医书院，随后在澳门、广州等地一面行医，一面结纳反清秘密会社，准备创立革命团体。1894年，孙中山上书直隶总督、北洋大臣李鸿章，提出改革主张，但未被接受。

1894年11月，孙中山从上海去檀香山，组织**兴中会**，以“驱除鞑虏，恢复中国，创立合众政府”为誓词。1895年2月，在香港联合当地爱国知识分子的组织辅仁文社，建立香港兴中会。同年10月，兴中会密谋在广州起义，事泄失败。孙中山被迫亡命海外。1896年10月，在英国伦敦曾被清公使馆诱捕，经英国友人营救脱险。此后，孙中山详细考察欧美各国的经济政治状况，研究了多种流派的政治学说，并与欧美各国进步人士接触，产生了具有特色的民生主义理论，**三民主义**思想由此初步形成。1897年，孙中山赴日本，结交其朝野人士。1900年10月，派郑士良到广东惠州（今惠阳）三洲田发动起义。义军奋战半月，后因饷械不继而失败。

戊戌变法以后，因日本友好人士的活动，孙中山与**康有为**、**梁启超**为代表的改良派曾商谈过合作问题，但因改良派坚持保皇、反对革命，合作未能实现。1904年孙中山在日本、檀香山、越南、暹罗（今泰国）、美国等地对华侨及留学生宣传革命，1905年在比、德、法等国的留学生中建立了革命团体，在此期间也与国内的革命团体和革命志士建立了联系。

创建同盟会与改良派作斗争 1905年8月，孙中山与**黄兴**等人，以兴中会、**华兴会**等革命团体为基础，在日本东京创建全国性的资产阶级革命党**中国同盟会**，孙中山被推举为总理，他所提出的“驱除鞑虏，恢复中华，创立民国，平均地权”的革命宗旨被采纳为同盟会纲领。在同盟会机关报《**民报**》发刊词中，孙中山首次提出民族、民权、民生三大主义。同盟会的成立，有力地促进了全国革命运动的发展。

他派人到国内外各地发展组织、宣传革命。他自己也在1905～1906年间赴东南亚各地向华侨宣传和募集革命经费，在一些地方创立同盟会的支部。他广泛传播资产阶级民主共和思想，使更多的人投身于反清革命。孙中山成为中国革命民主派的旗帜。他领导的对改良派的批判，为**辛亥革命**的爆发作了有力的思想准备。从1906～1911年，同盟会在华南各地组织多次武装起义，孙中山为起义制定战略方针，并在海外奔走，为起义筹募经费。1907年12月镇南关起义时还亲临前线参加战斗。各次起义都因缺乏群众基础、组织不够严密而失败，但革命党人前仆后继，英勇战斗，给清政府以沉重打击，给全国人民以极大的鼓舞；特别是1911年4月27日的广州黄花岗之役，在全国引起了巨大震动。

推翻封建帝制与捍卫共和制度 1911年10月10日，武昌起义爆发，各省纷纷响应。孙中山在美国得知消息后，12月下旬回国，即被17省代表推举为中华民国临时大总统。1912年1月1日，在南京宣布就职，组成中华民国临时政府。1912年2月12日，清朝宣统帝（**溥仪**）被迫宣布退位，结束长达2000多年的君主专制制度，建立了共和国。孙中山制定和公布一系列改革和进步的法令，3月11日，颁布带有资产阶级共和国宪法性质的《**中华民国临时约法**》。

由于受到帝国主义、封建主义的强大压力与革命党本身的涣散无力，孙中山被迫在清帝退位后，于1912年2月13日辞去临时大总统职，让位于**袁世凯**，4月1日正式解职。此后一年多，孙中山积极宣传民生主义，号召实行平均地权，提倡兴办实业；还亲自担任了全国铁路督办，力图筹借外资修筑铁路干线。但因政权落在袁世凯手中，孙中山的努力并未取得成果。1912年8月，同盟会改组成国民党，孙中山被推举为理事长。1913年3月，袁世凯刺杀国民党代理理事长宋教仁，孙中山主张武力讨袁。7月发动**二次革命**，失败后再度出亡日本。

1914年6月，孙中山在东京组织**中华革命党**，希望恢复和发扬同盟会的精神。袁世凯复辟帝制失败，孙中山于1915年5月初回到国内，继续为捍卫共和制度而斗争。

孙中山大元帅肖像

旋又返日，10月25日在东京与**宋庆龄**结婚。1917年7月，因**段祺瑞**为首领的**北洋军阀**解散国会和废弃《临时约法》，孙中山联合西南军阀，在广州建立军政府，被推举为大元帅，进行**护法战争**。但孙中山在军政府内备受军阀、政客的排挤，不得不于1918年5月辞去大元帅职务，经日本赴上海。第一次护法战争的失败使孙中山认识到南北军阀都是一丘之貉。从1918～1920年，孙中山完成过去已着手撰写的《**建国方略**》，对以往的革命经验进行总结，提出了改造和建设中国的宏伟计划。

接受共产国际和中国共产党的帮助 1917年俄国十月革命胜利，孙中山于1918年夏致电列宁和苏维埃政府祝贺俄国革命的伟大胜利。1919年的**五四运动**，给予孙中山以很大的鼓舞，他高度评价和支持学生运动。孙中山从1920年开始与苏俄人士接触，1921年12月在桂林会见共产国际代表马林，讨论建立革命党和革命武装问题。1922年4月，又在广州与苏俄的全权代表会见，从幻想向帝国主义寻求援助转而希望联俄。

1919年8月，孙中山委派**胡汉民**、**朱执信**、**廖仲恺**等人在上海创办《建设》杂志，大力宣传民主革命理论。10月，宣布中华革命党改组为**中国国民党**。1920年8月，孙中山指示驻闽粤军回师广东，驱逐了**桂系军阀**。11月，孙中山回到广州，重举护法旗帜。1921年5月，在广州就任非常国会推举的非常大总统，接着出师广西，消灭了桂系军阀**陆荣廷**的势力，准备以两广为根据地北伐。掌握广东军队统率权的**陈炯明**，于1922年6月发动叛乱。孙中山脱险后率海军反击叛军，奋斗50余日，因待援无望，被迫离开广州赴上海。

陈炯明的叛变使孙中山陷于极为困难的境地，他决心接受共产国际和**中国共产党**的帮助，欢迎**李大钊**等共产党人以个人身份加入中国国民党。1923年1月，与苏联代表越飞发表《孙文越飞宣言》，奠定了联俄政策的基础，随即派廖仲恺赴日与越飞谈判。1923年1月，表示服从孙中山的滇、桂军队将陈炯明逐出广州，2月，孙中山从上海回到广州重建陆海军大本营，以大元帅名义统率各军，综理政务。与此同时，逐步加紧改组中国国民党的准备工作。8月，派出以**蒋介石**为首的孙逸仙博士代表团到苏联考察政治、党务和军事。10月，聘请苏联派来的M.M.鲍罗廷为顾问；接着，委任廖仲恺、**谭平山**等组成新的中国国民党临时中央执行委员会，负责筹备国民党的改组工作。

对三民主义作新的解释 1924年1月，中国国民党第一次全国代表大会在广州召开，孙中山主持了大会。大会通过新的党纲、党章，在实际上确立了联俄、联共、扶助农工三大政策，选出有中国共产党人参加的中央领导机构。在大会通过的《中国国民党第一次全国代表大会宣言》中，孙中山对三民主义作了新的解释，充实了反帝反封建的内容。中国国民党第一次代表大会的召开，标志着孙中山的革命思想和革命事业发展到了一个新阶段。1924年5月，孙中山在广州黄埔长州岛创立陆军军官学校，为建立革命军队打下基础。

中国革命民主派的光辉旗帜　孙中山早期曾努力争取日、英、法、美等国援助中国的革命和建设，但均无所获。他在斗争中认识到，要争取中国独立富强就必须努力推翻帝国主义。晚年，他同帝国主义进行了坚决的斗争。1923年12月，帝国主义各国因广东革命政府截留粤海关关余和要求收回海关主权，集中大批军舰到广州河面对孙中山进行恫吓。孙中山在关余事件中态度果断坚决，迫使帝国主义各国在1924年5月应允照付广东政府应得的关余。1924年10月，孙中山镇压了广州商团发动的武装叛乱。

1924年10月，奉系军阀的张作霖和直系将领冯玉祥联合推翻曹锟为总统的直系军阀政权。冯玉祥、段祺瑞、张作霖先后电邀孙中山北上共商国事。孙中山接受邀请，并提出废除不平等条约、召开国民会议作为解决时局的办法。11月，离广州北上，先抵上海，再绕道日本赴天津。12月底，扶病到达北京。1925年3月12日，因患肝癌在北京逝世。逝世前夕签署的遗嘱，包括《国事遗嘱》、《家事遗嘱》和《致苏俄遗书》三个文件。在国事遗嘱中，他总结了40年的革命经验，得出结论说："必须唤起民众，及联合世界上以平等待我之民族，共同奋斗。"发出了"革命尚未成功，同志仍须努力"的号召。指出，要按他"所著《建国方略》、《建国大纲》、《三民主义》及《第一次全国代表大会宣言》，继续努力，以求贯彻"。在家事遗嘱中，说明将遗下的书籍、衣物、住宅等留给宋庆龄作为纪念，要求子女们继承他的革命遗志。在致苏俄遗书中，阐明他实行三大革命政策，坚持反帝爱国事业的坚定信念，表示"希望不久即将破晓，斯时苏联以良友及盟国而欣迎强盛独立之中国，两国在争世界被压迫民族自由之大战中，携手并进，以取得胜利"。1929年，遗体由北京移葬南京紫金山。

孙中山是中国伟大的民主革命先行者，为了改造中国耗尽毕生的精力，在历史上建立了不可磨灭的功勋，在政治上也为后继者留下珍贵遗产。著有《建国方略》、《建国大纲》、《三民主义》等。其著述在逝世后多次被结集出版，有中华书局1986年出版的十一卷本《孙中山全集》，台北1969、1973年、1985年出版的《国父全集》等。

孙钟秀　Sun Zhongxiu (1936-12-22～　) 中国计算机科学家。生于江苏南京。1957年

毕业于南京大学数学系。历任南京大学数学系助教、讲师，计算机科学系副教授、教授、系主任，副校长。1988～1998年任江苏省科协主席。1991年当选中国科学院学部委员（院士）。长期从事计算机科学的教学与研究工作，主要研究操作系统和分布式计算机系统软件及应用。主持国产计算机DJS200系列的DJS200/XTIG和DJS200/XTIP等操作系统的研制开发。1982年10月研制了多个实用的分布式计算机系统和分布式系统软件。2000年被日本北海道信息大学授予名誉博士学位。

《孙子》　*Sun Zi's Art of War*　中国古代兵书，《武经七书》之一。又称《孙子兵法》、《吴孙子》等。作者孙武（约活动于公元前6世纪至前5世纪初），字长卿，乐安（今山东惠民，另有博兴、广饶等说）人，齐国田氏后裔，移居吴国。经伍子胥推荐，以兵法13篇晋见吴王阖闾，被任为将军，辅助吴王经国治军，称霸诸侯。

篇目　关于《孙子》篇数，史籍记载不一。一些记载为13篇。但《汉书·艺文志》著录为"吴孙子兵法八十二篇，图九卷"。今本为《计》、《作战》、《谋攻》、《形》、《势》、《虚实》、《军争》、《九变》、《行军》、《地形》、《九地》、《火攻》、《用间》13篇，约5 000余字。

内容　《孙子》总结了商周以来特别是春秋时期的战争经验，论述了军事领域若干重大问题，揭示了一系列带普遍性的军事规律，形成了系统的军事理论体系。《孙子》强调军事力量在战争中的重要作用，肯定了战争中主观能力的发挥，主张能动地创造和运用有利的态势。《孙子》提出了不以直接交战的方式达成政治目的的"全胜"战略。《孙子》中重战、慎战、备战、善战的思想、"全胜"战略和进攻速决的谋略思想，反映了知彼知己、趋利避害的朴素唯物论和辩证法思想，对后世产生了深远的影响。

影响　《孙子》在世界上流传甚广，早在唐代就已传入日本，18世纪又传到欧洲，至今已有日、英、法、德、俄、朝、意、捷克、罗马尼亚、希伯来、希腊、阿拉伯、荷兰、西班牙、越南、丹麦、缅甸、泰国、马来西亚等不同文字的译本传世。

《孙子兵法》　*Sun Zi's Art of War*　中国古代兵书，《武经七书》之一。见《孙子》。

孙子定理　Chinese remainder theorem　一元一次同余方程组的求解定理。见大衍求一术。

孙佐臣　Sun Zuochen (1862～1936-04-04)　中国京剧琴师。初名光通。北京人。卒于上海。初学小生，后改习胡琴，拜名琴师贾三（祥瑞）为师。先为老生王九龄操琴。成名后，与谭鑫培、孙菊仙、许荫棠、陈德霖、金秀山、德珺如等合作，对各行当流派唱腔极为娴熟。他的手音圆润，腕力特佳，弓法胜人。对弹、打、揉、滑等多种指法技巧以及弓法的运用，无不挥洒自如，更善用逆弓，以"花点"取胜。琴艺与梅雨田齐名，是胡琴演奏最早的两大流派的创始人之一。1893年入清廷昇平署供职。

损害赔偿　compensation for damage　当事人一方因侵权行为或不履行债务而对他方造成损害时应承担补偿对方损失的民事责任。

请求权的根据　当权利人的权利遭到侵犯而又产生损失时，就可以要求赔偿损失。损害赔偿请求权的产生根据主要有：①侵权行为。这种责任又称合同外的责任或非合同责任。②不履行债务的行为。这种赔偿责任又称合同责任。

损害赔偿的性质　包括三个方面：

损害赔偿的补偿性　损害赔偿具有明显的补偿性质，必须坚持赔偿实际损失的原则和全部赔偿的原则。

损害赔偿的制裁性　不能让债务人因自己不履行债务的行为或侵权行为得到任何经济上的便宜，全部赔偿债权人的损失要使债务人承担相应的或更大的经济损失。

违约损害赔偿的附带性　《中华人民共和国合同法》第112条规定："当事人一方不履行合同义务或者履行合同义务不符合约定的，在履行义务或者采取补救措施后，对方还有其他损失的，应赔偿损失。"在侵权行为中，金钱赔偿是补偿财产损失的最主要、最常见、最有效的手段。

赔偿损失的范围　除法律另有规定，或者当事人另有约定外，应包括财产上的直接减少和失去的实际上可以获得的利益。

损失既可以是给债权人造成的财产损失，也可以是给债权人造成的非财产损失，也称精神损失，如给债权人的信誉及其他人身权造成损失。西方许多国家都允许用金钱来赔偿精神损失。

损伤力学　damage mechanics　研究材料或构件中的损伤在各种加载条件下随变形而演化发展并最终导致破坏的过程中的力学规律的学科。固体力学的分支。与断裂力学一起组成破坏力学的主要框架，以研究物体由损伤直至断裂破坏过程的力学规律。由于材料中细结构的不可逆的衰坏过

程而引起材料性能变化，称为损伤。损伤力学认为，材料内部分布着缺陷，如位错、微裂纹、微空洞、剪切带等，这些不同尺度的细结构是损伤的典型表现。损伤在热力学中，视为不可逆的耗散过程。物体中的损伤有多种，如脆性损伤、塑性损伤、蠕变损伤、疲劳损伤等。损伤力学利用连续介质力学的唯象方法或细观力学、统计力学的方法，导出含损伤的材料的本构关系和损伤演化方程，形成损伤力学的初、边值问题的提法或变分提法，并进而求解物体的应力变形场和损伤场。损伤力学可大致分为连续损伤力学、细观损伤力学和基于细观的唯象损伤力学。损伤力学应用于破坏分析、力学性能预计、寿命估计、材料韧化等方面。从 1958 年 P.M.卡恰诺夫提出完好度（损伤度）概念至今，损伤力学仍处在发展阶段。国际上公认的损伤力学体系尚在形成与发展之中。

隼 *Falco*; falcon 隼形目隼科隼属鸟类的统称。共有39种，中国有13种。小型猛禽，全长约274毫米。翅长而尖；上嘴先端钩曲，边缘具锐利齿突；鼻孔圆形，中间具丘状突起；脚强健，爪弯曲而十分尖锐。

红脚隼

栖息在开阔或林缘地区，吃昆虫、中小型鸟类和啮齿动物。在树上或岩壁洞穴中营巢，有些种类自己不营巢而侵占鸦、鹊的巢。每窝产卵2～6枚。卵近球形，多密布褐色细纹。孵化期和巢期为1个月。雏鸟为晚成性。

大多数种类是候鸟，有的种类过留居生活，其中经济意义较大的有游隼、燕隼、红脚隼、红隼等。

除游隼捕食中等大小的鸟类外，燕隼、红脚隼、红隼皆啄食多种农林害虫，特别在蝗虫大量繁殖的年份，在控制灾害方面有一定的作用。

隼形目 Falconiformes; hawk 鸟纲一目。为肉食猛禽。世界共有5科80属311种。中国有2科23属60种。

体型大小不一。体形矫健，飞行迅捷；隼科嘴先端两侧具单齿突，鹰科嘴切缘具弧状垂突；嘴基部通常被蜡膜或须状羽。翅强健。鹰科翅宽圆而钝，隼科翅稍长而狭尖；尾羽形状不一，多数为12枚；脚和趾强健有力，通常3趾向前，1趾向后，呈不等趾型，趾端钩爪锐利。体羽色较单调，多为灰褐、棕褐或石板灰褐色，或为污灰白色混合斑纹羽色；通常具小形副羽；一般绒羽较发达。雌鸟体型较雄鸟稍大。头骨宽阔，眼球较大；听觉发达；胸骨宽阔；下肢骨壮健，趾骨稍长。嗉囊扩大，胃壁薄，消化腺发达；无砂囊结构；食量大，食物中不消化的残余，如骨、羽、毛等物，常形成小团块吐出。

栖息环境多样，在高山、平原、山麓、丘陵、草原、海岸峭壁、江河湖泊或沼泽草地等处均可见到。白昼活动。食物多样，因季节而有差异，多数以动物性食物为主。一般成对生活，在高山绝壁、树冠顶端、荒漠草原的乱石堆、树洞或较大的鼠洞营巢；少数集巢群居（如兀鹫、小隼等）。大型种类每窝产卵1～2枚，孵化期约45天，雏鸟留巢2个月后飞出；小型种类每窝产卵3～5枚，孵化期约30天，雏鸟留巢约1个月后飞出。雏鸟为晚成性。中国的隼形目猛禽多为候鸟。隼形目鸟类寿命较长，小型种类寿命15～25年，大型种类如金雕寿命80年。

隼形目猛禽多数为农林业的益鸟，在抑制害鼠、害虫方面起重要作用。该目种类均为国家重点保护动物。

莎草科 Cyperaceae; sedge family 单子叶植物纲鸭跖草亚纲的一科。约90属4 000余种，广布全世界。中国约有28属800余种，南北均产。多年生草本，少数1年生；多数具根状茎，少数兼具块茎；秆通常三棱形。叶基生或兼秆生，一般具闭合的叶鞘和狭长的叶片，有的仅有鞘而无叶片。花序有穗状花序、总状花序、圆锥花序、头状花序或长侧枝聚伞花序；小穗单生、簇生或排列成穗状或头状，具2至多数花，有时退化仅具1花；花小，两性或单性，雌雄同株，少数雌雄异株，着生于鳞片腋内，无花被或花被退化成下位鳞片或下位刚毛，有的雌花为先出叶所形成的果囊所包裹；雄蕊3，少数1～2枚，子房1室。果为小坚果或由果囊裹住的囊果。大多生长在潮湿处或沼泽中，也生长在山坡草地或林下。

莎草科有的可供编席或造纸，如席草、藨草、短叶茳芏、细辐射枝藨草、扁秆藨草、水毛花等。有些种类的块茎可供食用，如荸荠、油莎草等。有的为优良牧草，如高山嵩草、脚薹草、低薹草。有些可入药，如荆三棱、香附子、短叶水蜈蚣等。还有的如白颖薹草、异穗薹草等，可作草坪，美化环境。

娑罗树 *Aesculus chinensis*; Chinese buckeye 七叶树科七叶树属一种。落叶乔木。七叶树的俗称。

桫椤 *Alsophila spinulosa*; tree ferns 蕨类植物门桫椤科桫椤属一种。又称树蕨。具有

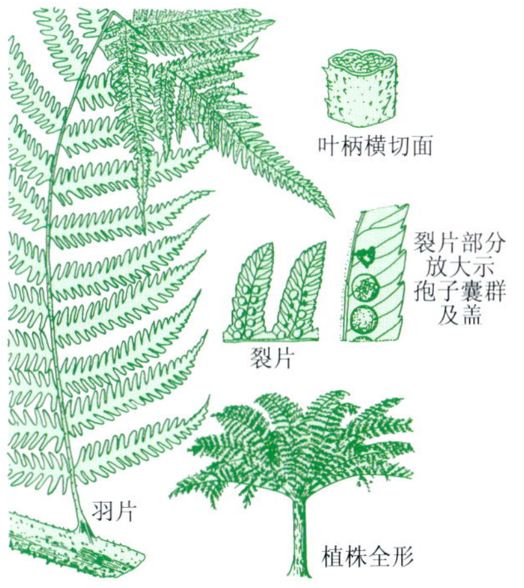

桫椤的形态

高大主干的树形蕨类。广布于世界热带。中国分布于台湾、福建、广东、广西、四川、贵州、云南和西藏东南部。粗大的茎干高达6米或更高。叶大型，长1米，螺旋状排列于茎顶成伞状树冠；叶片三回羽状深裂，叶柄、叶轴和羽轴有刺状突起，叶片下面灰绿色或灰白色。孢子囊群圆球形，生于分叉小脉的上侧一脉背部凸起的囊托上，囊群盖球形，顶部开裂。生于林下沟边、溪边或林缘湿地，海拔100～800米。为中国一级保护植物。

桫椤自然保护区 Alsophila Spinulosa Nature Reserve 中国唯一以桫椤为重点保护对象的保护区。建立于1984年。位于贵州省赤水市南部。面积约3 200公顷。保护区所在地是赤水河的一条支流。河谷深切，谷宽不过几十米，海拔较低，而周围则耸立着1 400米的山岭，形成一个地形封闭、水热条件良好的生态环境，为桫椤的生长发育提供了良好条件。主要保护对象桫椤是国家一级保护植物，在古生代志留纪曾在地球上盛极一时，经过漫长的地质时代，尤其是第四纪冰川气候的严酷侵袭，濒于灭绝，现仅在世界上的少数地方幸存。保护区桫椤生长发育良好，树干一般高3～5米，最高的8米，树干直径可至32厘米。在局部河谷地段，桫椤集中分布，形成以桫椤为主的植物群落。保护区内还分布有福建柏、黄连、天麻、八角莲、杜仲、红花木莲、桢楠、小黄花茶等珍贵稀有植物。

梭鲁特文化 Solutrian Culture 欧洲旧石器时代晚期文化。因最初发现于法国里昂附近的梭鲁特雷山洞而得名。该文化以高超的压制石器技术著称，达到欧洲旧石器时代晚期的顶峰。主要分布在法国中部，也到达西班牙、比利时和英国。时代为晚更新世，属维尔姆冰期的最后阶段。晚于奥瑞纳文化，但可能是在莫斯特文化的影响下直接发展起来的。梭鲁特文化的石器种类多样，有雕刻器、刮削器和石锥等。代表性器物是

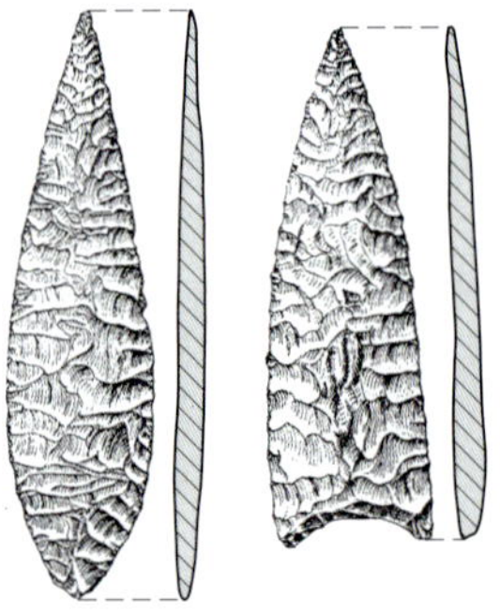

梭鲁特文化的尖状器

桂叶状或柳叶状尖状器，制作精致，器身很薄，有的甚至达到透明程度。骨器较贫乏，但后期出现带孔小骨针，说明人们已能缝制皮衣。这一时期的艺术品很多，有手镯、串珠项圈、垂饰、骨饰针等，还有浅浮雕及绘在石饰板和洞穴石壁上的图画。石料也都选择美观的，如彩色石英、碧玉及丰富多彩的燧石等。

梭伦改革 Solon's Reforms 公元前6世纪初雅典执政官梭伦（约前640～约前558）进行的一系列经济、政治和社会改革。由于奴隶占有制的发展，雅典许多平民因债务而受到氏族贵族的奴役，平民反对氏族贵族剥削、压迫和独揽政权的斗争十分激烈。公元前594年，梭伦被选为首席执政官，成为斗争双方的仲裁人，并以立法者身份实行了广泛改革。改革的主要内容有：①废除雅典公民以人身作抵押的一切债务（解负令）；②废除世袭贵族的垄断，按一年农产品收入的总量把公民分为4个等级，各等级的政治权利依其财力之大小而定；③设立四百人议事会和民众法庭；④制定新法典取代格拉古的严酷法律，只保留了其中有关杀人罪的部分，使整个雅典法较有人道色彩。梭伦还奖励公民从事手工业和商业。

梭伦改革是**雅典城邦**历史发展中的重要里程碑，奠定了雅典民主政治的基础，有助于工商业的发展，调整了公民集体内不同阶层之间的利益关系，使自身从事劳动的中、小所有者公民在经济、政治和社会上的地位得以保证。

梭子蟹 *Portunus*; swimcrab 十足目梭子蟹科梭子蟹属动物的统称。古称蝤蛑。重要经济蟹类。广泛分布于太平洋、大西洋和印度洋。

头胸甲很宽而短，额缘具2～6齿（一般4齿），前侧缘斜拱形，长于后侧缘，通常有9齿，末齿一般很长。略呈梭形，故称梭子蟹。螯足长大，棱柱状，两指具齿，末对步足扁平呈桨状，适于游泳和掘沙。

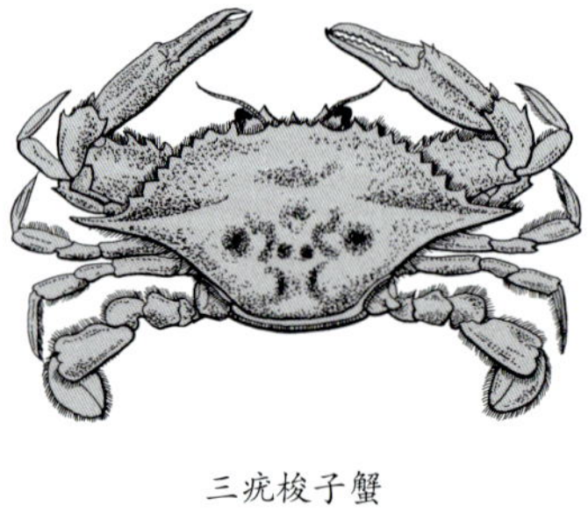

三疣梭子蟹

中国沿海约有18种，经济价值高的有三个种：①三疣梭子蟹（见图）。俗名枪蟹、蓝蟹。头胸甲呈茶绿色，带有紫色和白斑云纹，中部隆起，胃区及心区共有三个疣状突起，故名。②远海梭子蟹。雄性深紫蓝色，雌性茶绿色，均带有不规则的浅蓝色及白色斑纹，俗称花蟹。③红星梭子蟹。头胸甲光滑，后半部具三个并列的紫红色圆斑，俗名三点蟹。

梭子蟹通常生活于30～33盐度范围的近海。栖于泥沙的海底，有昼伏夜出的习性。杂食性。性凶猛好斗，常残食弱小同类。

梭子蟹肉质鲜美，主要供鲜食，还可精制成蟹段罐头、蟹肉干等。蟹卵（蟹子）可加工成调味品，蟹壳可加工成甲壳质。此外，肉、内脏及壳均可供药用。

蓑蛾 Psychidae; bagworm moth 鳞翅目蓑蛾科昆虫的统称。全世界已知约800种，中国记录50余种。

成虫小型的翅展约为8毫米，大型的翅展可达50毫米。雄蛾复眼小，无单眼。口器退化，无喙。触角双栉齿状。翅发达，翅面有鳞片或只有鳞毛，呈半透明状，翅斑纹简单，色暗而不显，中脉在中室可见；后翅臀脉3条，彼此分离，翅缰发达。雌蛾有或无翅。翅极退化或无翅的种类的雌蛾往往特化成幼虫型，头、胸部退化，头上有稀疏的毛，有触角或触角极短，有足或无足，有些种类腹部第7节有细毛束。

幼虫肥大，胸足和臀足发达，腹足退化呈蹠状吸盘。吐丝造成各种形状蓑囊，囊上黏附断枝、残叶、土粒等。幼虫栖息囊中，行动时伸出头、胸，负囊移动，因而有结草虫、结苇虫、木螺、蓑衣丈人、避债虫、皮虫、背包虫、袋虫等象形的俗称。

卵的颜色和大小因种类而异。一年发生的代数因种类而异。多以幼虫和卵越冬。

蓑蛾幼虫是林木、果树、行道树的重要害虫，除取食植物叶片和嫩枝梢外，还危害植物的花蕾、花、幼果和果。

中国主要蓑蛾害虫种类有大窠蓑蛾、小窠蓑蛾、蜡彩蓑蛾和黛蓑蛾等。

蓑衣 coir raincoat 用植物纤维编制的雨具。多为长及臀下，颈部收系的片状。用时披于肩上，与笠帽配合可遮蔽雨雪。主要在中国南方地区使用，至今仍有使用。周代已出现。《诗经·小雅·无羊》："尔牧来思，何蓑何笠。"汉毛亨注释："蓑，所以备雨。"编制蓑衣的材料主要是蓑草，一种多年生野生宿根草本植物，表皮光滑、茎中空，用以制作雨衣，雨水不易渗透。虽然从隋代以后出现了桐油布雨衣，但价格昂贵，蓑衣并未被取代，一般士宦、平民外出遇

雨雪都穿蓑衣，尤以农夫、渔人所用为多。唐代柳宗元有"孤舟蓑笠翁，独钓寒江雪"，宋代苏轼有"一蓑烟雨任平生"之句。宋元时代，蓑衣被军队用作士兵的防雨服。除蓑草外，蓑衣还有用莎草、粗麻、棕丝、油葵叶等材料制成的。粗麻制成的蓑衣称缊袯。棕榈树皮上的纤维加工整理后制成的蓑衣，俗谓棕蓑衣或棕衣。随着社会的进步，蓑衣在用材和制作上也有相当改进，日趋精美。明代贵族所用的蓑衣用一种柔软而不渗水的白玉草编织而成，名为玉针蓑。据徐珂《清稗类钞》记载，清代还有一种名为多罗树叶编织而成的多罗皮雨衣，"轻巧便捷，入水不濡，卷之一手可握，每套值银二百余"。

羧酸 carboxylic acid 含有羧基—COOH

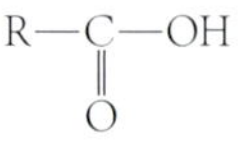

的化合物，式中R可以是链烃基、环烃基或芳烃基及其衍生物，R是氢时为**甲酸**。广泛存在于自然界。根据与羧基相连的烃基的不同，可分为脂肪酸、芳香酸、饱和酸和不饱和酸等。根据分子中羧基数目不同，又可分为一元羧酸、二元羧酸和多元羧酸。

早期发现的羧酸通常根据来源命名。例如，**脂肪酸**由于是脂肪水解的产物，因而得名；甲酸最初是由蒸馏赤蚁制得，称为蚁酸；**乙酸**最初由食醋中得到，称为醋酸；**丁酸**具有酸败牛奶气味，称为酪酸；己酸、辛酸、癸酸又分别称为羊油酸、羊脂酸、羊蜡酸；**苯甲酸**存在于安息香胶中，称为安息香酸。一般，简单的羧酸按普通命名法命名，选含有羧基的最长碳链为主链，取代基的位置，从羧基邻接的碳原子开始，用希腊字母α、β、γ、δ等依次标明，如：

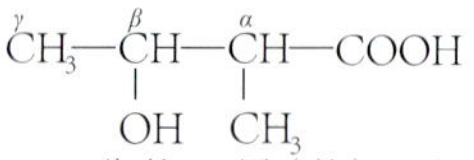

β-羟基-α-甲（基）丁酸

芳香酸当作苯甲酸的衍生物来命名，如苯甲酸、**邻苯二甲酸**、**对苯二甲酸**；比较复杂的羧酸按国际命名法命名，选含有羧基的最长碳链为主链，从羧基碳原子开始编号，再加取代基的名称和位置，如：

$$\overset{5}{C}lCH_2-\overset{4}{C}H=\overset{3}{C}H-\overset{2}{C}H_2\overset{1}{C}OOH$$

5-氯-3-戊烯酸

低级脂肪酸C_1～C_3是液体，具有刺鼻的气味，溶于水。中级脂肪酸C_4～C_{10}也是液体，具有难闻的气味，部分溶于水。高

级脂肪酸是蜡状固体，无味，不溶于水。二元脂肪酸和芳香酸都是结晶固体，芳香酸在水中溶解度较小，可从水中重结晶，饱和二元羧酸除高级同系物外，都易溶于水和乙醇。羧酸的沸点比分子量相近的醇的沸点高。直链饱和一元羧酸和二元羧酸的熔点随碳原子数目增加而呈锯齿状上升，含偶数碳原子羧酸的熔点高于邻近两个含奇数碳原子的羧酸。羧酸最显著的性质是酸性，羧酸是一种弱酸，其酸性比碳酸强。羧酸能与金属氧化物或金属氢氧化物形成盐。羧酸的碱金属盐在水中的溶解度比相应羧酸大，低级和中级脂肪酸碱金属盐能溶于水，高级脂肪酸碱金属盐在水中能形成胶体溶液，肥皂就是长链脂肪酸钠。羧酸与醇反应生成**酯**，称为酯化反应。与此类似，羧酸中的羟基也可被卤素、羧基和氨基取代，分别生成**酰卤**、**酸酐**和**酰胺**等衍生物。羧酸不能被催化还原，只能被氢化铝锂或乙硼烷还原成一级醇。大多数一元羧酸或它们的盐受热即发生脱羧，例如乙酸钠与苏打、石灰共热即脱羧，生成甲烷。各种二元羧酸受热后由于两个羧基位置不同而发生不同的反应，有些脱羧，有些脱水，有些同时脱水、脱羧。脂肪酸的α氢比其他碳原子上的氢活泼，能被卤素取代。芳香酸的芳环也可发生卤代、磺化和硝化等取代反应。

低级脂肪酸是重要的化工原料，例如纯乙酸可制造人造纤维、塑料、香精、药物等。高级脂肪酸是油脂工业的基础。二元羧酸广泛用于纤维和塑料工业。某些芳香酸如苯甲酸、**水杨酸**等都具有多种重要的工业用途。

缩合反应 condensation reaction 两个或两个以上有机分子相互作用后以**共价键**结合成一个大分子，并常伴有失去小分子（如水、氯化氢、醇等）的反应。在多**官能团**化合物的分子内部发生的类似反应形成环状分子，则称为分子内缩合反应。缩合反应在有机化学，尤其是有机合成中应用很广。

羟醛缩合反应 **醛**、**酮**或**羧酸**衍生物等两个相同的或不同的羰基化合物分子在**羰基**旁形成新的碳碳键，从而生成β-羟基羰基化合物或α,β-不饱和羰基化合物的反应。这些反应通常在碱或酸的催化作用下进行。一个羰基化合物在碱作用下在羰基旁形成碳负离子或烯醇负离子，或在酸的作用下生成烯醇后，进攻另一个羰基的碳原子，从而生成新的碳碳键。

克莱森-施密特缩合反应 为两种不同的醛或酮在强碱作用下发生的反应，一般指不含α-氢的芳香醛与脂肪族醛或酮的反应。脂肪族烯醇负离子进攻芳香醛的羰基碳原子，随即失水，得到一种与芳香环共轭的α,β-不饱和醛或酮。

珀金缩合反应 芳香醛与脂肪族羧酸酐在相应羧酸钠作用下发生类似的缩合反应，生成肉桂酸型化合物：

$$C_6H_5—CHO + (CH_3CO)_2O \longrightarrow C_6H_5—CH═CH—COOH$$

罗宾森增环反应 烯醇负离子或其他碳负离子（如CN^-）在碱性条件下进攻α,β-不饱和羰基化合物或α,β-不饱和**腈**等亲电共轭体系时，碳负离子进攻β-碳原子并发生1,4-加成。这类反应称为迈克尔**加成反应**。通过迈尔克反应得到的产物为1,5-二酮时，可使之发生分子内羟醛缩合，从而形成一个环已烯酮环系。

达村斯缩合反应 醛或酮与α-卤代羧酸酯在强碱作用下发生类似于羟醛缩合的反应后，失去卤离子而得到α,β-环氧羧酸酯。它经水解后容易失羧而生成高一级的醛或酮。

克莱森缩合反应 含α-氢的羧酸酯在强碱作用下发生缩合，生成β-酮酯。例如，**乙酸乙酯**在乙醇钠作用下生成**乙酰乙酸乙酯**：

$$2CH_3COOC_2H_5 \xrightarrow{C_2H_5O^-} CH_3COCH_2COOC_2H_5$$

苯偶姻缩合反应 芳香族醛在氰化钾作用下发生两分子缩合，生成苯偶姻类化合物：

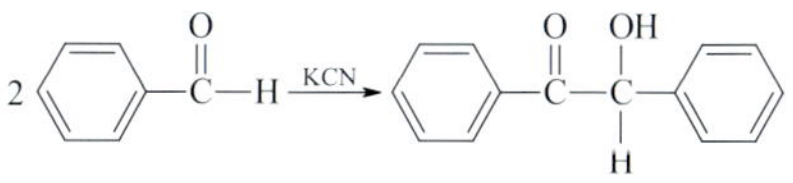

偶姻缩合反应 羧酸酯与钠发生双分子还原，生成偶姻类化合物。

曼尼希反应 醛或酮与**甲醛**或其他醛以及脂肪族二级**胺**或一级胺在碱性或酸性条件下发生氨甲基化反应。应用这个反应可在很温和的条件下合成一些复杂的、原仅天然存在的有机含氮化合物。

克诺文格尔反应 在碱催化下，不含α-氢的醛或酮与活泼亚甲基化合物缩合，失去一分子水，形成双键的反应：

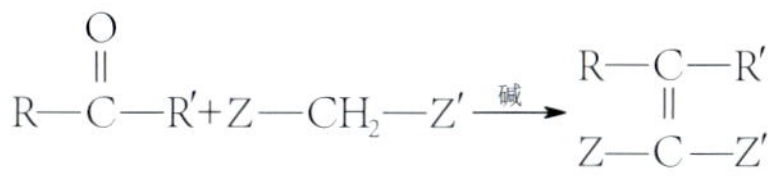

Z、Z′为CHO、COR COOR、COOH CN、NO_2、SOR、SO_2R。

有些反应虽未涉及碳碳键的形成，但习惯上也称为缩合反应。例如醛或酮与伯胺生成席夫碱（见**亚胺**）的反应，醛或酮与醇在酸作用下生成缩醛或缩酮的反应等。二元酸与二元醇或二元胺生成**聚酯**、**聚酰胺**的反应也属这种情况，称为缩合聚合反应。

缩合聚合 condensation polymerization 具有两个或两个以上**官能团**的低分子化合物（**单体**）重复地进行**缩合反应**，生成**聚合物**，并同时释放出小分子（如水、醇、氨、卤化氢等）的**聚合**。简称缩聚。当用双官能团的单体时，形成线型聚合物；如果单体的官能度大于2，则可以得到支化或交联的网状聚合物。

基本特征 与烯类聚合不同，缩合聚合由于是单体官能团间的相互作用，通常只需要热能就能开始进行聚合反应，而且除了产生热分解、交联等副反应以外，本质上没有终止反应。①聚合物分子量随时间逐步增加，链增长以缓慢和逐步反应的形式进行。在反应体系内，没有特定的反应活性中心，任何两个分子都可以相互反应。反应后期所得到的聚合物分子量大小不一，形成相当宽的分子量分布。②不同链长的高分子具有相等活性，可以选用任一平衡反应来代表整个缩聚平衡反应。③聚合度与反应程度关系密切，可以用已参加反应的官能团所占的分数来表示其反应程度。④两种组分要求等当量比，可以利用一种组分过量或添加官能杂质来调节控制聚合平衡时的平均分子量。⑤平均聚合度与小分子副产物的浓度成反比，反应过程中不断从体系中排除反应所生成的小分子副产物，才能得到高分子量的聚合物。⑥由于分子内官能团的相互反应，生成环状结构产物，因而存在环与链的平衡。反应的方向主要决定于单体的分子结构（即成环的大小）、官能团间的距离和分子链的柔韧性，升高温度和降低反应物的浓度（即极度稀释时）对环化反应有利。

分类 按反应速度与反应物浓度的关系，可分为一级反应、二级反应、三级反应以及其他级数的缩聚反应；按反应复杂的情况，可分为平衡缩聚反应和不平衡缩聚反应；按反应产物的结构，可分为线型缩聚反应和体型缩聚反应；按参加缩聚反应单体的情况，可分为均缩聚〔同一种单体含有两种相同或不同的反应官能团（A-R-A型或A-R-B型）进行反应的过程〕、混缩聚〔两种单体（A-R-A型、B-R-B型）进行缩聚反应的过程〕和共缩聚〔几种不同单体（A-R-A型、B-R′-B型、A-R″-A型）进行的反应〕；按反应基团间化学反应的类型可分为羰基加成消去反应、羰基加成取代反应、亲核取代反应、重键加成反应、自由基结合反应、芳香族亲电取代反应。

缩聚方法 主要有：①熔融缩聚。在单体和聚合物熔融温度以上进行缩聚，是实验室和工业上常用的简便、经济的方法，须在高真空下完成反应。②溶液缩聚。单体在溶液中进行缩聚，实验室常用此法，分加热溶液缩聚和低温溶液缩聚，后者适用于合成耐热高分子和聚芳酰胺或聚芳酯等，以及它们的有规序列共缩聚物。③界面缩聚。利用高活性单体在互不相溶的两种液体界面进行非均相缩聚的方法，是不可逆反应，反应速率快，易得高分子量聚合物。配料不需严格的摩尔比。④固相缩聚。用固相单体或固相低聚物在产物熔融温度以下20～30℃保持固体状态的缩聚方法，通常用粉末或薄膜以增大固相比表面，产物分子量较其他各法均高。

所得税 income tax 对法人和个人所得课征的一类**税收**。大多数国家所得税法中指的“所得”，是法人或个人在一定期间内(通常为1年)的劳动、营业、投资或把财产、权利供他人使用而获得的连续性收入中，扣除为取得这些收入所需费用后的余额。这样概括的“所得”包括两层含义：①纯所得而不是总所得，即**纳税人**在一定期间增加的资产(总所得)减去消耗的资产后所得的余额(纯所得)。②有连续来源的所得，如工资、利润、利息、租金收入等项。所得税是按纳税人的负担能力课征的，所以通常把所得税列入直接税。

所罗门 Solomon 大卫之子，以色列－犹太王国第三代即最后一代国王(在位年代不详，约公元前10世纪中叶)。希伯来语是“和平”的意思。他生活奢华，大兴土木，建筑耶路撒冷城和豪华的宫殿与圣殿。娶埃及法老的女儿为王后。以智慧闻名于世，善于判案断狱。传说能解兽语。著有《雅歌》、《传道书》、《所罗门智训》、《所罗门诗篇》等。其实这些作品都是民间抒情诗和谚语集，不是出于一个人的手笔。

所罗门群岛 Solomon Islands 南太平洋西部岛国。地处美拉尼西亚岛群中部，南纬5°～12°、东经155°～170°之间。面积27 540平方千米。人口53.7万(2009)。其中93.4%为美拉尼西亚人，4%为波利尼西亚人，其他有欧洲人、华人等。官方语言英语。通用当地语言与英语混合形成的皮钦语。居民大部分信奉基督教和天主教。全国分为9省1市。首都**霍尼亚拉**。

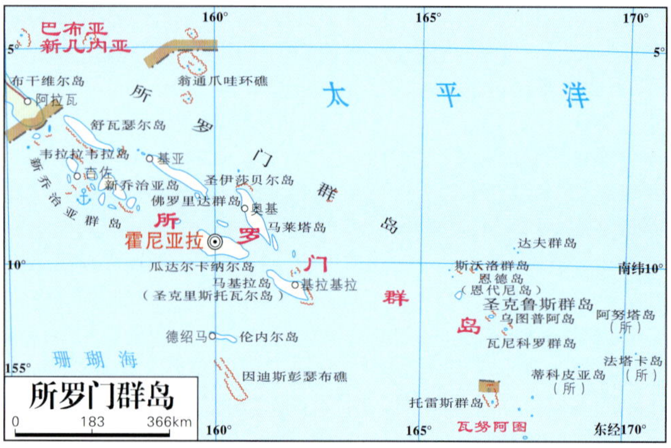

由所罗门群岛中部和南部的瓜达尔卡纳尔岛、马莱塔岛、舒瓦瑟尔岛、圣伊莎贝尔岛和马基拉岛等大岛和新乔治亚群岛、圣克鲁斯群岛以及周围上百个小岛组成。大岛多为火山岛，地震频繁。大部分岛屿林木茂密，地势崎岖，河流不长，但水流湍急。属热带海洋性气候，炎热潮湿，年平均气温27℃。降水丰富，年降水量3 000～3 500毫米。多台风。

早在3 000年前已有人定居。1568年被西班牙人发现并命名。后荷兰、德国、英国、法国、美国等殖民者相继到来。1885年所罗门北部的**布干维尔岛**成为德国保护地(现属巴布亚新几内亚)。1893年英国宣布所罗门群岛中部和南部诸岛为英国保护地。第二次世界大战期间一度被日本占领。1976年1月实行内部自治。1978年7月7日独立，为英联邦成员国。

实行君主立宪制。英女王为国家元首，由总督作为代表。内部为议会制，国民议会系最高权力机关，实行一院制，每4年普选一次。政府由议会选举产生的总理负责组阁。主要政党有社会信誉党、自由党、农村进步党、所罗门群岛国民党等。

经济以农业、渔业和木材业为基础。主要农产品有椰子、薯类、香蕉、油棕、可可、香料等。周边水域有丰富的渔业资源，盛产金枪鱼。森林覆盖率90%，一些岛屿的森林已经被大量采伐。有铝土、镍、铜、金、磷酸盐等矿藏。除采矿业外，还有水产品、家具、塑料、服装、木船、食品和饮料等小型加工厂。主要出口椰干、木材、水产品、可可、棕榈油等。进口机电设备、交通工具、食品和燃油等。主要贸易对象为澳大利亚、日本和英国。21世纪初旅游业有所发展。属低收入国家。财政预算在很大程度上依赖外援。主要援助者有日本、英国、澳大利亚、新西兰、欧盟等。货币名称所罗门群岛元。2009年国内生产总值6.57亿美元。

林木繁茂的所罗门群岛景色

各主要岛屿均有环岛公路。岛屿间交通以水运为主。霍尼亚拉附近有亨德尔森国际机场。

大部分岛屿保持美拉尼西亚的传统文化。教育水平低。有私人出版的周报《所罗门星报》。政府办的所罗门群岛广播电台用英语和皮钦语广播。

与英国、澳大利亚、新西兰等国家保持传统的友好关系。1978年独立后，一些政府部门仍由英国人担任顾问。已与34个国家建交。中国与所罗门群岛没有外交关系。

所有者权益 owners' equity 企业的所有者对企业净资产的要求权，其金额为**资产**减去**负债**后的净额。又称净权益。相对于负债而言，所有者权益具有如下特征：①所有者权益不像负债那样需要在规定日期偿还，除非发生减资、清算，否则，企业不需要偿还其所有者。②企业清算时，所有者权益的清偿程序后于负债。③所有者凭借所有者权益能够分享利润。

在独资或合伙企业，所有者权益，又称业主权益，一般仅指资本；在公司制的企业中，所有者权益即股东权益，分为投入资本和留存利润两部分，投入资本为所有者初始和追加投入的资本以及其他集团或个人投入的不属于负债的资本，留存利润指企业从经济活动所得的税后利润中留存的部分。只有当期税后利润和前期未分配利润才可用于股利分派。投入资本可分为**实收资本**(在股份有限公司称为股本)和**资本公积**；留存利润分为**盈余公积**和**未分配利润**。

索比 Sorby, Henry Clifton (1826-05-10～1908-03-10) 英国地质学家。生于英格兰约克郡伍德伯恩，卒于英格兰设菲尔德。自学成才。曾任英国学士会委员、英国显微镜学会主席、英国矿物学会首任主席、伦敦地质学会主席、费尔斯学院院长。微观岩石学的开拓者。首先运用偏光显微镜研究岩石、矿物的结构。1849年开始制备岩石薄片(厚约0.03毫米)进行显微镜下研究，突破了之前只能用显微镜观察晶体完好的矿物标本的限制。1858年首次指出在天然晶体和人工晶体中液态包裹体的重要意义。

用显微镜对金属结晶结构和存在杂质的研究，成为金相技术的起点，开辟了显微岩石学研究的新领域。主要著作有《板状节理的成因》、《显微镜下晶体结构》、《机械力和化学力的直接对比》、《显微镜在地质学中之应用》、《石灰岩的结构和成因》、《论铁和钢的显微结构》和《研究岩石结构和历史的定量分析法之应用》。

索道 ropeway 由驱动电机牵引钢索并带动厢体，在一定高度的空间运行的运输工具。又称架空索道。

索道对自然地形适应性强，爬坡角度大，基建费用省，能缩短运输距离。索道由站房、承载索、牵引索、支架、驱动装置、锚固装置、张紧装置、电气设备及车厢等部分组成。按运输对象，分为客运索道和货运索道；按钢索的作用功能，分为既作承载又作牵引的单线索道和承载缆索与牵引钢索分别运作的双线索道；按运行方式，分为往复式索道和循环式索道；按承载的手段，分为单线循环车厢式索道和吊椅式索道。往复式索道是在线路支架两侧的承载缆索上各挂一个车厢，通过牵引索往复运行；循环式索道则在线路支架两侧的承载缆索上悬挂车厢或吊椅作循环运行，常用于观光或滑雪场所。

索迪 Soddy, Frederick (1877-09-02～1956-09-22) 英国放射化学家。生于伊斯特本，卒于布赖顿。1898年毕业于牛津大学。1900～1903年，在加拿大蒙特利尔的麦吉尔大学随E.卢瑟福工作，共同创立放射性衰变的理论，修正了道尔顿原子论。1903～1904年，在伦敦大学和W.拉姆齐合作，证明镭能产生氦。1904～1914年在格拉斯哥大学任教，1914～1919年任阿伯丁大学教授，1919～1936年任牛津大学教授。1910年当选英国皇家学会会员，还先后被选为苏联、瑞典和意大利科学院的外籍院士。同位素一词是他在1913年首先使用的。他曾预言同质异能素的存在。索迪首先发现放射性物质经α衰变后，形成的新物质在元素周期表中的位置向左移动两格。由于这些贡献，他于1913年获得坎尼扎罗奖金，1921年获得诺贝尔化学奖。著有《放射性》、《衰变理论的论证》、《镭的阐明》、《原子的阐明》等。

索额图 Suo' etu (？～1703) 中国清康熙朝大臣。赫舍里氏。满洲正黄旗人。辅政大臣索尼之子，康熙皇后叔父。初任侍卫。康熙八年（1669）至四十年，先后任国史院大学士、保和殿大学士、议政大臣、领侍卫内大臣等职，是康熙朝的“辅弼重臣”，曾参与许多重大的政治决策和活动。康熙帝即位之初，鳌拜擅权，索额图辅佐计擒鳌拜，并将其党羽一网打尽，故深受信任。二十八年，索额图为谈判使团首席代表，率使团至尼布楚与俄方代表F.A.戈洛文谈判。在谈判中，索额图阐明黑龙江流域属于中国的原委，义正词严地驳斥俄方提出以黑龙江或雅克萨为界的无理要求。双方终于在对等谈判的基础上签订了第一个中俄条约——《尼布楚条约》，确定以额尔古纳河、格尔必齐河、外兴安岭至海为中俄东段边界。索额图先后两次参加平定准噶尔之役。康熙四十年以年老休致。后在清朝宫廷斗争中依附皇太子胤礽。四十二年，以“议论国事，结党妄行”的罪名交宗人府拘禁，不久死于禁所。

索尔顿 Salton, Gerard (1927-03-08～1995-08-28) 美国情报学家、情报检索理论和技术奠基人之一、情报检索教育家。生于德国纽伦堡。1958年获美国哈佛大学数学系哲学博士学位。曾任哈佛大学应用数学助理教授、康奈尔大学计算机科学系教授、系主任，《美国计算机协会通讯》主编、美国计算机协会情报检索专门小组主席等职。

索尔顿在自动化情报检索的研究开发和教学工作中取得突出成就。1961年主持建立了世界上第一个全自动文本处理和检索的实验性系统SMART，扩展了H.P.卢恩以计算机处理自然语言文本为基础的标引和检索概念。发表了许多关于情报检索、情报处理和语言处理等方面的论著，主要有《电子数据处理》、《情报检索理论》、《SMART检索系统——自动文献处理实验》和《自动文本处理》等。

索尔仁尼琴 Solzhenitsyn, Alexandr Isayevich (1918-11-12～2008-08-03) 苏联作家。生于北高加索基斯洛沃茨克，卒于莫斯科。1941年毕业于罗斯托夫大学。1945年因政治原因被判刑8年。1956年平反。长期在中学任教。1962年因发表描写集中营生活的小说《伊凡·杰尼索维奇的一天》而名声大震。1965年小说《第一圈》部分手稿被查抄，后来作者把这份手稿和另一部小说《癌病房》的手稿秘密转移到国外，分别于1968年和1970年在西方发表。1973年《古拉格群岛》第1卷在巴黎出版。全书共3卷7部（至1976年出齐），是一部大型的全面描写苏联劳改营情况的作品。内容除作者在劳改营的亲身见闻外，还汇集了200多篇在劳改营服过刑的人的口述和书信等回忆材料。1972年苏联当局以叛国罪取消索尔仁尼琴国籍，驱逐出境。其他主要作品还有短篇小说《玛特辽娜的家》（1963）、长篇小说《1914年8月》（1971，巴黎）和集日记、速写、政治、纪事、小说和科学研究于一体的《红轮》等。1985年以后，被允许回国，原来遭禁的一些作品陆续在国内出版。

索尔兹伯里 Salisbury, Harrison Evans (1908-11-14～1993-07-05) 美国记者、作家。生于明尼苏达州明尼阿波利斯，卒于罗得岛州普罗维登斯。1930年毕业于明尼苏达大学。曾先后获法学、人文学、新闻学博士学位。1930年进入合众国际社，先后任记者、驻伦敦分社经理、驻莫斯科记者、外事新闻主编。1949～1974年就职于《纽约时报》，先后任驻莫斯科记者和分社社长、国内新闻主编、助理总编辑、副总编辑。1975～1976年为美国艺术与文学学会会长。曾获普利策国际报道奖等。多次访问中国，1984年来华时沿着当年红军二万五千里长征的路线采访，写成《长征——前所未闻的故事》一书。还著有《俄国在行进》（1946）、《美国人在俄国》、《中国的轨道》等。

索非亚 Sofia; Sofija 保加利亚首都。全国最大城市和经济、文化、交通中心。人口125万（2009）。位于伊斯克尔河阶地上。温带大陆性气候。

公元前8～前7世纪为色雷斯人谢尔迪部落的聚居地。前1世纪称谢尔迪卡，是罗马帝国重要的商业、行政中心。809年并入保加利亚第一王国，更名斯雷德茨。此后几度毁于战乱。14世纪末始称索非亚（因6世纪建立的圣索非亚教堂而得名）。1382年被土耳其人占领。16～18世纪是巴尔干半岛仅次于君士坦丁堡的商业、手工业和文化中心。1878年回归保加利亚，翌年起为保加利亚首都。

主要工业有机械、电子、冶金、化学、纺织、食品和印刷等。产品以仪表、电子、起重及运输机械、机床最为重要。郊区农业发达，生产水果、蔬菜和乳品等。是全国最大的铁路、公路和航空中心。

索非亚城市景观

是国家科学院和100多个研究所所在地。有多所高等院校，并设有众多图书馆、博物馆、剧院、音乐厅等。古建筑有圣索非亚教堂、圣乔治教堂、清真寺和亚历山大·涅夫斯基教堂等。市中心九九广场有季米特洛夫陵墓。有数百个公园和街心花园，绿地覆盖率46%，素有“欧洲花园都市”之称。近郊有矿泉、温泉浴场和疗养院。

索菲亚·罗兰 Sophia Loren (1934-09-20～) 意大利电影演员。生于罗马。1949年开始在一些影片里饰演配角。1955年在《河里来的女人》里扮演主角。1957～1958年在好莱坞拍摄了《海豚上的男孩》、《榆树底下的爱情》。1959年在《黑兰花》里饰演主角，在威尼斯国际电影节获最佳女演员奖。1961年因《两妇人》获第34届奥斯卡金像奖最佳女主角奖。回国后拍摄的影片有《乔恰拉》(1960)、《70年的薄伽丘》(1962)、《昨天，今天，明天》(1963，获1964年第37届奥斯卡金像奖最佳外语片奖)、《意大利式的结婚》(1964)、《向日葵》(1969)、《卡桑德拉大桥》(1976)等。她善于塑造普通的意大利妇女形象。1998年获意大利电影节颁发的终身成就金狮奖。2007年获第2届罗马国际电影节终身成就奖。

索福克勒斯 Sophocles (约前496～前406) 古希腊三大悲剧家之一。生于科罗诺斯，卒于雅典。曾被选为雅典十将军之一。写了120多部剧本。只传下7部完整的悲剧剧本。

索福克勒斯既相信神和命运的无上威力，又要求人们具有独立自主的精神，并对自己的行为负责。他根据他的理想来塑造人物形象，认为命运不再是具体的神，而是一种抽象的概念。

《埃阿斯》(约前450～前447) 写进攻特洛伊的名将大埃阿斯由于没有得到阿基琉斯遗留的武器而企图杀害阿伽门农等将领的故事。《安提戈涅》里引起悲剧冲突的导火线是埋葬死者的问题。《俄狄浦斯王》(约前430～前426) 是索福克勒斯最著名的悲剧。《埃勒克特拉》(前419～ 前415)的情节和埃斯库罗斯的悲剧《奠酒人》相仿，但强调表现埃勒克特拉的勇敢坚定，着重表现人物的心理活动。《特拉基斯少女》(前409?) 写希腊英雄赫拉克勒斯被他的妻子得伊阿尼拉毒死的故事。《菲洛克忒忒斯》(前409) 所描写的是一段有关特洛伊战争的神话故事，突出表现爱国主义和个人荣誉之间的矛盾冲突。《俄狄浦斯在科洛诺斯》(约前407～前401) 写俄狄浦斯经过流放之苦，在雅典国王忒修斯的保护下神秘地死去的故事。索福克勒斯不仅对俄狄浦斯深表同情，同时对忒修斯也作了热情的歌颂。

古希腊悲剧在索福克勒斯手里已经达到成熟的境界。他的悲剧情节集中，结构严密完整，人物性格鲜明，语言朴质精练，富于表现力。他开始用第三个演员，尽量减少合唱队的抒情成分，相应的增加戏剧成分，并使合唱队参加戏剧动作，发挥演员的作用。

索靖 Suo Jing (239～303) 中国西晋书法家。字幼安。敦煌龙勒(今甘肃敦煌西南)人。张芝姊孙。博通经史。曾官尚书郎，雁门和酒泉郡太守，拜左卫将军，封安乐亭侯，谥曰庄。著有《索子》、《草书势》等。善隶、行书，尤擅长章草，与书法家卫瓘齐名。他的草书学张芝，而又有自己的风格，当时有谓：精熟至极，索靖不及张芝；而妙有余姿，则张芝不及索靖。可见他的书法成就可以与张芝媲美。传世作品有《月仪帖》、《出师颂》、《皋陶帖》、《七月廿六日帖》等。其中以《月仪帖》最为世所重。此帖笔力坚劲、锋芒毕露，个人特点比较鲜明，同记载中索靖书法的面貌基本相符，字数较多，是学习章草的好范本。

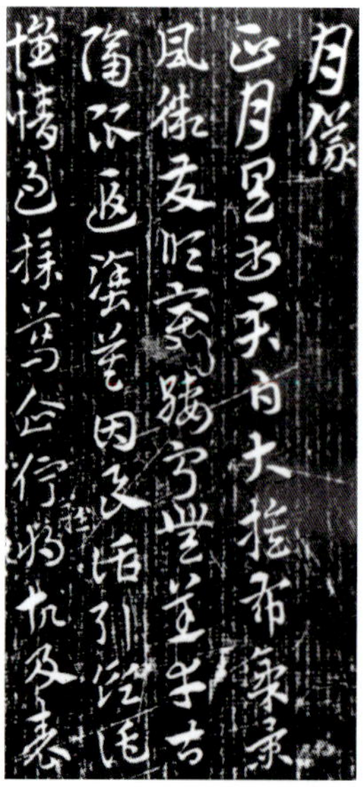

《月仪帖》

索科特拉岛 Socotra; Suquṭrá 也门最大岛屿。位于阿拉伯海西部，亚丁湾外侧。距离亚洲大陆380千米，距离非洲大陆240千米。属亚丁省。岛呈菱角形，东西长135千米，南北宽40千米，面积3 600平方千米。沿海有宽窄不等的平原，内陆海拔200～600米，东部的杰希尔山海拔1 600米，为全岛最高点。首府哈迪布，位于北岸中部。岛上的几种植物如没药、乳香、龙血树等自古闻名。全岛居民约10万，讲阿拉伯语南部方言，信伊斯兰教。多从事捕鱼、采珠和小规模农业。农产品有树胶、椰枣、棉花、烟草、香料和谷物。内陆牧民饲养牛和其他牲畜，还种植一些农作物。出口货物有酥油、鱼和乳香等。附近海底已开始勘探石油。

索伦森 Sørensen, Villy (1929-01-13～2001-12-16) 丹麦作家。生于哥本哈根，卒于哥本哈根。1947年入哥本哈根大学攻读哲学和心理学。1959～1963年任《风中玫瑰》诗刊编辑。24岁登上丹麦文坛，发表处女作短篇小说集《奇怪的故事》(1953)。作品问世后立即被译成英语。此后他又发表了短篇小说《无害的故事》(1955)和《监护者的方式》(1964)等。他的作品叙事巧妙，其中不少故事采用口头文学形式，笔调幽默、诙谐，抨击和嘲讽社会上不良倾向。还著有论文集《诗和魔鬼》(1959)、《过去和未来之间》(1969)、《来自中心的反叛》(1978)等，对文学、哲学以及社会、教育和政治等问题进行探讨。另有学术著作《论尼采》(1963)、故事集《众神的毁灭》(1982)等。

索罗金 Sorokin, Pitirim Alexandrovitch (1889-01-21～1968-02-10) 美国社会学家。生于俄国图里亚，卒于美国马萨诸塞州温切斯特。曾在圣彼得堡大学学习，毕业后留校任教，创建了俄国第一个社会学系。十月革命后移居美国，1924～1930年在明尼苏达大学任教，1930年在哈佛大学创办社会学系，1949年创立并主持哈佛大学“创造性利他主义研究中心”。1964年任美国社会学会主席。

索罗金十分重视研究意义、价值、规范和符号在认识社会文化实在中的作用，认为这些是社会制度整合的最高层次的基础；而两人和两人以上互动则是社会文化

实在能够加以分析的最低层次。他认为历史阶段按其居主导地位的文化性质，总是趋向于自身的不断重复，预见不到其发展的最终阶段。一个历史阶段居主导地位的文化意识是由反映在文化创造力和其他人类行为领域中的基本潜在主题所决定的。社会结构也同样反映了主导的文化意识。社会关系也可分为家庭式的、契约式的和强迫式的3种。他主张对社会实在的认识应是多方面、多维度的，部分地通过感觉、部分地通过理性、部分地依靠信仰或直觉才能加以把握。著有《革命社会学》、《社会流动》、《当代社会学理论》、《社会的和文化的动力学》(4卷）等。

索洛莫斯 Solomos, Dionysios (1798～1857) 希腊诗人。生于伊奥尼亚群岛赞特(今扎金索斯岛)，卒于科孚。早年曾用意大利文写作，有长篇史诗《耶路撒冷的毁灭》(只写了第1卷)，《即兴诗集》等。以后改用希腊文写作。1823年写了著名长诗《自由颂》，分为158节。以后重要作品有长篇叙事诗《兰布洛斯》(未完，1828)，长诗《克里特人》(未完，1833)、《被围攻的自由人民》(未完，1833～1844）等诸多诗作，但有许多是未完成的草稿。他在后期的诗歌中常常探索生与死的奥秘，作品表现出神秘主义倾向，最著名的一篇是《鲨鱼》(1849)。索洛莫斯晚年又用意大利文写了一些诗歌。他死后陆续发表。另有散文《对话集》(1824)和小说《扎金索斯的一个女人》等。索洛莫斯继承了过去诗歌的传统，在诗歌语言和格律方面有新的突破。他被认为是现代希腊诗歌重要奠基人之一。

索洛萨诺 Solórzano, Carlos (1922-05-01～) 墨西哥剧作家、导演、戏剧理论家、小说家。生于危地马拉圣马科斯。1939年移居墨西哥。1946年入墨西哥国立自治大学读文学。曾在法国研究戏剧艺术。后任自治大学剧团导演，兼墨西哥戏剧博物馆馆长、《永久》周刊戏剧评论员。1962年起执教于墨西哥国立自治大学。主要剧作有《命蹇时乖的堂娜贝雅特里齐》(1952)、《巫医》(1954)、《天使的梦》(1960)等。他的作品以墨西哥农村现实为基础，表现人们对自由的渴望，以及与宗教束缚和暴力压迫的斗争。剧作技巧倾向传统，间或采用现代手法。还创作了小说《假魔鬼》(1963)和《牢房》(1971)。

索洛维约夫 Solovyov, Vladimir Sergeyevich (1853-01-28～1900-08-13) 俄罗斯宗教思想家、哲学家。生于莫斯科，卒于莫斯科附近乌兹科耶。1869～1873年，在莫斯科大学学习自然科学、历史和语言学，毕业后在莫斯科神学院学习一年。1874年获莫斯科大学博士学位并任教。1878年，在圣彼得堡大学执教期间开设《神人身份》系列讲座。他试图把宗教哲学、科学和伦理学在基督教范围内统一起来，倡导在教皇的领导下联合东正教与天主教教会。著有《爱的意义》、《完整知识的哲学原则》、《神权政体的历史与未来》、《俄国与普世教会》等。被誉为俄罗斯宗教哲学体系的创造者。

索马里 Somalia; Soomaaliya 非洲东北部国家。全称索马里联邦共和国。位于非洲大陆最东部的索马里半岛上，通称非洲之角。东濒印度洋，北临亚丁湾，西与肯尼亚、埃塞俄比亚相邻，西北与吉布提接壤。海岸线长3 200千米。面积637 660平方千米。人口910万(2009)。首都摩加迪沙。全国分萨马勒和萨布两大族系。萨马勒族系占全国人口的80%以上，分为达罗德、哈维亚、伊萨克和迪尔四大部族。萨布族系分为迪吉尔和拉汉文两大部族。官方语言为索马里语和阿拉伯语，通用英语和意大利语。伊斯兰教为国教。主要城市有摩加迪沙、

哈尔格萨、柏培拉、基斯马尤、博萨索。

地理 地形以平缓的低高原为主，地势由北向南递降。全国由4个地形区组成：①亚丁湾沿海低地，为狭窄的冲积平原，称古班平原，沿岸有风积沙丘。②北部山地，由一些高平的山块和山岭组成，与亚丁湾平行，北坡陡峭，南坡平缓，海拔1 000～1 800米，中段在2 000米以上，最高峰苏鲁德峰海拔2 408米。③东部沿海平原，南宽北窄，地表较平坦，沿岸多沙丘，朱巴河与谢贝利河沿岸有灌溉之利。④内陆高原，为轻度切割的波状高原，地势总体由西北向东南倾斜。西南部为平坦的草原，向东北逐渐过渡到半荒漠和荒漠。

赤道横贯国境南部。大部属热带沙漠气候，只西南部属热带草原气候。全境终年高温，仅滨海地带气温稍低，夏季多雾。摩加迪沙一带年平均气温为27.5℃；北部的柏培拉年平均气温为30℃，夏季平均气温36～37℃。干旱少雨，大部地区年降水量200～300毫米，西南部地区和北部山地超过500毫米。

主要河流有谢贝利河和朱巴河，干流常年有水，均发源于埃塞俄比亚高原，在境内分别长600千米和900千米。朱巴河雨季可通航，在基斯马尤附近注入印度洋。谢贝利河流至摩加迪沙附近为沙丘所阻，折向南流，泄入朱巴河口附近沼泽洼地，特大水量年份可与朱巴河汇合入海。两河沿岸土地肥沃，水源丰富，有利于农耕作业发展。其他河流均属间歇河。

矿产资源有铁、锡、锰、钨、镍、铬、镁、锌、铝、铀、石英石、绿柱石和石膏等。东北部和南部地区发现石油和天然气。但除绿柱石和石膏外，大部矿藏尚未开采。森林覆盖率为13%。

历史 7世纪起，阿拉伯人不断移入，对索马里的语言、宗教和文化发展产生很大影响。16世纪起，葡、英、意等国殖民者相继侵入。1840年英国侵入索马里北部沿海。1887年北部沦为英国保护地。1891年英国又夺占了西部的朱巴河区。1885年意大利开始侵入中部，至1925年整个中、南部沦为意大利殖民地。20世纪初，被瓜分为法属索马里、英属索马里和意属索马里。第二次世界大战期间，英国占领意属索马里。1949年11月联合国决议，把索马里南区交由意大利“托管”。1960年6月26日，英属索马里独立。7月1日，意属索马里也宣告独立，同时，南北两部分合并，成立索马里共和国。1969年10月，改国名为索马里民主共和国。

1991年，西亚德政权被推翻，索马里陷入多个“政府”并存的分裂局面，经过不断分化组合，逐渐形成索马里兰、邦特兰、拉汉文兰和艾迪德等摩加迪沙派别四分天下的格局。

2000年，和平进程取得积极进展。7月通过索马里过渡宪章，8月选举产生索马里内战十年来的首届议会及首位总统。过渡宪章规定，索马里新政权实行联邦制和议会制，过渡时期实行地方自治。过渡议会8月成立，属一院制。10月20日成立过渡政府，总统为哈桑，总理加莱尔。

2004年以来，索马里和平进程取得积极进展，索和会通过《过渡宪章》，成立过渡联合议会。2005年1月，过渡联邦政府成立，阿卜杜拉希·优素福为过渡联邦政府总统。2008年12月阿卜杜拉希·优素福辞职。2009年1月成立新的过渡政府，艾哈迈德当选总统。索新政府积极寻求与各方谈判，实施伊斯兰法，谋求与伊斯兰极端势力和解，得到索国内和国际社会的普遍支持。

索马里政党林立，带有强烈的部族色彩，经不断分化组合，主要派别有：①索马里民族联盟，简称民盟。②索马里民族运动，简称民运。③索马里救国民主阵线，简称救阵。④拉汉文抵抗军。⑤索马里爱国运动，简称爱运。⑥伊斯兰法院联盟。

经济 经济以畜牧业为主。20世纪70年代初，由于国有化政策过激，加上自然灾害等因素，经济严重困难。80年代，在世界银行和国际货币基金组织支持下，调整经济政策，经济一度好转。1991年后，由于内战不停，旱灾频繁，工农业生产和基础设施遭到严重破坏，经济全面崩溃，人民生活状况日益恶化。2009年人均国内生产总值600美元。货币名称索马里先令、索马里兰先令（在索马里兰地区流通）。

工业基础很薄弱。原材料、机器设备和零配件全靠进口，以中小型企业为主。主要工业部门有纺织、皮革、制糖、制盐、制药、烟草、食品加工、印刷、电力、炼油和建筑材料等。畜牧业是最重要的产业部门和主要经济支柱。其产值约占国内生产总值的40%，畜产品出口占出口总额的50%以上。主要放牧山羊、绵羊、骆驼等。骆驼头数世界第一，占非洲骆驼总数的40%左右，素称“骆驼之邦”。农业为第二大产业。全国可耕地820万公顷，已耕地100万公顷。耕作业产值约占国内生产总值的20%，从事耕作业人口占总人口的30%。粮食不能自给。主要作物有高粱、玉米、稻谷、豆类、芝麻、棉花、甘蔗和香蕉等。年产乳香600吨，没药200吨，各占世界产量的一半。交通运输业欠发达。无铁路，陆上交通以公路为主，主要公路总长2.21万千米，其中柏油路2 608千米。骆驼亦是重要交通工具。海上运输占重要地位，主要港口有摩加迪沙（为邻近内陆国家的出海口）、基斯马尤、柏培拉和博萨索。有大小机场59个，摩加迪沙和柏培拉有国际机场，可起落大型客机，航班通往东非、北非、海湾和西欧等地。

外贸在经济中占重要地位，连年逆差。2007年出口3.76亿美元，逆差5.38亿美元。传统出口商品主要为活畜、香蕉、乳香、没药和皮革，进口原油、机械及零配件、食品、车辆、建材、医药和纺织品等。主要贸易伙伴有沙特阿拉伯、阿联酋、也门、吉布提、肯尼亚、印度等国。

文化 1972年创造索马里文字，随后开展扫盲运动，使识字率从独立前的2%提高到60%，内战后又下降。实行中小学义务教育制。索马里国立大学为最高学府。

新闻媒体以地方性为主。主要报刊有：《民族报》(1991年创刊，发行量最大)、《知情者》、《当代报》、《共和国人》(索马里文和英文）等。主要广播电台有：“摩加迪沙广播电台”；“非洲之角电台”；“哈尔格萨电台”，索马里兰政府电台；“加尔卡尤电台”，邦特兰政府电台等。较大的电视台有：“索马里电视网”，2000年3月开播，有22个频道；“非洲之角电视台”，1999年建立，播放两套索语节目。

主要旅游名胜有：①阿夫戈伊，位于首都西约30千米，谢贝利河畔，是观光避暑胜地。②哈丰角，非洲大陆最东点，其中的哈丰镇，以其地理位置特殊而成为旅游热点。③赤道纪念碑，在基斯马尤北60千米处，是一高3米的水泥建筑，顶端有一指示赤道线的东西指针和地球仪。

索马里的干季

对外关系 奉行各国平等，尊重各国领土主权完整，互不干涉内政，加强睦邻友好的外交政策。索马里与中国于1960年12月14日建交，两国签有文化合作协定、贸易和支付协定、经济技术合作协定。

索马里同意大利有传统的政治、经济关系。意大利是索马里重要援助国和贸易伙伴之一。

索马里是阿拉伯国家联盟成员国，与阿拉伯国家有着悠久的宗教、文化和贸易关系，在中东问题上支持阿拉伯国家立场。沙特、科威特、埃及、阿联酋是索马里的主要援助国和贸易伙伴。吉布提同索马里有很深的传统关系，独立前曾被称为“法属索马里”，与索马里人同种同源。

索马里半岛 Somalia Peninsula 非洲最大半岛。呈犀牛角状突出于大陆东北，有“非洲之角”之称。东濒印度洋，北临亚丁湾，顶端为阿赛尔角（瓜达富一角)。面积约75万平方千米，包括索马里全部和埃塞俄比亚一部。大部为砾石和石灰岩组成的高原，自西北向东南呈阶梯状，由海拔1 500～2 000米递减至200～500米，最高峰索马里北部的苏鲁德峰，海拔2 408米。沿海平原北窄南宽，海岸线平直，长3 200千米。热带高原气候，终年高温少雨，大部分地区平均气温27℃，平均年降水量除阿勒马多山地外不足250毫米。常流河有源出埃塞俄比亚高原的朱巴河和谢贝利河；余皆为间歇河。居民多从事游牧和半游牧。

索马里语 Somali language 索马里的两种官方语言之一（另一种为阿拉伯语)。还使用于埃塞俄比亚、肯尼亚和吉布提。属阿非罗-亚细亚语系库希特语族。主要方言可划分为三种：共同索马里语、中部索马里语、沿海索马里语。方言间基本可互通。曾尝试过多种文字系统。1972年政府采用了以拉丁字母为基础的标准化的拼写法。语序比较自由，基本语序为主-动-宾型。

索摩查家族 Somoza family 在尼加拉瓜实行40余年独裁统治的家族。索摩查家族第一个独裁统治者A.索摩查·加西亚，1896年生于咖啡园主家庭，曾留学美国。依靠钻营很快进入政界上层。由于他长期效忠美国，1933年1月美国占领军撤走前，被提升为尼加拉瓜陆军首脑，指挥军队同C.A.桑地诺作战。1934年任国民警卫队司令后，指使国民警卫队暗杀了桑地诺。1936年5月发动政变，罢黜J.B.萨卡萨总统职务。1937年1月攫取了总统职位。1947年退居幕后，但仍掌握军权。1951年再次出任总统，直到1956年9月被刺身亡。索摩查·加西亚死后，其长子L.A.索摩查·德瓦伊莱代理总统职务。1957年当选总统。基本上奉行其父的独裁政策。1967年4月索摩查·德瓦伊莱死于心脏病。同年，其弟A.索摩查·德瓦伊莱当选总统。1972年辞去总统职务后继续掌握军权。1936～1979年的43年间，尼加拉瓜军政要职几乎完全由索摩查家族所占据。索摩查家族的独裁统治给尼加拉瓜人民带来深重的灾难，尼加拉瓜人民在桑地诺民族解放阵线领导下，广泛开展反对索摩查家族独裁统治的斗争。1979年7月17日A.索摩查·德瓦伊莱被迫下台，逃亡国外，索摩查家族统治遂告覆灭。

索末菲 Sommerfeld, Arnold Johannes Wilhelm (1868 12 05～1951 04 26) 德国理论物理学家。生于东普鲁士的柯尼斯堡（今俄罗斯加里宁格勒），卒于慕尼黑。1886年在柯尼斯堡大学主修数学，1891年获博士学位。历任格丁根大学助教，克劳斯塔尔矿业学校数学教授，亚琛技术学院教授，慕尼黑大学理论物理学教授。在慕尼黑大学工作期间他提出用椭圆轨道代替玻尔原子的圆轨道，引入轨道的空间量子化等概念，成功地解释了氢原子光谱和重元素X射线谱的精细结构以及正常塞曼效应。他的金属电子论对温差电和金属导电的研究很有价值。索末菲是一位出色的教师，学生P.J.W.德拜、W.K.海森伯、W.泡利和H.A.贝特等人还获得了诺贝尔奖。索末菲坚决反对纳粹德国的反犹太运动和所谓“德意志物理学”，无畏地表示了自己的明确立场，纳粹刊物曾攻击他是“文化界中犹太文化的代理人”。

索姆河会战 Somme, Battle of 第一次世界大战中期，英、法军队在法国北部索姆河地区对德军的阵地进攻战役。战役从1916年6月24日开始，至11月中旬结束。其目的是突破德军防御，以便转入运动战，同时减轻凡尔登方向德军对法军的压力。德军兵力为67个师。英、法军兵力为86个师。英、法军采取对有限目标逐次攻击战法，企图通过消耗德军兵力达到突破的目的。

英、法军从7月1日共发起三次进攻。截至9月12日向德军纵深只推进了2～4千米。9月15日，英军在进攻中首次使用坦克，这是战争史上第一次使用坦克。索姆河会战是第一次世界大战中规模最大的一次战役。双方伤亡约126.5万人，其中英军42万余人，法军19.5万余人，德军65万人。英、法军未达到突破德军防线的目的，但牵制了德军对凡尔登的进攻，进一步削弱了德军实力。

索宁克人 Soninke 西非跨界民族。约166万人（2002）。主要分布在马里、布基纳法索、塞内加尔、毛里塔尼亚和几内亚比绍等国。属尼格罗人种苏丹类型。使用索宁克语，属尼日尔-科尔多凡语系尼日尔-刚果语族。索宁克人是西非中世纪加纳王国的缔造者。11世纪末遭到来自北方的柏柏尔人的侵袭，被迫南迁。13世纪初重建加纳。柏柏尔人的入侵给索宁克人的社会、政治、文化等方面造成深刻影响，并传入伊斯兰教。索宁克人是西非最早从事农业的民族之 ，种植谷子、高粱、豆类和薯类；饲养牲畜，牛是财富的象征。自古善于经商。

索赔 claim 国际贸易中，交易一方因对方违约遭受损害，向对方提出赔偿损失要求的行为。索赔可发生于进出口方相互间，也可发生于进出口方与运输公司或保险公司间。进口方向出口方索赔的起因，主要是货物少装，商品质量规格不符，包装破损或货物漏失以及不按时交货。出口方向进口方索赔的起因，主要是不按时派船，迟开或不开信用证。凡运输公司在承运过程中，因其失误造成货物损失，应向运输公司索赔。凡在承保范围内的货物损失，应向保险公司索赔。索赔进口货物又称无代价抵偿进口货物。

索萨 Cruz e Sousa, João da (1861-11-24～1898-03-19) 巴西诗人。生于圣卡塔林纳德斯特罗（今费卢里亚诺普利斯），卒于锡蒂奥。7岁开始写诗，18岁开始在报刊上发表作品。1893年出版诗集《盾》和散文诗集《弥撒书》，开巴西象征主义诗歌的先河。早期作品描写苦闷和向往，种族偏见和种族歧视等社会不公正现象是其诗歌的主要题材。在后期作品中，特别是死后在巴黎出版的《最后的十四行诗集》(1905) 里，诗人内心的矛盾和斗争开始有所缓和，反映了他在精神上日趋平静的基督教式的顺从。索萨注重诗歌技巧，讲究形式的严谨和用词的精当，作品又极富象征主义诗歌的强烈音乐感和启示力量，还著有散文诗集《呼唤》(1899) 和诗集《塔灯集》(1900)。

索托人 Sotho 南部非洲民族集团之一。主要分布在南非德拉肯斯山以西地区，以及莱索托和博茨瓦纳境内。属尼格罗人种班图类型。一般认为，在南部班图人由东非大湖地区向南迁徙的过程中，索托人最先渡过赞比西河。18世纪上半叶，索托人已占据南部非洲高原的广大草原地带。进入19世纪，经过多次迁徙、分裂和重新组合，逐渐形成三大支系：①南索托人，即苏陀人或巴苏陀人。19世纪初，奥兰治河上游一带索托人各部落统一，建立王国。1865年被迫向英国割让巴苏陀兰西部边境地区。1884年，英国宣布巴苏陀兰为“保护国”。1966年巴苏陀兰获独立，国名改为莱索托王国。南索托人共有463万人（2002），其中194万人分布在莱索托，269万分布在南非奥兰治自由邦和德兰士瓦省。②北索托人，即佩迪人或巴佩迪人。居住在南非德兰士瓦北部和东部的索托人各部落，于19世纪上半叶曾建立部落联盟。约有353万人（2002）。③西索托人，即茨瓦纳人。分布在南非、博茨瓦纳、纳米比亚和津巴布韦等国。

索绪尔 Saussure, Ferdinand de (1857-11-26～1913-03-22) 瑞士语言学家、现代语言学理论的奠基者。生于日内瓦。1876年，进入德国当时的历史语言学中心莱比锡大学。1878年发表论文《印欧语的原始元音系统》。1881年在巴黎高等研究所教古代语言和历史比较语言学。1891年，应日内瓦大学的聘请，教印欧系古代语言和历史比较语言学。1907～1912年讲授普通语言学，首创这一学科。去世后，他的学生C.巴利和A.塞什艾根据他3次讲授这门课程的听课笔记，参考遗留的手稿，整理成《普通语言学教程》一书，于1916年出版。后来他的其他学生又出版了《教程》的不同版本。

索绪尔语言理论的要点可以概括如下：

索绪尔指出，人类言语有内部要素和外部要素，因此语言研究又可以分内部语言学和外部语言学。内部语言学研究语言本身的结构系统，外部语言学研究语言与民族、文化、地理、历史等方面的关系。索绪尔主张，研究语言学，首先是研究语言的系统（结构），开结构语言学的先河。

索绪尔创造了“共时”和“历时”这两个术语，分别说明了两种不同的语言研究。他特别强调共时研究，因为语言单位的价值取决于它所在系统中的地位而不是它的历史。语言学家必须排除历史，才能把语言的系统描写清楚。

索绪尔认为人类言语可以从三个角度进行观察：langage（言语）、langue（语言）、parole（话言，旧译言语）。langage（言语）是作为人类言语官能之体现的分节言语，为动物所不具备。人类作为一个整体，其言语体现为千差万别的语言。langue（语言）是言语的社会性部分。它具有统一性的系统，为语言社群的所有成员共同拥有并共同维持。但是这些成员作为个人随时随地说出来的话，是不稳定的、有差别的、带有个人特点的，甚至越出共有系统的，这就是parole（话言）。语言是一个抽象系统，它必须体现于具体的话言中。语言系统中的某些成分会在话言中改变、退化、失落；话言中的某些成分也会被重复、被仿效，生长定型而进入语言系统，成为系统内新的因素。对话言的研究是对言语的动态研究。

索绪尔认为，语言是一个符号系统，由能指和所指两个部分组成，二者密不可分，犹如一张纸的两面。

索绪尔指出，语言中的关系有“组合关系”和“联想关系”两类。组合关系指语言的线性组合，例如词素组合成词，词组合成句子。联想关系由心理的联想而产生，例如词的同位聚合：“电灯”这个词会使人联想起各种以“电”起首，或者以“灯”收尾的词。因此这两种关系又称为组合关系和聚合关系，它们体现于语音、词汇、语法各个层面。

索绪尔的理论在西方已经越出语言学的范围而影响到人类学、社会学等邻近学科，直接导致这些学科中的“结构主义”。从这个意义上说，索绪尔不但是现代语言学的奠基人，也是符号学和结构主义的创始人。

索亚　Soya, Carl Erik（1896-10-30～1983-11-10）　丹麦小说家、戏剧家。生于哥本哈根，卒于鲁兹克宾。高中毕业后开始创作。1923年发表处女作散文集《波斯的妇女》，此后不断有舞台剧、广播剧、短篇小说、长篇小说、散文和诗歌问世，是一位全能而又多产的作家。1935年发表揭露纳粹夺权，赞扬民主的时事讽刺剧《翁巴本巴》，遭到当局的禁演。1941年出版散文《一位不速之客》，影射德国法西斯占领丹麦，作者被纳粹逮捕关押两个月。长篇小说《我的祖母的屋子》（1943）、《十七岁》（1953～1954）是自传体小说。

他的最大成就在戏剧方面，创作了20余部大型戏剧，是丹麦上演率最高的剧作家。主要作品有《寄生虫》（1929），描写哥本哈根中产阶级的庸俗无聊和尔虞我诈。《查斯》（1938）揭露体育界将运动员当作商品买卖的丑闻。《我是谁？》（1932）、《穿紧身衣的狮子》（1950）等属于弗洛伊德心理实验戏剧。《模式中的几个部分》（1940）、《两条线》（1943）等剧是新现实主义戏剧。

索因卡　Soyinka, Wole（1934-07-13～　）　尼日利亚剧作家、诗人、小说家、评论家。生于阿贝奥库塔。约鲁巴族人。从伊巴丹政府学院和大学学院毕业后，在英国利兹大学进修英语和戏剧。1960年回国创办了第一所国家剧院“1960年假面”（奥里桑剧院）。致力于发展熔西方戏剧艺术和约鲁巴民族传统音乐、舞蹈、戏剧于一炉的西非英语现代剧。创作有《裘罗教士的磨难》（1960）、《森林之舞》（1960）、《沼泽地居民》、《雄师和宝石》、《强种》（1963）、《孔其的收获》（1965）、《路》（1965）和《疯子们和专家们》（1971）等。还有长篇小说《译员们》（1965），诗集《艾丹雷及其他诗歌》（1967）、《狱中诗抄》（又名《地穴之梭》，1969）等。

1986年成为获诺贝尔文学奖的第一位非洲黑人作家。

索引　index　书籍、期刊、词典等文献资料，根据一定的需要，将其中的有关事项（如字词、句子、人名、地名、作者、篇名等）分别提取出来，按一定的检索法编排，同时标明其在文献中的位置，供人查阅的一种检索工具。旧称引得、通检。索引一般放在有关著作的后面；分量较重、专题性较强时也独立成书。

欧洲在15世纪即有按字母编排的索引。在中国，严格意义上的索引产生于明清时期。明末学者傅山《两汉书姓名韵》，是中国最早的专书姓名索引。清代乾隆年间（1736～1795）汪辉祖编《史姓韵编》64卷，是一部大型的综合性的人名索引。

索引可以采取三种编排方式：按字顺排列；按主题或分类排列；按年代、号码、字母加号码等排列。

唢呐　shawm　双簧气鸣乐器。广泛流传于亚、非、欧许多国家及中国各地的吹管乐器。阿拉伯语“surna”（祖尔纳）。中国又称“唢嗦”、“苏尔奈”、“喇叭”。明王圻《三才图会》载：“锁嗦，其制如喇叭，七孔，首尾以铜为之，管则用木。不知起于何代，当军中之乐也。今民间多用之。”唢呐除吹奏军乐外，还用于衙门鼓吹，戏曲、歌舞等的伴奏，是当时民间吹打乐队的主要乐器。

唢呐由哨、芯子、气盘、杆、铜碗等部分组成。杆（即管体）多以柏木或红木为材，上小下大呈圆锥形管，开8个按音孔（前7后1）。芯子是一条细小的铜管装在唢呐的杆上端，附有一圆形气盘。有的在芯子上附有两个中空铜球作装饰。哨子（双簧片），插在芯子的顶端，多数取材芦苇，有的用麦秆制作。唢呐杆下端承接一喇叭形铜碗，以扩音和美化音色。

唢呐在中国流传很广，民间称谓不一，有的以形制的大小分别称为大唢呐、中唢呐、小唢呐；有的以唢呐杆用材不同，将铜杆唢呐称为铜笛，锡杆唢呐称为锡笛；另外还有梨花、海笛、吉子等名称。福建南曲用的小唢呐称嗳仔或南嗳，莆仙戏用的称梅花或吹鞭，较大的一种称大笼或大海笛。维吾尔族的全木唢呐称苏尔奈。海南黎族的竹唢呐称咩或利拉罗。藏、苗、蒙古、朝鲜等族均有各自形制的唢呐。

唢呐音量洪大，音色高亢明亮；如用软哨吹奏，音色则较柔和，音域为两个八度加大二度。如普遍采用的D调高音唢呐，音域为a^1～b^3，常用音区为a^1～d^3。1949年以后，唢呐进行了改革，出现了加键的半音阶唢呐，有高音、中音、低音3种，扩大了音域，转调方便。常用的加键中音唢呐的音域为a～a^2；低音唢呐的音域为A～d^2。

琐罗亚斯德　Zoroaster（约前629～约前551）　**琐罗亚斯德教**创始者，波斯诗人。据传，他20岁弃家隐修，成为祭司，30岁蒙神主阿胡拉·玛兹达的默示，深入民间去传播正教。传教初期，遭到地方祭司的反对。42岁时得以说服当地国君凯·古什塔斯布皈依正教。从此正教获得广泛传播。最后在与邻国突朗的战争中不幸殉难。

相传为“琐罗亚斯德之歌”的《伽萨》颂诗，无疑是教主琐罗亚斯德以诗体神话的形式，对当时的宗教斗争作的真实记录。分为5篇，17章，238节。歌颂善本原阿胡拉·玛兹达和代表他各种优良品德的六大从神，批判恶本原阿赫里曼及其众妖魔。这部伊朗最古老的诗文总集不仅具有宝贵的文学价值，而且具有宗教史料和哲学理论的重大意义。

琐罗亚斯德教　Zoroastrianism　古代伊朗宗教。中国史称祆教、火祆教、拜火教。公元前7世纪末6世纪初由**琐罗亚斯德**对古代雅利安人传统宗教进行改革后创建。因崇拜善神阿胡拉·玛兹达而称玛兹达教。琐罗亚斯德先在伊朗东部大夏（今阿富汗巴尔赫地区）传教成功，后发展到伊朗西部和中亚各地。至3世纪，琐罗亚斯德教成为波斯萨珊王朝国教，臻于鼎盛。7世纪中叶阿拉伯人统治伊朗后，逐步衰落，部分教徒迁居印度西海岸。现在印度的孟买和古吉拉特约有13万教徒，称帕西人。在伊朗的德黑兰、耶兹德、克尔曼等地尚有3万教徒。

经典　主要为《**波斯古经**》，音译“阿维斯陀”，是波斯古代宗教神话、历史传说、礼仪规范、社会习俗等的汇集。最早汇编于公元前4世纪的阿契美尼德王朝后期，后毁于兵燹，仅存1卷。前3世纪的安息王朝曾下令收集和整理。至萨珊王朝时（3～7世纪）重新编辑和审定为21卷。但在萨珊王朝灭亡二三百年后，《波斯古经》逐年亡佚，保留至今的残卷，仅为最后审定本的1/4。

教义　根据帕西人的解说，是神学上的一神论和哲学上的二元论。经典认为，原始之初就存在相互对立的善与恶两大本原。善本原阿胡拉·玛兹达是真诚、善良、纯洁、智慧和创造的体现，乃光明和生命的源泉；恶本原阿赫里曼是虚伪、邪恶、污秽、愚昧和破坏的代表，为黑暗和死亡的根源。善与恶、光明与黑暗两大势力的矛盾和斗争无时不有，无处不在，构成整个历史的全过程。琐罗亚斯德教认为，阿胡拉·玛兹达为战胜阿赫里曼，特意创造了世界作为他们斗争的场所，因之善与恶、光明与黑暗的斗争进程也就是世界创造和劫灭的过程。这一进程分为四个时期，每一时期为3 000年，共历12 000年。第一时期，阿胡拉·玛兹达创造了不朽的精神世界。第二时期创造了物质世界，首先创造火，即无限光明。人类产生于这一时期，随之开始与入侵的恶魔进行战斗。第三时期进行了反复、全面的较量，最终以善神的完全胜利和恶魔的彻底失败而告终。第四时期，琐罗亚斯德的后裔隐遁先知将分期归来继承他的未竟之业，完成拯救世界和人类灵魂的最高历史使命。

琐罗亚斯德教认为，在善与恶、光明与黑暗的斗争中，人有选择自己命运的自由意志，决定个人命运的是自己的思想、言语和行为。人的体内有5种内在力，即活力、悟性、良知、灵魂和灵体。后4种均为善神玛兹达所赐，属圣洁而永恒之力，人死后将返回光明王国。与此相关的教义是善恶报应、灵魂转世和末日审判。琐罗亚斯德教认为，阿胡拉·玛兹达在战胜阿赫里曼的进程中逐渐成了宇宙的主宰者，光明王国和黑暗王国的统治者，是唯一的、最高的存在，因此帕西人强调其教义是一神论。琐罗亚斯德教在1世纪安息王朝时被视为异端并几近消亡，但至萨珊王朝后期再度流行。在遭受迫害后以伪装的形式遗存至今。

宗教仪礼　最基本的是礼拜圣火，也是教徒的首要义务。在古代波斯，圣火按祭司、贵族、骑士和农民分有等级。而现在，在伊朗和印度的寺庙中都设有祭坛，教徒家中和工作场所也点燃圣火。点燃和保持圣火都要经过繁复的仪式，并使用特制的器具。琐罗亚斯德教的葬礼继承古代波斯遗俗，实行天葬或鸟葬。

在中国的影响　琐罗亚斯德教何时进入中国，至今尚无定论。一般认为，该教传入中国的时间当在516～519年间。该教崇奉之神在北魏南梁时称天神、火天神、火神天神或天神火神，至隋末唐初称火祆或祆，以示为外国的天神。该教传入中国后，曾受北魏、北齐、北周、南梁等朝的扶持。北魏灵太后率领宫廷大臣及眷属数百人奉祀火天神。北齐后主“躬自鼓舞，以事胡天”，京都邺（今河北临漳西南）出现不少奉祀火祆的神庙。北周皇帝也亲自“拜胡天”，“其仪并从夷俗”。至唐初，中国新疆的高昌、焉耆、康国、疏勒、于阗等地已流传祆教。据载，唐贞观五年（631）“敕令长安崇化坊立祆寺”。后东西两京都建有祆祠，东京有两所，西京有四所。此外，河南有两所，凉州有一所，碛西诸州则随地都有。至唐会昌五年（845）武宗排佛时也受牵连。祆祠都被拆毁，祭司勒令还俗，祆教受到严重打击。虽至大中年间（847～859）弛禁，却未能恢复元气。以后经五代、两宋犹有残存，南宋以后，逐渐不见于中国典籍，该教在中国内地基本绝迹。

锁　lock　用以关住某个确定的空间范围或某种器具的安全装置。

锁的品种约有上万种，可按不同的方法进行分类。①按材质分类。有铸铁锁、铁皮锁、铜锁、铝合金锁、锌合金锁、不锈钢锁和塑料锁等。②按用途分类。有挂锁、建筑门锁、家具锁、自行车锁、工业用锁、邮电用锁、交通用锁、管理用锁和各种特殊用锁。③按有无钥匙分类。有钥匙控制类锁和无钥匙控制类锁。前者要用钥匙才能开启，后者直接用锁体中的开关机构控制锁闭和开启。④按安全性能分类。有防撬、防拔、防挑、防插、防御、防托、防震、防钻、防拆、防砸、防冲击、防尘、防锈、防互开、防钥匙折断等各种防护功能的锁。⑤按结构分类。有机械结构锁和非机械结构锁。

锁的结构有两类：①机械结构。包括转动轴式结构、固定片式结构、摆片式结构、簧片式结构、转子结构和弹子结构六种。锁体须用钥匙才能开启。②非机械结构。主要有声控结构、磁控结构和光电结构三种。

锁国令　Sakoku Edicts　日本江户幕府关于禁止对外交通和贸易的法令。1633～1639年先后发布5次。为禁止天主教传播，防止商人豪富与幕府对立，巩固幕藩体制，幕府的对外政策从第二代将军德川秀忠时起，开始向锁国政策转变。1616年，规定欧洲船只只能在平户、长崎两港停泊交易。1624年，拒绝与西班牙通商。30年代后，加快锁国步伐，先后于1633年、1634年、1635年、1636年、1639年连续5次发布锁国令。第五次于1639年7月发布，共3条，主要是禁止葡萄牙船只来日本，只准许中国和荷兰的商船至长崎贸易。至此，日本的锁国体制最后完成。日本维持锁国政策达200多年之久，一直到1853年在美国炮舰政策的压力下才重新开放。

锁阳科　Cynomoriaceae　双子叶植物纲蔷薇亚纲的一科。仅1属2种，分布于地中海地区至蒙古。中国只有锁阳1种，又名锈铁棒，分布于新疆、青海、甘肃、内蒙古、陕西。多年生寄生草本。无叶绿素，根状茎肥厚，褐色，有许多片状吸器，茎粗厚不分枝，有许多三角形的鳞片。花序顶生、棒状，有鳞片。花极多数，微小、杂性，

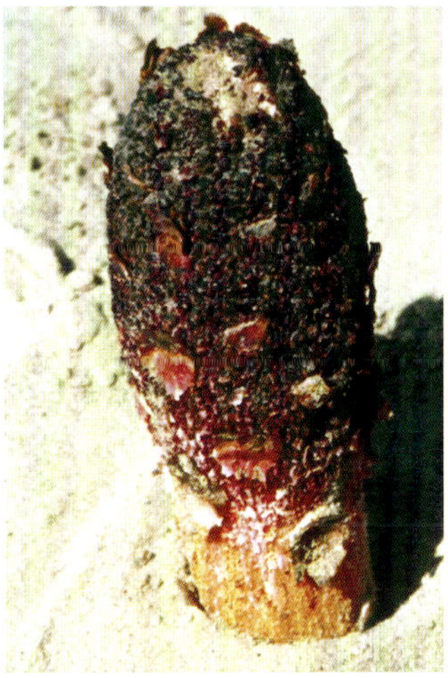

雄花花被片1～5（～8），条形或舌状，雄蕊1，退化雌蕊小；雌花花被片1～5，子房下位，1室；两性花具花瓣、雄蕊和子房。果坚果状。生于干旱与含盐碱的沙地上，常寄生在蒺藜科白刺的根上。锁阳全草可药用，有补益肝肾的功效，主治阳痿；又富含鞣质，可提制栲胶；茎含淀粉，可制糕点和酿酒。

T

他加禄人 Tagalogs 东南亚菲律宾共和国的民族之一。约1 822万人（2001），菲律宾第二大民族。主要分布在吕宋岛中部和南部，以马尼拉市及其周围地带为聚居区；部分住在民都洛岛、马斯巴特岛和马林杜克岛。另有部分人分布在美国关岛和夏威夷及亚洲其他国家。属蒙古人种马来类型。使用**他加禄语**。有拉丁字母文字。80%以上的人信仰天主教，部分信仰基督教。系公元前2世纪后由亚洲大陆迁来的新马来人的后裔，现多混有西班牙人和华人血统。早期受印度文化影响。16世纪以后，先后受西班牙、美国殖民统治。1946年与菲律宾各族人民一起获得国家独立。在国内政治、经济和文化上一直处于优势地位。主要从事农业，种植水稻、旱稻、甘蔗、椰子、可可、烟草和马尼拉麻，部分人从事渔业。城市居民大都经商或在机关工作。纺织、刺绣、制帽、制鞋、金属制品等工业都很发达。

他加禄语 Tagalog language 菲律宾的官方语言之一（另一种是英语）。属**南岛语系**印度尼西亚语族。分布于吕宋岛大马尼拉区以及马尼拉以北的5个省、以南的6个省和周围部分岛屿。1973年菲律宾宪法规定：“国民议会将采取步骤发展和正式通过一种民族共同语，拟称为菲律宾国语，在法律正式批准之前，英语和菲律宾国语将作为官方语言使用。”20世纪80年代以后，菲律宾国语逐步被一种称为“菲律宾语”的新变体所取代，这种新变体含有更多的非他加禄语成分。他加禄语包括5个元音和15个辅音。有高、低音和词重音。属黏着型语言。语法关系由前缀、中缀、后缀和词根紧密结合表示。动词系统复杂。吸收了不少**梵语**、汉语（主要是闽南话）、西班牙语和英语词汇。曾用一种特殊的字母拼写他加禄语。16世纪中叶西班牙占领菲律宾后，改用拉丁字母拼写。

它山堰 Tashan Weir 中国古代甬江支流鄞江上修建的御咸蓄淡引水灌溉枢纽工程。位于浙江省宁波市西南，唐代大和七年（833）鄮县令王元暐创建。筑堰前海潮可沿甬江上溯到章溪，于是在鄞江上游出山处的四明山与它山之间，用条石砌筑一座上下各36级的拦河溢流坝。坝顶长四十二丈，

用80块条石板砌筑而成，坝体中空，用大木梁为支架。这座坝平时可以下挡咸潮，上蓄溪水，供鄞西平原七乡数千顷农田灌溉，并通过南塘河供宁波城使用。为防止洪水涌入城内，在南塘河右岸建乌金堨、积渎堨、行春堨3座侧向溢流堰，下游通江。宋代在宁波城东北建3座泄水闸（碶），以排泄积水。南宋时泥沙淤积严重，淳祐二年（1242）魏岘在坝上游四十余丈处建三孔回沙闸，以减少入渠的泥沙。以后历元明清三代都对工程进行维修。1914年清理堰上淤积使水道通畅，堰身仍有壅水作用。1988年定为全国重点文物保护单位。

铊 thallium **化学元素**，元素符号Tl，原子序数81，原子量204.383 3，属周期系ⅢA族。1861年W.克鲁克斯在研究硫酸厂废渣的光谱中发现这一元素，根据谱线的嫩绿色命名为thallium，含义是“嫩枝”。铊是一种稀散元素，以低浓度分布在长石、云母和铁、铜的硫化物矿中。

铊是白色、重而柔软的金属；熔点303.5℃，沸点1 457℃，密度11.85克/厘米^3。氧化态+1、+3，但+1氧化态的化合物比+3氧化态更稳定。在室温下，铊与空气中的氧作用，失去光泽变灰暗，生成厚的氧化亚铊Tl_2O膜；铊与氧作用还可生成氧化铊Tl_2O_3。铊在室温能与卤素作用，在高温能与硫、硒、碲、磷反应。铊不溶于碱；铊与盐酸的作用较慢，但能迅速溶解在硝酸和稀硫酸中，生成可溶性盐。铊和许多金属生成合金。

铊主要是从有色金属硫化物矿石焙烧的烟尘中提取的，可用热水或稀硫酸浸取，再制成氯化亚铊或还原为金属。铊主要用于电子工业，制备卤化铊或硫化铊晶体，合成TlAsX（X为S、Se或Te）型玻璃半导体等，用于探测器、光电管、三极管和激光器；甲酸铊的屏蔽效率较铅玻璃优异；铊基合金可用作机械轴承及船舶材料。

金属铊及铊化合物有剧毒，在生物组织中排出缓慢可积存数年，所以其中毒作用持续很长时间。慢性中毒造成神经系统、消化系统、肝、肾严重损害。铊引起的急性中毒症状表现为初期的呕吐、腹泻、便秘，眼和呼吸道发炎，肌腱反射运动变弱，精神异常，极少情况引起视力障碍、甚至失明。

塔 pagoda 供奉或收藏佛骨（舍利）、佛像、佛经、僧人遗体等的高耸型点式建筑，又称佛塔、宝塔。塔起源于印度，中国古代据梵文stupa和巴利文thupo音译为“窣堵波”和“塔婆”，简称塔，也常称为“佛图”、“浮屠”、“浮图”等。“窣堵波”的原意是坟或宗庙。释迦牟尼逝世后，各地弟子筑坟分藏他的舍利，以为纪念，窣堵波遂成为佛教建筑的一种形式。塔同中国固有的建筑技术和形式相结合，衍化出多种类型，遂成为中国古代建筑中数量极大、形式最为多样的一种建筑类型。

中国现存塔2 000多座。按性质可分为供膜拜的藏佛物的佛塔和高僧墓塔；按所用材料可分为木塔、砖塔、石塔、金属塔、陶塔等；按结构和造型可分为楼阁式塔、密檐塔、单层塔、喇嘛塔和其他特殊形制的塔。

楼阁式塔 从中国固有的楼阁发展而来，仅顶部有窣堵波式的刹。最初为木塔，完全按木结构原则建造，唐代之后砖、石塔渐多。现存著名实例有唐建西安**大雁塔**、兴教寺玄奘塔，五代建苏州云岩寺塔，宋建杭州闸口白塔、**开封铁塔**、开元寺塔（定州）、当阳玉泉寺铁塔。辽建**应县木塔**是现存唯一的多层木结构塔。

密檐塔 塔的底层最高，第二层起层高骤然减低，形成层檐密接形式。密檐塔现存著名实例有：北魏建登封**嵩岳寺塔**，唐建西安小雁塔、北京云居寺金仙公主塔、大理崇圣寺千寻塔，五代建南京栖霞寺舍利塔，辽建天宁寺塔（北京），金建辽阳白塔等，都是砖石塔。

单层塔 墓塔多为这种形式。早期为石造，平面呈四方形，仅有基台，不筑基座。唐代的塔身中空，唐以后多为实心砌体。著名实例如隋建历城神通寺四门塔，唐建北京云居寺石塔群、登封会善寺净藏禅师塔等。

河北正定天宁寺凌霄塔（始建于唐，为砖木混合结构）

喇嘛塔　元代开始在内地大量建造，明清续有修建。它由双层塔座、瓶形塔身和塔刹组成。塔身涂白色，俗称“白塔”。著名实例如元代所建的北京妙应寺白塔，明代重修的山西五台山塔院寺白塔等。

金刚宝座塔　仿印度佛陀伽耶大塔的形制，下为方形高台，上置五座塔，中心一座最高大。现存著名实例有明建北京正觉寺金刚宝座塔和清建内蒙古呼和浩特燃灯寺塔。

华塔　又称花塔，是单层塔。顶上有许多小佛龛、佛像、动物雕塑等，有如一束花朵。现存实例如辽代所建北京房山孔水洞附近的花塔，还有河北正定广惠寺华塔。

过街塔　建在门墩上，下有门洞可通行。著名实例如元代所建北京昌平居庸关过街塔和元末明初所建镇江昭关石塔。

傣族佛塔　有“亞”字形基座，塔身修长，周围衬以小塔和怪兽雕塑。著名实例为云南潞西风平大佛殿塔。

塔布依　Tabouis, Geneviève (1892-02-23～1985-09-22)　法国记者。生于巴黎，卒于巴黎。早年就学于巴黎大学、法兰西学院。1924年起担任《吉伦特小报》、《马赛人小报》驻国际联盟记者。1930～1940年兼任《作品》外交专栏撰稿人。第二次世界大战期间离开法国，在美国纽约创办法文周刊《为了胜利》(1940～1945)。1946年返回法国，负责《自由法国》(1946～1949)、《信息》(1949～1956)等报刊的外交专栏。后又担任《巴黎日报》(1959～1971)、《南方邮报》国际政治评述的撰稿人。1956年后任法国外交新闻协会副主席，1974年后为终身名誉副主席。著有《战争的讹诈》(1936)、《人们称我女预言家》(1941)、《和平奋斗》(1980)等。

塔城地区　Tacheng Region　中国新疆维吾尔自治区伊犁哈萨克自治州人民政府所辖地区。辖塔城市、乌苏市、额敏县、沙湾县、托里县、裕民县、和布克赛尔蒙古自治县。面积94 891平方千米。人口122万(2010)，有汉、维吾尔、哈萨克、回、蒙古、俄罗斯等民族。地区行政公署驻塔城市。

塔城市　Tacheng City　中国新疆维吾尔自治区塔城地区辖市。行政公署驻地。位于自治区西北部。北部、西部与哈萨克斯坦接壤。面积4 007平方千米。人口17万(2008)，有汉、哈萨克、回、维吾尔、达斡尔、柯尔克孜、俄罗斯、锡伯、蒙古等25个民族。汉代为右匈奴地，唐代隶于北庭都护府，清初为准噶尔蒙古游牧地。光绪十三年(1887)设塔城直隶抚民厅。1913年改设塔城县。1984年撤县设塔城市。矿产有砂金、石灰岩、石英石、大理石等。有药用植物48种，较贵重的有贝母、阿魏、党参、列当、大黄、甘草。野生动物有狗熊、马鹿、雪鸡、旱獭等。农业主产小麦，盛产油料，是自治区粮油基地之一。牧业以牧养绵羊、山羊、牛、马、骆驼等为主。工业有食品加工、皮毛加工、农机修理、印刷等。古迹有魏家院城墙、绥靖城遗址、左公祠遗址、牛家榆树等。塔城清真寺是塔城兴建最早的清真寺。

《塔杜施先生》　*Sir Thaddeus; Pan Tadeusz*　波兰作家A.密茨凯维奇的长诗。创作于诗人流亡巴黎期间。1834年完成。长诗描述小贵族雅采克爱上艾娃，因艾娃父亲不同

《塔杜施先生》插图

意而伺机杀死艾娃父亲，隐姓埋名参加“波兰自愿军团”。雅采克战死前取得原谅，他的儿子塔杜施也终于和艾娃的女儿订婚。长诗突出了波兰人民为争取民族独立必须团结一致共同对敌和解放农奴的思想主题，对波兰民族的传统文化和风俗习惯也作了生动的描写。长诗作为一部波兰民族的伟大史诗，被公认是波兰文学的不朽杰作。

塔尔蒂尼　Tartini, Giuseppe (1692-04-08～1770-02-26)　意大利作曲家、小提琴演奏家。生于皮拉诺，卒于帕多瓦。塔尔蒂尼出身于佛罗伦萨的名门贵族。1709年后入帕多瓦大学学习法律，同时钻研小提琴演奏技术。1713年，由于他的婚姻未经女方保护人大主教的同意，夫妇俩同被驱逐，在阿西西的一个修道院落脚。1713～1716年在安科纳的歌剧乐队任小提琴师。

同时开始结合音乐声学原理改革小提琴，探讨新的理论，并写出著名的奏鸣曲《魔鬼的颤音》。1721年他成为帕多瓦圣安东尼奥教堂乐队首席小提琴师。1723～1725年应聘去布拉格任金斯基伯爵的宫廷乐队指挥。1728年于帕多瓦创建小提琴学校。他的音乐创作早期多装饰音，以后逐渐转变为纯净清朗的风格。他作有奏鸣曲、协奏曲、交响乐曲等300多首，并有音乐声学著作多种。

塔尔马　Talma, François-Joseph (1763-01-15～1826-10-19)　法国演员。生于巴黎，卒于巴黎。在英国受教育，又回法国学戏。1787年进入法兰西喜剧院，以演出伏尔泰《穆罕默德》一剧开始演员生涯。1789年因在M.J.谢尼埃的《查理九世》中的出色表演而一举成名。塔尔马擅演悲剧，面部表情丰富。法国大革命期间，塔尔马离开法兰西喜剧院，和其他演员一起于1792年创建共和国剧院，并按法国古典悲剧格式搬演了W.莎士比亚的《奥赛罗》、《麦克白》、《哈姆雷特》等剧作。1799年，塔尔马回到法兰西喜剧院后，继续进行表演艺术方面的改革，强烈的现实主义表演对观众有着巨大的感染力。塔尔马是19世纪P.高乃依悲剧的最佳饰演者。

塔尔沙漠　Thar Desert　南亚的沙荒地区。位于恒河平原、阿拉瓦利山、卡奇沼泽地和旁遮普平原之间，面积约20万平方千米。横跨巴基斯坦和印度两国，印度境内的又称印度大沙漠。由沙丘、沙质平原和陡立的荒芜丘陵构成，地势起伏不平。沙丘多移动不居，形状和大小不时变化；较老沙丘固定或半固定，一般高30～90米，最高150米。大多为无常流河的内流区，仅雨后出现若干季节性溪流，有少数小盐湖。年降水量西部为100毫米，东部变率大，约在150～250毫米间。气候炎热，5～6月气温可达48～51℃；1月气温平均也在5～10℃，有霜降。5～6月常有强烈沙暴，风速常140～150千米/时。地下水位低，水质咸，仅在沙漠中部发现有优良含水层。居民非农即牧。20世纪60年代印巴签订用水协定后，双方都在塔尔沙漠地区大力发展灌溉工程。有水源灌溉的地方出产小麦、棉花、甘蔗、粟、芝麻、豆类和辣椒。矿藏有褐煤、天然气、石膏、石灰石、斑脱岩和玻璃砂等。另产湖盐。

塔尔斯基　Tarski, Alfred (1902-01-14～1983-10-26)　波兰数学家、逻辑学家，华沙逻辑学派的主要代表人物。生于华沙，卒于美国伯克利。在华沙大学数学系学习时曾师事J.武卡谢维奇，1924年毕业于华沙大学，获博士学位。1926年任华沙大学

讲师。1939年移居美国。从1942年起在加利福尼亚大学伯克利分校任教。1946年起任数学教授。曾为《符号逻辑学报》主持编务。

塔尔斯基的研究工作涉及一般代数、测度论、集合论、数理逻辑和数学基础以及元数学等领域，他是模型论的奠基者之一，对形式系统的判定问题以及描述集合论也有重要研究。对逻辑语义学的研究引人注目。塔尔斯基认为逻辑学很早就已成为一门独立的学科。但只是在现代，逻辑学才得到极大的发展和完全的改造，其学科性质类似于数学，而以这一形式出现的逻辑学，就被称为数理逻辑或符号逻辑。

塔尔斯基指出：语义学悖论的成因在于自然语言的含糊性。起先，B.A.W.罗素为了要排除语义学悖论，曾有意将类型论扩展为分支语言论。塔尔斯基沿此发展和形成了理论语义学，开展了关于对象语言和元语言的研究方向。主要著作有《初等代数和几何的判定法》(1948)、《逻辑、语义学、元数学》(1923～1938, 1956)等。

塔尔寺 Ta' er Temple 中国藏传佛教格鲁派寺院。位于青海湟中鲁沙尔镇西南。明嘉靖三十九年（1560），为纪念诞生于此的格鲁派创始人宗喀巴而建。万历五年(1577)

塔尔寺八大如意塔

及十一年两次扩建，成为格鲁派在甘肃、青海的主要寺院。寺的中心为菩提塔和菩提塔殿（大金瓦殿），重要建筑有弥勒佛殿、小昭殿、依怙殿、九间殿、护法神殿、大经堂、八大如意塔等。寺内有四大扎仓（经院），传习显宗、密宗、时轮、藏医诸学。寺内的绘画、堆绣和酥油花被誉为三绝，是每年藏历正月十五大法会上的重要装点艺术。

塔尔塔利亚 Tartaglia, Niccolò (1499/1500～1557-12-13) 意大利数学家、力学家、军事科学家。以发现三次方程的一般解法和始创弹道学而著称于世。原名丰塔纳。生于意大利北部的布雷西亚，卒于威尼斯。父早丧，赖其母教育，以后自学成才。1534年教学于威尼斯，宣称已知$x^3+mx^2=n$类型的三次方程解法，引起A.M.菲奥尔不服。后者曾得到S.dal费罗的秘传（只限于$x^3+mx+n=0$类型），自诩独知其法。二人相约在米兰进行公开比赛。事前塔尔塔利亚作了充分准备，进一步掌握多种类型的解法，结果大获全胜。以后他在威尼斯、布雷西亚、维罗纳等地教学。最早的著作是《新科学》(1537)，论述火炮的射击，这是探索自由落体的前驱工作。不久，G.卡尔达诺向他求教三次方程解法，最初遭到拒绝。后来卡尔达诺诡称推荐他任西班牙炮兵顾问，并立誓，永不泄密。塔尔塔利亚终于在1539年3月25日向他透露了三次方程解法，但未给证明。1545年卡尔达诺出版《大术》(Ars Magna)，将三次方程解法公之于世。1546年塔尔塔利亚在《各式各样的问题与发明》一书中严斥卡尔达诺的失信行为，从而导致一场争吵。接着是1548年在米兰公开辩论。卡尔达诺未出席，只派门徒L.费拉里参加，结果是不欢而散。塔尔塔利亚最重要的著作是《数的度量通论》(1556～1560，3卷)，这是当时初等数学的大全。此外他还译过欧几里得、阿基米德等人的著作。

塔格架间歇泉 Tagejia Geyser 世界海拔最高的间歇泉。又称塔各加间歇泉。位于中国西藏自治区昂仁县桑桑乡，海拔5 080米。多雄藏布从塔格架泉区穿过，将其分为两部分，共有4处间歇泉，均坐落在大型泉华台地上。最大的一处位于河床南岸，泉口直径30厘米，水温85℃，活动十分频繁，活动方式也别具特色。每次喷发高度1～2米、最高达10米，延续时间长时约10分钟，短时一瞬间。每次大的喷发前泉口及旁边的热水塘水位缓慢上升，继而泉口起喷，水柱由低而高，有时经过几次反复而到激喷阶段。在4处间歇泉附近还分布有大大小小的沸泉、热泉、热水塘、喷气孔等。塔格架间歇泉的喷发为地球上奇观之一。

塔哈·侯赛因 Ṭahā Ḥussein (1889-11-04～1973-10-28) 埃及作家、文艺批评家、学者。生于上埃及马加加农村，卒于开罗。幼年双目失明。先后获开罗大学和巴黎大学博士学位。1919年回国，历任开罗大学教授、文学院院长，教育部艺术顾问，亚历山大大学校长，教育大臣。长期从事文学评论和外国文学译介工作。主要论著有《纪念阿布·阿拉》(1914)、《伊本·赫勒敦及其社会哲学》(1918)、《论贾希利叶（蒙

昧）时代的诗歌》(1926)、《星期三谈话》(1925～1926)、《关于我们的现代文学》(1958)等。自传体作品《日子》(1929～1962)共3卷，是当代阿拉伯散文文学的典范。另有长篇小说《鹬鸟的唤声》(1934)、《苦难树》(1944)，短篇小说集《大地受难者》(1948)，宗教历史小说《先知外传》(3卷，1929，1942，1943)、《真实的诺言》(1948)，散文通讯集《来自远方》、《巴黎之声》等。

塔河县 Tahe County 中国黑龙江省大兴安岭地区辖县。以林为主的边境县。位于省境北部，北隔黑龙江与俄罗斯相望。面积14 103平方千米。人口9万(2010)，有汉、满、蒙古、鄂伦春、朝鲜、回、达斡尔等民族。古为肃慎人属地。清光绪三十四年(1908)属呼玛直隶厅，1947年为呼玛县所辖，1981年正式建立塔河县。属寒温带大陆性季风气候，是全国最寒冷地区之一，具有明显的山地气候特征。矿产有陶粒黏土岩、麦饭石、膨润土、煤、金、铜、铁等。农业产小麦、大豆、马铃薯、大白菜、萝卜等。工业以木材采运与加工、林化工、林机修造为重点。风景名胜有塔河县森林植物园、十八站旧石器文化遗址等。

塔吉克人 Tajik 中亚地区的民族之一。自称托吉克人。主要分布在阿富汗、塔吉克斯坦等国。属欧罗巴人种印度帕米尔类型。使用塔吉克语，属印欧语系印度-伊朗语族。有文字。信伊斯兰教，多为逊尼派，部分属什叶派，少数为伊斯玛仪派。是中亚地区的古老民族，其远祖可追溯至公元前10世纪前后来自欧亚草原的一些使用伊朗语的部落。这些部落在中亚地区的阿姆河流域、泽拉夫尚河和

塔吉克女子

卡什卡达尔河流域、费尔干纳盆地和今中亚以南的地区，与原先住在这里的居民大夏人、粟特人、帕尔坎人，以及在中亚北部和东北部游牧的塞种人结合逐渐形成塔

吉克人。过去，平原地区的塔吉克人主要从事农业，种植棉花、小麦、大麦、大米、马铃薯等。住在山区的塔吉克人主要以畜牧为生，饲养绵羊、山羊、马、牛和牦牛等，过着半游牧半定居的生活。住方形木石结构的平顶房。牧民多住毡房。男子穿无领对襟长袍，系腰带。女子穿连衣裙和灯笼裤。牧民的主食是面条和各种乳制品，定居农民以烧饼、面汤、蔬菜、水果为主要食物，爱吃抓饭。

塔吉克斯坦 Tajikistan; Tojikiston 亚洲中部国家。东邻中国，南接阿富汗，西、北分别与乌兹别克斯坦、吉尔吉斯斯坦毗连。面

积14.31万平方千米。人口751万（2009）。居民中，塔吉克人占79.9%，乌兹别克人占15.3%。此外有俄罗斯、鞑靼、吉尔吉斯、土库曼等民族。**塔吉克语**为国语，也通用俄语。居民主要信奉伊斯兰教（逊尼派）。首都**杜尚别**。

地理 中亚“高山之国”。境内93%的国土是山地，其中约一半地区海拔在3 000米以上。北部的费尔干纳盆地西缘，西南部的吉萨尔谷地和瓦赫什谷地地势较低。东南部是帕米尔高原，最高峰索莫尼峰海拔7 495米。主要河流有锡尔河、阿姆河支流瓦赫什河和喷赤河，以及泽拉夫尚河。属温带大陆性气候。海拔500米以下地带，1月平均气温-1～3℃，7月23～30℃，年降水量100～300毫米；海拔500～1 500米地带，1月平均气温-20℃，7月23～28℃，年降水量700毫米。矿产资源中铀的储量居独联体首位，铅、锌储量居中亚第一位。还有铝土、金、钨、锑、汞等有色金属矿以及煤、石油、天然气、岩盐等。水力资源丰富，蕴藏量居世界第八位。

帕米尔高原景色

历史 公元9～10世纪，塔吉克人曾建立以布哈拉（现乌兹别克斯坦境内）为首都的萨曼王朝。13世纪被蒙古人征服。14～15世纪并入帖木儿帝国。16世纪起归属布哈拉汗国。1918年底在塔吉克全境建立苏维埃政权。1924年10月成立塔吉克苏维埃社会主义自治共和国。1929年10月改为塔吉克苏维埃社会主义共和国，同年12月5日加入苏联。1991年8月更名为塔吉克斯坦共和国，9月9日宣布独立，12月加入独联体。

政治 独立后不久即爆发**塔吉克斯坦内战**，政局持续动荡。1997年，在联合国及俄罗斯、伊朗等国斡旋下，开始了民族和解进程。2000年民族和解进程结束。1999年通过的宪法规定在塔吉克斯坦建立世俗、民主、法治国家；实行总统制。总统为国家元首，政府首脑和武装部队的统帅，任期7年，可连任一届。议会为两院制，是国家最高代表机关和立法机关。分上院和下院，任期5年。主要政党有人民民主党、共产党、伊斯兰复兴党、社会党、社会民主党。

经济 塔吉克斯坦经济基础薄弱，对独联体其他国家依赖性较大，是独联体中最欠发达国家。2009年国内生产总值为49.77亿美元，人均国内生产总值657.9美元。工业以采矿、轻纺、食品为主要部门，还有有色冶金、化工（氮肥）、机械（纺织机械、动力设备、电缆）、电力等部门。轻纺工业有棉织、丝织、针织、地毯、制鞋等行业。杜尚别、苦盏、凯拉库姆等城市都是轻纺工业中心。有色冶金企业有里加尔铝厂和安佐勃锑、汞采选联合企业。瓦赫什河上建有努列克水电站，总装机容量达300万千瓦。耕地几乎全为人工灌溉。棉田约占耕地的40%，以种植长绒棉著称。大麦、小麦为主要粮食作物。养蚕业、果树和葡萄栽培业占重要地位。畜牧业以饲养羊、牦牛为主。交通运输主要靠公路和铁路。公路总长1.37万千米，有杜尚别分别至霍罗格、苦盏和境外铁尔梅兹线。铁路总长918千米，自杜尚别通往下喷赤、艾瓦季和铁尔梅兹。首都杜尚别有国际机场，与俄罗斯和其他独联体国家、阿联酋、印度、中国、土耳其有航线联系。

对外贸易 2009年对外贸易总额35.8亿美元，其中进口额25.7亿美元，出口额10.1亿美元。出口产品主要是非贵重金属及其制品，进口交通工具、机械设备、矿产品及化工产品等。主要贸易伙伴国是俄罗斯、荷兰、土耳其、中国、哈萨克斯坦、伊朗等。

文化 实行免费义务教育。全国有33所高等院校，主要有塔吉克斯坦国立大学、塔吉克斯坦工业大学、塔吉克斯坦医科大学等。主要科研机构为共和国科学院。主要报刊有《亚洲之声报》、《人民报》、《杜尚别晚报》、《人民论坛报》。塔吉克斯坦通讯社为国家通讯社。有国家电台1家和2家国家电视台。

对外关系 优先发展与俄罗斯、中国、中亚和其他地区伊斯兰国家、美国和欧洲各国的关系，积极争取外援。已加入联合国、欧安组织、独联体、上海合作组织、欧亚经济共同体、伊斯兰会议组织等30多个国

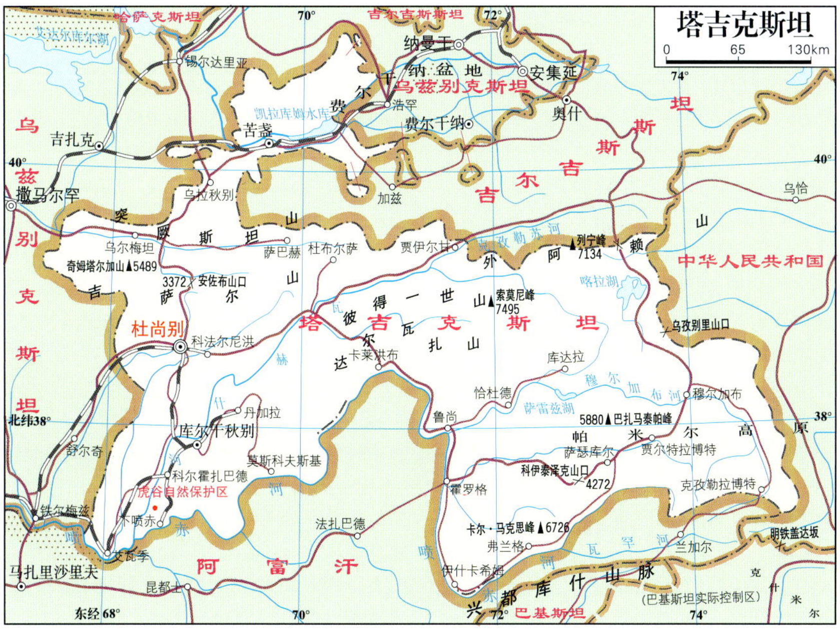

际性和地区性组织。2002年加入北约“和平伙伴关系”计划。已与118个国家建立外交关系。1992年1月4日与中国建交。

塔吉克斯坦内战 Tajikistan Civil War 1992年初至1997年6月塔吉克斯坦以E.S.拉赫莫诺夫为首的合法政府与以伊斯兰复兴党为核心的联合反对派之间的战争。内战主要表现为地区局部战争和塔阿（阿富汗）边界冲突，同时也存在由于政府军内部兵变引发的战斗。

1991年9月9日，塔吉克斯坦共和国宣布独立。但由于受苏联八一九事件的影响，塔吉克斯坦国内政治矛盾迅速激化。1992年，导致内战全面爆发。9月，R.N.纳比耶夫总统被迫辞职，反对派支持的A.伊斯坎达罗夫代行总统权力。但国家实际上仍处于割据状态。11月4日，在俄罗斯和中亚其他3国支持下，塔吉克斯坦最高苏维埃召开第16次非常会议。经过激烈争论，A.伊斯坎达罗夫代总统职务被解除，选举E.S.拉赫莫诺夫为国家最高苏维埃主席，即国家元首。反对派被驱逐到境外阿富汗北部地区和塔吉克斯坦境内的偏远山区。

反对派得到外部势力的支持，不断在塔阿边境和塔吉克斯坦国内挑起武装冲突，制造暗杀、抢劫等恐怖事件，致使大量人员伤亡，巨额财产毁于战火，社会治安严重恶化。

1994～1997年，交战双方在国际社会的斡旋下，转入边打边谈阶段。1997年5月28日，双方签订关于停止内战实现民族和解的议定书。6月27日，拉赫莫诺夫又和努里以及联合国秘书长特别代表梅列姆在莫斯科签署了《关于在塔吉克斯坦建立和平和民族和睦总协定》。协议的签订，标志塔吉克斯坦内战结束与和平进程开始。塔吉克斯坦内战造成6万多人丧生和100多万人沦为难民，给塔吉克斯坦社会经济、文化事业的发展和人民生活的提高带来严重的负面影响。

塔吉克语 Tajik language 属印欧语系印度-伊朗语族伊朗语支。分布于塔吉克斯坦、乌兹别克斯坦、吉尔吉斯斯坦、阿富汗、中国、巴基斯坦、伊朗等国。塔吉克斯坦等中亚各国的塔吉克语有6个元音和24个辅音。名词有复数、泛称、受饰、受动等形式，皆用附加后缀表示。用词干变化表示动词的时间。动词的人称用后缀表示。塔吉克斯坦等中亚各国的塔吉克人采用以俄文字母为基础的塔吉克文，比俄文字母多6个带有附加符号的字母。阿富汗的塔吉克人采用阿拉伯字母。中国境内的塔吉克语（以萨里库尔话为代表）有6个单元音，8个复元音，30个辅音。词的语音结构以1～3个音节为常见。名词有4种格。有些代词变格时词干有变化。动词的时和体用词干的屈折变化表示，人称由词尾或词缀表示。句子成分的次序通常为主语-宾语-谓语。萨里库尔话的借词多来自维吾尔语和汉语。中国的塔吉克族没有本民族文字。

塔吉克族 Tajik 中国少数民族。主要分布在新疆维吾尔自治区西部和南部。人口4.1万（2000）。塔吉克语属印欧语系。普遍使用维吾尔语文。族源可追溯到古代在帕米尔高原东部操东部伊朗语的诸部落。自古就繁衍生息在新疆广大地区的塔吉克人和不同时期从帕米尔高原西部东迁并定居塔什库尔干一带的塔吉克人是中国塔吉克族的先民。农牧业兼营，春播后上山放牧，秋季回村收获过冬。音乐有弹唱、歌舞曲、刁羊乐曲、宗教歌曲等。特有的乐器为用鹰骨制成的鹰笛。工艺美术有刺绣、编织和补花。男戴黑绒圆高统帽；女戴圆顶绣花棉帽，帽后半部有后帘。男子在衬衣外穿黑色无领长外衣（袷袢），系布腰带。女子穿色泽艳丽的连衣裙。男女都穿红色尖头皮靴。食品以奶类、肉类和面食为主。牧民在村中有土木结构正方形平顶固定住宅。牧场中有简陋的矮土屋。婚姻行一夫一妻制。节日有古尔邦节、肉孜节、巴罗提节等。信仰伊斯兰教伊斯玛仪派。1954年建立了塔什库尔干塔吉克自治县，并在其他聚居区建立了4个民族乡。

塔吉克族女子

塔克拉玛干沙漠 Taklimakan Desert 中国最大的沙漠，世界第二大流动沙漠。位于中国最大的内陆盆地塔里木盆地的中部，北为天山，西为帕米尔高原，南为昆仑山，东为罗布泊洼地。面积33.7万平方千米。气候极端干旱，年降水量仅10～60毫米，而沙漠内部个别年份降水量却超过80毫米，高于沙漠边缘的绿洲。流沙占整个沙漠面积的85%，且沙丘高大，除边缘外，一般在50～100米以上，在风作用下沙丘移动。塔克拉玛干沙漠及周边地区是中国五大沙尘源区之一。

沙漠中某些河床沿岸及冲积扇缘分布有以胡杨、红柳等为主的天然植被，形成沙漠中零散状断续分布的“天然绿洲”，如和田河及克里雅河下游等。

塔克拉玛干沙漠虽以流沙为主，但仍可划分为：①具有风蚀雅丹和沙丘覆盖的罗布泊、孔雀河、塔里木河下游河湖平原。②流动沙丘与灌丛沙堆覆盖的阿尔金山-昆仑山山前洪积、冲积平原。③剥蚀低山与复合型沙丘覆盖的麻扎塔格北部平原。④复合型沙丘覆盖的倍尔库姆。⑤灌丛沙丘及流动沙丘覆盖的塔里木河冲积平原。⑥具有“河谷天然绿洲”与高大沙山覆盖的塔克拉玛干中部三角洲平原。⑦高大沙山覆盖并有湖泊残余的塔克拉玛干东部平原。盆地内部地下水、石油、天然气资源蕴藏十分丰富。轮南—民丰的沙漠公路穿越塔克拉玛干沙漠。

塔克西拉古城 Taxila 南亚次大陆西北部古代城市。即《大唐西域记》里记载的呾叉始罗国。遗址位于今巴基斯坦拉瓦尔品第西北约35千米。该城自公元前第1千纪中叶起，即为犍陀罗地区重镇。前6世纪时为十六列国之一的犍陀罗国的都城。前4世纪末已成为南亚次大陆西北地区最大城市。孔雀王朝时期接受佛教。其后历经大夏、塞人和安息统治。至公元1～2世纪贵霜帝国时期达到了极盛。3世纪后逐渐衰落，8世纪后荒废。呾叉始罗是佛教和犍陀罗艺术主要中心，融会本地及外来的希腊、伊朗文化，在南亚、中亚文化史上有重大贡献。中国高僧法显和玄奘曾到此。遗址于19世纪被发现，20世纪上半叶发掘。1980年作为文化遗产被列入《世界遗产名录》。

古城址按时代先后可分为比尔丘、前2～公元1世纪的锡尔开普、1世纪末至3世纪的锡尔苏克三部分。在这三个城址内和它的四郊发现有各类宗教遗迹，而以佛教的为最多。古城出土的遗物中，以反映希腊风格和佛教艺术者为最著。如锡尔开普城址出土的具有浓厚希腊风格的33件石刻梳妆盘、达磨拉吉卡佛塔上刻的以希腊式涡卷花草纹为装饰的印度仙女形象等。塔克西拉的佛教艺术和建筑等对中亚有较大影响。

塔拉索娃 Tarasova, Alla Konstantinovna（1898-01-25～1973-04-05） 苏联演员。生于基辅，卒于莫斯科。1916年进莫斯科艺术剧院第二戏剧实验所，1924年起成为剧院的重要演员。她塑造的人物内心活动深沉，情感丰富，极具女性魅力，是莫斯科艺术剧院第二代女演员的出色代表。她扮演的角色主要有安尼雅（《樱桃园》）、索尼娅和叶琳娜·安德列耶芙娜（《万尼亚舅舅》）、伊丽娜和玛沙（《三姊妹》）、克鲁奇尼娜（《无辜的罪人》）、安娜（《安娜·卡列尼娜》）等。塔拉索娃还在电影《大雷雨》、《彼得大帝》中扮演角色。

塔兰泰拉 tarantella 广泛流布于意大利南部的一种民间舞蹈，是以对舞为基础的集体舞蹈。音乐一般为6/8或3/8拍，结尾部

塔兰泰拉舞姿

分速度逐渐加快。这种舞蹈的特点是节奏强烈、急促，腿部动作丰富多变，身躯的运动也比较激烈。舞者手持铃鼓，边舞边拍打，以加强节奏。音乐家和舞蹈家们都曾经以它为素材创作出不少作品，如芭蕾舞剧《天鹅湖》第3幕中的那不勒斯舞、G.巴兰钦编导的独舞《塔兰泰拉》等。

塔兰托 Taranto 意大利东南部港口城市，塔兰托省首府。位于萨伦蒂纳半岛西南岸，南濒塔兰托湾。人口19.27万（2010）。公元前8世纪为希腊人始建。前3世纪臣服于罗马。1861年归属意大利王国。两次世界大战中皆是意大利最重要的海军基地之一。意大利南部重要工业中心，有大型钢铁联合企业，为欧洲最大钢铁厂之一。传统的造船业颇具规模，还有食品、化学、纺织、水泥与机械等工业。农产品贸易中心。有捕鱼业与鱼类加工。交通枢纽。城市由新、旧两部分组成，旧城多中世纪教堂和城堡，新城有阿尔多莫罗大桥、博物馆。设有国际马格纳格雷西阿研究会。

塔雷加 Tárrega, Francisco（1852-11-21～1909-12-15） 西班牙吉他演奏家、作曲家。生于比利亚雷尔，卒于巴塞罗那。10岁开始学吉他，后又学钢琴。1869年得到托雷斯设计的发音大、共鸣好的吉他，于是致力于发展吉他音乐。1874年入马德里音乐学院，毕业后成为吉他教师和演奏家。1880年到巴黎、伦敦演出，被誉为弹奏吉他的萨拉萨特。1885～1903年间在西班牙全国各地开演奏会，1906年右半身瘫痪，仍坚持演出。作有吉他曲70余首，吉他改编曲120余首（包括一些著名古典钢琴曲）。他的创作和演出，对20世纪吉他音乐的发展有巨大影响。

塔里木河 Tarim River 中国内流河。位于新疆维吾尔自治区塔里木盆地北部。若从叶尔羌河算起，全长2 437千米，为中国最长的内流河。由阿克苏河、和田河及叶尔羌河会聚而成。如按河流长度、流域面积或年径流量，叶尔羌河可作干流；如按水量，则可以阿克苏河为干流。塔里木河源于天山和昆仑山系，又能流达塔里木盆地的塔里木水系的下游。现今的河段是指阿瓦提县境叶尔羌河与阿克苏河汇合处以下，即阿瓦提县上游水库以下河段。从周围山区流到塔里木盆地的大小河流约100条，能汇纳到塔里木河的只有阿克苏、和田及叶尔羌3条大河。

塔里木河原以罗布泊和台特马湖等为归宿，在历史上形成著名的游移湖。1952年尉犁县境堵坝引水，塔里木河改道南流，以若羌县的台特马湖为终点，干流全长1 321千米。1972年以后两岸利用洼地蓄水，塔里木河终点从台特马湖退缩到铁干里克的大西海子水库，河长1 001千米。塔里木河两岸均为冲积平原，年降水量仅20～50毫米，无法形成地面径流。从2000年起，为了挽救干流下游的“绿色走廊”，至2002年9月已经从铁干里克以下4次输水。至2001年，河道全部通水，2002年已达台特马湖，并形成10平方千米的湖泊面积。

塔里木河景观

塔里木盆地周围山区产生的年径流量能流至塔里木盆地的共约370亿立方米。塔里木河还具有天然调水作用。

塔里木盆地 Tarim Basin 中国特大型内陆盆地。位于新疆维吾尔自治区南部，天山山脉和昆仑山脉之间。南北最宽处520千米，东西最长处1 400千米。面积约53万平方千米。盆地地势西高东低，微向北倾，旧罗布泊湖面高程780米，是盆地最低点。塔里木河位置偏于盆地北缘，水向东流继而南流入台特马湖。盆地地貌呈环状分布，边缘是与山地连接的砾石戈壁，中心是辽阔沙漠，边缘和沙漠间是冲积扇和冲积平原，并有绿洲分布。塔里木河以南是塔克拉玛干沙漠，面积33.7万平方千米。

盆地属暖温带大陆性气候。大陆性由西向东加强，冬季东部比西部冷。年平均气温9～11℃，南部略高于北部。风沙和干热风是盆地主要自然灾害。水分主要来自西风气流，从中亚越过天山南脉河谷（如克孜河谷）或从准噶尔盆地越过天山垭口（如哈密、乌鲁木齐）进入盆地。盆地降水稀少。较大河流有南部的叶尔羌河、克孜勒河、盖孜河、和田河、克里雅河、车尔臣（且末）河等，以及北部的阿克苏河、台兰河、渭干河、库车河及开都河（下游称孔雀河）等。自然状态下，上述河流能会纳到塔里木河；在大量引水灌溉情况下，现有河水纳入塔里木河的只有阿克苏河、和田河、叶尔羌河。从周围山区流到盆地的年径流量约370亿立方米。盆地东部的罗布泊曾是塔里木河终点，过去被称为“游移湖”，实际上湖本身并不游移。1972年罗布泊干涸。

“塔利班”运动 Taliban Movement 阿富汗伊斯兰宗教学生运动。“塔利班”一词在普什图语中意为“学生”。1994年成立于巴基斯坦边境城市查曼。成员多为普什图族，属伊斯兰教逊尼派。成立之初仅800名学生民兵。以“铲除军阀，重建国家，反对腐败，恢复商业”为宗旨，深受民众拥护。后得到美国、巴基斯坦和沙特阿拉伯的支持，武装力量迅速壮大。1995年1月，发动“进军喀布尔”战役，控制了阿富汗40%的土地。8月发动夏季攻势，占领阿富汗西部各省。1996年9月27日，攻占首都喀布尔，组成6人临时政府。1997年10月27日，宣布成立“阿富汗伊斯兰酋长国”，控制阿富汗国土的90%，穆尔维·穆罕默德·奥马尔为最高领袖。2001年9月，美国、英国以塔利班政权庇护9·11事件疑犯本·拉登为由，对阿富汗实施军事打击，反塔联盟各武装乘机发动攻势，塔利班政权覆灭，但其残余武装力量仍在活动。

塔林 Tallinn 爱沙尼亚首都，全国最大的城市和海港。位于国土北部，濒临波罗的海芬兰湾，北与芬兰首都赫尔辛基隔海相望。总面积158.3平方千米，人口39.7万（2010）。1154年见于史册，古称科累万。1219年丹麦人在此建城堡。1285年加入汉萨同盟。城名塔林取自爱沙尼亚语Taanilinna，意为“丹麦的城堡”。1561年由瑞典统治。1710年彼得大帝占领后，归属俄国，改称列韦利。1918～1940年为独立的爱沙尼亚

塔林老城区

首都，恢复原名。第二次世界大战中被德军占领，城市遭受严重破坏。战后属苏联爱沙尼亚苏维埃社会主义共和国，直至1991年爱沙尼亚独立。全国最大工业中心，主要有机械、金属加工、造船、电子、化工、纺织、鱼类加工、木材加工、纸张加工等。天然良港，国家进出口贸易的首要门户；也是渔港和海军基地。铁路干线通往邻国的**圣彼得堡**、**里加**等地，设有国际机场。文化中心，有爱沙尼亚科学院和4所高等院校以及众多的博物馆、剧院等。有世界最大的海滨露天歌咏场。旧城区中世纪风貌依旧，1994年塔林旧城历史区作为文化遗产被列入《世界遗产名录》。

塔姆 Tamm, Igor Yevgenyevich (1895-07-08～1971-04-12) 苏联物理学家。生于符拉迪沃斯托克（海参崴），卒于莫斯科。1918年毕业于莫斯科大学。先后在莫斯科大学和苏联科学院物理研究所工作。1933年当选苏联科学院通讯院士，1953年当选院士。主要研究**量子力学**及其应用、辐射理论、宇宙线、核子相互作用等。从1930年起，先后建立了固体中光散射的量子理论和光被电子散射的理论，金属中的光电效应理论。证明了晶体表面存在着电子特征状态的可能性（后被称为塔姆能级），据此可解释晶体的表面效应。1934年实验中发现切伦科夫效应后，他与I.M.夫兰克一起于1937年提出解释这一效应的辐射理论（见**切伦科夫辐射**）。由此获1958年诺贝尔物理学奖。1945年他提出处理核子相互作用的近似方法。1950年起与A.D.萨哈罗夫共同研究受控热核聚变。著有《电学原理》一书。

《塔木德》 *Talmüdh* 犹太教口传律法的汇编，仅次于《**希伯来圣经**》的典籍。主体部分成书于2世纪末至6世纪初，为公元前2世纪至公元5世纪间犹太教有关律法条例、传统习俗、祭祀礼仪的论著和注疏的汇集。从整体看，反映7世纪前犹太教的宗教信仰、口传律法、伦理规范和社团生活的历史发展。其内容分3部分：①密西拿，原意为复述，为律法条文，称《口传律法典》。成书于2世纪末。共6卷63篇：第一卷为有关农事的律法和祭仪。第二卷为宗教节日、安息日及斋戒的规定。第三卷是有关婚姻及离婚的律法。第四卷为记述民法、刑法及诉讼的条例。第五卷为有关祭祀和奉献的礼仪。第六卷阐述不洁和洁净的事项。②革马拉，原意为完成，是密西拿的补编和说明，以注释形式对条文作问答式阐述，称《口传律法典诠释》。狭义的塔木德即指革马拉文集。巴勒斯坦学派的诠释完成于4世纪中叶。巴比伦学派的诠释定型于6世纪初，后被各地犹太社团所接受。③米德拉西，原意为讲解，即律法和伦理的通俗说教，既指塔木德文献中别具一格的阐释方法，又指用这种方法写成的经文注释，通称《圣经经文注释》。

犹太教认为，上帝在西奈山启示摩西的托拉，是对犹太人及全人类的教诲和诫命。除成文的律法书即《摩西五经》外，还有不成文的律法、习俗及对成文律法的解释，称口传律法。塔木德是口传律法的最高文字形式。它解释律法使之适应变化中的政治社会环境，并加以补充。其内容不仅讲律法，亦涉及天文、地理、医学、数学、农业等方面。按体裁，分条文和讲解两部分。按内容，分哈拉卡和阿加达两类：前者涉及律法、礼仪和教义，说明律法如何适用于现实生活；后者讲解非律法内容，叙述和补充有关轶事并探究经文要旨。从8世纪起，因《塔木德》文体结构松散，一些犹太学者据此摘编简明法典。正统派犹太教视其为律法最高权威，并在以色列国成立后争取将《塔木德》定为全国的基本法。今在以色列拉比法庭上仅适用于家庭法问题。

塔那那利佛 Antananarivo 马达加斯加首都和最大城市。又称安塔那那利佛。位于中央高原东部的同名盆地中，城市坐落在山丘上，海拔1 470米。人口约170万（2005）。16世纪当地部落建为阿纳拉曼加据点。17世纪为伊麦利那王国首都。19世纪末沦为法国殖民地首府。现为全国政治、经济、文化中心。工业有食品、纺织、化工、火柴、卷烟、机器修造、木材、电力等。其中榨油、咖啡加工、肉类加工、制革、电力等生产规模全国最大。全国交通枢纽。全国主要公路干线交会于此，连接各主要城市和港口。铁路东通主要港口图阿马西纳，南达安齐拉贝，北抵安德雷巴。北郊的伊瓦图有国际航空港。文教事业较发达，有马达加斯加大学，还有天文台、国家图书馆和博物馆；有著名的津巴扎扎公园（动植物园），园内汇集着名贵花木和珍稀动物。其他名胜还有塔那那利佛王宫古建筑群，以及马达加斯加王陵——为历代国王和女王的陵墓。市区东部和东南部为文教、住宅区，西部为行政区，东北部为商业区，西北部为手工业区。

塔那那利佛市

塔皮罗人 Tapiros 太平洋西部伊里安岛（新几内亚岛）中部山脉南麓的土著居民。人口数不详。属澳大利亚人种，为大洋洲尼格利陀类型的典型代表。可能与东南亚的**尼格利陀人**（矮小黑人）有亲缘关系。因受周围巴布亚人影响，通用巴布亚语。相传其祖先约在5万年前从东南亚迁来，后受新来移民排挤，逐步退至该岛内地，为该岛古老居民的后裔。社会、经济、文化均处于人类社会早期发展阶段，至今仍以数十人的小群体为单位，过着漂泊不定的原始生活，靠采集和狩猎为生。

塔什干 Tashkent; Toshkent **乌兹别克斯坦**首都和塔什干州首府。乌兹别克语意为“石头城”。位于天山西端的山前地带，锡尔河支流奇尔奇克河谷地。面积250平方千米。人口约220.6万（2009）。冬季寒冷，夏季炎热。年降水量360～390毫米。中亚古城之一。4～5世纪见于史籍。6世纪属于突厥汗国，为东西方贸易的重要中心和交通要冲。13世纪起先后归属波斯、帖木儿帝国、布哈拉汗国、浩罕汗国，直到1865年并入俄国。1918年4月至1924年为突厥斯坦自治共和国首都。1924年起成为乌兹别克苏维埃社会主义共和国首都。工业以机械制造（以农机为主）、棉纺织和食品加工为主。还生产飞机、挖掘机、起重机、电缆及其他设备。中亚地区重要的交通枢纽。铁路干线通达莫斯科和邻国。有数条一级公路

塔什干大清真寺

与其他城市相连。重要的国际航空港。航线通往国内外各主要城市。市内有地下铁道。有乌兹别克斯坦共和国科学院和塔什干大学等19所高等学校，以及共和国最大的纳沃伊国立图书馆、中央博物馆、纳沃伊国立歌剧芭蕾舞大剧院等。地处中亚地震活动地带，1966年塔什干发生强烈地震，30万人无家可归，震后进行大规模重建。市内广场上建有地震纪念碑。古建筑有巴拉克汗和库克尔达什宗教学校、15世纪尤努斯汗的古陵墓和清真寺院等。

塔什库尔干塔吉克自治县 Taxkorgan Tajik Autonomous County 中国新疆维吾尔自治区喀什地区辖县。位于自治区西南隅，帕米尔高原东部山区。是中国西部对外开放重要门户之一。县周边与巴基斯坦、塔吉克斯坦、阿富汗接壤，境内有国家一类开放口岸红其拉甫口岸，临时贸易过货口岸卡拉苏口岸。面积24 089平方千米。人口4万(2008)，有塔吉克、维吾尔、汉、柯尔克孜等10个民族，其中塔吉克族占80%以上。原为西汉西域三十六国的蒲犁、依耐、西夜、乌托等地，魏、晋时属疏勒国。清光绪二十八年(1902)设蒲犁分防通判厅。1912年设蒲犁县。1950年改称塔什库尔干县，1954年成立塔什库尔干塔吉克自治县。属大陆性干旱高原气候，年平均气温3℃，年降水量60.9毫米。境内有叶尔羌河、塔什库尔干河。314国道横贯县境。矿产有金、铜、水晶、玉石、宝石、矿泉水、稀土、云母、镍、钼等34种。已开发的有矿泉水、玉石、水晶等。工业基础薄弱，有电力、食品加工、农机等小型工业企业。经济以牧业为主，主要牧养绵羊、山羊、牦牛，兼营少量春小麦、青稞。旅游景点有世界第二高峰——乔戈里峰、“冰山之父”——慕士塔格山、雪山温泉、高山牧场和国家野生动物自然保护区。文物古迹有古代石头城、公主堡、驿站遗址。

“冰山之父”——慕士塔格山

塔斯马尼亚岛 Tasmania Island 澳大利亚最大的岛屿，与澳大利亚大陆隔巴斯海峡相望。面积6.7万平方千米。见**塔斯马尼亚州**。

塔斯马尼亚人 Tasmanians 大洋洲澳大利亚东南部塔斯马尼亚岛的土著居民。属尼格罗－澳大利亚人种美拉尼西亚类型。语言系属不详，无文字。崇拜图腾、月亮、精灵，盛行巫术。其祖先最初可能于旧石器时代晚期由东南亚经美拉尼西亚迁入该岛。1803年英国殖民者侵入时，约有6 000人，大致分为20个部落。每个部落包括若干分支，每个分支都在50人以下。实行外婚制。有的虽已过渡到对偶婚，但仍保留群婚残余，按母系计算亲族。使用石、木、贝制工具，从事采集和渔猎。西北沿岸的塔斯马尼亚人部分转为定居，或进行季节性迁徙。住窝棚，披兽皮。使用树皮卷筒扎成的船筏。艺术有炭画和岩雕，图形简单；音乐曲调为三度音程，乐器只有用于敲打的兽皮卷筒。19世纪20年代遭英国殖民者围剿，到1835年仅剩200多人，被囚于弗林德斯岛。到1860年仅存11人。1876年，最后一位纯血统的塔斯马尼亚妇女死去。现在的塔斯马尼亚人均为混血后裔。

塔斯马尼亚州 Tasmania, State of 澳大利亚最小的一个州。由位于澳大利亚大陆东南端巴斯海峡对岸的塔斯马尼亚岛及海峡中的金岛、弗诺群岛和东南海岸外的麦夸里岛等若干小岛组成。面积6.84万平方千米。人口50.54万(2009)。首府霍巴特。

塔斯马尼亚岛地形多山，只在沿海地带及几处河谷有狭窄的平原。海岸线曲折，多天然港湾。中部为海拔600～1 200米的中央高原，分布有许多由冰川形成的湖泊，水力资源丰富。西部山区的奥萨山海拔1 617米，为全岛最高点。东北山地的主要高峰也在1 500米以上。东南部为较低平的切割高原。全岛多短小河流，源自中部高原或山地，分向四周流注海洋。

地处南纬40°～47° 30′之间，属温带海洋性气候，夏凉冬温。位于南北近海的霍巴特和朗塞斯顿，2月平均气温分别为16.6℃、19℃，7月分别为7.9℃、7℃。全年降水丰富而稳定，年降水量西部山区超过2 500毫米，往东逐渐减至500毫米以下。

农牧业较为发达。西北沿海以肉牛饲养业和乳制品业为主，东北部种植小麦、苹果、马铃薯，中部谷地饲养牛羊，东海岸为羊毛产区，南部河谷出产苹果、啤酒花和奶牛。森林茂密，伐木和木材加工产业发达。有铜、铁、锡、钨、铅、锌等矿藏，其中钨矿开采地位较为重要。冶金工业得到发展。在霍巴特建有大型电解锌厂，乔治敦附近有电解铝厂。此外，拉塔港有铁矿烧结厂，伯尼有造纸厂，霍巴特和朗塞斯顿还有毛纺织、服装、糖果、啤酒、水果加工、硫酸、铜加工等工厂。霍巴特和朗塞斯顿是主要港口。塔斯马尼亚荒原的面积超过100万公顷，有自冰期以来世界上保存最多、最完美的岩画，1982年作为文化和自然遗产被列入《世界遗产名录》。

塔索 Tasso, Torquato (1544-03-11～1595-04-25) 意大利诗人。文艺复兴运动晚期的代表。生于苏连托，卒于罗马。1561年入帕多瓦大学学习。1562年发表骑士传奇长诗《里纳尔多》。1565年任费拉拉城邦埃斯泰公爵的宫廷诗人。1573年为宫廷演出而作的牧歌剧《阿明达》，描写牧人阿明达同山林水泽女神西尔维娅的爱情，语言优美，对美、爱情和欢乐的颂扬，体现了人文主义思想。

长篇叙事诗《被解放的耶路撒冷》(1575)是塔索最重要的作品。它以11世纪基督教十字军第一次东征为题材，其中又穿插了多条情节线索。诗人歌颂十字军东征及其对伊斯兰教徒的胜利，赞美基督教英雄及其信仰的力量，体现了文艺复兴走向衰落时代的特征。长诗问世后，遭到教会的激烈攻讦，塔索被迫向宗教裁判所忏悔，后精神失常，被囚于疯人院达7年之久。塔索还著有《论诗的艺术》(1567)、《论英雄史诗》(1595)等文艺理论著作。1595年，教皇决定授予塔索桂冠诗人称号，但在举行仪式前夕，诗人已与世长辞。

塔塔尔语 Tatar language 属阿尔泰语系突厥语族**西匈语支**。在中国，分布于新疆维吾尔自治区伊宁、塔城和乌鲁木齐市等地。在国外，主要分布于俄罗斯的鞑靼自治共和国、伏尔加河流域以及西西伯利亚一些地方，称鞑靼语。在中国，塔塔尔族除一些老年人外，一般多使用当地的**哈萨克语**或**维吾尔语**。塔塔尔族有以阿拉伯字母为基础的文字，由于他们同哈萨克族、维吾尔族人杂居，联系密切，因而这两个民族的文字逐渐成为塔塔尔族的通用文字。

塔塔尔语有9个元音和4个辅音，元音的唇状和谐不如舌位和谐严整。名词复数附加成分、从格附加成分形式较多。动词某些人称的形式较特殊。阿拉伯语、波斯语和俄语借词较多。

塔塔尔族 Tatar 中国少数民族。散居在新疆维吾尔自治区。人口4 890人(2000)。塔塔尔语属阿尔泰语系突厥语族西匈语支。通用维吾尔族和哈萨克族的语言文字。由保加尔人、奇卜察克人、蒙古人在历史上相互融合发展形成，汉文史书上称为“达怛”、“鞑靼”等。19世纪初叶开始，一部分塔塔尔人陆续迁入中国。历史上以经商为主。也有一些牧业户和少数农业户。男子喜穿绣花边白衬衫，外加黑色齐腰短背心或黑色对襟长衫，黑裤子，戴丝绒绣花小帽。女子以戴镶珠子小花帽为美，喜穿白、黄或紫红色连衫带皱边的长裙，首饰有耳环、手镯和珍珠项链等。饮食以面食为主。多住平顶土房和人字形铁皮顶房。婚姻行一夫一妻制。人死后，净身缠白布土葬。除伊斯兰教节日外，传统节日有撒班节，

塔塔尔族女子

在春天举行，又称犁头节。信仰伊斯兰教，在生活和文化上深受伊斯兰教的影响。1988年在新疆奇台县成立了大泉塔塔尔民族乡。

塔台 control tower 飞机场内指挥飞机滑行、起飞、着陆和实行空中交通管制的设施。又称管制塔台或指挥塔台。大型机场塔台的高度可达60米以上，能俯视全机场。塔台通常是独立的塔形建筑物，有的则建在候机楼上。塔台的顶层一般用玻璃围成，顶层内设有管制雷达的荧光屏、通信设备和计算机等。飞行指挥（管制）人员在顶层工作。塔台对飞机活动的指挥主要有三个方面：①引导飞机起飞和管理距机场一定距离范围内的飞行活动。②引导飞机进场着陆，如因某种原因暂时不能接受飞机进场着陆时，则可令飞机在某一空域内的某一高度上作等待飞行。③指挥飞机在地面上的滑行。塔台与飞机之间的通信联络主要使用无线电通信设备（高频、甚高频和超高频电台）。塔台内还配有能连续或断续发射白色、绿色或红色光信号的强光信号枪，作为辅助指挥手段。此外，塔台上还配有气象观测仪器和自动磁带记录仪，为判定飞行指挥情况和分析意外情况提供重要依据。

塔西佗 Tacitus, Cornelius（约56～约120）古代罗马历史学家、文学家。可能生于高卢南部一旧贵族家庭。在罗马帝国政府中屡任要职，公元97年任执政官，112～113年任亚细亚行省总督。

传世著作《演说家对话录》，论述演说术衰落的原因。《阿格里科拉传》，叙述其岳父阿格里科拉（曾任不列颠总督）的生平，涉及早期不列颠的历史。《日耳曼尼亚志》，记述日耳曼诸部落的风习和制度，是研究日耳曼人早期历史的珍贵史料。约在109年脱稿的巨著《历史》和《编年史》共30卷。《历史》记公元69～96年之史实，仅存前4卷和第5卷的一部分；《编年史》记公元14～68年之史实，流传下来的有第1～4卷，第5、6、11、16卷的一部分以及第12～15卷。后两部著作皆为帝国早期的重要史料。

塔西佗的著作材料翔实，语言精练典雅，描写细致入微，极富文采，对后世史学有重大影响。在政治思想方面，塔西佗属贵族共和派。他承认帝制不可避免，但憎恨阴险暴虐的专制君主，厌恶元老们的奴颜婢膝。

塔希提人 Tahitians 太平洋中南部法属波利尼西亚塔希提岛的民族。有8万人(2001)。另有6 000余人分布在新喀里多尼亚等地。为波利尼西亚人的一支。属南方蒙古人种和澳大利亚人种的混合类型。使用塔希提语，属南岛语系波利尼西亚语族，现已成为东波利尼西亚的通用语言。许多人通晓法语。有以拉丁字母为基础的新创拼音文字。曾崇拜首领和多神，有复杂的祭祀和祈祷仪式。现多改信天主教。其祖先来自东南亚，约在公元前500年自太平洋西部陆续移居该岛。13世纪初原始公社制开始解体，18世纪中叶出现统一国家。自1842年起受法国殖民统治。主要从事农业，种植芋类、香蕉、椰子和面包树。已发展小型工业、采矿业和旅游业。生活方式受西方影响，穿欧式服装。一部分人在血统上已与法国人发生混合。音乐、舞蹈、编织、雕刻、服饰和建筑具有鲜明的民族特色。

塔伊国家公园 Parc National de Tai 西非最有特色的国家公园。位于科特迪瓦西南部，紧靠利比里亚边境，西面是科特迪瓦与利比里亚的界河卡瓦拉河，东面有萨桑德拉河；东西宽50千米，南北长100千米，面积42.5万公顷，包括平原和山地，海拔100～500米，是几内亚湾西部保存最完好、面积最大的原始森林。1953年建立塔伊森林保护区，1972年改为塔伊国家公园。这片原始森林属典型的几内亚湾赤道雨林类型。树种繁多，达3 000多种，其中40种为世界有名的商品树种，如非洲桃花心木、象牙海岸榄仁树、大绿柄桑、西非乌檀等。具有茂密而多层次的森林结构，包括高大乔木、小乔木、灌木、草本，还有众多藤本植物缠绕林木之间。同时它也是那里唯一留下的一大片大象、河马、野牛等热带雨林大型动物的重要栖息地。它深居内陆丘陵区，人烟稀少，进入森林的交通条件也差，成为建立保护区的有利条件。从1971年起，保护范围从原来保护以西非热带雨林中濒临灭绝的大型动物为主的动物区系，扩大到保护整个森林生态系统和生态环境，完整保护其宝贵的生物种质资源。1982年被列入《世界遗产名录》。

塔葬 pagoda burial 葬式之一。佛教活佛和僧侣处理遗体的一种方法。起源于原始佛教以塔安置佛舍利或佛之指甲、须发的习俗。葬法有三：①将火化后的骨灰埋葬在砖塔之内，此法最普遍。②将骨灰盒或部分遗骸如头盖骨、肱骨、股骨等，放在被称为灵塔的塔瓶之内。③在塔瓶内安放经过药物处理的整尸和死者生前用品。在西藏，活佛或高僧死后，先用水银和“色拉”香料水冲洗肠胃，继而分别用樟脑水和藏红花水灌洗两遍，再用檀香木水和樟脑及藏红花通擦尸体表皮，最后用丝绸包扎，穿上袈裟，置于塔瓶之内。据认为，用此法处理的尸体经久不腐，且肌肤柔软如生。10世纪末至11世纪初，古格王意希沃、宗喀巴、贡嘎王依切尔等人的遗体都采用此葬法。17世纪五世达赖圆寂后，在拉萨布达拉宫修建灵塔殿和佛堂。后来在此灵塔殿旁相继建造七世至十三世达赖的灵塔殿，规模大小不一。其中，1936年所建十三世达赖的灵塔殿是西藏最晚的一座塔葬建筑。

《獭皮》 *The Beaver Coat; Der Biberpelz* 德国剧作家G.豪普特曼的四幕讽刺喜剧。1893年完成。作品通过洗衣妇沃尔夫太太故布疑阵，巧妙地瞒过地方警察和密探，先后偷了她女儿帮佣的主人家一车木材和一件獭皮大衣的故事，辛辣地揭露和讽刺了普鲁士官吏的愚蠢、刚愎自用，鞭挞了普鲁士政权机构的腐败无能。结局是被盗者甘认倒霉，盗窃者被宣布为诚实的良民，无能断案者继续当官。沃尔夫太太的偷，被作者表现为维护自身生存权利，对社会不公进行的抗议和报复。她以其勤劳、机智、幽默的性格，成为德国戏剧中最富特色的人物形象。作者在对官与盗的一贬一褒中，突出了剧作的社会批判主题和极为浓厚的

喜剧色彩。

鳎科 Soleoidae; sole 鲽形目一科。有3亚科31属117种。多分布于热带。中国已知18种，主要分布在南海，带纹条鳎分布可达黄海、渤海。身体呈鞋底状或舌状，

带纹条鳎

眼位于头右侧，前鳃盖后缘不游离。有人认为在豹鳎的背、臀鳍基小孔内的鳍腺所分泌的液体，有强驱鲨作用。

拓片 rubbings 用墨把石刻和古器物上的文字及花纹拓在纸上后的成品。拓片是从原物直接拓印下来的，所拓文字或花纹的大小和形状与原物相同，是一种科学的记录方法。除有凹凸纹饰的器物外，甲骨文字、铜器铭文、碑刻、墓志铭、古钱币、画像砖、画像石等，都广泛使用这种方法记录。拓

武氏石祠前石室西壁的攻战图拓片（局部）

印技术在中国已有1 000多年历史。许多已散失或毁坏的碑刻因有拓片传世，才能见到原碑刻的内容及风采，如唐柳公权书神策军碑，因原碑已佚，仅有一册拓片传世，成为孤本。

拓印的方法主要有扑墨拓和擦墨拓两大类，还有蜡墨拓、镶拓、响拓等。在拓印过程中，润湿宣纸最好用能使薄纸更好地贴附于被拓物表面的白芨水。小型拓片可用软毛笔、软毛刷润湿，大型拓片可用毛巾润湿。扑子的大小根据所拓对象的大小而定。内芯用新棉花，外加一层不透水的薄纸，最外面包上绸子，用细绳或皮筋扎牢。扑子蘸墨面要没有褶皱，扑心要稍鼓。

踏歌 中国传统民间歌舞形式。原始岩画、古代典籍及汉代出土文物等均有踏歌的记录。踏歌之风延续到明清，以唐代为盛极。

歌唱、踏地与舞袖是踏歌的表现方式。刘禹锡《踏歌行》写：“新词婉转递相传，振袖倾鬟风露前。”踏歌之“歌”，音调不断反复，词却不断变化，即所谓“踏曲兴无穷，调同词不同”。张祜《正月十五夜灯》“三百内人联袖舞，一时天上著辞声”句，展示了踏歌的基本特征。

当代舞蹈编导孙颖根据古老的踏歌形式，创作出古典舞作品《踏歌》，1998年获首届中国舞蹈荷花奖。

台州市 Taizhou City 中国浙江省辖地级市。位于省境中东部沿海。面积9 413平方千米。人口597万（2010）。辖椒江、黄岩、路桥3区和玉环、天台、仙居、三门4县，代管临海、温岭2市。西汉始元二年（前85）置回浦县。唐武德五年（622）置海州，次年改称台州。1994年设台州市。海岸线长1 660千米，曲折多港湾。大陆架海域8万平方千米，有岛屿687个。农作物以水稻、小麦、棉花、油菜为主。黄岩蜜橘、玉环柚、天台山云雾茶为名产。沿海盛产鱼、盐，海洋捕捞量居浙江省第二位。工业有机械、电子电器、医药、化工、食品、服装、工艺美术、建材等行业。黄岩是“中国模具之乡”，以塑料模具为主，其电视机外壳塑料模具覆盖全国50%的电视机厂家。黄岩也是全国重要的染料及医药中间体和一次性医疗器械生产基地，国内最大的木制工艺品出口基地。台州港口拥有万吨级泊位4个，辟有至中国香港及日本、韩国的直达航线。沈海高速公路和104国道纵贯全境，并有省道公路10余条。境内天台山是著名的宗教旅游胜地和国家级风景名胜区。临海桃渚、温岭长屿硐天、仙居，均为省级风景名胜区。市区有清修寺、景星寺、金鳌山等名胜古迹。戚继光祠为省重点文物保护单位。

台州湾 Taizhou Bay 位于中国浙江省台州市东部椒江口及其附近海域。海湾呈喇叭形，湾口向东。湾口外有台州列岛、东矶列岛等，为天然屏障。海湾面积约910平方千米，平均水深5米。属亚热带气候，年平均气温16℃，年降水量1 450毫米。潮汐为规则半日潮，潮差由湾口到湾顶递增，平均潮差约4米。湾内台州港是浙江省重要港口之一。渔业发达，产带鱼、黄鱼、墨鱼和虾、蟹等。

胎儿 fetus 自妊娠9周以后直至足月妊娠为止的胎体。而妊娠9周前的胎体称为胚胎，此时期胎儿的各重要器官逐渐形成并进一步发育成熟。至孕38～42周前娩出即称为足月产。

发育特征 妊娠全程约280天，临床上以末次月经的第一天作为妊娠的开始。以28天（4周）为一个妊娠月，妊娠全程共10个妊娠月（280天），妊娠月份愈小，胎头占胎体的比例愈大（见图）。

11～38周的胎儿

4周末 即受精后2周，受精卵已进入子宫壁，并开始发育。

8周末 胚胎已初具人形，头的大小几乎占整个胎体的一半。可以看出眼、耳、口、鼻、四肢已具雏形。早期心脏已形成，且有心脏搏动（超声显像可以看出）。

12周末 外生殖器已发育，多可辨认男女。已长出指（趾）甲。肠管已有蠕动，可有吸收葡萄糖的能力。

16周末 外生殖器已有性别分化。头皮已长毛发，皮肤色红，光滑透明。孕妇有自觉胎动，胎儿已开始呼吸运动。

20周末 全身有毳毛。临床可听到胎儿心音。若胎儿此时排出母体，有心跳、呼吸、排尿及吞咽功能。

24周末 各脏器均已发育，皮下脂肪开始沉积，但皮肤仍有皱纹。

28周末 胎儿身长约35厘米，体重约1 000克。皮下脂肪沉积不多，皮肤色红，有时可见皮脂。可以有呼吸运动。若娩出能啼哭，但生活力弱，若具备良好条件，加强护理，有可能存活。

32周末 胎儿身长约40厘米，体重约1 700克。面部毳毛已脱。生活力尚可，此期出生的婴儿若受到适当护理，可以存活。

36周末 身长45厘米，体重约2 500克。皮下脂肪发育良好，毳毛已大减少，指（趾）甲已达指（趾）尖。出生后能啼哭及吸吮，生活力良好，此时出生可以存活。

40周末 胎儿已成熟，平均身长约50厘米，体重约3 000克以上。皮下脂肪发育良好，外观丰满，皮肤粉红，脊背部仍有毳毛，指（趾）甲已超过指（趾）端。男性胎儿睾丸已下降至阴囊，女性胎儿大小阴唇发育良好。出生后哭声响亮，吸吮动作强烈，生命力强，能很好存活。

胎头的特点 足月胎儿的头部是胎体的最大部分，也是胎儿通过产道最困难的部分。胎头的大小、方位、俯屈程度、硬度及分娩时通过产道的先后均可影响分娩过程。在分娩过程中产力和产道的压力加在胎儿头上，颅缝边缘可轻度重叠，使头颅变形以便适应产道完成分娩。用B型超声测量胎头两个顶骨隆突间的距离即双顶径（BPD）可用来估计胎龄、胎儿体重及成熟度。用B型超声测量的BPD正常值见表。

胎头双顶径的B型超声正常值

妊娠周数	18～	20～	22～	24～	26～	28～	30～	34～	36～	38～	40～
双顶径值	4.2	4.8	5.4	6.0	6.4	7.2	7.8	8.7	9.0	9.3	9.5

注：36周以后的数字仅供参考。

身长体重 胎儿身长（厘米）在孕5个月以前按月份的平方估算，如孕4个月胎儿身长应为4^2即16厘米；5个月以后则以月份乘以5来估算，如孕7个月，胎儿身长应为35厘米。至于胎儿体重，尚无明确的估算方法。

出生后，胎盘循环停止，肺循环建立，开始自主呼吸，表现大声啼哭，显示一个新的生命开始。

胎盘 placenta 妊娠8周末于母体子宫内初步形成的胎儿与母体之间进行物质交换的器官。是胎体与母体组织的结合体，由羊膜、叶状绒毛膜及底蜕膜构成。是胎儿的附属物（胎儿体外的组织）之一。足月胎盘重500～600克，约为新生儿体重的1/6，呈圆形或卵圆形，胎盘直径18～20厘米，厚约2.5厘米，分母体面与胎儿面。母体面直接与妊娠期子宫内膜（底蜕膜）接触。胎儿面被羊膜覆盖，表面光滑。脐带附着于胎盘胎儿面中央或一侧，脐带动、静脉从脐带附着点分枝向四周呈放射状分布，直达胎盘边缘。胎盘不只是母儿进行物质交换的重要场所，也是一个重要的内分泌器官，有着极其复杂的生理功能。如运输功能、屏障功能、免疫功能、合成功能等。胎盘发育异常和疾病直接影响胎儿发育，或引起流产、早产和胎盘早期剥离以及产后出血等产科疾病。

胎生动物 viviparous animal 受精卵从母体中获取营养，以产胎儿方式生育子代的动物。与卵生动物的区别：①从卵到胎儿的整个发育过程都是在母体子宫内进行，生长中的胚胎借着特殊构造——**胎盘**，而附着在子宫上。②从母体中获取营养，在胎盘内母亲与胎儿的血管相互缠绕，养料、氧气从母亲的血液中扩散到胚胎的循环系统，胎儿产生的废物则依循相反的路径由母体向外排泄，直到胎儿出生为止。与**卵胎生动物**的区别是，胚胎从母体内获取营养。包括人类在内的多数哺乳类都是胎生动物。有些鱼，如真鲨、星鲨等是假胎生动物，其子宫壁上有突起与胚胎的卵黄相接，形成不同于胎生动物的卵黄胎盘，胚胎从中吸取营养，发育成胎儿。植物的种子如果附着在亲株上发育而成，也称胎生，如红树林中很多红树都是胎生植物。

胎位 fetus, position of 胎儿在母亲子宫内所处的位置。包括胎产式、胎先露、胎方位。妊娠28周以前，胎儿的位置和姿势易变。妊娠32周以后胎儿生长快、羊水相对减少，胎儿的位置和姿势相对恒定。此时胎儿在子宫内的姿势最常见的为胎头面部向前俯屈、颜面贴近胸壁、脊柱略前弯、四肢屈曲交叉于胸腹前，即所谓枕前位（又分左、中、右）。整个胎体呈椭圆形，以适应子宫腔的形状，亦有利于胎儿的娩出。胎儿的位置可从四个方面分析。

胎产式 胎体纵轴与母体纵轴的关系。两轴垂直的称横产式，仅占0.25%左右；两轴平行的称纵产式或直产式，占足月分娩总数的99.75%（图1）。

胎先露 指最先进入骨盆入口的胎儿

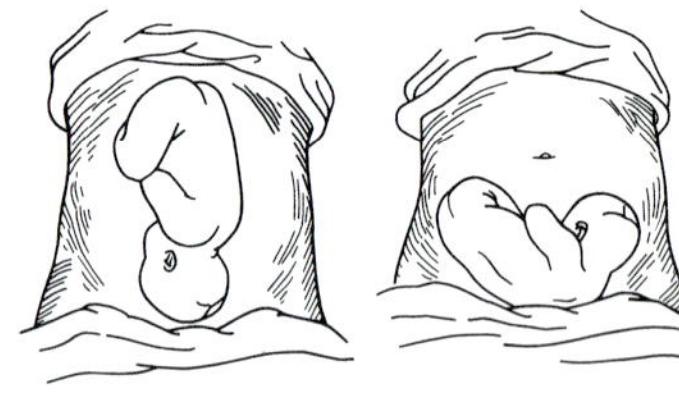

图1 胎产式

部分，纵产式时胎先露有头先露和臀先露两类，横产式则为肩先露。臀先露因入盆的先露部分不同，又可分为完全臀先露、单臀先露和单足、双足先露（图2、图3）。

胎方位 指胎儿先露部的指示点与母体骨盆的关系。如枕先露以枕骨为指示点，

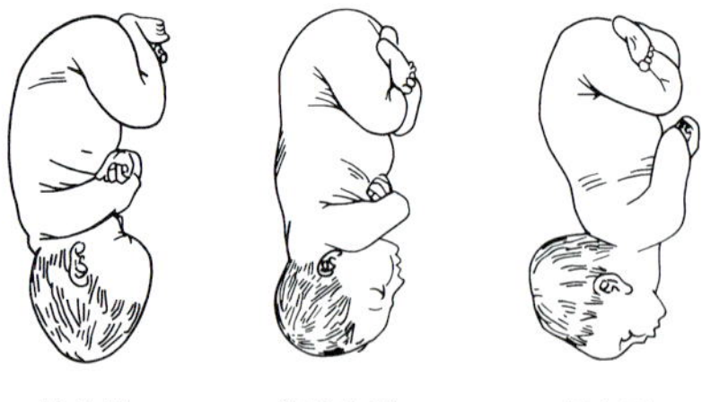

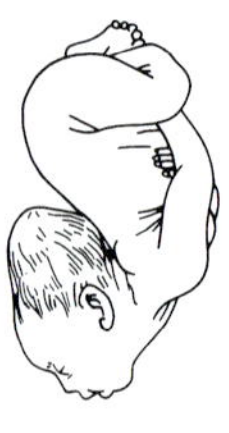

图2 头先露的种类

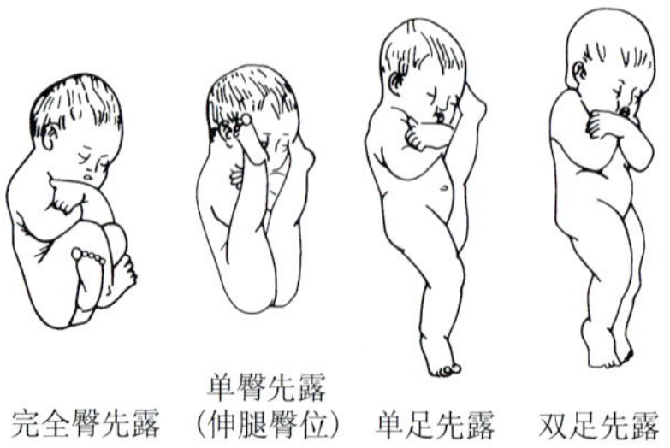

图3 臀先露的种类

面先露以颏骨、臀先露以骶骨、肩先露以肩胛骨为指示点。指示点在母体骨盆的左或右侧，由此构成不同的胎方位。如枕左前系指枕先露时，枕骨位于母体骨盆左前方，余类推。

胎产式、胎先露和胎方位的诊断方法为腹部四段触诊，必要时作肛诊、阴道检查及辅助诊断。见**产前检查**。

台北“故宫博物院” Palace Museum, Taibei 中国历史与文化艺术史博物馆。坐落在台湾省台北市士林区外双溪。馆藏主要为故宫博物院迁台文物。抗日战争全面爆发前夕，**故宫博物院**选择重要文物南迁，抗日战争胜利后运往南京。1948年底，国民党政府选贵重文物转运台湾。几经辗转，运台文物于1965年迁入现址并对外开放。

运台文物主要为铜器、书画、瓷器、玉器、漆器、珐琅、雕刻、文具、图书、文献及其他工艺品，初为230 863件，“中央博物院”并入后，增至242 592件，连同整理后的档案30余万件及受赠、收购1万余件，目前共有藏品60余万件。其中著名铜器有毛公鼎、散氏盘、子父辛爵、牺首兽面纹方尊等；著名书画有东晋王羲之《快雪时晴帖》，唐《宫乐图》及《韩幹牧马图》、怀素《自叙帖》、孙过庭《书谱》、玄宗《鹡鸰颂》，宋范宽《谿山行旅图》、郭熙《早春图》，元倪瓒《容膝斋图》、黄公望《富春山居图》（部分）、赵孟頫《鹊华秋色图》等。

该院出版了《中华五千年文明集刊》、《国之重宝》、《元四大家》、《唐寅的研究》、《山水画皴法点苔之研究》、《清代通鉴长编》等著作，并影印出版了文渊阁《四库全书》。院内还有定期刊物《故宫文物月刊》和《故宫学术季刊》等。

台北市 Taibei City 中国台湾省辖市，省会，台湾第一大城市。位于台湾岛北部。辖松山、信义、大安、大同、中山、内湖、南港、万华、中正、文山、士林、北投12区。面积272平方千米，人口262.6万（2003）。台北市初称大加蚋（或大佳腊），后称艋舺（土语独木舟谐音）、莽甲等。大加蚋意指“平坦而浸水的土地”。清光绪元年（1875）设台北府。光绪四年知府陈星修筑台北城。1894年定台北府为台湾省会。1895年日本侵占台湾，设台北州、台北厅，1920年改台北厅为台北市。1945年**台湾光复**，重建省制，台北市为台湾省省会。

地处台北盆地中部。气候属亚热带海洋性气候，又带有大陆性气候的特点，夏季长，冬季短，无严寒酷暑。年平均气温22℃。农业条件较好，盛产稻米、茶叶、

台北市鸟瞰

蔬菜、瓜果、花卉等，多与旅游业结合建成“观光茶园”、“观光果园”等。著名的如“木栅观光茶园”，是全省铁观音茶的唯一产区；“士林观光农园”主产番茄、甜椒、甘蓝、敏豆等蔬菜以及柑橘、花卉；“北投观光柑橘园”盛产柑橘，味道特别甘美。台北市是台湾省最大的工商业城市，全省规模较大的工商企业、金融、贸易机构的总公司、总部大多在此，其资本额和年营业额均占全省一半。以台北市为中心，包括台北县、基隆市、桃园县在内，形成了台湾最大的工业生产区，以制造、轻织、电机、化工、印刷等为主，制造业产值占全岛45%左右。多数产品以外销为主，形成“进口原料-加工-出口”的加工型工业。台北是台湾省陆路交通和航空中心，全省铁路、公路、航空的枢纽。松山机场是全省航线最多的航空港。台北市是台湾省文化教育中心，台湾大学、台北大学、政治大学、台湾师范大学、中兴大学、东吴大学、台北医学院、文化大学、农业试验所、林业试验所等均集中于此。

名胜古迹众多：有台北城仅存的一座城门楼城北门、圆山文化遗址、孔子庙、龙山寺等。此外还有阳明山大型自然公园、台北新公园、中山公园、青年公园、北投公园、双溪公园、木栅动物园等500多个公园和孙中山先生纪念馆、台北“故宫博物院”。

台北县 Taibei County 中国台湾省辖县。位于台湾岛北端，围绕着台北市和基隆市。东南部与宜兰县交界，西南部与桃园县毗邻，东北、西北濒临东海和台湾海峡。面积为2 052平方千米。人口约368万（2004）。县治板桥市。原属台北府淡水县。日本侵占时期，初为台北县，后改州。台湾光复后设台北县。境内大部为丘陵、台地。气候温暖湿润。东部有瑞芳等矿区，以产金、铜、煤著称，煤矿总产量占全省的一半以上。农产品以茶叶、柑橘为大宗。雪山林场为台湾主要木材产区之一。县内工商业较发达，有机械制造、金属制品、纺织业、合板、木制品、橡胶、制药、陶瓷业等。名胜古迹有大坌坑文化遗址、红毛城、三峡祖师庙、乌来瀑布、野柳、富贵角、碧潭等。旅游区有北滨风景线、碧潭、乌来风景区以及翡翠水库，另有十分瀑布、云森瀑布群、北插瀑布群、野人谷瀑布群、情人谷、梅花湖、大舌湖、观音山、彩蝶谷等风景点。

台北中山纪念馆 Dr.Sun Yat-sen Memorial Hall, Taibei 位于中国台湾省台北市仁爱路，为纪念孙中山先生百年诞辰而兴建。由王大闳设计，1972年建成。纪念馆为宫殿式建筑，由3 000人大会堂、200座席演讲厅、图书馆、展览厅等组成，馆外有中山公园环绕。建筑造型试图用现代工程

技术表达中国传统建筑风格，以钢筋混凝土结构模仿木构造的细部，用简化的方式表达传统建筑的意象，大型的坡屋面饰以釉面砖取代筒瓦。建筑四周由圆柱柱廊环绕，形成出檐很深的回廊。南向主入口以檐口上扬的处理手法，将明间和次间檐柱拔高，创造气势恢弘的入口。

台北“中央图书馆” National Central Library, Taibei 中国台湾省最大的公共图书馆。前身是中华民国时期筹建于南京的国立中央图书馆，1949年迁台北市，1956年正式对外开放，馆址在台北南海路植物园内。1973年10月台湾省立台北图书馆成为其分馆。1986年9月坐落于台北市中山南路20号的新馆落成，正式对外开放。

该馆总馆藏书已达300万册（件），其中善本图书1.23万余部，12.6万余册，明版书最为丰富，有6 000多部。

台湾分馆以收藏台湾地方文献、盲文图书、视听资料、亲子资料为特色，其中1945年以前出版的日文台湾文献和南洋资料最为珍贵。总馆编辑出版有馆刊和善本书目。

台北101大楼 Taibei 101 中国台湾摩天大楼。原名台北国际金融中心。位于台北市信义区。由设计师李祖原设计。

101大楼主体建筑包括裙楼和主楼两部分。主楼楼高508米，地上101层，地下5层。占地面积30 277平方米，建筑面积约357 719平方米。1998年1月奠基，2003年7月1日楼顶完工，同年10月17日塔顶完成。裙楼为购物商场，汇集世界各地的名优品牌，是世界各地游客和台湾民众购物的理想场所。主楼则是台北金融商业中心，设股市证交所等重要金融机构。101大楼的英文名称为Taipei 101，除代表台北外，还有Technology、Art、Innovation、People、Environment、Identity（技术、艺术、创新、人民、环境、个性）之意义。

台词 words 剧本中人物所说的话语。剧作者用以展示剧情、刻画人物、体现主题的主要手段。也是剧本构成的基本成分。世界上早期戏剧剧本的台词均为诗体。17世纪，散文体台词开始在喜剧剧本中确立稳固地位；18世纪，悲剧台词也逐渐使用散文体；19世纪中叶以后，散文体最终替代诗体成为剧本台词的基本形式。戏剧台词一般包括对白、独白和旁白。对白是剧本中角色间相互的对话，也是戏剧台词的主要形式。独白是角色在舞台上独自说出的台词，是把人物的内心感情和思想直接倾诉给观众的一种艺术手段。旁白是角色在舞台上直接说给观众听、而假设不为同台其他人物听见的台词。在剧本创作中，台词是决定戏剧作品艺术性的重要因素，要求具有动作性、性格化、诗化与口语化特点。

台地 platform 表面比较平坦，一侧或四周为陡峻斜坡围绕的高地。以绝对和相对高度较低、分布范围较小与高原相区别。根据不同的成因分为海滨台地、河流台地（又称河流阶地）、湖滨台地、山麓带、洪积台地、冰川台地、风成台地、熔岩台地。此外，在海底也有海洋台地的分布。

台东县 Taidong County 中国台湾省辖县。位于台湾岛东南部，北接花莲县，西南与屏东、高雄两县毗邻，东临太平洋。辖台东市及成功、关山2镇和13个乡。全县包括兰屿、绿岛，面积为3 515平方千米。人口约27万（2006），其中包括8万多阿美人，以及分布在兰屿的3 000多雅美人。县

治台东市。土地开发在台湾各县中最晚，直至1855年始有汉族农民入垦，清光绪元年（1875）设置卑南厅，后改台东直隶州。日本侵占时期初改台东厅，后复称卑南厅。台湾光复后，1945年改设台东县。县境位于北回归线南侧，大部为山地。农业区集中于卑南溪下游纵谷及滨海平原，旱地多、水田少。主要物产有稻谷、甘蔗、菠萝、柑橘、茶叶、林木及海产。特产有蚕丝、丝绵、香水茅等。沿海渔产丰富。兰屿为著名游览胜地，因岛上盛产驰名世界的名贵花卉——蝴蝶兰，故名。此外，还有著名的长滨文化和卑南文化遗址及八仙洞、知本温泉、石雨伞、小野柳、绿岛等游览地。

台儿庄 Tai' erzhuang 中国山东省枣庄市台儿庄区辖镇。位于省境南部，京杭运河北岸。面积17平方千米，人口3.6万。1949年设镇。因四周低洼，庄立高台之上，故名台儿庄。造船业、航运业较发达。抗日战争时期，1938年3月李宗仁将军曾在此指挥台儿庄战役。

台儿庄战役 Tai' erzhuang, Campaign of 中国抗日战争中的战役。徐州会战期间，中国军队在山东峄县（今枣庄市）台儿庄地区挫败日军进攻的作战。见徐州会战。

台尔曼 Thälmann, Ernst (1886-04-16～1944-08-18) 德国和国际工人运动活动家，德国共产党中央委员会主席。生于汉堡，被法西斯杀害于布痕瓦尔德集中营。1903年加入德国社会民主党。翌年加入运输工人联合会汉堡分会，此后主要从事工会工作。第一次世界大战爆发后，动员工人反战。

1915年1月被强征入伍，在前线士兵中进行反战宣传。1918年加入德国独立社会民主党。1918年德国十一月革命爆发后回到汉堡，为汉堡工兵苏维埃成员。1920参加德国共产党。1921年6～7月，参加第三国际第三次代表大会，并会见了V.I.列宁。1923年当选为德共中央委员，同年10月领导汉堡起义。1924～1943年先后任第三国际执行委员会候补委员、委员和主席团委员。1924年任红色阵线战线战士联盟主席。1925年起任德共主席。1924～1933年任魏玛共和国国会议员。1925年和1932年作为德国共产党候选人参加总统竞选。纳粹党上台后，于1933年3月3日在柏林被捕。遭受严刑拷打、残酷折磨达11年多，后在布痕瓦尔德集中营被秘密枪杀。

台风 typhoon 发生于西北太平洋和南海最大风速大于或等于32.7米/秒（风力12级）的热带气旋。热带气旋中发展最强烈的一种。发生于大西洋和东太平洋的强烈热带气旋称为飓风。台风是暖中心低压系统，中心气压一般低于990百帕，强台风则低于900百帕以下。台风登陆区常发生大风暴雨，若在海洋大潮期间登陆会引发近海风暴潮。

台风级潜艇 Typhoon submarine 苏联建造的大型核动力战略导弹潜艇。又称T级核潜艇。1977年动工建造，1981年服役。潜艇总长171.5米，宽24.6米，水下排水量2.65万吨，水下航速25节，下潜深度300米，艇员175名。动力装置有压水反应堆2座，蒸汽轮机2台，总功率60 444千瓦。潜艇采用双层壳体结构，内外层之间有1.8米间隔，对鱼雷的防御力很强，具有在北冰洋上浮突破冰层的能力。武器有SS-N-20潜地战略弹道导弹20枚，每枚可携带10个10万吨TNT当量分导式弹头，射程8 300千米，命中精度圆概率偏差为500米，还有533毫米鱼雷发射管6具，可发射鱼雷和反潜导弹。

台阁体 secretariat style 中国明代永乐至成化年间的文学流派。代表人物为杨士奇、杨荣、杨溥，号称“三杨”。杨士奇（1365～1444），名寓，字士奇。江西泰和人。建文初入翰林，官至华盖殿大学士。著有《东里全集》97卷、《别集》4卷。杨荣（1371～1440），字勉仁。福建建安人。官至文渊阁大学士。著有《杨文敏集》25卷。杨溥（1372～1446），字弘济。湖广石首（今属湖北）人。官至武英殿大学士。著有《文定集》21卷。三杨历事成祖、仁宗、宣宗、英宗4朝，都是当时的台阁重臣。他们的诗文饱含富贵福泽之气，粉饰太平、歌功颂德，“应制”和应酬之作充斥于他们的诗文集中。台阁体貌似雍容典雅，平正醇实，实则脱离社会生活。这种文风由于统治者的倡导，以至沿为流派。台阁体萎弱冗沓的文风至成化以后渐为时代所不容，在复古论的冲击之下，台阁体逐渐失去了往昔的地位。

台静农 Tai Jingnong (1902-11-23～1990-11-09) 中国现代小说家、学者。字伯简。生于安徽霍邱，卒于台北。北京大学研究所国学门肄业。1925年夏，鲁迅发起成立未名社，台静农为社员。他的创作以短篇小说为主，兼写诗歌和散文。后辑为短篇小说集《地之子》、《建塔者》，分别于1928、1930年由未名社出版，均为《未名新集》之一。《地之子》共收小说14篇，多从民间取材，笔调简练、朴实而略带粗犷，格局不大，具有浓厚的地方色彩。台静农因此被视为20年代乡土文学的代表作家之一。另外，他还编有《关于鲁迅及其著作》一册，内收有关《呐喊》的评论和鲁迅访问记等文章共14篇，1926年7月由北京未名社出版，为最早的鲁迅研究资料专集。30年代中期以后，他逐渐由创作转向了古典文学研究，着力研究先秦两汉及唐代文学。从40年代开始钻研书法和篆刻。到70年代，重新开始散文创作。台静农曾先后在辅仁大学、齐鲁大学、山东大学、厦门大学等校任教。抗日战争胜利后，应时任台湾编译馆馆长许寿裳之邀，赴编译馆任职，后又随许寿裳任教于台湾大学。是台湾出版的《中文大学典》的编纂人之一。

台木尔 Taymūr, Mahmūd (1894-06-16～1973-08-25) 埃及小说家。生于开罗，卒于瑞士洛桑。1925年发表第一部短篇小说集《朱麻谢赫和其他故事》。一生写了70多部作品，其中小说集有26部，有《在劫难逃》(1941)、《粗唇》(1946)、《行行善吧》(1949)和《棒棒糖》(1958)等。长篇小说有《无名氏的呼声》(1939)、《赛勒娃彷徨歧途》(1944)、《再见吧，爱情》(1959)等。历史剧取材于阿拉伯历史事件，因为都比较长，不适合演出，取材于第二次世界大战的重大事件、反映人们对战争的感受和恐惧心理的《第十三号防空洞》(1943)、《炸弹》(1943)与描写1952年革命前的埃及社会的剧作《比恶魔还狡猾》(1956)等比较成功。另有游记文学《狮身人面兽在飞翔》、《太阳与夜晚》，杂文集《香气与烟雾》、《容貌与皱纹》，语言、文学专著《阿拉伯语问题》、《小说艺术》和《小说、戏剧研究》等。

台木尔的作品充满人道主义，对处于社会下层的劳动群众的命运，表示了极大的关注和同情，塑造了许多淳朴、善良的普通埃及人的形象。另有一些作品揭露了资产者的丑恶和社会痼疾，以及教权主义的伪善。台木尔的作品具有现实主义因素，兼有浪漫主义色彩，反映了半个世纪以来埃及社会生活的一个侧面，表达了作家改良社会、追求理想道德的愿望。

台南大天后宫 Tainan Grand Mazu Temple 中国台湾地区主祀妈祖的庙宇。位于台南市。前身是明朝朱术桂宁靖王府邸，清康熙二十三年（1684）改建为天妃宫。后因主祀神祇妈祖从“天妃”诰封改为“天后”，而从大天妃宫改为大天后宫，并沿用至今。嘉庆二十三年（1818），庙宇建筑物与殿内匾额等文物因火灾几乎全毁。道光十年（1830），由台南地区士绅于原地依原有风貌完成重建，其样貌一直沿袭至今。

台南大天后宫是台湾地区第一座官建妈祖庙，无论是建筑的外观还是内部陈列，均具有相当历史价值。外观方面，大天后宫共有四进，包括拜殿、观音殿、三宝殿及头门、正殿、后殿、三川门与步廊等部分。其中，采用十架卷棚栋架大木结构的拜殿，为现存台湾庙宇中独一无二的建筑。大天后宫内部陈列有多位清朝皇帝的亲笔御书诰封。大天后宫也曾是反清志士朱一贵与台湾同胞反抗日本武装占领领导人唐景嵩起事宣誓的地点。

台南市 Tainan City 中国台湾省辖市。位于台湾岛的西南海岸。辖东、西、南、北、中、安平、安南7个区。面积175平方千米。人口75万(2006)。是台湾最早兴起的城市，被称为台湾历史的发祥地。原名赤嵌，因西拉雅平埔人的“赤嵌社”而得名。明天启四年(1624)，荷兰人入侵，建热兰遮城，后增筑普罗文查城(俗称赤嵌楼)。郑成功收复台湾后，将台南定为东都，改赤嵌楼为承天府。清康熙二十三年(1684)将台湾巡抚设在台南，称台湾府，后改台湾道。光绪十一年(1885)正式建省，十三年台南改称台南府。1895年日军侵占台南后废府设县，后设台南州，1920年改为台南市，1945年日本投降后一直作为省辖市。

地处嘉南平原，地势平坦，境内河川密布。属亚热带湿润性季风气候，季节不明显。每年5～10月为台风期，常带来暴雨、洪灾。台南土地肥沃、灌溉方便，是台湾开发最早的农业区。主要农作物有水稻、甘薯、花生，以及甘蔗、柑橘、香蕉、龙眼、木瓜等水果。渔业盛产鱼类、贝类。位于安南西部沿海的台南盐场是台湾省五大盐场之一，是台湾最早的盐田，始于郑成功时代，盐产量占全省海盐产量1/6左右。主要有纺织、塑胶、精密器械、食品、玩具、造纸等轻工业。交通方便，以公路、铁路为主，纵贯铁路经过市区，还有南北高速公路、环岛公路等。台南市被称为台湾文化的发祥地，1665年就兴建第一座孔子庙，1685年改建孔庙为台湾学府，通称文庙。还有蓬壶书院、以成书院等历史悠久的学堂，成功大学是全省著名大学之一。古迹70余处，占全省一半。主要有赤嵌楼、孔庙、延平郡王祠、竹溪寺、开元寺、台湾城残迹、

赤嵌楼

法华寺、弥陀寺等。还有中山公园、元宝公园、秋茂园、台南运河、鲲鯓海水浴场、十二佃大榕树等风景旅游区。

台南县 Tainan County 中国台湾省辖县。位于台湾岛西海岸南部，西濒台湾海峡。辖新营、永康2市及盐水、白河、麻豆、佳里、新化、善化、学甲7镇及22个乡。面积2 016平方千米。人口约99万(2006)。县治新营市。明末清初，大陆居民已渡海经营，农事大兴，成为全台经济最发达地带。光绪十三年(1887)置台南府。1945年台湾光复后设台南县。地处嘉南平原的中心地带。是台湾主要农业区之一，盛产柑橘、香蕉、杧果、槟榔等水果，年产甘蔗占全省的1/3，是全省柑橘三大产地之一。盐产占全省的70%以上。新营是全省最大糖业中心。工业有制糖、肉类、食品加工及造纸、制药、成衣等。境内交通方便，环岛铁路、公路和南北高速公路均通过新营及其以西地区。台南县自古与大陆交往频繁，有大量文物古迹，如麻豆代天府、学甲慈济宫、南鲲鯓代天府等，还有著名的虎头埤(台湾十二胜景之一)、关子岭水火洞、乌山头水库(珊瑚潭)、白河水库、青山仙公庙、关庙山西宫、西港庆安宫等。

台球 billiards 世界上流行的一种利用特制的球，在特制的球桌面上进行球球撞击的智力、技巧与体力相结合的室内运动。又称桌球。台球分为落袋式台球和撞击式台球，落袋式台球有斯诺克、普尔，撞击式台球是“四球开伦”。据说台球起源于英国，至今已有五六百年的历史。中华人民共和国建立后，台球被列为国家体育运动项目。1959年，世界台球联合会在马德里成立。台球运动所使用的器材和设备主要包括球台、台球、球杆、架杆、记分板等。球台的框架是以坚硬的优质木材制成，上面铺放平整、光滑的石板，石板上紧绷一张表面有短呢绒毛的台呢。台球是表面光滑，质地均匀且具有一定硬度和韧性的球。台球杆通常为木制，杆体笔直，外表光滑，杆头缚有皮制的圆形皮头。架杆是当选手遇到手架台困难时所使用的一种辅助器材。在台球运动中有击球时双脚离地、杆头以外的其他部位碰触球、连击、推杆等，都属犯规，一旦犯规由对方击球。斯诺克，可以两人或多人同时参与，台面上有1颗白球、6颗彩色球和15颗红球，白球是唯一的主球。普尔，较流行的打法有“普尔9球”和“普尔8球”，在普尔比赛中如出现犯规，则对方获得任置自由球，允许把主球摆放在台面任何位置并向任何方向击打。四球开伦，是以主球连续撞击两颗或三颗球为得分手段。四球开伦有两颗红球，两颗白球。两颗白球分别是参赛双方的主球，主球撞

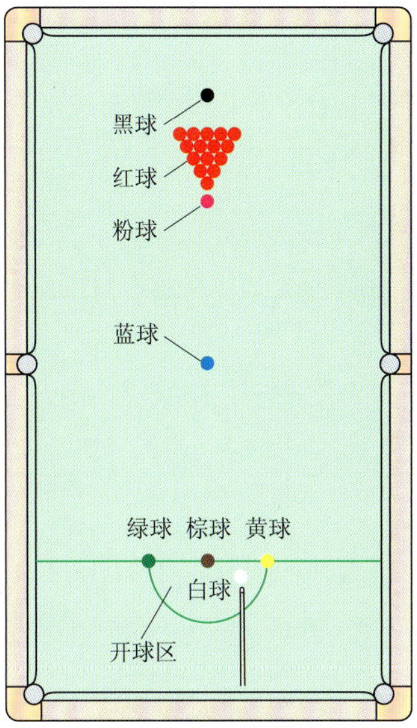

斯诺克台面示意图

击一红、一白得2分，撞击两红得3分，撞击两红一白得5分，最后以先积满约定分数者为胜。

台山市 Taishan City 中国广东省辖县级市。位于省境南部沿海，珠江三角洲西南部。面积3 286平方千米，人口94万(2010)。著名侨乡，海外华侨、港澳同胞约57万人。汉为四会县地，隋以后为新会县地，明弘治十一年(1498)置新宁县。1914年改称台山县，1992年撤县设市，由江门市代管。属南亚热带季风气候。夏秋多台风暴雨。农业主产水稻、甘蔗、花生、黄麻、蚕桑等。沿海盛产鱼盐。矿产有锡、钨、铅、锌、铜、锰、钛、萤石、水晶、独居石和煤等。工业有机械、纺织、建材、家电、电子、采矿、制糖等。名胜有上川岛、下川岛、石花山、凌云塔等。

台湾大学 Taiwan University 中国台湾地区的综合性大学。校址在台北。前身为日本侵占台湾时期于1928年建立的台北帝国大学。1945年抗日战争胜利后，由中国政府接收，改为国立台湾大学。现设文学、理学、医学、工学、生物资源及农学、管理、电机、公共卫生、法律、社会科学、生命科学等学院。有近百个研究所及人口与性别、凝态科学、生物技术、生物多样性、共同教育等研究中心。

台湾岛 Taiwan Island 中国最大海岛。东亚大陆架边缘上的大陆岛。位于北纬21°54′～25°18′，东经120°1′～122°0′(不计周边属岛)。地处东海、南海和太平洋之间，西临台湾海峡，遥对大陆闽南、粤东海岸，最近处距离130～140千米。面积3.578万平方千米；此外有海埔新生地38.85平方千米及属岛74.80平方千米。全岛海岸线共长1 239.58千米。岛形南北狭长，长约380

千米，东西宽约20～150千米。台湾岛占台湾省全省面积逾99%。全岛海拔100米以下的平原低地约占30%，余皆为山地和丘陵。

台湾岛的其他自然条件及资源见台湾省。

台湾电影 cinema of Taiwan 中国电影的重要组成部分。1901年11月台湾开始放映电影，这些影片多为日本出品。1921年，日本摄影师在台湾拍摄科教片《预防霍乱》。1923年，《台湾日日新报》成立电影部摄制电影，拍摄了故事片《老天无情》。1925年5月，台湾人刘喜阳等组成了台湾映画研究会，摄制了第一部由台湾人创作的故事片《谁之过》。1922～1945年，台湾共摄制了10部故事片，其中有3部是有声电影。由于1895～1945年台湾一直被日本侵占，其有声影片是说日语的，且被用来宣传日本军国主义。

1945年11月在台北成立了台湾省电影制片厂，开始生产新闻纪录片。1946～1949年，台湾只由私营万象影片公司拍摄生产过一部故事片《阿里山风云》。1950～1954年，台湾一共生产了14部“国语片”。

1955年以前，台湾有农业教育影片公司、“中国电影制片厂”等4家官方制片机构。其产品值得一提的有戏曲片《洛神》，故事片《恶梦初醒》(1950)、《梅岗春回》(1951)等。

1955年台湾电影事业开始步入正轨。成立于1954年的“中央电影企业股份有限公司”拍摄了《碧海同舟》(1955)、《归来》(1957)、《悬崖》(1959)等影片。1955年华兴电影制片公司摄制的闽南语片《薛平贵与王宝钏》(歌仔戏)获得成功，遂掀起拍摄闽南语影片的高潮。到1960年，共拍摄了179部闽南语片。闽南语片的兴起，不仅促进了台湾民营电影事业的迅速发展，而且培养了不少电影人才，如著名导演李行、演员柯俊雄等。

20世纪60年代，是台湾电影的黄金时代。在此期间，共生产了1 126部故事片。台湾在1962年设立电影金马奖。李行导演了这一时期《蚵女》、《养鸭人家》、《路》等优秀影片；白景瑞导演了《寂寞的十七岁》、《家在台北》。香港电影工作者李翰祥于1963年在台湾创办了“国联影片公司”，摄制了《七仙女》、《西施》等影片；胡金铨于1966年加入“联邦影业公司”，拍摄了《龙门客栈》和《侠女》(获戛纳电影节综合技术大奖)。

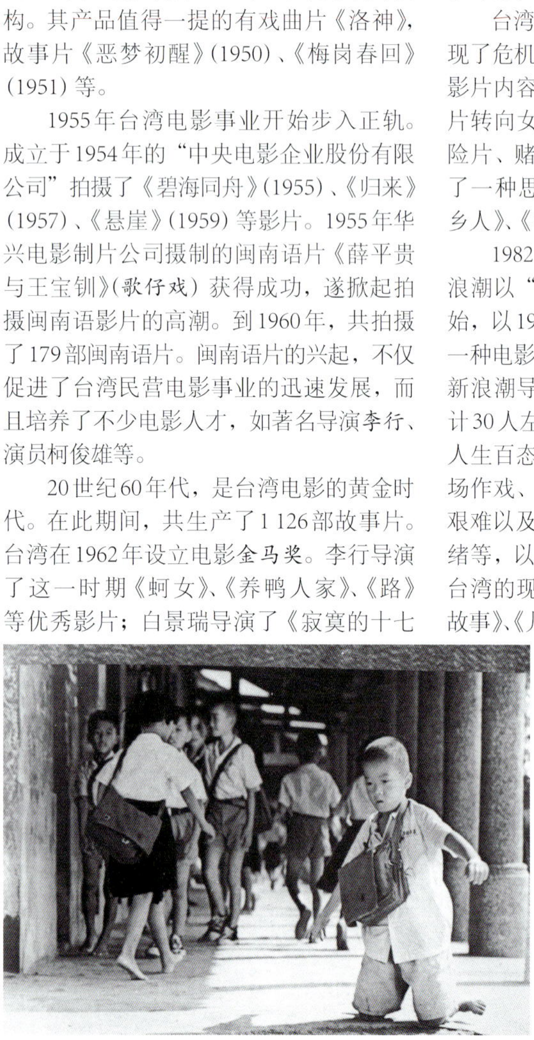

图1 《汪洋中的一条船》剧照

20世纪70年代初期和中期，台湾电影事业从影片数量上看，继续上升。1971～1980年共摄制2 150部电影，最高年产量(1979)是252部。李行摄制了《汪洋中的一条船》(在第25届亚洲影展上获多项奖，图1)、《小城故事》等影片；白景瑞制作了《再见阿郎》、《门里门外》等作品；胡金铨凭《龙门客栈》、《山中传奇》等武侠片巩固了自己在台湾的大导演地位；新人宋存寿的《母亲三十岁》、《窗外》等作品，细腻而亲切。这一时期最有名的私营制片公司是大众电影公司，《秋决》是其代表作。

1975年，台湾成立了电影事业发展基金会。由它拨款在1978年成立了台湾电影图书馆。台湾大部分重要电影书刊，如《电影评论》等都是在70年代出版的。

台湾电影事业于70年代末80年代初出现了危机，电影市场和票房收入日益缩减。影片内容的主流逐渐由功夫片和爱情文艺片转向女性复仇片、帮会犯罪片、美女冒险片、赌片、闹剧片。与此同时台湾出现了一种思乡寻根的影片，例如《源》、《原乡人》、《香火》等。

1982～1986年台湾出现新电影浪潮。浪潮以“中影”等公司任用新导演拍片开始，以1987年2月53位电影人发表《给另一种电影一个存在的空间》的公开信结束。新浪潮导演以侯孝贤、杨德昌为旗手，共计30人左右。他们的作品对准台湾本地的人生百态，表现上层社会的尔虞我诈和逢场作戏、中下层人民在历史进程中生存的艰难以及大陆去台人员久别故乡的离愁别绪等，以唤醒民族意识，重新书写和认识台湾的现实。新浪潮的代表作有《光阴的故事》、《儿子的大玩偶》、《小毕的故事》、《海滩的一天》、《老莫的第二个春天》、《油麻菜籽》、《童年往事》、《我这样过了一生》等。

1987年以后，电影界获得较大的自由创作空间。出现了以李安、蔡明亮为代表的新生代导演。代表作有蔡明亮导演的《爱情万岁》(获1994年威尼斯电影节金狮奖)、张志勇导演的《一只乌仔哮啾啾》(获第42届亚太影展最佳影片)等。

侯孝贤、杨德昌和李安是当代台湾最重要的导演。他们代

图2 《悲情城市》剧照

表着台湾电影的最高水平，并让台湾电影走向世界。

侯孝贤是台湾电影的集大成者。他的电影带有浓郁的怀旧情绪，蕴涵着丰厚的人文风情，同时关注社会与人性冲突中隐藏的普遍意义。代表作有《风柜来的人》(1983)、《冬冬的假期》(1984)、《童年往事》(1985)、《悲情城市》(1989)(图2)、《好男好女》(1995)、《海上花》(1998)、《咖啡时光》(2003)等。

杨德昌(1947～2007)电影的影像设计和节奏处理很有现代感，场景以都市为主，对历史和社会的批判不留情面。代表作有《光阴的故事》(1982)、《恐怖分子》(1986)、《牯岭街杀人事件》(1991，获东京国际电影节评审团特别大奖)、《麻将》(1996)、《一一》(2000，获戛纳电影节最佳导演奖)。

李安的电影温柔敦厚，充满家庭式的温馨、宽容和体谅，透射着道家的处世哲理；同时也融会西方文化的人情世故，符合西方观众的欣赏口味。如《推手》(1991，获亚太影展最佳影片奖)，《喜宴》(1993，获柏林国际电影节金熊奖)，《饮食男女》(1994，获亚太影展最佳影片奖)，《卧虎藏龙》(2000，获奥斯卡金像奖4项大奖)，其他获奖作品还有《理智与情感》(1995)、《冰风暴》(1997)、《断背山》(2005)、《色戒》(2007)等。

台湾光复 Restoration of Taiwan 1945年中国人民抗日战争胜利后台湾重归中国版图。1895年，日本与清朝签订《马关条约》，强占了台湾。1941年12月9日，中国政府发布《国民政府对日宣战文》，“昭告中外，所有一切条约协定合同，有涉及中日间之关系者，一律废止”。《马关条约》亦属废止之列，日本对台湾和澎湖列岛的统治，从是日起即失去凭借。1943年12月1日，中、美、英三国发表的《开罗宣言》，规定日本所窃取于中国之领土，例如满洲、台湾、澎湖列岛等，归还中国。1945年7月26日，中、美、英三国(后来又有苏联加入)签署《波茨坦公告》，重申“开罗宣言之条件必将实施”。1945年8月15日，日本宣布接受《波茨坦公告》，无条件投降。中国人民经过英勇抗日战争终于收复了台湾。台湾同

1945年10月25日台湾光复

胞欢天喜地，庆祝回归祖国。10月25日，同盟国中国战区台湾省受降仪式在台北市公会堂（今中山堂）举行。日本原台湾总督兼第十方面军司令官安藤利吉大将向台湾受降主官递呈投降书，受降主官代表中国政府宣告：自即日起台湾及澎湖列岛已正式重入中国版图，所有一切土地、人民、政事皆已置于中国主权之下。至此，台湾光复，重归中国主权管辖之下。

台湾海峡 Taiwan Strait 中国福建省和台湾岛之间的水道。北界西起闽江口，东止富贵角；南界西自福建省南端的宫口港西，东至台湾南部的鹅銮鼻。台湾海峡与沿岸山脉的走向大体一致，呈东北—西南走向，属纵向狭长型海峡。北通东海，南接南海，南北长380千米，东西宽约190千米，最窄处相距约130千米。深度大都在100米以内，西南部较浅，并有一个小于20米的台湾滩。台湾海峡原是陆地，与台湾岛、大陆连成一片，后因地壳下沉、海水入侵才形成海峡，在海峡底部留有古河道的痕迹。海峡内的主要岛屿澎湖列岛位于海峡东南部，由64个大小岛屿和众多的浅礁组成，扼台湾海峡的咽喉要道，属台湾省。海峡两岸形态有明显差异，西侧绝大部分为岩岸，海岸曲折，港湾幽深，形成厦门、泉州、福州等重要良港；东侧多为沙岸，海岸平直，地势低缓，沙滩广布，深水线距海岸很远，主要港口有基隆、高雄等。位于澎湖列岛西岸的澎湖马公港可停泊万吨以上巨轮，为台湾和大陆之间交通的中间站。

台湾环岛公路 Taiwan Round-the-Island Highway 中国台湾公路交通大动脉。起自台湾北端基隆港，经台北、新竹、台中、嘉义、台南、高雄、屏东至枫港，然后向东北经大武、台东、花莲、苏澳、宜兰至台北，环岛一周，全长1 031千米。台湾其他公路几乎都与它相通。该路习惯上分为3段：①由基隆经台北沿台湾岛西海岸向南至高雄，称作纵贯公路。全长461千米。②自台北向东，经宜兰、苏澳至台东，称北回公路。其中苏澳至花莲段修筑在海岸峭壁上，线路盘亘山腰，穿越隧道，有一处高达700米的大断崖，十分险要。③从高雄向南，由枫港东折经大武至台东，称南回公路。

台湾垦丁公园 Taiwan Kenting Park 中国台湾省恒春半岛滨海公园。位于台湾省恒春半岛南端，三面环海，东面太平洋，距恒春市16千米。1982年9月建立。以植物众多著称，属热带植物园。面积33 270公顷，其中陆域18 085公顷。海域中有高位珊瑚礁及其特殊生态系统137.625公顷。依土地利用型及旅游资源特性分为生态保护区、特别景观区、史迹保护区、游憩区和一般管制区5种。除山峰、水潭、草原、沙丘和热带森林之外，并拥有珊瑚礁地形及滋生其间的繁茂生物，自然景观丰富多样。同时利用断层海岸、浪蚀岩柱、海蚀壶穴以及海岸、岸边林木植物与蓝天碧海扩建了垦丁海水浴场、鹅銮鼻灯塔、石门古战场、望海楼、海口沙漠等景点，成为集热带植物园、海滨公园、海水浴场、滨海游乐、人文景观观赏为一体的综合性的公园。与阳明山、玉山、太鲁阁构成台湾省四大自然公园。

台湾民主自治同盟 Taiwan Democratic Self-government League 由中国台湾省人士组成的社会主义劳动者、社会主义事业建设者和拥护社会主义的爱国者的政治联盟。简称台盟。是当代中国政治生活中的参政党。

台盟是在台湾省人民二二八起义以后，由一部分从事爱国民主运动的台湾省人士于1947年11月12日在香港建立。台盟接受中国共产党的领导，参加中国共产党领导的新民主主义革命，支持台湾人民的反帝爱国民主斗争；响应中国共产党提出的召开新的政治协商会议、成立民主联合政府的五一号召，参加中国人民政治协商会议第一届全体会议，参与了中华人民共和国的创建。中华人民共和国建立以来，台盟参加人民政权和人民政协的工作，推动盟员和所联系的台湾同胞，为社会主义革命和建设，为改革开放、建设中国特色社会主义和促进祖国统一事业作出了贡献。台盟以《中华人民共和国宪法》为一切活动准则，高举邓小平理论伟大旗帜，学习实践“三个代表”重要思想，贯彻实践科学发展观，切实履行参政党职能，坚定不移地贯彻执行社会主义初级阶段的基本理论、基本路线和基本纲领。主要任务是高举爱国主义、社会主义旗帜，团结广大盟员和所联系的台胞，与时俱进，为全面建设小康社会，特别是为促进祖国完全统一而奋斗。

台盟贯彻执行与中国共产党“长期共存、互相监督、肝胆相照、荣辱与共”的方针，参加国家政权，参与国家大政方针和国家领导人选的协商，参与国家事务的管理，参与国家方针、政策、法律、法规的制定执行，履行参政议政、民主监督的职能。

台盟坚决维护祖国的主权和领土完整，反对分裂，反对各种形式的“台湾独立”，反对制造“两个中国”、“一中一台”，反对任何外国势力干涉。台盟坚决支持台湾人民争取民主权利的斗争。台盟认真贯彻“和平统一、一国两制”的基本方针和江泽民关于发展两岸关系、推进祖国和平统一进程的八项主张，在统一祖国、振兴中华的爱国主义旗帜下，广泛联系台湾岛内外各界人士，推动两岸同胞的往来，大力促进两岸的经济合作和各项交流，密切两岸关系，为完成祖国统一大业而努力。

台盟的最高权力机关是全盟代表大会，大会闭会期间是它选举产生的中央委员会。全盟代表大会每5年举行一次。中央委员会选举产生主席、副主席和常务委员，组成中央常务委员会。中央委员会全体会议闭会期间，由中央常务委员会主持盟务。主席、副主席组成主席会议，处理中央常务委员会的日常工作。至2008年，台盟在全国台胞比较集中的16个省、直辖市设立了组织。

台湾少数民族 Taiwan ethnic minorities 中国少数民族。分布在台湾省。人口近50万（2010）。语言属南岛语系印度尼西亚语族。经过长期的繁衍生息，各个族群风俗习惯差异逐渐显现，文化独特性也随之形成。存有自己语言和文化的有14个族群，包括雅美（达悟）、阿美、噶玛兰、撒奇莱雅、卑南、太鲁阁、赛夏、泰雅、邵、布农、赛德克、邹、鲁凯、排湾等。无文字。据文献记载，台湾少数民族祖先为百越中闽越的一部分。三国时称“山夷”，隋代称“流求土人”，唐代以后陆续有祖国大陆和南洋等地的其他民族迁入、融合，明代称“东番”、“夷”，清代称“番族”、“土番”等。日本侵占台湾期间，被侮称为“蕃族”、“高砂族”。经济以农业为主，种植水稻、旱稻、粟、黍、芋、薯等。狩猎常在祭仪前后集体进行。雅美人以捕鱼为主，排湾人主要养牛。泰雅人、布农人、排湾人的藤索吊桥，都具有民族特色。手工艺有纺织、编篮、刳木、雕刻、削竹、制陶等。乐器有口琴、竹笛、弓琴等，日月潭附近水社的杵乐尤具特色。舞蹈有集体祭舞、少数人的酒舞、雅美人妇女的头发舞等。以社为聚居单位，一社一般有六七十户。各社首领由社内群众推选。尊重老人。服饰种类较多，一般用自织麻布、棉布和皮革制作。男子穿披肩、背心、短褂、半腰裙等。妇女穿有袖或无袖短上衣、围裙和自肩向腋下斜披的偏衫，围裙上刺绣，喜欢以贝壳、兽骨磨制的装饰品。食物以大米、小米、玉米、薯芋为主，爱饮酒，喜嚼槟榔，以黑齿为美。住房以现代两三层楼为主，也有一些石板屋。婚姻行一夫一妻制，禁止近亲结婚。过去丧葬多行屋内葬、崖葬，现在都改行土葬。节日有播种节、丰收节和五年祭等。

台湾省 Taiwan Province 简称台。省会台北市。位于中国大陆东南，四面环海，东临太平洋，西隔台湾海峡与福建省相望，南靠巴士海峡与菲律宾群岛相望，北向东海。全省包括台湾岛、澎湖列岛、钓鱼岛、赤尾屿、彭佳屿、兰屿、绿岛等岛屿。陆地总面积3.6万平方千米。台湾岛是中国最大的岛屿，面积3.578万平方千米。在行政区划上，台湾省辖7市16个县（见表）。有县辖26市、45区、61镇、226乡。人口2 316万（2010)。台湾居民中，汉族约占98%，台湾少数民族约占2%。

台湾省行政区划表

台北市	高雄市	南投县	彰化县
基隆市	台中市	云林县	嘉义县
台南市	新竹市	台南县	高雄县
嘉义市	台北县	屏东县	台东县
桃园县	新竹县	花莲县	宜兰县
苗栗县	台中县	澎湖县	

建制沿革 台湾的原始氏族文化与中国大陆中原文化属同一系统。台湾是由当地的少数民族和由大陆迁去的汉族人民共同开发的。台湾自古以来就是中国神圣领土的一部分。台湾在战国时称“岛夷”，两汉和三国时称“东鲲”、“夷洲”，隋、唐以来称“流求”。南宋时澎湖隶属福建路晋江县，元世祖在澎湖首次设立了官府“澎湖巡检司”，负责台湾、澎湖的事务，隶属于泉州同安县。明万历年间在公文上使用“台湾”名称。天启四年（1624）和六年，荷兰和西班牙殖民者分别入侵台湾，1661年民族英雄郑成功率兵登陆台湾，1662年收复台湾。1684年，清置台湾府，隶属于福建省台湾厦门道。1885年，台湾由府升格为省，刘铭传任台湾省首任巡抚。1895年，清廷在中日甲午战争中战败，被迫签订丧权辱国的《马关条约》，将台湾、澎湖列岛割让给日本。1945年8月15日日本投降，10月25日台湾光复，台湾和澎湖列岛重新回到了祖国的怀抱。这一天被命名为“台湾光复日”。

自然条件 台湾岛是一个形似芭蕉叶的狭长形岛屿。山系与台湾岛的东北—西南走向平行，竖卧于台湾岛中部偏东位置。中央山脉绵亘南北，将全岛分成不对称的东西两部分，东部多山脉、中部多丘陵、西部多平原的地形特征。台湾岛有五大山脉、四大平原、三大盆地：分别为中央山脉、雪山山脉、玉山山脉、阿里山山脉和台东山脉；宜兰平原、嘉南平原、屏东平原和台东纵谷平原；台北盆地、台中盆地和埔里盆地。台湾岛位于环太平洋火山－地震带上，是中国地震最频繁的地区之一。多火山、地震和地热，岛北部的大屯火山群由10多个圆锥形火山体组成。北投、阳明山、关子岭、四重溪为台湾四大温泉，宜兰建有试验性地热电站。

台湾河网密集，河流多发源于中部山地，向四方分流入海。具有陡度大、流量大、流程短、含沙量大、多险滩、多瀑布等特点。独流入海的大小河川608条。

台湾横跨北回归线，终年受台湾暖流的影响。北部为亚热带气候，南部属热带气候，长夏无冬，雨多风强。因地近大陆，冬季大陆寒潮消长，对台湾岛西北部及中西部地区气候有所影响。1月平均气温13～20℃，7月平均气温24～29℃。降雨较多，平均年降水量2 500毫米，南北两端的多雨中心可达5 000毫米，基隆平均每年雨日214天，被称为“雨港”。山地、丘陵区迎风坡雨量特大，如火烧寮（海拔380米）平均年降水量6 572毫米，最高达8 408毫米（1912)。多台风，主要集中在6～9月，8月最多，往往造成严重灾害。

台湾生物资源丰富。植物种类繁多，有1万多种，是亚洲有名的天然植物园。森林面积约为186.5万公顷，其中约87%为亚热带及热带林。北部天然植被属亚热带季风常绿阔叶林。主要有无柄米槠、青钩栲、厚壳桂、榕树、樟树、台湾黄杞等。大型草本植物、木质藤本、附生蕨类、兰科和苔藓植物，主要分布于海拔500米以上的丘陵、低山，具有一定的雨林特征。热带雨林只分布于岛南端的高雄、恒春及台东一带，主要有台湾肉豆蔻、白翅子树、长叶桂木等。境内山地植被和土壤垂直分异现象显著。

海产丰富，盛产鲷、鲔、鲣、鲨、鳗等鱼类，还出产石花菜、龙须菜、鹿角菜、鹧鸪菜、玳瑁、珊瑚、珍珠等。矿产资源主要有煤、硫磺、金、银、铜、石油、天然气、盐等。以煤最丰富。

经济概况 台湾气候宜人、土地肥沃、资源丰富，从农副产品、畜牧水产品、食品、中药材、工艺美术品、日用品到观赏品，种类繁多。

第二次世界大战前，台湾经济基本上是一种自给自足的农业经济。20世纪50年代初，台湾开始进行土地改革，大力发展农业；实行一套新工业政策，积极鼓励私人投资。刺激私人资本投入“进口替代”工业部门。农业改革和“进口替代”工业的发展为整个经济发展提供了动力。至60年代初期，台湾的“进口替代”工业逐步转向“出口加工”工业，建立了一些专门的“出口加工”区。70年代，台湾开始注重发展全岛的基础设施和诸如钢铁、石油化工等资本密集型重工业。着重建设公路设施、机场、港口、电信等10项大工程。80年代以来，台湾一方面着重发展资本密集型和高附加值工业，另一方面将越来越多的资本投入高技术部门。经过40年的发展，整个台湾经济结构已从一种农业经济过渡到工业化经济。

长期以来，台湾农业一直沿袭传统的以种植业为主的单一形态。20世纪60年代中期以后，随着“出口加工”工业的发展，才逐步转变为种植、畜牧、渔业和林业综合发展的多元化农业；以水稻、甘蔗为主的种植业逐步转变为粮食、经济作物和园艺作物相结合的多种种植业；以自给性生产为主的农业转变为以商品性生产为主的农业、观光农业。

台湾农业生产效率很高。耕作制为两年五熟或一年三熟，适宜热带、亚热带作物种植，有“宝岛”之称。农作物主要有水稻、甘蔗、薯类、花生、大豆、黄麻、剑麻、茶等；水果四季不断，盛产香蕉、菠萝、柑橘、荔枝、龙眼、木瓜、枇杷、杧果、橄榄等热带水果，素有“水果王国”美称。所产农产品以外销为主，因依赖国际市场过深，销路动荡不稳。

图1 台湾水果

台湾为中国林业发达省份之一。森林面积约占全境面积的55%，具有经济价值的树种主要有扁柏、铁杉、台湾杉、峦大杉、红桧、黄桧、红松、香杉、肖楠、桃花心木、樟、油桐、橡胶、漆树等。还有柠檬桉、肉豆蔻、金鸡纳树等药用植物和芳香油料作物香茅草。台湾杉、红桧、樟、楠等名贵木材闻名于世，樟树提取物居世界之冠，樟脑和樟油产量约占世界总量的70%。

渔业发达。地处寒暖流交界，西部海底为大陆架的延伸，较为平坦，底栖鱼和贝类丰富，可供利用的鱼类资源有500余种。出口鳗鱼、金枪鱼、虾和深海鱼类等多种海产品。原以沿岸渔业和养殖业为主，从20世纪60年代开始转变为以海洋捕捞业为主，重点发展远洋渔业和近海渔业，新建和扩建大小渔港100多处，开辟远洋渔场等。养殖业以养鳗为主，是经济价值高、创汇较多的外销渔业。

畜牧业以传统的猪、禽饲养为主，次

图2 台湾的液晶显视器生产线

为养牛业。生猪和冻肉输出为台湾重要出口农产品之一。养鸡业仅次于养猪业，大型养鸡户饲养数量占有相当大的比重。而奶牛业和牛奶生产发展较为缓慢。

近代工业起步于日本殖民统治时期，主要是以劳动密集型轻纺工业为主，如纺织和食品加工工业。到20世纪70年代，轻工加工工业比较发达，“出口工业”大力发展。80年代后，经济发展较快，工业由制造业、建筑业、矿业和公用事业构成。制造业种类较多，在亚洲地区位居前列。在继续发展传统工业的基础上，大力发展通信、资讯、消费性电子、半导体、精密器械与自动化、航空、高级材料、专用化工品与制药、医疗保健、污染防治等十大新兴工业，以及光电、半导体、工业自动化、材料应用、高级感测、生物技术、资源开发、能源节约等八大关键技术。

20世纪90年代以来，随着台湾经济的迅速发展，服务业也发展很快，占岛内生产总值的比重逐渐超过了工业，成为经济发展中最重要的产业。服务业结构也从传统的商业及政府服务逐渐走上现代化专业性服务产业（包括保险、金融、运输、仓储、通信），不动产和工商服务业增长较快，其中以保险业增长率最高。

台湾的岛内交通与对外交通体系比较发达。对外联系全赖空运和海运，其中空运主客运，海运主货运。桃园、高雄国际机场有飞往日本、美国、菲律宾、新加坡、泰国、印度尼西亚及中国香港等地的航班。海上交通发达，以高雄、基隆、花莲、台中、苏澳5港为主的海运是维系岛内经济的生命线。澎湖上的马公港也是万吨级天然良港。台湾岛内有东、西纵贯铁路，形成环岛铁路网。台北至高雄有高速铁路。公路交通发达。基隆—高雄间建了高速公路，环岛公路与东北、北部、南部3条横贯公路为主干，支线可通达较大的村镇。

名胜古迹 台湾四周沧海环绕，境内山川秀丽，到处是绿色的森林和田野，加上日照充足，四季如春，所以自古以来就有“美丽宝岛”的美誉，可供旅游观光的自然景观极多。名胜古迹有日月潭、阿里山、阳明山、北投温泉、台南赤嵌楼、北港妈祖庙、台湾城古城墙遗址、台湾武庙、台北孔庙、澎湖天后宫等。

《台湾问题与中国的统一》 Taiwan Issue and China's Reunification 1993年8月中华人民共和国国务院台湾事务办公室与新闻办公室联合发布的关于台湾问题的产生与发展，台湾问题的现状、症结，中国政府解决台湾问题的立场与主张的白皮书。其主要内容有：①台湾是中国不可分割的一部分。中华人民共和国政府是中国的唯一合法政府，台湾是中国的一部分。②台湾问题的由来。之所以又出现台湾问题，与随后中国国民党发动的内战有关，但更重要的是外国势力的介入。③中国政府解决台湾问题的基本方针。解决台湾问题，实现国家统一，是全体中国人民一项庄严而神圣的使命。中国政府解决台湾问题的基本方针是“和平统一，一国两制”。④台湾海峡两岸关系的发展及其阻力。⑤国际事务中涉及台湾的几个问题。为维护国家主权和实现国家统一，中国政府在国际事务中处理涉及台湾的问题时，始终坚持一个中国的原则，一贯维护台湾同胞的利益。⑥中国的统一是中华民族的根本利益所在。中国的统一，不仅有利于中国本身的稳定和发展，也有利于中国同各国进一步加强友好合作关系，有利于亚太地区乃至全世界的和平与发展。

台湾相思 *Abrus precatorius*; Taiwan acacia 豆科金合欢属的一种。常绿乔木。又称相思树、香丝树。金合欢属约有700种，广布于全球的热带和亚热带地区，尤以大洋洲和非洲的种类最多。台湾相思原产中国台湾，广东、海南、广西、福建、云南和江西等热带和亚热带地区均有引种栽培。

树高可达15米以上，胸径达60厘米以上。树皮不裂不落，灰褐色。苗期第1片真叶为羽状复叶，稍长小叶退化，叶柄呈叶状，披针形，革质。头状花序，黄色，腋生。荚果扁平，长5～12厘米（见图）。种子7～8粒，坚硬，褐色，有光泽。喜光，可耐轻度庇荫。喜温暖而畏寒，适生于干湿季明显的热带和亚热带气候。对土壤要求不严，耐干旱瘦瘠。根系发达，具根瘤，能固定大气游离氮以改良土壤，宜与松树、桉树、樟树等营造混交林。

木材坚韧致密，有弹性，不易折，花纹美观，褐色，具光泽，干燥后少开裂，供造船、车辆、枕木、家具、农具等用材。树皮含单宁23%～25%，为栲胶原料。树叶富含养分，是良好的绿肥材料。花含芳香油，可作调香原料。台湾相思适应性强，适于营造防护林，也是行道树和四旁绿化的优良树种。燃烧力强，也可用作薪炭材。

台湾阳明山自然保护区 Taiwan Yangmingshan Nature Reserve 位于中国台北盆地东北面的阳明山区。以大屯山、七星山等火山群为中心，北至竹子山，南至纱帽山，西至洪炉山，东起自万里，经野柳、金山、石门、富贵角等至磺嘴山，均面临大海；东南起自龟厚村，沿大湖、五指山、金面山等山脊至台北市界；再绕士林、天母、新北投，西转埤子头，经桃源里，过小平顶、南势埔至三芝北为止。海拔1 000～2 000米，面积11 455公顷。区内最突出的旅游资源是独特的地质地貌景观，主要是金山断层在地表形成的一连串硫磺喷气孔，以七星山、纱帽山、面天山等16个火山圆锥地貌景观最具特色。阳明山、大屯山的杜鹃花景观十分艳丽，野生的杜鹃有西施花、小西施、大屯、金毛、满江红及红毛杜鹃等，故有“大屯春色”之美称。

台湾银行 Bank of Taiwan 中国台湾地区金融机构。前身为日本侵占时期“株式会社台湾银行”，1946年5月被接收改组，仍沿用“台湾银行”名称。它是台湾光复后设立的第一家银行，资本全部为官股，隶属台湾省政府。由于当时中央银行尚未在台湾开设分行，台湾银行扮演了台湾地区“央行”的角色，被授予发行台币、代理各级公库、办理公债募集、集中持有外汇等职权，担负着调剂金融、扶持经济建设、发展生产事业的重任。1961年7月1日，“中央银行”在台湾复业，台湾银行才将经营重心转向存、放款，外汇经营等一般银行业务、原受委托代理的“央行”业务，陆续归还“央行”办理。但台湾银行仍承办台湾当局与“中央银行”所委托的多项政策性业务。台湾银行于2003年7月1日改制为股份有限公司。2004年9月16日，台湾“行政院金管会”核准台湾银行成为公开发行公司，并于2007年7月1日与“中央信托局”合并。2008年1月1日，台湾金融控股公司正式成立，台湾银行成为其子银行。2007年，台湾银行的资本总额为33 471亿元新台币，营业收入600亿元，税后净利123亿元。

台榭 terraced building 中国古代将地面上的夯土高墩称为台，台上的木结构房屋称为榭，两者合称为台榭。自春秋至汉代的六七百年间，台榭是宫室、宗庙中常用的建筑形式。

简单的台榭只是在夯土台上建造的有柱无壁、规模不大的敞厅，供眺望、宴饮、行射之用，这种台榭还同时具有防潮和防御的功能。春秋晋都新田遗址、战国燕下都遗址、邯郸赵国故城遗址、秦咸阳宫遗址等，都保留了巨大的阶梯状夯土台，其高度有的达到十余米，长度有的超过百米。西汉明堂辟雍遗址留有两层方形夯土台。另外，战国台榭的形象还可在战国刻纹铜器上看到。汉以后基本上不再建造台榭式的建筑，但仍在城台、墩台上建屋。北京团城、安平圣姑庙等，都可视为台榭的变体。榭还指四面敞开的较大的房屋。唐以后又将临水的或建在水中的建筑物称为水榭，但已是完全不同于台榭的另一类型建筑。

台中市 Taizhong City 中国台湾省辖市。位于台湾岛西部的中央，乌溪（大肚溪）下游北侧，台中盆地的中心。周邻台中县境。辖东、西、南、北、中5个市区和北屯、南屯、西屯3个郊区。面积163平方千米，人口约102万（2006）。因位于台湾中部得名。旧称大墩，原为台湾少数民族平埔人居住的“岸里社”地。1662年郑成功治台时属天兴县，后属天兴州。同治六年（1867）改称东大墩。1895年日本侵占后，1896年设台中县，1920年改设台中州，台中为州辖市。1945年台湾光复后改为省辖市。

属亚热带海洋性季风气候，四季如春，年平均气温22.8℃。因东西有大山阻挡，为全省受台风威胁最小的地方。年降水量1 600毫米，约65%集中于5～8月。是台湾中部农业生产中心和物产的集散地。盛产稻米、甘蔗、甘薯、花生、大豆、玉米、烟草、香蕉、柑橘、菠萝、荔枝、龙眼、槟榔等。现农业逐渐向“观光农业”转型，出现了一些观光农园、观光果园和专业化农场。原有工业以食品加工、制糖、罐头加工等为主，后发展机械、小五金、电子、体育用品、乐器制造业等。纵贯铁路斜穿市区，南北高速公路、环岛公路的纵贯公路经过市区。台中机场为省内航空港，台中港距市区30余千米。台中市是台湾著名的文化城，大专院校数量仅次于台北市，有逢甲大学、女子静宜大学、中兴大学、东海大学、中国医药学院、中山医学院等。市区环境优美，街道整洁优雅，有“宁静之都”的雅称。名胜古迹有位于台中公园（中山公园）内的台湾府城旧址，以及慎斋堂、文昌公庙和树德居等。市区有中正公园、新高水上乐园、南屯鹭鸶林、大坑黎巴嫩山庄等风光旅游区和孔庙、宝觉寺、慈航寺等庙宇。

台中县 Taizhong County 中国台湾省辖县。位于省境中部，西濒台湾海峡。辖丰原、太平、大里3市及东势、大甲、清水、沙鹿、梧栖5镇和13乡。面积为2 051平方千米。人口约150.6万（2002）。和平乡是以台湾少数民族为主的“山地乡”。县治丰原市。最早为平埔人居住的“岸里社”地，17世纪中叶郑成功入台时，便已开始在县境沿海地区经营。初属诸罗县地，后归新设彰化县。清光绪十三年（1887）设台湾县，光绪二十二年改台中县。山地幅员辽阔，林木产量丰富。农副产品主要有水稻、柑橘、甘蔗、菠萝、皮雕制品、洋菇罐头和香茅。特产蓬莱米。菠萝种植历史悠久，种植面积占全省的40%。农村手工业以大甲镇的蔺草席、帽编织品最著名。沿海渔业较发达。台中县以多山地风景著称。铁砧山剑井为台湾十二胜景之一，还有八仙山、大雪山、谷关温泉等山地风景区和毗卢寺。

苔藓动物 Bryozoa; bryozoan 苔藓动物门种类的统称。又称苔虫动物。属于原口动物。苔藓动物的系统分类至今还没取得共识，中国和俄罗斯学者主张分为4纲9目。苔藓动物约20 000种，绝大部分为化石种。中国现生类群有3目48科87属190种。

苔藓动物的个虫具有后生动物的三胚层，不分节，两侧对称。外形一般酷似珊瑚虫，或花朵状，很小。外包坚硬的外骨骼。内脏腔内有U形消化管。没有呼吸、循环器官，一般也没有排泄器官。个虫通常为雌雄同体。无性繁殖。

苔藓动物为固着－底栖的或浮游的水生动物。极少数为淡水的；绝大多数为海生的，从低潮线下直至深海盆地，从热带至南北两极海域，都有它们的分布。苔藓动物是滤食动物或悬浮摄食动物，绝大多数以硅藻为食。

苔藓动物给人类经济活动带来较大的危害。少数海生苔藓动物有良好的海洋药用生物开发前景。化石苔藓动物是古生物学和生物地层学的良好标志，对石油和天然气勘探也特别有用。

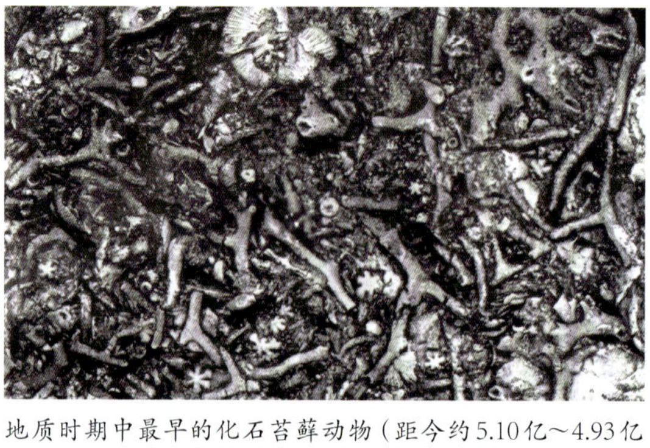

地质时期中最早的化石苔藓动物（距今约5.10亿～4.93亿年，枝状群体，X 2/3，长江三峡）

苔藓植物门 Bryophyta; bryophyte 植物界一门。小型无维管组织的高等植物。分为苔纲、角苔纲和藓纲3纲。有23 000种，广布于世界各地。中国有2 100种。植物体有配子体和孢子体之分。配子体多矮小，绿色，自养；在形态上分为茎叶体和叶状体两种类型，体内均无维管组织分化，无真根，均为假根。孢子体大多由孢蒴、蒴柄和基足3部分组成，不能独立生活，寄生在配子体上。苔藓植物的配子体雌雄同株或异株。雄性生殖器官为精子器，雌性生殖器官为长颈烧瓶状的颈卵器，内产1卵。生活史是配子体占优势的异形世代交替。

苔藓植物大多生于阴湿环境中。其生长对森林的水土保持和林木发育起着重要的作用。所形成的泥炭可作为燃料和有机肥，新鲜植物可作填充料以及鱼苗、花卉和苗木等的良好包装材料，部分种类具清热解毒的功效。苔藓植物还可用于指示探矿、环境监测等方面。作为五倍子蚜虫的冬寄主对五倍子增产具明显效果。

跆拳道 taekwondo 一项可以手足技术及运用身体能力进行搏击格斗的体育运动。

跆拳道比赛场面

跆拳道源于1 500年前朝鲜半岛的新罗王国，它融会中国武术、日本空手道的技艺，逐步发展而形成。1973年，世界跆拳道联盟（WTF）在韩国成立。1973年起举办世界跆拳道锦标赛。1992年第25届奥林匹克运动会起跆拳道被列为正式比赛项目。跆拳道技术特点讲究“以腿为主，以手为辅”，被誉为“踢的艺术”。其手法，可自如运用拳、掌、肘、肩进行实战。跆拳道练习者依其技艺水平分为10级9段，初学者从10级开始逐渐升至1级，然后入段，段位越高表明水平也越高，最高段位为9段。比赛在12米×12米的软垫上进行，采用3局制，每局3分钟，局间休息1分钟。比赛时以击中对方有效部位判定得分多少，得分多者名次居前。

1992年中国正式开展跆拳道运动，发

展很快，多次在世界大赛上取得优异成绩，获得冠军。

太白山 Taibai Mountain 中国秦岭主峰。位于陕西眉县南部，兼跨太白县、周至县部分地区。顶峰冰冻期长，除盛夏外，积雪不消。由关中平原南望，山顶银光闪闪，故名。太白山是以巨大的花岗岩体为核心的断块山，形成于1亿年以前的燕山运动时期。海拔3 767米的顶峰八仙台，为黑云母花岗岩和黑云母片麻岩构成的锥状山峰。顶部平缓，基岩裸露，建有庙宇。南北两坡有串珠状冰斗湖，最大者为大爷海（大太白海），位于峰顶西北下侧，海拔3 590米，面积近5 000平方米。还有角峰、槽谷、冰斗、羊背石等典型的冰川地形。太白山为中国华北、华中和西南地区植物品种荟萃之地，资源丰富，垂直分带明显。野生动物大熊猫、金丝猴、羚羊等均为国家保护动物。1965年设立太白山自然保护区。“太白积雪”历为“关中八景”之一，“斗母（宫）奇峰”、“平安（寺）云海”为著名胜迹。

太仓市 Taicang City 中国江苏省辖县级市。位于省境东南部，北滨长江入海口。面积642平方千米。人口71万（2010）。元至正年间张士诚据吴，立太仓卫于此。明弘治十年（1497）置太仓州。1912年改太仓县。1993年撤县建市。由苏州市代管。夏初有梅雨，夏秋之交有台风雨。农作物以水稻、小麦、油菜、棉花为主。特产鲥鱼、凤尾鱼、肉松、糟油等。工业有石油化工、机电、食品、精密机械、能源、纺织等。浏河港是省重要海洋渔业基地和港口，元代漕运和明初郑和下西洋出海口。太仓港已列为上海国际航运中心的组合港。古迹有三古桥（周泾桥、州桥、皋桥）、云山塔、天妃宫等。

太古宇 Archaean Eonothem 太古宙时期形成的地（岩）层，也是最老的地层。

太古宙 Archaean Eon 地史时期最早的一个时代，属前寒武纪早期。这一时期形成的地（岩）层称太古宇。太古宙原称太古代，约始于40亿年前，结束于25亿年前，持续时间约15亿年。已测定公认的最古老岩石同位素地质年龄为38亿年或略大。“太古”一词是1872年美国地质学家J.D.丹纳首先提出的。太古宙可分为4个代，自下而上为始太古代（大于36亿年）、古太古代（36亿～32亿年）、中太古代（32亿～28亿年）和新太古代（28亿～25亿年）。中国也发现年龄大于30亿年的古老岩石和地层，其中已知最古老的岩石是产于辽宁省鞍山市白家坟的糜棱岩化的奥长花岗岩，其锆石离子探针的分析年龄为38.02亿年。已发现的最老地层有河北省迁安市曹庄—黄柏峪一带分布的曹庄岩组，年龄约为35亿年，以及辽宁省鞍山市陈台沟附近出露的陈台沟表壳岩系，年龄约为34亿年。

在世界上一些太古宙岩石的分布范围内，一般可分为变质较深的麻粒岩-片麻岩区（又称高级变质区）和以绿岩带为代表的低级变质区。

根据一般推测，太古宙原始大气圈的密度较大，主要由水蒸气、二氧化碳、硫化氢、氨、甲烷、氯化氢、氟化氢等成分组成。这些气体成分，可能来源于频繁的火山活动。总的趋势是随着时间的推移，二氧化碳减少。原始大气圈缺少自由氧，氧的出现是由于光化学作用的结果。随着时间的推移，大气圈的透光性增强，为生物光合作用提供了有利条件。太古宙晚期出现大量的菌类和低等的蓝藻。

太古宙是一个重要的成矿期，形成的矿产很丰富。主要有铁、金、镍、铬、铜、锌、稀有元素和一些非金属矿产等。同其他时代比较，许多矿产居于前列，而镍、金、铜、铁等矿产特别引人注目。

太行山 Taihang Mountain 中国东部重要自然界线。又称大形山、五形山。北起北京市西山，南达黄河北岸，绵延于晋冀之间，呈东北—西南走向。是中国陆地地形第二阶梯的东部边缘。大部分海拔在1 200米以上，北高南低。东濒华北平原，相对高差1 500～2 000米，山前洪积扇特别发育。西呈阶梯状逐渐没入山西高原，相对高差500～1 000米。山中多雄关，如紫荆关、娘子关、虹梯关、壶关、天井关等。

太行山东侧华北平原温暖湿润、半湿润，属夏绿阔叶林景观；西侧黄土高原属半湿润至半干旱过渡地区，是森林草原、干草原景观，温度、湿度都较东部低。垂直差异悬殊。

太行山多横谷（陉），是东西的通道。军都陉、蒲阴陉、飞狐陉、井陉、滏口陉、白陉、太行陉、轵关陉为著名的太行八陉，是商旅通衢，兵要之地。坐落于河北省赞皇县境内的嶂石岩是著名风景区，发现有世界最大的天然回音壁。

太行山是中华民族的祖先最早活动地区之一，著名的北京猿人、许家窑人就生活在山麓地带。

太行山脉

太行山隧道 Taihang Tunnel 中国最长的山岭铁路隧道。位于石家庄至太原铁路客运专线上。隧道穿过高程为1 311米太行山山脉主峰越霄山，最大埋深445米。全长27.8千米，设计为双洞单线隧道，左线全长27.839千米，右线全长27.848千米。两线线间距35 米。太行山隧道地质结构复杂，易发生坍塌和大变形，施工条件极为艰苦。在建设过程中，采用钻爆法施工，其中的多项技术和组织模式，为中国特长大隧道建设积累了宝贵经验。于2005年动工，2007年12月22日全线贯通。

石太铁路客运专线是中国首条开工建设的高速铁路客运专线，正线全长189.93千米，2005年6月11日开工，2009年4月1日开通运营。

太和 greatest harmony 中国北宋哲学家张载关于气一元论哲学的重要范畴。原出于《周易·乾·象辞》：“保合太和，乃利贞。”太，即大；和，指和谐。太和意为最大的和谐。张载以“太和”指元气的絪缊未分的状态。认为太和是阴阳二气的矛盾统一体。阴阳二气互相激荡、摩擦、排斥，从而造成了气的运动变化。这一观点体现了丰富的辩证法思想。

太和城 Taihe City 中国唐代南诏国前期都城。位于今云南大理太和村西。城筑于大山坡上，西负苍山，东临洱海，扼下关与大理的咽喉，地势险要。开元二十六年（738）皮逻阁统一六诏，被唐玄宗封为云南王，次年迁都太和。此城是南诏国第一座都城，至唐大历十四年（779）迁都羊苴咩城（今大理城西）止，南诏国以此为都达40年。1961年国务院公布为全国重点文物保护单位。此城西窄东宽，平面呈不规则三角形，面积约360万平方米。城东西两面为天然屏障，南北城墙夯筑。城址受苍山溪流冲刷，地面已无明显建筑遗迹，仅佛顶寺有一土台基，相传为南诏避暑宫基址。城址内时见陶片、瓦当等，其中莲花纹瓦当与唐长安城兴庆宫遗址所出相同。城址西南部存一石碑，即著名的南诏德化碑。

《太和正音谱》 中国戏曲理论著作。作者朱权（1378～1448），明太祖朱元璋第16子。封宁王，永乐元年（1403），自大宁改封南昌。因见疑于成祖，乃韬晦于"精庐"。擅鼓琴，喜好戏曲，信奉道家思想。自称作杂剧12种，现存2种。《太和正音谱》完成于洪武三十一年（1398），内容大致可分为曲（包括戏曲和散曲）、戏曲史料、戏曲理论3个部分。曲的部分载录了元杂剧的分类，元代及明初杂剧作家的姓名、剧名和无名杂剧剧名，以及作为例曲的大量元、明散曲。《音律宫调》是全书最见特色、篇幅最大的部分。重要的不在于它新定的"乐府体式"，而在于它对十二宫调335个曲牌曲谱的标示。史料部分载有戏曲流派、脚色源流、知音善歌（清唱）者的事迹。理论部分是对杂剧各种体式流派及作家艺术风格的品评，好用比喻，虽不尽切实，却因其语言简约而影响甚大。《太和正音谱》是《录鬼簿》之后摹拟它的一部重要曲学理论著作，有较高的文献价值。

太湖 Taihu Lake 中国第三大淡水湖。大型平原吞吐湖。古称震泽、具区、笠泽。位于江苏省南部、长江三角洲南缘。湖面海拔约3.14米，湖最大长度68.5千米，平均宽34千米，岸线全长405千米，湖水面积2 425平方千米。平均水深2.10米，最大水深3.33米。蓄水量51.5亿立方米。

地质与地貌 太湖平面形态略呈半圆形，西南部湖岸平滑而呈弧形；东北部湖岸曲折，多湖湾和岬角。入湖水流主要来自西南岸，湖水由东北岸排出，形成自西

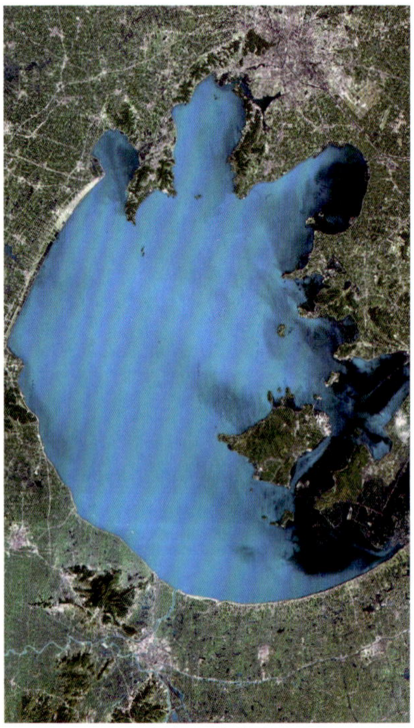

太湖卫星地图

南向东北的倾斜流。湖中原有泥盆系砂岩和二叠系灰岩构成的岛屿72座，俗称太湖七十二峰。由于湖泥淤积和人工围垦，尚存大小岛屿40多座，其中西洞庭山最大，面积62.5平方千米。

水系 太湖湖区西南宜溧山地和天目山地来水主要纳入荆溪和苕溪入湖，为太湖上游。荆溪又名南溪，经大浦、百渎等口入湖。荆溪连同其北侧的洮、滆湖水系，历年入湖水量约占入湖总水量58%，集水面积8 961平方千米。苕溪又名霅溪，经大钱口、小梅口、夹浦口入湖。苕溪水系连同其东侧其他入湖河流，历年入湖水量，约占入湖总水量42%，集水面积5 917平方千米。湖区以东的下游，湖水东出沙墩口、胥口、瓜泾口、南厍口、大浦口诸港，经黄浦江等数十条河港泄入长江。太湖湖区，包括湖面和沿湖低山丘陵的面积共3 426平方千米。太湖全流域面积计3.657 1万平方千米。

经济概况 岛屿和沿湖低山丘陵是亚热带经济林木和温带果树栽培基地。湖中共有鱼类百种左右，其中以梅鲚、银鱼、鲤、青、鲫、鲇、鲢、鳙等著名；菱、藕、茭白、莼菜、芡实、蒲草、芦苇等水生作物和水生植物产量亦丰，莼菜为太湖特产。

太湖是江苏省主要内河航道之一，沿湖各市、县均有航道相通。太湖流域是中国发达地区，农业丰盛，素称"鱼米之乡"。太湖流域特产有洞庭红橘、白沙枇杷、西山杨梅、无锡水蜜桃、"碧螺春"茶等。重点风景名胜区有蠡园、鼋头渚、东洞庭山和西洞庭山等。

20世纪50年代以来，对太湖流域进行了一系列综合治理，解决防洪排涝、湖水污染等问题。

太湖平原 Taihu Plain 中国长江下游地区巨大碟形洼地。洼地底部即属老三角洲部分的湖沼平原。地面海拔一般2.5～3.5米，是长江三角洲湖泊集中分布区，有大小湖荡200多个，以太湖为最大，面积2 425平方千米，是中国第三大淡水湖。此外，有滆湖、长荡湖、阳澄湖、澄湖及淀山湖等，面积都在60平方千米以上。环绕湖沼平原周缘的碟缘高地，西缘高于东缘，南缘高于北缘。太湖平原发育了较为完整的太湖水系，以太湖为"中转站"和调蓄库。京杭运河南段江南运河也纵贯该区。太湖平原是中国开发历史较早的地区之一。在六七千年前的新石器时代，人类已于此从事渔猎耕垦。随长江三角洲不断淤涨，活动范围渐向东扩展，为经济最发达的地区之一。

太极 great ultimate 中国易学和哲学说明世界本原的范畴。"太极"一词，见于《周易·系辞上》："是故易有太极，是生两仪，两仪生四象，四象生八卦，八卦定吉凶，吉凶生大业。"易学史上对此章的内容有两种理解：一是认为讲筮法，如唐崔憬以四十九根蓍草未分为太极；一是认为讲天地生成的过程，如虞翻以天地之始基太一为太极。秦汉以来，易学家和哲学家对太极作出了多种解释，但作为哲学范畴，人们往往用它指称宇宙衍生的总根源或总依据。汉代学者以元气未分的状态为太极，如刘歆所谓"太极中央元气"。魏晋学者王弼、韩康伯以"无"解释太极。宋明时期，理学创始人之一周敦颐以阴阳混合未分为太极。周敦颐以后，对太极的解释分为三大流派：以邵雍为代表，以数说太极；以朱熹为代表，以理说太极；以张载、王夫之为代表，以气说太极。

太极拳 taijiquan; shadow boxing 中国武术拳种。始创于明末清初。清乾隆年间，山西民间武术家王宗岳著《太极拳论》，"太极拳"这个名称才确定下来。据中国武术史学家唐豪等考证：太极拳最早传习于河

太极拳表演

南省温县陈家沟陈姓家族中。陈氏太极拳的创始人是陈王廷。太极拳经过长期的流传，演变出许多流派，其中流传较广或特点较显著的有陈式、杨式、吴式、孙式、武式等五派太极拳。中华人民共和国建立后，太极拳被列为全国武术比赛和表演项目，还新编了简化太极拳、48式太极拳，修订杨式拳架为88式太极拳；1989年又编制了太极拳和杨、陈、吴、孙四式太极拳竞赛套路。太极拳习练有以下5项要求：①以意识引导动作，并与呼吸紧密配合，呼吸要平稳，深匀自然。②身体保持舒松自然，不偏不倚，动作绵绵不断，轻柔自然。③以腰为轴，上下相随，周身组成一个整体。④动作之间衔接和顺，处处分清虚实，重心保持稳定。⑤动作不浮不僵，外柔内刚，

发劲完整。太极拳以掤、捋、挤、按、采、挒、肘、靠、进、退、顾、盼、定为基本方法。在推手中要求以静制动，以柔克刚，避实击虚，借力发力。讲究“听劲”，即通过身体触觉，来判断对方力量的大小、方向、部位，并及时作出反应。太极拳系的内容除拳以外，有太极刀、太极剑、太极枪和对抗性推手等。太极拳因具有健身作用和治疗疾病的功效，成为国际医疗体育项目。

《太极图说》 *Explanations of the Diagram of the Great Ultimate* 中国宋代周敦颐为其《太极图》写的一篇说明。本名《太极图易说》。全文249字。该文认为，“太极”是宇宙的本原，人和万物都是由于阴阳二气和水火木金土五行相互作用构成的。五行统一于阴阳，阴阳统一于太极。文中突出人的价值和作用，该文主张：“惟人也，得其秀而最灵。”在人群中，又特别突出圣人的价值和作用，认为“圣人定之以中正仁义，而主静，立人极焉”。该文对后世影响很大，版本很多，朱熹《近思录》、黄宗羲等所编《宋元学案》等尽皆收入。

太极推手 taijituishou; taiji push-hands exercises 中国武术技法。又称推手。太极拳的双人徒手对抗练习，与太极拳套路是体与用的关系，互相补充，相得益彰，至今已有300多年的历史。推手的基本技法主要有：“掤”，用手臂沾接、捧架对方，筑成防线；“捋”，顺势向侧方或向后牵引；“挤”，向前挤压、逼迫；“按”，向下、向前推按；“采”，向下牵引；“挒”，横向分化或进击对方；“肘”，用前臂旋转或肘关节制约、攻击对方；“靠”，以肩、背挤压。推手时，两人手臂相搭，按着一定的程序互相推挽，听劲而动，缠绕伸屈，粘走相随，周而复始，作环形运动，俗称“打轮”。打轮时双方力争化解对方推逼，保持自身稳定，顺势破坏对方平衡，进而趁势将对方

击出或击倒。推手禁用腿法，也不准使用摔跤、擒拿、击打等方法。推手与太极拳配合练习，更可以收到相辅相成、均衡发展的功效。中华人民共和国建立后，太极推手与太极拳一样得到广泛流传。现已成为武术的正式竞赛项目。

太康体 Taikang-style poetry 中国西晋太康年间出现的一种诗风。主要特征是讲究辞藻华美和对偶工整。诗歌的技巧虽更臻精美，但有时过分追求形式，多失于繁缛雕饰而流于拙滞。代表作家有三张（张载、张协、张亢）、二陆（陆机、陆云）、二潘（潘岳、潘尼）、一左（左思）。其中以内容充实、意气豪迈、辞采壮丽、形象鲜明而独树一帜、高于一时的诗人是左思。其代表作《咏史》8首。

太空 space 地球稠密大气层以外的空间区域。又称外层空间或宇宙空间，简称空间，在中国又称为天。稠密大气层（简称大气层）一般指空气动力对飞行器运动产生的短期效果明显的那部分大气，稠密大气层的上界即太空的下界，距地面的高度在100千米左右。太空分为太阳系内空间和太阳系外空间。太阳系内空间又分为行星空间和行星际空间。行星空间指行星引力的作用范围，或行星磁层、大气层所及范围，如地球空间。若按地球引力作用范围来确定，其半径距地心约93万千米；若按地球磁层所及范围来确定，其半径距地心约6.5万千米。行星之间的空间（除行星空间外）称为行星际空间，其半径距太阳约60亿千米。太阳系以外的空间可分为恒星际空间、恒星系空间和星系际空间等。一些国际组织把距地球约等于或大于地—月距离（约38.4万千米）的空间称为深空。有时把地球静止卫星轨道高度（约3.58万千米）及其以下的空间称为近地空间。

太空行走 space walk; extravehicular activity 在运行轨道或其他天体表面上航天员到航天器舱外进行的活动。包括在轨道或其他天体表面上维修、装卸、更换和回收各种航天器及空间设施，更换有效载荷和组装大型空间结构（如空间站）等。1965年3月18日，苏联航天员A.A.列昂诺夫在“上升”2号飞船上，借助供氧脐带进行了24分钟的舱外活动，这是人类第一次太空行走。1984年2月7日，美国“挑战者”号航天飞机的航天员B.麦坎德利斯和R.斯图尔特在高度285千米的飞行轨道上第一次不系与航天器相连的安全带，利用背包式机动装置以10厘米/秒的速度离开航天飞机进入太空，飞离航天飞机轨道器最远距离达90多米，成为航天史上第一批“人体地球卫星”。2008年9月27日，中国“神舟”7

航天员太空行走

号载人飞船上的航天员翟志刚实现了中国航天员首次出舱活动。

航天员进行舱外活动时，先在未减压的气闸舱内穿好航天服，载上便携式生命保障系统，之后气闸舱减压到舱外压力，打开气闸舱舱外通道的舱门，从通道到达舱外，按预定的轨迹飞行到太空作业面从事舱外活动。工作完毕后，按相反的顺序先到气闸舱，之后气闸舱增压到舱内压力，开通气闸舱到舱内的通道，安全返回舱内。

太空战 space warfare 敌对双方主要在外层空间进行的作战。见天战。

太平岛 Taiping Island 中国南沙群岛中最大的珊瑚岛。面积0.43平方千米，渔民称黄山马峙，古称南沙马峙。形状如梭，地势低平，岛上有气象站、码头等设施。岛上土壤肥沃，大部分为鸟粪层所覆盖，有椰树、木瓜树、羊角蕉等热带果木。岛上有中国渔民所建的住房、庙宇等。

太平鼓 taiping drum 膜鸣乐器。见鼓。

《太平广记》 *Extensive Records compiled in the Taiping Years* 中国古代小说总集。北宋李昉、扈蒙、李穆等奉太宗之命编纂。始编于太平兴国二年（977），次年完成，六年雕版印行。全书500卷，目录10卷。取材于汉代至宋初的野史、小说以及释、道两藏等，引书约400余种。原书每条都注明出处，但错误较多，无法精确统计。明刻本书前所附引用书目343种，是后人补编，实不足据。该书按题材分92类，又分150余细目。神怪故事所占比重最大。《太平广记》实际上是一部分类编纂的古代小说总集。许多已经失传的书，也在该书里存有佚文。有些六朝志怪、唐代传奇就是依赖该书得以流传的。宋元以后，不少小说、戏曲曾从中取材。明代以前，《太平广记》很少有刻本流传，现存原书已有缺佚舛误。明嘉靖四十五年（1566），谈恺据抄本加以校补，刻版重印，成为现存最早的版本。通行的版本是经过汪绍楹校点的排印本，1959年由人民文学出版社出版。1961年由中华书局重印的新一版，又稍有修订。

《太平经》 *Scripture of Great Peace* 中国道教经典。又名《太平清领书》。据《后汉书·襄楷传》称：汉顺帝时，琅玡人宫崇诣阙，献其师于吉所得神书，号曰《太平清领书》。此神书即《太平经》，系东汉原始道教重要经典。原书分甲乙丙丁戊己庚辛壬癸10部，每部17卷，共170卷。今道藏本仅残存57卷，另有唐人闾丘方远节录的《太平经钞》10卷，敦煌遗书《太平经目录》1卷。近人王明据有关资料辑校补遗，撰成《太平经合校》一书，大体可见原书旧貌。此经假托神人（又称天师）与六方真人问答，演说原始道教教义和方术。其卷帙浩繁，内容庞杂。大抵以奉天法道，顺应阴阳五行为宗旨，广述治世之道，伦理之则，以及长寿成仙、治病养生、通神占验之术。其说虽受汉代谶纬神学影响，宣扬灾异祥瑞，善恶报应观念，但亦自成体系。以顺天地之法，治政修身，达于天下太平为主旨。有代表下层民众反对统治者恃强凌弱，主张自食其力，周穷救急的思想。故为早期民间道教领袖所利用，组织发动农民起义。后世道教各派教义，亦受此书影响。

太平天国 Taiping Heavenly Kingdom 中国近代反对清朝封建统治和外国资本主义侵略的农民战争及其所建立的政权。道光三十年十二月初十（1851年1月11日），洪秀全在广西桂平县金田村领导起义，建号“太平天国”；同治三年六月（1864年7月），太平天国首都天京（今江苏南京）为清军所陷，太平天国中央政权覆亡。

前期迅猛发展的斗争形势 太平天国起义领袖洪秀全是广东花县（今广州花都区）人，因多次应试落第，开始信仰上帝。1844年（道光二十四年）初夏，他和好友、信徒冯云山等人入广西活动。1847年秋，在桂平县（现为市）紫荆山区建立根据地。洪秀全以传教为掩护，向农民宣传反清思想，吸收农民参加“拜上帝会”。它以紫荆山区为中心，西到贵县（今贵港市），东到平南、藤县，北到武宣、象州，南到博白、陆川以至广东信宜，迅速发展，贫雇农相率加入，1849～1850年已有众万余人。

图1 洪秀全撰写《原道救世歌》、《原道醒世训》、《原道觉世训》于1852年编入《太平诏书》刊行

洪秀全决定发动武装起义，于1850年夏通知各地会众到紫荆山前的金田村“团营”。各地会众在向金田村会集的过程中，与清朝的军队、团练多次发生战斗。“团营”后，按军事编制建立起一支队伍。1851年1月11日，是洪秀全38岁生日，拜上帝会群众在金田村“恭祝万寿起义，正号太平天国元年”。洪秀全称天王，立幼主，设百官，蓄发易服，从此，太平天国起义开始。9月，太平军突破封锁，东出平南，在官村大败追兵，克永安州（今蒙山），在此封王建制。封杨秀清为东王，萧朝贵为西王，冯云山为南王，韦昌辉为北王，石达开为翼王。“以上所封各王，俱受东王节制”。此后，清军分南北两路围困永安。太平军粮草殆尽，孤城难守，于是突围北上，进攻桂林。1852年5月（咸丰二年四月），撤桂林围，北出湖南。经全州时，南王冯云山中炮牺牲。6月，由陆路攻入湖南境内，克道州（今道县），扩军休整，湖南群众加入者约五万人。9月，挥师北上，进攻长沙，西王萧朝贵中炮牺牲。11月，撤长沙之围，出洞庭，入长江，1853年1月初占武昌。太平军在武昌停留不到一个月，就沿江东下，20多天连克九江、安庆等地而皆不守，兵锋直逼南京城下。1853年3月19日攻克南京，随即分军攻克镇江、扬州。计自金田起义起，仅用两年三个月就席卷江南，截断清朝漕运，控制了中国的东南要地。

太平军攻克南京后，洪秀全主张分军守江南，取河南建都，然后大军渡河，攻取北京。杨秀清却以为南京资源丰富，地势龙盘虎踞，是帝王之家，决定在南京建都，号称天京。

天京既建，太平天国立即出师北伐、西征。北伐军在林凤祥、李开芳等率领下，自扬州出发，穿越安徽、河南，突破黄河天险，迂回到山西境内，东向折回河南，再进入直隶省（约今河北）。10月前锋迫近保定。清廷惊恐，咸丰帝准备逃往热河，官僚豪富纷纷逃走。太平军见清军已严扼保定，乃从深州（今属河北）乘虚而东，改从东面攻北京。到达天津附近静海时，大水淹没道路，严寒更添困难，清朝大军结集在杨村以阻止北进，北伐军被迫南撤。1854年5月粮尽，退守直隶东光县连镇，坚守待援。林凤祥率部与清军相持将近一年之久，次年3月突围时被俘，后在北京英勇就义。李开芳先守山东高唐州（今高唐县），后突围南下退守茌平县冯官屯，兵败，被执送北京处死。北伐军以两万余人孤军远征，长驱六省，血战两年，全部壮烈牺牲。这次失败，使太平天国失去了攻取北京的最好机会。

太平天国的西征取得了辉煌胜利，安庆、九江、武昌等省会要地被再次攻占。西征军最盛时曾深入到湖北宜昌、湖南长沙附近。1854年曾国藩统率的湘军崛起，西征军一度遭挫，但太平军在石达开等率领下反攻获胜，稳定了局势，把曾国藩困在江西南昌，又从江西抽调兵力回师，大败长期屯兵天京城下的钦差大臣向荣的江南大营。其时，长江千里，上自武汉，下至镇江，都归太平天国版图。新克州县，群众争先归附。太平天国起义的胜利发展，大大推动和鼓舞了全国各地各族人民的反清斗争。它们有的与太平天国取得联系，有的遥相呼应，以太平天国为中心，形成了一个波澜壮阔的反清起义高潮。

反封建反侵略的纲领和政策 建都天京后，太平天国颁印了《天朝田亩制度》，提出“凡天下田，天下人同耕”，要求根据新的原则重新分配土地，彻底废除封建土地所有制，建立一种一切财产公有制，“有田同耕，有饭同食，有衣同穿，有钱同使，无处不均匀，无人不饱暖”的理想社会。《天朝田亩制度》宣布后半年，由于天京缺粮，形势紧迫，不得不暂时“照旧交粮纳税”以求取得粮食来救急，因而未能实行平分土地方案。

在废除私有财产制的原则下，太平天国曾实行过圣库制度。圣库制度萌生于金田起义。建都天京后，设立天朝圣库，所有资财都归圣库总管，个人不得私有。军民生活由圣库统筹，上起天王，下至士兵，都不领俸饷，生活供给大体平均。

在《天朝田亩制度》宣布后六年颁布的《资政新篇》中，洪秀全手批要建造轮船，修筑铁路，兴办工厂，开采矿藏，奖励技术发明等。在文化领域，太平天国早在广西永安州时就颁行了自己的“天历”。建都天京时，毁孔庙，禁儒家书，打翻“至圣先师”孔子这个精神偶像。又提倡“文以纪实”，反对浮文典故。在对外政策方面，金田起义前，洪秀全就曾主张国与国之间友好相处，反对民族压迫。建都天京后，英、法、美三国公使先后到天京访问，要挟太平天国承认他们与清政府订立的不平等条约。太平天国领导者拒绝外国侵略者的讹诈。太平军对外国侵略者多次给予重大打击，在中国人民反侵略的历史上留下了辉煌业绩。

天京事变 太平天国起义从胜利发展变为衰败的转折点是1856年9月的天京事变。定都天京后，领导集团内部的矛盾日益尖锐。天王洪秀全是太平天国最高领袖，着意加强王权，要集大权于一身；东王杨秀清总理天国国务，往往利用天父降托特权挟制洪秀全，欲夺取最高领导地位。在太平军攻破向荣的江南大营后，杨秀清以为外患已除，逼洪秀全承认他称“万岁”。9月，洪秀全下诏诛杀杨秀清。韦昌辉乘机扩大事变，大肆屠戮。石达开起兵讨韦。在平定韦昌辉之乱后，全朝推举石达开承接军师杨秀清职权。但洪秀全并不信任石达开，逼走石达开。从杨秀清被杀到石达开出走，前后经历半年余，太平天国大批将士被杀和脱离天京，初期的领导核心中只剩下洪秀全一人留在天京，实力大受损伤，政治上、理论上都受到严重打击。

后期艰苦卓绝的斗争　1856年12月，西线的武昌、汉阳太平军守军因粮尽援绝撤守，湘军水陆师立即东犯，兵临九江城下。在东线，清军重建江北、江南大营，1857年7月攻陷句容，12月攻陷镇江，进犯天京，且宽掘长壕，坚筑高垒，连营百余里，四面合围。1858年4月，石达开放弃了百战经营的江西，太平天国面临的局势十分险恶。太平天国领导者多方支撑，大力扩军，又积极联络在淮河流域起义的捻党共同战斗。制止清军进攻天京，是太平军面前的首要任务。解除天京之围，必须采取攻势防御：在西线击溃湘军，保住安庆，控制安徽；在东线消灭江南、江北大营。太平军在后起的杰出统帅陈玉成、李秀成的指挥下，是年9月发动浦口战役，攻破江北大营，打通天京北岸交通。11月，挥师西上，在庐州（今安徽合肥）三河镇歼灭湘军精锐李续宾部，从而稳定了战局。至1860年春，太平军用围魏救赵战略打垮江南大营，天京解围，乘势直追，连克常州、苏州和浙江嘉兴。1861年，大军入浙，12月克杭州。攻克苏、杭，占有苏南和浙江的大部分州县，使太平天国进入后期的鼎盛时期。但这种优势是短暂的，这时太平天国面临的国内外形势已与前大不相同。

太平天国兴起后，清朝原有的常规武力绿营已大半腐朽不可用。原有的当权人物，从皇帝起以至军机大臣、总督、巡抚等，大多平庸无能，不能形成对付太平天国的有力中心。在这种情况下，曾国藩利用奉命在湖南省办理团练的机会，编练新军即“湘军”，与太平天国对抗。从1854年起，屡与太平军在长江流域进行争夺战。但当时清廷沿“满汉大防”之惯例，并不重用曾国藩。1860年江南大营被消灭，东南局势大变，清朝不得已任用曾国藩为两江总督、钦差大臣，后又节制浙江。远比绿营有战斗力的曾国藩湘军乃成为太平军的主要敌人。1862年（同治元年）春，曾国藩又命其门生李鸿章回合肥募兵，仿湘军体制建立淮军，并派去救援上海。清廷通过湘淮军加强了自己的统治基础。

在中外关系方面，英法两国于1856年联合发动第二次鸦片战争，1858年和1860年先后以武力胁迫清朝政府订立《天津条约》、《北京条约》，获得了大量的权益，其中包括可在长江各口自由通商的条款。侵略者为了实现这些权益，决定与这时仍占领着长江中下游地区的太平天国为敌。清朝方面也决定与外国侵略者妥协，首先对付太平天国。这样，太平天国面临中外反革命势力公开勾结的严峻形势。1860年冬至1861年夏，太平天国发起长江南北两路会师攻取武昌以解安庆围困之役，但遭失败。9月，安庆失陷。北路军统帅陈玉成退驻庐州，旋派军出征河南、陕西，他自己孤军被围，1862年5月突围至寿州（今安徽寿县）时被执牺牲。至此，太平天国在长江北岸已无主力。1863年2月，浙江汤溪失陷，金华、绍兴等地被迫撤守。12月，苏州、无锡相继失陷，常州告急。这时，沿江三千里，名城要隘已为敌占，浙东及苏松各属先后易手。

1864年春，天堡城要塞失守，天京对外交通断绝。6月1日，洪秀全病逝，他的儿子、16岁的洪天贵福即天王位。7月19日，湘军挖地道，用火药炸塌城墙20余丈，突入缺口，天京陷落。李秀成保卫幼天王洪天贵福乘夜冲出天京，自己领后队拒追兵。幼天王得以走脱，李秀成被俘牺牲。是年秋，幼天王及干王洪仁玕在江西石城被俘，11月在南昌就义。

图2　太平天国玉玺

天京陷落后，京外太平军余部仍继续进行艰苦的斗争。1869年5月，留在陕西的西路军袁大魁部在保安县老岩窑全部牺牲。太平天国纪元告终。

在太平军覆没后，清朝统治者得以将兵力调去西南和西北镇压各族人民起义军。1872年，贵州苗民起义军被镇压。1873年，陕甘回民起义军被镇压。1874年，云南回民起义军也被镇压。太平天国起义到此结束。

太平天国起义的性质和意义　太平天国规模之宏伟、影响之深远，是历史上任何一次农民战争无可比拟的；而且它不同于历史上单纯的农民战争，在起义前途上也有了新的展望。太平天国宣布其宗旨是要建立“天下大家处处平均、人人饱暖”的社会。它的政权掌握在劳动人民之手。它的农村政策反映了广大贫苦农民的愿望，也在一定程度上满足了农民对土地的要求。后期颁布的《资政新篇》，指出了所设想的资本主义蓝图。凡此都说明太平天国起义是要改变封建制度，走出一条新路。

它的失败，不是对立面力量强大，而是自己犯了致命的严重错误。它同历代农民起义一样，利用宗教为发动起义的工具，到了战争日益深入以后，这种宗教不但脱离了起义的需要，而且变为一条绳索，把一直要利用它的洪秀全越缚越紧，以致否定人力，造成人心解体。太平天国起义虽然失败，但它沉重打击了清王朝的封建统治，激发了后人的革命精神，为辛亥革命的胜利铺平了道路。它对中国近代史具有极为重要的意义。

太平洋　Pacific Ocean　世界第一大洋。位于亚洲、大洋洲、北美洲、南美洲和南极洲之间。北以白令海峡与北冰洋为界，南抵南极洲并与大西洋和印度洋连成环绕南极大陆的水域，东南以南美洲南端合恩角（67° 16′ W）至南极半岛（61° 12′ W）间连线同大西洋分界，西南从马六甲海峡北端沿苏门答腊岛、爪哇岛、努沙登加拉群岛南岸到新几内亚岛南岸的布季，越过托雷斯海峡与澳大利亚约克角的连线，以及塔斯马尼亚岛东南角至南极大陆的经线（146° 51′ E）与印度洋分界。总面积为17 868万平方千米，平均深度为3 957米，最大深度为11 034米（位于马里亚纳海沟中），体积为7.071亿立方千米，均居各大洋之首。

太平洋中大小岛屿有1万多个，岛屿总面积达440万平方千米。大部分岛屿分布在大洋中、西部海域。其中新几内亚岛是太平洋中最大的岛屿，其面积仅次于格陵兰岛，是世界第二大岛。流入太平洋的河流主要分布在亚洲大陆东部，如黑龙江、黄河、长江、珠江、湄公河等。而大洋东部的南北美洲，因高山几乎逼近海岸，没有大江、大河注入太平洋。

洋底地形　太平洋是古老的大洋。现代的太平洋是中生代早期古泛大洋（古太平洋）收缩的产物。在长期洋底板块与大陆板块的相互作用和海底扩张运动等复杂地质构造活动中形成了现代洋底地形。洋底地形可分为三大巨型构造地形单元。

大陆边缘带　包括大陆架、大陆坡、岛弧和深海沟以及边缘海盆地，面积约占太平洋总面积的24%。大陆架面积约938万平方千米，占太平洋总面积的5.2%，主要分布在太平洋西部和西南部、北部。西部大陆架最宽处为750千米，中国的黄海几乎全在大陆架上。大洋东部大陆架狭窄，呈不连续的条带状，在北美宽仅18～20千米，南美最宽处70千米。太平洋的大陆坡平均坡度为5° 20′，坡面上有海底峡谷、断崖、陡坎、阶地等。在西太平洋大陆坡与洋盆交界处有一系列著名岛弧和海沟，岛弧大体呈向大洋突出的弧形，自北而南由**阿留申群岛**、**千岛群岛**、**日本群岛**、**琉球群岛**、**马里亚纳群岛**、**菲律宾群岛**、**所罗门群岛**、**新赫布里底群岛**、汤加群岛和克马德克群岛等构成，长达9 520千米。岛弧外侧伴生一系列海沟，其中深度在1万米以上的深海沟有千岛－堪察加海沟、日本海沟、菲律宾海沟、汤加海沟、克马德克海沟和马里亚纳海沟。大洋东岸的南北美大陆山系直逼海岸，除南北纬40°以南、以北的峡湾地段分布着一些岛屿和海岸比较曲折外，大部分海岸平直，无岛弧和边缘海盆地。海沟有北部的阿拉斯加海沟、中部中美洲海沟（危地马拉海沟6 662米）、南部秘鲁－智利海沟（阿塔卡马海沟8 055米）。在西太平洋岛弧内侧分布着一系列宽阔的边缘海盆地，形成西太平洋边缘海，主要有**白令海**、**鄂霍次克海**、**日本海**、黄海、**东海**、**南海**、**爪哇海**、**苏拉威西海**、**珊瑚海**等。太平洋西部的岛弧、海沟是太平洋板块和亚欧板块相互碰撞的产物，是地壳运动最强烈的地带，经常发生地震和火山活动。因而围绕着大洋板块与大陆板块的交界带又成为环太平洋沿岸的地震、火山集中带，地球上大约80%以上的地震和85%的活火山都分布在这个带上。

大洋中脊和海底山脉　太平洋的洋中脊位置偏东，又称东太平洋海隆。南始于南纬60°的南极－印度洋海岭，向东至西经130°附近转向北，大致平行于美洲海岸向北延伸，直到阿拉斯加湾，长约1.5万千米，宽2 000～4 000千米，面积约占太平洋总面积的11%。大洋中脊的中央裂谷不太发育，高度比较低，一般2～3千米，在大洋南部比较高，愈向北愈低，到阿留申海盆几乎与海盆相近，潜没于北美大陆之下。大洋中脊被一系列大致东西向的断裂带所切割，相邻两带间距离约900～2 200千米，断裂带东西绵延2 000千米以上，宽约一二百千米，在地貌上表现为狭窄的槽沟。自北向南断裂带有门多西诺断裂带、默里断裂带、莫洛凯断裂带、克利珀顿断裂带、加拉帕戈斯断裂带、伊斯特断裂带等。太平洋中脊的南端与南极－印度洋海隆相连接。

太平洋底的中部还分布着一系列呈西北－东南走向的海底山脉。它北起**堪察加半岛**，经皇帝海山、**夏威夷群岛**、莱恩群岛，向南直抵土阿莫土群岛，绵延1万多千米，是太平洋板块受力作用在近期玄武岩基底上发生断裂引发大量玄武岩沿断裂喷发而形成的火山群。这些海底山脉多由无地震活动的海底火山构成，也有少数是活火山如马里亚纳群岛北部的海底山脉，还有少数由一些珊瑚岛沉没在大洋深处形成。它们具有比较平坦的顶峰，称海底平顶山。一些高耸的海底山突出海面成为岛屿，如夏威夷群岛、莱恩群岛等。

海盆　一系列海底山脉把太平洋盆地分割成四个次一级的深海盆地。以皇帝－夏威夷山脉（海岭）为界，以东是东北太平洋海盆，水深4 000～6 000米，最大深度7 168米；以西为西北太平洋海盆，平均深

南断裂带有门多西诺断裂带、默里断裂带、莫洛凯断裂带、克利珀顿断裂带、加拉帕戈斯断裂带、伊斯特断裂带等。

度5 700米，最大深度6 229米。中太平洋海底山脉、莱恩群岛和马绍尔群岛之间为中太平洋海盆，水深一般5 000～5 500米，最大水深6 370米。中太平洋海盆以南、南极-太平洋海岭以北为西南太平洋海盆，水深4 500～6 000米，最大水深8 581米。太平洋洋底广阔、平坦的深海盆地上的沉积物有褐黏土、生源沉积物、浊流沉积物、火山沉积物等，其中以生源沉积物和褐黏土分布最广，几乎占据整个大洋盆地。

气候　太阳辐射和大气环流是决定太平洋上气候的主导因素。此外，亚洲大陆和洋流也是影响因素。太平洋大气环流由纬向分布的两个高压带和三个低压带控制。

赤道附近　为低压带，太阳辐射强，终年气温高，年均温在26℃以上，是大洋的高温带。因温度高，空气经常处于不稳定状态，多对流性降水，年降水量在2 000毫米以上，又成为大洋的多雨带。在南北纬5°～20°是热带风暴（热带气旋、台风）经常形成和活动的地区。仅在西北太平洋和南海形成的台风每年约为28.8个。北太平洋西部和南太平洋形成的台风（热带风暴）分别占全球的16%和11%。

南北纬30°～35°　为强大而稳定的副热带高压带，高压中心偏于大洋东部。在高压控制区气流以下沉为主，降水稀少，蒸发旺盛，形成太平洋面的干燥带和空中水汽的主要供应带，还是大洋表层海水盐度的最大地带。从副热带高压带下沉并流向赤道低压带的气流称信风带。信风带风向稳定、风力较大，是地球上最著名的行星风带，是低纬度大洋表层洋流形成和维持的重要动力。从副热带高压带下沉流向副极地低压带的气流称西风带。西风带也是大洋上的行星风带，冬季强烈，狂风出现频率达25%～35%，成为中纬度大洋表层海水从西向东流动的动力。尤其南半球西风带，由于南太平洋与印度洋相连，加宽了海域，以及南极冷源的影响，使西风带成为风向稳定、风力强大的风带，加之极锋带气旋活动频繁，常有18米/秒以上的大风，形成咆哮西风带，给南太平洋中高纬度洋流及航运造成很大影响。

北纬60°附近　为副极地低压带，位于阿留申群岛一带，又称阿留申低压。冬季低深，夏季较弱。它吸引周围空气作逆时针方向旋转，进而吹动周围大洋表层水体形成逆时针方向环流系统。南极低压伸展到南极附近。太平洋上各气压带和风带在一年中有位置的南北移动和强度的增大、减小变化，这种变化又会影响到太平洋的洋流、水温和盐度的相应变化。在太平洋西部的热带和副热带、温带地区，由于亚洲大陆与太平洋间的热力差异和行星风系的季节移动，形成了世界上特有的季风区。每年夏季海洋上暖湿气流流向陆地，冬季时来自陆地的干冷气流又吹向海洋，这种地区性的季风环流扰乱了大洋中气候的纬向分布，并对太平洋西部的洋流、水温、降水、蒸发、盐度及海洋生物都产生明显影响。

洋流　南、北太平洋各形成一个以南、北副热带高压为中心的、规模巨大的反气旋型环流系统。它是由稳定的盛行风带引起和在地转偏向力、大陆轮廓、岛屿分布作用下形成的。北太平洋环流由北赤道流、**黑潮**、北太平洋暖流和加利福尼亚寒流组成。南太平洋环流由南赤道暖流、东澳大利亚暖流、西风漂流和秘鲁寒流组成。在两个环流系统之间是自西向东流的赤道逆流。在北太平洋的北纬45°以北，有以阿留中低压为中心，由阿拉斯加流、亲潮和北太平洋流构成的气旋型环流系统。在南太平洋的南纬40°以南海域，因无大陆阻挡，形成了环绕南极大陆的南极绕极流（西风漂流），再南则是极地东风作用下形成的极地东风漂流。

北太平洋的黑潮（日本暖流）是太平洋中最强大的洋流，由北赤道暖流在吕宋岛以东转变而成，具有流速强、流量大、流幅狭窄、延伸深邃、高温、高盐的特点。北太平洋西风漂流又称北太平洋暖流，是组成低纬和高纬洋流环流系统的重要成员。

南太平洋的西风漂流是南极绕极流的表层部分，而到南纬35°～65°则从海面扩展到海底，成为宽阔、深厚而强劲的风生漂流。它向东流，一支穿过德雷克海峡，一支自南纬45°开始转向北流成为秘鲁寒流。秘鲁寒流沿南美洲西岸北流直抵赤道附近的科隆群岛（加拉帕戈斯群岛），全长4 600千米，是世界行程最长、最强大的一支寒流。它在智利海岸附近宽度为180千米，而到秘鲁海岸宽度变为450千米，流速不大，一昼夜约7.7千米。水温15～17℃，比邻近海域水温低7～10℃。同时在盛行的东南信风作用下产生离岸流，使深约100多米的中层冷水补偿而升到海面，上升流把大量硝酸盐类和磷酸盐类营养物质带到海面，利于浮游生物繁殖。

但是，当东太平洋中自赤道海域南流的厄尔尼诺暖流沿厄瓜多尔海岸南下，一直延伸到南纬5°甚至12°时，与秘鲁寒流海水相混，引起寒流水温增高，抑制了冷水上泛，引起沿岸的冷水性生物（包括浮游生物和鱼类）因不适应而大量死亡，随之食鱼的鸟类也相继死亡，给渔业生产带来灾难。这一海水温度增暖现象称为**厄尔尼诺**，已经引起全世界的普遍关注。

水温和盐度　太平洋表层水温主要受大洋洋面上气温的影响。水温分布表现出沿纬度延伸和随纬度升高而逐渐降低的基本规律。最高温出现在赤道地区，特别是西部，平均水温为27～29℃。南北纬10°～20°水温为25～26℃；到南北纬40°～50°，水温降为5～10℃。南极大陆边缘水温为0℃左右。水温等值线基本呈纬度地带性分布，在南半球大洋中更为明显。然而由于大洋东西两侧洋流性质的差异以及季风和沿岸上升流等影响，使低纬度太平洋西部水温高于东部约4～8℃，北半球中高纬度大洋西部水温低于东部8～12℃。夏季最热月（8月），北太平洋表层水温都在0℃以上，最高水温出现在接近中美洲的水域，达29℃或更高，赤道附近为26～28℃；最低温在千岛群岛附近，为0～2℃。水温的0℃等温线分别位于北纬55°和南纬66°～67°的大洋中。太平洋处于低纬度的面积比其他大洋大，因而水温也比较高，年均水温高于25℃的面积占太平洋总面积的35%，高于20℃的面积占53%。太平洋表层水温年平均为19.37℃，是世界大洋中最暖的。又由于南、北半球陆地面积的不同以及大洋南、北两端水域开阔程度和与两极冷水交换数量的差异，南、北太平洋水温也不相等，北太平洋表层水温高于南太平洋1～2℃。

大洋海水盐度的大小主要取决于洋面的大气降水量和洋面蒸发量的对比数量。降水量多于蒸发量，海水得以淡化，盐度降低；反之盐度增大。太平洋赤道地区是多雨带，年降水量2 000～3 000毫米，大于蒸发量，因而海水盐度不太高，一般34～34.5；副热带地区是干燥带，降水量少于蒸发量，盐度最高在35.5以上；温带降水量又多于蒸发量，盐度减小到34以下；寒带蒸发量减小以及受融冰影响，暖季盐度一般在30左右。太平洋的平均盐度为35。

海浪　受盛行风的影响，有明显的纬度区带性和季节性。冬季在北纬40°附近的洋面上，大涌（≥6级，波高>4米）出现的最大频率可达50%以上。向赤道方向减弱，在北纬15°以南，大浪少见，大涌出现率为5%左右。南纬40°～50°的洋面上，常年为大浪区。大涌出现率为30%～40%，向北逐渐减弱，赤道附近在5%以下。

潮汐　太平洋中各处的潮汐类型不尽相同。在赤道与南纬40°之间的大部分地区，大洋中部的岛屿、巴拿马湾、阿拉斯加半岛、东海和澳大利亚东海岸为正规的半日潮，阿留申群岛东南、新几内亚（伊里安岛）东北岸、加罗林群岛等地为正规的日潮，其余地区为混合潮。太平洋中的潮差（岛屿附近除外）为1米左右，最大潮差发生在大陆岸边，如品仁纳湾为13.2米，仁川10米，杭州湾8米。

海洋资源　生物　太平洋中的动植物种类繁多，有近10万种，主要生活在大洋表层，尤其是边缘带，存在于2 000米以下水域中的动植物只占总数的4%～5%，在5 000米以下水域中生活的动植物只有800种，6 000米以下水域中仅有500种，7 000米深处有200种，到1万米深处只剩下20多种了。同时海洋中生物的种类随纬度的升高而减小，但每一种动植物的分布密度则是高纬度区大于低纬度区，在高纬地区多优势种。在大洋表层大量繁殖着浮游藻类和浮游动物。近海的海底植物，在温带有鹿角藻类和昆布科藻类（主要是海带），在热带有褐藻、绿藻及多种细藻。海岸带分布有红树林。众多水藻为近海动物提供了充足的饲料，繁殖多种软体动物、软体虫类、甲壳类和棘皮动物，以及珊瑚虫等，并出产大量鱼蟹。岛屿和滨海带是海鸟的栖息地。大洋中有不少兽类，如鲸、海豹、海豚、海熊、海狗、海獭等。

太平洋的渔业生产自20世纪60年代中期以来一直居世界各大洋之首，主要渔场有西北太平洋渔场和东南太平洋渔场。西北太平洋渔场包括白令海一部分、鄂霍次克海、日本海、黄海、东海和台湾海峡。白令海和鄂霍次克海以捕海兽为主，其中捕鲸为多。堪察加半岛沿海是世界最大的捕蟹场。中国沿海舟山群岛一带以捕大黄鱼、小黄鱼、带鱼、鲳鱼、海鳗、乌贼为主。东南太平洋渔场包括秘鲁、智利、厄瓜多尔渔场。其中秘鲁海域以产鳀鱼为主，秘鲁、厄瓜多尔沿海盛产金枪鱼。另外，太平洋东北部、中东部、西南部海域每年也产一定数量的鱼。

矿产　太平洋的矿产资源勘探和开采主要集中在近海浅水区，其中最为重要的是大陆架的石油和天然气。主要产油区有：阿拉斯加、加利福尼亚区，库克湾区，日本西部大陆架区，东南亚区，南美洲西海岸区，以及中国沿岸的大陆架区。大洋近海海底还有煤矿，日本、智利都已开采。其他矿物还有金、铂、金刚石、金红石、锆石、钛铁矿、锡、铁、锰等。金、铂矿主要分布在太平洋东岸的俄勒冈至加利福尼亚沿岸、白令海和阿拉斯加沿岸。锡矿主要产地是东南亚各国的滨海。印度和澳大利亚是锆石、金红石、钛铁矿储量最丰富的国家。在太平洋水深4 000～5 000米的海盆中发现大量锰结核和锰壳，其分布范围、储藏量和品位都居各大洋之首，主要集中在北纬6°～20°，西经110°～180°范围内，估计储量有17 000亿吨，是未来可资利用的最大金属矿资源。

交通通信　航运　太平洋海域广阔、港湾众多，有许多条联系亚洲、大洋洲、北美洲、南美洲的重要海、空航线。太平洋在世界海运中的地位仅次于大西洋，约占世界海运量的20%以上。海运的大宗货物是石油、矿石、谷物等。主要海运航线有东亚—北美西岸航线，东亚—加勒比海、北美东海岸航线，东亚—南美西海岸航线，东亚—澳大利亚、新西兰—北美航线，东亚沿海航线等。太平洋沿岸港口众多，亚洲主要有符拉迪沃斯托克（海参崴）、釜山、大连、天津、上海、广州、香港、海防、新加坡、雅加达、东京、横滨、神户、大阪等；大洋洲有悉尼、惠灵顿等；南、北美洲有温哥华、西雅图、旧金山、洛杉矶、巴拿马城、瓜亚基尔等。太平洋中的一些岛屿是许多海、空航线的中继站，具有重要战略意义，如夏威夷群岛、中途岛、关岛、西萨摩亚群岛、斐济群岛等。

海底电缆　太平洋第一条海底电缆是1902年由英国敷设的，英国在太平洋的海底电缆共长12 550千米。1905年美国在太平洋敷设的海底电缆共长14 140千米。从香港有海底电缆通往马尼拉、胡志明市和哥打基纳巴卢。在南美洲沿海各国之间也有海底电缆。

泊于珍珠港的美舰惨遭日机偷袭

太平洋战争　War of the Pacific　1879～1883年智利与玻利维亚－秘鲁联盟为争夺太平洋沿岸盛产硝石的阿塔卡马沙漠地区而进行的战争。阿塔卡马沙漠地区位于玻利维亚、智利和秘鲁交界处。三国独立后，玻利维亚据有阿塔卡马沙漠中部安托法加斯塔地区，秘鲁占有沙漠北部塔拉帕卡地区，智利则取得沙漠南部地区。然而边界并不明确。1863年在阿塔卡马沙漠地区发现了硝石和鸟粪，智利与玻利维亚发生了领土争端。1879年2月14日，智军占领玻利维亚领土安托法加斯塔。3月1日，玻政府向智利宣战，太平洋战争爆发。智军在卡拉马打败玻军，占领了玻利维亚的阿塔卡马地区。秘鲁不久也卷入冲突。同年4月5日智利正式向玻、秘两国宣战。战争初期战斗主要在海上进行。1880年初，智利军队在秘鲁伊洛和帕科查港登陆，占领莫克瓜，通过荒漠地带，在塔克纳和阿里卡两次战役中打败了玻秘联军。至此，智利军队占领了玻秘两国太平洋沿岸全部硝石产地。玻利维亚失去了继续进行战争的能力，撤回高原，实际上退出了战争。1881年1月17日，智利军队攻占秘鲁首都利马。1883年10月20日，秘鲁与智利在利马北部安孔城签订《安孔条约》，结束了太平洋战争。结果，玻利维亚丧失了安第斯山脉与太平洋沿岸之间的全部领土，变成了一个没有出海口的内陆国，严重影响了其经济的发展。

太平洋战争　Pacific War　第二次世界大战期间日本法西斯发动的侵略战争。这场战争以日本为一方，以美国、英国、荷兰、澳大利亚、新西兰以及亚洲和太平洋地区被侵略国为一方，是第二次世界大战的重要组成部分。为了实现独霸东亚、争霸世界的野心，日本统治集团早在1936年就确定了南北并进的国策方针。但向苏联两次军事挑衅均遭失败，对其北进政策是一个严重打击。于是，日本暂停北进计划。为了在长期侵华战争中寻找出路，切断中国外援物资的运输线，同时为了夺取东南亚的丰富石油资源和其他战略物资，日本军国主义者急于南进。在远东，英、法、荷的力量薄弱；美国战备不足，又忙于支援英国的抗德战争，无力东顾。日本军国主义认为，这是南进的绝好机会。1941年10月18日，主战派**东条英机**内阁成立。12月1日御前会议决定向美、英、荷开战。夏威夷时间12月7日日本海军航空兵偷袭美国在太平洋最大的海军基地珍珠港（见**珍珠港事件**）。8日，美、英对日宣战，太平洋战争爆发。

1942年5～6月，在珊瑚海海战中，双方打成平局；在**中途岛海战**中，日方损失惨重，4艘大型航空母舰、285架飞机和3 500名官兵葬身海底。太平洋上的战略主动权开始转入美国手中。同年8月7日，美军在所罗门群岛的瓜达尔卡纳尔岛登陆。在持续半年的恶战中，日军损失各类军舰25艘，飞机932架，官兵2.76万人。日军连遭重创。1943年11月盟军开始反攻。1944年春夏间，美国先后夺取由日本委任统治的马绍尔、加罗林和马里亚纳三群岛，日本海空军力损失惨重。1945年1月美军在吕宋岛登陆，3月占领马尼拉。同年3～6月，美军占领硫黄岛和冲绳，迫近日本本土。5月，德国无条件投降。7月26日，中美英三国政府发表《波茨坦公告》，促令日本无条件投降。日本统治集团拒绝接受。8月6日和9日，美国把仅有的两颗原子弹投在广岛和长崎，造成居民大量伤亡。8月8日苏联对日宣战。日本被迫于8月15日宣布投降。9月2日在美国军舰“密苏里”号上举行签降仪式，日本代表向盟军最高司令D.麦克阿瑟以及同盟国代表签字投降。反法西斯联盟各国取得了太平洋战争的最后胜利。

《太平御览》 *Taiping Imperial Encyclopedia* 中国北宋时四大部书之一，为百科全书性质的类书。翰林学士李昉奉诏主纂，扈蒙、王克贞、宋白等13人参与修撰。全书1 000卷，分55部，5 363类，总字数478.4万，引用古今图书及各种体裁文章共2 579种。《太平御览》与同时编纂的史学类书《册府元龟》、文学类书《文苑英华》和小说类书《太平广记》合称为“宋四大书”。

该书的编纂始于宋太宗太平兴国二年(977)三月，完成于八年十月。初名《太平总类》，宋太宗赵炅诏改《太平御览》。纂辑时，充分运用皇家藏书，并多用前代类书为蓝本，修订增删。该书纂集宏富，所引用五代以前的文献、古籍，十之八九今已失传。后来从事学术研究的人，看不到原书，还可以从这部书里寻找断篇残简。由于《太平御览》所据为宋代以前古本，故对现存先秦、汉、唐经史典籍，多能勘正其脱漏错讹。作为循部依类检索古代资料的宝库，该书有很高的史料价值。在编纂方面，该书体例时有失当，类目亦有重复，引用书名多有错乱，为其不足之处。该书上海涵芬楼本，是今存最佳版本。1960年，中华书局又用该本重印，为今通行本。

太清宫 Taiqing Taoist Temple 中国道教宫观，相传是老子降生之地。位于中国河南鹿邑。原为老子祠，东汉以前已有之，汉桓帝延熹八年(165)，遣使于其地祠老子。

太清宫（河南）

唐玄宗时，扩建并改称老子祠为太清宫。用太白山石刻老君像，刻玄宗等人像侍立左右。据杜光庭《道教灵验记》载，唐代太清宫有两宫两观，古桧千余树，屋宇700余间，有兵士500人镇卫宫所。宋真宗时，祀老子于太清宫，加封老子为太上老君混元上德皇帝。元以后为全真道宫观。历代修葺，或成或毁，今保存有唐宋碑刻及清代所建大殿五间。

《太上感应篇》 *Tractate of the Most High One on Actions and Consequences* 中国道教经典。撰者不详，约成书于北宋末南宋初年。原书经文仅千余字，南宋李昌龄为之作注，后世注本有一卷本及八卷本两种。

该书主要宣扬天人感应、因果报应思想，劝导世人行善去恶。宣称天地之间有司过之神，人头上有三台北斗神君，人体内有三尸神，家中有灶神，诸神皆每时每刻在暗中记录人之善恶，按时奏报上天。行善者必降之福，为恶者必降之祸，“祸福无门，唯人自召，善恶之报，如影随形”。书中列举善事26条，恶事170条，皆符合儒家纲常伦理和道教、佛教的教理戒规。该书因以通俗语言宣扬封建伦理道德，对后世影响甚大。朝鲜、日本等国亦有翻刻本和注本。

太上老君 Lao, Supreme Master 道家创始人老子的神化格，道教奉为教祖。据《史记》载，老子曾为周代守藏史，因见周德日衰，退隐西游，不知所终。秦汉之际，黄老之学推崇黄帝老子为先王圣哲，与儒家之尧舜周孔相仿。汉初关于老子的传言不一，司马迁作《史记》已不能确指。此后因黄老道的渲染，老子日渐被神化，东汉楚王英、桓帝都曾仿佛教法式祀老子。延熹八年（165），边韶作《老子铭》说：“世之好道者触类而长之，以老子离合于混沌之气，与三光为终始。”因为有这种社会传言作背景，五斗米道经书《老子想尔注》乃称“一散形为气，聚形为太上老君”。南北朝(420～589)时，南方道教崇三洞教主三清天尊，北方道教则崇老子神化之太上老君。唐代高宗、玄宗先后为老子加封尊号，推为宗室远祖，并建太清宫专奉老子，仪规同于朝廷，而实为宗室祖庙，太上老君遂最终确定为太清境洞神教主，即道德天尊。东汉以后，老子化身故事很多，宋元时道士编《太上老君八十一化图》，集成其说。

太虚 中国哲学史上的重要范畴。指广大无限的宇宙空间。最早见于《庄子·知北游》：“是以不过乎昆仑，不游乎太虚。”《黄帝内经·素问》说，“太虚寥廓，肇基化元，万物资始，五运终天”。太虚既指广大无边的空间，又指产生天地万物的始基。北宋张载提出了“太虚即气”的重要命题。他说：“太虚无形，气之本体，其聚其散，变化之客形尔。”“太虚不能无气，气不能不聚而为万物，万物不能不散而为太虚。”(《正蒙·太和》)太虚是气散而未聚的一种状态。太虚与具体万物都统一于实体气。他从而得出结论：“知太虚即气则无无。”否定了在实体性的气之外有绝对的虚空。张载从“太虚即气”的观点出发，批驳了道家“有生于无”和佛教“以山河大地为见病”的错误，坚持了气一元论的观点。

太虚 Taixu (1890-01-08～1947-03-17) 中国僧人。俗姓吕，本名淦森，法名唯心，

别号悲华。浙江崇德(今桐乡西南)人。生于浙江海宁，卒于上海。15岁于苏州平望小九华寺出家，同年在宁波天童寺依寄禅和尚受具足戒。曾于金陵刻经处师从杨文会学佛。22岁即主持广州白云山双溪寺。后离去。1912年参与创设中国佛教协进会，该会不久并入中华佛教总会，担任会刊《佛教月报》总编辑。其间宣传佛教复兴运动，主张实行教理革命、教制革命和教产革命。1918年与章太炎等创觉社于上海，主编《觉社丛书》，翌年改名《海潮音》月刊。1922年与李隐尘、五森甫等人在湖北武昌创办武昌佛学院。1925年率佛教代表团前往日本参加东亚佛教大会。1927年任厦门南普陀寺住持兼闽南佛学院院长。1928年发起成立中国佛学会，同年赴欧美弘法，并在巴黎筹组世界佛学苑。1931年在重庆北碚创立汉藏教理院。1943年组织中国宗教徒联谊会。太虚毕生致力于振兴中国佛教，他的“人间佛教”思想及振兴佛教的各种举措，对中国当代佛教的发展影响很大。著有《真现实论》、《法相唯识学》等，门人辑有《太虚大师全书》。

太学 imperial college 中国古代的大学。西周已有太学之名。西周的太学，又称大学。天子和诸侯均设之。东汉太学发展较快、规模较大。魏晋南北朝时，政局纷乱，太学时兴时废。及至唐初，太学体系完备，盛极一时。唐、宋两代太学与国子学并存。元、明、清时期则不设太学，只设国子学或国子监。

太学的教师，主要是博士。博士除了讲学授徒外，还要奉使议政，试贤举能。各朝对博士的要求很高，汉代规定须熟习经史，“明于古今，温故知新，通达国体”的一代鸿儒巨贤，方能充当博士。北朝北齐、唐、宋等朝代的太学，还设有助教协助博士施教。

太学的学生，历代称谓不一，或称“博士弟子”，或唤“太学生”、“诸生”等。太学生入学的身份资格，历代不尽相同。唐代规定凡文武三品以上子孙及国公子孙可入国子学，文武五品以上子孙及郡县公子孙可入太学。宋代规定凡七品以上官员之

子孙可入国子学，八品以下官员之子孙及庶人之俊秀者可入太学。至于录取太学生的具体条件和办法、手续，各朝亦有所不同。

太学的主要教材是经史，授“孔子之术，六艺之文”。以儒家五经作为基本教材。为了避免因抄写经籍错漏而引起的纷争，东汉熹平四年（175），下诏诸儒校正五经文字，刻石于太学门外，成为当时官定的太学标准教材。唐代太学生要修“大经”、“中经”和“小经”，兼习《论语》、《孝经》及时务策。宋初教习五经，熙宁后令习《三经新义》，南宋又复以五经和**四书**为教材。教授方法则多采取自修、讲授、讨论、解惑等。

太学修业年限无统一规定，各朝学制亦不尽相同。但各都有一套考试、放假和管理的制度。汉代在中央政府设置“太常”作为兼管教育的长官，职司礼仪、选试博士、宗庙等事务。唐、宋两朝设教育行政机关国子监，总辖太学诸学。历代太学都制定和实施各种规章制度。

太学在设置专门博士，实行大班上课和“高足弟子递相传授”的教学组织形式，注重自修，通过考试选士，培养各种人才等方面，都创造和积累了宝贵的经验。

太阳 sun 太阳系的中心天体。太阳系的八行星和其他天体都围绕它运动。**天文学**中常以符号⊙表示。它是**银河系**中一颗普通**恒星**，位于距银心约10千秒差距的旋臂内，银道面以北约8**秒差距**处。它一方面与旋臂中的恒星一起绕银心运动，另一方面又相对于它周围的恒星所规定的本地静止标准（银经56°，银纬+23°）作19.7千米/秒的本动。

基本参数　日地平均距离（地球轨道半长轴）A为1.496×10^8千米，其周年变化约为1.5%，每年1月地球在近日点时为1.471×10^8千米，7月在远日点时为1.521×10^8千米。光线从太阳到达地球需时约500秒。当观测者在日地平均距离处注视太阳时，视向张角1″对应于日面上725.3千米。

太阳半径R为6.963×10^5千米，或约为70万千米，即为地球半径的109倍左右。太阳体积则是地球体积的130万倍。另一方面，由开普勒第三定律可算得太阳质量M为1.989×10^{30}千克。太阳的平均密度ρ为1.408克/厘米^3。

在日地平均距离处、地球大气外垂直于太阳光束的单位面积上、单位时间内接收到的太阳辐射能量S为1 367瓦/米^2，这个数值称为太阳常数。这样整个太阳的总辐射功率为：

$$L=4\pi A^2S=3.845\times10^{26}\text{焦/秒}$$

单位太阳表面积的发射率为：

$$a=L/4\pi R^2=6.311\times10^3\text{焦/(秒·厘米}^2)$$

通过光谱观测可得到太阳大气的化学组成、密度、压力、磁场强度、自转和湍流速度等物理参数。太阳的各种基本参数见表。

太阳的基本参数

日地平均距离	$A=1.496\times10^8$km
半径	$R=6.963\times10^5$km
质量	$M=1.989\times10^{30}$kg
表面重力加速度	$g=2.74\times10^4$cm/s^2
表面逃逸速度	$V=617.7$km/s
平均密度	$\rho=1.408$g/cm^3
中心密度	约150g/cm^3
表面密度（光球）	约10^{-9}g/cm^3
表面温度（光球）	约6 000K
中心温度	约1.6×10^7K
太阳常数	$S=1\,367$W/m^2
总辐射功率	$L=3.845\times10^{26}$J/s
化学组成（按质量百分比）	氢71%，氦27%，其他元素2%

总体构造　由太阳光谱研究推算太阳表面温度约为6 000K，而结合理论推算的太阳中心温度高达16×10^6K，在这样的高温条件下，所有物质都已气化，因此太阳实质上是一团炽热的高温气体球。通过观测和理论推算表明，整个太阳球体大致可分为几个物理性质很不相同的层次。除了中心区氢因燃烧损耗较多外，其他各层次在化学组成上无明显差别。其构造如图所示。

从太阳中心至大约0.25太阳半径的区域称为日核，是太阳的产能区。日核中夜以继日地进行着四个氢原子聚变成一个氦原子的热核反应，反应中损失的质量变成了能量，主要为γ射线光子和少量**中微子**。约从0.25至0.75太阳半径的区域称为太阳中层。来自日核的γ射线光子通过这一层时不断与物质相互作用，即物质吸收波长较短的光子后再发射出波长较长的光子。虽然光子的波长不断变长，但总的能量无损失地向外传播。区域的温度由底部的8×10^6K下降到顶部的5×10^5K；密度由10^{-2}克/厘米^{3}下降到4×10^{-7}克/厘米^3。从0.75太阳半径至太阳表面附近是太阳对流层，其中存在着热气团上升和冷气团下降的对流运动。产生对流的主要原因是温度随高度变化引起氢原子的电离和复合。

对流层上方是一个很薄然而非常重要的气层，称光球层或**光球**。当用肉眼观察太阳时，看到的明亮日轮就是太阳光球。光球的厚度不过500千米，但却发射出远比其他气层强烈的可见光辐射。太阳在可见光波段的辐射几乎全部是由光球层发射出去的。太阳半径和太阳表面都是按光球外边界来定义的。光球外面是较厚和外缘参差不齐的气层，称色球层或**色球**，其厚度在2 000～7 000千米之间。色球的密度从底部向上迅速下降，但其温度却从底部的几千度随高度迅速增加了近3个量级。色球上面是一个更稀薄但温度更高而且延伸范围更大的气层，称为**日冕**。日冕的温度高达百万度。日冕的形状很不规则，而且无明显界限。实际上距日心几个太阳半径以外的日冕物质是向外膨胀的，形成所谓**太阳风**，可延伸到太阳系边缘。

太阳光球、色球和日冕合称太阳大气，可通过观测它们的辐射特征，并结合理论分析来推测其物理构造。日核、中层和对流层则合称太阳内部或太阳本体。

活动现象　太阳基本上是一颗球对称的稳定恒星。然而大量观测表明，太阳在稳定和均匀地向四面八方发出辐射的同时，它的大气中的一些局部区域，有时还会发生一些存在时间比较较短暂的“事件”。如在太阳光球中，可观测到许多比周围背景明显暗黑的斑点状小区域（称为**太阳黑子**）和比背景明亮的浮云状小区域（称为光斑）；色球中也可经常观测到比周围明亮的大片区域（称为谱斑）和突出于太阳边缘之外的奇形怪状的太阳火焰（称为**日珥**）；日冕中

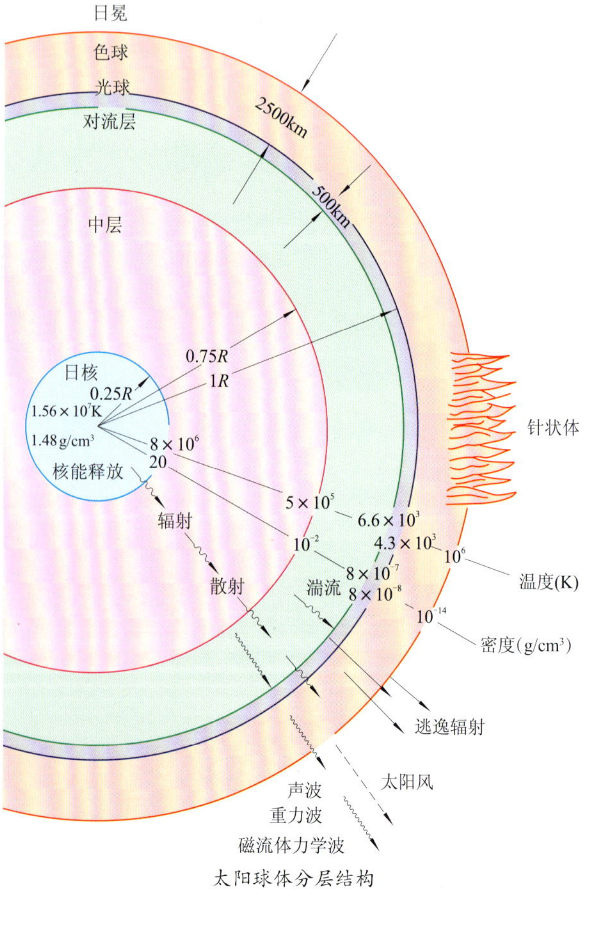

太阳球体分层结构

也可观测到许多明显的不均匀结构。特别是在色球和日冕的大气层中，偶尔还会发生表明有巨大能量释放的太阳爆发现象（称为耀斑）。通常把太阳上所有这些在时间和空间上的局部化现象，及其所表现出的各种辐射增强，统称为太阳活动。

应当指出，太阳活动所涉及的能量大小与整个太阳的总辐射能相比，仍然是微不足道的。因此存在太阳活动现象丝毫无损于把太阳视为一颗稳定的恒星。

各种辐射　广义的太阳辐射包括向外发射的电磁波、太阳风、中微子、偶发性高能粒子流，以及声波、重力波和磁流波。其中电磁波辐射来自太阳大气。太阳风就是从日冕区连续外发射的等离子体，主要是质子和电子。太阳中微了是由日核中的核反应产生的，它们几乎不与太阳物质相互作用，而是直接从太阳内部向外逃逸。偶发性高能粒子流是当太阳大气中发生耀斑、爆发日珥和日冕物质抛射等剧烈太阳活动现象时产生的，这些粒子流不一定是等离子体，往往是质子或电子占优势。声波、重力波和磁流波主要是由太阳对流层中猛烈的气团运动激发并与磁场耦合产生的。太阳在上述各种形式的能流中，电磁波的能流远远超过其他形式的能流。

太阳电磁波辐射的主要功率集中在可见光区和红外区，分别占太阳总辐射能量的41%和52%。极大辐射强度对应的波长为495纳米，在黄绿光区。紫外线所占的能量比重仅为7%。而太阳无线电波段以及远紫外、X射线和γ射线所占的能量比重是可忽略的。粗略地说，太阳紫外线、可见光和红外波段的辐射是由光球发射的，而远紫外、X射线、γ射线和射电波段则来自太阳高层大气（色球和日冕）。

形成和演化　太阳是一颗典型的主序星。根据研究，太阳的一生大体上可分为五个阶段。

①主序星前阶段。包括太阳在内的所有主序星都是由密度稀薄而体积庞大的原始星云演变来的。当星云的质量足够大时，在自身的引力作用下，星云中的气体物质将向星云的质量中心下落，其宏观表现就是星云收缩。这个过程的实质就是物质的位能变成动能。结果是星云中心区的密度和温度逐渐增大，并最终使其达到氢原子核聚变所需的密度和温度，这样便发生氢变成氦的核反应，它所释放的辐射压力与引力平衡，使星云不再收缩，形成一颗恒星。这个阶段经历的时间大约只需3 000万年。

②主序星阶段。以氢燃烧为能源，标志着太阳进入主序星阶段。由于太阳的氢含量很大，能源非常稳定，从而太阳的状态也非常稳定。因此这个阶段相当于太阳的青壮年时期。太阳已经在这个阶段经历了46亿年。根据理论推算，太阳还将在这个阶段稳定地“生活”34亿年，然后进入动荡的晚年时期。

③红巨星阶段。日核中的氢耗尽之后，包围日核的气体壳层里面的氢开始燃烧，壳层上面的气体温度上升，结果使太阳大规模膨胀。由于太阳光度的增大不如表面积增大快，单位表面积的发射功率下降，辐射波长移向红区，使太阳变成一颗巨大的暗红恒星，即红巨星。太阳在红巨星阶段经历的时间大约是4亿年。

④氦燃烧阶段。当太阳中心氢耗尽并变成原子量较大的氦之后，中心部分又开始收缩，密度和温度继续增大。当温度达到10^8K时，氦核开始聚变燃烧。与此同时，外面氢烧燃层的半径继续增大，但燃烧层的厚度却不断减少。中心氦和壳层氢耗尽后，接着就是壳层氦燃烧。太阳的氦耗尽之后，还可能经历几个更重元素的燃烧期。不过由于其他元素含量很少，这些时期均非常短暂。整个氦燃烧阶段的时间也只有5 000万年，其他元素的燃烧时间则更短。

⑤白矮星阶段。当太阳的主要燃料氢和氦耗尽之后，体积进一步缩小，它的半径可缩小到只有目前太阳半径的1%，而密度大约是现在的100万倍。这时太阳的光度只有目前太阳的1%～1‰，成为一颗很小的高密度暗弱恒星，即白矮星。太阳在白矮星阶段大约经历50亿年之后，它的剩余热量也扩散干净，终于变成一颗不发光的恒星——黑矮星。

太阳病　taiyang disorder　中医学伤寒六经病之一。太阳经主肌表，外邪侵袭，大多自太阳而入，“脉浮，头项强痛而恶寒”为太阳病的提纲证。外邪初客体表，正气开始抵抗的阶段，称为太阳经证，包括太阳伤寒证和太阳中风证两种证候；若外邪随经入腑，则为太阳腑证，包括太阳蓄水证和太阳蓄血证两种证候。①太阳伤寒证。为寒邪袭表，正阳被郁，营阴郁滞所表现的证候。证见恶寒、发热、头痛身疼、腰痛、骨节疼痛、无汗而喘、脉浮紧。治宜辛温发汗，方用麻黄汤。②太阳中风证。为外感风邪后，营卫不和所表现的证候。证见头痛，发热，汗出，恶风，脉浮缓。治宜解肌祛风，调和营卫，方用桂枝汤。③太阳蓄水证。为太阳经邪气影响膀胱腑气，气化功能失调所表现的证候。证见发汗，汗出，烦渴，或渴欲饮水，水入则吐，小便不利，脉浮。治宜通阳行水，方用五苓散。④太阳蓄血证。为太阳随经热邪与瘀血结于下焦所表现的证候。证见少腹急结或硬满，精神如狂，甚则发狂，小便自利。治宜泻热破结，方用桃核承气汤或抵当汤。

太阳虫目　Actinophryida　原生动物门辐足纲一目。体呈球形。因有许多放射状的

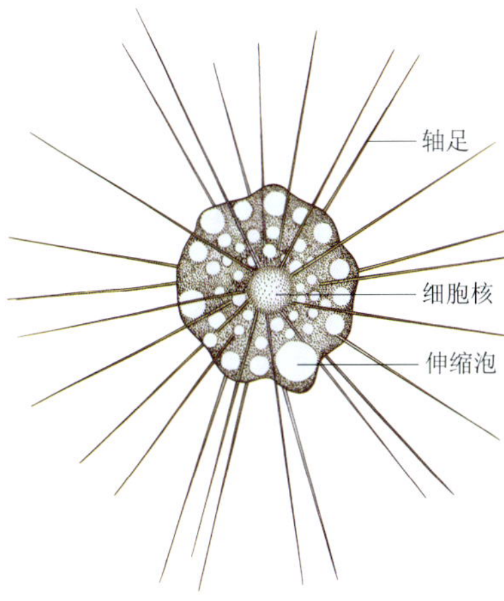

放射太阳虫

丝状伪足自身体伸出、形如光芒四射的太阳而得名。多分布于淡水中，少数种类在海洋中生活。

太阳虫目中的典型属是太阳虫属。体呈圆球状，原生质包在一个光滑的、膜状的外包中。内外质分明，外质有许多大的空泡，内质有一些小泡和较致密的原生质粒。有的种类内质常含有共生绿藻，能行光合作用。有一个细胞核位于体中央。另有一伸缩泡位于体侧。伪足内有硬的轴丝，因而挺直，这种伪足称为轴足。轴丝自细胞核附近的小颗粒上辐射伸出，细长，一般可达身体直径的1～2倍。在轴足内，原生质沿着轴丝的两侧向两个相反方向流动。属典型的浮游动物。肉食性，能吃小的鞭毛虫、纤毛虫，甚至比自身还大的轮虫。无性生殖为简单的二分裂法，有性生殖是幼体配合。典型种为放射太阳虫。

太阳磁场　solar magnetic field　太阳大气和太阳内部的磁场。其结构相当复杂。太阳大气的磁场可观测，但内部磁场只能由理论推测。观测表明，太阳大气中的磁场有多种成分，但这些成分如何构成统一的图像，以及它们之间的演化关系迄今尚未完全弄清。以测量光谱线的塞曼分裂为依据的太阳磁像仪和磁场望远镜只能对光球层的磁场分布进行精确测量，对色球磁场作精度稍差的观测。日冕磁场只能用射电方法粗略估测。色球以上的太阳大气磁场，可在某些理论模型假定下（如势场模型或无力场模型），以观测的光球磁场为边值，进行理论外推。从已有的观测结果分析，太阳大气中的磁场大体上可划分为如下几种类型。

活动区磁场　太阳上最强的磁场出现在以太阳黑子为中心的活动区中。黑子本身的磁场强度约为1 000～4 000高斯，具有各种极性分布，但大多数为双极结构。黑子附近谱斑区的磁场一般为几百高斯，可看作是黑子强磁场向黑子边界外的延伸，其极性取决于黑子群的极性分布。黑子上

空色球和日冕中的磁场估计只有几至几十高斯。单个活动区在日面上的延伸范围一般自几千至十几万千米，并且出现在太阳赤道两边±50°以内的中低纬度带。活动区的数目和总磁流具有平均长度为11年的周期变化。

极区磁场　20世纪50年代发现太阳上纬度高于55°的两极地区，也存在强度约为1～2高斯的弱磁场，而且南北两极区的磁场极性相反，颇似地球的偶极子磁场。随后的观测表明，太阳极区磁场是变化的，在太阳活动极大年附近会发生极性转换。

宁静区磁场　随着太阳磁场观测技术的不断提高，20世纪70年代发现活动区以外的太阳宁静区中，磁场也并非为零，而是仍然有弱磁场分布。主要特征是存在网络状的磁场结构，称为网络磁场。

行星际磁场　太阳最外层大气日冕是高导电的**等离子体**，磁场与物质冻结在一起。这样向外膨胀的**太阳风**把太阳磁场带到了行星际空间。因此日地之间的行星际磁场实际上源于太阳，可看作是太阳磁场的延伸。

太阳岛　Taiyang Island　中国黑龙江省风景区。位于哈尔滨市区以北，**松花江**主航道北侧。是一个江心沙洲岛。面积约1 960公顷。古时满族渔民在此捕鱼，称其为“太要恩”，为满语鳊花鱼之意。汉语音译谐为“太阳岛”。岛上绿树成荫，花草丛生。并有百树园、丁香园、果园、翠芳园及日本风格的新潟园。一些民族式和俄罗斯式餐厅、凉亭、水榭以及疗养院等格式优美的建筑错落掩映于花木之中，与蓝天、碧水、白沙相衬，显得幽雅而静谧。其中“水阁云天”由长廊、方阁、太阳山、太阳湖等景观组成，还有仙鹤群、母子鹿、长堤垂柳、极乐园等20个景点。

太阳电池　solar cell　利用其自身的光生伏打效应直接把太阳辐射能转变为电能的半导体器件。又称太阳能电池或光电池。典型的太阳电池是一个PN结半导体二极管（见图）。已商品化的太阳电池主要有单晶硅

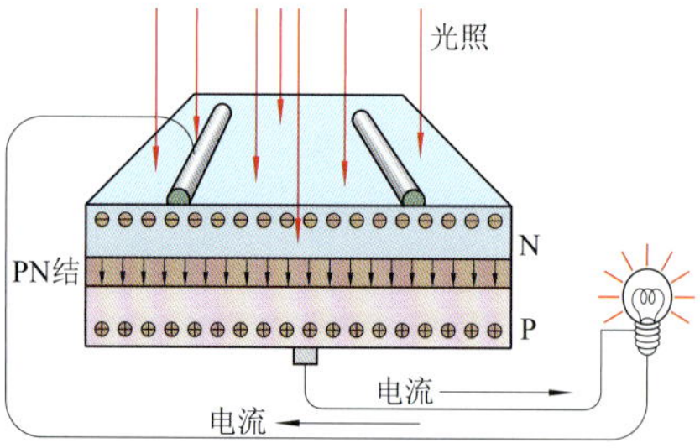

太阳电池示意图

太阳电池、多晶硅太阳电池和非晶硅太阳电池，太阳电池可单独地作为光探测元件使用，但更主要的是经过串联和并联以获得所需的电压和电流，作为供电电源使用。太阳电池还可作为光敏元件来使用，如用于曝光表、光电比色计、医疗仪器（如血氧计）等。

太阳风　solar wind　从**日冕**向行星际空间连续地抛射的粒子流。由于日冕温度高达10^6K，作用于日冕气体上的引力不能平衡压力差，使日冕不能保持流体静力学平衡，产生等离子体连续向外的流动，形成太阳风。太阳风主要由自由电子、质子和α粒子组成。太阳风等离子体夹带着磁场呈螺线形向外延伸到行星际空间。在距太阳1个天文单位处，它的基本参数是：速度为320～710千米/秒；温度为5×10^4～5×10^5K；磁场强度为2～8特斯拉。由于受太阳活动（长期的和偶发的）影响，这些参数存在着空间上和时间上的不规则变化。当太阳风流速小于每秒350千米/秒时，称作宁静太阳风，又称低速太阳风。当太阳上有剧烈爆发时，日冕常抛射很强的粒子流，称之为扰动太阳风，平均流速可达1 000～2 000千米/秒，粒子温度可达几百万开。太阳风可达到的最远距离约25～50天文单位。

太阳辐射　solar radiation　太阳向宇宙空间发射的电磁波和粒子流。

太阳的中心部分是一个处于剧烈核反应、温度高达1.5×10^7K的区域，这是维持太阳强大辐射能的源泉。在这一高温区之外，是宽广的辐射区和对流层；再向外，则是我们能直接观测到的太阳大气层，它们依次为**光球**、**色球**和**日冕**。光球层是一个厚度约500千米的气层，通常被称为太阳表面，其平均温度约为6 000K。太阳辐射能基本上是由光球发出的。

太阳辐射的能量分布在从X射线到无线电波的整个电磁波谱区内，但99.9%的能量集中在0.2～10.0微米波段内，最大辐射能量位于0.480微米处，分布在紫外波段（波长小于0.4微米），可见光波段（波长0.4～0.76微米）和红外波段（波长大于0.76微米）的能量分别占总辐射能量的9%、44%和47%。

太阳辐射是地球大气乃至地壳表层中各种运动赖以发生发展的主要能量源泉。地球每年接收的太阳辐射能量约5.5×10^{24}焦耳，相当于人类所有能源全年总产量的2.7万倍。太阳辐射的变化对地球生态环境产生直接的影响，因此从20世纪初，科学家一直对此课题进行系统的研究。

太阳黑子　sunspot　太阳表面出现的暗黑斑块。最常见和最容易观测到的一种**太阳活动现象**。简称黑子。在普通望远镜的焦平面上放置照相底片拍摄太阳，或用附加强减光滤光片的望远镜对太阳目视观测，就能看到太阳表面经常出现的暗黑斑块，就是太阳黑子。当太阳在地平线附近，或遇到薄雾天气时，日面上若有特大的黑子，往往用肉眼就能看到。

《汉书·五行志》中记载，成帝河平元年（前28）三月己未“日出黄，有黑气，大如钱，居日中央”是确切无疑的黑子记录，也是世界上最早的记录。西方国家从1610年开始用望远镜断断续续地观测太阳黑子，1818年后有较常规的每日黑子观测。

黑子分布　太阳黑子倾向于成群出现，

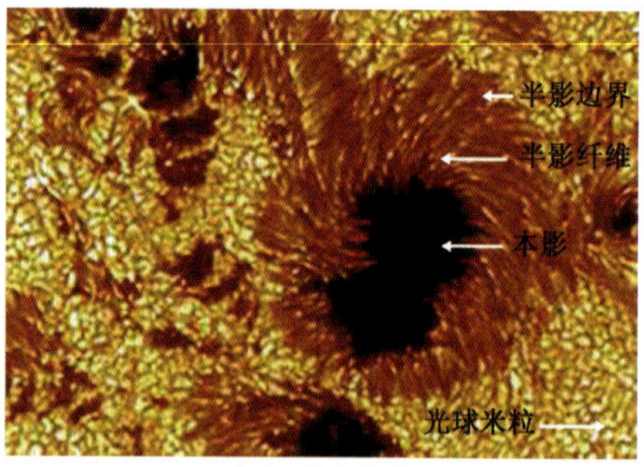

太阳黑子结构

因此日面上经常形成一些黑子群。每群中的黑子从一两个至几十个，单个黑子大小则从几百至几万千米。大部分黑子群由大致与太阳赤道平行的两部分组成。黑子群通常出现在太阳赤道两边±40°之间的区域。

本影和半影　较大的黑子结构复杂，其中心区常有一块或几块特别暗黑的核块，称为本影。围绕本影的淡黑区域称为半影（见图）。光谱观测表明，本影区的温度为4 000～4 500K之间，半影区温度约为5 500K，均比太阳表面无黑子区域的温度（约6 000K）要低。

单个黑子都有很强的磁场，强度为1 000～4 000高斯。黑子越大，磁场越强，黑子本质上是太阳表面的强磁场区。由于太阳等离子体难以横越磁力线运动，造成黑子区中对流不畅，太阳深层的热量难以充分输送到太阳表面，导致该局部区域温度下降，变得稍暗。因此，黑子的强磁场是造成黑子暗黑的原因。

物理形态　黑子群的演化过程通常是由简单变复杂，再变为简单。最先是由米粒之间的暗点扩大为几个米粒大小的暗斑，称为气孔，就是无本影的最小黑子。许多气孔只存在几小时，或一天左右；另一些则发展成黑子和黑子群。气孔已有相当强的磁场，强度可达1 000高斯以上。黑子群的寿命短的只有几天，长的可达几个月，大多为10～20天。

其他活动现象　太阳黑子多时，其他活动也比较频繁。黑子附近的**光球**中总会出现**光斑**；黑子上空的**色球**中总会出现**谱斑**，其附近经常有**日珥**；黑子上空的**日冕**中则常出现凝块等不均匀结构。同时，最剧烈的活动现象——**太阳耀斑**，绝大多数也发生在黑子上空的大气中。所以太阳大气从低层至高层，以黑子为核心形成了一

个活动中心，称为太阳活动区。

太阳活动 solar activity 发生在太阳大气中局部区域且时间短暂的偶发性事件。如在太阳的低层大气中，出现成群的太阳黑子和光斑，高层大气中出现的日珥、谱斑和日冕凝块，有时还发生太阳耀斑和日冕物质抛射现象。耀斑是太阳大气中大规模的能量突然释放现象，也就是太阳爆发，是最剧烈的太阳活动。日冕物质抛射也是一种很剧烈的太阳活动现象。特别是太阳耀斑和日冕物质抛射，由于发射出强烈的太阳X射线和紫外辐射及各种能量的带电粒子（主要是质子和电子），因而会严重干扰地球磁场和电离层的正常状态，甚至影响到地球的低空大气，从而影响到人类的航天活动、无线电通信、导航、物理探矿、电力系统，以及气象和水文等诸多领域。因此，探讨太阳活动的规律并设法对其进行预报，具有实际应用价值。

观测发现，上述各种太阳活动现象倾向于发生在太阳大气中以黑子为中心的局部区域，称为太阳活动区。一般，当太阳上出现的黑子群和黑子较多时，其他各种太阳活动也增多。就是说可用黑子群和黑子多寡来代表太阳活动的平均水平。长期观测发现，太阳黑子相对数r的年平均值R具有11年左右的周期性变化。利用这些珍贵的目视黑子记录和全世界记录到的极光频数，可推测近2 000年来的太阳活动变化。

太阳活动预报 solar activity, prediction of 对未来的太阳活动情况进行预测。因太阳活动对日地空间环境有重要影响，所以要预测日地空间环境的未来状态，必须进行太阳活动预报。与天气预报相类似，通常分为短期预报（提前几天）、中期预报（提前半个月至几个月）、长期预报（提前一年以上）以及提前几分钟至几小时的警报。短期预报主要是预测未来几天内是否会发生具有强烈X射线、紫外线和粒子流发射的太阳耀斑。中期预报主要是预报半个月至几个月内日面上是否会出现大的太阳活动区，因为大的太阳活动区最容易发生强烈耀斑。警报则是判断即将或已经发生的耀斑是否会有强烈的地球物理效应。长期预报是估计太阳活动年平均水平的变化趋势，实际上就是预报太阳黑子相对数年均值的变化，包括下一个太阳活动周的极小年和极大年出现的时间和强度。

太阳能 solar energy 太阳内部高温核聚变反应所释放的辐射能。是一种清洁的、可持久供应的自然能源。太阳向宇宙空间发射辐射功率约为3.8×10^{23}千瓦的辐射能，其中约二十亿分之一到达地球大气高层。到达地球大气高层的太阳能，30%被大气层反射，23%被大气层吸收，其余的到达地球表面。

特点 太阳能具有两大特点：①地球表面上的太阳辐射功率密度很低，但分布广泛，适宜在广大农村和边远地区分散利用。如果集中、大规模利用太阳能，则能量转换装置或系统占地面积很大。②太阳能供应的间断性和不稳定性，要求太阳能利用装置和系统的设计必须考虑能量的储存，或与其他常规能源或新能源和可再生能源匹配互补供能。

太阳能利用技术 采用某些装置或系统直接将太阳辐射能收集、转换、储存供用户所需的技术。太阳能可转换为热能、机械能、电能、化学能等。

太阳能－热能转换 用太阳能集热器收集并吸收太阳辐射能，通过对工质的传热，将太阳能转换成热能。可用于生活热水，家庭炊事，建筑物采暖、空调，工业用热，农产品干燥和温室栽培等方面。太阳能也可通过热机将热能转换成机械能，用于做功或发电。

太阳能－电能转换 主要有两种方式：①太阳能－热能－电能的间接转换方式。它是在太阳能－热能转换的基础上，将工质加热产生蒸汽，蒸汽驱动汽轮发电机发电。②太阳能－电能直接转换方式。利用特殊的半导体材料的光生伏打效应将太阳能直接转换成电能，其能量转换的器件称为太阳电池。

太阳能－化学能转换 利用太阳能直接将水分解成氢和氧。氢能是清洁的可再生的二次能源，它将从根本上改善人类利用能源的状况。

太阳能电站 solar power plant 用适当装置将太阳能转换成电能的工厂。太阳能是一种可再生的洁净能源。按能量转换的方式，太阳能电站可分为热发电站和光发电站两大类。太阳能热发电站先把太阳辐射能转变成热能，然后用常规热能动力装置和发电机组发电。高塔上放置接收器自动跟踪阳光的发电装置，运行温度500℃，转换效率大于15%。太阳能光发电站以太阳电池作为能量转换器件，利用光生伏打效应将太阳能直接转换成电能。空间运行的卫星多数使用太阳电池供电。

太阳能飞机 solar-powered airplane 以太阳辐射作为推进能源的飞机。为了获得足够的能量，太阳能飞机的机翼面积较大。以便铺设太阳电池。美国在20世纪80年代初研制出“太阳挑战者”号单座太阳能飞机。飞机翼展14.3米，空机质重90千克，机翼和水平尾翼上表面共有16 128片硅太阳电池，在理想阳光照射下能输出3 000瓦以上的功率。这架飞机1981年7月成功地由巴黎飞到英国，平均时速54千米，航程290千米。

太阳社 Sun Society 中国现代文学团体。1927年秋在上海成立。发起人蒋光慈、钱杏邨（阿英）、孟超、杨邨人等。太阳社的主要成员大都是中国共产党党员。先后编辑出版了《太阳月刊》、《时代文艺》、《新流月报》、《拓荒者》、《海风周报》等刊物，以及“太阳小丛书”（“太阳社丛书”）等。1929年底太阳社自动解散，1930年春全部成员加入中国左翼作家联盟。

1928年1月在《太阳月刊》创刊号上，发表了蒋光慈的《关于革命文学》、钱杏邨的《死去的阿Q时代》等文章，与后期创造社成员一起发起和倡导无产阶级革命文学运动。《太阳月刊》与创造社的《文化批判》等一起，成为提倡革命文学的主要刊物。另外，《拓荒者》也刊载了大量革命文学作品和许多倡导无产阶级文学的论文、译文，以及关于文艺大众化讨论的文章。这些文章力图用马克思主义观点，阐发无产阶级革命文学运动中的一些重要理论问题。由于受到当时中国共产党党内“左”倾思潮的影响，太阳社在理论和创作上带有过激的偏向。他们强调文学是一种宣传工具，尤其是否定“五四”以来的新文学传统，把批判的矛头直接指向鲁迅、茅盾等新文学先驱者，从而引发了一场关于革命文学的性质与功能等问题的激烈论争。

“太阳神”号探测器 Helios probe 联邦德国与美国合作研制的空间探测器系列。主要任务是研究太阳、太阳－行星关系和水星轨道以内的近日行星际空间，探测太阳风、

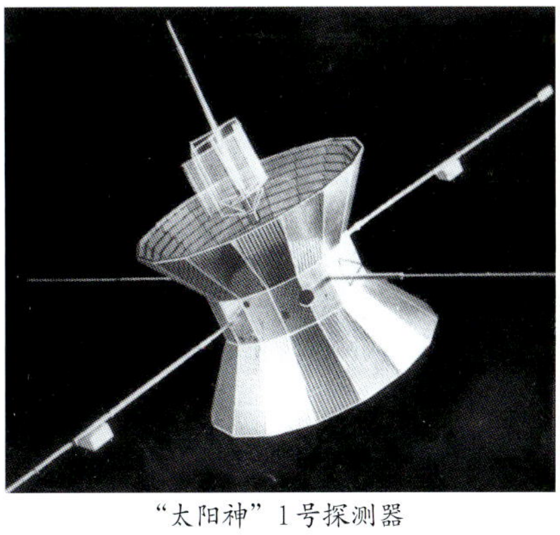

“太阳神”1号探测器

行星际磁场、宇宙线、微流星体等。1974年12月10日发射的“太阳神”1号，到达近日点为0.309天文单位（约4 635万千米）的日心轨道。1976年1月15日发射的“太阳神”2号，到达近日点0.29天文单位的日心轨道，比以前所有的空间探测器都更接近太阳。这个探测器能承受很高的太阳辐射热负荷，它的天线系统抛物面反射器的温度达到400℃，太阳电池在128℃时仍能正常工作。探测器高约3.4米，中间直径1.75米，两端直径2.74米，1号质量374千克，2号质量376.5千克，太阳电池阵位于两端裙部，工作寿命约18个月。用高增益机械消旋天线对地球定向。

太阳同步轨道 sun synchronous orbit 轨道平面绕地球自转轴旋转的、方向与地球公转方向相同、旋转角速度等于地球公转的平均角速度（0.985 6°/天或360°/年）的人造地球卫星轨道。太阳同步轨道的倾角必须大于90°，即它是一条逆行轨道。圆形太阳同步轨道的高度不会超过6 000千米。在太阳同步轨道上运行的卫星，以相同方向经过同一纬度的当地时间是相同的。由于地球公转，地球上同一地点在相同时间的光照条件随季节的不同有明显变化，但在一段不长的日子里光照条件大致相同。选择适当的发射时间，可以使卫星经过这些地区时始终具有比较好的光照条件，不会进入地球阴影，这时太阳电池可以充足供电而不会中断。倾角稍大于90°的太阳同步轨道还兼有极轨道的特点，可以俯瞰整个地球表面。气象卫星、地球资源卫星和照相侦察卫星一般都取太阳同步轨道，使拍摄地面目标的图像最好。

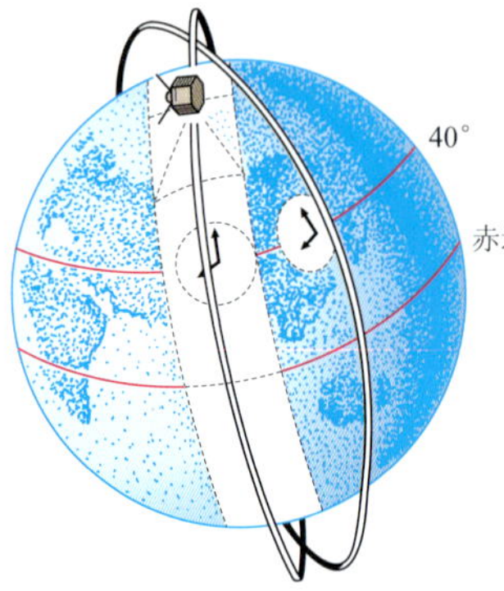

太阳同步轨道上的卫星在经过地球上同一纬度地区时，与当地时间相同

太阳物理学 solar physics 研究太阳的物理构造、太阳内部和表面发生的物理过程以及太阳整体演化的学科。天文学中的重要分支。近代太阳物理的观测和研究发端于19世纪初J.von夫琅禾费用低色散光谱仪观测太阳光谱。

太阳物理学以观测作为理论分析的主要依据。在太阳观测上的明显优势就是它有巨大的亮度和可对角直径为32′的日轮进行区域分解，因而可对太阳进行远比其他天体更为详尽的观测和研究，得到关于太阳构造和物理过程的知识也远比其他天体丰富。而且，也正是由于太阳的高亮度和可作区域分解这两大有利条件，导致太阳观测技术和仪器的非常多样化。现代太阳研究者已能够利用许多设计精巧的专门仪器，在地面和空间对太阳大气的不同层次和日面不同区域中的各种太阳活动现象，进行各种的物理参数和几何参数测量。也可在地球大气外空间直接对太阳风和高能粒子流取样探测。正是根据对太阳长期观测取得的大量数据，用物理学的方法进行综合分析和理论推断之后，获得了关于太阳构造、物理过程和演化方面的知识。

太阳系 solar system 太阳及在其引力作用下，环绕其运行的天体构成的集合体及其所占有的空间区域（见图）。计有行星及其卫星、矮行星、太阳系小天体、小行星、陨星和流星体、彗星、柯伊伯带天体、太阳风和行星际物质，可能还包括笼罩于最外围的奥尔特云。

结构 太阳在太阳系中占据中心和主导地位。太阳的质量占太阳系总质量的99.86%，其余天体共占0.14%。木星占了0.08%，其他行星的质量总和约占0.06%，而天然卫星、小行星、彗星、柯伊伯带天体等小天体和行星际物质的质量仅占太阳系总质量的微量份额。太阳的引力控制着整个太阳系，引力作用范围的半径可达1.5光年，再往外即为星际空间。太阳系的主要成员，除太阳外就是行星，因此太阳系是一个“行星系”。太阳系中，除太阳是以核聚变产能的恒星外，其他成员都是没有核能产生热辐射的“死”天体。

行星按质量和表面物态，分类地行星和类木行星两类。前者质量小，岩石表面，卫星少（水星和金星没有卫星，地球有一个，火星有两个），典型代表是地球；后者质量大，气态表面，卫星多（到2005年初已发现的卫星数为木星63个、土星35个、天王星27个、海王星11个），有环系，典型代表是木星。类地行星和类木行星的轨道之间为引力不稳定带，只能存在质量很小，但为数众多，可能成员以百万计的小行星带。类木行星轨道之外，有一可能是短周期彗星起源地的柯伊伯带。

太阳系通常以小行星带为界，分为内和外两部分。小行星带以内称为内太阳系，小行星带以外称为外太阳系。内太阳系有水星、金星、地球和火星共四个类地行星及其卫星；外太阳系计有木星、土星、天王星和海王星共四个类木行星及其卫星系，还有一个固态表面的小质量冥王星。

行星沿与太阳自转轴垂直的平面，即黄道面附近，绕太阳运转，特征是共面性。除行星、小行星带和柯伊伯带外，无数的流星体也集中分布在黄道带附近。行星公转轨道的偏心率很小，近圆性也是结构特征之一。行星与太阳的距离大小也具有特征，其规律可用提丢斯-波得定则表示。

运动 太阳系的行星都有自转。大多数行星的自转方向和太阳的自转一致，即自西向东沿逆时针方向。行星都在接近同一平面的近圆轨道上，自西向东沿逆时针方向绕日公转。行星的大多数卫星也都自西向东，沿逆时针方向绕行星运转。小行星主带和柯伊伯带中的小天体也多自西向东，沿逆时针方向绕太阳运行。距离太阳越远的行星、小行星和柯伊伯带天体绕太阳运转的轨道速度越慢，距离行星越远的卫星绕行星运转的轨道速度也越慢，这一现象分别称为太阳系的较差自转和行星系的较差自转。

太阳系全景示意（体积大小和距离远近不按实际比例）

质量占太阳系总质量的99.86%的太阳的角动量只占1%左右，而质量仅占0.14%的太阳系其他天体的角动量总和却占99%左右，这一特殊的角动量分布现象是太阳系的一个运动特征。

太阳相对于邻近恒星的运动速度为19.6千米/秒，朝向武仙座一点，该点称为太阳向点，简称向点。此外，太阳和太阳系还以250千米/秒的速度在银河系中绕银心运行，约2亿年绕转一周。

在宇宙中的地位　太阳是银河系内的约2 000亿个成员恒星中的普通一员。按质量计，它是中等质量的矮星；按光度计，它是中等光度的矮星；按表面温度计，它是约5 000K的黄矮星；按年龄计，它是诞生约50亿年，处在演化进程的中间阶段，为中年恒星。根据太阳的金属丰度确认，它属星族Ⅰ，亦即不是银河系的第一代天体，而是第二代或第三代恒星。到2005年初，已发现并确认的拥有行星或行星系的恒星超过150个，所以太阳系也是恒星世界中普遍存在的行星系中的一个。

太阳系位于距银河系中心约25 000光年的银盘（银河系的圆盘结构）中，和其他上千亿个恒星一道环绕银心运转。太阳和太阳系不处在特殊位置上，不是银河系的中心。银河系是一个巨型旋涡星系，是已观测到的约上千亿个多种类型的星系中的普通一员。

太阳系的起源和演化　solar system, origin and evolution of　太阳系是由太阳、八大行星、众多的卫星、为数更多的小行星和彗星以及行星际物质组成的天体系统。它的起源和演化的内涵涉及太阳系在何时，由何种原因，由何物质构成，经过何种方式和何种演化过程，如何导致现有各个成员天体的各自特征及成员天体之间的差异。此外，还包括阐述具有特殊意义的地球的起源和演化。

1644年，法国科学家R.笛卡尔提出太阳、行星和卫星在太初混沌中诞生的“涡流说”。1745年法国天文学家G.-L.L.de布丰阐述太阳因受到彗星撞击而形成的“灾变说”。这两个假说虽然科学价值不大，但有启蒙作用，开启了后世的科学探索太阳起源和演化的新历程。1755年德国科学家I.康德和1796年法国数学家和天文学家P.-S.拉普拉斯各自独立地提出太阳系起源的“星云说”。两个假说均认为太阳和太阳系天体都起源于同一个原始星云。随后的百年间，“星云说”广为流传，影响极大，为近代的太阳系起源和演化研究奠定了基础。19世纪末到20世纪上半叶，先后出现了T.C.张伯伦的“星子说”、F.R.摩耳顿的“微星说”、C.F.von魏茨泽克的“旋涡说”、G.P.柯伊伯的“原行星说”、O.Yu.施米特的“陨星说”、H.阿尔文的“电磁说”。

到20世纪60年代，综合多家研究成果之长而形成了现代的“原始星云理论”。如今，已在太阳的诞生和早期演化、行星和卫星的形成、太阳系的稳定性、太阳系角动量的分布、太阳系的化学演化等领域取得公认的进展。

①太阳于50亿年前诞生在原始太阳星云中，它是银河系内第二代或第三代的恒星。最早是星际物质因自吸引力和吸积作用形成的原始太阳。它在星际气体尘埃中先经过坍缩过程，进入历时仅4 000万～5 000万年短暂的引力收缩阶段。当核心区的温度增至1 500万度时，氢聚变的核反应启动，从而变成自主产能的主序星太阳。

②太阳系天体于50亿～46亿年前起源于同一原始太阳星云，主要成分是气体，还有占总质量1%～2%的尘埃，围绕中心太阳的星云扁化为旋转星云盘。在吸积作用下，星云盘物质形成行星、卫星、小行星和其他小天体。

③根据天体力学推断，在最近20亿年间，行星的轨道运动没有明显变化，为一动力学稳定性高的系统，但小行星和其他小天体的轨道则演化较大。

④几十亿年间，类地行星已经历巨大的地质演变，面目早已今非昔比。但小天体则保留较多的太阳系形成初期的信息，变化过程缓慢。

⑤类木行星的化学组成与太阳的近似。类地行星与类木行星在成分和结构上的差异是演化过程中化学分馏的结果。

⑥类地行星和月球的表面上的环形山结构主要是40亿年前之后的小天体陨击所致。

⑦太阳系角动量的特殊分布是太阳磁场在磁耦合机制作用下，转移了太阳角动量的后果。

⑧太阳系的起源和演化除动力学过程外，还有原子物理、化学、电磁学以及等离子体等的综合作用。

除已取得的共识外，尚有许多环节和疑难有待理顺和解释，如原始太阳和星云盘的相互作用，星云盘物质和角动量的转化过程，星云盘中不稳定性过程，行星形成的吸积过程，类地行星和类木行星的形成先后顺序和所用时间，类木行星的气体吸积进程等。

太阳耀斑　solar flares　最剧烈的太阳活动现象。20世纪50年代以前，太阳耀斑的定义是指用氢的H_α谱线观测到太阳色球谱斑中的突然增亮现象，因此早先也称为色球爆发。后来多种手段的综合观测表明，与H_α谱线突然增亮的同时，还伴随有一系列更高能的现象发生，包括从波长短于0.1纳米的γ射线和X射线，直到波长达几千米的射电几乎全波段的电磁辐射增强，以及发射能量从10^3电子伏直到10^{11}电子伏的各种粒子流。同时还观测到大规模的物质运动和抛射现象。较大耀斑释放的能量是10^{25}焦量级。因此，现代的太阳耀斑概念应包括所有这些突变现象，从而更合理地把太阳耀斑定义为发生在太阳表面局部区域中突然的和大规模的能量释放过程。而把色球谱斑增亮称为光学耀斑，是耀斑在可见光（H_α）辐射增强的表现。观测表明，太阳耀斑的电磁辐射能量和粒子发射是分别由太阳大气中不同区域发射出去的。电磁辐射主要产生于低温耀斑区（即光学耀斑区，电子温度$T_e \approx 10^4$K，电子密度$n_e \approx 3\times 10^{13}$/厘米^3），粒子发射则起源于从色球－日冕过渡区至日冕中的高温耀斑区（$T_e \approx 10^7$K，$n_e \approx 10^{10}$/厘米^3）。从释放能量的大小或从触发耀斑事件的起始位置看，耀斑的主体应当是高温耀斑区，而光学耀斑是较低能的次级现象。即导致耀斑发生的等离子体不稳定性的触发系发生在高温耀斑区附近，然后由触发区产生的粒子流和热

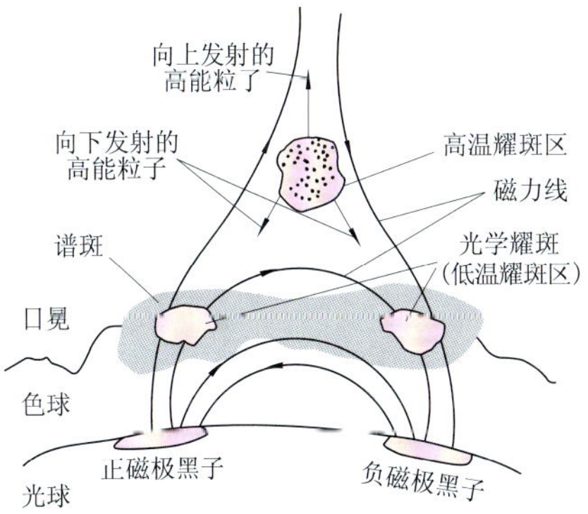

太阳耀斑区大气结构示意

传导一起向下层传播，在低层大气激发产生光学耀斑（见图）。

《太阳灼人》　*Burnt by the Sun*　俄罗斯故事片。俄罗斯3T电影制片公司、法国一号机电影公司1994年联合出品。编剧兼导演、主演N.S.米哈尔科夫。1936年，红军英雄科托夫与妻子玛露霞、女儿娜佳在一个小村庄度假。玛露霞少年时代的恋人德米特突然来到他们中间。10年前德米特莫名失踪，玛露霞曾为此自杀。作为秘密警察的德米特向科托夫透露了此行的目的：科托夫受到怀疑，他是来押送科托夫到莫斯科的。当晚，一辆黑色轿车来到了科托夫家门口。影片字幕告诉观众，科托夫不久被枪毙，直到20世纪50年代才得到“平反”。影片最后，德米特躺在浴缸里，用剃刀切开了自己的手腕。导演米哈尔科夫曾将这部影片说成是“一个被太阳灼盲双眼的人的悲剧”。影片将夏日田园柔情烈火般的喜剧风格和斯大林时代人际关系的扭曲及家庭悲剧的展现巧妙有机地糅为一体，手法平实而褒贬自见。荣获1995年第67届奥斯

卡金像奖最佳外语片奖，1994年第47届戛纳电影节评委会大奖。

太阳自转 solar rotation 太阳自身的转动。早在17世纪初伽利略发明望远镜后不久就发现，用望远镜连续几天观测日面上同一黑子时，它的位置每天向西移动约为14°的日心张角，表明太阳是在自转。太阳自转方向与地球自转方向一致，但它的自转轴与地轴不平行，存在26.4°的交角。同时作为流体的太阳与固体地球的自转也不一样，就是太阳表面上不同纬度处的自转角速度也是不相同的。这种自转角速度随纬度而异的现象通常称为较差自转。太阳赤道区大约26天转一周，两极区大约为37天，它们称为恒星周期。不过由于太阳自转过程中，地球也在自己的轨道上与太阳自转相同的方向运行，因此从地球上看太阳赤道上的一个黑子随太阳自转一周不是26天，而是27天，而在两极区附近自转一周需时41天，它们称为会合周期。

太一 supreme one 古代表示世界本原的哲学范畴。中国古代“太”又作“大”或“泰”，“一”或作“乙”。“太”代表最先最高，“一”是唯一无对。《庄子·天下》称老子的学说“主之以太一”，在《吕氏春秋》、《淮南子》、《礼记》等书中太一被解释为道、元气、太极等。汉武帝时，“太一”被解释为天神。

在西方古代哲学中，太一（the One）意谓单一、独一、没有界限和区分、浑然一体。新柏拉图学派的普罗提诺把太一看作无所不包的统一性、绝对的一，认为它不是一个物，也不是万物的总和，而是万物的源泉，由太一创造世界万物。它创造万物是一个流溢的过程，依次流溢出“奴斯”（思想、心智）、灵魂，最后由最低等的生命流出物质世界。太一不可名状、不可认识，但人的灵魂自然地渴望回归太一。为此，灵魂必须通过净化修养和直观，超脱肉体，出神忘我，与太一融为一体，达到神人合一的境界。

太阴病 taiyin disorder 中医学伤寒六经病之一。常见于外感病病程中，证见腹满而吐、食不下、自利、口不渴、时腹自痛。太阴病的性质为里虚寒证。病邪入里，胃阳旺盛则邪从燥化而为阳明病，脾阳不足则邪从寒湿而化而为太阴病。临床所见腹满、呕吐、饮食不下、自利腹痛、大便清稀、口不渴、脉迟、舌苔白滑等证均为太阴虚寒证。治疗以温中健脾，祛寒燥湿为主。症状轻较的患者手足温、自利不渴，可用理中汤加减温中祛寒。若吐利严重，则可见口渴、四肢逆冷，当用四逆汤温阳益脾。

太阴虚寒证禁用苦寒攻下，即使是脾经有湿浊内蕴者，攻下药也属禁忌。不宜进食生冷水果以及难以消化的食物，以免重伤脾阳、妨碍运化。

太原会战 Taiyuan, Decisive Battle of 1937年9～11月，中国军队抗击日军侵入山西太原地区的作战。1937年9月下旬，日军统帅部命板垣征四郎率第5师团及察哈尔派遣兵团主力进攻山西内长城防线，企图向太原发动进攻。中国第二战区司令长官阎锡山指挥所部退守内长城的平型关、雁门关、神池一线组织防御。

阎锡山视察前线

平型关战斗 9月21日，日军第5师团先袭击中国守军第17军侧背，再从正面进攻平型关，遭到第33军第73师、八路军第115师的抗击。日军察哈尔派遣兵团9月28日攻占茹越口。由于侧背受到威胁，30日平型关中国守军奉命撤向五台山。日军遂陷平型关，西进至代县。

忻口战役 10月2日，日军连陷崞县（今崞阳镇）、原平，进逼忻口。10月13日，板垣指挥5万日军向忻口进攻。面对日军第5师团的猛烈进攻，中央兵团据险扼守，与敌展开激烈争夺战。其间，八路军各部队相继在晋东北袭击日军后方，配合忻口正面作战。忻口战役正酣，晋东娘子关失守，日军西进逼近太原。11月2日，忻口守军奉命退守太原。

娘子关防御战 日军在10月10日攻占石家庄后，为配合忻口的正面进攻，以主力绕道于13日攻陷旧关。21日，日军第20师团得第109师团一部增援，继续在正面进攻娘子关，娘子关守军26日全线撤退。日军沿正太铁路向西追击，11月2日占领寿阳后，迅速逼近榆次，危及太原。

太原保卫战 11月4日，阎锡山任命傅作义为太原城防司令，卫立煌为第二战区前敌总司令，部署从忻口、娘子关撤退的部队守太原。7日，两面日军包围太原，协力攻城。8日夜，太原沦陷。

是役，中国军队大量消耗了日军有生力量，牵制了日军沿平汉铁路南下的作战行动，特别是八路军进行的平型关战斗打破了“日军不可战胜”的神话。但娘子关方面防范疏漏，被日军乘虚而入，导致会战失败。

太原审判 Taiyuan Trial 中华人民共和国最高人民法院特别军事法庭于1956年6月10～11日和6月12～20日，在山西省太原对日本侵华战犯富永顺太郎的战争犯罪和特务间谍罪案及城野宏等8名战犯罪案进行的审判。审判是根据1956年4月25日中华人民共和国第一届全国人民代表大会常务委员会《关于处理在押日本侵略中国战争中战争犯罪分子的决定》进行的。

庭审调查证实：富永顺太郎在日本侵华战争期间犯有组织领导在华特务间谍活动，抓捕、刑讯、奴役、残害中国人民等罪行；在日本投降后，又犯有继续潜伏中国，勾结汉奸和蒋介石集团特务，破坏中国人民的解放事业，妄图复活日本军国主义的罪行。法庭宣布判处富永顺太郎有期徒刑20年。城野宏等8名战争犯罪分子，在日本侵华战争期间犯有严重罪行。他们有的策划组织和指挥多次“扫荡”；有的指挥残杀中国和平居民和被俘人员；有的以极残酷的手段刑讯中国和平居民来逼索情报；有的将被俘人员作为日军新兵“试胆锻炼”的“活人靶”；有的将妇女、儿童赶入窑洞纵火焚烧；有的毁灭城镇，进行经济掠夺。日本投降后，他们又犯有策划、组织和参与留在中国山西省的前日本军政人员反对中国人民的解放事业，阴谋复活日本军国主义的罪行。法庭判处城野宏有期徒刑18年，对其余7名战犯分别判处有期徒刑8～15年。

太原市 Taiyuan City 中国山西省辖市、省会。辖杏花岭、小店、迎泽、尖草坪、万柏林、晋源6区和清徐、阳曲、娄烦3县，代管古交市。面积6 959平方千米。人口420万（2010）。太原古称晋阳，大约创建于公元前497年，为早期的赵国都城。秦置太原郡，为郡治。北朝、隋、唐时期，太原一直为历代重镇。五代，晋阳曾先后为后晋、后汉、北汉的都城。1927年设太原市。太原为大平原之意，得名于太原盆地。黄河的主要支流汾河，由北向南，将太原市分为东西两大部分。属暖温带大陆性季风气候。年平均气温9.6℃。平均年降水量474毫米。

矿产主要有铁、锰、铜、铝、铅、煤、硫磺、石灰岩、石膏、耐火黏土、明矾、白云石、石英砂等。工业已形成了以煤炭、冶金、机械、化工为主体的现代工业生产体系。主产粮食、油料、甜菜、蔬菜等。

太原是华北重要的铁路枢纽。太原火车站是华北第二大客运站，太原东站是山西省最大的货物集散站。境内有石太线、南北同蒲线、太焦线、京原线、太古岚线等铁路干线。以太原为中心的公路网呈辐

太原五一广场

射状，连接省内外。民航开辟了直达北京、上海、天津、成都、西安、广州、大连、南京、重庆、沈阳等地的航线。市内有山西大学、太原理工大学、山西医科大学、山西财经大学等高校。太原是中国重点旅游城市之一。名胜古迹有**晋祠**、大佛寺、天龙山石窟、多福寺、豫让桥、崇善寺、双塔寺、太原古县城遗址和国民师范旧址等。

太原卫星发射中心 Taiyuan Satellite Launching Center 中国航天发射场。位于山西省太原市西北地区，通常用于朝南偏西方向发射太阳同步轨道卫星，还可以发射极轨道卫星。主要包括测试区、发射区以及各种测控设施和保障设施。从1988年开始发射中国气象卫星、资源卫星和科学实验卫星，还发射过国外的低轨道通信卫星。

太宰治 Dazai Osamu (1909-06-19～1948-06-13) 日本小说家。原名津岛修治。生于青森，卒于东京。1930年入东京帝国大学法语系。1935年刊出小说《丑角之花》，引起文坛关注。第二次世界大战后日本无赖派文学的代表作家之一。无赖派文学的总体特征在于否定或毁坏传统社会的权威与秩序，并在幻化的现实中毁坏自我。太宰治的小说大多采取第一人称的告白形式，最具代表性的是《斜阳》。《斜阳》以没落的贵族家庭为中心，用日记、信函之类“无技巧性”的文体，通过4个人物不同的“毁灭”形式，直接面对自我存在的深层寓意以及荒诞虚妄的战后社会。太宰治并非单纯在作品之中虚构死亡与毁灭，更在现实中多次付诸实施，以期实现他那颇具美学色彩的“毁灭或死亡情结”。1948年，终于在他的自传体长篇小说《丧失为人资格》完成之后投河而死。

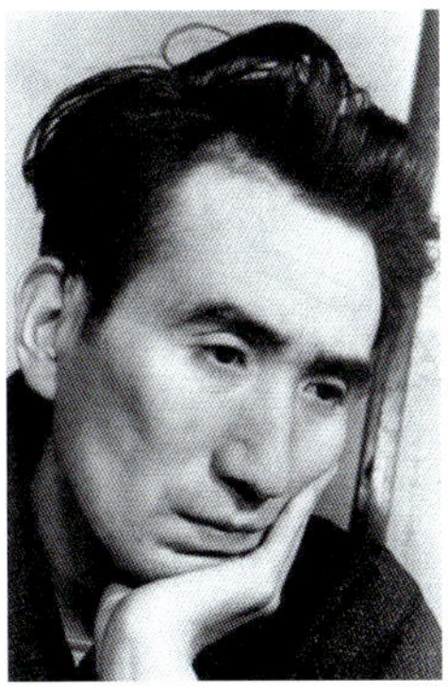

太子港 Port-au-Prince 海地首都，全国第一大港口城市。位于戈纳夫湾东南岸附近的库尔德萨克平原上。人口约200万(2009)。始建于1749年，法国人在此建榨糖厂。1770年取代海地角成为法属圣多明各殖民地首府。1804年海地独立后成为首都。历史上曾屡遭地震、飓风和战争破坏。全国工业中心。主要工业部门有榨糖、水泥、纺织、面粉、酿酒、制皂、制药、制鞋、服装等。著名良港。港宽水深，吞吐量占全国进出口物资的60%～70%，主要输出蔗糖、咖啡、可可、棉花、皮革、木材等。全国交通枢纽。建有国际机场，有国际航线通加勒比海诸岛、加拿大、美国和瑞士。全国文化中心。设

太子港国家宫

有海地大学(1920)、国家博物馆、考古博物馆、现代艺术博物馆、图书馆。旅游业兴旺。著名建筑有国家宫(1918年重建)、圣母大教堂；市中心的独立英雄广场是集会和文化活动的主要场所。

态度 attitude 个体对人、物、事件和观念的一种稳定的反应倾向性。态度的主要特征是具有评价性，即对知觉对象的积极或消极的反应倾向。态度不能直接看到，需要通过外显反应加以推导。

态度包括3个成分：认知成分，反映个人对知觉对象的赞同不赞同、相信不相信；情感成分，反映个人对知觉对象的喜欢不喜欢；意动成分，反映个人对知觉对象的行动意图、准备采取的行动。

人们对态度的反应主要有三种形式：①顺从。公开表示接受某种态度，但私下并未接受。②认同。由于喜欢某人或某群体而自愿接受他们的态度，这虽然还不是自己的态度，但已接近自己的态度。③内化。完全接受他人态度，使之成为自己态度的一部分。

态度表达行为的倾向性，引导或决定行为。但态度与行为不一致的情况也经常发生。态度与行为的关系受许多因素的影响，态度越强烈、越具体，态度与行为可能越一致。自我监控较低的人，其态度与行为更容易一致。情境的压力往往使态度与行为不相符合。当人们必须思考并表达他们的态度时，他们的行为便可能与态度一致。人们对直接体验到的东西的态度，比对听到的或读到的东西的态度要强烈。一个人的直接体验会加强他所持态度，从而导致态度与行为更一致。

肽 peptide 一类通过**氨基酸**之间的氨基和羧基缩合而形成的化合物。组成天然肽的大多数氨基酸与组成**蛋白质**的相同，有20种。从化学结构上看蛋白质和肽是同一类物质，通常把含50个以上氨基酸的称为蛋白质，不足50个氨基酸的称为肽，两者无严格界限。

生物体中存在着具有特定生物活性的肽。多肽类激素是发现最早，研究得最详细的一类活性肽。它们都由特定的内分泌腺，如垂体、甲状腺、松果腺、胸腺、胃肠道、胰腺、性腺等分泌，经体液输送到各自的靶细胞而发挥它们的调节功能。激肽是存在于血液中的、由蛋白质前体在需要时被水解而释放的肽，主要调节血管的松弛或收缩。肽抗菌素是微生物的代谢产物中一些具有抗菌活性的肽。

多肽抗菌素至今主要都是用发酵生产的。早年其他的药用肽都利用抽提纯化的方法从天然的脏器或相应组织中制备。近年多肽药物的生产逐渐转用化学合成法。随着噬菌体展示技术的迅速发展，人们可以利用此项技术筛选和研制全新的肽类药物。将肽类以微阵列的方式组合成为肽芯片，是蛋白质功能研究的现代工具。

钛 titanium **化学元素**，元素符号Ti，原子序数22，原子量47.867，属周期系ⅣB族。1791年W.格雷哥尔首先发现钛的氧化物，1795年M.H.克拉普罗特在研究金红石矿石时再次发现钛，并命名为titanium，来源于希腊神话中大地之子Titans之名，以表示金属钛所具有的天然强度。1910年M.A.亨特用金属钠还原四氯化钛制得了较纯的金属钛。钛在自然界分布极广，在地壳中的含量为0.6%，居第九位。含钛量较大的矿物有**金红石**(TiO_2)、**钛铁矿**($FeTiO_3$)、钙钛矿($CaTiO_3$)、**榍石**($CaTiSiO_5$)和钒钛铁矿等。

钛是银灰色金属，质软，有延展性；熔点1 668℃，沸点3 287℃，密度4.54克/厘米^3(20℃)。杂质的存在会改变钛的熔点。通常，碳、氧、氮等杂质会使其熔点升高，铁、锰、铬、铜等金属杂质会使其熔点降低。钛有顺磁性，导电和导热性较差。钛能与大多数金属和许多非金属形成合金，金属钛中加入其他金属，可以增加钛的强度。钛的氧化态-1、+2、+3、+4，+4价最稳定。钛具有优异的抗腐蚀性。金属钛表面容易形成一层保护性氧化膜，常温下，不受王水、硝酸、潮湿氯气、稀硫酸、稀盐酸和稀碱溶液的侵蚀。钛对海水的抗腐蚀能力特别强。氢氟酸、磷酸和中等浓度的碱溶液对钛有侵蚀作用。在250℃左右，钛的表面即失去光泽，形成蓝至金黄色的氧化物薄层；

温度再升高，氧化层增厚，颜色变为黄棕色；温度高达1 200℃时，氧化加速。钛在较高的温度下，可与许多元素和化合物发生反应。钛的重要化合物有二氧化钛和钛酸盐。

工业上生产钛，主要有镁热法和钠热法两种。先将钛铁矿或金红石在碳存在下加热，通氯气，使二氧化钛转化为挥发性的四氯化钛。把蒸发出的四氯化钛冷凝收集并加以提纯，然后在氩气中用金属钠或金属镁高温还原四氯化钛，即得金属钛。钛和钛合金作为结构材料被广泛应用于飞机、火箭、导弹、人造卫星、宇宙飞船、舰艇、军工、轻工、化工、纺织、医疗以及石油化工等领域。钛的抗腐蚀能力比常用的不锈钢强15倍，使用寿命比不锈钢长10倍以上。储氢金属中，钛系是比较便宜的一种。钛和镍组成“记忆合金”。钛具有“亲生物”性，用于制作人工骨关节。二氧化钛是具有最高折射率的白色细粉，常被用来制造耐火玻璃、釉料、珐琅、陶土、耐高温的实验器皿以及作为白色颜料（钛白粉）等。钛酸钡广泛用于制作铁电陶瓷材料。

钛合金 titanium alloy 以钛为基加入其他元素组成的合金。其主要添加元素有铝、锡、锰、钒、铬、钼、铁、硅、铜等。在退火状态下，钛合金的相组成分为α型、β型和(α+β)型3类，中国分别以TA、TB和TC表示。与其他金属材料相比，钛合金比强度高，中温、低温性能好；在氧化性介质中，合金表面能生成一层牢固而致密的、破坏后又能自愈的氧化膜，可防止金属进一步氧化，故钛合金又具有较好的耐腐蚀性。

钛合金按用途可分为：①耐蚀钛合金。除具有一般钛合金的耐蚀性能外，还具有高断裂韧性和高强度、低的应力腐蚀敏感性和耐海水和化工介质的腐蚀性能。主要用于制造潜艇壳体和海洋压力容器等。②耐热钛合金。通过固溶强化、弥散强化等工艺获得较好的高温性能，使用温度在400℃以上。用于制造飞行器蒙皮、航天工业用发动机零件等。③高强度钛合金。强度可达1 200～2 000兆帕。主要用于制造飞机构件，还可制造耐蚀设备、运动器具等。④低温钛合金。可在液氧、液氢温度下使用，具有高的低温塑性和韧性。用于制造液态气体的容器和具有高塑性、高韧性的零件。⑤粉末钛合金。用粉末冶金方法制成，可代替变形钛合金制造各种半精密形状的零件，能提高材料的利用率，降低制造成本。⑥功能钛合金。主要有镍钛形状记忆合金、铁钛储氢材料等。

钛铁矿 ilmenite 化学成分为$FeTiO_3$，晶体属三方晶系的氧化物矿物。常有镁、锰、铌、钽替代铁或钛。晶体常呈板状、鳞片状、粒状，集合体呈块状或粒状。钢灰至铁黑色，条痕黑色至褐红色。金属至半金属光泽。莫氏硬度5～6.5。性脆。密度4.5～5.0克/厘米^3。无解理。具弱磁性。一般作为副矿物见于超基性岩、基性岩、碱性岩、酸性岩和变质岩中，也可以形成砂矿。受岩浆期后热液或表生氧化作用，能转变成白钛石、金红石、锐钛矿、赤铁矿。含TiO_2达52.66%，是提取钛和二氧化钛的最主要矿物原料。著名矿山有俄罗斯的伊勒门山、挪威的特耳尼斯、美国怀俄明州的铁山、加拿大魁北克的埃拉德湖等。中国四川攀枝花铁矿，即是大型的钛铁矿产地。

泰安市 Tai' an City 中国山东省辖地级市。位于省境中部。辖泰山区、岱岳区和宁阳县、东平县，代管新泰市、肥城市。面积7 761平方千米。人口549万（2010），有汉、回、满、壮、蒙古、朝鲜、苗、彝、白、达斡尔、土家、藏、布依、侗、水、维吾尔、哈尼等民族。西汉初设泰山郡，北齐改为东平郡，隋省东平郡入鲁郡，金初设泰安军，金大定二十二年（1182）改设泰安州，清雍正十三年（1735）设泰安府。中华人民共和国建立后，1950年设泰安专区，1972年改为泰安地区，1985年撤销泰安地区设地级泰安市。山地分布在北部和东部，东岳泰山雄踞市北，主峰玉皇顶，为山东省内第一高峰，海拔1 532.7米。东平湖是山东省第二大淡水湖。矿产有煤、铁、铜、钴、金、铝土、石英石、蛇纹石、石膏、自然硫等。农业主产小麦、玉米、花生、大豆、大麻、大蒜、芦笋等。盛产苹果、梨、桃、板栗、核桃、雪松、银杏等。山区产泰山灵芝、何首乌、紫草、四叶参、黄精和汶河的“九草香附”等中药材。水产养殖集中分布于东平湖，以东平湖鲤鱼、泰山赤鳞鱼、汶河鳜鱼等著名。工业有煤炭、电力、纺织、建材、化工、机械、食品等。名胜古迹有泰山、岱庙、普照寺、冯玉祥墓、大汶口文化遗址等。

泰尔扎吉 Terzaghi, Karl（1883-10-02～1963-10-25） 土力学和基础工程学家，近代土力学的创始人。又译太沙基。生于布拉格，卒于美国马萨诸塞州温切斯特。1904

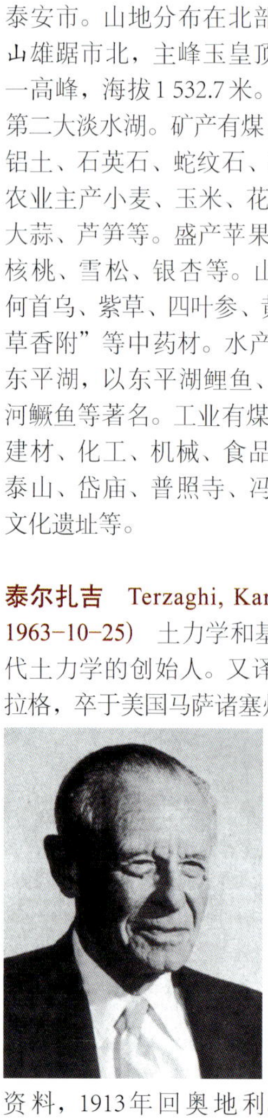

年毕业于奥地利格拉茨高等工业学院，获机械工程学学士学位。1912年获博士学位。1912～1913年在美国搜集积累了美国垦务局许多工程的大量土工、地质资料，1913年回奥地利。1916～1925年，先后在土耳其帝国工程学院和罗伯特学院任教。1925～1929年在美国麻省理工学院任教。1929～1938年返回欧洲任维也纳工科大学教授。他的教学和试验活动，形成了当时的土力学研究中心。1938年移居美国波士顿，以后任哈佛大学教授直至去世。

1921～1923年，泰尔扎吉发表了饱和黏性土的一维固结理论，以及土中孔隙水压力概念和有效应力原理。1925年出版了最早的土力学专著《建立在土的物理学基础上的土力学》，并在美国《工程新闻纪录》期刊发表了土力学原理的系列论述，被公认为近代土力学的创始人。他解决过许多重要工程中的土工疑难问题，如芝加哥地下铁道工程、墨西哥城沉陷问题、加拿大肯尼坝、法国塞尔蓬松坝、埃及阿斯旺高坝等。1936年他发起成立国际土力学及基础工程协会并担任主席。有论文200余篇。

泰戈尔 Tagore, Rabindranath（1861-05-07～1941-08-07） 印度孟加拉语作家、诗人、哲学家、艺术家。生于加尔各答一个文化气氛很浓的贵族家庭，卒于加尔各答。

基本上没有受过正规的学校教育，他丰富的科学、历史和文学知识都得自于父兄、家庭教师和自己的努力。1878～1880年在伦敦学习英国文学和西方音乐。1890年开始经营田产。1884～1911年担任了17年的梵社秘书。1901年在桑地尼克坦创办了一所学校，后成为著名的国际大学。1905年参加反对英国统治的民族自治运动，后退出。1913年获诺贝尔文学奖。

从15岁开始文学创作，到去世共创作了50多部诗集、13部（包括一部未完稿）中长篇小说、近100篇短篇小说、40多部剧本、2 000多首歌曲，以及大量散文、随笔、游记、论文、论著等，为世界文学留下了宝贵的遗产。

诗歌 诗歌创作可分为早期（1886年以前）、成熟期（1886～1907）、沉思期（1907～1919）和激奋期（1919～1941）。早期较有名的作品有抒情诗集《暮歌集》（1882）等，主要歌颂纯真的爱情，赞美青春的欢乐，带有浓郁的浪漫主义色彩。1886年诗集《刚与柔集》的发表，标志着诗人面向人生，面向现实生活，步入了成熟期。出版的诗集主要有《缤纷集》（1896）、《收获集》（1896）等。诗作内容广泛，题材多样。1907年后思想比较低沉，诗歌创作也进入了沉思期。主要有《吉檀迦利》、《逃避》（1918）等诗集。《吉檀迦利》写人类、爱情、苦难、死亡、自然、祖国等各种题材，

泰戈尔在桑地尼克坦的住宅

带有浓厚的神秘主义、泛神论和泛爱色彩。1919年英国人制造的阿姆利则惨案极大地刺痛了诗人的民族自尊心，诗歌创作也显示出激情奔放的战斗风格。主要有《再次集》(1932)、《边沿集》(1938)等诗集。

小说　长篇小说创作明显地分为三个时期：第一时期是1878～1885年，创作了《科鲁娜》(未完稿，1878～1879)、《王后市场》(1883)和《贤哲王》(1885)，带有明显的讲故事的特点，算不上成功之作。18年后，泰戈尔的长篇小说又开始问世，包括《眼中沙》(又译《小沙子》，1903)、《沉船》(1906)、《戈拉》(1910)、《四个人》(1915)和《家庭与世界》(1916)。《眼中沙》讲妇女，尤其是寡妇的不幸。《沉船》表现了封建道德规范与新的婚姻观的冲突，歌颂了人道主义精神。《戈拉》是泰戈尔长篇小说的代表作，反映了19世纪70～80年代印度社会生活中的复杂现象。13年后他又连续发表了五部中长篇小说：《纠缠》、《最后的诗篇》、《两姐妹》、《花圃》和《人生四谛》(又译《四章》)。在泰戈尔的近100篇短篇小说中有不少佳作，如描写少年寡妇不幸的《河边的台阶》(1884)、表现封建婚姻制度给妇女带来不幸的《莫哈玛娅》(1893)等。小说形象鲜明，语言凝练，情节发展带有传奇性。

戏剧　戏剧情节并不复杂，但抒情味很浓，充满了象征和寓意，并与音乐、舞蹈、歌曲等艺术表演形式关系密切。《暗室王》(又译《暗室之王》、《国王》，1910)是一部具有很强象征性和哲理性的戏剧。暗室在剧中隐喻灵魂的黑夜。《邮局》(1912)中的国王代表神、真理、爱和美。舞剧《西亚玛》(1939)中的西亚玛是高级妓女，象征罪过与黑暗。《摩克多塔拉》(1922)是反映现实的政治剧，依然采用某种象征的形式。

哲学　承袭古代吠檀多不二论的传统，认为宇宙的本原是一种绝对存在，称为“梵”、“世界意识”或“无限人格”。反对传统吠檀多的世界虚幻说，认为物质世界不仅是真实的，而且按照自身的规律运动变化着。承认自然界和人类社会存在相互对立和矛盾的现象，主张通过普遍之爱去调和社会和各种矛盾。主要哲学著作有《生命的亲证》、《论人格》、《创造的统一》等。

艺术　1928～1930年创作了大量无题画。1930年在巴黎、慕尼黑、柏林、德累斯顿、莫斯科、芝加哥等地举行个人画展，轰动世界艺坛。他的绘画充满线条的变奏、色彩的交响和神秘主义的象征意味。代表作有《涂改》(约1927)、《无题》(约1928)、《两个形象》(1934)等。他还是一位天才作曲家，曾为成百上千首诗歌谱曲。

泰国　Thailand; Muang Thai　亚洲东南部国家。位于中南半岛中部，与缅甸、老挝、柬埔寨、马来西亚为邻。南濒泰国湾。面积513 115平方千米。人口6 668万(2009)。全

国有30多个民族，泰族人口约占全国人口的40%，佬族约占35%，其余为马来族、高棉族和华人等，还有克伦、苗、瑶、傈僳等族。佛教为国教，94%的人信奉佛教。泰语为国语。首都曼谷。

地理　以平原为主，海拔200米以下的平原和低谷地占总面积的50%以上，超过1 000米的山地仅占5%。中部是湄南河谷地(又称中央谷地)，主要为冲积平原，为泰国重要农耕地区。西部和北部山地是褶皱山脉。他念他翁山脉、登劳山、比劳山脉沿泰缅边界呈南北走向，海拔大多为1 500～1 800米。西部山地是湄南河和萨尔温江的分水岭，河流沿岸谷坡陡峻。北部山地崖壁陡峭，其中滨河西部的因他暖山，海拔2 595米，为全国最高峰。西部和北部山地以产柚木、红木、紫檀等硬木著称，其中柚木分布广，以永河流域最为集中。东北部的呵叻盆地为一蝶形低谷地。东南沿海多丘陵，泰、柬边境为一条平顶丘陵线。最大河流湄南河，纵贯泰国中部，河流向南注入海湾，在河口附近，多红树林沼泽。南端的普吉岛，面积约801平方千米，为全国最大岛屿。半岛山地，主要为德林达依山地和銮山山脉，南北走向，约从北纬12°50′开始向南延伸到马来西亚边境，间有切割强烈的山间小平原。山地是南部锡砂矿的重要产地。阁沙梅岛有丰富的铁矿资源。西海岸岸线曲折，多港湾。海岸平原狭窄，少海滩，多红树林沼泽。矿产有锡、铁、钾盐、石油和天然气等。其中钾盐储量4 367万吨，居世界首位；锡储量约120万吨，占世界总储量的12%；石油储量1 500万吨，天然气储量约4 641.2亿立方米，主要分布于泰国湾和安达曼海近海大陆架。

属热带季风气候。除个别山地外，气温较高，年平均气温27℃左右。热量资源丰富，有利于热带作物生长。近海地区温差较小，一般为9℃左右；北部山区、中央谷地北部和东北部地区，温差较大，可达10℃以上。全国大部分地区有雨季和干季之分。6～10月西南季风期为雨季，11月至翌年5月东北季风期为干季。全国平均年降水量1 300毫米。东南部最多，达2 370毫米；呵叻盆地较少，约1 000毫米。

历史　6世纪时，境内即建有王国。14世纪，中部暹国和南部的罗斛国合并称为暹罗。1782年建立曼谷王朝。

19世纪起相继遭受英、法等国入侵。1896年英法签订条约，泰国成为英属缅甸和法属印度支那之间的“缓冲国”。1904年英法又以湄南河为界，将西部划归英国，东部划归法国。1932年6月发生政变，建立君主立宪制政体。1939年改国名为泰王国，意为“自由天地”。1941年被日本侵占。第二次世界大战后又改国名为暹罗。1946年12月16日加入联合国。1949年复称为泰王国。

政治　泰国实行君主立宪制。国王是国家元首、武装部队最高统帅。现行宪法于2007年8月颁布实施。国会是国家最高立法机构，实行上、下两院制。司法系统由宪法法院、司法法院、行政法院和军事法院构成。政府由总理和不超过35名部长组成。主要政党有为泰党、民主党、泰国发展党、社会行动党、皇家人民党等。

经济　20世纪60年代以后经济发展较快，1961～1981年国内生产总值的平均增长率为11.2%。进入90年代，虽受海湾战争及国内政局的影响，经济年均增长率仍在8%左右。原为农业国。随着制造业和服务业的发展，尤其是旅游业的兴起，经济结构发生很大变化，从以农产品出口为主的农业国逐步向新兴工业国转化。1997年爆发严重的金融和经济危机，经济出现负增长，至2000年才逐步回升。2009年国内生产总值(GDP)约2 661亿美元。

农业是国民经济的主要部门。全国可耕地面积约占国土面积的41%。以种植业为主，稻米是重要的农作物，为世界上重

要的稻米出口国，2006年泰国出口大米740万吨。其次生产木薯和玉米。泰国是世界三大橡胶生产国之一，年均产量达210万吨，其中90%出口。主要分布在半岛地区。此外还种植洋麻、豆类、烟草、甘蔗、椰子、胡椒和水果等。畜牧业以饲养牛为主，主要分布在呵叻盆地。

泰国是世界市场主要鱼类产品供应国之一。全国从事渔业人口约50万人。内陆水域及泰国湾鱼类资源丰富，有鲤、鲈、鳗以及沙丁鱼、鲭鱼等，是仅次于日本、中国的亚洲第三大海洋渔业国。

工业除碾米、锯木、采矿、食品、纺织等传统工业部门外，20世纪60年代末以来着重发展替代进口和面向出口的工业，逐步建立起钢铁、炼油、石油化工、建材、电子、汽车装配等部门。制造业集中在曼谷及其附近地区。矿业以采锡业为主，在世界上占有突出地位。锡矿主要集中在攀牙、达瓜巴和普吉等地。

交通运输以公路和航空运输为主。公路总长16万千米，已形成比较完整的公路网。铁路全长4451千米，主要为窄轨铁路。以曼谷为中心，北通清迈，南抵马来西亚边境，东北至廊开和乌汶，东至亚兰。水运亦为国内重要交通线，水深1米以上的通航里程达3460千米。曼谷是全国最重要的港口，承担全国95%以上的进出口商品的吞吐量。国内主要城市都有班机联系，并有多条国际航线。全国共有37个机场，其中国际机场8个。

旅游资源丰富，重要旅游点均通公路。近年来旅游业迅速发展，其收入已居国家财政收入的第三位。2006年接待国外游客1380万人次，创汇约124亿美元。主要旅游点有曼谷、清迈、帕塔雅、普吉、华欣、苏梅岛等。

图1　大王宫

20世纪80年代以来，出口产品由过去依靠大米、橡胶等

图2　曼谷夜景

初级产品转向多样化，工业品出口值不断增加。2009年外贸出口额达1568亿美元，进口额为1314亿美元。主要出口品有汽车及零配件、大米、玉米、木薯、橡胶、锡、加工食品、纺织品、电子产品等，进口品为工业品、燃料和消费品等。最大的贸易对象国是日本，其次是美国、中国，以及西欧、中东、东南亚诸国等。

文化和教育　泰国实行9年制义务教育。中、小学教育为12年制。著名高校有朱拉隆功大学、农业大学、法政大学、诗纳卡琳威洛大学、亚洲理工学院等。主要的泰文报纸有《泰叻报》、《民意报》、《每日新闻》、《经理报》等；主要的华文报纸有《星暹日报》、《亚洲日报》；主要的英文报纸有《曼谷邮报》、《民族报》等。有230多家广播电台和6家电视台。

对外关系　泰国奉行独立自主的外交政策，以服务于国内的经济建设。加强同东盟各国的政治、经济关系，同相邻的缅甸、老挝、越南、柬埔寨等国的经贸合作也取得进一步发展，同时发展与亚洲其他国家的友好关系。重视同美国、日本、中国在地区和国际事务中的合作。1975年7月1日中泰建立外交关系后，两国在各个领域中的友好合作关系得到全面发展。

泰国菜　Thailand cuisine　以酸辣口味见长的泰国风味菜肴。大量运用天然水果与椰浆，烹调作料和技法变化多样。浓重的气味多来自配料的原味，土柠檬、小辣椒、香茅草、椰子等都常用来搭配菜式，菜肴极具自然风味。泰国菜中有名的有凤梨饭、泰皇鸡、凉拌生木瓜、冬荫功、泰式鱼饼等。甜品则以榴梿糯米、椰汁糯米、千层甜糕等最受欢迎。

泰国湾　Thailand, Gulf of　位于南海西南部，中南半岛和马来半岛之间。曾名暹罗湾。湾口以金瓯角至哥打巴鲁一线为界。宽约370千米（但水深50～58米的水道宽仅56千米)，面积约25万平方千米，为南海最大的海湾。平均水深45.5米，最大深度86米。

该海区是第三纪时断裂下陷而成。除湾顶曼谷湾和湾口金瓯半岛有连片沙岸外，其余大多是岩岸。第三纪以来的巨厚沉积，充填了泰国湾断陷盆地。沉积层最厚达7 500米以上。

大部分为热带季风气候，局部地区有短暂的热带暴风雨。南端为赤道气候。

因受南海季风海流影响，湾内海流随季节而异，流速一般小于25厘米/秒。西南季风期间，湾内环流呈顺时针方向，但湾口呈逆时针方向；东北季风期间，湾内仍呈顺时针方向，但湾内东部呈逆时针方向。高温、低盐、高氧的表层海水常在湾的中部与外海水相遇而下沉，形成辐合带；相对低温、高盐、低氧的底层海水在局部地方上升，形成辐散带。潮汐性质以不规则全日潮占优势，潮差小，一般不到2米，湾顶可达4米。

由于上升流掀起海底营养盐，有利于海洋浮游生物繁殖生长，海区生产力较高。湾内散布着珊瑚礁和红树林。主要的经济鱼类有羽鳃鲐、小公鱼、小沙丁鱼、圆鲹、鲱、鲣、马鲛、鲨、鳐、鲅、鲻等；盛产对虾和海蜇；还有牡蛎、珍珠贝、乌贼、蟹、海参、海龟等。沿海海水养殖业比较发达。

泰姬陵 Taj Mahal 印度莫卧儿王朝皇帝沙·贾汗为爱妃蒙泰吉·玛哈尔建造的墓。沙·贾汗死后也葬于此。位于印度北方邦阿格拉城外，建于1630～1653年，为印度伊斯兰建筑的代表作。

陵墓坐落在一个宽293米、长576米的长方形花园中，外有围墙。白色大理石的陵墓和两旁赭红色砂石建筑物之间以长方形水池相隔。陵墓背后由杰姆尼河衬托，整体呈现出肃穆明快的气氛。

动用了2万多工匠，历时22年完成的泰姬陵被誉为“印度的明珠”。在建筑上它已被公认为成功的范例。无论是在璀璨的阳光下，还是在皎洁的月色里，它都能给人留下深刻的印象，令人流连忘返。

泰勒 Taylor, Brook (1685-08-18～1731-12-29) 英国数学家。生于埃德蒙顿，卒于伦敦。1705年入剑桥大学圣约翰学院，1709年毕业并获法学学士学位，随后居住伦敦，

1714年获法学博士学位，1714～1718年担任皇家学会秘书。泰勒最重要的著作是《正的和反的增量方法》(1715)，书中以“泰勒公式”形式陈述了他在1712年即已获得的著名定理泰勒定理，成为有限差分理论的奠基人。泰勒公式使任意单变量函数展为幂级数成为可能，不过他对该定理的证明并不严谨，也没有考虑级数的收敛性。泰勒在书中还讨论了微积分对一系列物理问题的应用。泰勒的另一部名著《线性透视论》他以极严密的形式展开其线性透视学体系，其中最突出的贡献是所谓“没影点”的提出和使用。

泰勒 Taylor, Edward Burnett (1832-10-02～1917-01-02) 英国人类学家、文化史家、原始宗教研究学者，古典宗教进化论学派的主要代表。生于伦敦教友派世家，卒于威灵顿。1855年赴北美和中美洲从事人类学和原始宗教的考察研究。1883年任牛津大学博物馆馆长，1884年为该校首任人类学讲师，1896年升任该校首任人类学讲座教授。1866年在《宗教诸阶段》一文中率先提出万物有灵论，在研究原始人灵魂观念的基础上指出对精灵存在物的信仰是宗教的最初形式，认为宗教即对灵性存在的信仰，由此成为西方宗教学开创阶段的著名学者，并使万物有灵论在当时描述原始宗教现象上被普遍接受。他坚持人类宗教是由万物有灵观念经鬼魂、精灵和神灵观念进化而至一神教崇拜，认为人类宗教形态经历了复杂、漫长的演进变化。其理论侧重心理分析判断，缺乏社会实证考察，故其宗教进化观仅被看作宗教起源心理说假设。他的研究还涉及对原始思维与现代思维的分析和鉴别，对古今文化类型的重构和比较，倡导文化进化论，被后人推崇为文化学的奠基人。代表著作有《人类学》、《人类早期史探讨》、《原始文化，对神话、哲学、宗教、语言、艺术和习俗发展的探讨》。

泰勒 Taylor, Frederick Winslow (1856-03-20～1915-03-21) 科学管理理论的主要创始人。人称“科学管理之父”。又译泰罗。生于费城，卒于费城。出身富裕的律师家庭，接受过良好的早期教育。1878年进入费城米德瓦尔钢铁厂当技工，历任工长、车间主任、设备维修总负责人、总制图师。1884年任总工程师。他在钢铁厂工作期间，发现虽然实行计件工资制，但生产效率难以进一步提高。泰勒认为，要提高**劳动生产率**，关键是确定一个工作日的合理工作量，并要采用正确的工作方法和适用的工具。通过一系列试验和长期的管理实践，他总结出一些管理原理和方法，1911年出版了《科学管理原理》一书，形成了科学管理理论。见**泰勒制**。

泰勒 Taylor, Geoffrey Ingram (1886-03-07～1975-06-27) 英国力学家。生于伦敦，卒于剑桥。1905年入剑桥大学三一学院学习，毕业后在剑桥大学工作。第一次世界大战期间入伍，在英国皇家飞机厂任气象员。1919年回剑桥三一学院任讲师，在E.**卢瑟福**领导的**卡文迪什实验室**工作，同年当选为皇家学会会员。1923年被任命为皇家学会两名研究教授之一。1944年被授予爵位。1945年参加美国曼哈顿工程的工作，在新墨西哥州进行第一颗原子弹爆炸试验。泰勒长期在剑桥大学从事力学研究工作，其中有不少同国防科学有关。泰勒从1918年起获英国机械工程师学会等各种学术团体的奖章；1930年获亚琛奖，后又获许多国家的荣誉奖。1938年起选为许多学会的名誉会员，1940年起当选荷兰、美国、法国、挪威、意大利、印度等国家的科学院外籍院士。

在流体力学方面，他阐明激波内部结构；对大气湍流和湍流扩散作了研究；得出同轴两转动圆轴间流动的失稳条件；在研究原子弹爆炸中提出强爆炸的自模拟理论；指出在液滴中起主要作用的是表面张力而不是黏性力等。在固体物理学和固体力学方面，他是晶体中的位错理论的奠基人之一，阐述了位错与塑性形变和加工硬化的关系；还对薄板穿孔中的塑性流动和高速加载材料试验作出了贡献。泰勒发表科学论文200多篇，编成《泰勒科学文集》共4卷。

泰勒 Taylor, Paul (1930-07-29～) 美国现代舞表演家、编导、教育家，美国古典现代舞的代表人物。生于宾夕法尼亚州阿勒格尼。曾追随M.格莱姆、D.**韩芙丽**、

J.林蒙、A.图德和M.克拉斯科等现代舞和芭蕾名家学习舞蹈，1954年组建保罗·泰勒舞蹈团，在国内外巡演。泰勒作品基调明快，多姿多彩。早期作品属先锋派，1961年后追求戏剧性。代表作有《双人舞》、《史诗》、《三段墓志铭》、《光环》、《海滨边游乐场》、《天体》、《昆虫和英雄》、《魔幻文字》、《分道扬镳》和《皮亚佐拉火山口》等。他创建的“泰勒技术”是美国古典现代舞的五大训练体系之一。有自传《隐私领地》。

泰勒规则 Taylor rule 美国经济学家J.B.泰勒总结的一种货币政策规则。泰勒在1993年的一篇论文中考察了美国联邦储备体系1987～1992年的货币政策操作，将联邦基金利率的历史实际值与按某种政策规则计算出的规则值进行比较，结果发现，这种规则与联储货币政策的实际操作弥合得很好。从这个意义上说，联储的货币政策操作是按照规则来进行的。这种规则后来被称为泰勒规则。

泰勒规则可以从一个理想化的状态开始描述。假设经济中存在一个“真实”的均衡联邦基金利率，在该利率水平上，就业率和物价均保持在由其自然法则决定的合理水平上。在这里，均衡利率是指名义利率减去预期通货膨胀率；而通货膨胀率是泰勒所定义的购买力的增长率（不是市场上的物价上涨率），该购买力的增长率不仅与市场物价上涨率有关，而且与社会持有的金融资产的财富效应有关。根据泰勒的研究，美国这一真实均衡利率为2%。如果因为某种原因，上述真实利率、经济增长率和通货膨胀水平的关系遭到破坏，货币当局就应当采取措施。首先，联邦基金的名义利率要顺应通货膨胀率的变化而调整，以保持真实均衡利率水平。其次，如果产出的增长率超过了其潜在的真实水平，真实利率必须提高；如果通货膨胀率超过了目标通货膨胀率水平，则真实利率也应当提高。根据泰勒的研究，美联储如果遵循这样的规则行事，就会使经济运行保持在一个稳定且持续增长的理想状态上。美国在1993年左右宣布将稳定长期实际利率，所依据的就是泰勒的研究成果。

泰勒斯 Thales（约前624～前547） 古希腊哲学家、数学家、天文学家。米利都学派的创始人。生于米利都。早年是商人，曾赴巴比伦、埃及经商，在那里学习数学与天文知识。他几乎涉猎了当时人类的全部思想和活动领域，被誉为希腊科学之父。在哲学上，他首先摆脱传统的神创论观点，提出并探讨了世界的本原问题，认为水是万物的本原。但他又认为万物都有灵魂，并以琥珀和磁石来证明。这是“物活论”的思想。他曾准确地预测过公元前585年5月28日的日蚀；利用日影及比例关系测得金字塔的高度。他的划时代的贡献是引入命题证明的思想，这标志着人类对客观事物的认识从经验上升到理论阶段的开始。他得到一些重要的几何命题，如圆的直径将圆平分，等腰三角形两底角相等，相交两直线的对顶角相等等。

泰勒制 Taylorism 美国工程师F.W.泰勒首创的一种旨在加强企业科学管理的原理与方法。又译泰罗制。其基本思想是：科学管理的核心问题是提高劳动生产率；实现最高工作效率的手段是用科学管理代替传统管理；要求管理人员和工人双方实行重大的精神变革。根据这些思想，泰勒创造出一套测定时间和研究动作的管理方法：①制定科学的作业方法。②科学地选择和培训工人。③在上述基础上实行标准化原理，也就是使工人掌握经过科学手段确定的最经济、效率最高的操作方法。④实行刺激性的工资报酬制度，即根据工时的研究和分析，制定生产规程和劳动定额，实行差别计件工资制。他还提出了将计划职能与执行职能分开，实行职能工长制。

泰卢固人 Telugus 南亚印度共和国的民族之一。又称安得拉人。约9 000多万（2001）。主要分布在安得拉邦，相邻各邦亦有分布。属达罗毗荼人种类型。使用泰卢固语，受梵语影响很大，吸收大量梵语词汇。字母与坎纳达文近似，系由梵文天城体演化而来。信仰湿婆教和毗湿奴教混合的印度教，一部分人信仰基督教或伊斯兰教。有人认为泰卢固人是雅利安人、达罗毗荼人和蒙古人的混血后裔。公元前3～公元3世纪曾建立安度罗国。泰卢固人分婆罗门、刹帝利、吠舍和首陀罗4个种姓，每一种姓又分数以百计的亚种姓。种姓界线不如其他地区严格。实行种姓内婚，允许交表亲，寡妇不许再嫁。人死后在河边火化，余烬投河。多数人以务农为生，种植水稻、烟草、杧果等；部分人从事渔业。男人喜穿无领肥袖长衫，缠一宽大围裤，包头布；妇女穿纱丽，从头到脚戴满各种首饰，吊一大鼻环。

泰卢固语 Telugu language 印度安得拉邦泰卢固人的语言，印度宪法承认的语言之一。属达罗毗荼语系中南语族。最早文献见于633年的铭刻。泰卢固人的民族文学始于11世纪。

泰卢固语具有达罗毗荼语言的一般特点，保留着不少古达罗毗荼语成分。辅音有c（硬腭音）～k（软腭音）的对立；在前元音之前，k有变为c的倾向。由于元音缩略的音变，泰卢固语产生了达罗毗荼语言中罕见的复辅音。泰卢固语是黏着型语言。它的构词法通常为词根加后缀。泰卢固语有几个方言，口语和书面语截然有别，成为一种双言现象。它的文字和南部语族的坎纳达语相同。

泰伦提乌斯 Terence（约前190～前159） 古罗马喜剧作家。全名普布利乌斯·泰伦提乌斯·阿非尔。生于北非迦太基，卒于希腊或海上。幼年时来到罗马，沦为奴隶。主人欣赏他的才智，让他受到良好教育，解除其奴籍。此后他同许多贵族青年交往密切。他的喜剧创作反映了西庇阿文化集团的思想倾向。共写有6部剧本：《安德罗斯女子》（前166）、《自责者》（前163）、《阉奴》（前161）、《福尔弥昂》（前161）、《两兄弟》（前160）、《婆母》（前160），全部完整流传至今。它们都是依据希腊新喜剧改编。在内容上主要描写年轻人的爱情和由此引起的家庭冲突，反映两代人之间的矛盾，宣扬忍让和仁爱。剧本结构严谨，剧情发展自然，戏谑成分较少。人物性格突出，注意心理刻画，语言文雅、精练。故文学价值较高。在文艺复兴和古典主义时期，他的喜剧成为公认的典范。

泰梅尔半岛 Taymyr Peninsula 亚洲最北的半岛。在俄罗斯西伯利亚北部。位于北极圈内，东和东北临拉普捷夫海及哈坦加湾，西及西北临喀拉海及叶尼塞湾。长约1 000千米，宽约500千米，面积约40万平方千米。属克拉斯诺亚尔斯克边疆区泰梅尔自治区。南部地势低平，中部为贝兰加山地，最高点海拔1 146米。北部沿海为狭长平原。海岸线曲折、多峡湾。有泰梅尔湖，哈坦加河与皮亚西内河等流经。极地气候。北部为北极冰原和苔原带，南部为森林和苔原带，山地为北极荒漠带。北端的切柳斯金角（北纬77°43′）为亚欧大陆的最北点。

泰米尔人 Tamils 南亚民族之一。约9 000万人（2001）。主要分布在印度的泰米尔纳德邦、安得拉邦、喀拉拉邦，以及斯里兰卡的东部和北部地区。是斯里兰卡的主要民族之一，约349万人（2001），占全国人口的18%。在缅甸、马来西亚、中南半岛、印度尼西亚、毛里求斯、斐济群岛、东非和南非的印度侨民中，亦有为数不少的泰米尔人。除一部分雅利安婆罗门外，都属达罗毗荼人种类型。使用泰米尔语。有独特字母。信仰印度教，属湿婆教派，种姓制度森严；少部分人信基督教。泰米尔人的历史悠久。公元前3世纪曾建立焦尔、邦迪耶、杰尔等国。13世纪入侵斯里兰卡，

泰米尔人女子

在其贾夫纳地区建立王国。14世纪为维查耶纳加尔王国的一部分，17世纪分裂成许多小王国。泰米尔人长于建筑、青铜雕塑，以及表演古典舞蹈和民间戏剧，航海、数学和医学亦有很高成就。男子通常只缠一条两米长的围裤，有的还披一条小布单或穿一件无领长袖绸衫。妇女喜欢穿戴金银花边的纱丽。以大米为主食。盛行姑舅表婚，山区仍有抢亲习俗。人死后行火葬。

泰米尔语 Tamil language 泰米尔人的语言，印度宪法承认的语言之一。属达罗毗荼语系南部语族，是此语系最重要的语言。分布于泰米尔纳德邦，此外，也使用于斯里兰卡部分地区；在东南亚、东非、南非、印度洋和南太平洋中的岛屿，也有少数人使用。泰米尔语有五个基本元音：i、e、a、o、u；口语中有元音鼻化现象。有一系列很有特色的辅音，没有复辅音。单词重音通常落在第一个音节上。泰米尔语是黏着型语言。它的限定动词往往同代词主语结合。基本词序为主语-宾语-动词。构词只使用后缀，不用前缀。泰米尔语从印度-雅利安语言中吸收了许多词。泰米尔语在公元前300～前100年间已经形成了自己的文学语言，并采取了南婆罗米文字。现代泰米尔文即由此发展而来。

泰纳 Taine, Hippolyte (1828-04-21～1893-03-05) 法国哲学家、史学家、文学评论家。又译丹纳。生于阿登，卒于巴黎。在巴黎上中学和大学。很早对哲学和文学批评产生兴趣。1853年开始致力于学术研究。1864年开始发表多卷本《英国文学史》，该书导论中表述了他关于文学评论的基本原则，提出种族、环境、时代三大因素决定论的学说，并运用这一理论阐述文学史的研究与社会研究的关系。《艺术哲学》进一步阐述这一文艺观点，对艺术发展过程进行具体深入的考察。1870年哲学著作《论智慧》问世，这是一部有关生理学、病理学、语言学的研究著作，以实证主义方法，阐明人的智力活动是生理活动的结果。历史著作《当代法国的起源》是对法国近代历史发展的研究和总结。还著有《历史与批评文集》(1858)、《历史与批评新集》(1865)。他的论著文笔优美、流畅，善于运用形象化的叙述和富有色彩的文字。

泰纳 Turner, Joseph Mallord William (1775-04-23～1851-12-19) 英国风景画家。生于伦敦，卒于伦敦。童年已表现出绘画才能，从画地形图开始艺术事业。1790年第一次在皇家美术学院展出水彩画。1796年展出油画《海上渔人》，次年又展出《密尔班克的月光》。1802年被选为皇家美术学院院士，1807～1838年任皇家美术学院透视学教授。

《遇难船》

1804年泰纳在英国哈利大街建立自己的画廊。1819年访问意大利，并创作了许多以意大利为主题的素描和水彩速写。约1800年，泰纳已努力革新风景画，对光和空气间微妙关系的研究使他的作品带有浪漫主义因素，这在《遇难船》(1805，伦敦泰特画廊藏，见图）中有所反映。他强调通过色彩描绘光与空气间微妙关系的变化。泰纳曾说，他的视觉经验源于长期细致观察大自然，也是对自然所得印象的记录。

1795～1845年，泰纳到威尔士、苏格兰、瑞士、法国、比利时、德国和意大利旅行。在前辈大师的作品中汲取了不少营养。《建设迦太基的提图斯》(1815) 和《迦太基帝国的没落》(1817) 就是在克洛德·洛兰的启示下创作的。19世纪20年代末，他创作的许多人物形象受到伦勃朗的影响，如《查尔德·哈洛德游记》(1832，伦敦泰特画廊藏)。泰纳很重视威尼斯画派，提香的作品经常激发他的创作激情，《维纳斯和阿多尼斯》(1803～1805，纽约私人收藏) 和《圣家族》(1803，伦敦泰特画廊藏) 可作佐证。

泰纳的大部分作品蕴涵着哲理和隐喻。在《埃及的第五次瘟疫》(1802) 中贯注了他悲观的处世态度，预感到灾难的降临和动乱给人类带来的威胁。《暴风雪：汉尼拔翻越阿尔卑斯山》(1812，伦敦泰特画廊藏)，影射了拿破仑的兴衰与英国命运的相似之处。

1820年以后独辟蹊径，创造了自己的风格和艺术语言，到1845年前后达到了极致。《佩特渥斯的音乐会》(约1835，伦敦泰特画廊藏)、《暴风雨、轮船出港后搁浅呼救》(1842，伦敦国家画廊藏)、《雨、蒸汽和速度》是体现泰纳独特艺术风格的优秀作品。泰纳留下油画300幅和素描、水彩画2万幅，其中大部分收藏在泰特画廊。

泰拳 Thai boxing; Muay Thai 泰国传统民族体育项目。泰语作“摩易泰”(Muay Thai)。源于500年前的艾尤塔雅王朝。比赛者不仅可以用拳，也可以用脚、肘和膝盖攻击对手，还可以高高跃起，做空翻加转体动作，利用冲力，以脚或膝盖将对方击倒。因此，比一般国际拳击更加紧张、激烈。拳击台高约1米，为正方形，边长7米左右，上面铺海绵软垫，四周圈以绳子，以防运动员受伤。比赛分轻量级、次轻量级等8个级别。每场比赛分3局至5局，每局3分钟，两局之间休息2分钟。比赛时，运动员必须赤背光脚，戴拳套，穿红色、蓝色、白色镶红条或白色镶蓝条的运动短裤，以利裁判和观众识别。以击中对手有效部位的次数决定胜负。赛前要举行十分讲究的拜师礼。比赛过程中始终有民族乐器伴奏。每逢周末，大都有拳击比赛活动。

泰人 Thai 亚洲中南半岛泰王国人口占多数的民族。又称暹罗人。约2668万人 (2008)。属蒙古人种南亚类型。使用泰语。有独特的字母文字，系13世纪下半叶根据吉蔑文草书体创制。泰人与中国傣族、壮族以及缅甸掸人、老挝寮人等同源，与中国古代百越有密切的渊源关系。根据分布地区和方言，分为中部泰人、东

泰人女子行礼

北泰人、北部泰人和南部泰人四大支系。中部泰人是典型的泰人。除少数人信伊斯兰教和基督教外，大多信小乘佛教，又称南传上座部佛教。国家庆典、婚姻喜寿、丧葬祭祀，都须由佛教僧侣诵经祈祷。男子一生中必须有一段时间到寺庙当和尚。佛寺在农村是社会文化生活的中心。有专属于佛教的节日，如万佛节、吠舍佉节、守夏节、解夏节等。古典文学与艺术作品，如诗词、戏剧、童话、音乐、舞蹈、绘画、雕塑、建筑等，一般都具有佛教和婆罗门教的特点和色彩。主要从事农业，种植水稻、橡胶树等；渔业、手工业亦发达。妇女穿纱笼和紧身上衣或背心，喜戴戒指、项链、耳环、银腰带等饰物。边远地区至今保留文身习俗。农村居住干栏式高脚屋。盛行火葬。

泰瑟 Thijsse, Johannes Theodoor (1893-04-11～1984-04-30) 荷兰水利专家、教授。生于阿姆斯特丹，卒于莱德多普。1917年毕业于代尔夫特技术大学。1918年参加洛伦茨

管理委员会，进行潮流观测及须德海大坝建设对潮流影响的预测计算。不久转入须德海工程局任工程师。1927年创建代尔夫特水力学研究室并任主任。1936年起，在代尔夫特技术大学讲授水力学，两年后任特命教授。他建议创立荷兰国际水力学训练班，并任第一任教务长。是国际水力学研究协会创始人之一。

泰瑟从事须德海工程的实际工作多年。他领导的代尔夫特水力学研究所，进行了许多工程的水工模型试验，解决了大量实际问题，成为世界著名的水力学研究机构。1953年荷兰西南沿海遭受风暴潮袭击以后，他领导了挡潮闸建设的研究工作。同时在荷兰低地围垦和开发中也作出了成就。在科学研究方面，他在水工模型试验中做了许多开创性工作，包括物质输移研究、风生波与涌波的研究等，建立了第一个用于水力学研究的风波槽。泰瑟曾任国际水力学研究协会秘书长、国际水文科学协会秘书长、荷兰大学国际合作基金会执委会主席。是荷兰皇家科学院（物理学部）院士，荷兰海洋研究委员会主席，曾多次获得奖章和勋章。

泰山 Taishan Mountain 中国五岳之首——东岳。与华山、衡山、恒山和嵩山合称五岳。1987年被联合国教科文组织列为世界文化与自然遗产。2006年被联合国教科文组织评为世界地质公园。古名“岱宗”、“岱

泰山十八盘

山”，春秋时始称泰山。位于山东省中部，盘亘于泰安、济南之间，面积426平方千米。主峰天柱峰位于泰安城北，海拔1 532.7米，是山东省最高峰。泰山山势雄伟，巍峨险峻，群峰争奇，丘壑林泉，飞瀑松涛，誉为中国“五岳之宗”。风景四季晴雨各异，山分丽（山麓）、幽（登山东路）、妙（山顶）、奥（后石坞一带）和旷（登山西路）5个游览区。泰山拥有宏伟的古代建筑，悠久的文化遗迹，秀丽的自然景色和众多的名胜古迹，如泉水甘洌的王母池、古柏参天的柏洞、气势磅礴的中天门、瀑布飞悬的云步桥、招臂迎客的望人松、松生绝壁的对松山、犹如云梯的十八盘、耸入云端的南天门、怪石嶙峋的后石坞及白练高悬的黑龙潭瀑布等；山顶观景有“旭日东升”、“云海玉盘”、“黄河金带”和“晚霞夕照”四大奇观。泰山古代为封建帝王举行封禅大典和祭祀天地场所，建有行宫庙宇、楼阁殿庵多处，如岱庙、碧霞元君祠、普照寺等均系风格独具、自成体系的古建筑群。泰山碑刻石雕甚多，《秦二世泰山石刻》、汉石表、经石峪北齐人刻的《金刚般若波罗蜜经》、唐玄宗《纪泰山铭碑》摩崖石刻等。建有国家森林公园。泰山南麓盛产麦饭石。有公路和索道通山上。

《泰山金刚经》 *Inscription of Vajracchedikāsūtra at Taishan Mountain* 中国北朝刻经摩崖石刻。未署书刻年代，后人以其书法风格与附近北齐、北周刻经摩崖石刻相比较，认定为北齐书迹。位于山东泰山南麓经石峪。内容为《金刚般若波罗蜜经》，字径50厘米左右，现存千余字。此刻未署书者姓名，后人考证亦说法不一。其字体为楷书，但其中又保留着较多隶书笔意。清代后期碑学理论勃兴，北朝铭石书迹深受推重，《泰山金刚经》以字形巨大，风格古朴而多获称颂，被誉为榜书极则。

泰坦尼克号事件 Titanic Event 泰坦尼克号沉船事件。1912年4月10日，豪华游轮泰坦尼克号从英国南安普敦港出发驶往纽约，开始其处女航。船上有2 224人，包括船员800人。泰坦尼克号向西行驶，第4天半夜于纽芬兰海岸外，在全速行驶时与一座巨大的冰山碰撞，甲板下面的水密舱有6处破裂，海水涌入舱内。人员开始撤离此船，但由于救生艇只够一半乘客使用，乘客惊慌失措。最终随着船尾翘起，船身滑向大西洋底，1 513人与船一起葬身北大西洋。相撞之前，船长E.J.史密斯曾得到船上水手以及其他船只提供的多达7次的冰山警报，但未采纳。由于此次海难，1913年在伦敦召开了第一届国际海上人命安全会议，并于1914年1月20日制定了第一个国际海上人命安全公约。

泰特画廊 Tate Gallery 英国伦敦美术馆。又译塔特画廊。1889年由糖业巨子H.泰特爵士（1818～1899）捐献其私人藏品，改造宅邸修建而成。此馆主要收集从16世纪中叶到当代的英国绘画。泰特画廊的建筑由史密斯设计成巴罗克风格，展现出古希腊神殿的风韵，于1897年开放。此馆由于代表了英国的艺术收藏而与不列颠博物馆、伦敦国家画廊齐名，其藏品包括D.G.罗塞蒂等拉斐尔前派的作品，J.M.W.泰纳及现代英国美术名家D.霍克尼的绘画。除英国本土美术作品外，也展示了P.高更、P.毕加索等印象派以后的欧洲绘画。现代艺术方面，也常有艺术家于此举办展览。

《泰晤士报》 *The Times* 英国历史悠久、有影响的英文对开日报。1785年1月1日由印刷商J.沃尔特在伦敦创刊，原名《每日环球纪录报》，1788年3月改称现名（第940号）。1981年被美籍澳大利亚人R.默多克收购。属泰晤士报业公司。自19世纪初以来一直是英国消息灵通、享有国际声誉的一份报纸。在国内外重大问题上，一般反映官方意见。在国内外拥有广泛的记者网。自默多克接办后，风格有所变化，版面趋于活泼，改用彩印，图片增多增大，人情味新闻与犯罪新闻取代了部分的“硬新闻”报道，体育版扩大，也登一些社会新闻。读者多为中上层人士。

泰晤士河 Thames River 英国最重要的河流。位于英格兰南部。发源于英格兰的科茨沃尔德丘陵，上游有4条支流，经牛津、伦敦等，东流注入北海，河口形成三角湾，宽29千米。长338千米，流域面积1.5万平方千米。河床坡降微缓，水位稳定。牛津以下河道显著增宽，伦敦以下为潮汐区。航运价值高，通航里程280千米。河口潮高达

泰晤士河及沿岸风光

6米以上，海轮可上溯至距河口88千米的伦敦，伦敦附近码头区延伸56千米以上。沿河架有公路和铁路桥多座。有许多运河同其他河流相通。伦敦塔桥至河口有4条沟通两岸的隧道。

《泰晤士世界地图集》 *The Times Atlas of the World* 世界普通地图集。英国伦敦泰晤士图书公司出版。第1版1895年出版，117页，一半以上的图幅是欧洲部分。1921年出第2版，称《泰晤士世界测量地图集》，有112幅双面展开页图版，其中1/3图幅为欧洲部分。1955～1959年出5卷本的第3版，有122幅图版，每卷后附有地名索引。1967年出第4版，改为一卷本。1985年出第7版，有双面展开页地图123幅，前部分为世界总图，包括气候、植被、政区等8幅专题图，后部分的115幅为世界各地的分区、分国普通地理图；图集注意采用新的制图资料和统计资料；地名索引21万余条，每地注明经纬度。2008年出版第12版。它是世界上行销最广的英文版地图集，中国、法国、德国、荷兰等国都有据英文版改译的本国文版。原版图中关于中国边界的绘示有错误。

泰西封古城 Ctesiphon 古代安息帝国和萨珊王朝的冬季都城。遗址位于今伊拉克巴格达东南32千米的迈达因，底格里斯河左岸。公元前129年成为安息帝国的冬季都

泰西封拱顶宫殿遗迹

城。116年被罗马皇帝图拉真占领，226年又易手萨珊王朝。637年为阿拉伯人攻占，改王宫为清真寺。763年，泰西封的中心地位为巴格达所取代而衰落，遗址被用作提供建筑材料的采石场。古城的主要建筑遗迹是城里的塔克-伊·卡斯拉王宫。王宫全部用砖石筑成，墙面以带有雕刻图案的灰泥或镶嵌物为装饰。大厅高约37米，拱跨25米，是世界上最大的单跨砖拱之一。王宫对伊朗高原的建筑形式产生巨大影响，达到古代波斯建筑的最高水平。

泰兴市 Taixing City 中国江苏省辖县级市。位于省境中部偏南，长江下游北岸。面积1 175平方千米。人口119万（2008）。有汉、壮、满、苗、土家等民族。五代南唐昇元元年（937）改海陵县为泰州，析海陵南境5乡地置泰兴县，取随泰州兴起之意。1992年撤县建市。由**泰州市**代管。矿产有全国含量最高和储量最大的二氧化碳气田。农作物有小麦、水稻、花生、大豆等。特产鲥鱼、刀鱼、银杏等。工业有机械、纺织、化工、电子、食品、建材等。名胜古迹有法轮塔、奎文阁等，有新四军黄桥战役历史陈列馆、杨根思烈士陵园等纪念地。

泰语 Thai language 泰国的官方语言。属汉藏语系壮侗语族**壮傣语支**。旧称暹罗语。分中部、北部、东北部和南部4个方言区。标准语以包括曼谷话在内的中部方言为基础。泰语有元音21个，其中单元音18个、复合元音3个，元音分长短，可以区别词义；有辅音21个；有5个声调。泰语是一种孤立型语言。基本词汇以单音节词居多。构词中广泛使用合成和重叠等手段。泰语中吸收了大量的**梵语**、**巴利语**和相当数量的孟语、**高棉语**、**汉语**、**马来语**和**英语**词汇。泰语词没有形态变化。词序和虚词是表达语法意义的主要手段。为主-谓-宾型语言。定语在中心词之后。状语有的在中心词之前，有的在后。数词、量词和名词组合时，一般是名词在前，数词居中，量词在后。泰文属于音位文字。有辅音字母42个，元音字母和符号32个。有4个声调符号，标在辅音的右上方，第一声调不标符号。泰文自左而右书写，一般不使用标点符号。

泰州市 Taizhou City 中国江苏省辖地级市。位于省境中部，南濒长江。辖海陵、高港2区，代管兴化、靖江、泰兴、姜堰4市。面积5 794平方千米。人口462万（2010）。有汉、回、满、壮、蒙古、维吾尔、苗等民族。五代南唐昇元元年（937）置泰州，治海陵，名取安泰之意。宋属泰州路，明属泰州。1912年废州置泰县。1949年析泰县置泰州市。主要农作物为水稻、小麦、棉花、花生、油菜等。水产有鱼、虾、螃蟹、鳖等。工业有机械、电子、化工、纺织、食品、建材等。国家一类对外开放港口泰州港是河、江、海

日涉园

换装的重要枢纽港口。名胜古迹有日涉园（又称乔园）、泰山公园、岳武穆祠、五代铜钟等，建有梅兰芳史料陈列馆等。

坍塌 cave in 路基、堤坝和河岸等边坡或山坡的塌陷现象。常发生在边坡较陡处。成因常为边坡过陡、土内水分增大、岩石风化和地震影响等，与边坡或山坡的岩层构造也有关系。坍塌发生前，有时边坡顶部会出现大小不等的裂缝。坍塌发生时，坡体的运动速度较快，土石有滚动现象，主体扰动且相互位置改变。运动结束后坍塌体基本稳定，无滑动面，亦无明显的软弱面。严重的坍塌会引起路基损坏、交通断绝或水流不畅。广义的坍塌指建（构）筑物由于人为或自然原因，支撑面发生变化，结构移位，在重力因素作用下造成的垮塌。

摊丁入地 中国清朝政府将历代相沿的丁银并入田赋征收的一种赋税制度。又称摊丁入亩、地丁合一、丁随地起，通称地丁，是中国封建社会后期赋役制度的一次重要改革。清朝建立初期，沿袭明朝混乱的赋役制度，加以明末清初长期战乱，版籍无存，满洲贵族和部分汉族地主享有免役免税特权，官府横征暴敛，豪强转嫁税负，农民苦不堪言，或相继逃亡，或抗交赋役银。

为了保证政府赋役收入，缓和日益尖锐的阶级矛盾，清政府于康熙五十一年（1712）规定：以康熙五十年的人丁数（24 621 324人）作为以后征收丁银的标准，把350多万两丁银固定下来，以后滋生人丁永不加赋。这为摊丁入地创造了条件。

康熙五十五年，摊丁入地首先在广东实行。随后各省纷纷题请，要求将丁银摊入地亩征收。康熙末年，四川实行摊丁入地。雍正二年（1724）直隶（约今河北）开始通省均摊；同年，福建实行各州县摊征。四年，云南实行民田与屯田分别摊征，山东实行民、灶田分别摊征，同时还有浙江、陕西摊丁入地。五年，河南、甘肃、江西实行摊丁入地。六年，江苏、安徽、广西实行各州县分别均摊。七年，湖南、湖北实行摊丁入地。九年，山西试行丁归地粮，直至光绪六年（1880）全省才完成摊丁入地工作。乾隆十二年（1747），台湾实行摊丁入亩。四十二年，贵州亦完成摊丁入亩。道光二十一年（1841），盛京（今辽宁沈阳）把无业穷丁丁银摊入地亩；有产之家，仍不在其内。光绪八年，吉林实行摊丁入地。至此，全国绝大多数省、府都实行了摊丁入地的赋役制度。

各省摊丁入地做法不尽相同。有的摊丁于地赋银，有的摊丁于地粮，有的则摊丁于地亩；或全省均摊，或各府州县分摊；有的民田与灶地、屯田分别摊征，有的通省地粮内均匀带征；个别者只将无业穷丁摊丁入地，有产之家仍不在其内。各省的科则每两地赋银（或田赋银，或粮一石、地一亩）所摊丁银由一厘有奇至二三钱不等。以后，各项差役、加征苛派亦陆续归入田赋，完成了赋役制度的改革。

由于摊丁入地是将丁银摊入田赋、地亩征收，所以，无地的农民和其他劳动者摆脱了千百年来的丁役负担；地主的赋税负担有所加重，也在一定程度上限制或缓和了土地兼并；而少地农民的负担则相对减轻。同时，政府也放松了对户籍制度的控制，农民和手工业者从而可以自由迁徙。这些都有利于调动广大农民和其他劳动者的生产积极性，促进社会生产的发展。

滩羊 Tan sheep 中国裘皮用绵羊品种。产区在宁夏及其毗邻的半干旱荒漠草原和干旱草原，以所产二毛皮著称。二毛皮为生后30天左右宰剥的羔皮，毛股长7～8厘米，个别达9厘米。有5～7个弯曲和美丽的花穗，呈玉白色，光泽悦目，轻暖，结实，是名贵的裘皮原料。

滩羊系蒙古羊的一个分支。体型中等，体格结实。公羊鼻梁隆起，有螺旋形向外伸展的大角，母羊多无角或有小角。头部、眼周围和两颊多有褐色、黑色或黄色斑块。背腰平直。被毛白色，呈长辫状，有光泽。耐粗饲。一年剪毛两次，公羊平均产毛1.6～2.0千克，母羊1.3～1.8千克，净毛率60%以上。毛的光泽和弹性好，是制作提花毛毯的上等原料，也可用以纺织制服呢等。肉质细嫩，肌间脂肪分布均匀，膻味小。

瘫痪 paralysis 因大脑、神经、脊髓、肌肉病变所致人体随意运动（即自主运动）的减弱或丧失现象。又称麻痹。

类型 可因严重程度不同分为完全瘫痪和不全瘫痪。又可因累及的部位不同分为以下型：①单瘫。瘫痪限于一侧上肢或下肢。②偏瘫。系最常见的瘫痪类型。累及一侧上、下肢，有时包括同侧下部面肌瘫痪和颏舌肌瘫痪。③交叉性瘫痪。一侧颅神经运动核所支配的肌群瘫痪以及对侧偏瘫。④四肢瘫。瘫痪累及双侧上、下肢。⑤截瘫。通常指双下肢瘫痪。⑥双瘫。包括双侧面瘫，双上肢瘫，双下肢瘫，双侧上、下肢瘫痪。

随意运动的神经支配 随意运动受上、下两级运动神经元支配。

上运动神经元 由大脑皮质运动区的巨锥体细胞，即贝茨氏细胞及其轴索组成，又称锥体束，包括皮质延髓束及皮质脊髓束。

下运动神经元 由颅神经运动核及其轴索，或脊髓前角细胞及其轴索组成，经颅神经周围部分或脊髓前根、周围神经，到达运动终板，支配相应的横纹肌，引起随意运动。

因此，在上、下运动神经元的径路中，任何部位受到损伤，均可造成随意运动减弱或丧失，出现不同程度的瘫痪。

随意运动神经损害类型 由上而下可分为6类。

大脑皮质运动区损害 在大脑皮质运动区（中央前回），支配身体各部位运动的代表区有一定的排列顺序。这种排列顺序酷似“倒置人”形状，即中央前回下部支配对侧口、面、上肢的运动；中央前回上部支配对侧足、小腿、股部的运动。若中央前回下部受损则将出现对侧中枢性面瘫，即下部面肌瘫痪（鼻唇沟变浅，口角下垂等）和中枢性舌瘫（伸舌偏向病灶对侧），常伴有对侧上肢中枢性瘫痪。若中央前回上部受损则出现对侧下肢的单瘫，亦为中枢性瘫痪。侵犯大脑皮质运动区的病变以脑梗死最常见，其次为脑肿瘤、脑脓肿、血管畸形等。

内囊膝部及内囊后肢前2/3区域损害 由于锥体束下行时在此部位比较集中，因此受损后常导致一侧锥体束较完全的破坏而出现对侧偏瘫，包括对侧中枢性面瘫、舌瘫及上下肢瘫痪。此处病变最常见于脑出血，通常还累及上行的感觉传导径路和投射至枕叶的视放射，因此常同时出现对侧偏身感觉缺失和对侧同名性偏盲。

脑干病变 若病变累及一侧中脑大脑脚及内侧的动眼神经根，则将出现同侧动眼神经麻痹（瞳孔扩大、上睑下垂及眼球外展位）及对侧中枢性偏瘫，即韦伯氏综合征。此处常见病变为先天性动脉瘤和海马沟回疝。

若病变累及脑桥水平，常损伤一侧面神经核、外展神经核及锥体束，则将出现同侧周缘性面瘫（抬额、蹙眉、闭眼、鼓腮、示齿均不能）及对侧中枢性偏瘫，即米亚尔－古布勒二氏综合征。此外病变多为炎症、肿瘤或梗死。

若病变累及延髓水平，常累及一侧疑核、舌下神经核和锥体，则将出现同侧软腭麻痹、声带麻痹、颏舌肌瘫痪及对侧中枢性偏瘫，即杰克逊氏综合征。此处病变多为肿瘤、炎症或梗死。

以上所列举的脑干病变所导致的一侧颅神经运动核麻痹及对侧偏瘫称为交叉性瘫痪，也是脑干病变的特征性症状。

脊髓病变 因脊髓位于椎管内，直径较小，因此脊髓病变常损害双侧锥体束。若病变位于颈膨大以上，常导致四肢瘫；若病变位于胸髓则常导致双下肢截瘫。以上均为上运动神经元瘫痪。造成四肢瘫和双下肢截瘫的病变多为脊髓肿瘤、硬膜外脓肿、脊柱结核、转移瘤、椎间盘病变，横贯性脊髓炎、脱髓鞘疾病、神经梅毒和外伤等。如果病变累及脊髓灰质，常损害脊髓前角细胞；若累及一侧颈膨大或腰膨大脊髓前角细胞则将出现同侧上肢或下肢单瘫，为下运动神经元瘫痪，常见于脊髓灰质炎。若某些系统性病变选择性地损害脊髓前角细胞，则将出现四肢下运动神经元瘫痪，见于运动神经元病的进行性脊髓性肌萎缩；若同时累及脊髓前角细胞及锥体束，则将同时出现上、下运动神经元瘫痪，见于运动神经元病的肌萎缩性侧索硬化症。

周围神经病变 若病变主要累及脊髓前根，则将出现四肢下运动神经元瘫痪，见于急性感染性多发性神经根神经炎。若双侧臂丛受损，则将出现双上肢下运动神经元瘫痪，称为双瘫，通常还伴有感觉障碍。某些金属中毒也可造成周缘神经损伤，如铅中毒可引起桡神经麻痹，出现腕下垂，但常伴有局部的感觉障碍。

肌肉疾病 若病变累及神经肌肉接头处，也将出现相应肌群不同程度的瘫痪，如眼外肌、咀嚼肌、咽部肌肉、四肢骨骼肌、呼吸肌瘫痪（见重症肌无力）、肌无力综合征（兰伯特－伊顿二氏综合征）等。肌肉本身病变，包括各种遗传、代谢、先天性和炎症性肌病均会引起骨骼肌的不同程度瘫痪，如进行性肌营养不良、周期性瘫痪、糖原贮积症、线粒体肌病、多发性肌炎等。

除以上所描述的器质性原因引起的各

种类型的瘫痪以外，尚有一些心因性因素造成很严重的随意运动不能，如木僵状态、癔病性瘫痪等。神经系统检查常无器质性损害的体征；经对症治疗后常可迅速恢复，此点可与器质性瘫痪鉴别。

坛 altar 中国古代主要用于祭祀天、地、社稷等活动的台型建筑。见**祭坛**。

昙花 *Epiphyllum oxypetalum*; broadleaf cactus **仙人掌科**昙花属的一种。多浆附生性灌木。原产墨西哥及中南美洲森林中，现引种世界各地栽培。为多年生常绿肉质植物。老枝圆柱形，新枝扁平，呈叶状。刺座生于圆齿缺刻处，幼枝有毛状刺，老枝无刺。花白色，于夏季晚间8～9时开，经4～5小时后凋谢。花生于叶状枝边缘，大型，无梗，漏斗状；重瓣，花瓣披针形，具芳香，花萼红色，成熟时开裂（见图）。种子黑色。喜温暖湿润和多雾环境，忌阳光暴晒，不耐寒，以肥沃排水良好的砂质壤土为宜。盆栽要求含腐殖质较多的肥沃壤土，生长

季可充分浇水并喷水。可采用“昼夜颠倒”法栽培使其白天开花。通常用**扦插**繁殖。在中国华南、西南及台湾可露地种植，其他地区多盆栽，适于点缀客厅、阳台及庭院。此外，昙花还可入药。

昙鸾 Tanluan (476～542) 中国南北朝僧人，净土宗先驱。又名昙峦。雁门（今山西代县）人。少年出家研习《**中论**》、《百论》、《十二门论》、《大智度论》等四论与佛性学说。后因病欲求长生仙术，于梁大通年间到江南访道士陶弘景，得《仙经》10卷。北归途经洛阳，遇北印僧人菩提流支，受《观无量寿经》一部，遂焚《仙经》，专修净土。东魏孝静帝尊之为神鸾，南朝梁武帝尊称为肉身菩萨。著有《往生论注》、《略论安乐净土义》、《赞阿弥陀佛偈》等。为日本净土真宗所立“三国七祖”的中国三祖之一。

昙无谶 Dharmaksema (385～433) 中国东晋僧人。中印度人。6岁父亡，从达摩耶舍门下诵咒读经。初学小乘，见《涅槃经》后改习大乘。20岁能诵大小乘经200余万言，善咒术。北凉玄始三年(414)起，译《**大般涅槃经**》、《大方等大集经》、《大云经》、《菩萨地持经》、《金光明经》等，至玄始十五年译经19部131卷。

谈家桢 Tan Jiazhen (1909-09-15～2008-11-01) 中国遗传学家。生于浙江宁波，卒于上海。1936年获美国加州理工学院哲学博士学位。历任浙江大学教授、理学院院长，复旦大学教授、副校长、校长顾问。1980年当选为中国科学院学部委员（院士）。1934年开始果蝇进化遗传学研究，他的研究成果可分三类：第一类是以亚洲瓢虫为实验材料进行经典性群体遗传学研究，特别是1944年发现在瓢虫的鞘翅上的一种特异的嵌镶显性现象，并从实验证明异色瓢虫色斑基因众多复等位基因间显示嵌镶显性遗传现象的机制；第二类是利用果蝇唾腺染色体的最新方法分析了果蝇近缘种之间的染色体差异和染色体的遗传图，推动和发展了“现代综合进化论”；第三类是以猕猴为材料进行辐射遗传学研究，为辐射损伤的战备防护和原子能利用等提供科学依据。20世纪70年代末起，他致力于推动分子遗传学和遗传工程，在人才培养的同时，领导与组织人体分子遗传学及其基因组和植物基因工程研究。他先后当选为美国国家科学院外籍院士和第三世界科学院士、意大利国家科学院外籍院士、世界科学院发起人并选任常务理事。

谈迁 Tan Qian (1593～1657) 中国明清之际史学家。原名以训，字仲木，号射父；明亡后改名迁，字孺木，号观若，自署“江左遗民”。浙江海宁枣林人。明季诸生，终生未仕，以为人佣书或任记室为养。曾受知张慎言、高弘图，相与为布衣交。弘光元年（1644），高弘图入相，迁应邀入幕，参与赞画，力图恢复。高弘图、张慎言等正直官员，为**阉党**排挤下野，迁亦随之离去。迁性喜博综，尤谙当代历朝掌故，所著《国榷》，为明代编年史巨著。明天启元年（1621），迁丁内艰，读陈建《皇明通纪》，觉其缺陷，决意编次明代史事。天启六年，《国榷》初稿完成，以后陆续修订。清顺治二年（1645），又续补崇祯、弘光两朝史事。两年后全稿被窃，发愤重写。顺治十年，以幕僚身份，携稿随他人北上，居京两年有半，走访降臣、皇亲、宦官及前朝公侯门客，搜集遗闻，对书稿进行修订和补充。除《国榷》外，还著有《枣林杂俎》、《枣林外索》、《枣林集》、《枣林诗集》、《北游录》、《西游录》、《海昌外志》、《史论》等。

弹拨尔 tambur 拨奏弦鸣乐器。流行于中国新疆维吾尔族地区的民间拨弦乐器。曾译“坦布尔”。源于阿拉伯，在亚、非、欧等地区传播甚广。中国史籍中曾有“丹

弹拨尔演奏

不尔”、“弹布尔”、“丹布尔”等译名。共鸣箱呈瓢形，用核桃木或桑木制作。传统弹拨尔，长约147厘米，指板上缠有16～20个丝弦品位。共鸣箱面板上另设8～10个竹制的高音品位。弦轴至共鸣箱底部张钢弦5根，旋律弦2根，共鸣弦3根。定弦为g、g、d^1、g、g。弹拨尔的演奏方法近似琵琶。左手持琴按音。右手食指嵌钢丝拨弹奏。奏法多借用琵琶手法及其常用符号。弹拨尔具有音域宽广，音质明亮清脆的特点，用于独奏或合奏。

弹词 明、清两代流行的曲艺形式。一般认为源于元明两代的**词话**，是“弹唱词话”的略称。明代坊间刊刻的弹词曲本很多，但流传下来只有梁辰鱼的《江东二十一史弹词》和陈忱的《续二十一史弹词》。明代的弹词，在南方和北方都有流传。嘉靖二十六年（1547）田汝成的《西湖游览志馀》中，记载了杭州演唱弹词的情况。万历年间沈德符的《万历野获编》记载了北京的朱国臣“蓄二瞽姬，教以弹词，博金钱”之事。演唱情形，在董说《西游补》第12回“拨琵琶季女弹词”中有所表现。到了清代，弹词的流行区域逐渐缩小于江浙一带。并采用各地的方言方音，进一步衍化为不同的地方曲种，如**苏州弹词**、**扬州弹词**、四明南词、绍兴平湖调等。

弹劾 impeachment 议会控告违法失职的行政首脑、高级行政官员或高级司法官员等国家公职人员，并追究其法律责任的活

动。议会监督其他国家机关的一种重要方式，也是对国家公职人员的一种特别的刑事诉讼程序。起源于英国。1376年英国下院对英王的御衣总管提出控告，开创了弹劾的先例。以后为许多国家所采用。

受弹劾的官员范围各国不一。英国限于内阁阁员、政府大臣；意大利限于总统及国务员；联邦德国限于总统及法官；美国受弹劾的官员范围最广，包括总统、副总统和政府一切文官。受弹劾的事项各国亦不一，一般限于职务上的犯罪行为。意大利限于叛国或违宪行为；联邦德国限于故意违反基本法或联邦法律行为；美国受弹劾的事项包括叛国、贿赂及其他重罪、轻罪的行为。

弹劾分提出、追诉、审判三个阶段。弹劾的提案权有的属于众议院，有的属于两院联席会议，有的两院均有权提出。弹劾的追诉程序，美国由众议院提出弹劾案之后，先交常设委员会或特别委员会调查，然后由众议员以1/2以上的多数票议决追诉；意大利由两院联席会议议决是否进行追诉。凡议会决定不予追诉者，弹劾案即告撤销。弹劾案的审判权，英、美两国属于上院，意大利属于宪法法院。对被弹劾者的处分决定一般须经上院出席议员或宪法法院全体成员2/3的多数赞成。如美国1868年对A.约翰逊总统的弹劾就因一票之差未能构成2/3的多数，使约翰逊总统免受处分。弹劾案的判决处分一般以免去职务为限，若要对被弹劾者给予刑事处分，则须依法公诉。事实上，各国通过弹劾案的例子很少。英国议会从1864年起就没有行使过弹劾权。美国从1789年联邦政府成立以后，被弹劾者只有12人。

弹簧 spring 利用自身的变形来产生力或储存能量的机械零件。用于缓冲、吸振和控制机械运动，或作为仪器、钟表的动力和测力元件。常用弹簧按受力性质可分为拉伸弹簧、压缩弹簧、扭转弹簧和弯曲弹簧；

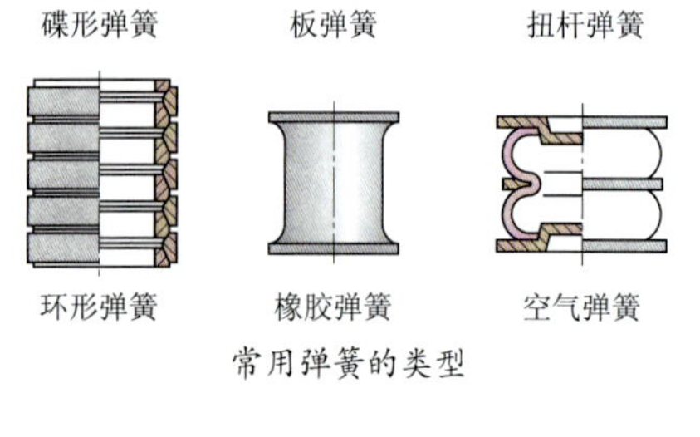

常用弹簧的类型

按形状可分螺旋弹簧、平面蜗卷弹簧、扭杆弹簧、板弹簧、碟形弹簧、环形弹簧。普通圆柱螺旋弹簧结构简单，制造方便，故应用广泛。非金属材料的弹簧有橡胶弹簧和空气弹簧等。弹簧的变形与其载荷之间的关系曲线称为弹簧特性曲线。特性曲线的斜率表示弹簧刚度，斜率越大，刚度越大，即弹簧越硬。常用的弹簧材料有碳素弹簧钢、合金弹簧钢、不锈弹簧钢、铜合金、镍合金和橡胶等。碳素弹簧钢经济性好，应用较广。硅锰、铬钒等合金弹簧钢多用于受冲击和变载荷的弹簧。不锈钢、铜合金和镍合金等用于在腐蚀环境下工作的弹簧。弹簧也可用塑料制造。

游丝是一种能产生反作用力矩的弹性元件，具有阿基米德螺旋状。按用途可分为测量游丝和接触游丝，测量游丝用于各种测量仪表和钟表。接触游丝则常用于百分表和千分表等仪表机构。

空气弹簧是利用密闭容器中空气的可压缩性制成的弹簧。能在任何载荷作用下保持自振频率不变，能同时承受径向和轴向载荷，也能传递一定的扭矩。通过调整内部压力可获得不同的承载能力。空气弹簧的结构形式很多，有囊式和膜式等，常用于车辆的悬架和机械设备的防振系统。

弹簧钢 spring steel 用于制造各类弹簧和弹性元件的钢。具有优良的力学性能、疲劳性能、弹性减退抗力以及优良的工艺性能（如淬透性、热处理工艺性，冷、热加工性能等）。按成分可分为：①非合金弹簧钢。如65Mn、70Mn，其强度高，加工性好，但淬透性不高。适用于制造小弹簧或性能要求不高的大弹簧，使用温度≤170℃。②合金弹簧钢。含0.40%～0.70%的碳，合金元素≤5%。这类钢淬透性好，疲劳强度和弹减抗力高。可制作截面尺寸大、性能要求高、工作温度高的弹簧。③特殊性能弹簧钢。用于制造在高温、腐蚀等特殊条件下工作的弹簧。弹簧钢按生产工艺又可分为两类：①热轧弹簧钢。包括制造大型弹簧的圆钢、方钢、扁钢等。②冷轧拉弹簧钢。有冷拉钢丝和冷轧钢带。冷拉钢丝又分铅浴等温淬火钢丝、油淬火回火钢丝和退火钢丝3种。

弹射座椅 ejection seat 在正常飞行情况下作为飞行员座椅，在紧急情况下载飞行员弹离飞行器使飞行员安全返回地面的航空救生设备。现代弹射座椅是一种自动程序装置，只要飞行员拉动弹射手柄，座椅从弹出座舱到飞行员乘降落伞着陆的一系列动作都按程序自动完成。

弹射座椅由骨架、椅盆、头靠和椅盆升降机构等组成。弹射座椅的动力靠火药燃爆力推动座椅出舱，然后用火箭作为助推器，使座椅继续向上运动，脱离飞机，提高轨迹高度。座椅的稳定一般靠稳定伞，飞行员降落则靠救生伞。

现代弹射座椅能在0～25千米飞行高度和0～1 200千米/时当量空速的飞行包线内有效工作。高空飞行中弹射救生需要解决缺氧、低温、低气压等不利环境下的防护问题，为此，飞行员穿着与飞行高度相适应的高空飞行服和供氧装置。现代火箭弹射座椅在飞机平飞状态时具有零高度-零速度救生性能。

弹涂鱼 Periophthalmidae; mudskipper 鲈形目弹涂鱼科动物的统称。俗称跳跳鱼、跳鱼。有4属20余种。分布于热带、亚热带及温带近岸浅水区；非洲西岸、印度-西太平洋暖水区。中国产3属5种。体长一般为80～140毫米，大者可达200毫米余，呈亚圆筒形。头大或中大。吻圆钝，吻褶发达。眼突出，且能自由转动。口中大；上下颌约等长。唇发达，软厚。鳃腔能膨大，储有大量空气，以便气体交换。鳞小，或呈退化状。无侧线。胸鳍具一肌柄，用于陆上行动；左右腹鳍愈合成一吸盘。为暖水性和暖温性近海小型鱼类。喜栖息于底质为淤泥、泥沙的高潮区或半咸水的河口滩涂。广盐性，穴居。主要摄食浮游动物、

沙蚕、桡足类及枝角类等，也食底栖硅藻和蓝绿藻。一般春季4～5月产卵。全年均有生产，是小型食用鱼类。

弹腿 tantui; snap-leg boxing 中国武术拳种之一。属长拳类。名称来源不一，但以“此拳腿法快速屈伸，故称弹腿”一说流传范围较大，尤其在回族中颇有影响。现代流传的有十路弹腿，发腿与裆平；十二路弹腿，发腿不过膝，又叫寸腿；六路弹腿，是在上述两种弹腿的基础上简化而成。弹腿被看成是武术基础训练项目之一。弹腿的技术特点是：头路冲扫似扁担，二路十字巧拉钻，三路劈砸倒拽犁，四路撑滑步要偏，五路招架等来意，六路进取左右连，七路盖抹七星式，八路碰锁躲转环，九路分中掏心腿，十路叉花如箭弹。中华人民共和国建立后，弹腿被列为全国武术表演和比赛项目。近代弹腿名家首推河北省沧县的回族武术家王子平。曾任中国武术协会副主席。

弹尾目 Collembola; springtail 昆虫纲的一目。小型无翅昆虫。有些学者主张将该类群作为纲即弹尾纲对待。统称跳虫。世

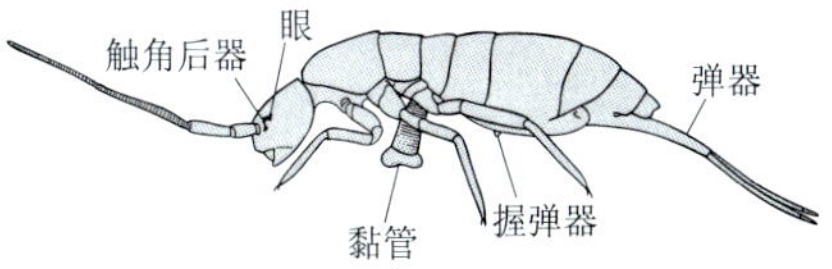

长脚跳虫

界性分布，一些种类甚至分布在终年积雪的高山上。包括16或17个科。世界已知约有6 000种，中国约200种。体微小，无翅，身体裸出或被毛或鳞片。复眼由分离的小眼群组成。头部一对触角长，有时比身体还长。胸部有3对发达的足。腹部6节；第1节腹面有一根柱形黏管，可分泌黏液，所以此目又称黏管目；第4或第5节上有成对的3节弹器；第3节上有2节握弹器。平时弹器弯向前方夹在握弹器上；当跳跃时，由于肌肉的伸展，弹器猛向下后方弹击物面，使身体跃入空中，故名跳虫、弹尾虫。多数生活在潮湿的地方，以腐烂的植物类、地衣或菌类为主要食物；少数种类取食活的植物体和发芽的种子，成为农作物和园艺作物的害虫；极少数种类取食腐肉。

弹性波 elastic wave 扰动或外力作用引起的应力和应变在弹性介质中传递的形式，并伴有能量传递。应力波的一种。弹性波理论广泛应用于地震、地质勘探、工程结构的抗震抗爆、岩土动力学等方面。对于均匀各向同性介质，波在各方向的传播速度都相同。在无限介质中传播的波称为体波。按传播方向和介质质点振动方向之间的关系，体波分为纵波和横波。沿着一个弹性介质表面或两个不同弹性介质界面传播的波称为界面波。若与弹性介质相邻的是稀疏介质（如空气），则界面波称为表面波。界面波的一个特征是，质点扰动振幅随质点离界面距离的增大而迅速衰减，所以界面波只存在于表面或界面附近。弹性波在弹性体内传播时，会形成拉压波、弯曲波和剪切波。弹性波绕经障碍物或孔洞时还会发生复杂的衍射现象。

弹性合金 elastic alloy 具有优异弹性和低滞弹性效应，或在一定温度范围内弹性模量几乎恒定的合金。通常分为两大类：①高弹性合金，包括耐蚀高弹性合金、高温高弹性合金、高导电高弹性合金、无磁高弹性合金等；②恒弹性合金，包括一般恒弹性合金、高温恒弹性合金、耐蚀恒弹性合金、无磁或弱磁恒弹性合金等。工程材料的应力和应变关系，往往形成如图所示的弹性滞后回线，而这种滞弹性效应在高弹性合金中是很小的。在电子信息工业和仪器仪表等领域，弹性合金用于制造各种膜盒、膜片、扭杆、振子等敏感元件，各种发条和弹簧等储能元件，游丝、张丝、悬丝、延迟线、轴尖及仪表轴承等弹性元件。

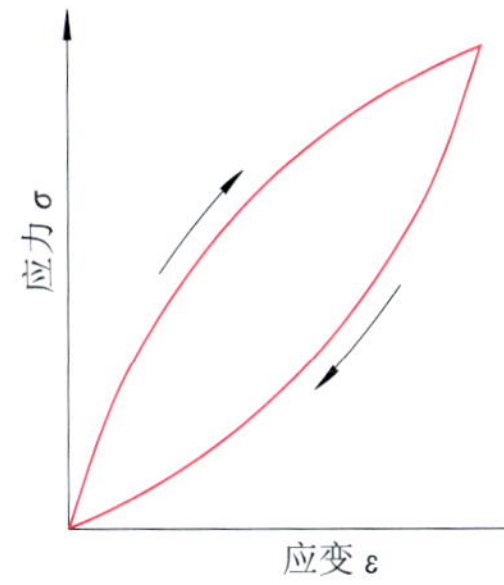

弹性滞后回线示意图

弹性理论 elasticity, theory of 经济学中研究因变量经济变量的相对变化对自变量经济变量的相对变化的反应程度或灵敏程度的理论。弹性概念和弹性定义由A.马歇尔在《经济学原理》中提出，弹性理论又由后来的经济学家不断补充和完善，并在经济学中广泛运用。

当两个经济变量间存在函数关系时，作为自变量的经济变量的变化，必然引起作为因变量的经济变量的变化。弹性即表示因变量经济变量的相对变化对自变量相对变化的反应程度或灵敏程度，即：

$$\text{弹性}=\frac{\text{因变量的相对变化}}{\text{自变量的相对变化}}$$

弹性理论包括需求弹性和供给弹性。需求弹性包括：①需求价格弹性。表示某一商品的需求量对它本身价格变化的反应程度，即：需求弹性＝需求量变化的百分比/价格变化的百分比。例如，某种产品的价格上涨1%，销售量下降1.5%，此种产品的弹性即为1.5。需求弹性有5种情况：大于1、小于1、等于1、等于零和无穷大，分别表示需求量变化大于、小于、等于价格的变化，或者不论价格如何变化需求量也不变化，或者价格的微小变化会引起需求量无穷大的变化。②收入弹性。表示某一商品的需求量对收入变化的反应程度，即：

$$\text{收入弹性}=\frac{\text{需求量变化的百分比}}{\text{收入变化的百分比}}$$

③交叉弹性。表示一种商品的需求量对另一种商品价格变化的反应程度，即：

$$\text{交叉弹性}=\frac{\text{一种商品需求量变化的百分比}}{\text{另一种商品价格变化的百分比}}$$

供给弹性包括供给价格弹性、供给交叉弹性等。供给价格弹性表示某一商品的供给量对它本身的价格变化的反应程度：

$$\text{供给价格弹性}=\frac{\text{供给量变化的百分比}}{\text{价格变化的百分比}}$$

需求弹性和供给弹性在计算上都可以分为点弹性和弧弹性。点弹性是需求曲线或供给曲线上某一点的弹性；弧弹性是需求曲线或供给曲线上两点之间弧的弹性。

对弹性系数大小有重要影响的因素是替代品和时间。替代品数目多、相似程度大，弹性系数就大；相反，系数就小。消费品在短期内弹性系数小，在长期内系数大。另外，消费品的用途多寡、消费品耐用程度、产品成本的高低、产品生产周期的长短，都对弹性系数有一定影响。

弹性力 elastic force 弹性物体因外力产生形变后的恢复力。简称弹力。形变也存在于物体内部，因此物体内部的各部分间都有弹性力相互作用。弹性力有各种名称：相互压缩时称压力，垂直于物体表面的压力称法向压力；相互拉长时称张力。物体给平面或斜面的法向压力的反作用力，称支持力或反力，实质上也是压力。一定范围内弹性力和变形程度成正比，该范围称弹性限度。弹性限度内，撤去外力物体能恢复原状；超过这限度，变形程度不再和外力成正比，撤去外力后物体也不能恢复原状。对弹簧来说，弹性力为$\boldsymbol{F}=-k\boldsymbol{x}$，$\boldsymbol{x}$表示弹簧终端的位移，$k$为弹性力和位移值之比，称刚度系数，负号表示弹性力的方向与位移的方向相反。弹性力为保守力，弹性力做功可用弹性势能表示，其值为$kx^2/2$，x为位移的值。

弹性力学 elasticity 研究弹性物体在外力和其他外界因素作用下产生变形和内力的固体力学分支。又称弹性理论。是材料力学、结构力学、塑性力学和某些交叉学科的基础，广泛应用于建筑、机械、化工、航空、航天等工程领域。

简史 英国的R.胡克于1678年和法国的E.马略特于1680年分别独立地提出了弹性体的变形和所受外力成正比的定律，后被称为胡克定律。I.牛顿于1687年确立了力学三定律（见牛顿运动定律）。19世纪20年代法国的C.-L.-M.-H.纳维和A.-L.柯西基本上建立了弹性力学的数学理论。柯西明确地提出了应变、应变分量、应力和应力分量的概念，建立了弹性力学的几何方程、运动（平衡）方程、各向同性以及各向异性材料的广义胡克定律。1855～1856年间法国的A.J.C.B.de圣维南发表了柱体扭转和弯曲的论文，为弹性力学的正确性提供了有力的证据。1881年德国的H.R.赫兹解出了两弹性体局部接触时弹性体内的应力分布。1898年德国的G.基尔施在计算圆孔附近的应力分布时，发现了应力集中。这个时期，弹性力学的一般理论也有很大发展，1872年意大利的E.贝蒂建立功的互等定理，1873～1879年意大利的A.卡斯蒂利亚诺建立弹性力学最小余能（即余应变能）原理。还发展了许多有效的近似计算、数值计算和其他计算方法。苏联的穆斯赫利什维利于20世纪30年代发展了复变函数的应用，为求解弹性力学平面问题提供了有力的工具。从20世纪20年代起，弹性力学在发展中出现了许多边缘分支：各向异性和非均匀体理论，非线性板壳理论和非线性弹性力学，**热弹性力学**，**气动弹性力学**，水弹性力学和**黏弹性力学**等。磁弹性和微结构弹性理论也开始建立起来。此外还建立了弹性力学广义变分原理。

基本规律 包括变形连续规律、应力－应变关系和运动（或平衡）规律。①变形连续规律。弹性力学只限于考虑原来连续、变形后仍为连续的物体，在变形过程中，物体不产生新的不连续面。如果物体中本来就有裂纹，则只考虑裂纹不扩展的情况。②应力－应变关系。应力和应变之间存在着对应的关系，若应力和应变呈线性关系，这个关系便称为广义胡克定律。③运动（或平衡）规律。处于运动（或平衡）状态的物体，其中任一部分都遵守牛顿运动定律。

弹性力学问题的提法和求解 为了阐明一个弹性力学问题，需要说明物体的形状和物体各部分由什么材料组成；说明物体所承受的载荷，包括体积，自由边界上的载荷；说明此物体和其他物体的连接情况。对弹性力学的平衡问题，说明上述3个方面即可。但对弹性力学的动力问题，还需说明物体的初始状态。

求解一个弹性力学问题，就是设法确定弹性体中各点的位移、应变和应力等15个函数。但在各种具体问题中，常常只关心其中的某几个函数。求解时可用实验方法、数学方法，也可用实验和数学相结合的方法。许多复杂而难于计算的问题都是用实验方法求解的。数学方法的优点是提供的数据比较全面，但只适用于不太复杂的问题。对于一些实用上重要的弹性力学问题，常需同时用实验和数学两种方法求解，以保证结论的可靠性。

常用的数学方法 有精确解法和近似解法两类。①精确解法。包括分离变量法和复变函数法。许多精确解是用分离变量法求得的。能用分离变量法求得精确解的有无限和半无限体的问题、球体和球壳的问题、椭球腔的问题、圆柱和圆盘的问题等。能化为平面调和函数或平面双调和函数的问题，许多重要精确解都是用复变函数法求得的。②近似解法。能量法就是其中用得最多的一类方法，工程界广泛使用的有限元法是能量法的一种新发展。差分法也是常用的近似解法。此外，边界积分方程、边界元法和加权残数法对解某些问题也是有效的手段。

痰火扰心证 phlegm-fire disturbing heart, syndrome of 因痰火扰乱心神所引起的以神志失常为主症的中医学证候。多见于痫、狂、不寐、中风等疾病。痰火扰心多因过度精神刺激，如思虑愤怒过极，气郁化火或外感热邪炼津成痰，痰火相搏、上扰心神所致。临床表现以神志失常、语无伦次、哭笑无常，兼见面红目赤、舌红苔黄腻、脉滑数等为主；还可兼见心悸失眠或高热、气粗、尿赤、便结、喉中痰鸣等症。

痰火扰心证与痰迷心窍证（即痰蒙心包证）均由痰浊上犯心窍所致，临床表现均以神志失常为主。但痰迷心窍是气郁生痰，痰气郁结蒙蔽心包；痰火扰心是气郁化火，火热之邪炼津成痰，痰火搏结，扰乱心神。前者属阴，少躁动之象；后者属阳，必兼火热之象。临床上两者可以相互转化。痰迷心窍证可由痰气郁结、日久化火而转为痰火扰心证；痰火扰心证亦可因火降而变为痰迷心窍证。两证的区别在于阴阳、动静及有无火象。

痰火扰心证的治疗以清心豁痰、泻火开窍为法，可用生铁落饮、礞石滚痰丸等方。

痰饮 phlegm and fluid retention 中医学中因多种原因导致脏腑功能失调使体内津液停聚而产生的病理性产物。分为痰和饮两类，稠浊者为痰，清稀者为饮。

痰浊阻肺证 turbid phlegm obstructing lung, syndrome of 因痰浊阻滞于肺，影响肺主宣降功能所引起的中医学证候。可见于急慢性疾患，而以慢性病多见。在急性病变中，大多由寒湿邪侵袭肺脏，使宣降失常，肺不布津，水液停聚而为痰湿，阻滞肺系；在慢性疾病中，多由脾气亏虚，输布失常，水湿凝聚为痰，上渍于肺，或久咳伤肺，通调水道功能减弱，聚湿酿痰，阻滞肺系。临床表现：咳嗽痰多，痰黏色白，易咯出，胸闷，甚则气喘痰鸣，舌淡苔白腻，脉滑。痰浊阻肺证以咳嗽痰多质黏色白易咯为辨证要点。由于痰浊阻滞肺系，肺气上逆，故咳嗽多痰；痰阻气道，肺气不利，见胸闷憋气，甚则气喘痰鸣。痰黏腻色白易咯出，舌淡苔白腻，脉滑为痰浊阻滞之象。治宜燥湿化痰，方用二陈汤加味。

谭盾 Tan Dun（1957－08－18～ ） 中国作曲家。生于湖南长沙。1978年考入**中央音乐学院**作曲系。学习期间创作交响曲《离骚》、第一弦乐四重奏《风雅颂》、弦乐队慢板《自画像》、《钢琴协奏曲》及大量的民族器乐曲。毕业后继续攻读硕士学位。此期间作有《乐队序曲》、《两乐章交响曲》、《道极》（乐队与三种音色的间奏）等作品。1985年4月和11月，谭盾在北京举行个人民族器乐作品音乐会和交响作品音乐会，引起强烈反响。1986年，赴美国哥伦比亚大学攻读博士学位。最初作有《戏韵——小提琴协奏曲》、《第三交响曲》、《为弦乐四重奏所作的八种颜色》等作品。1989年，推出“祭祀歌剧”《九歌——为四位独唱演员、合唱队、舞蹈而作》。20世纪90年代，谭盾有感于楚祭祀仪式，创作有《乐队剧场Ⅰ：埙——为11个陶埙、乐队及乐队队员而作》、《乐队剧场Ⅱ：Re——为散布的乐队、两个指挥及现场观众而作》、《乐队剧场Ⅲ：红色——为声像装置、摇滚乐队及交响乐队而作》。此时的重要作品还有交响曲《死与火——与画家保罗·克利的对话》、《圆——为四个三重奏、指挥、观众而作》、歌剧《鬼戏——为弦乐四重奏、琵琶及铁、水、纸、石头及演奏员的人声而作》、歌剧《马可·波罗——为七位独唱演员、合唱队及管弦乐队而作》及“陶乐”《静土》、“水乐”《序、破、急》、“纸乐”《金瓶梅》等实验音乐作品。后作有《交响曲1997：天地人》、歌剧《牡丹亭》、《永恒之水协奏曲》（为水、打击乐和乐队而作）、《2000Today：为千年而作世界交响曲》、歌剧《秦始皇》及电影《卧虎藏龙》、《英雄》的配乐等。谭盾是1979年以来中国现代音乐的代表性作曲家，也是当今在国际舞台最为活跃的现代作曲家之一。

谭富英 Tan Fuying（1906－10－15～1977－03－22） 中国京剧演员。工老生。祖籍湖北江夏（今武昌）。生于北京，卒于北京。祖父**谭鑫培**、父谭小培均为老生演员。9岁从陈秀华学老生。11岁入**富连成社**习艺，初习武生，后改老生，师从**萧长华**、王喜秀、雷喜福等。1923年满科。1926年拜**余叔岩**为师。当年余三胜教谭鑫培，后来谭鑫培又教余叔岩，今余叔岩收谭富英为徒，两姓三代人相互传艺，成为**梨园**佳话。20世纪30年代初，谭富英已享名剧坛，在继承

谭富英在京剧《鼎盛春秋》中饰伍员

谭派和余派的基础上形成自己的风格，世称“小谭派”。他嗓音清亮甜脆，唱功流畅爽快，所唱快板尤见功力，一气呵成，酣畅淋漓。1933年与雪艳琴合拍的《四郎探母》影片，是第一部有声京剧影片。胜利唱片公司曾为其父子合灌《草船借箭》唱片传世。1950年，与裘盛戎合组太平京剧社。1952年改名北京市京剧二团，后并入北京京剧团。1957年，与萧长华、马连良、叶盛兰、裘盛戎、袁世海、孙毓堃等，于北京电影制片厂合拍彩色京剧艺术片《群英会》、《借东风》，饰鲁肃。

谭平山 Tan Pingshan (1886-09-28～1956-04-02) 中国民主革命家，具有马克思主义信仰的爱国主义者和政治活动家，中国国民党革命委员会创始人之一。名鸣谦，别号聘三。广东高明人。卒于北京。早年加入同盟会。1919年在北京大学参加发起组织新潮社，并在《新潮》杂志上发表文章介绍《共产党宣言》。1920年秋回广州任教，兼任《广东群报》编辑，宣传社会主义和十月革命，着手组织社会主义青年团和广州共产主义小组，兼任中国劳动组合书记部南方分部主任。以后连续当选为中共第三、四、五届中央委员，在共产国际执委第七次扩大全会上当选为共产国际主席团成员。第一次国共合作时期，是1924年中国国民党第一次全国代表大会24个中国共产党代表之一，1927年在国民党二届三中全会上以共产党员身份被选为国民政府农政部部长，另一共产党员苏兆征被选为劳工部部长。历任中国国民党中央执行委员会常委、中央组织部部长，协助国民党改组。大革命失败后参加南昌起义，起义失败后于1927年11月脱党，参加组织中国国民党临时行动委员会。抗日战争时期任国民参政会参政员，反对蒋介石的独裁政策。抗战胜利后发起组织三民主义同志联合会，反对国民党卖国政策和内战政策。1948年参加组织中国国民党革命委员会，任中央执委会常委、副主席。中华人民共和国建立后，历任中央人民政府委员，人民监察委员会主任，全国人民代表大会常务委员会委员，民革中央副主席。

谭其骧 Tan Qixiang (1911-02-25～1992-08-28) 中国历史学家、历史地理学家，中国历史地理学的奠基人之一。字季龙。浙江嘉兴人。生于奉天（今辽宁沈阳），卒于上海。1930年毕业于上海暨南大学，1932年毕业于燕京大学研究院。1932年起任北平图书馆馆员，辅仁大学、燕京大学、国立北京大学和国立清华大学兼任讲师，广州学海书院导师。1940年起任浙江大学副教授、教授。1950年起任复旦大学历史系教授、系主任

和中国历史地理研究所所长。1980年当选为中国科学院地学部学部委员（院士）。曾任国务院学位委员会历史学科评议组成员、中国史学会常务理事、上海市史学会副会长及代会长等。1934年协助顾颉刚创办《禹贡》半月刊，筹备成立禹贡学会。长期从事中国史和中国历史地理的教学和研究，涉及历代疆域、政区、都市、水系、海陆变迁、人口、民族、文化、经济、历史地理古籍、地理学史、历史人物等各方面，主要论著收入《长水集》上、下册（1987）和《长水集续编》（1994）。他主持主编的《中国历史地图集》是迄今最权威的中国历史政区地图集。还主编有《辞海·历史地理分册》、《中国自然地理·历史自然地理》、《中国历史大辞典·历史地理》等。

谭峭 Tan Qiao 中国古代光学家。南唐道士。字景升（一作昇），号紫霄真人。活跃于10世纪初。又说，10世纪30年代曾旅居于闽。唐国子司业洙之子，幼居长安（今西安）。自幼聪敏，颇涉经史，好黄老诸子、列仙神人。青少年出家后，曾游太行、五岳，师嵩山道士十余年。尔后居南岳炼丹，复入青城山隐居。有著作《化书》传于世。《化书·四镜》写道：“小人常有四镜：一名圭，一名珠，一名砥，一名盂。圭视者大，珠视者小，砥视者正，盂视者倒。”圭是平凸透镜，珠是双凸透镜，砥是平凹透镜，盂是凹凸透镜。谭峭是中世纪期间世界上掌握最多透镜类型并了解其成像状况的人。谭峭还发现复镜的“镜镜相照，影影相传”的光学现象。在他论述“道”的思想时常以镜子和光学现象作为依据。《化书》中还记述了谭峭所认识的声学、运动学、静电与静磁等诸多物理现象。

谭嗣同 Tan Sitong (1865～1898-09-28) 中国清末维新派政治家、思想家。字复生，号壮飞，又号华相众生、东海褰冥氏、寥天一阁主等。湖南浏阳人。父继洵，官至湖北巡抚。少年时博览群书，好任侠，喜词章，富于思想。青年时期为父命所迫，曾六赴南北省试，因不喜科举时文，屡考不中。在此期间，他目睹了清王

朝统治腐败，益思奋发有为，立志救国救民，故自名壮飞。1894年中日甲午战争中，清军惨败，丧权失地，群情愤慨。谭嗣同决心致力于维新变法。遂与唐才常等在浏阳筹建算学馆，创办新学，并撰文提出变法主张，首开湖南维新之风。1896年（光绪二十二年）北游访学，对资本主义生产方式和自然科学发生兴趣。在访学中，还遍交维新之士，结识了梁启超，并通过梁启超进一步了解到康有为的维新思想观点。1896～1897年，他以父命入资为候补知府，在南京待委，时往上海与梁启超讨论学问，研究变法理论，还潜心读书，与杨文会研讨佛学，撰成其代表性著作《仁学》。1898年2月，谭嗣同回到湖南，与唐才常等倡办时务学堂、南学会、《湘报》等，又倡导开矿山、修铁路，宣传变法维新，推行新政，使湖南成为全国最富朝气的一省。6月11日，光绪帝下诏宣布变法。谭嗣同被荐，奉召进京，参与新政。以慈禧太后为代表的封建顽固派，反对新政。谭嗣同等幻想得到袁世凯对变法维新的支持，但迅即被袁出卖。慈禧太后于9月21日发动政变，对维新派残酷镇压。谭嗣同拒绝出走。24日被捕下狱。28日与杨深秀、杨锐、林旭、刘光第、康广仁等同被杀害，世称戊戌六君子。其著作编为《谭嗣同全集》。

谭鑫培 Tan Xinpei (1847-04-23～1917-05-10) 中国京剧演员。工老生，曾演武生。本名金福。堂号英秀。湖北江夏（今武昌）人。幼年随父到北京，入金奎科班习艺，学老生。父名志道，演老旦，有“叫天”之称，故鑫培艺名为“小叫天”。出科后搭永胜奎班。变声期倒仓，跑乡班唱野台，演武生兼武丑。嗓音恢复后，入三庆班，得程长庚赏识，

谭鑫培在京剧《定军山》中饰黄忠

先以武生戏崭露头角，偶演老生戏，并广泛观摩学习前辈名家的艺术，艺事大长。清光绪六年（1880），转入四喜班，不久即自组同春班。1890年任昇平署外学民籍教习，此时已专演老生。他博采众长，对老生唱腔进行改革，创造了细腻婉转的新腔，自成一派，人称“谭腔”，当时与孙菊仙、汪桂芬并称“老生新三杰”。又得王瑶卿和琴师梅雨田的辅助，演技愈趋成熟，人以“伶界大王”称之。子小培，小培子富英，富英子元寿，元寿子孝曾，孝曾子正岩，均演老生；入室弟子仅王月芳、余叔岩两人。但全国众多老生都宗法于他，世称谭派。

谭鑫培一生创造了为数众多的艺术形象，在唱念做打各方面都有自己的独特创造。唱腔资料有百代公司灌制的唱片七张半和陈彦衡整理的《谭鑫培唱腔集》三册，收《空城计》等十个剧目。1905年，北京丰泰照相馆拍摄了谭鑫培主演的《定军山》中“请缨”、“舞刀”和“交锋”等场面，共三本，为中国人自己摄制电影之滥觞。

谭延闿 Tan Yankai（1880-01-25～1930-09-22） 中华民国时期高级官员。字组安，号无畏。湖南茶陵人。卒于南京。1904年中进士。1909年任湖南省咨议局议长，成为湖南立宪派首领。1911年武昌起义后，被咨议局推举为湖南都督。1912年加入国民党。1913年“二次革命”时，表面宣布湖南独立，

暗中又阻挠反袁，后曾被袁世凯免职。护国战争期间，为排斥外省军阀控制湖南，提出“湘事还之湘人”口号。1920年以湘军总司令名义首倡“联省自治”。1922年赴广州投奔孙中山，任大元帅府大本营内政部长、秘书长和湖南省长兼湘军总司令等职，参与讨伐陈炯明，稳定广州政局等活动。1924年后连任国民党第一、二届中央执行委员、政治委员会主席。所部湘军改编为国民革命军第2军，兼任军长。1927年四一二政变后，代理武汉国民政府主席。9月宁、汉、沪三方合流，成立国民党中央特别委员会，他任会议主席，决定联合反共，逼蒋下台。1928年1月蒋介石重新上台后转而拥蒋，一度任国民政府主席、行政院院长。

谭元春 Tan Yuanchun（1586～约1637） 中国明代文学家。字友夏。湖广竟陵（今湖北天门）人。天启七年（1627）乡试第一。与同里钟惺共选《诗归》，一时名声甚赫，世称“钟谭”，同为竟陵派创始人。受钟惺影响，提倡诗文抒写性灵，反对拟古文风。他所提倡的“性灵”是学习古人诗词中的精神。他强调的“古人精神”只是“幽情单绪”和“孤行静寄”，只着眼于湖光、花草及“孤怀”、“孤意”等，致使他创作的题材极为狭窄。加之又提倡一种“幽深孤峭”的风格，使文风艰涩，往往雕饰字句而忘及篇章，致使后人有字哑句谜、几无完篇之诟。然而谭元春的山水五言诗却时有佳品。其六言绝句《得蜀中故人书》亦朗秀清新，较有情趣。写景散文亦有出色作品，如《游南岳记》写登祝融峰顶所见，云海奇观，气势雄伟，景界壮观。著作收入《谭友夏合集》23卷。

谭震林 Tan Zhenlin（1902-04-24～1983-08-30） 中国无产阶级革命家，中国共产党中央政治局委员，国务院副总理，全国人大常委会副委员长。生于湖南攸县，卒于

北京。早年当过印刷工人、书店学徒。1925年在茶陵县从事工人运动。1926年加入中国共产党。1927年参加湘赣边界秋收起义，任第一个红色政权茶陵县工农兵政府主席、中共茶陵县委书记，后历任湘赣边特委书记，红四军第2、第4纵队政委，红1军团第12军政委。1932年调任福建军区司令员，组建地方武装配合中央红军反第四次“围剿”作战。1934年红军主力长征，留闽西坚持游击战争，任闽西军政委员会军事部部长、副主席。1937年后任新四军第3支队副司令员、政委，创建皖南抗日根据地。1940年任江南人民抗日救国军东路指挥兼政委。皖南事变后任新四军6师师长兼政委、苏南区党委书记。1943年任新四军2师政委兼淮南区党委书记。在中共七大上当选为中央委员。抗日战争胜利后，历任中共中央华中分局副书记、华中野战军政委、华东野战军副政委等职，参与领导华东地区解放战争，先后协同粟裕取得苏中七战七捷、济南战役的胜利，与许世友指挥部队粉碎国民党军对山东的重点进攻。是指挥淮海战役的总前委五位成员之一。1949年4月兼任第7兵团政委，率部参加渡江战役，解放皖、浙、赣广大地区。中华人民共和国建立后，历任中共浙江省委书记、省人民政府主席，中共中央华东局第三书记，华东军政委员会副主席，江苏省委书记、省人民政府主席。1954年任中共中央副秘书长兼书记处二办主任。1956年当选为中共八届中央委员、中央书记处书记。1958年当选为中央政治局委员。1959年任国务院副总理兼农林办公室主任、国家计委副主任。“文化大革命”初，坚决抵制林彪、江青等“打倒一切”的主张。1967年2月在怀仁堂中央政治局碰头会议上当面斥责张春桥等，被诬为“二月逆流黑干将”，遭到迫害。1973年当选为中共十届中央委员。1975年当选为第四届全国人大副委员长。1977年当选为中共十一届中央委员。1978年后任第五届全国人大副委员长、中顾委副主任。

谭政 Tan Zheng（1906-06-14～1988-11-06） 中国人民解放军高级将领，军事家。原名谭世名，号举安。湖南湘乡人。卒于北京。1927年2月到国民革命军第四方面军总

指挥部特务营任文书、书记。同年9月参加湘赣边秋收起义，10月加入中国共产党。土地革命战争时期，在中国工农红军第4军、第12军、第22军任职。曾参加漳州战役、南雄水口战役以及中央苏区历次反“围剿”和长征。1929年参加中共第4军第九次代表大会（古田会议）后，坚持以无产阶级思想建设军队。1936年3月写出《关于红军新的历史时期政治工作的意见》。同年，入中国人民抗日红军大学学习。抗日战争时期，任中共中央革命军事委员会总政治部副主任、陕甘宁晋绥联防军副政治委员兼政治部主任。1944年4月，在中共西北局高级干部会议上作《关于军队政治工作问题》的报告，曾被列为全党全军各级领导干部的整风文件和固定教材，是军队政治工作的重要历史文献。1945年6月，被选为中共第七届中央候补委员。解放战争时期，任东北民主联军政治部主任、第四野战军政治部主任和副政治委员等职。参与领导辽沈、平津等重大战役的政治工作。中华人民共和国建立后，任中南军区暨第四野战军副政治委员、第三政治委员，总政治部副主任、主任，国防部副部长，中共中央军委常务委员。1955年被授予大将军衔，获一级八一勋章、一级独立自由勋章、一级解放勋章。1956年被选为中共八届中央委员、中央书记处书记。1961年1月后，因受林彪陷害，被撤销中央军委常务委员、中央书记处书记等职务。1965年11月任福建省副省长。1975年8月任中共中央军委顾问。1979年3月中共中央、中央军委予以平反。1988年7月被授予一级红星功勋荣誉章。

檀道济 Tan Daoji（? ～436） 中国南朝宋名将。高平金乡（今属山东）人，世居京口

（今江苏镇江）。少孤。东晋元兴三年（404），从刘裕起兵京口讨桓玄，又转战各地，所向披靡，为太尉参军。义熙十二年（416）刘裕北伐后秦，道济为前锋，所至克捷，收复洛阳，进兵潼关，攻取长安。刘裕称帝建宋，他以元勋封永修县公，后又出任镇北将军、南兖州刺史。宋文帝刘义隆时，任江州刺史。元嘉八年（431）统军击魏，多有克捷。至历城（今山东济南）粮尽，不得已退军，设计阻延魏军追逼，全军而返。进位司空，还镇寻阳（今江西九江）。道济功高震主，元嘉十三年宋文帝病重，彭城王刘义康执政。义康怕文帝死后道济不听命，遂矫诏召其入朝，与子八人并戮于建康（今南京）。

檀香 *Santalum album*; sandalwood 檀香科檀香属的一种。分布于印度、马来西亚、印度尼西亚和太平洋东南部岛屿。中国已有栽培。常绿小乔木，营根部寄生。叶对生，卵状椭圆形，全缘。圆锥花序状聚伞花序，花两性，花被钟状，花被裂片4；雄蕊4；具花盘，子房半下位。核果近球形。生长于热带。檀香虽有根系，但自幼苗起其根必须寄生在适合的树种的根上，吸取寄主的氮和磷后，才能正常生长。檀香有重要的经济价值。茎部心材香气馥郁，称为檀香木，可制作各种细木工和雕刻工艺品，并长期保留香气，如中国的檀香扇；茎和根为线香的香料；也可作药，有理气、和胃之效；蒸馏茎和根，可得芳香的檀香油，用于配制香水和做檀香皂的香料。

檀香醇 santalol 倍半萜，分子式$C_{15}H_{24}O$。

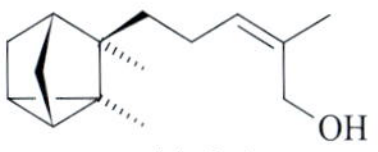
α-檀香醇

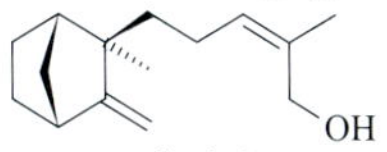
β-檀香醇

檀香油中约含90%的α-檀香醇和β-檀香醇。α-檀香醇沸点301～302℃，相对密度0.967 9（20/4℃），比旋光度$[\alpha]_D^{20}$+17；β-檀香醇沸点167～168℃（10毫米汞柱），相对密度0.975 0（20/4℃），$[\alpha]_D^{20}$－90.5。α和β体均易与邻苯二甲酸酐在苯中反应生成酯，二者臭氧化都得甲醛和丙酮。α-檀香醇和β-檀香醇都可用作肥皂和洗涤剂的香料。

檀香山 Honolulu 美国夏威夷州首府和重要港口。著名旅游中心。华人对火奴鲁鲁的称呼。

坦噶尼喀湖 Tanganyika Lake 非洲第二大湖，世界第二深湖，也是世界最长的淡水湖。位于东非大裂谷西支南端，在刚果（金）、坦桑尼亚、布隆迪和赞比亚四国接界处。由断层陷落而成。湖面海拔773米。湖形狭长，南北长720千米，东西宽48～70千米，面积3.29万平方千米，在非洲仅次于维多利亚湖。平均水深700米，最深处1 436米，深度仅次于俄罗斯的贝加尔湖。湖周围多高崖环绕，集水面积24.5万平方千米，有马拉加拉西河、鲁齐齐河、卡兰博河等注入。湖水通过卢库加河向西流入刚果河。表层水温23.6～26.6℃。富鱼类、鳄鱼、河马，渔业较盛。湖滨气候宜人，景色秀丽，为旅游胜地。湖运发达，布隆迪大部分和刚果（金）一部分外贸物资经此转坦桑尼亚铁路出印度洋。重要湖港有坦桑尼亚的基戈马和乌吉吉，刚果（金）的卡莱米和乌维拉，布隆迪的布琼布拉以及赞比亚的姆普隆古，各港之间有定期航班。

坦克 tank 具有强大直射火力、高度越野机动性和较强装甲防护力的履带式装甲战斗车辆。它是地面作战的主要突击兵器和装甲兵的基本装备，主要用于与敌方坦克和其他装甲车辆作战，也可以压制、消灭反坦克武器，摧毁野战工事，歼灭有生力量。现代主战坦克能充分利用核突击和火力突击的效果，在行进间通过放射性沾染区和水障碍。

美国M1A2主战坦克

坦克由武器系统、推进系统、防护系统、通信设备、电气设备以及其他特种设备和装置组成。坦克武器系统包括武器和火力控制系统；坦克推进系统包括动力、传动、行动和操纵装置；坦克防护系统包括装甲壳体和各种特殊防护装置、伪装器材；坦克通信设备有无线电台、车内通话器等；坦克电气设备有电源、耗电装置、检测仪表等。有些坦克还有潜渡、导向、通风、取暖等特种设备和装置。乘员3～4人，分别担负指挥、射击、驾驶、通信等任务。

20世纪60年代以前，坦克通常按战斗全重、火炮口径分为轻、中、重型。轻型坦克重10～20吨，火炮口径一般不超过85毫米，主要用于侦察警戒，也可用于特定条件下作战。中型坦克重20～40吨，火炮口径最大为105毫米，用于遂行装甲兵的主要作战任务。重型坦克重40～60吨，火炮口径最大为122毫米，主要用于支援中型坦克战斗。60年代以来，多数国家将坦克按用途分为主战坦克和特种坦克。主战坦克取代了传统的中型和重型坦克，是现代装甲兵的主要战斗兵器，用于完成多种作战任务。特种坦克是装有特殊设备、担负专门任务的坦克，如侦察、空降、水陆两用坦克和喷火坦克等。许多国家的军事演习、试验和实战表明，坦克不仅在常规战争中仍发挥主要作用，而且也适宜于在使用核武器条件下作战。

坦帕 Tampa 美国佛罗里达州西岸港口城市。位于希尔斯伯勒河口、坦帕湾畔，外连墨西哥湾。市区面积290.3平方千米，人口34.09万（2008），其中黑人约占1/4以上；坦帕-圣彼得斯堡-克利尔沃特大都市区人口273.38万（2008）。1823年始建白人定居点，翌年建立布鲁克城堡，移民渐增。1855年设市。30年后，随着南佛罗里达铁路的通达、港口的改善、磷酸盐矿的发现和雪茄烟生产技术的引进，城市迅速发展。现为美国主要海港之一，坦帕湾口有半岛屏障，港阔水深，货运以石油、磷酸盐、化肥和农林产品为主。坦帕与隔坦帕湾相望的圣彼得斯堡、克利尔沃特之间有长堤和桥梁相连。州重要工业城市，生产通信设备、电子元件、化肥、建材以及罐装食品、啤酒等，优质的哈瓦那雪茄烟名闻全国。自1980年以来，金融业和商业发展较快，旅游业发达。坦帕湾中的人工岛——戴维斯岛上，各种旅游设施齐全；市内拉丁区"伊博尔城"、布施花园等名胜以及一年一度的加斯帕里拉节，吸引大批游客。每年州商品交易会的所在地。有南佛罗里达大学（1956）、坦帕大学（1931）等高等院校。大型国际机场位于城西。城南有麦克迪尔空军基地。

坦佩雷 Tampere 芬兰第二大城市。位于西南部奈西湖和皮海湖之间，塔墨尔急流连接两湖。人口21.15万（2009）。1779年建市。1820年苏格兰人芬莱森来此建起芬兰第一座纺织厂，开城市工业之先河。利用塔墨尔急流建大型水电站。20世纪以来工业发展较快。现为全国主要工业中心之一，有纺织、机械、木材、造纸、皮革等工业。西南部交通枢纽。市内有坦佩雷大学等多所高等学府及海梅历史博物馆（1804）和路德派大教堂（1907）等著名建筑。

坦皮科 Tampico 墨西哥港口城市，塔毛利帕斯州最大城市。东临墨西哥湾，南濒帕努科河，靠近该州和韦拉克鲁斯州边界。人口30.36万（2005）。周围有沼泽地和湖泊。每年6～9月为雨季，易形成洪水。始建于1532年。1683年被海盗摧毁。1823年重建。1901年城市附近发现石油，现为墨西哥重要的石油开采和石化工业中心，也是全国最大的石油输出港和最现代化的港口。另有机器维修、造船、服装、食品等工业。为铁路枢纽。北郊有机场。度假休养胜地。塔毛利帕斯自治大学在此设有分校。

坦桑尼亚 Tanzania 非洲东部国家。陆邻肯尼亚、乌干达、卢旺达、布隆迪、刚果（金）、赞比亚、马拉维、莫桑比克，东濒印度洋。面积945 087平方千米（其中桑给巴尔2 657平方千米）。人口4 370万（2009）。领土包括大陆部分坦噶尼喀和岛群桑给巴尔。大陆部分占国土面积的99%；岛群由桑给巴尔岛、奔巴岛及附近小岛组成。首都**达累斯萨拉姆**。新首都多多马正在建设中。有126个部族。人口超过100万的班图语系部族有苏库马、尼扬韦齐、查加、赫赫、马孔德和哈亚等族，还有尼洛特语系的马赛、鲁奥等族，以及为数不多的阿拉伯人、印度人、巴基斯坦人和欧洲人后裔。主要城市有达累斯萨拉姆、多多马、桑给巴尔、坦噶等。坦噶尼喀居民中，约35%信奉天主教和基督教新教，45%信奉伊斯兰教，其余信奉原始拜物教；桑给巴尔居民中99%以上信奉伊斯兰教。斯瓦希里语和英语同为官方通用语，前者为国语。

地理 东非高原的一部分，地势西北高、东南低。内陆高原大部分海拔1 000～1 500米，起伏平缓，间有浅平洼地。东部沿海为平原和丘陵，海拔200米以下。东非大裂谷西支与东支纵贯西部边境和中部。裂谷带多陷落盆地、断层湖和火山。北部的恩

戈罗恩戈罗火山口，是世界最大的火山口之一，面积达250平方千米。东北部有乞力马扎罗山、帕雷山、乌桑巴拉山和梅鲁火山。**乞力马扎罗山**为非洲最高峰，海拔5 895米，峰顶终年积雪。热带草原气候，干湿季分明。年平均气温一般21～25℃。平均年降水量山地背风面和广大内陆高原一般在800毫米以下，最低不足600毫米，其余地区在1 000毫米以上，维多利亚湖西岸超过2 000毫米。桑给巴尔等岛屿属热带海洋性气候，终年湿热，年平均气温26℃。多湖泊，著名的有**维多利亚湖**、**坦噶尼喀湖**、**马拉维湖**、纳特龙湖、鲁夸湖、马尼亚拉湖、埃亚西湖等。主要河流有鲁伍马河、**鲁菲吉河**、潘加尼河。鲁伍马河为坦桑尼亚与莫桑比克界河。水产和水力资源均较丰富。非洲第四大矿产国，主要矿产有钻石、金矿、煤、铁、磷酸盐、天然气。森林和林地面积约44万平方千米，占国土面积45%，出产安哥拉紫檀、乌木、桃花心木、栲树等。野生动物资源丰富。全国有12个国家公园、19个野生动物保护区和50个野生动物控制区。

历史 古人类发源地之一。公元前就同阿拉伯、波斯和印度等地有贸易往来。公元7～8世纪，阿拉伯人和波斯人大批迁入。10世纪，波斯设拉子地方王子哈桑·伊本·阿里和阿拉伯人先后在此建立桑给帝国和伊斯兰王国。16～18世纪，葡萄牙人侵入。1886年，坦噶尼喀大陆被划为德国势力范围。18世纪末为阿曼苏丹控制。1917年英军占领坦噶尼喀全境，1920年成为英国“委任统治地”。1946年联合国大会通过决议，将坦噶尼喀改为英国“托管地”。1961年5月1日，坦噶尼喀取得内部自治，12月9日宣布独立。1962年12月9日成立坦噶尼喀共和国。桑给巴尔于1890年沦为英国“保护地”，1963年6月24日获得自治，同年12月10日宣告独立，成为苏丹王统治的君主立宪国。1964年1月12日，桑给巴尔人民推翻苏丹王统治，成立桑给巴尔人民共和国。1964年4月26日，坦噶尼喀和桑给巴尔组成联合共和国。同年10月29日改为坦桑尼亚联合共和国，仍留在英联邦内。J.尼雷尔为首任总统，连任至1985年辞职。

政治 议会制国家，实行一院制，称国民议会，是联合共和国最高立法机构。议会选举与总统选举同时进行，每5年选举一次。桑给巴尔人民代表会议为立法机构，拥有联合事务以外的桑给巴尔人事务的立法权。联合政府实行总统内阁制，由总统、副总统、总理、桑给巴尔总统和各部部长组成。联合共和国分设联合政府和桑给巴尔地方政府。联合共和国设总统和一名副总统，分别来自坦噶尼喀和桑给巴尔。每届任期5年，连任不得超过两届。联合共和国总统为国家元首、政府首脑和武装部队总司令。总理由总统任命，主持联合政府日常事务。桑给巴尔政府设总统和两名副总统，总统是桑给巴尔政府首脑。桑给巴尔政府有权处理除外交、国防和安全等联合事务以外的桑给巴尔事务。

有合法政党18个。主要有坦桑尼亚革命党、公民联合阵线、坦桑尼亚劳动党和民主发展党等。1964年创建人民国防军。2005年总兵力2.7万人，另有警察部队3万人，国民服务队0.4万人，民兵8万人。

经济 2009年，国内生产总值约218亿美元。农牧业人口占总人口2/3。粮食作物主要有玉米、小麦、稻米、高粱、小米、

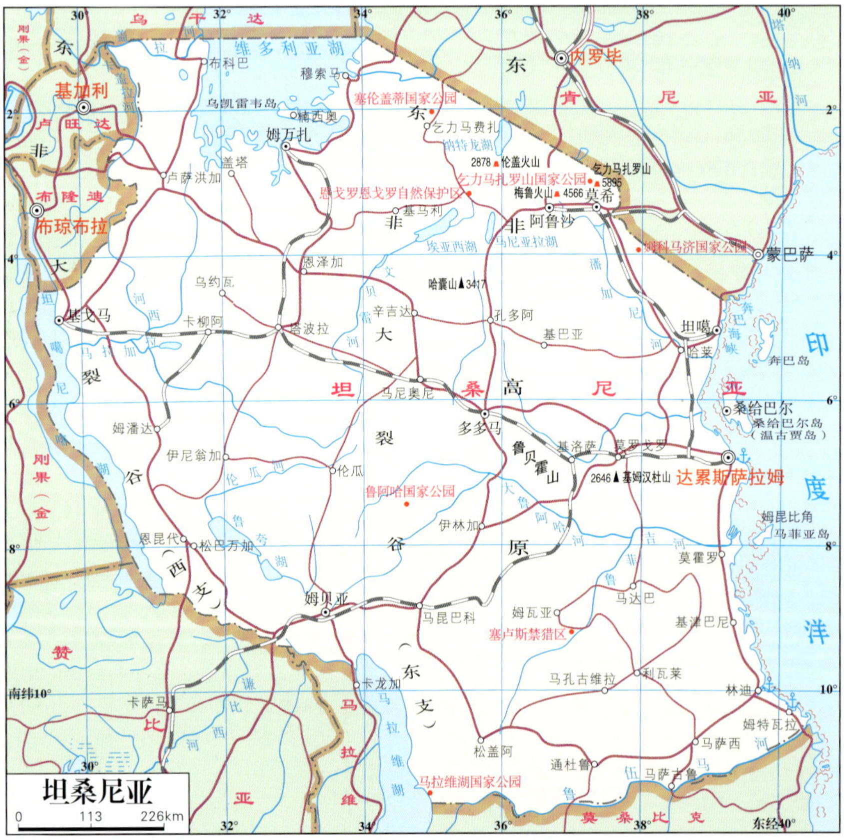

野生动物园中的长颈鹿

木薯等。经济作物是外汇收入的重要来源，主要有咖啡、棉花、茶叶、丁香、剑麻、烟叶、腰果、除虫菊等，其中丁香产量居世界首位，主要产自奔巴岛。除虫菊和剑麻产量也居世界前列。草场资源丰富，畜牧业较发达，以养牛、养羊为主，牛存栏数居非洲国家前列。工业基础薄弱，以农产品加工和进口替代型轻工业为主，有食品加工、纺织、皮革、制鞋、轧钢、铝制品、水泥、造纸、轮胎、化肥、炼油、汽车装配、农具制造等。其中桑给巴尔以椰子加工、丁香油生产为特色。交通运输以公路为主。公路总长8.5万千米，其中干线公路1.7万千米。铁路总长3 576千米。中国援建的坦赞铁路（境内长1 860千米），是由达累斯萨拉姆贯通西南边境的运输大动脉。沿海有达累斯萨拉姆、姆特瓦拉、坦噶和桑给巴尔四大港口。天然深水港达累斯萨拉姆为东非重要港口，有18个泊位，其中12个深水泊位，最大可接纳3万吨级货轮和10万吨级油轮。有大小机场104个，其中达累斯萨拉姆、乞力马扎罗和桑给巴尔机场为国际机场。旅游业较发达。旅游名胜古迹众多，国家公园有12个，还有名山、大裂谷、湖泊、考古遗址等。乞力马扎罗国家公园、基卢瓦基西瓦尼和松果戈纳拉遗址、塞伦盖蒂国家公园、恩戈罗恩戈罗自然保护区、塞卢斯禁猎区、桑给巴尔石头城、孔多阿岩画遗址等7处先后被列入《世界遗产名录》。建在桑给巴尔岛上的珍奇宫和位于达累斯萨拉姆以北约10千米的自然村博物馆也是著名的旅游景点。外贸进口大于出口，2009年对外贸易总额87.52亿美元。

文化　实行免费义务教育。现有大专院校10余所、师范院校20余所。达累斯萨拉姆大学是全国唯一综合性大学。主要报刊有《每日新闻》、《自由报》、《民族主义者报》、《工人日报》等。坦桑尼亚通讯社为国家通讯社，建于1976年。坦桑尼亚电台为国家电台，建于1951年。桑给巴尔电视台为国营电视台，建于1973年3月。海岸电视网为私营电视台。

对外关系　对外奉行不结盟和睦邻友好的外交政策，积极参与联合国、非盟和其他国际机构的改革。同115个国家有外交关系。中国于1961年12月9日与坦噶尼喀建交，1963年12月11日与桑给巴尔建交。坦噶尼喀与桑给巴尔联合后，中国延续与二者的外交关系，1964年4月26日联合日定为与坦桑尼亚联合共和国建交日，双边关系友好密切。

坦塔洛斯　Tantalus　希腊神话中佩洛普斯家族的始祖。宙斯的儿子。又译坦塔罗斯。曾被神宠爱，经常参加众神的会议和饮宴，后因偷窃神的酒食宴请凡人，并把自己的儿子佩洛普斯剁成碎块宴请众神，受到惩罚。在冥府，他站在齐颈深的水中，头上悬着果实累累的树枝，却要忍受饥渴的折磨。他打算喝水，水就退去；他想摘个果子充饥，风就把果子吹走。有神话说，他头上悬一巨石，随时可能落下来将他压得粉碎，因此他总是处于惊恐之中。“坦塔洛斯式的苦难”表示人临近目标而又不能达到的痛苦。

钽　tantalum　化学元素，元素符号Ta，原子序数73，原子量180.947 88，属周期系ⅤB族。1802年瑞典化学家A.G.厄克贝里在钽铁矿中发现钽元素，并以古希腊神话中宙斯之子坦塔洛斯（Tantalus）加以命名。1903年俄国化学家W.von博尔顿制备出金属钽。钽在地壳中的含量为1.7×10^{-4}%。在自然界中，钽经常与铌共存，其主要矿物为钽铁矿和细晶石。

钽是具有延展性的银灰色金属；熔点3017℃，沸点5458℃，密度16.654克/厘米^3。钽可以冷压延展。钽的氧化态－1、+2、+3、+4、+5。致密的钽具有很好的抗腐蚀性能。钽的热中子俘获截面小，在无氧气和氮气的高温条件下，钽与作为传热的液态金属（钠、钾、锂、锡、铋、汞）不发生反应，可用于核反应堆的热交换器。常温下，钽与水和空气不起作用，除氢氟酸外也不受无机酸碱的侵蚀。在175℃以上，钽能溶于氢氟酸、浓硫酸和浓磷酸。钽也能溶解在热而浓的强碱溶液中。金属钽在氧气流中强烈灼烧可得五氧化二钽。常温下钽能与氟化合生成五氟化钽，在200℃以上才能与氯作用生成五氯化钽。高温下，钽还能与硫、氮、碳等单质直接化合形成硫化物、氮化物和碳化物。5价钽具有两性，在水溶液中既可呈阳离子状态，也可呈含氧酸根阴离子状态，但阳离子不稳定。可溶性钽化合物在水中呈阴离子或配离子状态。

工业上是在熔融的K_2TaF_7/KF/KCl盐中电解还原五氧化二钽或用钠还原K_2TaF_7而制得金属钽。用电解氟钽酸钾的方法制得微晶状的金属钽，纯度较高，在高温真空炉内熔化制成金属棒后，可加工成金属箔片和金属丝。金属钽被用来制造高熔点、高强度、高韧性的钽合金。钽还可用于制造整流器和电子管。由于钽的低反应性和不被人体排异，可用作修复严重骨折所需的金属板、螺钉和金属丝。金属钽还常用于制造外科刀具和人造纤维的拉丝模等。钽还被广泛用于制造电解槽、真空炉器件、化学反应器、核反应堆、飞机和导弹元件。

钽合金　tantalum alloy　以钽为基加入其他元素组成的合金。强化效果最明显的置换固溶元素是铼、钨、锆和铪。元素锆和铪还会与碳形成弥散的碳化物沉淀相进一步强化合金。工业应用的钽合金主要有两大类：①钽钨合金。作为高温结构材料用于航天工业及其他工业部门。②钽铌合金。化学工业上应用很好的耐蚀钽合金，合金中大量的铌的添加降低了材料的成本，少量钼和钨的加入不仅提高材料的强度还能保持纯钽的优异的耐蚀性和抗氢脆能力。

钽铁矿　tantalite　氧化物矿物，化学成分为$(Fe,Mn)Ta_2O_6$，晶体属正交（斜方）晶系。常与铌铁矿成完全类质同象系列。物理性质与铌铁矿类同，但密度和硬度有明显的升高。莫氏硬度为6.5。密度达8.2克/厘米^3。难溶于各种酸中。含Ta_2O_5可达86.12%，是提取钽的主要矿物原料。产于花岗岩或花岗伟晶岩及其砂矿床中。主要产地有加拿大的伯尼克湖、刚果（金）的卢克卢以及巴西、澳大利亚等。

炭疽　anthrax　由炭疽杆菌引起的急性传染病。人畜共患性疾病。主要是破损的皮肤、黏膜直接接触病畜及其皮毛与制品所致，主要表现为皮肤溃疡及特异性黑痂（本病因此得名），周围组织广泛水肿及毒血症。少数情况下吸入带炭疽杆菌芽孢的尘埃或进食未煮熟的被污染的肉食、乳类、水等可致肺炭疽、肠炭疽。各型炭疽均可并发败血症或脑膜炎。青霉素G治疗有特效，红霉素、四环素及链霉素等亦有良好效果；皮肤病灶可敷以抗生素软膏，切忌摸弄，更不宜手术切开，以防感染扩散。预防措施：严格管理传染源，切忌污染外环境，因病原菌在体外不适宜条件下可形成芽孢而造成永久性疫源地；可疑染菌的皮毛应予以消毒；皮毛加工工人、兽医、牧民应加强个人防护，每年可接种炭疽杆菌减毒活菌苗1次。

探测器　detector　观察、记录粒子的装置，核物理和粒子物理实验研究中不可缺少的设备。探测器分为两类：①计数器。有电离室、正比计数器、盖革－米勒计数器、闪烁计数器、切伦科夫计数器、半导体探测器等。主要用来记录粒子的数目。一般要求计数器具有一定的时间分辨率，即先后两个粒子射入计数器可分辨的时间。计数器常与定标电路和符合电路联合使用。定标电路是一种将脉冲计数进制的电路，通过计数器与定标电路的联用，可对粒子快速计数；符合电路是将两个或两个以上的计数管同电子线路配合而成，可以专门记录那些使计数管协同动作的粒子，而对于只使一个计数管动作的粒子不作反应，从而记录所需寻找的粒子。②径迹探测器。有云室、气泡室、流光室、火花室、多丝正比室、核乳胶等。它可以显示粒子穿行的径迹。径迹探测器配以适当的磁场，可根据径迹的长短、粗细、弯曲的方向和弯曲的曲率半径推测出粒子的电荷、质量和能量。

探戈 tango 阿根廷舞会舞蹈，是国际标准舞的一种，也是器乐曲与歌曲体裁之一。

探戈的舞蹈风格含蓄、洒脱，舞姿具有表现力和明显个性特征：①自始至终男女交臂而舞，情感自持内在，动作不紧不慢。②男子为主导，用右手搂住女伴的腰，引导和限定她的舞步。动作丰富、细腻。③在移动的舞步中，随着乐曲的切分节奏，女子的身体常有短暂的后倾以突出顿步。④舞蹈无一定程序，可即兴发挥创作动作的花样，舞姿新鲜多变，具有表演舞的性质。近年来许多国家定期开展探戈表演活动。

探戈的音乐特点：2拍子或4拍子，中速，突出切分音；旋律形态丰富，节奏变化多样，曲调大多深沉、徐缓，并带有浓重的哀伤、惆怅的情绪。早期的探戈多由吉他、小提琴、曼多林等演奏。20世纪后逐渐确立了以钢琴、六角手风琴和小提琴等几种乐器的组合。

探空火箭 sounding rocket 在近地空间进行探测和科学技术试验的火箭。多为不设控制系统，靠调整发射架方位角、倾角来补偿风对飞行弹道影响的高空火箭，是海拔30～200千米高度内的有效探测工具。世界第一枚用于高空大气探测的是美国于1945年秋研制成功的“女兵下士”火箭。它将11千克的有效载荷送到70千米的高空。此后，美国和苏联利用缴获的德国V－2火箭发射了一批探空火箭。世界上有20多个国家开展或使用了探空火箭。

中国从1958年开始研制探空火箭，先后研制成功T－7液体探空火箭和改进型T－7A探空火箭。1965年起，相继研制成功“和平”号、“挺进”号、“织女”号和“天鹰”号系列固体探空火箭。

探空火箭通常按研究对象分类，如气象火箭、生物火箭、地球物理火箭等。气象火箭多用于100千米以下高度的大气常规探测。生物火箭用于外层空间的生物学研究。地球物理火箭用于地球物理参数探测，使用高度大多在120千米以上。

探空火箭系统由有效载荷、火箭、发射装置和地面台站组成。①有效载荷大多装在箭头的仪器舱内。有效载荷采集到的信息通过遥测装置发送到地面台站接收处理，或者在火箭下降过程中将有效载荷从火箭内弹射出来，利用降落伞等气动减速装置安全降落到地面回收。②火箭包括箭体结构、动力装置、稳定尾翼等。大多数探空火箭为单级或两级火箭，也有为3级、4级的。动力装置通常用固体火箭发动机，一般不设控制系统，仅靠稳定尾翼或火箭绕纵轴旋转来保证飞行稳定。大多数探空火箭从地面以接近垂直的状态发射，也有从移动式发射车发射的，还可从舰船或升在空中的气球上发射。③地面台站主要包括接收测量信息的地面接收设备、跟踪火箭的定位测速设备（如雷达）和电子计算机等。

探矿机械 exploratory machinery 在坑探和钻探两类探矿作业中使用的各种机械设备。广义地说，探矿机械属于矿山机械，坑探作业主要使用的是凿岩机和出渣用的装卸机械。

回转钻机 钻探作业中广泛使用的钻机。根据矿岩性质不同，可分别使用硬质合金钻头、金刚石钻头或钻粒钻头等。钻头借助钻机给钻杆的轴向力和回转力作用破碎孔底矿岩。根据带动钻杆（钻头）旋转的回转器不同，钻机分为回转式立轴钻机和回转式转盘钻机。①回转式立轴钻机。适用于金属矿或非金属矿勘探，钻取岩心。按钻探深度分类：5～100米为浅孔钻机，100～800米为中深孔钻机，800米以上为深孔钻机。图为回转式立轴的结构。

T－7A探空火箭模型

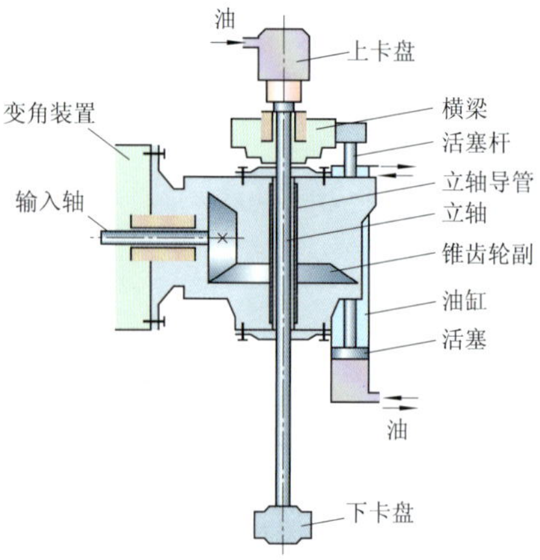

回转式立轴结构示意图

立轴中空，钻杆装在其中，用上、下卡盘卡位。立轴旋转时即带动钻杆旋转。卡盘卡和卸钻杆一般靠油压操纵带动立轴上下运动，并实现加压给进。这种钻机也称油压给进钻机。还有机动钢绳给进、螺旋差动给进和手轮给进等不同型式。②回转式转盘钻机。适用于勘探和开发石油、天然气的探井和生产井。钻井较深，所需功率较大。

冲击回转钻机 硬质合金钻头钻进的同时，在钻头与钻杆间接装的水力或风力冲击器，对钻头施加冲击载荷，扩大硬质合金钻头的钻进范围，提高钻进速度。

钻探作业中所用的机械设备，除钻机外还包括井架（钻塔）、绞车、动力机（电动机、柴油机）和泥浆泵等设备，以及机械手和拧管机等附属设备。

“探路者”号探测器 Pathfinder probe 美国火星探测器。1996年12月4日发射，1997年7月4日成功着陆在火星阿瑞斯谷地区（北纬19.33°，西经33.55°）。探测器由着陆器和漫游车两部分组成（见图）。漫游车称为“索杰纳”，长0.66米，宽0.48米，展开后高0.3米，质量10千克，行驶速度1厘米/秒。漫游车携带3台相机和1台质子－X射线光谱仪，由车顶的太阳能电池板供电，并依靠3台钚－238放射同位素加热装置保持电子设备的温度，6个轮子是铝制的，前后4个轮子可独立转动、就地转弯。漫游车与着陆器通过特高频指令和遥测系统保持联系。“探路者”号于1997年9月27日与地球失去通信联系之前，向地球传送了大

量的数据，包括着陆器照的1.6万幅图像，漫游车传回的550幅图像，16份岩石和土壤的化学成分分析，850万个大气压力、温度和风的测量数据。

“探险者”号卫星 Explorer satellite 美国第一个科学卫星系列。1958年2月1日发射的“探险者”1号是美国第一颗**人造地球卫星**，到1975年共发射“探险者”系列卫星55颗，其中53颗进入轨道。“探险者”号卫星的主要任务是：①探测地球大气层和电离层。②测量地球高空磁场。③测量太阳辐射、太阳风和研究日－地关系。④探测行星际空间。⑤探测和研究宇宙线和微流星体。⑥测定地球形状和地球引力场。

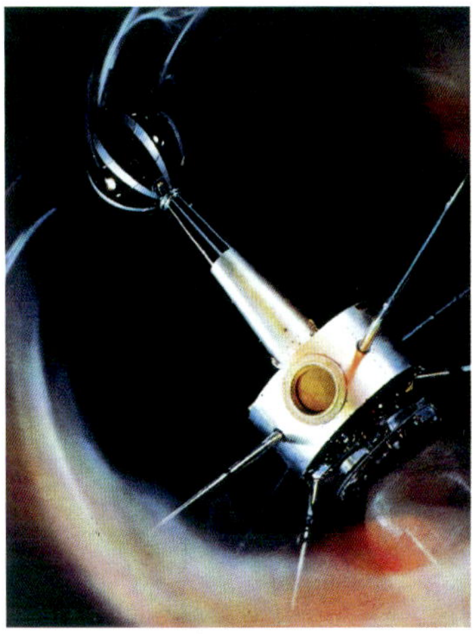

“探险者”30号卫星

“探险者”1号带有盖革计数器、微流星撞击计数器、测温感应元件，进行了宇宙线和微流星测量，还测量了卫星内部和外壳的温度。1958年5月23日卫星停止工作。主要成果是首次发现了后来被人们称为范艾伦辐射带的地球辐射带。“探险者”号卫星系列多数为小型卫星，质量在100千克以下，但种类却有17种之多。“探险者”1号的质量13.97千克，9号的质量不到8千克、膨胀后却成为直径3.7米的气球卫星，38号伸出4根长达228米的天线。由于卫星探测的空间区域不同，有的卫星轨道高度只有数百千米，有的是大椭圆轨道，远地点接近30万千米，有的在飞行中改变轨道，成为月球卫星。

探针技术 probe technique 利用能特异性识别或标记目标分子并适合直接检测的化学物质（探针）进行检测分析的化学和生物学技术。探针属于高效分析试剂，其最大特点在于专一性强、灵敏度高。基于核酸分子杂交原理的核酸探针是最常见的一类探针，另外还有金属离子探针和有机小分子探针等。探针技术在生物大分子研究、药物分析、司法鉴定、临床疾病诊断和治疗等方面有重要的作用

核酸探针　利用核酸分子杂交的特性对特定核酸序列进行检测。将杂交链中的一条用某种可检测的物质进行标记制成探针，可实现对另一条互补链的识别和检测。由于核酸探针与互补链之间的识别作用是通过数十乃至成百上千个位点间的氢键结合力和碱基专一配对作用实现的，因此具有极高的特异性。核酸探针主要有DNA（**脱氧核糖核酸**）探针、RNA（**核糖核酸**）探针、cDNA（互补DNA）探针和寡聚核苷酸探针等。前三种核酸探针一般通过分子克隆获得，因此称为克隆探针。寡聚核苷酸探针是人工合成的碱基数较少的DNA片段，属于短链探针。核酸探针最早的标记方法是放射性同位素标记法，常用的放射性同位素有磷-32、氚和硫-35等。放射性同位素标记探针灵敏度较高，但由于受半衰期限制，标记后存放时间有限。另外，有放射性危害，因而越来越多地被非放射性标记技术所取代。非放射性标记试剂种类丰富，如金属、荧光染料、地高辛半抗原、生物素和酶等，通过酶促反应、光促反应或化学修饰等方法标记到核酸分子上。有机荧光染料分子除了可作为有色基团共价标记到核酸链上构成核酸探针外，还有一些可以通过嵌入、沟区或静电作用等结合方式与核酸分子相作用。核酸探针的检测技术主要有传统印迹杂交、实时荧光PCR、**分子信标**和**芯片检测技术**等。

有机小分子探针　包括染料探针（非啶和吖啶类、**吲哚**和**咪唑**类及碳菁阳离子染料等）、蛋白质荧光探针〔血管状黄素、吖啶橙和四磺酸基酞菁-Al（Ⅲ）等〕、荧光钙探针{以EGTA〔乙二醇-双（2-氨基乙醚）四乙酸〕为选择性螯合剂合成的一系列荧光钙螯合剂探针}、光散射染料探针（非联苯型三苯甲烷试剂、联苯型染料、水溶性**卟啉**和偶氮类试剂等）、大环化合物探针（**冠醚**、大环多胺和**杯芳烃**等）。

金属离子探针　包括金属离子（过渡金属离子、稀土离子）探针和金属络离子（稀土络离子和过渡金属络离子）探针。稀土荧光探针是一类重要的离子探针，三价镧系稀土离子铽（Ⅲ）和铕（Ⅲ）的水溶液均具有荧光，且灵敏度很高，常作为生物大分子的探针，用来研究生物大分子（如蛋白质）的构象，确定生物大分子中金属离子的结合部位及其与生色基团的距离，还可测定竞争离子与生物大分子结合的离解常数等。由于稀土荧光探针谱线窄、寿命长，非常有利于消除生物样品的背景干扰。金属络离子探针主要有稀土络离子荧光探针和过渡金属络离子探针。稀土离子与有机小分子配位体形成络合物后，激发态寿命增加，荧光强度也增加。常见的配位体有乙二胺四乙酸和HEDDA等氨羧类络合剂。常见的过渡金属络离子如铂（Ⅱ）和铑（Ⅱ）等也是一类重要的离子探针。

碳 carbon **化学元素**，元素符号C，原子序数6，原子量12.010 7，属周期系ⅣA族。英文名来源于拉丁文carbo，原意是“炭”。

存在　碳是自然界中分布很广的元素之一，在地壳中的含量并不大，约为0.027%。在太阳、行星以及其他许多天体的大气中含有大量的碳，例如火星大气中二氧化碳占96.2%。单质碳有四种同素异形体：自然界存在**金刚石**、**石墨**两种晶体单质碳，人造的无定形碳（包括**焦炭**、炭黑、**活性炭**、**碳纤维**、玻璃炭等），人工合成得到的具有多种结构的**全碳分子**。这几种单质碳结构不同，性质迥异。自然界中，碳主要以化合状态存在，如二氧化碳存在于大气中（约占3%体积），溶解于所有的天然水中。碳以钙、镁、铁等的碳酸盐形式作为岩石和矿物的成分，如石灰石和大理石（$CaCO_3$）、白云石（$CaCO_3 \cdot MgCO_3$）、菱铁矿（$FeCO_3$）、重晶石（$BaCO_3$）、孔雀石〔$CuCO_3 \cdot Cu(OH)_2$〕等。碳与氢、氮、氧及其他元素生成众多**有机化合物**以及生物物质，约占生物体的18%。地下蕴藏的矿物燃料石油、煤炭、天然气主要是碳氢化合物。

同位素　碳有11种**同位素**，其中最主要的是两种稳定的天然同位素碳-12（在天然碳中占98.89%）和碳-13（占1.11%），以及一种最稳定最重要的放射性同位素碳-14（半衰期5 730±40年），其他同位素较不稳定。自然界中的碳-14是由于宇宙线中的中子轰击高空大气中的氮-14而生成的。碳-14和大气中的氧化合生成的二氧化碳（$^{14}CO_2$），浓度恒定。由于地球上的生物吸收和放出CO_2的代谢过程不断进行，生物体内碳-14的含量也保持不变。**碳-14法定年**已被地质学家、人类学家、考古学家所广泛应用。

性质　单质碳的物理、化学性质取决于它的晶体结构和显微结构。金刚石是天然物质中硬度最大的物质。石墨是柔软润滑的物质，是热和电的良导体。无定形碳没有特定的形状和周期结构规律。第一个合成的全碳分子富勒烯是60个碳原子构成的球形32面体C_{60}，是一种极稳定的分子，可耐很高

碳的三种同素异形体：金刚石、石墨、无定形碳

的温度和压力。金刚石的密度3.52克/厘米^3，石墨2.25克/厘米^3，无定形碳1.9克/厘米^3。金刚石的熔点3 550℃，沸点4 827℃。石墨的升华温度3 367℃。

碳的氧化态+2、+3、+4，不容易丢失电子成正离子，也不容易获得电子形成负离子，而容易形成由共价键结合的四价碳的化合物。金刚石和石墨的化学稳定性高于无定形碳。碳在常温下化学性质不活泼，很难氧化，也不与酸或碱反应。高温下碳可与氧或硫蒸气化合，分别生成二氧化碳或二硫化碳，也可与多种金属如钙、钨、钛以及硼、硅反应生成相应的碳化物。高温下碳又可与金属氧化物中的氧化合，将其还原为金属。

化合物　碳与氢、氧、氮等元素生成组成多种多样、结构复杂、种类繁多、数以百万计的有机化合物。碳还能形成一系列无机化合物，包括氧化物（一氧化碳、二氧化碳和二氧化三碳）、碳化物（如碳化钙、碳化硅和碳化硼）、碳酸盐（如碳酸钠、碳酸氢钠、碳酸钙）、卤化物（如四氯化碳、全氟碳、四氟乙烯和氟利昂、氰化物等。

制法　任何有机物在被加热分解时都能转变为单质碳。碳化过程包括脱去有机物中的氢和其他原子，转变为碳的高聚物，进而转变为类似石墨结构的单质碳。根据有机物原料的不同以及加热碳化方式和条件的不同，可以制得各种形态的单质碳产物。例如将烟煤隔绝空气加热至高温，除去其中的挥发物成分，可以制得焦炭。将沥青制得的焦炭在3 000℃的电炉中加热，可以制得石墨。将木材、果壳加热分解、碳化，再加以氧化活化，可以制得活性炭。由酚醛树脂或聚亚胺酯在控制条件下热解可以制得玻璃碳。在控制条件下使高分子纤维或织物碳化还可以制得碳纤维或碳布。乙炔、煤油等在不完全燃烧的情况下生成颗粒极细的炭黑。在高温高压和有催化剂的条件下，可以将石墨转化为金刚石。C_{60}、C_{70}和碳纳米管可以用石墨棒做电极，在氦气中放电，从阴极沉淀物中分离得出。

应用　天然产、色泽好的大粒金刚石是珍贵的钻石，用作饰物；人工合成的细小的金刚石则用作磨料或制成用于钻孔、切割的钻头、锯片。焦炭用于冶金工业中还原金属氧化物矿石（如氧化铁、氧化锌），以制备金属。活性炭具有大量微孔和活性内表面，有很强的吸附性能，可用作吸附剂以脱去气体和液体中的杂质、颜色和气味。炭黑用作橡胶制品（如汽车轮胎、传送带）中的补强剂，以增加其强度和耐磨性。玻璃碳具有质密、不透性和化学惰性，其硬度和脆性类似普通玻璃，可以制作实验室化学反应用或生长硅单晶用的坩埚及其他器皿。碳纤维可以做成柔性、气密的膜片以代替石棉，也可以做成质地轻、强度大的复合材料器件，如撑杆跳杆、钓鱼竿等。

碳氮循环　carbon-nitrogen cycle　由碳、氮起触媒作用，促使四个氢核聚变为一个氦核的过程。这一种与质子-质子反应略为不同的方式进行，其时要用到碳同位素^{12}C的催化作用。这组反应由碳循环组成，有时称为CNO双循环，这是因为在反应过程中要涉及碳、氮、氧三种元素。这种热核反应理论是C.F.von魏茨泽克（1938）和H.A.贝特（1939）提出的，用以说明恒星的能源。只有在高温下核子的平均动能增高，克服核子的库仑势垒，才能进行热核反应。在恒星中心温度高达千万度量级的情况下，碳氮循环的反应速率与温度高次方（$T^{18}\sim T^{20}$）大致成正比。温度越高对碳氮循环越有利。质量越大的恒星，中心温度越高，所以大质量、高光度主序星的能量主要由碳氮循环产生。

碳氮循环可由碳氮双循环的反应中两个分支反应过程分别完成（见表）。

碳氮双循环的反应

反应	释放能量 (10^6eV)	带走能量 (10^6eV)
$^{12}C+{}^{1}H \longrightarrow {}^{13}N+\gamma$	1.94	
$^{13}N \longrightarrow {}^{13}C+e^{+}+\nu_e$	2.22	0.71
$^{13}C+{}^{1}H \longrightarrow {}^{14}N+\gamma$	7.55	
$^{14}N+{}^{1}H \longrightarrow {}^{15}O+\gamma$	7.29	
$^{15}O \longrightarrow {}^{15}N+e^{+}+\nu_e$	2.76	1.00
$^{15}N+{}^{1}H \longrightarrow {}^{12}C+{}^{4}He$	4.96	
$^{15}N+{}^{1}H \longrightarrow {}^{16}O+\gamma$	12.13	
$^{16}O+{}^{1}H \longrightarrow {}^{17}F+\gamma$	0.60	
$^{17}F \longrightarrow {}^{17}O+e^{+}+\nu_e$	2.76	0.94
$^{17}O+{}^{1}H \longrightarrow {}^{14}N+{}^{4}He$	1.19	

表中γ和ν_e分别代表光子和电子中微子。在碳氮循环中，$^{14}N+{}^{1}H \longrightarrow {}^{15}O+\gamma$的反应率最慢，控制着整个循环的产能率。

碳化钙　calcium carbide　化学式CaC_2。俗名电石。钙的碳化物，重要化工产品和原料。化学纯碳化钙为无色固体，密度2.2克/厘米^3，熔点约2 300℃。工业品碳化钙的颜色和性质随其中杂质含量而改变，含有大量的氧化钙和微量的硫、磷、氮等杂质，颜色呈灰色至黑色，熔点可降至1 800～2 000℃。碳化钙在常温下不与空气反应，但350℃以上发生氧化反应，600～700℃时与氮反应生成氰氨化钙：

$$CaC_2+N_2 \longrightarrow CaCN_2+C$$

碳化钙遇水或水蒸气产生乙炔并发出大量的热。碳化钙应存放在密封的铁桶中，并注意防水和保持干燥。

电炉还原法是工业生产碳化钙的唯一方法，将氧化钙和焦炭在密闭和旋转式三相电炉中2 000～2 200℃下进行反应，生成的熔融碳化钙由炉内倾倒在接收槽中，冷却成固体产品。碳化钙主要应用于生产乙炔、氰氨化钙。

碳化高分子　carbonized polymer　聚合物经过碳化作用而制成的含碳量很高的高分子材料。它具有耐高温、高强度、高模量等特殊性能，广泛用于航天工业、吸附剂制造等领域。在高纯度惰性气体保护下缓慢升温处理某些有机聚合物材料，可获得有特殊性能的碳化高分子。高分子在成型后，经碳化可得保持原型的碳化高分子，如从聚丙烯腈纤维制得的碳纤维（模量42×10^5千克力/厘米^2，强度3×10^4千克力/厘米^2）；从泡沫塑料制得的泡沫碳（相对密度0.05～0.065，抗压强度4.8千克力/厘米^2）；从塑料制得的玻璃碳（微孔体积小于1%，模量2.6×10^5千克力/厘米^2，抗弯强度700千克力/厘米^2）；其他如从薄膜制得的碳薄膜和从层压塑料制得的碳化层压塑料等。某些高分子中引入功能基后，可提高热稳定性，使碳化容易进行。例如苯乙烯-二乙烯苯共聚物中引入磺酸基后，在纯氮保护下缓慢升温，达到近1 000℃后，即获得碳化物。碳化高分子吸附剂的优点是结构容易控制，易再生，密度大，便于在溶液中使用，物理稳定性好，能长期使用。

碳化物　carbide　碳和大多数电正性金属元素及非金属元素硼、硅形成的化合物。已知的碳化物有400多种。

类型　根据碳化物的物理和化学性质，可分成四类：

①类盐型碳化物。电正性较强的金属形成的碳化物，如CaC_2（见碳化钙）、SrC_2、BaC_2、BeC_2、Al_4C_3等。它们是无色透明的晶体，在常温下不导电，被水或稀酸分解产生碳氢化合物。晶体中存在分立的C_2^{2-}或C^{4-}阴离子和金属阳离子，因此又称为离子型碳化物。CaC_2、MgC_2被水分解产生乙炔$CH\equiv CH$，BeC和Al_4C_3被水分解产生甲烷CH_4。

②镧系和锕系元素碳化物。有M_3C、M_2C_3和MC_2三种。MC_2型的LaC_2、CeC_2、ThC_2、UC_2，它们具有金属光泽和类似金属的电导率，被水分解时产生CH_4。这类碳化物中C—C之间是以双键联结，其中一个或多个电子进入导带，从而使这类碳化物具有金属性电导率。

③间充型碳化物。由ⅣB、ⅤB、ⅥB、ⅦB和Ⅷ族过渡金属生成的碳化物，其特点是碳原子充填在密堆积金属晶格的间隙中。原子半径大于0.13纳米的金属，其间隙较大，碳原子的嵌入不会使晶格变形，能阻止金属原子层间滑动，使晶格更紧密坚实，从而使这些金属碳化物极硬、熔点很高、具有金属光泽和导电性能，如TiC、ZrC、HfC、VC、NbC、TaC、Mo_2C、W_2C等；

而对于原子半径小于0.13纳米的金属，碳原子的嵌入会使金属晶格变形，畸变成复杂的结构，如Fe_3C、Co_3C、Ni_3C、Mn_3C、Cr_7C_3等。这些碳化物既具有一些间充型碳化物的性质，如具有较高硬度、较高熔点、金属光泽和导电性；也具有一些类盐型碳化物的性质，如Fe_3C和Ni_3C可被稀酸分解，Mn_3C甚至可被水分解，释放出氢和碳氢化合物。Fe_3C质地很脆、很硬，在钢铁的熔炼中，碳和铁还可以生成多种重要的固溶体，存在于铸铁和碳素钢中，赋予它们以强度和硬度。

④共价型碳化物。主要是硅和硼的碳化物，如碳化硅SiC和碳化硼B_4C。在这些碳化物中C原子和Si或B原子之间以**共价键**相结合，它们的结构与金刚石相似，硬度也相近，化学性质稳定。碳化硅是无色透明晶体，表面氧化后呈绿色到蓝黑色，有金属光泽，俗名金刚砂，不溶于水和酸，具有导电性、高硬度、研磨性、抗氧化和抗热冲击性。碳化硼是黑色有光泽的结晶，非常坚硬，其硬度仅次于金刚石，是最硬的人造耐磨材料。化学性质稳定。

普通的制备方法是将粉末状金属或其氧化物和炭粉混合，在高温和H_2、CO或CH_4气氛保护下直接反应。大多数金属都能在低于其熔点的温度下与炭反应。碳化物主要用作高硬度和耐高温的特殊结构材料、高速切削工具材料和磨料，还可用作某些化学过程中的还原剂、脱氧剂、催化剂。

碳水化合物 carbohydrates 糖类的总称。旧称醣。在自然界分布极广，也是含量最丰富的一类有机物质。最初把它看成为碳与水形成的各种化合物，称为碳水化合物，以通式$C_n(H_2O)_n$表示。后来发现有些化合物在化学结构上与糖相似，但它们的组成却不能用上式表示，如**鼠李糖**（$C_6H_{12}O_5$）和**脱氧核糖**（$C_5H_{10}O_4$）等分子中，氢与氧原子数之比并不是2∶1；还发现许多糖类物质除碳、氢、氧外，还可能含有其他元素。因此，严格地讲，“碳水化合物”这个名词是不正确的，但已约定俗成，沿用至今。20世纪以来carbohydrate在中文中已较多采用“糖”这一译名。

糖广泛分布于生物体内，其中以植物界最多，约占其干重的50%～80%，是绿色植物由二氧化碳和水经光合作用形成的。生物细胞内和血液里含有**葡萄糖**或由葡萄糖等**单糖**组成的**多糖**。人和动物的器官组织中含糖量不超过干重的2%，微生物体内含糖量约占菌体干重的10%～30%。它们以游离糖的形式或与**蛋白质**、脂类及其他配糖体结合成糖缀合物存在，在生物体内有多种生理功能。通过生物氧化，放出大量的能量，以满足生命活动的需要；其糖链部分，在信息识别和传递过程中起关键作用。人类从食物中摄取的总热量，50%～60%来自碳水化合物。碳水化合物也能通过各种代谢途径转化为生命必需的其他物质，如蛋白质和脂类物质等。因此，碳水化合物是生物机体的重要碳源和能源；在生物体中，碳水化合物还起支持保护作用，**纤维素**是植物的结构多糖，**甲壳素**是昆虫和甲壳类动物的结构多糖。

碳水化合物一般分单糖、寡糖（低聚糖）和多糖三类。单糖和寡糖大都是结晶体，能溶于水，具有甜味。多糖绝大多数不溶于水，个别虽溶于水，但成为胶体溶液，它们大都是无定形、无甜味的白色固体。

碳酸钙 calcium carbonate 化学式为$CaCO_3$。是天然存在的石灰石、大理石、方解石和冰洲石等的主要成分。碳酸钙有两种晶体类型。文石型为白色晶体，密度2.83克/厘米^3；方解石型为无色晶体，密度2.71克/厘米^3。碳酸钙于825℃分解生成**氧化钙**，放出二氧化碳。碳酸钙难溶于水，但能溶于含有二氧化碳的水，生成碳酸氢钙。溶有碳酸氢钙的天然水是暂时硬水，硬水加热时，又重新析出碳酸钙沉淀。碳酸钙的工业产品因加工方法和用途不同有重质碳酸钙、轻质碳酸钙（又称沉淀碳酸钙）、超细碳酸钙等品种。用天然石灰石粉碎制备重质碳酸钙。轻质碳酸钙用碳酸化法制备，加热石灰石分解得到氧化钙和二氧化碳，氧化钙用水消化生成氢氧化钙，再通入二氧化碳得到轻质碳酸钙。天然碳酸钙和重质碳酸钙用于建筑材料、陶瓷、玻璃等。轻质、超细、活性碳酸钙可用于橡胶制品、塑料制品、纸张、油墨、牙膏、化妆品、涂料、沥青制油毡的填充剂与添加剂。轻质碳酸钙用作胃溃疡的治酸剂、乳牛的饲料添加剂。长时间吸入石灰石粉尘，会出现呼吸道的萎缩性病变、支气管炎、肺气肿。甚至可导致弥漫-硬化型尘肺。

碳酸钠 sodium carbonate 化学式Na_2CO_3。又称苏打，俗称纯碱。自然界存在含有碳酸钠的盐、碱湖，也存在天然碱矿。白色粉末，密度2.54克/厘米^3，熔点858.1℃，易潮解，溶于水，在不同温度区间从饱和溶液可析出$Na_2CO_3\cdot10H_2O$、$Na_2CO_3\cdot7H_2O$和$Na_2CO_3\cdot H_2O$三种水合物。碳酸钠与足量酸反应放出二氧化碳，其水溶液水解呈强碱性。与氢氧化钠相似，高温下与许多稳定物质发生碱解反应，与酸性氧化物反应生成盐，如与石英生成硅酸盐。1791年开始用食盐、硫酸、煤、石灰石为原料生产碳酸钠，是为吕布兰法，此法原料利用不充分、劳动条件恶劣、产品质量不佳，逐渐为索尔维法代替。1861年比利时E.索尔维用食盐、氨水、二氧化碳为原料，于室温下从溶液中析出碳酸氢钠，将它煅烧，即分解为碳酸钠，此法沿用至今。1943年中国**侯德榜**结合中国内地缺盐的国情，对索尔维法进行改进，将纯碱和合成氨两大工业联合，同时生产碳酸钠和化肥氯化铵，大大地提高了食盐利用率，是为**侯氏制碱法**。

大量碳酸钠用于生产玻璃，也用于陶瓷工业，还是制造碳酸氢钠、磷酸钠、硅酸钠、氧化铝、硼砂、铬酸钠的原料。碳酸钠也用于洗涤剂生产、造纸和水处理工业。冶金工业用碳酸钠作矿物助熔剂和浮选剂。碳酸钠粉尘对皮肤、呼吸器官黏膜及眼睛有刺激、腐蚀作用，浓溶液对皮肤引起烧伤、坏死。

碳酸氢钠 sodium bicarbonate 化学式为$NaHCO_3$。又称小苏打、重碳酸钠。白色晶体，密度2.20克/厘米^3；溶于水。干燥的碳酸氢钠在270℃时分解成**碳酸钠**：

$$2NaHCO_3 \longrightarrow Na_2CO_3+CO_2+H_2O$$

碳酸氢钠水溶液显碱性。工业上用二氧化碳气体通入碳酸钠水溶液，制备碳酸氢钠。通常也由氨碱法母液回收，或由天然碱加工。碳酸氢钠用作食品工业的膨松剂、冷饮中的二氧化碳发生剂。它是泡沫灭火剂、干粉灭火剂的配料，也是制药工业的原料。

碳酸岩 carbonatite 一种少见的超基性**火成岩**。岩石颜色较浅，化学成分变化较大，其特点是SiO_2含量较低（<20%），含有较高的碱金属元素和钙、二氧化碳、稀土元素。多为粗粒半自形-它形的粒状结构，矿物粒径一般为2～5毫米，也有更粗或更细的。多为块状构造，也有条带状和瘤状构造。主要矿物成分是**方解石**和**白云石**，含量在50%以上，其次有霞石、黄长石、钾长石、碱性辉石、碱性角闪石和金云母、黑云母等。副矿物主要为含稀土元素的矿物如**独居石**、**铌铁矿**、铌金红石、氟碳钙铈矿。其他还有石墨、黄铁矿、萤石、重晶石和天青石等。根据方解石与白云石含量的比例，可分为方解石碳酸岩（方解石>90%）、白云石碳酸岩（白云石>90%）、白云方解碳酸岩（方解石为50%～90%）、方解白云碳酸岩（白云石为50%～90%）。根据所含的特征矿物或特征元素，又可分为黑云母碳酸岩（含特征矿物黑云母）、稀土碳酸岩（含稀土碳酸盐矿物如氟碳铈矿、氟碳钙铈矿等）。碳酸岩主要产于稳定的古老地台边缘断裂带和褶皱带内中间地块断裂带中。产状主要有三种：一是中心型碳酸岩侵入杂岩体，二是脉状碳酸岩体，三是火山喷发形成熔岩流和火山碎屑碳酸岩及呈火山颈产出的碳酸岩。中国四川、湖北、山东等地发现有侵入的碳酸岩。与碳酸岩相关的矿产主要是稀土元素矿床和铌矿床，其次为磷矿床，也曾发现有硫化物铜矿床。

碳酸盐岩 carbonate rock 沉积形成的碳酸盐矿物（大于50%）组成的岩石的总称。**沉积岩**之一。主要矿物成分是**方解石**、**白云石**、铁白云石、菱镁矿等，其次为石英、云母、长石和黏土矿物等；化学成分主要为CaO、MgO和CO_2，其次为SiO_2、TiO_2、FeO、Fe_2O_3、Al_2O_3、K_2O、Na_2O、H_2O以及某些微量元素。通常为灰色、灰白色。性脆。具粒屑（如岩屑、生物碎屑等）、生物骨架（如珊瑚、层孔虫等）、晶粒（粗晶、中晶、细晶、微晶等）和残余（残余生物、残余鲕状）结构。构造类型复杂、多样，有叠层构造（如常见于潮坪地区的叠层石）、鸟眼构造和缝合线构造。多呈厚层或薄层状产出。可分为**石灰岩**和**白云岩**两大岩石类型。岩性较脆弱，易遭风化溶蚀，在碳酸盐岩发育地区常形成石林、溶洞、地下暗河等地貌景观，通称喀斯特地形。碳酸盐岩在地壳中分布仅次于泥质岩和砂岩，约占沉积岩总量的20%～25%，几乎在各个地史时期都有形成。中国各地，特别是西南地区，也广泛分布有碳酸盐岩，其成岩时代主要为震旦纪、寒武纪、奥陶纪、泥盆纪、石炭纪和二叠纪。许多金属矿产（如铜、铅、锌、汞、锑、钼、钴、银等）和非金属矿产（如重晶石、天青石、石棉、自然硫、水晶、萤石、冰洲石等）在成因上都与碳酸盐岩有关。世界上与碳酸盐岩有关的石油和天然气储量占总储量的50%，产量约占总产量的60%。碳酸盐岩本身就是有用矿产，如石灰岩、白云岩及菱铁矿、菱锰矿等，广泛用于冶金、建筑、装饰、化工等领域。

碳纤维 carbon fiber 碳元素呈微晶和无序非晶碳两相结合并沿纤维轴择优取向的一种无机纤维。通常碳含量在90%以上。工业生产碳纤维的主要方法是有机纤维法：将人造纤维或合成纤维作为先驱丝，在氧化介质气氛中进行低温预氧化热处理，再在惰性气氛中高温碳化处理，使纤维碳含量达到90%～96%，并形成类石墨的乱层结构。凡含碳量较高在热处理过程中能保持纤维形态而不熔融的有机纤维，均可作为先驱丝制取碳纤维。工业生产中用作原纤维的主要有黏胶纤维、聚丙烯腈纤维及沥青纤维3种。不同碳纤维的拉伸强度为2 000～3 500兆帕，拉伸模量约200～350吉帕。碳纤维同时具有耐高温、抗腐蚀、低电阻、高热导、低热膨胀等特性，但抗冲击和抗高温氧化性略差。碳纤维与树脂、金属、陶瓷、碳等基体，组成各种**复合材料**，主要用于航空航天工业，同时在医学、汽车制造、文体用品、电磁屏蔽等方面也获得广泛应用。

碳纤维弹 carbon fiber projectile 利用弹体内碳纤维丝（束）破坏电力系统的弹药。又称电力系统干扰弹。主要用于毁伤发电厂、变电站和高压输电、配电网以及其他电力设备。多采用子母弹结构，母弹用于装载一定数量的碳纤维子弹，并能在引信与抛撒机构的作用下抛出子弹。子弹一般由壳体、碳纤维丝团、引信及稳定伞等组成（见图）。通常利用火箭、导弹、航空器或常规炮弹等运载工具，将母弹投射至敌方输电网、变电站等区域上空，子弹被抛出，爆炸后，导电纤维丝（束）在空中展开，飘落到输电线路上，造成供电中断，使电力系统瘫痪，甚至发生火灾。

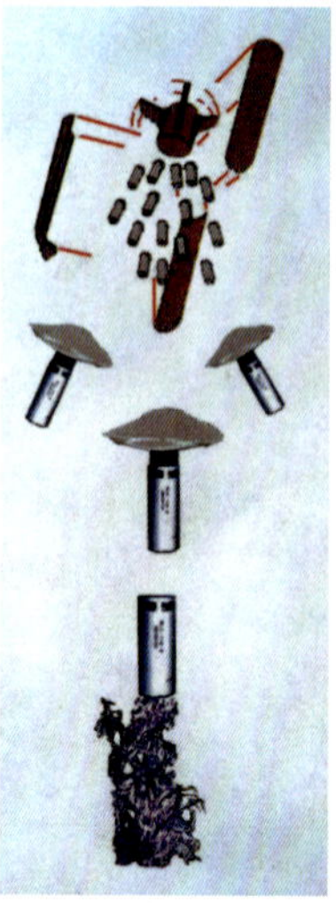

碳纤维弹爆炸后子弹抛撒过程示意图

碳循环 carbon cycle 碳在地球岩石圈、水圈、大气圈、生物圈以及人类活动圈之间的分布、迁移和化合形态转化的地球化学过程。是对地球生命和人类生存有重要意义的循环作用。全球碳循环可划分为地球深循环和包括气－水－生物圈的表生循环两类。

碳的深循环 地球碳最大的地球化学储积库是地壳中以碳酸盐为主的沉积层，其中有机和无机碳总量为75×10^{15}吨，是其他碳库中碳量总和的约1 800倍。地球碳的初始物源为地球内部地圈，即地幔碳。据统计，现代火山和岩浆活动每年大约向大气圈和海洋以CO_2、CO、CH_4形式喷出碳总量25×10^9吨/年，这一通量在地球演化的初期应增大数万倍，称为地球脱气化作用。此外以岩浆碳酸岩、还原态碳和挥发相形式存在于地球深部的碳，构成地球碳的更大的地球化学库。因此，在全球广泛分布的太古宙、元古宙，以至古生代巨厚层沉积碳酸盐层是地球早期来自深源碳循环的产物。其后经剥蚀风化、生物作用，以及人类的开发利用等活动，碳再次进入海洋、大气和生物圈循环。

碳的表生循环 主要活动于水、气、生物三圈之间，可划分为无机、有机和人类影响三大体系。以海洋为主体的水圈碳储积量最大，约为生物圈的15倍、大气圈的60多倍。碳在海洋中发生有机和无机复杂的迁移活动，是碳循环的中心。海洋中的碳来自大气圈CO_2的溶解、岩石圈风化可溶性碳酸盐（HCO_3^-等）的流入、生物呼吸和死亡放出的CO_2以及来自地球深源如海底火山喷出的碳化合物，其中大气和水圈间的CO_2溶解平衡作用最为重要。水圈和生物圈中的碳主要通过无机和生物沉积碳酸盐，以及生物堆积有机岩（煤、石油、天然气、干酪根等）被移出海洋，并储存于沉积地层中。生物圈碳总量大约为$2\,983\times10^9$吨，其中陆生生物（为$2\,200\times10^9$吨，主体是绿色植物、落叶和土壤有机质）大于海洋生物和有机质（783×10^9吨）。地球生命物质是转化无机碳进入有机圈的主要营力。如植物吸收大气和水中的CO_2经过光合作用转化为碳水化合物，这一过程在陆地和海洋总合通量为185×10^9吨碳/年。在光合作用中，碳转化为具有链状和环状结构的糖类和木质素等化合物，构成植物体的主要成分，并为进一步衍生出各种更复杂的有机化合物打下基础。反应还释放出自由氧，使大气圈增加氧，同时吸收太阳能并转化为化学能，如果植物死后得到埋藏，则成为人类可利用的煤炭资源。在地球生态系统中，植物为初级生产者（自养有机体）；食草和食肉动物为消费者（异养有机体），它们以绿色植物的枝、叶、果、子为食物，把碳水化合物转化为碳氢化合物。生物圈覆盖全球，在地球各种自然环境下形成多层次、大小不等、构成各异的生态系统，以其强大的生物学功能推动碳等大量化学元素的循环和转化。

现存海洋、大气和生物三个活动库中碳的交换通量大体平衡。但通量值高于它们与岩石圈碳库间的通量2～3个级次，这表明处于地球各表层圈的碳以其活动态形式发生强烈的全球性循环和物质交换。表生碳循环的物质平衡总体上受地球表面海陆分布、新构造活动、全球气温、降雨、生物总量，以及太阳辐射强度等因素综合控制。此外，来自岩石圈碳库及地球深源碳对活动库的补给，对地表碳循环的影响是缓慢演化的；人类活动的作用构成对全球碳循环更为强烈的影响因素，并能进一步导致全球自然环境的改变。

碳－14法定年 carbon-14 dating 依据放射性核素碳－14随时间的衰减规律而建立的定年方法。又称放射性碳定年。碳－14是宇宙成因核素，主要是在大气圈上层（12～16km）由宇宙射线产生的中子与大气氮－14相互作用发生的核反应所生成，并大致均匀地分布于大气圈、水圈和生物圈中所有参与碳－14交换的含碳物质中。含碳物质一旦停止了与外界碳库的交换，如生物体死亡后，碳－14得不到更新补充而随时间衰减；此时，根据现代碳的放射性比活度与含碳样品中现存的碳－14放射性比活度测定值的比值（A_0/A），就能计算碳－14年龄。实际工作中，由于几万年以来地球大气中碳－14浓度曾发生过显著变化，即A_0随时间变化且不等于现代碳的放射性比活度，因此需要将碳－14年龄与树轮年龄进行比对，获得碳－14校正年龄。

碳-14的半衰期为5 730年，定年范围一般在200年至5万年。适合于定年的含碳物质有动植物体残骸、含同生有机物的沉积物和土壤、生物碳酸盐（贝壳、珊瑚）、洞穴和土壤碳酸盐、含碳的古代文化遗物等。主要应用于晚第四纪地质历史以及古地理、古气候、海洋沉积物、考古研究等领域。

汤 King Tang of Shang Dynasty 中国商朝的建立者。原为商族部落领袖，主癸之子。传说名履，又称成汤、武汤、武王、天乙、唐、大乙。史书载，商族从始祖契到汤，先后八迁，至汤定居于亳（今山东曹县南）。汤初置二相，以伊尹、仲虺辅助国事，又陆续灭掉邻近的葛（今河南宁陵北）、韦（今河南滑县东南）、顾（今河南范县东南）、昆吾（今河南许昌东）等部落、方国，十一征而无敌于天下，成为当时的强国，而后作《汤誓》伐夏。汤与桀大战于鸣条（今河南封丘东），桀败，逃至南巢（在今安徽巢湖南），汤放桀而归于亳。此后三千诸侯大会，汤被推为天子。汤三让，诸侯不从，于是汤即天子之位，建立商朝。汤建国后，鉴于夏朝灭亡之教训作《汤诰》，对亡国的夏民，仍保留“夏社”，并封其后人。汤注意“以宽治民”，因此在统治期间，政权较为稳定，国力日益强盛。十三年后，汤卒。

汤斌 Tang Bin (1627-11-27～1687-11-15) 中国清初理学名臣。字孔伯，别号荆岘，晚号潜庵。河南睢州（今睢县）人。顺治九年（1652）进士。康熙五年（1666），从学于明清之际的著名理学家孙奇逢，成为当时程朱学派思想的代表人物。十七年，康熙帝为了更有效地笼络汉族地主及其知识分子，决定举办博学鸿词科。次年，汤斌应试取中，授翰林院侍讲，参修明史；寻转侍读，主持过浙江乡试。二十一年充明史总裁。二十三年升任内阁学士兼礼部侍郎。旋授江苏巡抚。汤斌上任后，实行了一些有利于封建秩序稳定的措施，如整顿吏治，打击豪强，蠲免苛赋，建立义仓社学，宣传儒家经典，毁弃五通神淫祠等，受到康熙帝的宠任。民间以其为官清廉，生活俭朴，有“豆腐汤”、“清汤”之称。二十五年升任礼部尚书管詹事府事，辅导太子，并再充明史总裁。次年改任工部尚书，旋病死。他在朝以敢于争议出名。雍正中，入贤良祠。乾隆元年（1736），谥文正。道光三年（1823），从祀孔庙。所著有《汤子遗书》（一作《汤文正公全集》）传世。

汤川秀树 Yukawa Hideki (1907-01-23～1981-09-08) 日本物理学家。生于东京，卒于京都。1929年毕业于京都大学物理系后留校任教。1938年获大阪帝国大学博士学位。1939年回京都大学任物理学教授至1970年，曾在美国普林斯顿高级研究院和哥伦比亚大学任职，1953～1970年任京都基础物理研究所所长。

1935年发表核力的介子场理论，用来解释原子核内的作用力，预言了介子的存在。介子是质量处于电子和质子之间的粒子。1937年C.D.安德森在宇宙线中发现一种比电子约重200倍的粒子，当时误认为就是介子，后来发现其性质跟介子应有的不同，始知是介子衰变后的产物，今称μ子。经C.F.鲍威尔等人的研究，于1947年在宇宙线中发现另一种粒子，认定是汤川秀树所预言的介子，今称π介子。由于在核力理论的基础上预言介子的存在，汤川秀树获1949年诺贝尔物理学奖。1946年在日本创办英文杂志《理论物理学进展》，是出色的物理期刊。

汤恩伯 Tang Enbo (1899-09-20～1954-06-29) 中国国民党军高级将领。名克勤，字恩伯。浙江武义人。卒于日本东京。1920年入援闽浙军讲武堂。1925年入日本陆军士官学校。曾著《步兵中队（连）教练之研究》，博得蒋介石赏识。1931年起，任第2师师长、第13军军长等职。1937年七七卢沟桥事变爆发后，指挥所部在南口地区抗击日军进攻。10月任第20军团军团长。翌年3月率部参加台儿庄会战。6月任第31集团军总司令，先后参加武汉保卫战、随枣会战。1944年4月在豫中会战中所部溃败，受撤职留任处分。1945年3月任陆军第3方面军司令官，率部参加桂柳追击战。1946年5月任首都卫戍司令。6月任陆军副总司令。1947年春兼第1兵团司令，率部参加对山东解放区的重点进攻，5月所部整编第74师被全歼。1949年1月任京沪杭警备总司令，奉蒋介石之命凭借长江天险固守宁沪杭地区。4～5月，所部主力在人民解放军发动的渡江战役、上海战役中被歼，残部溃退厦门。10月由金门去台湾。病逝后被追晋陆军上将。

汤飞凡 Tang Feifan (1897-07-23～1958-09-30) 中国病毒学家。生于湖南醴陵，卒于北京。1921年毕业于湖南湘雅医学专门学校，并获美国康涅狄格大学医学博士学位。1925～1929年他与美国H.秦瑟研制出现代微滤膜的雏形醋酸火棉胶膜，用于测定病毒颗粒的大小。1929年回国协助创建中央大学医学院（上海医学院的前身）。1929～1936年证明疱疹、牛痘等病毒是寄生于细胞内的、可离心分离、可通过除菌滤器、能自我复制的颗粒。1935年阐明菌质体的多形态性和它在宿主细胞内的发育周期。1930～1935年证明日本野口英世认为的沙眼致病菌“颗粒杆菌”并不致病，推翻了沙眼的“细菌病原说”。1954年阐明沙眼包涵体的本质，1955年分离培养出第一株沙眼衣原体，成为世界上发现重要病原体的第一个中国人。1981年国际沙眼防治组织向他颁发沙眼金质奖章。主要著作有：《超滤研究》、《沙眼病原研究的最新进展》等。

汤和 Tang He (1326～1395) 中国明代开国功臣，军事将领。字鼎臣。濠州（今安徽凤阳）人。元至正年间投身郭子兴军中，升千户。后委身事朱元璋，从之渡江。后以功晋升御史大夫兼太子谕德。寻拜征南将军，讨方国珍。方国珍降，浙东悉定，接着进军闽中，拔延平，执陈友定。朱元璋称帝后，又以功居诸将先，晋封为中山侯。洪武四年（1371）拜征西将军，入重庆，平明玉珍。次年从徐达北伐，其后屡战获胜，进兵延安，迫使伯颜帖木儿乞降。十一年晋封为信国公。他虽功高而益恭畏，十八年急流勇退，即请乞骸骨还乡里，深合明太祖朱元璋意，为赐第凤阳。既而倭寇上海，帝令巡视山东滨海，度浙东西地，建卫所城池59座，选浙东民5.8万余人戍守。次年，闽中并海城工竣，乃还报命，请还居新第，赐赉极厚，许每年一朝京师。二十八年八月卒。

汤剂 decoction 中药加水煎煮或浸泡去渣取汁制成的液体剂型。又称煎剂，古称汤液。是中医临床应用最广泛的一种剂型。汤剂主要作内服用，外用有洗浴、熏蒸、含漱等。

汤剂的制备简单易行，溶媒来源广，无刺激性或副作用。汤剂的处方多是复方，能充分发挥配伍作用，以增强疗效、缓和药性；能全面、灵活地根据病人或各种疾病的特殊性，随证加减药物。汤剂进入胃肠后可直接被吸收，迅速发挥疗效。汤剂的缺点是：某些脂溶性和难溶性成分煎出不全，药液含杂质较多，易霉变；口服量大，味苦涩；儿童服用困难；携带、储存不方便，须临时煎制。

按汤剂制备方法的不同可分为煮剂、煎剂、煮散和饮剂4种。此外，创新剂型——合剂也属汤剂的范围。①煮剂。将药物煮后去渣取汁而成。其浓度适中、吸收奏效快、药力强。②煎剂。将药物煮后去渣，药汁再加热浓煎而成。其加热时间较长，能减弱药物的毒性。浓度较高，服用量少。③煮散。先将药物加工成粗颗粒，然后经水煮去渣取汁而成。可节省药材，便于煎服，所含可溶性有效成分煎出率高。④饮剂。药物经沸水浸泡后去渣取汁。其加热时间较短、温度较低，药液味薄气清，适合频频饮服，擅清上焦热邪。⑤合剂。药材经提取、浓缩而成的内服成品液体制剂。又称浓煎剂。其制备工艺和质量较稳定，疗效也好，但不能随证加减。

汤加 Tonga 南太平洋西部岛国。全称汤加王国。地处南纬15°～23° 30′、西经173°～177°。陆地面积747平方千米，水域面积25.9万平方千米。人口10.2万（2006）。属波利尼西亚人种的汤加人占98%，余为欧洲人、亚洲人及其后裔和其他太平洋岛屿人。大部分居民信奉基督教。通用汤加语和英语。首都努库阿洛法。

由汤加塔布群岛、哈派群岛和瓦瓦乌群岛3个群岛及埃瓦等小岛组成，共173个岛屿组成。最高峰为海拔1 046米的卡奥火山。东侧的汤加海沟最深处达10 882米，仅次于马里亚纳海沟。属热带雨林气候。年均气温南部23℃，北部27℃。年均降水量1 793毫米。

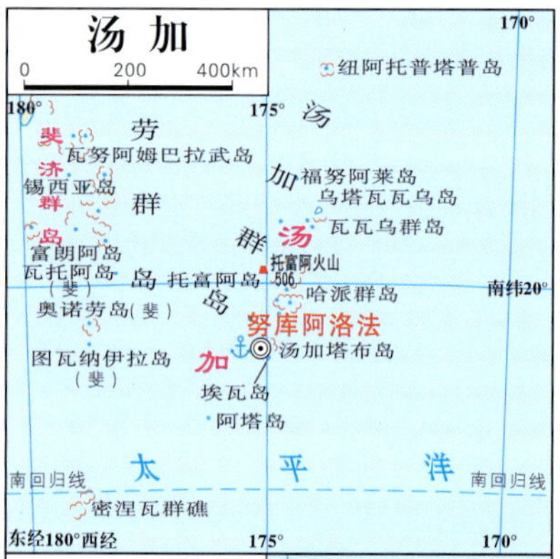

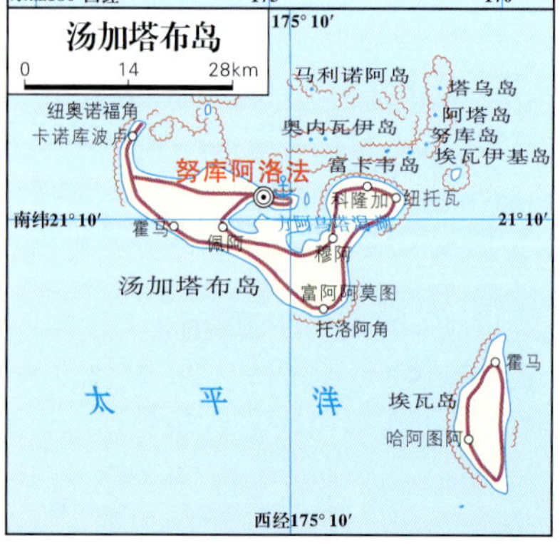

3 000多年前波利尼西亚人已经在此定居。约从公元950年起，具有严格等级制度的汤加社会开始形成，成为一个君主国。1616年荷兰人发现汤加群岛。17～18世纪，荷兰人、英国人、西班牙人先后来到这里。1845年陶法阿豪统一汤加，建立了第4个王朝汤加王国，称乔治·图普一世。1900年成为英国保护国。1970年6月4日独立，为英联邦成员国。

实行君主立宪制。议长、内阁大臣、法官、军官、省长等高级官员均由国王任免，军政大权由国王掌握。社会分王族、贵族和平民3个阶层。立法议会由全体内阁成员和贵族议员、平民议员组成。国王有权召开或解散议会，议会通过的法案需经国王批准方能生效。内阁成员由包括首相、副首相在内的内阁大臣以及瓦瓦乌区和哈派区的行政长官组成，终身任职。枢密院由国王和内阁组成，为最高行政机构，具体处理国内外重大事务。主要政党为汤加人民民主党。

经济以农业、渔业、旅游业为主。工业规模较小。农产品和渔类出口占主导地位，燃料、粮食、工业制成品等需要进口。主要贸易对象为新西兰、澳大利亚、斐济、美国和日本。财政支出严重依赖外援。货币名称潘加（即汤加元）。2009年国内生产总值约2.78亿美元。公路总长约950千米，海港、机场各6个。

公办学校对6～14岁儿童实行免费教育。主要报刊有《汤加纪事报》(1964）等。主要网站是《汤加风》。有5家广播电台和1家电视台。国家电台用英语和汤加语广播。汤加与50个国家建立了外交关系。与中国于1998年11月2日建立外交关系。

汤加语 Tongan language 汤加王国的两种官方语言之一（另一种为英语）。属南岛语系波利尼西亚语族。方言不多，方言之间的差别很细微。汤加语与纽埃岛的纽埃语很相近。19世纪以后才有文字，采用拉丁字母；1943年有了标准化的拼写系统。现在政府的出版物都用汤加文和英文印刷，广播也采用这两种语言。

汤姆·汉克斯 Tom Hanks (1956-07-09～) 美国电影演员。生于加利福尼亚州康克德。高中毕业后进入加州查伯得学院接受演技训练。1979年在一部低成本影片《他知道你很孤独》中首次扮演银幕角色。1984年因主演《美人鱼》而引起影评家注意。1993年因《费城故事》(1993)荣获该年金球奖和第66届奥斯卡金像奖最佳男主角奖。1994年因主演《阿甘正传》成为有史以来连获两届奥斯卡金像奖的男演员。1995年又主演了《阿波罗13号》，影片获得5亿美元的票房成绩。1996年自编、自导、自演了影片《那一天传奇》初显导演才华。此后又自编、自导、自演了《兄弟连》(2001)、《华丽的荒土：月球漫步记》(2005) 等影片。1998年至2000年，主演《拯救大兵瑞恩》、《绿里》(亦作《绿色奇迹》) 和《漂流》。2001年获得了美国电影艺术与科学学院颁发的终身成就奖。进入21世纪以来，又主演或参演了《猫鼠游戏》(2002)、《汽车总动员》(2006)、《达·芬奇密码》(2006)、《辛普森一家》(2007) 等。

《汤姆·琼斯》 *Tom Jones* 英国作家H.菲尔丁所著长篇小说。1749年出版。乡绅奥尔沃斯收养了弃儿汤姆，让他和自己的外甥布利菲尔一起长大。汤姆勇敢淳朴，布利菲尔工于心计。两人都追求邻近庄园主的女儿索菲亚。汤姆是出于爱情，布利菲尔是贪图财产。奥尔沃斯因听信谗言把汤姆赶出庄园，索菲亚也因不愿嫁给布利菲尔逃出庄园。他们最后都到了伦敦，并走到了一起。汤姆得知自己和布利菲尔原来是同母异父的兄弟。布利菲尔为了独占舅舅的财产，伙同律师掩盖了真相。奥尔沃斯醒悟以后，把财产交给了汤姆，成全了他和索菲亚的爱情。

汤姆森 Thomsen, Christian Jürgensen (1788-12-29～1865-05-02) 丹麦考古学家。生于哥本哈根，卒于哥本哈根。出身于富商家庭，担任商业经理至1840年。自幼爱好收集古钱和其他文物，并有志于史前考古学的研究。1816年被任命为丹麦王家文物收藏所秘书，后出任丹麦皇家北方（北欧）古物博物馆馆长，直至逝世。他首先在史前考古学中以石器时代、青铜时代、铁器时代分期法作为

欧洲技术发展的三个阶段。任博物馆馆长期间，他将这一分期法应用于古物陈列，并在所著《北方文物陈列指南》中加以介绍。此书英译本于1848年出版，对欧洲考古学界影响很大。汤姆森首创的三段分期法，通过生产工具和生活用具质料的演变，说明了原始社会的发展过程，具有较强的科学性。

汤姆森 Thomson，John（1837-06-04～1921-10-07） 英国摄影家。以摄影手段表现异域自然景色和社会民情的最早的摄影家之一。生于爱丁堡，卒于爱丁堡。曾在爱丁堡大学学习化学，19世纪60年代初开始摄影。1862年到斯里兰卡旅游和摄影。1865年至19世纪70年代初，他游历远东地

《江西九江街头》(1868)

区，在中国旅游拍摄长达5年之久。这次游历的收获是出版了《柬埔寨的古代遗迹》(1867) 和《中国和中国人摄影集》(1873)。后者为四卷本，收入200张照片并有对中国人生活的详细介绍。汤姆森认为用照片给游记做插图是一种有意义的尝试。此后，他选择伦敦作为拍摄目标，于1876～1877年出版《伦敦的街头生活》。他和作家A.史密斯一起考察伦敦街头社会底层的生活，试图引导当时财富迅速膨胀的英国社会关注底层人的生活。他的照片长于构图和情节性，表现出一般摄影家少有的敏锐的阶层意识，这种非凡的观察力使汤姆森成为社会纪实摄影的先驱。

《汤姆叔叔的小屋》 *Uncle Tom's Cabin* 美国作家H.B.斯托所著长篇小说。1852年出版。小说主人公汤姆是个虔信基督的黑奴，因救了白人小姑娘伊娃的命而赢得她父亲圣·克莱亚的好感。圣·克莱亚买下汤姆并将其带回家中。伊娃和汤姆成了好朋友。伊娃临终时要求父亲还给汤姆自由。圣·克莱亚没来得及实现爱女的心愿就被人杀死。他的太太把汤姆卖给奴隶主雷格里。最终汤姆为掩护两个女奴逃亡而惨死在主人的皮

《汤姆叔叔的小屋》英文版封面

鞭之下。汤姆终身都不肯违背“不以暴力抗恶”的原则。这部小说唤起了人们的良知，影响震撼。

汤姆斯杯赛 Thomas Cup Badminton Tournament 以英国羽毛球运动员G.A.汤姆斯命名的国际羽毛球大赛。全称世界男子羽毛球团体锦标赛。从1903～1928年25年的时间里，汤姆斯多次在全英羽毛球比赛中获得男单、男双和混双比赛的冠军。1934年7月国际羽毛球联合会成立，汤姆斯被推选为首任主席。1948年，国际羽联举办了第1届“汤姆斯杯”男子团体锦标赛。汤姆斯奖杯高28英寸，宽16英寸，由底座、杯形和盖三部分构成，用白金铸成，由汤姆斯捐赠。汤姆斯杯为流动杯，每次比赛的冠军队将“汤杯”带回本国，保留至下一届“汤杯赛”开始。故此，汤姆斯杯比赛又称为“国际羽毛球挑战杯赛”。1948年举行了第1届比赛，以后每3年举行一次，每场团体赛由5场单打和4场双打组成，全部9场比赛分两天进行。1984年起改为每两年举办一次，逢双年举行，由9场制改为5场制（3单2双），并在一节时间里完成。上届冠军队和决赛地的东道主队将直接进入决赛。决赛在5月份举行，参加决赛的8个队分A、B两个组进行单循环赛，排出小组的1～4名，而后由A组第一名对B组第二名；B组第一名对A组第二名进行半决赛，两个半决赛的胜者最后争夺冠军。参赛的每个队报名时，必须列出技术水平顺序，双打亦须按技术水平高低列出双打组合。每场团体赛的出场名单必须按技术水平排列。至2010年，汤姆斯杯赛共举行了26届。

历届汤姆斯杯赛成绩

届别	年度	地点	决赛成绩			冠军
1	1948—1949	普雷斯顿	马来西亚	8:1	丹麦	马来西亚
2	1951—1952	新加坡	马来西亚	7:2	美国	马来西亚
3	1954—1955	新加坡	马来西亚	8:1	丹麦	马来西亚
4	1957—1958	新加坡	印尼	6:3	马来西亚	印尼
5	1960—1961	雅加达	印尼	6:3	泰国	印尼
6	1963—1964	东京	印尼	5:4	丹麦	印尼
7	1966—1967	雅加达	马来西亚	6:3	印尼	马来西亚
8	1969—1970	吉隆坡	印尼	7:2	马来西亚	印尼
9	1972—1973	雅加达	印尼	8:1	丹麦	印尼
10	1975—1976	曼谷	印尼	9:0	马来西亚	印尼
11	1978—1979	雅加达	印尼	9:0	丹麦	印尼
12	1981—1982	伦敦	中国	5:4	印尼	中国
13	1984	吉隆坡	印尼	3:2	中国	印尼
14	1986	雅加达	中国	3:2	印尼	中国
15	1988	吉隆坡	中国	4:1	马来西亚	中国
16	1990	东京	中国	4:1	马来西亚	中国
17	1992	吉隆坡	马来西亚	3:2	印尼	马来西亚
18	1994	雅加达	印尼	3:0	马来西亚	印尼
19	1996	香港	印尼	5:0	丹麦	印尼
20	1998	香港	印尼	3:2	马来西亚	印尼
21	2000	吉隆坡	印尼	3:0	中国	印尼
22	2002	广州	印尼	3:2	马来西亚	印尼
23	2004	雅加达	中国	3:1	丹麦	中国
24	2006	东京	中国	3:0	丹麦	中国
25	2008	雅加达	中国	3:1	韩国	中国
26	2010	吉隆坡	中国	3:0	印度尼西亚	中国

汤姆孙 Thomson, Sir George Paget (1892-05-03～1975-09-10) 英国物理学家。J.J.汤姆孙之子。生于剑桥，卒于剑桥。1914年毕业于剑桥大学三一学院。第一次世界大战期间,应召在皇家空军服役，1919～1922年在卡文迪什实验室工作。后历任阿伯丁大学教授，伦敦大学帝国科学技术学院物理教授，剑桥大学基督圣体学院院长。1930年当选为英国皇家学会会员。第二次世界大战期间，担任英国原子能委员会会长。1943年授封为爵士。曾与其父合写过《原子》一书。主要贡献是从电子束射过薄金箔所产生的衍射图的实验中求得的衍射波长，正好与L.V.德布罗意所预言的电子波的波长相符，因而证实了电子的波动性。几乎同时，C.J.戴维森也由电子束经晶体表面的漫反射的衍射实验而得到同样的结论，为此两人共获1937年诺贝尔物理学奖。

汤姆孙 Thomson, Sir Joseph John (1856-12-08～1940-08-30) 英国物理学家。生于曼彻斯特，卒于剑桥。1876年成为剑桥大学三一学院的数学研究生。1880年取得数学荣誉学位考试的第二名，次年便成为三一学院研究员。1884年被选为英国皇家学会会员，随后任剑桥大学教授和卡文迪什实验室主任。1905年接替瑞利担任皇家学院自然哲学教授。1911～1920年历任英国皇家学会副会长、会长。1918年起任三一学院院长，1919年他辞去卡文迪什实验室教授的职位，推荐他的学生E.卢瑟福继任，而自己留在实验室继续进行研究工作，长达21年。

1884年，汤姆孙曾精确测定电量的静电单位与电磁单位两数值之比值恰好是光速值。他的最大贡献是从阴极射线实验中发现并确定了重要的基本粒子——电子的存在，并用电磁致偏的方法测定了其荷质比值约为氢离子对应值的2 000倍左右，从而初步确定了这种最轻粒子的质量。他的另一贡献是通过对极隧（阳极）射线的研究，发明了质谱方法，并用它成功地分离出原子量分别为22和20的氖的两种同位素，后经F.W.阿斯顿改进为现代的质谱仪。这些研究引起当时原子构造理论的革命。汤姆孙也是研究气体导电的权威人士，为此以及他对麦克斯韦电磁理论的发展工作，而使他获得1906年诺贝尔物理学奖。

汤姆孙还是一位卓越的导师 ，他的研究助手中有7人获诺贝尔奖。20世纪初期，他是亚原子粒子物理领域中最有影响的人 。著作有《气体导电》，第3版是他与其子G.P.汤姆孙共同修改补充而成。

《汤姆·索亚历险记》 *The Adventures of Tom Sawyer* 美国作家马克·吐温所著长篇小说。1876年出版。小说描写南北战争前美国中西部密西西比河畔一座小镇的生活。孤儿汤姆天真、顽皮，对庸俗、保守的习俗、礼仪，对催眠一样的牧师布道感到厌恶，一心想和好朋友、流浪儿哈克贝里等玩“强盗帮”游戏。汤姆、哈克贝里偶然目击了一场凶杀案：盗墓贼印江·乔杀死医生却嫁祸于同伙。汤姆在法庭揭发了真凶，印江·乔翻窗逃逸。汤姆、哈克贝里又在河边一座“闹鬼”的房子里看到印江·乔在埋藏一箱金钱。汤姆和他倾心的小姑娘贝姬在参加野餐活动时，在山洞中迷了路，看见手持蜡烛的印江·乔的身影。他俩脱险后，贝姬的父亲让人用铁门封锁了山洞出口以免有人误入，致使印江·乔饿死。汤姆、哈克贝里找到了那箱藏金，两人平分，都发了大财。小说中的冒险情节对充满幻想的儿童和怀念童年的成人都是真实可信的。

汤佩松 Tang Peisong (1903-11-12～2001-09-06) 中国植物生理学家、普通生理学家和生物化学家。生于湖北浠水，卒于北京。1925年毕业于清华学校，1927年在美国明尼苏达大学获学士学位，1930年在美国约翰斯·霍普金斯大学研究院获哲学博士学位。1948年选聘为中央研究院院士。历任武汉大学生物系教授、清华大学教授、农学院院长，中国科学院植物研究所研究员、所长，国际植物学会名誉会员等职。1955年当选为中国科学院学部委员（院士）。早年发现海星卵受精后呼吸增强、细胞色素氧化酶在植物中的存在。1946年用绿色小球藻证明光合作用的氧化还原电位势在光暗下的差异。与王竹溪一起用热力学概念精辟地分析了水分进出植物细胞过程的规律。50年代以后从事植物生理学的教学与研究，提出了完整的植物呼吸代谢的控制与被控制理论，在国际上首先证明了高等植物中存在细胞色素氧化酶、植物叶绿体中存在碳酸酐酶以及高等植物体内适应酶的形成；首次证明在同一植物中呼吸代谢途径的多样性，总结呼吸代谢途径的改变及其与其他生理功能相互调节的理论。光合膜的结构与光能分配及转化效率的研究获1987年国家自然科学奖二等奖。发表了《高等植物呼吸代谢的控制与调节及其与其他功能的关系——多条路线论点》、《近代我国植物生理学研究概况》等论著近200篇（册）。

汤鹏 Tang Peng 中国清代铁画工艺家。字天池。安徽芜湖人。约活动于康熙年间。年轻时为铁工，喜爱绘画，与画家萧云从为邻，常去萧家，观其作画，天长日久，得其启示，以铁片试仿制书画，别具情趣。后经不断努力，又得萧云从等书画家相助，终于创造成铁画。作为屏对堂幅，或合四幅以成一灯，名曰铁灯。所制铁画多取材山水、人物、松鹰、竹石、败荷、衰柳、虫鱼、鸟兽、花卉及书法等。题材广泛，富有妙趣，为中国专有之工艺美术。

汤若望 Schall von Bell, Johann Adam (1592～1666-08-15) 旅居中国的德国耶稣会传教士。1619年受耶稣会派遣到中国澳门。明天启二年（1622）进入广东。同年到北京。七年，往西安管理陕西教务。崇祯三年（1630），由礼部尚书徐光启疏荐，回京供职于钦天监，译著历书，推步天文，制作仪器。七年，协助徐光启、李天经编成《崇祯历书》。又受明廷之命以西法督造战炮，并口述有关大炮冶铸、制造、保管、运输、演放以及火药配制、炮弹制造等原理和技术，由焦勖整理成《火攻挈要》和《火攻秘要》。明亡后，汤若望以其天文历法方面的学识和技能受到清廷的保护，受命继续修正历法。他用西法修订的历书被清廷定名《时宪历》，颁行天下。次年，他以《崇祯历书》为基础纂成《西洋新法历书》。汤若望经常出入宫廷，对朝政得失多所建言，先后上奏章300余封。康熙三年（1664），与其他传教士遭受辅政大臣鳌拜等支持的杨光北的控告，以借修历为名谋为不轨之罪被捕入狱。旋获孝庄太皇太后特旨释放。康熙五年（1666）卒于寓所。

汤斯 Townes, Charles Hard (1915-07-28～) 美国物理学家。生于南卡罗来纳州的格林维尔，1939年获加州理工学院哲学博士学位。1939～1947年入贝尔实验室从事微波谱学和雷达研究。历任哥伦比亚大学物理学教授、辐射实验室主任、物理系主任，国防分析研究所所长兼研究主任，麻省理工学院教务长兼物理系教授，加州大学教授。美国国家科学院院士，英国皇家学会会员。在20世纪40

年代研究微波波谱学，1951年产生微波激射的想法，历经两年的试验，1954年制成第一台微波激射器。1958年与A.L.肖洛合作，提出设计激光器初步方案及其研制的可能性和特性。在此基础上，红宝石脉冲固体激光器和氦氖气体连续波激光器在1960年相继问世。由于这一贡献，汤斯和苏联物理学家N.G.巴索夫、A.M.普罗霍罗夫同获1964年诺贝尔物理学奖。1960年以后，汤斯从事非线性光学研究。1968年在加州大学开创射电和红外天文学研究，与他人合作发现星际空间复杂分子（氨和水）。他在微波激射器、激光器、飞机导航等方面获13项专利。

汤显祖 Tang Xianzu (1550-09-24～1616-07-29) 中国明代诗人、戏曲作家。字义仍，号若士，晚年以茧翁为号。江西临川人。出身书香人家，14岁进学，21岁中举。少年时期曾受学于泰州学派创立者王艮的三传弟子罗汝芳。万历三年（1575），刊印第一部诗集《红泉逸草》。次年，在南京国子监游学，刊印第二部诗集《雍藻》（已佚）。作于万历五年至七年的诗143首和赋3篇编为《问棘邮草》，曾受到徐渭热情称赞。万历五年第四次考试失利后，试作传奇《紫箫记》34出，全剧未完。

十一年中进士。次年秋，任南京太常寺博士。两年后，改任詹事府主簿。后升南京礼部祠祭司主事。与早期东林党的重要人物和同情者如顾宪成、高攀龙、邹元标、李三才、顾允成等为友。十五年把未完成的《紫箫记》改编为《紫钗记》。

十九年因抨击朝政，被贬为广东徐闻县典史。南下途中，取道澳门，次年春北归。二十一年任浙江遂昌知县。二十六年秋天，从临川东郊文昌里迁居城内沙井巷，玉茗堂和清远楼就在这里，传奇《牡丹亭》也在此时完成。二十八年完成传奇《南柯记》，次年创作《邯郸记》。它们和《紫钗记》、《牡丹亭》总名为《玉茗堂四梦》。

汤显祖罢官后第二年，在临川和李贽相会。《牡丹亭》所表现的强烈的反对封建婚姻制度、追求个性自由的思想，在当时，除了李贽《藏书》卷三十七的《司马相如传》之外，还没有另一位思想家这么明确地提出过。汤显祖戏曲理论中最重要的思想有两点：一是强调情的作用及情与理的对抗；二是在内容与形式的关系上，主张“凡文以意趣神色为主”（《答吕姜山》），反对以沈璟为首的吴江派片面强调格律，甚至以律害意的倾向。

汤显祖的传奇创作对当时或后世都发生了重大的影响。后来的评论家往往把讲究文采的阮大铖、吴炳等看作玉茗堂派，实际上并不恰当。真正从思想上、艺术上继承汤显祖的是清初戏曲作家洪昇，他承认他的《长生殿》是一部“热闹《牡丹亭》”。

汤晓丹 Tang Xiaodan (1910-02-22～) 中国电影导演。生于福建华安。1929年到上海，开始参加电影活动。1931年拍摄粤剧《白金龙》时，导演生病，汤晓丹升任导演。从1933年起导演了《飞絮》、《糊涂外公》、《上海火线后》、《警魂歌》、《天堂春梦》等影片。中华人民共和国建立后，创作题材颇为广泛，导演了《不夜城》、《祖国啊，母亲》、《傲蕾·一兰》等。汤晓丹擅长拍摄战争题材的影片，如《胜利重逢》、《南征北战》、《渡江侦察记》、《红日》等，他用现实主义的表现手法，展现了宏伟的历史场面，刻画了鲜明的人物性格。20世纪80年代以来，又致力于历史和传记片的创作，导演了《南昌起义》和《廖仲恺》。2004年的第24届中国电影金鸡奖特为其设终身成就奖。

汤因比 Toynbee, Arnold Joseph (1889-04-14～1975-10-22) 英国历史学家和社会活动家，“文化形态史观”的倡导者之一。生于伦敦，卒于约克。第一次世界大战期间，在英国外交部政治情报司任职。1919年，受聘为伦敦大学教授，主讲东罗马帝国史和近代希腊史。1920年左右，他着手撰写一部多卷本的《历史研究》。1943～1946年，任英国外交部研究司司长。被英国政府倚为“智囊”，曾以顾问身份参加许多重要的国际会议。1955年退休。

汤因比认为人类历史上出现过20多种自成体系的伟大文明，但其中大部分均已绝灭。世界上现存5种文明：①西方基督教文明。②东南欧和俄罗斯的东正教文明。③北非、西南亚和中亚一带的伊斯兰教文明。④南亚次大陆上的印度文明。⑤中国、朝鲜和日本的东亚文明。所有这些文明不仅“在哲学的意义上说来是同时代的”，而且“在价值上是相等的”，各有各的巨大成就，也各有各的缺点和谬误。他要以历史事实为例，对各种“文明”兴衰的原因提出各种可能的解释，作为当前的借鉴。汤因比的史学理论，在西方世界有一定影响。汤因比生平最重要的著作是12卷的《历史研究》。此书分批出版，历时27载（1934～1961）。此外，还有《在考验中的文明》、《一个历史学家的宗教观》、《我的经历》以及《人类与大地母亲》（1976年作为遗著出版）。

汤应曾 Tang Yingzeng 中国明末清初琵琶演奏家。邳州（今江苏睢宁西北）人。生活年代约在明万历至明末。据王猷定《四照堂集·汤琵琶传》载：他幼好音律，家境贫苦。曾师从琵琶演奏家蒋山人学艺近一年，曾在大梁（今河南开封）明周王府中供职，声名渐著。后应召随征西王将军至嘉峪关、张掖、酒泉一带，常为将帅士兵弹奏乐曲，鼓舞士气。离军府后在襄王府中供职，居楚地3年。明末时回归故里，穷困潦倒，后流落淮浦（今江苏涟水西）、桃源（今江苏泗阳）一带，不知下落，终年60余岁。汤应曾能弹《胡笳十八拍》、《塞上》、《洞庭秋思》等百十余曲，尤擅《楚汉》。汤应曾有“汤琵琶”之称。

汤用彤 Tang Yongtong (1893～1964) 中国佛教史家、哲学史家。字锡予。湖北黄梅人。生于甘肃通渭，卒于北京。1917年毕业于清华学堂。翌年留学美国，先后在汉姆林大学、哈佛大学深造，获哲学硕士学位。1922年回国后，历任东南大学、南开大学、北京大学、西南联大教授。中华人民共和国建立后，历任北京大学校务委员会主席、副校长，中国科学院哲学社会科学部学部委员，中国人民政治协商会议第一届全国委员会委员、第三届常务委员，第一、二、三届全国人民代表大会代表。通晓梵、巴利等多种语言，熟悉中国哲学、印度哲学、西方哲学，毕生致力于中国佛教史、魏晋玄学和印度哲学的研究。所著《汉魏两晋南北朝佛教史》对佛教的传入、中国佛教的早期传播及演变与发展等问题都进行了系统的考证与论述，是一部世界佛学名著。此外已出版的著作还有《隋唐佛教史稿》、《汤用彤学术论文集》、《印度哲学史略》等。

汤圆 glutinous rice balls 中国节令传统食品。见元宵。

羰基 carbonyl group 由碳原子与一个氧原子通过双键相结合而成的二价基团。

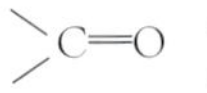

构成羰基的碳原子的另外两个键，可以单键或双键的形式与其他原子或基团相结合而成为羰基化合物。羰基化合物可分为醛酮类和羧酸类两类：①醛酮类，例如醛R—CH═O、酮R—CO—R；②羧酸类，例如羧酸R—CO—OH、羧酸酯R—CO—OR′、酸酐R—CO—O—CO—R′、酰基过氧化物R—CO—O—O—CO—R′、酰胺R—CO—NH_2、酰卤R—CO—X（X为F、Cl、Br、I）、烯酮R—CH═C═O、异氰酸酯R—N═C═O。羰基的性质很活泼，容易起加成反应，如与氢生成醇。

羰基金属 metal carbonyl 一氧化碳作为配位体与金属结合的化合物。又称金属羰基化物。很多过渡金属能形成羰基化合物，分子中一氧化碳与金属的摩尔比的规律见表。羰基金属一般不溶于水而溶于有机溶剂，有一定的稳定性，加热时分解。羰基金属的结构有单核和多核之分，其物理性能也有所不同。例如，五羰基铁是琥珀色液体，它的二核物（九羰基二铁）是黄橙色固体，三核物（十二羰基三铁）是黑色晶体。高级羰基金属的分子结构为三角形组成的多面体骨架，如$Ir_4(CO)_{12}$为四面体构型。

羰基金属可用作有机合成催化剂和试剂。例如，烯烃与氢和一氧化碳反应，制备高一级醛，即用羰基金属作催化剂。羰基金属大都有毒，四羰基镍气体在空气中的浓度超过百万分之一时，对呼吸道有刺激，浓度大时会引起死亡。

羰基金属中一氧化碳与金属的摩尔比

VB	ⅥB	ⅦB	Ⅷ		
$V(CO)_6$	$Cr(CO)_6$	$Mn_2(CO)_{10}$	$Fe(CO)_5$ $Fe_2(CO)_9$ $Fe_3(CO)_{12}$	$Co_2(CO)_8$ $Co_4(CO)_{12}$	$Ni(CO)_4$
	$Mo(CO)_6$	$Tc_2(CO)_{10}$	$Ru(CO)_5$ $Ru_2(CO)_9$	$Rh_2(CO)_3$ $Rh_4(CO)_{12}$	
	$W(CO)_6$	$Re_2(CO)_{10}$	$Os(CO)_5$ $Os_2(CO)_9$	$Ir_4(CO)_{12}$	

唐敖庆 Tang Aoqing（1915-11-08～2008-07-15） 中国物理化学家。生于江苏宜兴，卒于北京。1940年毕业于西南联合大学。1949年获美国哥伦比亚大学博士学位。1950年回国后历任北京大学化学系教授，吉林大学教授、校长、名誉校长兼理论化学研究所所长、名誉所长，国家自然科学基金委员会主任。1986年当选为中国科学技术协会副主席。先后任中国化学会理事长、《高等学校化学学报》主编和《国际量子化学》顾问编委。1955年当选中国科学院学部委员（院士）。1980年被评选为国际量子分子科学科学院院士。专长物理化学和高分子物理化学，特别是量子化学。有关分子内旋转、高分子化学反应统计理论、配位场理论、分子轨道图形理论及分子轨道对称守恒原理等研究成果，均分别受到国家奖励。其中，他与其研究集体关于“配位场理论”的研究，获1982年国家自然科学奖一等奖；“分子轨道图形理论及方法”获1987年国家自然科学奖一等奖。1994年获1993年度陈嘉庚化学科学奖。1995年获何梁何利基金科学与技术成就奖。著有《配位场理论方法》、《分子轨道图形理论》等，发表学术论文300余篇。

唐蕃会盟碑 Stele of Alliance between Tang Dynasty and Tibetan Kingdom 中国唐朝和吐蕃政权为互不为敌会盟立誓、信守和好而建的石碑。立于唐穆宗长庆三年（823），即吐蕃赞普可黎可足彝泰九年。在西藏自治区拉萨市大昭寺前。俗称长庆碑，又称长庆舅甥会盟碑。藏语称“祖拉康多仁”，意即“大昭寺前之碑”。碑朝西，通高5.6米，由碑座、碑身和碑首组成。碑首为四坡平顶，上有莲座宝珠石盖。碑身为长方柱形，四面刻字。碑座是龟趺座。碑正面刻汉、藏文两体对照的盟文，右半为汉文，正书6行，存464字；左半为藏文，横书77行。碑左、右两侧刻唐和吐蕃参加此次会盟的官员职衔、姓氏名单，左侧唐官18人，右侧蕃官17人，亦为汉、藏文两体对照。碑背面刻藏文78行，叙述唐蕃舅甥二主结约会盟始末。此碑为研究吐蕃姓氏、藏汉对音和吐蕃时期的官制、宗教、文化，以及唐和吐蕃的关系等提供了宝贵资料。

唐才常 Tang Caichang（1867～1900-08-22） 中国清末维新派领袖。字黻丞、佛尘。湖南浏阳人。卒于武昌。贡生出身。早年就读于长沙校经书院、岳麓书院及武昌两湖书院。1894年肄业于两湖书院。中日甲午战争后，积极主张变法维新。光绪二十三年（1897）与谭嗣同在浏阳兴办算学馆，提倡新学，在长沙办时务学堂，编辑《湘学报》。次年又创办《湘报》，宣传变法维新。1898年，与谭嗣同创办南学会、群萌学会，成为南方维新变法的重要人物。同年夏，欲赴北京参与新政，行至汉口，得知慈禧太后发动戊戌政变（见戊戌变法），维新失败后逃往日本，与康有为、梁启超、孙中山等人接触。二十五年，与兴中会毕永年合作，准备联络长江沿岸会党起事。同年冬回国。1900年在上海组织正气会，后改名为自立会，联络长江中下游会党，入会者达10余万人。自任总司令，设总机关于汉口。7月，又邀结社会名流和会党首领在上海张园召开国会（又名中国议会），容闳和严复为正副会长，唐才常任总干事，宣布“保全中国自立之权，创造新自立国”，拥护光绪帝当政。会后赴汉口，组织自立军，任诸军督办，拟于8月9日起义。因待康有为汇款接济，起义延期。8月21日晚被张之洞逮捕，次日被害。著有《觉颠冥斋内言》等。有《唐才常集》。

唐菖蒲 *Gladiolus gan-davensis*; breeders 鸢尾科唐菖蒲属的一种，球根花卉。又称十样锦、扁竹莲、菖兰等。株高0.7～1.5米。球茎为扁球形，外皮褐色，膜质或纤维质。叶剑形，长30～40厘米，宽4～5厘米，7～8片成嵌叠状排列。穗状花序。花冠直径7～19厘米，花瓣颜色因品种不同而有单色、复色或有彩斑、条纹；有的呈波状或褶皱状，花筒部呈漏斗形。蒴果。种子褐色。栽培品种数以万计，通常可分为早花种（春花种）和夏花种两大类。性喜温暖，阳光充足，在肥沃、微酸性砂质壤土中生长最佳。栽植时期应视地区、气候、栽培要求、球茎大小及品种特性等而定。唐菖蒲是作切花装饰的理想材料，也是世界花卉生产中的重要切花品种。在园林绿地中也可栽作花境或栽于建筑、草坪边缘，又因其对氟化氢非常敏感，还可作监测污染的指示植物。

唐菖蒲形态

唐菖蒲属约有250种，其中约15种产于地中海沿岸及西亚，其他均产非洲。

唐朝 Tang Dynasty 中国历史上继隋朝之后的统一王朝（618～907）。创建者李渊，袭封唐国公，故称唐。首都长安（今陕西西安），又以洛阳为东都，通称两京。历高祖、太宗、高宗、武则天（称帝期间改国号为周）、

唐朝世系表

- ①高祖李渊（618～626）— ②太宗李世民（626～649）— ③高宗李治（649～683）
- ④周则天皇帝武曌（684～705）
- ⑤中宗李显（705～710）
- ⑥睿宗李旦（710～712）— ⑦玄宗李隆基（712～756）
- ⑧肃宗李亨（756～762）— ⑨代宗李豫（762～779）— ⑩德宗李适（779～805）— ⑪顺宗李诵（805）— ⑫宪宗李纯（805～820）
- ⑬穆宗李恒（820～824）
  - ⑭敬宗李湛（824～827）
  - ⑮文宗李昂（827～840）
  - ⑯武宗李炎（840～846）
- ⑰宣宗李忱（846～859）— ⑱懿宗李漼（859～873）
  - ⑲僖宗李儇（873～888）
  - ⑳昭宗李晔（888～904）— ㉑哀帝李柷（904～907）

中宗、睿宗、玄宗、肃宗、代宗、德宗、顺宗、宪宗、穆宗、敬宗、文宗、武宗、宣宗、懿宗、僖宗、昭宗和哀帝21帝，共290年。唐玄宗开元二十八年（740）全国共有郡府328个，县1 573个。唐朝疆域，东至安东都护府，西至安西都护府，北起单于都护府，南止日南。

唐朝兴亡 隋大业十三年（617），隋太原留守李渊起兵，攻占长安。次年，建立唐朝，改元武德。唐高祖李渊统治时期，削平群雄，基本统一全国；沿袭隋制，建立起各种制度。中央设立尚书、门下、中书三省（见**门下省**、**中书省**、**尚书省**），作为最高政权机构；设立**御史台**，作为最高监察机构；颁布了新的律令，作为制度和执法的依据。武德九年（626），发生了**玄武门之变**，唐高祖被迫退位。

图1　长安城明德门复原图

唐太宗李世民继位后，厉行法治，政治清明，人民安居乐业，国力日益强盛，很快就达到了治世的局面，并且形成了皇帝兼听纳谏，广任贤良，大臣敢于发表和坚持自己的意见，君臣相得，力求致治这样一种古代少有的政治风气，史称**贞观之治**。

唐高宗李治继位后，发生了废王皇后，立**武则天**为皇后的事件，关陇贵族由此退出了历史舞台。在唐高宗统治时期，东征西讨，平定西突厥，设**安西四镇**，把唐的西部边疆推到了巴尔喀什湖以东以南地区。

高宗去世后，武则天掌握最高统治权。从684年开始，武则天临朝称制。载初元年（690）称帝，改唐为周，改元天授，成为中国历史上唯一的女皇帝。武则天重视农业生产，注意地方吏治。对逃亡的农民，采取比较宽容的政策，保证了农业的发展和社会的安定。在今青海、宁夏、新疆境内设置屯田，收复安西四镇，设立北庭都护府。发展科举取士，创设武举，大开制科，推动了文化的发展。广开入仕之门，同时进行严格的考核，并为**开元之治**准备了一大批人才。她为了打击反对自己的势力，任威刑以禁异议，实行酷吏政治，滥杀了不少无辜。

唐中宗、睿宗统治时期，政治混乱，政变频繁。这种情况前后持续达8年之久，一直到713年唐玄宗平定太平公主之乱才告一段落。

唐玄宗李隆基在**姚崇**的辅佐下，经过数年的努力，稳定了政局，为社会经济的迅速发展创造了有利的条件，出现了“家给人足，人无苦窳，四夷来同，海内晏然”的“开元之治”。唐玄宗还调整政治体制，完成了从三省体制到中书门下体制的过渡。进行**括户**，改革地税、户税征收办法，将色役资课化，并实行纳资代役。设立**节度使**、**转运使**和**采访处置使**；停止卫士番上宿卫和轮番戍边的**府兵制**，完成了从征兵制到募兵制的过渡。

图2　描金彩绘釉陶文吏俑（陕西乾县出土）

边疆形势的变化和边地节度使兵力的加强，兵力上外重内轻的形成，导致了**安史之乱**。叛军攻入长安，玄宗逃往成都，肃宗在灵武即位。

安史之乱及其后的战乱，大量人口的逃亡离散，使得政府面临着巨大的财政危机，促使唐朝政府在赋税制度上进行了两项具有划时代意义的改革。一是实行**两税法**，废除按丁口征收的租庸调和按户征发的杂徭。居民按土地交粮食，按户等交钱。二是商税系统的创立。第五琦、**刘晏**所实行的盐的官府专卖及稍后的榷酒、税茶以及安史之乱后发展起来的商税，是在两税之外另外开辟的一个赋税系统。新的商税系统，与两税构成了政府的两大财政支柱。

安史之乱平定后，形成了**藩镇割据**的局面。其中最严重的是河北、山东地区的成德、卢龙、魏博等“河朔三镇”和淄青镇。代宗即位，宦官李辅国有拥立之功，御前符印军号都由他处理。代宗时程元振、鱼朝恩先后专制禁军，权势很大。

唐德宗力图削平藩镇，引起了藩镇连兵叛乱。德宗一度逃往奉天（今陕西乾县），后又奔梁州（今陕西汉中）。这次战争持续了5年之久。德宗还京师后，一方面积蓄力量，为下一步消灭藩镇做准备，同时把神策军交给宦官统领。贞元十二年（796），由宦官二人分任左右神策护军中尉，宦官掌握禁军成为定制。顺宗即位后，企图夺取宦官兵权，很快失败。见**二王八司马**。

图3　描金彩绘釉陶武官俑（陕西乾县出土）

唐宪宗即位后，去除弊政，改革政治，充分发挥宰相的作用，大力进行对强藩巨镇的斗争，力图中兴唐的统治。从元和元年（806）到元和七年，朝廷先后讨平西川、夏绥、镇海三镇，迫使魏博节度使田弘正归顺朝廷。成德镇的王承宗也输贡赋、请官吏。元和九年至元和十二年攻破蔡州城（今河南汝南），平定了淮西。后又平定了淄青节度使李师道。各地的节度使都由中央任命。

穆宗长庆元年（821），魏博、成德和幽州三镇再叛。朝廷与河朔三镇形成了均衡的局面。而元和以前长期割据的河南、河北和山东地区的其他藩镇，继续在唐中央政府控制之下。唐王朝直接统治的地区比元和以前有所扩展，但藩镇问题并未从根本上解决。

穆宗以后，官僚集团之间发生了持续

40年的党争（见**牛李党争**）。两派官僚都与宦官有勾结，他们都没有参加文宗时一些士大夫进行的铲除宦官的斗争（见**甘露之变**）。武宗时**李德裕**当政，虽然解决了泽潞镇叛乱等一些具体问题，但没有解决日益复杂的社会矛盾。地方吏治也日益败坏。

由于两税法按土地和户等收税，地主通过隐瞒土地和降低户等以逃避赋税。地主在兼并农民土地之后，也依然把赋税留在农民头上。农民不堪地租和赋税的双重负担，只好逃亡。政府把逃亡农民的赋税摊到没有逃亡的农户身上，迫使更多的农民逃亡。社会上出现了大量流民。

宣宗大中十三年（859），唐与**南诏**在西川、云南、广西一线发生了战争，政府财政也发生严重困难，经常预征两三年的赋税。江淮一带又遇到连年水旱，农村十室九空，农民大量逃亡。裘甫首先在浙江起义。懿宗咸通九年（868），桂林戍卒发动兵变，还至徐泗地区，广大农民和附近各州小股农民起义军兼程归附，于是发展成为农民起义。僖宗乾符元年（874），王仙芝、黄巢领导的唐末农民战争爆发（见**唐末农民战争**）。

广明元年十二月初五（881年1月8日）黄巢起义军进入长安。十三日黄巢即皇帝位，国号大齐，改元金统。中和四年（884）农民起义被镇压下去。全国陷入军阀混战之中，皇帝成为军阀争夺的对象。唐王朝分崩离析，名存实亡。天祐四年（907）四月，宣武节度使朱全忠取代唐朝，即皇帝位，改名晃，改国号梁。唐朝灭亡。

社会经济的发展 农业 隋末唐初，社会上存在大量自耕农。唐政府通过颁布田令、户令，对农民实际占有的土地按照田令上永业田、口分田的规定，按人进行登记，编制户籍，借以承认和保护农民对土地的占有。唐初经济的恢复就是在这个基础上完成的。高宗、武则天以后，土地兼并加速发展，但是直到天宝年间，仍然存在着相当数量的自耕农和半自耕农，使国家有一个稳定的税源。而当时荒地的大量存在和租佃制的发展，使逃亡农民可以迅速回到土地。他们有的到地广人稀的地区进行土地的开垦，有的则成为地主的佃户。

唐朝统治者比较重视兴修水利和管理灌溉设施。国家制定《水部式》，其中包括灌溉法规。唐代的水利工程70%兴筑于前期，比较大的工程大多分布在北方。隋朝开凿的大运河，对沿途的水利灌溉也发挥了重大作用。耕犁的改进和轮作复种制的发展成熟，提高了农业生产水平。

唐朝前期土地被大量开垦出来，人口也迅速增殖，贞观年间全国人口不满300万户，到天宝十三载（754），国家控制的户口增加到900余万户。如果把隐漏的逃户、隐户都计算在内，当时的实际户数当在1 400万户左右。随着人口的增加和垦田的扩大，

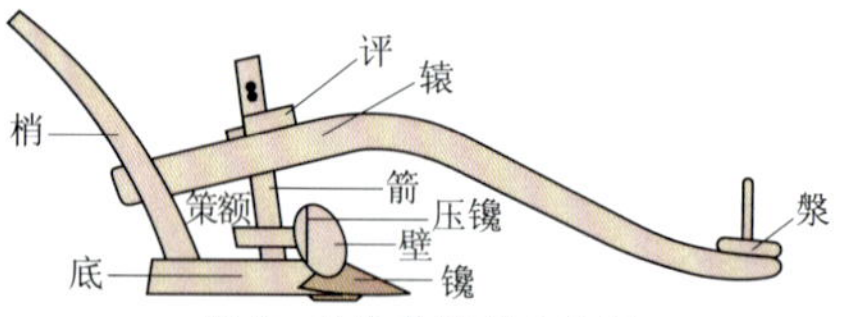

图4 曲辕犁模型示意图

出现了许多新的居民区，唐政府在福建、四川、江南等地新增设了一批州县。

农业生产力的提高，耕地面积的扩大，大大提高了粮食的总产量。有的学者估算，在经济发达地区，盛唐时年人均粮食产量达到700斤。在此基础上，社会分工进一步扩大，私人手工业、商业、城市有了巨大发展。

安史之乱及其后藩镇间的战争，使北方不少地区的经济受到很大破坏。南方战乱较少，加之北方部分人口避难南徙，带去了北方先进的农业生产技术，因而经济成就远比北方显著。水田使用的江东犁的普及、稻麦复种制的开始推广以及陂、塘、堤、堰等水利设施的兴修，使江淮一带成为全国的重要粮食产区。漕运在唐代后期成为国命所系的大事，与江淮地区农业的发展是密切相关的。

饮茶之风在中唐以后普及，茶叶成为重要的经济作物，遍产于长江上下游很多州县及福建等地。

手工业 唐代前期官府手工业作坊规模最大，分工最细，分属于少府监、将作监和军器监三个部门。

私营手工业作坊均从事商品生产，业主或主人均有技艺，称师、长老或都料，他们除依靠家庭成员劳动外，也雇用有技艺的工匠。唐后期私营手工业有日益增长的趋势。

手工业生产的进步在纺织业、陶瓷业和金属制造业等部门表现得最为突出。

纺织业产量最大的是绢、布。唐朝前期丝织业主要分布在今河北、河南、山东、湖北和四川，已形成一定程度的地域性部门分工，如定州（今河北）的绫，宋（今河南商丘）、亳（今安徽亳州）的绢，齐纨、鲁缟、蜀锦，都是当时有名的产品。麻织品主要在南方各地。唐代丝织品色彩绚丽、图案新颖，有的还吸收了一些波斯风格和手法，印染技术也有所提高。

制瓷业是唐代出现的影响很大的新的

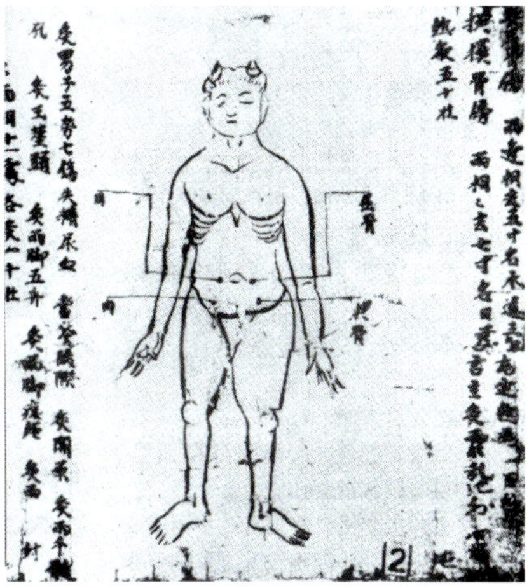

图5　灸法图残卷（甘肃敦煌莫高窟发现）

手工业部门。器物也由大器变为日用器物，造型种类也不断增加。瓷窑遍布于今十余省。唐代瓷器有青瓷和白瓷。青瓷产于南方浙江、湖南等地，以越窑最为有名。白瓷产于北方，邢窑（在今河北邢台）产量最大。唐代还出现了三彩陶俑，即唐三彩，反映施釉技术的提高。

金属铸造技术也取得了巨大的成就。当时已出现手摇足踩的金属切削器具，已能用灰吹法提取纯度很高的白银。铜器制造以扬州所产的"方丈镜"、"江心镜"最为驰名。

造纸业在唐代后期有长足的进展，有藤纸、竹造纸，著名的产地也多在南方。蜀人造纸还特重染色，能制成著名的"十色笺"。

造船方面，唐朝后期已能制造"轮船"，用人力踏轮转动。当时并可制造载重量万石的大型航船，操驾之工需数百人。在海船制造上，也取得很大成就，能制造装载量大、抗风浪能力强的大船。

商业　城市、商业和对外贸易由于农业、私营手工业的发展，南北各地土特产的增加，以及对商品需要的扩大，唐代商业日益繁荣。

长安、洛阳、每个州治和多数县治都设有**市**，专门进行商品交易。由市令按时启闭市门，并掌管市场交易。市内出售同类货物的店肆集中在同一区域内，称作行。行有行头，又称行首、行老，主持对官府纳税和交涉等事务。官府也通过行头控制行户。各种货物的价格由官府估定，各行都要标明货物名称和价格。

市场上商品品种的变化和行业的增多，是唐代商业发展的显著特征。市上商品过去除了生产和生活必需的盐、铁之外，主要是满足贵族高官奢侈生活需要的珠宝和高级工艺品。唐代城市里一般地主官僚增多，他们所需要的各种日用物品多取给于市场。市里出现了生产铜镜、毡毯、绫锦、锦袍、靴帽、乐器、金银器、酒类、车辆和文具纸张等的私营手工作坊，以及许多饭馆、酒店和小食铺。长安、扬州等大城市还有胡人开设的酒店。各地的名产、特产乃至外国货物也充满了市场。

唐朝前期出现了一些藏镪巨万、邸店国宅遍布海内的大商人。他们多从事远地转运，获取巨额利润。由于域外通商的发达，胡商遍布各大都会、名城。

唐朝中后期，商业进一步繁荣，商人更加活跃。除了盐商、珠宝商和转运南北各地土特产品的贩运商，又出现了许多经营茶叶、大米和木材的商人。在江淮一带，每逢茶熟之际，四方商人就带着茶区所需的丝织品和金银饰物入山交易。小商小贩转运到浮梁（今江西景德镇北）、寿州（今安徽寿县）等集散中心，再由富商巨贾贩往各地，并输往少数民族地区和国外。

绢帛在唐代继续当作辅币使用。唐初铸造"开元通宝"钱。开元、天宝时期国家一年铸钱达32.7万余贯，但仍不能适应交易频繁、贸易额扩大的需要。唐朝后期，大城市出现了"柜坊"，或称"僦柜"。商人将钱币存放在柜坊中，交纳一定的保管费用。柜坊根据商人所出凭证支付，商人之间买卖商品时免除了现钱交易的麻烦。为了解决远地携带钱币不便以及物价下落引起的钱荒，还出现了"飞钱"，即商人在长安把货款交给本道的进奏院及诸军、诸使和富商，取得文券，轻装以赴四方，到指定地点取钱。这种近似汇兑的方式又称作"便换"。

长安和洛阳是唐朝的政治、文化中心，也是商品经济比较繁盛的城市。长安的坊为居民区，全城居民约有百万。商业集中在东、西两"市"，市内积聚四方珍奇。长安是当时世界上最大的都市之一。洛阳亦有坊有市，全城共有"三市"：北市、南市和西市，是集中进行贸易的场所。

地方的商业也进一步发展。扬州、成都和广州是地方上最大的都会。唐朝后期有"扬一益二"之说。扬州地当运河和长江交汇处，是南北交通的枢纽，又是对外贸易的港口。成都原有东市、西市，南郊江边还有南市。9世纪初，适应商业发展的需要，又在南郊万里桥南创置新南市，居民很快超过万户。广州则为最重要的对外贸易城市。荆州（今湖北江陵）、鄂州（今湖北武昌）、洪州（今江西南昌）、苏州和杭州，也都是商业繁荣的城市。这些南方城市，居民大为增加，原来的竹木房屋逐步为瓦房所代替，城市面貌也开始发生变化。

图6　三彩女坐俑（陕西西安白家口出土）

唐朝前期实行的居民区（坊）和商业区（市）严格分开的坊市制度，大致在中期以后开始被打破。长安居民区出现了彩缬铺、手工作坊、酒店、旅馆，以及货卖用物的商贩。扬州、汴州和长安已有夜市。

唐朝后期，集市贸易有明显的增加。这种集市，在江淮一带称草市，在西蜀称亥市和蚕市，南方也有称为墟的，北方则称为集。大多处于水陆要道或津渡之处，有的就在城市附近。在集市上贩卖的商品多是农具和农副产品，为了适合农民的生产周期，贸易均定期举行。有的草市发展为固定的集市，有固定的店肆旅舍，已不是农民定期以物易物的场所。

适应南北各地商品流通的需要，水陆路运输能力也有很大的提高。运河把长江以南的水道网和黄河流域的水道网联结起来。巴蜀和闽广的货物均可通过长江和运河运往北方。长江里有载重八九千石的大船。陆路有驿道，驿道每隔30里有一所驿站。驿路以长安为中心，通往全国大多数地区。驿站旁皆有私营店肆，供应商旅，并备有"驿驴"，供行旅者骑用。

对外贸易　唐代对外贸易进一步发展。各国的商人不断到来，聚集在长安、洛阳、广州、扬州等大城市中。来唐最多的是波斯、大食和中亚的商人。当时中国输出的商品主要是丝绸、瓷器和药材。输入的商品主要有香料、胡椒、珍珠、宝石、象牙和犀角等。

唐朝政府在广州设立市舶使，管理对外贸易。外国商船抵达后，市舶使登记所载货物，查看有无违禁物品，征收舶脚（港口税），并收购官府所需货物，然后任其交易。唐后期对外贸易进一步发展，广州、泉州、扬州的外国商人主要由节度使和观察使管理。唐朝的商船也远航到马来半岛、印度尼西亚、印度半岛、阿曼湾和波斯湾一带。

社会生活方面，唐代北方一度流行"胡食"，尤以"胡饼"、"饆饠"最具特色。饮茶的普及是唐代饮食生活中的大事，影响了中国人此后的饮料结构乃至生活习俗。男子服饰一破"褒衣博带"传统，以幞头、靴、袍为主；女子则喜穿袒露衣，用面饰、发式组成异彩纷呈的各种"时世妆"。坐具中已出现"绳床"、"交床"等高脚坐具，开宋以后高脚坐具普及的先河。出行仍多骑马、坐车，但妇女和老弱病者也已乘坐肩扛的出行工具（如"担子"、"肩舆"、"兜笼"）。当时还没有"轿子"的称呼。婚礼中的"催妆"、"障车"、"下婿"等颇有特色，而“坐鞍”和“青庐拜堂”则反映了婚礼中的游牧民族因素。丧葬以夫妻合葬最为普遍。皇室、贵族中的“厚葬”之风屡禁不止，一直延续到唐代晚期。

民族发展的新时期 隋唐在中国统一多民族国家发展的历史上，具有重要地位。

唐对周边民族采用羁縻政策。唐还通过册封、和亲等方式，与各族建立密切的政治、经济上的联系。

隋末唐初，**突厥**强大，先是支持北方各武装集团，继而直接南下攻唐。贞观四年（630）唐打败东突厥，保留他们原有的社会组织，设立羁縻府、州，任用其贵族担任都督、刺史。对于其他民族，也采取同样的做法。

吐蕃在公元7世纪初统一了青藏高原，唐太宗把**文成公主**嫁给**松赞干布**，不仅使唐蕃建立了甥舅关系，而且带去了中原的生产技术和文化，对吐蕃的发展具有深远的影响。唐中宗时又以宗女金城公主和亲于吐蕃的赞普弃隶蹜赞，双方加强了联系。吐蕃的兴起，使唐的边疆形势发生了重大的变化，与唐时战时和。吐蕃取代西突厥，成为影响西域形势的重要力量。

东北地区的民族主要有**奚**、**契丹**和靺鞨。靺鞨族不仅进入农耕时代，而且建立了自己的国家渤海国。渤海国的建立，使中国东北部历史的发展进入了一个新的阶段。渤海国的农业、手工业、商业和文化都有了长足的进步。东北民族在中国的历史舞台上开始扮演着越来越重要的角色。

公元8世纪，蒙舍诏统一六诏，称为**南诏**。开元二十六年（738）唐册封其王皮逻阁为“云南王”。为了争夺对东爨、西爨的统治，南诏与唐在天宝末发生战争，并向吐蕃称臣。贞元十年（794）双方恢复和好。南诏农业发展，南诏人在山坡上修筑梯田。并通过与唐交往，促进了手工业技术和文化的发展。南诏还先后派遣上千的学生到成都学习书算。

天宝三载（744），唐封回纥首领骨力裴罗为怀仁可汗。天宝四载，回纥击灭了后突厥，成为北方最强大的势力。安史之乱期间，回纥派兵协助唐军收复长安、洛阳。唐先后把三位皇帝亲女嫁给回纥可汗。贞元五年（789）回纥更名**回鹘**。回鹘还与唐进行大规模绢马贸易。回鹘的经济文化有很大发展。开成五年（840），黠戛斯人攻占回鹘都城，回鹘汗国崩溃，部众西迁。

唐代文化 唐代文化是不断发展的。从唐初总结前代的文化成果，推陈出新，到开元、天宝年间文化艺术全面成熟，全面繁荣，形成盛唐风格，到后期多元的、多层次的发展，构成了唐代文化发展的几个阶段。

唐朝初年，总结南北儒学，对五经进行整理，撰定五经义疏《五经正义》，编纂了《艺文类聚》、《群书治要》等类书，并通过《隋书·经籍志》的编纂，从总体上对前代学术成果进行了整理和总结。

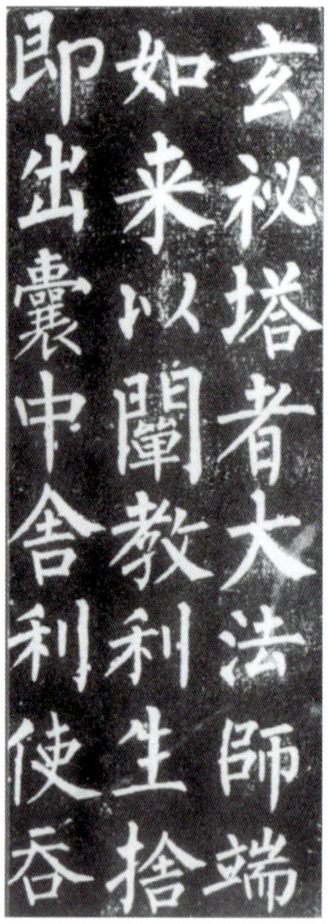

图7　柳公权书《玄秘塔碑》拓片

通过修史总结统治经验，是唐代一项浩大的文化工程。唐太宗时期由政府组织，修成《晋书》、《梁书》、《陈书》、《周书》、《北齐书》和《隋书》六史。官修史书从此成为定制。高宗时又修成《南史》和《北史》。盛唐时期出现了刘知幾的《史通》、吴兢的《贞观政要》、韦述的《国史》和《唐六典》等几部影响重大的史书。中唐时期杜佑的《通典》、贾耽的《皇华四达记》、李吉甫的《元和郡县图志》则是有名的历史学和地理学著作。

唐代文化中成果最多，影响最广的是诗歌。仅《全唐诗》辑录的诗歌就近5万首，作者达2 200余人。盛唐是中国古典诗歌的黄金时代。诗歌创作成为社会文化生活的重要内容。唐朝最著名的大诗人贺

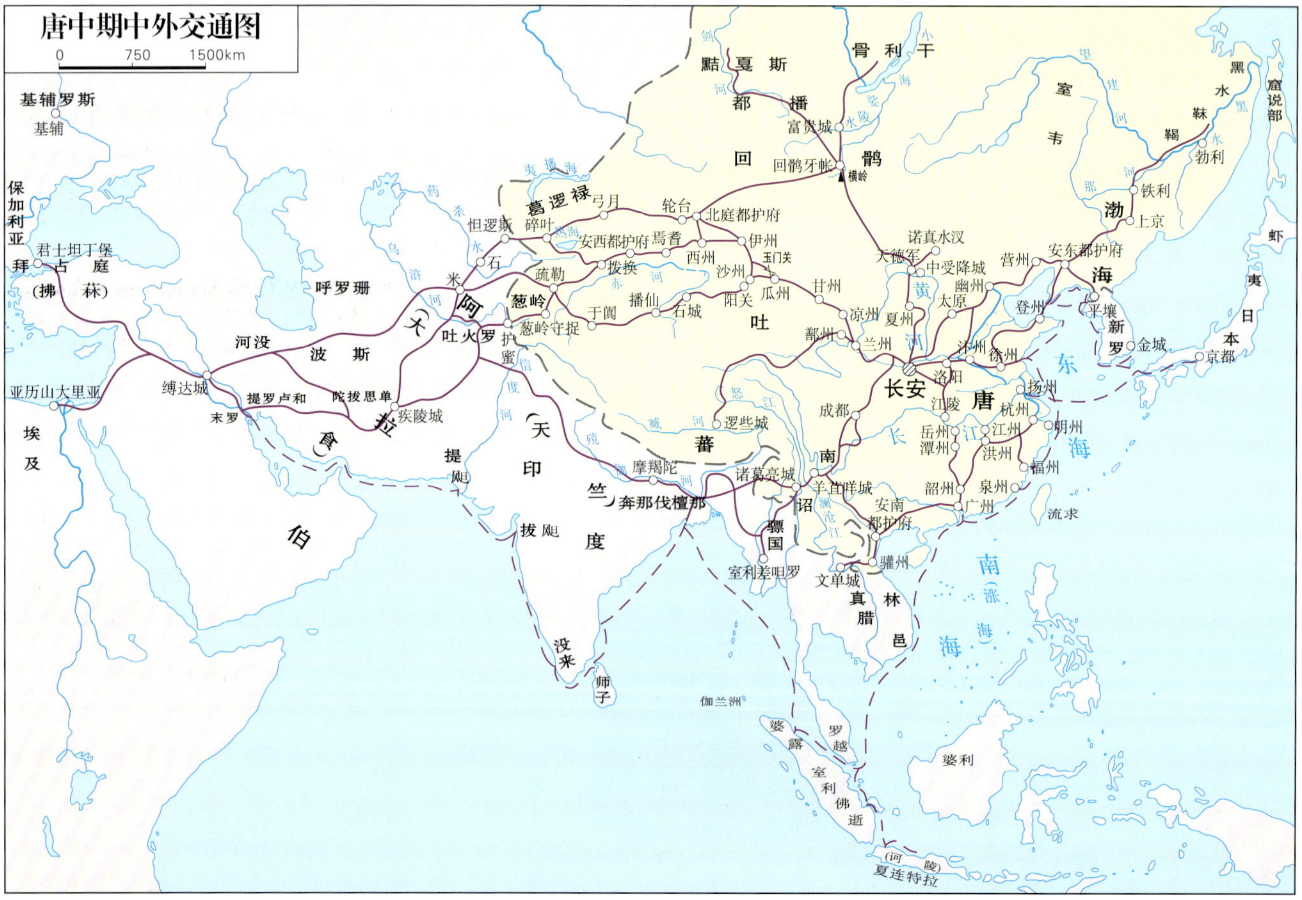

知章、孟浩然、王维、岑参、高適，还有诗仙李白、诗圣杜甫，都出现在这个时期。中晚唐时期，白居易、元稹以写作新乐府而闻名，著名诗人还有李贺、李商隐、杜牧等。韩愈、柳宗元倡导用古文即用散文写作，对文学的发展影响深远。传奇小说的写作盛于中晚唐，词的创作也兴起于中晚唐。

书法、绘画、雕塑也在前代的基础上推陈出新，开始进入一个新的发展阶段。唐初欧阳询在书法的间架结构、用笔和笔画等方面作出总结性和规范性的贡献，在客观上适应了公文书写、抄书和写经的需要。盛唐颜真卿及其后的柳公权，在初唐书法家的基础上对书法艺术又有新的创造。宫廷、衙署、陵墓、寺观和石窟寺的壁画以及屏风画，仍然是唐代绘画的重要组成部分，而人物、山水、花鸟卷轴画也在盛唐时期发展成熟，并开始成为文人士大夫抒情写意的工具。雕塑，不论是石窟寺的造像、陵寝前的石雕，还是三彩陶俑，艺术家们通过生动的造型，把盛唐时期的价值观念和审美情趣倾注到他们的作品中去。龙门石窟和敦煌莫高窟是现存唐代规模最大的艺术宝库。

唐初的十部伎发展为坐立二部伎，开元时又出现了法曲。不仅是宫廷乐舞，民间乐舞也有很大发展。

宗教在唐代有很大发展。首先是佛教，形成了许多宗派。最早建立的宗派是天台宗，创立于陈隋之际。法相宗为唐初玄奘所创立。净土宗也是唐初兴起的宗派。武则天时期兴起的宗派有华严宗和禅宗。密宗，又称真言宗，完成于盛唐时期。此外还有三论宗、律宗、三阶教等宗派。佛教各宗派在佛性问题上趋于统一，各宗都宣扬人人皆有讲性。唐代还开展了大规模的佛经翻译工作。从贞观三年（629）到元和六年（811），共翻译佛经372部，2 159卷。伴随着佛教的盛行，佛教艺术在唐代也空前繁荣。佛教艺术包括寺庙和石窟寺的造像与壁画，寺院的建筑、塔以及俗讲和变文。

唐朝皇室追尊老子李耳为祖先，道教的地位提到了佛教之上。唐代道教主要有上清派和正一派。玄宗时对道经进行搜求和编目，并诏令传写，以广流布。炼丹术是道教的重要方术之一，唐代金丹黄白术一类的书颇多。佛教和道教在上层社会和民间广泛流传，产生了巨大的社会影响。而佛学思想和道家思想在思想界的影响更是广泛而深远。唐朝统治者所提倡的三教论衡，更是促进了佛学思想和道家思想对儒学的渗透。韩愈尽管对佛、道采取批判的立场，但还是吸收了许多佛学思想。柳宗元更是认为，佛教经典中的一些内容是和儒家经典相通的。正是利用了这些思想材料，唐朝后期的思想家作出了许多新的

图8 阿弥陀经变壁画

创造，为宋代理学的发展创造了条件。

北朝时从波斯传入的袄教在唐朝进一步传布。景教和摩尼教在唐代开始由波斯传入中国。今西安市碑林藏有《大秦景教流行中国碑》，敦煌洞窟还发现了《大秦景教三威蒙度赞》，它们都是中伊文化交往的历史见证。伊斯兰教亦在唐朝由大食传入中国。

在总结前代科学成就的基础上，唐代在科学技术方面有许多重要的创造。如数学上三次方程式的运用，十部算经的整理；天文学上恒星位置变动现象的发现，一行主持的实测子午线长度以及漏水转动的浑天铜仪的制造；医药学上孙思邈的《千金要方》，王焘的《外台秘要》和首部由国家编定的药典《唐本草》的颁布等。

唐代在科学技术上最伟大的成就则是火药的发明和雕版印刷术的发明与应用。火药尽管在唐朝还没有发展到应用的阶段，但是从炼丹术中发展起来的硫磺伏火法的配方已经包含了火药的主要成分。雕版印刷术到唐朝后期已被广泛应用于历书和佛经的印刷。这两项发明对人类历史的发展都产生了不可估量的影响。

唐朝与亚洲各国的经济、文化交流　唐代中国与亚非国家，特别是亚洲各国开展了广泛的政治、经济和文化交流。

唐朝前期全国统一，经济繁荣，文化昌盛。长安是唐朝的政治、经济、文化中心，因而成了中外经济、文化交流的重要城市。各国的使臣、留学生、僧侣、商人聚集于此，相互间发生了密切的接触。唐朝经济的空前发展也促使国际贸易大为增加。中国人到外国聘问、经商的络绎不绝。中国地处亚洲中心，不但与各国频繁交往，而且成为亚、非各国经济、文化交流的桥梁和中转的枢纽。

唐朝对外交通的发达，为国际交往提供了有利的条件。陆路交通经过西域，可达中亚、西亚及印度等地。海路交通以广州为主要港口，可至东南亚各国及波斯湾等地；从辽东半岛、山东半岛和东南沿海登舟，可浮海东通新罗、日本诸国。高句丽、百济、新罗三国并立时期，唐与朝鲜半岛之间的交流已经相当发达。7世纪下半叶，新罗统一朝鲜半岛后，与唐朝使臣往返频繁，并派遣了许多留学生。倭国在7世纪后半叶改称日本。终唐之世，日本共派遣唐使19次，实际成行15次。9世纪末以后，遣唐使虽然停止，但又出现了中国商人浮海赴日的浪潮，经济交往保持繁荣。在中日文化交流中作出巨大贡献的中国人是鉴真和尚。他还将佛教律宗传入日本。作出突出贡献的日本人有吉备真备、阿倍仲麻吕和空海等。空海并将佛教密宗从唐朝传入日本。

唐与东南亚、南亚各国，不同程度上也发生过经济、政治和文化等方面的联系。中国僧人西行取经，在唐与西域和南亚的文化交流中发挥了重要作用，其中玄奘和义净贡献最大。玄奘根据沿途见闻所写的《大唐西域记》，是研究中亚、西亚和南亚各国7世纪中叶历史的重要文献。在玄奘回国后不久，戒日王的使者来到长安。太宗、高宗时期王玄策途经吐蕃三次出使天竺和尼婆罗，回国后著有《中天竺国行记》10卷，惜今不传。天竺僧人来唐，不少人参加翻译佛经。天文学者瞿昙悉达曾担任司天监，并将印度九执历译成中文。

唐朝与中亚昭武九姓国不断互通使节，有频繁的商业交往。康、安、米、史、石等国的音乐舞蹈亦传至中国（见昭武九姓）。中国与波斯（今伊朗）通过“丝绸之路”也有密切的交往。波斯人在唐朝长安等地开设店铺，并出卖其名酒“三勒浆”。在中国的唐墓中不断发现萨珊朝波斯的银币和阿拉伯的金币，说明商业往来经常进行。

唐高宗永徽二年（651），唐朝与大食国建立交往后，一个半世纪中，大食通使达30多次。8世纪下半叶，大食的海上贸易中国居于首位。天宝十载（751），怛罗斯（今哈萨克塔拉兹城附近）之役，有中国的造纸工匠被俘，造纸术因而西传。大食商人活动范围西起摩洛哥，东到中国，他们与中国的通航促成了中国与东非、北非的经济交流。阿曼就是东非象牙运往中国的转运站。

唐朝处于中国古代一个重要的社会转型时期，是中国古代历史上辉煌的朝代。不论是在中国古代社会发展方面，还是在中国统一多民族国家的发展方面，都处在一个承前启后的转折时期。唐朝历来被视为中国古代的黄金盛世。它有着空前繁荣的经济、绚丽多彩的文化，无论是在政治上还是经济上，都蒸蒸日上，充满了活力。盛唐在中国历史上更是一个有着无穷魅力

的时期。

中国统一多民族国家在唐代进一步发展。特别是一些民族在唐代结束了长期停留的原始阶段，开始走向更高的社会发展阶段，并且打破了孤立发展状态，扩大了活动空间，加强了与内地以及其他民族的联系。

唐朝在总结和继承传统政治文化的基础上，在政治制度、法律制度和政务运行机制方面有许多创造，奠定了以后各朝政治制度的基础。

唐与亚洲各国建立了广泛的联系，并成为亚洲各国经济文化交流的中心。唐文化对周边国家产生了巨大的影响，并且形成了汉字文化圈，确立了东亚文化的特色。唐朝对世界文明的发展作出了重要的贡献。

《唐朝名画录》 中国唐代画史品评著作。又名《唐画断》，是已知中国最早的断代画史。作者朱景玄，吴郡（今江苏苏州）人。曾任翰林学士，主要活动于唐宪宗元和至唐文宗大和年间（806～835）。他根据张怀瓘《书断》的办法，三品之外，标出逸品体例，以神、妙、能三品论定书法家成就高下，又仿效李嗣真《书后品》，加上他对画家的生平事迹和画艺特长所写的评传，开创了分品列传断代史的先例。

全书共评介唐代画家120人，凡作者亲见作品的画家，按神、妙、能、逸四品排列。神、妙、能三品又分为上、中、下三等；“画格不拘常法”的画家则入逸品。作者未见画迹的画家，不复列品，附于逸品之后，以示矜慎。“国朝亲王”三人，列于神品之前，以示尊崇。书前有自序，阐述写作缘起及艺术见解。序后有目录，于每人下注明所善画科。评传写法，大率先述画家生平、擅长、画迹，后加评论。作者在艺术认识上，重视总结“师造化”的经验，提倡形神统一，反对公式化，但对人物、禽兽画的重视胜于山水屋木，均反映了当时绘画认识的特点与水平。

此书是关于唐代画家情况的较详记录，对于时代较近画家、与作者同时画家，此书尤多记述，故在绘画史料上具有《历代名画记》不可替代的价值。

唐代宗李豫 Emperor Daizong of Tang Dynasty (727～779) 中国唐朝皇帝。唐肃宗长子。初名俶，后改名豫。年十五时，封广平王。安史之乱爆发，从肃宗至灵武（今宁夏吴忠北）。至德二载（757）肃宗以俶为天下兵马元帅，以讨安史。李俶与郭子仪等率唐军，在回纥援助下，先后攻克长安、洛阳。肃宗还京师，李俶进封楚王，徙封成王。宝应元年（762）肃宗死后，李辅国遂拥豫即位，次年七月改元广德。

代宗统治初期，宦官李辅国、程元振、鱼朝恩先后掌握兵柄，专权用事。宝应二年正月史朝义自缢死，安史之乱结束。但藩镇割据局面继起，终代宗之世，藩镇擅代，中央已无力控制据地自雄的节度使。吐蕃乘大乱之机，尽占河西、陇右之地（今甘肃、青海一带），并进扰关中。广德元年（763）冬，代宗出奔陕州（今河南三门峡西），吐蕃入长安。唐军收复长安，代宗还京师。

代宗在位时先后任用第五琦、刘晏等人整顿财政，改革漕运，增加盐利，为以后唐德宗时的税制改革准备了条件。大历十四年（779）五月代宗死。葬于元陵。

唐德宗李适 Emperor Dezong of Tang Dynasty (742～805) 中国唐朝皇帝。唐代宗李豫长子。宝应元年（762）代宗即位。时方讨安史叛军，以适为天下兵马元帅，封鲁王，不久改封雍王。广德二年（764）立为太子。大历十四年（779）五月代宗死，适即位，次年改元建中。

德宗即位之初，颇思励精图治，政局为之一新。建中元年（780）采纳宰相杨炎的建议，宣布废除租庸调制及一切苛杂，实行两税法，按户等征居人之税，按土地征田亩之税，每岁夏秋两征。德宗亦思打击藩镇，加强中央集权。但社会、政治条件并不成熟，反而引起朱滔、李希烈、朱泚等人的叛乱，德宗被迫于建中四年奔奉天（今陕西乾县）。兴元元年（784），因李怀光叛，德宗又走梁州（今陕西汉中）。最后，朝廷虽平定朱泚、李怀光、李希烈等之乱，但对其余叛镇只得以姑息让步换取乱事的结束。此后，德宗对强藩巨镇的父死子代、据地称雄，再也无可奈何。

德宗性猜忌，无力解决朝臣中的矛盾。终其一朝，大臣之间倾轧不已，政局混乱。此外，宦官窦文场、霍仙鸣两人深受信任，分任左右神策军护军中尉，使宦官掌握禁军，势力进一步猖獗。

唐高宗李治 Emperor Gaozong of Tang Dynasty (628～683) 中国唐朝皇帝。唐太宗李世民第九子，字为善。贞观五年（631）封晋王。十七年立为太子。二十三年即位，是为唐高宗。次年（650）改元永徽。起初四五年间由顾命大臣长孙无忌及褚遂良等掌握朝政。永徽六年，高宗欲废王皇后，改立武昭仪为后，受到长孙无忌及褚遂良等元老重臣的坚决反对。在大将李勣等人的支持下，废王皇后，立武氏为皇后。长孙无忌及褚遂良等先后遭贬斥。

显庆（656～661）末年，高宗患风眩头重，目不能视，难以操持政务，皇后武则天得以逐渐掌握朝政，从此武则天成为掌握实权的统治者，高宗处于大权旁落的地位。唐代的版图，以高宗时为最大。弘道元年（683）十二月去世，葬于乾陵。

唐高祖李渊 Emperor Gaozu of Tang Dynasty (566～635) 中国唐朝开国皇帝。字叔德。父亲李昞，北周时历官御史大夫、安州总管、柱国大将军。李渊生于长安，7岁时袭封唐国公。母为西魏鲜卑贵族独孤信女，隋文帝独孤皇后姐。大业十一年，拜山西河东慰抚大使。十三年(617)，拜太原留守。当时，农民起义遍布全国，隋朝政权摇摇欲坠。五月，在晋阳（今山西太原西南）起兵，并从河东（今山西永济西）召回长子李建成和四子李元吉。李渊起兵后，一面遣刘文静出使突厥，以求支持。一面乘瓦岗军与困守洛阳的王世充激战方酣，于七月率师南下。十一月进入长安，立炀帝孙代王侑为帝，改元义宁，遥尊炀帝为太上皇。次年（618）五月，李渊称帝，改国号唐，建元武德，定都长安。李渊依据隋朝旧制，重新建立中央及地方行政制度。不久唐朝统一了全国。七年，颁布新律令，为唐朝的职官、刑法、军事、土地及课役等制度奠定了基础。

武德九年，秦王李世民发动“玄武门之变”，杀太子李建成和齐王李元吉，逼李渊立己为太子。不久，李渊退位为太上皇，李世民即位，是为唐太宗。贞观九年（635）死于太安宫，庙号高祖，葬于献陵。

唐古拉山 Tanggula Mountain 怒江、澜沧江和长江发源地。又称当拉山。发端于东经90°附近，与喀喇昆仑山东尾相接，向东横贯于西藏自治区北部约北纬32°～33°，一部分成为西藏自治区与青海省的界山，东段渐向东南延伸接入横断山脉。唐古拉山西段为藏北内流水系与外流水系的分水岭，东段则是印度洋水系与太平洋水系的分水岭。唐古拉山山体宽150千米，山峰一般海拔5 500～6 000米，相对高差500～1 000米。主峰各拉丹冬雪山海拔6 621米；青藏公路要隘——唐古拉山口的海拔虽高达5 220米，却因坡缓、高差小而并不显得险要和难以逾越，故唐古拉在藏语中意为“平坦

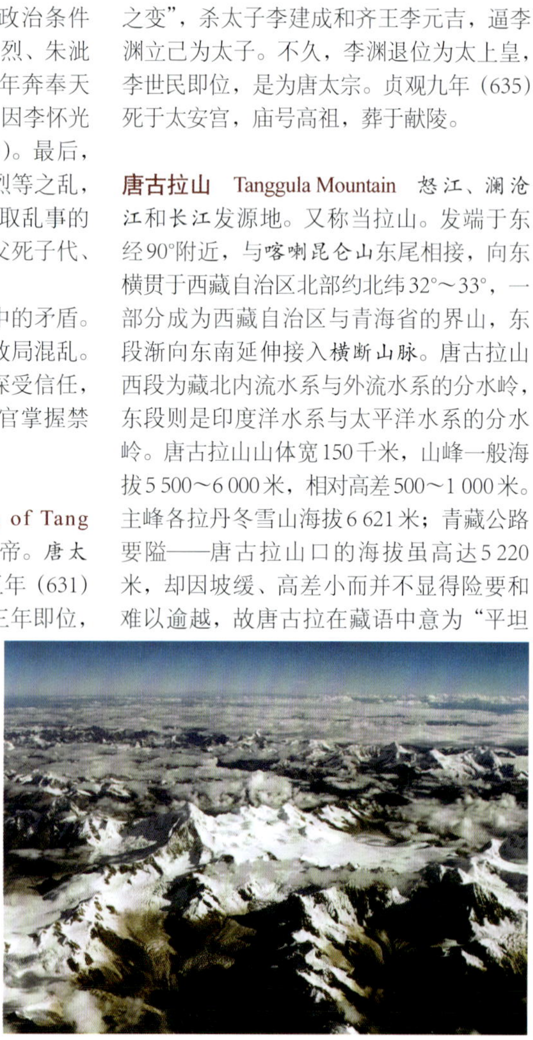

唐古拉山（航空拍摄图）

的山口”。雪线高度为海拔5 400米。现代冰川不甚发育。唐古拉山的垂直自然带谱属于大陆性，但东段为半湿润型，西段为半干旱型。垂直自然带的草原与草甸均是放牧牦牛、绵羊等牲畜的天然草场。矿产有铁、煤等。地热资源较丰富。

唐圭璋 Tang Guizhang (1901-01-23～1990-11-28) 中国古典文学研究家。江苏南京人。卒于南京。少时家境清寒。1915年考入江苏省立第四师范学校，1922年考进东南大学中文系，师从吴梅，系统学习中国文史，奠定日后词学研究的坚实基础。1928年毕业后至江苏省立第一女中教国文，南京中央军校教历史。1935年任国立编译馆编纂。1939年至重庆中央大学执教，1943年升任教授。1946年任南京通志馆编纂。1949年后历任南京大学、东北师范大学、南京师范学院（后改名南京师范大学）教授。唐圭璋毕生致力于古典文学的教学和研究，尤精于词学研究，造诣颇深，所获成果嘉惠后学，为词学界所推许。出版有《宋词三百首笺》、《南唐二主词汇笺》、《词话丛编》、《全宋词》、《辛弃疾》、《宋词四考》、《全金元词》、《校注词苑丛谈》、《元人小令格律》、《唐宋词简释》、《宋词纪事》、《词学论丛》、《全宋词简编》、《宋词三百首笺注》、《梦桐词》等著作20余种。

《唐璜》 *Don Juan* 英国诗人G.G.拜伦的代表作。间断发表于1819～1824年。主人公唐璜英俊、敏感，常被拖入浪漫的纠缠。他生长在西班牙，不足16岁时即被诱入一有夫之妇的卧室，逃过捉奸之险后，被其母送往国外。途中遇海难，在希腊一小岛上被海盗的女儿救起，与之相恋，但被其父阻挠，并将他卖到土耳其，被土耳其太监看中，买走收入后宫供王后享用。后逃到俄国，因在俄军中表现出众而被派到圣彼得堡，成为俄国女皇的宠臣。最后奉命从彼得堡出使英国。此诗虽未最后完成，但已具史诗般规模，是对当时欧洲社会全景式的审视。采用八行体诗节，在场景与情调上快速多变。

《唐会要》 *Economic and Political Structures of Tang Dynasty* 记载中国唐代典章制度的专书。100卷。北宋王溥撰。王溥（922～982），并州祁县（今属山西）人，后周宰相，宋初罢相，迁官至太子太师。会要是有关典章制度原始资料的摘录。唐德宗时，苏冕撰成《会要》40卷，记唐初至代宗时典故。宣宗时，崔铉等人撰《续会要》40卷，记德宗至武宗时故事。宋人王溥采择唐宣宗以后故事加以续补，撰成《唐会要》100卷。于宋太祖建隆二年（961）正月进呈。

《唐会要》共分514目，另在不少条目下有“杂录”，将与该条有关联的史事列入。书中史事不少为两《唐书》和《通典》所无，是研究唐代典章制度的重要资料。唐起居注、实录已亡佚，部分内容多靠此书保存。《唐会要》以宣宗前的内容较丰富，充分利用了苏冕、崔铉等人所编会要旧文，还直接引用了苏冕的一些议论。编写时亦有所增删。宣宗以后因编者无所因循，加以唐末历史资料散佚，故所述较为简略。

《唐会要》至清代仅存传抄本，脱误颇多。乾隆年间编《四库全书》时，才以木活字排印。所据旧抄本原缺七、八、九、十共四卷，后人以《旧唐书》、《册府元龟》、《开元礼》诸书中有关资料辑补。原目卷七封禅、卷八郊议，今卷八补辑的也是封禅，与标目不相应。

唐继尧 Tang Jiyao (1883-08-14～1927-05-23) 中华民国时期滇系军阀首领。字蓂赓。云南会泽人。卒于昆明。清末秀才。1904年赴日留学，次年秋加入同盟会。1908年毕业于日本陆军士官学校。回国后任云南督练公所提调、新军管带等职。1911年10月参加蔡锷指挥的昆明起义，任云南军政府军政、参谋两部次长。1912年率滇军占领贵阳，任贵州都督。1913年参与镇压二次革命。10月任云南都督。1915年12月，与蔡锷等通电护国讨袁。1917年参加孙中山发动的护法运动，被举为护法军政府元帅，但拒不就职。次年，参与策划改组军政府，排挤孙中山。后改滇军为靖国军，任总司令，屡次出兵川黔，企图称霸西南。1921年被倒戈滇军驱逐，逃往香港。次年收买驻桂滇军打回云南，重掌政权，极力鼓吹联省自治。1925年5月，配合杨希闵、刘震寰等阴谋颠覆广州国民政府。1926年北伐战争开始后，加紧与吴佩孚、孙传芳勾结，以“反共”、“讨赤”相号召，组织“民治党”。1927年初，所部龙云等发动“二六”政变，迫其交出政权，解散“民治党”。

唐加勒克·朱勒迪 Tangjarïq Joldï (1903-03-15～1947-08-06) 中国民间歌手，哈萨克族诗人。生于新疆新源一个贫苦牧民家庭，青年时代起开始从事诗歌创作。作品有《萨迪克与萨丽哈》、《阿娜尔与萨吾列》、《娜孜古丽》等6部叙事长诗和《人民的秘密》、《狱中实况》等9首抒情长诗，3首对唱以及100多首短诗。其作品最突出的主题是反帝、反封建和爱国主义，充满对祖国命运的忧虑，号召人民为了正义幸福的未来而奋斗。他的作品深受哈萨克人民喜爱，在哈萨克族文学史上占有一定地位。

唐家璇 Tang Jiaxuan (1938-01-17～) 中华人民共和国国务委员。大学学历。江苏镇江人。1973年11月加入中国共产党。1955年入复旦大学外文系英语专业学习。1958年入北京大学东语系日语专业学习。1962年到中央广播事业局对外部日语组工作。1964年到外交部翻译队工作。1969年到外交部“五七”干校劳动。1970年后任对外友协副处长、中日友协理事。1978年后任驻日本使馆二秘、一秘。1983年任中央国家机关外事口整党工作指导小组办公室副主任。1985年任外交部亚洲司副司长。1988年任驻日本使馆公使衔参赞、公使。1991年任外交部部长助理、党委委员。1993年后任外交部副部长，党委副书记、党委书记。1998年任外交部部长。2003年3月任国务委员。2004年6月出任中国国际关系学会会长。中共十五届、十六届中央委员。

唐《金刚经》引首版画 Head Page Print of *Vajracchedikā-sūtra*, Tang Dynasty 中国唐代木刻佛经版画。1900年发现于甘肃敦煌莫高窟藏经洞，为现存最早有明确纪年的版画。敦煌发现的《金刚波罗蜜经》，由7

《金刚经》（唐咸通年间刻本）

张纸拼接而成，雕印于唐懿宗咸通九年(868)。引首所印佛画高24.4厘米，宽28厘米，内容系佛在舍卫国祇树给孤独园为长老须菩提说法场面。画面正中为释迦牟尼趺坐于莲台上，两旁排列菩萨、弟子及金刚部众，二狮子分卧佛座两侧。座前有须菩提合掌顶礼，状极虔诚，空中飞天盘旋，气氛隆重。布局饱满严谨，线纹细密流畅，墨色均匀，刀法熟练，不同人物情态以及缛丽的幡帐、花砖均能准确无误地刻出，显示出雕版印刷的技法已相当成熟，足证版画在此以前已有相当时间的发展过程。现藏伦敦不列颠博物馆。

唐君毅 Tang Junyi (1909～1978-02-02) 中国**现代新儒学**的代表人物之一。四川省宜宾县人。卒于香港。1932年南京中央大学哲学系毕业。曾担任中央大学助教、讲师、教授。1949年迁居香港后，与钱穆等创办新亚书院，后并入香港中文大学，担任讲座教授。著有六卷本《中国哲学原论》(1966～1975)，对中国传统哲学问题予以系统的解释；二卷本《生命存在与心灵境界》，提出了自己的哲学体系。他继承中国儒家传统的人文主义世界观，从生命心灵出发解释宇宙，主张把人类古今中外的一切文化活动，从不同方面与层次给予应有的肯定，企图使一切文化能并育而不相害，提出了“心灵九境”说，以有、无统一的儒家天道流行的境界为最高境界。此外，还著有《道德自我之建立》(1944)、《文化意识与道德理性》(2卷，1958)、《中国文化之精神价值》(1976) 等书。

唐卡 thangka 以布、丝绸或纸为地，刺绣或手绘的富有藏民族特色的卷轴画。又称“唐挂”、“唐嘎”、“唐喀”，系藏文音译。唐卡题材以佛教内容为主，多绘佛、菩萨、金刚等像，也有反映藏族历史和民族风情的。

唐卡的历史可追溯至唐代初年，伴随藏传佛教的广泛传播而产生。在汉藏文化交流过程中，唐卡结合了汉民族卷轴画的装裱形式，发展为具有藏民族特色的卷轴画。就制作手法而言，唐卡包括彩绘唐卡、印刷唐卡、刺绣唐卡、织锦（堆绣）唐卡、贴花唐卡、缂丝唐卡及珍珠唐卡等。彩绘唐卡为以彩色直接绘制于不同质地上的绘画。印刷唐卡有两种，一种是满幅套色印刷后装裱的，一种是先将图稿刻成雕版后用墨印于薄绢或细布上，然后着色装裱而成。刺绣唐卡系用各色丝线绣成。织锦唐

《救八难度母像唐卡》(明，西藏博物馆藏)

卡是以缎纹为地，用数色丝为纬，间错提花织造，粘贴在织物上，故又称“堆绣”。贴花唐卡是用各色彩缎，剪裁成各种图形，粘贴在织物上。缂丝唐卡是用“通经断纬”的方法，用各色纬线形成一定的装饰性。在以上手法制作的画面上，如将珠玉宝石用金丝缀于其间即称珍珠唐卡，形成珠联璧合、金彩辉映的装饰效果。在艺术风格上，唐卡一般构图饱满，画法以工笔重彩和**白描**为主，形制多为竖长条幅，大小无定制。西藏唐卡因地域和风格的不同而形成不同流派。

唐徕渠 Tanglai Canal 中国古代水利工程。是宁夏境内最大的引黄自流干渠。宁夏平原早在秦代便已修建渠道，开垦种植。始建于汉武帝太初三年（前102）的水渠规模宏大，设计精密，效益最著。经唐代(618～907) 复浚整修，称唐徕渠或唐渠。唐徕渠渠口在青铜峡附近，向北到平罗境内入西河。干渠长约100多千米，有很多支渠。渠线流经青铜峡、永宁、银川、贺兰、平罗5市县，可灌溉农田5.3万余公顷。1953年又将建于清代的大清渠并作唐徕渠的支干渠，由大清渠灌溉青铜峡市境内约0.8万公顷农田。

唐兰 Tang Lan (1901-01-08～1979-01-11) 中国历史、考古学家，古文字学家。字立庵。浙江嘉兴人。卒于北京。早年曾就读于江苏无锡国学专修馆3年，后从事**《说文解字》**和古文字研究。1932年开始为各大学所延聘，讲授古文字学，1946年任北京大学教授。中华人民共和国建立后，调故宫博物院任陈列部主任、研究员、副院长等职。唐兰研究古文字最服膺清代孙诒让的偏旁分析法。识字至多，不为臆断，为学者所推重。

著有《古文字学导论》、《殷墟文字记》、《天壤阁甲骨文存》、《中国文字学》等专著。《古文字学导论》是一本关于研究古文字的理论和方法的书，提出许多极重要的见解。《中国文字学》中对古代文字的起源和文字的发展及演化，论述极详。他创造字的三书说，即象形、象意和形声，自成一家之言。

唐陵 Mausoleums of Tang Dynasty 中国唐代帝陵中除昭宗李晔陵在河南渑池，哀帝李柷陵在山东菏泽外，其余18座分布在陕西省乾县、礼泉、泾阳、三原、富平、蒲城6县。它们是高祖献陵、太宗昭陵、高宗乾陵、中宗定陵、睿宗桥陵、玄宗泰陵、肃宗建陵、代宗元陵、德宗崇陵、顺宗丰陵、宪宗景陵、穆宗光陵、敬宗庄陵、文宗章陵、武宗端陵、宣宗贞陵、懿宗简陵和僖宗靖陵。除乾陵外，其余各陵均被盗掘。清代陕西巡抚毕沅曾对这18陵进行整修。1961年，昭、乾二陵被列为全国重点文物保护单位；2001年，国务院将属于全国重点文物保护单位的范围扩大到18座唐代帝陵。

唐陵自乾陵开始形成“因山为陵”的定制，利用山体凿石修筑墓室，气势更加雄伟（献陵陵冢用土夯筑）。各陵的布局为：墓室在山南半腰处，高踞陵园北部，为全陵主体建筑，四周砌筑内、外城墙。内城四面有门。外城南面有三道门，由南往北的第一道门外分布着皇族和文武大臣的陪葬墓，第二、三道门之间有石刻群。内城南门内有献殿；昭陵因山南地形险阻，在陵北玄武门内还修筑1座祭坛，是举行大典的场所。各陵的西南面为“陵下宫”(俗称皇城)，可能是守陵官员和宫人居住的场所。

唐陵石刻是中国古代雕刻艺术的宝库之一，既有圆雕，也有浮雕和线雕，在题材和雕刻手法方面超过了唐以前的陵墓石刻。献、昭二陵为唐初所建，制度未定，石刻题材与其余16陵迥然不同。献陵有石虎、石犀和石华表。昭陵则有14蕃酋像和**昭陵六骏**。从乾陵开始，石刻组合基本固定，分为6类：①狮子。②石人石马和马夫。③翼兽和北门六马。④蕃酋像。⑤华表。⑥碑石、无字碑和述圣记碑。初唐石刻雄健有力，继承魏晋南北朝时期的风格；盛唐石刻群气魄雄伟；中唐石刻制作粗疏，趋向平和中庸；晚唐石刻体态瘦小，日趋卑弱矫饰。这种变化反映了唐王朝由盛而衰的景况。唐陵现存的碑石是研究唐代历史和书法艺术的珍贵资料。

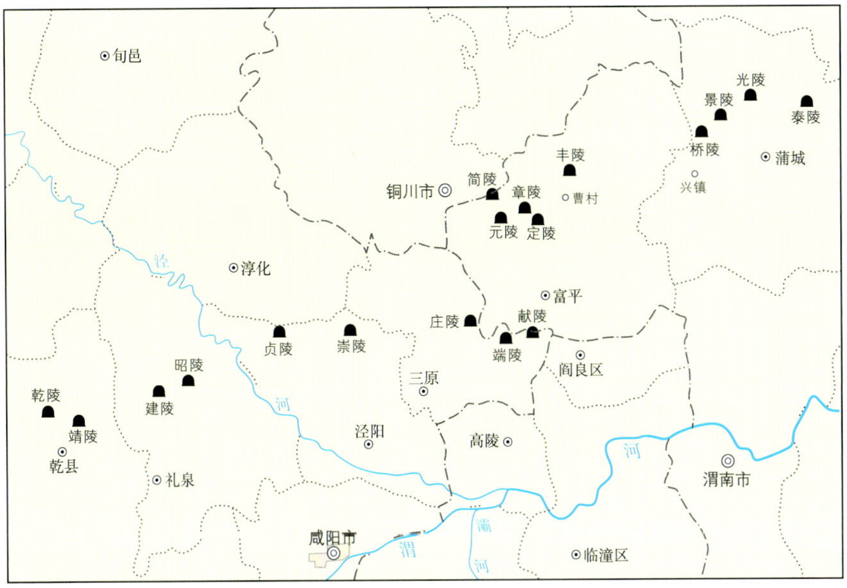

唐陵分布图

唐陵有许多陪葬墓。陪葬是唐代皇室埋葬制度的重要组成部分，是封建帝王给予皇室人物和文武大臣的特殊荣誉，也是笼络人心、巩固政权的手段。太宗贞观二十年(646)还进一步规定了父祖陪陵，子孙从葬的制度。陪葬墓墓冢的外形主要有覆斗形、圆锥形、象山形三种。

《唐律疏议》 *Commentary on Law Codes of Tang Dynasty* 中国唐代长孙无忌等奉敕编撰的一部解释律义的书。唐时原名《律疏》，宋沿用，元以后通称《唐律疏议》，一作《唐律疏义》。

唐高宗永徽三年（652）诏命撰写此书。次年十一月书成，颁行天下。此书是唐王朝集合全国律学人才编写的一部解释律义的书。

共30卷，12篇，500条（现存《唐律疏议》502条）。篇目全依唐律，即名例、卫禁、职制、户婚、厩库、擅兴、贼盗、斗讼、诈伪、杂律、捕亡和断狱。此书不单单解释律文，还引用了大量律书以外的法令，对律书中规定得不够完备和不够周密的地方进行补充。它虽然是一部解释法律的书，但由于经过皇帝的批准，本身具有法律效力，因此成为唐律的一个重要组成部分。

此书继承了中国秦汉以来的律学传统，广泛吸收了历代律学的成果，而又结合唐代的实际情况作了进一步发展，是中国古代律学的一大杰作。唐律能够广泛流传，成为唐以后历代封建王朝制法的楷模，同这部疏议起了一定的作用是分不开的。

唐末农民战争 Peasant War towards the End of the Tang Dynasty 中国唐朝后期土地兼并空前严重，大土地所有制恶性发展，贫富不均成为阶级矛盾趋向极度尖锐化的总根源。

农民在土地兼并、赋税繁重的情况下背井离乡，成为逃户的情况，在唐朝前期就已经存在。到唐朝后期统治者把逃户的课役分摊给邻伍负担，称为“摊逃”。“摊逃”的结果，迫使未逃户也先后成为逃户。逃户的增加为农民的武装斗争准备了群众基础，所以，唐朝末年出现了“所在群盗，半是逃户”的状况。唐文宗时应贤良方正科的刘蕡，在对策中指出当时“官乱人贫，盗贼并起，土崩之势，忧在旦夕”的严重局面。唐僖宗时翰林学士刘允章在《直谏书》中进一步罗列了农民的“八苦”，描绘了他们“冻无衣，饥无食”的悲惨遭遇，说明广大劳动人民再也无法照旧生活下去了。

唐朝后期政府垄断食盐贸易，不断提高盐价，高达几十倍。广大群众有的只好“淡食”。由于盐价过高，私运有利，不少人武装贩运私盐，具有同官军进行武装斗争的经验。

裘甫起义和庞勋起义 唐朝后期，中央的财政主要依靠搜刮东南各道，当地农民遭受的苦难特别深重。于是，在唐宣宗大中十三年（859），终于爆发了裘甫领导的浙东农民起义。

裘甫起义后连续攻克象山、剡县（今浙江嵊州）等地，农民纷纷参加起义，义军很快就扩充到三万人。裘甫遂自称“天下都知兵马使”，建元“罗平”，铸印曰“天平”。义军向各地积极进军，先后克唐兴（今浙江天台）、焚上虞、入余姚，然后东下慈溪，南克奉化，攻占宁海，并重新分兵围攻象山。

唐浙东观察使郑祇德连吃败仗，朝廷改派王式前往镇压。消息传来，义军内部就如何应敌的问题发生了争议，裘甫犹豫不决，未能制定任何作战方略，因而错过了时机。王式率唐军赶到后，义军立即陷于被动，连遭创败。唐懿宗咸通元年（860）夏，裘甫被围困于剡县城内，与唐军展开了最后的决战。义军主动出击，三日内凡八十三战，妇女亦组成女军登城参战。裘甫知寡不敌众，不宜久守孤城，遂乘夜出城突围，不幸中伏牺牲，起义失败。

唐朝与南诏虽有经济、文化交流，但有时亦难免发生战争。为了加强南方边备，统治者曾调徐州士卒3 000人戍守岭南，分其中800人驻守桂州（今广西桂林）。至咸通九年，戍卒因不满超期戍边，遂拥立粮料判官庞勋为都将，擅自卷旗北归。他们回到徐州城下，欲胁迫朝廷任命庞勋为节度使。唐朝徐泗观察使崔彦曾于是先发制人，主动派兵出战，正式开启战端。庞勋避开敌人主力，南向攻克宿州；不久又攻占彭城（徐州治所），俘虏了崔彦曾。在作战过程中，农民纷纷加入这支军队，使之很快就壮大到万人以上，兵变于是发展成为起义。此后义军攻泗州（今江苏盱眙西北）、濠州（今安徽凤阳东北），克滁州、和州，向北攻沂州（今山东临沂）、海州（今江苏连云港市海州区），取得了一系列胜利。这时，庞勋“自谓无敌于天下”，滋长着骄傲情绪，而且始终念念不忘向朝廷邀求节钺。这些因素使义军逐渐由主动变为被动，连吃败仗。在形势日趋不利的时候，又发生了宿州守将张玄稔叛变降敌的事件。不久，唐大将康承训占领了徐州，并分兵西追庞勋。咸通十年九月，庞勋在撤往蕲州途中被唐军追上，战败牺牲，起义被扑灭。

黄巢、王仙芝领导的农民战争 咸通十四年（873）懿宗去世，太子李俨即位，是为僖宗，改名儇。僖宗终日打猎游嬉，朝政日非。黄河中游天灾严重，广大农民卖妻鬻子，无以为生。农民反抗遍于各地，大起义爆发的条件终于成熟。

王仙芝和黄巢是唐末农民战争的发动

黄巢农民起义军进入长安（国画）（中国国家博物馆藏）

者和领导者。两人原来都贩私盐，一贯与官军为敌，具有武装斗争的经验。唐僖宗乾符二年（875），濮州（今山东鄄城北）人王仙芝与尚让、尚君长等首先在长垣发动起义，发布檄文指责唐政权“吏贪沓，赋重，赏罚不平”。王仙芝自称“天补平均大将军兼海内诸豪都统”。义军先后攻克濮州、曹州。冤句（今山东曹县西北）人黄巢亦于同年以数千人起义，响应王仙芝。两支义军会合在一起壮大了声势，困于重敛的农民争先恐后归附者凡数万人。

三年，义军攻克汝州（今河南临汝），俘刺史王镣，东都大震。以后进军郑州，因感敌人军力强大，乃改用避实就虚的战略，向敌人力量薄弱的南方进军，主要在长江中游以北及淮河上游以南战斗，攻克不少州县。由于在围攻蕲州的战役中，王仙芝曾发生动摇，有降唐意，黄巢遂与他分兵作战。大致此后仙芝仍转战于南方，黄巢则北上打回沂州等地。四年，王仙芝第二次发生动摇，虽降敌之举未成功，但士气大为削弱。五年，王仙芝在黄梅战死，尚让率余众北上与黄巢会合，众推黄巢为“冲天大将军”，建元“王霸”。从此，黄巢就成为起义军的最高领导人。同年，义军进攻受阻，遂再次挥军南下，渡过长江后向东挺进，由浙趋闽，最后于乾符六年攻占了广州。在岭南经过两个月的休整，黄巢于冬季开始率大军北伐，目标是攻取两京，推翻唐政权。黄巢自号“义军都统”，露表指斥唐廷“宦竖柄朝、垢蠹纪纲”，并宣告“禁刺史殖财产，县令犯赃者族”。所指皆当时极弊。义军北伐后，在荆门（今属湖北）为刘巨容所挫，乃转而东进，在信州（今江西上饶）之役击杀唐将领张镐，取得了重大的胜利。不久，黄巢自采石（今安徽马鞍山西南长江东岸）渡长江北上，接着，攻克了洛阳。义军沿途不剽财货，纪律严明，入洛阳城后“闾里晏然”。不久，黄巢又乘胜西进，破潼关天险，攻占长安。唐僖宗狼狈逃往成都。黄巢入城的时候，尚让对群众宣布：“黄王起兵，本为百姓，非如李氏不爱汝曹。汝曹但安居无恐！”

广明元年十二月十三（881年1月16日），黄巢在含元殿即位，国号“大齐”，改元“金统”。农民政权在长安正式建立后，立即镇压隐藏在城内的公卿、贵族和百官；没收富豪之家财产，号为“淘物”。唐官四品以下的酌情留用，三品以上者全部罢免。

当时，关中尚有残留的数万禁兵，凤翔节度使郑畋招集畿内散兵，顽抗义军。中和元年（881），郑畋为京城四面诸军行营都统，败巢军于龙尾陂（今陕西岐山东），遂与京西北诸镇约盟，传檄天下，号召四方藩镇合兵围攻长安，为阻遏黄巢义军在关中的发展，竭尽气力。于是双方在关中展开了反复的拉锯战，战争呈相持状态。后来，发生了对大齐不利的几件事：①长安城中粮食严重不足。②大齐的同州（今陕西大荔）守将朱温叛变，投降了敌将王重荣。③唐朝乞援于沙陀族李克用，李亲率17 000人自雁门（今山西代县）南下支援唐军。随着力量对比朝不利于大齐的方向发展，义军在中和三年（883）春大败于梁田陂（今陕西华县西南）。黄巢知久留关中已不可能，遂于四月放弃长安东撤。

连任后的T.布莱尔在唐宁街10号首相官邸门前发表演说（2005-05）

义军撤出关中时犹有众15万，途经蔡州（今河南汝南）时，迫使唐朝守将秦宗权战败投降。夏秋之交，黄巢围攻陈州（今河南淮阳）。这次战役持续达300日之久，最后唐朝调朱温、李克用增援，义军连遭挫败，黄巢终于在中和四年夏退军北撤。围陈之役耗尽了义军的力量，黄巢犯了屯兵于坚城之下的错误。李克用与忠武军监军田从异在王满渡（今河南中牟北）发动进攻，义军损失万余人，尚让降敌。黄巢渡汴河北去，最后与亲故数十人退至狼虎谷（今山东莱芜西南），壮烈牺牲。历时9年余的农民战争至此结束。

唐末农民战争在政治上、经济上和军事上犯了一系列错误，导致悲剧性的结局。但这次大起义首次提出了“平均”的口号，在中国古代农民战争史上具有重大意义。唐王朝在黄巢起义的沉重打击下分崩离析，名存实亡。

唐纳 Donat, Robert（1905-03-18～1958-06-09） 英国电影演员。生于威辛顿，卒于伦敦。16岁起登台，随巡回剧团演出，经常扮演W.莎士比亚剧和经典剧作中的主要人物。1932年因影片《亨利八世的私生活》（即《英宫艳史》）中扮演的浪漫角色而一举成名。接着，去好莱坞主演《基度山恩仇记》（1934）。返回英国后，继续从事拍片和演剧活动。20世纪30年代主演的《三十九级台阶》（1935）、《鬼魂西行》（1935）和《城堡》（1938，即《卫城记》）皆很成功。在《万世师表》（1939）一片中，他扮演一个从25岁到83岁的教师，出色的演技使他获得1939年奥斯卡金像奖最佳男主角奖。1958年参加演出他最后一部影片《六福客栈》。

唐宁街 Downing Street 英国伦敦市白厅街旁一条短而窄的横街。这条街是1668年由国务大臣J.唐宁爵士设计，故名。现保留了4所住宅，其中10号是首相官邸，11号是财政大臣官邸，13号是财政大臣的办公室。唐宁街10号建于1680年，自1732年起一直是英国首相官邸和办公处。内阁会议一般都在这里召开。唐宁街10号最有名的房间是内阁室，从室内可远眺皇家禁卫军的换岗仪式和圣詹姆士公园。二楼有早餐厅、国宴厅、书房及第二会客厅，其中最大的为国宴厅。客厅内挂有名贵油画，大部分借自博物馆和画廊。唐宁街常被用来代指英国首相府乃至英国政府及英国外交部。

唐努乌梁海 Tangnu Urīyangqai 中国清代乌梁海三部之一。唐努乌梁海是蒙古语Tangnu Urīyangqai的音译。在喀尔喀蒙古西北部，萨彦岭以南，唐努山之北，伊聂谢河（叶尼塞河）上游流域。以居住唐努山一带的乌梁海人而得名。地域东至喀尔喀蒙古土谢图汗部额赫河（今额金河）和赛因诺颜部讷穆讷山，南界扎萨克图汗部中左翼左旗及科布多所属杜尔伯特部牧地，西临科布多所属阿尔泰诺尔乌梁海，北接俄罗斯。明代为西北兀良哈人所居，清代前期分属喀尔喀蒙古和厄鲁特蒙古，乾隆中平定准部后，归乌里雅苏台定边左副将军统辖。设有五旗：库苏古尔乌梁海旗（库苏泊一带）、托锦乌梁海旗（大叶尼塞河上游）、萨拉吉克乌梁海旗（小叶尼塞河上游）、唐努乌梁海旗（在唐努山阴）和克穆齐克乌梁海旗（赫姆奇克河流域），共辖四十六佐领。每旗设总管一人。由定边左副将军奏补。

1864年俄国通过《中俄勘分西北界约记》，割去西北十佐领。1911年中部二十七佐领为俄国强占，东部九佐领为当时宣布“独立”的喀尔喀封建领主占领。俄国十月革命后，中东部三十六佐领一度由中国政府收复，并派专员驻扎其地。但不久又被迫撤退。东部九佐领之地今属蒙古国库苏古勒省。1924年中部为俄国强占的二十七佐领之地宣布成立“乌梁海共和国”，1926年改称“唐努图瓦人民共和国”。1944年被并入苏联版图，称“图瓦自治共和国”，1948年又改为“图瓦自治州”，苏联解体后又改为俄罗斯的“图瓦共和国”。中国政府对此迄未承认。

唐乾陵 Qian Mausoleum of Tang Dynasty 中国唐高宗李治和武则天的合葬墓。位于

乾陵神道（尽头梁山为陵寝所在）

陕西乾县城北的梁山上。李治于光宅元年(684)入葬乾陵；神龙二年(706)重启墓道，葬武则天于陵中。1958～1960年曾对乾陵进行勘察，后又发掘了5座陪葬墓。1961年国务院公布乾陵为全国重点文物保护单位。

陵园分为内城和外城。陵寝位于内城正中的梁山山腰上，"因山为陵"，居高临下。内城四面各开一门，均为一母阙、两子阙构成的三出阙。内城当年可能有角楼。外城南面有3道门。陵园石刻数量众多：内城四门各有1对石狮，北门立6马（今存1对），外城南面第二、三道门之间有华表、翼兽、鸵鸟各1对，石马及牵马人5对，石人10对，蕃酋像61尊，还有无字碑和述圣记碑等。石刻组合气魄雄伟，雕刻是在传统手法基础上，吸收西亚、希腊艺术风格创作而成。乾陵是18座唐陵中唯一未被盗掘的陵，墓道全部用石条填砌，石条之间用铁栓板固定，特别坚固。陵东南有陪葬墓17座。已发掘永泰公主墓、章怀太子墓、懿德太子墓等5座。

《唐人小说》 *Short Stories of Tang Dynasty* 中国唐代传奇小说选集。汪辟疆校录。汪辟疆（1887～1966），名国垣，江西彭泽人。中央大学、南京大学教授。著有《光宣诗坛点将录》、《目录学研究》等。上海古籍出版社1988年出版《汪辟疆文集》。《唐人小说》分上、下两卷，上卷收录单篇传奇30篇，下卷收录《玄怪录》、《续玄怪录》、《纪闻》、《集异记》、《甘泽谣》、《传奇》、《三水小牍》7部传奇集中作品38篇。对唐人说部专书，如段成式《酉阳杂俎》、张读《宣室志》、苏鹗《杜阳杂编》、范摅《云溪友议》等，因原书尚在，不难购读，所以未予收录。所收各篇文字，基本上都是唐传奇上乘之作。现存版本有上海古典文学出版社1955年版、中华书局上海编辑所1959年修订版等。

《唐人选唐诗(十种)》 *Poems of Tang Selected by People of Tang* 中国唐诗选集。中华书局上海编辑所编辑，1958年出版。此书收入现存的10种唐人编选的唐诗选本：①佚名《唐写本唐人选唐诗》，为敦煌石室发现的唐人写本残卷。②元结《箧中集》，用《随庵丛书》影刻宋代尹家书籍铺刊本。③殷璠《河岳英灵集》，用《四部丛刊》影印明刻本。④芮挺章《国秀集》，用《四部丛刊》影印明初刻本。⑤令狐楚《御览诗》，用汲古阁本。⑥高仲武《中兴间气集》，用《四部丛刊》影印秀水沈氏藏明翻宋刻本。⑦姚合《极玄集》，用元代至元刊本。⑧韦庄《又玄集》，用古典文学出版社影印日本江户昌平坂学问所官版本。⑨韦縠《才调集》，用《四部丛刊》影印述古堂钞本。⑩佚名《搜玉小集》，用汲古阁本。

这些选本所选大都各有偏重，体现着编者一定的目的。如《箧中集》所选诗歌多为抒发作者"无禄位"、"久贫贱"的悲苦和愤懑，风格质朴，对当时流行的诗风有针砭作用。《河岳英灵集》选录开元、天宝时诗234首（今本实数为228首），选取标准兼顾"声律"、"风骨"，较正确地反映了盛唐诗歌的基本面貌。《国秀集》选录开元前后诗218首。编选者标榜"雅正"，内容多为奉和应制、侍宴之作；艺术上强调"风流婉丽"的形式美和"可被管弦"的音乐性。《中兴间气集》选录肃宗、代宗中兴时期诗130多首，以"体状风雅，理致清新"为标准。以上各书大都力图通过选本提倡某种风格，影响诗坛，或总结展示某一时期诗歌面貌和成就。另一类如《御览诗》，则为奉宪宗之命而编，以"醇正"为旨，反映出上层统治者对诗歌的喜好。

唐三彩 Tang tri-colored glazed pottery 中国唐代以黄、绿、蓝、褐、紫等釉色为装饰的低温多彩釉陶。胎体为白色黏土（高岭土），用陶范模制成型。成品经两次煅烧而成：先在1 100℃左右的高温下素烧，

三彩骑驼俑（唐鲜于庭诲墓出土）

施釉后再在约900℃的低温中釉烧。釉色是利用各种氧化金属为呈色剂，煅烧后形成色釉。如利用氧化铜烧出绿色，氧化铁烧出黄褐色，氧化钴烧成蓝色，氧化锰烧成紫色，并在这些基本色调的基础上，烧制出澄黄、赭黄、翠绿、深绿、天蓝、褐红、茄紫等色彩。主要充当随葬品，分为生活类器物、俑和模型三大类，以前两类最多。此外也用于日常生活，如用于制作三彩瓦等建筑材料。

唐三彩的渊源应与汉代铅釉陶器有关。作为随葬明器出现在唐高宗时期(650～683)，其产生和发展与唐代厚葬风气有关。开元、天宝年间(713～756)是唐三彩的兴盛期，产量大，质量高，造型多样，色彩瑰丽，三彩俑的形体结构准确，形态逼真传神。天宝以后逐渐衰落。但三彩工艺并未消失，以后的宋三彩和辽三彩便是唐三彩的延续。唐三彩在陕西西安和河南洛阳的唐墓中出土最多，在江苏扬州和山西、甘肃的唐墓中也有发现，其他地区则很少见。当时的长安是三彩器的重要产地，洛阳唐墓的部分三彩器则是巩县窑烧制的。

唐三彩造型端庄丰满、富于变化，色彩鲜艳华丽，艺术价值极高。三彩人物、动物的雕塑手法洗练明快，以写实为主，重在摄神。如仕女大多丰肌秀骨，武俑短颈粗腰，肌肉发达，文俑道貌岸然，表情肃穆。在动物中，以雄健的骏马和沉稳的骆驼最为出色。唐三彩在烧制过程中因铅釉流动，各种颜色巧妙地交织在一起，呈现出浓淡相间的层次，色彩绚丽斑驳。铅釉使釉面光亮度增加，显得晶莹玉润。

唐三彩不仅受到国内达官显贵的喜爱，还远销海外。丝绸之路和中外海上通道沿线的许多国家，如伊拉克、埃及、印度尼西亚、朝鲜半岛和日本等，都发现了三彩器。唐三彩工艺对边疆地区及国外均产生影响。黑龙江宁安渤海上京龙泉府城遗址曾出土"渤海三彩"，朝鲜半岛烧成了精美的"新罗三彩"铅釉陶器，日本烧造了"奈良三彩"。波斯三彩和埃及的多彩陶器等也都受到唐三彩的影响。20世纪初以来，中国开始生产唐三彩仿制品，它们成为人们喜爱的装饰陈列品和收藏品。

唐森德税法 Townshend Acts 1767年英国国会通过的向北美殖民地征税的法案。由财政大臣C.唐森德提出，故名。《印花税条例》废除后，英国政府为继续加强对北美殖民地的控制与压榨，根据财政大臣唐森德的提议，国会于1767年下半年一连通过4项向殖民地征税的法案，总称《唐森德法》。是年6月29日通过的唐森德税法是其中的第2项。税法规定自英国输往殖民地的纸张、玻璃、茶叶等均一律征收进口税，还

规定英国关税税吏有权闯入殖民地民宅、货栈、店铺，搜查违禁物品和走私货物。唐森德税法公布后，引起北美殖民地人民的愤怒抗议，要求废除。殖民地人民再度掀起抵制英国货运动，并用武力反抗英国税吏的搜查与压迫。英国对北美的贸易额大幅度下降。英国政府以解散纽约、马萨诸塞两州议会相要挟，遭到殖民地人民更大的反抗。英国政府遂于1770年3月被迫废除了唐森德税法。但为了表明英国有对殖民地征税的权利，仍保留茶叶税。这成为1773年爆发波士顿“倾茶事件”的导火索。

唐山瓷 Tangshan porcelain 中国河北省唐山地区生产的瓷器。明永乐年间，山西介休和山东枣庄等地居民先后移居唐山，利用就地原料生产缸类产品。清光绪年间，开始生产棕釉粗碗，并有施化妆土的灰胎白瓷和少量仿古瓷应市。20世纪20年代，开始生产白瓷。1935年，卫生瓷开始外销。日用陶瓷于1956年开始出口。50年代后形成综合性的陶瓷生产体系，成为中国著名的产瓷区。1965年唐山率先研制成功两次烧成的骨瓷。首创用氢氟酸腐蚀出花纹再填描金色的雕金装饰和用喷枪或喷笔作画的喷彩装饰等。产品以日用陶瓷为主。

唐山地震 Tangshan Earthquake 1976年7月28日3时42分发生于中国河北省唐山的大地震。20世纪人类遇到的破坏最大的一次自然灾害事件。震级7.8级，震中烈度Ⅺ度。主震后于当日18时43分又在唐山附近的滦县发生7.1级地震。由于震中在城市下方，被称为城市直下型地震。极震区以唐山市为中心，向四面延伸，约47平方千米。地震发生的瞬间，房倒屋塌，地表产生宽大裂缝，地面喷水冒沙。位于震中的唐山市变成废墟。地震波及北起内蒙古的满洲里，南至河南的漯河，东临海区，西抵宁夏的石嘴山、吴忠一带，涉及14个省、直辖市、自治区。遭受地震破坏的区域，北起辽宁凌源、内蒙古多伦，南至山东德州，西迄山西繁峙、和顺，约21万平方千米。据唐山、天津和北京地区统计，地震共造成24万余人死亡，其中唐山市区死亡14.9万人。

唐山市 Tangshan City 中国河北省辖地级市。位于华北平原东部，省境东北部，西与天津市相邻，南临渤海。辖路北、路南、古冶、开平、丰润、丰南6区和滦县、滦南、乐亭、唐海、迁西、玉田6县，代管遵化市、迁安市。面积13 206平方千米。人口758万（2010）。明永乐年间（1403～1424）于开平设中屯卫。其时为丰润县的荒僻村落，名唐山村。清光绪三年（1877）改名唐山镇，属滦州。1928年改唐山镇为唐山市。属于

唐山抗震纪念碑

暖温带大陆性季风气候。是河北省玉米、稻谷、花生的重要产区，素称“冀东粮仓”，并盛产板栗、核桃、苹果等干鲜果。“京东板栗”久负盛名。矿产主要有煤和铁，还有金、铜、锰、铬、硫铁、铅锌、铝土等金属矿和石灰岩、白云岩、耐火黏土、石英、云母等非金属矿。唐山是全国三大铁矿产区之一，有“煤都”和“北方瓷都”之称。是全国重要煤炭产地。唐山是以煤、钢、电、建材、化工、机械等为主的综合性重工业城市。冶金、电力、煤炭的规模、产值、产量均居全省首位。唐山钢铁公司是全省大型重点冶金企业，钢产量占全省50%。开滦煤矿为中国最早使用机械采煤的大型矿。2005年2月，国务院决定将首钢搬迁至唐山市曹妃甸，同年10月，曹妃甸工业区被列为国家第一批发展循环经济试点产业园区。唐山是评剧发源地。有龙山文化遗址、唐山抗震纪念碑和抗震纪念馆、唐山天主教堂等名胜古迹和纪念地。

唐绍仪 Tang Shaoyi (1862-01-02～1938-09-30) 中华民国首任内阁总理。字少川。生于广东香山（今中山市）。1874年被清政府选派到美国留学。1885年到天津税务衙

门任职。随后被派往朝鲜办理税务，成为清政府驻朝鲜大臣袁世凯的书记官和得力助手。1904年以清政府议藏约全权大臣身份，先后两次与英国办理交涉，签订《续订藏印条约》，使英国确认中国对西藏地方的领土主权。武昌起义后，充当袁世凯内阁全权代表，于1911年底开始与民军全权代表伍廷芳举行议和谈判，达成在湖北、陕西、安徽、江苏、奉天等地的停战协定。后继续与伍廷芳秘密磋商关于清帝退位的优待办法，以及孙中山的辞职和由袁世凯继任的各项问题。袁世凯就任临时大总统后，为第一任内阁总理。经孙中山同意，他加入了中国同盟会。1912年3月到南京组织新内阁，4月迁往北京。唐力图推行责任内阁制，同袁世凯的意图不能相容，被迫弃职离京。1917年参加广州护法军政府，任财政总长，后为七总裁之一。曾参与与北京政府代表举行的议和谈判。1920年后退居家乡。1931年5月任汪精卫等人在广州成立的国民政府常务委员。九一八事变后，任国民党中央监察委员、国民政府委员。1932年任西南政务委员会常务委员，兼中山县县长。日本侵占上海、南京后，策动其出任伪政权首脑，未成事实。后在上海寓所被国民党军统特务刺杀身亡。

唐生智 Tang Shengzhi (1889-10-12～1970-04-06) 中国爱国将领。字孟潇。湖南东安人。卒于长沙。1912年入保定陆军军官学校，1916年参加护国战争。早年任职于湘军，为湘军中最大的实力派。1926年6月2日就任国民革命军第8军军长、北伐军前敌总指挥和湖南省主席。7月初，率部由湘攻鄂，后攻克汀泗桥、贺胜桥。10月攻克

武汉。1927年4月，任武汉国民政府第4方面军总指挥，率部进军河南，在上蔡、临颍等地击败奉军张学良部。6月任第4集团军总司令。9月21日与汪精卫等通电反对南京国民党中央特别委员会，成立武汉政治分会，导致宁汉战争爆发，被国民党政府西征军击败，所部大部被桂军收编。11月11日通电下野，流亡日本。曾参加蒋桂战争、蒋冯战争。1935年4月被授为陆军一级上将。1937年11月日军占领上海后，力主守南京，任首都卫戍司令长官，指挥对日军作战。南京沦陷后，避居湖南。1949年4月任湖南人民自救委员会主任委员，为湖南和平解放做了有益的工作。中华人民共和国建立后，历任国防委员会委员、全国人民代表大会常务委员会委员、中国人民政治协商会议全国委员会常务委员、中国国民党革命委员会中央常务委员会委员等职。

唐诗 Tang poetry 中国唐代诗歌，标志着中国古典诗歌的高峰。唐代诗歌创作繁荣，题材丰富、风格多样、流派众多、体制齐备，作家作品量多质高，据《全唐诗》存录，

诗有4.89万余首，有姓名可考的作者2 200多人。唐诗成就卓著，是在封建政治、经济进一步发展、变革的历史条件下，在社会思想比较开放，艺术文化普遍高涨的推动下，诗人们继承和发扬《诗经》、《楚辞》以来的优良传统，广泛总结前人的创作经验，百花齐放、推陈出新的结果。它显示出中国古典诗歌已发展到完全成熟的阶段。

发展过程 唐诗的发展大致经历了初唐、盛唐、中唐、晚唐等4个阶段。

初唐诗歌 初唐诗歌仍处于陈隋时期余光返照中。太宗李世民及周围的文人诗作浮艳柔丽。上官体绮错婉媚。只有魏徵、王绩等少数人能自拔于流俗。直到初唐四杰，诗歌的内容和形式才有所开拓。但他们仍未摆脱六朝后期“采丽竞繁”的影响。真正廓清梁陈诗风影响的，是武后时期的陈子昂。他提倡“汉魏风骨”，以复古为革新，抵制浮靡诗风。与他略同时而不同流派的，有沈佺期、宋之问和文章四友（李峤、崔融、苏味道、杜审言），他们的作品多是奉和应制、点缀升平，但也有一些佳作，尤其是杜审言的诗。他们的主要贡献在律体完成方面。沈、宋、杜三人被后世称为五、七言律诗定型的奠基人。

盛唐诗歌 盛唐诗人在陈子昂和沈、宋的基础上，进一步把正确的方向和完美的形式结合起来。玄宗开元、天宝间，诗歌全面繁荣，名家大量出现。他们的作品精丽华美、雄健清新、兴象超妙、韵律和谐，表现了时代共同的艺术特色。边塞诗和田园山水诗在盛唐诗中比重很大。边塞诗派以高適、岑参、李颀、王昌龄为代表，其作品气氛浓郁、情调悲壮，多用七言歌行或七绝。田园山水诗人以王维、孟浩然、储光羲、常建最知名，他们的诗多反映闲适、退隐的思想情绪，色彩清淡，意境深幽，多用五言律绝和五言古体。这派诗人在发掘自然美方面比六朝诗人前进了一大步，其中以王维成就最高。

李白、杜甫是盛唐诗歌最高成就的标志。李白的名作，以安史之乱前为多。内容、题材丰富，气势雄放，想象丰富，风格飘逸，多侧面、多层次地反映唐朝时期的社会生活和时代心理。杜甫的诗则是动乱时代的诗史，忠实地记录了国家的变乱和人民的苦难，博大精深，沉郁顿挫，开新乐府运动先声。在诗歌语言、格律、技巧等方面，他善于转益多师，广泛地吸取前人和并世作者的经验，形成自己独特的风格，为后世诗歌发展开辟了众多途径。另外，元结、沈千运、孟云卿等人也是此期较有特色的诗人。

中唐诗歌 中唐之初，国家衰落，诗坛也不景气。刘长卿和大历十才子诗学王维，精致秀润，但内容多浮浅。卢纶、李益有部分苍凉伤感、意境雄浑的边塞绝句。此期较杰出者是韦应物，其田园山水诗高雅闲淡，而其乐府歌行则于婉丽流美中颇寄讽喻。此外，戎昱、顾况、戴叔伦等也有反映民生疾苦的佳篇。永贞革新和元和中兴使诗坛重新活跃。白居易、元稹、李绅、张籍、王建一派倡导新乐府运动，写下大量广泛反映现实、批评时政的政治讽喻诗，风格舒徐坦易。而韩愈、孟郊、李贺、贾岛一派则以奇险峭刻见长。但韩诗气豪，孟诗思深，李诗幽丽，贾诗清苦。此外，姚合诗清奇僻苦，卢仝等人以奇崛见长。两大派之外，柳宗元的诗或澹泊雅丽，或哀怨激越。刘禹锡的诗精练含蓄，意境优美，韵律和谐。这一时期，诗人们的创新精神和个性风格是异常突出的。

晚唐诗歌 晚唐五代诗风渐趋纤巧。虽有过在文学史上产生重大影响的作者和作品，但总的来说，缺少盛、中唐的阔大气魄与浑融境界。杰出诗人李商隐、杜牧在诗歌艺术上有独特的贡献。其诗声情流美，翰藻酞郁，但伤时忧国，哀怨深沉，有种没落感。温庭筠才思清绮，词采秾丽。他也是有佳篇秀句而总体风格轻浅纤微。此后诗家多是效法前人，艺术上无重大突破。较有名的诗人有皮日休、陆龟蒙、聂夷中、杜荀鹤、罗隐、韩偓等人。

成就 唐代诗歌体制多样，宋以后的整个中国古典诗歌，都未超出它的范围。唐人古体诗既可抒情，又可叙事、议论。由于受近体诗影响，唐人古诗或融入律句，或有意反律，皆不同于晋、宋以前古诗的纯任自然。五古在唐初犹承齐梁变体，经陈子昂的变革，张九龄、李白的发扬，至杜甫而堂庑顿开。七言则是不入律的歌行和古诗与精工整炼、有律化倾向的传统歌行体的双轨并行。乐府是古体诗中特殊的一类。唐人乐府多不合乐，或借旧题写新意，或立新题记新事。以李白、杜甫、元稹、白居易成就为最高。五七言律诗是唐代新兴诗体。五律经王绩、初唐四杰，至沈、宋终于实现体制规范化。七律兴起较晚，至沈、宋和杜审言始有成篇。经王维、李颀和高、岑等人的发展，到杜甫境界大开。此后，五七言律平行发展。大历十才子、贾岛、姚合、许浑、赵嘏等均是律体名家。至晚唐李商隐，七律的音调美和语言技巧，发展到更为成熟的境地。律诗中又有排律，多数作者往往逞博矜奥，夸多斗靡。少有佳作。杜甫的部分排律，写重大题材，工整流美，成就较高。

唐人绝句用来和乐歌唱，创作之盛，终唐之世未衰。盛唐前绝句，兴象玲珑，语意浑成，情景单纯，韵味悠长；以李白、王维、王昌龄最为擅长。中晚唐绝句含思婉转，笔意曲折；杜牧、李商隐是其代表。此外，杜甫开绝句中议论一体；刘禹锡、白居易仿民歌作《竹枝词》、《杨柳枝词》、《浪淘沙》，风趣活泼，音调往往拗中取峭，添绝句新格。

编选和研究 唐代诗对后世影响巨大，被奉为典范。后人的编选、笺注、品评、研究未曾间断。唐诗总集有明胡震亨的《唐音统签》、清彭定求等的《全唐诗》。选集方面，唐代有《唐人选唐诗（十种）》，宋朝李昉等的大型诗文合编选集《文苑英华》保存了大量唐诗资料，洪迈《万首唐人绝句》对绝句一体辑录详备，都是影响较大的选本。历代评论、研究的专著也极为丰富。唐孟棨《本事诗》、张为《诗人主客图》，南宋计有功《唐诗纪事》、敖陶孙《臞翁诗评》、严羽《沧浪诗话》，元辛文房《唐才子传》，明王世贞《全唐诗说》、胡应麟《诗薮》等都是有名的专著。明代胡震亨《唐音癸签》则在总结前人成果基础上，全面研讨唐诗，为建立唐诗学作出巨大贡献。

《唐诗别裁集》 *Collection of Tang Poetry Specially Compiled* 中国唐诗选集。清代沈德潜编选。共20卷，选有诗人270余人，诗作1900余首，分体编排。此书为较有影响的唐诗选本。重点选录王维、李白、杜甫、岑参、韦应物、韩愈、白居易、李商隐等大家名家之诗，同时注重不同时期、不同流派和不同体裁的作品，大致反映了唐代诗歌创作的基本面貌。书中还附有简要的评注。以上海古籍出版社据乾隆二十八年（1763）增补重刻本加以校勘标点的排印本较为通行。

《唐诗三百首》 *Three-Hundred Tang Poems* 中国唐诗选集。清代乾隆间蘅塘退士孙洙选编。6卷，或作8卷。选诗310首。四藤吟社本增补杜甫《咏怀古迹》3首。按五、七言古近各体编排。所收作者77人，包括帝王、士大夫、僧、歌女、无名氏等，但大多数是唐代重要诗人，并重点突出了杜甫、王维、李白、李商隐等人，其内容大致反映了唐代的社会生活和诗歌风貌。此书原是为童蒙学习诗歌而编的家塾课本，后成为雅俗共赏、流行久远的读物。此书刻本甚多。有今人喻守真《唐诗三百首详析》、金性尧《唐诗三百首新注》。

唐顺之 Tang Shunzhi（1507～1560） 中国明代散文家。字应德，一字义修。武进（今属江苏常州）人。嘉靖八年（1529）会试第一，官翰林编修，后调兵部主事，以兵部郎中督师浙江。曾亲率兵船于崇明破倭寇于海上。升右佥都御史，巡抚凤阳，至通州（今南通）去世。崇祯时追谥襄文。学者称“荆川先生”。唐顺之学识渊博，对天文、地理、数学、历法、兵法及乐律皆有研究。他是明中叶重要散文家，与王慎中、茅坤、归有光等同为唐宋派代表。唐顺之对七子拟古主义不满，提出师法唐宋而要“文从字顺”的主张。他一方面推崇三代、两汉文学传统，肯定唐宋文的继承和发展；另一方面，又提出诗文写作应“直据胸臆，信手写出”，要师法唐、宋而“卒归于自为其言”。唐顺之的文章实践了自己的主张，文风简雅清深，间用口语，不受形式束缚。其记叙散文，大多有叙有议。往往叙中择其一点，引申开来，情思遐飞而哲理蕴其中，自然浑厚而畅达豁然。著有《荆川先生文集》17卷。

唐松草 *Thalictrum aquilegifolium* var. *sibiricum*; columbine meadowrue 毛茛科唐松草属的一个变种。分布于中国东北、内蒙古、河北、山东、湖南东北部、浙江等地。朝鲜半岛、俄罗斯、日本也有分布。多年生草本，无毛。基生叶花时枯萎；茎生叶互生，3～4回3出复叶；小叶膜质，顶生小叶倒卵形或近圆形，3浅裂，裂片全缘或具粗齿。复单歧聚伞花序伞房状，多分枝；花两性，径约1厘米；萼片4，白或淡紫色；无花瓣；雄蕊多数，花丝上部倒披针形；雌蕊心皮6～8，有长心皮柄，离生，子房上位，1室；花期7月。瘦果倒卵形，长4～8毫米；果期8月。生长在草甸或林中。根及全草可药用。

唐宋八大家 Eight Prose Masters of Tang and Song Dynasties 中国唐代散文家韩愈、柳宗元，宋代散文家欧阳修、苏洵、苏轼、苏辙、曾巩和王安石的合称。八家合称，始于明初朱右的《八先生文集》(今不传)，其后，唐顺之“著《文编》，唐宋人自韩、柳、欧、三苏、曾、王八家外无所取”(《明史·茅坤传》)。继二书之后，茅坤广选八家文，编成《唐宋八大家文钞》，共144卷，每有品评，眼光独具。“唐宋八大家”之称，随《唐宋八大家文钞》的风行而广为人知。

有明代万历刻本及清代书坊刻本。清代魏源有《纂评唐宋八大家文读本》8卷，今人有高海夫主编《唐宋八大家文钞校注集评》(1997)。

《唐宋传奇集》 中国唐宋传奇小说选集。鲁迅编。共8卷，前5卷为唐人作品，第六卷的作者和成书年代尚难确定，末两卷为宋人作品。集中绝大多数是脍炙人口的名篇，选录颇精又经仔细校订，于1927年编定，由北新书局出版。1956年文学古籍刊行社重印出版。

唐宋古文运动 Classical Prose Movement in Tang and Song Dynasties 中国唐宋时期的文学革新运动。其内容是在复兴儒学的旗号下，让散文反映社会实际，其形式就是反对骈文，提倡生动自由的古文。

所谓“古文”，是相对骈文而言的，指先秦两汉以散行单句为主、不受形式拘束的散文。自魏晋，尤其是南北朝以来，骈文盛行，讲求声律对偶，堆砌典故辞藻，内容空洞，不适于用。至唐初，骈文仍占主要地位。天宝至中唐前期，萧颖士、李华、元结、独孤及、梁肃、柳冕等，先后提出宗经明道的主张，写作古文，成为古文运动先驱。贞元、元和间，韩愈、柳宗元进一步提出一套完整的古文理论，并创作出大量优秀古文作品，当时有许多年轻人追随他们学写古文，终于形成了颇有声势的古文运动，把散文的发展推向了一个新阶段。

韩、柳是唐代古文运动的代表。他们倡导古文是为了推行古道，复兴儒学。他们的古文理论都把明道放在首位，不过韩愈强调仁义和道统，反对佛、道二教，柳宗元则更强调“以辅时及物为道”(《答吴武陵论非国语书》)。此外，两家的古文理论还包括：①主张“养气”。强调提高作者的道德修养，“气盛则言之短长与声之高下者皆宜”(韩愈《答李翊书》)。②主张“不平则鸣”(韩愈《送孟东野序》)。认为“欢愉之辞难工，而穷苦之言易好”(韩愈《荆潭唱和诗序》)，文章不但可以直抒怀抱，也可以“杂以瑰怪之言”(韩愈《上兵部李侍郎书》)。③学习标准为“非三代两汉之书不敢观”(《答李翊书》)。不仅重视经史，也重视屈原、司马相如、扬雄等人的文章。④反对模仿因袭。要求“唯陈言之务去”(《答李翊书》)，以为“唯古与辞必己出，降而不能乃剽贼”(韩愈《南阳樊绍述墓志铭》)，对于古圣贤人著作，则“师其意，不师其辞”(韩愈《答刘正夫书》)。

韩、柳的古文运动虽然取得了成功，但因为他们的继承者古文写作艺术远逊于他们，所谓的“韩门弟子”(如皇甫湜、樊宗师、沈亚子等)片面地发展了韩文“怪奇”的一面，古文运动到中唐后期即开始走向消歇，五代、宋初，浮靡华丽的骈文再度泛滥。

宋初，王禹偁、柳开提倡古文，但影响不大。真宗、仁宗时，西昆派追求声律骈丽的骈文，一时大盛。

宋代的古文运动始于欧阳修。欧阳修凭借其政治地位，倡导古文，其同时文士苏洵、苏轼、苏辙、王安石、曾巩皆积极响应，后黄庭坚、陈师道、张耒、秦观、晁补之等人，又都是古文能手，各树旗帜，扩大影响，推动宋代古文运动达到波澜壮阔的地步。宋代古文运动的主要特点，第一是主张明道，与韩、柳同。第二是直接取法韩愈，但又摒弃韩文奇古奥僻的偏向，着重学习韩文“文从字顺”、平易明白的一面，使宋文在韩、柳以外，呈现出一种新的面貌，推动散文在更广阔的道路上发展前进。明人朱右编韩、柳文和欧、曾、王、三苏六家文为《八先生文集》，茅坤编《唐宋八大家文钞》，“唐宋八大家”之名遂风行天下，古文终于在与骈文的对抗中取得主流地位。明代宋濂、唐顺之、王慎中、归有光，以及清代桐城派、阳湖派古文之所以取得一定成就，无不受到唐宋古文的启发和影响。唐宋古文运动，是中国散文发展史上一座重要的里程碑。

《唐宋名贤百家词》 中国词总集。明代吴讷编。吴讷(1368～1454)，字敏德，号思庵。江苏常熟人。官至右都御史。此书辑于正统年间，刻本卷首有吴讷序。比毛晋汲古阁刻词早200多年。当时所见善本尚多，如南宋前期曾慥所编《东坡词》、《东坡词拾遗》，均赖此书而得以传存。此书所收词集自《花间集》起，至南宋郭应祥《笑笑词》止，名为百家，实仅90家。天津图书馆藏明红格抄本40册为天一阁旧藏，缺11家，实有89家。此书为研究宋词提供了有重要参考价值的版本资料。通行本有商务印书馆排印本。

唐宋派 Tang-Song school 中国明代文学流派。代表人物有嘉靖年间的王慎中、唐顺之、茅坤和归有光等。自前七子的李梦阳、何景明等倡言复古之后，散文以模拟古人为事，不但缺乏思想，而且文字佶屈聱牙，流弊甚烈。针对这种情况，嘉靖初年，王慎中、唐顺之及李开先等8人力矫李、何之弊，主张学习欧阳修、曾巩的文章。稍晚，以李攀龙、王世贞为代表的后七子再次发起复古运动，在文学观念上与王慎中、唐顺之趣尚近似的茅坤、归有光乃复对其展开了批评。他们变学秦汉为学欧、曾，主张文从字顺，重视在散文中抒发作者自己的思想感情，具有自己的本色面目。唐宋派中散文成就最高的当推归有光。归有光善于抒情、记事，能把琐屑的事委曲写出，不事雕琢而风味超然。唐宋派散文成就超过前、后七子，却始终未能根本改变文坛局面。其散文创作对后世较有影响，清代桐城派即继承了它的传统。

《唐宋诗举要》 中国唐宋诗总集。近人高步瀛编选。高步瀛(1873～1940)，字阆仙。河北霸县(今霸州)人。清光绪二十年(1894)举人。民国初年为教育部社会司司长。曾任北京师范大学、女子师范大学教授。为桐城派后期古文家吴汝纶的弟子。此书共选录唐诗619首，计84家；宋诗197首，计17家(附金元好问)。其中李白、杜甫入选之诗，约200首。此书注解采用集注形式，作家小传、作品题解及评注，都有选择地征引原始资料，时作论断，亦多创见。此书主要依据王士禛《古诗选》、姚鼐《今体诗钞》、吴闿生《古今体诗约选》编选，而又有所变化、发展。高氏批评王氏五古不取杜、韩，失之于偏，此书选入了杜甫的三吏三别、《奉赠韦左丞丈》、《北征》等名篇，代表性较王氏选本为强。所选均为大家，作者编选此书的目的在于读者诵习，而不在反映唐宋时期诗歌的全貌。有1959年中华书局上海编辑所排印本、1978年上海古籍出版社重印本。

《唐宋文举要》 中国唐宋文选注集。近人高步瀛（1873～1940）编选。全书分甲、乙两编。甲编8卷选散文，前5卷选唐文26家，100篇，后3卷选宋文14家，78篇，共40家，178篇。乙编4卷是骈文，前3卷为唐代骈文，29家，46篇；后1卷为宋代四六文，20家，24篇。高氏每编之前有总序，简述唐宋两代的散文骈文的基本情况。所选以唐宋八大家为主，突出了重点；而八大家之外的名篇也选了不少，能兼顾全貌。特别可贵的是不仅选散文，也兼顾骈文，这与桐城派的轻视骈文有很大不同。注释也如《唐宋诗举要》一样，详博谨严，作家小传能详核仕履及登科之年，关于历史事实、典章制度、地理沿革，所引资料必取原始，阐述文义也能博采前人论述，是一部颇有参考价值、详略适中的唐宋文选注本。有1963年中华书局排印本、1980年上海古籍出版社排印本。

唐太宗李世民 Emperor Taizong of Tang Dynasty (598～649) 中国唐朝皇帝。唐高祖李渊次子。隋末，李渊先后任山西河东慰抚大使、太原留守，负责镇压今山西地区的农民起义和防备突厥，世民随父在晋阳（今山西太原西南）。大业十三年（617）李渊在晋阳起兵，以长子建成为陇西公、左领军大都督，统左三军；世民为敦煌公、右领军都督，统右三军，攻克长安。唐朝建立后，世民为尚书令，封为秦王。在西讨东征的战争中，锻炼出了杰出的军事指挥才能。他统兵削平西北和山东群雄。首先进攻据有金城（今甘肃兰州）一带的薛举，打败举子薛仁杲，迫使降唐；接着又打退了倚仗突厥势力南攻河东的刘武周、宋金刚；武德四年（621）又打败窦建德，消灭夏政权；同时迫使盘踞洛阳的王世充出降，为统一全国奠定了基础。

李世民在统一全国的过程中功勋卓著，势力越来越大。他谋夺皇位继承权。太子李建成知世民终不肯为人下，于是双方展开了激烈的斗争。武德九年六月四日，李世民发动“玄武门之变”，杀死建成、元吉，逼唐高祖李渊立其为太子。不久，李渊退位，李世民即皇帝位，是为唐太宗。次年（627）改元贞观。

唐太宗即位后，任用贤良，兼听纳谏，实行轻徭薄赋、疏缓刑罚的政策，并且进行了一系列政治、军事改革。他的政策和措施符合时代要求，终于促成了社会安定、生产发展的升平景象，史称贞观之治。贞观之治是中国古代最著名的“治世”。

贞观四年（630），唐太宗遣李靖、李勣平定东突厥，俘虏颉利可汗，解除了北边的威胁；九年，平定吐谷浑，俘其王慕容伏允；十四年，又派侯君集平定高昌麴氏，于其地置西州，并在交河城（今新疆吐鲁番西）置安西都护府。唐太宗对东突厥降众及依附于突厥的各族执行比较开明的政策，受到他们的拥戴，因而被尊为“天可汗”。十五年把文成公主嫁给吐蕃的赞普松赞干布，发展了汉、藏两族间的经济文化交流。

贞观后期，唐太宗逐渐走向奢靡；东征高丽的战争则给人民带来了苦难。这说明“贞观之治”具有一定局限性。晚年著《帝范》一书以教诫太子，其中总结了他一生的政治经验，也对自己的功过进行了评述。贞观二十三年唐太宗病危，令长孙无忌、褚遂良在其身后辅佐李治。五月，去世。葬于昭陵。

唐弢 Tang Tao (1913-03-03～1992-01-09) 中国散文家、文学史家。原名唐端毅，常用笔名晦庵。浙江镇海人。卒于北京。1933年开始在《申报·自由谈》发表杂文。抗日战争爆发后，居留上海孤岛，参加《鲁迅全集》编校工作。1945年起，在报上发表《书话》，曾编辑《周报》和《文汇报》副刊《笔会》。中华人民共和国建立后，任复旦大学和上海戏剧专科学校教授，《文艺新地》《文艺月报》副主编。1956年任上海市文化局副局长。1959年起为中国科学院哲学社会科学部文学研究所研究员。

中华人民共和国建立前，唐弢的文学创作以杂文、散文为主。他的杂文创作深受鲁迅影响，针砭时弊，抗击黑暗，反应锐敏，议论激烈，有时含有抒情气氛，感情浓郁，意味隽永。出版的杂文集有《推背集》(1936)、《海天集》(1936)、《短长书》(1940)、《投影集》(1940)、《劳薪辑》(1941)、《识小录》(1947)，散文集有《落帆集》(1948)等。1949年后，除继续坚持杂文和散文创作，主要致力文学评论和研究工作，是中国现代文学研究（特别是鲁迅研究）的重要学者。先后出版论文集《向鲁迅学习》(1953)、《鲁迅在文学战线上》(1957)、《燕雏集》(1962)、《海山论集》(1979)、《鲁迅的美学思想》(1984)等，并主编《中国现代文学史》。另外分别辑录《鲁迅全集补遗》(1946)和《鲁迅全集补遗续编》(1952)。社科文献出版社1995年出版了《唐弢文集》10卷。

唐廷枢 Tang Tingshu (1832-05-19～1892-10-07) 中国清末洋行买办，洋务企业活动家。字景星。广东香山（今中山市）人。卒于天津。1851年起，先后在香港英国殖民政府和上海海关担任译员10年。1863年进入上海怡和洋行充当买办，经理库款，经营丝茶出口贸易，开展航运，扩大洋行在上海以外的通商口岸的势力。同时，继续从事商业活动，大量附股洋行经营的保险、航运企业，并为洋行企业吸引大量的华商资本。1873年任李鸿章主持的轮船招商局总办，成为洋务派官僚的有力助手。任职期间，招商局的营业状况颇有起色。1876年受李鸿章委托筹办开平煤矿。从勘察矿址、拟定计划，到筹集资本、正式开采，都由他一手主持。开平煤矿的组成或附属部分，也都是在他的倡议或主持下兴办的。

《唐五代词》 *Collection of Ci-poems in Tang and Five Dynasties* 中国唐五代词总集。近人林大椿辑。共收唐五代词1 148首，作者81人。其词采自《花间集》、《尊前集》、《金奁集》和《全唐诗》中的附词等。作家以时代为序，卷末附有简略的作者生平，兼及作品真伪的考辨、各家重见和字句异同的校勘、宋人诗话有关作家作品的一些遗闻轶事。搜罗较为丰富。此书的缺点是所录主要为唐五代文人词，民间词除寥寥几首外，绝大多数屏而不录。敦煌发现的曲子词，可考者多达千首，大都是民间词，书中均未采入。1933年商务印书馆出版，1956年文学古籍刊行社重新校订断句出版。

唐武宗李炎 Emperor Wuzong of Tang Dynasty (814～846) 中国唐朝皇帝。唐穆宗第五子，文宗之弟。本名瀍，临死前改名炎。开成五年（840）正月，文宗疾重，宦官神策中尉仇士良及鱼弘志矫诏立李瀍为皇太弟，废太子。同月文宗去世，李瀍即位。次年改元会昌。武宗即位后，任李德裕为相，对唐朝后期的弊政做了一些改革。会昌三年（843），泽潞镇（今山西长治）节度使刘从谏死，其侄刘稹谋擅袭其位。武宗采纳李德裕的建议，命诸道出兵征讨。次年，刘稹为部下所杀，泽潞平。

会昌五年，武宗在道士赵归真的鼓动和李德裕的支持下，下令废佛。武宗废佛是继北魏太武帝、北周武帝之后佛教所谓“三武之祸”中的最后一次（见会昌废佛）。由于废佛成功，扩大了唐朝政府的税源，巩固了中央集权。

会昌六年三月病危，诸宦官以皇子年幼，乃立光王李怡为皇太叔。是月武宗去世。葬于端陵。

《唐贤三昧集》 中国唐诗选集。清代王士禛编选。3卷，选盛唐时王维等43人诗448首，未选李白、杜甫诗，反映了神韵论者的观点。编者自称对司空图所云“妙在酸咸之外”和严羽所云“羚羊挂角、无迹可求”“别有会心”，于盛唐诗便“录其尤隽永超诣者”，用意在于对明代前后七子、公安派、竟陵派的诗风进行救弊补偏。对此书优劣颇多不同见解。有康熙刻本。又有乾隆间吴煊、胡棠注本。

唐宪宗李纯 Emperor Xianzong of Tang Dynasty (778～820) 中国唐朝皇帝。唐顺宗李诵长子。初名淳。贞元四年（788）封广陵郡王。二十一年初，立为太子，改名纯。八月即位。宪宗的政绩主要有两方面：一是政治上有所改革，二是暂时平定了一些藩镇。他宣布一切按省估（中央政府规定的价格）折纳赋税，规定观察使须先征用所治州市税，不足时方可征所属其余州之税；又下诏蠲租税，出宫人，绝进奉，禁止南方掠卖奴婢；并在北边开营田和并省各级官员。他还利用德宗以来积蓄的财力，重用主张裁抑藩镇的大臣，坚主用兵，取得了一定的胜利。被后人誉为唐代的“中兴之主”。为削弱藩镇势力，宪宗采取以下措施：安史之乱以后节度使均就军中任命；元和二年，以左金吾大将军范希朝出任朔方、灵盐节度使，以革旧弊；分割强镇之州县，以少其力。元和十四年，又诏诸道节度使、都团练使、都防御使及经略使所属支郡兵马均归刺史统领，以分方镇兵权。经过削藩，藩镇势力暂时有所削弱。后为宦官陈弘志（一作弘庆）等人谋杀。

唐胥铁路 Tangshan-Xugezhuang Railway 中国自建的第一条铁路。起自河北省唐山，止于胥各庄，长9.7千米。现为京沈铁路的一段。1881年5月开平煤矿公司为了运煤，经清政府批准，开工修建这条铁路，11月竣工。轨距1 435毫米，轨重15千克/米。开始清政府以机车行驶震及皇帝陵园为由，只准以骡马牵引车辆。1882年改为机车牵引。机车为旧锅炉改造而成，命名为“龙号”，是中国制造的第一台蒸汽机车。1886年清政府设立的开平铁路公司收购了这条铁路。1887年清政府将公司改组为中国铁路公司，开始自主修建和管理铁路。

唐玄宗李隆基 Emperor Xuanzong of Tang Dynasty (685～762) 中国唐朝皇帝。唐睿宗李旦第三子。善骑射，通音律、历象之学，擅长八分书，多才多艺。神龙元年正月中宗李显即位，恢复了唐朝国号，但政柄却旁落在皇后韦氏手中。景龙四年六月中宗去世，韦后立温王李重茂为帝，是为少帝。隆基与其姑母太平公主发动政变，诛杀韦后；少帝被迫逊位，相王李旦即位，是为睿宗。隆基以除韦后功，被立为太子。延和元年（712）八月睿宗传位太子，退为太上皇。隆基即位，改元先天，是为玄宗。不久，太平公主又阴谋发动宫廷政变以废玄宗，隆基密知之，乃与郭元振、王毛仲、高力士等人于先天二年（713）先发制人，赐太平公主死，尽诛其余党。改元开元。唐朝进入了开元（713～741）至天宝（742～755）长达40余年政局比较稳定的鼎盛阶段。

玄宗早年英明果断，亲身经历过复杂的斗争，深知安定升平的政局来之不易，所以即位以后，擢同州刺史姚崇为相。开元四年（716）姚崇罢相以后，玄宗又重用宰相宋璟。在姚、宋执政时期赋役宽平，刑罚清省，天下富庶。此后玄宗所用诸相张嘉贞、张说、韩休及张九龄等亦堪称贤良，各有所长。玄宗在开元初年提倡节俭、毁乘舆服玩，沙汰僧尼，禁民间铸佛像写经，选京官有才识者为地方都督、刺史，以后又在行政、财政、军事诸方面进行了一系列改革，促进了经济的发展和社会繁荣（见开元之治）。但与此同时，土地兼并盛行，农民逃亡日多，社会政治危机也已经伏下。

从开元末年起，玄宗在长期升平殷富的盛世中逐渐发生变化。在政治上，他以为天下无复可忧，便深居禁中，怠问政事。自开元二十二年起，奸臣李林甫专权达19年之久，宦官高力士亦日见重用；热衷于开边，对吐蕃、南诏、契丹不断发动战争，不仅恶化了民族关系，而且财政上也发生了用度不足的问题，故而又任用王𫟹等聚敛之臣，对人民加紧搜刮；同时大量扩充边军，导致了军事布局上的外重内轻，中央集权被削弱；在个人生活上，他专以声色为娱，天宝二年后宠幸杨贵妃，放纵杨氏姐妹穷奢极欲，浊乱朝政，而李林甫死后，杨贵妃从祖兄杨钊（即杨国忠）又成了专权的朝臣。玄宗一再受李林甫、杨国忠、安禄山等野心家的蒙蔽，终于在天宝十四载酿成了安史之乱。

安禄山发动叛乱之后，直逼长安。唐玄宗于天宝十五载六月急忙率从官及杨贵妃等离长安西逃，行至马嵬驿（今陕西兴平西），禁军哗变，杀杨国忠，玄宗被逼缢杀杨贵妃，军情始定。此后，太子李亨率一部分禁军北趋灵武（今宁夏吴忠北），七月即位，改元至德，是为肃宗。隆基率另一部分禁军南逃成都，后被尊为上皇天帝。至德二载，唐军在回纥援助下收复长安，玄宗由成都还长安。

宦官李辅国曾因劝肃宗即位之功而深受肃宗宠信。安史之乱平定后，他自以出身微贱，为玄宗左右所轻视，乃离间玄宗与肃宗的关系，后竟迫使玄宗迁居太极宫（西内）甘露殿，玄宗晚年郁郁寡欢，于宝应元年（762）建巳月（即四月）甲寅于神龙殿去世。葬于泰陵。

唐寅 Tang Yin (1470～1523) 中国明代画家。吴门四家之一。字伯虎，一字子畏，号六如居士，又号桃花庵主。吴县（今江苏苏州）人。出身商贩之家，早年发愤读书，弘治十一年（1498）得中应天府（今江苏南京）乡试解元。弘治十二年赴京会试，被累程敏政科场案，下诏狱，谪为吏。正德九年（1514）投奔江西宁王朱宸濠幕下，后发现朱宸濠有不轨之意，遂脱身返回苏州。两次遭际使他绝意仕进，晚好佛事，筑圃舍于桃花坞，潜心诗文书画以终。与祝允明、文徵明、徐祯卿并称吴中四才子。书法师赵孟頫，风格奇峭。绘画于山水、人物、花鸟、楼阁俱能。早年师事周臣，主要吸取李唐、刘松年的传统，后博取众长。

唐寅的山水画，一种较多受周臣和李唐、刘松年的影响，呈院体风貌。其作品笔墨精谨爽利，皴法多用小斧劈皴，画法近似周臣。但用笔比较细秀，山石勾勒圆转，布局比较疏朗，刚中含柔，粗中有细，与周臣又有明显不同。代表作品有早期的《骑驴归思图》，中年的《山路松声图》等。另一种山水画多参以元人画法，呈秀润清俊的细笔画风，用笔精细圆润，墨色融和清丽，格调秀逸潇洒，更多文人画意趣。代表作品有《事茗图》。山石皴法及松树枝干仿李成、郭熙，然笔法多秀润之致，墨色也清淡冲和，自成一格。

唐寅在人物画上也有很深的造诣，题材多绘古今仕女和历史故事，许多内容富有讽喻世态之意。早年以工笔重彩为主，用笔精细，设色艳丽，后又兼长水墨写意，洗练流畅，笔简意赅。所作仕女尤有特色，于后世影响较大。代表作品有早年的《王蜀宫妓图》

《陶穀赠词图》(台北“故宫博物院”藏)

（又名《四美图》）。中年的《陶穀赠词图》、《李端端落籍图》等工笔人物画，亦多效唐宋之法。中年时期杰作《秋风纨扇图》，水墨简笔画，已呈现明显变化。兰叶描加折芦描的线条，流畅劲健而又顿挫抑扬，秀丽的形象准确而又洗练，笔墨脱胎于周臣而变为放逸，更多文人写意的神韵。

唐寅所作的花鸟较少。其花鸟以水墨为主，画法介于沈周、林良之间，工稳而不一味精谨，洒脱又非随意纷披，呈现出活泼、秀逸的格调，存世作品有《枯槎鸜鹆图》、《墨梅图》等。

唐由之 Tang Youzhi（1926-07-01～ ） 中国中医眼科专家。生于浙江杭州。1942年拜中医眼科名家陆南山为师，5年后在杭州开设眼科诊所。1957年考入北京医学院医疗系，毕业后到中国中医研究院从事眼科的临床、研究、教学和科技管理工作至今。历任中国中医研究院副院长、名誉院长、该院附属眼科医院名誉院长，卫生部学术委员会委员，中华中医眼科学会主任委员，中国中西医结合眼科学会主任委员，《中国中医眼科杂志》主编等职。从事中医、中西医结合眼科疾病诊疗50余年，曾为毛泽东等国内外著名人士诊治眼病，特别是为毛泽东做内眼手术，享誉中外。研究成功“白内障针拨套出术”，开创了从睫状体平坦部做内眼手术的途径，使中国中西医结合治疗白内障达到了国际显微外科的先进水平，这项成果1978年获全国科学大会奖，1985年获国家科技进步奖，1989年获“阿拉伯特·爱因斯坦世界科学奖状”，1996年获何梁何利基金科学与技术进步奖。此外，在病毒性角膜炎的辨证论治和实验研究、视神经萎缩和视网膜色素变性、老年黄斑变性等内眼病方面，运用中医药治疗，取得了满意的疗效。

唐有祺 Tang Youqi（1920-07-11～ ） 中国物理化学家。生于江苏南汇（今属上海）。1942年毕业于同济大学理学院化学系。1950年获美国加州理工学院博士学位，并在该校任博士后研究员。1951年回国，历任清华大学化学系、北京大学化学系教授，中国化学会和晶体学会理事长，以及《化学译报》和《物理化学学报》创始主编等职。1980年当选中国科学院学部委员（院士）。留学期间师从化学家L.鲍林，主攻晶体结构分析和化学键理论。回国后首先开设晶体化学课程，筹建结构化学实验室并培养队伍，他主持的实验室是参加胰岛素结构测定的主要单位之一。1979年建成生物大分子结构实验室和表面结构实验室，开展生物分子和表面物理化学研究。90年代任攀登计划项目“生命过程中重要化学问题研究”的首席科学家。著有《结晶化学》、《统计力学及其在物理化学中的应用》、《化学动力学和反应器原理》、《对称图象的群论原理》、《有限对称群的表象及其群论原理》和《相平衡、化学平衡和热力学》，发表论文300余篇。

《唐语林》 中国笔记体唐代文史资料集。编撰者宋代王谠。全书有8卷、10卷、11卷等多种记载。仿《世说新语》体例，按内容分门系事。该书材料取自有关唐代文史的50种文献，广泛记载了唐代的政治史实、宫廷琐事、士大夫言行、文学家逸事、风俗民情、名物制度和典故考辨等，对研究唐代历史、政治和文学，均有参考价值。该书在明初散佚。清代编《四库全书》时，据明嘉靖齐之鸾刻残本及《永乐大典》所载，加以校订增补，以后各书多采用此本。今传有聚珍版本、《惜阴轩丛书》本、《墨海金壶》本、《守山阁丛书》本等。1957年古典文学出版社据《守山阁丛书》本标点排印。1987年中华书局出版的周勋初《唐语林校证》，对此书作了全面整理，且为其中文字寻找原出处。

唐长孺 Tang Zhangru（1911-07-04～1994-10-14） 中国历史学家。江苏吴江人。卒于武汉。1932年毕业于上海大同大学文科，后在多所中学任教。1940年任上海光华大学讲师。1942年任湖南国立师范学院副教授。1944年后任武汉大学历史系副教授、教授。1949年后，历任中国古代史教研室主任、魏晋南北朝隋唐史研究室主任、历史系主任、中国三至九世纪研究所所长。兼任中国科学院历史研究所研究员、国家文物局古文献研究室主任。九三学社第六届中央委员、武汉分社副主任委员。

唐长孺早年钻研辽金元史，以后长期从事魏晋南北朝、隋唐史的研究。出版《魏晋南北朝史论丛》、《三至九世纪江南大土地所有制的发展》、《唐书兵志笺正》、《魏晋南北朝史论丛续编》、《魏晋南北朝史论拾遗》等专著。唐长孺还广泛参加史学社会实践。1956年，参加教育部“中国古代史教学大纲”的编撰。1961年，主编《中国通史参考资料（魏晋南北朝分册）》。从1963年起，主持并参加二十四史中北朝四史（《魏书》、《周书》、《北齐书》、《北史》）的点校工作。20世纪60年代以来，他的研究范围由魏晋南北朝延伸到隋唐，史料收集也由对史籍的查考发展为对出土古文献资料的整理，为这一时期的学术研究再辟蹊径。1975年经他倡议，在国家文物局领导下，组成“吐鲁番出土文书整理组”，由他任组长主持整理工作，主编了《吐鲁番出土文书》共10册。随后又主编《敦煌吐鲁番文书初探》一书。2011年8卷本《唐长孺文集》出版。

唐招提寺 Toshodaiji Monastery 日本佛教律宗建筑群。位于日本奈良市（古平城京所在地）。由中国唐代高僧鉴真于759年奠基，其弟子如宝负责建筑工程。与东大寺的戒坛院并为传布和研究律学的两大道场。平安时期初兴盛一时，后逐渐衰微，镰仓时期一度复兴，后衰落。现存有创建初期的金堂、讲堂。存有鉴真和尚夹纻坐像等重要文物及多种古写经、古书籍等。当时完成的金堂（大殿）、讲堂、东塔等建筑物，反映了中国唐代建筑的风格。

唐昭陵 Zhao Mausoleum of Tang Dynasty 中国唐太宗李世民的陵墓。位于陕西礼泉东北的九嵕山主峰上。贞观十年（636）埋葬长孙皇后时开始营建，贞观二十三年李世民入葬时建成。五代时已被盗掘。1962年起对部分陪葬墓进行调查和发掘。此陵陵园之大，陪葬墓之多，居历代帝王陵墓之首。1961年国务院公布为全国重点文物保护单位。

昭陵“因山为陵”，陵寝位于九嵕山南面山腰。据文献记载，昭陵玄宫规模宏大，从墓道至墓室深75丈（250米），前后置5道石门。陵园周长60千米，占地面积约200平方千米。陵寝四周环绕城垣，地面建筑分布在陵山周围。北有祭坛和玄武门，正南有献殿和朱雀门，西南有陵下宫。玄武门内原来列放高宗永徽年间（650～655）雕刻的14蕃酋石像，现仅存像座7个。门内东西两庑内原有昭陵六骏。167座陪葬墓以陵寝为中心，向南辐射成扇面形，列侍两侧。已发掘10多座，所出彩绘陶俑群色彩鲜艳，姿态各异；壁画布局谨严，色彩绚丽，线条与着色并重，在中国绘画史上有重要地位。

唐稚松 Tang Zhisong（1925～2008-07-21） 中国计算机科学与软件工程专家。湖南长

沙人。卒于北京。1950年清华大学哲学系逻辑专业毕业，1952年同系研究生毕业。历任中国人民大学数学教研室讲师，中国科学院数学研究所、计算技术研究所助理研究员、副研究员、研究员、博士生导师。1991年当选中国科学院学部委员（院士）。国际信息处理联合会（IFIP）成员。长期从事数理逻辑、自动机理论、计算机科学和软件工程等方面的研究。20世纪60年代从事自动机理论研究，证明计算机转移命令的许多结构性性质，如转移命令可用循环代替等重要结论。70年代从事结构程序设计和结构化语言的研究。80年代初从事时序逻辑语言XYZ/E及以它为基础的软件工程工具和环境系统XYZ系统的研究，XYZ/E是世界上第一个可执行时序逻辑的语言，获1989年国家自然科学奖一等奖。1996年获何梁何利基金科学与技术进步奖。代表作有《时序逻辑程序设计与软件工程》。

堂会 performance for home celebration 中国的一种传统演出形式。即富贵人家逢喜庆节令，出资在私宅或饭庄、会馆、戏园招延艺人演出以娱宾客。汉代桓宽《盐铁论·散不足》中有堂会演出最早的文献记载。经唐、宋、明代的发展，清代达到极盛。一场盛大的堂会戏，往往集中当地、甚至约聘外地著名演员演出，从当日下午一直演到次日凌晨。堂会上任随主人点戏、配戏，剧目以吉祥欢庆内容的为多。堂会演出从定戏班到演出有一套约定俗成的严格方法。演员应承堂会演出，收入往往数倍于平日所得。封赏则随主人阔绰程度、兴致高低而有差别，官府衙门所给赏钱比一般富户更高。至现代仍有个人或团体出资举办堂会演出。在西方也有与堂会类似的家庭演出形式。

《堂吉诃德》 *Don Quijote de la Mancha* 西班牙文艺复兴时期最杰出的现实主义小说。全名为《奇情异想的绅士堂吉诃德·德·拉·曼却》。作者M.de塞万提斯。创作于1602～1615年。书中献辞致雷莫斯伯爵。它问世以来受到西班牙语国家及全世界各国读者的喜爱，被翻译成各种文字，版本数以千计，成为世界文学中的瑰宝。上卷52章，前6章讲述堂吉诃德第一次出行，后46章讲述其第二次出行。下卷74章，讲述其第三次出行。故事梗概如下：穷乡绅吉哈达受中世纪骑士小说影响取名堂吉诃德，以祖上一副甲胄、一匹瘦马为骑士行头，说服同村庄稼汉桑丘与其结伴出行。一路上幻想自己是替天行道的游侠骑士，他把风车视为巨人并与之搏斗，把羊群视为敌阵挥矛乱刺……引发一系列令人捧腹的冒险故事，后被扮成骑士的邻人参孙打败，被迫听从参孙之命返回家乡，回去后一病不起，临死前终于醒悟。

作品真实地描绘出16世纪末至17世纪初西班牙封建社会的面貌，表现出对自由的热爱，对真理的崇尚，对虚伪、暴力以及压迫和奴役的鄙弃，洋溢着浓厚的人道主义精神。语言风格淳朴，幽默诙谐。作者将喜剧和悲剧、滑稽与崇高、可笑与可爱存在同一人物身上，这种悲剧的喜剧效应是小说艺术的重要特征。《堂吉诃德》对整个欧洲文学产生了深远的影响，为后来现实主义小说的发展奠定了基础。还被多次改编成电影和戏剧。

《堂吉诃德》插图

塘鳢鱼 Eleotridae; sleeper 鲈形目塘鳢科动物的统称。约有35属150余种。分布于世界各地热带及亚热带，温带沿海较少，最北可分布到美国大西洋沿岸，最南可分布到新西兰。中国约有8属14种，分布于沿海及各大江河的中下游。体长60～100毫米，大者可达150～200毫米。体延长或粗壮，稍侧扁，头平扁或侧扁。眼中等大或小，不突出于头的背面，无游离眼睑；眼上方有时具骨质嵴。口大或中等大，下颌常突出。上下颌具细牙，腭骨常无牙。前鳃盖骨边缘具棘或无棘。体被栉鳞。无侧线。背鳍2个，分离。臀鳍与第二背鳍相对，同形。胸鳍大，基部不呈肌柄状。腹鳍胸位，左右两腹鳍相互靠近，彼此分离。尾鳍圆形或稍尖。

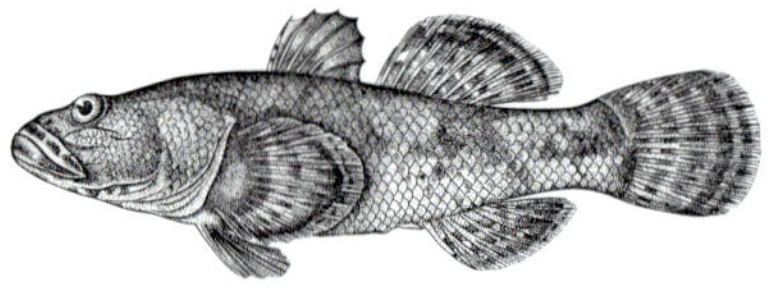

为暖水性海水或淡水小型鱼类。生活于海水的种类大多栖息于沿岸浅滩、石砾、海藻或珊瑚丛中，也有的穴居于洞穴内；生活于淡水的种类则栖息于湖沼、河溪的底层及泥沙、碎石、杂草相混的岸边浅水处。主要摄食虾类、小鱼和底栖动物，生活在淡水的种类也食水生昆虫。春季产卵，有些种类有筑巢和护卵习性。为小型食用鱼类。

搪瓷 enamel 在金属表面涂覆一层或多层搪瓷釉，在425～950℃烧制而成，并牢固结合的复合材料。旧称珐琅。既有金属固有的机械强度，又有硅酸盐特有的耐腐蚀、耐磨、耐热、无毒及可装饰性等特点。

沿革 古埃及是最早的搪瓷生产国。6世纪，欧洲相继有嵌丝珐琅、剔花珐琅、浮雕珐琅等问世。中国约在8世纪掌握铜坯搪瓷的生产工艺。明景泰年间，北京生产精致的铜坯搪瓷工艺品——景泰蓝。19世纪初，欧洲研制生产铸铁搪瓷，开创工业用搪瓷的新纪元。19世纪中叶，又研制出薄钢板搪瓷，奠定了现代搪瓷的基础。20世纪上半叶，各种搪瓷用化工原料相继问世。60年代以来，耐火材料、炉窑技术不断更新，推动涂搪、饰花技法迅速发展。

分类 按制品坯胎基材可分为钢板搪瓷，铸铁搪瓷，不锈钢搪瓷，铝、铜有色金属搪瓷，金、银贵金属搪瓷等；按制品用途可分为日用器皿搪瓷、卫生洁具搪瓷、搪玻璃、建筑搪瓷、医疗生物及医用搪瓷、电子搪瓷及家用电器配套用搪瓷、厨房用具搪瓷、艺术搪瓷等；按搪瓷性能可分为耐酸搪瓷、耐磨搪瓷、耐热搪瓷、绝缘搪瓷、自洁搪瓷、生物医用搪瓷等；按工艺特点可分为一次搪搪瓷和二次（或多次）搪搪瓷、低熔点搪瓷、微晶搪瓷等。

原材料和工艺 搪瓷的原料主要是金属材料和瓷釉。金属材料首推钢板。铸铁、铝、铜亦作坯体材料。瓷釉由硅酸盐同硼、铝及碱金属氧化物经高温熔制而成，另加其他添加剂。生产工艺主要有制坯、制釉、涂搪、干燥、烧成、饰花、检验等工序。搪玻璃制品则需组装成套后再行检测包装。

糖 sugar 通常指以甘蔗、甜菜为原料制取的蔗糖。

糖醇 alditol 醛糖或酮糖的羰基经还原得到的多元醇。在自然界，特别是在植物界广泛存在。甘油（丙三醇）是最简单的糖醇，是油脂的主要组成成分；L-山梨糖醇广泛存在于许多水果中；D-甘露糖醇在许多植物浆汁（如柿霜）和海洋生物中以游离形式或结合形式存在。从海带制取碘的工业中，有大量D-甘露糖醇副产品。糖醇是无色结晶固体，一般具有甜味，在水中的溶解度较相应的糖为低。醛糖，如D-葡萄糖还原得L-山梨糖醇（或称D-葡萄糖醇）。有些糖醇由于分子对称性，成为内消旋体。有些醛糖经还原得到同一个糖醇，如D-葡萄糖和L-古罗糖经还原均得到L-山梨糖醇。酮糖，如D-果糖还原时得到L-山梨糖醇和D-甘露糖醇的混合糖醇，后者也可以从D-甘露糖还原而得。在实验室中，由醛糖还原为糖醇最常用的还原试剂是硼氢化钠，或用钠汞齐，也可用兰尼镍催化还原。工业上采用催化还原或在碱性介质中电解还原的方法。通常得到的糖醇是混合糖醇。D-甘露糖醇在医药上作为利尿剂等，在食品工业中可作为添加剂。L-山梨糖醇则用于牙膏、化妆品和作为生产维生素C的原料。

糖酵解 glycolysis 糖在细胞内进行一系列生化反应而进行降解，借此获取能量的过程。在不需氧的条件下，产物为乳酸；在有氧条件下，生成丙酮酸，以利于进一步有氧化，更充分地提供能量为生物体利用。

反应过程 可分为2个阶段：第1阶段为准备阶段，葡萄糖经磷酸化等耗能过程，生成1,6-双磷酸果糖，再降解为磷酸丙糖（即磷酸二羟丙酮及3-磷酸甘油醛）；第2阶段为产能阶段，3-磷酸甘油醛通过辅酶Ⅰ(NAD^+)进行脱氢氧化，并陆续释出磷酸基团以合成ATP，形成丙酮酸，无氧条件下则利用产生的还原型辅酶Ⅰ(NADH)还原生成乳酸。细胞内主要由一些关键酶，如己糖激酶、6-磷酸果糖激酶及丙酮酸激酶的催化活性来调节。

生理意义 主要在于快速有效供能。在生物体或组织供氧不足时，可利用大量糖的酵解以产生少量ATP（每分子葡萄糖可提供2分子ATP），以供所需。如强烈肌肉收缩、高原条件下可借此以适应缺氧环境而获能；成熟红细胞几乎完全借助酵解获得能量。

糖精 saccharin 人工合成的高甜度、非营养性甜味剂。糖精、糖精铵、糖精钙、糖精钾和糖精钠的通用名称。常用的是糖精钠。

糖精钠可由甲苯与氯磺酸作用或由邻氨基苯甲酸甲酯制得糖精后加碱制成；为无色结晶或稍带白色的结晶性粉末，无臭或有轻微气味，味极甜，有后苦味，甜度约为蔗糖的500倍，易溶于水，微溶于乙醇，稳定性高。糖精钠水溶液于100℃加热两小时无变化，但长时间放置可慢慢降低甜味。可广泛用于多种食品和饮料，其后苦味可通过与阿斯巴甜等甜味剂并用被掩蔽，且可有协同、增效作用。还可用于药品和化妆品中。

关于糖精的安全性争论，过去一直认为安全性高。从20世纪70年代初发现糖精对实验动物有致癌性后，美国即于1971年将其从“一般认为安全（GRAS）”名单中删除，1977年又提出禁用法案，后因其在允许用量范围内无致癌性而几次延期禁用，直至1991年撤销禁用。中国从1954年严格控制其用量起至今一直许可使用。1993年经联合国粮农组织（FAO）和世界卫生组织（WHO）的联合食品添加剂专家委员会再次评价，认为对人无致癌性，并对糖精及其钾、钠、钙盐制订人体每日允许摄入量（ADI）为0～5毫克/千克，安全性高。

糖磷酸酯 aldose and ketose phosphates 醛糖磷酸酯和酮糖磷酸酯的总称。广泛存在于自然界，是支持生命活动的多种生化代谢途径的重要中间体。葡萄糖-6-磷酸酯在细胞的能量代谢中起核心作用，腺苷三磷酸是能量储存和转移的关键化合物。因此，糖磷酸酯是所有生命体的基础物质之一。最常见的糖磷酸酯有：D-葡萄糖-1-磷酸酯、D-葡萄糖-6-磷酸酯、D-核糖-5-磷酸酯、D-赤藓糖-4-磷酸酯、D-甘油醛-3-磷酸酯、D-果糖-1-磷酸酯、景天庚酮糖7-磷酸酯、D-核酮糖-5-磷酸酯、二羟基丙酮磷酸酯等。糖磷酸酯均为液体，其钾盐或环己胺盐为固体，赤藓糖、甘油醛等低级糖的磷酸酯常以二甲基缩醛环己胺盐形式保藏。

糖尿病 diabetes mellitus 胰岛素绝对或相对缺乏其生物效应降低所致的一组常见的代谢内分泌病变。主要特征是血糖增高。易并发感染（如肺结核病等）、动脉硬化、神经病变、肾病及视网膜病变等。

分类和发病机理 糖尿病分原发性和继发性两类，原发性居多数。

原发性糖尿病 主要分Ⅰ型糖尿病和Ⅱ型糖尿病两类。

①Ⅰ型糖尿病。约占糖尿病患者总数的5%，患者多较年轻，成人也可发生。患者依赖胰岛素而生存，停用胰岛素即发生酮症酸中毒。患者血浆中胰岛素水平低下或缺乏胰岛素，胰升糖素升高，胰岛B细胞对刺激胰岛素分泌的因素缺乏反应。胰岛素的靶器官——肝、肌肉、脂肪组织不能摄取营养物质，而且不断输送葡萄糖、氨基酸和脂肪酸到血循环中，血糖升高，尿糖出现，脂肪大量分解，又因糖酵解失常，酮体产生较高并且在体内堆积。注射胰岛素后，这些改变可以恢复。

②Ⅱ型糖尿病。患者不依赖胰岛素生存，病情较轻，可不用胰岛素治疗，不易发生酮症酸中毒，血浆无抗胰岛细胞抗体。起病年龄多在40岁以上，也可发生于年轻人。可分为肥胖型（占多数）和非肥胖型。

继发性糖尿病 其胰岛素不足或胰岛素抵抗是其他原因引起：①胰腺手术切除、慢性胰腺炎等，使胰岛素分泌不足或缺乏。②噻嗪类、肾上腺素能药等抑制胰岛B细胞对胰岛素的释放；糖类皮质激素、口服避孕药使机体对胰岛素抵抗（敏感性降低），血糖因利用减少而升高。③患肢端肥大症、皮质醇增多症时，周围组织对胰岛素的敏感性降低。④黑棘皮病可伴胰岛素抵抗。又分两类，一是胰岛素受体缺乏，一是免疫病（血浆中有与胰岛素受体结合的免疫球蛋白，可减少受体与胰岛素的亲和力）。两种都需要用大量胰岛素控制。⑤某些少见疾病可伴有胰岛素受体或受体后异常，如共济失调-毛细血管扩张症，普拉德尔-维利综合征（表现为肥胖Ⅱ型糖尿病、低促性腺激素的性腺功能低下、矮小、智力障碍）。

临床症状 Ⅰ型糖尿病发病急，病情重，高血糖、高尿糖导致溶质性利尿，多尿、口渴、多饮、消瘦、乏力等症状较明显，严重者迅速发生酮症酸中毒。Ⅱ型糖尿病病情较轻，患者多肥胖，血糖轻度升高，多饮、口渴症状不明显，往往患糖尿病多年而未被察觉，随着病情加重、症状明显才发现患有糖尿病。不少人因并发症（如视力减退、阴部瘙痒、皮肤疖肿、四肢麻木或疼痛、阳痿、下肢坏疽、肾病综合征、脑卒中和心肌梗死等）而作检查时才发现患糖尿病。

诊断 世界卫生组织的标准：二次以上空腹血糖高于7.0毫摩/升（126毫克/分升，用静脉血浆葡萄糖氧化酶法）可诊断糖尿病。若空腹血糖正常，为明确诊断，应做口服葡萄糖耐量试验。服葡萄糖75克后，2小时血糖高于11.2毫摩/升（200毫克/分升），诊断为糖尿病；2小时血糖低于7.8毫摩/升（140毫克/分升）为正常；2小时血糖7.8～11.1毫摩/升（140～199毫克/分升）为糖耐量低减（IGT）。若仅空腹血糖高于110毫克/分升，但低于127毫克/分升则诊为空腹血糖受损（IFG）。

并发症 有急性和慢性两种。

急性并发症 主要是糖尿病酮症酸中毒。由于胰岛素绝对或相对的严重缺乏，血糖显著升高，脂肪分解加速，酮体产生过多并在血中堆积，酸碱平衡失调，发生代谢性酸中毒。

慢性并发症 涉及血管、神经、皮肤和晶状体。血管并发症分为微血管和大血管病变。微血管病变是糖尿病特异的改变，特点是毛细血管基底膜增厚。病变侵犯视网膜，则导致糖尿病视网膜病变，视力下降和失明；侵犯肾脏则造成糖尿病肾病、蛋白尿、尿毒症、肾乳头坏死；侵犯心脏则造成糖尿病心肌病、顽固心力衰竭、心律失常，易致心脏骤停。微血管病变与糖尿病病程、糖代谢控制程度及遗传有密切关系。大血管病变非糖尿病所特有，但糖尿病可加速动脉硬化的发生，糖尿病患者冠心病发病率较正常人群高2～3倍以上，脑血管意外及四肢坏疽也较多。糖尿病患者对细菌（包括结核菌）、真菌等感染的抵抗力较低，泌尿、呼吸系统感染及败血症的发生机会较多。糖尿病神经病变可影响周围神经和植物神经，也可有颅神经损害，这与高血糖和血浆渗透性改变有关。感觉神经病变造成四肢远端麻木、刺痛，肢端感觉减退，易受外伤，发生糖尿病骨关节痛和下肢溃疡、坏疽。运动神经病变有眼睑下垂、眼球活动受限、面神经麻痹等。自主神经病变有心动过速、出汗障碍、位置性低血压、便秘、腹泻、阳痿、尿失禁、尿潴留等。血糖正常化可能有助于防止和延缓神经病变的发展。

治疗 合理的饮食是治疗的基础，每日饮食中的热量应符合维持理想的体重、工作和生活的需要。肥胖者要限制热量，减轻体重。消瘦者及儿童要有足够的热量以恢复理想的体重或保证正常的生长、发育。

口服降血糖药主要有磺酰脲双胍类、α-葡萄酒苷酶抑制剂和胰岛素增敏剂磺酰脲类药如甲苯磺丁脲（达美康、美比达、D_{860}），氯苯磺酰丙脲（氯磺丙脲），优降糖等，能促进胰腺B细胞分泌胰岛素，增加胰岛素与受体的结合，最适于经饮食控制后仍有中度高血糖的Ⅱ型糖尿病患者。

对于胰岛素依赖型糖尿病患者、妊娠糖尿病妇女、消瘦者，以及有糖尿病急性并发症或比较严重的慢性并发症者，宜使用胰岛素注射治疗。胰岛移植及胰腺移植在中国及其他国家均有少数短期成功的报道。

糖原 glycogen 由葡萄糖结合而成的支链多糖，通式$(C_6H_{10}O_5)_n$。又称动物淀粉、肝淀粉、肝糖。动物的储备多糖。哺乳动物体内，糖原主要存在于骨骼肌（约占整个身体的糖原的2/3）和肝脏（约占1/3）中；其他大部分组织中，如心肌、肾脏、脑等，也含有少量糖原。低等动物和某些微生物（如真菌、酵母）中，也含有糖原或糖原类似物。糖原的结构与支链淀粉相似，由葡萄吡喃糖按α,1→4糖苷键缩合而成，在糖原分子中支链点（6←1,α）之间的距离只有五六个糖单元（支链淀粉分子中平均间隔约为20～25个），形成树杈状的紧密结构：

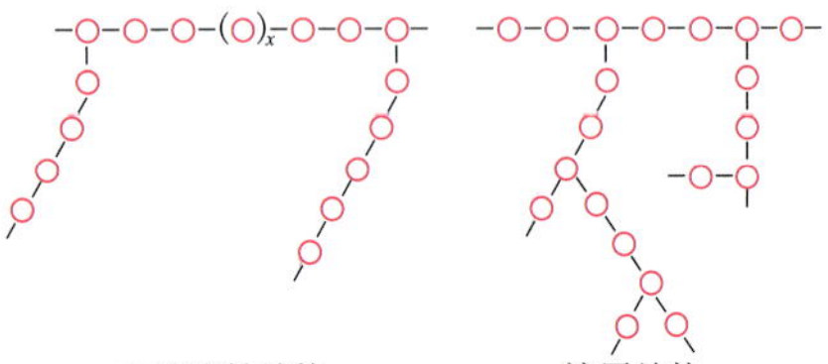

支链淀粉结构　　糖原结构

-o-为葡萄糖单元

分子量范围从几百万至几千万。提纯的糖原为白色无定形颗粒，还原性极弱，易溶于水而产生乳白色胶体溶液，比旋光度约+200，对碱耐受性比较强，与碘反应呈红棕色。在醇中溶解度小，加乙醇于水溶液中可使糖原沉淀析出。淀粉酶能作用于糖原，产生麦芽糖及糊精。糖原的不正常代谢，表现为糖原贮积症。

螳螂目 Mantodea; mantid 昆虫纲的一目。中至大型有翅昆虫。俗称螳螂。广布世界各地，尤以热带地区种类最为丰富。世界已知2 200余种。中国约112种。体长形，多为绿色，也有褐色或具有花斑的种类。头三角形且活动自如。复眼突出，单眼3个。咀嚼式口器，上颚强劲。前翅为覆翅，后翅膜质，臀域发达，扇状，休息时叠于背上。前足捕捉足，中、后足适于步行。足跗节5节，有爪1对，缺中垫。腹部肥大。产卵器不突出，尾须短。螳螂卵产于卵鞘内，卵鞘是泡沫状

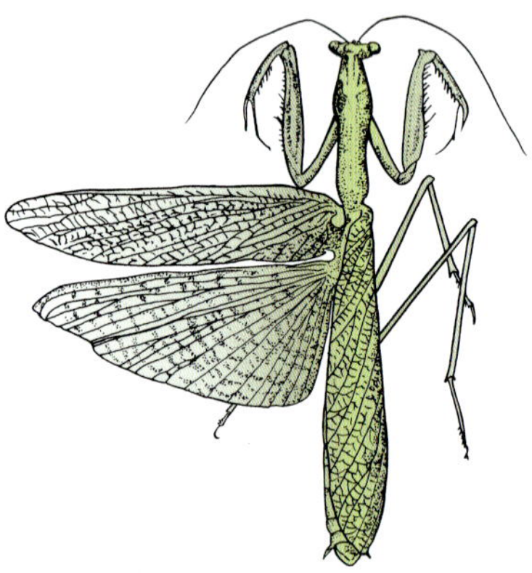

螳螂形态示意图

的分泌物硬化而成，多黏附于树枝、树皮、墙壁等物体上。初孵出的若虫为预若虫，蜕皮3～12次始变为成虫。一般1年一代，有些种类行孤雌生殖。肉食性，猎捕各类昆虫和小动物，是田间和林区的益虫。缺食时常有大吞小和雌吃雄的现象。分布在南美洲的个别种类可攻击小鸟、蜥蜴或蛙类等小动物。螳螂有保护色，并有拟态，与其所处环境相似，借以捕食多种害虫。

螳螂拳 tanglang quan; mantis boxing 中国武术象形拳之一。模仿螳螂的动作，分北派螳螂拳与南派螳螂拳。北派螳螂拳相传为明末清初山东即墨人王朗所创。他受螳螂搏斗时的技巧而得到启发，从而创造了勾、搂、采、挂、刁、缠、劈、滑等多种武术技击手法，成为别具一格的北派螳螂拳。北派螳螂拳的分支流派颇多，按其劲力特点可分为硬螳螂拳、软螳螂拳和综合螳螂拳。南派螳螂拳又名周家螳螂拳，据传为清代粤人周亚南所创，其理、法、势与山东传的北派螳螂拳完全不同，多短手，少长打，一步多手，仅留螳螂之手形，与南拳各派技术极相似。中华人民共和国建

北派螳螂拳

立后，螳螂拳被列为全国武术表演和比赛项目。

绦虫病 cestodiasis 绦虫的成虫或幼虫寄生于人体而引起的疾病。人可作为一些绦虫如牛带绦虫、微小膜壳绦虫的终宿主，也可作为一些绦虫如棘球绦虫等的中间宿主。对猪带绦虫则人既是其终宿主，又是其中间宿主。

绦虫背腹扁平，无体腔及消化器官，经体壁吸收营养，绝大多数雌雄同体，营寄生生活。能寄生于人体的绦虫属多节亚纲，其成虫体呈带状，由头节、颈和链体组成，链体又由幼节、成节及孕节组成。虫体长度自数毫米至数米不等，头节小，用吸盘或沟槽吸附于宿主肠壁。寄生人体者属假叶目及圆叶目。假叶目绦虫的头节背腹两侧有沟槽，用作固着器官，其孕节一般不脱落，子宫有子宫孔，虫卵由此排出。虫卵需在水中方能发育，生活史中需两个中间宿主。寄生人体的假叶目绦虫属裂头科，如阔节裂头绦虫、曼森氏迭宫绦虫等。圆叶目绦虫以头节的吸盘作固着器官，其孕节以单一或多节片不断自链体脱落，新的幼节不断自颈部产生，虫卵则随孕节自链体脱落，随宿主粪便排出。生活史中通常需一个中间宿主，如带绦虫、膜壳绦虫等。绦虫的成虫寄生在人体小肠内，并摄取营养物质，其头节和小钩吸附于肠壁引起肠黏膜的损伤及其代谢产物吸收后，可引起临床症状。多数病例无明显症状，少数病例可出现腹部不适、腹痛、消化不良、腹泻等症状。绦虫幼虫寄生常引起严重后果，若囊尾蚴和棘球蚴寄生于眼、脑、肝等重要器官，则引起严重损害及相应症状。诊断依据粪便中找到虫卵或孕节，也可依据血清免疫学检查结果。治疗则因病而异，吡喹酮可治愈大部分绦虫病。

绦虫纲 Cestoda 扁性动物门一纲。全部营寄生生活。成虫寄生于脊椎动物，幼虫

主要寄生于无脊椎动物。除单节绦虫外，所有绦虫体均分节，由头节、幼节、成节和孕节组成一条带状链体。绦虫广泛地寄生于人、家畜、家禽、鱼和其他经济动物体内，引起各种绦虫病和绦虫蚴病。

绦虫头节具吸附器官，即附着器，其结构有吸盘型、吸槽型和吸叶型等。一般头节的顶端具有吻突，吻突上有的具钩。头节后端为纤细的颈部，是产生新体节的部位。没有消化器官，全靠体表微毛从宿主吸收养料。

绦虫为雌雄同体，仅个别种类为雌雄异体。每个体节均具有发达的两性器官。生殖孔多开口于体节一侧或两侧，但假叶目绦虫雌雄两性的生殖孔开口于体节中央腹面。

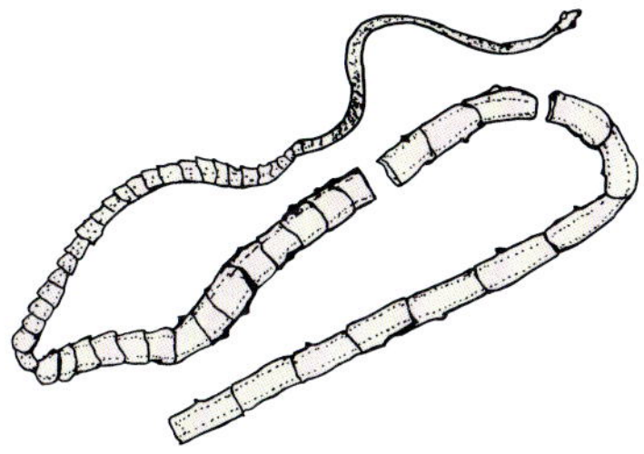

猪带绦虫（成虫）

绦虫种类繁多，至今未有一个统一的分类系统。现多以布劳恩－卢埃的分类系统为基础加以扩充修订。中国陈心陶将绦虫纲分为2个亚纲：单节亚纲和多节亚纲。前者分为3个目；后者分为11个目，其中假叶目和圆叶目最重要，人畜绦虫病的主要病源均来自这两个目的绦虫虫种。

韬奋出版奖 Taofen Publishing Prize 中国出版界对作出突出贡献的优秀出版工作者的行业最高荣誉奖。中国出版工作者协会主办，中国韬奋基金会协办。每三年举办一次，每次评选20名获奖者。中国出版工作者协会于1987年起设立"中国韬奋出版奖"，每两年举办一次，至2004年共评选8届，88人获奖。2005年更名为"韬奋出版新人奖"，每三年举办一次，每次评选20名获奖者。首届韬奋出版新人奖于2006年2月14日评定揭晓，20人获奖。2008年，"韬奋出版奖"连同原"中国韬奋出版奖"和"韬奋出版新人奖"一并计算，2008年9月9日选出第十届韬奋出版奖获奖者20名。韬奋出版奖旨在弘扬韬奋精神，坚持正确导向，表彰和奖励在出版改革和发展中作出突出贡献的优秀出版工作者。

韬奋新闻奖 Taofen Journalism Award 中国韬奋基金会委托中华全国新闻工作者协会主办的，奖励中国优秀新闻工作者的最高荣誉奖。经中共中央宣传部批准的常设的全国性新闻奖。每两年评选一次，1993～2004年已评选了6届，共产生获奖者68名。

韬奋新闻奖前三届每届评选获奖者10名，提名奖30名。从第四届评选开始，不再设立提名奖。韬奋新闻奖采取组织推选参评的办法。评选范围是在有正式刊号、公开发行的报纸，国家通讯社，经正式批准的广播电台（站）、电视台和其他新闻机构从事新闻编辑、新闻评论员、新闻性节目制片人、通联、校对等连续10年以上，人品文品俱佳的现专职新闻工作者。2005年韬奋新闻奖与范长江新闻奖合并为长江韬奋奖。

逃汇 evasion of foreign exchange 采取各种方式逃避向国家结售外汇义务，逃避国家对外汇使用监督、管理的行为。在中国，以下行为属于逃汇：境内机构未经批准将收入的外汇私自保存、使用、存放境外的；违反相关规定，将收入的外汇存放境外的；境内机构、侨资企业、外资企业、中外合资经营企业将隐匿的外汇私自保存或者存放境外的；驻外机构以及在境外设立的中外合资经营企业的中方投资者，不按国家规定将应当调回的利润留在当地营运或者移作他用的；除经批准，派往外国或者港澳等地区的代表团、工作组及其人员将出国经费或者从事各项业务活动所得外汇存放境外或者移作他用的。

《逃婚调》 *Ballad of Escaping From Marriage* 中国傈僳族民间叙事长诗。流传在云南西北部傈僳族聚居区。1949年以前，傈僳族基本上实行包办买卖婚姻制度。因此，逃婚在傈僳族社会中成了一种风气。《逃婚调》正是在这种社会背景下产生的。长诗表现一对相爱的青年男女，从小都各自由父母包办了婚姻。一次相逢，他们在互诉衷肠后相约逃到远方去，历尽千辛万苦，最后定居大理，过上了富裕生活。数年后，他们重返故乡与家人团聚。长诗歌颂了一对青年男女的纯真爱情和他们对包办婚姻毫不妥协的精神。长诗在表现男女主人公的失恋和再次相逢的复杂情感时，笔触生动而细致，语言质朴，近似口语。1956年作家出版社出版《逃婚调》单行本，1980年云南人民出版社出版傈僳族长诗《逃婚调·重逢调·生产调》，其中收有这部作品。

逃人法 runaway bannermen and slaves, law of 中国清代为严禁八旗奴仆逃亡和旗人逃旗而颁布的法令。天命十一年（1626）始颁，中经多次更改。其内容有对逃亡者的处罚规定，还有关于惩罚窝主、奖励检举、奖惩有关官吏和办事人员等的规定。入关后，清统治者在近畿地区大量圈占土地，强迫汉人投充。沦为农奴的汉人不但遭到残酷剥削，从事繁重劳动，而且没有人身自由，故引起大量逃亡。为了维护满洲贵族的利益，清廷进一步制定极其残酷的逃人法。规定凡旗下男妇逃者，一次黥其右颊，鞭一百归主；二次黥其左颊，鞭与归主如初。三次则论死归刑部。还规定，窝逃正犯拟绞，妻子家产籍没，窝家的邻居流徙边远，有关官员分别处分。以后，又设兵部督捕衙门，专掌缉拿盗贼和逃人。康熙中期后，随着旗地中农奴制经营逐渐被封建租佃关系所代替，对逃人的惩罚逐渐放宽。康熙二十五年（1686）规定，改三次逃人给宁古塔兵丁为奴。三十八年裁撤兵部督捕衙门，将逃人案件作为一般案件归刑部办理。雍正二年（1724）规定，逃人在某地居住不到一年，窝主等俱各免议；超过一年，责三十板。乾隆八年（1743）刊布的《督捕则例》，继续贯彻了减轻处罚的精神。此后，由于满族内部的阶级分化日益加深，一般旗兵与余丁等逃亡严重，使清统治者转而把八旗兵丁逃旗作为督捕重点。

逃税 tax evasion 纳税义务人采用种种手段少纳或不纳税的行为。在资本主义国家，逃税有两种情况，一种是采取非法手段逃避纳税；一种是采取合法手段逃避纳税。前者称逃税，后者又称避税。狭义的逃税是指利用非法手段，不按税法规定申报纳税的一种违法行为。如利用漏报、少报、不报应税收入、收益；伪造账证，隐匿财产，甚至贿赂税收官员等非法手段逃避纳税。

洮南市 Taonan City 中国吉林省辖县级市。位于省境西北部，邻接内蒙古自治区。面积5 108平方千米。人口44万（2008），有汉、满、蒙古、回、朝鲜等10个民族。春秋至隋唐年间为鲜卑、东胡、奚、契丹等民族游牧地。清光绪三十年（1904）设洮南府，因位于洮儿河南岸而得名。1913年废府设洮南县，1958年与白城县合并为洮安县，1987年改为洮南市。由白城市代管。矿产有铜、铝、铅、锌、铁、金、银、煤、沸石等。农业主产高粱、玉米、水稻、大豆、谷子、小麦、马铃薯、葵花子、甜菜等。工业有纺织、建材、机械、服装、能源、冶金、医药、造纸、制革、制糖、酿酒、化工等。名胜古迹有辽金古城址等。

洮砚 Taohe inkstone 中国四大名砚之一。质细坚密，碧绿如玉，磨而不磷，素有蓄墨储水、不耗不变之誉。雕刻多为深刀。砚盖有的是石盖，交口吻合灵巧、严密，盖上可任意雕饰。

桃 *Prunus persica*; peach 蔷薇科李属的一种。落叶小乔木。原产中国西部，至少已有2 500年以上的栽培历史。较重要的变种有：①油桃。②蟠桃，果实扁平，核小，有深刻纹。③寿星桃，树形矮小。④碧桃，花重瓣。油桃和蟠桃都作果树栽培，寿星桃和碧桃主要供观赏，寿星桃还可作桃的矮化砧。

形态 树高四五米。一年生，枝条红褐色，枝干皮孔明显。叶多呈披针形，叶缘有锯齿，叶柄基部常生蜜腺。花型有蔷薇型和铃型两种。核果除蟠桃外，多为圆形或长圆形，果面除油桃外，均布有茸毛。果肉白、黄色或夹红晕，少数呈红色；肉质柔软、脆硬或密韧；核表面具不同沟点纹路，均为种和品种群的重要分类依据。

品种和习性 桃在全世界有3 000多个品种。中国约有800个，可分为5个品种群：①北方品种群。②南方品种群。③黄肉品种群。④蟠桃品种群。⑤油桃品种群。桃性喜光，抗寒性较弱。适宜于干燥气候，雨量过多引起枝叶徒长，落果加重，品质下降，并易致病流胶。适宜中性偏酸排水良好的砂质土壤。一般用嫁接繁殖。其砧木在中国南方用毛桃，北方用山桃。也有用本砧或李、梅、杏、毛樱桃等作砧木的。常见的整形方式为自然开心形，以适应其喜光特性。修剪方法根据品种、树龄、环境条件等而定。观赏用碧桃的繁殖栽培管理大体与果实用桃树相似。病害有桃缩叶病、炭疽病、流胶病等；害虫有红颈天牛、蚜虫等。中国南方多采用套袋的方法防治病虫害。

用途 桃的果实营养丰富，且颜色艳丽，肉嫩多汁，风味鲜美而具芳香。除鲜食外，可加工成果脯、果干、果酱、果汁、糖水罐头或速冻桃片等。又可入药。

桃儿七 *Sinopodophyllum emodi*; common peach-seven 小檗科桃儿七属的一种。又称鬼臼。分布于中国陕西、甘肃、青海、四川、西藏等省区。不丹、印度、巴基斯坦、阿富汗也有分布。多年生草本；根状茎粗壮，横走，略有结节。茎生叶2～3，具长柄，心形。花两性，单生茎顶，先叶开花；萼片6，早落，花瓣6，粉红色，2轮，外轮较大；雄蕊6，花药条形；心皮1，子房上位，1室；花期5～6月。浆果卵圆形，红色，种子多数；果期8～9月（见图）。生长在海拔2 400～3 400米高山地区。根状茎和果实可入药。是东亚和北美植物区系中的一个洲际间断分布的典型物种，在研究上有一定价值。在中国属珍稀濒危保护植物。

桃符 peach wood charms 中国古代新年时悬挂于大门上的辟邪门饰。春联的前身。相传远古时，东海度朔山有大桃树，其下有神荼、郁垒二神，能食百鬼。黄帝时，人们为纪念二神，每逢年节，在桃木板上写上二神名字或画上它们的形象悬于门边，以驱邪避灾、祈福纳祥，称为桃符。战国时中原地区流行此俗。五代十国时，人们开始把联语题在桃木板上，如后蜀君主孟昶在桃板上题写联语："新年纳余庆，嘉节号长春。"宋代，桃符由桃木板改为纸张，称春贴纸，此时民间新年悬挂春联更为普遍。明、清时期春联大为兴盛。《燕京岁时记》上肯定了"春联者，即桃符也"。

《桃花扇》 *The Peach Blossom Fan* 中国清代戏曲作家孔尚任的传奇史剧。初刊于康熙四十七年（1708）。后有兰雪堂本、西园本、暖红室本、梁启超注本等。创作开始于孔尚任未出仕时。历经十余年惨淡经营，三易其稿而成。

《桃花扇》截取南明王朝从建立到覆亡的这段历史作为创作题材，描写"朝政得失，文人聚散"（《凡例》），"借离合之情，写兴亡之感"（《先声》）。通过复社文人侯方域与秦淮名妓李香君的爱情故事，形象地表现了南明弘光王朝覆亡的历史。作品所抒发的兴亡之感，在当时的历史条件下，在思想上给人们以极大的震撼。

《桃花扇》塑造了众多的人物形象，上自帝王将相，下至艺人妓女，不下二三十个。其中有主有次，有褒有贬。人物虽在一部，但性格各异，互不雷同。全剧结构完整、严谨，曲词、宾白安排合度，比较适合舞台演唱的要求。

《桃花扇》脱稿后，即风行一时。康熙三十九年（1700）正月，由金斗班在北京首演。孔尚任罢官后，仍在南北各地盛演不衰。在康熙年间的剧坛上，孔尚任和《长生殿》的作者洪昇齐名，时人称为"南洪北孔"。孔尚任的友人顾彩曾把《桃花扇》改写为《南桃花扇》，变更结局，使生旦当场团圆，侯方域携李香君北归。后来，《桃花扇》又被改编为话剧、电影，以及京剧、桂剧、越剧、扬剧、评剧等。

桃花水母 *Craspedacusta*; freshwater jelly-fish 刺胞动物门水螅虫纲淡水水母目笠水母科桃花水母属动物的统称。古称桃花鱼，俗称降落伞鱼。共12种。中国约10种，

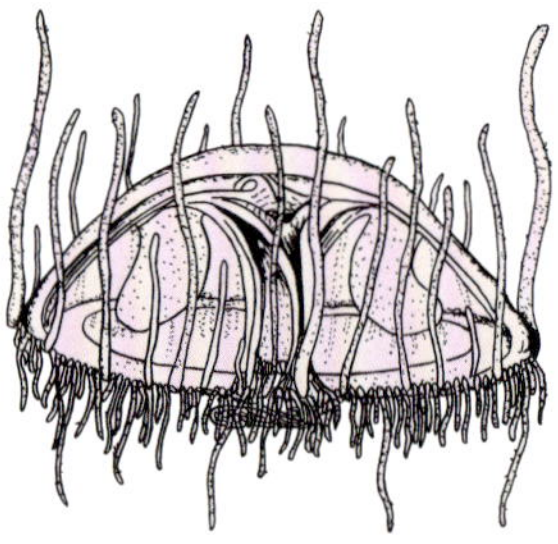

桃花水母形态

主要集中在湖北、四川两省。约有6种自首次记载后，未再发现。

桃花水母有世代交替。无性世代为螅状体。个体呈圆筒柄状，或分枝群体，没有触手，借助口区刺丝胞摄食。在不利条件下（如低温、富营养性、饥饿），螅状体收缩，分泌一层坚硬的保护膜把身体包起来，成为休眠体。有性世代为水母体。个体呈伞形（又称钟形），缘触手的数目因种而异，自145～544根不等，分3～7级排列。水母体为雌雄异体，卵和精子在水中受精发育成浮浪幼虫，浮游一段时间后，附着在水底基质上，变态为螅状体。无性螅状体有3种生殖方法：普通出芽法、侧生无纤毛浮浪状芽体和产生水母芽。前两种产生新的螅状体，后1种产生有性水母体。底栖的螅状体世代可能易于在江水中生活，而浮游的水母世代易于在静水中产生。

桃花坞年画 Taohuawu New-Year pictures 流行于中国南方的民间年画品种。桃花坞在江苏苏州城阊门内一带。苏州在历史上是商业发达、文化隆盛之地，画家云集，

《苏州阊门图》（清）

也是工艺美术和书籍雕版中心，画工和雕版结合，创造了桃花坞年画。

桃花坞年画约始于明代后期，盛于清雍正乾隆之后，画店集中地除桃花坞外尚有虎丘山塘一带。咸丰年间，太平军与清军在苏州激战，山塘一带画店在战争中被毁，画业遂集中于城内桃花坞北寺塔一带，突出发展了木版水印年画。桃花坞木版年画以雕印套色为主，绘制精丽。雍正、乾隆时的年画如《苏州万年桥》、《苏州阊门图》、《西湖十景图》等，还明显地吸收了欧洲铜版画及透视画法，用细密的排线表现光暗体积，在透视上追求深远广阔的效果。

清中叶以后，桃花坞年画更多地向阳刻套色发展，线条洗练，善用粉红、粉绿等色彩，在鲜艳中带有典雅、明丽的风采。题材有风俗、历史故事、美女、娃娃、小说戏曲，年画中不少以连环图画形式反映南方群众所熟悉的故事。

清代末年，上海老校场开始有了销售桃花坞年画的店铺。苏州年画还对扬州、南通、芜湖等地年画发展有相当影响，但现代印刷的发展使桃花坞年画趋于衰微。中华人民共和国建立后，文化部门成立了桃花坞木版年画研究所，搜集旧版及资料进行研究工作。

桃花心木 *Swietenia*; mahogany 楝科一属。常绿乔木。因木材的心材横切面具桃花状花纹而得名。此属包括7～8种，原产美洲热带及西印度群岛。中国自19世纪开始引种。在广东、广西、福建、云南等地引种的有大叶桃花心木和桃花心木两种，尤以前者为多。

树皮淡红色，鳞状。偶数羽状复叶，小叶4～8对。花小，白色至浅黄绿色。蒴果木质，梨形。喜光。抗风力强。天然下种更新良好，砍伐后有萌芽能力。在年降水量1 500～2 000毫米低海拔潮湿山区或半潮湿地区生长良好。在红壤性红色土或红黄色土上都能生长，在土层深厚、排水良好的冲积砂壤土上生长良好。种子播前不需特殊处理。可采用容器苗或裸根苗造林。

木材具天然美丽花纹，纹理细致，广泛用于高级家具、室内装饰、雕刻，制造箱板、胶合板及作游艇内部结构。种仁含油，为工业原料。

桃花源 Taohuayuan 中国湖南省景区。位于桃源县城西南15千米水溪附近。景区范围东西7千米，南北9千米，因晋陶渊明《桃花源记》而得名。地处中亚热带季风湿润气候带，四季分明，山清水秀，四时常绿。背倚群山，面临沅江，山峦起伏，溪水蜿蜒，苍松翠竹，桃林夹岸。自唐至清，历代大都在此修建寺院、殿宇、楼阁，但经常毁于战火。现存古迹为清光绪十八年（1892）后至现代所修葺。桃花源的人文景观构成旅游区的主体和核心。田园风光和人文景观融为一体的景点甚多，如桃源佳致碑、方竹亭、集贤祠、桃花源秦人村、德山阁、桃源、屈原庙、明茶王府、缆船洲、笔架城、铁经幢、秦人古洞等。

桃金娘科 Myrtaceae; myrtle family 双子叶植物纲蔷薇亚纲的一科。有100属3 000种，泛热带性分布，尤以大洋洲、亚洲及美洲3个中心最盛。中国原产9属124种，另有驯化的番石榴属分布于南部各省。常绿木本，叶多为对生，具透明腺点。花两性，萼管与子房合生，萼齿4～5，分离或连合成帽状；花瓣与萼片同数，分离或连合，或不存在，雄蕊多数；子房下位，1至多室。浆果、核果、蒴果或坚果。

桃金娘科植物的花、果、叶及枝都具有油腺，含有多种挥发性精油，可提取香精作为医药、食品、化妆品及工业的原料。丁子香的花蕾是著名的香料。具浆果的种类如番石榴、蒲桃、洋蒲桃、桃金娘含有大量的维生素C，可供食用及制果酱。桃金娘科的木材，特别是桉树的木材，是澳大利亚重要商用木材。

桃叶珊瑚 *Aucuba chinensis*; Chinese aucuba 山茱萸科桃叶珊瑚属的一种。分布于中国广西、广东、海南、福建和台湾。越南也有分布。常绿小乔木或灌木，高3～6米；小枝粗壮，绿色，光滑。叶痕显著，叶厚革质，椭圆形或阔椭圆形，长10～20厘米，边缘微反卷，有5～8对锯齿，上面深绿色，叶柄长2～4厘米，粗壮。圆锥花序顶生，花单性，雌雄异株，雄花绿色，花萼4裂，花瓣4，雄蕊4；雌花序较短，花萼和花瓣似雄花，子房圆柱形。核果成熟时呈鲜红色，圆柱形或卵形，种子1粒。生于常绿阔叶林中，海拔1 000～2 000米。

桃叶珊瑚有很好的观赏价值，南方可露地栽培，北方作盆景。近缘种青木（又称东瀛珊瑚）叶片革质，花紫红色，为观赏植物。

桃园国际机场 Taoyuan International Airport 中国台湾省的国际机场。位于桃园县，距台北市40千米。2006年10月前称中正国际机场。1974年动工兴建，1979年2月26日正式启用。此后进行过扩建。机场占地12.23平方千米。有南、北主跑道各1条，分别长3 660和3 350米，宽60米；副跑道1条，长2 752米，宽45米。第一候机楼面积16.4万平方米，年旅客吞吐能力1 000万人次。第二候机楼于2000年正式使用，设计年旅客量1 700万人次，高峰旅客量每小时5 000人。

桃园县 Taoyuan County 中国台湾省辖县。位于台湾岛西北部，濒临台湾海峡。辖桃园、中坜、平镇、八德4市，大溪、杨梅2镇和7乡，面积1 220平方千米，人口约191万（2006）。县府驻桃园市。桃园县开发始于清雍正、乾隆年间，大批闽、粤沿海居民移居这里，因开发初期遍植桃树，故有桃园之称。1950年设县。台湾稻米产区之一，有"北部粮仓"之称。盛产稻米、柑橘、茶叶。20世纪末，工商业有较大发展，工业以石油冶炼、化学、纺织、制茶、水泥、制药、橡胶制品为主。是台北的交通门户，环岛铁路、公路、南北高速公路均经过桃园，并有高速公路通桃园国际机场。名胜古迹有石门水库、角板山公园、虎头山公园、大园海滨公园、龙潭水上乐园、观音海水浴场、文昌庙、景福宫、甘泉寺等。

桃源县 Taoyuan County 中国湖南省常德市辖县。位于省境西北部，沅江中、下游。面积4 458平方千米。人口85万（2010），有汉、回、维吾尔等民族。西汉为临沅县地。东汉置沅南县，隋省沅南县并入武陵县。北宋乾德元年（963）析武陵县置桃源县。矿

桃花源渊明祠

藏有钨、锑、金、铅、锌、桃花石等。金矿约占全省大中型金矿床的2/5。农作物有水稻、小麦、棉花、油菜等。工业有电力、化工、建材、纺织、机械等。主产氮肥、水泥、机制纸、棉布等。风景名胜有桃花源、灵岩洞、云盘山温泉等。桃花源依山傍水，幽雅秀美，相传为东晋诗人陶渊明《桃花源记》所记之地。被喻为"世外桃源"。

陶布 Taube, Henry（1915-11-30～2005-11-16） 美国无机化学家。生于加拿大萨斯喀彻温，卒于美国加利福尼亚州斯坦福。1935年获萨斯喀彻温大学理学士学位，

1937年获理科硕士学位。同年移居美国。1940年在加利福尼亚大学伯克利分校获博士学位。1946～1961年任芝加哥大学助理教授和教授。1961年任斯坦福大学无

机化学教授。1959年当选美国国家科学院院士。1952年发表《溶液中无机配位化合物取代反应的速率及机理》著名论文，描述了在水溶液中的无机配合物的取代反应中，中心金属离子性质的变化对取代反应速率的影响和配离子的不稳定性与电子结构的关系，指出取代反应速率与过渡金属配位化合物的电子构型间存在着密切关系。在氧化还原反应机理的研究中，提出外界和内界电子转移机理。因对金属配位化合物电子转移机理的研究而获1983年诺贝尔化学奖。还曾获美国国家科学奖章等多种奖励。近20年内发表200余篇学术论文。

陶成章 Tao Chengzhang（1878-01-24～1912-01-14） 中国**辛亥革命**时期革命派重要领袖。字焕卿。浙江会稽（今绍兴）人。卒于上海。中国**辛亥革命**时期资产阶级革命派的领袖。1902年留学日本。1904年1月回国，在浙江从事革命活动。同年冬，与**蔡元培**、龚宝铨等在上海创立**光复会**，成为会中重要领袖。次年夏，创办大通师范学堂，作为革命活动的重要据点。1907年1月，在日本东京参加**中国同盟会**，任浙江分会会长。不久，同**章太炎**、张继、**刘师培**等发起亚洲和亲会。1908年4月，陶担任中国同盟会机关刊物《**民报**》编辑人，在宣传中着重阐发传统民族思想。春夏间回国，准备联合江苏等五省会党，成立革命协会。9月，赴南洋从事筹款活动。并曾去缅甸担任《光华日报》主笔。陶成章性情褊狭，不能容人。为了向南洋华侨募捐，请**孙中山**作函介绍。孙没有同意。他就要求同盟会总会免去孙中山的总理职务，但没有成功。1910年2月（宣统二年一月），光复会在日本重建，陶为副会长。会员大抵是同盟会中对孙中山不满的人。这时，陶的政治主张是"专主个人运动"，特别是从事暗杀活动。曾办《教育今语》杂志，作为通信机关。随后，重赴南洋等地活动。1911年4月，同盟会在广州发动起义，事败，陶与尹维峻、尹锐志姐妹在上海组织锐进学社，作为内地活动机关。**武昌起义**爆发后，从海外归国。他自设光复军总司令部于上海，招募士兵。被**陈其美**指使凶手暗杀。著有《陶成章集》。

陶瓷 ceramics 以无机非金属天然矿物或人工合成的化合物为原料，经加工、成型和高温烧成而得到的制品。是一种多晶固体材料。陶瓷是陶器和瓷器的总称，通常称为传统陶瓷或普通陶瓷，主要用于日用器皿和建筑、卫生制品。20世纪新型陶瓷的出现和发展，为陶瓷制品赋予新的性能并大大拓宽了使用范围，使其成为国民经济建设特别是高新技术领域不可缺少的一类材料与制品。

图1 新石器时代桶形彩绘陶罐（内蒙古出土）

简史 中国有长达9 000年的陶瓷发展史，陶瓷的产生和发展，是中国古代文化的重要组成部分。在公元前5000～前3000年的新石器时代，中国就有了带红色、灰色或黑色的彩陶（图1）。夏代（约公元前22世纪末至前17世纪初）出现了以含杂质较少的黏土烧制的白陶器。约在商代（约前17世纪初至前11世纪）中期已制造出原始瓷器。与陶器相比，它含氧化铁较少，坯体的烧成温度也较高，生成莫来石晶体和较多的玻璃相，从而提高了瓷坯的强度、透明度和白度。东汉时期（公元25～220）出现了瓷器。到了隋唐时代（581～907），瓷器远销南亚、东南亚、中东、埃及、日本等地。唐代的三彩陶（唐三彩）最为著名。宋代（960～1279）已有钧窑、汝窑、官窑、哥窑、定窑五大名窑，所制瓷器（图2）远销欧洲。到了明代，江西省景德镇开始成为瓷业中心，并有专门为皇室烧制瓷器的瓷厂。1949年以来，陶瓷工业又开始有了新的发展，恢复了失传已久的传统名瓷如龙泉青瓷，以及名贵色釉如钧红、天青、郎窑红等。工业陶瓷如高压电瓷、建筑卫生陶瓷、化工陶瓷及某些特种陶瓷都有较大的发展。20世纪以来，出现各种具有特异性能的先进陶瓷，包括结构陶瓷、功能陶瓷和生物陶瓷等。20世纪90年代开始，纳米技术和**纳米材料**的出现对陶瓷材料及其制备产生重要影响，出现了纳米级陶瓷材料。

图2 钧窑三足瓷洗（北宋）

种类 早期人们把陶瓷分为两类：粗陶瓷，包括砖瓦、各种耐火和耐酸的材料、陶器、黏土制品和琉璃砖瓦等；细陶瓷，包括瓷器和施釉瓷器等。近代通常把陶瓷分为普通陶瓷和特种陶瓷两类。

①普通陶瓷（又称传统陶瓷）。主要是以黏土为主要原料烧成的制品，由于所用原料基本上由三种成分组成，即塑性组分（黏土）、瘠性组分（石英）、熔剂组分（长石），故又有三组分陶瓷之称。普通陶瓷按用途分为日用陶瓷、建筑卫生陶瓷、电瓷和化工陶瓷等；按主要熔剂原料分为石灰质陶瓷、长石质陶瓷和骨灰质陶瓷等；按烧成温度和瓷坯硬度分为硬质瓷和软质瓷等；按坯体致密程度分为土器、陶器、炻器和瓷器四大类。

②特种陶瓷（又称先进陶瓷）。是20世纪以来发展起来的。由于天然硅酸盐原料中含杂质较多，不能满足特种陶瓷性能上的要求，故常用纯度较高的化工原料或人工合成原料，如氧化物（氧化铝、氧化锆、氧化钛等）和非氧化物（氮化硅、碳化硅等）。一般把特种陶瓷分为结构陶瓷和功能陶瓷两大类。随着科学技术的发展，生物医用陶瓷的研究和应用越来越广，因而也可以把生物医用陶瓷另归一类，称为**生物陶瓷**。

生产工艺 生产过程主要工序为：

①泥料制备。原料经过拣选、破碎、配料、细磨、过筛、除铁、调节水分等工序制成颗粒细小、混合均匀、适合各种成型方法的泥料。21世纪初，一些现代化工厂直接采购经过精选的、加工好的原料，不仅质量稳定，而且简化了工艺，有利于自动化水平的提高。

②成型。普通陶瓷的成型主要有干压成型（泥料含水4%～10%）、可塑成型（泥料含水16%～25%）和注浆成型（泥料含水25%～35%）3大类。干压成型适用于制造形状单一的片状或块状制品，其工艺简单，便于实现自动化生产。可塑成型有拉坯、旋坯、印坯和滚压法等工序，适用于制造杯、盘、碗等多种形状的制品，用途较广。注浆成型适用于制造形状复杂、尺寸大的制品，如洗面器、坐便器等。由于先进陶瓷的原料缺少可塑性，并对生坯的质量要求严格，除了采用普通陶瓷的成型方法外，又发展了许多先进的成型方法与技术，如热压铸、等静压、流延法、轧膜法等，以及注射成型、胶态成型等成型方法。

③干燥。为防止在烧成过程中开裂，生坯要经过干燥。过去多采用以热空气和蒸汽做热源的室式或隧道式干燥室。为达到快速干燥的目的，21世纪初采用了热风干燥、电热干燥、微波干燥和远红外干燥等新的干燥方法。

④上釉。为改善陶瓷表面质量，往往要施一层熔点比坯体低、膨胀系数接近坯

体的釉浆料，使之在烧成过程中熔融成釉玻璃，覆盖在陶瓷表面。该工序多用在传统陶瓷如日用陶瓷、卫生陶瓷上。为了增加表面美观，可以用雕塑釉、彩釉或用无机颜料通过彩绘、印贴等方法对陶瓷表面进行彩饰。

⑤烧成。将成型干燥好的生坯在高温下煅烧，通过瓷体内发生一系列的物理化学变化，使制品达到所需的性能和形状。是传统陶瓷生产中极为重要的工序。不同品种的陶瓷要求有各自的最佳烧成工艺和合适的烧成设备。窑炉是烧成的基本设备，传统陶瓷烧成的窑炉设备有倒焰窑、隧道窑、辊道窑等。先进陶瓷由于采用的原料多数是较纯的化工原料，在高温热处理过程中，陶瓷显微结构变化特征是瓷体的致密化过程，因此将陶瓷的致密化过程称为烧结。先进陶瓷的烧结设备除采用传统陶瓷的烧成设备外，还有各种电窑、箱式炉和一些特种烧成设备。已出现许多先进烧结工艺和设备，如微波烧结、热压烧结、气压烧结、热等静压烧结、放电等离子烧结、自蔓燃高温烧结等工艺和设备。

用途　传统陶瓷主要用于人们的日常生活中，有日用陶瓷、建筑陶瓷、卫生陶瓷、美术陶瓷等。还有用于化工、电工等领域的化工陶瓷和电工陶瓷等。先进陶瓷由于具有优异的力学、热学、化学等性质或者具有很好的电、磁、声、光、热、弹等性质及其耦合效应，因此广泛用于各工业部门和高新技术或军事技术中的耐高温、耐腐蚀、耐磨损、抗氧化的结构材料与部件，以及电子、计算机、激光、核反应、宇航、生物医用等领域的功能材料与器件等。

展望　纳米陶瓷的出现必将引起陶瓷工艺、陶瓷科学、材料性能和使用效能等方面的变革性进展。先进陶瓷的发展趋势是：①由单相、高纯材料向多相复合陶瓷或多重复杂结构方向发展。②从微米级尺度向纳米级尺度发展。③陶瓷材料按使用性能要求进行组成、结构的剪裁设计与制备。

陶大镛　Tao Dayong (1918-03-12～2010-04-18)　中国经济学家。生于上海，卒于北京。1940年毕业于中央大学经济系。

1942～1949年先后任中山大学、广西大学、交通大学、四川大学、香港达德学院讲师、教授。1946～1948年在英国曼彻斯特大学和伦敦大学从事经济史研究。中华人民共和国建立后，历任北京大学、辅仁大学、北京师范大学教授。著有《战后东欧的经济改造》、《战后的资本主义》、《新民主国家论》、《世界经济讲话》、《世界经济与独占资本主义》、《人民经济论纲》、《什么是帝国主义》、《现代资本主义和社会主义的基本经济法则》、《罗斯托的经济成长阶段论》、《亨利·乔治经济思想述评》、《现代资本主义经济研究》等。

《陶记》　中国宋代记录景德镇窑瓷器生产的文献。蒋祈著。收录在清代几种《浮梁县志》中。《乾隆浮梁县志》定《陶记》为元代著作。但据20世纪80年代的研究，应撰著于南宋后期，此说已为历史学家、考古学家普遍接受。全文仅1 090字，翔实记载景德镇的瓷用原料产地、胎釉制备、成型、装饰、焙烧、制匣等，并对当时陶瓷市场、地方习尚、税收制度、瓷器品类和景德镇瓷业内部的精细分工也有准确描述，是研究中国陶瓷史、手工业史、科技史的珍贵文献。

陶金　Tao Jin (1916-01-22～1986-09-28)　中国电影演员、导演。生于江苏苏州，卒于广州。曾就读于北平京华美术专科学校。

1935年加入中国旅行剧团。1936年加入天一影片公司，在影片《黄浦江边》中扮演主要角色。1938年进中国电影制片厂，在《胜利进行曲》(1939)、《青年中国》(1940)、《日本间谍》(1943)、《还我故乡》(1945)等片中扮演不同类型角色。在1947年拍摄的《八千里路云和月》和《一江春水向东流》两部影片中扮演男主角。接着，出演《火葬》和《海誓》，并导演影片《诗礼传家》。50年代，参加影片《斩断魔爪》(1954)和《宋景诗》(1955)的拍摄。1958年以后，主要从事电影导演工作，主要作品有戏曲艺术片《十五贯》(1956)、《二度梅》(1959)、《齐王求将》(1962)、《西园记》(1979)以及故事片《护士日记》(1957)、《斗鲨》(1978)等。1985年还在影片《海瑞骂皇帝》中扮演皇帝。

陶侃　Tao Kan (259～334)　中国东晋名将。字士行。原籍鄱阳，后迁寻阳（今江西九江）。曾任荆州刺史刘弘长史，于太安二年(303)镇压张昌起义。永兴二年(305)，陈敏反晋，攻武昌，陶侃任江夏太守，击败之。永嘉五年(311)，荆湘流民拥杜弢起兵。建兴三年(315)陶侃说降杜弢部将王贡，击溃杜弢，陷长沙，湘州平定。旋为王敦所忌，由荆州刺史迁广州刺史，平定杜弘、温邵叛乱。永昌元年(322)王敦反晋，起兵武昌（今湖北鄂城），朝廷命陶侃领江州刺史，率所部追蹑。王敦平，陶侃以功都督荆、雍、益、梁等州诸军事，领荆州刺史。成帝即位，外戚庾亮辅政，深以陶侃在荆湘的实力为患。苏峻、祖约反晋，建康失守，庾亮不得已，与温峤共推陶侃为盟主，平定叛乱，收复建康。陶侃封长沙郡公。又讨平江州郭默之乱，并遣将收复襄阳，为石勒所畏。后任荆、江二州刺史，都督荆、江、雍、梁、交、广、益、宁八州诸军事，镇武昌。陶侃在军41年，忠顺勤奋，明悟善断，珍惜物力。咸和九年(334)以疾上表逊位，将归长沙，寻卒。

陶里亚蒂　Togliatti, Palmiro (1893-03-26～1964-08-21)　意大利共产党总书记(1944～1964)，国际共产主义运动活动家。生于热那亚，卒于雅尔塔。1921年1月参与创建

意大利共产党。1924年起，历任第三国际执行委员会委员、书记处书记、执委会书记等职。1937年6月，作为第三国际代表参加保卫西班牙共和国的内战。1944年3月返回意大利，任意共总书记。1944～1946年历任副总理、不管部长和司法部长等职。1947年被排挤出政府。1948年起当选众议员，任意共议会党团主席。主张与社会党联合。是国际共产主义运动中最早主张独立自主的共产党人之一。

陶力　蒙古族曲艺曲种。“陶力”的汉译意为“史诗”或“史诗说唱”。主要流布于内蒙古自治区的东部和中部地区。一般认为，陶力是伴随着公元7世纪前后今内蒙古东部巴尔虎蒙古族部落中流传的英雄史诗《英雄古那干》的产生形成的。陶力使用蒙古族语进行说唱叙述，以吟唱为主，间以说白，也有只说不唱或只唱不说的情形。常用的吟唱曲调有“吟咏调”和“古那干调”等。伴奏乐器有蒙古族民间乐器潮尔或者胡尔（四胡）。人们将使用潮尔伴奏表演的艺人称为潮尔奇，将使用胡尔伴奏表演的艺人称为胡尔奇。约在15～17世纪形成的蒙古族英雄史诗《江格尔》是陶力最为著名的长篇节目。此后，藏族史诗《格萨尔王传》也传入了陶力的流布地，并以蒙古族的人名和地名来加以演绎，名为《格斯尔》。到

了清代，流行的主要节目又有《蟒古斯的故事》、《勇士楚伦巴特尔》、《博迪嘎拉巴汗》等。中华人民共和国建立后，上述陶力曲本大多得到整理出版。

陶孟和 Tao Menghe（1887-11-05～1960-04） 中国社会学家。原名履恭，字以行。祖籍浙江绍兴。生于天津，卒于上海。1909年赴英国，在伦敦大学专攻社会学。1914～1926年在北京大学任教，1920年任教授兼社会学系主任。1924年兼任燕京大学教授。1926年主持中华教育文化基金会社会调查部工作。1929年任北平社会调查所所长。1934年任中央研究院社会科学所所长，并主编《中国社会经济史季刊》。1949年后，任中国科学院副院长，先后兼任中国科学院联络局局长、中国科学院图书馆馆长。1955年任中国科学院编译出版委员会主任及中国科学院哲学社会科学部委员。著有《中国乡村生活和城镇生活》（合著）、《社会与教育》、《北平生活费之分析》、《上海工人家庭生活水平的研究》、《中国劳工生活程度》等。

陶孟和一生致力于社会学研究，他认为，社会学的重要功用就是改良社会。他注重社会事实的调查研究，是中国社会学界最先采用账簿调查法研究中国工人家庭生活实际状况的学者。最早把教育社会学引进中国，所著《社会与教育》是中国最早的教育社会学著作。

陶然 Tao Ran（1943-09-27～ ） 中国香港作家。原名涂乃贤。祖籍广东蕉岭。生于印度尼西亚万隆市。1960年回国，1964年考入北京师范大学中文系。1973年移居香港，1974年4月在香港《周末报》发表第一篇小说《冬夜》。此后出版有长篇小说《追寻》、《与你同行》、《一样的天空》，中篇小说《心潮》、《陶然中短篇小说选》，中短篇小说集《旋转舞台》、《平安夜》、《蜜月》、《红颜》，小小说集《表错情》、《美人关》，散文集《回音壁》、《此情可待》、《1997之夜》、《香港节拍》、《红茶馆》，散文诗集《夜曲》、《黄昏电车》等。现为香港作家联会副会长，《香港文学》主编。

陶然初期的作品致力于表现香港商业都市拜金主义的残酷无情，小说散文集《香港内外》中的一些小说都描绘了这样的社会悲剧。随后的《一样的天空》、《走出迷墙》等小说致力于表现人文价值与功利主义的冲突，对于文人在这种冲突中欲迎还拒的心理表现颇为有力。《天外歌声哼出的泪滴》、《岁月如歌》等小说则透过中年爱情表现出自己对于时间和生命的敬畏，隐含着对于现实和人生的思考，在形式上也较为现代。

陶诗言 Tao Shiyan（1919-08-01～ ） 中国气象学家。生于浙江嘉兴。1942年毕业于中央大学地理系。1956年任中国科学院地球物理研究所研究员。1978～1984年任中国科学院大气物理所副所长、所长。1980年当选为中国科学院学部委员（院士）。1982年被选为第20届中国气象学会副理事长，1986年被选为第21届中国气象学会理事长。1977～1996年，任联合国世界气象组织大气科学委员会委员。

陶诗言是中国最早将卫星资料用于天气分析和预报方面的研究者之一，对中国**天气预报**业务的建立和发展以及在**天气学**和**大气环流**的研究方面作出了贡献。20世纪50年代初，任中央气象局和中国科学院地球物理研究所联合天气分析预报中心副主任，为开展中国天气预报业务作出了贡献。50年代中期，他划分入侵中国的**寒潮**路径，指出寒潮过程是大型天气过程急剧调整的结果。在研究**梅雨**方面，他指出中国长江流域的梅雨同东亚和北半球大气环流的突变密切相关，尤其同亚洲夏季风的爆发和西风急流的北跳关系更大。1978年获全国科学技术大会成果奖。1987年获国家自然科学奖一等奖。1996年获何梁何利基金科学与技术进步奖。主要论著有《中国的梅雨》、《中国的寒潮》、《东亚大气环流的研究》（和**叶笃正**、顾震潮合著）、《中国卫星云图使用手册》、《中国之暴雨》等。

《陶说》 中国清代陶瓷著作。朱琰著。朱琰，即朱炎，字桐川，号笠亭。浙江海盐人。乾隆三十一年（1766）进士，官阜城知县。《陶说》初刻于乾隆三十九年（1774），以后曾多次重刻。书分6卷，以叙述**景德镇窑**为重点。卷一《说今》，记清前期景德镇窑瓷器的面貌及种类，并附《陶冶图说》，图20幅，每图有文字说明，简要描绘制瓷过程，凡涉及原料，均指明产地。卷二《说古》，叙述唐宋以来著名瓷窑，并记釉彩种类、装饰技法和纹饰题材，还涉及对其他工艺美术种类的仿造等。卷三《说明》，据文献对洪武、永乐、宣德、成化、正德、嘉靖、隆庆、万历各时期的瓷窑分别叙述。卷四至卷六均为《说器》，对唐以后各朝代的各类器皿多有涉及，旁征博引，详为考订。《陶说》对研究中国陶瓷有重要参考价值，19世纪以后，亦为欧洲学者所重视，被译为法文、英文等多次出版。

陶寺文化 Taosi Culture 中国**新石器时代**末期文化。以山西襄汾陶寺遗址而命名。主要分布在晋南的汾河下游和浍河流域。年代约为公元前2600～前2000年。

农业是主要的经济部门，农作物以粟为主。家畜有猪、牛、羊、狗等。凿井技术水平高，最深的水井深度超过十三四米，近底处有木护壁。手工业成为独立的生产部门。制陶、漆木加工、琢玉、纺织等具有很高的水平，金属冶铸业也已出现。陶器以夹砂和泥质灰陶为主，已进行较大规模的集中生产，墓中随葬的泥质彩绘陶器多以黑陶衣为地，上施红、黄、白彩。漆木器种类繁多。木器表面多遗留炭黑色胶状物，可能是生漆，其上绘出繁缛斑斓的图案。木作工具有斧、锛、凿、锲等，出土的成组石锛表明，木作工艺的专业化程度很高。玉器有璧、环、琮、钺、组合头饰等，纺织品主要是麻类编织物，织染已具一定水平。发现砷青铜环和红铜铃各一件，后者为合范铸造。

陶寺文化有许多大型遗址，其中以陶寺遗址面积最大，并形成以它为中心的大规模聚落群。在陶寺遗址的中心区域有陶寺古城，是中国迄今发现最大的史前古城之一，城内面积至少在200万平方米以上。古城内除有许多小型房址外，还有大面积的夯土建筑基址，东北角另有两座一大一小相重叠的小城。公共墓地在居住区的东南，已发掘的墓葬大部分属于陶寺文化早期。墓地划分为不同的茔域，均为长方形土坑竖穴墓，分大、中、小三等。大中型墓仅占10%，有木棺，随葬成组的陶器、木器、玉石器、整猪或猪下颌骨，大墓的随葬品尤为丰富而精致，有成套彩绘漆木器，还有作为王权象征的礼乐器鼍鼓和特磬。其余为小墓，仅可容身，多数无葬具和随葬品。三种墓墓主的身份当分别为首

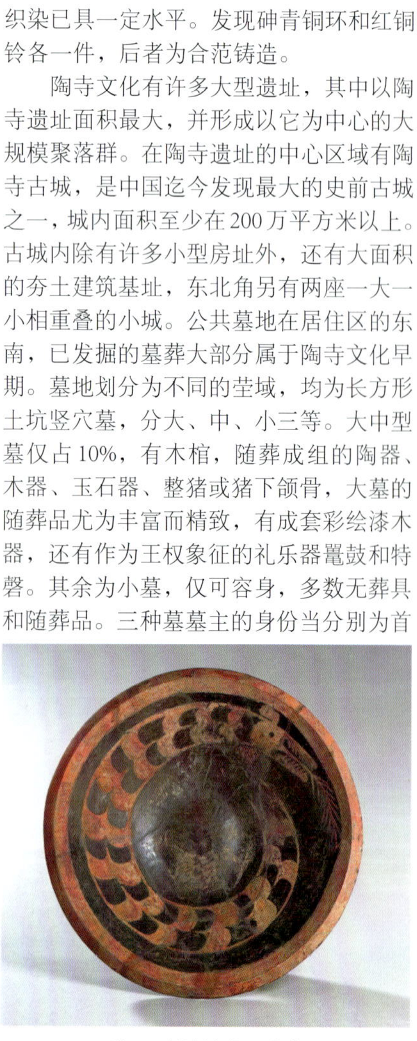

图1 彩绘蟠龙纹陶盘

图2 特磬

领人物、贵族和平民，反映出贫富分化极为悬殊，已产生阶级。陶寺大中型墓依照等级高低，随葬不同规格的成套礼器，开了商周礼乐制度的先河。大型墓中还有彩绘蟠龙纹陶盘，龙是陶寺文化先民崇奉的部落图腾。陶寺遗址的一件扁壶上有毛笔朱书的“文”字，与殷墟甲骨卜辞中的“文”字几乎没有差异。当时已有占卜习俗。从考古发现推断，陶寺古城很可能是当地权力中心所在地。有人认为，陶寺文化早期已是国家产生的前夜；也有人认为，这时已有了国家或国家的雏形。陶寺遗址所在地古为平阳，史有尧都平阳之说。陶寺墓地的年代覆盖尧的时期，遗址的发现为尧都平阳说提供了佐证。陶寺遗址处在素有夏墟之称的晋南中心地域，年代下限已进入夏纪年，对探索夏文化有重要意义。对探索中国古代文明的起源也有重要学术价值。

陶行知 Tao Xingzhi (1891-10-18～1946-07-25) 中国教育家、民主革命家、中国民主同盟的主要领导人之一。原名文濬，后改名知行，最后改名行知。生于安徽歙县，

卒于上海。1910年入南京金陵大学学习。1914年赴美留学，获硕士学位。1917年回国。先后任南京高等师范学校、东南大学教授、教务主任、教育科主任。1919年初，参加《新教育》杂志编辑工作，1921年任该杂志主编，并任中华教育改进社主任干事。1923年，与晏阳初等发起组织中华平民教育促进会，推进**平民教育运动**。1926年，发表《中国教育改进社改造全国乡村教育宣言书》倡导乡村教育运动。1927年3月在南京晓庄创办试验乡村师范学校（即晓庄学校）。1929年被美国圣约翰大学授予科学博士学位。1931年，发起“科学下嫁运动”，从事科学普及工作。1932年，组织生活教育社，创办山海工学团，倡导普及教育运动。1935年一二·九运动后，积极参加抗日救亡运动，提倡国难教育、战时教育，投身抗日民主教育。1939年在重庆创办育才学校，1946年又在重庆创办社会大学。同年病逝于上海。生活教育理论是陶行知教育思想的核心。其内容为：①生活即教育，哪里有生活，哪里就有教育，无时空限制。②社会即学校，奉自然为宗师，学校的范围广阔无边。③教学做合一，怎样做就怎样学，怎样学就怎样教，同实际相联。这三者的关系，社会即学校是实行“生活即教育”的形式；教学做合一是实行“生活即教育”的手段。其目的就是改造社会，改变人民的生活，提高人民的文化水平，使人民真正当家做主人。陶行知一生著作颇丰，著有《陶行知全集》(六卷)、《普及教育》(三集）等。

陶艺 pottery art 以陶瓷材料为媒介进行创作的艺术样式。主要分为传统陶艺和现代陶艺。传统陶艺是欣赏和实用功能相结合的陶艺作品形式，它在造型和装饰手段上都利用传统的手法、材料及装饰。现代陶艺是艺术家内心情感世界的表现，在很多情况下摒弃传统的实用功能性，强调审美功能和艺术象征功能，表达艺术家个人的生活感受、理想、个性、情感心理、意识和审美价值的艺术创作活动形式。

从物质材料和工艺制作的角度看，现代陶艺是传统陶艺的延续，但在观念上和审美认知上，二者却表现出相当大的差异。一般来说，传统陶艺是历代陶工集体智慧的结晶，而现代陶艺却是作为个体的陶艺家的独立创造。传统陶艺多是以实用为目的，工艺性很强且有严格的技术分工和技术规范，因此，大大限制了创造主体的自由发挥。而现代陶艺恰恰是在这两点上与传统陶艺拉开了距离，成为现代艺术中独特的艺术门类。现代陶艺是现代艺术家借助陶瓷这种材质，用泥性所特有的语言来表达切合新的时代观念和感觉的内容和题材。

世界现代陶艺以美国和日本影响最深远。西方现代陶艺形式的表达起始于1954年，以P.沃克思并启动“奥蒂斯陶泥革命”为标志。回归自然，张扬个性的理念促进了陶艺多元化的趋向。

中国70年代末至80年代中期崛起的如尹光中、吕品昌等一批陶艺家，在传统文化基础上发展陶艺的现代性。在景德镇陶瓷学院、清华大学美术学院、**中央美术学院**等大专院校已形成相对集中的制陶群落。景德镇、宜兴两地成立了高岭国际陶艺学会和宜兴陶艺学会。

世界著名的陶艺地点有中国的景德镇、石湾、骊州；韩国的利川市；法国的康佩、美国东部的夏洛等。

陶渊明 Tao Yuanming (365～427) 中国晋宋时期文学家。一名潜，字元亮。浔阳柴桑（今江西九江西南）人。东晋大司马陶侃曾孙。

生平 陶渊明出身于没落的仕宦家庭。思想中融入了儒道两种精神。前期（41岁以前），他渴望进取，渴望干一番事业，做过江州祭酒，刘裕幕下镇军参军、彭泽令，起主导作用的是儒家精神；但由于儒道思想的矛盾性，又时官时隐，举棋不定。后期（41岁以后）陶渊明因时局动荡、仕途险恶，以及官场政治腐败、门阀制度森严而对现实极端不满，毅然辞官归隐，与官场彻底决裂。义熙四年，即归隐后第二年，他家乡遭焚，生活陷入极端贫困，但他安贫乐道。义熙末年，朝廷征他为官，元嘉三年，江州刺史檀道济劝他出山，他守节不仕。这个时期起主导作用的显然是道家思想。陶渊明的创作包括诗歌和文章两大部分，而以后期的诗歌成就最高。

诗歌 陶渊明是汉魏南北朝最杰出的诗人。陶诗今存125首，多为**五言诗**。从内容上可分为饮酒诗、咏怀诗和田园诗三大类。①饮酒诗。陶渊明是中国文学史上第一个大量写饮酒诗的诗人。他的《饮酒》20首以“醉人”的语态或指责是非颠倒、毁誉雷同的上流社会；或揭露世俗的腐朽黑暗；或反映仕途的险恶；或表现诗人退出官场后怡然陶醉的心情；或表现诗人在困顿中的牢骚不平。从诗的情趣和笔调看，可能不是同一时期的作品。②咏怀诗。以《杂诗》12首、《读山海经》13首为代表。《杂诗》12首多表现了自己归隐后有志难骋的政治苦闷，抒发了自己不与世俗同流合污的高洁人格。可见诗人内心无限深广的忧愤情绪。《读山海经》13首借吟咏《山海经》中的奇异事物表达了同样的内容，如第十首借歌颂精卫、刑天的“猛志固常在”来抒发和表明自己济世志向永不泯灭。③田园诗。陶渊明的田园诗数量最多，成就最高。这类诗充分表现了诗人鄙夷功名利禄和守志不阿的高尚节操，对黑暗官场的极端憎恶和彻底决裂，对淳朴的田园生活的热爱，对劳动的认识和对劳动人民的友好感情，以及对理想世界的追求和向往。陶渊明的《桃花源诗并记》大约作于南朝宋初年。它描绘了一个乌托邦式的理想社会。表现了诗人对现存社会制度彻底否定与对理想世界的无限追慕之情。它标志着陶渊明的思想达到了一个崭新的高度。陶渊明是田园诗的开创者。它以纯朴自然的语言、高远拔俗的意境，为中国诗坛开辟了新天地，并直接影响到唐代田园诗派。

文章 陶渊明现存文章有辞赋3篇、韵文5篇、散文4篇，共计12篇。辞赋中的《闲情赋》是仿张衡《定情赋》和蔡邕《静情赋》而作，内容是铺写对爱情的梦幻；《感士不遇赋》是仿董仲舒《士不遇赋》和司马迁《悲士不遇赋》而作，内容是抒发门阀制度下有志难骋的满腔愤懑；《归去来兮辞》是陶

渊明辞官归隐之际与上流社会公开决裂的宣言。韵文有《扇上画赞》、《读史述》九章、《祭程氏妹文》、《祭从弟敬远文》、《自祭文》；散文有《晋故征西大将军长史孟府君传》，是为外祖孟嘉写的传记；此外还有《五柳先生传》、《桃花源记》、《与子俨等疏》等。总的来说，陶文数量和成就都不及陶诗。

作品集注 现存版本主要有清代光绪年间影刻本、汲古阁藏10卷本、焦竑翻宋本等。注本主要有元代李公焕《笺注陶渊明集》、清代陶澍注的《靖节先生集》、近人古直有隅楼丛书本，层冰堂五种本，后者称为《陶靖节诗笺定本》。

陶云逵 Tao Yunkui (1904～1944) 中国民族学家和人类学家。原籍江苏武进。寄居天津，卒于昆明。1924年就读于南开大学。1927年赴德国，先后于柏林大学和汉堡大学攻读人类学、遗传学和民族学，曾获博士学位。归国后，1934年在南京中央研究院历史语言研究所任编辑员。曾先后赴丽江、中甸、维西及滇缅、滇越边境等少数民族地区作民族学调查，长达两年余。抗日战争期间，在昆明先后任云南大学社会学系主任、西南联合大学教授，兼南开大学文科研究所边疆人文研究室主任，主编《边疆人文》杂志。

陶云逵师承于德奥民族学传播学派，曾经试图应用“文化历史”的观点研究云南各民族。代表作有《西南部族之鸡骨卜》。后期作品曾试图作民族学理论的概括，并尽量与当时的边政结合。他对于云南边疆少数民族的调查研究、彝族图腾制的发现、云南大学社会学系和南开大学边疆人文研究的发展，都作出了重要贡献。其学术著作主要是关于云南少数民族的调查报告、专文，共10余篇，散见于《西南边疆》、《边疆人文》等刊物中。

陶峙岳 Tao Zhiyue (1892-09-18～1988-12-26) 中国早期民主主义革命战士、爱国将领，全国政协副主席。生于湖南宁乡，卒于北京。1907年入陆军小学。1911年赴武汉入陆军第3中学。1914年毕业后到北京北苑陆军第8师入伍受训。1915年转入保定陆军军官学校。1916年毕业后，历任湖南省督军公署参谋处上尉参谋、湘军第6混成旅独立工兵营营长、第1师上校团长。1926年后任国民革命军独立第2师团长、副师长。参加了北伐战争。1927年加入中国国民党。历任国民党军第40军第3师师长，第8师副师长、师长。抗日战争爆发，任国民党军第8军军长、第77军军长、第一战区第1军军长。率部参加淞沪会战。1940年后任第34集团军副总司令、第一战区政治部主任、第37集团军总司令、河西警备总司令。1946年任国民党新疆省政府主席、新疆警备总司令，西北军政长官公署副长官。1949年9月率部在新疆起义。中华人民共和国建立后，任新疆军区副司令员、西北军政委员会委员、第22兵团司令员、新疆生产建设兵团司令员。1955年被授予上将军衔。1979年任湖南省人大常委会副主任。1982年加入中国共产党。1983～1988年任全国政协第六届副主席。

陶铸 Tao Zhu (1908-01-16～1969-11-30) 中国无产阶级革命家，中国共产党和国家的领导人，中共中央政治局常委，国务院副总理。生于湖南祁阳，卒于安徽合肥。1926年入黄埔军校学习，同年加入中国共产党。1927年参加南昌起义和广州起义。1928年后，在湖南、福建从事秘密兵运工作，组织了厦门劫狱斗争。历任中共祁阳县委军事委员，中共福建省委秘书长、省委书记，中共漳州特委书记，省委组织部长，福州中心市委书记。1933年在上海被捕，1937年经中共党组织营救出狱。抗日战争时期，任中共湖北省委常委兼宣传部长，新四军鄂豫挺进支队代理政委。1940年赴延安，历任中央军委秘书长，总政治部秘书长兼宣传部长。解放战争时期，任中共辽宁、辽吉、辽北省委书记兼军区政委，东北野战军第7纵队政委，第四野战军政治部副主任。中华人民共和国建立后，历任中南军区政治部副主任、主任，中共广西省委代理书记，中共中央华南分局书记，中共广东省委第一书记，中共中央中南局第一书记兼广州军区政委，国务院副总理。1966年调任中共中央书记处常务书记兼宣传部长、中央文革小组顾问，增选为中共八届中央政治局常委。“文化大革命”中，与江青集团进行坚决斗争，1967年1月被诬陷打倒。后遭到残酷迫害去世。1978年中共十一届三中全会宣布为其平反昭雪。著有《理想、情操、精神生活》等。

《淘金记》 *Gold Rush* 美国故事片。联美公司1921年出品。编导C.卓别林，主演卓别林、麦克·斯旺。影片通过做着淘金梦的流浪汉查利的生活经历，暴露了拜金主义带给人的苦恼，它是陷在荒谬绝境中的人既悲观失望、又要做无谓挣扎的一出悲剧。本片是卓别林最受欢迎的作品之一。1952年在比利时由9个国家的63位著名导演评选的“世界电影十二佳作”中名列第二，1958年在比利时布鲁塞尔由26个国家的117位电影史学家评选的“世界电影十二佳作”中再次名列第二名。1962年在西雅图由292位影评家评选的“美国电影十四佳作”中，同样名列第二名。

套汇 arbitrage of exchange 利用不同外汇市场、不同货币种类、不同交割期限的某些货币在汇率上的差异进行外汇买卖，从中赚取利润的业务活动。从事套汇活动必须拥有较多的资金，在国外广设机构，消息灵活，利用电汇进行大宗的地点套汇、时间套汇、利息套汇。由于通信设备的日益完善，各外汇市场已由国际卫星通信网络紧密联系起来，电子计算机广泛应用在外汇交易上，外汇市场和外汇交易日趋全球化，以前由于地区不同和时差造成的汇率差几乎不存在了。新的套汇交易方式逐渐取代了以前的套汇业务，即利息套汇被掉期业务取代，时间套汇为期权代替。在实施外汇管制的条件下，套汇属违法行为。

套利 arbitrage 金融交易中利用交易对象之间可能存在的但不合理的价格差，通过同时买卖不同的交易对象从而获取利润的交易行为。按交易方式的不同可分为跨期套利、跨市场套利、跨商品套利3种主要形式。按风险程度的大小又可分为无抵补套利和抵补套利2种形式。

套期保值 hedging 利用期货市场与现货市场价格走势的趋同性，通过在期货和现货市场上分别持有数量相等、方向相反的头寸，达到规避价格变动风险，实现现货价值保值目的的行为。又称套头交易、对冲。或音译为“海琴”。套期保值分为空头套期保值和多头套期保值。空头套期保值适用于防止价格下跌的交易目的；多头套期保值适用于防止价格上涨的交易目的。以空头套期保值为例，套期保值者未来需要卖出一定数量的实物，但可能存在未来价格下跌的风险，可以在期货市场上卖空与实物数量相匹配的期货头寸，如果实物价格真的下降，现货市场上套期保值者受到了损失，但这种损失可以通过在期货市场上空头头寸的赢利来弥补，因为期货价格随着现货市场的价格也下降了，空头头寸能够从中获得赢利。如果到时现货价格上涨了，套期保值者在现货市场的赢利将被期货市场的空头头寸带来的损失所抵扣，尽管不能获得额外的收益，但达到了减少价格波动、为现货价值进行保值的目的。

套头交易 hedge transaction 利用期货市场与现货市场价格走势的趋同性，通过在期货和现货市场上分别持有数量相等、方向相反的头寸，达到规避价格变动风险，实现现货价值保值目的的行为。见套期保值。

套作 relay intercropping 在前季作物生长后期于株、行或畦间播种或栽植后季作物的种植方式。采取这种方式时，两种或两种以上作物的共生期只占生育期的一小部分时间，因而是一种旨在解决前后季作物间季节矛盾的复种方式。

套作的主要作用是争取时间以提高光能和土地的利用率。多应用于一年可种两季或三季作物，但总的生长季节又嫌不足的地区。实行套作后，两种作物的总产量可比只种一种作物的单作产量有较大提高。套作有利于后作的适时播种和全苗壮苗。在一些地方，采用套作可以躲避旱涝或低温灾害，还有缓和农忙期间用工矛盾的作用。

套作的主要方式有：小麦套玉米，麦、油菜或蚕豆套棉花，稻套紫云英以及稻套甘蔗、黄麻，小麦套种玉米再套甘薯或大白菜等。

忒修斯 Theseus 希腊神话中的阿提卡英雄。雅典王埃勾斯（或海神波塞冬）之子。最流行的神话说，埃勾斯出外漫游，与特罗曾的埃特拉结婚，离开时把自己的剑和鞋压在一块巨石下面，对妻子说，如果生了儿子，能够搬起巨石，就让他带着剑和鞋去雅典相认。忒修斯长大后，轻易地取出了信物，在去雅典途中屡建功业：先后杀死强盗佩里菲托斯、西尼斯、斯克隆、克尔库翁、达马斯忒斯。忒修斯到雅典后，埃勾斯凭剑认出是自己的儿子，宣布他为继承人。他制服了为害阿提卡的马拉松野牛，并用它向阿波罗献祭获得人们好感。他继承王位后，统一了阿提卡，把雅典人分为三个阶层，设立泛雅典娜节，规定了很多习俗。后来忒修斯遭篡权者驱逐，死在斯库罗斯岛。“忒修斯”这个名字起初可能是波塞冬的地方性绰号，后来才变成独立人物。

特奥蒂瓦坎古城 Teotihuacán 特奥蒂瓦坎文化的典型古城。遗址位于墨西哥城东北48千米处。“特奥蒂瓦坎”意为天神降生之处或“神之都城”。城市始建于公元1世纪，5世纪达于鼎盛，8世纪后半叶被焚毁。20世纪初正式发掘。1987年作为文化遗产被列入《世界遗产名录》。现已成为墨西哥著名的考古和旅游胜地。

特奥蒂瓦坎古城大道北端的月亮金字塔

特奥蒂瓦坎古城呈棋盘式布局，城市兴盛之时面积达21平方千米，人口约10万。古城中心部位约6平方千米，以一条长达2.5千米的南北向大道为轴线，两侧分布有100余座金字塔台庙或神殿，其中最著名的是太阳金字塔和月亮金字塔。前者位于大道东侧，底部面积220米×230米，高66米，用石块、土坯和泥土堆砌而成，金字塔表面铺石板，塔顶建神殿。后者位于大道北端，规模也很宏大。此外，在大道南端东侧还有著名的奎特扎尔考特神庙。城的中心地区为贵族和神职人员宅第，外围是商人和农民的住地。城中曾发掘出400余处作坊遗址，多为制作黑曜石工具和武器的工场和制陶作坊等。城址出土的陶器以花瓶形壶、三足罐等为多见。陶器多手制，陶胎较薄，器表涂朱或施彩绘。陶俑也较多见。

以这一遗址为代表的特奥蒂瓦坎文化供奉雨师、水神、羽毛蟒神等神祇。使用圣年历（一年260天）和太阳历（一年365天）。考古发掘曾找到该文化的文字符号，与玛雅文明的象形文字不同。

特别提款权 special drawing right; SDR 一种储备资产和记账单位。由国际货币基金组织于1969年创设。用作补充储备资产。是该组织原有的会员国提款权以外的一种补充，故称特别提款权。

特别提款权可与黄金、外汇并列作为国际储备资产的组成部分。用于政府间结算，可以同黄金、外汇一样，作为国际储备，也可以换取可兑换的外币，支付国际收支差额，偿还国际货币基金组织贷款。但不能兑换黄金，不能直接用于国际贸易或非贸易支付，实际为一种账面资产，故又称“纸黄金”。

特别提款权的适用范围是：①成员国国际收支发生逆差时，可用特别提款权按基金组织的规定，向其他成员国换取外汇，但不能单纯为了改变储备结构而使用特别提款权。②成员国间可通过协议用特别提款权换回对方所持有的本国货币。③成员国可用特别提款权向基金组织偿还所借贷款、支付利息和缴纳手续费。国际货币基金组织成员国之间、成员国与16个特别提款权“机构”持有者，以及与国际货币基金组织交易，可使用特别提款权。特别提款权是国际货币基金组织的记账单位，也是一些国际和区域组织，以及国际大会的记账单位，或作为记账单位的基础。

特别行政区 special administrative district 必要时设立的特殊制度的地方行政区域。

世界很多国家都有设置。类型多样，从行政地位上分：有地方一级政区的特别行政区，也有地方二级或三级政区的特别行政区；从政区职能上分，有行使综合职能的特别行政区，也有行使各种单一职能的特别行政区。各国都因某种特殊需要而设，即使在一个国家因历史情况不同，设置特别行政区的类型也不相同。所以，各种特别行政区之间没有统一的标准。不少国家把首都作为特别行政区，如巴黎、东京等。美国是世界上拥有特别行政区最多的国家，各州内拥有各种单一职能的特别行政区成百上千，21世纪初全美有4万多个特别行政区。

中国近现代的特别行政区为地方一级具有综合职能的政区。中华民国曾先后设置有顺天府（京兆）、热河、察哈尔、绥远、川边、阿尔泰、东省、威海卫、琼崖等直隶于中央政府的特别行政区。截至2009年底，中国有两个特别行政区：1997年7月1日成立的香港特别行政区，1999年12月20日成立的澳门特别行政区。它们是根据邓小平“一国两制”的设想而创设的，即在中国这个社会主义国家中允许特别行政区享有高度的自治权，在相当长时间内保持原有的资本主义制度。按照《香港特别行政区基本法》和《澳门特别行政区基本法》规定：中央人民政府负责管理特别行政区的外交、国防事务，依照基本法规定任命特别行政区行政长官和行政机关主要官员外，特别行政区享有高度的自治权，即行政管理权、立法权、独立司法权和终审权。特别行政区政府以行政长官为中心，实施由行政长官、行政机关、立法机关和司法机关组成的政治体制，并实行“港人治港”、“澳人治澳”的政策。

特定穴 specific point 中医十类针灸穴位的总称。十四经中若干具有特殊治疗作用，临床使用较多，在定位、作用和分布上明显相关的一些穴位。包括**五输穴**、**原穴**、**络穴**、**郄穴**、**八脉交经八穴**、**下合穴**、**背俞穴**、**募穴**、**八会穴**及经脉交会穴。经脉交会穴指经脉交会处所形成的穴位，交会穴所属经脉称为本经，相交经称为他经。交会穴主要分布在头身部，一般阳经与阳经相交，阴经与阴经相交。至21世纪初已确认的交会穴名有108个。交会穴主治本经病，兼治交会经病。

特古西加尔巴 Tegucigalpa 洪都拉斯首都，弗朗西斯科－莫拉桑省首府。全国最大城市和政治、经济、文化中心。位于乔卢特卡河河谷内。人口148.2万。海拔975米。气候温和，年平均气温21.3℃。平均年降水量953毫米。始建于1578年，因周围地区发现大银矿而得到发展。1880年成为首都。工业以农牧产品加工为主，有纺织、制糖、烟草、食品、制鞋、木材加工、制皂等。没有铁路。有公路连接加勒比海岸、太平洋沿海和全国各地。有国际机场。乔

特古西加尔巴城市一角

卢特卡河将市区分为两部分：老城区为商业和行政中心，新城区为工业区，多现代化建筑。市内有总统府、议会大厦、18世纪大教堂和国立自治大学。

特级教师 superfine teacher 中国中小学和幼儿园教师中的最高荣誉称号。1993年颁布的《特级教师评选规定》中提出的入选条件是：①认真执行中国共产党的教育方针；教书育人，为人师表。②具有中小学高级教师职务，教育教学效果特别显著。③在提高教师业务水平等方面作出显著贡献。

特技飞行 aerobatics 飞机急剧改变飞行状态和运动参数的机动飞行。在不同的特技动作中，飞机状态、高度、速度、方向和过载等参数急剧变化。特技飞行中，飞行员常因过载大、头部供血不足而引起**黑视**。为了增强抗荷能力和推迟黑视的产生，特技飞行时，飞行员身着抗荷服。特技飞行对提高飞行驾驶技术、增强耐力、培养勇敢精神和充分发挥飞机性能都有重要的作用。特技动作可能成为歼击机夺取战术优势的手段，飞行表演中也广泛应用特技动作。特技飞行按空间位置分为水平面、铅垂面和空间特技，按飞机数量分单机和编队特技，按高度分低空、中空和高空特技。常见的特技有盘旋、俯冲、跃升、战斗转弯、下滑倒转、筋斗、斜筋斗、半筋斗翻转、水平8字、上下横8字、跃升盘旋、跃升倒转、上升下滑多次横滚、水平一次或多次横滚和慢滚等。因强度、操纵性能的限制，不是所有飞机都能作特技飞行，**旅客机**和运输机等均不能作特技飞行。

特克斯和凯科斯群岛 Turks and Caicos Islands 英国海外领土。位于巴哈马群岛东南，南距海地约145千米，西同古巴隔海相望。面积430平方千米。人口约3.6万（2008年估计）。黑人占90%以上，其余为混血种人和白人。居民多信奉基督教，官方语言为英语。首府**科伯恩城**。由30多个岛屿组成。地势低平，沿海多珊瑚礁。属亚热带气候，夏秋季节多飓风。年平均气温27℃。原为印第安人居住地。1512年被西班牙人发现。1766年沦为英国殖民地。由英国女王任命的总督代表女王行使管辖权。主要政党有人民民主运动、进步民族党、统一民主党等。自然资源缺乏，主要生产部门是渔业和盐业，有世界上最大的海螺养殖场。收入主要来自旅游业和金融服务业。普罗维登西亚莱斯岛为主要游览地。国内生产总值（2006年估计）7.22亿美元。通用美元。出口龙虾、海螺等渔产品和海盐等，进口粮食、饮料、工业品和燃料等。主要

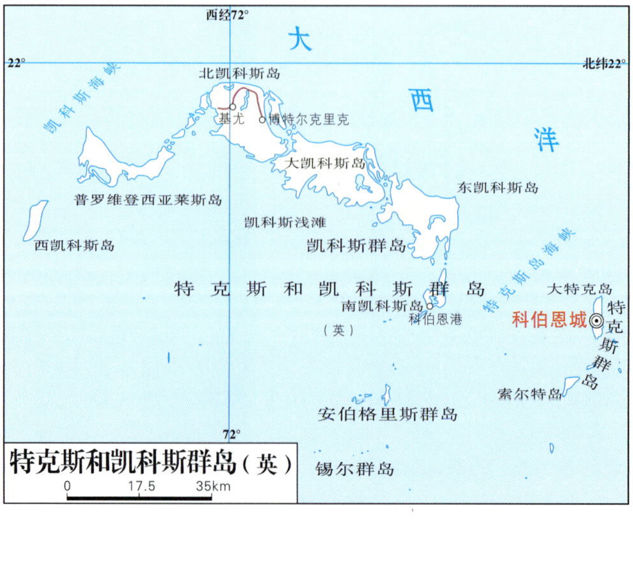

贸易伙伴是美国、英国以及邻国。

特拉维夫–雅法 Tel Aviv-Yafo 以色列最大城市。位于地中海东岸，海拔3米。早在公元前第2千纪初，雅法已是一小镇。1909年在雅法北郊建立犹太居民点，20世纪20年代波兰犹太人大量移此，遂形成城镇。1936年，已是巴勒斯坦最大的城市。1950年与雅法合并，改现名。典型的地中海型气候。冬、春温和，夏季潮热。曾是以色列的临时首都（1950年前），现仍为政治中心，迄今凡同以建交的国家包括中国的驻以使馆仍设于此，仅极个别国家例外（如美国）。市区沿地中海东岸延伸。随着建成区的扩展，和临近多个城镇融合，

特拉维夫－雅法城市鸟瞰

形成一东西宽10千米、南北长25千米的城市群，特拉维夫－雅法则是其核心部分。人口36.04万（2002），整个城市群人口约278.57万。集中全国一半以上的工业生产，批发和零售商业分别占全国的2/3和1/3，主要行业有纺织、服装、食品、卷烟、金属加工、机械、车辆设备、钻石加工、家具木器、印刷出版、电器、电子设备等；全国金融中心，以唯一的证券交易所和几乎所有的银行、保险公司的总部都设在这里。城区从市中心向东、南两个方向扩展。政府机构集中在商业区东北一带。全国的陆空交通运输枢纽，有多条铁路和公路通向各方。本古里安国际机场和西欧、北美等地，维持广泛联系。雅法原为

以色列第二大港，现代化港口阿什杜德启用后，雅法和特拉维夫的港口均于1965年关闭。有特拉维夫大学（1953）和巴尔·依兰大学（1974）等。国内的大多数报刊和80%的图书都在这里出版。旅游业发达，建于1654年圣彼得方济各修道院，是现存较早的古迹。

特雷莎嬷嬷 Mother Teresa（1910-08-27～1997-09-05） 又译德肋撒或德兰。天主教修女。生于奥斯曼帝国马其顿的斯科普里，卒于加尔各答。出身于一个阿尔巴尼亚族农家。17岁时发初愿，到爱尔兰的劳莱德修女院学习，随后到印度大吉岭受训。27岁时发终身愿成为修女。结业后在加尔各答修会办的圣马利亚女校教授地理和历史。后退出劳莱德修会，成立专门无偿服侍垂死者、病残者、孤儿和无家可归者的“仁爱传教会”；创办临终关怀机构；设立露天学校，收容失学儿童和流浪孤儿；开办多所麻风病人收容诊疗中心和多家艾滋病患者收容所。1979年获诺贝尔和平奖。全世界至少有80多个国家的元首、首脑、政府和各大领域的机构以及各个方面的国际组织，向其颁发过崇高的荣誉和奖项。1997年在印度逝世，印度政府为她举行国葬，罗马教廷专门举行弥撒追思。被誉为“仁慈的天使”、“代表和平、代表牺牲、代表欢乐”的“永生的伟大的圣人”。

特里丰诺夫 Trifonov, Yury Valentinovich（1925-08-28～1981-03-28） 苏联作家。生于莫斯科，卒于莫斯科。当过钳工。1947年开始发表作品。早期创作了长篇小说《解渴》（1963）、文献性纪实中篇《篝火的反光》（1965）和历史小说《急不可待》（1973）。60年代下半期有反映城市居民日常生活的短篇小说集《大檐帽》（1969）。后来又推出一组揭露“现代市侩”的作品，被称为“莫斯科小说”，如中篇小说《交换》（1969）、《初步总结》（1970）、《另一种生活》（1975）。长篇小说《老人》（1978）是一部总结性作品，运用了意识流、蒙太奇等艺术手法。

特里林 Trilling, Lionel（1905-07-04～1975-11-05） 美国文学批评家、文学教授。生于纽约，卒于纽约。1939年获博士学位。1930年起一直在哥伦比亚大学从事英语文学的教学和研究。他的评论因其心理学、社会学的方法和充满哲学的洞察力而深得学界的推崇。主要批评论著有《马修·阿诺德》（1939）、《人文想象：文学和社会论文集》（1950），其中包含颇有影响的论文《弗洛伊德与文学》（1940）和《自我作对》（1955），收入的9篇论文都是就文化问题的自我质询和拷问；《文化以外：论文学与学识》（1965）；《真诚与本真》（1972）。

特里斯坦-达库尼亚群岛 Tristan da Cunha Group 非洲大陆西南的南大西洋群岛。由特里斯坦-达库尼亚岛、戈夫岛、英纳塞西布岛以及奈丁格尔岛等火山岛组成。地处南纬37°5′、西经12°16′，北距圣赫勒拿岛2 100千米，东距开普敦2 800千米。总面积202平方千米，其中主岛特里斯坦-达库尼亚岛98平方千米，戈夫岛91平方千米，英纳塞西布岛10平方千米，奈丁格尔群岛2平方千米。人口约270（2005），集中居住在主岛的爱丁堡一带。两大岛多山，最高点是主岛的玛丽皇后峰，海拔2 060米。气候温和湿润。最热月平均气温18℃，最凉月11℃，平均年降水量1 650毫米。1506年葡萄牙人特里斯坦·达库尼亚到达主岛而命名。1817年起群岛被英国占领。1938年划为圣赫勒拿岛属岛。1961年爱丁堡附近火山爆发，居民一度撤离，1963年重返。居民主要为欧洲移民后裔，讲英语。以渔业税、邮票和手工艺品为主要收入来源。捕捞业以小龙虾为主，岛上设有冻鱼加工厂，农作物有马铃薯和蔬菜，饲养少量畜禽。有一所学校和一所医院。戈夫岛上设有南非气象站。1995年，联合国教科文组织将戈夫岛野生生物保护区列入《世界遗产名录》。

特里维西克 Trevithick, Richard（1771-04-13～1833-04-22） 英国机械工程师、发明家。生于康沃尔，卒于肯特郡。19岁时已在制造蒸汽机方面崭露头角。当时所用的蒸汽机是J.瓦特发明的低压蒸汽机。特里维西克发现，如果让高压蒸汽在汽缸内膨胀，就能制造出较小和较轻的蒸汽机，而功率并不比低压的小。他于1797年建造的固定和移动式高压蒸汽机运转得十分成功，为此与安德鲁·维维安一起获得专利。他制造的锅炉能承受0.34兆帕的压力，他试制了一系列锅炉模型，最后制成圆柱体锅炉。蒸汽机问世后，1803年他建造了世界上第一辆行驶在轨道上的机车，1804年在加的夫作首次运行。1811年他因经济困难被迫出售专利并宣告破产，回到康沃尔。1812年他又建造了全新的火管锅炉。特里维西克的创造发明为19世纪动力机械的发展奠定了基础。

《特里亚农条约》 *Treaty of Trianon* 1920年6月4日第一次世界大战战胜国同战败国匈牙利在巴黎凡尔赛的特里亚农宫签订的和约。条约规定：匈牙利割让斯洛伐克和外喀尔巴阡乌克兰给捷克斯洛伐克；特兰西瓦尼亚和巴纳特东部划归罗马尼亚，克罗地亚、巴纳特西部划归塞尔维亚-克罗地亚-斯洛文尼亚王国；多瑙河受战胜国控制；匈陆军限为3.5万人；赔款数额由赔偿委员会确定。

特立尼达和多巴哥 Trinidad and Tobago 加勒比海岛国。位于小安的列斯群岛东南端，由特立尼达岛和多巴哥岛及附近小岛组成。面积5 128平方千米。人口122.9万（2010）。黑人占39.6%，印度人占40.3%，混血种人占18.4%，余为白人、华人和阿拉伯人等。居民29.4%信奉天主教，10.9%信奉英国圣公会教，23.8%信奉印度教，5.8%信奉伊斯兰教。英语为官方语言和通用语。首都西班牙港。

特立尼达岛属南美大陆的延伸部分。3座平行的东西向山脉横贯全岛。阿里波山海拔940米，为境内最高点。岛的西南部有世界上最大的天然沥青湖，面积约47公顷。该岛素有“蜂鸟之乡”之称。多巴哥岛为

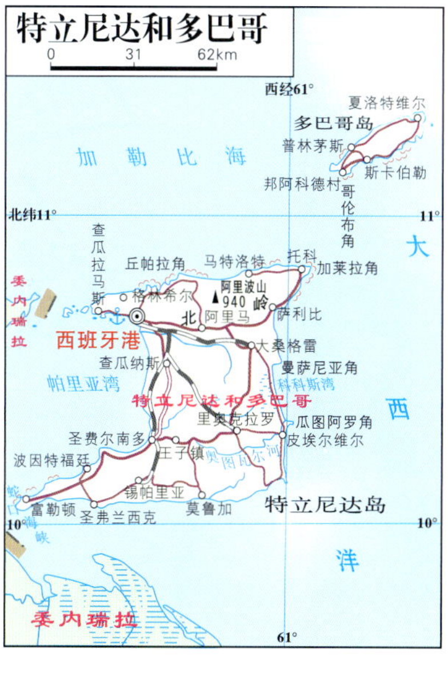

特立尼达岛北部山脉的延伸部分，多河流和湿地。属热带海洋性气候，年平均气温为27℃，平均年降水量为1 560毫米。

原为印第安人居住地。1498年C.哥伦布经过此地。后西班牙、法国、英国等殖民者反复争夺，1889年两岛成为统一的英国殖民地。1956年特立尼达和多巴哥实行内部自治。1958年加入西印度联邦。1962年退出西印度联邦并于8月宣告独立。1976年8月1日改制为共和国，仍为英联邦成员国。

现行宪法于1976年8月生效，规定总统为国家元首，由议会参、众两院选出，任期5年。众议院议员由普选产生，众院多数党领袖出任总理，组成政府内阁。主要政党有人民民族运动党、联合民族大会党和民族复兴联盟等。

特立尼达和多巴哥的史迪尔钢鼓乐队

是加勒比地区国家中经济发展和人民生活水平较高的国家。20世纪90年代起经济持续增长。2009年国内生产总值约为232.7亿美元，工业、服务业在经济中所占比重大。随着石油的发现，石油开采和提炼逐渐成为国民经济最重要的部门，成为世界上主要的炼油中心之一，天然气及其副产品成为新的出口收入来源。世界最大的氨肥和甲醇出口国。全国可耕地约23万公顷，75%的食品需要进口。主要经济作物有甘蔗、咖啡和可可。农产品主要出口欧盟和美国。旅游主要集中在多巴哥岛，游客以美国和欧洲人为主。货币名称特立尼达和多巴哥元，简称特元。美国、加勒比共同市场、中美洲和南美洲、欧盟是主要贸易伙伴。交通以公路为主，有2个标准型国际机场，西班牙港是最主要的港口。

教育水平较高。中小学实行免费义务教育，全国有大学、中学、小学500多所。社会保障制度比较完善。特色音乐舞蹈为钢鼓乐和卡利普索舞。主要报刊有《特立尼达和多巴哥快报》、《特立尼达卫报》和《新闻日报》等。

对外奉行独立自主的外交政策，主张维护发展中国家权益。建立国际经济新秩序。重视拉美国家的团结合作，积极促进加勒比地区一体化。重视发展同美国的关系，同欧盟保持密切的政治、经济联系。是加勒比共同体和共同市场、加勒比国家联盟的创始国之一，也是加勒比国家联盟总部所在地。为美洲国家组织成员国。已同100多个国家建立了外交关系。1974年6月20日同中国建立外交关系。

《特利斯当和伊瑟》 *Tristant et Yseult* 法国12世纪的骑士故事诗。特利斯当是英勇无敌的骑士。他在一次战役中身负重伤，漂流到爱尔兰，得到公主金发伊瑟的救治。后来二人产生爱情，但因国王舅父的作梗，不得不分离。后来在周游列国时娶公主玉手伊瑟为妻，但由于玉手伊瑟的嫉妒，特利斯当气绝身亡，金发伊瑟也为之悲伤而死。两人的坟上长出了常青藤，象征死后永不分离。

作品最初以短歌的形式流传，在12世纪被行吟诗人整理成一部唱本，是法国中世纪不列颠系骑士故事诗中最重要的作品。它借用药酒的传说，对男女之间的自由性爱刻意渲染，以叠唱的方式大力赞颂，成为与宣扬禁欲主义的宗教文学相对立的“风雅”文学的代表作。德国作曲家R.瓦格纳据此创作的三幕歌剧《特里斯坦与伊索尔德》在音乐史上意义重大。

特列恰可夫画廊 Trechikov Gallery 俄罗斯美术博物馆。设在莫斯科，以奠基人P.M.特列恰可夫得名。特列恰可夫是19世纪后期著名的艺术活动家，他从1856年开始收藏艺术作品，立志创建俄罗斯民族艺术博物馆。1892年，他和弟弟S.M.特列恰可夫将藏品赠送莫斯科市，作为向全体市民开放的博物馆，称特列恰可夫画廊。1918年6月3日，V.I.列宁签署《改莫斯科特列恰可夫画廊为国家博物馆》的法令。在苏维埃年代，一些私人博物馆藏品先后合并到特列恰可夫画廊，同时国家每年收购各类艺术作品，不断丰富画廊。画廊的藏品已由革命初年的4 000余件，增加到8万余件，包括油画、版画、圣像画、雕塑和实用装饰美术。藏品中有11～17世纪古俄罗斯的绘画名作，18～19世纪的绘画、雕塑代表作，19世纪后期巡回展览画派名家的杰作，以及苏维埃的绘画、雕刻和版画。画廊每年接待国内外参观者上百万人次，是欧洲大型的博物馆之一。

特鲁别茨科伊 Trubetzkoy, Nikolai Sergeyevich (1890-04-16～1938-06-25) 俄国语言学家。生于莫斯科，卒于维也纳。1913年在莫斯科大学毕业，1913～1914年在德国莱比锡大学留学。1918年任罗斯托夫大学教授，1922年任维也纳大学教授。1926年布拉格学派成立，特鲁别茨科伊即为该学派的中心人物。他一向公开反对纳粹主义。

特鲁别茨科伊的语言观受F.de索绪尔和J.N.博杜恩·德·库尔德内的影响，认为语言是一个系统，内部成分互相关联，语音与言语有关，音位则与语言有关，因此语音学应研究言语的音，音位学则研究语言的音。他提出并强调音位的辨义功能。他的《音位学原理》一书，是一部总结性著作，对音位及其特征、对立、位置和音位组合等问题作了详尽的论述，对音位的辨义对立进行了细致的分类。他提出了“对立中和”和“超音位”这些概念。“对立中和”指在某些位置上音位对立的消失，“超音位”指对立中和时两个音位共有辨义特征的和。他还著有《关于形态音位学》(1931)、《俄语的形态音位系统》(1934)、《音位描写指南》(1935)、《有关印欧语问题的一些看法》(1939)等。

特鲁希略家族 Trujillo family 1930～1961年以R.L.特鲁希略·莫利纳为首，在多米尼加实行军事独裁统治的家族。特鲁希略·莫利纳1891年10月24日生于多米尼加共和国的圣克里斯托瓦尔。1930年发动政变，依仗美国支持当选为总统。此后31年，他或亲任总统(1930～1938,1942～1952)，或通过傀儡和亲属实行统治(1938～1942,1952～1961)。其弟H.B.特鲁希略·莫利纳曾担任总统8年，长子R.L.特鲁希略·马丁内斯23岁即任空军参谋长。

特鲁希略家族对内实行独裁与恐怖统治，残酷迫害与屠杀敢于批评其政策的进步人士；利用国家政权的力量为其家族大肆掠夺土地，聚敛资产。对外投靠美国，与美国签订军事互助条约(1953)。

多米尼加人民为推翻特鲁希略家族的统治进行了顽强的斗争。由于外交压力与经济恶化，特鲁希略家族统治在地主资产阶级上层与高级军官中引起不满。1961年5月30日，特鲁希略·莫利纳在驾车回自家的农庄时遭机枪射杀身亡，其家族统治随即崩溃。

特吕弗 Truffaut, François (1932-02-06～1984-10-21) 法国电影新浪潮的创始人之一，电影导演。生于巴黎，卒于塞纳河畔讷伊。15岁在巴黎发起并组织了《大众电影》俱乐部。1953年进入法国农业部电影处工作，后在《电影手册》和《艺术》杂志任编辑和撰稿人，成为

著名影评家。他的《论法国电影的某种倾向》(1954)被视为新浪潮运动的纲领与宣言；他的《法国电影在虚假中死去》(1957)预告了“第一人称”影片的到来。1958年开始专事电影创作，在25年中共导演了23部影片。这些影片题材广泛，风格多样，获得过50多项国际奖项。主要作品有《四百下》(1959)、《偷吻》(1968)、《穿黑衣的新娘》(1968)、《夫妇生活》(1970)、《美国之夜》(1973)、《阿黛尔·雨果的故事》(1975)、《最后一班地铁》(1980)等。他的影片基本上是自编自导，甚至自己在影片中扮演角色。发表过多部小说，有专著《论希区柯克的电影艺术》出版。

特罗洛普 Trollope, Anthony (1815－04－24～1882－12－06) 英国小说家。生于伦敦，卒于伦敦。家境贫寒。19～52岁在邮局工作，从文牍员当到高级职员。长期坚持业余写作，共创作长篇小说47部，还有大量短篇小说、游记、传记及一部自传。前期的主要作品是6部一组的“巴塞特郡小说”。其中以《养老院院长》(1855)和《巴塞特寺院》(1857)最为脍炙人口。后期小说中也有6部一组的“巴里塞小说”，属于政治或议会小说。《首相》(1876)写当时英国上层政治家的斗争，最为出色。晚年有讽刺金融家和投机商的小说《我们现在的生活方式》(1875)和攻击私有财产和继承权的《斯卡包鲁一家》(1883)。他用写实手法揭露讥讽英国维多利亚女王时代中、上层社会，文笔犀利幽默。

特罗容 Troyon, Constant (1810－08－28～1865－02－21) 法国画家。善画风景与动物，巴比松画派成员。生于塞夫尔，卒于巴黎。初由父亲教他一些绘画知识，后从一位新古典主义画家学画。1847～1848年赴荷兰旅行。后仿效荷兰画家A.谷波，在风景画中添画牛、羊、马之类牲畜。这类风景画曾流行一时。1852年起赴诺曼底旅行写生，表现出光线与空气的感觉。代表作品有油画《牛群，劳动归来》、《驾车的人》、《赶集》(1859)等。

《赶集》(俄罗斯艾尔米塔什国家博物馆藏)

特洛伊古城 Troy 小亚细亚青铜时代和早期铁器时代城市。古代希腊称伊利奥斯或伊利昂。遗址位于土耳其西北的希沙立克。约存在于公元前3000年至公元4世纪。古代希腊的荷马史诗中记叙了希腊人和特洛伊人战争的故事，但直至1870～1890年德国考古学家H.谢里曼发掘特洛伊城址，特洛伊的真实存在始得以确认。1998年，特洛伊考古遗址作为文化遗产被列入《世界遗产名录》。从地层最下层的第1层向上到第5层属青铜时代早期，年代约为前3000～前1900或前1800年，有城堡、王宫等建筑，这时特洛伊已是小亚地区西北部的文化中心。第6层和第7层均属于青铜时代中晚期。第6层约为前1900或前1800～前1200年，这时北方草原民族入主特洛伊，城墙坚固，城内有许多贵族住宅。这一时期的城市毁于地震。第7层约前1200年～前1100年，相当于特洛伊战争的年代，前期在文化上继承了第6层的传统，后期发生变化，居民可能来自欧洲。前1100～前700年，无人居此。此后的8层，是希腊人居住时期的堆积。9层属于希腊化时代和罗马统治时代，城市曾多次扩建。这两层属于早期铁器时代。4世纪君士坦丁堡建立后，逐渐湮没。

特洛伊古城罗马时期的剧场

特命全权大使 ambassador extraordinary and plenipotentiary 具有外交关系的国家间一国元首向另一国元首派遣的最高一级外交代表。通常都授以“特命全权大使”衔。大使的全称。

1815年《维也纳规则》规定：常驻外交代表分为大使、公使和代办三级。19世纪末叶以前，只有大国间才能互派大使。随着现代国际外交关系的发展，绝大多数国家，不论国家大小，均互派大使。大使的派遣须事先征得接受国的同意。1961年《维也纳外交关系公约》规定，大使由国家元首任命。大使享有完全的外交特权和豁免权，如其人身、住所、办公处和公文档案不可侵犯，可以使用密码通信，不受驻在国刑事、民事和行政管辖，免纳关税、捐税，免除一切役务等，并享有比公使、代办等其他等级的外交代表更高的外交礼遇，可以请求驻在国元首接见。

大使是大使馆的馆长，主要职责是负责外交代表机关职能的实施和遵照本国政府指令全权处理外交代表机关的事务。

特纳 Turner, Frederick Jackson (1861－11－14～1932－03－14) 美国历史学家。用边疆学说和地域理论解释美国历史的创始人。生于威斯康星州，卒于加利福尼亚圣马力诺。1890年在约翰斯·霍普金斯大学获博士学位后，在威斯康星大学(1891～1910)和哈佛大学(1910～1924)教授历史。1909～1910年任美国历史协会主席。1927年任加利福尼亚州圣马力诺的亨廷顿图书馆副研究员。继续研究地域理论。

在威斯康星大学任教期间，他撰写3篇论文：《历史的意义》(1891)、《美国历史中的问题》(1892)和《边疆在美国历史中的意义》(1893)。第三篇阐明了边疆学说。他认为，美国人性格和制度都有许多明显的特点，它们主要来源于一种独特的环境，尤其是来源于一条不断向西移动的边疆和“自由的土地”。他认为，在向西部移殖的扩张过程中，美利坚民族逐渐形成了不同于其欧洲祖先的特征：富有流动性和创造力，强调资产阶级个人主义和实利主义等。因此，在西进运动过程中，人和制度都“美国化”了。特纳从美国的实际出发研究美国历史的发展比他的前辈用“原种论”解释美国历史前进了一大步。边疆学说中贯穿一种扩张主义思想，这种思想认定美国之向新的领土扩张乃美国历史发展的“天定命运”，从而宣告美国扩张政策是美国过去、现在和将来的基本规律之一。

特赦 special pardon 国家元首或国家最高权力机关以命令的方式，对已受罪刑宣告或正在刑罚执行中的特定犯罪人，宣布免除其刑罚的全部或一部分的制度。特赦的效力和范围不如大赦广泛，其特点是：只对特定犯罪人实施，而不是对较普遍的犯罪人实施；只免除刑罚的执行，而不能使罪归于消灭，不能撤销对犯罪人的刑事追诉，也不能使有罪宣告无效。

中华人民共和国1954年宪法和现行宪法都规定有特赦制度，特赦权由全国人民代表大会常务委员会行使，特赦令由国家主席根据全国人大常委会的决定发布。自1959年以来，中国先后实行过7次特赦。

特殊奥林匹克运动会 Special Olympic World Games 专为精神障碍患者以及弱智人举办的世界大型综合性运动会。简称特奥会。该项赛事的启发者是美国前总统J.F.肯尼迪的智障妹妹罗斯玛丽·罗斯福。1968年第一届特殊奥林匹克运动会在芝加哥士兵广场举行。同年12月成立了特殊奥林匹克运动会组织（现称特别奥林匹克运动会国际），总部设在华盛顿。特殊奥林匹克运动的宗旨是通过体育锻炼，使智障人增强体力，发展智力，战胜自我，逐步康复，从而为社会作出有益贡献。由此唤起社会与公众的人道主义精神，通过合作去教育、训练和挖掘智障人的潜力，使他们增强信心，认识到自己在社会中的价值，积极地对待生活。1988年2月国际奥林匹克委员会正式承认特殊奥运会。特奥会在1975年前不定期举行，只举办过4届，自1975年起，改为每4年举行一届。到2007年已举办过12届。特奥会的比赛项目有田径，足球、篮球、排球，羽毛球等。从1977年起，国际特奥会还每4年举办一届冬季特奥会，到2005年已举办过8届，比赛项目有速度滑冰、花样滑冰、冰球、高山滑雪与越野滑雪等。1985年中国弱智人体育协会成立，并加入国际特殊奥运会组织。参加了自1987年（第7届）以后各届特奥会（夏季）的多数比赛项目，取得了优异成绩。

2007年10月世界夏季特殊奥林匹克运动会（上海）闭幕式场面

特殊教育 special education 运用特别设计的教育内容、方法、设备和措施对特殊的对象进行的教育。依据对特殊对象的不同理解，特殊教育有广义与狭义之别。广义的特殊教育又称特殊儿童教育、特别教育，指对身心发展异常的各类儿童进行的教育，包括对生理障碍、能力超常、智力落后、品德不良、精神障碍、言语障碍、学习障碍、多重障碍等儿童的教育。狭义的特殊教育又称缺陷教育、残障教育，指对有生理或心理发展缺陷的儿童的教育，不包括天才教育和品德不良青少年儿童的教育。实施特殊教育的机构一般有：盲人学校、聋哑学校（合设或分设）、肢残儿童畸形学校、语言障碍儿童训练中心、森林学校、疗养学校、特种学校、低能儿学校、工读学校、儿童感化院，以及附设在普通学校的特殊班、低能班。

特殊教育最初以聋童教育为代表。1770年法国神父C.-M.A.de莱佩在巴黎创立了世界上第一所聋童学校，首创手势教学法。法国J. M. G. 意太尔特最早对弱智儿童进行系统训练。之后，德、英、美等国也设立类似学校。肢残儿童学校由德国人库尔茨在慕尼黑创立。对有品德缺陷儿童的感化教育，则始于19世纪中叶以后。

在中国，1859年太平天国运动领袖之一洪仁玕提出“兴跛盲哑院”的主张。1874年英国牧师穆威廉在北京开办中国第一所盲童学校，名为瞽叟通文馆，1921年更名启明瞽目院。1887年，美国传教士C. R. 梅尔斯在山东登州（今蓬莱）创办中国第一所聋哑学校，后迁烟台，名为启瘖学馆。1912年，张謇筹创南通师范传习所，培养特教师资，并于1916年创办南通盲哑学校。杭州、长沙、沧县等地也陆续出现了中国人自办的特殊学校。1949年后，特殊教育事业获得进一步发展。1986年《中华人民共和国义务教育法》规定：“地方各级人民政府为盲、聋哑和弱智的儿童、少年举办特殊学校（班）。”1994年国务院颁发《残疾人教育条例》，为保障残疾人受教育的权利，发展残疾人教育事业提供了法律依据。1995年《中华人民共和国教育法》规定：“国家扶持和发展残疾人教育事业。”

特殊星系 peculiar galaxy 根据光学形态难以归为哈勃分类中旋涡星系、椭圆星系和不规则星系的河外星系。约占巡天底片上可见星系总数的5%～10%。大多数特殊星系的非正常形态（如“桥”、“尾”、“环”、“壳”等），主要归因于两个近邻星系之间强烈的引力潮汐作用，因此在一定程度上特殊星系和相互作用星系这两个术语几乎成了同义词。许多特殊星系正在经历着大规模恒星形成爆发。同正常星系相比，特殊星系中心更趋向于有强烈的核活动。反之，宇宙中许多明亮的天体（如类星体、射电星系、红外星系等）往往具有相互作用的形态特征，这提示高的辐射水平和相互作用之间存在直接联系。观测和数字模拟还表明，许多椭圆星系原来是潮汐作用诱发的星系并合的结果。

同正常星系相比，许多特殊星系颜色非常蓝，有强的氢H_α发射线，表明这些星系在新近1千万～1亿年期间经历着强烈的恒星形成活动。

特斯拉 tesla 国际单位制中表示磁通量密度、磁感应强度的导出单位。简称特。符号为T。是千克每安二次方秒〔kg/(A·s^2)〕的专门名称。为纪念美籍发明家N.特斯拉而命名。定义为1韦的磁通量均匀而垂直地通过1平方米面积的磁通量密度，即1特＝1韦/米^2。在1956年国际电工委员会执行委员会上，采用这一名称以代替当时的韦/米^2、伏·秒/米^{2}以及牛/(米·安)等组合单位。1960年第11届国际计量大会承认。

特斯拉 Tesla, Nikola (1856－07－09/10～1943－01－07) 美籍克罗地亚发明家。生于克罗地亚的斯米利扬，卒于纽约。1877年入奥地利格拉茨工业大学攻读数学、物理学和力学。1879年入布拉格大学学习哲学。1883年制成第一台感应电动机。1884年移居纽约。1885年西屋电气公司购买了他的多相交流发电机、变压器和电动机专利后触发了T.A.爱迪生的直流电体系和特斯拉－威斯汀豪斯的交流电体系之间的竞争，交流电体系赢得了胜利。

1887年特斯拉在西方联合电报公司资助下，建立了特斯拉电气公司。头两年中获得了12项专利。1891年发明了特斯拉线圈，至今被广泛应用于无线电、电视机以及其他电子设备中。1894年他获得了哥伦比亚大学和耶鲁大学的名誉博士学位。1900年发现大地驻波，证明大地能作导体用。此外，还制成了2.5万赫高频发电机、设计电介质高频加热装置、发明过高压传送机及电钟等。1917年获得美国电机工程师学会爱迪生奖。发现旋转磁场，被誉为迎来电力时代的天才。国际单位制中磁通密度的单位特（斯拉）即为纪念他而命名。

特提斯海 Tethys 南半球的冈瓦纳古陆与北半球的劳亚古陆之间的古海洋。又称古地中海。现代地中海是特提斯海的残留海域。

1885年，德国学者M.诺伊迈尔提出

在中生代存在一个东西向赤道海洋的设想，称为中央地中海。1893年，奥地利学者E.修斯认为中央地中海为一广阔的深海区，改称特提斯。板块构造学说提出后，这一海区被称为特提斯洋。一般将古生代的特提斯洋称古特提斯洋或古生代特提斯，而三叠纪开始出现的特提斯洋称新特提斯洋或中生代特提斯。一些学者认为，在中南欧一带存在古特提斯洋，古生代晚期，随着劳亚大陆与冈瓦纳大陆相连接，这一洋区趋于闭合。新特提斯洋位于古特提斯洋以南，分布于现代欧洲南部、非洲北端、小亚细亚和伊朗南部、中国西藏南部、中南半岛西部和印度尼西亚一带，与古太平洋相通。白垩纪中期，由于大西洋扩张和印度陆块向北漂移，特提斯洋开始萎缩。古近纪，特提斯洋大部封闭，逐渐上升为高峻的山系，局部残留一些内海（黑海、地中海和里海西部），直至现代。

特辖制 Oprichnina 伊凡四世（雷帝）为摧毁王公和领主的封建割据势力、巩固俄罗斯中央集权国家，在1565～1572年期间实行的非常制度。1564年立窝尼亚战争的失利和领主的叛变，促使伊凡四世于1565年1月宣布实行特辖制。将全国领土划分为特辖区和领主辖区两部分。特辖区包括全国经济上和军事上最重要的地区和一部分城市，由沙皇直接管辖；领主辖区由领主杜马管辖。建立一支主要由服役的中小贵族组成的、绝对效忠沙皇的特辖军。在特辖制期间，特辖区内的王公和领主被遣走，他们的世袭领地被分配给特辖军和中小贵族。特辖军到处烧杀掳掠，恐怖气氛笼罩全国，伊凡四世不仅处死参与叛乱的王公领主和教会上层，而且镇压了一批反对特辖制的中小贵族。1570年，恐怖浪潮达到顶点。伊凡四世宣布诺夫哥罗德参与了叛国阴谋，亲率特辖军对诺夫哥罗德进行了为期6周的血腥讨伐。每天有1 000～2 000名贵族、商人、市民和农民被杀害，一座繁华的商业城市顿成死城。在返回莫斯科途中，他又血洗了普斯科夫和特维尔城。1572年，伊凡四世宣布废除特辖制。

特辖制摧毁了王公和领主的世袭领地，剥夺了他们的政治权利，巩固了俄罗斯中央集权制国家。

特写 feature story 通过生动、形象化的描绘，再现新闻事件片断或瞬间动态的一种新闻体裁。电影中突出地拍摄人物、某个物品、某个场景或其局部特别放大的镜头，称为特写镜头。新闻特写就是借鉴电影特写镜头的手法，把新闻事件中最有典型意义、最生动感人的部分加以放大，着意描绘，让人们看到细节，从而获得鲜明而深刻的印象。

特写有以写事为主的事件特写和以写人为主的人物特写。描写是特写的主要表现手法，特写必须遵守新闻真实性的原则，如实描绘真人真事，细节也必须是真实的。

特种弹 special ammunition 用于完成某种特定作战任务的弹药。其种类繁多，如用于生成烟幕以迷盲、干扰对方的观察、射击和指示目标的发烟弹；用于观察目标和射击效果的照明弹；用于抛撒宣传品的宣传弹；用于对战地进行侦察、监视和观测的电视侦察弹；用于远距离监视战场情况的战场监视弹和用于对雷达、无线电通信、制导武器等电子设备进行干扰，使之失效的干扰弹等。特种弹的主要特点是结构较为复杂，除具有普通弹药的组件外，还主装或配装有特殊功能的物质、装置和设备；投射方式多样，可以用火炮、火箭炮，或车载、机载、舰载发射装置等进行发射。特种弹广泛用于现代战场。

特种加工 non-traditional machining 将电、热、声、光、化学等能量或其组合（有时也包括机械能）施加在工件的被加工部位上，实现材料去除、变形、改变性能或镀覆的非传统加工方法。

分类 根据加工能量的来源及其作用形式，将各种比较成熟或常用的特种加工方法进行分类（见表）。

特点 与传统加工方法相比，特点有：①适应性强，加工范围广，一般不受工件材料的物理性能与力学性能的限制，可以加工硬、软、脆、热敏、耐腐蚀、高熔点、高强度、特殊性能的金属和非金属材料。②多数特种加工不需要工具，有的即使采用工具，也不直接与工件接触，且几乎不承受加工作用力。工具材料的硬度可低于工件材料的硬度。③可在加工过程中实现能量转换或组合，便于实现控制和操作自动化，适于加工二维或三维复杂型面、微细表面、微小孔、窄缝、低刚度零件等。④加工中不存在机械应变或大面积的热应变，可获得较低的表面粗糙度，其热应力、残余应力、冷作硬化等均较小，尺寸稳定性好。⑤两种或两种以上不同类型的能量可相互组合形成新的复合加工，综合加工效果明显。⑥特种加工有利于简化加工工艺、变革新产品的设计及零件结构工艺性等。

为更好地应用和发挥各种特种加工的最佳功能及效果，必须依据工件材料、尺寸、形状、精度、生产率、经济性等具体情况合理优选特种加工方法。

特种作战部队 special operation force 经过特殊训练，具备灵活应变能力，主要在非常规作战中遂行特殊任务的部队。常称为特种部队。一般以小分队为主，远离本土或基地，遂行突袭作战、敌后游击战、特种侦察、反恐怖活动、协助他国进行内部防卫和非正规战、民事行动、心理和信息战、搜索救援等任务。主要配备轻便精良的武器装备和各种特殊装具，人员经过

常用特种加工方法分类表

加工方法		主要能量形式	作用形式	符号
电火花加工	电火花成形加工	电、热能	熔化、气化	EDM
	电火花线切割加工	电、热能	熔化、气化	WEDM
电化学加工	电解加工	电化学能	离子转移	ECM
	电铸加工 涂镀加工	电化学能	离子转移	
高能束加工	激光束加工	光、热能	熔化、气化	LBM
	电子束加工	电、热能	熔化、气化	EBM
	离子束加工	电、机械能	切蚀	IBM
	等离子弧切割加工	电、热能	熔化、气化	PAM(C)
物料切蚀加工	超声加工	声、机械能	切蚀	USM
	磨料流加工	机械能	切蚀	AFM
	液体喷射加工	机械能	切蚀	HDM
化学加工	化学铣切加工	化学能	腐蚀	CHM
	照相制版加工	化学、光能	腐蚀	
	光刻加工	光、化学能	光化学、腐蚀	PCM
	光电成形电镀	光、化学能	光化学、腐蚀	
复合加工	电化学电弧加工	电化学能	熔化、气化腐蚀	ECAM
	电解电火花机械磨削	电、热能	离子转移、熔化、切削	MEEC
	电化学腐蚀加工	电化学、热能	熔化、气化腐蚀	ECE
	超声放电加工	声、热、电能	熔化、切蚀	
	复合电解加工	电化学、机械能	切蚀	
	复合切削加工	机械、声、磁能	切削	

严格挑选并经高强度体能、多种专业技能、各种复杂环境和作战样式的训练。平时一般编为营、团、旅级单位，执行任务时多以小分队编组。指挥权高度集中，作战独立性强，活动范围广泛，行动隐蔽突然，突击精确，具有精干、灵活、适应性强、用途广泛的特点。

疼痛 pain 通常由伤害性刺激引起、伴有不愉快情绪体验的一种感觉。见痛觉。

腾冲火山群 Tengchong Volcanoes 中国保存最完好、分布最广、多次喷发形成的新生代死火山群之一。位于云南省腾冲县城周围。火山群呈近南北至东北—西南向延伸，火山个体及火山口亦多作上述方向延伸成椭圆形。现存的70余座火山锥中，有40余座火山锥体及火山口均保存完整，火山浮石发育，火山弹也完整，其中又以来凤山群、马鞍山群、打鹰山群、黑空山群等为典型。火山群附近地区亦为地热富集区，冬季由高空俯视，热气腾空，白雾弥漫，有“热海”之誉。

腾冲死火山群完整火山

腾冲火山温泉 Tengchong Volcanic Thermal Spring 中国云南省腾冲县周围新生代火山群的温泉。遍布全县的气泉、温泉、热泉群共有80余处，平均每70平方千米就有一个泉群点。其中11个温泉群水温高达90℃。腾冲热泉群不仅数目多，密度大，且类型复杂齐全，为国内罕见。有高温沸泉、热泉、温泉、地面蒸汽、喷泉、巨泉、冒气地面等。县城西16千米的硫磺塘，温度高达96.6℃。硫磺塘西南2千米处，有黄瓜箐热气沟。距黄瓜箐数百米是澡塘河瀑布。澡塘河段冬春季节水温都在40℃左右。腾冲火山温泉区是中国西南地区一处具有极大开发价值的旅游、疗养胜地。

腾格里沙漠 Tengger Desert 中国第四大沙漠。位于内蒙古自治区阿拉善盟东南部，面积4.27万平方千米。行政区划主要属阿拉善左旗，西部和东南边缘分别属于甘肃省民勤县、武威市和宁夏回族自治区的中

卫县。沙漠包括北部的南吉岭和南部的腾格里两部分，习惯统称腾格里沙漠。

沙漠内部沙丘、湖盆、山地、平地交错分布，沙丘占71%。在沙丘中，流动沙丘占70%，余为固定、半固定沙丘。沙丘高度一般为10～20米，主要为格状沙丘及格状沙丘链，新月形沙丘分布在边缘地区。在流动沙丘上有沙蒿、沙竹、芦苇、沙拐枣、花棒、柽柳、霸王等，生长较巴丹吉林沙漠为好。在沙漠西北和西南的麻岗地区还有大片麻黄，在梧桐树湖一带沙丘间有天然胡杨次生林。沙漠内大小湖盆420多个。湖盆内植被类型以沼泽、草甸及盐生等为主，是沙漠内部的主要牧场。

滕代远 Teng Daiyuan (1904-11-02～1974-12-01) 中国无产阶级革命家，人民军队领导者之一，中华人民共和国铁路事业的奠基人，全国政协副主席。生于湖南麻阳，卒于北京。1924年加入中国社会主义青年团，次年加入中国共产党。历任长沙郊区农民协会委员长，中共醴陵县委书记、湘东特委书记、湘鄂赣边区特委书记，1928年参加平江起义，与彭德怀率领红5军上井冈山，任红5军党代表、红4军副党代表、红3军团政委、军委武装动员部部长、红一方面军副政委、中央军委武装动员部部长。1934年到苏联参加共产国际七大。1937年回国，历任中共中央军委参谋长、抗日军政大学副校长、中共中央北方局委员、八路军前方总部参谋长、晋冀鲁豫军区副司令员。1945年参加国共谈判。解放战争时期，历任华北军区副司令员，中共中央军委铁道部部长，铁道兵团司令员、政委。中华人民共和国建立后，任铁道部部长、党委书记，国防委员会委员，全国政协第四届副主席，中共七至十届中央委员。

滕尼斯 Tönnies, Ferdinand (Julius) (1855-07-26～1936-04-11) 德国社会学家。生于石勒苏益格州奥尔登沃尔特附近的里普教区，卒于基尔。1872年起，先后在耶拿、莱比锡、波恩、柏林和蒂宾根等大学学习哲学和历史，1877年获博士学位。1878年赴英国研究英国哲学家T.霍布斯的思想理论。1881年在基尔大学取得授课资格，1909年任基尔大学政治经济学副教授，1913年升为教授。1921年获汉堡大学法学荣誉博士。1927年成为波恩大学政治学荣誉博士。他是德国社会学会和霍布斯协会的创始人之一，曾任这两个学会的会长。著有:《社区和社会》、《托马斯·霍布斯》、《关于社会生活的基本事实》、《社会学的本质》、《社会问题的发展》、《马克思的生平和学说》、《社会学的研究和批评》、《围绕反社会主义非常法的斗争》(1929)、《社会学导论》(1931)等。

滕尼斯认为社会学是研究人及其生理、心理和社会本质的实质科学。他把社会学分为一般社会学和特殊社会学。他在《社区和社会》中，着重论述了纯粹社会学的两种基本形式社区（又译共同体）和社会。他认为，从中世纪向现代的整个文化发展就是从社区向社会的进化。社区不是建立在强迫，而是建立在相关联系上的；社会虽然基于个体主义、经济自由主义和现代机械文明之上，但是通过人的思考和选择而建立起来的组织，人们实质上是相互分离的，因而社会也不是人类社会历史发展的最佳结局。滕尼斯对社区和社会的区分及论述的本意在于指出社区和社会是任何群体组织中都必不可少的两个结构要素，他关于社区和社会的理论观点，在美国社会学界具有深远影响。

滕王阁 Tengwang Pavilion 中国江南三大名楼之一。位于江西南昌市赣江边。唐永徽四年（653），高祖子滕王李元婴督洪州时营建，并以封号为名。上元二年（675），洪州都督阎伯玙在此大宴宾客，王勃即席作《滕王阁序》，成为千古传诵的名篇。滕王阁历时1300多年，屡毁屡建，1926年为北洋军阀邓如琢烧毁。今之滕王阁为第

29次重建，1989年落成。新阁距唐代阁地址百余米，严格遵循宋代楼阁之制，保留了唐宋建筑的雄伟、瑰丽、典雅的风格。

滕州市 Tengzhou City 中国山东省辖县级市。位于省境南部，西濒微山湖。面积1 485平方千米。人口160万（2010），民族以汉、回为主。古有“滕小国”之称，因境内泉水“腾涌”而得名。西周封滕国，秦置滕县属薛郡，汉初置蕃县，隋改滕县。金设滕阳州，后改称滕州，以滕县城为治所。1988年撤县建市。由枣庄市代管。泉水众多，有荆泉、羊庄泉群、魏庄泉群、马庄古泉。矿产有煤、石灰岩、河沙等。农业主产小麦、玉米、甘薯、高粱、花生等。工业有电力、煤炭、炼焦、机械、服装、卷烟、酿酒、纺织等。名胜古迹有滕国故城、薛城遗址、北辛文化遗址、孟尝君墓和毛遂墓，以及墨子森林公园、刘村万亩梨园、滨湖万亩荷花等。

藤本植物 vine; liane 茎长而细弱，不能直立，只能依附其他植物或有他物支持向上攀升的植物。热带雨林和亚热带常绿阔叶林是藤本植物生长最适宜的环境。依茎的质地的不同，可分为木质藤本和草质藤本，前者木质化细胞多，如紫藤、葡萄、爬山虎等；后者木质化细胞少，如牵牛、苦瓜等。依其攀升方式的不同又可分为攀缘藤本和缠绕藤本，前者是以吸盘、不定根、卷须或其他特有的卷附器官攀附于他物上，如爬山虎、凌霄花、常春藤等；后者是以茎缠绕他物而攀升，如紫藤、扁豆、金银花、猕猴桃等。依其是否落叶，又可将藤本植物分为落叶藤本和常绿藤本，前者如葡萄、紫藤、爬山虎等；后者如买麻藤等。

藤壶 barnacle 蔓足亚纲海产甲壳动物中大部分种类的俗称。成体一般都有石灰质壳板，头端朝下固着在岩石、桩基、船体、浮木和海草上，或从蛤到鲸等较大的动物体上。由蔓足捕食微小的食物颗粒。典型的藤壶要经过6个无节幼体期，再变为腺介幼体（亚成体期，有两片几丁质壳，第一触角上有黏腺，有蔓足）。腺介幼体体扭转，产生壳板，变为成体。典型的藤壶（围胸总目）有6对蔓足，壳完整。有柄的种类如茗荷广布世界，见于浮木上；岩藤壶又称槲果壳，无柄，固着生活，壳板形对称，桶状或阔圆锥状；藤壶属的种类有害于船舶和海港建筑；疣藤壶如花笼的种类，壳不对称。

藤黄科 Guttiferae; garcinia family 双子叶植物纲五桠果亚纲的一科。约35属400余种，泛热带分布。中国有5属（其中猪油果属和铁力木属为引种栽培）约30种，产湖南、江西以南包括台湾及西藏东南部在内的各省区。乔木或灌木。叶对生或轮生，稀互生，单叶，无托叶。花通常为单性，有时在同一植株上有两性花，但在功能上为杂性异株，稀全部为两性；萼片2～10（或以上），交互对生或覆瓦状排列；花瓣4～12，通常覆瓦状排列、近镊合状排列或旋转；雄蕊少或多数，下位着生，分离或不同程度合生，常集合成束，雄花中常有退化雌蕊；雌蕊1，子房上位，1至多室，心皮3或5或与子房室同数。果常为蒴果状；有时为浆果或核果；种子常具假种皮。

藤黄科许多种的木材坚固耐用，如产自巴西的巴西木，产自东南亚的胡桐木，中国云南、广东及广西也有栽培的铁力木和广西的金丝李。许多种生产有价值的树脂或树胶，特别是在胡桐属及藤黄属中，如藤黄树皮流出的黄色树脂即藤黄，供绘画颜色之用，还可入药。有不少种果实可食，如热带著名果树倒稔子、西印度群岛的曼米苹果。胡桐木、印度藤黄及其他种的种子可生产油脂，而猪油果的果实可代黄油供食用。

藤井健雄 Fujii Takeo（1910-10-06～1984-10-14） 日本蔬菜园艺学奠基人之一。生于东京，卒于千叶。毕业于京都帝国大学农学院农学系。1939年担任日本最古老的园艺专门学校千叶园艺高校副教授，1942年晋升为教授，1948年获博士学位，1951年任千叶大学园艺学院教授，1973年任园艺学院院长，后转任日本园艺研究所所长。他从20世纪40年代初期就开始了果菜类蔬菜育苗和落花问题的基础理论研究，阐明了温度、光照等生态因子对花器官形态建成与落花的关系，提出了以改善光照条件为主的培育壮苗配套技术和夜冷育苗技术，并在日本最先研究开发了利用植物生长刺激剂防止番茄落花的规范化技术。50～60年代研究塑料大棚栽培条件下果菜类苗期的各种最适温度，后又进行了设施园艺CO_2施肥原理和配套技术的研究并予推广。发表论文40余篇，主要著作有《蔬菜园艺学总论》、《蔬菜园艺学各论》、《蔬菜的栽培技术》和《蔬菜的新品种》等16部。

藤泽秀行 Fujisawa Hideyuki（1925-06-14～2009-05-08） 日本围棋手。原名藤泽保。生于神奈川横滨，卒于东京。5岁从父学弈。1934年为日本棋院院生。1940年成为初段棋手，1942～1963年自二段逐步晋升至九段。与梶原武雄、山部俊郎并称为“战后三羽乌”。1948年获“日本青年选手权战”冠军。1957～1966年获“首相杯战”、“日本棋院第一位战”、“最高位战”、“名人战”、“专业十杰战”、“围棋选手权战”冠军。1967～1969年连获第15～17期“王座战”冠军。1968～1976年又多次在“专业十杰战”、“名人战”、“天元战”中夺魁。1977～1982年在第1～6期日本“棋圣战”中取得六连霸的业绩。1981年，被日本棋院授予终身名誉棋圣的称号。1992、1993年连斩第39、40期“王座战”宝座，创下67岁高龄仍夺冠的围棋史新纪录。对中国非常友好，对中日两国的民间围棋交流多有贡献。著有《秀行飞天之谱》等。

藤之木古坟 Fujinoki Barrow 日本古坟时代晚期的贵族墓葬。位于奈良县生驹郡斑鸠町。年代为6世纪后半叶。1985、1988年发掘。该墓地面上有直径约48米、高约9米的圆形坟丘，内有长方形横穴式石室。石室内发现有金和铜制的马具1组、铁质镶金和铜的马具2组、铠甲、铁镞及土师器、须惠器等陶器。3组马具制作工艺精湛，保存状态良好，其中装饰有透雕的凤凰、象、鬼面等纹样的鞍具在日本为首次发现。这些纹样含有印度、中国和朝鲜等地方文化因素，表明当时日本同这些地区有经济和文化方面的交流。随葬品十分丰富，有金和铜制的冠、履、带和作为装饰品的各种金属小珠及1万多件玉珠，此外还发现4面铜镜和6件刀剑。

梯度 gradient 数量场中的一个基本概念，用以描述数量场在一点处的变化性态。

设空间区域Ω内有一连续可微函数$f(x,y,z)$。这时函数$f(x,y,z)$在Ω上形成一个数量场。函数$f(x,y,z)$在一点(x,y,z)处的梯度是指向量$\left(\frac{\partial f}{\partial x},\frac{\partial f}{\partial y},\frac{\partial f}{\partial z}\right)$，记作$\mathrm{grad}f$或$\nabla f$。

数量场在一点处的梯度恰好是通过该点的等值面的法向量。

梯度的运算有如下法则：

$$\nabla(u \pm v) = \nabla u \pm \nabla v$$

$$\nabla(uv) = u\nabla v + v\nabla u$$

$$\nabla\left(\frac{u}{v}\right) = \frac{1}{v^2}(v\nabla u - u\nabla v)$$

$$\nabla\varphi(u) = \varphi'(u)\nabla u$$

式中u与v是多元连续可微函数。

梯度风 gradient wind 在大气运动的水平方向上，压力梯度力、科里奥利力和曲线运动的离心力三者相平衡下的大气风场。

在地转风条件下，空气没有任何加速度，故其速度大小和方向都不变。这不仅说明风沿等压线吹，而且等压线只能是直线。可见，在自由大气中，地转风的概念对等压线曲率较大的地区是不适用的。这样的地区，大气运动的切向加速度甚小，但向心加速度却很显著。在这种情况下，压力梯度力、科里奥利力和曲线运动的离心力形成平衡力系，空气作水平匀速运动，形成梯度风。梯度风与地转风相似，都沿着等压线运动，在北半球，若背风而立，高气压在右侧，低气压在左侧；在南半球则相反。

因为大尺度运动的流线曲率都不大，而且梯度风的计算很不方便，在自由大气中，通常仍用地转风而不用梯度风来表征实际风。

梯恩梯 TNT 学名2,4,6-三硝基甲苯。

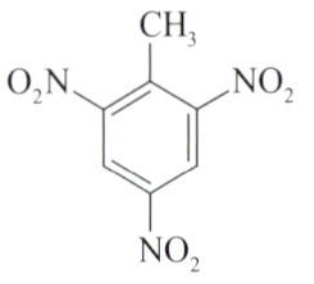

最重要的单质炸药，爆炸性能良好。由甲苯用硝酸和硫酸的混合酸硝化制得。黄色晶体，味苦，不溶于水。1863年由J.维尔布兰德首先制得。具有较低的机械感度，安定性好，与重金属及其氧化物不发生反应。可广泛适用各种军用武器弹药的装填，也可作为混合炸药的组分。工业炸药中将它作为敏化组分使用。梯恩梯有毒，能引起肝脏疾病和再生障碍性贫血，还会引起白内障。生产、加工时要加强防护措施。

梯田 terrace 在丘陵山区的坡地上沿等高线修筑的阶台式或波浪式断面的农田。修筑梯田具有保水、保土、保肥作用。有利于农业的高产稳产。

云南元阳梯田

梯田按断面形式分为阶台式和波浪式两类。阶台式梯田多用于中国、日本和东南亚各国。又可分为：①田面呈水平的水平梯田。②修筑时田面保持原坡度的坡式梯田。③田面与原坡面呈2°以下反向倾斜的反坡梯田。④相邻水平阶台之间隔一斜坡段的隔坡梯田。波浪式梯田在美国较多。一般是在7°以下缓坡地上隔一定距离沿等高线修成软埝与截水沟，两埝之间距离较宽，面积较大，有利于机械化耕作。

梯也尔 Thiers, (Louis-) Adolphe (1797-04-18～1877-09-03) 法国政治家，法兰西第三共和国总统（1871～1873），历史学家。商船船长之子。生于马赛，卒于圣日耳曼昂莱。

曾在艾克斯学习法律。1821年到巴黎，活跃于反政府的资产阶级沙龙与自由派报界。1823～1827年发表多卷本《法国革命史》。他力图借法国革命的历史经验为自由派的政治主张服务。1830年参加创办《国民报》，反对查理十世的极右政策，主张实行英国式的议会制，鼓动报界抗议限制出版自由的“七月敕令”，并在银行家J.拉菲特与七月王朝之间牵线搭桥，使路易-菲利浦得以在七月革命后登上王位。七月王朝时期，先后任内务大臣，首相兼外交大臣。对内既反对正统派的复辟活动，又打击人民运动；对外鼓吹恢复法国荣誉，反对英国干预欧洲大陆事务，支持埃及摆脱土耳其控制。1840年10月下台后，成为议会反对派，攻击F.-P.-G.基佐政府。

1848年革命后，梯也尔作为秩序党的头面人物，重返议会。起先支持路易·拿破仑·波拿巴当总统，继而反对他走向独裁。1851年12月路易·拿破仑·波拿巴发动政变，梯也尔被拘留、放逐。次年获许回国。此后11年暂时退出政治舞台。1863年重新当选议员。1864年1月在议会发表要求“五项必要自由”（个人自由、出版自由、选举自由、议员质询权、大臣负责制）的著名演说，反对拿破仑三世的专制统治和对外冒险政策。法国在普法战争中失败后，梯也尔为国防政府奔走乞和。1871年2月当选法兰西共和国政府首脑，8月任共和国总统。对德签订丧权辱国条约，对内镇压巴黎公社（1871）革命。

梯也尔作为第三共和国首任总统，依靠资产阶级的巨额贷款，提前偿清对德赔款，使德国军队于1873年3月撤离法国。他的建立“保守共和国”的方针既未得到王党多数的支持，又遭到激进共和党人的反对。1873年5月被迫辞职。

梯叶里 Thierry, (Jacques-Nicolas-) Augustin (1795-05-10～1856-05-22) 法国历史学家、作家。生于布卢瓦，卒于巴黎。曾在巴黎高等师范学校任教。1814～1817年任C.-H.de圣西门的秘书和合作者。此后为资产阶级自由派

报刊撰写历史、政治论文。1820年写成《乡巴佬雅克的真实史》，描述法国老百姓受压迫、受奴役和奋起反抗的历史。1825年出版的《诺曼人征服英国史》是他的成名作。1827年，梯叶里双目失明，但仍依靠秘书坚持写作。先后出版《墨洛温时代叙事》（1835～1840）、《第三等级的形成与发展史》（1850～1853）。梯叶里批评过去历史学家否认“公民、臣民、人民”的历史创造性，力图证明英国和法国的历史是被征服者反抗征服者奴役的历史，争取解放和自由的历史。他认为12世纪的城镇革命、14～15世纪的农民运动、18世纪的民族革命一脉相承，构成了法国社会史的主线。其历史著作充满浪漫主义气息力求艺术地再现历史事件。

锑 antimony 化学元素，元素符号Sb，原子序数51，原子量121.760，属周期系VA族。锑的英文名称源于辉锑矿的英文名antimonite。锑在地壳中的含量为1×10^{-4}%。具工业价值的锑矿有辉锑矿（Sb_2S_3）、方锑矿（Sb_2O_3）、红锑矿（$3Sb_2S_3 \cdot Sb_2O_3$）等。

锑有六种同素异形体：灰锑、黄锑、黑锑和炸锑以及两种高压下存在的锑。常温下稳定的是灰锑（α-锑），有金属光泽，不硬、质脆，密度6.68克/厘米^3，熔点630.63℃，沸点1 587℃。−90℃混合氧和锑化氢（SbH_3），反应得黄锑。黄锑于−80℃或将锑蒸气迅速冷凝均得黑锑，隔绝空气时受热（>90℃）转化为灰锑。由电解三氯化锑的盐酸溶液得到的锑，在摩擦、碰撞时发生爆炸转化为灰锑，所以称为炸锑。锑的氧化数−3、+3、+5。金属锑仅在赤热时与水作用放出氢气；锑和活泼金属形成M_3Sb、M_3Sb_2（M为碱金属、碱土金属），遇水释出极毒的锑化氢SbH_3气体。锑在室温下不被空气

氧化，加热时锑与氧作用可得三氧化二锑、四氧化二锑、五氧化二锑，其中三氧化二锑为两性氧化物，溶于酸和碱。锑与卤素反应得各种卤化锑，与硫反应生成Sb_2S_3，与硝酸作用可得五氧化二锑。锑溶于王水得$SbCl_6^-$，和热硫酸反应得$Sb_2(SO_4)_3$。

将锑的硫化矿煅烧成氧化物，然后用碳还原得锑。锑主要用途是制备铅基和锡基合金。锑和多种碱金属的化合物KNa_2Sb、CsK_2Sb可制作灵敏的光电阴极，GaSb、InSb是半导体材料。

踢踏舞 tap dance 通过鞋底轮番击打地面，发出抑扬顿挫的节奏声的舞蹈。19世纪初，爱尔兰、英格兰、苏格兰、荷兰、德国、斯堪的纳维亚半岛诸国的木屐舞、吉格舞、里尔舞和踏步舞等包含大量“踢踏”成分的舞蹈，被爱尔兰等国的移民带到美国后与黑人舞蹈相结合，形成踢踏舞。

双臂固守在躯干两侧，不随意摆动，是“欧洲踢踏”的风格特色。直到它与美国的黑人文化结合，成为“美国踢踏”后，手臂才随心挥舞起来。

踢踏舞的名称出现在20世纪初的美国。不仅在原有硬鞋舞的基础上，发展出平脚踢踏舞、节奏踢踏舞等主要炫耀力度和速度的舞蹈，而且出现具抒情意味与细腻质感的软鞋舞。到20世纪的上半叶，踢踏舞风靡美国。踢踏舞与杂技、芭蕾、电影等艺术形式相结合，成为雅俗共赏的表演形式。20世纪90年代，踢踏舞融入当代美国黑人音乐的沉重的低音节奏，舞蹈的动律和面貌得以更新。

在踢踏舞的故乡爱尔兰，以踏步-踢踏舞为主要素材的《大河之舞》成功演出，把爱尔兰的民族文化传播到世界各地，带来踢踏舞的复兴，踢踏舞甚至与民族舞、芭蕾舞、现代舞和爵士舞一道，成为英国皇家舞蹈学院、澳大利亚联邦舞蹈教师协会等国际性专业舞蹈教育机构的考级科目。

事实上，乌克兰人、俄罗斯人、印第安人、吉普赛人和中国藏族等不同民族以及非洲等地区的民间舞蹈中，在西班牙的佛拉芒科、印度的卡塔克等古典舞中，自古就有风格迥异的踢踏舞。

提埃波罗 Tiepolo, Giovanni Battista (1696-03-05～1770-03-27) 意大利画家，18世纪威尼斯画派的代表。生于威尼斯，卒于西班牙马德里。早年师从学院派装饰画家G.拉扎里尼。1717年在威尼斯画家公会登记成为开业画家。他一度受威尼斯画家G.B.皮埃泽塔的立体造型的影响，到30岁左右形成个人风格。一改先前沉闷的明暗立体画法，提高了色彩明度。《耶稣受难》(1723～1724)、《叛逆天使的堕落》(1725)是其代表作。30年代，他的

《教皇克莱门特礼拜三位一体》(1636～1637，伦敦国家画廊藏)

名声已传到各地。1731年应米兰之召布置阿尔金托宫，同年秋天在贝加莫装饰C.科莱奥尼宫邸。在一幅画着施洗约翰故事的背景上，配有开阔明朗的风景，这是他画风的改革。1740～1750年间，他基本以世俗题材作画。《克娄巴特拉女王的宴会》(1744) 等画集中了P.韦罗内塞的形象和18世纪喜剧性构图。1750年他率二子来到维尔茨堡，在此所作凯泽扎尔天顶壁画《婚姻的寓意》与主楼梯顶壁画《奥林匹斯》，是他一生的巅峰之作。画幅的宏大气势和瑰丽多彩的形象，被喻为18世纪人文主义理想的象征和赞歌。1762～1764年，他应西班牙国王卡洛斯三世邀请，装饰马德里国家宫，留下了众多的壁画、油画、铜版画和素描。由于他善于运用鲜艳透明的色彩和轻捷流畅的笔法，被视为印象主义绘画的先驱。

提奥多尔二世 Theodore Ⅱ (约1818～1868-04-13) 埃塞俄比亚皇帝(1855～1868年在位)，近代埃塞俄比亚统一国家的缔造者之一。原名卡萨·海尔·乔治斯。生于埃塞俄比亚西部边陲一个小封建主家庭，卒于马格达拉。自幼丧父，青年时成为强盗的首领。1855年2月5日加冕称帝，号提奥多尔二世。即位后采取一系列措施，以实现国家的统一。同年征服了国内最后一个半独立王国绍阿，并将政治中心从偏于一隅的冈达尔迁到接近帝国中央的马格达拉。但他的改革遭到殖民主义者和国内封建割据势力以及教会的敌视。由于他独断专行，在同反叛的封建主作战时常常纵兵烧杀，因而逐渐失去人民支持。1868年，英国借口领事被扣，派遣R.C.内皮尔率领侵略军远征埃塞俄比亚。同年4月13日，侵略军攻陷马格达拉，提奥多尔二世兵败自杀。

提丢斯-波得定则 Titus-Bode's law 表述行星和太阳之间平均距离的经验规律。1766年首先由德国天文学家J.D.提丢斯提出。1772年，德国天文学家J.E.波得发表经验关系式：$a_n=0.4+0.3\times2^n$。若令地球和太阳的平均距离为1，即1个天文单位，按波得的经验关系式得出的计算值与观测值的比较见表（括号内是当时未知的行星、小行星）。后世将行星-太阳距离经验关系称为提丢斯-波得定则，或波得定则，或提丢斯定则。1781年发现天王星，它的平均距离与定则的预期相符。在定则的启示下，1801年发现了第一个小行星。随后确认的主小行星带的平均距离也符合定则的预示。但1846年观测到的海王星和1930年观测到的冥王星（当时误为行星）则与定则不符。天文学家得知，天然卫星和行星之间的距离关系也可用类似的经验定则描述。提丢斯-波得定则的理论基础尚未最终确定。

	n	波得关系式	行星-太阳平均距离
水星	$-\infty$	0.4	0.39
金星	0	0.7	0.72
地球	1	1.0	1.00
火星	2	1.6	1.52
(?)	3	(2.8)	(2.9)
木星	4	5.2	5.20
土星	5	10.0	9.54
(天王星)	6	(19.6)	(19.2)
(海王星)	7	(38.8)	(30.1)
(冥王星*)	8	(77.2)	(39.5)

*冥王星2006年已被定为矮行星。

提格雷语 Tigre 厄立特里亚的第二大语言。又译蒂格雷语。主要分布于北部地区，以及东部和西部低地。属阿非罗-亚细亚语系闪语族。提格雷语衍生于古埃塞俄比亚语（吉埃兹语）。主要方言包括门萨方言。教会团体翻译的宗教典籍是早期仅有的书面文献。近、现代则有用提格雷语创作的诗歌和民间故事，以及描述门萨部族习俗的作品等。采用古埃塞俄比亚音节文字。与提格里尼亚语有亲近关系，但二者不能互通。基本语序为主-宾-动型。

提格里尼亚语 Tigrinya 厄立特里亚通用的语言。也使用于毗邻的埃塞俄比亚提格雷省。属阿非罗-亚细亚语系闪语族。提格里尼亚语从古埃塞俄比亚语（吉埃兹语）衍化而来。早期的文字记载有教会团体撰写的宗教文献，近代则有用提格里尼亚语出版的课本及文学著作，如19世纪早期的诗作。采用古埃塞俄比亚音节文字。与厄立特里亚的另一种重要语言提格雷语有近亲关系，但二者不能互通。

提洛同盟 Delian League 希波战争期间，公元前478年以雅典为首的一些希腊城邦结成的军事同盟。因盟址及金库曾设在提洛岛，故名，也称第一次雅典海上同盟。同

盟初期的宗旨是以集体力量解放遭受波斯奴役的希腊城邦和防御波斯再次入侵。最初入盟的主要是小亚细亚和爱琴海诸岛的希腊城邦，后来增至约200个。

从公元前5世纪60年代起，雅典逐渐将提洛同盟变为它控制和剥削盟国的工具，变成事实上的盟主。因而史书中亦常称提洛同盟为雅典霸国或雅典帝国。公元前454年同盟金库迁至雅典。在伯罗奔尼撒战争期间，雅典更要求盟国增派援军和任意增加盟捐。斯巴达则利用盟国的不满，支持它们反对雅典，脱离提洛同盟。公元前404年，战败的雅典根据与斯巴达签订的和约，被迫解散提洛同盟。

提姆加德古城 Timgad 阿尔及利亚古城。古罗马时称萨穆加迪。遗迹位于东北部奥雷斯山北部。古罗马皇帝图拉真于公元100年建城，最初作为防御外族侵略的军事基地。5世纪遭汪达尔人入侵，6世纪时又被拜占廷帝国占领。柏柏尔人把罗马人赶走后改今名。后被废弃。1880年起发掘。1982年作为文化遗产被列入《世界遗产名录》。

提姆加德古城中仿古罗马建的凯旋门

城市严格按古罗马的城市规划原则建设，两条垂直相交的大街贯穿全城，拥有巨石建成的古罗马公共建筑，如广场、神庙、剧场、市场、公共浴室、图书馆、商店、旅店、凯旋门等，规模宏大。发现教堂遗址，说明3世纪时基督教已传入此地。城市的街道下有下水道系统。城址还出土有古罗马人的家庭用具、石棺、雕像及工艺品等。城南有依丘陵斜坡建造的半圆形古代剧场，可容纳4 000人，至今保存良好。

提婆 Deva 大乘佛教中观派创始人之一。又称圣天，龙树的弟子。活动于公元3世纪。生于师子国（今斯里兰卡）。婆罗门种姓。初学婆罗门学说，善辩。后从龙树受业，并与婆罗门外道论战，并屡破之，后被刺杀。提婆进一步发挥了龙树的中观学说，完成龙树组织的宗教哲学体系。著有《四百论》、《百论》、《广百论》等，以及传为提婆被刺临终前用自己的血写下的《百字论》。

提坦 Titan 希腊神话中老一代神祇。一般指天神乌拉诺斯和地神盖亚所生的奥克阿诺斯、伊阿佩托斯、瑞亚、忒弥斯、谟涅摩辛涅和克罗诺斯等12个子女，以及某些提坦神的子女，如普罗米修斯。提坦神支持克罗诺推翻了乌拉诺斯，把被乌拉诺斯囚禁的独眼巨神和百手巨神从塔尔塔罗斯解放出来。克罗诺斯巩固了自己的权力后，又将怪神关回原处。宙斯推翻克罗诺斯之后，部分提坦神起来反对奥林波斯的新神，双方展开了激烈的战斗，奥特里斯山和奥林波斯山成了厮杀的战场。奥林波斯众神在独眼巨神和百手巨神的帮助下取胜。这次战斗的场面常被用作艺术作品的题材，在晚期的希腊神话里，提坦神后来与奥林波斯众神达成和解，移居长乐岛。

提线木偶戏 string puppet show 中国木偶戏种类。又称线戏。演员拉动丝线以操纵木偶的动作。福建的提线木偶戏发展得最为完备，古称“悬丝傀儡”。分为泉州与闽西两个艺术流派。提线木偶由偶头、笼腹（木偶的躯干）、四肢、提线和操纵板（泉州叫交牌、闽西叫线板）组成。泉州的提线木偶戏，一般有文字脚本，有些传统剧目保存了其他剧种所罕见的节目，如《张飞私奔》、《包拯审鲤鱼》等。“本戏”开演前，要先举行一种祭祀仪式，被称为“踏棚”。闽西提线木偶戏的传统剧目有1 092本。正剧演出前，也要先演一段开台戏。泉州的提线木偶戏班的戏箱里有36个偶人，而闽西则有24个偶人，但另备有多种面壳，供改换人物的脸部形象之用。福建提线木偶的形象结构完整，制作精美，尤其是木偶头的雕刻、粉彩工艺，独具匠心。木偶形象上一般都系有16条以上，甚至多达30余条纤细悬丝，线条繁多，操弄复杂，技巧表演难度很高。

流行于陕西合阳一带的提线木偶戏称合阳线戏，又称线腔戏。专用的声腔——合腔曾称线腔，以迷胡、碗碗曲调演唱，唱腔苍凉悲壮、慷慨激昂，体现渭北人民粗犷豪放的性格特点。木偶头像雕刻刀工精细、线条流畅、设色明快。一般天庭宽阔，下颚丰腴，眉目修长，尤其旦角头型，嘴唇小巧玲珑，唇边还留有笑意。偶高一般为80～90厘米。提线5～7根，线长约1米（名为低线）。20世纪70年代后舞台更新，艺人在高空操作，被称为高线。经长期实践，摸索出提、拨、勾、挑、扭、抡、闪、摇8种技法，神态逼真。剧目丰富，据传有500本之多，且有大量艺人在本戏演完后即兴创作的捎戏，诙谐幽默，语言生动，富有生活气息。

提香 Titian（1488/1490～1576-08-27） 意大利画家。生于皮耶韦-迪卡多雷，卒于威尼斯。

生平 提香9岁赴威尼斯学艺，1510年以后独立工作，曾受业于G.贝利尼。青年时期一度与乔尔乔涅密切合作，乔尔乔涅死后提香成为威尼斯画派领袖，在文艺复兴画坛活动60余年，作品遍及西欧各国，以绚丽色彩和健美造型树立了新的艺术典型，堪与佛罗伦萨画派争雄。提香1516年被威尼斯政府任命为官方画家，1530年受神圣罗马帝国皇帝查理五世接见，此后一直为哈布斯堡王朝作画，并晋封伯爵。1545～1546年游学罗马，与米开朗琪罗等会晤，获罗马荣誉公民称号。1548～1551年间两度赴神圣罗马帝国奥格斯堡工作。终其一生，主要活动地点是威尼斯，他的色彩辉煌的画幅也充分体现了威尼斯市民阶级的生活理想和文艺复兴的时代精神。

早期创作 1510～1520年是早期创作阶段。其特点是在乔尔乔涅风格影响下逐渐形成了自己的风格。现存提香的最早作品是《田园合奏》（约1510）。他个人风格趋于成熟的第一个代表作是《圣爱与俗爱》（1512～1515），表现象征圣俗两种爱情的两位女性分别居画幅两边。象征神圣之爱的裸体女郎的形象健康美丽，光彩照人，被誉为文艺复兴艺术中表现女性美理想的最佳范例。《圣母升天》（1516～1518）以色彩的富丽和人物的生动有力体现了提香艺术的本色，为威尼斯画派开拓了全新的领域，在16世纪就被誉为“近代第一杰作”。以古典神话为题材

图1 《圣母升天》

的代表作则有1518～1524年间为费拉拉公爵制作的一组油画《维纳斯的崇拜》、《安德里亚人的酒宴》、《巴科斯与阿里阿德涅》。

中期创作　1520～1555年是提香的中期创作阶段，特色是益趋平稳庄重，增加了雍容华贵之感，代表作有《佩萨罗圣母》(1519～1526)、《圣母参拜神庙》(1534～1538)、《乌尔比诺的维纳斯》(1538)、《查理五世骑马像》(1548)等。《乌尔比诺的维纳斯》是应乌尔比诺公爵之请而作，虽借维纳斯女神之名，实际上是表现日常生活环境中的一位美丽的裸体女性。

中期创作中肖像画占有很重要的地位。从皇帝、教皇以至名门淑女肖像都能惟妙惟肖地绘出其特有的容貌和性格，《查理五世骑马像》(1548)是他最著名的肖像作品之一。

图2 《基督戴荆冠》

晚期创作　1555～1576年为提香的晚期创作阶段。特点是油画技法掌握更为娴熟，笔触奔放，用色精妙。作品用宽大粗放的笔触和成堆的颜料绘成，只能远看才能领会其完美，标志着真正的西方近代油画的完成。它不仅是17～18世纪西方绘画的一个主要源头，而且影响了日后的浪漫主义和**印象主义**画派。代表作有《欧罗巴的劫夺》(约1559～1562)和《基督戴荆冠》(1570～1576)。《欧罗巴的劫夺》在极力刻画少女遭劫的惊愕激动气氛之外，配以碧海白浪和雾色迷茫的群山，烟云水汽与霞光夕照交织，达到了色彩缤纷、光影闪烁的效果。《基督戴荆冠》则着重烘托悲剧性的气氛，从暗黑仅见火光杖影的环境闪现出几个人物，除光与色的对比外，细部描画皆趋模糊，但整体效果异常突出。

提香长期的艺术生涯和丰富的创作实践也有力地推动了16世纪威尼斯画派的发展，几乎所有威尼斯画家都直接或间接受到提香的教导与影响。

鹈鹕　*Pelecanus*; pelicans　**鹈形目**鹈鹕科鹈鹕属鸟类的统称。分布于世界热带和温

带水域。共有8种，中国有3种。大型水鸟，全长1 200～1 700毫米。通体呈白色，雌雄相似。嘴长而直，下颌有大型喉囊。四趾间具全蹼。

栖息于湖泊、江河和沼泽地带。常成群生活。善飞行和游泳。飞行时头向后缩，颈弯曲成“S”形。主要以鱼类为食。营巢于湖中小岛、湖边芦苇浅滩、河流岸边和沼泽等区域，喜成群营巢。繁殖期为4～6月。每窝产卵2～3枚，卵刚产出为白色，孵化后为黄褐色，孵化期为35～37天。

鹈形目　Pelecaniformes; pelicans　鸟纲一目。大型游禽。主要分布于热带和温带。世界有5科：鹲科（如红嘴鹲）、鹈鹕科（如白鹈鹕）、鲣鸟科（如红脚鲣鸟）、鸬鹚科（如普通鸬鹚）、军舰鸟科（如小军舰鸟）。均见于中国。嘴强大具钩，有喉囊。四趾均向前，趾间均具蹼。巢营在树上或地面上。雏为晚成性。

鳀鱼　*Engraulis japonicus*; Japanese anchovy　鲱形目鳀科鳀属的一种。又称日本鳀。分布于中国渤海、黄海和东海。朝鲜半岛和日本亦有分布。成鱼体长8.2～11厘米。体细长而稍侧扁，腹部近圆形。头稍大而侧扁。吻圆而短，前端超过下颌。眼大，侧位而高，有很薄的脂膜。眼间隔隆凸，中间有一棱。鼻孔小。口宽大，下位。上、下颌及舌均具小牙。鳃耙细长，鳃孔大，有假鳃，鳃膜不与鳃峡相连。鳞圆形，头部无鳞，纵列鳞40～42，无侧线。背鳍条14；臀鳍条18；尾鳍深叉形。体上方绿色，侧上方微绿，两侧及下方银白色。

生活于浅海。常随水面云影移动。趋光性强，鱼群常环绕光源回旋游动。以浮游动物、桡足类为食。春季随水温的上升，沿海岸北上；秋季随水温的下降而沿海岸南下，在适水温带进行产卵、索饵和洄游。2龄达性成熟。产卵期为5～7月。卵浮性，椭圆形，无色透明。肉可食用，可制成鱼粉。

体操　gymnastics　徒手或借助器械进行各种身体操练的体育运动项目。它是根据竞赛、健身、医疗等不同目的创编的。经常从事体操运动可以促进人体的生长发育，增强体质和各器官的功能。

体操源远流长。公元前5世纪，希腊人已将跑、跳、舞蹈、摔跤、攀登等内容编进军事操练中。当时体操的范围较宽，几乎包括锻炼身体的一切活动。

随着时间的推移，体操增加了一些器械练习，如木马、爬绳、独木桥、吊杠、双杠等。16世纪后期，意大利的医学家H.美尔库里亚利斯写了《体操术》一书，研究了希腊体操，并将体操分为军事体操、医疗体操和竞技体操三种。19世纪初，德国体操之父J.C.F.古茨-穆茨（1759～1839）写的《青年体操》把体操广义解释为“体育”。18世纪后期，体操曾风靡欧洲，并相继形成不同学派。1896年国际体操联合会应运而生，并明确了作为竞赛的项目内容，制定了竞赛规程和办法。同年，在希腊雅典举行的第1届**奥林匹克运动会**上，体操便成为了主要竞赛项目之一。1903年，第1届世界体操锦标赛在比利时举行。女子**竞技体操**比赛在1928年的第9届奥运会和1934年的第10届世界体操锦标赛上开始确立。男子竞技体操6项（自由体操、鞍马、吊环、跳马、单杠、双杠）为1936年第11届奥运会上确定；女子竞技体操4项（自由体操、高低杠、平衡木、横跳马）为1952年第15届奥运会上确定。19世纪末，欧洲又出现了韵律体操，到20世纪20年代已发展成为竞技比赛项目。

中国古代体操起源于原始舞蹈，在几千年前，表演家们创造了许多类似近代体操的动作和技艺。另外，在汉代就已出现健身祛病的导引术，这是最早的医疗体操。东汉华佗又创编了“**五禽戏**”，宋代有了“**八段锦**”。而明朝的“易筋经”标志着医疗体操发展的新阶段。这些均一直流传至今。中国近代体操是在19世纪后期开始起步的。在19世纪末的奏折及皇帝敕令文件中均已出现“体操”字样。1908年上海创建了中国体操学校，教授徒手操、器械体操、兵式操和武术、音乐舞蹈、教育学、体育学等。中华人民共和国建立后，体操得到了迅速发展，从1951年起，在全国范围内开始推行广播体操。中国男子体操队多次在世界体操锦标赛中夺冠，并在2000年悉尼第27届奥林匹克运动会上获得团体金牌。女子体操队也名列世界前茅，世界冠军层出不穷。2006年10月第39届世界体操锦标赛中，中国体操男、女队双双取得男子和女子团体冠军（金牌）和除此以外的6枚金牌。另外，中国**艺术体操**、技巧也都具世界水平，已跻身世界体操强国之列。

体操的内容丰富，动作多样，能根据不同需要选择组合，深得广大群众喜爱。

体格检查　physical diagnosis　医生用感官及体检器具对被检者的身体进行检查以获得临床资料的方法。体格检查中的发现称

体征。体征为客观检查所见，不受被检者主观意识的影响。而症状是就诊者的主观感受。基本诊断方法有视诊、触诊、叩诊、听诊等。

视诊　通过视觉器官来观察被检者全身或局部情况的诊法。观察深部时需要借助检查镜如眼底镜、喉镜或直肠镜等。

触诊　用手的感觉来探测或触摸某部位或某器官的诊法。常用来检查皮肤温度和感觉、肿物、搏动、震颤、摩擦感、压痛、反跳痛、脏器形态、肌容积等。

叩诊　用手直接或间接叩击被检部位，使之振动产生音响，根据所听到音响或所感到的振动，来判断该部位有无异常的诊法。常用的是间接叩诊法，即指-指叩诊法，此法是以左手中指第二指节（板指）密贴于被检部位，以右手中指指端叩击板指指骨前端，听其声音，感其振动。根据其音调、音响和振动时间的不同，叩诊音可分为：①清音。是正常肺部叩诊所发出的声音，其音调、音响和振动时间适中，临床上都是以它为准，辨别其他叩诊音。②鼓音。其音调较低，音响较强，振动时间较长，是叩击胃泡鼓音区和正常腹部发出的声音。③浊音。比起清音来，音调较高，音响较低，振动时间较短，是叩肝或心脏相对浊音区时发出的声音。④实音。为比浊音更甚的叩诊音，正常叩诊肝或心脏的绝对浊音区和肌肉、骨骼等实体组织发出的声音。过清音和浊鼓音等都是介于基本叩诊音之间的音响，多有病理基础。

听诊　用耳直接或借助于听诊器听取被检者器官或组织发出的声音的诊法。通常都是采用借助于听诊器的间接听诊法，此法常用于听呼吸音、心音和心杂音、肠鸣音、摩擦音和测血压等。直接听诊法是不借助任何听诊用具在被检者近旁听语言、语调、语态、振水音、哮鸣音等，或以耳贴近患者体表来听诊的方法，已基本废用，偶在无听诊器的情况下用以检查危重患者。

其他　嗅诊，用嗅觉辨别被检查者身体散发出的气味；量诊，用量具测某部周径、体积、体重、长度、关节活动度和体温。

体力劳动　physical labour　耗费的*劳动力*以人的四肢、肌肉、体能为主的劳动方式。

人类劳动是人的脑、肌肉、神经、体能等的生产耗费。人的一切劳动，哪怕是最简单的劳动，都既包含体力劳动，也包含*脑力劳动*，而且它们总是结合在一起的，是不能截然分开和单独进行的。但是，依照二者比例和性质的不同，劳动可以区别为体力劳动为主的劳动和脑力劳动为主的劳动。

体力劳动和脑力劳动的相互关系以及它们同劳动者的关系，在不同的生产方式中，具有不同的性质和情况。在个体劳动和实行个人占有的条件下，例如在自耕农和手工业者那里，各种劳动职能是结合在同一个人身上的，因而脑力劳动和体力劳动也是结合在一起的。

不同劳动职能的分离是从工场手工业的协作劳动开始的，而脑力劳动和体力劳动的分离则是大机器工业的产物。这里所发生的体力劳动和脑力劳动的分离是双重的：一方面是雇佣工人同企业主及其代理人的分离。企业主及其代理人作为经营管理者、指挥者、监督者成为单纯的脑力劳动者，工厂工人成为单纯的体力劳动者。另一方面是普通劳动者和科学技术工作者的分离。手工劳动中的技艺上升为科学同个体劳动者相分离，科学发明和技术创造成为少数人的专门职业。

体腔动物　Coelomata　体壁与消化道之间具有由中胚层包围而成的体腔的动物。又称真体腔动物。在多细胞动物胚胎发育过程中，中胚层及体腔形成的方式主要有两种：①裂体腔法。在原口的两侧，内、外胚层交界处各有一个细胞分裂成很多细胞，形成索状伸入到内外胚层之间，称中胚层细胞。在中胚层之间形成的空腔即为体腔。原口动物（胚胎发育中的原肠胚的胚孔演化为成体的口）均以裂体腔法形成中胚层和体腔（图1）。②肠体腔法。内胚层（即

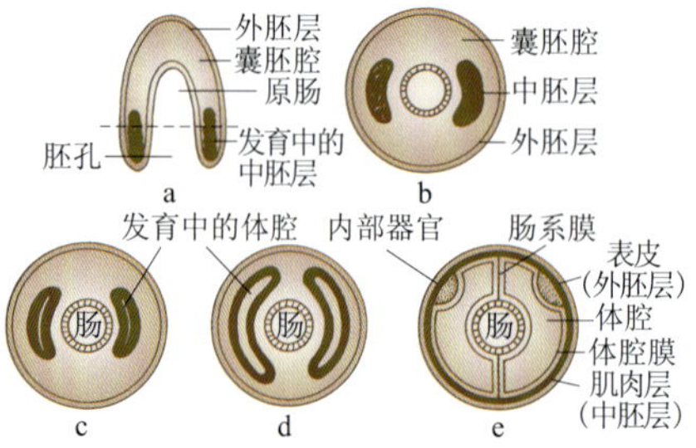

图1　裂体腔法形成体腔示意图
a 原肠胚的正切面　b a图虚线处横切面
c 在中胚层中有一裂缝，即为发育中的体腔
d 在发育中的中胚层和体腔　e 成体体腔

原肠壁）两侧的细胞向外突出，形成成对的腔肠囊，该囊和内胚层脱离后，在内外胚层之间发展为中胚层。由中胚层所包围的腔就是体腔。后口动物（胚胎发育中的原肠胚的胚孔演化为成体的肛门或封闭后另外形成口）均以肠体腔法形成中胚层和体腔（图2）。

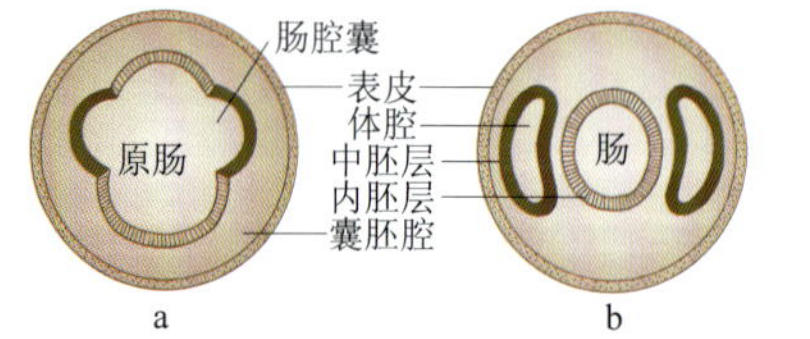

图2　肠体腔法形成中胚层和体腔示意图
a 侧面外折的厚壁原肠　b 囊分离形成体腔中胚层和定形肠内胚层

无论是裂体腔还是肠体腔，在系统发育和个体发育上都比假体腔出现得晚，所以称为次生体腔或真体腔。真体腔的产生对消化、循环、排泄、生殖及器官的进一步复杂化都有重大意义，被认为是高等动物的重要标志之一。

体外受精　in-vitro fertilization; IVF　将健康成熟的精子与卵子取出体外使之结合受精的医疗措施。适用于女方输卵管不通的患者。精子一般都取自该女性的配偶。若男方无精或少精，也可用供精者的精液。如果女方无卵巢功能或对刺激排卵反应不好，还可用其他人的卵子，在体外与自己配偶的精子结合受精。受精卵经在体外试管或器皿中培育一个阶段再植入女方的子宫内（称为胚胎转移）。若女方生殖器有缺陷，如无子宫或子宫切除，而不能怀胎，可将体外培育的受精卵移植到其他妇女子宫中，妊娠期满娩出后再交还需要子女的妇女抚养，代为怀孕的妇女称代理母亲。转移的胚胎植入子宫内膜内着床，并发育长大。由于胚胎早期是在试管或器皿培育成功的，所以所生的婴儿俗称试管婴儿。

体外受精有几个环节：①收集卵子。②精子的处理。使之获能。③卵子的培养。④胚胎移植。将早期胚胎转移到宫腔内，使之着床并正常发育。

其适应证为：①40岁以下的不孕夫妇。经过各种不孕症的治疗无效。②女方身体健康，精神正常。能够经受妊娠分娩，有能力抚养子女。③卵巢功能正常。能产生卵子。④子宫正常。能接受胚胎着床、生长。⑤男方精子正常。能与卵子结合。⑥受试夫妇充分了解试管婴儿的操作方法及妊娠成功率，并能够积极配合各种操作。非配偶之间的试管婴儿，如赠送卵子或精液或借子宫代孕，步骤复杂且牵涉到伦理学和法律方面问题，应当更慎重。

体温　body temperature　机体深部（体核）的平均温度。体核各部之间的温度差异较小。正常人体体温一般在37℃左右。与体核温度相比，体表温度易受环境温度的影响，且各部位之间的差异也大。正常的体温是机体进行新陈代谢和生命活动的必要条件之一。

体温的测量与正常值　体温的测量有接触和非接触测量两种方法。前者是采用酒精或水银温度计、热敏电阻温度计等与机体相接触的测温方法；后者是使用红外线辐射测温仪等仪器的离体测温方法。使用非接触法只能测量体表温度。体核温度不易测试，故临床上通常采用水银温度计接触式测量直肠、口腔和腋窝等处的温度来代表体温。直肠温度正常值为36.9～37.9℃。口腔温度正常值为36.7～37.7℃。腋窝温度正常值为36.0～37.4℃。

食管温度约比直肠温度低0.3℃。食管

中段的温度与右心室的温度大致相等，且两者体温调节反应的时间变迁过程也很一致。所以在实验研究中，食管温度可作为体核温度的一个指标。此外，鼓膜温度的变化大致与下丘脑一致，因此鼓膜也常被选为测温部位。

在基础状态下测得的体温称为基础体温。记录育龄期妇女每个月的基础体温，有助于判断其排卵日。

体温的正常波动 尽管人和恒温动物的体温是稳定的，但并不是固定不变的。在正常情况下，体温可随昼夜、年龄、性别等因素而有所波动，但波动范围一般不超过1℃。①昼夜节律性变化。体温在一昼夜间常作周期性波动，清晨2～6时最低，午后1～6时最高。②性别的影响。成年女性的体温比男性高，且其体温随月经周期而发生周期性波动，其基础体温在月经期和月经后的前半期较低，排卵日最低，排卵后期又复升高。③年龄的影响。随着年龄的增长，体温有逐渐下降的趋势，大约每增长10岁，体温可降低0.05℃。④其他。凡能影响能量代谢的其他因素都能影响体温。如剧烈运动时，体温可升高1.5℃。情绪激动、精神高度紧张等也可使体温呈一过性升高。进食活动对体温也有影响，体温在餐后比餐前可升高0.5℃左右，口腔温度的变化尤为明显。

体温调节 人和恒温动物体内具有精确的体温调节中枢。在体温调节中枢的控制下，通过增减皮肤血流量、发汗、战栗等生理调节反应，在正常情况下可维持体温的相对稳定，称为自主性体温调节。另一方面，机体在不同的温度环境中的姿势和行为，特别是人为保温或降温所采取的措施如增减衣物等，称为行为性体温调节。

体温调节系统属于生物自动控制系统，下丘脑是该系统的控制器，它接收自皮肤和黏膜以及中枢温度感受器的温度感觉信息，经整合后发出指令，通过改变效应器如骨骼肌等产热器官、皮肤血管和汗腺等散热器官的活动，实现其对体温的调控作用。

温度感受器 温度感受器可分为外周温度感受器和中枢温度感受器两类，前者为游离的神经末梢，后者是**神经元**。温度感受器又分为冷感受器和热感受器两种。外周温度感受器存在于皮肤、黏膜和内脏中。当局部温度升高时，热感受器兴奋；反之，冷感受器兴奋。这两种感受器各自对一定范围的温度变化敏感。当温度偏离一定范围时，两者发放冲动频率均减少。外周温度感受器对温度变化的速率更为敏感。中枢温度感受器是中枢神经系统内对温度变化敏感的神经元。脊髓、脑干网状结构以及下丘脑等处都含有温度敏感神经元。其中有些神经元在局部组织温度升高时发放冲动频率增多，称为热敏神经元；有些神经元在局部组织温度降低时发放冲动频率增多，则称为冷敏神经元。

体温调节机理 体温调节中枢主要位于下丘脑，视前区－下丘脑前部在体温调节中枢中占有重要的地位。从生物控制论的角度看，体温调节是一种典型的负反馈控制。外界温度变化的刺激首先由皮肤温度感受器进行检测。视前区－下丘脑前部的温度感受器则感受血液温度对它的直接刺激。同时，外周温度的传入信息在大脑皮层产生温度感觉。这种感觉在传入途中经初级处理（抑制或强化）后，作为干扰信号而形成控制系统的输入信息。控制系统（即下丘脑）将此输入信息与中枢内设定的正常体温调定点（约37℃）加以比较，以决定温度变化的趋势和偏差度，并发出指令而改变效应器的活动。如果输入的温度信息低于调定点水平，机体就会出现产热系统活动增强、散热系统活动减弱的调节性改变；反之，如果输入的温度信息高于调定点水平，机体则出现散热系统活动增强、产热系统活动减弱的调节性改变，使体温能保持相对稳定。

体癣 tinea corporis 皮肤癣菌引起的平滑皮肤的感染。可直接或间接接触传染。多发生在面、颈、躯干、四肢、手足背等部位。损害开始为斑丘疹，向周围扩展，形成环状，中央炎症减轻，边缘扩展，有小丘疹和小水疱、脱屑等，圆形，或呈花边形。瘙痒明显。治疗可外用3%克霉唑软膏、2%咪康唑软膏、1%萘替芬、1%特比萘芬、1%环吡酮软膏等。每日1～2次，用药2周以上。泛发或慢性反复发作者，可口服抗真菌药物。

体验派 experimentalism 戏剧表演艺术学派之一。代表人物有英国演员H.欧文、意大利演员T.萨尔维尼、俄罗斯演员**K.S.斯坦尼斯拉夫斯基**等。欧文主张演员应主动感受角色的情绪，把自己的情感化成艺术的一部分，而不应只冷静地表现。他称此为演员的“双重意识”。萨尔维尼认为演员的特殊标志是感受的能力，演员要听命于自己的感受。他提出“双重生活”论，认为演员必须有百事无动于衷的本领，只是在一定的限度之内，一面勤于感受，一面引导和控制自己的感受，以使观众也有所感受。斯坦尼斯拉夫斯基继承并发展了他们的观点，结合俄罗斯现实主义表演传统创立了自己的体系。主张演员通过有意识的心理技术达到天性的下意识的创作，和角色完全一样正确地、合乎逻辑地、有顺序地、像活生生的人那样地去思想、希望、企求和动作，同时追求体验基础上的再体现，更多地注意表达情感创作工作的结果、情感的外部体现形式。

体液 body fluid 组成人体物质的液体部分。是由水分以及溶于其中的溶质所形成的溶液。体液构成了机体的内环境。因为人体内物质代谢的各种反应，必须要在稳定的内环境中才能进行，故体液平衡就成为维持正常生命活动的必要条件。

体液分为细胞内液和细胞外液两部分。细胞内液约占体重的40%，细胞外液约占体重的20%。细胞外液又被毛细血管壁分成血浆和细胞间液两部分，血浆量约占体重的5%，组织间液约占15%。细胞外液构成人体细胞赖以生存的内环境，细胞在细胞间液中，犹如原始生物生活在海水中（外环境）一般。海水的电解质成分与细胞外液十分相似，动物内环境的形成，是进化过程中的重大一步。

体用 中国古代哲学基本范畴。体指形体、本体或实体，用指作用、功用或属性。在中国哲学发展过程中，逐渐形成有体有用、体用一如的思维模式。体用范畴被赋予多种涵义。主要为两种：①指实体同它的作用、功能、属性的关系；②指本质与现象或根据与表现的关系。

体用二字最早见于《易经》：“故神无方而易无体”、“显诸仁，藏诸用”。这里已蕴含后来作为哲学范畴的基本涵义。魏晋时体和用成为一对哲学范畴。宋代以后，体用范畴被广泛使用。程颐提出“体用一源，显微无间”说。他所谓体，指本原、本体；所谓用，指显现、作用。他认为隐微的理与显著的象二者统一，没有间隙。近代**张之洞**倡“中学为体西学为用”，他所谓体与用，是指主要和次要、根本和从属的区别。**孙中山**认为体即物质，用即精神：“人之一身，五官百骸，皆为体，属于物质；其能言动作，即为用，由人之精神为之。”

体育 sports 人们锻炼身体、增强体质、延长生命的重要方法，是与德育、智育、美育等相配合的整个教育的组成部分；它以竞技的形式，成为人们文化生活的内容和各国人民之间加强联系的纽带。在国际上，表达体育这一概念的用语尚不统一，以英语为例，有physical education（直译为身体教育）、sports（直译为体育或体育运动）、physical education and sports（直译为体育运动）、physical culture（直译为身体文化）等表达方式。在中国，体育又称体育运动。对体育的研究既涉及自然科学，又涉及哲学和社会科学。体育受一定的社会政治、经济的影响和制约，也为一定的社会政治、经济服务。

体育是随着人类社会的进步而发展起来的。原始人类在劳动和为了生存的斗争中，走、跑、跳、投掷、攀越、游泳等能力得到了发展。人体在劳动中的活动，是最初的体育形态。随着生产工具的改进，社会生产力的发展，剩余产品和私有制的出现，人类生活中有了娱乐、宗教、教育、战争等复杂现象。人的身体活动同这些现象相结合，使原始的体育形态前进了一步。人的某些身体活动，只有在它有目的、有意识、有规律地与健身、医疗相结合，成为养生之道时，才同人体在生产劳动中的活动区别开来，成为体育而独立存在，并逐渐具有竞技的形式。在中国和世界其他文明古国，都有大量的文物记载着体育的发生和发展的进程。

现代体育的内容和形式也在不断发生变化。它的核心——身体活动在促进人体机能的生长发育、防止疾病和推迟生命衰老诸方面，具有无可替代的作用。体育对人体的主要影响是：①可以改善和提高中枢神经系统对内部器官的调节作用，以及对外界环境变化的适应能力。②能促进内脏器官机能的提高。③能促进机体的生长发育，提高运动系统的机能。④对于人体的呼吸系统影响很大，能使呼吸肌增强，使胸围、肺活量增大。

历史上许多思想家、教育家对体育都有过精辟的论述。中国的孔子在教育实践中，强调进行六艺教育，包括射箭和驾驶马车。古希腊哲学家苏格拉底、柏拉图、亚里士多德都认为体育是对青少年进行教育的不可分割的部分。马克思明确提出德育、智育、体育全面发展的教育思想。毛泽东明确指出："我们的教育方针，应该使受教育者在德育、智育、体育诸方面都得到发展，成为有社会主义觉悟的有文化的劳动者。"

20世纪50年代以后，体育发展进入一个新的阶段。无论是在群众性的身体锻炼活动方面和学校体育方面，还是以提高运动技术水平为主的竞技运动方面，都有长足的进展。各国的体育研究人员，也在深入探讨体育领域中许多未解决的问题。50年代，人们提出了体育与运动的区别问题。1953年在美国召开过有40多个国家参加的讨论这一问题的国际会议。日本在1975年和1976年也作过理论上的探讨。不少学者认为，体育与运动有着不同的目的、内容和方法。70年代，有的学者把体育分为学校体育、大众体育和竞技体育3部分。上述这些理论性的探讨有助于体育科学研究事业的发展。

在物质文明和科学技术飞跃发展的现代社会下，体育越来越成为全社会和人民生活的需要。现代科学使人们能够不断地以最少的人力、物力和较短的时间创造巨大的财富。在物质生活越来越丰富的同时，人们必然在精神、文化生活、体育娱乐活动方面有更多的需求。由于在生产和生活中电气化和自动化的程度越来越高，体力活动相应减少，被称为现代文明病的心血管系统疾病逐渐增多；而某些生产部门因分工越来越细，造成身体局部负担过重，又出现了一些不同类型的职业病。对这些病症最积极的防治办法就是加强体育锻炼。因此，在世界各工业国家自发的群众体育活动蔚然成风，"为生命而跑"的长跑活动开展得极为普及。在中国由政府组织的广播体操、工间操、课间操等得到广大群众的欢迎。随着生活水平的提高和电视等传播媒介逐渐普及，欣赏体育比赛和表演已经成为人们文化生活内容的重要组成部分。

竞技运动向国际化和高水平发展。国际体育竞赛日益增多，规模越来越大，促使运动技术水平迅速提高。自1896年开始的现代奥林匹克运动会以来，到2008年已经举办了29届。除奥运会外，还有世界大学生、中学生以及各大洲的综合性运动会，各种运动项目大都有单项世界锦标赛和世界杯赛，每年的运动竞赛达几千次。50年代以前，世界纪录、世界冠军大都被美英等几个国家的运动员包揽，而50年代以后，为争夺冠军而参加角逐的国家越来越多，金牌和纪录的分布逐渐扩大。虽然世界纪录已达到很高的水平，但每年仍有许多项目被打破。除少数项目外，大多数项目很少出现常胜将军。竞争日趋激烈，要想取胜，谁都得必须付出很多努力。

体育科学日新月异。体育科学的研究范围很广，它不仅研究人体的生长、发育和发展，研究发掘人的潜在能力，还研究所涉及的广泛的社会问题。体育科学研究的重点主要放在竞技运动方面。各国都以奥运会的周期来制订长远规划。规划内容包括选材、多年系统训练，以及参加竞赛的全部过程。世界上优秀运动员能创造出高水平的成绩总是同教练员、医生、科研人员共同配合工作的结果。

1896年在雅典举行的第1届奥林匹克运动会

电子计算技术、激光、光学、电子学、无线电遥控和空间技术等在训练中已被广泛应用。教练员利用这些科学技术制订训练计划，安排最佳的训练量和训练强度，确定奋斗目标。利用录像机、高速摄影机来分析运动员的技术动作；利用心率、心电、肌电的遥测，了解运动员在训练过程中的生理变化，使训练能够正常进行。总之，各个科技领域的知识和技术对竞技运动的渗透，使训练走上了现代化的轨道。随着科学技术的不断发展，人体的潜在能力还会进一步被挖掘出来，运动技术水平将会达到一个新的高峰。

体育产业是当今一个重要的朝阳产业，就业人数和生产总值日益提升，尤其引人注目的是各种商业运作介入竞技体育。体育无形资产不断被开发出来，以奥运会电视转播为例，仅出让转播权一项的收入就高达数亿美元，成为国际奥委会和主办国的一项重要资金来源。被称为世界第一运动的足球运动，其市场规模更引人瞩目。从世界范围来看，足球、篮球、橄榄球、棒球、冰球、网球，在一些国家均形成一种体育产业，并采用商业化的运作方式来推动项目的快速发展。体育成为促进人与人之间友谊、团结的纽带，国际间的体育交往，能够促进国家与国家之间、人民与人民之间的相互理解，有益于人类社会的团结、友谊、进步。

体育场馆 stadium and gymnasium 体育教育、体育竞技、身体训练以及体育娱乐活动所使用的建筑物和场地设施。前776年古希腊第一届**奥林匹克运动会**的比赛场地和建筑物就是现存最早的体育建筑群。从19世纪起现代体育运动开始在欧洲出现，尤其是以近代奥运会为代表的各类世界性、洲际性大型国际赛事的举办，对体育场馆的比赛和技术要求也越来越高，促进了各国体育场馆的设计和建造。此外，随着近代教育事业的发展和人们闲暇时间的增多，体育锻炼和体育娱乐设施的建设也得到很大的推动。

中国的现代体育建筑始于20世纪初，经过100来年的发展，尤其是1949年以后，体育场馆的建设有了较大的进步。特别是在改革开放以后，体育场馆的建设达到新的水平。

体育场馆是为相应的体育运动项目服务的，在场馆的设计上主要需遵循以下原则：①准确合理的功能定位。体育场馆的使用要求各异，开展项目、运作方式、业主体制的不同等因素将决定场馆设计采用不同的设计方式。②严格正确的体育工艺流程。服务于各种体育项目的场馆，一般由基地环境、运动场地、观众看台、辅助用房和设施等部分组成。必须满足赛事和相关规则所提出的比赛和训练、场地规格尺寸、观众视听条件、成绩显示、安全可靠等要求。③合理确定结构型式。体育场馆由于运动项目和使用特点，许多看台和建筑属于高大空间结构，因此其结构选型，尤其是屋顶结构的选型将对场馆的造型、使用、经济以至运营有重要的影响。还应考虑可持续发展、空间和能源的节约、结构的安全度和经济性、日常的运营与维护，以及场馆的社会效益、经济效益和环境效益的统一，尤其是一些大型场馆的赛后经常利用问题，从而达到多种需求的综合统一。

体育经纪人 sports agent 在各类体育活动中，从事经纪业务并从中收取佣金的公民、法人和其他经济组织。体育经纪人可以依据不同标准加以分类。诸如有个体体育经纪人、居间经纪人、运动员（教练员）经纪人、专职体育经纪人等。体育经纪人源于西方，历史不过百年。它是业余体育向职业体育过渡的产物。中国体育经纪人制度起步于1999年。

体育俱乐部 sports club 组织、开展、推广和经营体育运动的一种方式和实体。早期的体育俱乐部产生在欧洲，带有浓厚的贵族气息，是社交娱乐的场所和组织。现代体育俱乐部应具有独立法人资格，产权明晰，以各种方式投资的各方对俱乐部承担有限责任。俱乐部依据国家有关法律法规，组织、推广、经营和参与各级各类比赛和活动。中国的体育俱乐部在20世纪90年代以后逐步兴起并不断发展。

体育摄影 sports photography 以体育运动为创作对象的特殊摄影类型。用镜头记录、表现丰富多彩的体育项目，以摄影的定格来赞颂人类伟大的生命。

体育摄影形象的创造着重于四个方面：①健与美。人们在运动中，体态十分舒展、有力、匀称、和谐，生命丰富的蕴涵和巨大的动力都可以充分展现出来。②力度美。生命的存在、发展、创造，全凭内在的潜力与外在的爆发力。人的力量不仅在于体力而且

《飞鹰扑食》

在于智力，在体育摄影中展示力度是摄影家追求的焦点。激烈运动的高潮瞬间，往往能展现出生命的力度，未到高潮的包孕性瞬间则是力量的蕴积。③速度美。生命是一种动态形式，而“快捷”从来就是中西方美学的重要内容。④魂魄美。生命的美好不仅在于体格的健壮，更有魂魄的完美，理想的崇高，情操的优美，意志的坚强。

体质 constitution 人的身体素质。由先天遗传和后天发育所决定的、较稳定的身心特征。在医学上常指特定的患病倾向，如神经病性体质指易患神经疾病的体质。

体质人类学 physical anthropology 研究人类体质形态、身体结构及其生物学的变异和进化，以阐述人类起源和演化、人种形成和发展的规律的学科。人类学的主要分支学科。又称生物人类学、自然人类学。广义的人类学包括体质人类学与文化人类学两大部分或与文化人类学、语言人类学、考古人类学、应用人类学五大部分；狭义的人类学，专指对人类生物特性的研究，实际上相当于体质人类学。

简史　古希腊时期对人类的体质进行了研究，试图确定人类本身在自然界中的地位，并与其他哺乳动物进行比较，以及解释种族之间的体质差异。17世纪出现解剖类人猿的首批记载。18世纪，德国人类学家J.F.布鲁门巴赫根据人类头盖骨的形态作了人种分类，并开现代体质人类学的先河。而后法国人类学家P.P.布罗卡开创人体测量方法，发明了几种人类学测量仪器，1859年促成巴黎人类学会的建立，1876年创建巴黎人类学院，使人类学形成一门独立的科学。20世纪遗传学各种原理的揭示，A、B、O等10多种血型发展，使体质人类学研究逐步深入到分子水平。

分类　包括人体形态学、人体测量学、古人类学、人种学等。人体形态学研究人类机体的个体变异、两性差异、年龄变化、人类形态，以及各种生物和社会条件对人体结构的影响等。人体测量学观察并测量人体各部分的形态特征和尺度，确定一些形态指标和生理指标，用以探讨人体的类型、特征、变异和发展规律。分为活体测量和骨骼测量两类。古人类学研究人类体质类型的发生和发展，人类起源的时间和地点等。人种学研究现代人种的起源和发展，人种的分类和分布，人种间的相互影响等问题。

意义　体质人类学研究可为考古学、历史学提供古代人类及古代社会的许多知识；有助于考察古病理，追踪某些现代疾病的起源和发展；再现一些历史人物的面貌，复原不同古代民族的典型相貌；清楚人类体质的未来发展方向，并指导人类体质向更好的方向发展。

剃发令 Queue Order 中国清朝初年强迫汉人仿照满人习惯剃发的法令。满族男人头发剃去前额和四周，留存头发编成辫子垂之脑后。与汉人习俗完全不同。清在关外时，汉族及其他各族人投降归顺或被掳去的，都以剃发作为标志。顺治元年（1644）五月多尔衮进入北京后，即宣布京城内外军民人等尽行剃发以示归顺，但遭到北京人民的强烈反对，不久被迫停止。二年五月清兵进入南京，南明弘光政权灭亡，清廷乃于六月再次颁布剃发令。规定京城内外以十日为限，各省地方在接到命令后十日之内，所有文武官民都要剃发，衣冠服饰也要遵从清制，违抗者杀无赦。剃发令的颁布及强制执行加剧了清初的民族矛盾，遭到广大汉族人民的反对，触发了江南地区江阴、嘉定、苏州等地的抗清斗争。

绨 bengaline 用长丝作经、棉线或蜡纱作纬，以平纹组织交织的丝织物。质地粗厚缜密，织纹简洁清晰，经久耐用。用作衣料或装饰绸料。西汉时期的丝织物中就有绨。绨分线绨和蜡纱绨。经线一般采用有光黏胶丝，纬线用丝光棉纱交织的称线绨；纬线用蜡纱交织的称蜡纱绨。蜡纱由

花线绨

普通棉纱经上蜡而成，表面茸毛少，条干光滑。根据织造方法又分素线绨和花线绨（见图）。绨织物在洗涤时不宜重搓，也不宜用刷子洗刷或用力绞干，可阴干后用熨斗烫平，以保持绸面光亮平滑。

替代效应 substitution effect 一种商品价格的变化所引起的使消费者调整该种商品与其他商品需求量比例的效应。在西方经济学中，与收入效应相对应的一个概念。如假定消费者购买X和Y两种商品，X商品的价格下降使得它相对于价格不变的Y商品来说，较以前便宜了。商品相对价格的这种变化，会使消费者增加对X商品的需求而减少对Y商品的需求，换言之，消费者以增

加对X商品的需求来替代对Y商品的需求，这就是替代效应。

替代效应不考虑由于一种商品价格变化所导致的消费者实际收入变动对商品需求量的影响，也就是说，替代效应是在假定消费者的实际收入水平不变的条件下，仅考虑一种商品的价格变动所导致的相对价格变化对消费者商品需求量调整的影响。由于实际收入水平不变通常视同为效用水平不变，所以，在图形中，替代效应往往表现为不同的预算线与原无差异曲线相切。

一种商品价格变化所导致的该商品需求量变化的总效应等于替代效应和收入效应之和。

替身 double 影视演员类型之一。指专门代替某些演员在拍摄中完成需要特殊技能如杂技、马术、舞蹈、弹奏乐器、书法绘画以及危险性较高的动作的演员。有些国家（如美国）有专职替身演员。

天 中国古代思想家用以表示苍苍太空、最上主宰、最高存在或不假人力的自然状态的范畴。中国思想传统中，天是一个含义极为丰富的概念。在夏、商、周时期，天指自然之天空，也指人间的主宰即至上神。同时，天意和民心之间又存在一种内在的关联，“民之所欲，天必从之”。后来，天的这种观念与宗教教义相结合，一直影响着中国人的思维方式。天是某种宇宙原则和人类道德的根源与范本。这可以称作义理之天或道德之天。孟子以“诚”为天道，认为“尽其心者，知其性也；知其性，则知天矣”。这种观念后来成为儒家一种主导性的观念。北宋程颢明确说：“天者理也。”理指道德准则，天则是道德原则的合理性的根据。天还含有实体性的存在的意义，在此意义上可称为物质之天。孔子说：“天何言哉？四时行焉，百物生焉，天何言哉？”（《论语·阳货》）荀子在《天论》中亦称：“天行有常，不为尧存，不为桀亡。”他们相信天是由气构成的自然界，是自然事物存在的法则。天又指与人相对、不借助于人力的自然存在，是客观事物的本来状态。《庄子·秋水》说：“牛马四足，是谓天；落马首，穿牛鼻，是谓人。”天和人的关系是中国思想家所关注的核心问题之一。

天安门 Tian'anmen 中国明清两代皇城的正门。在北京市区中心。创建于明永乐十五年（1417），名承天门，寓有“承天启运”和“受命于天”之意。清顺治八年（1651）重修，改称天安门。天安门是皇城的重要建筑，属于高等级的建筑体制。康熙二十七年（1688）、1952年的两次大规模修缮和1970年的重修，基本保持了顺治时改建的形制。2 000余平方米的城台是用停泥城砖以一顺一丁（又称梅花钉）的砌法铺成，高大的红色城墙上开有5个拱形门。城台上，耸立着木结构建筑的城楼。在城台的中间垒砌须弥座，并环以白石勾栏作为建筑的台基。屋顶采用重檐歇山式的建筑形制，由于歇山顶有1条正脊、4条垂脊和4条戗脊，宋代称九脊殿。其结构为悬山与庑殿组合而成。红墙、朱柱、黄琉璃瓦顶的鲜明色彩和雄伟的造型，呈现庄严、壮丽的景象，使天安门成为一座具有完美艺术风格的建筑。前后各立华表一对，门前有金水河，跨河有汉白玉石桥5座，桥前为天安门广场。1949年以后，天安门经过多次修葺，1970年重修后的天安门比原来的天安门高了83厘米，通高34.7米。

天安门城楼

天安门庄严肃穆的图形是中国国徽的重要组成部分。五四运动、一二·九爱国学生运动以及中华人民共和国建立的开国大典，都与天安门的名字联系在一起。

天安门广场 Tian'anmen Square 世界上最大的城市广场。位于中国北京市区中心纵横两条轴线上。原是封建帝王宫门前院的旧址，呈丁字形，围以红墙，面向南，背靠明清两代的皇宫，即紫禁城和皇家花园。辛亥革命以后几经改建、扩建。1949年10月1日，中华人民共和国建立时，在这里举行了盛大庆典。1958～1959年进行了一次大规模的改建。改建后的广场总面积44万平方米，中间部位南北长880米，东西宽500米，可容纳百万人游行、集会。之后，为迎接国庆50周年大典，完成了天安门广场第三次改造工程，包括地面石材铺装、改善照明状况、更新扩声系统、改造金水河喷泉、增加绿地等项目。改造后的广场气势庄严雄伟，环境优美，功能完善。广场布局采取对称式，在中轴线上有天安门、人民英雄纪念碑、毛主席纪念堂、正阳门等建筑。西侧为人民大会堂，东侧为国家博物馆。这些新建筑与旧建筑连成一体，完善和谐。天安门广场已成为人民政治集会和重大节日庆祝活动的场所。

天宝十节度使 Ten Military Commissioners of Tianbao Period 中国唐天宝年间设置在边陲的10个军区长官。武德初，于缘边及襟要地区的一些州治置总管府。以本州刺史兼总管，总揽附近数州军事；七年（624），改称都督府。贞观中行军称总管，驻守称都督。后因四周边警日繁，景云时开始设置少数有一定辖区的节度使。节度使“加以旌节”，“得以军事专杀，行则建节，府树六纛”。至开元时遍设节度（或经略）使于边区。天宝初遂有沿边十节度（实为九节度使，一经略使）之制。

①范阳节度使，临制奚、契丹，治幽州（天宝时为范阳郡，今北京城西南），统辖经略军、静塞军、威武军、清夷军、横海军、高阳军、唐兴军、恒阳军、北平军，管兵九万一千四百人。天宝时节度使为裴宽、安禄山。

②平卢节度使，镇抚室韦、靺鞨，治营州（柳城郡，今辽宁朝阳），统辖平卢军、卢龙军、榆关守捉、安东都护府，管兵三万七千五百人。天宝时节度使为安禄山。

③河东节度使，防御突厥，治太原府（今山西太原西南晋源镇），统辖天兵军、大同军、横野军、岢岚军、云中守捉及忻州（定襄郡，今山西忻州）、代州（雁门郡，今山西代县）、岚州（楼烦郡，今山西岚县北）三州郡兵，管兵五万五千人。天宝时节度使为田仁琬、王忠嗣、韩休琳、安禄山。

④朔方节度使，捍御突厥，治灵州（灵武郡，今宁夏吴忠北），统辖经略军、丰安军、定远军、东受降城、中受降城、西受降城、安北都护府、单于都护府，管兵六万四千七百人。天宝时节度使为王忠嗣、张齐丘、安思顺。

⑤河西节度使，断隔吐蕃、突厥，治凉州（武威郡，今甘肃武威），统辖赤水军、大斗军、建康军、宁寇军、玉门军、墨离军、豆卢军、新泉军、张掖守捉、交城守捉、白亭守捉，管兵七万三千人。天宝时节度使为王倕、皇甫惟明、王忠嗣、安思顺、哥舒翰。

⑥安西节度使，又称四镇节度使、安西四镇节度使，抚宁西域，治龟兹城（今新疆库车），统辖龟兹、焉耆、于阗、疏勒四镇，管兵两万四千人。天宝时节度使为夫蒙灵詧、高仙芝、王正见、封常清。

⑦北庭节度使，防制突骑施、坚昆，治北庭都护府（治庭州，今新疆吉木萨尔北破城子），统辖瀚海军、天山军、伊吾军，管兵两万人。天宝时节度使为来曜、王安见、程千里、封常清。

⑧陇右节度使，备御吐蕃，治鄯州（西

平郡，治今青海乐都），统辖临洮军、河源军、白水军、安人军、振武军、威戎军、莫门军、宁塞军、积石军、镇西军、绥和守捉、合川守捉、平夷守捉，管兵七万五千人。天宝十三载又于鄯、廓、洮、河四州西境增置宁边、威胜、天成、振威（吐蕃雕窠城）、神策、金天、武宁、曜武八军。天宝时节度使为皇甫惟明、王忠嗣、哥舒翰。

⑨剑南节度使，西抗吐蕃，南抚蛮僚，治益州（蜀郡，今四川成都），统辖团结营、天宝军、平戎军、昆明军、宁远军、澄川守捉、南江军及翼州、茂州、维州、柘州、松州、当州、雅州、黎州、姚州、悉州等州郡兵，管兵三万九百人。天宝时节度使为章仇兼琼、郭虚己、鲜于仲通、杨国忠。

⑩岭南五府经略使，绥静夷僚，治广州（南海郡，今广东广州），统辖经略军、清海军，直辖广管诸州，兼领桂、容、邕、安南四管诸州郡兵，管兵一万五千四百人。天宝时裴敦复为五府经略使。至德元载改为节度使。

至德以后，天下多征战，内地要州刺史皆授以节度使，“由是方镇相望于内地，大者连州十余，小者犹兼三四”。

天保改革　Tempō Reforms　日本江户幕府的幕政和藩政改革。实行于天保年间（1830～1843），故名。与享保改革、宽政改革并称江户时代三大改革。享保、宽政年间的幕政改革，均未能从根本上缓和严重的社会矛盾，至天保年间，社会矛盾更趋尖锐。1481年，幕府在水野忠邦主持下再次实行改革。改革的要点是：①巩固幕藩领主制经济基础，限制农村人口流入城市，强迫外流的农民返乡。②抑制物价上涨，实行公定价格，禁止奢侈，矫正风俗，严格限制城乡人民生活。③为增强幕府经济实力，稳定财政收入。④为避免重蹈中国清朝在鸦片战争中惨败的覆辙，缓和同西欧列强的紧张关系。⑤实行富国强兵策，加强对江户湾等战略要地的警备，以巩固海防。

幕府的对内改革措施实质在于抑制商品经济的发展，维护和加强封建领主所有制，因此未能缓和尖锐的社会矛盾，反而导致经济混乱，引起社会各阶层的不满。1843年9月水野忠邦下台，改革失败。

天才　genius　多种能力高度发展并且完美结合的人。这种人能够独立地、创造性地、高效率地完成某种活动。由于各种活动对各种能力及其结合的要求不同，因此表现于不同活动中的天才，其能力结构是不同的。但是，无论哪种天才都一定包含有高度发展的一般能力（如精密、敏锐、系统的观察力；迅速、牢固、准确的记忆力；敏捷、深刻、独创的思维力等），同时又具有为某种活动所特别需要的特殊能力。因此，天才是由高度发展的一般能力与某种高度发展的特殊能力相结合而构成的。如果一个人只有单一的能力，即使达到高度发展的水平，也不能称其为天才。

先天的遗传素质和后天的环境、教育对天才的形成都很重要，但环境和教育更为重要，良好的遗传素质仅仅为天才的产生提供了可能性，而这种可能性要成为现实，还需要良好环境的影响和教育的作用。

天长市　Tianchang City　中国安徽省辖县级市。位于省境东部，高邮湖西岸，北、东、南邻接江苏省。面积1 770平方千米。人口60万（2010）。秦为广陵、东阳二县地，唐设千秋县，后改称天长县。几经变革，1993年撤县建市。由滁州市代管。市境地势由西南向东北倾斜。属北亚热带湿润季风气候。矿产有铁、砂、石油、天然气、花岗岩、白云石、陶土等。盛产水稻、麦、油菜子、棉花等，为全国商品粮基地县。蚕桑生产有2 000多年历史，年产量居皖东各县之首。养殖业主要有鱼、虾、蟹、鳖。工业以化工、电子、机械、食品、建材、纺织、仪器、仪表等为主体。205国道贯穿境内。名胜古迹有胭脂山、琉璃井、商周古城址、护国寺、沃公祠墓等。

《天朝田亩制度》　*Land System of Heavenly Kingdom*　反映中国太平天国时期理想社会制度的纲领性文件。1853年在天京（今南京）颁布。1860年重刻刊行。它本着“有田同耕，有饭同食，有衣同穿，有钱同使，无处不均匀，无人不饱暖”的精神，主张建立一个理想的社会。主要内容有：田分九等，好坏搭配，按人口均分（15岁以下减半）。取消产品私有，建立圣库制度。规定收获时除留足每人口粮外，“余则归国库”。同时凡婚娶、鳏寡孤独废疾者由“国库”供养。实行军政合一、政教合一、寓兵于农的政治制度。建立伍、两、卒、旅、师、军的层级组织。以“两”为基层政权单位，由两司马统管生产、分配、司法、治安、教育、宗教、礼俗等事务。选官采取保举制，凡遵守“十款天条”尽忠报国的群众和官吏，可获保提升，每年保举一次，由两司马起，层层保举和考察，“举得其人，保举者受赏，举非其人，保举者受罚”。《天朝田亩制度》在太平天国时期因种种原因未能实行。它反对地主土地所有制，主张土地公有和授田于民，具有朴素的民主主义和反封建因素。同时，它没有越出农业社会主义观念的范畴，实质上反映的仍是一种绝对平均主义的思想。

天城体　Devanagari; Nagari　印度最重要的文字。印地语、梵语和印度其他许多语言也都用它书写。又称天城书。Nagari最初的含义不明，现在通常解释为“城市中使用的文字”或“城镇文字”。天城体文字由笈多字母发展而来，并可溯源于婆罗米文字。最早的天城体铭文见于7～8世纪，现存最早的用天城体书写的文献见于8世纪中期和晚期。在古吉拉特邦和德干高原北部等地发现的10世纪以后的贝叶经手稿，也是用天城体文字书写的。

天城体文字自左至右书写。字母带着长长的尾巴，字母上方有一条横线，书写时连成一条长长的水平线，所以有的学者把天城体文字视为楔形笔画和直线笔画的混合。

天池　Tianchi Lake　位于中国新疆维吾尔自治区天山东段博格达山北坡阜康市境三工河谷的冰蚀湖。中国古书称瑶池。由发源于博格达山的江河几支支流汇集而成。湖长3.4千米，平均宽1千米。面积4.9平方千米。平均水深40米，最大水深105米。储水量约1.6亿立方米。湖面海拔1 940米。湖中有冷水性无鳞鲤鱼。湖西岸有清乾隆年间修建的福寿寺（又名铁瓦寺）。此外，有香炉台、马牙山、锅底坑、灯杆山等名胜。1982年国务院批准的第一批重点风景名胜区。1990年列为联合国“人与生物圈计划”保护区名单。

新疆天池风光

天赤道　celestial equator　地球赤道面延伸与天球相交的大圆。见赤道。

天道与人道　在中国古代思想中，天道一般指事物的自然法则，也指作为主宰的天的意志。人道指人的行为规范和社会规则体系。而天道和人道之间存在着内在的一致性，在夏、商、周的原始信仰中，天道和人道之间被认为存在着直接的对应性。这种观念一直影响到秦汉时的“天人感应”论等。

与此相反，有认为天道自然法则和人

道的道德原则之间并没有一定关联，最典型的表述就是子产所说的“天道远，人道迩，非所及也”。荀子所提出的“明于天人之分”和“制天命而用之”的观点，是对子产思想的发展。强调人在自然法则面前的主动性。

郭店楚简的天人关系的观念比较复杂，有一篇被名为《穷达以时》的文章，可以看作是天人为二或天人有分的代表。他说：“有天有人，天人有分。察天人之分，而知所行矣。”意思是了解了天道和人力之间的分别，就能知道该如何行动。

天地会 Heaven and Earth Society 中国清代秘密结社。又名洪门，俗称洪帮。先在南方传播，后被华侨带至东南亚与美洲，成为华侨团结互助的重要纽带。

天地会创立的时间，有几种不同的说法，一说为郑成功部下陈永华所创，一说起于康熙十三年(1674)。一说起于雍正年间。又有起于乾隆二十六年(1761)、三十二年的说法，至今尚无定论。乾隆中期以后，开始广泛传播，组织多次起义，均受到清政府的严厉镇压。

天地会的成员最初多为农民或由破产农民转化而成的小手工业者、小商贩、水陆交通沿线的运输工人及其他没有固定职业的江湖流浪者，以后成分日益复杂，但仍以下层穷苦人民为主。天地会同以往农民起义组织一样，没有明确的政治纲领与政治目的，“反清复明”、“顺天行道”、“劫富济贫”等口号，反映了封建农民的忠君思想、以汉族为正统的民族观念和反对阶级压迫的要求。天地会成员所处的社会经济地位，又使他们与安土重迁的封建农民有所不同，更需要互济互助。因此，“忠心义气”便成了会内最高的道德规范和达到组织上团结、经济上互助的重要保障。按会内规矩，凡属同会，即使素不相识，遇事也要互相帮助。为了便于同会者互相识别，逐渐形成了一套独特的隐语、暗号，其内容随着组织的发展而日益复杂，各地亦不尽相同。

天地会最初主要在福建、粤东及台湾一带流传，稍后发展至广东全省及江西、广西、贵州、云南及湖南等省。鸦片战争后，又传至长江中下游的四川、湖北、安徽及江浙等省，成为中国南方最大的秘密结社。清前期除了天地会本名外，还有添弟、小刀、双刀、父母、三点、三合等十余种名目。鸦片战争后又出现了哥老会等大量分支(哥老会后发展为独立的秘密结社)，以致各地山堂林立，互不统属，成为天地会一大特点。天地会曾多次举行武装反抗斗争。辛亥革命时期，天地会及其分支积极参加和支持革命党人领导的武装起义。海外的洪门组织，不仅在经费上对革命党人给予大力支援，而且派人直接回国参加革命。进入民国以后，国内的天地会组织大多成为少数人争权夺利的工具或成为反动统治阶级反对革命、镇压人民的帮凶。海外的洪门组织，则大多数仍继续作为团结华侨的重要纽带而存在，只有少数成了黑社会组织。

天地君亲师 中国传统礼教中神圣化的供奉对象。一般表现为在厅堂正中供奉书有“天地君亲师”的神牌。为古代祭天地、祭祖、祭圣贤等民间祭祀的综合。祭天地源于自然崇拜，中国古代以天为至上神，主宰一切，以地配天，化育万物，祭天地有顺服天意，感谢造化之意。祭祀君王源于君权神授观念。由于在封建社会君王是国家的象征，故祭祀君王也有祈求国泰民安之意。祭亲也就是祭祖，由原始的祖先崇拜发展而来。祭师即祭圣人，源于祭圣贤的传统，具体指作为万世师表的孔子，也泛指孔子所开创的儒学传统。周代已有祭祀天地的活动。春秋战国时，“天、地、君”的概念逐渐明晰。一说汉末《太平经》中首次将“天地君父师”合为一体，对后世影响尤其深远。在中国封建社会末期，这一祭祀已遍及千家万户，具有肯定宗法关系、强化封建意识的作用。19世纪末以来，尤其是中华人民共和国建立后，“天地君亲师”作为一个整体信奉的现象已成为历史，但在汉、壮、布依、畲、仡佬等民族地区的家庭中现仍有供奉“天地君亲师”的习俗，不过已将其中的“君”换成“国”，体现了民众的国家意识。

天鹅 *Cygnus*; swan 雁形目鸭科天鹅属鸟类的统称。世界有5种。中国有大天鹅、小天鹅和疣鼻天鹅3种。鸭科中个体最大的类群。颈修长，几与身躯等长；嘴基部高而前端缓平；尾短而圆；蹼强大，但后趾不具瓣蹼。大天鹅和疣鼻天鹅均在中国繁殖和越冬；小天鹅繁殖于欧亚大陆的极北部。

疣鼻天鹅是天鹅中最美丽的一种。全长约1 500毫米。体呈白色，嘴呈赤红色，前额有一黑色疣突。夏季见于中国北方草原－荒漠地区的湖泊、水库中，一般成对活动，在水面上常把颈弯成“S”形，并拱起蓬松的翅膀。以蒲根、野菱角和藻类为食，也挖食莲藕等。3月底开始营巢繁殖。巢筑于蒲苇深处，呈圆形，以蒲苇茎叶搭成。每窝产卵4～9枚。卵呈苍绿色且有污白细斑。雌鸟孵卵。9月下旬开始南迁，一般列队为6～20只。

疣鼻天鹅

《天鹅湖》 *Swan Lake* 俄国古典芭蕾舞剧。全剧4幕。P.I.柴科夫斯基作曲；V.P.别吉列夫、V.F.格利采尔编剧；M.佩蒂帕、L.I.伊万诺夫编导；莱尼亚尼主演。舞剧讲述公主奥吉塔与王子齐格菲尔的纯真爱情战胜魔法的故事。1895年1月15日首次成功地演出于圣彼得堡玛利亚剧院。后经数次演出失败直至1894年2月17日在纪念柴科夫斯基逝世一周年晚会上，伊万诺夫编导的第二幕演出获得巨大成功。第二年上演了全剧，大多场面由伊万诺夫设计。这次演出，是交响芭蕾的最早尝试，并产生了深远的影响。舞剧中的《白天鹅双人舞》、《四小天鹅舞》、《天鹅大群舞》、《四大天鹅舞》以及《斗牛士舞》、《那不勒斯舞》等性格舞标志着芭蕾舞剧的最高成就，使《天鹅湖》成为芭蕾史上的不朽之作。

《天鹅湖》剧照

天鹅剧场 Swan Theatre 英国文艺复兴时期伦敦的民间剧场之一。坐落在泰晤士河南岸，1595年由F.郎里所造。舞台分内外两部分，内舞台上下两层，外舞台为不加装饰的平台。舞台三面开敞，观众席沿舞台两侧伸展成一个环绕院落的半圆形，中间正对舞台的露天院落是供站立观众观看演出的席位，贵族有时可登上舞台看戏。1625年后剧场就不再使用，1632年则完全破败。1986年，皇家莎士比亚剧院在W.莎士比亚故乡斯特拉特福重建了一座新天鹅剧场，系露天舞台，专门上演莎士比亚的剧本以及王政复辟时期的作品。

天鹅绒 velvet 采用桑蚕丝或化学纤维长丝织成的、表面茸立紧密绒毛的**丝织物**。又称丝绒、立绒、经绒。因色泽鲜艳光亮、质地柔软，酷似天鹅绒毛而得名。见绒。

《天发神谶碑》 *Stele of Tianfa Divine Prophesy* 中国三国孙吴纪事碑刻。立于吴末帝孙皓天玺元年（276）七月。原在江苏南京天禧寺，清嘉庆十年（1805）三月毁于火灾。碑石原为圆幢形，碑文为篆书环刻。至宋

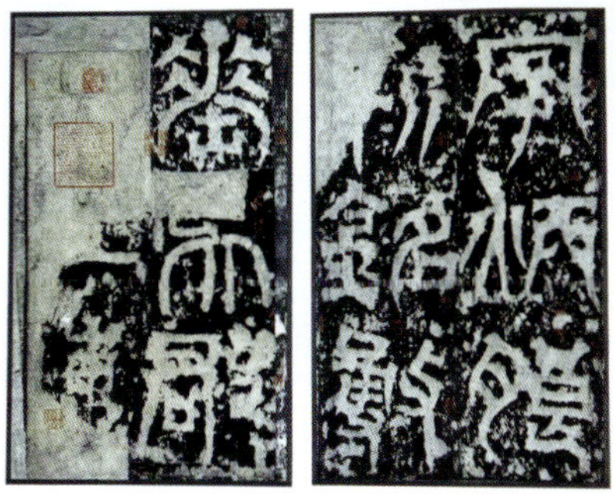

《天发神谶碑》局部（吴）

代已断为三截。碑文所记为天降神谶，吴国承天命改元天玺之事，故又称《吴天玺纪功碑》。因石断为三，或以为原是三石相垒，俗称《三段碑》。此碑字体雄伟奇特，其结构为篆书，但点画起笔方折，收笔尖锐，属于模仿古文而形成的变异风格，其技巧自成规律，在书法风格史上独创一格，对后世书法创新产生积极深远的影响，近世**齐白石**的书法篆刻于此得益颇多。史传为吴国书法家皇象所书，实则无据。此碑毁于火后拓本难见，遂多有翻刻。原石拓本存世最古者为故宫博物院所藏宋拓本。

《天方性理》 中国伊斯兰教著作。刘智编撰。清康熙四十三年（1704）前后成书。性理是指用中国儒家性理学说的概念，系统阐发**苏非主义**哲理。全书约3.3万字，分本经和图传两部分。"本经"共5章，用四言体写成。"图说"共5卷，每卷12说。作者自称，该书"首言大世界理象显著之序，以及天地人物各具之功能，与其变化生死之故；次言小世界身性显著之序，以及身心性命所藏之用，与其圣凡善恶之由；末章总合大小世界分合之妙理，浑合之精义，而归竟于一真。"该书有将伊斯兰教正统教义学和苏非主义，与儒家学说融会贯通的趋向，成为"以儒诠经"的代表作。

《天方夜谭》 *The Arabian Nights* 阿拉伯民间故事集。又译《**一千零一夜**》。

《天方至圣实录》 中国伊斯兰教著作。又名《天方至圣实录年谱》。刘智编撰。21卷。系作者据波斯文《至圣录》（《忒尔准墨》），参考有关圣训和传说汇编而成。雍正二年（1724）成书。全书为纲目编年体，有本文、纪事、议论、答问和附录等，约20余万字。卷首一卷，记述穆罕默德"圣德"、"圣行"。前3卷宗谱，有从始祖阿丹至**穆罕默德**50代圣人小传，以及世统、国统、道统、化统源流图说和穆罕默德年谱；中间13卷正文，记述穆罕默德一生经历与"为圣"传教活动，包括先后发生的重要事件和传闻轶事；后4卷附录，收辑有关穆罕默德仪容德行、处事举止及宗教典章制度、西域各国风土人情和社会习俗，以及明至清初汉文史籍中有关伊斯兰教的碑文、敕谕、序跋等。为汉文著述中第一部穆罕默德的宗教传记。该书于乾隆四十三年（1778）首次刊印，有多种版本及英、俄、法、日译本。

天蛾 Sphingidae; sphinx moth/hawk moth **鳞翅目**天蛾科昆虫的统称。世界性分布，主要在热带。全世界已知1 000余种，中国已知约150种。体型较大。触角粗厚，端部成钩。喙发达。前翅大而狭长，翅顶角尖。飞翔力强，经常飞翔于花丛间取蜜。大多数种类夜间活动，少数日间活动。幼虫肥大，圆柱形，光滑，体面多颗粒。成虫能发微声，幼虫也能以上颚摩擦作声。大多是农林害虫。寄主植物绝大多数是被子植物的双子叶植物。中国常见而为害大的有甘薯天蛾、豆天蛾、鬼脸天蛾等。

天赋观念 innate ideas 西方哲学中一种**唯心主义**先验论的**认识论**学说。源于古希腊，典型代表是17世纪的法国**唯理论**哲学家R.**笛卡尔**，这种学说又为现代西方哲学所继承和发展。

古希腊哲学家**柏拉图**提出"**理念**"的学说，认为人的认识是灵魂"分有"理念。他断言人在生下来之前，灵魂里就已经分有各种各样永恒的普遍形式"理念"，只是在灵魂与肉体结合而降生为人的时候把它们暂时忘记了；后来受到经验的刺激，引起回忆，才重新恢复他原有的精确知识。早期的**斯多阿学派**讨论逻辑和认识的问题时，注意到理性活动有逻辑的必然性，人人都会得出同样的逻辑结论，于是认为每个人的心灵里都有一些共同的原则，成为一切认识的基础。他们把这些原则称为"共同的想法"，认为既然是人人共具的，就不能来自经验，应当是天赋的。

近代精确科学的发展，促使人们重视客观有效而又普遍必然的科学知识，进而要求为这些知识作哲学论证。唯理论者特别强调普遍必然性，认为没有普遍必然性就不是科学知识。笛卡尔提出数学作为科学的典范，要求一切科学知识都要做到像数学那样确切可靠。他指出构成一切知识的观念可分3类：第一类是通过感官从外界得来的，带着个别性和偶然性，第二类是人们由理性直观得到的，如数学的、**形而上学**的公理，这是一切科学的基础；第三类是人们凭空虚构的，如飞马之类，没有客观有效性，当然不能成为科学。笛卡尔认为第二类观念是普遍必然的，不可能来自个别的、偶然的感性经验，只能是理性自身固有的"天赋观念"。在笛卡尔之后，天赋观念说为唯理论者所继承，受到经验论者的反驳。B.**斯宾诺莎**在认识论上深受笛卡尔的影响。他和笛卡尔一样重视科学知识的普遍必然性，把**理性认识**放在首位，认为真理是自明的，理性直观到的清楚明白的"真观念"，是一切科学的基础。经验论者J.**洛克**对天赋观念说提出了批判，认为人生下来的时候心灵里一无所有，好像一块干干净净的白板，并没有储存着任何天赋的痕迹，一切观念都是生后印到心灵上的。他说人们是通过感觉接受外界的描画，或者通过反省摄取心灵活动的情况，才形成各种观念的；感觉和反省都是经验，经验是人的知识的唯一来源。洛克的白板说断言人在认识时纯粹是被动的。G.W.**莱布尼茨**针对这一点提出反驳，指出认识主体并不是被动的，正好相反，是能动的。普遍必然的观念本来潜在于主体中，只是通过经验由潜意识的状态进入意识状态。德国古典哲学的创始人I.**康德**曾向自己提出任务：解决唯理论和**经验论**的对立问题。他认为知识的确像经验论者所主张的那样，是从经验开始的，但只是在时间上始于经验，并非在内容上来自经验。他同唯理论者一样，把知识了解为具有普遍必然性的严格科学知识，称之为**先天综合判断**。先天综合判断之所以可能的条件，不能是外来的，只能是认识主体所固有的先验形式，如感性的空间和时间，知性的概念或范畴。没有这些先验的形式，就不可能有经验。在现代西方哲学中存在一些天赋观念说的变种，N.乔姆斯基的语言哲学就有这种成分。

《天工开物》 *Exploitation of the Works of Nature* 中国和世界古代技术名著。初刊于明崇祯十年（1637）。全书6.2万字，18章，分3卷，全面系统地记述中国古代农业和手工业的生产技术、经验，并附有插图。明代**宋应星**著。

天河石 amazon stone; amazonite 微斜长石（见**长石**）的宝石变种。三斜晶系。短柱

状、板状晶体。因含铷（Rb）呈黄绿至蓝绿色。玻璃光泽，通常不透明。莫氏硬度6～6.5。密度2.56（±0.02）克/厘米^3。折射率1.522～1.530（±0.004）。可用作串珠及装饰品。其名源于亚马孙河。美国科罗拉多派查斯峰地区是最重要产地。此外，加拿大安大略和魁北克、巴西米纳斯吉拉斯、意大利巴韦诺、俄罗斯乌拉尔山也有产出。

天花病毒 variola virus; smallpox virus DNA型病毒。是引发人类天花的重要病原体。痘病毒科正痘病毒属，病毒中体形最大的病毒之一。对干燥、日光、消毒剂具有很强的抵抗性。由呼吸传播，潜伏期10～12天，引发阵发性严重疾病，常伴有皮疹、发烧、虚脱等。此病原体有三种不同毒力：①大天花病毒，人感染后的病死率为15%～40%，曾在亚洲流行。②中间型天花病毒，人感染后的病死率为5%～15%，流行于东非地区。③小天花病毒，人感染后的病死率小于1%，主要在南非地区流行。

天花于20世纪70年代在全世界灭绝，但病毒样品分别储存于美国和俄罗斯。之前在世界范围内曾造成数亿人死亡。

天花粉蛋白 trichosanthin 从中药栝楼（块根入药称天花粉）中提取的植物蛋白。天花粉蛋白的研制（20世纪80年代），是中国第一个完全自主地从发现，分离纯化，测定一、二级结构和三维结构，系统地研究结构和功能、药理学和免疫学特性及作用机理，以至临床应用等的中草药，是中草药现代化的成功实例。

性能 天花粉蛋白的等电点为9.4，为碱性植物蛋白质。含有19种氨基酸，不含半胱氨酸，也不含糖，是由247个氨基酸残基组成的单肽链的蛋白质，分子量27 141。天花粉蛋白的C末端具有微观不均一性。

天花粉蛋白的三维结构见图。在大小

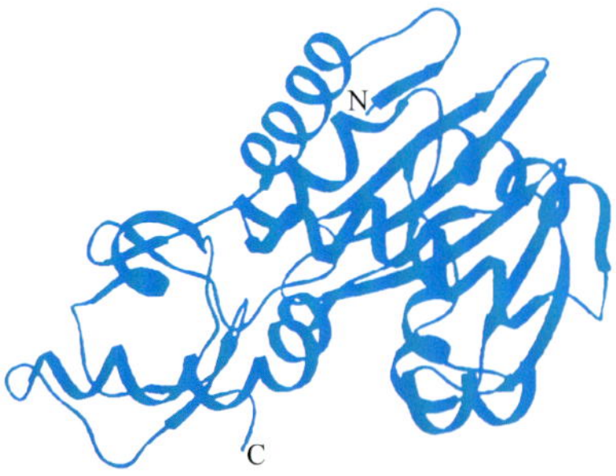

天花粉蛋白的分子结构飘带图

结构域交界处存在一个活性中心凹槽。位于凹槽中163位的Arg、160位的Glu、70位的Tyr、111位的Tyr是天花粉蛋白最重要的活性中心氨基酸残基。

天花粉蛋白的引产机制是专一性破坏胎盘滋养层细胞；胶体金方法证明，天花粉蛋白以受体介导内吞方式进入滋养层细胞。

天花粉蛋白具有强的抗原性。通过对其免疫学上特性的系统研究，制定了一套临床上有效地防止天花粉蛋白过敏的措施。

应用 中国独创的计划生育和治疗宫外孕、葡萄胎、恶性葡萄胎等疾病的良药。用天花粉蛋白做早中期引产具有出血少、使用方便、胚胎排出时痛苦轻等优点。对治疗宫外孕大多数可免于手术，对治疗葡萄胎、恶性葡萄胎能完整排出葡萄胎块，不需要多次刮宫。对治疗植入性胎盘、腹腔妊娠等更有独到之处。1989年美国又发现天花粉蛋白能抑制艾滋病病毒，并已用于治疗艾滋病。

天皇 tennō 日本国家元首的称号。大化改新后，日本确立了以天皇为最高统治者的封建专制统治。从1192～1868年的幕府时期，天皇形同虚设。1868年明治维新后，推翻了幕府统治，天皇又重新掌握了国家大权。1889年颁布的《明治宪法》规定，天皇为国家元首，总揽统治权，集立法、行政、司法及统率军队的权力于一身，其权力是神圣不可侵犯的。1945年第二次世界大战结束后，天皇制虽被保留下来，但天皇的地位发生了根本性的变化。1946年颁布的《日本国宪法》规定，天皇是日本国的象征，只具有礼仪和形式上的权力。天皇有关国事的一切行为，须经内阁的建议与认可。

天回山陶塑 pottery sculptures in Tianhuishan 中国东汉晚期陶塑。天回山位于四川省成都市北门外10千米天回镇附近。1957年发掘东汉晚期崖墓数座，年代在光和七年（184）至建安二十五年（220）之间，出土物中有大量陶俑及动物陶塑。陶俑有男女舞俑、听琴俑、男女庖丁俑、持瓶或持镜俑、持铲俑、武士俑以及说唱俑等，为汉代人

击鼓说唱陶俑（四川成都天回山汉墓出土）

物雕塑中之精品。男舞俑高58厘米，头上着帻，身着宽袖长袍，腰间束带，带钩横穿，右腰间悬一环柄小刀，手持长巾，右手叉腰，左手平举。女舞俑一般高47厘米，头梳双髻，戴簪，身着长裙，束带，手亦持长巾，右手叉腰，左手向上。抚琴俑高36厘米，头上戴帻，身着长袍，席地而坐，琴斜置膝上。听琴俑高46厘米，以右手掩耳，头略偏，做听琴状。最生动传神的是说唱俑。俑高56厘米，头上着巾，戴簪，额前有小花饰，大腹凸出，赤膊上有璎珞珠饰，左臂环抱一鼓，右臂向前平伸，手握鼓槌。下身长裤赤足，右足随右手前伸，左腿蜷曲于圆榻上，张口露齿，表情夸张诙谐。与之类似的说唱俑在重庆亦有出土。此外，尚有吹笛吹箫俑残片出土。动物陶塑有狗、马、鸡、鸭和长尾鸡等，造型真实而概括。

天基反导武器 space-based antiballistic missile weapon 部署在外层空间用于拦截弹道导弹的空间武器。可分为两类：天基动能武器，包括火箭推进的动能弹和电磁力推进的电磁轨道炮；天基定向能武器，包括强激光武器、粒子束武器和微波武器。

天基反导武器与地基反导武器相比，其主要优点是：①可实现全球范围的拦截。②近似真空的外层空间环境可减少大气对激光能量的衰减，有助于提高拦截器的性能。③与栏截目标的相对距离短、相对速度高，可实现高效率的助推段和中段拦截。天基反导武器也存在两个明显的缺点：即生存能力低和投资巨大。

在20世纪50年代末，美国曾提出“班比”天基反导武器计划，但限于当时的技术水平，很快就放弃了。1983年美国提出“战略防御倡议”计划后，开始大力研究这种武器，并着手建立多层次、多手段的弹道导弹防御系统。后由于经费、技术等原因，放弃了定向能武器的研究，逐步转向以动能武器为发展重点。天基反导武器除反弹道导弹外，还具有反空间目标（如卫星）和保护空间设施的能力。

天津贝壳堤 Shell Dikes in Tianjin 中国天津沿海古海岸。天津沿海一带海生贝壳富集成堤，当地称“蛤蜊堤”、“沙岭子”或贝壳堤。其中所含贝壳达数十种，绵延数十千米。现至少发现4条大致沿渤海湾西岸分布、平行于现代海岸的贝壳堤。其中最古老的贝壳堤距今4 700～4 500年，最年轻的距今1 790～200年。根据古贝壳堤的位置可以恢复古海岸的位置，根据新老贝壳堤的关系，也可以分析海岸演变过程与目前动态。天津古贝壳堤是天津海陆变迁的重要产物和有力佐证。与美国圣路易斯安纳州贝壳堤、南美苏里南贝壳堤并称为世界三大贝壳堤，在国际第四纪地质研究

中占有重要地位。

天津大学 Tianjin University 中国多科性工科大学。隶属教育部。校址在天津市。前身为天津中西学堂，创始于1895年，后又改称北洋大学堂、国立北洋大学。1914年，赵天麟任校长，提出“实事求是”的校训。1934年，设立工科研究所，1935年开始招收研究生。1937年抗日战争全面爆发，学校西迁西安，参与组建西北工学院。1946年5月，北洋大学复校。1951年9月与河北工学院合并，定名为天津大学。已发展成为以工为主，理工结合，经济、教育、管理、法学等多学科协调发展的综合性大学。设有机械工程，化工，电子信息工程，理学，环境科学与工程，社会科学与外国语，建筑，建筑工程，精密仪器与光电子工程，药物科学与技术，农业与生物工程，软件，中视影视学院等学院。共有51个本科专业，有培养学士、硕士和博士的教学体系。有光学工程、仪器科学与技术、材料科学与工程、建筑学、水利工程、化学工程与技术、管理科学与工程等国家重点学科。有内燃机燃烧学、化工联合、精密测试技术及仪器等国家重点实验室，以及国家工程研究中心和国家新技术推广中心。校园面积218万平方米，校舍建筑面积78万平方米。

天津港 Tianjin, Port of 中国北方重要的国际港口。地处渤海湾西端海河河口。主要承担北京、天津两市和华北、西北地区各省市海上进出口任务。自东汉末年天津即有河港。明朝永乐年间迁都北京后，天津逐渐成为京师通向海上的门户。1896年海河严重淤积后，开始在海河下游的塘沽修建码头。1939年在海河河口北侧修建塘沽新港。天津港分为北疆、南疆和海河港区三部分。北疆以集装箱、件杂货为主；南疆是煤炭、石油等大宗散货新型现代化港区；海河港区则为中小型件杂货港区。天津港经营港口装卸、运输、仓储加工、中转、旅游、临港工业、贸易等行业。2008年共有生产用泊位128个（其中万吨级以上泊位75个），港口吞吐量35 593万吨，集装箱吞吐量850.27万标准箱。

天津港集装箱码头

天津劝业场 Tianjin Quanyechang Department Store 中国大型综合性百货零售商场。坐落在天津市和平路。1928年12月15日开业，创办人高兴桥。开业之日，高悬烫金牌匾，上书“劝我胞与，业精于勤，商务发达，场益增新”，每一句话的第一个字连接起来就是“劝业商场”。场方资本家将场地出租。至1948年内设大小商店300多家。由于地处商业中心，周围旅店、饭馆、影院、剧场林立，交通方便，形成独自的经营特色。

1956年劝业场实行公私合营。1958年与天祥商场合并，规划成为一个综合性的大型百货商场。“文化大革命”期间改名人民商场。1980年1月1日复名。1992年由国有企业改制为股份制企业。后组建了以天津劝业场（集团）股份有限公司为核心企业，以资产为纽带的母公司体制的天津劝业场集团。

天津市 Tianjin City 中国中央直辖市。简称津。位于中国北部偏东，华北平原东北部。北依燕山余脉，东临渤海之滨，除西北小部分与北京接壤外，其余皆与河北省相邻。天津地处海河五大支流交汇处，是北京通往东北、华东地区铁路交通咽喉和远洋航运的港口，有“河海要冲”和“畿辅门户”之称。天津作为沿海城市，背靠华北地区，在内外经济合作交流中起着“中枢”作用。辖和平、河东等13区和蓟县等3县（见天津市行政区划表）。面积约1.2万平方千米。市人民政府驻和平区。人口1 294万（2010）。以汉族人口居多。全市有满、蒙古、回、藏等29个少数民族，占全市人口的2.11%，以回族最多，满族次之，除回族和满族居住稍集中外，多是各民族杂居。

天津市行政区划表(2010)

和平区	南开区	红桥区	河西区
滨海新区	津南区	武清区	西青区
河北区	河东区	东丽区	蓟县
宝坻区	北辰区	宁河县	静海县

建制沿革　市境是中国开发较早地区之一。禹置九州，是为冀州。周为幽州地。战国时期属燕国。秦时北部分属渔阳郡、右北平郡，西部和南部分属广阳郡、巨鹿郡。西汉初，天津南部属渤海郡的章武、东平舒、文安等县；北部属渔阳郡泉州、雍奴县及右北平郡无终县。唐代，以海河为界，北属幽州，南属沧州。北宋时，海河为宋、辽界河。约于金贞祐二年（1214）建立了直沽寨。“直沽”是天津城市发展过程中最早出现的正式名称。元延祐三年（1316）改直沽寨为海津镇。明建文二年（1400）燕王朱棣率兵南下“靖难”，渡直沽，遂赐名“天津”（意即天子“车驾所渡处”）。永乐二年（1404）在三岔河口西南筑城，置天津卫及天津左卫、天津右卫，合称天津三卫。清雍正三年（1725）改天津卫为直隶州。雍正九年升为天津府。1913年废府留县。1928年改为天津特别市。1930年改天津市，河北省省会迁津，为省辖市。1935年河北省省会迁往保定，天津再次改为天津特别市。1949年设为中央直辖市。1958年改属河北省，为省人民政府驻地。1961年天津市属各县划归天津、沧州、唐山等专员公署。1967年天津市复为中央直辖市。

自然条件　天津地区在元古宙前为中朝准地台的一部分，至元古宙开始海浸而沉积了厚层岩石，中外驰名的蓟县剖面即位于此，奥陶纪末全部成陆。中生代后，北部褶皱成山，南部相对下沉，有2 000～3 000米的湖相堆积层，大港油田的石油、天然气资源，即形成于第三纪的湖相堆积层之中。

市境地势北高南低，除北部是燕山南侧的山地外，其余均属冲积平原，为较发达的农业地区。蓟县北部山地是燕山山脉向东延伸的南翼，为海拔1 000米以下的低山丘陵。蓟县山地之南是开阔的平原。靠近山地是由洪积冲积扇组成的倾斜平原，呈扇状分布。平原组成物质从扇顶到扇缘、由粗到细、由砂砾到黏土，是粮、棉、油主要产区之一。东南是滨海平原，地面高程不到2.5米，土壤含盐量高，多辟为盐田。地下有优质石油、天然气及其他矿产资源。滨海平原以东有狭长滩涂。渤海位于浅海大陆架上，利于发展渔业。

属暖温带半湿润季风气候。冬半年受蒙古冷气团控制，多西北风，气温较低，降水也少。夏半年主要受太平洋副热带暖高压控制，以偏南风为主。气温升高，降水也多。年降水量590～690毫米，夏季降水量占76%；降水量年际变化大，多雨年和少雨年相差3～4倍。时有春旱。

境内河流以海河、蓟运河为主。蓟运河水系包括蓟运河、潮白河、陡河等。海河水系有永定河、大清河、子牙河及南、北运河（见京杭运河）等五大支流。由于上游支游众多，且降水集中7、8月份，到夏季汛期，洪峰直涌海河，尾闾不畅，洪涝灾害严重，致使海河成为历史著名害河。

经济概况　天津市工业部门较齐全，农业生产有一定基础，是华北地区经济中心和全国14个对外开放的沿海港口城市之一。

天津市是中国沿海老工业基地之一。汽车及机械装备、电子、化工、冶金是天

图1 天津塘沽港

津的四大支柱产业。①机械工业。拥有动力机械、工程机械、机床、汽车、拖拉机、造船、电子、仪表、手表等30多个行业部门，能生产高级、精密、大型的多种产品，其中机床、柴油机、纺织机械等几十种产品出口国外。②化学工业。具有一定基础，以天津碱厂、天津化工厂、大沽化工厂为代表的化工企业是中国海洋化学工业的摇篮。为全市主导工业之一，重点发展了海洋化工和石油化工。③冶金工业。现已具备炼钢、轧钢、金属制品、耐火材料、有色金属等多类型及相互协作的工业部门。可生产耐热钢、不锈钢等多种优质合金钢和多种型号无缝钢管、薄板、带材、铜合金毛细管、针布钢丝、预应力钢丝等多种金属制品材料。④纺织工业。全市大工业部门。原有基础较好。⑤轻工业。有食品、造纸、制革和日用机械等部门。⑥手工业。历史悠久，生产的120道地毯已成为国际名牌产品。其他如雕塑、编织、年画、纸鸢等手工艺品亦著名。

全市农业、农副加工等已基本实现机械化。农业生产以粮食作物为主，小麦、玉米、稻谷为天津三大作物。“小站稻”是中国优良水稻品种。20世纪80年代以来，牧业、副业、渔业生产发展较快，其产值在农业总产值中的比重有不同程度的上升。

天津市陆路、水路交通四通八达，是华北地区物资集散地，为连接华北与东北的交通咽喉。①河流航运以海河、蓟运河为主。②位于海河河口、渤海湾西岸的天津新港是中国五大港口之一，腹地深及华北、西北。已建成万吨级码头18处，除经营中国沿海运输外，还连接国外400多个港口。③铁路枢纽以京山铁路为联系东北和关内的交通干线，货运以煤和石油运量较大。此外，东北的货物经京沈线南下，而金属矿和轻工产品则由京沈线北运出关。京沪铁路由天津南下联系南京、上海等重要经济中心。④市内公路交通方便，四通八达。为适应经济发展之需，已建成京津塘高速公路、京津高速铁路。⑤天津机场是国内大型机场。有国际国内航线近百条。

图2 天津鼓楼商业街

天津是华北经济区的贸易中心，并与东北、西北地区有联系，多种商品畅销“三北”地区。和平路、滨江道、劝业场一带是市区最大的商业中心。对外贸易方面也有较大发展，与170多个国家和地区建立了贸易往来。

文教科技 有**南开大学**、**天津大学**、天津医科大学、天津中医药大学等高等院校。有科研机构、技术开发机构近200个。有现代化大型图书馆和总高逾400米的天津电视塔。

名胜古迹 名胜古迹众多，有水上公园、宁园等园林，有大悲禅院、文庙、天后宫、清真大寺等古代建筑；有千年古刹**独乐寺**及盘山风景区。还有望海楼、玉皇阁、广东会馆、大沽口炮台遗址等。天津是国家历史文化名城。

《天津条约》 *Treaties of Tianjin* **第二次鸦片战争**期间，中国清政府与英、法、俄、美签订的条约。1858年（咸丰八年）5月，英法联军侵入天津，并扬言进攻北京。清政府派大学士桂良、吏部尚书花沙纳为钦差大臣，赴天津议和。于6月26日、27日分别与英、法订立中英、中法《天津条约》。中英《天津条约》共56款，附约1款；中法《天津条约》共42款，附约6款。主要内容是：①公使常驻北京。②增开牛庄（后改营口）、登州（后改烟台）、台湾（后定为台南）、淡水、潮州（后改汕头）、琼州、汉口、九江、南京、镇江为通商口岸。③外籍传教士得入内地自由传教。④外人得往内地游历、通商。⑤外国商船可在长江各口岸往来。⑥修改税则，减轻商船吨税。⑦对英赔款银400万两，对法赔款银200万两。在此之前，俄、美公使利用“调人”身份，分别于6月13日、18日与清政府签订中俄《天津条约》12款、中美《天津条约》30款，攫取了除赔款外与英、法所得几乎一样的侵略特权。中俄《天津条约》第九款还特别规定，两国派员查勘“以前未经定明边界”，“务将边界清理补入此次和约之内”，以便日后解决，从而为沙俄进一步掠夺中国领土埋下了伏笔。英、法、俄政府远不满足从《天津条约》攫取的特权，再次挑起战争，1860年迫使清政府签订了**《北京条约》**。咸丰帝令桂良交涉修改《天津条约》，但是，英法方面反对变易《天津条约》的各项条款，并坚持要在北京换约。

天津中西学堂 Tianjin China-West University 中国最早的学堂。又称“北洋西学堂”。清光绪二十一年（1895）津海关道盛宣怀呈请北洋大臣王文韶转奏开办大学堂。分头等、二等两级，修业各4年。为中国学校分级之始。头等学堂为大学本科，二等学堂为大学预科。头等学堂第二年以前课程不分科，科目有英文、制图、物理、化学、天文、地理、万国公法、理财学等。第二年后，各就性质所近，可习专门学一种。专门学分工程学、电学、矿务学、机器学及律例学5科。毕业后，“或派赴外洋分途历练，或酌量委派洋务职事”。二等学堂招收年龄为13～15岁，录取读过“四书”，并通一、二经，文理稍顺者为学生。课程设英文、数学、各国史鉴、舆地、格物等课程。卒业后，升入头等学堂。1898年受京奉路局之请，特设铁路专修科。1900年学堂为八国联军所毁，学务中止。1903年重建，改名**北洋大学堂**。

天京保卫战 中国清代同治元年（太平天国壬戌十二年，1862）至三年间，太平军为保卫首都天京（今南京）所进行的防御战。同治元年春，坐镇安庆的两江总督**曾国藩**经充分准备后，调动湘、淮军7万余人，分10路，对以天京为中心的太平军占领区实施向心攻击。天京处于清军的战略包围之中。太平军未能乘清军立足未稳之时予以打击。直至秋末，在天王**洪秀全**多次严诏下，忠王**李秀成**、侍王李世贤、辅王杨辅清等“十三王”才率领大军20余万回救天京，但企图以强攻侥幸取胜，未作持久战准备，结果屡攻不利，遂仓促撤出战斗。天京解围战失败后，李秀成被“严责革爵”。不久，天王洪秀全责令他领兵渡江，西袭湖北，企图调动天京围敌，收“进北攻南”之效，结果，不但未能调动湘军，反而在途中和渡江时损失精锐数万之多，同治二年冬，各战场军事形势急剧恶化。曾国藩部湘军陆续攻占天京城外各军事要点，逐步缩小包围圈，天京仅剩神策门（今中央门东）外一路可与外界相通。在此危急关头，洪秀全拒绝了李秀成“让城别走”的积极建议，决定死守天京，从而错过撤出天京、以图再举的最后机会。同治三年正月，湘军合围天京，城内米粮日缺。四月二十七日，洪秀全病逝（一说自杀），幼主洪天贵福即位，一切军政事务统归李秀成执掌。六月十六日傍晚，天京各门均为湘军占领。守军除李秀成带领幼主等千余人由地雷轰城处冲出城外，余则或战死，或被杀，或自焚，无一投降。天京的陷落，标志着太平天国革命的失败。

“天空实验室” Skylab 美国的第一个空间实验室。1973年5月14日用“土星”5号运载火箭发射，进入离地面435千米的近圆轨道。同年还发射了3艘“**阿波罗**”**号飞船**与“天空实验室”对接。“天空实验室”在发射上升飞行过程中，高速气流冲掉了轨道舱的防护罩和一个太阳电池翼，另一个太阳电池翼又被防护罩碎片缠住而没有打开，以致“天空实验室”入轨后严重缺电，舱内温度上升到50℃左右。因此，1973年5月25日，3名航天员乘“阿波罗”号飞船与“天空实验室”对接。航天员出舱，安装了一顶伸出舱外的遮阳伞，挡住阳光，使工作舱温度下降。他们切除缠绕在太阳电池翼上的防护罩碎片，使其展开发电，终于使“天空实验室”达到可正常运转的状态。“天空实验室”共接待3批航天员，每批3人。他们在“天空实验室”中分别工作和生活了28天、59天和84天。用58种仪器进行了270多项天文、地理、遥感、宇宙生物学和航天医学试验研究。

“天空实验室”由轨道舱、过渡舱、多用途对接舱、太阳望远镜和太阳电池翼5部分组成。全长36米，最大直径6.7米，总质量82吨。轨道舱是主体，用“土星”5号运载火箭第三级箭体改装而成，分上下两层，上层为工作区，下层为生活区。生活区又由隔板分成卧室、餐室、观测室和盥洗室。过渡舱既是轨道舱通往空间的通道，又是

“天空实验室”内处于失重条件下的航天员

“天空实验室”的控制中枢，装有供电控制、测试检查、数据处理、生命保障和通信等设备。多用途对接舱有2个供“阿波罗”号飞船对接用的舱口，可以同时停靠2艘飞船。航天员通过对接舱进入轨道舱。对接舱还可作为实验设备和胶卷盒等物品的储藏室。太阳望远镜用来观测太阳活动和拍摄太阳的照片。1979年7月11日“天空实验室”进入大气层烧毁。

《天籁集》 *Sounds of Nature Anthology* 中国古代第一部民间儿歌集。清代郑旭旦辑编。成书于康熙初年。书中收吴越儿歌48首（其中两首有目无歌），尤以杭州地区儿歌居多。作品分两类。一类反映儿童生活和儿童心理情趣。这类歌既有成人创作，也有儿童随口编唱的。其中有的用于游戏，如“摇哎摇，摇到外婆桥”；有的重在训练儿童的语言能力，如“一颗星，挂油瓶；油瓶漏，炒黑豆”。它们一般有助于儿童的健康成长，增添童年的乐趣，给儿童以道德教育。书中也收有一些以成人社会生活为题材的作品。《天籁集》所收儿歌一般篇幅短小，节奏明快，朗朗上口。修辞常用拟人化手法。表达方式既有直叙式，也有问答式，形式丰富多样。除整齐的三、四、五、七言体外，也有长短句交错的杂言体。杂言体中，三言与五言、七言兼用的甚多。此书附有《天籁集醒语》17则。每首儿歌前后有评语及按语，歌词中间有夹评。辑者常借评歌抒愤世恤民之怀。

天狼 Sirius 大犬座α。全天最亮的恒星。由甲、乙两星组成的目视双星。甲星是全天第一亮星，视星等为-1.44等，属于主星序的蓝矮星。乙星一般称天狼伴星，是**白矮星**，质量比太阳稍大，而半径比地球还小。天狼星距地球为8.60±0.03光年。

天理教 Tianli sect 中国清代民间秘密宗教**白莲教**支派。又名“天理会”。嘉庆年间由京畿、直隶、山东、河南等地的八卦教（九宫教）、荣华会、白阳教、红阳教、青阳教等教派的部分教徒逐步联合、统一而成。主要首领为河南滑县人李文成、冯克善和京畿大兴县人林清等。教内以八卦为分支名目，各有掌卦教首，而震卦为七卦之首，兼理九宫，统管八卦。主要经卷为《三佛应劫统观通书》等。传习“真空家乡，无生老母”八字真言。崇拜太阳，信奉“三际”说（认为世界的发生发展经历过去、现在、未来三个时期，“过去”称无极，“现在”称太极，“未来”称皇极），倡言“红阳劫尽，白阳当兴”，该由“十八子明道”、“孝姓应世”。天理教冲破了八卦教世袭传教家族敛钱自富的传统，提出了入教者缴纳根基钱（或称“种福钱”），起事之后给与地亩官职的主张，具有发动武装起义，推翻清王朝统治的政治目的。嘉庆十八年（1813），天理教曾组织发动京师、河南、山东等地教徒起义，京师的一支并曾攻入紫禁城。后在清军镇压下失败。

天龙山石窟 Tianlongshan Caves 中国佛教**石窟**。位于山西太原西南40千米处的天龙山。始凿于东魏，北齐、隋、唐相继开凿。洞窟在东、西两峰山腰间，东峰8窟，西峰13窟。造像雕刻精美，技艺高超，被誉为“天龙山样式”。20世纪20年代遭严重破坏，几乎所有头像被盗劫到国外，为日本、欧美博物馆和私人所收藏。2001年国务院公布天龙山石窟为全国重点文物保护单位。

东峰第二、三窟是一组双窟，为东魏

第九窟下层造像

高欢摄政时所营建。窟内三壁各凿一龛，龛中雕一佛二菩萨像。龛外有浅浮雕菩萨、供养人等，窟顶为莲花飞天。东峰第一窟和西峰第十、十六窟开凿于北齐。洞窟均有仿木式前廊。主室方形，三壁各凿一龛，龛内雕一佛二弟子二菩萨像。东峰第八窟规模最大，开凿于隋开皇四年（584），有仿木式前廊，窟内设四面开龛的中心塔柱，龛中雕一佛二弟子。其余洞窟均为唐代开凿。其中西峰第九窟属摩崖造像，上层雕高7.5米的倚坐弥勒佛，下层中央雕高约5.5米的十一面观音立像，左右分别雕乘象普贤菩萨和骑狮文殊菩萨。天龙山东魏造像继承北魏晚期风格，俊秀飘逸，北齐、隋代造像浑厚丰满，唐代造像妍丽丰腴，姿态优雅，是中国北朝至唐代雕刻艺术精品。

天麻 *Gastrodia elata*; tall gastrodia 兰科天麻属的一种。无根无绿叶由真菌供应基本营养的多年生草本植物。又称赤箭、鬼督邮。球茎供药用。中国、朝鲜半岛、日本

天麻形态

和俄罗斯的远东地区均有分布。中国主产于四川、云南、陕西、贵州、湖南、西藏、台湾等省区。

天麻球茎肉质肥厚，长圆形，环节上生薄膜鳞片，顶端混合芽抽出直立的地上茎。叶退化成黄褐色膜质鳞片，互生。总状花序顶生，黄绿色。喜阴湿林下、富含腐殖质的微酸性壤土。栽培前，需先培养成蜜环菌能寄生的树根或树干作栽培材料。用块茎繁殖。

天麻球茎含有天麻苷、对羟基苯甲醛、对羟基苯甲醇、β-谷甾醇、胡萝卜苷、柠檬酸、柠檬酸单甲酯、棕榈酸、香荚兰醇等。作中药有熄风、定惊、止晕功效，主治眩晕头痛、四肢痉挛、小儿惊风等。

天麻素 gastrodine 葡萄糖苷(见苷)，分

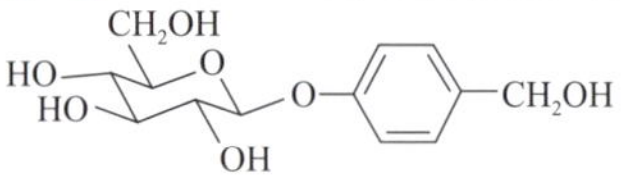

子式$C_{13}H_{18}O_7$。中药天麻的一种有效成分。熔点156～157℃，比旋光度$[\alpha]_D^{33}$-62(乙醇)；溶于水、甲醇、丙酮和热乙酸乙酯，难溶于乙醚。天麻素用苦杏仁酶水解，可得对羟甲基苯酚苷元。天麻素具有较好的镇静和安眠作用，毒性小，对神经衰弱、失眠、头痛有一定疗效。

天门冬 *Asparagus cochinchinensis*; cochinchinese asparagus 百合科天门冬属的一种。又称天冬草。分布于中国河北、山西、陕西及华东、中南、西南地区。朝鲜半岛、日本、老挝、越南也有分布。多年生攀缘草本。根略带肉质，一般末端呈纺锤形。茎高1～2米，分枝有棱，叶状枝常3个簇生，扁或锐三棱形，镰刀状。叶鳞片状，基部有硬刺，茎上也有刺。花每2朵腋生。单性，雌雄异株，淡绿色，有长2～6毫米花梗，雄花花被片6，雄蕊6，花丝不贴生花被片上；雌花大小似雄花，退化雄蕊6。浆果球形，径7毫米，熟时红色，种子1。习生山坡路边或林下。块根入药，简称天冬，性寒，味苦，有滋阴、润燥、清肺、降火之功。亦为观赏植物。

天门市 Tianmen City 中国湖北省直辖县级市。位于省境中部，汉江北岸。面积2 622平方千米。人口142万(2010)。秦昭王二十九年(公元前278)置竟陵县，后晋天福元年(936)改称景陵县。清雍正四年(1726)为避康熙陵墓讳而改为天门县。1987年撤县设县级天门市。矿产有石灰岩、岩盐、石油、无水芒硝等。工业以机械、纺织、医药、化工、冶金、建材、食品、农副产品加工等为主。农业以水稻、小麦、玉米、大豆、棉花、油菜、芝麻、蔬菜、果树种植和生猪、家禽、淡水养殖等为主。名胜古迹有文学泉、西塔寺、白龙寺、新石器时代村落遗址和古竟陵城遗址等。

天命 mandate of heaven 中国古代哲学的重要范畴。人们对天命的理解不同。或把“天”当作有意志的“至上神”，“天命”则是神秘之天的命令；或把天视为无意志的自然，“天命”便是自然的必然或自然的规律。商、周时期业已流行的是宗教天命观念。春秋以降，孔子有时把天看作是有意志的主宰，有时也把天看作自然的天；把命理解为包含异己的、不可知因素的东西，主张“畏天命”。孟子也讲“顺天命”，提出事天、立命的观点。荀子则把天看作无意志的自然，以天命为自然规律，提出“制天命而用之”的新思想，主张利用自然规律造福人类。道家以天为自然，但舍人事专言命，主张“知其不可奈何而安之若命”。墨子否定天命，力倡“非命”。及至宋明，哲学家们把天命与气、理、性联系起来，加强了其思辨性。天命论思潮在近代趋于沉寂。

天命的另一种解释是“天命之谓性”，指先天的自然禀赋。

天目山 Tianmu Mountain 中国太湖水系和钱塘江水系的分水岭。中国古老山地之一，著名避暑和游览胜地。位于浙、皖毗邻地区。呈西南—东北走向，南北大致以杭徽公路和西苕溪为界。长200千米，宽约60千米，属江南古陆的东南缘。海拔1 500米以上山峰有10余座，最高峰清凉峰1 787米。天目山古称浮玉。为中国中亚热带常绿阔叶林保存较好的地区。天然植被垂直分布明显。林木以古老、高大、稀有而闻名中国。有树龄1 500年以上、五代同堂的公孙树——银杏；有清代发现而称之为大树王的柳树，胸径2.33米，材积42.98立方米；有树高54米、胸径1米多的金钱松。中国特有的野生银杏树最早发现于此。此外，有黄杉、天目梭、天目朴、浙西铁木等41种稀有名贵树种。动物区系复杂，有各种鸟类和蛇类。其中红嘴相思鸟最著名。山区盛产茶叶、笋干、山核桃、药材、竹木等。1956年在浙江临安境内建立天目山自然保护区，1986年列为国家级自然保护区，面积4 284公顷。1996年加入联合国“人与生物圈计划”自然保护区网。

天目山林海

天目釉瓷 tenmoku glaze porcelain 施有黑褐色釉和黑褐底色上由于析晶呈现花纹的黑釉瓷器。源于中国福建省建阳窑生产的一种饮茶用黑釉瓷碗(建盏)。宋时，这种黑釉产品销至浙江天目山庙会，由日本来中国学法禅僧带回日本，受到日本饮茶界人士广泛珍爱而获得“天目”的称谓。当时与建盏齐名的还有江西吉安吉州窑生产的天目釉瓷。唐宋盛行一种半发酵的白茶，以黑盏衬托便于观察茶色，于是黑盏风靡一时。民间建起不少专门生产黑盏的瓷窑，其中以建阳窑和吉州窑著称于世。这两处名窑盛于宋而衰于元末。

南宋油滴釉天目茶碗(东京国立博物馆藏)

天目釉瓷是黑色釉瓷的一种。种类较多，以油滴釉、兔毫釉、木叶天目釉较为名贵。此外，还有玳瑁釉、剪纸漏花、鹧鸪斑等品种。油滴釉的特征是黑釉上有赤铁矿和磁铁矿小型晶体形成的斑点，闪出金色或银色的光芒，由于其斑点在釉上分布似油滴飞溅，因而得名。流传至日本的天目油滴釉瓷碗，少数珍品釉中斑点周围显示出深蓝色辉光和金色、银色的闪光，称为“曜变天目”。兔毫釉的特征是在绀黑色釉中带有丝毛状黄褐色或银色条纹，条纹由釉料熔融向下流动时析晶形成，以状似兔毫而得

名。以建阳窑产最为出名。木叶天目釉是选用树叶，通过特殊加工，在釉上烧出叶纹而得。吉州窑所独创。

天幕毛虫 *Malacosoma*; tent caterpillar 鳞翅目枯叶蛾科天幕毛虫属昆虫的统称。又称幕枯叶蛾。全世界已知有50余种。中国有10余种。成虫翅展24～40毫米。雄蛾黄褐，前翅呈两条深褐色横线，两线间色深，形成上宽下窄的宽带，其外侧衬浅色线纹；后翅中间呈不明显的褐色横线；翅缘毛呈灰白和褐色相间的花斑。雌蛾褐，腹色深，前翅褐色宽带内、外侧呈淡黄褐色横线纹；后翅色浅，斑纹不显。

天幕毛虫1年发生1代。以卵越夏又越冬。危害果树和阔叶树等的叶子，轻者影响树木的正常生长，重者可使树木死亡，尤其是杏、桃、梨、苹果、桦树、枫香树、杨树等有时常常发生成灾。此虫易受天幕毛虫抱寄蝇、核型多角体病毒、白僵菌等寄生或感染。防治方法：人工采摘卵块；在幼虫期喷洒高效低毒的化学农药；招引益鸟和利用寄生蝇、病毒等。

天南星科 Araceae; arum family 单子叶植物纲槟榔亚纲的一科。有105属2 000余种。热带亚洲是天南星科的发源地，热带美洲则是天南星科的多样化中心（含1 350余种）。中国有35属208种，其中有4属20种系引种栽培，特有种为100种。有些属的分布中心在南部和西南部地区。草本，稀为攀缘灌木或附生藤本。叶基生或茎生，有时花后出现，叶柄基部常为鞘状，叶片全缘时多为箭形、戟形，或掌状、鸟足状、羽状、放射状分裂。花小，常极臭，排列为肉穗花序，花序外面有佛焰苞包围；花两性或单性。花单性时雌雄同株（同花序）或异株，雌雄同序者雌花居于花序下部，雄花居上部。两性花有花被或无，花被如存在则为2轮，花被片2～3枚，雄蕊2～4～8或多数，通常与花被片同数且与之对生、分离或合生为雄蕊柱；退化雄蕊常存在，在雌花序中围绕雌蕊或单一而位于雌蕊下部；在雌雄同序时常多数集于雌花序之上（如犁头尖属），或合生成假雄蕊柱（如海芋属），但经常完全退废，这时全部退化雄蕊融合且与肉穗花序轴的上部形成海绵质的附属器。子房上位或稀陷入花序轴内，1至多室。果为浆果，极稀为聚合果（隐棒花属）。

天南星科植物有许多种类入药，其中菖蒲、天南星、一把伞南星、半夏、虎掌、千年健等是有悠久历史的常用中药。芋属、魔芋属植物的块茎富含淀粉常供蔬食，也可代粮或作工业上的糊料。大薸是产量高、放养易、营养价值高、适口性好的优良水生饲料。引进的种类多属热带庭园观赏植物，如马蹄莲、石菖蒲等。

天牛 Cerambycidae; long-horned beetle 鞘翅目天牛科昆虫的统称。全世界已知25 000种以上，中国已知2 000多种。成虫体呈长圆筒形，背部略扁。触角着生在额的突起（称触角基瘤）上，超过体长，具有使触角自由转动和向后覆盖于虫体背上的功能。各足胫节均具2距，跗节假4节型，隐5节，显4节。爪通常呈单齿式，少数呈附齿式。除锯天牛类外，中胸背板常具发音器。

天牛生活史因种类而异，有的1年完成1代或2代，有的2～3年甚至4～5年才能完成1代。一般以幼虫或成虫在树干内越冬。天牛的幼虫蛀食树干和树枝，影响树木的生长发育，使树势衰弱，导致病菌侵入，也易被风折断；受害严重时，整株死亡，木材被蛀，失去工艺价值。天牛是植食性昆虫，大部分危害木本植物，如松、柏、柳、榆、柑橘、苹果、桃和茶等；一部分危害草本植物，如棉、麦、玉米、高粱、甘蔗和麻等；少数危害木材、建筑、房屋和家具等，是林业生产、作物栽培和建筑木材上的重要害虫。

天平 balance 高准确度级和特种准确度级的衡器。以往通常是指支点在中央、力点在两侧的等臂杠杆的质量计量仪器。这种等臂天平（见图）常被用来象征法律上的公正与平等，迄今仍是质量计量的有效而重要的计量仪器之一。根据天平平衡方式，可分为杠杆式、弹性变形式和电磁力平衡式。根据读数类型，可分为指针刻度式、光学标牌式、数显式和自动记录式。根据承载装置的形式，可分为吊挂式和托盘式（上皿式）。根据有无电子部件，可分为电子天平和机械天平。还可根据秤量大小和用途分类。

等臂双盘天平

天菩萨 Bodhisattva hairstyle 中国彝族男子一种传统发式。又名英雄结、指天刺，彝语称“宗尔”、“宗术”。主要流行于四川小凉山、滇东地区彝族聚居区。云南昭通地区后海子霍氏墓壁画表明，东晋时期，彝族男子已头梳尖髻，身着披毡。彝族男子在四五岁时头顶留一小块约二三寸大小的方形头发，成年后挽一个发结，然后以青布缠头，并将头发于额前裹一尖锥状，长约6寸。中青年的英雄结细长如竹笋，老人的则呈螺结锥形。彝族视天菩萨为天神和人之尊严的最高标志，认为它能主宰一切祸福凶吉，神圣不可侵犯，严禁他人触碰，特别是女性、小辈或地位低者，故有“天菩萨”之称。如遇他人戏弄或不慎触摸，就认为将遭到凶祸，会与之搏斗，甚至引起械斗。在奴隶制时代，若奴隶误触奴隶主的天菩萨，则会被处死。

彝族老年男子的天菩萨

天气 weather 一定地区、某一时段大气中各种气象要素（如气温、气压、水汽、风和气溶胶等）综合作用而产生的总体效应，常表现为这一地区的冷、暖、阴、晴、风、霜、雨、雪等自然现象。天气和气候是既有联系又有区别的两个概念，气候是某一地区长期天气状况的综合表现。

天气按其对人类社会产生的影响可以分为灾害性天气和一般天气。如大暴雨天气可以产生洪涝，龙卷风天气则可使龙卷经过的沿线房毁人亡。所有这些给人民生命财产造成损失的天气统称为灾害性天气。相反，风和日丽的早春天气则给人以舒适宜人的感觉，属于一般天气。

天气虽然千变万化，但它总是大气动力过程和热力过程的综合结果，是有规律可循的。天气学就是研究天气发生和演变，并通过观测和分析来预报天气的一门学科。

人类通过卫星、雷达和地面观测网获取各种气象要素和地球物理参数，其目的之一就是要在一天、两天，甚至一周之前预报世界各地的天气。

天气图 synoptic chart 反映某一时刻一定地区天气状况和天气形势的图。制作天气预报的基本工具。一般分为地面天气图、高空天气图和辅助天气图，用于从不同侧面描述当前的天气和天气系统的现状。若按成图的时间又可分为：实况分析图，即按实际观测记录绘制的天气图；预报图，即根据天气分析、数值预报和其他预报手段制作出的未来24、48、72小时甚至更长时段的天气形势、天气系统和具体天气（如雨区和等雨量线、大风区、雾区、沙尘区等）的分布图；历史天气图，即根据实际气象观测资料和经过天气系统演变的连续检验而制作的、供存档和事后分析研究用的天气图。

地面天气图　又称地面图。把各地面气象站观测的气象要素和天气现象，用规定的格式和符号，填在不同投影底图的相应站点位置上，然后在图上分析气压等值线，高、低气压中心，天气区（降水区、沙尘区、雾区、雷暴区、大风区等），锋和气旋等天气系统，形成一张综合表示各种天气现象现状和天气系统位置及强度的分布图。

高空天气图　又称高空等压面图或高空天气形势图。把各探空站观测的各标准等压面的位势高度、温度、湿度和风向、风速等观测值按规定的格式和符号填绘在不同投影底图、不同等压面的相应站点位置上，在同一等压面图上按照一定的规则分析等位势高度线和等温线，进而分析相应等压面上的高压脊，低压槽，高、低气压中心等天气系统，形成一张能反映各地区上空不同高度处大气运动状况和天气系统位置的分布图。

天气系统　weather system　引起天气变化并具有典型特征的各种尺度大气系统。典型特征一般是指有不同的压、温、湿、风和天气等结构。如根据气压结构有高气压和低气压等，根据温度分布有寒潮、冷锋和暖锋等，根据湿度和天气有云团和雷暴等，根据风有气旋和反气旋等。许多天气系统可有多种典型特征组合。不同典型特征的天气系统经常有固定的特征尺度。典型特征和典型尺度经常是综合的。天气学上既可用典型特征亦可用典型尺度来划分天气系统。国际上常用典型尺度来作天气系统分类，依典型尺度一般可分为行星尺度、天气尺度、中尺度和小尺度等各类天气系统，但具体的标准还不统一。

天气系统的典型尺度

种类	水平尺度（km）	时间尺度	主要天气系统
行星尺度天气系统	>3 000	3～15d	超长波、长波、副热带高压、热带辐合带、季风
天气尺度天气系统	500～3 000	3～5d	气旋、反气旋、锋、台风、高空西风急流、低空急流、热带云团、切变线、切断低压
中尺度天气系统	10～500	3d～h	飑线、中尺度高压和低压、西南低涡、龙卷、中尺度对流群超级单体、风暴、海陆风、热带低压
小尺度天气系统	0.5～10	h～min	单体雷暴、龙卷和对流云内涡动、热泡积云和积雨云

天气学　synoptic meteorology　研究大气中天气现象及其相关联的天气系统发生发展和变化规律以及天气预报方法的学科。大气科学的分支。

20世纪50年代以前的早期天气学，主要研究怎样用地面和高空天气图对天气现象和天气系统进行分析，从而进行天气预报。期间，从地面天气图上发现了气团、锋面和气旋、反气旋等天气系统；从高空天气图上发现了大气长波和超长波、阻塞高压和切断低压，在动力气象学中又建立以位势涡度理论为基础的大气长波动力学。60年代以后，雷达和卫星加入气象观测，原来的地面和高空常规观测仪器有了很大改进，并在陆地、海洋和极地建立许多观测站，使天气学研究有丰富的和小时空间隔的实时观测资料；电子计算机的发展和动力气象学的相应发展，使天气学研究获得迅速发展。极地和热带的天气和天气系统研究扩大了早期以中高纬度为主的研究区域，发现了许多极地、热带和副热带天气系统以及许多空间尺度在100千米和10千米的中小尺度天气系统。于是建立了近代天气学，出现许多天气学分支。在观测工具的应用研究中建立了雷达气象学及卫星气象学。对不同尺度天气系统的研究建立了大尺度、中尺度和小尺度天气学。在不同地区天气系统的研究中，建立了极地天气学、热带天气学和海洋天气学。天气学分析也进展到现代的以电子计算机为工具的四维（三维空间和时间演变）天气学分析，并且应用四维雷达分析和气象卫星观测到的各种物理量的分析。在天气预报方法方面，也进展到气象资料自动收集和分析、数值天气预报和预报员经验相结合的预报方法。

天气预报　weather forecasting　根据大气探测信息，应用天气学、动力气象学、统计学的原理和方法，对某一区域或某一地点未来一定时段的天气状况作出定性或定量的预测。大气科学研究的最重要目标之一。

发展　天气预报的发展大体上可分为三个阶段：单站预报、天气图预报和数值天气预报。

17世纪以前，人们通过观测天象、物象的变化，用简单生动的语言编成天气谚语，据此预测当地未来的天气。17世纪以后，温度表和气压表等相继投入观测业务，依据温度、气压和湿度等单站气象要素的时间演变来预测未来的天气。

1851年，英国根据电报传来的各地气象观测资料，及时地绘制出地面天气图。在其上分析高、低气压等天气系统的位置和演变，据此制作出最早的天气图预报。20世纪30年代，利用无线电探空站网的观测资料，绘制出了高空天气图，结合气团学说、极锋理论和长波理论等，使天气图预报方法更趋完善。40年代天气雷达投入应用，60～70年代气象卫星进入业务运行，使天气图预报方法的精度和时效均得到提高。

50年代，电子计算机的运算能力与动力气象理论、数学物理方法相结合，实现了数值求解经过简化的控制大气运动的偏微分方程组，使数值天气预报成为可能。随着计算机运算能力成数量级的增加、对控制大气运动的物理因子更深入的理解、卫星遥感与常规探测相结合的大气探测系统逐步建成、更好的初值和更多物理因子的引入，到21世纪初，120小时的数值预报形势场达到了可用的水平。

种类　按天气预报的时效长短可分为：①短时预报。根据雷达、卫星和中尺度数值预报场，对局地强风暴系统的动向进行的0～6小时的预警。②短期预报。预报未来24～72小时的天气状况。③中期预报。对未来4～15天的天气预报，主要预报有无天气过程及何种天气过程、能否出现灾害性天气，以及天气变化趋势。④短期气候预测。包括1个月至1年的预报和1～5年的气候趋势预报。主要应用统计方法、动力模式的延伸和海气耦合的气候模式等手段，对气象要素的平均值和多年平均值的偏差量进行预报。

天桥　Tianqiao　中国清末逐渐形成的民间艺人集中演出区。位于北京市永定门内。此地经常有各种戏曲、曲艺、杂技、武术等，以摆地摊的方式或在简陋的戏棚中演出。1949年后逐步改造成文化商业区，建有天桥商场、天桥剧场、天桥住宅区。

天琴座　Lyra　夏天的代表星座之一。在7月到8月的夏夜里高挂在银河的西侧，隔着银河与天鹰座遥遥相对。中国古老的七夕牛郎与织女的爱情神话，织女星（织女一）就是天琴座的主星α，而牛郎星则为天鹰座的主星。座内目视星等亮于6等的星有53颗，其中亮于4等的星有8颗。α（中名织女一）是白色0.04等星，1.2万年后将成为北极星。δ、β、γ和ζ（中名渐台一、渐台二、渐台二和织女二）构成一个平行四边形，中国人把它想象为织女用的梭子，而古希腊人则把它想象为一把七弦琴。座内有一流星群，每年4月19～23日出现。

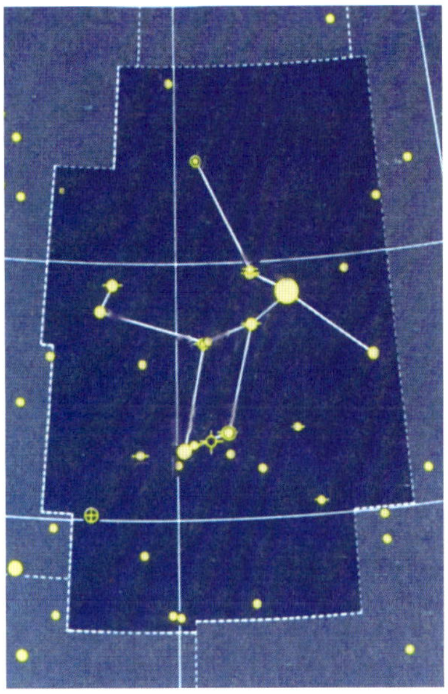

21、22日最盛。辐射点在κ星附近。

天青石 celestite 化学组成为$Sr[SO_4]$，晶体属正交（斜方）晶系的硫酸盐矿物。含SrO56.42%，是提取锶的主要矿物原料，主要用于制取碳酸锶及生产电视显像管玻璃等。与重晶石形成完全类质同象系列，富含钡的称钡天青石。晶体呈板状或柱状，集合体呈粒状、纤维状、钟乳状或结核状。浅蓝灰色，有时为无色透明。玻璃光泽。

天青石柱状晶体

莫氏硬度3～3.5。密度3.9～4.0克/厘米^3。灼烧天青石碎片时使火焰染为深紫红色，借以与重晶石（染焰色为黄绿色）相区别。主要为沉积成因，常与碳酸盐和石膏伴生。也产于热液矿脉中。中国江苏溧阳爱景山天青石脉状矿床是亚洲最大的锶矿产地。

天球 celestial sphere 研究天体的位置和运动而引进的一个假想圆球。根据所选取的天球中心的不同，有日心天球、地心天球等。各个天体同地球上的观测者的距离都不相同。看上去天体仿佛散布在以观测者为中心的一个圆球的球面上。实际上看到的是天体在这个巨大的圆球的球面上的投影位置，这个圆球就称为天球。观测者所能直接辨别的只是天体的方向。球面上处理点和弧段的关系，比在空间处理视线方向间的角度要简便得多，天文学的一些应用中都用天体投影在天球上的点和点之间的大圆弧段来表示它们之间的位置关系。天球的半径是任意选定的，可当作数学上的无穷大。为了定量地表示和研究天体投影在天球上的位置和运动，需要在天球上建立参考坐标系，并主要应用球面三角学计算点位的关系。

天球参考系 celestial reference system 为了定量地表示和研究天体投影在天球上的位置和运动，在天球上建立的参考系。宇宙中所有天体都在运动，因此研究许多动力学现象如银河系中恒星的运动、星团内部动力学、地球自转及其轨道运动等都需要在天球参考系中进行描述。天球参考系包含参考系的定义、建立和维持方法、模型以及采用常数等的整体。理想的参考系是惯性的（无整体旋转），然而绝对的惯性参考系是不存在的，实际工作中只能采用准惯性参考系。描述太阳系天体的运动方程式（不包括旋转和加速度项）时，由天体的力学运动理论定义某些不变的点和方向，这样构成的参考系称为动力学参考系（又称历书参考系）。由一组遥远天体的运动性质（假设为随机的）定义的参考系称为运动学天球参考系，包括分别以恒星或河外射电源为基准点的恒星参考系（又称光学参考系）或河外参考系（又称射电参考系）。采用当前公认的最好的观测数据来描述所用模型的天球参考系常称为协议天球参考系。

天球坐标系 celestial coordinate system 为确定天球上某一点的位置，在天球上建立的球面坐标系。有两个基本要素：①基本平面。由天球上某一选定的大圆所确定。大圆称为基圈，基圈的两个几何极之一作为球面坐标系的极。②主点，又称原点。由天球上某一选定的过坐标系极点的大圆与基圈的交点所确定。

天球上一点在此天球坐标系中的位置由两个球面坐标标定：①第一坐标或称经向坐标。作过该点和坐标系极点的大圆，称副圈，从主点到副圈与基圈交点的弧长为经向坐标。②第二坐标或称纬向坐标。从基圈上起沿副圈到该点的大圆弧长为纬向坐标。天球上任何一点的位置都可以由这两个坐标唯一地确定。这样的球面坐标系是正交坐标系。对于不同的基圈和主点，以及经向坐标所采用的不同量度方式，可以引出不同的天球坐标系，常用的有地平坐标系、赤道坐标系、黄道坐标系和银道坐标系等。

天然碱 trona 晶体属单斜晶系的含水碳酸盐矿物，化学组成为$Na_3H[CO_3]_2 \cdot 2H_2O$。俗称苏打灰、盐饼。晶体呈板状、板柱状，集合体呈板状、纤维状、放射状或块状。白色、灰白或黄白色。玻璃光泽。莫氏硬度2.5～3.0。密度2.11～2.14克/厘米^3。解理完全。在干燥空气中不分解。易溶于水，溶解时沸腾并带有酸味和碱味。遇无机酸剧烈起泡。是内陆盐湖蒸发、沉积而成，多为现代碱湖的产物。第三纪形成的古碱矿床，只在美国、中国等少数国家发现。世界著名产地有美国加利福尼亚州的西尔斯湖区和多州交界处的绿河盆地、肯尼亚的马加迪湖等。中国主要产地有内蒙古的查干诺尔、哈同察汗淖、白彦淖和乌都淖，青海的宗家巴隆，新疆的黄芦岗，河南的吴城和安棚等碱矿。是制碱工业的重要矿物原料，主要用于制取纯碱、烧碱、小苏打等。

天然气 natural gas 地壳中以烃类为主的天然气体。通常指油田气、气田气，即在石油天然气地质中所称的狭义天然气。它是重要的矿物燃料和化工原料，成分以烃类为主，含有少量的非烃气体。非烃气体大多数与烃气伴生，但在某些气藏中可成为主要组分，形成以非烃气体为主的气藏。广义天然气是指自然界天然形成的一切气体，包括大气圈、水圈和岩石圈中各种自然过程形成的气体，它们常为各种气体化合物或气态元素的混合物。

成因类型 天然气的来源多种多样，可以分为无机成因气和有机成因气。无机成因气包括幔源气、岩浆岩气、变质岩气、无机矿物分解气，以及放射作用和宇宙间所产生的气体。有机成因气依其有机质的类型划分为腐泥型和腐殖型，按热演化阶段分生物（化学）气、热解气和裂解气。另外，常把腐泥型有机质的热解气和裂解气称为油型气，把腐殖型有机质（包括煤）的热解气和裂解气称为煤型气。

生物（化学）气是指在低温（小于75℃）还原环境下，厌氧细菌对沉积有机质进行生物化学降解所形成的富含甲烷的气体，又称细菌气、生物成因气。油型气包括伴随生油过程生成的富含重烃的湿气（石油伴生气），以及高成熟和过成熟阶段裂解形成的凝析油伴生气和裂解干气；煤型气是指煤层有机质（包括煤层和含煤地层中的分散有机质）热演化形成的天然气，又称煤成气、煤型热解气。有人认为煤成气专指煤层在煤化过程中生成的天然气，属煤型气的一种。主要以吸附状态存在于煤层中的煤成气称煤层气，又称煤层甲烷、煤层瓦斯。

产状 天然气在自然界以游离态、溶解态、吸附态和固态气水化合物等相态存在。依天然气分布的特点可分为气顶气（在油藏顶部聚集成气顶）、气藏气（由游离天然气聚集形成的气藏）和凝析气（在超过临界温度和压力下，液态烃逆蒸发而形成的天然气藏）、溶解气（油内溶解气、水内溶解气）、煤层气和固态气水化合物中的天然气。

天然气水合物（又称可燃冰），为固态的结晶化合物。在这种化合物中，水的冰晶体格架扩展为包括气分子的晶体。水溶气、天然气水合物和煤层气都可以综合利用。这些气藏属非常规气藏，具有巨大发展潜力。

化学成分　与油田及气田有关的天然气，主要成分是气态烃，其中以甲烷（CH_4）为主，含少量乙烷（C_2H_6）、丙烷（C_3H_8）、丁烷（C_4H_{10}）、戊烷（C_5H_{12}）和己烷（C_6H_{14}）等，一般碳数越大，含量越少。有时还含有非烃气体，常见的有N_2、CO_2、H_2S，还有CO、SO_2、H_2、Hg等，以及少量至微量的惰性气体氦、氖、氩、氪、氙、氡等。

气藏气基本上不与石油共生，其甲烷含量通常占95%以上，重烃气含量很少（不超过1%～4%），属于干气（贫气）。气顶气其成因和分布均与石油分布关系密切，重烃气含量可达百分之几至几十，仅次于甲烷，属于湿气（富气）。

少数以非烃气体为主的气藏，有N_2、CO_2、H_2S气藏。当某些非烃类气体含量（如CO_2）富集至一定程度时，就可以开发或综合利用。

天然气中的稀有气体，如氦、氖、氩、氪、氙等，常与其他气体共存于气藏中，不能单独成气藏。只有浓度相当高，而且数量相当大时，才能作为特殊的气藏加以开采。

物理性质　天然气一般无色，有时有汽油味或硫化氢味，性活泼，易散逸，易燃。由于其化学组成变化大，物理性质变化亦大。①密度。标准状况下（0℃，1个大气压）单位体积的质量，一般为0.75千克/米^3，常用相对密度表示，即在相同的压力和温度下，单位体积天然气与同体积干空气密度之比，一般为0.56～0.8。天然气密度随重烃气体含量增加而变大，亦随N_2气、H_2S气、CO_2气含量的增加而变大。密度与相对密度并不相同，如甲烷密度为0.716 6千克/米^3，相对密度为0.554 3；乙烷相应为1.356 1千克/米^{3}和1.048 8；丙烷相应为2.019 3千克/米^{3}和1.561 7。②黏度。天然气的黏度与其化学组成及所处环境有关。一般天然气的黏度在0℃时为0.31×10^{-3}毫帕·秒，20℃时为12×10^{-3}毫帕·秒。天然气的黏度，一般随相对分子质量增加而减少，随温度和压力增高而增大。③蒸气压力。将气体液化时所需施加的压力，称为该气体的饱和蒸气压力。蒸气压力随温度升高而增大。在同一温度条件下，碳氢化合物的分子量越小，则其蒸气压力越大，因此甲烷比其同系物的蒸气压大得多，这也正是在天然气的组成中往往甲烷等轻质碳氢化合物含量较多的原因。④逆凝结、逆蒸发的特性。天然气在地下深处，处于高温高压下，当温度超过临界温度时，不论压力有多大，都不能使天然气凝结为液态，保持气态，成为逆蒸发。反之，开采时，天然气随着温度压力降低，气态烃反而凝结为液态，称为逆凝结。凝析气田的形成就是这种特性所造成的。⑤溶解性。天然气溶于石油和水。溶解的数量决定于天然气和溶剂的成分、气体压力，并随温度上升和含盐度升高而降低，当压力增加至气体液化点附近时，溶解气的数量增加很快。在相同条件下，天然气在石油中的溶解度远远大于在水中的溶解度，如甲烷在石油中的溶解度比在水中的大10倍。当天然气中重烃增多，或者石油中的轻馏分较多，都可增加天然气在石油中的溶解度。另外，降低温度或增大压力，也可得到同样效果。在石油中溶有天然气时，可以降低石油的相对密度、黏度及表面张力。在地下深处（大于1 000米），每升水中溶解的烃气可达几升，如果分布面积广，这种水溶气就具有工业价值。日本已对这种水溶气进行工业开发。⑥热值。天然气中烃类气体是具有高热值的优质燃料，天然气平均低位发热量为38 953千焦/米^3（9 310千卡/米^3）。烃分子中含氢原子数越多，热值越高（见表）。

天然气主要烃类的热值

名称	分子式	低（净）热值（kJ/m^3，即千焦/米^3）
甲烷	CH_4	35 880
乙烷	C_2H_6	64 350
丙烷	C_3H_8	93 180
正丁烷	n-C_4H_{10}	123 560
异丁烷	i-C_4H_{10}	122 770

利用　天然气是经济、清洁的能源，重要的燃料和化工原料。近代石油化学工业，如甲醇、炭黑、炸药、合成纤维、合成橡胶、塑料、农药、医药、化肥及现代尖端高科技和国防工业的重要原料。一种重要的能源，广泛用作城市工业、交通和居民日常生活中的清洁燃料。

天然气发动机　natural gas engine　用天然气作燃料的内燃机。属于火花点火式发动机。一种排出废气比较清洁的动力装置。工作原理与汽油机相同，燃料供应系统主要由减压器和混合器或气体喷射器组成，与汽油机不同，其余结构与汽油机相同。可按燃料供应方式分为混合器式和气体喷射式两种，其中混合器式又分文丘里式和比例调节式两种，气体喷射式又分多点连续喷气和多点顺序喷气两种。

天然气水合物　natural gas hydrate　在低温高压等条件下由水和天然气形成的冰状的非典型碳氢化合物。又称甲烷水合物。遇火即可燃烧，俗称可燃冰。20世纪60年代中期首先在苏联西伯利亚冻土层中发现，是重要的新能源。

天然气水合物的化学组成：水分子式为$M\cdot nH_2O$。M为气体分子，n为水合指数（即水分子数）。气体分子包括CH_4、C_2H_6、C_3H_8、C_4H_{10}等同系物及非烃分子CO_2、N_2、H_2S等，其中主要气体为甲烷（CH_4）。天然气水合物形成于高压（大于10兆帕）低温（一般小于10℃）环境。位于水深大于250米的海底以下几十厘米至1 110米处，稳定带内温度一般1～21.1℃。可见于永久冻土带、大陆坡、大洋板块的内部地区和内陆深水湖泊中。天然气水合物含碳量约为全球已探明化石燃料（煤、石油与天然气）含碳量的2倍，达$(1\sim1.1)\times10^{16}$米^3。标准状况下，1单位体积天然气水合物分解可产生160～180单位体积的甲烷气和0.8单位体积的水，1单位体积天然气水合物发热量为煤的10倍或传统天然气的2～5倍。

海洋沉积物中存在天然气水合物的最直接证据是异常地震反射层，位于海底之下几百米处，与海底地形近于平行，称为似海底反射层（BSR）。1995年通过大洋钻探计划的164航次钻探证实，BSR是由整个下伏游离气体层造成的。

迄今已至少在全球116个地区发现天然气水合物。其中陆地38处（永久冻土带），海洋78处。

天然纤维　natural fiber　自然界生长或形成的、具有纺织价值的纤维。分为植物纤维、动物纤维和矿物纤维。

植物纤维　又称天然纤维素纤维。主要组成物质是纤维素。可细分为种子纤维、韧皮纤维、叶纤维和果实纤维。种子纤维是一些植物种子表皮细胞生成的单细胞纤维，如棉纤维。韧皮纤维从双子叶植物茎的韧皮部取得，又称茎纤维，因纤维柔软，一般称软质纤维，如苎麻、亚麻等。叶纤维从单子叶植物的叶鞘取得，其木质素含量较多，纤维粗硬，常称硬质纤维，如剑麻、蕉麻等。果实纤维从植物的果实取得，如椰子纤维等。还有从植物茎秆鞘壳中获得的，如棕榈纤维。

动物纤维　又称天然蛋白质纤维。从动物的毛发或昆虫腺分泌物（丝）取得，主要组成物质是蛋白质。如羊毛和蚕丝等。

矿物纤维　又称天然无机纤维。从纤维状结构的矿物岩石中取得，主要组成物质是硅酸盐类。它不燃烧，耐高温，绝热好，工业上用作防火、保温、绝热等材料。制成的织物古称火浣布。现已逐渐被高性能化学纤维所取代。

各种天然纤维的长度和粗细有很大差异。棉纤维的长度大多在20～40毫米；羊毛纤维在40～90毫米，长的可达100毫米以上；麻纤维短的只有几毫米，长的有几十毫米或更长；蚕丝属长丝，长达几百米或超过1 000米。蚕丝最细，径向尺寸在10微米左右；棉纤维居中，径向尺寸在16～20微米；羊毛纤维径向尺寸一般在16～50微米；各种麻纤维粗细差异较大。

天人感应 主要流行于中国汉代关于天人关系的神秘主义思潮。汉代董仲舒发挥阴阳家的思想，建立了以天人感应论为核心的神学目的论体系。认为天是有意志、道德和情感的至上神，随时关心着人间的一切；人与天是同类的，天有什么，人就有什么，人不过是天的副本；而同类的东西可以互相感应，人做的事情都能感动上天，做了好事天就高兴，给人以奖赏，如果做了坏事，天就会出现灾异，进行谴责，若不知悔改，天就会予以惩罚。天人感应说限制了君主的权力，同时也给君主的尊位及其统治找到了理论根据。天人感应说在历史上曾起过一定的积极作用。但它歪曲了人与自然的关系，束缚了人们对自然界和社会的认识，也具有消极作用。

天人合一 中国古代哲学观点。认为天与人有着紧密的联系。天人合一的观点源于西周的天命论，认为天是有意志、主宰自然和人类社会、能够赏善罚恶的人格神，天人关系实际上是神人关系。春秋时，对天的理解有了变化，一种观点认为天是人类社会的礼仪法规的最高依据；另一种观点认为天即自然，天道即自然规律。对天人关系亦有不同的理解，如孟子强调天的道德属性，主张通过“尽心、知性、知天”达到天人合一的境界。而庄子则以天为自然，主张“无以人灭天”，试图通过否定典章制度、道德规范以达天人合一的目标。荀子则认为“天行有常”，主张“制天命而用之”。西汉时，董仲舒以“天人感应”的神学目的论解释天人合一，认为天能干预人事，人的行为也能感应上天。宋代，天人合一的思想占据了统治地位，各派哲学家均借以阐发自己对世界的统一性、主客体关系等问题的看法，张载以“太虚即气”解释天人合一的基础；二程则认为天人合一的基础是理，“天、地、人只一道也”。明清之际的王夫之则继承了张载的观点，认为“天人之蕴，一气而已”。

天山山脉 Tianshan Mountain Range 亚洲内陆中部的山系。世界干旱区域的多雨山地之一。横贯中国新疆维吾尔自治区中部，西端伸入哈萨克斯坦和吉尔吉斯斯坦。全长2 500千米。其中在中国境内，东起哈密市东，西到乌恰县西北。东西长约1 760千米，南北宽250～350千米，面积约41万平方千米。山地耸立于准噶尔盆地与塔里木盆地之间，海拔多在4 000米以上。位于西段的托木尔峰是天山山脉的最高峰，海拔7 443米；东段的最高峰是博格达峰，海拔5 445米。

天山雄姿

山脉由一系列大致平行的北天山、中天山和南天山所组成，山体之间夹有许多宽谷与盆地。是中国重要的地震带区。1600～1979年，新疆500多次4.6级以上地震，有50%以上发生在这一地区。天山山地现代地貌过程从山顶到山麓，依次可分为：①常年积雪和现代冰川作用带。位于海拔3 800～4 200米以上的冰雪覆盖的极高山带。据统计，天山拥有现代冰川近7 000条，面积1万平方千米。②霜冻作用带。位于海拔2 600～2 700米以上的山区，堆积了大量古代冰川沉积物，并保留了多种冰川侵蚀地形。③流水侵蚀、堆积带。位于海拔1 500～2 700米（或2 800米），河网密布，河谷阶地发育。④干旱剥蚀低山带。位于海拔1 300～1 500米以下，年降水量200～400毫米。

山地气候年中明显分成冷、暖两季。冷季天气多晴朗，3 000米以下的山地、盆地和谷地积雪深厚，且多雾霜。暖季（夏季）海拔3 000米以上多雨雪，3 000米以下气候凉爽。天山山地的年降水量，同一山坡自西到东逐渐减少。北坡的平均年降水量多在500毫米以上，是中国干旱区中的湿岛，其中以西段的中山森林带最多。海拔接近海平面的托克逊年降水量最少，只有6.9毫米。天山山地为新疆不少大河的源头，如伊犁河、塔里木河等。

天山山地气候湿润，水源充足。山地中森林面积约占全新疆的50%，草场面积约占全新疆的47%。此外，天山矿产种类繁多，新疆的工矿区亦多分布于天山南北。

天师道 Way of Celestial Masters 中国道教早期道派。见五斗米道。

天使 Angel 上帝使者之称呼的中译。希腊文作angelos，意为使者，音译安琪儿。中国天主教译作“天神”。在《圣经》中指圣洁忠诚事奉上帝的超自然精神体。他们为上帝所造，在天敬拜上帝，在地常显现为人形，作为上帝的使者传达和执行上帝的旨意。但因其具有自由意志，故也有堕落犯罪而成为魔鬼者。原形为男性，后常被描绘为有翼的美丽女性。古代教会传统中有关于天使等级、类型之说。

天水市 Tianshui City 中国甘肃省辖地级市。位于省境东南部渭河上游。东与陕西省相邻。辖秦州、麦积2区和清水、秦安、甘谷、武山4县，及张家川回族自治县。面积14 392平方千米。人口326万（2010），有汉、回、满、蒙古、藏等民族。战国为秦陇西郡，西汉中期析陇西郡置天水郡。1985年设地级天水市。属中温带半湿润气候。矿产有铁、铜、铅、锌、金等，清水、北关的大理石、白云石和武山蛇纹岩储量大、质量好。工业有电子、仪表、机械、纺织、食品等。农业主产冬小麦、玉米、薯类。为全国十大苹果基地之一，花牛苹果畅销国内外，所产花椒以品质优良著称。名胜古迹有伏羲庙、李广墓、大地湾遗址、拉梢寺石窟、木梯寺石窟、赵充国墓等。麦积山为国家风景名胜区，麦积山石窟为全国重点文物保护单位。天水市为国家历史文化名城。

天台宗 Tiantai sect of Buddhism 中国佛教宗派。因创始人智𫖮住天台山弘教而得名，又称法华宗。天台宗谱系可上溯至龙树初祖，北齐禅僧慧文为二祖；三祖慧思自北方南来，陈光大二年（568）入居南岳，主张定慧双开；四祖智𫖮上承慧文“一心三观”、慧思于《法华经》所得体悟，确立教行并重，止观双修的原则。智𫖮一生著述甚富，多由弟子灌顶记录成书，有世称三大部的《法华玄义》、《法华文句》、《摩诃止观》。天台宗宗旨所据典籍有《妙法莲花经》，作指南的《大智度论》，作扶疏的《大般涅槃经》和作观法的《摩诃般若经》。天台宗的基本教义包括“五时八教”的判教理论、性具实说、三千互具说、三谛圆融说和止观双修的修行实践等。“五时八教”的判教说，为天台宗的建立提供了经典和历史的依据。认为一切事物和现象本来即具足实相的“性具实相说”是其宗教哲学体系的理论基础，并用“一念三千”、“三谛圆融”加以发挥。在修行实践方面，强调“止观双修”、“定慧等持”。天台宗在灌顶以后无甚作为。九祖湛然号称中兴，批驳法相、华严及禅诸家，提出“无情有性”说，将佛性推广到砖木瓦石之上。11世纪时，天台宗知礼撰《释难扶宗记》，驳同门晤恩以智𫖮《金光明经玄义》为伪作的说法，结果分出山家、山外两派。争论的教理围绕真心观还是妄心观，色法具否三千等。山家派主张妄心观及色心共具三千，并斥责持相反见解的山外派理近华严而不纯。山家派在知礼之后传人不绝，影响较大。元、明以后，天台宗日渐衰微。但天台教义曾在9世纪随日僧最澄传至日本，11世纪朝鲜来华僧人义天将此宗传入朝鲜半岛。

天台山 Tiantai Mountain 中国曹娥江、奉化江、灵江分水岭。浙江省游览胜地。位于省境东部，天台县北。天台山北连四明山，南接括苍山，呈东北—西南走向。主峰华顶山海拔1 095.4米。山体主要由花岗岩和流纹岩构成，垂直节理发育，经风化后，常形成悬崖峭壁。名胜古迹有石梁飞瀑、华顶日出、国清寺、隋塔、智者塔院等。国清寺位于天台县城北3千米，始建于隋开皇十八年(598)，是中国著名古刹之一，为佛教天台宗的发祥地。石梁飞瀑位于城北20千米，处于崇山峻岭之中，飞瀑十丈，气势磅礴。山区盛产名茶、药材、竹木等。

天台山远眺

天坛 Temple of Heaven 中国明清皇帝祭天和祈祷丰年的场所。在北京永定门内。它是保存下来的封建王朝祭祀建筑中最完整、最重要的一组建筑，也是现存古代艺术水平最高、最具特色的优秀古建筑群之一。1961年定为全国重点文物保护单位。1998年列入《世界遗产名录》。

天坛圜丘及其他建筑群

始建于明永乐十八年(1420)，原称天地坛，主体是合祭天地的大祀殿。清代进行过改建。明代所建祈年殿于1889年毁于雷火，现殿是1890年按原式重建的。

天坛有内外两重围墙，正门在西面。坛内主要建筑圜丘和祈年殿，布置在稍偏东的南北轴线的南北两端，中央连以长359米的砖砌高甬道，通称“丹陛桥”。另在第二重墙西门内南侧有皇帝祭前斋戒时居住的斋宫，是一座城池环绕的砖砌筒壳建筑，通称无梁殿。

圜丘是每年冬至日祭天处。为汉白玉石砌的三层露天圆坛，围绕着石雕栏杆，下层径54.7米。中国古代认为天是阳性，又以奇数为“阳数”，故圜丘的台阶、栏杆、铺地石块等都取1、3、5、7、9等奇数或其倍数，以象征同天的联系。圜丘以北有皇穹宇，祭天所用“皇天上帝”牌位平时即存放于此。皇穹宇外有直径65.1米的一圈环形围墙，俗称回音壁。正面开三个蓝琉璃瓦顶的券门。圜丘和皇穹宇都有环形围墙。声波经围墙反射，可造成特殊音响效果。

祈年殿为皇帝每年正月上辛日举行祈谷礼的处所，位于丹陛桥北端，殿身建在高6米、底层直径90.9米的3层汉白玉圆形须弥座（祈谷坛）上。殿身高38米，直径32.72米，蓝琉璃瓦三重檐攒尖顶，逐层收缩，造成强烈的向上动感，顶尖为鎏金宝珠顶，象征与天相接。殿内有4根高19.2米的龙井柱，表示四季；中层12根金漆柱，表示12个月；外层12根檐柱，表示12个时辰；中外层共24根柱象征二十四节气。

天堂 Heaven 宗教中所描述的彼岸后世的极乐境地。与地狱形成鲜明对照。基督教称之为天堂，指上帝在天的居所，又是人类得救灵魂的安居之处，在此得以与上帝同享永福。伊斯兰教称之为“天园”或“乐园”，即其“信后世”之信仰的重要内容，被认为是虔信者和经末日审判后确认的行善者后世生活的归宿。佛教称之为净土、西方净土或极乐世界，即大乘佛教传说佛所居住的清净世界，认为众生信佛念佛，死后即可往生此处。

天梯山石窟 Tiantishan Caves 中国佛教石窟。位于甘肃武威市南60千米处祁连山麓的张义堡天梯山，开凿在断崖上。从文献可知，十六国时期北凉沮渠蒙逊凿建凉州石窟，此即天梯山石窟。原有洞窟26个，经历1927年大地震后仅存18个。现存洞窟为北凉、北魏至唐时开凿，均经后代重修和妆銮，明正统时曾大规模重修。1959年因修建黄羊水库，石窟淹没，壁画、塑像被提前迁移，现存甘肃省博物馆。此石窟是河西走廊现存有年代可考的开凿最早的石窟之一。2001年国务院公布为全国重点文物保护单位。

北凉的洞窟是有中心柱的塔庙窟，中心柱凿出3层塔式，每层均上大下小，呈倒梯形，呈现出河西地区早期石窟特点。壁画中的北凉菩萨像，发辫垂搭于后背及双肩，脸庞浑圆，细眉上挑，大眼尖鼻，双唇较厚，上身袒裸，下身穿紧身长裙，体态优美，富有西域情调。第13窟唐代一铺一佛二弟子二菩萨二天王的造像未经搬迁，尚存原处。其主尊弥勒大像高约26米，虽经后代重修，仍保留唐代风貌。

天梯山第13窟唐代大佛

天体 celestial body 宇宙中各种实体的统称。如太阳系中的太阳、行星、小行星、卫星、彗星、流星体，银河系中的恒星、星团、星云，以及河外星系、星系团、超星系团等。通常不把行星际、星际和星系际的弥漫物质以及各种微粒辐射流等称为天体。通过射电探测手段和空间探测手段所发现的红外源、紫外源、射电源、射线源和γ射线源也都是天体。人类发射并在太空中运行的人造卫星、宇宙火箭、空间实验室、月球探测器、行星探测器、行星际探测器等则被称为人造天体。

天体的位置 天体在某一天球坐标系中的坐标，通常指它在赤道坐标系中的坐标（赤经和赤纬）。赤道坐标系的基本平面（赤道面）和主点（春分点）因岁差和章动而随时间改变，天体的赤经和赤纬也随之改变。此外，地球上的观测者观测到的天体的坐标也因天体的自行和观测者所在的地球相对于天体的空间运动和位置的不同而不同。天体的位置有如下几种定义：①平位置。只考虑岁差运动的赤道面和春分点称为平赤道和平春分点，由它们定义的坐标系称为平赤道坐标系，参考这一坐标系计量的赤经和赤纬称为平位置。②真位置。进一步考虑相对于平赤道和平春分点作章动的赤道面和春分点称为真赤道和真春分点，由它们定义的坐标系称为真赤道坐标系，参考这一坐标系计量的赤经和赤纬称为真位置。平位置和真位置均随时间而变化，与地球的空间运动速度和方向以及与天体的相对位置无关。③视位置。考虑到观测瞬时地球相对于天体的上述空间因素，对天体的真位置改正光行差和视差影响所得的位置称为视位置。视位置相当于观测者在假想无大气的地球上直接测量得到的观测瞬时的赤道坐标。

星表中列出的天体位置通常是相对于某一个选定瞬时（称为星表历元）的平位置。

天体的距离　地球上的观测者至天体的空间距离。不同类型的天体距离远近相差悬殊，测量的方法各不相同。①太阳系内的天体最近，可用三角测量法测定月球和行星的周日地平视差，并根据天体力学理论进而求得太阳视差。也可用向月球或大行星发射无线电脉冲或向月球发射激光（见甚长基线干涉测量），然后接收从它们表面反射的回波，记录电波往返时刻而直接推算天体距离。②对于太阳系外的较近天体，三角视差法只对离太阳100秒差距范围以内的恒星适用。更远的恒星三角视差太小，无法测定，要用其他方法间接测定其距离。主要有：分析恒星光谱的某些谱线以估计恒星的绝对星等（见星等），然后通过恒星的绝对星等与视星等的比较求其距离；分析恒星光谱中星际吸收线强弱来估算恒星的距离；利用目视双星的绕转周期和轨道张角的观测值来推算其距离；通过测定移动星团的辐射点位置以及成员星的自行和视向速度来推算该星团的距离；对于具有某种共同特征的一群恒星，根据其自行平均值估计这群星的平均距离；利用银河系较差自转与恒星视向速度有关的原理，从视向速度测定值求星群平均距离。③对于太阳系外的远天体测量距离的方法主要有：利用天琴座RR型变星观测到的视星等值；利用造父变星的周光关系；利用球状星团或星系的角直径测定值；利用待测星团的主序星与已知恒星的主序星的比较；利用观测到的新星或超新星的最大视星等；利用观测到的河外星系里亮星的平均视星等；利用观测到的球状星团的累积视星等；利用星系的谱线红移量和哈勃定律等。

天体的形状和自转　天体不是质点，具有一定的大小和形状。天体内部质点之间的相互吸引和自转离心力使得天体的形状和内部物质密度分布产生变化，同时也对天体的自转运动产生影响。天体的形状和自转理论主要是研究在万有引力作用下天体的形状和自转运动的规律。

天体测量学　astrometry　天文学的分支学科。主要内容是测定和研究天体及地面点的位置和运动。天文学中最早发展起来的一个分支。古代人们通过对天空的观测指示方向、确定时间和季节，逐渐认识星空，编制星表，了解日月行星的运动，推算历法，导致早期天体测量学的形成，并促进天文学在此基础上的发展。天体测量学的研究课题包括：①球面天文学。研究各种天球坐标系及时间系统的建立和转换。②方位天文学。测定各类天体的位置和运动。③实用天文学。通过对天体的观测确定时间、地面点坐标和方位，包括授时、天文大地测量、天文导航等。④天文地球动力学。利用天文手段研究地球的各种运动状态及其力学机制。天体测量学的研究领域还包括观测方法、观测技术、观测结果处理的改进与创新，误差的来源和传播及其修正和消除等方面。天体测量工作一方面直接为实用部门服务，另一方面其测量结果如恒星位置、自行和视差等是研究天体物理学、天体演化学、宇宙学等学科的重要基础资料，也为天体力学提供观测事实的支持。现代天体测量学已发展到应用多手段（包括射电的、空间的）、多波段（还包括可见光之外的所有电磁波段）、多对象（包括暗星、星系、射电源等），并已由传统的测量角度发展到同时也测量距离。当代天体测量的前沿领域有三个方面：一是亚毫角秒乃至微角秒精度的天体测量；二是红外乃至多波段天球参考架的创建；三是现有的国际天球参考架（ICRF）的加密和依巴谷星表向暗星的扩充以及参考架的维持。

天体地质学　celestial geology　应用地质学、地球化学和地球物理学的原理和方法，研究太阳系各类天体的物质组成、地质构造、内部构造和地质演化过程的学科。又称空间地质学。其研究成果可为探讨早期太阳星云内化学元素的分馏，太阳星云物质的凝聚、聚集和吸积作用，太阳系各类天体形成的物理化学条件，以及吸积形成行星后的热历史提供重要的依据。主要研究领域有行星地质、卫星地质等。

天体化学　astrochemistry　研究宇宙空间各层次天体的化学组成与化学演化的学科。又称宇宙化学、空间化学。既研究宇宙空间特别是太阳系空间的物质（太阳风、宇宙线、元素与同位素、各层次天体等），也通过研究地球及陨落到地球上的球外物质（陨石与宇宙尘等），探讨宇宙空间的元素及其同位素的起源、分布与演化过程，研究各类天体的化学组成与演化，探索地日系统及其各子系统之间的相互作用和影响。与天文学和地球化学等学科相互渗透，交错发展。

天体力学　celestial mechanics　主要研究天体的力学运动和形状的学科，天文学中较早形成的分支。天体力学研究的天体主要是太阳系中的自然天体和人造天体。天体的运动主要是指天体的力学运动，包括天体的质量中心在空间的移动和天体绕自身质量中心的自转运动两部分。而天体的自转与其本身的形状有着密切的联系，因此在研究天体的力学运动时必须考虑天体的形状变化及其对天体运动的影响。

天体物理学　astrophysics　应用物理学的技术、方法和理论，研究天体的形态、结构、化学组成、物理状态和演化规律的学科。天文学的重要分支。它是物理学和天文学互相渗透产生的交叉学科。

天体物理学发展迅速，研究领域宽广，学科分类复杂。按学科性质可分为实测天体物理学和理论天体物理学；按观测波段可分为光学天文学、射电天文学、红外天文学、紫外天文学、X射线天文学、γ射线天文学，统称为全（电磁）波段天文学；按研究对象又分为：太阳物理学、太阳系物理学、恒星天文学、恒星物理学、星际介质物理学、星系天文学、宇宙学、宇宙化学、天体演化学等分支学科。新兴起的空间天文学和粒子天体物理学（包括宇宙线和中微子）也是它的分支。用物理学的技术和方法分析来自天体的电磁辐射和其他信息，可得到天体的各种物理参数；根据这些参数，运用物理理论来阐明发生在天体上的物理过程及其演变，这是实测天体物理学和理论天体物理学的任务。

在可预见的未来，天体物理学面临的将是：宇宙是怎样发端的，它是怎样由基本粒子的混合物演化为今天所见到的结构，它未来的命运是什么等问题。星系是怎样形成和演化的，恒星是怎样形成和演化的，行星是怎样形成和演化的，宇宙中别的地方是否存在生命等问题，也是尚需探讨和研究的。

《天体运行论》　*On the Revolutions of the Heavenly Spheres*; *De Revolutionibus Orbium Coelestium*　波兰天文学家N.哥白尼阐述日心说的著作。1543年在德国的纽伦堡出版。全书共六卷。第一卷名《宇宙概观》，是全书的精华，叙述太阳为固定中心，地球作为一个行星围绕它运行的各种论证，并解释了四季循环的原因。第二卷应用三角学解释天体在天球上的视运动，卷末附有星表。后四卷讨论太阳、月球和行星的运动。根据每个天体的理论可算出星历表，以预报它们的未来位置和运动。本书已被译成多种文字，第一卷中译本于1973年出版。

天王星　Uranus　太阳系八行星之一。1781年，由旅英德国天文学家F.W.赫歇耳巡天观测时发现。亮度5.7～5.9视星等，用小型望远镜可见，最亮时达5.5视星等（见星等），肉眼勉强得见。天王星是第一个用望远镜发现的大行星，将太阳系的领域从直径约20个天文单位（AU）扩大到近40AU。

公转和自转　天王星与太阳之间平均距离约为19AU。天王星的轨道偏心率e约为0.05，与太阳距离的变化幅度是：近日距18.28AU，远日距20.09AU。公转轨道和黄道的夹角0.77°，在四个类木行星（木星、土星、天王星和海王星）中是最小的一个。平均轨道速度6.83千米/秒，仅及木星运行速度的一半。公转一周需时83.75个地球年，自发现以来只过了2.6个天王星年。自转周期17小时14分钟，是四个类木行星中速率最慢的一个。天王星的赤道面和公转轨道面的倾角97.92°，它与黄赤倾角177.4°的金星逆向自转不同，而是侧向自转，在八行星中是独一无二的，形成另类的昼夜交替和季节变化。由于自转轴贴近公转轨道，天王星公转一周期间，每隔约21个地球年自转轴就从和公转轨道一顺变成沿轨道面转个90°，再过约21个地球年又变成一顺。太阳就这样轮流照射它的北极、赤道、南极和赤道。每一天王星昼和每一天王星夜都要历经近42个地球年才交替变换一次。太阳照射的极区，日不落，无黑夜，是夏季；而背向太阳的极区，日不升，永黑夜，是冬季。只在赤道附近南北纬度8°的区间地带才有昼夜变化。

理化状况　天王星赤道半径25 559千米，约为地球的4倍，比海王星（24760千米）略大。整体近似球状，椭率为0.023，远比明显扁椭的木星和土星的椭率（0.062和0.098）小。体积约为地球的47倍。按大小在四个类木行星中排第三。平均密度1.27克/厘米^3，比海王星（1.64克/厘米^3）小。质量比体积大些的海王星的小，约为地球的15倍。质量是类木行星中最小的一个。气压1帕处的表面重力加速度8.86米/秒^2，赤道带逃逸速度21.3千米/秒。反照率为0.57，是类木行星中最大的。大气的主要组成是氢（83%）、氦（15%）、甲烷（2%）等。大气上层接收的太阳热量相当地球的0.27%，气温-200～-210℃。估计内部结构分三层，最内是岩核，中间是冰层，上面是分子氢层。最外是大气。

天王星环　1977年3月10日，地球上得见一次天王星掩星的较为罕见的天象。掩星的实测资料显示，天王星有一个由多条环带组成的环系，这是继近400年前证实土星有光环之后，发现的第二个有环系的行星。1986年，“旅行者”2号行星际探测器在飞掠天王星时，拍摄到天王星环系的近景图像，环带共有10条，大多数为1～10千米宽的窄带，由厘米级和十厘米级的岩石组成，反照率很低，约为0.02，多呈暗黑色。

天王星卫星　1787年，赫歇耳在他发现天王星6年之后，检测到两个天王星卫星，即天卫三和天卫四。至2006年中，已发现天王星卫星27个。

空间探测　迄今只有“旅行者”2号于1986年进行过近距考察。测定天王星的大气组成、温度和压力，首次取得环系图像，发现一批新卫星，测量磁轴倾角、磁场强度和磁层特征，并修定了有关行星质量、自转周期等基本参数。

天文常数　astronomical constants　用于编算天文年历和计算天体位置的一组常数。包括与地球大小和形状有关的赤道半径和扁率，与地球质量和内部结构相联系的引力常数和章动常数，与地球轨道运动和自转有关的天文单位和黄赤交角，以及太阳、月球和行星质量等物理参数。天文常数主要由定义常数、基础常数、导出常数以及行星质量四部分组成。1900年至今，已先后建立了四个天文常数系统：纽康天文常数系统，国际天文学联合会（IAU）1964天文常数系统、1976天文常数系统和2009天文常数系统。2009天文常数系统的部分数据见表。

国际天文学联合会(IAU)2009天文常数

常数名称	天文常数
定义常数	
高斯引力常数	k=0.017 202 098 95
光速	c=299 792 458m/s
L_G	L_G=6.969 290 134×10^{-10}
基础常数	
L_C	L_C=1.480 826 867 41×10^{-8}
光行时	τ_A=499.004 786 39s
地球赤道半径	a_e=6 378 136.6m
地球的力学形状因子	J_2=0.001 082 635 9
地心引力常数	GM_E=3.986 004 418×10^{14}m^3/s^2
引力常数	G=6.674 28×10^{-11}m^3/(kg·s^2)
黄经总岁差	P=5 028.796 195″/cent
黄赤交角	ε=8.438 140 6×10^4″
地球自转角速度	ω=7.292 115×10^{-5}rad/s
大地水准面的重力势	W_0=6.263 685 60×10^7m^2/s^2
导出常数	
章动常数	N=9.205 233 1″
天文单位	A=1.495 978 707 00×10^{11}m
太阳视差	$\pi_\odot$=8.794 148″
光行差常数	k=20.495 52″
日心引力常数	GM_S=1.327 124 420 99×10^{20}m^3/s^2
月地质量比	μ=1.230 003 71×10^{-2}
太阳质量	S=1.989 1×10^{30}kg
行星质量系统	
行量质量（太阳与行星的质量比）	
水星	6.023 6×10^6
金星	4.085 237 19×10^5
火星	3.098 703 59×10^6
木星	1.047 348 644×10^3
土星	3.497 901 8×10^3
天王星	2.290 298×10^4
海王星	1.941 226×10^4

表中τ_A、P、N、$\pi_\odot$、S和k（光行差常数）为2009年以前的数据。

天文单位　astronomical unit　天文学中使用的距离单位，记为A。天文常数之一。用于量度太阳系内天体之间的距离，也用来表示弥漫星云、球状星团等的直径或分布范围。曾经被定义为无摄动作用下地月系质心到太阳的平均距离，在1976年天文常数系统中定义为在499.004 782秒内光在真空中传播的距离，它的值为1.495 978 70×10^8千米。1天文单位等于1.581 29×10^{-5}光年，或4.848 13×10^{-6}秒差距。

天文导航　celestial navigation　根据天体来测定飞行器位置和航向的航行技术。天文导航是自主式系统，不需要地面设备，不受电磁场的干扰，不向外辐射电磁波，隐蔽性好，定向、定位精度高，定位误差与时间无关。航空天文导航跟踪的天体主要是亮度较强的恒星。航天中则要用到亮度较弱的恒星或其他天体。

天文导航分为单星导航、双星导航和三星导航。双星导航定位精度高，在选择星对时，两颗星体的方位角差越接近90°，定位精度越高。三星导航常利用第三颗星的测量来检查前两次测量的可靠性，在航天中，则用来确定航天器在三维空间中的位置。

天文导航经常与惯性导航、多普勒导航系统组成组合导航系统。低空飞行因受能见度的限制较少采用天文导航，但高空远程轰炸机、运输机和侦察机作跨越海洋、通过极地、沙漠上空的飞行，天文导航则很适用。特别适用于机动发射的导弹。

天文地球动力学　astro-geodynamics　用天文手段测定和研究地球各种运动状态及其力学机制的学科。研究的运动是地球整体的自转和公转运动，以及地球各圈层（大气圈、水圈、地壳、地幔和地核）的物质运动。所涉及的力学机制是地球自转变化的机理以及它与地球各圈层物质运动变化的相互作用与成因机理。其天文观测手段，除了传统的天体测量外，主要是20世纪60年代后期以来不断涌现的空间测地技术，包括人造卫星激光测距、甚长基线干涉测量、全球定位系统和卫星测高技术等。天文地球动力学是天文学与地球科学相互交叉、相互渗透的新兴学科。主要研究课题有：①地球整体及各圈层运动的高精度监测。②天球和地球参考系的定义、实现和维持。③地球重力场及其时变性的测定与研究。④地球自转变化及其与地球各圈层物质运动的关系与机理的探讨。⑤天文方法用于自然灾害的预测。⑥数据处理和数学模式的研究和应用。

天文符号 astronomical symbols 在天文书刊、星图和星表中对某些天体和天象，以及黄道十二宫常用专门天文符号表示。这些天文符号中的大多数历史悠久，由中世纪的星占学流传至今。

天体

太阳	☉	月球	☾	水星	☿
金星	♀	地球	⊕,♁	火星	♂
木星	♃	土星	♄	天王星	♅,⛢
海王星	♆	冥王星	♇	彗星	☄
恒星	★,☆	双星	—◉—	变星	◉
星云	⫽	星团	⁙	星系	⊘

天象

白羊宫	♈	金牛宫	♉	双子宫	♊
巨蟹宫	♋	狮子宫	♌	室女宫	♍
天秤宫	♎	天蝎宫	♏	人马宫	♐
摩羯宫	♑	宝瓶宫	♒	双鱼宫	♓

黄道十二宫

新月	●	上弦	◐	满月	○
下弦	◑	合	☌	方照	□
冲	☍	升交点	☊	降交点	☋
春分点	♈				

天文馆 planetarium 以传播天文知识为主的科学普及机构。通过天文图片、模型、教具的展览，天文讲座和培训，天体和天象观察，天文书刊的编辑和宣传，以及天象仪的天文节目表演等多种形式进行宇宙科学知识的普及。在世界各国的天文馆的科学设施中，天象仪是核心装备。观看内容丰富多彩、主题不断更新的天象演示从来都是天文馆最具吸引力的活动项目。

天文历书 astronomical chronicle 按照一定历法编排年、月、日并刊载有关数据的书。中国现今使用的历书一般包括公历和旧历的月份、日期，干支纪年，星期，二十四节气，传统节日，月相，日月食，重要纪念日以及某些科学文化常识等。

天文年历 astronomical ephemeris 按年度出版，反映本年内主要天体的运动规律和出现的天象，并载有天文观测和大地测量所需的多种基本天文数据的专门历书。此外，还有航海天文年历、航空天文年历、小行星冲日历表等专用天文历书以及指导天文爱好者观测的天文普及年历。

天文年历通常刊载：太阳、月球、大行星和千百颗基本恒星在当年内不同时刻的精确位置；日食、月食、行星凌日、月掩星、月相、行星动态、周期彗星、流星雨、日月出没、晨昏蒙影等天象的预报；用于不同天球坐标间换算的必要数据，如岁差和章动、光行差等。有的还附加某些天体物理观测历表、天然卫星历表等。

国际上最早的天文年历是1679年法国编制的《时间和天体运动的知识》。中国编纂历书有悠久历史，现存世的有清代的《七政缠度经纬历》。从1950年至今，每年编制和出版《中国天文年历》。自1977年起还逐年出版《天文普及年历》。

天文台 observatory 从事天文观测和天文研究的机构。曾称观象台。拥有多种类型和用于不同波段的天文望远镜，以及测量、分析、处理和运算观测数据和天象资料的仪器和装置。主持或负责编制历书和历表、星表和星图。提供日月交食、掩星和凌日、彗星出没、太阳活动等常规天象和特殊天象的预报和服务。从事探索天体和宇宙的规律和本原，揭示天体、天象和宇宙的奥秘。

公元前2600年，古代埃及已建有天文台。公元前2000年，巴比伦也已有了天文台。中世纪的阿拉伯和欧洲的天文台多备有观测行星和恒星在天球上的位置和方位变化的量角装置。1609年发明天文望远镜之后，欧洲陆续建立用望远镜观星的天文台。1667年，法国建立巴黎天文台，它是天文学史上第一座现代意义的天文台。

欧洲南方天文台

根据天文台所侧重的分支学科，除综合性天文台外，还有专科型的天体物理台、天体测量台、太阳观测台等。按照探测天体的不同波段，又有光学天文台和射电天文台之别。根据天文台台址所处的地基环境，从20世纪下半叶，有了地基天文台和空间天文台之分。在以太空为搭载观测仪器的场所中，还可细分为卫星载运并环绕地球飞行的轨道天文台，飞机运载在大气高层观测的机载天文台，气球运载在高空探测的球载天文台等。

天文望远镜 astronomical telescope 用于天文观测的望远镜。从1609年意大利天文学家伽利略创制第一架天文望远镜以来，直到20世纪30年代建成第一架在无线电波段探测来自天体和宇宙的射电望远镜之前的400多年间，天文望远镜就是光学望远镜的同义语。现在按照成像原理分为折射望远镜、反射望远镜和折反射望远镜；按照探测天体辐射的不同波段则分为光学、射电、红外、紫外、X射线和γ射线望远镜。

帕洛马山天文台施密特望远镜

天文卫星 astronomical satellite 对宇宙天体和其他空间物质进行科学观测的人造地球卫星。天文卫星在离地面几百千米或更高的轨道上运行，因为没有大气的阻挡，卫星上所载的仪器能接收到来自天体的从无线电波段到红外波段、可见光波段、紫外波段直到X射线波段和γ射线波段的电磁辐射。天文卫星的观测推动了太阳物理、恒星和星系物理的迅速发展，并且促进了空间天文学的形成。

第一颗天文卫星是美国在1960年发射的“太阳辐射监测卫星”，它测到了太阳的紫外线和X射线通量。从1962年开始，美国又发射了专门观测太阳的“轨道太阳观测台”(OSO)卫星系列。1968年和1972年发射的“轨道天文台”(OAO)卫星是最早的专门用于紫外天文观测的卫星。1970年发射的“小型天文卫星”1号(SAS-1)，是第一颗X射线观测卫星，取得了重要成果，使发现的X射线源增到161个。第一颗专门用于γ射线天文观测的卫星是1972年发射的“小型天文卫星”2号(SAS-2)。1983年初发射了第一颗红外天文卫星(IRAS)。1990年4月美国的哈勃空间望远镜进入太空。除美国外，世界各国也发射了多颗天文卫星。

分类 按观测目标的不同，天文卫星分为以观测太阳为主的太阳观测卫星和以探测太阳系以外天体为主的非太阳探测天文卫星。也可按所载科学仪器的主要观测波段来分类，如红外天文卫星、紫外天文卫星、X射线天文卫星和γ射线天文卫星等。

控制 天文卫星必须在广阔的宇宙空

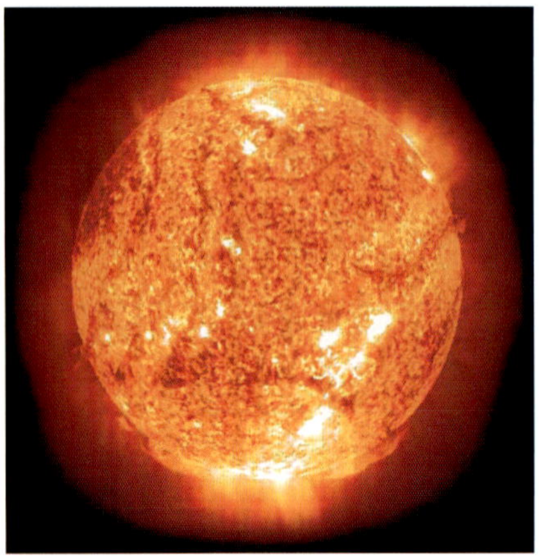

天文卫星拍摄的太阳紫外照片

间找到所观测的特定天体，并把观测仪器指向这个天体。这就要求卫星具有极为精确的定向能力和高的姿态控制精度。已经发射的天文卫星的定向和控制精度已达到角分或角秒的数量级。天文卫星通常利用太阳和其他恒星位置作为定向的参考基准。在卫星上装有星敏感器、星图仪等高精度的测量仪器，把测到的星图与标准星图进行比较，以确定和计算方向。

观测仪器　天文卫星上装有各种复杂的科学观测仪器，如红外、紫外、X射线和可见光望远镜等。天文卫星的观测数据输出量大，卫星控制复杂，需要使用卫星上电子计算机来进行信息处理和操作控制。有些装有光学望远镜，结构热变形必须降低到最小才能保证观测精度。

天文学　astronomy　研究宇宙所有天体和散布在其中的一切物质的组成、距离、运动、物理性质和结构的科学。翻开人类文明史的第一页，天文学就占有显著的地位。巴比伦的泥碑、埃及的金字塔，都是历史的见证。在中国殷商时代留下的甲骨文物里，有丰富的天文记录。

研究对象和方法　几千年来，天文学主要是通过接收天体投来的辐射，发现它们的存在，测量它们的位置，研究它们的结构，探索它们的运动和演化的规律，逐步扩展人类对广阔宇宙空间中物质世界的认识。

作为一颗行星，地球本身也是一个天体。但从学科的分野来说，“天”是相对于“地”的。地面上实验室里所熟悉的科学实验方法，很多不能搬到天文学领域，从这个意义上来说，天文学的实验方法是一种“被动”的方法。即是说只能靠观测（“观察”和“测量”）自然界业已发生的现象来收集感性认识的素材。而不能像其他许多学科那样，“主动”地去影响或变革所研究的对象来布置自己的实验。观测是天文学实验方法的基本特点。不断地创造和改革观测手段，也就成为天文学家的一个致力不懈的课题。

天文学在其发展中从应用光学、电子学以及各种工程技术中汲取养料，创造独特的观测手段。而天文观测手段的每一发展，又都会促进应用科学的进步。天文学借助于数学来分析天文观测结果和进行理论演算；反过来，由于天文学上的应用而发展起来的数学方法，又丰富了数学的内容。物理学各个分支以及力学、化学等的研究成果，是天文工作的理论基础；而天文学的各种发现以及天体的理论研究，又多次地反过来为物理学和其他有关学科开辟新的研究前沿。

天文学研究中的一个重大课题是各类天体的起源和演化。在所观测到的天体中，百万年的年龄算是很年轻的。但人类的文明史迄今不过几千年，而天文学家毕其一生也不过百岁，因此所能研究的天文现象，在天体的演化史中只相当于一刹那的过程。从“一刹那”的观测来探讨百亿年的演变，这是天文学研究的又一个特点。

天文学家虽然无法进行长达亿年的观测，但可观测到数以亿计的天体。所观测到的许许多多天体，展示的是时间上各不相同的“样本”。特别是现在所观测到的河外（银河系以外的）天体，代表的是从百万年直到上百亿年前的各种“样本”，包含着上百亿年的演化线索。因此，通过统计分类和理论探讨就可建立起天体演化的模型。

视野中的天文世界　太阳和太阳系　太阳是太阳系的中心天体，占有太阳系总质量的99.86%。太阳系的其他成员：行星、小行星、彗星、流星，都绕着太阳旋转。

从天文学的角度看，地球贵在是一个适于生物存在和繁衍的行星。作为行星，地球只是太阳系的一个普通成员。连地球在内，太阳系内已经知道的有八个行星，从离太阳最近的算起，依次为水星、金星、地球、火星、木星、土星、天王星、海王星（根据2006年颁布的《行星定义》，冥王星已被定为矮行星）。它们都沿着同一方向自西向东绕着太阳转动，轨道都是椭圆的。大多数行星的轨道，都大致在同一平面上。矮行星冥王星离太阳最远，轨道直径约120亿千米。但太阳系的疆界可能还要遥远得多。

除了水星和金星，太阳系的行星周围都有卫星。地球有一个卫星——月球。截至现在，除了几颗尚待证实外，连月球在内，已经确知的卫星已超过160颗。

小行星是太阳系里较小的天体，截至2005年上半年已发现并正式编号的有10万多颗。

彗星也是太阳系中质量较小的天体。绝大多数彗星沿着非常扁的椭圆轨道绕日运行。它靠近太阳时显得十分明亮，而且拖着一条扫帚形的尾巴。

流星体是太阳系内更小的天体，大小从0.01毫米到10米不等。流星体是固态的，也绕太阳转动，但轨道千差万别。它们进入地球大气层时，由于速度很高，同地球大气的分子碰撞而发热、发光，形成明亮的光迹，划过长空，称为流星现象。绝大部分流星体在进入地球大气时化为气体，也有一些比较大的或特别大的，在大气中没有耗尽，落到地面上便是陨石。

太阳是地球上光和热的源泉。从天文学的观点来看，它还作为离地球最近的一颗恒星而占有特殊的地位。它的质量约为1.989×10^{30}千克，半径约为6.963×10^{5}千米。太阳的中心处在很高的压力下，温度约达16×10^{6}K。那里的高温高压条件导致热核聚变，每秒钟辐射的能量可供地球上按现在的耗能量使用1 000万年。

日面上经常出现的以太阳黑子和磁场为标志的太阳活动，是宇宙电动力学现象的一个重要事例。这种活动趋于剧烈时便发生太阳耀斑爆发事件，表现为各种波长电磁辐射的突增和“高”能量质点的抛射。

恒星世界　在已经研究过的恒星中，它们的化学组成大同小异（虽然这个小异绝不是无关紧要的），质量的差别也不是很大：恒星最小的质量大约为太阳的百分之几，最大的不超过太阳的120倍。不同质量的恒星在自己的各个演化阶段中呈现出不同的颜色和光度。不同恒星的光度，以每秒钟发出的能量来看，可能相差很大。如一些超巨星，光度可达太阳的200万倍，而像白矮星那样的暗星，光度则只有太阳的几十万分之一。当然还有许多我们没有能够观测到的那些并不发光或正在熄灭的星体，它们的光度等于或接近于零。

许多恒星的光度发生引人注目的变化。其中变星的光度变化大多是周期性的，周期从一小时到几百天不等，也有的可长达两三年。另有一些恒星的光度变化是突发性的，其中变化最剧烈的是新星和超新星。它们是处在演化过程的某个转折点上，内部严重失去平衡，导致星体的剧烈爆炸。

恒星在空间中常常不是孤栖独处的。估计由两颗星组成的双星可能占全部恒星的1/3。还有三五颗星聚在一起的，组成聚星。也有几十、几百乃至几百万个聚在一起的，形成星团。所有恒星都沉浸在星际物质的海洋中。星际物质包括星际气体和尘埃，平均密度约为每立方厘米一个原子。星际物质高度密集的地方形成星云。

银河系与河外星系　夏夜仰望天空，可以看到横贯天空的银河。从望远镜里看去，银河带实际上是由千千万万颗恒星组成的。这个庞大的恒星集团取名为银河系。在银河系里，大部分恒星集中在一个扁球状的空间范围内。肉眼看到的银河正是这个“扁球状银河系”的一部分投影。银河系里恒星的总数在2 000亿颗以上，此外还有各种类型的银河星云、星际气体和尘埃。

银河系的扁球密集部分，直径约十万光年，中心厚约一万光年；除了扁球系统外，还有一部分恒星稀疏地分布在一个圆球状的空间范围内，形成所谓的银晕。整个银河系在转动着，离开中心的距离不同，转动速度也不同。太阳带着太阳系的其他天体，以每秒220千米的速度绕银河系中心转动，转一周约需2.3亿年。

银河系以外还有许许多多同银河系规模相当的庞大天体系统，它们曾被形象地称为宇宙岛，一般称为河外星系，简称星系。

星系也聚成大大小小的集团，有双重星系、多重星系以至由成百上千个星系组成的星系团。用现代望远镜包括哈勃空间望远镜可观测到星系的数目估计在500亿以上，其中离地球最远的天体，超过了100亿光年。

河外星系按它们的形态可以分为椭圆星系、旋涡星系和不规则星系等类型。它们的演化历程尚无定论。但20世纪60年代以来，许多正在经历着高能过程的河外目标，陆续进入天文学研究的前沿。这些目标包括类星体、各种射电星系、赛弗特星系、蝎虎座BL型天体等，统称为“活动星系核”。对它们的研究涉及宇宙间规模巨大的能量产生、释放和转移的过程，同时也接触到星系的发生和发展的线索。

人类认识宇宙的两次飞跃　古代的天文学家测量太阳、月亮、星星在天空的位置，研究它们的位置随着时间变化的规律，从而为农、牧业生产的需要确立了时间、节气和历法。就是说是他们最初创建了天体测量学，认识到天体运行的规律性，把它应用到时间服务和历书编算（即“授时”和“编历”）上。

早在16世纪以前，中国的天象观测已达到非常精确的程度。中国古代天文学家，如落下闳、张衡、祖冲之、一行、郭守敬等，设计制造出精巧的观测仪器，通过恒星观测，以定岁时，上百次地改进历法。在西方，古代天文学家倾注很大精力，研究行星在星空背景中的运动。他们年复一年、精益求精地测量行星的位置和分析行星运动的规律，终于导致了中世纪N.哥白尼日心学说的创立。

日心学说的发展到17世纪达到了高峰。I.牛顿把力学概念应用于行星运动的研究，发现和验证了万有引力定律和力学定律，并创立了天文学的一个新的分支——天体力学。天体力学的诞生，使天文学从单纯描述天体的几何关系，进入到研究天体之间相互作用的阶段。就是说，从单纯研究天体运动的状况，进入到研究造成这些运动的原因。特别应该指出的是，牛顿奠定力学规律的最精确的“实验”是从观测太阳和行星的运动开始的。这是历史上最初把宇宙空间作为实验基地的一次巨大进展。

19世纪中叶以来，物理学的重大发展把天文学推进到一个新的阶段。以测定天体亮度和分析天体光谱为起点的天体物理学成为天文学科的一个新的生长点。19世纪末到20世纪初，量子力学、相对论、原子核物理学和高能物理学的创立，给了天文学以新的理论工具。研究天体的化学组成、物理性质、运动状态和演化规律，使人类对天体的认识深入到问题的本质。天体物理学带来的第一个成就，是天文学家从此可以有根据地阐述天体的演化。

17世纪，伽利略首创的天文望远镜，使人类的视野大大开阔。20世纪初以来，直径2米直到5～6米及至10米大型光学望远镜的发展，尤其重要的是近五六十年来射电天文学和空间天文学的相继诞生，使天文观测手段不但具有空前的探测能力和精度，而且使天文观测的领域扩展到了整个电磁波段。除可见光以外，天体的紫外、红外、无线电、X射线、γ射线的辐射也都能接收到。观测手段的进步使天体物理学进入空前活跃的阶段。

天文学的学科分支　在天文学的悠久历史中，随着研究方法的发展，先后创立了天体测量学、天体力学和天体物理学。它们基本上是按研究方法分类的学科。当然，这里所说的方法包括理论和实验两方面的内容。

到20世纪30年代为止，所有的天文观测都是用光学手段进行的。但在此后的一二十年间，射电天文学和空间天文学的手段相继出现，开展了对天体的无线电和天体的红外、紫外、X射线和γ射线的观测。射电天文学和空间天文学遂成为按观测手段分类的重要学科。

按照传统的观念，学科分支应当是根据研究对象来区分的。天文对象，按空间尺度的层次，可分为太阳系、太阳、恒星、银河系、星系和物理宇宙（姑且这样说，借以表示现代宇宙学所研究的对象，并与哲学意义上的宇宙相区别）。因此，对天文学来说，按研究对象的学科分类，辅以研究方法和观测手段的分类，尚不失为一种可行的办法。

《天文学大成》 *Almagest*

2世纪天文学家托勒玫在亚历山大城完成的一部天文学名著。它是希腊天文学的总结，在中世纪是欧洲和阿拉伯天文学家的经典读物，直到17世纪初才失去它的作用。此书曾于元朝传到中国，但未译成中文，直至明末的《崇祯历书》中才有简要介绍。全书共分13卷。第一、第二卷讲基本的观测事实和数学基础，论证地为球形，居宇宙中心，静止不动，其他天体绕它旋转。这个宇宙体系称为托勒玫体系。宇宙模型虽不正确，但许多数学知识至今仍然有用。第三卷讨论太阳的运动和各种年的长度。第四卷讨论月球的运动和各种周期，并叙述他的一个重要发现：出差（由太阳引起的月球运动的最大黄经摄动项）。第五卷讲星盘的制造方法；由月球的视差求得月球的距离为地球半径的59倍；又用月食法，推得与太阳的距离为1 210地球半径。第六卷讨论日月食的计算。第七、第八卷讨论恒星和岁差；将恒星按亮度分为6等，列出48个星座，1 022颗星的黄道坐标，并叙述天球仪的制法。其余五卷利用本轮、均轮理论详细讨论五个行星的运动。

天文坐标系 astronomical coordinate system

以大地水准面、起始天文子午面（格林尼治平均天文台的天文子午面$PGG'P'$）和协议平赤道面（$Q'G'Z'Q$，地轴指向国际习用原点）为坐标基准面的坐标。地面点的水平位置由该点的天文纬度和天文经度确定，高程位置由该点的正高确定。天文坐标系是一种由地球重力场决定的自然坐标系。可利用对应点的垂线偏差和大地水准面差距实现它与大地坐标系的转换，这两个坐标系统称为地面点位置的地理坐标系。

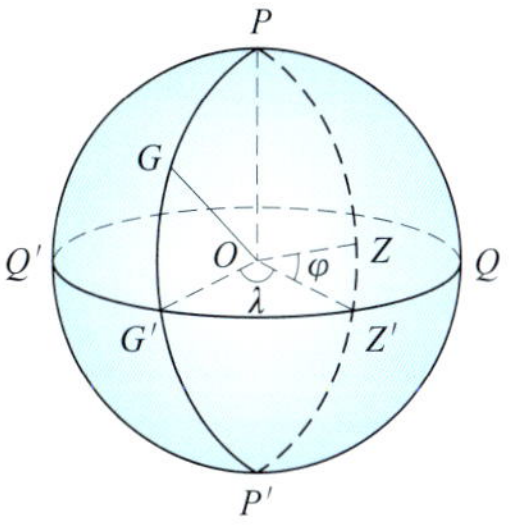

地理坐标系图

《天下第一楼》 *Number One Restaurant under Heaven*

中国话剧作品。作者何冀平。

《天下第一楼》剧照

北京人民艺术剧院1988年6月首演。导演夏淳、顾威。全剧3幕。通过北京一家老字号烤鸭店“福聚德”的兴衰沉浮史，引出许多现实的思考和启示。全剧采用传统的现实主义创作手法，在取材、人物语言与场面描写等方面，继承和发扬了以老舍剧作为代表的“京味”话剧特色。演出具有浓郁的民族气息和地方色彩。

《天下郡国利病书》 *Treatise on the Advantages and Disadvantages of the Commanderies and States of the Empire*

中国明朝地方志书辑录。顾炎武编撰。顾炎武根据其“经世致用”观点，按明代政区分类汇集资料，从明朝地方志书中辑录有关各地民生利害、政治经济利弊、军事得失等部分而成，目的是鉴往知来。全书首为舆地山川总论，次以明代两京十三布政使司分区，对各地建置、赋役、屯田、水利、军事、边防、关隘等，均有较详细的论述，并及西域、南北少数民族地区情况。这本书通行本有两种：一为收入《四部丛刊》三编的顾氏原稿影印本，不分卷；一为四川成都龙万育的清道光三年（1823）刊本，分为120卷。道光本错误较多。

《天仙配》 *Goddess Marriage* 中国黄梅戏作品。敷演董永遇仙故事。董永行孝事始见东汉末年武梁祠石刻画像。明代青阳腔有以唐代董永变文和宋元话本《董永遇仙传》为基础丰富改编的《织锦记》。清代地

黄梅戏《天仙配》剧照（严凤英饰七仙女，王少舫饰董永）

方戏的很多剧种能演此剧，剧名或称《槐荫树》，或称《百日缘》。黄梅戏《天仙配》又名《七仙女下凡》。陆洪非据老艺人胡玉庭口述改编为今本。1953年，由安徽省黄梅戏剧团演出。改编本描写董永卖身葬父，在傅员外家为奴。玉帝第七女私自下凡，与之结为夫妇。一夜织锦10匹，帮助董永改3年长工为百日。百日期满，玉帝逼迫七仙女返回天庭，夫妻忍痛分别。1955年摄制成戏曲艺术片，由严凤英、王少舫主演。

天线 antenna 无线电设备中辐射和接收电磁波的部件。无线电通信、广播、电视、雷达、导航、电子对抗、遥感、射电天文等，都依靠天线来进行工作。此外，在用电磁波传送能量方面，非信号的能量辐射也需要天线。同一副天线既可用作发射天线，也可用作接收天线，而且作为发射或接收的基本特性参数是相同的。这就是天线的互易定理。按工作性质可分为发射天线和接收天线；按用途可分为通信天线、广播天线、电视天线、雷达天线等；按工作波长可分为超长波天线、长波天线、中波天线、短波天线、超短波天线、微波天线等；按结构形式和工作原理可分为线天线和面天线等。描述天线的特性参量有方向图、方向性系数、增益、输入阻抗、辐射效率、极化和频带宽度等。

天象 astronomical phenomena 泛指各种天文现象。如太阳出没、行星运动、月相变化、彗星、流星、流星雨、陨星、日食、月食、极光、新星、超新星、月掩星、太阳黑子等。中国早在距今三四千年前就注意观测和记录天象，此后历代的天文官和民间的天文学家也都注重观测天象。中国古代天象记录内容丰富、记录翔实，在世界上是独一无二的。

天象仪 planetarium 一种可在室内演示各种天体及其运动和变化规律的仪器。1923年，德国蔡斯光学仪器厂发明并创造出样机。那时的天象仪主要是精密光学装置。如今的天象仪已演进为光机电声和计算机综合体的高新技术设备，演示过去、现在和未来的天象的时间跨度可长达几千年。

天蝎座 Scorpius 黄道带的第八星座。夏季夜空中最美丽的星座之一。座内目视星等亮于6等的星有126颗，其中亮于4等的星有22颗。天蝎座的α星Antares（拉丁语意“火星的伙伴”），中文名称为心宿二，是一颗红色的超巨星，亮度变化在0.9～1.2星等间，是全天的第16亮星。心宿二发出红色光芒像火焰一样，中国古代也称它“大火”。心宿二位于黄道附近，它和同样处在黄道附近的金牛座毕宿五、狮子座的轩辕十四和南鱼座的北落师门一共四颗亮星，

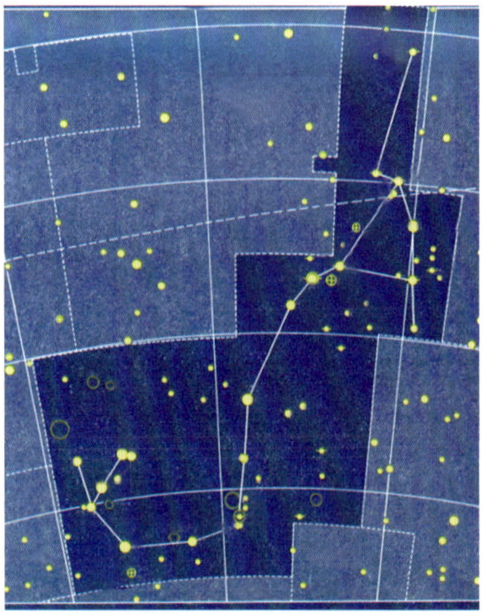

在天球上各相差大约90°，正好每个季节一颗。它们被合称为黄道带的“四大天王”。

天涯海角 Tianya Haijiao 中国海南岛花岗岩海滨风光景区。位于海南省三亚市西

天涯海角风景

部海滨，西与崖城毗邻。古称下马岭，因古时山岭崎岖，道路狭窄而得名。古崖州道的重要关隘。海滩上耸立着经长期风化和海蚀造成的巨型石墩、石柱、石蛋，怪石嶙峋，屹立海边。石群中央一圆柱状巨石，高10米，周长60米，上有清雍正十一年（1733）崖州知州程哲题刻的“天涯”两字。巨石后面的石群还有“海角”、“海阔天空”、“南天一柱”等题刻。天涯海角由此而来。海水清澈、沙白浪平，海上渔帆点点，沿岸椰林、槟榔树、胶林、仙人掌科植物，构成一幅幅热带风光画面。

《天演论》 *Evolution and Ethics* 中国近代思想家严复译述的进化论著作。1897年首刊于《国闻报》增刊《国闻汇编》上，1898年分别由湖北沔阳卢氏慎始基斋木刻出版和天津嗜奇精舍石印出版。《天演论》是T.H.赫胥黎宣传达尔文主义的重要著作。原为应英国牛津大学罗马尼斯讲座之邀所作的讲演，后来增加了导论与其他论文一起发表，名为《进化论与伦理学》。严复在翻译时，强调了赫胥黎的进化论思想，采取意译形式，加有诸多按语，表达自己的见解和主张。严复在译述中赞同赫胥黎“物竞天择”的思想，认为生物进化的规律就是生存竞争。但赫氏不认为这一原则适用于人类社会，认为人类的“伦理过程”可以抑制前述生存竞争的“宇宙过程”。而严复却运用生存竞争的思想解释人类社会，引用斯宾塞的社会达尔文主义观点补充赫氏理论，但强调人事努力，反对斯宾塞关于“任天为治”为种族主义辩护的观点。《天演论》一出，在知识界引起轰动，许多爱国的仁人志士以此作为进行救亡、维新与革命的思想武器，产生了重大的社会影响。

天一阁 Tianyige Library 中国现存最早的私家藏书楼。阁址在浙江宁波市。始建于明代嘉靖十一年（1532）。阁主人范钦

天一阁藏书楼

(1506～1585)，字尧卿，号东明，浙江鄞县（今浙江宁波）人。天一阁是一座两层楼房，上层不分间，通为一厅，以书橱相隔，下层分为6间，取“天一生水，地六成之”之义。范钦一生笃爱藏书，他收集图书并不专注于宋、元旧本，也十分重视当代资料，所藏以明代各省地方志，洪武、永乐以下各省登科录及各省乡试、会试、武举录为一大特色。此外明代学者的著述、诗文集，明代所刻明以前古籍，由天一阁保存下来的也很多。天一阁藏书有一套严密的保管制度，所以阁中藏书从始创至明代末年，一直保存完好。明末清初之际，曾有一些散失，此后又屡遭人为侵夺。至1924年，阁中原有藏书7万余卷，只剩1.3万多卷。中华人民共和国建立后，天一阁被列为国家重点文物保护单位，藏书也得到很好的保护、收集与整理，现藏书已达30万卷，其中古籍20万卷，善本书7万余卷，编有《天一阁善本书目》(1980)。

天鹰座 Aquarius 夏天的代表星座之一。7～8月的夜晚可见于银河的东侧。座内目视星等亮于6等的星有87颗，其中亮于4等的星有13颗。它的主要特征是β、α、γ（中名河鼓一、河鼓二、河鼓三）排列成一直线。另一特征是ζ、γ、θ、δ（中名吴越、河鼓三、天桴一、右旗三）构成一个平行四边形。天鹰座α星，即牛郎星，视星等为0.77，蓝白色，距地球只有16.8光年，是距离地球最近的1等星，在全天亮星中排名第十二，实际亮度为太阳的11倍。它和天鹰

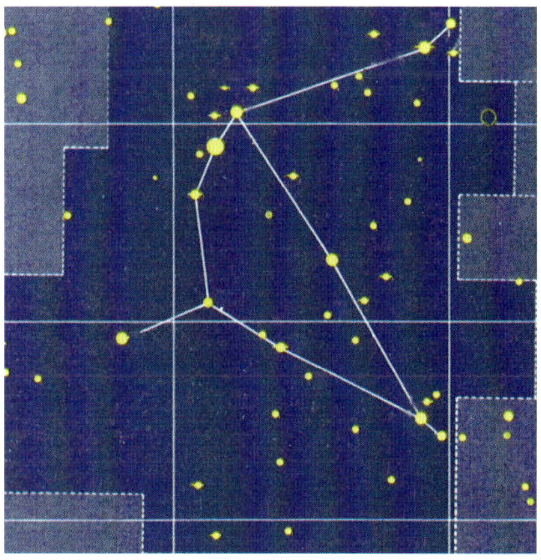

座β、γ星的连线正指向织女星，天鹰座的主星是牛郎星，与天琴座主星织女星是中国古老的七夕爱情神话中的主角。牛郎、织女与天鹅座的主星天津四在夏夜构成一明亮的直角三角形，称为夏季大三角。牛郎星两侧两颗4等左右的星，河鼓一和河鼓三，中国神话中是牛郎和织女所生的一对子女。这三星和猎户座的参宿三星以及天蝎座的心宿三星是著名的三连星。

《天云山传奇》 *Legend of Tianyun Mountain* 中国故事片。上海电影制片厂1980年摄制。由鲁彦周根据本人同名小说改编。导演谢晋，摄影许琦，主要演员王馥荔、石维坚、施建岚、仲星火等。影片通过对宋薇、罗群、冯晴岚、吴遥等典型人物遭遇、命运的描写，从一个侧面概括了从反右运动到“文化大革命”结束20多年间的社会生活、人与人的关系，表达了人民对历史的反思。编导者准确地运用了闪回、时空交错、声画对位、内心旁白等电影语汇，深刻地揭示了人物的内心世界。摄影质朴、洗练，造型构图比较讲究，美工富有民族特色。影片先后获得1981年文化部优秀影片奖，第1届中国电影金鸡奖最佳故事片、最佳导演、最佳摄影、最佳美工4项奖，第4届大众电影百花奖最佳故事片奖。

天葬 exposure burial 葬式之一。又称鸟葬。中国藏族普遍采用天葬，裕固族、门巴族部分民众及不丹、尼泊尔、印度等国家的藏族也有此俗。葬前，将死者放在屋内角落停一至数日，请喇嘛念经一次。葬时，尸体忌从房门抬出，只能从窗口运出；如住楼上，可用绳索吊下。专司天葬的天葬师将尸体用畜驮或背扛方式运至天葬场。碎尸时，焚柏枝，烟缕升起，群鹰趋烟而至争相啄食。尸骨以食尽为吉祥，若有残余，则将其焚化。死者用过的器物和服饰归天葬师。喇嘛教认为，天葬符合释迦牟尼传记中所说“舍身救虎”精神，死者的灵魂可以随鹰升天，得来世幸福。

天战 space warfare 敌对双方主要在外层空间进行的作战。又称空间战或太空战。包括外层空间的相互攻防行动、外层空间同空中或地面和海上之间的相互攻防行动。是陆战、海战、空战的延伸。以军事航天力量为主要作战力量，以夺取和保有制天权为主要作战目的。控制空间可以拓展战略边疆和领域，获得丰富的空间资源，对于维护国家安全也具有重要的战略意义。

20世纪80～90年代，美国先后提出“战略防御倡议”(SDI，即“星球大战计划”)、“国家导弹防御系统”(NMD)和“战区导弹防御系统”(TMD)。海湾战争期间，美国动用了几乎全部军用卫星系统，为多国部队提供了有力的侦察、通信、预警、导航、气象等保障。美国认为，海湾战争是人类历史上“第一次空间战争”。在阿富汗战争和伊拉克战争中，美军在太空投入的各种卫星组成空间成像侦察系统，使太空信息支援和保障能力由战略层次向战役层次发展，标志着太空信息支援和作战保障逐渐趋于成熟，显示出争夺制天权在未来天战中的显著作用。

天战的样式有：①卫星攻防战。如用空间雷设伏，用天基平台、空基平台、地基平台发射激光或动能武器攻击卫星，用航天飞机或空间站的机械臂摘星等。②空间反导战。如用天基激光武器或动能武器摧毁敌方导弹或导弹系统等。③空间作战平台攻防战。如在航天飞机上配备武器进行交战等。④天基对地攻击战。如向地（海）面发射激光、粒子束、动能武器等。

天主 God 中国天主教对上帝的译称。明末天主教耶稣会教士进入中国后，借用《史记·封禅书》中“八神：一曰天主，祠天齐”中“天主”一词，表示其所信奉之神为至高无上的主宰。一说“天主”一词源自“最高莫若天，最尊莫若主”之句，意谓“天地真主，主神主人亦主万物”。中国基督教新教译作“上帝”。

天主教 Catholicism 基督教三大派系之一。音译加力特教，意译公教。因其中心在罗马，又称罗马公教。中国人根据明末耶稣会传教士的翻译，称之为天主教、罗马天主教。现在全世界共有信徒11.66亿余。395年罗马帝国分裂为东西两部分，东西帝国在政治、社会、语言、文化传统等方面

圣彼得大教堂内举行弥撒时的场景

的差异，影响了基督教，在其形成初期，就逐渐分成以罗马为中心的拉丁语派和以君士坦丁堡为中心的希腊语派，东西两派为教会最高权力和教义等问题长期争论，终至1054年正式分裂。东派强调自己的正统性，称为正教，西派强调自己的普世性，称为公教。天主教在中世纪曾深入西欧社会的政治、经济、伦理、法律、学术、文化、教育和艺术等各个领域，成为无所不在的精神力量。16世纪宗教改革运动兴起，从中又分裂出与罗马教廷脱离关系的新教（抗议宗）各派。天主教一方面发动了与之对立的反宗教改革，加强教廷权力，整肃教会纪律，同时成立耶稣会等组织，深入社会各阶层加强天主教的活动。随着欧洲列强相继向海外扩张，天主教向非洲、中南美洲、北美洲和亚洲传播，扩大了影响。20世纪以来，面对世界发生的重大变化，天主教一方面在其内部反对现代主义神学，反对共产主义等“错误学说”，另一方面也逐步改变僵硬立场，提出了革新和对话的方针，谋求与基督教各派及社会各方面进行合作。

天主教会的组织形式严格集中。它重视教阶制，教阶制分为神职教阶和治权教阶。神职教阶有：主教、神父和助祭。治权教阶有教皇、宗主教、牧首主教、省区大主教、都主教、大主教、教区主教等，教皇具有最高权威，神圣不可侵犯，由枢机主教构成的枢机团选举产生，枢机团也是教皇的主要咨询机构。天主教严格规定神职人员不得结婚，与俗人有明显界限。修会由信徒组成，修士须发安贫、守贞、服从三愿，并过集体生活。除教皇之外，公会议也具有至高权威。公会议由教皇主持召开，代表为世界各地区的主教。重要修会、修院领导人及著名神学家、教会法专家也常应邀参加。12世纪至今，天主教已召开过13次公会议。天主教第一部完整的教会法令是12世纪中叶的《格拉蒂安教令集》。16世纪时，《教会法大全》问世，20世纪初又修改简编为《天主教会法典》，1983年，又颁布了更为简明的新《天主教会法典》。

天主教信奉天主和耶稣基督，并尊玛丽亚为圣母。教义统一，基本教义信条有：天主存在；天主永恒、无限、全知、全能、全善，他创造世界和人类，并赏善罚恶；圣父、圣子、圣灵三位一体、道成肉身、圣子受难，复活升天，末日审判等。天主教认为教会为基督所创，乃基督之身，人只有通过教会才能获得拯救。早期天主教主要根据亚历山大派神学及奥古斯丁神学解释教义，13世纪后，托马斯·阿奎那的神学体系逐步成为官方神学。20世纪后，新托马斯主义、超验托马斯主义也被用来论证天主教的信仰和教义。天主教把耶稣的诞生、死亡、复活、升天、圣母的升天都定为节日，记于专门的教历，每逢这些节日要举行以弥撒为主的仪式。又设有圣洗、坚振、圣体、终傅、告解、神品、婚配7项圣事。

天柱山 Tianzhu Mountain 中国重点风景名胜区。位于安徽西南潜山县境内，距潜山县城约20千米。山体主要由燕山期二长片麻岩和混合花岗岩组成，略呈北西向延伸。主峰天柱峰，海拔1 489.8米，有“中天一柱”之誉。群峰峥嵘，怪石罗列，雄、奇、灵、秀兼备。天然风景有四十二峰、五十三怪石、十八岭、十七崖、二十五洞、七关、八池，以及苍松、翠竹、云海、飞瀑、流泉等。公元前106年，汉武帝曾到天柱山祭祀，封此山为南岳。自南北朝特别是隋唐以后，佛、道两教都非常兴盛。佛教禅宗的二祖、三祖、四祖都曾在此传经，至今三祖寺（又称山谷寺、乾元禅寺）仍是全国著名的禅宗古刹。在道教中，天柱山的地理位置使它成为“地维”，是“九天司命真君”的居住地。两大宗教在此交会，使天柱山拥有层层叠叠的殿宇楼阁，气象非凡。还有佛光寺（别称马祖庵）、觉寂塔、西关寨刘源石刻、石牛古洞及石牛溪崖壁上摩崖石刻等。石刻是天柱山风景区的一大奇观，从山麓的石牛溪旁，到天柱峰峰顶均有分布。

中天一柱

添加剂 additive 加入食品、饲料、石油产品或橡胶、塑料、合成纤维配料中能显著改善或赋予产品某些特性的化学品。食品添加剂包括人造或天然色素、调味料、稳定剂、乳化剂、定形剂、增稠剂、防腐剂、增味剂、营养增补剂以及早已用于肉类防腐的食盐、醋和香料。饲料添加剂包括营养添加剂、药物添加剂及调味剂、防腐剂、香料等一般性添加剂。汽油和润滑油添加剂包括抗爆剂、点火改进剂、抗氧剂、防冻剂、降凝剂等。橡胶、塑料、合成纤维的添加剂包括抗氧剂、促进剂、发泡剂、有机染料等。规范使用添加剂是有益的，至少没有害处，但有的会降低产品价值。甚至也有的为掩盖劣质原料和工艺，恶意使用添加剂。

田边尚雄 Tanabe Hisao (1883-08-16～1984-03-05) 日本音乐学家。生于东京，卒于东京。1904～1907年在东京大学学习物理学期间，业余学习作曲。1910～1913年，在田中正平主持的邦乐研究所学习、研究日本传统音乐舞蹈。1907年起先后在东洋音乐学校、东京大学教课。1936年创立东洋音乐学会，任会长。第二次世界大战后，在武藏野音乐大学、东京学艺大学等校任教。他是日本最早研究、介绍东方音乐、日本音乐的学者，同时也致力于介绍西方音乐。田边尚雄是现代日本音乐学的开创者，被公认是东方音乐和音乐声学方面的权威。主要著作有《音乐原理》、《东方音乐史》、《音乐声学》、《艺术音乐研究》、《日本音乐史》、《日本的乐器》等。

田部井淳子 Tabei Junko (1939-05-23～) 日本女子登山运动员。生于福岛。她的足迹遍及日本各山峰，并攀登过西欧阿尔卑斯山的一些险峰。1970年作为第一支日本喜马拉雅女子登山队的成员登上了海拔7 577米的安纳布尔纳Ⅳ峰。1975年5月16日，从东南山脊路线登上了珠穆朗玛峰（2005年测量高度为8844.43米），是世界登山运动史上第一个踏上地球之巅的女性。她和同年5月27日首次从东北山脊路线登上珠穆朗玛峰的中国女登山运动员潘多所取得的成绩，为联合国确定的“国际妇女年”（1975）增添了光彩，同被誉为“为全世界妇女争光的人”。1981年春，她又登上了中国境内海拔8 012米的希夏邦马峰。

田蚡 Tian Fen (?～前131) 中国西汉武帝时期大臣。长陵（今陕西咸阳东北）人。汉景帝王皇后同母弟。景帝时官诸曹郎，结交大将军窦固，升中大夫。汉武帝即位后封武安侯。丞相卫绾病免，田蚡通过王太后被任为太尉。与丞相窦婴俱好儒术，用儒士，行礼制，罢黜外戚中有劣迹者，被失势者谗言于窦太后（汉文帝皇后）。建元二年（前139），窦太后罢窦婴、田蚡等人。六年，窦太后崩，武帝罢丞相许昌，起用田蚡为相。田蚡以庸才居相位，日益骄横专断。大修府宅，广置田园，聚敛财物。

与窦婴素有嫌怨，罗织罪名处死窦婴。元光三年（前132），黄河改道南流，16郡遭严重水灾。他因自己的封邑鄃（今山东平原）在旧河道以北，未受水灾，出面阻滞治理黄河，致使治河工程停止20年之久。

田耕莘 Tian Gengxin（1890-10-24～1967-07-24） 天主教第一位中国籍的枢机主教。字聘三。生于山东阳谷，卒于中国台湾嘉义。父亲为天主教徒。清光绪二十七年（1901）受洗入教。1904～1910在小修院求学，1910～1916年在大修院学习神学、哲学。1918年晋升神父。后在河北等地办学传教。1929年加入圣言会，后到山东传教。1933年担任阳谷监牧区监牧，6年后升为阳谷宗座代牧及领衔主教。1942年任青岛主教。1945年被罗马教廷任命为枢机主教，成为中国以及远东地区第一位枢机主教。1946年担任北平教区总主教。在任期间创办上智编译馆、辅仁大学圣多马神哲学院以及《铎声》月刊。1949年居留美国，1959年被罗马教廷任命为台北教区总主教。

田汉 Tian Han（1898-03-12～1968-12-10） 中国戏剧活动家、剧作家、诗人。原名寿昌。生于湖南长沙，卒于北京。1912年就读于长沙师范学校。1916年入日本东京高等师范学校学习。1919年在东京加入李大钊等组织的少年中国学会，开始发表诗歌和评论。1920年创作剧本《环珴璘与蔷薇》、《咖啡店之一夜》。1921年与郭沫若等组织创造社，倡导新文学。1922年回国，受聘于上海中华书局编辑所。1924年发表独幕悲剧《获虎之夜》。此后相继任教于长沙第一师范学校、上海大学、大夏大学。1926年与唐槐秋等创办南国电影剧社。1927年任上海艺术大学文学科主任、校长，编写了话剧《苏州夜话》、《名优之死》等。1928年与徐悲鸿、欧阳予倩组建南国艺术学院，同年秋成立南国社，多次到南京、杭州、广州等地演出，推进新戏剧运动。同时主编《南国月刊》，发表了《古潭的声音》、《南归》等剧本和一系列关于戏剧运动的文章。

1930年3月以发起人之一的身份参加了中国左翼作家联盟成立大会。同年6月南国社被查封，左翼剧团联盟改组为左翼戏剧家联盟，田汉是发起与组织者之一。1932年和夏衍等进入电影界，为艺华、联华等影片公司写了《三个摩登的女性》、《青年进行曲》、《风云儿女》等进步电影文学剧本。1935年2月曾被捕入狱，后被保释。抗日战争开始后，辗转奔走于上海、长沙、武汉等地，从事戏剧界抗日统一战线工作，参与组织中华全国戏剧界抗敌协会，在武汉国民政府军事委员会政治部第三厅负责艺术宣传工作，同洪深等组建了10个抗敌演剧队、4个抗敌宣传队和一个孩子剧团。1940年与欧阳予倩等创办《戏剧春秋》，后到桂林领导组建新中国剧社和京剧、湘剧等民间抗日演剧团体。1944年春与欧阳予倩等在桂林主持了西南第一届戏剧展览会，对加强戏剧队伍的团结和坚持进步戏剧运动起到了推动作用。1949年后田汉历任文化部戏曲改进局、艺术局局长、全国文联副主席、中国戏剧家协会主席等职。“文革”中被迫害致死，1979年4月平反。

田汉毕生从事文艺事业，一生创作话剧63部，歌剧2部，电影12部，戏曲27部，歌词和新旧体诗歌2 000余首。其中《义勇军进行曲》经聂耳谱曲定为中华人民共和国国歌。代表作有《获虎之夜》、《名优之死》、《乱钟》、《回春之曲》、《丽人行》、《关汉卿》、《文成公主》及改编戏曲剧本《白蛇传》、《谢瑶环》等。

田横 Tian Heng（？～前202） 中国秦末起义首领。原齐国贵族。陈胜起义后，随从兄田儋在狄（今山东高青县东南）举事反秦，田儋自立为齐王。后田儋与秦军交战败亡。田横兄田荣立田儋子田市为齐王，自以相居，以田横为将军，尽占齐地。项羽称西楚霸王后，大封诸侯。田荣因负项梁未出兵助楚，未封王，对项羽心怀不满，遂联络赵将陈余反楚。齐王田市及项羽封于齐地的两个王先后被杀，田荣自立齐王，兼并三齐。项羽起兵伐齐，田荣兵败身亡。田横收集余部继续抗击楚军。因刘邦攻彭城（今江苏徐州），项羽撤军回援，田横复得收齐城邑，立田荣子田广为齐王，自任相国，独揽国政。田横定齐三年，刘邦派郦食其前来游说，齐国君臣为其所动。不意汉将韩信率兵攻齐，田广、田横怒甚，以为被郦所卖，杀之。齐军不敌汉军，战败。田横闻齐王死，自立为齐王，迎击汉将灌婴，败于嬴（今山东莱芜西北），投奔彭越。刘邦打败项羽后登基称帝，建立西汉，封彭越为梁王。田横不肯称臣于汉，率徒众500余人逃亡海上，避居岛中。刘邦知田横兄弟治齐多年，齐地贤者多归附之，为除后患诏令赦田横罪而行招抚。田横被迫偕门客二人赴洛阳，于途中自杀。留居海岛者闻田横死讯，亦全部自杀。刘邦感慨于田横能得士，遂以王者礼葬田横。

田华 Tian Hua（1928-08-03～ ） 中国电影演员。河北唐县人。原名刘天花。1940年参加晋察冀军区抗敌剧社儿童演剧队。

1950年在影片《白毛女》中饰演主角喜儿，获得极大成功。影片获1951年第6届卡罗维发利国际电影节“特别荣誉奖”及1957年文化部优秀影片一等奖。1955年，进中央戏剧学院表演干部训练班进修深造。1958年在《党的女儿》中饰演李玉梅。1959年进入八一电影制片厂，成为专业电影演员。先后在《江山多娇》(1959)、《风暴》(1959)、《白求恩大夫》(1964)、《奴隶的女儿》(1978)、《许茂和他的女儿们》(1981) 等影片中塑造了农村姑娘、青年妇女和革命干部等一系列不同年龄、身份、性格的人物形象。

田纪云 Tian Jiyun（1929-06～ ） 中国共产党中央政治局委员，中华人民共和国全国人民代表大会常务委员会副委员长。山东肥城人。1941年秋参加八路军。1943年秋保送抗属学校学习。1945年加入中国共产党。任冀鲁豫朝城县一区土改工作组组长兼区长、冀鲁豫战勤总指挥部总会计、赣东北行署财政处总会计。中华人民共和国建立后，任贵阳市军管会财政接管部机要秘书、贵阳人民革命大学班主任、贵州省财政干部训练班班主任。1953年后任贵州省财政厅秘书科科长、办公室主任、计划科科长、预算处处长、副厅长，中共中央西南局财办财金处副处长。1969年后任四川省革委会财贸经营管理组副组长，省财政局局长，省财政厅厅长、党组书记。1981年任国务院副秘书长。1982年当选为中共十二届中央委员。1983年起任国务院副总理兼秘书长、国务院机关党组书记、中央财经小组副组长。1985年增选为中共十二届中央政治局委员、中央书记处书记。1987、1992、1997年先后当选为中共十三、十四、十五届中央政治局委员。1993、1998年当选为第八、九届全国人大常委会副委员长。

田际云 Tian Jiyun（1864～1925） 中国河北梆子演员、戏剧活动家。工花旦。艺名响九霄。原籍河北高阳县。12岁入涿州双顺科班，习花旦兼习小生。15岁即崭露头角。曾自组小玉成科班，收徒均用玉字排名。曾任北京精忠庙（戏曲艺人行业组织）会首，

田际云《盗花盆》剧照

并被选入昇平署外学。光绪末年，根据杭州惠兴女士为兴学自杀事件编演改良新戏《惠兴女士》，颇有影响。1911年，因邀请新剧演员王钟声、刘艺舟等在他经营的天乐园演出，被清政府以“编演新戏，诋毁朝廷”罪拘禁百日。辛亥革命后，发起组织艺人群众团体正乐育化会，倡办赈灾义演，并成立北京第一个女子科班崇雅社。田际云功底坚实，技艺精湛，最善演扇子戏。除本工花旦外，能兼演青衣、武生、老生、小生，如《十万金》的李翠莲、《乾元山》的哪吒、《伐子都》的公孙子都、《天水关》的诸葛亮、《蜜蜂记》的董良才，演来都很精彩。

田菁 *Sesbania cannabina*; sesbania 豆科田菁属的一种。一年生灌木状草本植物，优良的绿肥作物。又称碱菁、涝豆。原产东半球热带地区。中国以福建、台湾、广东种植最早，逐渐北移至江淮流域。现北方各地也有栽培。根系发达，根瘤多而大，固氮能力强。株高2～3米以上，多分枝，茎基部常木质化。偶数羽状复叶，小叶30～40对，矩圆形，有趋光性，夜间小叶闭合。总状花序腋生，花黄色。荚果细长。种子矩圆形。喜温好湿。耐瘠、耐盐、耐淹能力强。常用作新垦盐碱荒地的先锋作物。鲜草含水分80%左右，氮0.4%～0.6%，磷酸0.1%左右，氧化钾0.15%～0.2%。配合其他饲料可喂牛、羊或打浆喂猪。种子含有胶质，可供石油工业上利用，茎秆可供造纸和剥取纤维。

田径全能运动 combined events in athletics 田径运动中由跑、跳跃、投掷部分单项组成并在规定日期内按一定顺序完成的综合性比赛项目。目前，承认世界纪录和在奥林匹克运动会及其他大型、正规田径赛会中，田径全能运动的项目为男子十项全能和女子七项全能两项。田径全能运动曾经历过多次演变的过程。1912年第5届奥运会采用了瑞典人发起的分两天举行的男子十项全能运动。1982年国际田联将原女子五项全能改为沿用至今的七项全能。田径全能运动是一项十分艰苦和复杂的运动项目。古希腊人高度仰慕和尊敬五项运动的优胜者，把他们看成是光荣的“武士”。当今，则把田径全能运动称为“运动皇冠”，把优胜者称为“田径之王”。

田径运动 athletics; track and field 以走、跑、跳跃、投掷等运动技能构成的以个人为主进行的运动项目。简称田径。它既是竞技体育的重要比赛项目，也是锻炼身体、增强体质的重要手段。

田径运动是从原始人类与大自然作斗争中形成的走、跑、跳、投的技能逐渐演变发展起来的。在古代奥林匹克运动会上就有以跑、跳、投等技能为主要内容的竞技。据记载，最早的田径比赛，是公元前776年在希腊奥林匹克村举行的第一届古代奥运会上进行的，项目只有一个短距离赛跑。跑道为一条直道，长192.27米。19世纪初，英国人把在运动场跑道上进行的赛跑和在运动场跑道中央进行的跳跃、投掷比赛称为track and field sports。track原意为小路（径）；field原意为田野。田径运动这个词就是从track and field sports翻译和演变而来的。最初称为田径赛，以后演变为田径运动。

田径运动在各国有不同的命名，但都是指走、跑、跳、投的竞技。国际田径竞赛组织管理机构国际田径联合会还沿用了古希腊“竞技”这一概念，将田径运动称为竞技。国际田联章程中将田径运动竞赛项目分为田赛和径赛、公路赛跑、竞走和越野赛跑。中国和一些国家将其分为田赛和径赛两大类。径赛是指在田径场跑道、公路及野外进行的竞走和各种形式的赛跑，它是以时间或在一定时间内走完、跑完多少距离来计算成绩；田赛是指在田径场跑道所围绕的中央或邻近场地上进行的跳跃和投掷比赛，它是以所跳高度、远度和所投器械的远度来计算成绩。田径运动是当今世界竞技体育中最重大的竞赛项目之一，每年各种赛事不断。目前，国际田联承认世界纪录的男、女田径单项有69项。田径运动本来是室外项目，但从20世纪20年代开始，特别是近20多年来，世界上一些国家和地区在冬末或初春还兴起举办室内田径比赛。国际田联从1985年起还专门组办世界室内田径锦标赛，并承认室内男、女44个田径单项的世界纪录。田径运动水平是一个国家竞技体育发展水平的重要标志。田径运动是易于在群众中开展且健身价值较高的运动项目。经常、系统地参加田径运动锻炼，能提高人的走、跑、跳、投等基本活动技能的水平，增进健康水平。世界各国都把田径运动选编为学校体育课的教材。中国将田径运动列为《国家体育锻炼标准》的主要项目。由于田径运动能全面地发展身体素质，它还是其他运动项目进行身体训练的内容和手段。

田亮 Tian Liang（1979-08-27～ ） 中国跳水运动员。重庆人。自幼喜欢体育，10

岁入四川省跳水队，1993年入选国家跳水队。1995年获第9届世界杯跳水比赛男子双人跳台、男子团体和混合团体冠军。1997年第10届世界杯跳水比赛获混合团体冠军。1998年第8届世界游泳锦标赛跳水比赛获男子跳台双人冠军和个人亚军。1999年第11届世界杯跳水比赛获跳台跳水男子个人、双人及混合团体冠军。2000年第27届奥运会跳台跳水比赛获男子个人冠军和男子双人亚军，同年获第12届世界杯跳水比赛跳台跳水男子个人、双人和男子团体、混合团体冠军。2001年第9届世界游泳锦标赛跳台跳水男子个人及双人冠军，并获第21届世界大学生运动会跳台跳水比赛男子个人及双人冠军。2002年第13届世界杯跳水比赛获跳台跳水男子个人、双人和男子团体冠军。2004年第28届奥运会跳水比赛获跳台男子双人金牌、单人铜牌。

田螺 Viviparidae; pond snail 腹足纲中腹足目田螺科动物的统称。尤指生活于稻田、池塘、湖泊的圆田螺属。除南美洲外，分布于世界各地。田螺多为大型，壳高可达70毫米以上，小型种类壳高可达20毫米以上。外形为圆锥形、陀螺形。壳面光滑，或有螺棱、棘、乳头状突起，或有色带。厣为角质薄片。雌雄异体。雄性右触角变粗，形成交配器官。卵胎生，体内受精发育，当长成仔螺后，才排出体外，即可在水中自由生活。群栖于江河、湖泊、池塘和水田，以宽大足匍匐于水草上或爬行于水底。对环境适应性强，具有耐旱、耐寒、耐低氧的能力。肉可食，亦是鱼类饵料和家畜、家禽的饲料。壳及肉可入中药，称为“田蠃”，有清热、利尿的功能。亦为棘口吸虫第一、第二中间宿主。有的种类大量滋生，引起沿江河、湖泊的工厂冷却水管堵塞。

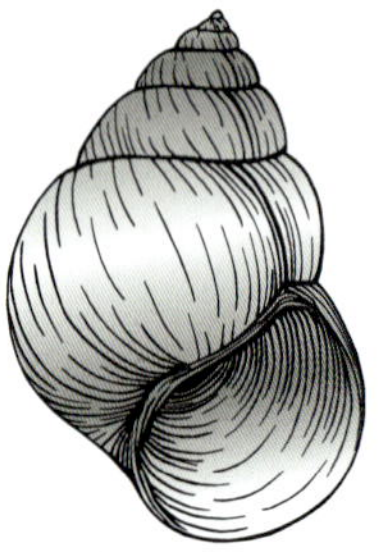

中国圆田螺

田纳西河 Tennessee River 美国俄亥俄河最大的支流。由源出阿巴拉契亚高地兰岭西坡的霍尔斯顿河和弗伦奇布罗德河汇合而成。流经田纳西州、亚拉巴布州及亚拉巴马—密西西比州界，于肯塔基州的帕迪尤卡附近注入俄亥俄河之后，汇入密西西比河。流程呈U形。以弗伦奇布罗德河源头计，全长1 426千米，流域面积10.6万平方千米。河谷狭窄，比降较大，水流湍急，富水力资源。主要支流有埃尔克河、小田纳西河、达克河等。流域内年降水量1 200～1 500毫米，主要集中于春初，多暴雨，易造成洪水泛滥；低水位出现在夏末秋初。河口年平均流量1 924米^3/秒。20世纪30年代初，流域内洪灾频繁，森林毁坏，水土流失，航运受阻，经济落后。1933年成立田纳西河流域管理局（TVA），开始对整个流域进行综合治理和开发。

田奇瑪　Tian Qijun（1899-02-13～1975-09-15）　中国地质学家。字季瑜。生于湖南大庸（今张家界），卒于北京。1923年毕业于北京大学地质系。曾任北京地质调查所调查员，湖南地质调查所技正、所长兼中央研究院地质研究所研究员，湖南大学教授，中国地质工作计划指导委员会委员，中南地质调查所所长，中南地质局副局长兼总工程师，地质部地质矿产司副司长兼总工程师，全国储量委员会副主任兼总工程师。1955年当选中国科学院学部委员（院士）。早年长期在湖南从事地质矿产调查工作，对湖南地质矿产和泥盆系及所含化石的研究有突出贡献。主编《长沙、湘潭、衡山、邵阳、衡阳、湘乡六县地质志》，所测1:25万地质图被认为是中国早期测制的精度较高的区域地质图之一。他倡议和主持《湖南全省矿产志》的编撰，先后合著出版有《湖南铁矿志》、《湖南锰矿志》、《湖南钨矿志》等。专著《湖南泥盆纪之腕足类》和《中国之泥盆纪》影响较广，奠定了中国泥盆系划分的基础。1950年以后参与制定数十种地质矿产勘探规范，审批大量矿产资源储量报告，指导大冶铁矿、新疆铬矿等矿床的勘探评价等。还撰有《广东乳源锑矿》和《中国铝土矿的类型、特征及其生成条件》等。

田山花袋　Tayama Katai（1872-01-22～1930-05-13）　日本小说家。生于群马县，卒于东京。幼时家庭贫困。1886年迁到东京，同时着手创作汉诗、汉文和和歌等。1891年师从尾崎红叶，开始转向小说创作。以美丽的自然为背景，描写青春期的感伤，是他这时的主导倾向。1899年以后逐渐表现出写实主义色调。自1901年起受G.de莫泊桑和É.左拉等法国作家的影响，成为日本自然主义文学的先锋之一，小说《重右卫门的末日》和评论《露骨的描写》（1904）

是这时的代表作。1907年发表的中篇小说《棉被》，成为日本自然主义文学的经典之作。其后，长篇小说《生》（1908）、《妻》（1908）和《乡村教师》等先后问世，成为日本自然主义文学的经典之作。20世纪初期，由于思想苦闷而信仰佛教，长篇小说《时光流失》和《残雪》等是其艺术体现。探索爱欲世界的自传式长篇小说《百夜》是他晚年的作品。《棉被》已有中译本。

田氏代齐　中国战国初年齐国田氏逐渐控制政权并取代姜氏成为齐侯的事件。齐国在春秋早期由国、高二氏掌握大权，以后又有崔、庆二氏，这4家都是齐的公族；属于异姓贵族的有姬姓的鲍氏和妫姓的田氏。田完本是陈国公子，逃到齐国后，桓公使其为工正。齐庄公时，田氏渐渐得势。景公时，田氏采用小斗进、大斗出的手段笼络民心，使齐国大量民众逃往田氏门下，既提高了田氏的声望，又发展了经济实力。景公死后，田氏灭国、高二氏，田乞专政。到其子田常时，严厉打击旧贵族，将鲍氏等有势力的公族一一诛除。田氏占有的土地比齐君封邑还大。公元前386年，周安王册封田和为齐侯，称齐太公。公元前378年，齐康公死，田氏在齐国的统治完全确立。

田鼠　Microtinae; vole　啮齿目仓鼠科田鼠亚科动物的统称。广泛分布于欧洲、亚洲和美洲。多数为小型鼠类。体形粗笨，四肢短，眼小；尾短，一般不超过体长之半；毛色差别很大，呈灰黄、沙黄、棕褐、棕灰等色。

栖息环境从寒冷的冻土带直至亚热带。栖息于草原、农田、森林、高山等地。某些种类因适应特殊的环境，形态上产生了某些相应的特化。如以地下生活为主的鼹形田鼠，四肢短粗有力，爪发达，门齿粗壮，适于挖掘复杂的洞道。有的白天活动，有的夜间活动，也有的昼夜活动。多数以植物性食物为食，有些种类则吃动物性食物。喜群居。不冬眠。每年繁殖2～4次，每胎产子5～14只。寿命约2年。

田鼠除个别种类的毛皮可以利用外，绝大多数对农、牧、林业有害。由于分布广，数量多，是许多食肉动物的食物。它又是蜱传斑疹伤寒、兔热病、脑炎等传染病病原的天然携带者，与流行病学很有关系。灭田鼠的方法有物理灭鼠（用捕鼠器械）、化学灭鼠（用化学灭鼠剂）、生物灭鼠（利用鸟类、蛇、黄鼠狼等食肉动物大敌）和生态控制（环境改造、断绝鼠粮）等。

田文镜　Tian Wenjing（1662～1733-12-08）　中国清代雍正时督抚。原隶籍汉军正蓝旗，后抬入正黄旗。监生出身。康熙二十二年（1683）出仕县丞，升知县、知州，历20余年。后改官六部员外郎、郎中，五十六年，官内阁侍读学士。清世宗胤禛即位后，深受宠待。雍正元年（1723），署山西布政使，次年调任河南布政使，擢升巡抚。他凭借多年担任地方官的经验，大力推行世宗的改革方针，以整饬弊政。主要是参劾营私舞弊官员；清查积欠，实行耗羡提解；限制绅衿特权，严限交纳钱粮；严行保甲制度等。引起朝廷内外一些官员的不满，先后受直隶总督李绂、监察御史谢济世参劾。然而世宗以其实心任事，称之为“模范疆吏”，任用如故。五年，任为河南总督，加兵部尚书衔。六年，任河南山东总督。七年，加太子太保。八年，兼北河总督。是岁，河南水灾，田文镜隐匿不报，朝野窃议，世宗仍予包容。卒谥端肃。著有《抚豫宣化录》、《钦颁圣谕条例事宜》（与李卫之作合为《钦颁州县事宜》），曾主持编修《河南通志》。

田旋花　*Convolvulus arvensis*; European glorybind　旋花科旋花属的一种。多年生缠绕草本植物。又称箭叶旋花、小喇叭花。危害旱地作物的杂草。世界上许多国家普遍存在，中国北方各省都有分布。根状茎白色，匍匐生长；地上茎缠绕或蔓生，具棱角或条纹；叶互生，戟形；花序腋生，花冠漏斗状，粉红色。蒴果卵圆形，种子4粒，黑褐色。适应性强，喜生于向阳地、潮湿肥沃土壤。根状茎和种子都可繁殖。种子常被混入谷物中随调运传播。田旋花枝多叶茂，缠绕作物，遮光耗肥，抑制作物生长，对大豆、玉米、麦类及幼树等为害严重，并影响机械收割。全草入药，有调经和血、滋阴补虚的作用。

田余庆　Tian Yuqing（1924-02-11～　）　中国历史学家。湖南湘阴人。生于陕西南郑（今汉中）。曾就学于湘雅医学院、西南联合大学政治系，后毕业于北京大学史学系。曾任北京大学教授、历史系主任、系学术委员会主席等职，兼任国务院学术委员会历史学科评议组成员、国务院古籍整理与出版

规划小组成员。

田余庆早年从事中华民国史、中国近代史研究，曾与金毓黻合编《太平天国史料》，并参加编辑“中国近代史资料丛刊”。后转向中国古代史教学与研究，参著的大学教科书《中国史纲要》(翦伯赞主编) 获国家教委特等奖。他在秦汉魏晋南北朝政治史方面，取得了突出成就。他善于把史料考证与宏观观照结合起来，从细微处钩稽出政治变迁的重大线索，其结论多发人所未发。其力作《东晋门阀政治》一书，对中古士族的内涵和演变提出新解，1994年获第一届国家图书奖。《秦汉魏晋史探微》一书收入其《说“张楚”》、《论轮台诏》、《李严兴废与诸葛用人》等十几篇论文。《拓跋新探》，在民族史和政治史的交界点上开拓北魏拓跋史研究，在方法论和历史线索揭示上均有重要推进。

田中丰 Tanaka Yutaka (1888-01-29～1964-08-27) 日本桥梁工程学家。生于长野市，卒于东京。1913年毕业于东京帝国大学（今东京大学），从事铁路工程技术工作。1920～1922年在英、德、美等国研究高速铁路的力学问题。归国后参加关东大地震 (1923) 后的重建工作，在隅田川上设计、架设了多座名桥。其中的永代桥是系杆拱与悬臂梁的组合体系桥，清洲桥是自锚定式吊桥。他还设计、架设了两国铁路桥，其主跨是刚性梁与柔性拱的组合体系钢桥，并在这种桥上首次应用了抗震结构设计。1925～1948年，任东京大学教授。在学术方面的主要贡献在于变截面柱的强度问题以及焊接钢桥的研究实践。著作有《变截面柱的强度理论》(获日本土木学会奖)、《焊接铁路桥的安全度》、《拱桥拱轴线的解法》等。日本政府因他在学术上的贡献授予他“紫绶奖章”和“旭日重光勋章”。田中丰是日本学士院院士、日本学术会议会员、日本土木学会会长、焊接学会会长以及日本本州四国联络桥技术调查委员会委员长。

田中角荣 Tanaka Kakuei (1918-05-04～1993-12-16) 日本内阁总理大臣（1972～1974)。生于新潟县，卒于东京。15岁辍学后开始经营土木公司。第二次世界大战期间因承包军事工程而生意繁荣，成为日本富豪之一。入政界后，1947年当选众议员。1957年任递信省大臣，1962～1964年任大藏大臣，1965年和1968年两度任日本自由民主党干事长，1964～1972年在佐藤内阁中任通商产业大臣，1972年接替佐藤任首相。上台后即率领日本政府代表团访问中国，实现中日邦交正常化，为全面发展中日友好合作关系奠定了基础。1974年12月因被指控利用职务非法获利而辞职。

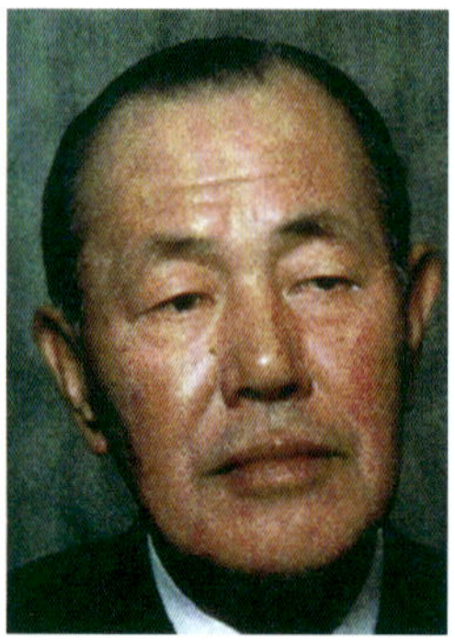

后被控告在日本从美国洛克希德公司购买飞机时受贿。1976年7月27日被捕，后获保释，宣布退出自民党。1983年12月被东京地方法院判处4年徒刑，罚款5亿日元。1990年以健康原因正式宣布退出政界。

田中绢代 Tanaka Kinuyo (1910-11-29～1977-03-21) 日本电影演员、导演。生于山口县下关市。1924年步入影坛后，在250多部影片中扮演角色。从1953年开始尝试导演工作，曾独立导演了几部影片。早期扮演了众多天真可爱、具有浓郁日本民族风格的少女形象。20世纪40～50年代扮演了不同时期、不同类型的女性。1951年主演的《西鹤一代女》获威尼斯电影节国际奖。1953年的《雨月物语》获威尼斯电影节银狮奖。晚年塑造了一些动人的日本老年妇女形象。因在《望乡》(1974)中的出色表演获得1975年柏林国际电影节女演员演技奖。其他重要影片还有《太太和妻子》(1931)、《宗方姊妹》(1953)、《楢山节考》(1958) 等。

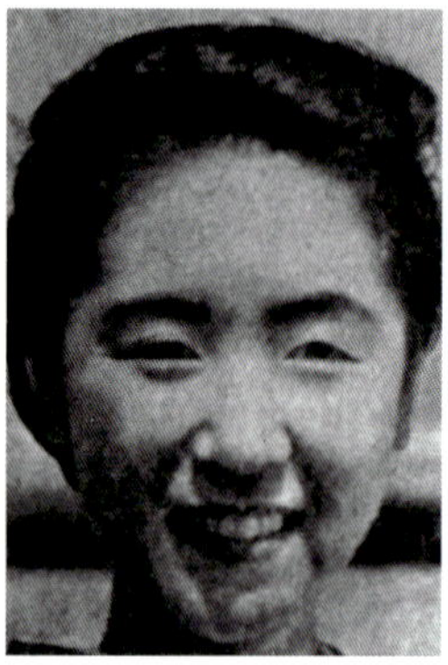

田中义麻吕 Tanaka Yoshimaro (1884-10-06～1972-07-01) 日本遗传学家，蚕遗传学奠基人之一。又作田中義麿。生于长野县。1909年毕业于东京帝国大学农科大学农学科。1919～1922年赴欧美研究，回国后任九州帝国大学农学院副教授、教授、学部长。他是日本育种学会和日本遗传学会的创建人之一。毕生从事蚕的遗传学研究和教育工作，发现桑蚕性染色体基因连锁因雌雄而异。其研究范围还涉及有关人类遗传的优生学领域。主要著作有《蚕的遗传和品种改良》、《蚕的遗传讲话》、《遗传学》、《蚕学》、《家蚕遗传学》和《基础遗传学》等19部。

田中义一 Tanaka Giichi (1864-06-22～1929-09-29) 日本陆军上将，继山县有朋之后的陆军长州派军阀首领。日本“大陆政策”的积极鼓吹者，侵略中国的急先锋。生于山口县，卒于东京。长州（今山口县）藩士出身。先后毕业于陆军士官学校(1886)和陆军大学（1893)。曾参加中日甲午战争。1898～1902年留学俄国，研究军事。日俄战争爆发后，任满洲军参谋。1911年任陆军部军务局长。1913～1914年赴欧美考察军事。两次出任陆军大臣（1918，1923)，曾派兵入侵西伯利亚，武装干涉苏维埃俄国。1927～1929年任总理大臣兼外务大臣。任内主持召开加紧推行侵华政策的东方会议，炮制《对华政策纲领》。曾以“保护侨民”为名，分别于1927年、1928年两次出兵中国山东，制造“五三惨案”(见济南惨案)。1929年内阁倒台，旋病死。

田中奏折 Tanaka Memorial 中国方面揭露的、日本内阁总理大臣田中义一根据1927年（昭和二年）7月东方会议的决定提出的奏折。奏折中写道“欲征服中国，必先征服满蒙；欲征服世界，必先征服中国”。具体论述了征服和经营满蒙的政策，涉及获取矿山、铺设铁路、向内蒙派遣间谍、迁入朝鲜移民等21项。奏折译文首次于1929年12月刊载在中国南京出版的《时事月报》第1卷第2期，刊登后影响很大，推动了抗日运动的进一步发展。由于这一奏折内容与以后日本的侵华步骤一致，很受国际上的重视。但奏折原件一直没有找到，其真伪问题从1929年以来一直存在争论。

田壮壮 Tian Zhuangzhuang (1952-04-30～) 中国电影导演。北京人。1982年毕业于北京电影学院导演系，任北京电影制片厂导演。先后执导影片《猎场札撒》(1985)、《盗马贼》(1986)。他的作品的突

出特点是影片对人的心灵、对大自然的关注。他执导的影片对传统的叙事方式进行解构，饱含哲理，情感描写细腻流畅，形成别具一格的创作风貌，同时也对观众的观影经验发出新的呼唤。他后来导演的影片《鼓书艺人》(1988)、《摇滚青年》(1988)、《大太监李莲英》(1990) 在风格上有较大改变。2001年重拍40年代经典作品《小城之春》。2002年获威尼斯电影节第59届“逆流”圣马克奖。2004拍摄了纪录片《茶马古道·德拉姆》，同年担任中国台湾偶像电影《五月之恋》的制片人。2007年因电影《吴

清源》(2005)获第十届上海国际电影节最佳导演奖。

甜白 sweet-white glaze 中国明代白釉瓷器。又称填白。瓷胎细白，釉呈象牙白色或乳白色的、温润异常的一种瓷器。名称最早见于明代黄一正《事物绀珠》卷二十二。从

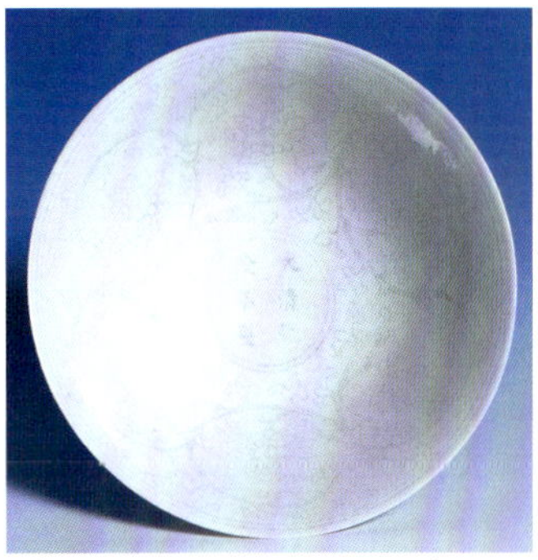

清乾隆年间甜白釉暗缠枝纹高足碗
（西藏博物馆藏）

永乐(1403～1424)时代开始，甜白就是景德镇御器厂大批烧造的品种，产品除日用器外，还有大量祭器，其中爵的数量尤多。器物多为素面，间有印花、刻划花，甚至金彩装饰。永乐甜白声誉最高，产量也极大，这与明初规定国家“祭器皆用瓷”，且永乐帝喜爱“洁素莹然”的瓷器有关。

甜菜 *Beta vulgaris*; beet 藜科甜菜属的一种。又称菾菜。二年生草本植物。栽培种有四个变种，作制糖原料的为糖用甜菜，作蔬菜或饲料用的为莙荙菜，又称厚皮菜、牛皮菜。甜菜作为糖料作物栽培始于18世纪后半叶。现在世界甜菜种植面积约占糖料作物的48%，仅次于甘蔗。种植较多的国家有俄罗斯、法国、美国、波兰、德国和中国。

甜菜属直根系，由主根肥大而形成的肉质块根。以楔形、圆锥形、纺锤形和锤形为主。块根分为根头、根颈和根体三部分。含糖量以根头最低，根颈较高，根体最高。叶为单叶，由根头顶端的叶芽长出，以螺旋式排列丛生于根头上，有叶柄，叶片变异大。

两性花，通常由三至五朵花聚生于花枝上。形成聚花果，果中有三至五粒以上种子，称多粒形种球；单生的花形成单果，称单粒形种球。是坚果和蒴果的中间类型。种子呈肾形，较扁平。

第一年主要是营养生长，可分为幼苗、叶丛繁茂、块根糖分增长和糖分积累四个时期。第二年主要是生殖生长，可分为叶丛、抽薹、开花和种子形成四个时期。为喜温作物，但耐寒性较强。

块根达工艺成熟期收获。收获过早产量和含糖量不高；过迟易受霜冻，降低块根工艺品质，不耐储藏。一般以秋季平均气温达5℃时为收获适期，北方春播地区约在9月下旬至10月下旬；夏播地区约在11月上旬至11月下旬，霜冻前收完。

甜菜除直接供食用外，也是食品和医药工业的原料。甜菜制糖的副产物可综合利用。制糖后的滤泥富含钙和其他养分，可作药用和肥料；糖蜜可提取酒精、甘油、味精、乙醛、丙酮等，还可提取腺苷三磷酸、柠檬酸等；甜菜粕可直接喂饲牲畜和作优质有机肥。甜菜的茎叶、青头、根尾和采种后残留的老母根可做酿造原料，也是良好的多汁饲料。

甜瓜 *Cucumis melo*; melon 葫芦科甜瓜属的一种。一年生蔓性草本植物。果实供食用。中国南北都有分布，为夏令水果。根系发达，分布广，具较强耐旱力。茎蔓多分枝（子蔓和孙蔓）。叶五角心脏形或近圆形。雌雄同株异花，花黄色。果圆、椭圆或圆筒形，皮黄、白、绿色或杂有斑纹。果肉绿、白、红或橙黄色，味香甜多汁。可分为薄皮甜瓜、厚皮甜瓜两个亚种。性喜高温干燥气候。薄皮甜瓜喜砂质土壤，厚皮甜瓜对环境条

件的要求更严。

甜椒 *Capsicum fratescens* var.*grossum*; sweet pepper 茄科辣椒属的一个变种。一年生或多年生草本植物。又称大青椒、菜椒。由原产中南美洲一带的辣椒经在北美洲种植演化而成。欧美各国普遍栽培；中国各地广泛栽培。

主根不发达。茎基部木质化，较坚韧。单叶，卵圆形，叶面光滑，互生。花白至绿白色。浆果，灯笼形或圆筒、扁圆形，成熟果红、紫，或黄色，肉厚，果面光亮。喜温暖，不耐寒，怕霜冻，较耐阴。喜富含有机质、土层深厚、保水保肥力强、排水良好的壤土或砂壤土。常用品种有茄门、中椒、甜杂紫贵人、白玉以及海花系列等。以种子繁殖。

甜椒营养价值高，含有多种维生素、糖类、有机酸等，尤其富含维生素C。可凉拌、炒食、作馅或腌渍、速冻。

甜菊 *Stevia rebaudiana*; sweet stevia 菊科甜菊属的一种。宿根性草本植物。又称甜叶菊。原产南美洲巴拉圭。中国引种栽培。株高90～100厘米，茎粗约1厘米。叶倒卵形或广被针形，中上部叶缘有粗齿，鲜绿色，表面粗糙。头状花序成伞房状排列，每一花序有4～6朵筒状花。种子纺锤形。属短日照作物，要求年平均温度21～22℃，适栽于保水性好、肥沃的土壤。种子萌发时需光，故用种子繁殖时不宜深播。一般用扦插、压条、分株繁殖。现蕾时宜摘去花蕾，以保证叶片质量和第二次的收获。在冬季气温不低于5℃的温暖地区，栽种一次可连续收获五年左右，一年可收叶四次以上。收获时，自地上5～10厘米处割下凉晾二三天，待叶含水量降至10%以下时，用脱谷机脱叶。

甜菊叶含糖苷($C_{38}H_{60}O_{18}$)最高约14%，枝梗含糖苷约7%。甜菊糖苷是高甜度、低热能、味质好、安全无毒的天然糖源。可用于各种食品饮料中。南美洲一些国家用干叶泡茶，清甜适口，有轻微的甘草味。可供糖尿病、心脏病和高血压病人代替蔗糖食用。甜菊制的甜味剂，可取代化学合成糖精，作为砂糖补充甜料。

甜味剂 sweetener 赋予食品甜味的食品添加剂。按来源可分为天然甜味剂和人工合成甜味剂，按营养价值可分为营养性甜味剂和非营养性甜味剂，按化学结构和性质可分为糖类甜味剂和非糖类甜味剂等。糖类甜味剂如蔗糖、葡萄糖、果糖、果葡糖浆等，在中国通称为糖，并视为食品，仅糖醇类和非糖类甜味剂才作为食品添加剂管理。新近开发出的一类低聚糖如低聚果糖、低聚麦芽糖等，并未作为食品添加剂管理。

糖精是最早人工合成并大量应用的非营养性高甜度甜味剂，其甜度可达蔗糖的500倍。糖醇类甜味剂如麦芽糖醇、山梨糖醇等，是人工合成甜味剂。其甜度和所含热值与蔗糖相近或较低，代谢时可不受胰岛素控制，适于糖尿病人食用，且不致龋，安全性高，但食用过多（如超过50克）可引起胃肠不适，导致腹泻。

中国许可使用的甜菊糖苷和甘草酸一钾及三钾等属于天然的非营养性甜味剂，分别从甜菊和甘草中提制，甜度约为蔗糖的200倍。尤其是来自甘草的甜味剂还有增香作用，并具有一定的防病、抗病功能。

条件反射 conditioned reflex 后天获得并在一定条件下以先天性反射（即非条件反射）为基础建立起来的反射。动物适应环境的一种重要活动方式。条件反射由俄国生理学家I.P.巴甫洛夫在20世纪初首先提出。

条件反射的建立是把机体内外环境中的某一变化（或称动因）变为某一先天性反射的信号，即在两者之间建立起联系的过程。引起条件反射的刺激称为条件刺激，如铃声、灯光都可以作为条件刺激；引起非条件反射的刺激称为非条件刺激，如引起唾液分泌的食物和引起防御性反应的电击等。条件反射的建立，首先要求在时间上把某一无关刺激与非条件刺激结合起来，并且要先于后者。条件刺激与非条件刺激

的结合称为强化。其次，必须考虑条件刺激与非条件刺激的物理强度和生物学意义。例如，用接近于体温的温度作为条件刺激就不容易建立条件反射；又如当动物处于饱食状态时，用食物强化来建立条件反射也是难以成功的。

条件反射是动物和人适应环境的一种重要活动方式。例如，弱小动物可凭借条件反射活动找到所需的食物，并有效地逃避猛兽的追捕。因此，条件反射是动物和人对来自内、外环境刺激的一种适应性反应，可使动物具有更强的适应能力。

条件反射是一种典型的联合型学习模式，已被广泛应用于学习和记忆的神经生物学研究。条件反射神经机制的研究是学习和记忆神经机制研究的一个重要组成部分，是中枢神经系统生理学中十分活跃的领域。条件反射的基本原理还被广泛应用于各个方面，如神经精神疾病的治疗、饲养业的动物管理、马戏团的动物训练等。

条形码 bar code 为用于向计算机系统输入数据而印在、贴附在各种商品或某些特定物品上的一组平行而粗细不一的线条。又称条码。条形码的使用始于20世纪70年代的美国，现已成为日常商品交易中的一种普遍做法。典型的条形码是白底上的黑色线条，打印在商品的包装上，线条的数量和宽度可根据应用的需要而各有不同。条形码所代表的数字还可印于条形码的底部，它的信息由计算机系统中光学（激光）扫描器读出。条形码因条形组成规则不同而形成多种码制。流行的有通用产品码（UPC）、欧洲商品编码（EAN）、三九码等。条形码的组成字符包括数字、英文字母和其他符号。通用产品码对每种食、杂货产品都规定有一个独特的号码，左面的5位数字用以指特定的制造商，右面的5位数字则由该制造商用以确定某一形式的产品。当条形码接受扫描时便可立即对详细信息加以处理，并具有防伪的功能是条形码系统的优越性。现在可利用不同的条形码系统，以跟踪各式各样产品的制造、分配、储存、销售和应用。

条约 treaty 国际法主体缔结的受国际法支配并确立相互间权利与义务的协议。一般采用书面形式。

条约的种类和名称 条约的种类多种多样。按缔约方的数目，可分为双边条约和多边条约；按可否加入，可分为开放性条约和非开放性条约；按条约的法律性质，可分为契约性条约和造法性条约；按条约的内容，可分为政治、经济、文化、科学等类别。

常用的条约名称有：公约和专约，宪章、组织宪章、盟约、规约，条约，协定，议定书，换文，谅解备忘录等。此外，宣言、联合声明或联合公报、总文件或最后文件，有时也用作条约的名称。

条约的缔结程序 包括以下4个步骤。①约文的议定。②约文的认证。③表示同意受条约拘束。④批准书、正式确认书、接受书、核准书或加入书的交换或交存。

一般来说，多边条约，意义重大的、永久性的双边条约需经上述4个步骤。在中华人民共和国的缔约实践中，某些事项的条约一般不列入批准或核准条款，只需在签署后由主管部门报请国务院备案。这些事项通常是：①贸易、支付和货币比价。②铁路、航空和海上运输。③技术援助或技术合作。④卫生或保健事业合作。⑤农业。⑥互派留学生或实习人员。

世界上最早的国际条约之一：约于公元前1300年刻在埃及神庙墙上的埃及法老拉美西斯二世同赫梯缔结的条约

条约的解释 按照1969年《维也纳条约法公约》，关于解释的通则规定如下：①条约应就用语按照上下文并参照条约的目的和宗旨所具有的通常意义，善意地予以解释。②上下文是指连同该条约的序言和附件在内的约文外，并应包括：全体当事国之间就该条约的缔结所订立的与该条约有关的任何协定；一个或几个当事国就该条约的缔结所作出并经其他当事国接受为与该条约有关的任何文书。③应与上下文一并考虑的还有：各当事国嗣后订立的关于该条约的解释或其规定之适用的任何协定；嗣后在条约适用方面确定各当事国对该条约解释的意思一致的任何惯例；适用于各当事国之间关系的任何有关国际法规则。④如经确定各当事国同意在把一个用语使用于某一特殊意义，应认为其具有特殊意义。

条约的保留 一国或一国际组织在签署、批准、正式确认、接受、核准或加入条约，或一国发出继承条约的通知时所作的单方面声明。保留国声明不受某类条款的约束，就构成排除性保留；条约规定实现男女平等，保留国声明以不违背该国信奉的宗教教规为前提，则构成更改性保留。

条约的效力 通常指条约对当事国的拘束力。1969年《维也纳条约法公约》序言中宣布条约必须遵守原则乃举世所承认。

作为国际法渊源，条约对缔约方有拘束力，对第三方没有拘束力。对多边条约提出有效保留的国家或国际组织，就其保留的条款而言，也属第三方，条约对这些国家或国际组织没有拘束力。

条约的终止 条约生效以后，由于国际法所承认的使条约失效的原因出现，条约所规定的权利和义务不再拘束原有的当事方。又称条约的失效。

1969年《维也纳条约法公约》和1986年《关于国家与国际组织间或国际组织相互间条约法的维也纳公约》承认下列终止条约的原因：①依照条约规定或全体当事国同意终止和退出条约。②依照条约规定于多边条约的当事国减少至条约生效所必需的数目以下时终止条约。③依照当事方的原意或条约的性质、默示的权利终止、解除或退出条约。④条约因缔结后订条约而默示终止。⑤条约因重大违约而终止。⑥发生意外不可能履行。⑦情况的根本改变即情势变迁。⑧断绝外交或领事关系。⑨新的一般国际法强制规范的产生。遇有新的一般国际法强行规则产生时，与该项规则抵触的任何现行条约成为无效而终止。

条约终止的后果是指当事方因条约终止而享有的国际法上的权利或应承担的国际法上的义务。

条约必须遵守是一项古老的国际法原则和条约上一个最重要的基本原则，是条约约束力的基础。指国家必须遵守其合法缔结的条约。但如果不是合法缔结的条约，国家就没有遵守的义务，例如不平等条约。另外，如果缔结条约时存在的情况发生根本改变，当事国可以终止或退出条约。这就是情势变迁原则。

《苕溪渔隐丛话》 中国诗话集。南宋胡仔编。分《前集》60卷、《后集》40卷。《前集》于绍兴十八年（1148）完成初稿并撰自序。至宋孝宗乾道初再加搜辑，编辑《后集》，成于乾道三年（1167）。此书继阮阅《诗话总龟》而作。阮阅编书时因党禁而不用元祐诸人文章，此书则广为搜采，品藻特多，足补阮书之缺。所收诗话，评论对象上起国风，下至南宋初。以人为纲，按年代先后排列。此书诗词分辑，事有所归，搜集前人资料，既有抉择，又较详审，可资考证。其中评论词人名作，记述词坛轶事，历来被后人称引。此书通行本有清乾隆杨佑启耘经楼依宋版重刊本。《海山仙馆丛书》、《四部备要》均收入。1962年人民文学出版社即以此为底本，校勘排印出版。

调幅器 amplitude modulator 使受调波的幅度随调制信号而变化的电路。调幅器输出信号幅度与调制信号瞬时值的关系曲线称为调幅特性。理想的调幅特性应是直线，否则会产生失真。调幅器主要由非线性器件和选择性电路构成。非线性器件实现频率变换，产生边带和谐波分量；选择性电路用来选出所需的频率分量并滤掉其他成分，如高次谐波等。常用的非线性器件有晶体二极管、场效应晶体管等。选择性电路大多用谐振回路或带通滤波器。按照电平的高低，调幅器可分为高电平调幅和低电平调幅。大功率广播或通信发射机多采用高电平调幅器，输出功率大、效率高。载波电话机和各种电子仪器多采用低电平调幅器，它们对输出功率和效率要求不高，可以选用调幅特性较好的电路。

调和分析 harmonic analysis 分析学的一个重要分支。主要研究傅里叶级数与傅里叶变换等。又称傅里叶分析。调和分析不仅有广泛的应用背景，而且在理论上与现代数学的许多分支有深刻联系。

18世纪法国数学家J.傅里叶在研究热传导方程时，首次提出了用三角级数求解方程的想法，这便是傅里叶分析的起源。

设$f(x)$是以2π为周期的函数，并且假定下列积分存在：

$$a_n=\frac{1}{\pi}\int_0^{2\pi}f(x)\cos nx\mathrm{d}x$$

$$b_n=\frac{1}{\pi}\int_0^{2\pi}f(x)\sin nx\mathrm{d}x$$

$$(n=0,1,\cdots)$$

这时对应的三角级数

$$\frac{a_0}{2}+\sum_{n=1}^{\infty}(a_n\cos nx+b_n\sin nx)$$

称为f的傅里叶级数。一个非常基本的问题是：一个函数的傅里叶级数何时收敛，是否收敛于$f(x)$，历史上B.黎曼、G.G.斯托克斯以及G.康托尔都研究过这个问题。斯托克斯首次提出了一致收敛的概念，而康托尔第一次引进了点集合的极限点及导集的概念，为现代点集合论的诞生奠定了基础。1861年K.外尔斯特拉斯利用三角级数构造了处处不可导的连续函数。他的这一发现震惊了当时的数学界。20世纪初，H.L.勒贝格提出点集合测度的概念和新的积分理论。这对傅里叶级数的研究产生了深远影响。利用勒贝格测度与勒贝格积分，L.费耶尔证明了傅里叶级数的部分和序列的算术平均在函数的连续点收敛于函数自身。与此同时，N.N.卢津提出了一个重要猜想：在$[0,2\pi]$上平方勒贝格可积的函数的傅里叶级数在$[0,2\pi]$中几乎处处收敛，直到1966年这一猜想才由瑞典数学家L.卡尔森证实。

傅里叶级数是下列幂级数：

$$\frac{a_0}{2}+\sum_{n=1}^{\infty}(a_n-\mathrm{i}b_n)z^n,\ z=\mathrm{e}^{\mathrm{i}x}$$

的实部。故傅里叶级数可以通过单位圆内解析函数的边界值来研究。这就导致了哈代空间H^p。单位圆内使得积分：

$$\int_0^{2\pi}|f(re^{\mathrm{i}\theta})|^p\mathrm{d}\theta$$

有界的全体解析函数f称为H^p空间，其中$0<r<1$，$p>0$。通过傅里叶级数去刻画函数类H^p是傅里叶分析中的一大课题。在这方面F.豪斯多夫等一批数学家作出了贡献。

在经历近两个世纪发展之后，调和分析的研究已从直线群、圆周群扩展到一般抽象群。群上的调和分析无论在研究内容与研究方法上都有别于经典情况，与数学的其他分支的联系更紧密了。

调和脾胃 harmonizing spleen and stomach 中医临床运用具有理（健）脾和胃作用的药物以恢复脾胃功能的治法。在中医学中，脾胃为仓廪之官，胃主受纳水谷，脾司运化升清。胃虚失降则不能容受，脾虚失升则不能运化，因而出现饮食不消、脘腹痞胀、大便溏薄，日久不愈者，可见面色萎白、形体虚羸、胸脘不宽等症状。常用药物有党参、白术、云苓、山药、扁豆、薏仁、砂仁、莲子肉、荷梗、荷叶、佩兰、豆蔻、陈皮、麦芽等，代表方如香砂六君丸、异功散、六神散。

调和脾胃法常与消法合用。证见脾胃不健、饮食停滞、脘腹痞胀、大便不畅者，常用方剂如健脾丸、枳实消痞丸。脾胃不和挟湿者，用参苓白术散。

调和阴阳 coordinating yin and yang 中医学中通过药物或其他方法，调整人体阴阳的偏盛偏衰，恢复其相对平衡的治疗法则。

疾病发生的实质是阴阳的相对平衡遭到破坏，出现偏盛偏衰的结果。调和阴阳方法上可以概况为损其偏盛和补其偏衰一个方面。调和阴或阳偏盛时，注意相对的一方有无偏衰存在，如相对的阴或阳的一方没有构成虚损时，采用“损其有余”的方法，或清泻阳热或温散阴寒。如相对的一方出现偏衰时，应配合以扶阳或益阴之法。治疗阴阳偏衰的病证时，注意“阳中求阴”，“阴中求阳”，即补阴时配以适当补阳药，补阳时配以适当补阴药，即所谓“阳得阴助而生化无穷，阴得阳升而泉源不竭”。总之，阴阳是辨证的总纲，各种病理变化，如表里出入、寒热迅退、邪正虚实等无不属于阴阳失调的具体表现。

调节 regulation 通过系统状态的反馈自动校正系统的误差，使诸如速度、温度、电压和位置等参量保持恒定或在给定范围之内的过程。调节需以反馈为基础，而控制则包括以反馈为基础的闭环控制和无反馈的开环控制。早期，经典控制理论称为自动调节原理。

调解 mediation 双方或多方当事人就争议的实体权利、义务，在人民法院、人民调解委员会及有关组织主持下，自愿进行协商，通过教育疏导，促成各方达成协议、解决纠纷的办法。中国用以有效地解决民事争议的传统做法，也可用于自诉刑事案件，并已用于涉外民商事仲裁。人民法院审理行政案件不适用调解。

法院调解 又称法庭调解、诉讼中调解。包括调解活动、调解的原则、调解的程序、调解书和调解协议的效力等。是当事人用于协商解决纠纷、结束诉讼、维护自己的合法权益，审结民事案件、经济纠纷案件的制度。诉讼中调解是人民法院和当事人进行的诉讼行为，其调解协议经法院确认，即具有法律上的效力。调解不成，应及时判决。调解达成协议，人民法院应当制作调解书。调解书应当写明诉讼请求、案件的事实和调解结果，由审判人员、书记员署名，加盖人民法院印章，送达双方当事人签收后，即具有法律效力。下列案件调解达成协议，人民法院可以不制作调解书：①调解和好的离婚案件。②调解维持收养关系的案件。③能够即时履行义务的案件。④其他不需要制作调解书的案件。

人民调解 又称诉讼外调解。是指在人民调解委员会主持下进行的调解活动。人民调解委员会是村民委员会和居民委员会下设的调解民间纠纷的群众性自治组织，在基层人民政府和基层人民法院指导下进行工作。人民调解工作应遵循的原则有：①必须严格遵守国家的法律、政策进行调解。②必须在双方当事人自愿平等的前提下进行调解。③必须在查明事实、分清是非的基础上进行调解。④不得因未经调解或者调解不成而阻止当事人向人民法院起诉。经调解达成的协议不具有法律效力。调解未达成协议或者调解书送达前一方后悔的，人民法院应当及时判决。

仲裁调解 《中华人民共和国合同法》规定，国内企业签订经济合同双方发生争议，可向合同管理机关申请仲裁。仲裁机构首先进行调解，调解不成再进行仲裁。在涉外民商事仲裁实践中，绝大多数案件均可调解解决。

调频器 frequency modulator 使受调波的瞬时频率随调制信号而变化的电路。调频器分为直接调频和间接调频两类。直接调频是用调制信号直接控制自激振荡器的电路参数或工作状态，使其振荡频率受到调制，变容二极管调频、电抗管调频和张弛调频振荡器等属于这一类。在微波波段常用速调管作为调频器件。间接调频是用积分电路对调制信号积分，使其输出幅度与调制角频率成反比，再对调相器进行调相，这时调相器的输出就是所需的调频信号。间接调频的优点是载波频率比较稳定，但电路较复杂、频移小，寄生调幅较大，需多次倍频使频移增加。对调频器的基本要求是调频频移大，调频特性好，寄生调幅小。调频器广泛用于调频广播、电视伴音、微波通信、锁相电路和扫频仪等电子设备。

《调琴啜茗图》 中国唐代绘画作品，周昉代表作之一。

调速器 governor 用于减小某些机器非周期性速度波动的自动调节装置。它可使机器转速保持定值或接近设定值。水轮机、汽轮机、燃气轮机和内燃机等，其输出的力矩不能自动适应本身的载荷变化，当载荷变动时，由其驱动的机组会失去稳定性。这类机组必须设置调速器，使其能随着载荷等条件变化而随时建立载荷与能源供给量之间的适应关系，保证机组作正常运转。

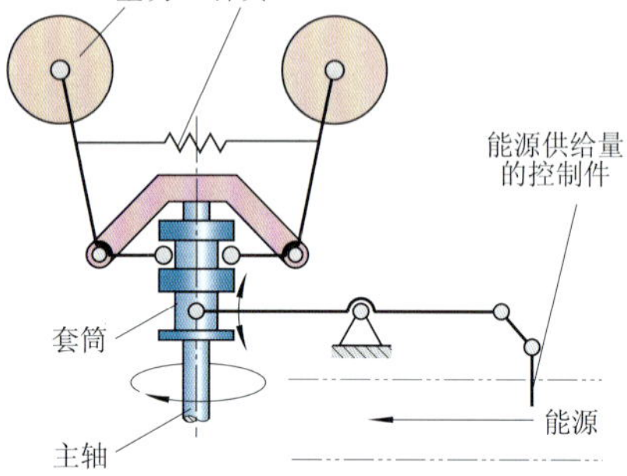

离心式调速器的工作原理

调速器的种类很多，常用的离心式调速器是机械式调速器的一种（见图）。以测速发电机或其他电子器件作为传感器的调速器，已在各个工业部门中广为应用。

调相器 phase modulator 使受调波的相位随调制信号而变化的电路。正弦波调相器分直接调相和间接调相两类。直接调相利用调制信号直接改变谐振回路的参数，使载波（受调波）信号通过回路时产生相移而形成调相波。间接调相先对受调波进行调幅，再转变为调相。这种方法是E.H.阿姆斯特朗于1933年创造的，称阿姆斯特朗方式。此外，利用正弦波幅角为瞬时频率的积分这一关系可以把调频波变成调相波，或者把调相波变为调频波。间接调相的特点是频率稳定度高，但调相指数$\Delta\psi$不能太大，否则失真严重。这种电路常用于调频广播发射机。

调制 modulation 使信息载体的某些特性随信息变化的过程。调制的作用是把信息置入信息载体，便于传输或处理。从已调信号中恢复信息的过程称为解调。解调是调制的逆过程。调制方式不同，解调方法也不一样。调制和解调是各种通信系统的重要基础，广泛用于广播、电视、雷达、测量仪等电子设备。按调制信号的形式可分为模拟和数字调制。用模拟信号调制称为模拟调制；用数据或数字信号调制称为数字调制。按被调信号的种类可分为脉冲调制、正弦波调制和强度调制（如对非相干光调制）等。调制的载波分别是脉冲、正弦波和光波等。正弦波调制有幅度调制（见调幅器）、频率调制（见调频器）和相位调制（见调相器）3种基本方式，后两者合称为角度调制。此外还有一些变异的调制，如单边带调幅、残留边带调幅等。脉冲调制也可按类似的方法分类。此外还有复合调制和多重调制等。解调的类别与调制的分类相对应。

“挑战者”号航天飞机 Challenger space shuttle 美国研制的航天飞机，美国继“哥伦比亚”号航天飞机之后投入使用的第二架航天飞机。1983年4月4日首次飞行，后来又进行了多次业务飞行。1986年1月28日，“挑战者”号航天飞机进行第10次飞行，也是美国航天飞机的第25次飞行。当“挑战者”号发射升空73秒时发生爆炸，机上7名航天员殉职。“挑战者”号航天飞机上的全部分系统都要求达到能经受至少100次飞行而不需大修的标准，并在“哥伦比亚”号的技术上进行了改进，加强了机身和尾部的结构，可经受住重复使用的严峻考验。“挑战者”号航天飞机失事后，当时的美国总统里根指定组成独立委员会负责事故调查。调查结论认为：由于右侧固体火箭发动机下段间的接合部发生故障——密封件被烧坏，燃气由固体发动机泄漏出来烧穿了外贮箱，大量液氢流出造成爆炸。

“挑战者”主战坦克 Challenger Main Battle Tank 英国生产的主战坦克。1983年装备英军。是世界上较重的一种主战坦克。有“挑战者”Ⅰ型、Ⅱ型两种型号。Ⅰ型曾参加1991年的海湾战争，Ⅱ型于1994年装备英军。Ⅰ型战斗全重62吨，乘员4人。主要武器是1门120毫米线膛炮，配用尾翼稳定脱壳穿甲弹和碎甲弹，弹药基数64发。辅助武器为2挺7.62毫米机枪。火控系统为扰动式，由数字式火控计算机、带激光测距仪的二合一瞄准镜和热像仪等组成。采用1台V型12缸涡轮增压柴油机，最大功率895千瓦。配用自动变速箱和液气悬挂装置，车体每侧有6个负重轮和4个托带轮。最大速度56千米/时，涉水深1.01米，越壕宽2.8米。车体和炮塔正面采用英国研制的“乔巴姆”复合装甲。车内配有三防装置、空调系统和辅助动力装置。Ⅱ型战斗全重62.5

英国“挑战者”Ⅱ型主战坦克

吨。Ⅱ型主要是换用了L30型120毫米线膛炮、TN54全自动变速箱、新型“乔巴姆”装甲、新型火控系统和新式炮塔。其火控系统为指挥仪式，是美国M1A1主战坦克火控系统的改进型，具有行进间对运动目标射击的能力。

跳高 high jump 田径运动项目之一。运动员通过快速和有节奏的助跑，用单脚起跳，在空中采用合理的过竿姿势和动作，使身体腾越尽可能高的横竿，然后落在海绵包上或沙坑中。又称急行跳高。跳高的起源可追溯到远古时代。男子、女子跳高分别于1896年第1届和1928年第9届奥林匹克运动会上被列为比赛项目。在跳高技术的发展过程中，曾出现过跨越式、剪式、滚式、俯卧式、背越式等多种过竿姿势。中国运动员在跳高项目上曾取得过辉煌的成绩。1957年，郑凤荣曾以剪式1.77米的成绩打破女子跳高世界纪录；1970年，倪志钦曾以俯卧式2.29米的成绩打破男子跳高世界纪录；1983年和1984年，朱建华曾以背越式2.37米、2.38米、2.39米的成绩3次打破男子跳高世界纪录。

经常练习跳高能增强下肢力量，提高弹跳力，发展速度、灵敏与协调等身体素质。在中国，跳高还是《国家体育锻炼标准》和《全国田径业余锻炼标准》的锻炼和测验项目之一。

跳羚 *Antidorcas marsupialis*; spring buck 偶蹄目牛科跳羚属的唯一种。产于南非。羚羊类中最善于跳跃的种类。跳起时脊背弓起，四肢下伸而靠拢，一跃可高达3～3.5米。体长1.2～1.5米，肩高68～90厘米，体重32～

36千克；四肢细长；背面毛色黄褐，头部、臀部、腹部、四肢内侧均为白色，在身体两侧背腹之间有一红褐色条带；背部中央有1条纵向的由皮肤下凹而形成的褶皱，褶皱内的毛为白色，当受惊而开始逃跑时，褶皱展开，出现一条明显的白脊，这是向同伴告警的信号；雌雄均具角，黑色，上具环棱。

栖息于无树草原。在干旱季节为寻找新的草场而结大群进行长距离迁移。以草类和灌木嫩枝为食，如有足够的青草则不饮水。每年5月发情交配，孕期6个月，通常在11～12月产仔，每胎1仔。鬣狗、兀鹰等为其天敌。

由于长期大量猎捕，现在已很稀少，主要栖息于南非的几个国家公园及其附近地区。是动物园中有名的观赏动物。

跳马 vault 男女竞技体操项目之一。跳马运动是由木马训练骑术演变而来。跳马被列为正式比赛项目是在1896年第1届奥林匹克运动会（雅典），以后时有时无，直至1928年第9届奥运会（阿姆斯特丹）才固定地出现在男子比赛中。女子于1952年第15届奥运会（赫尔辛基）开始进行跳马比赛。跳马动作由助跑、上板、起跳、第一腾空、推手、第二腾空、落地7个环节组成。开始时仅为简单的分腿、屈体腾越等。20世纪50年代后期产生了手翻腾越。70年代初期出现了空翻腾越。目前，空翻两周和空翻转体1 080°都已出现。跳马成为腾越、空翻和转体的组合。号称“跳马王”的中国运动员楼云多次夺得跳马世界冠军。2005年第38届世界体操锦标赛（澳大利亚墨尔本）上，中国17岁的女子体操运动员程菲以“踺子后手翻180°接直体前空翻540°”的绝技夺冠，并被国际体操联合会命名为“程菲跳”。这是体操运动史上第一个以中国女选手名字命名的跳马动作。

跳马动作分解图

跳伞运动 sport parachuting; skydiving 利用降落伞从高空跳下的一项体育运动。跳伞可以从正在飞行的各种飞行器上跳下，也可从固定在高处的器械、陡峭的山顶或高地上跳下。跳伞作为一项航空运动始于20世纪50年代。1951年，国际航空运动联合会在南斯拉夫举办了第1届世界跳伞锦标赛。此后每两年举办一次。跳伞运动按载人器具主要分为3种：①伞塔跳伞。利用一塔形建筑物上的钢臂和牵引机构，把跳伞员连同已撑开的降落伞悬吊至空中，然后通过脱离装置使其自由下降。②热气球跳伞。跳伞员乘坐悬吊在大型热气球体下的吊篮内，升至高空进行的跳伞活动。③飞机跳伞。跳伞员以飞机为运载工具进行的跳伞，高度一般在700米以上。飞机跳伞的比赛项目较多，国际上开展的主要项目有定点跳伞、特技跳伞、造型跳伞、踩伞造型跳伞。

踩伞造型表演

跳神 sorcerer's dance in a trance 巫卜风俗。一种祭神请神之舞，多用来祈福、求子、寻物、送魂、治病等。主要流行于中国汉、藏、满、壮等族聚居地区及韩国等。各地跳神形态、含义略有不同。汉族俗称跳大神。巫婆神汉作法时按一定的规则走动或跳跃，据说可上达于神，召神下凡，为人指示休咎或解除疾病。壮族称之为跳鬼或跳庙，是师公各种法师活动的总称。内容包括：打醮、做斋、跳岭头、跳南堂、跳香火、游神塑和赶鬼。满族萨满跳神存在于中国东北满族聚居区，有大神跳神、家神祭祀和不烧香叩头也不唱神歌的哑巴头祭祀3种。巫婆神棍要弄“跳神驱鬼”时，借烧香、点烛烧钱、贴神符、念咒语等制造阴森、恐怖、神秘气氛，然后将自己装扮成是“请来的神”，表演一番“斩妖见血”等所谓的“法术”，显示“驱鬼避邪”本事，诱人上当受骗。有的巫婆神汉还把病者直接当成鬼，加以折磨。此外，傩戏中也有跳神表演（见傩）现在民间跳神活动已不多见，而藏传佛教、萨满教和傩戏的跳神也渐失其神圣性，变成娱乐表演。

跳绳 rope skipping 中国民间一种在环摆的绳索中做各种跳跃动作的体育游戏。清人潘荣陆《帝京岁时纪胜》记录清代北京元宵节民间娱乐活动时，称跳绳为“跳白索”。跳绳有单脚跳、单脚换跳、双脚并跳、双脚空中前后与左右分跳，还有单人向前、向后摇绳并脚跳、蹲跳或交换跳，带人三人跳或两人联跳带两人跳等多种跳法。比赛分花样和速度两种，花样跳绳主要比在一定时间内跳出的花样动作多少；速度跳绳主要比在一定时间内原地跳的次数多少，也可在一定距离内，边摇绳边跑向终点。跳绳除为广大青少年所喜爱外，还常用作各专项运动训练的辅助练习手段。

跳水 diving 水上运动之一。从高处用各种姿势跃入水中，或从跳水器械上起跳，在空中完成基本姿势并用特定动作入水。包括实用跳水、表演跳水和竞技跳水。人类在掌握了游泳技能之后，就开始有简单的跳水活动。在水源丰富的国家，很早就有了实用跳水。大约2 500年前欧洲就有跳水的记载。中国宋代孟元老所著《东京梦华录》就有跳水的记载。近代花式跳水的发源地在德国和瑞典。德国体操教育家O.克卢格，在其《游泳和跳水技术》(1853)一书中，列举了许多跳水动作和姿势。1900年第2届奥林匹克运动会上，瑞典人在专门的跳台上表演了各种跳水动作。1904年第3届奥运会上，跳水被正式列为奥运会比赛项目。1908年第4届奥运会上制定了跳水比赛规则。1912年第5届奥运会上，女子第1次参加跳水比赛。从1920年第7届奥运会起至今，历届奥运会跳水比赛和国际性跳水比赛，都有男、女跳板跳水和跳台跳水。世界性的大型跳水比赛还有世界锦标赛和世界杯赛。竞赛项目设有男女单人1米、3米跳板，10米跳台；男女3米跳板双人，10米跳台双人；男子团体，女子团体及混合

双人跳水

团体共13项。跳水运动在中国虽然历史悠久，但作为竞赛项目还是在中华人民共和国建立后，才有了较大发展和长足进步。中国跳水运动员陈肖霞、高敏、伏明霞、田亮、郭晶晶等，均以难度大、造型美、动作准确的技术特点在世界大赛中取得男女跳板、跳台的团体冠军和个人冠军。在2008年第29届奥运会上，中国跳水队共获得7枚金牌。

跳台滑雪 ski jumping 利用自然山形特别建造的跳台跳出飞行致远落地的一项体育运动。运动员脚登长2.30～2.70米、宽

跳台滑雪空中飞行姿势

11.5厘米、板底有3～5个方向槽的专用跳台滑雪板，不持雪杖，不借任何外力，以自身体重从起滑台起滑，沿助滑道下滑取得较高速度后，在台端引伸跳出，身体与雪板保持锐角状态，两臂紧贴体侧，在空中飞行，在着陆坡着陆并继续滑行至停止区停止。评分依据运动员从台端到着陆点的飞行距离和空中飞行动作姿态综合成绩进行。跳台滑雪起源于挪威，现代跳台滑雪竞赛始于1924年第1届冬季奥林匹克运动会。到目前为止，冬奥会的比赛设有K90米个人、K120米个人和K120米团体共3枚金牌（K为着陆坡长度的极限点）。国际滑雪联合会批准的世界重大比赛有冬奥会、世界锦标赛等。中国开展跳台滑雪运动是在20世纪80年代初，总体水平尚待提高。

跳远 long jump 田径运动项目之一。运动员通过快速助跑，用单脚起跳，在空中采用合理的姿势和动作，使身体腾越尽可能远的距离并以双脚落入沙坑中。又称急行跳远。跳远既是比赛项目，又是各项运动训练的重要手段。1886年开始使用起跳板。1896年第1届奥林匹克运动会被列为男子比赛项目。1948年女子跳远被列为第14届奥运会比赛项目。在跳远技术的发展过程中，曾出现过蹲踞式、挺身式和走步式（有两步半和三步半两种）3种空中姿势。1960年美国运动员R.博斯顿首次采用三步半走步式创造了8.21米的世界纪录。经常练习跳远能有效地发展速度、弹跳力、灵敏度等身体素质。在中国，跳远还是《国家体育锻炼标准》和《全国田径业余锻炼标准》的锻炼和测验项目之一。

跳蚤市场 flea market 欧美国家对旧货地摊市场的别称。由一个个地摊摊位组成，规模大小不等。出售的商品多是旧货，也

北京潘家园旧货市场

有家庭生活中多余的物品，如未曾穿用但已过时的衣物等。跳蚤市场上出售的商品，大到完整的旧汽车、家用电器，小到儿童玩具、服装饰物等，品种多样，且价格低廉，管理相对松散。

跳蛛 Salticidae; jumping spider 蜘蛛目跳蛛科动物的统称。蜘蛛目中最大的科。体长多数不超过15毫米。体多短粗而稍扁平，步足粗短强壮，擅蹦跳，因而得名。全球约有3 000种。分布于世界各地，栖于热带和亚热带种类较多。中国南方的种类和数量均超过北方。

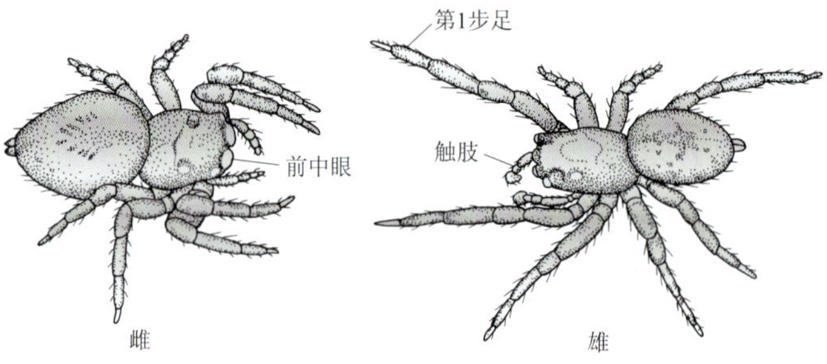

雌雄跳蛛

跳蛛的8个眼分3列。可组成一个方形或近似方形的眼区。体色绚丽多彩，在阳光下常呈现金属光泽。雌、雄蛛的体形和大小差别不大，但色彩和斑纹常有明显的差异。常在树皮下、叶下、落叶丛或墙缝等处结两端开口的薄囊状巢，在其中产卵，守候卵的孵化，并在巢内越冬或隐蔽。

帖木儿 Timur（1336～1405-02-18/-01-19） 中亚帖木儿王朝的奠基人。生于撒马尔罕以南的渴石（今乌兹别克斯坦沙赫里萨布兹），卒于代姆肯特（今哈萨克斯坦）。其父塔拉盖为突厥化的蒙古巴鲁拉思部首领。蒙兀儿斯坦的察合台后王秃黑鲁帖木儿在1360年平定河中（中亚锡尔河与阿姆河之间地区），以其子也里牙思火者为河中总督。帖木儿

被任命为也里牙思火者的参赞。不久，帖木儿逃走，同其姻兄、迦慈罕之孙忽辛会合，共同举兵。1362年右腿因伤致残，故又称跛子帖木儿。1364年打败和驱逐河中的蒙兀儿统治者。1370年，帖木儿又杀其同盟者忽辛，灭西察合台汗国，成为河中的最高统治者。帖木儿称霸河中后，便进一步向周边地区扩张。1375～1379年间，帖木儿先后征服或进攻了察合台汗国、花剌子模、伊儿汗王朝、阿富汗、金帐汗国、印度。1402年大败奥斯曼帝国，俘其苏丹拜牙（即巴耶塞特一世）。终于建立一个仅次于蒙古的大帝国。

帖木儿将各地俘获的文人学者、能工巧匠、文物珍奇、金银财宝，都运到撒马尔罕，将该城建设成为一个繁华富丽、人文荟萃的首都。帖木儿晚年又企图征服中国。他征集一支20万人的军队，备7年之粮秣，于1404年11月27日从撒马尔罕出发东进。但在进军到讹答拉时，病死军中。

帖木儿王朝 Timurid Dynasty 帖木儿及其后继者在中亚地区所建立的王朝。帖木儿在世时曾将领土分给子孙，并指定其长子只罕杰儿之子皮儿·马黑麻为嗣君。帖木儿去世后，其后裔立即开始争夺王位的斗争。帖木儿第四子沙哈鲁，以为皮儿·马黑麻报仇为名，进军河中（中亚锡尔河与阿姆河之间地区），夺取王位。因此，原帖木儿王朝的所有领土，除西波斯以外，都由沙哈鲁统一起来。西波斯的帖木儿后裔不久为黑羊王朝所灭，而沙哈鲁所建立的王朝则享国较久。沙哈鲁命其长子兀鲁伯驻撒马尔罕镇守河中，自己则仍以赫拉特为首府。

沙哈鲁当政时，伊朗、中亚同中国明朝之间，贡使往来连年不断，官私贸易十分活跃。沙哈鲁死后，帖木儿朝大乱。沙哈鲁的帖木儿朝后分裂为二。1494年，卜撒因第四子、统治费尔干纳的乌马尔·沙黑及其长兄、占据撒马尔罕的苏丹·阿黑麻先后死去，继前者统治费尔干纳的巴布尔，继续同苏丹·阿黑麻的后继者争夺撒马尔罕。最后是率乌兹别克人南下的昔班尼汗取得胜利。1501年，灭河中帖木儿朝。1507年5月，灭呼罗珊帖木儿王朝。河中地区形成由乌兹别克人建立的中亚诸汗国。

贴现 discount 票据的持有人在票据承兑后未到期之前，经银行同意，将票据以背书的形式转让给银行，由银行将票面金额扣除一定贴现利息后将余额交付给持票人

的行为。贴现是商业银行的放款形式之一。工商企业为了取得现金，以未到期的票据向银行融通资金，银行按市场利率以及票据的信誉程度确定某一贴现率，扣除自贴现日至到期日的贴现利息（又称贴水），然后将票面余额支付给持票人。票据到期时，银行凭票向最初出票的债务人或背书人兑取现款。

萜 terpene 通式为$(C_5H_8)_n$的链状或环状烯烃及其含氧化合物。大多数存在于植物的精油和树脂中，例如柠檬油中的柠檬烯、松节油中的α-和β-蒎烯、香樟中的樟脑等。根据异戊二烯单元C_5H_8的数目，萜可分以下几类（见表）。

萜的分类

分类	碳原子数	异戊二烯单元数	举例
半萜	5	1	活性异戊二烯
单萜	10	2	柠檬烯、樟脑
倍半萜	15	3	青蒿素
二萜	20	4	松香酸
二倍半萜	25	5	旋孢菌素
三萜	30	6	角鲨烯
四萜	40	8	类胡萝卜素
多萜	可达50 000	可达10 000	生橡胶、古塔胶

单萜、倍半萜一般为无色液体，二萜以上则多为固体。它们通常都比水轻；具有香味；不溶于水，溶于一般有机溶剂。

铁 iron 化学元素，元素符号Fe，原子序数26，原子量55.845，属周期系第Ⅷ族。人类最早发现和使用的铁是陨铁（含铁量较高的铁、钴、镍等金属的混合物）。约公元前1500年左右，埃及和美索不达米亚开始有炼铁业。中国商代的铁刃青铜钺，表明中国在前1000多年就熟悉铁的锻造性能。铁在地壳中的含量约为5%，占第四位。地核主要由铁组成，因此在整个地球中铁是丰度最高的元素。主要含铁矿石有赤铁矿(Fe_2O_3)、褐铁矿$(2Fe_2O_3·3H_2O)$、磁铁矿(Fe_3O_4)和菱铁矿$(FeCO_3)$。

铁是银白色金属，熔点1 538℃，沸点2 861℃，密度7.847克/厘米^3（20℃）。铁是天然存在的三种磁性元素之一，另外两种是镍和钴。铁具有良好的延展性、可锻造和铸造性，在红热时变软，在白热时可锻接。铁的氧化态0、+2、+3、+4、+5、+6，最重要的氧化态是+2和+3。二价铁离子呈淡绿色，在较强的氧化剂作用下会被氧化成三价铁离子。三价铁离子的颜色随水解程度的增大而由黄色经橙色变到棕色。铁是中等活泼的金属，有强还原性。常温下，在没有水蒸气存在时，铁与氧、硫、氯等非金属单质不起显著作用。但在高温下，铁与上述非金属单质以及水蒸气发生剧烈反应。铁可从溶液中还原金、铂、银、汞、铜、铋、锡和镍等离子。铁溶于稀酸中形成二价铁离子。铁在铬酸、浓硝酸、浓硫酸和过氧化氢中会形成氧化薄膜而被钝化。铁还可与一氧化碳形成各种羰基铁。化合物主要有两大类：亚铁Fe（Ⅱ）和正铁Fe（Ⅲ）化合物。亚铁化合物有氧化亚铁、氯化亚铁、硫酸亚铁；正铁化合物有三氧化二铁、三氯化铁、硫酸铁、氢氧化铁等。亚铁和正铁离子与氰根都可形成很稳定的配离子，存在于亚铁氰化钾和铁氰化钾中。铁与环戊二烯的化合物二茂铁。见氧化铁。

工业生产是在高炉中将铁矿石、焦炭和石灰石（助熔剂）冶炼，使氧化铁还原成生铁（或铸铁，见高炉炼铁）。生铁进一步冶炼除去碳、硅、磷等杂质，可得各种组成的钢。铁是应用最广泛的重要金属。大部分铁炼成钢来应用，广泛应用于建筑、船舶、工业设备、电气设备、石油工业、煤气工业、铁路运输、器具、容器等生产各个领域。除碳以外还可添加硫、硅、锰、铬、镍、钒、钼、钨、铌、钛等，来制备各种特殊性能的铁合金。铁也大量用于制造铸铁和锻铁。纯铁可作催化剂和发电机、电动机的铁芯，还原铁粉可用于粉末冶金。铁及其化合物还可制造磁铁和颜料。

铁是人体所需的微量元素之一，它在人体中有多种生理功能。铁在人体中的含量约占人体总重量的0.006%，其中73%结合于血红蛋白，24%储存于铁蛋白和血铁黄蛋白，还有3%存在于肌红蛋白和其他组织中。铁存在于大多数食物中，肉、禽、鱼类及其制品是食物铁的良好来源。

铁饼 discus throw 田径运动中投掷项目之一。运动员单手握持铁饼站在投掷圈后缘，经旋转后充分发挥全身的力量，以最快的出手速度和最适宜的出手角度，将铁饼从体侧后方经体侧向前掷出并获得尽可能的远度。掷铁饼的完整技术由握法、预备姿势与预摆、旋转、最后用力掷出和掷出后平衡等紧密相连的动作环节组成。在古代奥运会的五项运动中，就有了铁饼的投掷比赛。1896年第1届奥林匹克运动会上铁饼被列为男子比赛项目。1928年第9届奥运会上被列为女子比赛项目。铁饼投掷技术从原地掷、上步掷、侧向旋转掷发展到现在的背向旋转掷。动作由侧向旋转发展到背向旋转，增加了铁饼在出手前运行的距离，使运动成绩有了较大的提高。

铁磁性 ferromagnetism 过渡族金属（如铁）及它们的合金和化合物所具有的磁性。

研究简史 铁磁理论的奠基者，法国物理学家P.-E.外斯于1907年提出了铁磁现象的唯象理论。他假定铁磁体内部存在强大的“分子场”，即使无外磁场，也能使内部自发地磁化；自发磁化的小区域称为磁畴，每个磁畴的磁化均达到磁饱和。实验表明，磁畴磁矩起因于电子的自旋磁矩。1928年W.K.海森伯首先用量子力学方法计算了铁磁体的自发磁化强度，给予外斯的“分子场”以量子力学解释。1930年F.布洛赫提出了自旋波理论。海森伯和布洛赫的铁磁理论认为铁磁性来源于不配对的电子自旋的直接交换作用。

铁磁性的特点 ①在外磁场作用下较易达到磁饱和，此时磁化强度不再随外磁场的增加而增加，而一般顺磁体（见磁介质）则很难达到磁饱和。②磁化强度与磁场强度间的关系不是线性的，即磁化率和磁导率不是常数，而顺磁体的磁化率和磁导率在一定温度下是常数。③存在一个临界温度T_c，当温度高于T_c时铁磁性消失，铁磁体转变成顺磁体，T_c称为居里温度或居里点。在居里温度附近磁导率和比热容呈现反常增加。④外磁场变化时，磁化强度的变化滞后于外磁场的变化，此称磁滞效应，磁滞效应表明铁磁体的磁化过程包含了明显的不可逆过程。当撤去外磁场时，铁磁体仍保留部分磁性，磁化强度不为零，称为剩磁。而顺磁体在撤去外磁场时，磁化强度立即变为零。

外磁场作用下的铁磁体 若铁磁体从无磁性的原始状态出发，在外磁场作用下开始被磁化，则磁化强度M与磁场强度H间的关系曲线称为起始磁化曲线，如图1所示。开始时铁磁体中各磁畴的取

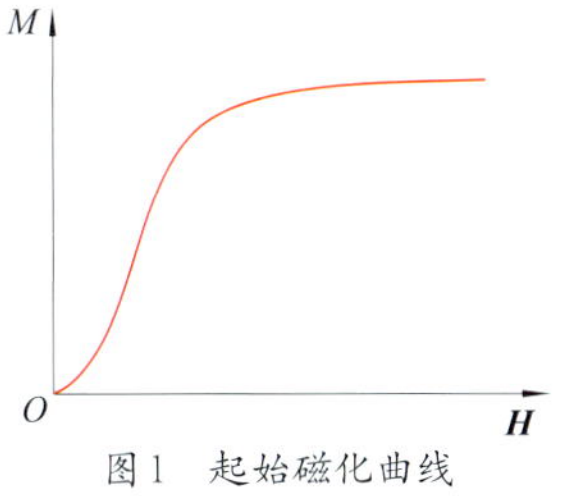

图1 起始磁化曲线

向是无规分布，磁化强度为零。磁场强度H从零开始增大时，在磁场作用下各磁畴的畴界产生移动，磁畴体积发生改变，磁矩与外磁场方向大致一致的磁畴扩大，反之则缩小；各磁畴的磁矩也开始发生趋向于外磁场方向的转向。上述畴界的移动和转向作用使宏观体积中的磁化强度不等于零，并随H的增加而增大。当H达到一定值后，铁磁体内所有磁矩都沿外磁场方向作一致的排列；再增加H时M不再增加，称达到了磁饱和。若在一定温度下以等幅交变外磁场作用于铁磁体，则磁化强度M随磁场强度H循一稳定的闭合回线变化，如图2所示以闭合回线称为磁滞回线。M_r称为剩余磁化强度，H_c称为矫顽磁场强度或矫顽力。铁磁体反复

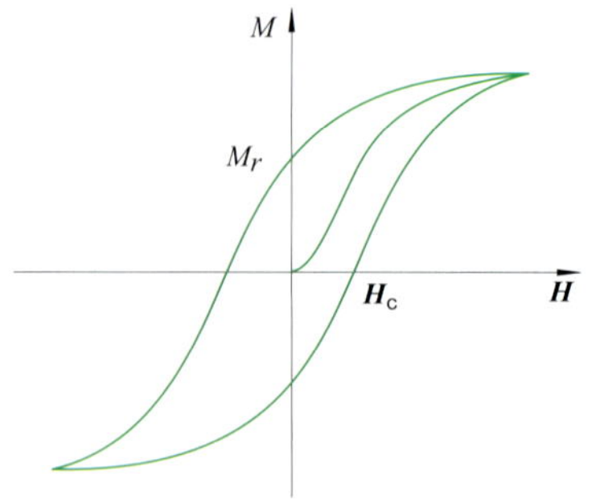

图2 磁滞回线示意图

化时要消耗能量（转变为热能），称为磁滞损耗，单位体积中损耗的能量由磁滞回线所包面积决定，所包面积愈大，损耗的能量也愈大。根据磁滞回线的形状，铁磁材料可分为软磁材料、硬磁材料和矩磁材料等。软磁材料有较小的矫顽力，磁滞回线呈狭长形，所包面积很小，磁滞损耗低，适用于作各种交流线圈的铁芯。硬磁材料的剩余磁化强度和矫顽力均很大，适用于作永久磁铁。矩磁材料的磁滞回线为矩形，基本上只有两种磁化状态，可用作磁性记忆元件。

铁刀木 *Cassia siamea*; siamese senna 豆科决明属的一种。常绿乔木。又称泰国山扁豆、孟买黑檀、孟买蔷薇木。此属约500种，广布于热带、亚热带及温带地区，有乔木、灌木与草本。中国福建、台湾南部、广东广州市、海南、广西南部、云南南部和西部都有种植。

树皮深灰色，偶数羽状复叶，小叶6～11对。伞房状总状花序，腋生或顶生。荚果扁平，有种子10～20粒。喜光，不耐阴。又喜温，凡有霜冻、寒害的地方均不能生长。可用直播或植苗造林。抗性较强，但

铁刀木形态

在种子发芽时常受蚂蚁危害，幼苗易被蟋蟀咬伤。心材坚实耐腐、耐湿、耐用，为建筑和制作工具、家具、乐器等良材。又由于易燃、火力强、生长迅速，且萌芽力强，也是良好的薪炭林树种，可连续利用数十年。终年常绿，叶茂花美，可用作行道树及防护林树种。树皮、荚果含单宁，可提取栲胶。枝上可放养紫胶虫，生产紫胶。

铁合金 ferroalloy 铁与一种或几种其他化学元素组成的合金。用作钢铁冶炼的基础炉料。质脆。常把由铁合金厂生产的不含铁的中间合金、某些工业纯金属及氧化物添加剂等也归于铁合金范畴。

铁合金的主体元素有的熔点较高，或者它的氧化物难于还原，而难以炼出纯金属，但有铁在一起则较易还原，所得铁合金一般具有较低的熔化温度。铁与不同元素组成铁合金后，其密度发生改变，加入钢水时其浸泡位置得到调节而有利于合金元素溶解和分布均匀。活性元素与铁组成合金，可降低其化学活性而减少添加时的烧损，提高回收率。

品种　铁合金的品种根据其主体元素来划分，主要有：①锰系铁合金。②硅系铁合金。③铬系铁合金。④其他铁合金。前三者产量之和占铁合金总产量的绝大部分。一些易还原的氧化物如二氧化钼、二氧化镍，也用来代替铁合金作钢的合金添加剂，另外还有混有发热剂的发热铁合金等。

生产方法　主要有：①电炉法。又称电热法或电碳热法。铁合金的主要生产方法。在电炉内以碳质材料作还原剂冶炼铁合金。②电硅热法。在电炉内用硅作还原剂精炼中、低碳铁合金。所用电炉被称为精炼电炉。③高炉法。又称碳热法，与高炉冶炼生铁相似，主要冶炼高碳锰铁。④铝热法。用铝作还原剂，冶炼含碳量极低的铁合金或纯金属。⑤转炉法。又称氧精炼法。是将液态高碳或高硅铁合金兑入转炉，进行吹氧脱碳或脱硅精炼，得到中、低碳铁合金。

用途　铁合金一般用作：①脱氧剂。在炼钢过程中脱除钢液中的氧，某些铁合金还可脱除钢中的其他杂质如硫、氮等。②合金添加剂。按钢种成分要求，添加合金元素到钢内以改善钢的性能。③孕育剂、球化剂、蠕化剂。在铸铁浇铸前加进铁水中，改善铸件的结晶组织。此外，还用作以金属热还原法生产其他铁合金和有色金属的还原剂；有色合金的合金添加剂。还少量用于化学工业等。

铁甲虫 Hispidae; army weevil 鞘翅目铁甲科昆虫的统称。全世界已知近6 000～7 000种，主要分布于热带和亚热带地区。中国已知400余种，绝大多数分布于长江以南，长江以北种类极少。体一般小型，长形（龟甲亚科体圆形或卵圆形），体色多幽暗；脊、瘤、刺代表铁甲科发展的3个不同阶段，即由脊发展为瘤，由瘤发展为刺。头插入胸腔内，口器下口式或后口式，仅腹面可见，有时部分或大部分隐藏于胸腔内；爪半开式或全开式。具刺的种类前胸和鞘翅均有刺，触角上有刺或无刺。前胸刺的数目、鞘翅的刺序以及触角刺的有无，是属种分类的重要依据。重要经济种类有水稻铁甲、玉米趾铁甲等。

铁勒 Tiele Tribe 中国古代北方、西北方民族。又称狄历、丁零、敕勒、高车。隋代起作为除突厥以外的突厥系民族的通称。语言、习俗均与突厥同。546年突厥灭高车尽降其部众，铁勒诸部遂广泛散布在从东到西直至黑海岸边的整个草原上。隋代，铁勒分属东、西突厥，西边有个别部落始事农耕。605～611年，铁勒以契苾、薛延陀二部为主建立部落联盟。唐初漠北铁勒诸部中以薛延陀与回纥最强，共建汗国，薛延陀首领夷男为可汗，受唐册封，助唐灭东突厥。646年，唐灭薛延陀汗国，于铁勒诸部分置羁縻都督府、州。后突厥汗国兴起，重受突厥统治。744年，回纥灭后突厥建汗国。840年，回鹘汗国被黠戛斯所破，部众迁徙。室韦-鞑靼人逐渐进据蒙古高原。后契丹人统有大漠南北，铁勒一名逐渐消失。

铁力市 Tieli City 中国黑龙江省辖县级市。位于省境中部，小兴安岭西南山麓，呼兰河上游。面积6 620平方千米。人口35万（2010），有汉、满、朝鲜、回、蒙古等11个民族。铁力源自唐代的铁利府和辽代的铁骊部。1915年置铁骊设治局，1933年改为铁骊县。1956年易名铁力县。1988年撤县，设立铁力市。由伊春市代管。矿产有铁、铜、铅、锌、砂金、石灰岩、陶土、硫、硼玉石等。农业主产水稻、大豆、小麦、玉米、马铃薯、向日葵、甜菜、烟叶等。工业以建材、机械、食品、木材加工、医药、电子、纺织、粮食加工等为主。风景名胜有桃山狩猎场、森林公园等。

铁岭市 Tieling City 中国辽宁省辖地级市。位于省境北部，邻内蒙古自治区、吉林省。辖银州、清河2区和铁岭、西丰、昌图3县，代管调兵山、开原2市。面积12 966平方千米。人口272万（2010），有汉、满、朝鲜、回、蒙古等31个民族。明置铁岭卫。清康熙三年（1664）废卫置铁岭县。1937年析置铁岭市。属温带大陆性季风气候。矿产有铁、铜、铅、锌、金、石灰岩、白黏土、高岭土、耐火土、珍珠岩、大理石等。农业主产玉米、高粱、水稻、大豆、

谷子、花生、麻类、甜菜、烟草等，为辽宁省主要产粮区。出口玉米、豆粕、芦笋、麻纺、肉鸡、人参、鹿茸、食用菌、肉牛、羽绒、糠醛、脱水菜等产品。工业有煤炭、电力、机械、电子、冶金、建材、化工、纺织、服装、造纸、食品、皮革、饲料、医药等。长大、平齐、四梅、开丰、铁法5条铁路交错于境内，京哈高速公路纵贯市境，为辽北交通中心。名胜古迹有龙首山、帽峰山、柴河水库、慈清寺、崇寿寺塔、城子山山城遗址等。

铁路 railway 数节装有凸缘轮的车辆，由机车牵引或自备动力，在两根平行的钢轨上行驶的陆地运输工具。又称铁道。狭义地讲，铁路是由路基、道床、轨枕和钢轨（铁路轨道）所构成的运输线路，包括桥梁、隧道和各种辅助设施。广义地讲，铁路是指铁路运输系统或铁路运输行业。铁路运输系统的技术设备除线路外，还有机车、铁路车辆、通信、信号、装卸机械等。铁路运输系统的生产经营活动有行车组织、客货运业务及有关组织和管理工作。

发展简况 铁路起源于19世纪初的英国。1825年G.斯蒂芬森设计的蒸汽机车首次牵引列车行驶于斯托克顿—达灵顿铁路）。铁路使生产力布局突破水运的限制向内陆延伸，促使英国开始大规模修筑铁路。19世纪30～50年代，欧洲大陆和北美各国也掀起铁路建设的高潮，加速了资本主义国家的工业化进程。20世纪初，欧洲和北美达到了铁路的鼎盛时期。德国1913年营业里程达61 159千米，美国1916年达408 745千米，法国1938年达46 400千米。第二次世界大战前夕，全世界铁路营业里程约110万千米。第二次世界大战后，汽车制造业和飞机制造业的迅速崛起，带动了欧洲和北美公路运输及航空运输的发展，使铁路网出现不同程度的萎缩。2000年英国和美国铁路营业里程不及高峰时的一半，德国和法国不到高峰时的70%。1964年日本东海道新干线投入运营，列车最高运行时速达210千米，开创了高速铁路新时代，也为铁路注入了新的活力。高速铁路已成为世界铁路的发展潮流。

中国的铁路最早出现在1865年，英国商人R.杜兰德在北京宣武门外修建了一条500米窄轨展览铁路，后被清政府拆除。1876年在上海的英商侵犯中国主权，擅自修建了长约14.5千米的淞沪铁路。清政府出银28.5万两将其收回并拆除。1880年经清政府批准，开平煤矿公司开始修建唐胥铁路，这是中国修建的第一条铁路。1949年中国大陆铁路营业里程2.18万千米，复线里程867千米。中华人民共和国建立后，中国铁路以每年新建近1 000千米的速度发展。2008年底，中国铁路营业里程7.97万千米，居亚洲第一位、世界第三位；拥有机车17 336台，其中内燃机车11 041台、电力机车6 206台、蒸汽机车89台；客车43 215辆；货车584 961辆；从业人数205.25万人。

分类 铁路按用途可分为营业铁路、专用铁道、专用线和城市铁路；按所有权和经营权可分为国营铁路和私营铁路；按机车牵引类型可分为电气化铁路、内燃牵引铁路和蒸汽牵引铁路；按列车运行最高时速可分为高速铁路（200千米以上）、快速铁路（160～200千米）和普通铁路（160千米以下）；按钢轨轨距可分为标准轨铁路（轨距1 435毫米）、宽轨铁路（轨距大于1 435毫米）、窄轨铁路（轨距小于1 435毫米）；按正线数量可分为单线铁路、双线铁路和多线铁路。

等级 铁路根据所承担的客货运量和在铁路网中所处的地位还可以分为不同的等级。中国国家铁路分为三级，即Ⅰ级、Ⅱ级和Ⅲ级。各级铁路对设计行车速度、曲线半径和最大限制坡度选取的标准不同，对路基、道床和轨道等的强度要求也不同。Ⅰ级铁路干线要求最高，通常铺设重型无缝钢轨、预应力混凝土轨枕、弹性扣件、硬质石碴道床。

铁路车辆 railway rolling stock 铁路上由机车牵引运行的运载工具。由车体（车厢）、走行部、车钩缓冲装置、制动装置和车辆设备五部分组成。车体是车辆上容纳旅客或货物的部分。走行部是车辆借以在钢轨上运行的部分。铁路车辆按用途分为铁路客车、铁路货车和铁路特种用途车三大类。用于运送旅客和为旅客服务的车辆为铁路客车，如座车、卧车、餐车、行李车等；用于运送货物的车辆为铁路货车，如敞车、棚车、平车、罐车等；用于铁路企业办理自身业务的车辆为铁路特种用途车，如检衡车、除雪车、试验车等。

现代客车为提高旅客列车的安全性和舒适性，多采用铝合金或全金属整体承载结构的车体，以及独立的温水或电气采暖、强迫通风、电气照明、空气调节、密封式集便厕所等设备。现代货车主要是以增大载重量和加快货车速度来保证大宗货物运输和快捷货物运输的需要。增大载重量，一是采取了结合重型钢轨的作用，提高货车的最大允许轴重；二是增加轴数。铁路车辆的主要技术经济指标有：载重，正常情况下车辆允许装运的最大重量；自重，车辆自身的重量；总重，载重与自重之和；轴重，总重除以轴数所得的商；每延米重量，总重除以车辆全长所得的商；外部尺寸，车辆外廓的长、宽、高最大尺寸。

铁路油罐车

铁路车站 railway station 铁路部门办理客、货运输业务和列车技术作业的场所。俗称火车站。按作业性质，一般可分为客运站、货运站和客货运站；按技术作业分为编组站、区段站和中间站。还有专为工矿企业服务的工业站，铁路与专用铁道衔接的联轨站，为港口水陆联运服务的港湾站，本国铁路与外国铁路衔接的国境站和在不同轨距铁路联结处办理旅客换乘、货物换装或客、货车辆换轮的换装站等。铁路车站发展的总趋势是集中作业，实现车站设备和作业过程的现代化和自动化，采用适应现代化和自动化作业的合理布置图型。如客运站广泛采用通过式布置图型；货运站按运输货物的种类实现专业化，设置现代化集装箱场，实现装卸作业机械化；编组站实现集中改编作业，新建现代化编组站取代和封闭小型编组站。

铁路轨道 railway track 由钢轨、轨枕、连接零件、道床、道岔和其他附属设备等组成的构筑物。位于铁路路基上，承受车轮传来的荷载，传递给路基，并引导机车车辆按一定方向运行。有些国家或地区又称线路上部建筑。在钢梁桥、灰坑、转盘、某些隧道以及采用新型轨道结构的地段，可以没有道床，或者也没有轨枕。

轨道组成 轨道最早是由两根木轨条组成，后改用铸铁轨，再发展为工字形钢轨。世界上多数铁路采用的标准轨距为1 435毫米。较此窄的称窄轨铁路，较此宽的称宽轨铁路。轨枕一般为横向铺设，用木、钢筋混凝土、预应力混凝土或钢制成。中国铁路直线上每千米敷设轨枕为1 600根、1 760根和1 840根，视行车速度与运量等因素确定。道床采用碎石、卵石、矿渣等材料。连接零件将钢轨扣紧在轨枕上，轨枕埋在道床内，道床直接铺在路基面上。轨道承受着垂直、横向水平、纵向水平的静荷载和动荷载，荷载从钢轨通过轨枕和道床传递到路基。

轨道类型 轨道类型的内

纵横交错的铁路轨道

容包括钢轨类型，连接零件种类，轨枕的种类和配置，道床材料和断面尺寸。它所依据的主要运营条件为铁路运量、机车车辆轴重和行车速度。轨道结构须做到在给定的运营条件下，保证列车按规定的最高速度平稳、安全和不间断地运行，将荷载有效地传递给铁路路基，并结合合理的轨道材料使用和养护制度，使其设备折旧费、建设投资利息和设备养护费用之和为最小。轨道结构类型，常按不同运营条件将铁路线分成为轨道等级来表示。

轨道养护　轨道各部分在列车重复荷载的作用以及气候环境条件的影响下，将产生磨耗、腐蚀、腐朽、疲劳伤损和残余变形。同时还会使轨距、水平、方向、高低等轨道几何形位发生变化。这些变化积累起来，如不及时消除，将加剧冲击振动，严重的甚至会引起脱轨、颠覆事故。因此，必须做好轨道更新和维修，以恢复轨道各组成部件的性能，并保持轨道几何形位处于良好状态。

展望　轨道现代化的基本目标是适应铁路运输高速度、大运量的要求，保证列车运行的安全、平稳和舒适，取得最佳的综合技术经济效果。其主要内容有：铺设超重型高强度耐磨钢轨，使用高速道岔，发展跨区间无缝线路（或称超长无缝线路），研究发展新型无碴轨道结构，轨道设备更新、修理和维修工作及管理的科学化、机械化和信息化。轨道现代化的另一发展将是结构的基本改革，如单轨轨道，有导向而无轨的磁悬浮轨道等。

铁路国有案　Railway Nationalization, Case of　中国清政府谋求强化中央集权，在帝国主义列强的压力下，宣布铁路干路国有政策，因而激起举国反对，促成武昌起义爆发的政治事件。

清宣统元年（1909）六月，军机大臣兼粤汉铁路两湖境内段（简称“湖广铁路”）督办大臣张之洞，与德、英、法三国银行订立《湖北、湖南两省境内粤汉铁路、鄂境川汉铁路借款草合同》。美国也要求参加湖广铁路借款。湖北、湖南两省在1905年刚从美国收回粤汉铁路权，民众反对再借外债、坚持主张自办建筑。清政府面对两湖人民的抵制和美国等国的压力，既防激成变乱，又怕得罪列强，便一面向英、美、德、法四国驻华使节表示，绝不改变借债筑路政策；一面谋求安抚，在原已批准湖南铁路商办之后，于1910年批准湖北铁路也归商办，却又给以多方刁难。

英、美、德、法四国各自谋求扩张在华势力。从1909年7月起约一年时间里，四国驻华使节接连唆使清政府采取强硬办法，要求从速签订正式借款合同。

湖北、湖南、广东、四川等省人民，针对帝国主义列强加紧侵略，一再指出列强对中国铁路的投资，目的在于扩张势力范围，借款筑路，国将不安。清政府对这些社会舆论充耳不闻，于湖广铁路借款合同签字前9天即1911年5月9日，用上谕宣布干路均归国有，除支路外，其从前批准商办干路各案，一律取消。诏谕一经颁布，举国反对，湘、鄂、粤、川四省尤为激烈。四川保路运动迅即转变为流血斗争。清政府急从湖北调兵前往镇压，客观上为武昌起义准备了条件。

铁路信号　railway signaling　用特定物体（包括灯）的颜色、形状、位置，或用仪表和音响设备等向铁路行车人员传达有关铁路机车车辆运行条件、行车设备状态以及行车的指示和命令等信息。主要功能是保证铁路行车安全，也是提高铁路区间和车站通过能力、增加铁路运输经济效益、改善铁路员工劳动条件的现代化科学管理手段和技术。

铁路信号按人的感觉可分为视觉信号和听觉信号。视觉信号是以物体（包括灯）的形状、颜色、位置、数目等显示信号；听觉信号是利用号角、笛、响墩等发出的音响表示信号。按功能可分为行车信号和调车信号。行车信号用于指挥列车运行；调车信号用于指挥调车。按结构可分为臂板信号和色灯、灯列信号。按显示制式可分为选路制信号和速差制信号。选路制信号是用臂板位置或灯光的颜色特征来表示列车的站线进路；速差制信号是用臂板位置或灯光的颜色特征和数目来表示列车运行应采取的速度。按设置地点可分为铁路车站信号、铁路区间信号、铁路行车指挥自动化和列车运行自动化等。现代铁路信号应用自动控制、远程控制的技术原理和设备，形成了包括区间信号、车站信号、行车指挥自动化、列车运行自动化，以及驼峰调车控制、铁路道口防护等完善的信号系统。

铁路运输　railway transportation　以机车或动车牵引车列，在轨道上载运旅客或货物的运输方式。

发展简况　1825年英国在斯托克顿和达灵顿之间修建了一条运输煤炭和旅客的铁路，这是世界上第一条公用铁路。此后，美国于1827年、法国于1828年、俄国于1834年、德国于1835年也先后兴筑铁路。到19世纪50年代，欧洲和北美几乎所有国家都修建了铁路。亚洲、非洲、拉丁美洲和大洋洲大多数国家在19世纪下半叶开始修筑铁路。中国于1876年由英商修筑了从上海到吴淞长约14.5千米的窄轨铁路——淞沪铁路。1881年为了运唐山煤炭到海口，修筑了从唐山到胥各庄的标准轨距铁路。2004年世界铁路营业里程总长约126万千米。按营业里程，美国居世界首位，俄罗斯居第二位，中国居第三位；按国土面积计算的铁路网密度，西欧国家和日本比上述3个国家高许多；按每千米线路平均所承担的客货运量，中国居第一位，其次是俄罗斯。

特点　铁路运输具有运输能力大，速度快，成本低，环境污染小，单位能耗省，可以利用多种能源，以及对运输对象、地理条件、气候条件适应性强等一系列技术经济特点，因而在运输系统中占有重要地位。它促进了生产规模、原材料供应范围和产品销售市场的扩大；加速了各地区的开发；扩大了地区之间、部门之间的劳动分工和协作；促进文化和科学技术交流。

技术设备　包括固定设备和活动设备。固定设备有线路，车站，通信信号，机车车辆的检修、整备、给水设备和建筑物以及电气化铁路的供电设施等。活动设备主要有机车、客车、货车等。此外还有为客货运输服务和保证行车安全的各种设备。科学的组织管理和先进的技术设备是提高铁路运输能力、运输效率、服务质量和经济效益的两个基本因素。

功能　铁路运输的功能是实现旅客和货物的位置移动，计量单位习称人公里和吨公里。铁路运输既要运费低廉和充分满足需要，又要具备安全、迅速、准确、便利、舒适（对旅客运输而言）的运输质量。贵重货物、鲜活易腐货物、季节性很强的货物的托运者十分重视速度；常年消费的大宗初级产品如煤、矿石等的托运者则较重视运输的大量性、连续性和运价的低廉。长途旅客较重视车内的舒适程度和运送速度，短途旅客则侧重于发、到时间是否方便，车次是否频繁等。

发展 主要有：①关闭和拆除部分运量小的线路。②关闭部分小站，将货运业务和调车作业集中到少数较大的货运站和编组站办理。③发展重载铁路。④发展集装箱（拖车集装箱）和集装箱运输，组织不同运输方式联运，开辟快速集装箱货物运行线。⑤建设高速铁路。⑥实行客货线路分工。⑦对直达车组、整列货物运输实行优惠运价；开办旅游列车；对市郊月票、团体旅客、学生、退休人员等实行多种形式的优待票价等。

铁帽 iron hat 矿床在地表强烈氧化时，铁（锰）的含水氢氧化物、氧化物和残留的黏土、砂砾等覆盖于矿床地表的堆积体。铁帽可作为某些金属矿的找矿标志。铁帽中分布最广泛的是水赤铁矿、针铁矿和褐铁矿，并常混杂有复杂的锰的氧化物，如硬锰矿、软锰矿、偏酸锰矿和水锰矿等。在原生碳酸锰矿床地表形成的以锰为主的氧化带，又称锰帽，是优质锰矿资源。大多数矿床的地表氧化带都能形成铁帽堆积。其中以金属硫化物矿床和菱铁矿矿床上部的铁帽有重要的研究价值。首先，铁帽堆积物含铁达30%以上时，是风化残积型铁矿石。含金硫化物矿床浅表的铁帽，由于金的次生富集，也是金矿石的一种类型，称为铁帽型金矿。铁帽是许多金属硫化物矿床的主要找矿标志，可以保留地下原生金属硫化物某些可鉴别的特征。根据铁帽的颜色可推测与哪类金属矿床有关，如栗色、棕色、橘红色系由含铜硫化物氧化而成，砖红色是由黄铁矿氧化而来，黄褐色和浅棕色则可能与闪锌矿有关。铁帽中残留的金属氧化物（如锑华等）、碳酸盐和硫酸盐类矿物（白铅矿、孔雀石、铅矾等），都是指示地下存在金属硫化物矿化的标志。铁帽一般多呈疏松多孔构造，孔洞的形态有时能反映原生矿物的晶形和解理面形态。铁帽的特征与气候环境和不同的地质构造条件有关，常具区域性的发育特点。因此，研究铁帽的找矿标志意义时必须掌握矿床表生变化的规律和特点。

铁木尔·达瓦买提 Tömür Dawamät（1927－06～ ）中华人民共和国全国人民代表大会常务委员会副委员长。维吾尔族。生于新

疆托克逊。1952年加入中国共产党，1950年参加工作，历任新疆托克逊县二区三乡乡长、副区长，托克逊县县长，中共托克逊县委第一书记、书记，中共吐鲁番中心县委副书记。1955～1957年在中央民族学院政治系研究班学习。1964年后历任新疆维吾尔自治区人民委员会副主席、自治区革委会生产指挥组副组长，自治区革委会常委、自治区革委会学大寨办公室主任、农牧办公室主任，中共新疆维吾尔自治区委书记、自治区革委会副主任。1979年后先后担任中共新疆维吾尔自治区委书记、自治区人大常委会主任，国家民委副主任，中共新疆维吾尔自治区委副书记、自治区主席。1994年起任第八、九届全国人大常委会副委员长。中共第十二届至十四届中央委员。

铁凝 Tie Ning（1957－09－18～ ）中国作家。生于北京。原籍河北赵县。1975年于河北保定高中毕业，赴河北博野农村插队。1979年调保定地区文化局创作组工作。

1980年任保定文联《花山》杂志编辑。1984年到河北文联从事专业创作。历任中国作家协会理事、副主席，河北省作家协会主席，中国作家协会第七届主席，第十七届中共中央委员会候补委员等职。

铁凝1975年开始发表作品，擅长描写女性的心理。20世纪80年代初的作品如《哦，香雪》（1982）、《没有纽扣的红衬衫》（1982）等，揭示人的心灵世界及其时代的投影，清纯而富有诗意。80年代中期后的一批作品如《麦秸垛》（1986）、《闰七月》、《棉花垛》（1989）、《青草垛》等，注重对传统文化的反思和对女性地位的探讨，于明丽中透露着冷峻。80年代末的长篇小说《玫瑰门》（1988）和此后的一批小说如《对面》（1993）等，侧重对人性的揭示与批判，将写实与意识流、荒诞等手法糅合在一起，辛辣、深沉而含蓄。她还写有长篇小说《无雨之城》（1994）、《永远有多远》（1999）、《大浴女》（2000）及一些散文、电影文学剧本等。2000年后，又有散文集《遥远的完美》，小说《苯花》、《谁能让我害羞》、《第十二夜》等，以及多种作品译本出版。

《铁皮鼓》 *The Tin Drum; Die Blechtrommel* 德国长篇小说。G.格拉斯作。1959年出版。主人公奥斯卡是他母亲与其表兄的私生子。3岁生日时，母亲送给他一只白色铁皮鼓，他整天挂在胸前，一有事就击鼓为警。他不愿继承父亲的洋货铺生意而拒绝成长，使身高停止在94厘米。但他头脑机敏，洞察秋毫。纳粹上台后，其父当了冲锋队小队长。母亲死后，父亲请邻家姑娘玛莉娅来照料他的店铺和奥斯卡，奥斯卡和玛莉娅发生了关系，并孕育一子，而他父亲则娶玛莉娅为妻。纳粹垮台后，他让自己长高到1.21米。他冒认一桩谋杀案的罪名，两度入疯人院。案件真相大白后，他被迫出院，深感悲哀。

小说以怪诞、讽刺的奇异手法，出色地塑造了一个"反英雄"的形象，通过主人公的"坐蛙"视角，揭开成人世界的种种丑态，是对传统叙事模式的重大突破。后被改编为同名电影并获诸多奖项。

铁器时代 Iron Age 以使用铁器为标志的人类物质文化发展阶段。生产工具和武器主要以铁为原料。由丹麦考古学家C.J.汤姆森在19世纪初提出。铁器因质地坚硬，原料丰富，价格低廉，随着冶铸和制造技术的进步，逐步应用于社会生产和生活的各个领域，在人类历史的发展中产生重大的革命性作用。一般认为，铁器时代始于公元前13世纪前后；考古学研究的铁器时代的下限，以18世纪中叶工业革命的发生为标志。中国的人工冶铁出现于前9世纪的西周晚期，到前5世纪后铁器逐步普及。

一般说来，铁器时代继青铜时代之后而发展，如在古代的中国、印度、巴比伦和埃及等。但在有些地区，铁器时代和青铜器时代大体上同时发生。在美洲大陆，欧洲殖民者到来之前的印第安各族尚不知用铁，故印第安文化中没有铁器时代。在考古学中，主要研究铁器使用的初期阶段，故在铁器时代中又划分出早期铁器时代。

铁钦纳 Titchener, Edward Bradford（1867－06－11～1927－08－03）英国心理学家，构造心理学的主要代表。生于奇切斯特，卒于美国伊萨卡。1885年入牛津大学，1890

年到德国莱比锡随W.冯特学习生理学和心理学。1892年获莱比锡大学哲学博士学位。1898年铁钦纳正式提出"构造心理学"的名称，以与机能心理学相对立。他试图从经验的构造方面去说明人的整个心理。他认为，人的心理可以用内省法分析为元素（感觉、意象、情感等），它们有各种属性（质量、强度、持续性等），并在时间和空间上混合（或联想）而成为知觉、观念、感觉、情感、情绪等心理过程。他坚持心身平行论，否认意识是客观现实的反映。铁钦纳曾任《美国心理学杂志》总编辑。主要著作有：《心理学大纲》（1896）、

《心理学教科书》(1909～1910)、《初步心理学》(1915)、《实验心理学：实验手册》(1901～1905)、《情感与注意心理学基础》(1908)、《思维过程的实验心理学》(1909)等。

在他逝世后的第二年，他的同事和学生正式组织了“实验心理学家学会”，至今一直独立于美国心理学会之外。

铁琴铜剑楼 Tieqin Tongjian Library 中国清代末年藏书世家瞿氏藏书楼。与山东聊城杨氏海源阁、浙江钱塘丁氏八千卷楼、浙江归安陆氏皕宋楼并称为清末四大藏书楼。楼址在常熟城宾汤门外十里的罟里村。瞿氏藏书始于瞿绍基。绍基，字荫棠，江苏常熟人。平生读书乐道，广购四部，旁搜金石，多收藏当时稽瑞楼和爱日精庐两家散出之宋元善本，积书10万卷。瞿绍基之子瞿镛，字子雍。镛承先志，益肆力搜求，因楼中曾藏有一张名贵的铁琴和一把古铜剑，故别称其藏书处为“铁琴铜剑楼”。瞿镛编有解题式书目《铁琴铜剑楼藏书目录》。瞿绍基的曾孙瞿启甲选择所藏宋金元刻本269种编为《铁琴铜剑楼宋金元本书影》，又将诸家题跋380余种结集为《铁琴铜剑楼藏书题跋集录》。这3种书目，互相阐扬，可了解瞿氏藏书全貌，对于古籍整理，考证版本，可资参考。藏书屡经散佚，瞿氏第五代传人瞿凤起在中华人民共和国建立后，将约当原藏7/10的剩余部分悉数捐给北京图书馆。

铁人三项运动 ironman triathlon 连续在室外完成长距离的游泳、自行车骑行和跑步的综合性体育运动项目。源于美国。由海军中校J.科林斯提出，能在一天内游海泳3.8千米，而后环岛骑自行车180千米，最后再跑完一个马拉松全程（42.195千米）的人，中间不休息，即为真正的铁人。这一

现代铁人三项运动（跑步）

想法得到众人的支持，遂于第二日，有15人参加比赛，14人赛完全程。第一名成绩是11小时46分。这次比赛后被追认为是首届世界铁人三项锦标赛。1994年9月被国际奥林匹克委员会批准为2000年第27届奥林匹克运动会（悉尼）正式比赛项目。其标准距离与顺序为游泳1.5千米，自行车骑行40千米，跑步10千米。铁人三项于20世纪70年代末传入中国，1990年1月中国铁人三项运动协会成立，11月加入国际铁人三项联合会，至2006年中国已举办了20余次大型国内与国际赛事。

铁树 *Cycas revoluta*; sago cycas 裸子植物门苏铁科苏铁属的一种。又称苏铁。

铁托 Tito, Josip Broz (1892-05-07～1980-05-04) 南斯拉夫共产主义者联盟主席(1966～1980)，南斯拉夫社会主义联邦共和国总统(1953～1980)，不结盟运动创始人之一。生于克罗地亚库姆罗维茨村一个贫苦农民家庭，卒于南斯拉夫卢布尔雅那（今属斯洛文尼亚）。1917年俄国十月社会主义革命后在鄂木斯克参加国际赤卫队并加入布尔什维克党。1920年回到南斯拉夫，同年10月正式成为南斯拉夫共产党党员。1927年担任萨格勒布五金工会书记和南共萨格勒布委员会委员。1936年任南共中央组织书记，恢复和建立党组织，组织志愿人员赴西班牙参加反对F.佛朗哥的斗争。1937年共产国际任命铁托为南共中央临时总书记，负责整顿党的组织。

1941年4月，德国、意大利法西斯侵占南斯拉夫。以铁托为首的南共中央领导了南斯拉夫人民解放战争，他任人民解放游击队总司令。1943年11月被授予元帅军衔，当选反法西斯人民解放委员会主席，兼国防委员。1944年获人民英雄称号。1945年11月29日，南斯拉夫联邦人民共和国宣布成立，铁托任联邦政府主席、国防部长和武装部队最高统帅。1948～1964年任南共中央总书记。1966年起被选为南共联盟主席。

战后，通过对经济体制的改革和实行工人自治，开创了独特的社会主义自治制度。在国际共产主义运动中，他始终坚持反对外来干涉和大国主义，为争取维护各国共产党关系中的独立自主和平等原则而奋斗。在国际事务中，倡导不结盟运动。他为缓和国际紧张局势，维护世界和平作了不懈努力。

1946～1963年，铁托任南斯拉夫联邦执行委员会主席。1953年起任南斯拉夫联邦共和国总统。1974年南共联盟第10次代表大会和南斯拉夫联邦共和国议会，选举铁托为南共联盟终身主席和共和国终身总统。

铁线蕨 *Adiantum capillus-veneris*; maidenhair/southern maidenhair fern 蕨类植物门铁线蕨科铁线蕨属的一种。多年生草本。广布于中国长江以南各地，北至陕西、甘肃和河北。也广布于世界温暖地区。高30～50厘米。根状茎细长横走。叶远生，叶柄亮乌木色，坚细如铁丝。叶片2～3回羽状分枝，末回分枝上长出扇形的小羽片，小羽片边缘4～5浅裂，基部以关节和小羽柄相连，干旱时常从关节处脱落而留下小羽柄。成熟的小羽片下面在叶脉顶端生出孢子囊，并为向下反卷而变质的小羽片边缘所覆盖，这种假囊群盖初为绿色，后变为灰棕色，长圆形，每裂片1枚。铁线蕨及属的大部分种类生长于溪边石缝或屋旁墙脚，是钙质土的指示植物。各地的公园、植物园常作盆景栽培。全草入药，能清热解毒、祛风除湿、利尿通淋，治肺热咳嗽、瘰病等症。

铁线莲 *Clematis*; cream clematis 毛茛科铁线莲属植物的统称。多年生木质或草质藤本植物。少数系直立灌木或草本。全世界约有300种，中国约有100种，多产于西南地区。

铁线莲属大多为攀缘植物。茎富韧性。单叶或复叶对生。花单朵或2～3朵簇生，直径可达14～15厘米，花色淡黄、白粉红或红、紫，雄蕊多数。瘦果上的宿存花柱伸长呈羽毛状，奇妙美观（见图）。栽培品种有铁线莲类、杂种铁线莲类、毛叶铁线莲类、转子莲类、红花铁线莲类、意大利铁线莲类。性甚耐寒，喜光。喜肥沃、疏松、排水良好的石灰质土壤。选背风向阳处以带土球的植株定植。花期需浇足水，并酌施追肥。植株的攀缘能力不强，需用铁丝扶持。

可种植于墙边、窗前，或依附于乔、灌木之旁，配植于假山、岩石之间，攀附

唐古特铁线莲

于花柱、花门、篱笆之上，也可盆栽观赏。

铁氧体 ferrite 一般指含铁的磁性复合氧化物。广义指铁族或过渡金属的复合硫族化合物。又称铁淦氧、磁性瓷，典型代表是Fe_3O_4（磁铁矿），或写成$FeO \cdot Fe_2O_3$。属尖晶石型铁氧体，其中氧离子形成两种不同的晶位结构，两种结构中的磁性离子（铁离子）间形成多种交换作用，从而产生元磁矩不能抵消的反铁磁性——亚铁磁性（见**磁介质**）。除上述亚铁磁性的铁氧体外，还有具有铁磁性、反铁磁性等广义的铁氧体。铁氧体中由于氧离子的存在，使磁性离子间的交换作用较弱，其饱和磁化强度要比金属磁性材料小，居里温度也较低（见**铁磁性**）。铁氧体是一种半导体性质的磁性材料，其电阻率远比金属要高，而且随温度升高按指数律减小，涡流损失较小，可用于高频的微波波段。铁氧体还是一种具有介电性质的磁性材料，某些铁氧体具有很高的电容率。

铁氧体的用途很广。按用途可分为软磁铁氧体、硬磁铁氧体、旋磁铁氧体和压磁铁氧体等，此外还有优良磁光效应的透明铁氧体和较高载流子迁移率的半导体铁氧体等。铁氧体在微波技术、激光和计算技术等领域有重要应用。

铁依甫江·艾里耶夫 Teyipjan Eliyop（1930～1989） 中国维吾尔族诗人。新疆霍城县人。曾就学于免费的宗教学校。后为逃避从事宗教职业，投奔三区革命的中心伊宁。中华人民共和国建立后，先后任《新疆文艺》主编，新疆维吾尔自治区宣传部文艺处副处长。1958年后受反右派斗争和“文化大革命”冲击，下放劳动改造。1979年在全国第四次文代会上当选中国作家协会副主席和中国少数民族文学艺术委员会主任。15岁开始诗歌创作。有处女作《给当兵哥哥的信》。1949年以前的作品多为憧憬光明未来的政治抒情诗。其后的作品，热情歌颂新生活，始终把握住时代的脉搏。爱情题材抒情诗写得情感真挚，坦诚直率。《唱不完的歌》、《我心爱的》、《姑娘的忧伤》等诗作，笃情悠远，独标高格。有诗集《东方之歌》(1951)、《祖国颂》(1963)、《迎接更美丽的春天》(1980) 等。这些诗歌气势雄阔，意境深邃，具有一种睿智风范，是维吾尔族当代诗歌的代表。《爱情抒情诗》、《故乡抒怀》分别获1981、1985年全国少数民族文学创作奖。

铁枝木偶戏 iron-line puppet show 中国木偶戏种类。又称铁线戏。流布于中国粤东的潮州、汕头、揭阳、饶平及闽西一带。据说是由潮州的阳窗纸影戏（因在玻璃窗内表演得名）或圆身纸影戏演变而成，因此也称潮州铁枝木偶。清代同光年间，潮州皮影弃皮成偶，改捆稻草为身，泥塑偶头，躯干四肢以木刻制，手指用纸扎铁丝做成，着戏装，并在背后和双手各安硬铁线操纵，成为木偶戏，去窗挂幕，前置桌椅，形式定型后称铁枝木偶戏。清末民间赛会频繁，班社林立，使铁枝木偶需求大增，大吴泥塑偶头工艺开始闻名，作坊遍布全乡，产品行当齐全。造型酷似当地传统工艺花灯的人物形象，偶高一尺左右，演出时通过木偶双手开合，配合潮音演唱，表演故事。各行当的表演程式，扮相服装以及音乐曲调均与潮剧相似。

铁枝木偶头

铁枝木偶班社一般有九人，操纵、演唱、乐工各三人。舞台一丈见方，离地四尺五，台中挂幕帘，操纵者在帘后表演，分头、二、三手。班社最盛时近百，以源香班最有名。当年潮州城内还有万利、万兴、光辉影戏馆三间，谢宝泉、谢香林、阿亮、吴炳泉、蔡锦坤、林耀祥等知名艺人。演出剧目以讲史、传奇、神话为主。有《审郭槐》、《薛仁贵征东》、《狄青取旗》、《包公会李后》、《红孩儿》、《草鞋记》、《陈三五娘》等传统剧目。过去铁枝木偶戏班有些身怀绝技的艺人可以包演全台，双手同时能操纵几个木偶，一人能唱生、旦、净、丑各种腔调，还兼手打鼓、脚敲锣，可谓“一口道尽千古事，双手操纵百万兵”。福建的铁枝木偶戏是由广东饶平传入的，有的用潮音演唱，有的用汉剧演唱，独具特色。

帖 calligraphic copybook 中国书法专名。最早指书写在绢帛上的书迹，后演变为对书法作品的通称。主要指可供临摹学习的书法范本。包括两类：①对于名家真迹，通常一件作品称为一帖，多用于宋代以前的名家书迹。一般取帖文词语命名，如西晋陆机的《**平复帖**》，东晋**王羲之**的《远宦帖》等。也有将一组作品合称一帖，如唐太宗将王羲之书迹分书体拼接成若干长卷，每卷收若干帖，皆以第一帖名统称全卷。②指将名家书迹编排并摹刻在统一规格的石板或木板上，再制成用以欣赏流传和临摹学习的拓本，又称为“法帖”。汇集不同时代、不同书家作品或同一书家若干作品的一般称为“丛帖”或“汇帖”，最早为北宋淳化年间摹刻的《**淳化阁帖**》；只摹刻一件作品的，称“单帖”，著名的有《定武兰亭序》、颜真卿《争座位帖》等。

从北宋到清末，官私汇刻丛帖的风气历久不衰。大量刻帖在保存书法风格、传播书法作品和推动书法发展等方面都起到重要作用，流传至今的一些孤本、善本刻帖更具有极高的艺术价值和文物价值。

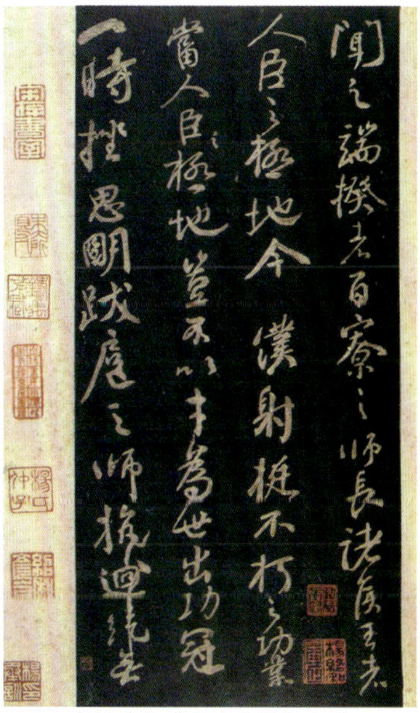

唐颜真卿《争座位帖》拓本（局部，故宫博物院藏）

听觉 hearing; audition 外界声音刺激作用于听觉器官而产生的感觉。耳是听觉器官，按结构与功能，它可以分为外耳、中耳和内耳。真正感受声音刺激的装置是位于内耳基底膜上的毛细胞。具有正常听觉的成年人可以听到每秒振动20～20 000次的声波，通常把这样一个宽的频带范围称为人的可听声频。除频率这一条件外，声

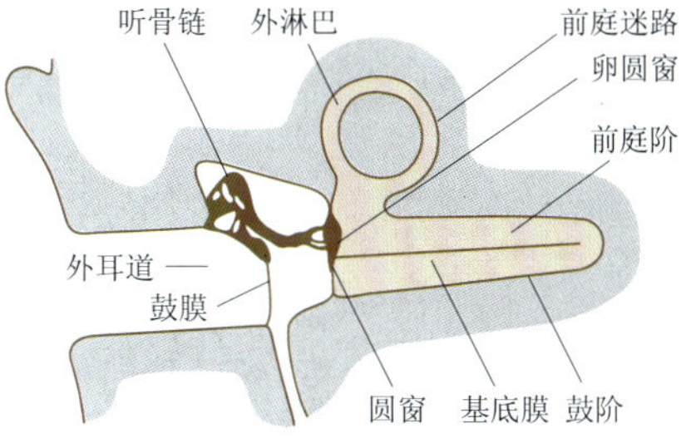

听觉器官结构模式图

音还必须具有一定的强度才能被听到，这个最小可听强度就是听觉的绝对阈限。在可听声频率范围内，人对1 000～4 000赫的中高频声音特别敏感。

声音有三种基本特性。①音高，即声音高低的属性。它与声音波形的重复速率有关，一般来讲，频率越高音高也越高。②响度，即声音强弱的属性。它与声音的强度和频率有关。③音色，它是复合声的一种主观属性，人们根据它可以把具有相同的音高和响度的复合声区分开来。音色主要取决于声能在不同频率上的分配模式。

噪音对言语听觉的干扰作用称声音的掩蔽。在掩蔽情况下，要使讲话能被听清，必须提高说话的声音，这个提高的量就是掩蔽阈限。同时用两耳收听所产生的听觉称双耳听觉。确定声源位置的能力主要是依靠双耳听觉。

在听觉刺激的持续作用下，听觉感受性降低的现象称听觉适应。强度大大超过感受器正常生理反应限度，长时间作用的声刺激，会造成听觉疲劳。听觉疲劳表现为听觉阈限的暂时性的提高。听觉疲劳由于不断地累加而长时期得不到恢复，最终将会导致永久性的听力损失。

听力重建 hearing reconstruction 采用手术方法治疗不同原因造成的耳聋，以恢复听力的治疗手段。

正常的传声功能要求：①通畅的外耳道。②正常的鼓膜。③完整并可正常活动的听骨链。④功能正常的圆窗和卵圆窗。⑤能维持鼓室腔内外压力平衡的咽鼓管。

手术适应证 主要适用下列疾病：①外耳道病变。最常见的是外耳道狭窄或闭锁。②鼓膜病变。鼓膜穿孔最常见。③听骨链病变。因炎症、胆脂瘤、外伤、先天性畸形等引起。④卵圆窗和圆窗病变。鼓室硬化症（中耳炎后遗症）侵及卵圆窗及镫骨等可使镫骨不能活动。⑤咽鼓管病变。咽鼓管功能状态是决定听力重建手术成功与否的主要因素。

手术种类 主要有：①外耳道成形术。治疗外耳道狭窄和闭锁的手术方法。②镫骨手术。治疗因耳硬化症而致镫骨固定引起的传导性耳聋的手术。③鼓室成形术。将中耳传音机构损害加以修复。包括：清除中耳及乳突病变、检视听骨链的病变和活动程度并加以纠正、恢复鼓膜的完整等。④听骨链重建术。重建缺失、中断或固定的听骨链以恢复由鼓膜至镫骨足板的传声功能。

听证 hearing 在行政程序中行政主体作出影响当事人即行政相对人权利义务的决定之前，允许当事人就事实和法律问题提供证据，进行陈述与申辩，通过公正、公开、民主的方式听取当事人意见，以保证行政决定合法合理的程序性法律制度。它是行政相对人的行政参与权与防卫权的体现。

“听证”一词溯源于英美普通法上的“自然公正原则”。这个原则包括两项基本内容：一是听取对方意见；二是不能作自己案件的法官。这个原则最初适用于司法程序，后来成为约束行政机关实施行政行为的程序规则。随着20世纪各国行政程序立法的迅速发展，听证程序成为行政程序法的核心内容之一。在现代法治国家，为了防止行政权的专断与滥用，保障公民、法人或者其他组织的合法权益，听证程序被广泛适用。

听证主持人类似司法程序中的法官，享有主持听证、指挥听证、接受证据、记录证言、作成建议性决定或决定等权利。听证当事人是指权益直接受行政行为影响的公民、法人或其他组织。正式的听证通常以言辞辩论的方式公开举行。听证记录以书面形式作出，对行政机关的行政决定具有拘束力。在有法律明确要求时，行政机关必须以听证记录为作出决定的唯一依据。

中国1996年制定的《行政处罚法》首次规定了部分行政处罚决定适用听证程序。此后，《价格法》规定建立听证会制度，适用于制定关系群众切身利益的公用事业价格、公益性服务价格、自然垄断经营的商品价格等政府定价、政府指导价；《立法法》以及《行政法规制定程序条例》、《规章制定程序条例》对行政立法行为规定了听证制度；《行政许可法》对某些行政许可事项也规定了听证制度。

烃 hydrocarbon 由碳和氢两种元素组成的有机化合物。又称碳氢化合物。在烃分子中碳原子互相连接，形成碳链或碳环状的分子骨架，一定数目的氢原子连在碳原子上，使每个碳原子保持四价。烃的种类非常多，是有机化合物的母体。

烃的最重要来源是石油和天然气，以及炼焦过程中产生的煤焦油。有的烃存在于植物中，如烟叶上的蜡、番茄和胡萝卜中的色素、天然橡胶等都是烃。蜂蜡中也含有烃。烃的最重要用途是作为交通运输和工业的动力，以及生活用的燃料；其次是作为化学工业的原料。利用这些烃类原料再加工成各种中间产物或产物。加工应用烃类化合物的规模和深度可以反映一个国家经济和技术的发展程度。

烃的种类虽然很多，但彼此仍有一些共同的性质。大多数烃为液体或固体，分子中碳原子的数目不超过5的烃在室温（20℃）下为气体。烃在水中的溶解度很小或不溶于水。液体烃的相对密度小于1，可以浮在水面上。不同的烃往往可以互相溶解。所有的烃都能燃烧，烃是重要的能源。

烃可以根据结构分成三大类：①脂链烃。烃分子中碳原子连接成没有分支的直链或有分支的支链。脂链烃包括饱和烃和不饱和烃。饱和烃分子中碳原子之间只以单键相连，不饱和烃分子中有的碳原子以双键或三键相连。②脂环烃。烃分子中碳原子互相连接成闭合的碳环。脂环烃分子中可含有一个、两个或多个环，可以是饱和的环烷烃或不饱和的环烯烃和环炔烃。③芳烃。一般是指分子中含有苯环的烃，它们的性质与脂环烃不同。见芳香族化合物。

烃源岩 hydrocarbon source rock 曾经生成过烃类并排出到储集层的细粒沉积。又称生油（气）岩或生油母岩。主要是富含有机质的暗色泥质岩和碳酸盐岩，其次是煤。暗色泥质岩和碳酸盐岩生成油气，煤主要生成天然气，也能生成油并成藏。一般需要从有机质的数量、丰度和有机质的成熟度3个方面对烃源岩进行研究并作出定性和定量评价。泥质岩烃源岩有机碳含量高，其生烃低限为0.4%～0.5%；碳酸盐岩烃源岩有机碳含量低，其生烃低限为0.2%～0.3%。根据沉积环境，可分为海相烃源岩和陆相烃源岩。烃源岩的干酪根类型为：腐泥型（Ⅰ型）、腐殖-腐泥型（$Ⅱ_1$型）、腐泥-腐殖型（$Ⅱ_2$型）和腐殖型（Ⅲ型）。Ⅰ型和Ⅱ型以生油为主，Ⅲ型以生气为主。自然演化和热压模拟证实，烃源岩是在还原环境沉积条件下迅速埋藏形成，由于温度和压力的持续作用，沉积物中有机质在成岩作用的中后期，经腐殖化和腐泥化作用，转化为黄腐酸和腐黑物，直到最后衍变为“干酪根”，在热力作用下，经热降解而成烃。烃源岩是一个盆地有无含油气远景和远景大小的物质基础。中国已发现的油气主要赋存在中新生代地层内，它们的烃源岩几乎全是陆相湖泊沉积，以泥质岩为主，岩层中常见有黄铁矿（FeS_2）、菱铁矿（$FeCO_3$）等自生还原环境的指相矿物，其次是沼泽沉积的煤层。已有的研究和勘探实践表明中国主要存在三大类烃源岩：一是湖相烃源岩，二是煤和陆源有机质烃源岩，三是海相烃源岩。然而在世界上，大多数油气田的烃源岩为海相沉积。

廷伯根 Tinbergen, Nikolaas (1907-04-15～1988-12-21) 英籍荷兰动物学家，现代行为生物学奠基人之一。生于荷兰海牙，卒于英格兰。自幼对博物，特别是鸟类生活，有浓厚兴趣，后进莱顿大学攻读生物学，20世纪30年代在莱顿大学任教期间从事动物行为的研究。1949年他再度与K.洛伦茨合作，并于同年应邀至英国牛津大学工作，研究重点转向了行为的进化。他在50～60年代最重要的工作是对鸥类的比较研究。70年代中，他又试图将行为生物学的研究方法用

于研究人类行为，这时期他研究了婴儿孤独症（坎纳氏综合征）。

1963年廷伯根总结了自己对行为生物学的观点，提出行为生物学的研究内容有四：行为的动因；行为的发育；行为的生存价值；行为的进化。他认为，行为生物学的研究可分为两个阶段。第一阶段是在自然状态下进行观察，描述行为的内容及其发生背景。第二阶段则要通过实验进一步探讨行为的动机、发育和生存价值，并尝试重建进化过程。他的重要著作有《本能的研究》、《动物的社会行为》及《银鸥世界》等。1973年，因廷伯根的开创性贡献，他和洛伦茨及K.von弗里施共获首次颁发给行为学研究的诺贝尔生理学或医学奖。

廷布 Thimphu; Thimbu　不丹王国首都，廷布宗首府。位于国境西部的旺河上游廷布谷地内，海拔2 425米，是亚洲地势最高的首都。人口4.25万（2005）。气候冬冷夏凉，年平均气温仅7.9℃。平均年降水量876毫米。始建于13世纪，初名东贡城堡（意为“蓝石城堡”），1641年扩建，易名扎什曲宗，意为“吉祥法宗”。原为不丹夏宫，1955年，不丹国王移此长住，1960年又建新的城堡。1962年正式定为不丹的永久性首都，更现名，意为“法王（驻地）”。经过兴建学校、医院、商店、娱乐场和大批住宅，已成为不丹发展最快的城镇。新建王宫位于城北。全国最大的经济中心，稻谷、玉米、粟和马铃薯等农产品的集散地。有水果加工、木材加工、酿酒等工厂及手工业作坊等。河流上游建有廷布水电站，供动力和照明用。交通枢纽，廷布—庞措林国家公路南通印度。

廷布的扎什曲宗和德钦曲林宗

亭 pavilion　中国传统建筑中周围开敞的小型点式建筑，供人停留、观览，也用于典仪。俗称亭子。出现于南北朝的中后期。

明十三陵长陵圣德碑亭及华表

亭一般设置在可供停息、观眺的形胜之地，如山冈、水边、城头、桥上以及园林中。还有专门用途的亭，如碑亭、井亭、宰牲亭、钟亭等。亭的平面形式除方形、矩形、圆形、多边形外，还有十字、连环、梅花、扇形等多种形式。亭的屋顶有攒尖、歇山、锥形及其他形式复合体。大型的亭可筑重檐，或四面加抱厦。陵墓、宗庙中的碑亭、井亭可做得很庄重，如明长陵（见明十三陵）的碑亭（见图）。大型的亭可以做得雄伟壮观，如北京景山的万春亭；小型的亭可以做得轻巧雅致，如杭州三潭印月的三角亭。亭的结构以木构为最多，也有用砖石砌造的。亭多做攒尖顶和圆锥形顶。

庭荫树 shade tree　以遮荫为主要目的的树木。又称绿荫树、庇荫树。早期多在庭院中孤植或对植，以遮蔽烈日，创造舒适、凉爽的环境。后发展到栽植于园林绿地以及风景名胜区等远离庭院的地方。热带和亚热带地区多选常绿树种，寒冷地区以选用落叶树为主。选择树种要求：生长健壮，树冠高大，枝叶密茂荫浓；荫质良好，荫幅大；无不良气味，无毒；少病虫害；根蘖较少，且生长较快，适应性强，管理简易，寿命较长；树形或花果有较高的观赏价值等。一般可孤植、对植或3～5株丛植于园林、庭院。一般适合当地应用的行道树，都较宜用作庭荫树。庭荫树的作用在于形成绿荫以降低气温，并提供良好的休息和娱乐环境。

庭院生态经济 farmer' s household ecological economy　中国农民利用自己农家院落及周围空间，在生态经济学理论指导下建立的充分合理利用资源，尽量减少废弃物，促进农户增收和减少环境污染的一种新的农户经济形式。又称农户庭院生态经济。是一种集约型生态经济。是中国农民的创造，并突出体现了立体经济、循环经济等特点。生产经营内容包括种植业、养殖业、加工业、服务业等，并重视发展无公害“绿色产品”。经济运行类同于城乡生态企业，都属于中国生态经济协调发展地区体系的微观建设层次。实质是建立新的、合理有效的农户人工生态系统。结果经济效益、生态效益和社会效益显著，有的地区已经成为农民脱贫致富的有效途径和县域经济的重要支柱。

庭州 Tingzhou Prefecture　中国唐朝在相当今新疆境内的地方所置三州之一。领金满、轮台、蒲类三县（后增置西海县），治金满（今新疆吉木萨尔北破城子）。州境在汉代为车师后部。唐初为西突厥浮图城地，可汗遣其叶护屯此，与高昌相结。贞观十四年（640）唐平高昌，叶护惧而以城降，唐即于其地置州。庭州地处天山北麓，东连伊州、沙州，南接西州，西通弓月城、碎叶镇，是唐在天山以北的政治、军事重镇，曾于此设置屯田。文明元年（684）于州设瀚海军，常驻军一万二千人，马四千二百匹。

长安二年（702）于此置北庭都护府，统辖西突厥十姓部落诸羁縻府州。先天元年（712）又设北庭伊西节度使，由北庭都护兼领，统瀚海、天山（驻西州）、伊吾三军共两万人，用以防制突骑施、坚昆。开元中，北庭都护盖嘉运对州城重加修筑，城中除府邸军衙外，还有佛寺道观、贸贩市场。安史之乱后，北庭仍为唐守，贞元六年（790）被吐蕃攻占，9世纪中叶为回鹘所居。

䗴 Fusulinid　一类已经灭绝的海生单细胞动物。又称纺锤虫。属于原生动物门肉足虫纲有孔虫亚纲的一个目或亚目，也有人把它作为一个超科。地理分布很广。目前在世界上除南极洲尚未见报道外，其余各洲均有发现。中国是世界上主要产䗴的地区之一。个体很小，一般归为微体化石。最大的䗴壳长仅30毫米，最小的不足1毫米。外形呈凸镜形、圆球形、正方形、圆柱形、纺锤形等，最常见的是纺锤形。

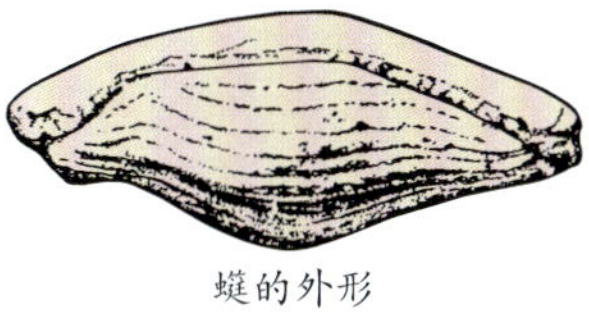

䗴的外形

䗴是浅海里的底栖动物，栖居海底，借丝状伪足伸缩运行，行动十分迟缓。日常食料是海水中的微小生物。它们凭借无性和有性两种生殖方法交替进行，繁衍种族。䗴生活于距今约3.5亿～2.5亿年前，即地质历史中所称的石炭纪至二叠纪时期。

这一时期是世界重要的成煤时期。对蜓的研究除生物学意义外，对煤田地质勘探也有重要的实践意义。

梃击案 the Palace Assault, Case of 中国明代三案之一。万历四十三年（1615）五月初四，有一男子手持枣木棍，闯入太子所居之慈庆宫，击伤守门官，直至前殿，被内监所执。经审问，朝野内外皆疑郑贵妃欲谋杀太子，以扶立福王。

通布图 Tombouctou 马里历史名城和商路要站。又称廷巴克图。位于撒哈拉沙漠南缘尼日尔河北岸。人口约6.89万（2005）。气候干热，年降水量不足250毫米。年平均气温29℃以上，绝对最高气温达48℃，日温差大。原为图阿雷格人季节性牧场宿营地，1087年始建，后逐渐成为撒哈拉沙漠南缘重要商路交会点，中世纪伊斯兰教学术文化中心。13世纪后并入马里王国。14世纪为马里王国和桑海帝国与北非、加纳、科特迪瓦间进行金、盐、椰枣、鱼畜产品、纺织品贸易的重要市场。15世纪前后商业、文化达鼎盛时期，居民多达4万余人，与杰内一起成为西非文化及宗教中心，与开罗、巴格达和大马士革齐名。1893年被法国占领后衰落。现为大区行政中心，尼日尔河港口，农牧产品贸易集散中心。骆驼和河

桑科尔清真寺

运在交通运输中占重要地位。与尼日尔河卡巴拉港有长10千米柏油公路相通，在库利科罗及昂松戈之间全年通航。有航空站。附近有锰矿藏。城区建有肉类加工企业和马具、皮革、装饰品等手工业。城市布局和建筑保留15世纪风貌，多阿拉伯式建筑。通布图大清真寺是始建于1325年的伊斯兰建筑群，建于14世纪末的桑科尔清真寺，兼具伊斯兰高等学府功能，历史上来自阿拉伯世界和其他地区的成千上万的学者在此研修。通布图古城1988年被联合国作为文化遗产列入《世界遗产名录》。

通道侗族自治县 Tongdao Dong Autonomous County 中国湖南怀化市辖自治县。位于省境西南端，沅江支流渠水上游，南邻广西，西连贵州。面积2 225平方千米。人口

万佛山风光

21万（2010），有侗、汉、苗、瑶等13个民族，其中侗族占总人口的78.3%。唐为朗溪县。宋崇宁置罗蒙县，后改通道县。1954年成立通道侗族自治县。矿产有锰、铜、铁、砂金、水晶等。农作物有水稻、甘薯、玉米、油菜、棉花和烟叶等。林产有杉、松、楠竹和柑橘、木耳等。珍贵树种有伞花木、观光木、沉水樟、金叶白兰、海南五针松等40余种。珍稀野生动物有野牛、熊、大鲵等。工业有机械、建材、纺织、造纸、酿酒和木材加工等。主产松香、木器、藤椅、水泥、棉布、酒类等。名胜古迹有万佛山、马田鼓楼、回龙桥、白衣观，纪念地有“通道会议”旧址等。

《通典》 *Comprehensive Institutions* 记述中国唐代天宝以前历代经济、政治、礼法、兵、刑等典章制度及地志、民族的专书。唐杜佑撰，共200卷，内分9门，子目1 500余条。约190万字。唐开元末年，刘秩仿周礼六官所职，根据经史百家文献资料，撰《政典》35卷。杜佑以该书为基础，增益资料，扩充规模，撰成《通典》，于贞元十七年（801）进呈。《通典》确立了中国史籍中与纪传体、编年体并列的典制体，开辟了史学著述的新途径。在《通典》影响下，《通志》、《文献通考》等书相继问世，为研究中国历代典章制度提供了很大的方便。《通典》全书综论有关历代政治制度、经济措施、州郡建置以及边防政令等，略于远古，详于当世，时间断至天宝年间，部分内容至中晚唐。《通典》大量引用古代文献资料，其中许多文献今已亡佚，赖有《通典》得以部分保存。书中有关唐代的内容，多取自当时的官方文书、籍帐、大事记以及私人著述，均属第一手材料。《通典》在宋、元、明、清各代有多种刻本，以清乾隆武英殿刻九通本最为流行。国外有朝鲜活字刊本。今存最古版本为北宋刻本，现藏于日本宫内厅书陵部。1981年日本汲古书院以其原版影印刊行，其缺卷部分用日本天理图书馆藏南宋刻本、静嘉堂文库藏元刻本补齐。

通风机 ventilator 依靠机械能提高气体压力并排送气体的机械。排气压力低于0.015兆帕。是一种从动的流体机械。广泛用于通风、排尘、冷却、消防排烟和推进等。通风机的工作原理与透平压缩机基本相同，只是由于气体流速较低，把气体作为不可压缩流体处理。

类型 按气体流动方向的不同，通风机主要分为：①离心通风机。动力机（主要是电动机）驱动蜗形机壳内的叶轮旋转，将空气经吸气口从叶轮中心处吸入。叶片对气体的动力作用使气体压力和速度提高。②轴流通风机。动力机驱动圆筒形机壳内的叶轮旋转，使气体从集流器进入，通过叶轮获得能量，提高压力和速度，然后沿轴向排出。③斜流通风机。又称混流通风机。气体以与轴线成某一角度的方向进入叶轮，在叶道中获得能量，并沿倾斜方向流出。④横流通风机。具有前向多翼叶轮的小型高压离心通风机。气体从转子外缘的一侧进入叶轮，然后穿过叶轮内部从另一侧排出，气体在叶轮内两次受到叶片的力的作用。出口截面窄而长，适于安装在各种扁平形的设备中用来冷却或通风。

性能 通风机的性能参数主要有流量、压力、功率、效率和转速。另外，噪声和振动的大小也是通风机的主要技术指标。通风机空气功率与通风机轴功率之比称为通风机轴效率。通风机轴效率可达90%。

通古斯大爆炸 Tunguska Explosion 1908年6月30日发生于俄国西伯利亚通古斯地区的巨大的空中爆炸事件。这天早晨，在俄国西伯利亚上空突然出现一个大火球，比太阳还亮，同时发出震耳欲聋的爆炸声，在1 000平方千米以内都可听到，一团蘑菇状浓烟蹿至20千米的高空。爆炸产生的冲击波摧毁几百平方千米的森林，灼热的气浪席卷整个泰加大森林，树木大片倒下。在距爆炸中心3 000米范围内，出现直径1～50米的坑穴200多个，周围的树木呈放射状向外侧倾倒。爆炸的气浪使西伯利亚东部出现强烈的气流。英吉利海峡彼岸的英国气象中心也监测到大气压持续20分钟的剧烈波动。圣彼得堡以及澳大利亚、爪哇、华盛顿等地的地震仪都记录到地震波。地震波绕行地球两圈。连续两个晚上，天空异常明亮。这次爆炸的能量高达（5±1）×10^{16}焦。关于爆炸的成因，较普遍的意见是一颗直径约60～70米的小彗星的冰核与地球相遇，下坠到西伯利亚通古斯地区上空爆炸。

通古斯语支 Tungusic branch 阿尔泰语系满-通古斯语族的语支之一。在中国，通古斯语支分布于内蒙古自治区的鄂温克族自治旗、鄂伦春自治旗、陈巴尔虎旗、莫力达瓦达斡尔族自治旗、阿荣旗、根河市、

扎兰屯市和黑龙江省的黑河市、逊克县、呼玛县、塔河县、讷河市、嘉荫县、同江市、饶河县；在国外，分布于俄罗斯的东西伯利亚和远东的克拉斯诺亚尔斯克边疆区、萨哈（雅库特）共和国、布里亚特共和国、哈巴罗夫斯克边疆区、滨海边疆区、萨哈林州、堪察加州、马加丹州等地以及蒙古国的巴尔虎地区。

语言的主要特点：元音一般分长短。ŋ可以出现在词首。格的数目较多。名词有人称领属和反身领属形式。动词有人称形式。动词使动态和被动态的语音形式不同。句子的主语和动词之间往往在数和人称方面存在着互相呼应的关系。

通关 customs clearance 货物、物品和运输工具通过收发货人、所有人或代理人按规定履行海关手续而合法进出关境的行为。中华人民共和国海关现场通关的基本程序是：申报、审单、查验、征税、放行、结关。①申报。进口货物的收货人、出口货物的发货人或他们的代理人向海关报告其进出口货物情况，申请海关审查、放行。②审单。海关对报关交验的进出口货物报关单和随附的有关单证进行审核，并据此确定进出口货物的合法性和是否接受申报，同时为查验、征税、放行、统计及后续管理业务环节提供完整、准确、可靠的报关单证和报关数据。③查验。海关根据报关单位向海关申报的内容（主要是交验的有关单证或传送的报关数据），对进出口货物的实际核查。④征税。海关对进出口货物征收关税、增值税、消费税、监管手续费及其他税费。⑤放行。海关对货物作出结束海关现场监管决定的行政行为。⑥结关。对一般进出口货物，放行即为结关。对现场放行后仍需实施后续管理的货物，结关是指海关在规定的期限内，通过对其复出口和余料情况进行实际的核查，或对其实际用途进行核对，并对应补证、补税货物作出处理后，作出是否结束海关监管决定的行政行为。

通航建筑物 navigation structure 用于克服集中水位落差或地形障碍而升降或通过船舶的水工设施。又称过船建筑物。通航建筑物按功能可分为升降船舶的建筑物和通过船舶的建筑物两类。升降船舶的建筑物又可分为船闸与升船机两种基本形式。此两种形式的通航建筑物在水利枢纽中用以克服集中于拦河坝的水位差，使船舶从一个水位提升或下降至另一水位，实现船舶航行过坝的目的。通过船舶的建筑物包括航运隧洞与航运渡槽。当人工运河穿越高山时，为减少大量开挖而开凿隧洞过船。当人工运河跨越山谷或需架空时，则需建设航运渡槽以使船舶通过。

通化市 Tonghua City 中国吉林省辖地级市。位于省境南部长白山区，与朝鲜隔鸭绿江相望。辖东昌、二道江2区，通化、辉南、柳河3县，代管梅河口市、集安市。面积

通化浑江风光

15 698平方千米。人口233万（2010），有汉、满、朝鲜、回、蒙古等12个民族。西周时为肃慎属地。清属盛京将军辖下岫岩州东边地。光绪三年（1877）析置通化县。1942年析通化县置通化市。矿产有铁、镍、铬、金、煤、石灰岩、石膏、云母、花岗岩等。盛产水稻、玉米、大豆等。林产椴、柞等，是吉林省重点林区。工业有采矿、冶金、纺织、食品、电力、机械、医疗、建材、化工、造纸和木材加工等。名胜古迹有洞沟古墓群、玉皇山公园、五女峰、三仙峡、三角龙湾火山口湖等，革命纪念地有靖宇陵园等。

通惠河 Tonghui River 中国人工河道。又称里运河。位于北京市，西起东便门大

通州通惠河永通桥

通桥，沿程经庆丰闸、高碑店闸、普济闸、八里桥，至通州城北注入北运河。干流全长约20千米。流域面积251平方千米。始凿于元代，即将白浮泉引向西行，再注入瓮山泊（今昆明湖），从瓮山接高梁河（今长河）把水引入大都，蓄于积水潭（今什刹海），然后东南流出文明门（今崇文门），东下到通州高丽庄，与京杭运河相接。1292～1293年，由郭守敬主持开凿，古时漕船至大通桥止，曾名大通河，现已淤塞，仅存通州至大通桥一段。

通货贬值 currency depreciation 单位货币所含有价值或所代表的价值的下降，即单位货币价格下降。见货币贬值。

通货紧缩 deflation 一定时期内商品和劳务的一般价格水平持续下跌，或货币购买力持续上升的经济现象。

含义 通货紧缩通常被看作是与通货膨胀相对立的一种经济运行状态。通货紧缩考察的是商品和劳务价格的下跌，而不是股票、债券等金融资产价格的下跌。

通货紧缩除物价普遍、持续下跌的基本含义外，还有另外两种定义方法：①通货紧缩包括价格水平的持续下跌和货币供应量的持续下降，即“两要素”论；②通货紧缩是指价格水平的持续下跌、货币供应量的持续下降，并伴随经济增长率的下降，即“三要素论”。

原因 引起通货紧缩的原因主要包括：①政府实施的紧缩性宏观经济政策。中央银行紧缩货币供应量和政府削减财政支出引发物价下跌。②经济中的有效需求下降。有效需求不足、产品供大于求，会出现物价持续下跌。③技术进步。技术进步会导致生产成本大幅降低，从而引起物价在随后一个时期持续下跌。④外部经济环境变化。

影响 通货紧缩对经济的影响较为复杂：①对收入分配的影响。一般来说，通货紧缩有利于债权人、领取工资和薪金的固定收入者、领取社会保险金的人（如离退休人员）以及持有现金者，而不利于债务人、雇主和持有实物资产的人。通货紧缩实际上是通过价格下跌的形式，在社会成员之间进行了收入再分配。②对经济增长的影响。通货紧缩有时可以与经济增长并行不悖。此外，由技术进步引起的通货紧缩也是生产力提高的合理反映。

但是，大多数经济学家认为，如果通货紧缩是由有效需求下降等其他因素引起的，且持续时间较长、紧缩程度较为严重，就会对经济运行造成不利影响、引发经济衰退和失业增加。

通货膨胀 inflation 纸币的发行量超过商品流通中所需要的货币量而引起的货币贬值、物价上涨的状况。通货膨胀是纸币流通条件下特有的一种社会经济现象。

原因 纸币是一种纯粹的货币符号，没有价值，只是代替金属货币执行流通手段的职能；纸币的发行量应以流通中需要的金属货币量为限度，如果纸币的发行量超过了流通中需要的金属货币量，纸币就会贬值，物价就要上涨。因此，纸币发行量过多引起的货币贬值、物价上涨，是造成通货膨胀的直接原因。

特点 ①纸币因发行过多而急剧贬值。在流通中所需的金属货币量已定的情况下，纸币发行越多，单位纸币所能代

表的金属货币量就越少，纸币的贬值程度就越大。纸币的贬值程度即纸币贬值率的计算公式是：

纸币贬值率=

$$\left(1-\frac{\text{流通中所需要的金属货币量}}{\text{纸币发行量}}\right)\times 100\%$$

例如，一个国家某个时期流通中所需要的金属货币量是100亿元，实际发行的纸币是200亿元，纸币贬值率＝

$$\left(1-\frac{100}{200}\right)\times 100\%=50\%$$

②物价因纸币贬值而全面上涨。纸币贬值率越高，物价上涨率也就越高，物价上涨率的计算公式是：物价上涨率=

$$\left(\frac{\text{纸币发行量}}{\text{流通中所需要的金属货币量}}-1\right)\times 100\%$$

例如，一个国家某个时期流通中所需要的金属货币量为100亿元，实际发行的纸币是200亿元，物价上涨率=

$$\left(\frac{200}{100}-1\right)\times 100\%=100\%。$$

类 型 ①需求拉动型通货膨胀。总需求过度增长超过了现有价格水平下的商品总供给，引起了物价普遍上涨。总需求的过度增长表现为由于投资膨胀和消费膨胀所导致的持续的货币供应量超过社会商品可供量的增长，因而又称过量需求通货膨胀。②成本推进型通货膨胀。由于成本上升所引起的物价普遍上涨。导致成本上升的因素一是物耗增多，二是工资的提高超过劳动生产率的增长。③结构性通货膨胀。由于社会经济部门结构失衡而引起的物价普遍上涨。这种类型的通货膨胀一般在发展中国家较为突出。主要表现为3种情况：一是国内某些部门，甚至某些大宗关键产品需求过多而供给不足，导致价格猛涨，并且只涨不跌，进而扩散到其他部门产品的价格，从而使一般物价水平持续上涨；二是国内各部门劳动生产率发展不平衡，导致劳动生产率提高较快的部门货币工资增长后，其他部门的货币工资也会随之增长，引起价格上涨，从而使一般物价水平普遍上涨；三是开放型经济部门的产品价格受国际市场价格水平影响而趋于提高时，会波及非开放型经济部门，从而导致一般物价水平的上涨。④输入型通货膨胀。由于输入品价格上涨而引起国内物价的普遍上涨。这种类型一般出现在世界性通货膨胀的情况下，并通过国际贸易、跨国公司、开放型经济部门等途径在国际间传播。⑤抑制性通货膨胀。在市场上存在着总供给小于总需求，或供求结构性失衡的情况下，国家通过控制物价和商品定额配给的办法，强制性地抑制价格总水平的稳定，这是一种实际上存在，但没有发生的通货膨胀现象。

影 响 ①对经济发展的影响。通货膨胀下的物价上涨使价格信号失真，容易使生产者误入生产歧途，导致生产的盲目扩张，造成国民经济的非正常发展，使产业结构和经济结构发生畸形化，从而导致整个国民经济的比例失调。当通货膨胀所引起的经济结构畸形化需要矫正时，政府必然会采取各种措施来抑制通货膨胀，结果会导致生产和建设的大幅度下降，出现经济的萎缩，因此，通货膨胀不利于经济的稳定、协调发展。②对收入分配使影响。通货膨胀使货币贬值，造成低收入居民的生活水平不断下降。当通货膨胀持续发生时，就有可能造成社会的动荡与不安宁。③对对外经济关系的影响。通货膨胀会降低本国产品的出口竞争能力，引起黄金外汇储备的外流，从而使汇率贬值。

对 策 在发生通货膨胀时，一国政府可以采取的对策主要包括：①紧缩货币供应量。这是现实中最常采用的对策，但它可能会带来经济衰退和失业增加的不利后果。②指数化政策。即将工资与物价指数联系起来，物价上涨时，工资也随之按相同比例或部分比例上升。其目的是减轻通货膨胀对收入分配的负面影响。③收入政策。即政府为缓和通货膨胀而采取的控制工资与物价上涨的政策措施。由于其重点是工资性收入，所以被称为收入政策。

通货膨胀目标制度 inflation targeting 一种货币政策框架。面对经济金融体系的复杂化和货币政策传导机制的多元化，新西兰于1990年率先实行通货膨胀目标制度。此后，多个国家也先后实行这一货币政策框架，放弃中介目标，凭借充分相机抉择的工具操作直接盯住通货膨胀，实行物价稳定的目标约束下的相机抉择的工具操作。

完备的通货膨胀目标制度具有以下特征：①具有量化的、以具体的价格指数表示的通货膨胀目标。尽管货币政策还考虑其他第二位的目标，但达到该通货膨胀目标是货币政策的主要目标。没有诸如利率、汇率或者货币供应量增长率这一类的名义目标。②决策过程可以被称为“盯住通货膨胀预测”，也就是说，通货膨胀预测具有显著的作用，货币政策工具就是根据能使通货膨胀预测与目标一致的方式设定的。不排除产出缺口以必要的方式进入工具设定。③货币政策具有较高的透明度和可信度。中央银行对实现通货膨胀目标承担责任，并且提供关于通货膨胀预测的报告。同时，对通货膨胀目标的制度承诺至关重要，这些承诺包括：①中央银行具有工具独立性，意指中央银行具有运用货币政策工具的独立性，有时还包括设定实现通货膨胀目标的途径的独立性。②中央银行对实现通货膨胀目标承担责任。

通缉 order the arrest of a criminal at large 侦查机关通令缉捕在逃的并且应当逮捕的犯罪嫌疑人的侦查行为。在中国，通缉令只能由公安机关发布，其他侦查机关需要通

2003年5月美国紧急通缉也门爆炸案在逃恐怖分子

缉犯罪嫌疑人的，应通过公安系统发布通缉令。实践中，通缉令一般是文书形式，电视通缉、计算机互联网通缉也被普遍采用。对真实姓名和住址不明的现行犯罪嫌疑人或重要犯罪嫌疑人，则应采用内部通报的形式，根据已掌握的情况进行查找，而不用通缉令。“红色通缉令”是国际刑警组织最著名的一种国际通报，因其右上角有一红色方块而得名，由国际刑警组织在1960年第29届年会上为统一国际通缉令的格式、建立传递通缉令的渠道所创制。它的通缉对象是有关国家的法律部门已发出逮捕令、要求成员国引渡的在逃犯。各国国际刑警组织国家中心局接到“红色通缉令”后，应立即予以查证，如发现被通缉人员的踪迹，应迅速将其缉拿归案。

通加人 Tonga 南部非洲赞比亚共和国的主要民族之一。又称巴通加人。约120万人(2002)。另有25万人分布在津巴布韦。属尼格罗人种班图类型。族源与邻近的伊拉人、伦杰人和托特拉人等相近。包括通加人本支、戈瓦人、托卡人、通卡人、维人和纳曼加人等支系。使用奇通加语，属尼日尔-科尔多凡语系尼日尔-刚果语族。无文字。自1936年起，奇通加语成为赞比亚通用语言之一。多数人行自然崇拜和祖先崇拜，部分人信仰基督教。高原地区以畜牧业为主，饲养长角牛和羊；河谷地带以犁耕农业为主，种植玉米、高粱、豆类和薯类，兼事渔业。不少人在铜带省做工谋生。婚姻盛行一夫多妻制，各妻室独居。还保留婚后在女方家居住并服役的习俗。按双系续谱和继承财产。很早就已掌握冶铜、炼铁和制陶技术，木刻和编织技巧精湛，有丰富的口头文学。

《通鉴纪事本末》 中国第一部纪事本末体的历史著作。142卷。作者袁枢，字机仲，南宋建州建安（今福建建瓯）人。袁枢精研《资治通鉴》，苦其浩博，难以寻究史事终始，于是根据《资治通鉴》旧文，区别门目，以

类纂辑。每事务详起讫，自为标题；每篇各编年月，自为首尾。起自“三家分晋”，终于“周世宗征淮南”，共1 362年史事，概括为239篇，另有66事，附于各篇之后，总计大小305题。去取剪裁，颇为精密。但内容皆属政治、军事，经济方面很少。宋以前史书只有编年、纪传两体，各有短长。袁枢于两体外，创立纪事本末一体。这种体裁因事命篇，不拘常格，与现代史书的体裁颇为接近，是对历史编纂学的一个重要贡献。该书成于淳熙元年（1174），三年初刻于严州郡学。明末张溥于袁书各篇之后加入自己的评论。流行版本中有中华书局本。

通考 historical companion 汇集考核典制的书籍。马端临撰《文献通考》，旨在通古今的典制，而不涉时政，后凡同类书都称为通考。如《续文献通考》、《皇朝续文献通考》都属此列。

通辽市 Tongliao City 中国内蒙古自治区辖地级市。位于自治区境东部，西辽河南岸，松辽平原西部边缘的科尔沁草原。辖科尔沁区、科尔沁左翼中旗、科尔沁左翼后旗、库伦旗、奈曼旗、扎鲁特旗和开鲁县，代管霍林郭勒市。面积59 535平方千米。人口314万（2010），有蒙古、汉、满、回、朝鲜等民族。清崇德元年（1636）置哲里木盟。1999年撤销哲里木盟，设立地级通辽市。属中温带半干旱大陆性季风气候。年平均气温5.8～6.0℃。工业有电力、机械、建材、化工、医药、毛纺、皮革、皮毛、肉类、乳制品加工等。畜牧养殖业所产牛肉、兔肉等远销欧洲。农业以玉米、谷子、小麦、蓖麻、葵花、甜菜、蔬菜、豆类等为主。市区设有内蒙古民族大学等高等院校。主要旅游景区有珠日河草原和莫力庙水库旅游区等。

通商行船条约 Treaties of Commerce and Navigation 根据《辛丑条约》的规定，20世纪初中国清政府与外国签订的若干商约的总称。包括1902年9月5日（光绪二十八年八月初四）由吕海寰、盛宣怀与马凯签订的《中英续议通商行船条约》，1903年10月8日（光绪二十九年八月十八）由吕海寰、盛宣怀与康格、古纳、希孟签订的《中美通商行船续订条约》，同日由吕海寰、盛宣怀、伍廷芳与日置益、小田切万寿之助签订的《中日通商行船续约》。

订立新的通商行船条约是参加《辛丑条约》的列强所取得的权利之一。英国最重视的是使清政府取消厘金，为此，它同意增加货物的进出口税以弥补清政府因裁厘而造成的财政损失。中英条约还就加税免厘作了具体规定。这些规定既满足了英国的裁厘要求，也照顾了清统治者的利益。清政府希望中英条约成为中国与其他国家订约的范本，但美国、日本都对中英条约有关加税免厘的若干规定提出反对。最后中美条约有两处对中英条约作了较大的改变、补充。中日条约笼统规定有关加税免厘事项“悉照各国与中国商定办法”办理。此外，3个条约还增加了增开中国通商口岸，扩大外轮在中国内河航行范围等内容。中英、中美、中日3个通商行船条约在有关各方完成批准手续后，相继生效。除加税免厘条款因没有取得与中国有约各国的普遍同意而未能执行外，其他各项规定大多次第付诸实施。

通识教育 general education 对高校学生普遍进行的基础性的语言、文化、历史、科学知识的传授，个性品质的训练和公民意识的陶冶，其目的是使学生理性与情感、科学与人文等素质协调发展。它与旨在为学生将来从事某种职业做准备的专业教育一起，构成为高等教育的两个不可或缺的组成部分。

通识教育一词在19世纪以前是中小学教育的总称。20世纪30年代中期起，大学常常把恢复与共同必修课程有关的各种教学改革、实验冠以“通识教育”之名。目前的通识教育就其性质而言，是高等教育的组成部分，是所有大学都应接受的非专业性教育；就其目的而言，旨在培养积极参与社会生活的、有社会责任感的、全面发展的社会的人和国家的公民；就其内容而言，是一种广泛的、非专业性的、非功利性的基本知识技能和人生态度的教育。

通史 comprehensive history 中国历史撰述的种类之一。通常指纵向上贯通古今，横向上包含经济、政治、文化、民族、军事、社会风习和大量的人物活动等多方面内容的历史撰述，古代如司马迁的《史记》、司马光的《资治通鉴》、郑樵的《通志》、马骕的《绎史》，现代如郭沫若主编的《中国史稿》、范文澜等撰的《中国通史》、翦伯赞主编的《中国史纲要》、白寿彝总主编的《中国通史》等，都是中国通史的名作。南朝梁武帝命史官吴均等撰的《通史》600卷，已佚。这是最早以“通史”名书的通史著作。清代史学家章学诚的《文史通义·释通》篇，把“统前史之书志”的《通典》和“以词章存文献”的《文苑》、《文选》、《太和通选》也视为“史部之通”。他还认为，“通史”是一种撰述体例，如李延寿的《南史》、《北史》和薛居正的《旧五代史》、欧阳修的《新五代史》，是“断代而仍行通法者”。

通俗音乐 popular music 通俗易懂、轻松活泼、易于流传、听众广泛的音乐。它有别于严肃音乐和传统民间音乐，又称流行音乐。

19世纪末，美国首次出现了从美国黑人舞曲中吸取节奏的特性作品“拉格泰姆”，这在欧洲也引起了人们的注意和兴趣。新一代美国通俗歌曲作家创作了大量以纽约都市生活为中心的歌曲，旋律和伴奏技巧日益娴熟，这些歌曲出版的乐谱销量超过百万。唱片、广播和有声电影等传媒的兴起，除了使通俗音乐的听众数量增多，还促进了这种音乐在历史上的深刻变化。20世纪20年代初，一些城市的唱片工业和商业电台开始向人们提供一些黑人的布鲁斯、爵士乐和宗教音乐。同时传统的白人乡村音乐也开始从南方向美国各地传播。

第二次世界大战后美国的大众传播音乐已普遍繁荣起来，持续了半个多世纪的丁班巷风格的美国通俗音乐开始衰落。50年代中它被一种融合美国黑人音乐与白人音乐风格的新音乐形式所继承，这便是摇滚乐。这种简明直率的音乐表达了年轻人的自我，它很快便成为一种世界性的音乐语言，并且几乎成了通俗音乐的同义词。60～70年代的通俗音乐逐渐走向风格的多元化，如黑人创造了索尔、芬克等与摇滚乐有关的新风格。鲍布·迪伦和乔安·拜斯等人创造了城市民谣的新流派。摇滚乐在这时还空前地关注了诸如反战、毒品等社会问题。每种音乐风格都有各自依据年龄、经济地位和文化背景而划分的基本听众。

瑞典、德国、加拿大、荷兰和澳大利亚也都相继涌现了摇滚乐的明星，日本在欧美的影响下，发展了自己独特风格的大众音乐文化。许多第三世界国家出现了通俗音乐新样式，如牙买加的雷鬼（ragea）音乐便极有特色。

通心粉 macaroni 一种起源于意大利的面食。又称通心面。多为空心细管状，也有其他形状的，如贝壳状等。关于通心粉的来历说法不一。其中一种是说起源于18世纪那不勒斯一位名叫马卡·罗尼的面条和面片店主的偶然发明。一天，他的小女儿在玩耍时将成片卷成空心条晾于晒衣绳上。这种空心面条被罗尼煮熟后加上番茄酱等做成一种特别的面条，且颇受顾客欢迎，后来即以他的名字命名。通心粉煮熟后可加蒜片、洋葱、蘑菇片、橄榄油、肉末番茄酱等不同配料而做成不同口味，如奶油通心粉、肉末番茄酱通心粉以及通心粉色拉等。

通信兵 signal corps 担负军事通信任务的兵种。包括通信、通信工程、无线电通信对抗、通信装备技术保障、航空兵导航和军邮等专业部队、分队。主要任务是保障军队指挥和武器控制的通信联络，组织实施无线电通信对抗、航空兵导航和野战军邮等。对保障军队指挥和完成各项任务具有重大作用。

世界上许多国家的军队中都编有通信兵。美国在1863年组建通信兵，英国通信兵于1920年从工兵中分出来，成为独立的兵种；法国在20世纪中叶组建通信兵。随着信息化装备和通信技术的发展，许多国家的军队不断更新通信技术装备，调整通信兵体制编制，发展军队指挥信息系统，提高快速反应能力、协同通信能力、战场生存能力、通信对抗能力，以适应信息化战争对通信保障的要求。

通信网 communication network 在任意两个或多个异地用户之间，根据用户呼叫/会话的需要传递信息的系统。通信网从网络和设备功能方面可分为4个层面：①接入层。用户终端与通信网之间的接口设备，可把各类用户终端的呼叫/会话消息进行汇集和转换，实现与通信网传输层设备的适配。②传输层。传输信号的信道，包括有线、无线等线路。③交换层。在终端之间和交换机局间进行路由选择、呼叫/会话接续控制的设备。④应用业务层。集中提供和管理增值业务和应用的设备。为使全网设备协同工作，通信网还需有相关的体制规范，包括质量标准、网络结构、编号方案、信令方案、路由方案、资费制度等。

现代通信网特别是下一代网络技术的出现和应用，加快了不同网络技术的融合。如语音、数据和图文均采用分组技术传输。又如不同网络终端之间的互通需要和多种媒体混合的业务应用，打破了各种专业网络独立提供服务的封闭性。通信网结构的发展趋势将会从现有的分块割据、独立发展的各种专业网如电话网、数据网、计算机网、广播电视网等逐渐向分层共享的应用业务层、交换控制层、传输层的网络结构（称为核心网络）演进，原有的各种传统通信网络将作为边缘网络通过增强的接入层与核心网络互通。

通信卫星 communication satellite 作为无线电通信中继站的*人造地球卫星*。分为固定通信卫星（通信双方的地球站均固定不动）、移动通信卫星（通信双方的地球站或能与卫星直接通信的用户单元至少有一个为移动体）、数据中继卫星和广播卫星等。通信卫星反射或转发无线电信号，能实现卫星通信地球站之间、地球站与航天器之间或用户与用户之间的通信，是各类卫星通信系统或卫星广播系统的空间部分。一颗在地球静止轨道上定点的通信卫星大约能够覆盖地球表面的40%，覆盖区内的任何地面、海上、空中的地球站能同时相互通信。在赤道上空等间隔分布的三颗地球静止轨道通信卫星可以实现除两极部分地区外的全球通信。1958年12月美国发射了世界上第一颗试验通信卫星（见图），1963年美国通过“中继”1号卫星和日本进行了横跨太平洋的电视传输。中国于1984年4月8日发射了一颗地球静止轨道试验通信卫星（“东方红”2号）。

种类 通信卫星按有无通信转发器分为无源通信卫星和有源通信卫星。无源通信卫星仅用来反射无线电信号，信号十分微弱，通信质量不佳。因此实用通信卫星均为设有通信转发器的有源通信卫星。按运行轨道分为地球静止轨道通信卫星（简称静止通信卫星）和倾斜轨道通信卫星；按服务区域不同分为国际通信卫星、区域通信卫星和国内通信卫星；还可按用途分为专用通信卫星和多用途通信卫星，前者如电视广播卫星、军用通信卫星、海事通信卫星，后者如军民合用的通信卫星、兼有通信气象和广播功能的多用途卫星。典型的通信卫星有下列几种：

国际通信卫星 用于国际间商用通信。主要有国际通信卫星组织的“*国际通信卫星*”系列，苏联的“闪电”号通信卫星、“虹”号和“地平线”号等通信卫星。

军用通信卫星 用于军事通信，一般分为战略通信卫星和战术通信卫星。军用通信卫星保密性好，机动性高和抗干扰能力强。如美国的“国防通信卫星”，苏联混编在“*宇宙*”*号卫星*系列中的通信卫星、“闪电”号通信卫星等。

国内或区域通信卫星 专用于国内或区域通信的卫星。国内通信卫星如加拿大的“兄弟”号（又称“阿尼克”）、日本的“通信卫星”（又称“樱花”）、美国的“西联星”号、“通信星”号和“卫星通信”号等。区域通信卫星如印度尼西亚的“统一”号卫星、欧洲的“欧洲通信卫星”、阿拉伯国家的“阿拉伯卫星”等。

人类第一颗试验通信卫星（美国）

广播卫星 转播电视、语音广播和发布信息。家庭或个人可直接接收的广播卫星，又称直播卫星。如美国“电视直播卫星”、欧洲的“热鸟”2号和日本的“广播卫星”2A号等。

技术指标 决定和表征通信卫星通信能力的主要技术指标有：

发射信道数 通信转发器的发射信道数。转发器数目越多，总射频带宽就越宽，通信容量也越大，可传输更多的电话、电报或电视路数。

等效全向辐射功率 卫星各发射信道向覆盖区辐射的功率。等于发射天线的输入功率与给定方向上天线增益的乘积。等效全向辐射功率大，通信容量也大。

覆盖区 达到规定的地面功率通量密度的区域。表示可通信的范围和距离。当卫星发射功率一定时，覆盖区越大，地球站接收到的信号越弱，往往会减少通信话路数目。

设计寿命 设计所规定的卫星有效工作时间。主要取决于卫星姿态控制系统和轨道控制系统的执行机构所携带的推进剂多少。

此外，天线波束指向精度、静止通信卫星的位置保持精度也是重要技术指标。

通信系统 communication system 用以完成信息传输过程的技术系统的总称。现代通信系统主要借助电磁波在空间传播或在导引媒体中传输来实现，前者称为无线通信系统，后者称为有线通信系统。当电磁波的波长达到光波范围时，这样的电信系统称为光通信系统，其他电磁波范围的通信系统则称为电磁通信系统，简称电信系统。由于光的导引媒体采用特制的玻璃纤维，因此有线光通信系统又称光纤通信系统。一般电磁波的导引媒体是导线，分为电缆通信系统和明线通信系统。无线电信系统按其电磁波的波长有微波通信系统与短波通信系统。按照通信业务的不同，又可分为电话通信系统、数据通信系统、传真通信系统和图像通信系统等。通信系统正迅速向宽带化方向发展，而光纤通信系统将在通信网中发挥越来越重要的作用。

通信自由 correspondence, freedom of 公民有通过书信、电话、电信及其他通信手段，根据自己的意愿进行通信，不受他人干涉的自由。通信自由作为公民*人身自由*和言论自由的重要内容，是公民参与社会生活、进行社会交流的必要手段，是公民不可缺少的基本自由。通信自由所保护的利益是私生活秘密与表现行为的自由。通信自由通常包括两部分内容：①公民享有的非依据法律其通信不受扣押、隐匿或者毁弃的权利，一般称为通信行为自由。②公民享有的非依法律其通信不受开拆、偷阅或窃听的权利，一般称为通信秘密自由。除因国家安全或者追查刑事犯罪的需要，国家有关机关依照法律程序对通信进行检查外，任何组织或个人不得以任何理由侵犯公民的通信行为自由和通信秘密自由。1919年德国《魏玛宪法》以宪法形式第一次明确了公民的通信自由不受非法侵害。第二次世界大战后，各国均在宪法中将通信自由作为一项重要的公民自由权加以明确规定。

通训 common explanations of characters in ancient books 汉语训诂学术语。字书或古书的注释中对多义字（词）根据通常使用的意义所加的解释。例如“庸”字训“用”，训“常”，训“众”，其中在古书中训“用”者为常见的训释，这就可以说是通训。凡是一般常有的解释都可以称为通训。但是如《左传》昭公十三年“吾庸多矣”，“庸”训为“功”；如《礼记·乐记》“端冕而听古乐”，“端”为玄衣，那就不是通训了。

通讯 correspondence 较为详细地报道新闻事实的一种新闻体裁。用叙述、描写、议论、抒情等多种方法，具体、形象地报道人物、事件或问题。通讯和消息是常见的新闻体裁，都具有真实、新鲜、及时的特征。消息只简单报道，不多写情节，而通讯则详细、具体地叙述前因后果，展示情节；表现手法上，消息以叙述为主，通讯则综合采用叙述、描写、议论、抒情等多种手法。通讯的种类有人物通讯、事件通讯、工作通讯、概貌通讯等。通讯所报道的内容是选择现实生活中具有典型意义的人和事，掌握矛盾，展开情节，在时间跨度上比较大。常见的结构有纵式结构（按时间顺序、事物发展过程安排层次）和横式结构（按逻辑顺序、事物发展的性质安排层次）。

通讯社 news agency 以采集和发布新闻为主要职能，以报刊、广播电台、电视台为主要发稿对象的新闻机构。

世界上第一家通讯社是法国人C.-L.哈瓦斯于1835年在巴黎创办的哈瓦斯通讯社，当时以信鸽传递新闻。电报的发明、使用，为通讯社的迅速发展提供了技术条件。1848～1851年，美国、德国、英国相继成立通讯社。中国第一家通讯社是1904年创办于广州的中兴通讯社。中华人民共和国建立后，设有新华通讯社和中国新闻社。中国台湾省有“中央通讯社”。

通讯社分在国内采集和发布新闻的国内通讯社和在世界范围内采集和发布新闻的国际通讯社。规模大的国际通讯社为世界性通讯社。中国的新华通讯社已跻身于国际性通讯社行列。其他的国际性通讯社有美联社、路透社、法国新闻社、合众国际社、俄通社－塔斯社等。

通讯社的业务是及时采集新闻（包括文字、图像、音响）、资料及有关信息，向国内外用户发稿。发稿分通稿、专稿两大类。①通稿发给广大用户，强调广泛性，满足广大用户的普遍需要。②专稿发给部分用户或个别用户，满足某个地区、某个行业、个别用户的特殊需要。有些通讯社还向广播电台发录音新闻，向电视台发录像新闻。

报刊、广播电台、电视台直接同受众见面，通讯社通过它们同受众发生关系。在各种新闻机构中，通讯社的特点是发稿量大，报道内容广泛，发稿迅速及时，发稿持续时间长。有些通讯社除发布新闻外，也出版报纸、刊物，直接同读者见面。

通用电气公司 General Electric Company; GE 美国电气和巨型电工设备制造业跨国公司。1879年建立。前身是1878年创立、专门生产和销售白炽灯的爱迪生通用电气公司。1892年，爱迪生通用电气公司和汤姆森－豪斯顿电气公司及汤姆森－豪斯顿国际电气公司合并，在纽约注册成立通用电气公司，总部设在纽约。1974年，总部由纽约迁往康涅狄格州费尔菲尔德市。

第二次世界大战前，通用电气公司主要生产家用电器。战后进入电子、计算机和金融领域。生产各种机电和电子产品、核反应堆、喷气式航空发动机、航空航天设备、海轮和潜艇发动机及医疗设备、人造钻石、塑料制品等。1976年收购了犹他国际公司和科克斯广播公司，经营范围扩大到采矿和广播事业。拥有广播电视台，铜、铀和钨矿场，煤矿，石油和天然气田等。

通用汽车公司 General Motors Corporation; GM 美国汽车制造业跨国公司。总部设在密歇根州底特律市。建于1908年，是由马车制造商W.C.杜兰特合并别克、奥兹莫比尔、凯迪拉克、奥克兰4家大汽车公司和5家较小的汽车公司，3家卡车制造公司，10家汽车零部件公司，以及一个推销汽车的加拿大麦克拉夫林汽车公司组成的。20世纪20年代初改革经营管理，使企业很快发展成为世界上最大的汽车公司。原为杜邦财团所控制，1962年肯尼迪政府以杜邦财团违反反托拉斯法为由，令杜邦家族出售部分股票，洛克菲勒、梅隆、波士顿等财团势力相继渗入。

作为跨国企业，通用汽车公司在美国25个州、88个城市中设有136个工厂，在加拿大的5个城市中设有13个工厂；在其他36个国家中设有各种分支机构，建立了31个制造、装配汽车的工厂。产品主要是小轿

通用汽车公司总部

车如别克、卡迪拉克、雪佛莱等品牌，载重汽车和大客车，还生产发动机、变速器、火花塞、车灯、散热器、发电机等零部件产品。1994年以1 549.5亿美元的销售额取得美国最大的工业公司中第一的位置。

通用汽车公司在海外企业的销售额、资产额和雇员人数分别占公司总额的30%左右。它在36个国家和地区直接从事汽车制造、装配和销售业务。主要的子公司有：英国的沃克斯豪尔汽车公司、德国的亚当·奥佩尔汽车公司、澳大利亚的霍顿汽车公司，还有巴西通用汽车公司、阿根廷通用汽车公司等。

通用字 interchangeable Chinese characters 在使用中可相通换用的汉字，包括同音通用、同义通用和古今通用。

同音通用 指用一个同音字（或音近字）去替代另一个字，这种替代具有一定的常用性。例如《礼记·乐记》：“故人不耐无乐（yuè）。”“耐”是通用字，“能”是被换用的本字。古同音通用反映的是古音系统，如“耐”、“能”二字在古代分属之部蒸部，阴阳对转，韵母相近，在后代变得很不相同了。

同义通用 指同义字之间的通用。例如“才”、“材”二字，在一般情况下不可混用，但在指“有才能的人”这个意义上是同义字，可通用。《论语·子路》：“赦小过，举贤才。”《伪古文尚书·咸有一德》：“任官唯贤材。”

古今通用 指古今字之间通用，也就是用古字代今字。例如表示擒获的意思，“禽”是古字，“擒”是今字。在唐代杜甫诗中用“擒”字，而宋代司马光等编的《资治通鉴》常用“禽”字。

通用字与被换用字字义不相同，只是在一定条件下在某个意义上可相通换用。如果二字字义完全相同，则属**异体字**。异体字之间是“同”的关系，而不是“通”的关系。

通榆县 Tongyu County 中国吉林白城市辖县。位于省境西部，与内蒙古自治区接壤。面积8 476平方千米。人口37万(2008)，有汉、蒙古、回、满等7个民族。春秋战国时为东胡族游牧地。秦汉为鲜卑人所居。隋为契丹族属地。清光绪三十年(1904)设开通县。1958年开通、瞻榆2县合并为通榆县。矿产石英砂储量丰富。农业主产玉米、高粱、大豆、蓖麻、葵花子、甜菜等，是吉林省蓖麻主要产区，同时也是吉林省葵花定点油料县之一。是国家商品牛和细毛羊基地县。所培育的草原红牛，以肉、乳兼用而著称。工业有制糖、酿造、机械、纺织、服装、化学、医药、建材、造纸、食品等。风景名胜有**向海自然保护区**。

通政使司 Office of Transmission 中国明朝中央掌受内外章疏敷奏封驳之事的官署。简称通政司，俗称银台。前身为察词，洪武三年（1370）置，掌受四方章奏。十年，始设通政使司，长官为通政使。职掌出纳帝命、通达下情、关防诸司出入公文、奏报四方臣民建言、申诉冤滞或告不法等事，早朝时汇进在外之题本、奏本、在京之奏本。有径自封进者则参驳。午朝引奏臣民之言事者，有机密则不时入奏。通政使还参预国家大政、大狱及会推文武大臣等朝廷大事。洪武十二年，进一步加强了该司的权力。建文时，改通政使司为通政寺，通政使为通政卿，永乐时复旧制。永乐迁都后，南京仍设通政司，称南通政使司。

《通志》 以人物为中心的中国**纪传体**通史。全书200卷，有帝纪18卷，后传2卷，年谱4卷，略51卷，列传125卷。作者郑樵，字渔仲，南宋兴化军莆田（今属福建）人。宋高宗绍兴三十一年（1161）撰成《通志》。

《通志》的“总序”和《二十略》是全书的精华。《二十略》内容自上古到唐代。其中，氏族、都邑、昆虫草木、六书、七音、艺文、校雠、图谱、金石、天文、地理、谥、器服、乐、灾祥等十五略，大半为历代正史所无。礼、职官、选举、刑法、食货五略也并不完全因袭前人。郑樵在《通志》中提出“会通”思想，主张修通史，强调史事、典章制度相依因的联系；主张史书应“极古今之变”。他反对割断史事联系撰写断代史。他把阴阳五行的灾祥理论斥为“妖学”，把歪曲历史任情褒贬的修史主张斥为“妄学”，认为史家应重视实际和学习一些自然方面的知识，并用实际的观察来核实史书的记载。他主张用治军那样严整的“类例”方法来治学，认为史家修史要有独到的见解。《通志》在校雠学、音韵学、文字学等方面都依此编修。《通志》现存世最早的刻本为元至治元年（1321）摹印元大德本。商务印书馆的万有文库本为流行的版本。《二十略》有单行本。

通州区 Tongzhou District 中国北京市辖区。位于市境东南部。面积912平方千米。人口118万（2010）。西汉置路县，东汉改“路”为“潞”。金于潞县置通州，取“漕运通

通州区燃灯佛塔

济”之义。明废潞县之名专称通州。1913年后称通县。1958年由河北省划归北京市，先称通州区，1960年改通县。1997年改设通州区。河渠纵横，水利资源丰富。种植小麦、玉米、水稻，农业机械化程度较高，林牧副渔全面发展。工业以机械、化工、纺织、金属冶炼、橡胶、印刷、食品等部门为主。为北京通往华北和东北地区的交通要道。名胜古迹有燃灯佛塔、永通桥（八里桥）、李卓吾（贽）墓等。

同病异治 treating same disease with different methods 相同疾病用不同治法的中医学治疗原则。同一种疾病，由于发病的时间、地区以及患者机体的反应性不同，抑或处于不同的发展阶段，所以表现的证候不同，因而治法也不一样。如同患感冒，由于发病的季节不同，治法也不同。暑季感冒，由于感受暑湿邪气，治疗时须用芳香化浊药物，以祛暑湿，这就区别于其他季节的感冒的治法。再如麻疹因病变发展的阶段不同，治疗方法也应各有不同，初起麻疹未透，宜发表透诊；中期肺热明显，常须清泄肺热；后期多为余热不尽，肺胃阴伤，须以养阴清热为要。

同步辐射 synchronous radiation 高能粒子特别是高能电子，在磁场中作回旋运动时，沿切线方向发出的光辐射。又称同步加速器辐射。最先在同步加速器中观察到，因而得名。同步辐射是一种用途广泛的强光源。

产生同步辐射的设备有两种：①对于高能物理实验来讲，能量过低的“退役”的加速器。②专门用于产生同步辐射的电子加速器或电子储存环，电子储存环是一种较长时间（从几小时到几十小时）储存并积累高能量电子，以便实现对撞的环形装置，又称光子工厂。

与一般光源相比，同步辐射光源有如下特点：①光谱连续且范围宽，从远红外、可见光、紫外直到硬X射线（10^3～1纳米）。②辐射强度高，在真空紫外和X射线波段，能提供比常规X射线管强度高10^3～10^6倍的光源。③高度偏振，在电子轨道平面内是完全偏振的光，偏振度达100%。④具有脉冲时间结构，脉冲宽度为0.1～1纳秒，脉冲间隔为微秒量级（单束团工作）或几纳秒到几百纳秒范围内可调（多束团工作）。⑤高度准直接近平行光束，小于普通激光束的发射角。⑥洁净的高真空环境，是非常洁净的光源。⑦波谱可准确计算，其强度、角分布和能量分布都可以精确计算。

同步辐射在基础科学、应用科学和工艺学等领域广泛应用：①生物学，例如测定蛋白质的结构和蛋白质的分子结构，通过X射线小角散射可研究蛋白质生理活动过程和神经作用过程等的动态变化；通过X射线荧光分析可测定生物样品中原子的种类和含量，灵敏度可达10^{-9}克/克。②固体物理学，可用于研究固体的电子状态、固体的结构、激发态寿命及晶体的生长和固体的损坏等动态过程。③表面物理学和表面化学，可用于研究固体的表面性质，如半导体和金属表面的光特性。④结构化学，可用于测定原子的配位结构、大分子的化学键参数等。⑤医学，可用于肿瘤的诊断和治疗，测定血液内一些元素的含量、血管造影和进行微型手术以除去人体特殊部位的一些异常分子等。⑥光刻技术，由于衍射效应，普遍采用的紫外线光刻的最小线宽约2微米，而同步辐射光近似平行光束，用于光刻时其线宽可降至20埃，使分辨率提高几个数量级，对计算机、自动控制和光通信技术等意义重大。

同步回旋加速器 synchrocyclotron 克服**回旋加速器**极限能量的限制而发展起来的加速器。由于相对论效应，随着速度增大，粒子的质量增大，使绕行半圈的时间变长，以致逐渐偏离了交变电场的加速状态，因而粒子的能量达到一定的限度，不能够再增大。技术上曾想过两种办法来解决。一种是使磁极外圈的磁场逐渐增强，抵消相对论效应的影响；另一种是调节加速电场的变化频率，使之适应相对论效应的影响。这两种方法都是为了使粒子在磁场中做圆周运动的频率与加速电场的变化频率维持同步。前一种改进措施发展成为扇形聚焦回旋加速器，后一种改进措施发展成为同步回旋加速器。后一措施的进一步发展还可得到另外的好处。回旋加速器中粒子回

旋的轨道半径逐渐由小到大，因而磁体本身必须是实心圆柱，这是极为笨重的，而且耗资昂贵。改进后的同步加速器只需要一个环形的磁极，带电粒子先在一个较小的加速器中预加速，然后再引入同步加速器作进一步同步加速。美国费米国家加速器实验室的质子同步加速器的加速管道圈的直径为2千米，质子被加速可达500吉电子伏特（GeV），进一步使用超导强磁场，能量可提高到1 000GeV。

同翅目 Homoptera 昆虫纲的一目。有翅昆虫。因前翅质地相同而得名。世界已知有32 800余种，中国已知1 930余种。体小型至大型。口器刺吸式，适于吸食植物液汁。下唇通常形成3节的喙，喙基部自头下后方（头喙亚目）或前足基节间（胸喙亚目）伸出。前胸背片很小。跗节1～3节。翅2对，前翅质地基本均匀，膜质或近似革质，休息时常放置背上呈屋脊状。多数种类有分泌蜡质或介壳状覆被物的腺体。渐变态，但介壳虫的雄虫为完全变态。繁殖方式极为多样，包括有性生殖和孤雌生殖，或有性生殖与孤雌生殖交替进行。全部为植食性，多生活在植物上，吮吸液汁。有许多种类是农业的重要害虫，既直接危害作物，又传播植物病毒病。但有些种类是益虫，产紫胶、白蜡等。

同分异构体 isomer 具有相同的分子式而有不同的结构和性质的化合物。简称异构体。这种现象称为同分异构。在有机化合物中极为普遍。最早发现的是异氰酸银AgNCO和雷酸银AgONC。有机化合物中的同分异构体分为构造异构和立体异构两大类。分子中原子或基团连接的顺序不同者，称构造异构。在分子中原子的结合顺序相同而原子或基团在空间的相对位置不同者，称立体异构。构造异构和立体异构又进一步分为

- 构造异构
  - 链异构
  - 位置异构
  - 官能团异构
- 立体异构
  - 构型异构（见构型）
  - 构象异构（见构象）

同工酶 isozyme; isoenzyme 生物体内作用于相同底物、催化相同反应而分子结构不同的酶。最典型的同工酶是乳酸脱氢（LDH）同工酶。按照国际生物化学联合会（IUB）所属生化命名委员会（CBN）的建议，只把因编码基因不同而产生的多种分子结构的酶称为同工酶。

由于对底物亲和力不同和受不同因素的调节，大多数不同基因编码产物所组成的同工酶常表现不同的生理功能，如动物肝脏的碱性磷酸酯酶和肝脏的排泄功能有关，而肠黏膜的碱性磷酸酯酶却参与脂肪和钙、磷的吸收。

同工酶可用于研究生物物种进化、遗传变异、杂交育种和个体发育、组织分化等。在医学方面，同工酶分析是研究肿瘤发生的重要手段。此外，因同工酶谱有脏器特异性，故测定血清同工酶常可特异地反映某一脏器的病变。

同光体 Tongguang style 中国近代诗歌流派。同光体最早于清光绪二十七年（1901）由陈衍提出："同光体者，苏堪（郑孝胥）与余戏称同（同治）、光（光绪）以来诗人不墨守盛唐者。"（《沈乙盦诗序》）但此派代表诗人陈三立、郑孝胥、陈衍、沈曾植等，主要创作活动和今存诗集编年之始多在光绪中叶以降。陈衍名之为同光体，意在与道光、咸丰年间的宋诗派相承接。同光体实为清末至民国以后宋诗派的别称。

同光体的诗学宗趣主要是学宋，并上溯中唐的韩愈、孟郊、柳宗元等。由于师摹对象与取径不尽相同，其内部也形成不同派别。陈衍《石遗室诗话》将道光以来学宋诗人分成"清苍幽峭"和"生涩奥衍"二派，前者"近日以郑海藏为魁"，后者"近日沈乙盦、陈散原，实其流派"，均指风格。以地域与师承论，又可分为：闽派，以郑孝胥、陈衍、陈宝琛、沈瑜庆、李宣龚为代表，主要师承王安石、苏轼、杨万里；赣派，以陈三立、夏敬观、胡朝梁等为代表，以学韩愈、黄庭坚为主；浙派，以沈曾植、袁昶、金蓉镜为代表，学黄庭坚而兼溯韩愈、谢灵运。此外，还有范当世、陈曾寿、俞明震等。

同光体在清末形成较大势力，一方面是因为诗歌审美风尚转移，清代神韵、性灵、格调等诗派到道光以后已经式微；另一方面，同光体诗人大多有过一段倾向维新、支持变法的经历，但变法失败后面对列强入侵，革命兴起，他们只能哀叹清朝覆亡而终成遗老，而在诗歌上，却还希望挽救"诗亡"的命运。同光体之宗宋，主要学"宋人皆推本唐人诗法，力破余地"（陈衍《石遗室诗话》）的精神和经验，力求有所创变。陈衍撰《石遗室诗话》，选《近代诗钞》，为同光体自我标榜与宣传起了一定作用，从而使沉湎于传统诗艺追求的诗人，奔走门下，以与诗界革命和新诗对垒，甚至影响到南社的分裂。

辛亥革命后，同光体遭到南社诗人柳亚子、林庚白的抨击以及其他诗人如林纾的非议。1937年秋，陈衍与陈三立先后去世，次年郑孝胥卒于伪满洲国，同光体诗派终结。

同济大学 Tongji University 中国综合性大学。属教育部。校址在上海。前身为1907年创办的德文医学堂。翌年改名同济德文医学堂。1912年增设工科。1917年由中国人

同济大学校园

接办，改名同济医工专门学校。1927年定名国立同济大学。抗日战争期间迁往四川办学，1946年返回上海。1952年院系调整后，成为以土木建筑为主的工科大学。1960年被确定为全国重点大学。1978年恢复与德国的传统联系，向多科性和综合性大学发展。有建筑与城市规划、土木工程、经济与管理、电子与信息工程、环境科学与工程、外国语、人文、法政、医学、理学、交通运输、汽车、海洋与地球科学、生命科学与技术、航空航天与力学等学院，还设有经中德政府批准合作培养硕士研究生的中德学院、与法国巴黎高科大学集团合作举办的中法工程和管理学院等。有培养学士、硕士和博士的教学体系；有国家级和省部级重点实验室和工程研究中心等。校园占地面积4 000多亩，分5个校区。图书馆藏书379.3万册。出版物有《同济大学学报》等10多种。

同江市 Tongjiang City 中国黑龙江省辖县级市。边境口岸城市。位于省境东北部，松花江与黑龙江右岸，北隔黑龙江与俄罗斯相望。面积6 252平方千米。人口18万（2010），有汉、满、赫哲、朝鲜、蒙古、回等19个民族。古称拉哈苏苏，原为赫哲族的故乡。清光绪三十二年（1906）设临江州，宣统元年（1909）改设临江府。1913年废州府制，改设临江县，次年改为同江县。1987年撤县设市。由佳木斯市代管。矿产资源有锰、铁、铬、镍、石英岩、砂金等。农业盛产大豆、小麦、玉米、水稻和甜菜等。工业以食品、粮油加工、酿造、机械、建材、乳品、电力、塑料、印刷等为主。同江是对俄罗斯贸易的重要港口，辟有至俄罗斯哈巴罗夫斯克的航运。名胜古迹有三江口、街津口、钓鱼台，以及团结古城、勒得利古城、拉哈苏苏海关遗址等。

同里镇 Tongli Town 中国江苏吴江市辖镇。位于市境东北部。面积131.5平方千米。人口5.05万（2010）。为江南著名的古镇。唐名铜里，宋建镇并改今名。地处太湖平原，

同里镇街景

镇内大小河道交织，古镇傍河成街，四周诸湖环绕，因水成巷，贴水成园，前街后河，街道狭窄，古朴典雅。农业以桑蚕、水产、家禽饲养业为主。工业有丝绸、化工、建材、机械、纺织等。松陵—北库公路和苏申航道过境。为太湖风景名胜区之一的同里景区，以省级文物保护单位古同里镇为主体，包括退思园、嘉荫堂、崇本堂、太平桥、吉利桥、荣庆桥、耕乐堂、侍御古坊、同里湖、九里湖等景点。

同盟者战争 Social War 公元前90～前88年古代罗马的意大利同盟者城市和部落发动的反对罗马特权和争取罗马公民权的战争。罗马征服意大利后，一些战败部落和公社的居民无罗马公民权，却须负担罗马的军事和贡赋义务。公元前91年，主张授予同盟者以罗马公民权的罗马保民官德鲁苏斯被暗杀。同盟者鉴于合法斗争无望，愤而起义。起义军以科菲尼乌姆为首都建立国家，称为意大利，设元老院、执政官并自铸货币。罗马采取分化政策，同时派兵镇压。公元前88年，同盟者起义失败。但此后罗马人迫于形势，相继授予所有意大利人以罗马公民权。

同仁堂 Tongrentang Chinese Pharmacy 中国大型老字号中药店。总店位于北京前门外大栅栏。建于清康熙八年（1669）。店堂占地面积2 380平方米。同仁堂以“制药一丝不苟，卖药货真价实”为宗旨，药方来自宫廷秘方、历代古方和民间验方，集中了中药方剂的精华。自制名药主要有安宫牛黄丸、牛黄清心丸、乌鸡白凤丸、大活络丹等。店内设有问病问药处，并有中医坐堂看病、代客煎药、来信购药、代为邮寄等便民服务。药店不仅经营同仁堂正牌产品、北京市各中药厂和西药厂生产的药品，而且经营全国各地药厂生产的近千种名优特新药品。经营和销售一直在中国同行中名列榜首。

同位素 isotope 同一化学元素中具有不同质量数的一些原子品种（核素）。每一种元素都有多种同位素，其表示方法是在元素名称或元素符号上注明质量数，如铀-235或^{235}U、钍-230或^{230}Th。isotope一词来源于希腊文ισο-（相同）τοπos（位置），1913年由英国放射化学家F.索迪提出。他根据对天然放射系各种核素化学性质的研究，于1910年最先提出放射性同位素的概念。

同位素概念既证明了元素周期律的正确性，又修正了J.道尔顿的原子学说。实验证明，稳定元素中普遍存在同位素现象。同位素的化学性质近似，是同位素示踪方法的依据。这种方法在科学研究、工农业生产和医疗方面有着重要用途。

同位素地球化学 isotope geochemistry 研究天然物质中同位素的丰度、变化及其演化规律的学科。地球化学的分支。不仅研究地球和地质作用，而且也研究太阳系的其他天体（陨石、月球等）形成和演化过程的有关现象。

研究内容有：①自然界同位素的起源、演化和衰亡历史。②同位素在宇宙体、地球及其各圈层中的分布、分配，不同地质体中的丰度及其在地质过程中的活化与迁移、富集与亏损、衰变与增长的规律，同位素组成变化的原因和机制；据此来探讨天体演化过程和地质作用的演化历史及其物质来源。③利用放射性同位素的衰变定律建立各种同位素计时方法，测定天体事件和地质事件的年龄，并作出合理的解释，为地球和太阳系的演化确立时间坐标。

研究对象为天然存在的稳定同位素和放射性同位素。稳定同位素是示踪的指纹，用来研究地球物质和天体物质形成的地质地球化学过程和条件，识别地球环境和生态环境变化的自然过程及人为因素。放射性同位素是定年的工具，用来确定各种地质事件的年龄（见同位素年代学）。此外，地球表层和地外物质在宇宙射线作用下发生各种核反应所产生的众多宇宙成因核素，也是同位素地球化学研究关注的对象。

同位素地球化学与地球物理学、大地构造学、地史古生物学、地层学、岩石学、矿床学、海洋学、水文学、环境科学和空间科学等密切相关。在前寒武纪地史的研究中，主要根据同位素地质年龄将前寒武纪由老到新划分为太古宙和元古宙。这对了解地球历史的演化有非常重要的意义。因为古生物地层学只能判断地球最近6亿年时期内所发生地质事件的相对先后顺序，而不能确定其延续的时间；对不含化石的约占地球历史85%以上的前寒武纪，更是无法确定其时间顺序。此外，板块构造说的产生，其重要依据之一就是同位素年龄数据。

同位素分离 isotope separation 将某元素的一种或多种同位素与该元素的其他同位素分离或富集的过程。由于核工业发展的需要，同位素分离技术得以长足发展，铀-235、重水、锂-6和硼-10等以吨量级生产。农业、医学和生物学中示踪技术需要的碳-13、氧-18和硫-34以千克量级生产。

同位素分离的主要方法有：①气体扩散法。又称孔膜扩散法。是分离^{235}U的主要方法，以六氟化铀UF_6为原料，应用三四千个扩散级组成级联可得到90%丰度的^{235}U。②离心法。对分离重同位素，特别是^{235}U有利。离心法单级分离系数高，因此富集^{235}U需要较少级数。由于超离心机技术的发展，离心法分离铀同位素可与扩散法竞争。③精馏法。工艺成熟、简单、可靠，用低温精馏CO、NO、BCl_3可生产^{13}C、^{18}O、^{15}N和^{10}B等一些轻同位素。水精馏法也用于工业上大量生产重水。④化学交换

铀同位素分离法用的离心级联装置

法。分离系数大、能耗小，该方法是分离轻同位素的特殊方法。工业上大量生产重水就是利用硫化氢和水间的同位素交换反应。一些重要的同位素如^{15}N、^{10}B和^{6}Li等也用该方法生产。该方法还成功富集了^{235}U。⑤光化学法。最初用于分离汞同位素。20世纪60年代激光法出现以后，由于激光具有单色性好、强度高和连续可调的特点。已成功分离^{235}U。激光法分离铀同位素的优点是分离系数高，级联装置小，能耗小，成本低，能充分利用贫化铀，激光法几乎可把^{235}U全部回收。但物理过程复杂，对工艺技术要求高，分离产率低。

此外还有喷嘴法、电磁分离法、等离子体法、热扩散法、分子蒸馏法、离子交换法、溶剂萃取法和气相色谱法等用于同位素分离。

同位素化学 isotope chemistry 研究同位素在自然界的分布、同位素分析、同位素分离、同位素效应和同位素应用的化学分支学科。

同位素分布 同位素分布规律的研究

有以下4个方面：①同位素稳定性规律。研究地球上存在的300多种核素的稳定范围和稳定性规律。②同位素丰度。研究地球物质中各种元素的同位素丰度的一般规律。③地球上同位素分布的涨落。在自然界中，元素不论是游离状态还是化合状态，其同位素组成基本是恒定的，其涨落规律是同位素化学的研究课题之一。④元素起源和演化。为了弄清宇宙中各种同位素分布规律，就必须研究元素的起源和演化过程。

同位素分析　方法有：①**质谱法**。最重要的同位素分析法，不仅精密度高，而且可分析同位素的种类也多。②光谱法。用于分析氘的精密度达0.000 2%，可与质谱法相比；是分析氮-15最方便的方法，已有专门的光谱仪；分析铀-235和铀-238则须用大型光栅摄谱仪。③**气相色谱法**。用于分析氕、氘，迅速而灵敏，可测全部浓度范围的氘含量。④核磁共振法。用于测量浓**重水**中的微量氕，精密度可达±0.01%，也可用于分析碳-13、氮-15等同位素。⑤中子活化分析。可用于测定硼-10、锂-6和铀-235等同位素。⑥水的同位素分析。在同位素分析中占有独特地位，这不仅出于控制重水生产流程的需要，也为了解决在**同位素地球化学**以及其他用氘和氧-18示踪的研究工作中的问题。水同位素分析中最有实效的方法是密度法，不仅仪器设备简单，而且测量精度很高，此外还有**红外光谱法**。

同位素分离　根据分离原理可分为五类：①根据分子或离子的质量差进行分离。有电磁法、离心分离等方法。②根据分子或离子运动速度的不同进行分离。有孔膜扩散、质量扩散、热扩散、喷嘴扩散、分子蒸馏、**电泳**等方法。③根据热力学同位素效应进行分离。有**精馏**、化学交换、气相色谱法、**离子交换**、吸收、溶剂**萃取**、分级结晶、超流动性等方法。④根据动力学同位素效应进行分离。有电解法、同位素化学交换法、光化学法、激光分离法等。⑤根据生物学同位素效应进行分离。见**同位素分离**。

同位素应用　主要是利用化学合成法、同位素交换法和生物合成法等制备**标记化合物**，以及标记化合物在化学、生物学、医学、农业科学和材料科学研究中的应用。

同位素年代学　isotopic chronology　依据放射性衰变定律，通过测定自然界样品中放射性核素及其衰变产物稳定子体含量，或者利用放射性射线和裂变碎片对周围物质作用产生的次生现象及其影响程度，计算岩石、矿物或其他物质形成事件的年龄，研究地球和太阳系星球演化时间序列的学科。其任务是建立一套适合不同时段的可靠的同位素计时方法，测定天然物质的年龄并作出合理的解释，为地球和太阳系演化历经的事件确立时间坐标。包含地质年代学、宇宙年代学和第四纪年代学。**地质年代学**主要研究地质体的定年和地球演化的时间序列。宇宙年代学研究地外物质的定年和天体演化的事件时序。第四纪年代学研究人类时代开始以来的地球物质定年和人类历史断代。

简史　19世纪中叶之前，地层学家和古生物学家根据岩石地层形成的先后关系和利用化石进行地层划分与对比，建立了相对的地层年代表，但是他们无法获取准确的年代学数字。19、20世纪之交，**放射性**的发现和放射性衰变理论的提出，使地质学家找到了一种能可靠测定地球和地外物质年龄的方法，称为放射性定年或同位素定年。1905年和1907年，美国化学家B.B.博尔特伍德和英国物理学家E.**卢瑟福**分别对铀矿物进行定年，获得最早的一批年龄数据。1913年，地质学家A.**霍姆斯**提出了第一张地质年代表。1919年，英国物理学家F.W.**阿斯顿**设计制造质谱仪，被用于放射性定年。1940年，现代尼尔型质谱计问世，成为放射性定年的基本工具。40年代，作为同位素年代学三个支柱的铀-铅、铷-锶和钾-氩定年方法陆续建立；50～60年代，这些方法在理论解释和实验技术方面不断完善和提高。1964年国际地质年代学委员会成立。此后随着测试技术水平的日益提高，新的定年方法不断建立。

定年方法　基本上可分为两类。

第一类定年方法　基于天然放射性核素的衰变，直接利用衰变定律有关方程来定年的方法。按照放射性衰变定律，定年方程可以写成：

$$t=\frac{1}{\lambda}\ln\frac{N_0}{N} \tag{1}$$

或

$$t=\frac{1}{\lambda}\ln\left(\frac{D^*}{N}+1\right) \tag{2}$$

式中N_0和N分别为岩石或矿物中放射性母体同位素的初始和现存原子数目；D^*是放射成因子体的现今原子数目（$D^*=N_0-N$）；λ是衰变常数；t是衰变经历的时间（或岩石和矿物在某一次事件中形成的年龄）。

具体的定年方法按照放射性核素半衰期和它们的来源或起因不同，可分成四种情况。

①现存放射性核素定年。通过测定岩石或矿物中天然放射性母体及其衰变的最终子体的含量，利用方程（2）计算年龄。如钾-氩法、铷-锶法、铀钍-铅法、钐-钕法、镧-铈法、镥-铪法和铼-锇法定年等。通常用来测定第四纪以前的地质样品和天体物质的年龄，钾-氩法也可用于第四纪样品的定年。

②天然放射系中间子核素定年。利用铀-238、铀-235和钍-232三个天然放射系的某些中间子核的放射性衰减或放射成因核素累增来进行定年的方法，统称为铀系法定年。已用于铀系法定年的核素主要有铀-234、钍-230、镤-231、铅-210和镭-226等。适合于第四纪以来年轻地质体、环境和考古样品的年龄测定。常用的方法有不平衡铀法、锾-钍法、锾-铀法、镤-铀法、锾-镤法和铅-210法等。

③已灭绝放射性核素定年。许多短寿命（半衰期小于10^8年）的现在已经灭绝的核素在太阳系演化早期曾经存在过，如碘-129、钚-244、铪-182、钐-146和铌-92等。与这些核素有关的衰变系统（碘-氙、钚-氙、铪-钨、钐-钕和铌-锆等）已被用来确定陨石的相对年龄，估算地球的年龄、地核形成年龄和地壳-地幔分异或最早地壳形成的年龄。

④宇宙成因和人为起因放射性核素定年。宇宙射线与地球大气组分、地表和天体物质相互作用产生的放射性核素如碳-14、氚（氢-3）、铍-10、铝-26、硅-32、氯-36、氩-39、锰-53、铁-55和氪-81等，能被用于海洋沉积物、有机碳样品、大陆冰川和地下水等的定年，也可测定地球岩石的暴露年龄、陨石的宇宙线暴露年龄和坠地年龄。其中，**碳-14法定年**是最成熟的；通过测定含碳物质中碳-14的现存含量和确知的初始含量，利用方程（1）计算年龄。人类大气核试验释放的放射性核素如氚、锶-90、铯-137、铈-144、钚-239和镅-241等，因参与大气和水圈循环而沉降到地表水体或进入沉积物，也可以用来测定这些物质的年龄。一般把宇宙成因和人为起因核素中半衰期较短的硅-32、铁-55、锶-90、铯-137和铈-144等的定年方法统称为沉降核素法定年。

第二类定年方法　与核辐射效应有关，利用放射性射线或自然辐射以及裂变碎片对周围物质作用的程度进行定年的方法。包括裂变径迹法、热释光法和电子自旋共振法等。**裂变径迹法定年**是依据铀-238的自发裂变碎片对周围物质作用产生的辐射损伤程度（裂变径迹数目）随时间变化这一现象来定年，可以测定各类岩石或矿物的地质年龄、沉积盆地热年代和断层活动年龄等。热释光法和电子自旋共振法都是基于样品吸收的自然辐射剂量是时间的函数这一原理来定年的，区别之处在于它们计算矿物所接受的累积辐射剂量时依据的物理现象不同，前者利用热释光强度，后者则根据未成对电子的数目（电子自旋共振强度）；这两种方法可应用于第四纪沉积物、断层活动、考古和古人类活动的遗址的定年。

同位素效应　isotope effect　由于质量或自旋等核性质的不同，而造成同一元素的**同位**

素原子或同位素取代分子之间的物理和化学性质有差异的现象。同位素效应是同位素分析和**同位素分离**的基础，可分为以下四种：

光谱同位素效应　同位素质量的不同使原子或分子的能级发生变化，引起原子、分子的谱线位移。应用此效应，1924～1931年，H.C.尤里等用光谱法发现了碳-13、氮-15、氧-17、氧-18和氘等轻同位素。此效应也是研究分子结构的手段和激光分离同位素的理论基础。

热力学同位素效应　同位素质量相差越大，其分子的热力学性质的差别也越大，是轻同位素分离的理论基础。

动力学同位素效应　在**化学反应**过程中，反应物因同位素取代而改变了能态，从而引起化学**反应速率**的差异。多数元素的动力学同位素效应很小，但对质量数小的氘和氚而言，动力学同位素效应却相当大，据此，可进行同位素分离。

生物学同位素效应　主要研究**重水**对生物体的影响，如在重水中烟草种子不发芽，许多单细胞藻呈休眠状态。重水对高等动物的影响显著，其作用从局部开始，最终导致破坏整体的新陈代谢，出现病态以至死亡。

同位旋　isospin　反映自旋和**宇称**相同、质量相近而电荷数不同的几种粒子归属性质的量子数。粒子的性质之一。实验表明，核力具有电荷无关性，质子和质子、中子和中子及质子和中子之间的核力是相同的，这说明就核力的性质而言，**质子**与**中子**之间没有区别，因此把质子和中子看成同一种粒子的两种不同状态，类比自旋的概念引入抽象的同位旋空间，质子和中子是同位旋I相同，同位旋第三分量I_3不同的两种状态，由此可确定它们的同位旋$I=1/2$，质子的$I_3=1/2$，中子的$I_3=-1/2$，它们组成同位旋二重态，它们质量上的微小差异来自I_3的不同，犹如自旋取向不同引起自旋-轨道耦合的微小能量差异。同样$\Sigma^{\pm}$、Σ^0组成同位旋三重态，它们的同位旋$I=1$，同位旋第三分量I_3分别为±1和0。原子核的同位旋可由质子和中子的同位旋“合成”得到，强子的同位旋由组成强子的夸克的同位旋“合成”得到。强相互作用下系统的同位旋和同位旋第三分量均守恒。

同文馆　Tungwen College　中国清末第一所官办外语专门学校。全称京师同文馆。初以培养外语翻译、洋务人才为目的，由恭亲王**奕䜣**奏请，同治元年（1862）在北京正式开办，与总理衙门关系密切。设管理大臣、专管大臣、提调、帮提调及总教习、教习等职。先后在馆任职的外籍教习有包尔腾、傅兰雅等。中国教习有**李善兰**、**徐寿**等。美国传教士丁韪良自1869年起任总教习，历25年之久。同文馆初设英文馆，1863～1897年先后增设法文、俄文、算学、化学、德文、格致、东（日）文等馆。学制初定3年，后改为8年，前馆5年，后馆3年。学生来源初以招收八旗15岁上下的子弟，1862年6月入学的仅10人。增设算学馆后，扩大招收30岁以内的秀才、举人、进士和科举正途出身的五品以下满汉京外各官。入学学生逐年增多。学生毕业后大半任政府译员、外交官员、洋务机构官员、学堂教习。该馆附设印书处、翻译处，曾先后编译、出版自然科学及国际法、经济学书籍20余种。此外还设有化学实验室、博物馆、天文台等。1902年1月并入京师大学堂，改名京师译学馆。

同系列　homologous series　在分子结构式上相差一个或多个某种原子团（或复合体）的化合物互为同系物，这一系列的化合物就构成一个同系列。通式XA_nY。X、Y称为端基；A为链单元或链节；$n=0,1,2,3,\cdots$，称为同系序数。链单元与端基之间可以是单键、双键或三键。链单元可以是任何原子团。同系列中，由于同系物分子结构是有规则地改变的，其物理化学性质大同小异，并依次递变也呈现一定规律，这就是同系原理。同系物可以是脂肪族同系物、同烯系物、同苯系物等。①脂肪族同系物。以通式$X\!\left[CH_2\right]_nY$代表的化合物。按照这个定义，所有简单的脂肪族化合物，其分子结构可用通式$CH_3\!\left[CH_2\right]_nH$表示。②同烯系物。以通式$X\!\left[CH{=}CH\right]_nY$代表的化合物。主要是共轭烯类化合物的同系列现象。不论n为何值，X和Y之间的相互影响与它们直接相连时相同，即所谓插烯原理。例如，乙醛、2-丁烯醛、2,4-己二烯醛……可用通式$CH_3\!\left[CH{=}CH\right]_nCHO$表示，它们构成一个同烯系列。在乙醛中，由于醛基的影响，甲基比较活泼，可以进行许多活泼氢的反应，如羟醛缩合反应；2-丁烯醛、2,4-己二烯醛中的甲基，虽与醛基之间隔了几个烯键，但仍表现出活泼的性质，丁烯醛中的甲基也能发生羟醛缩合反应。③同苯系物。苯、联苯、对三联苯等可用 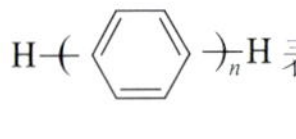 表示，构成同苯系列。

同心清真大寺　Tongxin Mosque　中国伊斯兰教清真寺。位于宁夏回族自治区同心县旧城。相传始建于明万历（1573～1620）年间。

清乾隆五十六年（1791）、光绪三十三年（1907）两次重修。主体建筑包括礼拜大殿、南北经堂、门楼和邦克楼，都坐落在高达7米的砖砌台基上。大殿两脊卷顶，单檐歇山式构造，面阔五间，进深九间，内壁雕刻梅花、牡丹、松柏等装饰图案。南侧门洞之上，为二重檐、四面坡式的亭阁建筑，是宣礼的邦克楼。大门前仿木结构的砖砌照壁，顶端檐斗栱式，中心有巨幅“月藏松柏”砖雕。全寺建筑体现中国传统建筑艺术与伊斯兰文化融为一体的风格。

同心县　Tongxin County　中国宁夏回族自治区吴忠市辖县。位于宁夏中南部，邻甘肃省。面积5 873平方千米，人口32万（2010）。夏商为雍州之地，春秋为义渠国，汉置三水县。此后历代均有建制，名称多变。1928年为豫旺县。1936年建立豫海县回民自治政府。1949年9月改同心县。农业种植小麦、糜子、玉米，畜牧业以养牛、羊为主。土特产有甘草、滩羊二毛皮、发菜等。矿产资源以非金属矿产为主，储量位居全国前10名的有石膏和白云岩。名胜古迹有**同心清真大寺**、韦州古塔、城隍庙、红城水娘娘庙，旅游景点还有罗山自然保护区，是夏季旅游避暑胜地。

同性恋　homosexuality　性欲望和性行为以同性为对象的一种性心理表现。最常见的性心理障碍类型。

同性恋行为常在幼年时即可出现迹象。到青春期表现为对同性发生好感而对异性不感兴趣。同性恋的双方总有一方是真同性恋者，即男性被动型和女性主动型者。他们在身心素质方面有极大的改变，具有较多的异性特征，绝对讨厌异性，因此被称为素质性同性恋者。另一方，即男性主动型和女性被动型者则是从属的，他们参与同性恋活动常出于暂时的情感联系，或者由于年龄较小又具有较强的性欲要求和兴趣，这类人被认为是非素质性同性恋者；因多发生于不易接触异性的环境（如寄宿学校、军队、监狱）里，也被称为处境性同性恋者。他们在年长以后或者处境改变，有了合适机会时还有可能与异性结婚。

同一认定 establishing identity 刑事技术鉴定中运用一定的科学技术手段，以确定受审查的嫌疑客体（人或物）同犯罪事件中正在寻找的那个客体（人或物）是否同为一人或同为一物，或来源于同一人或同一物。通常用于痕迹检验、笔迹鉴定和人相照片鉴定。

司法实践中，进行同一认定之所以可能，是因为受检验的客体物具有特定性和相对稳定性。因此，在侦查和勘验中，应尽力采取措施，保全这个客体对同一认定有重大意义的特征，并注意保持稳定性小的客体的稳定性；检验工作应尽可能在接近发现同一认定客体的时刻进行。

认定同一，指客体自身和自身的同一，表现在客体的主要特性（通过特征表现）自己和自己相符合。这称为“特定同一”。但

弹头膛线条痕比对，证明现场弹头与实验弹头为同一枪支发射

有时限于条件，只能认定“种类同一”。种类同一只说明两者相似，不能说明两者同为一物。刑事鉴定实践中，只有认定为特定同一，才能确定受审查的嫌疑客体与犯罪事件之间的联系。种类同一的肯定结论，只能缩小侦查范围，提供调查方法。种类同一的否定结论，可据以排除嫌疑。同一认定作为一种审查物证的原理和方法，侦查、审判人员在勘验中都可以运用，但只有鉴定人运用同一认定理论和方法作出的结论，才称为鉴定结论，具有证据效力。

同余 congruence 数论中所特有的基本概念、符号和方法，是整除概念和表示形式的发展。给定一个正整数m，若两整数a和b的差$a-b$被m整除，就说a同余于b模m，b是a对模m的剩余，记作$a\equiv b(\mathrm{mod}\,m)$，该式称为模m的同余式。同余式有类似于等式的性质：若$a_1\equiv b_1(\mathrm{mod}\,m)$，$a_2\equiv b_2(\mathrm{mod}\,m)$，则有①$a_1+a_2\equiv b_1+b_2(\mathrm{mod}\,m)$；②$a_1a_2\equiv b_1b_2(\mathrm{mod}\,m)$。与等式不相同的性质有：$ca\equiv cb(\mathrm{mod}\,m)$等价于$a\equiv b(\mathrm{mod}\,m/(m,c))$，式中$(m,c)$为$m,c$的最大公因数。对模$m$的同余是整数集合上的一个等价关系，即满足：①自反性，$a\equiv a(\mathrm{mod}\,m)$；②对称性，若$a\equiv b(\mathrm{mod}\,m)$，则$b\equiv a(\mathrm{mod}\,m)$；③传递性，若$a\equiv b(\mathrm{mod}\,m)$，$b\equiv c(\mathrm{mod}\,m)$，则$a\equiv c(\mathrm{mod}\,m)$。由于同余的对称性，人们可以说两个整数对模$m$同余或两个整数对模$m$不同余。虽然，L.欧拉等人的著作中已经出现了同余的思想，但只是C.F.高斯在其名著《算术研究》中才第一次引入同余符号，而且系统地利用这一崭新的思想方法来统一整理原有分散的数论知识，得到新的重要成果，形成统一的理论，开拓了数论的新的直至今日仍持续的研究方向。数论作为独立的数学分支是从高斯的这一名著开始的。

同源词 words derived from the same root 在汉字里语出一源、语义相通（或相同）、声音相近（或相通转）的词。见同源字。

同源字 characters derived from the same root 在汉字里有很多音同义近，或音近义同的字。这类字往往语出一源。如“广”与“旷”，“坚”与“紧”，“空”与“孔”，“宽”与“阔”，“改”与“更”之类，语义相通（或相同），声音相近（或相通转），故称之为同源字。如果语音毫无关涉，或音虽近而意义相去很远，就不能称为同源字。读音是否相同或相近、有无共同的语源义是判断是否同源的关键。假借字和异体字都不是同源字。

同源字实际也就是同源词。字的同源等于是追溯语源。在声音上，必须以上古音的声韵部类为基础去探求上古的读音；在意义上，必须以古代的训诂和古籍中应用的词义为根据去分别何者为同源，何者非同源。研究同源字是一件很繁难的事。

同质多晶 polymorphism 化学组成相同的物质，在不同的物理化学条件下结晶成两种或多种不同结构的晶体的现象。又称同质多象、同质异晶、同质异象或多晶型现象。例如，方解石和文石的化学组成都是碳酸钙，但二者的解理性完全不同。晶体对X射线的衍射表明，同质多晶异构体在物理、化学性质上的差异，源自于它们晶体结构的不同。在甾醇类、磺胺类和巴比妥类药物中，由于不同晶体的晶体结构不同，药效差别会很大。在一定的外界条件下（如改变温度、压力、溶剂等），同质多晶异构体之间可以相互转化。单质的同质多晶异构体称为同素异形体；构型异构体所形成的同质多晶称为构型同质多晶；构象异构体所形成的同质多晶称为构象同质多晶。同质多晶异构体的颜色不同时，即所谓的颜色同质多晶现象。

同中书门下平章事 jointly manager of affairs with the secretariat-chancellery 中国唐代宰相称号。唐初，以中书、门下、尚书三省综理政务。中书、门下二省地处宫内，尤为机要，故常联称。三省长官并为宰相。此外，皇帝又指令其他官员参预朝政机密。其本官阶品较低者，则用同中书门下三品或同中书门下平章事（武周时改称为同凤阁鸾台三品或同凤阁鸾台平章事）的头衔，亦为宰相。同三品是因为中书令、侍中是中书、门下正三品官，加此衔以示其与中书令、侍中享有同等权力及待遇。贞观十七年(643)，李勣为太子詹事同中书门下三品，是此号第一次出现。其后，以此衔为参政标志，虽本官品级高于三品者也要加此衔才得为宰相。平章意为评议辨别，引申为断决处理。受此衔者，即有在中书门下处理政事的职责。至高宗永淳元年（682），同中书门下平章事始成为四品以下知政事者的头衔，其位在同三品之下。

同三品及同平章事都属差遣性质，本身并无品秩，任此职者必另兼职事官衔。凡五品以上职事官经过皇帝授权即可充任。同三品一衔，高宗、武后、中宗时期使用最多，玄宗时已逐渐减少。同平章事则自永淳以后逐渐增多，至肃宗乾元元年（758）以后，成为以他官知政事者的唯一头衔。而原为当然宰相的三省长官之中，尚书仆射的相权自贞观末年即已开始削弱，到玄宗时，已完全被排除于宰相行列之外。中书令、侍中在安史之乱以后逐渐变成虚衔。于是唐代后期及五代，同中书门下平章事才是真宰相。此外，以节度使等而兼中书令、侍中或同平章事的也是虚衔，被称为使相。同平章事虽通常自五品以上官员中选拔，但拔充此职时，多转为中书侍郎或门下侍郎。

五代时期，同中书门下平章事虽是宰相，但枢密使权重，同平章事的实权被侵夺。北宋以同中书门下平章事主政事，知枢密院事(或枢密使)主兵。神宗元丰五年(1082)改革官制，以左仆射兼门下侍郎，右仆射兼中书侍郎为宰相。以后，除南宋孝宗时期外，不再置同中书门下平章事。金代的尚书省和元代的中书省、尚书省均置平章事，位在两省丞相下。

佟麟阁 Tong Linge (1892～1937) 中国抗日将领。直隶高阳（今属河北）人。原名凌阁，字捷三。1912年开始军人生涯。1925年任国民军第1师师长；次年，兼陇南镇守使。1931年任第29军教导团长兼张家口警备司令。1933年5月任察哈尔省政府代理主席、察哈尔民众抗日同盟军第1军军长，参与收复多伦等地。8月，冯玉祥通电下野，察政由宋哲元主持，佟麟阁任察哈尔公安管理处处长。1935年冬，华北局势恶化，在日本的压力下，中央军退出华北，冀察两省中国军队仅剩下29军。佟麟阁在此危难时刻，出任29军中将副军长兼军官教导团团长，驻北平南

苑。1937年卢沟桥事变爆发后，南苑是日军重兵进攻的主要方向，在敌密集炮火之下，佟麟阁与第132师师长**赵登禹**誓死坚守，指挥部队英勇抗击。佟麟阁被敌机枪射中腿部。7月28日，遭日本飞机袭击，头部受重伤，英勇殉国。他是抗日战争中殉国的第一位高级将领。31日，国民政府追赠为陆军上将。1946年3月，北平市政府和各界人士在八宝山忠烈祠为佟麟阁等隆重举行入祠仪式，并将西城区的一条街更名为佟麟阁路。中华人民共和国建立后，被追认为革命烈士。

茼蒿 *Chrysanthemum coronarium* var.*spatiosum*; crown daisy **菊科**茼蒿属的一个变种。一年生或二年生草本植物，又称蓬蒿。原产中国，南北各地都有栽培。以嫩茎、叶供食用。叶长而肥大，全缘或为羽状深裂，裂片呈倒披针形，叶缘锯齿状或有深浅不等的缺刻。叶腋分生侧枝。头状花序，黄白色或深黄色。瘦果，褐色。依叶的大小及缺刻深浅分为大叶茼蒿和小叶茼蒿，前者叶片大而厚，缺刻少而浅，食用品质好，产量高，成熟略迟；后者叶小，缺刻多而深，叶薄，成熟稍早。茼蒿性喜冷凉，不耐高温干旱，土壤以肥沃壤土为好。中国长江流域在春、秋两季播种。华北则因主食嫩茎，多在早春时播种，华南多在秋冬时栽培。用其作蔬菜食用时有特殊清香味。

桐柏县 Tongbai County 中国河南南阳市辖县。位于省境南部，南与湖北省交界。面积1 941平方千米。人口47万（2008）。民族有汉、回等。隋开皇十八年（598）置桐柏县，以境内有桐柏山而得名。属亚热带季风气候。矿产有金、银、铁、萤石、油页岩、石油、云母、天然液体碱等。农作物有小麦、水稻、棉花、芝麻、花生等。中药材有桔梗、半夏、柴胡、茯苓、蝎子等。传统名产有茶叶、油茶、蜂蜜、蜂蜡、猕猴桃、油桐、泡桐等。工业主要有机电、造纸、化肥、酿造、农林产品加工等。名胜古迹有水帘洞、淮渎庙、陡坡嘴新石器时代文化遗址等。

桐城派 Tongcheng school 中国清代散文流派。创始人**方苞**。继承发展者虽众，影响最大的主要是**刘大櫆**和**姚鼐**。因方、刘、姚都是安徽桐城人，故称桐城派，时在乾隆末期。桐城派的文论，以义法为中心，逐步丰富发展，成为一个体系。方苞谓“义”，即言有物，指文章的内容；“法”，即言有序，指文章的形式。他的义经法纬之说，是要求文章内容和形式统一，古文当以“雅洁”为尚，反对俚俗和繁芜。刘大櫆发展了方苞关于“法”的理论，进一步探求散文的艺术性，提出了“因声求气”说。姚鼐是桐城派的集大成者，强调“义理、考证、辞章”三者合一。桐城派的文章在思想上多为“阐道翼教”而作；文风上简明达意，条理清晰，清真雅正，颇具特色。方苞的《狱中杂记》、《左忠毅公逸事》，姚鼐的《登泰山记》等，都是代表作品。桐城派在清代文坛上影响极大。对矫正明末清初的文风，促进散文发展起了一定的作用。

桐城市 Tongcheng City 中国安徽省辖县级市。位于省境中部偏西南，地处长江北岸、大别山东麓。面积1 472平方千米。人口66万（2010），民族有汉、回、壮、满、藏等族。春秋时为桐国，唐大历十年（775）设桐城县，1996年撤县设市。由**安庆市**代管。地势西北高、东南低，山地、丘陵、平原呈三级阶梯分布。属亚热带季风湿润气候。有受国家保护的珍稀动物金钱豹、穿山甲、水灵猫、水獭、江豚、白鹳、巨蜥等，珍稀植物有银杏、金钱松、鹅掌楸、杜仲等。农作物主要有水稻、小麦、玉米等。矿产资源有石墨、矾、花岗石、大理石、铜、铁等10余种。合（肥）九（江）铁路、沪蓉高速公路、206国道纵贯全境。名胜古迹有圣庙、宰相府、六尺巷等。

桐庐县 Tonglu County 中国浙江杭州市辖县。位于省境西北部，富春江畔。面积1 780平方千米。人口41万（2010），有汉、畲等民族。三国吴黄武四年（225）置桐庐县。1960年属杭州市。矿产有煤、石灰岩、大理石、石英石和铁。主要农作物为水稻、小麦、甘薯、油菜，并产茶叶、生猪、鲜鱼、黄花菜、蜂蜜等，其中“雪水云绿”、“天尊贡芽”茶为茶中珍品。富春江**鲥鱼**为鱼中之魁。工业有电力、化工、机械、建材、纺织、服装、造纸、食品等行业。富春江—新安江一带是国家级风景名胜区。名胜古迹有瑶琳仙境、严子陵钓台、桐君山、大奇山森林公园、天峒山森林公园、鸬鹚湾风景区等。其中瑶琳仙境以溶洞奇观著称。

瑶琳溶洞

桐乡市 Tongxiang City 中国浙江省辖县级市。位于省境北部。面积723平方千米。人口82万（2010）。五代晋天福三年（938）置崇德县。明宣德五年（1430）置桐乡县。1983年属**嘉兴市**。1993年撤县设市。由嘉兴市代管。主要农作物为水稻、大小麦、油菜。蚕桑业发达，为中国著名蚕茧产地。土特产有杭白菊、晒红烟、槜李、小湖羊皮、榨菜等，其中杭白菊产量曾占全省90%以上，晒红烟是制作雪茄烟的必备原料。工业以丝绸、纺织为主，并有机械、食品、化工、建材等行业。名胜古迹有罗家角遗址，是一处新石器时代文化遗址，曾出土世界最早的人工栽培稻谷；全国重点文物保护单位乌镇，包括茅盾故居及其立志书院，梁昭明太子读书处遗址还有崇福寺的金刚殿、文壁巽塔、翔云观、演教寺；石门丰子恺旧居缘缘堂等。

乌镇水景

桐油 tung oil **大戟科**油桐属种子经压榨或用溶剂浸出制得的干性油。传统上用于涂刷农具、渔具、家具及嵌补船缝和门窗玻璃等，近代主要用作油漆、油墨和医药等的原料。中国利用桐油的历史较久，是桐油的主要输出国。

桐油的主要成分都是α-桐酸甘油酯，α-桐酸是含有三个共轭双键的十八碳脂肪酸。桐油质量往往因油桐树种、产区和加工方法以及储存时间等而有所不同。淡黄色的黏稠液体油，称白桐油；暗黑或暗红色的称黑桐油或红桐油。两种油统称生桐油。不宜直接用作涂料，需加入催干剂（如铅、锰等氧化物）熬制成熟桐油才成为优良的涂料。

桐油具有干燥快、比重小、光泽度高、附着力强、耐酸耐碱、防腐防锈，以及绝缘性好等优良特性。桐油有毒，熬熟时逸出的气体，会引起某些接触者的急性皮炎。桐子榨油后的麸饼除含残油外，尚含**氰**、**磷**、**钾**和毒性**皂苷**。皂苷在油中的溶解度小，因此麸饼毒性远远大于桐油，作为肥料使用时兼有杀虫效果。

桐油酸 eleostearic acid 含三个共轭双键

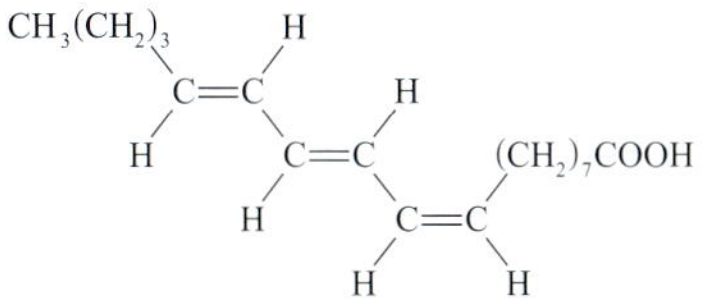

的不饱和**脂肪酸**。系统命名为顺，反，反－9，11，13－十八碳三烯酸。又称桐酸。为桐油中所含脂肪酸的主要成分，占甘油酯中脂肪酸总含量的87%。熔点49℃；沸点235℃（12毫米汞柱），同时分解；相对密度0.902 8（50/4℃）。桐油酸受光或热作用，或在储存过程中，可部分转化成反，反，反式异构体，因此天然存在的称为α体，而后者称为β体。β体的熔点为71～72℃，沸点188℃（1毫米汞柱），相对密度0.883 9（80/4℃）。桐油酸中的三个双键是共轭的，因此易与顺丁烯二酸酐发生双烯**加成反应**而形成加成的环状产物。桐油酸氢化则生成硬脂酸。桐油为油漆和涂料的重要原料。α－桐油酸有毒，会引起某些接触者的急性皮炎。

桐梓人 *Human remains* from Tongzi 早期**智人化石**。包括1972年在中国贵州桐梓县洞穴发现的两枚人类牙齿、1983年从1972年发掘时搬到洞外的堆积物中筛出的四枚人类牙齿化石。四枚牙齿的形态与北京猿人很相近，1972年发现的牙齿则较为进化。这种差异可能由于两批化石产自同一洞中的不同时代，也可能反映在直立人与智人之间的形态镶嵌。还发现旧石器、用火痕迹和哺乳动物化石。石制品12件，大部分以燧石为原料，加工粗糙。哺乳动物化石大部是零星的牙齿，有金丝猴、长臂猿、硕豪猪、古爪哇豺、大熊猫、最后鬣狗、东方剑齿象、巨貘、中国犀等20余种，时代是更新世中晚期。

铜 copper **化学元素**，元素符号Cu，原子序数29，原子量63.546，属周期系IB族。铜是人类最早发现和使用的元素之一。墓葬考古发现，埃及人早在公元前5000年就使用铜器，中国约在公元前3000年新石器时代晚期开始使用铜。铜在自然界的分布极广，在地壳中的含量约为7.0×10^{-3}%，**铜矿**主要有**自然铜**、硫化矿和氧化矿，如**辉铜矿**（Cu_2S）、靛铜矿（CuS）、**黄铜矿**（$CuFeS_2$）、**赤铜矿**（Cu_2O）、黑铜矿（CuO）、**孔雀石**[$Cu(OH)_2\cdot CuCO_3$]、**蓝铜矿**[$2CuCO_3\cdot Cu(OH)_2$]和**斑铜矿**（Cu_5FeS_4）等，大都是含铜1%的低品位矿。此外，铜也存在于海洋中的锰铁结核中。

铜是微红色金属，有明亮的金属光泽，熔点1 084.62℃，沸点2 562℃，密度8.96克/厘米^3（20℃）。具有延展性和柔韧性，是热和电的良导体，导电性仅次于银，在20℃时铜的电导率是银的94%。有**顺磁性**。

自然铜——自然界存在的金属铜

铜可与锌、锡、镍、铁、铝、硅、铬和铍等许多金属形成不同性能的合金。依照传统的分类方法，**铜合金**可分为紫铜、**黄铜**、**白铜**和**青铜**4类。

铜的常见氧化态+1、+2，高温和固态时，一价铜化合物稳定，但在水溶液中发生**歧化反应**生成二价铜和铜。铜常温下在干燥空气中稳定，加热时与氧作用生成黑色氧化铜，氧气不足时形成红色氧化亚铜Cu_2O；在潮湿的空气中，可与水和二氧化碳反应在其表面生成铜绿〔主要成分碱式碳酸铜$Cu_2(OH)_2CO_3$〕。常温下，铜与硫、**卤素**作用缓慢，但加热时反应剧烈。铜与氮不能直接作用，若将氮气通过红热的铜时，则生成氮化亚铜。铜不能置换出酸中的氢，但浓盐酸在加热时能与铜反应形成配离子$[CuCl_4]^{3-}$。当有氧气存在时铜易溶于硝酸和热浓硫酸。在有氧气或过氧化氢存在下铜溶于氨水和浓的碱金属氰化物（如KCN）溶液中形成配合物。重要的化合物有氧化亚铜、卤化亚铜、氧化铜、氯化铜、硫酸铜、叠氮化铜、硫化铜、碱式碳酸铜、氢氧化铜和硝酸铜。

铜的冶炼方法主要有火法和湿法两种。氧化矿可直接用碳热还原法，也可用湿法冶炼，即用稀硫酸或络合剂浸出，然后进行电解。硫化矿可用冰铜熔炼法冶炼。铜及铜合金广泛应用于工业各个部门，铜、黄铜、青铜主要有五大应用市场：①房屋建筑业。约占41%，主要包括管道设备、加热器、空调、冰箱和建筑物料。②电子电器产品。约占25%，主要用于制造导线电缆、无线电通信和照明设备等。③工业机器和设备。约占14%，用于制造近距离设备、非电子仪器、工业阀门和热交换器。④交通车辆。约占12%。⑤日常和军用品。约占10%，有电器、硬币和军火。铜具有耐腐蚀性，可用于电镀，作外镀层或作镀层衬底，还可用作金属的包层。铜还以各种化合物的形式应用于农药、轻工、化工及医疗方面：如铬酸铜、氟硅酸铜用作杀菌剂；五水合硫酸铜$CuSO_4\cdot5H_2O$俗称胆矾，广泛地用于农药及净水中的灭藻剂；碱式碳酸铜和氧化铜可用作颜料，前者还是一种杀虫灭菌剂；氯化亚铜和氯化铜是化学工业和石油工业常用的催化剂。

铜不仅是正常新陈代谢所必需的，也是治疗许多疾病的重要元素。人体内的铜与某些蛋白质结合成蛋白酶。经由食物摄入的铜约有50%被人体吸收，偶尔摄入大量的铜盐可引起胃肠紊乱，出现溶血，肝、肾损害，及时治疗可痊愈。

铜版纸 coated art paper 印刷涂布纸的一种。以纸作为基材，采用气刀或刮刀在纸的表面涂布以白色颜料、胶黏剂等为主要成分的涂料，干燥后经超级压光而成。适合于高级彩色印刷的最高档的纸种之一。由于早期采用铜版印版印刷而得名。分为单面和双面两种。按其涂布量又可分为两大类：单面涂布量在20克/米^{2}以上为重涂，定量范围是105～250克/米^2；单面涂布量10～20克/米^{2}为中涂，定量范围是70～128克/米^2。铜版纸为平板纸或卷筒纸，可供单色或彩色胶版印刷高档画册、书刊封面、插图、商品广告和产品样本等。除常规的有光泽铜版纸外，还有亚光铜版纸。铜版纸的生产须经过原纸抄造、涂料配制和涂布、干燥及超级压光整饰等工艺过程。原纸一般由全化学浆抄造而成，高档纸为全木浆，中、低档纸可掺入部分草浆。

铜奔马 Bronze Galloping Horse 中国东汉青铜雕塑。1969年甘肃武威雷台汉墓出土。高34.5厘米，长45厘米，宽10.1厘米。马造型矫健精美，以黑色细线绘颈和尾的鬃毛，红色涂唇齿，作昂首嘶鸣、逸足奔

铜奔马（甘肃省博物馆藏）

腾状，长尾飘举，三足腾空，右后足踏一展翅回首的飞鸟，以此表现马行疾速的动势。奔马全身的着力点集中于踏在飞鸟的一足上，准确地掌握了力学的平衡原理，具有卓越的工艺技术水平，反映东汉匠师的高度智慧和丰富的想象力，是东汉雕塑艺术的杰作。

铜川市 Tongchuan City 中国陕西省辖地级市。位于省境中部。辖王益、印台、耀州3区和宜君县。面积3 882平方千米。人口83万（2010），有汉、回、满、蒙古等15个民族。秦设铜川护军，北魏设同官县，北周改称同官县。1946年因同官和潼关同音易混，更名铜川县，1958年撤县设市，1979年升为地级市。矿产资源丰富，是渭北煤田"黑腰带"的主要组成部分。工业主要有煤炭、建材、冶金、陶瓷、机电、纺织等部门。煤炭、水泥、陶瓷年生产能力居陕西省前列。农作物以小麦、玉米、豆类为主，土特产有花椒、辣椒、核桃等。中药材分布较广，黄芩、党参久负盛名。盛产优质苹果。林地覆盖率为29%，天然林以油松、杨、栎树为主。名胜古迹有耀州窑博物馆，以及玉华宫（寺）遗址、香山、药王山、金锁关、姜女祠等。

铜鼓 bronze drum 击奏体鸣乐器。广义的中国古代铜鼓包括两类：一类是商周时期的青铜鼓，目前著录仅两面。横置，鼓面在两侧，鼓框下有足，长方形四边中间有空裆的圈足或四小扁形足。鼓框顶部有带孔的座形钮，可以悬吊。另一类是南方地区的铜鼓，流传于中国云南、贵州、四川、湖南、广东、广西的彝、苗、侗、壮、布依、水、黎、瑶、白、佤、土家、仡佬等民族中以及东南亚一些国家。通体铜质，青铜鼓占多数。由面、胸、腰、足、耳5部分组成。鼓面圆而平，鼓身与鼓面连接部分略外凸，形成鼓胸。腰部内收，多为直筒形。胸腰之间有鼓耳两对，作系绳或手提用。腰下为鼓足，底径大于鼓腰。按出土地、形制和纹饰的不同，中国铜鼓分为万家坝、石寨山、冷水冲、遵义、麻江、北流、灵山和西盟等类型。此类铜鼓的敲法因时代、民族和地区的不同而各异，主要有以下几种：竖立于地上用槌敲击；由两人抬着铜鼓，演奏者边走边以双手拍击；以皮革蒙鼓底，用槌敲击；鼓面向下，鼓体中盛水而敲击；将铜鼓吊在树上，1人用槌敲击，另1人用木桶在鼓底晃动，以改变音量和音色。铜鼓常用于迎送宾客、庆祝新房落成、婚丧及祭奠仪式。

汉代五铢钱纹铜鼓（广西岑溪出土）

铜鼓舞 bronze drum dance 中国少数民族民间舞蹈。流布于中国南方以及西南地区的彝、苗、壮、瑶、水、布依等少数民族中，以敲打铜鼓而舞为共同特征。

铜鼓最早用作炊具，古代南方民族也用作礼器，是权力的象征。其声洪远，故又是传递信息的工具。铜鼓被视为吉祥之物，遇隆重节日或婚丧礼仪必击鼓而舞。铜鼓舞流传至今，不同民族有不同的跳法和特点。

①壮族铜鼓舞。一人击鼓指挥，舞者不拘男女，围铜鼓逆时针方向欢舞。舞至高潮，边跳边和着铜鼓的节奏击掌助兴。动作以表现骑猎等内容为主，舞姿刚健有力。

②彝族铜鼓舞。以百十人为一群，男女老幼不拘，绕鼓而舞。动作以胸腰及胯部的大幅度扭摆为特征，舞姿健美、古朴。

③苗族铜鼓舞。将铜鼓吊悬于木柱上敲击，舞者男女老少均可参加，成圆圈、半圆、四方、交叉对跳等队形进行。舞时，领舞者以呼喊声助兴。动作多表现狩猎和农耕生活。臀部左右扭动，风格独特，动作刚健、洒脱。

④瑶族铜鼓舞。在场地上将数面铜鼓一字排开，悬于木架之上。每面铜鼓由一人右手持槌击鼓面，左手持短棍敲鼓腰；另一人拿圆木桶，随铜鼓节奏将桶口送向铜鼓又拉开，如此反复，以获共鸣。在浑厚的鼓声中，一名舞者双手持槌，围绕一面大皮鼓，边击边舞，动作稳健有力，场面壮观。

铜管乐队 brass band 由铜管乐器和部分打击乐器组成的乐队。有别于兼有木管乐器的管乐队。铜管乐队于19世纪初在欧美许多国家出现。近代此类乐队乐器组合与乐队编制虽无一定之规，但一般由短号、萨克斯号、长号和大号等组成。英国经常举行铜管乐队演奏比赛，标准编制规定为24人（另加打击乐人数）。计有：♭E高音短号1人，♭B短号8人，♭B高音萨克斯号1人，♭E萨克斯号3人，♭B上低音萨克斯号2人，♭B尤风宁号2人，长号2人，♭B低音长号1人，♭E大号2人，♭B邦巴东号2人。铜管乐队时或添用簧管乐器，如萨克斯管或单簧管以及短笛。

铜合金 copper alloy 以铜为基加入其他元素组成的合金。铜和铜合金按传统分为紫铜、黄铜、白铜、青铜4大类，按成型方法分为铸造铜和加工铜两大类。随电子通信和宇航等工业的发展，又开发了高导铜、复合铜、弥散强化铜等。铸造铜的产品形式主要是以所用结构件的外形作为铸型、由合金液浇注而成的铸件，另一种是以压力加工成型的简单铸坯。加工铜的产品形式，是将铸坯在高温或室温条件下，经锻造、挤压、轧制或拉拔等压力加工方法，制成各种形状的型材，如板、带、箔、管、棒、线等。

铜镜 bronze mirror 古代用青铜制作的用以照容的生活用具。正面光洁可照影，背面多铸出花纹，既实用，又是精美的工艺美术品。世界古代铜镜分为两大系统：西亚、埃及、希腊、罗马的为圆形带长柄铜镜，目前发现最早的是伊拉克的基什遗址出土的公元前2900～前2700年的铜镜；中国铜镜为圆形，背有钮，以便系带，目前发现最早的是青海省贵南县尕马台等地出土的齐家文化铜镜，距今约4 000年。

位至三公铜镜（三国吴，湖北武昌任家湾出土，中国国家博物馆藏）

中国铜镜的大量使用始于战国时期，当时主要有蟠螭纹镜及四山纹镜等，还出现了错金银镜。至汉代，铜镜开始有了铭文，如"常相思，毋相忘"、"长宜子孙"、"位至三公"等，并有了纪年铭镜。汉代铜镜主要有日光镜、昭明镜、博局纹（或称规矩纹）镜、神兽镜及画像镜等。尤其是高达1.12米的长方形穿衣镜及能反照出镜背花纹的透光镜的出现，反映出当时铸镜工艺的高度水平。隋唐时期铜镜的发展达到高峰，除圆形镜外，出现了葵花形、菱花形及带柄铜镜。按花纹分，主要有四神镜、瑞兽葡萄镜、月宫镜、盘龙镜等。还出现采用金银平脱、嵌螺钿等工艺的精美铜镜。到宋代，铜镜开始衰落。此时主要有缠枝花卉镜、双龙镜等，有柄镜大增。镜上出现了类似商标的铭记，如"湖州真石家念二叔照子"（当时因避讳，曾称铜镜为照子）等。元明时期铜镜制作粗糙。清代以后铜镜逐渐被玻璃镜取代。中国铜镜曾大量输往日本、朝鲜等周边国家和地区，在古代中外文化交流中占有重要地位。

铜蓝 covellite 化学成分为CuS，晶体属六方晶系的硫化物矿物。含铜量66.48%，有时含少量铁，是提炼铜的矿物原料。呈靛蓝色，中文名与此有关。金属光泽或光泽暗淡。具有完全的底面解理。莫氏硬度1.5～2.0。密度4.59～4.67克/厘米^3。通常呈板状、细薄片状、被膜状或烟灰状集合体。铜蓝主要是外生成矿作用的产物，产于铜的硫化物矿床次生富集带中，与**辉铜矿**等矿物共生，组成含铜量很高的富矿石。偶见于热液矿床和火山喷气矿床中。在地表条件下，铜蓝易氧化形成铜的氧化物、碳酸盐类的次生矿物。最常见的是赤铜矿、孔雀石、蓝铜矿等。著名产地有俄罗斯乌拉尔布利亚温、南斯拉夫博尔、意大利撒丁岛的卡拉博纳、美国蒙大拿州的比尤特等。

铜陵市 Tongling City 中国安徽省辖地级市。位于省境南部、长江下游南岸。辖铜官山、狮子山、郊区3区及铜陵县。面积1 113平方千米。人口72万(2010)。1956年设立铜官山市，1958年铜陵县并入后改

铜陵长江大桥

称铜陵市。属亚热带季风气候。农作物有水稻、小麦、棉花、油菜、茶叶、油桐、生姜等。药类植物以凤凰山丹皮最为著名。泡桐资源丰富，素有桐乡之称。矿藏有铜、铁、煤、硫、金、银、钴、钼、石灰岩、大理石、硒、碲等。中国重要有色冶金工业基地之一。素有皖南铜都之称，采铜史达1 500余年。铜产量在全国具有重要地位。工业以有色冶金为主，还有化工、纺织、电子、电力、建材等。交通方便，长江穿境而过，铁路经芜湖可连浙赣线、淮南线，铜陵长江大桥贯通南北，有高速公路过境。主要风景区有天门山、五松山、螺丝山、羊山矶及天井湖公园等。

铜岭古矿冶遗址 Tongling Mine Site 中国商代至春秋战国时期的采铜冶铜遗址。位于江西省瑞昌市幕阜山东北角，地处长江南岸的低山丘陵地带。1988～1991年发掘。发现约7万平方米的采矿区，总面积约17万平方米的3个冶炼区及3座竹木结构的工棚遗迹。采矿区发现矿井103口、巷道19条及采矿坑、探矿槽坑、选矿场等，冶炼区残存有约30万吨的冶炼矿渣。遗址中出土数百件与采矿有关的竹、木、铜工具和日用陶器等。这里的铜矿最早开采于商代中期。采矿有露天采和地下采。商代矿井已有露天竖井支护，此后支护方法不断改进。西周时期的地面选矿场配有一整套溜选矿设备，表明当时已掌握按比重分离的重力选矿技术。铜岭附近是铜矿集中区域，与湖北大冶**铜绿山古矿冶遗址**相距仅数十千米，这一带很可能是商周时期的铜矿石重要产地，中原王朝制造青铜器原料的重要来源地。2001年国务院公布铜岭铜矿遗址为全国重点文物保护单位。

铜绿山古矿冶遗址 Tonglüshan Mine Site 中国西周至西汉的采铜和冶铜遗址。位于湖北省大冶市西北。1973年起发掘，是中国已发现的规模最大、保存最完整的古代铜矿遗址。它的发现初步揭示了这一时期采矿和冶铜的生产情况，填补了中国冶金史上的一段空白。1982年国务院公布为全国重点文物保护单位。

古矿井主要包括两期遗存。前期属春秋时期或稍早，后期属战国至汉代。铜绿山蕴藏有丰富的铜铁矿床，古矿井主要集中在大理岩与火成岩的接触带上。这里氧化富集带中矿石的含铜品位可达5%～8%，主要有孔雀石、赤铜矿、自然铜等。古代工匠为掘取铜矿石，开凿竖井、平巷与盲井等，并用木质框架支护，采用了提升、通风、排水等技术。春秋时期的井巷较小，木质方形框架的长宽均为70厘米左右；战国时期井巷增大，框架直径达110～130厘米，并使用辘轳提升矿石及汲出地下水。采掘工具有斧、凿、锄、钻等，春秋矿井中只出土青铜工具，战国矿井中多为铁工具。此外还有木锹、竹筐、藤篓、绳索、木钩、木槽、桶、勺等器具。经清理的春秋时期冶铜炉，由炉基、炉缸、炉身3部分组成。炉基下有风沟，冶炼时可确保炉缸的温度。炉缸设有放铜、排渣的金门。炉身有鼓风口。炼炉附近有工棚遗迹和碎石用的石砧、石球，加工过的矿石及陶片、铜块等。经模拟实验证明，这种竖炉可以连续加料、连续排渣、间断放铜，性能好、炉龄长、操作简便，每炉日产铜不低于300千克。古炉渣总量超过40万吨。经化验，炉渣的酸度适宜，含铜量仅0.7%，说明东周时期的冶铜技术已达到相当高的水平。

铜仁地区 Tongren Region 中国贵州省人民政府设立行政公署所管理的地区。位于省境东北部，邻重庆市、湖南省。辖铜仁市、江口县、石阡县、思南县、德江县和玉屏侗族自治县、印江土家族苗族自治县、沿河土家族自治县、松桃苗族自治县，以及万山特区。面积18 003平方千米。人口309万(2010)，有汉、土家、苗、侗、仡佬、回等民族。地区行政公署驻铜仁市。1949年置铜仁专区，1970年更名铜仁地区。经济林木有油桐、油茶、乌桕、核桃等。梵净山原始林区已列为国家自然保护区。农作物有水稻、小麦、玉米、油菜、芝麻等。矿藏有煤、汞、锰、磷、铅等。工业有采矿、冶炼、化肥、机械、建材、造纸等。名胜古迹有梵净山、铜仁九龙洞、松桃虎渡口新石器时代文化遗址、云落屯悬棺葬、德江煎茶溪古墓群、万山汞矿遗址。

铜仁市 Tongren City 中国贵州铜仁地区辖市，地区行署驻地。位于省境东北部。素有“黔东门户”、“黔东重镇”之称。面积1 514平方千米。人口37万(2008)，有汉、侗、苗、土家等25个民族。隋置静人县。唐置万安县，后改为常丰县。明永乐十一年(1413)置铜仁府，后改为铜仁县。1987年撤县设市。属中亚热带湿润性季风型气候。年平均气温17.4℃，平均年降水量1 257.7毫米。矿产资源有汞、钾、磷、钼、钒、锌、石灰岩等。农业以水稻、玉米、小麦、薯类和油菜、花生、烤烟、茶叶、水产品等为主。

东山风光

工业有电力、采矿、卷烟、机械、冶炼、建材、化工、医药、造纸等。风景名胜有十里锦江、九龙洞、东山等风景名胜区。

铜山区 Tongshan District 中国江苏徐州市辖区。位于省境西北部，南部和西部与安徽省接壤。面积1 856平方千米。人口114万(2010)，有汉、回、苗、朝鲜等民族。古大彭氏国地。周为彭城邑，秦置彭城县，清雍正十一年(1733)置铜山县。2010年撤销铜山县，设立徐州市铜山区。矿产有煤、铁、钛、石灰岩、大理石、石英、云母、耐火黏土等。农作物有小麦、水稻、玉米、大豆、棉花、花生、油菜、烟草等，是全国粮棉、蔬菜、山羊板皮生产基地。汉王乡玫瑰花已有2 000多年栽培历史，是中国重要的玫瑰产地，素有“玫瑰之乡”的美称。工业有建材、煤炭、轻纺、化工、机械、电器、食品等。水泥产量居全省之冠。名胜古迹有北洞山楚王汉墓、汉王庙、楚

王山汉墓群、龟山西汉楚王刘注墓、茅村汉画像石墓、文徵明碑刻等。

铜石并用时代 Chalcolithic Age 新石器时代和青铜时代之间带有过渡性质的人类物质文化发展阶段。又称金石并用时代。此时原始农牧业和手工业达到较高水平。主要工具和武器仍然是石器。同时出现以红铜（天然铜）器为主体的金属器，主要是小型工具和饰物，它们采用冷锻和冶铸两种工艺技术成器，在自然共生矿资源比较丰富的地区也使用天然合金铜。铜石并用时代文化是古代文明的直接源头。

外国的铜石并用时代　在东亚、中亚、西亚、北非和欧洲已确定有过铜石并用时代。最早的铜石并用时代文化起始于公元前第6千纪。代表性的铜石并用时代文化有：中亚的安诺文化，西亚的哈拉夫文化、乌鲁克文化、欧贝德文化、杰姆代特奈斯尔文化，埃及前王朝时期（公元前5000～前3100年）的拜达里文化、阿姆拉文化、格尔塞文化，东欧的特里波利耶文化等。多数文化具有较为发达的农业，并往往有彩陶共存。其中如欧贝德文化，居民已掌握灌溉技术，种植小麦、大麦和亚麻，以神庙为中心出现初期的小城镇，有学者推测它处于军事民主制阶段。而乌鲁克文化和杰姆代特奈斯尔文化时期已产生奴隶制城邦国家，发明文字，进入初期文明阶段。

中国的铜石并用时代　年代范围为距今6 600～4 000年。分前后两期。前期从距今6 600～4 500年。此时，在黄河流域以粟作农业、彩陶为重要内涵的原始文化中，开始出现零星的铜器和冶铸铜器的遗物，包括仰韶文化的黄铜片、铜笄和红铜炼渣，红山文化制造钩形饰物的陶质双合范，马家窑文化马家窑类型的青铜刀，大汶口文化附着有铜绿的骨凿等。后期即距今约4 500～4 000年的龙山文化时期。此时，北方和南方的原始粟作农业、稻作农业进一步发展。除普通聚落外，出现较多的古城，如平粮台古城、城头山古城等，其中规模较大的已具有区域中心的地位。此时还学会烧制石灰和制造土坯，建筑材料和技术有新的提高。快轮制陶已很普遍，玉雕工艺十分发达，出现专用的玉质礼器。在属于这一时期的黄河流域山东龙山文化、河南龙山文化、陶寺文化、马家窑文化马厂类型、齐家文化和江汉平原石家河文化中，有至少20处以上的遗址出土了小件铜器或炼铜遗物。铜器的质料分三类：以红铜器为最多，采用纯铜加工制成，质地较软；青铜器次之，分为锡青铜和铅青铜，或兼有锡、铅和其他杂质；还有少量是黄铜，为铜锌合金，含有多种杂质，可能是直接采用共生矿石冶炼的。制造铜器的方法有锻造和铸造两种。铸造一般用单范。山西襄汾陶寺遗址出土的红铜铃采用内、外范合铸而成，是中国已知用此类工艺制作的年代最早的铜器实物。对于中国的铜石并用时代，学术界还有不同意见。

铜铀云母 torbernite 晶体属四方晶系的磷酸盐矿物，化学组成为$Cu(UO_2)_2[PO_4]_2 \cdot 12H_2O$。晶体呈薄板或厚板状，集合体呈晶簇状、鳞片状、皮壳状等。翠绿至草绿色，

有时为苹果绿色。条痕浅绿色。玻璃光泽，解理面呈珍珠光泽。解理完全。莫氏硬度2～2.5。性脆。密度3.22～3.60克/厘米^3。在紫外线照射下不发荧光。产于铀矿床氧化带，是常见的表生铀矿物之一，常与钙铀云母、硅钙铀矿、孔雀石、蓝铜矿等共生。是很好的寻找原生铀矿的矿物标志。大量堆集可用作铀矿石开采。

铜元 copper coin 中国清末民初以来所铸各种新式铜币的通称。俗称铜板。光绪二十三年（1897），监察御史陈其璋奏请“仿造大小铜元，以补制钱之不足”。二十六年

1906年户部大清铜币湘十文

在广东开始铸造。正面有“光绪元宝”4字，背面有蟠龙纹，每枚重库平2钱，含铜95%，铅4%，锡1%。当制钱10文，并镌有“每百枚换银元一元”字样，还有1文、2文、5文和20文等面额。流通最广的是当十铜元和当二十铜元。宣统年间，铜元正面改铸“大清铜币”4字。北洋政府时期，各省监铸铜元，种类繁多，河南有当五十的，四川有当百和当二百的。铜元贬值，每枚银元可兑铜元200～300枚。1914年北洋政府颁布《国币条例》，确立银本位制，铜元定为辅币。1935年实行法币政策，银元改为纸币但辅币仍用硬币。次年发行1分、2分新的铜辅币。一直沿用到抗日战争前。

童第周 Tong Dizhou（1902-05-28～1979-03-30）中国胚胎学和发育生物学家、教育家，全国政协副主席。生于浙江鄞县（今宁波），卒于北京。1927年毕业于上海复旦大学生物系。

1934年在比利时布鲁塞尔大学获哲学博士。1934年回国后历任山东大学、中央大学、同济大学、复旦大学教授，中央研究院心理研究所研究员，英国剑桥大学和美国耶鲁大学研究员，山东大学副校长，中国科学院实验生物研究所副所长，海洋研究所、动物研究所、发育生物学研究所所长，中国科学院生物学部主任，中国科学院副院长等职。1955年当选为中国科学院学部委员（院士）。1978年当选为全国政协第五届副主席。

童第周的主要贡献之一，是关于文昌鱼发育的实验研究。他证明了文昌鱼早期胚胎分裂球的发育命运有一定的可塑性。还发现文昌鱼的胚胎发育中，具有与脊椎动物相似的诱导作用。这些研究揭示了文昌鱼与脊椎动物在发育机制上的一致性，从而证明了文昌鱼在从无脊椎动物进化为脊椎动物过程中的重要地位。他曾设想通过移植细胞核来进行育种，其研究为动物育种提出一个新的、可能的途径。童第周关于海鞘的研究也证明了其胚胎发育中有些组织器官是有可塑性的。他与合作者还研究了核酸对金鱼性状的诱变作用，取得了很多成果。

童第周发表论文60余篇，专著3部。为中国的生物科学界培养出了一大批优秀的学生。1956年至60年代初，任中国、苏联、朝鲜、越南四国渔业委员会副主任委员。

童话 children's stories; fairy tales 主要以儿童为对象，适应儿童的心理特点和审美趣味的文学样式。童话起初以口头文学的形式在民间流传，称为民间童话。后来，不少作家吸收民间幻想故事的营养改编或创作童话，称为文学童话，最著名的是丹麦作家H.C.安徒生写的童话。童话通常以离奇的幻想、优美的形象表现人们美好的理想、憧憬、愿望。拟人化、大胆的夸张和丰富的想象是童话的主要手法。童话通常又以形象不同而分为3类：鸟言兽语式的拟人童话，超自然人物的超人童话，夸张了普通人形象的常人童话。

童寯 Tong Jun（1900-10-02～1983-03-28）中国现代建筑学家、建筑师、建筑教育家。满族。生于奉天（今沈阳），卒于南京。1925年清华学校毕业后，留学美国宾夕法

尼亚大学建筑系，曾获全美建筑系学生设计竞赛一、二等奖。1928年获建筑硕士学位。1930年赴欧洲考察后回国，1930～1931年任东北大学建筑系教授。1932～1952年在上海与赵深、陈植共同组成华盖建筑师事务所，主持绘图室工作。1944年起先后在重庆和南京兼任中央大学工学院建筑系教授。1949年中央大学改称南京大学，1952年南京大学工学院改南京工学院，童寯继续担任建筑系教授，直至逝世。

童寯参加设计的工程约100项。有南京首都饭店、上海金城大戏院、南京下关首都电厂等。作品比例严谨，质朴端庄。童寯在回国后开始致力于中国古典园林研究，著有《江南园林志》等。晚年主要从事建筑理论和历史研究。

童心说 innocent mind theory 中国古代文学理论批评主张。明代李贽提出。李贽在其同名专论《童心说》(载《焚书》卷三)中提出："天下之至文，未有不出于童心焉者也。"认为世间最优秀的文学作品是出自人们"童心"的产物。他解释说："夫童心者，真心也"，"绝假纯真，最初一念之本心也"。就是说，童心即赤子之心，初生儿童天真无瑕之心，指人们保持淳朴真诚，尚未沾染世间虚情假意的自然本性。李贽的童心说体现了明代中叶社会转型的时代要求，适应当时市民文艺的发展，有离经叛道、个性解放的色彩，成为当时文艺新思潮的纲领与旗帜。

童养媳 child bride 女孩出生后尚未成年，就被送到男家抚养的小媳妇。到双方都成年的时候择日完婚，是封建婚姻制度的产物。做童养媳的一般为贫苦人家的女儿，从童年阶段开始，便要在男方家担负繁重的家务劳动，常常遭受家长的体罚、摧残。收童养媳有的是为增加家中的劳动力，有的是为节省儿子将来娶媳时的花费。1949年的中国江浙一带农村中，约有10%的家庭有已婚或未婚的童养媳。中华人民共和国建立后，童养婚俗被明令禁止。

酮 ketone 在羰基碳原子上结合着两个相同或不同的烃基的羰基化合物，通式为R—CO—R′。烃基可以是各种饱和的或不饱和的，脂肪族的、脂环的、芳香族的或杂环的各种基团，如丙酮CH_3COCH_3、苯乙酮$C_6H_5COCH_3$。像醛一样，酮的化学性质活泼，酮羰基能进行亲核加成反应，但一般比醛羰基的活泼性稍差，也不能被弱氧化剂氧化。许多酮都是重要的化工原料、合成试剂和溶剂。一些脂肪酮是名贵的香料，如麝香酮、灵猫酮等。

潼关 Tongguan Pass 中国古代关隘。东汉置。在今陕西潼关县东北杨家庄附近。当陕、豫、晋三省交通要冲。自古为军事要地。地处黄河与黄土陵丘之间，自函谷关至潼关间，"邃岸天高，空谷幽深，涧道之狭，车不方轨，号曰天险"(《西征记》)。是黄河下游地区西入关中的必由之路，为东西交通要隘。建安十六年(211)曹操破马超于此。东晋末刘裕伐秦，由此进取长安。唐天授二年(691)于此置潼津县，移治今潼关县东北港口。长安中废。明洪武九年(1376)改置潼关卫。清雍正四年(1726)置潼关县，属华州。十三年属同州府。乾隆十二年(1747)升为潼关厅。1913年复改为潼关县。1958年撤销。1961年复置县，移驻吴村，而故关仍旧。

潼关县 Tongguan County 中国陕西渭南市辖县。位于省境东部，北临黄河与山西省隔河相望，东与河南省接壤，素有"鸡鸣一声听三省"之说。面积526平方千米。人口16万(2010)。西汉设船司空县，东汉末因黄河南泻，先名冲关，后因关西一里有潼水而改名潼关。潼关历代设兵，隶属多变。1959年并入渭南县，1961年复置潼关县。矿产有金、银、铅、石墨、大理石、蛭石等。工业以黄金生产为主。农产以小麦、玉米、棉花为主。名胜古迹与旅游景点有仰韶文化遗址、十二连城，汉、唐、明城遗址，以及秦王寨、马趵泉、禁沟、金盆原、牛头原等遗址。

统筹法 overall planning method 研究如何在项目管理中实现整体目标的全过程统筹管理的有关理论、模型和方法。它通过对整体目标的分析，选择适当的模型来描述整体的各个部分、各部分之间、各部分与整体之间以及它们与外部之间的关系和相应的评审指标体系，进而综合成一个整体模型，用以进行分析并求出全局的最优决策以及与之协调的各个部分的目标和决策。统筹的思想与方法已渗透到了管理的许多领域。1964年，中国数学家华罗庚写出了通俗普及的小册子《统筹方法平话及补充》，并在中国应用推广，在企业管理、重大项目的研究与管理、规划与方案的论证等许多方面得到开发利用，取得了明显的效果。

基本统筹模型 统筹方法中的基本模型是统筹图(网络图)。它是用节点、箭头和与之相应的数来描述整体和各个部分、各部分之间以及它们与外界之间的关系。从基本模型出发，根据不同的整体目标，还需选取与之相适应的其他模型。

常用统筹模型 根据不同的整体目标、各部分的关系和相应数据，从统筹图出发，又可以发展为不同的统筹模型。主要有：时间-资源优化模型；决策性模型；控制模型；搭接网络模型(MPM方法)；非肯定型统筹模型等。

广义统筹模型(GAN) 将一般统筹图上的节点含义扩充，使之能够刻画各类模型的关系，例如"与"、"兼-或"、"斥-或"等，称为决策型统筹图(决策性网络图)。如果图上与各箭头相应的参数向量(执行概率、时间、资源、可靠性、信息量等)中有若干分量是随机变量，称为随机型统筹图(GERT)。

统筹法已成为较活跃的一个管理科学的分支。一方面，它的内容随着研究与应用的进行而不断丰富，它的应用范围与效果随着计算机的发展和广泛应用而不断扩大，形成了许多有效的软件和计算机系统(如GERTS、RAMPS)。另一方面，它与数学有关分支(如随机过程、排队论、信息论、流图、随机优化和随机微分方程等)和社会经济学产生了一些新的有生命力的管理科学分支，如项目管理等，进一步推动了统筹学的发展。

统计 statistic 一种对社会现象数量资料的搜集、整理、分析和解释，并据此作出推断、预测的调查研究活动。

"统计"一词通常有3种含义：统计资料、统计工作和统计学。统计资料主要是用数字描述现象总体的发展水平、规模、结构、比例、速度以及现象之间的相互依存关系和程度，是统计工作的结果。统计工作是指取得和应用统计资料的工作过程。一般包括调查、整理、分析研究几个互相连接的阶段。统计学是从统计工作实践中总结与概括出来的理论和方法，并用以指导统计工作的实践。

统计可以分为两大类：①描述统计，研究简缩数据和描述这些数据。②推断统计，研究利用数据去作出决策的方法，即根据部分(数据)去推断更一般的情况。

统计方法可分为两类，一为叙述的，一为分析的。叙述统计方法在于描述观测的结果，分析统计方法在于对观测结果予以分析与解释。两者常可结合使用。分析统计方法常以叙述统计方法为基础，并常应用叙述统计方法的若干结果。研究工作者往往应当叙述、分析和解释所得的资料，因而必须兼用两种形式的统计方法。

统计表 statistical table 用于显示统计数据的表格。在数据的搜集、整理、描述和分析过程中，都要使用统计表。许多杂乱的数据，一旦整理在一张统计表内，就会变得一目了然，清晰易懂。充分利用和绘制好统计表，是做好统计分析的基本要求。由于使用者的目的以及统计数据的特点不同，统计表的设计在形式和结构上会有较大差异，但其设计上的基本要求则是一致的。“科学、实用、简练、美观”仍然是设计和使用统计表所要求的。具体来说，设计和使用统计表时要注意以下几点：①合理安排统计表的结构，如行标题、列标题、数字资料的位置，使统计表的横竖长度比例适当。②表头一般应包括表号、总标题和表中数据的单位等内容。③表中的上下两条横线一般用粗线，中间的其他线要用细线，这样看起来清楚、醒目。④在使用统计表时，必要时可在表的下方加上注释，特别要注意注明资料来源，以示对他人劳动成果的尊重，备读者查阅使用。

统计调查 statistical investigation 取得统计数据的方式和方法。既是取得社会经济数据的主要来源，又是获得直接统计数据的重要手段，也是开展统计计算和统计分析的基础。其主要方式有普查、抽样调查、统计报表等。

普查 是为某一特定目的而专门组织的一次性全面调查，如人口普查、工业普查、农业普查等。普查是适合于特定目的、特定对象的一种调查方式，主要用于搜集处于某一时点状态上的社会经济现象的数量。普查具有以下特点：①普查通常是一次性的或周期性的。由于普查涉及的面广、调查单位多，需要耗费大量的人力、物力、财力和时间，通常需要间隔较长的时间，一般每隔10年进行一次。②普查一般需要规定统一的标准调查时间，以避免调查数据的重复或遗漏，保证普查结果的准确性。标准时间一般定为调查对象比较集中、相对变动较小的时间上。③普查的数据一般比较准确，规范化程度也较高，因此它可以为抽样调查或其他调查提供基本的依据。④普查的使用范围比较狭窄，只能调查一些最基本、特定的现象。

抽样调查 实际中应用最广泛的一种调查方式和方法。它是从调查对象的总体中随机抽取一部分单位作为样本进行调查，并根据样本调查结果来推断总体数量特征的一种非全面调查。它具有以下特点：①经济性。由于调查的样本单位通常是总体单位中的很小一部分，调查的工作量小，因而可以节省大量的人力、物力、财力和时间，调查费用较低。②时效性强。由于工作量小，调查的准备时间、调查时间、数据处理时间等都可以大大缩减，从而提高数据的时效性。③适应面广。抽样调查可以获得更广泛的信息，它适用于对各个领域、各种问题的调查。④准确性高。全面调查的工作量大、环节多，登记性（或调查）误差往往很大，而抽样调查由于工作量小，可使各环节的工作做得更细致，误差往往很小。

统计报表 按照国家有关法规的规定，自上而下地统一布置、自下而上地逐级提供基本统计数据的一种调查方法。它需以一定的原始数据为基础，按照统一表式、统一指标、统一报送时间和报送程序进行填报。

除上述三种主要调查方式外，实际工作中也常用到重点调查和典型调查。重点调查是从调查对象的全部单位中选择少数重点单位进行调查。典型调查为通过对确有代表性的单位来描述或揭示事物的本质和规律，因此所选择的典型单位应具有研究问题的典型调查主要是一种定性调查研究，其着眼点不在数量特征上，因此也可以不把它当作是一种统计调查。

统计法 statistical law 调整在统计活动中发生的社会经济关系的法律规范的总称。广义的统计法泛指有关社会经济统计方面内容的法律、行政法规、地方性法规、规章等规范性文件的总称。狭义的统计法专指系统编纂的统计法律，如《中华人民共和国统计法》。

统计是搜集、整理、计算、分析、监督和保存经济和社会发展数据信息的实践活动。为保证统计的规范性、科学性和权威性，各国一般通过统计立法以规范和保护统计活动。例如，1918年加拿大的《加拿大统计法》、日本1947年实施的《统计法》等。中国历史上第一部统计法是1932年南京国民政府公布的《统计法》。中华人民共和国建立后制定的第一部专门规定统计内容的行政法规，是1963年国务院发布的《统计工作试行条例》。1983年12月8日第六届全国人大常委会第三次会议通过、1996年5月修正的《中华人民共和国统计法》的主要内容有：①关于统计工作的基本任务、管理体制和主管机关的规定。②关于统计调查、标准、项目和计划的拟定及其审批的规定。③关于统计资料的管理和公布的规定。④对统计机构和统计人员的职责的规定。⑤违反统计法行为的法律责任。

统计决策理论 statistical decision theory 统计学家A.瓦尔德在20世纪40年代提出的一种数理统计学的理论。这种理论把数理统计问题看成人与大自然（或客观世界）之间的博弈。在此之前，数理统计主要着眼于从观察数据出发，对相应的总体作出合理的判断。瓦尔德的理论则认为判断过程中隐藏着两个重要概念：决策（或行动）和相应的后果。瓦尔德的理论把这两个概念正式纳入了数理统计学的研究范围，是数理统计学中的一项重要创新，推动了数理统计学的发展。

统计决策三要素 主要有：①样本空间与样本分布族。这个要素是数理统计学中的统计模型。样本分布或刻画样本分布的参数代表大自然在博弈中所选定的值，这是大自然掌握的秘密。这个秘密又通过随机的样本泄露出来。②行动空间和统计决策函数。行动空间是指统计工作者可采取的行动的集合，而统计决策函数是统计工作者根据观察值确定行动的规则。因此统计决策函数是统计工作者与大自然博弈中所采用的策略。③损失函数。这是统计工作者在博弈中采取行动所造成后果的数量刻画。损失是依赖于两个变元的函数：一是统计工作者所采取的行动，二是大自然在博弈中选定的分布或参数值。

选择决策函数的准则 作为统计工作者的行动准则，统计决策函数是相应的统计问题的解。为选择具有优良性能的统计决策函数，需要建立反映统计决策函数优劣的指标（或判据）。风险函数就是这样的指标，它定义为大自然选定参数值以后，采用统计决策函数所造成的平均损失，也就是采用统计决策函数所造成的平均后果。显然，统计决策函数的风险函数愈小，统计决策函数就愈好。下面引入几个具体的准则。

①容许性准则。设δ是一个统计决策函数。若存在另一个统计决策函数δ^*，其风险函数全面地优于δ的风险函数，则δ应该排除在被选择范围之外。δ称为不可容许的，否则δ就称为可容许的。

②最小化最大准则。统计决策函数的风险函数依赖于大自然采用的参数值。通常，一致最优的决策函数是不存在的。退而求其次，求出统计决策函数的最大风险，即大自然采用各种参数值时，统计工作者遭受风险的最大值。这个最大值是刻画统计判决函数优劣的整体性指标。使这个最大风险达到最小的统计判决函数就是最小化最大决策函数。

③贝叶斯准则。贝叶斯学派的观点认为大自然在博弈中随机地选定分布参数的值。此时采用统计判决函数所遭受的风险也是随机的。这个随机风险的平均值就是平均风险。使平均风险达到最小的统计决策函数就是贝叶斯决策函数。

④最优同变性准则。在统计问题中，数据的坐标变换会导致参数的变换，由问题的不变性和参数的变换，要求统计决策函数满足相应的约束条件，这种对决策函数的限制称为同变性。在同变统计决策函数类中具有一致最小风险的决策函数被称为最优同变决策函数。

⑤最优无偏性准则。这是对决策函数的另一种类型的限制。在无偏决策类中具有一致最优风险函数的统计决策函数称为

最优无偏统计决策函数。

选定了优良性标准之后，如何寻找统计决策函数就化为数学上的一个最优化问题。统计决策理论把统计问题置于一个模式下进行统一处理。它把行动的效果进行数量化，使统计问题的提法更加多样化，并开拓了某些新的研究领域，例如关于容许性和最小化最大准则的研究。因此瓦尔德的理论的提出成为20世纪统计学历史上的重大事件。但统计学家对这个问题的看法并不完全一致。统计判决理论中的许多结论依赖于损失函数的形式，而英国统计学家M.肯德尔认为"损失函数数量化"并非在任何情况下都合理可行。

统计图 statistical chart 利用几何图形和具体形象来表现或展示统计数据的图形。不同的数据要用不同的图形来展示，不同的图形所表达的问题也是不同的。

对于分类型数据，常用的统计图有条形图或柱形图、饼图或圆形图等。这类图形主要用于展示各类别数据的多少或分布。①条形图。用宽度相同的条形的高度或长短来表示数据多少的图形。条形图可以横置或纵置，纵置时又称作柱形图。②饼图。用圆形及圆内扇形的面积来表示数值大小的图形。又称圆形图。主要用于表示总体中各组成部分所占的比例，对于研究结构性问题十分有用。在绘制饼图时，总体中各部分所占的百分比用圆内的各个扇形面积表示。③环形图。环形图与饼图类似，但又有区别。环形图中间有一个"空洞"，总体或样本中的每一部分数据用环中的一段表示。环形图可以同时绘制多个总体或样本的数据系列，每一个总体或样本的数据系列为一个环。

对于数值型数据，当数据未分组时，可以使用茎叶图和箱线图来观察数据的分布；当数据分组时，可以使用直方图和折线图来观察数据的分布。①茎叶图。由"茎"和"叶"两部分构成，由数字组成的图形。通过茎叶图，可以看出数据的分布形状及数据的离散状况，比如，分布是否对称，数据是否集中，是否有极端值等。②箱线图。由一组数据的5个特征值绘制而成，由一个箱子和两条线段组成的图形。③直方图。用矩形的宽度和高度来表示频数分布的图形。在平面直角坐标中，用横轴表示数据分组，纵轴表示频数或频率，这样，各组与相应的频数就形成了一个矩形，即直方图。④折线图。在直方图的基础上，把直方图顶部的中点（即组中值）用直线连接起来，再把原来的直方图抹掉就是折线图。又称频数多边形图。

统计推断 statistical inference 根据带随机误差的试验或观察结果（样本）以及有关的条件和假定（统计模型），对统计总体（见**数理统计学**）或其某些方面的特征所作的推断。例如，对一个物理常数作了5次测定，分别得出其值为5.52、5.48、5.64、5.51和5.43，以其算术平均值5.52作为真值a的估计，就是一个统计推断。用以上数据，按一定的统计方法，可以算出区间[5.42,5.61]，即估计a在5.42与5.61之间。这是另一种形式的统计推断。

由于统计推断依据的是带随机误差的数据，且作为统计模型基础的条件和假定也可能与实际情况有出入，这决定了统计推断不可能是绝对确切和可靠的。如在上例中，a的真值可能是5.58，用5.52去估计它，就产生0.06的误差。此外，把a估计在区间[5.42,5.61]内有可能出错。即使不错，但这区间有一定长度，不知a在区间内何处。这区间长度0.19反映了这一估计的不确切程度。由于数据受随机误差的影响，按所指的统计方法算出的区间也有可能不包含真值5.58。就是说，这一方法有一定的不可靠的程度。

统计推断的具体形式随问题的要求而定。最常见的有两种：一种是参数估计。参数是指人们所关心的未知量，如上例的物理常数a。参数估计有两种形式：点估计和区间估计。如上例中，5.52是点估计，而[5.42,5.61]是区间估计。另一种是**假设检验**，是"二中取一"的统计推断。

数理统计学的主要任务之一，就是研究怎样利用有关的信息——包括统计模型的条件和假定、有关的先验信息及样本信息作出尽可能精确和可靠的统计推断。这一方面受制于所掌握的信息——例如，数据太少，不可能作出很精确和可靠的推断。另一方面，也与所用的统计推断方法是否恰当和有效有关。后一方面正是数理统计学致力研究的对象。

数理统计学谋求对统计推断的精确度和可靠度作数量上的刻画，而不只是停留在定性的描述上。为此，它采用概率论的概念、方法和理论作为工具。由于统计推断的非确定性本质，它在方法论上形成了若干学派。目前占主流地位的是所谓"频率学派"，它主张看一个统计推断方法的优劣，不是根据它在个别场合下的表现，而是要看它在大量次数使用中的表现。例如，算术平均值在估计中被认为是一个好方法，因为在理论上证明且人们在经验上觉察到，这一方法相对而言更常给出误差较小的结果。另一重要学派是贝叶斯学派，它根据的理念与此不同。见**贝叶斯统计**。

统计物理学 statistical physics 根据对物质微观结构及微观粒子相互作用的认识，用概率统计的方法，对由大量粒子组成的宏观物体的物理性质及宏观规律作出微观解释的理论物理学分支。又称统计力学。所谓大量，是以1摩尔物质所含分子数（其数量级为10^{23}个）为尺度的。研究对象从少量个体变为由大量个体组成的群体，导致规律性质和研究方法的根本变化，大量粒子系统所遵循的统计规律是不能归结为力学规律的。统计物理是由微观到宏观的桥梁，它为各种宏观理论提供依据，已经成为气体、液体、固体和等离子体理论的基础，并在化学和生物学的研究中发挥作用。

气体动理论（曾称气体分子运动论）是早期的统计理论。它揭示了气体的压强、温度、内能等宏观量的微观本质，并给出了它们与相应的微观量平均值之间的关系。平均自由程公式的推导，气体分子速率或速度分布律的建立，能量均分定理的给出，以及有关数据的得出，使人们对平衡态下理想气体分子的热运动、碰撞、能量分配等等有了清晰的物理图像和定量的了解，同时也显示了概率、统计分布等对统计理论的特殊重要性。

非平衡态分布函数及其演化方程的建立，不仅成为输运过程微观统计理论的基础，而且由它定义的H函数及其遵循的H定理对理解宏观过程的不可逆性及趋于平衡的过程起过重要作用。熵的统计意义的阐明，熵增加原理的微观统计解释表明统计理论已从平衡态向非平衡态发展，已经从对某些宏观概念和宏观规律的微观统计解释发展到对热力学第二定律这样的普遍规律作出微观统计解释。但是，气体动理论以分子为统计个体，需对分子的结构以及分子间的作用作出并无根据的猜测或假设，这是它进一步发展的根本困难和限制。

J.W.吉布斯把整个系统作为统计的个体，提出研究大量系统构成的**系综**在**相空间**中的分布，克服了气体动理论的困难，建立了统计物理。在平衡态统计理论中，对于能量和粒子数固定的孤立系统，采用微正则系综；对于可以和大热源交换能量但粒子数固定的系统，采用正则系综；对于可以和大热源交换能量和粒子的系统，采用巨正则系综。这是三种常用的系综，各系综在相宇中的分布密度函数均已得出。

量子统计与经典统计的研究对象和研究方法相同，在量子统计中系综概念仍然适用。区别在于量子统计认为微观粒子的运动遵循**量子力学**规律而不是经典力学规律，微观运动状态具有不连续性，需用量子态而不是相空间来描述。

非平衡态统计物理内容广泛，是尚在迅速发展远未成熟的学科。对处于平衡态附近的系统，研究其趋于平衡的弛豫时间及其与温度的依赖关系；对离平衡不太远，维持温度差、浓度差、电势差等而经历各种输运过程的系统，研究其各种线性输运系数，另外，还研究涨落现象。弛豫、输运、涨落是平衡态附近的主要非平衡过程。

20世纪60年代以来，对远离平衡态的物理现象进行了广泛的研究，其中最重要的是远离平衡的突变，有序结构的出现，建立了耗散结构理论，但尚未形成完整的理论体系。

统计学 statistics 一门收集、分析、表述和解释数据的科学，由一套处理数据的方法和技术组成。统计学是人类社会对客观现象进行计量的基础上逐渐发展形成的，它在对客观的数量现象认识的基础上总结规律，进一步指导统计实践的发展。

起源、发展和现状 统计学这个概念，通常被认为是德国统计学中国势学派的代表人物G.阿亨伐尔在其所著的《近代欧洲各国国势学纲要》(1749)一书的序言中最早提出。与此同时，英国研究人口数量规律的J.格兰特和用计量方法研究政治经济问题的古典经济学家威廉·配第，形成统计学的政治算术学派。此后，统计学长期没有一个统一的认识与定义。在比利时统计学家L.A.凯特莱倡议下，统计学的第一次国际会议于1853年在比利时首都布鲁塞尔召开，西方统计学家有人尊称凯特莱为“统计学之父”。随着计量的方法应用到自然现象，英国统计学家K.皮尔逊和R.A.费希尔把概率论引入统计学，对数理统计学的发展起了奠基的作用。

研究内容和研究方法 统计学作为一门收集、分析、表述和解释数据的科学，可分为描述统计学和推断统计学。前者研究如何取得反映客观现象的数据，并通过图表和数字特征的形式对所收集的数据进行加工处理和显示，内容包括：统计数据的收集方法、加工处理方法、显示方法和数据分布特征的概括与分析方法等；后者根据从总体中随机取出的样本里所获得的信息来推断总体的性质，即把收集到的数据化为相对较少的一些能粗略描述样本的关键量，称之为统计量，并根据统计量的分布对总体作出推断。推断的方法主要有参数估计和假设检验等。由于应用到各个领域和使用不同的方法，统计学已形成许多分支学科，如应用到不同领域的有生物统计学、医学卫生统计学、经济和工商统计学等；使用不同方法的分支学科有抽样调查、实验设计、质量管理、相关和回归分析等。

与其他学科的关系 统计学的数学基础是概率论，因为统计学研究的数据是不确定性的，数学上称作随机变量，概率论是分析随机现象的一个数学分支。统计学本身是一门应用性很强的学科，其统计方法已被应用到自然科学和社会科学的众多领域，它也发展成为上述由若干分支学科组成的科学体系。由于几乎所有的学科都要研究和分析数据，因此统计学与几乎所有的学科领域都有着或多或少的联系。这种联系表现为统计是一种方法和工具，利用统计方法可以帮助其他学科探索学科内在的数量规律性。在日常生活中经常需要决策，而决策就需要数量方面的信息，因此统计也是决策的重要工具。

统计指标 statistical indicator 说明总体现象数量表现的科学概念和具体数值。有两种理解和使用方法：一是指反映现象数量特征的概念。二是指反映现象数量特征的概念和数值。

统计指标从其所反映的内容或其数值表现形式上看，主要有三种。

①总量指标。反映现象总体外延规模的统计指标，通常以绝对数的形式来表现，因此又称绝对数。总量指标按其所反映的时间状况不同，又可分为时期指标和时点指标。时期指标又称时期数，它所反映的是现象在一段时期内的总量，通常可以累积，从而得到更长时期内的总量；时点指标又称时点数，它所反映的是现象在某一时刻上的总量，通常不能累积，各时点数累积后没有实际意义。

②相对指标。两个绝对数之比。相对数的表现形式通常有比例和比率两种。比例是一个总体（或样本）中各个部分的数值占全部数值的比重，通常用于反映总体的构成或结构。假定总体的N个数据被分成K个部分，每一部分的数据分别为$N_1, N_2, \cdots, N_K$，则比例定义为N_i/N。各部分的比例之和等于1，即

$$\frac{N_1}{N}+\frac{N_2}{N}+\cdots+\frac{N_K}{N}=1$$

比例是将总体中各个部分的数值都变成同一个基数，也就是都以1为基数。将比例乘以100后的结果称为百分比或百分数，用%表示。当分子的数值很小而分母的数值很大时，也可以用千分数（‰）来表示比例，比率是各不同类别数值之间的比值。它可以是一个总体（或样本）中各不同部分的数量对比，也可以是同一现象在不同时间或空间上的数量之比。比率由于不是总体（或样本）中部分与整体之间的对比关系，因而比值可能大于1。为方便起见，比率可以不用1作为基数，而用100或其他便于理解的数作基数。

③平均指标。反映现象在某一空间或时间上的平均数量状况，又称平均数。

统计指数 statistical index number 有广义和狭义之分。广义的统计指数指用于经济统计的任何两个数值对比形成的相对数；狭义的统计指数是用于测定多个项目在不同场合下综合变动的一种特殊相对数。统计指数理论和方法所研究的主要是狭义的统计指数。

从不同角度出发，统计指数可以分为以下主要类型：①按所反映的内容不同，可以分为数量指数和质量指数。数量指数是反映物量变动水平的；质量指数是反映事物内含数量的变动水平的。②按计入指数的项目多少不同，可分为个体指数和综合指数。个体指数是反映一个项目或变量变动的相对数；综合指数是反映多个项目或变量综合变动的相对数。③按计算形式不同，可分为简单指数和加权指数。简单指数是把计入指数的各个项目的重要性视为相同而计算的指数；加权指数则对计入指数的项目依据重要程度赋予不同的权数，而后再进行计算。④按对比场合不同，可分为时间性指数和区域性指数。其中时间性指数又有定基指数和环比指数之分。在指数序列中，若所有各期指数均使用同一基期计算的，称为定基指数；若所有各期指数均以上一个时期为基期计算的，称为环比指数。

统觉 apperception 知觉的内容和倾向对人的经验、知觉储备及个性特点的依赖性。统觉的作用是把当前的刺激所引起的心理活动与过去的知识经验联系起来。

17世纪德国哲学家G.W.莱布尼茨提出统觉的概念，他认为统觉是对自身内在状态的意识或反思，即自我意识。I.康德认为，经验综合统一的基础不是反映在意识中的世界的客观物质统一，而是“纯粹意识”本身原有的主观统一，并称之为先验的统觉。J.F.赫尔巴特使用统觉概念来说明已储备的观念对新的观念内容的制约性，即统觉过程把分散的感觉刺激纳入意识，形成一个统一的整体。W.冯特把统觉视为主观自生的内部创造力，各种心理元素通过统觉的创造性综合而组成新的心理复合体。

现代知觉心理学的研究表明，不同的人可能按照不同的方式来认识同一个对象，不同对象也可能被理解为相同的东西。这说明人的知觉不是对象的简单复写，而是在个人的过去经验、知识储备和特定心理状态影响下所建立的映象。

统收统支 unified revenue and expenditure 特指中国在1950年实行的一种预算管理体制。即地方组织的财政收入统一上缴中央，地方支出统一由中央拨付的高度集中的预算管理体制。为了平衡财政收支，稳定市场物价，安定人民生活，1950年3月，政务院发布《关于统一国家财政经济工作的决定》、《关于统一管理1950年年度财政收支

的决定》及其他有关决定，使国家财政从分散管理转向集中管理的轨道。其主要内容是：①财政管理的一切权限集中在中央。②一切财力集中在中央。③一切支出统由中央核拨。④统一国家预算。统收统支体制在中国社会主义建设事业中曾发挥积极的作用。但由于财权过于集中，既不利于调动地方的积极性，也不利于中央财政集中力量研究和制定国家财政大政方针，发挥财政在国民经济管理中的宏观调控作用。

统万城 Tongwan Capital 中国十六国夏国都城。故址在今陕西靖边县北白城子。赫连勃勃龙升七年（413），遣将作大匠叱干阿利在奢延水（今无定河）北的西汉奢延县故址筑城作为国都。赫连勃勃为夏国的创立者，是有名的暴君，征用各族人民十万人，营建统万城。筑时用铁锥刺修好的城墙，如锥入一寸，就要杀修筑者并且重筑。因此城墙坚固，可以磨刀斧。城内台榭高耸，楼阁相连，装饰华丽。城南门曰朝宋门，东门曰招魏门，西门曰服凉门，北门曰平朔门。据文献及出土墓志铭，统万又作统万突、吐万突，为少数民族语言的汉译；一说赫连勃勃都城建成后，以统一天下，君临万国，故取统万为名，这是汉族文人的附会。

北魏取统万城后置夏州于此，迄隋、唐、五代至西夏，均为区域政治中心。北宋淳化五年（994），为了对付西夏，将夏州即原统万城予以平毁，城因此受到严重破坏。13世纪前期，蒙古灭西夏，废夏州，从此湮没无闻数百年。清时称遗址为白土城，道光二十五年（1845），时任陕西榆林府知府的徐松嘱怀远县（今横山县）知县何炳勋进行实地调查，推断白土城就是统万城故址，此后遂渐为外人所知。

据近年考古调查，遗址滨无定河北岸，分为外郭城、东城、西城。外郭城仅留断断续续略高于地面的残迹；东、西两城略成长方形，中间用墙分隔，东、西各长约700米，南、北各长约500米，周长各约2 500米。除南垣被沙丘覆盖外，城垣高出地面约2～10多米，尤其西城保存完好，西南隅残存敌楼高达31.6米。墙体夯筑而成，层次清晰，结构细密，城墙呈灰白色。1996年，统万城遗址被国务院公布为第四批全国重点文物保护单位。

统叶护可汗 Tung Yabgu Khagan（?～627）西突厥汗国鼎盛时期的最高统治者（约615～627年在位）。在位期间，北并铁勒余部，西南逾阿姆河，占领吐火罗故地，拓境至罽宾（迦毕试）北界。号称有数十万弓箭手，武功超过历代可汗。统叶护为了巩固突厥人在中亚的霸权，将西域诸国王纳入军事行政体制之内，授予“颉利发”官号，另派吐屯一名驻扎监视，督征赋税。此外，又将汗国政治重心西移，置新牙于石国的千泉（托克马克附近），直接控制战略要地碎叶川和丝绸之路的热海道。对东邻的唐朝，统叶护聘问不绝。619年，首次遣使入唐，达成联兵抗击东突厥的协议。627年，统叶护被伯父所杀。

统一场论 unified field theory 从相互作用是由场（或场的量子）来传递的观念出发，统一地描述和揭示基本相互作用的共同本质和内在联系的物理理论。寻求对于物理现象的统一说明是物理学的一贯追求。I.牛顿将天上天体的运动和地上物体的运动用万有引力和运动定律作为基础的牛顿力学统一起来，J.C.麦克斯韦将电与磁和光学用电磁场理论统一起来，A.爱因斯坦将电磁学和力学用狭义相对论统一起来，都是统一理论的光辉典范。

爱因斯坦早在创立广义相对论之后不久，就致力于以统一引力场和电磁场为目标的统一场论。为此奋斗了终生，始终未获成功，原因是除了电磁作用和引力作用之外，还存在微观领域十分重要的弱作用和强作用，而对于短程的弱作用和强作用当时认识还很少。爱因斯坦建立统一场论的思想鼓舞着物理学家们继续努力探索。20世纪60年代末70年代初建立电弱统一理论，理论的预言得到可靠的实验支持，是统一理论的新的里程碑。物理学家们试图建立将弱作用、电磁作用和强作用统一起来的大统一理论，以及建立包括引力作用在内把四种基本相互作用都统一起来的统一场论。大统一理论的预言还未被实验证实，进一步的统一场论还只是初步尝试，距离爱因斯坦的宏大设想还相当远。

统一战线 united front 不同的社会政治力量（包括阶级、阶层、政党、集团乃至民族、国家等）在一定的历史条件下，为实现一定的共同目标，在某些共同利益的基础上结成的政治联盟。

无产阶级及其政党领导的统一战线，是无产阶级为了实现自己的历史使命，实现各个时期特定的战略目标和任务，团结本阶级各个阶层和政治派别，并同其他阶级、阶层、政党及一切可能团结的力量，在一定的共同目标下结成的政治联盟，是无产阶级解放运动的一部分。在这一统一战线中，无产阶级是领导者和组织者。

中国共产党领导的统一战线，是在中国新民主主义革命和社会主义建设与改革的历史进程中，为实现国家的独立、民主、富强和中华民族的伟大复兴，中国各民族、各党派、各阶层、各方面人士所结成的最广泛的革命统一战线、社会主义统一战线和爱国主义统一战线。

中国共产党领导的新民主主义革命时期的统一战线，经历了4个阶段，即统一战线的产生和第一次国共合作（1921～1927），土地革命时期的统一战线（1927～1937），抗日民族统一战线和第二次国共合作（1937～1945），中国人民解放战争时期的人民民主统一战线（1945～1949）。社会主义革命和建设时期的统一战线，从中华人民共和国建立直到1978年中共十一届三中全会召开之前。中共十一届三中全会以后，中国进入了改革开放和社会主义现代化建设的历史新时期。邓小平根据中国社会阶级状况已经发生根本变化的情况，将统一战线称为“革命的爱国的统一战线”。中共十一届六中全会通过《关于建国以来党的若干历史问题的决议》，把新时期统一战线正式定名为“爱国统一战线”。它包括两个范围的联盟：一个是大陆范围内以爱国主义和社会主义为政治基础的，团结全体劳动者和爱国者的联盟；一个是大陆范围外以爱国和拥护祖国统一为政治基础的，团结台湾同胞、港澳同胞和海外侨胞的联盟。这两个范围的联盟构成爱国统一战线的整体，体现了中华民族的大团结。中国共产党领导的爱国统一战线的基本任务是，高举爱国主义、社会主义两面旗帜，团结一切可以团结的力量，调动一切积极因素，同心同德，群策群力，为巩固和发展安定团结的政治局面服务，为推进社会主义现代化建设和改革开放服务，为健全社会主义民主和法制服务，为促进“一国两制”、和平统一祖国服务。

筒箭毒碱 tubocurarine 双苄基异喹啉型生

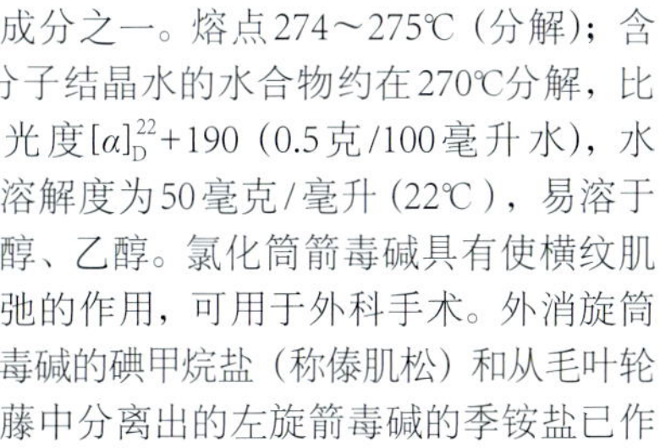

物碱。氯化筒箭毒碱分子式$C_{38}H_{44}Cl_2N_2O_6$。存在于防己科植物中，为筒箭毒的主要毒性成分之一。熔点274～275℃（分解）；含5分子结晶水的水合物约在270℃分解，比旋光度$[\alpha]_D^{22}$+190（0.5克/100毫升水），水中溶解度为50毫克/毫升（22℃），易溶于甲醇、乙醇。氯化筒箭毒碱具有使横纹肌松弛的作用，可用于外科手术。外消旋筒箭毒碱的碘甲烷盐（称傣肌松）和从毛叶轮环藤中分离出的左旋箭毒碱的季铵盐已作为横纹肌松弛剂，用于临床外科手术。

痛风 gout 尿酸盐结晶引发的关节炎。系风湿性疾病之一。因机体内生产物过量或排泄不畅导致尿酸积累体内，尿酸结晶于关节内或关节周围乃促发急性关节炎症。

主要见于中年以上男性。

病因 尿酸代谢异常，导致血尿酸过高。尿酸生成增多的原因为：①嘌呤生物合成增加。②机体内核酸转换加速。③摄入高嘌呤或高嘌呤前体食物。

临床表现 起病突然，可于夜间骤然痛醒，最典型症状为大脚趾的跖趾关节剧烈疼痛，表面皮肤可显红热，拒触摸。其他关节也可波及，但发作频率由足、踝、膝而上，手部小关节、腕、肘，依次递减。通常无诱因，但也可因局部劳损或饮酒后。急性痛风发作时可伴低热。几次发作后，一些患者的耳部和手指小关节周围可出现皮下结节，称痛风石。也有的患者以肾结石症状出现。

诊断 化验检查显示高尿酸血症。

治疗 急性发作时，非甾体抗炎药、秋水仙素、激素都可考虑。对有痛风石、多关节受累、有尿结石者，应考虑长期治疗。

痛经 dysmenorrhea 妇女行经前后或行经期间发生的痉挛性下腹疼痛，可影响生活和工作，属妇科常见症状之一。有原发性和继发性痛经两种，原发性痛经不伴有生殖器器质性疾病，又称功能性痛经，常见于月经初潮或初潮后不久的青春期妇女，生育后往往自然缓解或消失。继发性痛经指生殖器器质性病变（如子宫内膜异位症、盆腔炎、黏膜下肌瘤等）引起者，多见于20岁以上的妇女。

病因 原发性痛经可能与下列因素有关：①精神因素。因精神紧张，恐惧，痛阈低，对疼痛特别敏感，以致不能耐受月经期的下腹不适，表现为痛经。②体质差、健康不佳或伴慢性病。③某些妇科情况。如宫颈口继发性狭窄、子宫过度屈曲等，经血不易排出，引起子宫痉挛性收缩，导致痛经。④子宫肌肉发育不良，引起子宫的不协调收缩。⑤月经期子宫内膜呈完整（如管状）脱落，因不易排出，可引致剧痛难忍，称为膜样月经。

继发性痛经则因生殖器器质性病变如盆腔炎、黏膜下肌瘤、子宫内膜异位症、子宫腺肌病、宫腔粘连、宫颈管继发性狭窄或闭锁、无阴道、阴道横隔或处女膜闭锁。育龄期妇女多见。

临床表现 原发性痛经多发生在未婚或未孕的年轻妇女。月经来潮前数小时已感疼痛，月经来潮后疼痛逐渐加剧，历时数小时，偶持续2～3日。疼痛可为阵发性痉挛性绞痛，放射至肛门或腰部。可伴恶心、呕吐、便秘或腹泻等。痛剧时患者面色苍白出冷汗，四肢冰冷，血压下降，甚至昏厥。膜样痛经患者常主诉在月经第3～4天时疼痛最重，膜状物一旦排出疼痛即缓解消失。继发性痛经患者既往无痛经史，痛经症状常继发于其他妇科病之后。

诊断 根据病史和症状，妇科检查未能发现明显的器质性疾病，即可诊断为原发性痛经。若发现生殖器有明显的器质性疾病，则应考虑为继发性痛经。B超、子宫输卵管碘油造影、腹腔镜检查、宫腔镜检查等为常用的辅助诊断方法。

治疗 普及月经生理知识，消除顾虑，减轻紧张情绪；加强营养及锻炼，改善体质；治疗慢性病等都是防治痛经的关键。主要是对症治疗，例如局部保暖，给止痛药物或镇静药、抗痉挛药等。对原发性痛经还可用前列腺素合成酶抑制剂如消炎痛、乙酰水杨酸、氟灭酸、甲灭酸等，一般在月经开始时或疼痛刚发作时应用。对继发性痛经主要应先治原发性疾病。亦可并用中药、针灸、耳针等治疗痛经。

痛觉 algesia 有机体受到伤害性刺激所产生的感觉。它是有机体内部的警戒系统，能引起防御反应，具有保护作用。强烈的机械、电、热等刺激都能引起痛觉。痛觉种类很多：皮肤痛定位明确，疼痛尖锐；来自肌肉、肌腱和关节的深部痛是定位不明确的迟钝的酸痛；内脏痛是由内脏器官受压、牵拉和强烈收缩等产生的，弥散而无明确定位。痛觉达到一定程度可伴有生理变化与情绪反应，如血压上升、呼吸加快、瞳孔放大、出汗、局部肌肉收缩等，以及痛苦、焦虑、恐怖等。强烈的疼痛会引起机体生理功能的紊乱，甚至休克。人的痛觉或痛反应的个体差异与心理因素有关。痛觉在民族、性别、年龄方面也存在着一定的差异。

临床主要用药物、外科手术、针灸、按摩等方法镇痛。心理学上用暗示、催眠、安慰剂等镇痛。

痛痛病 itai-itai disease 1946年发生于日本富山县神通川流域部分镉污染地区的一种公害病。因病情特点为周身多处剧烈疼痛，患者终日呼痛而得名。主要病变为骨软化症和肾小管病变。病理生理是肾小管损害和钙的丢失。妊娠、哺乳、缺钙及经产者易诱发。

患者极易在轻微的外伤下，发生多发性病理骨折。骨质疏松导致骨骼变形，如骨盆、肋骨、胸椎及腰椎变形，以致躯体畸形、行动困难。X射线检查可见骨质疏松、多发性病理骨折、脊柱弯曲等改变。肾脏病变表现为蛋白尿和糖尿，可发展为慢性肾功能衰竭、贫血、血清蛋白含量降低等。晚期因骨骼变形、长期卧床、体质衰弱发生废用性萎缩，常因继发感染而死亡。

明确诊断后应立即停止进食含镉食物及饮料，给予大量维生素D（每天5万～10万单位）肌肉注射。晚期要避免外伤、预防感染。

偷税 tax evasion 纳税人伪造、变造、隐匿、擅自销毁账簿和记账凭证，在账簿上多列支出或者不列、少列收入，经税务机关通知申报而拒不申报，或者进行虚假的纳税申报，不缴或者少缴应纳税款的行为。

《偷自行车的人》 *Bicycle Thieves; Ladri di Biciclette* 意大利故事片。1948年意大利P.D.S.影片公司出品。编剧C.柴伐蒂尼，导演V.德·西卡，主演朗·马齐奥拉尼、安·斯塔尤拉。影片通过第二次世界大战后意大利

《偷自行车的人》剧照

工人的悲凉遭遇，反映了当时意大利的社会状况。该片深刻揭示了战后初期意大利的社会现实，被公认为新现实主义电影最杰出的代表作。两位编导是该电影流派的主将，本片体现出该派的全部美学原则：表现普通人的日常生活；追求纪实风格，采用街头实景拍摄；全面起用接近角色的非职业演员；没有结局，任观众想象人物的命运。获1950年第22届奥斯卡金像奖最佳外语片奖，1949年英国电影学院最佳影片奖。

头 head 人身体的最上部分或动物身体的最前部分。从生理功能来说，头包括脑匣和感官围囊，还包括消化进食的开端部分。从胚胎发育看，它既有软骨组成而以后骨化的内成骨部分，又有从真皮部沉埋下来的膜成骨部分；就生理功能看，脑匣和感官围囊部分称为脑颅，消化进食部分称为咽颅；就头颅发育来分，前一阶段称为软骨颅，后一阶段称为硬骨颅。各纲动物的头颅所组成的骨片因种类不同而异。

人的头部包括颅与面两部分。颅内有脑及与其相连的脑神经，并有包被脑的被膜和提供脑营养的血管；面部有消化、呼吸道的门户口腔和鼻腔，并有视器、位听器等重要感觉器官。

颅部以脑颅诸骨为基础围成颅腔。颅腔内容纳高级神经中枢——脑。脑外被有三层膜，从外至内为硬脑膜、脑蛛网膜和软脑膜。与脑相连的12对脑神经均穿过脑的被膜和颅底诸孔达颅外。颅骨和脑外围的结构对脑起着密封、缓冲、防震等保护作用。颅顶部软组织可分为5层，由外到内分别为：皮肤、浅筋膜、颅顶肌、腱膜下疏松组织和颅骨膜。面部以面颅诸骨为基础，其中以上、下颌骨及其周围结构为主，

围成呼吸和消化道起始部的鼻腔和口腔以及眼眶。面部浅层结构独特，即浅筋膜中有表情肌和丰富的血管神经分布。

头孢菌素类抗生素 cephalosporins 分子中含有头孢烯的半合成抗生素。与青霉素类同属于β-内酰胺类抗生素，以其母核结构7-氨基头孢烯酸（7-ACA）为基础化学合成各种不同种类的头孢菌素，它们具有相似的杀菌机制。可破坏细菌的细胞壁，并在繁殖期杀菌。对人几乎没有毒性，具有抗菌谱广、抗菌作用强、耐青霉素酶、过敏反应较青霉素类少见等优点。高效、低毒、应用广泛。

分类和抗菌特性 按抗菌作用的特点，将头孢菌素分为4代。第一代以抗革兰氏阳性菌为主，也能抗一部分阴性菌，如头孢唑啉（先锋Ⅴ号）、头孢氨苄（先锋Ⅳ号）、头孢拉定（先锋Ⅵ号）等；第二代对革兰氏阳性菌的作用与第一代相似，但抗阴性菌的作用优于第一代，如头孢羟唑；第三代的抗阳性菌作用也与第一代近似，它除对大部分阴性菌有较强的抗菌作用外，还有较强的抗绿脓杆菌作用是其特点，如头孢哌酮、头孢他定（复达欣）等。第四代头孢菌素包括头孢匹罗和头孢吡肟两个品种。由于对质粒介导的β-内酰胺酶较第三代头孢菌素更稳定，且不诱导细菌产生β-内酰胺酶，被定为第四代头孢菌素。它们对大多数细菌产生的β-内酰胺酶稳定，具有更广泛抗革兰氏阴性杆菌，包括肠杆菌和枸橼酸杆菌的活性。抗革兰氏阳性菌作用与头孢噻肟相似。对多数耐青霉素的肺炎链球菌有效。对绿脓杆菌、嗜麦芽窄食单孢菌等非发酵菌作用明显优于第三代头孢菌素。头孢吡肟可用于治疗白细胞减少患者的发热及敏感肠杆菌和枸橼酸杆菌等革兰氏阴性杆菌的感染。

临床应用 此类抗生素为广谱抗生素，抗菌谱较青霉素G广，对金葡菌、化脓性链球菌、肺炎链球菌、白喉杆菌、肺炎杆菌、变形杆菌和流感杆菌等有效。临床上主要用于耐药金葡菌及一些革兰氏阴性杆菌引起的严重感染，如肺部感染、尿路感染、败血症、脑膜炎及心内膜炎等。头孢菌素一般不作首选药，因为对敏感细菌其抗菌活性常不及青霉素等。对于耐青霉素的细菌，由于此类抗生素价格昂贵，常可采用红霉素或氯霉素等代替。

不良反应 过敏反应是最常见的不良反应。可见皮疹、荨麻疹、药疹和嗜酸性粒细胞增多症等。偶尔发生过敏性休克。一代头孢菌素可有肾毒性，其他尚可出现胃肠道反应和二重感染等。

头寸 position 意谓款项。流行于中国近代商业和金融业的术语。又称头衬。根据收入款项和付出款项的相对大小，又分“多头寸”或“多单”，“缺头寸”或“缺单”。如果银行、钱庄或票号预计当日的收入款项大于付出款项，即称“多头寸”或“多单”；相反，称“缺头寸”或“缺单”。这种头寸多缺的预计行为俗称“轧头寸”，轧多可把余额出借，充分利用资金，获取拆息；轧缺则需想方设法拆进，以便平衡资金供求，维持资信，俗称“调头寸”。头寸也往往被用来指喻市场上的资金供求总量。市场上多头寸者欲拆出总额大于缺头寸者拆进额，即资金临时闲置数超过其需求量时，称为市面“头寸松”，相反，称为“头寸紧”。

头盔枪 helmet-mounted gun 利用头盔上所安装的发射装置发射子弹的一种单兵近战枪械。通常有两种类型：一种是发射无壳弹，击伤近距敌方有生目标的无壳弹头盔枪；另一种是装有微型激光器，以激光损伤对方人眼和击毁敌方光电子装备的激光头盔枪。头盔枪的主要特点是：作战反应快，随时可向敌方开火；隐蔽性能好，适于近战，对百米内的射击效果好，可用于自卫；防核武器、生物武器、化学武器和防破片能力强。是一种正在研制和改进中的新式轻型枪械。

头脑风暴法 brainstorming 通过群体之间的信息交流引起思维共振，产生组合效应，从而导致创造性思维的方法。又称思维共振法。为了克服阻碍产生创造性方案的遵从压力，该方法鼓励提出任何种类的方案设计思想，同时禁止否定所提出的任何方案。在典型的头脑风暴会议中，群体领导者以一种明确的方式向所有参与者阐明问题，然后成员在一定时间里自由提出尽可能多的方案，不允许提任何否定意见，并且将所有的方案都当场记录下来，留待以后进行讨论和分析。头脑风暴法仅是一个产生思想的过程，而要真正形成期望的决策，还必须对各种方案进行讨论和筛选。

头索动物门 Cephalochordata 动物界的一门。全世界共有文昌鱼科、偏文昌鱼科2科20余种。身体可分为三部分：前区，位于腹孔之前；中区，腹孔和肛门之间；后区，位于肛门之后。它们的头部无明显分化，与体躯不能截然分开，故又称无头类，统称文昌鱼、矛形鱼。头索动物终生具有三个主要特征：即有纵贯背部、起支撑作用的脊索，有背神经管，咽部两侧有许多鳃裂。这些基本特征在高等脊索动物中只存在于胚胎或幼虫期，在成体一般消失，或分化为更高级的器官。

均为海产，广泛分布于各大洋低、中纬度海域的近岸浅水区。它们对底质要求比较严格，通常仅局限在“文昌鱼砂”这一沉积环境中，即在有机质含量低的纯净粗砂和中砂中大量出现。生活时身体埋入砂中，仅前部外露，用以进行呼吸和滤食水体中的硅藻。

文昌鱼由于其形态结构和胚胎发育在动物学基本理论方面能够提供许多有价值的材料，在某些方面它既似脊椎动物，如脊索、神经管和鳃裂，又有无脊椎动物的一些结构特点，如肾脏和生殖腺等。因此对它的研究，在动物分类学和动物进化上都有重要的意义。

头痛 headache 头颅上半部的疼痛。不包括面部疼痛现象。临床上最常见的症状之一，可由全身病、头部器官疾病及脑部病变引起。

病因 头痛可因全身性疾病或局部性疾病引起。全身性疾病包括急性感染性疾病、慢性全身性疾病、急性和慢性中毒等，局部病变包括头部器官疾病、颈部病变、引起头痛的颅内病变、血管性疾病、肿瘤等。头痛也见于精神心理障碍。

类型 常有以下几种。

偏头痛 家族发生的、血管舒缩障碍引起的头痛。女性多发，呈发作性，持续4～72小时，多为单侧，可伴恶心、呕吐、畏光、怕声，用力、咳嗽、运动时加重，在月经期或某些季节亦可加重，随年龄增长发作逐渐减少或停止。见偏头痛。

血管性疾病头痛 高血压病性头痛为持续性、搏动性钝痛，清晨、用力或低头时加重，休息时缓解。颞动脉炎头痛呈烧灼样持续性头痛，早期有发热，颞动脉增粗，触压痛明显，动脉搏动减弱或消失，少数病例可有眼肌麻痹。

颅内感染性头痛 各种病原引起的脑炎、脑膜炎均有头痛、颈项强直和急性感染中毒症状。头痛为枕部或深在而弥漫的跳胀痛或撕裂样剧痛。屈颈、咳嗽、用力时头痛加剧。病情好转头痛随之减轻或消失。脑脊液呈炎症性改变。

脑肿瘤性头痛 脑肿瘤及其他占位性病变如脓肿、血肿等，因致颅内压力增高或直接压迫刺激脑膜，牵拉血管及神经而引起头痛。在脑肿瘤头痛常为首发症状，初起多为间歇性轻度头痛，以后随着肿瘤的发展而逐渐加重，并可伴有呕吐。

头部器官疾病头痛 机理各异。长时间阅读疲劳及屈光不正时可感到额部及眶上部头痛。眶部组织及眼内结构的炎症和虹膜睫状体炎可引起剧烈头痛。视神经炎时出现额部头痛，眼球转动时球后有牵引性疼痛，而且视力突然减退。急性青光眼时可出现剧烈眼痛，伴头痛、恶心、呕吐等。中耳炎、乳突炎所致头痛位于耳周及枕部。鼻及鼻窦炎所致头痛部位与病变部位密切相关。鼻咽癌头痛早期为断续性，稍后为持续性，并可伴有面部发麻。牙病除局部疼痛外，可引起患侧头痛。颞颌关节病的疼痛主要在颞颌关节附近，亦可向额颞、枕部放射性头痛。

紧张性头痛 又称肌收缩性头痛。多见于青壮年女性。头痛为紧箍样，重压、牵扯样弥漫性胀痛，以顶枕部明显，情绪紧张、焦虑、失眠时头痛加重，多伴有神经症症状，而无阳性体征。

此外，在儿童和青壮年中可见到一种以头痛为主的癫痫发作，称为头痛型癫痫。脑电图检查可见癫痫波。

诊断与治疗 根据病史及神经系统检查，先作出可能引起头痛的病因初步分析，而后进行有针对性的辅助检查，如头面部器官、头颅CT及磁共振检查，脑脊液及全身必要的生化检查。治疗以病因治疗为主。

头癣 tinea capitis 皮肤癣菌感染头皮和毛发所致的病变。根据致病菌的种类和宿主反应不同临床上可分为白癣、黄癣和黑点癣三种类型，有时炎症反应明显时可出现脓癣。白癣多侵犯儿童，传染性强，可由动物传播。临床表现为头皮灰白色鳞屑性脱发斑片。损害处呈卫星状分布，毛发周围有菌鞘，一般在距头皮3～4厘米处折断。青春期后可自愈，不留痕迹。黄癣的典型损害为碟形黄痂，中心有毛发贯穿，发无光泽、长短不一，可形成萎缩性瘢痕，造成永久性脱发。黑点癣为多数散在点状鳞屑性脱发斑，病发出头皮即折断，呈黑色小点状。脓癣系炎症性头癣，典型损害是化脓性毛囊炎，形成暗红色境界清楚的浸润性红斑，表面柔软，破溃后可有多个蜂窝状排脓小孔。治疗宜采取综合治疗方案。内服药首选灰黄霉素，疗程3～4周。若灰黄霉素治疗失败或过敏，可采用酮康唑、伊曲康唑或特比萘芬替代。对脓癣除内服抗真菌药物外，可短期口服小剂量皮质类固醇激素，若有细菌感染需加服抗生素。

头晕 dizziness 表现为头昏、头胀、头重脚轻、脑内摇晃、眼花等的感觉障碍。一种常见的脑部功能性障碍，临床常见症状。可由多种原因引起，最常见于发热性疾病、高血压病、脑动脉硬化、颅脑外伤综合征、神经症等。头晕伴有平衡觉障碍或空间觉定向障碍时，患者会感到外周环境或自身在旋转、移动或摇晃，称为眩晕。

类型 常见有以下几种类型的头晕。

①脑源性头晕。见于脑动脉硬化（如基底动脉硬化）或颈椎骨关节病引起的脑部血液循环障碍，或由此导致的一过性脑供血不足。其临床特点是头晕、睡眠障碍、记忆力减退三大症状，还有顶枕部头痛、轻瘫、言语障碍、情绪易激动等表现，一般病情缓慢发展，此类头晕的特点是在体位转变时容易出现或加重。

②心源性头晕。可见于急性心源性脑供血不足综合征，这是心脏停搏、阵发性心动过速、阵发性心房纤颤、心室纤颤导致的急性脑缺血，可表现头晕、眼花、胃部不适、晕厥等。

③血管抑制性头晕。多见于体弱的年轻妇女。常因情绪紧张、疼痛、恐惧、出血、天气闷热、疲劳、空腔、失眠等而促发。患者常有头晕、眩晕、恶心、上腹部不适、面色苍白、出冷汗等植物神经功能紊乱。其时血压下降，脉搏微弱。血管抑制性头晕。

④药物中毒性头晕。以链霉素、新霉素、卡那霉素、庆大霉素等的中毒为多见。患者除头晕外还有眩晕和耳蜗神经损害所致的感音性耳聋。慢性铅中毒多表现为神经衰弱综合征（以头晕、头痛、失眠、健忘、乏力、多梦为主要症状），又有体温减低、食欲减退等。

诊断与治疗 可作以下处理。

应详细了解病史和作全面的体格检查，必要时应做听力检查、前庭功能检查、眼底检查，并适当选做脑脊液检查、头颅或颈椎X射线摄影、心电图、脑电图及颅脑CT扫描等以查出病因。

对头晕的治疗最根本的办法是病因治疗，可根据不同的病因，使用血管扩张药、脱水药、镇静药和维生素B_1、B_{12}等，药物中毒者应立即停用该药。

头足纲 Cephalopoda 软体动物门的一纲。因足环列于头部得名。现生种类有43科146属约600种。全部海生。广泛分布于浅海、深海或大洋上层。按地理分布范围，可分为近海性和大洋性两大类：近海性种主要生活于大陆架以内近岸海域，如枪乌贼属、乌贼属、蛸属（章鱼属）等；大洋性种主要生活于大陆架以外的大洋中，如武装乌贼属、柔鱼属等。

头足动物体左右对称，头部、足部和胴部分明。足特化，主要环列于头前和口周，形成数十只、10只或8只腕；也有一部分位于头部和胴部之间的腹面，成为主要的运动器官——漏斗。除少数种类仍保留外壳外，多数种类的贝壳包埋于外套膜内，成为内壳；有些种类的内壳仅余痕迹或完全退化。头足动物的组织结构分化程度较高，许多种类已具有起保护作用的软骨组织，包围脑、颈、眼、腕等；循环系统接近“闭管式”，甚至还有加强循环作用的鳃心；神经节集中，形成反应灵敏的脑。眼的结构分化复杂。雌雄异体，直接发生。

游泳、底栖和浮游是头足类的3种主要生活方式。头足类是凶猛的肉食动物，主要捕食磷虾、沙丁鱼、龙虾、蟹类等。另一方面，头足类本身又是抹香鲸、金枪鱼、鲨鱼等的主要猎取对象。

在古生代和中生代，头足类曾高度繁荣，后来大部绝灭。化石种类约有280科4 000属14 000种。

头足类含蛋白质丰富，干制品墨鱼（乌贼）和鱿鱼（枪乌贼）是重要的海味，在国内外市场上颇负盛名。

投标 bid 对作为发包的招标人提出的招标条件和要求作出的响应活动。招标的对称。合格的投标人，在完全接受招标人拟定条件的前提下，对招标标的物提出各自的报价和相应的条件，通过报价及相应条件的竞争，为招标人选中者，获得招标标的权利。投标运作过程大致是：投标人按规定的金额、时间、地点向招标人购买标书；然后按照自己的要素状况、经营实力、相关数据资料及其他考虑，计算标的物各项单价和总标价，填入标书表式；再按规定的条件、时间、地点、方式将标书递交招标人。投标人中标，须与招标人就合同若干细节进一步谈判。谈判达成一致，按规定递交履约保函，签署合同。合同公正生效，投标人变成供应商或承包商，投标过程完毕。在投标中，报价是核心。

投壶 throwing arrows into bottle, game of 中国古代一种游戏，也是一种宴会礼制。宾主站在离壶一定距离外，依次把箭投向壶中，以投中多少来计“筹”(得分)，负者饮酒。流行于汉族地区，个别少数民族也有类似活动。起源于先秦，由儒家的射礼演变而来。最初礼节烦琐，对场地、所用器具及参加者有严格规定，还要有众多承担如声乐伴奏等职能的服务人员，是贵族化的游戏。箭用柘木、棘木或竹子制成，据游戏场地不同有三种长度：室内用2尺，堂上用2尺8寸，庭院用3尺6寸。游戏时，参与者与壶的间距是箭长度的两倍半。壶中装有小豆，可使投入壶中的箭弹出落地。箭有两面，呈现不同花色，代表不同得分。汉代以后，减轻礼仪束缚，加重技巧成分，流行范围有所扩展。但到清代，因缺乏创新而逐渐衰落。

汉代画像石上的投壶场面（河南南阳出土）

投入产出分析 input-output analysis 对国民经济各产出部门间投入与产出关系进行

分析的原理和方法，通过编制投入产出表来实现。最早由美国经济学家W.里昂惕夫于1936年提出，其理论基础是L.瓦尔拉斯的一般均衡论。

投入产出表又称部门联系平衡表或产业关联表，一般分为实物表和价值表两种形式。实物表又称综合物资平衡表，按实物单位计量，主栏为各种产品，宾栏分为资源、中间产品、最终产品3部分。价值表按纯部门编制如下：

投入产出表　单位：万元

<table>
<tr><td colspan="2" rowspan="2">产出
投入</td><td colspan="2">中间产品</td><td colspan="3">最终产品</td><td rowspan="2">总产出</td></tr>
<tr><td>部门1－n</td><td>合计</td><td>积累</td><td>消费</td><td>合计</td></tr>
<tr><td rowspan="2">中间投入</td><td>部门1－n</td><td colspan="2" rowspan="2">第Ⅰ象限</td><td colspan="3" rowspan="2">第Ⅱ象限</td><td rowspan="2"></td></tr>
<tr><td>合计</td></tr>
<tr><td rowspan="3">最初投入</td><td>劳动报酬</td><td colspan="2" rowspan="3">第Ⅲ象限</td><td colspan="3" rowspan="3">第Ⅳ象限</td><td rowspan="3"></td></tr>
<tr><td>剩余产品</td></tr>
<tr><td>合计</td></tr>
<tr><td colspan="2">总投入</td><td colspan="2"></td><td colspan="3"></td><td></td></tr>
</table>

表中横向从使用价值的角度反映各部门产品的分配使用情况，分为第Ⅰ象限、第Ⅱ象限；纵向反映部门产品的价值形成，分为第Ⅰ象限、第Ⅲ象限；第Ⅳ象限反映非生产部门和个人通过国民收入再分配所得到的收入。横向平衡关系为中间产品+最终产品=总产出。纵向平衡关系为：中间投入+最初投入=总投入。总量平衡关系为：总投入=总产出。

投入产出关系通过计算消耗系数分析，使用的数学模型一般分为静态投入产出模型和动态投入产出模型两种。

投入产出模型　input-output model　对国民经济各产出部门间投入与产出关系进行分析的数学模型。见**投入产出分析**。

投下　蒙古王公贵族的采邑。又称头下、头项或投项，意为封地、采邑，语出中国辽代。蒙古初期，诸王、贵族、军将把他们在汉地所俘虏的人户就地安置，派官员管领，不属州县。窝阔台即大汗位后，两次对中原户口进行清检、登记。1236年，把所籍的中原民户分赐诸王、贵戚、斡鲁朵和军将，作为采邑，通称为投下。习惯上又把投下一词引申为拥有采邑的诸侯。封主在封地内设达鲁花赤管领，其应得租额由政府所置地方官吏负责征收，然后由朝廷分别支付。封地是世袭的，封户隶属本主，不得迁徙出离。蒙哥在位时继续进行分封。元朝建立后，**元世祖忽必烈**继续执行窝阔台时投下旧制，并做了某些改进。灭宋以后，又就江南州郡进行了分封。元朝历代皇帝都对其亲属和贵族勋臣进行分封，其制度基本是沿袭元初。蒙古诸王、贵戚在蒙古草原的封地称为爱马，与投下相当。

投影机　projector　用投影灯由背后照明透明物体，并将一个放大的像投影到屏幕上的仪器。为了得到不透明物件的投影像，也有以反射方式工作的投影机，但不如透射式的普遍。

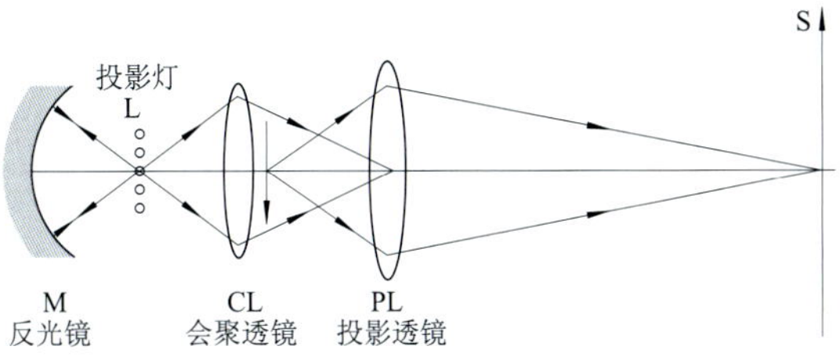

透射式投影系统光路示意图

透射式投影机的光学原理如图所示，反光镜M尽量将位于其曲率中心的投影灯L发出的发散光束截获，并通过透明图片前的会聚透镜CL会聚到投影透镜PL上。显然被会聚透镜截获的光能被投影透镜聚焦得越多，系统的效率就越高。即会聚透镜应将投影灯灯丝的像投影到PL的入射光瞳内。

灯丝的像最好大致充满投影透镜的孔径，为此投影灯具有若干彼此平行密排的灯丝，效果近似一个小的漫射体。会聚透镜为一个口径较大的单透镜，它具有非球形表面，以减小球面像差并使光更有效地充满投影透镜。

投资　investment　将一定的**资金**或资源投入某项事业，以期未来能获得收益或效益的活动。人类社会生存和发展的物质基础和必要条件。可分为：①经济学意义上的投资。指垫付货币用以形成固定资本和流动资本的一种经济活动，又称实物投资。②金融学意义上的投资。指**股票**、**债券**等金融资产的形成与运用，可以理解为通常所说的证券投资。③更广意义上的投资。包括物质资本、金融资本和人力资本的投资。

分类　根据研究、管理与操作的需要，投资可从不同角度进行多种分类。比如，按投资主体来分，有有形资产投资、无形资产投资；按投入行为来分，有直接投资、间接投资；按实物投资对象的周转方式来分，有固定资产投资、流动资产投资；按金融投资对象的性质来分，有信用投资、证券投资、外汇投资等。

西方国家所讲的投资多指证券投资或金融资产投资，但在宏观经济总量平衡与国民经济统计核算以及企业实际生产经营决策中，实物投资仍有重要意义。中国过去所使用的投资概念主要指实物投资或固定资产投资，随着市场经济尤其是金融市场的发展，已越来越多地使用金融投资的概念。

特性　投资作为形成生产力、推动生产力发展的一个因素，存在着一般的、共同的规律性。政府可以进行投资的管理，在确定合理的投资率以后，对投资规模进行间接控制，引导企业的投资方向，使投资的活动符合社会整体的利益。

结构　投资总体各个组成部分所占的比重及其相互间的内在联系表现为投资结构。投资结构的内容主要有：投资所有制结构，投资主体和投资层次结构，投资来源和渠道结构，投资分配和用途结构等。

投资是经济增长的要素之一，但是，只有投资并不意味着经济有实质性的增长。投资规模和投资结构合理，投资效益高，经济才会有实质性的增长，经济发展才有后劲。

投资边际效率　marginal efficiency of investment　在特定条件下和指定的时期内作出追加投资时预期可得到的报酬率。将此投资报酬率与现行利率作比较，可用以表明**投资**的赢利性大小。投资报酬率的估算方法：把一项资本资产在它寿命期内各年的预期收益，按某一折现率折为现值后，正好等于这一项目重置成本，这一折现率就是投资报酬率。从逻辑上讲，只要每项追加投资的边际效率超过**利率**，投资就会进行；如利率较高，则借入所需资金的费用超过投资的收益，投资就成为无利可图。

英国经济学家J.M.**凯恩斯**在运用此概念时，称之为“资本边际效率”。他认为在决定投资水平中，对未来收益的预期较之利率是更为重要的因素。但投资者在进行投资时，不但要看资本边际效率的高低，还要看利息率的高低，如果资本边际效率低于现行利息率，投资者就不会增加投资，而会把这笔资本存入银行或购买债券以取得利息；只有当边际效率高于现行利息率时才会增加投资。

投资乘数　investment multiplier　经济学中用来表示**投资**的变动引起国民收入成倍变动的系数，它等于总收入变动量对总投资变动量的比率。乘数又称倍数，此概念最初由英国经济学家R.F.卡恩在1931年提出。J.M.**凯恩斯**发展了乘数思想。

投资之所以对收入有乘数的倍增作用，是因为增加一笔投资会引起收入的连锁式增加。例如，假设经济中投资总量增加100万元。这100万元首先成为该项投资所雇用工人、所直接使用的各种原材料等生产要素所有者的收入，而如果他们将新增收入中的3/5用于消费，那么其他人的收入又将因此增加60万元。于是，在该时点上，总收入增加了（100+100×3/5）=160万元，即总收入的增加量来自初始的投资支出加上新增的消费支出。接着，新增的消费支出60万元成为消费品生产者的收入后，他们又会把其中的3/5用于消费并再次变成其他人的收入。收入与消费支出的这一转换过程将不断进行下去，总收入最终会增加（100+100×3/5+100×3/5×3/5+…）万元，用数学公式计算出结果即250万元。于是，这个经济的投资乘数就是2.5，它意味着投资增加100万元，将引起总收入增加250万元。

投资乘数是边际储蓄倾向的倒数，或是（1－边际消费倾向）的倒数。所以，边际消费倾向越大，投资乘数就越大；而边际储蓄倾向越大，投资乘数就越小。

投资乘数的作用是双向的：当投资增加时引起收入的成倍增加，而当投资减少时会引起收入的成倍减少。现实经济中，投资高度易变，乘数理论，特别是与加速原理相结合，对经济的周期性波动作出了部分解释。

见乘数原理、政府支出乘数、税收乘数。

投资基金 investment funds 金融工具或金融制度的一种。按投资对象的不同，可以分为证券投资基金和产业投资基金；按组织形式的不同，可以分为公司型基金、契约型基金和合伙制基金；按受益凭证是否可以赎回，可以分为封闭式基金和开放式基金。

投资基金的主要特点有：①遵循“共同投资、收益共享、风险共担”的基本原则。②运用现代金融信托关系的基本机制。即投资基金组织通过信托关系，将资金委托给基金管理公司（或基金经理人）进行运作，并由基金保管人负责基金资产的管理和监督基金管理公司对基金资金的使用。③专家运作。即基金的资金委托给基金管理公司管理后，由投资专家进行运作和管理。④资金有专门用途并实行独立核算。⑤独特的投资组织制度。即投资基金是一种专门将个人或机构的闲散资金集中起来，进行集中投资的制度安排。

投资基金的功能和作用主要体现在：①集中个人和机构的闲散资金，集中投资于证券市场和产业部门，能够促进证券市场的规范和产业部门的发展。②投资基金实行专家理财，有助于分散投资风险，保障投资者的利益。③投资基金运用现代信托关系，可以促进投融资组织制度的调整和发展。

投资经济学 investment economics 研究投资运动规律的经济学分支学科。为一门内容丰富、涉及面广的学科。它揭示投资活动所体现的经济关系，为提高投资的经济效益、社会效益和环境效益服务。

投资经济学研究的主要内容有：①各类投资的性能、特征及其作用于经济社会发展的机理。如作为经济学意义上的固定资产投资所形成的固定资产有明显特征：实物形态运动与价值运动不一致，实物磨损与价值补偿不一致，所用资产与所费资产不一致；固定资产投资具有双重效应，既代表即期需求，又代表未来供给，同时存在着需求效应和供给效应；固定资产投资具有投资乘数效应和加速效应。证券投资、人力资本投资也具有各自的性能、特征及作用于经济社会发展的机理。②投资活动与经济社会发展之间相互关系的一般原理及演变规律。投资经济学从投资的角度研究社会再生产，研究生产关系，研究投资增长与经济增长，社会发展的一般运动规律。③揭示投资运动变化的客观规律并指导投资实践。投资活动是在一定的生产力条件下进行的，受生产力水平的制约。投资经济学要研究在现有生产力水平条件下，如何通过合理的投资规模、投资结构、投资布局，有效地促进生产力更快提高。④投资资金的形成、筹集与运用的一般原理与运动规律。将投资资金由所有者手中吸收聚集到投资运用者手中的过程，即通过直接融资和间接融资完成资金的筹集。筹集到资金以后，如何把投资转变为物质要素，这就进入了投资的运用阶段，要根据经济社会发展的需要、经济结构调整的需要，合理确定投资分配的方向和比例。⑤投资管理。探求投资管理规律，包括投资决策、项目管理、投资体制改革等。

投资银行 investment bank 资本市场上专门从事证券承销、证券代理交易和自营买卖、投资顾问、财务顾问、金融顾问、新工具开发等业务的金融机构。美国称作投资银行，英国称作商人银行，中国、日本等国称作证券公司。

投资银行的特点是：①具有较强的金融创新意识和金融开发能力。②主要以知识、智力服务于资本市场，为客户提供可供选择证券投资、资产组合、财务管理、公司并购、融资等方面的方案。③主要依靠人才、信用、经验、客户网络等占领市场，争取新客户。④收入主要来源于各种中介服务的手续费（或佣金）、咨询收费等。⑤市场的不确定因素多，风险大，收益高。

投资银行的主要业务是：①证券承销业务。②经纪业务，接受客户委托，代理买卖有价证券。③自营业务，用自有资金投资于有价证券。④中介业务，充当客户的投资顾问、财务顾问、金融顾问等，为客户的融资、财务管理、投资选择、公司并购等提供服务。⑤开发业务，通过开发新的金融工具，扩展业务范围。⑥咨询业务，为客户提供证券投资、资产组合等服务。⑦其他业务，如证券的登记、代保管、过户、鉴证，代理证券还本付息或支付股利等。

透翅蛾 Sesiidae; clearwing moth 鳞翅目透翅蛾科昆虫的统称。包括1 370种，世界性分布，以热带分布居多。中国已知90余种。外形似蜂的中小型蛾类。喙明显。单眼很大，触角棒状。胸部粗大。腹部伸长。双翅狭窄。翅面被稀疏鳞片，通常有无鳞片的透明区。足伸展，某些种类足上披长毛。成虫通常色彩鲜艳，喜在白天飞翔，夜间静息。尤其晴天中午常在花丛间活动，取食花蜜。幼虫是钻蛀性害虫，喜在树木枝干内蛀食木质髓部，边吃边向外排泄粪便和木屑，引起树木向外溢出树液。某些种类也蛀食树根或瓜果。树木受害后往往内部被蛀食一空，树势衰退，枯干致死。

透镜 lens 用透明材料制成的具有两个折射表面（其中至少有一个是曲面）的光学成像元件。按折射表面的几何形状可分为球面透镜和非球面透镜两大类。在光疏媒质中使用时，球面透镜按聚光性质可分为会聚透镜和发散透镜两种，前者亦称凸透镜或正透镜，后者亦称凹透镜或负透镜。二者的剖面图如图1所示。

单个球面透镜具有较大的像差，为减

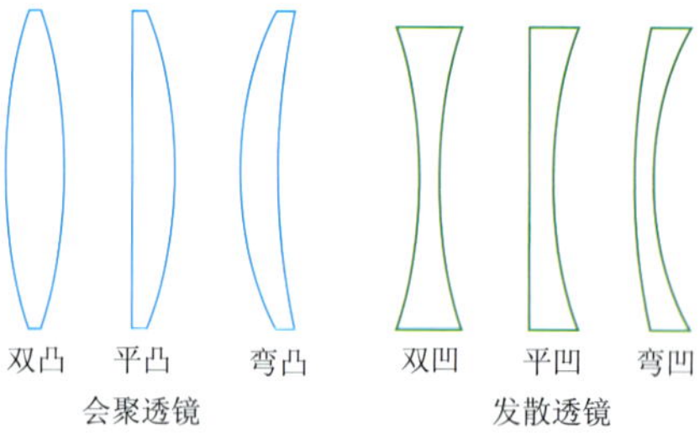

图1 各种形式的透镜

小各类像差，常将若干个单透镜以一定方式组合成为复合透镜。透镜材料对不同波长的光有不同的吸收率，可见光区域使用的透镜常以玻璃或石英为材料，后者的使用波段可延伸到紫外区。锗或硅透镜用于红外区。

塑胶透镜是用高分子材料采用注射成型法制成的，重量轻，适宜制造为消像差而设计的非球面透镜，但硬度低、温度特性差、易于老化。单个塑胶透镜已广泛应用于视力矫正。

菲涅耳透镜又称阶梯透镜或环带透镜，是一种大孔径透镜，由A.-J.菲涅耳于1820年提出并用作灯塔的聚光镜。它的一个表面是由一系列很窄的球面环带组成的阶梯面，另一表面为平面或曲面。按消球差的要求，各环带表面的曲率半径各不相同，环带宽度在1毫米甚至0.1毫米以下。菲涅耳透镜是保留了透镜表面的原有曲率而将中间的

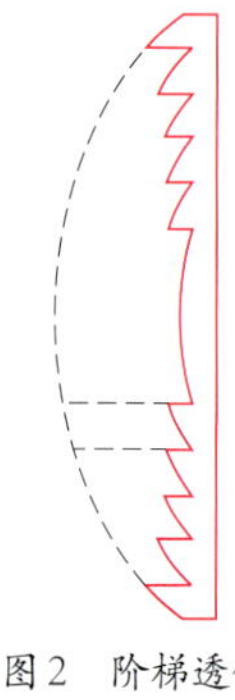

图2 阶梯透镜

多余材料去掉后的结构（图2），易产生波面畸变而导致像质变坏，一般只用在对像质要求不高而需要大孔径的场合。

非球面透镜的表面除为消像差而设计的特殊曲面外，还有圆柱面、抛物面、椭球面和双曲面等。圆柱面透镜常用来矫正散光眼，在宽银幕摄影机和放映机中用来压缩或展宽影像。

透平 turbine 将流体潜能转换成为机械能的旋转式原动机。又称涡轮机。透平是英文turbine的音译，源于拉丁文turbo一词，意为旋转物体。流体在透平内流动的过程中，通过静叶片或导叶将其部分潜能转换为动能，通过动叶片或转轮动能和另一部分潜能转换为推动转子旋转的机械能。转子直接或经传动机构驱动其他机械。按流体工质可分为：①**水轮机**。将水位势能转换成机械能。主要用于水电站驱动发电机发电。②**汽轮机**。将蒸汽热能转换成机械能。主要用于发电厂驱动发电机发电。也用于大型船舶和潜水艇驱动螺旋桨。③燃气透平。将燃气热能转换成机械能与压气机和燃烧室构成**燃气轮机**，驱动其他机械。

透闪石 tremolite 硅酸盐矿物，化学组成为$Ca_2Mg_5[Si_8O_{22}](OH)_2$，晶体属单斜晶系。常有铁替代镁，但$Mg/(Mg+Fe^{2+})=0.9$～1.0；少量的钾、钠替代钙。晶体呈柱状或针状，常呈放射状、柱状、纤维状集合体。呈纤维状者，称透闪石石棉。呈隐晶致密块体者，称**软玉**。白色或灰白色。玻璃光泽，纤维状者呈丝绢光泽。莫氏硬度5.0～6.0。密度3.0～3.2克/厘米^3，随成分中含铁量增多而增大。平行柱面的两组解理完全。主要是钙、镁质碳酸岩经接触变质作用的产物，超基性岩经热液蚀变或变质作用也可形成透闪石。透闪石石棉用作各种石棉制品，透闪石质软玉是名贵玉石。

透视学 perspective 在平面上再现空间感、立体感的方法和与此相关的科学研究。广义透视学泛指各种空间表现的方法，狭义透视学特指14世纪开始逐步确立的描绘物体、再现空间的线性透视和其他科学透视的方法。

广义透视学 在线性透视出现之前，已经出现了多种再现空间的方法：①纵透视，在平面上把离视者远的物体画在离视者近的物体上面。②斜透视，离视者远的物体，沿斜轴线向上延伸。③重叠法，前景物体在后景物体之上。④近大远小法。⑤近缩法，在同一个物体上，有意缩小近部，以求得完整的画面效果。⑥空气透视法，由于空气的阻隔，物体距离越远，看上去形象越模糊。⑦色彩透视法，因为空气阻隔，同样颜色的物体距离近则色彩鲜明，距离

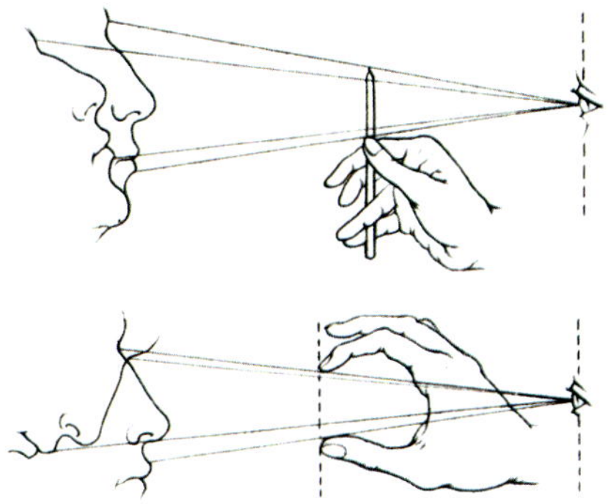

铅笔、手指测景法

远则色彩灰淡。

线性透视学 线性透视的方法是文艺复兴时代的产物，即合乎科学规则地再现物体的实际空间位置。最初研究透视时曾以透明玻璃板放在眼睛正前方作为画面，通过这个透明画面去看景物，依样在平面玻璃板上把立体形状描绘下来，所得的形状就是透视形。这种系统总结研究物体形状变化和规律的方法，是线性透视的基础。后来画家们不满足于依靠感官去认识世界，还要求用理性去解释世界。到18世纪末，法国工程师蒙许所创立的直角投影画法，完成了正确描绘任何物体及其空间位置的作图方法，即线性透视。

透视学的研究范围 物体对眼睛的作用有三个属性，即形状、色彩和体积。与此相应，透视学研究包括三个部分：①研究物体的透视形（轮廓线）。②研究距离造成的色彩变化。③研究物体在不同距离上的模糊程度，即所谓隐形透视。

现代绘画透视着重研究和应用的是线性透视，而线性透视重点是焦点透视，它具有较完整、较系统的理论和不同的作图方法。焦点透视只描绘一只眼固定一个方向所见的景物，与此同时的有散点透视，它的焦点不是一个而是多个。散点透视有纵向升降展开的画法，中国画论称为高远法；有横向高低展开的画法，称为平远法；还有远近距离展开的画法，称为深远法。

透析 dialysis 使体液内有害或多余的成分通过半透膜排出体外的治疗方法。常用于急性或慢性肾功能衰竭、药物或其他毒物在体内蓄积的情况。有血液透析及腹膜透析。

血液透析 将患者的血液和透析液同时引进透析器（两者的流动方向相反），利用透析器（人工肾）的半透膜，将血中蓄积的过多毒素和过多的水分清出体外，并补充碱基以纠正酸中毒，调整电解质紊乱，替代肾脏的排泄功能。

溶质清除的原理 根据弥散和对流的原理以清除血中毒素。①弥散。毒素由浓度高的一侧（血侧）向浓度低的一侧（透析液侧）移动，可清除小分子毒物。②对流。在半透膜的血侧加正压或在透析液侧加负压，血中毒素随水的跨膜移动而由血侧达到透析液侧，可清除大、中分子毒物。

水清除的原理 ①渗透。水由渗透压低（淡）的一侧向渗透压高（浓）的一侧移动。当血渗透压低于透析液者时，则血中存潴过多的水分由血侧向透析液侧移动而脱水。②超滤。若血侧的压力大于透析液侧，则在跨膜压作用下可将血中存潴过多的水分被驱赶到透析液侧而脱水。

适应证 ①急性肾功能衰竭。②急性药物或毒物中毒。③慢性肾功能衰竭。④肾移植前的肾功能衰竭或移植后排异反应使移植肾无功能者。⑤其他疾病（肝功能衰竭、精神分裂症、牛皮癣等）。

禁忌证 ①病情极危重、低血压、休克者。②严重感染败血症者。③严重心肌功能不全或冠心病者。④大手术后3日内者。⑤严重出血倾向、脑出血及严重贫血者。⑥患精神病不合作者。⑦恶性肿瘤患者。

透析时数 一般患者需每周血液透析3次，每次4～5小时。应尽早开始透析，以利纠正由于毒素蓄积过多导致的不可逆性脏器损伤及机体的代谢紊乱，当肌酐清除率下降为10～12毫升/分时即应开始透析。

透析患者的营养 血透患者应保证每日摄入蛋白质1.0～1.2克/千克及热量35千卡/千克，同时应摄入足够的水溶性维生素及微量元素以补充透析丢失量。

腹膜透析 利用腹膜作半透膜，通过腹透管向腹腔注入腹透液，通过弥散原理清除毒素，纠正电解质及酸碱平衡紊乱，通过渗透原理（向腹透液内加葡萄糖以提高腹透液的渗透压）以达到超滤脱水，替代肾脏的排泄功能。

原理 腹膜透析的设备较血液透析简单，可在床边操作，又可避免体液平衡的突然变化。腹腔的总面积为2.2平方米，大于两肾的总滤过面积（1.5平方米）。血中的溶质（包括尿素氮、肌酐、钾、磷、葡萄糖等）及水分，通过腹膜上的毛细血管壁（第一途径）及毛细淋巴管壁（第二途径）与腹透液进行交换。腹膜透析时血中溶质依次通过腹膜毛细血管内皮细胞间隙孔、基底膜及上皮细胞间隙孔、腹膜间质、腹膜间皮细胞间孔后到达腹腔。腹膜上有丰富的毛细淋巴管，溶质及水亦可通过淋巴管的扁平上皮间隙孔与腹透液进行交换。淋巴管有瓣膜，使淋巴液呈向心性循环。淋巴液中各种溶质的含量高于血浆，每天经淋巴管回吸收的蛋白质约为血浆总蛋白质量的50%。有规律的腹式呼吸运动和平卧位可促进淋巴循环，从而可提高物质交换速度和增加蛋白质的回吸收。

临床应用 腹膜透析分为持续性非卧床式腹膜透析、持续性循环式腹膜透析及间歇性腹膜透析。一般每日应进行4～6次

腹透，每次灌入2 000毫升腹透液。腹膜透析与血液透析不同，通过腹腔毛细血管的血流量约为60～100毫升/分时可获得理想的透析结果。腹膜透析为持续低流量透析，对患者机体内环境及心血管系统、血液动力学的影响均小于血液透析，故适用于年迈、心功能不良者。腹腔上的孔径大于常规使用的透析器膜的孔径，故对大、中分子的清除优于血液透析。腹膜透析无须依赖机器，操作简便，无须特殊培训人员。下述情况优先考虑腹膜透析：①高龄、心血管系统功能差者。②建立血液透析血管通路困难者。③出血倾向严重不能作血液透析全身肝素化者。④糖尿病肾病尿毒症者。将胰岛素加入腹腔，可使血糖控制较好。下述情况为腹膜透析的禁忌证：①腹部大手术后3日内。②腹膜有粘连或有肠梗阻者。③腹壁有感染无法植入腹透管者。④腹腔肿瘤、肠瘘、膈疝等。

无菌操作不严格可引起腹膜炎，反复发作腹膜炎可使腹壁的透析面积减少，透析疗效减退。此外营养物质从腹透液的丢失较血透严重，故应补充足量营养、水溶性维生素及微量元素。

透支 overdraft 银行与存款户约定，允许存款户超过存款账户余额支取一定数额款项的放款业务。

透支分为信用透支、抵押透支和同业透支3种。信用透支是由银行与存款户签订透支契约，存款户可在约定的透支限额、期限内进行透支。抵押透支是存款户以固定资产、有价证券、股票或金银等财物作为抵押，并签订抵押透支契约后，在透支限额、期限内进行透支。同业透支是商业银行之间的融资方式之一。在一般情况下，银行对存款户办理信用透支和抵押透支，均应觅具保证人进行担保。如果存款户超过期限未能归还透支款项，或者银行将抵押品变价后仍不足以偿还透支款项，保证人应负连带偿还责任。

秃发傉檀 Tufa Rutan (365～415) 中国十六国时期南凉王。鲜卑人，秃发乌孤之弟。402年南凉王秃发利鹿孤死，傉檀继位，自号凉王，定都于乐都（今属青海）。403年后秦姚兴灭后凉，次年秃发傉檀诈降姚兴。406年从后秦接受凉州刺史称号，占领姑臧，同时保持政治独立，控制武威郡以南诸郡。南凉的东南是后秦姚氏和西秦乞伏氏，东北有赫连夏，西北有北凉沮渠氏。傉檀曾挫败后秦的进攻。但因拒绝赫连勃勃的求婚，遭其进攻并遭大败。又屡败于北凉沮渠蒙逊。410年蒙逊夺取姑臧，又南进包围乐都。南凉上下饥弊，傉檀为解困境，414年率兵西击吐谷浑的乙弗部，获牛、马、羊40余万头，但被其女婿西秦乞伏炽磐乘虚攻下乐都，傉檀投降，南凉灭亡。傉檀在位约13年，兵败年余后被炽磐毒死。

秃发乌孤 Tufa Wugu (?～399) 中国十六国时期南凉的创建者。鲜卑人。乌孤的部众从事农桑，以廉川堡（今青海民和西北）为中心，一度附属于后凉吕氏。397年，他与后凉决裂，自称大将军、大单于、西平王，建国南凉。后夺得吕氏所属乐都、湟河、浇河诸郡（今青海乐都至同仁一带），姑臧南面的洪池岭以南的羌胡数万落都归附于秃发部。398年，乌孤称武威王，次年，从西平（今青海西宁）迁都于乐都（今属青海）。他规划吞灭后凉吕氏、西秦乞伏氏和北凉段氏，但未及实现。399年乌孤死，在位约3年。

秃鹫 *Aegypius monachus*; European black vulture 隼形目鹰科秃鹰属的一种。分布于南欧、小亚细亚、中亚细亚和印度北部。中国西部和北部广泛分布，偶见于沿海各省。

大型猛禽，全长约1 180毫米。全身主要呈黑褐色；头部被以黑褐绒羽；颈后有部分裸秃，呈铅蓝色；皮和颈部有皱褶，为淡褐并近于白色。两翅宽大有力。嘴峰强而侧扁；爪呈黑色，不锋利。

栖息于高原和山麓，常单独活动，在草原、山地等处的高空翱翔，寻觅动物的尸体为食。当食物缺乏时，也吃活动物。大多在高树营巢，少数把巢筑在岩石上。春季产卵，每产1～2枚，卵呈污白色，具斑。雌雄共同孵卵，孵化期55天。刚孵出的幼鸟全身密生灰色稚羽，颈侧裸出，生长较慢。

《秃头歌女》 *The Bold Soprano*; *La Cantatrice Chauve* 法国剧作家E.尤内斯库的代表作。系作者在自学英语时突发灵感写成。1952年在巴黎上演。全剧并无任何情节，只是史密斯夫妇与马丁夫妇之间的无聊对话。剧情发生在史密斯夫妇的客厅里，两人吃完晚饭之后，一边等着马丁夫妇的来访，一边漫无目的地闲聊。史密斯夫妇的谈话毫无意义，而马丁夫妇的谈话更是有过之而无不及，甚至攀谈之后才发现他们原是住在一间屋、有着一个女儿的夫妇！整出戏便在这种莫名其妙的对话中进行，中间还穿插了消防队长的一大段胡扯，而至结尾时马丁夫妇竟然又说起了开幕时史密斯夫妇的同一段台词！这是一部从人物、语言到情节、结构都与传统戏剧格格不入的新戏剧作品，作者本人则称之为“反戏剧”。该剧是对西方社会的一种讽刺，更是对当代人类生存状态的一种悲观认识。

突变 mutation 一类发生在DNA中并固定在基因组上的遗传性变异。广义的突变包括染色体畸变，即大段染色体的缺失、重复、易位和倒位。狭义的突变专指点突变，即包括一对或少数几对碱基的缺失、插入或置换。通常把点突变称作基因突变。没有外界环境因素诱发的突变称为自发突变，由外界环境因素诱发的突变称为诱发突变。不论是真核生物还是原核生物的突变，突变的共同特性是随机性、稀有性和可逆性。按照基因结构改变的类型，突变可分为碱基置换、移码、缺失和插入。按照遗传信息的改变方式，突变又可分为错义、无义两类。基因突变并不是一个单纯的化学变化，而是和一系列酶的作用有关的复杂过程。由碱基结构类似物的掺入和诱变剂的作用，促使DNA结构中嘌呤、嘧啶的酮式结构与烯醇式结构的互变，氨基和亚氨基之间的互变引起的碱基转换突变是基因突变的主要原因。

基因突变的发生与DNA的复制、DNA损伤修复、癌变和衰老都有关系，是生物进化的重要因素之一，它与染色体畸变、基因重组都是生物转化的源泉。基因突变为遗传学研究提供突变类型，为育种提供材料，也可为环境中诱变剂和致癌物质的检测提供实验依据。

突变论 catastrophe theory 描述自然界发生的各种突变现象的数学理论。又称突变理论。由法国数学家R.托姆于1969年提出。托姆认为，突变论的核心内容是美国数学家H.惠特尼1955年关于平面到平面的映射论文提出的奇点理论。托姆的贡献在于证明了基本突变分类定理，对突变形式作了分类。

突变论提出的研究突变现象的数学方法由4步组成：①确定刻画系统的参数和控制参数。②确定支配系统的势函数。③确定系统所有可能平衡态构成的态空间。④研究态空间到控制参数空间的投影，确定突变可能发生的参数范围。基本突变分类定理指出，尽管支配系统的势函数可是非常复杂的，但只要系统的控制参数的个数不超过4个，结构稳定的势函数的拓扑类型只有7种，即一个控制参数时为折叠型，两个控制参数时为尖点型，三个控制参数时分别为燕尾型、双曲脐点型和椭圆脐点型；4

个控制参数时为蝴蝶型和抛物脐点型。

突变论的应用范围极为广泛，在数学、力学和物理学中，借助突变论，不仅能加深对已有定律的认识，而且还能得到一些新的成果，如利用突变论找到了光的焦散面的全部可能形式，利用突变论可能预测系统的许多定性状态，像胚胎形成过程、心脏搏动、大脑机制、船舶稳定性等。

突触 synapse 两个神经元之间或神经元与效应器细胞之间相互接触、并借以传递信息的部位。突触前细胞借助化学信号即递质将信息传送到突触后细胞者，称化学突触；借助于电信号传递信息者，称电突触。在哺乳动物进行突触传递的几乎都是化学突触；电突触主要见于鱼类和两栖类。根据突触前细胞传来的信号，是使突触后细胞的兴奋性上升或产生兴奋还是使其兴奋性下降或不易产生兴奋，化学突触和电突触都又相应地被分为兴奋性突触和抑制性突触。使下一个神经元产生兴奋的为兴奋性突触，对下一个神经元产生抑制效应的为抑制性突触。化学突触或电突触均由突触前、后膜以及两膜间的窄缝——突触间隙所构成，但两者有着明显差异。胞体与胞体、树突与树突以及轴突与轴突之间都有突触形成，但常见的是某神经元的轴突与另一神经元的树突间所形成的轴突－树突突触，以及与胞体形成的轴突－胞体突触。

突发公共事件 public emergency 突然发生，造成或者可能造成重大人员伤亡、财产损失、生态环境破坏和严重社会危害，危及公共安全的紧急事件。根据事件的发生过程、性质和机理，主要分为以下4类：①自然灾害。主要包括水旱灾害、气象灾害、地震灾害、地质灾害、海洋灾害、生物灾害和森林草原火灾等。②事故灾难。主要包括工矿商贸等企业的各类安全事故、交通运输事故、公共设施和设备事故、环境污染和生态破坏事件等。③公共卫生事件。主要包括传染病疫情、群体性不明原因疾病、食品安全和职业危害、动物疫情，以及其他严重影响公众健康和生命安全的事件。④社会安全事件。主要包括恐怖袭击事件、经济安全事件和涉外突发事件等。各类突发公共事件按照性质、严重程度、可控性的影响范围等因素，分为4级：Ⅰ级（特别重大）、Ⅱ级（重大）、Ⅲ级（较大）和Ⅳ级（一般）。突发公共事件的连发性强，损失的放大效应显著，往往会对社会秩序、社会功能、环境与资源等造成严重破坏，给人民的生产生活、经济社会的正常运转造成强烈冲击。

突击 strike 集中兵力、火力对敌人实施急促而猛烈打击的作战行动。按地位分为主要突击和辅助突击，按手段分为兵力突击、火力突击和兵力与火力相结合的综合突击，按空间分为地面突击、海上突击、空中突击和立体突击，按方向分为正面突击、翼侧突击和后方突击，按性质分为常规突击和核突击，按方式分为钳形突击、向心突击、对进突击、两栖突击、连续突击和密集突击等。

在信息化战争条件下，突击具有多手段、大纵深、全时域、高精度等特点。组织实施突击，必须充分考虑政治、外交和军事的综合需求，精选突击目标，科学筹划突击方式和强度，恰当把握突击时机，合理使用突击兵力，周密组织作战协同，充分发挥突击的整体效能。

突击步枪 assault rifle 一种重量较轻、比传统步枪短、具有冲锋枪的猛烈火力和接近传统步枪射击威力的自动步枪。适于近战，以火力杀伤暴露的有生目标，亦可用刺刀与枪托进行格斗。有的可发射枪榴弹或挂装榴弹发射器，杀伤面目标和打击薄壁装甲目标。见步枪。

突厥 Türk 中国古代北方和西北方民族及其所建汗国名。广义的突厥泛指古代所有行突厥文的部族，突厥汗国兴起前的狄历、丁零、敕勒、铁勒等名称可能都是突厥一名的不同译法；狭义的突厥专指6世纪中至8世纪中两度建立汗国的民族。其先人6世纪中居金山（今阿尔泰山）之阳，金山形似战盔，其俗谓为突厥，因以为号。首领姓阿史那氏。542年始见于汉文文献记载。545年西魏遣使突厥，翌年，其酋长土门遣使来贡，是为与内地王朝正式交往之始。同时，突厥灭高车，尽降其部落。552年破柔然，土门自立为伊利可汗，建立汗国，置汗庭于漠北鄂尔浑河流域的郁督军山（今蒙古杭爱山），史家称之为突厥第一汗国或东突厥（亦作北突厥）。曾向隋称臣纳贡并迁居漠南。隋末变乱，突厥又强盛起来。群雄争事突厥以求援助。至唐太宗继位，连结薛延陀、回纥等铁勒诸部，于630年消灭了东突厥汗国，余众置羁縻都护府、都督府、州，由亲唐贵族统之。随后，唐朝又逐步取代了西突厥对西域绿洲诸国的控制，设安西都护府经营之。终于在657年平定了阿史那贺鲁的叛乱，册立西突厥汗室后裔为兴昔亡、继往绝可汗，分治十姓部落。682年，东突厥贵族阿史那骨咄禄起而反唐。686～688年夺取乌德鞬山（郁督军山），重建汗廷，史家称之为突厥第二汗国或后突厥汗国。后突厥在默啜可汗（691～716）时达到极盛，东破奚、契丹，北讨黠戛斯，西破党项，攻河套六胡州，并西征突骑施，兵锋直抵中亚河中地区。744年，回纥骨力裴罗攻杀白眉可汗，后突厥灭。其部众融入回纥、西迁乌古斯等其他民族中。突厥有自己的文字。19世纪以后在蒙古高原发现的重要突厥文碑铭都已得到解读。

新疆伊犁昭苏县突厥墓前的石人

突厥文 Turkic script 7～10世纪突厥、回鹘、黠戛斯等族使用的拼音文字。又称鄂尔浑－叶尼塞文、突厥如尼文。通行于鄂尔浑河流域、叶尼塞河流域以及今中国新疆、甘肃境内的一些地方。

《毗伽可汗碑》

突厥文各种文献中所用的字母数目不一，形体多样，一般认为有38～40个。大部分源于阿拉米字母，一部分来自突厥的氏族或部族标志，还有一些是表意符号。词与词之间用双点“：”分开，但是偏正词组有时写在一起。行款一般从左至右横写，也有从右至左的。

突厥语族 Turkic group 阿尔泰语系的语族之一。突厥语族的语言分布于西起巴尔干半岛，东至西伯利亚东部的勒纳河，南临阿拉伯半岛，北至亚洲大陆北端的新西伯利亚群岛这一广大地区。现代突厥语族语言在中国主要分布在新疆、甘肃、青海一带。有维吾尔语、哈萨克语、柯尔克孜语、乌孜别克语、塔塔尔语、撒拉语、西部裕固语和图佤语。在国外，突厥语族语言主要分布于土耳其、俄罗斯、乌兹别克斯坦、阿塞拜疆、哈萨克斯坦、吉尔吉斯斯坦、土库曼斯坦、伊朗、阿富汗、伊拉克、塞浦路斯、保加利亚、罗马尼亚、蒙古国等及地中海沿岸一些国家。有土耳其语、乌兹别克语、哈萨克语、鞑靼语、阿塞拜疆语、土库曼语、吉尔吉斯语、诺盖语、楚瓦什语、巴什基尔语、雅库特语、卡拉卡尔帕克语、库梅克语、维吾尔语、嘎嘎乌孜语、图佤语、卡拉恰伊-巴尔卡尔语、哈卡斯语、阿尔泰语、卡拉伊姆语、哈拉吉语等约30种语言（包括与中国少数民族同名的语言）。按照俄罗斯突厥语专家N.A.巴斯卡科夫的分类法，突厥语族的语言分**西匈语支**和**东匈语支**。

突厥语族的书面语言有古代突厥碑铭语言、中古文献语言和喀喇汗王朝以后时期的文献语言。

突厥语族语言除具有阿尔泰语系语言的共同特征外，还有自己的一些特点。语音方面：①有元音和谐律。②9世纪以前，突厥语固有词词首甚少出现鼻音、边音、颤音。③词首、词尾都不出现复辅音。④词的重音一般位于末一音节。语法方面：具有黏着语的形态特征，构形及构词是在词根或词干后面加表示某种意义的后缀来实现。句子的基本语序是主语-宾语-谓语。词汇方面：突厥语族语言的基本词汇具有共同的词根词素，但语音上有变化。

突厥语族语言在历史上先后使用过突厥文、回鹘文，以及以阿拉伯字母为基础的文字。中国使用突厥语族语言的维吾尔、哈萨克等民族从20世纪30年代起使用经过改进的阿拉伯字母系统的文字。俄罗斯及中亚各突厥语民族在20年代使用过拉丁字母的文字，30年代后改用以西里尔字母为基础的新文字。土耳其于1928年改用拉丁字母。

突尼斯　Tunisia　非洲北端地中海沿岸国家。西与阿尔及利亚为邻，东南与利比亚接壤，北、东濒地中海，隔突尼斯海峡与意大利相望。海岸线长1 300千米。面积162 155平方千米。人口1 043万（2009）。首都**突尼斯**。居民90%以上为阿拉伯人，余为柏柏尔人和少数犹太人、欧洲人。伊斯兰教为国教（主要是逊尼派），少数人信奉天主教、犹太教。阿拉伯语为国语，通用法语。

地理　全国分北、中、南三大自然区：①北部山地丘陵。是阿特拉斯山脉向东的延伸，西南—东北走向向地中海降低；被迈杰尔达河谷分成南北两支，北为泰勒山地，海拔300～700米；南为特贝萨山和突尼斯山，山势较高峻，不少山峰在1 000米以上，邻近西部边境的舍阿奈比山海拔1 544米，为全国最高峰。迈杰尔达河是全国唯一的常流河，境内长373千米，东北注入突尼斯湾。迈杰尔达河谷盆地和沿海平原，土地肥沃，是全国最富饶的农业区。北部地区属地中海型气候，冬季温暖湿润；夏季炎热干燥。沿海1月平均气温19.3℃，8月平均气温26℃；内陆大陆性气候显著增强。年降水量400毫米以上，山区可达750～1 500毫米，森林茂密，有栓皮栎、阿勒颇松、苏合香及繁盛的林下灌木。②中部为广阔的阶梯状台地。从西向东倾斜，海拔约500～200米。属半干旱气候，西部为高干草原，东部为低干草原，阿尔法草广布。台地往南为宽广的低地，气候更趋干旱，多季节性盐沼。③向南进入**撒哈拉沙漠**，东部沿海平原由北向南伸展；中部为萨赫勒平原，多盐沼；南部为吉发赖平原，是平坦的砂质低地。热带沙漠气候，平均年降水量不足200毫米，气温日较差大，夏季多尘暴。

历史　原为柏柏尔人生息之地。公元前9世纪，腓尼基人在突尼斯湾沿海地区建立迦太基城，控制西地中海贸易，其文化影响甚久。公元前146年成为罗马帝国阿非利加省的一部分。5～6世纪，又先后被汪达尔人和拜占廷人占领。7世纪中叶，阿拉伯人移入，传播阿拉伯文化和伊斯兰教。11世纪成为独立王国。13世纪哈夫斯王朝建立了强大的突尼斯国家。1574年沦为土耳其奥斯曼帝国的一个行省。1837年法国侵入，1883年正式成为法国的保护国。1955年法国被迫同意突尼斯内部自治。1956年3月20日突尼斯宣告独立。1957年7月25日突尼斯制宪会议通过决议，废黜国王，宣布成立突尼斯共和国。1959年6月制宪议会通过的共和国第一部宪法规定，突尼斯共和国实行共和制政体。突尼斯议会原为一院制，2002年宪法修正案改为两院制，由众议院和参议院组成。众议院是突尼斯最高立法机构，任期5年。1989年4月，举行总统和立法选举，本·阿里当选总统，宪政联盟获全部议席。此后向多党制过渡。1999年10月，举行首次多党参加的总统选举，本·阿里再度蝉联总统，并在同时举行的立法选举中增加了反对党的议席，宪盟仍获绝大多数席位。2000年以来还采取措施，有控制、小

步骤推行政治多元化。2011年1月，本·阿里因国内骚乱流亡沙特，众议长迈巴扎任代总统。

主要政党有：①宪政民主联盟，1934年成立，原名新宪政党，1988年2月改现名。②社会民主运动，1978年创立。③人民团结党，1973年成立。④民主统一联盟，1988年成立。⑤革新运动，前身是突尼斯共产党，1993年改为现名。⑥自由社会党，1988年成立。⑦民主进步党。

经济 经济以农业和采矿业为主，但粮食不能自给。旅游业发达，在国民经济中占重要地位。农业、工业、服务业分别占国内生产总值的12%、32%与56%（2003）。人均国内生产总值3 999美元（2009）。货币名称突尼斯第纳尔。

工矿业以石油、磷酸盐开采和加工为主。主要矿产有磷酸盐、石油、天然气、铁、铅、锌等。已探明储量，磷酸盐20亿吨，石油7 000万吨，天然气615亿立方米，铁矿石2 500万吨。除石油和磷酸盐开采外，其他采矿有铁、铅、锌等。制造业除钢铁外，以食品、纺织、服装、皮革、造纸、建筑材料等为主。农业机械和化肥生产也有发展。还兴建石油化学、金属加工、电器制造等工业。地毯等传统手工业较发展。全国制造业1/2集中在突尼斯城。种植业以谷物和油橄榄生产为主。粮食作物有小麦、大麦、马铃薯和豆类。油橄榄树面积162.5多万公顷，是非洲最大的橄榄油生产国和出口国。还产葡萄、柑橘、椰枣、蔬菜等。畜牧业主要饲养牛、绵羊和山羊。渔业主要是近海捕捞，并有海绵采捞业。旅游业是国家第一外汇来源。2009年接待游客690万人次。

交通运输业较发达。有铁路2 190多千米，公路2万千米，公路网和铁路网遍布全国。港口有30个，有船队两支，总吨位22.4万吨。以突尼斯-古莱特、比塞大、布尔吉巴营、斯法克斯、加贝斯、苏塞、扎尔西斯、拉迪斯及苏海拉等港较大。全国有7个国际机场，两家国营航空公司，与国内外44个城市通航。

对外贸易连年逆差，2009年为4 859万美元。出口主要为纺织品、电机设备、石油制品、橄榄油、化学制品及化肥、轻工业品等；进口主要是纺织品、机械、电气设备、车辆及粮食等。主要贸易伙伴是欧盟国家，与法国、德国、意大利贸易额居前三位。2009年出口总额152.11亿美元，进口总额200.7亿美元。

文化 实行基础义务免费教育制，义务教育免费至16岁。有178所大专院校，主要大学有：宰敦大学（伊斯兰高等学府），突尼斯文学、艺术、人文大学（简称突尼斯一大），突尼斯科学、技术、医科大学（突尼斯二大），突尼斯法律、经济管理大学（突尼斯三大），中部大学和南部大学。主要报刊有《复兴报》、《自由报》和《新闻报》，周刊有《现实》等。突尼斯非洲通讯社为国家通讯社，创建于1961年1月。突尼斯国家广播电台于1936年首播，用阿、法、意语播送4套节目，还有突尼斯青年电台、国际电台和5个地方台。突尼斯国家电视台于1966年6月1日开播，现分一台（阿文）和

图1 突尼斯的“海之门”

图2 突尼斯开路安的大清真寺

旅游名胜众多，最著名的有突尼斯老城和东北郊的迦太基古城遗址、杰姆的古罗马竞技场三处，还有伊其克乌尔国家公园、喀尔库阿内的布匿城及墓地、杜加（土加）、苏塞古城和凯鲁万均被列入《世界遗产名录》。其他旅游景点还有海滨避暑胜地臭纳斯提尔，被誉为“花园岛”的杰尔巴岛，以及艾什凯勒湖国家公园，加夫萨等。旅游设施主要分布在东部沿海地带，有5大旅游中心，其中苏塞“康达维”中心是全国最大的旅游基地。

对外关系 执行温和、务实、平衡的外交政策，外交积极、活跃。并强调突尼斯的三个属性：阿拉伯、非洲、伊斯兰。突尼斯与中国于1964年1月10日建交。1967年9月中国关闭驻突尼斯使馆；1971年10月复馆。

同法国经济关系密切。法国在突尼斯的外资、外贸和外援中均居首位，也是突尼斯旅游业的主要客源。欧共体是突尼斯最大贸易伙伴。1995年7月，突尼斯同欧盟正式签署了《欧洲-地中海国家联系国协议》，1998年3月1日正式实施。

重视同阿拉伯国家和非洲国家发展关系。积极推动马格里布联盟的建设。1989年2月，马格里布5国元首在摩洛哥签订了“关于成立阿拉伯马格里布联盟条约”。1990年1月，马格里布联盟首次元首委员会会议在突尼斯召开。

突尼斯 Tunis 突尼斯共和国首都，最大港口城市。位于国土东北部，地中海南岸的突尼斯湾西侧，突尼斯湖（巴希拉湖）西端，以长10千米、宽45米的湖内人工运河与外港哈勒格瓦迪相连。面积346平方千米。人口225万（2004）。城市腹地为迈杰尔达河谷、米勒扬河谷和突尼斯平原富庶农业区，有发达的铁路、公路网通往国内主要城市和工矿区。为全国的政治、经济、文化中心和交通枢纽。

公元前814年，腓尼基人在突尼斯海滨建立了迦太基城，并发展为著名的奴隶制迦太基帝国时，突尼斯是迦太基城近郊的村镇。迦太基城后来被罗马人焚毁。698年，阿拉伯帝国倭马亚王朝总督诺马拉下令在今突尼斯重建新城麦地纳，兴建港口、船坞。哈夫斯王朝时期（1230～1574）正式定都突尼斯城。1837年被法国殖民者侵占。1881年后沦为法国殖民地，在古城麦地纳外建新城，并逐步向北发展。1956年国家独立后，定为首都。

现今突尼斯城由民族传统的古城麦地纳和欧化的新城组成。古城主要为穆斯林居住区，保持阿拉伯建筑风格，街道狭窄，有传统手工艺品市场。新城又称“低城”，位于麦地纳通向海边的低洼地带，主要为欧洲人居住区，有整齐的棋盘式街道，布尔古巴大街为主要商业区。卡斯巴区是总理府和执政党党部所在地。全市工业和对外贸易占国内一半以上。工业有食品、罐头、棉毛纺织、炼油、酿酒、金属加工、机器制造、水泥、化工等。手工业以地毯织造著称。渔业发达，并产海绵。港口分内港和外港，有三个港池。年进出港船舶约500艘。输出磷酸盐、铁矿石、酒类、谷物、柑橘类水果、橄榄油等；进口纺织品、钢铁、金属制品等。多名胜古迹。突尼斯古城是以建于732年的宰图纳清真寺向周围发展的，现仍保存有10座城门，1979年古城和城市东北17千米处的迦太基古城遗址，被联合国教科文组织列入《世界遗产名录》。西北郊著名的巴

突尼斯市一角

尔杜国家博物馆以珍藏古代镶嵌壁画著称；还有海水浴场，成为访古消夏的旅游胜地。城郊有阿维纳国际航空港。

突尼斯人 Tunisians 北非突尼斯共和国的主体民族。又称突尼斯阿拉伯人。主要分布在东北部和东部沿海地区，有882万人（2002）。另有少数人居住在利比亚（10万）、阿尔及利亚（1.5万）、摩洛哥（1.3万）和其他国家。属欧罗巴人种地中海类型。主要由阿拉伯人和柏柏尔人长期融合而成。使用阿拉伯语，大部分城市居民通用法语。信奉伊斯兰教，属逊尼派。主要从事农业和畜牧业。农民种植小麦、大麦、椰枣和水果，多集中在北部沿海地区；牧民饲养牛、羊和骆驼，多集中在中部和南部，过着游牧和半游牧生活。1956年独立以后，随着民族经济的发展，大量农村人口转向城市。许多人由传统的农业、牧业和手工业生产逐步转入现代工业、商业和交通运输业等部门工作。

图案 design 设计者根据使用和美化的目的，按照材料并结合工艺、技术及经济条件等，通过艺术构思，对器物的造型、色彩、装饰纹样等进行设计并按设计方案制成的图样。狭义的图案仅指器物上的装饰纹样和色彩。图案表达的思想内容是通过材料和工艺，使设计方案转化为物质产品，并经过人们的使用和欣赏过程得以体现。其主要表现为：器物功能的实用性；材料、工艺的合理性；审美形式的群众性和时代性（包括民族化和现代化）。图案可以从不同的角度进行分类，按所占空间有平面图案和立体图案；按历史范畴有原始社会图案、传统图案和现代图案；按工艺品的种类有青铜图案、陶瓷图案、漆器图案、印染图案、织锦图案、工业造型图案、家具图案、商标图案、书籍装帧图案等。

图波列夫 Tupolev, Andrey Nikolayevich (1888-10-29～1972-12-23) 苏联飞机设计师。苏联科学院院士。生于特维尔省的普斯托马佐沃，卒于莫斯科。1908年入莫斯科高等技术学校，加入N.Ye.茹科夫斯基领导的航空小组，参与设计和制造**风洞**。1918年毕业，与茹科夫斯基共同创建苏联中央流体动力研究院，1918～1935年任副院长。1931～1936年任苏联航空工业管理局总工程师。1922年开始领导中央流体动力研究院的飞机设计局。他最先研制出苏联的全金属结构飞机和张臂式单翼机，并领导设计出100多种飞机，其中70多种投入了批量生产。重要的有安特25（完成莫斯科经北极到美国的不着陆飞行），安特20（当时世界上最大的旅客机“马克西姆·高尔基”号），特勃1、特勃3、斯勃、图2等轰炸机。第二次世界大战后研制出图16、图20、图22、图26等轰炸机和图104、图134、图154、图144超声速旅客机。他设计的飞机创造了78项世界纪录。被授予工程上将军衔和国家特级设计师称号，多次获得列宁勋章。1970、1971年被接纳为英国皇家航空协会和美国航空航天学会名誉会员。

图德 Tudor, Antony (1908-04-04～1987-04-19) 英国芭蕾表演家、编导、教育家，心理芭蕾创始人。生于伦敦，卒于美国纽约。他在兰伯特芭蕾舞团编导并主演的《丁香花园》被誉为“心理芭蕾”的开山之作。1939年后在美国芭蕾舞剧院、瑞典皇家芭蕾舞团、纽约市芭蕾舞团等任编导和艺术指导。创作了《火柱》、《罗密欧与朱丽叶》、《朦胧之光》、《潜流》、《风影》、《赞美诗》、《地狱中的奥芬巴赫》、《落叶》等作品。1950年出任大都会歌剧院芭蕾舞学校校长，并在朱利亚学校舞蹈系从事芭蕾教学。图德的舞蹈以戏剧表演著称，非常擅长以动作揭示人物的内心世界，被称为心理芭蕾。

图尔卡纳湖 Turkana Lake 非洲第五大湖和最大的咸水湖。曾称鲁道夫湖，又名碧玉湖。位于肯尼亚西北、**东非大裂谷**东支中，北接埃塞俄比亚。由断层陷落而成。南北长256千米，东西宽50～60千米，面积6 405平方千米。湖面海拔375米。有奥莫河等注入，湖水不外流。湖区干旱，水源不足，是缩小中的内陆湖。湖水碧绿，具有明显的滑润感，去污力强。南端深水区最深处达73米，含盐度高；浅水区湖水微咸，可饮用。湖中南、中、北三个火山岛。水产丰富，有尖吻鲈、虎鱼、鳄鱼和各种罗非鱼。为人类发祥地之一，湖滨发现大批200多万年前的古人类化石。

图尔库 Turku 芬兰西南部城市。位于赫尔辛基以西海岸的奥拉河口，临波的尼亚湾。瑞典语称奥布。人口17.6万（2009）。为芬兰最古老城市，始建于13世纪。1525年设市。1216～1809年为瑞典统治时期。1809年俄国开始统治后的芬兰首都。1812年政府迁往赫尔辛基。建有全国最大的烟草厂和海军造船厂，还有制糖、纺织、面粉、木材、陶器、钢铁等工业。海港为全年通航的不冻港。多名胜古迹。有建于1290年的大教堂、中世纪古城堡、瑞典剧场（1838）和希腊正教教堂（1846）。设有以芬兰语授课的图尔库大学和以瑞典语授课的奥布瑞典大学。

图尔库大教堂

图盖拉瀑布 Tugella Falls 南非图盖拉河上游瀑布。该河流经南非东部夸祖鲁－纳塔尔省，在穿越德拉肯斯山脉时，因河床比降大而形成一连串的瀑布，总落差948米，为非洲落差最大的瀑布，并在大断崖（1 500米）之下切割而形成图盖拉峡谷。

图哈切夫斯基 Tukhachevsky, Mikhayl Nikolayevich (1893-02-16～1937-06-11) 苏联元帅、军事家。生于斯摩棱斯克省多罗戈布日县，卒于莫斯科。1914年从亚历山大军事学校毕业后参加第一次世界大战。1918年参加红军和俄共（布）。苏俄内战和外国武装干涉时期，历任第1集团军司令、第8和第5集团军司令、高加索方面军司令、西方面军司令等职，率部同P.N.克拉斯诺夫、A.V.高尔察克、A.I.邓尼金领导的白卫军及捷克和波兰军队作战，并参与平息喀琅施塔得叛乱和安东诺夫叛乱，表现出卓越的指挥才能。战后，历任工农红军军事学院院长，西方面军司令，工农红军参谋长，列宁格勒军区司令，苏联副陆海军人民委员等职。他与**M.V.伏龙芝**一道积极推行1924～1925年军事改革，致力于苏军现代化建设，在改革军队编制体制、发展航空兵、机械化兵、空降兵和加强海军，开展国防科研和更新武器

装备，培养军事与政治干部等方面做了大量创造性的工作，并倡导建立了许多军事院校。他重视并参加军事科学研究，与其他苏联军事理论家一起创立了大纵深战役和战斗理论，为发展苏军战略学、战役学和战术学作出了贡献。1935年晋升苏联元帅。1937年在大清洗中被杀。获列宁勋章1枚。著有《现代战略问题》、《战役的重要配合》、《卓有成效地消灭航空兵》、《当前德国的军事计划》等。

《图画见闻志》 *Record of Experiences in Painting* 中国北宋绘画史著作。郭若虚著。郭若虚，太原（今山西太原）人，生卒年不详。为宋真宗郭皇后之侄孙，熙宁三年（1070）任供备库使。七年（1074）以西京左藏库副使，副宋昌言为辽国贺正旦使。其祖父及父亲均酷爱书画，富收藏，后因故散失，郭若虚努力设法收回10余卷名迹。他博览群书、见闻广博，因感张彦远《历代名画记》以后缺乏完备的绘画史著作，乃"参诸传记，参校得失"，熙宁七年著成《图画见闻志》。该书继《历代名画记》后，记载了唐会昌元年（841）至北宋熙宁七年（1074）之间的绘画发展史。全书共六卷，可分为三大部分。卷一《叙论》是第一部分，包括《叙诸家文字》、《叙国朝求访》、《叙自古规鉴》、《叙图画名意》、《叙制作楷模》、《论衣冠异制》、《论气韵非师》、《论用笔得失》、《论曹吴体法》、《论吴生设色》、《论妇人形相》等16篇论述，集中反映了作者的绘画思想与艺术见解。卷二至卷四《纪艺》是第二部分，主要是唐末至宋代中期284个画家小传，记叙了画家的生平、师承、擅长、艺术思想和绘画成就等。卷五的《故事拾遗》和卷六的《近事》为第三部分。前者采自前人著作中有关唐至五代时期画家的故事传说，后者是作者本人对当时画坛耳闻目睹的事件记录。该书纪传体和史论相结合，史料丰富。

《图绘宝鉴》 *Precious Mirror of Painting* 中国元代画史著作。夏文彦撰。夏文彦，字士良，号兰渚，吴兴（今浙江湖州）人，移居松江（今属上海）。曾任忠翊校尉、知余姚州事等官职。富收藏，明鉴赏，亦能画。《图绘宝鉴》完成于至正二十五年（1365），次年刊行。

全书可分两编。上编第一卷实为叙述，编录前人著述中关于论画与鉴赏的论述，如"六法"、"三品"、"三病"、"六要六长"、"制作楷模"、"古今优劣"、"粉本"、"赏鉴"、"装褫书画定式"等。下编第二至第五卷为上自古史传说时代起，下至元朝画家的传记。列传者约1 500余名。其中，1 300余人有传，近200人只列姓名。

书中宋及宋前画家传记之资料来源，以《宣和画谱》为主，并采及《图画见闻志》、《画继》、《画继补遗》、《南渡七朝画史》与《续画记》等画史著作，刊行以来，流传甚广。元代画家近200人之传记，则来自元人诗人集、笔记与铭刻，并参以个人见闻。

该书搜罗广博，删节取舍前人著作，尚能不失梗概，实为中国最早的一部绘画通史简编。明清两代，迭经翻刻，影响甚大。

图霍尔斯基 Tucholsky, Kurt（1890－01－09～1935－12－21） 德国作家、政论家。生于柏林，卒于瑞典欣多斯。曾应征入伍，任报刊编辑、记者、撰稿人等。1929年后移居瑞士专事写作。1933年被纳粹剥夺公民权，著作遭到查禁、焚毁。1935年在瑞典自杀。1907～1932年以不同的笔名在报刊上发表约2 500篇评论、杂文、诗歌、散文等各种题材的作品，显示了多方面才能。他是"大城市酒吧间剧场滑稽曲"的创始人之一，主张"一切都可以讽刺"。小说《莱茵斯贝格，恋人的圣地》（1912）对优美大自然的描写和对庸俗、狭隘的小市民生活的勾勒形成鲜明对照。与他人共同创作的《德国，德国高于一切》（1929）表达了作者反对民族沙文主义的立场。其他作品还有《五马力》（1928）、《蒙娜丽莎的微笑》（1929）、《别哭，要学着笑！》（1931）、《格里普斯霍尔堡》（1931）等。

图拉真 Trajan（53－09－18～117－08－09） 罗马帝国皇帝（98～117年在位）。生于伊大利卡城（位于今西班牙南部），卒于小亚细亚塞利努斯。自幼随父在军中长大。91年任执政官。97年任上日耳曼总督，同年被皇帝M.C.涅尔瓦立为帝位继承人。98年即位后，曾改革财政，减免赋税，扩建公共工程，如修建道路、桥梁、港口和城市等。同时，推行对外扩张政策，从而使帝国版图达到最大规模。117年回军途中病死。

图拉真纪念柱 Trajan's Column 罗马帝国时代的建筑雕刻。位于今意大利首都罗马。罗马皇帝图拉真为炫耀对达契亚人（居住于黑海西岸）的征服而建图拉真广场（112～117），在广场的图书馆天井中树立图拉真纪念柱。柱为大理石，连底座总高43米。上面刻有2 000多个人物，图拉真形象出现200多次。浮雕表现了出征、攻城、战斗、押解战俘等场景，描绘了从罗马到达契亚地区的城市和风物，穿插了一些神话象征性形象，最底下的半身老人代表多瑙河，造型手法写实。方形柱基为图拉真的墓室，柱顶原有镀金的鹫像，图拉真死后改为他的立像，中世纪又改成圣彼得像。

图兰低地 Turan Lowland; Turanskaya Nizmennost' 中亚南部的广大的内陆盆地。又名图兰平原。南起科佩特山脉和帕罗帕米兹山麓，北抵图尔盖高原、哈萨克丘陵，东、西介于天山、阿赖山山地与里海东岸，面积约150万平方千米。由于气候干旱，风成地貌占优势，近一半面积为沙漠，著名的卡拉库姆沙漠和克孜勒库姆沙漠即分布于此。大部分地区地势低平，海拔100～300米。里海东岸的卡拉吉耶洼地，低于海平面132米。绿洲分布在山麓和过境河流一带。有油气田，如曼吉斯套含油气区、加兹利气田等。

《图兰多》 *Turandot* G.普契尼作曲的三幕歌剧。脚本由朱塞佩·阿达米和雷纳托·西莫尼根据意大利18世纪剧作家C.戈齐的童话剧改编。普契尼逝世时，最后一幕中关键的二重唱尚未完成。作曲家弗朗科·阿尔法诺在残存手稿的基础上续完全剧。1926年首演于米兰。故事讲述美丽的中国公主图兰多生性冷酷，允诺嫁给能猜中她三道谜语的男子，但如猜谜失败，就将被斩首。波斯王子为此丧生。鞑靼国王子卡拉夫不顾旁人劝阻，决意冒死参加猜谜。在庄严的典礼后，卡拉夫居然全部猜中了三道谜语（分别为"希望"、"热血"和"图兰多"）。但公主并不愿意实现诺言。卡拉夫提出，如公主在黎明前能猜出自己的真实姓名，婚约即可取消。公主下令连夜调查。皇宫侍从发现女仆柳儿认识王子，对她严刑拷打，逼她说出真情。柳儿暗恋卡拉夫，自刎身亡。最终，图兰多在卡拉夫爱情的感召下，寻回了自己丢失的本性，宣布卡拉夫的真名为"爱情"。虽然该剧的结尾不是出自普契尼手笔而缺乏信服力，但全剧仍被公认是普契尼一生创作的最高总结。

《图兰多》剧照

图灵 Turing, Alan Mathison（1912－06－23～1954－06－07） 英国数学家，计算机科学的

奠基人之一。生于伦敦，卒于柴郡威姆斯洛。中学毕业后进入剑桥的国王学院攻读数学，1938年在美国普林斯顿大学获得博士学位。

1936年，图灵发表了对计算机科学发展具有重要意义的论文《论应用于判定问题的可计算数》。文中提出了一种计算机的抽象模型，即**图灵机**，推动了计算机理论的发展。1945年后，图灵进入英国国家物理实验室工作，参与了数字式计算机的设计与建造工作。1950年10月，图灵发表论文《计算机与智能》，进一步阐明了计算机可以有智能的思想，并提出了测试机器是否有智能的方法，称为图灵测试。

1951年被选为英国皇家学会会员。美国计算机学会（ACM）于1966年设立图灵奖，专门奖励在计算机科学研究中作出重大贡献的科学家。

图灵机 Turing machine 英国数学家A.M.**图灵**于1936年提出的一种理想的计算机的数学模型。图灵机已成为计算机科学中可计算性理论和计算复杂性理论的基础。

图灵机分为确定型和非确定型两大类，每类中又有单带、多带等许多变形。一台标准的确定型单带图灵机由一条双向可无限长的被分为一个个小方格的磁带、一个有限状态控制器和一个读写磁头构成。图灵机逐步地进行工作，工作状况取决于三点：第一是机器的状态、控制器所处的状态（相当于执行哪一条指令），第二是读写磁头扫描在磁带的哪个方格上，第三是读写磁头扫描的方格中的内容。机器执行一步的工作如下：读写磁头改写所扫描的方格中的内容，磁头向右或向左移动一个方格，机器由当前状态转向另一个状态（即下一步执行哪条指令），然后进行下一步工作。如此周而复始地逐步工作，直至遇到命令机器停止工作的状态。例如，图中的机器在某一步上处于状态q_3，磁头将所扫描方格中的字母A改写为字母E，然后左移一个方格（此时机器磁头扫描方格内的字母为T）；机器进入状态q_5，机器下一步的工作完全由状态q_5和扫描方格内的信息T唯一确定。

由上面描述的有限条指令构成图灵机的一个程序，图灵机程序完全确定了图灵机的这种由状态、符号决定的一步一步的工作。有多种方法来定义图灵机的一个程序（如流程图、伪汇编语言等），通常的方法是用下述五元组所构成的阵表来定义一台图灵机：$\langle q,X,Y,M,q'\rangle$，其中$q,q'$分别表示工作前后有限状态控制器中的状态；$X,Y$分别表示工作前后磁带方格上的符号，$M$表示$L$（左移）、$R$（右移）或$N$（不动）；这样，上面例子中图灵机的动作可用五元组$\langle q_3,A,E,L,q_5\rangle$来确切地描述。

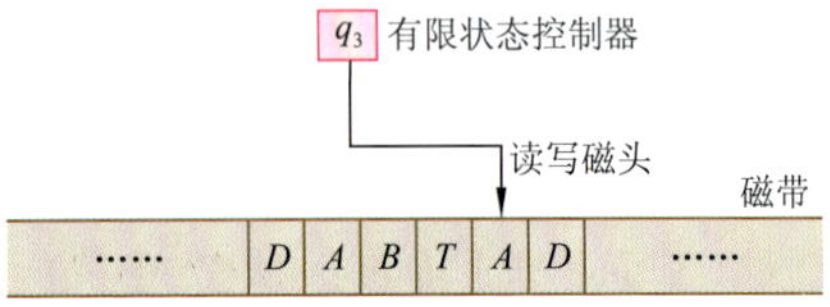

图灵机的构造

多带图灵机有一条输入带，k条工作带。每条带上有一个读写磁头与有限状态控制器连接，根据当前状态以及输入带和工作带上当前被扫描的符号决定下一步应该转到什么状态，应在工作带和输出带上写下什么符号以及每个磁头各自的移动方向。

非确定型图灵机与确定型图灵机的区别在于：机器从一个状态转到下一个状态时不是唯一的，它可以在两个或更多个状态中择取，非确定型图灵机的概念在理论上非常重要。

表面看来，图灵机的计算功能似乎很弱。但只要提供足够的时间（允许计算到足够多的步数）和空间（允许移动到足够远的磁带方格），则功能是非常强的，足以同任何其他的计算机模型相比。图灵在设计他的单带模型后提出：凡是可计算的函数都可以用一台图灵机来计算，这就是著名的图灵论题。后来，数学家、计算机科学家提出各种各样的计算模型，都被证明同图灵机是等价的。

图灵机的计算对时（计算步数）空（磁带长度）是不加限制的。然而，现实世界对时空的限制却是必不可少的，如果对一个长为10 000的输入字要计算$2^{10\,000}$步，这在今日的大型计算机乃至将来的计算机上都办不到。自20世纪60年代起，对图灵机计算所占用的时空资源研究形成了今天的计算复杂性理论，出现了著名的尚未解决的所谓P与NP是否相等问题。P是这样的语言类（即Σ^*的子集L组成的类）：$L\in$P当且仅当存在一台确定型的图灵机M和一个多项式f使得对任何输入字$\alpha\in\Sigma^*$，$\alpha\in L$当且仅当给图灵机M输入α时计算在$f(|\alpha|)$步内停机并处于接收状态，这里$|\alpha|$是字α的长度；NP是这样的语言类：$L\in$NP当且仅当存在一台非确定型的图灵机M和一个多项式f使得对任何输入字$\alpha\in\Sigma^*$，$\alpha\in L$当且仅当给图灵机M输入α时计算在$f(|\alpha|)$步内停机。P＝NP吗？数十年来已发表了大量的论文探讨它，数学与计算机科学中的许多重要问题都同这个问题有关，例如现代公钥密码体系就建筑在P ≠ NP假定上。

图卢兹 Toulouse 法国南部城市，南部－比利牛斯大区首府，上加龙省首府。地中海沿岸与基坦盆地之间的经济、文化中心。位于加龙河上游，拉泰拉勒－加龙运河和南运河汇合处。人口约44.62万（2007）。历史上曾为高卢和罗马重镇。公元419年成为西哥特王国首都。6世纪时由法兰克王国统治。1271年划入法国版图。19世纪工商业随着铁路的兴建迅速发展。法国新兴的航空、航天工业中心和国家宇宙空间研究中心。其他工业还有化学、电子、农业机械等。市内多古建筑。法国著名的大学城。铁路、高速公路交通枢纽。南运河连接地中海。市郊建有航空港。

图卢兹－洛特雷克 Toulouse-Lautrec, Henri de（1864－11－24～1901－09－09） 法国画家。原名亨利－玛丽－雷蒙－德图卢兹－洛特雷克－蒙法。生于阿尔比一个贵族家庭，卒于

《红磨坊街上的夜总会》

马尔罗梅。幼年双腿折断，身体畸形。1882年，进巴黎L.博纳画室学画。自1887年起，定期参加在巴黎和布鲁塞尔举行的“二十人展”。1891年，他的首批广告、海报画受到世人赏识。1892年，在彩色版画领域内的尝试也取得了成功。次年，在巴黎举行个人画展。1896年举行第二次画展，并游历荷兰与西班牙。1898年，他的身体状况因酗酒而日益恶化。

他最初受**印象主义**的影响，后受到E.**德加**作品的启发，开始热衷于素描。P.**高更**的色彩平涂法和对画面装饰性的处理，对他也有吸引力。他还特别喜欢日本的**浮世绘**。他成功地把这些技巧加以改造，提炼出更为简练、鲜明的绘画风格，在广告、插图和其他装饰画的领域内显示出不凡的才能和创造。他常在蒙马特尔地区的舞厅和咖啡馆里写生，描绘红磨坊和布律昂酒店里的人物。他常以速写捕捉人物的动态，传达环境的气氛。

图论 graph theory 以图为研究对象的数学分支。图论中的图指的是一些点以及连接这些点的线的总体。通常用点代表事物，用连接两点的线代表事物间的关系。图论则是研究事物对象在上述表示法中具有的特征与性质的学科。图论的发展已有200多年的历史，它发源于18世纪普鲁士的柯尼斯堡。当地的居民想知道能否从任意一陆地出发，走遍联接该城的7座桥又回到原地？其条件是每座桥都经过一次并且

只经过一次。L.欧拉把**七桥问题**化为一个数学问题，并给出一笔画问题的判别准则，从而判定七桥问题不存在解。这是图论发展的萌芽时期最具代表性的问题，那时不少图论问题都是围绕着游戏而产生的。从19世纪中叶开始图论进入第二个发展阶段，这个时期图论问题大量出现，诸如由“绕行世界”游戏发展起来的哈密顿问题、关于地图染色的**四色问题**以及与之相关联的图的可平面性问题等。这个时期也出现了以图为工具去解决其他领域中一些问题的成果，比如把树的理论应用到化学和电网络分析等。直到1936年D.柯尼希发表了图论的第一本专著《有限与无限图理论》，这时图论才成为一门学科，以后图论进入第三个发展阶段。由于生产管理、军事、交通运输和计算机网络等方面提出大量实际问题的需要，特别是许多离散化问题的出现，以及由于大型高速电子计算机而使许多大规模计算问题求解成为可能，图论的理论及其应用研究得到飞速发展。图论讨论的问题主要有两种形式。一种是问“具有某种特征的对象是否存在？如果存在有几个？或者至少有几个？”另一种是问“怎样”构造一个满足某一性质的图或子图。这些问题体现在以下5个最有兴趣的研究领域，它们是：连通性、嵌入问题、染色问题、矩阵表示以及网络流。

基本概念　所谓图指的是一个有序对$G=(V, E)$，其中V是一个非空集合，称为顶点集合；E是V上的一个无序二元关系，称为边集合。称E中的每一条边和

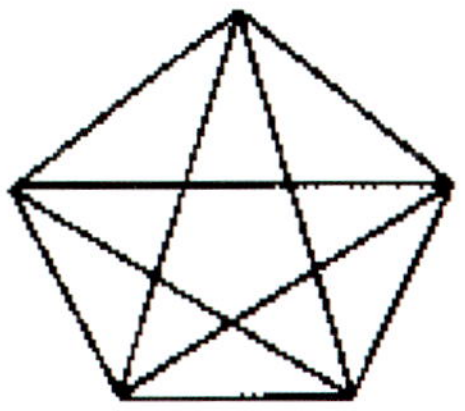

图1　完全图

它所连接的顶点是关联的。如果某条边的两个端点重合，则称为环。如果联接两个顶点的边不止一条，则这些边称为多重边。无多重边的无环图称为简单图。如果图中任意两点间恰有一条边相联，则这样的图称为完全图（图1）。如果一个图的顶点集可以划分为两个子集，使得每一条边的两个端点分别属于这两个子集，则称该图为二部图（图2）。从一个二部图的两个

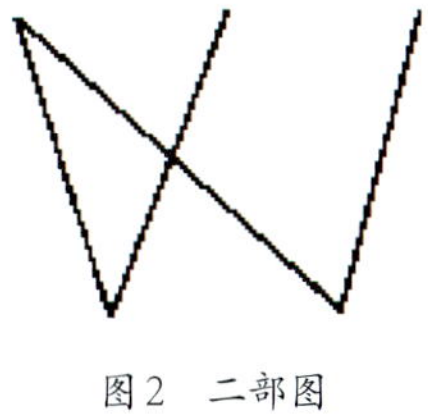

图2　二部图

子集中各取任意一点所成的任意点对如果都是该图的边，则称这个二部图为完全二部图（图3）。顶边相间的序列称为链，两

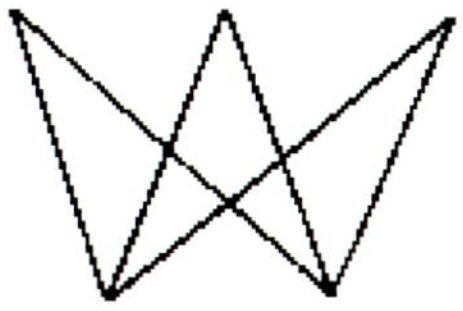

图3　完全二部图

端相重合的链称为圈。以上定义的图又称无向图。将无向图各边定向之后，就构成有向图。

连通性　如果对于图中的每一对顶点都存在一条链把它们联结起来，则称该图是连通的。连通性是图论研究的基本问题之一。以下列举的是有关连通性的典型问题：①欧拉路。在七桥问题中，用一个顶点代表一块陆地，当两个区域之间有桥相联时就在对应的两个顶点之间连接一条边。这样就得到与原来问题对应的一个图。所谓欧拉路指的是这样一条路，它包含该图的每一条边恰好一次。这个问题已经得到解答。欧拉路有不少应用，比如应用到城市街道单行线与双行线的合理布局，有助于控制交通运输的目的。②中国邮路问题。一个邮递员要走遍他负责的投递范围内的每一条街道，完成送信任务后回到邮局。他应按什么路线走才能使总路程最短？管梅谷教授最早提出这个问题并于1960年给出最优路线的条件和算法。因此国际上称此问题为中国邮路问题。③哈密顿问题。爱尔兰数学家W.R.哈密顿，在19世纪发明的绕行世界游戏引出了著名的哈密顿问题。如果存在一条经过图G的所有顶点的简单圈，则称该图为H图。哈密顿问题就是要找出H图的特征描述，这个问题至今尚未彻底解决，此问题与四色问题及旅行售货问题密切相关，因此一直受到人们的关注。④树与图的支撑树。无圈的连通图称为树，包括图G的全部顶点的子图称为G的支撑图。如果支撑图是一棵树，则称它为支撑树。城市的交通网、电力网的布局可以归结为支撑树问题去解决，树还可以用来研究计算机的动态存贮分配和编码等。**决策树**是系统分析的重要工具。⑤匹配问题。安排一些人去做各种工作或者按照不同的计划要求把人们配成对，这些都属于匹配问题。它的一个基本问题是给定一个二部图，问不相邻的弧集最多能包含几条弧？这个问题可以转化为运输问题用**线性规划**方法求解，若用图论方法求解则更为简明方便。

嵌入问题与平面图　有一个古典难题，名叫三井三屋问题。问题是要求把3个井和3间屋的每一个连起来，使得连接的管线都不相交。如果这种图存在，则称它是一个平面图。一般地，如果一个图G可以画在一个曲面S上，使得任何两边都不相交，则称G可以嵌入到S内。如果一个图可以嵌入到平面内，则说它是一个可平面图。嵌入概念反映两个图之间的同构对应关系。三井三屋问题在平面上是无法实现的，即它是不可平面的。很多人致力于图的可平面性研究，1930年波兰数学家K.库拉托夫斯基提出可平面图的一个重要条件，1973年中国数学家吴文俊用代数拓扑方法给出了解决平面制定问题的新途径。平面问题的研究成果已经在交通网络和印刷线路的设计等方面得到应用。

染色问题　给定一个图，如果要求把所有顶点涂上颜色，使得相邻顶点具有不同的颜色，问最少需要几种不同的颜色？这个问题称为图的点染色问题。如果对给定图的全部边都涂上颜色，使相邻的边有不同的颜色，问至少需要几种颜色？这个问题称为边的染色问题，边的染色问题可以转化为点染色问题，它们都归属于将一个图划分为独立子集的理论。平面图的染色问题是与四色问题紧密相联的。19世纪中叶，四色问题以猜想形式被提出来，这个猜想是说平面上任何一个地图都能够只用4种颜色给各个国家染色，使得任何两个相邻的国家有不同的颜色，这里两个国家相邻是指它们有一段公共边界。100多年来数学家们一直没有攻克这个难题，直到1976年才由K.I.阿佩尔等人借助计算机给出一个浩繁的证明。由于染色问题反映了广泛而深刻的实际背景，它的研究带动了整个图论的发展。

图的矩阵表示　一个图可以用几何图形表示，这种表示有直观形象的优点。图还可以用矩阵表示，它给出一个代数结构，从而可以运用代数的技巧解决图论问题，而且有利于在计算机上进行运算。每一个无向图都可以规定一个关联矩阵来表示，图的顶点对应此矩阵的行，图的边则与矩阵的列相对应。当一个顶点与边关联时，关联矩阵的相应元素为1，否则元素为零。在此基础上还可以建立回路矩阵、割集矩阵等反映图的各种特征性质的矩阵。凭借矩阵理论的强有力的支持，图的矩阵表示理论成果不断涌现。特别应当提到的是，20世纪70年代出现了图的拟阵理论，它的发展对图的研究起到突出的促进作用。

图们江　Tumen River　朝鲜与中国、俄罗斯之间的界河。发源于**长白山**主峰东麓，其干流除下游一小段为朝俄界河外，其余均为中朝界河，从源头至中、朝、俄三国交界点。长501千米。之后为朝、俄界河，流程15千米，注入太平洋的日本海。干流总长度为516千米。流域面积3.32万平方千米，其中中国一

侧为2.29万平方千米，约占69%。主要支流左岸（中国一侧）有红旗河、嘎呀河、密江、珲春河等；右岸（朝鲜一侧）有小红湍水、延面川、城川水、会宁川、五龙川等。从源头至中国南坪（朝方为七星里）为上游河段，穿行于玄武岩深切峡谷中，河槽窄深，水流湍急，富水利资源。以下至中国甩湾子（朝方为训戎里）为中游，河岸渐宽，河道顺直。甩湾子以下为下游，进入珲春河谷平原，江面宽400～1 000米，水量增大，多汊流、沙洲和江心岛。中国圈河（朝方为元汀里）以下为河口三角洲，多泡塘湿地。平水期图们（朝方为南阳）以下河道可通行20吨级船舶，航道里程约为85千米。沿岸森林覆盖较好。中朝建有多座跨江公路大桥以及朝俄铁路大桥等。自20世纪90年代以来，以图们江为纽带，在联合国开发计划署（UNDP）的积极协调与促进下，中、朝、俄及至东北亚国家和地区间的经济合作形势有所发展，图们江中下游地区经济与社会面貌发生较大变化。

图们市 Tumen City 中国吉林省延边朝鲜族自治州辖市。位于省境东南部，邻近朝鲜。面积1 142平方千米。人口13万（2010），有汉、朝鲜、满、回等11个民族。清初年为宁古塔副都统辖地，因系清发祥地之“南荒围场”被封禁200多年。同治九年（1870）前后改行开疆实边政策。1933年将庆幕洞改称图们（因图们江而得名），为延吉县所辖第一区。1945年改为延吉县辖图们市。1965年成立县级图们市。矿产有黏土、河沙、硅石、大理石、铅、锌矿、高岭土、石榴石、砂金等。农产有水稻、谷子、大豆、烟叶、苹果、梨等。森林覆盖率45%。有木耳、山

图们大桥

菜及坚果类土特产。工业有造纸、建材、煤炭、石油化工、机械、油脂、仪器仪表、针织、塑料、食品等。风景名胜有风梧水库、图们江公园和日光山旅游风景区等。

图弥三菩札 Thon mi Sambho ta 中国藏文创制者。又称“通密散布剌”、“端美三布札”或“土弥桑布札”。图弥为氏族名，原名阿努，三菩札是梵音，意为西藏贤哲，是印度人对他的尊称。生卒年不可考。出生于涅地（今西藏自治区隆子县境内）。主要活动时期约在公元7世纪。官至御前大臣，是吐蕃王朝赞普**松赞干布**时的七贤臣之一。曾奉命赴印度留学，受业于天智狮子和婆罗门利敬，精研佛学和梵文。返藏后根据梵文兰查字母创制藏文正楷，根据乌尔都字母创制草书，使西藏有了正式文字，被奉为“字圣”。图弥创制藏文后，据传曾著文法书8种，今存《三十颂》和《性入法》两种，是藏文文法书的滥觞。他还翻译了《宝云经》、《宝箧经》等梵文经书20余部，开藏译佛经的先河。

图木舒克市 Tumushuke City 中国新疆维吾尔自治区直辖县级市。位于自治区西部，塔里木盆地西北边缘。四周邻巴楚县。面积1 927平方千米。是新疆生产建设兵团农三师6个团以及部分师属机构所在地。人口15万（2008），有维吾尔、汉等民族。东汉时曾在图木舒克山麓唐王城设立据点。1950年为巴楚县三区，1958年改为图木舒克公社。1965年与自治区农垦厅巴楚总场合并，为图木舒克总场。1969年划归农三师建制。1975年划归喀什地区农垦局。1982年恢复农三师建制。2002年设立县级图木舒克市，属自治区直辖。该地四面环山，地势险要，是历代兵家必争之地，也是古代“丝绸之路”必经之道。主要农作物有小麦、玉米、棉花，是优质棉产地。植物主要有胡杨、甘草、柽柳、沙棘等。名胜古迹有西海湾、小海子水库、托库孜萨热依（汉名唐王城）、塔格寺庙等。

图尼埃 Tournier, Michel（1924-12-19～ ） 法国小说家。生于巴黎。1967年发表第一部小说《礼拜五——太平洋上的灵薄狱》。第二部小说《桤木王》（1970）奠定了他在文坛上的地位，从此专事小说创作。主要作品有《流星》（1975）、《皮埃罗或黑夜的秘密》（1979）、《加斯帕尔、梅尔希奥尔和巴尔塔扎尔》（1980）、《吉尔与贞德》（1983）、《埃雷亚扎尔或泉水和灌木丛》（1996）等。他的作品是写给孩子们看的，所以只写外部世界，不写他个人的生活，而且都带有神话的特征。

图帕克·阿马鲁一世 Tupac Amaru Ⅰ（1544～1572-09） 印加帝国国王（1570～1572年在位），抗击西班牙殖民统治的起义军领袖。印加王曼科·卡帕克二世的嫡子。1536年年初与其父一起领导印第安人抗击西班牙人的入侵。1571年，他的同父异母兄弟蒂图·库西死后，在库斯科以北比尔卡班巴继续领导民众抗击西班牙殖民者。1572年，秘鲁总督F.de托莱多借口其一名使臣遇害，出兵向比尔卡班巴大举进攻。图帕克·阿马鲁被捕，押送到库斯科，同年9月被处死。1780年秘鲁印第安人反对西班牙殖民统治起义的领袖J.加布里埃尔·孔多尔坎基，即为图帕克·阿马鲁一世的后裔。

图书 book 用文字、图画或其他符号，在纸张等载体上记录各种知识、思想和技艺，并且制装成卷册的出版物。又称“书籍”。传播知识和思想、积累人类文化的重要工具。

图书最早可追溯于石、木、陶器、青铜、骨、棕榈树叶、白桦树皮等物上的铭刻。将纸草用于写字，对图书的发展起到了巨大的推动作用。约在公元前30世纪，埃及出现纸草书卷，比苏美尔、巴比伦、亚述和赫梯人的泥板书更接近于现代图书的概念。

中国最早的正式书籍，是公元前8世纪用竹木作书写材料的“简策”（或“简牍”）。后来，人们用缣帛来书写，称之为**帛书**。东汉**蔡伦**总结前人经验，并加以改进，造出“蔡侯纸”以后，纸张便成为文图等信息的主要载体。7世纪初，中国使用雕刻木版来印刷书籍。书籍的主要形式是卷轴。10世纪，中国出现册叶形式的书籍，并且逐步代替卷轴，成为目前世界各国图书的共同样式。11世纪40年代，中国发明活字印刷术，并逐渐向世界各国传播。15世纪中叶，德国人J.**谷登堡**发明金属活字和机械印刷，加快了书籍的生产进程，为当时的欧洲各国普遍采用。18世纪末，由于造纸机器的发明，推动了纸的生产，并为印刷技术的机械化和胶印创造了良好的条件。到19世纪初，又出现了快速圆筒平台印刷机等，大大提高了印刷能力。进入20世纪后期，激光照排技术不仅提高了图书的生产速度，也提高了图书制作的质量，因而推动了书业的发展。

图书作为人类进步和文明的重要标志之一，是传播知识、科学技术和保存文化的重要工具。随着科学技术发展日新月异，传播知识信息的手段，除了纸介图书和报刊外，音像、电子、网络等出版物也逐渐产生和发展起来。但图书的作用，是其他传播工具或手段所不能完全取代的。

图书馆 library 收集、整理和保存文献资料并向读者提供利用的科学、文化、教育机构。英语library一词源于拉丁语librarium，原意为藏书之所。中国古代的各种藏书处所，被后人通称为**藏书楼**，19世纪末才出现图书馆一词。

图书馆的历史可远溯到公元前3000年以前，当时的美索不达米亚已有保存泥板文献的图书馆。此外，古代埃及、中国和希腊等人类文明的发源地也出现了图书馆。古希腊、罗马时期的一些图书馆如亚历山

大图书馆等，藏书已有相当规模。中世纪欧洲图书馆的发展受到宗教势力的束缚，逐渐衰落，印刷术的推广和文艺复兴推动了西方图书馆事业的发展。18～19世纪，西方的**国家图书馆**开始出现并获得了较大发展，19世纪中叶出现了由政府举办的向社会开放的**公共图书馆**。中国古代藏书楼主要为官府所设。宋代以后私家藏书楼迅速发展。此外，寺观和书院藏书也很普遍。这些藏书楼的服务范围相当狭窄，但对保存文化典籍起了一定作用。直到20世纪初，中国才出现近代意义的公共图书馆。

20世纪，图书馆类型和数量不断增多，向社会开放的范围不断扩大，提供的服务更趋多样化。现代科学文献的大量增长，使图书馆馆藏规模和结构都发生了很大变化，文献整理和加工更加深入细致，各类图书馆特别是专门图书馆大量开展情报服务。随着现代科学技术在图书馆的广泛应用，图书馆管理已逐步走向自动化，20世纪末21世纪初已出现电子图书馆、**数字图书馆**、虚拟图书馆。

图书馆的基本职能是保存文献资料和提供这些文献资料的使用。图书馆的社会职能是随着时代的进步而发展的；古代图书馆主要担负保存人类文化典籍的职能；伴随着资本主义大工业生产的兴起而出现的近代图书馆，又担负起社会教育的职能；到了现代，随着科学技术迅速发展，图书馆又担负起传递科学情报和开发智力资源的职能。1975年，国际图书馆协会和机构联合会在法国里昂召开的图书馆职能科学讨论会确认了现代图书馆具有保存人类文化遗产、进行社会教育、传递科学情报、开发智力资源等主要的社会职能。

现代图书馆的主要类型有国际图书馆、国家图书馆、政府图书馆、军队图书馆、公共图书馆、学校图书馆、专门图书馆等。另外，还可按其他标准划分，例如，按馆藏文献的类型可分为报刊图书馆、专利文献馆、影片图书馆（或电影资料馆）等；按读者对象可分为儿童图书馆、少数民族图书馆、盲人图书馆等；按馆藏文献的学科专业可分为综合性图书馆和专业图书馆两类。为便于图书馆统计和图书馆界的交流，国际标准化组织、国际图书馆协会和机构联合会于1966年开始制订并于1974年由国际标准化组织颁布了《国际图书馆统计标准》，将图书馆分为国家图书馆、高等学校图书馆、其他主要的非专门图书馆、中小学校图书馆、专门图书馆和公共图书馆等6种类型。在中国，一般按行政隶属关系并结合其他标准将图书馆分为国家图书馆、公共图书馆、高等学校图书馆、科学和专业图书馆、中小学校图书馆、工会图书馆、军事系统图书馆、党政机关图书馆和儿童图书馆等类型。

图书馆的业务工作是由很多相互联系的工作环节组成。一般包括文献的收集、整理、典藏和服务4个部分。文献收集是整个图书馆工作的基础。文献整理包括文献的分类、主题标引、著录和目录组织等内容。文献典藏主要包括书库划分、图书排列、馆藏清点和文献保护等。图书馆服务工作是一项开发利用图书馆资源的工作。它包括发展读者、读者研究、文献流通和推广服务、馆藏报道、阅读辅导、参考咨询和文献检索、读者教育等。到21世纪，图书馆业务工作已实现自动化，实行程序控制下的自动管理，通过网络使连接在网络中任何一台联机终端的用户，不论在哪个国家或地区都可获得网络中的信息资源。

图书馆学 library science 研究**图书馆**事业的起源发展、组织管理以及图书馆工作规律的科学。产生于图书馆实践活动，是一门动态发展的学科。

历史上关于文献收集、整理、存储和利用方面的经验和知识，是图书馆学的形成基础。作为一门近代科学的图书馆学产生于19世纪初，确立于19世纪80年代。1807年，德国的M.施雷廷格提出了“图书馆学”这个专门名词，此后围绕着这门新学科的理论研究和学术探讨持续不断，代表人物有德国的F.A.艾伯特、丹麦的C.莫尔贝希、英国的A.帕尼齐和E.爱德华兹等。19世纪下半叶，图书馆学在美国得到巨大发展，C.A.卡特和M.**杜威**是代表人物。20世纪，图书馆学的研究领域不断扩展，内容不断丰富，冲破了技术方法的局限。日本从明治维新起引入欧美图书馆学理论，也取得了发展。同时，世界各国图书馆学学术组织和教育事业也有了长足的发展，促进了图书馆学的研究。

19世纪末20世纪初，西方图书馆学传入中国，并与中国传统内容相结合。中国图书馆学开始向近代新领域过渡。辛亥革命后，一批图书馆学者的理论著作和实践推动了中国图书馆学的建设，图书分类法专著也陆续出现。1925年，中华图书馆协会成立并创办会报、会刊，图书馆学课程和专业在一些学校也相继设立。20世纪30年代，出现了图书馆学研究高峰，出版了一批颇有分量的学术专著，如**刘国钧**《图书馆学要旨》(1934)。中华人民共和国建立后，在马克思列宁主义的指导下，图书馆学基本理论研究逐渐开展起来，学术界对图书馆学的研究对象、学科体系、图书馆事业组织原理等都进行了深入讨论。70年代后期以来，中国图书馆学研究形成了一定的特色和规模，开创了新的发展格局。1979年，中国图书馆学会成立，地方性图书馆学会也先后成立，图书馆学专业刊物纷纷恢复和创办，如《中国图书馆学报》、《图书情报工作》、《大学图书馆学报》等。图书馆学主要著作也纷纷出版，如《中国图书馆分类主题法》、《**汉语主题词表**》、《图书馆学基础》等。图书馆学教育也发展形成多规格、多层次、多学制的学校专业教育体系。

图书馆学研究对象的探讨，经历了一个不断深化发展的过程。在西方，1808年，施雷廷格将图书馆学的研究对象概括为藏书的整理，内容是图书的配备和目录编制。艾伯特、莫尔贝希、爱德华兹、杜威将之发展为图书馆管理。20世纪30年代，L.P.巴特勒和J.H.**谢拉**扩大了图书馆学研究对象，认为图书馆学应研究其理论基础和科学原理以建立图书馆哲学，揭示图书馆的本质特征和发展规律。

在中国，20世纪30年代研究对象是图书馆管理的观点占了主流地位。此后，“要素说”、“矛盾说”、“规律说”、“交流论”、“信息资源论”等对象观先后发展，不仅体现了图书馆学界认识上的逐步深入，同时也揭示了图书馆学的深化和拓展。随着图书馆学概念的“泛化”，图书馆工作对象由文献单元深入到知识内容单元，图书馆学研究对象已扩展到与知识管理直接相关的图书馆工作机制或服务机制。

图书馆学是各个分支图书馆学科的总称，学科体系以主体理论为基础构架，将各分支学科及相关学科与主体部分联结，形成一个有助于加强图书馆理论整体功能的学科系统。当代图书馆学的主体部分由普通图书馆学、专门图书馆学、应用图书馆学和比较图书馆学组成。普通图书馆学主要研究图书馆学基本问题，图书馆事业建设的基础理论，图书馆工作原理、特点及其内在发展机制的图书馆学。专门图书馆学专门研究图书馆的各种类型及其特点的图书馆学分支学科。比较图书馆学是20世纪50年代起逐步形成的一门图书馆学分支学科。研究对象是世界各国的图书馆事业。它从社会经济、文化、科技、社会政治体制、思想和历史的角度出发，对两个或两个以上国家的图书馆、图书馆体制、图书馆事业发展中的经验或问题进行比较研究，目的在于了解并掌握它们之间的共同点和差异点，并对这些差异作出科学的解释，从而得出正确发展图书馆事业的准则。应用图书馆学有两种含义：其一是指以图书馆具体工作为研究对象，研究图书馆工作的环节、程序、方法和技术的学科。其二是指将图书馆学的原理同有关学科某些实用研究结合起来，研究有关学科本身所涉及的实践与应用方面的问题的新学科。应用图书馆学的内容几乎包括了图书馆工作的各个方面、各个环节。

图索德夫人蜡像馆 Madame Tussaud’s Wax Museum 建于1835年，创建人是法国

斯特拉斯堡市的图索德夫人，故名。见伦敦蜡像馆。

图坦哈蒙墓 Tomb of Tutankhamen 古埃及第18王朝国王图坦哈蒙（约公元前1361～前1352年在位）之墓。位于底比斯西郊的“王陵之谷”，是古埃及王墓中少数未曾被盗的墓葬之一，也是研究古埃及历史、文化和艺术的代表性墓葬。1922～1933年，由英国考古学家H.卡特发掘，发掘品现藏开罗博物馆。墓室由甬道、前厅、棺室、耳室和库房组成，前厅最大，面积为8.5米×4米。棺室有壁画，以宗教活动和墓葬场景为主题。葬具包括内、外椁和内棺。外椁四重，均为木制，内椁用整块的石英岩雕成。内椁之内有三重棺，第一、二重棺为人形贴金木棺，最内为纯金人形棺，长1.85米，由厚2.5～3.5毫米的黄金片锤打而成，重60千克以上。金棺内有图坦哈蒙的木乃伊，头部罩有形象逼真的纯金面具。此墓出土随葬品数以千计，包括家具、雕像、武器、王杖、包金战车等。家具以各式箱柜为多，内有衣服、亚麻布、珠宝、匣盒等。此墓最有名的随葬品是一件用各种玻璃、珠宝镶嵌的“宝座”，上面刻有图坦哈蒙和他当

图坦哈蒙金面具

国王以前的名字图坦哈吞，对研究古埃及的王位继承制度颇有价值。

图特摩斯三世 Thutmose Ⅲ（?～公元前1450） 古埃及新王国第18王朝法老（约公元前1504～前1450年在位）。约公元前1504年即位，由哈特舍特谢普太后摄政，直到即位的第22年才正式执政。此后20年间，他出征叙利亚、巴勒斯坦并向努比亚大规模扩张，埃及的边界线北进到叙利亚北端的幼发拉底河上的卡赫美什，南到努比亚境内的尼罗河第四瀑布，确立了古埃及史上空前庞大的帝国版图。他自夸为“胜利之王”、“诸国之王”，大兴土木，美化首都底比斯，扩建卡纳克的阿蒙神庙。他将大批的战利品、奴隶和土地赠送给阿蒙神

图特摩斯三世石雕全身像

庙，助长了僧侣贵族的权势。

图腾 totem 早期人类社会群体认为与之有特殊血缘关系的某种动物、植物或自然物。“图腾”一词源于北美阿尔冈昆部落的奥吉布瓦族。图腾信仰是人类社会随着氏族部落的形成而产生的信仰。氏族成员认为自己的祖先是氏族图腾的化身或转世，图腾有超人的能力，能庇佑他们，并将图腾视为部落的徽号和象征，以此来划分不同的社会群体。如奥吉布瓦族的23个氏族，全以各种动物来命名。同一图腾群体的成员资格一般是世袭的，具有一定的权利和义务，如议事权、表决权、被选举权以及互助、复仇等义务。同一图腾群体成员内部不能结婚，必须和自己氏族以外的人通婚。对于某一图腾群体而言，成员必须遵守相关禁忌，常见的有不得捕杀图腾动物，不能吃图腾动物的肉，禁止采摘图腾植物等，这类现象被称为图腾崇拜。图腾崇拜曾盛行于北美印第安和澳大利亚土著居民中，亚洲、非洲和大洋洲的许多民族也曾

中国纳西族东巴图腾柱

广泛流行，在现代的少数社会群体中仍有图腾信仰的遗存。

图图 Tutu, Desmond Mpilo（1931－10－07～ ） 南非黑人大主教。诺贝尔和平奖获得者。生于德兰士瓦省的黑人教师家庭。曾就读南非大学、伦敦大学皇家学院，获神学硕士学位。1970～1972年在南部非洲几个神学院任讲师。1975年任约翰内斯堡英国圣公会教长。他一贯支持黑人争取平等权利的斗争，主张用非暴力手段反对白人政府的种族隔离政策，呼吁国际社会对南非实行经济制裁，为此多次被撤销护照，并受审。他还获得伦敦大学皇家学院院士称号。

图瓦卢 Tuvalu 南太平洋中西部岛国。位于波利尼西亚岛群西部，赤道以南、180°经线西侧。陆地面积26平方千米，在世界各岛国中仅大于瑙鲁；水域面积约130万平方千米。人口9 810（2007）。属波利尼西亚人种，图瓦卢人占97%。绝大部分居民信奉基督教。通用图瓦卢语，官方语言英语。首都富纳富提。

图瓦卢由图瓦卢群岛9个珊瑚环礁组成，其中8个常年有人居住。地势低平，最高处不超过海拔5米。主岛为富纳富提环礁，总陆地面积2.4平方千米。环抱南北长18千米、东西宽14千米的潟湖（为优良锚地）。无河流。属热带海洋性气候，年平均气温29℃，平均年降水量3 000毫米。

图瓦卢人世居岛上。1568年西班牙人来到此地。以后英、荷、法、美等国人先后到达。1892年英国宣布这些环礁为其保护地。1916年划入英属吉尔伯特和埃利斯群岛殖民地。1975年10月与吉尔伯特分离，恢复原名图瓦卢。1978年6月实行自治，10月1日独立。为英联邦特别成员。

实行共和制。名义上的国家元首为英国女王。总督为其代表，由英国女王根据总理的提议任命。总理由议员选举产生。内阁对议会负责。总检察长为政府的主要法律顾问。议会实行一院制。无政党、无军队。

经济以传统农业为主，几乎无工业。以家族为生产和生活的最基本单位。主要种植椰子、香蕉、芋头等农产品。渔业资源丰富，但无力开发，尚与日本、韩国和中国台湾签有渔业协定。交通运输以水运为主。首都富纳富提有深水港和富纳富提国际机场。出口椰干、手工艺品和邮票。进口食品、燃料、制成品、机械及交通工具。主要贸易对象为

新西兰、澳大利亚和斐济群岛。财政收入主要来自独立时英国政府建立的“图瓦卢信托基金”、捕鱼许可证收费和外国政府与国际组织的援助。使用澳大利亚元。2007年国内生产总值约3 186.9万澳元。

已经普及小学教育。全国有11所小学，1所中学，还有1所海员训练学校。图瓦卢电台为官方电台。《图瓦卢回声》是唯一报纸。图瓦卢天空－太平洋电视台2006年开播。

2000年9月加入联合国。在邻国斐济群岛首都苏瓦设有高级专员署，为其唯一常设驻外机构。与部分英联邦成员国和比利时、智利、荷兰、法国、德国、日本、韩国等国有外交关系。参加的国际组织有

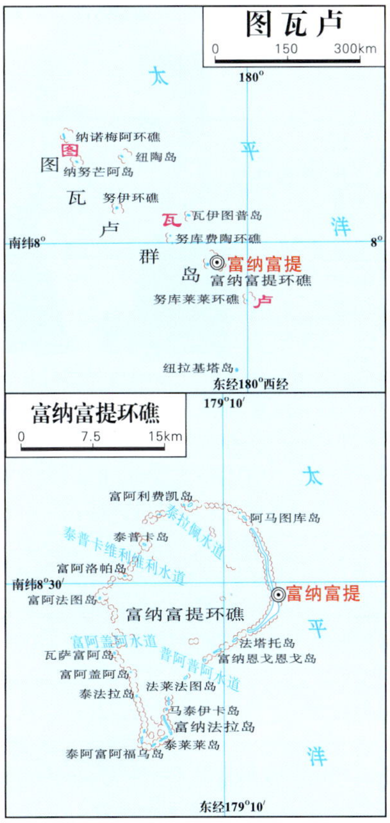

亚太经社会、太平洋岛国论坛、太平洋共同体、万国邮政联盟、亚洲开发银行及联合国教科文组织。与中国尚无外交关系。

图瓦人 Tuvinians 西伯利亚叶尼塞河上游的居民。自称特瓦人。约20万人（2001）。主要分布在俄罗斯联邦图瓦共和国。另有部分分布在蒙古国。属蒙古人种西伯利亚类型。使用图瓦语（又作图佤语），属阿尔泰语系突厥语族。1930年创制以拉丁字母为基础的拼音文字，后改用斯拉夫字母。多信喇嘛教和萨满教，少数信东正教。草原图瓦人系由一些古老的突厥部落与其他当地土著居民长期结合形成，在发展过程中吸收了后来进入该地区的蒙古人的成分。东北森林地区的托真人是图瓦人的一支，由突厥部落与克特人等结合而成。过去，草原地区的图瓦人主要从事游牧业，饲养绵羊、牛和马；西部和东南山区的图瓦人畜养骆驼和牦牛；托真人从事养鹿业和狩猎。在生活和文化方面深受蒙古人的影响，住圆木垒成的壁桁式平房，牧民多住毡包和简陋帐篷，穿蒙古式长袍。现多已定居，经营农牧业等多种经济。

图佤语 Tuva language 属阿尔泰语系的突厥语族东匈语支。中国境内主要分布于新疆维吾尔自治区伊犁哈萨克自治州的布尔津、哈巴河、阿勒泰和富蕴。图佤语共有26个元音，分短元音、长元音和紧喉短元音3组。有19个辅音。重音一般落在词的最后一个音节上。名词、代词和数词各有6个格。名词、代词都有人称及数的变化。动词有态、式、时、体、人称和数的语法范畴。句子的语序是主语－宾语－谓语。修饰语一般在中心词之前。词汇中保留古代突厥语词较多，还有较多的蒙古语和哈萨克语借词。

图像处理 image processing 在出版及印刷领域，利用某些技术手段，对图像信息进行转换、提取、识别、分割、压缩等处理的科学技术。主要有：①图像的色彩校正、阶调和层次的校正、清晰度处理等。②图像的色度/光学密度转换、色彩匹配转换、图像印刷分色转换等。③图像的加网处理，改变网点面积率、改变网点墨膜厚度等。④图像的编辑和创意性处理，以达到某种特殊的效果。⑤压缩图像数据，以满足图像存储、传输的需要。图像处理经历了从照相光化学处理、模拟信号电子处理到全数字化计算机图像处理的历程。1985年以后，以桌面出版系统的出现为标志，计算机图像处理真正全面进入印刷出版领域。

图像识别 pattern recognition 图形刺激作用于感觉器官，一般指视觉器官，人们辨认出它是经验过的某一图形的过程。也称图像再认、模式识别。在图像识别中，既要有当时进入感官的信息，也要有记忆中存储的信息。只有通过存储的信息与当前的信息进行比较的加工过程，才能实现对图像的再认。

图像识别是人工智能的一个重要领域。为了编制模拟人类图像识别活动的计算机程序，人们提出了不同的图像识别模型。模板匹配模型认为，识别某个图像，必须在过去的经验中有这个图像的记忆模式，又称模板。当前的刺激如果能与大脑中的模板相匹配，这个图像就被识别了。原型匹配模型则认为，在长时记忆中存储的并不是所要识别的无数个模板，而是图像的某些“相似性”。从图像中抽象出来的“相似性”就可作为原型，以它来检验所要识别的图像。如果能找到一个相似的原型，这个图像也就被识别了。泛魔识别模型把图像识别过程分为不同的层次，每一层次都有承担不同职责的特征分析机制，它们依次进行工作，最终完成对图像的识别。

图像通信 image communication 用无线电信号传输静止图像（包括文字、图表、照片等）和活动图像（视频）的通信。

模拟图像通信是由图像发送设备根据光电转换原理和扫描技术，把二维图像信号转换成一维时间电信号，再经模拟调制发送出去。在图像接收端则进行电光反转换，形成可视图像。影响模拟图像通信的发展一是图像信息量大，二是模拟图像经传输后有噪声累积效应，使图像传输劣化。数字图像通信是以数字0和1对图像进行二进制编码，经过调制可实现高质量的传输。但图像信号数字化后，数据量十分巨大。若要实现数字图像的高速传输，需尽量压缩图像中的冗余成分，以较小的比特数对图像信息进行数字化的编码。提高图像编码算法的抗误码能力是保证图像传输质量的一个重要方面。融入多媒体通信，使图像通信有了更广泛的应用，除可视电话、电视会议外，远程教学、多媒体会议、点播电视、视频监控、远端游戏、新闻检索、可视数据传输和远程医疗诊断等也日益普及。

图像信号处理 image signal processing 对数字图像的获取、加工处理技术的总称。由数字摄像设备（如CCD摄像机、遥感传感器、医用MRI装置等）采集的照片、视频信号以及其他有关三维空间位置的数据，称数字图像。图像信号处理包括图像的采集获取，图像的编码存储和传输，图像的产生、显示与变换，图像的分割，图像特征的提取与测量，图像数据库的建立、索引和抽取，图像的分类、表示和识别，图

像的模型匹配，图像质量的评价，图像的解释与理解等。根据抽象程度和处理方法的不同，图像技术可分为图像处理、图像分析和图像理解。图像处理主要在图像像素级上进行。图像分析通过分割和特征提取把原来以像素描述的图像转换成简洁的非图形式的符号描述。图像理解常被称为计算机视觉，研究图像中的目标和它们之间的联系。图像信号处理在通信、宇宙探索、遥感、医学、军事等领域的应用已获得成功。

图像学 iconology 对美术内容的历史探究。目的是发现和解释艺术图像的象征意义，揭示图像在各个文化体系和各个文明中的形成、变化及其所表现或暗示出来的思想观念。

图像学由图像志（iconography）发展而来。“图像志”在古希腊曾专指对图像的精鉴，20世纪发展为对视觉艺术主题的全面描述研究。与图像志比较，图像学更强调对图像的理性分析。图像学研究最有影响的学者E.帕诺夫斯基在《视觉艺术的意义》中对图像志和图像学作了系统的阐述。他认为，图像学对美术作品的解释须分3个层次：①解释图像的自然意义，即识别作品中作为人、动物和植物等自然物的线条与色彩、形状与形态，把作品解释为有意味的特定的形式体系。②发现和解释艺术图像的传统意义。这种对图像所表现的故事、寓言等传统意义，即作品的特定主题的解释，称图像志分析。③解释作品的内在意义或内容，这种更深一层的解释称图像学。作品的本质意义和内容，即帕诺夫斯基所谓的象征意义。图像学与图像志的不同之处，就是图像学发现和揭示在作品的纯形式、形象、母题和故事的表层意义下潜藏着的更为本质的内容。

图像学也适用于建筑。对建筑的内容及其形式、结构与作用（包括其象征意义）之间的关系的研究，称为建筑图像学。

图像学出现在19世纪下半叶，法国学者É.马莱最早提出了图像学这一概念。图像学最初被看做历史科学的一个附属部门，它在很大程度上被限于纯文献价值的研究。第一次世界大战期间，图像学在美国发展成为重要学科。20世纪30年代，图像学在欧美国家进一步发展，由汉堡移迁伦敦的瓦尔堡研究所成为图像学研究中心。瓦尔堡研究所的学者们发表了一系列图像学论著，其中最有影响的是E.温德的《文艺复兴时代的异教神秘》。

现代图像学的研究领域非常广泛，其重点归纳起来至少有3个：①解释作品的本质内容，即帕诺夫斯基所说的象征意义；②考察西方美术中的古典传统，古典母题在艺术发展中的延续和变化；③考察一个母题在形式和意义上的变化。与其他学科的交叉也是现代图像学的一个特征。

涂长望 Tu Changwang（1906-10-28～1962-06-09） 中国气象学家。生于湖北汉口，卒于北京。1929年毕业于上海沪江大学。1932年毕业于英国伦敦大学气象专业，后入英国利物浦大学，获博士学位。1934年回国。曾任中央研究院气象研究所研究员，清华大学、浙江大学、中央大学教授。中华人民共和国建立后，历任中央气象局局长、中华人民共和国科学技术协会书记处书记、中国气象学会副理事长等职。1955年当选中国科学院学部委员（院士）。

20世纪30年代，他研究中国的气团分类、锋面与中国天气变化的关系、大气活动中心、世界大气浪动和海洋环流同中国降水和温度的关系，开辟了中国长期天气预报的研究领域。他在竺可桢气候分类的基础上，对中国气候区划和各区的特点提出了新的见解，更细致地划定了中国的气候区域。1944年发表的《中国夏季风之进退》一文（和黄士松合著），对中国夏季季风的性质、出现的时间及其活动规律等提出了新的见解。50年代，在他积极倡导和努力下，开始了对外公开发布天气预报、警报，组织流动气象台和预报下乡等服务，建立了各级气象机构和台站网，开展了民航气象保障工作，为中国气象事业的创建和发展作出了重要贡献。重要著作还有《中国气候区域》、《我国低气压之成因与来源》、《大气运行与世界气温之关系》、《中国之气团》、《关于二十世纪气候变暖问题》等。

涂尔干 Durkheim, Émile（1858-04-15～1917-11-15） 法国社会学家，社会学奠基人之一。又译迪尔凯姆、杜尔凯姆。生于孚日省埃皮纳勒，卒于巴黎。1879年就学于巴黎高等师范学校。1887～1902年在波尔多大学教书，并创建法国第一个教育学和社会学系。1891年，被任命为法国第一位社会学教授。1898年创建法国《社会学年鉴》。围绕这一刊物形成了一批年轻社会学家的团体——法国社会学年鉴派。1902年后执教于巴黎大学。著有《社会分工论》、《社会学方法的规则》、《自杀论》、《宗教生活的基本形式》等。

涂尔干为社会学确定了独立的研究对象，即社会事实。社会事实具有不同于自然现象、生理现象的特征和特殊的决定因素。社会事实以外在的形式“强制”和作用于人们，塑造了人们的意识。这种强制既指人们无法摆脱其熏陶和影响，又指对于某些社会规则拒不遵从将受到惩罚。社会高于个人，社会事实无法用生理学、个体心理学以及其他研究个体的方法来解释，而必须用社会学的方法、观点解释。他认为宗教、道德、法律、社团、协会、语言，以及服装样式均属社会现象，都是社会学特定的研究对象。他还把社会事实分为运动的状态和存在的状态。前者指与思想意识相关的现象，亦称团体意识；后者是社会上一切组织和有形设置。社会秩序是其一生学术研究的主题。

他的社会事实论及其一系列社会学理论概念充实了由A.孔德开启的实证主义社会学的构想，使社会学方法论具有实质性的内容。他运用统计方法对自杀现象的研究，用人类学资料对澳大利亚土著居民的宗教研究，是社会学理论和经验研究相结合的范例，从而结束了西方社会学理论研究和经验研究长期脱节的状况，对社会学的发展产生了深远的影响。

涂光炽 Tu Guangchi（1920-02-14～2007-07-31） 中国地质学家，地球化学家。湖北黄陂人。生于北京，卒于北京。1944年毕业于西南联合大学地质地理气象系。1949年获美国明尼苏达大学哲学博士学位。1949～1951年在美国宾夕法尼亚大学和清华大学任教。1951～1954年在苏联莫斯科大学研究生部进修，获副博士学位。1954～1966年任中国科学院地质研究所研究员、副所长，1966年起在中国科学院地球化学研究所任研究员、所长。1980年当选中国科学院学部委员（院士）。历任中国科学院主席团成员、地学部主任、国家学位委员会委员、国家自然科学奖励委员会委员、中国矿物岩石地球化学学会理事长。1986年当选为北美地质学会终身名誉会员，1993年被选为第三世界科学院院士，1995年被聘为俄罗斯科学院院士。60年代初，首次对西秦岭铀矿床提出沉积再造（或改造）成矿观点，后扩展到其他矿种的类似成因。80年代初提出“改造型矿床”类型，后发展为“多成因、多来源与多阶段”

的矿床成因论。通过对华南花岗岩类的研究，提出“断裂重熔”形成花岗岩浆及多成因演化理论和华南富碱侵入岩带的概念。70～80年代，提出成矿作用机制，指出了找矿方向；总结了中国超大型矿床的形成条件和时空分布规律。90年代以来，主持和指导新疆北部金、铜等多金属矿床成矿规律研究，总结了北疆多金属矿带的成矿特征和地质控矿规律，提出中国黄金矿床分类新见解；开展超大型矿床、低温地球化学与成矿作用及分散元素地球化学研究，得出分散元素可以形成独立矿床的结论。

曾获1982年国家自然科学奖二等奖（集体）、1987年国家自然科学奖一等奖，还获全国科学大会奖、何梁何利基金科学与技术进步奖等。主要著作有《华南花岗岩类地球化学》、《层控矿床地球化学》等。

涂料 coating 能涂敷于底材表面并形成坚韧连续漆膜的液体或固体**高分子材料**。旧称油漆或漆。原来的涂料主要起表面装饰与保护作用，后来又发展了许多特种功能的涂料，如耐高温、耐寒、显示温度、阻尼、导电、高温电绝缘、吸收太阳能、防辐射、伪装等涂料。涂料由成膜物质（基料）、颜料、填充剂、助剂、功能组分、有机溶剂或水组成。涂料可按用途或成膜物质分类。按最终用途分为三大类：①建筑涂料，如墙壁、地板、天花板、门窗、卫生间用的涂料。②产品涂料，包括金属和木器家具、汽车、家用电器的涂料。③特种涂料，如导弹用隔热涂料、美术涂料、导电涂料、多色涂料等。按成膜物质分为油脂涂料、天然树脂涂料和**合成树脂**涂料等。中国按涂料组成中成膜物质的不同分为18类，如油脂漆、天然树脂漆、酚醛树脂漆、沥青漆、醇酸树脂漆、氨基树脂漆、硝酸纤维素漆、纤维素酯漆、过氯乙烯漆、乙烯基树脂漆、丙烯酸酯漆、聚酯漆、环氧树脂漆、聚氨酯漆、橡胶漆。涂料广泛用于建筑、船舶、车辆、飞机、电机、机械、金属制品等方面。

涂迈 Toumey, James William（1865-04-17～1932-05-06） 美国林学家和教育家。生于密歇根州。1889年毕业于密歇根州立农学院，后在该院任植物学讲师。1891～1898年到亚利桑那大学任教。1900年任耶鲁大学林学院常任教授，1910～1922年任该院院长。在此期间，他对扩大学院的基金、设备和森林财产，以及对美国林业教育体系的形成和林业实践科学基础的建立起了重要作用。1922年以后，辞去院长职，全力从事教学和林木生长发育的植物生理学和生态学方面的基础研究。代表作有《育苗造林》（1916）和《造林原论》（1928）。此外还创办耶鲁大学林学院科学丛书，并撰写了大量有关林业的论文。

涂鸦艺术 graffiti art 20世纪60年代开始流行于美国的一种绘画风格。来源于纽约城市大众文化，并被视为**波普艺术**发展中的另一表现形式，影响波及世界各地。其艺术家多是纽约市青少年，他们在地铁列车上作笔绘、喷画或“投弹”。70年代早期涂鸦艺术家把所有的列车车厢都装上了他们设计的图案，而且认为涂鸦艺术是富有创造精神的组约展现给人们的一种新的、激动人心的表现形式。美国涂鸦艺术美术馆于1989年正式开馆。涂鸦艺术的代表画家有K.哈林，他从1980年开始在地铁站创造了大量简洁的粉笔画，形成独特的表意符号语言和著名的卡通人物词汇，其他画家还有J.-M.巴斯克特、K.沙夫等人。

屠格涅夫 Turgenev, Ivan Sergeyevich（1818-11-09～1883-09-03） 俄国作家。生于奥廖尔斯帕斯克，卒于法国巴黎。1837年毕业于圣彼得堡大学。1838～1841年在

柏林大学进修。回国后在内务部供职两年。1847～1860年为《现代人》杂志撰稿，共合作了13年。1863年侨居德国巴登-巴登。1871年迁居巴黎，但经常回国作短期逗留。1883年罹患脊椎癌病逝。

屠格涅夫早在大学时代就以写浪漫主义诗歌开始了创作生涯，特写集《猎人笔记》（1847～1852）标志着他完成向现实主义的转变。《猎人笔记》由25篇故事组成，以猎人行猎漫游中的所见所闻为线索，反映农奴制下农民同地主的关系。50年代初他写的一些中篇小说如《多余人日记》（1850）和《雅科夫·帕辛科夫》（1855），曾勾勒过“多余的人”的形象。长篇小说《罗亭》（1856）更为这类“多余的人”塑造了著名的典型人物。中篇小说《浮士德》（1856），特别是《阿霞》（1858），也通过悲剧性爱情故事描写了同类的典型人物。长篇小说《贵族之家》（1859）的男主人公拉夫列茨基也属于“多余的人”的形象。《父与子》（1862）中“子”与“父”的矛盾，实际上是平民知识分子同贵族之间的矛盾，较客观地反映了俄国19世纪60年代解放运动的本质。《旅长》（1868）、《草原上的李尔王》（1870）、《春潮》（1872）、《普宁和巴布林》（1874）和《表》（1876）等中、短篇小说，仿佛抛弃了迫切的社会题材，沉湎在回忆之中。其他主要作品还有长篇小说《前夜》（1860）、《处女地》（1877），中篇小说《木木》、《烟》（1867），剧本《村居一月》（1855），散文集《散文诗》（1878～1882）等。

屠格涅夫忠于现实主义原则，有时甚至能超出贵族自由主义立场的局限。他的全部创作几乎成了19世纪40～70年代俄国社会生活的编年史。对俄国文学中的现实主义，尤其是对长篇小说的发展产生巨大影响。

屠拉蒂 Turati, Filippo（1857-11-27～1932-03-30） 意大利工人运动活动家，意大利社会党创始人。生于科莫省卡佐市的资产阶级家庭，卒于巴黎。1885年开始同

意大利工党接触，支持工党领导的工人斗争。1891年推动《社会批判》派与工党合并，1892年组建意大利劳工党，1895年易名意大利社会党。1896年当选全国议会议员（1896～1926）。1898年在米兰组织劳动者示威游行而被捕，被判12年徒刑，1900年遇大赦获释。出狱后，思想发生重大变化，认为革命暴力与社会主义真谛不相容，主张同资产阶级政府合作。1922年被开除出社会党。与G.马泰奥蒂等人建立意大利统一社会党。1926年11月法西斯政权颁布解散政党特别法后，逃亡法国。1927年同流亡法国的意社会党领导人P.S.南尼一同创建反法西斯中心。1930年促成统一社会党并入社会党。

屠守锷 Tu Shou' e（1917-12-05～ ） 中国火箭技术和结构强度专家。生于浙江湖州。1940年毕业于清华大学。1941年赴美就读于麻省理工学院研究生部航空工程系，

获硕士学位。毕业后任法布罗蒂斯飞机工厂工程师。1945年回国，先后在清华大学、北京航空学院任副教授、教授、系主任、院长助理。1957年后，历任国防部五院设计部主任、一分院副院长，七机部及航天部总工程师、科技委副主任，航空航天部及航天工业总公司高级技术顾问，航天科技集团公司高级顾问。国际宇航联合会教育委员会副主席。1991年当选中国科学院学部委员（院士）。国际宇航科学院院士。

屠守锷早年从事飞机结构力学的研究和教学工作，后投身中国导弹和航天事业。

曾任近程、中程、洲际导弹和“长征”2号运载火箭的副总设计师、总设计师。领导运载火箭的研制，组织洲际导弹和“长征”2号、“长征”2号E运载火箭的研制。1985年获国家科学技术进步奖特等奖。1993年获全国五一劳动奖章。1999年获中共中央、国务院、中央军委“两弹一星功勋奖章”。

屠苏酒 tusu-wine 中国古代药酒。过年时饮用，饮时以幼、长为序。“屠苏”一名的由来有二说。一说是一种阔叶草。南方民俗将画屠苏草为装饰的房屋称作“屠苏”，在这种屋子里酿的酒称“屠苏酒”。另一说“屠苏”原是一郎中所住草庵名。郎中每年除夕让邻里在水中放一包药，元旦时以此水兑酒，饮用后一年不得瘟疫，后人便将郎中所住庵名作为酒名。过年饮屠苏酒始于汉代，寓意吉祥、康宁、长寿，后相沿成俗。据说元日早晨喝此酒可保一年不生病。屠苏酒是黄酒型保健药酒。据唐代孙思邈的《千金要方》记载，它用大黄、白术、桔梗、蜀椒、桂心、乌头、菝葜等药物配制而成，有防治瘟疫的功效。

土地 land 陆地表面由岩石、土壤、气候、水文、生物等自然要素构成的自然综合体。土地具有自然和经济的多方面属性，所以从不同角度有不同的含义：有时指某一地域或领土，有时指山川、耕地和各种建设用地等。地理学上的土地是自然综合体，有以下特点：①各种自然要素和人类活动相互联系、相互作用，构成一定的综合自然特征和人文特征。②规模有大小之别，有一定的厚度，一般认为其垂直厚度为从土壤母质层起向上到植被的冠层，这一范围是各种自然过程（包括物理过程、化学过程、生物过程）最活跃的场所，又称为活动层。③自然历史发展的产物，受自然规律制约。④人类生产和生活的场所，也是重要的自然资源，具有经济利用价值。

土地测量 land survey 为土地管理和利用所进行的测绘工作。见地籍测量。

土地法 land law 调整在开发、利用、保护、整治和管理土地的过程中形成的土地权属关系、土地利用关系、土地流转关系和土地管理关系的法律规范的总称。在公、私法的分类中，有土地公法和土地私法之分。土地公法主要为土地行政法，调整的主要是土地管理关系；土地私法主要是物权法的组成部分，调整的主要是土地作为不动产的权属和利用、流转关系。中国作为土地公有制的国家，土地法主要作为公法存在，名称为《土地管理法》，调整的主要是土地管理关系。

中国的土地法主要由《中华人民共和国土地管理法》及其实施条例、《中华人民共和国水土保持法》及其实施条例、《土地复垦规定》、《城镇国有土地使用权出让和转让暂行条例》、《外商投资开发经营成片土地管理办法》、《基本农田保护条例》、《土地违法案件处理暂行办法》等组成。另外，在《农业法》等法律中也有一些保护土地资源的条款。同时还有一些关于土地资源保护的地方性立法。主要内容包括：土地立法的目的、任务、原则和适用范围；土地权属；土地的管理体制和管理机构；土地的规划、分类、登记、征用、出租、转让；土地的开发、利用、保护和管理；耕地的特殊保护；土地纠纷的处理、土地违法行为及其责任追究等。

《土地法令》 *Decree on Land* 苏维埃俄国解决土地问题的法令。全俄工兵代表苏维埃第二次代表大会根据V.I.列宁的报告，于1917年11月9日凌晨通过。《土地法令》规定，立刻无偿地没收地主土地，把地主的田庄及一切皇室、修道院、教堂的土地，连同耕畜、农具、庄园建筑和一切附属物，一律交给乡土地委员会和县农民代表苏维埃支配。法令宣布实行土地、森林、矿藏、水流等资源国有化。永远废除土地私有权，禁止买卖、出租和出典土地。所有的土地和地下的宝藏都是全民的财产。土地平均使用，按劳动定额和消费定额把土地分配给劳动者。土地法令的实施使俄国农民无偿地得到1.5亿公顷土地。农民因赎地而欠下的30亿卢布债款也被取消。土地法令消灭了俄国封建土地所有制和地主阶级，使苏维埃得到劳动农民的广泛支持。

土地改革运动 Land Reform Movement 中华人民共和国建立前后进行的农村土地制度改革。国民党政府统治时期，中国农村中不到人口10%的地主、富农占有70%以上的土地，占乡村人口90%的贫农、雇农和中农却仅占有不到30%的土地。地主阶级对广大农民进行着残酷剥削，地租租额占产量的比重普遍在50%以上，有些地方达到70%～80%甚至更高。这是中国农村贫穷落后的根源。第二次国内革命战争时期的1928年12月，中国共产党颁布了开创农村根据地后的第一部土地法——《井冈山土地法》，实行土地革命，没收地主土地，分配给无地和少地的农民。抗日战争时期，中共在根据地转而实行有利于抗战的减租减息政策。解放战争时期的1947年9月，中共中央召开全国土地会议，颁布《中国土地法大纲》，宣布在解放区实行土地改革，把地主土地无偿分给无地少地农民，废除

土地改革运动中农民在丈量分得的土地

封建土地制度。中华人民共和国建立时，约占全国农村人口1/3的东北、华北老解放区已经完成了土地改革。1950年6月30日，中央人民政府颁布《中华人民共和国土地改革法》，决定在新解放区逐步开展土地改革运动，废除地主阶级封建剥削的土地所有制，解放农村生产力，发展农业生产，为新中国的工业化开辟道路。同时在政策上作了调整，把过去征收富农多余土地和财产的规定改为保护富农所有自耕和雇人耕种的土地及其他财产，起到了孤立地主阶级，减少土改阻力，有利于农业生产恢复和发展的作用。在土地改革中，政务院通过了《关于划分农村阶级成分的决定》、《农民协会组织通则》等法令，使新解放区的土地改革运动在总结解放战争时期土改运动经验教训的基础上，有领导、有计划、有秩序、有组织地分期分批进行。总的政策是：依靠贫农、雇农，团结中农，中立富农，有步骤地有分别地消灭封建剥削制度，发展农业生产。中央人民政府训练了大批土改干部，每年组织30万人以上的土改工作团，深入农村发动群众。从1950年冬开始，华东、中南、西北、西南等新解放区的土改运动分三批进行，每期都经历了发动群众、划分阶级、没收和分配土地、复查总结等阶段。到1953年春，除西藏、新疆等少数民族地区外，土地改革全部完成。全国3亿多无地少地农民（包括老解放区农民在内），无偿分得约7亿亩土地和大量生产、生活资料，每年免交300亿千克以上粮食的地租。其中新解放区农民在土改中分得房屋3 800多万间，耕畜近300万头，农具约4 000多万件，粮食50亿千克。这次土地改革运动，是中国历史上规模最大、最彻底的一次土地制度变动，消灭了地主土地所有制和地主阶级，从根本上改变了几千年来不合理的土地占有关系，实现了“耕者有其田”，使广大农民成为土地的真正主人，激发了农民生产积极性，促进了农业经济迅速走向恢复和发展。

土地革命战争 Agrarian Revolutionary War 1927～1937年，中国共产党领导中国工农红军和中国人民为反对国民党蒋介石集团的反动统治，废除封建土地制度，建立工农

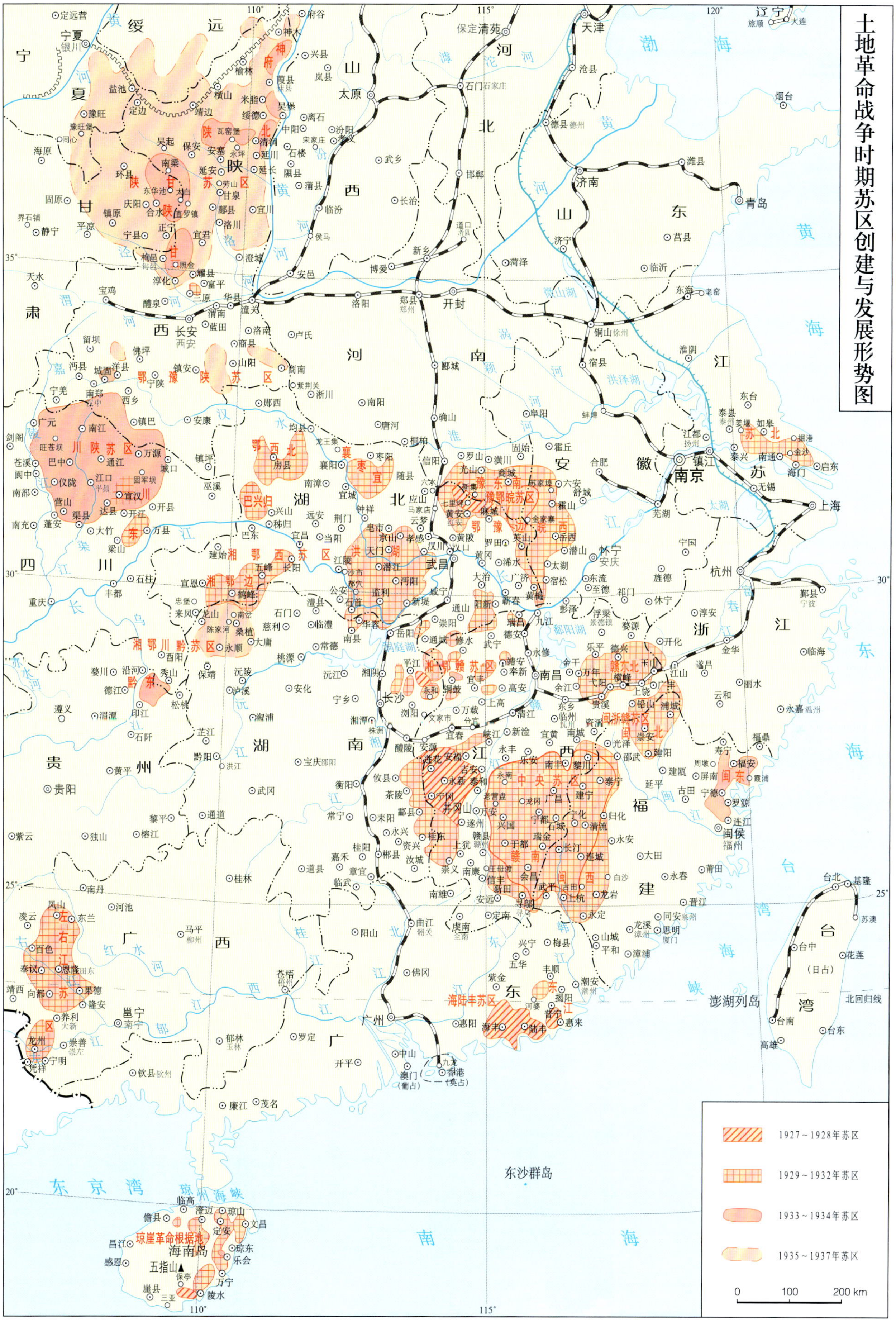

土地革命战争时期苏区创建与发展形势图

图1 参加过井冈山斗争的部分人员合影

民主政权而进行的革命战争。又称第二次国内革命战争。

武装斗争的开展和革命根据地的创建 1927年4月和7月，由于中国国民党内的蒋介石集团、汪精卫集团先后叛变革命，中国共产党和中国国民党合作进行的大革命遭到失败。中国共产党人从失败中得到惨痛教训，认识到武装斗争和组织革命军队的极端重要性。1927年8月1日，周恩来、贺龙、叶挺、朱德、刘伯承等领导国民革命军2万余人举行南昌起义。8月7日，中共中央确立实行土地革命和武装起义的方针。9月11日，**毛泽东**等领导举行湘赣边界秋收起义。12月11日，张太雷、叶挺、黄平、周文雍、叶剑英等领导举行广州起义。到1929年底，中国共产党在全国范围内领导了近300次武装起义。在这些起义中，中国共产党创建了若干支革命武装。1928年5月后，各地工农武装陆续改称红军。

1927年10月，毛泽东率领秋收起义部队转战到以江西省宁冈为中心的井冈山地区，创立第一个农村革命根据地。1928年4月，朱德、陈毅率领南昌起义军余部和湘南农军到达井冈山，同毛泽东领导的部队会师，合编为工农革命军第4军。到11月中旬，红军先后打破国民党军4次“进剿”、2次“会剿”，巩固和发展了井冈山根据地。其他地区的起义武装也先后开展游击战争，创建根据地。

1929年12月，中国共产党领导的红军第4军第9次代表大会通过了以《关于纠正党内的错误思想》为中心的决议案，即《古田会议决议》，解决了如何把以农民为主要成分的革命军队建设成为无产阶级新型人民军队的问题。以毛泽东为主要代表的中国共产党人，从实际斗争中逐步为中国革命找到一条以农村包围城市、最后夺取全国胜利的正确道路。

革命战争的发展和前三次反“围剿”的胜利 到1930年夏，红军发展到10多个军7万余人，地方武装近3万人。根据地有了很大发展，先后创建了湘鄂西、海陆丰、鄂豫皖、湘鄂赣、湘赣、赣东北、左右江以及赣南、闽西等苏区。

1930年8月23日，红1军团和红3军团组成红军第一方面军，朱德任总司令，毛泽东任总政治委员。

10月，蒋介石结束与阎锡山、冯玉祥之间的战争后，迅速调转兵力，组织对红军和苏区的大规模“围剿”，并把重点置于红一方面军和中央苏区。11月起，蒋介石调集10万余人兵力，对中央苏区进行第一次“围剿”。红一方面军采取毛泽东提出的诱敌深入方针，在运动中歼敌。到1931年1月上旬，共歼国民党军1.5万余人，粉碎“围剿”。1931年4月，蒋介石以20万人的兵力对中央苏区进行第二次“围剿”。红一方面军集中兵力，继续采取诱敌深入方针，连战获胜，共歼国民党军3万余人，粉碎第二次“围剿”。蒋介石在两次“围剿”失败后，又调集30万人的兵力，自任总司令，于7月开始对中央苏区进行第三次“围剿”。红一方面军仍坚持诱敌深入的方针，集中主力避实击虚，于8月7～15日，共歼国民党军3万余人，第三次“围剿”被粉碎。

与此同时，湘鄂西苏区的洪湖区军民经过艰苦作战，相继挫败国民党军的第一、第二、第三次“围剿”，保卫了苏区。鄂豫皖苏区军民于1931年1月粉碎国民党军第一次“围剿”，5月粉碎第二次“围剿”。11月，组成红军第四方面军，**徐向前**任总指挥，陈昌浩任政治委员，下辖第4、第25军，约3万人。随后，红四方面军主动发起攻势作战，至1932年6月连续取得4次战役的重大胜利，共歼国民党军6万余人，粉碎国民党军的第三次“围剿”计划。

在红军反“围剿”胜利形势下，中华苏维埃共和国临时中央政府和中央革命军事委员会（简称中革军委）于1931年11月在中央苏区的瑞金宣告成立。毛泽东任中华苏维埃共和国中央执行委员会主席，朱德任中革军委主席。

“左”倾教条主义使革命战争遭受严重挫折 1931年1月，以王明为代表的“左”倾教条主义者在中央占据统治地位以后，错误估计形势，要求红军攻占中心城市，实现一省数省的首先胜利，乃至争取全国的革命胜利。1932年2月，中央红军（红一方面军改称）围攻赣州，月余未克，遭受很大伤亡。由于毛泽东等对军事冒险方针的抵制，10月，中共苏区中央局在宁都举行会议，毛泽东会后被免去红军领导职务。

1933年2月，蒋介石以40万兵力分三路对中央苏区发动第四次“围剿”。红一方面军主力在周恩来、朱德指挥下，以伏击战术歼国民党军近2个师。3月21日，又歼其1个师大部，粉碎了第四次“围剿”。9月下旬，蒋介石集中50万兵力，采取持久战和“堡垒主义”新战略，对中央苏区进行第五次“围剿”。中共临时中央在反“围剿”的作战指导上开始时推行军事冒险主义，采取“御敌于国门之外”的方针，使红军陷于被动地位；后又转而采取军事保守主义，实行消极防御，企图以阵地战、堡垒战和短促突击阻止国民党军的进攻，使红军受到很大伤亡。1934年10月，中央红军在挫败“围剿”无望的情况下，不得不退出中央苏区。

在湘鄂西苏区，国民党军于1932年7月开始进行第四次“围剿”。中共中央湘鄂西分局企图以进攻战略挫败“围剿”，以后又转为单纯防御，结果到9月，洪湖苏区全部丧失。红3军被迫于1934年5月转战至黔东地区，9月创立了黔东苏区。

在鄂豫皖苏区，中共鄂豫皖中央分局书记**张国焘**盲目轻敌，1932年8月，国民党军对鄂豫皖苏区开始第四次“围剿”，在国民党军已经迫近苏区腹地的严重情况下，红四方面军才奉命仓促迎敌，结果连战失利。10月，红四方面军主力2万余人离开鄂豫皖苏区向西转移，于12月进入川北。至1933年2月，创建了川陕苏区。至1934年9月，红四方面军采取“收紧阵地”的方针，先后粉碎国民党军的三路围攻和六路围攻，共歼其十余万人。1935年4月，张国焘决定放弃川陕苏区。

湘赣、湘鄂赣、闽浙赣（赣东北）等苏区红军的反“围剿”，也因**王明**“左”倾教条主义的错误指导而遭到失败。在此期间，活动在陕甘边和陕北地区的红军和游击队虽然也遭到一些挫折，但仍然保持了发展势头。

主力红军长征和革命大本营奠基西北 1934年8月，湘赣苏区红军第6军团奉命向湖南中部前进，执行中央红军长征先遣队的任务。10月，中共中央和中革军委决定留下红军一部和地方部队共1.6万余人就地坚持斗争，中央红军主力5个军团以及中央、军委机关直属队共8.6万余人，于10日从江西瑞金等地出发，开始长征。

中央红军于10月～12月先后突破四道封锁线。这时，中央红军已减员至3万余人，危急关头，中共中央政治局于12月18日在贵州黎平举行会议，接受毛泽东的提议，决定放弃原定北出湘西的计划，改向国民党统治力量薄弱的贵州前进。1935年1月7日，中央红军占领遵义。中旬，中共中央政治局在遵义举行扩大会议，结束了“左”倾教条主义错误在中央的统治，确立了毛泽东在中共中央和红军的实际领导地位。3

图2　中华苏维埃共和国临时中央政府所在地——江西瑞金

月，组成毛泽东、周恩来、王稼祥三人军事指挥小组。

遵义会议后，中央红军四渡赤水，调动敌人，创造战机。其间于2月下旬在娄山关、遵义地区歼灭和击溃国民党军2个师又8个团；随后南渡乌江，威逼贵阳，进军云南；5月上旬渡过金沙江，取得战略转移中具有决定意义的胜利。

红四方面军于1935年5月初开始长征，在此之前，鄂豫皖苏区的红25军亦于1934年11月进行长征，至1935年5月开辟了鄂豫陕苏区。

中央红军继续北进，6月2日渡过天险大渡河，接着越过空气稀薄、终年积雪的夹金山，同红四方面军会师，总兵力达十余万人。6月26日，中共中央政治局在两河口举行会议，决定会师后的战略方针是北上创建川陕甘边根据地，进而推动全国革命运动发展。中共中央为贯彻北上方针，决定将中央红军第5、第32军（7月，中央红军第1、第3、第5、第9军团依次改称第1、第3、第5、第32军）和红四方面军的第9、第31、第33军编为左路军，由红军总司令朱德、总政治委员张国焘率领，经阿坝北进；将中央红军第1、第3军和红四方面军第4、第30军编为右路军，由前敌总指挥徐向前、政委陈昌浩率领经班佑北上。中共中央和中革军委随右路军行动。8月下旬，右路军通过草地，到达班佑、巴西地区。左路军到达阿坝后，张国焘提出要红军主力返回草地南下川康边，背着中央电令陈昌浩率右路军南下，并提出“彻底开展党内斗争”，企图危害中共中央。在这种情况下，中共中央采取果断措施，率右路军中的第1、第3军和中央直属队一部先行北上。北上红军改编为陕甘支队，彭德怀任司令员，毛泽东任政治委员，越过岷山，攻占天险腊子口，9月翻越六盘山，击破国民党军的阻击和追击，10月19日到达陕甘苏区的吴起镇（今吴起县城）。至此，中央红军主力历时1年，纵横11个省，行程二万五千里的中国工农红军长征胜利结束。

陕甘苏区的红军第26、第27军在中央红军主力到达之前，已粉碎国民党军的第一、第二次“围剿”。1935年9月，红25军从鄂豫陕苏区到达陕北，同红26、红27军会合，组成第15军团。中央红军主力同第15军团会合后，恢复红一方面军番号，彭德怀任司令员，毛泽东任政治委员，辖第1、第15军团。11月下旬，红一方面军在直罗镇地区全歼国民党军1个师又1个团，粉碎国民党军对陕甘苏区的第三次“围剿”。这一胜利，为中共中央把革命大本营放在西北奠定了基础。

1934年10月，红6军团在黔东与红3军（后恢复红军第2军团番号）会合，接着，创建了湘鄂川黔苏区。1935年9月，国民党军再次发动“围剿”。红2、红6军团于11月19日离开苏区，开始长征。

争取向抗日民族革命战争转变　1935年12月，中共中央政治局在陕北瓦窑堡举行会议，决定建立抗日民族统一战线，并确定全国红军的战略方针是：把国内革命战争同民族革命战争结合起来，准备对日作战力量和猛烈扩大红军。

根据上述方针，红一方面军于1936年2月发起东征战役，是役共歼国民党军约7个团。5月下旬，红一方面军经短暂休整，发起西征战役。经过两个多月的作战，俘国民党军2 000余人，开辟了广大新区。东征、西征战役的胜利，扩大了中国共产党在全国的政治影响，并对推动抗日民族统一战线的建立发挥了积极的作用。

图3　红军三大主力长征胜利会师（油画）

张国焘拒绝执行中共中央北上方针，于1935年9月，强令红四方面军及随同行动的红一方面军第5、第32军由阿坝和包座南下。10月5日，张国焘宣布另立“中央”，公开分裂中国共产党和红军。南下行动遭到失败，张国焘被迫于6月取消另立的“中央”，接受中共中央的北上方针。

红军第2、第6军团艰苦转战，于1936年7月2日到达甘孜，与红四方面军会师，7月5日奉中共中央命令和第32军组成红军第二方面军，贺龙任总指挥，任弼时任政治委员。10月9日、22日，红四、红二方面军分别在甘肃省会宁城和静宁的将台堡（今属宁夏回族自治区）同红一方面军会师。至此，红军长征全部胜利结束。

10月20日，国民党军向红军大举进攻。25日，按照中共中央军委的部署，红四方面军第30军渡过黄河。随后，第9军和红四方面军总部及第5军亦渡过黄河，准备执行宁夏战役计划。11月11日，中共中央和中革军委同意河西部队称西路军，成立以陈昌浩为主席的西路军军政委员会，统一指挥西路军的行动。此后，西路军战至1937年3月中旬终于失败。李先念等率余部翻越祁连山，穿过戈壁滩，进入新疆。

1936年12月12日，国民党东北军将领张学良和第17路军将领杨虎城发动西安事变，扣留前来部署“剿共”的蒋介石及其同来的高级军政官员。中共中央以民族利益为重，派周恩来等前往西安参加谈判，促成事变的和平解决，国内和平基本实现。

主力红军长征后，留在南方的部分红军和游击队坚持了艰苦卓绝的三年游击战争，在战略上配合了主力红军的行动。九一八事变后，中国共产党领导的东北三省的抗日游击战争给了日本侵略军以沉重打击，为全国的抗日救亡运动和民族解放战争作出了贡献。

十年土地革命战争是中国革命的奠基时期。在这一时期，形成了以毛泽东为核心的中国共产党第一代领导集体，创建了一支新型的人民军队，开创了中国革命的发展道路，为实现全国抗战和中国革命事业的发展奠定了坚实基础。

土地管理　land administration　国家用以维护土地所有制，调整土地关系，合理组织土地利用，贯彻和执行国家在土地开发、利用、保护等方面的决策而采取的行政、经济、法律、技术措施的综合性概括。

土地管理具有两重性：一方面具有维护国家根本利益，维护社会主义公有制的阶级属性；另一方面具有对社会土地事务进行行政干预和管理，以便土地利用符合整个国民经济发展要求的社会属性。土地管理的两重性决定了土地管理具有决策、计划、组织、协调、控制、监督、教育等具体职能。

在社会主义市场经济中，土地管理是国家宏观经济社会发展目标的重要调控手段。

①土地利用状况可以制约或促进经济发展。根据国家的经济发展计划和产业政策，对鼓励发展的产业或部门多供应土地，对限制发展的产业或部门少供土地甚至不供土地，即可达到调整产业结构的目的。②地租是调控市场经济的重要杠杆。特别是国有土地的收入应纳入财政收入，而财政本身就是政府调控经济的重要手段。此外，地租归土地所有者，企业获取平均利润，有利于市场主体的平等竞争和投资的合理分布。

土地管理的内容可归纳为两个方面：①土地资源的管理。核心内容是制定土地利用规划，实施土地用途管制。②土地资产管理。核心内容是改革土地使用制度，在国家、土地所有者、土地使用者之间合理分配土地收益。

土地规划 land planning 根据土地开发利用的自然和社会经济条件、历史基础和现状特点、经济发展的需要等，对一定区域范围内的土地资源进行合理组织利用和经营管理的一项综合性的技术经济措施。又称土地利用规划。分为全国性、区域性的总体规划和农业生产单位内部的土地利用规划等。前者是一定时期内不同地区范围土地资源开发利用的纲要、目标和总体部署，主要内容是确定各类土地的用途和利用方式，划定各类生产建设用地的规模、比例和界限，设计和制定优化土地利用方案，提高土地利用的综合效益。后者是农业生产单位根据政府制定的有关土地政策，在单位管辖的范围内，结合当地自然经济特点，因地制宜安排各部门的合理结构，相应进行合理的地区布局并分配用地。中国从20世纪50年代初开始进行各种土地规划，尤其是农业土地规划，对农业生产建设起到了显著的促进作用。

土地划拨 administrative allotment of land use-right 中国实行的政府以行政配置方式将国有土地使用权无偿交付土地使用者使用的制度。土地使用者取得土地使用权的一种方式，指经县级以上人民政府批准，在土地使用者缴纳补偿、安置等费用后将土地交付其使用，或者将土地使用权无偿交付给土地使用者使用的行为。国家机关用地和军事用地，城市基础设施用地和公益事业用地，国家重点扶持的能源、交通、水利等基础设施用地以及法律、行政法规规定的其他用地属于划拨用地。《划拨用地目录》以外的土地必须实行有偿使用。通过划拨方式取得的土地使用权是受限制的土地使用权，未经批准，不得随意转让、出租、抵押或从事其他以营利为目的的经营活动。

土地利用 land use 人类为经济的和社会的目的，采用一系列生物、技术手段对土地长期或周期性的经营管理和治理改造活动。一个国家国民经济各部门的生产建设都要落实到土地上，土地利用的广度、深度和合理程度是它的生产规模、水平和特点的集中反映。它既受自然条件制约，又受社会、经济、技术条件影响，是这些因素共同作用的结果。在所有影响土地利用各种因素中，确定土地关系的社会生产方式往往起决定性作用。20世纪以来，由于人口急剧增长等原因，可利用的土地资源相对越来越少，因此土地利用问题愈来愈被世界各国重视。土地利用是地理学的重要研究内容，同时经济学、农学、城市学等也以不同方式研究土地利用。研究内容主要包括以下几方面：①土地资源普查和统计。②土地资源分类。③调查土地资源的利用实况并编制土地利用图。④开展土地质量评价。⑤研究土地利用的合理性。⑥进行土地利用区划，制定开发利用规划。⑦加强土地管理。土地利用研究的趋势是从生态观点出发，谋求生态平衡，保护植被和土壤，防止土地退化，以期获得持久产量，协调人类与环境的关系。

土地买卖 land attorn 土地权利的有偿交换行为。土地权利人，包括土地所有者、土地使用者等，为了满足自己生产、生活的各种不同需要，相互之间有偿转让土地权利的行为。在土地私有制国家，土地买卖以土地所有权为标的，土地卖方将土地所有权，包括土地的占有权、使用权、收益及处置权等一并永久性地转让给土地买方。中国实行土地公有制，土地的买卖在权利上是受到限制的。土地所有权属于国家和集体，不能够被买卖，因此土地买卖的主要对象是土地使用权及与之对应的收益权和处置权等。

土地市场 land market 有狭义和广义之分。狭义土地市场是进行土地交换、买卖的场所，是一种有形的市场。广义土地市场是对整个社会中各种土地交易活动以及相关关系的总称。中国的土地市场分为土地出让市场、土地转让市场、土地租赁市场。土地首先由国家以一定的年期有偿提供给用地者使用，一次付地价的称为土地出让，按年交地租的称为土地出租，由此形成土地出让和出租市场，又称土地一级市场。出让之后的土地可以在土地使用者之间进行买卖或出租，从而形成土地转让和转租市场，又称土地二级市场。由于中国土地所有权属于国家和集体，所以中国的土地市场实际上是土地使用权市场。

土地所有权 land ownership 土地所有人依法对自己土地享有占有、使用、收益和处分的权利。土地所有人的这些权利，是土地所有制在法律上的表现。

土地所有权和土地所有制是两个彼此不同而又相互联系的范畴。土地所有权是上层建筑，土地所有制是经济基础。人们对土地的所有，总是通过他们对土地的占有、使用、收益、处分表现出来。因此，土地所有制关系实际就是某个人或集团在一定的历史条件下独立地占有、使用、处分土地的经济关系。土地是重要的生产资料，也是重要的生产、交换场所，在任何社会里，人们要从事物质生产和生活，就必须占有土地，组成一定形式的土地所有制关系。

中国实行土地的社会主义公有制，土地所有权的主体有两种：一是国家，它是国有土地的所有权的唯一主体；二是劳动群众集体，它是集体土地所有权的主体。根据土地所有权主体的不同，土地所有权的客体也分为国有土地和集体所有土地。国家土地所有权是土地属于全民所有，由中华人民共和国国务院代表国家依法行使土地所有权。集体土地所有权又有3种形式：①归村农民集体所有。②村民集体所有的土地已经分别属于村内两个以上农业集体经济组织所有的，属于各农业集体组织的农民所有。③归乡（镇）农民集体所有。

土地信息系统 land information system 用于土地资源管理领域的地理信息系统。是在计算机硬软件支持下对土地相关数据进行采集、管理、处理、分析和表达的信息系统。除了具有地理信息系统的一般特征外，还能够利用各种模型方法为土地管理提供多要素综合分析和动态预测基础上的决策辅助信息，具备同时管理初始地籍和变更地籍信息的能力。通常由基础模块和应用模块两大部分组成：基础模块提供土地信息的输入、管理、查询、处理和输出等基本功能。应用模块则是为土地规划与管理领域服务的系统，主要包括地籍管理信息系统、土地利用现状调查信息系统、土地定级估价信息系统、土地利用规划管理信息系统、建设用地管理信息系统、土地利用动态监测信息系统和耕地保护信息系统等。其中地籍管理信息系统是在地籍测量和地籍调查的基础上，对土地范围和面积进行权属确定、登记和发证进行信息化管理的手段。

土地盐碱化 soil salinization 土壤中含有过多的盐和碱，严重危害植物生长。这类土壤称盐碱土，又称盐渍土，是盐土和碱土以及盐化土和碱化土的总称。土地盐碱化是土地退化的主要形式，也是生态恶化的表现。

危害 盐碱土是由于土壤表层可溶性盐类的积累而形成的。土壤内盐分大量积累，造成土壤结构板结、通透性差、容重高、土温上升慢、好气微生物呆滞、养分释放慢、渗透系数低、毛细作用强等。过多的可溶性盐类提高土壤溶液的渗透压，引起植物生理干旱，使植物根系及种子萌发时不能吸收足够水分，甚至导致水分从根细胞外渗，使植物萎蔫或死亡；土壤含盐量过高导致植物组织直接受害；钠离子的竞争使植物对钾、磷和其他营养元素的吸收减少，磷的转移受到限制，影响植物的营养状况；在盐碱土条件下，气孔保卫细胞内淀粉形成受到限制，气孔不能关闭，植物容易干枯。

分类 盐碱土包括内陆盐碱土和滨海盐碱土两大类。①内陆盐碱土。多分布在干旱和半干旱地区。成土母质中的可溶性盐类随水流搬运至排水不畅的低平地段，在蒸发作用下积累于地表，使土壤盐化。气候干旱，地下水位过高，排水不畅是引起土壤积盐的重要原因。②滨海盐碱土。分布大致与海岸线平行，由海向陆，土壤含盐量和地下水矿化度渐次递减。滨海土壤盐分的输入主要是海水浸渍和溯河倒灌，风浪、降水，特别是飓风暴雨也有一部分输入。河流携带大量泥沙入海被海水浸渍，成为盐碱淤泥，海底淤泥不断沉积，日积月累海退成陆，经蒸发作用盐分进一步浓缩；同时，潮水入侵补给地下盐水，参与土壤积盐过程，形成滨海盐碱土。

防治 防止土壤次生盐碱化，巩固改良盐碱土；建立排灌系统，合理灌溉，避免地下水位上升；在盐碱土地区植树造林、种植绿肥和牧草防止土壤返盐，抑制盐分上升，降低地下水位，改良土壤结构。见盐碱地改良。

土地沼泽化 soil swamping 由于兴修水利、不合理灌溉、采矿活动引起土地退化的一种形式。主要形成于排水不畅地带。与地质、地貌、气候、水源和植被等自然因素有关，更受盲目开垦、用水不当、破坏植被等人为因素影响。

土地沼泽化的产生机理多样。①水利工程造成的沼泽化。流域内的地表河水与地下水常有密切的水力联系，水利工程的建设造成河流水文条件改变，也影响地下水位，使土地出现盐碱化和沼泽化。②调水工程造成的沼泽化。当渠水补给地下水而使地下水位抬高至临界深度以上时，如果气候条件适宜，便会产生盐渍化，而原本就在临界深度以上的地下水位会因渠水补给进一步抬高，盐渍化加剧，导致沼泽化。③采矿活动造成的沼泽化。随着矿井开采深度的增加，人为采动会造成农田大面积下沉、积水，导致农田沼泽化。④农田引水灌溉引起的沼泽化。农田引水灌溉打乱自然排水流势，引起灌区土壤次生盐碱化和沼泽化。

1965年，中国土壤学家熊毅首次在国内进行井灌井排实验，取得综合防治旱涝盐碱的显著效果。井灌井排技术很快在黄淮海平原及北方平原地区得到大规模推广应用，使大面积盐碱化和沼泽化的土地迅速得到改良。

土地征用 land requisition; land expropriation 国家为了社会公共利益的需要，将集体所有土地转为国有的强制手段。在中国，征地必须经国务院或各省、自治区、直辖市人民政府批准，其他任何单位和个人都没有征地权。国家征用土地，依照法定程序批准后，由县级以上地方人民政府予以公告并组织实施。被征用土地的所有权人、使用权人应当在公告规定期限内，持土地权属证书到当地人民政府土地行政主管部门办理补偿登记。征用土地按照被征用土地的原用途给予补偿，征用耕地的补偿费用包括土地补偿费、安置补助费以及地上附着物和青苗的补偿费。

土断 中国东晋、南朝整理户籍及调整地方行政区划的政策。目的是划定州、郡、县疆界，居民按实际居住地编定户籍，故称土断。西晋时已出现土断概念，是针对九品中正制的弊病提出的。东晋、南朝则是针对当时侨人和侨州郡而实行的。东晋建立后，政府设立了侨州郡县以安置南迁的北方人（称为侨人），各州侨人既和原来的江南土著百姓杂处，又彼此相互混居，却分属于不同的州、郡、县管理，不利于东晋政府的统治。土断政策的中心内容是整理户籍，居民不分侨旧，一律在所居郡县编入正式户籍，取消对侨人的优待，以便政府统一对编户齐民的税赋。为了编定统一户籍，必须划定郡县疆界，取消一些流寓郡县，同时从南方旧郡县的领土中分割出一部分作为保留的侨郡县的实土。又调整其隶属关系，使州郡与所属郡县不至于相互隔越。与此同时，清查隐匿漏户，把逃亡农民和由豪强隐占的私属搜括出来，充作政府的赋役对象，这也是土断的重要目的，而在南朝后期更为侧重。东晋的第一次土断是在成帝的咸和年间。以后东晋及宋、齐、梁、陈历代都进行过土断，见于记载者共有10次。土断结果使政府增加了收入和兵源。侨人则加入了负担调役的行列。从此由北人变成了南人，客观上加速了南北人民的融合。

土尔扈特部 Turhut Tribe 中国明清时期厄鲁特蒙古四部之一。元臣翁罕后裔。原游牧于塔尔巴哈台（今新疆塔城）附近的雅尔地区，17世纪30年代，其部首领和鄂尔勒克因与准噶尔部首领巴图尔珲台吉不合，遂率其所部及部分杜尔伯特部、和硕特部牧民西迁至额济勒河（伏尔加河）下游，自

土尔扈特全部归顺记碑

成独立游牧部落，但仍保持与厄鲁特各部联系，并多次遣使向清朝政府进表贡。康熙五十一年（1712），康熙帝派出图理琛使团，探望土尔扈特部。乾隆二十一年（1756），土尔扈特汗敦罗布喇什遣使吹扎布向乾隆帝呈献贡品、方物、弓箭袋等。

土尔扈特人自迁至伏尔加河下游后，不断反抗沙皇俄国的侵略与奴役。17世纪60年代，俄国著名农民领袖S.T.拉辛领导顿河农民起义后，伏尔加河两岸土尔扈特人民纷起响应。17世纪末，土尔扈特著名首领阿玉奇汗率领部众积极支持巴什基尔人的起义。18世纪初，土尔扈特人民仍不断掀起武装起义，反抗沙俄在伏尔加流域的统治。乾隆三十六年，土尔扈特部首领渥巴锡（阿玉奇汗之曾孙）为摆脱沙俄压迫、维护民族独立，率领部众发动了武装起义，并冲破沙俄重重截击，历经千辛万苦，胜利返回祖国。

清廷对土尔扈特部返归祖国的爱国义举十分重视。乾隆帝在热河木兰围场的伊绵峪和避暑山庄多次接见、宴请渥巴锡等首领，对部众也给以牛羊粮、衣裘庐帐。并亲撰《土尔扈特全部归顺记》、《优恤土尔扈特部众记》碑文两篇，立碑于承德普陀宗乘之庙内。同时封渥巴锡为卓哩克图汗，其余大小首领也分别给予封爵。分土尔扈特为新、旧两部，旧土尔扈特由渥巴锡统领，分东西南北四路，共十旗；新土尔扈特由另一首领舍楞统领，分二旗。对土尔扈特部牧地也作了妥善安置。

土耳其 Turkey; Türkiye 西亚国家。西与西北接希腊和保加利亚，东毗格鲁吉亚、亚美尼亚、阿塞拜疆和伊朗，东南与叙利亚、伊拉克接壤。北、西、南三面分别濒临黑海、爱琴海、地中海。介于小亚细亚半岛和

巴尔干半岛之间的**黑海海峡**是沟通黑海和地中海的咽喉，国际通航重要水道之一；又是亚欧铁路和公路的衔接点，有欧亚陆桥之称。海岸线长7 200千米。面积779 450平方千米。亚洲部分占全国面积的97%；欧洲部分占总面积的3%。人口7 256万（2009）。居民80%以上是土耳其族，约15%是库尔德族，余为克里米亚鞑靼族、阿拉伯人和阿塞拜疆族等。城市人口约占68%。人口中99%信奉伊斯兰教，大多属逊尼派，少数为阿拉维派。余信基督教和犹太教。土耳其语为国语。首都**安卡拉**。

地理 全境横跨欧、亚两洲，高原和山地占全国总面积80%以上。**小亚细亚半岛**构成国土的大部分。**安纳托利亚高原**隆起其上，东高西低，平均海拔800～1 200米。南、北、东三面被山脉环绕：中北部有与黑海岸大体平行的克尔奥卢山、屈雷山、东黑海山脉横列；南部有山势陡直的托罗斯山脉；向东有东南托罗斯山、卡拉苏阿拉斯山耸峙。愈东地势愈高峻，其间的大阿勒山，海拔5 165米，是全国最高峰；内陆湖**凡湖**面积3 760平方千米，是全国最大湖泊。高原西部山地破碎，没入海中形成许多海湾、岛屿和岬角。高原中部起伏不平，夹有陷落盆地和平原，南部多湖泊、沼泽和泥滩。外缘的沿海平原一般狭窄，仅三角洲一带稍宽。底格里斯和幼发拉底两河的上游，源于东南部山地。全国最长河流克孜勒河辗转于安纳托利亚高原中部；其他河流大多短小、湍急，不利航行。西部河流多迂回曲折，流入爱琴海。土耳其欧洲部分主要由丘陵和草原组成，地形比较简单。三面临海，黑海海岸和地中海海岸相对平直，湾岬稀少；爱琴海岸湾岬众多。马尔马拉海则是土耳其内海。西北部有伊斯坦布尔（博斯普鲁斯）海峡—马尔马拉海—恰纳卡莱海峡（达达尼尔海峡）一组天险，形成黑海进出爱琴海、地中海的唯一水上通道。

图1　幼发拉底河上游景观

绝大部分属地中海型气候，从沿海向内陆高原逐渐过渡为亚热带半干旱草原气候，各地气候差异较大。沿海地带夏季干燥炎热，冬季温和多雨，1月平均气温5～10℃，8月25～30℃，年降水量600～800毫米，黑海东段达2 000毫米以上，为全国降水最多地区。内陆高原大陆性气候显著，冬季寒冷，大部分地区1月平均气温在0℃以下；夏季干旱炎热，7月平均气温25℃左右；平均年降水量200～600毫米，也为冬雨型。

矿产资源丰富。主要有铬、铜、镁、铁、汞、铅、锌、锑等。铬矿储量约1亿吨，煤储量85亿吨（多为褐煤）。森林面积2 000万公顷，占国土面积的25.6%。

历史 西亚古国之一。中国史称土耳其为突厥。14世纪初建立奥斯曼帝国，15～16世纪臻于全盛，疆土跨欧、亚、非三大洲，控制范围最广曾达2 000万平方千米。从17世纪末期起，面对欧洲新兴的资本主义国家，奥斯曼帝国屡遭败绩，国土日蹙。第一次世界大战期时与德奥结盟，战败后帝国瓦解。后在穆斯塔法·凯末尔领导下推翻帝制，挽救危亡，于1923年10月29日建立土耳其共和国。第二次世界大战期间，先采取中立，后参加同盟国一方。战后长期采取亲西方政策。

政治 现行宪法于1982年11月7日生效，是第三部宪法。宪法规定：土耳其为民族、民主、政教分离和实行法制的国家。实行普遍直接选举制。议会全称土耳其大国民议会，是最高立法机构。设550个议席，任期5年。得到全国选票10%以上的政党可进入议会，分得席位。总统为拥有实权的国家元首，由大国民议会选举产生，任期7年，不得连任。总统任命政府总理和其他高级官员，任命总参谋长。中央政府称部长会议，设立总理、副总理、国务部长。

经济 自20世纪80年代中期起，通过推行自由市场经济，大力发展私营经济，实行国营企业私有化等步骤，实现了由计划经济向市场经济的转轨，私人资本不断扩大，金融实现完全自由化。1999年和2001年，两度爆发经济危机，在国际货币基金组织（IMF）帮助下，分批向土耳其政府提供120亿美元的巨额紧急贷款，土耳其金融市场得以稳定，经济状况显现转机，很快进入恢复性运转。2009年国内生产总值约6 176亿美元，人均8 590美元。货币名称土耳其新里拉。工业在国民经济中的比重不断上升，2006年，工业（包括建筑业）产值约占国内生产总值的26.2%。主要工业部门有采矿、炼油、钢铁、水泥、机电产品、汽车和电力等。采矿业以铬和铜占主导地位，还有褐煤、石油和天然气。

纺织业是轻纺工业中的最大部门，以棉纺织为主，合成纤维次之。棉纺工业大数多接近原料产地，伊斯坦布尔和伊兹密尔是棉、毛纺织中心，传统的丝织业集中在布尔萨。其次为食品工业，部门种类繁多。

农业是重要经济部门，现有耕地2 850万公顷。农业机械化水平较高。耕地大多分布在沿海平原和谷地。主要种植小麦、大麦、玉米、黑麦和燕麦。灌溉区有稻谷种植。粮食自给有余。经济作物主要有棉花、烟草、葡萄、油橄榄、柑橘和榛子，大部分供出口。内陆高原有大片天然牧场，

图2 伊斯坦布尔市容

安卡拉山羊以优质羊毛著称。

交通以陆路运输方式为主，有连接欧洲与中东之间的交通网。铁路总长8 697千米，其中电气化铁路2 122千米。纵横干线基本通达国内所有重要城市和港口，还可通达欧亚各邻国。公路总长38.6万千米，30%为沥青路面，公路网从各大城市呈放射状通联全国各地。内河通航里程1 200千米。航运繁忙，国际海上航线与世界许多大港均相往来。伊斯坦布尔和伊兹密尔为主要贸易港口，其他重要港口有伊切尔（梅尔辛）、伊斯肯德伦、萨姆松、特拉布宗等。国内空运中心是安卡拉，国际空运中心是伊斯坦布尔。机场主要设在伊斯坦布尔、安卡拉、伊兹密尔、阿达纳、安塔利亚等。管道运输有原油输送管1 800千米，石油制品输送管2 400千米，输气管750千米。2002年12月30日，号称"蓝色溪流"的俄罗斯至土耳其天然气管道正式开通。里海油气资源经巴库—杰伊汉一线和土库曼斯坦—土耳其—欧洲管线外运，有关各国也在酝酿中。

旅游业是土耳其外汇收入重要来源之一。2009年旅游收入212.49亿美元，全年入境游客人均消费达664美元。

2009年进出口总值2 430.55亿美元，其中出口总值1 021.29亿美元，主要对象国是德国、美国、俄罗斯和东欧、英国等；进口总值1 409.26亿美元，主要对象国是德国、意大利、美国、法国等。

文化 小学、初中实行义务教育。1997年通过新的教育法，规定年满14岁并接受过八年制教育后，才可对其施以宗教教育。有各类高等院校72所，著名高等学府有安卡拉大学、哈贾泰佩大学、中东技术大学、比尔肯特大学、伊斯坦布尔大学、博斯普鲁斯海峡大学、爱琴大学、共和国大学等。全国有各类报纸400种。主要有《自由报》、《国民报》和《晨报》，以及《共和国报》等；《每日新闻》是唯一的英文报纸。主要通讯社为半官方的阿纳多卢通讯社和安卡拉通讯社。半官方的土耳其广播电视组织对外用十多种语言播送。对内广播主要有安卡拉、伊斯坦布尔、伊兹密尔等电台。全国有电视台71家，各类私营电台454家。

土耳其历史悠久，多名胜古迹，已有格雷梅国家公园和卡帕多西亚石窟建筑、伊斯坦布尔历史区、迪夫里伊的大清真寺和医院等10处被列入《世界遗产名录》。主要旅游城市有伊斯坦布尔、伊兹密尔、安塔利亚、布尔萨、安卡拉、科尼亚等。

对外关系 土耳其是联合国的创始会员国，已与世界上132个国家建立了外交关系，以西方为外交重心。北约在土耳其设有东南欧盟军司令部、战术空军司令部。美国在土耳其设有许多军事基地和设施。在与美国保持传统的战略伙伴关系的同时，加强与欧洲国家的关系。积极谋求加入欧盟，1995年加入欧盟关税同盟，1999年2月欧盟赫尔辛基会议接纳土耳其为欧盟候选国。在人权、民主、塞浦路斯等问题上与西方国家有较大分歧。对周边地区积极开展多边和双边外交活动，着重加强与中亚各突厥语族国家的民族、宗教、历史、文化联系。1971年8月4日与中国建交。

土耳其革命 Turkish Revolution 1908～1909年青年土耳其党人发动并领导的以反对阿卜杜勒哈米德二世（1876～1909年在位）封建专制统治制度，实行君主立宪为主要目标的资产阶级革命。1907年萨洛尼卡（今希腊塞萨洛尼基）成为青年土耳其党人活动的中心，统一进步协会积极在马其顿各地建立支部，特别注意在当地驻军的青年军官中发展组织，并着手在农村建立游击队。

1908年7月3日，统一进步协会雷斯内组织的负责人尼亚齐贝伊少校（1873～1912）率部150人上山，首先以"自由、平等、博爱、正义"为号召，宣布反对苏丹政府及外国瓜分阴谋。起义迅速席卷驻马其顿的第3军团和第2军团许多单位。7月23日起义军开进萨洛尼卡，宣布恢复1876年宪法，并通电苏丹，限期恢复宪法，否则将进军伊斯坦布尔。阿卜杜勒哈米德二世感到大势已去，被迫于24日宣布恢复宪法，重开国会。

1909年4月13日凌晨，效忠于苏丹的首都第1军团的部分士兵发动叛乱。萨洛尼卡的统一进步协会立即组成由马赫穆德·塞夫凯特帕夏（1856～1913）统率的"行动军"，于4月23日抵达伊斯坦布尔，26日控制了全城，叛乱失败。4月27日，青年土耳其党人通过议会废黜阿卜杜勒哈米德二世，另立其弟穆罕默德·赖希德为苏丹，是为穆罕默德五世（1909～1918年在位）。

从此，青年土耳其党人开始执政，并实行专制和中央集权政策，致使革命半途而废。

土耳其人 Turks 西亚土耳其共和国主体民族。约5805万人（2009）。另有部分分布在希腊、保加利亚、马其顿、阿尔巴尼亚、塞浦路斯等国及西欧一些国家。属欧罗巴人种地中海类型，混有蒙古人种成分。使用土耳其语，属阿尔泰语系突厥语族西支。文字曾用阿拉伯字母书写，1928年改用拉丁字母。信奉伊斯兰教，多属逊尼派。系西突厥后裔。7世纪西突厥灭于唐后，其中乌古斯部塞尔柱人自中亚迁徙至西亚，同当地波斯人结合。13世纪，塞尔柱人的同族奥斯曼人又从中亚迁来，同当地居民结合，始称奥斯曼土耳其人。原过游牧生活，迁居小亚细亚后，改事农业，兼营畜牧。农产品以棉花、烟叶、干鲜果类为大宗。奥斯曼帝国时代，以伊斯兰教为国教。建立共和国后，废除国教，推行世俗化运动。经济发展迅速，政治趋向民主，教育受到重视，妇女地位得到提高，可以参加各项生产劳动和政治活动。

身着传统礼服的土耳其女子

土耳其语 Turkish language 土耳其的国语，也是塞浦路斯的官方语言之一，还使用于保加利亚、希腊和马其顿的土耳其人少数民族社团中。属阿尔泰语系突厥语族西匈语支。现代规范标准语形成于20世纪30～50年代。元音和谐是土耳其语的突出特征之一。除借词外，一个词的所有元音必须属于同一个类别（前元音或后元音）。土耳其语是黏着型语言，语法范畴通过在词根上附加各种成分来表示。名词有数、格等变化。动词有态、式、时、人称以及动名词、形动词、副动词等范畴。词汇除突厥语族同源词外，还从阿拉伯语、波斯语、意大利语、希腊语、英语等吸收了许多借词。土耳其语除主要的伊斯坦布尔方言外，还有西部方言、卡斯莫努方言、东北方言和科尼亚方言等。长期用阿拉伯字母书写；土耳其共和国建立后，于1928年颁布法令，改用以拉丁字母为基础的文字。新文字有29个字母，其中元音字母8个，辅音字母21个。语序为主-宾-动型。

土方机械 earthmoving machine 挖掘、铲运、推运或平整土壤和砂石等的机械。广泛用于建筑施工、水利建设、道路构筑、机场修建、矿山开采、码头建造、农田改造等工程中。根据用途可分为挖掘机械和铲土运输机械两大类。①挖掘机械。用于挖掘物料（包括土壤、煤、泥沙及经过预松后的岩土和矿石等），并将其装入运输车辆或卸至堆料场。又分为单斗挖掘机和多斗挖掘机两类。②铲土运输机械。用于铲运、推运或平整承机面的物料，主要靠牵引力工作，根据用途又分为推土机、铲运机、装载机、平地机和运土机等。根据行走系统结构可分为轮胎式和履带式两种。一般由动力装置（大部分为柴油机）、传动装置、行走装置和工作装置等所组成。除多斗挖掘机是连续作业外，其他土方机械都是周期性作业。

土蜂 Scolioidea 膜翅目土蜂总科昆虫的统称。分为土蜂科、臀钩土蜂科、蚁蜂科、寡毛土蜂科和毛角土蜂科5科。体壁坚实，体长数毫米至20余毫米为多；多为黑色，具红黄色等斑纹；多被毛，具光泽。头略圆。复眼圆形，或内缘凹入，有单眼。上颚强壮。触角裸露，或具短或长毛；雌蜂触角弯，

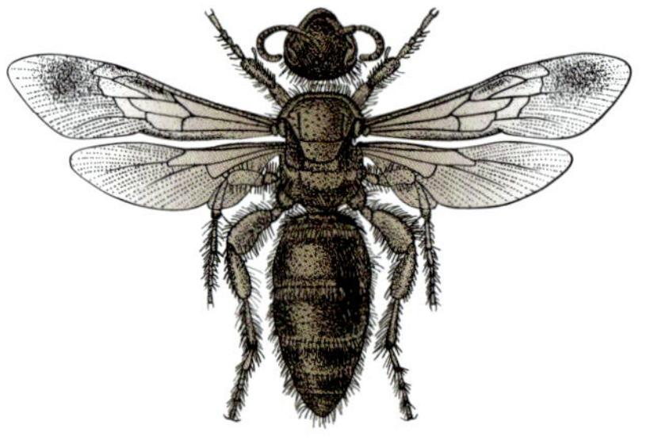

土蜂（土蜂科）

12节；雄蜂触角直，13节。前胸背板侧面似三角形。一般前翅有2～3个肘室，翅脉常不达翅端；翅痣清楚或不发达；翅常暗褐色、烟色或浅黄色，并有虹色光泽；有些雌蜂无翅。足粗短。腹部有或无腹柄，雄蜂腹端常生有1个或多个刺。土蜂多寄生于甲虫幼虫和膜翅目针尾部的幼虫，独居，不成群生活。

土家语 Tujia language 属汉藏语系藏缅语族，语支未定。分布于中国湖南、湖北和四川等省。分北部和南部两个方言。无文字有21个声母，塞音、塞擦音有清无浊。元音无松紧区别，有鼻化元音。有25个韵母，4个声调。名词有领属格，人称代词有单、复数和领属格，动词有主动态和被动态，情貌范畴比较丰富。句子语序为主语-宾语-谓语。领属性修饰语在名词之前，描写性修饰语在名词之后，动词、形容词的修饰语在中心词之前，补语在动词、形容词之后。

土家族 Tujia 中国少数民族。主要分布在湖南、湖北、贵州、重庆等省市的部分地区。人口8 028 133（2000）。土家语属汉藏语系藏缅语族中的一种独立语言。现绝大多数人使用汉语或兼通汉语。无文字，通用汉文。族源主要有三说：一说来源于秦灭巴后，定居于湘鄂川黔边的巴人；二说由湘西土著与进入的巴人、汉人融合而成；三说来源于唐中叶的“乌蛮”。经济以农业为主。文化艺术绚丽多彩。流传民间故事、诗歌、山歌等。传统民族舞蹈有摆手舞、茅谷斯舞、跳丧舞等。“西兰卡普”（土家铺盖）是特有的精织手工艺品，与摆手舞一起被称为土家族的“艺术之花”。女着左衽开襟、滚镶两三层花边的大袖短衣，下穿镶边筒裤。男装为对襟短衫，多布纽扣。主食为玉米、稻米。傍山或濒溪筑屋，成虎坐形，也有吊脚楼。婚姻行一夫一妻制。人死后多行土葬。过赶年是最重要的节日。崇拜祖先，信仰多神。1957、1983年在湖南和湖北相继与其他民族建立了2个自治州，1983～1987年又先后在湖北、重庆、贵州成立了9个自治县和40个民族乡。

土家族女子

土窖 underground cave 利用土层的保温、保湿性能，为果品、蔬菜等提供适宜储藏环境的构筑物。有地窖、井窖、窑窖、棚窖等多种。土窖宜修筑在土质好、土层深、地下水位低、背风向阳、排水良好的干燥地带。

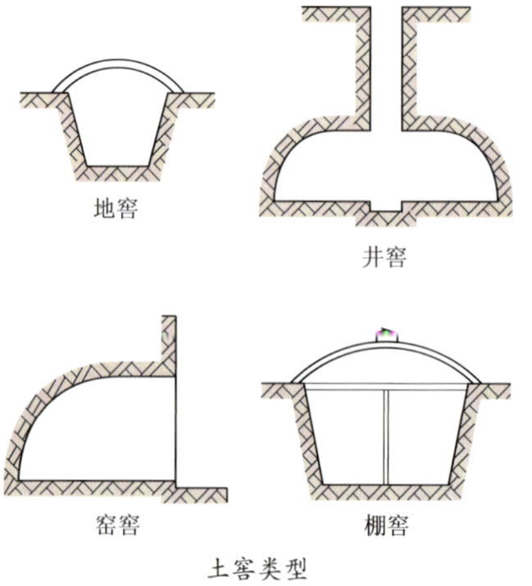

土窖类型

土库曼人 Turkman 中亚地区居民。曾译土尔克明尼亚人。约487万人（2001）。约94%的人分布在土库曼斯坦共和国，其余分布在乌兹别克斯坦、塔吉克斯坦、北高加索、阿斯特拉罕地区。另有部分人分布在阿富汗、伊朗、土耳其等西亚国家。属欧罗巴人种与蒙古人种的混合类型。使用土库曼语，属阿尔泰语系突厥语族。1928年前有阿拉伯字母的文字，后改用拉丁字母，1940年起又改用斯拉夫字母。信伊斯兰教，属逊尼派。其远祖可追溯为古代草原地区使用伊朗语的达赫-马萨格特人和萨尔马泰-阿兰人，以及古代马尔基安纳、花剌子模等国的部分居民。5世纪前后来到里海沿岸草原地带的突厥人和9～11世纪迁来的乌古斯人（塞尔柱人），在土库曼人的民族形成过程中起过重要作用。过去，土库曼人主要从事农业和畜牧业，主要种植小麦、高粱、棉花、瓜类，饲养绵羊、骆驼、牛、马等。手工织毯技艺高超。十月革命后，工农业生产得到较快发展，经济和文化生活有了很大变化。农民多住用石块、生砖和泥土砌成的方形房屋，牧民则住帐篷。男子穿束腰紧身衬衫、宽裆裤、长袍；妇女穿束腰连衣裙、长裤、长袍。饮食以面食和乳制品为主。

土库曼斯坦 Turkmenistan; Turkmenostan 亚洲中部国家。西濒里海，北邻哈萨克斯坦，东北部和东部与乌兹别克斯坦接壤，东南部邻阿富汗，南部和伊朗交界。面积49.12万平方千米。人口683.6万（2006）。有100多个民族，其中土库曼族占人口的94.7%，乌兹别克族占2%，俄罗斯族占1.8%，还有哈萨克族、亚美尼亚族、鞑靼族、阿塞拜疆族等。官方语言为土库曼语，俄语为通用语。绝大多数居民信奉伊斯兰教（逊尼派）。首都阿什哈巴德。

地理 全境大部为低平原，由东南向西北倾斜，约80%的国土被卡拉库姆沙漠占据。南部是位于土伊（朗）边境的科佩特山脉（最高峰里泽山海拔2 942米），西部里海沿岸为低地。主要河流是阿姆河、捷詹河、穆尔加布河等。卡拉库姆运河是世界上最大的灌溉运河之一，总长1 450千米。温带大陆性气候，气温日较差和年较差均很大。1月平均气温-4℃（在阿特拉克谷地可达4℃），7月平均气温28℃。年降水量从东北部的80毫米向南部山麓的300毫米递增，科佩特山区可达400毫米。森林覆盖率8.4%。有丰富的油气资源，石油和天然气的远景储量为208亿吨和24.6万亿立方米。石膏、芒硝、硫磺、钾盐、溴、碘等资源亦丰富。

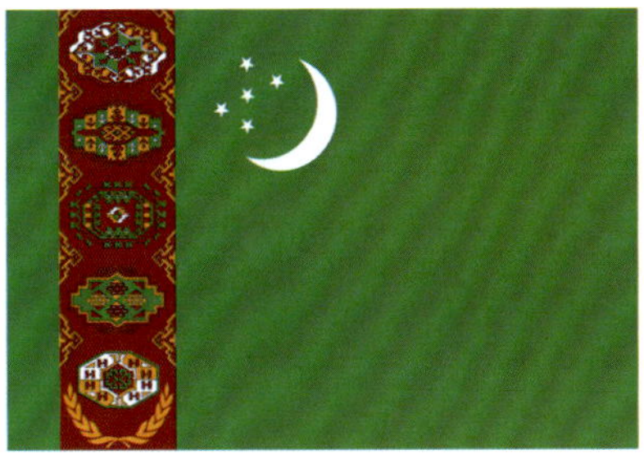

历史 早在公元前6世纪，土库曼南部就有人修建灌溉设施，发展农业，并建起一些城市。5世纪后，原游牧于中亚地区的乌古斯－塞尔柱族突厥人陆续迁移到现今地区，形成土库曼民族，后归属希瓦汗国和布哈拉汗国。19世纪60年代末至80年代中，部分领土并入俄国（外里海州）。1917年建立了苏维埃政权。1924年成立土库曼苏维埃社会主义共和国，加入苏联。1991年10月27日宣布独立，改国名为土库曼斯坦，同年12月加入独联体。1992年3月2日加入联合国，1995年第50届联大通过为永久中立国。

政治 宪法规定土库曼斯坦为民主、法制和世俗的、实行三权分立的总统制国家。总统为国家元首和最高行政首脑。人民委员会为国家最高权力代表机关。国民议会是国家最高立法机关。议会由50名议员组成，任期5年。内阁为国家权力最高执行和管理机构。1999年12月对宪法进行修改和补充，明确规定S.A.尼亚佐夫作为首任总统，任期无时间限制。2003年修改并通过新宪法，规定人民委员会为常设的最高权力代表机构，同时规定总统当选年龄不得超过70岁。2006年12月再次修改宪法，规定总统候选人年龄在40～70岁，总统因故不能行使职权时，根据国家安全会议决议，任命副总理临时代理总统职权。1991年12月苏联土库曼共产党改组为土库曼斯坦民主党，为全国唯一政党。2006年12月尼亚佐夫去世，2007年2月G.别尔德穆哈梅多夫当选总统。

经济 独立后，在保持经济稳定发展的同时，通过经济体制改革，逐步向市场经济过渡，同时积极发展对外联系。2009年国内生产总值为185亿美元。

主要工业部门为石油和天然气开采、石油加工、纺织、化工、建材、制毯、机械、电力等。石油、天然气工业为支柱产业，加工工业很不发达。2008年开采原油1 000万吨，天然气700亿立方米。石油开采主要集中于西部里海沿岸的巴尔坎纳巴德西南，正在向里海海域延伸。天然气开采主要集中于东部的马雷州，其中主要有沙特雷克、马雷及道列塔巴德气田。77%的天然气经乌兹别克斯坦进入俄罗斯后输至乌克兰，少部分经俄罗斯出口至西欧。为世界主要的天然气出口国之一。

可耕地面积1 700万公顷，水浇地约200万公顷。农业以种植棉花、小麦为主，为世界主要长绒棉生产国之一。葡萄栽培和养蚕业较发达。畜牧业以饲养卡拉库尔羊为主，并产阿哈尔捷金良种马。

铁路总长约2 600千米，主要铁路干线土库曼巴希（原称克拉斯诺沃茨克）—土库曼纳巴德（原称查尔朱）—昆格勒将土库曼斯坦许多城市联系在一起。公路总长1.4万千米。内河航道654千米，港口有土库曼巴希和贝克达什。土库曼斯坦航空公司有通往独联体各国的航班。有首都尼亚佐夫国际机场、土库曼巴什市机场等。

对外贸易 2009年外贸总额180亿美元，其中出口91.5亿美元。进口88.5亿美元。出口产品以天然气、石油、石油产品、棉花及棉制品为主，进口机械设备、建材、电器和电子产品等。主要贸易伙伴国为俄罗斯、伊朗、土耳其、中国、德国和法国等。

梅尔夫古迹

文化 实行十年制义务教育。有高等院校16所。著名大学有国立马赫图姆库里大学、阿扎季世界语言学院、土库曼斯坦工学院等。国内公开发行的报纸有30多种。主要报纸《土库曼斯坦报》、《中立的土库曼斯坦报》为政府机关报。此外还有《复兴报》、《阿什哈巴德报》等。有土库曼斯坦国家通讯社和国家电台、电视台。

名胜古迹 已有3处古迹被列入《世界遗产名录》：库尼亚－乌尔根奇位于达绍古兹州，是古代花剌子模首都——乌尔根奇的废墟；梅尔夫是中亚地区丝绸之路沿线最古老、保存最完好的绿洲古城；尼萨是帕提亚（安息）王国最早和最重要的城市。巴哈尔琴湖是土库曼斯坦最大的地下湖泊，位于阿哈尔州，湖泊面积3 000平方米，水深10米以上。

对外关系 奉行中立和对外开放的外交政策，主张在平等互利的原则基础上发展与所有国家的友好关系。积极参与国际事务，加入了独联体、欧安组织、不结盟运动、中西亚经济合作组织、伊斯兰会议组织、世界银行、亚洲开发银行等42个国际和地区组织。截至2008年底，已与127个国家建立外交关系。1992年1月6日与中国建交。

土库曼语 Turkmen language 土库曼族的语言。属阿尔泰语系突厥语族西匈语支。主要分布在土库曼以及阿富汗、伊朗等地。主要有特肯、约木德、艾尔萨林、撒拉尔、萨里克、巧乌都尔等方言。土库曼语元音保留了古代突厥语中的长元音，辅音方面的特点是有齿间辅音s、z。其余辅音一般同其他突厥语。名词有数、领属人称和格的变化。动词有人称变位、式、态、时的变化和多种形式的形动词和副动词。1928年以前文字采用阿拉伯字母，30年代采用拉丁字母，1940年后采用斯拉夫字母。

土力学 soil mechanics 研究由土粒、水与气三相物质组成的土体对外加荷载的反应以及水与气在土孔隙中的运动规律的学科。力学的分支。土是岩石风化后在不同自然条件下生成的材料，一般分为砂性土和黏性土两大类，均由矿物颗粒构成的土骨架、骨架孔隙内含有的水和气体组成。砂土颗粒之间无联结力，黏性土的片状颗粒之间有联结力，形成一定形式的结构。土力学的原理和方法可用来估算土与建筑物或构筑物之间的相互作用，因而成为基础工程、堤坝、支挡结构、隧道、海港、矿山等土木工程设计的主要依据。

简史 一般认为土力学诞生于1925年K.泰尔扎吉（又译太沙基）出版的第一本系统专著《土力学》。该书总结了前人和他自己的有关论著。1942年他又发表了《理论土力学》，1948年与R.B.佩克合著了《工程实用土力学》。土力学衍生出了许多分支，如土动力学、海洋土力学、临界状态土力学、计算土力学等。

研究内容 分基础理论和工程应用两个方面。基础理论方面主要是研究土在静载荷和动载荷作用下的力学性质，并结合大型工程进行数值分析和理论探讨。

在静载荷下主要研究土的变形、强度和渗透性。①土的变形。土受荷载变形时，应力-应变关系呈非线性；在发生弹性变形的同时，伴随有塑性变形。土体受压力愈大，骨架愈致密，抗外力的性能愈强。饱和土受外荷后，变形需要一段时间才能趋于稳定，土体透水性愈小（如黏性土），所需时段愈长。②土的强度。通常指其抗剪强度。该强度等于剪切破坏面上能承受的最大剪应力。土体的抗剪强度τ_f是剪切面上法向应力σ_n的函数，表示土的强度准则或屈服条件。对无黏性土和黏性土，σ_n可分别近似用$\tau_f=\sigma_n\tan\varphi$与$\tau_f=c+\sigma_n\tan\varphi$表示。式中$c$和$\varphi$为土的内聚力和内摩擦角，合称土的强度指标。密实土剪切时体积膨胀，称剪胀性；相反，疏松土剪切时体积缩小。剪胀时，孔隙水压力具负值（低于大气压），有效应力增大，土强度升高；剪缩时，水压力有正值，土强度降低。③土的渗透性。孔隙中的渗流服从达西渗流定律，即流速与水力坡降成正比。渗流效应表现为水量流失和产生渗流力。通常利用渗透仪研究土渗流规律，并确定其渗透系数等。

在动荷载下主要研究土的动力性质。诸如土在动力条件下的应力-应变关系（包括阻尼、动力强度等与频率的关系）、砂土液化规律和应力波在土中的传播规律等。此外，通过试验研究土的流变性能（指土的蠕变、应力松弛以及强度的时间效应等特性），建立应力-应变-时间关系、长期强度和相应的极限平衡理论，可用以分析工程的长期稳定性。工程应用方面主要是通过现场试验和长期观测，研究解决土工建筑物、地基、地下隧道和防护抗震工程等的稳定性及其处理措施，以及土体作用于挡土结构物上的土压力的大小和分布规律等工程实际问题。

图1 都江堰远眺

研究对象 土力学研究的具体对象如下：①土的勘查与测试。如地基勘查与取样，土料调查及所用的仪器、设备和方法，包括钻探、现场原位试验和试验室试验。②土的鉴别、分类和定名。③土的各项物理性能和相应指标以及状态指标，为评价土性和提供设计指标之用。④土体的变形、强度及其他力学性质和它们的指标，包括土的应力-应变关系、静与动荷载下的反应等。⑤土的渗透系数、渗流规律和渗流稳定性等。⑥土体的数值计算。已形成了更能反映土体性状的弹性、非线性弹性和弹塑性本构关系的计算土力学分支。⑦实用工程设计，如地基与基础、挡土墙、桩基础设计等。⑧地基加固方法，如机械压密、排水固结、化学加固、电化学加固、土工合成材料加筋等。⑨原位观测沉降、位移、渗流，孔隙水压力、土压力等的设备与方法。

动态 随着高土石坝、高层建筑、地下工程、海洋平台和重型动力工程的兴建，土力学与基础工程的理论与土性研究，在土动力学、海洋土力学、土塑性力学、土本构关系、土工数值计算和区域性土等方面均有较大发展；在测试技术方面，实现了试验室控制、采集处理和记录绘制自动化，并置有高应力、高精度专门设备，近年又开发了离心模型试验。此外，多种类的地基加固技术；土工合成材料及其应用的研究也得到较快进展。

土木工程 civil engineering 建造各类工程设施的科学技术的统称。既指工程建设的对象，即建造在地上、地下、水中的各种工程设施；也指所应用的材料、设备和所进行的勘测、设计、施工、维修、养护等专业技术。土木工程所建造的各种工程设施，满足了生活和生产的需求，也反映了各个历史时期的社会、经济、文化和科学技术的面貌。而就其本身而言，则主要是围绕着材料、施工、理论三个方面的演变而不断发展的。“土木”在中国是一个古老的名词，意指建筑房屋等的工事，如把大量建造房屋称作大兴土木。

土木工程按其发展史可划为古代土木工程、近代土木工程和现代土木工程三个时代。

古代土木工程 从新石器时代改善巢居穴处的条件开始，到17世纪中叶前，是土木工程从萌芽到发达的时期。在中国，殷商西周之际已发展了独具风格的木结构和夯土技术。西周初期制造出瓦，战国时制造出砖（砖瓦的出现使土木工程技术得到飞速的发展，被称为土木工程的第一次飞跃）。战国时期修建了都江堰（图1）、阿房宫、未央宫、长城。隋唐之际，开大运河、建赵州桥。中国古代的房屋建筑主要使用木构架结构，公元8世纪建的山西五台山南禅寺大殿和公元9世纪建的佛光寺大殿，是遗留至今较完整的中国木构架建筑。建于公元11世纪的应县木塔，是世界上现存最高的木结构建筑之一。在世界，埃及人于公元前27～前26世纪创建了世界上最大的帝王陵墓建筑群——吉萨金字塔群。前16～前4世纪在底比斯等地建造了卡纳克神庙建筑群。希腊早期的神庙建筑用木屋架和土坯建造，屋顶荷重不用木柱支承，而是用墙壁和石柱承重。约在公元前7世纪，大部分神庙已改用石料建造。前5世纪建成的雅典卫城，在建筑、庙宇、柱式等方面都具有极高的水平。罗马人在公元前4世纪用拱券技术砌筑下水道、隧道、渡槽。公元前2世纪，用火山灰和石灰的混合物制成的天然混凝土得到广泛应用，有力地推动了古罗马的拱券结构的大发展。如罗马万神庙的圆形正殿屋顶，直径43.43米，是古代最大的圆顶庙。进入中世纪以后，拜占廷建筑继承古希腊、罗马的土木建筑技术并吸收了波斯、小亚细亚一带文化成就，形成了独特的体系，解决了在方形平面上使用穹顶的结构和建筑形式问题，把穹顶支承在独立的柱上，取得开敞的内部空间，如圣索菲亚大教堂为砖砌穹顶，穹顶下的空间深68.6米。8世纪在比利牛斯半岛上的阿拉伯建筑，运用马蹄形、火焰式、尖拱等拱券结构。科尔多瓦大清真寺（785～987），即是用两层叠起的马蹄券。中世纪西欧各国的建筑，意大利仍继承罗马的风格，以比萨大教堂建筑群（11～13世纪）为代表，其他各国则以法国为中心，发展了哥特式教堂建筑的新结构体系。哥特式建筑采用骨架券为拱顶的承重构件，飞券扶壁抵挡拱脚的侧推力，并使用二圆心尖券和尖拱。巴黎圣母院的圣母教堂是早期哥特式教堂建筑的代表。15～16世纪，标志意大利文艺复兴建筑开始的佛罗伦萨大教堂穹顶，是世界最大的穹顶。集中了16世纪意大利建筑、结构和施工最高成就的，则是罗马圣彼得大教堂。意大利文艺复兴时期人才辈出，理论活跃，如L.B.阿尔贝蒂著《论建筑》是意大利文艺复兴期最重要的理论著作。

近代土木工程　从17世纪中叶到20世纪中叶的300年间，土木工程得到迅猛发展，脱离了经验阶段，作为一门学科逐步建立起来，法国是它的前驱。1716年法国成立道桥部队，1720年成立交通工程队，1747年创立巴黎桥路学校，培养建造道路、河渠和桥梁的工程师。18世纪下半叶，规模宏大的产业革命，为土木工程提供了性能优良的建筑材料和施工机具。1856年贝塞麦转炉炼钢法发明后，钢材越来越多地应用于土木工程，使土木工程有了第二次飞跃。19世纪20年代波特兰水泥制成后，混凝土的出现给建筑物带来了新的经济、美观的工程结构形式，使土木工程产生了新的施工技术和工程结构设计理论，是土木工程的第三次飞跃。1851年英国伦敦建成水晶宫，1886年美国芝加哥建成家庭保险公司大厦，9层，并采用钢梁，被认为是现代高层建筑的开端。1889年法国巴黎建成高300米的埃菲尔铁塔。1906年瑞士修筑通往意大利的19.8千米长的辛普朗隧道。19世纪上半叶开始，英国、美国大规模开凿运河，1869年苏伊士运河通航，1914年巴拿马运河凿成。在铁路方面，1825年G.斯蒂芬森建成了从斯托克顿到达灵顿、长21千米的第一条铁路，并用他自己设计的蒸汽机车行驶，取得成功。以后，世界上其他国家纷纷建造铁路。1869年美国建成横贯北美大陆的铁路，20世纪初俄国建成西伯利亚大铁路。1863年英国伦敦建成了世界第一条地下铁道，长7.6千米。以后世界上一些大城市也相继修建了地下铁道。在公路方面，1819年英国马克当筑路法明确了碎石路的施工工艺和路面锁结理论，提倡积极发展道路建设，促进了近代的发展。19世纪中叶内燃机制成和1885～1886年德国C.本茨和G.戴姆勒制成用内燃机驱动的汽车；1908年美国福特汽车公司大量生产汽车以后，世界各地大规模地进行公路建设工程。铁路和公路的空前发展也促进了桥梁工程的进步。1890年英国福斯湾建成两孔主跨达521米的悬臂式桁架梁桥。现代桥梁的三种基本形式（梁式桥、拱桥、悬索桥）在这个时期相继出现。中国由于封建制度的影响和清朝实行闭关锁国的政策，近代土木工程发展缓慢。“civil engineering”一词于19世纪传入中国，被赋予了一个具有中国文化传统的译名——土木工程。1895年创办天津北洋西学学堂（后称北洋大学，今天津大学）和1896年创办北洋铁路官学堂（后称唐山交通大学，今西南交通大学），为中国近代土木工程教育之始。1909年詹天佑主持建成京张铁路，1912年成立中华工程师学会，中国近代建筑以1929年建成的中山陵和1931年建成的广州中山纪念堂（图2）为代表。1937年建成钱塘江桥，30年代成立中国土木工程师学会。到1949年土木工程高等教育形成了完整的体系，并培养了一支庞大的近代土木工程技术力量。

图2　广州中山纪念堂外观

现代土木工程　第二次世界大战后的数十年间，现代科学技术突飞猛进，社会生产力出现了新的飞跃，土木工程进入一个新时代。其间前段时期土木工程的特点是进一步大规模工业化，后段的特点则是现代科学技术对土木工程的进一步渗透。规模极大的工程成为这一时期的代表，如大型水坝混凝土用量达数千万立方米。对土木工程有特殊功能要求的各类特种工程结构也发展起来。如核电站、加速器工程，海洋工程已成为土木工程的新分支。随着经济的发展，人口的增长，城市用地更加紧张，

图3　加拿大多伦多电视塔

交通更加拥挤，这就迫使房屋建筑和道路交通向高空和地下发展。高层建筑成了现代化城市的象征，如美国西尔斯大厦（443米）、加拿大多伦多电视塔（553米，图3）、马来西亚石油大厦（387米），上海环球金融中心（492米）和台北101大楼（508米）。薄壳、悬索、网架和充气结构的建筑能满足种种大型社会公共活动的需要。北京国家体育场的结构是一个大跨度曲线结构，最大跨度为343米。在桥梁方面，预应力混凝土的广泛应用和斜拉桥的复兴是第二次世界大战后桥梁发展史上两次最伟大的成就。此外，各向异性钢桥面，采用流线形箱梁的悬索桥以及许多创新的结构设计和施工技术的成果使20世纪下半叶的桥梁建设取得了飞速的发展。如英国亨伯桥、法国诺曼底大桥、丹麦大海带桥、日本多多罗桥是世界公认的大跨度桥梁的杰出成就。中国在1991年自主建成上海南浦大桥的鼓舞下出现了全国范围建设大桥的高潮，并于90年代建成了全世界瞩目的上海杨浦大桥、重庆万州长江大桥、广东虎门大桥和江阴长江大桥。特别是在21世纪初，建造了世界斜拉桥跨度第一的苏通长江大桥，主跨1 088米，第二为昂船洲大桥，主跨1 018米。舟山跨海大桥主桥主跨1 650米，是仅次于日本明石海峡大桥的世界第二大跨度悬索桥。杭州湾跨海大桥是世界最长的跨海大桥，全长36千米。东海大桥是中国第一座长距离外海跨海大桥，全长32.5千米。在隧道方面，不仅穿山越江的隧道日益增多，而且出现长距离的海底隧道。世界最长的山岭公路隧道勒奇山隧道，全长近35千米，其次是中国的终南山公路隧道长达18.02千米，为亚洲第一的超长山岭公路隧道。太行山隧道长达27.8千米，是中国最长的山岭铁路隧道。翔安海底隧道是中国大陆第一条海底公路隧道。日本的青函海底隧道长达53.85千米，英吉利海峡隧道被誉

为20世纪建筑奇迹之一。这些工程适应了社会经济发展的需求，其特征是工程功能化、城市立体化、交通高速化，在这些特征的影响下，构成土木工程3要素的材料、施工和设计理论也出现了新趋势：材料轻质高强化、施工过程工业化、理论研究精密化。此外，现代土木工程与环境关系更加密切，在从使用功能上考虑使它造福人类的同时，还要注意它与环境的协调问题。

知识经济时代的土木工程具有以下特征：①在土木工程的规划和设计阶段，可运用高度发展的计算机辅助手段进行有效和快速的优化设计和仿真分析。②在结构的制造和施工安装阶段，可在工厂完成结构部件的精密加工，然后利用全球定位系统（GPS）和遥控技术，在离工地千里之外的总部管理和控制土木工程的安全及高质量的施工。③在工程交付使用后，可通过自动监测和管理系统，保证其安全和正常运行。一旦出现故障或损伤，健康诊断和专家系统将发出警报，并自动报告故障部位，指示养护和修理对策。

土木之变 Tumu Crisis 中国明代英宗亲征瓦剌军反被俘虏的事件。因其发生在土木堡（今河北怀来东南），故又称土木堡之战。此事变后，瓦剌势力大振，明北边长期处于被动挨打局面。明正统十四年（1449）七月蒙古瓦剌部太师淮王也先率军大举南下，攻扰宣府（今河北宣化）、大同等地。明英宗在司礼监太监王振挟持下，不顾朝臣反对，仓猝率军50余万亲征，大军至宣府，风雨大至，军粮不继，兵士死亡枕藉。八月初一到达大同，王振因前方败报踵至，惊慌失措，挥军急退。归途中，王振为了炫耀乡里，邀英宗至蔚州（今河北蔚县），以访其家。后又恐大军过境损坏家中庄稼，复令军队转道宣府。十三日至土木堡，诸将计议入怀来城据守，但王振不肯听从，下令就地宿营，遂被瓦剌军包围。土木堡旁无水泉，将士饥渴，疲惫不堪。十五日，也先遣使议和，英宗许之。瓦剌军诈退，王振立即传令移营就水，明军逾越壕堑而出，阵势混乱。南行未及三四里，瓦剌军发动四面围攻。明军大溃。英宗突围未成，被掳北去。王振也在乱军中为护卫将军樊忠以长锤击死。

土壤 soil 地球陆地表面能生长植物的疏松表层。由矿物质、有机质、水分、空气和土壤生物等组成。

形成和分类 土壤是岩石的风化物（成土母质）在气候、地形、生物等因素作用下逐渐形成的，其种类的分异和组合，与自然地理条件的综合变化密切相关，是一个长期的历史自然体。在人类的生产利用过程中，也受人为活动因素长期作用的影响。

在湿润热带雨林、季雨林地区，主要为高度富铝风化、富含铁铝氧化物和三水铝石黏土矿的砖红壤。湿润亚热带常绿阔叶林下，形成多种类型的红壤、黄壤及向湿带过渡的黄棕壤。半干旱热带、亚热带稀树草原景观地区为燥红土。干旱热带和亚热带为红色漠土。在广阔的湿润、半湿润温带和湿带森林地区，主要为具有硅铝风化特征和不同淋溶状况的暗棕壤、棕壤和褐土，以及由森林向草原过渡的灰色森林土。当气候变化和内陆逐渐变干的情况下，植物由灌丛草原逐步过渡为草甸草原和干草原，土壤也随之由黑土、黑钙土向栗钙土过渡。极端干旱的温带荒漠地区，为多种类型的漠土，如灰漠土、灰棕漠土和棕漠土。由荒漠向草原过渡的地区，为具半漠土特征的棕钙土和灰钙土。寒湿带湿润针叶林下，可见具有不同灰化特征的灰化土。寒冷、低湿的极地及其边缘地区，形成苔原土和极地漠土。在高寒的高山冰川边缘为寒漠土。与上述地带性土壤共存的还有多种类型的草甸土（潮土）、沼泽土、盐碱土、风沙土、石灰（岩）土、火山灰土、水稻土等。

中国按全国第二次土壤普查（1978～1992）形成的土壤分类系统，将全国土壤划分为12个土纲、60个土类和2 470个土种。12个土纲分别是高山土纲、初育土纲、铁铝土纲、淋溶土纲、半水成土纲、漠土纲、钙层土纲、半淋溶土纲、人为土纲、干旱土纲、盐碱土纲、水成土纲。60个土类中面积最大的是寒钙土、风沙土和红壤，均占土壤面积的6%以上。

利用和保护 土壤能不断地给植物提供水分和养分，是农业生产的基本资料，人类生存不可或缺的自然资源。

利用和保护土壤资源的基本做法是：①因地制宜，宜农则农，宜林则林，宜牧则牧，并根据土壤条件合理安排种植植物种类及农业生产技术措施。②坚持用地与养地相结合，保证土壤肥力的稳定和提高，做到可持续发展。③改良土壤，排除土壤障碍因素，改良植物营养条件，以及创造良好的农田环境与耕作利用条件。

土壤地理学 soil geography 研究土壤与地理环境相互关系的学科。是土壤学和自然地理学之间的边缘学科。研究土壤的形成、演变、分类和分布，为保护和利用土壤资源以及发展农、林、牧业生产提供科学依据。研究内容主要包括土壤发生和演变、土壤分类、土壤分布、土壤区划和土壤资源评价等。研究方法有土壤调查和制图、土壤理化分析、土壤动态观测和模型模拟等。

俄国V.V.多库恰耶夫于1883年发表《俄国黑钙土》一书，提出土壤形成因素学说和土壤地带性学说，创立土壤的发生学派，使土壤地理学成为一门独立的学科。中国从20世纪30年代之后，特别是50年代以来，土壤地理学的研究取得不少成果。

土壤酶 soil enzyme 土壤中的生物催化剂，具有加速土壤生化反应速率功能的一类蛋白质。土壤中的一切生化过程，包括各类植物物质的水解与转化、腐殖物质的合成与分解以及某些无机物质的氧化与还原，都是在土壤酶的参与下进行和完成的。土壤酶主要来自土壤微生物和高等植物，也来自土壤动物和进入土壤的有机物质。根据它的存在部位，可将其分为脱离活体的胞外酶和胞内酶两大类。在已知的生物体内的近2 000种酶中，已发现约有40余种酶存在于土壤中。土壤的质地和结构、土壤微生物和高等植物的营养状况、土壤一系列化学性质和农业技术措施以及工业废渣、废水等，都影响土壤酶的活性强度。

土壤水 soil water 土壤孔隙中存在的和土壤颗粒吸附的水分。通常有四种形态：①吸附在土壤颗粒表面的吸着水。又称强结合水。土壤颗粒对它的吸力很大，离颗粒表面很近的水分子，排列紧密。这类水溶解盐类能力弱，具有固态水性质，不能流动，但可转化为气态水而移动。②在吸着水外表形成的薄膜水。又称结合水。土粒对它的吸力减弱，与液态水性质相似，能从薄膜较厚处向较薄处移动。③依靠毛细管的吸力被保持在土壤孔隙中的毛细管水。毛细管水可传递静水压力，被植物根系全部吸收。④受重力作用而移动的重力水，具一般液态水的性质。除上层滞水外不易保持在土壤上层。土壤水的增长、消退和动态变化与降水、蒸发、散发和径流有密切关系。它是成土过程的重要因素，并是植物生长所需水分的主要给源。

土壤污染 soil pollution 人类活动产生的污染物进入土壤并积累到一定程度，引起土壤质量恶化的现象。具有隐蔽性，不易被发现；又具有持久性，很难清除。

土壤污染主要有重金属污染和有机污染两类。过量施用化肥导致的土壤污染也正引起人们的重视。①重金属污染。污染土壤的重金属有汞、镉、砷、铅、铬、铜等，主要来源于污水灌溉和污泥农用、固体废物堆放或作为肥料施用以及空气中污染物的沉降。重金属进入土壤后，所造成的污染不能通过感官识别。重金属（含砷）元素一旦进入土壤，因其流动性差，积累在土壤中很难靠稀释净化而消除，容易在土壤不断积累，长期向农作物迁移，形成持久污染。重金属污染一旦发生，主要靠换土、淋洗土壤等方法消除，治理难度大，成本高，周期长。②有机污染。有机污染物种类很多，此处所指污染物为难降解有机物和降解中间产物的毒性比其亲体更大的有机物。它们或有致畸、致癌和致突变性，或通过食物链进行生物浓缩，毒害土壤生态系统和影响人体健康。一些无毒、可降解有机物，如人畜粪便、生活垃圾、污泥等，因处置不当可引起局部土壤的生物污染和有机物的负荷污染。

土壤学 soil science 以地球陆地上能够生长植物的疏松表层为对象，研究其内部物质运动规律及其与外界环境间关系的科学。研究内容主要包括土壤的发生与演变，土壤的分类与分布，土壤的物理、化学和生物学过程与特征，土壤的保护、利用、改良与培肥等，为人类合理开发利用土壤资源提供理论依据和科学方法。

分支学科 土壤学的分支学科可归纳为属于自然科学的理论土壤学和属于技术科学的应用土壤学两大类群。理论土壤学的主要分支学科有：土壤分类学、土壤地理学、土壤物理学、土壤化学、土壤生物学等。应用土壤学的主要分支学科有：土壤调查与制图学、土壤耕作学、土壤改良学、土壤保持学等。

研究方法 土壤学已经形成了一套较为完整的研究方法，主要有：①野外调查。在野外（田间）通过对土壤形成因素和剖面形态的观察，并结合对周围自然地理环境和土壤利用情况的综合分析来掌握土壤的基本特征。②实验室研究。在实验室内借助各种仪器设备和温室设施等对土壤的物理、化学和生物学性质等进行定量或定性的测定，或对土壤肥力水平进行生物学试验（水培、砂培或土培）和模拟试验等。③定位研究。在田间选定某一土壤或某一地区，对土壤的某种属性或过程进行长期、系统的观察测定，以研究其动态变化和发展趋势及其对土壤性质或肥力的影响。

研究趋势 由于现代科学技术的进步和世界人口的不断增长，土壤学的研究更趋向于重视保护土壤资源、合理利用土壤和提高土壤生产力，以适应人口增长与耕地日益减少的矛盾。在研究内容上，除继续深入进行土壤地理、物理、化学、生物，土壤分类和土壤肥力等基础研究外，在实用技术方面更重视资源节约型和环境安全型土壤管理技术的研究，土壤侵蚀、土壤沙化、土壤污染等土壤退化的防治与修复，以及研究土壤信息系统，为土壤资源的合理开发利用建立良好的技术平台。

土司 Aboriginal Office 中国元、明、清在少数民族聚居地设置的地方机构，以当地酋长为世袭的土官土吏，称为土司。

中国历代中原王朝对少数民族实行羁縻政策，由来已久。汉封土著酋长为王、侯、邑长，南朝设左郡左县，唐、宋置羁縻州，都是通过任命当地土族酋领为世袭地方长官的方式实行羁縻政策。

元在西南地区包括今湖南、湖北、四川、云南、贵州、广西等少数民族聚居地，授各族首领为宣慰使、宣抚使、安抚使、长官、副长官等官职，又在少数民族较多的府、州、县，除朝廷派遣流官外，也任用土官。明代继承元制而更为完备。所以，土官制度虽起源很早，但称为土司，一般认为肇始于元，而定制于明，《明史》有专门记载西南各土司始末的《土司传》。

西南地区的少数民族大都从事农业，生产方式和内地居民差异不大，因此，设置在这些地区的地方机构，有些和内地大体类似。明代的土司包括土府、州、县或称羁縻府、州、县和宣慰、宣抚诸司及部分卫、所。

土府、州、县的等级及设官如内地府、州、县，官吏有土知府、土府同知、土通判、土知州、土州同知、土判官、土知县、土县丞、土主簿，为文职官，另有土巡检、土驿丞等。另外，还有一种军民府，一般由土官任知府，但也有流官。武职官有宣慰司、宣抚司、安抚司、招讨司、长官司及蛮夷长官司等，早期还有苗民官、千夫长等。

土司的设置及委任土官的等级，并无严格的标准，一般根据辖地的大小、势力的强弱及户口的多少，但主要依据功绩，如土司助朝廷征讨有功，便可擢升较高的官职。另外，还和土司的地理位置有关，内地土司，朝廷威力所及，所授官职较低；边远地区，朝廷威力所不及或较弱，则往往授以高职，以为笼络。

朝廷为有效控制土司，一般设有流官佐理，如宣慰、宣抚司的经历，安抚、招讨、长官司及土州的吏目，土县的典史，大都由流官担任。有些土府、州、县的实际权力掌握在流官手中，或并设土、流知州或知县，各司一部分职务，如土官掌本民族，流官掌移民。

各级土官由朝廷委任，颁给印信，作为对其境内进行统治的凭证。土司对境内的管理，皆按本民族习俗，朝廷一般不予过问，但有谨守疆界、缴纳贡赋、修筑驿道、服从征调等义务，土官承袭要经过朝廷批准，如不遵法度，朝廷要给以制裁。各级土官，多数世袭，少数选用，世袭者世居本土，选用者多为流寓，为众所服。土官的袭替有严格的规定，明初依例九品以上虽万里外也要赴京就职，后改为布政司代为上报。土司承袭原属吏部，后以宣慰、宣抚、安抚、长官等司，皆领土兵，改隶兵部。

清代大体上仍承袭明制。明、清两代一方面完备了土司制度，另一方面在部分地区实行改土归流，即人事上革除土官的世袭，以流官代替土官；行政上废除各级土司机构，代之为府、州、县，使整个土官制度纳入地方行政系统，其方式或土官绝嗣，或革除世袭，或武力剿灭。但土官世代相袭，势力根深蒂固，盘根错节；在当时情况下，也有利于政府统治，地方稳定，所以直至民国时期，部分土司仍然存在。一直到20世纪中，土司制度才彻底废除。

土豚 *Orycteropus afer*; aardvark 哺乳纲土豚科土豚属的唯一种。一种大型的食蚁动物。分布于撒哈拉沙漠以南的东非至南非。体型类似大袋鼠，但颇肥壮，体长150～180厘米，体重50～60千克；全身黄褐色，体毛稀疏；头部窄而长，吻部前突呈管状；舌细长，富黏液，能延伸；耳长

土豚外形

大而薄，类似驴耳；四肢粗壮，趾端具强大而锐利的爪；尾呈圆柱形，尾肌很发达，基部粗，末端变细，长约70厘米。土豚是一种稀少的奇特动物，特别是牙齿与众不同，成体时上下颌仅可见2对前臼齿和3对臼齿。牙齿终生生长，齿的内部全为齿质。自中央髓腔发出多数平行的管状延长部，所以在咀嚼面上，呈现为多角形小管的集合体。栖息在丘陵和半草原地区。独自生活在较深的洞穴中。极善于挖土，掘进速度快，几分钟内就能遁入土中。夜间活动以利爪抓破蚁丘，用长舌粘食白蚁。性懦弱胆小，缺乏自卫能力，全靠灵敏的听觉察知外部敌情，尽早地隐匿或逃入洞内。5～6月产仔，每胎1仔。幼土豚裸而闭眼，半年后出洞。

土星 Saturn 太阳系八行星之一。用小型光学望远镜能明显看清带有光环。中国古代称“镇星”，也称“填星”。西汉之后始

土星系

称“土星”。“冲日”时亮度为－0.5视星等，约为织女二（天琴α）亮度的1.5倍。

公转和自转　土星与太阳之间平均距离约为9.6天文单位（AU）。土星的轨道偏心率e为0.06。与太阳距离的变化幅度是：近日距9.01AU，远日距10.07AU。公转轨道面和黄道面的夹角2.49°，在4个类木行星中是最大的一个。平均轨道速度9.67千米/秒，为木星速度的74%。公转周期约为29.4个地球年。土星赤道面和公转轨道面的倾角26.73°，比地球的黄赤交角略大些，地球上能够以较大的视角交替地侧视土星南北两极。土星自转很快，自转周期10小时39分钟，仅略比木星慢些。

理化状况　土星赤道半径60 268千米，约为地球的9.4倍。质量约为地球的95倍。体积约为地球的744倍。椭率为0.098，为八行星中最扁椭的。土星是4个非岩石表面的类木行星之一，由于自转速率快，沿赤道带得见条带状云系。反照率为0.47，和木星的0.52近似。在大气压力1帕处的表面重力加速度9.1米/秒^2，远小于木星的24.8米/秒^2。赤道带逃逸速度35.5千米/秒，也比木星60千米/秒的小。土星的平均密度0.70克/厘米^3，可以“浮于水”，它是太阳系中唯一轻于水的天体。土星大气中氢占94%，氦占6%，水和甲烷等仅为微量。大气上层接受的太阳热量相当于地球的1.1%，气温约为－160～－170℃。推测土星有一岩石态内核，半径约5 000千米。内核之外是5 000千米厚的冰层，往外是8 000千米厚的金属氢区，再外是宽度为36 000千米约占土星半径60%的分子氢区，最上则是厚500～800千米的大气。土星赤道带附近经常有云气旋，其中最大的一个卵形气旋，名为“大白斑”，长度约5 000千米，小于木星的“大红斑”。

土星环（Saturnian ring）　伽利略于1610年最早用小型望远镜观察发现，直到1650年才经C.惠更斯借助长焦距望远镜证实。地基观测和空间探测确认，环系共有5“环”和4“缝”。环系沿土星赤道面绕土星运转。

土星卫星　到2006年中，已观测到卫星56个。第一个土卫泰坦（Titan）于1655年由C.惠更斯发现，19世纪经排序定名为土卫六。土卫六绕土星运转一周15.9个地球日，它是已知唯一一个有大气的卫星。质量为地球的2.2%，体积是地球的6.5%。平均密度1.88克/厘米^3，只及地球的34%。表面重力1.35米/秒^2，约为地球的14%。表面气压1.45帕，比地球的略高。大气成分主要是氮、甲烷、氢等。地表覆以水冰。

空间探测　“先驱者”11号探测器：于1974年12月飞掠木星后历经5年的跋涉于1979年驶抵土星，发送回440幅土星云系、大白斑、土环、土卫的近景图像，发现并测定土星的磁场。“卡西尼”土星探测器：1977年发射上天，在飞掠金星、地球和木星之时前后共4次获得提速后，于2004年7月与土星会合，进入环绕土星轨道，成为第一个土星的人造卫星探测器，并于2005年1月将“惠更斯”自动实验装置投向土卫六，穿过云层，实现软着陆，开展了就地勘查。

“土星”号运载火箭　Saturn launch vehicle　美国巨型运载火箭系列。1961年4月20日，开始实施土星巨型登月火箭研制计划。有“土星”1号、1B号、5号3种型号。“土星”1号是两级火箭，长38.1米，起飞质量502吨，近地轨道的运载能力10.2吨，曾用来

“土星”5号运载火箭发射

试验发射“阿波罗”号飞船模型。“土星”1B号也是两级火箭，长68.3米，起飞质量590吨，近地轨道的最大运载能力18.1吨，除作运载“阿波罗”号飞船试验外，还3次将航天员送上“天空实验室”和1次发射“阿波罗”载人飞船与苏联“联盟”号飞船对接。1967年问世的“土星”5号火箭，是世界上最大的串联式运载火箭，全长110.6米，起飞质量2 950吨，近地轨道的运载能力达130吨，飞往月球轨道的运载能力为47吨。

土葬　earth burial　葬式之一。为世界许多民族采用的一种葬式。约产生在旧石器时代中期的早期智人阶段。西欧莫斯特文化的墓葬，是迄今所知最早的土葬。土葬墓一般葬一个遗体，也有两人或多人合葬墓。自古以来，氏族、家族或宗族通常有固定的墓地。土葬一般有不同质地的棺和随葬品，统治阶级墓葬的随葬品甚丰，甚至有人殉。最早的土葬多在人类居住的洞穴内外地表搁置死者，然后垒土石，或掘一浅坑埋葬。随着社会的发展衍变为多种形式。中国的土葬形式主要有：①竖穴墓（土坑墓），自旧石器时代晚期开始流行。从地表向下掘一土坑作墓室，葬后用土填实。②大石墓，流行于新石器时代至汉代。系在地表以大石造成墓室，有石门可以启闭，同一氏族（家族）的成员死亡后，可不断葬入。③瓮棺葬，新石器时代至汉代较为流行。用陶瓮或陶罐作葬具，多为二次葬（先葬于木棺，后拾骨重葬于瓮中）或葬幼童。④石板墓（石棺葬），战国时期以来流行。用天然石板数块作为墓室，葬后覆以石板和土。⑤砖（石）室墓，战国时期以来流行。用砖（石）砌成墓室，置棺其中，用土封闭墓室。⑥洞室墓，始于战国时期，盛于六朝以至隋、唐。先从地表向下掘一墓道，并于墓道末端掘一墓室，葬后封闭墓门，填塞墓道。⑦木椁墓，始于商代，汉以后少见。用木材在土坑内构成长方形椁室，置棺其中，上覆以土。⑧船棺葬，战国末期至汉初盛行于四川一带。实为竖穴墓的一种，但以独木舟作葬具。

土族　Tu　中国少数民族。主要聚居在青海、甘肃省的部分地区。人口241 198（2000）。使用土族语，属阿尔泰语系蒙古语族。过去借用汉文和藏文，20世纪末试行新创制的拉丁字母形式的文字。过去有“蒙古尔”、“察汗蒙古尔”、“土昆”、“霍尔”、“土户家”、“土民”等多种自称或他称。经济以农业为主，种植小麦、青稞、马铃薯等。能歌善舞，歌曲种类有“安昭”、“花儿”等。女子喜穿称为“秀苏”的花袖衫，戴鲜艳多彩的毡帽。男子一般穿长衣、绣花衬衣，戴毡帽或礼帽。饮食以面食为主，有酿酒习惯，青稞酒最为著名。住房多为土木结构的平房，有称为“庄廓”的正方形庭院。婚姻行一夫一妻制。丧葬有火葬、土葬、天葬和水葬等。信仰以藏传佛教为主，也有信道教、萨满教的。1954、1986年在青海建立了2个土族自治县，并在甘肃先后成立了3个民族乡。

土族女子

土族语　Tu language　属阿尔泰语系蒙古语族。学术界又称“蒙古尔”语。分布于中国青海省东部和甘肃省西部，以青海省互助土族自治县和民和回族土族自治县最集中。分互助和民和两个方言。土族语（以互助方言为代表）有7个单元音，长短对立；复元音多为后响的二合元音；单辅音有26个，还有几组复辅音，除个别情况外都出现在词首；重音一般落在词的末一个音节上。名词有主格、领宾格、位与格、离比格、

造联格和连同格。动词分析使式、陈述式、形动词、副动词等语法范畴。**汉语**借词的比重最大，其次是**藏语**借词。1979年土族创制了采用26个拉丁字母的土族文。

吐蕃 Tu-bō 7～9世纪时古代藏族在中国青藏高原建立的政权。蕃为古代藏族自称。6世纪时，以山南地区经营农业的雅隆部为首的部落联盟已经建立政权，并逐渐将势力扩展到拉萨河流域。其君称赞普，相称大论、小论。629年**松赞干布**继赞普位，建都逻些（今西藏拉萨）。他制定法律及职官、军事制度，统一度量衡，命人创制文字，与唐、天竺（今印度）、泥婆罗（今尼泊尔）开展交往，引入先进文化。佛教也于此时正式传入吐蕃。640年，唐以宗室女**文成公主**嫁松赞干布，结成和亲。高宗、武后时期，吐蕃灭**吐谷浑**，威胁唐之陇右、河西，进而与西突厥余众连兵，争夺唐之**安西四镇**。双方战争不断，然通使亦不绝。709年，唐又以宗室女嫁赞普弃隶蹜赞。但两个王朝的关系仍然充满冲突，双方争夺的战线从河西、陇右、安西四镇直到大、小勃律。**安史之乱**爆发后，唐兵东调平乱，吐蕃趁虚据有陇右、关西。763年一度攻进长安。唐河西、安西、北庭地区初被隔绝，后亦沦陷。在唐西南的**南诏**亦依附吐蕃。

8世纪90年代，吐蕃势力极盛，控制区域西达葱岭，北至天山，东至今四川西部及甘肃陇山一带。它在西方阻止了大食人的继续东进；在北方则与葛逻禄、黠戛斯等结盟同回鹘争衡。821～822年唐蕃会盟，翌年建立了唐蕃会盟碑。846年（一说842），赞普达磨死，统治集团内部矛盾爆发，战争连年不绝，引起奴隶、平民大起义，吐蕃瓦解。848年，沙州汉人张议潮起义，赶走吐蕃统治者，建立归义军政权，以河西归顺唐朝。自松赞干布起，吐蕃赞普9人，历218年。

吐蕃社会生产以农、牧业为主。有烧炭、冶铁、毛织等手工业。冶铁有较高水平，能在江面上架设铁索桥。吐蕃时期的碑铭、木简、文书、经卷等，尚有大量保存至今，是研究吐蕃社会、历史的宝贵资料。吐蕃王朝瓦解以后，宋、元及明初史籍仍泛称青藏高原及当地人民为吐蕃或西蕃。

位于西藏山南地区琼结县的藏王墓（相传松赞干布和文成公主及前后几代吐蕃王均葬于此）

吐根碱 emetine 异喹啉型**生物碱**，分子

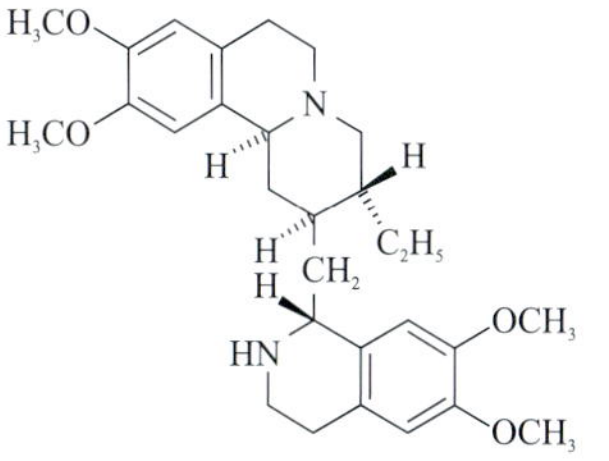

式$C_{29}H_{40}N_2O_4$。存在于巴西产吐根的根中。白色无定形粉末；熔点74℃，比旋光$[\alpha]_D^{20}$ −50（氯仿）；曝光及受热后变成黄色；呈强碱反应；难溶于水，能溶于有机溶剂。若将微量的吐根碱溶于数滴浓盐酸中，加入少许过氧化氢，即出现黄红色，这是试验吐根碱极灵敏的反应。吐根碱的盐酸盐对溶组织阿米巴滋养体有直接杀灭作用，可用于治疗急性**阿米巴病**。去氢吐根碱为吐根碱的衍生物，也有强的杀死溶组织阿米巴滋养体的作用，且毒性反应较轻，已供临床使用。

吐火罗 Tukhāristān 原为民族名，中世纪转为地名。指乌浒水（今阿姆河）上游即缚刍河流域，以今昆都士（唐代活国）为中心的**阿富汗**北部地区。

公元前2世纪中叶，吐火罗灭掉以巴里黑（今阿富汗马扎里沙里夫西巴尔赫）为都城的**大夏**，于其地建国，是为贵霜王朝。3世纪中叶，贵霜王朝为波斯**萨珊王朝**及印度笈多王朝所颠覆，吐火罗名称重新见于史籍。5世纪30年代，自阿尔泰山南下的**嚈哒**人据有其地，遂与嚈哒人杂居。563～567年，突厥与波斯萨珊王朝合力灭嚈哒，其地遂为突厥所有，突厥派通设、咀度设统治吐火罗故国。629（或630）年**玄奘**行经此地，记吐火罗故国领域：东起帕米尔，西接波斯，北据铁门（今乌兹别克斯坦南部布兹嘎拉山口），南至大雪山（今阿富汗兴都库什山），南北千余里，东西3 000余里，相当于今阿富汗北部地区。此地在历史上一直是中国西域与伊朗、印度等地交通往来必经之处。玄奘时，吐火罗王族已绝嗣数百年，酋豪林立，分为27国（玄奘实际列出29国）。唐高宗显庆年间（656～661），以境内的阿缓城（今阿富汗昆都士）置月氏都督府，授其王为吐火罗叶护、悒怛王，使持节25州诸军事。

8世纪初，大食东来，在萨珊王朝末代诸王、突厥和吐火罗故地的君主与大食交战的时期，吐火罗故地的君主号为叶护，可能是突厥葛逻禄部的首领。大食进逼，吐火罗君主曾要求唐朝保护。8世纪中叶以后，大食人取得决定性胜利。**安史之乱**时，曾有吐火罗兵助唐平乱。13世纪后，吐火罗一名逐渐消失。

吐火罗语 Tocharian language 原始印欧语言中的一种独立语言。20世纪初在中国新疆发现了此语言的残卷。经学者考释，此语言有两种方言：吐鲁番、焉耆一带的残卷所代表的焉耆方言和库车一带的残卷所代表的龟兹方言。德国学者仍保留吐火罗之名，将前者称为吐火罗语A，或东吐火罗语；将后者称为吐火罗语B，或西吐火罗语。

吐火罗语使用的是中亚婆罗米斜体字母。时间可能在6～8世纪之间。

吐火罗语的元音分简单元音与复合元音。辅音有喉音、腭音、顶音、齿音、唇音、半元音与流音、咝音、气音（声门音）、塞擦音。同**梵语**比较，最大的差别是：真正的吐火罗词中缺少清送气音、浊音和浊送气音。另外，吐火罗语又增加了一些新的标音符号。

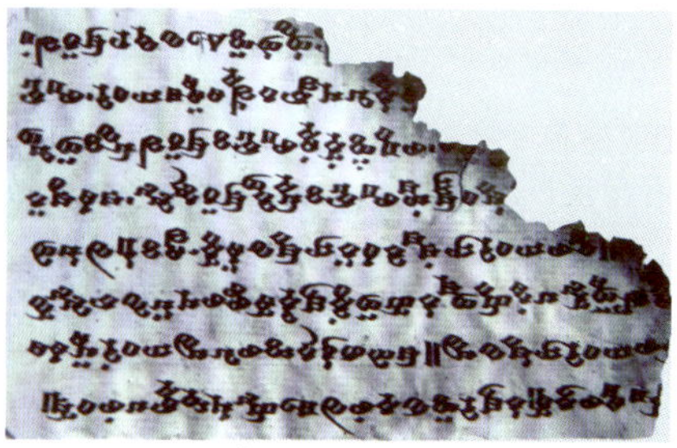

吐火罗文《弥勒会见记》剧本残片（1957年在新疆发现）

吐火罗语的名词、形容词等有3个性：阳性、阴性、中性；有5个数：单数、对数、双数、复数、复合复数；格有双层结构：下层是主格、间接格、所有格、呼格（只限于西吐火罗语），上层是派生格，有具格、越格、随格、向格、从格、依格、因格（只限于西吐火罗语）。代词有人称代词、指示代词、疑问代词、不定代词等。有副词。动词变位有基础动词与致使动词；语态有主动与中间两种；数有单数、复数，双数极少；时态有现在时、未完成时、加重过去时、过去时；语气有虚拟、愿望、命令3种。

吐鲁番地区 Turpan Region; Turfan Region 中国新疆维吾尔自治区人民政府设立行政

公署所管理的地区。位于自治区东部。辖吐鲁番市和鄯善县、托克逊县。面积69 620平方千米。人口62万（2010），有维吾尔、汉、回等民族。地区行政公署驻吐鲁番市。1975年置吐鲁番地区。北部有博格达山，南部有库鲁克塔格山，吐鲁番盆地位于北半部，盆地南缘艾丁湖洼地海拔－154.31米，为全国陆地最低点。属暖温带极端干旱气候，酷热、少雨、多风。年平均气温11.3～13.9℃，平均年降水量6.9～25.2毫米。植物有骆驼刺、麻黄、苦豆子、沙拐枣等。农产品有小麦、高粱、花生、红花、芝麻、长绒棉、葡萄、哈密瓜等。矿产有煤、石油、天然气、铁、盐、硝、硼、石棉等，艾丁湖盆为盐碱化工原料产地。工业有煤炭、电力、化工、建材、食品加工、酿酒、棉纺、织毯等。

吐鲁番盆地 Turpan Basin 天山东段博格达山与库鲁克塔格之间的断陷盆地。位于中国新疆维吾尔自治区中部。东西长约250千米，南北约75千米，面积1.57万平方千米。盆地北缘高峰海拔4 388米，中部地势低洼，盆地最低点艾丁湖洼地海拔－154.31米，是中国大陆最低点，在100千米内高差4 542米。属暖温带大陆性气候。盆地内吐鲁番市年平均气温14℃，7月平均气温33℃，极端最高温47.6℃，有火洲之称。年日照3 095小时，为同纬度地区少见。平均年降水量仅16毫米，蒸发量大。适于种植无核白葡萄、甜瓜（哈密瓜）、长绒棉等喜温作物。坎儿井是独特的灌溉系统。矿产有石油，已建成吐—哈油田基地。

吐鲁番市 Turpan City 中国新疆维吾尔自治区吐鲁番地区辖县级市。地区行政公署驻地。位于自治区中部。面积13 690平方千米，人口27万（2008）。有维吾尔、汉、回、哈萨克、蒙古、俄罗斯等21个民族，其中维吾尔族占70%以上。距今约2 200年前，此地建有“姑师”国，后称“车师”。西汉隶属西域都护府，称交河、高昌。东晋设高昌郡。唐初称西州、和州，咸通间建立高昌回鹘王国，都城高昌。宋称西州回鹘（高昌回鹘）。元设和州宣尉司，元末称火州吐鲁番。明代建立吐鲁番速檀国。清乾隆年间先后隶属甘肃布政司、迪化都统。光绪年间设吐鲁番直隶厅。1913年设吐鲁番县，1985年撤县建市。属大陆性干旱气候。年平均气温14℃，素有“火洲”之称。年降水量16.4毫米，年蒸发量2 837.8毫米，无霜期266天。境内自后沟至白杨沟3个泉约30千米地带，是新疆著名的“三十里风区”，有“陆地风库”之称。矿产以盐、煤、石油、石灰岩、石英砂、铁、锰、硼、土碱、芒硝为主。农业主产葡萄、长绒棉、甜瓜、小麦和高粱。葡萄干以“色翠、味甘、香馥、形美”驰名中外。葡萄品种多达120种。其他果类品种有杏、桃、苹果、石榴等。是新疆4大著名瓜果产地之一。是干鲜葡萄、甜瓜生产与出口基地。工业有瓜果加工、酿酒、无机化工、煤炭、再生橡胶、造纸、棉纺、织毯等。有地下坎儿井538道，总长3 200千米。文物古迹有交河故城、高昌故城、阿斯塔那—喀拉霍加古墓群、柏孜克里克千佛洞和造型独特的苏公塔、亚尔果勒千佛洞、胜金口千佛洞、阿里帕塔霍加木、台藏塔等。风景名胜有火焰山、艾丁湖、葡萄沟、沙疗所、陆地海拔零点标志、沙漠植物园等。

新疆吐鲁番葡萄沟

吐鲁番文书 documents from Turpan 中国新疆吐鲁番地区古墓葬、古城址及古洞窟等处出土的纸质文献。首次发现于19世纪末。年代属3～14世纪，是高昌壁至高昌回鹘时期的官私文书等古文献。吐鲁番文书发现后，遭到外国探险家的疯狂盗掘，大批文书流失国外。从20世纪20年代起，中国学者对吐鲁番地区的墓葬等处进行了科学发掘，从随葬的纸质棺、靴鞋、冠带、俑、枕衾等拆下大量文书，并获得直接随葬的文书。吐鲁番文书现藏于中、俄、德、日、英、印度等国的博物馆、图书馆等机构。

吐鲁番文书以汉文文献为主，已知年代最早的为西晋元康六年（296），最晚的为元至正十七年（1357）。按性质可粗略分为官私文书、古籍、宗教文献等几大类。官文书包括诏令、律文、奏表、籍账、文牒等。私文书包括各类疏（如世俗的衣物疏、寺观的功德疏）、契券（如租佃、借贷、买卖、雇佣的契券）、遗嘱、信牍等。古籍有儒家经典、史书、诗文、启蒙读物等。宗教文献包括佛教、道教、摩尼教、景教、袄教等的文书和典籍。此外还出土回鹘文、突厥文、粟特文、吐火罗文、梵文、吐蕃文等多种文字的文献。唐大历十三年（778），吐鲁番进入高昌回鹘时期后，汉文文书渐少，所见多为回鹘文文书。吐鲁番文书的发现，为研究中古时期中国、西域和高昌的历史、宗教、语言等提供了珍贵资料，并形成一门专门的学问——吐鲁番学。

吐谷浑 Tu-yü-hun 中国古代西北民族及其所建国名。本为辽东鲜卑慕容部的一支。西晋末，首领吐谷浑率部西迁到枹罕（今甘肃临夏）。后扩展，统治了今青海、甘南和四川西北地区的羌、氐部落，建立国家。至其孙叶延，始以祖名为族名、国号。南朝称之为河南国；邻族称之为阿柴虏或野虏；唐后期称之为退浑、吐浑。主要从事畜牧，产良马，兼营农业。居庐帐，后渐有城居。使用汉文。与北魏及南朝均有密切交往。6世纪中叶，其王夸吕自号可汗，都伏俟城（在青海湖西22.5千米）。591年，隋以光化公主妻其王。609年隋取其地，置西海、河源、鄯善、且末四郡。隋末复其故地。635年唐遣军击之，立诺曷钵为可汗。640年，唐以弘化公主妻诺曷钵，加封青海王。663年吐蕃破其国，诺曷钵率残部奔凉州。670年，吐蕃尽据吐谷浑地。672年，唐迁其部于灵州，置安乐州，以诺曷钵为刺史。吐蕃占据灵州后，吐谷浑更东迁朔方、河东。五代时散处蔚州等地。936年燕云地区割属契丹，这部分吐谷浑人便臣役于契丹，后世多同化于汉族或其他民族。留在青海的吐谷浑，有学者认为即今土族的先民。

吐峪沟石窟 Tuyugou Caves 中国佛教石窟。位于新疆维吾尔自治区鄯善县西南约40千米处。早期洞窟约开凿于5世纪，是吐鲁番地区年代较早的石窟；晚期洞窟约开凿于高昌回鹘时期（9～14世纪）。现存编号洞窟46个，大部坍毁，仅8窟残存壁画。窟形有方型窟、中心柱窟和长方形纵券顶窟几种。壁画题材主要是因缘佛传图、立佛、千佛、七佛、禅僧和佛本生故事等。早期洞窟的代表第44窟平面方形，穹窿顶，窟内正中设佛台。窟顶绘莲花、天王等。正

东南区第44窟窟顶壁画（此图为西披立佛像，头上有华盖，身着袒右式袈裟，手托钵，佛间用变形忍冬纹和联珠纹分隔）

壁和左、右壁分三层，上层绘千佛和说法图，中层绘佛本生故事画，下层为三角垂饰。第3号窟为晚期窟。平面长方形，主室后壁凿一耳室，左、右壁各凿两耳室，均为纵券顶。壁画现存两层。外层为方格中树下坐禅僧，下部壁画多漫漶，似为佛本生故事画。

钍 thorium 天然放射性元素，元素符号Th，原子序数90，原子量232.038 06，属锕系元素。以北欧神话中的雷神托尔（Thor）命名。钍是J.J.贝采利乌斯于1828年发现的。

已发现质量数为209～237的全部钍同位素，只有^{232}Th天然存在。钍在地壳中平均含量为$(1.3\sim1.8)\times10^{-6}\%$，其数量与铅、钼差不多，为铀的3倍。天然淡水含钍$2\times10^{-9}\%$，海水含钍$1\times10^{-9}\%$。钍的可靠储量为107万吨，远景储量275万吨。自然界中含钍的矿物很多，约有100多种，如氧化物、硅酸盐、磷酸盐、铌钽酸盐、钛酸盐和碳化物等矿物，有工业价值的有独居石、钍石、方钍石和铀钍矿。

^{232}Th是天然放射性衰变系钍系的始祖核素，经过α、β衰变，最终转变为稳定的^{208}Pb。^{232}Th俘获中子后，经核反应最后转变为核燃料^{233}U。

钍为银白色金属；熔点1 750℃，沸点约4 788℃，密度11.7克/厘米^3。纯金属钍质软，易于冲压、锻造、轧制、拉伸等。氧化态为+4、+3，化学性质活泼。除惰性气体外，钍与所有非金属元素作用，生成二元化合物。钍与一系列金属生成合金，能使这些金属在高温下具有高的机械强度，如钍镁合金、钍锌合金、钍汞合金、钍镍合金等。

采用溶剂萃取、离子交换、沉淀等方法，从独居石矿石中将钍与稀土、铀和其他杂质分离，得到钍浓缩物，再制成核素纯的二氧化钍或氯化钍、氟化钍，用钙还原二氧化钍或熔盐电解氯化钍、氟化钍并制成金属钍。

钍及其化合物在核能、航空和航天、冶金、化工、石油、电子工业等部门有重要用途。^{232}Th吸收中子后转变为^{233}U，是潜在的核能源。钍镁合金是制造高速飞机和火箭的主要结构材料。二氧化钍熔点高（3 220℃），很稳定，是理想的耐火材料，二氧化钍在石油和化学工业中，可用作催化剂。钍可制作电子放电管、电子计算机的记忆元件、光敏薄膜、燃料电池元件、辐射探测器、光电池等。四氟化钍用于制造特种光学玻璃，金属钍在真空管中用作吸气剂。

钍属高毒性元素，主要积蓄于肝、骨髓、脾和淋巴结，其次是骨骼、肾等脏器中。急性中毒主要是钍化合物的化学毒性所致，慢性中毒则由钍及其子体的辐射作用引起。

吐法 emesis method 中医临床运用具有催吐作用的药物或用机械方法刺激咽部探吐，引导病邪或有毒物质从口吐出的治法。又称催吐法。为治疗八法之一。吐法能使停蓄在咽喉、胸膈、胃脘间的痰涎、宿食、毒物等从口而出，适用于误食毒物尚留胃中或喉痹喉中痰涎壅盛、呼吸困难或宿食停积胃脘等病证。常用瓜蒂、藜芦、食盐等药物。代表方剂如瓜蒂散、盐汤探吐方。瓜蒂散作用较强且瓜蒂苦寒有毒，适用体质强壮者；盐汤探吐方作用平和，使用方便。吐法作用峻猛，对老弱、虚弱、气血不足、孕妇、产后以及各种血证、气喘、肝阳上亢、脾胃虚弱、阴液不足等病证均需慎用。

兔 Leporidae; rabbit 兔形目兔科动物的统称。通常指家兔。小型草食性动物。

兔具管状长耳（耳长大于耳宽数倍），簇状短尾，强健后腿比前肢长得多。兔科共9属43种，分布于欧洲、亚洲、非洲、南北美洲。陆栖，见于荒漠、荒漠化草原、热带疏林、干草原和森林。仅兔属终生在地面生活，善奔跑，其余8个属均是穴兔类，后腿不太长，穴居。穴兔属的穴兔已驯化成家兔。全世界家兔品种虽多，但均是由地中海地区的穴兔驯化而成的。

青紫蓝兔

中国仅有9种，其中草兔除华南和青藏高原外，广泛分布；雪兔冬毛变白，分布在中国新疆、内蒙古和黑龙江北部；高原兔分布在青藏高原；华南兔分布在华南及台湾；东北兔在小兴安岭及长白山地区有分布。东北黑兔为中国发现的新种。

日常管理应注意笼舍、用具、垫草的清洁和干燥，保持环境安静，严防犬、猫、鼠等骚扰，注意防暑降温，经常通风换气等。因母兔比公兔的产毛量高，宜尽早淘汰初生公兔，以壮大母兔群。兔肉可食，兔皮虽薄但保暖性强。肉用兔现代化大规模饲养是在严格调控光照、室温和营养的条件下，采用封闭式兔舍。

兔形目 Lagomorpha 哺乳纲一目。有兔科和鼠兔科两科，共10属62种。除澳大利亚、新西兰、马达加斯加及某些海洋岛屿外，广泛分布世界各地。上颌均有一对前后重叠的门齿。与啮齿动物一样，在门齿与颊齿间均有段宽阔的齿隙（缺犬齿、部分门齿和部分前臼齿）。草食性，具双重消化功能，即盲肠富集大量维生素后，胶囊裹着成软粪，自肛门排出，再被自己吞咽，又经消化，充分利用维生素（软粪含维生素比正常粪便多数倍），再排出的粪便才是圆形硬粪便。栖息于荒漠、草原、森林及山区。

菟丝子 *Cuscuta chinensis*; Chinese dodder 旋花科菟丝子属的一种，一年生缠绕性草本植物。又称无根草、黄丝等。分布于中国、印度、毛里求斯和俄罗斯等，在中国主要分布于黑龙江、新疆、宁夏、河南、山东、江苏和江西等地。此属约100种，中国约有8种，常见的还有南方菟丝子。茎呈细丝状，黄绿色，有吸器。叶退化。花聚生成无柄花束，花冠钟形。蒴果球状。种子发芽适温为20～30℃。受害寄主生长矮小、黄化，以至死亡。属于国际检疫性杂草。种子入药有补肝肾、益精助阳等作用。

湍流 turbulent flow 在时间和空间上极不规则的流体运动。流体运动的基本状态之一。1883年，O.雷诺在管流实验中发现湍流现象。当流体速度增加或流体黏度变小时，流体运动会从流线分明、规则、具有抛物形速度廓线的状态，转变为流线模糊、混乱、具有更丰满速度廓线的状态。在自然界和工程中湍流比比皆是，它对流动控制中减小阻力，增强混合，加速扩散，降低噪声有决定性影响。决定流动状态的参数是代表惯性力与黏性力比值的雷诺数。若流动的雷诺数超过了临界值，流动便会从层流变为湍流。湍流的研究已有100多年的历史，并已有布辛涅斯克涡黏性假设、普朗特混合长度理论和卡门相似理论求解一些典型的实际流动问题的方法，但由于运动规律复杂，计算量大，实验测量困难，对其本质的认识仍是流体力学中最棘手的难题。研究完全发展的湍流有如下几种不同的理论方法：

湍流统计理论　湍流运动虽然是随机的，但统计行为是完全确定的。湍流的统计行为可用相关矩、方差、偏度、峭度、能谱来描述。1895年，雷诺导出平均运动的方程，20世纪30年代G.I.泰勒等引进湍流的统计描述，并获得谱空间的基本方程。40年代A.N.科尔莫戈罗夫提出了均匀各向同性湍流能谱的标度律。周培源导出了相关量的微分方程。湍流运动的概率密度分布函数也是湍流统计理论的研究范畴。

相干结构理论　湍流运动并非是完全无规则的，而是有各种类型的湍流结构。如管流中的喷嘴、栓塞、边界层的猝发、尾迹流动中的大涡结构与流向涡、湍流斑、自由剪切层的涡的配对及合并等。相干结构控制了流动中动量、质量和能量的输运，所以研究相干结构控制湍流有广泛的应用前景。

数值计算及实验观测 计算流体力学的进展和高性能计算机的出现，预计20年内大涡模拟方法将可用于计算非定常复杂湍流流动，并解决实际工程问题。湍流的实验观测往往用压力、温度、速度的传感器获得瞬时的时间序列，从而得到统计行为。热线是常用的速度传感器，还有激光多普勒测速仪。流动显示技术可观察到直观的流动图像和湍流相干结构。湍流测量技术的发展使瞬时全流场物理量的测量成为现实。

团结工会 Independent Self-governing Trade Union "Solidarity" 波兰工人组织。全称为独立自治团结工会。1980年波兰政局动荡，工人罢工迭起。9月1日，格但斯克工人首先成立自由工会。接着，各地也陆续成立了同样的组织。9月22日，各地自由工会代表举行会议，宣告成立独立自治团结工会。其章程规定，"工会是独立于国家行政机关和政治组织的"群众团体。同年11月10日，最高法院同意登记，团结工会正式成立。1981年9月举行第一次代表大会，选举L.瓦文萨为主席。同年12月13日波兰实行军管后被勒令停止活动。1982年10月被取缔。1989年初，波兰统一工人党十中全会决定实行工会多元化。4月17日，团结工会恢复合法地位。6月，在议会选举中获胜，团结工会顾问T.马佐维耶茨基出任政府总理。1990年12月，瓦文萨当选为共和国总统。1996年6月，团结工会联合基督教民族统一党等35个政党和团体组成团结工会选举联盟。1997年在议会选举中获胜，与自由联盟组成联合政府。2001年议会选举中，团结工会联盟未能进入议会。

团体理论 group theory 以社会团体为基本单元，通过研究团体的性质、相互关系以及影响政治过程的方式来解释政治现象的美国政治学研究理论。团体理论把社会团体看作是由共同利益和观点所组成的各种不同规模和组成形式的个人集合体，把团体的相互作用和对政治生活的影响当作政治分析的基本内容，试图通过研究社会团体尤其是利益团体的活动来揭示政治活动的本质。它把团体一般定义为有着共同利益的个人群体，如果团体为了追求共同利益而联合起来，采取共同行动来影响公共舆论和政府的决策，就成为利益团体或压力团体。它不赞成社会阶级划分的理论，认为社会由无数个为特定利益采取联合行动而又不断重新组合的利益团体所构成，团体的目的只是经济利益。团体理论是美国多元主义政治思想的理论基础。在团体理论产生和发展过程中，具有重要影响的政治学家有A.F.本特利、D.杜鲁门、R.A.达尔等。

20世纪80年代，国家回归学派的一些理论家提出了"国家自主"的理论，批评团体理论是以社会为中心研究政策决策，忽视了政府官僚团体对决策的重要影响。

团头鲂 *Megalobrama amblycephala*; blunt-snout bream 鲤形目鲤科鲌亚科鲂属的一种。俗称武昌鱼、团头鳊。原分布于中国长江中下游的湖泊中。体侧扁，颇高，呈菱形，胸部平坦，腹部仅自腹鳍基部至肛门具有皮质腹棱；尾柄高而短，头短小，吻圆钝；口端位，口裂宽，上下颌等长；背鳍具硬刺；臀鳍长；体侧鳞片基部灰白色，边缘黑色，在体侧形成灰白色条纹，鳍呈青灰色。喜生活在静水的中、下层，底质为淤泥并有沉水植物生长的敞水区。成鱼摄食水生植物，以苦草和轮叶黑藻为主，还食少量浮游动物。生长较快，当年鱼体长可达120～230毫米。有食用价值。天然产量不高，现已人工养殖。

推恩令 Favor-expansion Act 中国汉武帝刘彻为削弱诸侯王势力而颁行的一项重要法令。西汉自文、景两代起，如何限制和削弱日益膨胀的诸侯王势力，一直是皇帝面临的严重问题。汉文帝在一定程度上实施了贾谊所提出的"众建诸侯而少其力"的建议，但没有完全解决问题。汉景帝平吴楚七国之乱后，诸侯王的势力受到很大的削弱。但至武帝初年，一些大国仍然连城数十，阻众抗命，威胁着中央集权的巩固。因此，元朔二年（前127），主父偃向武帝提出了新的建议。汉初，诸侯王的爵位是由嫡子继承的，庶出的子孙没有继嗣的资格。主父偃认为，诸侯骨肉子弟无尺地之封，仁孝之道就得不到播扬，建议令诸侯推私恩分封子弟为列侯。这样，名义是上施德惠，实际上是剖分其国以削弱诸侯王的势力。这一建议既迎合了武帝巩固专制主义中央集权的需要，又避免激起诸侯王武装反抗的可能，因此立即为武帝所采纳。推恩令下达后，诸侯王的支庶多得以受封为列侯。《汉书·王子侯表》所记载的王子侯，大部分是在元朔年间受封的。按照汉制，侯国隶属于郡，地位与县相当。因此，王国析为侯国，就是王国的缩小和朝廷直辖土地的扩大。这样，汉朝廷不行黜陟，而藩国自析。其后，王国辖地仅有数县。

推覆构造 nappe tectonics 沿倾角十分低缓的冲断层面，上盘外来岩块（称推覆体）远距离运移，叠置在下盘原地岩块之上的地质构造。运移距离数千米至上百千米。推覆构造的断层上盘推覆体是经远距离位移的基本连续的大的平板状岩席组成的外来系统。断层下盘岩石通常与基底相连，被看作是未经位移的原地系统。上、下盘

推覆构造（云南剑川，二叠系岩层推覆于三叠系岩层之上）

之间是由冲断层带或韧性剪切带组成的滑移系统。推覆构造可发育于不同的构造单元中，以造山带及其前陆地区最为典型。

按推覆体的形成方式可分为：①冲断推覆体。由外来的构造岩席沿冲断层面大规模位移而形成。②褶皱推覆体。外来构造岩席呈大规模的倒转，可能是在大的平卧褶皱基础上，其下部的一翼被拉薄并发育成剪切带而形成的。

一个大的推覆体，沿其逆冲方向可分为根带、中带和前锋带。根带是推覆体的源区，通常岩石变形强烈，以压扁和剪切作用为主，发育板劈理或褶劈理，较深层次的可发育普遍的糜棱岩化。中带是推覆体的主体，以远距离的平移为特征，在推覆体的底部可受到简单剪切而强烈变形，构造的定向性明显。前锋带的自由度大，形成的构造以断裂和等厚褶皱为主，构造的定向性较差，一般不发育劈理，甚至可形成张裂和次级正断层。由于推覆体底部冲断层面的起伏和以后的地表剥蚀作用，在前锋带和中带常可形成飞来峰和构造窗。飞来峰是在原地系统之中残留的外来岩石孤山，构造窗是外来系统中在断层面以下出露的原地岩石。

推古朝改革 Empress Suiko's reforms 6世纪末至7世纪初，日本在圣德太子主持下实行的政治改革。592年12月，推古女帝（592～628年在位）即位。翌年4月，立圣德太子为皇太子，总摄国家大政。圣德太子掌权后汲取中国的封建制度和思想文化，实行政治改革，以图加强王权。

改革的主要内容是：正尊卑，定名分，与中国通交，信崇佛教。603年12月，定冠位制。以大德、小德、大仁、小仁、大礼、小礼、大信、小信、大义、小义、大智、小智等12级区别官位的高低。604年4月，颁布宪法十七条，该法吸收中国诸子百家和佛教思想，是官僚、贵族的道德戒条。它规定了人与人之间不同的名分等级、社会地位和权利义务；强调国家的统一和皇权至上。据《隋书》、《日本书纪》记载，圣德太子摄政期间，曾四度派出遣隋使。圣德太子亲自注释《法华经义疏》、《维摩

经义疏》、《胜鬘经义疏》，以宣扬佛法，同时在国内广建佛寺，著名的有法隆寺、四天王寺等。

推古朝改革在确立以天皇为中心的皇权思想和建立中央集权体制等方面有很深的影响。622年，圣德太子去世，推古朝改革也随之结束。

推荐性标准 voluntary standard 标准制定机构推荐给标准使用方自愿采用的标准。又称自愿性标准或非强制性标准。但是，这类标准一经各方商定同意纳入合同中，就具有法律上的约束性，各方必须执行。为了促进推荐性标准的实施，国家往往采取法律的、行政的、经济的手段和利用市场机制，促使使用方采用。比如，实施生产许可证、质量安全市场准入、质量认证、产品免检、政府采购、名牌产品、合同约定、企业自我声明等制度。

推进剂 propellant 有规律地燃烧释放出能量，产生气体，推送火箭和导弹的火药。火箭推进剂的简称，又称推进药。火药在火箭发动机燃烧室内燃烧，借喷管产生高速气流，依其反作用力推动火箭或导弹运动（见图）。

固体推进剂 黑火药是最早使用的推进剂，一般用来发射枪炮的弹丸，又称发射药。现代固体推进剂由氧化剂、燃料和添加剂组成。最常用的氧化剂是过氯酸铵。常用的燃料是烃类及其衍生物和纤维素及其衍生物等。为了提高能量，也常加入金属粉末（如铝粉）作为燃料。添加剂包括稀释剂、润湿剂、固化剂和固化阻止剂等。特点是使用方便，工作可靠，但燃速可调范围小，且受环境温度的影响，能量一般比液体推进剂低。

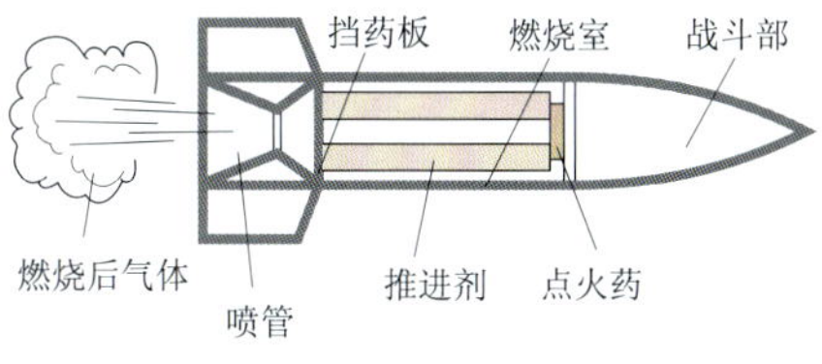

火箭弹发射示意图

液体推进剂 ①单元推进剂可以是一种液体物质（同一分子中同时含有氧化剂成分和燃料成分，如异丙基硝酸酯），也可以是一种互相溶解的多成分液体混合物（氧化剂与燃料的混合溶液，如硝酸肼的肼溶液）。通常只用作辅助推进系统的推进剂。②二元推进剂包括液体氧化剂和液体燃料，它们在燃烧前分开储备。常用的氧化剂有硝酸、双氧水、四氧化二氮、液氧。燃料有偏二甲肼、一甲肼、混肼、煤油、液氢等。液体推进剂的特点是能量高，发动机可重复使用，性能容易调节，精度高。但是密度较低，储存、运输等操作较复杂，存在液体或蒸气泄漏的可能，需要采取防护措施，设备复杂。用于卫星、星际探测器和星际飞船等大推力运载火箭。

混合推进剂 常由固体燃料和液体氧化剂组成，也有由液体燃料和固体氧化剂组成的。

推理 inference 从一个或者一些已知的命题得出新命题的思维过程。其中已知的命题是前提，得出的新命题是结论。推理通常分为演绎推理和归纳推理。演绎推理常被说成是从一般到个别的推理，归纳推理常被说成是从个别到一般的推理。更精确的说法是：演绎推理是必然性推理，其结论已经隐含地包含在前提中，前提真能够确保结论真；归纳推理是或然性推理，结论的内容超出了前提，前提只对结论提供一定的支持关系。可以用概率论和数理统计作工具，对归纳推理中前提对结论的支持关系给予数量的刻画。支持度小于100%但大于50%的，为归纳强。支持度小于50%的，为归纳弱。以演绎推理为研究对象的逻辑理论称为“演绎逻辑”。以归纳推理为研究对象的逻辑理论称为“归纳逻辑”。

推理是由命题组成的，对命题的不同分析会导致对推理结构的不同分析，并最终导致不同的逻辑类型。命题逻辑、词项逻辑和谓词逻辑是现代演绎逻辑的三种基本类型。其中，以符号语言和公理化方法表述的命题逻辑和谓词逻辑，称为“一阶逻辑”；由于它在现代逻辑体系中的基础地位，也常被称为“经典逻辑”。可以对经典逻辑的某些基本假定提出质疑和挑战，由此得到“变异逻辑”；也可以把经典逻辑应用于某些特殊领域，得到它们的一些扩充系统，叫作“应用逻辑”。如果把归纳推理中前提对结论的支持关系概率化和演算化，由此形成的逻辑理论称为“概率归纳逻辑”，这是现代归纳逻辑的主要形态。

推拿 massage 中医以特定手法、肢体的特定部位或特殊器械作用于人体的穴位或部位的一类防治疾病、保健强身的方法。又称按摩，曾称按跷、案扤、摩挲等，属中医外治法的范畴。推拿以中医理论为指导，是中医学的有机组成部分。这一传统的无创伤的治疗方法，具有操作简便、易于掌握、副作用少、疗效较好的特点，自古至今深受世人的欢迎。治疗范围从简单的按压止痛一直到临床各科疾病，如骨伤科的颈椎病，椎间盘突出症，肩周炎，四肢关节软组织损伤、脱位等；内科的高血压，糖尿病，胃脘痛，便秘，眩晕，失眠，焦虑症，抑郁症，哮喘，偏瘫等；妇科的月经不调，痛经，更年期综合征等；儿科的斜颈，泄泻，遗尿，疳积，小儿脑瘫，小儿抽动秽语综合征等；五官科的鼻炎，咽炎，耳聋、耳鸣等；眼科的近视、斜视等；皮科的痤疮、面部色素沉着等。

手法的性质和量以及被刺激部位或穴位的特异性是决定推拿治疗效果的两个要素。手法的性质指摆动、摩擦类等不同性质的动作；刺激量则包括单位时间内作用量的大小和总的作用时间的长短。在同一部位用不同性质和量的手法，作用不同；在不同部位或穴位用同一性质和量的手法，治疗作用亦不同。如用短时重刺激点按脾俞、胃俞，可缓解胃痉挛疼痛；用长时轻刺激揉摩脾俞、胃俞，则可治疗脾胃虚弱导致的病证。因此，两个要素的有机结合才能取得较好的疗效。推拿穴位可根据临床辨证选取五输穴、背俞穴及小儿特定穴等，根据穴位特异性的功能作用，配合相应的手法。推拿部位可依以痛为俞选择痛点或病理反应物，以及损伤部位的相关组织。如腕关节扭伤，除在局部手法外，还要考虑前臂伸、屈肌群的手法；又如膝关节损伤，还要注重股四头肌的手法治疗。手法对柔软体腔的刺激，可直接影响内脏活动，如心痛、便秘等，可在胸腹部行手法，刺激心脏、胃肠等而起作用。

值得注意的是，对严重感染性、急性传染性、急性出血性疾病及皮肤破损、烫伤局部，禁用手法；对年老体弱、骨质疏松者，醉酒等神志不清者，以及孕妇或经期妇女的腹部和腰骶部，禁用或慎用手法。常规手法宜在饭后1小时或空腹进行，时间在20分钟左右。要避免暴力，以病人能耐受为度。

《推销员之死》 *Death of A Salesman* 美国剧作家A.米勒的代表作。写于1949年。剧本叙述一个推销员威利因年老体衰被老板辞退，深受打击。两个儿子一事无成也使他懊丧。最后，为了使家庭获得一笔人寿保险费而在深夜驾车外出将车撞毁身亡。此剧证明了美国梦的虚假性，揭示了美国人普遍面临的社会问题，在观众中产生了巨大反响，而且在全世界许多国家上演。1951年拍成电影。

退耕还林 conversion of farming land to forest land 将开垦的耕地恢复为森林（或植被）的措施。中国政府为防止长江、黄河流域上游地区毁林毁草和开垦坡地造成的严重水土流失，改善生态与环境，决定自2002年起在全国24个省（市、自治区）的1 580个县全面启动退耕还林工程。具体范围包括：①水土流失严重地区。②沙化、盐碱化和沙漠化严重地区。③生态地位重要、粮食产量低而不稳定的地区。由于这些地区地域广阔，自然条件复杂多样，在实施退耕还林工程中，要因地制宜，宜林则林，宜草则草，坚持生态优先，与调整农业产业结构、发展农村经济、保护与建设基本农田等相结合进行。国家对实施退耕还林、封山绿化的农户，无偿提供粮食和现金补贴以及用于造林的种苗费补助，并进行组织和监督检查。

退火 annealing 工件加热到相变临界点以上或以下一定温度，保温，缓慢冷却至室温，使组织达到平衡状态的金属热处理工艺。目的是使成分均匀化，提高工艺性能和使用性能。退火的作用主要是：①减小或消除钢铁在铸造、轧制、锻造和焊接过程中所造成的各种组织缺陷。②细化晶粒，改善钢中第二相的分布和形态，为最终热处理作好组织准备。③消除内应力。④降低硬度，改善组织，便于切削加工。针对不同的金属材料，常用的退火工艺有完全退火、不完全退火、等温退火、扩散退火、再结晶退火和去应力退火等。

退税 tax refund 税务机关依据税法规定，将已经征收入库的税款，按规定的范围、程序和手续退还给原纳税单位和个人。主要有3种类型：①误征退税，指在征税过程中因错用高税率等计算错误而多征纳税人税款所引起的退税。②政策性退税，指按照政策规定向纳税人退还已征收的税款。③其他退税，指在税收征收过程中所需办理的一般性退税，如因汇算清缴发生的退税和提取代征手续费而发生的退税等。

退休制度 retirement system 国家公务员工作一定年限，按规定退出公职，享受一定待遇以终养余年的制度。包括退休原则、条件、待遇、审批手续、安置管理等规定。

退休条件 一般有：①年龄条件，即达到退休的最高年龄。凡具备了法定的最低退休条件之后可申请“自愿退休”；凡已达最高年龄而必须退休的称为“强制退休”。各国规定的退休年龄一般为60～65岁，特殊情况经批准可“延迟退休”或提前“命令退休”。2005年通过的《中华人民共和国公务员法》规定，公务员达到国家规定的退休年龄或者完全丧失工作能力的，应当退休。②工龄条件，即工作年数达到的年限。只有工作达到一定年限才能享有退休金。各国规定的工龄条件各不相同，如美国为5年，法国为15年。有些国家于工龄条件外又规定最低的投保年限。

退休待遇 退休待遇是国家公务员退休制度的核心内容。国家公务员退休待遇主要包括政治待遇、生活待遇以及住房、医疗等其他福利待遇。公务员的退休金大都以工作年限和基本工资为计算基础，一般还规定最高工作年限。除退休金外，还有其他退休待遇。

退休基金的筹集 西方国家普遍实行多方筹集的办法，解决退休基金的资金来源。主要包括：①公务员按本人工资一定百分比率缴纳退休基金，如美国为7%，法国为6%，日本为5.15%（地方公务员为4.7%）。②公务员所在机关按工资基金的一定百分率缴纳退休基金，如日本按工资基金的7.1%缴纳。③国家预算专款。④以上三部分退休基金的利息收入。此外，也有一些国家实行国家统一支付的筹集办法，将公务员退休金列入国家预算，以现金拨付，如英国、瑞典、中国。

吞咽困难 dysphagia 咽食（或饮水）费力、有梗阻感的病理现象。同时可伴有疼痛，严重者连水也不能下咽。中医称噎膈。原因可以是功能性的，也可以是器质性疾病。遇到吞咽困难的患者（尤其是年龄较大的患者）应尽早查出病因。

病因 ①炎症性疾病。如口炎、咽炎、咽后壁脓肿、扁桃体周围脓肿、食管炎等。②表现咽部梗阻的疾病。如咽部肿瘤、舌癌、食管癌、食管良性狭窄、食管异物等。③神经、肌肉疾病。如脑干脑炎、假性球麻痹、重症肌无力、硬皮病、食管贲门失弛缓症。④精神性疾病。如癔症、神经症。

吞咽困难的临床表现

临床表现	炎症	梗阻	神经、肌肉疾病
吞咽痛	有	无	无
呛咳	无	无	有
哽噎感	无	有	无
吞咽液体食物	困难	早期无困难	困难

临床表现 患者常能具体指出发生吞咽困难及感到不适或疼痛的部位，且所指部位常与病变发生部位相吻合，这对吞咽困难发生部位的定位诊断很有意义。

诊断 根据上述临床表现，进行检查。X射线钡餐食管造影可以判断病变的部位及确定大部分食管病变的性质。在食管造影的同时应注意食管周围的器官病变，有无对食管压迫及侵犯。

以食管拉网方法作食管脱落细胞学检查，对诊断早期食管癌较为适用，而且简便、易行，可用于大量普查工作。

纤维食管镜检查是应用最广、可靠性较大的一种检查方法，可以看到病变部位、性质，结合活体组织检查对确诊病变有很大的临床实用价值。

治疗 应尽可能早期明确诊断，针对病因进行治疗。

屯田 state farm; agricultural garrisons 中国历代封建政府组织劳动者在官地上进行开垦耕作的农业生产组织形式。因参加垦种者不同而有军屯与民屯之分，以军屯为主。

西晋耕战图砖画（甘肃嘉峪关3号墓出土）

发展概况 汉武帝刘彻元狩四年（前119）击败匈奴后，在国土西陲进行大规模屯田，以给养边防军，这就是边防屯田。自此经魏晋南北朝、隋唐以至两宋，各代都推行过边防屯田。当统一国家分裂为几个封建政权时，出于军事需要，都很注意屯田。这些屯田虽多设置在中原地区，但因列国分立，仍然属于边防屯田。

金、元以来，屯田的地域分布发生了变化。女真族入主中原，为了稳定统治，驻军内外各地。金政府于驻军所在地分拨田土，兵士屯种自给，屯田于是遍及内地和边陲。元朝幅员辽阔，各卫行省，皆立屯田。明代军屯组织和卫所制度相适应，卫所屯田因此遍及全国。明代为了充实边防力量，鼓励商人运粮至边地仓库交纳，由官给予盐引；而盐商惮于长途转运粮食，乃在官府拨给的边区荒地上招募游民屯垦，以所获粮食换取盐引，称为商屯，它在整个屯田事业中所占比重很小。

屯田有时又被称为营田，原意是屯田以兵，营田以民。实际上，历代不少营田也常使用士兵，即使是民屯，通常也多采用军事编制，所生产的粮食主要用于军需。

规模 历代屯田规模不一。汉武帝在黄河河套以至河西张掖、酒泉一带屯垦戍卒60万人。唐代屯田主要在辽东至陇右的北方边界，有5万顷左右。宋代屯田不多，北宋真宗时有4 200余顷。元代在各行省普设屯田，不下18万顷。明代达于极盛，约达64万余顷。清代除保留漕运屯田外，裁撤卫所屯军，八旗和绿营诸兵都仰食于官府，只在蒙古、新疆和西南苗疆所在设有若干屯田，屯田制度进入尾声。

剥削形式 屯田是强制人们耕种官地。曹魏、元、明的屯田兵有特殊的军籍，世袭服役，地位比较卑下；汉、唐、宋的屯田兵只是编入军队的民户，身份与屯民及普通百姓无何差异。剥削形式大体有三种：

①劳役地租。多是屯官给工具、种子，又常是集体劳作，收获除供屯户食用外，全部交官。唐、宋的屯田多属此类。明、清的漕运屯田，授给军户田50亩，令其提供漕运徭役，也是一种劳役地租。

②分成制实物地租。曹魏的许下屯田，用官牛的，收获官六民四；用私牛的，对半分。西晋初年和前燕的屯田，用官牛的，官八私二；用私牛的，官七私三。

③定额实物租。西汉在西北的屯垦，每亩租4斗。北魏民屯，一夫缴粮60斛。明初，辽东每军限田50亩，租15石。清嘉庆间，伊犁屯田每兵每年交粮13石。

作用　屯田保证了边防军的粮饷需要，对于边疆可耕地的开拓和边防的巩固有积极作用。又因集中较多人力、物力，可以兴修较大的水利工程，推广一些先进的生产技术。但屯田的成绩与历代屯田的政策密切相关。大致说来，凡是设置屯田的朝代，在建国初期，屯田成绩比较显著，随着封建统治者日趋腐朽，剥削日益加重，屯田劳动者大批死亡或逃散，幸存者怠工，屯田也就逐渐变质瓦解。

屯田论　state farm, theory of　中国封建社会里有关屯垦目的、方式、规划、土地制度及经济效果等问题的经济政策思想。又称屯垦论。汉以来历代封建王朝出于政治、经济、军事目的，遣派军队或组织人民于指定地区以各种预定方式进行长期或短期耕垦活动，称为屯田。

屯田论最初形成于西汉，倡导者为晁错。他主张“徙民实边”。“屯田”二字，则始见于西汉桑弘羊关于轮台屯田的奏议中，最初专指军屯，后来随着屯垦方式的丰富，这一概念便包括了民屯、营田、商屯、矿屯等形式。最早提出大规模军屯方案的是桑弘羊和赵充国等人。东汉末年，曹操创立民屯，使民屯服务于恢复经济和安定社会秩序，并开始注重经济收益问题，民屯采用分成租制。

唐以来，屯田论重心转向屯田土地制度与经济效果问题，如唐代李泌主张在部分屯田地区灵活运用价格政策，使屯兵与政府都获实际利益，并将屯地授予士兵使其定居。

至明代屯田方式已经制度化，许多思想家如徐贞明、茅元仪、左光斗等对军屯经济效果差和军屯中存在严重的土地兼并问题作了剖析，认为根本原因在于军屯实行的是土地国有制度，而彻底的解决办法是军屯土地的私有化。明代也创建了商屯方式，即将盐商资本作为屯垦的经济来源和军屯的辅助力量。

清代的屯田论认为屯垦有解决人口过多、土地不足问题的积极意义。在屯田中大力提倡土地私有制度。龚自珍更主张取消一切军民屯田，把土地全分给士兵或移民作为私产。清末，薛福成创建了矿屯方式，主张将军屯与开矿相结合；马建忠还参考国外经营状况，进一步制定出比较合理的矿屯方案。

屯溪区　Tunxi District　中国安徽省黄山市辖区。位于安徽省南部，新安江上游。面积249平方千米，人口22万（2010）。屯溪名源于水名，诸溪聚合，谓之屯溪。1949年设屯溪市，1987年黄山市成立，为市辖区。自古是皖南山区物资集散中心，以产销绿茶、徽墨等闻名于世。自宋代起渐趋繁盛，明代时已是中国著名茶市之一。矿藏以膨润土矿为主，储量超过1亿吨，其次有瓷土、铀和卤水等。特产有屯溪绿茶、徽墨、漆砂砚、卵石画、漆器、竹编等。屯溪是程朱理学奠基人程颐、程颢和集大成者朱熹的祖居地，也是明代珠算大师程大位、清代朴学家戴震的桑梓。有国家级重点文物保护单位“程氏三宅”、龙山寺、仙人洞、戴震公园、鬲山、花山谜窟，以及中共皖南特委旧址等纪念地。屯溪是新安文化的中心，孕育了徽商、徽菜、徽剧、徽派建筑、徽派盆景、新安医学、新安画派等。民间艺术有扎纸焰火、仗鼓、吊狮、地戏、抬阁、转秋千、高跷、龙舟、舞狮、舞龙等。

豚鼠　Caviidae; guinea pig　啮齿目豚鼠科动物的统称。共5属15种，南美洲特产。因肥笨且叫声似猪得名。豚鼠体形短圆，体长22.5～35.5厘米，体重450～700克；头

大，眼大而圆，耳圆；四肢短，前脚具4趾，后脚3趾；无外尾。人工培育许多品种，除安哥拉豚鼠被长毛外，体毛皆短，有光泽。有黑、白、褐等单色的，也有具各色斑纹的。栖息于岩石坡、草地、林缘和沼泽。穴居，集成5～10只的小群，夜间寻食，主要吃植物的绿色部分。终年繁殖，母鼠有一对乳头，妊娠期60～70天，每胎生2～3仔。幼仔出生后几小时即可奔跑，哺育21天后独立觅食，但性成熟需2个月左右。豚鼠温驯易饲养，原为南美洲家养的食用动物，16世纪开始引入世界各地，主要用于医学实验。

鲀形目　Tetraodontiformes　硬骨鱼纲的一目。有4亚目11科92属320余种，主要分布于太平洋、印度洋和大西洋热带和亚热带的暖水水域，少数在温带或寒温带。中国产11科52属106种。颞颥骨不分叉，与翼耳骨相连。无肋骨、顶骨、鼻骨及眶下骨。上颌骨常与前颌骨相连或愈合。牙圆锥状、门齿状或愈合成喙状牙板。鳃孔小，侧位。体被骨化鳞片、骨板、小刺或裸露。背鳍1或2个；腹鳍胸位或亚胸位，或消失。腰带愈合或消失。鳔和气囊或有或无。大多为海洋鱼类，只有少数生活在淡水中，或在一定季节进入江河。多数为近海底层鱼类，少数为中上层鱼类。多以甲壳类、贝类、幼鱼等为食。

鲀形目不少种类为有毒鱼类，其内脏含有一种天然毒素，称为河豚毒素，以卵巢和肝脏所含毒素最强，人畜误食后引起中毒甚至死亡，其中尤以东方鲀属毒性最甚。河豚毒素可作止血、止痛、解痉的药物。

托宾　Tobin, James（1918-03-05～2002-03-11）　美国经济学家，新古典综合派代表人物。生于伊利诺伊州尚佩恩-厄巴纳，卒于康涅狄格州纽黑文。1947年获哈佛哲学博士学位。

1946～1949年执教于哈佛大学。1950～1957年先后任耶鲁大学经济学副教授、教授，1957～1988年任耶鲁大学斯特林讲座经济学教授，1998～2002年任斯特林讲座经济学荣誉教授。曾任考尔斯基金会主任、耶鲁大学经济系主任、肯尼迪政府经济顾问委员会委员、美国经济学联合会会长等职。1981年获诺贝尔经济学奖。

托宾对经济学最重要的贡献是为凯恩斯主义经济学提供了非常严格的数学模型基础，并使宏观经济学与货币经济学的逻辑紧密结合。他把证券组合选择理论的观念引入金融资产和实际资产的一般经济均衡理论，以此来分析金融市场和实物商品市场之间是如何交互作用的。他指出最优的资产构成应该是使各种资产的边际收益率相等，因为这时能从财富中获得最大总效用。

托宾在宏观经济理论、经济计量学、宏观经济模型以及宏观经济政策方面都作出了重要贡献。著有《美国企业准则》（合著）、《国民经济政策》、《十年以来的新经济学》、《资产积累和经济活动》、《充分就业和增长：凯恩斯关于政策的论文集》等。

托钵僧团　Mendicant Orders　天主教僧侣团体之一。又译托钵修会、乞食修会。它以云游布道、托钵乞食的方式区别于其他修道院僧侣组织。主要有方济各和多米尼克两大派，创立于13世纪初叶。僧团直属教皇，不受各地教、俗机构控制，流动传教，接受信徒忏悔，实际上成为教皇反对异端运动的工具，对加强教皇权势发挥了重要作用。方济各派创立者方济各（又译

圣弗兰西斯），生于意大利的阿西西城一富裕商人家庭，青年时豪迈慷慨，成为当地青年领袖。壮年弃家献身于传教事业。他以清贫为福音，以助人为乐事，以谦卑为美德，赤足托钵传道。他和他的信徒所组成的团体，称小兄弟会。1209年，他的团体得教皇批准为修会，成为教皇批准的第一个托钵僧团。1226年方济各逝世后，僧团当权主流派推行教廷旨意，“清贫得救”仅成口号，托钵化缘徒具形式。僧团内部派别分歧，长期不断。多米尼克派创始人多米尼克（又译多明我），西班牙贵族出身，长期受宗教教育，曾受天主教会委派在法国南部阿尔比异端流行地区从事传道活动。以他为首的传教组织于1216年得教皇批准为修会，称布道僧团或多米尼克僧团。多米尼克派活动的方式和广泛性，类似方济各派。但方济各以清贫誓约作为一种信念，多米尼克仅以此作为扩大布道影响的手段。多米尼克派在西欧各国拥有房产、土地等财物。

托尔加 Torga, Miguel（1907-08-12～1995-01-17） 葡萄牙小说家、诗人。原名阿道弗·科雷拉·达罗沙。1927年与其他作家共同创办《现场》杂志。1933年科英布拉大学医学院毕业，在当地定居行医。主要诗歌作品有《贡品》（1931）、《深浦》（1932）、《另一本约伯记》（1936）等诗集，多赞美人类的力量，颂扬向大自然和上帝挑战的精神，遣词造句讲究音韵优美。短篇小说充满浓郁的乡土气息和反宗教色彩。风格雄浑与精巧兼而有之，形成一种既不世俗化又非学院派的语独特文体，被誉为当代葡萄牙最优秀的短篇小说家。其他主要作品还有长篇小说《文图拉先生》（1943）、《葡萄收获季节》（1945），短篇小说集《动物趣事》（1940）、《山村故事》（1941），自传体小说《创世的最初两天》等。

托尔斯港 Tórshavn 丹麦**法罗群岛**的港口和首府。地处法罗群岛最大岛屿斯特勒姆岛的东南角。人口1.94万（2008）。建于13世纪。有公路通达斯特勒姆岛上的其他居民点，也有船只与群岛的其他岛屿相联系。主要产业为渔业和相关的鱼品加工厂和船厂，还有养羊及与之相关的羊毛针织业。为法罗群岛的商业和物流中心。有法罗科学院（1965）、法罗大学、国家图书馆和档案馆，以及国家博物馆和国家历史博物馆。

托尔斯泰 Tolstoy, Aleksey Nikolayevich（1883-01-10～1945-02-23） 苏联作家。生于尼古拉耶夫斯克，卒于莫斯科。10岁开始写诗。曾入圣彼得堡工学院学习。1918年侨居巴黎、柏林。1923年回国。1907年出版第一本诗集《抒情诗集》。史诗性长篇小说

《苦难的历程》，包括《两姊妹》（1920～1922）、《一九一八年》（1927～1928）、《阴暗的早晨》（1940～1941）三部曲，以第一次世界大战、十月革命等历史事件为背景，描写4个知识分子经历曲折的道路最后走向革命的历程。《彼得大帝》（未完成）描写17至18世纪初俄罗斯国内外的阶级冲突和社会矛盾，比较正确地塑造和评价了彼得大帝。托尔斯泰善于描绘大规模群众场面，安排复杂的情节结构，塑造各种类型的人物形象。其他主要作品还有长篇小说《怪人》（1911）、《跛老爷》（1912），自传体中篇小说《尼基塔的童年》（1920～1922），长篇科幻小说《艾莉塔》（1922～1923），长篇讽刺小说《涅夫佐罗夫的奇遇或伊比库斯》（1924），历史剧《伊凡雷帝》（1943），短篇小说《俄罗斯性格》等。

托尔斯泰 Tolstoy, Lev Nikolayevich（1828-09-09～1910-11-20） 俄国作家。生于图拉克拉皮文，卒于阿斯塔波沃。1岁丧母，9岁丧父。由姑母做监护人。

生平 1844年入喀山大学。1847年退学回亚斯纳亚·波利亚纳庄园，此后一生绝大部分时间在这里度过。

回到庄园后，曾进行农事改革和为农民子弟兴办学校。1851年赴高加索服兵役。1856年以中尉衔退伍。两次到欧洲游历、考察。1859～1862年在庄园和附近的农村为农民子弟办了20多所学校，并创办《亚斯纳亚·波利亚纳》教育杂志。1863年起，以6年时间写成巨著《战争与和平》。1869年始，他的思想陷入危机，怀疑生存的目的和意义。终于接受宗法制农民的信仰，弃绝本阶级，时常从事体力劳动。世界观激变后，托尔斯泰多次想离家出走。1910年他秘密出走，途中病逝。

创作 最早发表的中篇小说《童年》（1851～1852）、《少年》（1852～1854）和《青年》（1855～1857）带有自传性质。同一时期创作的《袭击》（1853）、《伐林》（1853～1855）和《塞瓦斯托波尔故事》（1855）等军事小说，均以自己的亲身经历和见闻写成。《一个地主的早晨》（1856）、《家庭幸福》（1858～1859）、《哥萨克》（1853～1863）、《两个骠骑兵》（1856）、《阿尔贝特》（1857～1858）、《琉森》（1857）、《三死》（1858）等，反映了作者向往自然和返璞归真的思想。

1863～1869年完成了以1812年卫国战争为背景的长篇小说《**战争与和平**》，试图从历史上给贵族阶级寻找存在的价值，是一部讴歌波澜壮阔的人民战争的史诗。

《**安娜·卡列尼娜**》构思始于1870年，1873年动笔，原先只想写一个上流社会已婚妇女失足的故事。而在1877年写成的定稿中，小说的重心发生转移，主要写农奴制改革后俄国资本主义发展所产生的灾难性后果。人物充满矛盾、紧张和惶恐的心情，全书闪现的是噩梦、宿命的预感和死亡的阴影。

晚期的创作是多方面的。有《黑暗的势力》（1886）、《教育的果实》（1891）、《活尸》（1911）等戏剧作品，《伊万·伊里奇之死》（1884～1886）、《克莱采尔奏鸣曲》（1891）、《魔鬼》（1911）、《谢尔盖神父》（1912）和《舞会之后》（1911）等中短篇小说。

长篇小说《**复活**》（1889～1899）表现了作家晚年的代表性主题——精神觉醒和离家出走，但主要方面则是借聂赫留道夫的经历和见闻，对政府、法庭、监狱、教会、土地私有制和资本主义制度作了深刻的批评。

评价 托尔斯泰是伟大的思想家和艺术家，艺术视野达到罕有的广度，反映了1861～1905年的重要社会现象。善于驾驭多线索结构，如实描写人物内心的多面性、丰富性和复杂性，力求最充分最确切地反映生活的真实或表达自己的思想。语言质朴洗练、浅显易懂，接近于民间故事。他的作品是现实主义表现的顶峰之一，在世界文学中产生巨大的影响。

托尔特克文化 Toltec culture 墨西哥古代印第安文化后古典期代表性文化。因托尔特克人而得名。年代约900～1150年，后被**阿兹特克文明**所取代。托尔特克人勇武好战，敬奉长羽蟒神魁扎尔科亚特尔和嗜血的部落神特斯卡特利波卡。祭祀时，常以活人心脏为祭品。代表性遗址为墨西哥城北80千米的图拉。图拉遗址中心的祭祀场面积约1平方千米，附近山头上有许多土台和广场。魁扎尔科亚特尔神庙是最著名的宗教建筑，庙顶由武士像巨型石柱和方形人像浮雕石柱承托。庙前有柱廊，风格独特。托尔特克文化的雕刻以武士、美洲豹、狼、鹰、羽蛇为主题，并常以骷髅头作装饰题材。陶器多施铅釉，器形以碗常见。

托夫斯托诺戈夫 Tovstonogov, Georgy Aleksandrovich（1915-09-28～1989-05-23） 苏联导演。生于第比利斯，卒于列宁格勒（今

圣彼得堡）。1938年毕业于国立戏剧学院导演系。先后在第比利斯格里鲍耶陀夫剧院、莫斯科中央儿童剧院、列宁格勒共青团剧院、列宁格勒高尔基大话剧院担任导演和总导演。托夫斯托诺戈夫遵循K.S.**斯坦尼斯拉夫斯基**体系，主张对不同的戏剧流派采取兼容并蓄的态度。在结构上，他突破了惯用的“三堵墙”模式，运用细致的心理描写、比喻、怪诞、漫画化以及电影手法等，探索多样化的表现手段。他一生导演过100多部剧作。其中影响较大的有A.P.**契诃夫**的《三姊妹》等。

托福考试 test of English as a foreign language; TOEFL 评定非英语国家人员英语水平的一种标准化测验。全名译为作为外国语的英语测验。1963年由美国教育测验服务中心创办。美国、加拿大及一些以英语为教学语言的国家的许多高等学校，要求来自非英语国家的申请入学者提供此项测验成绩，作为审查入学资格的根据之一。亦常是争取获得有关政府资助或各种奖学金所必须提供的材料。采用多项选择题，分为听力测验、语法结构和书面表达能力测验、阅读理解能力和词汇测验等部分。合格分数由各接受申请单位自定，无统一标准，成绩2年内有效。测验分3类：①国际托福测验。在许多国家及地区设有若干考点，每年举行3～7次。②学院托福测验。美国一些大学的语言学院为在本院经过强化英语训练的外国学生所设，测验时间由学院规定。③托福中心测验。在设于美国和加拿大的托福测验中心举行，每月1次。3类测验的成绩具有同等的效力。中国在1981年设立国外考试协调处。2005年9月，美国教育考试服务中心（ETS）推出了新托福考试——基于互联网环境的计算机化考试(Internet Based Test，IBT)，即考试是在具有互联网接入条件的计算机上进行的。内容分为听力、阅读、写作和口语四部分。总分120分。中国于2006年5月开始实施新托福考试。

托卡马克 tokamak 一种环形**热核聚变**研究装置。其中**等离子体**由外加的环向磁场（又称纵向磁场）和环向等离子体电流自身产生的极向磁场（又称角向磁场）合成的螺旋磁场约束。考虑到等离子体电流是绕环向流动这一特点，也可称为环流器。托卡马克一词是由俄文意为“环形真空磁笼”几个词的开头字母组成的缩写词。

托坎廷斯河 Tocantins, Rio 巴西高原河流。发源于戈亚斯州中部高原，由阿尔马河和马拉尼昂河汇合而成，向北流。在注入帕拉河后入海。最大支流为阿拉瓜亚河。全长2 640千米，流域面积93.2万平方千米。年平均流量11 000米³/秒。为促进两岸经济的发展，2001年巴西政府在托坎廷斯河和阿拉瓜亚河之间的水域中修建3段可航水道。

托克劳 Tokelau 南太平洋中部岛群，新西兰领地。位于南纬8°～10°、东经171°～173°之间。由努库诺努、法考福、阿塔富3个珊瑚环礁组成。面积12.2平方千米。人口1 433(2008)，另有约6 500人居住在新西兰。主要为**波利尼西亚人**。70%的居民信奉基督教新教，28%信奉天主教。讲托克劳语和英语。行政中心随首席部长办公室轮流设于3个环礁岛。属热带海洋性气候，年平均气温28℃。

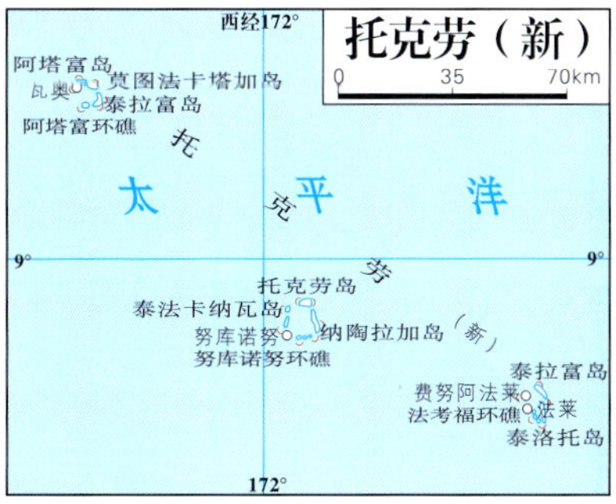

1877年成为英国保护地。1916年并入英国殖民地吉尔伯特和埃利斯群岛。1926年行政权移交新西兰。1946年正式称为托克劳群岛。1948年主权移交新西兰并划入新西兰版图。1976年改称托克劳。行政权由托克劳代表大会及其常务理事会行使。国防和外交由新西兰负责。1994年7月，托克劳向联合国访问团递交“托克劳未来地位宣言”，提出自治、与新西兰自由联系的设想。2006年2月，托克劳实现自治经全民公决未获通过，仍由新西兰托管。

仍然处于自然经济状态。有少量农产品、邮票、纪念品、手工艺品出口。交通运输极不发达，无公路，水运全靠外国海运公司提供。财政依赖于新西兰的援助和外国渔船支付的捕鱼许可费。3个环礁有各自公共服务体系，经费主要由新西兰提供。货币为新西兰元。有3所学校，对5～16岁儿童实行免费教育。新西兰教育部提供管理和教学设备。

托拉斯 trust 资本主义垄断组织的一种高级形式。由若干生产同类商品或生产有密切联系的大企业，为加强竞争能力、垄断销售市场、争夺原料产地和投资场所，以获取高额垄断利润合并组成的组织。原意是企业家同盟。托拉斯的董事会统一掌管所属全部企业的生产、销售和财务活动。原来的企业主成为托拉斯的**股东**，按照股权的多少分取红利，从而完全失去了生产、销售和法律上的独立性，失去了商业上的独立性；退出托拉斯时，不能带走自己原来的资本，只能出售自己的**股票**。所以，它与**辛迪加**相比，是垄断化程度更高和更加稳定的垄断组织形式。托拉斯的控制权操纵在掌握股权最多的大资本家手中。在托拉斯内部，争夺股票控制权的斗争非常复杂而激烈。

托勒尔 Toller, Ernst (1893-12-01～1939-05-22) 德国剧作家。表现主义戏剧的代表人物之一。生于萨莫钦（今属波兰），卒于美国纽约。曾在法国上大学。第一次世界大战时自愿从军，1916年负伤退伍。后参加巴伐利亚的苏维埃共和国，起义失败后被判处5年监禁。1933年希特勒夺取政权后，他的剧作被禁演，流亡国外，对前途悲观失望，自杀身亡。托勒尔的第一部剧本是表现主义的反战剧作《转变，一个人的搏斗》(1919)，描写一个艺术家经过战争走上革命道路。《群众和人》(1921)试图表现作者认为无法克服的群众和个人间的对立。《被释放的沃坦》(1923)旨在揭露和抨击法西斯主义。《熄火》(1930)描写了德国十一月革命爆发的经过。在流亡期间，托勒尔还写了大量反法西斯的诗歌和剧本。

托勒玫 Ptolemaeus, Claudius (约100～约170) 又译托勒密或多禄某。古罗马时期天文学家、地理学家、地图学家、数学家。相传他生于上埃及的一个希腊化城市。127～151年在埃及的亚历山大城进行天文观测。托勒玫总结了希腊古代天文学的成就，特别是依巴谷的工作。他把自希腊天文学家阿波罗尼奥斯以来用偏心圆或小轮体系解释天体运动的地球中心说加以系统化和论证。后世遂把这种地心体系冠以他的名字。他主要依据依巴谷留下的观测资料，编制了有1 022颗恒星黄道坐标和星等的星表，发现天北极在星空间的位置变动，明确提出存在大气折射（蒙气差）现象。他对三角学和球面三角学的发展也作出了重要贡献。

托勒玫的巨著《**天文学大成**》13卷是当时天文学的百科全书，直到J.开普勒的时代，都是天文学家的必读书籍。《地理学指南》8卷，是他所绘的世界地图的说明书，是关于制图理论、方法和资料的汇编。书中记载了近8 000个地点的经纬度，约有350～400个点是由实测得到的，其精度约为5″。《光学》5卷，其中第5卷提到了蒙气差现象。此外，尚有年代学和占星学方面的著作。

《托勒玫地图》 *Maps of Ptolemy* 西方流传至今最为古老的地图专集。原为**托勒玫**名著《地理学指南》的第8卷，因反复单独刊印，被后人命为现名。包括1幅世界地图和26幅局部区域图（含欧洲10幅、非洲4幅、亚洲12幅）。世界地图采取托勒玫发明的新投影——修正圆锥投影，范围从不列颠到中国；图中对地中海的轮廓及其周围国家、城市的标识相当准确，但对世界其他地区的标识非常模糊，以致错误地标出印度洋南面还存在一块未知的南方大陆（直到18世纪J.库克的探险，才最终证明南方大陆并不存在）。此图直到文艺复兴之前一直被广泛采用，在西方影响了1 400年。C.哥伦布就是根据此图向西航行大西洋，结果没有到达计划中的目的地——印度，而来到新大陆，引发地理大发现。《托勒玫地图》采用的以经度和纬度区分方位的方法，成为近现代地图绘制方法的渊源。

托勒玫体系 Ptolemaic system 描述太阳、月球和行星位置及视运动的一种早期宇宙理论模型，为托勒玫于公元140年前后所提出，并载于他所著的《天文学大成》一书中。见地心说。

托雷斯海峡 Torres Strait 澳大利亚约克角半岛和新几内亚岛之间水道。东南亚和印度洋地区与澳大利亚、新西兰和南太平洋诸岛间海上联系的重要航道。1606年西班牙航海家L.托雷斯首先到此，故名。东西连接珊瑚海和阿拉弗拉海，长约130千米，最窄处宽约160千米。平均水深50米，最浅处14米。多浅滩、礁石。海峡散布着威尔士亲王岛、星期四岛、巴杜岛、莫阿岛等70多个岛屿，其中19个较大的岛屿有人居住。星期四岛是人口最多的岛屿，岛上的肯尼迪港是托雷斯海峡区域的行政中心、贸易场所和采珠业基地。墨累岛位于大堡礁的最北面，土著居民争取自身权利的马博案就发生在这里。全部岛屿属于澳大利亚昆士兰州管辖。

托里拆利 Torricelli, Evangelista (1608-10-15～1647-10-25) 意大利物理学家。生于法恩扎，卒于佛罗伦萨。托里拆利在求学时已显露才华，1641年经人介绍给伽利略做事，直至伽利略去世。托里拆利便接替伽利略职务任宫廷数学家和哲学家。他一生做了大量科学工作而赢得盛誉。遗留的讲稿编成学术演讲集于1715年出版。

托里拆利研究过水动力学，是水力学奠基人。他用酒精把伽利略发明的气体温度计改制成液体温度计，沿用至今。他还把水银灌入一端封闭的长玻璃管内，将开口端埋入水银杯中竖直，封闭端出现空间（后被称为托里拆利真空）的实验证明了大气压力的存在，这也是最早的水银大气压力计。

托利党 Tory 英国政党。产生于17世纪末。19世纪中叶演变为英国保守党。“托利”一词起源于爱尔兰语，意为不法之徒。在1679年议会讨论詹姆斯公爵是否有权继承王位时，赞成的人被政敌称为“托利”。托利党人参加了1688年“光荣革命”。1714年汉诺威王朝建立后半个世纪中，托利党在政治上一直处于在野地位。18世纪中叶，托利党成为以土地贵族和上层英国国教徒为核心的政治派别。1760年，逐渐成为执政党。法国大革命时期，一批温和的辉格党人转而支持在W.皮特（小）领导下的新托利党。工业革命后，适应政治经济的发展，托利党逐渐向资产阶级保守主义转变，在教会和国家关系、保护关税政策和反对天主教问题上偏保守。到19世纪中叶R.皮尔内阁时期，托利党发展为保守党。也有人认为，托利党是于1833年改称保守党的。

托罗斯山脉 Taurus Mountains; Toros Dağları 土耳其南部的东西向山脉。位于小亚细亚半岛南侧，西起埃里迪尔湖南侧，东至塞伊汉河西岸，大体以弧状走势，与地中海岸平行延伸，长约500千米。北侧支脉阿拉山中的埃尔吉亚斯山，海拔3 916米，既是托罗斯山脉的最高峰，也是安纳托利亚高原的最高峰。此外，海拔3 000～3 500米的山峰尚有多座。古代以“乞利奇亚门”著录史册的著名山隘，就在这条山脉的东段（阿达纳西北61千米）。西部多平均海拔千米上下的环行盆地，盆地最低处，潴为若干大小不等的湖泊。有松、杉、橡、杜松等树种分布，矿藏有银、铜、铅、锌、铁、铝土矿和褐煤、砷等。

托洛茨基 Trotsky, Lev Davidovich (1879-11-07～1940-08-21) 俄国十月武装起义的主要领导人，苏联红军缔造者，第四国际建立者。生于乌克兰赫尔松县，卒于墨西哥。1902年秋以署名托洛茨基之假护照出逃。1904年后，长期游移于布尔什维克和孟什维克之间。俄国1905年革命期间回国，参加革命活动。12月当选彼得堡苏维埃主席，不久被捕。1907年2月在押解流放地途中逃脱，流亡国外。1917年二月革命后从纽约回国。1917年7月被俄国临时政府逮捕。

同年7月，在俄国社会民主工党（布）第6次代表大会上加入布尔什维克党，被缺席选为党中央委员。9月初出狱，当选为彼得格勒苏维埃主席。担任彼得格勒苏维埃军事革命委员会主席，具体领导和指挥十月武装起义。俄国十月社会主义革命胜利后，担任苏维埃俄国外交人民委员。1919年俄共（布）“八大”后，当选为党中央政治局委员。苏俄国内战争期间，在建设红军和指挥作战方面发挥了积极的作用。1923～1924年遭到党内批判。1925年1月被解除陆海军人民委员和革命军事委员会主席的职务。5月出任租让委员会主席，后任电力技术管理局局长和工业科学技术院院长。1927年11月被开除出党，1928年被流放到阿拉木图，1929年2月被驱逐出境，1932年被取消苏联国籍。1937年初定居墨西哥。1938年9月，他建立“世界社会主义革命党”，即第四国际，从事反对J.斯大林、反对第三国际的活动。1940年8月20日在墨西哥遭暗杀，次日去世。

托马斯 Thomas, Sidney Gilchrist (1850-04-16～1885-02-01) 英国冶金学家，碱性转炉炼钢发明人。生于伦敦，卒于法国巴黎。曾在皇家矿业学院和伯克贝克学院学习化学和冶金学。遇到贝塞麦转炉炼钢法不能去磷这个长期未获解决的问题时，就致力于探索用转炉吹炼高磷生铁。托马斯及其合作者P.C.吉尔克里斯特1875年认识到，必须使转炉钢水中的磷与碱性物质结合成炉渣排出，才能脱磷。最初用石灰或石灰石组成的碱性炉衬做实验，发现要避免炉衬很快受到侵蚀，必须在铁水中加入适当的碱性料。几经失败，1877年终于成功，1879年在生产中推广。为纪念他，碱性转炉空气炼钢法被命名为托马斯法。

托马斯 Thomas, William Isaac (1863-08-13～1947-12-05) 美国社会学家、芝加哥学派的主要代表人物之一。生于弗吉尼亚州拉塞尔县，卒于加利福尼亚州伯克利。1880年进入田纳西大学学习，毕业后留校任教。1888年赴德国学习。返美后成为芝加哥大学社会学系首批研究生。1894～1918年在芝加哥大学任教。1923～1928年在纽约社会研究新学院任教。1936～1937年作为客座教授在哈佛大学讲学。1927年当选为美国社会学会主席。著有《性和社会》、《社会起源资料集》、《生活失调的少女》、《美

国的儿童》、《原始行为》等。他与社会学家F.W.兹纳尼茨基合著的《波兰农民在欧洲和美国》一书，分析了传统社会向现代化社会的变迁问题，开创了建立在私人日记、信件、自传基础上的生活史的研究方法，成为美国早期社会学研究的一个里程碑。托马斯提出了“情境定义”概念，认为人类是被他自己所创造的环境包围和影响着，其思想影响了符号互动论的形成。

托马斯·阿奎那 Thomas Aquinas（约1225～1274-03-07） 13世纪意大利神学家、经院哲学家。生于西西里王国的罗卡塞卡，卒于教皇国拉丁姆泰拉奇纳附近的福萨诺瓦。早年在那不勒斯大学学习，后来到科隆、巴黎，师从著名神学家大阿尔伯特，学习古希腊哲学和神学。1256年获硕士学位。1259～1268年曾先后担任亚历山大四世、乌尔班四世、克雷芒四世3位罗马教皇教廷的神学教师和法王路易九世的神学顾问。著有《神学大全》、《反异教大全》等。《神学大全》全书分三部论述上帝、人与上帝的关系以及基督、圣事等，被认为是基督教的百科全书。13世纪欧洲封建社会进入繁荣时期，社会出现一些难以解答的经济问题。阿奎那根据宗教教义与亚里士多德的有关学说，提出处理经济关系的基本原则应当是分配的公正与交换的公正。他把财富分成两种，即自然财富和人为财富。认为自然经济是一国幸福的基础，金银财富作为人为财富，不应成为国家和个人追求的目标。个人拥有的财富只要与其身份相称，就算实现了分配的公正。阿奎那的经济思想在欧洲统治达两个世纪。他把亚里士多德哲学运用于神学领域，创造了巨大的经院哲学和神学体系，在伦理学、逻辑学、政治学、形而上学和认识论等方面都作出了重要的贡献。在宗教哲学方面，他提出了著名的证明上帝存在的五种论证，对后世有重大影响。其哲学和神学体系于1879年被教皇利奥十三世定为天主教官方学说，后世称之为托马斯主义。1323年被追谥为圣徒，1567年被命名为教义师，并被称为“普世教会博士”。

托马斯·曼 Thomas Mann(1875-06-06～1955-08-12) 德国作家。生于吕贝克，卒于瑞士苏黎世。曾做过见习生，服过短期兵役。任杂志编辑、大学教授。1901年发表长篇小说《布登勃洛克一家》，一举成名。随后几年又发表小说集《特里斯坦》(1903)、

讽刺小说《王爷殿下》(1909)、剧本《菲奥伦察》(1906)和中篇小说《死于威尼斯》(1913)等。1924年他以达沃斯疗养院为素材，写作达12年之久的小说《魔山》问世，引起反响。1929年获诺贝尔文学奖。A.希特勒上台后被迫流亡。1936年被剥夺国籍。长篇四部曲《约瑟和他的兄弟们》(1933～1943)借古喻今，以人道主义激情和法西斯暴行相对照。长篇小说《浮士德博士，由一个友人讲述的德国作曲家阿德里安·莱弗金的一生》(1947)。描写一个艺术家与魔鬼订约的悲剧。其他主要作品还有以教皇格列高利的传说为素材的小说《优选者》(1951)、以轻松、幽默笔调写成的小说《大骗子菲利克斯·克鲁尔的自白，回忆录第一部》(1954)、《绿蒂在魏玛》(1939)以及中篇小说《受骗的女人》(1953)等。他的作品把细腻的心理分析和德国特有的哲理、思辨精神结合起来，创作出既有自传性质，又有宏大的史诗气派和深刻思想，结构严谨，描写细腻精确的作品。

托马斯·曼 Thomas Mun（1571-06-17～约1641-07-21） 英国晚期重商主义的代表人物，英国贸易差额论的主要创始人。又译托马斯·孟。生于伦敦的一个商人家庭。早年从商并成为英国的大商人。1615年担任东印度公司的董事，后又任政府贸易委员会的常务委员。

“货币产生贸易，贸易增多货币”是他的主要信条，他的观点反映了英国资本原始积累时期商业资本的利益和要求。

他要求取消禁止货币输出的法令，认为只要在对外贸易中争取出超，就可以带来更多的货币，从而使英国致富。为此，他主张尽可能扩大英国商品出口和减少对外国商品的消费。他号召节约，减少奢侈品进口，扩大经济作物的耕种，力求在饮食和服饰方面做到自给自足。他还要求消除不利于出口的各种措施，强调保护关税。

托木尔峰 Tomür Peak 天山山脉最高峰。海拔7 443米。位于中国新疆维吾尔自治区温宿县北部。维吾尔语意为铁峰。峰区以北为西汉乌孙故地，是天马、汗血马原产地，至今伊犁马仍以体态高健、乘挽兼用著名。东侧木扎提河谷古来为天山南北险要捷径。附近野生动植物资源丰富，北坡常见旱獭和马鹿，南坡野羊成群。此外，南北坡均有盘羊（大角羊）、雪豹、猞猁、棕熊、狍、狐和野猪。鸟类有雕、隼、鹰等。药用植物有雪莲、贝母、党参等80多种。附近有温泉多处。

《托斯卡》 *Tosca* G.普契尼作曲的三幕歌剧。作于1900年，同年在罗马首演。剧本由贾可萨和伊利卡根据萨尔多的戏剧改编。剧情是：1800年，罗马画家马里奥·卡瓦拉多西因掩护政治犯安格洛蒂而被捕受刑，歌剧女演员托斯卡正热恋着他。警察总监斯卡皮亚被托斯卡迷住，答应使她的恋人获得自由。作为回报，她得委身于他。托斯卡被迫假意顺从，在警察总监刚写完假处决的命令后，趁其不备用刀刺死了他。黎明时，马里奥被带到刑场，托斯卡告诉他这只是假处决，谁料这是警察总监耍的花招，马里奥真的被处决了。她意识到刺死总监一事已经被人发现，终于跳墙自杀。在这部歌剧中，普契尼注意音乐的感情渲染和戏剧性效果，全剧有许多精彩唱段。剧中人物性格的刻画很深刻，有很强的艺术感染力。

托斯卡尼尼 Toscanini, Arturo（1867-03-25～1957-10-16） 意大利指挥家。生于帕尔马，卒于美国纽约。1876年入帕尔马音乐学院学大提琴和作曲，1885年毕业。翌

年在巴西里约热内卢歌剧院管弦乐团任大提琴演奏员。同年6月因临时代替指挥演出歌剧《阿依达》，获得成功，从此开始了他近70年的指挥生涯。早期，以指挥歌剧而著称。列昂卡瓦罗的《丑角》、G.普契尼的《波希米亚人》等歌剧，都是由他指挥首演的。1898年，受聘为米兰斯卡拉歌剧院的首席指挥，从此确立了他作为世界一流指挥家的地位。

托斯卡尼尼为人刚直不阿，反对法西斯党和纳粹，为此，1926年他离开斯卡拉歌剧院。1931年后拒绝在意大利演出，1933年后拒绝到拜罗伊特指挥歌剧演出。1936年底却到特拉维夫指挥受纳粹迫害者组成的交响乐团的第一场音乐会。其指挥强调忠实于原作，为树立20世纪的现实主义的指挥风格起了决定性的作用。音乐表现的准确度极高，力量变化的幅度大，层次鲜明。对演奏的要求极严格，一丝不苟。

拖拉机 tractor 与各种作业机具和工作装置配套，在农业、运输业、水利工程、道路工程和建筑业中完成各项作业的自走式

动力机械。

按用途分为农业用拖拉机和工业用拖拉机；按结构型式有轮式、履带式、手扶式（见手扶拖拉机）和船形拖拉机等。

农业用拖拉机　有一般用途和专用两类。一般用途拖拉机用于一般农作物的各项田间作业和运输作业，使用面广，适应性强。专用拖拉机是为某种特定使用环境或特种作物的作业条件而设计的，有些则是一般用途拖拉机的变型产品。

工业用拖拉机　配带各种装置和专用运输挂车，用以进行各项土石方工程的铲运和牵引作业。工业用拖拉机大多趋向于与某种工作装置以及相应的联接装置和操纵机构一起，构成专用的机动车辆，如推土机、挖掘机、平地机、铲运机等。

轮式拖拉机　具有前后4个或更多轮子的拖拉机。有两轮驱动和四轮驱动两种类型。两轮驱动拖拉机综合利用程度高，适应性强，操纵轻便，劳动条件好。四轮驱动拖拉机具有较好的牵引附着性能，在坡地、土质黏重和潮湿地、沙土地上作业及在农田基本建设作业方面有较好的适应性。

履带式拖拉机　具有履带式行走装置的拖拉机。其特点是牵引附着性能好、单位机宽的牵引力大、接地比压低、越野性能强、稳定性好，在潮湿、黏重的土地上有良好的使用性能。

船形拖拉机　又称机耕船。中国在20世纪70年代创制的新型农业用拖拉机。船体接地面积大，作业时浮在田面上，驱动铁轮的轮刺插入土中，获得足够的推进力。因此它可在一般拖拉机无法作业的深泥脚水田中正常耕作，并具有较高的牵引效率。

拖雷　Tolui (?～1233)　成吉思汗与正妻孛儿台之第4子。常从成吉思汗征伐，成吉思汗视他为“那可儿”(nökör，伴当)，人们又称他为也可那颜。1213年，成吉思汗分兵伐金，拖雷从成吉思汗率中路军，破河北、山东诸郡县。1219年，从成吉思汗西征，攻陷不花剌、撒马尔罕。1221年，分领一军进入呼罗珊境，陷马鲁、你沙不儿，降也里。按照蒙古习俗，幼子继承父业，而年长的诸子则外出自营生计。故成吉思汗生前分封诸子，拖雷留在父母身边，继承了父亲所有在斡难和怯绿连的斡鲁朵、牧地及军队。成吉思汗去世后，拖雷监国。1229年，推窝阔台即大汗位。1231年，与窝阔台分道伐金。11月，蒙古军假道南宋境，北上进入金境。1232年初，与金军在钧州（今河南禹州）遭遇，拖雷乘雪大败金将完颜合达、移剌蒲阿于三峰山，尽歼金军精锐，随后同从白坡渡河南下的窝阔台军会合。同年北返，病逝途中。后追谥为景襄皇帝，庙号睿宗。拖雷正妻唆鲁禾帖尼，克烈氏，生蒙哥、元世祖忽必烈、旭烈兀、阿里不哥四子。

脱发　alopecia　头发过度脱落的现象。有生理性及病理性之分。

生理性脱发　头发正常的脱落。一个正常成人约有10万根头发，每天要脱落50～75根，这是因为毛发的生长具有周期性。许多老年人头发稀疏，但顶额部先秃多见于男性老人而不见于女性，可见这与内分泌因素有关。

病理性脱发　头发异常或过度的脱落。其原因很多，并同种族、性别、年龄和遗传等因素有关。

①雄激素性脱发。又称男性型秃发。患者大都在青春期后在两侧鬓角及前额出现脱发，随着年龄的增长，脱发区向上扩大，同时头顶的发也开始脱落，并发展为大片脱落，与前额脱发区相连，仅在头的四周留下一圈头发。每个患者的脱发速度和程度很不一样，可能与年龄、遗传有关。由于头皮皮脂分泌量不减少，所以头皮往往光滑油亮，毛孔缩小，故过去也称之为脂溢性脱发。女性也可见此类脱发，但很少见，脱发较晚，发展慢，表现为头顶部稀疏脱发，前额和鬓角很少脱发。这些女性患者体内睾酮水平往往增高。尚无有效治疗方法。该病不影响身体健康。

②斑秃。头皮突然发生的圆形秃发。俗称“鬼剃头”。与精神刺激、情绪紧张、内分泌紊乱、遗传因素和自身免疫有关。该病可发生于任何年龄，以青壮年为多见。病损为圆形的完全脱发，脱发处头皮光滑无萎缩，边缘处头发松动，因毛球萎缩，拔下的毛发上粗下细呈棒状，典型的称为惊叹号发。当病损扩展时，边缘头发易于拔掉。除秃发外，患者一般无自觉症状，故斑秃常是别人发现。多能自愈。

治疗　去除诱因，特别是精神因素。注意休息，心情舒畅。口服镇静药、胱氨酸、维生素B族等。局部可外用斑蝥辣椒酊、皮质类固醇激素制剂、0.2%～0.8%蒽林软膏、10%樟脑油或鲜姜摩擦，用以刺激头皮，使之充血，增加皮肤的血行，促进毛发的生长。对顽固的斑秃患者，用去炎松混悬液加等量1%盐酸普鲁卡因局部封闭。物理疗法包括紫外线照射、梅花针等。

脱落酸　abscisic acid; ABA　种子在发育和休眠、芽休眠、气孔关闭、植物抗逆性尤其是抗干旱和高盐胁迫过程中，发挥调节作用的一种植物激素。15碳的倍半萜烯化合物。由异戊二烯化合物单位构成，可由3,5-二羟基-3-甲基戊酸在代谢中衍生出来。

脱落酸的生理作用主要是导致休眠及促进脱落。用脱落酸处理植物生长旺盛的小枝，可以引起与休眠相同的状态；产生芽鳞状的叶子代替展开的营养叶；减少顶

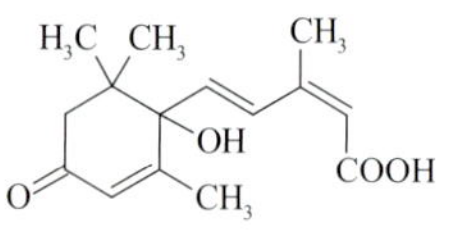

脱落酸结构式

端分生组织的有丝分裂活动；并能引起下面的叶子脱落和防止休眠的解除。用脱落酸处理能萌发的种子，可以使之休眠。这种对萌发的抑制作用可以用赤霉素或细胞分裂素处理来抵消或逆转。脱落酸能拮抗赤霉素的代替长日照导致长日植物抽薹开花的作用，还能使少数短日植物在非诱导周期的条件下开花。反之，使用赤霉素能克服脱落酸对遗传性高秆玉米的伸长和对种子萌发及马铃薯发芽的抑制作用。

脱敏　desensitization　治疗Ⅰ型变态反应病常用的方法。又称减敏。即用小量渐增的方法给机体引入能致敏的变应原，使机体产生免疫耐受性，不因接触致敏变应原发生剧烈反应。属于免疫疗法范畴。

脱敏治疗一般采用皮下注射的方式。对初次接受脱敏治疗的患者需要从最低浓度、最小剂量开始，逐步递增剂量，以防止在治疗过程中发生不耐受现象，这样的治疗方式称为常规脱敏或递增脱敏。把浓度和剂量固定在患者所能耐受的最高水平，重复注射，疗效与累计量平行，这种治疗方式称维持治疗。

无论是根据皮肤反应的强度确定的或是用终点滴定法确定的起始浓度，都需要通过临床实践来检验其准确性；另外，环境的变化和机体生理和病理情况的改变，也都会影响机体的耐受性，所以要根据实际情况，随时调整浓度和剂量。

脱敏治疗一般是安全的，如果因为剂量过大导致不耐受，多表现为原发疾病症状的加重。此时可以暂停注射或减小剂量，如果在注射部位发生红肿瘙痒，只要在下次注射前能消退，仍可继续注射。如果局部反应长久不消，或发生了全身性的血管炎症，则可能已引起Ⅲ型变态反应，应即中断治疗，改用其他方法，但这种情况极少发生。

脱氢酶　dehydrogenases　氧化还原酶的一类。反应中被氧化的底物称为氢供体或电子供体，被还原的底物称为氢受体或电子受体。当受体是O_2时，催化该反应的酶称为氧化酶，其他情况下都称为脱氢酶。不同的脱氢酶几乎都根据其底物的名称命名。大多数脱氢酶的辅酶是NAD^+或$NADP^+$〔以下用$NAD(P)^+$表示〕，如苹果酸脱氢酶、异柠檬酸脱氢酶等。底物经这类脱氢酶的催化使$NAD(P)^+$还原生成NAD(P)H。另一些脱氢酶以黄素为辅基，如NADH脱氢酶、琥珀酸脱氢酶，二者均含有非血红素铁和酸不稳定硫。铁硫中心不稳定，往

往是酶失活的原因；铁硫中心也是一些酶抑制剂的作用部位。生物体中绝大多数氧化还原反应都是在脱氢酶及氧化酶的催化下进行。物质经脱氢酶催化，最后通过电子传递链而被氧氧化。通过氧化磷酸化作用生成腺苷三磷酸（ATP），是异养生物体取得能量的主要途径。

脱水 dehydration 体液容量不足的病理现象。又称失水。脱水和电解质（主要是钠）的丢失常同时存在。按脱水和缺钠的程度不同，脱水可分三类型。

等渗性脱水 又称急性缺水或混合性脱水。临床最常见，多发生于消化液大量丧失，如腹泻、呕吐、肠梗阻及腹膜炎等时。患者有皮肤黏膜干燥、皮肤失去弹性、头晕、血压下降及尿少等表现。

高渗透性脱水 又称原发性脱水。由于缺水甚于缺钠，故血清钠高于正常范围，细胞外液呈高渗状态。失水原因为进水量不足，或排出量增多。口渴是最早出现的症状，随后有黏膜干燥、皮肤弹性减退、尿量减少、比重增高、体温上升等。

低渗性脱水 又称慢性脱水或继发性脱水。缺水少于失钠，故血清钠低于正常水平，细胞外液呈低渗状态。在有大量体液丢失，如高温作业、大面积烧伤、呕吐、慢性肠梗阻时，饮入大量白开水或输入葡萄糖液，而未补充钠盐，即造成低渗性脱水。患者有头晕、疲乏等一般脱水表现，早期尿量正常而比重低，但无口渴，这是与高渗性脱水的主要区别。

治疗 对脱水应进行补液治疗，补液总量包括丢失量及生理需要量。补液原则是先快后慢。胃肠道补液最为安全有效。必要时可静脉补液，不同类型的脱水选用不同的溶液。见液体疗法。

脱脱 Toqtoha（1314～1355） 中国元代大臣。字大用。蒙古蔑里乞氏。至元四年（1338），进御史大夫。时伯父伯颜为中书右丞相，专权恣横，为顺帝所忌，脱脱恐受累，与顺帝近臣密谋除伯颜。六年，乘伯颜猎于柳林之机，受命将他逐出京师。至正元年（1341），任中书右丞相。改伯颜旧政。三年，主修《辽史》、《金史》、《宋史》，任都总裁官。四年，以疾辞相位。九年，复为中书右丞相。十一年，为解决国库不足，铸至正通宝钱，印造交钞，令民间通用，造成钞法混乱。同年，因黄河决堤冲坏盐场，用贾鲁治河，治河工程完毕，以功赐世袭答剌罕号。十二年，率兵剿红巾军，以镇压起义之功封太师。十三年，领大司农事，屯田京畿，兴水利，立法佃种。十四年，总制诸王诸省军讨伐高邮（今属江苏）张士诚起义军。高邮未下，顺帝忌脱脱权力过重，就军中削其官爵。后流徙云南，被毒死。二十二年，昭雪复官爵。

脱氧核糖 deoxyribose 核糖分子中的一个羟基被氢取代生成的化合物，其分子式为$C_4H_9O_3CHO$。D-2-脱氧核糖是核糖的一个2-位羟基被氢取代的衍生物，在细胞核中作为脱氧核糖核酸DNA的组分，十分重要。

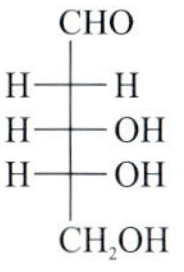

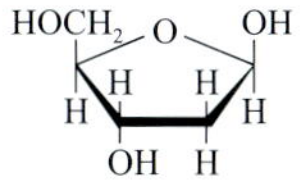

β-D-2-脱氧核呋喃糖

α-D-2-脱氧核呋喃糖的熔点78～82℃，比旋光度$[\alpha]_D$ －55；β-异构体熔点96～98℃，$[\alpha]_D$ －91→－58。D-2-脱氧核糖与苯胺形成结晶的半缩醛胺，常用于D-2-脱氧核糖的分离提纯和储存，需要时将半缩醛胺与苯甲醛反应，即得2-脱氧核糖。2-脱氧核糖在硫酸和乙酸存在下与二苯胺反应呈蓝色，与硫酸亚铁反应也呈蓝色，称为凯勒-基连尼反应，可进行定量测定。D-2-脱氧核糖甚易与乙醇-盐酸作用形成糖苷，这种糖苷甚易水解。可以核糖或其他易得的糖为原料合成脱氧核糖。

脱氧核糖核酸 deoxyribonucleic acid; DNA 由成千上万个脱氧核苷酸通过磷酸二酯键连接而成的一类核酸。因含脱氧核糖而得名，简称DNA。它是染色体的主要成分。此外，真核生物的线粒体和叶绿体中也含有DNA，原核生物的质粒全由DNA构成。在不含核糖核酸（RNA）的病毒和噬菌体中，其核酸都是DNA。

除了RNA病毒和RNA噬菌体之外，DNA是所有生物的遗传物质基础。生物体亲子之间的相似性和继承性，即所谓遗传信息都储存在DNA分子中。DNA由脱氧腺苷酸、脱氧鸟苷酸、脱氧胸苷酸和脱氧胞苷酸组成。1953年J.D.沃森和F.H.C.克里克根据DNA分子中碱基组成的规律性，DNA纤维的X射线衍射图谱以及其他实验结果，构建了DNA双螺旋模型。这个模型的特征是：①DNA由两条多核苷酸链构成，这两条链的方向相反。②脱氧核糖和磷酸形成的骨架在外侧，碱基在双螺旋内侧，两两配对。③每对碱基处于同一平面，而和中心轴垂直，不同碱基对的平面互相平行。DNA还有三级结构，如超螺旋结构，由双螺旋链扭曲而成。使刚性的DNA双链解开成易于柔折的单链的现象称为变性。去除变性条件以后，变性DNA的两条互补链可以重新结合，恢复到原来的双螺旋，这个过程称为复性。生物为了维持种族的延续，必须把遗传信息稳定不变地传给下一代，这就靠DNA的忠实复制来实现。以双链DNA为遗传物质的生物在DNA复制时，将亲代DNA的两条链分别作为模板，通过碱基配对（A配T，G配C）合成两条新生链，然后将这两条各含一新一旧的双链DNA分配到两个子代细胞中，这种复制方式便称为半保留复制。环境中化学的或物理的因素以及生物体内代谢过程中产生的自由基均可对DNA造成损伤。但DNA有一定的修复机制。DNA修复方式包括错配修复、直接修复（光修复和暗修复）、切除修复、重组修复和易错修复等。对嘧啶二聚体的修复机制了解最为清楚。主要通过两个途径：①酶促光激活作用。②切除修复。如果缺乏这种修复机制，可造成一些疾病。

同源DNA在体内重组是产生生物遗传性多样化的主要原因。DNA重组可通过人工方法实现。即将DNA片段在体外连接，然后引入活细胞内进行复制。应用DNA重组技术，已经生产了许多造福于人类的产品，包括：多肽和蛋白质激素，如人胰岛素、促红细胞生成素、人生长激素、肿瘤坏死因子，以及酶制剂、疫苗、干扰素、抗生素、白介素等。

《脱影奇观》 *How to Take Wonderful Photographs* 中国第一部摄影技术专著。1873年在北京出版。作者德贞为英国传教医生，1860年到中国，酷爱摄影，兼通中西文理，曾发表《镜影灯说》及其他摄影译文。为传授摄影，编著《脱影奇观》。全书为木版大字线装刻本，分上、中、下三卷，分装元、亨、利、贞四册，分理学、艺术、法则三部分，卷首附《脱影源流史传》，卷末附《镜影灯说》。后随照相材料和摄影方法的更新补充刊印"续编"一册。专著反驳照相是"异端"、"邪术"、"非目睛之水，即人心之血"的言论，证明摄影并非玄技，而是人人都可掌握的摄影学及应用技术，揭开了摄影术的奥秘，为传播摄影技术起到了教科书的作用。

陀螺力学 gyrodynamics; gyroscopes, mechanics of 研究陀螺仪和陀螺系统运动规律的一般力学的分支。是在刚体动力学的理论基础上，利用陀螺仪转子高速转动的特点，将运动微分方程线性化而建立起来的工程理论。又称陀螺仪理论或陀螺动力学。广义上说，凡可绕一轴转动，而此轴又可绕另一相交轴转动的刚体都是陀螺。工程上的陀螺为旋转对称的形状，并以很高的角速度绕对称轴转动，同时该对称轴又可绕其上一点缓慢地旋进。这种运动显示出的一系列特性，在工程上得到广泛应用。带有一个或几个陀螺转子的装置称为陀螺装置，可构成各种陀螺仪和陀螺系统。陀螺力学研究的内容包括陀螺仪的定位、基本特性、动力学方程、转子轴平衡位置的稳定性以及各种陀螺装置的性能和功用、误差分析及其补偿和校正等，并已发展出非线性陀螺力学。陀螺力学可以解释自然界和实验现象，解决陀螺仪的设计和工程中的陀螺效应问题。

陀螺仪 gyroscope 由一个高速旋转转子和保证转子的旋转轴能在空间自由转动的支承系统组成的仪器。又称回转仪。利用它的动力学特性制成的各种仪表或装置广泛用于导航系统和稳定装置中。

陀螺仪可根据不同的支承方式分为框架陀螺仪（见图）、静电支承或磁支承陀螺仪、液浮或气浮陀螺仪、挠性陀螺仪。也可根据转子和转子旋转轴的不同自由度分为单自由度、双自由度陀螺仪和三自由度陀螺仪。高速自转均衡陀螺仪沿转子轴的垂直方向无力矩作用时，转子轴在惯性空间中保持指向不变的性质称为陀螺定轴性。具有定轴性的陀螺仪称为自由陀螺仪，应用于惯性导航系统，或在自动飞行控制系统中用作传感器。

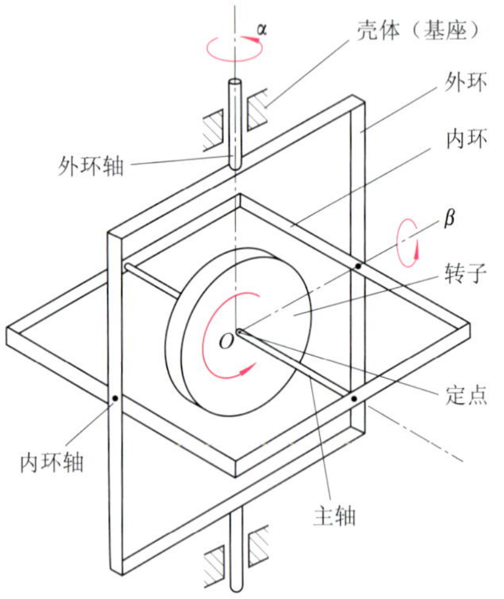

框架陀螺仪

在力矩作用下，陀螺仪的转子轴在惯性空间中产生的偏转方向与力矩矢量方向一致的运动称为陀螺旋进。陀螺旋进常伴随有章动（转子轴在动量矩矢量附近所作的高频微幅圆锥摆动），但由于轴承摩擦和空气阻尼作用章动会很快衰减，故通常忽略陀螺章动而只考虑陀螺旋进。陀螺旋进的理论是陀螺仪工程理论的主要组成部分，可解释许多陀螺仪表的工作原理。非传统陀螺仪，如激光陀螺仪、光纤陀螺仪、粒子陀螺仪等均无转子，工作原理与传统陀螺仪完全不同。

陀思妥耶夫斯基 Dostoyevsky, Fyodor Mikhaylovich（1821-11-11～1881-02-09） 俄国作家。生于莫斯科，卒于圣彼得堡。1843年毕业于圣彼得堡军事工程学校。1844年始专事文学创作。1845年发表第一部长篇小说《穷人》，深化了俄罗斯文学中的“小人物”主题。第二部小说《双重人格》（1846）提出“双重人格”的主题。中篇小说《女房东》（1847）和《白夜》（1848）则开拓了“幻想家”的主题。1849年因参加反农奴制秘密团体被捕并判死刑。临刑时，改判流放西伯利亚服苦役。1854年刑满在当地当列兵。1859年获准回彼得堡，后与兄长创办《时代》等杂志。

长篇小说《被欺凌与被侮辱的》（1861）除描写“小人物”外，还涉及资本主义发展引起的个人、社会和家庭的道德堕落的主题。《罪与罚》（1866）以犯罪心理过程及由此引起的道德后果为主题，描写当时俄国可怕的社会贫困和金钱对各类人物的毁灭性影响。《白痴》（1868）广泛描绘了农奴制改革后俄国上层社会的状况。《卡拉马佐夫兄弟》（1879～1880）写了卡拉马佐夫一家的历史。把这个“偶合家庭”杀父的故事演化成宏伟的社会哲理小说。其他主要作品还有《死屋手记》（1861～1862）、《群魔》（1871～1872）、《少年》（1875）等。

沱江 Tuojiang River 中国长江上游支流。又称外江、中江。上源有绵远河、石亭江、湔江3源，均发源于九顶山。此外，有从岷江内江引水分出的柏条河和青白江，于金堂流入沱江。故沱江与岷江共称为“双生”河流。金堂以上为上游，流经成都平原。金堂以下河流切穿龙泉山，形成长10余千米的金堂峡后，始称沱江。资中以下为下游，于泸州入长江，多年平均径流量127亿立方米（李家湾站）。沱江全长702千米，主要支流有阳化河、大清流河、濑溪河、珠溪河、釜溪河等，流域面积2.79万平方千米，天然落差2 354米，水力资源153万千瓦。沱江流域森林覆盖率5.1%，为四川各河中最低者，水土流失严重，干旱明显。流域内有成都、德阳、内江、自贡、泸州5座大中城市，是四川省工业集中之地，人口密度之高冠于其他各河。沱江流域又是四川最大棉、蔗产地。

沱沱河 Tuotuo River 中国长江上源。位于青海省西南部。东支源于唐古拉山各拉丹冬雪山群西南侧的姜根迪如雪山下的冰川；西支源于尕恰迪如岗雪山的西侧。因此，冰川融水就成为长江最初的水源。东西两支汇合后称纳欣曲，下行24千米左右与右岸的切苏美曲汇合后始称沱沱河。沱沱河由南向北流，切穿祖尔肯乌拉山至葫芦湖南侧，接纳波陇曲后，一直向东流至当曲汇合口。河流全长358千米，流域面积6 949平方千米，多年平均年径流量9.2亿立方米，河流流经青藏高原浅丘区。

驼山石窟 Tuoshan Caves 中国隋唐时代的佛教石窟。位于山东青州西南6千米处的驼山主峰东南崖壁上。有洞窟5个，龛窟1个，大小佛像638尊。1988年国务院公布为全国重点文物保护单位。

第3窟最大、造像最多、时代最早，开凿于隋开皇元年至三年（581～583）。窟高7.5米、深2.5米，内刻西方三圣像。主尊阿弥陀佛像高达5米，面相丰满；胁侍菩萨高3.94米，头戴花冠，宝缯下垂，身着长裙，体姿圆润。左右两侧壁满刻千佛像。第2窟雕一佛二菩萨二力士一铺五尊像，第5窟雕一佛二菩萨一铺三尊像，开凿时间晚于第3窟。菩萨像长裙曳地，裙带满饰图案，从中下垂，为隋代造像。第1、4窟为唐代作品。第1窟佛像螺形高髻，面相丰满。菩萨高发髻，上体袒露，饰项圈，佩璎珞，帔帛斜垂，长裙贴体。丰润的面相，欹斜有曲线的身姿，显示出盛唐造像风格。窟左右侧小龛的题记纪年，有长安二年（702）和长安三年，提供了驼山石窟开凿年代的下限。各窟前原有窟前建筑，今已无存。

第3窟主尊阿弥陀佛像

鸵鸟 *Struthio camelus*; ostrich 鸵形目鸵鸟科鸵鸟属唯一种。现存鸟类中体型最大的鸟种（见图）。又称非洲鸵鸟。原产于非洲的荒漠稀树草原地带。常和斑马、羚羊、长颈鹿等集群活动。鸵鸟体型硕大，雄性体高2.1～2.5米，体重100～130千克，雌性体高1.75～1.90米，体重100千克。头小，头骨薄而疏松。眼睛大，视力敏锐。颈长，有19块颈椎骨。腿高而粗壮，足具两趾和肉垫，奔跑时速可达40～70千米。没有尾骨和尾脂腺。

属草食为主的杂食性鸟种。人工饲养

的鸵鸟要喂相当高比例的精料，以及适量的矿物质、维生素。聚群性强，适于群饲或放牧。雌鸵鸟2～2.5岁性成熟，雄鸵鸟3岁以上性成熟。蛋重为1.2～1.7千克，年产蛋60～80个。孵化期为37～49天。寿命长达80岁以上。

鸵鸟肉为纯红肉，但肉质粗糙。蛋壳可制作工艺品。皮柔韧性好，可制革。羽毛可做饰物。脂肪可作化妆品原料。现在非洲等地饲养的鸵鸟主要供旅游观赏和骑乘之用。

椭圆 ellipse 一种圆锥曲线。直圆锥面用不通过顶点并且与所有的直母线都相交的平面去截，所截得的曲线就是椭圆。椭圆也可以定义为平面上到两个定点P_1、P_2的距离之和为常数$2r$的点的轨迹，这两个定点称为椭圆的焦点。当这两个焦点合二为一时，所得的是一个圆。

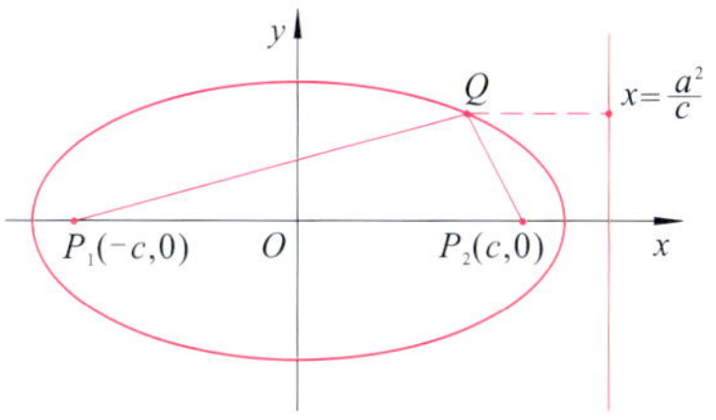

如图，在平面上取直角坐标系Oxy，使原点O是P_1、P_2的中点，且P_1、P_2落在x轴上，则椭圆的方程为$\frac{x^2}{a^2}+\frac{y^2}{b^2}=1$（$a>b$），式中$a=r$，$b=\sqrt{a^2-c^2}$，$c=\frac{|P_1P_2|}{2}$。

当椭圆不是圆时，椭圆上的点到焦点$(c,0)$的距离与它到直线$x=a^2/c$的距离之比是常数$e=\frac{c}{a}=\frac{\sqrt{a^2-b^2}}{a}<1$，称为该椭圆的离心率，反映了椭圆的扁平程度。若取椭圆的焦点P_1为极点，且P_1P_2落在极轴上，则椭圆的极坐标方程为$\rho=\frac{p}{1-e\cos\theta}$，式中$p=b^2/a$，$e<1$。

椭圆有特殊的光学性质和力学性质。例如，在平面内从一个焦点发射的光经椭圆反射之后在另一个焦点处聚焦。行星绕恒星在万有引力作用下的运动轨迹是一个椭圆。

椭圆函数 elliptic function 具有两个周期的**亚纯函数**。它最初是从求椭圆的弧长引发而来，故称为椭圆函数。

设ω与ω'是两个非零复数，且$\mathrm{Im}\frac{\omega'}{\omega}\neq 0$。若在复平面$\mathbf{C}$上的亚纯函数$f(z)$以$\omega$和$\omega'$为周期，也即$f(z+\omega)=f(z)$且$f(z+\omega')=f(z)$，则$f(z)$称为椭圆函数。

全纯的椭圆函数一定是常数。因而有研究价值的椭圆函数是有极点的椭圆函数。

在研究椭圆函数时集合

$$\Lambda=\{m\omega+n\omega':\ m,n\in\mathbf{Z}\}$$

起了很大作用，式中ω与ω'是椭圆函数的周期，$\mathrm{Im}\frac{\omega'}{\omega}\neq 0$。$\Lambda$代表复平面上一个无限的格点阵，见图。

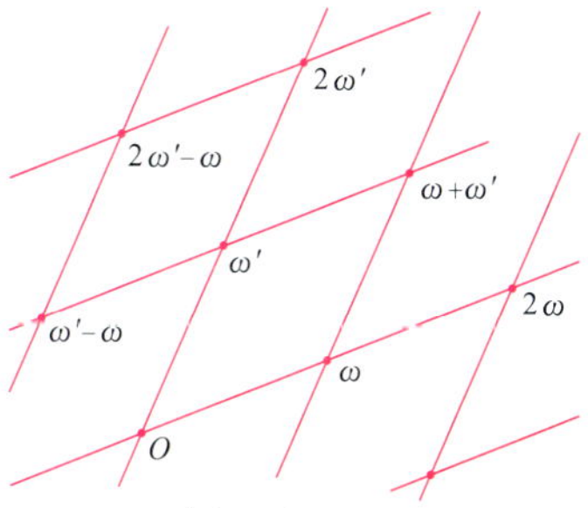

基本周期四边形

图中以O,ω,ω'及$\omega+\omega'$为顶点的平行四边形被称为基本四边形，而图中其他四边形称为周期平行四边形。椭圆函数在基本四边形或任何一个周期平行四边形中的性质反映着函数的全部性质。

一个椭圆函数在一个周期平行四边形内极点个数总是有限，其极点的阶数之和称为该椭圆函数之阶数。椭圆函数在任何一个周期平行四边形内的极点处的留数之和为零。n阶椭圆函数在一个周期平行四边形内取任一值n次。在任意一个周期平行四边形之内零点之和与极点之和的差恰好等于一个周期。

拓扑学 topology 数学中重要的、基础的分支。起初它是几何学的一支，研究几何图形在连续变形下保持不变的性质（所谓连续变形，形象地说就是允许伸缩和扭曲等变形，但不许割断和黏合）；现在已发展成为研究连续性现象的数学分支。由于连续性在数学中的表现方式与研究方法的多样性，拓扑学又分成研究对象与方法各异的若干分支。在拓扑学的孕育阶段，19世纪末，就已出现点集拓扑学与组合拓扑学两个方向。现在前者已演化成一般拓扑学，后者则成为代数拓扑学。后来，又相继出现了微分拓扑学、几何拓扑学等分支。拓扑学主要是由于**分析学**和**几何学**的需要而发展起来的，它自20世纪30年代以来的大发展，尤其是它的成果与方法对于数学的各个领域的不断渗透，是20世纪理论数学发展中的一个明显特征。

初等拓扑问题的例子 几何图形还有一些不能用传统的几何方法来研究的性质。这些性质与长度、角度无关，它们所表现的是图形整体结构方面的特征。这种性质也就是图形的所谓拓扑性质。

七桥问题 柯尼斯堡是东普鲁士首府，普莱格尔河横贯其中，上有七座桥。一个散步者怎样才能走遍七座桥而每座桥只经过一次？这个18世纪的智力游戏，被**L.欧拉**简化为用细线画出的网络能否一笔画出的问题，然后他证明这是根本办不到的。一个网络之能否一笔画出，与线条的长短曲直无关，只决定于其中的点与线的连接方式。设想一个网络是用柔软而有弹性的材料制作的，在它被弯曲、拉伸后，能否一笔画出的性质是不会改变的。

欧拉的多面体公式与曲面的分类 欧拉发现，不论什么形状的凸多面体，其顶点数v、棱数e、面数f之间总有$v-e+f=2$这个关系。从这个公式可以证明正多面体只有5种。值得注意的是，如果多面体不是凸的而呈框形（图1），也不管框的形状如何，

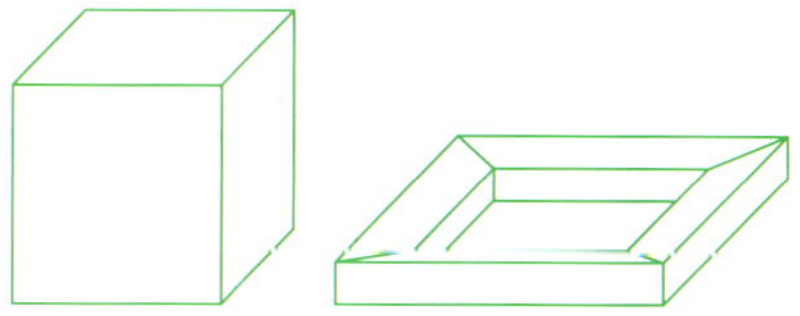

$v-e+f=8-12+6=2$　$v-e+f=16-32+16=0$

图1 凸形与框形

总有$v-e+f=0$。这说明，凸形与框形之间有比长短曲直更本质的差别，通俗的说法是框形里有个洞。

在连续变形下，凸体的表面可以变为球面，框的表面可以变为环面（轮胎面）。这两者却不能通过连续变形互变。在连续变形下封闭曲面有多少种不同类型？怎样鉴别它们？这曾是19世纪后半叶拓扑学研究的主要问题。把曲面变形成多面体后的欧拉数$v-e+f$在其中起着关键的作用。

四色问题 在平面或球面上绘制地图，有公共边界线的区域用不同的颜色加以区别。19世纪中期，人们从经验猜想用4种颜色就足以给所有的地图上色。证明这个猜想的尝试，却延续了100多年，到1976年才出现了一个借助于计算机的证明。如果不是在平面上而是在轮胎面上画地图，四色就不够了，要七色才够。用橡皮做一个曲面模型，然后随意扭曲，弄得山峦起伏，这对其上的地图着色毫无影响，所以这颜色数也是曲面在连续变形下不变的性质。

纽结问题 空间中一条自身不相交的封闭曲线，会发生打结现象。要问一个结能否解开（即能否变形成平放的圆圈），或

者间两个结能否互变（例如，图2中的两个三叶结能否互变），并且不只做个模型试试，还要给出证明，那就远不是件容易的事了。

图2 圆圈与三叶结

维数问题 什么是曲线？朴素的观念是点动成线，随一个参数（时间）连续变化的动点所描出的轨迹就是曲线。可是，G.皮亚诺在1890年竟造出一条这样的“曲线”，它填满整个正方形！这激发了关于维数概念的深入探讨，经过20～30年才取得关键性的突破。

布线问题（嵌入问题） 一个复杂的网络能否布在平面上而不自相交叉？做印刷电路时自然会碰到这个问题。图3中左面的

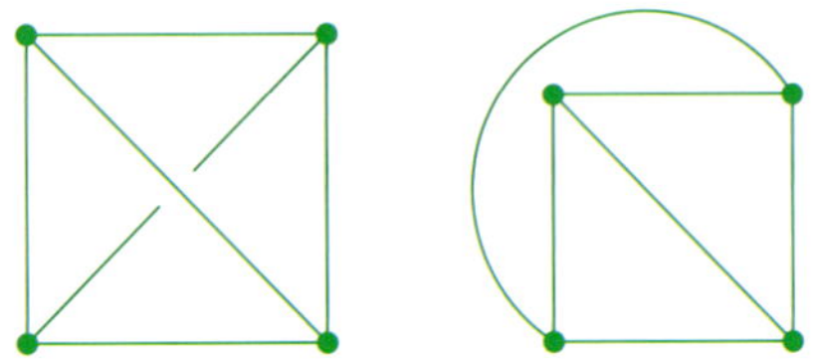

图3 可嵌入网络

图把一根对角线移到方形外面就可以布在平面上，但图4两个图却无论怎样挪动都不能布在平面上。1930年K.库拉托夫斯基证

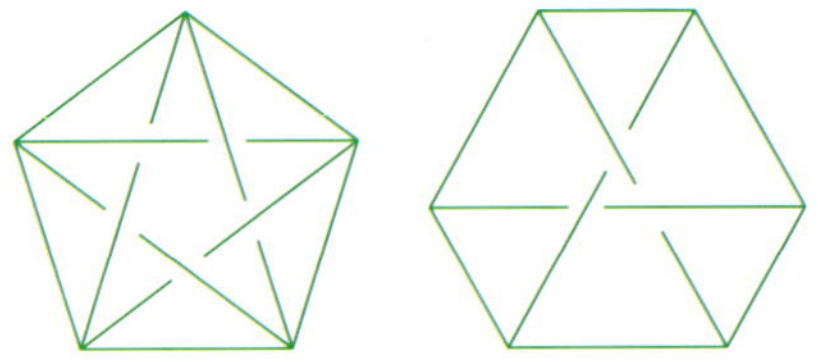

图4 不可嵌入网络

明，一个网络是否能嵌入平面，就看其中是否不含有这两个图之一。

向量场问题 考虑光滑曲面上的连续的切向量场，即在曲面的每一点放一个与曲面相切的向量，并且其分布是连续的。其中向量等于0的地方称为奇点。例如，地球表面上每点的风速向量就组成一个随时间变化的切向量场，而奇点就是当时没风的地方。从直观经验看出，球面上的连续切向量场一定有奇点，而环面上却可以造出没有奇点的向量场。

进一步分析，每个奇点有一个“指数”，即当动点绕它一周时，动点处的向量转的圈数；此指数有正负，视动点绕行方向与向量转动方向相同或相反而定（图5）。H.庞加莱发现，球面上切向量场，只要奇点个数是有限的，这些奇点的指数的代数和（正负要相消）恒等于2；而环面上的则恒等于0。这2与0恰是那两个曲面的欧拉数，这不是偶然的巧合。

不动点问题 考虑一个曲面到自身的连续变换（映射），即曲面的每一点被移到

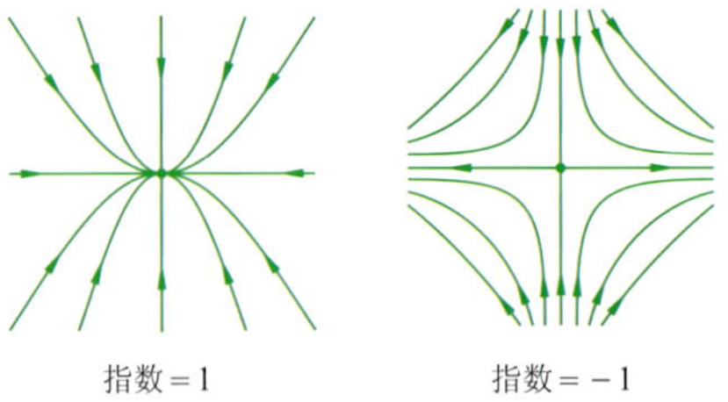

图5 向量场奇点的指数

该曲面上的新的位置，连续是指互相邻近的点被移到互相邻近的点。新旧位置相同的点称为这变换的不动点。每个不动点也有个“指数”，即当动点绕它一周时，从动点指向其像点的向量转动的圈数。拓扑学家们发现，曲面到自身的映射的不动点个数如果是有限的，它们的指数的代数和不会因对这映射作细微的修改而改变，因而可从这映射的某些粗略的特征计算出来。特别是对于实心圆上的映射，指数和恒为1，所以实心圆到自身的映射总有不动点。这类定理对于证明数学中各种方程的解的存在性非常有用。

基本概念 拓扑学所谈论的几何图形，不限于现实空间中的形体。如物理学中一个系统的所有可能的状态组成所谓状态空间，就是一个广义的几何图形。拓扑学是研究连续性的。变化的连续性，意思是它把邻近的点变成邻近的点。因此图形必须具有某种结构以表现点与点之间的邻近关系。规定了每两点间的距离并用距离大小来表示邻近关系的点集称为度量空间。最简单的例子是欧氏空间。然而在某些场合未必能规定出合用的距离，因而产生了拓扑空间与连续映射的概念。拓扑学中着重研究的是自然科学和数学中最常见的几类拓扑空间，如流形（光滑曲面的推广）、复形（多面体的推广）等。

前面所说的几何图形的连续变形，确切的含义是同胚。如果映射$f: A \to B$是图形A的点与图形B的点之间的一对一的对应，而且f同它的逆映射$f^{-1}: B \to A$都是连续的，就说图形A与图形B同胚。这时从拓扑学的观点看A与B的结构相同，不必加以区别。例如，三角形与圆形同胚；而直线与圆周不同胚，因为直线挖去一点后不连通，而圆周挖去一点后仍连通。

拓扑学的一个典型问题，是问两个给定的几何图形是否同胚；引申一下，是要把图形按照同胚与否加以分类，并找出刻画每一个类的特征。一般的想法是，赋予每个图形以一些量（广义的量可以是数，如维数、欧拉数，可以是代数结构，如群、环，也可以是性质，如连通性、紧性），使得同胚的图形具有相同的量。这样的量称为拓扑不变量或同胚不变量（欧拉多面体公式中的数v、e、f都不是同胚不变量，而欧拉数$v-e+f$则是）。拓扑不变量帮助鉴别不同胚的图形，如球面与环面的欧拉数不同，它们就不同胚。

许多重要的几何现象，需要用连续映射来描述，因此连续映射也是拓扑学的主要研究对象。一个典型的问题，是问两个给定的映射是否同伦，即问两个映射h_0, h_1: $A \to B$能否用连续地随时间t改变的一族映射$\{h_t: A \to B\}_{0 \leqslant t \leqslant 1}$连接起来。与前相仿，从同伦问题产生了同伦不变量的概念。例如，从圆周到圆周的两个映射是否同伦，决定于它们的“度”（即当动点绕行一周时其像点绕行的圈数）是否相同，“度”就是一个同伦不变量。

发展简史 拓扑学起初名为形势分析学，这是G.W.莱布尼茨1679年提出的名词（中文译为形势，形指一个图形本身的性质，势指一个图形与其子图形相对的性质，纽结和嵌入问题就是势的问题）。L.欧拉1736年解决了七桥问题，1750年发表了多面体公式；C.F.高斯1833年在电动力学中用线积分定义了空间中两条封闭曲线的环绕数。拓扑学这个词（中文是音译）是J.B.利斯廷提出的（1847），源自希腊文τοπος（位置、形势）与λογος（学问）。这是萌芽阶段。

1851年起，B.黎曼在复函数的研究中提出了黎曼面的几何概念，并且强调，为了研究函数，研究积分，就必须研究形势分析学。从此开始了拓扑学的系统研究，黎曼本人解决了可定向闭曲面的同胚分类问题。在几何学的研究中黎曼明确提出n维流形的概念（1854）。

组合拓扑学的奠基人是H.庞加莱。他是在分析学和力学的工作中，特别是关于复函数的单值化和关于微分方程决定的曲线的研究中，引向拓扑学问题的，他的主要兴趣在n维流形。在1895～1904年间，他创立了用剖分研究流形的基本方法。他引进了许多不变量：基本群、同调、贝蒂数、挠系数，并提出了具体计算的方法。他探讨了三维流形的拓扑分类问题，提出了著名的庞加莱猜想。他留下的丰富思想影响深远，但他的方法有时不够严密，过多地依赖几何直观。

拓扑学的另一渊源是分析学的严密化。实数的严格定义推动G.康托尔从1873年起系统地展开了欧氏空间中的点集的研究，得出许多拓扑概念，如聚点（极限点）、开集、闭集、稠密性、连通性等。在点集论的思想影响下，分析学中出现了泛函数（即函数的函数）的观念，把函数集看成一种几何对象并讨论其中的极限。这终于导致抽象空间的观念。这样，到19、20世纪之交，已经形成了组合拓扑学与点集拓扑学这两个研究方向。

一般拓扑学 最早研究抽象空间的是M.-R.弗雷歇，在1906年引进了度量空间的概念。F.豪斯多夫在《集论大纲》（1914）中

用开邻域定义了比较一般的拓扑空间，标志着用公理化方法研究连续性的一般拓扑学的产生。随后波兰学派和苏联学派对拓扑空间的基本性质（分离性、紧性、连通性等）做了系统的研究。经过20世纪30年代中期起布尔巴基学派的补充（一致性空间、仿紧性等）和整理，一般拓扑学趋于成熟，成为第二次世界大战后数学研究的共同基础。从其方法和结果对于数学的影响看，紧拓扑空间和完备度量空间的理论是最重要的。紧化问题和度量化问题也得到了深入的研究。

欧氏空间中的点集的研究，一直是拓扑学的重要部分，已发展成一般拓扑学与代数拓扑学交汇的领域，也可看作几何拓扑学的一部分。20世纪50年代以来，以R.H.宾为代表的美国学派的工作加深了对流形的认识，在四维庞加莱猜想的证明中发挥了作用。从皮亚诺曲线引起的维数及连续统的研究，习惯上也看成一般拓扑学的分支。

代数拓扑学　L.E.J.布劳威尔在1910～1912年间提出了用单纯映射逼近连续映射的方法，用以证明了不同维的欧氏空间不同胚，引进了同维流形之间的映射的度以研究同伦分类，并开创了不动点理论。他使组合拓扑学在概念精确、论证严密方面达到了应有的标准，成为引人瞩目的学科。紧接着，J.W.亚历山大1915年证明了贝蒂数与挠系数的拓扑不变性。

随着抽象代数学的兴起，1925年左右E.诺特提议把组合拓扑学建立在群论的基础上，在她的影响下H.霍普夫1928年定义了同调群。从此组合拓扑学逐步演变成利用抽象代数的方法研究拓扑问题的代数拓扑学。S.艾伦伯格与N.E.斯廷罗德1945年以公理化的方式总结了当时的同调论，后写成《代数拓扑学基础》(1952)，对于代数拓扑学的传播、应用和进一步发展起了巨大的推动作用。他们把代数拓扑学的基本精神概括为：把拓扑问题转化为代数问题，通过计算来求解。同调群，以及在20世纪30年代引进的上同调环，都是从拓扑到代数的过渡。直到今天，同调论（包括上同调）所提供的不变量仍是拓扑学中最易于计算的，因而也最常用的。

同伦论研究空间的以及映射的同伦分类。W.赫维茨1935～1936年间引进了拓扑空间的n维同伦群，其元素是从n维球面到该空间的映射的同伦类，一维同伦群恰是基本群。同伦群提供了从拓扑到代数的另一种过渡，其几何意义比同调群更明显，但是极难计算。同伦群的计算，特别是球面的同伦群的计算问题刺激了拓扑学的发展，产生了丰富多彩的理论和方法。1950年J.-P.塞尔利用J.勒雷为研究纤维丛的同调论而发展起来的谱序列这个代数工具，在同伦群的计算上取得突破，为其后拓扑学的突飞猛进开辟了道路。

从20世纪50年代末在代数几何学和微分拓扑学的影响下产生了K理论，解决了关于流形的一系列拓扑问题的时候起，出现了好几种广义同调论。它们都是从拓扑到代数的过渡，尽管几何意义各不相同，代数性质却都与同调或上同调十分相像，是代数拓扑学的有力武器。从理论上也弄清了，同调论（普通的和广义的）本质上是同伦论的一部分。

从微分拓扑学到几何拓扑学　微分拓扑学是研究微分流形与微分映射的拓扑学。J.-L.拉格朗日、B.黎曼、H.庞加莱早就做过微分流形的研究；随着代数拓扑学和微分几何学的进步，在20世纪30年代重新兴起。H.惠特尼1935年给出了微分流形的一般定义，并证明它总能嵌入高维欧氏空间作为光滑的子流形。为了研究微分流形上的向量场，他还提出了纤维丛的概念，从而使许多几何问题都与上同调（示性类）和同伦问题联系起来了。

1953年R.托姆的协边理论开创了微分拓扑学与代数拓扑学并肩跃进的局面，许多困难的微分拓扑问题被化成代数拓扑问题而得到解决，同时也刺激了代数拓扑学的进一步发展。1956年J.W.米尔诺发现七维球面上除了通常的微分结构之外，还有不同寻常的微分结构。随后，不能赋以任何微分结构的流形又被人构作出来，这些都显示拓扑流形、微分流形以及介于其间的分段线性流形这三个范畴有巨大的差别，微分拓扑学也从此被公认为一个独立的拓扑学分支。1960年S.斯梅尔证明了五维以上微分流形的庞加莱猜想。米尔诺等人发展了处理微分流形的基本方法——剜补术，使五维以上流形的分类问题亦逐步趋向代数化。

近些年来，有关流形的研究中，几何的课题、几何的方法取得不少进展。突出的领域如流形的上述三大范畴之间的关系以及三维、四维流形的分类。20世纪80年代初的重大成果有：证明了四维庞加莱猜想，发现四维欧氏空间竟还有不同寻常的微分结构。这种种研究，通常泛称几何拓扑学，以强调其几何色彩，区别于代数味很重的同伦论。

拓扑学与其他学科的关系　连续性与离散性这对矛盾在自然现象与社会现象中普遍存在着，数学也可以粗略地分为连续性的与离散性的两大门类。拓扑学对于连续性数学自然是带有根本意义的，对于离散性数学也起着巨大的推进作用。拓扑学的基本内容已经成为现代数学工作者的常识。拓扑学的重要性体现在它与其他数学分支、其他学科的相互作用。

拓扑学与微分几何学有着血缘关系，它们在不同的层次上研究流形的性质。为了研究黎曼流形上的测地线，H.M.莫尔斯在20世纪20年代建立了非退化临界点理论，把流形上光滑函数的临界点的指数与流形本身的贝蒂数联系起来，并发展成大范围变分法。莫尔斯理论后来又用于拓扑学中，证明了典型群的同伦群的博特周期性（这是K理论的基石），并启示了处理微分流形的剜补术。微分流形、纤维丛、示性类给É.嘉当的整体微分几何学提供了合适的理论框架，也从中获取了强大的动力和丰富的课题。陈省身在40年代引进了“陈氏示性类”，就不但对微分几何学影响深远，对拓扑学也十分重要。纤维丛理论和联络论一起为理论物理学中杨－米尔斯规范场论提供了现成的数学框架，犹如20世纪初黎曼几何学对于A.爱因斯坦广义相对论的作用。规范场的研究又促进了四维的微分拓扑学出人意料的进展。

拓扑学对于分析学的现代发展起了极大的推动作用。随着科学技术的发展，需要研究各式各样的非线性现象，分析学更多地求助于拓扑学。20世纪30年代J.勒雷和J.P.绍德尔把L.E.J.布劳威尔的不动点定理和映射度理论推广到巴拿赫空间形成了拓扑度理论。后者以及前述的临界点理论，都已成为研究非线性偏微分方程的标准的工具。微分拓扑学的进步，促进了分析学向流形上的分析学（又称大范围分析学）发展。在R.托姆的影响下，微分映射的结构稳定性理论和奇点理论已发展成为重要的分支学科。S.斯梅尔在60年代初开始的微分动力系统的理论，就是流形上的常微分方程论。M.F.阿蒂亚等人60年代初创立了微分流形上的椭圆型算子理论。著名的阿蒂亚－辛格指标定理把算子的解析指标与流形的示性类联系起来，是分析学与拓扑学结合的范例。现代泛函分析的算子代数已与K理论、指标理论、叶状结构密切相关。在多复变函数论方面，来自代数拓扑的层论已经成为基本工具。

拓扑学的需要大大刺激了抽象代数学的发展，并且形成了两个新的代数学分支：同调代数学与代数K理论。代数几何学从20世纪50年代以来已经完全改观。托姆的协边论直接促使代数簇的黎曼－罗赫定理的产生，后者又促使拓扑K理论的产生。现代代数几何学已完全使用上同调的语言，代数数论与代数群也在此基础上取得许多重大成果，例如有关不定方程整数解数目估计的韦伊猜想和莫德尔猜想的证明。

范畴与函子的观念是在概括代数拓扑的方法论时形成的。范畴论已深入数学基础、代数几何学等分支；对拓扑学本身也有影响，如拓扑斯的观念大大拓广了经典的拓扑空间观念。

在经济学方面，J.冯·诺伊曼首先把不

动点定理用来证明均衡的存在性。在现代数理经济学中，对于经济的数学模型，均衡的存在性、性质、计算等根本问题都离不开代数拓扑学、微分拓扑学、大范围分析的工具。在系统理论、对策论、规划论、网络论中拓扑学也都有重要应用。

托姆以微分拓扑学中微分映射的奇点理论为基础创立了突变理论，为从量变到质变的转化提供各种数学模式。在物理学、化学、生物学、语言学等方面已有不少应用。

除了通过各数学分支的间接的影响外，拓扑学的概念和方法对物理学（如液晶结构缺陷的分类）、化学（如分子的拓扑构形）、生物学（如DNA的环绕、拓扑异构酶）都有直接的应用。

W

挖掘机械 excavator 用铲斗挖掘物料并装入运输车辆或进行堆料的**土方机械**。物料主要是土壤、煤、泥沙及经预松后的岩石和矿石。一般工程中约60%的土方量、露天矿山80%的剥离量和采掘量用挖掘机械完成。挖掘机械分为周期作业的单斗挖掘机和连续作业的多斗挖掘机两类。

单斗挖掘机

挖掘机械由动力装置、回转机构、行走机构、工作装置和控制系统等组成。单斗挖掘机和多斗的斗轮挖掘机均有转台，多斗挖掘机还有物料运输装置。①动力装置。包括柴油机、电动机、柴油发电机组或外电源变流机组。柴油机和电动机大多用于中、小型挖掘机械，用一台原动机集中驱动，两者可互换。柴油发电机组和外电源变流机组用于大、中型挖掘机械，用多台电机分别驱动。②传动装置。分机械式和液压式两种。③行走机构。用来支承机器、使机器变换工作位置和转移场地。多斗挖掘机中的链斗式挖掘机（图2）和环轮式挖掘机的铲斗随着行走机构的连续行走而切削土壤。行走机构有履带式、轮胎式、步行式、轨行式、浮游式及拖挂式等几种。作业场地固定、要求接地比压较低（一般在0.1兆帕左右）时用履带式；作业场地多变时用轮胎式；因施工条件特殊而必须架设专用轨道时，用轨行式；挖掘水下泥土用浮游式；小型单斗挖掘机的行走机构无动力源时，用拖挂式；作业场固定、机器重量大又要求接地比压在0.07兆帕以下时，用步行式。④工作装置。包括铲斗和支承铲斗的构件，用于挖掘物料并运离作业面。⑤控制系统。分电控、液控和机电液一体化控制等几种。

蛙 Anura; true frog 两栖纲无尾目动物的统称。**无尾目**又称蛙形目，有24科350多属4 400多种。除南极洲外，广泛分布于各大洲，以温差小、湿度大的中美、南美、非洲的热带和亚热带地区的种类最多，个别种可达北极圈南缘。中国有7科43属278种，除西藏高原西北部海拔4 000米以上和沙漠地区未见分布外，几乎遍布中国各地。

成体体形宽短，一般体长30～100毫米。头部扁平略呈三角形，骨片少；颈部不明显，椎骨短，数少，躯干宽短；四肢发达，前肢短，后肢长，跗部自成一节，趾间一般有蹼；成体无鳃，无尾。皮肤一般光滑湿润，有的种类皮肤上有疣粒或瘰粒，其上有角质刺或无，或头顶皮肤骨质化；全无小鳞；皮肤与肌肉之间有淋巴囊。口大，舌后端多游离，可翻出摄食；眼大，有透明瞬膜；上颌一般有齿而下颌无齿；中耳多完备，鼓膜明显或隐于皮下或无。多数种雄性具第二特征，如有声囊、婚垫或婚刺，胸部或胸腹刺群或有腺体等。

蛙类无交接器，行体外受精。一般为卵生，卵粒圆形，有色素或乳黄色。雌蛙一般产卵数百至数千粒。仅个别种为卵胎生或胎生。卵经胚胎发育变为**蝌蚪**。蝌蚪期一般2～5个月，性成熟期短的仅数月，长的达3年以上。

蛙类成体一般栖息于各种淡水水域及其附近林木繁茂的潮湿环境中，可分水栖、半水栖、陆栖、树栖、穴居等不同的种类。白天多隐蔽在阴湿处，一般在黄昏后、黎明前或雨后的白天活动频繁，以各类昆虫和幼虫为食，也捕食多足类、软体动物、蚯蚓等其他小动物。

《蛙》 *The Frogs* 古希腊剧作家**阿里斯托芬**的喜剧。作于公元前405年。取材于古希腊神话，写酒神狄奥尼索斯为了拯救雅典，装扮成赫拉克勒斯来到冥界，要在**埃斯库罗斯**和**欧里庇得斯**两位悲剧诗人之间挑选一位，带回人间。全剧自始至终充满笑闹、嬉骂的场面，大量运用了装扮手法。前半部分，酒神来到两位诗人的住所，先是被调侃一番，又屡屡遭到捉弄。后半部分，两位诗人之间的唇枪舌剑是全剧高潮，埃斯库罗斯和欧里庇得斯各施辩才，互相指责对方，并为自己生前的创作进行辩护。最后，作为仲裁的狄奥尼索斯表示，欧里庇得斯更高明，但埃斯库罗斯更讨他的喜欢，又因后者建议要以发展海军、主动攻敌的手段来拯救城邦，所以最后酒神将其带回了阳世。毫无疑问，此剧不仅有助于人们把握两位悲剧家的创作风格，也有助于认识古希腊人的艺术观点。

蛙泳 breaststroke 竞技游泳比赛项目之一。因在水中行进时划水与蹬腿的动作酷似青蛙的游进姿势而得名。1904年第3届**奥林匹克运动会**正式将蛙泳列入比赛项目。自此以后，蛙泳技术动作在不断发展、改进和变化中趋于程式化。目前，波浪式蛙泳（即高航式——蹬腿时上身抬起较高，或半高航式）和平式蛙泳（即平航式）技术目前在世界游泳赛场上平分秋色。蛙泳的身体姿势：身体应保持俯卧水中与水面平行，臂和腿的动作始终是同时和对称的，并在同一水平面上进行。腿部动作：屈膝收腿，把脚跟向臀部靠拢，收腿结束时，两膝与肩同宽，小腿与水面垂直，脚掌在水面附近。然后外翻，脚尖朝外，脚掌朝天，小腿和脚内侧对准水。由腰腹和大腿同时发力，向外、向后、向下蹬夹水，蹬夹水完成时双腿并拢伸直，脚尖相对。手臂动作：双手前伸，手掌倾斜大约45°，直臂向外划，继而屈臂向后下方划水。内划时由手带动小臂加速内划，手由下向上接近水面并在胸前并拢；前伸时双手并拢伸直。蛙泳采取划手1次、蹬腿1次、呼吸1次的配合技术。

娃娃鱼 *Andrias davidianus*; Chinese giant salamander/ man fish 隐鳃鲵科大鲵属的一种。又称**大鲵**。

瓦 clay tile 多以黏土（包括页岩、煤矸石等粉料）为主要原料，经泥料处理、成型、干燥和焙烧而成的建筑构件。中国瓦的生产比砖早。西周时期就制出了筒瓦、板瓦和**瓦当**，表面多刻有各种精美的图案。西汉时期工艺上又取得明显进步，使带有圆形瓦当的筒瓦由三道工序简化成一道，瓦的质量也有较大提高，因称秦砖汉瓦。中国生产的黏土瓦有小青瓦、脊瓦和平瓦，只能用于较大坡度的屋面。由于材质脆、自重大、片小、施工效率低，在现代建筑屋面材料中的用量已逐渐下降。

瓦当 tile-end 古代建筑物檐头筒瓦前端的遮挡。源于中国，从西周到明清一直使用。受中国影响，日本和朝鲜半岛的古代建筑上也有瓦当。已知最早的瓦当出土于陕西扶风召陈村西周晚期大型建筑基址，为素面和重环纹半瓦当。战国晚期出现圆瓦当。战国瓦当多带纹饰，如燕国瓦当多有饕餮纹和山形纹，齐国瓦当多树木纹。自西汉起瓦当基本都是圆形。秦和西汉的圆瓦当

春秋时期的夔龙纹半瓦当（陕西凤翔县出土）

直径一般为13～20厘米，秦始皇陵等处出土的半圆形夔纹大瓦当，直径达60多厘米。秦汉瓦当以云纹为主，西汉中期以后文字瓦当增多，文字内容多为吉祥语或宫室、官署、陵寝、仓、关的名称，书体以篆书为主，隶书较少，也有鸟虫篆。魏晋南北朝瓦当也以云纹为主，文字瓦当大为减少，因受佛教影响，莲花纹瓦当开始流行，并出现兽面瓦当。隋唐时期，莲花纹成为瓦当上最常见的纹饰。宋代瓦当多饰兽面纹，花卉纹瓦当开始流行。明清时期，宫殿建筑多用龙纹瓦当。

瓦杜兹 Vaduz 列支敦士登首都。位于国土中西部，莱茵河东岸谷地，背依莱蒂贡山，俯临全城。人口5 208（2009）。是历代大公的住所，并以收藏大量珍贵文物和艺术品著称。市内有英格兰大厦、邮票博物馆、博物馆、艺术馆、图书馆等文化设施。每年吸引数倍于全城人口的国外游客来此观光，旅游业为城市经济基础。还有精密机械、仪表、酿酒、邮票印刷等企业。

瓦尔堡 Warburg, Otto Heinrich（1883–10–08～1970–08–01） 德国生物化学家。生于弗赖堡，卒于柏林。1906年获柏林大学化学博士学位。1911年获海德堡大学医学博士学位。

1913年起在柏林的威廉皇家生物学研究所工作，1918年任研究员。1931年起任新成立的威廉皇家细胞生物学研究所所长。1953年该所改名为马克斯·普朗克细胞生物学研究所，他继续任所长。

瓦尔堡在20世纪20年代发明的研究组织薄片耗氧量的检压计——瓦尔堡氏检压计，已被世界各有关实验室广泛使用。他长期从事光合作用研究，在光合作用的量子效率和机理方面独辟蹊径。研究癌细胞多年，发现恶性生长细胞的耗氧量比正常细胞低。在研究细胞呼吸时，证明呼吸酶是一种含铁的蛋白质，他称之为铁氧酶。1932年，他和同事们共同发现了黄酶，并证明其辅基是核黄素的衍生物。1935～1936年，又与同事们一道分离出了吡啶核苷酸，并确定了其结构和作用。1937～1938年，阐明了磷酸三碳糖氧化与形成腺苷三磷酸（ATP）相偶联的机理。1931年以关于呼吸酶的杰出贡献获诺贝尔生理学或医学奖。1934年被选为英国皇家学会会员。发表数百篇论文和5部专著，并培养了大批年轻科学家。

瓦尔德 Wald, Abraham（1902–10–31～1950–12–13） 美国统计学家。生于罗马尼亚的克卢日。1950年12月13日他偕夫人去印度讲学时，因飞机失事遇难。1927年入

维也纳大学学习数学，1931年获博士学位。后在经济学领域做研究工作。1938年到美国，在哥伦比亚大学做统计推断理论方面的研究工作，写出一些有开创性的学术论文。1943年任副教授，1944年任教授，1946年被任命为新建立的数理统计系的执行官员。

瓦尔德在统计学中的贡献是多方面的，其中最重要的成就有两方面：一是1939年开始发展的统计决策理论。他提出了一般的判决问题，引进了损失函数、风险函数，极小极大原则和最不利先验分布等重要概念。这方面的成果系统地总结在其专著《统计决策函数论》（1950）中。二是序贯分析。在第二次世界大战期间，他为军需品的检验工作首次提出了著名的序贯概率比检验法（简称SPRT），并研究了这种检验法的各种特性，如计算两类错误概率及平均样本量。他和J.沃尔弗维茨合作证明了SPRT的最优性（1948），被认为是理论统计领域中最深刻的结果之一。专著《序贯分析》（1947）奠定了序贯分析的基础。重要论文被收集在《瓦尔德概率统计论文选集》（1955）中。

瓦尔德海姆 Waldheim, Kurt（1918–12–21～2007–06–14） 联合国第四任秘书长（1972～1981），奥地利总统（1986～1992）。生于奥地利圣安德烈沃尔登，卒于维也纳。

1944年毕业于维也纳大学，获法学博士学位。1955年被任命为奥地利常驻联合国观察员。同年任奥地利驻联合国代表团团长。此后任奥地利驻加拿大大使、奥地利常驻联合国代表、奥地利联邦外交部部长和国际原子能机构保障委员会主席等职。1972年1月当选为联合国秘书长。在任期间，经常访问联合国特别关切的地区。1972年3月前往南非和纳米比亚，协助寻找圆满解决纳米比亚问题的办法。1972、1973和1974年3次访问塞浦路斯，同政府领导人讨论塞浦路斯局势并视察驻岛的联合国维持和平部队。多次前往中东，努力寻求区域和平。先后访问叙利亚、黎巴嫩、以色列、埃及和约旦等国领导人。1986年6月当选奥地利总统。著有《奥地利的榜样》等。

瓦尔德内尔 Waldner, Jan-Ove（1965–10–03～ ） 瑞典乒乓球运动员。曾多次到中国训练学习和访问比赛。首创横握球拍而食指虚握，使手腕得到充分运用的发球技术。他自1982年首次参加欧洲锦标赛获男子单打亚军起，就活跃在国际乒坛并始终保持着世界水平，1984、1986、1988年3次蝉联欧洲12强赛男子单打冠军，1986、1992年两次获欧洲乒乓球锦标赛男子双打冠军。1996年瑞典获欧洲乒乓球锦标赛男子团体冠军，瓦尔德内尔并获男子单打和双打冠军。在第36～48届世界乒乓球锦标赛中，是瑞典获这一赛事第40～42届男子团体冠军的主力，并获第40届、第44届两届男子单打冠军。1990年获第11届世界杯乒乓球赛男子单打冠军。1992年获第25届奥林匹克运动会乒乓球赛男子单打冠军。是集“三大赛”桂冠于一身，成为国际乒坛“大满贯”第一人。35岁以后仍不断参加世界大赛，并取得佳绩，被誉为乒坛“常青树”。

瓦尔拉斯 Walras, (Marie-Esprit-) Léon（1834–12–16～1910–01–05） 法国经济学家，洛桑学派的创始人，边际效用学派的创建者之一，生于法国埃夫勒，卒于瑞士蒙

特勒附近克拉朗。早年入巴黎的矿业学院学习。曾作过新闻记者、银行经理人员、杂志编辑等。19世纪50年代开始研究政治经济学。1870年被聘为洛桑大学政治经济学教授。

瓦尔拉斯是边际效用价值论的创建人之一。他把边际效用称为“稀少性”，认为商品的稀少性随消费量的增加而递减，并同购买商品时支付的价格成比例；消费者购买时，力求使他的每一单位货币能买到的每一种商品的效用量相等，这时，他得到最大的效用，即处于均衡状态。他在经济学中使用了数学，研究了使一切市场（不是一种商品的市场，而是所有商品的市场）都处于供求相等状态的均衡，即一般均衡，成为西方数理经济学和一般均衡理论的创建者和主要代表。他的一般均衡分析方法被西方经济学所普遍使用。他把自由竞争的资本主义看作最理想的制度，但也主张国家根据正义原则干预经济，例如土地国

有化。著有《纯粹经济学要义》、《社会经济学研究》、《实用政治经济学研究》等。

瓦尔帕莱索 Valparaiso 智利第二大城市，瓦尔帕莱索大区首府和瓦尔帕莱索省首府。位于中部瓦尔帕莱索湾南岸，西临太平洋。人口26.35万（2002）。气候温和宜人。年平均气温17℃，年降水量逾500毫米，冬雨夏干。始建于1536年。1542年，西班牙殖民者P.de瓦尔迪维亚将此地辟为港口。屡遭海盗、风暴、地震毁坏。智利独立后，随着对外贸易的发展，地位日益重要。重要工业中心，有纺织、化工、食品、制糖、制革、油漆、造船和金属加工业。智利第一大港，拥有现代化的港口设施。金融和商业繁荣。铁路和公路交通便利，与圣地亚哥有火车相通。文化教育事业较发达，市内有多所大学及智利海军学校，还有博物馆和国立船舶研究所等。旅游业发达，城北有海滨旅游胜地比尼亚德尔马。

瓦尔瑟 Walser, Robert（1878-04-15～1956-12-25） 瑞士作家。生于比尔，卒于黑里绍。曾在银行和保险公司任职。1904年发表处女作《弗里茨·柯赫尔的作文》。1906年到柏林后创作了3部长篇小说：《塔纳尔兄弟姐妹》（1907）塑造了一个站在生活的门前不停地敲门等待的小职员西蒙的形象，《帮手》（1908）探讨资本主义社会中离群索居者失败的结局应由谁负责的问题，《雅各布·封·贡腾》（1909）是日记体小说，主人公自愿在培养奴仆的学校里把自己塑造成"零"。1925年写成最后一部小说《强盗》。1929年住进精神病院。1956年孤独一人散步时冻死在雪地里。瓦尔瑟生前一直无法在文学界立足，他在作品中表现的人和劳动的异化、人际关系的失效、对话的解体、性的困惑等问题也不为大多数同代人认可。直到20世纪70年代人们才重新认识到他作品的现代意义。

瓦尔特 Walther, Johannes（1860-07-20～1937-05-04） 德国古生物学家、地质学家。生于诺伊施塔特，卒于柏林。1879年入耶拿大学学习生物学，1882年获哲学博士学位。1882～1883年在莱比锡大学和哈勒大学学习古生物学和地质学。1890年起历任

耶拿大学、哈勒大学教授，德国科学院院长。德国科学院院士、苏联科学院外籍院士、中国地质学会外籍会员。生物地质学的最早开拓者。19世纪80年代，在北海、地中海以及非洲和印度研究海生生物和海成沉积，发表一系列论文。在《历史性科学——地质学导论》中，提出了相对比定律，阐明沉积环境随时间的推移在空间上的变化。广泛研究了沙漠和干燥气候下的地质作用，由此推断早古生代缺乏森林植被时的地质作用特征。主要著作还有《普通海洋学》、《现代和古代沙漠形成的规律》、《地球和生命的历史》、《德国地质》等。

瓦房店市 Wafangdian City 中国辽宁省辖县级市。位于省境南部，辽东半岛中西部。面积3 791平方千米。人口103万（2008），有汉、满、回、蒙古、朝鲜等19个民族。战国属燕辽东郡。西汉置汶县，属幽州辽东郡。晋、隋为高句丽所据。明置复州卫。清雍正五年（1727）改设复州。民国二年（1913）改复州为复县，属奉天省。1985年改为瓦房店市。由大连市代管。属暖温带大陆性季风气候。矿产有铁、铜、钼、银、黏土、煤、磷、石灰岩、陶土等。金刚石储量居全国首位。农业以种植玉米为主，粮果并重，以苹果闻名。工业主要有冶金、石油、化工、机械、纺织、食品、皮革、造纸、建材等，轴承、金刚石等产品闻名中外。名胜古迹有龙潭山城、永丰塔、仙浴湾、东山公园等。

瓦格纳 Wagner, Adolph Heinrich Gotthilf（1835-03-25～1917-11-08） 德国经济学家，新历史学派的主要代表。生于埃朗根，卒于柏林。1857年获戈丁堡大学博士学位。

先后在维也纳商学院、汉堡大学、弗赖堡大学和柏林大学任教授。曾任普鲁士国会下院议员和上院议员。

瓦格纳早期主张自由主义，但以后转为对自由主义经济学的批判。他强调法律关系在经济生活中的决定作用，认为财产权利、契约关系都是以法律为依据的，从而主张修订法律以对整个社会进行改良。他强调国家在经济生活中的作用，国家是社会改良的支柱，宣传"国家社会主义"，既反对古典政治经济学，也反对马克思主义。他对银行学、统计学和财政学都进行了广泛研究。他以其理论为依据，积极参与了当时的政治活动，是基督教社会党和福音社会大会的重要人物，社会政策协会的创立者之一和俾斯麦政策的坚决支持者。著有《政治经济学读本》、《财政学》、《政治经济学原理》、《社会政策思潮与讲坛社会主义和国家社会主义》等。

瓦格纳 Wagner, (Wilhelm) Richard（1813-05-22～1883-02-13） 德国作曲家、剧作家。生于莱比锡，卒于威尼斯。14岁曾尝试写作一部5幕的大悲剧。1831年起从C.T.魏因里希学习作曲理论，早年的创作

有少量钢琴曲，几首管弦乐序曲和7首为J.W.von歌德的《浮士德》谱写的歌曲、《C大调交响曲》以及几首有标题的序曲。从30年代开始创作歌剧。1833年采用意大利剧作家C.戈齐所写脚本《仙女们》创作最早的一部歌剧，1838年才获演出。此后相继创作了根据W.莎士比亚喜剧《一报还一报》写成的大型喜歌剧《爱情的禁令》、取材于英国布尔沃-利顿小说所写的歌剧《黎恩济》等。他的中期歌剧有《漂泊的荷兰人》、《汤豪泽》、《罗恩格林》有鲜明悦耳的曲调、精心设计的重唱和合唱场面、绚丽多彩的交响性序奏音乐和插曲，对剧中人物细腻的感情、心理和精彩的戏剧性冲突描写刻画入微。在逃亡瑞士时期，受革命思潮影响，写了《艺术与革命》、《未来的艺术作品》、《歌剧与戏剧》等7部关于歌剧改革的著作，创作了第一部乐剧《特里斯坦与伊索尔德》，这是后期浪漫主义消极思想的代表作。在后期创作中，由《莱茵河的黄金》、《女武神》、《齐格弗里德》、《众神的黄昏》4部联剧组成的乐剧《尼伯龙根的指环》是一部规模极为庞大的巨作。1872年为实践其歌剧改革主张，在巴伐利亚的拜罗伊特自建剧院，分四夜连续上演《尼伯龙根的指环》。歌剧《纽伦堡的名歌手》与宗教奇迹歌剧《帕西法尔》是他后期的另外两部重要作品。

瓦格纳对歌剧艺术的改革作出了许多贡献，如废除传统的朗诵调、咏叹调、合唱分曲的声乐形式，而代之以介于说唱二者之间、始终一贯的无终旋律；采用巨大的乐队编制，增加许多弦乐和新式乐器，应用三管编制乐队；应用主导动机统一发展原则，以追求艺术的最高结合力和明晰、统一感；频繁使用半音阶和声与复杂的调性转换，以助于更深地揭示、刻画人物内心世界。

瓦格纳 Wagner, Wieland（1917-01-05～1966-10-17） 德国舞台美术家、导演。生于拜罗伊特，卒于慕尼黑。瓦格纳在青年时期曾师从奥地利舞台美术家柔勒学习舞台美术，后在其祖父R.瓦格纳创建的贝若

特节日剧院工作。1937年设计了他祖父的歌剧《帕西法尔》。1943年后又分别在贝若特、纽伦堡和阿顿堡等地设计演出了他祖父的作品，其中包括有名的《纽伦堡的名歌手》。瓦格纳的舞台美术创作，在极为洗练的舞台画面中蕴藏着象征意味的哲理，以形象单纯、气势雄伟取胜。他重视舞台灯光的作用，认为只有灯光与音乐紧密结合才能产生更大的戏剧性效果。他还为其他名作曲家如C.W.格鲁克、G.威尔第等人的歌剧进行过舞台美术创作。

瓦哈比派 Wahhābīyah, al- 近代伊斯兰教传统主义改革派别。又称瓦哈比派运动。18世纪中叶，由阿拉伯半岛纳季德伊斯兰学者阿卜杜勒·瓦哈卜创立。自称"认主独一者"。瓦哈卜的宗教思想建立在罕百里教法学派和伊本·太米叶的复古主义思想基础上。主要流传于阿拉伯半岛，以及埃及、苏丹、利比亚、尼日利亚、印度、印度尼西亚等地。

瓦哈卜的宗教改革主张，起初得到部落酋长的支持，后遭地方长官反对，瓦哈卜被迫离开家乡。1745年，其主张得到穆罕默德·伊本·沙特的支持和赞赏，两人遂结成宗教、军事联盟。1792年瓦哈卜去世，阿卜杜勒·阿齐兹成为瓦哈比派教长，确立沙特家族世袭的政教合一的国家政体。1801年、1804年相继拆毁卡尔巴拉侯赛因墓和麦地那穆罕默德陵墓。1811年建立沙特家族统治的瓦哈比派王朝。1806年奥斯曼帝国命埃及总督穆罕默德·阿里平叛，至1818年，瓦哈比派王朝被摧毁，沙特王室逃往科威特，瓦哈比信徒被赶往沙漠地带。

20世纪初，沙特王室复夺利雅得，统一纳季德地区。1910年，阿卜杜勒·阿齐兹创建"伊赫万·陶希德"，即认主独一兄弟会组织，传播瓦哈比派教义。1925年统一希贾兹和纳季德地区。1932年9月，正式定国名为沙特阿拉伯王国，奉瓦哈比派教义为国教。

瓦哈比派主张严格信奉独一的安拉，反对多神崇拜和异端邪说；坚持以《古兰经》、圣训立教；反对圣墓圣陵崇拜；严格社会风尚，禁止一切不符合经训的糜烂行为；倡导穆斯林团结，共同对敌，反对异族统治。

瓦赫坦戈夫 Vakhtangov, Yevgeny Bagrationovich (1883-02-13～1922-05-29) 苏联导演、演员。生于弗拉季卡夫卡兹，卒于莫斯科。1910年8月进莫斯科阿达舍夫戏剧学校，翌年到莫斯科艺术剧院当演员。瓦赫坦戈夫剧院创始人。导演工作始于1913年，先后导演了G.霍普特曼的《和平的节日》、H.易卜生的《罗斯默庄》(1918)、A.P.契诃夫的《婚礼》(1920)、J.A.斯特林堡的《艾里克十四世》(1921)、C.戈齐的《图兰多》(1922)。瓦赫坦戈夫早年悉心学习斯坦尼斯拉夫斯基演剧体系，十月革命后积极宣传自己的"幻想现实主义"(或"戏剧现实主义")理论。这个理论强调舞台创造应该从体验入手，更强调"演员的体验应该通过戏剧的手法传达给观众"；主张舞台上的戏剧动作要区别于生活的自然状态。后期戏剧理论和实践的核心，是将K.S.斯坦尼斯拉夫斯基的学说和V.E.梅耶荷德的学说进行科学、有机的综合。瓦赫坦戈夫"综合论"对20世纪80年代的苏联戏剧产生了深远的影响。

瓦加杜古 Ouagadougou 布基纳法索首都和最大城市，位居国境中部莫西高原上。人口141万(2010)，多为莫西族。市内地势平坦，海拔300余米。属热带草原气候，年平均气温28.5℃，平均年降水量890毫米，有明显的旱季和雨季（5～9月）。建于15世纪，曾为莫西帝国都城达数百年，保留有故宫。有机械修配、轧棉、纺织、制革、碾米、啤酒等小型工业以及手工艺和商业公司总部。国家中北部花生、棉花、畜产品等出口物资大都在此集散。有瓦加杜古至科特迪瓦的阿比让（国境内517千米）和瓦加杜古至卡亚（105千米）铁路。公路连接国内主要城镇和加纳、多哥等邻国。有国际航空站，航线通往西非国家。市区各式建筑林立，街道宽广，初具现代化城市外貌特征。有国家博物馆和瓦加杜古大学。郊区绿树成荫，环境优美。

瓦克斯曼 Waksman, Selman Abraham (1888-07-22～1973-08-16) 原籍乌克兰的美国生物化学家、土壤微生物学家。生于乌克兰，卒于美国马萨诸塞州。1918年获美国加利福尼亚大学生物化学博士。此后，一直在拉特格斯大学任职。

1913年瓦克斯曼发现了土壤中的放线菌，建立了沿用至今的瓦氏放线菌分类系统。1917年，他发现土壤有机物的分解与微生物的酶有关，并为食品、制革和纺织等工业提供了多种酶制剂。他于20世纪20年代明确提出，土壤腐殖质是动、植物残骸在土壤微生物的作用下形成的半分解产物，有利于改善土壤结构，为植物提供营养。他还改进了分析和分离土壤腐殖质的方法，并提出合理应用泥炭土的建议。1921年分离出自养型氧化硫杆菌。30年代阐明了细菌对海洋有机物的分解作用，分离出利用铜的细菌，还研究出用霉菌生产延胡索酸、柠檬酸和乳酸的方法，论证了锌及其他重金属对霉菌生长及其酸产量的影响。40年代开拓了抗生素研究的新领域，从放线菌、真菌中分离出22种抗生素。发表论文及综述500余篇，专著28部，其中《土壤微生物原理》享有盛誉，《放线菌及其抗生素》、《我和微生物共同生活》等著作也很有影响。

瓦克斯曼曾获美、英、法、意大利、日本、土耳其、西班牙等国奖金和奖状共65项。1943年拉特格斯大学授予他荣誉博士学位，法、德、日本、意大利等10国21所大学也相继授予他荣誉博士学位。1942年，他作为第一位土壤微生物学家当选为美国国家科学院院士。不久又当选法国科学院院士。1952年，以发现链霉素的卓越贡献获诺贝尔生理学或医学奖。

瓦拉几亚公国 Walachian Duchy 14世纪初建立的罗马尼亚的古代国家。1859年与摩尔多瓦公国合并，1861年起称罗马尼亚。

瓦拉纳西 Varanasi 印度北方邦城市。位于恒河中游折转东北流的左岸，东南距加尔各答约700千米。人口约110万。曾称贝拿勒斯，1957年恢复原名。历史上与多种宗教有关。传说由印度教三大神之一湿婆创建。公元前6世纪释迦牟尼曾在西北郊的鹿野苑传教。又据传，耆那教两位先知在此降生。4～6世纪为繁荣的教育、艺术活动中心。7世纪，中国唐代高僧玄奘游此，且有记述。德里苏丹统治时期(13～15世纪)一度中衰，后复苏，发展为以梵文研究为主的文化中心。根据印度教教义，恒河是

瓦拉纳西恒河圣水浴

最重要的圣河，瓦拉纳西是最重要的圣城，以至号称“圣城中的圣城”。全城共有寺庙2 000多座。绝大多数与印度教有关，又多为湿婆而建。敬奉湿婆和洗圣水浴，是居民和香客的两大宗教活动。各地来此朝拜、沐浴者年数百万。市区沿河分布，长达7千米；不同朝代、式样迥异的神庙、寺院和宫殿遍布各处，最著名的有湿婆庙、猴王哈努曼庙、难近母庙等。工业有棉纺织、碾米、榨油、机械、电机、化工等部门，锦缎、牙雕、金属细工和铜器等手工艺品称著。水陆交通枢纽。有航空站。设有印度教大学、梵文大学和伽尸大学以及10余所学院；印地文学的发源地，音乐和舞蹈艺术享有国际声誉。

瓦剌 Wala Tribes 中国明代对西部蒙古的称呼。元代时称斡亦剌，又作卫拉特或卫喇特。最初居住在八河地区（今叶尼塞河的八条支流地区）。元时开始南下，定居于阿尔泰山麓至色楞格河下游的广阔草原的西北部，并改狩猎经济为畜牧经济，兼营部分农业。明初对鞑靼用兵，瓦剌首领猛哥帖木儿趁时而起。

明成祖朱棣即皇帝位后，即派使臣告谕瓦剌部。永乐六年（1408）马哈木等遣使向明朝贡马请封。七年，其首领马哈木、太平、把秃孛罗分受明封为顺宁王、贤义王、安乐王。八年，明成祖北征，鞑靼势衰，瓦剌趁机南下。十年，攻杀鞑靼的本雅失里，进而南下攻明。十二年，明成祖北征瓦剌。翌年，马哈木等贡马谢罪。不久马哈木死，传子脱懽。宣德九年（1434），脱懽袭杀鞑靼部的阿鲁台，正统初又杀贤义、安乐两王，统一蒙古。他立元皇室后裔脱脱不花为可汗，自为丞相。正统四年（1439）脱懽死，子也先嗣，称太师淮王。正统十四年，也先大举攻明，宦官王振挟英宗亲征，败于土木堡，英宗被俘（见土木之变），也先大军犯京师，为于谦率军民击退。此后，也先与脱脱不花间的矛盾加剧。也先恃强，杀脱脱不花，取而代之，日益骄横，景泰六年（1455）被杀。

也先死后，瓦剌分裂，逐渐衰落，鞑靼复振，瓦剌退回蒙古西部，内部事态鲜为人所知。也先之后约150年，哈剌忽喇兴起。哈剌忽喇与马哈木、脱懽、也先祖孙一样，亦出身于绰罗斯部。约与其同时，还有和硕特部首领拜巴噶斯。二人先后为瓦剌四部盟主。此时瓦剌分布在额尔齐斯河左岸低洼地带，其牧场地可直达伊赛克湖。明末瓦剌分为杜尔伯特、准噶尔（绰罗斯）、土尔扈特、和硕特四部。见厄鲁特蒙古。

瓦莱塔 Valletta 马耳他首都和最大海港。位于马耳他岛东北岸，谢贝拉斯山麓。人口7 500（2008）。1566年始建。以圣约翰骑士团团长J.德拉·瓦莱塔之姓氏命名。1798年和1800年先后被法国和英国占领。1814年后成为英国在地中海最重要的海军基地。第二次世界大战中遭严重破坏，1943年意大利舰队在此投降。1964年马耳他独立，定瓦莱塔为首都。地中海转口贸易中心。海军基地改作商用后，成为全国最优良的港口。工业中心，造船、修船业发达，拥有30万吨级的船坞；还有电子、仪表、化工、印刷、食品等工厂企业。旅游业兴盛，为城市经济基础。城市错落众多古建筑，有大公宫、圣约翰联合大教堂、摩斯塔教堂、骑士团团长宫、圣埃尔莫城堡、地中海议会中心等，城郊的塔尔辛古庙群为新石器时代晚期的遗迹。主要文化设施有大学、图书馆、博物馆、剧院等。

瓦莱塔市鸟瞰

瓦朗几亚人 Varangians; Varyagi 希腊人和东斯拉夫人对入侵东欧的斯堪的纳维亚居民诺曼人（主要是瑞典人）的称呼。8～9世纪诺曼人处于原始公社制解体和阶级社会形成时期，军事首领率领亲兵队在东欧和西欧征服土地，霸占城池，掠夺财产，奴役当地人民。瓦朗几亚人主要活动在纵贯东欧的两条商路上：一条是从波罗的海经第聂伯河连结黑海和君士坦丁堡的商路；另一条是经伏尔加河与保加尔王国、哈扎尔汗国进行贸易的商路。他们把通过各种手段得到的毛皮、蜂蜜、蜂蜡和奴隶等运到君士坦丁堡和东方市场上出售，换回自己所需的商品。8～9世纪时，为了对付南方游牧民族佩切涅格人的袭击，东斯拉夫贵族往往求助于瓦朗几亚人武装商队的力量，以管理其新兴国家。862年，瓦朗几亚人军事首领留里克成为在诺夫哥罗德建立的罗斯公国的第一任王公。这个国家后来迁都基辅成为基辅罗斯。11世纪中叶，瓦朗几亚人基本上被斯拉夫人同化。

瓦勒拉 Valera, Éamon de（1882-10-14～1975-08-29） 爱尔兰政治家，爱尔兰共和国总统（1959～1973）。生于美国纽约，卒于都柏林。1904年毕业于爱尔兰皇家大学。后投身政治活动，参加1916年复活节起义。1917年7月当选议员，成为新芬党领导人。1919年1月领导召开国民议会，宣布成立共和国，旋被英政府逮捕。不久，越狱出走美国。在美募集巨款，支援爱尔兰游击战争。回国后，当选为爱尔兰共和国行政委员会主席。1922年1月7日因反对《英爱条约》辞职。1926年建自由党，1932年选举获胜，重新出任行政委员会主席。1938年制定爱尔兰宪法，改任总理。第二次世界大战期间实际执行亲法西斯政策。1948年大选失利下野。1951年5月，再任总理。1959年6月，当选第三任总统，1966年连任。其间，致力于改善与北爱尔兰的关系，谋求实现统一。1973年退休。

瓦雷兹 Varèse, Edgard（1883-12-22～1965-11-06） 美籍法裔作曲家。生于巴黎，卒于纽约。1904年入巴黎圣歌学院师从作曲家V.丹第和A.鲁塞尔。1906年又在巴黎国立高等音乐学院深造。1915年定居美国。1921年创立国际作曲家协会，致力于发展现代音乐事业。瓦雷兹爱好新的音响实验，特别是在打击乐领域，他的管弦乐曲《美洲》使用了20件打击乐器。为13名打击乐器演奏者而写的《电离》，使用了近40件东西方打击乐器。这是西方第一首著名的打击乐曲，没有传统音乐作品中的曲调与和声，只有节奏与音色。瓦雷兹的大部分作品创作于20世纪20～30年代，由于音响上的怪异和演奏上的困难，当时很少有指挥愿意排演。他探求突破传统的乐音体系及西方管弦乐器的限制，被认为是20世纪最早的先锋派音乐家之一。50年代，电子音乐出现不久，瓦雷兹又利用电子设备作曲。他为布鲁塞尔博览会菲利普馆设计的《电子音诗》，是直接在录音带上制成的。首次演出时，其电子音响通过425个扩音器放送出来。瓦雷兹的重要作品还有《超棱镜》、《积分》、《赤道仪》、《沙漠》等。

瓦里安 Varian, Russell Harrison（1898-04-24～1959-07-28） 美国物理学家。生于华盛顿，卒于阿拉斯加朱诺。1925年在斯坦福大学获文学学士学位，1927年获文学硕士学位。1943年获荣誉工学博士称号。1930～1933年在法恩斯沃思电视公司工作。1937～1940年和1946年以后与斯坦福大学进行协作研究。1940～1946年任斯佩里陀螺仪公司研究工程师。1948～1956年任瓦里安兄弟联合公司（生产微波电子管）经理，1956年以后任董事长。瓦里安与其弟S.F.瓦里安于1937年发明微波速调管。他在微波和应用物理方面获得约100项专利。曾获韦瑟里尔奖章。

瓦利 Valley 英国属地安圭拉的首府。位于安圭拉岛中部。人口约1 600（2007）。居民多信奉基督教，通用英语。经济以农、牧、渔业为主。有公路通全岛，西南方沃巴尔克有小型机场，有航线通往圣基茨岛、英属维尔京群岛和加勒比岛国。

瓦利斯和富图纳 Wallis and Futuna; Wallis et Futuna 南太平洋中西部法国海外领地。全称瓦利斯群岛和富图纳群岛。地处南纬13° 20′～14° 21′、西经176° 10′～178° 10′。陆地面积274平方千米，水域面积约30万平方千米。人口1.53万（2009年7月估计）。多为波利尼西亚人，余为欧洲人。居民99%信奉天主教。官方语言为法语，通用瓦利斯语（为波利尼西亚语的一种方言）。首府马塔乌图。

瓦利斯和富图纳由相距约225千米的瓦利斯群岛和富图纳群岛两部分组成，属波利尼西亚群岛。瓦利斯群岛主岛乌韦阿岛地势高耸，最高处海拔765米，岛上有多个由火山口形成的湖泊。其外围有22个小珊瑚礁岛环绕。富图纳群岛又称霍恩群岛，包括富图纳和阿洛菲2个火山岛。为热带海洋性气候，年平均气温26℃左右，平均年降水量约2 000毫米。

原为波利尼西亚人的家园。1616年曾有欧洲航海者来此。两群岛相继于1842年和1888年被法国占领，沦为法国“保护地”。1913年成为法国殖民地。1959年改为法国海外领地。政府首脑由法国政府派驻的高级行政长官担任，内阁成员由其任命。实行一院制的领地议会，成员由普选产生，任期5年。3个主要岛屿保留有各自的国王，但权力有限。政党多与法国本土政党有联系，主要有人民运动联盟、社会党、光辉前程、法国民主联盟、左翼激进党、地方人民联盟等。

经济以自给自足的农业为主。主要生产面包果、香蕉、椰子、木薯、芋头。有小规模的渔业。椰干大部分出口到欧洲国家。食品和各种工业制成品主要从法国进口。劳务收入和法国政府的援助是重要的经济来源。使用太平洋法郎。2005年国内生产总值1.88亿美元（按市场汇率计算）。交通以海运为主。乌韦阿岛和富图纳岛建有环岛公路及港口。乌韦阿岛有瓦利斯国际机场。乌韦阿岛和富图纳岛之间也有定期航班。

有公立中、小学13所。有1个广播电台、2个电视频道、1份双语杂志。

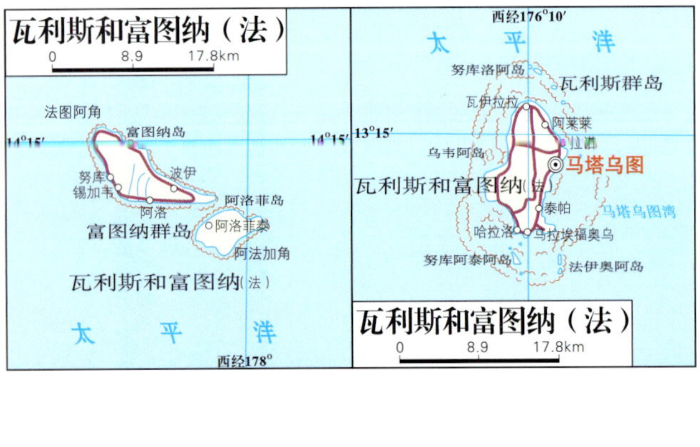

瓦隆人 Walloons 西欧比利时王国的民族之一。主要分布在布鲁塞尔以南地区。另有部分散居在法国东北部的北部省和阿登省，以及美国、加拿大和刚果（金）等国。属欧罗巴人种。使用法语，属印欧语系罗曼语族。信奉天主教。族源与法兰西人相近，其先民主要是罗马化的比利其人，并吸收有法兰克人的成分。公元前5世纪左右，在今比利时地域上住着属于凯尔特部落群的比利其人。公元1世纪后，在罗马帝国的统治下，接受罗马文明，完全罗马化。3世纪以后，同化了进入当地的法兰克人。5世纪后，瓦隆人所在地区臣属法兰克王国。9世纪查理曼帝国分裂后，长期处于封建割据状态。14世纪末，大部分地区为勃艮第公国所统一。此后，受西班牙、奥地利和法国的统治。1815年划归荷兰。1830年，瓦隆人与佛拉芒人联合，建立独立的比利时王国。工业发达，多从事采煤、冶金、机器制造、化工等行业。畜牧业以养牛、养猪为主。农作物有小麦、大麦、马铃薯等。

瓦卢瓦王朝 Valois Dynasty 14～16世纪统治法国的封建王朝（1328～1589）。1328年法王查理四世死后，因卡佩家族嫡系无男嗣，由卡佩家族的旁支瓦卢瓦伯爵查理之子腓力六世继承王位（1328～1350），建立瓦卢瓦王朝。

瓦卢瓦王朝时期，内外战争频繁。王朝初建，英王爱德华三世以法王腓力四世外孙的名义与腓力六世争夺王位，爆发英法百年战争。战争期间，1358年发生E.马塞尔领导的巴黎市民起义和扎克雷起义。15世纪初年，瓦卢瓦家族的两个旁系奥尔良公爵和勃艮第公爵互相倾轧，内讧延续近30年之久。从1494年起，瓦卢瓦王朝同哈布斯堡王朝为争夺意大利而连年作战，直至1559年《卡托-坎布雷西和约》缔结后才停战。1562～1598年又爆发宗教战争。百年战争时期，王权一度衰落，15世纪初，王权逐渐加强，路易十一基本完成了法国的统一，法兰西斯一世（1515～1547年在位）建立君主专制。瓦卢瓦王朝时期，市民阶层迅速崛起，作为第三等级的代表开始与特权等级角逐。文艺复兴达到高峰。1589年8月1日，亨利三世（1574～1589年在位）遇刺身亡，因无子嗣，王位由纳瓦尔的亨利四世继承（1589～1610年在位）。至此，瓦卢瓦王朝结束，波旁王朝开始。

瓦伦纽斯 Varenius, Bernhardus（1622～1650/1651） 德国地理学家，复兴欧洲地理学的重要人物之一。生于汉堡附近的希茨阿克，卒于荷兰莱顿。1640年入汉堡大学预科学习哲学、数学和物理学，1643年入柯尼斯堡大学学医，1647年迁居荷兰阿姆斯特丹，以后转学和研究地理。所著《普通地理学》（又译《通论地理》，1650），主张地理学分为普通（或通论）地理学和特殊（或专门）地理学，认为普通地理学研究整个地球上的总情况，并解释各种现象的性质；特殊地理学则单独地描述每个国家的结构和位置。《普通地理学》包括4个内容：数理地理、气象学、水文地理和地形。它影响欧洲地理学一个多世纪。

瓦伦斯基 Waryński, Ludwik Tadeusz（1856-09-24～1889-02-13） 波兰无产阶级党的创建人和领袖。生于乌克兰切尔克斯克的一个波兰贵族家庭，卒于俄国施利塞里堡要塞。1875年进入彼得堡工学院学习并开始革命活动。同年11月被开除学籍。1876年在华沙建立工人社会主义小组。1878年，起草波兰社会主义者纲领《布鲁塞尔纲领》，在波兰工人运动中第一次阐明阶级斗争和无产阶级专政的思想。同年10月，到利沃夫、克拉科夫等地活动。1879年，遭奥匈帝国政府逮捕，被驱逐出境。1880～1881年流亡日内瓦，创办《平等》月刊。1881年底秘密回到华沙。1882年，创建波兰第一个无产阶级革命政党——无产阶级党，1883年9月被沙皇政府逮捕。1885年被判苦役16年。1889年逝于彼得堡附近监狱。

瓦努阿图 Vanuatu 南太平洋西部岛国。地处南纬12°～21°，东经166°～171°。东邻斐济群岛，西南邻洛亚蒂群岛和新喀里多尼亚岛，北邻圣克鲁斯群岛，西北邻所罗门群岛。陆地面积1.219万平方千米，水域面积84.8万平方千米。人口22.15万（2006）。98%以上为瓦努阿图人，属美拉尼西亚人种。84%的人信奉基督教。官方语言为英语、

法语和比斯拉马语（一种皮钦语）。全国分为6省2市。首都维拉港。

为美拉尼西亚岛群的一部分，占据了整个新赫布里底群岛。最大的岛屿圣埃斯皮里图岛（桑托岛）面积3 947平方千米。主要为火山岛，并有现代火山活动。各岛山地崎岖、地震频繁。各岛河流众多、雨林密布。属热带海洋性气候，气候炎热、降水丰富，平均年降水量南部约2 000毫米，北部约4 000毫米。经常受飓风影响。

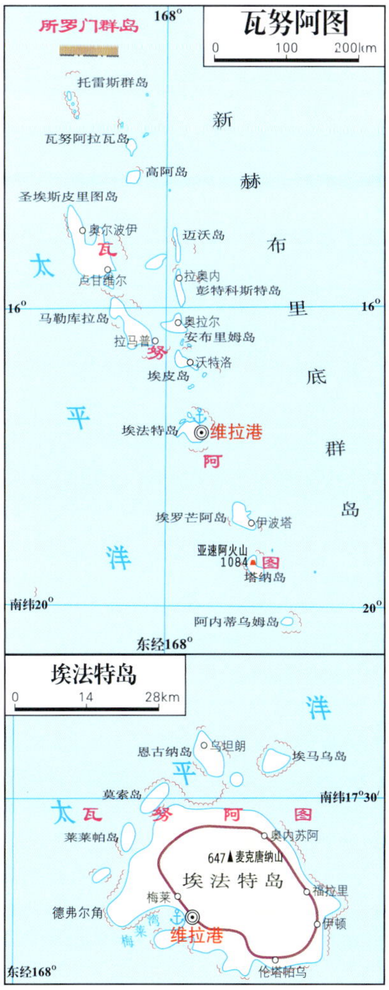

数千年前美拉尼西亚人即在此生息。1606年起，西班牙、法国和英国探险者相继到来。英国航海家J.库克于1774年到此，认为这些岛屿同苏格兰西海岸外的赫布里底群岛相似，遂命名为新赫布里底群岛。1878年，英、法两国宣布瓦努阿图为“中立地”。1906年起成为英、法共管殖民地。1978年1月实行内部自治。1980年7月30日独立，称为瓦努阿图共和国。

实行议会制。一院制的议会设有52个席位，每4年选举一次。总理由议会选举产生，内阁部长由总理任命。总统由议会和地方委员会主席组成的选举团选举产生，任期5年，为礼仪性国家元首。行政权归部长会议。主要政党有民族联合党、瓦努阿库党、温和党联盟、共和党。

属世界最不发达国家之列。经济以农业为主。沿海土地肥沃，主要种植椰子、薯类、芋头、可可和咖啡等。周围水域渔业资源丰富，盛产金枪鱼。森林覆盖率达36%左右，有小规模的林业。矿产资源有锰、铁、镍、铜和铝矾土等，还有大量白榴火山灰，但储量均不大，开采较多的主要是锰矿。工业主要有椰干、水产、牛肉等食品加工业和其他一些小型工厂。国内运输以水路为主，各主要岛屿均建有环岛公路。位于埃法特岛的首都维拉港为主要的外贸港口。首都附近建有国际机场。出口椰干、牛肉和肉制品、鱼类、可可、矿石，进口食品、饮料、石油产品、机电产品和交通工具。主要贸易对象为澳大利亚、新西兰、荷兰、法国、日本等。财政预算的平衡主要依赖于外援。澳大利亚目前是瓦努阿图最大的援助国。与日本的经济交往较多，双方在渔业、肉类生产和旅游业方面建立了合作关系。货币名称为瓦图。2009年国内生产总值约5.74亿美元。小学入学率95%，但中学入学率很低。南太平洋大学在维拉港建有分校。主要报刊有《每日邮报》、《独立报》等。瓦努阿图广播电视总公司为官方新闻机构，下辖瓦努阿图广播公司、瓦努阿图电视台。

瓦努阿图与74个国家建立了外交关系。1982年3月26日与中国建交。与原宗主国英国、法国关系密切。也重视同澳大利亚、新西兰，特别是美拉尼西亚岛群中其他国家的关系。瓦努阿图、巴布亚新几内亚和所罗门群岛同是美拉尼西亚先锋集团的成员国，各国在地区事务方面有很多合作。

瓦努阿图人 Vanuatuans 太平洋土著民族之一。人口约21.6万（2006）。主要居住在瓦努阿图共和国，另有少数人居住在大洋洲其他地区。属澳大利亚人种美拉尼西亚类型。使用瓦努阿图语，有多种方言，属南岛语系美拉尼西亚语族。通用比斯拉马语（为英语和当地语言的混合语）。多信基督教和天主教。其祖先可能在四五千年前从东南亚陆续迁入，逐步排挤或同化了当地的矮小黑人。18世纪中叶，法、英殖民者先后侵入，人口大减。1980年7月30日获得独立，建瓦努阿图共和国。因受西方文化影响，生活方式已发生变化，但在农村仍保留较多的传统特点。农民居住旧式茅屋，衣服多用树皮布缝制，少数人穿机织布料和欧式服装。北部保留母系残余，南部则为父权社会。男子划分年龄集团，并有秘密会社。独立后，经济以农业和渔业为主，盛产椰子、可可、咖啡和香蕉，以及白檀、乌木等珍贵木材。近年来，小型工业和采矿业得到发展，出口锰、镍等矿产品。

瓦斯爆炸 gas explosion 矿井瓦斯和空气混合后，当瓦斯（甲烷）浓度达5%～16%时，遇明火发生爆炸的现象。瓦斯爆炸时能出现温度高达2 150～2 650℃的火焰面和压力达2～10兆帕、速度达每秒数百米到数千米的冲击波，产生大量剧毒的一氧化碳（CO）等有害气体，有时还会引起煤尘爆炸和火灾，造成矿井严重破坏、大量人员瞬间死亡、生产难以短期恢复。是煤矿特有的、后果极严重的灾害。

正在活动的瓦努阿图活火山

爆炸条件 必须具备三个条件：一定浓度的瓦斯、高温热源、足够氧气。①瓦斯浓度。在空气中瓦斯爆炸浓度范围为5%～16%。最易爆炸浓度为7%～8%，9.5%时混合气体中瓦斯和氧气全部参加反应，化学反应最完全，产生的温度和压力也最大。瓦斯浓度低于爆炸下限时，遇火源只能燃烧。②氧气浓度。通常大气含氧20.93%，当氧气浓度低于12%时，混合气体即失去爆炸性。③高温热源。瓦斯最低点燃温度为650～750℃，主要取决于矿内大气中的瓦斯浓度、压力和点燃状态。大气压力下，瓦斯浓度由4%增至14.5%，最低点燃温度由690℃增至742℃。电弧与电火花、火柴明火焰和点燃烟卷的温度均可引发瓦斯爆炸。

煤尘爆炸　悬浮在空气中的煤尘，在一定条件下，遇高温热源而发生剧烈氧化反应，并伴有高温和压力上升的现象。煤尘爆炸和瓦斯煤尘爆炸（由瓦斯爆炸引发的煤尘爆炸）在煤矿发生的特大事故中占的比重最大。煤尘爆炸表现为连续爆炸，可造成巷道大规模倒塌和设备损坏，引发火灾，产生大量CO，其含量通常高达1%～10%，造成人员大量窒息伤亡。煤尘爆炸是气－固两相流体爆炸，爆炸产生的压力、温度、CO和连续爆炸可能性，比瓦斯爆炸还要高或更多。

煤尘爆炸必要条件：煤尘本身具有爆炸性、有一定浓度的煤尘云以及充足的氧气和点火源。煤尘爆炸性随煤变质程度增高或煤挥发分下降而降低。挥发分高的褐煤、长焰煤、气煤产生甲烷多，爆炸性强；无烟煤挥发分小于10%，基本没有爆炸性。煤尘云指粒径小于1毫米，其中大部分小于0.075毫米的大量煤尘与空气的混合物。煤矿中采煤与掘进工作面、转载点等尘源附近200米范围内最易形成煤尘云。煤矿井巷中的煤尘云通常是由瓦斯爆炸形成的冲击波的作用将沉积煤尘卷起、吹扬或振落扩散而成。不同煤种、不同条件的煤尘爆炸所需浓度各不相同。

防治　预防煤尘爆炸需采取喷雾、降尘、沉积煤尘治理等预防煤尘云形成措施。其他防治瓦斯爆炸措施同矿井瓦斯的防治措施。

瓦斯涅佐夫　Vasnetsov, Viktor Mikhailovich (1848～1926)　俄国画家。生于维亚特省，卒于莫斯科。少年时代在教会学校系统地学过绘画。1867年到圣彼得堡深造，后考入皇家美术学院。早期创作受V.G.彼罗夫的影响，如《小书店》(1876)、《玩纸牌》(1879)等。19世纪70年代末，开始以俄国古老的传说、歌谣和民间故事为题材进行创作。他第一幅描绘古代史诗的作品《伊戈尔与波洛夫人激战之后》，以抒情的笔调，画出了边疆草原上的绮丽风光。类似这种充满诗意和幻想的构思，在后来的《十字路口的勇士》(见图)一画中得到了进一步发展。《三勇士》(1870～1898)是他最负盛名的作品。这幅画表现俄国民间家喻户晓的3位英雄，充满传奇色彩，深得人民喜爱。他根据民间故事创作的《阿廖努什卡》和《骑着灰狼的伊凡王子》，歌颂了忠贞的爱情，有深厚的俄罗斯民族特色。80～90年代，先后创作了一些装饰和宗教壁画。他的壁画作品以概括和富于表现力著称。《伊凡雷帝》(1897)是俄国19世纪绘画中不可多得的佳作。瓦斯涅佐夫在艺术上是多面手。他曾为A.N.奥斯特洛夫斯基的《雪女》设计服装和舞台布景，对古俄罗斯的建筑、民间工艺、陶瓷也有相当的研究。

《十字路口的勇士》(1882，俄罗斯博物馆藏)

瓦松　*Orostachys fimbriatus*; fimbriate orostachys　景天科瓦松属的一种。分布于中国东北、华北、西北及江苏、浙江、安徽、湖北等地。朝鲜半岛、日本、蒙古、俄罗斯也有分布。二年生肉质草本。叶条状披针形，初生时密集于短茎，呈莲座状。穗状花序呈塔形，花梗长1厘米；花两性，辐射对称；萼片5，狭卵形；花瓣5，紫红色，披针形至矩圆形；雄蕊10；心皮5，离生，子房上位；花期8～9月。蓇葖果长圆形；种子多数，卵形，细小；果期10月。生长在石质山坡、岩石上及屋顶瓦缝中。全草可药用，有清热、止血、活血、敛疮的功效，但有毒，应慎用；也可作农药，工业上可用于提取草酸。

瓦特　watt　国际单位制中表示功率的导出单位。简称瓦。符号为W。是千克二次方米每三次方秒（$kg\cdot m^2/s^3$）的专门名称。为纪念英国发明家J.瓦特而命名。定义为1秒内产生1焦耳能量的功率，即1瓦＝1焦/秒。按能量守恒原理，定义中的“产生”作“转化”理解。功率单位瓦特最早由德国人K.W.西门子于1882年提出，1889年国际电学大会上把它定义为10^7尔格/秒。瓦特与其他常见功率计量单位的换算关系为：1瓦＝10 197.162克力·厘米/秒＝1.359 62×10^{-3}米制马力。千瓦旧称“瓩”。

瓦特　Watt, James (1736-01-19～1819-08-25)　英国发明家、机械师。蒸汽机发明中重大贡献者。生于英国苏格兰的格里诺克，卒于伯明翰近郊。自幼爱好技艺和几何学，1753年到格拉斯哥和伦敦当学徒，学习仪器制造。1757年从伦敦回到格拉斯哥。1764年，为格拉斯哥大学修理从伦敦购买的纽科门蒸汽机，开始从事蒸汽机的研究和改进。1785年被选为英国皇家学会会员，1806年被授予格拉斯哥大学法学博士，1814年被选为法国科学院外籍院士。

瓦特针对纽科门蒸汽机热效率低、燃料消耗量大的问题进行研究和改进。1765年制成可供实用的单作用式蒸汽机，并于1769年1月5日取得“在火力机中减少蒸汽和燃料消耗的新方法”专利权。

为进一步改造蒸汽机，瓦特投入双作用式蒸汽机的研制工作。1781年他所发明的使活塞往复运动转变为旋转运动的曲柄连杆机构，因已被J.皮卡德取得专利，遂又研制行星齿轮机构予以代替，并于1781年发明双作用式蒸汽机，并取得专利权；1784年他改进蒸汽机的配气机构，采用带气泵的凝汽器和使活塞平行运动的四连杆机构等；1788年又发明了能控制进气阀开启程度从而控制蒸汽机速度的离心调速器；1790年又发明了压力表等。经过这些改进，蒸汽机日益完善。他还将蒸汽机零部件标准化，并投入成批生产。1794年皮卡德的专利期满，瓦特将行星齿轮机构改为曲柄连杆机构，最后完成双作用式蒸汽机的发明。瓦特是功率单位“马力”的提出者，国际单位制中的功率单位“瓦特”(watt)以瓦特的姓氏命名。

瓦托　Watteau, Antoine (1684～1721)　法国画家。生于瓦朗谢讷，卒于马恩河畔诺让。约1702年到巴黎，先后在舞台画家C.吉洛和宫廷装饰画家C.奥德朗门下学艺。早期作品大多是描写下层人民的风俗画。以后与上层社会人物的结识，使他成为一个表现贵族享乐生活的画家。由于《发舟西苔岛》(1717)(见图)一画的成功，他被接纳为皇家艺术院院士。瓦托也因此被称作洛可可绘画的代表人物。他的一系列描绘贵族男女享乐生活的作品，如《难以解释》

《发舟西苔岛》(卢浮宫博物馆藏)

(1716)、《庭园中的聚会》(约1717)、《爱情节日》(约1717)、《野外的聚会》(约1717～1718)等，表现了他敏锐地捕捉生活真实的能力和诗人气质。人们常常能从画面上那离开欢乐人群独自徘徊的男子或虚无缥缈的幻想情境中感受到时代的危机。这正是瓦托远比一般洛可可画家高明和深刻的地方。瓦托的最后一件重要作品《热尔森画铺》(1720～1721)充满生活情趣，生动地反映了18世纪贵族艺术趣味的变化。瓦托对油画色彩技巧的发展有突出贡献，其富于音乐感的华美和谐的色彩是联系从威尼斯画派到印象派绘画的重要环节。神话题材的《帕里斯的评判》(1721)可作为代表。瓦托描绘人物极为准确，去世后有素描集《各种不同性格的形象》出版。

瓦维洛夫 Vavilov, Sergei Ivanovich (1891～1951) 苏联物理学家。生于莫斯科，卒于莫斯科。1914年毕业于莫斯科大学并留校任教。历任莫斯科高等工业学校教授，莫斯科大学教授，苏联科学院物理研究所所长，兼任光学研究所学术领导人和实验室主任。1945年当选苏联科学院院长。1923年与同事共同发现光学中第一个非线性效应。1927年发现发光产额与激发辐射波长的关系，被称为瓦维洛夫定律。最早指出荧光偏振程度取决于激发荧光的光波长，导致荧光光谱的研究。曾研制出新型经济发光灯。设计出严密的荧光分析法。建立紫外显微术和发光显微术。1934年指导P.A.切伦科夫发现纯液体在γ射线作用下的特殊发光，被称为瓦维洛夫－切伦科夫效应。在证实光量子性质方面也作了多项研究。

瓦文萨 Wałęsa, Lech (1943-09-29～) 波兰团结工会主席(1981～1991)，波兰共和国总统(1990～1995)。生于罗兹瓦维克的利普诺。信奉天主教。1961年毕业于中等农业技术学校。1967年在格但斯克造船厂当电工。1970年12月领导造船厂工人罢工，曾被捕，后获释。1980年8月成为格但斯克厂际罢工委员会领导人。1981年起任团结工会全国委员会主席。1981年12月波兰实行军管后被拘禁。1982年11月获释。1983年获诺贝尔和平奖。1989年团结工会恢复合法地位后，积极从事政治活动。1990年12月，当选为共和国总统。1995年12月总统大选中，败于A.克瓦希涅夫斯基。

瓦西里耶夫兄弟 Vasilyev brothers 苏联两位同姓瓦西里耶夫的电影导演兼编剧，在艺术合作时使用的笔名。格奥尔基·尼古拉耶维奇(Georgy Nikolayevich, 1899-11-25～1946-06-18)生于沃洛格达，卒于莫斯科；谢尔盖·德米特里耶维奇(Sergey Dmitriyevich, 1900-11-04～1959-12-16)生于莫斯科，卒于莫斯科。两人自1924年始从事电影创作并进行合作。他们独立导演的第一部影片是纪录片《冰上功勋》(1928)，第一部故事片是《睡美人》(1930)。1934年摄制的《夏伯阳》被认为是苏联电影艺术发展史上的里程碑。他们的作品还有《沃洛恰耶夫卡的日子》(1937)、《保卫察里津》(1942)、《前线》(1943)等。他们导演的影片均由自己编剧。

瓦窑堡会议 Wayaobu Conference 1935年12月23～25日，中国工农红军长征到达陕北，在子长县瓦窑堡召开的中共中央政治局扩大会议。与会者有毛泽东、张闻天、周恩来、刘少奇、秦邦宪(博古)、邓发、李维汉、张浩、杨尚昆等10余人。会议的主要议题是讨论华北事变后的政治形势和党的策略路线。会议通过《关于目前政治形势与党的任务决议》，选举毛泽东为中央革命军事委员会主席。12月27日，毛泽东根据会议决议精神，向党的高级干部作《论反对日本帝国主义的策略》的报告。《决议》和报告对建立抗日民族统一战线的必要性和可能性作了精辟的论述。瓦窑堡会议继遵义会议解决军事问题和组织问题之后，解决了全党迫切要求解决的政治路线问题，为中国共产党领导全国人民迎接抗日战争奠定了政治基础。

瓦窑堡镇 Wayaobu Town 中国陕西省子长县辖镇。县人民政府驻地。1935年设立瓦窑堡市，1936年撤销，1980年改设城关镇，1983年更名为瓦窑堡镇。面积0.8平方千米。人口2.1万。产煤和石油。农作物有小麦、玉米、谷子、豆类、马铃薯等。纪念地有毛泽东、周恩来、刘少奇旧居，以及西北抗日红军军政大学、瓦窑堡会议等革命旧址和谢子长烈士纪念馆。

佤－德昂语支 Va-De' ang branch 属南亚语系孟－高棉语族。原称佤－崩龙语支。也有人将它列入中央语族或崩龙佤语族，但国内外大部分学者将它列入孟－高棉语族。在中国，包括佤语、布朗语和德昂语(崩龙语)。语言特点：辅音比较复杂，有30个左右，有清化鼻音。复辅音比较多。元音有松紧、长短的对立。句子的基本语序是主语－谓语－宾语。名词的修饰语一般在中心词后，补语在谓语后，状语多在谓语前。

佤语 Va language 属南亚语系孟－高棉语族佤－德昂语支(原称佤－崩龙语支)。在中国主要分布于云南省的沧源、西盟以及孟连、澜沧、双江、耿马和永德等县。缅甸境内也有使用者。佤语分巴饶克、佤、阿佤3个方言。元音有松紧对立，有复辅音，塞音和舌面塞擦音都分清浊，分送气与不送气；有8个辅音韵尾。词序是表达语法意义的重要手段，修饰语在被修饰语之后，主语、谓语在不同语气的句子里位置不同。表示陈述、祈使和感叹的句子语序是主语－谓语，疑问句的语序是谓语－主语。

1957年，创制了拉丁字母形式的佤族文字方案。

佤族 Va 中国少数民族。主要分布在云南省西南部。人口396 610(2000)。使用佤语，属南亚语系孟－高棉语族佤－德昂语支。英美传教士为传播基督教曾创制佤文，使用范围很小；1957年创制了以拉丁字母为基础的拼音文字。其先民是古代“濮人”的一支。汉文史料中曾有“望”、“望苴子”、“哈剌”、“哈瓦”、“卡瓦”等称呼。男子穿无领上衣，裤短而肥大，黑布或红布缠头，穿耳、戴黑红线穗。女子穿黑色无领短上衣，下围直筒褶裙，头戴银箍，以银项圈和多串料珠为胸饰，腰戴藤圈，喜戴多个银镯和大耳环。饮食以大米为主，辅以小米、玉米、荞麦和豆类。住房大多为干栏式或草顶竹楼，也有砖瓦房。婚姻行一夫一妻制，婚前谈情说爱称为“串姑娘”。人死后行土葬。主要信仰自然、神灵和祖先三位一体的原始宗教，部分人信仰小乘佛教和基督教。1954～1988年建立了以佤族为主或佤族参加的自治县5个，并建立了3个民族乡。

外层空间 outer space 大气层即空气空间以外的整个空间。国际法承认一国领土上面一定高度的空间为其领空，国家对其拥有完全的、排他的主权。在领空以外的是外层空间。由于自然科学的发展，外层空间法已经成为国际法的一个组成部分。

从严格的科学观点来说，空气空间和外层空间没有明确的界限，而是逐渐融合的。联合国和平利用外层空间委员会（简称“外空委员会”）指出，现还不可能提出确切和持久的科学标准来划分外层空间和空气空间的界限。

在国际法上，尽管有些国际法学者曾经提出过领空无限的主张，但由于地球的自转和公转，以及整个太阳系的运动，因此认为国家主权无限制地延伸到宇宙中去是没有实际意义的。对外空的探测和利用以及数以千计的人造卫星不断地在围绕地球的轨道上运行的事实，表明外层空间依其性质是难以成为国家主权控制的对象的。1963年联合国大会通过的《各国在探索与利用外层空间活动的法律原则的宣言》和1966年《外层空间条约》，确定了外层空间供一切国家自由探测和使用，以及不得由任何国家据为已有这两条原则。

外丹 external alchemy 道教修炼方术。用炉鼎烧炼铅、汞等矿石（或掺和草木药）以制“长生不死”丹药。因丹砂为其主要原料，故通称炼丹术；因谓服食丹药可以成仙，又称仙丹术；又谓炼成的丹药可成黄金，又称为金丹术。

外丹术初见于西汉。西汉元光二年（公元前133），方士李少君请武帝“祀灶”、“致物”，化丹砂为黄金“以为饮食器”。武帝从其所请，“亲祠灶”，“而事化丹砂诸药齐(剂）为黄金”，表明外丹术开始出现。魏晋南北朝外丹术继续发展。葛洪从郑隐受《太清丹经》3卷，《九鼎丹经》1卷，《金液丹经》1卷，晚年于罗浮山炼丹。他认为“长生之道，不在祭祀鬼神也，不在导引与屈伸也，升仙之要，在神丹也”。唐代外丹术臻于极盛。从太宗到僖宗，大多喜召道士合丹或自服丹药，文武大臣好此术者亦代不乏人。随着外丹术的滋蔓，服丹致死者日多。服食者包括炼丹道士对此亦渐生疑，因此，自唐以后渐趋衰微。南宋全真道南北宗皆主内丹，外丹更衰。外丹术产生之后，作为道教的一项重要修炼方术，盛行千余年，最后虽为社会和科学之发展所摒弃，但对中国药物学和古化学作出了积极贡献。

外尔 Weyl, Hermann (1885-11-09～1955-12-08) 德国数学家。生于德国汉堡附近的埃尔姆斯霍恩，卒于苏黎世。1904年入格丁根大学，1905～1906年在慕尼黑大学学习数学、物理、化学。1908年获博士学位。1913年受聘任瑞士苏黎世的联邦工学院教授，同A.爱因斯坦结下友谊。1930年回格丁根大学继承D.希尔伯特的教授席位，1933年任格丁根数学研究所所长。同年夏天，应新成立的美国普林斯顿高等研究所之聘任该所教授，1951年退休。

外尔是20世纪上半叶最重要的数学家之一。他的早期工作（1908～1915）是在分析学方面。1911年起，他研究振动物体的特征频率的渐进分布，开创了特征值渐近展开理论。外尔的重要著作《黎曼曲面的思想》第一次给黎曼曲面奠定了严格的拓扑学基础。他运用希尔伯特提出的邻域概念把曲面定义为可三角剖分的连通点集。

1915～1933年，他研究与物理有关的数学问题，试图解决引力场与电磁场的统一理论问题。他把电磁势纳入几何框架，由此得出规范变换和规范不变性的概念。20年代，他从一般空间问题进而研究连续群的表示，导致他运用大范围方法研究半单纯李群的线性表示，以及紧群的彼得-外尔定理。

外尔斯特拉斯 Weierstrass, Karl (Theodor Wilhelm) (1815-10-31～1897-02-19) 德国数学家。生于威斯特伐利亚的奥斯滕费尔德，卒于柏林。1834～1838年在波恩大学学习财政及法律，其后转到明斯特学院学习，1841年通过中学教学资格考试，1842～1848年在西普鲁士布芬恩斯伯格中学任高级教师，1854年被柯尼斯堡大学授予名誉博士学位，1856年被聘为柏林工业大学教授，兼任柏林大学副教授，1864年升任柏林大学教授，1892年退休。其间，1873～1874年任柏林大学校长，1856年被选为柏林科学院院士。外尔斯特拉斯对于数学分析、阿贝尔函数论、解析函数论、变分法、微分几何及线性代数均有重大贡献。他的工作大多以讲演形式公布，由他的学生加以传播。其早期工作解决了超椭圆积分乃至更一般的阿贝尔积分的雅可比反演问题，引起普遍重视。随后系统地建立起椭圆函数理论。通过幂级数展开的方法系统地发展解析函数论，导致函数论的产生。1875年得出整函数的无穷乘积表示，开辟整函数及亚纯函数论的新方向。证明预备定理，开创多复变函数论。在实分析中，首先引进ε-δ方法，使数学分析完全摆脱无穷小的概念，独立得出波尔查诺-外尔斯特拉斯聚点定理。首先发现处处连续但处处不可导的函数，使分析完全摆脱几何直观，又严格地建立一致收敛的概念。提出自己的实数理论，最终完成数学分析的算术化。1885年证明连续函数用多项式逼近的定理，开辟了函数逼近论的新方向。外尔斯特拉斯还是线性代数的奠基者。1858年他给出把两个二次型同时化为平方和的方法，1868年建立二次型及双线性型的理论。他在长期的教学生涯中培养了大批人才，受其指导的博士有50～60人，上百人成为教授。参与了J.施泰纳及雅可比全集的编辑工作，晚年还编辑自己的全集。前2卷在他生前出版，其后又出版了5卷，至今尚未出齐。

外感 external contraction 感受风、寒、暑、湿、燥、火六种邪气和疫疠之气所引起的中医学病证。其致病常从外感受，或从人体皮毛肌肤，或从口鼻侵入，或同时受病。发病初期多见表证。外感病多与季节气候、生活环境有关。如春多风病，夏多暑病，冬多寒病；疫疠之气多与自然气候严重反常（久旱、洪水、地震、瘴气）及卫生条件差有关。外感致病，可六淫邪气单独为患，亦可二或三种邪气同时犯人发病；外感病的性质与体质、内脏生理状态密切相关，阳虚者易感寒邪，脾虚者易感湿邪。在发病过程中六淫邪气相互影响，在一定条件下还可相互转化。如寒邪入里化热，湿邪久羁可以伤阴等。

外国人待遇 aliens, treatment of 在一国境内不具有该国国籍而具有他国国籍的人所享受的待遇。有时也泛指在一国境内一切不具有该国国籍的人（包括无国籍人）所享受的待遇。外国人待遇也包括外国法人的待遇。双重国籍人如具有所在国国籍，则对于所在国而言不是外国人，因而不享受外国人待遇。

入境、出境 外国人入境须经所进入的国家许可。为了本国的安全和利益，一般国家都禁止具有某种情况的外国人入境，其中包括精神病或危险传染病患者和刑事罪犯。外国人有离境的权利，对于没有未了民刑案件及已交付应交的捐税、罚款、债务，并办理了出境手续的外国人，国家无权禁止其出境。但国家有权驱逐境内具有某种情况（如违反该国法律）的外国人出境。

外国人的法律地位 由所在国加以规

定，但需参照国际法的一般原则和国际通例。外国人大体享受与本国人同等的民事权利和义务。外国人待遇与本国人待遇通常有如下区别：①外国人不享有所在国公民所享有的政治权利，如选举权和被选举权，也没有服兵役的义务。②各国往往出于国家安全和利益的考虑，不允许外国人从事某些特定的职业和担任某些特定的职务，以及取得某种权益。③有些国家对于外国人的旅行、居住有某些限制。④国家有可能根据互惠原则，对于某些外国人适用特别的优惠规则。

外国人待遇的标准　国际法上没有统一规定，通常有国民待遇和最惠国待遇两种标准。国民待遇指一个国家对外国自然人（或者法人、商船等）在某些事项上（如在民事权利方面）给予与本国自然人（或法人、商船等）同等的待遇。最惠国待遇指一国（施惠国）给予另一国（受惠国）的国民（或法人、商船等）的待遇，不低于现时或将来给予任何第三国国民（或法人、商船等）的待遇。

外交保护　外国人除受所在国管辖外，还要服从本国的管辖并享受本国的外交保护。外交保护是国家根据其对一切在国内或国外的本国人享有属人优越权（又称属人最高权）而对在国外的本国侨民的正当利益通过外交途径所进行的保护。

外国人在中国的法律地位　《中华人民共和国宪法》(1982) 第32条规定："中华人民共和国保护在中国境内的外国人的合法权利和利益，在中国境内的外国人必须遵守中华人民共和国的法律。"外国人的正当权益，包括外国人的人身、婚姻家庭和受教育的权利，外国人的合法收入、储蓄、房屋和其他生活资料的所有权等，均受到保护。外国人可以在中国投资。按照1991年《中华人民共和国民事诉讼法》规定，对中国公民、企业和组织的民事诉讼权利加以限制的国家，中国对该国公民、企业和组织的民事诉讼权利实行对等原则。对享有外交特权与豁免的外国人提起民事诉讼，人民法院根据中国法律、中国缔结或者参加的国际条约的规定办理。按照1997年修订的《中华人民共和国刑法》的规定，外国人在中国犯罪，除对享有外交特权与豁免的刑事责任者须通过外交途径解决外，依中国刑法处罚。外国人在中华人民共和国领域外对中华人民共和国国家或者公民犯罪，若该人在中国境内，也依中国刑法处罚。

外汇　foreign exchange　有动态和静态双重含义。前者指一种货币兑换成另外一种货币的行为；后者指以外币表示的可用作国际清偿的支付手段和资产。国际汇兑的简称。国际货币基金组织认为：外汇包括"货币当局以银行存款、国库券、长短期政府债券等形式持有的在国际收支逆差时可以使用的债权"。中国规定外汇包括：外国货币，包括纸币、铸币等；外币支付凭证，包括票据、银行的付款凭证、邮政储蓄凭证等；外币有价证券，包括政府债券、公司债券、股票等；特别提款权、欧洲货币单位；其他外币计值的资产。

外汇能使国与国之间的货币流通成为可能，能促进国际贸易和资本流动的发展，便利国际间资金供需的调剂，扩大资金融通范围，是国际经济交流不可缺少的工具。

外汇储备　foreign exchange reserve　一国政府持有国际储备资产中的外汇部分。即一国政府持有的以外币表示的债权。它的主要用途是清偿国际收支逆差、进行外汇交易和国际债务清算、干预外汇市场。一般包括国际上广泛使用的可兑换货币。其具体形式是：政府在国外短期存款或其他可在国外兑现的支付手段，如外国有价证券，外国银行的支票、期票、外币汇票等。

外汇管制　foreign exchange control　政府、中央银行或专门机构等货币当局对本国货币与外国货币的兑换实行的严格限制。一定意义上，外汇管制也包含货币当局对于国际贸易的限制。这些限制主要是对外汇的收支、结算、买卖和使用所采取的限制性措施。外汇管制不是完全禁止货币汇兑，也不是货币的自由兑换，而是二者之间的一种状态。广义地说，外汇管制是货币管制的一种形态，既包括对外汇的管制，又形成了对本币的限制，也包含对一国之内的多种货币与其主要货币之间的兑换限制。

各国各时期的外汇管制主要包括以下一些方面：①贸易外汇管制，又分为进口外汇管制和出口外汇管制。前者如实行进口许可证制和进口配额制；后者除实行出口许可证等限制措施外，还包括一些鼓励出口的措施。②非贸易外汇管制，即对贸易和资本项目外的外汇收支实行管制。③资本输出入管制。④本币、外币和黄金出入境管制。⑤外汇买卖管制。

从国际收支方面上说，外汇管制服务于平衡商品进出口贸易或平衡经常项目收支等目标。从政策的根本性质上说，国家对外汇业务活动实行管理和限制，目的在于维护国内政策的独立性和自主性，使管制国免受贸易赤字、外债或其生产资本控制权的转移。但外汇管制会导致许多发展中国家出现外汇黑市。

外汇市场　foreign exchange market　由外汇需求方、供给方及市场中介等构成的外汇交易场所或交易网络。包括本币与外币之间、外币与外币之间的交易。

外汇市场的组织形式：一是由连接银行与外汇交易经纪人的电话、电报、电传及其他通信工具所构成的网络化无形市场；二是有形市场，一般在证券交易所或期货交易所开设外汇交易场所，银行或经纪商的交易员在规定时间内在指定场所进行外汇交易。外汇市场的参与者有中央银行、经营外汇业务的商业银行、外汇经纪人、买卖外汇的客户（如进出口商和投机商）及其他外汇供求者等。中央银行参与外汇市场活动并对市场进行监督与干预。

外汇市场的主要交易方式有即期交易、远期交易、掉期交易、期货交易及期权交易等。

外婚制　exogamy　原始社会的婚姻规例。禁止一定范围内血缘亲属成员间的通婚关系。又称族外婚。通常指氏族的外婚制，即禁止氏族内部通婚。产生于旧石器时代中、晚期，从血缘集团内的群婚发展而来。不论在母系制或父系制氏族社会，都实行这一通婚原则。外婚制与内婚制互相关联，一个部落包括若干氏族，从氏族来说是实行外婚制，从部落来说就是内婚制。外婚制有利于人类的体质和种的繁衍，有利于加强各通婚集团间的社会经济联系。它的出现是人类婚姻史上的巨大进步。外婚制随着社会的发展而有不同的表现形式。早期部落分成两个半偶族互相通婚，各个半偶族实行外婚制。原始社会后期，由于人口增殖，氏族扩大和分化，有些氏族内的几个近亲集团之间可以互相通婚，而各近亲集团则行外婚制。

外交　diplomacy　一个主权国家通过其官方代表，在遵守国际惯例的基础上，为了维护本国的国家利益，与其他主权国家或由主权国家组成的国际组织所进行的官方之间的正常交往。

外交的实体一般为主权国家。但在特

签订《威斯特伐利亚和约》的明斯特市政厅

殊情况下，一些重要的国际组织，尤其是那些由主权国家所组成的国际组织，也应被考虑在内。外交活动的承担者是国家元首、政府首脑、外交部、外交代表机构等。外交的基础是参与外交活动时必须自觉遵守的一系列国际惯例和准则。外交的目的则是维护本国的国家利益，外交是国家实现其对外政策的重要手段。外交的内容和途径很广泛，如访问、谈判、交涉、发出外交文件、缔结条约、出席国际会议和参加国际组织等。

外交的起源可以追溯到公元前。在古希腊的城邦国家之间和春秋时期的中国各诸侯国之间，原始的外交已经进行得非常频繁。1648年10月签订的《威斯特伐利亚和约》，标志着近代外交制度的正式形成。外交人员职业化、外交行为规范化、外交活动集团化是近代外交最为重要的发展。进入20世纪之后，特别是在第二次世界大战结束之后，外交进入了定型阶段，形成了现代外交的开放性、联系性和世界性的特点。主要特征是：①外交范围扩大化。传统外交上的“欧洲中心”已不复存在，全方位、多元化地参与外交活动是当代外交的发展趋势。②外交形式多样化。出现了经济外交、文化外交、科技外交、体育外交、军事外交、议会外交、政党外交、多边外交、地方外交、人民外交以及人权外交等。③外交决策民主化。独立自主的外交权是主权国家的标志之一，外交的主导原则是主权平等。④使节作用淡化。各国外交活动参与的高层化日益明显，外交涉及国家最高利益，国家元首、政府首脑等国家领导人以各种方式的直接参与，对外交起着越来越大的作用。

外交保护 foreign protection 国家根据其对一切在国内或国外的本国人享有属人优越权（又称属人最高权）而对在国外的本国侨民的正当利益通过外交途径所进行的保护。外国人除受所在国管辖之外，还要服从本国的管辖并享受本国的外交保护。国家行使此项权力时，必须具备两个条件：①受害者个人必须具有本国国籍。②受害者个人在居留国已用尽可利用的当地救济手段，即通过一切国内程序仍未得到对损害的救济。遇有本国在外国的侨民的正当权益受到侵害而未能得到当地救济时，不待有关侨民的申请，国家的驻外使领馆可随时向侨民所在国提出救济或赔偿要求。国家对外国侨民权利的侵害，构成国家侵权行为，引起**国家责任**。

外交礼仪 diplomatic ceremony 外交关系中对外宾尊重、尊荣方面的礼仪、礼节和顺序、位次等，表示对另一国的元首、国家、外交代表的尊重、尊荣和友好，是国际习惯和习惯法，也是外交关系法中的重要内容。又称外交礼节或外交礼宾。主要内容有：外宾接待的礼仪和规格，如国家元首的迎接仪式、礼炮的鸣放、奏国歌和检阅三军仪仗队等；外交代表的位次顺序，包括使馆馆长之间的先后顺序、同一使馆内外交官的先后顺序、外交官之间在正式外交场合或在执行外交职务时的位次及使馆馆长在国家庆典中的位次；外交名册；外交文书；旗帜；接见；服装服饰；国家庆典；婚丧礼仪等。外交礼仪在国际交往中非常重要，稍有不慎，就会造成严重后果。

外交特权与豁免 diplomatic privilege and immunity 广义指使馆、领馆、特别使团、代表团以及国家元首、军舰、军队等享有的地位和特权；狭义专指使馆、使馆馆长和职员及其家属享有的特殊地位和特权。简称外交特权。它是**国际法**上最早确立的法律制度之一。1961年《维也纳外交关系公约》对使馆和外交代表的特权与豁免权作出了具体规定。

使馆特权和豁免权　包括：使馆馆舍不得侵犯；通信自由；免除捐税、免纳关税。此外，使馆及其馆长享有的权利还包括：在使馆馆舍、使馆馆长的寓邸和交通工具上使用派遣国的国旗或国徽；使馆人员在接受国境内享有行动及旅行的自由。

外交代表的特权和豁免权　包括人身不受侵犯；外交代表的私人寓所不受侵犯；对接受国的刑事、民事和行政管辖的豁免权；免除以证人身份作证的义务；免除捐税；免纳关税、行李免受查验。此外，外交代表还享有下列特权：免于适用接受国施行的社会保险办法；免除一切个人劳务和各种公共服务；免除关于征用和捐献等军事义务。

享受外交特权的其他人员　除外交代表外，外交代表的同户家属、使馆行政技术人员及其家属、使馆服务人员、使馆人员的私人服务人员，也在不同程度上享有特权和豁免。此外，国家元首、政府首脑、外交部长、特别使团的团长（特使）及使团成员、途经或作短暂停留的驻第三国的外交人员、参加政府性国际会议的代表，也都享有外交特权与豁免。

外交信使 diplomatic courier 奉命在本国政府与驻外使、领馆之间，包括在各驻外使、领馆之间递送外交邮袋或外交文件的外交部工作人员。又称“外交信差”，简称“信使”。外交信使分为专业信使和特别信使(特别信使也称为临时信使）两种，二者都须持有证明其身份的官方文件，即信使证明书、特别信使证明书或者是证明信使身份的外交护照。根据《维也纳外交关系公约》规定，信使应受接受国和所通过的国家保护，享有不可侵犯、不受拘留、逮捕、搜查和外国法律裁判的权利。同时所携外交邮袋亦不可侵犯，他国不得予以开拆、检查、扣留或阻碍递送。其中，专业信使在外交邮袋送达目的地后返回时，仍然享有不可侵犯权。除此之外，《维也纳领事关系公约》规定，领事机构在同本国政府或本国驻外使馆或领事馆联系时，除外交信使外，还可以使用领馆信使。

外蒙古 Outer Mongolia 中国清代地名。又称喀尔喀蒙古。喀尔喀又作哈尔哈，是蒙古语Halha的对音。指蒙古高原北部，以别于高原南部的内蒙古。东临黑龙江将军辖境，西至阿尔泰山接新疆，南至瀚海与漠南蒙古相连，北与俄罗斯接壤。明中叶，元太祖成吉思汗十五世孙巴图孟克（达延汗)之幼子格埒森扎·札赉尔珲台吉有七子，分居喀尔喀河流域，这七个鄂托克（领地）被称为“喀尔喀·多伦·和硕”即喀尔喀七部或喀尔喀七旗。康熙二十七年（1688），准噶尔部首领噶尔丹进攻喀尔喀蒙古，喀尔喀七部举旗南迁，投奔清朝，被安置在喀伦边内。三十六年，噶尔丹败亡，喀尔喀蒙古诸部回归旧牧地。这时喀尔喀分三部：土谢图汗部称中路，车臣汗部称东路，扎萨克图汗部称西路。雍正十年（1732），喀尔喀亲王额驸策棱在额尔德尼召（即光显寺，在今蒙古国前杭爱省巴彦温都尔西北）大胜准噶尔部首领噶尔丹策零，清廷以其“劳绩懋著”，从土谢图汗部分出二十一旗隶属于额驸策棱的赛音诺颜部，从此赛音诺颜部始为大札萨克，与三汗部并列为喀尔喀四部。至嘉庆间（1796～1820），喀尔喀四部有四盟，八十六旗。

1911年（宣统三年），以哲布尊丹巴为首的外蒙古封建上层，在沙俄策动下宣布“独立”，建立“大蒙古国政府”，驱逐清朝政府驻库伦办事大臣，私自与沙俄签订非法的《俄蒙协约》(《库伦条约》)。1915年（民国四年）中俄蒙签订的《恰克图协约》第二条规定：“外蒙古承认中国宗主权。中国、俄国承认外蒙古自治，为中国领土的一部分。”十月革命后，1919年夏，以哲布尊丹巴为首的封建上层与中国北洋政府开始关于取消“自治”的谈判。同年11月，外蒙古自治政府正式取消，外蒙古地区由西北筹边使管辖，保留汗的称号。1921年蒙古人民革命成功，7月宣布独立，建立“君主立宪政府”。1924年5月哲布尊丹巴死后，同年11月，第一届大人民呼拉尔在库伦召开，宣布废除君主立宪制，成立蒙古人民共和国。1945年2月11日，美、苏、英三国首脑签订涉及外蒙古主权的雅尔塔协定。1946年中国国民政府承认外蒙古独立。中华人民共和国建立后，1949年10月16日同中国建交。

外商独资企业 exclusively foreign-owned enterprises 依照中国有关法律，在中国境内设立的全部资本由外国公司、企业、其他经济组织或者个人投资的企业，不包括外国的企业和其他经济组织在中国境内的分支机构。

根据1986年4月颁布的《中华人民共和国外资企业法》和《中华人民共和国外资企业法实施细则》，其特点是：①设立必须经过中国政府批准，设立在中国境内，依法取得中国的法人资格。②投资全部为外国投资者所有。③国家鼓励举办产品出口或者技术先进的外资企业。④形式为有限责任公司，也有一些采取股份有限公司的形式。⑤依照国家有关税收的规定可以享受减税、免税的优惠待遇。

外滩 Bund, the 中国上海市外白渡桥至金陵东路沿黄浦江西岸地区。位于黄浦区东部。因处于上海旧城厢之外，故名。鸦片战争前，此处原为黄浦江边滩地。上海开埠后，西方人在此修筑马路，英法殖民主义者在其北、南两端设领事馆。外商洋行、银行也云集于此，一时成为金融中心。1949年后建防洪墙蜿蜒江边，墙内有宽阔的绿化带。路西西式高层建筑组成壮观的上海外滩建筑群，有海事、金融、外贸等机构设此，是上海近现代各国、各风格建筑物最集中的地方。外滩也是市区的交通要冲，有多条公交线路在此设起讫站。主要景点有黄浦公园、上海市人民英雄纪念塔、外滩历史纪念馆、江堤大道、陈毅广场、电子瀑布钟、大型艺术壁雕画廊等。外滩观光隧道建在南京东路外滩与东方明珠电视塔之间，是上海市重要的旅游地之一。

上海外滩

外向型经济 external oriented economy 产品主要面向国外市场，出口贸易对国民经济具有重要作用的经济类型。外向型经济的国家或地区依靠自身的优势参与国际分工，产品销售，整个经济的发展高度依赖国外市场。他们的生产经营必须适应国际市场的需要，要随时应对国际经济变化带来的风险。中国实行对外开放政策，经济发展以满足国内需求为主。国内市场始终是主体。在沿海的某些地区、某些城市或某些行业也有产品主要面向国外市场，对国际贸易的依存度很高，因而具有外向型经济的特点。外向型经济和开放型经济的含意不同，后者的产品不一定主要面向国外。

外消旋体 racemate 旋光性未呈现的一对对映体的等摩尔混合物。用化学命名前加前缀（±）、*dl*、（*RS*）或rac-表示。固态外消旋体一般呈现三种状态：①外消旋体化合物。外消旋体结晶晶胞中，含有等量的对映体分子。②堆集外消旋体。外消旋体混合物中每个对映体分子各自形成一种晶形结晶，构成等量的机械混合物。这类堆集外消旋体才有可能用手工拣出或结晶播种法进行拆分。③外消旋固体溶液。任何晶体中包含的右旋和左旋分子以任意比例组成的外消旋体，它们与各个对映体的溶解度和熔点相同或相近。一般合成手性化合物时，从非手性分子出发常得到等摩尔的对映体混合物，而成为呈现无旋光性的外消旋体。外消旋体与右旋体或左旋体在物理性质上有差别，如左旋或右旋的乳酸熔点53℃，而外消旋乳酸熔点18℃；但在非手性条件下化学性质基本相同。外消旋体可通过物理、生物或化学方法拆分成纯的左旋体和右旋体。

外星人 extraterrestrial man 居住在地球以外的、至今尚未被证实的人。见地外文明。

外星行星 exoplanet 太阳系以外围绕其他恒星运行的行星。天文学家认为，宇宙中行星和行星系的存在是恒星世界内的普遍规律。20世纪30年代以来，少数天文台开始用经典照相天体测量方法在几个特选的近距离类太阳恒星附近探测可能有行星质量的暗伴星。但经过近半个世纪的搜索，没有获得确切可信的肯定结果。

众所周知，行星和行星系的引力会对它们环绕的恒星施加影响，使恒星产生周期摆动，称为“反映运动”。太阳因木星的引力引起的反映运动的速度为13米/秒。20世纪90年代，谱线位移的分光测量精度提高到足以检测类木行星形成的恒星反映运动的程度，终于在1994年确切地发现了第一颗外星行星。到2006年，运用反映运动的分光测量法检测出的外星类木行星已超过200个。但探测外星类地行星所需的分光测量精度则要求达到8厘米/秒，这在目前尚不可及。

外逸层 exosphere 热层顶以上的大气区域。又称散逸层。大气的最高层。高度最高可达5万多千米。这里空气极端稀薄，空气粒子运动速度很大，又由于远离地表面，受地球引力场的约束非常弱，以致某些空气粒子被其他粒子碰撞离去后再难有机会返回，空气不断向行星际空间逃逸。属大气圈和行星际空间的过渡带。

外阴癌 vulva, cancer of 发生于女性外生殖器各部位的原位癌或侵袭癌。85%～90%为上皮癌，其他少见者有基底细胞癌、佩吉特氏病、黑色素瘤、汗腺癌、前庭大腺癌、肉瘤和转移性癌等。外阴乳头状瘤、慢性溃疡等慢性刺激可引起癌变。外阴皮肤有慢性病变并发性病如腹股沟淋巴肉芽肿或梅毒者，外阴癌发病率较高。Ⅱ型疱疹病毒是致癌因素。外阴癌约占妇科恶性肿瘤的5%，常见于绝经期妇女，平均发病年龄为60岁，但也有在40岁以前发病者。

肿瘤的扩散除局部蔓延外，主要是淋巴转移。患者往往有多年外阴瘙痒史，局部有结节或肿块，部分表现为外阴溃疡，常伴有疼痛、脓性或血性分泌物、尿痛及一侧或双侧腹股沟淋巴结肿大。病灶多发生在大、小阴唇。早发现、早诊断、早治疗最为重要。外阴有白色病变、丘疹、结节或小溃疡时均应作病理切片检查，一时未能确诊者，应继续随访直至明确诊断。

治疗以手术切除为主。外阴癌放射治疗合并症多，故应尽可能避免放射治疗。但对晚期病例，年龄大于70岁的患者仍主张用放疗。此外，手术治疗中发现有淋巴结转移者，术后应补充盆腔外放射治疗。

外阴白色病变 white vulval lesions 女阴皮肤黏膜色素脱失、粗糙增厚或萎缩、瘙痒的病变。一般发生在30～60岁妇女，偶见于10岁以内儿童及幼儿。病变范围大小不一，重者可波及整个外阴部。患者常感外阴部奇痒难忍，大、小便后有外阴及肛门不适感或刺痛，重者有性交困难，更有癌变之虑。所以及时诊断、治疗和长期随访甚为重要。治疗原则为止痒、消炎、润肤及改善局部营养。

外治法 external treatment 中医临床运用药物和器械、手术直接作用于患者的体表或孔窍（口、舌、咽喉、眼、耳、鼻、阴道、肛门）局部的治法。分为药物外治法和器械手术外治法两种。

药物外治法 用药物制成不同的剂型，采用不同的给药方法，使药物直接作用于患处，进而达到治疗目的的方法。可分为两类：①外用药疗法。将药物配制加工成外用散剂、膏药剂（又称硬膏）、油膏（又称软膏）、药捻、洗剂、栓剂、灌肠剂、雾剂、糊剂、滴剂等药物剂型，涂敷、粘贴、撒布、点滴、灌导、拭洗体表及孔窍局部的外治法。

有围药法、薄贴法、油膏涂敷法、滴药法、吹药法、药捻法、掺药法、导药法等。②药物理疗法。将药物经燃烧、煎煮、热熨等法加热后，产生温热作用，对患部进行熏、洗、熨、烘等的外治法。除药物本身作用以外，还有温热的物理作用，如常用的熏法、洗法、熨法、烘法等。药物外治法适于躯干、肢体、孔窍的局部病症，有的也可治内脏病。

手术外治法　用各种医疗器械对患部进行局部切开、割除、刺破、烙、拨等手术的外治法。常用的有开割法、割治法、钩割法、砭镰法、挂线法、针拨内障法、烙法。

夹板固定法　既不用药物又不用手术，是用小夹板固定骨折局部及关节，治疗四肢骨折的外治法。

此外也有医家把针灸、推拿和气功外气治病等方法列入外治法。

外周神经系统　peripheral nervous system　联系中枢神经系统与全身各器官的神经。又称周围神经系统。包括脑神经和脊神经。从低等无脊椎动物扁形动物门起，由于出现了神经节性质的脑，神经系统开始区分为中枢神经系统及外周神经系统两大部分。脊椎动物的外周神经系统包括由脑发出的脑神经和由脊髓按节段性排列发出的脊神经。脑神经和脊神经都是由大量神经纤维组成的神经束，这些纤维的结构和功能各有不同。

外周神经系统按所联系的器官不同，可分为躯体和内脏两大类，每一类又可按照传导兴奋的方向不同而分为传入和传出两类。传入神经是将感受器的兴奋传入中枢，引起感觉，又称感觉神经，如脊髓后根所含的纤维；传出神经是将中枢的兴奋传到效应器，引起躯体运动或调节内脏器官的活动，又称运动神经，如脊髓前根所含的纤维。研究发现，脊髓前根也含传入纤维。通过外周神经系统，脑和脊髓既获得全身器官活动的信息，又发出信息到各器官以调节其活动。从功能上看，外周神经系统与中枢神经系统（脑和脊髓）是不可分割的，它们共同组成统一的神经系统。

外资股　foreign capital shares　在中国境内注册的股份有限公司向外国和中国香港、澳门及台湾地区投资者直接发行的股票。按上市地点的不同，可分为境内上市外资股和境外上市外资股。境内上市外资股指股份有限公司向中国大陆地区以外投资者募集并在大陆地区上市的股票，即境内上市人民币特种股票。又称B股。是以人民币标明面值，供大陆地区以外投资者以外币认购或交易的股票。在上海证券交易所上市的以美元计价结算，在深圳证券交易所上市的以港币计价结算。自2001年6月1日起，开放对大陆地区投资者的买卖。境外上市外资股指股份有限公司向境外投资者募集并在境外发行上市的股票。采取记名股票形式，以人民币标明面值，以外币认购。在境外发行上市时，均采取境外存股凭证或其他股票衍生形式。其中，在香港联合证券交易所上市交易的记名式普通股股票称作H股（“H”取自Hong Kong第一个字母）。在美国纽约证券交易所上市交易的记名式普通股股票称作N股（“N”取自New York第一个字母）。现今几乎所有外国公司都采用存股证（ADR）方式进入外国股票市场。境外上市外资股的发行、交易，同时受中国和发行上市所在地证券管理部门双重监管，并遵守证券交易所上市规则。

外资银行　foreign bank　总行在中国境内的外国资本的银行、外国银行在中国境内的分行和外国的金融机构同中国的公司、企业在中国境内合资经营的银行的总称。其中第一种形式简称独资银行，第二种形式简称外国银行分行，第三种形式简称中外合资银行。

独资银行、合资银行的注册资本最低限额为3亿元人民币等值的自由兑换货币；外国银行分行应当由其总行无偿拨给不少于1亿元人民币等值的自由兑换货币的营运资金。外资银行进入中国设立营业性机构的共同条件是：申请人所在国家或者地区有完善的金融监督管理制度，并且申请人受到所在国家或者地区有关主管当局的有效监管；申请人所在国家或者地区有关主管当局同意其申请；中国人民银行规定的其他审慎性条件。设立独资银行的条件是：申请人为金融机构；申请人在中国境内已经设立代表机构两年以上；申请人提出设立申请前一年年末总资产不少于100亿美元。设立外国银行分行的条件是：申请人在中国境内已经设立代表机构两年以上；申请人提出设立申请前一年年末总资产不少于200亿美元，并且资本充足率不低于8%。设立合资银行的条件是外国合资者为金融机构；外国合资者在中国境内已经设立代表机构；外国合资者提出设立申请前一年年末总资产不少于100亿美元。

外资银行经营人民币业务应当具备下列条件：提出申请前在中国境内开业3年以上；提出申请前2年连续赢利；中国人民银行规定的其他审慎性条件。

弯曲时空　curved space-time　几何弯曲的时间空间统一体。其中每一点代表一个事件，每一曲线称为一条世界线。

描述弯曲时空几何的基本变量是度规张量，它是对称可逆张量，共有10个独立分量，每一分量都是时空点的函数。

弯曲时空中每一点可定义一个光锥。利用光锥可把时空中的曲线分为类时线、类光线和类空线。任意两事件的关系可按连接它们的世界线的性质分为类时关联、类光关联和类空关联。只有类时关联与类光关联的两个事件才可能有因果联系。弯曲时空中的最“直”的线称为测地线。测地线也分为类时、类光和类空三类。一般在弯曲时空中两相邻测地线间的距离不会保持不变，通过观察两条相邻测地线的分离与接近就可洞察时空的弯曲。

广义相对论认为，存在引力场的时空是弯曲时空，弯曲时空的度规张量就是引力场的基本变量。引力场中自由的检验粒子沿着类时测地线运动，而光子沿着类光测地线传播。两相邻测地线的偏离就给出有限大小物体上所受到的潮汐力。

湾流　Gulf Stream　北大西洋副热带总环流系统中的西部边界流。又称墨西哥湾（暖）流。与北太平洋中的黑潮同为世界大洋中的著名强流。但与黑潮相比，湾流具有流速强、流量大、流幅狭窄、流路蜿蜒、流域广阔、高温、高盐、透明度大和水色高等一系列较显著的特征。

“湾流”名称，是指从墨西哥湾发源的洋流。对于湾流所包括的范围，各方说法不完全一致。广义是指从墨西哥湾开始，沿北美洲东岸北上，然后向东横贯大西洋，至欧洲西北沿岸，最后穿过挪威海进入北冰洋的整个暖流系统。在海洋学上，湾流系统一般被分为三个组成部分。其中，湾流仅指这个系统的主体段，即从美国东岸哈特勒斯角向东至纽芬兰浅滩流势最盛的一段洋流；哈特勒斯角以南为起始段（有人认为只限在佛罗里达海峡以内），称为佛罗里达海流；纽芬兰浅滩以东为延续段，称为北大西洋暖流。

湾流流轴的平均位置比较稳定，无显著的季节变化。从佛罗里达海峡中间的基韦斯特到北卡罗来纳州的哈特勒斯角，流程约1 200千米，这段湾流流轴稳定，且较平直，基本无离岸弯曲现象。湾流在离开哈特勒斯角向东偏转后，流轴多变，且常出现弯曲，但其路径直至西经45°附近仍可辨认。此段流程约2 500千米。至纽芬兰海丘与大西洋海岭之间的海域，湾流逐渐散开，汇入北大西洋暖流。

湾流的流速相当大，在两侧往往有较弱的反向逆流。湾流的强流通常仅限于75千米宽的一个窄带内。表层最大流速可高达250厘米/秒，偏于流轴左侧，且有较明显的季节变化。湾流的厚度一般约700～800米，但当湾流离开哈特勒斯角之后，在水深超过4 000米的深层大洋中也发现了湾流的踪迹。此外，在湾流之下的大陆斜坡上，还观测到一支流向与表层海流相反，且大致沿着1 000～3 000米等深线走向流动的深层逆湾流。

湾流的流量是沿程递增的。在佛罗里

达海峡中，流量约30×10^6米^3/秒；至哈特勒斯角附近，流量约增加1倍；从哈特勒斯角往下游1 000千米处，流量高达150×10^6米^3/秒，约相当于全世界河流流量总和的120倍。

湾流表层海水的温度和盐度年平均值分别为25～26℃和36.2～36.4；在深约400米的水层中，海水温度约10～12℃；在深约200米的水层中，海水盐度达最大值约36.5。湾流表层海水温度具有较明显的季节变化，且与季风的强弱有密切关系。

湾漳北朝壁画墓 Mural Tomb of the Northern Qi Dynasty at Wanzhang 中国北齐帝王陵墓。推测为北齐文宣帝高洋的武宁陵。位于河北磁县湾漳村。1987年发掘，是研究北朝陵寝制度的重要资料。1988年国务院公布此墓所在的磁县北朝墓群为全国重点文物保护单位。

湾漳北朝壁画墓墓道西壁壁画

该墓地面原有圆形坟丘，南边立一高约3米的石人。地下有斜坡式墓道。墓室为弧边方形的单室，四角攒尖顶，面积约7.5平方米。墓中保存大量壁画和路面彩画，是迄今北朝画迹的最重大发现。墓道两壁分别绘以青龙、白虎为引导的仪仗队列，上方有神兽、灵鸟、云气、莲花。墓道的地面，绘仰莲纹地画。甬道券门上方绘一高达5米的伫立朱雀，两侧分绘兽首人身像与羽兔。墓室顶部是天象图，墓壁绘人物、动物、神兽。该墓虽早年被盗，仍出土陶俑1 800余件，以及若干青瓷器、玉器等。陶俑中的按盾武士俑、胡服老人俑和石门外的2件大门吏俑等，堪称北朝陶俑中的精品。大门吏俑高1.42米，是迄今发现最大的北朝陶俑。

豌豆 *Pisum sativum*; garden pea 豆科豌豆属的一种。一年生或越年生攀缘草本植物。又称寒豆、麦豆，古名毕豆、留豆。起源于亚洲西部和地中海地区。自新西兰到北纬68°均有分布。中国各地均有栽培，以四川最多，其次为河南、湖北、江苏、云南、陕西、山西、青海等省。

主根较发达，侧根细长。茎蔓柔软，多蔓生。偶数羽状复叶，顶端小叶变为卷须，用以攀缘。蝶形花，花白、紫或红色。荚圆筒形或扁圆筒形，每荚含种子4～8粒，有圆、皱、凹圆和扁圆等不同形状。按株形分为软荚、谷实、矮生豌豆3个变种，或按荚壳内层革质膜的有无和厚薄分为软荚和硬荚豌豆，也可按花色分为白色和紫（红）色豌豆。

为长日照作物。喜凉爽湿润气候。对土壤要求不严，但以砂壤土和壤土最宜。忌连作。

干豌豆子粒含蛋白质约20%～25%，可用作主食。豌豆粉可加工为粉丝及其他食品，“豌豆黄”就是中国用豌豆粉制成的一种糕点。软荚豌豆主要以嫩荚作蔬菜。嫩荚和青豌豆均是优质蔬菜。青豌豆还可制成罐头食品。子粒和豆秸为优质饲料。也常专种作绿肥。

丸剂 pill 中药细粉或药物提取物加黏合剂或辅料制成的球形固体剂型。丸剂与汤剂相比，具有吸收缓慢，药效持久，节省药材，便于服用、携带、储存等优点。一般适用于慢性疾病或久病体虚者，如十全大补丸、六味地黄丸等；也有取峻药缓治而用丸剂者，如十枣汤、大黄䗪虫丸等；还有因方剂中含较多芳香走窜药物，不宜入汤剂煎煮而制成丸剂的，如安宫牛黄丸、苏合香丸等。此外，一些贵重或难以入煎的药物或经高温煎煮易破坏药效的药物，都可制成丸剂。丸剂的缺点是生产流程长，污染机会多；操作不当时影响崩解和疗效；有效成分标准较难掌握；有的服用剂量较大，小儿服用困难等。

丸剂按制备所用赋型剂的不同分为蜜丸、水丸、浓缩丸和滴丸。

《纨扇仕女图》 中国唐代绘画作品，周昉代表作之一。

完全竞争市场 perfectly competitive market 市场结构的一种类型。经济学中假设其具备四个特征：①市场上有无数的买者和卖者。任何一个买者的购买量或者任何一个卖者的销售量在整个市场的交易量中都只占极其微小的比例，以至于任何单个的买者和单个的卖者都无法以其个体的行动来影响价格，而都只是被动的市场价格接受者。②市场中每一个厂商生产的产品都是同质的。这种同质性不仅指产品之间的质量完全一样，而且在销售条件、商标、装潢等形式上也完全相同。③厂商进入或者退出一个市场是完全自由的。厂商进入或退出一个市场没有任何成本和障碍，所有资源都可以自由流动。④市场信息是完备的。任何买者和卖者都可以无成本地随时获得与自己的经济决策有关的全部信息。市场在同一时间只能有一个价格。一般认为某些农产品的市场，比如小麦、玉米、苹果的市场，比较接近于完全竞争市场。

相对于其他市场结构而言，完全竞争厂商长期均衡时生产的平均成本最低，商品价格最低，商品数量最大。据此，完全竞争市场被认为是具有经济效率的市场结构。

完全数 perfect number 全部正因数之和等于本身的2倍的正整数。例如，6，28，496等都是完全数。因为1+2+3+6=2×6，1+2+4+7+14+28=2×28，1+2+4+8+16+31+62+124+248+496=2×496。欧几里得和L.欧拉证明了偶数n是完全数的充分必要条件是$n=2^{p-1}M_p$，式中p为素数，M_p是梅森素数（见梅森素数）。迄今尚不知道是否有无穷多个偶完全数，甚至还不知道是否存在奇完全数。1991年R.P.布伦特、G.L.科恩等人证明：如果存在奇完全数，那么它一定大于10^{300}。1986年M.D.赛义尔证明了每个奇完全数至少有29个素因子（不必互异）。1994年D.R.希思－布朗证明了具有k个不同素因子的奇完全数小于4^{4^k}。

完税价格 price duty paid 对进出口货物，海关从价征税时据以计算征收关税而使用的价格。又称海关完税价格。《关税及贸易总协定》规定：海关对进口商品的估价，应以进口商品或相同商品的实际价值，而不得以国产品的价格或者以武断的或虚构的价格作为计征关税的依据。中国的完税价格计价方式有以下几种：①进口货物以该货物运抵中国的到岸价格作为完税价格。②如果海关不能确定批发价格，应以申报进口时国内输入地点同类货物的正常批发价格减去进口税和产品税或增值税，以及进口后的正常运费、储存费、工农业税为完税价格。③租赁、租借方式进口的货物，以正常租金作为完税价格。④运往国外修理的货物，以正常修理费和工料费作为完税价格；运往国外加工的货物，以该加工货物进口的到岸价格与原出口货物在进口时的到岸价格之间的差额作为完税价格。⑤出口货物以该货物售与国外的离岸价格减去出口税作为完税价格。

完形疗法 Gestalt therapy F.S.佩尔斯19世纪在格式塔心理学理论的基础上创立的一种心理治疗方法。又称格式塔疗法。它强调对任何一个人、任何一件事，都要从整体的角度去看待。完形疗法的主要目标就是要帮助患者成为一个统合的整体，将他分裂的人格全部重新整合，恢复他的自我整合功能。治疗过程的核心致力于患者当前的思想、情绪、对身体的知觉和对其所承担责任的认识，让他相信自己的应变能力。因此，完形疗法不仅要解除疾病的症状，而且要促进患者的成长并发展其全部潜能。在治疗方法上，主要是重视现时经验，帮助患者建立较好的自承能力或承担个人应承担的责任，使患者从直接的、自发的和自我暴露的方式的情绪中解脱出来，使其成为一个完整的人，一个自我信任的、有自我意识的人。此疗法对焦虑症、心境恶劣、适应性障碍疗效较好。

完颜宗弼 Wanyan Zongbi (? ～1148) 中国金朝大将。女真名兀术，又译斡出、晃斡出等。女真族。金太祖第四子。曾参与灭辽。金太宗时先后从完颜宗望、完颜宗辅等攻宋。天会七年（1129）和州（今安徽和县）败宋军，渡江至建康（今江苏南京），经湖州（今属浙江）攻下临安府（今浙江杭州），逼迫宋高宗赵构入海。后遭宋军阻击几经危难，撤还江北。八年，金集结重兵攻川陕，与完颜宗辅、完颜娄室等自陕西合兵攻宋。与宋军战于富平（今属陕西），败宋五路军马，占领陕西大部。后图谋入川，与宋军战于和尚原、仙人关等地多年，最后兵败，退兵凤翔。十五年，为右副元帅，封沈王。天眷二年（1139），晋为都元帅，封越国王。三年，为太保，领行台尚书省，再次发动侵宋战争，欲夺回原交还宋朝的河南、陕西之地，在顺昌府（今安徽阜阳）、郾城（今属河南）、颍昌府（今河南许昌）等地，败于宋刘锜、岳飞军。在宋军班师后，夺回河南地区。皇统元年（1141）春，兵进淮南，与宋军接战，互有胜负。与宋高宗、秦桧订立和约，使南宋称臣于金，输纳岁币。皇统二年（1142）还朝，屡任显职，独掌军政大权。八年，病逝。

《玩偶之家》 *A Doll's House* 挪威剧作家H.易卜生的三幕正剧。写于1879年。作品通过女主人公娜拉和她的丈夫海尔茂的家庭生活，揭露和批判了资产阶级婚姻及其伦理道德观念的虚伪性。情节是：海尔茂谋到银行经理一职。他的妻子娜拉请他帮助老同学林丹太太找份工作，于是海尔茂解雇了手下的小职员柯洛克斯泰。娜拉前

《玩偶之家》剧照

些年为给丈夫治病而不惜违法借债，柯洛克斯泰拿着字据要挟娜拉。海尔茂看了柯洛克斯泰的揭发信后勃然大怒，大骂娜拉并说自己的前程全被毁了。待柯洛克斯泰被林丹太太说动，退回字据时，海尔茂快活地叫道："娜拉，我没事了，我饶恕你了。"但娜拉却已看清，丈夫关心的只是他的地位和名誉，所谓"爱"、"关心"，只是拿她当玩偶。于是她断然出走了。

娜拉是易卜生寄予最多爱心的女性形象之一，她的出走不单是弃绝那个无爱的家庭，而且是对那个虚伪陈腐的社会的反叛。剧本在结构上深受古典主义三一律的影响，情节单纯、结构紧凑、悬念有力，并采用了四堵墙的室内布景。演出之后舆论或毁或誉，反响非常强烈。

烷基 alkyl group 通式为C_nH_{2n+1}—的一价基。有机化合物分子中的一种结构单位，可以看作是由烷烃分子减去一个氢原子而形成的。例如，从甲烷、乙烷和丙烷减去一个氢原子，分别得到甲基、乙基、丙基和异丙基。烷基常用R—代表，例如RH、RCl和ROH分别表示烷烃、烷基氯和醇。烷基自由基R·是在反应中生成的短寿命活性中间体，它带有一个未配对的电子。

烷基化反应 alkylation 有机化合物分子中连在碳、氧、氮或其他杂原子上的氢原子被烷基所取代的反应。

碳上的烷基化 ①羰基的α碳的烷基化。羰基的α碳上的氢呈弱酸性，羰基与α碳氢键在强碱（例如氨基钠、氢化钠、二异丙胺基锂）的作用下形成烯醇负离子，它作为亲核试剂能与卤代烷发生烷基化反应，生成α碳的烷基化产物：

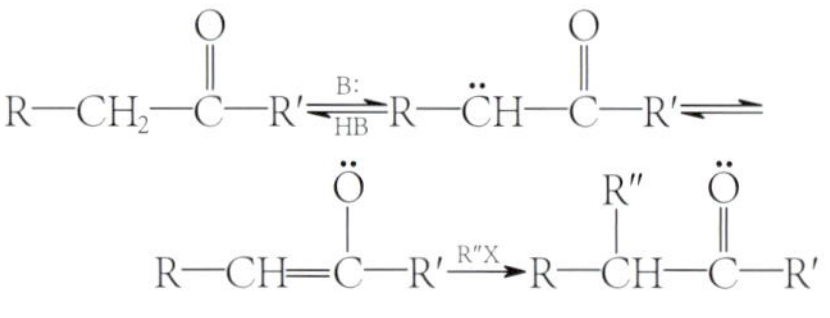

醛、酮和酯的直接烷基化有时会发生自身缩合，也会发生多烷基化反应。要获得α碳单烷基化产物，可用四氢吡咯、吗啉等仲胺制成烯胺，再与活泼的卤代烷（碘甲烷、卤代苄等）反应，生成烷基取代的烯胺，经水解即得烷基化的羰基化合物：

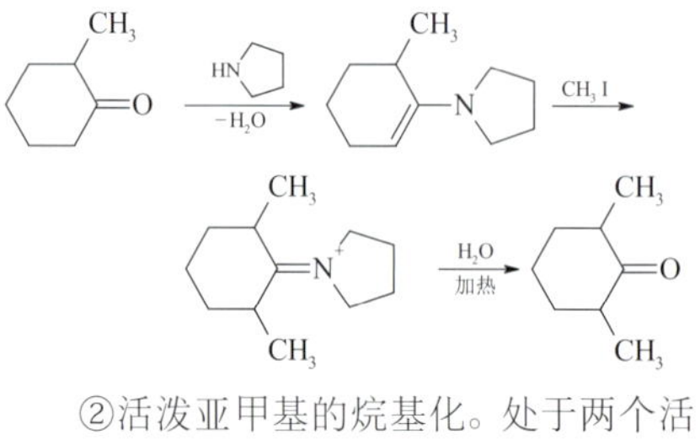

②活泼亚甲基的烷基化。处于两个活化基团之间的亚甲基比较活泼，在醇钠作用下容易烷基化。活化基团可以是硝基、羰基、酯基或氰基等，如取代的丙二酸酯（或乙酰乙酸酯）合成法：

$$H_2C(COOC_2H_5)_2 + C_2H_5O^-Na^+ \rightleftharpoons HC(COOC_2H_5)_2^-Na^+ + C_2H_5OH$$

$$HC(COOC_2H_5)_2^-Na^+ + RX \xrightarrow{-NaX} RCH(COOC_2H_5)_2 \xrightarrow[\text{②}H^+,\text{加热}]{\text{①}OH^-\text{、}H_2O\text{，加热}} RCH_2COOH$$

式中R为烷基，X为卤素。取代的丙二酸酯或乙酰乙酸酯水解后容易脱羧，分解成取代乙酸或酮。此反应在合成上有广泛的用途。这些烷基化反应都是在无水条件下进行的。

氧上的烷基化 HO—、RO—和RCO_2—的氧都可被烷基化，生成相应的醇、醚和酯，其中醇钠与卤代烷或烷基的硫酸酯反应生成醚。这是实验室和工业上合成不对称醚的重要方法。

氮上的烷基化 卤代烷与氨或胺在一定压力下加热可生成一级、二级、三级胺以至四级铵盐的混合物。工业上，通过分馏可将一级、二级、三级胺逐一分开。控制反应物的比例和反应条件，可使其中一种胺成为主要产物。用硫酸二酯进行烷基化时，优先选择碱性较强的氮原子进行反应。

烷烃 alkane 含氢最多的烃，通式C_nH_{2n+2}。烷烃分子中的碳原子以单键成链，剩下的价完全被氢原子饱和。烷烃同系列中随着碳原子数目的增加，存在同分异构体。甲烷、乙烷和丙烷都只有一种结构，丁烷有两种异构体。随着碳原子数目的增加，异构体的数目也迅速上升。碳原子数为5、6、7、8、9、10和15时，可能的结构异构体的数目分别为3、5、9、18、35、75和4347。直链烷用"烷"字表示它属于烷的同系列，用天干（甲、乙、丙、丁、戊、己、庚、辛、壬、癸）和十一、十二等表示链上碳原子的数目。支链烷是选择分子中最长碳链作为主链，写出相应的直链烷的名称作为母体，主链上的支链作为取代基；将主链各碳原子用阿拉伯数字编号，使表示取代基位置的数字为最小；然后在母体名称的前面加上取代基的位置和名称，阿拉伯数字和汉字之间加一短线，相同取代基的位次与名称之间加上取代基的数目（汉字），几个阿拉伯数字之间用逗号分开，如：

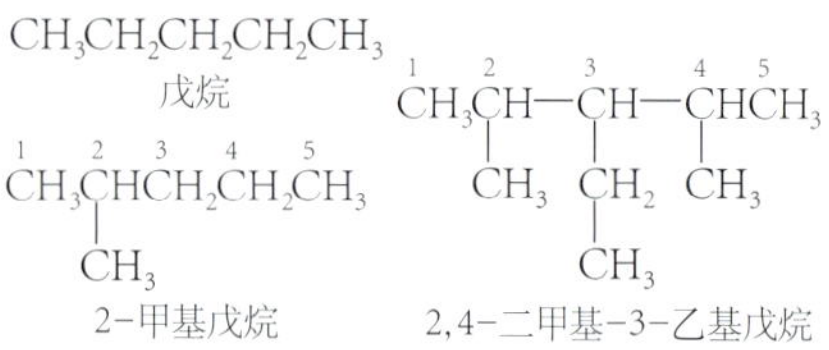

戊烷　　2-甲基戊烷　　2,4-二甲基-3-乙基戊烷

烷烃为无色物质。在室温和常压下，含1～4个碳原子的烷烃为气体；直链烷含5～16个碳原子的为液体；含17个碳原子以上的为固体。支链烷的沸点比含同数碳原子的直链烷低。烷的相对密度小于1，黏度随碳链长度的增加而上升。不溶于水，能

溶于无水乙醇、乙醚和丙酮等有机溶剂。

主要来源是天然气和石油，煤的催化加氢也产生烷烃。C_1～C_4的低级烷烃可用分馏法从天然气、油田气或裂化气中分离纯化。用更复杂的方法还可以分出戊烷和异戊烷。具有指定结构的纯烷烃可由适当原料合成，常用的方法有：①烯烃的催化加氢；②卤代烷的还原；③卤代烷与金属钠或锂等作用。烷烃主要用作燃料、溶剂、润滑剂和有机化工原料。

晚报 evening paper 每日午后至傍晚间出版的报纸。多以刊登大众生活、文化娱乐、体育方面的信息为主。见报纸。

晚期智人 late *Homo sapiens* 人类演化史四个阶段中第四个阶段的名称。见智人、人类起源与演化。

《晚清文选》 *Selected Works of Prose in Late Qing Dynasty* 中国近代文总集。郑振铎编。1937年上海生活书店印行。是“五四”后第一部由新文学家按照新的文学标准编选的近代散文集。全书分3卷，收129家，文480篇。所收诸家，从林则徐至陈天华，突出图强与革命思想。书中选龚自珍、郑观应、薛福成、谭嗣同、林纾、严复、章太炎等人文章最多；同时收洪秀全、杨秀清等及与太平天国有关的文章10种。此书不仅为研究中国近代文学提供了宝贵的史料，其进步的编辑宗旨，也是晚清各种总集、类选所不能企及的。

晚唐诗派 Late Tang poetry school 中国近代诗派。活跃于清末光绪、宣统至民国初年，主要代表人物为樊增祥、易顺鼎。他们作诗着重学晚唐诗人温庭筠、李商隐、韩偓等，追求对仗工巧，用典精切，词采富艳，诗风典赡华靡，工整绵丽。但两人所取法者不限于晚唐，且各有特点，却都以精于裁对、隶事而自负著称。樊增祥自称“性耽绮语”，“学诗自香奁体入”。易顺鼎诗以“近于温、李者居多”，“以学晚唐者为最佳”(陈衍《近代诗钞·石遗室诗话》)。这一派的诗人还有三多、李希圣、曹元忠等。三多为樊增祥诗弟子，诗多边地莽苍之气，善以满蒙方言入诗。李、曹二人专学李商隐。李有《雁影斋诗存》，曹有《笺经堂遗集》。

晚香玉 *Polianthes tuberosa*; tuberose 石蒜科晚香玉属的一种。其花芳香醉人，入夜香气更浓郁，故又称月下香、夜来香。原产墨西哥。多年生草本，高约1米。根状茎块状，茎不分枝。基生叶6～9个，条形，长60厘米，宽1厘米，深绿色，花茎上的叶散生，向上渐小成苞片状。穗状花序顶生，花乳白色，有浓香，长7厘米；花被管长2.5～4.5厘米，基部稍弯曲，花被裂片长圆状披针形，长1.2～2厘米，雄蕊6，生花被管中，内藏，子房下位，3室。蒴果卵球形，种子多数。花期7～9月。中国已引种栽培为观赏植物。可植为盆景，又多作切花用。

婉约派 中国宋词风格流派。与豪放派对称。婉约是婉转含蓄的意思，始见于先秦，魏晋六朝已用它形容文学辞章。明确提出词分婉约、豪放两派的，一般认为是明人张綖。清人王士禛《花草蒙拾》说：“张南湖（綖）论词派有二，一曰婉约，二曰豪放。”稍晚于张綖的徐师曾在《文体明辨序说》中也说：“至论其词，则有婉约者，有豪放者。婉约者欲其辞情蕴藉，豪放者欲其气象恢弘。盖虽各因其质，而词贵感人，要当以婉约为正。”婉约与豪放虽不足以概括风格流派繁富多样的宋词，但足以说明宋词有“阳刚”、“阴柔”两种基本艺术倾向，故沿用至今。婉约词派的特点是内容侧重儿女情长，结构深细缜密，音律和谐婉转，语言圆润绮丽，具有一种柔婉之美。词本来是为合乐演唱而作的，起初演唱的目的多为娱宾遣兴，演唱的场合为宫廷贵家或秦楼楚馆，歌词的内容不外离愁别恨、闺情绮怨，形成了以《花间集》为代表的香软词风。宋代的晏殊、柳永、欧阳修、秦观、周邦彦、李清照、姜夔、吴文英、张炎都是婉约词派的代表作家。在词史上婉转柔美的风格相沿成习，由来已久，故被视为词的正宗。

皖南事变 Southern Anhui Incident 1941年1月中国国民党当局在安徽茂林地区围歼中国共产党领导的抗日武装新四军皖南部队的事件。1940年春，国民党掀起的第一次反共高潮被打退后，又制造新的反共高潮。10月19日，重庆国民政府军事委员会正、副参谋总长何应钦、白崇禧在蒋介石命令下，向中共武装力量领导人朱德、彭德怀、叶挺、项英发出“皓电”，强令八路军、新四军在一个月内全部开到黄河以北。11月9日，朱、彭、叶、项发出复何、白的佳电拒绝华中部队北移的要求，但为团结抗战，同意江南部队移到长江以北。12月7日，蒋介石下达《黄河以南剿灭共军作战计划》，计划分两步先后“肃清”江南、苏北及黄河以南的新四军，并密令顾祝同在皖南集结重兵。中共中央曾指示皖南部队转移。但东南局书记兼副军长项英迟疑不决，拖延北移。1941年1月4日，新四军军部及在皖南的部队9 000余人从泾县云岭出发，6日到达茂林地区，突然遭到预先埋伏的国民党军顾祝同部7个师8万余人的包围和袭击。在双方兵力悬殊的情况下，新四军伤亡惨重。军长叶挺前去谈判，被无理扣押。14日，新四军阵地完全被占领，除2 000余人突围外，大部被俘、失散或牺牲。项英遇害。17日，蒋介石称新四军“叛变”。宣布取消其番号。皖南事变是国民党第二次反共高潮的最高峰。此后，中共中央仍然以抗日大局为重，在军事上严守自卫，在政治上坚决反击，使蒋介石在政治上陷于孤立，第二次反共高潮遂被击退。

皖派 Anhui seal cutting school 中国明、清时期篆刻流派。篆刻史研究者对皖派一称历来所指不一，其说大致有三种：①明代后期以何震为代表的篆刻风格。何震是明后期继文彭以后最有影响的篆刻家，其篆刻初得文彭传授，后广学秦汉、宋元，作品风格多样，不拘一体。何震作为职业印人，在当时社会上获得广泛赞誉，私淑、模仿其印风者为数众多，声势浩大。因何震号雪渔，为婺源人，故当时人将何震一派称为雪渔派，又因婺源在清代属安徽，所以后人又称徽派、皖派、黄山派或新安派。②清初以程邃为代表的篆刻风格。程邃为安徽歙县人，篆刻取法广泛，尤其喜用青铜器铭文字形入印，显得新奇不俗。程邃在清初艺坛上名声甚大，后人将与他同为歙县籍并且同样客居扬州的汪肇龙、巴慰祖、胡唐合称“歙四家”，又称皖派。③清代中期以书法篆刻家邓石如为代表的篆刻风格。邓石如对篆刻艺术最大的贡献是将自家的篆书风格运用到篆刻中，开辟了以书入印的创新途径。其作品字形用小篆，技巧用冲刀刻法，风格明快清新，在清代后期影响广泛。当时有成就的篆刻家吴熙载在学习邓石如的基础上，将其刀法技巧及风格都推向了完善成熟的境界。后人一般将邓石如、吴熙载的篆刻风格称为邓派，因邓石如为安徽休宁人，也有人称之为皖派或新徽派。

何震篆刻“程守之印”

皖系军阀 Anhui Warlords 中华民国军阀中以段祺瑞为首的北洋军阀派系。因段为安徽（简称皖）人而得名。主要成员有徐树铮、靳云鹏、段芝贵、傅良佐、倪嗣冲等。1916年袁世凯死后，掌握北京政府大权的段祺瑞，急欲取得日本援助，积极主张对德、奥宣战，但遭到总统黎元洪和多数国会议员的反对。1917年5月，黎免去段的国务总理职务。段煽动10余省区军阀宣布“独立”，并以讨平张勋复辟、“再造共和”之功，重握北京政权。之后，段不惜以国家利权换取日本的借款，编练“参战军”，扩充实力，鼓吹武力统一。1917年秋发动内战，妄图消灭以孙中山为首的南方护法势力。同时，搜罗政客，组织安福俱乐部，指使地方军阀操纵选举，改选议员，组成以安福系议员占绝对多数的新国会，俗称安福国会。又利用安福国会选举徐世昌为大总统，压制直系。1920年7月，直皖战争爆发，皖系被直、奉军阀击败。北京政府由直系控制，皖系军阀从此走向衰亡。

万比洛夫 Vampilov, Aleksandr Valentinovich (1937-08-19～1972-08-17) 苏联剧作家。生于伊尔库茨克，在贝加尔湖溺水身亡。1960年毕业于伊尔库茨克大学。在道德心理剧的探索方面有突出贡献。剧作有独幕剧《窗子朝着田野的房子》(1964)，多幕剧《六月的离别》(1965)、《长子》(1967)、《打野鸭》(1967)、《外省轶事》(1970)、《去年夏天在丘里姆斯克》(1972)。1975年在他的故乡修建了万比洛夫纪念馆。

万佛堂石窟 Wanfotang Caves 中国北魏佛教石窟。位于辽宁义县西北8千米处的福山南麓。分东、西两区，东区8窟，西区9窟，是中国东北地区最大的石窟群，与云冈石窟、龙门石窟风格接近。1988年国务院公布为全国重点文物保护单位。

第6窟交脚弥勒佛

现存造像风化严重。洞窟分为中心柱窟、方形窟和三壁三龛窟几种。其中西区第1、5、6窟较大。第1窟为方形平顶中心塔柱窟。塔柱四面上下各开一龛，所雕佛像、侍者、供养人像、化生童子等刀法刚劲，形象生动。第5窟内有太和二十三年(499)营州刺史元景为孝文帝祛病祈福的造窟题记，龛像已毁，右壁存有龙缠须弥山雕刻，窟顶雕莲花飞天。第6窟为方形窟，前部崩塌，后壁主尊为交脚弥勒佛，是万佛堂最大的造像。东区诸窟残损严重，第7窟尚存力士、释迦坐佛和维摩诘像。第5窟有北魏景明三年(502)造窟题记。上述两方题记是了解万佛堂石窟营造历史的资料，也是研究中国北部边疆历史和地方民族史的重要铭刻。

万钢 Wan Gang (1952-08～) 中国人民政治协商会议全国委员会副主席，中国致公党中央委员会主席，科学技术部部长。上海市人。1969～1975年为吉林省延吉县三道公社知青。1975～1978年在东北林业大学道桥系学习。1978～1979年任东北林业大学基础部物理教研室教师。1979～1981年为同济大学结构理论研究所实验力学专业硕士研究生。1981～1985年任同济大学数力系光测力学研究室教师。1985～1991年为德国克劳斯塔尔工业大学机械系博士研究生。1991～2001年任德国奥迪汽车公司技术开发部工程师，生产部、总体规划部技术经理。2001～2004年任同济大学新能源汽车工程中心主任，同济大学校长助理、汽车学院院长，副校长。2004～2007年任同济大学校长。2006～2007年任致公党中央副主席。2007～2008年任科学技术部部长，致公党中央主席。2008年任全国政协十一届副主席。是全国政协十届委员，全国政协十届三次会议增选为常务委员，全国政协十一届副主席。

万国鼎 Wan Guoding (1897-12-26～1963-11-15) 中国农业史学家。生于江苏武进，卒于江苏南京。1920年毕业于金陵大学农科。曾任金陵大学农业图书研究部主任，中央政治大学教授兼地政系主任。1953年起历任河南农学院、南京农学院教授，中国农业科学院、南京农学院农业遗产研究室主任。20世纪30年代起组织人员搜集农史资料约4000万字，分类汇集成《中国农史资料》、《中国农史资料续编》、《方志综合》、《方志分类》、《方志物产》等；主持编写了中国第一部《中国农学史》，组织编辑了《中国农学遗产选编》(稻、麦、棉、麻等8个专辑)。撰有《秦汉度量衡亩考》、《耦耕考》、《论〈齐民要术〉——中国现存最早的完整农书》、《中国田制史》、《中国历史纪年表》等。

《万国公报》 *Globe Magazine* 1868年9月由美国传教士林乐知在中国上海创办并主编的中文报刊。原名《中国教会新报》。周刊。1874年9月改名《万国公报》。1883年8月，出至第750期休刊。1889年2月复刊，改为月刊，册次另起。1907年2月，出至第227期停刊。初期以教徒为主要读者对象，以宣传宗教为主。后增加介绍西学等内容。1889年复刊后，成为广学会的机关刊物。以上层官绅与知识分子为主要读者对象，除继续宣传基督教义外，更注重刊登时论及介绍西方社会政治学说与自然科学等译著，成为一本综合性的时事政治刊物。此报1899年最高达38400份，是当时国内发行量最大的刊物。后期影响趋小。

万国权 Wan Guoquan (1919-03-26～) 中国人民政治协商会议全国委员会副主席。吉林农安人。1945年毕业于中华大学工商管理系。1947年后任天津利中酸厂股份有限公司经理。1954年公私合营后任天津利中酸厂副厂长。1956年任天津市染化工业公司副经理。1957年后任天津市河东区工业局副局长、区工商业联合会主任委员。1964年后任天津市工商业联合会秘书长。1978年后任中华全国工商业联合会常务委员、天津市工商业联合会副主任委员、中国民主建国会天津市副主任委员。1983年后任民建中央副主席、执行局主任、中央常务副主席、名誉副主席，中国和平统一促进会会长，全国工商联顾问。1994～2003年任全国政协第八、九届副主席，全国政协祖国统一联络委员会副主任。

万国邮政联盟 Universal Postal Union; UPU 商定国际邮政事务的政府间国际邮政组织。简称万国邮联、邮联。

1874年9月15日，德国、奥地利、美国等22个国家在伯尔尼举行全权代表大会，于10月9日签署了《关于创设邮政总联盟条约》(又称《伯尔尼条约》)，成立了邮政总联盟。1878年5月，在巴黎召开的联盟第2次全权代表大会将邮政总联盟改名为万国邮政联盟，《伯尔尼条约》也改名为《万国邮政公约》。总部设在瑞士联邦首都伯尔尼。1948年7月成为联合国负责国际邮政事务的专门组织。截至2006年底，共有会员国191个。正式语文是法文。赞同组织法的各国以万国邮政联盟的名义组成一个邮政领域，以便相互交换邮件。转运自由在整个邮联领域内得到保证。邮联的宗旨在于组织和改善国际邮政业务，便利国际合作的发展。

《万国邮政联盟组织法》规定，联合国任何成员国均可以通过发表声明，正式承认邮联组织法和其他具有约束力的法规，成为万国邮联的会员国；非联合国成员的主权国家，需提出申请，得到至少2/3会员国同意，才能成为邮联会员国。

邮联的最高权力机构为万国邮政联盟

大会，每五年召开一次。

行政理事会是邮联的常设机构之一，它在两届大会之间根据邮联法规的规定主持邮联的工作，主要职责是监督邮联的全部活动，每年召开一次年会。邮政经营理事会是邮联的另一个常设机构，它在两届大会之间负责处理有关邮政业务的经营、商业化、技术和经济方面的问题，每年召开一次年会。国际局是设在大会会址所在地的中央办事处，是执行、辅助、联络、信息和咨询机构。

中国于1914年3月1日加入万国邮政联盟。1952年5月，中国在邮联的合法权利被剥夺，中断了同邮联的一切关系。1972年4月13日万国邮联通过决议，恢复中华人民共和国在邮联的合法权利。从此，中国恢复了同万国邮联的正常关系。第22届万国邮政联盟大会于1999年8月22日至9月15日在北京召开。

《万壑松风图》 *Wind in the Pines Amid Ten Thousand Valleys* 中国南宋山水画作品。为李唐的代表作。绢本，水墨淡设色，纵188.7厘米、横139.8厘米，远山上书有“皇宋宣和甲辰春河阳李唐笔”。台北“故宫博物院”藏。画为全景式构图，从山顶画至山脚，气势雄壮。此画作于北宋宣和六年（1124），是画家南渡以前的作品，代表其早期的绘画风格。画面中的山石结构严谨，笔墨富于表现力，画山石用小斧劈皴，气象浓密浑厚。静中有动。

万里 Wan Li（1916-12-01～ ） 中华人民共和国全国人民代表大会常务委员会委员长。原名万明礼。山东东平人。1933年考入山东曲阜师范学校，毕业后任小学教师，积极从事抗日救亡学生运动。1936年加入中国共产党。抗日战争时期，历任中共东平县委书记，冀鲁豫区党委第二地委宣传部部长、组织部长、地委书记。解放战争时期，任冀鲁豫区党委委员、秘书长。冀鲁豫边区南下干部支队参谋长，南京市军管会财经委员会副主任、经济部部长、建设局局长。中华人民共和国建立后，历任西南军政委员会工业部部长，中央建筑工程部副部长，中央城市建设部部长，中共北京市委书记、常务副市长，主管北京市政建设。协助周恩来组织了50年代首都十大建筑的兴建工作。“文化大革命”中遭到迫害。1973年复出，任中共北京市委书记、市革委会副主任。1975年任铁道部部长，协助邓小平进行了铁路系统整顿。起草了《中共中央关于加强铁路工作的决定》，使铁路系统恢复生产取得明显成效。粉碎“四人帮”以后，任轻工业部第一副部长、党组书记。1977年任中共安徽省委第一书记，在全国率先支持实行农村家庭联产承包责任制。1980年后任国务院副总理兼国家农委主任，主持制定了中共中央关于农村工作的5个1号文件，对推动中国农村改革作出重要贡献。是中共第十一届中央书记处书记，第十二届中央政治局委员、中央书记处书记，第十三届中央政治局委员。1988年当选为第七届全国人大常委会委员长。1993年离开领导岗位。业余喜好桥牌和网球。1984年获得中国最佳桥牌手奖所罗门奖，1986年获得国际奥委会金质奖。主要论著收入《万里文选》。

万历三大征 Three Major Campaigns of Wanli Reign 中国明代万历年间平息叛乱的宁夏之役、播州之役和支援朝鲜抗击日本侵略的朝鲜之役的统称。

①宁夏之役。即镇压哱拜之乱。哱拜原为蒙古族人，嘉靖年间降明，积功升都指挥使。万历初为游击将军，统标兵家丁千余，专制宁夏，多蓄亡命。哱拜于二十年二月十八日，纠合其子哱承恩、义子哱云及土文秀等，嗾使军锋刘东旸叛乱，此后东旸自称总兵，以拜为谋主。明廷特调副麻贵驰援，四月，又调李如松为宁夏总兵，以浙江道御史梅国桢监军，统辽东、宣、大、山西兵及浙兵、苗兵等进行围剿。将宁夏城团团包围，并决水灌城。叛军失去外援，城内弹尽粮绝，同时内部发生火并，哱拜之乱全部平息。

②播州之役。播州位于四川、贵州、湖北间，山川险要，广袤千里。自唐杨端之后，杨氏世代统治此地，接受中央皇朝任命。明初，杨铿内附，明任命其为播州宣慰司使。万历初杨应龙为播州宣慰司使，十七年（1589）公开作乱。明廷起用前都御史李化龙兼兵部侍郎，节制川、湖、贵三省兵事，并调刘綎及麻贵、陈璘、董一元等南征。二十八年，征兵大集，二月，在总督李化龙指挥下，明军分兵八路进发。六月，明军入城，播州平。后分其地为遵义、平越二府，分属四川、贵州。

③朝鲜之役。即援朝逐倭（日本）之战。万历二十年，掌握日本大权的丰臣秀吉命加藤清正、小西行长率军从对马攻占朝鲜釜山，又渡临津江，进逼王京（今汉城）。朝鲜国王李昖沉湎酒色、弛于武备，军队望风而溃。朝鲜八道几乎全部沦陷。在这种形势下，明廷应朝鲜之请，出兵援朝。十一月，战争基本结束。

三次战役虽取得胜利，但也使明王朝的人力物力遭受巨大损失，成为导致明代灭亡的重要原因之一。

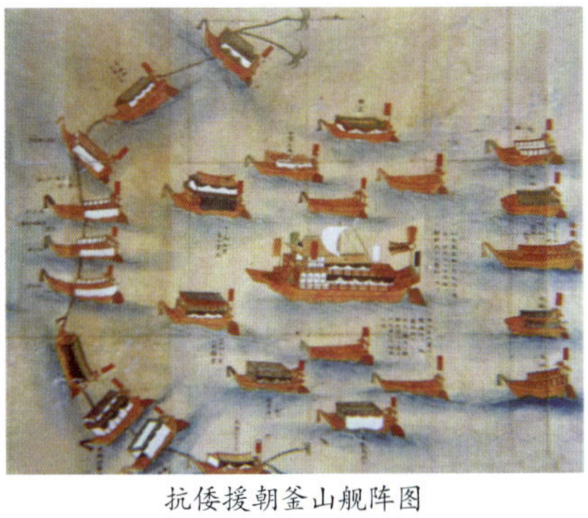

抗倭援朝釜山舰阵图

《万历野获编》 中国文学史料著作。明代沈德符撰。沈德符（1578～1642），字景倩，又字虎臣。嘉兴（今属浙江）人。有《清权堂集》。《万历野获编》共分30卷、48门，另有《补遗》4卷。内容上记朝章掌故，下及风土人情、琐事轶闻，举凡内阁原委、词林雅故，以及词曲技艺、士女谐谑，无不毕陈。书中所记多为作者目睹见闻，所以叙述有些史事较《明史》为详。特别是所提供的朝廷种种情况足以补苴史阙。此外，作者所述内阁诸事的原委，亦考证切实，议论平允。清代编修《明史》，有不少传中所载的事实，其来源皆出于此书。此书对民歌、戏曲、小说的演变及其创作情况的记载和有关议论，大多比较中肯稳妥。书中对《金瓶梅》等的创作情况的记载，提供了对有关问题进一步探讨的线索。

万隆 Bandung 印度尼西亚第三大城，西爪哇省首府。建于1810年。位于爪哇岛西部火山群峰环抱的高原盆地中，城市海拔719米。市区面积80多平方千米，连郊区面积3 172.7平方千米。人口213.63万，连郊区约348万。气候温和宜人，为理想的疗养地。城市大致分南北两部分，南城为商业区，北城是住宅区，郊区有许多设计新颖的别墅。有纪念意义的独立宫和1955年亚非国家举行万隆会议的会址独立厅。郊区有大片茶园和金鸡纳园，还种植稻米、蔬菜和花卉等。万隆是爪哇岛重要的文化与工业中心之一，流传有西爪哇巽他族的文学、舞蹈、音乐和戏剧。有著名的万隆理工学院、国立巴查查兰大学、公教大学、军事学院、火山地质博物馆、鲍斯天文台和原子核研究中心（有一座原子反应堆）等。全国纺织业中心。其他工业有橡胶、制茶、机械、汽车装配、无线电器、冶金、飞机等。有国内唯一的奎宁工厂。西爪哇铁路、公路和航空枢纽。附近有覆舟山、芝亚德温泉、小西湖、达哥瀑布、动物园等旅游胜地。覆舟山为活火山，游人可走到火山口观看火山活动。

万隆会议 Bandung Conference 1955年4月18～24日，由印度、印度尼西亚、缅甸、锡兰（斯里兰卡）、巴基斯坦、中华人民共和国等29个亚非国家和地区政府代表团在印度尼西亚万隆召开的会议。见亚非会议。

万隆会议十项原则 Bandung Conference, Ten Principles of 万隆会议通过的宣言所提出的十项原则。又称亚非会议十项原则。1955年4月18～24日，亚非会议在印度尼西亚万隆举行。共有29个亚非国家参加会议。周恩来率领中华人民共和国代表团出席了会议。会议于24日通过了《亚非会议最后公报》，其中《关于促进世界和平和合作的宣言》列举了“万隆会议十项原则”，即：①尊重基本人权，尊重《联合国宪章》的宗旨和原则。②尊重一切国家的主权和领土完整。③承认一切种族的平等，承认一切大小国家的平等。④不干预或干涉他国内政。⑤尊重每一国家按照《联合国宪章》单独地或集体地进行自卫的权利。⑥不使用集体防御的安排来为任何一个大国的特殊利益服务，任何国家不对其他国家施加

1955年4月周恩来在印度尼西亚万隆举行的亚非会议上发言

压力。⑦不以侵略行为或侵略威胁或使用武力来侵犯任何国家的领土完整或政治独立。⑧按照《联合国宪章》，通过谈判、调停、仲裁或司法解决等和平方法，以及有关方面自己选择的任何其他和平方法，来解决一切国际争端。⑨促进相互的利益和合作。⑩尊重正义和国际义务。上述十项原则表明了亚非国家对国际关系准则的共同主张，构成国际法基本原则的基本内容。

十项原则是和平共处五项原则的引申和发展。其中第2、3、4、7、9项相当于五项原则的前4项。其余的主要是《联合国宪章》有关规定的重申，只有第6项原则是有鉴于《东南亚同盟条约》而加入的一项原则。

万年青 *Rohdea japonica*; omoto nipponlily 百合科万年青属的一种，常绿草本植物。原产中国，分布于山东、江苏、浙江、江西等地区。日本也有分布。根状茎粗，具多数粗的纤维根。叶基生，阔带形，3～6枚，近二列叠生，深绿色，革质（见图）。穗状

花序顶生，密集着生数十朵小花。花淡黄色或褐色。浆果球形，橘红色。常见园艺品种有金边万年青、银边万年青、花叶万年青。万年青喜温暖湿润的半阴环境，稍耐寒。忌积水。不耐阳光直晒。对土壤要求不严，以富含有机质、疏松肥沃、微酸性的壤土最为适宜。主要以分枝繁殖，也可播种。叶丛全年青翠，果实经冬不落，是甚为优美的观叶、观果盆栽花卉。叶片是良好的插花材料。全株可入药，清热解毒。

万年寺普贤像 Samantabhadra Statue in Wannian Temple 中国宋代佛教塑像。位于四川峨眉山圣寿万年寺无梁砖殿内，铜铸，铸于北宋太平兴国（976～984）年间。塑像为普贤大士乘六牙白象，高7.4米，重约62吨。白象高3.3米，身披鞍辔，足踏千朵莲花，背负贴金仰莲宝座，座高1.42米。其上为2.65米高的普贤坐像，头戴宝冠，披袈裟，右手持如意，左手置膝前，全身贴金。塑像是宫廷内侍张仁赞奉敕在成都督造，分段浇铸、焊接而成。初建大阁以置像，今砖殿为明万历二十八年（1600）修建。砖殿房顶以及顶上的五塔装饰为1948年补建。

万宁市 Wanning City 中国海南省直辖县级市。位于海南岛东部，东临南海。面积1 884平方千米。人口55万（2010），有30多万华侨和港澳台同胞。西汉属古贝县。唐贞观五年（631）析文昌县置万安县，龙朔元年（661）改设为万州。民国初改万州为万县，1919年改称万宁县。1996年撤县设万宁市。属热带海洋性气候。农作物有橡胶、胡椒、槟榔、椰子、咖啡、可可、杧果、菠萝等。海岸线长109千米，盛产马鲛鱼、金枪鱼、鱿鱼、乐蟹、对虾、鲻鱼等。特产有金丝燕窝、和乐蟹、港北对虾等。工业有电力、机修、农副产品加工等。名胜古迹有东山岭、潮音寺、兴隆温泉、东南亚风情村等。

万泉河 Wanquan River 中国海南岛第三大河。直接入海。位于海南省琼中黎族苗族自治县、琼海市境内。源出黎母岭东南麓，由西北向东南流，至琼海市嘉积又折向南流，于琼海市博鳌镇入海。干流全长163千米，流域面积3 683平方千米。多年平均年径流量60.9亿立方米。

万人迷 Wanrenmi（1881～1926） 中国相声艺人。原名李佩亭，后改名李德钖。北京人。病逝于沈阳。自幼随艺名“万人迷”的祖父李广义学说相声，以“小孩哏”称誉当时，人称“小万人迷”。祖父去世后承其艺名，以“万人迷”行世。10岁时正式拜恩绪（后改名恩培）学说相声；15岁再拜穷不怕的弟子徐有禄（一作徐有福）为师，后来又拜穷不怕的另一弟子富有根为师。先后与当时著名的相声艺人张德泉（张麻子）、马德禄和张寿臣合作演出。其相声表演以“怪”著称，属冷面滑稽派。会演的段子甚多，早期有《铃铛谱》、《反七口》、《学四相》等，后来以《大审案》、《交租子》、《耍猴儿》等成名，所演《地理图》、《报菜名》和《八扇屏》被灌制成唱片发行。他表演的相声较之前人更趋文雅整饬，主题思想也更加完整鲜明，大大提升了相声的艺术品位，时人因之称誉他为“相声大王”。

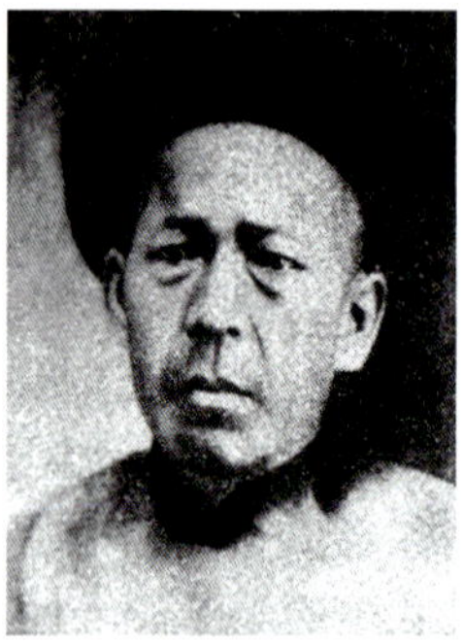

万山特区 Wanshan Special District 中国贵州省铜仁地区辖特区。位于省境东部边缘，南与湖南省接壤。面积338平方千米。人口6万（2008），有汉、侗、苗、土家等民族。古称大万山。1966年设立万山特区。属中亚热带湿润季风气候。年平均气温13.4℃，平均年降水量1 376毫米。矿产资源以汞为优势，汞的储量、品位和产量在全国名列前茅。其次有锰、钒、钼、砂岩、朱砂、石灰岩等。全区工业以朱砂开采、汞冶炼为主体，辅以化工、建材、电力、铁合金、酿造、食品等。名胜古迹有仙人洞、中华山、宋公山佛教庙宇遗址、黄道刘氏宗祠等。

万圣节 All Saints, Day 基督教节日。节时为11月1日，由教皇格列高利四世于837年指定，以向所有圣人致意。万圣节前夜即开始举行庆祝活动。起源于古代凯尔特人的秋天祭典（又说鬼节）。10月31日是秋天正式结束的日子，11月1日是冬季开始，即新年伊始。凯尔特人相信故人的亡魂会在新年前回到故地，便在这一天熄灭灯火，让死魂无法找寻活人，并在屋前院后摆些糖果及其他食品喂鬼魂。“宴会”结束后，年轻人戴上面具，扮成鬼怪精灵，拎着刻好的萝卜灯（最初无南瓜）游走村外，引导鬼魂离开。之后，人们重新燃起灯火，开始新一年的生活。此俗被公元1世纪占领当地的罗马人接受。“百鬼夜行”的说法至今

好莱坞万圣节大狂欢

仍在爱尔兰和苏格兰的一些地方流传。如今，万圣节的宗教色彩已十分淡薄，而充满了喜庆意味。人们打扮古怪，参加化装舞会；各家准备好南瓜灯和糖果；儿童要逐家索要糖果，对招待不周的人孩子们会用恶作剧来报复。朋友、家人间互寄贺卡祝万圣节快乐也是每年十月间流行的习俗。万圣节已成为西方很普通的季节性节日。

万氏兄弟 Wan brothers 中国美术电影的开拓者。“万氏兄弟”是万古蟾（1900-01-18～1995-11-19）、万籁鸣（1900-01-18～1997-10-07）以及另外两个兄弟万超尘、万涤寰的合称。万氏兄弟是江苏南京人。1925年万古蟾与万籁鸣摄制的动画广告片《舒振东华文打字机》是中国动画片之雏形。1926年两人合作了中国第一部无声动画片《大闹画室》。1927年万古蟾独立完成了一部滑稽短片《一封未寄出的信》。以后又与万籁鸣制作了动画片《纸人捣乱记》。1934～1937年万氏兄弟拍摄了《国人速醒》等一批抗日宣传片以及寓言故事《龟兔赛跑》等。1935年万氏兄弟创作了中国第一部有声动画片《骆驼献舞》。1941年万古蟾、万籁鸣制作了中国第一部长动画片《铁扇公主》。1958年万古蟾拍出独具特色的中国第一部剪纸片《猪八戒吃西瓜》。之后又连续导演了《渔童》、《济公斗蟋蟀》、《人参娃娃》、《金色的海螺》等。万籁鸣的优秀作品还有《野外的遭遇》（1956）、《墙上的画》（1957）、《美丽的小金鱼》（1958）、《大闹天宫》（1961、1964）等。

万古蟾

万籁鸣

《万首唐人绝句》 *Ten Thousand Quatrains of Tang Dynasty* 中国唐代绝句诗总集。宋代洪迈编。洪迈辑唐人绝句5 000多首，进呈宋孝宗后，复补辑备足万首之数。原本100卷，每卷100首。凡七言绝句75卷，五言绝句25卷。末附六言绝句1卷。此书汇集了唐代诸家诗文集、野史、笔记、杂说中的绝句诗，有保存资料的劳绩，但为凑满万首，不免滥收，窜入少数非唐人作品。并且有割截律诗为绝句，一人之诗分置几处等现象。有明代陈敬学仿宋刊本。1955年文学古籍刊行社据以影印，较为通行。清王士禛有《唐人万首绝句选》7卷。

万寿菊 *Tagetes erecta*; Aztec marigold 菊科万寿菊属的一种。原产墨西哥，中国引种栽培极广。一年生草本，高达1米，茎粗壮，分枝向上平展。叶对生，羽状全裂，裂片长椭圆形或披针形，边缘有锐锯齿。头状花序单生，直径5～8厘米，花序梗顶呈棍棒状膨大；管状花黄色，5齿裂。瘦果线形，黑色。花期6～9月，果期8～10月。用种子繁殖，喜阳光，要求疏松的土壤，耐移植，生长快，易栽培，病虫害少。为夏日习见草花，宜植花坛，也可盆栽。

《万水千山》 *Ten Thousand Torrents and A Thousand Crags* 中国话剧作品。作者陈其通。1954年6月由中国人民解放军总政治部文艺工作团话剧团在北京首演。导演陈其通。全剧6幕。写中国工农红军在二万五千里长征中所创造的英雄业绩。全剧气势磅礴，洋溢着革命英雄主义与革命乐观主义精神。

万维网 world wide web; WWW 便于用户在因特网上检索和浏览信息的，基于超媒体的广域信息查询工具。超媒体是超文本和多媒体在信息浏览环境下的结合，用户使用万维网不仅可以查询文本信息，还可以获得言语、图形和图像信息。超文本是以网状方式链接的电子文本。将文档中不同的部分通过关键字的方式链接起来，使得信息不仅可以用传统的线性方式，还可以用交互方式搜索。在一个文档中，只要选中关键字，就可以进入与关键字链接着的另外一个文档，这个文档可以是在同一台机器上，也可能是在因特网的其他服务器上，文档中可含有多个超文本链接。

万物有灵 animism 一种认为自然界充满生命或精灵的信仰，或把超自然力或神性赋予植物、地貌、气象等的信仰。H.斯宾塞认为，人类普遍的体灵二元（自然方面和精神方面）宗教观来源于梦幻体验。人们把“他者”或“梦我”与灵魂或鬼魂相联系，孕育了以祖先崇拜为核心的原始宗教信仰及其仪轨。E.B.泰勒也认为宗教起源于人对自己梦幻、失去知觉、清醒等体验的回忆，这些体验让人感到灵魂生时寓体，死时变鬼。认为这种灵物崇拜就是宗教。

万象 Vientiane; Viang Chan 老挝首都，直辖市。位于中寮地区万象平原南端，海拔170米，隔湄公河与泰国相望。面积3 920平方千米，人口71.2万（2007）。年平均气温25.7℃，平均年降水量1 700余毫米。16世纪以来为老挝政治、经济和文化中心。

万象市澜沧大道

城市沿湄公河左岸延伸，街道与河岸平行或垂直相交，亚洲3号和12号公路在市内形成丁字形的主轴干道，即琅勃拉邦路、塞塔提腊路和澜沧大道，后者穿越市区中部，两侧为政府机构和商场。有锯木、水泥、碾米、纺织、卷烟等工厂与作坊。郊区有盐井，食盐供应外省。拥有全国最多的大、中、小学和科研单位，也是老挝佛教教育和研究中心。市内有老挝军事博物馆、凯旋门、无名战士纪念碑、国家文化宫及许多寺庙和古塔。最著名的是东北郊的塔銮，建成于16世纪中叶，在建筑造型、结构与布局方面都享有盛誉。每年在此举行庙会。经亚洲3号公路及湄公河与全国各地区联系，20世纪90年代初，万象东南湄公河渡口小镇塔纳琅与对岸的泰国廊开的“友谊”桥建成通车，方便了对外的陆路运输。航空通国内主要城镇以及河内、胡志明市、曼谷等。

万烟谷 Valley of Ten Thousand Smokes 北美洲火山地貌胜景。位于美国阿拉斯加

州南部阿拉斯加半岛顶端。长16千米，宽8千米，面积145平方千米。1912年6月6日，这一带发生大地震和北美有史以来最猛烈的火山活动。诺瓦拉普塔火山和卡特迈火山先后喷发，5天内火山喷出物多达29立方千米，原林木葱茏、动物众多的山谷全被火山灰掩埋，最厚达210多米；附近的科迪亚克岛也未幸免，还波及阿拉斯加州本土。卡特迈火山顶端崩塌，形成长4.8千米、宽3.2千米、深1 130米的火山口。地震和火山活动还形成成千上万的喷孔和裂隙，不时喷出热泉和气柱。4年后，美国地理协会组织的一支探险队到此调查，发现喷气孔仍在喷出炽热的气体，一派烟雾笼罩的景象，遂被称为“万烟谷”。1918年建立以万烟谷为中心的国家保护区。因这里的火山地貌景观与月球表面类似，故又有“地球的月面”之称，20世纪60年代曾作为“阿波罗登月”宇航员的训练基地。1980年正式建立卡特迈国家公园和自然保护区，万烟谷为其组成部分。

《万叶集》 *Man' yō-shū* 日本现存最早的诗歌总集。共20卷，收录**和歌**4 500余首。编者和成书时间不明。于8世纪70～80年代经大伴家持之手形成流传至今的20卷本。

按内容可分为杂歌、相闻、挽歌等。杂歌涉及面广，四季风物、行幸游宴、狩猎旅行等都在表现之列；相闻大多是恋人、朋友、亲人之间感情上相互问候的诗歌；挽歌主要指葬礼上哀悼死者的诗歌，也有临终遗作和后人缅怀之作。此外，诗集还广收了口头流传的民谣《东歌》(约230首）和《防人歌》(约100首)。前者是流传在日本东部的民歌，后者为戍边兵士的诗歌。从形式上看，诗集主要分为长歌、短歌、旋头歌3种。其中长歌261首，短歌约4 200首，旋头歌62首，另有连歌、佛足石歌各1首。

诗集的作者十分广泛，既有天皇、皇妃、皇子，也有浪人、乞丐、妓女，几乎囊括当时日本各阶层人物。署名作者530余人。署名作者多为地位显赫的社会名流和专业诗人。有代表性的诗人有额田王、柿本人麻吕、大伴家持等，分别代表诗歌创作的4个时期。

第一期（629～672）为诗歌的诞生时期。此时诗歌仍具口传性质，但个人作品已脱离民歌而独立，个体情感的表露超过了群体情感的抒发。作者中天智、天武两位天皇、额田王等皇族歌人较突出。第二期（672～710）为长短歌最盛时期。当时的宫廷诗人**柿本人麻吕**、高市黑人影响较大。柿本人麻吕的长歌雄浑有力，蔚为壮观，固定了万叶长歌的基本格律。第三期（710～733）是个性化诗歌发展时期。重要作者有喜长歌的山上忆良、偏短歌的大伴旅人、重旅行诗歌的高桥虫麻吕、爱叙景诗歌的山部赤人。他们的诗作风格独具，各有千秋，使本期创作在艺术上与前期比肩匹敌。第四期（734～759）是诗歌从成熟到衰落的时期。诗风由强韧雄浑走向柔弱颓废，宣告了万叶诗歌的结束。这个时期的优秀作者是大伴家持。他的诗作情景交融、哀婉动人，不失为本期的佳作。

《万叶集》成书时，日本还没有自己的文字，全部诗歌都是借用汉字即万叶假名记录下来的。它的最大贡献在于摆脱了汉诗的窠臼，用日本民族语言，把不定型的古歌谣发展为定型的民族化、个性化的诗歌形式，为后世诗歌创作树立了典范。

万有引力 universal gravitation 存在于任何两个物体之间的由质量引起的相互吸引力。I.**牛顿**于1687年在《自然哲学的数学原理》中提出了万有引力定律。其内容是：任何两物体之间都存在相互吸引的作用力，力的方向沿两物体的连线，力的大小F与两物体质量m_1和m_2的乘积成正比，与两物体之间距离r的平方成反比，即$F=\frac{Gm_1m_2}{r^2}$，式中G为万有引力常数，是与物体无关的普适常量，由实验确定。若考虑有尺寸大小的物体，则应将两个物体分割成许多质点分别计算，然后求其矢量和。由于一般物体之间的引力很小，例如紧靠在一起两个直径为1米的铁球，引力也只相当于0.03克的一小滴水的重量，所以研究物体在地球引力场中的运动通常都不考虑周围其他物体的引力。

1798年，H.**卡文迪什**用扭秤实验测得$G=6.754\times10^{-11}$米^3/千克·秒^2。2006年国际科学技术数据委员会（CODATA）推荐的数值为$G=6.674\,28(67)\times10^{-11}$米^3/千克·秒^2。

万有引力定律是牛顿在德国天文学家J.**开普勒**总结出的行星运动三大定律的基础上经过缜密的数学推导提出的。万有引力定律是研究**天体力学**的基础。1846年，就在理论计算的位置上发现了**太阳系**中的一颗新的行星——**海王星**。恒星在高温状态下最后坍缩为白矮星、中子星和黑洞，也都是由于引力的作用，因此引力也是促使天体演化的重要因素。现代航天技术中，对人造地球卫星及各种航天器的轨道与姿态、登月、行星际飞行等问题也都以万有引力为基础进行研究。

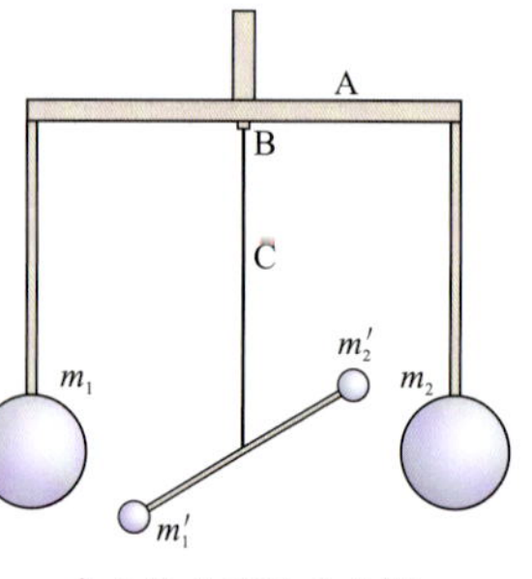

卡文迪什实验示意图

万源市 Wanyuan City 中国四川省辖县级市。川东北门户，素有“秦川锁钥”之称。位于省境东北边缘，北与陕西省相邻，东邻重庆市。面积4 065平方千米。人口41万（2010)，以汉族为主。春秋战国属巴国地。秦置巴郡，属宕渠县地；东汉属益州巴郡宣汉县；明正德十年（1515）置太平县。1913年更名万源县，取县南北万顷池和诸水源头之意。1993年原白沙工农区撤销并入，置万源市。由**达州市**代管。矿产有煤炭、铁、锰、铝土矿、石灰岩、大理石、石膏等。工业有煤炭、电力、冶金、建材、化工、机械、食品、纺织等。农业主产水稻、玉米、小麦、马铃薯、油菜、烟叶、蔬菜、蚕桑、茶叶等。名胜古迹有八台山、石冠寺、马鞍寨、竹峪乡石盘关等，纪念地有大面山阻击战纪念馆。

万州区 Wanzhou District 中国重庆市辖区。位于市境东北部，三峡库区腹心地带，有“渝东门户”和“江城”之称。面积3 457平方千米。人口156万（2010)，有汉、回等民族。东汉置羊渠县，唐为万州，明置万县。1928年析置万县市。后历经更迭变化，至1992年设立万县市（地级)，1998年撤市设万州区。全区地形以低山、丘陵为主。矿产资源有煤、铁、天然气、岩盐和石灰岩等。农业重点发展优质粮油、畜禽、果品、蚕桑、蔬菜、水产养殖等产业，建有优质农产品、林业、畜禽、水产等生产基地。工业已基本形成了以盐化工、电力、建材、机械、电子、轻纺、食品饮料等为骨干的工业体系。万州港是长江上游第二大港、长江流域十大港口之一。名胜有太白岩、天子城、天子洞、青龙瀑布、长滩温泉和五桥移民新城等。

腕足动物门 Brachiopoda 动物界一门。为具真体腔的海产底栖无脊椎动物。主要特征：①头顶突出部生有许多触手，称为腕足。②外被两壳，覆动物体背腹两方，两壳不对称，分别称为腹壳、背壳。③消化道弯曲呈U形，由口、食道、胃、肠组成，常缺肛门，废物由口排出。④有发达的肉茎以及闭壳肌、开壳肌和调节肉茎活动的肌束。腕足动物依靠触手纤毛运动摄取食物，通常食物有藻类及碎片、放射虫、软体动物幼虫。全部海生，分布广泛。绝大多数生活在大陆架浅海海底，少数生活在潮间带和深

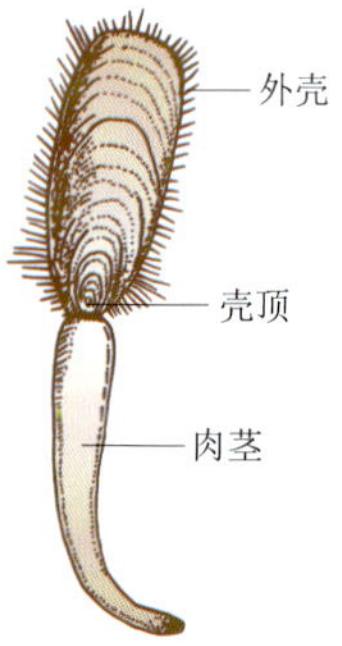

现知生物界最古老的生物之一——海豆芽

海。腕足动物是最古老的动物类群之一，5亿多年前的志留纪、泥盆纪达到高峰，以后便衰落下来。已发现化石种3万多种，现生种有300多种，最知名的为海豆芽（见图），是典型的活化石。

汪达尔–阿兰王国 Vandals-Alani Kingdom 5～6世纪汪达尔人、阿兰人在北非地区建立的国家。1～3世纪日耳曼民族的一支汪达尔人住在奥得河中游两岸。5世纪初因匈奴人袭扰，汪达尔人和非日耳曼族的阿兰人通过高卢，于409年进入西班牙。429年汪达尔王盖塞里克（428～477年在位）率众渡海进入北非，439年攻陷罗马在北非的首府迦太基，以该地为首府建立汪达尔－阿兰王国。5世纪中叶，汪达尔人继续在北非扩张领土，占领西西里西部，并于455年攻陷和洗劫罗马，成为地中海的强国。

在汪达尔－阿兰王国的统治下，北非城市衰落。534年末王盖利默（530～534年在位）被拜占廷俘虏，汪达尔－阿兰王国灭亡。

汪道涵 Wang Daohan (1915－03－27～2005－12－24) 曾任中国海峡两岸关系协会会长。生于安徽芜湖，卒于上海。早年就读于上海交通大学。抗日战争时期，先后任新四军4支队战地服务团团长、县长、行署副主任、专员、地委委员等职。1946～1949年，任苏皖边区政府财政厅、建设厅副厅长，华中军区、山东军区军工部长、政委，安徽省财政厅办公室主任、财政厅厅长。1949～1952年任华东军政委员会工业部部长，1952～1965年任第一机械工业部副部长。1965年以后历任国家对外经济联络委员会副主任、对外经济联络部副部长、国家进出口管理委员会副主任、国家外国投资管理委员会副主任，1981年任上海市市长，1985年任上海市人民政府顾问。

1980年以来为北京大学、复旦大学、同济大学、上海交通大学特聘教授或名誉教授。1985年被美国塔夫茨大学授予名誉博士，2002年被香港大学授予名誉博士。1990年当选为宋庆龄基金会副主席。1991年任中国海峡两岸关系协会会长。1993年4月27～29日，受权与台湾海基会董事长辜振甫在新加坡就加强两岸经济合作、加强海协与海基会联系与合作、协商处理两岸交往中的具体事务性问题等事宜举行会谈，签署了《汪辜会谈共同协议》等四项协议，标志着海峡两岸关系迈出了历史性的重要一步。

汪道涵对机械制造工艺、生产技术准备、技术情报和信息收集及传播、工业管理体制等进行过多方面的研究，参与《机械工程手册》和《电机工程手册》的编写工作。

汪德熙 Wang Dexi (1913－09－27～2006－08－08) 中国核化学家、化工专家。原籍江苏灌云。生于北京，卒于北京。1935年毕业于清华大学化学系。1946年获美国麻省理工学院博士学位。回国后历任天津南开大学化学工程系教授、天津大学化学工程系教授、中国科学院原子能研究所（现中国原子能科学研究院）研究员。1983年任中国原子能科学研究院科学技术委员会主任。1990年任中国核学会理事长，中国《核化学与放射化学》杂志主编。1980年当选中国科学院学部委员（院士）。1960年起，从事核化学、核化工科研工作。60年代以来，在中国核电建设、核燃料生产、动力堆辐照核燃料后处理以及放射性废物管理等的决策中发挥重要作用。他领导的“辐照核燃料后处理的萃取工艺”等科研项目获1978年全国科学大会奖，1990年获全国五一劳动奖章。发表论文约30篇。

汪德昭 Wang Dezhao (1905－12－20～1998－12－28) 中国物理学家。生于江苏灌云，卒于北京。1929年毕业于北京师范大学物理系。1933年赴比利时，次年到法国，入巴黎大学高等物理和工业化学学院，在P.朗之万的指导下进行研究。1940年获法国国家博士学位。他创立的关于大小离子平衡态研究的新理论，被国际学术界称为“朗之万－汪德昭－布里加理论”。先后任法国国家科学研究中心专任研究员、研究指导主任。1945年法国科学院因他在大气电学方面的贡献，授予虞格大奖。曾应F.约里奥－居里的聘请，任法国原子能委员会顾问。1956年回国，历任中国科学院器材局局长、原子能研究所质谱分析研究室主任、无线电电子学研究所副所长和声学研究所所长等职。1957年当选为中国科学院学部委员（院士）。

汪德昭致力于水声学的研究，完成了浅海水声传播、散射、起伏、吸收、混响、噪声、表面声道和内波等一系列研究课题，培养出一批高水平的研究技术人才。他根据中国南海海区的水声参数，计算出声呐的作用距离，为实践提供了重要的准确计算。在水下声道和反转点会聚区研究方面取得很大进展。他和他的学生合著的《水声学》一书，总结了水声研究20年来的部分研究成果。1981年西欧法语区声学家协会授予他荣誉奖章。

汪东兴 Wang Dongxing (1916－01－03～) 中国共产党中央委员会副主席。江西弋阳人。1929年参加革命，1931年加入共青团，1932年转入中国共产党，同年参加工农红军。参加了第四、五次反“围剿”斗争和长征，任红军连、大队指导员。抗日战争时期，任中央军委卫生部政治部副主任，八路军医院、白求恩总医院政委，中央社会部室主任。解放战争时期，任中央书记处办公处副处长兼警卫处处长。中华人民共和国建立后，1955年被授予少将军衔。历任中央办公厅警卫局长、公安部副部长、江西省副省长、中共中央办公厅主任。1971年任中央军委办公会议成员。1975年任中央军委常委。是中共第九届中央委员、中央政治局候补委员，第十届中央政治局委员。1976年10月参加和部署华国锋、叶剑英代表人民的意志隔离审查江青集团的行动。1977年当选为中共第十一届中央政治局常委、中央副主席，中央军委常委。1980年辞去中共中央和中央军委的领导职务。1982年当选为中共第十二届中央候补委员。1985年起当选为中顾委委员。著有《汪东兴日记》、《毛泽东与林彪反革命集团的斗争》。

汪锋 Wang Feng (1910－12～1998－12－12) 中国无产阶级革命家，中国共产党统一战线工作和民族工作的领导人，全国政协副主席。陕西蓝田人。卒于北京。原名王钧治。1926年加入中国共青团，1927年转为中共党员。1928年参加渭华起义，任中共蓝田县委书记、陕西省委军委书记，渭北特委书记。红26军第2团代政委，陕西省委特派员兼陕南特委书记。参加了长征。抗日战争时期，任中共陕西省委军事部长、统战部长，关中地委副书记、关中警备区副司令员。1945年出席中共七大。后任中共陕西省工委书记，豫鄂陕边区书记、边区政府主席、军区政委和行政公署主任，西北民主联军38军政委，陕南地区党委书记，解放军第19军政委。中华人民共和国建立后，历任中共西北局统战部部长，西北军政委员会民族事务委员会主任，中共中央统战部副部长，国家民委副主任，宁夏回族自治区委第一书记，中共中央西北局书记处书记，甘肃省委第一书记，新疆维吾尔自治区委第二书记、第一书记。1987年增补为全国政协第六届副主席。是中共第八届候补中央委员、第十一届中央委员，中共第十二大、十三大中顾委委员。

汪辜会谈 Wang-Koo Talks 中国大陆海峡两岸关系协会会长汪道涵与中国台湾海峡

1993年海协会董事长汪道涵与海基会董事长辜振甫（左）在新加坡展开两岸会谈

交流基金会董事长辜振甫举行的两岸高层会谈。1992年8月4日，汪道涵函邀辜振甫会晤。8月22日，辜振甫复函接受邀请。两会达成“九二共识”后，经过筹备与预备性磋商，汪道涵与辜振甫于1993年4月27～29日在新加坡举行会谈。会谈讨论了开展两岸经济合作与科技文化交流、加强两会联系与合作等问题，签署了《汪辜会谈共同协议》、《两会联系与会谈制度协议》、《两岸公证书使用查证协议》、《两岸挂号函件查询、补偿事宜协议》等四项协议，促进了两岸经贸交往、人员往来和各项交流的发展。汪辜会谈是1949年以来海峡两岸高层人士以民间名义举行的首次公开会晤，标志着两岸关系迈出了历史性的一步。1998年10月14～19日，海协会邀请辜振甫率团来北京、上海参访。江泽民总书记会见了辜振甫夫妇，钱其琛副总理会见了辜振甫一行。汪道涵再度与辜振甫会晤，进行了两岸政治、经济对话，双方还达成了包括继续进行政治对话及汪道涵应邀访问台湾的共识。

汪关 Wang Guan 中国明代篆刻家。原名汪东阳，字杲叔，后得汉铜印“汪关印”，更名汪关，字尹子。安徽歙县人。约活动于万历至崇祯年间（1573～1644）。寄居江苏娄东。其居室称宝印斋，清陈浩曾经把他所刻印章集为《宝印斋印式》4卷。汪关篆刻以汉印为法，善用冲刀，刀法工整稳实，布局匀称圆活，有时寓方于圆，灵秀婉畅，深得汉印神髓。他的印章风格恬静华贵，有书卷气息。他还能刻玉印和铜印，但传世作品不多。因他家居娄东，其篆刻有娄东派的称号。

以汉印为法的印章

汪桂芬 Wang Guifen（1860～1906） 中国京剧演员。工老生。名谦，字艳秋，号美仙。湖北汉川人，一说安徽人，生于北京。父汪年宝为春台班武生。汪桂芬9岁从陈兰笙习老生兼老旦，18岁满师，未及搭班而嗓败，投樊景泰门下改习胡琴。曾代师为程长庚操琴。嗓音恢复后，于光绪八年（1882）搭春台班，初演《文昭关》、《天水关》等戏，深受欢迎。后与孙菊仙、谭鑫培并称为“老生新三杰”、“新三鼎甲”。曾被选入昇平署外学。他嗓音高亢宽亮，演唱气力充沛，行腔朴实无华，以“脑后音”取胜。他在宗程（长庚）的基础上，创造了以雄劲沉郁自成一格的“汪派”。晚年生活潦倒，时着头陀和尚装束，自号“德心大师”。传人有王凤卿等。

汪胡桢 Wang Huzhen（1897-07-12～1989-10-13） 中国水利专家。生于浙江嘉兴，卒于北京。1917年毕业于南京河海工程专门学校。1921～1923年留学美国康奈尔大学，获土木工程硕士学位，1924年回国。1949年前曾任河海工程专门学校、中央大学、浙江大学教授，钱塘江海塘工程局副局长兼总工程师。1949年后历任华东军政委员会水利部副部长、治淮委员会委员兼工程部长、佛子岭水库工程总指挥、北京勘测设计院总工程师、黄河三门峡水库工程局总工程师、北京水利水电学院院长、水利部顾问。是1931年创办的中国水利工程学会创议人之一，曾任中国水利学会理事，1955年当选中国科学院学部委员（院士）。

汪胡桢长期主持治淮技术工作。1949年前曾主持和参与制定《导淮工程计划》、《整理南北大运河工程计划》，查勘京杭运河，设计了邵伯、淮阴、宿迁三个中国最早的现代船闸。后又领导钱塘江海塘的修复工程。自1949年起，他先后负责建设了佛子岭水库和黄河三门峡水利枢纽，在中国首建钢筋混凝土连拱坝。是中国水利工程学会会刊《水利》月刊的主编。

汪精卫 Wang Jingwei（1883-05-04～1944-11-10） 中国国民党副总裁，后堕落为汉奸。名兆铭，字季新。生于广东三水，卒于日本名古屋。1903年赴日留学。1905年参与组建中国同盟会，一度主编《民报》。1910年3月，谋炸清摄政王载沣，事泄被捕。武昌起义后出狱，并参与南北和谈。1912年8月赴法留学。回国后在孙中山领导下从事党务和政治工作。1924年1月，当选为中国国民党第一届中央执行委员兼宣传部长。孙中山病逝后，被举为广东国民政府常务委员会主席兼军事委员会主席，并一度以国民党左派面目主持武汉国民政府。1927年7月15日，继蒋介石之后发动反共政变。1930年联合冯玉祥、阎锡山、李宗仁共同反蒋。失败后，潜逃香港。1931年在广东另立国民政府。九一八事变后，与蒋再度合作。1935年11月遇刺受伤，出国就医。抗日战争爆发后，任国民党副总裁、中央政治委员会主席、国民参政会议长。1938年12月潜离重庆，在越南发表“艳电”，公开投降日本。1940年3月，在南京成立伪“国民政府”，任主席兼行政院长。1943年1月，与日本签订《共同宣言》，对美英宣战，协助日本建立“大东亚共荣圈”。

汪菊潜 Wang Juqian（1906-12-29～1975-02-26） 中国铁路桥梁工程专家。祖籍安徽休宁。生于上海，卒于北京。1926年唐山交通大学毕业后，往美国康奈尔大学学习，获土木工程硕士学位。1930年回国后历任粤汉铁路株韶段帮工程司和副工程司、铁道部公务司技正、滇缅铁路工程局工务课长、叙昆铁路局工务课长、綦江铁路工程处副总工程司兼副处长和中国桥梁公司副总工程司等职。中华人民共和国建立后，曾任上海铁路局工务处长、铁道部工程总局副局长兼总工程师、武汉大桥工程局总工程师、铁道部科学技术委员会副主任、铁道部副部长等职。主持设计多条铁路并成功抢修包括钱塘江大桥、郑州黄河老桥在内的多座桥梁；参加并主持建造南京长江火车轮渡北岸栈桥工程；

会同苏联专家组主持武汉长江大桥技术工作，并为南京长江大桥的建成把关开路。1955年当选中国科学院学部委员（院士）。曾任中国土木工程学会副理事长。

汪克尔 Wankel, Felix (1902-08-13～1988-10-09) 德国发动机专家，旋转活塞式发动机的发明者。生于拉尔，卒于林道。他在前人工作的基础上，于1957年制成旋转活塞式发动机，解决了长短辐旋轮线表面的加工和密封问题。1958年，美国柯蒂斯-莱特公司与汪克尔和德国NSU公司合作，使发动机结构变得更简单、合理，且体积、重量和零件数量减少一半以上，运转平稳，振动小，对减少废气污染效果显著。这种内燃机于1959年经寿命试验后获得成功。1960年以后许多汽车公司采用了这种内燃机。它的缺点是加工长短辐圆内外旋轮线的专用机床结构复杂，制造困难。

汪士慎 Wang Shishen (1686～1762) 中国清代画家、篆刻家。字近人，号巢林、天都寄客等。休宁（今属安徽）人。长期寓居扬州（今属江苏），擅书画，精篆刻，绘画题材多为梅花，画风素雅。隶书别具风格。晚年目瞽，为人画梅，或作八分书，工妙胜于未瞽时。汪士慎与金农、郑燮、李方膺、李鱓、高翔、高凤翰、罗聘等人友善，画史上将他们合称为“扬州八怪”，传世作品较多。著有《巢林诗集》。

汪琬 Wang Wan (1624～1691) 中国清初散文家。字苕文，号钝庵。晚年隐居太湖尧峰，世称尧峰先生。江苏苏州人。顺治十二年(1655)进士。康熙十八年(1679)召试博学鸿词科；授翰林院编修，预修《明史》。汪琬在散文写作上颇有成就，行文风格主要受欧阳修的影响，其文在阐明事理上的卓绝笔法又像李翱；行文的简练而有气魄又颇似柳宗元，可说是集几大散文家之长处。汪琬在当时和侯方域、魏禧合称为“清初三大家”。有代表作品《陈处士墓表》、《尧峰山庄记》、《绮里诗选序》等。亦能诗，成就及影响不如文。著有《钝翁类稿》62卷、《续稿》56卷。晚年自删为《尧峰文抄》50卷。

汪伪“国民政府” Wang Jingwei's Puppet Regime 中国抗日战争时期以汪精卫为首的亲日反共派在日军卵翼下建立的傀儡政权。1938年7月和11月，日本一再发出诱降声明。12月18日，汪精卫偕曾仲鸣、周佛海等逃离重庆，在越南河内发表降敌“艳电”。1939年4月，汪等由日本特务秘密护送至上海。次年3月30日在南京正式成立伪“中华民国国民政府”，由汪精卫任行政院院长兼代主席。汪伪政权辖有苏、浙、皖等省大部，沪、宁两市和鄂、湘、赣、鲁、豫等省一小部分。在政治上依靠国民党降日部队、流氓地痞组成“和平建国军”和特务组织，实行法西斯统治，成立清乡委员会，镇压抗日军民。在经济上滥发纸币，圈占土地，“委托经营”某些工矿企业，强征粮棉，实行物资统制，并收取名目繁多的苛捐杂税。在文化教育上推行“新国民运动”，施行奴化教育。在外交上追随日本参加《国际防共协定》，伙同伪“满洲国”和泰、缅、菲等国伪政府签订《大东亚共同宣言》，为日本建立“大东亚共荣圈”摇旗呐喊。1944年11月，汪精卫在日本病死，由陈公博继其位。1945年8月15日，日本无条件投降。16日，伪国民政府宣告解散。以陈公博为首的一批汉奸头目先后被处决。

汪笑侬 Wang Xiaonong (1858～1918) 中国京剧作家、演员。满族，出身八旗。生于北京，卒于上海。本名德克金。光绪五年(1879)中举，捐任河南太康知县，后被参革职。曾入翠凤庵票房学唱京戏，又得孙菊仙指点，于光绪中叶在上海用王清波名挂牌，成为职业京剧演员。甲午战争以后，汪笑侬以戏曲进行通俗教育为宗旨，编新剧，创新声，赞助创办《二十世纪大舞台》杂志，鼓吹戏曲改良。辛亥革命后，任天津正乐育化会副会长及戏剧改良社社长。后因贫困病逝。

汪笑侬学识渊博，擅长诗词，对戏曲剧本的文学性十分重视，要求情节合理、情文并茂，而又流畅上口。他的唱腔取汪桂芬、谭鑫培、孙菊仙三派之长，又融会徽、汉二调，咬字真切，注意韵味，自成一派。创作、改编的戏曲剧本大多取材历史故事，借古喻今，隐刺时政。代表剧作有《党人碑》、《马前泼水》、《桃花扇》、《哭祖庙》、《煤山恨》等。1957年为纪念他诞辰一百周年，中国戏剧出版社出版了《汪笑侬戏曲集》。

汪洋 Wang Yang (1955-03～) 中国共产党中央政治局委员，中国共产党广东省委员会书记。安徽宿州人。1975年8月加入中国共产党。1972年6月参加工作。1972～1976年在安徽省宿县地区食品厂当工人、车间负责人。1976～1979年在安徽省宿县地区“五七”干校任教员，教研室副主任，校党委委员。1979～1980年在中共中央党校理论宣传干部班政治经济学专业学习。

1980～1981年任中共安徽省宿县地委党校教员。1981～1982年任共青团安徽省宿县地委副书记。1982～1983年任共青团安徽省委宣传部部长。1983～1984年任共青团安徽省委副书记。1984～1987年任安徽省体委副主任、党组副书记。1987～1988年任安徽省体委主任、党组书记。1988～1992年任中共安徽省铜陵市委副书记，铜陵市代市长、市长（其间，1989～1992年在中央党校函授学院本科班党政管理专业在职学习）。1992～1993年任安徽省计委主任、党组书记，省长助理。1993年任安徽省副省长。1993～1998年任中共安徽省委常委，安徽省副省长（其间，1993～1995年在中国科技大学管理科学系管理科学专业研究生课程班在职学习，获工学硕士学位；1997年3～5月在中共中央党校省部级干部进修班学习）。1998～1999年任中共安徽省委副书记，安徽省副省长。1999～2003年任国家发展计划委员会副主任、党组成员（其间，2001年9～11月在中共中央党校省部级干部进修班学习）。2003～2005年任国务院副秘书长（负责国务院办公厅常务工作，正部长级）、机关党组副书记。2005～2006年任中共重庆市委书记。2006～2007年任中共重庆市委书记，重庆市人大常委会主任。2007年2月任中共中央政治局委员，中共广东省委委员、常委、书记。是中共十六届中央候补委员，十七届中央委员、中央政治局委员。

汪猷 Wang You (1910-06-07～1997-05-06) 中国有机化学家和生物化学家。字君谋。生于浙江杭州，卒于上海。1931年毕业于金陵大学工业化学系。1931～1935年，在北平协和医学院作研究生、研究员。1937年获德国慕尼黑大学博士学位。1938～1939年，先在德国威廉皇家科学院海德堡医学研究院化学研究所任客籍研究员，完成十四乙酰藏红素的全合成，后又转赴英国伦敦密特瑟斯医学院生化研究所，从事雌性激素类物质的化学合成。1939年回国后，历任北平协和医学院生物化学科助教授，中央研究院医

学研究所筹备处研究员兼上海医学院有机化学教授，中国科学院生理生化研究所研究员，有机化学研究所研究员、所长，中国科学院上海分院副院长。曾任《化学学报》主编，国际化学刊物《四面体》和《四面体通讯》顾问编辑、《核酸研究》编委。1955年当选中国科学院学部委员（院士），1984年当选法国科学院外籍院士，1988年当选德国巴伐利亚科学院通讯院士。

专长有机化学和生物有机化学。1960～1965年，领导并直接参加了胰岛素人工合成的研究工作，为世界上第一个人工合成牛胰岛素作出了贡献，该项成果于1982年获国家自然科学一等奖。他领导的中国独创的新型代血浆羧甲基糖淀粉和羧甲基淀粉的研究和应用工作、天花粉蛋白化学结构的研究，均获国家级奖。发表学术论文百余篇。

汪元量 Wang Yuanliang(1241～1317后) 中国南宋末诗人，词人。字大有，号水云。钱塘（今浙江杭州）人。原为宋宫廷琴师。元兵陷临安，汪元量随三宫北行入燕。有代表作《醉歌》10首，“声声骂杀贾平章”，斥责贾似道贻误国家的罪恶；《越州歌》20首，描写了亡国之痛的惨状；《湖州歌》98首，以七绝连章的形式表达了“杭州万里到幽州”沿途所见所感，景真情挚，不愧史笔。诗歌的深度、广度均超过遗民同类诗。他师法杜甫，沉郁悲愤。挽文天祥作《浮丘道人招魂歌》，与杜甫《同谷七歌》章法相近。南归后写的山水诗，偶有明快之趣。还有些诗受江西诗派影响，意境幽窄。他的词前期描述宫廷生活，辞藻华美，典丽工致。后期词〔忆秦娥〕、〔满江红〕、〔莺啼序〕等，可与辛弃疾、陈亮等爱国词比肩，不事雕琢，直抒胸臆，眷怀故国，言辞情真。有《湖山类稿》5卷，《水云集》1卷。

汪曾祺 Wang Zengqi (1920-03-05～1997-05-16) 中国作家。江苏高邮人。1943年于西南联合大学中国文学系毕业后在昆明、上海等地当中学教员。1949年报名参加解放军南下工作团。1950年起先后在北京市文学艺术界联合会和中国民间文艺研究会任编辑。1958年被错划为“右派”，下放劳动。1962年调北京京剧团任编剧。曾参加现代京剧《芦荡火种》（后改名《沙家浜》）的编剧工作。“文化大革命”后曾当选中国作家协会理事、顾问等。

他1940年开始发表作品。1948年出版第一部作品集《邂逅集》。1963年出版第二部作品集《羊舍的夜晚》。从1980年开始，创作进入高潮，先后出版作品集十余部。有《汪曾祺文集》(4卷)、《汪曾祺全集》(共8卷)。他擅长写诗、小说、散文和京剧剧本，其中小说创作成就最为突出。创作受沈从文、A.P.契诃夫影响，风格平和疏放、朴素自然，自成一格。年轻时作品较“空灵”，后期作品趋于平实。

汪中 Wang Zhong (1744～1794) 中国清代学者、骈文家。字容甫。江都（今属江苏）人。乾隆四十二年(1777) 贡生，后绝意仕进。汪中私淑顾炎武。为经世致用之学，在哲学、史学、文学方面都有一定成就。所作骈文，在清代骈文中被誉为格调最高。抒情骈文善于“状难写之情，含不尽之意”，如《经旧苑吊马守真文》、《狐父之盗颂》、《黄鹤楼铭》、《汉上琴台之铭》、《先母邹孺人灵表》、《广陵对》、《自叙》等篇，无论叙事抒情，都能吸收魏晋六朝骈文之长，写得情致高远，意度雍容，而且用典属对，精当贴切。他的论学著作或阐明古书通例，或纠弹理学谬误，或表章周秦诸子之学，都是博学深思、独具卓见之作。著有《述学》6卷、《广陵通典》10卷、《容甫遗诗》6卷。近人古直选其若干骈文作注，名《汪容甫文笺》，有人民文学出版社本。

亡灵书 Kitāb al-Mawtā 古埃及新王国时期（始于第18王朝，约公元前16世纪）至罗马时代置于死者墓中的文集。又译死者之书。多写于纸草上，并附有彩色插图，是人们为死者亡灵在下界面临冥界审判和其他经历而准备的指南和备忘录。内容多为对神（太阳神拉或冥王）的颂歌、对恶魔的诅咒，以及对自己生前行为的陈述，为的是帮助死者顺利通过各种审问，越过险阻，获得再生。其中一部名为《阿尼的亡灵书》汇集了古埃及的大量诗歌（颂神诗、祈祷诗、劝诫诗、神话诗……）、歌谣、咒语、符箓、宗教礼仪等，全部内容可综合为27篇，计140章。亡灵书表达了古埃及人对生与死的概念，他们的信仰、习俗以及对生之欢乐的向往和渴求。它被认为是古埃及文学的汇编，是古埃及文学中最有代表性的作品。

亡阳证 yang depletion syndrome 人体阳气亡失的中医学证候。见于各种疾病的危重阶段。一般在高热大汗，或发汗太过，或吐泻过度，失血过多的情况下，导致阳气突然衰竭，特别是大汗容易导致亡阴与亡阳。慢性消耗性疾病的亡阳，多由于阳气的严重耗散，虚阳外越所致。亡阳证的临床表现为大汗淋漓，汗出如珠，畏寒蜷卧，四肢厥冷，精神萎靡，面色苍白，呼吸微弱，渴喜热饮，舌淡苔白，脉微细欲绝，或浮数而空。亡阳证较亡阴证在危急程度上更甚，危在旦夕，急当救治。治宜回阳固脱，方用独参汤、参附汤、回阳还本汤等。

亡阴证 yin depletion syndrome 人体阴液严重缺失所表现的中医学证候。可由高热，汗、吐、泻、出血或其他慢性消耗性疾病所致。临床表现为身体干瘪，皮肤皱折，眼眶深陷，唇干齿燥，精神烦躁或昏迷谵妄，汗出而黏，身热手足温，口渴而喜冷饮，呼吸气粗，唇干舌红，脉虚数无力或细数。亡阴证是十分危重的证候。由于阴阳互根，互相依存，阴竭则阳无所附而散越，故亡阴证往往会很快导致亡阳证，最终是阴阳离决，生命无存。故一旦出现亡阴证就应立即进行抢救。无论何种疾病，至亡阴阶段的临床表现、辨证要点及治疗方法均基本相同。治宜滋阴增液，或养津固气，方用生脉散。

王安 Wang, An (1920-02-07～1990-03-24) 美国实业家和电子工程师。出生于中国上海，卒于美国马萨诸塞州波士顿。1940年在上海交通大学获学士学位。1945年移居美国，1948年获哈佛大学应用物理学和工程学博士学位。在哈佛时期投身于计算机研究，1948年发明了磁芯存储器。1951年建立王氏研究室，1962年开发出第一套LINASEC电子排字系统。1964年研制成桌上电子计算机（又名LOCI桌上电脑），这是第一台能形成对数函数的计算机。1971年首次推出文字处理产品。1976年开发出第二代文字处理机。王安发明文字程序系统的许多基本部件，拥有专利约40项。

王安石 Wang Anshi (1021～1086) 中国宋代改革家，思想家，文学家。字介甫，号半山。江西临川（今江西抚州）人，世称临川先生。庆历二年(1042) 进士第四名及第。任地方官多年。王安石认为宋代社会贫困化的根源在于兼并。因此，在嘉祐三年(1058) 上宋仁宗的万言书中，要求对宋初以来的法度进行全盘改革，扭转积贫积弱的局势，立即实现对法度的变革。封建士大夫也把致国太平的厚望寄托于王安石，期待他能早日登台执政。由于深得神宗赏识，熙宁二年(1069)，王安石出任参知政事，次年，又升任宰相，开始大力推行改革。王安石明确提出理财是宰相要抓的头等大事，阐释了政事和理财的关系，并认为，只有在发展生产的基础上，才能解决好国家财政问题。执政以后，王安石继续发挥这一见解。在改革中，他把发展生产作为当务之急而摆在头等重要的位置。王安石虽然强调了国家政权在改革中的领导作用，但他并不赞成国家过多地干预社会生产和经济生活，反对搞过多的专利征榷，提出和坚持“榷法不宜太多”的主张和做法。在王安石上述思想的指导下，变法派制定和实施了一系列新法，从农业到手工业、商业，从乡村到城市，展开了广泛的社会改革。与此同时，王安石为首的变法派改革军事制度，以提高军队的素质和战斗力，强化对广大农村的控制；为培养更多的社会需要的人才，对科举、学校教育制度也进行了改革。变法触犯了大地主、大官僚的利益，两宫太后、皇亲国戚和保守派士大夫结合起来，共同反对变法。因此，王安石在熙宁七年第一次罢相。次年复拜相。复相后得不到更多支持，不能把改革继续推行下去，于熙宁九年第二次辞去宰相职务，从此闲居江宁府。宋哲宗元祐元年（1086），保守派得势，此前的新法都被废除。王安石不久便郁然病逝。

王安石在哲学思想方面，继承和发扬了老子的一些思想，是传统的朴素的辩证法思想，《洪范传》、《老子注》是他在这方面的主要著作，后者已经散佚。他的文章以论说见长，列于唐宋八大家。在诗歌方面，早年写了不少反映社会现实的诗篇。有集本传世，一是《临川先生文集》本，一是《王文公文集》本，两本都掺有他人的著作。王安石曾封于舒、荆，死后又谥为文，故也称为王荆公或王文公。

王安石变法 Wang Anshi's Reform 中国北宋王安石于宋神宗熙宁年间进行的改革。治平四年（1067）正月，宋神宗即位。神宗立志革新，熙宁元年（1068）四月，召王安石入京，变法立制，富国强兵，改变积贫积弱的现状。

王安石建立一个指导变法的新机构——制置三司条例司，条例司撤销后，由司农寺主持变法的大部分事务。吕惠卿、曾布等人参与草拟新法。这些新法按照内容和作用大致可以分为以下几个方面。

王安石变法失败后退居南京半山园

限制商人 供应国家需要和限制商人的政策，主要是均输法、市易法和免行法。

均输法 熙宁二年七月，颁行淮、浙、江、湖六路均输法。由发运使掌握六路的财赋情况，斟酌每年应该上供和京城每年所需物资的情况，然后按照“徙贵就贱，用近易远”的原则，“从便变易蓄买”，贮存备用，借以节省价款和转运的劳费。均输法夺取了富商大贾的部分利益，同时也稍稍减轻了纳税户的许多额外负担。

市易法 熙宁五年三月颁行。在开封设置市易务。市易务根据市场情况，决定价格，收购滞销货物，待至市场上需要时出售，商贩可以向市易务贷款，或赊购货物。后又将开封市易务升为都提举市易司，作为市易务的总机构。市易法在限制大商人垄断市场方面发挥了作用，也增加了朝廷的财政收入。

免行法 熙宁六年七月颁行。免行法规定，各行商铺依据赢利的多寡，每月向市易务交纳免行钱，不再轮流以实物或人力供应官府。

发展农业生产 调整封建国家、地主和农民关系的政策以及发展农业生产的措施，有青苗法、募役法、方田均税法和农田水利法。

青苗法 熙宁二年九月颁布。规定以各路常平、广惠仓所积存的钱谷为本，其存粮遇粮价贵，即较市价降低出售，遇价贱，即较市价增贵收购。其所积现钱，每年分两期，即在需要播种和夏、秋未熟的正月和五月，按自愿原则，由农民向政府借贷钱物。收成后，随夏、秋两税，加息2/10或3/10归还谷物或现钱。青苗法使农民在新陈不接之际，不致受“兼并之家”高利贷的盘剥，使农民能够“赴时趣事”。

募役法 熙宁四年颁布实施。募役法（免役法）规定由州、县官府出钱雇人应役。各州、县预计每年雇役所需经费，由民户按户等高下分摊。使原来轮流充役的农村居民回乡务农，原来享有免役特权的人户不得不交纳役钱，官府也因此增加了一宗收入。

方田均税法 熙宁五年颁行。规定每年九月由县官丈量土地，检验土地肥瘠分为五等，规定税额。丈量后，到次年三月分发土地账帖，作为“地符”。分家析产、典卖割移，都以现在丈量的田亩为准，由官府登记，发给契书。以限制官僚地主兼并土地，隐瞒田产和人口。

农田水利法 熙宁二年颁布。奖励各地开垦荒田，兴修水利，修筑堤防圩岸，由受益人户按户等高下出资兴修。在王安石的倡导下，一时形成“四方争言农田水利”的热潮。北方在治理黄、漳等河的同时，还在几道河渠的沿岸淤灌成大批“淤田”，使贫瘠的土壤变成了良田。

稳定封建秩序 巩固封建统治秩序和整顿、加强军队的措施，有将兵法、保甲法、保马法以及建立军器监等。

将兵法 作为“强兵”的措施，王安石一方面精简军队，裁汰老弱，合并军营；另一方面实行将兵法。自熙宁七年始，在北方挑选武艺较高、作战经验较多的武官专掌训练。将兵法的实行，使兵知其将，将练其兵，提高了军队的战斗力。

保甲法 熙宁三年颁行。各地农村住户，不论主户或客户，每十家（后改为五家）组成一保，五保为一大保，十大保为一都保，凡家有两丁以上的，出一人为保丁。农闲时集合保丁，进行军训；夜间轮差巡查，维持治安。保甲法既可以使各地壮丁接受军训，与正规军相参为用，以节省国家的大量军费，又可以建立严密的治安网，把各地人民按照保甲编制起来，以便稳定封建秩序。

改革教育制度 王安石等变法派还改革了科举制，整顿了各级学校，为社会培养需要的人才。

变法的影响 王安石变法以“富国强兵”为目标，从新法实施，到守旧派废罢新法，前后将近15年时间。在此期间，每项新法在推行后，基本上收到了预期的效果，各项新法也或多或少地触犯了中、上级官员、皇室、豪强和高利贷者的利益，最终被罢废。

王安忆 Wang Anyi（1954-03-06～ ） 中国作家。生于江苏南京，祖籍福建同安。1955年随母亲茹志鹃到上海定居。1970年赴安徽五河插队。1972年考入江苏徐州地区文工团。1978年调至上海中国福利会《儿童时代》杂志社。1980年入中国作家协会文学讲习班学习。历任上海作家协会副主席、主席，中国作协理事、主席团委员，全国政协委员等。

她1977年开始发表作品。1980年发表成名作《雨，沙沙沙》。主要作品有：长篇小说《黄河故道人》、《纪实与虚构》、《长恨歌》，中篇小说《流逝》、《小鲍庄》、《叔叔的故事》，短篇小说《鸠雀一战》，散文集《蒲公英》、《窗里窗外》，理论著作《故事和讲故事》、《心灵世界》等，1996年出版《王安忆自选集》（6卷）。

《本次列车终点》、《流逝》等写普通人的矛盾、苦恼、困惑和希望，《小鲍庄》、《小城之恋》、《荒山之恋》、《锦绣谷之恋》等探索历史文化和人性种种，《叔叔的故事》、《乌托邦诗篇》、《纪实与虚构》、《伤心太平洋》、《长恨歌》等纪实与虚构并置，或写现代都市的文化性格，或写现代男女的情感关系的作品，她的创作处于不断的发展和变化中，引起广泛的关注。其中《本次列车终点》、《流逝》和《小鲍庄》曾获全国优秀短、中篇小说奖。《长恨歌》获第五届茅盾文学奖。

王褒 Wang Bao 中国西汉辞赋家。字子渊。蜀资中（今四川资阳）人。生卒年不详，约卒于宣帝（前73～前49）晚年。工歌诗，善辞赋。宣帝提倡歌诗音律。王褒受益州刺史王襄推荐，被召入朝。不久，擢为谏议大夫。现存作品如《甘泉宫颂》等，皆歌功颂德之作。唯有《洞箫赋》较有特色，在描写音乐的赋作中，这是较早的一篇。赋的前半篇铺写江南竹林美景，辞藻华艳；后半篇写箫声，绘声绘色，笔触细腻。如赋中以人事人情喻箫声，自有新颖别致之处。此赋在当时颇有影响，篇中又颇多骈偶句，开魏晋六朝咏物骈体赋之端。《隋书·经籍志》有《王褒集》5卷，已佚；明代张溥辑有《王谏议集》，收入《汉魏六朝百三家集》。

王褒 Wang Bao (?～572至577) 中国北朝周文学家。字子渊。祖籍琅邪临沂（今属山东），生于建康（今江苏南京）。梁武帝时，官至秘书丞。简文帝时，迁安成郡守。侯景之乱后，元帝时任侍中，迁吏部尚书、左仆射。西魏攻克江陵，被掳送长安，颇受北周优遇，历仕明帝、武帝朝，累迁太子少保、小司空，出为宜州刺史，卒于任上。

王褒是北周仅次于庾信的重要作家。他擅为各类应用骈文。“建德以后，颇参朝议，凡大诏册，皆令褒具草”（《周书·王褒传》），对当时文风有一定影响。他的《与周弘让书》表达了羁旅他乡、怀念好友的愁思，感情真挚，凄婉动人，骈丽典雅，却自然流畅，是北朝骈文中的佳作。王褒的诗如在江陵所作乐府《燕歌行》，被时人称为“妙尽关塞寒苦之状”。但传诵之作大多是到北方后写的。如《渡河北》、《送别裴仪同》等都能把北方边塞景象和江南故国之思融合一体，情调悲凉，笔力遒劲，提高了北朝诗歌的水平，促进了南北诗风的交流。《隋书·经籍志》载《王褒集》21卷，已佚。明代张溥辑成《王司空集》1卷，入《汉魏六朝百三家集》。

王葆仁 Wang Baoren (1907-01-20～1986-09-12) 中国高分子合成和有机合成化学家。字爱予。生于江苏江都（今扬州），卒于北京。1927年南京东南大学化学系毕业后留校任教。1933年留学英国，1935年获伦敦大学帝国学院博士学位，应聘到慕尼黑工业大学任客籍研究员。1937年回国后任同济大学教授。1941年任浙江大学教授。1951年任中国科学院有机化学研究所研究员。1956年任中国科学院化学研究所研究员。1959年创办中国科技大学高分子系，并任教授。1980年当选中国科学院学部委员（院士）。中国高分子科学奠基人之一。指导研究成功有机玻璃、聚己内酰胺（锦纶）、几种有机硅高分子，并在国内首创尼龙9等。在理论上解决了聚酰胺化学反应动力学中国际上长期争论的反应级数问题。著有《有机合成反应》（上、下册，1981、1985），发表论文约70篇。

王弼 Wang Bi (226～249) 中国三国时期魏国玄学家，玄学贵无论的创始者之一。字辅嗣，山阳高平（今山东邹城西南）人。正始十年秋，遭疠疾亡，年仅24岁。据《隋书·经籍志》、《唐书·艺文志》记载，他的著作有：《老子道德经注》2卷，《周易注》1卷，《论语释疑》3卷，《王弼集》5卷，《周易大演论》1卷，《老子指略例》2卷等。此外，有流传至今的《周易略例》。《老子道德经注》、《周易注》、《周易略例》等是研究王弼思想的主要材料。现较为通行的王弼著作注释本有中华书局出版的楼宇烈的《王弼集校释》。

“以无为本”的理论体系 王弼哲学思想的根本观点是“以无为本”，“举本统末”。他的贵无论思想，是从《老子》“天下万物生于有，有生于无”的思想发展而来的。但是他主要强调“以无为本”，与宇宙万物生成论有很大不同，反映了玄学的理论特点。王弼在有无关系上，认为“无”是“有”的“本”、“体”。它由探讨现存万物如何生化，变为探讨万物存在的根据。王弼还认为，作为万有之宗的“无”，不能独立自明，必须通过“有”，从万物的存在上明了“无”是万物的“新由之宗”。

名教与自然的理论 王弼的观点是以自然为本，名教为末，主张顺自然之性而导入名教的规范。他的理论以调和名教与自然为出发点，但强调以自然为本。在社会政治观上认为“治众者至寡也”，维护君主、圣人的绝对统治地位。

玄学方法论 王弼的《易》学提倡领会玄旨的义理之学。他在《周易略例·明象》中提出了“寻言以观象”、“寻象以观意”、“得象而忘言”、“得意而忘象”的解《易》方法。这种“得意忘象”的方法是一种摈斥象数之学“存象忘意”的新的解《易》方法，是他建立“以无为本”理论体系所依赖的根本方法，具有普遍的玄学认知论和方法论意义。

王丙乾 Wang Bingqian (1925-06-26～) 中华人民共和国全国人民代表大会常务委员会副委员长。河北蠡县人。1939年参加革命。1941年加入中国共产党。1939年后任中共蠡县县委机关刻写员，冀中九地委收发员、研究员，冀中九分区白洋县委秘书。1945年后历任冀中九分区审计委员会秘书，冀中区审计委员会、财经办事处审计干事，冀中行署财政厅审计科科员，华北人民政府财政部审计处副科长。中华人民共和国建立后，任财政部审计处科长，预算司处长、副司长、司长。1970年后任财政部革委会副主任、党的核心小组成员、副部长。1977年后任财政部副部长、党组副书记、部长、党组书记。1982年当选中共十二届中央委员。1983年任国务委员。1987年当选中共十三届中央委员。1993年当选第八届全国人大常委会副委员长。

王秉诚 Wang Bingcheng (1902～1955) 中国四川评书艺人。本名刘玉声，号启蓍。重庆人。幼年曾读私塾10年，后在上海中国公学肄业。曾在重庆当过店员、科员、记者。1939年改以说演四川评书为业，更名王秉诚。创作并说演了反映重庆社会生活与风土人情的、包括几十篇不相连属的中短篇节目的《重庆掌故》，其中的代表性作品有《金竹寺在哪里》、《魁星楼的来源》、《丁三少爷》等。20世纪40年代，这些曲本在报刊上陆续发表，1948年结集出版。他的四川评书说演口齿清晰流利，台风潇洒雅致，语言表现力强。在艺术趣味上，他私淑成都清棚派四川评书名家钟晓凡，所说《七侠五义》和《小五义》等武侠节目，不重武打渲染，而以武书文说、情节细腻、语言生动见长，为清棚派四川评书在重庆的流传和发展开辟了新道路。

王勃 Wang Bo (650～676/684) 中国唐代诗人。字子安。绛州龙门（今山西河津）人。与杨炯、卢照邻、骆宾王以诗文齐名，史称初唐四杰。以神童之誉而授朝散郎。乾封元年（666）为沛王李贤的王府侍读。二年后因戏为《檄英王鸡》文，被高宗怒逐出府。随即出游巴蜀。咸亨三年（672），补虢州参军，因擅杀官奴当诛，遇赦除名。上元二年或三年，南下交趾探父，一说渡海溺水，惊悸而死。文学上，王勃崇尚实用。他主张文章要开物成务、立言见志，能甄明大义、矫正末流，反映国家兴衰大事。他对当时竞为雕刻、骨气都尽的文坛深表不满；抨击了“绮错婉媚”的上官体；提出了文学改革的要求。这些主张和他的清俊高华的作品对转变唐初文坛风气起了很大的作用。王勃诗现有80余首，多为五言律诗和绝句，其中以写离别怀乡之作较有名。代表作《送杜少府之任蜀川》，以“海内存知己，天涯若比邻”慰勉离别之人，意境开阔，一扫伤离惜别的低沉气息，为唐人送别诗名作。王勃的古诗仅有10余首，继承了乐府民歌传统，又能开拓新意境，展示了唐乐府的新面貌。赋和序、表、碑、颂等文，今存90余篇，多为骈体，但不乏佳作。《滕王阁序》在唐代已备受推崇，其中名句“落霞与孤鹜齐飞，秋水共长天一色”，更是脍炙千古。王勃的诗文，虽仍带有六朝“采丽竞繁”的色彩，但其风格清新明朗，已显示出唐代文学的崭新气象。王勃学术著作今存的仅有《黄帝八十一难经序》、《平台秘略论赞》。王勃文集今存主要的有明代张燮汇编的《王子安集》16卷，清代蒋清翊著的《王子安集笺注》20卷。另外，罗振玉也辑有《王子安集佚文》1册。王勃生平事迹见《旧唐书·文苑传》、《新唐书·文艺传》和《唐才子传》。

王粲 Wang Can（177～217） 中国汉魏间诗人。**建安七子**之一。字仲宣。山阳高平（今山东金乡县）人。出身于大官僚世家，天资聪颖，少有才名。17岁诏受黄门侍郎，因避乱乃不应召，离长安而往荆州事刘表，16年未受重用。刘表死，粲劝其子刘琮归附曹操。曹操任用粲为丞相掾，后官至魏国侍中。王粲的文学创作以诗赋见长。由于遭逢乱世，长期客居，他的诗赋中怀乡之情甚重，情调较为悲凉。诗以四言、五言为形，其中五言诗成就颇高，代表作有《七哀诗》三首、《从军诗》五首。《七哀诗》第一首“西京乱无象”作于诗人初离长安时在郊外所见难民弃子的惨状，具体描写了汉末战乱给国家百姓造成的深重苦难，“出门无所见，白骨蔽平原”，“路有饥妇人，抱子弃草间”，描绘出凄楚至极的时代惨剧。王粲赋今存20多篇，多为骚体。其中《登楼赋》最为有名，寄情于景，简洁明快，构成其鲜明的艺术特色，在抒情小赋的发展中占一席地位。王粲的诗赋以抒情为主，感情真挚，辞采秀美。明代张溥集有《王侍中集》1卷，收入《**汉魏六朝百三家集**》。

王昌龄 Wang Changling（?～约756） 中国唐代诗人。字少伯。京兆长安（今陕西西安）人。早年贫贱。开元十五年（727）登进士第，任秘书省校书郎。与**李白**及当时边塞诗派、田园山水诗派的主要人物过往甚密，唱酬不断。曾到过西北边塞。开元二十二年，中博学鸿词科，授汜水县尉。二十七年，被贬岭南，途经襄阳，**孟浩然**有诗相送；经岳阳，有诗送李白。次年回长安，又出为江宁县丞。数年后贬为龙标县尉。世称王江宁或王龙标。李白有诗遥寄。安史乱起，由贬所赴江宁。为濠州刺史闾丘晓所杀。王昌龄诗生前已负盛名。他擅长七言绝句，以之与李白并称，人称诗家天子、七绝圣手。其绝句长于抒情，善于心理刻画，能以典型的情景、精练的语言表现丰富的内涵，意味浑厚深长。现存王昌龄诗180多首，五七言绝句几乎占了一半。他的七言绝句以写边塞、从军为最有名，如《从军行》“青海长云暗雪山”、《出塞》“秦时明月汉时关”，意境开阔明朗，情调激越昂扬，文字洗练，音调铿锵。尤其后一首，

王昌龄诗《望月》插图（原载明万历集雅斋刻本《六言唐诗画谱》）

深入浅出，寓意深沉，被誉为唐人七绝压卷之作。一些反映“边愁”的诗，也是悲凉慷慨，沉深含蓄，使人回味无穷。另有一部分描写妇女寄怀友人的诗作。今存《王昌龄集》2卷，《王昌龄诗集》3卷，《全唐诗》编录其诗为4卷。

王充 Wang Chong（27～约97） 中国东汉哲学家、思想家、文学批评家。字仲任，会稽上虞（今属浙江）人。出身“细族孤门”，少年时曾到洛阳**太学**学习。他博览群书又不守章句。担任过地方官员，因与上司不合而辞官还家，潜心著述。著作有《讥俗》、《政务》、《**论衡**》、《养性》等书，现仅存《论衡》。

在天道观上，王充用天地表示整个自然界，认为天地之间充满**元气**，元气交感产生万物，驳斥了“**天人感应**”说和谶纬迷信的“祥瑞”说、“谴告”说。关于形神关系，指出人的精神不能离开形体单独存在。在认知论上，否认“生而知之”，强调学以求知。他提出“实知”、“效验”的观点，认为实效、事实是检验认知是否正确的标准，指出圣贤的言行也不都是正确的。王充还较全面地阐述了逻辑学中的论证问题，肯定“推类之知”在认识中的作用。在人性和教育的关系上，既认为人性善恶与人禀受的气有关；又强调后天教育对人“性行”的决定作用。王充的伦理思想重视功利，同时肯定道德的社会作用，认为治国必须以德为主。他强调人民群众的物质生活对于社会道德状况的制约作用。在历史观上，反对崇古非今，认为历史是不断发展的，后起的朝代较之已往的朝代总是后来居上。在文学理论方面，强调“真”是“美”的基础，主张文章的内容必须真实，反对描写虚妄的迷信内容；认为文章应有利于社会教化；强调文章的内容和形式必须统一，反对“华伪”之作；注重独创精神，反对模拟因袭；提倡文章语言的口语化，反对古奥艰涩的文风。

王充在中国思想史上占有重要地位。他对古代哲学中天人关系、形神关系问题作出了新的回答；在认知论、历史观方面的探索，为后起的哲学开拓了思路；对谶纬神学和天人感应论的尖锐批判，推动了中国古代理论思维的发展。王充的思想也有一定的局限性，如用元气理论直接说明社会现象；不了解造成人们等级差别的社会原因，甚至用骨相解释人的富贵贫贱。

王重阳 Wang Chongyang（1112～1170） 中国金代道士。**全真道**创始人。原名中孚，字允卿。后改名世雄，字威德。入道后，改名嘉，字知明，号重阳子。祖籍陕西咸阳大魏村，出生于庶族地主家庭，后迁终南县刘蒋村。幼好读书，后入府学，中进士，系京兆学籍。金天眷元年（1138），应武略，中甲科。47岁时，深感“天遣文武之进两无成焉”，辞职入道，隐栖山林。金正隆四年（1159），弃家外游，自称于甘河镇遇异人授以内炼真诀，悟道出家。金大定元年（1161），在南时村挖穴作墓，取名“活死人墓”，又号“行菆”，自居其中，潜心修持两年。三年（1163），功成丹圆，迁居刘蒋村。七年（1167），独自乞食，东出潼关，前往山东布教，建立全真道。

王重阳长于以诗词歌曲劝诱士人，以神奇诡异惊世骇俗。在山东宁海等地宣讲教法，先后收马钰、孙不二、谭处端、刘处玄、**邱处机**、郝大通、王处一为弟子（后世称此七人为全真教七真人），分别于宁海、文登、福山、登州、莱州、掖城设立会堂，发展信徒，建立了全真教团。十年（1170）携弟子马钰、谭处端、刘处玄、邱处机四人返归关中，卒于开封途中。葬于终南刘

蒋村故庵（今陕西户县祖庵镇）。

王重阳主张儒、释、道三教平等，三教合一，提出“三教从来一祖风”的融合学说。全真道内以《道德经》、《孝经》、《般若波罗蜜多心经》为必修经典，认为修道即修心，除情去欲，存思静定、心地清静便是修行的真捷径。所以，全真道不崇尚符箓，不事黄白炼丹之术。其死后3年间，全真道传教范围波及关中、河南、河北、山东大部分，信徒遍于社会上下各阶层。金章宗赐其庵名为灵虚观，元太宗加封为重阳万寿宫（即重阳宫），全真道尊为祖庵或祖庭。著有《重阳立教十五论》、《重阳全真集》等。

王宠 Wang Chong (1494～1533) 中国明代书法家。字履仁，后字履吉，号雅宜山人。吴县（今江苏苏州）人。王宠生活于弘

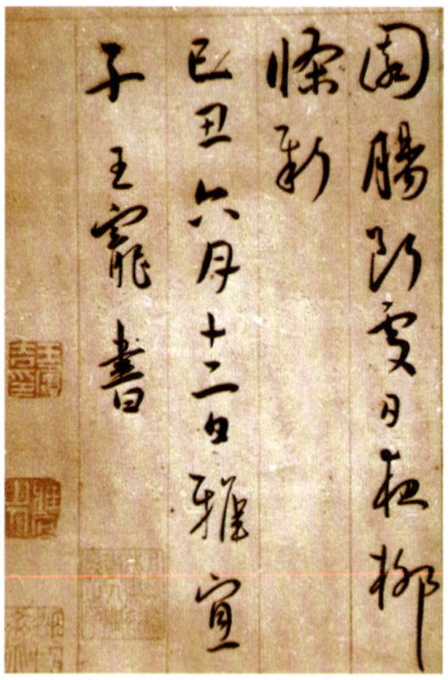

《草书杂诗卷》（局部）

治至嘉靖年间，正值吴门地区书法创作鼎盛时期，他与祝允明、文徵明并称吴中三家。其行书和草书一反明代放浪不羁的风格，以沉着的笔触从容书写，形成古拙典雅的风格，在明代别树一帜。小楷则用笔圆转、淳厚，结构上竭力避免笔画的交叠，在古朴中见空灵。又工篆刻，与文彭齐名。

王宠惠 Wang Chonghui (1881～1958-03-15) 中华民国时期高级外交、司法官员。字亮畴。广东东莞人。生于香港，卒于台北。1901年起留学日本、美国，获耶鲁大学法学博士学位。1911年加入中国同盟会。1912年1月任南京临时政府外交总长。3月任唐绍仪内阁司法总长。6月与同盟会阁员同时辞职。1921年10月被派为北京政府全权代表，出席华盛顿太平洋会议。1922年9月在直系军阀吴佩孚派的支持下改组内阁，署理国务总理，但很快被曹锟派逼下台。1923年当选为海牙常设国际法庭正法官。1928年8月出任南京国民政府委员、司法院院长。1931年再次当选海牙常设国际法庭正法官。1937年3月起任国民政府外交部长，一度代为主持行政院院务。抗日战争爆发后，以外交部长名义发表抗日声明。1941年改任国防最高委员会秘书长。1945年4月出席旧金山联合国宪章制宪会议。1946年拥蒋召开非法“国民大会”，并参与制定《中华民国宪法》。未久，再任司法院院长。1949年由香港转赴台湾。

王宠佑 Wang Chongyou (1879～1958-08-31) 中国有色金属冶金学家。广东东莞人。生于香港，卒于美国纽约。1899年毕业于北洋大学。1901年赴美学习采矿和地质，1904年获硕士学位。后又留学英国、法国、德国，获得博士学位。1908年回国后，为华昌公司在长沙建立中国第一个采用近代方法炼锑的锑厂，并任总工程师。曾任大冶铁矿矿长、华盛顿会议中国代表团顾问。世界最早的锑冶金专家之一。所写《锑》（英文版，1909）是世界上第一部关于锑的专著，1952年第3版，仍是世界上关于锑的权威著作。1943年和李国钦合著《钨》（英文版），在世界上也很有权威性。在美国取得关于锑、钨冶金技术的多项专利。世界上较早研究粉末冶金的专家之一。除冶金学著述外，他还有哲学、美食学和心理学方面的著作，还是一位书画收藏家。

王处直墓浮雕 Reliefs in Wang Chuzhi's Tomb 中国五代墓室雕塑。王处直墓位于河北省曲阳县西燕川村，为大型壁画墓，曾遭盗掘，1995年清理。由墓志可知，墓主人王处直生前为义武军节度使，卒于梁龙德三年（923）。

墓为石砌双室墓，浮雕置于前室的壁龛和后室的壁面间。前室壁龛浮雕为人物抱持十二生肖形象。高浮雕，汉白玉加彩绘。原有12件，现存6件为鼠、龙、马、鸡、蛇、羊。前室共有14个壁龛，除已知的十二生肖龛外，在南壁下部另有2龛，龛内有高1.13米的甲胄武士雕像。

后室浮雕2件，分别镶砌于东、西壁的南部下方，皆用汉白玉雕刻后彩绘。东壁浮雕为《奉侍图》，长1.36米，高0.82米，共雕14人，表现侍女手执各种日常生活用具服侍主人的场景。左下角的侏儒仅高0.28米，头梳双髻，双手垫布，捧持盘口细颈瓶。其余13个侍女分成3排，手持各种器皿。侍女肩披帔巾，腰系绦带，脚穿高头履，人物高约0.54米。这件以奉侍为题材的浮雕人物交错分布、主次分明，服饰、器具刻画具体，飘逸的衣裙使整个画面具有动

《散乐图》（局部）

感。西壁浮雕《散乐图》长1.36米、高0.82米、厚0.17～0.23米，由15人组成，表现乐队吹奏的热烈场面。右边第一人为女性，着男装，身高0.54米。右下角两侏儒，身高0.21米，双手执物。人物刻画逼真，尤其是击鼓、弹筝、吹笛者，雕刻家将其在演奏时的瞬间表情和动作真实地塑造出来，生动传神，表现了很高的艺术水平。

王处直墓浮雕在题材与刻绘方式上均与墓中的壁画布局相配合，图像主题属于整体设计的一部分。此墓壁画基本保存完好，以前室、耳室、后室的壁画内容最为丰富。题材涉及人物、山水花鸟和建筑装饰。充分展示晚唐、五代之际中原地区深厚的文化传统和艺术成就。

王船山 Wang Chuanshan (1619～1692) 中国明末清初思想家。王夫之的别称。

王大珩 Wang Daheng (1915-02-26～2011-07-21) 中国物理学家。祖籍江苏吴县（今苏州）。生于日本东京，卒于北京。1936年清华大学物理学系毕业。1938年留学英国，先后为伦敦帝国学院物理系应用光学和设菲尔德大学玻璃制造系研究生。专攻应用光学，由于发展新型精密折射仪获英国仪器制造协会第一届包温氏仪器发展奖金；研究光学玻璃新型号新配方，获西类镧系玻璃专利权。1948年5月回国后，先后任大连大学应用物理系教授、系主任，中国科学院长春光学精密机械研究所研究员、所长、名誉所长，长春光学精密机械学院院长，哈尔滨科学技术大学校长，中国科学院长春分院院长。1955年当选为中国科学院学部委员（院士）。

1981年当选为中国光学学会理事长、中国计量测试学会理事长。国际米制公约计量委员会（中国）委员。是中国光学事业奠基人之一。创办长春光学精密机械研究所。开创并发展了中国光学技术、光学计量、激光技术、光学玻璃、光学工程等领域的工作；研制了核试验用测量设备、导弹和卫星发射技术中的光学跟踪经纬仪以及卫星地面模拟太阳辐射试验设备等大型光学装备。他是中国“863”高科技项目的发起人和组织者之一。1999年，被授予“两弹一星功勋奖章”。

王丹凤 Wang Danfeng (1925-08-23～) 中国电影演员。原名王玉凤。祖籍浙江宁波。生于上海。1941年从影。因在《新渔光曲》中主演渔家女一角而成名。到1945年止，共拍了20多部影片。抗日战争胜利后，因在《青青河边草》中的表演受到好评。1948年去香港拍摄了《锦绣天堂》、《海外寻夫》、《琼楼恨》等片。1951年回上海，先后拍摄了《彩凤双飞》(1951)、《家》(1956)、《护士日记》(1957)、《春满人间》(1959)、《女理发师》(1962)、《桃花扇》(1963)、《儿子、孙子和种子》(1978)、《玉色蝴蝶》(1980)等影片。在这些影片中，她对人物的性格进行了细腻而有层次的刻画。

王导 Wang Dao (276～339) 中国东晋大臣。字茂弘，琅邪临沂（今山东临沂北）人。王衍族弟。西晋末年八王之乱时，曾参东海王司马越军事，早与琅邪王司马睿交好。永嘉元年（307），献策司马睿移镇建业（即建康），旋又都督扬、江、湘、交、广五州军事，实为江南最高军政长官。王导为其谋主，推心亲信，每事咨询。为提高司马睿的威望，王导竭力笼络江东士族，主动拜访江南首望顾荣、贺循，司马睿命他们参与军府政事。荣、循转相荐引纪瞻、周玘、张闿等名流。司马睿才得以站稳脚跟。王导外倚扬州刺史王敦的实力，内则利用荆扬晏安、户口殷实的经济条件，协同江南士族，希图一起“戮力王室、克复神州”。司马睿视王导为萧何，朝野号为仲父。建兴四年（316）刘曜攻陷长安，俘愍帝，西晋亡。建武元年（317）司马睿即晋王位，任王导为丞相军咨祭酒。次年，晋王称帝，百官朝贺，命王导升御床共坐，他再三固辞。进骠骑大将军、仪同三司。永昌元年（322）王敦于荆州举兵反晋，刘隗劝元帝诛灭王氏。王导带领昆弟子侄20多人，每晨入朝请罪，元帝无如之何。元帝卒，明帝即位，受遗诏辅政；明帝死，又与庾亮等同受遗诏共辅幼主成帝。苏峻起兵，建康被焚。平定后，温峤建议迁都豫章，江南士族要求都于会稽，王导主张镇之以静，力排众议。他为政宽简，对士族息事宁人，自奉较俭约，仓无储谷，衣不重帛。他历任元、明、成三帝丞相，稳定了东晋的偏安政权，形成南北对峙的局势。

王道 儒家重要的政治主张，指用道德感化人，行仁政。与霸道相对。春秋战国时期，随着王、霸之争，王道大抵为儒家所倡导，或成为儒家的代称。孟子认为王道就是“以德行仁”，用道德去感化人，使人心悦诚服。同时，孟子主张行王道首先满足民众基本的生理和生存需求，使人们“养生送死无憾”。荀子也认为王道在于争取民心，同时他主张行王道必须重礼、尚贤和讲求道义。

汉代的董仲舒把王道与天联系起来，他认为王贯通天、地和人，作为王就要效法天而施政于人，而天是仁慈的，因此，王道就是行仁政。宋代朱熹认为，王与霸的区别在于“仁义”。如果能够“行仁义而顺天理”，便是王道；以仁义之名来满足自己的“私欲”，便是霸道。“仁”的具体体现是“公”，仁与公施之于政，就是王道。孙中山认为：“东方的文化是王道，西方的文化是霸道；讲王道是主张仁义道德，讲霸道是主张功利强权；讲仁义道德，是由正义公理来感化人，讲功利强权，是用洋枪大炮来压迫人。”

王道作为一种政治理想，对现实社会中的君王有一定的制约作用。但在君主专制的社会中，王道成为君主专制的特定统治手段。

王德宝 Wang Debao (1918-05-07～2002-11-01) 中国生物化学家。生于江苏泰兴，卒于上海。1940年毕业于中央大学，1949年和1951年先后获美国华盛顿大学硕士和美国西部保留地大学博士学位。1955年起先后在中国科学院上海生理生化研究所、上海生物化学研究所工作。1980年被选为中国科学院学部委员（院士）。他是美国科学促进会会员、约翰斯·霍普金斯学会会员、促进生物学医学研究中法协会中方会员。中国生物化学学会第一、二届常务理事。

在美国期间，他对核酸代谢、辅酶A的结构和辅酶Ⅱ（$NADP^+$）的大量酶促合成等进行了研究，发现并纯化了几个与核酸代谢有关的酶，证实了辅酶A中存在3′磷酸单酯，建立了用酶法从辅酶Ⅰ（NAD^+）大量制备辅酶Ⅱ的通用方法，该法在很长的一段时间内为世界各生化药厂所采用。

他是中国核酸研究、生产和教学的开拓者之一。1961年建立中国第一个核酸研究室。60年代初，他和同事用自溶法生产4种5′核苷酸，并建立了中国第一个核苷酸车间。他编写了中国第一本核酸讲义。担任“酵母丙氨酸转移核糖核酸的人工全合成”研究学术组组长和“大片段合成和总装”会战组组长。1981年底合成与天然产物完全相同的核糖核酸。80年代以来，他坚持转移核糖核酸结构与功能关系和修饰核苷酸的生物功能等方面的研究。

发表论文百余篇，主要编写了《核酸——结构、功能与合成》（上、下册）和《转移核糖核酸——结构、功能与合成》。1996年获香港何梁何利基金科学与技术进步奖。

王德威尔得 Vandervelde, Émile (1866-01-25～1938-12-27) 比利时政治家，工人党领袖，第二国际社会党国际局主席。生于布鲁塞尔南郊伊克塞尔城，卒于布鲁塞尔。1894年起被选为议员。1900年以后成为比利时工人党议会党团领袖。代表工人党参加第二国际历次代表大会。从1900年9月起，第二国际在布鲁塞尔设立常设机构社会党国际局，他担任主席。1914年第一次世界大战爆发后，持社会沙文主义立场，公开支持帝国主义战争。8月4日被任命为国务大臣。1918～1937年，先后在资产阶级政府中担任司法、外交、不管和公共卫生部大臣。俄国十月社会主义革命后反对苏维埃俄国，致力于恢复第二国际。1923年被选为新成立的社会主义工人国际常务局委员和书记处书记。1930年8～10月来华访问，曾在北京大学、清华大学、北京师范大学发表演说。代表著作有《社会主义反对国家》(1918年巴黎法文版，1964年出版中译本）等，反对马克思主义国家学说。

王敦 Wang Dun (266～324) 中国东晋初权臣。字处仲，琅邪临沂（今山东费县东）人，士族出身，王导从兄，娶晋武帝司马炎女襄城公主为妻。早年任给事黄门侍郎，王衍荐为青州刺史。永嘉之乱，从琅邪王司马睿渡江，为扬州刺史、都督征讨诸军事、总征讨，与王导共同扶植司马氏的江东政权，时称“王与马，共天下”。消灭不从命的江州刺史华轶，镇压以杜弢为首的荆湘流民起义，以功加都督江、扬、荆、湘、交、广六州诸军事、江州刺史，封汉安侯，自选置刺史以下官吏，兼统州郡，贡赋入己。元帝即位后，拜侍中，大将军，江州、荆州牧。手控强兵，欲专制朝政。元帝司马睿惧而引刘隗、刁协等与之抗衡，并放免扬州地区的僮客组成军队，任命刘隗为镇北将军，戴渊为征西将军，名义上北讨石勒，实则防御王敦。永昌元年（322）正月，王敦以诛隗剪恶为名在武昌（今湖北鄂州）起兵，江南大族沈充也起兵响应。大败官兵于石头城（今江苏南京西清凉山），杀刁协、戴渊等，刘隗奔于后赵。朝廷以敦为丞相、江州牧，晋爵武昌郡公，还屯武昌。既得志，四方贡献多入其府，将相大臣悉出其门。兄弟子侄皆居要害，自领益、宁二州都督，并以官属留府建康，遥控朝政。当年元帝病死，明帝即位，被迫下手诏征敦入朝辅政。敦自武昌移镇姑孰（今安徽当涂），以王导为司徒，自领扬州牧，不久病重。太宁二年（324）明帝下令讨伐。王敦因病不能自将而以兄含为元帅，使钱凤等率兵三万攻建康，明帝亲率六军抗拒。敦病卒，含军崩溃。事平，发柩斩尸。

王铎 Wang Duo（1592～1652） 中国明末清初书法家。字觉斯、觉之，号十樵、嵩樵。河南孟津人。明天启二年（1622）进士。明亡入清，官至大学士，卒谥文安。明末书坛追求俊骨逸韵，王铎等人反其道而行之，以“敏而好古”为标帜，追求雄强、激烈的风格和对动荡的内心生活的表现。王铎行、草书均有很高成就，用笔沉着富有变化，粗犷豪放，不失法度。在结构方面，以奇险取胜，节奏对比强烈。对笔画结构十分敏感，创造出不少新的构成方式。兼画山水、兰竹。传世书法作品有《拟山园帖》、《琅华馆帖》等。

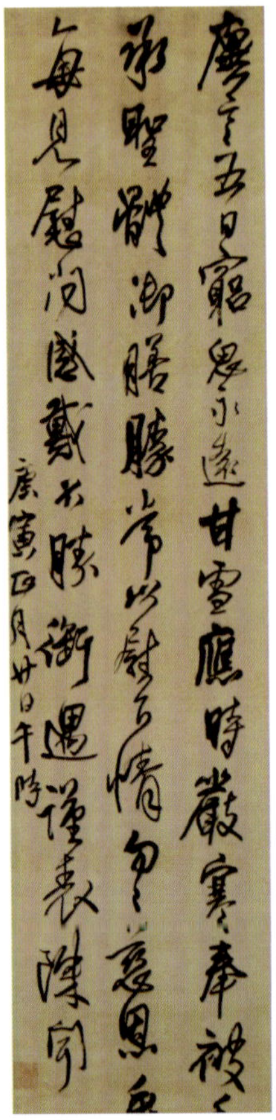

行草书（台北“故宫博物院”藏）

王恩茂 Wang Enmao（1913-05-19～2001-04-12） 中国无产阶级革命家，中国共产党和中国人民解放军政治工作领导者，全国政协副主席。江西永新人。卒于北京。

1930年加入中国共青团，同年转入中国共产党。历任永新县苏维埃政府文化部长、中共永新县委秘书长，中共湘赣省委书记任弼时秘书，红6军团政治部秘书长，中共湘鄂川黔省委、川滇黔省委秘书长。参加了长征。1937年后任八路军120师359旅政治部科长、旅政治部副主任、旅副政委，领导了南泥湾生产运动。1944年任八路军南下支队副政委、湖南人民抗日救国军副政委。1945年后任359旅政委、吕梁军区政治部主任，西北野战军第2纵队政治部主任、副政委，第一野战军第1兵团第2军政委兼党委书记。中华人民共和国建立后，历任中共喀什区委第一书记和喀什军区政委，中共中央新疆分局第一书记，新疆军区生产建设兵团第一政委，中共新疆维吾尔自治区委第一书记，新疆军区司令员，自治区政协主席，中共中央西北局书记等。1975年调任南京军区副政委。1977年后任中共吉林省委第一书记、沈阳军区副政委。1981年重返新疆工作，任中共新疆维吾尔自治区委第一书记和乌鲁木齐军区第一政委，自治区顾问委员会主任。1986年起当选为中国人民政治协商会议第六、七届全国委员会副主席。是中共第八届中央委员，第九届中央候补委员，第十一、十二届中央委员。

王尔德 Wilde, Oscar（1854-10-16～1900-11-30） 英国剧作家、诗人。生于爱尔兰都柏林，卒于法国巴黎。1871～1874年先后入都柏林三一学院和牛津麦格达伦学院学习。

他在1891年出版的长篇小说《道林·格雷的肖像》的序言和论文集《意图》中，阐述了他“为艺术而艺术”的主张：不是艺术反映了现实，而是现实反映了艺术；现实是丑恶的，只有美才有永恒价值；艺术家不应带有任何功利的目的，也不应受道德标准的约束。在19世纪80年代唯美主义风行一时的伦敦，王尔德惊世骇俗的见解、机智锋利的谈吐和奇装异服引起了广泛的兴趣，成为英国文学史上唯美主义代表人物。

早期作品童话故事《快乐王子》（1888）流露了消极、悲观的思想。长篇小说《道林·格雷的肖像》把哥特式小说的神秘氛围和法国颓废派小说的罪恶描写结合在一起，叙述了一个在唯美和享乐思想引导下纵情恣欲、自取灭亡的故事。短篇小说集《亚瑟·萨维尔勋爵的罪行》（1891）中的作品，继续讴歌不顾一切地追求肉体享乐。他的这一思想在独幕诗剧《莎乐美》（1892）中达到极致。

1895年2月，王尔德和他的密友《莎乐美》的英译者A.道格拉斯的关系触怒了后者的父亲，王尔德被控为“鸡奸者”而遭逮捕审讯。1897年5月王尔德刑满获释，形神交瘁，随即去了法国，试图继续写作，但留下的唯一作品就是诗集《里丁监狱之歌》（1898）。

王尔德的全部文学创作中最有成就的是他的戏剧，尤其是他的4部社会喜剧，即《温德梅尔夫人的扇子》（1892）、《无足轻重的女人》（1893）、《理想丈夫》（1885）和《认真的重要》（1895）。《认真的重要》被他称之为“有点闹剧性的喜剧”，人物刻画生动、妙趣横生。

王尔德的每一部社会喜剧都在某种程度上反映和批判了维多利亚时代的伪善，创造了一种不同于19世纪其他喜剧模式的新型喜剧。同时，王尔德还发表了一些散文作品，如《说谎的堕落》（1889）和《社会主义下的人的灵魂》（1891），表露了他对乌托邦理想社会的幻想。

王芳 Wang Fang（1920-09～2009-11-04） 中华人民共和国国务院国务委员。山东新泰人。卒于杭州。1938年加入中国共产党。历任八路军鲁中军区保卫部部长，山东军区独立旅政治部主任，第三野战军纵队组织部部长，兵团保卫部部长。中华人民共和国建立后，历任杭州市公安局局长、浙江省公安厅厅长，浙江省副省长，中共浙江省委副书记兼政法委员会书记，浙江省第五届人大常委会副主任，中共浙江省委书记。1987～1990年任公安部部长，1987～1991年兼任中国人民武装警察部队第一政委。1988～1993年任国务院国务委员，1983年当选为中共十二届中央委员，1987年当选为中共中央顾问委员会委员。中共十四大代表，十五大特邀代表。

王峰 Wang Feng（1928～2000） 中国杂技事业家。原名王建疆，字仲域。山东潍坊人。1948年考入华东新闻干部学校，曾供职于

上海市军管会新闻出版处、上海市文化局。1959年末调上海杂技团。1990年当选为世界马戏学校联合会副主席。在担任上海杂技团领导期间，与全团协同努力，创建了上海杂技场和马戏队。“文化大革命”后，领导创演的《上海熊猫马戏》享誉海内外。又白手起家创办了上海马戏学校。他先后16次带团出访日、英、美、法、苏等国，为中外杂技的沟通，为中国杂技走向世界作出了贡献。著有《马戏——没有边疆的世界》文集。为杂技电影故事片《飞燕曲》、《姣姣小姐》编剧之一。由于他对中国杂技事业的卓越贡献，1992年中国杂技家协会授予他中国杂技界的最高荣誉奖——百戏奖。

王凤 Wang Feng (?～前22) 中国西汉外戚和权臣。魏郡元城（今河北大名东）人。元帝皇后王政君之兄。永光二年（前42）嗣父爵为阳平侯。成帝即位后，以元舅任大司马大将军，领尚书事。为了巩固权位，着力排除异己，进而挟持皇帝。京兆尹王章劾奏王凤，并荐冯野王以代之。王凤闻讯，以辞职相要挟，成帝只得命尚书劾奏王章，诬以大逆罪，结果王章死于狱中，公卿为之侧目。河平二年，王凤诸弟谭、商、立、根、逢同日封侯，世称五侯。王氏子弟也被任为卿大夫、侍中、诸曹，郡国守、相、刺史皆出其门。王氏诸侯争为奢侈，后庭姬妾各数十人，僮奴以千百数。王氏“群弟世权，更持国柄”，最后促成王莽代汉，加速了西汉王朝的灭亡。阳朔三年（前22）病死。

王夫之 Wang Fuzhi (1619～1692) 中国明末清初思想家。湖南衡阳人。字而农，号姜斋，中年别号卖姜翁、壶子、一壶道人等。晚年隐居湘西蒸左石船山，自署船山老农，船山遗老、船山病叟等，学者称船山先生。

生平与著述 出身于没落地主知识分子家庭。自幼遍读群经。清军入关后，力主抗清，后失败投奔南明。为弹劾权奸事，险遭残害，经营救脱险，逃归湖南，入隐耶姜山。南明亡后，更名隐居，潜心著述。王夫之博通经学、小学、子学、史学、文学、政法、伦理等诸学，兼通天文、历数、医理、兵法及至卜筮、星象之学，且留心当时已传入的西学。其著述传世的有73种，401卷，散佚的约20种。主要哲学著作有《周易外传》、《周易内传》、《尚书引义》、《张子正蒙注》、《读四书大全说》、《诗广传》、《思问录》、《老子衍》、《庄子通》、《相宗络索》、《黄书》、《噩梦》、《续春秋左氏传博议》、《春秋世论》、《读通鉴论》、《宋论》等。

“太虚一实”的本体论 王夫之继承张载的“气”论，认为宇宙除“气”以外，更无他物。“太虚，一实者也”，即“气”是一种实体，“气”之“实”又是“实有”的，“从其用而知其体之有”。在理气关系上，他认为“理依于气”，“气”是“实有”的体，“理”是“气”的规定、规律。在道器关系上，王夫之认为“无其器则无其道”，道在器中，实存的只是器，“天下惟器而已矣”。

“太虚本动，天地日新”的动静观 王夫之提出“物动而已”，宇宙万物是动以入动，没有停止、间断，在这种不间断的动中，世界生生不息。与传统儒家、道家重“静”说不同，他强调“动”是“恒”，“静由动得”。他发展了张载的气化论思想，强调“天地之化日新”，事物是“推故而别致其新”而“实有”的。事物是生生日新的存在。作为事物动因的阴阳二气是合分相即、即分即合的。

“因所以发能、能必副其所”的知识论 “所”指知识活动的对象，“能”则是知识活动主体功能，二者的关系是“因所以发能”，“能必副其所”。在知行关系问题上，王夫之认为“行可兼知，而知不可兼行”。行中有知而知可以相对独立，不与行相比肩。他从现实经验层面上强调“行”的重要性。同时又强调知行是互为条件的。

“理势合一”的历史观 王夫之认为历史的发展“只在势之必然处见理”，是有自己的法则和必然性、规律性的。“势”是一定如此，不可逆转的趋势，“理”是规律性。他认为“理”与“势”是不可分的，二者相辅相成，是“理成势”、“势成理”的关系。王夫之尤其强调在“民心之大同”处见“理”、“势”。认为民是历史“理”、“势”的载体，继而提出“重民”、“畏民”的主张。

“有欲斯有理”的伦理思想 王夫之认为“性者生理也”，人的生命生活本身就是性之所在，包括人的生理、心理欲望等。他认为人的道德义理与物质欲望不可以分为两截，必须“珍生”、“贵义”相一致，义与生的任何断裂，都不是真实的“性”。王夫之还认为人之性是“日生日成”的。

“内极才情，外周物理”的美学思想 王夫之认为美是才情与物理的统一，诗艺之人要发明才情以内极之，又要用于外物之理，使二者融于一炉，浑然一体，从而“体物而得神”。

王夫之是他所处时代思想的集大成者，他的学说具有丰富的内容、邃远的深度和鲜亮的时代气息，在中国思想史上具有重要地位，对中国近代产生了很大影响。

王绂 Wang Fu (1362～1416) 中国明代画家。一作芾，又作黻，字孟端，后以字行，号友石生。江苏无锡人。永乐元年以善书法供职文渊阁，官至中书舍人。他的书法出入晋宋之间。山水、墨竹及人物画吸取宋元诸家画法，形成自己风格。山水画有繁简两种画法，繁笔线条较长，转折灵活，多用中锋。简笔则干笔、偏锋、皴擦并用。墨竹画灵活稳健，含有书法特长。为人性情孤高，气度潇洒，常在酒后作画。不轻易为人落墨，对用金钱、财帛索画的商人更拒之门外，故传世作品不多。现存山水画有《山亭文会图》、《隐居图》等，墨竹有《雨竹图》。《山亭文会图》绘文人聚会情景，树木郁茂，境界幽远，笔法雄厚。

《山亭文会图》（台北“故宫博物院”藏）

王符 Wang Fu (85?～163?) 中国东汉哲学家，政论家。字节信。安定临泾（今甘肃镇原）人。年少好学，出身寒微，与马融、张衡等友善，性耿直，与世俗不合，不得升迁，愤懑不平，终生隐居，发愤著书30余篇，因不愿显名于世，故书名曰《潜夫论》。全书以《赞学》始，以《五德志》叙帝王世系、《志氏姓》考谱牒源流而终。其余诸篇分题论述封建国家的用人、行政、边防等内外统治策略和时政弊端，兼及批评当时迷信卜巫、交际势利等社会不良风气。《文心雕龙》归之“诸子”，《隋书·经籍志》入于“儒家”。在文学上，王符主张文章以载“教训”，要“遂道术而崇德义”，批评当时学者“好语虚无之事，争著彫丽之文，以求见异于世”；认为诗赋应“颂善丑之德，泄哀乐之情”，要“温雅以广文，兴喻以尽意”，批评当时文人“苟为饶辩屈蹇之辞，竞陈诬罔无然之事，以索见怪于世”（《务本》）。《隋书·经籍志》著录10卷，今存。有清人汪继培《潜夫论笺》。

王府井大街 Wangfujing Street 中国北京步行商业街。位于市中心地带。北起五四大街，南至东长安街，长1 797米。大街两侧有东方广场、北京市百货大楼、新东安市场、王府井书店、华侨大厦、首都剧场等。为北京市主要商业区之一。明朝时期，这里建有10个王府和3个公主府，故称为王府大街。清光绪三十一年（1905）重新厘定地名，因街上有一眼甘洌甜美的水井，遂定名为王府井大街。

王富洲 Wang Fuzhou (1935～) 中国登山运动员。河南西华人。1958年北京地质学院毕业，同年参加中国登山队。先后登上苏联境内的列宁峰（7 134米）、中国境内的慕士塔格山（7 546米）和希夏邦马峰（8 027米）。1960年中国登山队首次从北坡攀登世界最高峰珠穆朗玛峰时，他担任突击组长，与贡布、屈银华一起，于5月24日上午9时30分从8 500米的突击营地出发，突击顶峰。到达8 800米附近，已天黑。为了争取时机，赶在坏天气到来之前登上峰顶，王富洲等3人坚持夜间行军，终于在25日凌晨4时20分登上峰顶，首创从北坡攀登珠穆朗玛峰的世界纪录。1975年任攀登珠穆朗玛登山队政委，组织9名男、女运动员登顶成功。后任中国登山协会主席。

王淦昌 Wang Ganchang (1907-05-28～1998-12-10) 中国物理学家。生于江苏常熟，卒于北京。1929年毕业于清华大学。1930年赴德国，入柏林大学，1934年获博士学位。历任山东大学物理学系教授，浙江大学物理学系教授、系主任，中国科学院近代物理研究所研究员、副所长。曾任苏联杜布纳联合核子研究所研究员、副所长，第二机械工业部（核工业部）研究院副院长，1978年后任副部长，兼任原子能研究所所长、研究员。1982年任科学技术委员会副主任。1955年当选为中国科学院学部委员（院士）。曾任中华人民共和国科学技术协会副主席、中国物理学会副理事长、中国核学会理事长。主要从事实验物理学、理论物理学等方面的科学研究。早年进行粒子物理学的探索，提出用云室来研究高能射线性能的新方法。20世纪40年代初提出通过轻原子核俘获K壳层电子释放中微子时所产生的反冲探测中微子。发现了反西格马负超子（见奇异粒子），首次在高能π介子核反应中观察到有粒子产生、衰变和衰变产物湮灭等完整图像，其成果获中国自然科学奖一等奖。首次观察到在基本粒子相互作用中产生的带奇异夸克的反粒子。领导并亲自参加中国第一颗原子弹和第一颗氢弹等核武器的研究试制，为中国原子核科学技术的发展作出了突出贡献。在高能物理、宇宙线、等离子体物理、受控热核反应等方面取得多项重要研究成果。1964年独立于苏联N.G.巴索夫提出利用激光惯性约束产生核聚变的设想，并组织进行了这方面的实验研究工作。晚年，他主要从事惯性约束聚变研究，并且为中国核电站的建设奔走呼吁。他是“863”高科技项目的发起人和组织者之一。1999年被追授“两弹一星功勋奖章”。

王赣骏 Wang, Taylor (1940-06-16～) 美国物理学家，第一位美籍华人航天员。祖籍中国江苏盐城，生于江西南昌。1963年在美国加利福尼亚州立大学洛杉矶分校物理系学习。1971年获物理学博士学位。1972年在美国国家航空航天局下属的喷气推进实验室工作。1976年提出的“零重力液滴状态研究”太空实验课题，后被选为航天飞机上的科学实验项目。1985年4月29日至5月6日，王赣骏和其他6名航天员乘坐“挑战者”号航天飞机进行了太空飞行。飞行期间，他用自己设计的液滴动力测定仪研究了液滴在失重状态下的形态。

王刚 Wang Gang (1942-10～) 中国共产党中央政治局委员，全国政协副主席。吉林扶余人。1971年6月加入中国共产党。1967年9月毕业于吉林大学哲学系哲学专业。1968年后历任建工部七局八公司宣传科干事、政治部宣传处干事。1977年任中共新疆维吾尔自治区党委办公厅秘书。1981年任中共中央对台办公室正处级秘书。1985年后任中共中央办公厅、国务院办公厅信访局副局长、党委书记。1990年后任中央档案馆常务副馆长、馆长，国家档案局局长，中共中央办公厅副主任、主任，中共中央直属机关工委书记。2002年11月任中共中央政治局候补委员、中央书记处书记，中央办公厅主任，中央直属机关工委书记。是中共十五届中央候补委员，十六届、十七届中央委员，十七届中央政治局委员，全国政协十一届副主席。

王艮 Wang Gen (1483～1541) 中国明代心学家，泰州学派的创立者。字汝止，号心斋。泰州安丰场（今江苏东台）人，王阳明弟子。由于受教育条件有限，他为学不泥传注，注重体认，“信口谈说”。王艮授徒讲学独树一帜，开创了独具特色的泰州学派。他讲学的对象是若农若贾的平常百姓，在下层民众间影响很大。王艮认为“百姓日用即道”，强调“愚夫愚妇，与知能行便是道”，圣人之道，并无异于百姓日用。故王艮教人，则在使人认识到“百姓日用即道”，并在日用之中来学习和体会圣人之道。在道德修养上，王艮强调“安身立本”。提出有名的“淮南格物说”。他以格物之“格”就是格式之“格”，即所谓“絜矩”。我身是个矩，天下国家是个方，用身之矩量度天下国家之方，便知方之不正是由于矩之不正。所以只可去正矩，不必在方上求。矩正则方正，方正则成格。王艮的主要著作有《明哲保身论》、《乐学歌》、《格物要旨》、《勉仁方》等，后人编为《明儒王心斋先生遗集》。

王公淑墓壁画 Mural in Wang Gongshu's Tomb 中国唐代墓室壁画。1991年在北京海淀八里庄发掘。据墓志记载，此墓是王公淑夫人吴氏的墓，王公淑卒于大中二年（848），大中六年合葬吴氏墓中。墓室壁画大部分剥落，从残余部分看，东、西、南三面壁画主要表现家居生活，是早期唐代壁画的延续；北壁则是通景式的《牡丹芦雁图》，画面中央是一株硕大的牡丹，由根部向上枝叶繁茂，枝头有9朵盛开的牡丹花。绘画采用勾勒填色法，以黑线勾出轮廓，用绿、红色晕染出深浅不一的实体，层次分明，有立体感，显得茁壮茂盛。牡丹的东西两侧花丛下有两只雁，牡丹的右上角有两只飞舞的蝴蝶，花纹艳丽，给画面增添了动感。墓顶部虽然已坍塌，但从塌下的砖面看，墓顶也绘有彩画，具体内容不得而知。王公淑墓北壁保存大幅完整的花鸟画在晚唐墓葬壁画中并不多见，对于研究唐代花鸟画具有重要的实证意义。

王光祈 Wang Guangqi（1892-08-15～1936-01-12） 中国音乐学家、社会活动家。字润玙，笔名若愚。生于四川温江（今成都温江区），卒于德国波恩。1908年进成都高等学堂分设的中学堂，1912年毕业。1914年到北京，入中国大学攻读法律，同时任职于清史馆，并先后兼任成都《四川群报》驻京记者和北京《京华日报》编辑。1918年与李大钊、曾琦等发起组织“少年中国学会”，并任执行部主任。1919年在陈独秀、蔡元培、李大钊等支持下，创建了工读互助团。1920年赴德国留学，学习德文和政治经济学，1922年起改学音乐。1923年在柏林某音乐学校学习小提琴和音乐理论，1927年入柏林大学攻读音乐学。1932年起任波恩大学中文讲师。1934年以论文《中国古代之歌剧》（今译《论中国古典歌剧》），获波恩大学博士学位。

王光祈自1923年起，陆续写作出版音乐专著20多种。他主张一面先行整理古代音乐，一面辛勤采集民间流行的谣曲，然后再利用西洋音乐的科学方法，创造出“可以代表‘中华民族性’的国乐”。为此，他将西洋音乐写成专著和论文，向国人介绍。这方面的著作主要有《德国人的音乐生活》（通讯10篇）、《德国音乐教育》、《欧洲音乐进化论》、《西洋音乐与诗歌》、《西洋音乐与戏剧》、《德国国民学校与唱歌》、《西洋乐器提要》、《西洋制谱学提要》、《音学》、《对谱音乐》、《西洋名曲解说》和《西洋音乐史纲要》等。同时他认为国乐“必须吾人自行创造”，而“不能强以西乐代庖”，表现出强烈的爱国主义精神。为此，他最先系统地采用比较音乐学的方法，将中国音乐和某些东方民族的音乐同西洋音乐进行比较研究，提出把世界各地区的乐制分为“中国乐系”（五声体系）、“希腊乐系”（七声体系）和“波斯阿拉伯乐系”（四分之三音体系）三大体系的理论；他还对中国历代乐律史料作了初步的整理，提出不少有价值的见解。这方面的著作主要有《东西乐制之研究》、《中国乐制发微》、《中西音乐之异同》、《东方民族之音乐》、《翻译琴谱之研究》、《中国诗词曲之轻重律》和《中国音乐史》等。其他论著尚有关于国防、外交、政治、戏剧、美术的译作19种，《王光祈旅德存稿》2卷，以及散见于中外报章书刊的文章、通信数十篇。

王光英 Wang Guangying（1919-08-26～ ） 中华人民共和国全国人民代表大会常务委员会副委员长，中国人民政治协商会议全国委员会副主席。生于北京。1938年入北平辅仁大学化学系学习，毕业后留校任助教。1943年任天津近代化学厂厂长，1949年起兼任天津利生针织厂厂长、天津市工商联秘书长。1956年后任天津针织品织造公司经理，天津市工商联副主任委员兼秘书长，中华全国青年联合会副主席，天津市政协副主席，中国民主建国会河北省委主任委员、天津市委主任委员，河北省工商联副主委、天津市工商联主委。1980年后任天津市国际信托投资公司副董事长兼总经理，天津市副市长，中国国际信托投资公司董事，中国光大（集团）有限公司、光大实业公司董事长兼总经理、名誉董事长，中国和平统一促进会会长。1983～1993年任全国政协第六、七届副主席，1993～2003年任第八、九届全国人大常委会副委员长。是民建中央第三届副主任委员；中华全国工商联第五、六、七届副主席，第八届名誉主席。

王国潼 Wang Guotong（1939～ ） 中国二胡演奏家。生于山东福山（今烟台）。曾就师于蒋风之等人，1963年毕业于中央音乐学院。他勤奋刻苦，博采众长，运弓刚健有力，豪迈而有气势，音色圆润，苍劲深沉。创作改编的作品有《怀乡曲》、《翻身歌》、《奔驰在千里草原》等曲，编著有《二胡曲九首及其演奏艺术要求》一书及《二胡练习曲》等基础教材。曾任中国广播民族乐团首席二胡，中央音乐学院民乐系主任、副教授。

王国维 Wang Guowei（1877-12-03～1927-06-02） 中国近代史学家、语言文字学家、文学家。字伯隅，又字静安，号观堂，又号永观。浙江海宁人。戊戌时，到上海《时务报》馆充校对，并入日本人执教的东文学社学习外文及近代科学。1901年秋，得罗振玉资助赴日留学。不久，以病归，相继在南通师范学堂及江苏师范学堂任教，并编译《农学报》与《教育世界》杂志。1906年随罗振玉入京。次年任学部总务司行走。这期间，他对哲学、文学有浓挚的兴趣，潜心词曲，作有《人间词话》。辛亥革命爆发后，随罗振玉逃亡日本，专事甲骨文及汉简的研究，与日本学者多有往还。1916年回到上海，继续致力于甲骨文及古器物的研究。所著《殷卜辞中所见先公先王考》及《殷周制度论》影响甚大。所倡二重证据法，即以地下实物资料与历史文献资料互相印证的方法，对近代史学的进步颇有影响。1923年，被废帝溥仪召，充“南书房行走”。1925年被聘为清华研究院导师。除研究古史外，兼作西北史地和蒙古史料的考订。1927年在颐和园投昆明湖而死。一生著述甚丰，其主要著作结集为《海宁王静安先生遗书》。

王汉斌 Wang Hanbin（1925-08-28～ ） 中华人民共和国全国人民代表大会常务委员会副委员长。福建惠安人。1941年入缅甸仰光华侨中学学习，同年加入中国共产党。任中共仰光区委委员，缅甸华侨战时工作队队员。1942年入西南联大历史系学习，任中共支部委员。1946年在北平《平明日报》社任编辑，领导清华大学、北平师范大学等校中共地下党工作。1948年任中共北平地下党大学委员会书记。中华人民共和国建立后，历任青年团北京市委大学部部长，中共北京市委政治秘书，市委政策研究室副主任，市委第二办公室主任，市委候补委员。1958年起任中共北京市委副秘书长。“文化大革命”中受冲击。1975年后任北京市冶金机械厂革委会副主任、中国科学院政策研究室负责人。1979年任第五届全国人大法制委员会副主任兼秘书长、机关党组副书记，中央政法委员会副秘书长，宪法修改委员会副秘书长。1983年任第六届全国人大常委会秘书长、法制工作委员会主任、香港特别行政区基本法起草委员会副主任。1988～1998年当选为第七届、八届全国人大常委会副委员长、法律委员会主任、法制工作委员会主任，澳门特别行政区基本法起草委员会副主任。是中共十二、十三届中央委员，十四届中央政治局候补委员。

王翰 Wang Han 中国唐代诗人。一作王瀚。字子羽。并州晋阳（今山西太原）人。生卒年不详。睿宗景云元年（710）进士。曾任秘书正字、通事舍人、驾部员外郎、仙州别驾等职，最后贬为道州司马。他性格豪放不羁。今存其诗约14首，有数首七言歌行，咏叹古今，风华流丽，以《凉州词二首》最有名，尤其第一首“葡萄美酒夜光杯”，以豪放之情写军中生活，千古传诵。《全唐诗》录存其诗1卷，有13首。今人傅璇琮有《王翰考》。

王鹤寿 Wang Heshou (1909-04-19～1999-03-02) 中国无产阶级革命家，中国共产党纪律检查工作和冶金工业战线领导人。生于河北唐县，卒于北京。1925年加入中国共青团，同年转入中国共产党。1926年赴苏联莫斯科中山大学学习，1928年回国。历任共青团满洲省委组织部部长、省委书记，中共南满特委书记，共青团天津市委书记，中共河北省委组织部部长。1937年到延安，任中共中央组织部干部科科长。抗日战争胜利后到东北，任东北民主联军北安军区政委、中共龙江省委书记、中央东北局副秘书长、东北人民政府工业部部长。中华人民共和国建立后，历任国务院重工业部部长、冶金工业部部长、国家建委主任，中共鞍山市委第一书记兼鞍山钢铁公司党委书记。1962年当选为中共中央监察委员会候补委员。是中共八届候补中央委员，十一、十二届中央委员。1978年起任中央纪律检查委员会副书记、常务书记、第二书记。领导了审理林彪、江青反革命集团案件工作。1987年当选为中共中央顾问委员会委员。

王洪文 Wang Hongwen (1934-12～1992-08-03) 中国共产党中央委员会原副主席。吉林长春人。卒于北京。1950年参加中国人民志愿军。1956年6月加入中国共产党。复员后到上海国棉十七厂当工人、保卫科干事。“文化大革命”爆发后组织造反，率众制造卧轨拦火车的安亭事件，挑起武斗，批斗上海市主要领导人，夺取上海市领导权。1967年2月任“上海人民公社”（后改名为上海市革命委员会）副主任。1969年当选为中共第九届中央委员，1971年当选为中共上海市委书记。1972年9月调到中央，列席中共中央政治局会议。1973年8月在中共十大上代表中央作《关于修改党章的报告》，当选为中央政治局委员、常委、中央副主席，与江青、张春桥、姚文元结成“四人帮”，积极参与阴谋夺取党和国家最高权力的活动。1976年10月6日，华国锋、叶剑英代表中共中央宣布对他隔离审查。1977年7月中共十届三中全会通过决议，开除他的党籍，撤销一切职务。1981年1月被最高人民法院特别法庭确认为林彪、江青反革命集团主犯，判处无期徒刑，剥夺政治权利终身。

王鸿祯 Wang Hongzhen (1916-11-17～2010-07-17) 中国地质学家。生于山东苍山，卒于北京。1939年毕业于西南联合大学地质学系。1947年获英国剑桥大学哲学博士学位。曾任北京大学教授，北京地质学院系主任、副院长，武汉地质学院院长，中国地质学会副理事长、地质学史研究会会长，中国古生物学会理事长，中国地质大学教授。1980年当选中国科学院学部委员（院士）。1990年当选为国际地质科学史委员会副主席。40年代对四射珊瑚骨骼微细结构构造和形成的设想研究，80年代被电镜扫描所证实。提倡历史大地构造、地层类型、古地理格局、古生物区系及古地磁和构造岩浆活动等多学科的综合分析，提出中国及其邻区大地构造划分，并追索了一些地质时期的全球古大陆的分布，逐步形成了以全球构造活动论和地壳发展阶段论为主导思想的地球历史观。参加编制的《亚洲地质图》(《中国地质图类及亚洲地质图》）获1982年国家自然科学奖一等奖（集体）。领导编制的《中国岩相古地理研究——中国古地理图集》获1987年国家自然科学奖二等奖。1994年获何梁何利基金科学与技术进步奖，1995年获李四光地质科学奖特别奖。主要著作有《从骨骼微细构造论四射珊瑚的新分类》、《亚洲地质构造发展的主要阶段》、《中国地质学》(合著，英文版）和《中国古生代珊瑚的分类演化及生物古地理》(合著）、《中国及邻区构造古地理及生物古地理》(合著）等。

王沪宁 Wang Huning (1955-10～) 中国共产党中央书记处书记，中共中央政策研究室主任。山东莱州人。1984年4月加入中国共产党。1977年2月参加工作。1972～1977年在上海师范大学干校外语培训班学习。1977～1978年担任上海市出版局干部。1978～1981年在复旦大学国际政治系国际政治专业攻读研究生。1981～1989年担任复旦大学国际政治系教师、副教授、教授（其间：1988～1989年为美国艾奥瓦大学、加利福尼亚大学伯克利分校访问学者）。1989～1994年任复旦大学国际政治系主任。1994～1995年任复旦大学法学院院长。1995～1998年任中共中央政策研究室政治组组长。1998～2002年任中共中央政策研究室副主任。2002～2007年任中共中央政策研究室主任。2007年10月任中共中央书记处书记，中共中央政策研究室主任。是中共十六届、十七届中央委员，十七届中央书记处书记。

王翚 Wang Hui (1632～1717) 中国清代画家。字石谷，号耕烟散人等。江苏常熟人。父王云客专画山水，画风秀雅。王翚自幼受家庭影响，喜爱绘画，先后拜同里张珂、王鉴、王时敏为师学画。王翚得到名家亲授，又博览古人名作和游历真山真水，画艺益臻成熟。康熙三十年（1691）诏画《康熙南巡图》，他与弟子杨晋等北上京师，越六年而成，圣祖玄烨赐书“山水清晖”四字，并欲授以官职，王翚不受，南归。家居二十余载，以作画为业，从其学画者甚众，形成虞山派。与王时敏、王鉴、王原祁合称四王，再加吴历、恽寿平又称清初六家。曾孙王玖（字次峯，号二痴）亦有画名，与王昱、王愫、王宸称为“小四王”。王翚的山水画虽以临古入手，但并非专摹一家，融会贯通，合众长于一手。但又不完全为成法所束缚，注重写生，曾与恽寿平同登虞山剑门作画，画有《虞山十二景图》。其山水画格调明快生动，章法多变，渲染得法，富有写生意趣，但用笔刻露，用墨少变化，构图过于壅塞。代表作有《寒塘鸂鶒图》、《秋山萧寺图》、《虞山枫林图》、《秋树昏鸦图》、《千岩万壑图》等。

王畿 Wang Ji (1498～1583) 中国明代思想家。字汝中，号龙溪。浙江山阴（今绍兴）人。进士，曾任南京武选郎中之职。他是王守仁的学生，讲学40余年，潜心传播王学。认为良知是当下现成，不假功夫修正。知识与良知有别，知识不是良知，但在良知的作用下可以变为良知。以“四无说”来理解王守仁的“四句教”，认为心意知物，只是一事，故主张在心体上立根，自称这是先天之学。黄宗羲认为其学说近于释老。著有《王龙溪全集》。

王籍 Wang Ji (？～547后) 中国南朝梁诗人。字文海。祖籍琅邪临沂（今属山东）。曾为梁湘东王萧绎（元帝）咨议参军，后为其安西府咨议参军，带做塘令。善诗，学谢灵运体。代表作为《入若耶溪》，其“蝉噪林愈静，鸟鸣山更幽”两句，为时人所激赏。《颜氏家训·文章》记北齐文人中南北方人士对此诗颇有争议，大抵由于两地文人审美观有所不同。《王籍集》本有10卷，今佚。存诗二首，逯钦立辑入《先秦汉魏晋南北朝诗》。

王季思 Wang Jisi (1906-01-07～1996-04-06) 中国戏曲史家、戏曲评论家。中山大学教授。名起。浙江永嘉(今浙江温州)人。卒于广州。1925年就读于南京东南大学中文系，师从戏曲学家吴梅，毕业后长期从事戏曲研究。

他治学严谨，勤奋刻苦。对古代戏曲特别是元杂剧有很深的造诣，早年著有《西厢五剧注》，受到国内学术界和日本学者的重视。主要著作还有《西厢记校注》、《关汉卿战斗的一生》、《从莺莺传到西厢记》、《新红集》、《玉轮轩曲论》等。

王绩 Wang Ji (585～644) 中国唐代诗人。字无功。绛州龙门(今山西河津)人。早年欲建功立业，在隋、唐初曾两度出仕，最后失意归隐东皋。他向慕阮籍、陶潜，寄情于酒。著有《醉乡记》等文以见意。其文骈、散兼长，有魏晋人萧疏风致。诗多以田园山水为题材，描写隐居生活和饮酒情趣，往往于旷达中流露出抑郁不平之感。诗风清新朴素，无排偶板滞之习。其中《野望》是早期出现的成熟的五律之一，最为人所传诵。今存有《东皋子集》3卷和《王无功文集》5卷。

王骥德 Wang Jide (1542?～1623) 中国明代戏曲家、戏曲理论家。会稽(今浙江绍兴)人，字伯良，别号方诸生、玉阳生，又号方诸仙史、鹿阳外史、秦楼外史。虽有文名，却没有中举，生活穷困潦倒。一生热衷于词曲研究，曾以徐渭为师，与传奇作家和理论家沈璟、吕天成为友，在曲韵上则得到孙鑛、孙如法的指授。今存戏曲论著《曲律》、杂剧《男皇后》、传奇《题红记》、散曲集《方诸馆乐府》。其中《曲律》价值最高，是明代重要的戏曲论著之一。《男皇后》情节多属虚构，带有趣味不高的调笑性质。《题红记》则不同于孟棨《本事诗》、范摅《云溪友议》的红叶题诗故事，当是取材于白朴的《流红叶》杂剧。

王家楫 Wang Jiaji (1898-05-05～1976-12-19) 中国动物学家。中国原生动物学的开创人和轮虫学的奠基者。号仲济。生于江苏奉贤，卒于武汉。1928年获美国宾夕法尼亚大学哲学博士学位。1934年任中央研究院动植物研究所所长，并创刊*Sinensia*杂志。1948年被选为中央研究院院士。曾任中国科学院水生生物研究所研究员、

所长。1955年当选为中国科学院学部委员(院士)。

早年积极开展生物科学考察，获得中国原生动物、淡水轮虫分类学及生态学研究的第一手资料，发现原生动物3个新属、58个新种、4个新变种、8个新亚种。《珠穆朗玛峰地区的原生动物》(1974)是第一篇关于珠峰原生动物的论文，该文和《西藏高原部分地区原生动物》(1977)两文共记载西藏地区原生动物400多种。《中国淡水轮虫志》(1960)首次对分布于中国沼泽、池塘、湖泊和水库内常见轮虫252种的形态、生理、生态及亲缘关系进行了描述。最先发现缘毛类纤毛虫，对研究原生动物的系统发育具重要意义。发表论著39篇(部)，绝大多数用英文发表。

王家卫 Karwai Wong (1958-07-17～) 中国香港电影导演。出生在上海，5岁时随家人移居香港。早年在香港工艺美术学校学习平面设计。1980年进入香港无线电视开办的电视制作培训班学习剧本写作和影视制作。1982年进入电影圈，做了近5年的电影编剧。1987年为香港新浪潮电影主将谭家明编写系列影片"黑帮三部曲"剧本，谭家明采用其中最后一部拍成《最后胜利》。1988年王家卫将三部曲中第一部拍成首部导演作品《旺角卡门》。从1990年的《阿飞正传》到1994年的《东邪西毒》、《重庆森林》直至1996年的《堕落天使》，王家卫完成了对自我艺术风格的建立和巩固。1997年凭《春光乍泄》获得戛纳电影节最佳导演奖。此后，又有《花样年华》(2000)、《2046》(2004)、《赏金车神》(2005)、《爱神之手》(2006)、《蓝莓之夜》(2007)、《东邪西毒·终极版》(2009)、《一代宗师》(2010)等作品问世。王家卫电影的独特性在于他对自己身处的城市和时代有着非常深入的理解，并且找到了一种恰如其分的方式去表述自己在这样一种特殊环境里的生命体验。

王家乙 Wang Jiayi (1919-01-13～1988-11-27) 中国电影导演。江苏南京人。1935年入上海震旦大学医科读书。1948年调入东北电影制片厂。他独立导演的第一部影片是大型纪录片《人民的新旅大》(1949)。接着，导演故事片《高歌猛进》(1950)、《鬼话》(1951，短片)、《葡萄熟了的时候》(1952)，戏曲片《蝴蝶杯》(1956)，以及中法合拍的儿童故事片《风筝》(1957)。1957年编导了《金玉姬》。1959年导演了反映云南少数民族现实生活的故事片《五朵金花》。1961年导演《达吉和她的父亲》。1965年导演《景颇姑娘》。20世纪70年代末，与他人合作导演了《豹子湾的战斗》和《小字辈》，后者获得1979年文化部优秀影片奖。其作品以抒情见长，风格明丽，手法细腻；对喜剧的处理流畅、明快而富于浓郁的生活情趣。

王稼祥 Wang Jiaxiang (1906-08-15～1974-01-25) 马克思主义者，中国无产阶级革命家，中国共产党和中国人民解放军的领导人，外交家。生于安徽泾县，卒于北京。1925年进上海大学附中，加入共青团，10月赴苏联莫斯科中山大学学习。1928年考入红色教授学院，转入中国共产党。1930年回上海任中共中央宣传部干事，先后主编《红旗》、《实话》。1931年到中央苏区，任中央局常委、中华苏维埃共和国中央执行委员会外交人民委员、中央军委副主席，兼任总政治部主任。1934年1月在中共六届五中全会上增补为中央委员、政治局候补委员。犯有"左"倾错误。1934年10月参加长征，与毛泽东、张闻天一起促成遵义会议召开，发言支持毛泽东，批评错误军事路线。被增补为中央政治局委员，成为军事三人小组成员，协助毛泽东、周恩来指挥红军长征。1937年初赴苏联疗伤，任中共驻共产国际代表。1938年9月回国传达共产国际指示，确定中共中央以毛泽东为首。任中央军委副主席、总政治部主任，主持军委日常工作。1941年9月中央成立学习研究组和中央研究组，任副组长。在延安整风中，和陈云负责领导中央军委系统高级干部整风学习。1943年7月发表《中国共产党与中国民族解放的道路》，第一次提出并论述"毛泽东思想"的科学概念。在中共七大上当选为中央候补委员，七届二中全会递补为中央委员。中华人民共和国建立后，任外交部副部长、驻苏联大使。1951年起任中共中央对外联络部部长。在中共八大上当选为中央委员、中央书记处书记。1962年2月提出对外采取缓和方针、在国际斗争中要注意策略、

对外援助要实事求是量力而行等建议，被指责为“三和一少”(对“帝修反”和，对革命斗争支持少)的修正主义外交路线。“文化大革命”中受到迫害。1969年10月被疏散到河南信阳。1973年在中共十大上当选为中央委员。

王建 Wang Jian (约767～831后) 中国唐代诗人。字仲初。颍川（今河南许昌）人。20岁左右与张籍同从师求学魏州，始作乐府。德宗贞元十三年（797），从戎幽燕、荆襄，诗涉军旅生活与边塞战争。“从军走马十三年”(《别杨校书》)，后居咸阳，生活困窘。宪宗元和八年（813）任县丞。穆宗长庆元年（821），迁太府寺丞，转秘书郎。在长安时与张籍、韩愈、白居易往还。文宗大和初，再迁太常寺丞。三年（829），出为陕州司马，世称王司马。五年为光州（今河南潢川）刺史，后行迹不详。

王建知百姓疾苦，其诗题材广泛，爱憎分明，生活气息浓郁，如《海人谣》、《白纻歌》、《辽东行》、《凉州行》等。乐府与张籍齐名，并称“张王乐府”。善抓典型，揭示矛盾，用白描、比兴手法。语言含蓄，简洁峭拔。善短篇，多七言。犹以《宫词》百首著名，欧阳修《六一诗话》谓其“多言唐宫禁中事，皆史传小说所不载者”。《诗人玉屑》引《唐王建宫词旧跋》云：“效此体者虽有数家，而建为之祖。”有《王建集》8卷，《宫词》1卷。

王建墓 Mausoleum of Wang Jian 中国五代前蜀主王建之墓。又称永陵。位于四川成都永陵路。王建卒于光天元年（918），同年入葬。墓于1942～1943年发掘，1961年国务院公布为全国重点文物保护单位。

陵台呈圆形，高约15米，直径80余米，以土夯筑。墓室在陵台下，南向，无墓道，全长30.8米。有前、中、后3室，侧壁用14道红砂岩构筑的拱券为骨架，其间再砌石块、铺石板，形成墓室。这种拱券形式为五代时所罕见。券顶涂天青色，壁面朱色。中室有须弥座式石棺床，上置棺椁，棺床四周有伎乐浮雕。所雕乐器组合属燕乐，属汉化的龟兹乐系统，但杂有清乐系统乐器。棺床两旁有托棺床的十二神半身石像，均顶盔披甲。后室石床上置墓主圆雕石像，为古代写实肖像佳作。墓早年被盗，残存银、铜、漆、玉、石、陶随葬品30余件。后室出宝盝、谥宝、册匣、玉册，是研究唐五代有关文物制度的宝贵资料。

王鉴 Wang Jian (1598～1677) 中国明末清初画家。字元照，又字圆照，号湘碧、染香庵主。江苏太仓人。家中收藏古代书画名迹甚多。年少时尤喜绘事，遍临五代宋元名作，领略古人运笔用墨之道。曾任廉

《仿王蒙山水图》

州太守，后去官归里。擅画山水，善用中锋尖笔，墨色浓润，皴法细密。所作青绿山水，烘染得法，富有简淡的情趣。以仿古功力受人称道。有《染香庵集》、《染香庵画跋》传世。与王时敏、王翚、王原祁、吴历、恽寿平齐名，合称“四王吴恽”，或“清初六家”。

王尽美 Wang Jinmei (1898～1925-08-19) 中国共产党的创建者之一。原名瑞俊，又名烬美，字灼斋。山东莒县人。卒于青岛。1918年入山东省立第一师范学校学习。五四运动期间，他联络进步学生组织励新学会，出版《励新》半月刊。1920年3月，加入李大钊等组织的马克思学说研究会。9月，与邓恩铭等在济南成立马克思学说研究会，后发起成立山东共产主义小组。1921年7月，出席中国共产党第一次全国代表大会，会后任中共山东区支部书记、山东地方执行委员会书记。1922年初赴莫斯科参加远东各国共产党及民族革命团体第一次代表大会。回国后担任中国劳动组合书记部济南分部主任、北方分部副主任，山东地方执行委员会书记等职。参与制订《中国劳动法大纲》。1922年7月出席中共二大，之后主要从事工人运动，领导山海关、京奉铁路工人罢工和开滦五矿总同盟罢工运动。1923年任中共山东省委书记、全国铁路总工会干事。1924年1月，他参加了中国国民党第一次全国代表大会，任国民党山东省党部委员，积极从事革命统一战线工作。同年底又在青岛等地开展国民会议促成会活动。1925年1月出席中共四大。

王进喜 Wang Jinxi (1923-10-08～1970-11-15) 中国劳动模范。生于甘肃玉门，卒于北京。1938年进玉门油矿当徒工。1949年后，在玉门石油管理局钻井队当钻工、司钻，1956年晋升为钻井队队长，同年加入中国共产党。他带领钻井队在1958年创造了月进尺5 000米的钻井纪录，1959年创造了全年总进尺高达70 000米的全国最高纪录。1960年春率1205钻井队奔赴黑龙江省大庆油田参加大会战。他带领工人仅用6天时间就打成了大庆油田的第一口油井。因为王进喜的实干、苦干，他被誉为“铁人”，成为大庆石油会战初期“五面红旗”之首。大庆人在“铁人”精神鼓舞下，奋战一年，探明了大庆油田，迎来了中国石油工业发展新时期。“铁人”王进喜和他带领的钻井队1966年钻井进尺突破10万米，创造了当时年钻井进尺的世界纪录。

奋战在泥浆池中的王进喜

王景 Wang Jing (约公元25～约85) 中国东汉水利名臣。字仲通，原籍琅邪不其（今山东即墨西南）人。生于乐浪讷邯县（在今朝鲜境），卒于庐江郡舒县（今安徽庐江西南）。青年时好学，擅长天文、数学，多技能。汉明帝永平时（公元58～75）与王吴共修浚仪渠（汴渠在今开封的一段），创用“埸流法”(可能相当于修建滚水堰）成功。永平十二年（公元69）汉明帝召见他，征求治水意见，他提出自己的规划。这年夏天动员兵卒数十万人，由他和王吴主持修治黄河和汴渠。修黄河堤自荥阳（在今郑州西北）至千乘海口（在今利津县境）共1 000余里。工作包括勘测地形，开凿山丘，挖除河道中的石滩，裁弯取直，防护险要堤段，疏浚淤积，及“十里立一水门，令更相洄注”。次年夏天完工。他先为侍御史，后任河堤谒者、徐州刺史、庐江太守。在庐江郡（治今安徽庐江西南）他修复芍陂所灌稻田，教百姓使用牛耕和养蚕，后逝于庐江任内。他治河后黄河改行新道，900年中未有大改道。后人称王景治河“八百年

安流”。著作有《大衍玄基》等，已佚。

王静如 Wang Jingru (1903-09～1990-10-02) 中国语言学家。生于河北深泽，卒于北京。1929年毕业于清华大学国学研究院。1933～1936年在法国、英国、德国学习并研究语言学、中亚史语学、印欧语比较语言学以及汉学等。回国后任北平研究院史学研究所研究员和中法大学教授。1949年以后，先后任中国科学院考古研究所研究员、中央民族学院研究部教授、中国社会科学院民族研究所研究员等。他在西夏语文的研究方面做了开创性的工作。1930年著《西夏文汉藏译音释略》一文，对西夏语的语音系统和语音特点提出了新见解。1932～1933年著《西夏研究》三辑，对西夏语文进行了全面系统的研究，并对四部西夏文佛经用汉藏两种文字逐字对译。该著于1936年获法国院士会东方学“朱利安奖金”，他被推荐为法国巴黎语言学会会员。此外，他对中国古代少数民族的语言文字，如契丹文、女真文、回鹘文等也发表过不少论著，在汉语音韵方面也有研究。

王军霞 Wang Junxia (1975-01-09～) 中国女子田径运动员。辽宁大连人。1991年入选辽宁省田径队。1992年在韩国举行的第4届世界青年田径锦标赛上获10 000米冠军。1993年在西班牙举行的第5届世界杯马拉松赛上获个人和团体两项冠军；同年在德国举行的第4届世界田径锦标赛上获10 000米冠军和第10届亚洲田径锦标赛10 000米冠军。1993年9月在第7届全国运动会上，以29′31″78的成绩打破10 000米世界纪录，并在预赛和决赛中先后以8′12″19和8′06″11两次打破3 000米世界纪录。1994年在日本广岛举行的第12届亚洲运动会上获10 000米冠军，同年还获北京国际马拉松赛和北京国际女子公路接力赛两项冠军。1995年在印尼雅加达举行的第11届亚洲田径锦标赛上获5 000米和10 000米两项冠军。1996年在美国亚特兰大举行的第26届奥林匹克运动会上，获5 000米冠军，并获10 000米亚军，此两项成绩均超过了奥运会纪录。1994年获第14届杰西·欧文斯国际奖，是中国和亚洲首位获此殊荣的选手。

《王浚妻华芳墓志》 *Epitaph of Hua Fang, Wang Jun's Wife* 中国西晋华芳墓志。刻于晋怀帝永嘉元年（307）四月，1965年7月出土于北京八宝山公墓西侧，现藏首都博物馆。

石高131厘米，宽57厘米，志文隶书，四面环刻。志阳18行，每行42字；左侧2行，每行42字；志阴21行，每行49字；右侧2行，一行30字，一行年款12字。华芳为西晋幽州刺史王浚第三夫人，志文除记述华芳家世、生平、子女外，还记载王浚及另两位夫人的家世与主要亲属情况，对于研究西晋士族制度和北京城市地理沿革颇有价值。此志书法精谨娴熟，全文首尾笔法统一，一丝不苟。字体为隶书向楷书过渡形态，于整齐之中又见生拙之趣。

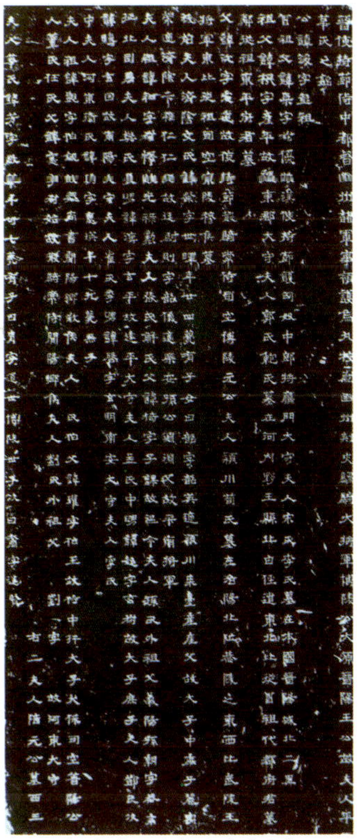

拓片《王浚妻华芳墓志》

王闿运 Wang Kaiyun (1832～1916) 中国学者、诗人。字壬秋，一字壬父，晚号湘绮。湖南湘潭人。清咸丰七年（1857）补行癸丑（1853）科乡试时中举。会试入都，尚书肃顺礼为上宾。旋离京，为山东巡抚文煜幕客。在此前后，曾几度出入曾国藩湘军营中，并书函往来，但未任其幕僚。后归隐湖南石门，治学著述。光绪六年（1880）应四川总督丁宝桢聘，主持成都尊经书院。又掌教长沙思贤讲舍、衡州船山书院等。三十四年（1908），特授翰林院检讨，加侍读。1914年被聘任国史馆长、参政院参政。不久辞职，归长沙。平生处世、治学，多独行“自专”(《独行谣》自注)，有异于朝中主流，又自外于时代潮流。太平天国时期对曾国藩有所谋划建言，而意见不合辄离去；后撰《湘军志》，记湘军镇压太平军事功，对湘军之弊也实录不讳。晚年应袁世凯之聘，却讥刺袁世凯称帝野心。他主张抵御外侮，认为中国之弱，根本在于“主忘其民，夷始俘之；主弃其地，夷始侵之”(《御夷论》)。但对洋务运动、维新变法、辛亥革命又心有所非，置身事外。在学术上主张经世致用，对《尚书》、《春秋》持今文经学观点，但对其他经书亦不废古文。对汉学、宋学，兼采众长，认为章句、义理、考证应兼容并包。他以这种学术观点在成都主讲，开蜀学之端。培养了廖平等一批弟子。

他的文论和创作也表现出独特性。论诗基本观点本于陆机“诗缘情而绮靡”，认为“诗由心声”，“要取自适”，“贵以词掩意，托物寄兴”；批评唐人“直指时事”，“放弛其词，下逮宋人，遂成俳曲”。所以独尊汉魏六朝，认为“作诗则必先学五言，五言必读汉诗”，“诗法备于魏晋，宋、齐但扩充之，陈、隋则开新派矣”(均见《湘绮楼说诗》)，主张从模拟八代入手，曾编《八代诗选》。其诗亦以五言为主，七言律、绝则另行结集。诗集中拟古之作词胜于意，典雅而不清新，堆砌而乏情韵。其诗多为写景山水和思亲怀友，如《湘上》、《朱陵洞瀑》等，也有一些感时之作，如《天津南望水》、《独行谣》等反映清王朝的内忧外患，或寓对当政权要讥讽。而传诵一时的《圆明园词》，叹宫苑兴废，虽藻采丽密，仍意落平庸。

王闿运的文也很有名，亦重循古。他在《八代文粹序》中指出，“夫词不追古，则意必循今，率意以言，违经益远”，“要以截断众流，归之淳正，使词无鄙倍，学有本根”，表现出追求典雅的倾向。尤擅长骈体，《到广州与妇书》、《秋醒词序》等摹景抒情，华妙典丽。散体文则以记叙、议论见长，学综经史，论贯古今，抑扬开阖，委婉曲折，受贾谊政疏的影响较为明显。

有《湘绮楼诗集》、《湘绮楼文集》，并有《春秋公羊传笺》、《庄子注》等学术著作，合刊为《湘绮楼全书》。近人马积高等辑其诗、文、词、笺启、联语及诗论《湘绮楼说诗》、论学之作《王志》和史学著作《湘军志》，编为《湘绮楼诗文集》，岳麓书社1996年出版。

王克芬 Wang Kefen (1927-04-01～) 中国舞蹈史学家。四川云阳(今属重庆)人。早年从事舞蹈戏剧表演，1956年起从事中国舞蹈史研究。她善于将史料、实地考察

及自己的艺术经验结合起来，研究成果丰硕。主要著作有《中国古代舞蹈史话》、《中国舞蹈发展史》、《中国舞蹈史·隋唐五代部分》、《中华舞蹈图史》、《佛教与中国舞蹈》(合著)等；主编有《中国近现当代舞蹈发展史》、《敦煌石窟全集·舞蹈卷》以及《中国舞蹈词典》等书籍。曾任中国艺术研究院、敦煌研究院研究员，中国敦煌吐鲁番学会舞蹈学会副会长等职。

王昆 Wang Kun (1925-04-14～) 中国女高音歌唱家。生于河北唐县。1938年在晋察冀边区参加妇女抗日救国会。1939年4月参加西北战地服务团，从事抗日宣传工作。1944年随团

回延安，入延安鲁迅艺术学院戏剧音乐部学习。1945年4月，歌剧《白毛女》在延安首演，她扮演女主角喜儿，获得成功。此外，她还主演了新秧歌剧《夫妻识字》、《兄妹开荒》等，并经常表演独唱。中华人民共和国建立后，在中央实验歌剧院任演员，1962年后，曾任东方歌舞团艺术委员会主任、团长。1965年参加大型音乐舞蹈史诗《东方红》的演出，演唱《农友歌》。1981年后历任东方歌舞团团长、艺术顾问等职。

王昆仑 Wang Kunlun (1902-08-01～1985-08-23) 中国爱国民主战士，政治活动家，全国政协副主席，中国国民党革命委员会中央主席。江苏无锡人。卒于北京。1919年参加五四运动。1922年加入中国国

民党。同年毕业于北京大学哲学系。1926年任黄埔军校潮州分校政治教官，参加北伐战争，任国民革命军总司令部政治部秘书长。1933年加入中国共产党。历任国民政府立法院立法委员，国民党候补中央执行委员，中苏文化协会常务理事。1941年后与王炳南、屈武等发起组织中国民主革命同盟，又与谭平山、陈铭枢等发起组织三民主义同志联合会，在国民党内部积极进行抗日民主活动。1948年赴美国考察。1949年进入解放区，同年出席中国人民政治协商会议第一届全体会议。中华人民共和国建立后，历任政务院政务委员、北京市副市长。“文化大革命”期间遭受迫害，入狱7年。1979～1985年任全国政协第五、六届副主席。是民革第五届中央副主席、代主席，第六届中央主席。著有《红楼梦人物论》等。

王朗自然保护区 Wanglang Nature Reserve 中国以大熊猫为主的珍稀动物及森林生态系统自然保护区。1963年建立。位于四川省平武县岷山山脉南端。面积32 297公顷。

王乐泉 Wang Lequan (1944-12～) 中国共产党中央政治局委员，中共中央政法委员会副书记。山东寿光人。1966年3月加入中国共产党。1965年9月参加工作。1986年

毕业于中共中央党校培训部培训班。历任寿光县侯镇公社副社长、公社革委会常委和党委常委，城关公社党委副书记，县委副书记、书记，县革委会副主任、主任；共青团山东省委副书记，中共聊城地委副书记、书记，山东省副省长，中共新疆维吾尔自治区党委政法委副书记。1993年起任中共新疆维吾尔自治区党委副书记、新疆维吾尔自治区人民政府副主席。1994年任中共新疆维吾尔自治区党委代理书记。1995年12月起任中共新疆维吾尔自治区党委书记，后任新疆生产建设兵团第一政委。2010年任中央政法委副书记。是中共第十四届中央候补委员，十五至十七届中央委员，十六届、十七届中央政治局委员。

王力 Wang Li (1900-08-10～1986-05-03) 中国语言学家。字了一。广西博白人。1924年入上海南方大学学习，次年转入上海国民大学。1926年考进清华国学研究院。1927年赴法国留学，获巴黎大学文学博士学位。1932年回国，历任清华大学、燕京大学、广西大学、昆明西南联合大学教授，岭南大学教授、文学院院长，中山大学教授、文学院院长、语言学系主任。1954年调北京大学任教授，直至去世。曾任中国文字改革委员会委员、副主任。1956年被聘为中国科学院哲学社会科学部委员。

王力从事语言科学的教学和研究工作50余年，为发展中国语言科学、培养语言学专门人才作出了重要的贡献。他对汉语音韵、训诂、文字、语法的历史和现状，都进行了精深的研究，其中在音韵学方面成就最大。1931年在法国著有《博白方音实验录》，1936年著有《中国音韵学》(1955年再版时改名为《汉语音韵学》)，用现代语音学理论解释传统音韵学的概念，叙述了传统的今音学、古音学和等韵学的基本内容。发表研究音韵的论文有《南北朝诗人用韵考》、《上古韵母系统研究》等。1980年出版的《诗经韵读》和《楚辞韵读》集中表现了王力对汉语上古音的最新认识和独到见解：①上古韵脂微分部，这一观点已为一般学者所承认。②上古音每一韵部只有一个主要元音、阴声韵是开音节。③上古声调分为平入两类，每类又各分长短，即长平、短平、长入、短入，后来演变为平上去入四声。1985年，他将所著《汉语史稿》中关于语音史的部分修订重写，扩展为《汉语语音史》。

王力是中国语言学研究的集大成者，论著汇编为《王力文集》20卷。王力捐献这部书的稿费，设立“北京大学王力语言学奖金”，自1986年开始评选、颁发。

王莲 *Victoria amazonica*; royal waterplatter 睡莲科王莲属的一种。大型多年生水生植物。又称亚马孙王莲。原产南美洲亚马孙河流域。根状茎直立，有刺。成熟叶片圆形，直径达1.8～2.5米，边缘向上折转。第20片叶后开花，漂浮水面，有芳香，径15～35厘米。果大，球形，近浆果状。性喜高温、高湿，早晚温差较小，水不过深，阳光充足的环境。秋冬气温下降至20℃以下，生长停止，需加温保存宿根越冬。通常用播种繁殖。同属植物约3种，常见栽培的是克鲁兹王莲。王莲为名贵的水生观赏植物，大叶片能负重20～25千克，甚为奇特。中国中、北部可建立专门温室栽培观赏。

王莲香 Susi Susanti (1971-02-11～) 印度尼西亚女子羽毛球运动员。华裔。儿时喜爱羽毛球。14岁始先后在印尼全国中学生运动会和世界青年羽毛球锦标赛中多次获女子单打冠军。1986年入选印尼国家队，在多项国际赛事中接连取胜。成为世界羽坛迄今集世界锦标赛、世界杯赛、世界系列大奖赛总决赛、奥运会、全英羽毛球赛女单冠

军于一身的唯一女选手。在全英羽毛球锦标赛中，1990、1991、1993年三届均获女单冠军。在世界杯赛中，1989、1990年分获女单冠亚军。在1990年第7届世界系列大奖赛总决赛和1993年第8届世界羽毛球锦标赛中，先后获女单冠军。在1989年首届苏迪曼杯团体赛中，作为印尼队主力队员为其捧杯立下战功。1992年在第25届**奥林匹克运动会**羽毛球比赛中获女单金牌。

王陵之谷 Valley of the Kings 埃及新王国时期的王陵区。在当时首都底比斯西面距尼罗河西岸较远的一个山谷中。1817年起进行考古调查和发掘，研究工作持续至今。已知墓葬总数达62座，从第十八王朝第三王图特摩斯一世至第二十王朝末王拉美西斯十一世，几乎所有新王国法老都葬于此地。此时金字塔陵墓已不流行，谷内各陵均为岩窟墓形制，在山崖中开凿秘密墓穴，由阶梯、通廊、前室、墓室等部分构成。墓内壁面常有宗教题材的壁画或彩色浮雕，并刻有宗教文字。现存各陵除**图坦哈蒙墓**外，均曾被盗掘破坏。

王履 Wang Lü (1332～?) 中国明代画家。字安道，号畸叟、抱独老人等。江苏昆山人。博通群籍，精于医道。曾结合行医经验，先后撰成《溯洄集》、《医韵统》等，为医界所重。他工诗文，擅绘画。明洪武十六年(1383)采药关陕，游览华山后，经过半年多的苦心构思和创作，完成《华山图册》。图页撷取华山诸峰奇景，加以概括提炼，真实而全面地再现了西岳华山万秀千奇的自然变化之状，并塑造出险峻、苍茫、空旷、幽深、秀丽、壮伟等各异其趣的意境。画法具雄健清疏的风格。自题数记，详尽阐发了他的创作体会和经验，如提出“师法造化”的主张和“以形写意”的观点，是明初重要的画论著述。《华山图册》是中国古代描绘名山大川山水画中的巨构。

《华山图册》(局部，故宫博物院藏)

王伦起义 Wang Lun's Uprising 中国清乾隆三十九年(1774)山东寿张(今山东阳谷东南)县民王伦领导的农民起义。因其主要战役在临清州，故又名临清起义。王伦为人机智、勇敢，擅拳术。乾隆十六年，秘密加入**白莲教**的支派清水教。三十六年自称教主，并以“运气”替人治病、教授拳术等方式，在兖州、东昌(今山东聊城)等地收徒传教。其信徒大都是贫苦农民和游民，具有一定的反封建意识。三十九年，山东年岁歉收，地方官妄行加征，人民的反抗情绪十分强烈。王伦遂利用清水教谶言，决定组织教徒于是年秋起事，并任命了军师、元帅、总兵等官职。八月底至九月初先后破寿张，陷阳谷，据堂邑。后弃三城，进攻临清新城。临清为运河重镇，因此使清朝漕运一度中断。清将舒赫德率领精兵“围剿”，起义军终因寡不敌众而失败。九月底，王伦自焚身亡，卒年40岁。这次起义只经历了一个月，规模不大，但揭开了清朝中期一系列人民起义的序幕。

王莽 Wang Mang (前45～公元23) 中国西汉末年外戚，新朝皇帝。汉元帝皇后王政君之侄，字巨君。王莽附会《**周礼**》等儒家经典实行改制，给社会造成极大混乱，被农民起义军所杀。见**王莽改制**。

王莽改制 Wang Mang's Reform 中国西汉末年外戚**王莽**进行的经济改革。为解决西汉社会遗留下来的各种矛盾，王莽附会《周礼》，托古改制。始建国元年(公元9)，针对当时的土地和奴婢问题，诏令宣布：天下的土地，一律改称王田；天下的奴婢，一律改称私属，都不许买卖。男口不足8人而土地超过一井(900亩)的人家，把多出的土地分给九族、邻里、乡党。无田者按一夫百亩的制度受田。有敢违抗者，流放四夷。由于地主官僚的反对，四年，王莽不得不取消这一诏令，宣布王田皆可买卖；犯买卖奴婢罪者也不予处治。

始建国二年，王莽下诏实行五均六筦。五均是在长安以及洛阳、邯郸、临淄、宛、成都等大都市设立五均司市师，管理市场。六筦是由国家掌握盐、铁、酒、铸钱、五均赊贷等五项事业，不许私人经营；同时控制名山大泽，而对在名山大泽中采取众物的人课税。此项措施旨在节制商人对农民的过度盘剥，制止高利贷者的猖獗活动，并使封建国家获得经济效益。然而，王莽无力控制用来推行五均六筦的大商贾，这些人乘传巡行，与郡县通同作弊，盘剥人民，损公肥私，与王莽的初衷背道而驰。

新莽“始建国元年”铜方斗

居摄二年(公元7)，王莽曾加铸错刀、契刀、大钱等3种钱币，与原有的**五铢钱**同时流通。始建国元年，王莽废错刀、契刀与五铢钱，另作小钱，与大钱一值五十者并行，并且颁令禁挟制铜炭，以防盗铸。二年，王莽改作金、银、龟、贝、钱、布，名曰宝货，凡五物(钱、布皆用铜，共为一物)、六名、二十八品。地皇元年(公元20)，又尽废旧币，改行货布、货泉二品。货币不合理的变革，引起了经济混乱，加速了王莽政权财政的崩溃和人民的破产。

在政治制度方面，王莽把中央和地方的官名、官制、郡县名和行政区划都加以改变，还恢复五等爵，滥加封赏。官吏俸禄无着，便想方设法扰民。

王莽改制引起社会混乱，促使农民起义和西汉宗室旧臣反对新朝的斗争不断发生。更始元年(公元23)，王莽政权终于在起义农民的打击下彻底崩溃。

王莽钱 coins of the Wang Mang Period 中国王莽时期铸行的货币。形制有圆钱、布币和圆钱刀形连体的钱币等。先后铸行的有契刀五百、一刀平五千、大泉五十、小泉直一，大小、轻重、币值分别依次递增的六泉和十布，以及货泉、货布。此外还有布泉、连钱、国宝金匮直万等。王莽时币制杂乱多变，币值不稳，货币多难流通。实物以小泉、大泉、货泉、大布、货布较为多见。王莽钱特别是六泉、十布具系列化货币特征，在世界货币史上有重要贡献。王莽钱叠铸技术先进，精良光洁。钱文书体创悬针篆，纤细秀美，艺术水平很高。

大泉五十

王茂荫 Wang Maoyin (1798～1865) 中国清代货币理论家。安徽歙县人。道光进士。曾任户部右侍郎兼管钱法堂事务，著有《王侍郎奏议》11卷。咸丰元年(1851)为给清政府筹措军费，上《条议钞法折》，建议发行纸币，提出“极钞之数，以一千万两为限”。其目的在于用控制数量来防止通货膨胀，以便“无累于民”而“有益于国”。咸丰三年（1853），针对肃顺等请添铸“当百、当五百、当千”大钱的建议，上《论行大钱折》，严加批驳，指出：“官能定钱之值，而不能限物之值。钱当千，民不敢以为百；物值百，民不能以为千。”这一论点触及货币名目论混淆价格标准和价值尺度错误的要害，是对通货膨胀政策的有力驳斥。翌年，他又对发行不兑现纸币上《再议钞法折》，力主将不兑现纸币变为兑换纸币，触怒了咸丰皇帝，被调离户部。马克思在《资本论》第一卷第一篇注83中曾提及此事。

王蒙 Wang Meng (?～1385) 中国元代画家。元四家之一。字叔明，号黄鹤山樵，自称香光居士。吴兴（今浙江湖州）人。曾做过闲散小官，元末弃官归隐，明洪武初年任泰安（今山东泰安）知州。

《夏山高隐图》(故宫博物院藏)

王蒙工诗文、书法，擅画山水，是元代末年富有创造性的山水画家。喜用枯笔干皴，创牛毛皴，有时兼用解索皴或小斧劈皴。晚年功力愈见深厚。作品中的山水布局，满而不臃，密而不塞，用笔繁复而又富于层次感和空间感。内容多反映文人的山林隐居生活，善于表现江南山川的湿润感，创造出蓊郁深秀、浑厚华滋的境界。传世作品主要有《夏山高隐图》、《春山读书图》、《丹山瀛海图》、《夏日山居图》、《青卞隐居图》、《花溪渔隐图》、《秋山草堂图》、《林泉清集图》等。

王蒙 Wang Meng (1934-10-15～) 中国作家。祖籍河北南皮。生于北京。中学时代即参加中国共产党领导的城市地下工

作。1948年加入中国共产党。中华人民共和国建立初期，在北京从事新民主主义青年团工作。1953年写出长篇小说《青春万岁》(1979年出版)。1956年发表短篇小说《组织部新来的青年人》，因其勇敢地、敏锐地触及社会矛盾，抨击基层领导机构和干部身上存在的思想僵化状态和官僚主义作风，大胆干预生活而引起强烈反响。不久作品受到错误批判。1958年王蒙被错划为“右派”。1962年在北京师范学院中文系任教。1963年举家迁往新疆，其间曾在伊犁农牧地区劳动7年。1978年调回北京，任北京市作协专业作家。此后发表了大量长、中、短篇小说，散文、报告文学，文学评论以及中国古典小说研究论文等，在新时期以来的文坛上产生较大影响。曾任中国作家协会书记处书记、副主席，《人民文学》主编，国际笔会中国分会副会长，中国共产党第十二届中央候补委员、第十三届中央委员，中华人民共和国文化部部长，中国人民政治协商会议全国委员会常委等职。

进入新时期以后，他的创作思想和艺术实践日趋成熟，格调清醒而冷峻，富于艺术探索的勇气和创新精神。在“伤痕文学”、“反思文学”热潮中，均以其敏锐的创作引人注目。80年代初，他在小说创作中率先采用类似西方“意识流”的方法来组织情节、结构作品，写出了《布礼》、《春之声》、《夜的眼》等一系列作品，引起广泛的反响和争议，推动了当代小说的艺术探索。在《名医梁有志传》、《来劲》、《球星奇遇记》、《坚硬的稀粥》等作品中，他运用戏谑、夸张的表现手段，加强语词的变化和组合，充分展示机智、幽默的才能，形成一种流动不居的叙述方式，以此把握复杂的心理、情绪和意识。在《活动变人形》和“季节”系列〔《恋爱的季节》(1992)、《失态的季节》(1994)、《踌躇的季节》(1995)、《狂欢的季节》(1999)〕等长篇小说中，他则以严肃的态度探讨个人命运和历史关系，某种程度上接触到中国社会历史的一些基本主题。他的作品在广阔的背景下描写了中国人民艰难曲折的前进历程，其间融入作者自身惨痛的人生经历，包容丰厚的社会历史内容和独特的艺术个性。

王蒙有文学评论集《当你拿起笔》(1981)、《王蒙谈创作》(1983)、《创作是一种燃烧》(1986)等，论文讲演集《接纳大千世界》(2003)，以及古典文学研究著作《红楼启示录》(1995)、《双飞翼》(1996)、《心有灵犀》(2002)、《〈红楼梦〉中的政治》(2004)及论文《语言的功能与陷阱》(2004)等。另有《王蒙文集》10卷（华艺出版社，1993)、《王蒙文存》23卷（人民文学出版社，2003)。作品被译成英、意、法、德、日、俄等20多种文字在国外出版发行。1987年获日本创价学会和平文化奖，同年获意大利蒙德罗国际文学特别奖。

王濛 Wang Meng (1985-04-10～) 中国女子短道速滑运动员。黑龙江七台河人。2002—2003赛季与队友共获世界杯短道速滑总决赛女子3 000米接力冠军和女子团体冠军。2003—2004赛季世界杯短道速滑分站赛加拿大站比赛中以4′ 11″ 804的成绩打破女子3 000米接力世界纪录。2007—2008赛季在世界杯短道速滑赛意大利站比赛中，以43″ 326打破500米世界纪录。在2008年世界短道速滑团体锦标赛中，以1′ 29″ 495打破1 000米世界纪录，并在世界杯短道速滑赛美国盐湖城站比赛中以4′ 07″ 179打破女子3 000米接力世界纪录，在中国站以42″ 609打破500米世界纪录。在世界杯、世界短道速滑锦标赛和团体锦标赛中，多次获团体和个人冠军。2010年参加第21届冬季奥运会，获500米、1 000米和3 000米接力三枚金牌。

王猛 Wang Meng (325～375) 中国十六国时期前秦丞相。字景略。北海剧县（今山东昌乐西）人，家于魏郡。出身贫寒，然博学好兵书。354年，东晋大将桓温进兵关中，王猛往谒，发现桓温北伐目的在于提高个人威望，并无收复关陇之志，故力辞桓温之聘。三年后与苻坚一见如故。苻坚即位初，任中书侍郎，后一年凡五迁，官至丞相、中书监、尚书令，封清河郡侯，成为苻坚主要辅佐。

王猛任职18年，综合儒法，选拔廉明，讲求实效，政绩斐然。在政治上抵制氐、羌权贵，整肃吏治，强化中央集权。在军事上，370年统兵消灭前燕。留镇邺，都督关东六州军事期间，选贤任能，法简政宽，使燕民各安其业，为统一北方作出重大贡献。在经济上，劝课农桑，开放山泽，兴修水利，以致田畴开辟，仓库充实。在文化上，广兴学校，重视儒学，禁止图谶，令公卿以下子孙就读，选拔学识优秀者任官，使各民族人口的素质提高，加速民族间的融合。临终犹劝苻坚警惕内部各族豪酋势力，告诫不要盲目进攻东晋，惜未被采纳。

王冕 Wang Mian (1287～1359) 中国元代画家。字元章，号煮石山农等。会稽（今浙江绍兴）人。一生清贫，依靠卖画为生。工诗善画，尤以墨梅知名。所作梅花，疏

《墨梅图》（故宫博物院藏）

密得当，枝干交错。蕊萼分枝布，主次分明；梅干用笔遒劲，顿挫得宜；花瓣或点或圈，变化多端，都能生动地表现出梅花的特有形态，并通过对梅花神韵的刻画，抒写自身的情怀和抱负。存世作品有《墨梅图》、《南枝早春图》等。他还兼擅竹石，长于篆刻，有《梅谱》传世，为早期画梅理论著述。另著有《竹斋诗集》。

王明　Wang Ming (1904～1974-03-27)　中国共产党早期领导人之一。机会主义者。原名陈绍禹。生于安徽金寨，卒于苏联莫斯科。

1924年开始著文谈社会主义。1925年赴莫斯科中山大学学习。同年加入中国共产党。1929年春回到上海。从1929年9月至1930年5月期间，在党内报刊上发表了近60篇宣传“左”倾观点的文章。

1930年9月中共六届三中全会后，王明在“反对立三路线”、“反对调和主义”的旗帜下，从宗派主义立场出发，反对当时的中央，并起草《两条路线》的小册子，提出一个新的“左”倾机会主义纲领。在1931年1月召开的中共六届四中全会上，由于共产国际代表P.A.米夫的支持，被选为中央政治局委员，开始了中国共产党内长达4年之久的王明“左”倾冒险主义的统治。

1931年秋，王明任中共驻共产国际代表，后当选为共产国际执委会主席团委员、政治书记处候补书记。

1937年11月底，王明回到延安。12月9日，在中共中央政治局会议上发言，片面强调联合，否认统一战线中无产阶级的独立自主原则。会后，王明任中共中央长江局书记，他不经中央同意，擅自发表一些有错误的宣言、决议和文章，转向右倾投降主义。1942年中国共产党开始进行整风运动，批判以王明为代表的教条主义、宗派主义倾向，王明以生病为由，不作自我批评。

中华人民共和国建立后，王明任政务院政治法律委员会副主任、法制委员会主任委员。1956年去苏联养病，从此长期侨居苏联。1971～1974年，王明在国外发表文章，歪曲和篡改中国共产党的历史，攻击中共中央领导人，为其过去所犯的“左”、右倾错误翻案。

王念孙　Wang Niansun (1744～1832)　中国清代音韵学家、训诂学家、校勘学家。江苏高邮人。字怀祖，号石臞。幼从父安国读书，稍长，从休宁戴震问学。罢官后居京师旃檀寺第，以著述自娱。著有《广雅疏证》10卷，《读书杂志》82卷。王念孙对经传诸子最熟，而学问师承戴震，以音韵之学为根基。曾辨析《诗经》、《楚辞》、《淮南子》、《易林》等书用韵，定古韵为21部。他对古书中文字的假借、声音的通转都深有领会，所以超轶前人，独有创获。其著述在旧日训诂学的基础上有所发展，趋向于字族、词族的研究。《读书杂志》一书，校订古书的讹误，疏解前人的疑义，大都确凿不易，对校勘学的发展也有很大的影响。又有《方言疏证补》等著作，罗振玉根据遗稿都印入《高邮王氏遗书》内。

王苹　Wang Ping (1916-09-02～1990-12-01)　中国电影导演。祖籍江苏江宁。生于南京，卒于北京。原名王光珍，回族。1934年，任教于南京一小学。因参加瞿白音等组织的业余磨风剧社，并在《娜拉》中担任主角，被南京教育局以“一个戏子岂能为人之师”的理由革职。1935年加入西北影业公司。参加拍摄的第一部影片是《无限生涯》，因反映矿工的生活和斗争，被阎锡山下令停拍。抗日战争胜利后，先后在《一江春水向东流》、《丽人行》等影片中扮演不同类型角色。1953年，她作为中华人民共和国建立后的第一个女导演，摄制了大型军事教育片《河川进攻》和《祁建华速成识字法》。1956年完成影片《冲破黎明前的黑暗》。《柳堡的故事》(1957)是首次显示并奠定她朴实自然、优美细腻的抒情艺术风格的影片。导演的主要作品有《永不消逝的电波》(1958)、《勐垅沙》(1960)、《槐树庄》(1963)、《东方红》(1965，舞台艺术片)、《中国革命之歌》(1985)等。

王朴　Wang Pu (915～959)　中国五代后周世宗柴荣时的枢密使。字文伯。东平（今山东东平西北）人。后汉乾祐三年(950)状元，为校书郎。见隐帝少弱，将相交恶，知其必乱，辞官归乡。广顺元年(951)后周代后汉，太祖郭威养子柴荣为澶州节度使，以王朴为掌书记。后柴荣为开封府尹，王朴为推官。显德元年(954)郭威死，柴荣继位，王朴由比部郎中累进至枢密使。二年，王朴奉诏撰《平边策》，成为以后世宗及北宋统一全国的战略指导思想。同年，他奉诏考正历法，岁余，撰成《钦天历》15卷，世宗亲为序，诏来年行用。不久，又以王朴知开封事，扩大京城，开广街道，均由他计划。显德三、四年，世宗两次攻淮南，王朴为东京副留守。六年正月，他奉诏考正雅乐，得81调，并造“律准”，诏有司依调制曲。三月，王朴奉诏树斗门于汴口。归朝后卒。

王齐翰　Wang Qihan　中国五代南唐画家。建康（今南京）人。为南唐后主李煜时画院待诏。擅释道人物画，也能画山水。画史上说他画佛道人物多思致，善于将所画人物置于山林丘壑的环境背景中。其作品据记载有119件，皆佚亡。传世之作仅《勘书图》1幅。此图绢本设色，因画中勘书之人正在挑耳，故又名《挑耳图》。此图笔墨秀润纤细，人物袒胸赤足，头向右倾，左目微闭，一手扶椅，一手挑耳，表现出惬意自适的生动神态。

王岐山　Wang Qishan (1948-07～　)　中国共产党中央政治局委员，中华人民共和国国务院副总理。山西天镇人。1983年2月加入中国共产党。1969年1月参加工作。

1969～1971年在陕西省延安县冯庄公社当知青。1971～1973年在陕西省博物馆工作。1973～1976年在西北大学历史系历史专业学习。1976～1979年在陕西省博物馆工作。1979～1982年在中国社会科学院近代历史研究所当实习研究员。1982～1986年任中共中央书记处农村政策研究室、国务院农村发展研究中心处长、副局级研究员、联络室副主任。1986～1988年任中共中央书记处农村政策研究室正局级研究员，国务院农村发展研究中心联络室主任兼全国农村改革试验区办公室主任，国务院农村发展研究中心发展研究所代所长、所长。1988～1989年任中国农村信托投资公司总经理、党委书记。1989～1993年任中国人民建设银行副行长、党组成员（其间，1992年9～11月在中共中央党校省部级干部进修班学习）。1993～1994年任中国人民银行副行长、党组成员。1994～1996年任中国人民建设银行行长、党组书记。1996～1997年任中国建设银行行长、党组书记。1997～1998年任中共广东省委常委。1998～2000年任中共广东省委常委，广东省副省长。2000～2002年任国务院经济体制改革办公室主任、党组书记。2002～2003年任中共海南省委书记，海南省人大常委会主任。2003～2004年任中共北京市委副书记，北京市代市长，北京奥运会组委会执行主席、党组副书记。2004～2007年任中共北京市委副书记，北京市市长，北京奥运会组委会执行主席、党组副书记。2007～2008年任中共中央政治局委员。2008年任中央政治局委员，国务院副总理，党组成员。是中共第十五届中央候补委员，十六届、十七届中央委员，十七届中央政治局委员。

王企鹅 *Aptenodytes patagonicus*; king penguin　企鹅目王企鹅属的一种。世界上现存第二大的企鹅，仅次于帝企鹅（全长可达120厘米）。主要分布于南极洲及其附近岛屿。

王企鹅全长约96厘米。嘴峰长而纤细，明显向下弯曲。颈侧有一明显橘黄色斑块，具鳞片状羽毛，并储有很厚的脂肪。在配育时，头侧色斑十分明显。王企鹅在南纬66°～77°南极大陆沿岸的冰上繁殖。一般很少离开南极大陆。秋季开始产卵。产卵后，雌鸟很快进入海洋，雄鸟在冬季单独担任孵化任务。为保持一定温度，常常集群。

在此期间，雄鸟约有90天（包括62～64天孵卵期）完全不进食。幼鸟孵出后，雌鸟返回原地，以鸣声找到雄鸟。然后，雄鸟去海洋捕食，需经14～24天恢复原来的体重。幼鸟经过5个月，即第二年初，开始到海洋中生活。亲鸟在下次繁殖前换羽，持续35～40天，在这期间不进食。3～4月准备开始繁殖。雄鸟孵卵时常把卵置于脚上，并以由下腹部垂下的袋状皮褶覆盖脚面。王企鹅虽然步行笨拙，但遇到敌害时可将腹部贴于地面，以双翅快速滑雪，后肢蹬行，速度很快。

王人美 Wang Renmei（1914-12～1987-04-12）　中国电影演员。原籍湖南浏阳。生于湖南长沙，卒于北京。1927年入中华歌舞团学习歌舞。1931年加入联华影业公司，

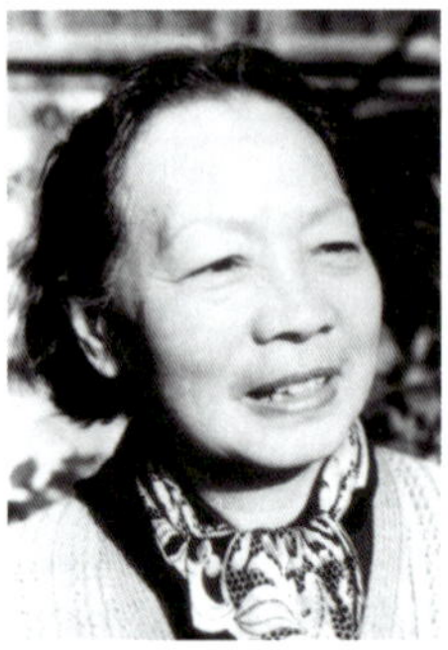

1932年参加拍摄故事片《野玫瑰》，受到观众特别是青年学生的赞赏。接着又拍摄了《都会的早晨》(1933)、《渔光曲》(1934)、《风云儿女》(1935)、《长恨歌》(1935)和《壮志凌云》(1936)等影片。《渔光曲》是其代表作。在这部影片中，她的表演简洁、粗犷、真实、自然。抗日战争爆发后，除1941年参加拍摄了描写战时空军生活的影片《万里长空》外，主要从事话剧活动。1948年参加拍摄影片《关不住的春光》。中华人民共和国建立后参加演出的影片有《两家春》(1951)、《猛河的黎明》(1956)、《探亲记》(1958)、《青春之歌》(1959)、《花儿朵朵》(1962)等。

王任重 Wang Renzhong（1917-01-15～1992-03-16）　中国无产阶级革命家，全国人大常委会副委员长，全国政协副主席，国务院副总理。生于河北景县，卒于北京。1933年加入中国共产党。曾任中共景县师范学校支部书记、中共景县县委委员、津南工委委员。抗日战争时期，入延安中共中央党校学习，任中共中央党校和陕北公学教员。

1938年后，任中共冀鲁豫区委宣传部副部长、地委书记，冀南区委宣传部长、行署副主任和党组书记。解放战争时期，任冀南行署主任，中共冀南区党组书记。中华人民共和国建立后，历任中共湖北省委常委、省人民政府副主席，中共武汉市委第一书记、武汉市代市长，中共湖北省委第一书记、省政协主席，武汉军区第一政委，中共中央中南局第一书记，中共陕西省委第一书记，国务院副总理，国家农业委员会主任、党组书记，中央爱国卫生运动委员会主任，中共中央书记处书记兼宣传部部长，中共第十一至十三届中央委员，第六届全国人大常委会副委员长，全国政协第七届副主席、党组副书记。

王若飞 Wang Ruofei（1896～1946-04-08）中国共产党早期领导人，革命烈士。原名萌生，字继任。贵州安顺人。早年参加辛亥革命和讨袁运动。1919年10月赴法国勤工俭学，1921年与蔡和森等发起组织工学世界社。1922年6月与赵世炎、周恩来等在巴黎组织旅欧中国少年共产党，任少共执行委员会委员。同年秋参加法国共产党，不久转为中国共产党党员。1923年7月赴莫斯科东方大学学习。1925年4月回到上海，在中共中央机关工作。五卅运动后，任中共北方区委巡视员，负责筹建中共豫陕区委，后任豫陕区委书记。1926年3月调上海，任中共中央秘书长，参与领导上海工人三次武装起义，曾任中共上海南市区委代理书记，中共江苏省委农民运动部部长和宣传部部长。1928年6月，赴莫斯科出席中共第六次全国代表大会，会后任中共驻共产国际代表团成员。不久，入列宁学院学习。1931年夏回国，任中共西北工委特派员，领导内蒙古及西北回族等民族地区的革命活动。同年11月在包头被国民党政府逮捕，经党组织营救于1937年5月获释。同年秋赴延安，历任中共陕甘宁边区党委宣传部部长、统战部部长，中共华北华中工作委员会秘书长兼八路军副参谋长，中共中央秘书长和党务研究室主任。1944年4月同林伯渠等赴重庆同国民党谈判，11月任中共重庆工作委员会书记。1945年在中共第七次全国代表大会上当选为中央委员。8月，与毛泽东、周恩来一起赴重庆同国民党谈判。1946年4月8日，由重庆飞回延安时，因飞机失事在山西兴县黑茶山遇难。

王若虚 Wang Ruoxu（1174～1243）　中国金代文学家。字从之，号慵夫，入元自称滹南遗老。真定藁城（今河北藁城）人。章宗承安二年（1197）擢经义进士，历管城、门山二县令，入为国史院编修官、著作佐郎。正大初，迁平凉府判官。金亡不仕。若虚博学强记，精于经、史、文学，独步一时。其文不事雕琢，唯求理当；其诗以白居易为法，崇尚自然，能曲尽情致。其《滹南诗话》3卷，以论为主，上卷多论唐诗，中下卷多论苏黄诗，全书主旨是反对重形式而轻内容，强调诗要抒发情性之真。他阐

述苏轼“论画以形似，见与儿童邻。赋诗必此诗，定非知诗人”，曰：“妙在形似之外，而非遗其形似；不著于题，而要不失其题。”符合苏轼的本意。他特别推崇苏轼而不满黄庭坚。所著《滹南遗老集》45卷，续1卷，有《四部丛刊》影旧抄本、《丛书集成》本。《滹南诗话》3卷，有《历代诗话续编》本、人民文学出版社1983年霍松林等校点本。

王僧辩 Wang Sengbian (？～555) 中国南朝名将。字君才，本姓乌丸氏。鲜卑族。太原祁县（今属山西）人。梁武帝天监年间随父神念自北魏降梁，为湘东王萧绎左常侍，先后任王府司马、武陵、广平、新蔡、竟陵等郡太守，一直跟随萧绎。太清二年（548），侯景叛梁，次年，萧绎命他率舟师一万援救京师建康，到达时台城已陷。僧辩先屈服于侯景，然后只身西归江陵，任领军将军。大宝元年（550），为萧绎击败湘州刺史河东王萧誉。二年，僧辩为大都督，击退侯景军，收复郢、江两州，与陈霸先会师湓口（今江西九江）。然后乘胜东下，进攻石头城（今江苏南京西清凉山）北，大败侯景，收复建康（见侯景之乱）。天正元年（551），梁元帝萧绎即帝位，封为永宁郡王，官侍中、尚书令。承圣三年（554），西魏进攻江陵，僧辩率军西上救援，未至而江陵破，萧绎死。即与陈霸先共迎立萧绎之子萧方智（梁敬帝）即位建康，任骠骑大将军、中书监、都督中外诸军事、录尚书，与陈霸先共理朝政。不久，他接纳北齐扶植的萧渊明为帝，废嫡立庶，欲独揽大权。陈霸先恶其反复无常，又想乘梁室争立之机而夺取政权，便从京口起兵偷袭石头城，杀王僧辩。

王僧虔 Wang Sengqian (426～485) 中国南朝宋齐间书法家、书法理论家。琅邪（今属山东临沂）人。仕宋、齐二朝。历任武陵太守、中书郎、太子中庶子、吏部尚书、尚书令、丹阳尹等职。他精通文史、善音律。

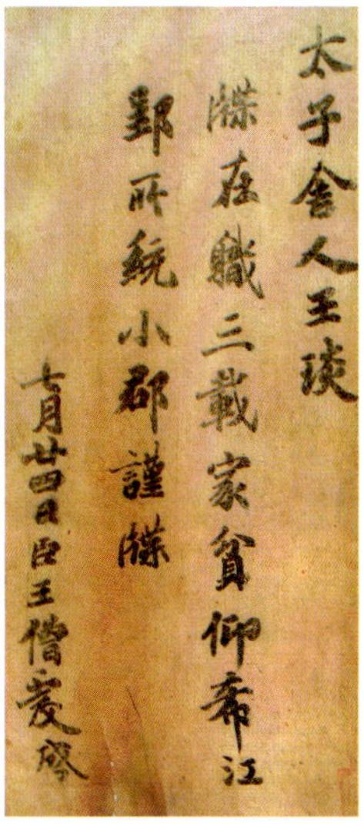

《太子舍人王琰帖》

生于书法世家。擅长楷、行、草书，传世刻帖有《御史帖》、《陈情帖》等。传世的唐摹墨本《万岁通天帖》中有他的《太子舍人王琰帖》一通，结构严谨，精于用笔，并可考书法递变。另有《书赋》、《论书》、《笔意赞》等著作传世。在《笔意赞》中，他提出“书之妙道，神采为上，形质次之，兼之者可绍于古人”，把书法中的“神采”提到突出地位，对后世影响深远。

王善源 Wang Shanyuan (1907－11－11～1981－01－01) 中国宇宙辐射学家、微生物学家。原籍福建福州。生于印度尼西亚，卒于北京。1929年毕业于荷兰莱顿大学医疗系，1938年毕业于法国巴黎大学物理数学系，1948年毕业于英国EMI学院电子仪器系，先后获医学博士、物理学博士和电子工程学学士学位。中国医学科学院流行病学微生物学研究所研究员。1957年当选为中国科学院学部委员（院士）。专于医学、物理学、数学、电子学及化学，研究工作涉及很多学科领域，尤其在医学生物物理学方面造诣颇深。曾亲自赴云南、河北小五台山、山西五台山和大同等地开展肺结核与肿瘤方面的实地调查工作。为研究宇宙辐射与肺结核、肿瘤的关系，先后两次登上五台山，在海拔2 400～3 000米的高山上从事实验研究工作，取得大量实验室中无法获取的宝贵材料。

王舍城 Rājagṛha 古印度摩揭陀首都。为佛陀在世时的主要弘化地之一。位于今印度北部比哈尔邦巴特那县境拉吉基尔丘陵谷地中。有旧城与新城两处，相距仅数里。旧城故址在今拉吉基尔村南，是摩揭陀故都。新城在谷地北部，为频毗娑罗王所建。阿阇世王时，为防阿槃底入侵，大力加强其防御工事。频毗娑罗与阿阇世王时，是王舍城极盛时期，为繁华的商业中心。后乌陀耶迁都华氏城，王舍城逐渐衰落。频毗娑罗王曾先后在旧城和新城接见释迦牟尼，今王舍城附近仍有不少有关释迦牟尼的古迹。王舍城东北有耆阇崛山（灵鹫山）是著名的佛陀说法之地；西北山上的卑钵罗石室是释迦饭后坐禅之处。城中有佛陀生前住过的竹林精舍和祇园精舍。是佛教徒的朝圣地。

王诜 Wang Shen (1048～1104) 中国北宋画家。字晋卿。祖籍太原，后定居汴梁（今河南开封）。出身贵族。英宗女蜀国长公主的驸马。授左卫将军驸马都尉等。王诜以贵族身份热衷于诗文书画，富收藏，成为当时艺术活动的中心人物之一。王诜绘画以山水见长，水墨山水具有幽雅清润的格调。青绿着色山水则不古不今自成一家。所画山水多为烟江远壑、柳溪渔浦、晴岚绝涧、寒林幽谷、桃溪苇村等。尤擅长画小景山水，并能画墨竹。传世作品有《渔村小雪图》、《烟江叠嶂图》及《瀛山图》。《渔村小雪图》为水墨山水，描绘初冬雪后山峦溪岸的景色，远处山峦重叠，两岸虬松盘屈，江面开阔。以水墨渲染并施金粉以加强雪后的效果，用笔尖俏爽利。《烟江叠嶂图》开卷烟波浩渺，后段则奇嶂叠起，笔墨细润，青绿设色典雅。

王慎中 Wang Shenzhong (1509～1559) 中国明代诗人、散文家。字道思，号遵岩居士。晋江（今属福建）人。慎中为次子，所以人称王仲子。18岁中进士，授户部主事，后又任吏部验封司郎中、户部主事、礼部员外郎、河南参政等职。因触忤大学士夏言而落职。

王慎中为文，初钩章棘句，吞剥秦汉散文，认为汉后散文无可取之处；后读欧阳修、曾巩等人的散文，大为钦佩。他反对拟古，主张学习唐宋散文，直书胸臆，与唐顺之、归有光、茅坤等同为唐宋派。与唐顺之齐名，被称为“王唐”。两人实际上是唐宋派首领。李贽评论王慎中文章说：“铺叙详明，部伍整密，语华赡而意深长。”散文代表作有《海上平寇记》、《送程龙峰郡博致仕序》、《金溪游记》、《游清源山记》、《朱碧潭诗序》等。诗体初宗艳丽，归田以后，颓然自放。诗歌代表作有《登金山口绝顶》、《游白鹿洞》、《游麻姑山》等。

诗文集有《遵岩集》、《玩芳堂摘稿》、《遵岩子》、《王参政集》、《王遵岩先生集选》、《王遵岩文选》等。

王胜俊 Wang Shengjun (1946－10～) 中华人民共和国最高人民法院院长，中国共产党中央政法委员会秘书长。安徽宿州人。1972年加入中国共产党。大学学历。1964～1968年在合肥师范学院历史系学习。1968～1968年留校待分配。1968～1983年为安徽省六安县木厂铺农场职工，县革委会办事组秘书、党的核心小组成员，县委办公室副主任，苏家埠区委副书记，六安地委宣传部宣传科干事、科长。1983～1984年任中共安徽省六安地委副书记（1983年12月兼中共六安县委书记）。1984～1993年任中共安徽省委常委。1984～1985年任中共安徽省委常委，安徽省经济体制改革领导小组常务副组长（其间：1985年3～7月在中共中央党校省部级干部进修班学习）。1985～1993年任中共安徽省委政法委

书记。1988～1992年任安徽省公安厅厅长，厅党委书记。1992～1993年任中共安徽省公安厅党委书记（其间：1992年9～11月在中共中央党校省部级干部进修班学习）。1993～1998年任中共中央政法委员会副秘书长。1998～2008年任中共中央政法委员会委员、秘书长。2005～2008年任中共中央社会治安综合治理委员会副主任。2008年任最高人民法院院长。在中共十五大上当选为中央纪委委员，是十六届、十七届中央委员。

王时敏 Wang Shimin (1592～1680) 中国明末清初画家。字逊之，号烟客、西庐老人等。江苏太仓人。明万历二十九年(1601)进士。入清不仕，隐于归村，寄情翰墨。他少时兴趣广泛，能诗善书，对绘画尤为喜爱。山水画用笔含蓄，格调苍润松秀。早、中期风格比较工细清秀，晚年多苍劲浑厚。其画风在清代影响颇大。他与王鉴并称二王；加上王翚、王原祁，被称为四王。传世作品有《雅宜山斋图》、《夏山图》等，并著有《西田集》、《西庐画跋》等。

王实甫 Wang Shifu 中国元代杂剧作家。名德信。大都（今北京市）人。生卒年与生平事迹不详。他的创作活动大致在元成宗的元贞、大德年间。长期混迹于教坊、行院，与伎艺为伍，当是位不得志的落拓文人。编撰杂剧13种，只有代表作《西厢记》与《丽春堂》传世，《贩茶船》、《芙蓉亭》各传曲文一折，余则散佚。

《西厢记》提出了“愿普天下有情的都成了眷属”的主张，具有鲜明的反对封建礼教和封建婚姻制度的主题。歌颂了以爱情为基础的结合，否定了封建社会传统的联姻方式。主要人物性格鲜明，张生的志诚、忠厚和他对莺莺的一往情深，构成了他的主要性格特点。莺莺的性格深沉而内向，在争取婚姻自主的斗争中，表现出虽是一往情深，却又欲前又却步的曲折的内心情绪。红娘身份卑微，在崔、张婚姻事件中所起的作用却至关重要。她支持崔、张恋爱婚姻，反对封建家长干预。伶俐机敏的性格决定了她的行动方式。她敢于抗争，有勇有谋，在“拷红”一场中，她的思想性格得到了最充分有力的表现。

《西厢记》的思想内容所达到的高度和人物形象所取得的成就，在戏曲中都是前所未有的。情节曲折，波澜迭起，悬念丛生，引人入胜。全剧接连不断的起伏跌宕，常给人山重水复、柳暗花明之感。戏剧冲突由两条线索和两组矛盾而展开，即以老夫人为一方，莺莺、张生、红娘为另一方的矛盾和莺莺、红娘、张生之间的矛盾，这两组矛盾交叉发展、互相影响，使《西厢记》具有强烈的戏剧效果。作者不仅善于正面刻画人物，而且长于侧面和心理描写，使人物性格呈现出丰富的色彩和立体浑成的效果。

《西厢记》曲词华美，并有诗的意境。作者常常结合剧情，在景物描绘中，构成抒情意味极浓的意境。特别是第4本第3折《长亭送别》中莺莺的唱词：“碧云天，黄花地，西风紧，北雁南飞。晓来谁染霜林醉，总是离人泪。”用人们在秋天常见的景物，构成萧瑟而凄冷的氛围，与主人公的离愁别绪相互融合，创造了浓郁的抒情气氛，历来被称为“神来之笔”。

王士珍 Wang Shizhen (1861～1930) 中国北洋军阀首领之一。原名世珍，字聘卿。直隶正定（今属河北）人。毕业于北洋武备学堂。随袁世凯创建北洋军，任新建陆军督操营务处帮办兼讲武堂总教习、工兵营统带。与冯国璋、段祺瑞并称北洋三杰。1903年任练兵处军学司正使，又兼任第六镇统制、署理陆军部侍郎。辛亥革命后隐居。后受袁世凯之邀复出，获陆军上将衔。1915年任陆军总长。1916年袁世凯病死后，出任段祺瑞内阁参谋总长。1917年代理国务总理，同时兼任陆军总长。军阀混战时期，他以北洋元老的身份，多次居间调停直系、皖系、奉系各派之间的矛盾。

王士禛 Wang Shizhen (1634～1711) 中国清代诗人。字贻上，号阮亭，又号渔洋山人。新城（今山东桓台）人。顺治十五年(1658)进士。出任扬州推官。后升礼部主事，官至刑部尚书。康熙四十三年(1704)罢官归里。论诗以“神韵”为宗，要求笔调清幽淡雅，富有情趣、风韵和含蓄性。五、七言近体诗最能代表他的风格特色。他不重视文学对现实的反映，大部分诗是描写山水风光和抒发个人情怀的，偏于对艺术技巧和意境的追求，是他的创作理论的具体体现。有词集《衍波词》，以小令为佳，但其成就逊于诗。著作有《带经堂集》，诗选有《渔洋精华录》，诗话有《渔洋诗话》，笔记有《池北偶谈》、《古夫于亭杂录》、《香祖笔记》等。

王世襄 Wang Shixiang (1914-05-25～2009-11-28) 中国文物专家。号畅安。祖籍福建。生于北京，卒于北京。1938年毕业于燕京大学，两年后获该校文学硕士学位。1946年出任南京国民政府教育部清理战时文物损失委员会平津区助理代表。1947年起，历任故宫博物院古物馆科长及陈列部主任，中国音乐研究所、文物博物馆研究所和文物保护科学技术研究所副研究员。1980年后，任文化部文物局古文献研究室研究员。

王世襄研究的范围很广，涉及书画、雕塑、烹饪、建筑等方面。他对工艺美术史及家具，尤其是对明式家具、古代漆器和竹刻等均有深刻研究和独到见解。他注重长期的实践考证，积累丰富的第一手资料，写出专著十余部。在家具方面的专著有《髹饰录解说》和《明式家具珍赏》等。后者详尽论证明式家具达到高峰的时代背景，阐述明代家具的制作工艺、榫卯结构基本结合的分类、家具用材的选择、装饰的技法工艺等。1985年出版后被译成英、法、德文等版本。

王世贞 Wang Shizhen (1526～1590) 中国明代文学家。字元美，号凤州，弇州山人。太仓（今属江苏）人。嘉靖二十六年(1547)进士。初任刑部主事，屡迁员外郎、郎中。为官正直，不附权贵。官至刑部尚书，病逝乡里。

王世贞为后七子之一，与李攀龙同为文坛盟主。李死后，又独为文坛领袖20年，影响甚大。文学观主要表现在《艺苑卮言》里。虽然他并未脱离前七子的影响，仍然主张文必秦汉、诗必盛唐，但其学问淹博，持论并不似李攀龙那样偏激，能将创作者的才思与作品的格调密切联系起来，要求“一师心匠”，与一味主张模古范型者有别。

从王世贞《乐府变》的序言来看，他主张创作要继承《国风》的批判现实精神，诗歌要不避禁纲，批评时事，以成一代“信史”。所以他的诗歌有不少感时伤世的政治诗，现实感较为强烈。

王世贞诗歌取材赡博，纵心触象都能化为诗料，形诸歌咏。除了一部分模拟痕迹较为严重的作品外，诸体诗中都有一些颇见艺术匠心的佳作。亦能词，如〔浣溪沙〕“窗外闲丝自在游”在抒写清愁淡怨时，善于借助景物渲染，烘托其凄凉情绪。此外，他对戏曲也有研究。曲论见于《艺苑卮言》附录，即《弇州山人四部稿》卷一百五十二。后人摘出单刻行世，题曰《曲藻》。他认为戏曲成功与否首先在于是否“动人”。这是他戏曲观的精华处。其《弇山堂别集》、《嘉靖以来首辅传》、《觚不觚录》，记述盛事奇事、首相传略、朝野轶闻，均有史料价值。其中有一些小品散文颇涉谈谐，文笔清新。

王式廓 Wang Shikuo (1911-06-16～1973-05-22) 中国油画家、版画家。生于山东掖县（今莱州市），卒于河南巩县（今巩义市）。早年于北平京华美术学院、杭州艺术专科学校学习西画。1934年考入上海美术专科学校西画系。1936年考入日本东京美术学校。1937年七七事变后回国，曾在武汉政治部三厅美术科从事抗日宣传。1938年赴延安，入抗日军政大学学习。1946年任延安鲁迅艺术学院教员兼研究员。1947～1949年先后于北方大学美术系、华北大学文艺学院任教授、研究员。1950～1973年任中央美术学院油画系教授、研究部副主任，并当选为中国美术家协会理事、常务理事。出版有《王式廓素描集》、《王式廓

《改造二流子》

画集》等。

王式廓早年代表作为版画《改造二流子》(1944)、《血衣》。《血衣》真实、生动地刻画了不同人物的内心世界，曾引起广泛的社会反响。油画作品主要有《参军》、《井冈山会师》、《秋夜》、《秋收场上》、《发明者的夜晚》等。除素描、油画之外，兼擅书法及中国画，在艺术教育方面亦有突出贡献。

王守觉 Wang Shoujue (1925-06-27～) 中国半导体电子学家。江苏苏州人。生于上海。1949年毕业于上海同济大学电机系。曾任中国科学院半导体研究所副所长、所长。1980年当选为中国科学院学部委员(院士)。1958年首次研制成功锗合金扩散高频晶体管，并在109工厂进行小批量生产，应用于中国研制的晶体管化高速计算机。1959～1963年负责研究硅平面工艺技术，并研制成功5种硅平面型晶体管。1974年用自制的图形发生器自动制版技术制成大规模集成电路掩模版。1976年提出了一种新的多值与连续逻辑高速电路——多元逻辑电路，并试用于整机。1979年后主要从事多值与连续逻辑电路系统的研究。90年代起致力于神经网络模式识别等机器形象思维理论和实际应用的基础研究，1995年研制成中国第一台神经计算机。2001年获何梁何利基金科学与技术进步奖。

王守仁 Wang Shouren (1472～1529) 中国明代思想家，心学派的集大成者。初名云，字伯安。因筑室于故乡阳明洞中，世称阳明先生。浙江余姚人。弘治十二年（1499）进士，授刑部主事。正德元年（1506）以兵部武选主事疏救科道言事官戴铣等人，遭刘瑾陷害，谪贵州龙场驿（在今贵州修文）驿丞。始悟心性之学。五年刘瑾伏诛，起为庐陵（今江西吉安）知县。后迁考功郎中，擢南京太仆寺少卿，进鸿胪寺卿。十一年擢右佥都御史，授南（安）、赣、汀、漳诸州巡抚，行十家牌法，选民兵，镇压大庾、乐昌、郴州农民起义。十四年率吉安知府伍文定等平定宸濠之乱。嘉靖初，拜南京兵部尚书。论功，封特进光禄大夫、柱国、新建伯。嘉靖六年诏以原官兼左都御史，两广总督兼巡抚，镇压大藤峡起义。七年十一月廿九日(1529年初)卒于南安（今江西大余）。隆庆初，赠新建侯，谥文成。

王阳明是**心学**发展的集大成者。他接受陆九渊“心即理”的观点，提出“心外无物，心外无理”。心是天地万物的“主宰”。在伦理道德修养方面提出**致良知**，认为“良知”是每个人都有的，“满街都是圣人”，但并不是每个人都能照着良知去做，去“致”良知。由此他进一步提出“**知行合一**”的观点，不同意把知行分开看成先后的关系，认为“知是行的主意，行是知的功夫，知是行之始，行是知之成”。知行合一说一方面强调道德意识的自觉性，另一方面强调道德实践，要言行一致。王守仁晚年把他的思想归结为“四句教”，即“无善无恶心之体，有善有恶意之动，知善知恶是良知，为善去恶是格物”。四句教包含着对“致良知”的理解不同，由此引起王门后学理解上的分歧和争论，但他的思想流行达150年之久，形成**阳明学派**，在明代中后期影响极大。阳明心学虽然起过某种冲击圣贤偶像的积极作用，但空谈心性之风流行，也影响了明中叶以后学术的发展和社会的进步。著有《**传习录**》、《大学问》、《阳明先生文录》等，后人辑《王文成公全书》38卷传世。

王守武 Wang Shouwu (1919-03-15～) 中国物理学家、半导体技术专家。生于苏州。1941年毕业于上海同济大学机电系。1946年获美国普渡大学工程力学硕士，后转向

量子力学，1949年获博士学位。1950年底回国，先后任中国科学院应用物理研究所研究员，半导体研究所研究员、代所长、副所长，微电子中心名誉主任。1980年当选为中国科学院学部委员（院士）。

王守武在中国科学院相继筹建了物理研究所半导体研究室、半导体研究所、晶体管厂、半导体测试中心和微电子中心。组织领导并参与研制了中国第一块锗单晶、第一个锗晶体管、第一台激光器、第一块半导体大规模集成电路，并参与了相关的“两弹一星”国防任务，在半导体材料的相关理论和技术上作出贡献。曾任《半导体学报》主编，国务院电子计算机和大规模集成电路领导小组集成电路顾问组组长，中国科学院微电子研究所名誉所长等。2000年获何梁何利基金科学与技术进步奖。

王首道 Wang Shoudao (1906-04-13～1996-09-13) 中国无产阶级革命家，中国交通运输事业的开拓者和奠基人之一，全国政协副主席。生于湖南浏阳，卒于北京。

早年就读于长沙农业学校。1925年加入中国共青团。1926年入广州第六届农民运动讲习所学习。同年转为中共党员。曾任中共浏阳县委书记、湘鄂赣边特委书记、湖南省委常委、代理湖南省苏维埃政府主席、中共湘赣省委书记、苏区中央组织局秘书长。参加了长征。任中央纵队政治部主任，国家保卫局执行部长。抗日战争时期，任中共中央秘书处处长，八路军南下支队政委。解放战争时期，任中原军区副政委兼政治部主任，东北行政委员会财经委员会主任。中华人民共和国建立后，任中共湖南省委第一副书记、省政府主席，中央政府交通部副部长、部长，国务院第六办公室主任，中共中央中南局书记处书记，中共广东省委书记、省政协主席。是第五届全国人大法案委员会副主任，全国政协第五届副主席，中共第七届中央候补委员、第八至十一届中央委员，第十二、十三届中顾委常委。

王绶琯 Wang Shouguan (1923-01-15～) 中国射电天文学家。生于福建福州。1943年在重庆毕业于马尾海军学校。1945年赴英国皇家海军学校留学。1950年改攻天文，

进入伦敦大学天文台进行研究工作，1953年回国。先后任中国科学院紫金山天文台副研究员，中国科学院北京天文台研究员、台长，中国科学院数理学部副主任、主任。1980年当选为中国科学院学部委员（院士）。曾任中国天文学会理事长、中国天文学会名誉理事长。

王绶琯在紫金山天文台参加恢复天体物理观测工作，在上海徐家汇观象台负责

提高授时精度的任务。1958年，参加北京天文台筹建工作。主持建成太阳米波多天线干涉仪（1967）、分米波复合干涉仪（1974）、综合孔径射电望远镜（1984）。20世纪90年代，他与苏定强等共创大天区面积多目标光纤光谱望远镜的初步方案，又提出并推进脉冲星实测研究项目。为创建中国射电天文研究等方面作出贡献，是中国现代天体物理学的奠基者之一。1985年获国家科学技术进步奖二等奖。

《王蜀宫妓图》 *Painting of Court Ladies of the Former Shu* 中国明代人物画作品，唐寅代表作之一。绢本，设色，纵124.7厘米，横63.6厘米，故宫博物院藏。为人物故事画，画4个仕女，故亦称《四美图》。旧题《孟蜀宫妓图》。此画以古代历史题材寄寓对时风的感慨，作者于画上题："蜀后主每于宫中裹尖巾，命宫妓衣道衣，冠莲花冠，日寻花柳以侍酣宴，蜀之淫已溢耳矣，而主之不挹注之，竟至滥觞，俾后想摇头之令，不无扼腕。"画面色彩华丽，仕女形象身材

修长，面容姣好；人物面部采用"三白法"，即额头、鼻尖、下巴三处染以白色，以表现立体感，很有特色。

王树声 Wang Shusheng（1905-05-26～1974-01-07） 中国无产阶级革命家、军事家，中国人民解放军军械装备建设和军事科学研究事业的奠基人和领导人。原名王宏信。湖北麻城人。卒于北京。1926年加入中国共产党，在区、县领导农民运动。后任工农革命军鄂东军队长、分队长，中国工农红军第4军大队党代表、支队长、团长。1931年起，历任第四方面军第11师师长、第73师师长、第31军军长。1934年任第四方面军副总指挥，在参与指挥川陕苏区反"三路围攻"之后，又指挥所部挫败国民党军发动的"六路围攻"。曾参加长征。抗日战争时期，历任晋冀豫军区副司令员、代司令员，太行军区副司令员，河南军区司令员，组织地方武装开展抗日游击战争。解放战争时期，历任中原军区副司令员、第1纵队司令员兼政治委员。1946年参与指挥中原突围，率左路军进入武当山区，开辟鄂西北游击根据地，任鄂西北军区司令员、鄂豫军区司令员等职。中华人民共和国建立后，任湖北军区副司令员、司令员，中南军区副司令员，指挥部队清剿国民党残余武装和土匪。1954年任国防部副部长。1955年任人民解放军总军械部部长。同年被授予大将军衔和一级八一勋章、一级独立自由勋章、一级解放勋章。1959年任军事科学院副院长，1972年任军事科学院第二政治委员。曾当选为中共第八至第十届中央委员。

王水 aqua regia 1体积浓硝酸和3体积浓盐酸混合而成的混合酸。王水中的硝酸具有强氧化性，盐酸具有强配位能力，因此王水可以溶解化学惰性的贵金属铂，生成红棕色的氯铂酸：

$$3Pt+4HNO_3+18HCl \longrightarrow 3H_2PtCl_6+4NO+8H_2O$$

王水还可以溶解金，生成氯金酸：

$$Au+HNO_3+4HCl \longrightarrow HAuCl_4+NO+2H_2O$$

王水的性质不稳定，须在使用前配制。王水具有强腐蚀性，使用时切勿溅到皮肤。

王韬 Wang Tao（1828～1897） 中国晚清维新思想家。初名利宾，后改名韬，字仲弢，号紫铨，别号弢园老人、天南遁叟。江苏长洲（今属苏州）人。18岁中秀才。道光二十九年（1849）离乡赴沪，就职于英国人办的墨海书馆。1862年返里探亲，向太平天国苏州当局上书，建议太平军力图长江上游，停攻或缓攻上海。事泄，清政府下令缉拿，但得英国领事庇护，逃往香港。在港时，助英人理雅各翻译中国经书。同治六年至九年（1867～1870）间，为译书事应理雅各之邀赴英，并游历法、俄诸国。1874年，在香港创办《循环日报》。后曾东渡日本，与日本文化界人士相交游。光绪十年（1884），经洋务派官僚丁日昌斡旋，得李鸿章默许，返沪定居，任格致书院掌院，并一度主编《申报》。王韬一生正值民族危机日益加深之际，忧时愤世，以西法造炮制船，大力发展资本主义工商业，允许民间自立公司；还赞扬西方君主立宪政治制度，呼吁在自强的基础上，实现独立自主的外交。毕生著作宏富，所遗著作已知者三四十种，现有《弢园文录外编》、《弢园尺牍》、《王韬日记》诸书行世。记载他1867年赴欧洲的《漫游随录》和1879年赴日本的《扶桑游记》两书，1982年由湖南人民出版社标点出版，收入《走向世界丛书》。

王天民 Wang Tianmin（1914～1972） 中国秦腔演员。工闺阁花旦。名天贵，字子纯。陕西岐山人。卒于西安。1924年入西安易俗社学艺，受业于秦腔名旦党甘亭、陈雨农。1926年出科登台，崭露头角。1932年、1937年两度赴北平演出，得到梅兰芳、程砚秋、尚小云等人的赞赏和指导。王天民唱做俱佳，尤以做功见长，善于细腻地体会人物的思想感情，运用娴熟的表演手段，刻画鲜明的形象。在西安担任剧社领衔演员近30年之久，有"西京梅兰芳"之称。代表剧目有《柜中缘》、《葬花》、《颐和园》、《蝴蝶杯》等。

王田私属 royal fields and private slaves 中国西汉末年王莽改制时以诏令形式规定的对全国耕地和奴婢的称呼。西汉后期，地主官僚和大工商主兼并土地、占有奴婢的情况十分严重。新莽代汉，托古改制，于始建国元年（公元9）下诏，宣布将天下田改名曰王田，奴婢曰私属，均不准买卖。又按孟子提过的井田制（见井田）一夫一妇授田百亩的原则，规定一家男子不到8人而田过一井（900亩）的，应将余田分给九族乡邻中无田或少田的人。原来无田而应授田的人也按上述原则授与土地。新莽的这一措施，意在缓和土地兼并和防止农民奴隶化。但诏令颁行后，地主、官僚、工商主纷起反对。新莽只好在始建国四年下令买卖土地、奴婢不再治罪，承认了这项改革尝试的失败。地皇三年（公元22），最后废除了关于王田、私属的法令。

王铁崖 Wang Tieya（1913-07-06～2003-01-12） 中国国际法学家。原名庆纯，笔名石蒂。福建福州人。卒于北京。20世纪50年代初参加中国民主同盟，1983年参加中国共产党。1933年获清华大学法学士学位。同年入该校研究院，1936年获硕士学位。

1937年入英国伦敦政治经济学院研究国际法，1939年回国后历任武汉大学等校教授。1946年转任北京大学政治系教授，后兼任政治系主任。1952年任北京大学历史系教授兼任国际关系史教研室主任，1954年兼任法律系教授和国际法教研室主任。1979年在北京大学法律系首创国际法专业。1980年创建北京大学国际法研究所，并任所长。曾倡议创建中国国际法学会并任会长。1982年与**陈体强**一起创办《中国国际法年刊》并任主编。1983～1991年任全国政协委员，1985年被任命为香港特别行政区基本法起草委员会委员。曾被选为国际法研究院院士、世界艺术与科学院院士、前南国际刑事法庭法官和上诉庭法官。

王铁崖长期从事国际法和国际关系的教学与研究工作。撰有《新约研究》、《战争与条约》、《王铁崖文选》等专题论著。主要译著有《国际法原理》(凯尔逊著)、《奥本海国际法》(第8版，与陈体强合译)、《奥本海国际法》(第9版，与陈公绰等合译)。

王通 Wang Tong (580/584～617) 中国隋代思想家。字仲淹，门人私谥文中子。河东龙门（今山西河津）人。曾献《太平十二策》，未被文帝采用。后隐居河、汾之间，著书讲学。他以“申周公”、“绍宣尼”的儒宗自命，肯定封建纲常，倡导儒、释、道“三教可一”。在哲学上用元气、元形、元识来区分天、地、人。主张“夫天者统元气焉，非止荡荡苍苍之谓也；地者统元形焉，非止山川丘陵之谓也；人者统元识焉，非止圆首方足之谓也。”著有《续书》、《续诗》等，俱佚。仅存《中说》，为其弟子薪编，又名《文中子》。

王统照 Wang Tongzhao (1897-02-09～1957-11-29) 中国现代小说家、诗人。字剑三。山东诸城人。卒于济南。1918年初考入北京中国公学。8月，在《妇女杂志》发表其第一篇白话小说《纪念》。后参加五四运动。1921年参与发起成立**文学研究会**。1924年任中国大学教授兼出版部主任。20世纪30年代为避文祸曾游历欧洲，1935年回国后到上海主编《文学》月刊。1938～1941年，在上

海暨南大学等校任教授。抗日战争胜利后返回青岛。中华人民共和国建立后，曾任山东大学教授兼文学系主任，以及山东省文学艺术界联合会主席等职。

1922年出版白话长篇小说《一叶》。1924年出版短篇小说集《春雨之夜》，多表现知识青年对“爱”与“美”的憧憬及幻灭后的怅惘苦闷，笔调清新，诗情荡漾。早期发表的新诗大多收入《童心》，富于哲理意蕴，文字轻灵含蓄。1933年出版的长篇小说《山雨》写北方农村的破产和农民的逐渐觉悟，是30年代中国文坛上一部重要作品。此外，尚著有短篇小说集《霜痕》、《号声》、《华亭鹤》、《银龙集》，长篇小说《黄昏》、《春花》、《双清》，散文集《北国之春》、《繁辞集》，诗集《夜行集》、《横吹集》、《江南曲》等。

王统照的早期小说诗化地表达了对个体生命生老病死的感伤，中后期的短篇《沉船》及长篇《山雨》标志着他转向以现实主义手法反映社会现实，描写民生疾苦，有较浓郁的地方色彩。

6卷本《王统照文集》(山东人民出版社，1980～1984) 是他的作品比较完整的汇编。

王湾 Wang Wan 中国唐代诗人。生卒年、字号均不详，约722年前后在世。洛阳（今属河南）人。玄宗先天年间（712～713）进士及第，授荥阳县（现为市）主簿。曾受荐编《群书四部录》，书成之后，因功授任洛阳尉。王湾“词翰早著”。现存诗10首。其中最出名的是《次北固山下》：“客路青山外，行舟绿水前。潮平两岸阔，风正一帆悬。海日生残夜，江春入旧年。乡书何处达，归雁洛阳边。”《河岳英灵集》题作《江南意》，字句有所不同。这首诗是王湾在先天年间或开元初年游历江南时所作，格调壮美，意境开阔，预示了盛唐诗歌健康发展的前景。明代胡应麟认为诗中“海日生残夜，江春入旧年”两句，是区别盛唐与初唐、中唐诗界限的标志（《诗薮》）。可见这首诗在当时及后世受到普遍重视。其诗《**全唐诗**》有收录。

王维 Wang Wei (约701～761至768) 中国唐代诗人、画家。字摩诘。祖籍太原祁县（今山西祁县），后随父迁家蒲州（今山西永济）。开元九年（721）进士，因通音律授大乐丞。不久因故谪济州司仓参军。开元二十二年，被张九龄擢为右拾遗。2年后九龄罢相，他倍感沮丧，有归隐心。二十五年，奉使赴河西节度副大使崔希逸幕，后以殿中侍御史知南选。安史乱前，官至给事中。40多岁时，先后隐居终南山

王维《长江积雪图卷》局部（美国火奴鲁鲁艺术博物馆藏）

和辋川，亦官亦隐。思想日趋消极，佛教信仰日益发展。安史乱中被俘，被迫做伪官。乱平，降为太子中允。后复累迁至给事中，以尚书右丞终，世称王右丞。

王维诗现存不足400首，其中以描绘山水田园和歌咏隐居生活一类成就最大。名作如《终南山》、《汉江临眺》、《山居秋暝》、《青溪》、《过香积寺》、《蓝田山石门精舍》、《辋川集》20首、《新晴野望》等。

王维的大多数山水田园之作，在描绘自然美景的同时，流露出闲居生活中闲逸萧散的情趣。或静谧恬淡，或气象萧索，或幽寂冷清，表现了诗人对现实漠不关心甚至禅学寂灭的思想情绪。加之艺术技巧很高，颇为后人所推崇。

王维的其他题材如送别、纪行一类诗中，常有写景佳句，如“山中一半雨，树杪百重泉”(《送梓州李使君》)、“大漠孤烟直，长河落日圆”(《使至塞上》)等，历代传诵不衰。

王维的诗，诗中有画，画中有诗。他对自然美的感受独特而细致入微，笔下山水景物尤具神韵，略事渲染而意境悠长，色彩鲜明优美，极有画意。他写景动静结合，善于细致地表现自然界的光色和音响变化。他的写景诗，常用五律、五绝，篇幅短小，语言精美，音节舒缓，最适于表现山水幽静和诗人恬适的心情。王维是盛唐山水田园诗派的代表人物，他继承和发扬了**谢灵运**开创的山水诗体裁而又独树一帜，使山水田园诗的成就达到了一个高峰，在中国诗歌史上具有重要的地位。

王维诗其他方面也有佳作：有反映军旅和边塞生活的题材，有对侠义精神的赞颂，有的揭露时弊，讽刺权贵。一些赠别亲友和写日常生活的小诗，如《送元二使安西》、《相思》、《九月九日忆山东兄弟》、《送沈子福归江东》等，语浅情深，余味不尽。其中前二首当时即配乐曲，广为传唱。这些绝句小诗情真语挚，淳朴深厚，可与**李白**、**王昌龄**的绝句相媲美，代表了盛唐绝句的最高成就。他的应制诗、唱和诗及宣扬佛理的诗，偶有名篇佳句，多不足取。

王维的五律和五、七言绝句造诣最高，其他各体也都擅长，在唐代诗坛是很突出的。其七律或雄浑华丽，或澄净秀雅。七古形式整饬，气势流荡。散文清幽隽永，

极富诗情画意，如《山中与裴秀才迪书》。

王维生前及后世均享有盛名，有“天下文宗”、“诗佛”的美称。对后人影响很大。历代编注其集很多，明顾起经《类笺唐王右丞诗集》10卷（后附文集4卷）是现存最早的注本。清赵殿成《王右丞集笺注》26卷是迄今较好的注本。

王维还精于绘画。他能将诗歌与绘画相互沟通，被苏轼誉之为“诗中有画”、“画中有诗”。能作人物、佛像，尤长于山水、青绿，水、墨兼擅，更以水墨山水为人称许。所作破墨山水，笔迹劲爽，“云峰石色，绝迹天机，非绘者之所及也”，对后世影响颇大。明末董其昌在其创立的南北宗论中，将王维列为南宋绘画之祖。王维的绘画作品在北宋还有较多存世，仅《宣和画谱》著录的作品就达126幅，但今已无作品传世。

王文坤 Wang Wenkun（1923－02－11～1999－09－29） 中国皮影演员。善雕刻。四川阆中人。7岁入醴泉寺读私塾。次年辍读，跟祖父王仁和学士塑木雕，后又随父王元顺学皮影表演。王元顺在影班解散后，转攻民间剪纸艺术。1942年拜李云亭为师，继续学习皮影表演艺术。不久，自创皮影班，聘李云亭为表演艺师，请雕刻艺人郭正泉刻影偶。但郭会雕不会画。于是自画自雕皮影。不到3年，就雕出生、旦、净、末、丑一箱全套新皮影，成为画、雕、走、唱的“全挂子”。他取川北土皮影与陕灯影之长，创出一种独具风格的王灯影。1951年冬，在南充岳池一带巡回演出。1980年到成都整理皮影资料和剪纸艺术。1987年9月，四川电视台录播了他的皮影雕刻艺术及其操纵表演艺术。1988年6月，带领家庭皮影班一行4人，赴奥地利首都维也纳参加国际艺术节，表演了早期王灯影《阴阳扇》、《桫罗镜》、《破桃山》等，获金牌。

王文元 Wang Wenyuan（1931－02～ ） 中国人民政治协商会议全国委员会副主席。曾用名王秀纯。湖北黄陂人。生于河南舞阳。1953～1956年在东北会计统计专门学校会计系、东北财经学院财经系学习。1956年毕业后任东北财经学院财政系助教。1958年后任辽宁大学经济系助教、讲师、副教授、教授、教研室主任、系主任和经济学院院长，九三学社沈阳市委员会副主任委员，沈阳市政协副秘书长，辽宁省政协常务委员。1988～1992年任辽宁省副省长、九三学社辽宁省委副主任委员、全国政协常委、九三学社中央副主席。1992年后任最高人民检察院副检察长。是全国政协第七、八届常委。1998年当选为全国政协第九届副主席。著有《成本会计学》等。

王无能 Wang Wuneng（1892/1893～1933） 中国上海独脚戏创始人。本名王念祖，小名阿奎，或作阿魁。江苏苏州人。自幼爱看隔壁戏，在上海当杂役时学会了一些口技、各地方言和英语。1907年在上海进入演出文明戏的“二警社”，成为职业文明戏（早期话剧）演员。1914年转入苏州“民兴社”，专演师爷、书童、差役、骗子一类丑角，时称马甲滑稽。有时为救场将文明戏中登场角色较少的片段加以调整改编，一人单独演出，靠说方言、唱小调和讲笑话等支撑表演，后发展为独立节目，并以此形成独脚戏的雏形。1920年，他重返上海，除演文明戏，正式开始以“独脚戏”的名称挂牌演出，主要节目有《哭妙根笃爷》、《常熟珠帘寨》、《外国朱砂痣》等。不久即主要转向编演独脚戏，并与钱无量搭档，将原初由一个人表演的形式，发展为通常由两个人表演的形式。后又有不少艺人加盟，其中以江笑笑和刘春山影响较大，王无能与他们二人一道，被时人称之为“独脚戏三大名家”。

王希季 Wang Xiji（1921－07－26～ ） 中国航天器和返回技术专家。生于云南昆明，白族。1942年毕业于西南联合大学机械工程系。1949年9月毕业于美国弗吉尼亚理工学院研究生院动力及燃料专业，获硕士学位。1950年回国后，相继在大连工学院、上海交通大学、上海科技大学任副教授、教授。1958年任上海机电设计院总工程师。1977年后，任七机部五院508所所长，中国空间技术研究院副院长、科技委主任，七机部总工程师，航空航天部科技委员会顾问。曾任返回式系列卫星总设计师。1993年当选中国科学院院士。国际宇航科学院院士。

王希季是中国试验探空火箭、气象火箭、生物火箭、高空试验火箭和取样火箭的技术负责人。倡导并参与发展无控制火箭探空技术和航天器返回技术新学科。创造性地把探空火箭技术和导弹技术结合起来，主持“长征”1号运载火箭方案和初样研制。负责第一、二、三种返回式卫星的技术方案。1985年和1990年获国家科学技术进步奖特等奖。1996年获国家科学技术进步奖一等奖。1999年获中共中央、国务院、中央军委“两弹一星功勋奖章”。著作有《工程设计学》、《卫星设计学》等。

王锡阐 Wang Xichan（1628－07－23～1682－10－18） 中国明清之际的民间天文学家。字寅旭，号晓庵。江苏吴江人。17岁时，明朝覆亡，他放弃科举，致力于学术研究，尤其爱好天文，常竟夜仰观天象。每遇日、月食，必以实测来检验自己的计算结果。当时，耶稣会士东来，欧洲天文学开始传入中国，他持批判吸收的态度。从当时集欧洲天文学大成的《崇祯历书》入手，对其前后矛盾、互相抵触之处予以揭露，对其不足之处予以批评，进而在吸收欧洲天文学优点的基础上，发展了中国天文学，写成《晓庵新法》（1663）和《五星行度解》（1673）等书。《晓庵新法》共6卷，运用传到中国的球面三角学，首创计算日月食的初亏和复圆方位的算法，以及金星凌日和五星凌犯的算法。后来都被清政府编入《历象考成》，成为编算历法的重要手段。

王羲之 Wang Xizhi（303～361，一说307～365，一说321～379） 中国东晋书法家。字逸少。琅邪（今山东临沂）人，后移居会稽山阴（今浙江绍兴）。始任秘书郎，继为长史、宁远将军、江州刺史，并曾为右军将军、会稽内史，世称王右军。他一生性好山水与交友，会稽许多名士如孙绰、李充、许询、支遁都与他有同好。永和九年三月三日，他和孙绰等41人宴集山阴兰亭，流觞赋诗，结成一集，王羲之为之作序，即《兰亭序》。

相传王羲之7岁学书，12岁读前人笔论。少学卫铄，后渡江北游名山，见到李斯、曹喜、钟繇等名家书迹，又在洛阳看到蔡邕书写的石经三体书及张昶《华岳碑》，开始意识到自己不及。于是遍学众碑，书艺大进。王羲之所处的时代，楷书逐渐成熟，草书得到发展。他在此基础上，博采众长，一变汉魏以来质朴淳厚的书风，创造了妍美流便的新风格，把草书推向全新的境界。《晋书》谓他的书法为古今之冠，论者称其笔势，以为飘若浮云，矫若惊龙。他被后世誉为书圣。

王羲之的墨迹流传到今天的大都为响拓勾摹本。其中著名的《姨母帖》、《初月帖》是唐武则天万岁通天二年（697），根据王方庆家藏墨迹勾摹，收在《万岁通天帖》（辽宁省博物馆藏）卷中。《姨母帖》字体端庄凝重，笔锋圆浑遒劲，保留隶书痕迹较重，可能是王羲之早期的作品。《寒切帖》（天津博物院藏），勾摹精细，笔锋转折分明，书风遒劲腴润，沉着流动。《平安帖·何如帖·奉橘帖》、《快雪时晴帖》（见图），前者摹写亦精，侧媚多姿；后者行笔流畅，圆

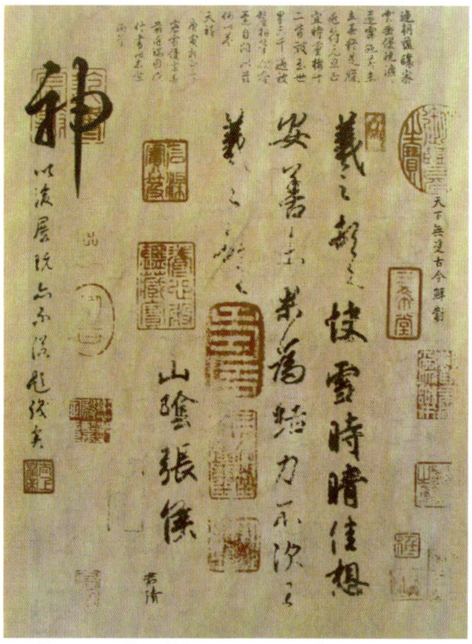

《快雪时晴帖》(台北“故宫博物院”藏)

浑妍媚，与王献之《中秋帖》、王珣《伯远帖》被乾隆皇帝收藏，“合称三希”，遂名其藏室为“三希堂”。《丧乱帖·二谢帖·得示帖》藏于日本皇室，是唐代流传至日本的勾摹本，结构紧劲内擫，险劲沉着。《孔侍中帖》(日本前田育德会藏)，亦为唐代流传至日本的摹本。《远宦帖》(台北“故宫博物院”藏)，《上虞帖》(上海博物馆藏)及《都下帖》、《七月帖》、《大道帖》、《游目帖》、《行穰帖》、《此事帖》等，大都为流传有绪的勾填本或临摹本。《兰亭序》为王羲之行书的代表作。唐僧怀仁集王羲之字书《圣教序》，因摹刻技术很高，笔意俱存，宛如手写，也可窥见王羲之行书的面貌。流传王羲之的书法还有许多刻帖。《十七帖》是唐太宗李世民购集王书墨迹的一卷，历代刻本很多，有的出自勾摹，有的出自临写，其中以上海博物馆宋拓馆本为最精。此外，历代丛帖多收有王羲之的书法，北宋《淳化阁帖》、《大观帖》卷六、七、八集中收有王羲之的书迹。

王仙芝 Wang Xianzhi (?～878) 中国唐末农民战争领袖。濮州(今山东鄄城北)人，原以贩卖私盐为业。僖宗乾符二年(875)初在长垣(今河南长垣东北)聚众起义，自号天补平均大将军兼海内诸豪都统。黄巢率所部会合。义军先后活动于今山东河南、湖北、安徽等地。王仙芝两次降敌之谋未遂。五年初，起义军攻破荆南(今湖北荆州)罗城，由于敌方援军到达，作战不利。不久，王仙芝战死。见唐末农民战争。

王宪钧 Wang Xianjun (1910-04-26～1993-12) 中国逻辑学家。生于江苏南京，卒于北京。1933年清华大学哲学系毕业。1933～1935年为清华大学研究生。1936～1938年在奥地利维也纳大学、德国敏士特大学从事研究工作。1938年回国后历任西南联大哲学系讲师、教授，清华大学哲学系教授、代理系主任，北京大学哲学系教授、逻辑教研室主任，北京大学学术委员会委员。1979年后历任中国逻辑学会理事、副理事长、名誉理事长，北京市哲学学会常务理事。

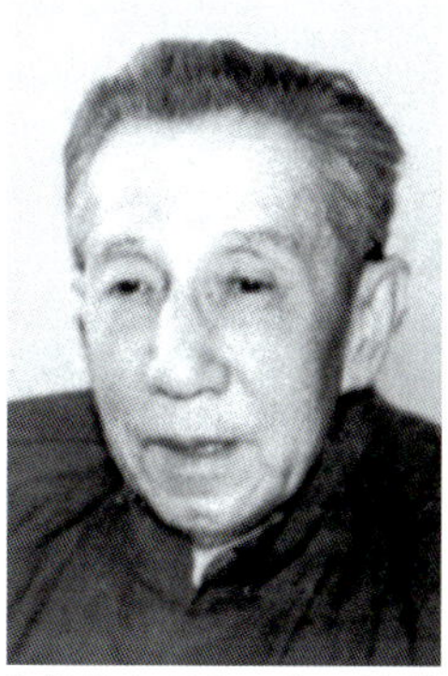

毕生从事数理逻辑的教学和研究工作，培养了一批中国数理逻辑研究工作者，对中国数理逻辑的发展起了一定的推动作用。论著有《论蕴涵》、《批判逻辑实证主义的意义理论》、《判断及其种类》、《数理逻辑引论》。

王献之 Wang Xianzhi (344～386) 中国东晋书法家。琅邪(今属山东临沂)人。字子敬，小字官奴，王羲之第七子。官至中书令。幼年随父学书法，后学张芝草书，最后在王羲之、张芝的基础上别创新法，形成笔迹流泽、婉转妍媚的风格。他擅长各种书体，

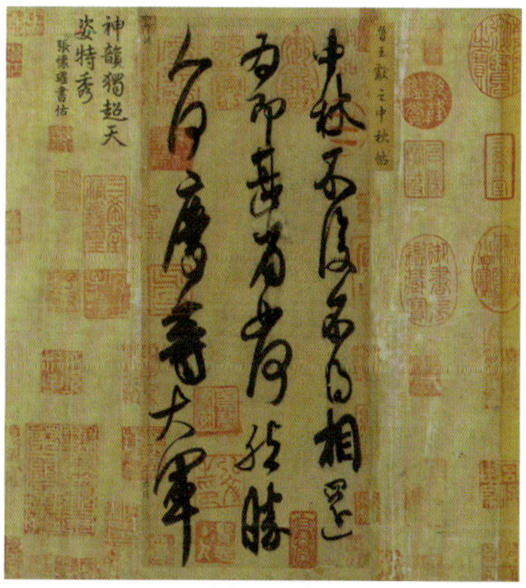

《中秋帖》

尤精行草书，与其父并称二王。今传为王献之的书法墨迹，有《鸭头丸帖》(上海博物馆藏)，行草书，2行15字，通篇气势充沛，上下笔笔相联，即使其中不连笔的字，而笔势仍相衔接，可以看到前后呼应的笔意和笔法上的丰富变化。此帖有宋徽宗“宣和”、“政和”印，是流传有绪的王献之作品。《廿九日帖》(辽宁省博物馆藏)，行草书，用笔秀媚飘洒，风流俊美，是王献之草书的代表作。传为王献之墨迹的《中秋帖》(见图)，曾被清乾隆帝誉为“三希”之一，但书法史家则认为是米芾从此帖节临的。王献之小楷以《洛神赋》为代表，流传刻本为《洛神赋》中一段，自“嬉”字至“飞”字止，共13行，因此又称《十三行》。

王湘浩 Wang Xianghao (1915-05-05～1993-05-04) 中国数学家、计算机科学家。生于河北安平，卒于辽宁大连。1937年北京大学数学系毕业后任教于西南联合大学。1949年获美国普林斯顿大学博士学位。1949年夏回国，历任北京大学数学系副教授、教授，吉林大学数学系主任(1952)、计算机科学系主任(1976)、副校长。1955年当选中国科学院学部委员(院士)。

王湘浩早年从事代数学研究，给出了格伦沃尔德定理的正确陈述和证明。关于局部域上单纯代数交换子群的工作，得到重要应用。1958年，转向计算机科学和控制论研究，在多值逻辑和自动机理论方面取得许多重要的成果。1977年起，领导并推动人工智能和计算机代数的研究，在定理机器证明的归纳方法上取得研究成果，1982年提出广义归纳方法。

王象晋 Wang Xiangjin (1561～1653) 中国明代园艺学家。山东新城(今山东桓台)人。自称明农隐士、好生居士。1604年为进士，官至浙江右布政使。1621年撰写《群芳谱》一书，此书全称《二如亭群芳谱》，全书30卷，约40万字，内容包括天、岁、谷、蔬、果、茶竹、桑麻、葛棉、药、木、花卉、鹤鱼等十二谱分类；对每一植物，都详述形态特征，是该书的特点；所述栽培方法，则大都采自他书，且典故艺文占的篇幅很多。

王小波李顺起义 Wang Xiaobo and Li Shun's Uprising 中国北宋前期的一次农民起义。北宋初，川峡地区的土地大多被官僚、豪强、寺观霸占。许多农民沦为客户(包括旁户)，阶级矛盾极为尖锐。宋太宗即位后，川峡天灾频仍，饿殍载道，民不聊生。淳化四年(993)，在永康军青城县(今四川都江堰市南)爆发了王小波、李顺起义。

王小波，青城县味江人，于淳化四年二月，发动起义，宣称：“吾疾贫富不均，今为汝均之。”旁户纷纷参加起义，很快攻克青城县。接着，直捣彭山，惩杀了贪暴恣横的县令齐元振，众至一万余人。此后，转战于邛州(今四川邛崃)、蜀州(今四川崇州)。十二月，起义军在江原县(今四川崇州东南)与官军激战，王小波被西川都巡检使张玘射伤，仍奋力杀死张玘，攻克江原。王小波终因伤重牺牲，其妻弟李顺被推为领袖。淳化五年正月，起义军猛攻成都，大败官军，郭载等逃走，卢斌退回梓州。十六日，攻克成都府。起义军在成都建立大蜀政权，李顺为大蜀王，年号应运。

宋太宗急令王继恩为西川招安使，统军从剑门入川；又增派雷有终、裴庄、尹

元等率兵自湖北入夔门，进行镇压，并一再下诏招抚，命张咏知成都府，伺机入川。四月，王继恩军破剑州、绵州(今四川绵阳)、阆州、巴州(今四川巴中)；东路官军亦进入夔门，攻战于涪江流域。王继恩率军猛攻成都。十多万起义军撄城拒守，展开激战。五月六日，成都失陷，李顺于城破时被杀害(一说李顺撤出成都，辗转到广州，三十年后，在广州遇害)。成都失陷后，起义军仍在各地战斗，至道二年五月，李顺余部王鸬鹚在邛蜀山区称邛南王，攻打邛州、蜀州，不久亦告失败。

王小波、李顺起义在中国农民战争史上，第一次明确地提出了均贫富的口号。

王心刚 Wang Xingang (1932－01－01～) 中国电影演员。辽宁大连人。1949年进东北军工局文工团，在《李闯王》、《三个战友》等话剧中扮演主要角色。1956年开始任电影

演员，曾在《寂静的山林》、《野火春风斗古城》、《红色娘子军》、《秘密图纸》、《南海长城》等影片中塑造了各具特色的艺术形象。20世纪80年代，在《伤逝》中饰演的男主角，收放得当；在《知音》中饰演蔡锷，获1982年第5届《大众电影》百花奖最佳男演员奖。1987年主演《苏禄国王与中国皇帝》。1988年任《白求恩——一个英雄的成长》导演。

王秀兰 Wang Xiulan (1932～) 中国蒲剧演员。工花旦。原名秀贞。山西临猗人。1939年入西安晋风剧社学蒲剧花旦，师承原筱亭（艺名月月鲜）。出师后在西安、兰州、平凉等城市演出，在西北一带有一定影响。1950年参加山西蒲剧实验剧团（后改称山西省人民蒲剧团），除深得老师原筱亭的教益外，著名花旦孙广盛、王存才和青衣筱艳秋（孙安荣）都对她有较深的影响，并曾受到梅兰芳、程砚秋的指点。她戏路宽，功底坚实；努力进行改革创新，逐步形成自己的表演风格。代表剧目有《杀狗》、《少华山》、《卖水》、《藏舟》、《送女》、《窦娥冤》等。《窦娥冤》于1957年摄制成彩色戏曲影片。

王序 Wang Xu (1912－03－08～1984－02－10) 中国化学家、药学家。生于江苏无锡，卒于北京。1935年毕业于上海沪江大学化学系。1940年获奥地利维也纳大学博士学位。同年回国，任浙江大学化学系教授。1941年任北平研究院化学研究所研究员。1950年后任北京医学院教授和药物研究所

所长。1980年当选中国科学院学部委员（院士)。早期研究了多种中药的成分。是中国核酸化学研究的创始人之一。发现某些环核苷酸的衍生物能较强地抑制DNA和RNA的合成，但并不杀伤细胞，为寻找更有效的抗癌药物找出新路。他还提出用酶和受体作为寻找中药活性成分的工具，这是整理中草药的新途径。主编《有机化学》(1962)，发表学术论文30余篇。

王选 Wang Xuan (1937－02－05～2006－02－13) 中国计算机专家。江苏无锡人。生于上海，卒于北京。1958年毕业于北京大学。历任北京大学教师、教授、博士生导师，计算机科学技术研究所所长，文字信息处理

技术国家重点实验室主任，电子出版新技术国家工程研究中心主任，北大方正技术研究院院长，方正控股有限公司董事局主席、首席科技顾问，国家“748”工程总负责人。中国科学院学部委员（院士)，中国工程院院士，第三世界科学院院士，中国科学技术协会副主席。他针对汉字印刷的特点和难点，发明了汉字高倍率信息压缩和高速还原等先进技术，开创性地研制出第四代汉字激光照排系统。2002年2月获国家最高科学技术奖。历任全国政协第八届委员会委员，九三学社中央副主席，第九届全国人大常委会委员、全国人大教科文卫委员会副主任委员，全国政协第十届副主席。

王雪涛 Wang Xuetao (1903－02～1982－11－24) 中国画家。原名庭均，齐白石为之改名雪涛。字迟园。生于河北成安，卒于北京。自幼家贫酷爱绘画。1918年考入直隶高等师范图画手工科，1919年毕业后曾任小学教师。1922年考入国立北京美术学校（后改为国立北平艺术专科学校）西画系，后转国画系，师从齐白石、陈半丁、王梦白等。历任北京艺专、京华美专教职。抗日战争期间以鬻画度日。中华人民共和国建立后，参与筹备北京中国画研究会和北京画院。20世纪70年代后期至80年代初，被选为中

《紫藤黄鹂》

国美术家协会北京分会副主席，并出任北京画院院长。

王雪涛擅写意花鸟，师承徐渭、陈淳、齐白石、陈半丁，技巧娴熟，功底深厚。所画花鸟造型生动，笔墨醇厚丰润，色彩鲜丽典雅，充满勃勃生机。出版有《王雪涛花鸟画集》。

王珣 Wang Xun (350～401) 中国东晋书法家。字元琳，小字法护。琅邪（今山东临沂）人。生于名门望族，祖父王导、父王洽、弟王珉都是书法家。王珣曾为尚书令，卒后赠车骑将军，谥献穆。其书法笔致清秀，潇洒古澹，结体宽博，意态飘逸，传世墨迹《伯远帖》是晋代流传至今极珍贵的少数真迹之一，被清乾隆皇帝誉为“三希”之一。

王亚南 Wang Yanan (1901～1969－11－12) 中国经济学家、教育家。又名王渔邨。生于湖北黄冈，卒于上海。曾留学日本、德国。先后在中山大学、厦门大学、清华大学任教。中华人民共和国建立后，历任厦门大学校长、中国科学院哲学社会科学学部委员。1957年加入中国共产党。30年代同郭大力合译大卫·李嘉图的《政治经济学及赋税原

理》和亚当·斯密的《国民财富的性质和原因的研究》。以后又共同完成马克思《资本论》全书3卷的翻译工作。其他著作主要有《经济学史》、《现代世界经济概论》、《中国经济原论》、《中国官僚政治研究》、《中国社会经济改造问题研究》、《政治经济学史大纲》、《中国地主经济封建制度论纲》、《马克思主义的人口理论与中国人口问题》、《资本论研究》等。厦门大学编辑了《王亚南经济思想史论文集》。王亚南对马克思主义经济学研究作出了贡献，对马克思主义在中国的传播起了巨大作用。

王炎 Wang Yan (1923-05-05～) 中国电影导演。山东烟台人。1939年在八路军总司令部宣传大队火星剧社任分队长；1942年入鲁迅艺术学院戏剧系学习。1947年加入东北电影制片厂，曾在故事片《光芒万丈》(1949)、《赵一曼》(1950)中扮演角色。1950年以后，任故事片《南征北战》(1952)等的副导演。1955年入北京电影学院导演进修班深造。他独立执导的第一部故事片是《寻爱记》(1957)。此后，连续导演了故事片《三年早知道》(1958)、《康庄大道》(1959)、《战火中的青春》(1960)、《冬梅》(1961)和《独立大队》(1964)等影片。“文化大革命”后，导演了故事片《从奴隶到将军》(上、下集)，获得1979年文化部优秀影片奖。1981年编导了农村题材的故事片《许茂和他的女儿们》。他的导演风格朴实、自然；人物性格塑造得鲜明、生动、真实。

王衍 Wang Yan (256～311) 中国西晋时大臣。字夷甫。琅邪临沂(今山东临沂北)人。王衍以谈老庄为事，成为当时清谈玄学的代表人物。虽历任中领军、中书令、尚书令，位至三公，但当皇族争权、晋朝危亡时，只谋苟全自己。东海王司马越擅政时，他建议中原已乱，当赖文武地方长官来维系，于是推荐弟王澄为荆州刺史，族弟王敦为青州刺史。永嘉四年(310)石勒、王弥等进逼洛阳，王衍被任都督征讨诸军事，迁太尉。朝议迁都，他却卖牛车表示不走。十一月，东海王越率甲士4万撤出洛阳，王衍随行。次年三月东海王越病卒，众共推他为元帅，石勒轻骑追袭至苦县宁平城(今河南郸城东北)，晋军覆没。他被俘，还想苟全，劝石勒建国称帝，但被石勒活埋。

王阳明 Wang Yangming (1472～1529) 中国明代哲学家王守仁的尊称。

王瑶 Wang Yao (1914-05-07～1989-12-13) 中国文学研究家、文学史家。字昭琛。山西平遥人。卒于上海。1934年考入清华大学中文系学习。1936年任《清华周刊》总编辑，并编辑文艺刊物《新地》。抗日战争爆发后随校迁往昆明，大学毕业后考进清华研究院中国文学部，师从朱自清攻读研究生，研究汉魏六朝文学。研究院毕业后留校任教，讲授古典文学课程，1949年改教现代文学。1952年调到北京大学，任中文系副教授、教授。后兼任中国社会科学院文学研究所学术委员、中国现代文学研究会会长、《中国现代文学研究丛刊》主编、中国人民政治协商会议全国委员会委员等职。王瑶是中国现代文学学科的奠基者之一，所著《中国新文学史稿》是新中国第一部体例完整、资料翔实、见解独到的现代文学史专著，产生了广泛影响。他还著有颇获声誉的《鲁迅与中国文学》、《鲁迅作品论集》，是鲁迅研究方面最有影响的学者之一。另出版有《中国文艺论丛》、《李白》、《中古文学史论》、《中国诗歌发展讲话》、《关于中国古典文学问题》等著作。

王瑶卿 Wang Yaoqing (1881-09-29～1954-06-03) 中国京剧演员，戏曲教育家。原名瑞臻，字稚庭，号菊痴，艺名瑶卿，晚年更名瑶青。祖籍江苏清江。生于北京，卒于北京。9岁由田宝林开蒙。12岁拜谢双寿为师，同时向张芷荃、杜蝶云分别学青衣和刀马旦戏。14岁正式登台。以后又从钱金福、谢双寿深造，打下了旦行文、武、昆、乱的基础。16岁进福寿班演唱，不久因倒嗓辍演。曾向时小福、李紫珊(万盏灯)、陈德霖等名家请益。及至嗓音恢复重进福寿班时，已入名演员之列。22岁被选为昇平署外学民籍学生。1906年入同庆班与谭鑫培合作，所演《汾河湾》、《南天门》、《牧羊圈》、《金水桥》、《珠帘寨》等剧，珠联璧合，名重一时。1909年，自己挑班演出于丹桂园，重排和新编了《五彩舆》、《十三妹》、《福寿镜》、《荀灌娘》、《棋盘山》等剧，充分发挥他的创造才能，改变了以往京剧舞台上以生行领衔的局面，形成了独树一帜，风格清新的“王派”。王瑶卿的唱功明丽刚健、遒劲爽脆，并善创新腔，恰如其分地表现人物思想感情的变化。在做功身段方面，善于运用步法和水袖技巧表达人物。

京剧《雁门关》剧照（王瑶卿饰萧太后，朱素云饰杨八郎，王幼卿、王少卿饰二子）

王瑶卿46岁时因嗓音“塌中”息影舞台，此后即致力于培养后学，入室弟子数以百计。主要传人除四大名旦外，尚有荣蝶仙、徐碧云、王玉蓉、杜近芳、谢锐青等。

王沂孙 Wang Yisun (1233～1293) 中国宋末词人。字圣与，号碧山，又号中仙。家住玉笥山，亦号玉笥山人。会稽(今浙江绍兴)人。工文辞，广交游，与周密、唐珏、张炎等多所酬唱。元兵入会稽，掘宋帝六陵，王沂孙与唐珏、周密等赋《乐府补题》，托意莲、蝉诸物，以抒愤慨，寄托亡国之恸。元至元中曾任庆元路学正，而考其行事及交游，当属宋遗民。以词知名，词风近周邦彦，含蓄深婉，如〔花犯〕《苔梅》之类。其清峭处，又颇似姜夔。所以张炎称他“琢语峭拔，有白石意度”。尤以咏物见长，运典绵密而托以兴亡之感。代表作有〔天香〕《龙涎香》、〔水龙吟〕《白莲》、〔齐天乐〕《蝉》、〔齐天乐〕《萤》、〔眉妩〕《新月》、〔庆清朝〕《榴花》等。其词层次章法缜密，在宋末格律派词人中，是一位有显著艺术个性的词家。然而用意过深，又好用典使事，作品往往流于晦涩，有伤真率自然之美。所著《碧山乐府》2卷，一名《花外集》或《玉笥山人词集》。又有1988年上海古籍出版社排印本《花外集》，吴则虞笺注，孙人和校勘。

王义夫 Wang Yifu (1960-12-04～) 中国射击运动员、教练员。辽宁辽阳人。1976年入辽阳市业余体育学校进行射击训练，后入辽宁省射击队，1984年入选国家射击队。从1982年起先后参加6届亚洲运动会，在自选手枪慢射、气手枪和标准手枪等项目上共获18枚奖牌，计团体金牌9枚、银牌1枚，个人2枚金牌、4枚银牌、2枚铜牌。他是中国首位以坚韧不拔的毅力和顽强拼搏的精

神连续征战自第23～28届共6届奥运会的运动员，其中最好战果是：自选手枪慢射季军（1984，第23届在洛杉矶）；气手枪冠军、自选手枪慢射亚军（1992，第25届在巴塞罗那）；气手枪亚军（1996，第26届在亚特兰大）；气手枪亚军（2000，第27届在悉尼）；气手枪冠军（2004，第28届在雅典）。他参加了6次世界杯射击赛总决赛，共获4个冠军、3个季军、2个第5名。在他参加的世界射击锦标赛中，1991年获气手枪个人亚军、团体季军；1994年第46届获自选手枪慢射冠军和气手枪团体冠军；1998年第47届获自选手枪慢射团体、气手枪个人与团体及标准手枪团体共4项冠军。在第6～9届亚洲射击锦标赛中，共获个人和团体奖牌18枚，其中金牌14枚、银牌3枚、铜牌1枚。特别是2000年第9届亚洲射击锦标赛上，王义夫与李怀宇、谭宗亮合作，以1 756环的成绩打破气手枪团体世界纪录。1993年和1998年当选为全国政协第八、第九届委员。2005年起任中国国家射击队总教练等职。

王引之 Wang Yinzhi（1766～1834） 中国清代训诂学家。江苏高邮人。祖王安国，父**王念孙**。王引之字伯申，号曼卿。乾隆六十年（1795）举人，嘉庆四年（1799）进士，由翰林院编修为礼部尚书，又改为工部尚书。平生由治经学而深究训诂之学，用训诂以说经，又用训诂以校正群经。其学主要出于庭训。所著《经义述闻》32卷、《经传释词》10卷最负盛名。《经义述闻》善于以声求义，发前人所未发，成就最多。书末卷三十一、三十二所载"通说"53条，更是精粹所在。所著《经传释词》一书为解释经传中的虚词而作，为后来研究虚词的人开辟了一条门径，贡献极大。

王应睐 Wang Yinglai（1907－11－13～2001－05－05） 中国生物化学家。生于福建金门，卒于上海。1929年毕业于金陵大学，1941年获英国剑桥大学哲学博士学位。1945年回国。历任中央大学医学院生化研究教授，中央研究院研究员，中国科学院上海生理生化研究所副所长，中国科学院上海生物化学研究所所长、名誉所长，中国科学院上海分院院长。1955年当选中国科学院生物学部委员（院士）。

王应睐是中国生物化学事业的主要奠基人之一。他的研究领域包括维生素、血红蛋白、酶和代谢等方面。他设计并改进了B族维生素和维生素C的多种测定方法。首次证明服用过

量纯化学合成的维生素A对动物有严重毒性。1945年与英国的D.基林教授一起，首次以完整的实验证据证明豆科植物根瘤含有血红蛋白；1946～1948年阐明了在不同生活条件下血红蛋白的性质与功能的关系。1949年后，与**邹承鲁**、汪静英等成功分离、纯化琥珀酸脱氢酶，这在国际上是首次报道以共价键结合的异咯嗪蛋白质。他是中国人工合成牛胰岛素和人工合成酵母丙氨酸转移核糖核酸这两项重大研究的主要组织领导者。他主持制订了1956年以来的生物化学和分子生物学部分的历次科技规划。

他曾任中国生化学会第一、二、三届理事长，中国生物化学会名誉理事长，美国生化与分子生物学学会名誉会员，比、匈、捷等国科学院外籍院士。发表研究论文百余篇。是比利时皇家科学、文学和美术学院的外籍院士，1988年美国"Miami冬季生物工程讨论会"授予他特别成就奖，1996年获何梁何利基金科学与技术成就奖。

王永志 Wang Yongzhi（1932－11－17～ ） 中国火箭技术专家。中国载人航天工程总设计师。生于辽宁昌图。1952年入清华大学学习。1961年毕业于苏联莫斯科航空学院。回国后从事火箭导弹总体研究设计工作。历任国防部五院一分院总体部室主任，七机部一院总体部副主任、主任、副院长，中国运载火箭技术研究院院长。1994年当选中国工程院院士。国际宇航科学院院士。俄罗斯宇航科学院外籍院士。先后担任过三种导弹型号的总设计师，是研制"长征"2号E大推力运载火箭的总指挥。1992年任中国载人航天工程总设计师，主持载人航天工程的设计与研制工作，2003年"神舟"5号飞船载人航天飞行圆满成功，同年获国家最高科学技术奖。2010年5月，国际小行星中心将第46669号小行星命名为"王永志星"。

王禹偁 Wang Yucheng（954～1001） 中国北宋诗人、散文家。字元之。济州巨野（今属山东）人。太宗太平兴国八年（983）进士。曾任主簿、知县、右拾遗、左司谏知制诰、礼部员外郎、翰林学士等职。王为官清廉，刚正不阿，曾上《端拱箴》、《御戎十策》等，提出重农耕节财用，任贤能抑豪强，谨边防减冗兵等利国利民之策，为此屡遭贬斥。

王禹偁为了革除北宋初期文坛上沿袭唐末五代颓靡纤丽的文风，以宗经复古为旗帜，倡导继承**韩愈**、**柳宗元**古文运动精神，主张"远师六经"，"近师吏部（韩愈）"，写"传道明心"的古文。他的散文作品内容充实，感情真挚，语言晓畅。代表作有《待漏院记》、《黄州新建小竹楼记》等。**苏轼**称其"以雄文直道独立当世"（《王元之画像赞并序》）。在诗歌方面，他崇敬**杜甫**、**白居易**，在创作中力求"歌诗合为事而作"。诗的内容较丰厚，有关怀民情的政治诗，抒发郁愤的谪居诗，流连风光的景物诗，官场应酬的赠和诗等。《畬田词》、《村竹》等诗，清新质朴，风格简雅古淡，平易流畅。他的长篇诗歌开宋诗散文化、议论化之风。

今存王禹偁自编《小畜集》30卷，有《四部丛刊》本。另有王汾辑《小畜外集》，有清光绪年间孙星华刻本。

王毓瑚 Wang Yuhu（1907－03－04～1980－11－27） 中国农业史学家。字连伯。生于河北高阳，卒于北京。1925～1933年留学欧洲。回国后历任河北省立法商学院经济系、陕西农林专科学校讲师，重庆国立编译馆编审，重庆复旦大学、北京大学农学院、北京农业大学农经系教授，自1952年始兼任北京农业大学图书馆馆长。对中国与世界经济史，特别是农业史作了多方面的研究。撰有《中国农业科学成就》一书，先后整理、校注了《王祯农书》、《区种十种》、《农圃便览》、《秦晋农言》等古农书，并编著了《中国农学书录》和《中国畜牧史料》。此外还发表了多篇有关农业的论文。

王毓铨 Wang Yuquan（1910－03－10～2002－10－27） 中国历史学家。生于山东莱芜，卒于北京。1936年毕业于北京大学史学系。1938年应邀赴美，1946年获硕士学位。1947年攻读古代希腊罗马史博士学位。1948年，任美洲古钱学会博物馆远东部主任，从事先秦货币史的研究。1950年出版《中国早期货币》。1950年回国，在北京历史博物馆工作。1955年调至中国科学院哲学社会科学部历史研究所，改研明史。任

该所研究员，兼中国社会科学院研究生院硕士、博士生导师。在学术团体中，任中国古代经济史学会会长、太平洋历史学会顾问、《中国大百科全书·中国历史》编辑委员会委员。主编《中国历史大辞典》、《中国经济史》、《中国通史》各书中的明史部分。

重视基本历史问题，重视通识和创见发明，治学态度严谨。主要著作还有英文的《西汉中央官制》(*The Organization of the Central Covernment of the Western Han Dynasty*)、《明代劳役制的若干显著特点》(*Some Salient Features of the Ming Labor Service System*) 等论文，以及《我国古代货币的起源和发展》、《明代的军屯》等。

王元化 Wang Yuanhua (1920-11-30～2008-05-09) 中国作家、文艺理论家、中国思想史家。号清园，笔名洛蚀文、佐思、方典、函雨。华东师范大学教授。祖籍湖北江陵。生于湖北武昌，卒于上海。1938年开始写作，发表《论抗战文艺的新启蒙主义》。历任《文艺通讯》总站负责人，中共上海地下党文委成员、代书记，《联合晚报》等报编辑，主编《奔流》文艺丛刊。抗战胜利后，曾任北平铁道学院中文讲师，华东局宣传部文学科科长，新文艺出版社副社长、总编辑，上海出版局和上海作家协会党组成员，震旦大学、复旦大学兼职教授。1955年受胡风案牵连，1979年平反。1980年出任中国大百科全书出版社上海分社领导小组成员、《中国大百科全书·中国文学》编委会副主任。1983～1985年任中共上海市委宣传部长。先后任上海市作家协会副主席，中国作家协会理事、名誉委员、顾问，中国文艺理论学会会长、名誉会长，中国《文心雕龙》学会副会长、名誉会长等。1983年率团访问日本，在京都、九州、广岛、东洋等七所大学作关于《文心雕龙》研究的学术报告，1988年在上海组织和主持召开首次国际《文心雕龙》研讨会。同年主编《新启蒙》，先后出版《时代与选择》、《危机与改革》、《论异化概念》、《庐山会议教训》4期。1994～1997年，主编《学术集林》(1～10编)。著

有学术著作《抗战文艺论集》、《文艺沉思录》、《文心雕龙讲疏》、《思辨随笔》、《传统与反传统》、《清园近思录》等；小说散文集《脚踪》；翻译作品《文学风格论》、《太平天国革命亲历记》(合译，1996)、《莎剧解读》(合译，1998)。另有文集《清园文存》(3卷，2002) 等。他的研究领域宽广，在《文心雕龙》研究，中国思想史、学术史与文化史研究，文学理论与文艺美学研究等方面，独树一帜，成就卓著。

王原祁 Wang Yuanqi (1642～1715) 中国清代画家。字茂京，号麓台、石师道人。江苏太仓人。康熙九年 (1670) 进士。曾入值南书房，任户部左侍郎等官职。四十四年奉康熙命与孙岳颁等共同编纂大型书画类书《佩文斋书画谱》100卷。他作画时先笔后墨，由淡而浓反复晕染，最后以焦墨破醒，干湿并用，疏密相生，浑然一体，自称笔端如金刚杵。其设色画多用浅绛法，但构图变化较少，面目比较雷同。其门生甚多，有王昱、唐岱等，遂形成娄东派。论画著作有《雨窗漫笔》及《麓台题画稿》，主要讲笔墨章法。王原祁能诗，有《罨画楼集》三卷。与王时敏、王鉴、王翚、吴历、恽寿平合称“四王吴恽”或“清初六家”。

《春云出岫》(台北“故宫博物院”藏)

王源 Wang Yuan (1648～1710) 中国清初思想家。字昆绳、或庵。直隶大兴（今属北京）人。明亡后，长期活动于江淮地区。中年遇李塨于京师，改习颜学，成为颜（元）李（塨）学派的成员。著有《平书》、《居业堂文集》等。《平书》未单独刊行，书稿由李塨订正，刊行时更名《平书订》。王源重视经世致用之学，其经济思想主要集中在他的《平书》中。其田制思想是土地官有，唯耕者有其田，士商工官不得占有土地。在商业问题上，反对重本轻末，主张提高商业在社会上的地位。取消一切繁苛的商税，统一按照商人的利润和资本的多寡收税。还提出商人按资本分为九等，税额达到一定标准的授予九品至五品爵。在货币问题上，主张不得以银为交易，民间交易实行物物交换和以钱交换并行，至于钞法则以为必不可行。其货币思想比较混乱，既主张银具有货币职能，又提出限制银币流通。

王悦之 Wang Yuezhi (1895-03-08～1937-03-15) 中国油画家、美术教育家。原名刘锦堂，号月芝。生于台湾省台中市，卒于北京。1914年东渡日本留学。1920年到北京，随养父改名王悦之，并以侨生身份考入北京大学，修习中国文学。1924年在北京创办私立北京艺术学院，兼任北京美术专门学校教授。1928年应林风眠邀请赴杭州任国立艺术院教授。1930年返回北京任私立北平美术学院院长。1934年私立北平美术学院改称私立北平艺术科职业学校，任校长。王悦之初到北京和在杭州期间作过大量水彩及油画写生画，其后即开始中西画法融合的尝试，形成了富有东方色调的油画风格。油画《弃民图》、《亡命日记图》、《台湾遗民图》等，表现日本侵华战争给中国人民带来的灾难，寄托着深沉的忧国忧民情怀。1982年，其子刘艺将其遗作捐赠中国美术馆。

《弃民图》(1934)

王云五 Wang Yunwu (1888-07-09～1979-08-14) 中国出版家、教育家。原名云瑞，号岫庐。原籍广东香山。生于上海，卒于台北。他自学成才，一生未进大学，无一纸文凭，但学识渊博。辛亥革命后，应邀出任临时大总统府秘书。后历任民国政府教育部教育司科长，商务印书馆编译所所长、总经理，国民政府经济部长、考试院副院长等职。1949年去台湾，创办华

国出版社。1958后历任“行政院”副院长、“总统府资政”、台湾商务印书馆董事长，兼任政治大学研究所教授。曾主持编印《万有文库》等，发明四角号码检字法。

王筠 Wang Yun (1784～1854) 中国清代文字学家。字贯山、菉友，山东安邱人。道光元年举人。平生精究《说文》之学。著有《说文释例》20卷、《说文解字句读》30卷、《说文系传校录》30卷。《说文释例》一书，着重从形体上研究汉字。此书揭示汉字孳乳的一个重要手段是在原字基础上增加义符，同时他还区分了区别文和累增字，这在汉字形体的研究上是一种进步。《说文解字句读》根据《说文》段注、桂馥《说文解字义证》和严可均《说文校议》三家书，斟酌损益，取长截短，疏解许说，而又参以己见，力求简约易读，以便初学诵习，故名《句读》。《说文系传校录》是就杭州朱文藻所作《说文系传考异》而改作。根据徐铉本不同的刻本和徐锴《说文解字系传》不同的刻本互相比证，以定是非，可为读《系传》者参考。

王朝闻 Wang Zhaowen (1909-04-18～2004-11-11) 中国雕塑家、文艺理论家。生于四川合江，卒于北京。1932～1937年在杭州艺术专科学校学习雕塑，并在浙江、湖南等地从事抗日宣传活动。1940年到延安，先后在鲁迅艺术文学院、华北联合大学文艺学院任教。1949年后历任中央美术学院教授、《美术》杂志主编、中国艺术研究院副院长、民族美术研究所（今中国艺术研究院美术研究所）所长、全国文联委员、中国美术家协会副主席、中国作家协会副主席、中华全国美学学会会长等职。

《民兵》

王朝闻的主要雕塑作品有浮雕《毛泽东像》、《鲁迅像》，圆雕《民兵》、《刘胡兰》等。作品含蓄中见淳朴，单纯中见丰富，有浓厚的生活气息和强烈的形式感。

作为文艺理论家，他涉猎广泛，对文学、戏剧、美术、美学等文艺理论皆有深入研究。他善于从不同学科和艺术门类的比较中，找出相互联系和区别，由此及彼，融会贯通。1949年后出版《新艺术创作论》、《论艺术的技巧》、《王朝闻文艺论集》、《创作、欣赏与认识》、《审美谈》、《似曾相识》等多部理论著作，后编为21卷本的《王朝闻集》。主编有《美学概论》、《中国新文艺大系·艺术理论集（1976～1982）》等，为《中国美术史》(13卷）总主编。

王兆国 Wang Zhaoguo (1941－07～) 中国共产党中央政治局委员，全国人大常委会副委员长，中华全国总工会主席。河北丰润人。1961～1966年在哈尔滨工业大学动力机械系涡轮机专业学习，曾任系学生会副主席，校学生会常委、文化部部长。1965年12月加入中国共产党。1968～1982年任湖北十堰第二汽车制造厂车桥厂技术员、车桥厂团委副书记，第二汽车制造厂团委书记、厂党委常委、厂政治部副主任兼车厢厂党委第一书记，中共湖北十堰市委常委，第二汽车制造厂副厂长、党委书记。1982年后任共青团中央书记处第一书记兼中央团校校长。1984年后任中共中央办公厅主任、中共中央书记处书记兼中央直属机关党委书记。1987年后任中共福建省委副书记，福建省代省长、省长。1990年后任国务院台湾事务办公室主任，中共中央统战部部长、中央台湾工作办公室主任。1993年后任全国政协八届、九届副主席，中华全国总工会主席。十届、十一届全国人大常委会副委员长。是中共十二至十七届中央委员，十二届中央书记处书记，十六届、十七届中央政治局委员。第六届全国人大常委会委员。

王照 Wang Zhao (1859～1933) 中国清末主要切音字方案“官话字母”的创制者和推行者。字小航，号芦中穷士，晚年又号水东。河北宁河人。光绪二十年中进士，点翰林。戊戌变法中上书言事，建议皇帝、皇太后出洋考察，从日本开始。变法失败，被革职拿办，逃往日本。对于日本的教育普及和“假名”与汉字合用、减少识字困难，深有感触。回国潜居期间创制“官话字母”，著《官话合声字母》。1901年由中国留日学生在日本替他出版。1903年，他不顾自己是被通缉的政治犯，冒险到北京办“官话字母义塾”。义塾重印他的《官话合声字母》作为教材，改名《重刊官话合声字母序例及关系论说》，又出版注音的《三字经》、《百家姓》、《千字文》等。1904年，具呈赴提督衙门投案。入狱3个月获释后去保定办“拼音官话书报社”，出版了供新军学习字母用的《对兵说话》。1905年重回北京，办官话字母义塾。“拼音官话书报社”也迁于北京，先后出版了用官话字母编写的《地文学》、《动物学》、《植物学》等，还创刊一份《拼音官话报》。

1913年教育部召开“读音统一会”，聘他为会员，并举为副议长。会上他竭力主张议行拼音字，为白话教育之用。晚年定居北京，仍关心教育，赞成白话文运动。著有《水东集》。

王贞治 Sadaharu Oh (1940-05-20～) 日本棒球运动员。父为中国人，母为日本人。祖籍浙江，生于中国台湾，后移居日本。小学时显露出棒球运动天赋。1958年入选日本读卖巨人队。1962年创“金鸡独立式”击球技术；单腿（左腿）站立挥棒击球而驰名棒坛，同年获日本本垒打冠军。在读卖巨人队效力23年中，有13年获日本本垒打冠军，9次被评为日本优秀运动员。1977年以累计756个本垒打打破第二代“棒球王”美国黑人运动员H.L.艾伦所保持的累计755个本垒打世界纪录。1980年又创累计868个本垒打世界纪录。被誉为“本垒打王”、“世界棒球之王”，获日本国民荣誉奖章。1984年获“鲁思荣誉奖”，是获该项殊荣的第一个非美籍人士。1980年退役后，任读卖巨人棒球队教练，1988年退职。

王祯 Wang Zhen 中国元代农学家，木活字版工艺技术改革者。字伯善，山东东平人，生卒年不可考。对农桑、六谷和农器均有精深研究，撰《农书》。为筹备排印《农书》，他自己设计，雇工刻制木活字，造轮转排字盘，共刻制活字3万余枚。大德二年(1298)，他将自己改革木活字版技术工艺的经验，详细撰写成《造活字印书法》一文，附于《农书》之末，推广这一工艺技术。他设计的转轮排字架，按汉字音韵顺序存放，可坐式拣字、还字，推动转轮，以字就人，大大提高了排字效率。由此，自14世纪初始，木活字排版印刷逐渐盛行于安徽、浙江一带，成为中国印刷史上仅次于雕版印刷的重要印刷术。

王振鹏 Wang Zhenpeng 中国元代画家。一作王振朋，字朋梅，号孤云处士。永嘉（今浙江温州）人。官至漕运千户。善画界画、人物。其界画风格工整秀丽，被公推为元代第一。所绘殿阁楼台，取势平稳，造型准确，能曲尽其态。尺寸折算也与真实建筑不差毫厘，既中规合度，又不为规度所拘。

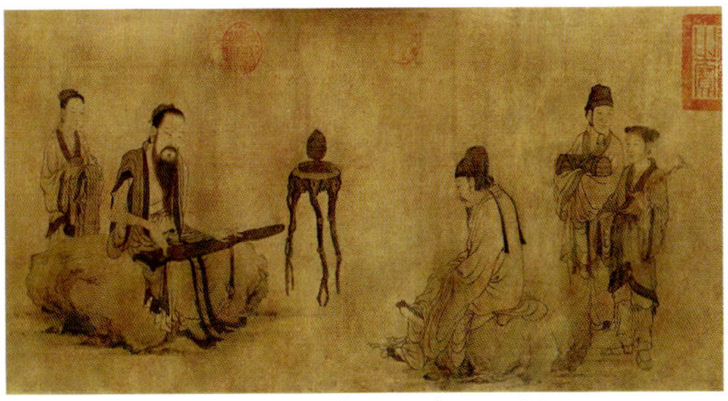

《伯牙鼓琴图》(故宫博物院藏)

用线精细而富于变化，于细密外更具有韵律感，增强了界画的艺术欣赏价值。不少作品直接取材于当时的宫廷建筑，如《大明宫图》、《大安阁图》等。他所画人物题材广泛，曾作《货郎图》、《角抵图》、《竹林七贤图》等，线条细劲流畅，人物形象生动传神。存世作品有《伯牙鼓琴图》、《维摩不二图》等。

王振义 Wang Zhenyi (1924－11－30～) 中国内科血液学专家。江苏兴化人。1948年获上海震旦大学医学院博士学位。上海血液学研究所名誉所长、教授，上海第二医科大学终身教授。1992年当选法国科学院外籍院士。1994年当选中国工程院院士。2000年获美国哥伦比亚大学荣誉科学博士学位。1954年起研究血栓和止血，在国内首创血友病（A、B及轻型）诊断方法。1980年起研究癌肿分化疗法。1986年在国际上首创全反式维甲酸诱导分化治疗急性早幼粒细胞白血病。获2010年度国家最高科学技术奖。1994～2003年获国际肿瘤研究奖4项。发表论文314篇，主编专著5本。

王震 Wang Zhen (1867－12－04～1938－11－13) 中国画家。字一亭，号梅花馆主，别号海云楼主、白龙山人。浙江吴兴人。王震幼即喜画，早年曾拜任颐弟子徐小仓为师，得见任颐。1909年，与钱慧安、倪墨耕、高邕发起组织豫园书画会。约1911年，问画于吴昌硕。1932年以捐赠书画义卖所得支持东北抗日义勇军。

《枯木寒鸦图》(故宫博物院藏)

王震46岁前学任颐画法，46岁后转学吴昌硕。60岁后的作品，力求融二家之长，即在浑厚、凝重方面似吴氏，却仍保留任氏清俊的意味。他善人物、佛像、花鸟、山水、书法，长于大写意，作品强悍重拙，笔势飞张。

王震 Wang Zhen (1908－04－11～1993－03－12) 马克思主义者，中国无产阶级革命家、政治家、军事家，中国共产党和中华人民共和国领导人，国务院副总理，中华人民共和国副主席。

生于湖南浏阳农民家庭，卒于广州。1924年后，任粤汉铁路工会长岳段分工会执行委员、工人纠察队队长。1927年加入中国共青团，同年转入中国共产党。做中共地下交通工作和兵运工作。1929年后任中共湘鄂赣边区特区区委书记、边区赤卫军第六师政治委员，红军湘东独立1师团政治委员、师政治委员、师党委书记，红8军师政治委员、军政治部主任、代理军长，中共湘赣省委委员，湘赣军区代理司令员。是湘赣革命根据地主要创始人之一。1934年任红6军团政治委员，率部突围西征，参与指挥开创湘鄂川黔革命根据地，任中共湘鄂川黔省委委员、中央军委分会委员、代理军区司令员。1935年率部继续长征，次年与红四方面军会师后，反对张国焘的分裂阴谋，与四方面军共同北上抗日。抗日战争时期，历任八路军120师359旅副旅长、旅长兼政治委员，绥德警备区司令员。参与了晋西北抗日根据地的创建工作。1941年率部开赴南泥湾屯田开荒，成为全军大生产运动的一面旗帜。1942年，兼任中共延安地委书记、延安军分区司令员和卫戍区司令员。1944年奉命组成南下支队，任司令员，率部挺进华南，先后创建了湘鄂赣游击根据地和湘中抗日根据地。1945年出席中共七大，当选为候补中央委员。抗日战争胜利后，历任中共晋绥吕梁区委书记，中原军区副司令员兼参谋长，晋绥军区第2纵队司令员兼政治委员，第一野战军第2纵队司令员兼政治委员。参与指挥了中原突围，率部参加了延安保卫战。1949年任中国人民解放军第1兵团司令员兼政治委员，率部挺进新疆，为解放大西北作出重大贡献。中华人民共和国建立之后，任中共中央新疆分局书记，新疆军区代司令员兼政治委员。领导驻疆部队创建军垦农场，开发建设西北边疆。1953年调任中国人民解放军铁道兵司令员兼政治委员，率部先后修建黎湛、鹰厦铁路。1955年任中国人民解放军副总参谋长、国防委员会委员，被授予上将军衔。同年，带领部分转业官兵，在黑龙江北大荒建立了第一个军垦农场。1956年任农垦部部长。同年出席中共八大，当选为中央委员。1969年、1973年、1977年分别当选为中共九、十、十一届中央委员。“文化大革命”中，与林彪、江青集团进行了坚决的斗争，保护了许多干部和知识分子。1975年任国务院副总理，积极支持邓小平进行全面整顿。“文化大革命”结束后，对重新恢复邓小平、陈云领导工作及平反冤假错案作出了贡献。1978年在中共十一届三中全会上增选为中央政治局委员。之后，任中共中央军委常委，中共中央党校校长，中共中央整党工作指导委员会顾问。1982年继续当选为中共十二届中央政治局委员。1985年当选为中央顾问委员会常委、副主任。1988年当选为中华人民共和国副主席。

王正黼 Wang Zhengfu (1890－09－17～1951－07－03) 中国采矿事业家。生于浙江宁波，卒于美国华盛顿。1910年毕业于北洋大学矿冶系，1912年获美国哥伦比亚大学硕士学位。1917～1921年任辽宁本溪湖煤铁公司总工程师兼制铁部长。1921～1931年任东北矿务局总办，创办、扩建、改进了阜新、八道壕、西安、复州湾等煤矿，兴建了八道壕发电厂。此外，还创办了本溪湖林场、大石桥滑石矿、五湖嘴砖厂和瓷窑，勘察了世界上储量最大的大石桥菱镁矿。1932年组设冀北金矿公司，开采凌源、平泉、承德、滦平4县金矿，创办北京门头沟平兴煤矿，筹办苏州西山煤矿。1934年任河南六河沟煤矿总办。1945年资助创设燕京大学工学院。哥伦比亚大学200周年（1954）纪念时，颁予他荣誉奖章。

王正廷 Wang Zhengting (1882－09－07～1961－05－21) 中华民国高级外交官员。字儒堂。浙江奉化人。卒于香港。1905年在日本加入同盟会。1907年赴美留学。1911年回国。武昌起义后任湖北都督府外交司司长。1912年任唐绍仪内阁工商部次长，代理总长职务。1913年4

月当选为参议院议员及副议长，一度代理议长。1917年赴广州参加护法运动，署理军政府外交总长。1919年以中国全权代表身份出席巴黎和会，坚持拒签对德和约。1922年3月任“鲁案”善后督办，12月被**黎元洪**任命为代理国务总理兼外长。1928年6月任南京国民政府外交部长及国民党中央政治会议委员、中央执行委员等职。因执行蒋介石对日妥协政策，引起民众强烈不满，被迫于1931年**九一八事变**后辞职。1936年8月出任驻美大使。1938年9月奉调回国，任国民党中央执行委员和国民政府委员。抗战胜利后任上海市参议员、交通银行董事等职。1949年初定居香港。

王之涣 Wang Zhihuan (688～742) 中国唐代诗人。字季凌。太原人。曾任冀州衡水主簿，因受人谤毁，去官归乡里。家居15年，又为文安郡文安县尉，卒于任所。

王之涣“慷慨有大略，倜傥有异才”，所作从军、出塞等诗“传乎乐章，布在人口”(靳能《王之涣墓志铭》)。七绝《凉州词》：“黄河远上白云间，一片孤城万仞山。羌笛何须怨杨柳，春风不度玉门关。”以及《登鹳雀楼》等是代表盛唐诗风并为古今传诵的名作。他与著名诗人**王昌龄**、**高適**、崔国辅等都有唱和。高適曾在《蓟门不遇王之涣郭密之因以留赠》一诗中称其“才华仰清兴，功业嗟芳节”。唐人关于旗亭画壁的故事，也记载了他的诗在当时所受到的赞誉。王之涣诗今仅存6首。

王志珍 Wang Zhizhen (1942－07～) 中国人民政治协商会议全国委员会副主席，九三学社中央委员会副主席。中国科学院院士。江苏苏州人。大学学历，研究员。

1959～1964年在中国科学技术大学生物物理系学习。1964～2005年任中国科学院生物物理研究所研究实习员、助理研究员 (1979)、副研究员 (1985)、研究员 (1993) (其间：1979～1981年为德国羊毛研究所访问学者；1981～1982年为美国国立健康研究院访问学者；1987～1988年为美国希望城国立医学中心访问科学家；1988～1991年为美国食品和药物管理局访问科学家；1991～1993年任加拿大阿尔伯特大学研究助理；1995～2001年任亚洲大洋洲生物化学家和分子生物学家联合会中国代表；1995年5～8月为德国格丁根大学访问科学家；1998年2～4月为香港科技大学访问教授；2001年11月当选为中国科学院院士；2005年11月当选为发展中国家科学院院士)。2005年任九三学社中央副主席，2008年任全国政协十一届副主席。全国政协十届常委会八次会议增补为全国政协委员。

王治心 Wang Zhixin (1881～1968) 中国基督教教育家、作家、学者。生于浙江吴兴。曾任中学国学教员10年之久。1911～1921年，在上海担任美国来华宣教的两大差会美以美会和监理会合办的机关报《兴华报》的编辑。1921～1926年，任南京金陵神学院中国哲学课教授。1926～1928年，任苏州东吴大学的基督教文社《文社月刊》主编。1928年任福建协和大学文学院长。1934年任上海大学教授，后担任南京金陵神学院《金陵神学志》季刊主编多年。著有《中国基督教史纲》、《中国宗教思想史大纲》、《孔子哲学》、《基督徒的佛学研究》、《中国古代的上帝观》等。

王忠诚 Wang Zhongcheng (1925－12－20～) 中国神经外科专家。山东烟台人。1950年毕业于北京大学医学院。北京市神经外科研究所所长、教授。1994年当选中国工程院院士。

20世纪50年代在中国首先开展脑血管造影技术。70年代开展缺血性脑血管吻合术、巨大动脉瘤及多发动脉瘤手术切除、脑血管畸形综合治疗。80年代起研究脑干肿瘤、脊髓内肿瘤治疗，其病例数量、手术方法及结果均达国际先进水平。获国家科技进步奖二等奖四项。获2008年度**国家最高科学技术奖**。1965年出版《脑血管造影术》。

王忠禹 Wang Zhongyu (1933－02～) 中国人民政治协商会议全国委员会副主席。吉林长春人。1950年入吉林轻工业高级职业学校学习。1956年加入中国共产党。1953年后历任吉林造纸厂车间技术员、车间副主任、总工程师、副厂长。1980年后任吉林省第一

轻工业局副局长。1981年入中共中央党校培训部培训班学习。1982年后任吉林省第一轻工业厅厅长，中共吉林省委常委兼研究室主任、省委秘书长、省委副书记，吉林省副省长、省长。1992年后任国务院生产办公室、经贸办公室副主任，国家经济贸易委员会主任。1998年后任国务院国务委员、秘书长，国家行政学院院长。2003年3月当选为全国政协第十届副主席。是中共第十三届中央候补委员，十四届、十五届中央委员。

王仲荦 Wang Zhongluo (1913－11－09～1986－06－04) 中国历史学家。浙江余姚人。生于上海，卒于济南。1935年毕业于上海正风文学院。1938年参与创办太炎文学院。

1942年去中央大学任讲师、副教授。1947年以后在山东大学任教授、博士生导师。历任国务院古籍整理小组成员、国务院学位委员会历史学科第一届评议组成员、教育部历史学科第一届学位评议组成员等职务。王仲荦长期从事文史教学和研究，代表作《魏晋南北朝史》被公认为是断代史研究的优秀著作，曾获国家教委优秀教材奖。另一代表作《北周六典》以考证精详著称，曾获国家教委优秀著作二等奖。王仲荦是中国史学界魏晋封建论的代表人物之一，《关于中国奴隶社会的瓦解及封建关系的形成问题》一文系统地阐述了这一观点。他的重要著作还有《北周地理志》、《隋唐五代史》、《敦煌石室地志行记综录》等。他研究中国古代物价的专著《金泥玉屑丛考》经整理于1998年出版。先后发表的数十篇论文，分别编成《鹊华山馆丛稿》和《鹊华山馆丛稿续编》。王仲荦还曾参加点校**二十四史**，负责《宋书》、《南齐书》和《南史》点校的定稿工作。

王仲殊 Wang Zhongshu (1925－10－15～) 中国考古学家。浙江宁波人。1950年北京大学历史系毕业，同年入中国科学院考古研究所工作，后任研究员。1978年任中国

社会科学院考古研究所副所长，1982年任所长，并兼任所学术委员会主任委员及中国社会科学院院务学术委员。1979年被选为中国考古学会常务理事兼秘书长。1988～1997年任中国人民政治协商会议全国委员会委员。被聘为秘鲁国立库斯科大学名誉教授、德国考

古研究院通讯院士、亚洲史学会评议员（常务理事）。1996年获福冈亚洲文化奖大奖。曾参加过河南辉县、湖南长沙和河南洛阳烧沟的战国汉代墓葬发掘，主持陕西西安汉长安城遗址、黑龙江渤海上京龙泉府遗址的调查和发掘，以及河北满城1号汉墓的发掘。主要研究领域为汉唐时代考古学、日本考古学和古代史，对中国古代城市考古和中国古代墓葬、古代铜镜都作过专题研究。著有《汉代考古学概说》、《三角缘神兽镜》（日文版）、《六顶山与渤海镇》等，发表论文约100篇。

王重民 Wang Zhongmin（1903～1975-04-15） 中国目录学家、版本学家、古文献学家。字有三。河北高阳人。卒于北京。1928年北京高等师范学校国文系毕业后，

一度任河北大学国文系主任。后任北平图书馆编纂委员兼索引组组长。1934年赴法国国家图书馆，编制敦煌遗书目录。曾去伦敦、罗马、柏林等地访求图书。1939年赴美，为美国国会图书馆等馆鉴定中国古籍善本。1947年回国，任北平图书馆参考组主任。同时在北京大学创办图书馆学专修科。1949年3月北平解放后，任北平图书馆代理馆长。1952年任北京大学图书馆学系主任、教授。王重民长于文史，又饱览国内外几大图书馆收藏的中国古籍。在目录学、版本学、敦煌学等方面都取得丰硕的研究成果。著有《敦煌古籍叙录》、《中国善本书提要》和《中国目录学史论丛》等。

王周士 Wang Zhoushi 中国清代苏州弹词艺人。或作“黄周士”。江苏元和（今苏州）人。生卒年不详。艺术活动时期约在清乾隆年间（1736～1795）。因头秃面多赤瘢，外号“紫瘌痢”。以说唱表演《游龙传》和《白蛇传》著称。其表演善于“放噱”，以滑稽调笑见长，并且精于三弦弹奏。相传乾隆四十一年（1776），他在苏州宫巷第一天门创立了苏州评弹（苏州评话和苏州弹词）界的行会组织“光裕公所”（后来改称“光裕社”）。传为其所创作的总结苏州弹词说唱表演经验的艺诀“书品”14则和提醒同行说唱表演时加以注意的艺诀“书忌”14则，是苏州弹词历史上具有重要理论色彩的文字，充满了艺术的辩证法思想，向为后世艺人所重视。标志着在王周士时代，苏州弹词艺术开始进入比较自觉的发展时期。

王竹泉 Wang Zhuquan（1891-04-09～1975-07-24） 中国煤田地质学家。字云卿。河北交河（今属泊头）人。卒于北京。1916年北京农商部地质研究所毕业。1930年获

美国威斯康星大学硕士学位。回国后曾任实业部（后为经济部）地质调查所技正，兼任北平研究院研究员。1946～1950年任北京大学教授。1949年后历任燃料工业部顾问、煤矿地质总局地质室主任、煤炭工业部地质总工程师。1957年当选中国科学院学部委员（院士）。30年代踏勘了中国华北、西北、西南等大部分地区，搜集了大量普查勘探资料。先后发表百余篇地质调查报告和论文，主要有《地质构造纲要》、《山西煤矿志》、《华北地台上古生代含煤地层分布之规律及其古地理》等。主编的《华南晚二叠世煤田形成条件及分布规律》，获1978年全国科学大会奖。在总结中国煤田地质规律和推动煤田地质科学的发展方面作出重要贡献，被誉为中国煤田地质事业奠基人。

王竹溪 Wang Zhuxi（1911-06-07～1983-01-30） 中国物理学家、教育家。生于湖北公安，卒于北京。1933年毕业于清华大学物理学系，1938年获英国剑桥大学博士学位。历任西南联合大学教授，清华大学教授兼物理学系主任，北京大学物理学系教授、理论物理教研室主任，北京大学副校长等职。1955

年当选中国科学院学部委员（院士）。曾任中国物理学会副理事长，中国计量测试学会副理事长，《物理学报》主编。素以治学严谨著称。在理论物理特别是在热力学、统计物理学和数学物理等方面有很深造诣。在湍流尾流理论、吸附统计理论、超点阵统计理论、热力学平衡与稳定性、多元溶液、热力学绝对温标、热力学第三定律、物质内部有辐射的热传导问题以及基本物理常数等广泛领域发表学术论文30余篇。他和汤佩松于1941年合作阐释植物细胞吸收和传输水分的热力学公式，最早在植物生理学中引入水势概念。著有《热力学》、《统计物理学导论》及《简明十位对数表》等，与郭敦仁合著《特殊函数概论》。曾长期担任中国物理学会名词委员会主任，编成一部《新部首字典》。

王棕 *Roystonea regia*; royal palm 棕榈科王棕属的一种。又称大王椰子。原分布热带美洲。中国有引种，在广州等城市习见栽培。茎单一直立，乔木状，高10～20米。叶羽状全裂，下垂，长4～5米，每侧羽片约250片，4列排列，条状披针形，顶端浅2裂，长1米，宽3～5厘米，顶部羽片较短且狭。花序长1.5米，分枝多，佛焰苞棒状，花小，单性同株，雄花长6～7毫米，有6雄蕊；雌花短于雄花。果实近球形或倒卵形，长约1.3厘米，暗红色或淡紫色；种子1，一侧压扁，胚乳均匀，胚近基生。花期3～4月，果期10月。树形高大，形态奇特，作庭园树或行道树，富观赏价值。

王尊三 Wang Zunsan（1892～1968-04-06） 中国西河大鼓艺人，曲艺作家、曲艺活动家。原名王九如，艺名王金才。河北唐县人。卒于北京。幼年读过私塾，喜欢听书看戏。1910年拜房英魁学习表演西河大鼓。他嗓音圆润清亮，表演细腻传神，长于说唱金戈铁马故事。抗日战争期间，创作了《大战平型关》、《持久战》、《保卫大武汉》等作品。中华人民共和国建立后，积极参加组建全国性的曲艺团体，为曲艺的革新和发展作出重要贡献。创作和改编的许多表现新人新事的新作品，如《两情愿》、《李三元做饭》、《一对明星》等，陆续单独或结集出版。其中《打黄狼》、《大西厢》、《韩湘子上寿》等鼓曲唱词，语言活泼、情节生动、主题鲜明，堪称精品。

王佐 Wang Zuo（1898～1930-02） 中国工农红军指挥员。江西遂川人。早年在井冈山组织队伍，与土豪劣绅作斗争。1927年，将队伍改编为农民自卫军，曾协同袁文才部攻进永新县城，打开监狱，营救了一批共产党员和群众。同年10月，毛泽东率领秋收起义部队进军井冈山后，所部接受整编。1928年2月起，任工农革命军第1军第1师第2团副团长、中国工农红军第四军第11师第32团副团长，后兼湘赣边界防务委员会主任，负责防守井冈山的五大哨口和筹集物资等工作。同年加入中国共产党。在保卫井冈山革命根据地的龙源口、黄洋界等战斗中，率部出奇制胜。1929年1月，第4军主力进军赣南、闽西，他率32团协同第5军守卫井冈山。后任第4军第5纵队司令员。曾当选为中共湘赣边界特委委员。1930年，在永新县被错杀。

网络 network 许多分支交错组成的系统。例如复杂的电路，计算机网络，微波网

络，信息网络等。

网络出版 network publication 大众文化传播活动的一种。互联网（亦称因特网）信息服务提供者将自己或他人创作的作品经过选择和编辑加工后，登载在互联网上或通过互联网发送到用户端，供公众浏览、阅读、使用或者下载的在线大众文化传播活动。作品形式包括：①已正式出版的图书、报纸、期刊、音像制品、电子出版物等出版物内容或者在其他媒体上公开发表的作品。②经过编辑加工的文学、艺术和自然科学、社会科学、工程技术等方面的作品。③原创性的数字作品。④网络游戏作品。⑤数据库作品。

网络出版是继图书、报纸、期刊、音像制品和电子出版物后出现的又一种出版形态，由于传输数据量大且更加方便、快捷，具有很好的发展前景。

网络广播 internet broadcasting 以因特网为传播介质，提供音频节目服务的一种广播形式。其他广播手段的补充。亦为一种数字声音广播。世界许多国家的广播电台都在网上开通了自己的广播。

网络广播的特点主要有：①广播覆盖面与因特网的覆盖面相同。②技术实现相对容易。③可采用直播或录播方式。④节目制作不需要增加过多额外的投资。⑤采用数字文件格式，播出效果取决于网络带宽。⑥可交互性。

网络广播的缺点是：质量比调频广播差，传输过程中经常出现中断；接收开始之前存在时延，不可能使用时间信号；收听网络广播会影响PC机的上网能力；网络广播到目前为止是最昂贵的广播收听方法（电话费、上网费等）。

网络技术 network techniques 利用网络图形描述客观现象各个环节和要素之间的关系，以便寻求系统最优解或最优控制的技术。又称网络分析。网络技术起源于图论和网络理论。20世纪80年代以后，网络技术在电视网络、计算机网络、卫星通信、交通运输、库存和物资分配、能源、项目进度管理以及其他物流和信息流方面的应用取得了显著的成果。

数学上把赋权连通图称为网络，通过一定的数学运算可以求解许多实际问题。如统筹法、计划协调技术（PERT）、关键路线法（CPM）、图解协调技术（GERT）、排队图解协调技术（Q-PERT）、风险协调技术（VERT）等，它们的数学模型是有向网络，其连线上的物理量是作业工时等。最短路径问题的数学模型可以是有向网络，也可以是无向网络或者混合网络，连线上的物理量可以是距离、时间、运输单价、单位里程的油耗等，可以求解距离最短、时间最短、费用最省、油耗最少等问题。

网络经济 network economy 信息技术与信息资源发展到网络阶段的信息经济。因特网普及应用前，对“网络”和“经济”有不同的理解，日本学者把商业、运输业、金融业等有相应的网络而发展起来的服务经济称为网络经济，美国学者则把讨论电脑的局域网、广域网的成本核算、收费标准等问题视作网络经济。1993年因特网应用于商务活动后蓬勃兴起的网络经济，是指基于因特网即网际网的经济活动，如网络营销、网络贸易、网络银行等，又称因特网经济或互联网经济。这是一种狭义网络经济。广义网络经济是指以信息网络（主要是因特网，但不限于此，还有内联网、外联网等）为基础或平台、信息技术与信息资源应用为特征的，信息与知识起重大作用的经济活动。它还包括非因特网的网络经济活动。从产业层面看，网络经济也就是网络产业。美国的网络经济收入2000年超过了汽车工业而成为美国经济的“火车头”。网络经济除与信息经济相同的一些特点外，还具备以下两个特点：①全天候运作的经济。②竞争与合作并存的经济。网络经济的发展给发展中国家带来了挑战和机遇。变数字化挑战为数字化机遇，是包括中国在内的所有发展中国家面临的艰巨任务。

网络流 network flows 图论中的一种理论与方法，研究网络上的一类最优化问题。1955年，T.E.哈里斯在研究铁路最大通量时首先提出在一个给定的网络上寻求两点间最大运输量的问题。1956年，L.R.福特和D.R.富尔克森等人给出了解决这类问题的算法，从而建立了网络流理论。所谓网络或容量网络指的是一个连通的赋权有向图$D=(V,E)$，其中V是该图的顶点集，E是有向边（即弧）集，对每一个$e\in E$赋予一个权$c(e)$。此外顶点集中包括一个起点和一个终点。网络上的流就是由起点流向终点的可行流，这是定义在网络上的非负函数，它一方面受到容量的限制，另一方面除去起点和终点以外，在所有中途点要求保持流入量和流出量是平衡的。如果把下图看作一个公路网，顶点$v_1\cdots v_6$表示6座城镇，每条边上的权数表示两城镇间的公路长度。现在要问：若从起点v_1将物资运送到终点v_6去，应选择那条路线才能使总运输距离最短？这样一类问题称为最短路问题。如果把下图看作一个输油管道网，v_1表示发送点，v_6表示接收点，其他点表示中转站，各边的权数表示该段管道的最大输送量。现在要问怎样安排输油线路才能使从v_1到v_6的总运输量为最大，这样的问题称为最大流问题。

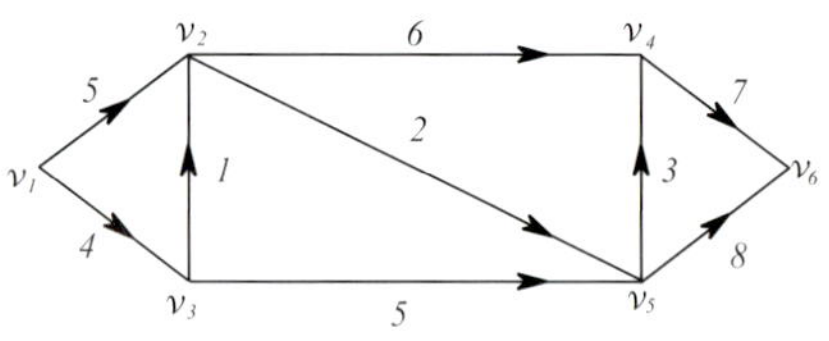

容量网络

最大流理论是由福特和富尔克森于1956年创立的，他们指出最大流的流值等于最小割（截集）的容量这个重要的事实，并根据这一原理设计了用标号法求最大流的方法，后来又有人加以改进，使得求解最大流的方法更加丰富和完善。最大流问题的研究密切了图论和运筹学，特别是与线性规划的联系，开辟了图论应用的新途径。

最大流问题仅注意网络流的流通能力，没有考虑流通的费用。实际上费用因素是很重要的。例如在交通运输问题中，往往要求在完成运输任务的前提下，寻求一个使总运输费用最省的运输方案，这就是最小费用流问题。如果只考虑单位货物的运输费用，那么这个问题就变成最短路问题。由此可见，最短路问题是最小费用流问题的基础。现已有一系列求最短路的成功方法。最小费用流（或最小费用最大流）问题，可以交替使用求解最大流和最短路两种方法，通过迭代得到解决。

网络流的理论和应用还在不断发展，出现了具有增益的流、多终端流、多商品流以及网络流的分解与合成等新课题。网络流的应用已遍及通信、运输、电力、工程规划、任务分派、设备更新以及计算机辅助设计等众多领域。

网络媒体 online media 借助国际互联网这个信息传播平台，以电脑、电视机以及移动电话等为终端，以文字、声音、图像等形式来传播新闻信息的一种数字化、多媒体的传播媒介。计算机信息网络随着发展与普及，在传播新闻和信息方面具有媒体的性质和功能，成为继报刊、广播、电视之后的新兴媒体。网络媒体广义为“遵照TCP/IP协议传送数字化信息的计算机通信网络”，狭义为“基于互联网这一传输平台传播新闻和信息的网站”网络媒体新闻和信息传播具有信息海量、形态多样、迅速及时、全球传播、易于复制、便于检索、超文本链接、自由、交互、造就了实现“一人一媒体”的基础等10个特点（所谓一人一媒体是指任何人只要具备一定的网络知识和技能便可通过建立网站、发行邮件山版物等网络功能，发布新闻传播信息，犹如拥有了属于自己的媒体）。网络传播的特点是基于其TCP/IP协议及各类强大的功能实现的，这些功能主要有电子邮件、远程登录、网络新闻组、文件传送、万维网浏览、网络论坛、网络聊天等。很多功能在信息传播中处于一种复合使用的状态，使传播的范围可以在短短的时间内扩张到极大。

网络传播的功能及特性决定了它与传统大众传播截然不同。传统大众传媒进行信息传播的特点是受控的、单向的、自上而下的。但是互联网的建立和发展，得到普遍认同的信条是，进入这一网络的信息应该是无限制的和彻底的，是最自由的。传统大众传媒可以营造出单一化和“舆论一律”的信息空间，但网络媒体提供的却是信息多元和舆论多元的空间。

网络新闻编辑 online news editing 新闻网站或网站新闻频道为刊发新闻、撰写评论、开设专题等进行的准备活动。它以规划、选择、加工工作为特征，包括设计、组织、审读、加工整理等工序，以及了解受众反映、联系作者等各项相关工作。网络新闻编辑有需要把握新闻滚动刊发的时效性，文章不能过长及方便计算机屏幕阅读而采取分篇分段处理，标题制作必须在有限字数内采用实题，文字新闻与图片新闻、音频新闻、视频新闻、Flash新闻等形态的搭配，运用网页版面各种要素突出报道重大新闻及突发新闻、重要新闻的驻留，新闻与网上调查的结合，新闻与相关新闻相关网站的链接，设置新闻专题，撰写新闻评论，现场直播新闻事件，充当主持人与嘉宾及网友互动讨论等特点。

网络银行 internet bank 基于**因特网**和其他信息网络提供信贷等金融服务，以及相关信息服务的虚拟化银行机构或银行网站。传统银行向网络银行的转变，是银行因采用信息技术（包括网络技术）而使其本身发生质变的新阶段。在这个阶段，银行的管理理念开始从单纯的职能管理、划一的共同性服务、只考虑银行本身方便和满足于短期行为，转向整体性管理、特殊性服务、满足客户多样化需求和注重未来长远发展。世界上第1家网络银行称作安全第一网络银行（SFNB），是1995年10月18日在美国**亚特兰大**开业的。继它之后，不仅在全美，而且在欧洲以及亚洲的日本、新加坡、中国香港、中国台湾等地兴起了网络银行新潮。在这一新潮的示范和带动下，原有的传统银行纷纷上网设站，开展网上银行服务。网络银行的兴起既有技术基础，又有商业诱因，特别是银行业竞争的需求。中国网络银行的出现始于20世纪90年代后期，21世纪以来发展十分迅速，至2007年底，网络银行交易额达245.8万亿元人民币，环比增幅高达163.1%。

网络战 network warfare 以计算机和计算机网络为主要目标，以信息技术为手段，在整个网络空间进行的攻防作战行动的统称。计算机网络作战的简称。**信息战**的重要组成部分。按范围可分为战场网络战和全球网络战。目的是通过攻击对方信息网络，导致其信息系统受损，政治、经济混乱，作战指挥失灵，从而使己方夺取战争的主动权。

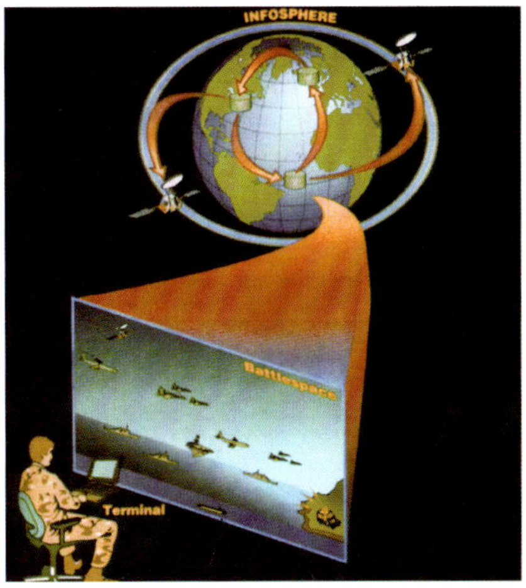

网络战示意图

基本攻击手段 ①计算机病毒。为一种专门用来破坏对方计算机正常工作的特殊程序，具有很强的传染性、潜伏性、隐蔽性和破坏性，能够自我复制、侵入和篡改对方程序，使其无法正常工作。②逻辑炸弹。它是在一定逻辑条件下按某种方式运行，对目标系统实施破坏的计算机程序。③电子邮件炸弹。通过给目标接收者反复发送地址不详、内容庞大或相同的恶意信息，占用大量的网络资源，导致网络阻塞，服务器超载而死机。④拒绝服务攻击。利用Internet协议组的某些工具，拒绝合法用户目标系统（如服务器）和信息合法访问的攻击。它主要利用网络协议和操作系统漏洞发起攻击，形式多样，防不胜防。⑤特洛伊木马。以能提供隐藏的、用户不希望的功能的程序，巧妙躲过系统安全机制，对用户系统进行监视或破坏。⑥口令入侵。关键是破解用户口令。⑦网络窃听。⑧IP电子欺骗。伪造合法用户主机的IP地址与目标主机建立连接关系，以便能够蒙混过关而访问目标主机。

基本防御手段 ①阻断浸透法。通过对计算机加密，防止对方进行计算机渗透。②电磁绝缘法。减小电磁辐射程度，改变辐射规律，以防敌方侦察。③病毒防治法。主要有4种：一是免疫预防法，即在受病毒攻击前进行主动防御。二是即时消毒法，即发现病毒立刻进行清除。三是分块隔离法，即将整个计算机系统划分为若干个封闭的“隔离箱”，使病毒无法侵袭整个系统。四是体系防护法，即通过建立有效、周密的计算机病毒防护体系，逐层阻止计算机病毒的入侵。④加强防卫法。通过加强对计算机系统硬件设备的管理与防护，防敌兵力火力打击和电磁武器的攻击。⑤以管助保法。通过严格周密的管理措施和手段，保护己方计算机系统的安全。⑥以攻助防法。先对敌计算机系统进攻力量实施干扰和摧毁。

网络政府 network government 运用信息技术打破行政机关的组织界限，建构一个基于计算机网络环境的电子化的虚拟机关，大量行政管理事项和日常事物都通过设定好的程序在网上实施。见**电子政府**。

网球 tennis 球类运动之一。2人或4人在中隔一网的场地上，用球拍往返击打一个有弹性的橡胶小球。网球运动的起源可追溯到12～13世纪法国传教士在教堂回廊里用手掌击球的游戏。14世纪中叶传入英国。1873年英国人M.温菲尔德将早期的网球打法改进，变成夏天在草地上娱乐的草地网球。1875年英国板球俱乐部制定了网球比赛规则。1877年全英板球俱乐部在温布尔登举办了第1届草地网球冠军赛。1912年国际网球联合会成立，总部设在伦敦。1980年中国网球协会被正式接纳为会员。网球运动于19世纪后期传入中国。1949年后，网球运动有了新的发展。1956年举行了全国网球、羽毛球锦标赛，并正式成立了中国网球协会。20世纪80年代后中国网球运动员在国际比赛中取得了良好的成绩。在1979年举行的“博登国际网球赛”中，余丽桥和陈娟获得女子双打冠军。1980年在东京的女子网球公开赛中，余丽桥获单打冠军。在2004年第28届奥林匹克运动会网球比赛上，李婷、孙甜甜夺得女子双打金牌。2006年1月和7月，郑洁、晏紫又夺得澳大利亚网球公开赛和温布尔登网球公开赛女子双打冠军。2011年6月4日，李娜获得法国网球公开赛女子单打冠军，创造了亚洲人在法网公开赛上夺冠的历史。

网球比赛场地为23.77米×10.97米的长方形平整地面。球网中央高度为91.4厘米，两端柱高1.07米，将全场隔成相等的

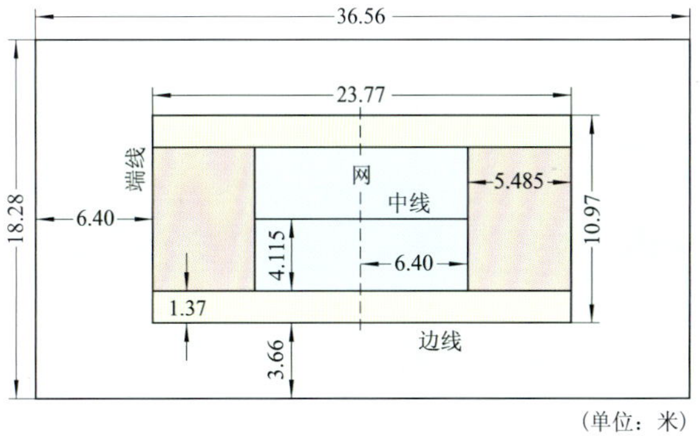

（单位：米）

网球场地平面图

两个半场。球拍为带有长柄的椭圆形框子，框上用羊肠线、牛筋线或尼龙线穿织编成拍面。网球为有弹性的充气橡胶球，直径为6.35～6.67厘米，重56.70～58.47克。比赛分单打和双打。男子单打、双打取5盘3胜制或3盘2胜制；女子单打、双打及混合双打为3盘2胜制。国际叫分法是胜1分叫“15”，胜2分叫“30”，胜3分叫“40”，双方得“40”叫“平分”。当今较有影响的网球国际大赛有温布尔登网球公开赛、美国网球公开赛、法国网球公开赛、澳大利亚网球公开赛和联合会杯网球赛。

网上购物 shopping on internet 商家和消费者之间通过以互联网为代表的现代信息网络完成商品订购、销售、分发和支付等的购销活动。见电子商务。

网上书店 network bookstore 通过电子商务销售图书的发行企业。全球第一家网上书店是1995年在美国创立的亚马孙公司。网上书店的发行范围突破了原来的销售地域和营业时间的限制，是一个无地域限制的、24小时服务的网址。任何地域的读者均可足不出户，在任何时间用计算机浏览网上书店的网页，即可迅速查找到自己所需图书的类别、书目、版别、内容简介、定价。决定购买时，用信用卡等电子货币支付书款，也可货到付款。网上书店确认后，即将所购图书邮寄到户或派人送书上门。

网上书店的主要特征是，以互联网络等高新技术为发行手段，超越时空即时交易，使服务过程一体化，服务范围全球化，服务成本趋零化。网络营销改变了传统发行模式，削弱了原有中间商的作用，使图书销售更加简化。

网上学校 online school 以因特网为媒介进行辅导或培训的服务机构。兴起于20世纪90年代。一般由各级各类学校及其他社会机构开设，旨在进一步为学习者提供便捷的教育服务和丰富的学习资源。服务内容主要是为学习者提供网络课程、培训项目、学习与考试辅导以及其他教育信息。

网页 web page 网站组成的基本信息单位。放置在web服务器上以供web浏览器查看的基本用户数据单元。一个网站由不同内容的数量众多的网页组成。首页又称为主页。网页一般设计成超文本图形用户界面，由文字和图片构成，对文字和图片可定义不同的显示方式，复杂一些的网页还会有声音、图像、动画等多媒体内容。几乎所有的网页都包含链接或超链接，可以方便地跳转到其他相关网页或相关网站。1994年5月15日，中国科学院高能物理研究所推出中国第一套网页，内容主要是介绍中国高科技发展情况。

网站 web site 互联网上为用户提供信息和服务的一种最重要、最常用的平台形态。主要指万维网的表现形态。网站由网页构成。多数网站具有一个主页，作为网站的入口或索引，其他页面及站点则通过链接相连。网站一般拥有固定的域名，用户通过相应的网络协议访问网站。网站可为用户提供网页、邮件等多种服务。

网站可以有多种分类：①依经营主体分为国营网站、民营网站、个人网站等。②依有无传统媒体背景分为传统媒体网站和网络原生网站。③依传播内容分为综合性新闻网站和专业新闻网站。④依生存时间分为永久性网站（除特殊情况下关闭）和事件性专题网站等。⑤依新闻传播角度分为传统新闻媒体网站、没有传统新闻媒体背景却以发布新闻为主的网站、门户网站或综合性网站的新闻频道。

往世书 Purāna 印度古代梵语文学中一批神话传说作品的总称。最后成书年代约在7～12世纪。现存往世书数量很多，统称为18部大往世书和18部小往世书。印度传统将往世书的神话传说内容归纳为“五相”：①世界的创造。②世界毁灭后的再创造。③天神和仙人的谱系。④各个摩奴时期。⑤帝王谱系。

在众多的往世书中，流传最广、影响最大的是《薄伽梵往世书》，地位仅次于两大史诗《摩诃婆罗多》和《罗摩衍那》。它的篇幅约有18 000颂，分作12篇，讲述毗湿奴大神多次化身下凡的事迹。

辋川别业 Wangchuan Villa 中国唐代诗人兼画家王维（701～761）在辋川山谷（陕西蓝田西南10余千米处）原宋之问辋川山庄的基础上营建的园林，今已湮没。辋川别业营建在具山林湖水之胜的天然山谷区，因植物和山川泉石所形成的景物题名，使山貌水态林姿的美更加突出地表现出来，仅在可歇处、可观处、可借景处，相地面筑宇屋亭馆，创作成既富自然之趣，又有诗情画意的自然园林。

妄想 delusion 最常见的思维障碍。即在病理基础上产生的歪曲的信念、病态的推理和判断，患者对此却坚信不疑、难以纠正。常见的有：①关系妄想。患者认为周围的某些现象都是对他的暗示或影射。②迫害妄想。患者无端地坚信有人或某集团对他或他的亲属进行迫害。③影响妄想。患者坚信有人用某种器械操纵他的思想和行为。④嫉妒妄想。患者坚信自己的配偶有外遇，因而跟踪追查、细加盘问。⑤夸大妄想。患者自认为自己出自名门，是个伟人，有巨大财富，才能出众。⑥钟情妄想。患者坚信某异性对自己有情，并作出相应的反应，即使遭拒绝也不悔改。⑦自罪妄想。患者坚信自己犯了严重错误或罪行。⑧疑病妄想。患者坚信自己患了某种疾病。⑨被洞悉感。患者认为自己的内心想法和隐私已被别人知晓。

旺干 Wangan, Lamajavin（1920～1968） 蒙古剧作家。生于扎布汗省。曾入布里亚特蒙古乌兰乌德工农专科学校学习。自1940年起，在杂技团当演员、编导和艺术指导。1946～1951年在莫斯科剧院学习，回国后任国家剧院编导，曾导演苏联和中国的戏剧。从40年代后期起开始创作，作品多取材于人民群众的现实生活，塑造了各式各样的新人形象。《医生们》写大学医学系毕业生布仁娜申请到艰苦的牧区去工作，以自己的模范行动医治了她的同学桑达嘎和某些领导人的错误思想和作风。剧本《在前进的道路上》在蒙古戏剧中第一次描写了国营农场领导人的思想作风和工作方法。《司机陶昭》反映了运输公司司机中的先进与落后的矛盾和斗争。旺干创作的剧本矛盾冲突尖锐复杂，情节曲折，扣人心弦。作品风格乐观、幽默，饶有风趣。

旺角 Mong Kok 中国香港九龙的一个市区，油尖旺区的组成部分。位于界限街以南，油麻地以北，京九铁路以西的九龙心腹地带，由大角嘴和旺角两个小区组成。为华人商业区，大厦林立。弥敦道与亚皆老街交会处是极繁华商业中心，有旺角中心、汇丰银行、永安公司、大华国货公司等。弥敦道以东为中小型商业区和住宅区，其中通菜街从亚皆老街到登打士街的“女人街”

旺角街景

以销售女性物品为主，最为有名。有专营照相器材的亚皆老街和西洋菜街。豉油街至山东街为体育用品公司最集中的地方。

望 wang 月球与太阳的地心黄经相差180°的时刻。见朔望。

望都汉壁画墓 Mural Tombs of Han Dynasty at Wangdu 中国东汉晚期的两座大型砖室壁画墓。位于河北省望都县所药村。

属吏图（上）和祥瑞图（下）（摹绘）

1952年、1955年先后发掘。据壁画内容推测，1号墓墓主曾由河南尹升任三公。据所出朱书买地券和玉衣残片可知，2号墓墓主姓刘，曾任太原太守，可能是皇族成员，卒于灵帝光和五年（182）。两墓东西并列，都有坟丘，相距仅30米，墓主应为族亲。西侧1号墓全长20.35米，东侧2号墓全长32.18米，均为带墓道的多室砖墓。两墓早年被盗，出土遗物不多，但壁画尚存，并附墨书榜题。1号墓壁画保存较好，分两层，上层为官吏图，绘人物25人，下层为祥瑞图；甬道顶部有云气、仙禽异兽构成的图案。2号墓壁画损坏严重，内容与1号墓相近。两墓壁画以墨线勾勒，平涂施色，兼用渲染法表现明暗，洒脱传神。

《望夫云》 中国白族民间传说。产生于南诏时代，至今仍广泛流传于白族人民之中。这个传说在民间流传有10余种异文，大理州、府、县志均有记载。主要情节是：南诏王美丽的公主爱上了穷苦猎人，同猎人逃往苍山玉局峰。南诏王大怒，请罗荃法师将猎人打入洱海，变为石骡。公主因思念丈夫而死，化为一朵白云。白云出现时洱海狂飙骤起，直到吹开海水，现出石骡，

《望夫云》插图

风才平息，“望夫云”也才退去。《望夫云》故事优美动人，悲剧性的结局具有很强的艺术感染力，在白族人民中家喻户晓，也给文人创作提供了素材。诗人徐迟、徐嘉瑞、公刘、鲁凝等曾分别以它为素材，创作了各具特色的长诗。白族戏剧家杨明等则分别将它改编为滇剧和白剧剧本。

望门居 duolocal residence 母系氏族制形成前期流行的一种婚姻形式。属于对偶婚的初期类型。特点是男女双方结成配偶，但在一定时期内并不居住在一起，无共同的经济生活，各自住在母亲的氏族公社里，以男子夜晚拜访女子的方式实行偶居。此种婚姻关系易合易离，不稳定。偶居中所生子女属于女方，由女方抚养。印度的哈齐人、北美洲的印第安人、大洋洲的密克罗尼西亚人等的婚姻制度中曾存在过“望门居”。中国布朗族、基诺族在20世纪50年代以前都曾有过“望门居”的婚姻形式，云南永宁泸沽湖摩梭人的“阿注婚”亦属此类。

《望厦条约》 *Treaty of Wanghia* 美国与中国签订的第一个不平等条约。即《中美五口贸易章程》。中英签订结束鸦片战争的《南京条约》后，美国趁火打劫，派专使顾盛来华胁迫清钦差大臣耆英于道光二十四年五月十八（1844年7月3日）在澳门附近的望厦村签订。共34款，附有《海关税则》。内容除没有割地赔款外，几乎包括了中英《南京条约》中的所有条款，并且有些条款比《南京条约》规定得更加具体。条约还规定美国兵船可任意到中国各港口“巡查贸易”。条约准许美国人在五口自行租地建屋，设立医院、教堂等。中美《望厦条约》是比中英《南京条约》更细致更完备的不平等条约，美国据此获得了比英国更多的特权。后来此条约成为中法《黄埔条约》及其他国家与中国所订条约的范本。

《望乡》 *Sandakan No.8* 日本故事片。日本东宝公司、俳优座1974年联合出品。广泽荣、熊井启根据山崎朋子同名小说改编。导演熊井启，摄影金宇满司，主演田中绢代、栗原小卷、高桥洋子、田中健。亚洲妇女史研究专家三谷圭子来到马来西亚的山打根三马路，研究关于卖身海外妓女的课题。3年前，圭子在岛原和天草一带调查时遇到了阿崎婆，阿崎婆给她讲了自己的经历……影片艺术手法独特。导演采用了双重倒叙的手法，将过去与现在有机地联系在一起。阿崎婆与圭子的亲密交往十分动人，两人命运的强烈对比也造成了感人的艺术效果，使作品严肃的主题得以深化。获1974年日本《电影旬报》最佳影片第一名，熊井启获最佳导演奖，栗原小卷获西柏林国际电影节最佳女演员奖。本片被选入日本名片200部。

望远镜 telescope 观测远处物体的光学仪器。它的作用是放大远处物体的张角，使人眼能看清角距更小的细节；同时把物镜收集到的比瞳孔直径粗得多的光束，送入人眼，使观测者能看到原来看不到的暗弱物体。望远镜由物镜和目镜两组镜头及其他配件组成。光线先经过物镜，后经过目镜，人眼在目镜的后面观测（见图）。为了减小望远镜的像差，物镜和目镜通常都由多个光学元件组成。

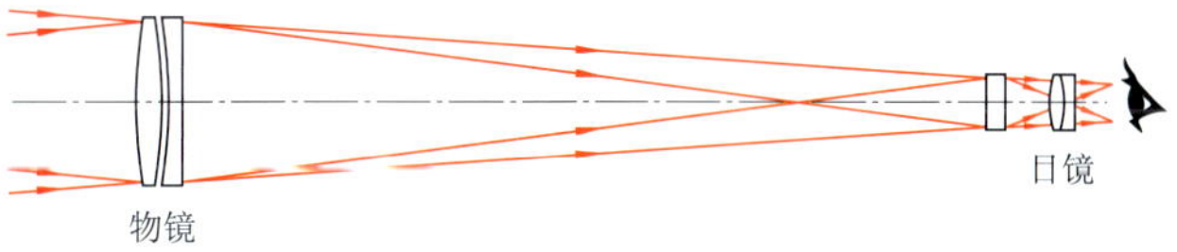

望远镜成像原理

若使物镜和目镜的焦点重合，入射的平行光束，经过望远镜后仍然是平行光束。两束交叉入射的平行光束，经过望远镜后出射时，夹角被放大的倍数称为放大率（或倍率），等于物镜焦距和目镜焦距之比。同时，出射的平行光束变细了，入射和出射平行光束截面直径之比，也等于望远镜的放大率。用于观测地面目标的望远镜，一般口径为几厘米，放大率为几倍到十几倍。为了获得正像，常在物镜和目镜之间加入两块转像直角棱镜，观测地面目标的双筒望远镜就常用这种结构。天文望远镜在光学原理上与观测地面目标的望远镜并没有区别，只是口径大、倍率高，并且允许倒像。

望诊 inspection 中医望闻问切四诊方法之一。医生运用视觉观察病人的神、色、形、态、舌体与舌苔、体表各部及分泌物等变化，以推断体内变化，从而获取与病证有关的辨证资料的诊断方法。由于人体外部与五脏六腑有着密切的关系，尤其是面部、舌和脏腑的关系更为密切。舌为心之窍，口为脾之窍，目为肝之窍，鼻为肺之窍，耳为肾之窍。因此，通过观察体表和五官的形态等变化，可推断五脏六腑的变化。望诊可分为总体望诊和分部望诊。总体望诊即是对全身的神、色、形、态进行观察；分部望诊则是通过局部的变化以了解有关的病变。①望神。以目光、面部表情和精神意识活动为重点，是判断临床预后、生命活动的重要环节。②望面色。以观察面

部的色泽变化为主，并包括面部的赤、青、黄、白、黑五色的变化。又称面部五色诊。可推断脏腑气血盛衰和疾病所在部位。③望形态。包括望体形和姿态两方面。通过观察体形的胖瘦、躯干肢体的外形、动静姿态、行为动作等进行诊断的方法。④望头颈五官。包括望头面、颈项、目、耳、鼻、口唇、舌、牙龈、咽喉等方面。⑤望前后阴。前阴与肝、胆、肾、膀胱及太阳、少阴、厥阴、少阳、阳明经等有关，后阴与肺、脾、胃有关。据此可判断有关脏腑经络的病变，还可诊断其局部的病变。⑥望皮肤。观察皮肤的色泽和形态变化。⑦望络脉。观察小儿指纹、鱼际络脉、指甲的形色等变化。⑧望排出物。观察二便、呕吐物、痰涕、唾液以及经带等方面的变化。

危地马拉 Guatemala 拉丁美洲国家。位于中美洲北部。西部和北部临墨西哥，东北接伯利兹，东南与洪都拉斯和萨尔瓦多接壤，东临洪都拉斯湾，南濒太平洋。海岸线长约500千米。面积108 889平方千米。人口1 436万（2010）。其中印第安人占41%，印欧混血种人占55%，其余为白人等。官方语言为西班牙语，大多数人信奉天主教，20%信奉基督教新教。首都危地马拉城。

危地马拉伊萨瓦尔湖风光

地理 地形以山地高原为主，约占国土面积的2/3。主要位于中、南部地区。境内有从墨西哥延伸而来的两支东西向山脉——库丘曼塔内斯山脉和马德雷山脉。有火山30余座，其中10余座为活火山，地震频繁。塔胡穆尔科火山海拔4 220米，为中美洲最高峰。北部低地为热带雨林气候，中南部山地属热带高地气候，南部太平洋沿岸属热带草原气候。水利资源丰富，但河流多短小湍急，不宜通航。主要河流有乌苏马辛塔河和莫塔瓜河，前者长1 100千米，是中美洲最长、流量最大的河流。最大湖泊为伊萨瓦尔湖。矿产资源有锑、金、银、重晶石、大理石、石灰石、硅石、砂和砾石等。石油储量14.3亿桶。森林面积占全国面积的34.5%。

历史 属古代印第安玛雅人活动地区。1524年沦为西班牙殖民地。1821年9月15日宣布独立。1823年3月与萨尔瓦多、洪都拉斯、尼加拉瓜、哥斯达黎加合并成“中美洲联合省”，次年改称“中美洲联邦”。1839年建立危地马拉共和国。20世纪大部分时间，国家由军人或军人操纵的独裁政权统治。

政治 实行多元政治制度。总统、副总统由直接选举产生，任期4年；总统为国家元首、政府首脑和武装部队总司令。国民议会为一院制。主要政党有全国大联盟、危地马拉共和阵线、全国先锋党、危地马拉基督教民主党、新民族联盟。

经济 农业占重要地位，占国内生产总值的11%（2008）。工业基础较弱。2008年国内生产总值375亿美元，增长率为-1.0%，通货膨胀率为2.2%。货币名称格查尔。

15%的就业人口从事工业生产。传统工业有采矿业、制造业、纺织、食品加工、制药和造纸等。20世纪90年代后，建筑、石油开采、化工、电子、“客户工业”发展较快。2007年38.7%的就业人口从事农业生产。咖啡生产在中美洲占第2位。是拉美第三大、世界第五大蔗糖出口国。旅游业是重要外汇收入来源。主要旅游点有蒂卡尔、奇奇卡斯特南戈、亚柯哈和纳库穆等玛雅文化遗址，以及阿蒂特兰湖风景和一些火山风光。交通运输以公路为主。主要干线有泛美公路和大西洋公路。铁路连接首都和太平洋沿岸的主要海港。内河航线全年可通航的只有260千米。主要港口有巴里奥斯港、圣·托马斯·德卡斯蒂利亚港、钱佩里科港、圣何塞港和格查尔港。有通往美洲和欧洲的航线，拉·奥罗拉机场和圣塔埃莱纳机场为主要国际机场。

主要贸易伙伴有美国、墨西哥、萨尔瓦多、委内瑞拉等。主要进口燃料、机器和交通设备、建筑材料、谷物、化肥和电力等。主要出口咖啡、香蕉、蔗糖、水果、蔬菜、小豆蔻、鲜肉、服装、石油等。

文化 实行小学义务教育。学制为小学6年，中学6年。有1所国立大学和4所私立大学。主要报纸有《中美洲日报》、《21世纪报》、《写真报》、《自由新闻报》、《时报》等。有95多家广播电台、24家电视台。

对外关系 已与142个国家建立了外交关系。与中国无外交关系，有贸易往来。同美国有密切的政治、经济和军事关系。近年来，重视发展同欧盟国家的关系，加强经济合作。积极参与中美洲一体化进程。同伯利兹存在领土争端，2000年年底双方就稳定边界局势签订了协议。2001年，伯利兹决定驱逐200多名危地马拉移民，危地马拉政府坚持以协商方式解决边境事务，双方最终达成协议。2006年双方在华盛顿启动边界谈判。

危地马拉城 Guatemala City 危地马拉首都。中美洲第一大城市，全国政治、经济和文化中心。位于南部马德雷山脉拉埃尔米塔谷地。海拔1 498米。人口310万（2010）。气候温和，年平均气温18℃，平均年降水量1 280毫米。曾是玛雅古城卡米纳尔·胡尤所在地。1524年建城。1773年毁于地震，1775年重建。1823～1833年为中美洲联邦首都，1839年成为危地马拉首都。工业企业数量和产量均占全国一半以上。工业主要有水泥、木材加工、纺织、烟草、食品等。咖啡、玉米、小麦等农产品集散地。有大量殖民时期建筑，如首都大教堂（见图）、施恩教堂、圣多明各教堂等。邮局、国家警察局、国家宫和尤里塔教堂是20世纪的著名建筑。有危地马拉圣卡洛斯大学（1676）、军事教育研究院、国家考古博物馆、

首都大教堂

美术馆、米内尔瓦公园等。交通便捷，为公路、铁路枢纽，国内和国际航空中心。

危机干预 crisis intervention 心理学家介入突发性强大应激事件并缓解其后效的一种方式。突发性强大应激事件包括：①重大自然灾难。如地震、火山爆发、洪水、风灾。②人为灾难和重大社会事件。如恐怖事件、空难、重大交通肇事、战争、社会动荡、破坏性全民政治运动。③社会生活事件。如亲人重病或死亡、婚姻破裂、家庭暴力、失窃、失火、破产、未成年子女出走、失业、法律纠纷、判刑、事业挫折、失恋、新环境适应不良、应考落榜，等等。上述事件发生，会使当事人处于应激状态。这时，心理学家应当根据当事人处在应激反应三个不同阶段的不同状态，采取不同的支持性措施。一般情况下，在预警期，即事件即将发生但尚未发生时，主要以稳定情绪、使当事人保持头脑冷静和增强对未来事件的深化理解为主；在搏斗期，即事件正在发生时，主要以控制当事人的过度情感反应为主；在衰竭期，即应激后效期，主要实施疏导性咨询，使当事人前瞻、放松、增强信心，尽快恢复正常的社会生活。

危险物品 dangerous goods 在生产、储存、运输过程中，可能危害人身安全、健康或者损害运输工具、设备及其他财产的物品或者物质。危险物品的生产、储存、运输必须遵守当地和运输过程中有关的国家法律、行政法规和其他有关规定。

危险物品分为九大类：①爆炸品。包括具有整体爆炸危险性的物品或者物质，具有抛射危险性而无整体爆炸危险性的物品或者物质，具有起火危险性、较小的爆炸和（或）抛射危险性而无整体爆炸危险性的物品或者物质，不存在显著危险性的物品和物质，具有整体爆炸危险性而敏感度极低的物质，无整体爆炸危险性且敏感度极低的物质。②气体。包括易燃气体，非易燃、非毒性气体，毒性气体。③易燃液体。④易燃固体、自燃物质、遇水释放易燃气体的物质。⑤氧化剂和有机过氧化物。⑥毒性物质和传染性物质。⑦放射性物质。⑧腐蚀品。⑨杂项危险物品。

由于航空运输具有难以救助等特殊性，出于安全理由，下列危险物品不得在乘客行李（托运行李或手提行李）中携带：装有警报装置的小型公文包，内置锂电池和（或）有易燃材料的物品，爆炸品、军用品、焰火和照明弹，压缩气体（易燃的、非易燃的或有毒的），易燃液体，易燃固体，氧化物，毒物，放射物质，腐蚀物质，刀具、剪刀和任何根据当地法律禁止的锋利物品，以及其他可构成飞行危险的物品。

威德尔海 Weddell Sea 南极洲最大的边缘海。也是世界上最大的边缘海之一。位于南极半岛和科茨地之间。南连菲尔希纳冰架，北以南桑威奇群岛和南奥克尼群岛为界，东北连通南大西洋。面积约280万平方千米。海盆深4500～4700米，北部更深，其中南桑威奇海沟最深处达8428米。海域处于南极圈附近，在南极高气压控制下，终年盛行极地东风，年均风速达6.9米/秒。受东风作用南部海流属东风漂流，而北部属西风漂流。这里冷而重的陆架水下沉成为南极底层水，也是世界大洋深层水的主要源地。海面多浮冰，大部分由陆缘冰分裂而来，在海上可飘浮几年到数十年，并在东南风作用下多堆积到南极半岛东岸，对海区航行有巨大威胁。海区海水富含营养盐类，是浮游生物最密集的海区之一。

威尔第 Verdi, Giuseppe (1813-10-10～1901-01-27) 意大利作曲家。生于帕尔玛的巴塞托市郊的隆高勒，卒于米兰。1832年投考米兰音乐学院被拒于大门之外，从声乐教师和作曲家V.拉维尼亚私人学习。1838年移居米兰。1839年11月他的第一部歌剧《圣波尼法乔的奥贝托伯爵》首演，反应冷漠。1840年病魔接二连三地夺去了他的儿女和妻子，威尔第遭到沉重打击，在十分痛苦的心情下，依然写出了喜歌剧《一日为王》(又名《假勋章》)，但演出遭到彻底失败。此后的50年间，威尔第再也没有写过喜歌剧。直到晚年，才写了最后的杰作——喜歌剧《福斯塔夫》。

威尔第19世纪40年代的歌剧创作，通过英雄题材的运用表现了强烈的爱国热情。《纳布科》(1842)中的合唱曲《飞吧，思想，鼓起金翅膀》(又译《在幼发拉底河岸》)，《第一次十字军远征中的伦巴底人》中的合唱曲《啊，天主，你在祖国上空》，成为意大利人民反抗外国奴役的战歌；《爱尔那尼》第三幕的合唱曲《起来，卡斯蒂勒的狮子》激起了威尼斯人的爱国热情，引发了民众的示威游行；《莱尼亚诺之战》第一幕的合唱曲《意大利万岁》成为一首爱国歌曲。1848年革命时期，写了爱国战歌《把号角吹响》。爱国英雄主义，体现在威尔第早期和成熟时期的歌剧创作中。大歌剧型的《西西里晚祷》及《唐卡洛斯》就是这条路线的继续。威尔第的爱国英雄歌剧，产生了巨大的社会作用。威尔第的名字，甚至被认为是意大利统一的象征。50～70年代，是威尔第歌剧创作的成熟阶段。以《弄臣》、《游吟诗人》、《茶花女》、《阿依达》为代表。威尔第用A.博伊托的剧本写作的以莎士比亚戏剧为题材的《奥赛罗》(1887)和《福斯塔夫》，成为他最后的杰作。

威尔第一生写了27部歌剧。成熟时期的歌剧除了上面提到的以外，还有《西蒙·博卡涅》和《命运的力量》。他的作品饱含爱国热情，鼓舞了意大利人的民族“复兴运动”。威尔第逝世时，米兰数十万市民唱着《飞吧，思想，鼓起金翅膀》加入送葬行列。

威尔金森 Wilkinson, Sir Geoffrey (1921-07-14～1996-09-26) 英国无机化学家。生于英格兰西约克郡托德莫登，卒于伦敦。1939～1943年，在伦敦帝国理工学院学习化学。1943～1946年，服务于英国-加拿大原子能工程。后在哈佛大学任助理教授（1951～1956）和教授（1956～1978）。1978年起，任伦敦帝国理工学院无机化学教授。1965年当选英国皇家学会会员。1951年发表了合成二茂铁的论文。后证明了二茂铁是一个具有夹心结构的化合物，一个铁原子位于两个茂基之间，两个茂基的五碳平面环互相平行。此后又合成了二苯铬$Cr(C_6H_6)_2$，接着又制得4个碳、7个碳以至8个碳的环烯烃与过渡金属离子形成的π夹心络合物。他并于1964年

发现了威尔金森催化剂。威尔金森因制得以二茂铁为代表的一系列夹心络合物，发展了有机金属化学而与E.O.费歇尔共获1973年诺贝尔化学奖。他还获得法国化学会拉瓦锡奖章（1968）和美国化学会无机化学奖（1965）等。

威尔克斯 Wilkes, Sir Maurice Vincent （1913-06-26～2010-11-29） 英国计算机科学家。生于英格兰斯塔福德郡的达德利，卒于剑桥。1931年入剑桥大学圣约翰学院学习，1934年因成绩优异进入卡文迪什实验室从事实验物理学研究，1936年获博士学位。1945年开始担任剑桥大学计算机实验室（原称数学实验室）主任达35年之久。1946年，威尔克斯开始研制储存程序式计算机埃德赛克（EDSAC）。并于1949年5月6日首次试运行成功。威尔克斯在EDSAC中首次提出了许多对后来的计算机发展有重要影响的概念和技术。

威尔克斯是第二届图灵奖（1967）获得者，还获得埃克尔特-莫奇利奖和冯·诺伊曼奖章。威尔克斯是英国皇家学会会员、皇家工程院院士，美国国家艺术与科学院外籍荣誉院士，2000年受封为爵士。

威尔士 Wales 英国领土的一部分。位于英国大不列颠岛西南部。东界英格兰，南临布里斯托尔湾，西滨圣乔治海峡，北濒爱尔兰海，西北有安格尔西岛。面积2.08万平方千米。人口299.93万（2009），主要为威尔士人。约3/4的居民集中在南部工业中心。首府加的夫。1284年起成为英国的一个封邑，1535年并入英国。地形多山，坎布里亚山脉纵贯南北，最高峰斯诺登山海拔1 085米。主要河流有瓦伊河。气候温和湿润。主要经济部门为农业、制造业和旅游业。80%的土地用于农牧业，农牧业以养羊养牛为主，谷物有大麦、小麦等。南部以采煤业为基础的重要工业区，有采煤、钢铁、机械制造、化学、人造纤维、飞机、炼油等工业。西南部米尔福德港为欧洲最大油港和炼油中心之一。沿海港口城市有捕鱼和鱼类加工业。北部和西北部沿海地带为旅游胜地。主要城市和港口还有斯旺西和塔尔勃特港。

威尔士人 Welsh 西欧大不列颠及北爱尔兰联合王国的民族之一。主要聚居在不列颠的威尔士半岛。属欧罗巴人种大西洋波罗的海类型。**威尔士语**属印欧语系凯尔特语族，现仅为北部山区农业居民的口语，大多已通用英语。信基督教新教。威尔士人由公元初就住在当地的金姆里人和不列颠人形成，二者均为来自欧洲大陆的凯尔特部落群。罗马统治时期，接受了基督教。5～7世纪盎格鲁-撒克逊人等日耳曼部落来到后，被排挤至从维河到底河一线。13世纪起为盎格鲁-撒克逊人所征服。征服者在威尔士推行英格兰化。随着资本主义的发展，威尔士与英格兰共同经济市场的形成，威尔士人英格兰化的趋势不断加强。英国工业革命以来，威尔士南部由于是重要的煤矿和冶金中心，英格兰化程度更深。北部居民多从事农业、畜牧业，南部居民多在矿山和工厂工作。

威尔士语 Welsh language 英国威尔士人的语言。《威尔士语法案》确认为威尔士地区的官方语言。属印欧语系**凯尔特语族**海岛凯尔特语南支。

威尔士语同海岛凯尔特诸语言一样有普遍的“头音交替”音变。元音通常是短音。单词重音通常落在倒数第二个音节上。名词分阳性和阴性，复数的构成方式很复杂。动词有复杂的屈折，有动名词，无分词和不定式。有定冠词，没有不定冠词。句法特点是动词位于句首。时态多用复合形式。威尔士语的文字采用拉丁字母，拼写和读音一致。

威尔斯 Wells, Herbert George （1866-09-21～1946-08-13） 英国作家。生于布朗利，卒于伦敦。1890年毕业于伦敦大学。1893年因病辞去中学教职，专事写作。以科学幻想小说开始创作生涯。第一部作品是《时间机器》（1895），后又陆续发表《莫洛博士岛》（1896）、《隐身人》（1897）、《星际战争》（1898）等。《星际战争》描写了火星人入侵地球的恐怖景象。从幽默小说《爱情和鲁维轩先生》（1900）开始，创作了一系列以《托诺-邦盖》（1909）为代表、反映英国中下层社会的写实小说。创作后期转向政论性小说创作，借科学幻想小说的形式，诠释宣传他的改革派理想，但缺乏艺术特色。著有《世界史纲》等历史著作及大量政论、随笔。

威尔斯 Welles, Orson （1915-05-06～1985-10-10） 美国电影导演、演员、编剧和制片人。生于威斯康星州基诺沙，卒于洛杉矶。全名为乔治·奥逊·威尔斯。1931年开始演员生涯。1934年在百老汇任剧院导演。1938年因主演广播剧《星际战争》而名声大噪。1941年自导自演第一部影片《**公民凯恩**》获得巨大成功。该片在叙事上打乱了时间顺序，运用大量长焦距镜头、移动摄影、多层次音响等新手法。1958年在布鲁塞尔被评为电影史上12大名片之一。1942年的《安倍逊大族》也是一部享誉世界的名片。这两部影片确立了他在世界影坛一流导演和演员的地位。他导演的优秀作品还有《陌生人》（1946）、《上海小姐》（1948）、《麦克白》（1948）、《阿卡汀先生》（1955）、《审判》（1962）、《福斯塔夫》（1966）等。1975年美国电影研究院授予他终身成就奖。

威尔逊 Wilson, John Tuzo （1908-10-24～1993-04-15） 加拿大地球物理学家、地质学家。生于渥太华，卒于多伦多。1930年毕业于多伦多大学，1936年获普林斯顿大学哲学博士学位。1946年起任多伦多大学地球物理学教授。曾任国际大地测量学和地球物理学联合会主席，美国国家科学院外籍院士。40年代末期，论述了北大西洋盆地的地壳结构。1949年探讨了大陆起源与前寒武纪历史发展问题。提出大陆地块是在基性原始地壳之上逐步形成硅铝陆块核心，并通过陆缘地槽的皱起加积不断扩大的。60年代，对板块学说的建立作出重要贡献，最早使用“板块”一词，用它代表大陆、海洋及包括大陆和海洋的刚性地块。1963年提出火山岛距洋中脊愈远，其时代愈老的一些证据，有力地支持了H.H.**赫斯**的**海底扩张说**。1965年提出**转换断层**这一在板块运动中新的断层类型，解释了洋中脊及其两侧平行的磁异常条带的分布。1973年提出大洋盆地的发展模式，从胚胎阶段的裂谷、初始阶段的张裂海槽，到成熟阶段的广阔洋盆和萎缩阶段的俯冲缩小，以至最后的消失，构成一个完整的旋回。这一思想后发展为威尔逊旋回。主要著作有《大陆起源与前寒武纪历史》、《断层的一种新类型及其对大陆漂移的作用》、《地幔热点与板块运动》和《大陆漂移与大陆固定》。

威尔逊 Wilson, Thomas Woodrow (1856-12-28～1924-02-23) 美国第28任总统(1913～1921)，民主党人。生于弗吉尼亚州一个英国移民家庭，卒于华盛顿。1879年毕业于普林斯顿大学。在约翰斯·霍普金斯大学期间，获哲学博士学位。从1886年起，开始了长达25年的教学生涯。1902～1910年间，倡导和推行了一些有影响的改革，包括后来在美国得以推广的导师制。1910年竞选新泽西州州长获胜。1912年，利用共和党两巨头W.H.塔夫脱和T.罗斯福的分裂，提出把"新自由"奉献给美国人民的竞选口号，赢得中小资产阶级的支持，获得大选的胜利。

1913年就任总统后，采取了一些内政改革措施：改变共和党的保护关税政策，以增加美国对外贸易和扩大美国海外投资领域；制定联邦所得税法，确立累进税原则，以增加联邦政府的财政收入；建立联邦储备体系，以加强美国金融资本在海外的竞争能力。此外，还制定了铁路工人8小时工作制和限制使用童工等立法，罢工权利也得到确认。但是，1919年9月，他却亲自干预36.7万名钢铁工人的大罢工。1920年1月，批准司法部在全国70多个城市进行大搜捕，被捕者达6 000多人。**第一次世界大战**头两年中，美国利用"中立"地位从交战双方谋取巨利。1916年11月，威尔逊宣布美国已从债务国变为世界债权国。民主党利用这一形势，提出"他使我们置身战争之外"的竞选口号，迎合选民心理，使威尔逊于1916年获得连任。在第二个任期中，他积极插手欧洲战局。1917年4月6日正式对德宣战。1917年11月签订损害中国权益的《蓝辛－石井协定》。1918年1月8日，威尔逊提出结束战争的十四点计划。9月又提出建立国际联盟等五项声明。1919年1月亲自率团参加**巴黎和会**。巴黎和会在1919年4月28日通过《国际联盟盟约》，该盟约成为1919年6月28日签字的《凡尔赛和约》的一部分。1920年1月**国际联盟**正式成立，可美国参议院于3月19日否决了《国际联盟盟约》，使美国没能成为成员国。在同年美国大选中，民主党失败，共和党的W.G.哈定当选第29任总统(1921～1923)。1919年威尔逊获诺贝尔和平奖。

威耳孙 Wilson, Charles Thomson Rees (1869-02-14～1959-11-15) 英国物理学家。生于苏格兰中洛锡安郡格伦科斯，卒于皮布尔斯郡卡洛普斯。1896年获得剑桥大学博士学位。历任剑桥大学的物理学讲师，杰克逊讲座自然哲学教授等。曾被选为英国皇家学会会员。

1894年开始研究云雾。他设计了一种在封闭的容器里膨胀湿空气的方法。这是最早的**云室**。他发现潮湿而无尘的空气膨胀时出现水滴，断定这是水蒸气以大气中导电离子为核心而凝聚的结果。**X射线**的发现，让他认识到可利用它的辐射形成的离子，从而产生更浓的云雾。经实验，发现云室里确实留下了一串凝结水滴的痕迹。因此，云室可以用来探测带电粒子，并可用照相记录下来。1911年威耳孙首先利用云室观察并照相记录了α粒子和β粒子的径迹。1927年他和美国A.H.**康普顿**同获诺贝尔物理学奖。威耳孙还从事大气电现象的研究。

威耳孙 Wilson, Robert Woodrow (1936-01-10～) 美国天体物理学家。生于休斯敦。1962年获加州理工学院哲学博士学位，1963年任职于贝尔实验室，1976年任射电物理学研究室主任。1978年任布法罗纽约州立大学物理教授。

威耳孙在贝尔实验室和A.**彭齐亚斯**合作，用**射电望远镜**于1965年观测到宇宙背景微波辐射，被认为是大爆炸宇宙学的一个重要观测证据。为此他们获1978年诺贝尔物理学奖。威耳孙还从事毫米波射电天文学研究，发现一氧化碳等多种星际分子；测量了星际同位素，特别是氘同位素的丰度；探测银河系中的暗云，由此证实了热宇宙模型。他还研究微波固体器件和集成电路。

威风锣鼓 awe-inspiring gong and drum 中国汉族民间舞蹈。广泛流行于山西省南部。因表演时锣鼓声震天动地，气势威武雄壮而得名。传统的威风锣鼓队由10人组成，配架子鼓1副，铙、镲各2副，锣4面，另有一人举"招旗"指挥。现在已有很大发展，锣鼓队往往由几十人甚至上百人组成，打击乐器的配置也不尽相同。演奏的锣鼓点更加丰富，舞蹈性大大加强。威风锣鼓的表演以鼓手和锣手的表演为主，铙、镲的表演密切配合。鼓手左肩斜挎大型扁鼓于腹前，双手边"挽花槌"边击鼓；锣手将锣托于左肩旁，右手时而舞锣槌，时而击锣。在统一指挥下，锣鼓队边演奏边变化队形。每逢新春佳节或大型集会，各处的威风锣鼓队云集于乡镇广场对擂，情绪热烈奔放，场面宏大壮观。

威风锣鼓演出

威海市 Weihai City 中国山东省辖地级市。位于省境东部，山东半岛东端，北、东、南三面为黄海环绕。辖环翠区，代管**荣成市**、**文登市**、**乳山市**。面积5 436平方千米。人口280万(2010)，有汉、朝鲜、满、回、蒙古、苗等民族。古为东方嵎夷地。夏、商属青州，西周为莱子国地。明前为海滨渔村，洪武三十一年(1398)为防倭寇设威海卫。1898年威海卫被英国强行租占，1938年又被日寇侵占。1945年设威海卫市，1950年改威海县，1951年改置威海市。属暖温带大陆性季风气候，年平均气温12℃，平均年降水量766.6毫米。海岸线曲折，长约占山东省的1/3。较大岛屿有褚岛、刘公岛、海驴岛、苏三山子岛、宫家岛等。矿产有金、铁、铜、锌、石英砂、花岗岩、锆英砂等。农作物有小麦、玉米、花生、甘薯等，盛产苹果、梨、葡萄等水果及水貂、奶山羊、长毛兔等畜产品，特产柞蚕丝等。沿海多滩涂，盛产对虾、海参、鲍鱼、贝类、藻类及各种经济鱼类。工业以机械、电子、化工、建材、纺织等为支柱。交通以海运、公路为主，建有威海机场等。威海港是中国北方著名的天然良港，石岛港是中国北方最大的渔港。威海有环翠、银滩、石岛湾和天鹅湖等旅游度假区，名胜古迹有刘公岛、成山头、正棋山、北洋海军提督署(丁公祠)等。

威克岛 Wake Island 北太平洋中部珊瑚环礁。美国属地。位于北纬19°17′，东经166°36′。暂住人口主要是为军方服务的承包商及其雇员。形成于海底火山的基座之上，环礁中央的潟湖即原先火山口。有3个露出海面的小礁岛，面积6.5平方千米。地势低平，最高点海拔仅为6米。属热带气候，偶有台风。战略地位重要，被称为“太平洋的踏脚石”。1899年美国吞并了威克岛，将其作为从火奴鲁鲁到关岛之间海底电缆的中间站。1940～1941年建设了海、空军基地。珍珠港事件后被日军占领。1945年由美国收回。战后威克岛一度成为飞越太平洋的军用飞机和民用飞机加油站。1974年以后，威克岛的机场跑道只用于军用飞机和民用货机的紧急备降。目前，该岛由美国内政部管辖，岛上的各种活动受美国空军节制。威克岛无常住居民，驻扎在岛上的美军官兵也于2001年10月全部撤走。

威克里夫 Wycliffe, John（约1330～1384）英国神学家、哲学家。宗教改革运动的先驱之一。生于约克郡，卒于莱斯特郡拉特沃斯。曾在牛津大学研读并教授哲学和神学。1361年入教会供职。曾任英王的侍从神父。反对教权至上，主张建立不受教廷控制的英国教会。要求简化教会仪式，用民族语言举行仪式，认为《圣经》具有高于教会的权威。其思想得到下层教士和平民的支持，却遭到教廷的谴责，本人则受到通缉。甚至死后还遭掘墓焚尸。曾将《圣经》译成英文，并著有《三人对话录》。

威利 Wyllie, Peter John（1930－02－08～ ）美国实验岩石学家。生于英国伦敦。1952年获英国苏格兰圣安德鲁大学地质学与物理学学士学位，1958年获该校地质学博士学位。1965～1982年任美国芝加哥大学教授。1983年起任美国加州理工学院教授。1995～1999年任国际大地测量学和地球物理学联合会主席。1982年当选美国国家科学院院士，1984年当选英国皇家学会会员，1989年当选苏联科学院外籍院士，1996年当选中国科学院外籍院士。长期从事高温高压下人工合成系统与自然界岩石系统的实验研究，把实验岩石学与地质学、地球物理学有机地结合，探讨板块构造与岩浆成因、地球内深部过程与岩浆成因、与岩浆形成过程有关的成矿条件等，并取得重要成就。提供了有关地幔热柱的形成、壳幔物质的相互作用、花岗岩浆房内对流作用的可能性、碳酸岩岩浆形成机制、地幔交代作用等实验成果与理论模型。他组织编写的《固体地球科学与社会》一书，对固体地球科学的发展产生重大的影响。

威廉二世 William Ⅱ（1859－01－27～1941－06－04）德意志帝国皇帝，普鲁士国王（1888～1918）。生于波茨坦，卒于荷兰多恩。威廉一世的长孙，腓特烈王储（后称腓特烈三世）之子。1888年6月15日继承皇位，1890年3月迫使宰相O.von俾斯麦辞职，把最高权力集中于一身。在位期间，对内视社会民主党为主要敌人，实行专制统治，镇压革命运动；对外推行争夺世界霸权为目标和以舰队为手段的世界政策。1895年宣称德意志帝国要成为世界帝国，并煽动民族沙文主义，称“世界只有依靠德意志才能得救”。1897年派遣舰队强占中国胶州湾。1900年起用B.H.M.K.von比洛为宰相，积极推行扩张政策，大力建造军舰，向英国的海洋霸权挑战。同年7月出兵镇压中国义和团运动，参与瓜分中国领土。1905年和1911年两次制造摩洛哥危机，同法国争夺摩洛哥的权益，并多次插手巴尔干事务，从而加剧了英、法、俄和德、奥、意两大军事集团的矛盾。1914年利用萨拉热窝事件挑起第一次世界大战。1918年德国十一月革命爆发后，被迫于11月9日宣布退位，次日逃亡荷兰的多恩。

威廉明娜 Wilhelmina（1880－08－31～1962－11－28）荷兰女王（1890～1948年在位）。生于海牙，卒于海牙。于其父威廉三世1890年11月23日去世后继位，由其母埃玛公主摄政至1898年。政治态度倾向保守。尊重君主立宪制和议会制。第一次世界大战期间，积极主张保持中立和恢复世界和平。战后同意保守党实现普选权和社会改革，促使社会安定、工业和外贸发展。法西斯德国入侵荷兰后，在伦敦领导荷兰流亡政府。1948年9月4日让位给女儿朱丽安娜。

威廉姆斯姐妹 Williams sisters 美国网球运动员。姐姐维娜斯称大威廉姆斯（1980－06－17～ ），生于加利福尼亚州伍德；妹妹塞蕾娜称小威廉姆斯（1981－09－26～ ），生于密歇根州萨吉诺。二人均身高1.86米，右手握拍。姐妹俩配对参加双打比赛。大

威廉姆斯姐妹〔维娜斯（左），塞蕾娜（右）〕

威廉姆斯在2000和2001年美国网球公开赛与温布尔登网球公开赛上夺冠，并和妹妹塞蕾娜联手获温网女子双打冠军。2000年第27届奥林匹克运动会网球比赛夺得女子单打冠军，又和妹妹一起夺得女子双打冠军。威廉姆斯姐妹在2008年第29届奥运会上又获得女双冠军。妹妹小威廉姆斯后来成绩超过姐姐，在姐妹俩的12次交锋中，妹妹获得过7次胜利。在1999年的美国网球公开赛上，小威廉姆斯夺得她职业生涯的第一顶大满贯桂冠，不仅创造了种子选手排名最低夺冠的纪录，也是此赛事历史上第2个夺冠的黑人运动员。她还在2002年的美国、法国和温布尔登网球公开赛上夺冠。2003年在澳大利亚网球公开赛击败姐姐夺冠后，成为历史上第5位连续夺得4项大满贯赛事的运动员。有网坛“黑珍珠”之称的威廉姆斯姐妹，在当今世界女子网坛占有举足轻重的地位。她们的速度和力量改变了世界女子网坛的格局。

威廉·配第 William Petty（1623－05－26～1687－12－16）英国经济学家、统计学家。古典政治经济学创始人。生于英国汉普郡拉姆西，卒于伦敦。14岁开始独立谋生，当过水手、家庭教师、海军士兵、医生。1649年获牛津大学医学博士学位。1651年任英国驻爱尔兰军总司令的随从医生。后任爱尔兰土地分配总监。1658年选为英国议会议员。1662年选为英国皇家学会会员。晚年拥有10.9万公顷土地，并经营铁厂、渔场和木材场等企业。

配第代表新兴产业资本的利益，著书立说，为统治者出谋划策。在研究赋税时探讨了经济学的一些基本范畴。寻找不断变动的市场价格背后的基础，提出了“自然价格”，认为如果一个人生产一蒲式耳小麦所用劳动时间和从秘鲁银矿中生产一盎司白银并运来伦敦所需劳动时间相等，后者便是前者的自然价格。这样配第成为近代最先提出劳动决定价值原理的人。他

还指出价值量与劳动时间成正比，与劳动生产率成反比。但未能把价值、交换价值、价格等区分开来。在劳动价值论基础上，他考察了工资、地租、利息等，并实际上把地租看作剩余价值的基本形态，主张赋税要以地租及其派生收入为征收对象。他的论述并未形成完整体系，但在许多方面提出了开创性的见解。把分析从流通领域转向了生产领域，最终摆脱了**重商主义**的影响，奠定了英国古典政治经济学的基础。著有《赋税论》、《政治算术》、《献给英明人士》、《货币略论》等。

威廉斯 Williams, Raymond Henry (1921-08-31～1988-01-26) 英国文学批评家、文化理论家、社会活动家。生于威尔士，卒于剑桥。曾就读于剑桥大学三一学院。1961～1983年一直在剑桥大学任教。威廉斯强调文学作品的社会和政治语境，主张文化的大众化。最重要的贡献是他的跨学科文化研究，阐发的一些关键性概念至今仍在发生广泛的影响，如“情感的结构”、“可知的共性”、“霸权”和“文化唯物主义”等。发表专著和文章共计600多种，其中影响较大的有《文化和社会》(1958)、《唯物主义和文化中的问题》(1980)等。这些著作的核心思想是文化唯物主义，从理论上阐述文化是一个生产过程，是一种构成的表意系统，它们的机制和实践可以从文化人类学的意义上界定为整个生活方式。

威廉斯 Williams, Tennessee (1911-03-26～1983-02-25) 美国剧作家、诗人、小说家。生于哥伦布，卒于纽约。原名托马斯·拉尼尔·威廉斯。1938年毕业于艾奥瓦大学。曾任电影编剧。后成为专业剧作者。他的成名作是《**玻璃动物园**》(1945)，曾在百老汇连续演出531场，从此奠定了他在戏剧界的地位。《欲望号街车》(1947)是威廉斯第二部成功的作品。剧本表现女主人公布兰奇不择手段想依赖强者求得生存，结果反被强者欺凌。他的第三部重要的作品《热铁皮屋顶上的猫》(1955)中的女主人公玛吉是威廉斯笔下常见的南方妇女的典型，通过争夺遗产，表现了南方上流社会中的虚伪和欺骗。还有《夏天与烟雾》(1948)等20余部多幕剧和不少独幕剧。

威廉斯 Williams, William Carlos (1883-09-17～1963-03-04) 美国诗人。生于拉瑟福德，卒于拉瑟福德。1906年大学毕业取得医学学位，并行医至退休。业余从事创作。

威廉斯在诗歌形式方面进行了实验，发展了自由诗体，擅长以明晰细致的比喻把平凡的题材写得有声有色。他坚持“美国本色”，力求用美国本土语言写作。他的主要作品有长篇叙事诗《佩特森》(1946～1958)，它以新泽西州一小城的历史和社会生活为背景，反映美国的文化和现代人的风貌，是当代美国哲理诗的代表作品之一。还有小说三部曲《白骡》(1937)、《钱财之中》(1940)和《立业》(1952)，剧本《爱情的梦》(1948)等作品。其自传于1951年问世。

威廉斯塔德 Willemstad 荷属安的列斯首府，商业和工业中心，自由港。位于**库拉索岛**南岸，圣安娜湾将城市一分为二。人口约4.99万(2005)。始建于1634年。有大型石油提炼厂，提炼从委内瑞拉和哥伦比亚进口的原油。港口斯考特加特坐落在市内，港湾水深，港口设施优良，能停泊巨型海轮。主要输出石油产品。旅游中心。市内多荷兰风格建筑，有阿姆斯特丹城堡、库拉索博物馆以及建于1769年的西半球最古老的荷兰归正会教堂。另外还有奴隶市场遗址。市郊有国际机场。

威灵顿 Wellington, Arthur Wellesley, Duke of (1769-05-01～1852-09-14) 英国军事家、政治家、首相。生于爱尔兰都柏林，卒于肯特郡华尔官邸。毕业于法国昂热军事学校。1787年入英军服役。1794～1795年参加对法战争。1796～1805年在印度率英军进行了征服印度王公部队的战争。1808～1813年在比利牛斯半岛指挥英、西、葡联军同拿破仑一世军队作战，抗击并打败了数量占优势的法军。1814年法国波旁王朝复辟后，任英国驻巴黎大使。1815年指挥英荷联军对法作战，在滑铁卢会战中抗击了法军优势兵力的进攻，最后在普军的配合下击败拿破仑一世，进军巴黎，统率盟国的驻法占领军。战后，多次参加反法联盟各国重新瓜分势力范围的会议。1828年后，历任首相、外交大臣和不管部大臣，并长期任陆军总司令。曾反对“改革法案”，镇压1848年宪章运动。对于建设具有较高战斗力的英国陆军作过一定贡献。

威洛比 Willoughby, William Franklin (1867-07-20～1960-05-06) 美国经济学家、行政学家。生于弗吉尼亚州亚历山德里亚，卒于弗吉尼亚州纽波特纽斯。1912～1917年在普林斯顿大学任政治学与法学教授，1916～1932年任政体研究所所长，1927年以研究所为核心设立布鲁金斯学院并担任院长。主要著作有《各邦的预算制度改革运动》(1918)、《现代国家之政府》(1919)、《公共行政学原理》(1927)。20世纪20～30年代，美国学术界热衷于对行政、立法、司法等权力及其相互关系的讨论。威洛比从立法与行政的关系出发，主张国会按照宪法赋有行政权，国会按其意愿再将行政权授予总统或其他官员，这同实行总统制的美国普遍认为总统按照宪法赋有行政权的观点不同。他着重研究行政中有规范意义的原理、原则，对以后的行政学研究有重大影响。他对政府财政也进行了深入的研究，特别是预算、会计、物资采购、贮藏等问题，扩大了传统行政学的范围。他的《公共行政学原理》一书成为当时行政学的主要教科书。

威尼斯 Venice; Venezia 意大利东北部港口城市，世界著名水城和旅游中心，威尼托区首府，威尼斯省省会。地处亚得里亚海威尼斯湾西北岸、波河河口外海滨地带。面积7.6平方千米。人口约27.05万(2010)。

城市建于距大陆4千米的新月形潟湖中的118个冲积小岛上，由约170条水道和400座桥梁将诸岛连成一体，并有公路和铁路桥与大陆相连。市域以河为街，以舟代车。因地表缺乏淡水资源，长期抽取地下水，造成陆地下沉。现虽从大陆供应淡水，但陆地下沉仍为城市一大隐患。遇浪高潮大之日，易发生海水倒灌。气候冬温、夏热。

5世纪始建。9～10世纪为意大利北部商业中心之一。10世纪末发展为显赫于地中海区的城邦国家，威尼斯商人活跃于地中海和中东地区，把东方的丝绸、香料、珠宝等贵重商品经此转运西欧各地。14～15世纪早期意大利文艺复兴运动，促进了城市经济的繁荣，并兴建了教堂和宫殿。当时城市人口约20万，几乎独占东地中海的贸易，成为地中海地区最繁荣的贸易中心之一。后因**奥斯曼帝国**崛起，切断了地中海东、西贸易的通道，并随着世界新航路的开辟，欧洲商业中心逐渐移至大西洋沿岸，遂使威尼斯的商业活动趋向衰落。但自18世纪以来，旅游业日益兴旺，并成

圣马可广场上的钟楼

为威尼斯经济的核心。1866年并入意大利王国。

著名的旅游城市。以瑰丽的中世纪建筑艺术和“水都”独特风貌驰名于世。城内多豪宅和宫殿。市中心有圣马可广场，内有圣马可教堂，广场上还有总督府、钟楼等建筑物。紧挨钟楼有圣马可图书馆。每年12月至次年3月都有一系列的音乐、戏剧、艺术展览、宗教庆典与城市节日活动。年接待游客数百万人次，旅游业已成为城市经济的主要支柱。1987年作为文化遗产被列入《世界遗产名录》。

意大利**亚得里亚海**北部的主要港口和商业城市。城西的马尔盖拉是重要的油港和客运港。输入以石油、棉花等为主，输出以船舶、石化产品与纺织品为多。工业主要有化学、石化、机械、冶金、纺织和造船等。多传统手工艺工场，以生产玻璃吹制品、家具和花边饰物闻名。威尼斯与主要城市之间有公路和铁路相通。城西北有国际机场。

威尼斯电影节 Venice Film Festival 世界上第一个国际电影节。号称“国际电影节之父”。1932年8月6日在意大利名城威尼斯创办。1934年举办第二届后，每年8月底至9月初举行，为期两周。1943～1945年因第二次世界大战一度停办。大战结束后于1946年恢复举行。电影节的主要活动项目有：①对正式参加比赛的影片进行评奖；②举行会外观摩演出；③举办回顾展；④召开各种专题讨论会；⑤开设国际电影市场。电影节的主要奖项有“圣马克金狮奖”、“圣马克银狮奖”、“圣马克铜狮奖”、评委会特别奖等。分别授予最佳影片、导演、编剧、男女演员、音乐、摄影等。

威尼斯共和国 Venice, Republic of 意大利北部城市共和国。位于亚得里亚海北岸。始建于687年，1797年为拿破仑·波拿巴（见**拿破仑一世**）所灭。统治中心在威尼斯。

威尼斯原为一渔村，由于其地理位置优越，便于从事东西方中转贸易。687年产生第一任总督，建立共和国。建国初期隶属于**拜占廷帝国**。10世纪末获独立，成为富庶的商业国。**十字军东征**期间，威尼斯巩固了在东方和爱琴海沿岸的地位，并乘机吞并拜占廷的大片领土。1298～1382年，同**热那亚共和国**连续进行4次海战，击败这一贸易竞争对手，成为地中海和黑海地区的强国，进入全盛时期。15世纪末，随新航路的开辟，欧洲商业中心从地中海转向大西洋沿岸，威尼斯遭到惨重打击。16世纪初，威尼斯被西班牙、法国、**神圣罗马帝国**同教皇所结成的同盟击败，领土日蹙。1797年法国同奥地利争夺意大利的战争（见**意大利战争**），给威尼斯最后的致命一击。1866年并入意大利王国。

全盛时期的威尼斯是意大利**文艺复兴**的中心之一。建筑、雕刻与绘画均达很高水平。威尼斯画派注重色彩和光线，题材丰富，生活气息浓厚。这些都奠定了威尼斯文艺复兴鼎盛期的艺术基础。

威尼斯画派 Venice school 意大利文艺复兴美术流派。兴起于15世纪后期，繁荣于16世纪。画派较早采用从尼德兰传来的油画技法，在运用色彩方面胜过**佛罗伦萨画派**，对欧洲17～18世纪绘画有深远影响。其奠基人是G.贝利尼。他在接受曼泰尼亚影响钻研古典风格的基础上，又从南意画家A.达梅西纳学油画技法，用色精妙。到16世纪初，贝利尼不仅产生了一系列有威尼斯特色的佳作，而且培养了一代新人，其中最著名的是**乔尔乔涅**、**提香**。16世纪后期，佛罗伦萨和意大利其他地区的文艺复兴美术渐趋沉寂，威尼斯画派却继续保持繁荣，产生了**丁托列托**和P.韦罗内塞两

提香作《维纳斯与美少年》(1553，普拉多博物馆藏)

位大师。威尼斯画派的偏重色彩和注意感觉效果的特点对日后具有浪漫主义倾向的艺术家有重要的启发意义。

《威尼斯商人》 *The Merchant of Venice* 英国剧作家W.**莎士比亚**“快乐喜剧”的代表作。写于1596～1597年。写贫困绅士巴萨尼奥欲去贝尔蒙特向鲍西娅求婚，因缺钱而求助于好友安东尼奥。安东尼奥因货船尚在海上也无现钱，乃向犹太商人夏洛克借贷，夏洛克要安东尼奥立下如到期无法还贷须割一磅肉抵债的契约。巴萨尼奥如愿以偿与鲍西娅结合。但此时安东尼奥借期已到货船却沉没海上，夏洛克在法庭上欲借机割取安东尼奥一磅肉。鲍西娅闻讯后女扮男装，扮成法官到庭审理，夏洛克受到惩罚。莎士比亚在剧中热情讴歌真诚的友谊与爱情，巧妙地将两条情节线组成有机的整体，充分显示了他的人文主义精

《威尼斯商人》剧照

神及高超的刻画人物、安排情节的艺术技巧。夏洛克的艺术形象更是塑造得真实、丰满，具有超出剧本范围的悲剧色彩和生命力。

威宁彝族回族苗族自治县 Weining Yi-Hui-Miao Autonomous County 中国贵州省毕节地区辖自治县。位于省境西北隅，与云南省交界。面积6 296平方千米。人口126万（2010），有彝、回、汉、苗、白、布依等19个民族。清康熙四年（1665）改乌撒军民府为威宁府，后改为威宁州。1914年改威宁州为县。1954年撤销威宁县，设立威宁彝族回族苗族自治县。属山地暖温带湿润性季风型气候。年平均气温10.5℃。平均年降水量950毫米。矿产资源以煤、水泥用石灰岩、石膏、铜、铁、铅、锌、钒、汞和硫铁矿等为主。农业主产玉米、水稻、小麦、马铃薯、芸豆和烤烟、蔬菜、水果等。威宁火腿久负盛名。工业以煤炭－采矿、冶炼、烟叶加工、建材、毛制品等地方工业为主。风景名胜有凤山寺、草海等。

威士忌 whisky 以谷物（包括麦芽）为原料，经糖化、发酵、蒸馏、储存、调配而成的酒精度为40%～44%（体积分数）的蒸馏酒。以苏格兰威士忌最著名。12世纪，爱尔兰已开始制作威士忌酒。但直到15世纪以前，所用原料配方及生产工艺均为僧侣专有，秘不外传。1494年苏格兰文献《财政簿册》第一次记载蒸馏威士忌的事情。威士忌酒的饮用方法灵活多样，除可直接

饮用外，还可用汽水、冰或其他饮料冲淡，也可加切碎的柠檬片等果品作为饮料（欧美及日本等地盛行的饮用方法）。优质威士忌酒加水稀释后，香型不变，澄清透明。威士忌酒的类型和牌号很多，因产地和制造方法而异，主要有苏格兰威士忌、爱尔兰威士忌、美国威士忌、加拿大威士忌、日本威士忌、中国威士忌六种。

威斯康星州 Wisconsin State 美国中央东北区一州。北濒苏必利尔湖，东临密歇根湖，西接明尼苏达州和艾奥瓦州，南连伊利诺伊州，东北界密歇根州。面积169 639平方千米，其中陆地面积140 673平方千米。人口562.8万（2008），其中白人占88.9%，黑人占5.7%。州府麦迪逊。最大城市密尔沃基。

北部属丘陵和低山组成的苏必利尔高地，地质古老，蒂姆斯山海拔595米，为全州最高点；南部为起伏和缓的平原，约占全州面积的2/3。州内大部分地区曾受第四纪冰川覆盖，冰碛和冰水沉积深厚，湖泊众多，如温纳贝戈湖等。密西西比河上游流经西部州界，州内主要河流均为其支流，如威斯康星河、圣克罗伊河、奇珀瓦河、布莱克河等。温带大陆性湿润气候。自北向南1月平均气温－12～－6℃，7月19～22℃，年降水量700～800毫米。森林覆盖率46%，主要分布在北部。

早期居民是印第安人。1634年法国探险家到此。后法国传教士、毛皮商相继抵达，控制该地。18世纪中叶英、法争夺，1763年被英国占有。1783年根据美、英《巴黎条约》划归美国。独立战争后，美国先后将其划入印第安纳领地、伊利诺伊领地和密歇根领地。1836年威斯康星成为单独领地。1848年加入联邦，成为美国第30州。

农业收入的3/4来自畜牧业，乳牛头数居各州之首，是美国牛奶、干酪、黄油等乳制品的主要生产州。也饲养肉牛、猪和蛋禽。种植业以饲料作物为主，包括干草、玉米、大豆、燕麦等，产量居各州前列；其他重要作物有甜菜、酸果蔓、豌豆、马铃薯、薄荷以及水果、蔬菜等。首要工业部门是机械制造，包括内燃机、建筑机械、农业机械、加热和制冷设备、计算机等；其次是食品加工，以及纸浆和造纸、电子设备、金属制品、木材加工等。工业主要分布在州东南部，密尔沃基是全州最大工业中心，美国著名的啤酒之都。公路、铁路网稠密，空运发达；五大湖和密西西比河提供重要货运通道，沿湖港口众多，如格林贝、密尔沃基、苏必利尔等港。该州以湖光山色、垂钓狩猎和荡舟滑雪吸引游客，旅游业现为州经济第三大产业。有威斯康星大学、马凯特大学、劳伦斯大学等高等院校。1982年10月与中国黑龙江省建立友好州省关系。

威斯敏斯特教堂 Westminster Abbey 英国国教会教堂。又译西敏寺。位于伦敦。约于616年修建，原为隐修院，后曾多次增建扩修。教堂总长156米，宽22米，钟楼高68.5米。建筑风格为哥特式。14～16世纪曾为英国国会会址，历代君王的加冕、婚葬仪式也在此举行。也是英国名人的圣殿，英国历史上著名的科学家、政治家、将领和诗人等的安葬处。

《威斯特伐利亚和约》 *Peace of Westphalia* 结束三十年战争的和约。1648年10月24日在德意志威斯特伐利亚地区的明斯特市签订。和约包括《奥斯纳布吕克和约》和《明斯特和约》两部分。因奥斯纳布吕克和明斯特两个城市都在威斯特伐利亚境内，故两和约统称《威斯特伐利亚和约》。

威斯汀豪斯 Westinghouse, George（1846－10－06～1914－03－12） 美国发明家、电工企业家。在美国推广交流输电的主要倡导者。生于森特勒尔布里奇，卒于纽约。21岁时即获第一项专利。稍后，发明能使出轨货车复轨的装置。1869年获得火车的空气制动器专利，并创办威斯汀豪斯空气制动器公司。在推广空气制动器过程中，他注意部件生产中标准化的好处，即不同线路上的列车设备能互换，从而成为现代工业生产中推行标准化的首批企业家。1885年，威斯汀豪斯进口一套L.戈拉尔和J.W.吉布斯的变压器和E.W.von西门子的交流发电机，在匹兹堡建立交流电网。1886年，他创办了西屋电气公司并购买了N.特斯拉的交流电动机专利，在美国推广交流电机发电与交流输电。威斯汀豪斯在与T.A.爱迪生激烈竞争后，以交流发电机赢得了开发尼亚加拉水电站的权利。他的公司营业一直兴盛，直到1907年因资金危机失去对公司的控制权。

威妥玛式拼音 Wade-Giles Spelling System 从清末到1958年《汉语拼音方案》公布前，国际上最流行的中文拼音方案。又称"威妥玛－翟理斯式拼音"。

威妥玛，英国人。从1841年起在英国驻华使馆任职，1871年升为英国驻华公使。1883年回国。1888年起在剑桥大学任教授，教汉语，直至1895年逝世。

威妥玛在华任职期间，为了外国人（主要是使用英语的人）便于学习和掌握汉语、汉字，先后写成《寻津录》(1859)和《语言自迩集》(1867)。在这两部著作中，威妥玛采用他根据北京读书音制订的拉丁字母拼音方案给汉字注音。这个方案以后被普遍用来拼写中国的人名、地名等。

威妥玛式拼音比他的前辈如马礼逊等人的拼音方案前进了一步。它的最大缺点是没有充分考虑汉语的语音特点，拘泥于国际习惯，沿袭了前人使用送气符号来表示声母p‘、t‘、k‘、ch‘、ts‘的办法。在实际应用中，送气符号常常被省略，因而造成很大的混乱。

翟理斯也是英国驻华外交人员，著有《语学举隅》(1873)、《字学举隅》(1874)和《华英字典》(1892年上海初版，1912年伦敦再版)。在这些书中翟理斯采用威妥玛式拼音给汉字注音。《华英字典》后来成为当时邮电部门拼写中国地名的主要依据。如Tsingtao（青岛）、Amoy（厦门）等，被称为邮政式拼音。

威妥玛式拼音方案如下：

声母

p[p]	p‘[p‘]	m[m]	f[f]
t[t]	t‘[t‘]	n[n]	l[l]
k[k]	k‘[k‘]	ng[ŋ]	h[x]
ch(i)[tɕ]	ch‘(i)[tɕ‘]	hs[ɕ]	
ch[tʂ]	ch‘[tʂ‘]	sh[ʂ]	j[ʐ]
ts, tz[ts]	ts‘, tz‘[ts‘]	s, ss[s]	

注：tz、tz‘、ss只限用在舌尖元音[ɿ]前面。

韵母

a[a]	êrh[ə‘]	in[in]	uang[uaŋ]
o[ɔ]	ih[ʅ]	iang[iaŋ]	ung[uŋ]
ê[ə]	ŭ[ɿ]	ing[iŋ]	
ai[ai]			ü[y]
ei[ei]	i[i]	u[u]	üeh[yɛ]
ao[au]	ia[ia]	ua[ua]	üo[yo]
ou[əu]	io[iɔ]	uo[uɔ]	üan[yɛn]
an[an]	ieh[iɛ]	uai[uai]	ün[yn]
ên[en]	iao[iau]	uei, ui[uei]	iung[yŋ]
ang[aŋ]	iu[iəu]	uan[uan]	
êng[əŋ]	iên[iɛn]	un[uen]	

声调　用阿拉伯数字1、2、3、4，分别表示阴平、阳平、上声、去声，标在音节的右上角。一般只在辞书里用。

拼写举例　（摘录《语言自迩集》言语例略）

na shui lai.

拿 水 来。

lao-yeh yao-ti shih liang shui, shi k‘ai shui？

老 爷 要 的 是 凉 水， 是 开 水？

yao liang shui hsi-tsao, yao wên shui hsi lien.

要 凉 水 洗 澡，要 温 水 洗 脸。

微波 microwave 波长从1米到0.1毫米（相应的频率从300兆赫到3 000吉赫）的电磁波。包括分米波、厘米波和毫米波等波段。当波长远小于物体的尺寸时，微波的特点和几何光学的相似。利用这个特点，在微波波段能制成高方向性的系统（如抛物面反射器）。当波长和物体的尺寸有相同量级时，微波的特点又与声波相近。在物理学方面，分子、原子与核系统所表现的许多共振现象都发生在微波的范围，因而微波为探索物质的基本特性提供了有效的研究手段。

标称波长频率范围表

波段代号	频率范围（GHz）	标称波长（cm）
L	1～2	22
S	2～4	10
C	4～8	5
X	8～12	3
Ku	12～18	2
K	18～27	1.25
Ka	27～40	0.8
U	40～60	0.6
V	60～80	0.4
W	80～100	0.3

在雷达、通信和常规的微波工程中习惯使用波段的字母代号。微波部分波段的字母代号及其对应的频率范围和标称波长如表所示。

微波波谱学 microwave spectroscopy 通过射频或微波电磁场与物质的共振相互作用，研究物质的性态、结构和运动的物理学分支学科。简称波谱学。研究对象可以是原子、分子及其凝聚态，也可以是中子、质子、电子、原子核和等离子体。实验观测既可在稳定状态，也可以在动态甚至在短暂的瞬态进行。波谱频率范围在10^9～10^{11}赫兹。

20世纪30年代以前，原子物理学的光谱学实验主要在可见光波段进行，以测量波长为主，测量光谱的精细结构和超精细结构的准确度不高，测量分子光谱的准确度也不高。第二次世界大战以后，电子学和微波技术有了很大进展，微波波谱学以测量频率为主，利用振荡器、磁控管、调速管等产生单频微波，通过平行金属线、同轴线或波导管透过含有被分析物质的共振腔，探测物质在随时间缓慢变化的电场或磁场下所造成的辐射衰减响应。利用微波波谱方法，准确测定了一些原子的超精细结构、兰姆移位，电子和μ子的反常磁矩，分子键长等。

微波波谱学的发展，导致微波量子放大的出现、激光的问世、原子钟的发明和频率基准的建立，开辟了量子电子学这一新兴科学。频率的准确测量导致物理常数准确度大幅度提高。

微波电子管 microwave tube 工作在微波波段的真空电子器件。简称微波管。电磁波谱中的微波波段通常指频率在300兆赫到3 000吉赫，对应波长在1米～0.1毫米之间的电磁波。在第二次世界大战期间微波雷达出现后，微波管得到大量应用。20世纪50年代以后，它的应用已迅速扩展到微波中继通信、卫星通信、电视广播、导航、能量传输、工业和民用加热、科学研究等方面。微波电子管主要包括3类原理上不同的器件：①静电控制微波电子管。如在静电控制电子管基础上发展出来的微波三极管与四极管，由于受到电子惯性等限制，早期的静电控制电子管不能工作到米波波长。②普通微波管。20世纪30～40年代出现的利用电子速度-密度调制的渡越时间微波管，将工作波长推进到厘米波。如磁控管、速调管、行波管、正交场放大管。③新原理微波管。由于普通微波管受到电子空间电荷拒斥力等限制，工作波长不能达到毫米波的短波端，所以60～70年代又出现回旋管等新原理微波管。此外，微波管还包括微波气体放电开关管。微波电子管已成为真空电子器件的一个重要组成部分。但进入60～70年代以后，由于同半导体微波器件的激烈竞争，低频率、小功率微波电子管的生产数量逐年下降，但在大功率、高频率和宽频带方面，微波电子管还优于半导体器件。

微波二极管 microwave diode 工作在微波频段的二极管。属于固体微波器件。19世纪末发现了点接触二极管效应后，相继出现了PIN二极管、变容二极管、肖特基二极管、隧道二极管、耿氏二极管等微波二极管。微波二极管的基片材料由锗、硅发展到砷化镓，工作频率不断提高，最高频率已达300吉赫。微波二极管具有体积小和可靠性高等优点，用于微波振荡、放大、变频、开关、移相和调制等方面。

微波光学 microwave optics 微波与光学相互渗透、密切结合的边缘学科。微波和光波都属于电磁波，可用麦克斯韦方程组描述，因而存在着明显的共性：在自由空间均为以光速c（≈3×10^8米/秒）传播；在不同介质的分界面上都会发生反射、折射、散射、干涉等现象。微波的波长比光波要大几个数量级，衍射效应一般不能忽略；一般光源是非相干的多色源，不容易进行频率调谐和放大，微波则是相干的单色源，可采用超外差接收方案，灵敏度比光检测器高很多；一般光源是非偏振辐射，而微波通常辐射线偏振或圆偏振波。微波几何光学用射线法来分析微波在介质中的传播特性，并用几何光学原理来设计天线。微波物理光学用于研究建筑物对天线辐射特性的影响，飞行目标对微波的散射截面的估算，雨滴对微波的散射和吸收等方面。

微波化学 microwave chemistry 利用微波技术研究物质在微波场作用下的物理和化学行为的化学分支学科。微波可以直接与化学体系发生作用从而促进各类化学反应的进行，微波对凝聚态物质的化学作用主要属于这一类；而微波对气体物质的作用，则一般是在微波的诱导下，气体先转变成等离子体，进而可发生各种化学作用，这也是所谓的微波等离子体化学。它是广义微波化学所涵盖的内容。

微波已广泛地应用于无机化学、有机化学、物理化学、分析化学、高分子化学、环境化学等各领域。将微波用于有机化学合成，可以使反应速率比传统加热方法快几倍至几千倍，且具有操作方便、产率高、产品易纯化等特点。微波在化学中应用最广泛的领域是分析化学，除微波吸收光谱分析、等离子体原子光谱分析外，还可用于溶样、萃取、脱附、干燥、分离富集、显色反应及形态分析等。此外，微波在无机合成、高分子聚合以及炼油、冶金等领域的应用也在不断地开拓。

微波集成电路 microwave integrated circuit; MIC 工作在微波频率范围内的集成电路。分为混合微波集成电路和单片微波集成电路。前者是用厚膜技术或薄膜技术将各种微波功能电路制作在适合传输微波信号的介质（如高氧化铝瓷、蓝宝石、石英等）上，再将分立有源元件安装在相应位置上，特点是根据微波整机的要求和微波波段的划分进行设计和制造，所用集成电路多是专用的。单片微波集成电路则是将微波功能电路用半导体工艺制作在砷化镓或其他半导体芯片上。这种电路的设计主要围绕微波信号的产生、放大、控制和信息处理等功能进行，大部分电路都是根据不同整机的要求和微波频段的特点设计的，专用性很强。

微波集成接收机 microwave integrated receiver 工作在微波频率范围内，采用混合集成工艺或单片集成工艺，把天线收到的带有干扰的信号进行处理，并送入电子系统终端的设备。主要作用是低噪声放大、变频、滤波、中频放大和解调等。主要性能指标有工作频率、通频带、选择性、噪声系数、三阶交截点、二阶交截点、本振频率稳定度、最大增益、自动增益控制范围和耗散功率等。种类有雷达接收机、云图接收机、卫星接收机和数字微波接收机等。

微波炉 microwave oven 利用微波辐射烹饪食物的厨房电器。

结构和工作原理 微波炉主要由壳体、整流装置、磁控管、波导、加热室等组成（见图）。经电源变压器升压到10千伏

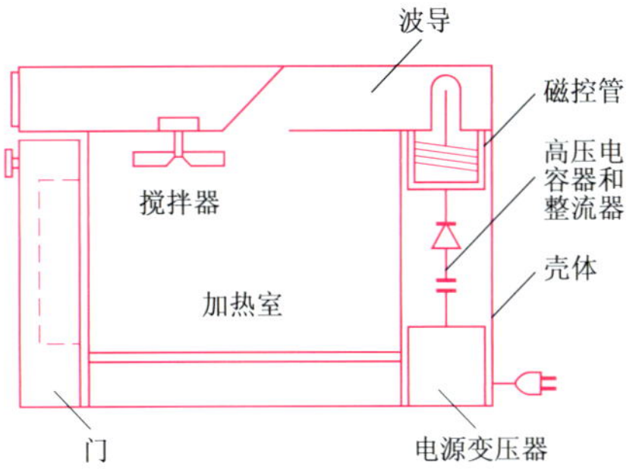

微波炉结构示意

左右的高压交流电，通过高压电容器和整流器整流、滤波，变为直流电，加给磁控管。在磁控管内，电能转换为2 450兆赫或915兆赫的微波能。微波能经波导传输到加热室。安装在加热室顶部的微波搅拌器缓慢转动，使微波在加热室内均匀分布。加热室用金属板制作，微波在加热室内来回反射，不断被食物吸收，加热食物。炉门设有特殊的密封结构，保证微波的泄漏不会超过允许值。炉门开启时，门上的联锁机构会使微波辐射立即停止。

微波炉里盛食物的容器不得使用金属容器，否则会损坏磁控管。通常采用陶瓷、玻璃、热固性塑料的容器。

安全要求　微波对人体过量照射会产生有害影响。2 450兆赫微波的主要危害是能使眼睛的水晶体和睾丸组织显著升温，严重时可能造成失明和丧失生殖能力。美国规定，离正在使用的微波炉炉门5厘米处，每平方厘米面积上的微波辐射量不得超过5毫瓦。

微波网络　microwave network　各类电子系统中用于检测、传输、处理信息或能量的微波电路。按网络外接的传输线端口数可分为一端口、二端口、多端口的微波网络；按电路元件性质可分为有源和无源、线性和非线性、可逆和非可逆的微波网络等。无源微波网络中属于二端口网络的有微波滤波器、模式变换器、极化变换器、隔离器等，属于三端口网络的有功率分配器等，属于四端口网络的有微波混合接头、定向耦合器等。用于微波多路通信的多工器属于多端口网络。有源微波网络如微波晶体管放大器、微波混频器、参量放大器等。任何微波网络的特性都可以用某一组网络参量表示。描述各端口电压与电流之间关系的网络参量有阻抗参量或导纳参量，描述各端口入射波和反射波幅度关系的网络参量为散射参量，均可用矩阵形式表示并可互相转换。

微波网络理论主要研究微波电路的分析和综合设计方法。微波网络分析主要包括外特性分析、灵敏度分析、容差分析。网络综合是在给定网络输入端口的激励和输出端口的响应特性的条件下，设计网络结构并确定其中各元件的参量。

微波物理学　microwave physics　研究微波与物质的相互作用的学科。主要包括微波经典物理学和微波量子物理学。微波经典物理学研究微波在介质和波导系统中的传播，以及和带电粒子的相互作用等宏观现象，如微波热效应、微波散射、衍射和干涉等。理论依据是麦克斯韦方程组、材料的固有电磁性质和具体的边界条件。微波量子物理学研究微波和材料中的电子（自由电子、束缚电子、自旋电子和超导电子）、原子核和分子的相互作用，涉及微观的量子效应。研究量子力学原理在较低的波动频率范围内的应用。主要包括：微波波谱学，研究结果导致了微波激射器和激光器的发明，形成了微波量子电子学；微波磁学，研究微波和固体材料中自旋电子的相互作用，是微波铁氧体物理学的基础；微波等离子体物理学，可利用微波测定等离子体的性质，也可利用等离子体振荡制成微波器件；微波超导技术，研究微波和超导电子的相互作用及其应用的技术；微波声学，研究频率为1～10^4吉赫范围内的声波的产生、检测和传播特性，以及与各种微观结构的相互作用及其应用；微波半导体物理学，研究微波与半导体材料中自由电子的相互作用。

微波谐振腔　microwave resonator　用于微波波段的谐振电路。是一个封闭金属腔体，电磁场被限制在腔体内，可由各种形式的传输线来实现。微波谐振腔的主要参数有谐振频率、品质因素等。谐振频率ω取决于腔体结构尺寸和工作模式。品质因素Q直接决定了频率选择性、带宽和阻尼因子等性能参数。

微波振荡源　microwave oscillator　产生微波正弦信号的装置。根据产生振荡的器件类型，分为微波管振荡源和微波固态振荡源两大类。微波管振荡源由微波真空管组成，具有输出功率大、振荡频率高、频谱纯、耐高低温和抗核辐射能力强等优点，但是结构复杂、体积大、工作电压高，应用受到限制。微波固态振荡源体积小、重量轻、结构简单、寿命长，工作电压仅为几伏至几十伏，而且便于集成化，但输出功率小，已经达到的最高振荡频率低于微波管振荡源的频率。用于产生微波振荡的半导体二极管主要有隧道二极管、电子转移器件和雪崩渡越时间二极管 。隧道二极管振荡器输出功率小，可靠性差，很少采用。正在开发新的隧道二极管，如TUNNETT，工作频率高达315吉赫、输出功率大于1毫瓦。电子转移器件振荡器又称体效应振荡器或耿氏振荡器，工作频率高于100吉赫，与倍频器结合可给出500吉赫以下的信号。雪崩渡越时间二极管振荡器210吉赫的输出功率可达250毫瓦，转换效率为1.8%，与倍频电路结合可给出太赫信号，调频调幅噪声较大。微波晶体管振荡器是反馈型振荡器，异质结双极晶体管HBT的振荡频率可高达146吉赫；高电子迁移率晶体管HEMT的振荡频率高达200吉赫以上，HBT的调频噪声要比HEMT低几倍到一个量级。

微电极　microelectrode　通常是指直径小于100微米的电极。它的制作材料有碳纤维、玻璃、石墨、铂、金、铱、银、铜、钨、超导材料、导电高分子膜等，其形状有盘状、圆柱状、半圆柱状、带状和微环形等。微电极与常规电极相比有许多显著的特点：①极化电流甚小，一般为纳安（10^{-9}安）级，有时低达皮安（10^{-12}安）级。②电极系统的iR降很小，可以用较稀的支持电解质或不用支持电解质，也可以只使用两电极系统进行电化学测量。③充电电流小。④信噪比高于普通电极。⑤传质速率随电极减小而增加。⑥价格相对低。微电极虽有许多优点，但因电流太小，测量较困难，于是出现多种组合微电极。

微电极因使用材料及电极大小不同，制造方法也不同，有加热融封、胶封、真空热融封、电沉积、光刻和压制等。微型化离子选择性电极，可用于直接观察体液甚至细胞内某些重要离子的活度变化；玻璃毛细管（尖端内径在百万分之一米以下）电极，在微操纵仪控制下，可安置在细胞表面附近或插入细胞内以观察单个细胞的电活动。

微分　differential　函数改变量的线性主要部分。微积分的基本概念之一。

设函数$y=f(x)$在一个固定点x_0附近有定义。假定有一个常数A使得，当Δx很小时有：

$$f(x_0+\Delta x)-f(x_0)=A\Delta x+\alpha\Delta x$$

式中α当$\Delta x\to 0$时是无穷小量，这时称函数f在x_0可微，并把$A\Delta x$称为函数f在x_0处的微分，记作df。因为上式中$A\Delta x$是Δx的线性函数，且$\alpha\Delta x$是比Δx更高阶的无穷小量，故微分被认为是函数改变量的线性主要部分（见图）。

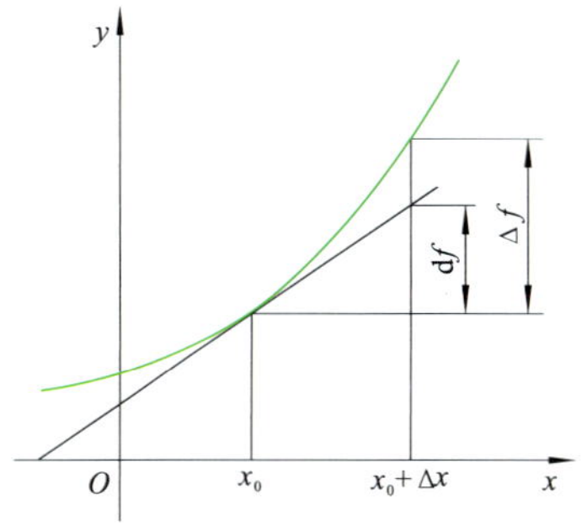

函数在x_0点的微分

对一元函数而言，函数在一点x_0可微的充要条件是它在该点有**导数**，并且函数在x_0点的微分就是它在该点的导数乘以Δx，也即$\mathrm{d}f=f'(x_0)\Delta x$。

当Δx很小时，函数在一点附近的值$f(x_0+\Delta x)$可以用函数在该点的值及其微分近似表示：

$$f(x_0+\Delta x)\approx f(x_0)+f'(x_0)\Delta x$$

用这个近似公式算得的近似函数值的近似程度依赖于Δx的大小，一般说来其误差是比Δx更高阶的无穷小量。

多元函数的微分与上述定义相类似。设$u=f(x,y)$是在(a,b)附近有定义的二元函数，若存在两个常数A与B，使得下式对充分小的Δx与Δy成立：

$$f(a+\Delta x,b+\Delta y)-f(a,b)=A\Delta x+B\Delta y+\alpha\cdot\rho$$

式中$\rho=(\Delta x^2+\Delta y^2)^{1/2}$。这里$\alpha\to 0(\rho\to 0)$，这时称$f$在$(a,b)$点可微，并把$A\Delta x+B\Delta y$称为$f$在$(a,b)$点的全微分，记为$\mathrm{d}f$。

当f在(a,b)点附近有连续的偏导数f_x与f_y时，函数在该点可微且有公式：

$$\mathrm{d}f=f_x(a,b)\Delta x+f_y(a,b)\Delta y$$

微分方程 differential equation **常微分方程**与**偏微分方程**的总称。微分方程研究是数学中的一个重要分支学科，在自然科学与工程技术中有广泛的应用背景。

微分几何学 differential geometry 以**微积分**为主要研究工具的**几何学**。

微分几何起源于17世纪发明微积分的时候。函数和函数的导数在直观上就是曲线和曲线切线的斜率，函数的积分可解释为曲线下方图形的面积。经典的微分几何是研究三维欧氏空间中**曲线**和**曲面**的弯曲性质，以及确定它们的形状的（微分）不变量系统。首先作出贡献的是瑞士数学家L.**欧拉**。1736年，欧拉引进弧长参数作为曲线上的点的内在坐标，将曲线的切方向与一个固定方向夹角相对于弧长的变化率定义为曲线的**曲率**。在曲面论方面，他引进法曲率、主曲率、总曲率（高斯曲率），给出了法曲率的欧拉公式，和约翰第一·伯努利及丹尼尔第一·伯努利一起把测地线描述为某微分方程的解。法国数学家G.**蒙日**及其学派对曲面论也有很多贡献，在1807年出版了关于曲线、曲面论的第一部独立著作《分析学在几何中的应用》。在1847年弗雷内给出了曲线论基本公式——弗雷内公式。现在的曲面论第一基本形式和第二基本形式的记号是C.F.**高斯**在1827年的论文《关于曲面的一般研究》中提出的。高斯的这篇论文是划时代的作品，在其中他建立了曲面的两个基本形式必须满足的一个关系式，即现在所称的高斯方程。根据这个方程得知，曲面的两个主曲率的乘积（现称高斯曲率）只依赖曲面的第一基本形式，从而建立了曲面的内蕴微分几何，即在已知第一基本形式的情况下去研究曲面本身的弯曲性质，以及曲面内曲线的长度、夹角、所围面积和测地线等。

最重要的发展是B.**黎曼**在1854年的就职演说《关于几何学的基本假设》。在这篇演说中，他首先提出了n维流形（n重广延量）的概念，把n个实数$(x^1,x^2,\cdots,x^n)$看作空间中的点；在这种空间中没有直线的概念，但是在无限邻近的两点(x^i)与$(x^i+\mathrm{d}x^i)$ $(i=1,2,\cdots,n)$之间定义了距离的平方是：

$$\mathrm{d}s^2=\sum_{i,j=1}^{n}g_{ij}(x)\mathrm{d}x^i\mathrm{d}x^j \qquad (*)$$

以此作为几何学的出发点。后来称(*)为黎曼度量，这里(g_{ij})是正定对称阵。黎曼认识到，这种度量是加到流形上的一种结构，不是流形本身所固有的，而造成欧氏几何和非欧几何的差别的根源也就是这种度量的不同。黎曼给出的度量的公式是：

$$\mathrm{d}s^2=\frac{\sum(\mathrm{d}x^i)^2}{\left[1+\frac{K}{4}\sum(x^i)^2\right]^2}$$

这里K是常数，当$K=0$时对应的几何是欧氏几何，$K<0$时是双曲几何，$K>0$时是椭圆几何。黎曼几何的一个基本问题是等价问题，即两个二次微分形式：

$$\mathrm{d}s^2=\sum_{i,j=1}^{n}g_{ij}\mathrm{d}x^i\mathrm{d}x^j$$

$$\mathrm{d}\tilde{s}^2=\sum_{i,j=1}^{n}\tilde{g}_{ij}\mathrm{d}\tilde{x}^i\mathrm{d}\tilde{x}^j$$

在什么条件下存在坐标变换：

$$x^{\sim i}=x^{\sim i}(x^1,\cdots,x^n)\qquad(i=1,2,\cdots,n)$$

将一个微分形式变到另一个微分形式。此问题在1869年由E.B.克里斯托费尔和R.李普希茨解决。在解决此问题时，克里斯托费尔引进了以他的名字命名的记号，即第一类克里斯托费尔记号$[jk,l]$和第二类克里斯托费尔记号$\begin{bmatrix} i \\ jk \end{bmatrix}$：

$$\begin{bmatrix} i \\ jk \end{bmatrix}=g^{il}[jk,l]=g^{il}\frac{1}{2}\left(\frac{\partial g_{lj}}{\partial x^k}+\frac{\partial g_{lk}}{\partial x^j}-\frac{\partial g_{jk}}{\partial x^l}\right)$$

以及协变微分的概念。在此基础上，G.里奇在1887～1896年发展了张量分析方法；他的学生T.列维-齐维塔发现了曲面上向量场沿曲线的平行移动。1901年里奇和列维-齐维塔的研究报告《绝对微分法》问世，这套理论在**广义相对论**中起到基本的作用。

1872年F.**克莱因**的就职演说提出后人所称的埃朗根纲领，把几何学定义为研究空间在某变换群作用下的不变量和不变性质的理论。这个指导原则推动了微分几何的发展，导致了射影微分几何学、仿射微分几何学和共形微分几何学的建立。但是，在一般的黎曼空间中，等距变换群是平凡的，因此难以纳入埃朗根纲领。后来，经过W.K.J.基灵和É.**嘉当**的努力，使得李群成为微分几何的有力工具，并且李群本身也成为微分几何的研究对象。由此发展出来的齐性黎曼流形和黎曼对称空间成为黎曼流形的重要例子和特别的课题。1916年，A.**爱因斯坦**提出广义相对论，黎曼几何及有关的算法（里奇的绝对微分法）成为广义相对论的有效的数学工具；此外，爱因斯坦还提出和式约定，简化了黎曼几何的符号系统。这样，黎曼几何很快成为数学研究的中心课题，黎曼流形成为弯曲空间的最主要模型。到现在为止，**黎曼几何学**仍然是现代微分几何学的主要组成部分。

H.**外尔**在1918年的名著《时间，空间，物质》中引进了仿射联络的概念，这是列维-齐维塔平行移动的推广，是在流形上比黎曼度量更基本的结构。经过嘉当、C.埃雷斯曼、J.-L.柯歇尔等人的努力，现在已经形成关于联络的完整理论，成为现代微分几何的重要组成部分。

从20世纪20年代以后，大范围微分几何，特别是大范围黎曼几何及大范围分析逐渐成为研究的重点，其中**陈省身**的“高斯-博内定理的内在证明”(1942)是大范围黎曼几何发展史上的里程碑，从此之后纤维丛、主纤维丛等概念占有显著的地位。黎曼流形的曲率和流形本身的拓扑结构的联系和互相制约成为十分重要的课题。

微分几何的研究和发展离不开微分方程，G.达布的《曲面论》一书就有丰富的古典微分方程的内容；嘉当和凯勒所发展的外微分方程理论为解析范围内的局部微分几何问题提供了一般的有效的方法。大范围微分几何更离不开现代分析工具。在线性理论中，一个突出的成果是阿蒂亚-辛格的指标定理。黎曼流形上的拉普拉斯算子的特征值研究也是一个重要方面。微分几何所遇到的偏微分方程大多是非线性的，在这方面，以**丘成桐**为代表，20世纪70年代的数学家开始系统地发展了**偏微分方程**理论在解决几何问题中的应用，已形成解决调和映射、极小子流形、共形度量、凯勒度量等存在性问题的几何分析的研究方向。微分几何学已经发展成为门类众多，与数学、物理的许多分支相互渗透的学科，并且成为研究拓扑学、复流形、非线性分析、函数论、数学物理的重要工具。

微分流形 differentiable manifold 一类拓扑空间。除具有通常的拓扑结构外，还添上了微分结构。**微分几何学**的研究是建立在微分流形上的。三维欧氏空间$\mathbf{R}^3$中的曲面是二维的微分流形，但微分流形的概念远比这广泛得多，非但维数不限于二维，而且流形也不必作为n维欧氏空间$\mathbf{R}^n$中的曲面来定义。此外，一般微分流形也不一定有距离的概念。

微观经济学 microeconomics 经济学中与**宏观经济学**相对应的一个组成部分。以市场经济中单个经济单位的经济行为为研究对象，分析单个生产者（或厂商）如何以有限的资源从事生产，耗费最低的生产成本，并获取最大限度的利润；单个消费者（或家庭）如何把有限的收入用于消费，从而获取最大限度的满足。由于把单个生产者和消费者的行为作为分析研究对象，考察与这些行为有关的经济范畴及其数量变化，又称为个量经济学或个体经济学。

现代微观经济分析从19世纪边际效用学派开始，20世纪20年代前，英国经济学家A.马歇尔作出了较为全面系统的论述，奠定了现代微观经济学理论的基础。30年代，不完全竞争理论和无差异曲线分析的出现又使微观经济学逐步成为比较完善的体系。

微观经济学的主要组成部分有均衡价格理论、消费和生产的优选行为理论、市场理论、分配理论。①均衡价格理论。分析市场中供给和需求如何决定商品的价格和销售数量。均衡价格指商品的需求价格和供给价格互相一致，即达于均衡时的价格。均衡价格理论综合了生产费用论、边际效用论和供求论，是西方经济学的价值理论。② 消费优选行为理论。即消费者均衡理论。以资源稀缺和消费者收入有限为前提，用无差异曲线与预算线相切之点说明消费者行为的最优境界。③生产优选行为理论。即生产者均衡理论。以边际收益（每增加一单位产品所增加的收益）等于边际成本（每增加一单位产品所增加的成本）作为生产者耗费最低成本获取最大利润的原则，分析生产的成本和收益，决定生产的最佳规模。④ 市场理论。即厂商均衡理论。分析完全竞争、垄断竞争、寡头垄断和完全垄断等市场模型，研究厂商在不同市场上关于商品价格和产量的决定，说明不同市场在资源配置上的不同效率。⑤分配理论。亦即要素价格理论。把劳动、资本、自然资源（土地等）和企业家才能看作基本生产要素，用均衡价格等分析方法研究各要素价格，即工资、利息、地租、利润的决定，说明收入在不同要素所有者（工人、资本家、地主、企业家）间的分配。

微观经济学以均衡价格为理论核心，力求说明完全竞争是最理想的境界，资本主义分配是合理的。

微积分 calculus 研究函数的微分、积分以及两者之间关系的数学分支。它是近代数学的基础，并在力学、物理学、化学、天文学及其他自然科学以及工程技术中有广泛应用。

简史 微积分的产生是科学史上的一个重大事件。它是I.牛顿与G.W.莱布尼茨在17世纪后半叶彼此独立创立的。尽管如此，应当说微积分也是历史和社会发展的产物。16世纪欧洲文艺复兴后，由于航海、机械制造、天文观测以及军事等方面的需要，数学从过去只研究常量而拓展到研究变量。这是数学发展上的历史转折。在这一过程中，R.笛卡尔引进了坐标的概念，为描述空间质点的位置及其变化提供了重要途径。后来又有许多人，如B.卡瓦列里、P.de费马、G.P.de罗贝瓦尔、E.托里拆利和I.巴罗等人都对变量的研究作出了贡献。在他们的一些著作中包含着微积分某些初步的思想。牛顿与莱布尼茨正是在这些人的工作基础上系统地创立了微积分的理论。

微积分的创立对当时的数学与自然科学的发展产生了巨大影响。过去人们不会计算的曲线所围的面积，或弯曲曲面所围的体积，而微积分对此提供了一般方法。此外，有了微积分之后，在相当一般的条件下，人们能处理各种极值问题。微积分广泛地为力学和物理学提供了语言和工具，如力学中的瞬时速度、加速度以及一个变动的力所做的功等，从此有了准确的描述和计算方法。特别值得提出的是，牛顿利用微积分的理论，在开普勒三大定律的基础上导出了万有引力定律。

牛顿与莱布尼茨时代的微积分是建立在无穷小概念的基础上的。但他们关于无穷小的概念明显地存在着混乱。无穷小到底是个什么，牛顿和莱布尼茨都没有给出合理的解释。在当时微积分的推演过程中，无穷小有时被看成是零，而有时又被看成不是零。

19世纪A.-L.柯西与K.外尔斯特拉斯等人建立了极限的严格理论，并把无穷小量解释为极限为零的变量，消除了微积分和级数理论中逻辑上的混乱，并且为整个分析学的进一步发展奠定了基础。

研究对象与内容 微积分研究的基本对象是函数。所谓函数，粗略地说就是因变量与自变量之间的一种确定的依赖关系。

在微积分的研究中，极限是一个基本工具。假若当自变量x无限接近某个值a时，相应的函数值$y=f(x)$与某个数A无限接近，则说，当自变量x趋于a时，该函数$y=f(x)$的极限为A；或者说，当x趋于a时，$f(x)$趋于A。记作：

$$\lim_{x\to a}f(x)=A \quad 或 \quad f(x)\to A(x\to a)$$

研究函数的因变量与自变量的变化比率导致了函数导数的概念。设$y=f(x)$在一点a的附近有定义。考虑自变量x的在点a一个改变量$\Delta x=x-a$。与其相应的因变量y的改变量是$\Delta y=f(a+\Delta x)-f(a)$。若当$\Delta x$趋于零时，因变量的改变量与自变量的改变量之比$\Delta y/\Delta x$的极限存在，则称该极限为函数$y=f(x)$在点$a$的导数，或微商，记为$f'(a)$。

函数的导数有明显的物理意义与几何意义：当$s=s(t)$是路程函数时，也即t代表时间，而$s(t)$代表运动物体从开始到时刻t时所走过的路程，那么函数的导数$s'(t)$则是运动物体在时刻t时的瞬时速度。当$y=f(x)$是一条曲线的方程式时，那么函数在一点a的导数$f'(a)$则是该曲线在点$(a,f(a))$处的切线的斜率。

一个函数$y=f(x)$的导数所对应的函数$f'(x)$称为f的导函数。常见函数有很简单的计算公式。比如：

$$(\sin x)'=\cos x$$

$$(\cos x)'=-\sin x$$

$$(a^x)'=a^x\ln a$$

导数可以用来研究函数的性质。如果一个函数的导函数总是正的，那么它的函数值随自变量增大而增大；如果导函数总是负的，那么其函数值随自变量增大而减小。一个处处有导数的函数在一点达到极大或极小时，则函数在该点的导数为零。因此，微分学为研究极值问题提供了一般方法。

微分学中的另一个基本概念是微分的概念。设函数$y=f(x)$在一个固定点a附近有定义。假定有一个常数A，使得当Δx很小时有：

$$f(a+\Delta x)-f(a)=A\Delta x+\alpha\Delta x$$

式中$\alpha\to 0(\Delta x\to 0)$，则称函数$f$在$a$可微，并把$A\Delta x$称作函数$f$在$a$处的微分，记作d$f$。

这样，一个函数的在一点处的微分，实际上就是因变量在该点的改变量Δy的主要部分，其次要部分是一个较高阶的无穷小量；而这个主要部分是自变量改变量Δx的线性函数。

对一元函数而言，函数在一点a可微的充要条件是它在该点有导数，并且函数在a点的微分就是它在该点的导数乘以Δx，也即$\mathrm{d}f=f'(a)\Delta x$。当$\Delta x$很小时，函数在一点附近的值$f(a+\Delta x)$可以用函数在该点的值及其微分近似表示：

$$f(a+\Delta x)\approx f(a)+f'(a)\Delta x$$

这样，在知道了函数及其导数在一点的值之后，便可以计算函数在该点附近的近似值。

如果说微分学是研究函数的局部性态，那么积分学则相反：它是研究函数的某种整体性质。比如，已知速度函数，求在一定的时间间隔内所走过的路程。又比如，已知一条闭曲线的方程，求它所围的面积。

积分概念的萌芽思想可以追溯得很早。3世纪中国古代的数学家刘徽的割圆术以及其后的祖冲之关于圆周率的计算，都包含了积分的萌芽思想。

积分有两种：定积分和不定积分。

设$y=f(x)$是一个给定的函数。若函数$F(x)$的导函数$F'(x)$等于$f(x)$，则称F是f的一个原函数。f的一个原函数F加上一个任意常数C，就是f的不定积分，记作$\int f(x)\,\mathrm{d}x$。比如：

$$\int\cos x\,\mathrm{d}x=\sin x+C$$

$$\int(1+x^2)\,\mathrm{d}x=x+x^3/3+C$$
$$\int e^x\mathrm{d}x=e^x+C$$

显然，求一个给定函数的原函数或不定积分恰好是微分运算的逆运算。

函数的定积分的定义略微复杂。在微积分创立初期，定积分并没有严格定义，而是笼统地认为定积分是无限个无穷小量的和。后来B.黎曼给出了严格定义。黎曼定积分的定义如下：设$y=f(x)$是在区间$[a,b]$上定义的一个函数。对区间$[a,b]$插入若干分点$\{x_i\}$，其中：

$$a=x_0<x_1<\cdots<x_{n-1}<x_n=b$$

在第i个区间$[x_i,x_{i+1}]$中任意取一点ξ_i并考虑和式：

$$\sum_{i=1}^{n}f(\xi_i)\Delta x_i\quad(\Delta x_i=x_i-x_{i-1})$$

当分点无限加密时（严格地讲，也即分割小区间长度Δx_i的最大者趋于零时）该和式有极限，则称函数f在$[a,b]$上（黎曼）可积，并称上述极限为f在$[a,b]$上的（黎曼）积分，记为$\int_a^b f(x)\,\mathrm{d}x$。

当f在$[a,b]$上连续且$f(x)>0$时，定积分$\int_a^b f(x)\,\mathrm{d}x$恰好是曲线$y=f(x)$与直线$x=a,x=b,y=0$所围的面积。事实上，上述的和式是用小矩形的面积去替代对应的小的曲边梯形的面积的结果。因此，上述和式是所求面积的一个近似值；一般说来，分点$\{x_i\}$越密，这个近似值越接近所求面积的精确值。通过取极限而最终达到面积的精确值。

定积分的概念有广泛的应用。很多物理和几何的问题可划归为一个定积分的问题，如求变动的力所做的功，求一条光滑曲线的长度或者非均匀密度的物体的质量等。

牛顿与莱布尼茨的重大贡献在于他们指出了定积分与原函数间的联系：若F在(a,b)上是f的一个原函数，并且$y=f(x)$在$[a,b]$上连续，则有公式：

$$\int_a^b f(x)\,\mathrm{d}x=F(b)-F(a)$$

这个公式称为牛顿－莱布尼茨公式。这个定理也称为微积分基本定理。有了这个公式，求定积分的问题就转化成求原函数的问题，使得可对相当广泛的函数计算定积分。

以上主要讨论了一元函数的微积分，称为一元微积分。

一个因变量若由多个自变量决定，则其对应关系称作多元函数。关于多元函数的微积分称为**多元微积分**。

多元函数的微积分要比一元函数的情形复杂些。与一元函数导数对应的是多元函数的**偏导数**，而与定积分对应的则有多元函数的多种积分：重积分、曲线积分和曲面积分。牛顿－莱布尼茨公式在多元函数情形的推广则是格林公式和斯托克斯公式等。

多元微积分在力学和物理学中有广泛的应用，许多力学与物理现象和规律要用多元微积分和偏微分方程描述。

微积分的进一步发展 在牛顿与莱布尼茨创立了微积分之后，微分学和积分学的研究不断深化，并在力学与物理学广泛应用中发展起了**级数**理论、**积分方程**、**微分方程**和**变分法**的理论，到了18世纪逐步形成一个大的数学分支——分析学，其中应该特别提到的是L.**欧拉**和J.-L.**拉格朗日**的重要贡献。在19世纪，柯西等人的极限理论使微积分的理论基础得到完善，同时微积分和级数的理论，被柯西、黎曼和外尔斯特拉斯推广和应用到复变量函数上，形成了完整的解析函数论。在20世纪初，H.L.**勒贝格**提出一种新的积分（见**勒贝格积分**），其定义不同于上述的黎曼积分的定义。它使得更广泛的函数有积分存在，并在数学理论上具有很多更好的性质。新的积分为**泛函分析**的发展奠定了基础。后来又出现了比经典导数更为广泛的广义导数的概念，使微分方程理论得以进一步发展。值得注意的是，这些推广不单是数学理论上的需要，而且也是物理学或其他研究的需要。20世纪下半叶，以微积分为基础的分析学与其他数学分支相互交叉形成许多新的研究领域。

微量元素 trace element

微量元素 trace element 人体必需的、数量级以微克计的痕量营养元素。如铁、硒、锌、铜、碘、锰、钼、钴、铬、硅、氟、镍、锡、钒等。微量元素的生理作用浓度与中毒剂量间距很小，应充分注意。不同食品中微量元素的含量变化很大，这主要取决于食品原料的遗传特性，农业生产的土壤、水分或动物饲料等。食品加工时微量元素的变化随食品中其化学组成、分布以及食品加工方式的不同而异，可能损失，也可能由于加工用水及所用设备等增加。

重要的微量元素有五种：①铁。体内含量最多的微量元素。成人体内含铁约4～5克，主要存在于血红蛋白中。②锌。人体中含量仅次于铁的微量元素。成人含锌约1.4～2.3克。所有人体组织中均含有痕量锌，主要集中于肝脏、皮肤（头皮）中。③碘。成人体内含碘约20～50毫克，其中约20%存在于甲状腺中。④硒。成人体内含硒约14～21毫克，多分布于指甲、头发中。⑤铬。六价铬有毒，须将其转变成三价铬后方能利用。

微山湖鸟瞰

微山湖 Weishan Lake 浅水大型淡水湖。位于中国山东省微山县南部。南北长126千米，东西宽5～25千米，平均水深1.5米，湖面面积600余平方千米。微山湖与南阳湖、独山湖、昭阳湖合称**南四湖**。元代以前是古泗水流经的一片平原洼地，后经泥沙淤塞逐渐形成河迹洼地湖。属淮河流域泗河水系，入湖河流47条。20世纪50年代以前沿湖地区多涝灾。50年代后进行整治，建有韩庄、伊家河、蔺家坝等水利枢纽工程。富水产资源。微山湖中心有微山岛，岛上有微子墓、张良墓。曾是抗日战争时铁道游击队的根据地。

微生物 microorganism; microbe 肉眼不能明确识别的微小生物的总称。微生物的直径一般为0.1微米左右，是单细胞的生命形态，或由没有明显形态或功能分化的多细胞组成。微生物包括除高等动植物以外的所有微小生物：没有细胞结构的病毒，单细胞的古菌、**细菌**和单细胞藻类，丝状真菌、**酵母菌**、**黏菌**和原生动物等。

微生物和动植物明显不同的生命特征主要有：①体积微小。②生长和繁殖速度极快。③适应性极强。④微生物主要以单细胞形态存在并以无性繁殖为主要生殖方式，所以易取得突变体和纯系。

地球上除了火山的中心区域等少数地方外，从土壤圈、水圈、大气圈至岩石圈，到处都可找到微生物的踪迹。从个体数量上说，微生物占有地球生物圈中的90%以上，以重量而言，它们占有地球上全部生物总重量的60%。

微生物既是最早在地球上出现的生命，又是当前地球生态系统中三个生物要素之一的分解者。微生物通过分解动、植物的残体或腐殖质获得能量和营养来合成自身，同时将有机物分解成可供植物利用的无机化合物。微生物推动自然界的物质循环，没有微生物，地球生态系统就不能形成，整个生命世界将不复存在。

在人类发展过程中，微生物为人类带来了巨大的福利，广泛应用于食品、医学、农业领域及环境治理等方面。同时，某些微生物也会对农业、畜牧业以及人类健康产生危害。

微生物学 microbiology 研究各类微小生物生命活动规律和生物学特性的科学。具体研究内容包括：**微生物**的形态特征、分类和生态、生物化学特性、遗传变异、育种以及微生物与人、动物、植物之间的关系。微生物的发展经历了三个阶段：生理学阶段、生物化学阶段和分子生物学阶段。

由于研究对象和任务不同，微生物学有许多分支学科。按研究微生物的基本问题来区分，有普通微生物学、微生物分类学、微生物生理学、微生物生态学及微生物遗传学等；按研究的生物对象来划分，则有**病毒学**、**细菌学**和**真菌学**等；按微生物的生活环境分，可分为土壤微生物学、海洋微生物学等；按微生物的应用分，则有工业微生物学、农业微生物学、医学微生物学、兽医微生物学、食品微生物学、药用微生物学和石油微生物学、环境微生物学等。由于微生物学各分支学科的彼此配合以及生物化学、生物物理学、分子生物学的渗透，使微生物学在基础理论研究和实际应用方面，都有了迅速的发展。

微声枪 silenced gun 发射时声响微小的枪械。又称无声枪。主要用于隐蔽射击，执行特殊任务。具有微声、微光、微烟等特点，适合对近距离的有生目标射击。

枪械发射时的主要噪声源为：弹头飞出枪口瞬间，火药气体冲击大气形成的枪口噪声；弹头飞行中与空气摩擦产生的声，尤其是超声速飞行时的激波声。一般消减噪声的方法包括：使用初速较低的亚声速弹，以减小弹头飞行中的噪声；采用消声器，使火药气体在出枪口前先在消声器内多次膨胀，消耗其能量，减弱对大气的冲击，从而将枪口噪声降低到常人听起来不像是射击声响。消声器与枪械的连接方式有固定式和外接式两种。外接式消声器可以从枪口卸下来，便于携带，但对射击精度有一定影响。

微声枪常见的有微声手枪和微声冲锋枪（见图）。微声手枪有效射程约30米，微声冲锋枪有效射程约200米。20世纪80年代后，出现了高精度的微声狙击步枪和微声突击步枪。

中国1964年式7.62毫米微声冲锋枪

微特电机 small and special electric machine 功率在数百瓦以下，用途、性能和环境条件要求特殊的**电机**。大致分为12大类：①直流电动机。多为永磁式。按结构又分为有刷和无刷两类。②交流电动机。包括同步机和异步机两类。同步机中有磁阻电动机、磁滞电动机、永磁同步电动机及同步感应电动机。异步机中有伺服电动机、力矩电动机、三相异步电动机、单相异步电动机、罩极异步电动机等。③自整角机。按结构分有刷与无刷两类；按运行特点分为控制式、力矩式和差动式。④步进电动机。包括反应式、永磁式和混合式。⑤旋转变压器。分单极式与多极式两类。⑥轴角编码器。分为电机式、机械式、光电式和磁性式。⑦交直流两用电动机。⑧测速发电机。有直流和交流两种。⑨感应同步器。有旋转式与直线式两种。⑩直线电机。有交流、直流和步进三种电动机和感应同步器。⑪电机机组。有电动机发电机、电动机编码器、电动机变速器、电动机离合器等。⑫其他特种电机。包括变流机与扩大机、数模与模数变换器、压电陶瓷电动机、静电电机、霍耳电机及光电电机等。

微体古生物学 micropaleontology 研究微体化石的**古生物学**的分支学科。专门研究肉眼无法准确辨认，必须借助于显微镜进行观察的微小生物化石。

微体化石的个体大小通常以微米度量，一般在数微米至数毫米之间，少数“巨型”微体化石可达几个厘米；但有一类极其微小的微体化石被称为超微化石，它们的大小只有几微米至十几微米，需要特殊的偏光显微镜或电子显微镜才能进行观察研究。

微体化石所涉及的生物门类非常广泛，既包括单细胞的**原核生物**、原生生物和多细胞的微小动植物，又包括一些宏观动植物的器官或身体组成部分；此外，许多微体化石来自于已灭绝的分类地位不明的生物。常见的微体古生物化石类群有：有孔虫、介形虫（其中，高肌介又称“古介形虫”、“金臂虫”，已灭绝）、**放射虫**、牙形石（已灭绝）、几丁石（又称“胞石”，已灭绝）、丁丁虫、苔藓虫、层孔虫、海绵骨针、翼足类、硅藻、硅鞭藻、钙藻、沟鞭藻、颗石藻、蓝菌（又称**蓝藻**）、**疑源类**等。微体化石所代表的微体古生物的生态环境非常广泛，可代表远洋深海、大陆架盆地、礁、浅海、滨海、潮间带、湖泊盆地、河流环境等各种生态系统。

微体化石的壳体可由不同的矿物或其他化学物质构成，它们的成分主要有如下几种：①钙质微体化石。②硅质微体化石。③磷质微体化石。④有机质壁微体化石。此外，有些微体化石的成分并不是单一的，而是由多种矿物构成的。

微体古生物学的研究内容主要包括：①形态分类研究。即利用不同的显微技术对微体化石进行观察描述，并进行古生物分类学研究。②古环境研究。根据微体古生物组合、形态特征、壳体化学成分等数据，恢复古环境、古生态、古气候面貌。③生物地层学研究。根据微体化石类群在地层记录中的演变，在地层中建立微体化石生物带，进而划分、确定地层的地质时代。④进化研究。根据微体古生物在地质历史中的变化，讨论生物界的进化规律。⑤应用研究。在能源勘探和开发中，利用微体化石推断石油等能源及矿产资源的形成背景与潜力、源岩的地层位置等。

微型计算机 microcomputer 以微处理器作为**中央处理器**（CPU），动态随机存取存储器芯片作为**主存储器**，硬、软盘作为外存储器，相应的外围接口电路和输入输出设备构成的计算机系统。简称微型机或微机。微型计算机价格便宜、体积小、功耗低和易于使用，故又称电脑或个人计算机。微型计算机的核心部件是微处理器，它的基本组成是运算部件、寄存器组、控制部件以及互连总线。如果微型计算机中的主要部件（CPU、主存储器和相应接口等）只用一块印刷电路板构成时，称为单板机。将单板机上所有电路集成到一个芯片上时，称为单片计算机，简称单片机。单板机和单片机所使用的外围接口电路和外围部件的种类一般都较少且较简单，因此它们的功能和性能都逊色于通常的微型计算机。

微循环 microcirculation 血液循环系统中微动脉和微静脉之间的血液循环，是营养物质、水、气体、激素和代谢废物等物质在血液和组织之间进行交换的场所。微循环在结构上主要由小动脉、微动脉、毛细血管前括约肌、毛细血管、微静脉、小静脉以及动静脉短路等组成。

微循环的血流通路 直捷通路 血流经微动脉、后微动脉、通血毛细血管到微

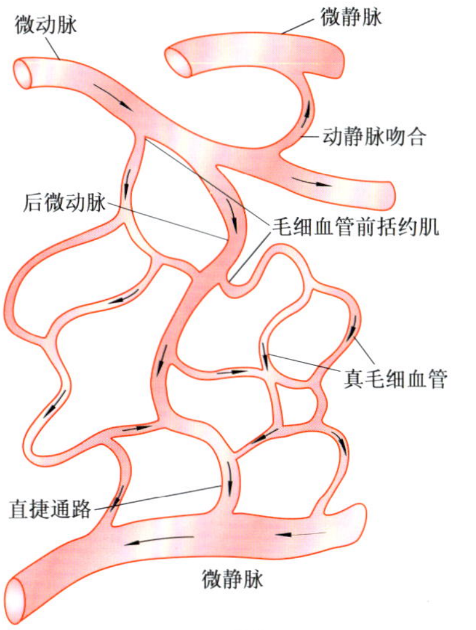

微循环模式图

静脉的途径，在骨骼肌的微循环中多见。直捷通路中血流速度较快，没有足够的时间进行物质交换。该途径总是通畅的，甚至在安静时也是如此。

真毛细血管网　由后微动脉横向分出的许多毛细血管（与后微动脉相垂直）相互连通成的网状结构。是广泛分布于组织细胞间隙的血流通路。该通路受毛细血管前括约肌的控制，只有当后者舒张时真毛细血管网通路才会开放，收缩时则无血液通过。

动静脉短路　血流从微动脉直接经过动静脉吻合支通路到微静脉的更短的微循环通路，该通路血流速度最快，大量分布于体表皮肤以及胃和肠系膜。在动静脉短路的血管壁上存在有主要受神经系统支配的平滑肌，可调节进入该途径的血流量。当许多动静脉短路开放时，部分动脉血不经过毛细血管网直接流入静脉，可快速增加器官的血流量。高温环境下，皮肤血管的动静脉短路在神经纤维的支配下开放，使皮肤血流量增加，有利于散热；低温时该通路关闭，皮肤血流量减少，有助于保持体温平衡。

微循环的功能　微循环对生物体具有物质交换、调节血管阻力、调节体温三大生理功能。

物质交换　微循环的第一个功能是通过毛细血管网进行血液、组织液和细胞之间的物质交换。通过血液运输物质，仅仅是心血管系统功能的一部分。一旦血液到达机体各组织的毛细血管，物质交换就会发生在血浆和组织细胞之间。物质交换之后，组织获得了细胞代谢所需要的氧气和营养物质，同时把细胞代谢所产生的废物运走，保证了机体内环境的稳定。

调节血管阻力　调节血管阻力以维持动脉血压稳定与保持组织有足够的血液灌注量以维持代谢平衡是微循环的第二个功能。

调节体温　微循环的第三个功能是在神经系统的支配下，通过动静脉短路的开放或关闭来调节体温的平衡。

微循环的调节　神经调节　小动脉和小静脉血管壁平滑肌上均有交感神经纤维的分布。交感神经兴奋时血管壁平滑肌收缩，使微循环系统中血管阻力加大，微循环内的血流量发生改变，从而使得血流在机体不同器官发生重新分配，移缓济急，以保证重要器官的血液供应。

体液调节　微循环功能调节的重要方式。微动脉血管壁平滑肌和毛细血管前括约肌还经常受体液因素的调节。全身性血管活性物质，如肾上腺素、去甲肾上腺素、血管紧张素等使之收缩，局部性血管活性物质，如乳酸、二氧化碳、组胺、缓激肽和核苷酸等使之舒张。

薇甘菊　*Mikania micrantha*; smallflower mikania　菊科假泽兰属的一种。原产中南美洲，现广泛传布至东南亚、南亚热带地区、南太平洋诸岛在澳大利亚亦见。中国于1984年在深圳发现，现已传至东莞、内伶仃岛、广州、番禺、南海等地。多年生草质藤本。茎细长，近圆柱形，绿色，匍匐或攀缘，分枝多，有短毛或近无毛。单叶对生，茎中部的叶三角状卵形或卵形，稍薄，长4～13厘米，宽2～9厘米，基出脉3～7，叶柄长2～8厘米，无托叶，上部叶渐小。头状花序多数，腋生和顶生，长4.5～6毫米，有小花4朵，两性，排成复伞房花序状，顶部头状花序先开放；花冠管状，白色，檐部钟状，5齿裂。瘦果黑色。花果期8月至次年2月。

薇甘菊为外来有害植物，因其繁殖力强，在深圳、东莞一带已普遍生于田野、路边和山坡。由于是藤本，既可覆盖草地灌丛之上，也能爬到小乔木树冠之上，使被它附生的植物受到严重损害。薇甘菊为喜光喜湿植物，应针对其习性采取防除措施。

韦伯　weber　国际单位制中表示磁通量的导出单位。简称韦。符号为Wb。是平方米千克每安二次方秒〔$m^2·kg/(A·s^2)$〕的专门名称。为纪念德国物理学家W.E.韦伯而命名。定义为单匝环路的磁通量，当它在1秒时间间隔内均匀地减小到零时，环路内产生1伏的电动势，即1韦=1伏·秒。这个单位于1895年由英国科学协会承认。1935年国际电工委员会通过以“韦伯”作为磁通量的实用制单位，1948年第9届国际计量大会采纳。1韦伯等于10^8麦克斯韦，麦克斯韦用于厘米克秒制中。

韦伯　Weber, Alfred (1868-07-30～1958-05-02)　德国文化-历史社会学家、国民经济学家。M.韦伯之弟。生于埃尔富特，卒于海德堡。曾就读于波恩大学、蒂宾根大学、柏林大学。1889年在柏林大学取得授课资格，1904年任布拉格大学教授，1907年任海德堡大学教授，1909～1910年主持文化社会学讲座。著有《宗教与文化》、《现代欧洲政治思想的危机》、《国家与文化社会学思想》、《作为文化社会学的文化史》、《悲剧与历史》、《告别欧洲的历史》、《历史与文化社会学原理》、《第3个或第3个人——历史存在的精义》等。他认为，其文化社会学思想是在对其兄关于中国文化研究的“错误”思想的批判中产生的。韦伯接受了哲学家F.尼采的系统思想，在此基础上把因果解释发展为对人类历史的“精义说明”。他认为，用他的文化社会学思想作出的判断，只能被那些处于同样价值体系中的人接受，这种判断仍是价值判断。这些思想集中体现在其代表作《国家与文化社会学思想》中。

韦伯　Weber, Carl Maria von (1786-11-18～1826-06-05)　德国作曲家、钢琴演奏家、指挥家。生于奥登堡的奥伊廷，卒于英国伦敦。1798年，在J.海顿之弟M.海顿门下学习作曲。

1798～1800年师从慕尼黑宫廷管风琴师卡尔希尔。14岁时，已经创作了不少作品。最早的几部歌剧有《森林少女》和风格接近歌唱剧的《彼得·施莫尔和他的邻居》。1803年在维也纳师从G.J.福格勒学习作曲。1804年在布雷斯劳任歌剧指挥。1807年在斯图加特任符腾堡公爵路德维希的秘书，主要是管理账目等事务工作。受当地乐队指挥之鼓励，为《图兰多》写配乐，并创作歌剧《西尔瓦纳》。以后再次向福格勒学习，并创作了喜歌剧《阿布·哈桑》和钢琴协奏曲、小提琴奏鸣曲。1811年到慕尼黑。1820年以前在欧洲许多国家旅行演奏和指挥演出。1813～1816年曾领导布拉格歌剧院工作。1817年，到德累斯顿任宫廷乐长。在德累斯顿的10年是韦伯创作的成熟时期。创作了钢琴曲《邀舞》和《钢琴小协奏曲》。他的创作高峰是1821年完成的歌剧《魔弹射手》(一译《自由射手》)，演出获得了很大的成功，被认为是具有浪漫主义特征的德国民族歌剧诞生的标志。受维也纳科恩斯纳托尔歌剧院委托，1823年他创作歌剧《欧丽安特》。在维也纳期间会见L.van贝多芬，两人一直有书信来往。此时韦伯患上后来使他致命的肺结核病。1826年应英国科文特加登皇家歌剧院的邀请，写了他最后的一部歌剧《奥伯龙》。

作为浪漫主义音乐的先驱，他创作中所表现出的浪漫主义气质，富于幻想性的特色，追求民族和民间情趣，以及作品中带有戏剧情节的构思和注重色彩变化的手法，都对浪漫主义音乐的发展产生了很大影响。他所开创的浪漫主义民族歌剧，不论从题材上和风格、手法上都具有重要意义。

除歌剧之外，韦伯还写了不少戏剧音乐、器乐和声乐作品，其中协奏曲在他的管弦乐作品中占有一定地位。韦伯的音乐会乐曲中单簧管协奏曲也写得富有浪漫气息。韦伯的很多钢琴作品是为他本人演奏而写的。其中，1819年写的降D大调华丽回旋曲《邀舞》就是一首著名的标题钢琴舞曲，《E大调华丽波兰舞曲》、《降E大调华丽回旋曲》都有辉煌的效果。

韦伯　Weber, Max (1864-04-21～1920-06-14)　德国社会学家、社会哲学家、历史学

家，社会行动理论的首倡者和理解的社会学的奠基人。又译韦贝尔。生于埃尔富特，卒于慕尼黑。早年在海德堡大学和柏林大学攻读法律，兼修中世纪史、经济理论和哲学课程。1889年获博士学位。任见习律师，后曾在弗赖堡大学、海德堡大学和慕尼黑大学任教。1903年与W.桑巴特等人共同发起并创办《社会科学和社会政策文库》杂志。1910年与F.滕尼斯、G.齐美尔等人联合发起成立德国社会学会，对社会学在德国的发展起到了重要的推动作用。1919年曾参与魏玛宪法制定工作。主要著作《宗教社会学论文集》(3卷，1920)、《政治论文集》(1921)、《经济与社会》(2卷，1921～1922)、《科学论文集》(1922)、《社会学和社会政策论文集》(1924)等。韦伯从经济、政治、法律、宗教、音乐等社会生活领域到社会科学方法论领域都有重要成果。

宗教社会学理论。在《新教伦理与资本主义精神》(1920)一书中提出并验证了一个著名的社会学假说，即任何一项事业的表象，都有一种无形的、支撑这一事业的时代精神力量；这种表现为社会精神气质的时代精神又与特定社会的文化背景有着某种内在的渊源关系；在一定条件下，这种精神力量决定着该项事业的成败。这一思想奠定了韦伯宗教社会学理论框架的基本格局，成为理解其整个文化和价值社会学体系的一条主线。他认为，近代资本主义的产生和发展是以表现在欧洲宗教改革后的新教徒伦理中的“资本主义精神”为支柱的，这种精神是西欧理性主义长期发展的结果。因此，近代资本主义的产生与新教伦理有一种内在的亲和关系。此后，他连续发表了《儒教和道教》(1915)、《印度教和佛教》(1916)、《古代犹太教》(1917)等宗教研究论文，后来一并收入《宗教社会学论文集》。他通过东西方几种不同宗教的比较研究，探讨了东西方文化的不同走向，分析了宗教信仰与经济行为的关系，论证了近代资本主义的经济合理性，以及资本主义为什么产生于近代西欧而不能产生于东方的原因。他的宗教社会学对比较文化研究具有重要的思想启发作用。

政治社会学理论。韦伯进一步把与新教伦理相联系的经济合理性思想引入对国家、法的研究，认为官僚制是现代资本主义经济合理性的高度体现，作为实施组织管理的严密的职能系统，它把整个社会变成一架非人格化的庞大机器，使一切社会行动都建立在功能效率关系上，以保障社会组织最大限度地获取经济效益。组织管理的官僚制体现了社会生活的理性化，这是现代社会不可避免的“命运”。一方面它使人们的行动逐渐淡化对价值、理想和意识形态的追求，专注功能效率；另一方面它无情地剥夺了人的个性自由，使现代社会深深卷入了以手段支配目的和取代目的的过程。这种形式的合理性和实质的非理性是现代资本主义的本质特点。其有关官僚制的论述对当代组织社会学和政治社会学产生了重要影响，也是法兰克福学派批判理论的思想来源。

方法论的个体主义。韦伯从意义、文化和价值上通过个人行动研究社会现象的“方法论的个体主义”，与A.孔德、É.涂尔干等人从整体上、事实上研究社会的实证主义形成鲜明对照。与19世纪社会学中占主导地位的实证主义、自然主义相对立。他认为，真正意义上的“社会学”除了应对社会现象作合乎规律的因果分析之外，还必须深入地探寻导致特定社会现象出现的个人行动动机，理解现象背后隐藏着的人的“意义”。他强调社会现象与自然现象的明显区别在于前者具有“意义”结构，为此他把社会学的对象规定为研究个体社会行动的“主观意义”，开创了与实证主义社会学相对立的“理解的”社会学传统。韦伯的社会科学方法论，表现出对决定论的拒斥，具有相对主义倾向。

韦伯 Weber, Wilhelm Eduard (1804-10-24～1891-06-23) 德国物理学家。生于维滕贝格，卒于格丁根。1826年获哈雷大学博士学位。1831年任格丁根大学物理学教授，

与C.F.高斯共事并成为挚友。1837年因抗议汉诺威公国废除1833年的自由宪法，被解除教授职务。1843年任莱比锡大学物理学教授。1848年的革命使韦伯重新回到格丁根大学。由于在科学上的卓越贡献，曾接受德国、法国和英国的多种荣誉奖。1935年国际电工委员会通过以韦伯作为磁通量的实用制单位，1948年又得到国际计量大会的承认。

韦伯在物理学上的成就是多方面的，在入哈雷大学学习之前，已与其兄合作研究液体表面波的一些现象；他的博士论文及其后的研究是声学领域；主要贡献在电学和磁学方面。1833年，与C.F.高斯合作研制了用电池作动力的世界上第一台有线电报机。1834年高斯和韦伯组织格丁根磁学联合会，创建地磁观测网，使韦伯后来发展了多种灵敏的磁强计和其他磁学仪器。1832年高斯在韦伯的合作下将测量的绝对单位引入磁学，韦伯将这一思想扩展到电测量。确立了电流的电磁单位，研究了电阻的绝对测量，提供了几种测量电阻的实用方法。1855年与R.H.A.科尔劳施合作，测定了电量的电磁单位和静电单位的比值，其数值与光速相近，这一结果成为J.C.麦克斯韦推断光是电磁波的重要依据。韦伯在理论上的重要贡献是提出电作用的基本定律，将库仑静电定律、安培电动力定律和法拉第电磁感应力统一在一个公式中。

韦伯夫妇 Webb, Sidney James and Beatrice 英国社会活动家、工人运动史学家、费边社会主义理论家。比阿特丽斯·韦伯(1858-01-22～1943-04-30)出身于格洛斯特的企

西德尼(左)与比阿特丽斯在一起

业家家庭。1887年开始从事社会活动，调查工人阶级状况和合作社问题，曾在有关妇女和工人问题的皇家委员会工作。其夫西德尼·詹姆斯·韦伯(1859-07-13～1947-10-15)出身于伦敦的职员家庭。先后在陆军、殖民等部任职员和文官，1885年加入费边社，并成为该社主要领导人之一。

1892年西德尼与比阿特丽斯结婚。此后，夫妇二人密切合作从事社会和学术活动。1895年共同建立伦敦经济学院。1913年共同创办《新政治家》杂志。1914年夫妇二人参加英国工党。西德尼于1924年在第1届工党政府中任贸易大臣。1929～1931年在第2届工党政府中任殖民地大臣。1929年被封为帕斯菲尔德男爵，进入上院。1932年韦伯夫妇访问苏联。

韦伯夫妇撰写大量论文和专著，这些著作贯穿着社会改良主义思想，但含有丰富的实际资料。韦伯夫妇的著作为费边社会主义提供了理论和政策基础，对英国和国外社会思想和工人运动的发展产生了很大影响。

他们的主要著作有《工会史》、《资本主义文明的衰败》等。

韦昌辉 Wei Changhui (1823/1824～1856-11-02) 太平天国前期主要领导者。又名韦正。中国广西桂平金田村人。1848年，受

冯云山影响，加入拜上帝会。入会后，以家产资助起事，与洪秀全、冯云山等结为异姓兄弟，称天父第五子。1851年1月参加金田起义，后任后护又副军师，领右军主将。12月，在永安（今广西蒙山）封北王。1853年定都天京（今江苏南京）后，协助杨秀清处理军国要务，并一度负责天京城防。在太平天国领导集团中，其地位仅次于洪秀全和杨秀清。杨秀清以具有代天父传言的特殊权威，又自恃功高，与洪秀全和其他同僚矛盾日增。韦昌辉对他“阳下之而阴欲夺其权”，杨秀清对韦昌辉也严加防范。1856年8月，韦昌辉在江西督师时，杨秀清逼洪秀全封其为万岁。洪秀全即密诏韦昌辉等回师诛杨（一说无密诏）。韦昌辉带兵3 000多人于9月1日深夜赶到天京，包围东王府，次晨杀杨秀清及其家眷。后扩大事态，株连杨秀清大批部属。死伤太平天国官兵2万余人，给太平天国造成严重损失。石达开回京后责备他滥杀无辜，他又欲加害，石被迫逃出京城，他竟屠其全家。韦昌辉的残暴行径引起公愤，石达开在安徽起兵要求洪秀全杀韦昌辉以谢天下。洪秀全顺应军心，下诏将韦昌辉处死。

韦达 Viète, François (1540～1603-12-13) 法国数学家。又译维埃特。最早系统地引入代数符号，推进方程论的发展。生于法国普瓦图（现旺代省），卒于巴黎。初在普瓦捷学习法律，后任律师，1567年以后成为议员。在对西班牙的战争中曾为政府破译敌军的密码，赢得很高的声誉。

1579年，韦达出版《应用于三角形的数学定律》，这是欧洲第一本使用6种三角函数的系统的平面、球面三角学。他发现$\sin nA$及$\cos nA$的展开式。某日一位来自荷兰的使者对法国国王亨利四世说比利时的A.van罗门于1593年提出一个45次方程，向所有的数学家挑战。法王将韦达请来，韦达发现这难题相当于用$\sin A$表示$\sin 45A$的展开式，于是立刻得出一个解，第二天再给出另外的22个解。之后韦达回敬罗门一个著名的几何题：求作一圆切于三个已知圆（原出阿波罗尼奥斯，解法早已失传），罗门只能用圆锥曲线求解，而韦达则用严格的尺规作图法作出。韦达又发现（1579）

$$\frac{2}{\pi}=\frac{\sqrt{2}}{2}\cdot\frac{\sqrt{2+\sqrt{2}}}{2}\cdot\frac{\sqrt{2+\sqrt{2+\sqrt{2}}}}{2}\cdots$$

这是π的第一个分析表达式。

韦达最重要的贡献是对代数学的推进，著作有《分析方法入门》(1591)、《论方程的识别与订正》等多种。韦达用“分析”这个词来概括当时代数的内容和方法，不赞成用algebra这个外来语。他创设大量的代数符号，用字母代表未知数（后来经过R.笛卡尔等人的改进，成为现代的形式），系统阐述并改良三、四次方程的解法，指出根与系数间的关系。给出三次方程不可约情形的三角解法。

韦登 Weyden, Rogier van der (1399/1400～1464-06-18) 尼德兰画家。生于德尔讷，卒于布鲁塞尔。与凡·爱克兄弟并为早期尼德兰代表画家。1427～1432年，韦登可能从师R.康平。约从1435年起，成为布鲁塞尔活跃的画家，在市政厅黄金间描绘的《正义图》（已佚）是其名作。约1435年创作的巨制《降下十字架》（见图）风格已经成熟，与稍后的《圣母祭坛画》共同成为判断其风格的标准作品。1450年韦登去罗马巡礼，在佛罗伦萨等地停留并进行创作。多选择圣母的悲喜为题材，绘制了《七个秘迹祭坛画》等大量祭坛画。他充满激情的表现手法，与凡·爱克兄弟形成鲜明对照，对

《降下十字架》（普拉多博物馆藏）

尼德兰北部地区影响很大。他的肖像画也很出色，代表作有《金羊毛皮勋章骑士》、《妇人像》等。

韦恩 Wain, John (1925-03-14～1994-05-24) 英国作家、评论家。生于斯托克，卒于牛津。1947年毕业于牛津圣约翰学院。当过大学讲师，主编过文学杂志等。长篇小说《每况愈下》(1954) 描写一个中产阶级子弟大学毕业后当杂工、小贩甚至沦为走私犯的经历。《打死父亲》(1962) 反映了两代人的矛盾和种族歧视问题。《山里的冬天》(1970) 描写威尔士的社会生活和人民的不满情绪。其他重要作品还有长篇小说《竞争者》(1958)、《年轻的客人们》(1965)，短篇小说集《救生员》(1971)，文学评论著作《初步评论文集》(1957) 等。

韦尔弗 Werfel, Franz (1890-09-10～1945-08-26) 奥地利作家。生于捷克布拉格。曾在莱比锡和汉堡接受大学教育。先后在运输公司供职，到军队服役，任编辑等。1938年流亡国外。在诗歌、小说和戏剧方面均有建树。诗歌充满宗教色彩，如诗集《世界之友》(1911)、《我们是》(1913)、《彼此》(1915) 等。根据希腊悲剧改写的《特洛伊妇女》(1913) 表达了作者反战的立场。还有剧本《午间的女神》(1923)、《镜中人》(1920)。长篇小说《穆萨·达的四十天》(1933)，描写第一次世界大战中土耳其残酷压迫亚美尼亚人，以影射法西斯专政。还有《贝纳德特之歌》(1941)、《未出世者的星座》(1946) 等小说。韦尔弗的创作既注重思想表达，又讲究艺术表现力，使用并尝试多种新颖的表现手法。

韦尔纳 Werner, Alfred (1866-12-12～1919-11-15) 瑞士无机化学家。生于法国米卢斯，卒于苏黎世。1884年开始学习化学，在自己家里做化学实验。1885～1886年，在德国卡尔斯鲁厄工业学院听过有机化学课程。1886年入瑞士苏黎世联邦理工学院学习，1889年获工业化学毕业文凭。1890年获苏黎世大学博士学位。1891～1892年在巴黎法兰西学院做研究工作。1892年回瑞士苏黎世联邦理工学院历任助教、副教授、教授。1909～1915年，任苏黎世化学研究所所长。配位化学的奠基人。1893年他在《无机化学领域中的新见解》一书中提出络合物的配位理论，提出配位数这个重要概念。韦尔纳的配位理论抛弃了F.A.凯库勒关于化合价恒定不变的观点，大胆地提出副价的概念。因创立配位化学而获1913年诺贝尔化学奖。他发表170余篇论文（包括与人合作的）。著有《立体化学教程》。

韦尔诺夫 Vernov, Sergei Nikolayevich (1910-07-11～1982-09-26) 苏联空间物理学家。生于圣彼得堡。1931年毕业于列宁格勒工学院。1944年起任莫斯科大学教授。1953年当选为苏联科学院通讯院士，1968年当选为院士。主要从事高层大气及外层空间宇宙线的研究。在高空宇宙线探测中验证了级联簇射理论。1949年他研究了宇宙线初级成分与平流层中物质的相互作用，阐明了宇宙线电子-光子成分的起源。人造地球卫星发射成功后，他领导的研究组开展利用空间飞行器从事宇宙线探测，曾观测到外辐射带的存在，因此于1960年获苏联列宁勋章。

韦尔特 Weerth, Georg (1822-02-17～1856-07-30) 德国诗人。生于德特莫尔德，卒于古巴哈瓦那。曾做过学徒、会计。参加过1848年革命。因参与编辑《新莱茵报》被判处监禁。1850年后经商维持生计，创作停顿。韦尔特写了许多优秀诗篇。饱含对无产阶级苦难与不幸的深切同情，号召他们奋起战斗，预示胜利的明天，如《刚十八岁》、《铸炮者》、《圣灵降临节之歌》等。他的诗带有民歌风格，常常运用讽刺、夸张手法，通俗易懂，幽默风趣。散文《德国商界趣闻》(1847～1848) 取材于他自己的经历，揭露德国资产阶级在1848年革命前和革命期间脱离人民、背叛革命的丑态。长篇小说《著名骑士施纳普汉斯基的生平事迹》(1849) 对普鲁士贵族进行猛烈抨击。他的诗歌大部分未能公开面世。1956年德国出版《韦尔特全集》(5卷)。

韦格朗 Wergeland, Henrik Arnold (1808-06-17～1845-07-12) 挪威诗人、作家。生于克里斯蒂安桑，卒于克里斯蒂安尼亚。他在奥斯陆大学求学时发表的《创造力、人和救世主》(1830) 等剧本和其他诗歌，反映了他的叛逆精神。他在作品中不仅揭露当时的社会问题，而且积极参与解决这些问题。他还全力从事各种启蒙宣传教育活动，主张削减王室权力和扩大民主，力求挪威摆脱瑞典的控制和丹麦的影响。他对挪威政治独立和文化发展作出了贡献。作品有喜剧、悲剧、诗歌，主要有《诗，第一组》(1829)、《诗，第二组》(1833) 和剧本《山上茅舍》(1848) 以及《挪威宪法史》(1841～1843) 等。

韦国清 Wei Guoqing (1913-09-03～1989-06-14) 中国无产阶级革命家，中国人民解放军军事指挥员和政治工作领导者，中共中央政治局委员，全国人大常委会副委员长，全国政协副主席。壮族，原名韦邦宽。生于广西东兰，卒于北京。1929年加入中国共青团。1931年转为中共党员。参加百色起义，历任红7军排长、连长，红军大学特科团代理团长。参加了长征。任红军教导师特科团团长。抗日战争时期，任抗日军政大学一分校副校长，八路军山东纵队陇海南下支队政委，新四军9旅政委、旅长，4师副师长。解放战争时期，任华东野战军2纵队司令员兼政委，苏北兵团司令员，第三野战军10兵团政委。中华人民共和国建立后，1950年任驻越南军事顾问团团长，参与指挥了奠边府战役。1956年回国后，历任中共广西壮族自治区委第一书记、区人民委员会主席、区政协主席，中共中央中南局第二书记，中共广东省委第一书记，广州军区第一政委。1977年后任解放军总政治部主任，中央军委常委、副秘书长。是第一届全国人大常委会委员，第四届至七届全国人大常委会副委员长，全国政协第四届、五届副主席。中共第八届中央候补委员、中央委员，第九届中央委员，第十至十二届中央政治局委员。1955年被授予上将军衔。

韦后之乱 中国唐代中宗皇后韦氏的专权乱政。韦氏，京兆万年（今陕西西安）人，中宗（李显）为太子时，立为妃。弘道元年(683) 中宗即位，次年立为皇后。同年，中宗被武则天废黜，迁于房州（今湖北房县），韦氏随行。神龙元年(705)，中宗复位。每临朝，韦后即置幔坐殿上，预闻政事。中宗任用曾为武则天掌文书的昭容（宫中女官）上官婉儿主持撰述诏令，以武三思为相。当时朝中形成一个以韦氏为首的武、韦集团。武三思通过韦后和安乐公主，诬陷并迫害拥戴中宗复位的张柬之、敬晖等功臣。中宗对揭发武、韦丑行的人处以极刑。武三思因而权倾人主，作威作福。中宗的太子李重俊，非韦氏所生，遭到韦后厌恶。安乐公主与其夫武崇训经常侮辱重俊。重俊于神龙三年七月发动部分羽林军杀死武三思与武崇训，并谋诛韦后、安乐公主，因相从的羽林军倒戈，政变失败，重俊被杀。武、韦集团权势依旧不减。此时内地水旱为灾，户口逃散，民不聊生。中宗却与韦后恣为淫乐，不理朝政，还处死上书告发韦氏乱政的人。据说，景龙四年(710) 韦氏恐其丑行暴露，安乐公主欲韦氏临朝，自为皇太女，遂合谋毒死中宗。韦后临朝摄政，立李重茂为帝，史称少帝。韦后又任用韦氏子弟统领南北衙军队，并欲效法武则天，自居帝位。临淄王李隆基（后来的唐玄宗）与太平公主（武则天女）发动禁军攻入宫城，杀韦后、安乐公主、上官婉儿及诸韦子弟，迫少帝让位，立相王李旦(李隆基父) 为帝，是为睿宗。韦后之乱，终告结束。

韦君宜 Wei Junyi (1917-10-26～2002-01-26) 中国作家、编辑出版家。原名魏蓁一。湖北建始人。生于北京，卒于北京。1939年初到延安，先后担任《中国青年》、《抗战报》和延安新华广播电台的编辑。1949年后任共青团中央宣传部副部长兼《中国青年》总编辑。从事编辑、出版工作近50年，创办并主编期刊《文艺学习》。历任作家出版社总编辑、人民文学出版社总编辑、第四届中国作家协会主席团委员、中国作协文学期刊工作委员会主任、双月刊《当代》顾问等职。主要著作有《母与子》、《女人集》、《老干部别传》、《似水流年》、《思痛录》等。

韦克斯勒智力量表 Wechsler Intelligence Scales 由D.韦克斯勒编制的一系列智力量表，包括韦克斯勒-贝鲁弗量表(WB Ⅰ, 1939) 和在此基础上发展出来的韦克斯勒成人智力量表(WAIS, 1955)、韦克斯勒儿童智力量表(WISC, 1949)、韦克斯勒幼儿智力量表(WPPSI, 1967) 及修订本共10套，简称韦氏量表。

韦克斯勒在临床工作中发现，当时流行的斯坦福-比内智力量表是为儿童编制的，用来测量成人有一定困难。他还认为，该测验以言语测验为主，非言语的项目太少，而且使用智力年龄计分存在不合理性，因而于1939年公布了一种包括言语测验和操作测验两部分共10个分测验的成套**智力测验**，即韦克斯勒-贝鲁弗量表(WBI)。其测量结果用分数量表表示。该测验在1942年修订后改称为韦克斯勒军队智力量表(WBII)。后又经多年研究，逐步发展为现有的韦氏智力量表系列。

韦氏量表的特点是设立了若干分测验以测量各种能力。即言语分量表(VS) 和操作分量表(PS)，二者合称全量表(FS)。另外，韦氏智力量表中计算智商时采用的是离差智商。离差智商不仅可以表示个体智力的高低，还可以表示个体在团体中的相对位置。使用韦氏量表进行测量可以得到言语智商(VIQ)、操作智商(PIQ) 和全智商(FIQ)。这也是韦氏量表与斯坦福-比内智力量表的不同之处。

在中国，1979～1981年龚耀先主持修订了WAIS，称为中国修订韦氏成人智力量表(WAIS-RC)；1980～1986年**林传鼎**和**张厚粲**主持修订了WISC-R，称为韦氏儿童智力量表中国修订本(WISC-CR)；同年龚耀先和戴晓阳主持修订了WPPSI，称为中国韦氏幼儿智力量表(C-WYCSI)。

韦拉克鲁斯 Veracruz 墨西哥东海岸最大城市。位于墨西哥湾南部坎佩切湾西岸平原。人口44.44万(2005)。海拔10～15米。气候湿热，年平均气温25.6℃，平均年降水量1 670毫米，6～10月有飓风。始建于1519年，是西班牙殖民者在墨西哥大陆上建造的第一座城市。为墨西哥城及中央腹地的出海口，战略地位重要。历史上屡遭海盗袭击和法、美侵略军的占领。全国最大的商港之一，主要输入机器、纺织品、药品等；输出咖啡、烟草、糖胶等农产品。工业有冶金、机械、造船、化学、石油加工、纺织、水泥、食品、制鞋、烟草等。有铁路和公路与墨西哥中央高原相连。国际航空中继站。有海军学院、海军航空学院、海洋商业学院等。城南海滩为旅游胜地。

韦斯顿 Weston, Edward (1886-03-24～1958-06-01) 美国摄影家。生于伊利诺伊州海兰德帕克，卒于加利福尼亚州卡梅尔。1902年16岁时对摄影产生兴趣，开始自学摄影。曾做上门服务摄影师，拍摄明信片式肖像。1908～1911年在伊利诺伊大学学习摄影。1911～1922年在加州特罗皮科开设人像照相馆，柔焦效果和如画的风格为他赢来声誉和多次奖励。1915年参观旧金山世界博览会现代艺术展以后对现代艺术大为赞赏，开始试验特写和抽象摄影。1922年在俄亥俄州拍摄的阿姆科钢铁厂的照片，既如实地反映现实，又捕捉到工业和建筑中的抽象结构，成为此后半个世纪摄影家学习的风格。1923～1925年在墨西哥城开设照相馆，拍了不少有特色的肖像和裸照。1924年他完全放弃了流行已久的柔焦技术，转而以极精确的手法反映自然。1926年返回美国，定居加州，为一生最重要的创作时期，以自然形态物体的特写、裸体、风景最为著名。

1932年，与I.坎宁安、A.亚当斯等组成f/64小组，提倡纯摄影，对美国影响深远。1937年获古根海姆奖，为被授予此奖的第一位摄影家。1941年为诗人W.惠特曼的《草叶集》拍摄插图。1946年在纽约现代艺术博物馆举办摄影回顾展。1948年在加州洛博斯角拍摄了最后一幅照片，此后因帕金森氏病的困扰，放弃了拍摄。最后10年指导儿子布雷特和科尔选印他毕生的作品。

韦斯顿是美国现代摄影的奠基人之一，他以自身的探索和实践，深刻揭示了摄影的本体功能。他的作品是美国现代摄影最早的一批样板，长时期成为摄影的标准。

《甜椒30号》(1930)

主要著作有《爱德华·韦斯顿的艺术》、《爱德华·韦斯顿看加利福尼亚》、《加利福尼亚和西部》、《爱德华·韦斯顿的照片》、《爱德华·韦斯顿：50年作品选，1902～1952》、《爱德华·韦斯顿日记，卷一，墨西哥》、《爱德华·韦斯顿日记，卷二，加利福尼亚，1927～1934》、《生活的重音》、《认识的火焰》、《爱德华·韦斯顿50年》等。

韦斯皮扬斯基 Wyspiański, Stanisław (1869-01-15～1907-11-28) 波兰剧作家、画家。生于克拉科夫，卒于克拉科夫。曾在国内和国外学过绘画。1905年任克拉科夫美术学院教授。戏剧作品《婚礼》(1907)写波兰上层知识分子追求个人安乐，对祖国命运漠不关心，反映了作者对现实的不满。其他主要作品还有《华沙歌》(1898)、《列列维尔》(1899)和《十一月之夜》(1904)、《审判官们》(1907)等。他的绘画，多为彩色玻璃所绘的图案，显示出他构图鲜明而奇妙的才华。

韦特海默 Wertheimer, Max (1880-04-15～1943-10-12) 德国心理学家，格式塔心理学的创始人和主要代表。生于捷克斯洛伐克布拉格，卒于美国纽约州新罗谢尔。1904年在德国维尔茨堡大学获哲学博士学位。1912年与W.克勒及K.科夫卡在法兰克福共同研究似动现象。在此基础上建立了格式塔心理学。

韦特海默对格式塔心理学的发展有很大影响。格式塔心理学这一术语由他首创。他主张从直观上把握心理现象，并把整体结构的动态属性看成是心理现象的本质，认为应从整体到部分“自上而下”地理解心理现象。他还试图以动态交互作用解释神经活动和知觉间的关系，总结出有关知觉的一系列规律。1933年以后对思维作了深入研究，反对把联想主义和机械识记作为思维过程的基础，特别强调思维和理解来自对结构的重组或创新。

韦特海默的著作以论文为主，《运动视觉的实验研究》(1912)提出了他的格式塔心理学思想；重要专著有《创造性思维》(1945)。

韦伊 Weil, André (1906-05-06～1998-08-06) 法国数学家。生于巴黎，卒于美国普林斯顿。1922年考入巴黎高等师范学校，1925年毕业。1928年以《代数曲线上的算术》论文获得博士学位。其间曾去德国格丁根和柏林访问，深受当时正在兴起的抽象代数及拓扑学的影响。1929年去罗马，接触到泛函分析及代数几何学，1930～1932年在印度阿里格尔的穆斯林大学任教授，其后在马赛当了一年讲师。1933～1940年在斯特拉斯堡大学任教，他同H.嘉当及J.德尔萨特等人的交往，形成了布尔巴基学派。1940年因逃兵役被关进监狱，不久法国沦陷，他于1941年初赴美，教书数年，1945年到巴西圣保罗大学任教。1947～1958年任美国芝加哥大学教授，1958年为普林斯顿高级研究院教授。1979年获沃尔夫数学奖。韦伊早期推广了L.J.莫德尔的工作，证明代数曲线有理点存在有限基。对泛函分析、多复变函数也有研究。1937年，他引进了一致性结构，同时研究拓扑群上的积分。

1941年，韦伊证明函数域上的广义黎曼猜想。1943年证明了非内蕴的n维流形上的高维高斯-博内公式。1946年出版的《代数几何学基础》为代数几何学的战后发展奠定严密的抽象代数基础。1949年提出代数方程在有限域中解的个数的“韦伊猜想”，并证明若干特殊情形，为了证明这个猜想，代数几何获得长足的进展。

20世纪60年代起，他研究离散子群和代数群，通过函数方程定出狄利克雷级数以及二次型理论，1967年出版的《基础数论》曾多次再版。

20世纪70年代起，他对数学史，尤其是数论史进行一系列研究。著有《数论：从汉穆拉比到勒让德》(1984)，他的论文收入三卷《韦伊文集》(1979)中。

韦应物 Wei Yingwu (约735～792/793) 中国唐代诗人。长安(今陕西西安)人。15岁起以三卫郎为玄宗近侍，出入宫闱，扈从游幸。安史之乱起，玄宗奔蜀，流落失职，始立志读书。代宗广德至德宗贞元间，先后为洛阳丞、京兆府功曹参军、鄠县令、比部员外郎、滁州和江州刺史、左司郎中、苏州刺史。贞元七年退职。世称韦江州、韦左司或韦苏州。韦应物是山水田园诗派诗人，后人每以王孟韦柳并称。其山水诗景致优美，感受深细，清新自然而饶有生意。而《象西塞山》景象壮阔，则显示韦诗雄豪的一面。其田园诗实质渐为反映民间疾苦的政治诗。代表作有《观田家》。此外，他还有一些感情慷慨悲愤之作。部分诗篇思想消极，孤寂低沉。韦诗各体俱长，七言歌行音调流美，“才丽之外，颇近兴讽”（白居易《与元九书》）。五律一气流转，情文相生，耐人寻味。五、七绝清韵秀朗，《滁州西涧》的“春潮带雨晚来急，野渡无人舟自横”句，写景如画，为后世称许。韦诗以五古成就最高，风格冲淡闲远，语言简洁朴素。但亦有秾丽秀逸的一面。其五古以学陶渊明为主，但在山水写景等方面，受谢灵运、谢朓的影响。此外，他偶亦作小词。今传有10卷本《韦江州集》、两卷本《韦苏州诗集》、10卷本《韦苏州集》。

韦庄 Wei Zhuang（约836～910） 中国唐末五代诗人、词人。字端己。长安杜陵（今西安东南）人。父母早亡，家境寒微。韦庄一生经历，前期仕唐，后期仕蜀。韦庄在唐末诗坛上有重要地位。他生逢黄巢农民起义、藩镇割据大混战，自称“平生志业匡尧舜”，因而忠于唐王朝是他思想的核心，忧时伤乱为他诗歌的重要题材，从而较为广泛地反映了唐末动荡的社会面貌。韦庄的代表作是长篇叙事诗《秦妇吟》（1 666字）。诗中通过一位从长安逃难出来的女子即秦妇的叙说，正面描写黄巢起义军攻占长安、称帝建国、与唐军反复争夺长安，以及最后城中被围绝粮的情形，为现存唐诗中最长的一首。韦庄又是花间派中成就较高的词人，与温庭筠并称“温韦”。温韦词在内容上并无多大差别，不外是男欢女爱、离愁别恨、流连光景。但温词主要是供歌伎演唱的歌词，创作个性不鲜明；而韦词却注重于作者感情的抒发。风格上，韦词清俊，不似温词浓艳华美，善用清新晓畅的白描笔调，表达真挚深沉的感情。有些词还接受了民间词的影响，用直截决绝之语，或写一往情深，或写一腔愁绪。王国维《人间词话》和陈廷焯《白雨斋词话》对其词都有很高评价。今存诗集有《浣花集》和《又玄集》。其词无专集，《唐五代宋辽金元名家词集六十种》中有收录。近人向迪琮编有《韦庄集》。

圩垸 polder 沿江滨湖低地四周有圩堤围护，内有灌排系统的农业区。圩堤将农田与外水隔开，通过灌排渠系及操纵圩堤上的涵闸以调节内水和外水的进出。自流灌排有困难，则辅以提水机械，以满足圩内农田需水。这种农田水利形式在中国江浙太湖流域和安徽、浙江的长江流域一带称圩田或围田。在湖南、湖北称垸田。珠江和韩江三角洲称堤围（或基围）。圩垸工程可溯源于先秦，五代北宋时期太湖及水阳江流域的圩田已大量发展。北宋以后，沿长江向其中游湖泊地区推广。大圩农田面积至数十万亩，圩堤长至数百里。随着湖区面积的缩小，湖泊对洪水的调节作用下降，水道被逐步堵塞。南宋以来，太湖下游泄水不畅加剧了圩区的洪涝灾害。明清时曾多次禁筑新圩及废毁不合理的圩岸，但圩田仍是有增无减。洞庭湖区情况相似。自1894年至1949年洞庭湖水面从5 400平方千米缩小至4 300平方千米，除长江和湘、资、沅、澧四水来沙的自然淤积外，人为促淤围垦也是重要原因，因而有垦湖为田和废田还湖的争议。

违法行为 delict 违反现行法律的行为。既包括作出了法律所禁止的行为，也包括不作法律所要求的行为。违法行为根据其违法的性质和对社会危害的程度，可分为严重违法行为和一般违法行为两类。严重违法行为通常指触犯刑法的行为，这种行为构成犯罪，属于依照法律应当受到刑罚处罚的违法行为。一般违法行为是指犯罪以外的违法行为。例如，违反民事法律应受到民事制裁的，属于民事违法行为；违反经济法规应依法追究其经济法上的责任的，属于经济法的违法行为；违反行政法规应受行政处罚的，属于行政法的违法行为。

违宪审查制度 review of constitutionality, system for the 为保障宪法实施，由具有违宪审查权的特定国家机关，依照宪法规定的程序，对国家机关及其工作人员的行为（主要是立法活动）是否符合宪法进行审查的专门活动。违宪审查是宪法实施最重要的制度保障，多数国家建立了违宪审查制度。

违宪审查的机构 主要有：①由立法机关或最高国家权力机关行使违宪审查权。如中国全国人民代表大会及其常务委员会监督宪法的实施。②由普通司法机关行使违宪审查权。美国是最早建立这种制度的国家。③由特设机关行使违宪审查权。1920年由奥地利首创。

违宪审查的主要内容 ①审查法律、法规的合宪性。②裁决国家机关之间的权限争议。③裁决选举争议。④处理特定公职人员违宪事件。⑤审查政党活动是否违宪。⑥受理宪法诉愿。

违宪审查的形式 主要有：①事先审查。如中国各自治区的自治条例和单行条例，报全国人民代表大会常务委员会批准后生效。②事后审查。是违宪审查基本和主要的形式。

违约金 penal bonds 债权人或债务人完全不履行或不适当履行债务时，必须按约定给付他方一定数额的金钱。违约金是债的担保的一种，也是对违约的一种经济制裁。违约金的设立，是为了保证债的履行，即使对方没有遭受任何财产损失，也要按法律或合同的规定给付违约金。违约金的标准依法定或双方在合同中书面约定。违约金有两种：①惩罚性违约金，其作用全在惩罚，如果对方因违约而遭受财产损失，则违约一方除支付违约金外，还应另行赔偿对方的损失。②补偿性违约金，是对合同一方当事人因他方违约可能遭受的财产损失的一种预先估计，给付了违约金，即免除了违约一方赔偿对方所遭受的财产损失的责任；即使损失大于违约金，亦不再补偿。

围场满族蒙古族自治县 Weichang Man-Mongol Autonomous County 中国河北省承德市辖自治县。位于省境最北部，邻接内蒙古自治区。面积9 058平方千米。人口53万（2008），有满、汉、蒙古、回、朝鲜等18个民族。清初在此设木兰围场，光绪年间设围场厅，1913年改围场县。1989年改置围场满族蒙古族自治县。属中温带向寒温带、半干旱向半湿润过渡的大陆性季风山地气候。年平均气温-1.5～4.7℃，极端最高气温39.8℃，极端最低气温-29.5℃。年降水量在380～500毫米。农作物主要有谷子、玉米、高粱、小麦、大豆等。牧养牛、马、驴等。工业产品主要有铸造用砂、平板玻璃制品、羊剪绒、金莲花系列药品、杏仁露、油系列化工产品等。名胜古迹有木兰围场、半截塔等。

围海造田 poldering of seashore 在海滩和浅海上建造围堤阻隔海水，并排干围区内积水使之成为陆地。又称围涂。是增加陆地、发展国民经济的一项措施。但围海造改变了海滩、浅海的生态与环境，破坏了近海水生生物的生存条件和鸟类迁徙的良好环境，有的还会改变水文情势。因此，中国颁布的海洋法规定，围海造田实行许可制度。

围涂方式 围海造田多数是与大陆海岸相连，但亦可孤悬浅海中形成人工岛。在与大陆相连的围海造田中，又有两种围涂方式：①在岸线以外的滩涂上直接筑堤围涂。②对入海港湾内部的滩涂，有时先在港湾口门上筑堤堵港，然后再在滩涂上筑堤围涂。

围海工程 至少应包括围堤与排水闸（或排水站）两项基本工程。①围堤。绝大多数围堤为土石结构，其迎潮面都设有抵御潮浪袭击的护坡。围堤的堤顶高程，应在设计高潮位之上再加风浪爬高及安全超高，在中国苏、浙、闽沿海一带多采用设计高潮位以上2.0～3.5米。②排水闸。围区内具有利用地面与海面的高差进行自流排水条件者，多设排水闸排水，否则需设排水泵站进行抽排。排水闸或排水泵站多设在围区内地势较低洼的地段，其两侧一般与围堤相连。围海工程中排水闸既要排水，又要挡潮。

围垦涂面陆化以后，要视当地具体条件，选择水源，采用修建水库，开渠引水，从河流提水，堵港蓄淡，或河口建闸，挡潮蓄淡等，并建立完善的排灌系统，引淡水洗盐。河口建闸蓄淡对航运、排洪、河口附近水域的生态环境等都会产生一定的影响，必须经过充分研究论证后，方能采用。

围棋 weiqi; go 具有高度文化色彩的智力竞技项目。世界上最古老的棋类游戏之一。传说起源于公元前2000多年的中国。约在隋唐时传入日本，19世纪传入欧洲。围棋在日本非常盛行，号称国技。

围棋的用具有：①棋盘。以木制为宜，略呈长方形。上面横竖各画19条平行线，构成361个交叉点。棋盘总长46厘米，总宽43.3厘米。②棋子。圆形，分黑、白两色。黑子181个，白子180个。③标准棋桌。长90～120厘米；宽46～50厘米；高65～68厘米。

1980年8月陈祖德（黑子）与聂卫平（白子）对弈的一张棋谱，黑贴2¾子，共下183着，黑胜¾子

着法一般是两人对局。对局开始前需确定谁先走，先走一方执黑子走第一步；后走一方执白子走第二步，以后双方轮流下子。一步棋只准下一个子，棋子下在棋盘的交叉点上，下定后不许移动位置，不准拿起重下。其规则一般有：①气和吃子。一个棋子下到棋盘上之后，它的上、下、左、右有以直线相连的紧邻的3～4个交叉点，其中的空点都是这个棋子的“气”。没有“气”的棋子要从棋盘上拿掉，术语叫“提”。②禁着点。棋盘上任何一点，如某方下子后会使自己这部分棋子成为无“气”的状态，同时又不能吃掉对方的棋子，这种空点叫“禁着点”。“禁着点”内是不准下子的。③活棋和死棋。对方无法吃掉的棋是活棋。凡是迟早要被对方吃掉的棋子都是死棋。④劫。如黑方在某一点下子吃掉一个白子后，此时不准白方立即直接在另一点下子吃还一个黑子。白方至少必须在别处先下一子，如黑方也在别处下一子，白方才能在另一点下子吃还一子，这叫做“劫”，也叫打劫。⑤胜负计算。在双方置子完毕而自然终局后，双方各自清点所占地域多寡。中国围棋规则采用数子法计算胜负：先将棋盘上双方认可的死子清出棋盘，然后对任意一方留在棋盘上的活棋以及活棋围住的地域，以棋子为单位进行累加计算。围棋棋盘上共有交叉点361个，总交叉点数的一半，即180.5子为归本数。任意一方在棋盘上占得的棋子总数超过180.5子为胜，等于180.5子为和，少于180.5子为负。

围棋为中国古代人民所创造，是中国古代文化的瑰宝之一。棋圣是中国古代给棋艺家的最高荣誉。东汉时将棋手分为上、中、下三等。中华人民共和国建立后，于1964年2月制定了初段至九段的中国围棋段位制标准和一级至九级的中国围棋级位制标准。其中九段为最高等级，九级为最低等级。中国从1956年起正式将围棋列入国家体育竞技项目，以后逐年举办各种围棋比赛。1962年中国围棋协会成立。1992年中国棋院成立。从1957年开始，中国每年都举行围棋赛，其中高档次的比赛有名人战、天元战、棋圣战、大国手赛、十强赛以及国家体委举办的全国个人赛和团体赛等。1996年3月，在中日围棋擂台赛中，中国选手马晓春九段战胜日方主帅大竹英雄九段。至此，中方在已举办的十届中日围棋擂台赛中以6:4领先日方。2001年后，该项赛事中止。中国与另一围棋强国韩国之间的围棋交往开展较晚，1994年，两国始举办第一次围棋的双边赛事——中韩围棋对抗赛。1997年后该项赛事中止，中国棋手在总体上稍稍占优。日本的专业棋手分初段至九段九个等级，九段代表最高水平的等级。围棋在美国也有相当多的爱好者。目前，开展围棋活动的国家已有30多个。

唯理论 rationalism 片面强调理性作用的一种认识论学说。又称理性主义。不承认理性认识要依赖感性认识，认为可靠的知识是从先天的、无可否认的“自明之理”出发，经过严密的逻辑推理得到的。西方近代唯理论由17世纪法国哲学家R.笛卡尔开创，主要代表有荷兰的B.斯宾诺莎和德国的G.W.莱布尼茨等。笛卡尔主张依靠生来具有的天赋的理性认识能力，进行准确无误的推理。斯宾诺莎则肯定上帝即自然，是唯一实体，广延与思想是唯一实体的两种“属性”，认为理性认识的对象即实体及其“属性”、“样式”。莱布尼茨把“天赋观念”的先验论推向极端，认为观念与真理作为倾向禀赋、习性或自然的潜能天赋存在于人们心中。从广义来说，理性主义并不仅限于认识论范畴，在思想文化一切领域，凡崇尚理性的观点都可称之为理性主义。

唯美主义 aestheticism 19世纪末流行于欧洲的一种文艺思潮。主张“为艺术而艺术”，强调超然于生活的所谓纯粹的美，一味追求艺术技巧和形式美。倡导者是法国浪漫主义诗人T.戈蒂耶。他发挥I.康德“自由美”的思想，提出“为艺术而艺术”的口号，强调艺术的永久性，提倡纯粹美。这种艺术观点在英国作家O.王尔德的作品中得到全面的体现。唯美主义绘画发展了一种抽象的形式美，提倡培养精细的艺术敏感性，对20世纪的工艺美术产生了决定性的影响。但唯美主义的文学艺术大多带有一定的颓废倾向。

唯名论 nominalism 中世纪欧洲经院哲学的非正统派。唯名论否认共相具有客观实在性，认为共相后于事物，只有个别的感性事物才是真实的存在。以罗瑟林、R.培根、J.邓斯·司各特、奥康的威廉等为代表的唯名论者，反对共相具有客观实在性，否认共相为独立存在的精神实体。主张唯有个别事物才具有客观实在性，认为共相后于事物，共相只是个别事物的“名称”或人们语言中的“声息”。这种论断称之为极端的唯名论。以P.阿贝拉尔为代表的唯名论者，除了否认共相客观实在性和主张唯有个别事物具有客观实在性之外，又认为共相表现个别事物的相似性和共同性，因而共相只存在于人们的思想之中。这种论点称为概念论，属于温和的唯名论。唯名论否认一般的实在性，这对于论证基督教的“原罪”、“三位一体”等正统教义是不利的，因此许多唯名论者都被教会宣判为异端，受到迫害。唯名论是经院哲学中进步的思想派别，它反映了新兴市民热衷于世俗生活，追求现实幸福，面向自然，研究自然，要求实际知识的思想愿望，它是经院哲学内部瓦解经院哲学的有力因素。

唯识宗 Consciousness-only sect 中国佛教宗派。因主张万法唯识、识有境无而得名。该宗因剖析世界诸法的相状，又名法相宗。其主要创始人之一的窥基常住慈恩寺，故亦称慈恩宗。唐代玄奘及窥基师徒创立。

唯物辩证法 materialist dialectics 关于自然界、人类社会和思维运动、发展的普遍规律的科学。它是辩证法思想发展的高级形态，马克思主义哲学的重要组成部分。见辩证唯物主义。

唯物史观 historical materialism 关于人类社会发展普遍规律的科学，和辩证唯物主义一起，构成马克思主义哲学不可分割的组成部分。又称唯物主义历史观、历史唯物主义。唯物史观认为：社会历史的发展有自身所固有的客观规律性；物质生活的生产方式决定社会生活、政治生活和精神生活的一般过程。

唯物主义 materialism 哲学上的两大基本派别之一；与唯心主义对立的理论体系。在哲学基本问题上主张物质第一性，精神第二性，世界统一于物质，精神是物质的产物和反映的哲学派别。唯物主义在历史上主要经历了以下三种形态。

朴素唯物主义，又称自发的唯物主义。它在萌芽时期就十分自然地把自然现象看作是无限多样性的统一，并且在某种特殊的东西中去寻找这个统一。如古希腊哲学家泰勒斯认为，万物产生于水，并经过各种变化之后又复归于水。中国古代的“五行说”认为，水、火、木、金、土五种物质是世界的本原。后来，德谟克利特、伊壁鸠鲁的原子唯物论，认为一切事物都是由不能再分的物质微粒“原子”组成的，开始从物质结构上研究世界的本原。中国古代唯物主义者则认为宇宙万物是由一种极细微的流动的物质“气”构成的，提出了气一元论。

机械唯物主义，又称形而上学唯物主义。它是伴随近代自然科学的产生而出现的。17世纪以F.培根、T.霍布斯、J.洛克为代表的英国唯物主义者认为，哲学的对象是客观存在的物质实体，物体是不依赖于人们思想的东西，它是世界上一切变化的基础。世界上除了具有广延的物体之外，不存在其他任何东西。18世纪法国唯物主义是形而上学唯物主义发展的顶峰。其代表人物有J.O.de拉美特里、D.狄德罗、P.-H.D.霍尔巴赫、C.-A.爱尔维修等人。L.费尔巴哈的人本学唯物主义推翻了唯心主义在德国的长期统治，恢复了唯物主义的权威，大大解放了人们的思想，马克思、恩格斯也深受其影响。

马克思主义的唯物主义，又称辩证唯物主义与历史唯物主义。它是马克思、恩格斯在19世纪40年代，总结了无产阶级斗争的历史经验和自然科学的新成果，批判地继承了人类文化的成果，特别是在批判地吸取了G.W.F.黑格尔辩证法的“合理内核”和费尔巴哈唯物主义的“基本内核”的基础上创立的。辩证唯物主义与历史唯物主义是关于自然界、人类社会和思维发展的最一般规律的科学，是自然科学、社会科学和思维科学的概括和总结，是马克思主义全部学说的理论基础、无产阶级的世界观和方法论。

《唯物主义和经验批判主义》 *Materialism and Empirio-criticism* V.I.列宁的一部重要哲学著作。着重批判经验批判主义哲学思潮，阐述了辩证唯物主义的认识论。此书写成于1908年2～10月，1909年5月在莫斯科出版。被译成20多种文字出版，在国际共产主义运动中曾长期被视为马克思主义哲学的经典著作之一，发生过重大影响。

从19世纪末到20世纪初，在欧洲流行着一种新的实证主义思潮，即以奥地利物理学家E.马赫的思想为代表的“经验批判主义”，或称“马赫主义”。当时第二国际的代表人物K.J.考茨基等，企图用它来“补充”和“修正”马克思主义，大量散布以马克思词句为掩护的马赫主义的思想。马赫主义在俄国也招来了一批追随者，包括属于布尔什维克的A.A.波格丹诺夫、A.V.卢纳察尔斯基、V.A.巴扎罗夫和属于孟什维克的P.S.尤什凯维奇、B.H.瓦连廷诺夫等人，他们在1908年连续出版了《马克思主义哲学概论》等四部著作，歪曲和攻击马克思主义哲学。俄国社会在1905年革命失败之后，处于斯托雷平（沙皇政府大臣）反动统治时期，统治阶级大肆宣扬唯心主义世界观和宗教迷信思想。在这种形势下，列宁把理论研究的重心集中到认识论，深入反思革命失败的经验教训，认真总结自然科学的最新成就，坚决维护马克思主义哲学的基本原则和纯洁性，因而写了这一著作。

此书是一部论战性的著作，全面清理了马赫主义的来龙去脉，集中批判了马赫主义的主观唯心主义的感觉论和经验论。多方面地阐述了辩证唯物主义的认识论。

唯心史观 historical idealism 从社会意识决定社会存在出发，把人们的思想动机、杰出人物的个人意志或某种超自然的神秘力量看作是社会历史发展根本原因的社会历史观。又称历史唯心主义。它否认社会发展有其自身所固有的客观规律，特别是否认阶级斗争规律，否认人民群众在历史上所起的决定作用。

唯心主义 idealism 哲学上的两大基本派别之一，与唯物主义对立的理论体系。在哲学基本问题上主张精神、意识第一性，物质第二性，即物质依赖意识而存在，物质是意识的产物的哲学派别。旧译观念论。

唯心主义可以区分为主观唯心主义和客观唯心主义两种基本类型。主观唯心主义的特征，是虚构出某种脱离物质、脱离人的肉体的“自我”，并把它当成唯一真实的存在和世界的本原。主观唯心主义认为万事万物都是“我”的感觉、观念、意志、情感等的产物。如在中国，宋代的陆九渊说，“宇宙便是吾心，吾心即是宇宙”。在西方，18世纪英国的G.贝克莱认为，“感性实物”是“观念的集合”或“感觉的组合”，“存在就是被感知”。19世纪30年代以后，唯心主义在西方的主要趋势是抹杀哲学的基本问题，宣称物质与意识何者是第一性是无意义的问题，而以“经验”、“要素”、“事件”、“心理的东西和物理的东西”等“中立”的名词取代物质和意识的科学概念，自称为超越唯物主义与唯心主义之上的“新”哲学，如实证主义、新康德主义、马赫主义、实用主义、新实在论等。

客观唯心主义的特征，是虚构某种脱离物质、脱离任何个人的“客观”精神，并把它当成万物的创造者。在中国，宋代的朱熹认为理是天地万物的创造主，“未有天地之先，毕竟也只是理，有此理便有此天地”。在西方，古希腊柏拉图的“理念”说是最早的客观唯心主义体系，他认为“理念”世界是唯一真实的存在，由具体事物构成的“感性世界”则是由“理念”派生出来的不完善的“摹本”或“影子”。近代最大的客观唯心主义代表是G.W.F.黑格尔，他认为绝对精神是宇宙的本原和基础，自然界、人类社会和思维现象都是“绝对精神”在自我实现、自我认识的辩证发展过程中的外部表现。现代客观唯心主义的主要流派有新黑格尔主义、新托马斯主义、人格主义等。

唯意志论 voluntarism 一种主张意志是宇宙的本体、意志高于理性的唯心主义和非理性主义哲学派别。产生于19世纪20年代的德国，流行于19世纪下半期和20世纪初，主要代表人物是德国的A.叔本华和F.尼采。

叔本华认为意志是整个世界的基础，是终极的实在，一切事物都是意志的表现，思想也是意志的派生物。在他看来，世界是意志及其表象，表象上溯到理智，但最终归结为意志，而作为宇宙本体的意志是一种完全敌视客观物质世界的神秘的生活力，亦即一种盲目的、无理性的、永不衰竭的创造力。这个意志无所不在，永不死灭。它在人心中表现为冲动、本能、奋进、渴望和要求。他把理性置于意志的支配之下，认为意志统率知觉、记忆、想象、判断和推理，人的思想、理性应当服从神秘的、无从解释的意志。叔本华认为意志不仅是产生万物的根源，也是世上一切罪恶和痛苦的根源，任何意志都要表明为自我奋斗，它永远得不到满足，所以痛苦也永无终极。他提出，达到幸福的唯一办法就是完全弃绝生存意志，做到绝对的无动于衷，以求解脱。

尼采继承了叔本华的唯意志论，抛弃其消极悲观因素，宣扬积极行动的权力意志论。他认为追求和发挥要求统治的权力意志，既是宇宙的本质，又是自然和社会的唯一动力，也是最高的生活原则和道德原则。尼采认为人的感觉、思维等都不过是意志的表现并受意志的支配，人的一切行动都受意志的主宰，是意志所创造的活动。

以叔本华和尼采为代表的唯意志论，特别是其非理性主义倾向，对19世纪末20世纪初流行于德、法等国的**生命哲学**和**历史哲学**，尤其对H.**柏格森**的**直觉主义**，以及**存在主义**和**实用主义**等都发生了很大的影响。

维奥蒂 Viotti, Giovanni Battista (1755-05-12～1824-03-03) 意大利小提琴家、作曲家。生于丰塔内托波，卒于伦敦。1766年在都灵受教育。1770年从著名小提琴家兼教师G.普尼亚尼深造。1782年在巴黎首演成功后，获得公众的赞誉。1784年被法国皇后玛丽-安托瓦内特聘为宫廷乐师。1792年离法赴伦敦，任皇家剧院意大利歌剧团的代理经理和乐团指挥，声誉卓著。英国政府怀疑他进行雅各宾派活动，令他离境。此后他奔走于德国、英国、法国等地，终因债台高筑，郁郁不得志，客死伦敦。

维奥蒂是19世纪法国小提琴学派的主要创始人，对欧洲的小提琴演奏艺术有深远的影响。是最早采用奏鸣曲式创作小提琴协奏曲的作曲家之一，他熟练的配器技巧，使这一体裁获得了巨大的发展。他作有小提琴协奏曲29首，其中尤以《第二十二小提琴协奏曲》最为著名。此外还作有弦乐重奏曲和钢琴协奏曲等。

维奥尔 viol 16～18世纪流行于欧洲的类似**小提琴**的弦鸣乐器。琴身侧板较宽、较厚，背板平坦，音孔呈C形，6～7弦，弓杆略向外弯呈拱形。演奏时竖持擦奏，音色单调、空洞、带鼻音。古典乐派作曲家为其写有奏鸣曲，18世纪后被提琴取代，20世纪又为一些新古典主义乐派作曲家所采用。

维达尔-白兰士 Vidal de la Blache, Paul (1845-01-22～1918-04-05) 法国地理学家，法国近代地理学创建人。生于佩兹纳斯，卒于塔马里斯。1866年毕业于巴黎高等师范学校。1872年获博士学位。历任南锡大学、巴黎高等师范学校教授。1891年创办《地理年鉴》。致力于人文地理学和区域地理学研究，反对环境决定论，提出可能性的人地相关论点。坚持地理学研究应该集中在个别区域上，划出有用的自然区域或地区。其地理思想在法国受到推崇，被誉为"维达尔传统"。长期任教，培养许多地理学人才，如J.白吕纳、A.德芒戎等，形成具有特色的法国地理学派。著有《法国地理学概貌》、《地理学独特性质》、《法国东部地区》、《人文地理学原理》(由E.de马东整理出版）等。

维达人 Vedda 南亚斯里兰卡民主社会主义共和国的少数民族。曾译吠陀人。约1 000余人(2001)。居住在东南部低洼地带，以巴杜拉最为集中。属尼格罗-澳大利亚人种维达类型。有人认为系澳大利亚种人与欧罗巴种人的混血后裔。原有语言已经丧失，目前称为"维达语"的僧伽罗语方言中只残留一些词语，无文字。迷信万物有灵，行祖先崇拜。佛教和印度教因素已渗入其原始信仰之中。维达人分若干外婚制母系氏族，以野猪、孔雀等图腾命名。按谋生方式，可分为农村维达人和森林维达人。前者定居务农，种植龙爪稷、玉米和蔬菜；同时从事采集、狩猎，饲养牛和家禽。森林维达人多住山洞石穴，穿树皮纤维，主要从事射猎，同时从事采集和养蜂。行一夫一妻制，婚后从妻居，交表亲普遍。禁忌堂表亲和姨表亲，多有**妻姊妹婚**和**夫兄弟婚**现象存在。

维蒂希试剂 Wittig reagent 系统命名为亚烷基三苯基磷烷。把羰基化合物转变为碳-碳双键化合物的有机合成试剂。著名的维蒂希试剂是磷叶立德。1953年，E.G.维蒂希等首先发现亚甲基三苯基膦和二苯酮反应，得到不对称的二苯乙烯：$Ph_2C{=}CH_2$。因此维蒂希和H.C.布朗分享了1979年诺贝尔化学奖。

维蒂希试剂可用下列两种共振结构来表示：

$$Ph_3P{=}CR'R'' \longleftrightarrow Ph_3\overset{+}{P}-\overset{-}{C}R'R''$$

前者称叶仑，后者称叶立德。由于叶立德碳上带有负电荷，是一种很强的**亲核试剂**，可以和多种多样的**亲电试剂**反应，使得维蒂希试剂和反应的应用范围非常广泛，并广泛地应用于天然有机化合物的合成。通常维蒂希反应需要三步，即盐的制备、叶立德的制备和与羰基化合物反应。在催化剂（包括钯、锌等）和正-三丁基膦（胂）的存在下，醛可以和溴代乙酸酯"一锅"直接反应，合成碳-碳双键。大大简化了维蒂希反应，把三步压缩成一步，并且是立体专一性的烯化方法。

维多里尼 Vittorini, Elio (1908-07-23～1966-02-13) 意大利小说家。生于西西里锡拉库萨，卒于米兰。当过建筑工人、排字工人、校对员。1933年发表第一部长篇小说《红石竹花》，遭到法西斯审查机关的禁止。此后创作长篇小说《西西里的谈话》(1938～1939）和《人与非人》(1945)，体现了反法西斯主义的思想倾向。1945年创办社会文艺刊物《工艺》，同P.陶里亚蒂等就文学与政治关系的问题展开论战。他主张文学创作不能仅仅"为革命吹奏横笛"，文学的任务是为解放"人"而斗争。后来专事文学编辑工作，培养青年作家。1960年，他和作家I.**卡尔维诺**主编《梅那波》杂志，提倡"工业题材文学"，反映人的异化问题。评论作品收入《两种力量，文学思想笔记》之中。

维多里诺 Vittorino da Feltre (1378～1446-02-02) 意大利人文主义教育家。生于意大利威尼斯附近的费尔特雷。18岁进入帕多瓦大学，获得大学博士学位。1422年被聘担任帕多瓦大学修辞学教授。1423年，他应曼托瓦公爵G.贡扎加的聘请，创办名为"快乐之家"的宫廷学校。在此执教23年，直至逝世。

"快乐之家"位于宫廷外，环境幽雅恬静，校舍宽敞明亮，有学生60名，大多数是王公贵族及巨商的子弟，只有少数是贫民天才儿童。他们六七岁入学，20岁毕业，相当于从小学到大学的程度；实行寄宿制；学生自治。由于学生水平不一，主要采取个别教学法。他提倡学生德智体和谐发展。要求学生必须上体育课，并特别重视骑马、射箭、击剑、角力、游泳及各种游戏项目。在智育上，特别强调古典语文知识的学习，如攻读拉丁文、希腊文和古希腊罗马著作等，并学习数学、天文、历史和自然科学，宗教也是必修课。在教学方法上，主张启发诱导学生；通过团体游戏引起兴趣，激发责任感；在音乐、舞蹈和唱赞美诗等多项活动中，发展儿童主动积极活泼的天性，培养宗教信仰。"快乐之家"是文艺复兴早期人文主义学校的代表，在当时享有很高的声誉，它对欧洲宫廷教育和私人教育有着相当大的影响。

维多利亚 Victoria **塞舌尔**首都和最大港口城市。位于**马埃岛**东北岸。人口2.55万(2010)。属热带雨林气候，高温多雨，热季平均气温30℃，凉季平均气温24℃。1756年起先后是法国、英国的殖民据点，1976年国家独立，成为首都，全国政治、经济和交通中心。工业有香料加工、制茶、碾米、椰子油等小型工业。椰子、肉桂、

维多利亚街景

香草等的集散地。港区被小岛和礁岩所环绕，分内外港，内港为渔业码头，是西南印度洋最大的金枪鱼港。外港为深水区，面积近2.5平方千米，是商业码头，可停泊各类海船，包括集装箱船、滚装船和油轮。码头岸线总长1 290米，有11个泊位，其中4个深水泊位，吃水深9.5～11.5米。年吞吐量近100万吨。有通往毛里求斯、肯尼亚、印度、新加坡和英国等地的航线，是印度洋航线的重要中继站。公路通马埃岛各主要城镇。有国际机场，是印度洋上重要的航空枢纽。有综合工艺学院、师范学院、旅游学校和卡内基公共图书馆。世界著名旅游观光胜地。建筑典雅，街道整洁，风景优美，重要建筑有钟塔和政府大厦；有著名的海滩浴场；植物园物种丰富，多珍奇观赏植物，世界特有种多达80多种，尤以海椰树为国宝。

维多利亚 Victoria 加拿大**不列颠哥伦比亚**省首府。位于西部太平洋岸**温哥华岛**东南端，南隔胡安·德富卡海峡与美国华盛顿州**西雅图**相望，海峡向西通连太平洋。市区面积18.8平方千米，人口7.81万（2006）；包括周围12个自治市的大都市区人口33.01万（2006）。全国气候最温和宜人的城市，1月平均气温0～7℃，7月11～22℃，年降水量858毫米。1843年英国哈得孙湾公司毛皮商最先在此设堡，形成小居民点。1858年**弗雷泽河**淘金热兴起后迅速发展。1862年建市。1871年不列颠哥伦比亚并入加拿大版图后，成为首府。服务业是城市经济的基础。省市政府部门机构、旅游、商业等为主要就业部门。高科技产业正在兴起。木材加工、造船等传统产业已衰落。由于许多退休者迁入，维多利亚成为全国65岁以上老年人口比重最高的城市。有两个深水不冻港：一在市区，为商港；一在西郊，为加拿大太平洋岸主要海军基地。与大陆本土的温哥华和美国西雅图等港口城市有轮渡往返。与岛上东北端的另一港口城市纳奈莫有铁路相连。设有机场。城市保持传统建筑风格，不建高楼，许多老建筑至今保存完好，如省议会大楼（1898）、女皇旅馆（1908）等仍是城市的标志建筑。市内遍布草坪、林木和鲜花，辟有50多个公园，素有“花园城市”之称，北郊著名的布查特花园享有国际声誉。各类旅游设施齐全。有维多利亚大学（1903）等4所高等院校，以及省立博物馆、省立航海博物馆、皇家伦敦蜡像馆等众多文化设施。位于市区的中国城是加拿大华人社会的发源地。

维多利亚港 Victoria Harbour 中国香港重要港口，世界三大天然良港之一。位于珠江口东侧，香港岛和**九龙半岛**之间的海域，港阔水深屏蔽条件好，吞吐量大，足以与美国旧金山港、巴西里约热内卢港相媲美。港湾面积59.5平方千米，平均水深10.9米，宽1.6～9.6千米，有鲤鱼门、硫磺海峡、汲水门等3个主要入口道，吃水12米的巨轮可从东边鲤鱼门自由进出。两岸有九龙湾、红磡湾、爱序湾等海湾和人工修筑的油麻地、红罗湾等避风塘，有利于船舶进出、停泊。在荃湾、屯门等地，扩建了新的港口设施。维多利亚湾内有74个巨轮泊位，九龙的葵涌集装箱码头长2 650多米，设有7个集装箱船泊位，并附设有128公顷货物装卸区，可供世界最大的6万吨集装箱船停泊。优越的地理位置和良好的港口使香港成为亚洲水运中心。集装箱运输发达，是世界最繁忙、效率最高的港口之一。

香港维多利亚港集装箱码头

维多利亚国家画廊 National Gallery of Victoria 澳大利亚的美术馆。位于墨尔本，1859年建成。画廊中收藏和陈列有世界上古代至20世纪的美术名作、土著部落的艺术品以及图书两万卷。其中还有中国艺术陈列室，展出汉代陶器到清代细瓷，以及绘画、雕塑等近千件。画廊后有雕塑公园，陈列A.罗丹和H.穆尔的作品。

维多利亚湖 Victoria Lake 非洲最大湖泊，世界第二大淡水湖。位于**东非高原**中部，跨肯尼亚、乌干达和坦桑尼亚三国，赤道横贯北部，由凹陷盆地形成。湖面海拔1 134米。南北最长400千米，东西最宽240千米，面积6.94万平方千米。平均水深40米，最大深度80米。蓄水量2 518立方千米。湖滨地势起伏不大，以丘陵、平原为主。西岸陡峻，其他三面低平，岸线长3 200余千米，较大的湖湾有卡维龙多湾、斯皮克湾和埃明帕夏湾等。湖中岛屿总面积近6 000平方千米，较大的有乌凯雷韦岛、布加拉岛、鲁邦多岛、马伊索梅岛和布武马岛等。湖区集水面积约23.9万平方千米，有卡盖拉河、马拉河等注入。湖水从北岸流出为维多利亚尼罗河，形成欧文瀑布，流量600米^3/秒；1954年在此建成水电站大坝，该瀑布被淹没。巨大的水体对沿湖地区气候起显著的调节作用，湖区多雷雨，湖西岸为东非的多雨区。鱼类资源丰富，是非洲重要淡水鱼产区。湖滨土地肥沃，是重要的农业区。沿岸重要湖港有乌干达的恩德培、布卡卡塔和贝尔港，肯尼亚的基苏木以及坦桑尼亚的姆万扎等，各港之间有航线联系。

维多利亚女王 Victoria, Queen（1819-05-24～1901-01-22） 英国历史上在位时间最长的国王（1837～1901）。生于伦敦肯辛顿宫，卒于怀特岛。早年在舅父利奥波德（后为比利时国王）监护下受教育，受到自由主义思想熏陶。1837年即位。即位初年，积极参与朝政，同首相、墨尔本子爵W.拉姆配合默契，倾向于**辉格党**，与**托利党**人格格不入。在位后期，政治态度及同内阁的关系有很大变化，转向保守党并同B.迪斯累里结为至交，积极支持他的殖民侵略政策。女王的态度深受资产阶级赞许。1876年成为印度女皇。1887年、1897年内阁举行隆重大典，庆祝女王即位

50周年和60周年。

女王统治时期，特别是1851年以后，在英国历史上被称为维多利亚时代。她在位的60余年正值英国自由资本主义由方兴未艾到鼎盛、进而过渡到垄断资本主义的转变时期，经济空前繁荣，君主立宪制得到充分发展，使女王成为英国和平与繁荣的象征。

维多利亚州 Victoria State 澳大利亚东南部的一个州。北界大部沿墨累河与**新南威尔士州**相邻，西接南澳大利亚州，南隔**巴斯海峡**与塔斯马尼亚岛相望。面积22.74万平方千米。人口549.64万（2009）。为澳大利亚面积较小而人口密度最高的州。首府**墨尔本**。

大分水岭自东北部入境，宽达300千米。向西渐次缩窄、降低，止于格兰扁山脉，形成横亘全境的中央高地。最高峰博贡山，海拔1 986米。中央高地以北为墨累河南岸平原，以南为南部平原，其中有奥特韦山脉、南吉普斯兰等小面积高地在海岸内崛起。海岸线长1 800千米，墨尔本所在的菲利普港湾为维多利亚州和南部沿海最大海湾。墨累河沿州界奔流1 870千米。沿河及其南岸支流灌溉着维多利亚州重要的北部农牧业区。此外，有威默拉河流注欣德马什湖，格莱内尔格河等流注**巴斯海峡**。地处温带，夏热冬凉，雨量适中。中央高地及其以南地区较凉爽多雨，北部及西部地区较炎热干旱。全州面积36%以上为森林覆盖，有大量木材资源。中部山区丰富的黄金矿藏经长期采掘，已濒临枯竭。正在大量开采的矿藏主要是拉特罗布河谷的褐煤和吉普斯兰海岸外的石油和天然气。

经济居全国重要地位。农牧业以羊毛、牛羊肉、奶制品、小麦、葡萄等生产为主，尤以西部地区的细毛羊和肥羔羊著称。工业基础良好，工业化程度高。第二次世界大战以来陆续建立了机械工具、精密仪器、电器设备、钢铁、金属制品、塑料、造纸等工业，并成为汽车和飞机制造的重要基地。吉朗有发达的毛纺织工业以及新兴的汽车制造和石油化学工业。巴拉腊特和本迪戈在19世纪50年代靠附近的黄金采掘而兴起，现为轻工业城市。米尔迪拉、谢珀顿为内地主要的农畜产品加工中心。拉特罗布河谷地区的莫埃和亚卢恩为褐煤采掘和电力工业中心。对外贸易发达，进出口值常年约占全国总值的30%。墨尔本和吉朗为两大主要海港。

维尔哈伦 Verhaeren, Émile（1855－05－21～1916－11－27） 比利时法语诗人、剧作家、文艺评论家。生于圣阿芒，卒于鲁昂。1874年入卢万大学读法律。1883年发表第一部诗集《佛拉芒女人》。1887～1890年间所写诗集《黄昏》、《瓦解》和《黑色的火炬》是倾诉世纪末颓废心情的三部曲。1891年他接近工人运动，开始注意社会题材，成为"现代生活的诗人"。诗作有《妄想的农村》（1893）、《触手般扩展的城市》（1895）等。画家评传有《伦勃朗》（1905）、《鲁本斯》（1910）。剧作有具有史诗气魄的四幕剧《黎明》（1898）、揭露宗教界内幕的《隐修院》（1900）、历史剧《菲利普二世》（1901）和神话题材的《斯巴达的海伦》（1909）等。

维尔加 Verga, Giovanni（1840－08－31～1922－01－27） 意大利小说家、戏剧家。生于卡塔尼亚，卒于卡塔尼亚。毕业于卡塔尼亚大学法律系，但热衷于文学创作，发表了体现民族复兴运动精神的小说《山地的烧炭党人》（1861）和《在潟海湖上》（1863）。

1865年到佛罗伦萨、米兰生活了10余年。他是真实主义文学流派的主将。强调作家应客观地观察生活，真实地、不加粉饰地在作品中予以再现，使作品具有科学文献价值和艺术审美价值。

中篇小说《奈达》（1874）标志着维尔加从初期的偏重写爱情题材的浪漫主义走向了真实主义。《田野生活》（1880）、《乡村故事》（1883）是维尔加短篇小说的力作。长篇小说《马拉沃利亚一家》（1881）、《堂·杰苏阿多师傅》（1889）是维尔加的代表作。前者描述一个世代以打渔为生的渔民家庭的命运，形象地写出在资本主义金钱关系的冲击下，西西里劳动者倾家荡产，青年人被夺取灵魂，道德堕落，农村封建宗法关系分崩离析的图景。后者着意刻画贫苦农民出身，饱经辛酸后发迹为当地首富的杰苏阿多的形象。小说刻画了资本主义使人与人之间的关系变成了赤裸裸的金钱关系。

以维尔加为代表的真实主义的功绩在于，揭示了在资本主义新秩序和旧的封建关系的双重桎梏下西西里社会的阴暗面。他的创作吸取了西西里民间语言的语汇，文辞淳朴，生动，鲜明。作者擅长点染自然景色，以烘托人物心态和意境，使作品具有浓郁的抒情性。这种真实主义文学，对第二次世界大战后的意大利新现实主义文学、电影，都产生了很大影响。

维尔京群岛 Virgin Islands 加勒比海**小安的列斯群岛**北端岛群。位于加勒比海东北缘，西距波多黎各岛64千米，东南隔阿内加达海峡与背风群岛相望。为**大安的列斯群岛**的东延部分，由海底高原露出水面的石灰岩、火山岩峰峦构成。面积约500平方千米。地形多为海拔100多米的低丘，最高点为托尔托拉岛上海拔521米的塞奇山。热带海洋性气候，年平均气温26℃。平均年降水量1 200毫米，迎风坡可达2 000毫米。16世纪起先后沦为西班牙、荷兰、英国、法国和丹麦殖民地，后分属英、美两国。北部与东部称**英属维尔京群岛**；西部与南部称**美属维尔京群岛**。

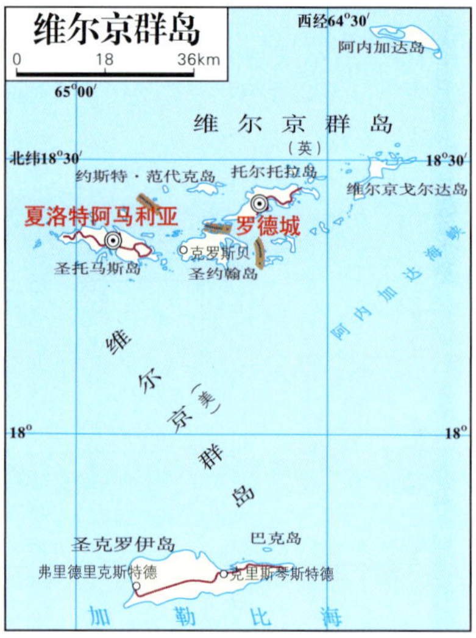

维尔梅伦 Vermeylen, August（1872－05－12～1945－01－10） 比利时佛拉芒语作家、文艺评论家。曾创办《年轻的佛兰德尔》（1889）等杂志。1930年任佛拉芒语的根特大学第一任校长。曾任比利时参议院社会党领袖。主要著作有《评论集》（1904、1905）、《佛拉芒文学史》（1912）、《比利时语言的几个问题》（1918）和小说《永世流浪的犹太人》（1906）等。

维尔纳 Werner, Abraham Gottlob（1749/1750－09－25～1817－06－30） 德国地质学家。水成论的创始人。生于普鲁士萨克森州维劳，卒于弗赖贝格。1769～1771年就读于弗赖堡矿业学院。

1775年受聘为弗赖堡矿业学院讲师，从事教学40余年，并创立了水成学派。1812年当选为法国科学院外籍院士。维尔纳认为，地球表面曾经历过一次海水的淹没，海水水平面至少达到与今日最高的山岳顶峰相等的高程。今日陆地上的各种岩石，都由这次海水的化学沉淀作用和碎屑堆积形成。认为是水分不断向空中消散，海水总体积的减少导致海水的消退。他否认岩石的火成作用，认为玄武岩是由水溶液沉淀生成，而火山的喷发是地壳内部煤层燃烧的结果。维尔纳首先把地质学从矿物学领域中划分出来，成为独立的学科，称之为地壳物质学，认为是论述地壳中矿物、岩石的生成、分布和序次的科学。提出了按矿物外部特征的矿物分类法。主要著作有《关于化石的外形》和《岩层的简明分类和描述》。

维尔纳茨基 Vernadsky, Vladimir Ivanovich (1863-03-12～1945-01-06) 苏联矿物学家，地球化学奠基人之一。生于圣彼得堡，卒于莫斯科。1885年毕业于彼得堡大学自然历史系，

1897年获博士学位后任莫斯科大学教授、矿物学系主任。1912年当选为彼得堡科学院院士。先后任彼得堡科学院副院长、乌克兰科学院院长、苏联科学院镭研究所所长、陨石研究委员会主席、科学史委员会主席、同位素委员会主席等职。他提出的关于硅酸盐结构的理论，已为X射线分析所证实。在矿物学教学中突出地球化学方向，使矿物学发展成为一门有关地壳化学和演变历史的科学。实验研究了生物对化学元素迁移、富集和分散的作用，开创了生物地球化学领域。1927年领导了生物地球化学实验室，对地壳中许多元素，特别是稀有贵重放射性元素的地球化学行为进行了研究，将元素分为惰性气体、贵金属元素、循环元素、分散元素、强放射性元素和稀土元素6类。1924年发表《地球化学》，最早论述了地球化学各项内容。首次为地球化学提出了研究原子历史的任务，认为地球内部的活动取决于放射性衰变，并且预言了原子能的利用。主要著作还有《地壳矿物史》、《生物圈》、《地球化学概论》和《生物地球化学概论》等。

维尔纽斯 Vilnius 立陶宛首都和最大城市。位于国土东南部尼亚里斯河和维利亚河汇流处。人口54.88万(2010)。10世纪已有居民点。1128年首见文字记载。1323年成为立陶宛大公国都城后，发展为贸易中心。1569年立陶宛大公国与波兰联合后，又成为东欧文化中心。1795年并入俄国。1920～1939年再度受波兰控制。1940年后为苏联立陶宛苏维埃社会主义共和国首府，1991年后为独立的立陶宛共和国首都。轻重工业都很发达，生产机床、仪表、电机电器、农机、电子计算机、纺织品、食品等。铁路和公路枢纽，有5条铁路、9条公路汇

维尔纽斯城市一角

集于此，并设国际机场。市内有维尔纽斯大学和立陶宛科学院等6所大学和众多的博物馆、美术馆等。旧城位于尼亚里斯河谷及左岸阶地上，保存有14～18世纪各类历史建筑，屹立在小山丘上的古城堡八角形塔楼为旧城的标志建筑。1994年维尔纽斯旧城历史区作为文化遗产被列入《世界遗产名录》。新城沿维利亚河向北和向西南延伸，是政府、经济、文化机构的云集之地。西部近铁路一带和市北维利亚河北岸为工业区。城西特拉凯湖泊群是游览胜地。城东北有优良河滨浴场。

维尔雅姆松 Vilhjálmsson, Thor (1925-08-12～2011-03-02) 冰岛小说家。1955～1968年任《黎明》杂志编辑。作品有小说、剧本、诗歌和论文，还翻译了许多世界名著。他酷爱旅行，长期旅居国外，作品多以国外的背景和事件为创作素材，深受法国文学思潮影响。《花园里的声音》(1992)是其童年回忆录，描写受人爱戴的祖先们。《金桨船》(1996)是他的第二部回忆录，主要描写他与冰岛和欧洲文艺界著名人士的交往。《灰沼泽在扩大》(1986)是一部描写19世纪冰岛一对同父异母兄妹恋爱并受到当局诉讼的历史小说。其他主要作品还有小说《人总是孤单的》(1950)、《映在一滴水珠之中》(1957)和《深夜屠杀》(1989)等。

维戈茨基 Vygotsky, Lev Semyonovich (1896-11-05～1934-06-11) 苏联心理学家、社会文化历史学派创始人。生于白俄罗斯戈梅利，卒于莫斯科。1917年毕业于莫斯科大学法律系和沙尼亚夫斯基大学历史-哲学系。1924年到莫斯科心理研究所工作。其研究涉及心理学的许多领域，留下了180多种著作，在苏联心理学发展史上起过重要作用。1925年在《意识是行为心理学的问题》一文中提出，研究意识问题对科学心理学具有重大意义。1931年在其代表作《高级心理机能的发展》一书中，阐述了对人的高级心理功能的社会起源与中介结构的观点。1934年在《思维和言语》一书中介绍了他对概念的发展与儿童科学概念形成的实验研究，评述了J.皮亚杰关于儿童自我中心言语的观点。在《学龄前期的教学与发展》、《学龄期教学与智力发展问题》等论文中阐述了教学与发展的关系，提出“最近发展区”、“教学必须走在发展前面”的观点，指导了20世纪50～70年代以L.V.赞科夫为首的教学实验。

维戈茨基关于人的高级心理机能是文化历史的产物及个体的心理发展在社会中、在人际交往中实现的思想，不仅在苏联影响很大而且在70年代后期引起西方心理学界的重视，在国际上掀起一股维戈茨基研究热。

维管植物 vascular plant 有维管组织分化的各类植物的总称。包括蕨类植物门、裸子植物门和被子植物门的植物。维管组织是植物体中运输水分、无机盐和有机物的复合组织，由木质部和韧皮部组成。在裸子植物和被子植物中的双子叶植物的维管组织中，木质部与韧皮部间有形成层。木质部由管胞、导管、木纤维和木薄壁细胞组成，主要功能是把植物从根部吸收的水和无机盐向上运输到植物体的各个器官和组织中去；韧皮部由筛胞、筛管、伴胞、韧皮纤维和韧皮薄壁细胞组成，主要功能是把叶子或其他绿色组织经过光合作用制造的有机物向下运输到植物体的茎、根等各个组织器官中去，也可把根部储藏的物质经过消化后向上运输到植物的茎、叶、果实等器官和组织中去。木质部和韧皮部还具有支持功能。

维管植物具有孢子体世代和配子体世代。孢子体非常发达，具有根、茎、叶等营养器官，并能产生具孢子的孢子囊。低等维管植物的配子体可以独立生活，但是形状细小，结构简单。种子植物的配子体更为退化，只有几个细胞在孢子内发育。

维管植物起源的时间，现在较多的古植物学家认为始现于志留纪。也有人根据分散保存的三缝孢，认为从寒武纪就有维管植物存在。维管系统的发生是植物从水生到陆生长期适应环境的结果。维管系统的有效输导，使维管植物成为最繁茂的陆生植物。比较原始的维管植物的木质部中多只具管胞，故又称管胞植物。

《维汉词典》 *Uygur-Chinese Dictionary* 以汉语解释现代维吾尔语语词及常用词

组的中型词典。新疆大学中国语文系编。1982年新疆人民出版社出版。其中维吾尔语语词、例句均用当时使用的维吾尔新文字。收词2.3万多条，连同词条内的词组、成语等共约3万多条。除常用词外，还收了一些专业名词和方言词。分正词条和副词条。单词、双词（指并列复合词、谐音词）和合成词为正词条，以正词条中的词开头的固定词组、科技术语、成语为副词条。正副词条均以拉丁字母为基础的维吾尔新文字字母顺序排列。正文后有维汉对照的《我国少数民族简表》等附录。

维吉尔 Virgil; Vergil（前70～前19） 古罗马诗人。拉丁文全名为普布利乌斯·维吉利乌斯·马罗。生于曼图亚附近。幼年曾去克雷莫纳、罗马和意大利南部学习修辞和哲学，受到良好教育。因体弱多病，内战期间未服兵役，专心写作。最早的重要作品是《牧歌》十章，约成于公元前42～前37年。这些牧歌除了虚构一些年轻牧人的爱恋情节外，也抒发了对当时政治和社会的真实感情。第二部重要作品是公元前29年发表的4卷《农事诗》，全诗共2 188行，用了7年时间才完成。第1卷写种庄稼，第2卷写种葡萄和橄榄树，第3卷写牧牛马，第4卷写养蜂。创作此诗与奥古斯都很注意振兴农业有关。

12卷史诗《埃涅阿斯纪》是他最重要作品，根据罗马神话传说创作而成。罗马人最早的祖先是来自特洛亚的英雄埃涅阿斯。伊利昂城被阿凯亚人攻陷后，埃涅阿斯在天神护卫下逃出来，同他父亲安基塞斯和他的小儿子尤利乌斯一起，辗转到了意大利，娶当地的公主为妻，建立了王都，开始了尤利乌斯家族的统治。这个传说就成为史诗内容的根据。

维吉尔生前就被公认为最重要的罗马诗人，死后声名始终不衰。由于罗马基督教会从公元4世纪起就认为他是未来世界的预言家和圣人，因此他在中古时代一直享有特殊的尊荣地位。

维加·卡尔皮奥 Vega Carpio, Lope Félix de（1562-11-25～1635-08-27） 西班牙作家、戏剧家、诗人。生于马德里。曾在耶稣会学校学习，进入大学不久，因丧父辍学。后从事剧本写作。他以戏剧、诗歌和小说创作丰富了西班牙古典文学的宝库，被誉为“天才中的凤凰”。主要成就是戏剧，完整的剧本462种。按内容分为袍剑剧、宗教剧、牧歌剧、神话剧、历史剧、以骑士小说情节为题材的戏剧、以意大利小说情节为题材的戏剧、以外国历史和传说为题材的戏剧、以西班牙的历史和传说为题材的戏剧9类。其中以《羊泉村》（1612～1614）最为著名。这些戏剧被称为喜剧的三幕剧，讲究情节，人物的性格服从于情节的需要，对白采用诗体。维加·卡尔皮奥的戏剧题材广泛，涉及当时重大的社会问题，反映了16世纪和17世纪之交西班牙的社会风貌和各阶层人物的生活。

其戏剧艺术理论以诗体论文《当代写作喜剧的新艺术》（1609）为代表。它确定了戏剧家创作动机的自由和艺术想象的自由，促进民族戏剧摆脱古典主义的束缚。诗歌作品抒情诗集有《诗韵集》（1604）、《精神谣曲》（1619）；叙事诗主要有《安赫利卡的美丽》（1602）、《安德罗梅达》（1621）等。长篇小说有田园牧歌小说《阿卡迪亚》（1598）、神话小说《贝伦的牧人》（1612）和对话体小说《拉·多罗特亚》（1632）。

维贾亚纳加王国 Vijayanagar Kingdom 14～17世纪统治德干南部的印度教王国。首都为维贾亚纳加（意即胜利城），故名。其版图包括克里希纳河与通加巴德拉河以南的广大地区，为南印度历史上的黄金时代。

德里苏丹国穆罕默德·伊本·图格鲁克于1329年撤离德干，导致维贾亚纳加王国的兴起。维贾亚纳加王国经历了桑加马、萨卢瓦、图卢瓦、阿拉维杜4个王朝。开国君主诃里诃罗一世于1343年建都于维贾亚纳加，并奠定了中央集权基础。布卡与**巴赫马尼王国**苏丹交战的胜利使维贾亚纳加王国领土从通加巴德拉河扩张到半岛南端，跨东西两海岸。克里希纳·迪瓦·拉亚时代，维贾亚纳加国力强大，进军至巴赫马尼王国腹地，并与果阿的葡萄牙人建立贸易关系，实行宗教兼容政策，兴修水利，发展农业。1565年的塔利科战役中，穆斯林联军击溃维贾亚纳加军队，拉马·拉亚被俘杀，王国陷于瓦解。

维贾亚纳加王国是印度洋海上贸易大国，与东南亚、中国、地中海沿岸各国有着密切贸易关系。大宗出口商品有印度细棉布、细罗纱、印染纺织品、靛蓝、胡椒、蔗糖，输入主要是黄金、战马、中国丝绸。葡萄牙海上贸易的兴盛在很大程度上依靠与维贾亚纳加的贸易关系。

维克多·哈苏公司 Victor Hasselblad AB 瑞典照相机生产厂商。原是创建于1841年的家族公司，1887年开始经营感光材料，1908年成为柯达在瑞典的总代理。1948年哈苏第一台120单镜头反光照相机1600F型问世。哈苏公司是世界上极少数仅生产机身的相机厂商，其镜头均向蔡司与施耐德订制。近年来在135、6×4.5相机与**数码相机**领域不断推出新产品。

维克里 Vickrey, William（1914-06-21～1996-10-11） 美国经济学家，拍卖理论的创始人。生于加拿大维多利亚市，卒于美国纽约哈里森。1948年获哥伦比亚大学哲学博士学位。1979年获芝加哥大学人文学博士学位。1937年在国家资源规划委员会和美国财政部工作。1946年任哥伦比亚大学经济学讲师，1958年任教授。1972年任哥伦比亚大学麦克维卡讲座政治经济学教授，1982年任麦克维卡讲座荣誉教授。还曾任纽约市经济学会会长、美国国家经济研究局主席、美国经济学联合会会长等职。1996年与J.米尔利斯共获诺贝尔经济学奖。

维克里对于经济学的贡献主要表现在最优税制结构理论、拍卖理论和城市公共设施定价等方面。他在20世纪40年代中后期对所得税的研究和60年代初对**投标**与喊价的研究，为信息经济学奠定了基础。他提出了一种全新的拍卖方式，即“维克里拍卖法”。解决了在信息不完全或不对称的情况下，设计出一种激励相容的约束机制，以实现最有效率地配置资源的目标。著有《累进税纪事录》、《微观静态学》、《突变论与宏观经济学》、《公共经济学》等。主要论文有《效用、战略和社会决策规则》、《反投机、拍卖和竞争性密封投标》、《20世纪90年代联邦税收政策》等。

维兰德 Wieland, Christoph Martin（1733-09-05～1813-01-20） 德国作家。生于比贝腊赫，卒于魏玛。曾在埃尔富特、蒂宾根大学学习。做过家庭教师、市政官、大学教授、刊物主编等。早期作品具有强烈的宗教感情，如教诲诗《事物的性质》（1752）、《被考验的亚伯拉罕》（1753）等。悲剧《约翰娜·格莱夫人》（1758）标志思想上开始“返俗”。成熟期的作品转向现实生活。主要有自传体“教育小说”《阿迦通的故事》（1766～1767），针砭德国时弊的小说《金镜》（1772），对庸俗市侩习气进

行尖锐讽刺的《阿布德拉城居民的故事》(1774)等。晚期编订了他的全集《手订全集》(39卷，1794～1802)。

维勒 Wöhler, Friedrich (1800-07-31～1882-09-23) 德国化学家。生于法兰克福，卒于格丁根。1820年入马尔堡大学学习医学，1821年受L.格麦林的影响，开始对化学感兴趣，1823年获医学博士学位后，决定放弃医学，

在斯德哥尔摩和J.J.贝采利乌斯一起工作一年。1825年回国，在柏林化学和矿物学校、卡塞尔技术学校教化学，一直到1831年。1836年任格丁根大学化学教授。1828年从无机化合物氰酸铵合成了**尿素**，被认为是推翻生命力学说的里程碑。这种学说认为尿素纯粹是动物的产物，是由生命力控制产生的，不可能由无机物合成。1848年维勒发现氢醌，1828年最早分离出元素铍并命名。1842年他制备了碳化钙，并证明它与水作用，放出乙炔。写了许多教科书，主要有：《无机化学基础》和《有机化学基础》等。和李比希合编《纯粹与应用化学词典》。他曾是许多科学学会的荣誉会员，获得了多种奖章和奖金。

维里西莫 Veríssimo, Érico Lopes (1905-12-17～1975-11-28) 巴西小说家。生于上克鲁斯，卒于阿雷格雷。因家庭破产和父亲去世中断学业独立谋生。做过杂货店店员和银行职员，开办小药店。任杂志社秘书和编辑。1932年出版短篇小说集《木偶人》，翌年出版第一部长篇小说《克拉丽萨》，自此成为一名职业作家。第一时期主要创作城市小说，作品均以阿雷格雷港口城市为背景，表现城市各阶层人们的生活。主要有《十字路口》(1935)、《看那田野里的百合花》(1938)、《余下来的是沉默》(1943)等长篇小说。第二时期主要创作历史小说。作家完成由《大陆》(1949)、《肖像》(1951)和《群岛》(1961)组成的《时间与风》三部曲，描写南里约格朗德州从形成到1945年期间共200年的历史进程。第三时期创作的大多为政治小说。主要有《大使先生》(1965)、《安塔雷斯事件》(1972)。除小说外，作者还有《雪地上的黑猫》(1941)、《墨西哥》(1957)等多部游记以及《蒂比库埃拉历险记》(1937)、《大象巴西利奥生平》(1939)等相当数量的儿童文学作品，以及回忆录《单簧管的独奏》(1973)等。

维龙加国家公园 Virunga National Park 刚果（金）国家公园和自然保护区。位于东部边境，毗邻乌干达鲁文佐里国家公园和卢旺达火山公园。建于1925年，范围南至基

维龙加国家公园的大猩猩

伍湖北岸，东北为鲁文佐里山，南北狭长，面积8 152平方千米。附近居住有俾格米人。园内地貌、气候、植被类型多样，呈现东非大裂谷山地断层湖带壮丽独特自然景观。中部大多为爱德华湖所占据。湖以北的鲁文佐里山有冰川和积雪，西侧雪线海拔4 846米；最高点斯坦利山的玛格丽塔峰海拔5 109米，是非洲第三高峰。中南部爱德华湖与基伍湖之间，有维龙加火山群、鲁丘鲁瀑布等。火山群包括8座火山，平均海拔2 500米左右。其中尼拉贡戈火山海拔3 470米。维龙加山多雨区年降水量1 500～2 000毫米。山区植被呈垂直分布，从热带森林变化到非洲高山植物；中南部有塞姆利基河谷的热带森林、鲁因迪－鲁丘鲁平原的热带草原、活火山的稀疏林带和死火山的竹林带等类型。园内多野生动物，著名的有黑猩猩（活火山区）、大猩猩（竹林区）、獾㹢狓、象、河马等。还有狮、野牛、羚羊、各种鸟类（包括鸬鹚和秃鹳）和鱼类、野犬、土豚等。

维纶 vinylon 聚乙烯醇缩甲醛纤维的中国商品名。以**聚乙烯醇**(PVA)为原料，通过纺丝和后加工制成的合成纤维。日本称维尼纶。20世纪30年代德国首先制成聚乙烯醇纤维，因它溶于水而无法用作纺织品。后来日本和朝鲜将这种纤维与甲醛反应，制成聚乙烯醇缩甲醛纤维，解决了溶解于水的问题。50年代日本首先工业化生产。

维纶吸湿性、保暖性、耐腐蚀和耐日晒性能好，强度和耐磨性优于棉花。缺点是耐热水性能较差，弹性不够好，服用中易折皱变形，染色性不理想。主要用于工业领域，如帆布、滤布、运输带、缆绳、渔网、工作服和包装袋等。维纶的高强度、高模量产品特别适合于代替石棉做水泥制品的增强材料。水溶性聚乙烯醇纤维可用于纺制高支细纱。

《维摩经》 *Vimalakīrti-nirdeśa-Sūtra* 佛教经典。全名为《维摩诘所说经》，又称《维摩诘经》。由后秦**鸠摩罗什**译成。罗什又称其为《不可思议解脱经》。3卷14品。经中讲述了吠舍离城中维摩诘居士与文殊师利等共论佛法，宣扬“菩萨行于非道，是为通达佛道”。肯定了菩萨修行完全可以不离世间行为。经中赞叹般若性空的思想。在此基础上宣扬佛教的认识论和语言观。它主张对佛法的理解无法形诸言辞，应“无言无说”和“无有文字语言”。它认为达到至圣境界就是泯除一切分别，没有是非与善恶。此经属于**大乘佛教**初期作品，约成于1～2世纪。译出后极受汉地重视，被认为是居士佛教的理论依据。除鸠摩罗什译本外，现存译本还有2种：三国吴支谦译《维摩诘经》2卷，唐玄奘译《说无垢称经》6卷。此经疏本甚多，**僧肇**、**慧远**、**智𫖮**、**吉藏**、**湛然**、**窥基**等均有注疏。

维纳 Wiener, Norbert (1894-11-26～1964-03-18) 美国数学家和控制论家。**控制论**创始人。生于密苏里州哥伦比亚市，卒于瑞典斯德哥尔摩。1909年在塔夫茨学院获文

学士学位。1913年在哈佛大学获哲学博士学位。1913～1915年，先在英国剑桥大学B.A.W.**罗素**指导下研究**数理逻辑**，后在德国格丁根大学D.**希尔伯特**指导下研究数学。1915～1919年，先后担任哈佛大学哲学讲师、缅因大学数学讲师和通用电气公司工程师。此后在麻省理工学院任讲师、助理教授、副教授、教授，直到1960年退休。1933年当选为美国国家科学院院士。1935～1936年任中国清华大学客座教授。在非线性随机过程理论、布朗运动理论、广义调和分析等数学方面作出贡献。第二次世界大战期间从事防空火炮自动控制装置的研究，提出用统计方法处理控制与通信问题并建立维纳滤波理论。重要论文有《微分空间》、《广义调和分析》、《复数域傅里叶变换》、《平稳时间序列的外推、内插和平滑》等，专著有《傅里叶积分及其某些应用》和《随机过程中的非线性问题》。1948年出版控制论奠基性著作《控制论，或关于在动物和机器中控制与通信的科学》，还有《人有人的用处——控制论与社会》，以及与J.P.谢德合编的《神经、大脑和记忆模型》、《神经控制论》、《生物控制论进展》等。获哈佛大学鲍登奖、美国数学会博歇奖、美国洛德和泰勒设计奖、美国制造工程师学会研究奖章、美国科学奖章。

维纳恩湖 Vänern 瑞典最大湖泊，欧洲第三大湖。位于国土西南部。面积5 585平

方千米，湖长约145千米，最深达98米，湖面海拔44米。接纳众多河流，其中最大为克拉尔河。湖水经约塔河，往西注入卡特加特海峡。往东经约塔河沟通波罗的海。使西海岸的哥德堡可通过河、湖、运河连接上东海岸的斯德哥尔摩。湖滨四周除南岸低平，利于耕作外，其他多岩石和树林。特罗尔海运河的改造工程使远洋船舶能从卡特加特海峡直达沿湖多个港口。

维纳斯 Venus 古罗马神话中的园艺和丰产女神，后来与古希腊神话中的爱与美女神阿佛罗狄忒混同。由于据传说罗马人的祖先埃涅阿斯由她所生，因此她被视为罗马人的女始祖和尤利乌斯家族的祖先，从而在凯撒和奥古斯都时代受到特别的尊崇。

《维纳斯》(米洛斯的) *Venus* of Melos 希腊雕像。见《阿佛罗狄忒》(米洛斯的)。

《维纳斯的诞生》 *The Birth of Venus* 15世纪意大利文艺复兴时期佛罗伦萨画家S.博蒂切利的作品。1485年间为装饰劳伦佐的别墅而作。画家把美神维纳斯安排在极幽静的环境，背景是平静而微有碧波的海面，维纳斯忧郁地站在象征她诞生之源的贝壳上，体态娇柔无力，且充满忧郁和迷惘的神情，在一定程度上反映了艺术家自己对现实生活的惊惶与不安。从表现技法

上看，作者的写实手法中掺杂着一些变形的因素，表明画家是在故意强调形象的精神，而不是着重表达肉体。

维内 Wiene, Robert (1880-11-16～1938-07-17) 德国电影导演。生于萨斯库，卒于法国巴黎。1912年作为编剧进入电影界。独立执导的第一部影片是《他左，她右》(1914)。维内导演的由C.梅育和H.雅诺维茨编剧的《卡里加里博士》(1919)是德国电影史上一部很重要的影片，也是表现派的代表作。之后他的表现派风格影片《盖努茵》(1920)并不成功，《拉斯科尔尼科夫》(1923)、《奥克拉的手》(1925)和《基督的一生》(1923)等影片小有成绩。歌剧片《玫瑰骑士》(1926)则被认为是他的成功之作。继而又拍了一些商业片，如《另一人》(1930)等。随后移居法国，在导演《最后通牒》过程中去世。

维尼亚夫斯基 Wieniawski, Henryk (1835-07-10～1880-03-31) 波兰小提琴家、作曲家。生于卢布林，卒于莫斯科。8岁入巴黎国立高等音乐学院学小提琴。1846年毕业后在波兰、俄国、芬兰等地旅行演出。1849～1850年间又入巴黎国立高等音乐学院学习作曲。之后在欧洲各国进行演出活动，获得很高声望。70年代曾同钢琴家A.G.鲁宾斯坦赴美国演出，获得巨大成功。70年代中期在布鲁塞尔音乐学院教授小提琴。维尼亚夫斯基最著名的作品有《第一小提琴协奏曲》、《第二小提琴协奏曲》、小提琴曲D大调《第一波洛奈兹舞曲》以及为小提琴和乐队而写的《莫斯科的回忆》。他的《圆舞曲随想曲》和《g小调传奇曲》也较著名。

维诺格拉多夫 Vinogradov, Aleksander Pavlovich (1895-08-21～1975-11-16) 苏联地球化学家。生于圣彼得堡，卒于莫斯科。1924年毕业于列宁格勒大学化学系。1953年当选为苏联科学院院士。曾任苏联科学院地球化学与分析化学研究所所长、莫斯科大学教授、苏联科学院副院长、国际地球化学和宇宙化学协会名誉主席等职。早年参与生物圈地球化学的创建工作，研究生物体的化学组成变化，特别是其稀有分散元素的含量与生物体演化的关系。1938年提出生物地球化学省的概念，发展了生物圈地球化学找矿法，创立了苏联同位素地球化学新学派。将同位素地球化学广泛应用于解释岩石成因、成矿和地质体的年龄。测定地壳中主要岩石的平均组分，特别是俄罗斯地台的岩石组分，主持编制俄罗斯地台的岩性-古地理图集。从60年代起，致力于陨石的组分和行星化学研究，提出行星外壳形成机制假说。首先发现月球表面存在玄武岩，最先确定金星大气的组分。主要著作有《海洋生物体的化学元素组成》、《土壤中稀有分散元素地球化学》、《地球的化学演化》和《行星化学》等。

维诺格拉多夫 Vinogradov, Ivan Matveyevich (1891-09-14～1983-03-20) 苏联数学家。生于米洛柳布镇一个乡村牧师的家庭，卒于莫斯科。1914年毕业于圣彼得堡大学物理数学系。1925年起任国立列宁格勒大学数论教研室主任，1929年当选为苏联科学院院士。从1934年起任苏联科学院斯捷克洛夫数学研究所所长。

他的主要贡献在解析数论方面。1934年提出了估计外尔三角和的新方法，对华林问题作了重大改进（见堆垒数论）。1937年他引进了线性素变数三角和 $\sum_{p\leqslant x} e^{2\pi i\alpha p}$ (p 取素数）并得到了它的非显然上界估计，从而证明了：存在正数c使得每个大于c的奇数是三个奇素数之和。他一生不断完善和发展估计各种三角和的方法，在许多著名数论问题上得到重要结果。他的方法已成为解析数论的强有力的工具，并在分析学、近似计算、概率论及数学物理等领域得到应用。

苏联政府曾多次褒奖维诺格拉多夫的重要贡献。他还被选为20多个国家的科学院和学术组织的院士和名誉会员。

他的主要著作有《数论基础》(1981，第9版；中译本，1952，第5版)、《特殊形式的三角和方法》(1976)和《数论中的三角和方法》(1980，第2版)等。

维萨里 Vesalius, Andreas (1514-12-31～1564-10-15) 佛兰德斯医师，人体解剖学的奠基人。生于布鲁塞尔，卒于从耶路撒冷朝圣归途中的赞德岛。1529～1533年在卢万大学学习。1533年到蒙彼利埃和巴黎等地学医。1537年底到意大利，获帕多瓦大学医学博士学位并被聘为该校的外科学和解剖学教授。1543年后任西班牙国王查理五世、菲利普二世的侍医。1538年出版《解剖图谱六种》，1543年在巴塞尔发表划时代的七卷本《人体构造论》。

维萨里在书中第一次与古罗马医生加伦相反地描述了静脉和人类心脏的解剖。他仔细描述了纵隔及系膜；改正了加伦关于肝、胆管、子宫和颌骨的解剖上的200余处错误，给予人们一个全新的人体解剖知识。

维森特 Vicente, Gil (1465～1537) 葡萄牙诗人、戏剧家。创作于1502年的第一部剧本《牧牛人的独白》是牧歌剧。此后创作了宗教短剧《灵魂》和《受凌辱者去朝圣》，反对迷信上帝，同情受迫害的农民。作者以各种人物的习惯语言，表现出戏剧中典型人物的特征。剧中的诗句一般采用七音节的“雷同迪亚”诗体。著有圣礼剧、喜剧、悲喜剧、讽刺剧四类剧本44种，主要有《巫婆卡桑德拉》(1513)、《鳏夫的喜剧》(1514)、《堂杜瓦尔多斯》(1525)、《谁得到麸皮》(1509)等。

维舍特 Wiechert, Emil (1861-12-26～1928-03-19) 德国地球物理学家。生于蒂尔西特，卒于格丁根。1889年毕业于柯尼斯堡大学物理学系，1897年为格丁根大学教授。

1897～1914年，他和他的学生K.策普里茨、B.古登堡、L.盖革和G.安根海斯特在《格丁根学报》上发表了一系列地球物理学重要著作，对于地球内部构造、地震波走时，地震波传播理论和机械地震仪理论等，都有很重要的贡献，且影响深远，因此有格丁根学派之称。1900年，维舍特设计制造出倒立摆式机械地震仪，至今仍在某些地震台使用。还同G.黑尔格洛茨一起，发表了利用地震波走时计算地球内部波速分布的著名公式。是最早发现地核的学者之一，并提出地核是液体的假设。曾对地核的大小作出估计。第一次世界大战期间，研究了大气层中声波的传播问题。此外，在地震勘探和大气电学方面也有所贡献。

维生素 vitamin 维持生物正常生命现象所必需的一类小分子有机物。许多维生素是辅基或辅酶的组成部分。根据溶解性，可把维生素分为两大类：水溶性维生素，包括B族维生素及维生素C；脂溶性维生素，包括维生素A、D、E、K等。有些物质在化学结构上类似于某种维生素，经过简单的代谢反应即可转变成维生素，此类物质称为维生素原。动物体内或不能合成，或合成量不足，必须由外界供给。有些维生素如维生素B_6(V_{B6})、K等能由动物肠道内的细菌合成，合成量可满足动物的需要。维生素C除灵长类（包括人类）及豚鼠以外，其他动物都可以自身合成。植物和多数微生物都能自己合成维生素，不必由体外供给。

维生素可调节物质代谢，缺乏维生素时细胞内一些代谢反应不能进行，平衡失调，影响细胞及组织功能，甚至引起生物死亡。所有水溶性维生素都参与催化功能。脂溶性维生素的功能没有B族维生素那样清楚。维生素K参与一些蛋白质中谷氨酸的羧化，维生素D促进钙的吸收，维生素A为视紫蛋白的组成部分。

维生素长期摄入不足或吸收障碍可引起维生素缺乏症。维生素缺乏分为原发性（食物性）与次发性两种。前者指食物中摄入量低于正常需要；后者指食物中维生素含量充足，但由于存在某种疾病或特殊生理条件，如肠道吸收不良、慢性酒精中毒、怀孕、喂乳等造成的缺乏。常见的维生素缺乏症有脚气病（因缺V_{B1}所致）、神经营养障碍（因缺V_{PP}所致）、恶性贫血（因缺V_{B12}所致）、坏血症（因缺V_C所致）、夜盲症（因缺V_A所致）和佝偻病（因缺V_D所致)等。但过量摄入维生素也可能有害健康，如连用3天V_K(30mg/d)注射液即可造成新生儿高胆血红素症。

维生素A vitamin A 构成视网膜感光物质和维护上皮细胞结构功能的一种脂溶性维生素。又称视黄醇。

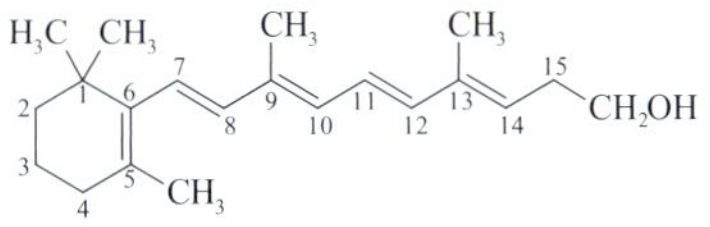

生理功能 包括几个方面：①视觉功能。构成视觉细胞内的感光物质成分。②免疫功能。血清维生素A水平与外周血淋巴细胞百分数和转化率呈正相关。对淋巴细胞生成有促进作用。③维生素A与缺铁性贫血。人群补充维生素A，铁摄入量不变，铁的营养状况改善。维生素A和β-胡萝卜素都可提高铁的吸收。④维持上皮组织结构的完整。⑤其他。促进生长、发育及繁殖，包括精子生成。

维生素A缺乏症和毒性 食物中维生素A含量不足、人体对维生素A的需要量增加、某些疾病造成的维生素A消耗或损失过多、胃肠吸收障碍、肝脏疾病、感染等原因均可导致维生素A缺乏。维生素A缺乏症主要引起干眼病。

维生素A中毒症：维生素A摄入过量并在体内蓄积，形成胡萝卜素血症，皮下脂肪呈黄色。一次服用大量可引起急性中毒。婴儿急性中毒，主要表现囟门突出。成人毒性反应表现为呕吐，皮肤瘙痒、脱皮，甚至脑水肿；每日服用较高剂量持续数月或一年以上时，即可发生慢性中毒。儿童主要表现为厌食、体重减轻、恶心及呕吐、还可有口唇干燥、皮肤瘙痒、脱屑、皮疹、脱发等。严重时颅压增高、肝脾大、烦渴、多尿。孕妇需要量增加，但过量可导致胚胎吸收，流产或胎儿畸形。维生素A中毒时，血中维生素A浓度最高为正常值的数十倍。

食物来源 维生素A只存在于动物性食品中，如动物肝脏、鱼肝油、鱼卵、全奶、奶油及蛋黄等中含量较高。胡萝卜素存在于绿色或黄色植物性食品中，如胡萝卜、油菜、菠菜、苜蓿、红心白薯、柿、杏等含量较多。

维生素A的补充以食物为主，维生素A制剂可作为辅助补充手段。维生素A制剂一般有维生素A丸、浓缩鱼肝油丸，中国制剂的鱼肝油丸一般每丸含1万国际单位维生素A。

临床应用 用于防治夜盲症、干眼病和角膜软化症等维生素A缺乏症。还可用于皮肤角化、毛囊角化、痤疮等皮肤病。

维生素C vitamin C 主要用于治疗坏血病的一种与人体的多种代谢有关的水溶性维生素。化学名称为抗坏血酸。是人体正常生长发育所必需。人类不能合成及贮存维生素C，需经常不断地由食物供给。缺乏维生素C可导致坏血病，严重者可导致死亡，但现已少见。

维生素C为六碳糖（己糖）衍生物，抗氧化剂。易脱氢而氧化形成脱氢维生素C，仍有活性：

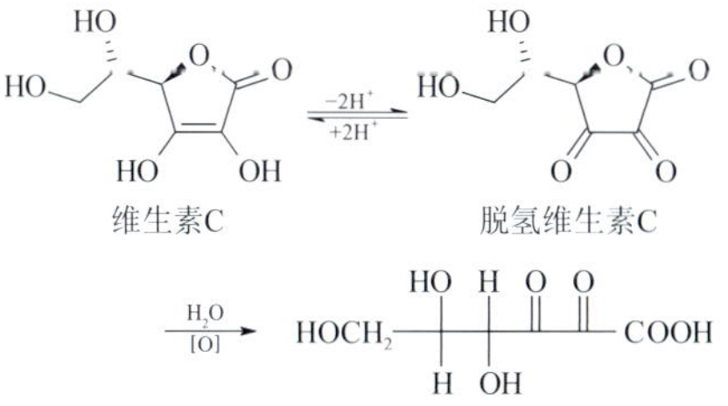

二酮古洛糖酸

生理功能 ①是胶原生物合成中必需的物质。②参与儿茶酚胺合成和酪氨酸代谢。③参与金属离子代谢。④参与类固醇、药物或毒物的羟化反应。⑤加速细胞内环状核苷酸的合成，减少其分解。以及阻断体内亚硝基化合物形成，故有预防癌症的作用。⑥减低血中组织胺的含量。⑦强抗氧化剂。它还预防心脑血管等疾病，能预防白内障、高血压、高血脂、能清除自由基。⑧有利于干扰素及免疫球蛋白的合成，增强人体的免疫系统抗病能力。

推荐摄入量 中国2000年建议的推荐摄入量（毫克/日）：14岁以上及成人100；怀孕4个月以上的孕妇和哺乳母亲130；婴幼儿和儿童40～90。食牛奶的乳儿及老年人应注意补充维生素C。

维生素C缺乏症 若人工喂养的婴儿及成人的食物中长期缺乏新鲜蔬菜和水果，可因为维生素C缺乏引起坏血病。由于结缔组织形成不良，以致毛细血管管壁不健全，脆性增加，易于出血，常见牙龈、皮肤、皮下、肌肉、关节、内脏、黏膜等处的出血。骨骼病变为骨骼下出血及骨质疏松等。患者还可以有倦怠、乏力、食欲差、生长延缓、烦躁不安、消化不良、**贫血**、抵抗力弱、易感染等。慢性边缘性维生素C缺乏表现为血浆维生素C浓度下降、倦怠、疲劳、血胆固醇和甘油三酯不正常等。经常食用含量丰富的新鲜蔬菜和水果可防治维生素C的缺乏。

高剂量的副作用　维生素C很少引起毒性，但大剂量可使草酸排泄增加甚至形成结石。中国2000年提出的可耐受最高摄入量，婴儿儿童及少年为推荐摄入量的10倍即400～900毫克/日；14岁以上，包括孕妇、乳母和老年人为1 000毫克/日。

食物来源　主要存在于新鲜蔬菜水果中，中国野果如刺梨、中华猕猴桃、沙棘、酸枣等含量较高，柑橘类次之。绿色蔬菜，尤其是能生食的蔬菜是好的来源。豆类含量也较多。

临床应用　①治疗坏血病的特效药。②中国用于心肌病的治疗。③防治**动脉粥样硬化**。④预防癌瘤。⑤其他。如防治感冒，辅助治疗各种传染病、肝胆疾患、克山病、血栓、外伤等。

维生素E　vitamin E　主要用于治疗肌肉萎缩的一种脂溶性抗不育维生素。化学名称为生育酚，也曾称为生育醇、生育素、维生素戊。无色或淡黄色油状物，无臭无味，不溶于水，易氧化，光、热和碱可促进其氧化。1936年得到纯化合物，1938年鉴定出化学结构。按结构分为两类，即生育酚和三烯生育酚。

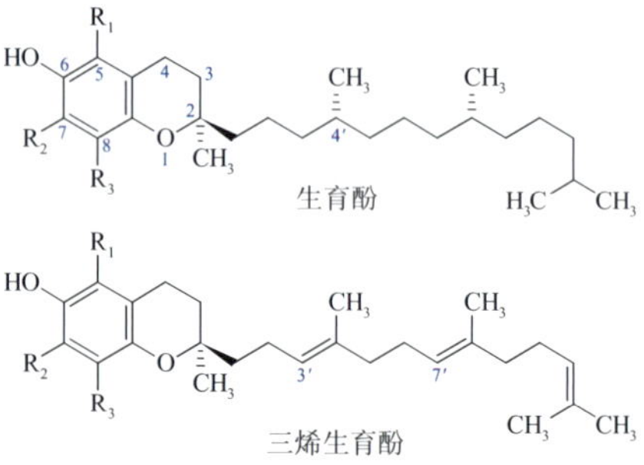

R_1、R_2、R_3皆代表CH_3或H

生理功能　维生素E与许多代谢有关，它的抗氧化作用保护了细胞膜的完整性，也防止了**维生素**C、胡萝卜素的氧化；参与DNA合成及维持正常免疫功能，也能减少体内组织中氧的消耗，有利于组织增强对低氧状态的耐受性；增强体内酶的活性，对药物及毒物代谢有影响，对红细胞生成很重要，能促进肝中血红蛋白的生成。

适宜摄入量　中国2000年提出以毫克α-TE计（α-TE为α-生育酚当量）：0～1岁3；1～3岁4；4～6岁5；7～10岁7；11～13岁10；14岁以上14；老人、孕妇、乳母14。其他异构体因活性不同，须乘以系数。如β生育酚乘以0.5，γ乘以0.1，α三烯生育酚乘以0.3。维生素E与多不饱和脂肪酸代谢密切，每摄入1克多不饱和脂肪酸，应供给0.6毫克维生素E。

维生素E缺乏症和毒性　人类维生素E缺乏症多为早产儿及蛋白质营养差的婴儿，其症状为水肿及贫血。成年人长期脂肪下痢而发生维生素E缺乏时，可出现肌肉萎缩及肌酸尿，给予α-生育醇有一定疗效，可使尿中肌酸消失，肌肉症状改善。生育酚存在于红细胞膜上，当血浆中维生素E低时易发生溶血。

维生素E引起副作用的报告不多，主要表现恶心、气胀、易疲劳、头痛、不适或腹泻。大剂量时使凝血酶原时间延长。

食物来源　维生素E广泛存在于动植物组织中，其中以麦胚和玉米胚油中最多，其次为棉子油、花生油、豆油、芝麻油、蛋、肝、奶、肉、鱼肝油。

临床应用　除用于早产儿及婴儿维生素E缺乏症的治疗外，临床还用于治疗：①心血管疾病。②生殖系统疾病。③**风湿性关节炎**、**湿疹**及皮炎等。

《维斯比规则》　*Visby Rules*　**《海牙规则》**的修改与补充。《修改1924年8月25日在布鲁塞尔签订的关于统一提单的若干法律规则的国际公约议定书》的简称。因在瑞典的维斯比完成全部准备工作而得名。又因于1968年2月**布鲁塞尔**的外交会议上签订，故又称《1968年布鲁塞尔议定书》。1977年6月开始生效。与《海牙规则》一起，简称为《海牙-维斯比规则》。

《维斯比规则》共17条，第1～5条是对《海牙规则》的修改和补充，第6～17条是有关加入、退出的手续和解决纠纷程序的规定。主要的修改有：①提高了最高赔偿限额。凡是属于未申报价值的货物，最高赔偿限额为每件万金法郎，或毛重每千克30金法郎，按两者之中最高者计算。②规定如果集装箱内装有许多件或许多单位的货物，提单又是分开计数的，则应按提单所载件数或单位数计算。反之，整个集装箱就算作一件或一个单位。③规定《海牙规则》中的抗辩和责任限额对因违反合同提起的**诉讼**和侵权行为提起的诉讼同样适用。④承运人的受雇人或代理人（但不是独立的缔约人）享有同承运人一样的抗辩和责任限额，并可因承运人的同样原因而丧失其赔偿责任限额的权益。

维斯瓦河　Vistula River; Wisła　波兰最大河流，波罗的海水系第一大河。源出波兰南部西里西亚的西贝斯基德山脉北麓，自南向北呈S形穿过波兰南部山地和山麓丘陵，流过北欧平原，注入波罗的海的格但斯克湾。全长1 068千米，流域面积19.85万平方千米，87%在波兰境内，余属斯洛伐克、乌克兰、白俄罗斯等。右岸支流众多，有桑河、布格河、维普日河等；左岸支流较少，主要有普热姆沙河和皮利察河等。下游距海50千米处形成三角洲，遍布沼泽。平均流量1 030米^3/秒。多春汛。奥斯威辛以下可通航941千米。有多条运河与第聂伯河、奥得河、涅曼河相通。沿河城市有克拉科夫、华沙、托伦，三角洲有格但斯克。

流过克拉科夫的维斯瓦河

维苏威火山　Vesuvius; Vesuvio　欧洲活火山。位于意大利那不勒斯市东南的那波利湾畔。海拔1 280米，每次喷发高度都有变化。起源于地质史上的更新世后期，迄今仅约20万年，为较年轻的火山。原系海湾中小岛，后经一系列火山喷发，堆积的喷发物才将其与陆地连成一体。火山口是内壁直立的大圆洞，火山活动可分为喷发期与静止期。公元79年的大喷发，附近的庞贝和斯塔比亚两城全部被火山灰和火山砾湮没，赫库兰尼姆城也被泥流埋没。直到18世纪中叶，庞贝城才从火山灰砾中被发掘出来重见天日。此后，除1037～1630年长达几个世纪的停息外，一直处于喷发期和静止期的交替之中。1631年12月16日的大喷发，5座城镇被毁，约3 000人死亡。1660～1944年间共经历20次大喷发。1964年5月11日的喷发表明火山进入了新的喷发期。在火山灰上发育的土壤肥沃，多种植葡萄及其他水果等经济作物。意大利南部自然风景区之一。从那不勒斯到维苏威

维苏威火山口

火山有电气火车，山下有缆车直达山顶火山口，旅游业颇兴旺。

维索茨基 Vysotsky, Georgy Nikolayevich (1865-02-07～1940-04-06) 苏联林学家、土壤学家。全苏列宁农业科学院院士，乌克兰科学院院士。生于契尔尼科夫，卒于契尔尼科夫。其主要学术成就：通过深入研究，确认在草原心土中有稳定的干旱死水位；首次确定了森林和草原水分的年平衡和月消耗，提出了草原造林的乔、灌木类型；提出草原土壤盐渍化发生的理论，土壤潜育化的过程及其生物学特性；他是发现引起沙尘暴的近地表气流规律性的第一人，并提出按营养繁殖类型进行植物分类。论著涉及林学、土壤学、气候学、气象学、水文学、农学和动物学等方面，公开发表的约200篇（部），1962年汇成两卷集出版。

维特根斯坦 Wittgenstein, Ludwig (Josef Johan) (1889-04-26～1951-04-29) 英籍犹太哲学家，数理逻辑学家。分析哲学的创始人之一。生于奥地利维也纳一个犹太人家庭，后入英国籍，卒于剑桥。

曾在剑桥大学从学于B.A.W.罗素，1929年获哲学博士学位，次年成为三一学院研究员，1939年继承G.E.摩尔在剑桥的教授职位。1947年辞去教授职务，在爱尔兰乡村专门从事哲学研究。维特根斯坦的哲学思想可分为前期和后期，前期为逻辑分析哲学、核心是图式说，它对逻辑实证主义具有决定性影响；后期基本上抛弃了前期的哲学观点，即以语言游戏说代替了图式说，以语言分析代替了逻辑分析，以日常语言代替了理想语言。他这一时期的哲学对日常语言哲学和科学哲学中的历史主义有较大影响。著有《逻辑－哲学论》、《哲学研究》等。

维特鲁威 Vitruvius 罗马建筑师、工程师。活动于公元前1世纪。全名马可·维特鲁威·波利奥（Marcus Vitruvius Pollio）。可能当过古罗马执政官凯撒的军事工程师，为罗马帝国第一个皇帝奥古斯都监造过军械，曾经建造过古罗马城的供水工程和法诺城的一所巴西利卡（长方形会堂）。他写的《建筑十书》是欧洲中世纪以前遗留下来的唯一的建筑学专著，大约写于公元前27～前23年间，为古典建筑的经典。全书分10卷：城市规划与建筑概论，建筑材料，庙宇与希腊柱式，公共建筑（剧场、浴室），住宅，室内装修及壁画，供水工程，天文学，日晷和水钟，土木与军用机械等。《建筑十书》在古罗马时期就有影响，并流传到中世纪。意大利文艺复兴时期于1414年发现该书的一个抄本，受到极大关注。1486年在罗马印行了拉丁文本，以后多次印行，并很快译成欧洲多种文字，成为文艺复兴时期建筑学的金科玉律。直到20世纪初，《建筑十书》还被建筑界奉为圭臬。中译本由高履泰翻译，1986年出版。

维瓦尔第 Vivaldi, Antonio (Lucio) (1678-03-04～1741-07-28) 意大利作曲家、小提琴演奏家。生于威尼斯，卒于维也纳。童年随父学小提琴，1703年后在威尼斯救

济院所属女子音乐学校任职，1718～1720年任曼图亚总督的乐长，后又回到威尼斯。他一生写了很多作品，现存的有40多部歌剧、400多首协奏曲以及许多奏鸣曲、宗教音乐，如弥撒曲、经文歌、清唱剧和世俗康塔塔等。其中对后世影响最大的是协奏曲，如小提琴协奏曲《四季》，仍常在音乐会上演奏。其他作品还有《和谐的灵感》、《奇特曲》和《西滕琴》等。他的作品手法独特、构思清新、技巧娴熟，对协奏曲的发展贡献尤大。他也是卓越的小提琴演奏家，把高把位、快速经过句、双音等技术用于协奏曲的小提琴独奏部分，使用拨奏、加弱音器和变化弓法来扩展和丰富小提琴的表现手段。

维吾尔达斯坦 中国维吾尔族曲艺曲种。流行于新疆维吾尔族自治区南部的喀什、和田、阿图什、阿克苏、库车和东部的哈密、吐鲁番以及北部的伊犁等维吾尔族聚居区。“达斯坦”一词源于波斯语，意为“叙事诗”。维吾尔达斯坦在公元12世纪左右形成。表演形式为1人手持热瓦甫或都它尔、弹拨尔、沙塔尔自行伴奏，使用维吾尔语说唱，另有副手持手鼓、石片等打击乐器击节，或不持乐器帮腔助唱。表演维吾尔达斯坦的艺人称为“达斯坦奇”。通常以说白叙述故事，以演唱表现对话。唱词为多段体分节歌式，一部达斯坦作品包括十几首至几十首唱词，每首唱词又分几段至几十段。早期节目有《玉素甫与孜来哈》、《玉素甫·艾合买得》、《艾里甫与赛乃姆》等，后题材不断扩大，内容日趋丰富，代表性的传统节目还有“神话达斯坦”《苏里唐尼·杰米其曼》，“英雄达斯坦”《阿不都热合曼汗》，“历史达斯坦”《奴孜贡姆》、《好汉斯依提》和“爱情达斯坦”《塔依尔与查哈拉》等。

维吾尔文 Uygur writing 中国维吾尔族使用的拼音文字。维吾尔族在历史上使用过突厥文、回鹘文、察合台文。现在中国维吾尔族使用的维吾尔文，是在晚期察合台文基础上形成的以阿拉伯字母为基础的拼音

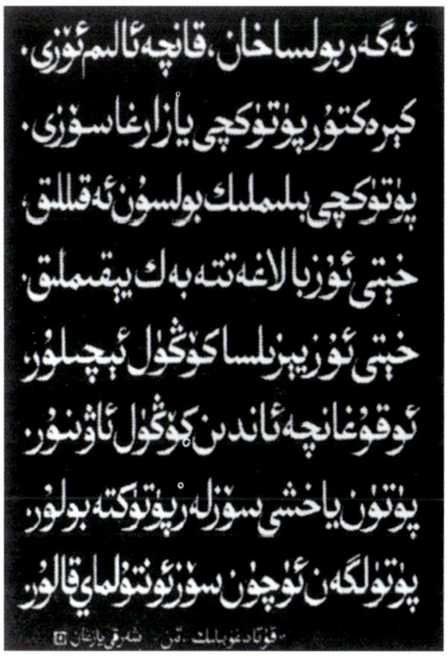

文字。20世纪30年代以后，维吾尔文经过几次改进，于1983年形成了现行文字。现行维吾尔文有32个字母，自右至左横书。每个字母按出现在词首、词中、词末的位置有不同的形式。

1965～1982年间，中国维吾尔族曾一度用过拉丁字母新文字，主要在学校中使用，新疆维吾尔自治区第五届人民代表大会常务委员会决定，从1982年9月起恢复使用原有文字。

维吾尔语 Uygur language 属阿尔泰语系突厥语族西匈语支。主要分布于中国新疆维吾尔自治区。此外，在哈萨克斯坦、乌兹别克斯坦、吉尔吉斯斯坦等国也有使用者。中国境内的维吾尔语分中心、和田、罗布3个方言。标准语以中心方言为基础，以伊犁－乌鲁木齐语音为标准音。有8个元音和24个辅音。有元音和谐现象。有比较特殊的元音弱化现象。名词有数、从属人称、格等语法范畴。动词有时、人称、数、态、语气等语法范畴。句子的基本语序为主语－宾语－谓语，限定语在被限定语之前。词汇中有相当数量的汉语、阿拉伯语、波斯语和俄语借词。现在使用以阿拉伯字母为基础的维吾尔文。

维吾尔族 Uygur 中国少数民族。主要分布在新疆维吾尔自治区，少数分布在湖南省部分地区。人口8 399 393(2000)。使用

维吾尔族女子

维吾尔语，属阿尔泰语系突厥语族西匈语支。使用以阿拉伯字母为基础的维吾尔文；中华人民共和国建立后，曾创制和使用过以拉丁字母为基础的新文字。其先民可追溯至公元前3世纪北方游牧民族丁零及后来的铁勒，北魏的袁纥、乌护，隋的韦纥，唐的回纥、回鹘，元明的畏兀儿和清代的“回部”、“洄回”等。“维吾尔”是自称，有“联合”、“凝结”的意思。有经营农业的悠久传统，对于植棉和园艺有丰富经验。手工业品著名的有地毯、艾德莱斯绸、绣花小帽、英吉沙小刀等。和田至若羌一带素产美玉，玉雕尤为出色。口头文学丰富多彩，阿凡提的故事流传极广。能歌善舞，每逢喜庆或欢迎贵客，男女老少载歌载舞。民族乐器常用的有达甫（手鼓）、都它尔、热瓦甫等。男子穿袷袢（长袍），妇女多在宽袖连衣裙外穿黑色对襟背心，现多穿西装上衣和裙子。爱戴四楞小花帽（朵巴）。耳环、手镯、项链是妇女喜爱的装饰品。日常食品有馕（烤饼）、面条、抓饭、茶、奶等。住房一般用泥土建筑，开天窗采光，屋内设有壁炉。婚姻行一夫一妻制。人死后行土葬。节日有开斋节、古尔邦节和诺鲁孜节。主要信仰伊斯兰教。1955年建立了新疆维吾尔自治区。

维吾尔族舞蹈 Uygur dance 中国维吾尔族传统民间舞蹈。主要流布在新疆维吾尔自治区各地。舞蹈特点是：昂首、挺胸、直腰，从头到脚身体各个部位都有动作，并以移颈、翻腕为装饰性动作，舞蹈中手眼配合，传情达意；风格热烈、奔放、稳重、细腻；音乐伴奏多用切分音、符点节奏等。舞蹈可分为自娱性、风俗性、表演性三类。舞蹈形式主要有赛乃姆、多朗舞、萨玛舞、夏地亚纳、纳孜尔库姆、盘子舞、手鼓舞以及其他表演性舞蹈。

萨玛舞 风俗性舞蹈。流布于新疆喀什、莎车等地区。是伊斯兰教肉孜节、古尔邦节里由男子在清真寺前广场上集体表演的舞蹈。舞蹈与音乐被编入“十二木卡姆”中的歌舞组曲“麦西来普”的开始部分。舞时无音乐伴奏，舞者们边舞边有节奏地呼喊“哦呜-哦呜”，如痴如醉。1949年后宗教意蕴日淡，表演于年节庆典。舞时，舞者围成圆圈，踩鼓点强音起步，逆时针方向行进，随后转入快板。舞者头部微晃、上身俯仰，两臂随身体悠摆，时而跳转时而擦地空转。情绪热烈，步法平稳扎实，风格刚健有力。伴奏乐器主要为唢呐和铁鼓。

夏地亚纳 风俗舞蹈。多在集会开始前或在其他民间舞蹈之后表演。舞者为男子，多时达千人。舞蹈无固定队形，随意性大，动作简练。基本步法是双脚交替进行的小跳步，手部动作多为两臂上举，手掌内外快速抖动。情绪欢快。新疆各地的夏地亚纳形式与风格各有不同，北疆的活泼，南疆的舞姿华丽，麦盖提县的古朴。伴奏乐器有唢呐、铁鼓、手鼓，也有用弦乐。

纳孜尔库姆 民间表演性舞蹈。流布于新疆吐鲁番、鄯善、托克逊、哈密一带。舞者多为两名男子，先后进场，随着四五首固定的吐鲁番民歌即兴起舞。当进入《喂，喂，纳孜尔库姆》曲调时，表演才正式开始。表演分为诙谐逗趣和竞技对舞两部分。前者节奏为中速，舞者以幽默、夸张的动作模拟不同人物或动物形象，步法以蹲步、跳步为主。后者节奏由慢转快，只以鼓的击打声伴奏。两名舞者互相模仿，斗妙争能，以新招压倒对方。技巧动作有跳蹲、跳转、动肩转等。伴奏乐器有艾捷克、弹拨尔、热瓦甫、手鼓、唢呐、铁鼓等。

盘子舞 民间表演性舞蹈。舞蹈源于新疆库车地区，后流布于新疆库车、喀什、伊犁、乌鲁木齐、麦盖提等地。昔日多在茶坊酒肆及群众娱乐活动中表演。女艺人表演时头顶碗，双手各执一小盘和筷子，和着音乐击盘而舞。男艺人的舞蹈多带杂技色彩，双手击盘的同时，头顶盛水的碗，且口叼勺把击碗，或头顶维吾尔式茶壶，壶上置二三个碗，技艺要求甚高。现在多由女子表演。表演者头顶5～7个小碗，最上面的碗内盛有水；两手各持一小碟，手指间各夹一根筷子，随音乐节奏击打小碟起舞。舞姿稳重、柔美，舞动的同时击打碟子的声音清脆悦耳。

舞蹈工作者以维吾尔族民间舞蹈为素

盘子舞

材创作的优秀舞蹈作品有手鼓舞《摘葡萄》、《顶碗舞》、《葡萄架下》、《保育员》和大型舞蹈《多朗麦西来普》等。

维吾尔族医学 Uygur traditional medicine 以维吾尔族为主的中国新疆地区少数民族创造和发展起来的传统医学。简称维医学或维医。中国传统医学的重要组成部分之一。

维吾尔医学有独特的医学理论和医疗实践。

四大物质学说。又称四要素学说。四大物质是从自然界各种事物和现象中抽象出来的，运用到医学中，即把各种体液、器官、组织、生理和病理现象按照事物的属性、作用、形态的不同分别归属于四种物质，并以此解释人体生理、病理以及人体与外界的相互作用，以此为基础进行辨证施治，达到四大物质的协调，亦即达到健康的目的。这一学说与中医学五行学说有相似之处。

气质学说。由四大物质学说引出。认为在四大物质的性质相互影响下而产生的新的属性即是气质。人的自然气质也有四种，即干热气质、湿热气质、湿寒气质和干寒气质，各具不同的生理、心理、病理特征，各有不同的食物和药物宜忌。

四种体液学说。认为人体的各种营养物质都在肝内产生，它们是四种液体，即胆汁质、血液质、黏液质和黑胆质。这四种体液分布全身，在体内不断消耗、又不断产生，保持一定比例，对健康起着重要作用。一旦平衡失调，人就会生病。通常又把四体液分为正常体液和异常体液两类。

除以上三种主要学说外，维医学还有器官学说、力的学说、素质学说、形神学说、健康学说等多种基础理论学说。

维医学还有一整套较为严谨的临床医疗体系。维医学在诊断方法上有望诊、问诊、触诊、叩诊、听诊和闻诊等一般检查方法和大小便、痰、脓液、腹水等特殊检查方法。把常见疾病症状归纳为23种，对每一症状都制定了详细的诊断和鉴别标准。维医学的诊断原则是以维医基础理论和常见症状学为指导，通过各种检查方法了解各种特异症状和体征，再进行综合分析，得出诊断结果。

维医学认为病因分为内外两种，内因分昔日因、起病因；外因包括气候、环境、饮食、个人卫生、不正常男女关系等。症状和体征有全身性、局部性、体外、潜伏、特殊、并发、先兆、鉴别性证候等。在疾病分类上分为单纯型和复杂型疾病，单纯型为只患一种疾病，又分为气质失调性、结构变形、结构完整形破坏性疾病；复杂型指患两种或两种以上疾病。在病程的发展上一般分为发病期、发展期、危象期和恢复期4个阶段，其中危象又可分为良性危

传统疗法——沙疗（以新疆吐鲁番最为著名）

象和恶性危象。

维医学的治疗方法主要有饮食疗法、护理疗法、药物疗法，手艺（手术）疗法等。手艺疗法分为全身性排泄和局部性排泄两类，是维医学中最独特的疗法。维药包括植物药、动物药和矿物药，药性也分为热、寒、干、湿4类，每类又分较弱、弱、强、较强4个等级，同一种药常有混合属性，如干热、湿寒、湿热、干寒。治疗原则就是根据气质属性、病情轻重等选用相应的药物。

维希政府 Vichy Government 第二次世界大战期间，法国投降后成立的亲德傀儡政府。因政府设在维希而得名。1940年7月，维希政府由H.P.贝当任“国家元首”，先后由P.赖伐尔、P.-É.弗朗丹、J.-L.-X.-F.达尔朗执政。在约占法国1/3领土的统治区内设立特别部和特别法庭，镇压一切爱国运动，取消选举、言论和出版自由。取缔工会，模仿建立B.墨索里尼的“总体国家”，实行法西斯专政。对外完全投靠纳粹德国，和西班牙F.佛朗哥保持密切关系，支持A.希特勒在欧洲建立的“新秩序”，派“志愿军”对苏联作战。1942年11月，维希政府将其全部统治区交由德军占领。1944年8月，在法国抵抗运动和盟军的沉重打击下，贝当与赖伐尔仓皇出逃，维希政府瓦解。

维辛斯基 Vyshinsky, Andrey Yanuaryevich (1883-12-11～1954-11-22) 苏联政治家、外交家、法学家。生于敖德萨（今属乌克兰），卒于美国纽约。1920年加入俄共（布）；在联共第18次（1939）和第19次全国代表大会上当选为中央委员。1925～1928年任莫斯科大学校长，后任俄罗斯联邦教育人民委员部委员。1931年起在司法部工作。历任俄罗斯联邦检察长和司法人民委员部副人民委员，苏联副检察长、检察长，苏联人民委员会副主席，苏联外交部长，苏联常驻联合国代表和苏联科学院法学研究所所长等职。1939年当选为苏联科学院院士。著述甚多，主要有《刑事诉讼教程》、《苏联法院组织》、《苏维埃法律中的诉讼证据理论》、《国家和法的理论问题》、《国际法和国际政策问题》等。

维辛斯基在20世纪30年代末曾批判苏联法学家M.A.列伊斯涅尔、P.I.斯图奇卡和Ye.B.帕舒卡尼斯等人的法律观点，提出了关于法和苏维埃社会主义法的定义。他认为，法是国家政权制定或认可的，反映统治阶级意志而由国家的强制力保证其实施的行为规范的总和。其目的在于保护、巩固和发展有利于与适合于统治阶级的社会关系和社会秩序。他还认为，苏维埃社会主义法是全体人民意志的表现。

维也纳 Vienna; Wien 奥地利首都和最大城市，维也纳州所在地。世界文化名城和国际活动中心之一。面积415平方千米，人口约169.9万（2009）。地处奥地利东北部，阿尔卑斯山北麓维也纳盆地。市区海拔212米。气候温和，年降水量813毫米。

公元前400年起为凯尔特人聚落，前15年成为罗马帝国军事要塞。西罗马帝国衰落后日耳曼人聚居于此。1156年成为奥地利公国首都。1278～1918年曾是哈布斯堡王朝、神圣罗马帝国、奥匈帝国的首都，欧洲政治、文化中心之一。第一次世界大战后帝国瓦解，维也纳随之衰落。第二次世界大战后，被美、英、法、苏4国分区占领，1955年奥地利恢复独立，宣布“永久中立”。维也纳作为中立国首都，其国际都会地位加强，成为50多个国际组织的所在地。

维也纳的著名音乐殿堂——音乐之友协会大厦内的金色大厅（1867年始建，1869年竣工）

全国最大的经济中心。工业主要有金属加工、精密机械、电子技术和发动机制造。工艺美术行业发达。旅游业是其经济重要支柱，2002年游客达762万人次。地处坦荡的平原，土壤肥沃，耕作集约，盛产小麦、黑麦、玉米、甜菜及猪、牛等。

市内建有欧洲各时期风格不同的建筑，被称为“欧洲建筑宝库”。

市中心的施特凡大教堂建于1433年，为哥特式和罗曼式风格建筑，也是城市标志。在众多皇家宫殿中，最著名的是被列入《世界遗产名录》的舍恩布龙宫又称美泉宫和园林。市内还有建于1883年古希腊式的议会大厦和哥特式的市政厅等著名建筑。世界音乐之都，F.舒伯特和J.勃拉姆斯等音乐大师成长于此，J.海顿、W.A.莫扎特、L.van贝多芬、J.施特劳斯等音乐家都在此长期居住和创作，维也纳爱乐乐团和维也纳童声合唱团闻名世界。有许多著名音乐殿堂，维也纳国家歌剧院与意大利米兰的斯卡拉歌剧院及法国的巴黎歌剧院齐名，是世界三大歌剧院之一。

城市布局呈环状结构。环城大道以内是老城，是文化古城的缩影。环城大道和二环路之间是商业和住宅区。二环路以外，西部为绿地和高级住宅区，一直伸展到维也纳林山山麓，东部、南部和东北部是工厂区。

维也纳爱乐乐团 Vienna Philharmonic Orchestra 奥地利专业音乐表演团体。1842年由维也纳国家歌剧院乐队队员组成。首任指挥C.O.E.尼古拉。1875～1898年由H.里赫特担任指挥，1898～1901年由G.马勒担任指挥，1908～1927年由F.魏因加特纳担任指挥，1927～1930年由W.富特文格勒担任指挥，1930～1933年由奥地利指挥家C.加克劳斯担任指挥，1933～1938年由富特文格勒和B.瓦尔特担任指挥，1938～1954年富特文格勒再度出任指挥。此后，还有H.von卡拉扬、K.伯姆以及C.阿巴多等担任过该乐团指挥。

维也纳国家歌剧院 Vienna State Opera; Staatsoper 奥地利音乐表演场所。以演出R.瓦格纳、W.A.莫扎特和R.施特劳斯的作品最为著名。1869年建成。第二次世界大

维也纳国家歌剧院外景

战期间的1945年曾被炸毁。战后靠税收、捐款和美国马歇尔计划的资助重建，1955年竣工。战后，指挥家H.von卡拉扬出任音乐指导。演出经费部分靠国家资助。

维也纳幻想现实主义画派 Wiener Schule des Phantastischen Realismus 奥地利画派。简称维也纳幻想派。第二次世界大战后，在维也纳美术学校的A.P.居特斯洛门下学习并开始创作的R.豪斯纳、W.胡特尔、A.勒姆登、E.富克斯形成了一种新的表现样式——幻想现实主义。他们继承超现实主义传统，但始终选择具象的道路，通过华丽的色彩和精密的描绘技法，创造出文学性极强的绘画世界，以沉郁的幻想和启示录式的幻觉为特征。这个画派出现许多后继者，20世纪60年代以后在国际上受到重视。

维也纳会议 Vienna, Congress of 欧洲第6次反法同盟打败拿破仑一世后举行的国际会议。1814年9月，欧洲15个王室的重要人物包括俄国沙皇亚历山大一世、奥皇弗兰茨一世（1792～1806）、普王腓特烈·威廉三世（1797～1840）在内，200多个公侯以及各国外交大臣在奥地利首都维也纳聚会。

会议中起主要作用的是俄、英、奥、普四同盟国。四同盟国为避免与会国指责把持会务，特设一个指导委员会，由签署第一次《巴黎条约》(1814)的俄、英、普、奥、法、西、葡、瑞典8国代表组成，由K.W.N.L.von梅特涅担任主席。但分配领土的权利依然操在四同盟国手中。会议进行中，俄、英、奥、普四国在波兰-萨克森问题上发生尖锐矛盾。四同盟国之间争吵不休，谈判濒于决裂。1815年2月上旬普、奥达成妥协。这场斗争的结果是：对曾属于华沙大公国的波兰领土做了重新分配，俄国获得绝大部分，波兹南地区并入普鲁士，加里西亚留给奥地利，克拉科夫定为各瓜分国监护之下的中立的“自由市”。萨克森北部归普鲁士，南部留给萨克森国王。普鲁士还获得莱茵河左岸的土地。

滑铁卢战役前夕，1815年6月9日，维也纳会议指导委员会8个成员国的代表签订了由121条条款和17条单独附带条款构成的《最后议定书》，此后欧洲所有其他国家尽皆加入。该议定书任意宰割和兼并小国、弱国土地，以满足强国的霸权要求，其主要内容是：①俄国夺得华沙大公国大部领土，波兰只在克拉科夫及其毗邻地区组成一个共和国，并由俄、普、奥共同“保护”。②英国在战胜法国后继续占有马耳他、法国殖民地多巴哥、圣卢西亚和毛里求斯。另外，锡兰（今斯里兰卡）以及开普、部分圭亚那和洪都拉斯也都成为英属殖民地。③比利时与荷兰组成为尼德兰王国。瑞士定为永久中立的联邦国家并由19州增加到22州。④奥地利失去比利时而从意大利获得伦巴第和威尼斯作为补偿。它还获得蒂罗尔、萨尔茨堡、的里雅斯特、伊利里亚和达尔马提亚。⑤普鲁士获得2/5的萨克森、吕根岛和波美拉尼亚，又在西部取得莱茵－威斯特伐利亚地区。⑥德意志邦联由34个君主国和4个自由市组成。各邦政府的代表产生邦联议会，由奥地利代表担任议长。⑦瑞典将芬兰让给俄国而从丹麦取得挪威。丹麦把从瑞典得来的波美拉尼亚换取普鲁士的劳恩堡。

会议以后，欧洲君主专制国家还建立了神圣同盟和四国同盟，极力维护维也纳体系。维也纳会议仅仅建立了短暂的和平。

维也纳学派 Vienna Circle 逻辑实证主义的核心派别。1922年，德国哲学家M.石里克在维也纳大学担任归纳科学哲学讲座教授后，A.汉恩、K.赖德迈斯特、P.弗朗克和O.纽拉特等人组成了以石里克为中心的石里克小组，讨论现代物理学、数学和逻辑的新发展及有关的认识论问题。20年代末，汉恩、纽拉特和R.卡尔纳普等人在此基础上建立维也纳学派，并出版了一本宣言式的小册子《科学的世界观——维也纳学派》，阐明了这个学派的基本纲领。30年代中期以后，由于石里克被法西斯分子枪杀，维也纳学派解体，许多主要代表逃到美国，从而使逻辑实证主义在国际哲学界引起更为广泛的注意（见逻辑实证主义）。

潍坊市 Weifang City 中国山东省直辖地级市。位于山东半岛中部，北濒渤海莱州湾。辖奎文、潍城、寒亭、坊子4区和临朐、昌乐2县，代管寿光、高密、安丘、青州、诸城、昌邑6市。面积15 770平方千米。人口909万（2010），有汉、回、满、壮、朝鲜、蒙古等民族。战国属齐、鲁国，秦属胶东、临淄、琅邪三郡，汉属青州、密州。宋改潍州，明洪武年间改为潍县，1948年以潍县城关和坊子镇之间毗连地段设立潍坊特别市，1983年改为潍坊市。最高点沂山玉皇顶，海拔1 032米。海岸线长113千米。属暖温带季风气候，年平均气温12.3℃，平均年降水量652.8毫米。矿产有石灰岩、卤水、蓝宝石、膨润土、沸石、煤、石油、油页岩、铁、锰、金、铜、铅、锌等，其中铁矿探明储量1.7亿吨。农业主产小麦、大豆、棉花、麻类等，盛产梭鱼、鲈鱼、对虾、褐虾、梭子蟹、文蛤、青蛤等。工业以化工、机械、服装、电子、医药、食品、造纸等为主体。手工艺刺绣、风筝等有名。胶济、益羊铁路横纵贯市境，有206、309国道过境，有下营、羊口、潍坊北港3个港口，机场辟有直达北京、无锡、佛山等市航线。名胜古迹有十笏园、沂山风光、名泉老龙湾、驼山石佛造像、云门山“寿”字石刻等。

十笏园

潍县年画 Weixian NewYear pictures 中国山东的年画品种。中心产地在旧潍县城东北15千米的杨家埠村。潍县在清代是山东省东部经济文化中心，商业繁荣，交通便利，绘画及工艺美术也很发达，年画发展具有较优越的条件。这里的年画除具有本地区的特色外，也受到杨柳青年画、桃花坞年画等南北地区年画的影响。潍县年画始于明代后期而盛于清代。

图1 《男十忙》(清光绪年间)

图2 《女十忙》(清光绪年间)

题材广泛，形式活泼多样，反映农事活动的《男十忙》、《女十忙》、《春牛图》等尤富有乡土色彩。根据本地区住室环境需要而创制的窗顶画、窗旁画、毛方子、炕头画等极富装饰效果，大小门神的样式也很丰富。主要以木版水印套色印制，色彩以红、绿、黄、紫为主，大幅年画的人物脸部略用人工烘染，单纯而鲜艳强烈，既有北方年画的质朴明快，又具南方年画的柔丽雅致。杨家埠附近的寒亭、仓上等村还生产酷似杨柳青年画的半印半画年画，但为数不多。

中华人民共和国建立后，山东省文化部门一直重视潍县年画的改革与创新，形成一支具有相当水平的创作和研究队伍。1979年成立杨家埠年画研究所，1988年建成杨家埠木版年画博物馆，在年画革新中作出可喜的成绩。

伟晶岩 pegmatite 由粗粒或巨粒矿物组成的脉状侵入岩。矿物颗粒大于5厘米，一般都达10厘米以上，且常常不均匀。常含微量元素、稀有元素和富含挥发分的矿物

文象伟晶岩

（如黄玉、电气石、绿柱石等）。伟晶岩可分为辉石伟晶岩、辉长伟晶岩、闪长伟晶岩、花岗伟晶岩、正长伟晶岩等种属。最常见、分布最广的是花岗伟晶岩。伟晶岩的规模变化较大，一般长数米至数十米，厚数厘米至数米。伟晶岩内部构造有的单一，有的有分带现象，较完整的由外向内分为四个带。①边缘带。一般结晶细，由细粒长石和石英组成，成分相当于细晶岩。②外侧带。结晶变粗，由斜长石、钾长石、石英、白云母等矿物组成，成分相当于花岗岩。③中间带。矿物粒度更大，由块状钾长石、少量石英组成，矿物粒径多大于10厘米。④内核带。处于伟晶岩脉中央，主要矿物是石英，与石英共生矿物则较复杂；核心常有晶洞、晶腺构造。与伟晶岩相关的矿产有锂、铍、铌、钽等稀有元素矿床，白云母、水晶、长石以及宝石级的电气石、绿柱石和黄玉等。中国伟晶岩分布较广，有片麻岩出露的老地层和花岗岩发育区，几乎都可找到伟晶岩。

伪经 pseudepigrapha 《圣经》希伯来文正典、希腊文七十子译本及拉丁文译本以外的犹太宗教作品。又称外传。约成书于公元前200年至公元200年。内容包括启示书、历史故事、智慧书及诗歌等。主要有用希伯来文或阿拉米文写的《以诺一书》、《禧年书》、《十二先祖遗训》、《以赛亚殉难记》、《亚当与夏娃传》、《所罗门诗篇》和用希腊文写的《亚里斯提亚书信》、《西比路巫语》、《玛喀比三书》、《玛喀比四书》、《以诺二书》等。

《伪君子》 *Le Tartuffe ou l' imposteur* 五幕诗体喜剧。法国剧作家莫里哀的代表作。又译为《达尔杜弗》或者《骗子》。1664年首演。剧中富商奥尔贡把骗子达尔杜弗接到家里，对他伪装的虔诚崇拜得五体投地，以至于想把已经订了婚约的女儿嫁给他。可是达尔杜弗却企图勾引奥尔贡的妻子埃尔密尔，结果遭到奥尔贡的儿子达米斯的痛斥，执迷不悟的奥尔贡反而剥夺了儿子的继承权，把全部财产赠给达尔杜弗。在妻子的巧妙安排下，奥尔贡亲眼看到了达尔杜弗调戏她的情景，方才醒悟过来。这时候达尔杜弗已有恃无恐，他不但成了这个家的主人，而且掌握着奥尔贡在投石党运动中支持过一个政治犯的证据。但是英明的国王宽恕了奥尔贡，把达尔杜弗送进了监狱。《伪君子》反映了法国17世纪资产阶级与王权和教会之间的复杂关系，达尔杜弗这个典型人物则集中体现了一切伪善的特征，在法语里是“伪君子”的同义词。

伪满洲国 puppet Manzhouguo 1932年3月1日，张景惠、熙洽、臧式毅等人在日本关东军的策划和操纵下，拥清废帝溥仪为执政，在奉天（今辽宁）、吉林、黑龙江3省（1933年3月热河并入后增为4省）成立的“独立国”。

1931年九一八事变后，日本关东军为实现对中国东三省的殖民统治，决定建立一个以清废帝溥仪为首领的“新国家”。1932年2月18日，东北行政委员会发表《独立宣言》，宣布东北脱离南京国民政府。25日公布《新国家组织大纲》，规定“新国家”称满洲国，“元首”称执政，“国旗”为五色旗，“年号”为大同，“首都”设长春（后改名新京），并推溥仪为执政。

伪满洲国皇宫由吉黑榷运局旧址改建而成。3月1日发表《建国宣言》，正式成立“满洲国”。8日，溥仪在日军挟制下秘密到达长春，9日就任执政。10日任命郑孝胥为国务总理，张景惠为参议府议长，臧式毅、谢介石、熙洽等人为民政、外交、财政等部总长。溥仪就任执政当天，就与日本关东军司令官本庄繁签订密约，规定“满洲国”的国防、治安、铁路、港湾、航空等由日本管理；日本所需设施由“满洲国”援助；日本人得充任“满洲国”官吏，任职、解职均由关东军司令部决定。9月9日日本政府正式承认“满洲国”后，15日郑孝胥又与日本驻“满洲国”特命全权大使武藤信义签订《日满议定书》，进一步确认日本及其臣民在“满洲国”的既得权利和利益，并特许有无限期驻兵权。通过这些秘密及公开的条约，日本控制了“满洲国”的政治、军事、经济、文化大权。“满洲国”号称“独立国”，实际上只是日本侵略势力和中国封建余孽复辟势力相勾结产生的傀儡政权。

起初，“满洲国”的中央行政体制采行类似总统制的执政制。1934年3月1日改名“满洲帝国”后，溥仪改称皇帝，郑孝胥改称国务总理大臣，“年号”改为康德。中央行政体制相应改采君主立宪制。“满洲国”一成立，即遭到中国人民和中国政府的强烈反对。1932年3月12日，南京国民政府发表声明，否认“满洲国”。东北各族人民在中国共产党领导下，组织抗日武装，给日本和“满洲国”以沉重打击。1945年8月14日日本宣布无条件投降。18日溥仪颁布《退位诏书》，20日“满洲帝国”宣布解散。

伪蝎目 Pseudoscorpionida 蛛形纲的一目。本类动物因体型似蝎而得名。又名拟蝎。分3亚目：土伪蝎亚目、苔伪蝎亚目和木伪蝎亚目。广泛分布于世界各地，已记述的约2000种。中国记载24种。体小型，体长不超过8毫米。生活在落叶层、土壤中、树皮和石块下以及某些哺乳动物巢内。少数生活在洞穴中，有的生活在建筑物的木板间和书页间。

头胸部有方形或三角形的背甲，每个前侧角各有1或2个眼或无眼。腹部卵圆形，由12节组成。每节有背板和腹板。第12节退化为1小节。生殖孔开口于第二腹板上。螯肢分2节。触肢在掌或指（1或2指）内有毒腺，开口于指尖的1个齿端。伪蝎捕食弹尾类和螨类等小型节肢动物。以气管进行呼吸，卵胎生。

伪蝎有携播的习性，能附着在昆虫和盲蛛、鸟类的身上，随之迁到别处。

尾 cauda 鸟、兽、虫、鱼等动物的身体末端突出的部分。主要作用是辅助运动、保持身体平衡等。人类和其他哺乳动物最大的不同点，就是在于人类的尾已退化。每种动物的尾都长得不一样，功能也不相同。有的尾像手一样，可以抓握树藤方便攀爬；有的用尾攻击敌人，以保护自己；有的用它来求偶，以延续生命；有的可以用来表示各种情感，如狗的尾。

哺乳动物中，尾的中央为尾椎，尾椎数目变化很大，有3～50块不等。一般来说，尾椎数目和尾的长度成正比。兔为16块、猪和犬20～23块。猿为3～5块，已退化成为痕迹器官。其尾椎靠前面的部分还保持着一般脊椎骨的各突起，后面的尾椎已失去完整的椎骨外形，椎弓和横突等皆消失，仅保留圆柱状的椎体。有的种类在后部尾椎，椎体的腹侧有“人”字形骨，为脉弓的残迹。人的尾椎已完全退化为遗迹器官，仅存三四块尾椎愈合成的一块很小的尾骨。这也从一方面说明人类是从有尾的动物进化而来的。有些胎儿出生时可看到有明显的尾部，这种现象称为返祖现象。

尾矿 tailing 经过选矿获得的有用成分含量最低或无用成分富集的产品。其有用

成分降低到不能满足用户要求及当时技术经济条件下不宜再分选，常堆存于尾矿库。不同矿种对尾矿质量均有明确规定，各国规定不尽相同。随着技术的发展，尾矿可能重新利用，再分选出有用成分或作他用。处理尾矿时应防范对环境的污染。

尾索动物门 Urochorda; crochordate 动物界一门。因尾部中轴有明显的脊索得名。成体的体表都包裹着一层由表皮所分泌的纤维质的被囊，故又称被囊动物门。下分8纲，常见的尾索动物类有海鞘、住囊虫、海樽、纽鳃樽和火体虫等。海产，分布很广，从近岸到大洋都有。大多数种类仅在幼体期有脊索和背神经管。终生或幼虫期体形为蝌蚪状，由躯干部和尾部组成。

身体有2孔，一为入水孔（口孔），用于摄食和进水；一为出水孔（排泄孔），用于排除水和废物。口在入水孔下面，口下面为宽大的咽，具很多鳃裂，鳃裂周围密生纤毛。围鳃腔是体壁内围绕咽的部分，鳃裂开口于此腔内，肛门和生殖孔亦开口于此。围鳃腔由出水孔与外界相通。咽的腹面直到食道有一特殊构造，称为内柱，内柱上皮细胞生有许多纤毛。心脏位于胃附近的一个肌肉囊内，无收缩机能，借围心腔壁的肌肉而缩张。血液无色。成体的神经系统和感受器都很退化。无成形的排泄器官，在肠的弯曲部有一囊状块，无特殊的输出管，在里面常发现有尿酸。

绝大多数雌雄同体。除有性生殖外，还有出芽或分裂的无性生殖。有世代交替现象。成体多营固着生活，也有少数营自由生活。

尾形光琳 Ogata Kōrin (1658～1716-06-02) 日本画家、工艺美术家。生于京都一御用和服商家庭，卒于京都。他从小受到华丽绚烂的和服纹样熏陶，青少年时代又随父亲尾形宗谦学习了狩野派水墨画和大和绘，在实践中遂将上述3种绘画技法加以协调，追求表现新意境。以后，受俵屋宗达装饰画的启迪，在花草画、故事画、风景画等领域有所发展和突破，形成一种严谨巧妙的装饰画风，在表现自然朝气蓬勃的生命力方面，有独到的成就。

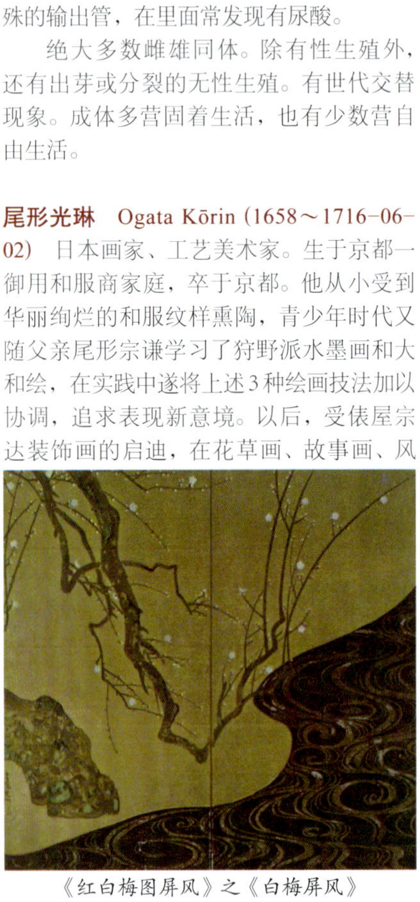

《红白梅图屏风》之《白梅屏风》
（静冈县热海美术馆藏）

光琳家道中落，后旅居江户（今东京），在这里更刺激了他的绘画创作。1701年因绘画成就被授予“法桥”称号。他的许多富有特色的作品都是在这以后创作的。光琳生活的元禄时代是一个战事不息的时代，同时也是日本文化史上一个充满生气的时代。随着修养和技法的不断精深，光琳在绘画上涉猎范围亦日趋广泛。他注意学习和研究当时的中国画技法，对雪舟的泼墨山水领会颇深。以活泼而清新的笔触创作了《维摩图》、《竹梅图》、《杜鹃花图》、《桧图》等作品。

光琳画风的典型作品《红白梅图屏风》，双扇屏风一对，各156.6厘米×172.2厘米，纸本金地设色。在金地上自上而下描绘一段溪流，两侧对生着红梅和白梅。溪流黑褐色，水纹用圆转平行银线描绘，表现出奔流的节奏。作者对景物的色光进行了夸张和创造。色彩明快富丽协调，造型技巧洗练简洁，为日本装饰画的代表作品。

光琳画风承继俵屋宗达的画风，又被众多的后继者吸取和发展，形成了宗达光琳派，对后来日本绘画和工艺美术的影响深远。

光琳传世的主要作品还有《燕子花图屏风》、《八桥图》、《慎图》、《枫鹤图》以及工艺美术品《千鹤图》、八桥嵌金漆砚盒等。1958年为纪念尾形光琳诞生300周年，中国北京举行了纪念展览会。

委拉斯开兹 Velázquez, Diego (1599-06-06～1660-08-06) 西班牙画家。又译委拉斯贵支。生于塞维利亚的一个破落的贵族之家，卒于马德里。其生活与创作大体上可以分为三个阶段。

塞维利亚时期（1623年前） 委拉斯开兹11岁时，进入老埃连拉的画室学画。1611年，转入F.帕切科门下，一直到1617年。他在创作上成为波德格涅斯风格的主要代表。早期代表作品有《卖水人》（约1619）与《煎鸡蛋的老妇》（1618）等。这些作品形象真实，有浓郁的生活气息，是过去西班牙美术史上少见的。

马德里前期（1623～1651） 1623年，委拉斯开兹进入马德里宫廷，开始为国王腓力四世服务。1629年他完成作品《酒神巴库斯》（又称《醉汉们》）。在这幅画中，他生动而朴素地描绘了西班牙农民的形象，把带有泥土芳香气息的作品带进了马德里宫廷。1629年12月，委拉斯开兹第一次出访意大利。他在威尼斯、罗马、那不勒斯等地参观了意大利文艺复兴时代诸位大师的原作，以提香为首的威尼斯画派的作品给他留下深刻印象。在意大利期间，他完成

《宫娥》（普拉多美术馆藏）

了《乌尔刚的铁匠铺》（1630）。1631年归国，奉命绘制历史画《布列达的投降》（1634～1635），他着重刻画了双方人物的心理状态。从这幅画中，人们还可以看到，他从意大利归来后，作品的色调变得更加柔和、细腻、晶莹。此后，委拉斯开兹画了大批肖像画，宫廷人物肖像画代表作如《腓力四世立像》（1631～1635）、《奥利瓦雷斯骑马像》（1635）、《王子腓迪南猎装像》以及稍后的《腓力四世胸像》（1655～1660）等。其亲朋好友肖像画没有宫廷肖像画那种华丽感，人物毫不矫揉造作，显得朴素和平易近人，代表作有《拿扇子的妇人》（约1635～1640）等。其生活在底层的被侮辱被损害者肖像最为精彩，有着社会批判色彩，表现了画家深厚的人道主义同情心，代表作有《矮子安东尼奥》等。1649年，委拉斯开兹第二次去意大利，应教皇要求画了《教皇英诺森十世肖像》（1650）。这是一幅丝毫不加美化，个性特征非常突出的肖像作品。

马德里后期（1651～1660） 这10年宫廷里过多的杂务，干扰了他的创作，同时由于授勋问题使他的生活极不愉快，但他仍然创作了不少作品。主要作品有《宫娥》（1656，见图）、《纺织女》（约1655）等。《宫娥》是一幅描绘宫廷生活的作品，它真实地揭示了生活在宫廷里的人们，由于处处受着枯燥礼仪的约束，生活并不愉快。《纺织女工》同样是真实生活的反映，这是一幅17世纪欧洲少见的写实主义的名作，证明委拉斯开兹虽然身为宫廷画家，但始终未失平民的本色。

委陵菜 *Potentilla chinensis*; Chinese cinquefoil 蔷薇科委陵菜属的一种。分布于中国东北、华北、西北、西南。朝鲜半岛、日本也有分布。多年生草本，高约50厘米；根肥厚，木质化；茎直立。奇数羽状复叶，基生叶有小叶15～31，小叶矩圆状倒卵形或矩圆形，羽状深裂；叶柄长约1.5厘米；

托叶与叶柄基部合生；茎生叶与基生叶相似。聚伞花序顶生，总花梗和花梗有白色柔毛；花两性，辐射对称，直径约1厘米；副萼片5；萼片5；花瓣5，黄色；雄蕊多数；心皮多数，离生，子房上位，1室；花期5～9月。瘦果卵形，有肋纹，多数；果期6～10月。生长在山坡、路旁或沟边。根可提制栲胶；根及全草入药，能清热解毒、收敛止血；为重要蜜源植物。

委内瑞拉 Venezuela 拉丁美洲国家。位于南美洲北部。北濒加勒比海和大西洋，西邻哥伦比亚，南界巴西，东与圭亚那接壤。面积91.67万平方千米。对现在圭亚那管辖之下约15.9平方千米的埃塞奎博地区有主权要求。人口2 894万（2010）。其中印欧混血种人占58%，白人占29%，黑人占11%，印第安人占2%。98%的居民信奉天主教，1.5%的居民信奉基督教。官方语言为西班牙语。印第安人大多使用加勒比语和阿拉瓦克语。首都**加拉加斯**。

地理 全境大致分为3个自然地理区。西北部和北部为安第斯山区，系东科迪勒拉山脉的延伸部分。其中**玻利瓦尔峰**海拔5 007米，为全国最高点。中部为奥里诺科平原，占全国面积的1/3，气候炎热，人口稀少，是天然牧区。南部为圭亚那高原的一部分，地广人稀，矿产、水力和森林资源丰富；**安赫尔瀑布**（979米）是世界上落差最大的瀑布。**马拉开波湖**面积13 380平方千米，是南美洲最大湖泊。全境除山地外基本属热带草原气候，年平均气温24～27℃。

历史 原为印第安人居住地。1498年**C.哥伦布**行经此地。1567年沦为西班牙殖民地。1811年7月5日宣布独立，成立联邦共和国。1819～1829年加入大哥伦比亚

共和国。1830年建立委内瑞拉联邦共和国，1864年改名为委内瑞拉合众国，1953年改为委内瑞拉共和国，1999年改为委内瑞拉玻利瓦尔共和国。

政治 总统由直接选举产生，任期6年，可连选连任。总统是国家元首、政府首脑、武装部队统帅。国会为一院制，称全国代表大会。主要政党有第五共和国运动、民主行动党、争取社会主义运动、基督教社会党、委内瑞拉计划等。

经济 委内瑞拉是拉美地区经济较发达的国家之一。石油储量丰富，已探明石油储量为772亿桶，天然气储量为42 700亿立方米。石油是国民经济的支柱，为拉美地区第一和世界第五大石油出口国。除石油外，还有铁、铝、煤、黄金、金刚石、镍等矿藏资源。工业发展较快，主要工业部门有石油化工、钢铁、电力、建筑、食品加工、纺织、炼油、炼铝、汽车装配等。农业生产不能满足内需，约22%的食品依靠进口。主要农产品有稻米、玉米、高粱、马铃薯、原棉、咖啡、甘蔗、烟草等。对外贸易在经济中占有重要地位。主要出口原油、石油化工产品、铝锭、钢材、铁矿砂、金属制品等，主要进口机电产品、工业原材料、五金产品、汽车原配件、建筑材料和食品等。主要贸易对象为美国、荷兰、哥伦比亚和墨西哥。2009年国内生产总值2 005亿美元。货币名称为玻利瓦尔。交通运输以公路为主，2002年铁路总长337千米。航空运输业较发达，有11个国际机场（2006）。主要港口为拉瓜伊拉、卡贝略港、**马拉开波**和奥尔达斯港。旅游点有安赫尔瀑布和玛格丽塔岛等。

文化 对6～15岁儿童实行义务教育。主要大学有委内瑞拉中央大学、西蒙·玻利瓦尔大学等。全国有100多种报刊杂志。主要报纸有《国民报》、《宇宙报》、《最新消息报》等。主要杂志有《塞塔》和《波希米亚人》等。委内瑞拉通讯社为国营通讯社；全国共有345家广播电台和70家电视台。

对外关系 强调维护主权和领土完整，反对外来干涉，主张各国之间和平共处。奉行多元化外交，积极参与发展中国家维护政治、经济权益的活动。重视同美国的关系，美国是委内瑞拉最大的债权国、投资国。重视同西欧国家及日本发展关系，相互间签有多项经贸和科技合作协定。是石油输出国组织成员。与140多个国家保持外交关系。1974年6月28日与中国建交。

委托代理 principal-agent 市场交易中由于信息不对称，处于信息劣势的委托方与处于信息优势的代理方相互博弈达成均衡后，用**合同**反映的关系。又称委托代理关系。其赖以形成的基本条件为：①市场交易中存在两个或两个以上相互独立的行为主体，他们在一定约束条件下各自追求效用最大化；②市场交易的参与者均面临不确定性或风险，而他们掌握的信息处于非对称状态。委托代理关系存在多种模式。不管何种模式，代理方掌握委托方不了解的信息，包括市场信息、私人信息等，双方在讨价还价中达成彼此能接受的合同，并在合同约束下行动，展开博弈，取得对策均衡。形成均衡须具备两个条件：①参

与约束。代理方履行合同后所获收益不能低于某个预定收益额，委托方给予代理方的收益水平不能低于同等条件下其他委托人所能给的收益水平。②激励相容。代理方按合同进行活动以其效益最大化为原则，并保证委托方预期收益也能最大化。在委托代理关系中，双方采取合作的态度所达成的均衡一般对各方都有利，可实现双赢的目的。信任和信用在委托代理关系中有特殊的重要性。对承诺合同应予履行、对确认的规则要能遵守，在市场交易中客观上要求以诚信为本。

委托监护制 encomienda 西班牙殖民者役使西属美洲印第安人的早期剥削制度。又译大授地制。其前身是15世纪末西班牙征服者采取强制措施令印第安人定期摊派劳力服劳役的派役制或分配制。在美洲，16世纪初委托监护制最早施行于西印度群岛，后逐步扩大到所有西班牙美洲殖民地，1720年取消该制度。

所谓委托监护制，是指西班牙王室把从印第安人手中夺取的大片土地委托给王室亲信及开拓或征服有功者，作为其征服功绩的酬谢，使之代行统治美洲殖民地。委托监护制解决了早期殖民者的劳动力困难，是榨取印第安人财富、把奴隶劳动与农奴劳动结合在一起的特殊殖民剥削形式。西班牙殖民者利用这一制度肆意虐使印第安人，西印度群岛等地的印第安人的处境极为悲惨。18世纪后，印第安人人口锐减，殖民地经济也有发展，这种落后的剥削形式逐渐衰落。

委托立法 delegated legislation 国家立法机关授权行政机关制定有关法规、法令、规章的活动。又称委任立法。在资本主义发展初期，西方国家立法活动只能由议会进行。19世纪后期，由于社会的发展，国家的事务日益复杂，很多国家和社会问题需要迅速处理解决，并且需要有专门业务知识，议会难以针对各方面的具体问题制定有关法律。而且议会立法旷日费时，不足以应付多变的社会事态。行政机关相对比较容易根据需要及时制定一些专业性、技术性较强的法规、法令。于是委托立法开始出现。到20世纪初，委托立法已成为西方国家的普遍现象，并通过宪法加以确认。委托立法的特点是，所制定的行政法规、法令、规章等与国家立法机关制定的法律同样具有法律效力，但其效力等级低于立法机关制定的宪法和法律。委托立法一般要通过专门的授权法案，并受授权法案、立法程序和条件、司法审查等的制约。委托立法的主要原则有：被授予的立法权限必须与接受授权的国家机关职权相称；委托立法的内容必须在法律授权的范围之内，并不得与立法机关制定的宪法和法律相抵触。

萎缩 atrophy 发育正常的器官、组织或细胞体积缩小的现象。首先是细胞体积缩小，从而由萎缩细胞构成的组织或器官的体积也缩小，且往往伴有细胞数目减少、代谢率降低及功能减弱。萎缩可以是生理性的，生理性萎缩与年龄有关，如青春期后胸腺萎缩，妇女绝经后卵巢、子宫及乳腺萎缩。老年人的大部分器官重量常均减轻。但老年人有些器官的萎缩，如脑萎缩，可能与脑动脉粥样硬化血管管腔狭窄，血流供应减少有关。病理性萎缩有：①失用性萎缩。②神经性萎缩。③压迫性萎缩。④营养不良性萎缩。⑤内分泌性萎缩。若萎缩发生的时间较短或程度较轻时，在原因消除后，萎缩的细胞可以恢复原状。高度萎缩的细胞逐渐发生变性、坏死、消失，最后由纤维或脂肪组织所取代。

痿证 syndrome of flaccidity 临床表现为肢体筋脉弛缓、软弱无力，渐至肌肉萎缩而不能随意运动的一类中医病证。又名痿躄。痿证多因外感温邪，或余热未尽，肺叶受灼，肺不布津、筋脉失于濡润；或外受湿邪，或湿从内生，蕴湿积热，湿热浸淫筋脉；或久病劳倦，脾胃虚弱，气血生化不足，肌肉筋脉失养；或房劳过度、病久不愈，精血暗耗，肝肾亏损、筋脉失养等引起。常见证型有：①肺热伤津型痿证。证见发热后出现肢体痿软，口渴尿黄，舌红苔黄，脉细数。治宜清肺生津，方用清燥救肺汤加味。②湿热浸淫型痿证。证见肢体痿软无力，尿黄，苔黄腻，脉濡数。治宜清利湿热，方用加味二妙散。③脾胃虚寒型痿证。证见肌肉松弛，肢体无力，纳呆便溏，苔白脉沉。治宜健脾益气，用参苓白术散加减。④肝肾亏虚型痿证。证见下肢无力，腰膝酸软，头晕耳鸣，舌红少苔，脉细弱。治宜补益肝肾，方用虎潜丸加减。除药物治疗外，针灸、推拿、功能锻炼等对痿证的恢复也是十分重要的。

卫 Wei 中国先秦姬姓诸侯国。西周初，周公平定东方殷商故土的叛乱活动后，任命其弟康叔封坐镇河、淇间以控驭东方。叔封初封于康（今河南禹县西北），后不知何时改康为卫。春秋之初，卫国仍是东方的大国。卫懿公九年（前660），卫被狄人攻灭。齐桓公率诸侯修筑楚丘（今河南浚县东），帮助卫在此重新建国，并派一支齐军驻守保护。卫文公艰苦创业，发展生产，到晚年军力增长10倍。后又吞灭邢国（今山东聊城），国势复兴。卫成公六年（前629），卫为避狄人侵扰，再迁帝丘（今濮阳南），经百余年休养生息，重又呈现出经济繁荣的景象。进入战国，卫遭到赵的不断蚕食，国土日削，政治上也越加腐败，但卫的灭亡将破坏赵、魏间的均势，所以魏国攻赵救卫，使卫侥幸保存下来，成了魏国的附庸。秦王政六年（前241），秦攻魏，占领濮阳一带设置东郡。卫国遂迁徙到野王（今河南沁阳），转受秦的保护。秦二世元年（前209），卫君角被废为庶人，卫成为最后灭亡的周代封国。

卫瓘 Wei Guan（220～291） 中国西晋书法家。字伯玉。河东安邑（今山西夏县）人。卒于洛阳。在魏曾官镇东将军，入晋官至司空、太保。武帝（265～290年在位）欲废太子（惠帝），瓘赞其事。后，惠帝（290～306年在位）立，瓘为贾后及楚王司马玮所杀。是书法家卫觊之子，卫恒之父。擅隶书和章草，与索靖齐名，时人号为“一台二妙”。北宋《淳化阁帖》载卫瓘书法《顿首州民帖》，尚存章草格局，基本去掉波势，已向今草过渡，是其代表作。以此帖和索靖《月仪帖》、陆机《平复帖》相比较，可看出他有秀美流便的风格。

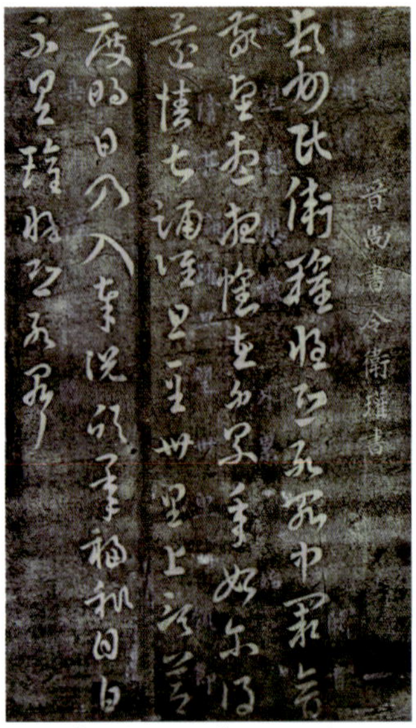

《顿首州民帖》大观帖本

卫河 Weihe River 中国海河水系南运河上源之一。发源于太行山东南麓河南省辉县市苏门山。东流经新乡市，折向东北流，至馆陶县秤钩湾与南运河另一源——漳河汇合，至临清入南运河。全长约388千米，流域面积1.43万平方千米。卫河为一梳状水系，主要支流峪河、淇河、汤河、安阳河皆从左岸注入。流域位于温带半湿润气候区，年降水量600～700毫米，70%～80%集中汛期，多暴雨，临淇为暴雨中心。平均年径流量约24.6亿立方米，年际变化较大。年内变化由于泉水补给较多且均匀，但遇暴雨洪水仍峰高量大，下涌河道宣泄不及，常成水患。建有弓上、小南海、彰武、双泉等水库。1952年建成人民胜利渠引黄济卫，对发展灌溉和输水至津，解决天津市用水效益显著。卫河流域煤、铁资源丰富，工农业生产发展迅速。百泉为著名风景区。

卫恒 Wei Heng (?～291) 中国西晋书法家。字巨山。河东安邑（今山西夏县）人。卒于洛阳。官至黄门侍郎。惠帝（290～306年在位）初为贾后等所杀。擅长草、章草、隶、散隶等书体，但见于世的多是草书。他的书法纵任轻巧，流转风媚，刚健有余，便媚详雅。北宋《淳化阁帖》收有他草书二行。著《四体书势》，是存世最早和比较可靠的重要书法理论之一，有关当时各种书体、书史的演变，以及一些书法家代表的情况资料，大都赖此书得以保存。

卫辉市 Weihui City 中国河南省辖县级市。位于省境北部，太行山东麓。面积882平方千米。人口50万（2010）。有汉、回等民族。战国魏为汲邑，汉置汲县。唐属卫州治，元为卫辉路治。明太祖洪武元年（1368）改称卫辉府。1948年设卫辉市。由新乡市代管。属暖温带大陆性季风气候。农作物主要有小麦、玉米、棉花、油菜、

比干墓

芝麻等。药材有红花等。牧业饲养黑山羊。工业有采煤、纺织、电机、五金、建材、化肥、针织、服装等部门。名胜古迹有比干墓、镇国塔以及省级黄河故道珍禽自然保护区等。

卫立煌 Wei Lihuang (1897-02-16～1960-01-17) 中国爱国将领。陆军二级上将。又名辉珊，字俊如。安徽合肥人。卒于北京。1915年到广州投粤军。北伐战争中任第14师师长。1931年起参加"围剿"红军，任第14军军长、豫鄂皖边区"剿共"总指挥等职。因其攻占豫鄂皖苏区军政中心金家寨，南京国民政府特将金

家寨由镇升县，改名为立煌县。七七事变后，任第14集团军总司令兼第二战区前敌总指挥，在山西忻口指挥部队抗击5万日军的进攻。1939年任第一战区司令长官，先后兼任河南省政府主席、冀察战区总司令等职，与八路军友好相处、相互支援。1943年11月任中国远征军代司令长官，次年指挥所部击败侵占滇西的日军，收复失地。1945年1月打通中印公路。4月任中国战区中国陆军副总司令。1948年1月任代理东北行辕主任兼东北"剿共"总司令，因辽沈战役战败而被撤职查办。1949年秘密去香港。1955年回到北京，历任国防委员会副主席、中国人民政治协商会议全国委员会委员、中国国民党革命委员会常务委员等职。

卫气 defensive qi 中医学理论称运行于脉外的气。卫有保卫、卫护之义。与营气相对而言。卫气属阳，生于水谷，源于脾胃，出于上焦，行于脉外，性质剽悍，运行迅速而滑利。具有温养内外，护卫肌表，抗御外邪，滋养腠理，开阖汗孔等作用。卫气不固和营卫不和都会导致疾病发生。

卫气虽行于脉外，但仍然依傍着脉道而运行。其运行与昼夜变化及寤寐有关。白昼人寤，则行于阳；黑夜人寐，则行于阴。行于阳是行于体表手足三阳经脉，行于阴是行于内在五脏。卫气行于阴，是从足少阴经注于肾，而后至心、肺、肝、脾，复还于肾。

卫气的病证主要有卫气不固和营卫不和。卫气不固则皮肤腠理疏松，易受外邪侵入而得病。发病时多有怕风、自汗等症状，治宜益气固卫。营卫不和可见发热、恶风寒、自汗出等症状，治宜调和营卫。

卫气营血辨证 syndrome differentiation of weifen, qifen, yingfen and xuefen 中医对病证进行分析归纳的方法之一。即以卫、气、营、血为纲，将外感温热病发展过程中各阶段的病机、证候概括为卫分、气分、营分、血分4个层次和阶段，用以说明外感温热病的病位浅深、病情轻重及其传变规律，进而指导治疗、判断预后的辨证方法。

卫分证 常见于外感热病的初期，是温邪从口鼻侵犯肺卫所表现的证候。临床表现为：发热，微恶风寒，口微渴，舌边尖红，脉浮数，伴有头痛、无汗或少汗、咳嗽、舌苔薄白等。

气分证 气分病变广泛，凡邪不在卫分，又未进入营（血）分都属于气分范围。气分证的表现随病邪性质、病变部位、证候类型不同而有差异。温热邪在气分，邪正剧争，里热蒸迫，热炽津伤所表现的证候特点是发热，不恶寒反恶热，汗多，渴喜饮冷，尿赤，舌红、苔黄，脉数有力。多由卫分证不解，邪传入里或温热之邪直入气分而成。病变涉及肺、胃、大肠、胆、胸膈等脏腑，临床常见邪热壅肺证、热扰胸膈证、热结腑实证、胆经郁热证等。此外，湿热（或暑湿）病邪流连气分，则以身热不扬、脘腹痞满、苔腻为气分湿热证基本特征。

营分证 为温热病邪传入营分而引起营热阴伤、扰神窜络的证候，是温热病发展过程中较为深重的阶段。证候特点是身热夜甚，口干而不甚渴饮，心烦不寐甚或时有谵语，斑疹隐隐，舌质红绛，脉象细数。多由气分证不解、邪热内传入营，卫分证逆传直入营分，营阴素亏、温邪乘虚内陷营分而致。

血分证 为温热病邪深陷血分而引起动血耗血，瘀热扰心的证候。是卫气营血病变的最后阶段，也是温热病发展演变过程中最为深重的阶段。证候特点是身热，躁扰不安或神昏谵狂，吐血、衄血、便血、尿血，斑疹密布，舌质深绛，脉细数。多由营分证不解、邪热深逼血分；卫分或气分邪热亢盛、未从外解，越期直入血分；伏邪自血分发出，始发病变即在血分而致。

卫气营血四证的传变规律一般是由浅入深、由轻渐重，但由于感邪和机体反应性差异，临床上又有顺传、逆传及两种或两种以上证候同时并见的情况。一般温病初起，病在卫分，病位最浅，病情最轻，治疗以泄卫透表为大法。气分证邪势虽盛而正气未衰、抗邪有力，若治疗及时正确，仍易邪解病愈。若病邪深入到营分、血分，则病位较深、病情较重，营分证治以清营泄热为法，冀其透泄营分邪热转出气分而解；血分证最为深重，治以凉血散血为法。若救治不力，往往危及生命。

卫青 Wei Qing (?～前105) 中国汉武帝时抗击匈奴的将领。字仲卿。父郑季，河东平阳（今山西临汾西南）人，以县吏给事平阳公主家，与婢女卫媪私通，生卫青。卫青因同母异父姊卫子夫得幸于武帝，故冒姓卫氏。长大后为平阳公主骑从，后与平阳公主成婚。先后任建章监、侍中、太中大夫。

武帝为根绝匈奴侵扰，一反西汉初年的和亲政策，发动大规模抗击匈奴的战争。卫青自元光六年（前129）拜车骑将军始，先后7次领兵出击。元朔元年（前128）及二年率军出云中，迂回至陇西，驱逐匈奴白羊王、楼烦王部众，收复河南地（今内蒙古河套地区）。此后，汉朝廷于此置朔方郡（治今内蒙古杭锦旗北），解除了匈奴骑兵对都城长安的直接威胁。卫青以功封长平侯。至五年，又率军出朔方，击溃匈奴右贤王，

俘虏裨王十余人，遂拜大将军。元狩四年（前119），与霍去病分兵出击匈奴。出定襄塞外千余里，包围匈奴伊稚斜单于。单于突围溃走，精锐丧失殆尽。乘胜追至窴颜山赵信城（约在今蒙古杭爱山以南）而还。汉军占领朔方以西至张掖、居延间的大片土地，保障了河西走廊的安全。此后近20年，汉匈之间一直没有发生大规模的战争。卫青以此拜大司马大将军。

卫青一生与匈奴作战，捕斩首虏5万余级，益封16 300户。地位尊崇，但不以权势树党，不干预朝政，体恤士卒，颇得人心，然排斥压抑名将李广。

卫铄 Wei Shuo (272～349) 中国东晋书法家。字茂漪。汝阴太守李矩妻，世称李夫人或卫夫人。祖籍河东安邑（今山西夏县）。曾祖卫觊、祖卫瓘、伯父卫恒都是书法家。其书法学习钟繇，并受到祖辈的影响，楷、行、篆、隶无不擅长，楷体造诣尤高。王羲之少时曾从她学习书法。唐张怀瓘《书断》列她的隶书为妙品。钟繇评其书法云“碎玉壶之冰，烂瑶台之月，穆若清风”。其书法真迹早已失传，仅北宋《淳化阁帖》中存有行楷8行96字。

卫斯理 Wesley, John (1703-06-17～1791-03-02) 英国神学家、布道家。新教卫斯理宗创始人。生于林肯郡的埃普沃斯，卒于伦敦。其父为圣公会牧师。1714～1724年在伦敦查特豪斯学校和牛津大学基督教院学习。1726年进牛津大学林肯学院为研究员。1728年按立牧职，担任其父的助理牧师。当时其弟查理·卫斯理在牛津组织一个研讨《圣经》和社会、伦理等问题的学生团体。1729年卫斯理成为该团体的领导人。这个组织起初被人称为圣洁会，后通称循道宗。1735年与查理受聘为传教士去北美传教，但成效甚微。1738年回国后，与摩拉维亚弟兄会的贝勒尔来往密切。贝勒尔着重宣传悔改得救的教义，对其产生了一定影响。由于教会不欢迎卫斯理兄弟俩的讲道，乃开始巡回露天布道，宣传自己的宗教主张和经验，终生不辍。1739年，在布里斯托尔成立第一个循道派教会。此后，其传道活动扩大到全英国，着重在下层民众中传教，人称卫斯理运动。逐步形成新的独立宗派即循道公会。关心社会问题，主张废除奴隶制，倡导公共教育，致力于法制和监狱改革。一生勤于著述，除留下大量书信、日记、讲章、圣诗之外，还著有教科书和医学著作等。

卫斯理宗 Wesleyans 基督教新教宗派之一。又译卫理宗、循道宗。以卫斯理的宗教思想为依据的各教会（卫理公会、循道公会等）的总称。该宗宣称忠于《圣经》，忠于传统信经教义，认为得救既凭借神恩，亦取决于各人的自由选择。在神学上不重思辨，不强求一致；在社会观点上重视下层社会，主张社会改良。在崇拜仪式方面半礼文化半自由化。英国卫斯理宗的组织形式，是由选举产生的平信徒和教士组成全国总议会指导地区和地方堂会，圣礼由牧师主持，其他礼仪可由无圣职的“传道人”主持。该宗主要分布于英国和北美。1847年传入中国。现全世界有4 000余万信徒。

卫天霖 Wei Tianlin (1898-08-22～1977-03-24) 中国油画家。字雨三。生于山西汾阳，卒于北京。幼年由画谱入门，进而临摹傅山等人作品。1920年东渡日本，研习油画。1928年回到北京。担任中法大学孔德文艺学院艺术部主任。1929年应蔡元培邀请任北平大学造型美术研究会导师。1930～1933年任北平大学西画系主任、教授。1933～1947年先后在国立北平艺术专科学校和孔德学校任教。中华人民共和国建立后，创建北京师范大学美术工艺系并任系主任。1956～1963年任北京艺术师范学院副院长。1963年调任中央工艺美术学院装饰绘画系教授。

《白芍药》(1956)

卫天霖毕生从事美术教育和油画创作，是现代中国油画的先驱者之一。早年多画人物、肖像，晚年多作静物和风景，《白芍药》、《向日葵》等代表作藏中国美术馆。他长期致力于将西方油画与民族美术传统相融合的探索，尝试将民间美术的质朴特色引入创作。出版有《卫天霖画集》。

卫贤 Wei Xian 中国五代南唐画家。京兆（今陕西西安）人。南唐后主李煜时（961～975年在位）为内供奉。善画台阁、盘车、水磨、人物等，尤以界画见称于时。存世作品《高士图》绢本淡设色，横52.5厘米，纵134.5厘米。所画为东汉梁鸿、孟光夫妇相敬如宾，孟光进食举案齐眉的故事。构图严谨，树石皴染精到，多用干笔皴擦点苔，有古秀苍厚之趣。屋宇用界画法画出，严密工致而不板滞，可见其功力之深厚。据记载，卫贤还画过《盘车图》、《水磨图》和《春江钓叟图》等，今已不存。

《高士图》(故宫博物院藏)

卫星 satellite 围绕行星运行的天体。卫星反射太阳光。除了月球，其他卫星的反射光都非常微弱，通常肉眼不能直接看见。1610年意大利天文学家伽利略用望远镜首次发现了木星的4颗大卫星（木卫一至木卫四，称伽利略卫星）。

卫星在大小和质量方面相差悬殊，最大的卫星是木卫三，半径2631千米，质量1.49×10^{23}千克，比冥王星大得多。卫星的运动特性也很不一致。一般把轨道具有共面性、同向性和近圆性（同向性就是卫星绕行星转动方向同行星自转方向基本一致，即其轨道面同行星赤道面交角小于90°），并且距离分布符合提丢斯-波得定则的卫星，称作规则卫星。卫星绕行星转动方向和行星绕太阳转动方向相同者，称为顺行卫星，它们的轨道面和行星轨道面的交角小于90°；反之，称为逆行卫星，其交角大于90°。卫星像行星一样也有自转，已测定出月球、木卫一至木卫四、海卫一、火卫一和火卫二的自转周期都和它们围绕行星转动的周期相同。这种同步自转的现象是

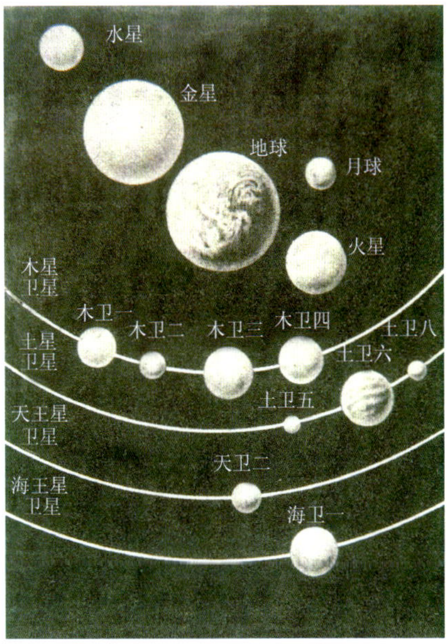

大卫星和行星体积比较

行星和卫星之间潮汐作用的结果。

在围绕行星的轨道上运行的人造天体称人造卫星。

卫星病毒 satellite virus 病毒中含有大小不同的两种相关病毒颗粒，其中小的病毒颗粒即为卫星病毒，大的病毒颗粒称为辅助病毒。卫星病毒须依赖于辅助病毒的存在才能侵染和复制。

卫星病毒并非辅助病毒所必需，它能干扰辅助病毒的复制，改变其引起的寄主病状表现。已发现的卫星病毒仅存在于植物体中，共26种植物病毒带有卫星病毒。其中，有的具有编码自身外壳蛋白的遗传信息，无此编码功能的则称为病毒卫星RNA。

卫星病毒在病毒分类学上属于一种亚病毒。其颗粒呈球状、直径17纳米，是60个单体蛋白的复制物。卫星病毒的核酸含有两种类型，即单链RNA和单链DNA。前者如烟草坏死病毒（TNV）的卫星病毒（sTNV）；后者如来自脊椎动物的病毒。

卫星测高 satellite altimetry 在人造卫星上装载雷达高度计，用以测量卫星到海面星下点距离，进而量测海平面高度，推算有效波高和海面风速的技术。卫星雷达高度计是一种指向铅垂方向的雷达装置，在卫星上垂直向下发射脉冲，经地面或海面反射后由天线接收，根据脉冲往返时间确定卫星到地面的距离，并计算地面的海拔高度。通过对返回脉冲波形和强度的分析，可以获取海面有效波高和风速的信息。国际上共发射8颗载有雷达高度计的卫星，卫星高度计数据已经在大洋环流、海洋潮汐、中尺度海洋现象、大地水准面与重力异常、有效波高、海面风速等方面的观测和研究中得到应用。

卫星城镇 satellite town 在大城市外围建立的具有较完善的住宅和公共设施的城镇。又称卫星城市。建立这种城镇旨在控制大城市的过度扩展，疏散过分集中的人口和工业。卫星城镇有一定的独立性，但在行政管理、经济、文化和生活上同它所依托的母城有较密切的联系；与母城之间保持一定的距离，但有便捷的交通联系。1898年英国E.霍华德提出田园城市，设想建立一种兼有城市和乡村优点的新型城市，在中心城市周围建立一圈较小的城镇，形式上有如行星周围的卫星。根据霍华德的设想，1919年英国规划设计第二个田园城市——韦林时，采用卫星城镇这个名称。第二次世界大战后，各国都规划建设卫星城镇，实践证明建设城市职能比较单一的卫星城镇较难取得理想的效果。各国卫星城镇规划建设的趋向是：人口规模适当增大；职能向多样性发展；尽量使工作与生活居住就地达到平衡；采用先进的交通系统与母城取得便捷联系。

卫星导航 satellite navigation 利用人造卫星对地面、海洋、空中和空间用户进行导航定位的技术。在卫星导航系统中卫星的精确位置是已知的，用户利用其导航装置接收卫星发出的无线电导航信号经过处理以后，可以计算出用户相对于导航卫星的几何关系，最后确定出用户的坐标位置和运动速度。卫星导航能实现各种天气条件下全球高精度导航定位，特别是时间测距卫星导航系统不但能提供全球和近地空间连续立体覆盖、高精度三维定位和测速，而且还有较强的抗干扰能力。卫星导航系统由导航卫星、地面台站和用户导航设备三大部分组成。由多颗卫星组成的导航卫星网构成一组导航台。地面台站负责对卫星跟踪测量和控制管理，地面控制中心根据跟踪测量数据计算出轨道，并将随后一段时间的卫星星历预测数据输入到卫星上，以供卫星向用户发送。用户导航设备通常由接收机、定时器、数据预处理器、计算机和显示器等组成。美国于1964年建成世界上第一个卫星导航系统子午仪，1973年起又研制更先进的全球定位系统，并于90年代中期正式组网运营。俄罗斯也建成了全球导航卫星系统。中国已初步建成“北斗”卫星导航系统。

卫星广播 satellite broadcasting 从广义讲，是指一种利用人造地球卫星空间电台转发电视广播或其他信息，供公众直接接收的无线电通信手段。但通常仅指利用地球同步卫星转发电视广播信号供公众直接接收的电视广播业务。为此目的而发射的地球同步卫星，称为广播卫星。

广播卫星是一种同步卫星（静止卫星），它被发射到地球赤道上空实际高度为35 786千米的赤道同步轨道上。卫星广播系统包括上行发射站和测控站、星体、接收网三大部分。上行站的主要任务是把电视广播节目传送给卫星上的转发器，同时也接收卫星发回的电视广播节目，以监视节目质量情况。测控站对卫星的轨道位置进行跟踪测定，对卫星上各种设备的参数进行遥测。星体是卫星广播系统的核心，主要功能是转发上行站送来的节目信号。地面接收网是卫星广播系统的最后一环，由卫星广播服务区内大量的集体接收站或家庭个体接收机组成。

卫星救援 satellite search and rescue 用人造卫星搜索和营救失事运输器（车、船、飞机）和人员的技术。由卫星无线电转发器接收失事者装载的应急信标机信号，并转发给地面信息接收站。接收站通知救援指挥中心进行营救。通常利用运行在850～1 000千米高的近圆形极轨道上的卫星装载救援信号转发器，地面接收站根据应急信标机和卫星之间的相对运动所造成的无线电信号多普勒频移原理，确定失事地点位置。应急信标机采用国际上统一规定用于卫星搜索和救援系统的406兆赫、121.5兆赫、243兆赫频率。406兆赫信标是专为卫星搜索与营救系统设计的，可传输有关失事者的类别、登记号、国籍、坐标、失事性质和时间等编码信息。1982年6月苏联发射了装有救援信号转发器的“宇宙”1383号极轨卫星，1982年9月首次成功地搜索并救援了加拿大的空难遇险者。此后，苏联、美国先后在指定极轨卫星上装救援信号转发器。静止卫星参与搜索与营救卫星系统是有利的，因为其覆盖面积大。国际海事卫星系统也兼有卫星救援功能。卫星救援还可用于探险、登山等遇难人员的救援。

卫星通信 satellite communications 利用通信卫星作为中继站实现地球上各点之间的通信。主要进行电视、电话、电报、传真

中国第一颗试验通信卫星

和数据传输等通信内容。各卫星通信地球站向通信卫星传输上行线路信号，经通信卫星接收并向各个卫星通信地球站转发下行线路信号，从而实现了各地球站之间的通信。1962年利用电星1号卫星进行了首次横跨大西洋的通信。1963年美国与日本之间通过中继1号卫星作了第一次跨越太平洋的电视转播。1964年静止轨道通信卫星辛康3号成功地转播了东京夏季奥林匹克运动会的实况。70年代，卫星通信迅速发展，以解决远距离、大容量通信为主，并向区域性通信和移动通信方向发展。中国1972年开始应用卫星通信，1984年开始使用中国自己发射的通信卫星进行卫星通信。

卫星云图 satellite cloud imagery 在气象卫星观测平台上，遥感探测器从宇宙空间对地球大气进行观测得到的地球云覆盖和地表特征的图像。卫星云图在常规观测资料稀少地区和对生命史短的中小尺度强对流天气系统的监测等方面作用突出。

按气象卫星上获取云图的遥感探测器的光谱通道不同，卫星云图分为两大类：①可见光云图。气象卫星上的扫描辐射仪对地球大气进行扫描观测，其中在可见光通道（如波长在0.5微米附近）得到的云图。在可见光云图上，不同种类的云和不同性质的下垫面，由于其反照率不同，表现为不同的亮度或灰度。可见光云图是形象而直观地区分不同种类云和地表的主要工具。但这种云图的获取需要光照条件，只在白天有图像。②红外云图。扫描辐射仪在大气红外窗区波段（通常是10～12微米）遥感地球大气的发射辐射所获得的云图。它不依赖日射，可以昼夜获取云图。在这个波段大气的吸收很少，卫星上所探测的辐射主要来自云层（有云地区）和地表（晴空区）。根据辐射定律，红外辐射的强度取决于发射物体的温度。因此，红外云图实际上就是地表和云顶温度的分布图像。温度越低、云顶越高的云区在红外云图上越白。由于地表温度有日变化，所以红外云图上地表色调也有日变化。在红外云图上，便

中国“风云”2B号气象卫星传回的卫星云图

于分析识别高、中、低云，但难于识别低云与周围温度相近的地表；便于识别云顶很高的卷云，但难于识别云区内起伏多变的纹理结构。

随着遥感技术的发展，利用大气的水汽吸收带（如6.7微米附近）获取的水汽图像和微波窗区通道（89吉赫和150吉赫）获取的微波图像，也具有一定的监测云和地表的能力。

卫星制导 satellite guidance 接收人造卫星的导航信息，引导导弹飞向目标的制导方式。卫星制导系统由卫星、地面站和弹上控制设备三部分组成。按工作方式分为有源和无源两种。利用有源卫星制导系统制导时，导弹接收到卫星信号后，还要转发信号给卫星，再经卫星回到地面站。地面站对接收的信号处理后，再将导弹的实时状态参数发给导弹，经弹上制导计算机处理后形成制导指令。采用此种制导方式的导弹弹上设备简单，运算量小，成本较低，但往来信号传递易被截获和干扰。利用无源卫星制导系统制导时，导弹接收到卫星的信号后，不再回答信号，由弹上制导计算机进行实时状态参数计算，形成制导指令。采用此种制导方式，导弹不易被发现，不易被干扰，是一种比较先进的制导方式。

卫星制导精度高，通常用于弹道导弹的中段制导和巡航导弹的巡航段制导。

卫星重力测量 satellite gravity exploring 以人造卫星为载体，利用卫星本身为重力传感器或卫星所携带的重力传感器（加速度仪、精密测距系统和重力梯度仪等）测定地球重力场的方法和技术。又称卫星重力探测。主要有4种技术模式：①地面跟踪观测卫星轨道摄动。即采用摄影观测、激光测距（地基和空基两种模式）及多普勒观测等技术手段测定卫星的轨道摄动。②卫星测高。在卫星上安置雷达测高仪或激光测高仪，直接测定卫星至其海面星下点的距离，并利用卫星的在轨位置求定其星下点的大地高。③卫星跟踪卫星（SST）。有两种方式，即由若干高轨卫星同步跟踪低轨卫星轨道摄动确定扰动重力场，称为高－低SST；或通过测定在同一轨道上两颗卫星（相距约200千米）之间的距离变率来恢复地球重力场，称为低－低SST。SST的观测量为两颗卫星之间的距离或距离变率（又称相对视线速度）。高－低SST与传统的地面站跟踪观测卫星轨道摄动并无很大区别，但其数据的覆盖率有很大提高，分辨率和精度也有较大改善；在高－低SST的基础上发展起来的低－低SST测定地球重力场的精度和分辨率将更高。④卫星重力梯度测量。利用低轨卫星上所携带的重力梯度仪直接测定卫星轨道高度处重力位的2阶导数（重力梯度张量），即通过观测两检测质量（或加速度计）之间的加速度差来获取重力梯度观测值。与地面跟踪观测卫星轨道摄动和卫星跟踪卫星技术相比，利用卫星重力梯度数据可望恢复更高分辨率和精度的全球重力场模型。

卫仲乐 Wei Zhongle (1903－03－23～1997－04－07) 中国民族器乐演奏家。生于上海。自幼接触民族器乐，曾参加大同乐会活动。先后从师郑觐文、柳尧章、汪昱庭学习古琴、琵琶、二胡、笛、箫等。以琵琶最为擅长。1938年随中国文化剧团赴美国演出。1940年与金祖礼、许光毅创办中国管弦乐队、仲乐音乐馆，并在上海多所大学中兼课。1950年起先后任上海音乐学院民族器乐系教授、系主任。创立了独特的琵琶演奏手法，如“武曲文弹”、“文曲武弹”等，增强了琵琶的表现能力。他演奏的曲目有《十面埋伏》、《霸王卸甲》及古琴曲《醉渔唱晚》、二胡曲《月夜》、《病中吟》等。

未分配利润 undistributed profit 企业实现的净利润经过弥补亏损、提取盈余公积和向投资者分配利润后留存在企业的、历年结存的利润。又称留存收益。是企业所有者权益的组成部分。未分配利润可用于以后年度对投资者的利润分配。“未分配利润”账户若为红字（借方余额），则为未弥补亏损。

未来学 futurology 研究未来的综合学科。又称未来预测、未来研究。通过定量、定时、定性和其他科学方法，探讨现代工业和科学技术的发展对人类社会的影响，预测按人类需要所作选择实现的可能性。狭义的未来学着重研究现代工农业和科学技术发展的综合后果，探讨未来社会的发展前景；广义的未来学指关于地球和人类未来的一般理论。“未来学”一词是德国学者O.弗莱希泰姆在1943年首先提出和使用的。

西方未来研究大致经历了以下几个发展阶段：①20世纪40年代末和50年代，以社会科学为主要研究内容，着重从理论上、学术上进行探讨；②60年代，从纯理论研究转向以社会经济的发展为主要研究内容；③70年代以后，以科学技术为主要研究内容。西方关于未来研究涉及的范围很广，包括自然科学、技术科学、应用科学等领域。主要集中在社会、科学、技术、经济、军事预测几个方面。

中国从1975年引进西方未来学。1979年1月，中国未来研究会在北京成立，并出版了会刊《未来与发展》。

未来主义 futurism 20世纪初在欧洲产生的文学艺术流派和思潮。兴起于意大利。1909年2月，意大利诗人、戏剧家F.T.马里内蒂发表《未来主义宣言》，宣告这一流派

未来主义的代表人物马里内蒂、G.帕皮尼、A.帕拉泽斯基等

诞生。翌年，他又发表《未来主义文学宣言》，进一步阐明这一流派的理论主张和文学创作原则。未来主义受F.尼采、H.柏格森哲学思想的影响，以同旧的传统文化相决裂、追求文学艺术内容和形式的革新为宗旨。提出“摒弃全部艺术遗产和现存文化”的口号。艺术形式上提倡以“自由不羁的字句”为基础的诗，强调直觉，排斥理性和逻辑，表现作者朦胧的感受和不可理解的事物。

未来主义从文学开始，很快席卷绘画、音乐、戏剧、电影、雕塑、舞蹈、建筑等各个艺术领域。1910年2月，意大利画家U.博乔尼等发表《未来主义绘画宣言》。1915年，马里内蒂等发表《未来主义戏剧宣言》。法国的G.阿波利奈尔于1913年发表《未来主义的反传统》，提出“立体未来主义”。在俄国，V.V.马雅可夫斯基在未来主义的旗帜下开始诗歌创作，对诗歌的形式和语言都作了革新。

未名社 Unnamed Society 中国现代文学团体。1925年8月成立于北京。由鲁迅发起，成员为鲁迅、韦素园、韦丛芜、李霁野、台静农、曹靖华6人。“未名”是“还未想定名目”的意思。其时鲁迅正为北新书局编辑专收译文的《未名丛刊》，遂以“未名”为社名，丛刊改由未名社发行。未名社主办的《莽原》周刊，1925年4月24日创刊，由鲁迅主编，附《京报》发行，出至第32期休刊。后改为半月刊出版，先后由鲁迅、韦素园主编，出至第48期停刊。1928年1月《未名》半月刊创刊，李霁野等编辑，1930年4月停刊。1931年春，未名社因经济困难和成员思想分歧，有结束之议，鲁迅遂声明退出。1933年春，该社在京、沪报纸刊登启事宣布“将未名社及未名社出版部名义取消”。

未名社活动以译介外国文学为主，兼及文学创作。翻译的作品以俄国、北欧各国、英国文学居多，又努力介绍苏联文学。该社还印行了《未名新集》，其中有韦丛芜的《君山》，台静农的《地之子》和《建塔者》，鲁迅的《朝花夕拾》等。鲁迅评价未名社“是一个实地劳作，不尚叫嚣的小团体”(《曹靖华译〈苏联作家七人集〉序》)。

未央宫 Weiyang Palace 中国西汉皇宫主要宫殿群之一。皇帝寝宫和朝会之处。因与长乐宫东西并列，此宫居西，又称西宫。位于都城长安西南部。西汉末年毁于战火。遗址在今陕西省西安市未央区未央宫乡。

刻字骨签（未央宫中央官署遗址出土）

未央宫平面呈方形，四周筑宫墙，面积5平方千米，约占汉长安城总面积的1/7。宫城四面各辟一门，称为“司马门”。东门和北门外有阙，称为“东阙”和“北阙”。宫城四角有角楼建筑。前殿为大朝正殿，位于宫内中部，残存的殿基南北长400米、东西宽200米，高出现地面0.6～15米。皇后居住的椒房殿位于前殿正北，面积19 337.5平方米。文献记载宫内还有昭阳殿、清凉殿、白虎殿等50多座宫殿建筑和天禄阁、石渠阁、麒麟阁、承明殿等文化性建筑。宫西北部为少府（或其所辖机构）所在。中央官署位于宫内西部，房址内出土5万多枚刻字骨签。宫内西南部有苍池，池中有亭榭楼阁。未央宫布局上“前殿后寝”，正殿居中、居前等特点，对中国古代宫城布局的发展产生了重要影响。

位移 displacement 点的位置变动，用连接先后两个位置的有向线段表示。如图，动点瞬时t位于Q点，瞬时（$t+\Delta t$）位于Q'点，矢量QQ'表示动点从t时刻开始在Δt时间间隔内的位移。它等于Q'点的矢径与Q点的矢径之差，即$\Delta\boldsymbol{r}=\boldsymbol{r}(t+\Delta t)-\boldsymbol{r}(t)$。与此同时，动点在$\Delta t$时间间隔内

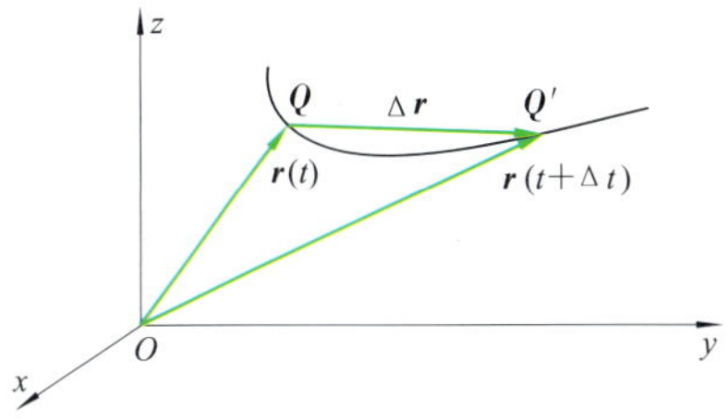

点的位移

运动轨迹的即经过的路程是弧长$\overset{\frown}{QQ'}$（标量）。当Δt很小时，位移矢量的模和路程的差为高阶小量；当$\Delta t\to0$时，两者相等。在直线运动中，位移可用代数量表示。

位移电流 displacement current 为发展电磁场普遍理论，J.C.麦克斯韦引入的一个重要概念。恒定电流的磁场遵从安培环路定理，磁场强度沿任意闭合回路的积分等于穿过闭合回路的传导电流的代数和。恒定电流情形，无论对于哪一个以闭合回路为周界的曲面来说，穿过闭合回路的传导电流是相同的，不存在矛盾；而非恒定电流情形，如一个电源对一个电容器充电，闭合回路环绕连接导线，若选取连接导线穿过的曲面，则穿过该曲面的传导电流不为零，而选取通过电容器两极板之间的曲面，则穿过这一曲面的传导电流为零，这样就得到矛盾的结论，显然是不合理的，即安培环路定理对非恒定情形不适用。麦克斯韦指出，虽然电容器两极板之间是断开的，但对电容器充电，极板上电荷随时间变化，在极板间产生变化的电场，这一随时间变化的电场好像传导电流一样也能激发磁场，称为位移电流。位移电流密度为电位移矢量对时间的变化率$\partial\boldsymbol{D}/\partial t$。电容器两极板之间传导电流虽然中断，但电位移电流接续下去，就不存在上述矛盾。由此麦克斯韦总结得到电磁场的普遍方程组（见麦克斯韦方程组）。

味精 monosodium glutamate L－谷氨酸一钠的商品名。含一分子结晶水。缩写式为MSG。以碳水化合物（淀粉、大米、糖蜜等）为原料，经微生物发酵、提取、中和、结晶制成的具有特殊鲜味的白色结晶或粉末。加入蔬菜、肉类等食品中可增加风味，食盐能诱发其鲜味。因有一不对称碳原子，故有L型（左旋）、D型（右旋）、DL型（消旋）三种构型。只有L型能为生物所利用，L－谷氨酸参与体内很多代谢过程，是构成蛋白质的主要成分。谷氨酸能被脑组织氧化，当葡萄糖供应不足时，可作为脑组织的能源，对维持或改进脑机能有益；也能与血液中过量的氨作用生成谷氨酰胺，对肝功能有障碍的人有一定的解毒作用。酵母核糖核酸的水解物质5′－核苷酸呈现特有的鲜味。以5′－肌苷酸钠或5′－鸟苷酸钠按不同比例与谷氨酸钠混合结晶，可制成比味精鲜味高几倍的特鲜味精或强力味精。还

可用味精作为基料添加动物或植物的风味成分制成多种适合不同用途的复合调味料，如鸡精、牛肉精、蘑菇精等。

味精生产方法有化学水解法、司蒂芬废液提取法、合成法、发酵法四种。现在国际上基本都采用发酵法生产。1956年，日本木下祝郎发表用细菌发酵葡萄糖生成L-谷氨酸的方法。此法可用广泛存在的淀粉质为原料，不局限于面筋等蛋白质。所用细菌有短杆菌、棒杆菌、小杆菌和节杆菌。淀粉水解为葡萄糖后，加适量有机氮源和尿素，在适当的通风、搅拌下，葡萄糖经细菌作用，经过三羧酸循环，在谷氨酸脱氢酶的逆反应下和还原性辅酶Ⅱ存在下，α-酮戊二酸进行还原、氨化反应，生成大量L-谷氨酸。粗谷氨酸用纯碱中和至pH值7.0，即生成有鲜味的谷氨酸一钠。

1987年在荷兰海牙召开的联合国粮农组织和世界卫生组织食品添加剂专家委员会第19次会议作出结论：味精作为风味增强剂，食用是安全的，并且认为对每日的允许摄入量无须作专门规定。

味觉 gustatory sensation 可溶性物质作用于味觉器官而产生的感觉。通常具有嗅觉、触觉、温度觉和痛觉等成分。日常生活中单纯的味觉是没有的。覆盖在舌面上的味蕾是味觉感受器，味觉的皮层区在颞叶。咸、甜、苦、酸是四种基本的味觉。舌的不同部位对这四种味觉刺激的敏感程度不同：舌尖对甜，舌根对苦，舌边的中间处对酸，舌的前部对咸刺激最敏感。不同味觉的感受性差别很大。味觉感受性的变化受身体生理状态的影响很大。它反映了机体对某种物质的需要，说明味觉在维持机体内环境的平衡中起着重要的作用。此外，味觉总是以很快的速度发生适应。

胃 stomach 消化道中食管与小肠之间的膨大部分。主要功能是储存与初步消化食物。动物的胃一般能进行机械消化，如搅拌、推送或研磨食物。脊椎动物的胃还能进行化学性消化，如将蛋白质分解成多肽。胃的吸收能力弱，仅能少量吸收部分药物和其他水溶性物质，但吸收酒精的能力较强。

胃的形状与动物体形有关：鱼类、有尾两栖类和蛇类，因其身体细长，胃呈纺锤形；哺乳类动物因身体粗短，胃则呈袋状弯曲，横卧于腹腔内。此外，胃的形态和结构还可因为储存食物的需要、食物的性质、摄食的频率而发生改变。在灵长类、大多数食肉类和许多食虫目动物中，胃往往是单腔器官，其前端与食管连接的部位称为贲门，后端与十二指肠连接的部位称为幽门。胃近贲门的部分称贲门部，近幽门的部分称幽门部或幽门窦，这两者的中间部分称为胃体部。反刍类（牛、山羊和绵羊）胃分成四室，分别叫瘤胃、网胃、瓣胃和皱胃（见**反刍胃**）。鸟胃分成两部分，前为腺胃，能分泌消化液；后为肌胃，又称砂囊，砂囊可借助吞食的砂粒来研碎食物。有些动物没有胃，如鸭嘴兽、针鼹以及无胃鱼等，其食管直接与十二指肠相连。脊索动物如文昌鱼及圆口类等，也没有真正的胃。

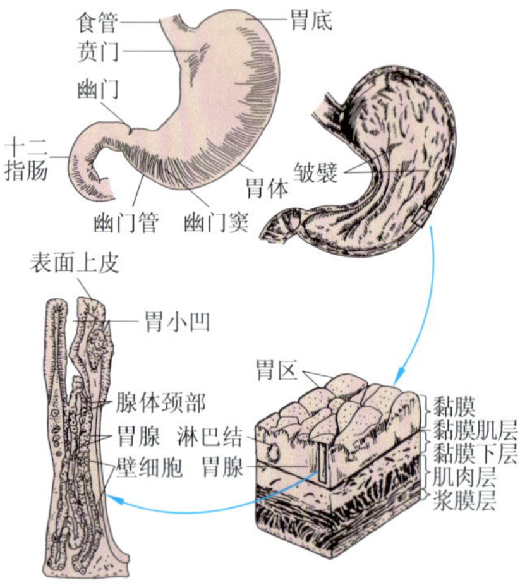

胃的形态与结构示意图

哺乳类的胃壁一般由3层组织构成，内层是黏膜层，外层是浆膜层，中间是由平滑肌组成的肌层。胃黏膜的结构比较复杂，大部分胃黏膜都有胃腺，但也有不含胃腺的。不含胃腺的胃黏膜由复层鳞状上皮覆盖，含胃腺的黏膜则由单层柱状上皮覆盖。胃腺一般有3类：即贲门腺、幽门腺和泌酸腺。前两者分别分布于贲门区和幽门区，均分泌黏液。泌酸腺主要存在于胃体和胃底的黏膜内，系直管腺泌酸腺有3类细胞，即主细胞、壁细胞和黏液细胞，除均可分泌水和无机盐外，每种细胞各有其特殊的分泌物：主细胞分泌胃蛋白酶原，壁细胞分泌盐酸和内因子，黏液细胞分泌黏液。

胃癌 gastric cancer 发生在胃部的恶性肿瘤。中国的胃癌发病率以西北最高，中南及西南最低。病死率居各种癌症之首。降低胃癌病死率的关键是提高早期胃癌检出率。早期胃癌手术治疗后5年存活率可达90%以上。若在早期胃癌（小胃癌，癌灶直径≤10毫米）和微小胃癌（癌灶直径≤5毫米）的初始阶段即能确诊并行手术，术后10年存活率几乎达100%。

病 因 未完全明确。主要有两方面。①环境因素，包括土壤、水源、食物及饮食习惯等因素。其中饮食因素最为重要，如含有亚硝酸盐的食物，盐腌、烟熏、煎炸的食物，发霉的含有黄曲霉素的玉米、花生等。②遗传、种族等先天因素。患者的亲属中胃癌发病率为其他人的4倍。

病 理 分4型：①Ⅰ型。又称息肉型癌，癌肿较大，直径超过2厘米。②Ⅱ型。又称溃疡型癌，有较大溃疡，边缘隆起，形成堤状或火山口状。③Ⅲ型。又称浸润溃疡型癌，肿瘤表面形成溃疡。④Ⅳ型。又称弥漫浸润型癌，癌肿向胃壁各层弥漫性浸润生长，若累及全胃则称为皮革胃。

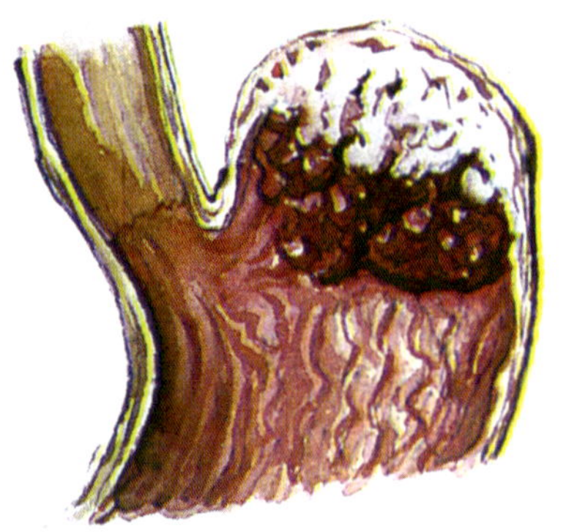

胃癌表征

临床表现 早期可无任何症状或体征，或上腹隐痛不适或上消化道出血、早饱、食欲减退等。中晚期可表现上腹痛、贫血、呕吐、食欲减退、体重减轻或上腹部触及腹块和腹水等。左锁骨上摸到肿大的菲尔肖氏淋巴结，表示癌细胞已向远处淋巴结转移；直肠指诊若发现直肠前窝肿块，则提示已有盆腔转移。

诊 断 早期诊断是根治的前提。尤其是在胃癌高发区，应对40岁以上高风险人群开展X射线或内窥镜检查。

治疗和预后 一般采用胃次全切除术，局部淋巴结转移并不是手术的禁忌证。肿瘤范围很大时考虑全胃切除术。术前、术中和术后可辅以抗癌化疗。对无手术指征的晚期胃癌，化疗亦可望抑制癌瘤生长。常用的化疗药物有5-氟尿嘧啶、丝裂霉素和呋氟尿嘧啶等。

胃寒证 stomach cold, syndrome of 因胃阳不足或寒邪凝滞胃中所引起的中医学证候。多见于**胃脘痛**、呕吐等疾病。

胃靠胃阳和胃阴的协同作用来发挥其腐熟各种饮食物的功能。若胃部受寒、过食生冷或平素胃阳不足、复感寒邪，会导致阴寒凝滞胃腑，影响胃的受纳、腐熟水谷功能以及胃主通降特性，出现胃寒证。临床表现以胃脘冷痛、遇寒加剧、得温痛减，口淡不渴，舌淡、苔白滑为主；兼有肢冷喜暖，口泛清水等症。胃与脾表里相合，因而胃虚寒证常与脾虚寒证（见**脾阳虚证**）并见，形成脾胃虚寒证。

胃寒证的治疗以温胃散寒为法。寒邪犯胃而胃痛暴作者，常用良附丸合香苏散加减；过食生冷、食滞胃脘而胃痛者，常用良附丸合保和丸加减；素体脾胃阳虚或胃痛反复发作而见遇冷则痛、喜温喜按者，则宜小建中汤等。

胃扭转 gastric volvulus 胃的大弯和小弯失去正常解剖位置而形成的胃本身的畸形

旋转现象。由于扭转轴心的方向不同，有两种不同的扭转方式：①器官轴扭转。以贲门和幽门连线为轴心，通常是按顺时针方向扭转。②系膜轴扭转。与上一种扭转方向相反。症状的轻重缓急同扭转的程度有关。超过180°的扭转，多表现为急性，急性胃扭转三联征的表现为：①突然发生呕吐；②急性上腹痛及胀满感；③胃管不能完全插入胃内。急性胃扭转时，腹部平片常显示上腹部有巨大的气泡或同时有两个液气平面。慢性胃扭转的诊断主要靠钡餐造影。慢性胃扭转若症状不明显或只偶然性发作，则不一定需手术治疗。但急性胃扭转，则应急诊手术。

胃气上逆证 adverse rising of stomach qi, syndrome of 因胃失和降，气逆于上所表现的中医学证候。多因外感六淫，内伤七情，饮食不节，脾胃虚弱致胃失和降而成。临床表现：不思饮食，脘部胀痛，呃逆，嗳气，恶心，呕吐，噎膈反胃。胃气上逆证有虚实之分。由寒饮、痰浊、食积、胃火等引起的属实证；因久病胃气大虚，乃至胃气衰败，过服寒凉药物引起的胃气上逆属虚。实证的胃气上逆，如外邪犯胃者，常兼表证；若饮食停滞者，则脘腹胀满，嗳腐吞酸；若肝气犯胃，见呕吐吞酸，胀痛连胁；若痰饮内阻，则呕吐清水痰涎。虚证的胃气上逆，如脾胃虚寒，则食入作吐，完谷不化，脘腹冷痛；胃阴虚者，时作干呕，口渴，胃脘部有灼热感，苔光剥。胃气上逆证的治法，实证以祛邪为主，方用藿香正气散、保和丸、小半夏加茯苓汤等；虚证以扶正为主，温中和胃，方用理中汤等，养阴清热，方用橘皮竹茹汤加味。

胃切除术 gastrectomy 外科治疗消化性溃疡、胃癌和其他一些胃部疾病经常施行的手术。根据切除胃的范围，分为胃部分切除术和全胃切除术两大类。

胃部分切除术　根据胃切除量的多少又可分为胃窦切除术、半胃切除术和胃次全切除术。胃窦位于胃的远侧部，在幽门和胃体部之间。手术的目的是治疗消化性溃疡，需同时进行选择性迷走神经切断术。

胃次全切除术又称胃大部切除术，切除胃近幽门侧的大部分，占全胃的2/3以上。治疗胃的恶性肿瘤，切除范围需包括胃各附属淋巴结及大小网膜，称为根治性胃大部分切除。若胃癌特别是胃窦部癌已有远位转移，但原发肿瘤合并出血、穿孔或梗阻，肿瘤本身又未侵及邻近重要器官如肝门、胰腺、大血管等，仍可行胃大部切除，称为姑息性胃大部切除术。若胃癌侵及大部胃体，或已侵犯贲门，则不宜行姑息性切除手术。

胃部分切除后，必须重建胃肠之间的通道，常用的术式如比尔罗特氏Ⅰ式、Ⅱ式手术等。

全胃切除术　适用于胃底或高位小弯溃疡、贲门附近的胃癌、广泛浸润的胃癌、顽固性高酸的胰源性溃疡等。与胃部分切除术相比临床上全胃切除术较少采用。

术后早期并发症　发生率为5%以下：①吻合口出血。②吻合口梗阻。③十二指肠残端瘘。④吻合口瘘。易发生于全胃切除后。⑤急性胰腺炎。术中损伤胰腺，以及管腔内压力增高，致使十二指肠液返流到胰管。

术后晚期并发症　①倾倒综合征。术后出现心悸、面色潮红或苍白、头晕、乏力、恶心、呕吐、肠鸣、腹泻，甚至虚脱等症状，平卧可缓解。②低血糖综合征。或称晚期倾倒综合征，症状相似。进食后3～4小时，食物过快地进入空肠，碳水化合物被吸收后使血糖升高，刺激胰腺分泌多量胰岛素，导致血糖过低。③营养障碍。胃容量减少进食不足，食物运行过快，影响吸收。④碱返流性胃炎。幽门失去功能后，十二指肠内的碱性液体及胆汁容易发生返流。⑤残胃癌。常发生在术后10年以上。⑥返流性食管炎。见于全胃切除术后，患者常感烧心、胸骨后不适，甚至吞咽困难。久之可继发食管下端及吻合口狭窄。

胃热证 stomach heat, syndrome of 因胃中火热炽盛，胃失和降所引起的实热性中医学证候。多见于胃脘痛、消渴、牙龈肿痛、呕吐等疾病。

胃喜润恶燥，主受纳、腐熟水谷，故其受邪最易蕴而化热。若过食辛辣肥腻之物，或情志不遂、肝气郁结，或患温热之病波及于胃，或过服燥热药物等损伤胃腑，则会化火生热，形成胃热之证。临床表现以胃脘灼痛拒按，多食易饥、食入即吐，牙龈肿痛、口气热臭，大便秘结，舌红、苔黄燥，脉滑数为主；或有渴喜冷饮，泛酸嘈杂，牙龈出血等症。以胃脘灼痛拒按等胃病常见症状与热象并见为辨证要点。

胃热证的治疗以清胃泻热为法。胃热消渴（中消）者，用玉女煎加减；肝火犯胃而见胃脘灼痛、泛酸嘈杂者，用左金丸；胃热上逆而见食入即吐者，可用大黄甘草汤；胃热循经上熏而见牙龈肿痛溃烂、齿衄、口臭者，则宜用清胃散；若胃热日久、耗津伤液而成胃阴虚者，可用益胃汤、麦门冬汤等方。

胃脘痛 stomach pain 以胃脘部经常发生疼痛，痛时亦可伴有呕吐、嗳气、吐酸、胃内烧灼感、胀满、饮食减少等不适的中医学病证。多由过食生冷，寒滞胃脘，或气郁伤肝，肝失疏泄，横逆犯胃，或劳倦过度，或久病伤脾，中焦虚损，寒邪内生，或胃阴受伤，胃失濡养等引起。辨证时应注意是外邪犯胃，还是脏腑失调所致。常见证型有：①寒邪犯胃。证见突发性胃脘痛，得热痛减，多与受寒或过食生冷有关，苔白脉弦。治宜散寒止痛，方用良附丸加味。②饮食停滞。证见胃脘胀痛，嗳腐吞酸，苔厚腻，脉滑。治宜消食导滞，方用保和丸加减。③肝气犯胃。证见胃脘胀痛，连及胁肋，每因情绪波动而增减变化，嗳气口苦，苔白脉弦。治宜疏肝理气，方用柴胡疏肝散加减。④肝胃郁热。证见胃脘灼痛，烦躁易怒，泛酸纳少，口苦咽干，舌红苔黄，脉弦数。治宜泄热和胃止痛，方用化肝煎。⑤阴虚胃痛。证见胃痛隐隐，口干便燥，舌红少苔，脉细。治宜养阴和胃，方用养胃汤。⑥脾胃虚寒。证见胃痛喜暖喜按，神疲纳呆，肢冷便溏，舌淡脉弱，治宜温中健脾，方用黄芪建中汤加味。⑦瘀血胃痛。证见胃脘疼痛，日久不愈，痛处固定，痛如针刺，舌质紫暗有瘀斑，脉涩者。治宜行气活血，化瘀止痛，方用失笑散加味。

胃炎 gastritis 由各种病因引起的一种胃黏膜炎性病变。常见的消化道疾病。按病程长短可分为急性胃炎和慢性胃炎。慢性胃炎与幽门螺杆菌感染关系密切，又分为慢性浅表性胃炎和慢性萎缩性胃炎。慢性萎缩性胃炎伴异型增生者，应定期作胃镜及活组织检查；伴重度异型增生者，应手术治疗。胃萎缩时，整个胃体黏膜萎缩变薄，而胃窦正常，常并发恶性贫血。慢性萎缩性胃炎患者血清中可测得壁细胞抗体，伴恶性贫血者还能检出内因子抗体等自身抗体，故本病被认为是一种自身免疫性疾病。胃糜烂（见图）是胃上皮脱落所致缺损，其深度不超过胃黏膜层的黏膜肌，因而也属于胃黏膜病变，且常伴随胃黏膜炎症。

临床表现　急性胃炎常在进食不洁食物后数小时至24小时内发病，主要表现为上腹不适、疼痛、恶心、呕吐和食欲不振等，若伴肠炎，则有腹泻。上腹有轻压痛。病程短暂。慢性胃炎可无症状或体征。有时进食后上腹疼痛、不适，这在胃窦炎患者中尤为突出，病程迁延不愈。胃萎缩多见于60岁以上老年人，少有胃肠道症状。其

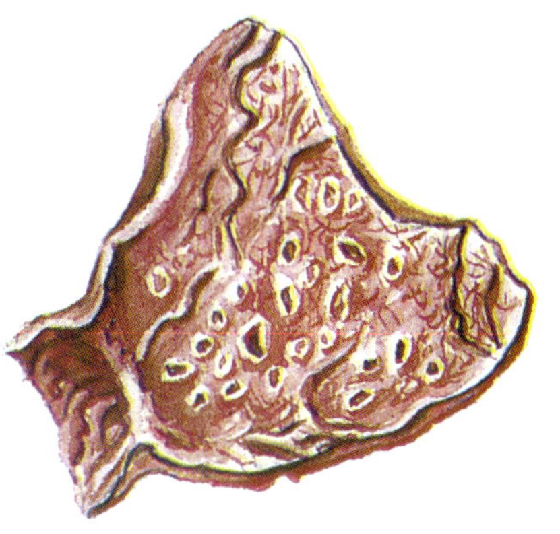

糜烂性胃炎

胃体部黏膜弥漫性萎缩，胃底腺中的壁细胞（分泌盐酸和内因子）和主细胞（即酶细胞，分泌胃蛋白酶原）数量显著减少或阙如，胃酸分泌减少，并缺乏内因子。内因子缺乏造成维生素B_{12}在肠道中的吸收障碍，体内缺乏维生素B_{12}又造成脱氧核糖核酸合成障碍，影响红细胞系统的成熟，导致巨幼红细胞性贫血（又称恶性贫血）。

诊断　急性胃炎发病前常有致病因素，故诊断不十分困难。慢性胃炎的症状无特异性，其诊断主要依靠胃镜检查和黏膜活组织检查。X射线检查可靠性相对较差。胃酸及血清胃泌素测定对诊断有一定帮助。

治疗　去除各种可能致病因素至为重要。应戒烟酒，避免对胃有刺激的食物或药物。幽门螺杆菌阳性者应积极清除。对慢性萎缩性胃炎，尤其伴有肠上皮化生或异型上皮增生者应定期胃镜复查。

尉健行　Wei Jianxing (1931-01-02～　)　中国共产党中央政治局常务委员会委员，中央书记处书记，中国共产党中央纪律检查委员会书记。浙江新昌人。1949年3月加入中国共产党并参加革命工作。1949～1952年在大连工学院机械系机械制造专业学习。1953～1955年赴苏联乌拉尔卡明斯克铝加工厂学习企业管理。1955～1966年任东北轻合金加工厂生产计划科副科长、科长，一〇三车间主任，厂长办公室主任、厂生产总指挥、厂党委常委。1966～1970年“文化大革命”中受冲击，下放车间劳动。1970～1980年任东北轻合金加工厂生产部部长、厂革委会副主任、厂党委常委、厂党委副书记、厂长、厂党委书记。1980～1981年在中共中央党校一部中青年干部培训班学习。1981～1983年任中共黑龙江省哈尔滨市委副书记、哈尔滨市市长。1983～1984年任中华全国总工会副主席、书记处书记、党组副书记。1984～1992年任中共中央组织部副部长、部长，监察部部长、党组书记。1992～1997年任中共中央政治局委员，中央书记处书记，中央纪律检查委员会书记，监察部部长、党组书记，中华全国总工会主席，1995～1997年兼任中共北京市委书记。1997～2002年任中共中央政治局委员、常委，中央书记处书记，中央纪律检查委员会书记，中华全国总工会主席。是中共第十二届中央候补委员、委员，十三至十五届中央委员，十四至十五届中央政治局委员，十五届中央政治局常委，十四至十五届中央书记处书记，中共十四大、十五大相继当选为中央纪律检查委员会委员、常委、书记。

渭河　Weihe River　中国**黄河**最大支流。流域西起甘肃省乌鼠山，东至陕西省潼关，北界白于山，南止**秦岭**。流域面积13.5万平方千米，分属陕、甘、宁3省区。南岸支流来自秦岭，河短流急；北岸支流来自**黄土高原**，源远流长。主要支流有葫芦河、泾河、北洛河。泾河、北洛河水大沙多，习惯上与干流并称“泾洛渭”。渭河干流长818千米。河源至宝鸡峡河道长430千米，在甘肃境内河谷川峡相间，有九峡九川，最大的川地为陇西川，长71千米；最长的峡谷是宝鸡峡，长130千米。宝鸡峡以下河道长388千米，贯穿“八百里秦川”，至潼关附近入黄河。

关中平原水利历史悠久，最早为公元前8世纪的咸阳滮池，秦建郑国渠，汉凿龙首渠、成国渠等。隋、唐更有较大发展，后来水利渐堙废，至清末所存无几。民国时期建有泾惠、洛惠、湄惠等“关中八惠”，但实灌面积有限。中华人民共和国建立后，对旧有灌区普遍进行改建、扩建，并先后建成宝鸡峡引渭、东方红抽灌工程以及冯家山、羊毛湾等大中型水库。渭河流域是中国古文化发祥地之一，有蓝田猿人遗址、秦安县大地湾和西安市半坡村母系氏族公社遗址及长安县沣镐遗址（长安县现为西安市长安区）等。西安市临潼区的秦兵马俑、天水的麦积山石窟、西安的碑林和大小雁塔等都是中国古文化中的瑰宝。

渭南市　Weinan City　中国陕西省辖地级市。位于省境中东部。辖临渭区和华县、潼关、大荔、蒲城、澄城、白水、合阳、富平8县，代管华阴市、**韩城市**。面积13 134平方千米。人口529万（2010），有汉、回、满、蒙古等民族。西周为王畿地，秦为内史地，西汉渭河南、北分属京兆尹和左冯翊。1939年在合阳设陕甘宁边区大荔分区，1949年5月在渭南设陕甘宁边区渭南分区，1950年渭南、大荔两分区合并为渭南专区，1969年更名为渭南地区，1994年12月改为地级渭南市。农业历史悠久，是陕西重要粮棉油生产基地。农作物以小麦、玉米、棉花、油菜、花生为主。白水苹果、同州西瓜、韩城“大红袍”花椒，享誉全国。工业有煤炭、电力、化工、冶金、纺织、食品、机械等部门。交通便利，自古有“三秦要道，八省通衢”之说，陇海铁路、西潼公路横穿南部，侯西铁路、西禹公路东北-西南向斜穿渭北，渭清、西包公路纵贯中西部。名胜古迹有司马迁墓和司马迁祠、桥陵、泰陵、景陵、光陵、丰陵、元陵、定陵、章陵、简陵，以及魏长城遗址、西岳庙、法王庙、禹王庙、千佛洞、渭华起义旧址等。旅游风景有国家级的华山风景名胜区。

司马迁祠

蔚山　Ulsan　韩国东南沿海重要新兴工业港口城市。位于日本海沿岸，濒临蔚山湾。面积1 056.4平方千米。人口约106.3万。低山丘陵地形为主。天然良港。湾内水深，潮差小，可泊10万吨级油轮。湾外西侧有长生浦港，东海岸有优良避风港方鱼津。三国时期成为新罗的中心地带。1018年称蔚州，1413年改称蔚山。1963年升为直辖市。1995年1月蔚山市与蔚山郡合并成都农复合型城市。1995年3月改称蔚山广域市。昔日经济以农渔业为主，工业仅有食品加工等部门。1962年将长生浦、盐浦、美浦、温山等地辟为工业团地，兴建大型炼油、化肥、汽车、造船等工业。现已成为新型现代化工业城市。还有铅、水晶、铁矿、硅砂等采矿业。多条高速公路和国道贯穿全境。设有蔚山大学等多所高等学府。有鹤城公园、迦智山道立公园、神佛山以及日山海水浴场、津下海水浴场和蔚山温泉等。

慰安妇问题　comfort woman problem; ianfu mondai　**第二次世界大战**期间日军性奴隶问题。在日本侵华战争和**太平洋战争**中，日本军国主义强迫中国大陆、日本割占的台湾以及朝鲜、东南亚各地妇女和少数白人妇女充当慰安妇，向日军提供性服务，充当性奴隶。至少有40万妇女被日军强逼为性奴隶。最初慰安妇的来源主要依靠日本商人在本国招募妓女，后来从占领区强征来的女子逐渐增多。

战争结束时，日军强征慰安妇的问题已引起远东国际军事法庭的注意。但是，当时的判决，只是将女性强制充当性奴隶作为日军对妇女个体进行侵犯的战争过程中的一般强奸罪行进行认识和定罪。由于日军大量销毁慰安妇档案，慰安妇问题在“军事秘密”的名目下被深深地掩盖起来。1992年慰安妇问题终被揭露。

近年来，国际社会也十分关注慰安妇问题，自2007年7月美国众议院开始，至12月，荷兰众议院、加拿大众议院以及欧洲议会相继通过决议案，谴责当时的日本政府参与征用慰安妇是

20世纪最大的人口贩卖行为之一，违反了有关保障人权的条约。日本政府应负起历史和法律的责任，正式就慰安妇问题道歉，并向所有受害者及其家属给予经济赔偿。

魏 Wei 中国战国时期七雄之一。姬姓。祖先毕万，为周初重臣毕公高之后。公元前661年，晋献公以魏（今山西芮城北）封毕万为大夫。毕万之后遂以魏为氏。魏氏世世辅佐晋室有功。前514年，魏献子代韩宣子执政。前453年，魏桓子与赵襄子、韩康子三分晋国。前403年，魏文侯与赵烈侯、韩景侯被周天子正式策命为诸侯。魏的疆域最初主要包括今山西南部（河东）、陕西境内黄河与洛河之间（河西）及山西芮城西南风陵渡一带（河曲）。魏悼子徙居霍（今山西霍县西南），魏昭子又徙居安邑（今山西夏县西北）。其中心地区原在今山西西南，后逐渐向东南发展，通过今山西东南部（上党），扩大到今河南北部（河内）和中部。前361年，魏惠王迁都大梁（今河南开封），重心遂转移到中原地区。

战国初年，魏国曾是强大的诸侯国。李悝在魏国变法，使经济得以巩固。其所撰《法经》是中国古代影响甚大的第一部系统的成文法典。前413～前409年，魏连年攻秦，迫使秦退守洛水以西。公元前408年魏攻中山。前405～前404年，魏联合赵、韩攻齐，入齐长城。前400年及前391年，三晋联军又先后败楚于乘丘和大梁、榆关。战国中期，魏国仍较强大，但齐、秦等国崛起，对其形成威胁。秦自献公时起，不断向魏进攻，魏遂沿洛水筑长城以御秦。前318年，魏任用公孙衍为相，联合赵、韩、燕、楚攻秦，不胜而归，魏已不能阻挡秦的东进。战国晚期，魏已降居弱国之列。前290年，魏被迫献河东之地400里于秦。次年，秦攻取魏61城。前287年，苏秦、李兑合赵、齐、楚、魏、韩五国攻秦，罢于成皋，秦归还部分赵、魏失地求和，不久，秦又攻取魏河内，魏献安邑于秦。前283年和前275年，秦两次攻魏到大梁，魏献温于秦求和。公元前225年，秦将王贲引黄河、大沟水灌大梁，大梁城坏，虏魏王假，魏国灭亡。

魏 Wei 中国东汉后鼎足而立的魏、蜀、吴三国之一。曹丕所建。都洛阳。盛时疆域约为今河北、河南、山东、山西、辽宁、甘肃等省区；新疆大部；江苏、安徽、湖北、陕西各一部分以及朝鲜半岛北部及葱岭一小部分。

魏伯阳 Wei Boyang 中国东汉炼丹方士。一说名翱，号伯阳，又号云牙子。会稽上虞（今属浙江）人。出身望族。彭晓《周易参同契分章通真义序》载：少时博闻强识，及长，尤喜修炼丹术道法。曾撰《五相类》、《周易参同契》，书中杂糅易学及黄老之说，以炉火炮炼为实践，阐发丹道学说。《周易参同契》成为早期道教炼丹术的奠基之作，并被后世奉为“丹经王”。其理论对道教、易学研究及宋代理学均有较大的影响。

魏长生 Wei Changsheng（1744～1802） 中国清代秦腔演员。工花旦。字婉卿，行三，人称魏三。四川金堂人。卒于北京。自幼入秦腔班学艺。清乾隆四十四年（1779）入都，在双庆部以《滚楼》一剧轰动京城。据吴太初《燕兰小谱》记：“一时歌楼观者如堵，而六大班几无人过问，或至散去。”当时荟萃于北京的秦、楚、滇、黔、晋、粤、燕、赵各地演员，纷纷向魏和他的学生陈银官（渼碧）观摩学习。一时以魏长生为代表的蜀伶所演的秦腔，风靡京华。1785年，清政府禁止秦腔戏班在京城演唱，魏一度被迫入昆弋班演出，后离京到扬州入江鹤亭掌管的春台班。1801年重返北京，神韵虽稍减当年，仍声价十倍。翌年夏，演毕《背娃入府》后殁于后台。

魏长生所演花旦戏，内容生动，做功细腻，唱词通俗易懂，腔调清新动听，并以胡琴、月琴伴奏，繁音促节，声情并茂；又勇于创新，为美化旦脚化妆，改包头为梳水头、贴片子，并发展了踩跷技艺。由于魏长生的精湛表演，使秦腔称雄于京都剧坛，他自己也成为四大徽班进京以前北京舞台上的佼佼者。

魏道武帝拓跋珪 Emperor Daowu of Northern Wei（371～409） 中国北魏王朝创建者。庙号太祖，在位24年，鲜卑族。拓跋珪幼年时国亡家破，饱经忧患，成人以后沉勇有智谋。

383年淝水之战后，苻秦势力瓦解，被役属的各族纷纷起兵独立。386年，拓跋珪为各部大人所推，即代王位，建元登国。同年称魏王，改国号为魏。

拓跋珪即位后五年之间，北面击败高车与柔然，东北面击败库莫奚，扫除了后顾之忧。南面先联合同属鲜卑族又与他有姻亲的慕容垂所建后燕，平定河套以南诸部。魏国兵力强盛，财力富饶。391年，拓跋珪以慕容垂扣留其弟为借口，与后燕绝交。

395年，后燕太子慕容宝大举进攻，拓跋珪乘夜袭击燕军，在参合陂（在今山西阳高境）大胜。396年，拓跋珪始建天子旌旗，同年，率40万大军攻伐后燕，夺取并州（今山西），开始仿汉人制度建立台省，设置朝廷百官和地方的刺史、太守。尚书郎以下官皆用儒生担任，汉族士大夫稍有才用者都加以擢拔，为夺取中原作准备。397年，攻克后燕都城中山（今河北定州），398年取邺城。除山东半岛的南燕与东北的北燕外，太行山以东的中原地区基本上归入北魏版图。这年拓跋珪即皇帝位，追尊远祖以下27人皆为皇帝，制礼乐，定律令。是年从盛乐迁都平城（今山西大同东北）。拓跋珪对汉人疑忌畏惧。晚年因服寒食散，药性使他暴躁不安，喜怒失常。左右动辄得咎，多被他手刃而死。拓跋珪自己也在409年被他次子清河王绍谋害而死。

魏德金德 Wedekind, Frank（1864-07-24～1918-03-09） 德国剧作家。生于汉诺威，卒于慕尼黑。曾在马戏团、讽刺杂志社、剧院任编辑、编剧、导演和演员等。1889年开始写作，主要作品是剧本。《青春的觉醒》（1891）打破传统戏剧的规范，采用象征的手法，写青年人的生理要求同成年人狭隘的道德观念之间的矛盾。《地神》（1895）、《潘多拉的盒子》（1904）、《亡灵舞》（1906）等，都以两性关系问题为题材。《宫廷歌手》（1899）和《凯依特侯爵》（1900）的戏剧冲突是商业与艺术的对立。他的作品在他生前被认为有伤风化，曾遭禁止。死后才得到重视，被奉为表现主义戏剧的先驱。

魏德迈 Weydemeyer, Joseph（1818-02-02～1866-08-26） 德国和美国早期工人运动活动家。生于德国威斯特伐利亚闵斯特城，卒于美国圣路易斯。1839年柏林陆军大学毕业。曾当编辑。1845年12月参加K.马克思建立的布鲁塞尔共产主义通讯委员会的工作。1847年加入共产主义者同盟。1848年德国三月革命爆发后，领导威斯特伐利亚的民主革命运动。6月，担任法兰克福国民议会极左翼机关报《新德意志报》副主编。1851年7月流亡瑞士，11月迁居美国纽约。1852年5月，发起建立美国的马克思主义组织——无产者同盟。同年创办了美国第一个马克思主义刊物《革命》。1853年3月31日在纽约建立美国工人联合会。1857年10月，同F.A.左尔格等一起建立纽约共产主义者俱乐部。1859年3月任《人民呼声报》主编。1864年底创建第一国际美国支部。1861年美国内战爆发，参加联邦政府军队，内战结束后，继续从事工人运动。

魏敦瑞 Weidenreich, Franz (1873-06-07～1948-07-11) 德国解剖学家和体质人类学家。生于今德国莱茵兰-普法尔茨州埃登科本，卒于美国纽约。1899年在斯特拉斯堡大学获医学学位，1903～1934年先后在该校以及海德堡大学、法兰克福大学、美国芝加哥大学任教授。1935～1941年来华任北京协和医学院解剖学教授，并接替病故的加拿大学者步达生，任中国地质调查所新生代研究室名誉主任，负责继续研究北京人化石，发表大量著作，如《中国猿人之下颚》、《中国猿人之牙齿》、《中国猿人之头骨》等。

魏恩加特纳 Weingartner, Felix (1863-06-02～1942-05-07) 奥地利指挥家。生于达尔马提亚的扎拉，卒于温特图尔。曾在格拉茨、莱比锡学作曲和钢琴。1881年进莱比锡大学攻哲学。1883年毕业后到魏玛音乐学院从F.李斯特深造。翌年在柯尼斯堡任乐长。1908年担任维也纳皇家歌剧院指挥。1919～1927年任维也纳爱乐乐团音乐指导与指挥。1927年任瑞士巴塞尔音乐学院院长。1935年任维也纳国家歌剧院音乐总指导与指挥。后因厌恶纳粹的独裁统治而移居瑞士。魏恩加特纳被认为是20世纪前半叶欧洲杰出的指挥家之一。其指挥风格严谨洗练，层次清晰，具有古典美。著作有《关于演奏贝多芬交响曲的建议》等。

魏格尔 Weigel, Helene (1900-05-12～1971-05-06) 德国演员。生于奥地利维也纳，卒于柏林。中学毕业后曾接受演员训练。1919年到德国，在法兰克福新剧院和话剧院当演员。1922年移居柏林，先后受聘于国家剧院和德意志剧院。1933年流亡国外，1948年返回柏林。1949年与B.布莱希特共同创建和领导柏林剧团，并任剧团经理。魏格尔一生成功地塑造了大量妇女角色，尤其是布莱希特戏剧中的工人和平民妇女形象。她是布莱希特艺术方法的杰出体现者，为建立和发展布莱希特学派作出了贡献。她的表演风格朴素自然、粗犷泼辣而又细腻深沉，善于揭示人物内心世界。她在《大胆妈妈和她的孩子们》中塑造的安娜·菲尔琳被认为达到社会学的精确程度，是现实主义表演方法的杰作。

魏格曼 Wigman, Mary (1886-11-13～1973-09-18) 德国现代舞表演家、编导、教育家。现代舞德国流派的创始人之一。生于汉诺威，卒于柏林。德国最有影响的现代舞蹈家，拉班早期理论的实践者。代表作有《女巫舞》、《变幻的景色》、《春之祭》等独立舞蹈和组舞，以及为歌剧、清唱剧和艺术歌曲编导的舞蹈。她开办舞校，挑选优秀的学生组成舞蹈团到国内外巡演，影响深远。她明确提出舞蹈的空间、时间、能量三大要素和“紧张-弛缓”的动作原理，发展即兴舞蹈和无音乐舞蹈，为舞蹈回归动作本体作出贡献。与拉班共创的德国流派现代舞为欧、亚、澳三大洲的现代舞奠定了基础。

魏格曼自编自演的现代舞《命运之歌》(1935)

魏格纳 Wegener, Alfred Lothar (1880-11-01～1930-11) 德国气象学家、地球物理学家，大陆漂移说的创始人。又译韦格纳。生于柏林，卒于格陵兰探险途中。曾在海德堡大学学习气象学，1905年获柏林大学天文学博士学位。1906～1908年参加赴格陵兰的考察队研究北极的大气环流。又在1912～1913、1929和1930年三次赴格陵兰考察。1924～1930年，在马尔堡和汉堡讲授气象学，并任奥地利格拉茨大学气象学和地球物理学教授。1930年赴格陵兰探险时遇难。1912年1月在美因河畔法兰克福地质协会进行了《地质轮廓（大陆与海洋）的生成》的讲演，第一次提出大陆漂移的论点，并于1915年出版《海陆的起源》一书。他试图证明全球各大陆曾经经历过大尺度的水平移动，但对于大陆漂移的动力未能作有力的论述。魏格纳的大陆漂移学说未能得到多数学者的支持。50年代，对于古地磁学的研究和对全球海底地貌的考察，给大陆漂移学说提供了新的根据。至60年代，H.H.赫斯等提出海底扩张说，并形成新的大陆漂移概念，出现板块构造说，使地球科学取得很大发展。

魏鹤龄 Wei Heling (1907-01-14～1979-10-02) 中国电影、话剧表演艺术家。天津人。卒于上海。1928年考入山东省立实验剧院。演出的第一部影片是《人之初》。早期演出的影片以《马路天使》最为有名。抗日战争爆发后，来到中国电影制片厂和中央电影摄影场，在《保卫我们的土地》等多部影片中扮演角色。1949年后，先后在《乌鸦与麻雀》、《不能走那条路》、《家》、《祝福》、《枯木逢春》等影片中扮演重要角色。由于在《乌鸦与麻雀》中的出色表演，获1949～1955年文化部优秀影片奖个人一等金质奖章。他一生演出话剧近60部、影片近40部。

魏华存 Wei Huacun (252～334) 中国晋代道士。字贤安。任城（今属山东济宁）人，司徒魏舒之女。幼而好道，博览《老子》、《庄子》诸书。常修炼服气辟谷、摄生修静之术，志慕神仙，有通灵之异。24岁适太保掾南阳刘文，生二子。此后其心期幽隐，更求神书秘籍，斋于别寝，谨修道法。传说清虚真人王褒降而为之师，授其《太上宝文》、《大洞真经》、《高仙羽玄》等上清道经及道法。其后又有景林真人降授《黄庭经》。魏华存曾为天师道女官祭酒。南渡后，遂习上清经法，后令长子刘璞传上清道法于杨羲、许穆、许翙，被尊称为南岳魏夫人，上清派第一代宗师。

魏克拉玛辛诃 Wickramasinghe, Martin (1891-05-29～1976-07-23) 斯里兰卡作家。生于南方省科格拉，卒于班德勒韦勒。当过店员，刻苦自学僧伽罗语、英语、梵语和巴利语。曾任《太阳报》、《兰卡宝石报》和《王冠宝石报》主编。1946年后专事写作。一生创作了80多部作品。长篇小说《乡村的变迁》(1944)真实地反映了斯里兰卡社会在资本主义的冲击下所发生的深刻变化，被改编成电影。主要作品还有长篇小说《禁欲》(1956)、《神秘岛》(又译《蛇岛的秘密》，1947)、《轮回的解脱》，自传《出生以来》(1961)，短篇小说集《奴隶》，游记《苏联的崛起》(1962)等。

魏良辅 Wei Liangfu 中国明代戏曲音乐家。字尚泉，江西新建人，流寓江苏太仓。生平不详。为明嘉靖年间杰出的戏曲革新家，对昆山腔艺术的发展提高有过巨大贡献，后人奉之为“昆腔之祖”。当时与魏良辅一道从事这一艺术革新实践的还有一批艺术家，其中主要的有善唱北曲的张野塘、洞箫名手张梅谷、笛师谢林泉，以及魏的门下弟子张小泉、季敬坡、戴梅川、包郎郎等人。他们在原昆山腔的基础上，吸取了海盐腔、余姚腔、弋阳腔的长处，并融合了北曲演唱艺术的成就度为新声。魏良辅留下的一部论述歌唱方法的著作《南词引正》，认为歌唱的基本要求在于字清、腔纯、板正“三绝”，影响深远。

魏玛共和国 Weimar Republic; Weimarer Republik 德意志第一个资产阶级议会民主制共和国。德国十一月革命推翻德意志帝国后，德国社会民主党多数派与旧军人P.von兴登堡妥协，于1919年2月6日在魏玛召开国民议会，选举F.艾伯特为总统、P.谢德曼为总理。同年7月31日通过《魏玛宪法》，正式宣告废除帝制，成立共和国。A.希特勒掌权后，于1933年3月以法西斯手段停止实施《魏玛宪法》，共和国解体。

魏玛共和国首届政府是人民党、中央党和民主党的联合政府。国内通货膨胀严重、资金缺乏，经济濒临崩溃。1920年的卡普暴动、1923年的希特勒暴动，使德国政权动荡不安。1924年的道威斯计划对德国的赔款进行了调整，共和国进入相对稳定阶段。德国经济获得迅速发展。资本的进一步集中又导致对人民的剥削进一步强化，各地工人不断罢工。德国共产党于1925年确立E.台尔曼的领导地位，组织有较大发展。1925年4月，原帝国陆军元帅P.von兴登堡在右翼政党支持下当选为总统。1926年9月加入国际联盟，从而恢复了德国在欧洲的强国地位。此后，德国秘密重整军备。

1929～1933年的世界性的经济危机也笼罩着德国。纳粹党趁机大肆活动，在1930年9月的国会选举中跃居全国第二大党。希特勒借助大资本家、容克地主和其他反动势力的支持，于1933年1月30日被兴登堡任命为总理。希特勒上台后，于2月1日解散国会，3月23日操纵重新选举的国会通过授权法，使自己成为独裁者。经过14年动乱，内阁更迭达20次的魏玛共和国宣告解体。

魏荣爵 Wei Rongjue (1916-09-04～2010-04-06) 中国物理学家。生于湖南宝庆（今邵阳），卒于南京。1937年毕业于金陵大学物理系。1945年到美国芝加哥大学和伊利诺伊大学研究生院主攻原子核物理，获硕士学位。1947年转加利福尼亚大学洛杉矶分校攻研声学。1950年获哲学博士学位后任该校研究员。1951年回国，历任南京大学物理系教授和金陵大学兼职教授，南京大学物理系主任、声学研究所所长，中国声学学会副理事长，中国电声标准化技术委员会主任。1980年当选为中国科学院学部委员（院士）。是中国声学事业的创始人之一。在南京大学创建中国第一个声学专业，建立消声实验室和混响实验室。他早年的博士论文运用分子的弛豫吸收理论成功地解释了低频声波在水雾中的反常吸收，指出声波导致气液两相转换是声能耗散的原因。他还研究过声波消雾，发展低频声波在水雾中的传播，用语噪声方法测量汉语平均谱，研究混响及噪声对汉语语言通信的影响等。还对分子声学、微波声学、非线性声学、低温声学和声学分岔、混沌、孤立子及其之间的内在联系做了大量研究。

魏森博恩 Weisenborn, Günter (1902-07-10～1969-03-26) 德国剧作家、小说家。生于维尔贝特，卒于西柏林。曾在科隆、波恩学习医学和哲学。因参加抵抗活动入狱3年。当过记者、卢考市长，剧院首席顾问、首席编剧。常以历史题材创作批评和讽刺现实的剧目。《潜水艇S4》(1928) 反对军国主义和战争；《违法的人们》(1946) 描写反纳粹地下工作者的斗争。还有《瑙依贝尔夫人》(1935)、《戏剧叙事谣曲》(1955)等剧作。长篇小说有《无声的起义》(1953)等。回忆录《札记》(1948) 记录了在纳粹刑讯室的苦难岁月。

魏收 Wei Shou (506～572) 中国南北朝时北齐史学家、文学家。字伯起，小字佛助。巨鹿下曲阳（今河北晋州西）人。东魏时，官至秘书监，入齐，位至尚书仆射。文与温子昇、邢劭齐名，号为“北地三才”。诗今存13首。其中也有清新可读之作，如《喜雨》、《庭柏》等，对仗工整，巧构形似，已具南朝诗歌风格。但有的诗用典太多。文今存14篇。他所编修的《魏书》，今为二十四史之一。前人谓此书因不敢得罪权贵，多曲笔而被称为“秽史”，钱钟书、周一良均已指出，此论实欠公允。传记中表现人物思想性格，颇有精彩片段，有较强的文学意味。《北齐书》本传载魏收有集70卷，《隋书·经籍志》著录为68卷，但大都佚失。明代张溥辑集《魏特进集》1卷，入《汉魏六朝百三家集》。

《魏书》 *History of Wei* 记述中国北魏及东魏历史的纪传体史书。北齐魏收撰，含本纪12卷，列传92卷，志20卷，共124卷。魏收，字伯起，巨鹿下曲阳（今河北晋州西）人。北魏中兴元年(531)曾以散骑侍郎典起居注，并修国史。东魏时期一直参与修国史。北齐受魏禅后，魏收任中书令，仍兼著作郎。天保二年(551)受诏撰魏史。自北魏末经东魏到北齐，魏收参与修史达20余年。全部《魏书》，从开国到孝明帝末年部分，魏收都有所凭借，沿用旧史。只有北魏末和东魏共约20年间的事迹，需重新搜集编写。至于东晋和十六国各传，是利用了崔鸿《十六国春秋》、孙盛《晋阳秋》、檀道鸾《续晋阳秋》等。魏收师汉人氏族谱牒之意，结合北方民族部落族姓的风习，设《官氏志》，于百官之外兼志氏族，是适应时代特征的处理方法，为后人研究北魏历史提供了极大方便。书中收录的诏令奏议大都关系政治，其他文章也足供考察作者身世和为人，而当时流行的轻浮诗文所取极少。

魏斯曼 Weismann, August (1834-01-17～1914-11-05) 德国动物学家。生于法兰克福，卒于弗赖堡。1868年在弗赖堡大学创办动物研究所，任第一任所长，1871年升任教授。

魏斯曼于1883年提出有名的种质论。种质论主张生物体由质上根本相异的两部分——种质和体质组成。种质负责生命的遗传与种族的延续。种质是独立的、永恒的、连续的。而体质仅营养个体，是由种质派生的，随个体死亡而消亡，因而是临时性的、不连续的。魏斯曼认为生物体在一生中由于外界环境的影响或器官的用与不用所造成的变化只表现于体质上，而与种质无关，所以后天获得性状不能遗传。魏斯曼将生物体截然分为体质与种质两部分是不对的，但他的种质论启迪了人们去深入研究遗传物质。对于达尔文的进化理论，魏斯曼只接受和强调生存斗争的原理，而根本改变了达尔文有关变异及其遗传的见解。

魏太武帝拓跋焘 Emperor Taiwu of Northern Wei (408～452) 中国北魏皇帝。小字佛狸，庙号世祖，在位30年。鲜卑族。魏道武帝拓跋珪之孙。泰常八年(423)即位。自此，东征西伐，始光四年(427)率军进攻赫连夏，占领都城统万（今内蒙古乌审旗南白城子），继续与夏争夺长安。神䴥三年(430)关中之地全入北魏，夏的残余势力最后被消灭。太延三年(437)攻灭北燕，向东北扩张了疆土。五年，击败北凉沮渠氏，占领河西，至此完成了统一北方的事业。与江东的刘宋王朝对峙，形成南北朝的局面。北魏自道武帝以后，政治上使用汉族高门，汲取不少魏晋典制；吞并河西后，又有大批河西文士进入北魏统治区域，不少到平城去做官，受到重用，北魏的儒学才开始兴盛。

在向东西扩张的同时，北魏也警惕北方柔然的威胁。拓跋焘7次率军进攻柔然。柔然可汗远遁，北方边塞得以安静。拓跋焘注意西域的交通。太延三年派遣散骑常侍董琬、高明等多携金帛，招抚西域九国，成为孝明帝神龟元年（518）宋云、惠生出使西域的先驱。以后西域与北魏保持经常联系的，有16国之多。

拓跋焘为人勇健，善于指挥。有知人之明，常从士伍中选拔人才。赏不遗贱，罚不避贵。自奉俭朴，而赏赐功臣绝无吝惜。认为功臣勤劳日久，应让他们以爵归第，随时朝见饷宴，百官职务则可另简贤能。这样就保证了行政效率，使政治多少能健全发展。作为一个统治广大胡汉各族人民的胡族君主，拓跋焘维护鲜卑地位，猜疑其他各族和他祖父拓跋珪相似，动辄杀戮。他统治时期，氐、羌、屠各，以及所谓“杂虏”、“杂人”的各族人民起义非常频繁。太平真君七年（446），决心废佛，诛杀僧人，焚毁经像，佛教在中国历史上第一次受到沉重打击。经过元嘉之治的休养生息，宋文帝开始具备北伐的条件。而北魏境内也再无后顾之忧，拓跋焘得以兵锋南向。十一年，魏军围悬瓠（今河南汝南），次年拓跋焘亲率大军南下，经过彭城、盱眙，直达江边的瓜步（今江苏六合东南），建康震动。但魏军还不具备渡江灭亡南朝的条件，只蹂躏南兖、徐、兖、豫、青、冀六州，在江边掠民烧屋后退军。中常侍宗爱于承圣元年（452）谋杀拓跋焘。

魏特林 Weitling, Wilhelm（1808－10－05～1871－01－25） 德国和国际工人运动早期活动家。空想社会主义者。生于普鲁士马格德堡，卒于纽约。1841年9月在日内瓦创办《德国青年的呼吁》（次年改名《年轻一代》），这是德国工人阶级的第一个刊物，曾受到F.恩格斯的赞扬。1842年在瑞士出版他的主要著作《和谐与

自由的保证》。1843年魏特林写了《一个贫苦人的福音》。同年7月在瑞士被捕，获释后于1844年到伦敦。1846年2月到布鲁塞尔，K.马克思、恩格斯同他直接交往，希望他能接受科学社会主义。但他拒绝马克思、恩格斯的帮助。1846年末到美国担任克利盖所办报纸《人民论坛报》编辑，在纽约组织解放同盟。1848年欧洲革命爆发后魏特林回到德国。1849年再度赴美，创办《工人共和国》报，建立新的工人协会，按他的空想进行建立共产公社的实验。失败后自1854年起完会退出工人运动。

魏巍 Wei Wei（1920－03－06～2008－08－24） 中国作家。原名魏鸿杰，笔名红杨树。河南郑州人。抗日战争爆发后参加八路军，曾在抗日军政大学学习，毕业后长期在部队从事文化宣传工作，担任过《解放军文艺》副总编辑、解放军总政治部创作室副主任、北京军区文化部部长等职。早期创作以诗歌为主，

长诗《黎明风景》曾获晋察冀边区文联授予的鲁迅文艺奖。主要诗作收入《魏巍诗选》。中华人民共和国建立后，致力于散文、通讯、报告文学创作，取得突出的成就，《谁是最可爱的人》、《依依惜别的深情》等名篇传诵一时，先后结集出版了《谁是最可爱的人》、《壮士行》等。1978年完成长篇小说《东方》，获首届茅盾文学奖。随后又写成长篇小说《地球的红飘带》，这些作品都富有时代感和革命英雄主义气概。1996年创作长篇小说《火凤凰》，与《东方》和《地球的红飘带》一起，构成作者的“中国革命战争三部曲”。

魏文帝曹丕 Emperor Wendi of Wei（187～226） 中国三国时期魏国君主、文学家。字子桓。沛国谯县（今安徽亳州）人。魏武帝曹操次子。东汉建安二十二年（217），立为太子。延康元年（220）曹操死，继为丞相、魏王。当年十月，迫汉帝禅位，自立为帝，国号魏，改元黄初，将都城由许昌迁至洛阳。在位七年。曹丕坚持大权独揽，鉴于东汉母后干政和外戚之祸，定令妇人不得预政，群臣不得奏事太后，后族之家不得当辅政之任。控制藩王极严，子弟皆“不闻邦国之政”；所封王国，土地荒瘠，人口寡少，军事力量极弱，并专设官吏对他们进行监督，以防帝位争夺。为防统治秩序混乱，下诏敢有沿袭东汉旧习，子弟为父兄私复仇者，皆族诛；还规定除谋反大逆之外，敢行诬告，“以其罪罪之”。又建立并推行九品中正制，力图把用人权从大族名士手中收归朝廷。还设立中书省，与西汉用宦者充任中书不同，其官员改由亲信士人充任，负责起草诏令文书，掌机密。通过这一系列措施，进一步巩固了魏国统治。他曾三次亲自统军伐吴，因条件不成熟，皆无功而还。

曹丕爱好文学，他的文学成就，以诗歌和文学批评最为突出。

曹丕的《典论》，是重要的政治、文化论著，原书包括多篇，今唯存《自叙》、《论文》两篇较完整。曾下令编纂过《皇览》，这是中国最早的一部类书。这是他在文化事业的又一贡献。

曹丕著作，《隋书·经籍志》著录有集23卷，又有《典论》5卷，《列异传》3卷等。皆已散佚。明代张溥辑有《魏文帝集》，收入《汉魏六朝百三家集》中。

魏文侯 Marquess Wen of Wei（？～前396） 中国战国时期魏国的建立者。姬姓，魏氏，名斯。一曰都。公元前445年，继魏桓子即位。公元前403年，韩、赵、魏被周王与各国正式承认为诸侯，成为封建国家。在位时礼贤下士，师事儒门子弟子夏、田子方、段干木等人，任用李悝、翟璜为相，乐羊、吴起为将。这些出身于小贵族或平民的士开始在政治、军事方面发挥其作用，标志着世族政治开始为官僚政治所代替。

魏文侯在战国七雄中首先实行变法，改革政治，奖励耕战，兴修水利，发展封建经济，北灭中山国（今河北西部平山、灵寿一带），西取秦西河（今黄河与洛水间）之地，遂成为战国初期的强国。

魏武帝曹操 Emperor Wudi of Wei（155～220） 中国东汉末丞相，政治家、军事家和文学家。字孟德。沛国谯县（今安徽亳州）人。父曹嵩，为宦官曹腾养子，虽官至太尉，仍为士族所鄙。20岁以孝廉为郎，后以骑都尉，参与镇压颍川黄巾起义军，任西园八校尉之一的典军校尉。中平六年（189）因董卓专权，逃离洛阳，至陈留（今河南开封东南）散家财，聚兵5 000人，与袁绍为首的关东州郡军一起讨伐董卓。当时诸军畏卓，唯操出战，董卓西逃，袁绍表操为东郡太守。初平三年（192）青州黄巾起义军攻入兖州，杀刺史，州吏拥曹操领兖州牧，率兵打败黄巾军30余万，收其精锐为部下，号“青州兵”。在随后几年的兼并战争中，表现出杰出才能：败袁术，破陶谦，平张邈，灭吕布，逐渐壮大成一支与袁绍相对抗的力量。建安五年（200）官渡之战，曹操以少胜多，打败袁绍十万大军，陆续攻占原属袁绍的冀、青、幽、并四州。十二年，又消灭曾收留袁绍二子、以辽西柳城（今辽宁朝阳西南）为根据地的少数族乌桓势力，基本统一北方。

曹操根据毛玠、荀彧谋划，于建安元年将处于困境的汉献帝从洛阳迎到自己势力范围内的许县（今河南许昌东），并迁都于许。从此，他“奉天子以令不臣”，政治上主动，号召力增强。他采纳枣祗建议，募民屯田许下，得谷百万斛。后推广到许多州郡，所在积粟，仓廪皆满。从物质供应上保证了战争的胜利。他精通《孙子兵法》，是为此书作注的第一人。著有兵书十万余言。善于运用古代军事学说和战略

战术，"因事设奇，谲敌制胜，变化如神"。

他多次下令求贤，要求"唯才是举"。他不完全否定德行、门第标准，而且很重视对名士的争取。但部下对他如不竭诚效忠，一经发觉，立即清除。"天下忠正效实之士咸愿为用"，手下人才济济。

曹操"揽申、商之法术"，受先秦法家思想影响很大，强调"拨乱之政，以刑为先"。在此思想指导下，他残酷镇压人民反抗。同时对豪强大族的不法行为也往往给予严厉打击。

建安十三年进位丞相，率军南征。荆州刘表适病卒，子琮归降。操进军江陵，沿长江顺流东下，与孙权、刘备联军会战于赤壁，大败而归（见赤壁之战）。从此转向巩固北方的统治，镇压朝廷中异己力量，继续消灭北方残余割据力量。建安十八年曹操封魏公，建魏国，都于邺。魏国拥有冀州十郡之地，置丞相以下百官。三年后进爵魏王，用天子旌旗，戴天子旒冕，出入得称警跸，名义上还为汉臣，实际上已是皇帝。子曹丕代汉，追尊魏武帝。

曹操诗歌造诣极高，今存不足20篇，全部是乐府诗体。在他奖掖、提携下，周围聚集了一批优秀文人，形成了著名的建安文学。其诗歌艺术风格朴实无华、不尚藻饰。他开创了以乐府写时事的传统，影响深远。

曹操的文多是应用性文字，大致可分表、令、书三大类。文字质朴浑重，平易自如，在当时独树一帜。曹操著述有《魏武帝集》30卷目录1卷、《兵书》13卷等十余种，多已亡佚，今存唯《孙子注》。

魏禧 Wei Xi (1624～1681) 中国清代散文家。字冰叔，又字叔子，号裕斋。宁都（今属江西）人。明末诸生，明亡后隐居翠微峰，所居之地名勺庭，人称"勺庭先生"。康熙间，举博学鸿词，不应。魏禧的文章有凌厉雄杰、刚劲慷慨之气。内容多表彰民族节义人事，叙事简洁，又善议论。清初，人称魏禧、侯方域、汪琬为"清初三大家"。其史论如《隽不疑论》、《蔡京论》等，善评古人的是非得失与成败。传记如《江天一传》、《刘文炳传》、《朱参军家传》、《邱维屏传》、《大铁椎传》等，文笔简练，叙事如绘。此类文章大多表彰志节之士，显示出强烈的民族意识。其散文长于议论、叙事，"踔厉森峭而指事精切"（宋荦《三家文钞序》），但也有轻率速成之作，流于庸滥。魏禧亦能诗，有沉郁雄健之气。著有《魏叔子文集》22卷、《诗集》8卷等。

魏孝文帝改革 Reform of Emperor Xiaowen of Northern Wei 中国北魏孝文帝元宏实行的政治改革。元宏，原名拓跋宏，庙号高祖，在位29年。皇兴五年（471）献文帝拓跋弘传位给5岁的太子拓跋宏，但仍过问朝政。承明元年（476）拓跋宏祖母冯太后毒死献文帝，临朝称制，主持朝政，并开始推行改革。

太和八年（484），冯太后颁行俸禄制，令每户每年增调帛三匹，谷二斛九斗，以充俸禄，由官府按季度发放，严禁禄外贪赃。规定凡俸禄之外收受馈赠满一匹，枉法贪赃无论多少，皆处死刑。太和九年采纳给事中李安世建议，实行均田制。规定15岁以上男子受露田40亩、桑田20亩，妇女受露田20亩。不宜栽桑养蚕地区，男子给麻田10亩，妇女5亩。奴婢、耕牛也可受田。桑田为世业，可世袭。超过20亩，可出卖超出部分；不足20亩，可买至20亩为止。露田、麻田不得买卖，至年老或死亡时须归还国家。太和十年，李冲建议仿汉族制度，五家为邻，立一邻长，五邻为里，立一里长，五里为党，立一党长。三长皆选本乡强谨者担任，以取代宗主督护，负责校订户籍，征发调役（见三长制）。冯太后力排众议，认为立三长则荫庇的户口可以检出，课调可有常准，决定实行。同时采纳李冲建议，实行新的租调制，以取代九品混通制。规定一夫一妇每年交纳帛一匹，粟二石，15岁以上未婚男女4人、从事耕织的奴婢8人、耕牛20头，分别交纳一夫一妇的数额，不再有户等差别。这些制度的实行，有利于限制兼并，使部分荫户变为均田农民，改善了农民的处境，减轻了他们的负担，增加了国家的赋税收入。

太和十四年冯太后死，孝文帝独揽朝政，继续推行改革。他认为鲜卑族必须汉化才能巩固北魏政权，进而统一南北。遂在冯太后改革的基础上，进一步推行汉化改革。太和十八年迁都于洛阳，并规定迁洛鲜卑人死后皆葬洛阳邙山，不得还葬平城。迁都遭到鲜卑族人的反对，太子元恂密谋逃回平城，后又谋反，终于被废、被杀。迁洛以后，孝文帝更多地亲近中州儒士，拓跋氏宗室和代北旧人益加不满，在平城发动叛乱，被孝文帝镇压。鲜卑本是游牧民族，其俗编发左衽。孝文帝命汉族大臣李冲模仿南朝制定北魏官吏及妇女冠服规制，并颁布实行。十九年，孝文帝下令禁止在朝廷使用鲜卑语，以汉语为官方语言。二十年，下令改变鲜卑姓氏，皇族拓跋氏改为元氏，其余鲜卑复姓亦皆改为单姓。又定姓族门第，汉族"四姓"和鲜卑"姓"、"族"皆任流内官，其余寒门若非德才出众只能任流外官。孝文帝还模仿南朝典章制度制定官制朝仪；为诸弟聘娶汉族高门之女为妃，鼓励鲜卑人与汉人通婚；选拔人才时专重人望，重用汉人士族。这些改革大大推进了北方各民族的融合和北魏社会的进步。

魏源 Wei Yuan (1794～1857) 中国晚清思想家、经史学者、诗人。原名远达，字默深，又字墨生、汉士。晚年信佛教，法名承贯。湖南邵阳县金潭（今属隆回县）人。嘉道之时，清朝已入衰世，魏源以天下为己任，讲求经世之学，力图以此谋求国富民强，从而成为晚清学术的开风气者。他由习王守仁心学而改从今文经学，论学以"通经致用"为宗旨。对于充斥朝野的考据学风和理学的性理空谈，皆加贬斥，提出了"变古愈尽，便民愈甚"的变法主张。道光初年，魏源曾先后任江苏布政使、巡抚幕僚，主持《皇朝经世文编》纂辑事宜，对海运、水利诸政多所建言。鸦片战争爆发，魏源一度应钦差大臣裕谦聘，入浙江参赞军务。兵败，感愤时事，撰成《圣武记》14卷。又遵友人林则徐嘱，据林所主持译编的《四洲志》，参以历代史志及两人记录，辑为《海国图志》50卷，后续增至100卷。《海国图志》率先介绍西方各国历史地理状况，主张学习西方的先进科学技术，提出"师夷长技以制夷"，表明魏源是中国近代向西方寻求救国真理的先行者之一。道光二十五年（1845），魏源得中进士。之后，曾任知县等职，官至高邮州知州。咸丰七年（1857）三月，在杭州僧舍病故。有经学、史学、文学、佛学著作多种存世，1976年，中华书局集魏源诗文杂著合为《魏源集》刊行。

魏徵 Wei Zheng (580～643) 中国唐贞观时名相。字玄成。先世是巨鹿下曲阳（今河北晋州西）人，后居相州内黄（今河南内黄西）。父亲魏长贤，北齐屯留令。魏徵少孤贫，好读书，多所通涉。素怀大志，见天下渐乱，尤注意研究纵横之学。隋末农民起义爆发，魏徵诡为道士，以避世乱。大业十三年（617），武阳郡（即魏州，治今河北大名东北）郡丞元宝藏举兵响应瓦岗军李密，魏徵代宝藏作启谢李密，为李密所重，召为文学参军，掌书记。武德元年（618），瓦岗军为王世充所败，魏徵随李密投奔李渊。魏徵请出使山东，先后劝降了瓦岗军余部徐世勣及元宝藏。二年十月，魏徵在黎阳被窦建德所俘。四年，窦建德为唐朝所败，魏徵遂复归长安，任太子洗马。

秦王李世民为争夺皇位继承权与太子李建成及齐王李元吉明争暗斗，九年，魏徵劝建成早除世民，未被及时采纳。玄武门之变之后，李世民不计前嫌，引为太子东宫詹事府主簿，拜谏议大夫。以后相继任给事中、尚书右丞。贞观三年（629），守秘书监，参预朝政。七年，为侍中。后进位左光禄大夫，进封郑国公。十六年，为太子太师。唐太宗以虚怀纳谏著称于世，魏徵敢于犯颜直谏，前后所奏二百余事，其中大部分保留在《魏郑公谏录》和《贞观政要》两书中。当贞观之治已经形成以后，他仍然关心国家的安危。贞观十一年所上的《论时政疏》、《陈十思疏》（简称《十渐疏》)，是其中最为重要者。贞观十七年，魏徵卒。太宗亲自为魏徵撰成碑文，亲书刻石。此年，太宗在凌烟阁图画24功臣肖像，魏徵名列第四。

唐贞观中修梁、陈、北齐、北周和隋五代史书，魏徵总领其事，其中《隋书》由他主要负责，《隋书》的序论及《梁书》、《陈书》、《齐书》的总论，皆出其手。他还主持编写了《群书治要》。

魏忠贤 Wei Zhongxian (? ～1627) 中国明朝宦官。肃宁（今河北肃宁）人。万历时以赌博输光而自宫，易名李进忠入宫。因中官魏朝得识皇长孙乳媪客氏，深相勾结。光宗卒，皇长孙即位为熹宗，封客氏为奉圣夫人，进忠也自惜薪司擢为司礼监秉笔太监，复魏姓，赐名忠贤。忠贤得势后，先以大学士沈漼为外援，继而引私人魏广微入阁。朝中除东林党外的官僚派别，纷纷投靠其门下，形成阉党。天启三年(1623)他兼掌东厂事，东林党人杨涟首先发难，上疏劾其24大罪，忠贤为此切齿痛恨东林党人，仗势杖死工部郎中万燝，先后罢斥大学士叶向高、吏部尚书赵南星、左都御史高攀龙、吏部侍郎陈于廷及杨涟、左光斗、魏大中等数十人，又在中央内阁、六部以至地方遍置死党。五年，魏忠贤逮杨涟、左光斗、魏大中等6人，牵入熊廷弼案中处死。次年，又捕杀东林党人高攀龙、周起元等7人。在残酷镇压的同时，命阉党顾秉谦等修《三朝要典》，尽翻梃击、红丸、移宫三案，极力诋毁东林党人及正直朝臣。又命拆毁全国书院，禁止讲学，压制言论。七年，熹宗死，其弟信王朱由检即位，是为明思宗。思宗素知忠贤之恶，及即位，嘉兴贡生钱嘉徵劾忠贤10大罪，遂谪忠贤于凤阳，旋命逮治。忠贤行至阜城，畏罪自杀。

温标 temperature scale 温度的数值表示法。温标包括三要素：测温物质及其测温属性、定标点、分度法。例如摄氏温标，规定标准大气压下的水沸点为100℃，冰点为0℃，采用毛细管水银温度计，规定温度与毛细管中水银柱的高度成正比。这种依赖特定测温物质（如水银）及其测温属性（规定其高度随温度线性地变化）的温标称为经验温标。

1848年开尔文建立了一种理论温标。根据卡诺定理，一切工作于两个给定热源之间的可逆热机的效率均相等，仅与这两个热源的温度有关，而与工作物质无关。由此可引入一个与测温物质及其测温属性无关的温标T，来标示热源的温度。它的比值等于可逆热机与这两个热源之间传递的热量之比，即$\frac{Q_2}{Q_1}=\frac{T_2}{T_1}$。当传递给低温热源的热量趋于零时，低温热源的温度也趋于一个极限值——绝对零度。这个温标称为热力学温标T，也称开尔文温标，曾称绝对温标，单位是开尔文，简称开（K）。只要再规定一个定标点和分度法，它的定义就完整了。1960年国际计量大会决定采用水的三相点为定标点，规定其值为T_3=273.16K。在这种规定下，水的冰点温度近似等于273.15K。间隔1K等于1℃。

温病 warm disease 中医疾病名。为人体感受温邪所引起的外感急性热病的总称。又称温热病。以发热、热象偏盛（舌象、脉象、便溺等热的征象）、易化燥伤阴为临床主要表现，属常见病，其发生具有明显的季节性，大多起病急骤、传变较快，且多数具有程度不等的传染性、流行性。温病的治疗，应以清热存阴为基本原则。

发病 病因是外感温邪（即外邪中具有温热性质的一类病邪），如风热、湿热、暑热、燥热、伏寒化温、疠气、温毒等。温病的发生同人体内在的机能状态即正气的强弱有关，正气充盛，温邪难以侵入致病；正气虚弱，温邪乘虚而入，导致温病的发生。

分类 ①按发病季节分：发生于春季的称春温、风温，发生于夏季的称暑温、湿温，发生于秋季的称秋燥，发生于冬季的称冬温等。②按初起发病类型可分为新感温病和伏邪温病两类。③按传染性和流行性分：具有强烈传染性和大流行特征的称温疫，流行性小或不引起流行的称温病。④按病证性质分：以是否兼湿而分为温热和湿热两类。

辨证纲领 根据证候表现即可进行辨证、测知病机变化的状态。卫气营血辨证和三焦辨证是温病独特的辨证纲领。在温病辨证中，辨舌、验齿、辨斑疹、白痦等诊法具有重要意义。

治法 依据温病临床特点和辨证论治的要求，清热存阴为温病的基本治疗原则。主要有以下治法。①解表法。具有疏泄腠理、驱邪外出的作用，适用于温病初起，病邪在卫。②清气法。具有清泄气分邪热的作用，适用于温邪燔灼气分。③化湿法。具有宣通气机、和中利水的作用，适用于湿热病。④通下法。具有通腑泄热、荡积通瘀的作用，适用于热结胃肠、湿热结滞及血蓄下焦等证。⑤开窍法。具有促使神志清醒的作用，适用于温邪入心包或痰浊蒙闭之症。⑥熄风法。具有平肝熄风、镇痉的作用，适用于温热内燔，肝风动越之症（见熄风）。⑦清营凉血法。具有清营泄热、凉血解毒的作用，适用于温邪入于营血之症。⑧滋阴法。具有生津养液、滋补真阴的作用，适用于温病中后期阴液耗伤之症。

温病学派 warm disease, school of 中医学中以研究温病学而衍成的学术流派。其代表人物为叶天士及薛雪、吴鞠通、王孟英等，代表作有《温热论》、《湿热条辨》、《温病条辨》、《温热经纬》等。

清代医家叶天士提出，新感温邪，上受犯肺，逆传心包。又提出肺主气属卫，心主血属营。他把温邪进入人体的病理过程分为卫、气、营、血4个阶段。提出卫之后方言气，营之后方言血；邪在卫可汗解，在气乃可清气，初入营分须清气透营，入血分方可凉血散血等一系列辨治温病的见解。他的言论反映在由其弟子整理的《温热论》中，中医卫气营血的辨证论治体系从此确立。此外，叶氏在察舌、验齿、辨斑疹白痦等方面也有许多卓见。与叶氏同时的薛雪，对温热病之一的温病，在病因、病机、病证、治法等方面亦有专题系统认识，进一步完善了温病学说。

吴鞠通在深研叶天士医案基础上，结合自己的心得，写成《温病条辨》，为系统论述温热证治之始。他按温热病的传变情况，自上而下地划分为上焦、中焦、下焦三个阶段，建立了三焦辨证纲领。三焦辨证实质是结合脏腑来讨论病位、病势，揭示了温病病程中脏腑病机之间的联系和影响。他将清络、清营、育阴三法作为治病的大法，总结出桑菊饮、银翘散等一系列与治法相适应的名方，确立了温热学说包括病因、病机、诊断、治疗的理论体系。王孟英对温热学派的贡献主要体现在《温热经纬》一书中。此书汇集温病名家学说最多，以《内经》、《伤寒论》为经，叶天士、薛雪诸家论说为纬，广征清代温病学家之论，附以王氏自家评议，集各家之长，不拘门户之见，对温热学说的总结及普及起了较大的作用。温病的研究至此进入了成熟时期。

温伯格 Weinberg, Steven (1933-05-03～) 美国物理学家。生于纽约。1954年毕业于康奈尔大学，1957年获普林斯顿大学博士学位。1969～1973年为哈佛大学教授和史密森天体物理实验室的高级科学家。1980年到得克萨斯大学任教。主要贡献是在1967年引入对称性自发破缺机制（黑格斯机制），解释了光子和中间玻色子的质量差异，在规范场理论的基础上建立了电弱统一理论。由于萨拉姆也提出了这方面的理论，被称为温伯格－萨拉姆理论。这个理论的可重正化性后来被G.霍夫特等人所证明。这个理论所预言的中性弱流，于1973年首次在欧洲核子研究中心由实验证实。由于

这项成就，温伯格和S.L.格拉肖、萨拉姆共同获得1979年诺贝尔物理学奖。电弱统一理论中所预言的静止质量很大的三种中间玻色子$W^{\pm}$和Z^0已由欧洲核子研究中心分别于1983年1月和6月正式宣布在270吉电子伏的质子-反质子对撞机SPS实验中找到，$W^{\pm}$和Z^0的质量分别约为82吉电子伏和93吉电子伏。

温布尔登网球公开赛 Wimbledon Lawn Tennis Championship 全英网球俱乐部与全英草地网球协会联合主办的国际网球赛事。又称全英草地网球锦标赛。与澳大利亚网球

温布尔登网球公开赛赛场

公开赛、法国网球公开赛及美国网球公开赛，共称为“四大满贯”，该项赛事是“四大满贯”中历史最为悠久的，夺得这项赛事的桂冠是每个网球运动员至高无上的荣誉。第一次全英公开赛于1877年在英国的温布尔登举行，当时称为“全英男子单打锦标赛”，只设立了男子单打一个项目。1879年始，此项赛事增加了男子双打的比赛。1884年，设立了女子单打比赛，又过了29年，女子双打和混合双打才走进温布尔登。温网公开赛共有男子、女子单打，男子、女子双打及混合双打5个项目的比赛，每年6月份的最后一周开始举行，为期两周。自1968年起温布尔登网球公开赛允许职业球员参赛，并进行市场化运作。男、女单打的冠军奖金2008年已高达近75万英镑。高额的奖金使这项锦标赛活动百年不衰。1985年，17岁的德国球员B.贝克尔成为温网赛历史上最年轻的男单冠军，同时他也是第一个非种子选手冠军和第一个德国籍男单冠军。1987年，美国球员M.纳芙拉蒂洛娃成为第一个女单六连冠选手。1996年，瑞士的M.辛吉斯成为温网赛123年来最年轻的冠军，她赢得女双桂冠的时候才15岁。2006年，中国运动员郑洁、晏紫夺得该项赛事女子双打冠军。

温差电现象 thermoelectric phenomena 导体中发生的热能和电能间的可逆转换现象。

导体中的几种温差电现象 ①珀耳帖效应。当外加电流通过两种不同金属A和B的接触面时，接触面处会产生吸热或放热的现象，是J.C.A.珀耳帖于1834年发现的。略去焦耳热和热传导等不可逆现象，珀耳帖效应是可逆的，即当电流反向时，接触面处的吸、放热互换，吸收或放出的热量Q_{Π}称为珀耳帖热。当有电量e通过接触面时，珀耳帖热与e成正比，即$Q_{\Pi}=\Pi_{AB}e$，Π_{AB}称为珀耳帖系数，与A、B材料的性质和温度有关。按经典电子论的解释，珀耳帖效应是因不同金属材料中自由电子的数密度不同而引起的。②汤姆孙效应。当电流通过存在温度梯度的均匀导体棒时，除产生焦耳热这一不可逆过程外，导体棒还会吸收或放出一定热量，是W.汤姆孙于1856年发现，故称为汤姆孙效应，吸收或放出的热量Q称为汤姆孙热。汤姆孙效应也是可逆过程，当电流反向时，吸、放热互换，当有电量e从温度T处运动到$T+dT$处时，吸热dQ与e和温差dT的乘积成正比，即$dQ=\sigma e dT$，σ称为汤姆孙系数，由金属材料的性质确定。按经典电子论的解释，汤姆孙效应是由金属中自由电子的热扩散造成。③塞贝克效应。用两种不同金属A和B接成回路，两接头处分别维持不同温度T_0和T，就构成温差电偶，回路中将产生电动势，称温差电动势。此现象首先由T.J.塞贝克在1821年发现，故称塞贝克效应。塞贝克效应也是可逆效应，当温差电偶从高温端吸热低温端放热时，回路中产生温差电动势，形成电流。若令回路中的电流逆向流动，则从低温端吸热，在高温端放热。塞贝克效应是珀耳帖效应和汤姆孙效应联合作用的结果。当T_0固定时，温差电动势ε是温度T的函数。

半导体中的温差电现象 半导体中也存在上述几种温差电现象，而且比金属导体显著得多。例如对金属，温差为1℃时的温差电动势仅几微伏，而半导体可达几毫伏。金属做的温差电偶一般只用来测温，半导体温差电偶可用作温差发电。半导体有很强的珀耳帖效应，可用于致冷。

应用 温差电偶是通过测量温差电动势来测量温度的重要器件。实验和理论证明，若在两种金属间串接第三种金属导体，且其两端保持同一温度，则温差电动势与此第三种金属的材料无关，这一特性使温差电偶便于同其他测量仪器（如电位差计）相连以测定电动势。温差电偶的测温范围很广，可在-200～2 000℃范围内使用，从液态空气的低温到炼钢炉中的高温均可用温差电偶测定。温差电偶的测温灵敏度和准确度很高，可达10^{-3}K以下，特别是铂和铑的合金制成的温差电偶稳定性很高，常用作标准温度计。温差电偶的测温端的面积和热容量均很小，可测量小范围内的温度或微小热量，这对研究金相变化、化学反应和小生物体的测温等有重要意义。将温差电偶的测温端封装在真空管内，并在端点焊上涂黑的金属片，可更有效地吸收辐射热，灵敏度也大大提高，是测定光辐射和红外线的重要检测器件。把许多温差电偶串接起来成为温差电堆，可增大温差电动势，从而提高测温灵敏度。

温得和克 Windhoek 纳米比亚首都和最大城市。位于该国中部高原，海拔1 654米。人口约23万（2007）。地处干旱地区，平均年降水量370毫米。附近有几处温泉涌流。因周围丘陵环绕，阻挡了干旱风的侵袭，气候凉爽，最热月（1月）和最冷月（7月）平均气温分别为24℃和13℃。周围地区人口较稠密，储有铜、铅、锌等矿。殖民者入侵前，是科伊人和赫雷罗人牧民居住之处。1890年被德国占领。1897年铁路从港口城市斯瓦科普蒙德通此，城市逐步扩展。1915年南非占领西南非洲，1920年国际联盟委托南非统治西南非洲，温得和克成为西南非洲的地区首府。1990年纳米比亚独立，转为国家首都。现为全国工商业中心和交通枢纽。畜产品贸易甚盛，是世界最大的卡拉库尔羊皮集散市场，尤以紫羔羊皮为盛。羔羊皮加工工业发达，还有食品、织布、日用化工、车辆和机器修配等工业。铁路西通主要海港鲸湾港，北通重要矿区楚梅布，南通南非。有国际航空港。为缓解居民和工业交通供水不足，建有世界第一个污水净化循环用水工程。市内有纳米

温得和克景观

比亚大学和国家博物馆等。

温毒 epidemic heat syndrome noxious damp 因感受温热毒邪所引起的中医学外感热病。临床上除具有热重寒轻，或里热炽盛等一般温病的共同症状外，还可出现局部红肿热痛，甚至溃烂，或发为斑疹等表现。温毒属温病的范畴，包括多种温病，如大头瘟、烂喉痧等。温毒大多具有不同程度的传染性和流行趋势，又属于温疫范围。温毒发病急骤，传变迅速，变证较多，证候凶险，及时诊治是很重要的。温毒多由火热炽盛而致，治疗时以清热解毒法较常用。对于某些传染性强、具有流行趋势的温毒，应采取相应的预防措施。

温度 temperature 物体冷热程度的数值表示。由热平衡条件可知，达到热平衡两物体的冷热程度相同，即它们的温度相等。温度是系统自身热运动性质的宏观表现，它与系统接触什么介质，经过什么路径达到热平衡状态无关。从微观上看，温度是组成系统的大量分子无规则热运动的宏观表现，是分子热运动能量统计平均值的量度。因此，温度反映分子热运动的剧烈程度，只有统计的意义。对于单个分子，只能说它能量多大，说它温度的高低是没有意义的。两个或多个物体接触足够长时间后，将达到各处冷热均匀一致的平衡态，即一切互为热平衡的物体具有相同的温度。这称为热力学第零定律。它指出温度是一个态函数，具有标志物体之间是否处于热平衡的性质。热平衡定律还提供了测量温度的方法：若物体A与B、C分别达到热平衡，则B、C也互为热平衡。因此，比较两个物体的温度，无需使之接触，只需分别与另一物体接触即可，后者就是温度计。

温度计 thermometer 测量温度的仪器。利用物质某种属性随温度的变化，根据相应的物理定律制成。温度计种类繁多，适用于不同温度范围和精度要求。玻璃液体温度计利用液体（汞、酒精、甲苯等）体积的变化，由毛细管内液面的高度指示温度。玻璃汞温度计的测量范围为-30～600℃，某些有机液体的测温下限可低达-150℃。双金属温度计把两种膨胀系数不同的金属组合在一起，一端固定，当温度变化时，因两种金属的伸长率不同，另一端产生位移，带动指针偏转以指示温度，测温范围为-80～600℃，缺点是精度不高。采用压强作为温度标志的有工业上用的压力表式温度计等，温度计密闭的温泡中充有某种介质，受热所增加的压力由连接毛细管传到压力计弹簧，弹簧形变使指针偏转以指示温度，工作介质有气体（如氮气、氢气）、蒸气（氯乙烷、氯甲烷、乙醚）、液体（汞），缺点是精度不高。热电偶温度计用两种不同材料的金属丝组成热电偶，一端焊接，为工作端，置于被测温度处，另一端为自由端，温度固定，与测量仪表相连，形成闭合回路。当两端温度不同时，回路中出现温差电动势，其大小由待测温度决定。热电偶种类繁多，有的可测3 000℃高温，有的可测接近绝对零度的低温。根据导体电阻随温度的变化规律来测量温度的称电阻温度计。铂电阻温度计精度最高达1/10 000℃，且适用范围宽，是复现国际实用温标的基准温度计。半导体热敏电阻温度计利用半导体器件的电阻随温度变化的规律来测温，特点是灵敏度高，用于低精度测量。

温法 warming method 中医临床运用温热药治疗里寒证的治法。属治疗八法之一。习惯上把温里法也称为温法。温法具有祛除寒邪、温补阳气、温通经络的作用，适用于外寒入里、深入脏腑经络或阳气不足、寒从内生的里寒证。证见精神不振、形寒肢冷、口淡不渴喜热饮、小便清长、舌质淡苔白、脉迟，或腹部冷痛、呕吐、腹泻，或水肿、小便不利，或手足厥逆、脉微细欲绝，或肢体冷痛等。根据里寒证所在的脏腑经络的部位和病情的轻重缓急不同，温里法的具体运用又有温中祛寒、回阳救逆、温经散寒和温阳利水等治法。

温里法常与其他方法配合使用，如里寒证兼有里实，大便不通、腹满疼痛，需与下法配合使用；阳虚水停、水肿、小便不利，需与利水法配合使用；寒凝气滞而疼痛，需与理气止痛法配合使用等。

运用温法临床上需注意：①热盛于里而见手足厥冷的真热假寒证忌用温法。②各种火热证、阴虚火旺证、阴血不足证均不宜使用温法。③寒证较重，温之应峻；寒证轻浅，温之宜缓。④温热之药，性皆燥烈，久用或用量较大时避免耗血伤津。

温哥华 Vancouver 加拿大第三大城市和最大的海港。位于不列颠哥伦比亚省西南部，西隔佐治亚海峡与温哥华岛相望，经胡安·德富卡海峡通连太平洋。面积114.7平方千米，人口57.80万（2006）；包括周围城镇的大都市区面积2 878.5平方千米，人口211.66万（2006），约占全省人口的一半以上，在全国仅次于多伦多和蒙特利尔。

温哥华城市一角

位于海岸山脉以西的沿海平原和弗雷泽河三角洲上，海拔约12米。常年面迎来自太平洋的偏西风，沿海有暖流经过，气候温和湿润。年平均气温9.8℃。平均年降水量1 166毫米，以秋冬雨为主。

原为撒利希族印第安人居住地。1792年英国海军上校G.温哥华率船队航行到巴拉德湾一带。1862年欧洲移民在海湾南岸锯木场周围建立定居点，称格兰维尔。1886年加拿大太平洋铁路通达后正式设温哥华市。从此，港口和城市逐渐兴起，成为“通向东方的门户”。1914年巴拿马运河通航后，有了通向北美洲东岸和欧洲的航运捷径，进一步促进了港口城市的繁荣。

加拿大西部工商业和交通中心。木材加工、纸浆和造纸以及食品、纺织、印刷等为传统工业部门，第二次世界大战后发展了炼油、石油化工、炼铝、机械制造等部门，工业趋于多样化。工厂企业主要集中在巴拉德湾港区附近和弗雷泽河北支流沿岸一带。20世纪80年代以来，经济以各类服务业为主体，商贸、金融、地产、通信和旅游业等发展很快。天然良港，长年不冻，港阔水深而隐蔽，年货物吞吐量居北美洲太平洋沿岸诸港之首，与温哥华岛上的维多利亚、纳奈莫等城市之间有轮渡往返。陆路交通便利，是横贯大陆铁路、公路干线的西部终点。有国际机场，客运量居全国第二位。市内设有高架轻轨交通系统。

有全国著名高等学府不列颠哥伦比亚大学（1908），还有西蒙·弗雷泽大学（1963）、不列颠哥伦比亚理工学院（1964）等。主要文化设施有温哥华美术馆、温哥华博物馆、海洋博物馆、人类博物馆、麦克米伦天文馆和百年纪念博物馆、温哥华公共图书馆、科技馆以及不列颠哥伦比亚体育馆等。一年一度的太平洋国家博览会、温哥华艺术节等也吸引大批游客。1985年3月与中国广州市结为友好城市。

温哥华岛 Vancouver Island 加拿大不列颠哥伦比亚省西南部岛屿。岛形狭长，呈西北—东南向伸展。东与加拿大本土之间隔佐治亚海峡、约翰斯通海峡和夏洛特皇后海峡；南隔胡安·德富卡海峡与美国华盛顿州相望。岛长460千米，宽50～120千米，面积31 285平方千米，为北美洲太平洋沿岸最大岛屿。西岸曲折，多深入内陆的峡湾。地形以山地为主，中部戈尔登欣德峰海拔2 201米，为全岛最高峰。东岸分布沿海低地。北太平洋暖流流经，气候温和，降水丰富。分布很多小湖和短小河流。森林茂密。蕴藏煤、铁、铜、金等矿。原为印第安人居住地。1778年英国J.库克船长登岛。1792年英国海军上校G.温哥华勘测全岛，后以其姓氏命名该岛。1843年哈得孙湾公司在岛南端建贸易站。1849年成为英国直辖殖民地。1866年与不列颠哥伦比亚合并，并于1871年成为加拿大自治领的一个省。全岛人口近75万(2002)，主要集中在东南岸地区。约2/3以上人口居住在城市。东南部维多利亚为全岛最大城市，也是不列颠哥伦比亚省首府；其他城市有纳奈莫、阿尔伯尼港、埃斯奎莫尔特、科特尼等。主要经济活动是林业和木材加工、采矿、捕鱼和农牧业。旅游业较盛。岛中央有斯特拉思科纳省立公园，西岸有太平洋滨海国家公园，西北部有斯科特角省立公园。

温家宝 Wen Jiabao (1942–09～) 中国共产党中央政治局常务委员会委员，中华人民共和国国务院总理。天津市人。出生在农村教育世家。1965年4月加入中国共产党。1967年9月参加工作。1960～1965年在北京地质学院地质矿产一系地质测量及找矿专业学习。1965～1968年在北京地质学院地质构造专业读研究生。1968～1978年任甘肃省地质局地质力学队技术员、政治干事、队政治处负责人。1978～1979年任甘肃省地质局地质力学队党委常委、副队长。1979～1981年任甘肃省地质局副处长、工程师。1981～1982年任甘肃省地质局副局长。1982～1983年任地质矿产部政策法规研究室主任、党组成员。1983～1985年任地质矿产部副部长、党组成员、党组副书记兼政治部主任。1985～1986年任中共中央办公厅副主任。1986～1987年任中共中央办公厅主任。1987～1992年任中共中央书记处候补书记兼中央办公厅主任，中央直属机关工委书记。1992～1993年任中共中央政治局候补委员、中央书记处书记，中央办公厅主任，中央直属机关工委书记。1993～1997年任中共中央政治局候补委员、中央书记处书记。1997～1998年任中共中央政治局委员、中央书记处书记。1998～2002年任中共中央政治局委员、中央书记处书记，国务院副总理、党组成员，中央金融工委书记。2002～2003年任中共中央政治局常委，国务院副总理、党组成员，中央金融工委书记。2003年任中共中央政治局常委，国务院总理、党组书记。是中共第十三至十七届中央委员，第十三届中央书记处候补书记，第十四届中央政治局候补委员、中央书记处书记，第十五届中央政治局委员、中央书记处书记，第十六至十七届中央政治局委员、常委。

温经散寒 warming channel for dispelling cold 中医临床运用温热药物以治疗寒凝经脉病证的治法。属治疗八法中的温法之一。具有温阳散寒、通经止痛的作用，适用于阳气不足、经脉受寒、血脉不畅所致的手足厥冷、肢体冷痛、阴疽（慢性虚寒性疮疡）、月经不调、痛经、小腹冷痛等。常用温经散寒、养血通脉的药物如麻黄、桂枝、细辛、附子、炮姜、当归等。代表方剂有当归四逆汤、阳和汤。临床上运用温经散寒法时，还需根据不同的疾病和证候选用不同的方剂。如血虚受寒、手足厥冷、肢体冷痛，宜温经散寒、养血通脉，方用当归四逆汤；阴疽、局部漫肿无头、皮色不变，宜温阳补血、散寒通滞，方用阳和汤；冲任虚寒、瘀血阻滞、月经不调、痛经，宜温经散寒、养血祛瘀，方用温经汤；寒侵肝脉、气机阻滞、少腹冷痛，宜行气疏肝、散寒止痛，方用天台乌药散。

临床上凡痹证、疮疡、月经不调、少腹疼痛等病机属热者，均不宜使用此法。

温经通络 warming channel for dredging collateral 中医温法之一。运用具有辛温散寒作用的药物组成方剂，以温经通络、祛散寒邪的治法。适用于寒邪凝滞经脉之痹痛、厥逆，脉细欲绝等证。常用桂枝、麻黄、细辛、当归、白芍等药物组成方剂，代表方剂有当归四逆汤。临床上若患者素体阳虚，内有久寒，加吴茱萸、生姜以加强温中散寒之功。若阳虚寒重者，可加入附子、干姜以助阳散寒；若兼素体气虚，可加入党参、黄芪以补气扶正。

温里剂 warming interior formula 以甘温辛热药为主要组成，具有温中祛寒、回阳救逆、温经散寒等作用，用于治疗里寒证的一类中医方剂。又称祛寒剂。体现中医治法中的温法。主要治疗脾胃虚寒，证见呕吐泄泻、四肢不温、脘腹冷痛、不思饮食、口淡不渴、脉沉细，或阴寒内盛、阳气衰微引起的亡阳证，证见四肢厥逆、汗出欲脱、脉微欲绝，以及寒邪侵经脉引起的痛痹、痛经、阴疽等证。根据作用不同，温里剂可分为温中祛寒剂、回阳救逆剂、温经散寒剂。温里剂多属辛温燥热药，对真热假寒证切勿使用。夏季气候炎热或平素火旺之人，用量不宜过大，且病去即止，以免耗伤阴液。

温岭市 Wenling City 中国浙江省辖县级市。在省境东南沿海。面积836平方千米。人口137万(2010)。明成化五年(1469)置太平县。1914年改名温岭县。1994年改置市。由台州市代管。矿产有锌、明矾石、叶蜡石、

温岭石塘渔村

鸡血冻石、花岗石等。主要农作物为水稻、麦类、薯类，并产棉花、油菜子、蚕茧、柑橘、甘蔗、高橙、柚。是省重要鱼盐产区，产带鱼、大黄鱼、小黄鱼、石斑鱼、墨鱼、梭子蟹等。海涂和近海养殖缢蛏、牡蛎、花蚶、海带、紫菜、对虾。温岭盐场是省大盐场之一。工业有机械、电力、化工、水产品加工等。手工艺品有花边、麻帽、石雕。江厦潮汐电站是中国最大的潮汐能电站。长屿洞天和江厦森林公园为省级风景区。名胜古迹有石塘渔村、明代文笔塔、文峰塔、《南塘戚公奏实记》碑和西周徐偃王城遗址、方山、双门洞等。

温内特卡制 Winnetka Plan 美国进步主义教育运动中出现的一种教学制度。由教育家C.W.沃什伯恩（又译华虚朋）提出。1919年起在伊利诺伊州温内特卡镇公立学校进行实验。因地名而得名。

温内特卡制是适应个性教学的形式之一。其目的是充分发展儿童的个性和才能，培养儿童的社会意识。采用此制遵循5条原则或5个步骤：①制定个别训练的特殊目标和标准。针对每一个儿童的特殊情况，分别制定掌握知识的程度和内容，提出不同的要求（即单元作业）。但在读、写、算等基本科目上，学生掌握知识的标准是一致的。②进行全面的诊断测验，以确定儿童是否需要教师的帮助和在哪一方面进行帮助。③编写供儿童自己学习与自己校正的教材。④儿童在单元作业的范围内，根据自己的能力与安排，确定学习进度，按个别化的进度学习。教师则因人、因时提供帮助。⑤集体活动和创造活动。这些活动主要包括：讨论、游戏、集会、绘画、手工、作文等。目的是使儿童表现自己、发现自己的个性，另一方面则促使儿童意识到各种社会关系。

温内特卡制于20世纪30年代在一些国家很盛行，中国的一些地方也进行过实验。但由于这种教学制度存在着诸如学科学习不深入，可能偏废某些学科等弊端，20世纪30年代后逐渐被弃用。

温尼伯 Winnipeg 加拿大马尼托巴省首府。位于省南部，雷德河及其支流阿西尼博因河汇流处，人口63.35万（2006）；大都市区人口69.47万（2006），约占全省人口的60%。城市发端于1783年法国移民建立的毛皮贸易点鲁日堡。1870年马尼托巴省加入联邦，改今名，定为首府。1873年设市。1881年铁路通达后迅速兴起，移民大增。20世纪初已步入全国主要大城市之列。陆路交通枢纽。加拿大国家铁路和加拿大太平洋铁路在此交会，多条公路干线经此，有“通向西部的门户”之称。城西设国际机场。全国最大的谷物市场和重要的牲畜贸易中心，以屠宰、肉类加工、面粉等为主的食品工业发达，尚有运输设备、农业机械、电子、纺织、服装、制药等部门。金融业和零售批发贸易也很发达，温尼伯商品交易所是全国唯一的期货交易市场。有马尼托巴大学（1877）、温尼伯大学（1967）等高等院校及36个博物馆，百年纪念中心是集音乐厅、剧场、人类与自然博物馆、天象馆等的综合性文化设施。每年8月的民俗节号称世界上最大的多民族文化节。

温尼伯湖 Winnipeg Lake 加拿大第三大湖。位于马尼托巴省中南部。更新世冰期后巨大的冰川湖——阿加西兹湖的残遗。南北长416千米，东西宽32～112千米，面积24 387平方千米。湖面海拔217米。温尼伯河、雷德河、萨斯喀彻温河等多条河流，分别从东、南、西3面注入，流域面积98.42万平方千米。湖水经纳尔逊河从北部流出，向东北注入哈得孙湾。1974年在纳尔逊河上筑坝，控制湖泊水位。湖盆较浅，平均水深15米。蓄水量371立方千米。湖内富渔产，并有航运之利。南岸为游览区。湖中主要岛屿赫克拉、迪尔和布莱克3岛属赫克拉省立公园。

温泉 hot spring 泉口水温高于当地年平均气温的地下热水天然露头。由于各地所处的气候、纬度及海拔高程之不同，温泉的温度下限很难统一。欧美等国以20℃、日本以25℃作为温泉的温度下限。中国医疗矿泉水及地热资源的温度分类（中华人民共和国标准-1989）均以25℃作为温泉（水）与冷泉（水）的界限值。

分类 从综合利用角度按温度分类，可分为低温温泉（25～40℃）、中温温泉（高于40～60℃）、中高温温泉（高于60～80℃）、高温温泉（高于80℃至当地水沸点）、

在沸喷泉中煮鸡蛋（中国云南腾冲热海）

沸泉（高于或等于当地水沸点）。作为医疗之用的温泉根据人体对温度的适应性可分为冷泉（低于25℃）、微温泉（25～33℃）、温泉（34～37℃）、热泉（38～42℃）、高热泉（高于42℃）。按泉口存在形式及喷涌情况可分为：天然涌出的自喷泉，间断性喷出的间歇泉，连续排放水和汽的沸喷泉，以及以排放蒸汽为主的喷汽孔等。按成因可分为火山型温泉与非火山型温泉。火山型温泉与近代火山活动及浅部岩浆活动密切相关；非火山型温泉则与火山及岩浆热源无关，是正常地热增温条件下，地下水深部循环的结果。

分布 温泉的分布主要受控于大地构造条件。在板块边缘地带的近代火山与岩浆活动强烈的地区，水热活动的显示强度很高，分布有许多间歇泉、沸泉及高温温泉。在这些地区还会出现颇有经济价值的大型热田。如地处环太平洋火山带的日本、中国台湾省、新西兰、中南美及北美西海岸、千岛和堪察加半岛，以及地中海-喜马拉雅造山带所在的意大利、土耳其、印度尼西亚和中国藏滇地区。还有坐落于大西洋中脊的冰岛，以及处于东非裂谷的埃塞俄比亚、肯尼亚等。板块内分布的温泉属于非火山型，多沿断裂构造出露，以水温小于80℃者居多。

中国分布有很多温泉，约有2 200～2 800处，以中低温温泉为主，约占温泉总数的3/4。几乎各省、市、自治区均有温泉分布，以云南省最多，达600余处。西南部的藏南、川西和滇西，以及东部的台湾省，温泉分布密度大，水热活动强烈，是中国沸泉、沸喷泉、间歇泉集中出现的地区。以闽、粤、琼三省为主体的东南沿海地带也是温泉广布和密集的地区，泉温高于80℃的温泉有20多处。其他地区温泉分布密度较小。

温塞特 Undset, Sigrid（1882-05-20～1949-06-10） 挪威作家。生于丹麦凯隆堡，卒于利勒哈默尔。在身为考古学家的父亲

熏陶下，自幼对历史，尤其中世纪史产生浓厚兴趣，对她日后创作有重要影响。日记体爱情小说《玛塔欧莉夫人》（1907）表现爱情同家庭日常生活的矛盾。《珍妮》（1911）是一部心理小说，写一个少女在梦想获得一对父子的爱情时的复杂心理和悲剧性结局。三部曲《克里斯汀·拉夫朗斯多蒂》（1920～1922）展现了14世纪北欧习俗和风土人情，生动地描述了女主人公克里斯汀在热烈追求爱情、力求摆脱社会习惯势力束缚过程中的复杂心理。1928年获诺贝尔文学奖。小说《马湾的主人》以13世纪末的历史为背景，但宗教色彩很浓。其他作品还有《燃烧的灌木丛》、《忠诚的妻子》（1936）、《桃乐赛夫人》（1939）等。德国法西斯入侵挪威时流亡美国，1945年归国。

温莎 Windsor 加拿大最南部城市，汽车工业中心。位于安大略省大湖半岛西南端，底特律河东岸，与美国汽车城底特律隔河相望。市区面积120.6平方千米，人口21.65万（2006）；大都市区人口32.33万（2006）。1701年法国移民开始在此定居。18世纪后期沿河出现村落，始称费里（“渡口”），后称里士满。1836年改名温莎。1857年与附近的桑德威奇合并为城镇。1892年设市。1935年和1966年附近一些城镇又先后并入。交通便利。河港延伸8千米，通过跨河大桥、隧道和轮渡，与底特律相连，并沟通加、美两国公路、铁路，被称为“南方门户”。加拿大汽车工业的发祥地。1904年美国福特汽车公司最先在此设厂，并因邻近美国汽车城底特律而迅速发展；克莱斯勒、通用等汽车公司也相继入城建厂，以制造汽车发动机、零部件和汽车装配为主。其他工业有化工、制药、食品加工、电器、有色金属加工、高科技设备等。城市周围农业富庶，盛产水果、蔬菜、玉米、大豆等。1994年起开设赌场，刺激旅游业发展。市南有莫尔登堡国家历史公园。市内设有温莎大学、圣克莱尔应用文科与技术学院等高等学府。每年6月底至7月初，与底特律共庆国际自由节。

温莎堡 Windsor Castle 英国最大的王室行宫。位于伦敦以西32千米的温莎镇和梅登黑德皇家自治市。在泰晤士河南岸的白垩山上，占地5公顷。这里苑囿迂回，古塔林立，城堡为花岗岩建筑，大体呈人字形结构。除城堡外，还有众多豪华的宫殿和

温莎堡外景

教堂等建筑物。撒克逊时代此地就有皇家住宅，迄今已有900多年历史。亨利二世时用石料盖圆塔，并在东、西、北3面筑有围墙。以后经过不断修整和扩建，特别经19世纪乔治四世和维多利亚女王时期的增建扩充，形成今日规模。在英国历史上一些英王曾在这里出生、举行婚礼、囚禁、埋葬和居住。整个宫堡分下、中、上3区。下、中两区为英王王室的正式国务活动场所和私邸。下区也称西区，其中有圣乔治小教堂，属哥特式建筑的一个流派。西区东部有艾伯特纪念堂，原为亨利七世墓地而建，后被维多利亚女王改建为安放其丈夫艾伯特亲王遗体的小教堂，内有艾伯特的纪念塔，建筑辉煌壮丽。纪念堂东北有温切斯特塔，相传英国诗人乔叟1390年曾寓居于此。中区为12世纪亨利二世建的巨型圆塔，后乔治四世在其上增建了巍峨的冠顶部分，使之成为温莎堡的最高建筑，游人登顶可俯观全镇景色。塔顶升起国旗标志着王室成员在堡内居住。上区为东区，有国家公寓，包括国王和女王的餐厅、客厅、觐见厅、舞厅、画厅以及滑铁卢厅、圣乔治礼拜堂等。其中客厅陈列着许多名画、珍贵的硬木家具和一些价值连城的珍宝，如佛兰德斯画家鲁本斯、范大克，德国画家霍尔班、丢勒，英国画家雷诺兹、霍加斯的名作；皇室成员的塑像、画像以及其他精美艺术品等。国家公寓南边还有1925年竣工的玛丽王后的玩偶宫，其平面呈四方庭院布局，附近的大师作品展览室有拉斐尔、达·芬奇、米开朗琪罗等艺术大师的传世名作。温莎堡环境优美，景色秀丽，具有浓厚的乡村原野风光，女王及其亲属经常到此度周末。每年女王还要在此短期居住。每逢圣诞节，王室成员也齐聚堡内庆祝。由宫堡沿长达5千米的林荫道长街即可达东北面的霍姆公园和南面的温莎大公园。前者占地约891公顷；后者占地1 618公顷，园内有森林、草地、河流和湖泊，过去曾是王室贵族骑马狩猎的御苑。

温莎王朝 Windsor, House of　英国王朝。1917年英国国王乔治五世宣布放弃自己和家庭的一切德国尊号，规定王室改姓温莎。从此汉诺威王朝改称为温莎王朝。见汉诺威王朝。

温室 greenhouse　能控制或部分控制植物生长环境的建筑物。主要用于非季节性或非地域性的植物栽培、科学研究、加代育种和观赏植物栽培等。

温室按环境特性可分为：①简易温室，即主要依靠日光照射而无人工控制的温室。包括大多数传统温室和塑料大棚。②备有采暖控温设备，主要控制温度的普通温室。③能精确控制温度，并对湿度、光照、二氧化碳浓度、风等进行控制或部分控制的现代化温室。温室常用的覆盖材料有玻璃、塑料薄膜、玻璃纤维增强塑料波纹板等。采暖设备有热水、热风、蒸汽、电热等类型。有的温室还设有降温和通风换气设施。

温室花卉 greenhouse floriculture　当地常年或在某段时间内，须在温室中栽培的观赏植物。其种类因地而异。如茉莉在中国南方为露地花木，而在华北、东北地区则为温室花木。园艺上一般根据生态习性结合观赏特点，将温室花卉分成若干大类：①热带水生植物。典型代表为王莲。②秋海棠类植物。秋海棠科秋海棠属中有观赏价值的种类与品种的统称。③天南星科植物。叶和花的形状奇特美丽，在温室花卉中占有重要地位。④凤梨科花卉。叶多丛生成莲座状，有各种颜色的条斑，花具美丽的苞片，观赏价值较高。⑤柑橘类植物。包括芸香科的柑橘属、金橘属、枳壳属等观赏种类和品种。此外，温室花卉还包括仙人掌类与多浆植物、食虫植物、观赏蕨类、兰花、松柏类和棕榈类植物等。

温室花卉栽培管理的主要项目有：①用土或基质准备。②施肥。由于温室地栽植株较密集，盆栽苗根系营养面积有限，因此需要充足的基肥，多用有机肥料和部分化学肥料配制施用。③浇水。④整形修剪。目的在于造成并维持植物的良好株形，调节生长发育，促进开花或结果，增加观赏价值。⑤病虫害防治。改善通风透光条件、增强植株抗性、对培养土及工具进行消毒、对新引种的植物进行隔离培养等，是减少病虫害发生的必要措施。⑥出室锻炼。出室前应逐渐降温，加强通风，使温室内外环境条件接近，从而锻炼与提高苗株适应露地的能力。

温室气体 greenhouse gas　大气中能有效吸收地球发射的红外辐射，阻挡热量自地球向外逃逸的痕量组分。重要的温室气体有二氧化碳、甲烷、氧化亚氮、氯氟烃类、臭氧和六氟化硫。除氯氟烃类外，大气中的温室气体来自海洋、森林、草原和土壤等中的生物的活动（天然源），但这些气体也由于人类的生产和社会活动（人为源）大量排放。氯氟烃类则全部来自人为源。工业革命以来，化石燃料的大量消耗、森林的大面积砍伐、化学肥料和氯氟烃类有机物质的大量使用等，使得大气中的温室气体急剧增加，并成为导致全球变暖的重要原因之一。

温室效应 greenhouse effect　大气通过对辐射的选择吸收而防止地表热能耗散的作用。大气对于地球保暖作用的俗称。在晴空地区，大部分太阳短波辐射可以透过大气而被地表所吸收，使地面增温。由于地表温度低，地表辐射几乎全部在红外波段。大气中的水汽和二氧化碳等成分能吸收大部分地表红外辐射，使大气变暖。大气本身也放出红外辐射，其中一部分向上传播，经大气的吸收和再发射，逐步传向外空；另一部分向下传播而为地表所吸收，大大减少了地表的净向上辐射。大气的这种使地表温度升高，使地球维持较高温度下的热平衡的作用，和玻璃温室有相似之处，所以称为温室效应。但大气的保暖作用并不完全和玻璃温室的作用相同，玻璃还有隔绝空气流动，阻止室内外对流热交换的作用，因而有人认为用大气效应这个名词更为合适。起温室效应的主要因子有大气中的水汽、二氧化碳和云，其中最主要的是云。所以在多云和高湿的热带地区，温室效应较强，而在干燥的极地和沙漠地区，温室效应则较弱。大气中能产生温室效应的气体不仅有二氧化碳和水汽，还有一些微量气体如甲烷、氮氧化物、氯氟碳化物等，人们将这些能产生温室效应的气体称为温室气体。由于人类活动而造成温室气体含量增加，导致全球变暖的现象已引起人们普遍关注。

温特 Went, Fritz Warmolt (1903-05-18～1990-05-01)　美国植物生理学家。生于荷兰乌得勒支，卒于美国内华达州。1927年在乌得勒支大学获博士学位。1933年在加州理工学院克尔克霍夫生物实验室先后任助理教授、教授。1958年去圣路易斯任密苏里植物园主任。1963～1965年在华盛顿大

学任植物学教授。1975年到里诺，在内华达大学沙漠研究所任植物学荣誉研究教授。温特于1928年首次发现生长素，并做了大量的研究。1937年他与蒂曼合著《植物激素》一书。1949年在加州理工学院创建了国际上第一个植物人工气候室。在加州理工学院期间，他与来自欧洲的一批植物生理学家共同研究植物激素问题，在美国形成了一个研究中心。他在植物生理学的其他领域，如生长发育、气候与生长的关系、水分和作物生理等，也有不少成就。1972年美国史密森研究所授予他霍奇金斯奖，并被选为美国国家科学院院士。

温庭筠 Wen Tingyun（801/798～866） 中国唐代诗人、词人。本名岐，字飞卿。太原祁（今山西祁县）人。相貌奇丑，人称“温钟馗”。才思敏捷，每入试，八叉手成八韵，人称“温八叉”。然生性傲岸，放浪不羁，好讥嘲权贵，取憎于时，尤为宰相令狐绹所不容，因此累年不第。官终国子助教，晚年流落而死。

温庭筠工诗善词。诗与李商隐齐名，时称“温李”，而成就逊于李。词与韦庄并称，世号“温韦”，而贡献大于韦。其诗今存330首，其中乐府诗多写男女情爱，风格艳丽，与其词风相近，如《春愁曲》写闺怨，语言华美，描写细腻。咏史诗寄慨深沉，可与李商隐同类作品媲美。其写山水、行旅的近体诗，清新可诵，时有警句。如《商山早行》的“鸡声茅店月，人迹板桥霜”，状难写之景如在目前，深为欧阳修《六一诗话》所赏。其诗集有顾嗣立等《温飞卿诗集笺注》本。另有小说《乾𦠆子》3卷，原书失传，《太平广记》录有33篇。

温庭筠精通音乐，善鼓琴吹笛。他又长期出入秦楼楚馆，经常接触市井新声，成为中国词史上大力写词的第一人。他既借用民间词的形式，进行改造加工，使词体定型，统一确立了词的形式规范；又继承了中唐以来文人曲子词的传统，建立起符合文人审美趣味的艺术范式。词的题材取向以男女情爱、相思恨别为主，注重表现女性的容貌情怀，语言追求秾艳华丽。五代其他花间词人多将温庭筠奉为典范，并形成花间派，后人尊之为“花间”鼻祖。宋人作词也多学其体，直至宋末，张炎仍主张作小令“当以唐《花间集》中韦庄、温飞卿为则”（《词源》卷下），影响深远。

今传温词，主要有《花间集》所载66首。曾昭岷《温韦冯词新校》和中华书局版《全唐五代词》录69首，较完善可信。

温县 Wenxian County 中国河南省焦作市辖县。位于省境北部，黄河北岸。面积462平方千米。人口42万（2010）。有汉、回等民族。县人民政府驻温泉镇。西周为温国。春秋时晋置温县，以温国得名，北齐废。隋复置温县。属暖温带大陆性季风气候。农作物主要有小麦、玉米、棉花等。盛产地黄、菊花、山地、怀故子等中药材。工业主要有机械、化肥、纺织、酿酒等。名胜古迹有商都古邢丘遗址、春秋盟会遗址、司马懿故里、慈胜寺等。

温邪 heat pathogen 中医病因学概念。自然界致病因素中具有温热性质的病因（见温病）。

温邪以其性质和所致病证的不同而分为几种主要类型：①六淫中的风热、暑热、湿热、燥热。②疠气。指致病危急暴戾或瘟疫、具有强烈传染性的许多致病因素，所致病证称为温疫或瘟疫。③温毒。致病具有温热性质和肿毒特征的一类温热病邪。温邪致病的共同特点是从外界通过一定途径（主要是口鼻）侵入人体，所致病证均具有温热性质，发病较快，侵入人体的部位各不相同，且易化燥伤阴。在温邪侵袭人体的情况下，发病与否主要取决于人体的正气是否充足。由于温邪中的疠气致病具有传染与流行的特点，所以社会因素对温疫的发生具有重要影响，社会发展水平高能极大地减少以至消灭某些温疫（如天花）的发病。临床辨识各种温邪主要是依据其致病特点、疾病症状与体征来进行，具体的辨证论治一般都采取温病的卫气营血辨证或三焦辨证的方法。伏邪原意指感受外邪后，邪伏藏于体内过时而发的温病之邪，实际指病发于里的温病之邪。属于伏邪致病的主要有春温和伏暑。

温阳利水 warming yang for diuresis 中医临床运用温热药以治疗阳气不足，水湿内停病证的治法。属治疗八法中的温法之一。具有温阳化气利水的作用，适用于脾肾阳虚、阳不化水、水湿内停所致的水肿、痰饮等疾患。临床运用温阳利水法时，需根据不同的病证选用不同的方剂。如肾阳衰微、水湿内停，证见小便不利、肢体浮肿、四肢沉重疼痛、心悸、眩晕，宜温肾利水，方用真武汤；脾阳虚甚，证见水肿、胸腹胀满，宜温阳健脾利水，方用实脾散；脾阳虚弱、水气凌心，证见眩晕、心悸、胸胁胀满，宜健脾渗湿、温化水饮，方用茯苓桂枝白术甘草汤。温阳利水法常与其他治法配合使用。如水湿内停、阻碍气机、胸满腹胀，与行气法配合使用；水肿甚、小便不利，与利水渗湿法配合使用；脾气虚弱、气短乏力、纳少便溏，与健脾益气法配合使用。

温疫 plague diseases 中医学中具有温热病性质的一类急性传染病。发病急骤，患者临床表现相同且病情危重，并可引起大流行。如西医临床流行学中的流行性脑脊髓膜炎、斑疹伤寒、流行性乙型脑炎、流行性出血热、钩端螺旋体病以及非典型肺炎等急性传染病出现大流行时，即统称温疫。疫在古代文献中又称作瘟疫。瘟和疫同义，均指传染病。温疫是指传染病中以热证为主要症状的一类瘟疫。以寒证为主要症状者则称作寒疫。

现代对温疫普遍采取中西医结合的科学预防措施，有效地控制了温疫的流行，不少温疫已绝迹（如天花）。中医运用温病学的理论和方法，治疗流行性乙型脑炎、钩端螺旋体病、流行性出血热、病毒性肝炎等急性流行传染病取得了一定的成绩，并在实践中总结出不少新的认识和经验。例如不同温疫的病名，基本上采用西医病名；在诊断上采取中西医双重诊断的方法；在治疗上，基本形成了专方专药与辨证论治相结合的格局；在疗效的总结上，采取成百上千例的大宗病例与典型病案相结合的形式；在治疗手段上也有所改进，具有高效、速效的注射剂及大输液制剂的应用，改变了传统汤剂、丸散剂在重危急证的抢救上缓不济急的局面等。

温中祛寒 warming spleen and stomach for dispelling cold 中医临床运用温热药温暖中焦（指脾胃）以祛其寒邪的治法。属治疗八法中的温法之一。适用于因脾胃阳虚所致的脾胃虚寒证以及寒邪直中脾胃证。证见腹中冷痛，脘痞腹胀，呕吐泻痢，吞酸吐涎，肢体倦怠，纳少，手足不温，口淡不渴，舌淡、苔白滑，脉沉细或沉迟等。吐血、便血、霍乱、小儿慢惊风等属脾胃虚寒证者也可使用此法。常用干姜、吴茱萸、附子、良姜、蜀椒等温里药，并常与人参、白术、大枣等健脾益气的药物配伍使用。代表方剂有理中汤、吴茱萸汤、小建中汤等。根据病变的脏腑不同，温中祛寒法又分为温胃法和温脾法。温胃法又称温胃散寒，是适用于胃寒证的治法。温脾法适用于脾阳虚表证。临床上胃热、脾胃湿热、饮食积滞所致的呕吐、腹痛、腹泻、痢疾以及脾胃阴虚证等均不宜使用此法。

温州市 Wenzhou City 中国浙江省辖地级市。位于省境东南部。面积11 784平方千米。人口912万（2010），有汉、畲、回等民族。辖鹿城、龙湾、瓯海3区和永嘉、洞头、平阳、苍南、文成、泰顺6县，代管瑞安、乐清2市。春秋战国属越地，称瓯越，亦称东瓯。东汉永和三年（138）置永宁县。东晋太宁元年（323）置永嘉郡。唐高宗上元二年（675）置温州。1949年设温州市，1981年升为地级市。东部以平原为主，中、西部则多丘陵与山地。年平均气温17.9℃。平均年降水量1 698毫米。7～9月多台风。土壤以红、黄壤为主。山区及丘陵地带动植物资源丰富，主要用材林有松、杉、柏、栎等，经济林有乌桕、油桐、竹、黑荆树等。辟有乌岩岭自然保护区。矿产有铅、锌、铜、银、黄铁和明矾石、叶蜡石、花岗石、高岭土等。明矾石储量达2.2亿吨，有“世界矾都”之称。瓯江口处100余千米的东海大陆架有丰富的油气资源。主要农作物为水稻、甘薯、小麦、玉米、油菜等，产糖蔗、茶叶、络麻、柑橘。渔业以海洋捕捞为主，兼事海涂与淡水养殖。工业有机械、化工、电子、医药、轻纺、陶瓷、食品、建材、制革、服装等门类。工业以小型与轻型加工工业为主体，并以传统技艺同现代工业生产相结合为其特色。有瓯绣、瓯塑、石刻、黄杨木雕、竹丝、彩石镶嵌、十字花台布等传统手工业。温州人贸易经商也素负盛名，较大的农村商品市场和贸易中心有几十个，其中，桥头纽扣市场被誉为东方最大的纽扣市场。温州港是国家枢纽港，分为7个港区，有万吨级泊位10个。旅游景点有雁荡山、楠溪江2处国家级和7处省级风景名胜区。其中北雁荡山风景区以奇峰怪石、古洞石室、飞瀑流泉、层峦叠嶂称胜。有浩然楼、玉海楼等省、市重点文物保护单位。

温州湾 Wenzhou Bay 位于中国浙江省温州市东部瓯江口及其附近海域。北连乐清湾，东有大门岛、小门岛、洞头岛、鹿西岛等。东西长约25千米，南北宽约20千米，面积约500平方千米。湾内水深15米左右。属亚热带气候，年平均气温18℃，平均年降水量约1 800毫米。平均潮差约4米，最大潮差7米多。湾内温州港是中国重要海港之一，5 000吨级以下海轮可全年通航。

温州杂剧 Wenzhou poetic drama 中国宋代出现的戏剧样式。见南戏。

温子昇 Wen Zisheng（496/495～547） 中国北朝魏文学家。字鹏举。济阴冤句（今山东菏泽）人。历任诸王幕僚、台阁郎官，执掌文翰。迁散骑常侍、中军大将军。东魏武定五年（547），因被疑参与元瑾等谋害高澄之案，被捕，饿死在晋阳（今山西太原西南）狱中。是北魏代表作家之一，与邢劭、魏收合称北朝“三才”。《魏书》本传载，其文章曾传入南方，为梁武帝称道。文章大都是骈体章表碑志，其中以《寒陵山寺碑》最有名，它虽属歌颂高欢功业之作，但辞藻绚丽，用典雅赡，是北魏后期文风接近南朝的标志。其诗也与南朝齐梁绮丽诗风相近。但他的乐府《敦煌乐》、《凉州乐歌》写凉州的繁华，为南朝所未道，风格也较遒劲。《温子昇传》载其集编为35卷，另撰《永安记》3卷；《隋书·经籍志》著录其集39卷。但今存其诗仅10首，文20多篇。明代张溥辑有《温侍读集》，收入《汉魏六朝百三家集》。

文昌帝君 God of Literature 中国道教神仙。又称文曲星，文星、文昌星君。来源于中国古代星辰崇拜，本为司命神，掌理人间禄赏仕进。《史记·天官书》：“斗魁戴匡六星，曰文昌宫”。职掌司命、司禄等。纬书《孝经援神契》：“文者精所聚，昌者扬天纪，辅拂并居以成天象，故曰文昌宫”。此说与道教教理相符，道经三洞十二部以“本文”居首，称道经文字为宇宙化生之始。文昌神品位在道教神系中日高，或与此有关。唐五代道教已称之为“文昌星神君”、“帝君司命之神”。唐末，僖宗避乱入蜀，加封四川梓潼县一带流行的张亚子神为“济顺王”。宋初复加封为“英显王”，张亚子神信仰传衍益广，流传中与文昌神混而为一，职司科举功名。宋代特重科举仕进，文昌帝君信仰愈盛，在道教神系中品位益高。但关于文昌帝君的来历，传言芜杂，宋元时道士遂托称梓潼神降迹，作《清河内传》，叙文昌帝君化身故事，将各种传说解释为同一神君在不同时代的显化。元仁宗时加封号为“辅元开化文昌司禄宏仁帝君”，明清时在学宫建文昌祠，有祭神仪规。

文昌市 Wenchang City 中国海南省直辖县级市。位于海南岛东北部，东、南、北三面临海。面积2 403平方千米，人口54万（2010）。有华侨和港澳同胞30万。唐武德五年（622）置，属崖州。唐贞观元年（627）更名文昌县，取“偃武修文”之意。1995年撤县设文昌市。海岸线长206.7千米，多港湾和岛屿。属热带季风气候，年平均气温23.9℃，平均年降水量1 722毫米，易受台风袭击。富藏铝土、钛等矿产。农业主产水稻、甘薯、甘蔗、椰子、橡胶、菠萝、香蕉、柑橘、瓜菜等。椰子产量占全省一半。特产有文昌猪、文昌鸡等。工业有机电、食品、饮料、纺织、建材、冶金、医药、机械、化工、印刷、制糖等。椰雕饮誉国内外。名胜有铜鼓岭、宋氏祖居、宋庆龄陈列馆、孔庙等。

文昌鱼 *Branchiostoma*; lancelet 头索动物门文昌鱼科文昌鱼属动物的统称。见头索动物门。

文成公主 Princess Wencheng（？～680） 吐蕃赞普松赞干布妻，中国唐宗室女。634年，松赞干布遣使入唐求联姻。640年吐蕃遣大相禄东赞至长安献黄金为聘礼，唐以文成公主许婚。次年，唐遣宗室江夏王李道宗持节送公主入蕃，松赞干布为公主筑城邑、立屋宇，以为居处。文成公主信仰佛教，在逻些（今西藏拉萨）修建小昭寺，协助泥婆罗（今尼泊尔）尺尊公主（亦为松赞干布之妻）修建大昭寺。她从长安带到吐蕃的释迦牟尼像至今仍保存在大昭寺。松赞干布因娶公主，羡慕华风，派吐蕃贵族子弟至长安国学学习诗书，在唐境聘请文士为他掌管表疏，又向唐请求给予蚕种及制造酒、碾硙、纸墨的工匠。文成公主在藏传佛教中被认作绿度母的化身（度母，藏语中作卓玛，藏族佛教传说中的观音化身），受到极大崇敬。

拉萨布达拉宫法王洞内的文成公主塑像

文德尔班 Windelband, Wilhelm（1848-05-11～1915-10-22） 德国哲学家。新康德主义弗赖堡学派的创始人。生于波茨坦，卒于海德堡。早年在耶拿、柏林和格丁根等大学受教于K.费舍和R.H.洛采。先后担任过苏黎世、弗赖堡、斯特拉斯堡和海德堡大学教授。文德尔班对I.康德学说的主要兴趣在价值方面，认为哲学问题就是价值问题。他把世界分为“事实世界”和“价值世界”，相应地把知识分为“事实知识”和“价值知识”，认为任何知识都离不开价值，都要以价值为标准，甚至提出社会历史科学也不外是关于价值世界的科学，由此否认社会历史的客观规律。著有《序论》、《哲学史教程》、《哲学概论》等。

文登市 Wendeng City 中国山东省辖县级市。位于省境东部，南濒黄海。面积1 645

平方千米。人口61万(2010)。北齐天统四年(568)析观阳县、牟平县置文登县，以境内文登山得名。1988年撤县设市。由威海市代管。海岸线总长155.8千米，近海有二岛、牛心岛、里岛3个小岛屿。矿产有花岗岩、大理石、瓷土、石墨、石英、石油、金、银、铜、锌等。建有花生、苹果、蔬菜、奶山羊、水貂、长毛兔、蚕茧、抽纱、桐木等出口生产基地。浅海盛产鱼、虾、贝、藻等。工业有机械、电子、电力、纺织、化工、医药、建材、丝绸等。名胜古迹有昆嵛山、文山、小观南海、天福山、七里汤温泉和圣经山摩崖石刻等。

文房四宝 four treasures of a Chinese scholar's study 纸（专指宣纸、书画纸）、墨、笔、砚的总称。中国独特的传统书写与绘画文具。广义的文房四宝还包括为书画服务的相关用具，如国画颜料、书画印泥，各种质料的笔筒、笔洗、笔架、笔挂、笔帽、笔套、笔帘，各种质料的水滴、水盂、水丞，墨床，镇尺、镇纸，书画毛毡，绫绢及其他装裱设备与用品，画钩、画轴、画框、画筒、臂搁、砚盒、印章、印床、印规、刻刀、调色盘等相关用品。

“文房”一词最早起源于南北朝时期，意指官府掌管文书之处。唐以后文房专指文人书房。宋代，文房包括宣纸、徽墨、湖笔和端砚。北宋雍熙三年(986)苏易简撰《文房四谱》(又称《文房四宝谱》)，对这四种文具的品类进行论述，自此文房四宝蜚声文坛。文房四宝的制作历史悠久。墨、毛笔、砚可追溯到新石器时代的仰韶文化时期。文房四宝品类繁多，历代都有著名的制品和艺人，以安徽泾县（古属宣州府）的宣纸和歙县（古属徽州府）的徽墨、浙江吴兴善琏（古属湖州府）的湖笔、广东肇庆（古属端州府）的端砚最为著名。

文赋 赋体的一类。是受唐、宋古文运动影响而产生的。它的主要特点是一反俳赋、律赋在对偶、用韵方面的限制，趋于散文化。在谋篇上，它吸收了当时古文的章法、气势，比起两汉辞赋，虽然也有铺陈的特点，但它克服了喜欢用僻字和堆砌辞藻的毛病，特别是在内容上，已不像汉赋那样专事歌功颂德或执著于“以讽喻为宗”。它的缺点是往往流于说理。明代徐师曾说：“文赋尚理，而失于辞，故读之者无咏歌之遗音，不可以言丽矣。”(《文体明辨·序说》)但也偶有佳作，代表作如宋代苏轼的《赤壁赋》、欧阳修的《秋声赋》等，虽杂以议论、说理，但熔状物、抒情、写景于一炉，形象生动，文字清新，富有诗意。文赋的实质是用古文的语言写作具有赋体结构（如采用主客问答方式）的韵文，是将赋体古文化的一种变体，主要流行于唐、宋两代。

《文赋》 *Rhapsody on Literature* 中国文学理论论文。晋诗人陆机撰。它以赋的形式全面论述文学写作的过程，是中国第一篇系统的创作论，大约是陆机40岁以后所作。

陆机首先说明作文之由。一是由于外物的激发，也就是感物说，二是本于学习。文学发生于感物，自先秦以来的作家就有很深的体会，把创作中的经验提升为理论，陆机是第一人。陆机还详细地叙述了艺术构思的过程，这就是“精骛八极，心游万仞”，“观古今于须臾，抚四海于一瞬”，展开艺术想象，上下古今，天地万物，都任作家纵情游骋。陆机在这里强调了想象在创作过程中的作用和重要性。同时，陆机还强调了作者的创造能力，他说“谢朝华于已披，启夕秀于未振”，主张独抒己意，反对因袭前人。接着就是“选义按部，考辞就班”，即如何处理篇章结构，言辞义理的问题。在“义”和“辞”的关系上，陆机主张要以“义”为主，所谓“理扶质以立干，文垂条而结繁”。义理是文章的主干，主干立，文辞才像枝叶一样繁盛。

陆机在《文赋》中列举了10种文体及风格。“诗缘情而绮靡，赋体物而浏亮。碑披文以相质，诔缠绵而悽怆。铭博约而温润，箴顿挫而清壮。颂优游以彬蔚，论精微而朗畅。奏平徹以闲雅，说炜晔而谲诳。”这10种文体比魏文帝曹丕的分类更要细致，而且对每一类文体和风格都作了准确的界定，对当时的文体辨析和写作起到了指导作用。

《文赋》在描述创作过程中提出了关于写作的观点和美学理想，主要是应、和、悲、雅、艳。所谓“应”是对篇的美学要求。陆机认为不“应”的毛病在于文章过于短小，不丰厚，俯仰之间都无所呼应。魏晋六朝很推崇丰赡之美，要求文章写得丰实一些，是对文章容量的追求。所谓“和”即和谐，是对辞的美学要求。陆机认为辞与辞必须搭配好，不能有“瘁音”。“瘁音”即弱音，篇的丰赡之美靠辞的行谐构成，辞有瘁音，就托不起篇章，“风骨不飞”，就“负声无力”了(《文心雕龙·风骨》)。“悲”是对情的美学要求。陆机主张作品要有情有爱，能感动人、打动人。“雅”指格调，格调要高，立意和选辞，这两方面都不可低俗。“艳”说的是滋味。陆机认为文章要写得有味。实际这里涉及含蓄的问题。值得说明的是，应、和、悲、雅、艳5种美学理想并非是分割的，而是一层层推进，糅为一体的，“艳”的思想实际是包含了应、和、悲、雅4种美学要求，只有篇、辞、情、格、味都达到要求，才可称为“艳”，这是陆机关于文章最完美的理想。

《文赋》在中国文学批评史上占有重要的地位，它对后来的文学理论产生的影响深远，文中提出的许多观点，后来在刘勰的《文心雕龙》中都得到了进一步深入的阐发，南朝以后，《文赋》的影响也仍然很大，如关于缘情绮靡的论争，就构成了批评史上一个重要内容。《文赋》对文学创作和批评的推进，是值得充分肯定的。

《文赋》全文收录于《文选》，唐人李善和五臣（吕延济、刘良、张铣、吕向、李周翰）有较详尽的注释。今人张少康《文赋集释》，是研究《文赋》的集成式著作。

文蛤 *Meretrix meretrix* 双壳纲帘蛤科文蛤属的一种。又称花蛤，海产经济贝类。日本、朝鲜半岛、菲律宾、印度和中国沿海等地都有分布。贝壳略成三角形，腹缘呈圆形，壳质坚厚，两壳大小相等。韧带粗短，黑褐色。壳面光滑，被有黄褐色或红褐色壳皮，有细致花纹。壳内面白色，前后闭壳肌痕、外套痕清楚。喜生活在河口附近的砂质海滩中，栖息于低潮线附近的较多。广温、广盐性，耐干能力强。滤食性，以单细胞藻类和有机碎屑为食。雌雄异体，一般二年性成熟，繁殖季节在5～9月间。人工养殖分为育苗和养成两个阶段。现以采捕天然苗种为主，也可人工育苗。养成一般是在底质细砂或泥沙、地势平坦的潮间带进行围养或封滩护养。贝肉清鲜，供鲜食或制成罐头、干制品，汤汁可制成海鲜油。壳可入药，有清热、利湿、化痰散结之功效。

文冠果 *Xanthoceras sorbifolia*; shiny-leaved yellowhorn 无患子科文冠果属的一种。落叶灌木或小乔木。又称文灯果。原产中国北方干旱寒冷地区。陕、甘、宁、内蒙古，东北各省及华北北部均有野生的天然林或零星树木分布。也见于朝鲜半岛。

野生种的花色、花型、花序、果型、枝条等，均有明显的形态和色泽的变化。奇数羽状复叶。总状花序，杂性花，上部花不孕，下部花可孕。通常花多而结实很少。花朵繁茂，白色，可供观赏。蒴果长3.5～6厘米，绿色，圆、扁圆或长圆形。每室有种子最多达8粒，球形，种皮黑褐色，种仁白色。性极耐寒。对土壤要求不严格，年降水量300～400毫米的地区也能栽培；但在夏季高温多雨的地区，生长不良。引种驯化时，因实生苗变异性大，应从中选择优良单株，加强肥水管理，合理修剪，培育着果率和含油率高的植株，然后用扦插或高接换种等方法繁殖，以扩大无性系。

油可食用，工业上可作润滑油、增塑剂、油漆和肥皂的原料。

“文化大革命” Cultural Revolution 1966～1976年中国进行的一场由毛泽东错误发动、广大群众参与并卷入其中，被林彪、江青集团利用，给中国共产党、国家和各族人

图1 “文化大革命”中的大字报

民带来严重灾难的政治运动。

起因 由于在“什么是社会主义”问题上的错误认识和对中国的阶级形势及中国共产党的政治状况等方面的错误判断，毛泽东从防止“和平演变”的目标出发，认为：一大批资产阶级的代表人物、反革命的修正主义分子，已经混进党里、政府里、军队里和文化领域的各界里，相当多单位的领导权已经不在马克思主义者和人民群众手里；党内走资本主义道路的当权派在中央形成了一个资产阶级司令部，并有一条修正主义的政治路线和组织路线，各省、市、自治区和中央各部门都有其代理人；过去的各种斗争都不能解决问题，只有实行文化大革命，公开地、全面地、自下而上地发动广大群众来揭露我们的黑暗面，才能把被走资派篡夺了的权力重新夺回来；这实质上是一个阶级推翻一个阶级的政治大革命，以后还要进行多次。这些论点集中地反映在《五一六通知》和中共九大政治报告中。历史证明，这些论点既不符合马克思主义，也不符合中国实际，明显地脱离了作为马克思主义普遍真理和中国革命具体实践相结合的**毛泽东思想**的科学体系。

过程 大体上可以分为两个时期。1966年5月发动到1969年4月中共九大召开为前期。这一时期，经历了全面发动、全面夺权、“全面内战”及“斗、批、改”运动、建立革命委员会、整党建党等阶段。中国共产党和国家的各级组织、机构普遍受到严重冲击而瘫痪，林彪、江青、**陈伯达**、**康生**、**张春桥**等人利用毛泽东的错误和对他们的信用，把持了党和国家的重要权力，结成两个野心家集团，打击广大干部和群众，制造了全国性的动乱和大批冤假错案。毛泽东一方面利用个人崇拜鼓吹“天下大乱”，号召群众起来造反，使“文化大革命”的动乱迅速扩大，难以纠正；一方面也采取了一些措施，制止形势进一步恶化失控。以**周恩来**为代表的国务院领导进行了极为艰难的努力，尽量减小这场灾难的损失，维持社会秩序和生产建设。运动之初，人民群众中有相当多的人响应号召参与或是被卷进其中，随着动乱的扩大，他们中的大多数人开始产生了怀疑。1969年4月到1976年10月**粉碎“四人帮”**为后期。经历了林彪事件、“批林批孔”、1975年整顿、“反击右倾翻案风”、四五运动等阶段。这一时期，运动基本上结束了前期的大规模无政府主义造反形式，但并没有像毛泽东预想的那样走向“天下大治”，而是继续陷入不可解脱的矛盾之中。九一三事件标志着**林彪反革命集团**的覆灭，也宣告了“文化大革命”在理论和实践上的破产。毛泽东一方面领导取得了对林彪集团的斗争的胜利；另一方面仍然坚持“文化大革命”的路线，不允许纠正其根本性错误。因此，江青集团的力量继续得到加强，形成了“四人帮”；以**周恩来**、**邓小平**为代表的党内正确力量也逐步壮大。围绕坚持还是抵制、纠正“文化大革命”的错误，斗争向纵深继续进行。最终，广大人民群众拥护周恩来、邓小平，反对“四人帮”的四五运动，奠定了彻底纠正“文化大革命”错误的思想基础和群众基础。**华国锋**、**叶剑英**等在毛泽东逝世后代表中共中央政治局采取断然措施，结束了这场历时十年之久的“文化大革命”。

图2 1967年5月1日天安门广场的游行队伍

评价 “文化大革命”使全国面临严重的政治和社会危机，难以数计的干部和群众遭到打击迫害，民主和法制被肆意践踏，严重地破坏了马克思主义、毛泽东思想的声誉，破坏了中国的国际形象，人民的思想和道德伦理陷于混乱。“文化大革命”严重干扰和破坏了中国的社会主义建设事业，造成了国民经济的巨大损失，人民生活水平下降，科学文化事业被摧残，拉大了中国与世界发展的距离。实践证明，“文化大革命”不是任何意义上的革命和社会进步，而是一场给中国共产党、中华人民共和国和各族人民带来严重灾难的动乱。“文化大革命”时期，中国共产党和人民对“左”倾错误和林彪、江青集团的斗争，一直没有停止。正是这种斗争，使得中国共产党能够领导全国人民在困难的环境中，坚持进行经济建设并取得了一定的成就，对外关系也获得了新的突破，最终依靠自身的力量，纠正了这场严重的错误运动。1981年中共中央通过《**关于建国以来党的若干历史问题的决议**》，对“文化大革命”的错误和教训作出了科学的总结。

文化地理学 cultural geography 研究人类文化的空间特点和空间规律的学科。地理学与文化学之间的交叉**人文地理学**的分支学科。有些国家学者则把文化地理学等同于人文地理学，他们认为所有的人类活动都是文化。19世纪末德国**F.拉采尔**提出文化地理学研究方向。20世纪前期出现伯克利学派，代表人物是C.O.索尔，该学派的理论以文化生态学和文化人类学为基础。20世纪后期出现新文化地理学派，强调打破自然和人文截然二分的认识论，认为人类活动对地球自然环境有巨大影响的今天，任何景观都有自然和人文的烙印；针对文化生态学的观点，提出文化的演变是文化殖民的结果，而非环境作用的结果，例如土著文化原本是与自然和谐的，土著文化的变化是文化殖民的结果。另有文化景观学派，其研究的重点不是景观投射出来的人类活动与自然的关系，而把景观看作是社会的文化建构过程。文化地理学研究内容既包括文化与自然环境的相互关系，也包括各文化要素的空间相互关系。主要有以下方面：①文化景观。②文化的起源和扩散，研讨文化现象产生的地理基础和社会环境、文化现象的不同扩散形式及其扩散后的文化区变化。③文化与自然环境的关系，从生态学的角度探讨文化的地理基础以及不同文化对自然环境的作用过程。④文化区。⑤文化相互作用及文化整合，研究不同文化要素之间的空间相互作用（如融合、演替、对立等）。

文化独立论 cultural indeterminism 一种与**文化决定论**和经济决定论直接对立的理论。又称文化非决定论。为美国历史学派的理论。认为文化本身是一个独立的有机整体，是人与自然、社会环境各方面相互作用的结果，任何用单一原因解释和推论文化的形成与发展的做法都不正确。每种文化的形成和发展都有生物、地理、历史、经济和政治等各方面原因，各种影响对文化特性的形成无疑都是重要因素之一，但都不是唯一的重要因素，其影响程度要依据文化本身的性质而定；而且，文化本身反过来也可以对这些因素有一定制约作用。如地理环境因素能影响现存的文化，但在同样的环境下可以发展出完全不同的若干种文化。再如经济因素对文化的影响一般讲比其他因素要大，但也不能把每种文化特质都看成是由经济状况决定的，至今人们找不到由经济力量决定的艺术风格、礼仪以及特殊的宗教信仰，却可以清楚看到文化与经济互为因果的关系。该理论在第二次世界大战前后30年中对美国文化人类学的研究发生极大的影响，20世纪80年代以后逐渐衰微。

文化多元主义 multiculturalism 一种主张在同一国家中不同民族或文化群体和谐共存的理念和政策。又称文化多元论、多元文化主义。在意识形态层面包含不同民族、宗教、文化习俗和语言差异的互相包容和接受；在国家政策层面，既要保证民族之间的平等，又要建构国家与民族之间的良好关系。20世纪20年代，美国人H.卡伦对文化多元主义理论作了阐述。从70年代初期开始，一些西方国家先后采用文化多元主义政策来解决国内的民族问题和种族矛盾，文化多元主义理论成为西方社会处理民族问题的主流思想之一。从实践的效果看，文化多元主义虽然从形式上满足了民族文化平等的要求，但也造成了文化的隔离和国家凝聚力的削弱。文化多元主义政策及其相关文化模式和教育计划限制了标准教育体制的推广，迫使主流社会文化和知识生产的单一化，削弱了众多民族群体的社会竞争力。另外，单一的文化多元在保护民族传统文化的同时引发了新的文化飞地和社会贫民窟出现，限制了弱势民族群体的发展；文化多元主义政策的实施客观上也在维护现存的社会种族、性别歧视，难以消除社会的不公正。

文化过程 cultural process 文化内容或其结构变化的过程。又称文化变迁过程。是一个不以人们意志为转移的变迁过程。主要包括两个方面的变化过程：①纵向变迁，结果是文化进化，即具有累积性渐变和进步性质渐变的文化结构纵向的变化。②横向变迁，结果是文化涵化，即两种或两种以上的文化互相接触、采借、影响而发生的文化内容与结构性变化的过程。导致文化变迁的原因很多，如自然与社会环境变化、新技术发明、新规律和新事物发现、文化接触、文化传播，一个民族对另一个民族的征服并强迫被征服民族接受外来文化等。

对整个人类文化的纵向变迁而言，它通常是在多种新文化因素的出现、积累、组合以及合力作用下，由量变最终达到质变，完成文化进化。存在于自然界中的各种物质与非物质新事物的发现，人类为适应和改造环境有意识、无意识创造出的新物质与非物质新事物，对人类文化都具有增加新的文化因素的作用，并能透过文化积淀等过程，促成文化结构的质变，因而它们是文化进化的主要动力以及变迁机制。对单个文化来说，除了发现、发明为其文化变迁过程的主要动力外，文化传播也是其变化的动力。因为，外来文化的传播可能导致该单个文化产生一系列的文化变化，形成单个文化的进化。

文化涵化这类文化过程的横向变迁，通常需要在文化接触的前提下才有可能完成。当两种或两种以上文化发生长期接触后，通过单向或双向的文化传播、文化采借等机制的作用，各自的文化都可能互相影响而发生涵化。两种文化的边缘区发生涵化时，称为边际涵化；两种文化的边缘地带和中心区域都发生涵化时，则称为广面涵化。在涵化的过程中，自愿接受变化的称顺涵化；被迫接受的则称逆涵化或对抗涵化。两种文化长期接触后，弱势文化单方面朝强势文化适应、接近和趋同时，就出现文化同化。被同化了的弱势文化自身则出现文化萎缩，这种萎缩现象称为文化没落或文化退化。弱势文化不接受强势文化的现象，称为文化抗拒。两种文化长期接触后，相互交融，并由此形成一种与原有两种文化不同的新文化体系，这种现象则称文化融合。两种文化长期接触后，一种文化中的部分文化因素替代了另一种文化中的某些因素，这就是文化取代。

文化进化 cultural evolution 文化变迁的一种类型，指具有累积性或进步性的纵向文化结构的变化过程。又称文化演化。见文化过程。

文化景观 cultural landscape 人类活动所造成的景观。1906年由德国地理学家O.施吕特尔提出。主张按照分析自然景观演化的方式分析文化景观；把文化景观分为可动的和不可动的两种类型，前者如人口、运输的货物等，后者如道路、田地、房屋等。1925年美国地理学家C.O.索尔定义文化景观是人类所有的创造物，主张文化景观是人类文化作用于自然景观的结果，因此要用实际观察地表景观来研究区域的地理特征。文化景观包括物质文化景观和非物质文化景观。前者指各种有形的、可见的文化景观，如农田、厂矿、城镇、道路、古文化遗址等；后者指无形的、不可见的、但置身其中能感觉到的文化景观，如语言、宗教、习俗等。索尔等强调研究有形文化景观；法国地理学家J.戈特芒等人提出，还应研究无形文化景观。

文化决定论 cultural determinism 阐释文化发展演化的文化人类学理论之一。此理论把文化视为是一个自我运作的有机体或意义体系，其自身的矛盾运动，导致文化的演化与变迁或决定人们的行为。但不同学者有不同看法。最早系统阐述这种理论的是美国人F.博厄斯。他以文化决定论反对当时流行的对人类的多样性进行种族主义解释的种族中心主义说，并提出语言决定论以支持其文化决定论的思想。20世纪40年代，美国L.A.怀特认为，文化是一个有着技术系统、社会系统、意识形态3个层次的体系，其中技术系统是自变量，其发展变化决定了后两者的发展与变化。70年代后，美国M.萨林斯提出，人对生活的看法——文化并不是受特定的物质条件决定的，相反，文化决定着人们物质生产、交换和消费的方式。因为，对人类而言，并不存在未经文化建构的纯粹的自然本质、纯粹的需要、纯粹的利益或纯粹的物质力量。文化表达了人类对自然的所有认知。因此对文化表达的理解，远比对自然对人的制约的理解更加重要，因为只有文化才是解释人类事件与行为的关键。

文化平行论 cultural parallelism 对不同地区发现相似文化进行解释的一种理论。又称文化并行论。文化平行是指在地理上不相连，且很难看出其同源或有相互影响痕迹的不同地区内发现的类似文化。其原因一说是因人类具有心理一致性，故在相似的发展阶段中会各自创造出类似的文化。另一说认为人类所能创造出的技术和文化结构条件有一定的限度，其表现形态也有一定限度，因而出现类似的文化现象。例如用篾条编织篮子，其编法有方格、斜纹、六角编法等，变化并不太多，因此很容易在世界各国中找到类似的编篮法。

文化区 culture region 具有某种共同文化属性的人群所占据的地区。文化区有不同的分类方法：①按照文化特质划分的文化区。如中国各个民族具有自己的文化特质，因此中国有大大小小的民族文化区，各个民族的文化区又构成中华文化大区。有的学者将世界分为7～10个文化大区。有的学者将某一个文化特质分布的地区也称为文化区，如各种宗教文化区、语言文化区等。②根据区域的自组织状况划分的文化区。具有区域自组织能力的为机能文化区，如行政区、经济区等。这样的文化区至少具有一个机能组织中心，边界较为清晰。没有区域自组织能力的为形式文化区，如语言文化区。这样的文化区内有该文化特质表现明显的核心，但该核心不具有组织区域的能力，区域边界也不明显。③根据人们的意识中的区域认知状况划分的文化区，指那些只存在于人们意识中的区域，用①和②方法无法划分的区域，称为乡土文化区或感性文化区。

文化人类学 cultural anthropology 整体研究人类文化以及文化发生、发展规律的学科。人类学的主要分支学科。有广义和狭义之分。广义的文化人类学包含考古人类学、语言人类学、民族学，狭义的文化人类学等同于民族学或社会人类学。

沿革　1901年，文化人类学在美国作为广义人类学属下与体质人类学相对应的分支被划分出来。当时，它仅是狭义的文化人类学。20世纪20年代以后，随着研究范围的深入和扩大，文化人类学才形成包括民族学、考古学和语言学等分支的学科。狭义的文化人类学亦即民族学，早在19世纪中叶就已确立为一门独立的学科。在20世纪30年代之前，文化人类学着重对简单社会的异民族研究；在30年代后，开始研究复杂社会包括研究者自身民族的文化。如今，这种研究界线已经完全被打破。

方法　基本研究方法是民族志田野工作、跨文化研究、整体性方法。文化人类学的核心概念是文化。它通过田野调查，收集被研究社区或族群的经济、政治和社会文化生活，以及相应的制度（如亲属组织、交换制度等）、社会结构、风俗习惯、宗教信仰和各种艺术等方面的第一手资料，同时也综合利用各学科的文献资料，比较研究人类各族群文化和亚文化之间的异同，整体地揭示、描述他们的文化模式、文化内涵，以寻找和认识人类文化发生、变迁的普遍规律和特殊规律，并直接服务于人类的现实生活。另外还有主客位相区别和相互验证的研究方法等。

流派　文化人类学发展至今，先后形成了不同的思想流派与理论。进化学派是最早的主导理论。在很长一个时期里，文化人类学主要是以原始民族文化为研究对象，它主要关注人类文化的起源和演进问题，以进化论为基础在初创时期形成学派。它认为人类的心智在本质上是相同的，因此各民族能够创造出相似的文化，并能够将它推向大致相似的发展阶段。在研究中，人们所做的工作主要是梳理和比较民族志材料，排列人类文化进化发展的顺序。至19世纪末，随着研究的深入发展，围绕着文化的起源和演进问题，人们开始对进化学派进行批判。德奥传播学派认为，与自然现象不同，文化历史现象不会重复出现，人们不可能在不同的地方、不同的年代创造出相同的文化，存在于不同地区、不同民族中的相似的文化现象是由文化传播造成的。美国文化历史学派批判进化学派忽视各民族文化自身的发展历史，单靠思辨拼凑人类文化进化图像的做法，提倡对各民族的历史和文化进行深入细致的实地调查。法国社会学年鉴派则认为，社会文化现象有别于心理现象和生物现象，人们应该依据社会事实或社会组织的需要来解释社会文化现象的起源。20世纪30年代前后，文化人类学所关注的已不仅仅是原始民族和文化的起源，其研究方向开始呈现出多元化发展趋势。在英国，功能学派主张放弃在文化起源问题上的纠缠，强调对各民族文化的具体功能进行分析研究。在美国，民族心理学派致力于国民性、文化对人格的塑造等问题的研究。50年代前后，进化论再度复兴，新进化学派借鉴现代科学中的一些理论和方法，从生态、技术等方面入手，重新探讨文化的进化、发展规律。60年代，结构主义学派名噪一时。该学派主张分析文化的深层结构，揭示人类构筑文化所遵循的一般通则。80年代至21世纪初，在民族心理学派、新进化学派和结构主义学派的基础上已衍生出了心理人类学、生态人类学、认知人类学等文化人类学分支。上述许多理论也在继续发展，进入普遍反思阶段，各种理论流派思想活跃，呈现出百花齐放、百家争鸣的局面。此外，文化人类学也更注重实践，多从事应用研究，以解决人类社会文化的种种实际问题。

人类学家在危地马拉人中作实地调查

文化适应　cultural adaptation　社会学和文化人类学经常在文化整合和文化功能作用两种意义上使用的概念。前者是指两种文化元素或集丛接触后发生冲突、采借、调适、整合的过程。这种意义上的文化适应，中国学者也用文化濡化或文化涵化来表达。后者是指人类通过文化去适应环境的变化。这种意义上的文化适应主要表现在三个方面：①技术与工具适应。人类为了生存必须通过劳动去改造自然，从自然界获取生活资料，于是必须制造工具，还要有制造和使用工具的技术。工具和科学技术是人类创造出来的文化，人类利用它来适应自然，这是文化适应的一种表现。②组织适应。作为文化基本要素的社会组织是适应社会生活需要产生的。原始社会只有部落和氏族等简单的社会组织；私有制出现以后，有了家庭、国家和政府组织；进入工业社会以后，出现了众多庞大的社会组织，尤其是经济组织大量涌现；现代社会的组织机构更加庞大复杂。③思想观念适应。思想观念是物质生活条件的反映，同时又反作用于物质生活条件。

文化相对论　cultural relativism　主张各种文化都有其独特的个性，它们在价值上是平等的理论。又称价值相对论。第二次世界大战后在西方人类学界流行。最先由英国人类学家E.A.韦斯特马克提出，他在《道德观念的起源与发展》一书中指出：道德观念没有普同性，是因时因地而异的。美国人类学家F.博厄斯则提倡将这种观念作为研究的方法与理论，不仅主张在他者具体的文化背景与整体框架中去理解他文化，而且主张研究者在研究工作中应抛弃西方文化为中心的“我族中心主义偏见”。这一理论的系统化是由博厄斯的弟子M.J.赫斯科维茨完成的，代表作为《人和人的劳动》（1948）、《文化人类学》（1955）。主张人们不能用我文化的价值标准作为普遍、绝对的标准，去评价他文化的价值。因为每一种文化都是与各自的环境相适应而形成的，都有其自身内在的价值，具有相对性，他人是无法判断其优劣高低的。文化相对论因具有反对种族中心主义和欧美中心主义的意义，而在民族独立运动时代中盛行一时。

文化源地　cultural hearth　文化特质、文化综合体、文化体系产生的地区。由美国地理学家C.O.索尔提出。文化源地是文化扩散的核心，通过人类推动，文化从一地扩散到另一地，从而发展了新的文化区。关于文化源地研究主要集中在文化源地与自然地理环境关系上。索尔认为只有在特定的一些地区才能产生某些文化，许多人类文明源地就是这样产生的。英国学者汤因比认为在自然条件适中的地区，激发人类的应战能力，产生了文明；自然环境极端严酷的地区抑制了人类的应战能力，自然环境优越的地区不足以激发人类的应战能力，都无法产生文明。

《文汇报》　*Wen Hui Bao*　中国上海出版的综合性日报。1938年1月25日创刊。严宝礼等自筹资金创办。初创时注册为英商报纸，中文名《文汇报》，英文名*The Standard*，首任总主笔徐铸成。此一时期该报旗帜鲜明地宣传抗日救国，受到广泛欢迎。1939年5月18日被迫停刊。抗战胜利后，于1945年8月18日复刊。由于坚持反内战要求民主的进步

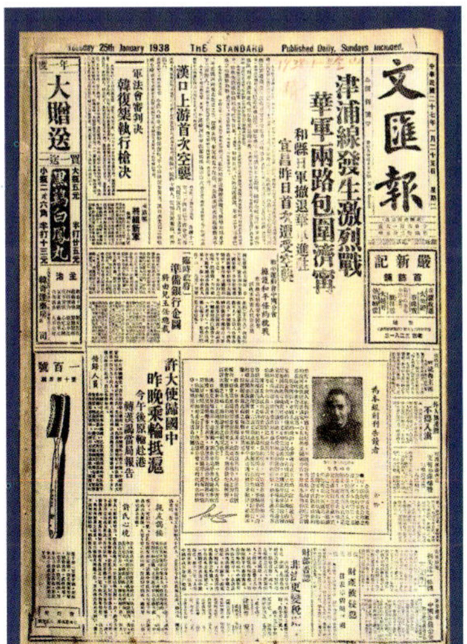

Tuesday 25th January 1938　THE STANDARD　Published Daily, Sundays included.

文匯報

津浦線發生激烈戰

華軍兩路包圍濟寧

和縣日軍撤退華軍進駐

宜昌昨日首次遭受空襲

漢口上游首次空襲

軍法會審判決

韓復榘執行槍決

大贈送

許大使歸國中

昨晚乘輪抵滬

今午後原輪赴港

《文汇报》1938年1月25日创刊号

立场，1947年5月24日被国民党当局勒令停刊。此后，部分骨干去香港，于1948年9月9日创办香港《文汇报》。

1949年5月27日上海解放，6月21日《文汇报》在上海再次复刊。1956年4月奉命迁北京与《教师报》合并；不久经中共中央批准重新分出，于同年10月1日在上海单独出版。1965年11月10日该报发表《评新编历史剧〈海瑞罢官〉》一文，被史学界认为是“文化大革命”的导火线。1977年以后，《文汇报》在中共上海市委领导下成为以知识分子为主要读者对象、立足上海、面向全国的综合性日报。1998年7月25日，与《新民晚报》组建文汇新民联合报业集团，成为集团主报。同年开设电子版。

2001年10月8日实行“新世纪改版”，以教育、科技、卫生、文化、理论学术、体育、旅游7个领域为报道侧重点。至2003年，在北京、广州、南京等多个大城市设立办事处或记者站，还在美国、俄罗斯、日本等15个国家和地区派有常驻记者。

《文姬归汉图》 *Painting of Cai Wenji Returns to Her Homeland* 中国南宋人物画作品。为画院画家**陈居中**作。绢本，设色，纵147.4厘米，横107.7厘米，藏于台北“故宫博物院”。此图描绘东汉末年，蔡文姬被掳入南匈奴8年之后，由曹操派人赎回中原

前，与南匈奴左贤王及在北地所生二子告别的情节。作者对人物、番马及北方民族的居处环境和匈奴民族服饰、驼马等的描绘逼真生动。

文集 collected works 按统一的格式、体例和开本，将一家或多家的学术著作、文艺作品等汇编而成的书。通常为多卷本，兼收与正文有关的附录、题解、注释、索引等。文集可分全集、选集两类。全集除收录作者的全部作品外，还兼收各种异文、草稿、日记、书信、札记、题词等。个别全集为多人合集，如《马克思恩格斯全集》。选集则根据选家所定标准，辑录作者的主要著作，如《毛泽东选集》。全集或选集，一般均按作品写作或发表年月编排，以便于考察作者的思想和风格的演变。有的除按时间先后编次外，还根据体裁或题材加以分类，使眉目更为清晰。

文件 document 社会组织或个人在各项活动中产生的、具有特定效用的凭证性信息记录。文件一词常与文书、公文通用。文书和文件主要区别在于应用时代和使用习惯。中国清代以前没有文件一词，现在常把历史上的文件称为文书，而当代的多称为文件。文件可分为公务文件和私人文件两类。狭义的文件指公文，其特点是：①由法定作者制发。②具有法定的权威性。③具有现行效用。④具有规范的体式。⑤具有特定的处理程序。公文的基本功能是有效记录、传递和存储权威性、凭证性信息。它是通过具体的文种（如：命令、决定、公告、通告、通知、通报、意见、批复、议案、请示、报告、函、会议纪要等），在特定公务活动中发挥各自的作用来实现的。

文界革命 literary revolution 中国清末出现的散文的近代化变革。19世纪末20世纪初，**梁启超**首先提出“文界革命”口号并率先变革文体，产生广泛影响，形成报刊文章变革潮流。

1899年底，梁启超在《夏威夷游记》中首次提出“文界革命”。他在《清议报》、《新民丛报》发表的《中国积弱溯源论》、《过渡时代论》、《少年中国说》和《新民说》等，冲破古文义法的束缚，大量运用新名词和俗语，而又平易畅达，把理性剖论和强烈的感情抒发结合，被称为“新文体”。这种思想新颖、“别有魔力”的新文体，在新进青年中引起极大反响，一时风靡海内。报刊文章多模仿梁启超的文风。

1907年以后，梁启超坚持君主立宪，文界革命影响渐微。但文界革命已经打破传统古文的思想、语言和体式规范，创造了自由表达近代新思想的新体散文，为现代文学散文的形成提供了基础。

文景之治 Prosperity of Emperor Wen and Jing Era 中国西汉文帝、景帝两代40年左右的时间，政治稳定，经济生产得到显著发展，历来被视为封建社会的“盛世”，史称文景之治。

汉文帝十分重视农业生产。他即位后多次下诏劝课农桑，按户口比例设置三老、孝悌、力田若干员，经常给予他们赏赐，以鼓励农民发展生产。同时还注意减轻人民负担，曾两次“除田租税之半”，即租率减为三十税一。自后，三十税一遂成为汉代定制。文帝还下诏开放原来归国家所有的山林川泽，从而促进了农民的副业生产和与国计民生有重大关系的盐铁生产事业的发展。文帝十二年（前168）又废除了过关用传制度，这有利于商品流通和各地区间的经济联系，对于农业生产的发展也有一定促进作用。汉文帝对秦代以来的刑法也作了重大改革，下诏废除黥、劓、刖，改用笞刑代替，景帝又减轻了笞刑。因此狱事简省，人民所受的压迫比秦时有显著的减轻。文景两代对周边少数族也不轻易动兵，尽力维持相安的关系。

文景之治之所以成为封建社会的盛世，与文帝个人励精图治是分不开的。他即位不久，就废止诽谤妖言之罪，使臣下能大胆地提出不同的意见。他又禁止祠官为他祝福。文帝自奉也相当节俭，在位23年，宫室苑囿、车骑服御之物都没有增添。他屡次下诏禁止郡国贡献奇珍异物。因为文帝提倡俭约，所以当时国家的财政开支有所节制和缩减，贵族官僚也不敢滥事搜括，奢侈无度，从而减轻了人民的负担，这是“休养生息”政策的重要内容之一。文景两代采取了上述一系列措施的结果，使当时社会经济获得显著的发展，封建统治秩序也日臻巩固。

文帝开始着手削夺诸侯王的权力。景帝三年（前154）吴楚七国合谋叛乱（见**吴楚七国之乱**），不久平息，诸侯王国的实力更加削弱。

文康 Wen Kang 中国清代满族小说家。姓费莫氏，字铁仙，又字悔庵，别号燕北闲人。满洲镶红旗人。大约生于18世纪末或19世纪初，卒于19世纪60年代。文康出身显贵，曾祖父温福、祖父勒保均为爵爷，父为内阁学士兼礼部侍郎，又因姑姑嫁与嘉庆帝四子瑞亲王绵忻，其家便贵为皇亲。文康曾捐纳过理藩院员外郎，升郎中、直隶天津兵备道，后因故降级，咸丰初年被派到安徽凤阳府任通判。晚年曾被派作驻藏大臣，因病无法成行而作罢。晚年时诸子不肖，家道中落。其有感于世运变迁，人情反复，便以警训式和理想化的笔触，撰写了长篇白话小说《**儿女英雄传**》（又名《金玉缘》）。小说宣扬了旨在维护封建社会没落制度的道德风范。

文科中学 Gymnasium 西欧的普通完全中学类型。1538年，德国路德派教育家、斯特拉斯堡市督学J.斯图谟在该城开办欧洲第一所文科中学，旨在培养新教牧师、教师与官吏，定名为古典文科中学。学习年限为8年，后增至10年。除宗教课程外，以教授拉丁语、希腊语等古代语文和古希腊、罗马著作为主要内容。17～18世纪德

国在许多城市设立此类学校。19世纪欧洲多数国家也设立了这种学校。19世纪初，德国教育家F.von K.W.洪堡依据新人文主义思想实行教育改革，扩大文科中学的教学内容，制定严格的升留级制度和毕业考试制度，规定只有通过考试的毕业生才有资格进入大学，文科中学成为升入大学的唯一阶梯。随着资本主义生产和科学技术的发展，文科中学的古典主义办学方向受到批评。19世纪末20世纪初，实施实科教育的教育机构在各国相继取得与文科中学平等的地位，文科中学也逐渐加强实科教学和减少拉丁文教学的时数。第二次世界大战后，文科中学事实上已失去其原来的意义。

文莱 Brunei 东南亚国家。旧称“婆罗乃”。在婆罗洲（印度尼西亚称加里曼丹）的北部，北濒南海。东、南、西与马来西亚沙捞越州接壤。国土分东、西两部分，中间被马来西亚沙捞越州的领土隔开。西部占全国面积的4/5，东部占1/5。总面积5 765平方千米。有33个岛屿，海岸线长约162千米。人口40.6万（2009）。居民中马来人占66.7%，华人占11.2%，其他民族有达雅克人以及少数英国人、印尼人和印度人等。马来语为国语。广泛使用英语和华语。伊斯兰教为国教，还有佛教、基督教和道教等。首都**斯里巴加湾市**。

地理　全境地势南高北低，由内地向南海倾斜，南部平均海拔超过150米，最高点为东部的东南国境线上的巴干山，海拔1 850米。西部地区较为平坦，平均海拔在50米以下，为主要农业区，其东面和南面为丘陵带，海拔300～500米，有全国最长的河流白拉奕河。属热带雨林气候，年平均气温28℃，平均年降水量2 500毫米。植物繁茂，热带雨林面积占全国面积的70%左右。油气资源丰富。石油探明储量为14亿桶，天然气探明储量3 900亿立方米（2006）。

斯里巴加湾市的赛福鼎清真寺

历史　古代中国称之为“渤尼”，唐朝以后与中国贸易关系密切。历史悠久，自古为酋长统治的国家。15世纪伊斯兰教传入，建立苏丹国。16世纪初期，文莱版图扩及婆罗洲大部分地方和苏禄群岛的一部分。但从16世纪中叶起文莱先后遭受葡萄牙、西班牙、荷兰和英国的入侵。1888年沦为英国的保护国。1971年获得内部自治权，但外交与国防事务由英国掌管。1984年1月1日文莱宣布正式独立。国名定为文莱达鲁萨兰国。达鲁萨兰意为“和平之邦”。

政治　文莱为马来伊斯兰君主制国家。宪法规定苏丹为国家元首，拥有最高行政权力，也是宗教领袖。议员由苏丹任命。1984年又宣布取消议会。1985年苏丹允许成立政党，随后相继成立文莱国家民主党和文莱国家团结党，现仅存后者，但在国内没有什么影响。独立后文莱的军队改称文莱皇家武装部队，苏丹任最高统帅兼国防大臣，对军队拥有指挥权和管理权。实行志愿兵役制。

经济　石油和天然气是文莱的经济支柱。石油的开发历史较早。1923年英国首先在北部沿岸的诗里亚发现石油，并一直成为文莱陆上石油生产基地。1956年又在近海大陆架的西南安巴、钱皮恩和费尔勒等地发现丰富的油气资源。通过与壳牌石油公司合作开发，石油和天然气工业逐渐成为全国的经济支柱。2007年石油日产量19.4万桶，天然气日开采量3 440.49万立方米。油、气的生产和出口是国民经济的支柱，约占国内生产总值的40%和出口总收入的88%。2008年国内生产总值140.3亿美元，人均3.6万美元，在东南亚地区各国首屈一指。货币名称文莱元。

独立以来，文莱积极实行经济多元化措施。努力改变过分依赖油气的单一经济结构。重点发展建筑业、旅游业、金融服务业、橡胶、林业和能源密集型工业（如炼油、石油化工和炼铝），以及食品、家具、陶瓷、纺织、服装等工业。农林渔业在国内经济中的地位也有所提高。扩大水稻种植以及橡胶、胡椒、椰子等热带经济作物种植。食品仍不能自给。旅游业近年来发展很快。有许多具有特色的景点，如水村、王室陈列馆、赛福鼎清真寺和杰鲁东公园等。交通运输以水运为主，东北部的穆阿拉港是主要海港。公路总长为3 650.4千米。首都的国际机场开辟26条国际航线。主要连接东盟各国的首都及世界一些主要城市。

文化　政府实行医疗保险，国民接受免费教育，国家资助留学费用。主要报刊有《婆罗洲公报》、《文莱灯塔》周报等。文莱新闻社是唯一官方新闻机构。

对外关系　文莱一贯奉行不结盟和同各国友好的外交政策，是东盟的成员国，主要通过东盟实施地区稳定、繁荣与团结。1984年2月24日加入联合国。重视同中国、日本、美国等国的关系。加强发展与伊斯兰国家的关系，为伊斯兰组织成员国。还是英联邦和不结盟运动等国际组织成员国。

已与153个国家建有外交关系。1991年9月30日文莱与中国建立外交关系。

文明时代 civilization 继**蒙昧时代**、**野蛮时代**之后人类社会和文化发展的第三阶段。又称文明社会。19世纪由美国人类学家**L.H.摩尔根**在《**古代社会**》中所提出。始于文字的发明和使用、金属工具的制造，并一直延续至今。分为古代文明和近代文明两个阶段。古代文明的成就有城市、贸易、简单机械出现，古代艺术、国家、军队、宗教等形成；近代文明的成就有电气、机械、学校、科学，代议君主制、立宪君主制等形式，国际法、成文法等。根据恩格斯的阐述，文明时代还应包括当代文明。

文明戏 中国早期话剧。见**新剧**。

文彭 Wen Peng（1498～1573） 中国明代篆刻书画家。字寿承，号三桥。南直隶长洲（今江苏苏州）人。书画家**文徵明**长子。曾任南京国子监博士。诗文、书画、篆刻均有造诣。对六书有深入的研究，和何震主张篆刻必须精通六书，才能入印。文彭篆刻秀丽典雅，风格妍媚清新。他的朱文（阳文）章法疏朗，在宋、元圆朱文的基础上加以变化，篆法略呈方势，质朴浑厚。他的另一种朱文，纯用方折结构，可能受汉印影响。由于他刻印讲究六书，篆文不涉怪诞，又能向秦、汉玺印汲取营养，使印

坛面目为之一新。在他与何震的倡导和影响下，一时篆刻之风大起，文彭成为文人篆刻流派的先导。苏州一带学习文彭的篆刻技法的有陈万言、李流芳等，后人称为吴门派。

文丘里 Venturi, Robert (1925-06-25～) 美国建筑师。生于费城。1950年在普林斯顿大学获硕士学位。先后在建筑师E.沙里宁和L.康的建筑设计事务所工作。1958年起，在费城开业。文丘里还先后在宾夕法尼亚大学、耶鲁大学、加利福尼亚大学洛杉矶分校和普林斯顿大学任教。1991年获普里茨克建筑奖。他的代表作有：为自己母亲在费城栗子山设计的住宅、纽约州立大学人文科学教学楼、俄亥俄州奥伯林学院爱伦美术馆扩建、费城富兰克林故居（同斯科特－布朗合作设计）、普林斯顿大学胡应湘堂、日本枥木县日光国家公园雾川度假村等。文丘里突破常规的建筑风格广泛表现在他的作品中，如费城一座老年人公寓正立面上开了一面尺度特大的扇形窗户，后来效法者颇多。主要著作有《建筑的复杂性和矛盾性》（1966）和《向拉斯维加斯学习》（1972，与D.斯科特－布朗和S.艾泽努尔合著）。这两本书被看作后现代主义建筑思潮的宣言。

文丘里管 Venturi tube 测量流体压差而确定流量的装置。由意大利物理学家G.B.文丘里发明而得名。其构造如图，由等直径入口段、收缩段、等直径喉道和扩散段等组成，串联于管路中。文丘里管已有国际标准（ISO5167）。流体流经管时，在入口和喉部处产生压差，测量此压差即可求得流量。文丘里管具有装置简单、测量可靠、压强损失小等优点，已广为应用。

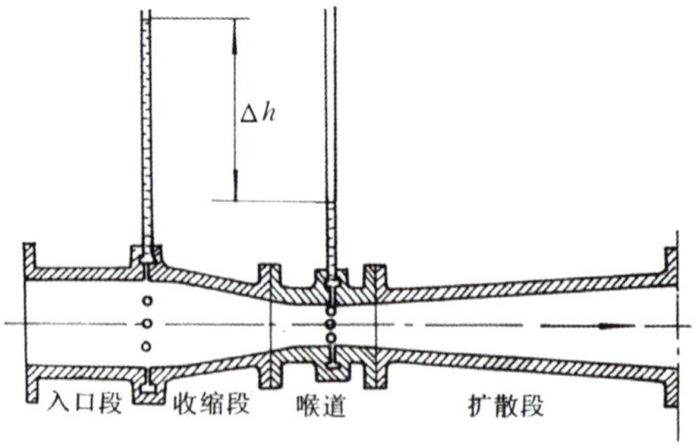

文丘里管构造图

文曲星 God of Literature 中国古代民间信仰中专司科名、官位、禄籍之神，也指重要文职官员及文才盖世之人。文曲星是文昌星的俗称。又称文星。此名源于星辰。北斗星中“斗魁”之上的六星合称“文昌宫”，文曲星是其中第四星。古人认为文曲星是吉星，主大贵，道教兴起后又尊其为主宰功名禄位的神明。见**文昌帝君**。

文人画 literati painting 中国传统绘画重要风格流派。在创作上强调个性表现和诗、书、画、篆刻等多种艺术的结合，作者多属具有较深厚、较全面文化修养的文人士大夫。“文人画”的称谓最先由明代**董其昌**提出，并对其历史传承关系作了初步阐述。日本美术史家大村西崖和中国画家陈师曾对文人画的艺术特点、画家的身份及历史渊源作了较深入的研究。

图1 金农作《墨竹图》(清)

沿革 文人画的形成和发展，有相当长的演进过程。早在两晋时代，一些画家在创作上表现的某些创作思想和艺术追求，诸如宗炳的“畅神”说，王微对创作中感情成分的强调，以及**顾恺之**的“形神”理论等，都是文人画之滥觞。到唐代，王维隐居辋川以后，体现他艺术观念和审美情趣的水墨画，具有了更鲜明的文人画特色。五代的董源、巨然在山水画创作上追求平淡天真和笔墨情韵，又为文人画的发展提供了直接的艺术规范。北宋的**文同**、**苏轼**、**米芾**等人更在创作实践和理论批评上为文人画广为张目，使文人画成为有相当影响的艺术思潮。但文人画的鼎盛期是在元代，众多的文人士大夫滋生了厌世和逃世心理，将绘画作为个人精神寄托和调节的手段。在这个过程中，**赵孟頫**、**柯九思**强调以书入画，钱选提出“士气”说，**倪瓒**倡导“自娱”思想，更多的画家则是将具有象征意义的梅、兰、竹、菊（史称“四君子”）作为自己的表现题材，用以标榜个人的志节情操。画家的主体意识被进一步强化，文人士大夫艺术观念和审美理想在创作中得到了更突出的表现。延至明代，文人画已上升为画坛的主导地位，并直接影响清代绘画的基本格局和审美取向，形成独具民族特色的绘画体系。**朱耷**、**石涛**及**扬州八怪**突破**四王**的籓绊，开创了新局面。文人画又经赵之谦、**吴昌硕**影响到现代的**齐白石**、**潘天寿**等人。

图2 朱耷作《荷花图》(清)

特征 文人画是一种综合型艺术，集文学、书法、绘画及篆刻艺术为一体，是画家多方面文化素养的集中体现，尤其和书法的关系更为密切。书法中的点、线和笔画组合不但是构成艺术形象的基本元素，而且是重要的、具有独立审美价值的欣赏对象。在色彩和水墨上，文人画更注重水墨的运用，讲究墨分五色。文人画家所以重水墨而轻色彩，这同中国传统绘画的艺术观念和审美观念有直接关系，即传统绘画是把揭示事物的内在神韵作为最高的艺术追求。基于这种宗旨，又形成了民族特有的美学思想，即摒弃华艳，唯取真淳，讲究绘事后素、返璞归真、大巧若拙等，都是文人

画家在艺术上的自觉追求。文人画特色和体系的形成，又与文人士大夫将绘画视为精神调节手段有关。不为物役，不被法拘，以最简单的工具，最概括的语言，传达出最深切的感受，就成为创作中的必然选择。

以上几方面的特征决定了文人画在题材选取上有趋同倾向，即山水、花鸟，尤其梅、兰、竹、菊等成为传统比较狭窄的表现题材，而为了克服这一局限，题款在创作中起到深化主题、丰富意蕴的重要作用。

文山壮族苗族自治州 Wenshan Zhuang-Miao Autonomous Prefecture 中国云南省辖自治州。位于省境东南部，东与广西壮族自治区相连，南与越南相毗邻。辖文山、砚山、西畴、马关、麻栗坡、丘北、广南、富宁8县。面积32 239平方千米。人口352万(2010)。有壮、苗、彝、傣、回、白、哈尼、汉等民族。喀斯特地貌分布广泛。气候条件复杂。锰、铝、锑、沸石等储量居云南省之首。锡、锌等储量居云南省第二位。农业以玉米、水稻、小麦和花生、辣椒、三七、八宝米、八角等为主。畜牧养殖以牛猪、牛等为主。以文山黄牛驰名全国。森林覆盖率21.65%。工业以电力、建材（水泥）、化工、造纸、采矿、冶金、烟叶复烤、制药、食品等为主。交通运输以公路为主，滇桂公路横贯州境。衡阳至昆明高速公路途经境内。风景名胜有普者黑、浴仙湖、清华洞、老君山等和老山国防教育基地等。

文身 tattoo 在皮肤上刺画有色花纹装饰身体的习俗。起源于史前时代。曾在世界各地普遍流行。由绘身发展而来。绘身是在身上绘彩，容易脱落；文身是在皮肤上刻刺，涂上颜料或锅底灰，伤愈后形成花纹。文身可施于全身或局部，如面、胸、背、臂、腿等。花纹常有鸟、兽、龙、蛇、虫、蛾、花卉和几何图案，颜色有黑、红、青绿、青紫等。一些民族常在举行宗教仪式时文身。有的民族文身时需有巫师主持隆重的仪式。最初可能出于实用目的，如作为成年标志、标示族徽等，进而演化为护身、避邪。进入文明时代后，有些民族以文身标明等级贵贱，不同的文身图案代表不同的身份。随着社会进步、科学发展，人们

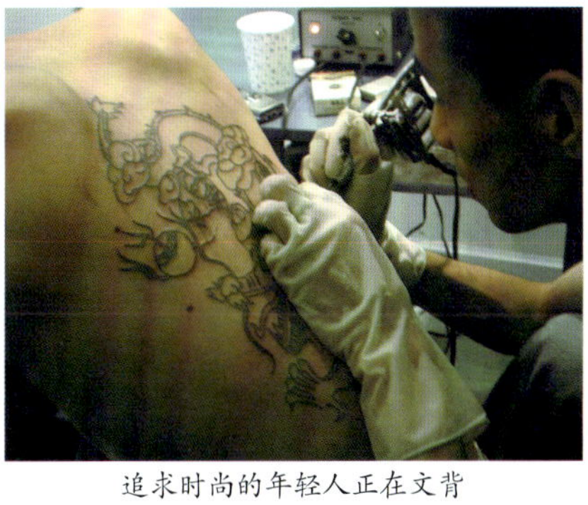

追求时尚的年轻人正在文背

逐渐认识到文身有损身体，文身用具易传染疾病，世界上有的地区已禁止文身，但还是受到一些追求时尚的年轻人的青睐。

文石 aragonite 化学组成为$Ca[CO_3]$，晶体属正交（斜方）晶系的碳酸盐矿物。它与方解石成同质多象。晶体呈柱状或矛状，常形成双晶或三连晶（见图），集合体多呈柱

柱状文石

状、纤维状、钟乳状、皮壳状、鲕状、豆状、球粒状等。通常呈白色、黄白色或因杂质染成灰、浅绿等颜色。玻璃光泽，贝壳状断口上呈油脂光泽。具有不完全的板面解理。莫氏硬度为3.5～4.5，密度为2.9～3.0克/厘米^3。在自然界，文石不稳定，常转变为方解石。主要在外生条件下形成，常与方解石一起产于蛇纹石化超基性岩风化壳、硫化物矿床氧化带及石灰岩洞穴中。也见于低温热液矿床、间歇泉的沉积物中。在珍珠和软体动物贝壳内壁的珍珠层，就是由文石组成，但它是由生物有机作用所形成。

《文史通义》 中国清代论述文史的著作。章学诚撰。章氏从乾隆三十六年（1771）开始撰写，直至嘉庆六年（1801）去世时尚未写完，历时30年。共8卷，分内外篇。内篇5卷，外篇3卷。该书远承先秦诸子学术思想，近承明末清初进步思想家的经世致用传统，纵论文史，创见迭出，成一家言。于史学理论贡献尤多。提出阐明六经皆史之旨，反对空谈义理和烦琐考据，强调经世致用。主张历史学家除具有才、学、识外，还必有史德，论文亦有文德，撰写史书应通古今之变，成一家之言。把方志提高到与国史同等重要的地位，创立一套修志义例和理论，使方志理论更趋完备。此外，该书对学术、文学、哲学的一系列基本问题的论述多有独到见解，被梁启超称为乾嘉后思想解放之源泉。最早的刊本为道光十二年(1832)在开封的刻本，即大梁本。1956年出版了新的标点排印本。1985年出版1948年叶瑛的《文史通义校注》11卷，除内外篇8卷外，还附章学诚所著《校雠通义》3卷。

文书 records 国家机关、社会组织、企事业单位或个人在社会活动中为处理事务、交流信息而使用的各种载体的文字、图表、声像等记录材料。是人们社会交往的工具，也是档案的前身。又称文件。

文书学 records management 以文件与文件工作为研究对象，以各类机构所有公职人员为讲授对象，集理论性与应用性为一体的学科。是管理科学的组成部分，也是档案学的姊妹学科。主要研究文件和文件工作的特性、发展规律、文件工作的标准化和现代化，阐述文件写作的方法与技巧、文件处理程序的设计原则与操作规程、办毕文件的处置方法，特别是归档文件的整理原理与技术方法，探讨充分而有效地发挥文件的作用、科学地组织文件工作的途径，为提高各项管理工作的效率服务。

文殊 Mānjuśrī 佛教菩萨名。中国佛教四大菩萨之一。全称文殊师利，又译为曼殊室利，意译为妙德、妙首或妙吉祥等。相传其显灵说法的道场在山西五台山。文殊

文殊菩萨像

主智，在佛寺里通常立在释迦佛左侧，为佛陀的左胁侍。常与专司理德的右胁侍普贤并称为佛的二胁侍。文殊的像多为“非男非女相”，实际更像女性。其坐骑为一青狮，表示智慧威猛；手持宝剑，表示智慧锐利。密宗的文殊造形，顶结五髻，表示大日如来的五智，又表童子天真之意，所以又称“文殊师利童子”。

文殊兰 *Crinum asiaticum* var. *sinicum*; Chinese crinum 石蒜科文殊兰属的一个变种。

分布于中国福建、广东、广西和台湾等省区。茎粗壮，鳞茎粗，直径10～15厘米。叶条状披针形，长1米，宽12厘米，边缘波状，暗绿色。花莛直立，与叶等高，伞形花序有10～24朵花，总苞片2，披针形，外折，长6～10厘米，白色，膜质，花梗长2厘米，花被高脚碟状，白色，有芳香，筒部细，直伸，长10厘米，直径1.5～2毫米，裂片条形，长4.5～9厘米，宽7～9毫米，向顶渐狭，雄蕊6。蒴果近球形，径约5厘米。习生海滨地区或河边沙地上。已引种栽培为观赏花卉。其叶与鳞茎入药，有活血散瘀、消肿止痛的功能。

文水县 Wenshui County 中国山西省吕梁市辖县。位于省境中部。面积1 064平方千米。人口42万(2010)。汉为大陵县。北魏改置受阳县。隋初改名为文水县。唐天授元年(690)改名武兴县，神龙元年(705)复称文水县。农作物以高粱、小麦为主，谷子、玉米、薯类次之。林业特产有猴头、木耳、沙棘、松树等。矿产主要有煤、铁、石灰岩等，其中石灰岩储量达73亿立方米，且品位高，易开采。工业有机械、化工、煤炭、建材等。名胜古迹有则天庙、上贤新石器时代遗址、梁家坟墓、隐唐寺等，纪念地有刘胡兰纪念馆等。

文天祥 Wen Tianxiang (1236～1283) 中国南宋末大臣、抗元名将。小名云孙，字天祥，后以字为名，改字履善，后又改字宋瑞，号文山。吉州庐陵（今江西吉安）人。宝祐四年(1256)进士第一名。元朝发动灭宋战争，宋恭帝德祐元年(1275)正月初一，文天祥在赣州得到元军渡江的谍报，不久接到勤王诏书，即率两万人赶到临安。次年正月，谢太后向元军递降表，反对无效，且被任为右丞相兼枢密使，赴元营谈判。在元营中与元丞相伯颜争辩不屈，又怒斥降将，遂被扣留，押解北上。行至镇江，与随从人员设法逃出，历尽艰险，到达通州（今江苏南通），再从海路南下到福州。宋端宗赵昰任为枢密使、同都督诸路军马。遂在南剑州（今福建南平）建立督府。景炎二年(1277)，从福建路转移到广南东路，越过大庾岭，进入江南西路，收复兴国等县，包围赣州，气势颇盛。不久，元大将李恒到江西，打败宋军。空坑（今兴国境）之役，文天祥主力溃散，欧阳夫人等家属都被元军俘获。收拾散兵，退屯南岭（今广东永安东南），转进海丰，在广东的潮、惠州继续进行抗元活动。帝昺祥兴元年(1278)，封少保、信国公。十二月，元将张弘范从海陆大举进攻，文天祥撤出潮阳，行至海丰以北的五坡岭，为元军追及被俘，部下殉难者不计其数。次年正月，经珠江口零丁洋时，赋著名的《过零丁洋》诗云“人生自古谁无死，留取丹心照汗青”，以明不屈之志，为千古绝唱。南宋灭亡，于元至元十六年(1279)十月被押到大都(今北京)。囚三年而不屈。至元十九年十二月初八(1283年1月8日)，元世祖忽必烈召见文天祥，进行最后一次劝降。文天祥答以“天祥为大宋状元宰相，宋亡，只能死，不能活”。次日，在柴市（今北京交道口南大街府学胡同，明朝时在此地建文丞相祠；一说在宣武门外菜市口）慷慨就义。

文廷式 Wen Tingshi (1856～1904) 中国近代词人。字道希，号云阁，别号纯常子、罗霄山人。江西萍乡人。光绪十六年(1890)进士，授编修。二十年大考，光绪帝亲拔为一等第一名，升翰林院侍读学士。他志在救世，遇事敢言，列名清流，和汪鸣銮、张謇等被称为翁（同龢）门六子，是帝党重要人物。光绪二十一年在北京倡立强学会。后被参劾革职逐出北京。归故里后撰有《罗霄山人醉语》，痛感“中国积弊极深”，“命在旦夕”，提出“变则存，不变则亡”，鼓吹变法。戊戌政变后，他沉伤憔悴，寄情文酒，以佛学自遣，同时从事著述。此期间所著杂记《纯常子枝语》40卷，是其平生精力所萃。他15岁学词，词存150余首，大部分是中年以后的作品，感时忧世，沉痛悲哀。或写对慈禧当政专权的不满，或写对当道大臣误国的愤慨，或写报国之志，抒发爱国激情。其感时抒怀之作，则以苏轼、辛弃疾为宗，其风格激昂幽愤，大都借景言情，托物咏志，兼有豪放俊迈、婉约深微的特点。有门人集其词作刻印《云起轩词钞》等。

文同 Wen Tong (1018～1079) 中国北宋画家、诗人。字与可，自号笑笑先生，世称石室先生。梓潼永泰（今四川盐亭）人。卒于陈州（今河南淮阳）。仁宗皇祐元年(1049)登进士第，官至洋州知州。文同富文艺修养，画竹能妙得其理，创造了多种墨竹形象，如纡竹、偃竹、折枝竹、丛竹等，艺术水平冠绝当时，开创了中国画之“湖州竹派”。工诗文，写景咏物诗尤富特色，形象生动，宛如图画，充分表现了画家兼诗人善于取景、工于描绘的特点。文同与苏轼为亲友关系，相交甚笃，诗画往还，互有影响。苏轼有不少诗文题咏文同绘画。著有《丹渊集》(40卷）等。墨竹真迹流传至今甚少。存世的《墨竹图》严谨生动，为传世珍品。

《墨竹图》（台北“故宫博物院”藏）

文武场 中国戏曲乐队中弦管乐部分称为文场，打击乐部分称为武场，合称文武场。又称“场面”。文场的作用主要是为演唱进行伴奏，并演奏为配合表演而用的场景音乐，所用乐器因剧种不同有异。每个剧种都有一种主奏乐器，以用弓弦乐器主奏者居多。武场的主要任务是配合演员的身段动作、念白、演唱、舞蹈、开打，使其起止明确，节奏鲜明。此外，举凡场次、段落的转接，唱、做、念、舞之间的相互衔接，舞台情绪气氛的渲染与转换等，也多用锣鼓来统一贯穿。

文物 tangible cultural heritage 人类在历史发展过程中遗留下来的遗物、遗迹。目前按一般国际惯例，文物是指一百年以前制作的，具有历史、艺术、科学价值的实物。各类文物从不同侧面反映各个历史时期人类的社会活动、社会关系、意识形态以及认识自然、利用自然和当时生态环境的状况，是人类宝贵的历史文化遗产。

文物的定义 在中国，“文物”二字联系在一起使用始见于《左传》，指礼乐典章制度，与现代文物含义不同。到唐代，骆宾王和杜牧诗中所说的“文物”指前代遗物，已接近于现代所指文物的含义。北宋中叶金石学兴起，包括青铜器、石刻在内的各种古代器物被统称为“古器物”或“古物”，明代和清初较普遍地称“古董”或“骨董”。清乾隆年间，又称“古玩”。在近现代，古物、古器物等称谓依然存在。同时，由于近代考古学、博物馆学的兴起，古物的概念不断发展，内容不断扩大。1930年中华民国政府公布的《古物保存法》，就包括了考古发掘对象。“文物”一词又开始使用，概念已包括不可移动的文物。中华人民共和国建立后沿用“文物”一词。1982年颁布《中华人民共和国文物保护法》，把“文物”一词及其包括的内容用法律形式固定下来。范围实际包括可移动的和不可移动的一切历史文化遗存，年代上从古代直到当代。

世界各国对不同类别的文物，各有其通常使用的名称，但尚无概括所有类别文物的统称。由联合国教科文组织会议通过的一些有关保护文物的国际公约中，一般把文物称为“文化财产（cultural property）”

图1 西班牙阿尔塔米拉洞穴中的野牛壁画（旧石器时代）

或“文化遗产（cultural heritage）”，前者指可以移动的文物，后者指不可移动的文物。

文物指具体的物质遗存，它的基本特征是：①必须是由人类创造的，或是与人类活动有关的；②必须是已经成为历史的过去，不可能再重新创造的。

文物的分类 由于文物的时代不同，质地不一，种类繁多，功能各异，需要从不同角度，采取不同的分类方法。从管理的角度，中国把文物分为不可移动文物和可移动文物两部分。前者包括古遗址、古墓葬、古建筑、石窟寺及石刻、近现代重要史迹、近现代典型建筑等，后者包括古器物、古文献、古书画等。各类文物中，有的又分为若干小类，如古器物即按文物质地分为青铜器、玉器、铁器、陶器、瓷器等。此外，还可根据不同的功能和属性进行分类。有的文物科学研究已发展成为专门的学科，如钱币学、铭刻学等。随着科学研究的深入和发展，有些类别的文物还将会形成一些新的专门学科。

文物的价值和作用 文物的价值是客观的，是文物本身所固有的，主要有历史价值、艺术价值和科学价值。人们对文物价值的认识不是一次完成的，而是随着社会发展、科学文化水平的不断提高而不断深化。文物的作用是文物价值的具体体现。文物对社会所能起到的积极作用主要有教育作用、借鉴作用和为科学研究提供资料的作用。文物的价值和作用，既有联系，又有区别。文物作用的大小取决于文物价值的高低，因而文物的作用也会随着对文物价值认识的深化而变化。

文物的历史价值 一切文物都具有历史价值。不同类别的文物，从不同侧面反映当时社会的生产力、生产关系、经济基础、上层建筑以及社会生活和自然环境的状况。各种类别文物的产生、发展和变化的过程，反映了社会的变革、科学技术的进步、物质生活和精神生活的发展变化。文物是帮助认识和恢复历史本来面貌的重要依据，特别是认识和了解没有文字记载的人类远古历史的主要依据。

每个国家和民族都有自己独特的文化传统，它们往往成为维护民族独立和争取解放而斗争的精神支柱。各个国家和民族的文物体现了各自长期形成的共同心理素质、意识形态、生活习俗等特点，在一定意义上，文物是民族文化的象征。因此，文物对于一个国家及其各族人民能产生强大的凝聚力和激励作用。

文物的艺术价值 大量文物具有艺术价值。无论是早期人类活动中出现的艺术创作和审美意识的萌芽，还是原始社会中人类为自己生存需要而制作的具有实用功能的生产工具、生活器皿，抑或是人类进入文明社会以后的绘画、雕塑等造型艺术品，均具有艺术价值，都是美术史研究的重要资料。同时，在现实生活中，它们还可供鉴赏，给人们以美的启迪和享受，丰富精神生活。

文物的科学价值 主要指文物所反映的科学、技术水平，体现自然科学或工程技术科学方面的价值。各种类别的文物都是利用当时所能得到的材料和所掌握的技术创造出来的，从不同侧面标志着当时人认识自然、利用自然的程度和科学技术与生产力的发展水平。大量有关科学、技术方面的出土文物为天文、地理、冶金、农业、医学、纺织等各个方面的专门史研究提供了丰富而重要的资料，打破了许多传统观点。文物的科学价值还在于有些文物反映了当时人类活动与自然环境或生态环境的关系，通过对这些文物的考察可以了解千万年来自然环境或生态环境的变化，同样具有很高的科学价值。

文物的价值和作用不只是表现在对具体文物的研究、说明等个别方面的个别问题上，更重要的是把微观研究的成果综合起来，在宏观上研究各个历史时期人类社会活动的各个方面及其相互联系、相互制约的社会关系，从而从不同侧面探索和揭示人类社会发展的客观规律。同时，通过文物所反映的历史上人类认识自然、利用自然的状况，可以探索和揭示人类社会活动与自然生态环境之间相互关系、相互作用的演变规律，运用人们不断认识的客观规律自觉地、能动地协调人类社会系统与自然环境系统的关系，有利于促进当代和未来社会的发展。充分发挥文物在社会发展进程中的积极作用是文物保护管理和科学研究的最终目的。

文物的科学研究 文物科学研究对于认识文物价值，发挥文物作用和进行文物保护管理具有决定性作用。要求必须重视文物的综合价值，从深度和广度上揭示其蕴涵的全部历史信息。文物科学研究的最终目标，是把历史上遗留下来的一切有价值的物质遗存，放在人类全部知识所能了解的已逝年代的文化背景下，去认识和解释古代社会，揭示人类社会发展的客观规律，进而预测未来的合理道路。这是一项综合的系统工程。

图2 唐代的蓝色玻璃盘（陕西省扶风县法门寺地宫出土）

文物鉴定 tangible cultural heritage, identification of 运用科学方法，通过比较、分析等手段，对文物真伪、年代、质地、用途、价值所作的辨识与判断。它是文物保护管理的依据。

鉴定的主要对象有两个方面：一是可移动的文物，即文物藏品和流散文物；二是不可移动文物，即文化史迹。待鉴定文物包括石器、玉器、陶器、铜器、金器、银器、铁器、锡铅器、瓷器、珐琅器、漆器、竹木器、骨角牙器和书画、碑帖、善本书籍、文献、纪念品等。在文化史迹中，古建筑、纪念建筑、石窟寺、石刻等是主要鉴定对象。古墓葬、遗址中的地下文物，须经考古发掘研究，除须博物馆、图书馆等单位作为文物藏品收藏者外，不属文物系统鉴定范围。

鉴定的主要内容包括文物真伪、年代、价值与级别，它们之间存在着不可分割的内在联系。辨伪是首要任务，不仅要辨明流散中传世文物的赝品，也适用于文化史迹的构件。例如某一建筑局部遭到毁坏，后世依原样修复，则修复部分不属于该建筑之真品。文物的真伪，最根本的是时代不同。赝品的材料、工艺不可能与真品完全相同。因此辨伪与断代紧密联系。对大量无纪年文物，也需进行断代鉴定。经过辨伪、断代，即可评定文物的价值，并据以分级，没有价值的遗存不属于文物。任何文物都是历史的见证，并具有一定的艺术水平和科学水平。根据其历史、艺术、科学价值，可确定哪些属于国家珍贵文物。中国的国家珍贵文物又分为一、二、三级；文化史迹分为全国重点文物保护单位，省、自治区、直辖市级文物保护单位，市县级文物保护单位，经鉴定后推荐给政府核定公布。

鉴定的基本方法包括传统方法和现代科学方法。传统鉴定方法是在文物分类基础上，对同类文物进行比较辨别和综合考察。比较辨别是以已知真伪、年代的同类文物作为标准器，对照待鉴定文物进行对比分析，找出二者之间在形制、质地、花纹、工艺等方面相同与相异之处，作出科学判断。综合考察除对待识别文物本身进行调查外，还结合文献考证和鉴定同类文物一般规律的总结，进行综合分析判断。

现代科学方法主要是运用现代科学技术与传统鉴定方法相结合，进行分析鉴定。

文物修复 tangible cultural heritage, reconstruction of 运用传统工艺和现代技术手段直接在文物上进行物理和化学的修复措施，以保存和认识文物的艺术和历史原貌，减缓或终止文物病害，保证文物安全并能使其长期保存，是文物保护的重要组成部分。修复必须在尊重原来材料、原始状态和可靠的纪录档案基础上进行。

文物修复的原则 最少干预原则；可逆性或不影响今后再修复的原则；添加材料应与原有材料相似或匹配，保持历史真实性与展示美感相结合原则；可识别性原则；安全耐久性原则。对于不可移动文物还应遵守就地保存修复的原则。文物修复应保持原有文物的古朴“沧桑感”，而不是将文物修复得焕然一新；修复过的文物不应与原有文物材质有很大反差，而应与整体保持和谐，“远看差不多，近看有区别”。

文物修复的方法 对可移动文物的修复按文物材质分类进行，如金属、书画纸张等，其修复的技术、使用的修复材料和要求的保存环境各不相同。对不可移动文物包括其附属文物，大致按古建筑木结构、砖石结构，陵墓地下建筑物，壁画等，还包括文物所依附的保存环境，其修复技术往往包含在保护工程中。

文物修复应十分注重继承和发扬传统的修复技术，如古建筑维修技术，青铜器的修复技术，字画装裱技术，文物传拓技术等，并对其不科学、不合理的部分进行改进或摒弃。还必须引入现代科学技术的方法和材料，借助先进的仪器设备对文物进行检测，以确定它的材质、结构、工艺性质，探测目视所无法解决的内部状态。对不可移动文物的探测，更要借助各种现代技术进行定性或定量的现状评估。修复过程要采用先进的材料、工艺以及结构技术方法进行补强、加固。修复后还要使用各种探测技术进行长期监测和效果检验等。

文献 document; literature 记录知识和信息的一切载体。汉语“文献”一词最早见于《论语·八佾》。元代马端临将其用作书名编成《文献通考》，把“文”释成典籍，把“献”释为贤者。近现代，文献被理解为“具有历史价值的图书文物资料”和“与某一学科有关的重要图书资料”。英语document一词除文献含义外，还有“文件”之意；而literature则多用于指某一学科或某一专题的文献。由于记录知识、信息的载体材料和记录方式的不同，在世界的不同地区和不同时代，曾出现过不同形式的文献。如古埃及的纸草文献、古代两河流域的泥板文献、欧洲的羊皮文献、中国古代的甲骨文献、金文文献、简牍文献、石刻文献、缣帛文献。纸质文献在全世界使用最广泛。19世纪后半叶以后，出现了多种非纸质的新型文献，包括音像文献、缩微文献、机读文献等。它们的出现使文献的范围进一步扩大，生产传递更加迅速，存储利用更加便捷。现代文献的发展一方面具有增长急速、数量剧增、类型复杂、品种多样的特点，同时也存在分布不均、内容重复、出版周期长、老化现象严重等问题。文献是重要的信息资源，它能帮助人们克服时间与空间的障碍，记录、贮存和传递人类已有的知识与经验，所载信息可供无数人同时使用或先后、异地反复使用，还可以通过复制广泛传播，从而给人类社会带来巨大的社会效益和经济效益。

文献分类法 document classification, method of 依照文献内容、性质及其他标准分门别类揭示和组织文献的一种方法。又称图书分类法。包括编制图书分类表、进行分类标引和建立分类检索系统和检索工具。按照图书分类法建立的检索系统能使检索者鸟瞰全貌、触类旁通，便于系统地利用一个学科或专业的图书资料。文献分类法也是用来对图书资料进行分类标引的规范化工具。又称文献分类表。是将表示各种主题内容的类目按知识分类原理进行系统排列，并以数字、字母等符号来代表类目和固定其次序的类目一览表。一部完整的图书分类法通常由类目表、标记符号、注释与说明以及索引四部分组成。图书分类法按其编制方法可分为等级列举式、分面组配式和列举-组配混合式，按其所反映的内容，可分为综合性分类法和专业分类法。

《文献通考》 *Comprehensive Textual Research of Historical Documents* 从上古到宋宁宗时的中国典章制度通史。简称《通考》，共348卷。作者马端临（1254～1323），字贵与，饶州乐平（今属江西）人。他约从30岁开始，用20多年的时间，撰成该书。

马端临在《通典》的基础上，把《通考》分为田赋、钱币、户口、职役、征榷、市籴、土贡、国用、选举、学校、职官、郊社、宗庙、王礼、乐、兵、刑、经籍、帝系、封建、象纬、物异、舆地、四裔24门，各门再分子目，体例更加细密完备。其中经籍、帝系、封建、象纬、物异5门，是作者的新创。《通考》取材极为广泛，除了各朝正史、历代会要、《资治通鉴》等史书外，还采用了私家著述的史书、传记等有关典章制度的记载。这些史籍中的记载就是“文”，“文”的意思是典籍。此外，在叙事中还引用了很多当时臣僚的奏疏和学士名流的议论。这些奏疏、议论就是所谓“献”，“献”的意思是“贤者”。因为作者企图通过这些资料，对各项典章制度进行融会贯通、原始要终的研究，故取名为《文献通考》。

《文献通考》对宋代典章制度的记述特别详细，约占全书的一半以上，可以订正、补充《宋史》诸志的地方甚多；对历代制度演变的评论颇多独到见解，实为研究宋史的一部基本史籍。该书有清光绪浙江书局刊本传世。

文献学 documentation science; documentics 以文献和文献发展规律为研究对象的科学。文献学是在文献工作经验积累的基础上产生和发展起来的。中国古代对文献的整理和研究积累了丰富的经验，文献学的内容包含在校雠学、目录学、版本学、辑佚学、辨伪学、考据学之中。中国最早的文献学著作是郑鹤声、郑鹤春合著的《中国文献学概要》。20世纪80年代以后，文献计量学、专科文献学和文献检索与利用的著作大量问世。现代西方文献学约形成于19世纪末20世纪初。文献学的研究内容十分广泛，有不少分支学科，包括：①文献的特点与功能研究。②文献类型研究。③文献及文献学发展历史的研究。④文献流的研究，即文献的发展变化和分布规律研究，如文献计量学等。⑤对某一学科的文献的专门研究，由此可形成专科文献学。⑥对某一类型文献或某一特定文献群的专门研究；由此可形成一些专门的学科，如图书学、专利文献学、纸草文献学、敦煌文献学等。⑦对文献的某些方面的研究，如版本学、校勘学、考据学等。开展文献学研究，对文献资源的收集、整理、管理和利用都有重要的价值。

文献研究 document research 研究者通过分析各种既存的史料与文献来发现事实的真相，验证研究假设的研究方法。是历史学、哲学和早期的社会科学最常使用的研究方法。主要特点是：①间接性。即文献研究处理的资料是间接性的第二手资料。②历史性。即文献研究处理的资料一般是反映历史状况的资料。③无反应性。它不直接接触研究对象，不会产生研究的“干扰效应”，在研究过程中不会使研究对象有意识或无意识地改变原有的状态。文献的来源与种类很多，一般来说可分为：书面材料，如报刊、书籍、公文档案、个人文件书信等；统计资料，如统计报表、数据资料等；图像文献，如电影、电视、录像、照片等；有声文献，如录音磁带、唱片等。社会学中的文献研究主要包括历史文献研究、统计文献研究和内容分析。

文献研究的一般步骤包括：①明确研究课题，确定文献搜集和描述的范围。②做好搜集和描述文献的准备。③搜集文献。④整理和描述文献。主要包括分类和简单的定性与定量分析。

文祥 Wenxiang (1818～1876) 中国晚清洋务派大臣。瓜尔佳氏，字博川，号文山。满洲正红旗人。道光二十五年(1845)进士。历任太仆寺少卿、詹事府詹事、内阁学士、署刑部侍郎。1858年，任在军机大臣上行走。授礼部侍郎，后又历任吏部、户部、工部侍郎，兼副都统、左翼总兵。1860年英法联军攻逼北京，咸丰帝出走热河（今河北承德）时，命署步军统领，随恭亲王奕䜣留北京与英法议和。次年，与奕䜣及大学士桂良等联名奏请改变清政府的外交、通商制度，设立总理各国事务衙门，并被任为总理衙门大臣。任职期间，倡导洋务"新政"，成为清朝中央政府中著名的洋务派首领之一。咸丰帝病死后，与其他王大臣疏请慈禧、慈安两太后垂帘听政，并简派近支亲王辅政，协助奕䜣、慈禧太后发动辛酉政变，处死赞襄政务王大臣肃顺等人。1862年（同治元年），擢左都御史、工部尚书，兼署兵部尚书，并任内务府大臣，兼都统。1865年，署户部尚书，率神机营赴东北镇压干达、马傻子起义。1871年，授吏部尚书、协办大学士。次年，为体仁阁大学士。光绪帝继位后，晋武英殿大学士，专任军机大臣及总理衙门大臣。曾与奕䜣等奏请办理海防六事，即"练兵、简器、造船、筹饷、用人、持久"。又支持左宗棠进军新疆，加强塞防。1876年病死。谥"文忠"。

《文心雕龙》 *Dragon Carving and the Literary Mind* 中国古代文学理论著作。刘勰撰。成书于南朝齐和帝中兴元年至二年(501～502)间。刘勰(466?～539?)，字彦和。祖籍东莞郡莒县(今属山东)。永嘉之乱，其先人迁京口（今江苏镇江），世居。刘勰入梁出仕，先后担任和兼任过中军临川王萧宏、南康王萧绩的记室，车骑仓曹参军，太末（今浙江衢州）令，步兵校尉，东宫通事舍人等职。因兼任东宫通事舍人的时间较久，后世称他为刘舍人。年轻时曾入上定林寺依靠名僧僧祐，相处十余年。其间深研佛理，同时饱览经史百家之书和文学作品，"深得文理"。经五六年努力写成《文心雕龙》。除此作外，尚有《灭惑论》(《弘明集》卷八）和《梁建安王造剡山石城寺石像碑》(《会稽掇英总集》卷十六）两篇保存下来。《文心雕龙》是中国文学理论批评史上第一部有严密体系的文学理论专著。全书共10卷，50篇，分上下两编，各25篇。

全书包括总论、文体论、创作论、批评论4个部分。总论含上编的《原道》至《辨骚》5篇，明确提出了其文学批评的根本原则，是全书的"文之枢纽"。其中《原道》、《征圣》、《宗经》3篇是理解全书的钥匙。文体论含上编的《明诗》至《书记》20篇。其中前10篇是论有韵之文，后10篇是叙无韵之笔。讨论的文体约35种。创作论含下编的《神思》至《总术》19篇，剖情析采，论述了文学创作的基本方法。其中《神思》篇论艺术构思；《体性》篇论作家的风格；《情采》篇论述了作品的文质关系。其详密深刻，远远超过前人。批评鉴赏论含下编的《时序》至《程器》5篇。其中《知音》篇论述了批评鉴赏的方法和态度；《才略》篇从不同角度品评了历代作家的才能与贡献；《程器》篇论述了作家道德修养的重要。最后一篇《序志》，叙述作者写作此书的动机、态度和原则。

刘勰继承并发挥了儒家的文学思想，把原道、征圣、宗经作为理论核心，贯穿全书的始终。认为儒家经典是一切文体的本源，如赋、颂、赞等都源于《诗经》；并从儒家经典的风格特色出发，提出关于文学批评的根本原则："故文能宗经，体有六义，一则情深而不诡，二则风清而不杂，三则事信而不诞，四则义直而不回，五则体约而不芜，六则文丽而不淫。"每一则又都指出了合乎经与不合乎经的两个方面，作为他品评文章优劣的重要标准，从而给他的理论蒙上了一层经学色彩。

《文心雕龙》的创作目的是反对当时文风的"浮诡"、"讹滥"，纠正过去文论的狭隘偏颇。它在文学批评史上的突出贡献是：①初步建立了文学史的观念。他认为，文学的发展变化，终归要受到时代及社会政治生活的影响。他在《时序》篇中说："文变染乎世情，兴废系乎时序"，并在《时序》、《通变》、《才略》诸篇里，从上古至两晋结合历代政治风尚的变化和时代特点来探索文学盛衰的原因，品评作家作品。不仅如此，他还注意到了文学演变的继承关系。并由此出发，反对当时"竞今疏古"的不良倾向。这些都是十分可贵的。②分析论述了文学创作内容和表现形式的关系，主张文质并重。他主张"为情而造文"，反对"为文而造情"，坚决反对片面追求形式的倾向。③从创作的各个环节上总结了经验，提出了应该避免的失败教训。他指出，在创作上，作家"神与物游"的重要，强调了情与景的相互影响和相互转化。他还指出，不同风格是由于作家先天的才情、气质与后天的学识、习染存在着差异的结果。针对当时"近附而远疏"、"驰骛新作"的风气，他提出了继承文学传统的必要，论述了文学创作中"新"、"故"的关系。此外，他对创作中诸如韵律、对偶、用典、比兴、夸张等手法的运用，也提出了许多精辟的见解。④初步建立了文学批评的方法论。在《知音》篇里，他批评了"贵古贱今"、"崇已抑人"、"信伪迷真"、"各执一隅之解"的不良风尚，要求批评家"无私于轻重，不偏于憎爱"。与此同时，他还提出了"六观"的批评方法：一观位体，看其内容与风格是否一致；二观置辞，看其文辞在表达情理上是否确切；三观通变，看其有否继承与变化；四观奇正，看其布局是否严谨妥当；五观事义，看其用典是否贴切；六观宫商，看其音韵声律是否完美。这在当时是最为全面和公允的品评标准。

《文心雕龙》在中国古代文学批评和文艺理论的发展史上具有巨大的奠基意义和深远的影响，是一份十分宝贵的遗产。在中国，对《文心雕龙》的研究、注释、翻译著述颇多。现存版本有影印元至正本、《四部丛刊》影印明嘉靖本，另有今人范文澜《文心雕龙注》、杨明照《文心雕龙校注》、《文心雕龙校注拾遗》、周振甫《文心雕龙注释》、王利器《文心雕龙校证》等。

《文选》 *The Selections of Refined Literature* 中国现存最早的诗文总集。南朝梁昭明太子萧统编选，故世称《昭明文选》。据《隋书·经籍志》记载，自晋至隋，诗文总集共有249部，早于《文选》的有挚虞的《文章流别集》、李充的《翰林论》、刘义庆的《集林》等，但它们均已亡佚。因而《文选》就成为所能见到的最早的也是影响最大的总集。另据《梁书·昭明太子传》记载，萧统以太子之尊引纳了许多文士，当时颇负盛名的刘孝绰、王筠、殷芸、陆倕等人，都曾做过太子僚属。他们很可能参加过《文选》的编选工作。《文选》收入先秦至隋130家的作品514题。共30卷。从文体上分为赋、诗、骚、七、诏、册、令、教等38类，归纳起来大致可分为诗歌、辞赋、杂文三大类。其中赋又有京都、郊祀、耕籍等15门；诗歌又有补亡、述德、劝励等23门。这种体例编排，反映了编者关于文体源流及其辨析方面的见解，同时存在着过于琐碎的毛病。《文选》所选的130家，都是各时期的代表性作家，如屈原、宋玉、司马相如、司马迁、扬雄、班固、张衡、三曹父子、刘桢、王粲、陆机……同时又详近略远，故其所选作品以晋以后者居多。选录标准是以"文为本"，不选经、子，史书也只略选论赞，表明编者已为文学划定了范畴，初步注意到文学与其他著作的区分。编者主张文质并重，但在选录时比较注意辞采、骈偶和声律，因而有不少好文章未能入选。《文选》对后世的影响十分深远。唐宋时代科举考试以诗赋取士，《文选》自然也就成为应考的必读书。有"《文选》烂，秀才半"的谚语。隋唐以后，研究《文选》成了一种专门的学问，研究专著不计其数。今存90余种。有唐代李善的《文选注》，《文选注》现存版本有清嘉庆年间胡克家重刻宋刊本、附《考异》10卷等。

文学 literature 艺术的基本样式之一。又称语言艺术。是人的特殊的精神活动。它以语言文字为媒介和手段塑造形象，反映现实生活，表现人们的精神世界，通过审美的方式发挥其多方面的社会作用。

在先秦时代，“文学”兼有“文章”和“博学”两重含义，即将现在所说的文学、历史、哲学等文章、事物都囊括在“文学”之中。至两汉，人们开始把“文”与“学”、“文章”与“文学”相区别，把有文采的、富有艺术性的作品称为“文”或“文章”，而把学术著作称作“学”或“文学”——这与现代的“文学”一词的含义也不相同。到了魏晋南北朝时期，虽仍有不少人沿用汉代的“文学”概念，但也开始有人用“文学”来指称具有文采和艺术性的作品，而将学术著作称为“经学”、“玄学”、“史学”等。到了唐、宋时期，富有艺术性的作品被称为“诗”、“词”、“赋”、“传奇”、“话本”等，而“文学”一词的含义仍是一切学术著作的总称。这种情况一直延续到清代末年。现代意义上文学概念是在20世纪初，特别是五四新文学运动以后才被确定下来的。

在西方，“文学”这个词也有广义和狭义两种含义。广义的文学是指用语言文字记录下来的具有社会意义的人的思维的一切作品；狭义的文学即指语言艺术。作为专指语言艺术的“文学”这个术语，只是在近代，特别是18世纪之后才被用以概括“史诗”、“悲剧”、“喜剧”、“小说”等，并被广泛使用。

在文学发展历程中，由于社会文化背景的不同，社会思想和美学观念不同，形成了不同的文学观。但不论什么时代，文学活动总是由生活、作者、作品和读者四个要素构成，离开这四个要素及其关系，文学活动就不存在。文学作为人的一种活动，有其自身的特殊性。第一，它与宗教、哲学、政治、科学、法律等观念活动相比较，有明显不同。如果说哲学等观念活动以理论思维的方式把握世界，并以把握世界的普遍性、必然性为目的的话，那么文学则是以艺术思维的方式把握世界，并以个别反映普遍，以偶然反映必然；如果说哲学等观念活动重视的是概念、范畴、理论体系的话，那么文学追求的是情感的表现、形象的刻画、审美的效果。第二，它与绘画、雕刻、戏剧、舞蹈、电影、电视艺术等相比较，虽然它们都是具有审美性质的艺术活动，彼此相互联系与渗透，但文学与其他艺术样式的基本区别是：文学以语言为媒介描绘事物、刻画形象，而绘画则以色彩线条，雕刻以各种材料，舞蹈以人的身段动作，戏剧和影视以时、空、听的综合造型等手段描绘事物、刻画形象，审美效果也各有差异。由于语言文字是最灵活、可塑性最强、使用最方便的材料，因此文学与其他艺术相比，更能展现宽阔的社会生活情景，更能揭示人的复杂内心生活，更能捕捉各种瞬息万变、形形色色的事物。

文学作为语言艺术，其叙述事物、刻画形象的话语除了传达信息外，还有丰富的蕴涵，多层的意味。普通的话语其信息是有限的，优秀文学话语的含蕴则是无限的。文学话语是否具有蕴藉性，是衡量一部文学作品是否具有艺术性的尺度。因此，古今中外作家都看重文学语言。文学具有各种不同的体裁和种类。中国古代有所谓“文”、“笔”之分或“诗”、“笔”之分，即分为韵文和散文两类。中国现代美学通常把文学分为诗歌、散文、小说、戏剧文学四种体裁。在西方美学中，也有人把文学分为诗歌和散文两种基本类型。还有人从内在性质上，即以文学所反映的对象和内容、所用的塑造形象的方法等为标准，把文学现象分为叙事的、抒情的、戏剧的三大类。文学的不同体裁和种类之间，虽有大体上的区别，但无绝对界限。

《文学》 *Literature* 中国现代文学月刊。1933年7月1日在上海生活书店创刊。傅东华、郑振铎、王统照主编。以刊登名家的文学创作、文学理论、作家作品研究为主，对新进作家的作品也经常予以发表和评价。曾陆续推出“翻译专号”、“创作专号”、“弱小民族文学专号”和“中国文学研究专号”，颇有社会反响。1937年11月10日，出至9卷4号停刊。

在创作方面发表过许多有影响的作品，小说有茅盾的《残冬》、叶圣陶的《多收了三五斗》等；“散文随笔”包罗了鲁迅、朱自清、丰子恺、巴金、沈从文等名家的作品；诗歌则有王统照、臧克家、朱湘等人的诗作。此外，还刊载过茅盾的《冰心论》、《庐隐论》、《落花生论》等较为重要的论文；对新文学运动等问题，发表过鲁迅、周扬、胡风、阿英等人的相关作品。《文学》也较重视翻译介绍外国的文学作品和文学理论。

《文学》是在《小说月报》停刊，“左联”机关刊物屡遭查禁的情况下创办的，成为左翼作家、进步作家发表创作的阵地。是20世纪30年代出版时间最长、影响最大的文学期刊。

文学理论 literary theory 文艺学的主要组成部分。它常常从美学、认识论、社会学、心理学等各种角度研究文学的本质、特征、内在构成和外在关系的基本原理和原则。文学理论的任务在于揭示文学作为审美文化现象的本质：既要对文学在整个文化现象中的位置和地位作出界定；又要对文学不同于其他文化现象的特质作出说明。研究作为上层建筑、意识形态的文学所具有的质的规定性，其中包括文学与其他上层建筑、意识形态以及一切艺术所共有的普遍性，也包括其特殊性；研究文学作为社会现象所具有的社会功能和作用；尤其是文学区别于其他社会现象的独特功能和作用；研究文学作品的内容、形式及其相互关系；研究文学本身不同形态（抒情的、叙事的、戏剧的）的特点，以及它们之间的相互影响、渗透和由此而形成的各种文学种类、体裁；研究文学的创作过程及其规律，其中包括文学思潮、流派、风格、方法等。文学理论是不断发展变化着的文学实践的理论总结，因此，其自身也有一个发展过程。

文学批评 literary criticism 文艺学的组成部分。指按照一定的标准对作家作品和文学现象（包括文学运动、文学思潮和文学流派等）所作的研究、分析、认识和评价。文学批评以文学鉴赏为基础，同时又是文学鉴赏的深化和提高。在文艺学的诸种研究形态中，文学批评是最活跃、最经常、最普遍的一种，也是进行文学论争较为常见的方式。

文学批评往往依据相关的文学理论在文学发展的背景中对文学现象做出理论性的分析和评价，文学理论在某种意义上是文学批评所要依据的基础；同时，文学批评实践又为文学理论的发展创造新的理论命题与范畴。文学批评既要分析和评价艺术形式，又要对一定的艺术形式所表现的艺术内容进行分析和评价，同时还涉及作家的创造、读者的接受、社会思潮等相关的问题。因而，文学批评时常同哲学、美学、伦理学、宗教、心理学、政治等其他人文学科和社会科学发生密切联系。

20世纪被有些西方学者称为“批评的世纪”，各种批评理论风起云涌，出现了理论化倾向和跨学科的泛文化研究的发展倾向。主要有俄国形式主义、精神分析批评、新批评、法国结构主义、西方马克思主义、解构主义、女权主义、读者反应批评、新历史主义、后殖民主义、文化研究等。这些批评理论对中国20世纪80～90年代的文学批评都产生过或多或少的影响。

文学社 中国清末湖北地区主要革命团体之一。其前身为由日知会嬗变而成的群治学社。1910年（宣统二年），群治学社遭破坏，旋议决将群治学社改组为振武学社。蒋翊武等于1911年1月30日邀集各标、营革命士兵代表在武昌黄鹤楼开会，议决将振武学社改组为文学社。选举蒋翊武为社长。文学社总机关设在武昌小朝街85号，随即又设阳夏支部领导汉阳、汉口社务。社员绝大多数为趋向革命的士兵和青年学生，也吸收少数进步的下级军官参加。最多时发展到

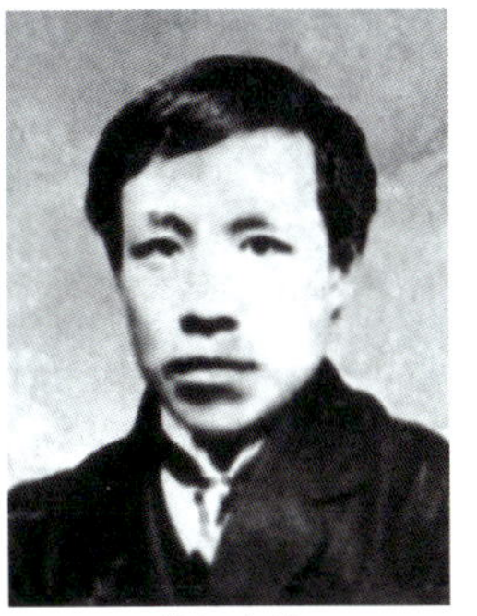
蒋翊武像

两三千人，几乎遍及湖北各标营队。文学社成立后不久，就与中国同盟会中部总会取得联系。在黄兴的鼓励和中部总会的促进下，文学社与湖北地区另一主要革命团体共进会于9月14日举行联席会议，正式确定建立统一的起义领导机构，并筹划起义后的革命政权组成问题。10月10日，文学社与共进会共同发动武昌起义，并且对武昌首义和湖北军政府的成立作出重大贡献。武昌首义后，文学社公议全体加入同盟会，取消原有的名称。

文学研究会 Society of Researching in Literatures 中国五四新文学运动中最早成立的文学社团。1921年1月4日在北京正式成立，发起人为郑振铎、沈雁冰、叶绍钧、许地山、王统照、耿济之、郭绍虞、周作人、孙伏园、朱希祖、瞿世英、蒋百里。后发展会员共达170余人。文学研究会把《小说月报》作为会刊，此外还陆续出版了《文学旬刊》等刊物，出版了以介绍外国文学作品为主，同时也注重本国新文学创作的“文学研究会丛书”200多种。文学研究会“以研究介绍世界文学，整理中国旧文学，创造新文学为宗旨”（《文学研究会简章》）。奉行的原则是：“反对把文学作为消遣品，也反对把文学作为个人发泄牢骚的工具，主张文学为人生。”（沈雁冰《关于文学研究会》）从“为人生”出发，他们反对封建主义，反对“鸳鸯蝴蝶派”的市民文学，反对唯美派脱离人生的“以文学为纯艺术”的观点，他们的创作大都以现实人生为题材，产生了一批所谓“问题小说”。在创作方法上倾向于现实主义。由于时代限制和理论局限，他们的理论主张中常夹杂着自然主义成分。

文学研究会不但是中国现代成立最早的文学社团，而且因其成员多，影响大，在流派发展上具有鲜明突出的特色，成为新文学运动中最为重要的一个文学社团。1932年初《小说月报》停刊后，该会活动基本停顿。

文言小说 classical Chinese novels 小说的一种类型。中国古代小说绝大多数用文言写成，唐代以后白话小说才逐渐兴起。五四运动时文学界提倡白话文，于是文言小说渐无声息。古代的文言小说包括各种属类，如杂事、异闻、琐语等属，又有志怪、传奇、杂俎等类，近人统称之为文言小说，如《中国文言小说书目》（袁行霈、侯忠义著）、《中国文言小说总目提要》（宁稼雨著），都以清代为下限（《总目提要》收及个别民国初年作品）。其实民国时期仍有苏曼殊、徐枕亚等写作文言小说，故不能以文体断代。

文彦博 Wen Yanbo（1006～1097） 中国北宋大臣。字宽夫。汾州介休（今属山西）人。天圣五年（1027）进士。历任知县、通判，后由监察御史迁殿中侍御史。时黄德和诬陷刘平等兵败投降西夏，文彦博主持审理，使这一冤案得到平反。后为河东转运使、枢密副使、参知政事。庆历八年（1048），以镇压贝州王则兵变，由参知政事任宰相。皇祐三年（1051）罢相，出知许州等地。至和二年（1055），与富弼同时受命，再次拜相。嘉祐三年（1058），出判河南府。四年，封潞国公。治平二年（1065），为枢密使。他始终反对王安石变法。熙宁五年（1072），极力反对市易司差官监卖果实，以为“损国体，敛民怨”，说华州山崩是天意不赞成变法的表示。六年，以守司徒兼侍中出判河阳（孟州，今河南孟县南）。元祐初，司马光当政，文彦博以元老重臣为平章军国重事，参与废除新法。五年（1090）致仕。宋哲宗行“绍述”之政，文彦博贬官，卒。有《文潞公集》传世。

文艺复兴 Renaissance 14～16世纪反映西欧各国正在形成中的资产阶级要求的思想、文化运动。其主要中心最初在意大利，16世纪扩及德意志、尼德兰、英国、法国和西班牙等地。文艺复兴的概念在14～16世纪时已被意大利的人文主义作家和学者所使用。词源自意大利文“Rinascita”，一般多写为法文“Renaissance”。文艺复兴着重表明了新文化以古典为师的一面，但它并非单纯的古典复兴，实际上是反封建的新文化的创造。文艺复兴宣扬个性解放、尊重人、爱人等人文主义思想，用资产阶级的“人道”反对封建阶级的“神道”，用资产阶级的纵欲主义反对封建阶级的禁欲主义。文艺复兴主要表现在科学、文学和艺术的普遍高涨方面。

手执《神曲》的但丁

13世纪末14世纪初，意大利在欧洲最早产生资本主义萌芽。先进地区有佛罗伦萨、热那亚、威尼斯等地。这3个城市成为意大利乃至整个欧洲的文艺复兴发源地和最大中心。

意大利文艺复兴最早的两位代表人物是佛罗伦萨诗人但丁和画家乔托。14世纪后半期又出现了两名新文化的代表人物：F.彼特拉克和G.薄伽丘。

15世纪，人文主义在意大利蓬勃发展。随着对古典文化的学习，人文主义思想也日益发展，深入人心。这一时期文艺复兴的代表人物有人文主义者L.布鲁尼和L.瓦拉，建筑家F.布鲁内莱斯基和数学家L.B.阿尔贝蒂，雕刻家多纳太罗，画家马萨乔和S.波提切利。

16世纪是意大利文艺复兴特别繁荣的时期，产生了3位伟大的艺术家：达·芬奇、米开朗琪罗和拉斐尔。

德意志的人文主义代表人物是鹿特丹的D.伊拉斯谟。德意志文艺复兴在艺术方面的突出代表有著名艺术家A.丢勒。尼德兰画派从15世纪起即注重写实，名家辈出，到16世纪产生了绰号庄稼汉的画家P.勃鲁盖尔（老）。

英国文艺复兴的代表人物是人文主义者和空想社会主义者的先驱T.莫尔。他的名著《乌托邦》对私有制进行了无情的批判，并设计了一个“公有”的空想社会，对后世影响很大。哲学家F.培根提倡“知识就是力量”。戏剧家W.莎士比亚则是文艺复兴文学的巨人之一，他写有37部戏剧、两首长诗和154首十四行诗。法国的学者M.de蒙田强调自由思考，反对禁欲主义教条；他的散文言情说理，舒展自然，在传播人文主义思想方面发挥了巨大作用。法国文学家F.拉伯雷，以长篇小说《巨人传》在欧洲获得崇高声誉。他批斥封建思想，强调人性发展和教育的作用，反映了资产阶级的要求。西班牙的文学巨匠M.de塞万提斯的小说《堂吉诃德》，是可与莎士比亚的戏剧并列的世界文化宝库中的瑰宝。在艺术方面，法国、西班牙也达到了高度的繁荣，文艺复兴美术成为本国艺术发展史上的重要篇章之一。

文艺复兴运动不仅是希腊、罗马古典文化影响的结果，它还吸收了外来文化，特别是阿拉伯、印度和中国文化中许多有用的东西，中国的指南针、火药制造术、造纸术引起了欧洲航海、军事、文化等领域的革命，对文艺复兴起了重要推动作用。

文艺复兴美术 Renaissance art 欧洲14～16世纪人文主义兴起和盛行时期的美术。首先在意大利发生并达到盛期，以后传播到尼德兰、法国、德国、英国、西班牙等地区和国家，席卷欧洲。

图1 乔托作《哀悼耶稣》(1305～1308)

根据各国各地具体情况，文艺复兴美术的发展分期各有不同。在意大利（以佛罗伦萨为主要代表）可分为三期：初始期（14世纪）、早期（15世纪）和盛期（16世纪）；在尼德兰则分为二期：15世纪和16世纪；在法国、英国、德国、西班牙等国主要为16世纪一期，一般不再细分。

意大利 早在13世纪后半期，意大利中部以佛罗伦萨为中心出现了新的美术动向，意味着从中世纪美术向文艺复兴美术的过渡。这一时期的代表有画家奇马布埃和雕塑家N.皮萨诺。

初始期 自奇马布埃以后，佛罗伦萨画派成为新美术最主要的流派，14世纪时产生了艺术家乔托。乔托的艺术具有鲜明的写实主义倾向。乔托之后，佛罗伦萨画派人员众多，并影响于整个托斯卡纳地区。在雕塑方面，皮萨诺之后有其子G.皮萨诺以及佛罗伦萨的雕塑家和建筑家阿诺尔福·迪坎比奥。

早期 15世纪初，佛罗伦萨艺术首先从建筑和雕塑方面掀起高潮，建筑家F.布鲁内莱斯基在设计中运用古典风格与柱式，还发明透视画法，引起造型艺术的革命。与布鲁内莱斯基赴罗马实地考察的雕塑家多纳太罗则竭力追慕古典艺术的写实手法，

图2 米开朗琪罗作《圣母哀子》(1498～1499，圣彼得教堂藏)

开始创作完美的裸体形象。雕刻家L.吉贝尔蒂穷毕生之力制作了佛罗伦萨洗礼堂的两座青铜门，其中一座被誉为天堂之门。佛罗伦萨画家马萨乔将上述诸人成果用之于绘画，第一次以科学手法构图着色。继他之后，佛罗伦萨人才辈出，产生不少一流大师，如F.安杰利科、P.乌切洛、F.利皮、A.del卡斯塔尼奥、A.波拉尤奥洛、S.博蒂切利、D.吉兰达约等。他们都从不同角度发扬了写实主义与人文主义相结合的传统。艺术理论家兼建筑师L.B.阿尔贝蒂的《绘画论》(1435)、《建筑论》(1452)等书是新美术最重要的理论著作。

在佛罗伦萨影响下，意大利中部先后出现了几位大艺术家：画家弗朗切斯卡、雕塑家J.della奎尔恰，以及前者的门徒L.西尼奥雷利和梅洛佐·达福尔利。与佛罗伦萨邻近的地区还形成了锡耶纳画派和翁布里亚画派。

意大利北部15世纪也开展了新美术运动。早期的代表是彼桑奈罗，后期则是A.曼泰尼亚。北部也出现了弗拉拉画派和威尼斯画派。弗拉拉画派主要代表有C.图拉和F.科萨。15世纪威尼斯画派的代表是贝利尼家族。

盛期 意大利美术在16世纪达到了繁荣的顶点。盛期文艺复兴美术的三位主要代表是达·芬奇、米开朗琪罗和拉斐尔。达·芬奇的特点是熔艺术与科学于一炉，米开朗琪罗在雕塑、绘画和建筑方面都留下了最能代表盛期文艺复兴水平的典范创作，拉斐尔则以秀美、典雅的风格著称。

除上述三位主要代表外，在建筑、绘画、雕塑方面还有不少名家，他们的创作共同构成了近代西方艺术传统中的典范风格，几百年间盛行不衰。建筑方面的代表是D.布拉曼特和A.帕拉第奥。在绘画方面，古典风格的代表还有佛罗伦萨画家F.巴尔托洛梅奥和A.del萨尔托。

在盛期文艺复兴美术中成果丰富的还有威尼斯画派。它在16世纪先后出现了乔尔乔涅、提香、丁托列托和P.韦罗内塞四大家，尤以提香长达70年的创作活动为威尼斯画派赢得了雄视全欧的声誉。

在意大利16世纪艺术中异军突起的流派是样式主义。样式主义最早于1515～1520年间在佛罗伦萨萌发，16世纪中期及后期甚为流行，代表者有J.da蓬托尔莫、F.罗索、I.布龙齐诺和G.瓦萨里等。

图3 韦罗内塞作《迦南结婚仪式》(1563，卢浮宫博物馆藏)

尼德兰 15世纪 15世纪是尼德兰文艺复兴美术的第一个发展阶段。尼德兰文艺复兴美术的兴起是在14世纪末15世纪初，它接受了意大利的一些影响，但主要是从本地的后期哥特式艺术转变而来。最初的代表有雕塑家C.斯吕特、画家M.布罗耶德拉姆和P.de林堡。在他们之后，尼德兰美术产生了几位卓有成就的写实主义大师：R.康平、凡·爱克兄弟以及R.van der韦登。他们首先使用了油画技法，然后油画传入意大利，成为西方近代绘画通用的形式。

到15世纪后期，尼德兰全境形成了几个地区性的艺术流派：代表性人物在南部尼德兰有布鲁日的P.克里斯特斯和H.梅姆灵；在根特有H.van der胡斯；在鲁汶有D.包茨。北部尼德兰则有圣扬斯的海特亨和15世纪末著名的大师H.博斯。

16世纪 16世纪是尼德兰文艺复兴美术的第二个发展阶段，不少尼德兰画家着意追摹罗马画派和威尼斯画派的艺术，因此有罗马主义或罗马派之称。罗马派的著名代表是J.van斯科雷尔和J.戈沙尔特。最有成就的尼德兰艺术大师是P.勃鲁盖尔。

法国 法国文艺复兴美术在15世纪后期受意大利及尼德兰的影响开始萌发，代表画家有J.富凯等人。其蓬勃发展则在16世纪。当时，达·芬奇等艺术大师应邀赴法工作，促成了法国文艺复兴运动的高涨。以后来法的有罗索、B.切利尼等人，他们以枫丹白露为据点，对法国美术影响巨大。与此同时，不少法国艺术家也成长起来，在建筑方面有R.de罗姆和勒斯科，雕塑有J.古戎，绘画则有F.克卢埃等。作为法国文艺复兴美术的最重要纪念物则有卢浮宫(1546年动工)，勒斯科主持建筑，古戎主持雕刻，堪称珠联璧合。

德国 德国文艺复兴美术产生了不少绘画大师。著名的有A.丢勒、M.格吕内瓦尔德、L.克拉纳赫、H.荷尔拜因和A.阿尔特多费尔，虽然他们的风格特色各有不同，却都以写实主义的成就显示了新美术的巨

图4 丢勒作《画家之父》

大进展。德国还是西方印刷术的摇篮和中心，使艺术家也注意甚至集中主要精力于版画的创作，丢勒、荷尔拜因等都是西方版画史上负有盛名的大师。在建筑与雕塑方面，德国的艺术家侧重于使哥特式传统和意大利风格互相融合，带有民族色彩，代表作如海德堡的选侯宫（1556～1559）。

英国 英国文艺复兴美术从16世纪开始发展。由于时处都铎王朝，因此，新建筑获得都铎风格之名，主要表现在贵族府邸建筑上，代表作如朗格里特府邸（1567～1579）。英国的文艺复兴绘画受德国艺术家荷尔拜因影响甚大，他作为欧洲著名的肖像画家两次（1526～1528，1532～1543）来英工作直至去世，启发了英国一代画师，其中包括肖像画家N.希利亚德。

西班牙 西班牙文艺复兴美术由于其国势突然强盛而获得巨大推动力。西班牙文艺复兴绘画的主要代表是出生于希腊的E.格列柯。主要建筑物则是埃斯科里亚尔宫（1563～1584）。

文艺学 literature and art, science of 研究文学的性质及其发生、发展规律以及研究与文学有关的理论、批评的学科。这一术语是20世纪50年代从俄文翻译过来的，直译应为“文学学”，意为“关于文学的学问”，由于不符合汉语的习惯而称之为“文艺学”。文艺学的历史悠久，几乎与文学同时出现。

在中国，一般将文艺学分为文学理论、文学史、文学批评三个主要部分，也有人主张加上文学理论史和文学批评史，从而细分为五个组成部分。文艺学的三个组成部分具有不同的研究对象和任务，其关系是既相互独立又相互渗透的。文学理论研究的是与文学有关的原理、范畴，要以文学史所提供的大量具体的文学作品和文学批评实践所取得的理论认识为基础；文学史研究又得益于文学理论所阐明的某些具有共性的原理、范畴；文学批评研究则往往直接地以文学理论为依据。此外，文学理论与文学批评的关系更加密切，研究者往往是在具体的文学批评实践中总结出某种关于文学的理论的。哲学与美学同文艺学关系密切，它们往往构成文艺学发展的理论与方法论基础；同时，语言学、宗教、社会学、历史学、民俗学等其他人文学科也对文艺学的发展具有很大的影响。

《文艺阵地》 *Literary Position* 中国现代文学期刊。是抗日战争期间影响最大、历时最长的文学杂志之一。初为半月刊，后改为月刊，并出丛刊、新辑。编辑出版的地点辗转于广州、香港、上海和重庆。1938年4月16日在汉口创刊，至1944年3月出最后一本《文阵新辑》，历时6年，共出63期。该刊主编或实际编务人员有茅盾、楼适夷、叶以群、孔罗荪等。这是一个兼顾创作、评论、翻译的大型综合性文艺刊物。

《文艺阵地》始终表现着鲜明的进步倾向。创刊号发表张天翼小说《华威先生》和李南桌论文《广现实主义》，首先从创作和理论上提出了抗战阵营中黑暗现实的暴露问题。文艺大众化是刊物集中关注的一个焦点，茅盾曾写《大众化与利用旧形式》等文，加以积极倡导。刊物发表了许多在当时颇有影响并载入文学史册的作品，如小说《差半车麦秸》（姚雪垠）、《刘粹刚之死》（萧乾）、《霜叶红于二月花》（茅盾，刊前9章）；诗歌《泥土的歌》（臧克家）等；报告文学《东战场别动队》（骆宾基）、《人性的恢复》（沈起予）等。也介绍包括日本在内的国外文坛现状，注重译介外国进步文学，主要是俄苏文学。

《文苑英华》 *Best Literary Works* 中国大型诗文总集。北宋太宗太平兴国七年（982）李昉、宋白、徐铉等奉诏编撰，雍熙三年十二月（987年1月）编成。1 000卷，另有目录50卷。入选篇目时限与《文选》相衔接，收录南朝梁代至晚唐五代作家2 200余人，诗文近2万篇，其中9/10是唐代的作品。入选诗文按体裁分赋、诗、歌行、杂文、中书制诰、翰林制诰等38类，各体之中又按题材内容分为若干门目。太宗诏书中原定编纂此书的原则是“止取菁英”，故定名为《文苑英华》。书成后，在真宗景德四年（1007）、大中祥符二年（1009）还曾进行过两次修订。

《文苑英华》比较充分地利用了北宋初年多方聚集起来的国家藏书，大量收录作品，对柳宗元、白居易、权德舆、李商隐、顾云、罗隐等人诗文或予全卷收入，客观上起到了保存文献的作用。所以，《四库全书总目提要》称之为“著作之渊海”，在文献辑佚、校勘和考订方面有很高的价值。但作为撷取精华的选本，此书篇幅过大，“编次未精”，在编选上有滥收、阙收等弊病。

1966年中华书局出版的《文苑英华》，采用宋刻本140卷，配以明刻本860卷影印，编制了新的目录和索引，并附入彭叔夏《文苑英华辨证》、清人劳格《文苑英华辨证拾遗》2种。

文摘报 press digest 中国以简要文字摘编国内外报刊文章精华和资料的报纸。中国早在19世纪末就出现过文摘性报刊，但数量不多。1978年以后，众多文摘报在全国各地相继创办。1980年1月1日上海解放日报社创办《报刊文摘》后，全国已有30余种文摘报。刊期有周刊、旬刊或半月刊等多种；发行量少则5万份，多则达400万份左右。

文摘报分综合性、专业性两类。综合性文摘报主要精选精编国内外报纸、刊物上登载的时政、经济、艺术、科技等方面的新动向、新观点、新问题以及具有知识性和趣味性的新闻、资料。如创刊于1981年10月6日，光明日报社主办的《文摘报》，具有“集百家之精华，成一家之特色”的风格，受到读者的欢迎。专业性文摘报则围绕某一专业摘编全国报纸、刊物中的有关资料，供与该专业有关的读者参考。

《文章流别论》 中国文学理论专著。晋挚虞撰。挚虞（？～311），字仲洽。京兆长安（今陕西西安）人。少从皇甫谧学，才学博通。晋武帝泰始四年（268）举贤良，拜中郎、太常卿。永嘉五年（311），石勒攻破洛阳，人相饥食，挚虞素清贫，竟至饿卒。

挚虞博学多才，著有《决疑要注》1卷，《三辅决录注》7卷，编辑《文章流别集》30卷。《晋书·挚虞传》载，他“撰古文章，类聚区分为三十卷，名曰《流别集》”。《文章流别志》、《文章流别论》当是《文章流别集》所附评论，后人摘出独行。《文章流别论》原文早佚，后人从《北堂书钞》、《艺文类聚》、《太平御览》等类书中辑录有十余条，从中可以看出《文章流别集》是分文体收录的总集。现存佚文涉及颂、赋、诗、七、箴、铭、诔、哀辞、哀策、对问、碑、图谶等十多种文体，讨论每种文体的性质、起源和流传，重在辨别源流，最后表达作者对该文体的观点。

文徵明 Wen Zhengming（1470～1559） 中国明代画家、书法家、文学家。初名壁，字徵明，以字行，改字徵仲，号衡山居士。长洲（今江苏苏州）人。出身仕宦之家，早年攻诗文书画，师事吴宽、李应祯、沈周等人。少时即负盛名，与祝允明、唐寅、徐祯卿并称为吴中四才子。嘉靖元年（1522），得苏州巡抚李充嗣推荐，经吏部考试后授翰林院待诏。4年后辞官南归，筑玉磬山房，家居以翰墨自娱，潜心书画30

余年。书法清俊秀雅，与祝允明、王宠并称吴中三家。绘画造诣尤深，其声名远布四方，求画者盈门，许多应酬之作不得不请他人代笔。其绘画技艺全面，山水、人物、花卉、兰竹兼能，尤以山水著称，与沈周一同奠定了吴门派的基调。山水画多描写江南园林景物和文人的生活环境。画法远承董源，亦受沈周影响，但主要宗法赵孟頫、王蒙、吴镇。学沈周、吴镇的，呈水墨粗笔面貌，世称粗文；宗赵孟頫、王蒙的，多青绿重染，世称细文。早年以工细为主，中年以后粗细兼能，愈晚愈工，苍劲与秀润兼具，其中细笔是他的主要风格。所作都能呈现出自身艺术特点：景致平和恬静，很少动荡、奇异之势；布局层叠而上，纵深空间不大；笔墨清秀含蓄，不作刻露、雕琢之迹；追求"利家"的天真生拙，不求"行家"的精工娴熟；注重抒情味和书卷气，较少豪壮气势。早期较著名的有《烟江叠嶂图》、《南窗寄傲图》。《湘君湘夫人图》，为早期人物画杰作。中期精品颇多，如《林榭煎茶图》，《惠山茶会图》。晚年细笔画更趋精工，如《江南春图》，《古木寒泉图》。粗笔画如《溪桥策杖图》、《枯木疏篁图》等，将沈周、吴镇的水墨法和赵孟頫的枯木竹石法熔于一炉，形成自己独具的风貌。

图1 《湘君湘夫人图》（故宫博物院藏）

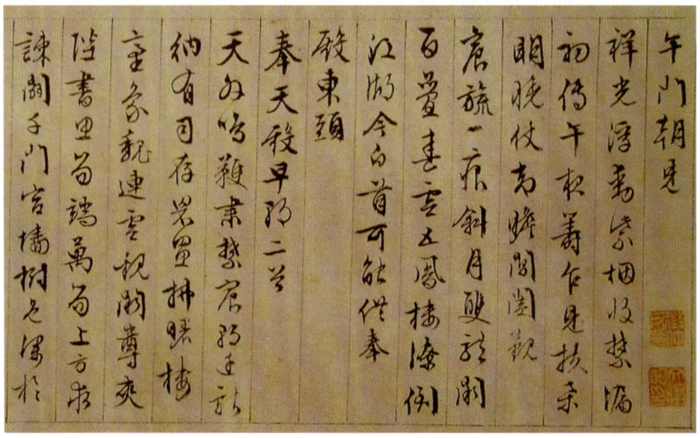
图2 行书《自书诗卷》（局部）

文徵明的书法兼工篆、隶、楷、行、草等书体，尤精楷、行。其楷书师承晋唐各家，法度严谨，笔锋挺秀，书体端正，格调清俊。80岁以后尚能书蝇头小楷。《真赏斋铭并序》作于88岁，笔力苍劲，已达到炉火纯青境地。行、草书早年师法怀素和苏轼、黄庭坚、米芾，后融合《圣教序》和智永，自成一体，风格遒劲俊秀；晚年喜书大草字，多效黄庭坚。代表作有《南窗记》(《南窗寄傲图》卷后题记)，仿晋唐法，清劲文秀；《诗稿五种》册流畅挺秀，为成熟时的典型面貌；《西苑诗》册，变化王羲之、赵孟頫笔法，苍劲遒媚，反映了晚年的面貌。

文徵明诗文与柳宗元、白居易风格接近，独步于当时"七子"拟古文风之外，自成一格。他的大量"题画"诗，与书、画有机结合，互相补充，形成"诗中有画，画中有诗"的境界。代表作有《重修兰亭记》、《晦庵诗话序》等。著有《甫田集》35卷，附录行略1卷，其中收诗741首、文159篇。

文竹 *Asparagus setaceus*; asparagus fern 百合科天门冬属的一种。多年生常绿草本植物。原产非洲南部，世界各地普遍栽培。根部稍肉质。茎细长，多分枝，具攀缘性。叶状枝纤细，水平开展，刚毛状。花小，两性，白色。浆果球形，成熟时黑色。主要品种有：矮文竹、大文竹、细叶文竹、圆锥文竹、柏叶文竹。喜温暖湿润环境，不耐强光和低温，也不耐干旱。性喜肥，要求疏松肥沃、排水性良好的土壤。忌浇水过多，以免引起肉质根腐烂。通常播种繁殖。成龄植株攀附在支架上，形成整齐美丽的造型，装饰性强。文竹也是插花常用的良好叶材。

文字 writing 语言的书写符号，人与人之间交流信息的约定俗成的视觉信号系统。这些符号要能灵活地书写由声音构成的语言，将信息送到远方，传到后代。

文字起源于图画。表示意义的图画要发展到和语言相结合，能够完整地书写语言，这才成为语言的有效记录，即成熟的文字。许多民族都创造过原始文字，但只有极少几个民族的文字发展到成熟程度。名副其实的文字有3种主要类型：词符与音节符并用的文字、音节文字和字母文字。这3种类型代表文字发展的3个阶段。

从单个符号来看，文字有3种基本的表达方法：表形（象形）、表意（会意、指事）和表音（假借、谐声）。具体的文字，往往混合应用几种表达方法，而以一种或两种方法为主。

体式是文字的外形。如埃及早期的文字大都是图形符号，主要用于碑铭，称为圣书体。中期由于用软笔在纸草上书写，体式变为草书笔画，主要用于书写经文，称为僧侣体。晚期笔画大为简化，主要用于写信和记账，称为大众体。3种体式很不相同，但是基本结构相同（见图）。

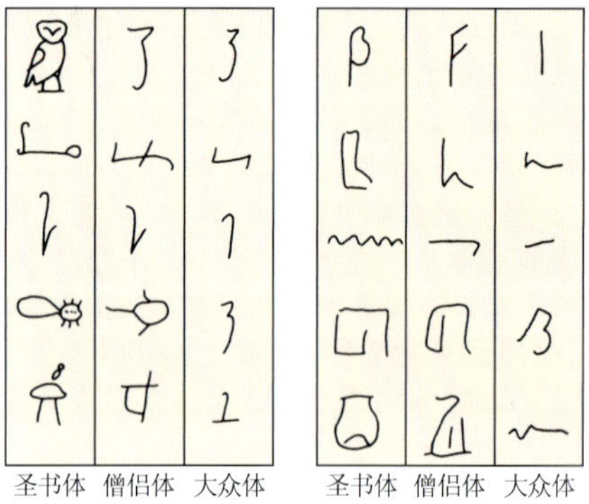

古埃及文字演变举例

西亚的美索不达米亚（即两河流域，在今伊拉克）的苏美尔文字，可能更古于埃及文字。中国汉字则有甲骨文、金文、篆书、隶书、行书、楷书、草书等各种体式。

文字的主要发源地，除北非、西亚和东亚以外，还有美洲的墨西哥（尤卡坦半岛）。文字随着文化，尤其是宗教传播四方。同一种文字可以传播到语言完全不同的民族。拉丁字母的传播最为广泛。

文字处理排版 word processing and typesetting 在出版与印刷领域，将文字信息按要求进行加工和再现的技术。在出版物中，按照出版物的设计风格样式和技术规格等要求，文字必须以某种要求的属性和特征，安排在页面及版面合适的位置上。排版就是完成上述任务的过程。

中国的毕昇（11世纪）、德国的J.谷登堡（15世纪）分别发明了泥活字和铅合金活字以后，手工文字排版延续了数百年。进入20世纪，先后出现了手动照相排字机、光学机械式自动照排机和阴极射线管自动照排机。70年代中叶，激光照排机在英国推出，它将计算机上的文字排版页面信息，用激光曝光记录到感光胶片上，成为计算机文字信息处理和排版系统的重要记录输出设备。中国科技人员研制的中文手动照排机、汉字激光照排系统等，极大地推动了汉字信息处理、出版印刷技术的进步。最新的电子排版技术还可以利用计算机直接制版，进一步提高了出版的效率。

文字改革 language planning 文字和语言有计划地发展，以适应现代需要为目的。又称语文现代化。文字改革运动始于明治维新前后的日本和甲午战争前后的中国。第二次世界大战之后，许多新兴国家需要建设和改革语文，兴起一门学问，称为语言计划，又译语文规划，研究语文发展的规律和具体问题。

在中国，汉族的文字改革又称汉字改革。清末以来，经历了切音字运动、国语运动、白话文运动、注音字母运动、国语罗马字运动、拉丁化新文字运动、手头字运动。这一系列运动的要求可以归纳为4个方面：语言的共同化、文体的口语化、文字的简便化和表音的字母化。

方言复杂的汉族，需要一种大家通用的共同语。民国初年，尝试以多数省份的汉字共同读音为标准，1924年改为以一般北京人的语音为标准。1955年全国文字改革会议把国语改称普通话，1982年宪法规定，推广全国通用的普通话。台湾仍称“国语”，1945年后普及了“国语”。新加坡改称华语，独立后在华人中间普及了华语。

汉字笔画繁、字数多、读音乱、检索难，清末开始提倡简化汉字，要求定形、定量、定音、定序。1956年国务院公布了《汉字简化方案》，简化字初次得到正式推行。

世界上其他许多国家也进行过各种各样的文字改革，以适应本国的需要。

文字狱 literary inquisition 中国历史上因文字犯禁或借文字罗织罪名清除异己而设置的刑狱。始见于南宋，以明清两朝最甚。

明文字狱始见于洪武七年（1374）。时苏州知府魏观将新府衙建于张士诚宫殿旧址，高启作《上梁文》中又有“龙蟠虎踞”四字，因此触犯明太祖朱元璋忌讳而被杀。洪武十七年以后，又先后发生多起因上贺表、谢笺引起的文字狱。据载因当时勋臣不满于朱元璋重文轻武，遂进谗言“文人善讥讪”，朱元璋从此对天下章奏动生疑忌。洪武二十九年礼部颁行谢表式后，才不再发生以贺表、谢笺获罪之事。但洪武三十年南北榜案中，考官因所进试卷中有“一气交而万物成”及“至尊者君，至卑者臣”，被认为讥讽朝廷，有凶恶字而获罪。明初文字狱贯穿洪武一朝，是明太祖朱元璋为推行文化专制统治所采取的极端手段，并为后世封建统治者所效法。

清代文字狱，一般以康熙二年（1663）的庄廷鑨《明史》案为起始，亦有追溯到顺治五年（1648）毛重倬等仿刻《制艺序》案的，下限则在乾隆五十三年（1788）的贺世盛《笃国策》案。在康、雍、乾三朝的百余年间，文字狱多达上百起，而且愈演愈烈。清代前期文字狱大致有3种情况：①清先世曾臣服于明朝，受官袭爵，闻命即从。入主中原之后，清廷对此段史事讳莫如深，因此，不仅将旧有史籍刊削、禁毁，而且对凡继续编写乃至收藏者，则以“大逆”之罪滥加诛戮。②清初反清思想久久不能消弭，尤其是汉族士大夫眷恋故明，宣扬“夷夏之防”一类思想，对巩固清廷统治极为不利。为了强化满洲贵族的封建专制统治，对反清思想就势必要用暴力加以打击。③康雍之际，清皇族中权力斗争空前激化，史称夺嫡之争。雍正帝即位之后，为了巩固已得的胜利，除杀戮夺嫡诸王外，不惜借助文字狱来打击“党附诸王”的势力。此外，尚有皇帝滥施专制淫威而出现的文字狱。清代前期文字狱的冤滥，桎梏了学术思想的发展，助长了阿谀奉承、诬告陷害之风。到乾隆末叶，一方面清廷已经通过文字狱达到了预期目的，另一方面，隐伏着的社会危机日益加剧，清代统治者面临着比反清思想更为严重的社会问题，文字狱遂趋于平息。

闻一多 Wen Yiduo (1899-11-24～1946-07-15) 中国诗人、文史学者。名亦多，字友三，亦字友山，家族排行名家骅。后改名多，又改名一多。生于湖北浠水。1912年考取北京清华学校，曾任《清华周报》编辑、《清华学报》学生部编辑，发表旧体诗文多篇。1920年7月，第一首新诗《西岸》发表，以后连续发表新诗。

早期的诗，形式多为自由体，较为突出地表现了唯美的倾向和秾丽的风格。1921年11月，清华文学社成立，为其重要成员。同年12月，在清华文学社作《诗的格律研究》的学术演讲，次年写成《律诗底研究》，开始进行系统的新诗格律化的理论研究。1922年去美国留学，学习绘画，进修文学，研究中国古典诗歌和英国近代诗歌。其间创作、发表了《太阳吟》、《孤雁》等诗，表达对祖国的思念。还在《创造周报》上发表《〈女神〉之时代精神》等有影响的新诗评论。1923年印行第一本新诗集《红烛》后，开始致力于新诗创作。1925年自美回国，在北京艺术专科学校任教，并成为徐志摩主编的《晨报副刊·诗镌》的主要撰稿人。1926年发表论文《诗的格律》，提出新诗要具有“音乐的美（音节），绘画的美（辞藻），并且还有建筑的美（节的匀称和句的均齐）”。开创了格律体的新诗流派，影响了不少后起诗人。

1928年，第二本诗集《死水》出版，收1925年以后的诗作28首，作品内容更为充实，形式整齐，语言凝练，形成了独具的沉郁奇丽的艺术风格。同年3月，《新月》杂志创刊，列名编辑，在该刊上发表少量译著。秋后，任武汉大学文学院院长兼中文系主任，从此致力于中国古代文学研究。1930年转任青岛大学文学院长兼国文系主任。1932年定居北京，任清华大学中国文学系教授。抗日战争爆发后，在由北大、清华、南开三校组成的长沙临时大学任教。1938年到昆明西南联合大学任教授。此时，他广泛地研究了中国古代文化遗产，由唐诗研究开始，上溯先秦汉魏六朝，乃至于古代神话、甲骨文和钟鼎文，以文学为中心，旁涉民俗学、社会学、人类学，形成一个完整的中国文学史和文化史的研究体系。对《周易》、《诗经》、《庄子》、《楚辞》研究的学术贡献尤大，著有《神话与诗》、《唐诗杂论》、《古典新义》等专著。1942年出版《楚辞校补》，得到学术界的普遍赞誉。1944年加入中国民主同盟，抗战胜利后出任民盟中央执行委员、云南总支部宣传委员兼《民主周刊》社社长，成为积极的民主斗士。1946年7月15日在云南大学举行的李公朴追悼大会上讲演，抨击国民党，当晚被国民党特务暗杀。1948年开明书店出版了《闻一多全集》。

闻诊 listening and smelling 中医望闻问切四诊方法之一。运用听觉和嗅觉，通过对病人发出的声音和体内排泄物发出的各种气味的诊察来推断疾病的诊法。由于人体内发出的各种声音和气味均是在脏腑生理和病理活动中产生的，因此声音和气味的变化能反映脏腑的生理和病理变化，在临床上可推断正气盛衰和判断疾病种类。闻诊包括听声音和嗅气味两方面。听声音是指诊察病人的声音、语言、呼吸、咳嗽、呕吐、呃逆、嗳气、太息、喷嚏、肠鸣等各种声响，主要是根据声音的大小、高低、清浊，区别寒热虚实。通常，声高气粗重浊多属实证，反之则属虚证。语言错乱多属心之病变，呼吸、咳嗽、喷嚏多与肺病有关，呕吐、呃逆、嗳气多是胃失和降，胃气上逆的表现。太息多与肝郁有关。嗅气味可分病体和病室两方面。病体的气味主要是由于邪毒使人体脏腑、气血、津液产生败气，以致从体窍和排出物发出，据此，可辨脏腑气血的寒热虚实及邪气所在。通常，凡酸腐臭秽者，多属实热证；无臭或略有腥气者，多属虚寒证。病室气味，则是由病体及其排泄物气味散发的，如瘟疫病人室内有霉腐臭气；失血证病人室内有血腥气味；尿臊味多见于水肿病晚期患者。

蚊 Culicidae; mosquito 双翅目蚊科昆虫的统称。又称蚊虫。体细长。口器刺吸式，喙细长；翅脉被鳞片；足长。全世界已知3 500余种。分布极广，除南极外，遍及所有地区。中国现知380余种。

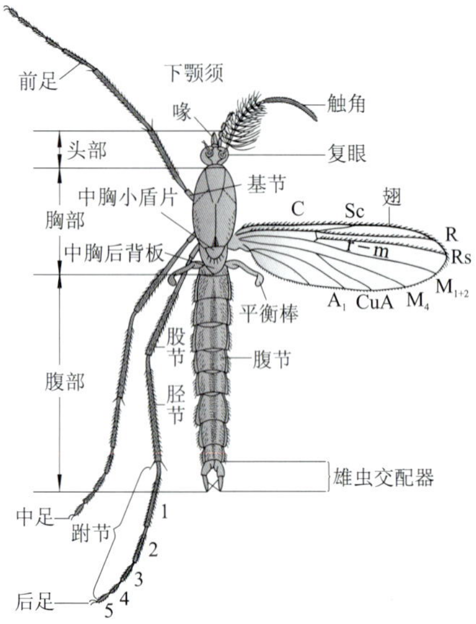

蚊虫模式

雌蚊的滋生场所因种类而异，包括湖泊、沼泽、稻田、水塘、沟渠、泉潭、水井、水坑、缸罐，以至树洞、叶脉和捕虫植物囊袋的积水中。雌蚊在水中产卵，也有产在湿土表面和容器内壁的，有少数种类在浮生植物叶片下产卵。卵孵化成幼虫和蛹后，都栖息在水中，用末端一对气门或呼吸管、或呼吸角呼吸空气。幼虫期4龄，第4龄为成熟幼虫，蜕皮后化为蛹。幼虫以悬浮或附着的微小生物以及其他有机物为食，少数种类是肉食性。蛹不取食，但能活动。雄蚊不吸血，以花蜜和植物汁液为食。雌蚊也可吸食这类食料以维持生命，但大都刺吸血液，只有少数例外，如巨蚊、钩蚊。雌蚊吸血的宿主包括人、其他哺乳类、鸟类、爬虫类、两栖类等动物。蚊科昆虫不仅刺吸人畜血液，而且有些种类是疟疾、丝虫病、黄热病、基孔肯雅病、登革热、流行性乙型脑炎、多种马脊髓脑炎等的传播媒介。蚊科中以按蚊、伊蚊和库蚊最为重要。不同蚊种对宿主有偏好。宿主偏好性、病原体易感性和种群的数量是评定疾病媒介的重要因素。

稳定性理论 stability theory 研究动态系统稳定性的判别和分析的方法。稳定性是系统在初始状态变化后的运动能保持在有限边界区域内或回复到原平衡状态的一种性能。稳定是自动控制系统必须满足的性能指标。稳定性问题是自动控制理论研究的基本问题之一。稳定性理论形成于19世纪末并限于由常微分方程描述的动态系统，它指出任何一个系统中特定运动的稳定性均等价于由该运动与系统确定的另一描述扰动的系统零解（平衡状态）的稳定性，对于线性系统则其任何运动的稳定性均等价于平衡点即零解的稳定性。因此，稳定性理论中总是以讨论系统零解的稳定性为主。现今，稳定性理论的研究不再限于由微分方程描述的连续系统，已经拓展到由差分方程描述的离散系统和由算子方程描述的分布参数系统。

在经典控制理论中，线性定常系统的零解渐近稳定可以直接由系统的特征多项式的系数满足的条件进行判定，这就是代数稳定判据。代数稳定判据由于方法直观、计算简便至今仍是控制系统稳定性研究的主要方法，并在鲁棒稳定性分析中起重要作用。对于时变与非线性系统的稳定性，有效的方法是李雅普诺夫第二方法。对于时变系统无论是线性系统还是非线性系统，系统零解的稳定性与渐近稳定性均与初始时刻有关。控制系统稳定性的另一提法是系统在有界输入下是否具有有界输出。若是则称系统是稳定的，否则系统是不稳定的。通常，称这类稳定性为有界输入-有界输出稳定性，简称BIBO稳定性。对于线性定常系统，在能控与观测的条件下，有界输入-有界输出稳定等价于系统在无控制下的零解是渐近稳定的。对于线性时变系统，当能控与能观测均具有一致性时，这种等价性也成立。线性定常控制系统的BIBO稳定性，常采用描述系统的传递函数或频率特性来判定，已经发展为一种有效的频率域方法。

稳恒态宇宙模型 steady-state model 1948年，英国天文学家H.邦迪、F.霍伊尔和T.戈尔德共同提出的一种宇宙模型。它以完全宇宙学原理为前提，认为宇宙的性质在大尺度时空范围内稳恒不变。不仅在空间上是均匀的、各向同性的，而且在时间上也处于稳定状态，尽管宇宙并非静止。稳恒态宇宙模型可避免大爆炸理论的奇点困难，但要求在宇宙膨胀过程中物质密度不变，物质就必须连续不断地从虚空中创生。诞生率是平均每100亿年在一立方米体积内产生一个氢原子。这样就违背了一些普遍适用的守恒律，如重子数守恒、轻子数守恒、质能守恒等定律。从观测角度来看，稳恒态模型的预言与星系分布和射电源计数显示的宇宙演化不符。特别是根据这种模型也难以解释宇宙微波背景辐射，因而1965年以后在与大爆炸模型的竞争中失利。

稳压器 voltage stabilizing circuit 当负载、输入电源电压、环境等变化引起输出电压变化时，能将电压的变化检出，并通过反馈使输出电压保持恒定的电路。稳压器广为各种电子设备所采用。

典型的直流稳压器是将交流电经变压器变成所需电压后，经整流滤波（平滑）变成直流电压，直流电压的稳定由调整（稳压）电路实现。随着集成电路的发展，一种有热保护功能的IC调节器，将调整电路的稳压功能集成为一个3端子（输入、输出和可变）器件，稳压器的设计变得十分简单。另一种新型的开关型稳压器的电功率损失小，提高开关频率可使变压器和滤波电容小型化，这种稳压电源已被广泛使用。

问卷 questionnaire 社会研究中用来搜集资料的一种工具。形式是一份精心设计的问题表格，用途在于测量人们的行为、态度和特征。问卷的历史可追溯到社会调查广泛开展的19世纪。问卷与抽样、统计分析相结合，成为社会调查方法的最基本特征。

根据使用方法的不同，问卷可分为两种主要的类型：一种为自填式问卷，另一种为访问式问卷或访问调查表。

一份问卷通常包括下述几个部分：①封面信。即一封致被调查者的短信。②填表说明。即对回答者填写问卷的方式、方法及注意事项等的解释和说明。③调查的问题及其答案。这是问卷的主体。④其他资料。如问卷名称、编号，问卷发放和回收日期，调查员、审核员姓名，被调查者的住址，问题的预编码等。

问卷设计要注意以下几个问题。①设计的步骤。②设计的原则。③问题的内容。通常包括3个方面：有关行为方面的，有关态度或看法方面的，有关回答者基本情况方面的。④问题的形式。主要有开放式和封闭式两种。开放式问题，就是不为回答者提供具体答案，由回答者自由回答；封闭式问题，就是在提出问题的同时还给出若干答案，要求回答者根据自己的情况进行选择填答。⑤问题的数量。⑥问题的次序。⑦问题的语言。基本原则是简短、明确，适合样本的文化水平。

在现代社会研究和社会调查中，问卷得到越来越广泛的应用。它的主要优点是：花钱少，时间短，匿名性好，样本可以较大，地域可以很广，资料便于用计算机处理等。缺点是所得资料的质量和问卷的回收率往往难以保证，同时对样本的文化水平有一定的要求，在填写问卷过程中出现的各种误差也不易发现和纠正。

问题儿童 problem child 行为偏离正常标准，父母和师长难以用通常的方法教导，必须采用特殊措施加以矫正的儿童。他们往往表现为适应不良，有反社会倾向以及破坏性，但还没有严重到少年犯罪的程度。问题儿童的适应不良主要是指人格适应困难，他们既不喜欢自己，也不喜欢别人，更不喜欢他应该做的事。问题儿童的反社会行为主要表现为人身攻击、逃学、破坏行为、偷窃、不正当的性活动等。问题儿童主要是不良的生活环境和教育不当造成的。有研究表明，年幼时生活在有严重矛盾冲突的家庭中的儿童缺乏管教，入学后往往产生适应困难。他们经常受正常发展的同伴的抵制、拒绝，学业成绩又差，容易变成问题儿童，进而发展为青少年犯罪。对问题儿童要提供特殊的帮助，如行为矫正技术等，对他们作个别的训练指导。有的地方则实行一种再教育计划，即对那些不能留在正规学校环境里学习的问题儿童，提供一种在特殊学校里住校学习的再教育。在受过特别训练的教师帮助下，实现包括促进学习、调整情绪、行为矫正的再教育目标。

问题解决 problem solving 利用问题情景以及在长期经验中所积累的知识，解决某一问题的思维活动。在早期影响较大的理论有"尝试错误说"和"顿悟说"。随着认知心理学的兴起，主要的趋势是从信息加工的角度解释问题解决的心理过程。

19世纪末，英国的L.摩根把"尝试错误"的概念引进动物心理学，用来解释动物解决问题的过程。他认为动物没有推理能力，其解决问题的行为完全可以用"尝试错误"加以说明，人类在解决某些问题时也往往有"尝试错误"的现象。顿悟是格式塔心理学的一种理论。这一理论认为，要解决问题，就得看见问题情境中的各种关系，而这种对关系的理解是突然发生的，所以称为顿悟。格式塔心理学家认为，人类解决问题的过程也主要是靠顿悟。M.韦特海默曾通过实验证明顿悟在解几何题时的作用。新行为主义心理学家承认，在解决问题的过程中确实存在着"尝试错误"和"顿悟"的现象，但认为这两个概念都只是对某些现象作出的描述，而没有对它们进行解释。1958年由A.纽厄尔、J.C.肖和H.A.西蒙等人提出信息加工理论。这种理论把问题解决者看作一个信息加工系统，这个系统由输入、符号结构存储过程、信息加工过程和效应器构成。问题解决就是这个系统对信息进行加工的过程。问题不同，其加工过程也就有所不同。关于问题解决的研究结果，大多是用实验室的问题，即有明确结构的问题得出的。

"问题与主义"论战 Debate on Problem and Principle 中国五四运动时期马克思主义同资产阶级实用主义、改良主义关于要不要用马克思主义来指导中国革命的论战。五四运动以后，随着马克思主义在中国的传播，新文化运动的阵营发生了分化。新文化运动前期的代表人物胡适，1919年7月发表《多研究些问题，少谈些主义》，引起了问题与主义的论战。其基本观点：一是在反对空谈主义的名义下主张要多研究一些实际问题；二是主张用改良的办法对中国社会进行改革。针对胡适的观点，1919年8月，李大钊发表《再论问题与主义》，反驳胡适的观点。他主张问题与主义有不可分割的关系，主义"有理想与实用两面"，是解决问题的理论、观点和方法。因此一方面要研究实际问题，一方面也要宣传理想的主义，这是交互为用、并行不悖的。1919年底，胡适又发表《新思潮的意义》一文，提出正确解决中国社会问题的原则，即"研究问题、输入学理、整理国故、再造文明"。接着李大钊又进一步说明思想、主义、哲学等的变化取决于经济、物质的变化。这场论战是马克思主义在中国传播中的第一次斗争。论战在当时引起极大反响。

问诊 inquiry 中西医诊断方法之一。

中医的问诊 采用对话方式向病人及其知情者查询患者疾病发生、发展、现在症状、治疗经过等情况以诊断疾病。为四诊之一。基本内容包括一般情况（姓名、性别、年龄、职业、婚姻、民族、籍贯、住址、就诊日期）、主诉、现病史、现在症状、既往病史、个人史、家族史等，妇人病还须问月经史、生育史。其中现在症状是问诊的主要内容，并且是辨证的重要依据。

问寒热 询问病人有无寒热的感觉，病人寒与热的不同表现，为确定疾病的表里寒热虚实提供依据。

问汗 汗是津液的组成部分，正常的出汗有调和营卫、滋润皮肤等作用。一般由外感内伤均可引起出汗异常。询问病人出汗异常，可鉴别疾病的表里寒热虚实。

问头身 疼痛是常见的临床症状。根据其发生部位、时间，伴发症状等，可辨别阴阳、表里、寒热、虚实证候。

问胸胁 胸部是心、肺所居的部位，因心主血、肺主气，由于内外因素可引起气滞血瘀，故问胸部的异常感觉，主要了解心肺的病变。问胸部应着重问胸痛的性质和牵引的部位。

问胃脘 胃脘是胃所居的部位。胃主受纳腐熟水谷，因寒热、食积、气滞等均可损伤胃府而出现脘部的异常症状。问胃脘应着重就疼痛的性质、缓解的方式、伴随的症状进行查询。

问腰腹 腰部是肾脏所居的部位，腹部是肠、膀胱、女子胞宫所居的部位。问腰腹应着重疼痛的性质、缓解的方式、伴随的症状。

问饮食 问饮食多少可知脾胃盛衰，问饮水多少与口渴与否，可了解津液的盛衰和输布障碍，以及病性的寒热虚实。问病人的食欲和食量情况，可以了解脾胃功能的强弱，判断疾病的轻重。

问睡眠 睡眠情况与人体卫气的循行和阴阳的盛衰有密切关系。在机体阴阳失调时，阳不入阴则失眠，阳不出表则嗜睡，阴阳失调必然影响心神，神志不安乃至失眠。问睡眠情况，应着重了解有无失眠、嗜睡、多梦和有无伴随症状。

问情志 就神情反常表现及其伴随症状进行查询。

问二便 大便的排泄与脾胃的腐熟运化、肝的疏泄等关系密切，小便的排泄与肾的气化、脾肺的转输肃降、三焦的通调关系密切，因此，问二便的情况是了解消化功能、水液代谢是否正常，也是判断疾病寒热虚实的依据。

问妇女 凡引起月经、带下、妊娠、产后的异常变化，一般均可诊为妇科疾病。问妇女尤其着重于月经，包括初潮年龄，月经周期，行经期，月经的色、质、量，末次月经的时间，行经时有无伴随症状，绝期年龄等。问带，着重色、质、量和气味。

问小儿 一般应着重问出生前后情况，可了解小儿先天情况；问预防接种、传染病史以及与现在病症有关的情况。

现代医学的问诊 医生通过询问，倾听就诊者（或知情人）陈述病情，以获取其异常感受和有关资料，据此进行诊断的方法。问诊采集到的是就诊者的主观症状，结合可供诊断参考的其他资料就是病史。问诊的过程是病史采集过程的重要部分。

汶川地震 Wenchuan Earthquake 2008年5月12日14时28分04秒发生于中国四川省汶川的8.0级地震。震中位于汶川县映秀镇西偏南38°方向11千米处。震源深度33千米。震中烈度Ⅺ度。极重灾区和重灾区包括四川、甘肃和陕西的51个县（市、区）。北川县城、汶川县映秀镇等部分城镇和大量村庄几乎被夷为平地。地震造成的伤亡惨重，截至2008年9月25日，已确认69 227人遇难，374 643人受伤，17 923人失踪。地震造成的极重灾区和重灾区的直接经济损失达8 451亿元。

汶川县 Wenchuan County 中国四川省阿坝藏族羌族自治州辖县。位于省境中北部，岷江两岸。面积4 083平方千米。人口10万（2010），聚居着汉、羌、藏、回等民族。汉武帝元鼎六年（前111）置汶山郡及绵池县，隶益州。南北朝废州置汶川县。因县境有西汶水（今岷江）而得名。1958年与茂县、理县合并成立茂汶羌族自治县，1962年复设汶川县。县境东为龙门山脉，西为邛崃山系，地形以高山、峡谷为主。属亚热带季风气候，垂直差异显著。年平均气温13.5℃。平均年降水量500毫米。矿产有煤、铁、金刚砂、铜、铅、锌、铝、金、锡、石灰岩、大理石、白云母等。农业主产玉米、小麦、马铃薯、油料、蔬菜等。特产茂汶苹果、花椒、核桃、生漆和映秀峒羊（成都麻羊）、三江黄牛及中药材等。工业有电力、机械、煤炭、化工、冶金、建材、酿造等。风景名胜有**卧龙自然保护区**、四姑娘山风景区、三江景区，以及禹王宫、文星阁、姜维城，纪念地有红军烈士纪念馆等。在2008年5月12日汶川地震中受灾严重。

翁方纲 Weng Fanggang (1733～1818) 中国清代诗人、书法家、金石学家。字正三，号覃溪，晚号苏斋。直隶大兴（今北京）人。乾隆十七年（1752）进士，官至内阁学士。他精于考据、金石、书法之学，又是清代**肌理说**诗论的倡始人。翁方纲论诗的著作有《石洲诗话》，但他的基本见解则见于专篇论文中。他的肌理说，实际上是王士禛**神韵说**和沈德潜**格调说**的调和与修正，为复古主义诗论重振旗鼓，与**袁枚**的**性灵说**相抗衡。他倡言“肌理”，包括两个方面：一是以儒学经籍为基础的“义理”和学问，一是词章的“文理”。这是当时统治者提倡经学和考据学在文学上的反映。在诗法上，翁方纲主张求儒复古。他的复古不是尊唐，而是崇宋，特别推崇江西诗派的**黄庭坚**，强调诗歌的考证作用和史学价值，把诗与经术、史料混为一谈，模糊了文学的特征。翁方纲作诗共2 800余首。其中一类是学问诗，把经史、金石的考据勘研写进诗中，写来佶屈聱牙，毫无诗味；另一类记述作者的生活行踪、世态见闻，或写山水景物，大半缺乏生活气息和真情实感。其书法擅长正楷、隶书，属于碑和帖兼取法的书法家，是清四大家之一。著有《复初斋文集》35卷，集外文4卷，《复初斋诗集》42卷等。

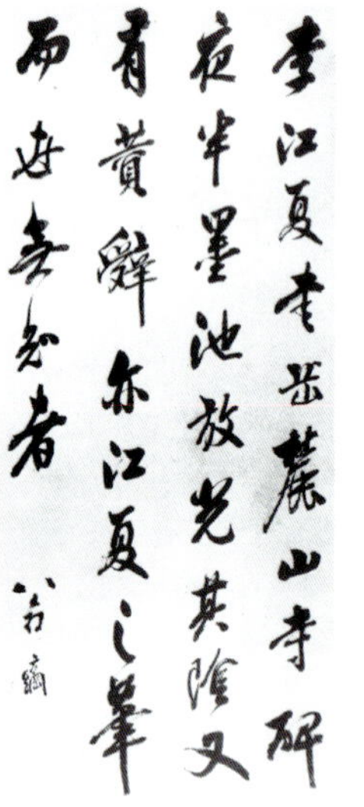

翁方纲所写的行书

翁卷 Weng Juan 中国南宋诗人。字续古，一字灵舒。见**四灵体**。

翁同龢 Weng Tonghe (1830～1904) 中国晚清重臣。字声甫，号叔平、瓶笙，晚号松禅。江苏常熟人。咸丰六年（1856）状元，授翰林院修撰。历官署刑部右侍郎、户部右侍郎、都察院左都御史，刑部、工部、户部尚书，协办大学士，军机大臣兼总理各国事务大臣。光绪帝师傅。前后充乡试考官、会试总裁等，参与主持科举考试达40年。江浙名士如**文廷式**、沈曾植、**张謇**等多出其门下。继前清流李鸿藻之后逐步成为后清流的领袖人物。光绪二十年（1894）中日甲午战争时，他极力主战。次年，马关议和，反对割地，力争修改约稿。《**马关条约**》签订后，欲辅佐光绪帝筹谋新政。北京强学会成立，曾予支持。但反对维新派提倡的民权平等学说。光绪二十四年初，参与总理衙门王大臣对康有为的问话，随即向光绪帝密荐康才堪大用。四月二十三日（1898年6月11日），光绪帝颁布定“国是”诏，开始变法维新。翁同龢为**慈禧太后**及后党所忌恨，二十七日即被开缺回籍。同年十月，又被“革职”，永不叙用，交地方官严加管束。他居家惧祸，所存疏稿，焚毁强半，日记亦有删改。困顿七载后病卒。宣统元年（1909）诏复原官，追谥“文恭”。著作有《瓶庐诗稿》（另词一卷）、《翁文恭公日记》、《翁文恭公军机处日记》。其书法纵横跌宕，为世所重，有手札、墨迹等多种影印或石印出版。

翁文灏 Weng Wenhao (1889-07-26～1971-01-27) 中国地质学家、地理学家。中国地球科学事业奠基人之一。字咏霓。生于浙江鄞县（今宁波市鄞州区），卒于北京。1908年赴比利时留学，1912年获卢万大学理学博士学位。曾任农商部地质调查所所长，北京大学教授、清华大学教授和代理校长。1935～1949年曾任国民党政府资源委员会主任委员、行政院院长、总统府秘书长等职。是中国地质学会创立会员，多次任会长，也是中国地理学会发起人和首任会长。曾任国际地质学会副会长。1948年当选中央研究院院士。先后获得伦敦地质学会名誉会员（1947）、美国社会与自然科学院名誉院士（1947）、德国赫勒自然科学通讯院士、柏林理工大学和加拿大哥伦比亚大学荣誉博士称号。1927年首先发现和确定了东亚地质历史上重要的地壳运动——**燕山运动**。在《华北水平运动产生之构造》(1928) 一文中，提出推覆体（纳布）构造的重要意义。1920年12月他考察甘肃固原（今属宁夏）大地震，并相继发表《甘肃地震考》、《中国地震区分布简论》等著作。1930年组织建立中国自建的第一个地震台。首先考察和综合研究了中国内生矿床，于1919年发表《中国矿产志略》。1921年出版与**丁文江**合著的《中国矿业纪要》。多次组织陕西、四川、甘肃等地的石油地质调查。重要著作有《中国山脉考》、《中国煤炭分类与标号命名法》、《金属矿床分布之规律》、《中生代以来中国东部的地壳运动与岩浆活动》、《中国东部中生代造山运动》，以及与丁文江、曾世英合编的《**中华民国新地图**》等。

鹟 Muscicapidae; flycatcher **雀形目**鹟科鸟类的统称。世界有17属116种，广泛分布于欧洲、亚洲、非洲南部、大洋洲和夏威夷群岛。中国有34种，各地可见，大多数为候鸟。全长90~220毫米。翅呈尖形或圆形；嘴扁平，基部宽阔；跗跖前缘被以盾状鳞。大都以昆虫为食，是著名的农林益鸟。

瓮安生物群 Weng' an biota 以底栖的多细胞藻类为主的化石生物群。产于中国贵州省瓮安县瓮福磷矿新元古代震旦系陡山沱组磷块岩之中，距今约6亿年。它还包括丝状和球状蓝菌化石、细菌化石、浮游的大型带刺**疑源类**化石、刺胞动物化石、动物胚胎化石及一些可疑的“海绵化石”。

瓮安生物群化石主要以磷酸盐形式保存。磷酸盐化作用使生物的许多微细结构精美地保存下来。一些球状化石中大量出现的表面皱褶、压陷等现象是有机组织特有的变形特征，显示出球状化石在磷酸盐化之前具有有机质外壁。该化石生物群生活的时期海水温暖，海平面升高，上升洋流将盆地缺氧层的富磷海水带入浅水地带。海水相对丰富的矿物质和适宜的温度，促进了透光带藻类的极大发展。陡山沱组红藻化石具有假薄壁组织、顶端分生组织、原植体分化、生殖结构和可能的细胞融合特征，都支持了它们与珊瑚藻类有非常密切的亲缘关系。化石藻原植体中四分孢子囊和果孢子囊的发现，表明该时期红藻的

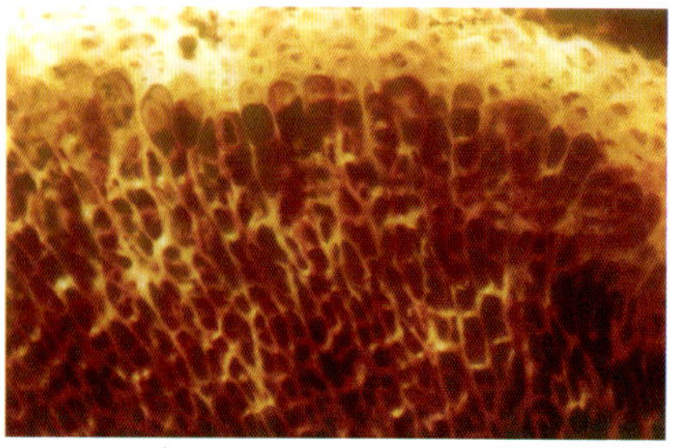

图1 贵州省瓮安县新元古代陡山沱组磷块岩中保存的红藻化石（×600）

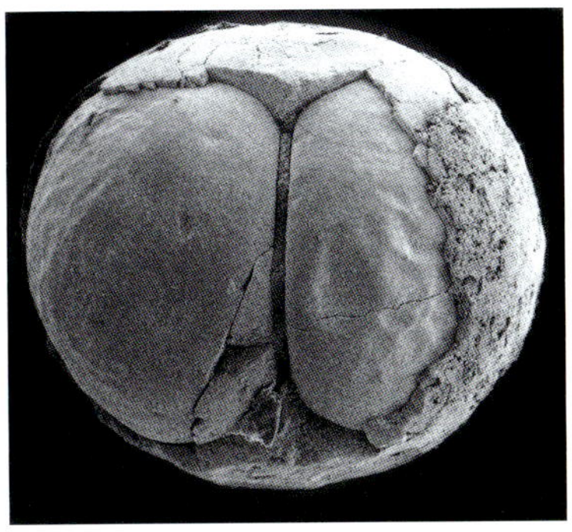

图2 贵州省瓮安县新元古代陡山沱组磷块岩中保存的动物胚胎化石（×95）

生命周期可能具有世代交替的特点。

红藻的化石证据与现代红藻系统发生分析的结果基本一致。真红藻类和红毛藻类的分异可能发生在中元古代晚期。新元古代陡山沱组磷块岩中保存的一些红藻化石，与古生代的珊瑚藻类有很多类似之处，表明它们可能代表了珊瑚藻类——“进化阶梯”的早期类群。

距今约6亿年的中国新元古代瓮安陡山沱期磷块岩是世界上最有可能寻找到早期后生物化石的有利场所之一。从磷块岩中用切片法和酸处理获得的球形化石，显示了与动物胚胎早期发育特征类似的细胞分裂形态。同时，有一类磷酸盐化的微管状化石与刺细胞动物具有类似的隔板构造和分叉特征，它们可能代表了早期动物演化的主干类群。

瓮安生物群的研究是当今国际古生物学和进化生物学共同关心的热点。它是一个以真核生物为主体的生物群，是地球早期真核生物多细胞化、组织分化、两性分化和形态多样性的见证，展现了寒武纪生命大爆发和伊迪卡拉动物群出现以前温暖浅海中的多细胞真核生命景观，是地球早期生命从简单到复杂进化过程中的重要环节，是人类认识早期多细胞生命演化的新窗口。

蕹菜 *Ipomoea aquatica*; swamp cabbage 旋花科番薯属的一种。一年生或多年生草本植物。又称空心菜。原产于中国热带地区，广泛分布东南亚。中国华南、华中、华东和西南各地普遍栽培。根系浅，主根上着生四排侧根，再生力强。茎蔓性，中空。茎节易生不定根，可用扦插繁殖。叶互生，有宽卵形、长卵形、短披针形和长披针形等。单生花或聚伞花序腋生，花白色或带紫色。蒴果，卵形。种子近圆形，黑褐色。按结实能力分为结实的和不结实的两类。蕹菜耐热，喜湿润。春季繁殖，夏季收获。抗性强，产量高。营养丰富，每100克鲜重约含胡萝卜素2.14毫克、维生素C 28毫克。可作蔬菜食用，也可用作优质饲料。

莴苣 *Lactuca sativa*; lettuce 菊科莴苣属的一种。一年生或二年生草本植物。以绿叶或肉质茎供食用。叶和茎有淡绿、绿和紫红等色，叶面平展或皱缩，全缘或缺刻。根浅。圆锥形头状花序，花黄色，自花传粉。可分为叶用和茎用两个类型。叶用莴苣可分为结球莴苣、直立莴苣、皱叶莴苣。茎用莴苣叶片较狭，先端尖或圆，幼苗叶片着生于短缩茎上。生长后期茎伸长、肥大。喜冷凉，较耐寒。多行育苗移植。叶用莴苣在中国长江流域及其以北地区以春播和秋播为主，华南多在秋冬播种。茎用莴苣主要在春、秋栽培。

莴苣叶、茎组织中乳管分泌的乳状液含有多种有机化合物，如糖、橡胶物质、有机酸、树脂、甘露醇、蛋白质及莴苣素等。莴苣素有苦味，具催眠镇痛作用。叶用莴苣多生食，茎用莴苣鲜食，还可腌制或干制。

倭马亚王朝 Umayyad Dynasty 古代阿拉伯帝国王朝。因哈里发由倭马亚家族世袭，故名。661年，阿拉伯帝国叙利亚总督穆阿维亚夺取哈里发职位后建立，750年被阿拔斯王朝取代。

涡虫纲 Turbellaria 扁形动物门的一纲。分8目约4 000余种。多数种分布于海洋，爬行或浮游生活；有些种分布于淡水、热带及亚热带潮湿的陆地。个体小者不足1毫米，大者可达50厘米。上皮具纤毛，有杆状体和许多黏液腺体。具色素，有些种类有鲜艳的颜色。口位于腹面，有肠（无肠目例外）。皮肌囊内的实质组织中有游走的变形细胞，在再生过程中可分化成不同的细胞。内有大的腺细胞。雌雄同体，两性生殖系统结构复杂。多为异体受精，有些种类无性生殖，能再生出身体失去的部分，或横分裂，形成子体链。有些种类在海洋动物体外共栖，还有的寄生在其他动物的体内。多数种类肉食性，以浮游生物、小甲壳类为食。海生原始的种类无消化腔，其他种类均具消化腔，在比较小的种类中，肠仅是一个简单的盲管。

涡电流 eddy current 处于变化的磁场中或相对磁场运动的导体块内部产生的形如流体中涡旋的感应电流。简称涡流。法国物理学家J.-B.-L.傅科发现，故又称傅科电流。对于大块良导体，由于电阻很小，涡电流强度可很大。涡流在导体中流动时释放大量焦耳热；磁场变化的频率越高，释放的焦耳热越多。因此，可用交流线圈激发的交变磁场制成感应电炉，用以加热、熔化和冶炼金属。变压器、电动机等交流设备的铁芯中因交流电引起的涡流不仅导致能量损失，还导致温升，故铁芯常用相互绝缘的硅钢薄片或细条叠合而成，以减小涡流损耗。在电子技术的高频范围，常用铁粉或电阻率较高的铁氧体作磁芯。

窝阔台 Öködei; Ögedei（1186～1241） 大蒙古国第二代大汗。成吉思汗正妻孛儿台所生第三子。青年时代便随成吉思汗征服漠北诸部。1213年与术赤、察合台尽破太行山东西两侧诸州郡。成吉思汗分封诸子，窝阔台所得的封地在叶密立、霍博之地（今新疆额敏、和布克赛尔二县境）。1219年窝阔台被确定为大汗继承人。1227年，随成吉思汗征西夏。1229年，成吉思汗死后第三年，窝阔台即大汗位。即位后，强化了国家机器，提高了大汗权威。始创朝仪，制定了皇族诸宗王见大汗时的跪拜礼节。再次颁行大札撒（法令），确定牧民赋额。始置仓廪，确立驿站制（见驿传）。任契丹人耶律楚材掌领汉人赋税，牙老瓦赤掌领西域赋税。1230年，在汉地设置10路征收课税使，推行丁税、地税法。赋税制度的推行征收得大批金帛，使窝阔台开始信任耶律楚材等儒士大夫，采用汉地传统制度，以改进统治。1231年，与弟拖雷分道伐金，并留兵围困汴京（今河南开封），然后北返。1233年，任宣差勘事官阿同葛等清查、登记中原户口。同年，又在燕京创立国子学，选派蒙古子弟学习汉文。1235年分遣诸王拔都及皇子贵由、蒙哥大举西征。窝阔台则留居蒙古本土，纵情享乐，创建和林城，建造万安宫。1236年，完成中原汉地的户口清查、登记工作，窝阔台把其中的大部分人户分赐诸王、贵戚、斡鲁朵为封户。他开始在漠北建设城市，在缺水处凿井，对草原社会经济的发展有积极的作用。他任命牙老瓦赤治理中亚地区，依靠耶律楚材等治理汉地。在他的晚年，任命一些回回人统治汉地，统治又趋混乱。窝阔台性喜奢豪，挥霍无度，嗜酒。后暴死。

窝阔台汗国 Öködei Ulus 由窝阔台后王海都所建的蒙古汗国。成吉思汗分封诸子，第三子窝阔台得到叶密立（今新疆额敏县）与霍博（今新疆和布克赛尔蒙古自治县）地区。窝阔台在位时，叶密立地区成为其长子贵由的封地，次子阔端则封于河西一带。贵由死，蒙哥即位，大汗位便由窝阔台系转入拖雷系后王手中。窝阔台系后王中，除阔端得到蒙哥的信任，仍以河西之地为其封地外，其他诸宗王则多予迁谪。窝阔台的封国被分划成几处小的封地。蒙哥死后，阿里不哥与忽必烈争夺大汗位时，海都依附于阿里不哥，与忽必烈为敌。阿里不哥失败后，海都拒绝归附忽必烈。至元五年（1268），开始举兵东犯元境。他与察合台汗国的八剌先是互相争战，继而相结纳，取得伊犁河谷与可失哈耳（今新疆喀什）地区，并纠集窝阔台、察合台、术赤三系诸宗王，在答剌速河（今塔拉斯河）畔召开忽里台（1269年，另一说为1267年）。八剌死后，察合台汗国实际上成为海都的附庸，它的统治者笃哇追随海都，多次进扰元西北边境。

海都统治下的窝阔台汗国所控制地域，以伊犁河与答剌速河流域为中心，成为中亚的一大势力。它的存在，对元代政治军事形势的发展、元代与西方诸汗国的联系、中西交通的往来等方面都带来巨大影响。大德五年（1301），海都犯元境，在与元军战斗中受伤，回师途中死去，子察八儿继立。次年，笃哇起而与察八儿争战，大掠其国西部诸城。元军也同时逾阿尔泰山，大破察八儿军。察八儿穷无所依，投往笃哇。窝阔台汗国所属的诸大藩部一部分归附元朝，大部分降于笃哇。至大二年（1309），察八儿因参与察合台汗国的一次内争，失败，逃归元朝，元封他为汝宁王。他的领地大半为新即位的察合台汗也先不花所有，窝阔台汗国亡。

蜗牛 Bradybaenidae; land snail 腹足纲蜗牛科动物的统称。又称巴蜗牛，俗称水牛儿、蜒蚰螺。分布于热带和温带地区（主要是亚洲）。中国各地都有分布。蜗牛形态变异大，贝壳一般呈圆锥形或球形。左旋或右旋。体螺层大，膨胀。壳面光滑，常有深褐色带。头部有两对触角，眼位于后一对触角顶端。腹部有扁平宽大的足。在野外条件下，4～11月份是蜗牛生长、繁殖时期。怕热，适宜在散射光下生活。栖息于潮湿地区，夜晚和雨后外出活动。食性广而杂，主要取食多汁性绿色植物的根、茎、叶、花和果实，对作物造成危害；亦为家畜、家禽寄生吸虫的中间宿主。一些种类可食用、入药。

《我的秘密之花》 *The Flower of My Secret* 1995年西班牙、法国合拍故事片。编导P.阿尔莫多瓦，主演玛里萨·帕雷德斯、胡安·埃查诺维、伊玛诺尔·阿里亚斯。西班牙女作家莱奥一直以阿曼黛为笔名撰写粉红色畅销小说，只有出版社老板才知道她的真实姓名。经朋友贝蒂介绍，她认识了报社总编安赫尔，决定为报社写专栏。安赫尔是“阿曼黛粉红色小说”的爱好者，但他不知道莱奥就是阿曼黛。莱奥的丈夫帕科与莱奥的朋友贝蒂发生了婚外情，莱奥知晓后吞下了大量的镇静剂。贝蒂为了与莱奥的友谊，断绝了与帕科的关系。报社总编安赫尔爱上了莱奥，凭着职业敏感，他发现莱奥就是阿曼黛。在莱奥困境缠身之时，他模仿阿曼黛的风格写了一部畅销小说，为莱奥解了围。获1996年第31届卡罗维发利国际电影节评委会特别奖、最佳女演员奖。

我缅人协会 We Burman Association; Do Bamar Asiayon 缅甸争取民族独立运动一组织。成立于1930～1931年间。口号是：“缅甸是我们的国家，缅文是我们的文字，缅语是我们的语言；热爱我们的国家，提倡我们的文字，尊重我们的语言。”每个成员均在个人名字前面冠以“德钦”（意为“主人”）二字相称，表示自己是缅甸真正的主人。所以也称之为德钦党。1935年3月举行首次全国代表大会，建立总部，成为缅甸民族独立运动的领导核心。1937年协会又宣布组成一个文化宣传机构红龙书社。它声称“缅甸充满着贫困、疾病和愚昧。红龙书社将提供消除上述三项罪恶弊端，建设一个在自由、进步、和平基础上的新社会所需要的知识”；“向全体缅甸人民灌输争取独立的思想”；“建立发展为多数人拥护的、公平合理的制度”；“主张人人享有最基本的生存权利”。创办《红龙新闻》、《红龙杂志》；出版《缅甸政治史》、《社会主义》等书籍；翻译出版了《资本论》片段、小说《德伯家的苔丝》等。当时缅甸不少政界领袖人物及文化界著名人士先后都加入过我缅人协会，协会声势颇大。第二次世界大战战火蔓延到缅甸前夕，由于殖民当局的迫害，内部分裂，趋于瓦解，停止活动。

《我是猫》 *I am a Cat; Wagahai Ha Neko de Aru* 日本作家夏目漱石的成名小说。发表于1905年。以第一人称幽默讽刺的笔法，写一只偶尔住进苦沙弥先生家的野猫。苦沙弥是一位过着平凡生活的中学教员，经常出入其家中的是一群高谈阔论、玩世不恭的知识分子。小说以猫的观察，从一个全新的视角审视、反省了丑陋的人类社会。小说的故事主线是资本家金田先生为女择偶。其中描写到苦沙弥先生等与势利小人金田夫妇之流的矛盾。结局则是良三平与富子、寒月与一乡下姑娘结婚。那只野猫因偷喝喜酒醉死缸中。小说真实反映了日俄战争以后普通知识分子和下层民众的生活与思想状况。他们为战争付出了巨大牺牲，得到的却是贫穷与落后。作品采用具有寓言性质的现实主义手法，将野猫拟人化，语言幽默。

《我这一辈子》 *All My Life* 中国故事片。文华影业公司1950年出品。杨柳青根据老舍同名小说改编。导演石挥，摄影葛伟卿、林发，美术牛汉城，作曲黄贻钧，主演石挥、魏鹤龄、沈扬、姜修。影片以一个奉公守法的北京旧警察晚年对往事的回忆构成故事。影片发挥了原作于平凡的生活中发现真理的长处，以简练的笔调，描写了北平城里一个旧警察的一生，从一个侧面表现了旧中国近半个世纪的变迁。影片用纵横相间的方式，以纵的历史和“我”的思想发展为经，以清末至中华人民共和国建立前近50年的几个历史片段为纬，呈现了一幅既有历史纵深感又有社会透视广阔度的、饱含世态炎凉人间辛酸的风情画。获文化部1949～1955年优秀影片二等奖。

肟 oxime 含有羰基的醛、酮类化合物与羟胺作用而生成的化合物，通式 $\underset{R'}{\overset{R}{\diagdown}}\!C{=}NOH$ 由醛形成的肟称醛肟，由酮形成的肟称酮肟。肟经水解都能得到原来的醛或酮。大多数的肟都具有很好的结晶，并有其确定的熔点，例如乙醛肟47℃，丙酮肟61℃，环已酮肟90℃。因而可利用肟的熔点来鉴别醛或酮。生成肟的反应如下：

$$\underset{R'}{\overset{R}{\diagdown}}C{=}O + NH_2OH \longrightarrow \underset{R'}{\overset{R}{\diagdown}}C{=}ONOH + H_2O$$

有的肟是重要的分析试剂，如丁二酮肟是分析化学中常用的定性和定量测定镍的试剂。肟能发生重排反应而生成酰胺，工业上生产耐纶6的原料已内酰胺就是由环已酮生成的肟经重排反应得到的。

沃波尔 Walpole, Robert（1676-08-26～1745-03-18） 英国政治家、首相（1721～1742年在任），辉格党领袖。生于诺福克郡霍顿镇一个贵族地主家庭，卒于伦敦。1701年继承父亲的议员席位。1715年任财政大臣。从1721年4月起与C.唐森德共同领导政府，任第一财政大臣，控制议会和内阁，成为内阁实际首脑，逐渐被称为首相，是英国历史上“第一个首相”。一般认为英国内阁制始于此时。执政期间采取有利于新兴地主和资产阶级的政策。对外政策取温和方针，力求休养生息，避免战争。受到反对派抨击。1739年被迫向西班牙宣战，失利。于1742年2月辞职。去职后国王授予他奥福德伯爵称号和4 000镑年金。

沃德 Ward, Lester Frank（1841-06-18～1913-04-18） 美国社会学家，美国社会学的开创者之一。生于伊利诺伊州乔利埃特，卒于华盛顿。曾参加过美国内战。1871年毕业于哥伦比亚大学。1906～1913年，任布朗大学社会学教授。1906年，当选为美国社会学会第一任主席。曾

受法国哲学家、社会学家A.孔德的实证主义和英国社会学家H.斯宾塞的进化论的影响，认为宇宙进化是一个由简单到复杂（宇宙起源—生物起源—人类起源—社会起源）的发展过程。社会进化是宇宙进化的一部分，进化的重要力量是人类心理的能力，即创造性综合。创造性综合构成了社会结构的背景和人类幸福的源泉。因此，社会力量在本质上是心理学的，社会学的基础不是生物学的，而是心理学的。他还把社会学划分为纯理社会学和应用社会学两部分。著有《动态社会学》、《纯理社会学》、《应用社会学》。

沃尔夫 Wolff, Christian（1679-01-24～1754-04-09） 德国哲学家，数学家。生于西里西亚布雷斯劳一制革匠家庭，卒于普鲁士的哈雷。曾入耶拿大学神学院，1703年获莱比锡大学博士学位。先后在莱比锡、哈雷等大学讲授数学、物理学、哲学。他把科学分为理论和应用的两类。前者包括本体论、宇宙论、心理学和神学，后者包括伦理学、政治学、经济学。而把以矛盾律为主要规律的逻辑作为一切科学的导论，认为哲学的一切原理皆可用数字或演绎的方法建立。他把G.W.莱布尼茨哲学中的唯心主义和形而上学加以系统化，建立了当时德国占统治地位的莱布尼茨-沃尔夫哲学。主要著作有《关于人类理智能力的理性思想》、《关于上帝、世界及人的灵魂的理性思想》等。

沃尔夫 Wolf, Christa（1929-03-18～ ） 德国作家。生于兰茨贝格。1962年成为职业作家。她的长篇小说《分裂的天空》（1963）以建筑柏林墙之前东部居民向西部迁移为主题，指出个人命运与社会政治的变化密不可分。《回忆克里斯塔·T》（1968）探讨了在民主德国社会制度下，人的个性如何发展的问题。自传体长篇小说《童年典范》（1976）探讨个人主观愿望和社会意识之间的变换关系。《卡桑德拉》（1983）以古希腊神话为题材，暗喻人们在建立社会主义制度过程中的诸多误区。《历历在目》（2002）写两德统一前夕在民主德国的亲身经历。评论集《读和写》（1972）集中阐述了作者的美学观点，认为文学作品就是要表现个人认识自己、发现自我的过程。

沃尔夫 Wolf, Friedrich（1888-12-23～1953-10-05） 德国剧作家。生于诺伊维特，卒于法国马赛。曾当过司炉、医生、军医、驻外大使。早期的剧本《穆罕默德》（1917）、《这就是你》（1919）、《黑色的太阳》（1921）表现对现实的抗议。历史剧《贫穷的康拉德》（1923）以农民战争为题材。《氰化钾》（1929）、《卡塔罗的水兵》（1930）揭露帝国主义扩军备战。《泰扬觉醒了》（1930）声援中国革命。最有代表性的是《马门教授》（1935）。主人公马门洛克教授是一个对法西斯的猖獗漠不关心，只专心行医的犹太医生。但他作为犹太人受到法西斯迫害，亲身的遭遇使他觉醒，毅然挺身斗争。其他主要作品还有剧本《女村长安娜》、《托马斯·闵采尔》（1953）等。还写有一些小说、电影脚本、广播剧和戏剧理论著作。

沃尔夫奖 Wolf Prize 国际上有影响的科学奖之一。1976年1月1日，R.沃尔夫及其家族捐献1 000万美元设立了沃尔夫基金会。沃尔夫的父亲是德国汉诺威城的一个五金商人，是该城犹太社会的中坚。沃尔夫曾在德国研究化学，取得博士学位。第一次世界大战前移居古巴，用将近20年时间成功地发明一种从熔炼废渣中回收铁的方法，因而致富。他支持1959年的古巴革命。1961年起任古巴驻以色列大使，直至1973年古巴中断和以色列的外交关系时为止。以后他住在以色列，成为沃尔夫基金的主要奠基者和捐献人。基金的理事会主席由以色列政府官员担任。基金会设有物理、化学、医学、农业和数学五个奖，1978年开始授奖。1981年又增加艺术奖。每年发奖一次，可由几个人联合获得。但每项奖不一定每年颁发，如数学奖有不颁发的年份（1998、2004），也有跨年度颁发（1983～1984、2002～2003）的情形。从1978～2008年，共颁发数学奖24次，获奖者48人。

沃尔弗 Wolff, Wilhelm（1809-06-21～1864-05-09） 德国和国际工人运动早期活动家、政论家、共产主义者同盟领导人。出生于德国西里西亚施韦德尼县，卒于英国曼彻斯特。1829年入布雷斯劳大学学习。1834年因参加大学生协会活动被捕。1839年出狱。1844年因抨击普鲁士政府，遭追缉。1845年底流亡国外。1846年4月到布鲁塞尔会见K.马克思和F.恩格斯，加入布鲁塞尔共产主义通讯委员会，参与共产主义者同盟的创建。曾任同盟机关刊物《共产主义杂志》主编。1848年3月起任共产主义者同盟中央委员会委员。1849年5月当选为法兰克福的全德国民议会议员，革命失败后流亡瑞士。1854年移居曼彻斯特。马克思为了纪念他，在《资本论》第一卷扉页上题词：“献给我的不能忘记的朋友，无产阶级勇敢的忠实的高尚的先锋战士威廉·沃尔弗。”

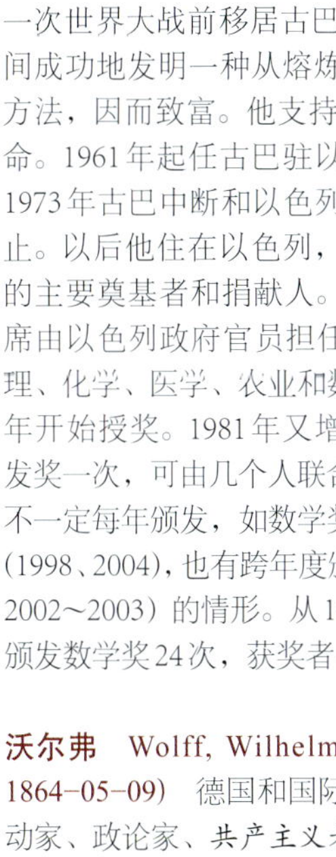

沃尔科特 Walcott, Derek（1930-01-23～） 西印度群岛诗人和剧作家。生于圣卢西亚卡斯特里斯。毕业于牙买加的西印度群岛大学。波士顿大学教授。1948年起开始发表诗作，主要诗歌集有《在一个绿色的夜晚：1948～1960年诗作选》（1962）、《被抛弃的人及其他诗作》（1969）、《另一种生活》（1973）、《海葡萄》（1976）、《仲夏夜》（1984）等。创作剧本达30多部，著名的有《猴山之梦》（1967）、《梯琴与他的弟兄们》（1958）、《哑剧》（1978）等。沃尔科特的诗歌富有浪漫主义气息，具有一种将土著文化特有的节奏和英语诗歌形式结合起来的美感。1992年获诺贝尔文学奖。

沃尔克尼 Örkény István（1912～1979） 匈牙利剧作家、小说家。生于布达佩斯，卒于布达佩斯。毕业于工业大学。第二次世界大战后曾任匈牙利青年剧院和匈牙利人民军剧院编剧。早期的剧作受超现实主义和自然主义影响，有《伏龙涅茨》和《黑鸽子》等。成熟时期的作品带有强烈的理性色彩。最成功的剧作是《多特一家》（1967）和《猫戏》（1969）。《多特一家》描写了法西斯主义的心理学模式。《猫戏》是独幕悲喜剧，描写了两个老年妇女特殊的三角恋爱故事。

沃尔玛百货公司 Wal-Mart Stores 美国康采恩之一。创始人S.沃尔顿。1950年，沃尔顿在美国阿肯色州本特维尔开设第一家沃尔顿5～10元店；1962年又开设第一家沃尔玛折扣商城，从此开创了一个商业“帝国”。初创阶段，公司主要在美国南部和西南部的农村地区开设超级市场，并把发展的重点放在城市的外围，赌博式地等待城市向外扩展，这一战略取得了巨大成功。此外，公司还使用最先进的技术，保持尽可能低的成本。1969年，公司发展到18家分店。1992年，分店网络扩大到1 735家，

顾客在沃尔玛上海购物广场内选购商品

年营业额400亿美元。1996年成为世界上最大的零售公司，年销售额超过1 000亿美元，同年进入中国市场。1997年底又接管德国的魏克特考夫连锁店，其后在英国兼并了阿斯达超级市场的299家连锁店。2005年控股日本西友百货公司。2006年控股中美洲零售控股公司。

《沃尔姆斯宗教协定》 *Concordat of Worms* 1122年神圣罗马帝国皇帝亨利五世（1106～1125年在位）同罗马教皇卡利克斯图斯二世（1119～1124年在位）为解决主教叙任权之争，在沃尔姆斯缔结的宗教协议。

1122年9月23日，在教皇使节的主持下，亨利五世与罗马教皇缔结《沃尔姆斯宗教协定》。协定规定：德意志的主教和修道院长不再由皇帝任命，而由教士组成的选举会议推选；在德意志选举主教时，须在皇帝或其代表莅临的情况下进行；选举中如有意见分歧，皇帝有权裁决；德国主教授任时，首先由皇帝授予以权标为象征的世俗职权，然后由罗马教皇授予以权戒和权杖为标记的宗教权力；主教叙任权统归教皇掌握，皇帝不能干预。罗马教皇和神圣罗马帝国皇帝之间关于主教叙任权之争，至此暂告中止。

沃尔塔雷东达 Volta Redonda 巴西最大的钢铁工业城市。位于东南部里约热内卢州西部南帕拉伊巴河河曲处（葡萄牙语“沃尔塔雷东达”意为“马蹄形曲”），故名。人口25.56万(2007)。海拔565米，地势缓斜。年平均气温18～20℃，平均年降水量1 500～2 000毫米，气候温暖湿润。1940年时为仅1 000多人的小村庄。1941年建市。1942年兴建国营钢铁厂，经多次扩建，已成为拉丁美洲最大的钢铁厂。铁路通圣保罗和里约热内卢。居民住宅建筑别致，各具特色，有“花园式城市”之称。

沃霍尔 Warhol, Andy (1928-08-06～1987-02-22) 美国画家、版画家、电影制片人、作家。波普艺术的代表人物之一。生于宾夕法尼亚州匹兹堡的一个捷克移民家庭，卒于纽约。1949年毕业于卡纳基理工学院。20世纪50年代为杂志画插图，从事商业广告设计。1960年开始根据报纸广告、连环漫画等成批生产的形象作画，1962年开始以丝网印刷方式在画布上大量复制名牌商品和明星名人照片，从坎贝尔汤料罐头、可口可乐瓶子到玛丽莲·梦露、猫王E.普莱斯利、伊丽莎白·泰勒等，无论什么题材都往往使用成排重复的形象，制造超级市场货架和电影电视广告的视觉效果，经过千篇一律的复制，这些形象变得冷漠而超然。他把自己的工作室称为“工厂”，把艺术家比作“机器”，其作品引起轰动和争议。1968年制作影片《蓝色电影》和《肉体》。1969年发行《采访》杂志。1994年他的家乡匹兹堡沃霍尔作品博物馆开放。代表作有《绿色的可口可乐瓶子》(1962)、《玛丽莲·梦露》(1962)、《钻石粉鞋》(1980)等。

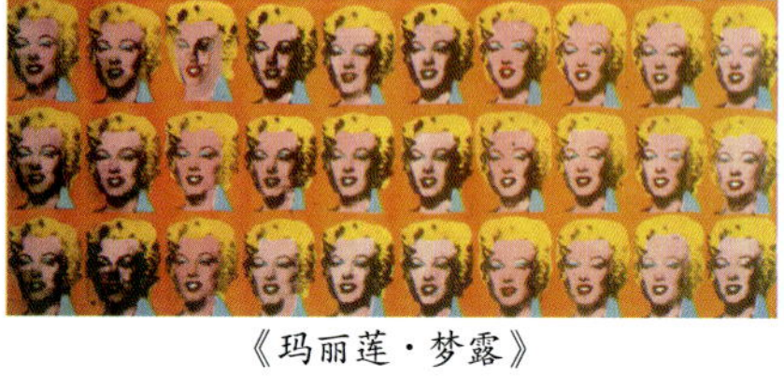

《玛丽莲·梦露》

沃克 Walker, Alice (1944-02-09～) 美国黑人小说家、诗人。生于伊顿。1965年毕业于萨拉·劳伦斯学院。曾执教于威斯利女子学院、耶鲁大学等。20世纪60年代起投身美国黑人民权运动和女权运动。她的文学创作——无论是诗歌还是小说——都体现出她对黑人、对女人命运的思考。第一部诗集《一度》(1968)记录了她从事民权活动的经历以及她回到非洲的旅行。她的小说从第一部《格兰奇·考普兰的第三次生命》(1970)到《梅瑞迪恩》(1976)和《紫色》(1982)，始终如一地关注着种族主义对黑人男性的影响，歌颂黑人女性面对重压而表现出的能屈能伸的韧性。《紫色》采用书信体形式，叙述了一对黑人姐妹分别在美国南方和非洲大陆的生活。小说以不同的语言特点再现了黑人妇女对于神性、个人身份以及对于性等诸多方面的认识和复杂情感。

沃里约基 Wuolijoki, Hella Maria (1886-07-22～1954-02-02) 芬兰剧作家。生地不详，卒于赫尔辛基。原是爱沙尼亚人，后加入芬兰国籍。毕业于赫尔辛基大学。1944～1949年任芬兰广播公司总经理，1946～1948年为国会议员。1936年发表了反映芬兰海麦地区妇女生活的剧本《尼斯卡沃里的妇女们》，一举成名。后来连续发表《尼斯卡沃里的面包》、《尼斯卡沃里的女主人》(1940)和《尼斯卡沃里的海达》(1953)等系列剧本，表现金钱与爱情的矛盾和两种不同价值观的冲突。剧中很多女角色都被列入芬兰戏剧文学中的典型人物形象。

沃伦 Warren, Robert Penn (1905-04-24～1989-09-15) 美国诗人、小说家、文艺批评家。又译华伦。生于肯塔基，卒于斯特拉顿。曾在范德比尔特大学、加利福尼亚大学和耶鲁大学求学，后去英国牛津大学深造。曾在范德比尔特大学、耶鲁大学等学校任教，同时从事创作，并参与《南方评论》杂志的创建和编辑工作。

沃伦以诗歌成名。著有诗集《诗三十六首》(1935)、《同一主题的诗十一首》(1942)、《诗选，1923～1943》(1944)、《龙的兄弟》(1953)、《许诺，1954至1956年的诗歌》(1957)等，以生动的比喻和优美的描写见长，从题材到形式与“南方重农学派”其他诗作并无不同，但更加直截了当，清晰明确，冷静超脱，重客观性而轻激情。

沃伦是“南方重农学派”中在小说领域取得显著成就的作家。第一部小说《夜骑》(1939)写肯塔基州农民和烟草公司的斗争。最受重视的小说《国王的人马》(1946)，描写路易斯安那州的州长威利·斯塔克，后来成为作恶一方的“独裁者”。《足够的空间与时间》(1950)写肯塔基一个年轻的律师杀死了诱奸他所爱的姑娘的人，被处决前经历了可怕的精神上的煎熬。

沃伦的文艺批评文章《老水手的韵律》(1946)探讨S.T.柯尔律治的象征主义因素，是诗歌评论中的名篇。他与C.布鲁克斯合编的《理解诗歌》(1938)一书，对诗歌进行了严格和周密的分析，是美国迄今为止最有影响的讲授诗歌的教材。

沃罗夫斯基 Vorovsky, Vatslav Vatslavovich (1871-10-27～1923-05-10) 俄国革命家、政论家、文学批评家。生于莫斯科。在莫斯科高等技术学校求学时，曾因参加革命活动遭到囚禁和流放。两度流亡国外，从事革命工作。十月革命后任驻外大使。1923年参加洛桑会议时被白匪杀害。

沃罗夫斯基的文学评论约占论著的1/4，主要著述有《战后之夜》(1908)、《巴扎罗夫和沙宁》(1909)等，批判现代派和颓废派，强调文学的阶级性和党性，证明进步或反动的世界观在文学真实反映现实上的正负作用。这些论著成为他配合政治斗争的武器，他也因而成为俄国马克思主义文艺批评的开拓者之一。

沃洛夫人 Wolof 西非跨界民族。又称乔洛夫人、雅洛夫人、约洛夫人。约397万人(2002)，主要分布在塞内加尔西北草原地区，少部分分布在冈比亚、毛里塔尼亚、马里等国。属尼格罗人种苏丹类型。使用沃洛夫语，属尼日尔-科尔多凡语系尼日尔-刚果语族。有用拉丁字母拼写的文字。93%的人信奉伊斯兰教，少数城市居民信奉基督教。8世纪前后即居住在塞内加尔河流域，15世纪建立中央集权制国家，并征服和统治邻近部落。父系家族和母系家族并存，以男性为主的小家庭是社会的基本单位。农村居民多住茅屋，城市已有现代建筑。经济以农业为主，种植谷子、高粱、棉花等。沃洛夫人是塞内加尔首都达喀尔和重要城市圣路易以及冈比亚首都班珠尔的主要居民，受西方影响较大。在国家政治机构、政党组织和对外贸易中占有重要地位。

沃森 Watson, James Dewey (1928-04-06～) 美国分子生物学家。生于芝加哥。1950年获博士学位。1961年升为教授。在哈佛大学期间，主要从事蛋白质生物合成的研究。1968年起任纽约长岛冷泉港实验室主任，主要从事肿瘤方面的研究。1951～1953年在英国期间，他和英国分子生物学家F.H.C.克里克合作，提出了DNA的双螺旋结构学说。这个学说不但阐明了DNA的基本结构，并且为一个DNA分子如何复制成两个结构相同的DNA分子以及DNA怎样传递生物体的遗传信息提供了合理的说明。它被认为是生物科学中具有革命性的发现，是20世纪最重要的科学成就之一。由于提出DNA的双螺旋模型学说，沃森和克里克及M.威尔金斯一起获1962年诺贝尔生理学或医学奖。沃森是美国国家科学院院士。著有《基因的分子生物学》、《双螺旋》等书。

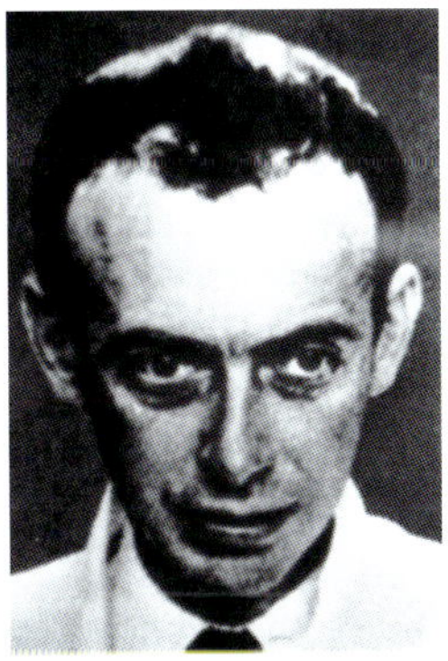

沃森-瓦特 Watson-Watt, Robert Alexander (1892-04-13～1973-12-05) 英国物理学家和雷达技术专家。生于苏格兰，卒于因弗内斯。1914年毕业于敦提的圣安德鲁斯大学。后进入国家物理研究所无线电部工作。1930年后，沃森-瓦特开始无线电定位的研究。1935年2月，他提出《采用无线电方法探测飞机》的秘密备忘录，能对相距110千米的飞机定位，并研制成功第一个实用雷达系统。1938年在沃森-瓦特主持下在英国东海岸建成防空雷达网，以后又建立了第二个雷达网。雷达网在1940年击败纳粹德国的空袭中起了重要的作用。1942年受封为爵士。他还对大气现象和电磁辐射等作了深入的研究，并有有关飞行安全方面的一些发明。

沃思 Worth, Charles Frederick (1825～1895-03-10) 时装设计的先驱，巴黎高级时装的奠基人。生于英国林肯郡，卒于法国巴黎。12岁起在家乡布店学徒。1845年迁居巴黎，开始学习服装设计。他的夫人玛丽穿着他设计的服装展示街头，成为世界上第一位时装模特。此后，沃思通过奥地利驻法大使夫人梅特涅公主的关系，得到拿破仑三世欧仁妮皇后的赞助，被聘为宫廷服装师。1858年沃思在法国佩斯开设沃思女装定制店，至1864年已拥有100多名匠师。他使用缝纫机批量生产高级时装，并率先聘用时装模特，预展时装作品，开创**时装表演**的先河。该店在普法战争期间一度停业，1874年复业并改名沃思特制服饰店，1900年在伦敦设分店，1945年转售他人但沿用原店名。沃思的时装作品不囿于传统。他设计的豪华礼服反映第二帝国时期高贵典雅的风尚，他为欧仁妮设计的“公主线”对后世影响很大，被称为“时装之父”。

沃耶伊科夫 Voyeykov, Aleksandr Ivanovich (1842-05-20～1916-02-09) 俄国气候学家、地理学家。生于莫斯科，卒于圣彼得堡。1860年进彼得堡大学数理学院学习，1865年获德国格丁根大学博士学位。在他的建议下，俄国地理学会于1870年设立气象学委员会，由他担任秘书并组织志愿观测通信网，获得各地气候观测记录。1872～1876年赴西欧、北美、中南美、印度、中国、锡兰（今斯里兰卡）、爪哇、日本考察。1880年获莫斯科大学自然地理学博士。1885年任彼得堡大学教授。1910年起为俄罗斯科学院通讯院士。1914年就职于俄罗斯物理观象台。1884年发表《全球气候及俄国气候》，阐明复杂气候现象的本质和气候过程的结构及气候与其他自然现象的相互作用。主要著作还有《气象学》、《全球的风》、《积雪和它对土壤、气候、天气的影响以及其研究方法》等。

沃依尼科夫 Vojnikov, Dobri (1833～1878) 保加利亚戏剧家。民族戏剧的奠基人。生于舒门。1858年开始写爱国内容的剧本并组织戏剧演出，后因引起土耳其统治者的不满流亡到罗马尼亚，在当地的保加利亚革命流亡者中组织起戏剧团体。1866年他的剧团第一次演出民族剧《斯托扬大队长》。主要剧作有《拉依娜公主》(1866)、《勇敢者》(1871)、《被曲解的文明》(1871)、《一名欧化的土耳其人》(1876)。这些作品以历史题材为主，强调民心一致和团结对敌的重要意义，揭露资产阶级唯利是图、压榨人民的本性。《被曲解的文明》一剧反映的是19世纪保加利亚的现实生活，揭露了盲目崇拜西欧文明、模仿西欧生活方式的种种媚外丑行及希腊教会在精神上奴役保加利亚人的本质。

卧龙自然保护区 Wolong Nature Reserve 中国大熊猫及其栖息环境自然保护区。

云雾缭绕的卧龙

1963年建立。面积20万公顷。位于四川省阿坝藏族羌族自治州汶川县西南。这里山峰高耸，河谷深切，最低海拔1 218米，最高山峰6 250米。终年气候温凉湿润，植物2 000多种，主要有冷杉、云杉、铁杉、槭、桦及稀有的四川红杉、麦吊杉、红豆杉、水青杉、连香树、领春木、金钱槭等。在云杉、冷杉林下有着大量的箭竹和杜鹃。箭竹是大熊猫赖以生存的食料来源。因此，海拔2 100～3 600米箭竹茂密的地带，便成为大熊猫主要的栖息地。保护区列入保护对象的珍稀动物占全国保护动物种类的一半以上。鸟类有200多种，兽类达60多种。其中，属稀有珍贵动物29种，如大熊猫、金丝猴、白唇鹿、扭角羚、小熊猫、毛冠鹿、猕猴、雪豹、鬣羚、金猫及绿尾虹雉、红腹角雉、血雉等。1975年列为国家级自然保护区。1980年列入联合国“人与生物圈计划”自然保护区网，确定为世界保护大熊猫研究中心。

渥巴锡 Ubasi (1743～1774) 中国清代厄鲁特蒙古**土尔扈特部**首领，阿玉奇汗曾孙。土尔扈特部自17世纪30年代迁至伏尔加河下游以后，不断遭受沙皇俄国的政治压迫与经济掠夺。乾隆二十六年（1761）渥巴锡继承汗位，为摆脱沙俄压迫，维护民族生存，三十五年冬，经过周密准备之后发动武装起义，率所部16万余众，历尽艰险，战胜沙俄军队的围追堵截，长途跋涉，于三十六年六月返归祖国。抵达伊犁时，所部仅剩7

万余人。渥巴锡谒见伊犁将军时，向清政府献出其先世所受明永乐八年（1410）汉篆封爵玉印一颗。清政府对渥巴锡率部返归祖国的爱国行动极为重视。乾隆帝于热河行宫（即**避暑山庄**）多次接见渥巴锡，封他为卓哩克图汗，命其统领旧土尔扈特部。三十九年病逝。

渥太华 Ottawa 加拿大首都。位于安大略省东南部与魁北克省交界处，渥太华河下游南岸。2001年1月1日附近10个城镇并入，渥太华市区扩大为2 778.6平方千米，人口81.21万（2006）；首都地区（包括安大略省的渥太华市、魁北克省的赫尔市及周围城镇）面积4 662平方千米，人口113.1万（2006）。

位于渥太华河畔起伏和缓的小山丘和河谷平原上，北接魁北克省的林区，南邻圣劳伦斯河谷地。里多运河贯穿市中心，南入安大略湖。气候冬寒夏暖，1月气温－6～－16℃，7月15～26℃；平均年降水量870毫米，冬季多雷。

原为印第安人阿尔冈昆族居地。1613年法国探险家S.de尚普兰到达渥太华河沿岸。此后近200年内，该地为毛皮商贸易通道。1800年美国移民在渥太华河北岸伐木，始建定居点。1826～1833年英国开凿里多运河，在渥太华河南岸建立以运河设计者J.拜的姓氏命名的村镇——拜镇。1855年设市，更名为渥太华。1857年被英国女王选定为上、下加拿大联合省首府。1867年成为加拿大自治领首都。

城市经济的主体是各类服务业。作为加拿大的政治中心，全市约1/3的就业人口在联邦和省市政府机构工作。旅游业发达。主要工业部门如木材加工、纸浆和造纸、印刷、食品等行业从业人员仅占就业人口的6%。20世纪70年代以后，以微电子、计算机、信息技术为主的高科技产业逐渐兴起，形成加拿大的“北硅谷”。地处横贯大陆铁路、公路干线上，并有稠密的公路网通连省内外各大城市。都市区内有4个机场，其中麦克唐纳·卡蒂尔国际机场是加拿大主要航空港之一。

渥太华城市风光

市区以里多运河为界，西部称上城，居民以英裔为主；东部称下城，以法裔为主。国会山上耸立一组新哥特式建筑，居中的即为国会大厦，其高达90米的和平塔为城市的标志建筑。繁华商业区分别以上城的斯帕克街和下城的里多街、拜沃德市场为中心。

加拿大主要文化中心之一。英、法两种文化在都市区内共存，多数居民会讲英、法两种语言。有双语报刊、电视台、电台等。市内有许多国家级文化机构，如国家艺术中心、国家图书馆、加拿大文明博物馆、国家美术馆、加拿大自然博物馆、国家科学技术博物馆、国家航空博物馆、加拿大战争博物馆等。

渥太华大学 University of Ottawa 加拿大独立大学。1848年，天主教会创办圣·约瑟学院，后获特许状，改名为拜通学院。1861年改名为渥太华学院。1866年改为大学，并定现名。主校园坐落于渥太华市中心。双语教学是该大学的特色，长期开展灵活多样的英法双语相结合的教学与科研项目，学生可以使用其中任何一种语言完成学习任务。设有管理学院、文学院、教育学院、工程学院、卫生学院、法学院、医学院、理学院和社会科学学院等9个学院。另设研究生和博士后学院。开设200多个专业。设学士学位，三年制；荣誉学士学位，四年制；硕士学位，需获荣誉学士学位后至少学习一年；博士学位，要求获硕士学位后再学习2年。

斡道冲 Wo Daochong（？～1183） 中国西夏仁宗时重臣。字宗圣。先世灵武（今属宁夏）人，从夏主迁居兴庆府（今宁夏银川），世代掌修夏国史。八岁时以《尚书》中童子举。精通五经。译《论语注》，作《论语小义》20卷，又作《周易卜筮断》，以蕃字写成，流行夏境。天盛三年（1151）为蕃汉教授。在朝刚介直言，与御史中丞热辣公济、翰林学士枢密都承旨焦景颜共同抵制外戚任得敬的专权和分国活动。任得敬被诛后，乾祐二年（1171）擢为中书令，后又任国相，辅佐仁宗稳定政局，发展文化，很多重要典籍即在此时刊印。乾祐十四年（1183）死。为相十数年，家无私蓄，藏书甚多。死后仁宗图画其像，从祀于学宫。

斡鲁朵 ordo 突厥－蒙古语ordo的音译，意为宫帐或宫殿。此语最早见于唐代古突厥文碑铭。辽、金、元时有斡耳朵、斡里朵、兀鲁朵、窝里陀等不同译写。契丹是游牧民族，其君长习于帐居野处，车马为家，转徙随时，无城郭沟池宫室之固。故其宫帐之组成、管理、警卫与供给都有与之适应的特有制度。遥辇氏的累代统治者置有宫或帐，共为九宫分或九帐，也便是九斡鲁朵。斡鲁朵既是其宫廷，又是其私产；既有特别组织的禁卫军，又有其领地、属民，单独设官分领。斡鲁朵之主要构成与职任是宫帐的禁卫。掌领宿卫者都是皇帝的腹心功臣，宿卫人员多因受知于皇帝而超擢为重臣显宦。蒙古的斡鲁朵与辽没有实质上的差别。成吉思汗有四大斡鲁朵，分别属于4个皇后，帝、后死后，大斡鲁朵由幼子拖雷的家族继承。元代建立后，为成吉思汗四大斡鲁朵先后设置了四所总管府和一所都总管府，下辖提举司、长官司和各种造作匠局等20多个机构，元世祖忽必烈也有四大斡鲁朵，同样占有大量财富和私属人口。元成宗、武宗、明宗、宁宗死后，元朝分别设长庆寺、长秋寺、承徽寺、长宁寺、宁徽寺、延徽寺等三品官衙，管理他们的斡鲁朵。

乌埃 Vouet, Simon（1590－01－09～1649－06－30） 法国画家。17世纪上半叶法国宫廷古典主义艺术的主要代表。生于巴黎的一个艺术家家庭，卒于巴黎。1604年去英国，1611年去土耳其，1612～1627年在意大利学习和居住。曾受**提香**、P.韦罗内塞、**卡拉奇兄弟**以及**卡拉瓦乔**等人的影响。1627年回国。为了适合宫廷的需要，他的画风日益变得绮丽华贵。他是一位色彩和构图能手，作品的色调晶莹明亮，构图宏伟严整，在背景上常常配置有古典主义的样式。他曾为巴黎的一些教堂、宫殿制作系列装饰性绘画，可惜这些作品大多未能保存下来。代表作有《女性的象征》、《贤明带来和平与

《富饶女神》

丰收》(约1635)、《富饶女神》(1630～1635)、《路易十三肖像》(约1635) 等。

乌比·戈德堡 Whoopi Goldberg (1955-11-13～) 美国电影演员。生于纽约。本名凯琳·埃伦·约翰森。自幼喜爱表演，曾就读于表演艺术高中，后在多出百老汇音乐剧中做群众演员。曾在喜剧《鬼魅秀》中一人扮演多个角色，出色的演技使她获多项重要奖项。1985年首次出演电影《紫色》便获最佳女演员金球奖和奥斯卡金像奖提名。此后活跃在银幕和舞台上。1990年在轰动全美的《幽灵》中扮演通晓阴阳两界语言的灵媒，使她获奥斯卡金像奖最佳女配角奖。1992年主演《修女也疯狂》。由于具有令观众忍俊不禁的天然魅力，她作为首位女艺人多次主持奥斯卡金像奖颁奖典礼。主要电影作品还有《美国制造》(1993)、《密西西比幽灵》(1996)、《失魂女孩》(1999)、《天国降临》(2001) 等。

乌布利希 Ulbricht, Walter (1893-06-30～1973-08-01) 德国共产党领袖，德意志民主共和国首脑。生于莱比锡，卒于柏林。木工出身，1912年加入德国社会民主党，第一次世界大战期间在东线服役，战后加入德国共产党。1923年选入中央委员会。1928年当选联邦议会议员。1929年起领导柏林党组织。1933年1月A.希特勒上台后逃亡国外，其后5年任德国共产党和共产国际驻巴黎和莫斯科代表。西班牙内战期间（1936～1939）为驻西班牙的代表。德国侵苏之初返回莫斯科（1941），奉派对德国战俘做宣传工作并处理来自德军的情报。1945年4月30日返回德国，协助重建德国共产党，并负责在苏联占领区组织政府。他领导德国共产党与社会民主党合并成德国统一社会党。1949年10月11日德意志民主共和国成立，他出任部长会议副主席，1950年兼任统一社会党总书记。1960年W.皮克总统去世后，总统制取消，代以国务委员会，任主席，正式掌握最高权力。1971年5月辞去统一社会党第一书记职务，但继续担任国家元首。

乌鲳 *Formio niger*; black butterfish 鲈形目乌鲳科乌鲳属的一种。又名黑鲳。分布于西太平洋及印度洋，属于热带及亚热带水域鱼类。南海、东海为多，黄海南部亦有分布。一般体长约300毫米，体重为650～900克。体为长菱形，甚侧扁，纵高；背腹缘显著凸出。口小，微斜；上下颌各具一行排列较稀的尖细牙。体被小圆鳞。侧线鳞在尾柄处较大，且成一隆起嵴。第一背鳍鳍棘在小鱼时明显，随鱼的增长而渐埋于皮下。腹鳍喉位，小时存在，长大后消失。喜群聚。一般在产卵季节游至水上层。遇天气恶劣时下沉到海底。为中国的南海、东海次要经济鱼类。

乌得勒支和约 Peace of Utrecht 1713年4月至1714年9月法国、西班牙同反法同盟国家为结束西班牙王位继承战争分别签订的一系列条约。因首批条约在荷兰的乌得勒支签订，故名。计有：①1713年4月法国同英国、荷兰、普鲁士、葡萄牙和萨伏依签订的和约。②1713年7月英西条约及西班牙、萨伏依条约。③1714年6月西荷条约。④1715年2月西葡条约等。和约规定：各国承认波旁王朝的腓力五世为西班牙国王，但他本人及其继承人放弃兼任法国国王的权利。英国从西班牙取得直布罗陀和梅诺卡岛，并获得在西属殖民地贩卖非洲奴隶的特权，为期30年。英国从法国取得纽芬兰、新斯科舍、哈得孙湾和圣基茨岛等北美属地。西班牙还被迫将属地伦巴第、那不勒斯、撒丁和南尼德兰等地割与奥地利，把西西里割与萨伏依，把格尔德恩割与普鲁士。此外，1714年3月，法国同神圣罗马帝国皇帝查理六世（1711～1740年在位）签订《拉施塔特和约》，9月签订《巴登和约》。和约规定法国交出在莱茵河右岸占领的城市和拆除莱茵河沿岸的工事。这些和约使英国在殖民地的势力大为增强，法国称霸欧洲的局面告终。

乌德穆尔特人 Udmurts 俄罗斯联邦的民族之一。曾称奥佳克人、沃佳克人。约74.4万人（2001）。主要分布在乌德穆尔特共和国，部分分布在鞑靼斯坦、巴什科尔托斯坦、马里等共和国，以及彼尔姆、斯维尔德洛夫、基洛夫等地。属蒙古人种与欧罗巴人种的混合类型。使用乌德穆尔特语，属乌拉尔语系芬兰-乌戈尔语族。现有斯拉夫字母的拼音文字。信东正教。是维亚特卡-卡马地区古代部落的后裔。在民族形成过程中又吸收了保加尔人和俄罗斯人的成分。传统从事农业，主要种植黑麦、燕麦、大麦、荞麦、马铃薯、亚麻等，兼事畜牧业。十月革命后，工农业有了较快发展。工业以机器制造、金属加工为主。传统的农舍是用大圆木柱架成的二层楼房。妇女的民族服装是用粗花布或方格花布缝制的连衣裙，下摆镶有皱边；戴深色头巾，一直披到肩背。刺绣、挑花以及音乐、舞蹈、民间诗歌等别具民族风格。

乌尔都语 Urdu language 巴基斯坦的官方语言，也是印度宪法承认的语言之一。属印欧语系印度-伊朗语族印度（又称印度-雅利安）语支。分布于巴基斯坦、印度和孟加拉国等国。由于乌尔都语与印地语十分相近，许多学者视它们为同一种语言，因此使用人口的统计极为歧异，从4 000万至1亿多不等。

8世纪，穆斯林侵入南亚次大陆，带来了阿拉伯语、波斯语和土耳其语。这些语言和北印度的民间俗语萧尔斯尼语相结合，形成了早期的乌尔都语。11世纪穆斯林建都德里时，近代乌尔都语已基本形成。

乌尔都语有元音12个，辅音42个。语法和印地语的语法基本相同。名词和一部分形容词有性、数、形式的区别，代词也有数的区别。动词有时、式、态的变化。基本语序为主-宾-动型。乌尔都语和印地语各自的文学语言有较大差异，但它们有共同的口语，称作印度斯坦语。乌尔都语是一种有文学传统的语言。直到今天，有教养的穆斯林仍然以能用乌尔都语写诗为时尚。乌尔都文字是在波斯-阿拉伯字母的基础上加以改变而制定的，自右向左横写。

乌尔古城 Ur 西亚苏美尔-阿卡德时代城市，是世界上最早的城市之一，也是《圣经》中亚伯拉罕的故乡。始建于公元前30～前25世纪。乌尔第一王朝、第二王朝属苏美尔早王朝时期，乌尔第三王朝时成为整个苏美尔-阿卡德的政治中心。前21世纪，该城被埃兰人和阿摩利人所毁，后重新建立。前4世纪时，被逐渐废弃。遗址位于伊拉克巴格达市东南约300千米处的

乌尔第三王朝的月神南纳塔庙

泰勒穆盖伊尔。乌尔第三王朝国王乌尔·那穆（约公元前2112～约前2095年在位）所建的乌尔城呈叶形，周围有城墙，南北最长处为1 000米，东西最宽处约600米。城墙的北端和西端各有一码头，东端为一城堡。城中央的西北部是塔庙区。塔庙区东南建有王室进行祭祀时使用的行宫。附近即为乌尔王陵和乌尔第三王朝诸王的陵墓。城西码头附近及城中央偏东南处各有两个居住区。在乌尔已发现大小墓葬2 500座以上，但多被盗掘，其中16座王陵属乌尔第一王朝时代。乌尔王陵随葬品丰富豪华，有珠宝、镂空金杯、金牛头竖琴、带青金石剑柄和黄金剑鞘的短剑、金琉璃头饰、青金石制作的圆筒印章，各种质料制作的船模型，以及用贝壳、黑曜石、红石为材料镶嵌、黏合成的各种饰物等。每座陵墓的殉人最少为3人，多者达74人。乌尔城址残留的建筑物中，最为重要的宗教建筑是塔庙。塔庙建造在沥青基础上，为砖坯筑成的多层建筑物，内为泥砖，外包烧砖并敷泥抹面。墙体向内倾斜，外形如分层的金字塔。最精致的一座塔庙是供奉乌尔王的保护神月神南纳（又名欣）的，建于前22世纪乌尔·那穆统治时代。分3层，基部作长方形，面积为64米×46米。顶部筑一小神庙，为月神南纳的寝宫，亦是塔庙的中心。乌尔城的塔庙遗迹表明，前第3千年苏美尔的建筑师已开始运用圆柱、拱廊、拱门、穹窿顶等基本建筑形式。

乌法 Ufa 俄罗斯巴什科尔托斯坦共和国首府和经济、文化中心。在卡马河支流别拉亚河与乌法河的汇合处。面积753.7平方千米，人口103.8万（2010）。1574年建为要塞，1586年建城。邻近伏尔加－乌拉尔油气区。俄罗斯最大的石油加工中心，建有3座大型炼油厂，年加工原油4 320万吨（2001）。石油化工、机械制造业发达。水陆运输枢纽，有4条铁路在此交会，有河港及航空港。建有俄罗斯科学院巴什科尔托斯坦分院、乌法大学等10所高等学校、6座剧院和14个博物馆。

乌菲齐美术馆 Uffizi Gallery 意大利佛罗伦萨绘画艺术博物馆。有“文艺复兴艺

乌菲齐美术馆外景

术宝库”之称。馆址为1559年建立的、G.瓦萨里设计的4层楼——乌菲齐宫，本身即为一幢文艺复兴建筑的杰作。1765年对外开放。藏品以美第奇家族历代收藏为主体，收藏有13～18世纪意大利画派、佛兰德斯画派、德国及法国画派的绘画名作，藏品超过10万件。设45个陈列室，展品按时代顺序和流派陈列。有达·芬奇的《博士来拜》、米开朗琪罗的《圣家族》、S.博蒂切利的《春》、提香的《乌尔比诺的维纳斯》、拉斐尔的自画像以及A.曼泰尼亚、科雷乔等大师的名作。该馆还收藏有古器物和雕刻。

乌弗埃－博瓦尼 Houphouët-Boigny, Félix（1905－10－08～1997－12－07） 科特迪瓦（原名象牙海岸）政治家、共和国总统。生于法属西非科特迪瓦亚穆苏克罗奥巴勒人的

亚穆苏克罗酋长之家，卒于科特迪瓦亚穆苏克罗。1946年任象牙海岸民主党主席和非洲民主联盟领导人，为象牙海岸和法属非洲殖民地的独立积极进行活动。第二次世界大战期间和战后，乌弗埃－博瓦尼历任法属西非大议会议员、象牙海岸领地议会主席、法国国民议会议员和法国内阁国务部长、公共卫生和人口部长等职。1959年任象牙海岸自治共和国总理。1960年科特迪瓦独立后，就任共和国第一任总统。以后6次连选连任。

乌干达 Uganda 非洲东部内陆国家。四邻有肯尼亚、坦桑尼亚、卢旺达、刚果（金）和苏丹。面积241 550平方千米。人口3 178万（2010）。首都坎帕拉。全国约有65个部族，分属班图、尼罗、尼罗－闪米特和苏丹四大族系。其中，班图族系占总人口2/3以上，包括巴干达（见干达人）、巴尼安科莱、巴索加等20个部族；尼罗族系包括阿乔利、兰吉等5个部族；尼罗－闪米特族系包括卡拉莫琼、伊泰索等7个部族；苏丹族系包括卢格巴拉、马迪等4个部族。除首都坎帕拉外，主要城市有恩德培、金贾、姆巴莱等。45%居民信奉天主教，40%居民信奉基督教新教，11%居民信奉伊斯兰教，其余信奉东正教和原始拜物教。官方语言为英语和斯瓦希里语。

地理 地处东非高原，在东非大裂谷东、西支之间，大部分海拔在1 000～1 500米。西南部和东部边境地势最高。东非大裂谷西支带纵贯西部边境，西南边界的鲁文佐里山有许多高峰，其中玛格丽塔峰高

达5 109米，为非洲第三高峰。西南隅有维龙加火山群。东部边界，有一系列火山，其中埃尔贡火山最高峰瓦加加伊峰4 321米。赤道横贯南部，属热带气候。年平均气温21～24℃，1 800米以上山地在20℃以下。降水量由南向北递减。中南部1 000～1 500毫米，季节分配较均匀；北部和东北部500～1 000毫米，干湿季节分明，4～10月为雨季。鲁文佐里山地和维多利亚湖周围雨量最多，达1 500～2 000毫米。森林草原多狮、豹、象、犀牛、长颈鹿、斑马、河马、鳄鱼等野生动物。境内多河流湖泊，水面占国土面积的18%，有“高原水乡”之称。渔业资源丰富。维多利亚湖为世界最大淡水鱼产地之一。主要河流有维多利亚尼罗河、艾伯特尼罗河、卡通加河和卡富河等。主要湖泊有基奥加湖及与邻国的界湖维多利亚湖、艾伯特湖、爱德华湖等。主要矿藏有铜、锡、钨、绿柱石、铁、金、石棉、磷酸盐等。

历史 公元10世纪，先后迁入境内的班图人和尼罗人，陆续建立一些王国，有

图1 维多利亚尼罗河莫契生瀑布

发达的农业和文化。其中以布干达王国最著名。1850年后，阿拉伯商人和英国、德国殖民者相继进入布干达，境内爆发了基督教新教、天主教和伊斯兰教间的连年战争，王国迅速衰落。1890年，英、德签订瓜分东非协议，布干达划为英国势力范围。1894年，被宣布为英国“保护国”。1896年，英国将“保护国”范围扩展到乌干达全境，并于1907年设总督。1962年10月9日乌干达宣布独立，保留布干达等4个自治王国，成立乌干达联邦，仍留在英联邦内。1963年10月，取消英总督。1967年9月8日废除封建王国和联邦制，建立乌干达共和国。

独立后政局动荡，政权几经更迭。1986年1月，全国抵抗军攻占首都，推翻了奥凯洛军政权，Y.K.穆塞韦尼出任总统，建立了以“全国抵抗运动”为核心、兼顾各方利益的联合政府，政局日趋稳定。1995年10月8日，正式颁布实施新宪法。2005年11月修改。宪法规定，总统由直接选举产生，任期5年，无任期限制；议会有权弹劾总统和罢免不称职的部长，总统的重大任命、决定和签署重要条约均应先经议会批准。2006年2月23日首次举行多党大选，穆塞韦尼再次当选总统。现行宪法规定实行无党政治，但允许政党存在。有合法政党16个。主要有全国抵抗运动组织、民主变革论坛、民主党、乌干达人民大会党、保守党等。1981年2月6日创建的全国抵抗军，执政后改为政府军，1995年1月改为乌干达人民国防军。2005年有国防军4万～4.5万人。

经济 经济落后的农牧业国家，被联合国列为世界最不发达国家之一。但20世纪90年代，经济年均增长7%左右，居东非国家之首，被世界银行列为结构调整计划样板。2009年国内生产总值167.2亿美元。2008～2009财政年度农林牧渔业产值占国内生产总值的23.7%左右。粮食自给有余，主要作物有大蕉、小米、木薯、玉米、高粱、水稻等。主要经济作物有咖啡、棉花、烟草、茶叶、甘蔗、花生等。维多利亚湖是世界少有的大型淡水鱼产地之一。鱼类是仅次于咖啡的重要出口产品。工业落后，产值仅占国内生产总值的24.2%；主要有食品、烟草、钢铁、五金、金属矿产、纺织、服装、皮革及制鞋等。运输以公路为主。公路总长25 632千米，其中柏油路3 098千米。铁路总长1 241千米。有恩德培国际机场和12个小型机场。进出口货物90%以上经肯尼亚的蒙巴萨港。外贸进口大于出口，2008年贸易逆差28.1亿美元。出口以农产品为主，主要是咖啡和棉花；进口主要是工业品、石油和粮食。连年财政赤字。旅游名胜有斯卡比丘历代国王陵墓、维多利亚湖、埃尔贡火山、鲁文佐里国家公园、基代波河谷国家公园、欧文瀑布、卡巴雷加瀑布和赤道标记等处。

文化 小学7年，初中4年，高中2年，大学4年。麦克雷雷大学为全国最高学府，建于1937年，东非许多国家领导人和高级官员毕业于此。此外，还有姆巴莱伊斯兰大学、姆巴拉拉科技大学等。政府重视发展教育，每年教育费用约占财政预算的15%左右。主要报刊有《新观察报》、《警戒者报》、《友人报》、《东非人报》等。乌干达通讯社为国家新闻机构。乌干达电视台覆盖全国。

图2 首都坎帕拉国会大厦

对外关系 奉行独立自主和不结盟的外交政策，主张在平等互惠的基础上同各种社会制度的国家发展关系。注重发展与西方国家关系，但反对西方干涉其内政。倡导非洲联合振兴，积极参与地区事务。1962年10月18日与中国建交，两国关系发展平稳。

乌龟 *Chinemys reevesii*; Reeves' turtle 龟鳖目龟科的一种。又称金龟、草龟、泥龟。分布于朝鲜半岛、日本。中国分布较广。头前段皮肤光滑，后段细鳞，鼓膜明显。

椎盾5片，肋盾每侧5片，缘盾每侧11片，臀盾1对；肛盾后缘凹缺。背甲略平扁，有3条纵棱，雄性纵棱不显。四肢较平扁，趾、指间均全蹼，有爪。头、颈侧面有黄色纵纹；背甲棕褐色或黑色；腹甲棕黄色，每一盾片外侧下缘均有暗褐色斑块。雄性较小，背甲黑色，尾较长，有异臭；雌性较大，背甲棕褐色，尾较短，无异臭。

生活于江河、湖沼或池塘中。以蠕虫、螺类、虾、小鱼等为食，也食植物。每年4月下旬开始交尾，5～8月为产卵期，年产卵3～4次，每产5～7枚。卵长椭圆形，灰白色，在自然条件下50～80天孵出幼龟。幼龟当即下水，独立生活。肉可食，有滋补功效，腹甲可入药，称龟板。

乌海市 Wuhai City 中国内蒙古自治区辖地级市。位于自治区西南部。辖海勃湾、海南、乌达3区。面积1 754平方千米。人口53万（2010），有汉、蒙古、回、藏、满等民族。1976年1月10日，乌达市与海勃湾市合并，建乌海市。市境地处鄂尔多斯高原西缘。属中温带大陆性干旱、半干旱气候带。雨量少，风沙多，终年干旱。已探明各种矿产30多种，煤、灰岩、电石灰、石灰岩、硅质黏土、大理石等储量丰富。工业以煤炭、建材、化工为主。农业以蔬菜和副食品生产为主。古迹有桌子山岩画、拉僧庙遗址等。

乌桓 Wuhuan tribe 中国古代民族。亦作乌丸，原与鲜卑同为东胡部落之一。其族属和语言系属有突厥、蒙古、通古斯诸说，未有定论。大约活动于今西拉木伦河两岸及归喇里河西南地区。乌桓人随水草放牧，居无常处，善骑射，亦狩猎。食肉，饮乳，衣毛皮。兼营农耕，作物有青穄、东墙。能酿白酒。男子能作弓矢，制鞍勒，锻铜、铁刀兵。社会由若干部组成，各部有数百、千邑落，每邑落约有二三十户。部首领称大人，邑落首领为小帅。大人、小帅最初由邑落人民推选，2世纪末以后，首领变为世袭。血族复仇之风颇盛。乌桓人行土葬，用棺。敬鬼神，祀天地、日月、星辰、山川等。

乌鸡白凤丸 wuji baifeng pills 具有补气养血、固摄冲任、调经止带作用的中成药。治疗气血亏损、阴精不足所致月经不调、崩漏带下，虚劳羸瘦，盗汗遗精等病症。来源于《寿世保元》。因主药乌鸡皮、肉、骨、嘴均为乌色，遍身羽毛皆为白色，故名。

主治病证 气血亏损、阴精不足所致月经期前后不一、经少色淡或崩漏经多、血色淡红，白带量多、淋漓不断、清冷如涕，面色萎黄或晦暗，头晕耳鸣，食少倦怠，五心烦热，腰膝酸痛，小腹重坠；或虚劳羸瘦，潮热盗汗，心烦易怒，女子经少色淡，男子梦遗滑精，两胁隐痛，舌淡红或舌红少苔，脉细弱。西医诊断为妇女更年期综合征、少女青春期经期紊乱、功能性子宫出血、卵巢功能低下、女子不孕症、慢性盆腔炎，以及缺铁性贫血、血小板减少症、肺结核、男子性功能衰退等，中医辨证属气血亏损、阴精不足者，均可应用该方。

组成用法 乌鸡（去毛、爪、肠）640克，当归144克，白芍、鹿角胶、丹参、香附、人参、山药各128克，地黄、熟地黄各256克，川芎、鳖甲、天门冬、芡实各64克，黄芪、甘草各32克，银柴胡26克，牡蛎、鹿角霜、桑螵蛸各48克。蜜丸制剂，每丸重9克。每次服1丸（未成年女子可酌服1/2丸），每日2次，温开水或温黄酒送服。

乌加里特古城 Ugarit 古代腓尼基城市。遗址位于叙利亚西部地中海沿岸，拉塔基亚以北10千米，建在一个人工建造的名为拉斯沙姆拉的土丘上。1928年发现，1929年开始发掘。公元前7千纪起一直有人居住。前5千纪时发展为商业中心，与美索不达米亚地区保持密切联系。前3000年出现城市，居民为阿莫里特人和迦南人。前2千纪初与埃及结盟，受到埃及的强烈影响。前1350年臣服于赫梯。前1200年左右，因外国入侵或地震、灾荒等原因衰落。乌加里特是古代迦南人最重要的城市之一，地中海东部沿岸重要的文化、贸易交流中心。最繁荣的时代约在前1450～前1200年，商业贸易极大发展，城市规模扩大，宫殿和庙宇雄伟壮观，石屋的拱顶显示出迈锡尼文明的影响。大量楔形文字泥板表明，当时使用以阿卡德语和乌加里特语为主的多种语言。陶器上绘有迈锡尼式或塞浦路斯式花纹。精美的金属制品、浮雕作品等，均展示了独特的叙利亚艺术风格，同时也可看到埃及的影响。

乌江 Wujiang River 中国长江上游右岸支流，贵州省第一大河。又称黔江。发源于贵州省威宁彝族回族苗族自治县香炉山花鱼

洞，流经黔北及川东南，在重庆市涪陵区注入长江。干流全长1 037千米。六冲河汇口以上为上游，汇口至思南为中游，思南以下为下游。乌江水系呈羽状分布。较大支流有六冲河、猫跳河、清水江、唐岩河等15条。流域面积8.83万平方千米。天然落差2 123.5米，多年平均年径流量526.5亿立方米。汛期5～9月占全年径流量的80%。最大流量达1.5万米^3/秒（思南站），多出现于6月；最小流量约117米^3/秒。洪枯流量变幅达128倍，河水具有暴涨、暴落特点。流域内喀斯特发育，沿江常有较大地下暗河注入。地形以高原、山原、中山及低山丘陵为主。属中亚热带季风气候。乌江以流急、滩多、谷狭而闻名于世，号称“天险”。水能蕴藏丰富，多优良电站坝址，全流域水能蕴藏量1 042.59万千瓦。乌江渡水电站是中国喀斯特地区已建成的最大高坝。乌江流域为贵州主要工、农业分布区。乌江自古以来为川黔航运要道，干流通航里程达573千米，可通行机拖轮。1995年在乌江天险江界河渡口建成的特大跨度桥梁江界河大桥，是世界上跨度最大的预应力混凝土桁式组合拱桥。

乌桕 *Sapium sebiferum*; Chinese tallow tree 大戟科乌桕属的一种。又称桕子、木子。落叶乔木。重要工业用木本油料树种。乌桕属共约120种，主产热带及亚热带。在中国黄河流域以南各省（市、自治区）均有分布。美国、印度、日本也有少量栽培。

乌桕按开花习性和果序特点区分为葡萄桕和鸡爪桕两个变种。葡萄桕其果实在果梗上排列紧密成串，形似葡萄。鸡爪桕其果序多杈，状如鸡爪。

树冠近球形。全株无毛，有乳液。叶近菱形或菱状卵形。穗状花序顶生，花单性，雌雄同株。蒴果近扁球形，熟时黑褐色。种子黑色，外被白蜡，经冬不落。适于温暖、多湿、短日照的生态条件。对土壤酸碱度的适应性较强（pH5.5～8）。在水旁种植，连续淹水1个月而无异常表现。对有毒气体氟化氢的危害有较强的抗性。用种子育苗繁殖。种子经去蜡处理后，开春播种育苗造林，也可用一年生苗作砧木。

种子被蜡皮，可取固体桕脂（皮油）；种仁可榨液体油桕油（梓油）。二者均为重要的化工原料。桕饼可作饲料和燃料，也是优质有机肥料。果壳、子壳可制糠醛和活性炭。木材纹理致密，坚韧耐用，可作家具、农具等。花为蜜源。耐水湿、抗风力强，树形美、秋季红叶，可作行道树、庭园绿化及护岸树种。

乌桕大蚕蛾 *Attacus atlas*; atlas moth 昆虫纲大蚕蛾科的一种。是中国体型最大的蛾子，此种常被工艺品制作者称为“世界最大的蝴蝶——霸王蝶”。主要分布于东南亚的温带和热带地区。中国记载的地区有湖南、福建、台湾、广东、广西、江西、四川、云南。寄主已发现20余种，主要危害乌桕、樟以及柳、大叶合欢、甘薯、狗尾草等。

翅展180～210毫米。前翅顶角显著突出，体翅赤褐色，前、后翅的内线和外线白色；内线的内侧和外线的外侧有紫红色镶边及棕褐色线，中间夹杂有粉红及白色鳞毛；中室端部有较大的三角形透明斑；外缘黄褐色并有较细的黑色波状线；顶角粉红色，内侧近前缘有半月形黑斑一块，下方土黄色并间有紫红色纵条，黑斑与紫条间有锯齿状白色纹相连。后翅内侧棕黑色，外缘黄褐色并有黑色波纹端线，内侧有黄褐色斑，中间有赤褐色点。

在闽北一年发生2代，成虫产卵于主干、枝条或叶片上，有时成堆，排列规则。成虫寿命9～11日，一只雌蛾可产卵百余粒，卵期8～14日。幼虫蜕皮5次，共6龄，全幼虫期49～60天。第1代蛹期22天，第2代以蛹在茧中越冬，依靠茧的保护附着在寄主的枝干上，蛹期长达193天。幼虫吐丝较家蚕丝粗而短，有灰白色光泽，所结的丝茧外层疏而内层紧，初结成时外面有银灰色光泽，约一日后变为灰褐色。